太平御覽

第四册

中華書局影印

太平御覽目錄

第四册

太平御覽卷第七百三十八

疾病部一

總敘疾病上

說文曰：疾，病也。疹，病加也。疢，熱病也。瘽，勞病也。疸，黃病也。疛，久病也。

釋名曰：疾病也，客氣中人急疾也。病，並也，與正氣並在膚體中也。疹，診也，有結聚可得診見也。痛，通也，通在膚脈中也。癢，揚也，其氣在皮中，人搔發之揚出也。

爾雅曰：痛、瘏、虺頹、玄黃、劬勞、咎、顇、瘽、瘉、鰥、戮、癙、癵、痒、瘵、瘧、閔、逐、疚、痗、瘥、痱、瘇、瘵、瘼、瘠，病也。

方言曰：南楚疾愈謂之差，或謂之間，或謂之知。通語也。或謂之蠲，或謂之了，或謂之瘳，或謂之除。殗（於怯反）殜（音業），微也。晉楚之間，凡病不甚曰殗殜（病半臥半起也）。凡病少愈而加劇謂之不斟，斟，益也。或謂之何斟（言雖小損無所益也）。瘼（音莫），復病也。東齊海岱之間曰瘼，或曰癁，秦曰瘎（音闍或諶）。

周易無妄卦曰：無妄之疾，勿藥有喜也。

周禮天官下曰：疾醫掌養萬民之疾病。四時皆有癘疾：春時有痟首疾，夏時有痒疥疾，秋時有瘧寒熱疾，冬時有嗽上氣疾。

又曰：醫師掌醫之政令，凡邦之有疾病者、有疕瘍者造焉，則使醫分而治之。

禮記曲禮下曰：君使士射，不能，則辭以疾，曰：某有負薪之憂。

又曰：曾子寢疾，病。樂正子春坐於牀下，（鄭玄注：子春，曾參弟子。）曾元、曾申坐於足，（元、申，曾參之子。）童子隅坐而執燭。童子曰：華而睆，大夫之簀與？（華，畫也。簀，謂牀笫也。說者以睆為刮節目，字或為刮。）子春曰：止。（以病困，不可動。）曾子聞之，瞿然曰：呼！（呼，虛憊之聲也。）曰：華而睆，大夫之簀與？曾子曰：然。斯季孫之賜也，我未之能易也。元，起易簀。曾元曰：夫子之病革矣，不可以變，幸而至於旦，請敬易之。（革，急也。變，動也。）

又喪服大記曰：疾病，外內皆埽，（為賓客將來問病也。疾困曰病也。）君、大夫徹懸，士去琴瑟，（聲音動人，病欲靜也。）寢東首於北牖下，廢牀，徹褻衣，加新衣，體一人，男子不死於婦人之手，婦人不死於男子之手。

又曰：君於大夫疾，三問之；士疾，一問之。

左傳成十五年曰：晉侯疾病，求醫于秦，秦伯使醫緩為之。未至，公夢疾為二豎子，曰：彼良醫也，懼傷我，焉逃之？其一曰：居肓之上，膏之下，若我何？醫至，曰：疾不可為也。在肓之上，膏之下，攻之不可，達之不及，藥不至焉，不可為也。公曰：良醫也。厚為之禮而歸之。

又昭上曰：晉侯有疾，鄭伯使公孫僑如晉聘，且問病。叔向問焉，曰：寡君之疾病，卜人曰實沈、臺駘為祟，史莫之知，敢問此何神也？子產曰：若君身，則亦出入飲食哀樂之事也，山川星辰之神又何為焉？（言實沈、臺駘不為君疾。）僑聞之，君子有四時：朝以聽政，晝以訪問，夕以脩令，夜以安身。於是乎節宣其氣，勿使有所壅閉湫（子小切）小底以露其體。（湫，集底，滯也。露，羸也。一之則血氣集滯而體羸露。）今無乃一之，則生疾矣。

又昭上曰：晉侯有疾，求醫於秦，秦伯使醫和視之，曰：疾不可為也，是謂近女室，疾如蠱，（蠱，惑也。）非鬼非食，惑以喪志。（惑女色而失志。）良臣將死，天命不祐。（良臣不匡君過，故將死，而天不祐。）公曰：女不可近乎？對曰：節之。天有六氣，降生五味，發為五色，徵為五聲，淫生六疾。（事具醫門。）

又昭二曰：鄭子產聘于晉，韓宣子曰：寡君寢疾，今夢黃熊

奴才反入于寢門其何厲鬼也對曰堯殛鯀于羽山其神化
爲黃熊以入于羽淵實爲夏郊三代祀之晉爲盟主其或
未之祀乎韓子祀夏郊晉侯有閒
春秋穀梁傳曰季孫行父禿晉郤克跛衛孫良夫眇曹公子
手僂同聘于齊齊使禿者御禿者跛者御跛者眇者御眇
者僂者御僂者蕭同叔子處臺而笑之客不悅相立胥閭
而語移日不解齊有知者曰齊患必自此始也廉俗胥閭門名也御
迎也
春秋公羊傳曰衛縶不立惡疾也何休解曰惡疾聾盲之屬
國語晉語曰子叔聲伯如晉郤犫欲與之邑弗受郤犫晉卿苦成
叔也歸鮑國謂之曰子何以辭苦成叔之邑對曰吾聞之不
厚其棟不能任重重莫若國棟莫若德夫苦成叔欲任兩
國而無大德亡無日矣譬之如疾余懼易焉疾疫厲病

論語曰曾子有疾召門弟子曰啓予足啓予手啓開也曾以爲孝子受體於父母當全之今疾或死故使弟子開衾而視之
史記曰陳軫適秦秦惠王曰子去寡人之楚亦思寡人不
陳軫對曰聞夫越人莊舃乎王曰不聞曰越人莊舃仕楚
執珪有頃而病爲越聲楚王曰舃故越之鄙細人也今仕
楚執珪貴極矣亦思越不對曰凡人思故在其病也彼思
越則越聲不思越則且楚聲使人往聽之猶尚越聲也今
臣雖弃逐之楚豈能無秦聲哉
又曰留侯多疾即導引不食穀漢書曰服辟穀藥靜居行氣也
漢書曰王章爲諸生學長安獨與妻居章病無被臥牛衣
中與妻決涕泣其妻呵怒之曰仲卿京師尊貴在朝廷人
誰踰仲卿者今病困不自激卬如淳曰激厲抗揚之意也乃返涕泣何
鄙也

又曰朱雲年七十餘終於家病不呼醫飲藥遺言以身服
斂棺周於身土周於椁
魏志曰太傅鍾繇有膝疾時華歆亦以高年疾病朝見皆
使虎賁舉上殿就坐後三公疾常以爲故事
吳志曰呂蒙獲關羽封爵未下會疾發權時在公安延置
內殿所以治護者萬方募邦內有能愈蒙疾者賜千金恐
其勞動常穿鑿壁瞻之見其小能下食則喜顧左右言笑
不然則咄嗟夜不能寐病中瘳爲下赦令群臣畢賀後更
增篤權自臨視命道士於星辰下爲之請命
晉書曰王戎先有吐疾居喪增甚帝遣醫療之并賜藥物
又斷賓客
晉書曰樂廣字彥輔嘗有親客久闊不復來廣問其故荅
曰前在坐蒙賜酒方欲飲見盃中有蛇意甚惡之既飲而

疾作時河南廳事壁上有角漆畫作蛇廣意盃中蛇即角
影也復置酒於前處謂客曰酒中復有所見不荅曰所見
如初廣乃告其所以豁然意解沉痾頓愈
又風俗通曰予之祖郴爲汲令以夏至日請主簿杜宣賜
酒時北壁上有懸弓照於杯中其影如蛇宣畏惡之然不
敢不飲其日便得病云蛇入腹郴召宣於故處設酒盃中
有一蛇因謂宣此乃壁上弓影耳非他怪宣意遂解甚夷
懌
又曰皇甫謐字士安因病服寒食散而性與之忤每委頓
不倫嘗悲恚叩刃欲自殺叔母諫而止謐嘗上疏曰久嬰
篤疾軀半不仁右腳偏小十有九載又服寒食藥違錯節
度辛苦荼毒于今七年隆冬裸袒食冰當暑煩悶加以咳
逆或若溫瘧或類傷寒浮氣流腫四支酸重於今困劣

宋書曰羊欣有病不服藥飲符水而已兼善醫術撰藥方數十卷

沈休文宋書曰謝述有心虛疾性理時或乖謬除吳郡太守以疾不之官

裴子野宋略曰殷景仁入居西州疾篤上爲之累息物西州道上不得有車聲

謝綽宋拾遺曰宋懿袁曰臣昔貧賤時嘗疾病家人爲臣齊勤苦七日臣晝寢夢見一童子青衣持縑廣數寸與臣臣問之用此何爲荅曰西王母符也可服之服符竟便覺一二日病差

梁書曰范雲忽中疾居二日半召醫徐文伯視之伯曰緩之一月乃復欲速卽時愈止恐二年不復可救雲曰朝聞道夕死可矣而況二年文伯乃下火而壯焉重衣以覆之

有頃許汗流於背卽起二年果卒

南史曰褚澄善醫術建元中爲吳郡太守百姓李道念以公事到郡澄見謂汝有重病荅曰舊有冷病至今五年衆醫不差澄爲診謂曰汝病非冷非熱當是食白瀹雞子過多所致令取蒜一升煮服乃吐一物如升涎裹之動開看是雞雛羽翅爪距具足能行走澄曰此未盡更服所餘藥又吐得如向者雞十三頭而病都差當時稱妙

北史曰齊蘭陵王長恭有戰功帝忌之人謂長恭勿預事長恭然其言未能退及江淮寇擾恐復爲將歎曰我去年面腫今何不發自是有疾不療

後魏書曰李諧爲人短小六指因癭而舉頤因跛而後步因謇而徐言人言李諧善用三短

北史曰周裴俠嘗遇疾沉頓士友憂之忽聞五鼓便卽驚起顧左右可向府耶所苦因此而瘳晉公護聞之曰裴俠危篤若此而不廢憂公因聞鼓聲疾病遂愈此豈非天祐其勤恪也

唐書曰太宗謂侍臣曰治國與養病無異也病人覺愈彌須將護若有觸犯必至殞命治國亦然天下稍安尤須兢愼若便驕逸必至喪敗

又曰有患應病者問醫官蘇澄云自古無此方今吾所撰本草網羅天下藥物亦謂盡矣試將讀之應有所覺其人每發一聲腹中輒應唯至一藥再三無聲過至他藥復應如初澄因爲處方以此藥爲主其病自除

老子曰知不知上不知知病聖人不病以其病病夫唯病病是以不病

莊子曰堯以天下讓許由許由不受又讓於子州支父子

州支父曰以我爲天子可也雖然我適有幽憂之病方且治之未暇治天下也

又曰子來有病喘喘然將死其妻子環而泣之子黎往問之倚其戶與之語曰偉哉造化以女爲鼠肝乎以女爲蟲臂乎子來曰父母於子東西南北唯命之從陰陽於人不翅爲父母（信陰陽制人甚於父母）

又曰南榮趎曰里人有疾里人問之病者能言其病病者猶未病也若趎之聞大道也譬猶飲藥以加病者也（司馬彪曰加增加也）趎願聞衛生之經而已矣（衛生謂衛護其生全性命）

列子曰龍叔謂文摯曰子之術微矣吾有疾病子能已乎文摯曰唯命所聽然先言子所病之證龍叔曰吾鄉譽不以爲榮國毀不以爲辱得而弗喜失而弗憂視生如死視富如貧此奚疾哉奚方能已之乎文摯乃命龍叔背明而

立文摯從後向明而望之既而曰嘻吾見子之心矣方寸之地虚矣幾聖人也子心六孔流通一孔不達今以聖智爲病者或由此乎非吾淺術所能已也

又曰秦人逢氏有子少而慧及壯而有迷罔之疾聞歌以爲哭視白以爲黒饗香以爲朽嘗甘以爲苦行非以爲是意之所之天地四方水火寒暑無不倒錯者焉列子曰鼻將窒者先覺燋朽體將僵者先亟犇佚心將迷者先識是非故物不至者則不反

又曰宋陽里華子中年病忘朝取而夕忘夕與而朝忘在塗則忘行在室則忘坐不識先後不識今古魯有儒生自媒能治之華子之妻以居室之半請其方儒生曰吾試化其心變其慮庶幾其瘳乎於是試露之而求衣飢之而求食幽之而求明生欣然告其子曰疾可已也然吾方密傳

不以告人試屏左右獨與居室七日而積年之病一日都盡

又曰楊朱之友曰季梁季梁得疾七日大漸其子環而泣之請醫季梁謂楊朱曰吾子不肖如此之甚汝奚不爲我歌以曉之其子曰不曉終謁三醫而季梁之疾自瘳

墨子曰墨子病洗鼻問曰先生以鬼神爲明福善禍惡今先生聖人也何故病墨子曰病者多方有得之勞苦有得之寒暑今有百門而閉其一賊何遽不入哉

管子曰凡國都皆有養疾聾盲瘖啞跛躄偏枯不能自生者上收而養之

尹子曰與死者同病難爲良醫與亡國同道不可爲謀

又曰人將疾也必先不甘魚肉之味

韓子曰秦昭王有疾百姓買牛而家爲王禱

魏子曰待扁鵲乃治病終身不愈也用道術則無所不治也

淮南子曰土地各以類生人是故山氣多男澤氣多女水氣多瘖風氣多聾林氣多癃木氣多傴（生子多有此疾）岸下氣多瘇（濕氣所生）石氣多力險阻氣多癭暑氣多殘（殘折不終）寒氣多壽谷氣多痺丘氣多狂衍氣多仁（下而平也）陵氣多貪（象陵積聚）

春秋後語曰齊桓公六年越醫扁鵲過齊桓侯客待之入朝見曰君有疾在腠理不治將深（腠理皮膚也）桓侯曰寡人無疾扁鵲出桓侯謂左右曰醫之好利欲以不病爲功後五日復見曰君疾在血脉後五日復見曰疾在腸胃後五日見桓侯而還走桓侯使人問其故曰疾在骨髓臣是以無請也桓侯遂卒

戰國策曰扁鵲見秦武王示之病扁鵲請除之左右曰君

之病在耳之前目之下也除之使耳不聰目不明君以告扁鵲扁鵲怒而投其石曰君與智者謀之而與不智者敗之使秦政如此則一舉而亡國矣

韓詩外傳曰人主之疾十有二發非有賢醫莫能治也何謂十二發曰痿蹶逆脹滿支隔盲煩喘痺風賢醫治之如何曰省事輕刑則痿不作無使小民飢寒則蹶不作無令財貨上流則逆不作無使倉廩積腐則脹不作無使府庫充實則滿不作無使群臣縱恣則支不作無使下情不上通則隔不作上材恤下則盲不作法令奉用則煩不作無使下怨則喘不作無使賢人伏匿則痺不作無使百姓歌吟誹謗則風不作夫重臣羣下者人主之心腹支體也心腹支體無患則人主無疾矣故非有賢醫莫能治也人主有此十二疾而不用賢醫則國非其國也

趙曄吳越春秋曰越王出石室召范蠡謂之曰吳王疾病三月不愈孤聞人臣之道主疾臣憂且吳王遇孤恩澤甚厚恐疾之無瘳也唯先生卜焉范蠡曰今日日昳陰陽上下和親無相入者法曰天一救且何憂吳王不死明矣到已巳當有瘳也

呂氏春秋曰齊王疾痏使人之宋迎文摯摯視疾謂太子曰王疾可已雖然必殺摯非怒王則不可治怒而摯必死太子請之文摯期往而不至三齊王已怒文摯至不解屨登牀王重怒叱而起病乃已生烹文摯

物理論曰趙簡子有疾扁鵲診疾出曰疾可治也而必殺醫焉以告太子太子保之扁鵲頻召不入入而著履登牀簡子大怒便以戟追殺之扁鵲知簡子大怒則氣通血脉暢達也

太平御覽卷第七百三十八

太平御覽卷第七百三十九

疾病部二

總叙疾病下　狂　陽狂

人謂之狂　癲　癡　癇

總叙疾病下

呂氏春秋曰身盡府種筋骨沉滯血脉壅塞九竅寥寥曲失其宜（高誘曰府腹疾也種首疾也極三關之欲以病雖其身故九竅寥寥然虛曲失其適以害其生也）有彭祖猶不能爲也

太公金匱曰丁侯不朝武王乃畫丁侯三旬射之丁侯病大劇使人卜之祟在周恐懼乃遣使者請之於武王願舉國爲臣虜武王許之歸爲太師尚父謂使曰歸矣吾已告諸神言丁侯前畔義今已遣人來降勿復過也使者辭去歸至丁侯病稍愈四夷聞之皆懼各以其職來貢

六韜曰欲伐大國行且有期王寢疾十日不行太公負之而起之曰行已有期君不發天子聞之國亡身死胡不勉之王允焉如無病者

說苑曰邴吉有陰德於孝宣帝微時及即位衆莫知亦不言帝將封之會吉病甚將使人加封及其生也太子太傅夏侯勝曰此未死也臣聞有陰德必饗其樂以及子孫病果愈封爲博陽侯

世說曰衛玠總角時嘗問樂廣夢樂云是想衛曰神形所不接而夢豈是想曰因也衛思因經日不得遂病樂聞故命駕爲剖析之衛病小小而差樂歎曰此兒胷中當必無膏肓病

又曰衛玠從豫章下都人久聞其姿容觀者如堵墻玠先有羸疾不堪勞遂發病死時人謂之看殺

語林曰王仲祖病劉真長爲稱藥荀令則爲量水矣

又曰孔君平病困庾司空爲會稽省之問訊甚至爲之流涕孔慨然曰丈夫將終不問安國寧家之術而反作兒女相問庾聞迴還謝之請其語言

桓譚新語曰余少時見揚子雲之麗文高論不自量年少新進而猥欲逮及嘗激一事而作小賦用精思大劇而立感病子雲亦言帝上甘泉詔使作賦爲文卒暴及倦臥夢其五藏出在地以手收内及覺大少氣病一歲卒

王符潛夫論曰夫理世不得真賢譬由治疾不得真藥也治病當得真人參反得蘿菔當得麦門冬反得蒸穬麥已而不識真合而服之病以浸劇不自知爲人所欺也乃反謂方不誠而藥皆無益於療病因棄後藥弗敢復飲而更求巫覡者雖死可也

論衡曰子夏喪明曾子責以有罪投伯牛有疾仲尼以爲命也或是喪子數哭因中風耳

風俗通曰無恙俗說恙病也凡人相見及書問者曰無疾病邪案上古之時草居野宿恙噬虫也善食人心凡相勞問曰無恙乎非爲病也

白虎通曰天子疾稱不豫諸侯稱負子大夫稱負薪士稱犬馬不豫者不復預政也負子者諸侯子民今不復子民也負薪犬馬皆謙也

楊泉物理論曰凡病可治也人不可治也體羸性弱不堪藥石或剛暴狷急喜怒不節或情欲放縱貪淫嗜食此皆良醫不能加功焉夫君子病也猶可爲也必使無病也不可爲矣蓋謂節其飲食量其多少也

又曰穀氣勝元氣其人肥而不壽元氣勝穀氣其人瘦而壽養性之術常使穀氣少則病不生矣

葛洪神仙傳曰茅君治於茅山人有疾病往請福常煑雞子十枚以内帳中須臾茅君皆一二擲雞子還之歸破之皆無復黄者病人當愈若中有土者不愈以爲常候雞子如故無開處也

漢武故事曰初霍去病微時數自禱神君乃見其形自脩飾欲與去病交接去病不肯神君亦慙及去病疾篤上命爲禱神君神君曰霍將軍精氣少壽命不長吾嘗欲以太一精補之可得延年霍將軍不曉此意遂見斷絶今疾必死非可救也去病竟薨

西京雜記曰高祖初入咸陽宫周行庫有方鏡廣四尺高五尺九寸表裏有明人疾病在内照掩心則知其病之所在

皇甫謐高士傳曰安丘望之病弟子公沙都來省之舉丘於庭樹下安丘曉然有瘥開目見雙赤李着枯枝都仰手承李安丘食之所苦盡除

皇甫謐自序曰士安每病毋輒推燥居濕以複易單

何顒别傳曰張仲景過山陽王仲宣謂曰君體有病後年三十當眉落仲宣時年十七以其言貰遠不治後至三十疾果眉落

三輔决録曰趙岐初名嘉年三十餘有重疾卧蓐七年自慮奄忽乃爲遺令勑兄子可立一員石於吾墓前刻之曰漢有逸民姓趙名嘉有志無時命也奈何

劉楨與曹植書曰明使君始垂憐哀意眷曰崇譬言之疾乃使炎農分藥岐伯下鍼疾雖未除就没無恨何者以其天

醫至神而榮魄自盡也

狂

書曰狂恒雨若君行狂妄則常雨順之

尚書多方曰周公曰惟聖罔念作狂惟狂克念作聖

毛詩曰不見子都乃見狂且

又東方未明曰折柳樊圃狂夫瞿瞿

論語子路曰不得中行而與之必也狂狷乎狂者進取狷者有所不爲也中行行能得中者狂者進取於善道狷者守節無爲

又子在陳曰歸歟歸歟吾黨之小子狂簡斐然成章不知所以裁之

又楚狂接輿歌而過孔子曰鳳兮鳳兮何德之衰往者不可諫來者猶可追已而已而今之從政者殆而

國語晉語曰下邑之役董安于多下邑晉邑安于趙簡子家臣趙簡子賞之固辭賞之對曰今臣一旦爲狂疾而曰必賞汝言戰鬭爲凶事猶人有狂易之疾與其以狂疾賞也如亡趨而出乃釋之

漢書曰昌邑王賀衣服言語䟦起清狂不慧蘇林曰凡狂者陰陽脉盡濁不狂似狂也故言清狂或曰清狂如今白癡也

又曰盖寬饒曰無多酌我我乃酒狂丞相魏侯笑曰次公醒而狂何必酒也次公寬饒字

又曰王莽時長安狂女子碧呼道中曰高皇帝大怒趣歸我國不者九月必殺汝莽收捕殺之

東觀漢記曰郅惲字君章上書諫王莽令就臣位莽大怒即收繫惲難即害之使黄門脅導惲令爲狂疾恍惚不自知所言惲曰所言皆天文非狂人所造作

吳志曰全琮爲督議欲分别諸將有所掩襲朱桓素高氣恥見部伍遂託狂發詣建業治病

王隱晉書曰吴彦給役陸抗抗欲拔之患衆不聽乃悉請當爲將者入坐以試勇怯有一狂人拔刀跳梁來向坐中餘者皆走唯彦獨坐舉杌禦之狂人乃退衆服其勇

沈約宋書曰袁愍孫著妙德先生傳曰嘗謂周旋人曰昔有一國國中一水號曰狂泉國人飲此水無不狂也唯國君穿井汲獨得無恙國人既狂謂主不狂爲狂於是聚謀共執國主療其狂疾火艾針藥莫不必具國主不任其苦於是到泉所酌水飲之飲畢便狂君臣大小其狂若一衆乃懽然我既不狂難以獨立此亦欲試飲此水

宋書曰顔延之文帝嘗問以諸子才能延之曰竣得臣義躍得臣筆測得臣文㚟得臣酒何尚之嘲曰誰得卿狂荅曰其狂不可及

鬻子曰昔魯周公曰吾聞之於政也知善不行者謂之狂知惡不改者謂之惑夫狂與惑者聖人之戒也

老子曰馳騁田獵令人心發狂

韓子曰心不能審得失之地則謂之狂

又曰狂者東走逐者亦東走其走則同其所以東走之爲則異

淮南子曰谷氣多痺立氣多狂

又曰今夫狂者無憂聖人亦無憂不知禍福也

又曰不知道者釋其所已有而求其所未得故福至則喜禍至則怖不悔已之所生乃反怨人不喜則憂謂之狂生

又曰士有禍則詘有福則盈有過則悔有功則矜遂不知反此之謂狂

傅子曰惡劉曄於魏明帝曄不盡忠善伺上意所趣而合之帝如言以驗之果得情從此踈焉曄遂發狂出爲大鴻臚以憂死諺曰巧詐不如拙誠信矣

抱朴子曰食莨菪令人狂荒不可謂人本有荒狂

山海經曰觀水多鰠音遙魚其味酸食之已狂

越絶書曰慧種生聖癡種生狂桂實生桂桐實生桐

禰衡別傳曰衡爲鼓吏裸身辱曹操孔融復見操說衡狂疾今求得自謝

裴楷別傳曰石崇嘗與裴楷孫綽酣宴而綽慢節過度崇責之楷曰季舒酒狂四海所知足下飲人狂藥責人正禮

王韶之始興記曰觀亭峽下有神廟傍巖向江經道不恪者必狂走或變而爲虎

世說曰阮德如嘗與親友逍遥河側歎曰大丈夫不能使僕從陷於河橋非丈夫也坐者或曰德如以高素致名不應發此言必將病之候俄而性理果僻欲逸走家人嘗以一細繩横繫之户前以維之每欲出礙繩輙反時人以爲名士狂

黄帝八十一問曰狂顛之疾何以别荅曰狂之始發少卧少飢自賢自貴妄笑好樂

神異經曰西方有人飲食被髮東走其婦追之不止怒亦被髮名曰狂一名顛一名猾一名風此人夫妻與天俱生狂走東西没晝夜

魏武帝令曰昔吾同縣有丁幼陽者其人衣冠良士又學問材器吾愛之後以憂恚得狂病即差愈往來故當共宿止吾常遣歸謂之曰昔狂病儻發作持兵刃我畏汝俱共大笑輙遣不與共宿

陽狂

周書曰太公曰知與衆同者非人師也大知似狂不癡不

狂其名不彰不狂不癡不能成事

史記曰箕子紂庶兄也諫紂不聽或曰可以去矣箕子曰爲人臣諫不聽而去是彰君惡而自悅民吾不忍爲乃被髮陽狂而爲奴

又曰蒯通說韓信信不從通乃陽狂爲巫

東觀漢記曰丁鴻讓國於弟盛逃去鴻初與九江人鮑駿同事桓榮甚相友善及鴻亡駿遇於東海陽狂不識駿駿乃止而讓之曰今子以兄弟私恩而絶父不滅之基可謂智乎鴻感愴垂涕歎息乃還就國

謝承後漢書曰雷義字仲公舉茂才讓於友陳重刺史不聽義陽狂被髮走不應命

晉書曰王衍字夷甫神情明秀風姿詳雅陽駿欲以女妻焉而衍恥之遂陽狂自免又素輕趙王倫之爲人及倫篡

衍陽狂斫婢以自免

王隱晉書曰王長文字德叡廣漢郪人世爲郡守少放蕩不羈檢益州五辟公府再辟皆不就陽狂不詣郡縣舉致改服逃出舉州追求乃於成都賣熟布弟見長文蹲踞地噬胡餅刺史知其不居禮送還家

英雄記曰向栩字甫興性卓詭不倫恒讀老子狀如學道又似狂生好被髮着幓頭常於竈北坐板牀上如是積久板乃有膝踝足指之處

楚國先賢傳曰石偉字公操南郡人仕吳拜光禄大夫吳建衡將軍王戎親詣偉太康二年詔以偉爲議郎加二千石秩以終厥身偉遂陽狂及盲不受

晉華陽國志曰犍爲費昭不肯仕公孫述乃漆身爲厲陽狂以避之

人謂之狂

史記曰東方朔人主左右諸郎半呼之狂人人主聞之曰令朔在事無爲是行者若等安能及之哉朔行殿中郎謂之曰人皆以先生爲狂朔曰若朔等所謂避世於朝廷間者

漢書曰酈食其陳留高陽人也沛公畧地陳留沛公麾下騎士適食其里中子騎士歸食其謂曰吾聞沛公有大略吾所願從若見沛公謂曰臣里中有酈生人皆謂之狂生自謂我非狂騎士如所戒沛公召之

後漢書曰延熹末黨事將作袁閎遂散髮絶世欲投迹深林以母老不宜遠遁乃築土室四周於庭不爲戶自牖納飲食而已旦於室中東向拜母母思閎時往就視母去便自掩閉兄弟妻子莫得見也及母殁不爲制服設位時莫能名或以爲狂生

范曄後漢書曰仲長統倜儻不務小節語嘿無常時人謂

之狂生

南史曰王僧達所爲非法坐免官後孝武獨召見慠然了不陳遜唯張目而視及出帝歎曰王僧達非狂如何乃戴面向天子

後魏任城王澄傳高肇當朝猜忌賢戚澄爲肇間搆常恐不全乃終日昏飲以示荒敗所作詭越時謂爲狂

唐書曰蘇世長嘗從高祖幸涇陽校獵至高陵合圍是日大獲陳禽獸於旌門高祖入御營顧謂朝臣曰今畋樂乎世長進曰陛下遊獵薄廢萬機不滿十旬未爲大樂高祖色變既而笑曰狂態發耶又對曰爲臣私計則狂爲陛下國計則忠

墨子曰周公旦人謂之狂後世稱其德

尉繚子曰太公望行年七十屠牛朝歌賣食棘津過七十

餘主不聽人皆曰狂丈夫

莊子曰宋桓侯行未出城門其前驅呼避至於家家人止之以爲狂也（呼避使人避道也家人謂狂止而不聽此乃言聞其所未聞則以爲狂也）

世說曰諸葛厷在西朝少有清譽尤爲王夷甫所重時論亦以擬王氏後爲繼母族黨所讒論之爲狂將遠徙友人王夷甫之儔詣檻與別厷問王曰朝廷何以徙我王曰言卿狂逆厷曰逆則宜殺狂則何所徙

繆襲撰仲長統昌言表稱統曰統性倜儻敢言不拘小節每州郡命召輒稱疾不就語默無常時人或謂之狂

癲

說文曰癲病也

莊子曰流脉並作則爲驚怖陽氣獨上則爲癲病

風俗通曰俗說卧枕户砌鬼陷其頭令人病癲

語林曰王右軍少重患一二年輙發動後答許掾詩忽復惡中得二十字云取歡仁智樂寄暢山水陰清泠澗下瀨歷落松竹林既醒左右誦之讀竟乃歎曰癲何預盛德事耶

圖墓書曰一崗三頭相連無有頭尾狂癲絕世

黄帝素問曰人生而病癲疾者安得知之岐伯曰此名胎病此得在腹時母大驚氣上下精氣并故令子發癲病

范汪秘方曰邪入於陽轉則爲癲長安李府君女得癲病募治愈者賞百萬朝那縣卒自言能不敢求錢但願爲門下卒服藥即愈

祖台之議錢耿殺妻事曰尋建康獄竟囚錢耿癲疾發作毆殺妻了無他變故荒病之人不蒙哀矜之施無知之禮加以大辟之刑懼非古原心定罪之義

癡

左傳曰晉周子有兄不慧不能辨菽麥（蓋所謂白癡也）

後漢書曰光武見劉盆子曰宗室無蚩者也（蚩癡也）

魏志曰許褚以勇力常從太祖征伐軍中以褚力如虎而癡故謂之癡虎

魏略曰寒貧者本姓石字德林初客三輔關中亂南入漢中後還長安遂癡愚不復識人食不求味冬夏常衣弊布連結衣人問其姓名口不肯言故號之曰寒貧也或往存䘏之輒跪拜人後謂其不癡

晉書王述字懷祖年三十尚未知名人或謂之癡司徒王導始辟爲中軍參軍既見無他言唯問以江東米價述但張目不荅導曰王掾不癡人何言癡也

南史曰沈昭略字茂隆性狂儁不事公卿使酒　氣無所

推下嘗醉晚日負杖携家賓子弟至婁湖逢王景文子約張目視之曰汝是王約耶何乃肥而癡約曰汝沈昭略耶何乃瘦而狂昭略撫掌大笑曰瘦已勝肥狂又勝癡奈何王約奈汝癡何

魏志曰明悼毛皇后父嘉本典虞車工卒暴富貴帝令朝臣會其家飲宴其容止舉動甚癡騃語輙自謂侯身時人以爲笑

晉書曰顧愷之字長康晉陵無錫人尤善丹青嘗以畫一厨糊題其前寄桓玄皆深所珍者玄乃發其厨後竊取畫而緘閉如舊以還之紿云未開愷之見封題如初但失其畫直云妙畫通靈變化而去猶人之登仙了無怪色玄嘗以一柳葉紿之曰此蟬所翳葉也取以自蔽人不見已愷之喜引以自蔽玄就溺焉愷之嘗在桓溫府嘗云愷之體

中癡黠各半而論之正得其平耳故俗傳愷之有三絕才絕癡絕畫絕

後魏書曰太祖謂尚書崔玄伯曰蠕蠕(而又)蠢之民昔來號為頑嚚每來抄掠駕牸牛奔遁驅犍牛隨之牸牛伏不能前異部人教其以犍牛易之者蠕蠕曰其母尚不能行而況其子終於不易遂為敵所虜

隋書曰楊玄感司徒素之子也體皃容偉美鬚髯少時晚成人多謂之癡其父每謂所親曰此兒不癡也及長好讀書便騎射以父軍功位至柱國

唐書曰竇威家世勳貴諸昆弟並尚武藝而威躭玩文史介然自守諸兄哂之謂為書癡

又曰雜端御史最為雄劇食坐之南設一橫榻謂之南牀殿中監察不得坐其榻亦謂之癡牀言處其上者皆驕傲自得使人如癡故謂之癡牀

又曰李益與李賀齊名然少有癡病而多猜忌防閑妻妾過為苛酷而有散灰扃户之譚時謂妒癡

風俗通曰夜耀俗說市買者當清旦而行日中交易所有夕時便罷今乃夜耀明其癡騃不足

郭子曰王長史(王蒙字仲祖)求東陽撫軍不肯用(晉太宗簡文皇帝先為撫軍大將軍)王後疾篤臨終撫軍哀歎曰吾將負仲祖於此乃命用之長史曰人言會稽王(會稽王簡文先封)癡真癡也

世說曰任育長年少時甚有令名自過江便失志下飲人問云此為茶為茗覺有怪色乃自中名云向問飲為熱為冷嘗行從棺底下流涕而悲王丞相聞之曰此是有情癡

應璩新論曰漢末桓帝時郎有馬子侯自謂識音律請客鳴笙竽為作陌上桑反言鳳將雛左右偽稱善亦復自搖頭(馬子侯為人頗癡自謂曉音律黃門樂人更往嗤誚子知不知名陌上桑反言鳳將雛搖頭忻喜賜左右錢帛無復慙也)

虞翻書曰此中小兒年四歲矣似欲聽哲雖蝦不生鯉子此子似人欲為求婦不知所向君為訪之勿怪老癡譽此兒也

癎

說文曰癎病也

續晉陽秋曰大司馬府軍人朱興妻周息男道扶年三歲先得癎病因其病發掘地生埋之為道扶姑雙女所告正周弃市刑徐羨之議曰自然之愛虎狼猶仁周之凶忍宜加顯戮臣以為法律之外故當弘通物之理愚謂可特原毋命投之遐裔從之

太平御覽卷第七百三十九

太平御覽卷第七百四十

疾病部三

聾　盲　瘖瘂
吃　秃　齆
齲齒　兔缺　瘻
傴僂　疣贅　瘤
跛躄（偏枯附）　尰

聾

說文曰聾無聞也從耳從龍秦晉謂之聹（音宰）
又益梁之州謂聾曰聹秦晉聽而不聞聞而不達謂之聹
又曰生而聾謂之聳
釋名曰聾籠也如在蒙籠之內不察也
左傳僖中曰耳不聽五聲之和為聾

漢書曰黃霸為潁川太守長吏許丞老病聾督郵白欲逐之霸曰許丞廉吏雖老尚能拜起送迎正頗重聽何傷且善助之無失賢者
東觀漢記曰尹敏遷長陵令永平五年詔書捕男子周慮慮素有名字與敏善過候敏敏坐繫免官出乃歎曰瘖聾之徒真世之有道者也何謂察察而遇斯禍也
老子曰五音令人耳聾
莊子曰耳之與形吾不知其異也而聾者不能自聞
淮南子曰土地各以類生水氣多瘖風氣多聾
說苑曰仲尼曰非其地而樹之不生非其人而語之不聽得其人如聚沙而雨之非其人若聚聾而鼓之
抱朴子曰豹狐之裘不為負薪施九成六變不為聾夫設
談藪曰後魏中書侍郎裴敬憲字伯茂敬憲新構山亭與賓友集謂邢子才曰山池始就願為一名子才曰海中有蓬萊山仙人之所居宜名蓬萊裴聾也敬憲忌耳故以戲之憲初不悟於後覺忻然謂子才曰長忌及戶高則無憲公但大語聾亦何嫌

盲

廣雅曰矇瞍瞽盲也
方言曰半盲為睺（呼鉤反）
說文曰盲目無眸也眇一目小也眺目不正也瞎目病也睞童子不正也眄目偏合也青目病主醫（音緇）也瞍無目也
周易履卦曰六三眇能視跛能履象曰眇能視不足以與明也跛能履不足以與行也
毛詩曰工有瞽曰有瞽有瞽在周之庭
禮記檀弓上曰子夏喪其子而喪其明（明目精也）曾子弔之曰

吾聞之朋友喪明則哭之曾子哭子夏亦哭曰天乎予之無罪也曾子怒曰商女何無罪也吾與女事夫子於洙泗之間退而老於西河之上使西河之民疑女於夫子爾罪一也喪爾親使民未有聞焉爾罪二也喪爾子而喪爾明爾罪三也而曰女何無罪與子夏投其杖而拜曰吾過矣吾過矣
又仲尼燕居曰治國而無禮譬猶瞽之無相與倀倀乎其何之
韓詩外傳曰海之上有勇士曰菑丘訢以勇遊於天下過神淵飲馬其僕曰飲馬此者少死訢言飲之其僕以其言飲之馬果死菑丘訢拔劍而入三日三夜殺二蛟一龍而去雷神隨而擊之十日十夜眇其左目
漢書曰杜欽字子夏少好經書家富而目偏盲故不好為

史茂陵杜業與同姓字俱以才能稱京師衣冠謂欽爲盲杜子夏以相別欽惡之爲小冠高廣二寸由是京師謂欽爲小冠杜子夏業爲大冠杜子夏

東觀漢記曰杜篤仕郡文學掾以目疾二十餘年不窺京師

魏略曰夏侯惇從征呂布爲流矢所中傷左目時夏侯淵與惇俱爲軍師軍中號惇爲盲夏侯惇惡之每照鏡恚怒輒撲鏡着地

魏略曰太祖聞丁儀爲令士雖未見欲以愛女妻之以問五官將曰女人觀貌而禮目不便誠恐愛女未必悅也以爲不如與伏波子楙太祖從之尋辟儀爲掾到與論議嘉其才明曰丁掾好士也即使其兩目盲當與女何況但眇乎

沈約宋書曰景王嬰孩時有目疾宣王令華佗治之出眼瞳割去疾而內之以藥

梁書曰鄱陽王恢有孝性初鎮蜀所生費太妃猶停都後於都不豫恢未之知一夜忽夢還侍疾及覺憂惶廢寢食俄而信至太妃已瘳後有目疾久廢視瞻有道人慧龍得療眼術恢請之及至空中忽見聖僧及慧龍下針豁然開目咸謂精神所致也

又曰江紑（甫鳩反）字含絜幼有孝性年十三父蒨患眼紑侍疾將朞月衣不解帶夜夢一僧云患眼者飲慧眼水必差及覺說之莫能解者紑第三叔禄與草堂寺智者法師善往訪之智者曰無量壽經云慧眼見真蒨乃因智者啓捨同夏縣界牛屯里舍爲寺乞賜嘉名勑荅云純臣孝子往往感應晉時顏含遂見冥中送藥近見智者以卿第二息云飲慧眼水慧眼則五眼之一號可以慧眼爲名及就創造泄故井水清洌異於恒泉依夢中取水洗眼及煮藥稍覺有瘳因此遂差時人謂之孝感

又曰元帝字世誠武帝第七子也初武帝夢眇目僧執香爐稱託生王宮既而采女石氏侍始褰戶幔有風廻裙采武帝意感幸之乃生元帝賜采女姓曰阮進爲脩容脩容常失珠謂是左右所盜乃炙魚目不知其珠孝元吞之信宿之閒珠遂便出一目致眇魚之報焉

南史曰梁湘東王於江東泛舟顧而言曰今可稱有樂功曹劉源曰帝子降兮北渚王作色曰當道目眇眇兮愁予耶坐者股慄酒遂不酣又邵陵王賦詩戲之曰湘東有一病非啞復非聾相思下隻淚望直有全功

後魏書曰祖班以罪徙於光州別駕張奉禮希大臣意上

言班雖爲流囚常與刺史對坐勑報曰牢掌奉禮曰牢者地牢也乃爲深坑置諸內夜中以蕪青子燭熏眼因此失明

異苑曰丹陽多寶寺元嘉中畫佛堂作金剛寺主奴婢惡戲以刀刮其目眼輒見一人甚壯五綵衣持小刀挑目精數夜眼爛於今永盲

後越書曰戎陽一目瞽劉曜寇洛水後降曜曜敗生擒送前石使人罵曰瞎狗何降賊後持瞎來陽曰臣不降即死死則大王那得復見瞎狗前石笑曰瞎狗不足汚刀活之

文子曰師曠瞽而爲太師

列子曰宋人有好行仁義者三世不懈家無故黑牛生白犢以問孔子孔子曰此吉祥也以薦上帝居一年其父無故而盲牛又復生白犢子又問孔子孔子曰吉祥也復教

以祭居一年其子又盲其後楚攻宋圍城民易子而食析
骸而炊丁壯皆乘城戰死者太半父子有疾皆免及圍解
而盲疾俱復
莊子曰連叔謂肩吾子曰夫瞽者不知文章之觀
又曰目之與形吾不知其異也盲者不能自見
又曰許由曰夫眇者無以與乎眉目顏色之好
尹文子曰瞽者無目而耳不可以縣察視也精於聽也
又曰聾者不歌無以自樂盲者不觀無以接物
韓子曰痳則盲者不知覺而使之視則窮矣
淮南子曰今夫盲者行於道遇君子則易道遇小人則陷
於溝壑
桓譚新論曰余爲典樂大夫得樂家記言文帝時得魏文
侯時樂人竇公年百八十歲兩目皆盲帝問其何服食至

此對曰臣年十三失明父母教爲樂鼓琴不導引不知壽
得若何余以爲竇公少盲專一內視故
抱朴子曰魏武收左慈慈走入市吏傳言慈一目眇葛巾
單衣於是一市皆然也
又曰董君異以玉醴與盲人服之而愈
世說曰顧愷畫殷荊州形殷不許顧曰明府正當嫌眼耳
明點童子飛白拂上若輕雲之蔽月
又曰桓南郡與殷荊州語次因作危言桓公曰矛頭淅米
劍頭炊殷去百歲老公攀枯枝井上轆轤臥小兒殷有一
參軍云盲人騎瞎馬臨深池殷曰咄咄逼人仲堪眇故也
法顯記曰祇洹精舍西北四里有榛名曰得眼本有五百
盲人依精舍住佛爲說法盡還得眼盲人歡喜刺杖着地
頭面作禮杖遂生長大世重之無敢伐者遂以得眼爲名

楚辭九章曰離婁微睇瞽以爲無明
蔡邕瞽師賦曰夫何矇眛坐瞽兮心窮怨以鬱伊目冥而
無睹兮羌永煩以悲愁

瘖啞

釋名曰瘖唵也唵然無聲也
漢書曰韓延壽待下吏恩施甚厚而約誓明或欺負之者
延壽自刻責吏聞者自傷悔其縣尉至自刺死及門下掾
自剄人救不死因瘖不能言延壽聞之對掾吏涕泣遣吏
醫治
又曰呂后斷戚夫人手足去眼薰耳飲瘖藥
吳書曰程普殺叛者數百人皆使投火即日病瘖百餘日
卒
文子曰皐陶瘖而爲士師

淮南子曰瘖者可使守圉不可使通語
又曰夫人大怒破陰大喜墜陽薄氣發瘖驚怖爲狂
又曰水氣多瘖
黃帝素問曰瘖者何病岐伯曰胞之絡脉何以言之胞絡
繫於腎少陰脉實腎繫舌本故不能言
續搜神記曰沛國一士人姓周生三兒向應可語便啞皆
七八歲有一人經門過來乞問主人此是何聲去是僕兒
頻生三子皆啞不能語客曰君冥罪還內省我於外待君
主人異其言知非常人便入內思良久而出謂客曰昔爲
小兒時當牀上有鷰巢中有三子其母從外食哺子子輒
出頭作聲受之積日如此時屋下攀得及巢試以指內巢
中鷰子亦出口承之乃取三蒺梨各與其子吞之旣死其
母尋還不復見其子出戶徘徊悲鳴而去有此事今甚悔

之客曰是矣便問其三兒言語周正

異苑曰高惠清隆安中爲太傅主簿忽晝日有群鼠更相銜尾自屋梁相連至地清尋得瘖疾數日而亡

靈驗記曰王導河内人也兄弟三人並得時疾其宅有鵲巢旦夕翔鳴聞其諠噪俱惡之念云差當治此烏既差果張取鵲斷舌而殺之兄弟悉得啞疾

吃

說文曰吃言語難也

方言云謰極吃也或謂之軋或謂之嬰（郭璞曰軋鞅氣不利也江東名吃爲[illegible]）

漢書曰魯恭王餘口吃難言

又曰馬相如吃而善著書

又曰揚雄爲人簡易口吃不能劇談（劇甚也一說劇遽疾也言吃不能疾言也）

鄭玄自序曰趙商子字子聲河内温人博學有秀才能講難而吃不能劇談

管子曰吾畏事不敢爲事畏言不敢爲言故行年六十如老吃耳

新序曰周昌者沛人以軍功封汾陰侯御史大夫高帝欲廢惠帝立戚夫人子如意群臣固爭莫能得昌廷爭之强上問其説昌爲人吃曰臣口不能言然臣則知其不可也陛下雖欲廢太子臣期期不奉詔

世説曰魏明帝口吃少言而内明斷

世説曰鄧艾口吃語稱艾艾晉文王戲之曰艾艾爲是幾艾鄧荅曰鳳兮鳳兮故是一鳳

秃

禮記曰秃者不免

穀梁傳曰魯季孫行父秃聘于齊齊使秃者御（音迓）

蔡邕獨斷曰古幘無巾如今半幘而已王莽乃始施巾故語曰王頭秃帢幘施屋

秦書曰符堅徵隱士張臣和至長安堅賜以衣冠和辭曰年老頭秃不可加冠野服而入既見求歸矣

齆

釋名曰鼻塞曰齆

晉書曰謝安字安石本能爲洛下書生詠有鼻疾故其音濁名流愛其詠而不能及或手掩鼻以斅之也

崔鴻春秋後趙録曰王謨字思賢齆鼻言不清暢莊短無威儀將拜曲陽令石勒疑之長史曰請試之政教嚴明百城尤最

幽明録曰晉司空桓豁在荆州有參軍教鸜鵒令語遂無所不名當大會令効人語有一人齆鼻語難學因以頭内瓮中以効焉

齲齒

釋名曰齲朽也蟲齧之齒缺朽也

續漢書曰桓帝元嘉中京師婦女作齲齒笑齲齒笑者齒痛也

淮南子曰啄木愈齲（啄木食齲蟲也）

又曰決物治齲君子不與

兔缺

續晉陽秋曰魏詠之生而兔缺相者云後當貴年十八聞荆州殷仲堪帳下有術人能治之因西上仲堪與語令師看焉師曰可割補之但應百日食粥不語笑詠之曰半年不語亦當治之況百日也師爲治而差

宋書曰孝武狎侮群臣各有稱目多鬚者謂之羊短長肥瘦皆有比擬顏師伯缺齒號之曰齴

癭

說文曰癭頸瘤也

崔贛易林曰癭瘤瘍瘃為身害傷

范曄後漢書曰真定王劉揚造作讖記云赤九之後癭揚為主揚病癭欲以惑衆

魏略曰賈逵前在弘農與校尉爭公事不得理乃發憤生癭後所病稍大自啓欲割之太祖惜逵恐其不活教謝主簿吾聞十人割癭九人死逵猶行其意而癭愈大

宋書曰杜預病癭初攻江陵吳人以瓠壺繫狗頸示之

山海經曰天帝之山有草如葵名曰杜衡食之已癭

博物志曰山居之民多癭又嵇康養生論曰頸處險而癭

莊子曰闉跂支離無脤甕㼜大癭

典術曰服食天門冬治癭除百病

傴僂

禮記喪服四制曰傴者不袒

穀梁傳成公曰曹公子手僂聘於齊齊使傴者御蕭同姪子處臺上而笑之

孫卿子曰周公僂背

莊子曰子輿病曲僂頤隱於臍肩高於頂

淮南子曰木氣多僂

疣贅

說文曰疣贅也

釋名曰疣丘也出皮上聚高如地之有丘也贅橫生一肉着體

梁書曰武帝丁嬪生而有赤誌體又多疣及帝納之無何並失

莊子曰彼以生為附贅懸疣以死為決疣潰癰夫若然者惡知死生先後之所在也

太玄經曰割疣贅惡不得大

山海經曰單孤之山滑水出焉中有滑魚狀如鱓其音如梧食之已疣

又曰旄山有鰆魚狀如鯉食之者不疣

瘤

釋名曰瘤流也聚而生瘤腫也

魏略曰晉景帝先苦瘤自割之會毋丘儉反而瘤發及儉走竟以自終又蔡謨表曰臣先有瘤腫在腰上十數年初無患苦忽自潰

晉書曰趙王倫得異鳥問皆不知名宮西有素衣小兒言是服劉鳥倫使錄小兒并鳥置牢室明旦開視並失所在倫目上有瘤時以為祆焉

沈約宋書曰朱齡石舅頭有大瘤齡石伺舅眠密往割之舅即死

列女傳曰齊宿瘤者東郭採桑之女項有大瘤故以名焉閔王出而女採桑如故王召問之對曰受之父母教採桑不教觀王王曰此奇女也內以為后女死後燕遂屠齊

跛躄　僻袺附

方言曰自關西秦晉之間凡蹇謂之逴（勑略）

周易歸妹初九曰歸妹以娣跛能履

禮記喪服四制曰跛者不踊身有痼疾不可備禮也

左傳宣公下曰晉侯使郤克會于齊傾公帷婦人使觀之

郄子登婦人笑於房（跛而登故笑之）

又穀梁傳成公曰衛孫良夫跛郄克眇聘於齊齊使跛者御跛蕭同叔子處臺笑之

春秋後語曰秦攻趙急求救於齊齊王曰必長安君爲質長安君者太后之小子也太后愛之不肯遣大臣強諫太后怒左師觸龍請見太后曰老臣病足曽不能疾走不得見久矣竊自恐太后體亦所苦也太后曰老婦恃輦而行耳因是太后怒色稍解乃徐説之太后從之

又曰趙平原君家樓臨民家民家有躄者盤散行及（散音珊）平原君美人居樓上臨見大笑之明日躄者至平原君門請曰臣不幸有跛躄之疾而君之後宮臨而笑臣臣願得笑者頭平原君曰諾及躄者去平原君笑曰竪子欲以一笑之故殺吾美人不亦甚乎終不殺居歲餘門下客稍稍引

去過半平原君怪之一人前對曰以君之不殺笑躄者於是平原君斬所笑美人頭造躄者而謝焉

漢書賈誼上書曰天下之勢方病大尰非徒病尰又苦蹠盭（蹠足掌也盭古戾字謂反戾也）

又曰方今天下又類辟且病痱（辟足病痱音肥風病也）夫辟者一面痛痱者一方痛

又曰哀帝有痿痺（如淳曰兩足不能相過曰痿）

齊書曰始安王遥光字元暉生而躄疾高帝謂不堪奉拜祭祀欲封其弟武帝諫乃以遥光襲爵足病不得同朝列常乘輿自望賢門入遥光多忌人有餉屐者以爲戲已大被嫌責爲牋去智不乃葵亦忤旨

唐書曰賈直言者父道冲以伎術得罪賜酖於路直言僞令其父拜四方辭上下神祇伺使者視稍怠即取其酖以飲遂迷仆而死明日酖洩于足而後復蘇代宗聞之減父死直言亦自病躄

淮南子曰冠難至躄者告盲者負而走兩人皆得其能也故使瘖者語使躄者走大失其所也

偏枯

長沙耆舊傳曰夏叔丁毋憂過禮遂感風濕一脚偏枯皇甫謐表曰久嬰篤疾半身不仁右脚偏小

尰

毛詩巧言曰彼何人斯居河之麋無拳無勇職爲亂階既微且尰爾勇伊何（骭瘍爲微腫足爲尰）

漢書賈誼傳誼上書曰方今天下之勢方病大尰一股之大幾如要一指之大幾如股失之不治必爲錮疾（堅久之疾）後雖有扁鵲不能爲已

淮南子曰岸下氣多尰

太平御覽卷第七百四十

太平御覽卷第七百四十一

疾病部四

頭痛　心痛　腹痛
咽痛并噎　煩懣　勞悸
眩　暍

頭痛

毛詩伯兮曰願言思伯甘心首疾

又小弁曰心之憂矣疢如疾首

周官疾醫曰春時有痟首之疾

史記曰西域有大小頭痛山赤土身熱之坂令人頭痛歐吐

風俗通曰田家老母市餅置道邊石人頭上既而忘之人以爲神能治病轉以相語頭痛者磨石人頭腹痛者磨石人腹後餅母爲說乃止

心痛

易說曰冬至氣當至不至則多心痛

左傳昭上曰醫和謂晉侯曰朋淫心疾

北史曰裴詡之爲平原公開府墨曹掌書記從至并州其母在鄴忽得心痛詡之是日不勝思慕心亦驚痛乃請急而還當時以爲孝感

唐書曰劉勤儒母有心痛疾日須鞭撻數人乃安子弟僕使不堪其苦唯勤儒侍養不解體常流血

莊子曰西施病心而矉其里醜人見而美之歸亦捧心而矉其里之富人見之堅閉門而不出貧人見之挈妻子而走

賈誼書曰楚惠王食寒菹中有水蛭雖欲發之恐宰夫得罪當死遂吞之因得心疾甚乃言所中令尹賀曰陰德必須陽報是夜惠王欬而蛭出心腹之病皆除

俗說曰阮光禄大兒喪哀過遂得病心　服除後經年病瘳

續搜神記曰李子豫少善醫方當代稱其通靈許永爲豫州刺史鎮歷陽其弟患心腹堅痛十餘年殆死忽自夜聞屏風後有鬼謂腹中鬼曰何不促殺之不然明日李子豫當從此過以赤丸打汝汝其死矣腹中鬼對曰吾不畏之於是許永使人候子豫果來未入門病者自聞腹中呻吟聲及子豫入視曰鬼病也遂於巾箱中出八毒赤丸子與服須臾腹中雷鳴鼓轉大利數行遂差今八毒丸方是也

幽明録曰顧長康在江陵愛一女子還家長康思之不已乃畫作女形簪着壁上簪處正刺心女行十里忽心痛如刺不能進

腹痛

左傳宣下曰楚子伐蕭蕭潰還無社與司馬卯言號申叔展（還無社蕭大夫司馬卯申叔展皆楚大夫也無社欲微以求免死無社素識叔展故因卯使呼之）曰有麥麴乎曰無有山鞠窮乎曰無（麥麴鞠窮所以禦濕）河魚腹疾奈何（言無禦濕藥將病）曰目於眢井而拯之（無社意解欲入井故使叔展視虛廢井而求拯）

左傳曰晉侯有疾秦醫云雨淫腹疾

搜神記曰淮南書佐劉雅夢見青刺蜴從屋落其腹內因苦腹病

華佗別傳曰有人病腹中切痛十餘日鬚眉落佗令破腹視脾果半腐壞刮去惡以膏傅瘡飲之以藥百日平復（事具醫門）

咽痛并噎

易説曰大寒氣當至而不至則多咽痛

漢書曰昌邑王被徵至長安左右令哭王曰吾嗌痛不肯哭

魏志曰有人病咽塞嗜食而不下華佗令取餅家䔩蒜齏飲三升即吐一虵便差（事具醫門）

山海經曰單張之山有鳥曰鵸食之已嗌（嚨也曰噎）

戰國策曰噎而後穿井何及於急

續漢書禮儀志曰三老五更仲秋之月賜以王杖端以鳩爲飾鳩者不噎之鳥欲老人不噎也

晏子曰夫愚人多悔不肖者自賢猶臨難而遽鑄兵臨噎而遽掘井雖速無及

淮南子曰有以噎死者而禁天下之食有以車爲敗者而禁天下之乘不亦悖哉

廣五行記曰永徽中絳州有一僧病噎都不下食如此數年臨終命其弟子云吾氣絶之後便可開吾胸喉視有何物欲知其根本言終而卒弟子依其言開視胸中得一物形似魚而有兩頭遍體悉是肉鱗弟子致鉢中跳躍不止戲以諸味致鉢中雖不見食須臾悉化成水又以諸毒藥内之皆隨銷化時夏中藍熟寺衆於水次作淀有一僧往因以少淀致鉢中此虫怖懼遶鉢馳走須臾化成水世傳以淀水療噎

煩懣

方言曰朝鮮洌水之間煩懣謂之漠漫

魏志陳登得胸中煩懣華佗謂許曰府君胃中有虫數升欲成内疽即爲作湯治之吐三升許虫赤頭而動半猶是鱠（事具醫門）

勞悸

漢書曰太師王舜自莽簒位後病悸浸劇遂死

宋書曰文帝有虚勞疾意有所想便覺心中痛裂

沈約宋書曰何尚患勞疾積年飲婦人乳乃差

世説曰殷仲堪父病虚悸聞牀下蟻動去是牛闘孝武不知殷父問有一殷病如此不仲堪流涕而起

又曰衛玠從豫章下都人先聞其姿容觀者如堵牆玠先有疾不堪勞遂病發死時人謂之看殺衛玠

張奐與孟季御書曰素苦悸逆頃者益甚百病所歸月婁日損

眩

釋名曰眩懸也目視動亂如懸物搖搖然不定也

東觀漢記曰光武避正殿讀圖讖坐廡下淺露中風苦眩甚有白大司馬亦病如此自強從公而便疾愈於是車駕行數里病差

又曰建武五年上風眩發甚以陰興爲侍中受詔雲臺廣室

典略曰陳琳作諸書及檄草成呈太祖太祖先苦風眩是日發讀琳所作翕然而起曰此愈我疾

王隱晉書曰庾袞字叔褒入林慮山中塗而眩發倚巖而坐拄杖將起跌墜崖而死

華佗別傳曰佗見嚴昕語之曰君有急風見於面勿多飲酒坐罷歸昕於道中卒得頭眩墜車輿着車上歸家一宿死佗便解衣到懸令頭去地一二寸濡巾拭體令周匝候視諸脉盡出五色佗令弟子數人以鈹刀決脉五色盡視赤

血出乃以膏摩之覆被汗出飲以亭歷犬血散立愈

異苑曰上虞孫家奴多伎治人風頭流血滂沲噓入便斷

暍

京房易飛候曰有雲大如車蓋十餘此陽沴之氣必暑有暍死也

淮南子曰文王葬死骸而九夷順武王蔭暍人於樹下而天下懷越王決獄不當援刀自刎而戰士畢死感於恩也

抱朴子曰指冰室不能起暍死之熱望炎治不能止噤凍之寒

太平御覽卷第七百四十一

太平御覽卷第七百四十二

疾病部五

瘡　痱　鼈毒
蠱　癰疽　瘻
癬　瘃　疥
惡疾　疫癘

瘡

周禮春官下曰瘍醫掌腫瘍潰瘍金瘍折瘍之祝（祝當爲注讀如注病之注）

禮記曲禮上曰頭有瘡則沐身有瘍則浴

謝承後漢書曰嬀皓母炎瘡發臏皓祝而愈之

魏書曰孫觀還青州刺史從征孫權於濡須口爲流矢所中穿左足力戰不顧太祖勞之曰將軍被瘡深重而猛氣益奮及瘡甚遂卒

吳歷曰孫策爲許貢客所傷既被瘡策引鏡自照曰面如此尚可復建功立事乎椎几大呼瘡皆分裂其夜卒

江表傳曰周泰爲濡須督諸將以泰本出於微賤咸輕傲之孫權乃入泰營於都巷中張幔大請官僚使泰脫衣幘見其瘡瘢匝體指瘡而問何戰傷泰具對權把其臂流涕

沈約宋書曰劉邕所嗜食每異（於人性嗜瘡痂以爲味似鰒魚）詣孟靈休靈休先患炎瘡瘡痂落牀上邕因取食之靈休瘡痂未落者悉褫以飴邕靈休與何勗書曰劉邕向顧見噉舉體流血南康國吏二百人不問有罪無罪遞互與鞭取瘡常以給膳

又曰張收嘗爲猘犬所傷醫云宜食蝦蟆膾收甚難之醫含笑先嘗收因此乃食瘡亦即愈

後魏書曰長孫子彥末年石發舉體生瘡雖親戚兄弟以爲惡疾如此難以自明世無良醫恐其死矣嘗聞惡疾蝮蚰螫之不痛試爲求之當令兄弟知我乃於南山得蚰以股觸之痛楚號叫俄而腫死

抱朴子曰治金瘡以氣吹之血即斷痛立止

論衡曰儒書言燕太子丹使客荆軻刺秦王不得誅死後高漸離復以擊筑見秦王王知燕之客乃矐其眼使之擊筑漸離置鉛於筑中以爲重而擊秦王秦王病瘡三月而死夫言高漸離以筑擊秦王實也言中秦王病瘡三月而死虛也

嵇康高士傳曰孔休元嘗被人斫之至見王莽以其面有瘡瘢乃碎其玉劍與治之

華佗別傳曰瑯琊有女子右股上有瘡癢而不痛愈已復發佗曰當得稻糠色犬繫馬頓走出五十里斷頭向癢乃從之須臾有蛇在皮中動以鐵橫貫引出長三尺許七日便愈

異苑曰陳郡謝石少患面瘡諸治莫愈乃自匿遠山臥於巖下中宵有物舐其瘡隨舐除而舐處悉白故世呼爲謝白面

又曰有田父耕值見傷一蛇有一蛇銜草著瘡上而傷者差田父收其餘葉治瘡皆驗

又曰晉時長山趙宣母任身如常而髀上癢搔之成瘡兒從瘡中出母子平安

幽明錄曰漢武在甘泉宮有玉女降與帝圍棊女風姿端正帝乃欲逼之女因唾帝面遂成瘡帝避跪謝神女爲出

溫水洗之事類溫泉部

西京雜記曰廣川王好發冢後發欒書冢是夕王夢一丈夫鬚眉盡白以杖扣王左腳王覺左腳腫痛因生瘡至死不差

三輔故事曰衛太子嶽鼻武帝疾避暑甘泉宮江充謂太子曰陛下惡太子鼻當持紙蔽其鼻及入充言曰太子不欲聞陛下膿臭蔽鼻而入帝大怒

疿

說文曰疿風病也

漢書曰灌嬰矯先帝詔當弃市嬰陽病疿不食欲死或聞上無殺意嬰復食治病議定不死矣乃有飛語爲惡言聞上故以棄市

東觀漢記曰明帝行幸諸國勑執金吾馮魴將緹騎宿玄武門複道上詔曰複道多風寒左右老人且病疿多取帷帳東西完塞窻皆令緻密

螫毒

魏志曰彭城夫人夜之廁蠆螫其手呻吟無賴華佗令溫湯漬手數易湯常令煖其旦即愈

搜神記曰阮瑀傷於虺螫其瘡而雙虺出其鼻中

孔叢子曰宰我使齊反見夫子曰梁丘據遇毒三旬而瘳齊會大夫衆賓焉爲大夫並復獻攻毒之方弟子謂曰梁丘子瘳矣方安所施夫子曰三折肱而知爲良醫治梁丘遇虺害而獲瘳假有與之同疾者必問所以已之方衆人爲見故各言其方也

抱朴子曰蝮虵中人不曉方術者但以刀割肉投地其肉沸如火炙須臾燋盡

秋舍遇蠆客賦曰晃元康二年七月七日中夜遇蠆客有戲余者曰諺云過滿百爲蠆所螫斯言信哉

蠱

周禮秋官曰庶氏掌除毒蠱以嘉草攻之

左傳曰宣二晉里克有蠱疾

沈約宋書曰沛郡相縣唐賜往比村飲酒還因得病吐蠱蟲十枚臨死語妻張曰死後刳腹出病張手破之藏悉糜碎

搜神記曰蠱有怪物若鬼其妖形變化雜類殊種或爲狗豕或爲蟲蛇其人皆自知其形狀常行之於百姓所中皆死

續搜神記曰曇遊道人清苦沙門也剡縣有一家事蠱人噉其食飲無不吐血死遊詣之主人下食遊便呪焉一雙蜈蚣長丈餘於盤中走出飽食歸安然無他

靈鬼志曰滎陽郡有一家姓廖其家累世爲蠱以致富子孫豐悅後取新婦不以此語之家人悉行婦獨守家見屋中一大甖試發見一大蛇便作沸湯悉灌殺之家人還婦具說爲舉家驚惋無幾其家疾病死亡略盡

癰疽

廣雅曰痤疽癰也

說文曰癰腫也痤小腫也

釋名曰癰壅也氣壅否不通結裹而潰也

左傳襄十九年傳曰晉荀偃癉疽生瘍於頭癉疽惡瘡濟河及著雍病目出

史記曰卒有病癰者吳起爲吮之卒母哭之曰往年吳公吮其父父遂戰死今又吮此子妾不知其所死矣

漢書曰項羽疑范增奪其權增怒曰天下且定而王自爲之願賜骸骨羽許之亞父未至彭城疽發背而死

又曰僕射鄭崇數以職事見責發頸癰而死

又曰文帝病癰鄧通常爲上吮之上問曰天下誰最愛我通曰莫若太子太子入上使吮癰太子色難間通吮之慙遂恨通

東觀漢記曰樊儵事後母至孝母常病癰儵至吮欶

典略曰趙戩病疽疾年六十餘聞魏王薨哭泣哀過瘡發而卒

王隱晉書曰徐苗字叔冑弟亡臨殯口中癰大潰膿溢苗含去之

宋書曰劉瑀與何偃俱發背癰瑀疾已篤聞偃亡懽甚呼於是亦卒

南史曰徐嗣伯春月出戲聞草屋中有呻吟聲嗣伯曰此病甚重更二日不療必死乃往視見一老姥稱體痛而處處有䵟黑無數嗣伯還煮斗餘湯送令服之訖痛熱愈甚跳投牀者無數須臾所䵟處皆拔出長寸許乃以膏塗諸瘡口三日而復云此名釘疽也

又曰薛伯宗善徙癰疽公孫泰患發背伯宗爲氣封之徙置齋前柳樹上明日而癰消樹邊便起一瘤如拳大稍稍長二十餘日瘤大膿爛出黃赤汁升餘樹爲之痿損

唐書曰李洧正已從父兄正已死洧以徐州歸順封潮陽郡王無何背發疽稍平乃大具糜餅飯僧於市洧乘平肩輿自臨其場市人讙呼洧驚疽會於背而卒

孝子傳曰魏達父苦疽癰達吮嗽而愈

山海經曰帶山有鳥狀如烏五采名鵸鵌食之不疽

又曰半石之山合水出焉多鰧魚蒼文赤尾食之不癰譙明之山譙水注焉多何羅魚一首十身食之已癰

辛氏三秦記曰大魚如羊在長池中世人食之生癰瘡

論衡曰儒書言齊桓公負婦人朝諸侯管仲告諸侯曰吾君有疽瘡不得婦人瘡惡不愈諸侯信管仲故無叛者

瘻

說文曰瘻頸腫也

山海經曰脫扈之山植楮之草可以已鼠（郭璞注曰鼠瘻也）

淮南子曰貍頭已鼠鷄頭已瘻

洞林曰柳祖休婦病鼠瘻積年不差及困令兒就吾卦之語之曰當得賊師姓石者治之（韓鼠頭）

癬

說文曰癬乾瘡也

山海經曰渠猪之山多豪魚赤喙赤尾食之可已白癬

又曰橐山橐水出焉脩辟之魚其音如鴟食之已癬

瘃

說文曰瘃中寒腫

漢書曰趙充國討先零帝詔充國曰欲至冬擊虜將軍士寒手足皸瘃豈有利哉（皸坼裂也瘃寒瘡也）

疥

說文曰疥搔也

周禮天官疾醫曰夏時有癢疥病

禮記月令曰仲冬行春令民多疥癘

左傳昭五曰齊侯疥遂痁期而不瘳諸侯之賓問疾者多在焉

國語吳語曰夫差既許越成乃大戒師徒將以伐齊子胥

諫曰越之在吳也猶人之有心腹之疾也今王非越是圖而齊魯以爲憂夫齊魯譬諸疾疥癬也豈能涉江湖而與我爭此地哉

山海經曰石脆之山其草多條其狀如韭而白花黑實食之已疥

宋玉登徒子賦曰登徒子之妻既疥且痔登徒悅之使有五子

又曰竹山有草名曰黄雚枝如樗葉如麻白華赤實貫浴之已疥

惡疾

韓詩外傳曰芣苢傷夫有惡疾也采采芣苢薄言捋之（韓澤瀉也芣苢臭惡之菜猶捋之不已君子雖有惡疾我猶不能去辭也）

論語雍也曰伯牛有疾子問之自牖執其手（包曰牛有惡疾不欲見人）曰亡之命矣夫斯人也而有斯疾也斯人也而有斯疾也

後魏書曰李庶生而天閹崔諶調之曰教弟種鬚以錐遍刺作孔揷以馬尾庶曰先以此方迴施貴族藝眉有效然後樹鬚世傳諶門有惡疾以呼沲爲墓田故庶言及之

列女傳曰蔡人之妻者宋人之女也既嫁於蔡夫有惡疾其母將改嫁之女曰夫之不幸乃妾之不幸將何去之終不聽其母而作芣苢之詩

疫癘

說文曰疫皆民之疾也

釋名曰疫役也言有鬼行疾也

禮記月令曰孟夏行秋令則民多大疫

續漢書曰元初中會稽大疫使光祿大夫將醫巡行

魏書曰文帝在東宮氣癘大起時人彫傷帝深感歎與素所敬者大理王朗書曰人生有七尺之形死爲一棺之土唯立德揚名可以不朽

魏志曰司馬朗還兗州刺史征吳到居巢軍中大疫朗躬親巡視致藥於疾卒焉

王隱晉書曰郭文舉得疫病危困不肯服藥曰命在天不在藥

鍾離意別傳曰黄讜爲會稽太守吳大疾疫黄君轉署意中部督郵意乃露車不冠身循行病者賜與醫藥其所臨護口十餘人

劉根別傳曰潁川太守到官民大疫掾吏死者過半夫人郎君悉病府君從根求消除疫氣之術根曰寅戌歲泄氣在亥今年太歲在寅於聽事之亥地穿地深三尺方與深同取沙三斛着中以淳酒三升沃其上府君即從之病者

即愈疫疾遂絕

山海經曰復州之山有企踵之鳥如鷄一足彘尾見則其國中大疫

三輔決錄曰井丹舉室疫病梁松自將醫藥治丹

盛弘之荆州記曰始安郡有鳥焉其形似鵲白尾名爲青鳥常以三月自蒼梧而度羣飛不可勝數山人見其來多苦疫氣

魏文帝與吳質書曰昔年疾疫親故多罹其灾徐陳應劉一時俱逝

曹植說疫氣曰建安二十二年厲氣流行家家有僵尸之痛室室有號泣之哀或闔門而殪或覆族而喪或以爲疫者鬼神所作夫罹此者悉被褐茹藿之子荆室蓬户之人耳若夫殿處鼎食之家重貂累蓐之門若是者鮮焉此乃

陰陽失位寒暑錯時是故生疫而愚民懸符厭之亦可笑

太平御覽卷第七百四十二

太平御覽卷第七百四十三

疾病部六

霍亂　疰　瘧
消渴　噦逆　咳嗽
嘔逆吐　水疾　腫
疝　瘕　痹
痔　痢　陰痿
腸病

霍亂

易說曰穀雨氣當至不至則多霍亂

春秋考異郵曰襄公朝于荆士卒度歲愁悲失時泥雨暑濕多霍亂之病

漢書曰淮南王上書云南越多霍亂之疾

幽明録曰某郡張甲者與司徒蔡謨有親僑住謨家暫數宿行過期不反謨晝眠夢甲云暫行忽暴病患心腹脹滿不得吐痢某時死亡又云我病名乾霍亂自可治也但人莫知其藥故令身死謨曰何以治之甲曰取蜘蛛生斷去脚吞之即愈謨覺使人往甲行所驗之果死問主人病與時日皆與夢符後有乾霍亂者謨試用輙差

疰

釋名曰疰一人死一人復得氣相灌注也

范汪方曰凡九十種疰尸疰此病隨月盛衰人有三百六十餘脉走入皮中或右或左如人所刺遂至於死死尸相注或至滅門

瘧

說文曰瘧熱寒並作也痁熱瘧也痎二日一發

易說曰立春氣當至不至則多疾瘧白露當降不降民多溫瘧

周禮天官疾醫曰秋時有瘧寒疾

禮記月令曰孟秋行夏令民多瘧疾

左傳昭二十年傳曰齊侯疥遂痁（痁瘧疾也）期而不瘳諸侯之賓問疾者多在（多在齊也）梁丘據與裔款言於公曰吾事鬼神豐於先君今君疾病為諸侯憂是祝史之罪也盍誅於祝固史嚚以辭賓（欲殺嚚固以辭問疾之賓）公悅告晏子晏子諫之乃止

東觀漢記曰鄧訓遷護烏桓校尉吏士嘗大病瘧轉易至數十人訓身主湯藥咸得平愈

又曰景丹從上至懷病瘧在上前瘧病上曰聞壯士不瘧漢大將軍反瘧病耶使小黃門扶起賜醫藥歸洛陽病遂加

抱朴子曰猕猴之鬼令人疾瘧

山海經曰陽華山多若華華實如朮味酸甘食之已瘧

玄晏春秋曰夏四月予瘧于河南歸于新安不瘳

世說曰中朝有小兒其父患瘧行乞藥人曰尊侯明德君子何以病瘧答曰來病君子所以為瘧

列異傳曰陽𨿅字聖卿逃瘧神祠有人呼言杜御杜御聖卿應曰諾起至戶口人曰取此書去得素書一卷皆譴劾百神法乃差

録異傳曰嘉興令吳士季瘧經武昌廟遣人辭謝乞斷瘧鬼去廟二十里卧夢見塘上一人乘馬追呼行太急速至季舡下馬與吏共入舡後縛取一小兒去夢覺瘧即斷

又曰弘父患瘧經年後獨至田舍瘧發有數小兒持公首脚公見因陽瞑忽起捉得一兒化成黃鷁餘者皆走仍縛

以還家懸著窻上明當殺食之比曉失鷀瘧遂斷于時有瘧者但呼弘公便斷

甄異傳曰吳興張安病正發覺有物在被上病便更甚安自力舉被捉之物化成鳥如鶅鸕瘧登時愈

盛弘之荆州記曰始興含滙縣有翁水下流有聖鼓橫在川側上下船人剌篙有撞之者皆得瘧疾

消渴

後漢書曰司馬相如有消渴病

後漢書李通素有消渴疾（消渴消中之疾也周禮太春有痟疾）自爲宰相謝病不視事帝令以公位歸第養病

魏略曰下蘭得消渴疾時明帝信呪水使人持水賜蘭蘭曰治病當以方藥何信於此遂不肯飲以至於卒時人見蘭好直言謂帝面折之而蘭自殺其實不也

晉書裴楷有渇利疾不樂處勢王渾爲楷請當見將養不違其志不聽及疾詔遣黃門郎王衍省疾楷迴眸矚之曰竟未見識衍深歎其神雋

南史何點少時嘗患渇逾歲不逾後在吳中石佛寺建講所晝寢夢一道人形貌非常授丸一掬夢中服之而差

唐書鄧玄挺綜銓選無藻鑒之明又患消渇人因號爲鄧渇

王子年拾遺録曰晉武爲撫軍時羌人姚馥字世芬姚襄即其祖也好啜嚼濁糟言渇於醇酒羣輩常狎之呼爲渇羌爲朝歌邑長馥辭之帝曰朝歌紂之故鄉地有酒池故使老羌不復呼飲

交州記曰浮石體虛而輕煑飲止渇

淮南子曰嫁女於病消渇者夫死後則難可復處（以爲故妨之後人不）歠

噦逆

韓詩外傳曰扁鵲過虢虢侯世子暴病死乃造宮門曰世子病所謂尸噦者也

呂氏春秋曰室大多陰則噦

咳嗽

釋名曰咳刻也氣奔至出入不平調若刻物也嗽促也用力急促也

易說曰立秋氣未當至而至則少陽脉盛人病咳

周書曰立秋之日白露不降民多病咳

禮記月令曰季夏行春令則國多風欬

春秋繁露曰人君好戰貪城邑則民病欬嗽

抱朴子曰龜鼈黿鼉之鬼令人病欬

劉弘敕曰吾昨四鼓中起聞西城上兵欬聲甚深即呼省之年過六十羸病無襦而督將差以持時持時備不虞耳此既無所防捍又老病羸凍不隱恤必致死亡督將豈可乃尔耶

嘔吐

左傳哀下曰衛侯爲靈臺于籍圃與諸大夫飲酒焉褚師聲子韤而登席（古者見君解韤）公怒辭曰臣有疾異於人（足有瘡疾）若見之君將殼之（殼嘔吐也）

漢書曰西域有大小頭痛坂令人歐吐

謝承後漢書曰吳郡媽皓字元起其母至婚家醉嘔吐恐食得毒伏地嘗吐仰曰吐寒耳非毒也

鄧粲晉記曰阮籍母死與人棊如故既而飲酒三升舉聲一號吐血數升

晉中興書曰王允之年在總角爲從伯敦所知嘗夜飲允之辭醉眠在別牀敦與錢鳳謀逆允之悉聞其語便於眠處大吐以爲大醉不復疑

沈約宋書曰蕭惠開除府加給事性素剛恚不得志發病嘔血有物如肝肺者甚多

孟宗別傳曰孟宗爲光禄勳嘗大會公先少飲酒偶有強者飲一杯便吐時令峻急凡有醉吐者皆傳詔司察公吐麥飯察者以聞上乃歎息詔問食麥飯意宗荅曰臣家足有米飯耳直愚性所安其德行純素如此

列子曰東方有人焉曰爰旌目將有適也而餓於道狐父之盜曰丘見而下壺飧以餔之爰旌目三餔而後能視曰子何爲者也曰我狐父之人丘也爰旌目曰譆汝非盜耶胡爲而食我吾義不食子食也兩手據地而嘔不出客客而死

水疾

東觀漢記曰東平王蒼到國後病水氣喘逆上遣太醫丞相視之小黃門侍疾置驛馬傳起居以千里爲程

晏子春秋曰景公水病夢與二日鬬不勝召占夢問之晏子謂占夢曰公所病者陰也日陽也一陰不勝兩陽公病將已占夢以其言對三日公病大愈賜占夢占夢曰晏子教臣也公召晏子賜之晏子曰占夢以臣言對故有益也若使臣言則不信也

腫

釋名曰腫鍾也寒熱氣所鍾聚也

春秋潛潭巴曰枉矢黑軍士不勇疾流腫（宋均注云矢當錫光明今累有死喪之氣則腫死）

春秋繁露曰人君簡宗廟逆天時民病流腫

尸子曰有醫竘者秦之良醫也爲宣王割痤爲惠王療痔皆愈張子之背腫謂之曰背非吾背也任子制焉夫身與國亦猶此也必有委制然後治之

齊諧記曰范光禄得病腹脚並腫不飲食忽有一人清朝不自通遥進入光禄齋中就光禄邊坐光禄去先不識君郡得來而不自通此人荅曰佛使我來治君病發衣見之因捉其脚以甘刀針腫上倏忽之間頓針兩脚及膀胱百餘下然不覺痛復欲針腹其兒黃門不聽語竟便去後針孔中黃膿汁當出二三外許至明曉脚都差針亦無孔范甚喜

疝

釋名曰心痛曰疝疝詵也氣詵詵然而上也

後漢書太醫皮循從獵上林還暮宿殿門下寒疝病發時

郯刮直事聞循聲起往問曰冀得火以熨背訓至太官門爲求火不得乃以口噓其背復呼同廬郎共更噓至朝遂愈

瘕

龍魚河圖曰犬狗魚鳥不熟食之成瘕

易説曰白露氣當至不至太陰脉盛人多瘕疝

宋書徐文伯傳宋明帝宮人患腰痛牽心每至輒氣欲絶衆醫以爲肉瘕文伯曰此髮瘕以油投之即吐得物如髮稍引之長三尺頭已成蛇能動懸柱上水滴盡一髮而已病都差

山海經曰麗麂之水其中多有育沛佩之無瘕疾（郭曰育沛未聞）

列仙傳曰玄俗者常餌巴豆雲母賣藥於都市河間王病瘕玄俗脉之下蛇十餘頭俗言王病六世餘殃非王所招

也曰王嘗放麑麑是麟毋仁心感天故遣俗耳

續搜神記曰太尉郗公鎭丹徒嘗出獵時二月中蕨始生有一甲士折一莖食之即覺心中淡淡欲吐因歸家仍成心腹疾半年許忽大吐吐一蛇長尺餘尚活動搖乃掛著屋簷前汁稍稍出蛇漸燋小經一宿視之成一莖蕨猶昔所食也病遂除差

又曰桓宣武時有一督將因時行病後虛熱更能飲複茗必一斛二升乃飽人苦勸復啜五升乃大吐向所飲都盡有一物隨吐後出如斗大試以一斛二升複茗洗之此物噏之都盡而正覺小脹又增五升便悉混然從口中涌出既吐此物病遂差或問之曰此何病荅曰此病名斛二瘕

又曰昔有一人與奴俱得心瘕病奴既死割剖腹視得一

白鼈赤眼甚鮮明乃試以諸毒藥澆灌之并內藥於鼈口無損乃繫鼈於牀脚有客乘白馬來看之溺濺鼈鼈惶遽疾走避溺既繫之不得去乃縮頸藏脚不敢動病者察之謂其子曰吾疾或可救乃試取白馬溺以灌鼈鼈消成數升水病者乃頓飲升餘白馬溺病即豁然除

異苑曰章安有人元嘉中噉鴨肉乃成瘕病胷滿面赤不得飲食醫令服秫米瀋須臾煩悶吐一鴨鶵身喙翅皆以成就唯左脚故綴昔所食肉病遂獲差

志怪曰有人得瘕病腹晝夜切痛臨終勑其子云吾氣絕後可剖視之其子不忍違割之得一銅酒鎗容數合後華佗聞其病而解之便出巾櫛中藥以投鎗鎗即消成酒

痺

春秋考異郵曰痺在喉壽命囚

漢書曰哀帝即位痿痺

又曰馮野王弟立為東海太守下濕病痺天子聞之徙為平原太守

晉書皇甫謐字士安得風痺疾猶手不輟卷

後魏書臨淮王譚孫孚好酒後遇風患手足不隨口不能言乃左手畫地作字乞解所任

唐書曰處羅可汗欲分兵大掠中國羣下多諫處羅曰我父失國賴隋得立恩不可忘時處羅又疾痺隋義城公主有五石餌之俄而處羅發疽死

痔

釋名曰痔食也蟲食之也

山海經曰天帝山有鳥其狀如鶉黑文而赤翁郭璞注云翁頸下毛也名曰櫟食之已痔又虎蛟可以為痔郭璞注為治也

莊子曰秦王有病召醫破癰者得一車乘舐痔者得車五乘所治愈下得乘愈多

尸子曰有醫竘者秦之良醫為惠王治痔皆愈

宋玉登徒子賦曰登徒子之妻既疥且痔

痢

釋名曰泄痢言出漏泄而利也

漢書曰韋玄成父喪既葬當襲爵即陽為病狂臥便痢妄笑語欲讓避兄也

北史齊司馬膺之好讀太玄經文注揚雄蜀都賦每云我欲與揚子周遊患痢十七年竟不愈齊亡歲以痢疾終

魏武令曰凡山水甚強寒飲之皆令人痢

陰痿

漢書曰膠西王端為人賊戾又陰痿一近婦人病數月

又曰：周仁爲人陰重不泄（張晏曰：陰重不泄，下濕故溺袴，是以得此官者入後宮）。

魏志曰：公孫康死，子晃、淵皆小，衆以康弟恭嗣。恭陰消爲閹人，劣弱不能治國。淵脅奪恭位。

晉書曰：南陽王模世子保，體質豐偉，嘗自稱重八百斤，素喜睡，痿疾不能御婦人。

宋書曰：明帝素肥，晚年痿疾，不能御内。

陽病

左傳襄三曰：楚子使薳子馮爲令尹，訪於申叔豫。申叔豫曰：國多寵而王弱，國不可爲也。遂以疾辭。方暑，闕地下冰而牀焉。重繭衣裘，鮮食而寢。楚子使醫視之，復曰：瘠則甚矣，而血氣未動（言無疾）。

史記曰：廉頗云：我爲趙將，有攻城野戰之功，而藺相如徒以口舌爲勞，而位居我上。相如聞，不肯與會，每朝時常稱病，不欲與爭列。

續漢書曰：楊彪見漢祚將終，自以累世爲公卿，恥爲魏臣，遂稱足疾，不復行。

范曄後漢書曰：高詡字季回，父容，哀平間爲光祿大夫。詡以父任爲郎，世傳魯詩，以信行清操知名。王莽篡位，父子稱盲，逃不仕莽。

又曰：封觀者，以兄名位未顯，恥先受之，遂稱風疾，瘖不能言。火起燒屋，徐出避之，忍而不告。

謝承後漢書曰：沛國陳禁，性不好榮。建武中，拜議郎，引見賜食，禁陽眼目無所見，以肉投羹中，出又撑柱乃歸。

魏末傳曰：李勝爲荆州刺史，曹爽令別司馬懿，懿使婢進粥，持杯而飲，粥皆流出。謂爽曰：太傅非復可濟（令人愴然，故爽不復設備）。

曹瞞傳云：太祖少飛鷹走狗，游蕩無度，其叔父數言之於嵩。太祖患之，後逢叔父於路，乃佯敗面喎口。叔父怪問其故，太祖曰：卒中風。叔父告嵩，嵩驚呼太祖，太祖貌如故。嵩問曰：叔父言汝中風，已差乎？太祖曰：初不中風，但失叔父愛，故見罔耳。嵩乃疑，自後叔父所言，嵩不復信。

晉書：曹爽專權，宣帝稱疾，何曾亦謝病。爽誅，曾乃起視事。

又曰：鍾會將反於蜀，使衛瓘慰勞諸軍。瓘心欲去，且堅其意，曰：卿三軍主，宜自行。會曰：卿先行，吾當後出。瓘便下殿。會悔遣之，使呼瓘。瓘辭眩疾動，詐仆地，比出閤，數十信追之。瓘至外廨，服鹽湯，大吐。瓘素羸，便以困篤。會遣所親人及醫視之，皆言不起。會由是無所憚。

晉陽秋曰：宣帝初不欲屈節曹氏，辭以風疾不能起。魏武使人往微刺之，以觀信否。宣帝堅卧不動。

晉書曰：王戎族弟敦有高名，戎惡之。敦每候戎，輒託疾不見。敦後果爲逆亂。其鑒賞先見如此。

又曰：長樂馮恢，父爲弘農太守，愛少子淑，欲以爵傳之。恢父終，服闋，乃還鄉里，結草爲廬，陽瘖不能言。淑得襲爵，恢始仕爲博士祭酒。

隋書曰：郭衍爲洪州總管，晉王鎮淮海，因召衍陰共計議，又恐人疑無故來往，託以衍妻患癭，王妃蕭氏有術能療之，以狀奏高祖。高祖聽衍共妻向江都，往來無度。

唐書曰：安祿山陷西京，王維佯中風失音，賊猶強授僞官。後蒙原罪。

又曰：王徽傳：黃巢入潼關，僖宗出幸，徽與同列崔沆、豆盧瑑、僕射于琮至曙方知，遂相與奔馳赴行在。徽夜落荆榛中，隱於崔谷，爲賊所得，迫還京師，將授之僞命。徽示以足折口瘖，雖白刃環之，初無懼色。賊令輿歸第，命醫二視之

月餘守視者稍怠微乃雜於負販竄之河中遣人間道奉
絹表入蜀天子嘉之詔授光祿大夫守兵部尚書

嵇康高士傳曰王莽徵孔休休歃血於使者前吐之爲病
篤遂不行

益部耆舊傳曰公孫述僭號徵犍爲任永君許以大位永
君故託以清盲妻於面前淫若不見子入井忍情不問述
伏誅永君澡浴引鏡照形曰世適平目即清妻乃自殺馮
信季成亦不受公孫述聘託清盲十三年侍婢於面前淫
而不問述誅取紙作書婢因自殺

太平御覽卷第七百四十三

太平御覽卷第七百四十四

工藝部一

敍藝　射上

敍藝

書曰以旦代某之身予仁若考能多材多藝

禮曰是月也命將講武習射御角力執弓挾矢以獵

又曰德成而上藝成而下

又曰尚伎而賤車則人興藝

周禮曰保氏掌諫王惡而養國子以道（馬融曰道六藝）乃教之六藝禮樂射御書數

論語曰太宰問於子貢曰夫子聖者歟何其多能也子貢曰固天縱之將聖又多能也

又曰志於道據於德依於仁遊於藝

漢書曰元帝多伎藝

華嶠後漢書曰鄧禹十三男各令習一藝

梁書曰柳惲字文暢早有令名少工篇什彈琴爲士流第一帝謂周捨曰吾聞君子不可求備至於柳惲可謂具美分其才藝足了十人

又曰朱异字彥和通覽五經涉獵文史博弈書筭尤善沈約面試皆妙乃戲之曰君何不廉天下有藝君一時持去可謂不廉也

後漢書曰祖珽字孝徵裴讓之字士禮俱崇文學邢劭省中爲之語曰多伎多能祖孝徵能賦能詩裴讓之皆一時之美也

後趙録曰張材伎烏譚部人也善棊博蹴鞠鬬雞諸伎身長八尺飲酒石餘不亂

射上

中論藝紀曰射以平志御以和心書以綴事數以理煩

李顒遊藝箴曰邈矣姬旦惟藝之淵

易曰弦木爲弧剡木爲矢弧矢之利以威天下蓋取諸睽（睽乖也物乖則爭興弧矢之用所以威乖爭也）

又曰公用射隼于高墉之上獲之無不利子曰隼者禽也弓矢者器也射之者人也君子藏器於身待時而動何不利之有動而不括是以出而有獲語成器而後動者也（括結也君子待時而動則無結閡之患也）

詩曰既張我弓又挾我矢

又曰終日射侯不出正兮

禮曰工尹商陽與陳弃疾追吳師及之陳弃疾謂工尹商陽曰王事也子手弓子射諸射之斃一人韔弓（韔號亮切弓衣）止其

御曰朝不坐燕不與殺三人亦足以反命矣（朝燕於寢大夫坐於上士立於下然則商陽與御者皆士也）孔子曰殺人之中又有禮焉善之

又曰孔子去士使之射不能則辭以疾懸弧之義也（男子生而設弧於門左示有射道而未能也）

又曰射有似乎君子失諸正鵠反求諸其身（反求於其身不以怨人也畫曰正皮曰鵠也）

又曰孔子射於矍相之圃蓋觀者如堵墻（矍相地名也樹菜蔬曰圃）射至於司馬使子路執弓矢出延射曰賁（旁吻切）軍之將亡國之大夫與爲人後者不入其餘皆入蓋去者半入者半（先行）（飲酒禮將射弓以司馬子路執弓矢延射則爲司射也賁讀爲僨僨猶覆也）又使公罔之裘序點揚觶而語曰幼壯孝悌耆耋好禮不從流俗修身以俟死者不在此位也蓋去者半處者半序點揚觶而語曰好學不倦好禮不變耄期（音基）稱道不亂者不在此位也蓋僅

有存焉語之發聲也誇畢也又使此二人舉觶者古者於旅也語謂說美理也三十曰壯耆耋皆老也流俗失俗也處猶留也不可以在此賓位序點或為徐點壯或為將耄期或為旄動
又曰射之為言繹也或曰舍也繹者各繹己之志也故心平體正持弓矢審固持弓矢審固則射中矣故曰為人父者以為父鵠為人子者以為子鵠為人君者以為君鵠為人臣者以為臣鵠故射者各射己之鵠故天子大射謂之射侯射侯者射為諸侯也射中則得為諸侯射不中不得為諸侯大射將祭擇士之射也以為某鵠者將射還視侯中之則成人不中之則不成人也得為諸侯為有慶也不得為諸侯有讓也天子將祭必先習射於澤澤者所以擇士也已射於澤而后射於射宮射中者得與於祭不中者不得與於祭不得與於祭者有讓削以地得與於祭者有慶益以地進爵絀地是也澤宮名也士謂諸侯朝者諸臣及所貢士也皆先令習射於澤已乃射宮課中否也諸侯有慶者先進爵有讓者先削地也故男子生桑弧蓬矢六以射天地四方天地四方者男子之所有事也故必先有志於其所有事然後敢用穀也

左傳曰晉楚將戰潘尩之子黨與養由基蹲甲而射之徹七札焉蹲聚以示王曰君有二臣如此何憂於戰王怒曰大辱國詰朝尔射死藝言汝以射自多必當以藝死也呂錡夢射日中之退入於泥呂錡魏錡也占之曰姬姓日也異姓月也射而中之退入於泥亦必死矣及戰射恭王中目王召養由基與之二矢使射呂錡中項伏弢他刀切弓衣也以一矢復命言一發而中

又曰衛獻公出奔初尹公佗學射於庾公差庾公差學射於公孫丁二子追公二子佗與差也公為孫氏逐也公孫丁御公子魚曰子魚庾公差也射為背師不射為戮射而禮乎禮射不求中也射兩軥而還軥車軛卷者今俗謂之軥心木尹公佗曰子為師我則遠矣乃反之佗不從丁學故曰遠始與公差俱退海而獨還射丁公孫丁授公轡而射之貫臂貫手公他臂

又曰吳子諸樊伐楚以報舟師之役門于巢攻巢門也巢牛臣曰吳王勇而輕若啓之親門啓開門也我獲射之必殪殪死也是君也死疆其少安從之吳子門焉牛臣隱於短墻以射之卒

又曰昔賈大夫惡貌醜娶妻而美三年不言御以如皐射雉獲之其妻始笑而言

周禮曰大司樂掌成均之法鄭司農云均調也樂師主調其音大司樂主受此成事已調之樂大射王出入令奏王夏及射令奏騶虞騶虞樂章名在召南之卒章王射以騶虞為節也詔諸侯以弓矢舞舞謂執弓挾矢揖讓進退之儀

又曰樂師掌國學之政以教國子小舞謂以年幼少時教之舞凡射王以騶虞為節諸侯以貍首為節大夫以采蘋為節士以采蘩為節騶虞采蘋采蘩皆樂章名在國風召南貍首在樂記

又曰王以六耦射三侯三獲三容樂以騶虞九節五正諸侯以四耦射二侯二獲二容樂以貍首七節三正孤卿大夫以三耦射一侯一獲一容樂以采蘋五節二正士以三耦射犴侯一獲一容樂以采蘩五節二正鄭司農云三侯虎熊豹也容者乏也待獲者所蔽也九節析弔九重設於長杠正所射也若王大射則以貍步張三侯鄭司農云貍步謂不舉足為步於今為半步也玄謂貍善搏者也行則止而擬度焉其發必獲是以量侯道法之也王射則令去侯立於後以矢行告卒令取矢鄭司農云射人王令人去侯所而立於後也以矢行告射人以矢行高下左右告於王者也

又曰射鳥氏掌射鳥鳥謂中膳羞者鳧鴈鴇鶉之屬也祭祀以弓矢敺烏鳶凡賓客會同軍旅亦如之烏鳶善鈔盜便汙人射則取矢矢在侯高則以并夾取之鄭司農云王射則射鳥氏主取其矢在侯高者矢著侯高人手不能及則以并夾取之并夾鍼箭具夾讀為甲故司弓矢職曰大射燕射共弓矢并甲

又曰庭氏掌射國中之祅鳥若不見鳥獸則以救日之弓

與救月之矢夜射之（不見鳥獸謂夜來鳴呼爲怪者獸狐狼之屬鄭司農云救日之弓救月之矢謂日月食所作弓矢玄謂日月之食陰陽相勝之變也於日食則射太陰月食則射太陽）若神也則以太陰之弓與枉矢射之（神謂非鳥獸之聲若或叫于宋大廟譆譆出出者）

又曰王大射則共虎侯熊侯豹侯設其鵠諸侯則共熊侯豹侯卿大夫則共麋侯皆設其鵠（大射者爲祭祀射王將有郊廟之事與邦國所貢之士可以與祭者射者可以觀德行其容體比於禮其節比於樂而中多者得與於祭凡大射各於其射宮侯者其所射也以虎豹熊麋之皮飾其側所謂皮侯三之大射虎侯王所自射也熊侯諸侯所射豹侯卿大夫以下所射諸侯之大射熊侯諸侯所自射豹侯羣臣所射卿大夫之大射麋侯君臣共射焉）

又曰保氏掌養國子以道教之五射（五射一曰白矢二曰參連三曰剡注四曰襄尺五曰井儀也）

論語曰君子無所爭必也射乎（言於射而後有爭也）揖讓而升下而飲（射於堂升及下皆揖讓而相飲也）其爭也君子（多筭飲少筭君子之所爭也）

又曰射不主皮（射有五善焉一曰和志體和也二曰和容有容儀三曰主皮能中質四曰和頌合雅五曰興舞同射者不但以中皮爲善亦兼取其和容也）爲力不同科古之道也（爲力力役之事亦有上中下設三科焉故曰不同科也）

韓詩外傳曰楚熊渠子夜行見寢石以爲伏虎彎弓而射之沒金飲羽下視知其石也因復射之矢摧無跡也

三禮射侯圖曰天子大射之時天子虎侯九十步諸侯熊侯七十步卿大夫豹侯五十步畿內諸侯大射君熊侯九十步卿大夫參侯七十步士豻（五旦切）侯五十步天子卿大夫射君目共射一麋侯五十步諸侯卿大夫亦如之天子及諸侯之士皆無大射祭侯者以豹皮爲鵠以麋皮爲飾祭之爲言雜也豻侯者以胡犬皮爲鵠亦以爲飾

又曰天子賓射亦三侯天子射五正侯諸侯射三正侯卿大夫射二正侯諸侯賓射二侯君三正卿大夫賓射君目共射一侯二正士與士賓射豻侯二正士　不得畫雲氣故以豻皮飾其側也畿內諸侯與外國同其侯道亦如之

又曰天子燕射天子熊侯諸侯卿大夫士虎豹侯諸侯燕射君亦熊侯卿大夫亦宜參侯士鹿豕卿大夫與其目燕射君目共射虎豹侯士燕射亦宜豹侯畫鹿豕焉畿內諸侯與外國用其侯道亦如賓射

戰國策曰楚有養由基者善射去楊葉百步而射之百發百中有一大夫過之曰善射可教矣由基子試代我射之客曰我非能教子出左屈右也夫射者百發百中而不以善息少焉氣衰力勸弓撥矢拘一矢發而不中前功盡弃矣

又曰更羸與魏王處廡下有鴈從東方來更羸虛發而鴈下魏王曰射可至此乎更羸曰其飛徐其鳴悲飛徐者故瘡痛也鳴悲者失群也故瘡未息驚心未去故聞弦音而下

史記曰漢有善騎射者樓煩楚挑戰三合樓煩輒射殺之

又曰李廣爲右北平太守出獵見草中石以爲虎射之中石沒鏃視之石也因復更射之終不復入廣所居郡聞有虎常自射之及居右北平射虎虎騰傷廣廣亦竟射之廣爲人猨臂其善射亦天性也雖其子孫他人學者莫能及廣擊匈奴中貴人從匈奴三人射之中貴人殺其騎且盡中貴人走廣廣曰是必射鵰者（鵰鳥善射者射之也）逐之果然廣爲將其射見敵非十步之內度不中不發發即應弦而倒用此爲將兵數困辱

漢書曰匈奴畏郅都之威刻木像都之狀交弓射之莫能一中

又曰堂邑父胡人也善射與張騫俱使西域每處困之時

射鳥獸供食

後漢書曰王寵善射十發十中皆同處焉

又曰董卓膂力過人雙帶兩鞬左右馳射爲羌胡所畏

魏志曰挹婁國古肅慎氏之國也善射入人目

又曰文帝共上常獵爲虎所逐顧射應聲而倒太祖壯其摯勇使將武騎

魏略曰成公英從太祖出獵有三鹿走過太祖命英射之三發三鹿皆應弦而倒

吳志曰太史慈字子義初北海相孔融以黄巾寇暴出屯都昌爲賊管亥所圍慈乃帶鞬攝弓上馬將兩騎自隨各作一的持之開門直出外軍圍下左右人並驚駭兵馬牙出慈引馬至城下塹内植所持的各一出射之射畢徑入門晨復如此圍下人或起或卧故慈復植的射之畢復入門明晨復出如此無復起者於是鞭馬直突圍中馳去比賊覺知慈行已過又射數人皆應弦而倒故無敢追者慈猿臂善射弦不虚發嘗從孫策討麻保賊賊於屯裏緣樓上行罵以手持樓棼慈引弓射之矢貫手着棼圍外萬餘人莫不稱善其妙如此

晉書曰劉曜字永明身長九尺六寸垂手過膝雄武有膂力射鐵入一寸焉時號神射也

又曰庾翼時有衆萬詔加都督征討諸軍事師次襄陽大會僚佐陳旌甲親授弧矢曰我之行也善此射矣遂三起三疊徒衆屬目其氣十倍

又曰庾翼鎮武昌謝尚數詣翼諮謀軍事嘗與翼共射翼曰卿若破的當以鼓吹相賞尚應聲中之翼即以其副鼓吹給之

又曰楊濟遷太子太傅濟有才藝常從帝校獵北邙山下與侍中王濟俱着布袴褶騎馬執角弓在輦前猛獸突出帝令濟射之應弦而倒須臾復一出濟受詔又射殺之六軍大叫稱快

又曰魏舒累遷後將軍鍾毓長史毓每與參佐射舒常爲畫籌而已後遇朋人不足以舒滿數毓初不知其善射舒容貌閑雅發無不中舉坐愕然莫有敵者毓歎而謝曰吾之不足以盡卿才有如此射矣

又曰江州刺史庾悦隆安中爲司徒長史曾至京口劉毅時甚窶先就府借東堂與親故出射而悦與僚佐徑來詣毅告之曰毅輩迍否之人合一射甚難君於諸堂並可望以今日見讓悦不許射者皆散唯毅留射如故

又曰王愷以帝舅奢豪有牛名八百里駮常瑩其蹄角王濟請以錢千萬與牛對射而賭之愷亦自恃其能令濟先射一發破的因據胡牀叱左右速探牛心來須臾而至一割便已

齊春秋曰宜都王鏗字宣徹太祖第十六子善射常取甘蔗插地百步射之十發十中古之楊葉殆不能加

陳書曰褚玠剛毅有膽決長騎射常從司空侯安都於徐州出獵遇猛獸玠射之再發中口入腹俄而獸斃

隋書曰賀堅字世固彎弓三石餘烈祖以堅善射故親試之乃取一牛置百步上召堅使射曰能中之乎堅曰少壯之時能令不中今已年老正可中之恪大笑射發一矢拂脊再一矢磨腹皆附膚落毛上下如一恪曰復能中乎堅曰所貴者以不中爲奇中之何難一發中之堅時年六十餘觀者咸服其妙

又曰慕容根善射嘗從行儁有一野羊立於懸崖太祖命左右射之莫有中者根自募求射之一發而中

崔鴻十六國春秋燕録曰建威翰奔還本國有勁騎百餘追之翰遥謂之曰吾旣思戀而歸必無返面吾之弧矢汝曹知否無爲相逼自取死也吾處汝國久矣誓不殺汝可百步豎刀吾射中者汝便宜返不中者可前也諸騎觧刀豎之翰發而中鐶追騎乃散

又後燕録曰慕容盛行遇賊盛曰汝欲當鋒乎試豎汝手中箭百步我善中之宜愼汝命如不中當東身相授盜乃豎箭盛一發中之盜曰相試耳資而遣之

又前秦録曰苻琳字永瑶堅之第五子也有文武才藝引弓五百斤射銅翟耳至於山水文詠皆綺秀清麗

又前涼録曰索孚字國明燉煌人善射十中八九或謂之曰射有法乎孚曰射之爲法猶人主之治天下也射者弓有強弱矢有銖兩弓不合度矢不端直主雖逢蒙不能以中才不稱官萬務荒殆雖有堯舜之君亦無以治也

又趙録王劉曜親圍陳安於隴城安突圍而出近則刀矛俱發輙害六七遠則雙帶兩鞬左右馳射

太平御覽卷第七百四十四

太平御覽卷第七百四十五

工藝部二

射中

後魏書曰胡太后親覽萬機手筆斷決幸西林園法流堂命侍臣射不能者罰之又自射鍼中之大悅賜左右布帛有差

又幸闕口登雞頭山自射象牙簪一發中之

又曰長孫晟嘗使攝圖攝圖獨愛晟每共遊獵留之竟歲有一鵰飛而爭肉因以箭兩隻與晟請射取之晟馳往遇鵰相攫遂一發雙貫焉攝圖喜命諸子弟貴人皆相親友冀昵近之以學彈射

又曰尒朱兆萬仁榮從子也少驍猛善騎射蹻捷過人榮曾送臺使見二鹿乃命兆前授之二箭曰可取此鹿供今

食也遂停馬構火以待之俄然兆獲其一榮欲矜誇使人責兆曰何不盡取杖之五十

又曰山偉字仲才河南洛陽人其先代人也祖強攻騎射彎弓五石初爲駕部郎顯祖出於方山兩狐起於御前詔強射之百步之內二狐俱死顯祖善之除內行長

又曰元庫汗爲羽林中郎從駕北巡有兎起於乘輿前命庫汗射之應弦而斃太祖大悅賜金兎一枚以旌其能

又曰楊播字延慶車駕曜威城洹水上已設宴高祖與中軍彭城王勰賭射左衞元遥在勰朋內而播居帝曹遂射侯正中籌限以滿高祖曰左衞籌足右衞不得不解播對曰仰恃聖恩庶幾必爭於是彎弓而發其箭正中高祖笑曰雖養由基之妙何復過是遂與巵酒以賜之曰古人酒以養病朕今賞卿之能何謂今古之殊也

又曰元幹機悟壯勇善弓馬太宗出遊白登之東北幹以騎從有雙鵰飛於上太宗命左右射之莫能中者鵰旋飛稍高幹自請射之以二箭而下雙鵰太宗嘉之賜御弓矢金帶以旌其能軍中於是號幹爲射鵰都尉

又曰靈丘南有山高四百餘丈羣官仰射無能踰者文成帝彎弧發矢出三十餘丈過山南二百三十步遂刊石勒銘

又曰孝武即位諸蕃並遣使朝貢帝臨軒宴之有鵶飛於殿前帝素知竇熾善射因欲矜示遠人乃給熾御覽物隻命射之鵶乃應弦而落諸蕃人咸歎異焉帝大悅

又曰南平王渾好弓馬射鳥輒歷飛而中之日射兎得五十頭太武嘗命左右分射勝者中的籌滿詔渾解之三發皆中帝大悅器其藝能常引侍左右

又曰奚康生洛陽人少驍武彎弓十石矢異尋常魏宣武聞之故作大弓兩張長八尺把中圍尺有二寸箭麤如今之長笛送與康生康生便集文武用之平射猶有餘力觀者以爲絕倫

西魏書曰文帝在天遊園以金巵置侯上令公卿射中即賜之宇文貴一發而中帝笑曰由基之妙正當此耳進侍中

北齊書曰斛律光嘗從文襄洹橋校獵雲表見一大鳥射之正中其頸形如車輪旋轉而下乃鵰也邢子高歎曰此射鵰手也當時號落鵰都督

又曰斛律羨及光並工騎射少時好獵父金命子孫會射而觀之泣曰明月豐樂用弓不及我諸孫又不及明月豐樂世衰矣每日令出畋遊即較所獲光獲雖少必麗龜達

服美獲雖多非其宜之所光常蒙賞美或彼篁人問其故
去明月必皆上着豐樂隨處即下手數雖多去凡遠矣聞
者服其言明月光之字豐樂羨之字也

又曰元景安善射孝昭嘗與功臣西園宴射侯去堂百二
十步中的者賜以良馬及金玉錦綵等有一人射中獸頭
去鼻寸餘唯景安最後有矢未發帝令景安解之景安引
滿正中獸鼻帝嗟異稱善特賞玉帛又加常等

又曰高隆之於射堋朋音土上立三人像爲壯勇之勢文宣
曾至東山因射謂堋上可作猛獸以存古義何爲終日射
人隆之無以對

又曰皮景和琅邪下邳人也高祖曾令和射一豕一箭而
獲之深見嗟賞及周通好之後冠蓋來常令景和對接每
與使人同射百發百中甚見推重焉

後周書曰李遠嘗校獵於莎柵見石於叢薄中以爲伏兔
射之而中鏃入寸餘就而視之乃石也太祖聞而異之賜
書曰昔李將軍廣親有此事公今復爾可謂世載其德雖
熊渠之名不能獨善其美

又曰趙文少而修德存忠節便弓馬能左右馳射

又曰豆盧寧嘗與梁企定遇於平涼川相與肆射乃於百
步懸莎草以射之七發五中企定時以爲能贈遺甚厚

又曰賀跋勝從太祖宴于昆明池時有雙鳧遊於池上太
祖乃授弓矢於勝曰不見公射久矣請以爲歡勝射之一
發俱中因拜太祖曰使勝得奉神武以討不庭皆如此也
太祖大悅自是恩禮尤重

又曰齊王憲子貴年十一從憲獵於鹽州圍中手射野馬
及鹿一十有五

隋書曰突厥入朝隋文賜之射突厥一發中的上曰非賀
若弼無能當此乃命弼弼再拜祝曰臣若赤誠奉國當一
發破的如其不然發不中也既射一發而中上大悅顧謂
突厥曰此人天賜我也

又曰韓洪平陳之役授行軍揔管及陳平晉王大獵於蔣
山有猛獸在圍中衆皆懼洪馳馬射之應弦而倒陳氏諸
將列觀於側莫不歎伏焉王大喜賜縑百疋

又曰宇文忻字仲樂年十二能左右馳射驍捷若飛常謂所
親曰自古名將唯以韓白衛霍爲美談吾察其行事未足
多也若使與僕並時不令豎子獨擅高名也其少慷慨若
此

又曰虞慶則幼雄毅身被鎧帶兩鞬左右馳射本州豪俠
皆敬憚之

又曰史萬歲京兆杜陵人也見羣飛鴈曰請射行中第三
者射之應弦而落三軍莫不悅服

唐書曰馮盎時羅竇諸洞獠叛詔令盎率部落二萬爲諸
軍先鋒時有賊數萬屯據險要不可攻逼盎持弓語左右
曰盡吾此箭可知勝負連發七矢而中七人

又曰薛仁貴領兵擊九姓突厥於天山將行高宗出甲令
仁貴試之上曰古之善射有穿七札者卿且射五重仁貴
射而洞之高宗大驚更取堅甲以賜之

又曰李晟性雄烈有才善騎射年十八從軍身長六尺勇
敢絶倫時西河節度使王忠嗣擊吐蕃有驍將乘城拒鬭
頗傷士卒忠嗣募軍中能射者射之晟引軍一發而斃三
軍皆大呼忠嗣厚賞之因撫其背曰此萬人敵也

莊子曰吳王浮乎江登于狙之山衆狙見之徇然而走逃

於深榛有一狙焉見巧於王王射之敏給（敏疾也給續也）搏捷矢（捷速也矢雖捷速而狙能搏也）王命相者趨而射之狙執死王顧謂其友顏不疑曰是狙也伐其巧恃其便以傲於予以至此殛也戒之哉

又曰列禦寇為伯昏瞀人射引之盈貫措杯水於其肘（左手如矩右手如附枝左手放發而右手不知故可措之杯水）發之適矢復沓（矢去也箭適放去復歃沓）放矢復寓（箭放去未至的已復寄杯水於用言其敏捷之甚也）當是時猶象（偶人）人也（不動之至）伯昏瞀人曰是射之射也非不射之射也（不射之射乃盡善矣）

又曰射者非前期而中謂之善射天下皆羿也可乎（不期而中誤中者耳非善射也若謂謬中為善射是則天下皆可謂之羿乎言不可矣）

列子曰列子學射中矣請於關尹子關尹子曰子知子之所以中者乎對曰弗知也關尹子曰未可退而習之三年又以報關尹子關尹子曰子知子之所以中者乎列子曰

知之矣關尹子曰可矣而勿失也非獨射為國與身亦皆如之

又曰中山公子牟悅趙人公孫龍樂正子輿之徒笑之公子牟曰子何笑牟之悅龍也子輿曰吾笑龍之紿孔穿（紿音殆）言善射者能令後鏃中前括（音闊）發發相及矢矢相屬前矢造准而無絕落後矢之括猶銜弦視之若一焉孔穿駭之龍曰此未其妙者逢蒙之弟子曰鴻超怒其妻而怖之引烏號之弓淇衛之箭射其目矢至眸子而眶不睫矢墜地而塵不揚是豈智者之言與公子牟曰知者之言固非愚者之所曉也後鏃中前括均後於前也矢注眸子而眶不睫盡矢之勢也子何疑焉

又曰甘蠅古之善射者彀弓而獸伏鳥下弟子名飛衛學於甘蠅而巧過其師紀昌又學射於飛衛曰尓先學不瞚（瞚音舜）而後可言射矣紀昌歸偃卧其妻之機下以目承牽挺（牽挺機躡也）三年之後錐末到眥而不瞚也以告飛衛（飛衛曰未也）亞學視小如大視微如著而後告我紀昌以氂懸虱於牖南面而望之旬日之間浸大也三年之後如輪焉以覩餘物並丘山也乃以燕角之弧朔蓬之簳射之貫虱之心而懸不絕以告飛衛飛衛高蹈拊膺曰汝得之矣紀昌既盡衛之術計天下之敵己者一人而已乃謀殺飛衛相遇於野二人交射中路　矢鋒相觸而墜於地而塵不揚飛衛之矢先射紀昌之矢唯一既發飛衛以棘刺之端扞之而無差焉於是二子泣而投弓相拜於塗請為之父子

韓子曰李悝為魏文侯北地之守而欲民之善射也乃下令曰民之有狐疑之訟者令人射杓（音標）中之者勝不中者不勝令且下而民皆習射日夜不休乃與秦戰大敗之以

民之善射故也

墨子曰或有於墨子學射墨子曰不可夫學者必量其力國士猶不可及今子非國士豈能我學又成射哉

周生烈子善射者不盡弓力善治者不盡下情

尸子曰荆莊王命養由基射青蛉王曰吾欲生得之養由基援弓射之拂左翼焉王大喜

符子曰晉之相者桓氏世傳于楚善以道假乎射焉常以其所不射而之患晝之不足以卒歲故以夜而燭之

又曰夏王使羿射於方矢之皮征寸之的乃命羿曰子射之中則賞子以萬金之費不中則削子以十邑之地羿容無定色氣戰於胷中乃援弓而射之不中更射之又不中夏王謂傅弥仁曰斯羿也發無不中而與之賞罰則不中的者何也傅弥仁曰若羿也口懼為之災萬金為之患矣

人能遺其喜去其萬金則天下之人皆不愧於羿矣夏王
曰人聞子之言始得無欲之道
淮南子曰堯時十日並出堯命羿仰射十日中其九烏
又曰史皇產而能書史皇蒼頡生而見鳥迹知著書號曰史皇或曰頡羿左臂脩
脩長也而善射羿有窮之君也
又曰越人學遠射參天而發適在五步之內越人習水便舟而不知射射遠反直仰向天而發矢勢盡而還故適在五步之內參猶望也不易儀儀射法也言不曉射故不知易去參天之法也世已變矣而守其故譬猶越人之射也言其守故不知變也
又曰楚王有白猨王自射之則搏矢而熙熙戲也使養由基射之始調弓矯矢未發而猨擁柱號矣由基楚王之臣養由基調張矯直擁抱號呼也選賦曰養流涕而猨號是也
又曰夫矢者所以射遠貫牢者弓力也其所以中杓剖微微者人心也

又曰善射者發不失的善於射矣而不善所射所射者死故曰不善

太平御覽卷第七百四十五

工藝部三

射下　御

射下

呂氏春秋曰射犳者欲其中小也射獸者欲其中大也物固不必可推

又曰荊廷嘗有白猨荊之善射者莫之能中荊王請養由基射之養由基矯弓操矢而往發之則猨應矢而下

白虎通曰天子所以親射何助陽氣達萬物也春陽氣微弱恐物有窒塞不能自達者天子射熊何示服猛遠巧佞也熊爲獸猛巧者也非但當服猛巧者亦當服天下巧佞之臣也諸侯射麋何示遠迷惑人者也麋之言迷也大夫射虎豹何示服猛也士射鹿豕何示除害也各取德而能服也大夫士射兩物何大夫士俱人臣陰數偶也侯者以布爲之何布者用人事之始也本正則末正矣名之爲侯者何明諸侯有不朝者則當射之君子重同類不忍射之故畫獸射之射主何爲乎曰射義非一也夫射者執弓堅固心平體正然後中也二人爭勝樂以養德也勝負俱降以崇禮讓故可以選士夫勝者發近而制遠選士所以助微抑強調和陰陽戒不虞也天子射百二十步諸侯九十步大夫七十步士五十步明尊者所服遠卑者所服近也

列女傳曰晉平公使工爲弓三年乃成射不穿一札公怒將殺工其妻見公曰妾之夫造此弓亦以勞矣而不穿一札是君不能射也妾聞射之道左手如矩右手如附枝右手放發左手不知公以其言爲儀瀸而穿七札弓工立得出賜金三鎰

英雄記曰袁術遣將紀靈率步騎三萬攻劉備呂布遣人招備并請靈等饗飲謂靈曰布性不喜合鬬但喜解鬬耳乃令植戟於營門彎弓曰諸君觀布射戟小支中者當解兵不中留決鬬布一發中戟支遂罷兵

西京雜記曰茂陵人周楊本瑯耶人善馴野雞以爲媒用以射雉每三春之月茀障自翳用鮭（姑迷切）矢以射之日連百數茂陵輕薄者化之皆以雜寶錯厠翳障輕騎妖服追隨於道路以爲歡娛楊死其子亦善其事董司馬（賢也）好之以爲上客

典論曰文帝自叙曰少好弓馬逐禽輒十里射常出百步後獵猶貢良弓燕代獻名馬於鄴西獵終日獲麞鹿九雉兎二十後尚書令荀彧問余曰聞君善左右射此實難能

余曰執事未覩凡埒有常徑的有定所雖矢發輒中非妙也若夫馳平原赴豐草邀狡獸截輕禽使弓不虛彎矢不盡發此乃妙耳

山海經曰軒轅國在窮山之際不敢西射畏軒轅之丘故也（言敬畏黃帝威靈故不敢向之射也）

論衡曰養由基見寢石以爲虎射之飲羽案精誠所感不過入一寸耳今勇夫卒見寢石以手推之能令石有跡乎

射經曰夫射者所以觀德也不能則辭之以疾懸孤之義在鳥故曰和容爲上主皮爲次并之者又何加矣乃君子之所爭也雖欲勿用禮其捨諸乎

王昶戲論曰禮記有投壺之宴論語稱博弈之賢茲三戲者君子末事不足爲也樗蒲彈碁既不益人又國有禁皆不得爲也吾見坐圍碁而死近事非遠昔晉侯以投壺喪

宋公好博弈亡豈不哀哉諸戲中唯有射者男子之事在於六藝若欲戲唯得射而已其餘不得爲也

曹植樂府歌曰控弦破左的發矢摧月支仰手接飛猱俯身散馬蹄

又曰鬬雞東郊道走馬長楸間驅馳未能半雙兔過我前攬弓挾鳴鏑長驅上南山左挽因右發一縱兩禽連餘巧未盡展仰手接飛鳶觀者咸稱善衆工歸我妍

御

書曰若朽索之御六馬

禮曰君將駕則僕執策立於馬前（監駕且爲馬行）已駕僕展軨（展軨具視）效駕（自已駕矣）奮衣由右上取貳綏（奮振去塵也貳副也）跪乘（未敢立敬也）執策分轡驅之五步而立（調試之也）君出就車則僕并轡授綏（車上僕所主也）左右攘辟（謂羣臣陪位侍駕者也攘郤也或音攘古讓字也）車驅而騶至于大門君撫僕之手而顧命車右就車門閭溝渠必步（車右勇力之士備制非常者君行則陪乘君式則下步行也）凡僕人之禮必授人綏若僕者降等則撫僕之手不然則自下拘之（撫小止之議也自下拘之由僕手下取之也僕與已同爵則不受）

又曰魯莊公及宋人戰于乘丘縣賁父御卜國爲右馬驚敗績公墜左車授綏公曰末之卜也縣賁父曰他日不敗績而今敗績是無勇也遂死之圉人浴馬有流矢在白肉公曰非其罪也遂誄之

周禮曰教國子以五馭（一曰鳴和鸞二曰逐水曲三曰過君表四曰舞交衢五曰逐禽左）

論語曰子謂門弟子曰吾何執執御乎執射乎吾執御矣

大戴禮曰善御馬者正銜勒齊轡策均馬力和馬心

家語曰閔子騫爲費宰問政於孔子孔子曰以德以法夫德法者御民之具猶御馬之有銜勒也君子人也吏者轡也刑者策也人君之政執其轡策而已矣

又曰子貢問治人於孔子孔子曰懍馬如與腐索御扞馬（懍懼也扞突之馬也）

國語曰鐵之戰簡子曰鄭人擊我吾伏弢（他刀切弢弓衣）流血鼓音不衰今日之事莫我若也衛莊公爲右（衛莊公蒯聵奔晉趙簡子爲之右也）曰吾九登九下擊人盡殪今日之事莫我加也郵無正御曰吾兩鞅將絕吾能止之（郵無正大夫王良也鞅引也）今日之事我止之次也駕而乘材（橫材也）兩鞅皆絕

史記曰周穆王乘驊騮騄耳使造父爲御日行千里往見西王母

莊子曰東野稷以御見莊公進退中繩周旋中規莊公以爲造父弗過也顏闔遇之入見曰稷之馬將敗公密而不應少焉果敗而反公曰子何以知之曰其馬力竭矣而猶求焉故曰敗

列子曰造父之師曰泰豆氏造父之始從習御也執禮甚卑泰豆氏三年不告造父執禮愈謹乃告之曰古語曰良弓之子必先爲箕良冶之子必先爲裘汝先觀吾趣趣如吾然後六轡可持六馬可御造父曰唯命所從泰豆氏乃立木爲塗僅可容足計步而置之履之而行趣走往還無跌失也造父學之三日盡其巧泰豆歎曰子何敏也得之捷乎御者亦如此也曩汝行之於足應之於心推於御也齊輯乎轡銜之際急緩乎脣吻之和正度乎胸臆之中節乎掌握之間內得於中心外合於馬志是故能進退履繩而旋曲中規取道致遠而氣力有餘誠得其術矣得之於銜應之於轡得之於轡應之於手得之於手應之於心則不以目視不以策驅心閑體正六轡不亂二十四蹄所投

無差迴旋進退莫不中節然後車輪之外可使無餘轍馬
蹄之外可使無餘地未嘗覺山谷之嶮原隰之夷視之一
也吾術窮矣汝其識之
管子曰造父善御者也善視其馬節其飲食量其馬力故
能取遠道而馬不罷（音疲）明主猶造父也善治其民度量其
力也
孟子曰昔者趙簡子使王良與嬖奚乘終日而不獲一禽
嬖奚反命曰天下之賤工也或以告王良良曰請復之強
而後可一朝而獲十嬖奚反命曰天下之良工也
韓子曰鉩陵卓子乘蒼龍桃文乘鉤鍚在前錯錣（丁劣切）在
後馬欲進則鉤鍚之欲退則錯錣貫之馬因旁出造父過
之而為之泣
孫卿子曰定公問於顏闔曰東野畢之御善乎對曰善則

善矣然甚將為佚定公不說入謂左右曰君子固讒人乎
三日而牧來謂之曰東野畢之馬佚兩驂引兩服入廐定
公越席而起召顏闔曰子言東野畢其馬將佚不識何以
知之對曰臣以政知之昔者舜巧於使民而造父巧於使
馬舜不窮其民造父不窮其馬是以舜無佚民造父無佚
馬今野畢之御上車執轡銜體正矣步驟馳騁朝禮畢矣
歷險致遠其力盡矣然而求馬不已是以知之公曰善哉
尸子曰夫馬者良工御之則和馴端正致遠道矣僕人御
之則逸奔毀車矣民者譬之馬也堯舜御之則天下端正
桀紂御之則天下奔於歷山
淮南子曰急轡數策者非千里之御也
又曰御者非轡不行學御者不為轡也
又曰舟覆乃見善游馬奔乃見良御（善游故覆舟不溺良御故馬奔車不敗故見之）
又曰夫載重而馬羸雖造父不能以追急車輕而馬良雖
中工可以致遠
又曰良馬不待策錣（丁劣切策端有鐵也）而行駑馬雖兩錣之不能
進為此不用策錣而御則愚矣
又曰若夫鉗且大丙之御也（鉗且大丙太一之御）除轡銜棄箠策車
莫動而自舉馬莫使而自走星燿而玄運電奔而鬼駭進
退詘伸不見塍（余蔓反四）毀
又曰尹需學御三年而無得焉常寢想之（寢堅思之）中夜夢受
秋駕於師（秋駕善御之術）明日往朝師望而謂之曰吾非愛道於
子也恐子不可予也今日將教子以秋駕尹需反走北面
再拜曰臣有天幸今夕固夢受之
又曰夫馬之為草駒之時跳躍揚蹄翹尾而走人不能制

（馬五尺以下為駒放在草中故曰為草駒之時翹舉也制禁也）之及至圉人擾之良御教
之（圉養馬官擾順也）掩以衡扼連以轡銜則雖歷險超塹弗敢違
戾故其形之為馬其可駕御教之所為也
又曰夫御者馬體調乎車御心和乎馬則雖歷險至遠進
退周旋無不如意雖有騏驥騄耳之良而使烏獲御之則
馬反自恣（恣肆行也）而人不御也

太平御覽卷第七百四十六

太平御覽卷第七百四十七

工藝部四

書上

釋名曰書庶也紀庶物也亦言著也著之簡編永不滅也

說文曰依類象形之謂文形聲相益之謂字著於竹帛之謂書

廣雅曰書如紀也

易曰上古結繩以治後世聖人易之以書契百官以治萬民以察蓋取諸夬（夬決也書契所以決斷万事也）

家語曰宓子賤字不齊仕魯爲單父令恐君聽用讒人使已不得行其政故請君近吏二人與俱至官令二吏書輙掣其手書不善則從而怒之吏患之辭歸魯子賤曰子書甚不善子勉而歸報於君曰宓子使臣書而掣搖臣肘書惡而又怒臣邑吏皆笑之所以去之而來也君以問孔子孔子曰不齊君子也其材任霸王之佐屈節治單父以自試意者其以此諫乎公寤太息歎曰寡人亂宓子之政而責其善數矣

漢書曰陳遵長八尺餘長頭大鼻容貌甚偉略涉傳記贍於文辭性善書與人尺牘主皆藏去以爲榮

又曰宣帝時中郎將張彭祖少與帝微時同席研書及帝即尊位彭祖以舊恩封陽都侯

又曰田蚡學盤盂諸書孔甲二十六篇雜家書

後漢書曰孫敬字文寶少時畫地學書日進焉

東觀漢記曰樂成靜王黨善吏書喜正文字也

魏志曰胡昭善尺牘動見模楷衛覬好古文鳥篆隷草無所不善也

晉書曰王羲之嘗詣門生家見棐几滑淨因書之真草相半後爲其父刮去之門生驚懊者累日

又曰王羲之山陰有道士好養鵝羲之觀焉意甚悅固求市之道士云爲寫道德經當舉羣相贈耳羲之欣然寫畢籠鵝而歸

又曰羲之每自稱我書比鍾繇當抗行比張芝猶當鴈行也曾與人書云張芝臨池學書池水盡黑使其人躭之若是未必後之也

又曰羲之嘗在戢（音戢）山老姥持六角竹扇賣之羲之因書其扇各爲五字姥初有慍色乃謂姥曰但言是王右軍書以求百錢姥如其言人競買之他日姥又持扇來羲之笑而不答

又曰王獻之七八歲時學書父羲之從後掣其筆不得歎曰此兒後當復有大名常書壁爲方丈字羲之甚以爲能觀者數百人

又曰謝安嘗問獻之君書何如君家尊荅曰故當不同安曰外論不爾荅曰人那得知

又曰衛常字巨山轉黃門郎常善草隷書爲四體書勢曰昔者在黃帝創制造物有沮（側如）誦蒼頡者始作書契以代結繩蓋覩鳥跡以興思也因而遂滋則爲之字有六義焉一曰指事上下是也二曰象形日月是也三曰形聲江河是也四曰會意武信是也五曰轉注老考是也六曰假借令長是也

又曰索靖作書狀其辭曰聖皇御世隨時之宜蒼頡既生書契是爲科斗鳥篆類物象形叡哲變通意巧滋生損之隷草以崇簡易百官畢脩事業正厲草書之爲狀也婉

若銀鉤漂若驚鸞舒翼未發若舉復安蟲蛇虬蟉（力幽切）或往或還頹阿那以羸羸欻奮釁而桓桓及其逸遊盼嚮乍正乍邪騏驥暴怒逼其轡海水窊隆揚其波芝草蒲萄還相繼棠棣融融反其華玄熊對踞于山岳飛燕相追而差池舉而察之又似乎和風吹林偃草扇樹枝條順氣轉相比附窈嬈（奴鳥切）廉苫隨體散布紛擾擾以綺靡中持疑而猶豫玄螭狡獸嬉其間騰猿飛鼬相奔趣凌魚奮尾駭龍反據投空自竄張設牙距或若登高望其類或若旣往而中顧或若倜儻而不羣或若自檢於常度於是多才之英篤藝之彥役心精微耽此文憲守道兼權觸類生變離析八體靡形不判去繁存微本象末亂上理開元下周謹按騁辭放手兩行冰散高音翰厲溢越流漫忽班班而成章信奇妙之煥爛體磥落而壯麗姿光潤以璀璨命杜度運其指使伯英回其腕著絕勢於紈素垂百世之殊觀

宋書曰劉穆之傳高祖書素拙穆之曰此雖小事然宣被四遠願公少復留意高祖旣不能措意又稟分有在穆之乃曰公但縱筆爲大字一字徑尺旣足有所苞且其名亦美高祖從之一紙不過六七字便滿

齊書曰太祖善書及登位篤好不已與王僧虔賭書畢謂虔曰誰爲第一僧虔對曰臣書臣中第一陛下書帝中第一上笑曰卿可謂善自爲謀矣

宋書曰謝超宗謂王慈曰卿書可及虔公慈曰我之不及父猶雞之不及鳳也時人以爲名答

宋書曰江夏王鋒字宣穎高帝第十二子也四歲好學書畫於毋張氏舍張氏無紙乃倚井欄爲書書滿則洗之已而復書如此累月又每晨不肯去窻塵而就塵書帝常使學鳳尾詔一學即工帝大悅以玉麒麟賜之曰以麒麟賞鳳尾矣

梁書曰武帝論蕭子雲書曰筆力勁駿心手相應巧踰杜度美過崔寔當與元常（鍾繇也）並驅爭先其梁蕭子雲出爲東陽太守百濟國使人至建業求書逢子雲維舟將發使人於渚次候之望舡三十許步前行子雲遣問之答曰侍中尺牘之美遠流海外今日所求唯在名迹子雲乃爲停舡三日書三十紙與之獲金貨數百萬性恡自非答餉不書好事者重加賂遺以要其答

又曰顏協傳涉羣書工於草隸飛白時吳人范懷約能隸書協學其書殆過真也荊楚碑碣皆協所書時人有會稽謝善勛能爲八體六丈方寸千言京兆韋仲善飛白並在湘東王府善勛爲錄事參軍仲爲中兵參軍府中以協優

於韋仲而減於善勛善勛飲酒至數升醉後輒張眼大罵雖復貴賤親踈無所擇也時謂之謝方眼而胷襟坦有士君子之操焉

後魏書曰崔潛爲兄渾誄手筆草本會昌初著作佐郎王遵業買書於市而遇得之計誄至今將二百載寶其書迹深秘藏之武定中遵業子松年以遺黃門郎崔季舒人多摹搨之

又曰崔玄伯尤善草隸行狎之書爲世模楷玄伯祖悅與范陽盧諶並以博藝著名諶法鍾繇悅法衛瓘而俱習索靖諶傳子偃偃傳子邈悅傳子潛潛傳玄伯故魏初重崔盧之書

唐書曰太宗嘗謂侍中魏徵曰虞世南死後無人可與論書徵曰褚遂良下筆遒勁甚得王逸少體太宗即日召令

侍讀嘗以金帛購求王羲之書跡天下爭賫古書詣闕以獻當時莫能辯其真僞遂良備論所出一無所誤

又曰虞世南字伯施同郡沙門釋智永（智永羲之裔孫）善學王羲之書世南師焉妙得其體由是聲名籍甚

又曰柳公權字誠懸幼嗜學十二能爲詞賦元和初進士擢第釋褐秘書省校書郎李聽鎮夏州辟爲掌書記穆宗即位入奏事帝召見謂公權曰我於佛寺見卿筆蹟思之久矣即日拜右拾遺充翰林侍書學士遷右補闕司封員外郎穆宗政僻嘗問公權筆何盡善對曰用筆在心心正則筆正上改容知其筆諫也公權初學王書遍閱近代筆法體勢勁媚自成一家當時公卿大臣家碑板不得公權手筆者人以爲不孝外夷入貢皆別署貨貝曰此購柳書上都西明寺金剛經碑備有鍾王歐虞褚陸之體尤爲得意文宗夏日與學士聯句帝曰人皆苦炎熱我愛夏日長公權續曰薰風自南來殿閣生微凉時丁袁五學士皆屬繼帝獨諷公權兩句曰詞清意足不可多得乃令公權題於殿壁字方圓五寸帝視之歎曰鍾王復生無以加焉

又曰柳公權大中初轉少師中謝宣宗召昇殿御前書三紙軍容使西門季玄捧硯樞密使崔巨源過筆一紙真書十字曰衛夫人傳筆法於王右軍一紙行書十一字曰永禪師真草千字文得家法一紙草書八字曰謂語助者焉哉乎也賜錦綵餅盤等銀器仍令自書謝狀勿拘真行帝尤奇惜之

又曰歐陽詢潭州臨湘人也初學王羲之書後更漸變其體筆力險勁爲一時之絶時人得其尺牘文字咸以爲楷範焉高麗甚重其書嘗遣使求之高祖歎曰不意詢之書名遠播夷狄彼觀其跡固謂其形貌魁梧耶（詢形貌寢陋故高祖有是言耳）

又曰歐陽通詢之子也早孤母徐氏教其父書每遺通錢給云質汝父書跡之直通慕名甚銳晝夜精力無倦遂亞於詢

唐書曰龍朔二年四月上自爲書與遼東諸將謂許敬宗曰許圉師常自愛朕書可於朝堂開示圉師見蠻夷私謂朝官曰圉師見古跡多矣魏晉已後唯稱二王然逸少少力而研子敬研而少力今觀聖跡兼絶二王鳳翥鸞迴實古今書聖

又曰太宗嘗於晉史右軍傳後論之曰鍾書布纖濃分疏密霞舒雲卷無所間然但其體古而不今字長而逾制獻之雖有父風殊非新巧疏瘦如隆冬之枯樹槎枒而無屈伸拘束若嚴家餓隸羈羸而不放縱蕭子雲無丈夫之氣行行如縈春蚓字字若綰秋蛇卧王濛於紙中坐徐偃於筆下以茲播美豈非濫名耶所以詳察古今研精篆素盡善盡美其唯王逸少乎

又曰孔若思早孤母褚氏親自教訓遂以學行知名年少時有人賫褚遂良書跡數卷以遺若思唯受其一卷其人曰此書當今所重價比黄金何不揔取之若思曰若價比金寳此爲多更截去半以還之矣

又曰盧知猷器度長厚文詞美麗尤工書一落簡翰人爭模倣

又曰鍾紹京虔州贛人也初爲司農録事以工書直鳳閣則天時明堂門額九鼎之銘及諸宫殿門牓皆紹京所題

又曰王涯既誅涯家書數萬卷侔於書府前代法書名畫

人所保惜者必以厚貨致之不受貨者必以官爵致之厚爲垣瘞而藏之覆壁至是人破其垣取之或剔取函奩金寶之飾與其玉軸而弃之

蔡琰別傳曰琰對曹操曰乞給紙筆真草唯命也

邴原別傳曰原年五六歲過書舍而泣師曰何泣原曰孤子易傷感夫書者皆有父母也今願其書故惻然涕零也師哀原言而爲之泣曰欲書不復費也遂就書

江偉家傳曰偉性善書人得其手跡莫不藏之以爲寶

神仙傳曰東郭延服靈飛散能夜書言目明

又曰王遠字方平東海人也博學尤明天文讖緯河洛之要逆知天下盛衰之期漢桓帝聞之連徵不出使郡國逼載詣京師低頭閉口不肯荅乃題宫門扇四百餘字皆說方來帝甚惡之使刮去外字復見墨皆徹入版裏

太七百四十七　七　拄

石虎鄴中記曰石虎有馬妓著朱衣進賢冠立於馬上馬走而作書字皆端正

永嘉郡記曰昔王右軍遊永嘉經於惡道右軍書兩邊大石今猶見墨跡而字不甚了了

抱朴子曰英蕊實天雄鶴腦服之令人夜書

孫卿子曰作書者衆而蒼頡獨傳用心一也

淮南子曰昔蒼頡作書而天雨粟鬼夜哭高誘曰有書契作詐僞萌生去本趨末弃耕墾之業而務錐刀之利天知其將餓故爲雨粟也鬼恐爲文所劾故哭也鬼或作兔兔恐有取毫見筆害及之故哭

又曰明月之光可以遠望而不可以細書也

愼子曰書契所以識公信也

隋巢子曰史皇産而能書

三輔決錄曰韋誕字仲將除武都太守以書不得之郡轉侍中典作魏書號散騎書一名大魏書凡五十篇洛陽鄴許三都宫觀始就命誕銘題以爲永制以御筆墨皆不任用因奏曰夫工欲善其事必先利其器用張芝筆左伯紙及臣墨兼此三具又得臣手然後可以逞徑丈之勢方寸千言

俗說曰桓玄取羊欣爲征西行軍參軍玄愛書呼欣就坐仍遣信呼顧長康與共論書至夜良久乃罷

世論曰鍾會有異才咨白鄧艾有反狀又會善效人書於劍閣要艾章表皆易其言令倨傲多有矜伐以疑之

論衡曰夫河出圖雒洛出書聖帝明王之瑞應也蒼頡作文字筆與天地同指與鬼神合何惡而致雨粟鬼哭之怪哉

又曰書官諱丙日云蒼頡以丙日死也

平七百四十七　八　程慶二

世說曰韋仲將善書魏明帝起殿安榜使仲將登梯題之旣下頭鬢皓然因是勑誡兒孫勿復學書

王外之懷舊序曰余與從甥孫道濟交好特至昔寓荊州同處一室冬多閑暇長共學書余收而録之欲以爲索居之憂道濟因記紙末曰舅還山之日覽此相存閑書見其手跡皎若平日悽悵傷心

太平御覽卷第七百四十七

太平御覽卷第七百四十八

工藝部五

書中

王右軍題衛夫人筆陣圖後曰夫紙者陣也筆者刀稍也墨者鍪甲也水硯者城也本領者將軍也心意者將副也結構者謀畫也颺筆者吉凶也出入者號令也屈折者殺戮也夫欲書者先干研墨凝神靜思預想字形大小偃仰平直振動令筋脉相連意在筆前然後作字若平直相似狀如筭子便不是書但得其點畫耳昔宋翼常作此書翼鍾繇之弟子乃嗤之翼三年不敢見繇潛心改跡每畫一波常三過折筆每作一點常隱鋒而為之

衛夫人筆陣圖曰若初學書先須大書不得從小善鑒者不寫善寫者不鑒多骨微肉者筋書多肉微骨者墨猪多力豐筋者聖無力無筋者病一一從其消息而用之

王僧虔論書曰王平南廙是右軍之叔自過江東右之前唯廙為最畫為晉明帝師書為右軍法

又曰中書令王珉筆力過於子敬書槁品云有四疋素月朝操筆三暮便竟首尾如一又無誤字子敬戲云弟書如騎騾駸駸常欲度驊騮前

又曰鍾公之書謂之盡妙鍾有三軆一曰銘石書妙者也二曰章程書傳小學秘書教者也三曰行狎書是者也二法皆世人所善

虞龢論書曰晉謝奉起廟悉用棐村右軍取棐書之滿林奉收得一大簣子敬後往謝奉為說右軍書甚佳而密已削作數十棐板請子敬書之亦甚佳奉並珎録後履分半與桓玄用履為楊州主簿餘一半孫恩破會稽畧以之海

又曰晉時有一好事少年故作精白紗裓衣着詣子敬子敬便取書之草正諸體悉備兩袖及標略同少年覺王左右有陵奪之色掣裓而走左右果逐之及門外鬬爭分裂少年纔得一袖耳

梁武帝觀鍾繇書法曰子敬不迨逸少猶逸少不迨元常學子敬者如畫虎也學元常者比畫龍也

又曰夫運筆邪則無芒角執手寬則書緩弱點掣短則去擁腫點掣長則法離澌畫促則字横畫疎則形慢拘則乏勢放又少則純骨無媚純肉無力少墨浮澁多墨笨蒲本切鈍此並任之自然之理也

庾元威論書曰余為書十牒屏風書作十體間以采墨當時衆所驚異自尓絶筆唯留草本至邑[illegible]體者懸針書垂露書秦望波冢書金鵲書玉文書鵠頭書虎爪書倒薤書偃波書幡信書御書列書日書月書風書雲書科斗書胡書蓬書相書天竺書轉宿書一筆篆一筆隸飛白章草古文隸横書楷書小科隸芝英隸花草隸幡信隸鍾鼓隸龍虎篆鳳魚篆麒麟篆仙人篆科斗篆雲篆蟲篆魚篆鳥篆龍篆龜篆虎篆鸞鳥篆龍虎隸鳳魚隸麒麟隸仙人隸科斗隸雲隸蟲隸魚隸鳥隸龍隸龜隸虎隸鸞隸龍文書龜文書鼠書牛書龍書虎書兔書龍草書蛇草書馬書羊書猴書雞書犬書豕書已上皆采色其外復有大篆小篆銘鼎摹印刻符石經象形篇章震書到書反左書等及九體書所謂縑素書簡奏書牋表書行狎書檝書藳書半草全草書此九法極真草之次第焉刪捨之外所存猶一百二十體

袁昂古今書評曰王右軍書如謝家子弟縱復不端正者

爽爽有一種風氣王子敬書如河洛間少年雖皆充悅而舉體蹉跎殊不可耐羊欣書如大家婢爲夫人雖處其位而舉止羞澁終不似真徐淮南書如南岡士大夫徒好尚風軌終不免寒乞阮研書如貴胄失品次不能復排突英賢王儀同書如晉安帝非不處尊位而都無神施吴興書如新亭傖父一往見似揚州人共語便音態出陶隱居書如吴興小兒形雖未成長而骨體甚駿快殺鈞書如高麗使人抗浪甚有意氣滋韻終不精味袁山松書如深山道士見人便欲退縮蕭子雲書如春初望山林花無處不發如經論道人無絶不言崔子玉書如危峯阻日孤松一枝有絶望之意師宜官書如鵾羽未息翩翩自逝韋誕書如龍威虎振劒拔弩張蔡邕書骨氣風遠爽爽爲神鍾司書徒字十二種意外殊妙實多奇邯鄲淳書應規入矩方圓乃成張伯英書如漢武帝愛道憑虛欲仙索靖書如飄風忽舉鷙鳥不飛皇象書如歌聲繞梁琴人捨徽衛常書如插花美人舞笑鏡臺孟光禄書如崩山絶崖人見可畏張芝驚奇鍾繇特絶逸少鼎能獻之冠世四英其類洪芳不滅羊真孫草蕭竹范篆各一時妙絶鍾繇書若飛鴻戲海舞鶴遊天行間茂密實亦難過蕭思話書走墨連綿字勢屈強若龍跳淵門虎卧鳳闕薄紹之書字勢蹉跎如舞妓低腰仙人嘯樹

江式論書表曰秦有八體一曰大篆二曰小篆三曰符書四曰蟲書五曰摹印六曰署書七曰殳書八曰隸書

又曰漢時有六書一曰古文孔子壁中書也二曰奇字即古文而異者也三曰篆書云小篆也四曰佐書秦隸書也五曰繆篆所以摹印也六曰鳥蟲所以書幡信也

李嗣真書後品曰蟲篆者小學之所宗草隸者士人之所尚近代君子故多好之或時有可觀耳

武平一徐氏法書記曰梁大同中武帝勑周興嗣撰千字文使温鐵石摸次羲之之迹以賜八王

徐浩論書曰初學之際宜先筋骨筋骨不立肉何所附用筆之勢特須藏鋒鋒若不藏字則有病病且未去能何有焉字不欲踈亦不欲密亦不欲大亦不欲小小長令大大蹙令小踈肥令密密瘦令踈斯其大經矣筆不欲捷亦不欲徐亦不欲平亦不欲側側竪令平峻不使傾捷則須定徐則須利如此則其大較矣

徐浩古跡記曰中宗時中書令宗楚客奏事承恩乃乞大小二王真跡勑賜十二卷大小各十軸楚客遂裝作十二扇屏風以褚遂良閑居賦枯樹賦爲脚大會貴要張以示之時薛稷崔湜盧藏用廢食歎美復不宴樂

何延之蘭亭記曰蘭亭者晉右軍將軍會稽内史瑯耶王羲之字逸少所書之詩序也右軍蟬聯美胄蕭散名賢雅好山水尤善草隸以晉穆帝永和九年暮春三月三日嘗遊山陰與太原孫綽與公廣漢王彬之并逸少凝徽操之等四十有一人修祓禊之禮揮毫製序興樂而書用蠶繭紙鼠鬚筆遒媚勁健絶代更無凡二十八行三百二十四字字有重者皆搆別體就中之字最多乃有二十許箇變轉悉異遂無同者其時廼有神助及醒後他日更書數百千本終無如祓禊所書之者右軍亦自珍愛寶重此書留付子孫傳掌至七代孫智永永即右軍第五子徽之之後掌其書爲蕭翼紿而取之

又曰右軍孫僧智永常居永欣寺閣上臨書所退筆頭

置之於大竹籠籠受一石餘而五籠皆滿凡三十年於閣上臨得真草千字文好者八百餘本浙江東諸寺各施一本今有存者猶直錢數萬

張懷瓘書詁曰文質相法立其三古貴賤殊品置其五等三古者篆籀爲上古鍾張爲中古羲獻爲下古

又曰崔張玉也逸少金也大賈則貴其玉小商則重其金膚淺之人多任其耳但知王書爲最真草一槩略無差殊

張懷瓘二王等書錄曰承聖末魏師襲荆州元帝將降其夜乃聚古今圖書十四萬卷并大小二王跡遣後閤舍人高善寶焚之吳越寶劒並將斫柱乃歎曰蕭世誠遂至於此文武之道今夜窮乎歷代祕寶並爲煨燼矣

張懷瓘議書曰其真書逸少第一元常第二世將第三子敬第四士秀第五文静第六茂猗第七其行書逸少第一子敬第二元常第三伯英第四伯玉第五季琰第六敬和第七茂弘第八安石第九章草子玉第一伯英第二幼安第三伯玉第四逸少第五士秀第六子敬第七休明第八其草書伯英剏立規範得物象之形歸造化之理然其法太古質不剬斷以此爲少也有推輪草意之妙後學得魚獵其中宜爲第一叔夜第二子敬第三處冲第四世將第五仲將第六士秀第七逸少第八

張懷瓘敘書法曰太宗自真草書屏風以示羣臣筆力遒勁爲一時之絕嘗謂朝臣曰書學小道功非急務時或留心猶勝弃日凡諸藝業未有學而不得者也

韋述書法記曰太宗貞觀中搜訪王右軍等真跡出御府金帛重爲購賞由是人間古本紛然畢進

書斷曰鍾繇字元常尤善書師曹喜蔡邕劉德昇真書光

妙乃過於師剛柔備焉點畫之間多有異趣雖神明不備可謂幽深無際而古雅有餘秦漢已來一人而已求其盡善盡美則孫袁而有羔袖其行書羲之之亞書則索衛之下八分則有魏受禪碑稱此爲最也

又曰晉韋昶字文休太元中孝武帝改治宮室及廟諸門並欲使王獻之隸書題牓獻之固辭乃使劉瓌以八分書之後又使文休以大篆改八分焉或問王右軍父子書君以爲如何荅曰二王自可謂能未是知書也

又曰姚則筆王子敬得其筆數爲絕世

又曰晉薄紹之字敬叔丹陽人也官至給事中善書憲章小王風格秀異若千將出匣光芒射人

書斷曰晉太元中新起太極殿謝安欲使子敬題牓以爲萬代寶而難言之乃說韋仲將題陵雲臺事子敬知其旨乃正色曰仲將魏室大臣寧有此事使其若此知魏德之不長安遂不之逼

又曰齊王僧虔善書孝武欲擅書名僧虔不敢顯迹大明之世常用掘筆書以此見容

梁蕭子雲字景喬小篆草行諸體兼備而剏造小篆飛白意趣飄然點畫之際有若騫舉妍妙至極難與比肩故歐陽詢云飛白鳥市冠世其後逸少子敬又稱妙絕乃亦飛而不白蕭子雲輕濃得中蟬翼掩素遊霧崩雲可得而語其真書初學子敬晚師元常及其暮年筋骨亦備名蓋當世舉朝效之

又曰梁庾肩吾云張功夫第一天然次之鍾天然第一功夫次之王功夫不及張天然過之天然不及鍾功夫過之懷瓘以爲杜度章草並無所師欝然蓋變爲後世楷則此

乃天然第一也及有道變杜君草體以至草聖天然所資理可度矣池水盡墨功亦至焉隨永欣寺僧知果會稽人也煬帝甚善之工書嘗謂永師云和尚得右軍肉智果得骨夫筋骨藏於膚肉山水不厭高深

書斷曰唐褚遂良善書少則伏膺虞監長則祖述右軍真書甚得其媚趣若瑶堂青瑣春林美人嬋娟似不任乎羅綺鉛華婥約則歐虞謝之其行草之間即居二公之後

書斷曰唐高正臣善書廣平人也嘗爲人書十五紙人或截換其五紙又令示高再看不寤客曰有人換公書高乃審詳之得其三紙客曰猶有在高又觀之竟不能辯

又曰唐宋令文河東陜人也官至左衞郎將奇姿偉麗有三絶書畫力尤於書備兼諸體偏意在草焉

太平御覽卷第七百四十八

太平御覽卷第七百四十九

工藝部六

書下

古文　篆書　八分書

隸書　草書　飛白書

章草書　行書

古文

王隱晉書曰荀勖領祕書監始書師鍾胡法太康二年得汲郡冢中古文竹書勖自撰次注寫以爲中經列在祕書以較經傳闕文多所證明

書斷曰古文者黄帝史蒼頡所造也頡首有四目通於神明仰觀奎星圜曲之勢俯察龜文鳥跡之象採乎衆美合而爲字是曰古文孝經援神契云奎主文章蒼頡倣象是也文字者總而爲言包意以名事也分而爲義則文者祖父字者子孫得之自然備其文理象形之屬則爲之文因而滋蔓母子相生形聲會意之屬則謂之字字者言孳乳浸多也題於竹帛謂之書書者如也舒也紀也

又曰魏衛覬字伯儒河東安定人官至侍中尤工古文筆跡精絶魏初淳古文者出於邯鄲淳伯儒寫淳古文尚書以示淳淳不能別

篆書

漢書曰元帝善史書（史籀所作大篆籀音紂）

續漢書曰靈帝置鴻都門諸生能爲尺牘賦及以工書鳥篆相課試至千人焉

魏略曰邯鄲淳善蒼頡蟲篆許氏字指

後魏書曰竇遵善楷篆北京諸碑及臺殿樓觀門題多其書也

書斷曰秦李斯妙篆始省改之爲小篆著蒼頡篇七章雖帝王質文世有損益終以文代質漸就澆醨則三皇結繩五帝畫象三王肉刑斯可況也古文可爲上古大篆爲中古小篆爲下古三古謂之實草隸謂之華妙極於華者羲獻精窮於實者籀（籀史籀）斯始皇以和氏之璧琢而爲璽令斯書其文今泰山嶧山及秦望等碑並其遺迹謂國之偉寶百世之法式斯小篆入神大篆入妙

書斷曰大篆者周宣王大史史籀所作也或云柱下史始變古文或同或異謂之爲篆篆者傳也傳其物理施之無窮甄酆定六書三曰篆書八體書法一曰大篆又漢書藝文志史籀十五篇蓋此也

又曰呂氏春秋云蒼頡造大篆非也若蒼頡造大篆則置古文何地即籀篆蓋其子孫是也

又曰小篆者秦丞相李斯所作也增損大篆異同籀文謂之小篆亦曰秦篆

蔡邕篆勢曰體有六篆妙巧入神或象龜文或化龍鱗紆體放尾長翅短身延頸脅翼勢似凌雲

八分書

唐書曰張廷珪與陳州刺史李邕親善屢上表薦之邕所撰碑碣之文必請廷珪八分書之甚爲時人所重

世論曰安定梁鵠字孟皇善八分書太祖使書信幢宫門牓題

書斷曰八分書者秦羽人上谷王次仲所作也

又曰後漢師宜官南陽人也靈帝好書徵天下工書於鴻都門至數百人八分稱宜官爲最大則一字徑丈小則方

寸千言甚矜其能而性嗜酒或時空至酒家因書壁以雇
之觀者雲集酤酒多售

隷書

吳志曰張昭字布善隷書

晉書曰王羲之尤善隷書爲古今之冠論者稱其筆勢以
爲飄若遊雲矯若驚龍深爲從伯敦導之所器重

晉中興書曰李充字弘度母衛氏廷尉展之妹也充少孤
母聰明有訓又善楷書妙參鍾索世咸重之充從兄咸亦
善書

沈約宋書曰文帝善爲隷書

又曰羊欣字敬元長隷書父不疑初爲烏程令欣年十二
時王獻之爲吳興太守甚知愛之獻之嘗夏月入縣欣着
新絹裙晝寢獻之書裙數幅而去欣本工書因此彌善

齊書曰王僧虔善隷書宋文帝見其書素扇歎曰非唯跡
逾子敬又當器雅過之

齊書曰周顒少從外氏車騎將軍臧質家得衛常散隷書
法學之甚能文惠太子使顒書玄圃茅齋壁國子祭酒何
胤以倒薤書求就顒換之顒笑曰天下有道丘不與易也

三國典略曰周白石縣男趙文深以題牓之功除魏興郡
守文深字德本南陽宛人也少學楷隷有鍾王之則當時
書唯文深及冀儁而已王褒尤善書文深慚恨形於言色
後知好尚難反改習褒書竟無所成轉被譏誚謂之學步
邯鄲焉至於碑牓人莫之逮褒亦推之宮殿樓閣皆其迹
也世宗令至江陵書景福寺碑蕭察觀而美之

陳書曰蕭引善隷書爲當時所重高宗嘗披奏事指引署
名曰此字筆勢翩翩似鳥之欲飛引謝曰此乃陛下假其
羽毛耳

唐書曰薛稷好古博雅尤工隷書自貞觀永徽之際虞世
南褚遂良時人宗其書跡自後罕能繼者稷外祖魏徵家
圖籍多有虞褚舊跡稷鋭精模倣筆態遒麗當時無及之
者

書斷曰隷書者秦下邽人程邈所作也邈字元岑始爲縣
獄吏得罪始皇幽繫雲陽獄中覃思十年益小篆方圓而
爲隷書三千字奏之始皇善之用爲御史以奏事煩多篆
家難成乃用隷書爲隷人佐書故曰隷書

又曰和帝時賈魴撰滂喜篇以蒼頡爲上篇訓纂爲中篇
滂喜爲下篇所謂三蒼也皆是隷字寫之隷法由茲而廣

酈善長水經注曰臨淄人發古冢得棺前和外隱起爲隷
字言齊太公六代孫胡公之棺也唯三字是古餘同今書
證知隷字出古非始於秦也

成公綏隷勢曰蟲篆既繁草藁近僞適之中庸莫尚於隷

草書

東觀漢記曰北海靜王睦善草書臨病明帝驛馬令作草
書尺牘十首焉

范曄後漢書曰張超並善於草書妙絶時人

魏志曰劉廙轉五官將文學文帝器之命廙通草書

晉書曰王獻之時議者以爲羲之草書江左中朝莫有及
者獻之骨力遠不及父而媚趣過之

又曰衛瓘字伯玉與尚書郎燉煌索靖俱善草字時人號
之一臺二妙漢末張芝(芝字伯英)善草書論者謂瓘得伯英之
筋靖得伯英之肉

北齊書曰趙仲舒善草隷雖與弟書字皆楷正太草不可

不解若放之於人即似相輕易若當家卑幼又恐其疑

三國典略曰蕭子雲齊豫章文獻王之子有文學工草書與兄子顯子昭齊名少子特又善書梁武帝稱之曰子敬之迹不及逸少蕭特之書遂逼其父

陳書曰文帝時軍人於丹徒盜發晉郗曇墓獲晉右軍將軍王羲之書及諸名賢遺跡事覺其書並沒縣官藏于祕府文帝以伯茂好古多以賜之由是伯茂大工章草甚得右軍之法（伯茂始興王也）

唐書曰賀知章善草書好事者供其牋翰每紙不過數十字共傳寶之時有吳郡張旭亦與知章相善而好酒每醉後號呼狂走索筆揮灑變化無窮若有神助時人號爲張顛

三輔決録曰趙襲字元嗣爲燉煌太守先是杜伯度崔子王以工草稱於前世襲與羅暉亦能草頗自矜誇故張伯英與襲同郡太僕朱賜書曰上比崔杜不足下方羅常有餘

張壹非草書曰夫草書之興也其於近古乎上非文象所垂下非河雒所吐中非聖人所造蓋秦之末官書煩冗戰攻並作軍書交馳羽檄分飛故隸草趣急速耳示簡易之指非聖人之業也今之學草者不思其簡易之旨直以爲杜崔之法龜龍所見也齔齒以上苟任涉學者廢倉頡史籀竟以杜崔爲楷私書相與庶獨就書去適迫遽故不及草草本易而速今反難而遲失指多矣夫杜崔張子皆有超俗絶世之才博學餘暇遊手于斯後世慕爲專用爲務鑽堅仰高忘其罷勞夕惕不息仄不暇食十日一筆月數丸墨領袖如皁脣齒常黑雖處衆坐不遑談戲展指畫地見鰓（蘇來切角中骨也）出血猶不休輟然其爲字無益工拙亦效嚬者之增醜學步者之失節也

王右軍自叙草書勢曰昔秦時諸侯爭長簡檄相傳望烽走馹正以篆隸之難不救其速遂作赴急之書蓋今草書也其先出自杜氏以張爲祖以衛爲父索范者伯叔也二王父子可謂兄弟薄爲庶息羊爲僕隸自而叙之亦不失倉公觀鳥跡之意抑體有踈密意有倜儻或有飛走流注之勢驚竦峭絶之氣滔滔閑雅之容卓犖調宕之志百體千形而呈其巧豈可一槩而論哉

書斷曰如淳云作起草爲藁姚察曰草猶麤書爲本曰藁蓋擲文議出於此草書之先因於起草

又曰晉王逸少妻郗氏甚工書七子獻之最知名玄之凝之徽之操之並工草書凝之妻謝藴有才華亦善書甚爲舅重焉獻之猶善草書幼學於父次習於張爾後改變制度別擲其法率爾師心冥合天矩觀其逸志莫之與京

齊謝朓字玄暉風華黼藻當時獨步書甚有聲草殊流美亦猶薄暮川上則餘霞照人晚春林中則飛花滿目

宋蕭思話工書學於羊欣得其草妙崗連盡望勢不斷絶雖無奇峯壁立之秀可謂有功矣袁昂云羊真孔草蕭行范篆各一時之妙也

飛白書

宋書曰王僧虔爲尚書令嘗爲飛白書題尚書壁曰圓行方止物之定質修之不已則溢高之不已則顛引之不已則潰是故去之宜疾當時嗟賞以此座右銘

唐書曰劉洎除散騎常侍洎性踈俊敢言太宗工王羲之書尤善飛白嘗宴三品已上於玄武門帝操筆作飛白字

賜羣臣或乘酒爭取於帝手洎登御座引手得之皆奏曰洎登御牀罪當死請付法帝笑而言曰昔聞婕妤辭輦今見常侍登牀

馬周太宗嘗以神筆賜周飛白書曰鸞鳳凌雲必資羽翼股肱之寄誠在忠良

高宗爲飛白書以賜侍臣賜戴至德曰汎洪源俟舟檝賜郝處俊曰飛九霄假六翮賜李玄敬曰資啓沃罄丹誠

大業拾遺曰大業年煬帝將幸江都命越王侑留守東都宮女半不隨駕爭泣留帝攀車借別指血染鞅帝不迴因飛白題二十字留賜宮娥云我夢江都好征遼亦偶然但留顏色在離別只今年

唐會要曰貞觀十八年五日端午太宗爲飛白書作鸞鳳虬龍等字筆勢驚絕謂司徒長孫無忌吏部尚書楊師道曰五日舊俗必用服翫相賀朕今各賀君飛白扇二枚庶動清風以增美德

書斷曰飛白書者後漢左中郎蔡邕所作也王隱王愔並云飛白變楷制也本是宮殿題署勢旣勁大字宜輕微不滿名爲飛白王僧虔云飛白八分之輕者雖有此說案漢靈帝熹平年詔蔡邕作聖皇篇篇成詣鴻都門上時方脩飾鴻都門伯喈待詔門下見役人以堊帚成字心有悅焉歸而爲飛白之書漢末魏初並以題署宮閣其體有二刱法於八分窮微於小篆自非蔡公設妙豈能詣此可謂勝寄冥通縹緲神仙之事也

法書要錄曰飛白本是宮殿八分之輕者全用楷法吴時張弘好學不仕常着烏巾時人號爲張烏巾此人特善飛白能書者鮮不好之

章草書

晉書曰王羲之書初不勝庾翼郗愔及其暮年方妙嘗以章草荅庾亮而翼深歎伏因與羲之書云吾昔有伯英章草十紙過江顛狽遂乃亡失常歎妙迹永絕忽見足下荅家兄書煥若神明頓還舊觀

書斷曰章草書漢黄門令史史游所作也衛常李誕並云漢初而有草法不知其誰蕭子良云章草者漢齊相杜操始變藁法非也王愔云漢元帝時史游作急就章解散隸體麤書之漢俗簡惰漸以行之是也

又曰索靖字幼安善章草書出韋誕峻險過也有若山形中裂水勢懸流雪嶺孤松冰河危石其堅勁則古今不逮

後漢徐幹字伯張善章草書班固與弟超書稱之曰得伯張書稾勤識讀之莫不歎息實亦藝由已立名自人成後有蘇班者平陵人也五歲能書甚爲伯張之所稱歎

又曰後漢張伯英損益伯度章草亦猶逸少增減元帝真書雖潤色開華精於斷割美則美矣至若高深之致質素之風俱不逮其師也然名爲今古之獨步

又曰張伯英章草書急就章字皆一筆而成合於自然可謂變化至極羊欣云張芝皇象鍾繇索靖時並號書聖

張芝善章草書崔瑗云龍驤豹變青出於藍又刱爲今草天縱尤異率意超曠無惜是非若清澗長源流而無限縈迴崖谷任於造化至於蛟龍駭獸奔騰拏攫之勢心手隨變窈冥不知其所如也精熟神妙冠絕古今則百世不易之法式不可以智識不可以勤求若上士游乎沉默之鄉鸞鳳翔乎大皇之野韋仲將謂之草聖豈徒言哉

又曰後漢張昶字文舒伯英季弟爲黄門侍郎尤善章草

家風不墜弈葉清華書類伯英時人謂之亞聖

又曰後漢杜度字伯度京兆杜陵人也御史大夫延年曾孫章帝時爲齊相善章草書雖史游始草書傳不紀其能又絶其跡抴其神妙其唯杜公乎韋誕杜氏傑有骨力而字畫微瘦崔氏法之書體甚濃結字工巧時有不及張芝嘉而學焉轉精其巧可謂草聖超前絶後獨步無雙矣

行書

書斷曰後漢穎川劉德升字君嗣造行書即正書之小僞務從簡易相間流行故謂之行書王愔云晉世以來工書者多以行書著名昔鍾元常善行狎書是也尔後王羲之獻之並造其極焉

又曰劉德升桓靈之時以造行書擅名以草捌亦豊妍風流宛約獨步當時胡昭鍾繇並師其法而胡書體差瘦亦

各有德外之美也

又曰晉王愔字敬仁善行書嘗就右軍求書乃寫東方朔書讚與之王僧虔云敬仁書殆窮其妙王子敬每省之曰咄咄逼人

太平御覽卷第七百四十九

太平御覽卷第七百五十

工藝部七

數

說文曰筭長六寸計曆數者也從弄竹言常弄乃不誤也

易曰大衍之數五十（大合天地之數凡五十有五言五十者舉成數）天數二十有五地數三十九天地之數五十有五此所以成變化而行鬼神也

周禮曰保氏養國子以道乃教之六藝六曰九數（鄭司農曰九數方田粟米差分少廣商功均輸方呈贏不足旁要今有重差夕桀句股也）

漢書律曆志曰數者一十百千萬也所以筭數事物順性命之理也

又曰武帝時桑弘羊以計筭幸以心計年十三爲侍中

又曰宣帝時大司農丞耿壽昌以善筭爲筭工得幸於上

又曰計商善爲筭著五行論筭術二十六卷

又曰張蒼明習天下圖書計籍又善筭律歷故令蒼以列侯居相府領主郡國上計者

吴志曰顧譚每省簿書未甞下筭徒屈指心計盡發疑謬下吏以此服之

又曰趙達河南人也治九宮一筭之術究其微旨是以能應機立成對問若神使人取小豆數升播（播布也）之席上立言其數驗覆果信甞過知故知故爲之具食食畢謂曰倉卒之酒又無嘉肴無以叙意如何達因取盤中隻箸再三縱横之乃言卿東壁下有美酒一斛又有鹿肉三斤何以辭無主人笑曰以卿善射欲以相試耳遂出酒酣飲又有書簡上作千萬數著空倉中封之令達筭之達云但有名無實其精微若是達寶惜其術自闞澤殷禮皆名儒善士屈節就學祕而不告也太史丞公孫滕師事之累年賫酒拜跪而請達曰吾先人得此欲圖爲帝王師至仕來三世不過太史郎誠不欲復傳之且此術微妙頭乘尾除一筭之法父子不相語初孫權行師征伐每令達有所推步皆如其言問其法終不言由此見非達常笑謂諸星氣風術者曰當迴筭帷幕不出户牖以知天道而反晝夜暴露以望氣祥不亦難乎無間引筭自校乃歎曰吾筭盡某年月日其終矣達妻數見達效聞而哭泣達欲弭妻意乃更筭言向者謬誤耳尚未也後如期死權聞達有書求之不得録問其女乃發達棺一無所得法遂絶焉

王隱晉書曰王戎爲司徒好治生公嫗二人常以象牙籌晝夜筭計家財

唐書曰僧一行姓張氏公謹之孫也初求訪師資以窮大衍至天台山國清寺見一院古松十數門有流水一行立於門屛間聞院僧於庭布筭聲而謂其徒曰今日當有弟子自遠求吾筭法已合到門豈無人導達也即除一筭又謂曰門前水當却西流弟子亦至一行承其言而趨入稽首請法盡授其術焉而門前水果却西流

西京雜記曰安定嵩真明筭術成帝時人也真常以筭自封其壽七十三真曰綏和元年正月二十五日晡時死矣書壁以誌之至二十四日晡時死妻曰真筭時見長下一筭欲以告之慮脫故不告之令校一日也

又曰曹元理善筭術成帝時人也常從友人陳廣漢廣漢曰吾有二囷米忘其石數子爲吾筭之元理以食筯十餘轉曰東囷七百四十九石六斗七合西囷六百九十七石

八外遂署囷門後出米西囷六百九十七石九升中有一鼠大可一升東囷無差元禮後歲復過廣漢以米數告之元理以手擊牀曰遂不知鼠之殊米不如剥面皮矣廣漢爲之取酒脯數斤元理復筭曰千牛產二百犢萬雞將產五百雛羊豕鵝鴨皆道其數菓蓏盧果胡者歎悉知其所乃曰如此貲業之廣何供具之薄廣漢慙曰有倉卒賓無倉卒主人元理曰俎上蒸㹠一頭廚中荔枝一盤皆可以爲設廣漢再拜謝罪入取之盡日爲歡其術後傳南季南季傳項滔滔傳子陸皆得其分數而失其玄妙焉

老子曰善計者不用籌策

尹文子曰凡數十百千萬億億萬千百十皆起於一推至億億無差矣

山海經曰帝令豎亥步自東極至於西極五億十選選萬也九千八百八十步豎亥右手把筭左手指青丘曰五億十萬九千八百天地東西二億三萬三千里南北二億一千五百里天地相去一億五萬里也

傳物志曰南郡宜城王子山到泰山從鮑子真學筭

異苑曰晉安有越王餘筭策長尺許白者似骨黑者似角云越王行海作筭有餘弃之於水生焉

風俗通曰十十謂之百十百謂之千十千謂之萬十萬謂之億十億謂之兆十兆謂之經十經謂之垓十垓謂之補十補謂之選十選謂之載十載謂之極有物者有事者紀於此矣過此往者則其數可紀其名未之或聞也夫數一爲特倭奇隻二爲再兩偶雙三爲參四爲乘

賈誼書曰數度之道以六爲法數度之始始於微細有形之物莫細於毫是故立一毫以爲度十毫爲髮十髮爲釐十釐爲分十分爲寸十寸爲尺備於六故先王以爲天下用也

周髀曰周公問於殷高曰寡人聞子大夫善數數筭也

語林曰鄭玄馬融門下三年不得見令高足弟子傳授而已融筭嘗渾天合召玄令筭一轉便決衆咸駭服

謝察微筭經曰易稱太極是生兩儀蓋數之先也自隸首作術容成造曆顯筭斯興故也

一位筭法曰萬萬穰爲載數之極矣或問之曰何以數之爲載按孫子筭經云古者積錢上至於天天不能容下至於地地不能載天不能蓋地不能載故名曰載

又曰按司馬遷史記云自秦孝公時商鞅獻三術內一開道阡陌以五尺爲步二百四十步爲畝

又曰按千乘之國周之制度司馬法六尺爲步步百爲畝是古之制也

發蒙筭經曰問云度之起起於何荅曰度之起起於忽忽是神蠶口中吐絲名也十忽爲一絲十絲爲一毫

筭經曰量之起起於何荅曰量之起起粟粟是陰陽而生從六甲而出故六粟爲一圭十圭爲一抄

筭經曰秤之起起於何荅曰秤之起起於黍黍是三稜草子也一黍爲一絫十絫爲一銖

畫

釋名曰畫挂也以五色挂物上也

周禮曰畫繢之事雜五色東方謂之青南方謂之赤西方謂之白北方謂之黑天謂之玄地謂之黃青與白相次也赤與黑相次也玄與黃相次也此言畫繢六色所象及布采之第凡畫繢之事後素功素白采也後布之爲其功易以漬污之也

論語曰繪事後素

史記曰武帝衛太子敗後上居甘泉宮召畫周公負成王圖於是左右羣臣知上意欲立少子也（少子卽昭帝也）

又曰甘露三年單于始入朝宣帝思股肱之美圖畫其人於騏麟閣法其狀貌署官爵姓名

又曰李夫人早卒帝圖畫其形於甘泉宮

又曰金日磾母教誨兩子甚有法度武帝聞而嘉之病死詔圖於甘泉宮曰休屠王閼氏日磾每見畫常拜向之涕泣

東觀漢記曰馬援還誡兄子曰畫虎不成反類狗也

又曰宋弘嘗讌見御座新施屏風圖畫列女世祖數顧視之弘曰未見好德如色者帝撤之

范曄後漢書曰光和元年置鴻都門畫孔子及七十二弟子之像

又曰明帝遣使天竺問佛道法遂於中國圖畫形像焉

又曰顯宗圖畫建武中名臣列將於雲臺以椒房故（謂馬后）獨不及馬援東平王蒼觀圖言於帝曰何故不畫伏波像帝笑而不言

又曰陳紀字元方父憂殆將滅性豫州刺史嘉其至行上書畫像百城以厲俗

魏書曰曹休祖父嘗爲吳郡太守休見壁上祖父畫下榻拜而涕泣

魏氏春秋曰徐邈善畫作走水獺摽於水濱羣獺集焉

晉書曰顧愷之尤善丹青謝安深重之爲有蒼生已來未之有也愷之每畫人成數年不點目睛人問其故答曰四體妍蚩本無關於妙處傳神寫照正在阿堵物中嘗悅一隣女挑之弗從迺圖其形於壁以棘針釘其心女遂患心痛愷之因致其情女從之遂密每重嵇康四言詩因爲之圖常云手揮五弦易目送歸鴻難每寫人形妙絶於時嘗圖裴楷像頰上加三毛觀者覺神明殊勝又爲謝鯤像在石巖裏云此子宜著丘壑中欲圖殷仲堪堪有目疾固辭愷之曰明府正爲眼耳若明點瞳子飛白拂上使如輕雲之蔽月豈不美乎顧愷之嘗以一厨畫糊題其前寄桓玄所皆其深所珍者玄乃發其厨後竊取畫而緘閉如舊以還之紿云未開愷之見封題如初但失其畫直云妙畫通靈變化而去亦猶人之登仙了無怍色

又曰王獻之桓溫常使畫扇筆悞落因畫作爲烏駮特牛甚妙

劉毅傳曰毅平桓玄入建康初桓玄於南州起齋悉畫盤龍於其上號爲盤龍齋毅小字盤龍至是遂居之

晉書曰韓支字景先鄧林婦病積年垂死醫巫皆息意支爲筮之使畫作野猪着卧處屏風上一宿覺佳於是遂差

齊書曰滎陽毛惠遠善畫馬彭城劉瑱善畫婦人當世並爲第

又曰齊王秀之字伯奮仕至侍中時宗測優遊秀之弥所欽慕乃令陸探微畫其形與己相對

又曰王亮字叔奉臨沂人也齊竟陵王良開西邸延賢俊使工畫其像亮亦豫焉

梁書曰伏曼容素美風彩帝常以方嵇叔夜使吳人陸探微畫叔夜像以賜之

又曰昭明太子好士愛文劉孝綽與陳郡殷芸吳郡陸倕瑯琊王筠彭城劉治等同見賓禮太子起堂乃使畫工先

圖孝綽
後魏書曰劉子業廟中皆畫祖父形入曾祖裕廟指像曰此渠大英雄生禽數天子次入祖義隆廟指像曰此渠不惡次入駿廟曰此渠大好色顧謂左右曰此渠大齇鼻即令畫工齇駿像鼻也
北齊書曰廣陵王孝珩於廳上畫蒼鷹見者以爲眞焉
又曰魏收字伯起鉅鹿曲陽人也兼尚書僕射帝於華林園別起玄洲苑備極山林樓觀之麗詔於閣上畫收容像其見重如此
陳書曰顧野王傳曰宣城王爲楊州刺史野王及瑯琊王褒並爲賓客王甚愛其才野王又好丹青善圖寫王於東府起齋乃令野王畫古賢命王褒贊之時人稱爲二絶
唐書曰張昌宗嘗命畫工圖寫武三思及納言李嶠鳳閣侍郎蘇味道夏官侍郎李迥秀麟臺少監王紹宗等十八人形像號爲高士圖
又曰薛稷善畫博採古跡睿宗在藩留意於小學稷於是特見招引
又曰韓滉尤工書兼善丹青以繪事非急務自晦其能未嘗傳之
又曰王維書畫特臻其妙筆蹤措思參於造化而創意經圖即有所缺如山水平遠雲峯石色絶跡天機非繪者之所及也人有得奏樂圖者不知其名維視之曰霓裳第三疊第一拍也好事者進樂工按之一無差謬咸服其精思也
又曰閻立本雖有應務之才而尤善圖畫於寫眞秦府十八學士圖及貞觀中凌煙閣功臣圖並立本之跡也時人咸稱其妙太宗嘗與侍臣學士泛舟於春苑池中有異鳥隨波容與太宗擊賞數賜詔座者爲詠召立本令寫之時閣外傳呼云畫師閻立本時已爲主爵郎中奔走流汗俛伏池側手揮丹粉瞻望座賓不勝愧赧退誡其子曰吾少好讀書幸免墻面緣情染翰頗及儕流唯以丹青見知躬厮役之務辱莫大焉汝其深戒勿習此末伎
又曰裴延齡恃恩惟顧少連不避延齡及畫一鵰令羣鳥噪之遂獻焉
唐李寶臣爲成德軍節度使寶臣爲朱滔使曰吾聞朱公貌如神得而識之願因繪事而觀可乎滔乃圖其形以示之寶臣懸於射堂命諸將熟視之曰朱公信神人也
鍾岏良吏傳曰鄭純字長伯廣漢人也爲永昌太守清廉獨絶及卒列畫東觀
三齊記略曰秦始皇求與海神相見神云我形醜約莫圖我形當與帝會始皇入海三十里與神相見左右有巧者潛以腳畫神形神怒帝負約乃令帝速去始皇即馬前腳猶立後腳隨陷步僅得登岸畫者溺死
續齊諧記曰魏明帝遊洛水水中有白獺美麗可憐見之輒去帝顧玩之終不可得侍中徐景山曰臣聞獺嗜鯔魚乃不避死可以此候之乃自畫板作兩生鯔鯔魚懸岸於是羣獺競赴遂一時執得帝嘉之謂曰不聞卿知畫何其妙也答曰臣亦未嘗執筆人之所作者自可庶幾耳帝曰是善用所長者也
西京雜記曰元帝後宮既多不得常見乃使畫工圖其形按狀幸之諸宮人皆賂畫工多者十萬王嬙不肯遂不得見後匈奴求美女帝按圖以昭君行及召見貌爲第一帝悔之而名籍已去乃按其事畫工棄市籍貲畫工有杜陵

毛延壽寫人好醜老少必得其真安陵陳敞新豐劉白龔寬並工牛馬人形杜楊望亦善畫尤善布色樊育亦善布色同日弃市京師畫工於是差稀

拾遺記曰周靈王時有韓房者自渠胥國來獻王馳房長一文垂䫉至膝周人見之如神明矣以丹砂畫左右手爲日月盈缺之勢不異真焉可照百餘步又噴水爲雲蔽虧其側靈王視之忽不知所在或云昇天

又曰秦始皇二年騫消國獻善畫之者名烈裔口含丹墨噴壁即成龍雲之像以指歷地若繩分矣轉手若規方寸之内四瀆五岳列國莫不悉備畫爲鳳鸞皆軒軒若行也

韓子曰客有爲齊王畫者王問曰畫孰最難對曰狗馬最難孰曰最易對曰鬼魅最易夫狗馬人之所知也旦暮覩於前不可類之故難也鬼魅無形無形者不可覩故易也

淮南子曰畫西施之面者美而可悦規孟賁之目者大而可畏

又曰宋畫吳冶（宋人工畫吳人工冶）其爲微妙堯舜之聖不能及也

抱朴子曰衛協張墨有畫聖之名

華陽國志曰漢嘉郡以御雜夷宜炫曜之迺彫飾城墻華畫府寺及諸門作山神海靈窮奇鑿齒夷人初出入恐懼馬或憚之趍趄

說苑曰齊起九重之臺國中有能畫者則賜之錢狂卒敬君居常飢寒其妻端正敬君工畫貪賜畫臺去家日久思念其婦遂畫其像向之喜笑旁人見以白王王以錢百萬請妻敬君惶怖許聽

世說曰戴安道爲范宣畫南都賦圖范宣看而咨嗟焉

俗說曰顧虎頭爲人畫扇作阮籍嵇康都不點眼精便還扇主曰點眼精便欲能語

論衡曰人好觀圖畫上所畫古之死人也見死人之面孰與覩其言行古賢之遺文竹帛之所載粲然豈徒墻壁之畫哉

世本曰史皇作圖（史皇黄帝臣也謂畫物像也）

新序曰葉公子高好龍門亭軒牖皆畫龍形一旦真龍垂頭於窻棹尾於户葉公驚走失措焉

風俗通曰按百家書云公輸般之水上見蠡謂蠡曰開汝匣見汝形蠡適出頭般以足畫圖之鈌

古今名畫録曰晉有史道碩畫田家十月圖爲世所珎

孫暢之述畫曰漢靈帝詔蔡邕圖赤泉侯楊喜五世將相形像於省中又詔邕爲讚仍令自書之邕文畫書于時獨擅可謂備三美矣

又曰劉褒漢靈帝時作雲漢圖人見之自然覺熱更畫北風圖熱者還覺凉

魏陳思王畫讚序曰蓋畫者鳥書之流也昔明德馬后美於色厚於德帝用嘉之嘗從觀畫過虞舜之像見娥皇女英帝指之戲后曰恨不得如此人爲妃又前見陶唐之像后指堯曰嗟乎羣臣百僚恨不戴君如是帝顧而咨嗟焉

晉傅咸畫像賦序曰先有畫卞和之像者以爲臧文仲知柳下惠之賢而不與立卞子自刖以有證相去遠矣戲畫其像於卞子之旁特赤其面以示猶有慙色

宋炳山畫叙曰竪畫三寸寔當千仞之高横墨數尺寳體百里之迥

晉王廙之詩序曰余自求致仕詔累不聽因扇上有二跡畫作詩一首以述其美

太平御覽卷第七百五十

太平御覽卷第七百五十一

工藝部八

畫下

歷代名畫記曰夫畫者成教化助人倫窮神變測幽微與六籍同功四時並運發於天然非由述作古先聖王受命應籙則有龜字效靈龍圖呈寶自巢燧已來皆有此瑞迹映乎瑤牒事傳乎金冊庖犧氏發於滎河中典籍圖畫萌矣黃軒氏得於溫洛中史皇蒼頡狀焉

又曰夫畫比之書價則顧陸可同鍾張僧繇可同逸少書則逡巡可成畫非歲月可就所以書多於畫自古而然今分爲三古以定貴賤以漢魏三國爲上古則趙岐劉褒蔡邕張衡已上四人後漢曹髦楊脩桓範徐邈已上四人魏曹不興吳諸葛亮蜀之流是也以晉宋爲中古則明帝荀勗衛協王廙顧愷之謝稚嵇康戴逵已上八人晉陸探微顧寶先袁倩顧景秀之流是也已上四人宋以齊梁北齊後魏陳後周爲下古則姚曇度謝赫劉瑱毛惠遠已上四人齊元帝袁昂張僧繇江僧寶已上四人梁楊子華田僧亮劉殺鬼曹仲達已上四人北齊蔣少游楊乞德已上二人後魏顧野王陳馮提伽之流是也後周隋及唐爲近代之價則董伯仁展子虔孫尚子鄭法士楊契丹陳善見已上六人隋張孝師范長壽尉遲乞僧王知慎閻立德之流是也已上六人唐

又曰若言有書籍豈可無九經三史顧陸張吳爲正經楊鄭董展爲三史其餘畫迹爲百家吳道玄可爲正經

又曰昔謝赫云畫有六法一曰氣韻生動二曰骨法用筆三曰應物象形四曰隨類賦綵五曰經營位置六曰傳模移寫自古畫人罕能兼知試論曰古之畫或有遺其形似而尚其骨氣以形似之外求其畫此難可與俗人道也今之畫縱得形似而氣韻不生以氣韻求其畫則形似自在其間矣上古之畫迹簡而意澹而雅正顧陸之流是也中古之畫細密而精緻以臻麗展鄭之流是也近代之畫煥爛而求備今人之畫錯亂而無旨衆工之迹是也夫象物必在於形似形似須全其骨氣骨氣形似皆本於意而歸乎用筆故工畫者多攻書然則古之嬪臂纖而胷束古之馬喙大而腹細古之臺閣竦峙古之服飾容曳故古畫非獨變態有奇意也抑亦物象殊也

又曰徧觀衆畫唯顧生畫古賢得其妙理對之令人終日不倦凝神遐想妙悟自然物我兩忘離形去智身固可使如槁木心固可使如死灰不亦臻於妙理乎所謂畫之道也

又曰漢張衡字平子昔建州浦城縣山有獸名駭神豕神人首狀貌醜惡百鬼惡之好出水邊石上平子往寫之獸入潭中不出或云此獸畏畫故不出可去紙筆即去之獸果出平子拱手不動潛以足指畫獸今號巴獸潭

又曰昔張芝學崔瑗杜度草書之法因而變之以成今草字之體勢一筆而成氣脈通連隔行不斷唯王子敬明其深旨故後首之字往往繼其前行世上謂之一筆書其後陸探微亦作一筆畫綿連不斷故知書畫用筆同法陸探微精利潤媚新奇絕妙名高宋代時無等倫

又曰魏曹植言觀畫者見三皇五帝莫不仰戴見三季暴主莫不悲惋見簒臣賊嗣莫不切齒見高節妙士莫不忘食見忠節死難莫不抗首見放臣斥子莫不歎息見淫夫妬婦莫不側目見令妃順后莫不嘉貴是知存乎鑒者畫

也
又曰蜀諸葛亮字孔明華陽國志云南夷其俗徵巫鬼好盟詛要之諸葛亮乃爲夷作圖先畫天地日月君長城府次畫神龍及牛馬驢羊後畫部主吏乘馬幡蓋遂行安卹又畫夷牽牛負酒賫金寶詣之以賜夷甚重之
又曰曹不興吳興人也孫權使畫屏風誤落筆點素因就成蠅狀權疑其眞以手彈之時稱吳八絕吳錄云八絕者孤城鄭嫗善相劉惇善星象吳範善候風氣趙達善筭嚴武善碁宋壽善上夢皇象善書曹不興善畫赤烏中不興之淸溪見赤龍出水上寫獻孫晧晧送秘府至宋朝陸探微見畫歎其妙因至淸溪復見其龍宋時累月亢旱祈禱無應乃取不興龍置水上應時蓄水成霧累月霶霈謝赫云不興之迹代不復見秘閣內一龍頭而已觀其風骨擅名不虛在第一品矣

又曰晉顧愷之字長康嘗於瓦官寺北殿畫維摩詰畫訖光耀月餘曰京師寺記云興寧中瓦官寺初置僧衆設會請朝賢鳴刹注錢其時士大夫莫有過十萬者旣至長康長康直打刹注百萬長康素貧衆以爲大言後寺衆請勾疏長康曰宜備一壁遂閉戶往來一月餘日所畫維摩詰一軀工畢將欲點眸子乃謂寺僧曰第一日見請施十萬第二日可五萬第三日可任例責施及開戶光照一寺施者塡咽俄而得百萬錢愷之嘗言畫人物最難次山水次狗馬臺閣一定器耳差爲易也斯言得之至於鬼神人物有生動之可狀須神韻而後全若氣韻不周空陳形像筆力未到空善賦彩謂非妙也
又曰宋朝顧駿之常結構高樓以爲畫所每登樓去梯家人罕見若時景融朗然乃含毫天地陰慘則不操筆今之畫人筆墨混於塵埃丹青和其泥滓徒汚絹素豈曰繪畫自古善畫者匪衣冠貴胄逸士高人振妙一時傳芳千祀非閭閻鄙賤所能爲也
又曰南齊宗測字敬微炳之孫也善畫傳其祖業未欲遊名山乃寫祖炳所畫尚子平圖於壁隱廬山居炳舊宅畫阮籍遇孫登於行障上坐臥對之又畫永業寺佛影臺皆稱妙絕
又曰南齊謝赫姚最云點刷精研意存切似寫貌人物不俟對看所須一覽便歸操筆目想毫髮皆無遺失麗服靚粧隨時變改直眉曲鬢與世爭新別體細微多從赫始遂使委巷逐末皆類效顰至於氣韻精靈未窮生動之致筆路纖弱不副雅致之懷然中興已後畫人焉貴在沈摽下毛惠遠上

又曰南齊劉瑱字士溫彭城人少聰惠多才藝攻畫畫嬪牆當代第一謝云用意綿密畫體簡細筆力困弱制置單省婦人最佳但纖削過差翻爲失眞然玩之詳熟甚有姿態
又曰南齊毛惠遠滎陽陽武人也善畫馬時劉瑱善畫婦人並當代第一市青碧一千二百斤供御畫用錢六十五萬有言惠遠納利者勑尚書評價貴二十八萬後家徒壁立甚悔痛之惠遠弟惠秀永明中待詔秘閣世祖將北伐命惠秀畫漢武北征圖中書郎王融臨筆其圖成帝極重之置琅琊臺上每披覽焉
又曰北齊楊子華世祖時任直閣將軍嘗畫馬於壁夜聽啼齧長鳴如索水草圖龍於素舒卷輒雲氣縈集世祖重之使居禁中天子號爲畫聖非有詔不得與人畫時有

王子善碁通神號爲二絶

又曰北齊劉殺鬼與楊子華同時世祖俱重之畫鬬雀於壁間帝見之爲生拂之方覺嘗在禁中錫賴巨萬任梁州刺史

又曰梁元帝名繹字世誠善書畫曾畫聖僧武帝親爲贊之任荆州刺史日畫蕃客入朝圖帝極稱善又畫職貢圖并序畫外國來獻之事長子方智字實相尤能寫眞坐上賓客隨宜點染即成數人問童兒皆識之

又曰梁蕭賁字文奐蘭陵人也多詞學工書畫嘗於扇上畫山水咫尺之内見萬里可知姚最云雅性精密後來難比含毫命素動必依眞學不爲人自娛而已人間罕見其跡

又曰陶弘景字通明丹陽秣陵人幼有異操年十歲讀書葛洪神仙傳便有隱逸之志居茅山號華陽隱居好著述明衆藝武帝嘗欲徵用隱居畫二牛一以金籠頭牽之一則逝遥就水草武帝知其意不以官爵逼之

又曰梁張僧繇吳人也天監中爲武陵王國侍郎直秘書閣知畫事武帝崇飾佛寺多僧繇畫之時諸王在外武帝思之遣僧繇乘傳寫貌對之如面江陵天皇寺明帝置也内有柏堂僧繇畫盧舍那佛及仲尼十哲帝怪問釋門内如何畫孔聖僧繇曰後當賴此耳及後代滅佛法焚天下寺塔獨以殿有宣尼像乃不令毁拆又金陵安樂寺畫四龍不點眼睛即恐飛去人以爲妄誕固請點之遂點二龍須臾雷電破壁兩龍乘雲騰而上天二龍未點眼睛者見在又畫天竺二胡僧侯景亂散坼爲二後一僧爲唐右常侍陸堅所寶堅疾篤夢一胡僧告云我有同友離拆多時今在洛陽李家若求合得之當以法力助君陸以錢帛果於其處購得之其疾乃愈劉長卿爲記述其事張畫所有靈感不可具記

又曰北齊高孝珩世宗第二子也封廣寧郡王尚書令大司徒博涉多才藝曾於廳壁上畫蒼鷹觀者疑其眞鳩雀不敢近又畫朝士圖當時妙絶

又曰隋楊契丹官至上儀同僧悰云六法備該甚有骨氣山東體制尤屬伊人在閻立本下契丹之迹非不雄富此董展則乏精微李云田楊聲侔董展昔田楊與鄭法士同於京師光明寺畫小塔鄭圖東壁北壁田圖西壁南壁楊畫外邊四面是稱三絶楊以簟蔽畫處鄭竊觀之謂楊曰卿畫終不可學何勞障蔽楊託以婚姻有對門之好又求楊畫本楊引鄭至朝堂指宮闕衣冠車馬曰此是吾畫本也由是鄭深歎伏

又唐張孝師爲驃騎尉尤善畫地獄氣候幽默孝師曾死復蘇具見冥中事故備得之吳道玄見其畫因效之爲地獄變

又曰唐王陁子善山水幽致峯巒極佳也上言山水者稱陁子頭道子脚

又曰唐吳道子陽翟人也好酒使氣每欲揮毫必須酣飲學書於張長史旭賀監知章學書不成因攻畫曾事逍遥公韋嗣立爲小吏因寫蜀道山水之體自爲一家其書迹似薛以保亦甚便利初任兖州瑕丘縣尉玄宗召入禁中改名道玄因授内教博士非有詔不得畫張懷瓘每云吳生之畫下筆有神是張僧繇後身也可謂知言矣官至寧王友開元中將軍裴旻善舞劍道玄觀旻舞畢揮毫益進時又有公孫大娘亦善舞西河劍氣渾脫張旭見之因爲

之草書杜甫歌行述其事是知書畫之藝皆須意氣而成
亦非懦夫所能作也
又曰唐盧稜伽吳生弟子也畫迹似吳生但才力有限頗
能細畫咫尺間山水寥廓物像精備經變佛像是其所長
吳生嘗畫於京師畫摠持寺三門大獲泉貨稜伽乃竊畫莊
嚴寺三門銳思開張頗臻其妙一日吳生忽見之驚歎曰
此子筆力當時不及我今乃類我精爽盡矣居一月稜伽
果卒
又曰唐馮紹政尤善畫鷹鶻鷄雉盡其形態嘴眼脚爪毛
彩俱妙曾於禁中畫五龍亦稱其善有降雲蓄雨之感
又曰唐李思訓宗室也即林甫之伯父早以藝稱於當代
一家五人並善丹青高宗甚重之書畫稱一時之妙甚畫
山水樹石筆格遒勁湍瀨潺湲雲霞縹緲時覩神仙之事

窅然巖嶺之幽時人謂之大李將軍也
又曰唐韓幹尤工鞍馬忽有人詣門稱鬼使請馬一疋韓
君畫馬焚之他日見使乘馬來謝其感神若此弟子孔榮
爲之上足
又曰唐張璪字文通尤工樹石山水初畢宏擅名當代一
見驚歎異之璪唯用禿筆或以手摸絹素因問璪所授璪
曰外師造化中得心源畢宏於是閣筆
又曰唐李漸善畫蕃馬騎射射鵰放牧川源之妙筆迹氣
調今古無儔李仲和能繼其藝而筆力不及
又曰天后朝張易之奏召天下畫工修内庫圖畫因使工
人各推所長銳意摸寫仍舊裝背一毫不差其眞者多歸
易之
又曰唐朝吳道玄古今獨步前不見顧陸後無來者授筆
法於張旭此又知書畫用筆同矣張旣號書顛吳宜爲畫
聖神假天造英靈不窮
唐畫斷曰唐吳道玄窮丹青之妙大約宗師張僧繇玄宗
天寶中忽思蜀中嘉陵江水遂假吳生驛遞令往貌之及
迴帝問其狀奏云臣無粉本並記在心遣於大同殿圖嘉
陵江三百里山水一日而畢時有李將軍山水擅名亦畫
大同殿數月方畢玄宗云李思順數月之功吳道玄一日
之迹皆極其妙又畫殿内五龍鱗甲飛動每欲大雨即生
煙霧吳生常持金剛經自識本身當天寶中有楊庭光與
之齊名潛畫吳生眞於講席衆人之中吳生覩之亦見便
驚語庭光云老夫衰醜何用圖之
又曰唐周昉字景玄郭子儀子壻趙縱常令韓幹寫眞衆
皆稱善後又請昉寫眞二人皆有能名公常列二畫於座

未能定其優劣因趙夫人歸省公（公子儀也）問云此畫何人對
曰趙郎曰何者似云兩畫摠似後畫者嘉又問何以言之
曰前畫空得趙狀貌後兼移其神氣情性笑言之姿公問
後畫者何人乃云周昉是日定其二畫優劣令送錦綵數
百疋
又曰唐閻立本太宗時南山有猛獸害人太宗使驍勇者
捕之不得虢王元鳳忠義奮發自往取之一箭而斃太宗
壯之使立本圖其鞍馬僕從皆寫其眞無不驚伏其能太
宗幸玄都池翫鸂鶒召立本貌十八學士凌煙閣功臣等
實亦輝映前古
又曰唐韋無忝京兆人也玄宗朝以畫名馬異獸擅名時
稱韋四足無不妙也曾見貌外國所獻師子酷似其眞後
師子放歸本國唯畫者在圖時因觀覽百獸見之皆懼又

玄宗射獵一箭中兩野猪詔於玄武北門寫貌傳在人間乃妙之極也

又曰唐楊光畫松石山水出於人表初稱處士謁盧黄門懷慎也館之甚厚知其丹青之能意欲求之而未敢言楊懇辭去復苦留之知其家在洛中衣食乏少心所不安乃令人潛將數百千至洛中供擬取其家書示楊公感之未知所報盧因從容乃言欲求一蹤以子孫寶之意尚難之遂月餘圖一松石雲物移動造化人莫能覩也

又曰唐陳閎會稽人也以能寫眞本道薦之開元中召入供奉每令寫眞御容妙絶當時玄宗射猪鹿兎鴈等并按舞圖及眞容皆受詔寫貌又太清宮肅宗眞容匪唯龍鳳之日角天字之狀而筆力遒潤神彩英逸實天假其能也閻令之後一人而已

又曰唐張萱京兆人也當畫貴公子鞍馬屏幛宮苑子女等名冠於時善起草點簇置其亭臺竹樹花鳥僕隷皆極精研

又曰唐王墨不知何許人也名冷善潑墨時人為之王墨多游江湖善畫山水松柏雜樹等性疎野好酒每圖障與酣之後以墨潑之腳蹙手抹或拂或幹隨其形象為山為竹為樹應心隨意倐若造化圖成雲霞澹濘風雨驫驫不見污之路也

又曰唐李靈省落魄不拘檢每圖一障非其所欲不可強也以酒生思傲然自得王公之尊寒暑之若山水竹樹一點一抹成於自然或即峯際雲孤或即島嶼極海非常剬也

又曰唐張志和字子同號煙波子常釣魚洞庭初顔魯公在吳興知其高節以漁歌五首贈之乃圖傳為卷軸隨句賦象人魚鳥獸風雨雲月皆依字成形雅叶其妙

太平御覽卷第七百五十一

太平御覽卷第七百五十二

工藝部九

巧

釋名曰巧者合異類共成一體也

禮曰無作淫巧以蕩上心

又曰季康子之母死公輸若方小公輸若匠師方小言年尚幼未知禮也斂般請以機封斂下棺於椁般若之族多技巧者見若掌斂事而年尚幼請代之而欲嘗其技巧將從之時人服般之巧公肩假曰不可般爾以人之母嘗巧則豈不得以以己字言字有強使女者與備於禮作機巧非也以與己字本同

又曰目巧之室則有奧阼

周禮曰國有六職百工與居一焉百工司空事官之屬於天地四時之職亦處其一也知者創物謂始開端造器物若世本作者是也巧者述之守之世謂之工父子世以相教百工之事皆聖人之作也事無非聖人所爲也爍金以爲刃凝土以爲器作車以行陸作舟以行水此皆聖人所作也堅也天有時地有氣材有美工有巧合此四者然後可以爲良時寒溫也氣剛柔也良善也

續漢書曰張衡性精微有巧藝作地動儀以精銅鑄其器圜徑八尺形似傾樽其蓋穹隆飾以篆文外有八龍首銜銅丸下有蟾蜍承之其牙發機皆隱在樽中周密無際如一體焉地動機發龍即吐丸蟾蜍張口受丸聲乃振揚司者覺知即省龍機其餘七首不發則知地震所從起來也合契若神觀之莫不服其奇麗自古所來未嘗有也

蜀志曰諸葛亮性巧損益連弩木牛流馬皆出意焉亮集有其法也

晉書曰嵇康性絕巧而好鍛宅中有一柳樹甚茂乃激水環之每夏月居其下以鍛

晉紀曰宋王圖慕容超張綱巧絕於人乃使綱大治攻具於是城上火石弓弩無所用之

晉陽秋曰吳葛衡字思直明達天官能爲機巧故作渾天儀

又曰衡陽區紙者甚有巧思造作木室作一婦人居其中人扣其戶婦人開戶而出當戶再拜還入戶內閉戶又作鼠市於中而四方丈餘四門門中有一木人縱四五鼠欲出門木人輒推木掩之門門如此鼠不得出又作指南車及木奴令舂穀作米中宗聞其巧詔補尚方左校

沈約宋書曰石虎使解飛姚興令狐生造指南車宋武帝平長安始得此車戎狄所制不甚至精雖有南多不審正迴曲頻聚猶須人力正之范陽人祖冲之甚有巧思常謂宜更構造順帝昇明末齊王爲相命冲之造焉其制甚精百屈千廻未嘗移變

北齊書曰高隆之性小巧至於公家羽儀百戲服制時有改易不循舊典時論非之

文士傳曰張衡嘗作木鳥假以羽翮腹中施機能飛數里

後趙錄曰邴輔樂陵人也好學有才藝巧思機智妙於當時襄國宮殿臺榭皆輔所營也

馬鈞別傳曰鈞字德衡扶風人巧思絕世不自知其爲巧也居貧舊綾機五十綜者五十躡六十綜者六十躡鈞乃易以十二躡其奇文異變因感而作猶自然而成形陰陽之無窮

葛洪神仙傳曰葛由者蜀人也刻木作羊能行一旦騎羊入山遂去得仙未知指實也

鄴中記曰石虎有指南車及司里車又有舂車木人及作

行碓於車上動則木人蹋碓行十里成米一斛又有磨車置石磨於車上行十里輒磨一斛凡此車皆以朱彩爲飾唯用將軍一人車行則衆巧並發車止則止中御史解飛尚方人魏猛變所造虎至性好佛衆巧奢靡不可紀也嘗作檀車廣丈餘長二丈安四輪作金佛像坐於車上九龍吐水灌之又作一木道人恒以手摩佛心腹之間又十餘木道人長二尺餘皆披袈裟繞佛行當佛前輒揖禮佛又以手撮香投爐中與人無異車行則木人行龍吐水車止則止亦解飛所造也

玄中記曰奇肱氏善奇巧能爲飛車從風遠行

述異記曰魯班刻石爲禹九州圖今在洛城石室山東北巖中

西京雜記曰長安巧工人丁緩者爲恒蒲燈七龍五鳳雜以芙蓉蓮藕之奇又作卧褥香爐一名被中香爐本出房風其法度至緩更始爲之環轉四周而爐體常平可致之被褥故取被褥爲名又作九層山爐鏤爲奇禽怪獸諸靈皆自然運動又作七輪扇連以七輪大皆徑尺並相連續一人運之滿堂皆生風寒焉

又曰昭陽殿椽桷皆刻作龍蛇縈繞之狀匠人丁緩李菊所作也其巧爲天下第一

涼州記曰呂光時有任躬者自匿爲王欣家奴發覺應死躬有奇巧王欣魯般之儔也故赦之涼風門及大殿歲久傾敗躬運巧致思土木俱正

王子年拾遺記曰嬬（音瀩）支國去泥離國八萬里其國婦人善織以五色絲内口中兩手引之則成文錦似列燈燭也

又曰始皇起遊雲臺窮極四方之珍材搜天下之巧工人皆能騰虛緣木揮斤斧於空中

又曰始皇二年騫消國獻善畫之工名裂裔刻白玉爲兩虎削玉爲毛有如真矣不點兩目睛始皇黠之即飛去明年南郡有獻白虎二頭始皇使視之乃是先刻玉者始命去目睛二虎不復能去

歷代名畫記曰吳王趙夫人丞相趙達之妹善書畫巧妙無雙能於指間以綵織爲龍鳳之錦宮中號爲機絶孫權常歎巴蜀未平思得善畫者圖山川地形夫人乃進所寫江湖九州山岳之勢夫人又於方帛之上繡作五岳列國地形宮中號爲針絶又以膠續絲髮作爲輕幔宮中號爲絲絶

又曰宋謝莊字希逸性多巧思制木方丈圖天下山川土地各有分理離之則州別郡殊合之則寓内爲一

老子曰大巧若拙

又曰絶巧弃利盜賊無有

莊子曰陶者云我善治埴圓者中規方者中矩（埴土曰陶陶化也埴黏土）匠人曰我善治木曲者中鉤直者應繩（曲鉤也繩直也謂匠人機巧善能治木曲直必中鉤繩也）夫埴木之性豈欲中規矩鉤繩哉（土木之性稟之造物不求曲直豈慕方圓陶者匠人浪爲臧否）

又曰百工有器械之巧則壯

又曰巧者勞而智者憂無能者無所求

又曰無爲也而笑巧（巧者有爲以傷神）

又曰覆載天地刻雕衆形而不爲巧（巧者爲之妙耳物皆自爾故無所稱巧也）

此之謂天樂（忘樂而樂足矣）

又曰以瓦注者巧以鉤注者憚以黃金注者殙（所要愈重則其心愈怠）

斲也又曰郢人堊（白墡土）墁其鼻端若蠅翼使匠石斲之匠石運斤成風而斲之盡堊而鼻不傷郢人立而不失容宋元君聞之召匠石曰嘗試爲寡人爲之匠石曰臣則嘗能斲之雖然臣質死之矣

列子曰周穆王西巡有獻工人名偃師曰臣唯命所試然臣已有所造願王先觀之穆王曰以若俱來吾與若俱觀之越日偃師謁見王王曰若與偕來者何人耶對曰臣之所造能倡者穆王驚視之趨步俯仰言皆人也巧夫頷其頤則歌合律捧其手則舞應節千變百化惟意所適王以爲實人也與盛姬内御並觀之伎將終倡者瞚（同瞬）其目而招王之左右侍妾王怒立便欲誅偃師偃師大懾立剖散倡者以示王皆草木膠漆白黑丹青之所爲也自内則

肝膽心肺脾腎腸胃外則筋骨支節皮毛齒髮皆假物也無不畢具者合會復如初王試廢其心則口不能言廢其肝則目不能視廢其腎則足不能步穆王曰人之巧乃與造化同功乎詔貳車載之以歸夫班輸之雲梯墨翟之飛鳶自謂能之極也弟子東貢禽滑釐聞以偃師之巧告於二子二子終身不敢語藝而時執規矩焉

又曰宋人有爲其君以玉爲楮葉者三年而後成亂之楮葉中而不可別也此人遂以巧食宋國列子聞之曰使天地生物三年而成一葉則物之有葉者寡矣故聖人恃道化而不恃智巧（韓子云象爲楮葉）

又曰考成子學幻於尹文先生三年不告考成子請其過而求退尹文先生曰昔老聃之徂西也顧而告余曰有生之氣有形之狀盡幻也造化之所始陰陽之所變者謂之生謂之死窮數達變因形移易者謂之化謂之幻造物者其巧妙其功深故難窮難終因形者其巧顯其功淺故隨起隨滅知幻化之不異生死也始可學幻矣吾與汝亦幻也奚須學哉

墨子曰公輸子削竹木爲鵲成而飛之三日不下自以爲至巧墨子謂曰子之爲鵲也不如匠爲車轄也須臾斲三寸之木而任五十石之重故利於人謂之巧不利於人謂之拙

孟子曰公輸子之巧不以規矩不能成方圓也

淮南子曰昔者楚欲攻宋墨子聞而悼之（墨子名翟宋大夫悼傷也）自魯趨而往十日十夜而不休息裂衣裳裹足至於郢見楚王（自趨走也郢楚都也今南郡江陵北郢是也）曰臣聞大王舉兵將攻宋計必得宋而後罷之乎志其苦衆勞民頓兵剉鋭天下以不

義之名而不得咫尺之地猶且攻之乎（頓罷剉辱鋭精文罪之宋故負天下以不義之名猶且必也）王曰必不得宋又且爲不義曷爲攻之墨子曰臣見大王之必傷義而不得宋王曰公輸子天下之巧士作爲雲梯設以攻宋曷爲弗取（公輸魯班時在楚爲攻城具高長上與雲齊故曰雲梯設施也）墨子曰今公輸設攻宋之械墨子設守之備公輸九攻而墨子九拒之終弗能入（入猶下也）於是乃偃兵輟不攻宋（輟止也）

又曰神機陰閉剞劂無迹人巧之妙也而治世不以爲民業

又曰工人下漆而上丹則可下丹而上漆則不可萬事由此也

又曰規矩鉤繩者乃巧之具也而非所以爲巧（巧存於心也）

又曰神明之事不可以智巧爲也不可以筋力致也天地

所包陰陽所嘔雨露所濡以生萬殊翡翠瑇瑁碧玉珠文采明朗澤若濡摩而不玩久而不渝奚仲不能旅魯般弗能造此之謂大巧

又曰夫至巧不用劒（巧在心手故不用劒）

又曰大匠不用斲

又曰夫物有以自然而後人事有治也故良匠不能斲金巧冶不能鑠木金之勢不可斲而木之性不可鑠也埏埴而爲器刳木而爲舟鑠鐵而爲刃鑄金而爲鍾因其可也

尸子曰古者倕爲規矩準繩使天下倣焉

愼子曰百工之子不學而能者非生而巧也言有常事

傅子曰馬先生鈞天下之巧也有二子謂古無指南車記言之虛也先生曰古有之二子以白明帝詔先生作之而指南車成此一異也從是天下服其巧矣居京都城內有

平七百五十二　七　物荷

地可爲園患無水以漑之先生乃作翻車令童兒轉之而灌水自覆其巧百倍於常此二異也後人有上百戲者能設而不能動帝以問先生可動否鈞曰可動帝曰其巧可益否對曰可益受詔作之以大木雕構使形若輸平潛以水發焉設爲女樂舞象使木人擊鼓吹簫木跳丸擲自出自入百官行署變巧百端此三異也先生見諸葛亮連弩曰巧則巧矣未盡善也言作之可令加五倍嘗試以車輪懸瓴甓數十飛之數百步矣馬先生之巧雖古般輸墨翟王尒漢世張平子不能過也

又曰馬先生爲機器未成裴世子疑而難之先生口屈不能對傅子謂裴子善乎言而不巧馬氏長於巧而短於言巧者天下之微事

抱朴子曰善圍碁者世謂之碁聖故嚴子卿馬綏明有碁聖之名書聖皇象胡昭是也畫聖衛協張墨是也木聖張衡馬鈞是也

孔藂子曰孔附謂陳王曰梁人有楊田者伎巧過人骨勝肉飛

博物志曰近世有田夫至巧而不自覺也其婦稱之猶不自知乃削木爲小麥試衆之　無疑歸磨乃覺非麥

論衡曰傳稱魯般墨子之巧刻木爲鳶飛之三日而不集下也夫言其以木爲鳶飛之可也言其三日不集增之也猶世傳言魯般巧亡其母矣言其巧工爲母作木車馬木人御者機關備具載母上臺去而不還失其母焉

楊泉物理論曰夫蜘蛛之羅蜂之作巢其巧妙矣而況於人乎故工匠之方規圓矩出乎心巧成於手迹非睿敏精密孰能著勳成形以周器用哉

平七百五十二　八

晉讚曰陳勰以工巧見知

太平御覽卷第七百五十二

太平御覽卷第七百五十三

工藝部十

圍碁　投壺

圍碁

左傳曰甯喜許納衛獻公太叔文子曰今甯子視君不如弈碁弈者舉碁弗定不勝其偶而況置君弗定乎（弈圍碁也）九世之卿族一舉而滅之可哀也哉

魏志曰王粲觀人圍碁局壞（壞謂白黑散亂）粲復爲之碁者不信以帊蓋局使更以他局爲之用相比校不誤一道

魏氏春秋曰孔融被誅二子碁而不起左右曰尔父見報不起何也二子曰安有巢毀而卵不破者乎

蜀志曰費禕與來敏圍碁于時羽檄交馳人馬擐甲嚴駕已訖而禕留意對戲色無厭倦禕至敵遂退

吳志曰孫權太子和常言當世士人宜講修術學君射御以周世務而但交遊博弈以妨事業非進取之謂也後羣僚侍宴言及博弈以爲妨事費日而無益於用勞精損思終無所紀非所以進德修業積累功緒也人情猶不能無嬉娛嬉娛之好亦在飲宴琴書射御之間何必博弈可以爲欣乃命侍坐者八人各著論以矯之於是中庶子韋曜退而奏論和以示賓客時蔡穎好弈故以諷之

吳錄曰嚴武字子卿圍碁莫與爲輩謂之八絕

晉書曰王質入山斫木見二童圍碁坐觀之及起斧柯已爛矣

又曰賈謐嘗與太子弈碁爭道成都王穎在坐正色曰皇太子國之儲君賈謐何得無禮也

又曰苻堅率衆號百萬次于淮淝京師震恐加謝安征討大都督兄子玄入問計安夷然無懼色荅曰已別有旨既而寂然玄不敢復言乃令張玄重請安遂命駕出墅親朋畢集方與玄圍碁賭別墅安常碁劣於玄是日玄懼便爲敵手而又不勝安顧謂其甥羊曇曰以墅乞汝

又曰王導與其子悅弈碁爭道導笑曰相與有瓜葛那得爲尔耶

又曰祖納爲軍諮祭酒納好弈碁王隱謂之曰禹惜寸陰不聞數碁對曰我以忘憂耳

鄧粲晉紀曰阮籍母死與人圍碁如故對者求止籍不肯留決勝焉

晉中興書曰王恬字敬豫與濟陽江䬇俱善弈碁爲中興第一

又曰陶侃在荆州見佐吏博弈戲具投之於江曰圍碁者

堯舜以教愚子博者（一本爲牧樗奴戲）商紂所造諸君並懷國器何以爲此

晉起居注曰鎮東司馬顏延之坐圍碁免官

沈約宋書曰羊玄保爲黄門侍郎善弈碁碁品第三太祖亦好玄數蒙引見與太祖賭郡戲勝得補宣城太守

又曰徐羨之沉密寡言不以憂喜見色頗工弈碁當世以此推之

又曰謝弘微性無慍色末年與人圍碁西南有碁死勢有人曰南風急或覆舟人悟救之弘大怒投局於地識者知其莫年

齊書曰能碁人瑯耶王抗爲第一品吳郡褚思莊會稽夏赤松第二品赤思速善於鬬碁宋文帝世羊玄保戲因製局圖還於帝前覆之太祖使思莊與王抗官賭自食時至

日暮一局始竟上倦遣還省至五更方決抗睡於局後思
莊達曉不寐世或以思莊所品第致高緣其用思深久人
不能對也
又曰武帝好圍棊甚拙去格七八道物議共欺爲第三
品與第一品王抗圍棊依品賭戲抗每饒借之曰皇帝飛
棊臣抗下能斷帝終不覺以爲信然好之愈篤
又曰武陵王曄少年時貧無棊局乃破荻爲片縱横以爲
棊局指點行勢遂至名品
燕書曰羅騰字叔龍工圍棊究盡其妙獨步當時俄而右
北平樂抄少携出與齊焉
後魏書曰甄琛舉秀才入都積歲頗以弈棊弃日至乃通
夜不止有蒼頭者常令秉燭或時睡即大加其杖如此非
一奴後不勝楚痛乃白琛曰郎君辭父母仕宦京師若爲

讀書執燭不敢暫非乃以圍棊日夜不息豈是向京之意
而肆加杖罰不亦理乎琛惕然慙感遂從許亦虎假書研
習聞見益優
陳書曰梁武帝詔校定棊品到溉朱异已下並集陸瓊時
年八歲於客簷後局由是京師號曰神童
唐書曰順宗朝罷翰林陰陽星卜醫相射覆棊弈諸待
詔三十二人初王叔文以棊待詔既用事惡其與已儕類相
亂故罷之
江表傳曰呂範討山越還白事於孫策從容獨與圍棊因
論軍旅
西京雜記曰杜夫子善弈棊爲天下第一或譏其費日夫
子曰精其理者足以大裨聖教
又曰戚夫人侍兒賈佩蘭後出爲扶風人假儒妻說在宮
内時常以八月四日出雕房北戶竹下圍棊勝者終年有
福負者終年疹病取絲縷就北辰祈求延命乃免
述異記曰朱道珍常爲孱陵令南陽劉廓爲荆州參軍每
與圍棊日夜相就局子略無暫輟道珍以宋元徽三年六
月亡至九月廓坐齋中忽見一人以書授廓云朱孱陵書
廓開書看是道珍手跡云每思棊聚非意致闊方有來緣
想能近領廓讀書畢失信所在（失其書信）寢疾尋亡
孟子曰弈秋通國之善弈者也使弈秋誨二人弈其一人
專心致志惟弈秋之爲聽一人雖聽之一心以爲有鴻鵠
將至思援弓繳而射之雖與之俱學弗若之矣
抱朴子曰葛洪體鈍性駑所寡玩好見人博戲曾不目眄
至今不知棊局幾道
又曰善圍棊者世謂之棊聖故嚴子卿馬綏明有棊聖之

名也
淮南子曰行一棊不足以見智彈一弦不足以見悲
尹文子曰以智力求者喻如弈棊進退取與攻劫放捨在
我者也
陳留志曰阮簡字茂弘爲開封令縣有劫賊外白之甚數
簡方圍棊長嘯吏云劫急簡曰局上劫亦甚急其高率如
此
揚子法言曰圍棊擊劒反目眩形亦皆自然也
博物志曰堯造圍棊丹朱善之
新語曰世言圍棊或言兵法之類上者張置疏遠多得道
而勝中者務相遮絶爭便求利下者守邊隅趨作罫（古買反綫
間方因也）猶薛公之言黥布反也上計取吳楚廣地中計塞成
皐遮要爭利下計據長江以臨越守邊隅趨作罫者也

俗說曰手玄保作吏部郎數被召見後有傳詔來始入門
其兒靈孫年十許歲見傳詔語其父云兒知也正當圍碁
耳
語林曰王中郎以圍碁是坐隱亦以圍碁爲手談
又曰王武子與武帝圍碁孫皓在側武子問孫歸命何以
好剝人面皮皓曰見無禮於君者則剝之乃舉碁局下故
識之
又曰豫章太守顧劭是丞相雍之子在郡卒時雍方盛集
僚屬圍碁外信至而無兒書雖神意不變而心料有故賓
客旣散方歎曰已無延州之遺累寧有喪明之責耶於是
豁情散哀顏色自若
方言曰圍碁者自關東齊魯之間謂之弈班固弈指曰北
方之人謂碁爲弈弘而說之舉其大略義亦同矣局必方

正象地則也道必正直體明德也其有黃黑陰陽分也駢
羅列布效天文也四象旣陳行之在人蓋王政也法則臧
否爲仁由己道之正也
夢書曰夢圍碁者欲鬬也
魏粲圍碁賦序曰清靈體道稽謨玄神圍碁是也
魏應瑒弈勢曰蓋碁弈之制所由來尚矣駱驛雨集魚鱗
鴈峙奮維闔翼固衛邊鄙寇動北壘備在南尾
晉劉恢圍碁賦序曰司空從事中郎庾仲初性好圍碁終
不達碁旨言文則觸類而至對局則冥然而窮何所解如
彼之易所礙如此之難哉

投壺

禮記曰投壺之禮主人奉矢司射奉中使人執壺(投壺射之類也主)
人請曰某有枉矢哨(且隤切不正貌　哨)壺請樂賓賓曰子有旨酒
嘉賓旣受賜矣又重以樂敢辭主人曰枉矢哨壺不足辭
也敢固以請賓曰其旣賜矣又重以樂敢固辭主人曰枉
矢哨壺不足辭也敢固以請賓曰某固辭不得命敢不敬
從(不得命不以命見許)賓再拜受主人般還曰辟(賓再拜受矢也)主人阼
階上拜送賓般還曰辟(辟矢也拜送送)巳拜受矢進即兩楹間退
反位揖賓就筵司射進度壺間以二矢半反位設中東面
執八筭興(設中亦賓也八筭於中橫委其餘於中西執筭而立以請賓侯投)請賓曰順投
爲入比投不釋勝飲不勝者正爵旣行請爲勝者立馬一馬
從二馬三馬旣立請慶多馬請主人亦如之(請猶告也順投矢本入也)
(比投不釋也勝飲不勝言以能養不能也)
禮記曰壺頸脩七寸腹脩五寸口徑二寸半容斗五升壺
中實小豆焉爲其矢之躍而出也壺去席二矢半矢以柘
若棘毋去其皮(取其堅且重也或言去其皮節也)

左傳曰晉侯以齊侯宴中行穆子相投壺晉侯先穆子曰有
酒如淮有肉如坻寡君中此爲諸侯師中之齊侯舉矢曰
有酒如澠有肉如陵寡人中此與君代興
東觀漢記曰祭遵薨范淑上疏曰遵爲將軍取士皆用術
對酒設樂必雅歌投壺
魏略曰邯鄲淳字元淑作投壺賦千餘言奏之文帝以爲
工賜帛千疋
又曰游楚好投壺自娛
晉書曰石崇有妓善投壺隔屏風投之
王弼別傳曰弼性和理樂遊宴解音律善投壺
崔寔傳曰投壺者皆以多筭飲少筭
西京雜記曰武帝時郭舍人善投壺以竹爲矢不用棘也
古之投壺取中而不求還故實小豆惡其矢躍而出也郭

舍人則激矢令還一矢百餘反語之爲驍言如博之堅於
輩中爲驍傑每爲武帝投壺輒賜金帛
獻帝春秋曰袁紹聞魏郡兵反與黑山賊等數萬人共覆
鄴城殺郡守坐中家在鄴者憂怖失色或起而啼泣紹覩
督引滿投壺言笑容旨自若
晉陽秋曰王胡之善於投壺言手熟閉目
神異經曰東荒山中有大石室東王公居焉與一玉女
投壺設有入不出者天爲之笑（張華曰天笑者開口流光）
藝經曰投壺法十二籌以象十二月之數
投壺變曰謂之投壺者取名脩（他由切）藪漸而轉易鑄金代
焉速之于後人事生矣壺底去一尺其下筍以龍玄（中玄蝦朋）
（藝隨其生死也横日蠲龍蛇之變）運之以蠵（平表切）蝦（謂龍下蟾蠩也）燕尾（驚議而歸人）侯
（來去有桓投而歸人自變之極也）矢十二（數之極也）長二尺八寸（法於歲矣古用柘棘）古

者投壺擊鼓而節帶劍十二（入捻類二帶謂之帶劍）倚十八（衛並左右如棘）
狀（尾）狼壺二十（令矢圓轉西於壺口）劍驕七十（入帶劍還如從也）三百六十籌
得一馬（言三百六十籌馬謂之直藪成功得勝也）三馬成都
魏棨碁賦曰夫注心鋭念自求諸身投壺是也
晉傅玄投壺賦序曰投壺者所以矯懈而正心也
晉李尤壺籌銘曰投壺籌禮揖叙先後通風月數分爲王
部

太平御覽卷第七百五十三

太平御覽卷第七百五十四
工藝部十一
博　樗蒱
塞蘇則切　藏鉤古作彄
蹴鞠
博
說文曰博局戲六箸十二棊也
論語曰飽食終日無所用心難矣哉不有博弈者乎為之
猶賢乎已
家語曰哀公問於孔子曰吾聞君子不博有之乎孔子曰
有之為其二乘也公曰有二乘何為不博孔子曰為其兼
行惡道也
史記曰宋湣公與南宮長萬博爭公怒辱之曰吾始敬若
若汝今子魯虜也長萬病此言遂以局殺湣公
又曰魏王與信陵君博北境舉烽火言趙寇入界信陵君
曰臣有客能知趙王陰事言趙王獵非寇也
又曰劇孟好博多少年之戲
又曰蔡澤說范雎曰君獨不觀夫博者乎或欲大投或欲
出分功班固弈指曰博懸於投不必在行崔駰曰投變也此皆君之所明知也
漢書曰孝文帝時吳太子侍博爭道不恭皇太子以博局
提吳太子殺之或去提音抵擲也
又曰吾丘壽王字子贛少年以善格五召待詔蘇林曰博之類也孟
康曰格者行枏相周故已言各或日塞法至立各不得故云格五也
又曰陳遵祖父遂字長子宣帝微時與遂有故相隨博弈
數負債及宣帝即位遂稍遷至太守賜遂璽書曰制詔太
原太守官尊祿厚可以償博債矣

范曄後漢書曰耿恭為戊巳校尉恭至部移檄烏孫示漢
威德昆弥以下皆喜遣使獻名馬及奉宣帝所賜公主博
具願遣子入侍
又曰客星經帝座或問袁延延因上封事曰河南尹鄧萬
有龍潛之舊封為通侯恩重公卿惠豐宗室加禮引見與
之對博上下媟音薛黷有虧尊嚴
魏略曰孔桂性便妍曉博弈太祖愛之每在左右
又曰杜畿與衛固少相狎侮共博爭道畿曰我今作河東
也固發衣罵之及畿之官而固為功曹
晉中興書曰桓玄強與人博弈取其田宅
穆天子傳曰天子北入邴邴鄭邑也音柄與井公博三日而決井公
公賢人而隱者故王就戲
梁冀別傳曰冀好格五六博

神仙傳曰中山衛叔卿服雲母得仙漢武使其子度世往
華山求之度世望見父上有紫雲白玉為床與數人博戲
度世問父所與博者是誰曰洪崖先生許由巢父也
秦記曰呂光破龜茲始獲鳩摩羅什光死子纘立戲弄羅
什或共棊博及殺子去斫胡奴頭什曰不斫胡奴頭其胡
奴斫人頭後纘弟越字胡奴果斬纘頭
凉州記曰呂光太安二年龜茲國使至獻寶貨奇珍汗血
馬光臨正殿設會文武博戲
西域胡曰諸博戲取人牛馬財物者胡俗皆陪償
述征記曰極西南端門外有石石色青而細修之作博棊
以遺江東甚可珍玩
西京雜記曰許博昌安陵人也善大博竇嬰好之常與居
處其術曰方畔揭道張玄究屈高高玄究屈張道揭畔

方方畔揭道張究屈玄高高屈究張居三輔兒誦之法用
六箸或謂之究以竹爲之長六分或用二箸博昌又作太
博經一篇今世傳之
莊子曰臧與穀牧羊而俱亡其羊問臧奚事則挾策讀書
問穀奚事則博塞以遊事業不同其亡羊均也
列子曰虞氏者梁之富人也登高樓大路設樂飲酒擊博
樓上
抱朴子曰南陽文氏求食入山見高岩上有數人對博
淮南子曰善博者不欲牟（博以不傷爲牟牟大也進也）不恐不勝平心
定意投得其齊（齊得其適）行由其理雖不必勝得籌必多
韓子曰薛公之相魏昭侯也有陽胡潘者於王甚重而不
爲薛公薛公患之於是乃與之博與之百金令與昆弟博
戲俄又益之二百金

又曰齊宣王問匡倩曰儒者博乎對曰博也者貴梟勝者
必殺梟是殺其所貴也儒者以爲害義故不博
尹文子曰博者盡開塞之宜得用通之路
揚子法言曰或問侍君子博乎曰侍坐則聽言有酒則觀
禮焉事博乎
說苑曰秦始皇時嫪毐驕奢後與帝左右博爭行乃瞋目
太呼
又曰晉靈公驕奢造九層之臺謂左右曰敢諫者斬孫息
（孫息即荀息也）聞之求見公曰子何能孫息曰臣能累十二博碁
加九鷄子於其上公曰吾少學未嘗見也子爲寡人爲之
孫息即正顏色定志氣以碁子置於下而加九鷄子於其
上左右慴息靈公俯伏氣息不續公曰危哉孫息曰公爲
九層之臺三年不成危甚於此

風俗通曰漢武帝與仙人共博其投石中馬蹄處于今尚
在
典略曰荆軻與魯勾踐博爭道勾踐怒而叱之軻去而逃
晏春秋舊事曰倪寬爲漢司農卿與太子博爭爲犯罪而
還
遁甲經曰天一亭遊六行亭亭天一之貴神也戰鬭博戲
漁獵但可皆不可向也
薛孝通譜曰烏曹作博其所由來尚矣雙箭以象日月之
照臨十二碁以象十二辰之躔次則天地之運動法陰陽
之消息表人事之窮達窮變化之幾微履謙謝則知冲謙
以致福觀殺罰則知當路而速禍行其道則擒麗有歸保
其家乃瞻烏爰集隱顯藏用莫不合道龍潛鵠起率皆趣
良足以諧暢至娛始協妙賞者也

魏曹植冶子等讚曰齊彊接子勇節徇虎門之博忽晏置
釁殺而自伐輕死重分
魏王粲彈碁賦序曰因行騁志通權達理六博是也
晉李尤博銘曰夫無用心博弈猶賢方平處下有不邪偏

樗蒱

晉書曰桓玄見人有好園宅悉欲取之勒以樗博而賭之
玄微聞義軍起憂懼弗能寢食或曰劉裕等狂惑事必無
成玄曰裕足爲一世之雄加以果於用兵劉毅家無檐石
之儲樗蒱一擲百萬何無忌劉牢之外生酷似其舅共舉
大事往無不成
又曰葛洪字稚川性寡欲無所愛玩不知碁局幾道樗蒱
齒名
又曰王獻之年數歲嘗觀門生樗蒱曰南風不競門生曰

此郎亦管中窺豹時見一班
又曰武帝胡貴嬪帝嘗與之樗蒱爭道遂傷上指帝怒曰此固將種也對曰北伐公孫西拒諸葛非將種而何帝甚有慙色
又曰謝鯤婿郗嶽好樗蒱奪其妹裝物以還戲債劉湛謂謝弘微曰謝氏累代財產充郗君一朝戲債卿視而不言譬弃物江海以爲廉耳
又曰陶侃字士衡見諸叅佐或以談戲廢事乃取其樗蒱博具悉以投于江乃曰樗蒱者牧豬奴戲耳
又曰劉毅於東府聚樗蒱大擲一判應至數百萬餘人並黑犢以還唯劉裕及毅在後毅次擲得雉大喜褰衣繞床叫謂同座曰非不能盧不事此耳裕惡之因挼五木久之曰老兄試爲卿荅既而四子俱黑其一子轉躍未定裕厲聲喝之即成盧焉毅意殊不快然素黑其面如鐵色焉既而乃和言曰亦知公不能以此見借
又曰周顗之死也王敦坐有一叅軍樗蒱馬於博頭被殺因謂敦曰周家弈世令望而位不至公及伯仁將登而墜有似下官此馬（伯仁顗之字也）
又曰慕容寶初在長安與韓黄李根等因讌樗蒱寶危坐整容誓之曰世云樗蒱有神豈虚也哉若富貴可期頻得三盧於是三擲三盧
宋書曰何尚之時頗輕薄少好樗蒱既長折節蹈道以操立見稱爲陳郡謝琨所知與之遊處
齊書曰李安民擊鷁尾江城有功明帝大會新亭樓勞諸軍令樗蒱共賭安民五擲皆盧帝大驚目安民曰卿面方如田封侯狀也安民少時貧窶有一人從門過相之曰君後當大富貴與天子交手共戲至是果驗
後周書曰王思政雖被任委自以非相府之舊每不自安太祖曾在同州與羣公宴集出錦罽及雜綾絹數段命將樗蒱取之物既盡太祖又解所服金帶令諸人遍擲曰先得盧者即與之羣公將遍莫有得者次至思政乃斂容跪坐而自誓曰王思政羇旅歸胡蒙宰相國士之遇方願盡心效命上報知己若此誠有實令宰相賜知者願擲即爲盧若内懷不盡神靈亦當明之便使不作也便當殺身以謝所奉辭氣慷慨一坐盡驚即拔所佩刀横於膝上覽樗蒱拊髀擲之比太祖止之已擲爲盧矣徐乃拜而受之
江䓗别傳曰䓗年十一始學樗蒱祖母爲説往事有以博弈破業廢身者於是即弃五木終身不爲戲
抱朴子曰林慮山中有一亭其中有鬼每有宿者常有十許人衣袍或白或黑或男或女有王伯夷過宿而坐誦經夜有十餘人與伯夷對坐自持樗蒱伯夷密以鏡照之乃羣犬也
郭子曰桓公（宣武也）年少至貧嘗樗蒱失數百斛米齒既惡意亦沮自審不復振乃請救於袁彦道桓具以情告袁欣然無忤便即俱去出門云我不但拔卿要爲卿破之我必作快齒卿但快喚既戲袁形勢呼咀（音恒咀相呵）慨壯擲必盧雉二人齊叫敵家震懼喪氣俄頃獲數百萬
博物志曰老子入胡日作樗蒱焉
俗説曰郗伯弟爲何無忌叅軍在潯陽與何共樗蒱得何百萬便住何大怒罵郗
世説曰温嶠位未高時屢與楊州淮中賈客樗蒱每輸不競嘗一過大輸物盡戲屈無因得反與太尉庾亮友善嶠

於舫中大喚庾亮卿可贖我庾即送直然後得還

異苑曰潁川陳寂元嘉中晝忽有一足鬼長三尺許爲寂驅使欲與鄉人樗蒲而無五木鬼乃取刀斫庭中楊枝於戶間作之即燒灼黑白雖分明但朴爾

又曰昔有人乘馬出行於岫裏見二老公相對樗蒲遂下馬以策拄地而觀之自謂俄頃望視其馬鞭漼然已爛顧瞻其馬鞍亦枯朽既還無復親識一慟而絶

庾翼集曰頃聞諸君有樗蒲過差者初爲是政事閑暇以娛意耳故未有言也今知大相聚集漸以成俗聞之能不憮然

繁欽威儀箴曰其有退朝偃息閑居揲攬（瞿營切 攬博子）弄棊文爲樗蒲言不及義勝負是圖

塞（蘇則切）

說文曰塞行棊相塞謂之塞

齊書曰沈文季字仲達吳興武康人也尤善塞用五子

穆天子傳曰天子北入邴觴與井公塞

魏王朗塞勢曰余所與遊處唯東萊徐先生素習九章能爲計數問可以代博弈者乎曰塞其次也乃試習其術以驚睡焉

邊韶塞賦序曰余離羣索居無講誦之事欲學無友欲農無耒欲弈無塞欲博無楮問可以代博弈者乎曰塞其次也書曰始作塞者其明哲乎故其用物也約其爲樂也大

藏鉤（古作彄）

辛氏三秦記曰昭帝母鉤弋夫人手拳而有國色先帝寵之世人藏鉤法此也（法其拳乎）

西京雜記曰戚夫人以百鍊金爲彄環照見指骨上惡之以賜侍兒

荊楚歲時記曰爲藏彄之戲辛氏以爲鉤弋夫人所起周處成公綏並作彄字藝經庾闡則作鉤字其事同也俗云此戲令人生離有禁忌之家廢不修也

風土記曰臘日飲祭之後叟嫗兒童爲藏彄之戲分二曹以效勝負若人偶即敵對人奇（奇居宜切 奇也）即使奇人爲遊附或屬上曹或屬下曹名爲飛鳥以齊二曹人數一彄藏在數十手中曹人當射（常亦切）知所在一藏爲一籌三籌爲一賭

異苑曰晉海西公時有貴人會因藏彄鈎有一手間在衆臂之中脩骨巨指毛色麤黑舉坐咸驚焉尋爲桓大司馬所誅舊傳藏彄令人生離斯驗深矣

晉庾闡藏彄賦曰歎延夜之藏彄賞一時之戲望以道生爲元帥以子仁爲佐相

盛弟子藏彄賦序曰余以臘後要命中外以行鉤爲戲心悅其事故賦之云

蹴鞠

風俗通曰丸毛謂之鞠

郭璞三倉解詁曰鞠毛丸可蹋戲

史記蘇秦傳曰臨淄民無不吹竽鼓瑟擊筑鬬雞走狗六博蹴鞠

漢書曰東方朔云董君（董偃也）貴寵天下莫不聞郡國走馬蹴鞠客輻湊於董氏焉

魏略曰孔桂字叔林性便妍（五千切）好蹴鞠故太祖愛之每在左右

唐書曰姜皎玄宗即位召拜殿中少監數召入卧內侍宴私以后妃連榻間以擊毬常呼之爲姜七

梁冀別傳曰冀好蹴鞠

西京雜記曰成帝好蹴鞠羣臣以蹴鞠勞體非至尊所宜帝曰朕好之可擇似不勞者奏之家君作彈碁以獻帝大悅賜青羔裘紫絲履以服朝覲焉

又曰太上皇徙長安居深宮悽愴不樂高祖竊因左右問正以生平所好皆屠販少年鬬鷄蹴鞠以爲懽今皆無此故不樂也

劉向別錄曰蹴鞠者傳言黃帝所作或曰起戰國時記黃帝蹴鞠兵勢也所以練武士知有才也今軍無事得使蹴鞠有書二十五篇

會稽典錄曰唐庠字漢序三國鼎跱乎興金革士以弓馬爲務家以蹴鞠爲學於是名儒洪筆絕而不續

太平御覽卷第七百五十四

太平御覽卷第七百五十五

工藝部十二

彈棊　儒棊　擊壤
角抵　彈　四維
象戲　夾食　悄悶
射數　𢿘子　抃
擲塼

彈棊

東觀漢記曰：安帝詔曰：樂成王居諒闇，䜿衰服在身，彈棊爲戲，不肯謁陵。

沈約宋書曰：晉平刺王休祐，文帝第十三子也。在荆州時，左右范景達善彈棊，上召之，休祐留不遣，上怒詰責之。

趙書曰：冉閔收石遵，遵方與女子彈棊，兵至殺之。

梁冀別傳曰：冀好彈棊。

抱朴子曰：暑夏之月，露首袒體，唯在樗蒱彈棊，不離綺繻紈袴之側。

世說曰：劉眞長始見王丞相，時暑之月，丞相以腹熨彈棊局，曰：何如乃灑？（吳人以冷爲灑，灑音楚敬切。）劉既出，人問見王公何如，劉曰：未見他異，唯作吳語耳。（王丞相，導也。）

又曰：彈棊始自魏文帝宮內，裝器戲也。文帝於此伎特妙，用手巾拂之，無不中者。有客自云能，帝使爲之。客著葛巾，拂棊妙踰於帝。○魏文帝典論曰：余於他戲弄之事少所喜，唯彈棊略盡其功，乃爲之賦。昔京師先工有馬合鄉侯、東方世安、張公子，常恨不得與彼數子者對。

藝經曰：彈棊，二人對局，黑白棊各六枚，先列棊相當，下呼上擊之。

彈棊經序曰：彈棊者，仙家之戲也。昔漢武帝平西域，得胡人善蹴鞠者，盡衒其便（辨平）捷跳躍，帝好而爲之，羣臣不能諫。侍臣東方朔因以此藝進之，帝就舍蹴鞠而上彈棊焉。習之者多在宮禁中，故時人莫得而傳。至王莽末，赤眉凌亂西京，傾覆此藝，因宮人所傳，故散落人間。及章帝御宇，好諸伎藝，此戲乃盛於當時。

彈棊經後序曰：自後漢沖質已後，此藝中絕。至獻帝建安中，曹公執政，禁闌幽密，至於博弈之具皆不得妄寘宮中。宮人因以金釵玉梳戲於粧奩之上，即取類於彈棊也。及魏文帝受禪，宮人所爲，更習彈棊焉。當時朝臣名士無不爭能。故帝與吳季重（吳質字季重。）書曰：彈棊間設者也。

又曰：彈棊者，雅戲也。非同乎五白梟槭（梟槭並樗蒲彩）之數，不游乎紛競詆欺之間，淡薄自如，固趨名近利之人多不尚焉。蓋道家所爲，欲習其偃亞導引之法，擊博騰擲之妙，自暢耳。

又曰：唐順宗在春宮日，甚好之。時有吉達、高釴、崔同、楊同愿之徒，悉爲名手。後有竇深、崔長孺、甄顒、獨孤遼亦爲亞焉。至于長慶之末，好事之家猶見有局，尚多解者。

後漢蔡邕彈棊賦曰：夫張局陳棊，取法武備。因嬉戲以肄業，託懽宴以講事。設茲矢石，其夷如砥，采若錦繢，平若停水，肌理光澤，滑不可屢。乘色行巧，據險用智。

魏文帝彈棊賦曰：局則荆山妙璞，滑如柔荑。棊則玄木北幹，苔樹西枝，象籌列植，下據雙螭。

王粲彈棊賦曰：文石爲局，金碧齊精，隆中夷外，理緻肌平。

晉傅玄彈棊賦序曰：漢武帝好蹴鞠，劉向以爲蹴鞠勞人體，竭人力，非至尊所宜，乃因其體而作彈棊以解之。

儒碁

後魏書曰：侍中游肇性謙廉不競，曾撰儒碁以表其志焉。肇述儒碁曰：儒碁者蓋博弈之流，所以遊思於文，亦猶投壺之習武也。故聖人因物設教，有實有權，情禮稱宜，有張有弛。孔子云：不有博弈者乎？爲之猶賢乎已。若夫井公之對周穆，叔卿之接許由，此或示存，恐非有待。然則君子之處世也，豈遂躭於所適，徒費時日者哉！至於几杖盤鑑，猶裁銘戒，矧乃諧神之器而不加勸也。但古之爲玩者，莫不競進其功，塞殺與樂，殊途異勢，並傳於時，未有以謙退爲勝、通生爲樂者。故因暇隙，聊復措意，此即儒碁之一名，蓋遊義之所統。本諸謙淨，銓名撰德，略依儒行，起揩導道，軌法中庸，時然後玩，人不厭其遊；讓而後勝，人逾愜其負。矜勇所以知殘，冲遜以之弥隆，豈唯崇謙止競而已，諒亦階善全德之所因矣。積名會理，其殆庶幾，致泯之戒，寧不愧乎！

儒碁曰：投二（方二分六彩也）智一禮二仁三義四信五（各法生數所以記彩而行於道豈唯名義而已籍數以爲善也）謙（行數無準名顯義耳進退之異唯在梟伏）碁十（生成之數亦不是過）白黑半（各用五分）方五分，長寸（分寸所以記法）善六敬七德八忠九順十（各據成數所以記筭而兼名義名義雖異亦待五德陰陽配合數盡也）方高尺五，周道四十，其用三十六（取捨途異）四維之道通數而碁（遠惡其雖也）其謙退爲尚，故高彩者先投（取爲道也）彼此二位謂之淨（淨者謂仁義也）左右二道謂之中（中者謂禮智之道也）其淨中四道，彼此左右互有二，不得相干（干則關也）行碁之法，始附淨起，轉乎相順，終因淨出（初不爭出少曲之者避相涉也）通生爲務，不存塞殺（志仁慈也）彩越淨中者休，則立梟；梟者不伏（彩不會也）會淨中者梟，折爲伏；伏者不梟（行不越也）若彩雖會而干彼，擬以過之（有碁則不得擬）非干彼者則自居矣（居擬不同以干彼也）行伏碁者得異彩，依數而行；兩彩同者，唯行一（常柔齊也）一謙者停，兩謙退一等（貴重損也）行梟碁者得異彩，亦依數而行；兩彩同者，盡行其數（部勇均也）一謙行一道，兩謙者停（梟致異也）行伏不得行梟，行梟不得行伏（殊謙競也）折梟伏者，皆從後定（重行終也）因緣而閱者，屈而申之（謂初得謙信也）緣行致累者，越而通足，皆不限道數（進退皆亦）梟伏兩閱者，但行於梟（先梟者進耻之義道尤多故也）行碁之體，不相凌觸，所蹈皆靈（行務靈淨唯焚觸關）孤明自在（不以強弱生忻懼也）絕於跪巧，而順消息（審理中也）乖遇中道，勝負乃分。先梟後伏，驗之於淨（謙勇之辦實標先後處淨不安方顯其竟）道梟若促不盡二彩者，則全行伏（先後用永防其爲也自貽全進邊之義成也）梟伏兩少者，行於梟（不盡彩理無謙也）彼既出盡，此有不出者，即許以爲勝者之筭（以後退爲貴也）若全未出，則爲之虛投（損己益人謙者所崇）次高負仍先（梟勇故也）得十筭立一爵，三爵立則成勝矣（既尚冲淨豈假務於多筭但謙並見跡故假以勝爲多也）

擊壤

釋名曰：擊壤，野老之戲也。

玄晏（皇甫謐號玄晏先生）曰：十七年，與從姑子果柳等擊壤于路。

逸士傳曰：堯時有壤父五十人擊壤於康衢。或有觀者曰：大哉堯之爲君！壤父作色曰：吾日出而作，日入而息，鑿井而飲，耕田而食，帝何力於我哉！

風土記曰：擊壤者，以木作之，前廣後銳，長可尺三四寸，其形如履。臘節僮少以爲戲，分部如摘博也。

藝經曰：擊壤，古戲也。

又曰：壤以木爲之，前廣後銳，長尺四，闊三寸，其形如履。將戲，先側一壤於地，遥於三四十步，以手中壤敲之，中者爲上。

吳盛彥八弟子擊壤賦曰論衆戲之爲樂獨擊壤之可娛因風託勢罪一殺兩

角抵

左傳曰晉侯夢與楚子搏（搏手相搏）楚子伏己而盬其腦是以懼

漢書曰武帝元封三年春作角觝戲（應劭曰戰國之時稍增講之以爲戲樂用相誇亦至秦更名角抵者也武帝大復增廣之至元帝元初五年罷）三百里內皆觀

王隱晉書曰潁川襄城二郡班宣相會累欲作樂襄城太守責功曹劉子篤曰卿郡人不如潁川人相撲篤曰相撲下伎不足以別兩國優劣請使二郡更對論經國大理人物得失

唐書曰裴矩帝幸東都矩以蠻夷朝貢者多諷帝大徵四方奇技作魚龍曼延角抵於洛邑以誇諸戎秋月而罷

西京雜記曰三輔人俗用以赤刀爲戲漢朝亦取以爲角抵之戲焉

漢武故事曰未央庭中設角抵戲角者六國所造也秦并天下兼而增廣之漢興雖罷然猶不都絶至上復採用之并四夷之樂雜以奇幻有若鬼神角抵者使角力相抵觸也

彈

廣雅曰彈行丸也

左傳曰晉靈公臺上彈人觀其避丸者

魏書曰齊王芳爲帝常喜以彈彈人

齊書曰桓榮祖善彈登西樓見翔鵠謂左右曰當生取之乃彈其兩翅毛脫盡墮地無傷養之毛生後飛去其妙如此

隋書曰長孫晟洛陽人也有鳶羣飛上謂晟曰公善彈爲我取之十發俱中並應丸而落

吳越春秋曰陳音百對越王曰弩生於弓弓生於彈彈生於古之孝子古者人死投之中野孝子不忍父毋爲禽獸所食則作彈以守之故古人歌之曰斷竹屬木飛土逐肉

西京雜記曰韓嫣好彈常以金爲丸一日所失者十餘長安爲之語曰苦飢寒逐金丸京師兒童每聞嫣出彈輒隨之望丸之所落而輒拾取

莊子曰以隋侯珠彈千仞之雀必笑所用至重所取至輕

又曰見卵而求時夜見彈而思鴞禽

世說曰潘岳少時挾彈洛陽道婦人見之無不連手縈之

談藪曰齊蕭遙欣爲童子時見一小兒左右彈飛禽未有不應弦而落者遙欣謂之曰凡戲多端何急彈此鳥自雲中高翔何關人事小兒感之終身不捉時少年士庶競爲

此戲欣之一說此戲遂廢之

又曰梁王謂惠子曰先生直言無得引喻惠子曰今有人不識彈問彈狀如何答曰彈狀如彈則能了否王曰不了

又曰彈狀如弓以竹爲弦可知之乎王曰知矣惠子曰夫說者欲人知之無諭則不知也王曰善

顧子義訓曰人有善於射而高於顧子顧子曰子之射雖百中猶不若我之一彈或曰何以爲然顧子曰子之所射老貍之皮耳我之所彈彈狐之心

潛夫論曰懷丸挾彈攜手遨遊外不足防寇盜內不足禁鼯鼠

四維

晉李秀四維賦序曰四維戲者衛尉摯侯所造也畫紙爲局截

木爲棊取無一分而爲二准陰陽之位擬剛柔之棊而變動無爲生乎其中

象戲

周武帝造象戲王褒爲象經序曰一曰天文以觀其象天日月星辰是也二曰地理以法其形地水火木金土是也三曰陰陽以順其本陽數爲先本於天陰數爲先本於地是也四曰時以政其序東方之色青其餘三色例亦如之是也五曰筭數以通其變俯仰則爲天地日月星變通則爲水火金木土是也六曰律呂以宣其氣在子取未在午取丑是也七曰八卦以定其位至震取兌至离取坎是也八曰忠孝以惇其教出則盡忠入則盡孝是也九曰君臣以事其禮不可以貴凌賤直而爲曲不可以卑畏尊隱而無犯是也十曰文武以卒其務武脩七德文表四教是也十一曰禮像以制其居上不驕爲下盡敬進退有度可法是也十二曰以考其行定而後求求而後取時然後言樂然後笑是也或外還以報言義存還善或黜退以懲過事在懲惡或以沈審爲貴正其瞻視或以徇齊爲功明其糺察得失表於隆替在賤必申宜敬彰於觀沮處尊思屈片善崇於拱璧一言踰於華衮

夾食

藝經曰夾食碁二人黄黑各十七其横列於前第四道上甲乙迭推二碁夾一爲食碁不得食兩不得邊食不由道則不行碁入夾不取食一碁爲籌賭多少隨人所制

悁悶（悁於玄反）

藝經曰悁悶者先布本位以十二時相從文曰同有文章虎不如龍豕者何爲豕入菀宫王孫晝卜乃造黄鍾大往就馬非類相從羊奔蛇穴牛入鷄籠

射數

纂文曰詭億一曰射數

梁冀別傳曰冀好意錢

簺子

藝經曰子之多少人之明數隨戲者制始十子爭先以落多爲不妙

抃

漢書曰甘延壽字君況以良家子善騎射試抃爲期門以材力愛幸

又曰哀帝時覽抃射武戲（孟康注曰手搏爲抃角觝爲武）

左思吳都賦曰抃壷搏

擲塼

續搜神記曰夏侯綜爲庾安西叅軍說常見鬼乘車騎馬蒲道與人無異常與人載行忽牽人語指道上一小兒云此兒正介大病須臾此兒果病殆死其毋聞之請綜綜云無他汝兒向於道中擲塗塼（墼蓋也）誤中一鬼脚鬼瞋故病汝兒耳但以酒飯貽鬼即差毋如言兒即愈

藝經曰以塼二枚長七寸相去三十步立爲標各以塼一枚方圓一尺擲之主人持籌隨多少甲先擲破則得乙籌後破則奪先破者

太平御覽卷第七百五十五

太平御覽卷第七百五十六

器物部一

器皿

器皿

說文曰皿飲食之用器也盛黍稷在器中也齊黍稷之器以祀者盧飯器也鐈（巨招反）似鼎而長足鏖（一刀切）温器也

方言曰器破而不殊其音謂之𣪘（音西聲也）器破而未離謂之璺（文正反）南楚之間謂之𢾾（比刀切）凡以器盛而滿謂之涌（與恐切言涌出也）

通俗文曰金銀鏤飾器謂之錯鏤竹器謂之笭箵（笭郎鼎切箵桑鼎切）竹器邊緣曰匯（先管切）

書曰遲任有言曰人惟求舊器非求舊惟新（言人貴舊器貴新）

又曰武王既勝殷邦諸侯班宗彝作分器（賦宗廟彝器酒罇賜諸侯）

禮曰孟春之月其器疏以達孟夏之月其器高以粗孟秋之月其器廉以深孟冬之月其器閎以掩

又曰侍食於君君賜餘器之溉者不寫（陶梓之器）其餘皆寫（萑竹之器）

又曰作奇巧之器以疑衆殺宗廟之器不鬻於市錦文珠玉成器不鬻於市

又曰玉不琢不成器人不學不知道

論語曰工欲善其事必先利其器

史記曰舜陶於河濱器不苦窳（以主切）舜作什器於壽丘

又曰通邑大都木器髹者千伏（徐廣曰髹音休漆也漢書曰木器千伏）銅器千鈞素木鐵器千石此亦千乘之家也

又曰武帝有故銅器李少君曰此器齊桓公十年陳於柏寢案其刻果然

漢書曰賈誼言夫天下大器也今人之置器置諸安處則安置諸危處則危天下之情與器無以異在天子之所置之

又曰里諺曰欲投鼠而忌器此善諭也鼠近於器尚憚不投恐傷其器况於臣之近主乎

又曰蜀賨國以金銀銅錫爲器

續漢書曰桓帝祠老子於濯龍用淳金釦器

魏氏春秋曰武王過故人呂伯奢家聞其動食器之聲疑其圖己是夜手劒殺八人

後魏書曰獠鑄銅爲器大口寬腹名曰銅爨既薄且輕易於熟食

晉令曰欲作漆器物賣者各先移主吏者名乃得作皆當淳漆著布器器成以朱題年月姓名

車頻秦書曰苻堅建元十八年新平縣民耕地獲玉器初有金彫者頗知圖記王猛以爲左道勸堅誅之彫臨死表堅曰新平地古顓頊墟其故有白鷄闕記言此里應出古帝王寶至是果得之

家語曰孔子觀於魯桓公之廟有欹器焉孔子問於守廟者曰此爲何器曰此蓋宥坐之器孔子曰吾聞宥坐之器者虛則欹中則正滿則覆顧謂弟子曰試注水焉即挹水而注之中而正滿而覆虛而欹孔子喟然而歎曰嗚呼物焉有滿而不覆者乎

老子曰埏埴以爲器當其無有器之用

韓子曰堯有天下飯於土軌飲於土鉶舜作食器斬山木而材之削鋸脩其迹流漆墨其上諸侯以爲益侈國之不伏者十三禹作爲祭器黑漆其外朱畫其內觴酌有采而

樽俎有飾夥人食器彫琢觴酌刻鏤

淮南子曰崐崘旁有九井玉横（横或作彭器名也）受不死藥

世說曰晉武帝嘗際王武子供饌悉用琉璃器

涼州異物志曰方外殊珎車渠馬瑙器無常形爲時之寳（隨其大小以作盃桃杯槃也）視之目眩希世之巧羅刹所作非人所造（羅刹鬼遠外國巧成器物與人交市非人能所造）

地鏡圖曰銅器之精見其狀如望馬煇煇然齊器之見爲牛楚器之見爲馬越器之見爲蝦蟇宋器之見爲白狗秦器之見爲豚燕器之見爲豕

揚雄蜀都賦曰彫鐫釦器百伎千工

魏武内誡令曰孤有逆氣病常儲水卧頭以銅器盛臭惡前以銀作小方器人不解謂孤喜銀物令以木作

鼎

爾雅曰鼎絶大謂之鼐圜弇上謂之鼒附耳外謂之鈲鼎

說文曰鼎三足兩耳和五味之寳器也昔禹貢九牧之金鑄鼎荆山之下民入山林川澤螭魅蝄蜽莫能逢之

易曰鼎元吉亨彖曰鼎象也九四鼎折足覆公餗六五鼎黄耳金鉉利貞上九鼎玉鉉大吉無不利

詩曰鼐鼎及鼒（大鼎謂之鼐小鼎謂之鼒）

周禮曰王一日三舉鼎十有二物皆有俎（牢鼎九陪鼎三）

禮曰故衛孔悝之鼎銘曰六月丁亥公假于太廟公曰叔舅乃祖莊叔左右成公成公乃命莊叔隨難于漢陽即宫于宗周奔走無射啓右獻公獻公乃命成叔纂乃祖服乃考文叔興舊嗜欲作率慶士躬恤衛國其勤公家夙夜不解民咸曰休哉公曰叔舅予女銘若纂乃服悝拜稽首曰對揚以辟之勤大命施于烝彝鼎（施猶著也言我將行君之命又刻著於烝彝鼎也）

又曰崇鼎貫鼎夫子之器（崇貫皆國名）

左傳曰宋華父督殺殤公召莊公于鄭而立之以郜大鼎賂公（郜國所造器也）四月取郜大鼎于宋納于太廟非禮也臧哀伯諫曰武王克商遷九鼎于洛邑義士猶或非之而况將昭違亂之賂器於太廟其若之何公弗聽

又曰楚子伐陸渾之戎遂至于雒定王使王孫滿勞楚子楚子使問鼎之大小輕重焉對曰在德不在鼎昔夏之方有德也遠方圖物貢金九牧鑄鼎象物桀有昬德鼎遷于商商紂暴虐鼎遷于周德之休明雖小重也其姦回昬亂雖大輕也天祚明德有所底止成王定鼎于郟鄏卜世三十卜年七百天所命也周德雖衰天命未改鼎之輕重未可問也

又曰魯襄公享晉六卿賄荀偃束錦加璧乘馬先吴壽夢之鼎壽夢吴子也獻鼎於魯因以爲名

又曰晉叔向謂晏子曰然雖吾公室今亦季世也君日不悛以樂慆憂公室之卑其何日之有讒鼎之銘曰昧旦丕顯後世猶怠（讒鼎鼎銘也）況日不悛其能久乎

又曰楚薳啓彊曰是以聖王朝聘有珪享覜（他弔切）有璋宴有好貨飧有陪鼎（飧饔飧也熟食爲飧陪加也加鼎所以厚殷勤之）

又曰鄭人鑄刑書（鑄刑書於鼎以爲國之常法）

又曰宋正考父佐戴武宣三命茲益恭故其鼎銘云（鼎正考父之廟鼎也）一命而僂再命而傴三命而俯循墻而走亦莫余敢侮饘於是粥於是以餬余口

又曰鄭子産聘于晉晉侯有疾韓宣子逆客私焉曰寡君寢疾於今三月矣並走羣望有加而無瘳今夢黄熊入於

寢門其何厲鬼也對曰昔堯殛鯀于羽山其神化爲黄熊以入羽淵實爲夏郊三代祀之晉爲盟主其或未之祀也乎韓子祀夏郊晉侯有間賜子產莒之二方鼎方鼎莒所貢

又曰楚子次於乾谿僕析父從右尹子革夕王語曰昔我先王熊繹與呂伋王孫牟燮父禽父並事康王四國皆有分器我獨無有今吾使人於周求鼎以爲分器王其與我乎對曰與君王哉今周與四國服事君王將唯命是聽豈其愛鼎

又曰齊侯伐徐徐人行成賂以甲父之鼎甲父古國名也

又曰晉趙鞅荀寅率師城汝濱遂賦晉國一鼓鐵以鑄刑鼎刑書之鼎著范宣子所爲刑書焉

穀梁傳曰桓公二年夏四月取郜大鼎于宋戊申納于太廟郜鼎者郜之所爲也孔子曰器從邑名從主人故曰郜

大鼎

史記曰黄帝採首山銅鑄鼎於荆山下鼎既成有龍垂胡髯下迎黄帝

又曰伊尹欲干湯而無由乃爲有莘氏媵臣負鼎俎以滋味說湯致於王道

又曰周末有九鼎從秦氏曰太丘社亡而鼎沒于泗水彭城下其後百一十五年而秦兼天下始皇二十八年過彭城齋戒禱祀欲出周鼎使千人沒水求之不得

又曰秦武王與孟說舉龍文之鼎絶臏而死

又曰孝文帝時新垣平言周鼎亡在泗水中今河溢通泗臣望東北汾陰直有金寶氣意周鼎其出乎兆見不迎則不至於是上使使治廟汾陰南臨河欲祠出周鼎

漢書曰項羽身長八尺二寸目重瞳力能扛鼎

又曰漢得汾陰寶鼎武帝嘉之藏於甘泉羣臣上壽賀陛下得周鼎虞丘壽王曰非周鼎上怒對曰周德始乎后稷成於文武上天報應鼎爲周出名曰周鼎今漢自高祖繼周至陛下功德愈盛天瑞並至昔秦始皇欲出鼎於彭城而不得天祚有德而寶鼎自出此天之所以與漢是漢鼎非周鼎也上曰善

又曰主父偃曰丈夫生不五鼎食死則五鼎烹

又曰宣帝時美陽得鼎獻之京兆尹張敞上議曰案鼎有刻書曰王命尸臣官此栒邑賜爾旂鸞黼黻琱戈李奇曰琱鏤也尸臣拜稽首曰敢對揚天子丕顯休命此鼎殆周之所以褒賜子孫刻銘其先功藏之于宫廟也

又曰質氏以洒削而鼎食

東觀漢記曰廬江獻鼎詔召鄭衆問齊桓公之鼎在栢寢臺見何書春秋左氏有鼎事幾衆對狀除爲郎中

後漢書曰孝明帝永平六年二月王雒山出寶鼎廬江太守獻之詔曰祥瑞之降以應有德方今政化多僻何以致茲易曰鼎象三日豈公卿奉職得其理耶太常其以初祭之日陳鼎於祖廟以備器用賜三公帛五十疋九卿二千石半之

晉中興書曰成帝咸和元年宣城春穀山崩得古鼎重三百斤容可三斛餘郡官畢賀

又曰神鼎見神鼎者仁器也能輕能重能息能行不炊而沸不汲自盈烟熅之氣自然所生也亂則藏於深山文明應運而至故禹鑄鼎以擬之

晉陽秋曰穀城人劉珪夜見門有光取得玉鼎

沈約宋書曰泰始　七年義陽獲銅鼎受一斛并蓋並隱起

鑊

戰國策曰秦興師於周求九鼎顏率謂齊王曰周之君臣內自畫計與秦不若歸之大國願大王圖之齊王發師救周秦兵罷率至齊曰願獻九鼎不識大國何塗之從而致之齊王曰寡人將寄塗於梁對曰不可梁之君臣欲得九鼎謀之潭徒旱淵臺之下少海之上其日以矣州是西北

太平御覽卷第七百五十六

太平御覽卷第七百五十七

器物部二

鑊　釜　鬲
鐺　鏕銷　銚
鑪　甑　箄
甗帶

鑊

周禮曰亨人掌供鼎鑊所以煑肉及魚腊之器既熟乃脀於鼎脀音蒸

儀禮曰雍人陳三鼎在羊鑊之西二鼎在豕鑊之西

史記曰藺相如謂秦王曰今以秦之強而先割十五都與趙趙豈敢留璧而得罪於大王乎臣知欺大王當誅臣請就湯鑊唯大王與羣臣孰計議之

晉書曰張平自稱豫州刺史樊雅自號譙郡太守元帝皆版為四品將軍豫州刺史祖逖出屯蘆洲遣參軍殷乂詣平雅乂意輕平視其屋云當持作馬廄見大鑊云欲鑄作鐵器平曰此是帝王大鑊天下定後方當用之柰何打破乂曰卿能保頭而不惜大鑊耶平大怒於坐斬乂阻兵固守歲餘逖攻平殺之而雅據譙城

文子曰養魚於沸鑊之中棲鳥於炎鑪之上雖欲其生養理失矣

陸機洛陽記曰宮牆外以大鐵鑊盛水以救火鑊受百斛百步一置楊龍驤洛陽記云鐵鑊合一百八十枚也

搜神記曰武帝從南岳著廬江潛霍山之上無水廟有四鑊可受四十斛至祭時水輒自滿用之足了事畢即空塵土樹葉莫之汙也積五十歲歲作四祭後但作三祭一鑊自敗

朱崖傳曰朱崖大家有銅鑊多者五三百積以為貨

南越志曰龍川縣營岡北有巨鑊恒有懸泉注之終歲不蒲嘗有採薪者欲推動之忽然震雷迷失路十許日乃至家

湘州記曰伍子胥廟中有大銅器元嘉中沙門釋亮啓乞此廟器鑄丈六金像始廟所有大銅鑊可容三百斛許即陷入地中僧亮夢神語云今捨此器相與發願免此神形骸

武當山記曰魏興反照山上有三公鐵鑊常有數十斛雖大旱而不減長老云有天子女欲來此山愁思而死三公衛送故於此烹之

羅浮山記曰有名鑊容千餘斛溢為瀑布

墨子曰守死曰二十五步一竈竈有鐵鑊容二石以上為湯

釜

說文曰鍑音富如釜而大口釜也一曰鼎大上下若甑曰鬵音尋三足釜也

方言曰釜自關而西或謂之釜或謂之鍑鍑亦釜之總名也

廣雅曰錪他典切鉼音餅鬲音曆鍑音富鏕音鹿鏝鍪漫牟二音鍉音提錡釜也

埤蒼曰鎢錥小釜也

易說卦曰坤為釜

詩曰于以湘之維錡及釜錡釜屬也有足曰錡

又曰誰能亨魚溉之釜鬵鬵釜屬也

左傳曰筐筥錡釜之器潢汙行潦之水

三禮圖曰釜制度云三斛或曰二斛

春秋繁露曰夏求雨曝釜於術音遂十日

史記曰項籍救鉅鹿沉舡破釜甑以示必死
古史考曰黄帝始造釜甑
戰國策曰蔡澤入韓魏遇奪釜鬲於途
東觀漢記曰梁鴻少孤詣太學受業同房先炊已呼鴻及
熱釜炊鴻曰童子不因人熱者也滅竈更燃火
又曰鄧遵破匈奴得金鑊二三千枚
謝承後漢書曰范丹爲萊蕪長遭黨錮有時絶糧閭里歌
之曰釜中生魚范萊蕪
又曰胡邵爲淮南太守使鈴下閤外炊曝作乾飯閤中不
設釜竈潁川馮暹爲徐州刺史以小銅釜甑十日一炊
後漢書曰王莽納言將軍嚴尤欲據宛伯外乃陳兵誓衆
焚積聚破釜甑鼓行而前（破釜甑示必死也）
魏略曰鍾繇爲相國以五熟鼎範因太子鑄之釜成太子

與繇書曰昔有黄三鼎周之九寶咸以一體調一味豈若
斯釜五味時芳蓋鼎之烹飪以享上帝今之嘉釜有逾兹
義
晉諸公讚曰尚書杜預欲爲平底釜謂於薪火爲省黄門郎
賈彝於世祖前面質預曰釜之尖下以備沃洗今若平底
無以去水預亦不能折之
前秦録曰處士張忠隱于太山鑿石爲釜容六斗四升
河圖曰漢高祖觀汶水見一黄釜驚却反化爲一翁責言
曰劉季何不受河圖
莊子曰曾子再仕而心再化曰吾及親仕三釜而心樂仕
三十鍾不洎親吾心悲
韓子曰智伯圍襄子於晉陽決晉水以灌之城中巢處懸
釜而炊

呂氏春秋曰晉文公反國介之推不肯受賞或遇之山中
負釜
淮南子曰缶不可以爲刀木不可以爲釜
又曰太王亶父處邠狄人攻之杖策而去百姓負釜甑踰
梁山而國乎岐
淮南萬畢術曰牛膽鳴（取牛膽以塗熱釜即自鳴矣）
風俗通曰俗説齊人有空車行魯人有負釜者使特置車
中二三百里臨別取釜不相問爲誰亦不謝後車家繫獄
當死釜不相問爲誰主徑往募人取之穿壁未達車者愁
不肯出釜主慙欲俱死明日主者以事白齊君義而原之
魏子曰鼎以爲希出而世貴之釜鬲常用而世輕之
兵書曰初出軍行日三炊釜不得覆覆釜軍敗
物理論曰堯世洪水民登木而栖懸釜而爨

茅君内傳曰欲合九轉先作神釜
郭文傳曰文以石爲釜
婁承先別傳曰昔山越民反所過殘毁望婁氏之里徃中
庭顧見釜甑尚省於竈曰恐他遠寇取之仍爲取洗沈著
井中而去婁家後還皆盡得之
朱崖傳曰朱崖俗多用土釜
南蠻獠民格曰諸告言伯叔外祖父母
裴淵廣州記曰東官郡煑鹽織竹爲釜以牡蠣屑泥之燒
用七夕一易
異苑曰長山朱郭夫妻恒採藻澗濱見二銅釜沿流而下
取之而歸有圖蓋蒲中銅器光輝輝目自然作聲郭懼違
著北山埋之而後賣釜與人主載出爲貨舡無故自覆失
釜所在

又曰薛願家有虹飲釜中水盡以酒灌之便吐金滿釜而
願因之豐富
離騷曰黃鍾毀棄瓦釜雷鳴

鬲音曆

爾雅曰鼎疑足者謂之鬲郭璞曰鼎曲腳也或曰疑定也犍爲舍人曰鼎足相去疏闊曰鬲
方言曰鍑或謂之鏤吳楊之間謂之鬲
周禮曰鬲實五觳苦角切厚半寸脣寸
漢書曰空足之間蘇林曰足中空不實
家語曰魯有儉者瓦鬲煮食祀之自謂甚美盛之土鉶之
器以進孔子孔子受之欣然有悅如受大牢子路曰瓦甂
音邊陋器也夫子何喜如此乎孔子曰夫食美者念其親以
其食美者而念其我思也
盛弘之荊州記曰湘東陰山縣西有鬲口溪昔有大鬲容

百斛出於此水故因爲名

鐺與鎗同

通俗文曰鬴音輔有足曰鐺
齊書曰明帝每存儉約鑄壞太官元日上壽銀酒鐺尚書
令王晏等咸稱盛德蕭穎曹曰朝廷盛禮莫過三元此一
路器既是舊物不足爲侈帝不悅預曲宴銀器蒲席穎曹
曰陛下前欲壞酒鐺恐宜移在此器也帝甚慙
唐書曰薛大鼎爲滄州太守政化大行百姓利之賈敦頤
爲瀛州刺史鄭德本爲冀州刺史俱有異政時人號曰鐺
腳刺史
東宮舊事曰皇太子初拜給銅龍頭鐺
孝子傳曰陳遵母好食鐺底焦飯
孔氏志怪曰有人苦心腹病死後剖視之得銅鐺一枚容
數合許疾病部癥門中備云其事
述異記曰諸葛景之亡後宅上常聞語聲嘗酤酒還而無
溫鎗鬼云卿無溫鎗那得飲酒即見一銅鎗從空中來
續齊諧記曰王敬伯夜見一女子命婢取酒須臾持一銀
酒鎗
笑林曰太原人夜失火欲出銅鎗誤得熨斗便大驚怪曰
異事火未至已被燒失腳
梁王筠以服散鎗贈殷鈞別詩曰玉鎗布交文金丹煥仙
說九沸翻成綴七轄艮爲切執以代疎麻長貽故人別

鎢錥烏育二音

廣雅曰鎢錥謂之銼鑹
說文曰銼才禾切鑹力禾切鍑也
纂文曰秦人以鈷䥷爲銼鑹

魏略曰徐晃性嚴驅使將士不得閑息于時軍中爲之語
曰不得餉屬徐晃晃聞此語笑曰我槌破汝鎢錥耶
杜預奏事曰藥杵臼澡槃熨斗釜甑銚槃鎢錥皆亦民間
之急用也
江逌表曰昔康皇帝玄宮內金烏育

銚

廣雅曰鋗血涓切謂之銚
說文曰銚溫器也
嵩高山記曰岳左右有古人住處銅銚器物猶存
衡山記曰有人採藥暮宿石室中見一鋗銚是煮藥處蠻
人聞之取銚還用舉村盡病送返乃已
夢書曰夢見得新銚鋗取婦好也
魏武上獻帝表曰臣祖騰有順帝賜器今上四石銅鋗四

枚五石銅銷一枚御物有純銀粉銚一枚
束晳貧家賦曰執偏隤之漏銷
鑪
說文曰鑪方鑪也鏇（似緣反）圜鑪也
周禮曰宮人掌王之六寢凡寢中之事埽除執燭共鑪炭
凡勞事（勞事勞褻之事也）
左傳曰邾子在門臺臨廷閽以缾水沃廷邾子望見之怒
閽曰夷射姑旋焉（旋小便也）命執之弗得滋怒自投于牀廢（發墮也）于鑪炭爛遂卒
魏略曰孫權上書稱臣稱說天命太祖以權書示外曰是
兒欲踞吾著爐炭上耶
崔豹古今注曰漢成帝顧成廟有二眞金爐
拾遺録曰周靈王出於宣昭之臺望東方雲氣蓊鬱俄而

有二人乘飛遊之輦上帝酣酣其一人能為霜雪坐者皆
禁乃命青金洪鑪青金洪者出青零淵石色皆如紺中有
金鑄為大鑪
異苑曰龐猗義熙中為宜都太守御人牧馬於野見一銅
鑪上焰帶鑠而行持歸以呈猗遂爐盛送下荊州至郡比
界夜忽風雨有叫聲光火燭天徑來趣舡失鑪所在
鹽鐵論曰歐冶能因國君之銅鐵以為金鑪大鍾而自不
能為壺鼎盤盂無其用也
桓譚新論曰元帝求方士漢中送人王仲都大暑日使暴
坐又環以十鑪不言熱
論衡曰當風鼓箑向日燃爐而天終不為冬夏易氣
又曰推無益之能納無補之說以夏進鑪以冬奏扇
賈誼鵩鳥賦曰且夫天地為鑪兮造化為工陰陽為炭兮
萬物為銅
甑
說文曰窐（圭户切）甑空也
古史考曰黃帝始作甑
方言曰甑自關而東謂之甗（魚蹇切）或謂之鬵或謂之酢餾（力救切）
爾雅曰䰛（與甑同）謂之鬵鬵鉹也（郭璞注曰涼州呼鉹音侈）
周禮曰陶人為甗實二鬴厚半寸脣寸甑實二鬴厚半寸
脣寸七穿（量六斗四升曰鬴鄭司農云甑無底甑也）
左傳曰晉師從齊師入自丘輿擊馬陘齊侯使賓媚人賂
以紀甗（杜預注曰甗玉甑也滅紀所得）
漢書曰項羽引兵渡河皆沈舡破釜甑燒廬舍示士卒勝
去不勝死無迴心

後漢書曰范史雲為萊蕪長時人歌曰甑中生塵范史雲
袁山松後漢書曰荀淑與陳寔神交棄官常命駕相就令
元方侍側季方作食甞一朝食遲季方跪曰向聞大人與
荀君言甚善竊聽之甑壞飯糜寔曰汝聽談解乎荅曰解
令說之不誤一言公悅
韓詩外傳曰舜甑無羶
淮南子曰粟得濕而熯（音罕）甑得火而液
白虎通曰王者德至山陵丹甑見
京房易逆刺曰天雨金甑歲一熟
益部耆舊傳曰任文公知有王莽之變悉賣奇物唯存銅甑
蓑笠
郭林宗別傳曰鉅鹿孟敏容居太原林宗見而問之對曰
甑已破矣視之無益林宗以其分決勸使學業為美士

郭文傳曰文以竹爲甑

録異傳曰隆安中吳縣張君林忽有鬼來助其驅使林家甑破無可用鬼乃撞盆底穿以充甑

錢塘記曰石姥（莫補切）山有甑大數十圍下有三石支足一人摇之輒動縱使千百人引之與一人不異

離騷曰珪璋雜於甑窐（窐士甑孔也）

箄

説文曰箄蔽也所以蔽甑底也

淮南子曰明鏡可鑑形蒸食不如竹箄（裴玄論云尹氏鑊蒸食不如三錢竹）

箄

夢書曰夢見新箄婦女憙

孔融同歲論曰弊箄徑尺不足以救鹽池之鹹

甑帶

七百五十七　王患

淮南子曰琬琰之玉汗涅土之中雖廉者弗釋（琬琰美玉釋捨也）弊箄甑瓾在旃茵之上雖貪者不搏（瓾甑帶也搏取也瓾讀鼃黽之也）美之所在雖汙辱世不能賤惡之所在雖高隆世不能貴

夢書曰夢見甑帶欲娶婦夢見甑帶媒灼來

太平御覽卷第七百五十七

太平御覽卷第七百五十八

器物部三

盆（缶附）　甕　罃
坩　鉼　甒
甠　槃

盆

爾雅曰盎謂之缶（盆也）

易曰初六有孚盈缶（王肅曰缶者下民貴素之器）

又曰九三日昃之離不鼓缶而歌則大耋之嗟凶

詩曰坎其擊缶宛丘之道（盆謂之缶）

周禮曰盆實二鬴厚半寸

禮曰夫奧者老婦之祭也盛於盆尊於瓶（盆瓶炊器也）

又曰世婦卒蠶遂獻繭于夫人及良日夫人繅三盆手（三盆手者三淹也）

史記曰秦趙會澠池藺相如曰趙王竊聞秦王善爲秦聲請奏盆缻（音缶瓦器所以盛酒漿秦人鼓之以節歌）於是秦王不懌爲一擊缻

趙御書曰某年某月秦王爲趙王擊缻

又曰王惲書云醉後仰天撫缶而歌

又曰司馬遷書云僕以爲戴盆何以望天

續晉陽秋曰桓宣武與妻妾坐月下流星墜銅盆水中光如二寸珠煩然妾酌飲之生玄

晏子春秋曰景公飲酒自鼓盆甕也

莊子曰莊子妻死惠子弔之莊子箕踞鼓盆而歌

淮南子曰今夫窮鄙之社也扣盆拊瓴相和而歌自以爲樂矣嘗試爲之擊建鼓撞巨鐘然知其盆瓴之足羞藏詩書修文學而不知至論之旨則拊盆扣瓴之徒也

又曰屠者藿羹車者步行陶人用缺盆匠人處狹廬

又曰今盆水在庭清之終日未能見眉睫濁之不用一撓而不能察方圓人神易濁而難清猶盆水之類乎（胡學）

又曰日冬至則盆水溢

世說曰阮仲容至宗人間共集以大盆盛酒

王韶之始興記曰林源山有石室室盤石上行羅十甕皆蓋以青盆中悉是鉼銀

交州雜記曰夷俗以銅盆甕贖罪

潘岳笙賦曰傾縹盆以酌酃

甕

說文曰罌缶（於耕切）甀（直僞切說文亦作垂）也甀小口罌也瓨（下江切）以罌（[illegible]）長頸受十甕罌也

通俗文曰甕下孔曰甂（姑縣切）

方言曰甀（音情）甂（一都貪切音沈）甋（音武）㽅（音由）甑（音鄭）甓（士變切）甕甈（音甌）罃（郘切魚記切）甖也鄞桂之郊謂之㼟（今江東通名大瓮爲㼟也）其小者謂之瓶周魏之間謂之甒（音憮江東亦呼甖子）秦之舊都謂之甀江淮之間謂之甇江湖之間謂之甕自關而西晉之舊都河汾之間其大者謂之甀其中者謂之瓬甊自關而東趙魏之間謂之甕或謂之甖東齊海岱之間謂之甇甖其通語也

爾雅曰甌瓿謂之瓵（瓵小罌也長沙曰瓵甌瓿音也）

易曰井谷射鮒甕敝漏

禮曰宋襄公葬其夫人醯醢百甕

又曰儒有蓬戶甕牖易衣而出并日而食

左傳曰齊侯伐燕燕人歸燕姬賂以瑤甕玉櫝斝耳不克而還（瑤玉甕也）

孝經援神契曰銀甕也不汲自隨不盛自盈（瑞應圖同）

漢書曰陳平家貧居甕牖（家語原憲同）

東觀漢記曰王渙爲洛陽令盜賊發不得遠走或藏溝渠或伏甕下渙以方略取之皆稱神明

王隱晉書曰太孫臧外祖蔣迪與人後迪作酪當釀未成大瓮自行迪打酪甕破問景養養曰當生太子儲副

又曰畢卓爲吏部郎性嗜酒比舍郎酒熟卓因醉夜至其甕間盜飲之爲掌酒者所縛旦視之乃畢吏部也

墨子曰備城百步一井井十甕

莊子曰子貢過漢陰見一丈夫方將爲圃畦鑿隧而入井抱甕而出灌

志怪曰建康小史曹著爲廬山府君所迎見門有一丈甕可受數百斛但見風雲出其中

鍾離意別傳曰意爲魯相孔子堂有甕皆有丹書自夫子亡後無敢發者意乃發甕得素書爲學

華陽國志曰趙琰青州刺史驄置水甕得貴要之書投於其中

淮南萬畢術曰銅甕雷鳴（取沸湯著銅甕中堅密塞內之井中則雷鳴聞數十里）

語林曰羊稚舒冬月釀酒令人抱甕爲暖（羊琇字稚舒）

世說曰胡廣本姓黃五月五日生父母惡之乃置甕投於江胡公見甕流下聞兒啼取兒養之遂七登三司廣不持本親服去於本親以我爲死人深譏之

罃（烏行切與罌同切）

說文曰罃備火長頸缾也

方言曰罃陳魏宋楚之間謂之甂（音偷臾）或謂之瓶（音殊）燕之東北朝鮮洌水之間謂之瓺（音暢亦音腸）齊之東北海岱之間謂之甔（所謂家無儋石之儲者也音擔或作甔）周洛韓鄭之間謂之甄或謂之罃罃謂之甈（音韋）

史記曰韓信擊魏從夏陽以木罌渡軍襲安邑（服虔曰以木押縛罌缶以爲渡）

異苑曰月支國有佛髮盛以琉璃罌

幽明錄曰清河崔茂伯女結婚裴氏剋期未至女暴亡提一金罌受二升許徑到裴牀前立以罌贈裴

甄異傳曰晉隆安中吳縣張君才忽有鬼來令才取一白罌盛水半以絹覆頭明日視之錢滿罌才家先貧因此遂富

墨子守備曰用瓦大罌容十升以上者步而十盛水旦用之（祭藥與何驃騎書曰墨罌以瓦罌濟國也）

淮南子萬畢術曰馬蹄破罌（取馬蹄燒如炭置罌中有頃破矣）

坩（音龕）

篆文曰大坩爲坊（音鑽）

東宮舊事曰白坩五枚

世說曰陶侃少時作魚梁吏嘗以一坩鮓餉母母責侃曰汝爲吏以官物見餉非唯不能益吾乃以增吾憂

裴淵廣州記曰董奉至晉與五里封一白坩置高崖中而去人欲取不能得今猶在

缾

說文曰缾甕也甕罋也汲缾也瓶形似缾

易曰汔至亦未繘井羸其缾凶　詩曰缾之罄矣

傳曰衛孫蒯田于曹隧飲馬於重丘毀其缾重丘人閉門而訽之親逐其君尔父爲厲衛石買孫蒯伐曹取重丘

又曰晉人來治杞田季孫將以成與之（盛孟氏邑本杞田）謝息爲

孟孫守不可曰人有言曰雖有挈缾之知守不假器禮也
又曰邾子在門臺閽以缾水沃廷亭具鐵門中
史記曰田肯說高祖曰秦形勝之國也地勢便利其以下兵於諸侯譬猶居高屋之上建瓴水也如淳曰瓴盛水缾也建音蹇
漢書曰揚雄作酒賦以諷諫成帝其文爲酒客難法度士譬之於物曰子猶缾矣觀缾之居居井之湄處高臨深動常近危酒醪不入藏水蒲懷不得左右牽於纆徽一旦擊礙爲瓽所櫑音雷身投黃泉骨肉爲泥自用如此不如鴟夷
前涼録曰張軌時西胡致金胡缾皆拂菻力禁作奇狀並人高二枚
魯子曰一井五缾泄之可待分流者衆也
呂氏春秋曰見缾水之冰而知天下之寒魚鼈之藏也
淮南子曰古者抱缾而汲

唐子曰猛將之發觀于虎而覽于鷹故攻如擊電避如收霧開之如在缾閉之如散星
西域記曰疏勒王致魏文帝金胡缾二枚銀胡缾二枚
雜五行書曰縣缾井中除邪鬼○楚辭曰缾甌登於明堂缾甌瓦器也周鼎潛乎深泉○古樂府詞曰淮南王自言尊百尺高樓與天連後園鑿井銀作牀金缾素綆汲寒漿

甌

方言曰甌甇瓦罌也
禮曰君尊瓦甒此以小爲貴也瓦甒五斗
儀禮曰東方之䉛兩瓦甒
三禮圖曰醴甒以瓦爲之受五斗口高二寸徑一尺六寸中身兊下平有蓋

魁

易洞林曰太子洗馬荀子驥家中以龍銅魁作食歛鳴
東宮舊事曰一升銅魁一漆二升魁三漆注醬五升魁二
李尤羹魁銘曰羊羹不偏駟馬長驅

槃

說文曰槃承槃也槃音盤也
周禮曰若合諸侯則共珠槃玉敦合諸侯者必割牛耳取其血歃之以盟珠槃以盛牛耳
大戴禮曰隨武子槃之銘曰與其溺於人也寧溺於淵
禮曰湯之槃銘曰苟日新日日新又日新
左傳曰晉文公及曹僖負羈之妻曰吾觀晉公子之從者皆足以相國若以相國公子必反其國反其國必得志於諸侯得志於諸侯而誅無禮曹其首也子盍蚤音早自貳焉乃饋槃飧寘璧焉

又曰莒人伐我東鄙圍台季武子救台遂入鄆取其鍾以爲公槃
史記曰平原君與楚王合從音縱言利害毛遂謂楚王之左右曰取雞狗馬之血來毛遂捧銅槃血跪進曰當喢血盟而定之
又曰武帝作栢梁銅柱承露槃仙人掌蘇林曰仙人以手掌擎槃承甘露也
後漢書曰左慈有術於銅槃釣鯔魚
漢官儀曰封禪壇南有玉槃槃中有玉龜焉
晉陽秋曰武帝時御府令蕭譚承徐循儀疏作漆畫銀槃詔殺之
晉四王起事曰惠帝還洛陽道中有老公蒸雞素木槃中盛以奉帝
沈約宋書曰高祖儉諸子食不過五醆槃

後魏書曰太武帝作黃金槃十二具鏤以白銀鈿以玫瑰
珠玉
隋書曰上賜王公已下射楊素箭爲第一上以外國所獻
金精槃價直鉅萬賜之
荀卿子曰君者槃也水者民也槃圓則水圓槃方則水方
燕丹子曰太子出美人能琴者荆軻曰好手太子即斷手
以玉槃奉之
淮南子曰窺面於槃水則圓於杯水則脩面形不變其故
有所圓脩者皆所自窺之異也
抱朴子曰以丹金爲槃盌食其中令人長生
郭子曰王光祿曰正得殘槃冷炙
脩復山陵故事曰武帝悼后玄宮漆烏瓦槃一枚
東宮舊事曰長槃五漆尺槃三十漆柏炙拌二拌音與槃同

漢武内傳曰西王母以玉槃盛桃
神異經曰西北荒有金山上有金銀槃廣五十丈
搜神記曰高辛氏有老婦人得耳疾醫爲挑治得卵大如
繭盛以瓠離覆之以槃俄而卵化犬因名槃瓠
王子年拾遺録曰董偃以玉精爲槃承冰而進則冰玉等
色侍者謂冰無柈必融濕席上乃拂之玉盤落於階上冰
玉皆碎偃更以爲樂玉精千塗國獻也武帝以此器賜董
偃
又曰漢明帝夜讌羣臣於華昭園詔太官進櫻桃以赤瑕
瑛爲槃賜羣臣而去其葉月下視槃與櫻桃共一色衆臣
皆笑云是空槃時帝夜坐於庭中欲以承露詔使舉燭復
照衆坐乃知槃中不空也皆起拜謝爲樂
風土記曰越俗飲燕即鼓槃爲樂取大素圜槃抱以著腹
上以右手五指彈之以爲節舞者應槃節而作舞
鄴中記曰石虎正會御食遊槃兩重皆金銀參帶百二十
醆彫飾並同其參帶之間茱萸畫微如破髮近看乃得見
動遊槃則圓轉也
又曰石虎皇后浴室中雙長生樹又安玉槃受十斛於二
樹之間
交州雜事曰太康四年刺史陶璜表送林邑王范熊所獻
縹紺水精槃各一枚
述征記曰逍遥宫門裏有銅浴槃面徑丈二尺
魏景初中所鑄妬記曰武歷陽女嫁阮宣子無道妬忌禁
婢既覆槃蓋不得相合
神仙傳曰沈羲爲人所迎見老君以金案玉槃賜之
俗説曰桓玄寵丁牛期食畢便迴槃與之

毋丘儉承露槃賦曰偉神槃之殊異邈迢遰以秀峙
古樂府曰琉璃琥珀象牙槃
張衡四愁詩曰美人贈我琴琅玕何以報之雙玉槃
李尤槃銘曰或以承觴或以受物既與清觴又盛口食
蔡邕槃銘曰華槃就用以享嘉賓内丹其實外若玄眞
陳思王集曰明帝承露槃在芳林園中上槃徑四尺九寸
下槃徑五尺銅龍繞其根
劉義恭啓事曰恩旨以犀鏤金廁酒杯槃垂賜

太平御覽卷第七百五十八

太平御覽卷第七百五十九

器物部四

簠簋　瑚璉　敦牟

俎豆登附　籩　槃

鋗　鉢　窪

甌　杯　棬　樸

簠簋

三禮圖曰簠受一斗下足高一寸中方外圓漆丹中蓋龜形諸侯飾以象天子玉飾盛黍稷簋受一斗足高一寸中圓外方挫其四角漆赤中蓋亦龜形其飾如簠盛稻粱

易曰樽酒簋貳用缶鄭玄曰建北有斗不可以挹酒漿斗上有建星建星形似簋貳副也建星上星似缶也又納約自牖無咎

詩曰權輿刺康公與賢人有始無終也於我乎每食四簋今也每食不飽于嗟乎不承權輿

又曰於粲洒掃陳饋八簋

周禮曰旊音放人為簋實一㲄崇尺厚半寸脣寸

儀禮曰佐食分簋士周勢言簋者容同姓之士得從周制

禮曰管仲鏤簋而朱紘鄭玄曰刻而飾之大夫刻之為龜諸侯飾之以象天子飾之以玉君子以為濫矣

又曰周之八簋黍稷器也

傳曰衛孔文子之攻太叔也訪於仲尼仲尼曰簠簋之事則嘗聞之矣甲兵之事未之學也

孝經曰陳其簠簋鄭玄曰方曰簠圓曰簋而哀慼之

墨子曰堯飯土簋啜土鉶

賈誼書曰古者大臣有坐不廉而廢者不謂不廉曰簠簋不飾

瑚璉

三禮圖曰瑚受一斗形制未聞制度云如簋而平下璉受一斗漆赤中蓋亦龜形大夫飾口以白金制度云如簋而兌下

禮曰夏后氏之四璉殷之六瑚皆黍稷器

論語曰子貢問賜也何如曰汝器也曰何器也曰瑚璉也盛黍稷之器夏曰瑚殷曰璉

敦牟上音堆

三禮圖曰敦有足其形如今酒樽法牟受一斗如敦形古牟受一斗平下漆赤中飾口以白金蓋亦龜形

周禮曰若合諸侯則共珠盤玉敦敦盤類也古者以盤盛血以敦盛食也

禮曰敦牟卮匜音移非餕莫敢用敦牟黍稷器也

儀禮曰主婦設兩敦黍稷于俎南

又曰有虞氏之兩敦黍稷器

俎豆

說文曰豆古食肉器也

爾雅曰木豆謂之豆豆禮器也瓦豆謂之登即高登也

三禮圖曰豆以木為之受四升高尺二寸漆赤中大夫以上亦雲畫諸侯加象飾口之天子玉飾登以瓦盛湆音泣受斗二升口徑尺二寸足徑八寸高二尺四寸小身有蓋似豆狀

詩曰卬盛于豆于豆于登

又曰籩豆大房大房玉飾俎

周禮曰上公豆四十侯伯豆三十有二子男豆二十有四

儀禮曰宰夫自東房薦豆六設于醬東

又曰大羹湆不加實于登也

大戴禮曰武王踐祚於觴豆爲銘焉

禮曰魯季夏六月以禘禮祀周公於太廟俎用梡音梡嶡音嶡居衛切

又曰俎有虞氏以梡夏后氏以嶡殷以椇音矩周以房俎鄭玄曰梡斷木爲之四足而已嶡之言蹷也謂中足爲橫距之象周禮謂之距椇之言枳椇也謂曲橈之也房謂足下跗也上下兩間有似於堂房魯頌曰籩豆大房也夏后氏以楬苦戛切豆殷玉豆周獻豆息列切楬無異物之飾也獻疏刻之

又曰禮有以多爲貴者天子之豆二十有六諸公十有六諸侯十有二上大夫八下大夫六

又曰子玄觴酒豆肉讓而受惡民猶犯齒

傳曰鳥獸之肉不登於俎皮革齒牙骨角毛羽不登於器則公不射古之制也

論語曰衛靈公問陳陣音於孔子孔子曰俎豆之事則嘗聞之矣軍旅之事未之學也

史記曰孔子爲小兒時常陳俎豆以爲戲

國語曰晉侯使聘周王召士季曰汝今我王室之一二兄弟以相見將和協典禮以示民訓奉其犧息奇切象出其尊彝陳其俎豆

漢書曰韓延壽爲穎川太守令文學諸生皮弁執俎豆爲吏民行娶婁之禮

又曰劉向說上曰有司定法筆削救時務也至於禮樂則曰不敢是敢於殺人不敢於養人爲其俎豆管絃之間小不備因絕不爲是去小不備而就大不備

東觀漢記曰劉昆教授弟子恒五百餘人每春秋饗射常備列典儀以素木瓠葉爲俎豆

莊子曰祝宗人說彘曰汝奚惡死吾將加汝有死乎彫俎之上

賈誼新書曰昔周文王使太公望傅太子發嗜鮑步巧切魚而公弗與文王曰發嗜鮑魚何爲弗與太公曰禮鮑魚不登乎俎豆豈有非禮而可以養太子乎

籩

說文曰籩竹豆也

爾雅曰竹豆謂之籩禮器也

書曰祀於周廟邦甸侯衛駿奔走執豆籩

詩曰儐尒籩豆飲酒之飫

又曰籩豆有楚殽核維旅

禮曰鼎俎奇而籩豆偶陰陽之義也

左傳曰楚子入享於鄭加籩豆六品

又曰鄭伯饗趙孟爲客具五獻籩豆幕下

語曰籩豆之事則有司存焉

韓子曰晉文公反國至河令籩豆捐之手足胼胝者後之咎犯聞之而哭公問之對曰籩豆所以食也而君捐之手足胼胝有功者也而君後之今臣與在後中不勝其哀故哭

神異經曰西北荒中有玉饋之酒其上有玉樽玉籩

樏壘音

晉太康起居注曰齊王出藩詔賜樏樽樏杯盤各有差

東宮舊事曰漆三十五子方樏二沓蓋二枚

抱朴子曰世有使酒之客以杯樏相擲者有矣

世說曰王夷甫嘗屬族之事族人大怒便舉樏擲其面

陶侃表白曰盥塞荒儉唯作方九子樏趨以供事謹上五十葉

曹毗杜蘭香傳曰蘭香降張碩賚方九子樏七子樏

鈃（音刑）

三禮圖曰鈃以盛羹受一斗口徑六寸有足高一寸有兩耳蓋士以鐵大夫以銅諸侯以白金飾天子以黃金飾

周禮曰上公鈃四十有二侯伯鈃二十有八子男鈃十有八（鈃羹器也）

禮曰實其簠簋籩豆鈃羹

墨子曰堯飯土軌啜坁（尺劣）土鈃（如淳曰鈃器之屬以土爲之瓦器也）

鉢

沈約宋書曰廬江王禕以銅鉢二枚餉宋祖跡

齊書曰竟陵王子良與丘令楷江洪（揩音）等共打銅鉢立韻響滅則詩成可以觀覽

北齊書曰元韶魏室奇寳多入韶家有二鉢相盛可轉而不可出

二石僞事曰佛圖澄死以生所服金枝銀鉢送終後開棺視之唯見杖鉢存焉

佛圖澄別傳曰澄以鉢盛水燒香呪之須臾鉢中生青蓮花

西域諸國志曰佛鉢在乾陁越國青玉也受三斗許彼國寳之供養乞願終日花香不滿則如言也滿亦如言也

交州雜事曰太康四年刺史陶璜表林邑王范熊所獻銀鉢一口白水精鉢一口

異苑曰司州衞士度苦行居士也其母常誦經長齋堂衆僧未食俱望見空中有一物下既落其前乃是大鉢滿中香飯度以晉惠懷之際得道

齊王融謝安陸王賜銀鉢啓曰素金之貴有訪山經鑄刻可奇見符神鼎撤膳器於珎羞之席降寳玩於簞瓢之門

窐（烏瓜切）

俗說曰毛泰貫一王窐八十八万

甌

方言曰甌甂（音邊）陳魏宋楚之間謂之題（今河北人呼小盆爲題子杜啓切）自關而西謂之甂其大者謂之甌

通俗文曰小甌曰題

抱朴子曰取金液及水銀以黃土甌盛置之猛火上皆化爲丹以此丹金爲盤盌食其中令人長生

諸葛恢集曰詔賜恢白甌二枚

庾翼與燕王書曰今致白甌二枚

袁彥伯羅山疏曰善道開尸在石室北壁下形體朽壞止有白骨在昔在都識此道士聞之使人慨然其業行殊異

當蟬蛻解骨耳石室中先有甌盛香得便掃除燒香

梁皇太子謝敕賚廣州甌等啓曰淮南承月之杯豈均符彩西國浮雲之椀非謂瓌奇臣南珎靡究未讀奏曹之表方物罕逢不識議郎之畫

杯

說文曰杯匲小杯也（匲二音讀）

通俗文曰𥂕杯曰盞或謂之盌（扶凡切又薄淹切）

方言曰㼜（音雅）械（音緘）盞（酒盞）盌（呼雅切）楊（音章）盪（音歷）杯也秦晉之郊謂之㼜（所謂伯盞者也）自關而東趙魏之間曰械或曰盞（最小杯也）或曰盌其大者謂之閜吳越之間曰㽋齊右平原以東或謂之盪杯其通語也杯落（盛杯器籠也）陳楚宋魏之間謂之杯落又謂之豆筥自關而西謂之杯落

禮曰毋沒而杯圈（姊作阮）不能飲焉口澤之氣存焉尒

史記曰文帝十七年新垣平使人持玉杯闕下獻之刻曰人主延壽平所言詐下吏誅

漢書曰項羽置太公於高俎上曰不降烹汝翁高祖曰吾翁即汝翁儻烹遺我一杯羹

又曰元帝徵貢禹爲諫議大夫禹奏曰臣嘗從之東宮見賜杯案盡文畫金銀飾非當所以食臣下也

又曰朱博爲御史大夫爲人廉儉食不重味案上不過三杯

又曰王嘉爲丞相數上言不宜封董賢上怒詔丞相詣廷尉詔獄吏和藥進嘉引藥杯以擊地謂官屬曰丞相幸得備位三公奉職負國當伏刑都市以示衆豈兒女子耶何謂咀藥而死

續漢書曰鄭玄飲三百餘杯不醉

又禮儀志曰天子明器有瓦大杯十六容三升瓦小杯二十受二升

謝承後漢書曰豫章朱叔平爲定陵令素杯食麥飲酒歌爲琅邪相桑杯盛漿

唐書曰胡楚賓屬文敏速每飲酒半酣而後操筆高宗每令作文必以金銀杯盛酒令飲便以杯賜之

吳越春秋曰闔閭女自殺以玉杯送之

管子曰人君百杯而食

又曰桓公管仲鮑叔牙甯戚四人飲叔牙奉杯而起曰願公無忘在莒時

文子曰清之爲明杯水而見眸子濁之爲闇河水不見太山

韓子曰智伯身死三國分其首以爲杯

又曰紂爲象箸箕子怖以爲象箸必不加於土鉶必將犀玉之杯象著玉杯必不羹菽藿則必薦豹胎

又曰樂羊爲魏文侯攻中山其子在中山中山之君烹其子而遺之樂羊坐幕下而餟之盡一杯

淮南子曰夫江河之腐胔瀰不可勝數也然祭者用之大也一杯酒蠅漬其中匹夫不嘗小也

鹽鐵論曰古者汙樽杯飲蓋毋爵樽觴豆及其後庶人器用即竹柳陶匏而已唯瑚璉觴豆而後彫文彤漆今富者銀口黃耳金罍玉鍾中者野王紵器金錯蜀杯夫一杯得銅杯十價錢而用不殊箕子之譏始在天子今在匹夫

論衡曰項曼都好道學仙去家三年而反曰有仙人將我上天離月數里而止月之旁甚寒飢欲食輒飲我流霞一杯

王逸子曰顏淵之簞瓢則勝慶封之玉杯何者德行高遠能絶殊也

晉咸康起居注曰詔送遼東使段遼等鸚䳒杯

東宮舊事曰漆四升杯四十漆杯子三百

漢武故事曰上崩後鄠縣有一人於市貨玉杯吏欲捕之因忽不見縣送其器推問茂陵中物霍光呼問說市人形貌如先帝

又曰武帝作承露盤仙人象擎玉杯以取雲表之露

十洲記曰周穆王時西胡獻夜光常滿杯杯容三升是白玉之精光明照室夕以杯於庭中仰向天比明水便滿杯中水甘香異美斯實神靈之器

葛仙公別傳曰仙公爲客設酒不令人傳之見杯自至人前若不盡者則杯不去

神仙傳曰左慈能分杯飲酒曹公聞試之慈拔簪以畫杯

杯即斷飲畢以杯擲屋棟杯懸著屋棟動搖似飛鳥欲落不落良久乃墮地

又曰劉剛未仙時姮娥降共語如人語不解其章

又曰劉剛未仙時姮娥降共向留一明月杯云以示世人

南州異物志曰鸚鵡螺狀以覆杯形如鳥頭向其腹視似鸚鵡故以爲名

南越志曰南海以鰕頭爲長杯頭長數尺金銀鏤之晉廣州刺史嘗以杯獻簡文簡文用以盛藥未及飲無故酒躍於外時盧江太守曲安遠頗解術數即命筮之安遠曰却三旬後庭將有告慶者

永嘉郡記曰君鄣山袁君廟神降於祝史以神前杯灌地以大蓋杯覆之有頃發杯而菌芝生於杯下

後漢馮敬通杯銘曰樂則思舊燕則思歡民之失德乾餱以愆

束晳貧家賦曰持缺耳之破杯

班彪上啓事曰官吏二千石布襦羊裘以白木杯飲酒飾虛欲以求名采譽

魏武帝上雜物疏曰有銀畫象牙杯盤五具

陶侃故事曰侃上雜物疏有上成帝螺杯一枚

棬 音卷

方言曰盂海岱山東齊北燕之間或謂之棬

禮曰母没而杯圈不能飲焉口澤之氣存焉耳 圈者屈木所以謂卮匜之屬

孟子曰告子云性猶杞柳也義猶杯棬也

孟子曰能順杞柳之性以爲杯棬乎

欓

吳越春秋曰越以甘蜜丸欓報吳增封之禮

太平御覽卷第七百五十九

太平御覽卷第七百六十

器物部五

盌　盂　蘇鉒

安哉　匕　箸

机　畢　飯帚

炙函　飯函　淅箕

筐　箴　箪

爵

盌

方言曰盌謂之盂或謂之銚鋭或謂之櫂椀謂之盦不謂之消抉（鍋抉兩音）

說文曰盌小盂也

吳志曰曹公出濡須甘寧爲前部督受勑斫敵前營孫權特賜米酒衆肴寧乃以銀椀酌自飲兩椀乃酌與其都督都督伏不肯時持寧引刀自削置膝上呵之曰卿見知於至尊孰與甘寧寧尚不惜死卿何以獨惜死乎都督即起拜持酒通次酌兵各一銀椀至更時銜枚出斫敵敵驚動遂退寧益貴重

晉陽秋曰王鄣許周訪荊州又授梁州訪怒鄣書喻之遺以玉盌訪投盌於地

又曰武帝時魏府丞蕭譚承徐脩儀疏作漆畫銀帶粉盌詔殺之（盤門中亦盂）

晉咸康起居注曰詔賜遼東段遼等瑠璃盌

義熙起居注曰　林邑王范明達獻金盌一副蓋一副

東宮舊事曰漆盌子一百枚

抱朴子曰外國作水精椀實是合五種灰以作之交廣間多有得其法而鑄作之者今以語俗人俗人殊不肯信乃云水精本是自然之物

崔豹古今注曰魏帝以車渠石爲酒盌

文士傳曰潘尼（音尼）與同僚飲主人有瑠璃椀使客賦之尼於座立成於手

尋陽記曰龍窟有深潭有人於此水邊洗銅盌忽浪起水長便失盌此人後見此盌置城裏井邊

交州雜記曰太康四年刺史陶璜表送林邑王范熊所獻青白石盌一口白水精盌二口

陶侃故事曰侃上成帝水精盌一枚

世說曰王大將軍尚主如廁即還婢擎金盤盛水琉璃盌澡豆

秦嘉婦與嘉書曰今奉金錯盌一枚可以盛書水瑠璃盌一枚可以服藥酒

諸葛恢集詔答恢曰今致瑠璃盌一枚表曰天恩賜廣州白盌

鈕滔母與從祖虞光祿書曰賜瑠璃盌

盂

說文曰盂飲器也

方言曰宋楚趙魏之間或謂之櫂（子忍箋矜二切一曰盤也）河濟之間謂之盦（音安）盌（音[illegible]）亦謂之銚鋭

漢書曰東方朔上嘗使數家射覆置守宮於盂下使射之（盂若盌而大盌與鉢字同）

墨子曰若夫兼相愛交相利此自先聖六王者親行之何以知先聖六王之親行之吾以其所書於竹帛鏤於金石琢於盤盂傳遺後世子孫者知之

晉四王起事曰惠帝還洛陽黄門以瓦盂盛茶上至尊

韓子曰爲人君者猶盂也人猶水也盂圓水圓盂方水方

涼州異物志曰琥珀作盂瓶

東方朔荅客難曰安於覆盂

蘇鉝音立呂靜云胡食器也

林邑記曰林邑王范明達獻瑠璃蘇鉝二口

安哉

李尤安哉銘曰安哉令名甘旨是盛埏埴之巧甄陶所成食彼美珎思此鹿鳴

匕

方言曰匕謂之匙

說文曰柶音四匕也所以取飯

易曰震驚百里不喪匕鬯

詩曰有饛簋飧有捄棘匕饛去匕所以載鼎實也

周禮曰大喪共角柶角柶角匕也礼喪大記曰楔齒用角柶也

儀禮曰主人執匕

禮曰杜蕢苦怪切謂晉平公曰蕢也宰夫也非切是供

又曰匕以桑長三尺或曰五尺刊其柄與末匕所以載牲體者此謂喪祭也吉祭匕用棘

三禮圖曰匕以載牲體長二尺四寸葉博三寸長八寸漆丹柄頭疏匕形如飯橾以棘心爲之

英雄記曰董卓大會賓客誘降反者以鑊之會者戰慄亡失匕箸與筯字同

蜀志曰曹公謂先主曰天下英雄唯使君與操耳先主方食失匕箸

王隱晉書曰石勒時有謡云二杯食有兩匙石勒死人不知

沈約宋書曰太子妃上世祖金鑲匕箸上以賜沈慶之

抱朴子曰道士李根煎鉛錫以藥如大豆者投中以鐵匕攪之冷即成銀又有古強者自云四千歲嵇使君以玉匕與強後忽語嵇云昔安期先生以與之

東宮舊事曰漆匕五十枚

續齊諧記曰趙文韶爲東宮扶侍廨在青溪中橋夜與神女讌寢脫金簪與扶侍亦贈以銀椀及流離匕

箸

方言曰箸筩盛匕箸者也筩音桶陳楚宋魏之間謂之筲或謂之籯音盈自關而西謂之桶檧今俗亦通呼小籠爲桶檧檧音蘇孔切

通俗文曰以箸取物曰敧音羈

禮曰飯黍無以箸羹之有菜者用梜音夾其無菜者不用梜鄭玄曰梜猶箸也今人或謂箸爲梜提也

史記曰漢王與酈食其謀撓楚權張良從外來曰陛下事去矣臣請借前箸爲大王籌張晏曰求借前食之箸用以書或曰前湯武箸明之事以籌度今時之不若也

又曰景帝居禁中召條侯周亞夫賜食獨置大胾不置箸條侯心不平顧謂尚席取箸景帝視而笑曰此豈不足君所乎條侯免冠謝

謝承後漢書曰莽時有奇士巨毋霸卧則枕鼓以鐵箸食

吳志曰趙達善治九宫一筭之術嘗過知故知故曰倉卒之間無酒食以叙意達以箸一隻再三縱横之乃言卿東壁下有酒一斗鹿肉三斤何以言無主人慙曰知卿善射欲相試耳

典略曰曹汝隨大軍破張魯命陳琳作書報太祖曰且夫

墨子之守縈帶爲垣高不可登析箸爲械堅不可入

晉書曰何曾字穎考日食萬錢猶言無下箸之處

東宮舊事曰漆箸一百雙

荀卿子曰從山埊木者十仞之木如箸而求箸不上析高蔽其長也

韓子曰紂爲象箸而箕子怖以爲象箸必不加於土鉶必將犀玉之杯象箸玉杯必不美菽藿則必蔫豹胎蔫豹胎必不衣短褐而食於茅茨之下則必錦衣九重廣室高臺吾畏其終故怖其始故箕子見象箸以知天下之禍

淮南子曰糟丘生乎象箸

論衡曰以箸撞鐘以筭擊鼓鐘鼓不能鳴者用撞之者小也

神仙傳曰葛玄嘗與客食玄以口中飯盡化爲蜂數百集於客身客皆投匕箸驚懼玄乃張口其蜂悉入

葛洪治噎方曰與對食之人當以手捉箸問噎人曰此何等物噎人當荅曰箸即復曰咽下去即愈

語林曰王藍田食鷄子以箸刺之不得便大怒王述也投于地

相書曰人三指用箸者自如四指用箸貴五指用箸大富貴也

机

方言曰俎机也西南蜀漢之郊曰杫音賜

史記曰項王爲高俎置太公其上如淳曰高俎机上也

後漢書曰樂崧者河內人天性朴忠家貧爲郎常獨直臺上無被止食糟糠帝每夜入臺輙見崧問其故甚嘉之自此詔太官賜尚書以下朝夕飡給帷被皀袍及侍史二人

畢

三禮圖曰畢似天畢以載牲體又棘博三寸長八寸柄長二尺四寸丹漆兩頭

詩曰有捄天畢載施之行箋云畢所以助載鼎實

儀禮曰宗人執畢鄭玄曰畢狀如文也

禮曰畢用桑長三尺刊其柄與末畢所以助主人者刊猶削也

飯帚

說文曰陳留以飯帚爲䈰䈰巢切亦盛箸籠又作筲也

炙函

東宮舊事曰漆狛炙大函一具

飯函

列異傳曰景初中城陽縣吏王巨嘗作倦枕机臥聞竈下呼曰文納何以在人頭下應曰我見枕不得動汝來就我至乃飯函也

淅箕

廣雅曰淅籔音籒匧音篋籅音郁纂文曰籅淅箕也一曰藪魯人謂之淅籔

方言曰箕陳魏宋楚之間謂之籮炊籅謂之縮漉米籅也或謂之匧江東呼淅籤也

筐

方言曰箄必弭切簍音縷籅音餘𥲅音叨筐籅也籅音宮江沔之間謂之籅趙代之間謂之𥲅淇衛之間謂之牛筐籅其通語也籅小者南楚謂之筐關而西秦晉之郊謂之箄今江東亦名小籠爲箄

說文曰筐飯筥也籅飴牛筐也方曰筐圓曰籅

三禮圖曰大筐以竹受五斛大夫以盛米致饋於聘賓小筐以竹受五外以盛米

又曰筐以盛黍稷四種八筐大夫三種六筐士二種四筐
易曰女承筐無實
書曰厥篚織文（篚筐屬也）
又曰厥篚檿絲厥篚玄纖縞厥篚織貝厥篚玄纁璣組厥篚纖纊
又曰惟其士女篚厥玄黃紹我周王
詩曰采采卷耳不盈頃筐
又曰于以采蘋南澗之濱于以盛之維筐及筥（方曰筐圓曰筥）
又曰摽有梅頃筐塈之
又曰女執懿筐遵彼微行爰求柔桑（懿筐深筐也）
禮曰蠶則績而蟹有筐
左傳曰筐筥錡釜之器潢汙行潦之水可薦於鬼神可羞於王公

又曰晉侯筮嫁伯姬於秦遇歸妹之睽其繇曰士刲羊亦無衁也女承筐亦無貺也
西京雜記曰元后在家日鷂銜白石大如指墮績筐中后取之石自剖爲二其中文曰母天地遂復還合後爲皇后常致篋中
莊子曰愛馬者以筐盛屎
呂氏春秋曰有娀氏二佚女爲九成之臺帝令燕往遺二卵爭搏之覆以玉筐北飛遂不反吞之生契

簇（呂音）

方言曰簇（盛飯筥也）南楚謂之筲（今建平人呼曰筲）趙魏之郊謂之𥬯（音袪）簇（今通語也）
說文曰簇飯筥也受五升秦謂之籍
廣雅曰暌（音溪）映簇（音族）也

纂文曰暌映大筥也趙代以筥爲篙
論語曰斗筲之人何足算也（筲竹器受二斗）
東宮舊事曰漆注綺纖簇二十枚
陶侃故事曰侃上成帝漆複簇五十枚

簞

說文曰簞飯器也
禮曰凡以苞苴簞笥問人者操以授命
儀禮曰小祝盤匜與簞巾于西階東
左傳曰趙宣子田于首山見靈輒餓爲之簞食與肉
又曰越圍吳趙孟使楚隆往吳王拜稽首曰寡人不佞不能事越與之一簞珠使問趙孟（簞小笥也問遺也）
論語曰賢哉回也一簞食一瓢飲在陋巷人不堪其憂
孟子曰孟子謂齊宣王曰今燕虐其民王往而征之民以爲

將拯己於水火之中也簞食壺漿以迎王師若殺其父兄係累其子弟如之何其可
又曰非其道則一簞食不可受於人如其道則舜受堯之天下不以爲泰
又曰商之君子實玄黃于篚以迎其君子其小人簞食壺漿以迎其小人
黃石公三略曰良將用兵有饋一簞醪者使投之於河令士卒迎流而飲之

爵（觶散用觴）

說文曰爵禮器也象爵之形觶（音寘）受四升
詩曰赫如渥赭公言錫爵
周禮曰享先王贊玉爵（宗廟獻用玉爵）大朝覲會同贊獻玉爵（王爵王禮諸侯之酢爵也）

又曰梓人爲飲酒器爵一升觚三升獻以爵而酬以觚

禮曰執玉爵者弗揮（爲其寶而脆也）

又曰知悼子卒未葬晉平公飲酒師曠李調侍鼓鍾杜蕢自外來聞鍾聲曰安在寢杜蕢入寢歷階而升酌曰曠飲斯又酌曰調飲斯又酌堂上北面坐而飲之降趨而出平公呼而進之曰蕢曩者爾心或開予是以不與爾言飲曠何也曰子卯不樂（紂以甲子死桀以乙卯亡王者謂之疾日不舉樂爲吉事所以自戒懼也）知悼子喪在堂未葬斯其爲子卯也大矣曠也太師也不以詔是以飲之也爾飲調何也曰調也君之褻臣也爲一飲一食忘君之疾是以飲之也爾飲何也曰蕢宰夫也非刀匕是供又敢與知防是以飲之也平公曰寡人亦有過焉酌而飲寡人杜蕢洗而揚觶公謂侍者曰如我死則必無廢斯爵也至于今既畢獻斯揚觶謂之杜舉

又曰宗廟之祭貴者獻以爵賤者獻以散尊者舉觶卑者舉角（凡觴一升曰爵二升曰觚三升曰觶四升曰角五升曰散也）

又曰魯祀周公於太廟爵用玉琖仍彫加以璧角（爵君所進於尸也仍因也因爵之形爲之飾也加加以璧角謂以璧飾其口也）

又曰孔子射於矍相之圃蓋觀者如堵牆使公罔之裘序點揚觶而語公罔之裘揚觶而語曰幼壯孝弟耆耋好禮不從流俗修身以俟死者不在此位也蓋去者半處者半序點又揚觶而語曰好學不倦好禮不變旄期稱道不亂者不在此位也蓋僅有存者

三禮圖曰爵受一升尾長六寸博二寸傳翼兊（音銳）下方足漆赤雲氣

又曰散受五升

左傳曰凡公行告于宗廟反則飲至舍爵策勳焉（爵飲酒器也既飲置爵則書勳勞）

又曰虢公請器王賜之爵（玉爵也爵人實石也）

後趙書曰石虎子韜以琉璃爵螺杯勸客酒

吳志曰諸葛恪行酒至張昭昭不肯飲曰此非養老之禮權曰卿其能令張公辭屈乃當飲之恪曰昔師尚父九十秉旄杖鉞猶未告老軍旅之事將軍在後酒食之事將軍在先何爲不養老也昭爲盡爵

古今注曰章帝章和年銅酒爵出河內泌水

典論曰劉表諸子好酒造三爵大曰伯雅中曰仲雅小曰季雅

楚辭九歌曰援北斗兮酌桂漿（斗爲玉爵）

班婕妤賦曰酌羽觴兮銷憂（孟康曰羽觴作生爵形有頭尾羽翼也）

太平御覽卷第七百六十

太平御覽卷第七百六十一

器物部六

觥　觚　卮

匜　觶　鍾

瓚　鐏彝　滑稽

榼　壺　洗

觥

三禮圖曰觥受七升以兕角爲之

詩曰我姑酌彼兕觥維以不永傷(兕觥角爵也)

又曰躋彼公堂稱彼兕觥萬壽無疆(公堂學校也觥所以誓衆也)

又曰兕觥其觩(音虯)旨酒思柔彼交匪敖萬福來求(兕觥罰爵也謂上下無失禮者其罰爵徒觩然陳設而已)

左傳曰晉趙孟叔孫豹曹大夫入于鄭鄭伯兼享之趙孟賦棠棣穆叔子皮及曹大夫興拜舉兕爵曰小國賴子知免於戾矣(兕爵所以罰不敬言小國蒙趙孟德自知此罰爵)

觚

三禮圖曰觚受三升兌(音鋭)下方足漆赤中青雲飾小其尾

周禮曰梓人爲飲器觚三升獻以爵而酬以觚

語曰子曰觚不觚觚哉觚哉(孔子曰削觚而志有所念觚不時成故曰觚哉觚哉觚小器耳心不專一尚不時成況於大事也)

周地圖記曰秦使蒙恬北築長城又於原上築城以觚尊酒而祭有鶚飛止觚上因名鶚觚縣

劉伶酒德頌曰止則操卮執觚

卮

說文曰卮圜器也觛小卮也(圜音圓觛音但)

禮曰父母舅姑之敦(音推)牟卮匜非餕莫敢用

史記曰高祖奉玉卮起爲太上皇壽也

漢書曰沛公與項羽會鴻門樊噲居營外聞事急乃持楯直入帳下羽問爲誰張良曰沛公驂乘羽曰壯士哉賜卮酒彘肩噲飲酒拔劍切肉食之羽曰復能飲乎曰死且不辭豈憚卮酒

韓子曰棠谿空見韓昭侯曰今有白玉卮而無當有瓦卮而有當君渴將何以飲君曰以瓦卮棠谿空曰白玉卮至貴君不以飲者以其無當耶君曰然空曰爲人君漏泄群臣之語猶玉卮無當也空每見而出昭侯必獨卧惟恐夢言泄於妻妾

戰國策曰昭陽爲楚伐魏覆軍殺將得八城移師而攻齊陳軫爲齊王使見昭陽再拜謝賀戰勝起而曰臣竊譬楚有祠者賜其舍人酒一卮舍人相謂曰數人飲不足一人飲有餘請畫地爲蛇蛇先成者飲酒一人蛇先成引酒且飲之乃左手持卮右手畫蛇曰吾能爲之足足未成一人蛇成奪其卮曰蛇固無足子安得爲之足遂飲酒今子伐齊爲蛇畫足也

淮南子曰霤水足以溢壺榼而江河不能實漏卮

鹽鐵論曰川源不能實漏卮

魏文帝答楊脩書曰重惠流離卮昭厚意

晉傅咸汙卮賦曰人有遺余琉璃卮者小兒竊弄墮之不潔意既惜之又感寶物之汙辱乃喪其所以爲寶況君子行身而可以有玷乎

匜(音移)

說文曰匜似羹魁柄中有道可以注水

纂文曰匜水器也

儀禮曰嫡入室媵御奉匜沃盥

左傳曰晉公子過秦秦伯納女五人懷嬴與焉奉匜沃盥旣而揮之（匜沃盥器揮湔也）怒曰秦晉匹也何以卑我

國語曰勾踐命諸稽郢行成於吳曰勾踐願請盟一介適女執箕帚以晐姓於王宮一介適男奉盤匜以隨諸御（晐備也音該）

醆斝（醆與盞同）

說文曰斝玉爵也或說斝受六升詩曰或獻或酢洗爵奠斝

禮曰醆斝及尸君非禮也是謂僭君（醆斝先王之爵也）

又曰季夏六月魯以禘禮祀周公爵用玉琖仍雕

左傳曰齊侯伐燕燕人賂以瑤甕玉櫝斝耳（斝耳玉爵也）不克而還

又曰鄭火裨竈言於子產曰若我用瓘斝玉瓚鄭必不火子產不許曰天道遠人道邇非所及也竈焉知天道

鍾

孔叢子曰平原君強子高酒曰昔有遺諺堯舜千鍾孔子百觚子路嗑嗑（音臘）日飲百榼吾子何辭焉子高曰以予所聞賢聖以道德兼人未聞以飲食也

沈約宋書曰蕭思話常從太祖登鍾山中道有盤石清泉上使於石上彈琴因賜以銀鍾酒曰相賞有松石間意

涼州記曰胡安據等發張駿冢得馬瑙鍾

論衡曰文王飲千鍾孔子百觚若酒用千鍾則肉宜百牛酒用百觚則肴宜用千羊則文王身如防風孔子軀如長狄乃能堪之

瓚（慈但切）

三禮圖曰圭瓚受四升徑八寸形如盤其柄以圭有流前注。書曰平王錫晉文侯秬鬯圭瓚（孔安國曰以圭爲杓柄謂之圭瓚也）

詩曰釐爾圭瓚秬鬯一卣（音酉）

又曰瑟彼玉瓚黃流在中（玉瓚圭瓚也圭瓚之狀以圭爲柄黃金爲勺青金爲外朱中央）

周禮曰祼（音貫）圭有瓚（鄭司農云於圭頭爲器可以挹鬯祼祭謂之瓚也漢禮瓚盤大徑三升盤口徑八寸下有盤口徑一尺也）

又曰祼圭尺有二寸有瓚以祀宗廟也

禮曰賜珪瓚然後祭

又曰祀周公於太廟灌用玉瓚大圭（瓚形如盤容五升以大圭爲柄是謂圭瓚）

白虎通曰圭瓚者器之名所以受灌之器以圭瓚飾其柄

樽彝

說文曰樽酒器也罍龜目酒尊也木刻爲雲象其施不窮

爾雅曰彝卣罍器也（皆酒尊彝其名也）卣中尊也

易曰樽酒簋二用缶納約自牖終无咎

書曰用賚爾秬鬯一卣（卣中尊也）

詩曰我姑酌彼金罍惟以不永懷

周禮曰司尊彝掌六尊六彝之位春祠夏禴祼用雞彝鳥彝皆有舟其朝獻用兩獻（音娑）尊其再獻用兩象尊皆有罍秋嘗冬蒸祼用斝彝黃彝皆有舟其朝獻用兩著（直略切）尊其饋獻用兩壺尊皆有罍（彝亦尊也彝法也言爲法之正也雞彝鳥彝謂刻而畫之爲雞鳳之形也皆有舟鄭司農云舟尊下臺也若今時承盤也獻讀曰犧犧尊飾以翡翠象尊以象鳳皇或曰以象骨飾尊也斝讀爲稼彝畫禾稼也黃彝黃目尊也著尊者著地無足壺尊者以壺爲尊）

禮曰五獻之尊門外缶門內壺君樽瓦甒（音武）此以小爲貴也（壺大一石瓦甒缶大小未聞也易曰樽酒簋貳用缶也）犧樽疏布冪（音覓）樿（之善切）勺此以素爲貴也

又曰夫禮之初始諸飲食其燔黍捭（音伯）豚汙（音烏瓜切）尊而抔（薄侯切）飲（鄭玄注汙樽鑿地爲樽也抔飲以手掬之也）

又曰黃目鬱氣之上尊也黃者中也目者氣之清明者也言酌於中而清明於外也（黃目黃彝也）
又曰魯季夏六月以禘禮祀周公於太廟尊用犧象山罍鬱尊用黃目（犧尊以沙明爲畫象骨飾之鬱鬱鬯之器黃目黃彝）
又曰泰有虞氏之尊也山罍夏后氏之尊也著殷之尊也犧象周之尊也（泰用瓦著地無足）
傳曰犧象不出門嘉樂不野合
漢書曰梁孝王有罍尊（上刻雲雷象也）直千金戒後代善寶之王任后聞而欲得之王讓大母李太后曰先王有命無得以樽予（音與）人他物雖百鉅萬猶自恣任后絕欲得之王讓直使人開府取樽賜任后天子下吏驗問公卿治奏以爲不孝讓誅也
東觀漢記曰王霸擊賊作倡樂賊射營中霸前酒樽霸坐不動

又曰章帝時美陽得銅酒樽采色青黃有古文後漢書曰章帝初元七年槐里岐山得銅樽一枚
晉起居注曰穆帝升平二年尚書左丞劉寃元會曰彭城計佐虞與發白虎樽而羣觀輻湊中蘭臺令史張玄不禁免玄令史
沈約宋書曰正旦元會設白虎樽於殿庭樽蓋上施白虎有能獻直言者則發此樽飲酒蓋杜舉之遺式也蓋爲白虎疑是後人所加欲令猛如虎無所忌憚也
晏子春秋曰晉欲攻齊使范昭觀焉景公觴之范昭曰請君幸樽酌晏子命撤樽革具范昭歸曰齊不可伐也吾欲慙其君晏子知之孔子聞之曰不越於樽俎之間折衝千里也

莊子曰市上之人有善戴尊者（酒尊也）累十尊而行人有與之更者行道未半而以其尊顚
又曰百年之木破爲犧樽青黃而文之其一斷在溝中比犧樽於溝之斷則美惡有間矣其於失性一也桀跖與曾史行義有間矣然其失性均也
又曰純朴不殘孰爲犧樽白玉不毀孰爲珪璋道德不廢安取仁義
淮南子曰百圍之木斬而爲犧樽龍蛇虎豹曲成文章（高誘曰刻爲蟠龍伏虎之狀也）
又曰夫聖人之道猶中衢而設樽耶過者斟酌多少不同各得其所宜
又曰夫奉一爵酒不知於邑（言其鬱也）挈石之樽則白汗交流（言其重也）又況羸天下之憂而任海內之事者乎重於樽亦遠矣

風俗通曰坐不移樽俗說凡宴飲者移轉樽酒令人訟諍
志林曰先代不識犧樽但云沙畫之飾以翠羽至魏明帝時魯郡於地中得齊大夫子尾送女器有犧樽作犧牛形自尔乃知其定形
吳越春秋曰闔閭女自殺以銀樽送之
鄴中記曰石虎正會殿前有白龍樽作金龍於東箱西向龍口金樽受五十斛
涼州記曰胡安據等發張駿陵得白玉樽受三升戴延之西征記曰太極殿中有銅龍長三丈銅樽容二十斛正旦大會龍從土中受酒口吐之於樽中
傅玄朝會賦曰時鳳虎之二樽清酷皆以淵停
蔡邕論銘曰漢獲齊侯寶樽于槐里也
孫綽陽燧樽銘曰詳觀茲器妙巧奇絕酌焉則注受滿則

閉（補結切）吐寫適會未見其竭

滑稽

崔浩漢記音義曰滑稽酒器也轉注吐酒終日不已若今之陽燧樽

史記曰吳王夫差取子胥尸盛以鴟夷革而浮之江中（應劭曰取馬革爲鴟夷鴟夷榼形）

漢書揚雄酒賦曰鴟夷滑稽腹大如壺盡日盛酒人復借酤常爲國器託於屬車

榼

說文曰榼酒器也椑（音鼙）圜榼也

左傳曰晉樂鍼使行人執榼承飲造子子重

謝承後漢書曰陳茂爲豫州別駕與刺史周敞行部到潁川陽翟傳車有美酒一椑敞勑載酒以行茂取椑擊柱破之曰使君傳車榼載酒非宜

王隱晉書曰宣帝既滅公孫淵還作榼兩口二種酒持著馬上先飲佳酒塞口而開毒酒與牛金金飲而死

北齊書曰元韶字世胄魏室奇寶多入韶家有馬瑙榼容三外王縱之皆稱西域鬼作也

涼州記曰胡安據等發張駿陵得流離榼

孔叢子曰子路嗑嗑飲百榼（巳具鯉門）

列異傳曰濟北弦起神女來遊車上有壺榼青白流璃五具

續齊諧記曰王敬伯夜見一女命婢取酒提一淥沉漆榼

曹毗杜蘭香傳曰蘭香降張實輒賫元榼

馬融奏事曰楚將吳起或遺之一榼酒注之上流使士卒迎流飲其下明不獨也

劉伶酒德頌曰止則操卮執觚動則挈榼提壺

壺

三禮圖曰洗壺受一斛口徑一尺頸高五寸大中身兊（音銳）下赤漆中元上加青雲氣方壺受一斛腹圜足口方圜壺受一斛腹方足口圜

詩曰顯甫餞之清酒百壺

周禮曰挈壺氏以令軍井（壺所以盛飲故以壺表井中）凡軍事懸壺以序聚欜（懸壺以爲漏也欜竟託）

禮曰其以乘壺酒賜人亦曰乘壺酒（乘壺四壺）尊壺者面其鼻（鼻在面上謂向人也）

左傳曰晉侯問原守於寺人教鞮對曰昔趙衰以壺飧從徑餒而弗食故處原

漢書曰東方朔曰壺者所以盛也

晏子春秋曰景公遊於紀得金壺發視之中有丹書

韓子曰晉公子重耳過曹僖負羈盛黃金於壺充之以食令人遺公子也

說苑曰五大夫顛衛人也負壺入井終日灌一區

國語曰勾踐召范蠡而問焉曰諺有之曰觥飯不及壺飧（言在觥飯雖豐不至壺食雖小已德不遠脩）今歲晚矣子將奈何曰臣聞追亡人也蹶而趨之唯恐不及王曰諾遂伐吳

神仙傳曰壺公賣藥常懸一壺於坐上日入之後公輒跳入壺中

搜神記曰吳王夫差女王悅童子韓重結氣死形見將重入冢取崑崙玉壺與之

琴操曰伍員奔吳過溧陽瀨溪見一女擊漂於水中旁有壺漿乃就乞飲飲畢謂女子曰掩夫人壺口女子知其意

自投瀨溪而死

洗

三禮圖曰洗高三尺口徑尺五寸足徑三尺士鐵大夫以上銅爲之諸侯白金飾天子黄金飾

儀禮曰設洗于阼階東南

禮曰其水在洗東祖天地之左海也

魏武令曰臨祭就洗以手擬水而不盥以潔爲敬未聞擬向不敬之禮吾親受水而盥

太平御覽卷第七百六十一

太平御覽卷第七百六十二

器物部七

瓢　勺　豐

禁　食架　食廚

酒臺　槽　杵臼

堪（椹橋夜）　碓　磨

碾

瓢

方言曰蠡（瓠勺也音禮也）陳楚宋魏之間或謂之樹（今江東呼勺為樹）或謂之瓢

通俗文曰瓠瓢為蠡

禮曰合巹（音謹）而酳

三禮圖曰巹取四升瓠中破夫婦各一

論語曰賢哉回也一簞食一瓢飲在陋巷人不堪其憂

爾雅曰康瓠謂之甈（孫炎曰康瓠也郭璞曰瓠壺也賈誼曰寶康瓠是也）

戰國策曰應侯謂秦昭王曰百人輿瓢而趨不如一人持而走疾百人誠輿瓢瓢必裂今秦國華陽穰侯太后用之秦國必裂矣

東宮舊事曰漆巹爵二銀鏁連長七尺

莊子曰惠子謂莊子曰魏王貽我大瓠之種我樹之成而實五石剖以為瓢濩落無所容吾為其無用掊之

楚辭九歎曰藏瓠蠡於筐簏（瓠瓢蠡瓠）

東方朔荅客難曰以管闚天以蠡測海（張晏曰蠡瓢瓠也）

琴操曰許由無杯器常以手捧水人以一瓢遺之由操飲畢以瓢掛樹風吹樹瓢動歷歷有聲由以為煩擾遂取捐之

勺（與杓字同）

說文曰斗勺也

通俗文曰木瓢為斗

詩曰惟北有斗不可以挹酒漿

又曰酌以大斗（大斗長三尺）以祈黃耇

周禮曰大璋中璋九寸邊璋七寸射四寸厚寸黃金勺青金外朱中鼻寸衡四寸有繅（音早）天子以巡守宗祝以前馬（杜子春云勺謂酒樽中勺也鄭司農云鼻謂勺龍頭鼻也衡謂勺柄龍頭也鄭玄謂勺鼻流凡流皆為龍口也三璋之勺形如圭瓚天子巡守有事山川則用灌焉於大山川則用大璋中山川用中璋於小山川用邊璋也）

又曰梓人為飲器勺一升（勺尊升也）

禮曰犧（恩歌切）尊疏布巾（音覓）樿（之善切）勺此以素為貴也（鄭玄曰樿木白理也）

又曰勺夏后氏以龍勺殷以疏勺周以蒲勺（鄭玄曰龍龍頭也疏通刻其頭蒲合蒲如鳧頭也）

漢書曰霍顯之謀行於杯勺

東宮舊事曰漆注八合鴨頭勺四

論衡曰司南之勺投之於地其柄指南

語林曰諸阮以大盆盛酒木勺數枚也

東晳貧家賦曰舉短柄之揺勺

豐

三禮圖曰射為罰爵之豐作人形也豐國名也坐酒亡國

戴孟戒酒

說文曰豐俎豆貴豐厚也一曰鄉飲酒有豐侯者

儀禮曰司射適堂西命弟子設豐（將飲不勝者設豐以承其爵豐形蓋似豆卑而大之）

又曰公尊瓦泰兩有豐

崔駰酒箴曰豐侯沉酒荷罌負缶自戮於世圖形戒後

李尤豐侯銘曰豐侯荒繆醉亂迷逸乃象其形爲豐戒式
後世傳之固無止說

禁（一名棜　乙去切）

三禮圖曰棜長四尺廣二尺四寸深寸無足漆赤中青雲
畫薆芀華飾禁長四尺廣二尺四寸通局足高三寸漆赤
中青雲畫薆芀華飾刻鏤其足爲褰帷之形
儀禮曰尊於戶間兩甒（音武）有禁（禁承尊之器名之曰禁因爲酒戒也）
又曰尊兩壺于房戶間斯禁（斯禁禁切地無足也）
禮曰天子諸侯之尊廢禁大夫士棜禁此以下爲貴也（廢猶去也棜斯禁也無足有似於棜或因名之小耳大夫用斯禁士用棜禁如今方案惰長局）

食架

東宮舊事曰漆食架二

食廚

禮曰大夫七十而有閣（閣以板爲之庋食物也）天子之閣左達五右
達五公侯伯於房中五大夫於閣三士於坫一（達夾室大夫言於閣與天子同處天子二五倍諸侯也）
東宮舊事曰漆食廚一具

酒臺

周禮曰六彝皆有舟（鄭司農曰舟尊下臺若今時承盤也）
東宮舊事曰漆酒臺二金塗鏁鈿

槽

劉伶酒德頌曰先生方捧甖承槽銜杯漱醪

杵臼

易下繫辭曰斷木爲杵掘地爲臼臼杵之利萬民以濟蓋
取諸小過（王肅曰雷起起上杵之象也艮止於下臼之義）
書曰血流漂杵（孔安國曰流而漂舂杵甚之言也）一戎衣天下大定

禮曰隣有喪舂不相（相送杵聲）
又曰暢臼以椈杵以梧（所以擣鬱鬯椈柏也）
穀梁傳曰大夫救日擊門士擊杵（舂粢盛之具示有上下陰陽）
周易類謀曰閶可倚杵（鄭玄曰天地相去其間才可倚一杵也）
春秋繁露曰夏求雨暴杵臼於街十日
漢書曰傳咸爲南陽太守有猾吏大姓犯令爲地臼木杵
舂不中程者輒加笞箠
又曰江都易王非宮人有過者或髡鉗以鉛杵舂不中程
輒掠
又曰楚王戊即位胥靡申公白公衣赭衣使雅舂於市
東觀漢記曰公沙穆遊太學無資粮乃變服客傭爲吳祐
賃舂祐與語大驚遂共定交於杵臼之間
後漢書曰梁鴻之妻孟光多力能舉石臼

又曰馮衍娶北地任氏女爲妻悍忌不得畜媵妾兒女常自
操井臼
王隱晉書曰賈后使小黃門孫慮從愍懷太子於坊中不
與食乃劫服杏子黑丸其夜薨或傳太子不肯服藥伺至
廁以藥杵椎害之喚聲聞於外
燕書曰昭武帝營新殿昌黎大棘城縣河岸崩出鐵築杵
頭一千一百七十枚求樂民郭陵見之詣闕言狀詔曰經
始崇殿而築具出人神允協之應賜陵爵關外侯
戰國策曰智伯攻趙襄子於晉陽臼竈生鼃（媧　禍）
又曰衛人迎新婦婦入室見臼曰徙之牖下妨往來者主
人美之
河圖曰千歲之後天可倚杵
孟子曰盡信書不如無書吾於武成取二三策而已矣仁者

無敵於天下以至仁伐至不仁何其血之流杵也
呂氏春秋曰伊尹母夢神告之曰出水而東走
賈誼書曰黃帝行道炎帝不聽故戰涿鹿之野血流漂杵
淮南子曰解門以爲薪塞井以爲臼雖用小而所費大矣
桓譚新論曰伏羲制杵臼之利後世加巧因借身以踐碓而利十倍
又曰復設機關用驢蠃牛馬及役水而舂其利百倍
論衡曰舂者以杵擣臼杵臼鼓動地動地臨池水河水震蕩夫臼杵木也水與木土三者殊類而相應首相叩動其勢然也
風俗通曰秦留燕太子丹天爲雨粟廚中杵生肉是不然也
世本曰雍父曰作舂杵臼（宋志云雍父黃帝名也）
湘州記曰耒陽縣有蔡倫宅宅西有一石臼云是倫舂紙臼
荊州記曰長沙醴泉縣有山石空中有石牀牀頭有臼容五外父老相傳昔有仙人以此合金丹
衡山記曰桂英巖上鑿石作臼有鐵杵倚置巖畔石臼邊有兩人脚跡
名山記曰羅浮山有道士貢鐵臼杵欲合丹未成而仙化
世說曰魏武帝讀曹娥碑云外孫虀臼楊脩曰虀臼受辛受辛辭字
幽明錄曰劉松在家忽見一鬼杖劍斫之鬼走松起逐見鬼在高山巖室上卧仍往逼突群鬼爭走遺置藥杵臼及所餘藥因將還家松為人合藥時臨熟取一經此臼者無不効驗
列異傳曰魏郡張舊家巨富後暴衰賣宅與黎陽程應應入居死病相繼賣鄴民何文日暮持刀上北堂中至二更有一人長丈餘高冠黃衣來堂前呼問細腰舍中何以有人氣須臾復有一人高冠青衣次又高冠白衣問並如前將曙文下堂如向法呼細腰問曰黃衣者誰曰金也在堂西壁下青衣者誰曰錢也在堂前井西五步白衣誰曰銀也在堂東北柱下汝誰也曰我也在竈下至明文按次掘之得金銀各五百斤錢千餘萬取杵焚之宅遂清安
魏武上獻帝表曰臣祖騰有順帝賜器今上藥杵臼一具

堪（與砧同）

爾雅曰堪謂之榩（郭璞曰堪木質也榩音虔）
廣雅曰抌質堪也
東宮舊事曰太子納妃有石砧一枚　又擣衣杵十枚
荊州記曰秭歸縣有屈原宅女須廟擣衣石猶存
漢水記曰有女郎擣衣砧也
古樂府詩曰藁砧今何在山上復有山（藁砧謂夫也）

碓

廣雅曰碲碓也（碲丁疊切）
方言曰碓機陳魏宋楚自關而東謂之樞
魏略曰司農王思弘作水碓免歸田里
晉書曰魏舒遲鈍質朴不爲鄉親所重從叔父吏部郎衡有當世名猶不知之使守水碓
王隱晉書曰石崇有水碓三十區
又曰劉頌爲河內太守有公王水碓三十餘區所在遏塞輒爲侵害頌表上封諸民獲便宜
又曰衛瓘爲太子少傅詔賜園曰水碓不受

又曰鄧攸去石勒投李矩借水碓舂於城東

晉諸公讚曰征南杜預作連機碓

晉陽秋曰給陳留王碓一區

幽明錄曰引農徐儉家有一遠來客寄宿有馬一疋中夜驚跳客不變騎馬而去一物長丈餘來逐馬後客射之聞如中木聲明日尋昨路見箭着一碓杵

世說曰王戎既貴且富區宅水碓洛下莫比

孔融肉刑論曰賢者所制或踰聖人水碓之巧勝於斷木掘地

王渾表曰洛陽百里內舊不得作水碓臣表上先帝聽臣立碓并攙得官地

磨

說文曰䃺(莫佐切)石磑也(磑音五對切)

釋名曰磑磨也

廣雅曰礱磨也

方言曰磑或謂之䃍([illegible])也

通俗文曰䃺曰𥗼(千內切)填䃺曰䃍([illegible]切)磨牀曰摘(直易切)

魏略曰諸葛亮爲衝車圍郝昭於陳倉昭以繩繫石磨䃗(古太切)其衝車

魏志曰管輅字公明平原人也往同村郭恩家磑上有鳩食相鬬輅曰不祥思明日射鳩悞中鄰女

蜀志曰許靖爲許劭排擯以馬磨自給

晉書曰王戎爲司徒好治產業周遍天下水碓四十所

鄴中記曰解飛者石虎時工人造作旃檀車左轂上置磑右轂上置碓每行十里磨麥一石舂米一斛

世本曰公輸般作磑

諸葛亮別傳曰孫權常饗蜀使費禕禕停食餅索筆作麥賦恪亦請筆作磨賦

異苑曰上黨侯亮之於江都城下獲一石磨下有銅馬

幽明錄曰廣陵有家相傳漢江都王建之墓也常有村人行過見地有數十具磨取一具持歸暮即叩門求磨甚急明旦送着故處

抱朴子曰周髀家去天旁轉如推磨而左行日月右行隨天左轉譬之於蟻行磨上磨左旋而蟻遲故不得不隨磨以右迴焉

嵇含八磨賦曰外兄劉景宣作爲磨奇巧特異策一牛之任轉八磨之重因賦之曰方木矩峙圓質規旋下靜以坤上轉以乾巨輪內建八部外連

碾

通俗文曰石碣轢穀曰碾([illegible])

後魏書曰崔亮在雍州讀杜預傳見其爲八磨嘉其有濟時用遂教民爲碾及爲僕射奏於張方橋東堰穀水造水碾磨數十區其利十倍國便之

太平御覽卷第七百六十二

太平御覽卷第七百六十三

器物部八

斧　鋸　椎　鑿

斧

釋名曰斧甫始也凡將制器始以斧伐木已乃制之也

易曰得其資斧我心不快（斧所以破除荆棘以安其客舍者也不得其位不獲平坻之地）（雖得資斧其心不快）

龍魚河圖曰斧神名狂章

周書曰神農作陶冶斧破木爲耜鉏耨以墾草莽然後五穀興

詩曰析薪如之何匪斧不克取妻如之何匪媒不得

又曰蠶月條桑取彼斧斨（音鏘）以伐遠揚

又曰破斧美周公也既破我斧又缺我斨

周禮曰大喪及窆執斧以涖匠師（匠師主豐碑之士執斧以涖之使戒其士）

禮曰禮諸侯賜鈇（音夫）鉞然後誅

又曰天子負斧依南鄉而立（斧依爲斧文屏風於戶牖之間）

傳曰楚子執齊慶封將戮之負之斧鉞以徇於諸侯使言曰無或如齊慶封弑其君弱其孤以盟其大夫

春秋元命苞曰斧鑕主亂行斬狂詐斧之爲言補也

漢書曰分周爲二有逃責之臺被竊鈇之言（應劭曰周赧王出至蹐邊取人竊鈇）

又曰暴勝之爲直指使者衣繡持斧逐捕盜賊

又曰王莽司徒王尋初發長安宿霸昌廄亡其黃鉞尋軍士所王素狂直入哭曰此經所謂喪其齊（音資）斧者也（應劭曰齊利也亡其利斧言無以復斬斷者）

東觀漢記曰祭遵襄略陽護軍王忠皆持刀斧伐樹開道

又曰蔣翊字元卿後母憎之伺翊寢操斧斫之值翊如廁

謝承後漢書曰會稽戴就字景成爲郡曹掾太守爲州所奏就見伏考燒斧以着腋下就罵獄卒此無火氣何不熟燒

魏志曰太祖延張繡及其將帥置酒高會太祖行酒典韋持大斧立後刃徑尺太祖所至之所韋輒舉斧目之繡及將帥莫敢仰視

晉書曰魏舒嘗適野王主人妻夜產俄而聞車馬之聲相問曰男也女也曰男書之十五以兵死復問宿者誰曰魏公舒後十五載詣主人問所生兒何在曰因條桑爲斧傷而死舒自知爲公

晉咸和起居注曰因有司奏魏氏故事正旦賀公卿上殿

虎賁六人隨上以斧柄拄衣裾上令宜依舊爲儀注詔曰此非前代善制其除之

三輔舊事曰王莽夢大夏殿前五銅人語莽惡之斧斫開銅人腹

東陽記曰晉中朝時有民王質者入山伐木至石室中見童子數人彈琴而歌因留跂斧柯而聽之童子以物與之狀如棗核質含之便不復飢也童子曰汝來已久宜去質承聲起斧柯漼然爛盡既歸去家已數十年

列女傳曰丁仲謀妻氏共夫至交阯夫爲賊所殺妻舩上得一斧舉以破賊

列仙傳曰赤斧手中常有赤斧

録異傳曰陳世母黃亡後還家但聞聲世忽亡斧黃言聞家奴福盜之

幽明録曰文翁常欲斷大樹欲斷處去地一丈八尺翁先祝曰吾若得二千石斧當着此處因擲之中所欲一丈八尺處後果爲郡

賈逵別傳曰逵廟一栢樹有人竊來斫伐始投斧數下斧刃仍折於樹中

七賢傳曰文黨字翁仲與人俱入山取木謂侶人曰吾欲遠學先試投斧高木上斧當挂乃投之斧果上因之長安受經

廷尉決事曰廷尉高文惠上民傅晦詣民籍牛場上盜黍爲牛所覺以斧擲折晦脚物故依律牛應弃市監褒超議晦既夜盜牛本無殺意宜減死一等

六韜曰操刀不割失利之期執斧不伐賊人將來緐蘖不去將爲斧柯

列子曰人有亡鈇者意其隣人子視其行歩竊鈇也顔色竊鈇也言語竊鈇也動作態度無爲而不竊鈇也俄而扵其谷而得其鈇他日復見其隣子之動作態度無似竊鈇矣

孟子曰斧斤以時入山林材木不可勝用也

荀卿子曰林木茂而斧斤至焉

呂氏春秋曰孔甲田于東陽萯山（萯音倍）天大風晦孔甲迷惑入于民室主人方乳（乳産也）或曰后來是良日也是子必大吉或曰不勝之是子必大殃后取其子以歸曰以爲余子誰敢殃之子長成莫動析橑（音老）斧破斮其足遂爲太者（以其無足遂使守門）

淮南子曰巨斧擊桐薪不待利時日而後破之

又曰古之遣將尹親操斧持頭授將軍柄曰閫以外者將軍裁之

説苑曰雍門周説孟嘗君以秦楚之強而報於弱薛譬猶蕭斧而伐朝菌也

玄晏春秋曰隣人亡斧及雞意予竊之居三日雞還斧又自得隣人大愧

志林曰齊斧齋當爲齋凡師出必齋戒入廟受斧故云齋也

抱朴子曰介象燒斧而立其上乆不知熱

諸葛亮教曰前後所作斧都不可用前伐鹿角壞刀斧千餘枚賴賊已走間自令作部刀斧數百枚用之百餘日初無壞者爾乃知彼主者無意宜收治之此非小事也若臨敵敗人軍事矣

鋸

釋名曰鋸倨也其體直所截應倨勾之正也

説文曰鋸槍唐也

古史考曰孟莊子作鋸

史記曰公孫鞅之事孝公也設刀鋸以禁姦邪信賞罰以致理

後漢書曰獻帝欲復肉刑孔融議曰雖忠如鬻拳信如卞和智如孫臏一離刀鋸没世不齒

吴志曰孫晧愛妾使人至市賊奪百姓財物司市陳聲繩之以法晧大怒假他事燒鋸斷聲頭

王隱晉書曰趙王倫欲廢賈后而門鑰在侍中處所部司馬多未作有利鋸至期倫乃命三部司馬以銅鋸截關開門

晉書曰胡毋輔之字彦國少擅高名王澄常與人書曰彦國吐佳言如鋸木屑霏霏不絶誠爲後進領袖也

又中興書曰符健凶淫暴虐常處刀張弓椎鉗鋸鑿殺人之具備置左右

宋書曰後廢帝名昱初在東宮倩業好嬉師主不能禁及嗣位漸自放恣晨出暮歸從者並執鋌矛加以虐刑鍼椎鑿鋸之徒不離左右

莊子曰禮若亢鋸之柄（亢舉也禮有所斷割猶舉鋸之柄以斷物也）

又曰天下好智而百姓求竭矣於是乎釿（音斤）鋸顓焉繩墨殺焉椎鑿決焉

管子曰軍中必有一斧一鋸

尸子曰水非石之鑽繩非木之鋸

列女傳曰臧文仲爲魯使齊齊拘之文仲使人遺公書恐人得之乃謬其詞曰藏我羊食我以銅魚公及大夫莫能知之乃問臧孫母母泣曰吾子拘有木治矣（木治械也）臧我羊者藏善也羊者有母告妻善養母食我以銅魚銅魚其父鋸錯者所以治鋸也鋸者所以治木是以知有木治繫於獄矣

淮南子曰夏屋臨房公輸王爾無所措剞（居倚）劂（居月）削鋸然猶未能贍人主之欲也

世說曰晉元皇初見賀司空言及吳時孫皓燒鋸截一賀頭是誰司空未復言元皇曰燒是賀卲司空流涕曰昔者先臣遭遇無道臣創巨痛深無以上荅明詔元皇慙愧三日不出

衡山記曰雞頭陂西有石室有人採藥暮宿其中曉見一鋸懸在壁上示有形無復鐵貫

椎

說文曰椎擊也齊謂之柊（音終）楑（音葵）鐓（丁回切）千椎斤也

纂文曰柊楑方椎

崔贛易林曰亡椎失斧公輸無輔

廣雅曰柊楑斅（岵切 𥄉）檴鐇（音煩）鍦（於業切）椓（音卓）椎也

史記曰張良爲韓報讎得力士爲鐵椎重百二十斤擊始皇於博浪沙中誤中副車

又曰信陵君客朱亥袖四十斤鐵椎椎晉鄙殺之奪兵以救趙

戰國策曰始皇遺齊君王后連環曰齊多知能解環君王后引椎椎破之謝秦使曰謹已解矣

漢書曰賈山上書曰秦王東窮燕齊南極吳楚厚築其外隱以金椎爲馳道之麗至於此使其後世曾不得斜逕而託足焉

又曰淮南王長怨辟陽侯之不救其母也袖金椎椎殺辟陽侯

又曰中山靖王勝來朝聞（樂聲而泣）曰衆煦漂山聚蚊成雷明黨執虎十夫橈椎

王隱晉書曰梅陶及鍾雅數說事相納輒困之因曰君汝潁之士利如錐我幽冀之士鈍如椎持我鈍椎椎君利錐皆當摧陶雅並稱有神錐不可得椎納曰假有神錐必有神椎

吳越春秋曰夫差使力士石番以鐵椎椎殺王孫聖

益州記曰市橋舊作（音作）橋今各有一鐵椎大十許圍長六七十尺云初橋引機運此椎以擊橋柱本有三今餘二

管子曰一農必有一椎

莊子曰儒以詩禮發冢曰徐以金椎控其頤無傷口中珠

周生列子曰昔伊尹操商祜姐公揮周機管子執齊鍼范

孟奮越椎

世說曰永嘉三年中牟縣故魏任城王臺下池有漢時鐵椎長六尺入地三尺頭西南指不動

桓譚上事曰孔子問屠牛曰屠牛有道乎曰剌必中解害必中理盤筋則引終葵而椎終葵方椎

孫盛優劣論曰子房奮椎爲天下唱義義聲既震則秦亡可知矣

鑿

釋名曰鑿有鑿穿鑿也

說文曰鑿小鑿也

通俗文曰石鑿曰鏨作濫切鑿充曰銃昌仲切小鑿曰鐫子泉切柄曰境音擊受檖曰鍃七切

古史考曰孟莊子作鑿

尸子曰利錐不如方鑿

管子曰軍必有一鑿

莊子曰齊桓公讀書堂上輪扁斲輪堂下釋椎鑿而上問桓公

抱朴子曰魏明帝好聞椎鑿之聲

搜神記曰陳仲舉微時常宿黃申家婦方產夜有叩門者須臾門裏言有客堂下有人不可進曰從後往須臾還留者問曰何等名可與幾歲應以何死荅曰男也名奴得十五歲當以兵死仲舉告其家父母不使執寸刃年十五有置鑿於梁者其末出奴以長木鉤取鑿隤墮陷腦而死

太平御覽卷第七百六十三

太平御覽卷第七百六十四

器物部九

斤

釋名曰斤謹也板廣不可得削又有節則用此斵之所以詳謹令滅斧跡也

崔鴻十六國春秋曰石虎馳獵無度晨出夜歸又多輕行躬行作所太子太保韋謏諫曰白龍魚服有豫且(子居切)之禍海若潛遊離葛陂之酷願陛下清宮蹕路思二神爲光鑒不可忽天下之重輕行斤斧之間一旦有狂夫之變雖龍騰之勇不暇施也智士之計豈及設哉

莊子曰郢人堊漫其鼻端若蠅翼使匠石斵之運斤成風盡堊而鼻不傷郢人立而不失容

孫子曰何世之無才何才之無施良匠提斤斧造山林梁棟阿衡之材櫨柱楣椽之朴森然陳於目前大厦之器具矣

夢書曰斤斧爲選士取有材夢得斤斧選士來

鏟

釋名曰鏟平削也

廣雅曰鑯(子廉切)謂之鏟也

鮑昭蕪城賦曰鏟利銅山

鐁(音斯)

釋名曰鐁彌也有高下迹以此鐁彌其上而平之

鑢(音慮)

說文曰鑢錯銅鐵也

方言曰錯鑢于名也

韓詩曰如磨如錯

鐮

釋名曰鐮廉也體廉薄其所刈稍稍取之似廉者也

東觀漢記曰山陽郡人江伯欲嫁姊姊引鐮欲自割

魏略曰孟康字公休爲弘農太守時出按行勑吏卒各持鐮自刈馬草

說苑曰孔子聞哭者聲甚悲進見之吾丘子也(語吾日虞)擁鐮帶索而哭孔子問何哭之悲對曰吾有三失子曰願聞三失曰吾少好學周遍天下還後吾親亡是一失也素尚高節不事庸君已節不遂二失也少擇交遊寡於親友老而無託是三失也請從此辭投水而死孔子曰弟子記之此足以爲戒於是歸養親者十有二三

風俗通曰鐮刀自揆積芻蕘之効

鍠(音横)

異苑曰長山郭㛮元嘉十二年病亡後孫兒見㛮着帽布諸在靈床上呼孫與語云今得七日假假滿便去今將二小兒提僕在門可就取也孫求僕即得又云汝叔從都還得鍠犁鐴(音辟)可試取看便以呈之仍以兩鐵相加鎗鎗作聲語孫曰我無復歸緣從此而絕

斨(自羊切)

毛詩豳七月曰取彼斧斨以伐遠揚

又破斧曰既破我斧又缺我斨

鏵 鏵附

釋名曰鏵鏵地起土也或曰削能有所穿削也或曰鏵剗也剗地爲坎也

晉書安帝紀曰吴興王淡父爲隣人竇度所殺淡年十歲陰有復讎之志至年十八密索利鏵刃佯若耕耘經一橋下伺度船行還伏杖於草中淡於橋上以鏵斫之而歸罪有司太守孔嚴義其孝勇上請宥之

又曰劉伶常乘鹿車携一壺酒使人荷鏵而隨之謂曰死便埋我

淮南子曰故伊尹之興土功也脩脚者使之蹠钁音鏵強脊者使之負土長臿音揷得土多鏵入土深也

又曰禹身執畚鏵以爲民先疏河而導之九支鑿山而通九路闢五湖而寧東海

鋤

說文曰鋤薅音蒿斫也钁大鋤也

釋名曰鋤助也去穢助苗長齊人謂其柄爲橿璚良橿然正直也

史記曰高后立諸吕爲王擅權用事朱虛侯年二十有氣力忿劉氏不得職常入侍高后燕飲曰請爲田歌太后笑曰若生而爲王子安知田乎章曰臣知之太后曰試爲言田意章曰深耕穊種立苗欲疏非其種者鋤而去之吕后默然

漢書曰雖有鎡錤上音茲下音基不如逢時鎡錤鋤類有田基值時乃獲信矣

樊噲夏侯灌嬰之徒方其鼓刀僕御販繒之時豈自知附驥尾勤功帝籍慶流子孫哉

又曰倪寬受業孔安國貧無資質作帶經而鋤休息輒誦讀

又曰龔遂爲渤海太守遂盜賊諸持鋤鉤田器者爲良人持杖器者爲賊

又曰嚴延年爲河南太守京兆尹張敞聞延年用刑刻急以書諭之延年報曰河南天下咽喉二周餘弊莠盛苗穢何可不鋤也

魏略曰常林爲諸生帶經耕鋤其妻餉之相敬如賓

蜀志曰先主將誅張裕諸葛亮表請其罪曰芳蘭生門不得不鋤

賈子曰商君尊任刑法以刻薄爲教秦人父子兄弟無兄之恩踑踞反目有若禽獸借父耰鋤意有得色

搜神記曰扶風楊道和於田中值雷雨止桑樹下霹靂擊之道和以鋤格之折其右肱遂落地色如丹目如鏡

伏侯古今注曰曾子鋤瓜有三足烏卒其冠

世說曰管寧華歆共園中鋤菜忽見地有片黃金管揮鋤與凡石不異華捉而擲去

應璩詩曰古有行道人陌上見三叟年各百餘歲相與鋤禾莠住車問三叟何以得此壽上叟前致辭內中嫗貌醜中叟前致辭量腹節所受下叟前致辭暮臥不覆首要哉三叟言所以能長久

錐

左傳曰錐刀之末將盡爭之

史記曰平原君曰夫賢士之處世譬若錐之處囊中其末立見

戰國策曰蘇秦行而歸負書擔橐父母不與之秦歎曰皆

秦之罪也乃夜發書陳篋數十得太公陰符伏而讀之欲
睡引錐自刺其股血流至踵
王隱晉書曰梅陶及鍾雅數說餘事祖約輙困因謂之曰
君汝潁之士利如錐我幽冀之士鈍如椎已具椎門中
又曰王濬伐吳吳人於江險要害之處作鐵錐長丈餘暗
置江中濬乃作大筏先行鐵錐輙着筏去
又曰赫連勃勃性工巧然殘忍刻暴乃蒸土築城錐入
一寸即殺作者錐若不入即殺行錐者而并築之
管子曰女有一錐然後成爲女
孫卿子曰無置錐之地而公侯不能與之爭名仲尼是也
莊子曰堯舜有天下子孫無置錐之地
韓子曰堯舜無置錐之地於後世而德結
呂氏春秋曰子產相鄭十八年刑三人殺三人錐刀之遺
於道者莫之敢舉

鑽

尚書大傳曰古者中刑用鑽鑿
物理論曰趙堯錐鑽之吏能探高祖深心致位丞相

鉗

漢書曰江充捕巫蠱燒鐵鉗灼強服之
吳時外國傳曰扶南有訟者燒鐵令赤以鉗舉鐵着手
行七步無罪者手不燒有罪者手即燋

泥鏝

爾雅曰鏝謂之杇（郭璞注曰泥鏝也）
說文曰鏝鐵杇也
左傳曰鄭子產相鄭伯如晉晉侯未之見子產使盡壞其
館之垣而納車馬焉曰文公之爲盟主也崇大諸侯之館杇
人以時塓館宮室（杇人塗者）
論語曰宰予晝寢子曰朽木不可雕也糞土之墻不可杇
也

橙（都鄧切）

續晉陽秋曰何無忌母劉牢之姊也無忌與高祖謀夜於
屏風裏制檄文母潛橙於屏風上窺之既知其謀大喜謂
曰汝能如此吾讎恥雪矣
世說曰謝中郎在壽陽敗臨奔走猶求玉帖橙也

籃

集異記曰丹陽張承先家有鬼長爲其取物會有客須鱠
斤鯉魚二十頭鬼將一小兒持籃至驃騎街十字路小兒
睡覺看籃中已有蓴鯉

篅（許的切）

方言曰篅所以注斛陳魏宋楚之間謂之篅或謂之籮自
關而西謂之注箕（郭璞注曰盛米穀寫斛中也江東亦呼爲篅籮形小而高也）
續搜神記曰吳興人章苟者於田中耕秉小舡以歸鱓魚
鱓置舡中著瓠裏有物輙已食盡如此非一後日磬鍛於
瓠蘆中見一大蛇偷苟以鋘叉之中其蛇

籠

史記曰宋元王二年江使神龜使於河至泉陽漁者豫且
舉網而囚之置籠中見夢於王曰我爲江使於河伯而網
當路豫且得我王有德義故來告愬
又曰齊使淳于髡獻鵠於楚出邑門道飛其鵠揭空籠而
獻之
東觀漢記曰耿恭於疏勒城穿井十五丈不得水恭乃正
衣冠向井再拜爲吏士禱水身自率士負籠有飛泉涌出

吏士驚喜皆稱萬歲

晉中興徵祥說曰泰元中公王婦女髮緩鬢傾髻以爲盛飾用髮豐多不可恒戴乃先於籠上榜之名曰假髻或曰假頭至於貧民不能自辯自號無頭就人借髻亦服之妖也無幾時烈宗晏駕而天下騷動二十年中兵革不息孫恩之亂刑斬無數桓玄之役死者萬計凡被戮之家多亡頭首

沈約宋書曰廢帝狂悖無道誅害羣臣公卿忌憚諸父並聚之殿内毆棰陵曳無復人理建安王休仁及太宗山陽王休祐形體並肥壯帝以竹籠盛而稱之

續述征記曰梁鄒西有龍水發源長城山直北流於梁鄒西注濟水或云齊之孝婦誠感神明湧泉發於室内潛以緝籠蔽之人莫之知由是無谷汲之勞姑及家人疑而嫉之值出而搜其室既無所覩試發此籠而泉遂噴涌流漂居宇所以名曰籠水也

莊子曰一雀過羿羿必得之或以天下爲之籠則雀無逃矣是故湯以庖籠伊尹秦穆公以五羊之皮籠百里奚以其所好籠之也

淮南子曰張天下以爲之籠因江海以爲之罟何亡魚失鳥之有乎

又曰狐來負籠甚可恠也

世說曰宋處宗甞有恩理常得一長鳴雞愛而食之恒籠盛著窗間雞遂作人語與處宗談論極有言思終日不輟處宗因此言巧大進

楚辭曰鳳皇作鶉籠兮雖翕翅其不容

傅咸班鳩賦叙云余楸蔚然成林閑居無爲有時遊之顧見班鳩音聲可悅於是捕而畜之既已擾馴出之於籠無何失去後時時一來飛翔以如有戀聊爲之賦

成公綏鸚鵡賦曰小禽也以其能言解意故爲人所愛式之以金籠外之以殿堂可謂珍之矣蓋乃未得鳥之性也

古詩曰羅敷好蠶桑採桑城南隅青絲爲籠繩桂枝爲籠鉤

沈約宋書曰廢帝狂悖無道誅害羣公忌憚諸父並聚之殿内毆棰陵曳無復人理建安王休仁及太宗山陽王休祐形體並肥壯帝每以竹籠盛而稱之

籝

說文曰籝笭也

漢書曰韋賢曰遺子黄金滿籝不如一經

太平御覽卷第七百六十四

太平御覽卷第七百六十五

器物部十

箕帚　畚　斛（量附）　斗
外　蓑笠　桔槔　槤枷
梯　杷朳

箕帚

世本曰少康作箕帚

詩曰維南有箕不可以簸揚維南有箕載翕其舌

禮曰凡爲長者糞之禮必加帚於箕上以袂拘而退其塵不及長者以箕自向而扱之

又曰汜埽曰埽埽席前曰拚（拚弗運）席不以鬛執箕膺擖（鬛謂帚也恒埽地不絜清也膺親也擖舌也持箕將去糞者以舌自鄉擖以涉劫）

又曰良弓之子必學爲箕

史記曰張儀說楚王曰大王誠能聽臣臣請使秦太子入質於楚楚太子質於秦請以秦女爲大王箕帚之妾效萬室之都以爲湯沐之邑

又曰鄒子如燕昭王擁篲先驅請列子之坐而受業

漢書曰秦爲亂政虐刑殘滅天下北爲長城之役南有五嶺之戍外內騷動百姓罷（音皮）弊頭會箕斂（計人頭數出穀以箕斂之）以供軍費

又曰上歸櫟陽五日一朝太公家令說曰天無二日土無二王帝雖子人主也太公雖父人臣也奈何令人主拜人臣如此則威重不行後上朝太公太公擁篲迎門却行上大驚下扶太公太公曰帝人主也奈何以我亂天下法也

又曰魏勃欲見齊相曹參無因常早掃參之門

又曰賈誼上書曰秦人借父耰鉏而有得色母取箕帚立而誶語

晉書曰王獻之善隸書有父風以掃帚沾泥書大字方丈甚善

王隱晉書曰庾袞孤兄女曰芳將嫁美其服矣袞刈荊著爲箕帚焉召諸子于堂男女以班而謂芳曰汝少孤今汝適人將事舅姑灑埽庭內婦人之道故賜汝此匪器之美欲汝之溫恭朝夕雖休勿休也

晉書曰劉休妻王氏妬帝聞賜休妾勑與王氏杖二十令休於宅後開小店使王氏賣掃帚皂莢以辱之

國語曰越王勾踐行成於吴曰一介適女執箕帚於王宮

淮南子曰周鼎不爨而不可賤掃帚日用而不足貴

南越志曰鮑靚爲南海太守嘗夕飛往羅浮山曉還有小吏晨灑掃忽見兩鵠飛入小齋吏帚擲之墜於地視乃靚之履也

西域志曰佛帚在月支國長三尺許似孔雀尾也

異苑曰北海徐寔婢蘭義熙中忽患羸黃而自拂拭有異於常家共伺察見竹掃帚從壁角來趍婢取而焚之婢即平復

雜五行書曰常以正月三日買箕四枚懸堂上四壁令人治生大得治田蠶萬倍錢財自入

李尤箕銘曰神農殖穀以養蒸民箕主簸揚糠粃乃陳

畚

左傳曰晉靈公不君（失君道）宰夫胹（音而）熊蹯不熟殺之寘諸畚使婦人載以過朝

又曰宋災樂喜爲司城以爲政陳畚挶具綆缶（畚簣籠也）

晉中興書曰王猛少貧賤鬻畚爲事嘗至洛陽貨畚有

人於市貴買其畚云家近在此可隨我取直猛隨去忽至深山中此人語猛且住樹下當先啓道君須臾猛進見一老公踞牀鬚鬢悉白侍從十許人引猛云大司馬公可進猛因拜老公曰王公何緣拜即十倍雇畚直遣人送猛出山既顧視乃是嵩高山也

淮南子曰禹之時天下大水禹身執畚鍤以爲民先

韓詩外傳曰鮑焦衣弊膚見挈畚持蔬遇子貢曰吾子何以至於此鮑焦曰天下之遺德教者衆矣吾何以不至此子貢曰吾聞非其世者不生其利汙其君者不履其土今子非其世而持其蔬乎鮑焦曰吾聞賢者易進而輕退廉士易愧而輕死乃捐其蔬立枯於洛水之上

斛 量附

廣雅曰斛謂之鼓方斛謂之角

書曰協時月正日同律度量衡（合四時之氣節月之大小日之甲乙齊一也律法制又尺丈斛斗斤兩皆均同）

周禮曰㮚氏（㮚作栗）爲量改煎金錫則不耗不耗然後權之（權之）然後準之準之然後量之其銘曰時文思索允臻其極嘉量既成以觀四國永啓厥後茲器維則

漢書曰量者龠合升斗斛也所以量多少也本起於黃鍾之龠以子穀秬黍中者千有二百實其龠二龠爲斛而五量嘉矣其法用銅方合十合爲一升十升爲斗十斗爲斛而五量嘉矣其法用銅方尺而圜其外旁有庣（音桃）焉其上爲斛下爲斗左耳爲升右耳爲合爲合龠之量也升者登合之量也斗者聚升之量也斛者角斗平多少之量也夫量者躍於龠合於合登於升聚於斗角於斛也職在太倉太司農掌之

後漢書曰第五倫爲京兆主簿倫平銓衡正斗斛市無阿枉百姓悅服之

魏志曰太祖常討賊廩穀不足私謂主者主者曰可小斛以足之太祖曰善後軍中言太祖欺衆太祖謂主者曰特當借汝死以厭衆不然事不解遂斬之題屍曰用小斛盜軍穀故斬之

崔鴻十六國春秋後涼錄曰呂光與龜茲王戰大敗之故大奢侈富於養家有蒲桃酒或千斛經十年不敗士卒淪沒酒藏者相繼

荀氏別傳曰荀遂字仲陽隱居不仕時歲飢荒來糴者遂量常叩其斛糴者歸量輒過其本時人號爲椓斛夫人

莊子曰聖人不死大盜不止爲之斗斛以量之則并與斗斛而竊之權衡以稱之則并與權衡而竊之雖有軒冕之

賞弗能勸斧鉞之威弗能禁剖斗折衡而民不爭

天文要集曰斗星印則天下斗斛不平覆則歲稔

雜令曰諸量以秬黍中者容一千二百爲龠二龠爲合十合爲升十升爲斗（三斗爲大斗一）十斗爲斛

楚辭曰世並舉而好朋一升斛而相量（言今之人皆好朋黨並相薦舉斷其貪賤之心以量清潔之士）衆比周而肩隨賢者遠害而隱藏

斗

史記曰鴻門之會沛公使張良以斗一雙予亞父亞父受玉斗撞而破之

又田乞仕齊景公爲大夫其收賦稅於民以小斗受之其廩予民以大斗行陰德於民而景公弗禁由此田氏得衆心宗族益強人思田氏

漢書曰王莽攝政鑄作威斗威斗者以五石銅爲之形若

其斗長二尺五寸欲以厭勝衆兵既成命有司負之莽出在前入則御旁

說苑曰合升斗之微以滿倉廩

王逸子曰自幽厲禮壞樂崩天綱弛絶諸侯力政轉相呑滅德不能懷威不能制至於王赧遂喪王斗

升

漢書律曆志曰嘉量法用銅方尺而圜其外左耳爲升右耳爲合

左傳曰齊舊四量豆區釜鍾四升爲豆各自其四以登於釜釜十則鍾鍾乃大矣陳氏三量皆登一焉

葛洪神仙傳曰王方平語蔡經家人曰吾欲賜汝等酒此乃出天廚其味醲非俗人所宜飲之或能爛人腸今當以水和之汝輩勿怪也乃以一升酒以一斛水攪之以賜經家家人飲之一升許皆醉良久

蓑笠

廣雅曰草謂之蓑簦（音登）謂之笠

詩曰爾牧來思荷蓑荷笠（蓑所以備雨笠所以御暑）

又曰彼都人士臺笠緇撮（臺所以御暑笠所以禦雨也）

禮曰大羅氏天子之掌鳥獸者也諸侯貢屬焉草笠而至尊野服也（諸侯於使使者戴草笠貢鳥獸也）

國語曰越王勾踐栖於會稽乃令三軍求退矣王謀臣大夫種曰譬如蓑笠時雨至必求之今君既棲於會稽之上而求謀臣無乃後乎

又曰吳夫差使王使孫苟告勞于周曰齊人爲不道不供承王事夫差不忍被甲帶劔簦笠相望於艾陵（簦笠備雨器也）天舍其衷齊師還（言敗而還）夫差豈敢自多

又曰管仲曰今夫農羣萃而州處察其四時時雨既至挾其槍刈耨鎛以旦暮從事於田野脫衣就功首戴茅蒲身衣襏襫（音襏襫茅蒲簦笠也襏襫蓑衣也）沾體塗足以從事於田野

史記曰瞽瞍使舜上廩從下焚廩舜乃以兩笠自扞而下得不死之

又曰虞卿解其相印與魏齊間行走大梁欲因信陵君以走楚信陵君未肯見曰卿何人齊曰虞卿躡屩檐簦一見趙王賜白璧一雙黃金百鎰再見拜爲上卿聞君急士之窮而歸公子

吳志曰呂蒙汝南人代鄧當爲將定南郡約軍中不得于人家有所求取蒙麾下士是汝南人取民家一笠以覆官鎧蒙以爲犯軍令不可以鄉里故廢法遂斬之

晏子曰景公出遊曰嗚呼使古而無死何如晏子曰若使古而無死丁公太公將有齊國吾將戴笠衣褐以行畎畝

之中也

風土記曰越人結交約曰卿雖乘車我戴笠後日相逢下車揖

盛弘之荆州記曰宜都有風穴樵人有冬過者置笠穴口風吹之經日還涉長陽溪而得其笠則知溪穴潛通矣

馮敬通詣鄧禹牋曰今日裘與蓑孰急見雨則裘不用上堂則蓑不御此更爲適者也今敬通逢堂蓑之不御也

本草曰敗天公主鬼注精魅（此竹笠之敗也）

曹植九詠曰越江兮刈蘭暮秋兮薄寒被蓑兮戴笠置靈兮踐雚

王褒僮約曰雨墮如注瓮板薜戴子公（薜蓑衣也子公笠也）

桔槔

通俗文曰機汲曰桔槔
禮曰捧席如橋衡（鄭玄曰井上桔槔衡在上低仰者也）
莊子曰子貢南遊楚漢陰見一丈人爲圃畦於漢陰鑿隧而入井抱甕而灌用力多而見功寡子貢曰鑿木爲機後重前輕挈水若流其名桔槔圃者曰聞有機事必有機心吾非不知羞不爲也
又曰獨不見夫桔槔者乎引之則俯舍之則仰彼人之所引非引人者也故俯仰而不得罪於人
汝南先賢傳曰蔡君仲井桔槔壞在毋年命上憂不敢治而扶老生繞之（扶老藤也生繞桔槔不須治孝之感也）

椸枷（音移架）

禮曰男女不同椸枷
又曰不敢懸於夫之楎椸（音竿謂楎椸之椸）

爾雅曰竿謂之椸（郭璞注曰衣架也）
古詩曰甕中無外米架上無懸衣

梯

說文曰梯木階也
禮曰復有林麓則虞人設階無林麓則狄人設階
蜀志曰劉琦問自安之計於諸葛亮亮不答琦遊後園登樓去梯謂亮曰可以言未謂劉曰君不見申生在內而危重耳居外而安乎
崔鴻十六國春秋後涼錄曰竇苟洛陽人也以壯勇知名從呂光攻龜茲登雲梯入地道或時墮落蘇而復上光深奇之
孟子曰瞽瞍使舜完廩捐階
搜神記曰和熹鄧后夢登梯以捫天體蕩蕩正青若鍾乳者后仰漱之
石虎鄴中記曰石虎太子宣與母弟秦公韜迭秉政事宣嫌終有代己之勢八月社日韜登東明觀遊暮還酣宴作女妓罷宣遣力士牟鹿楊杯等十餘人夜緣梯入韜第斫殺之
鹽鐵論曰防塞利門而民猶爲非況上之爲利乎傳曰諸侯好利則大夫鄙大夫鄙則士貪士貪則庶人盜是開利室內民罪梯也
世說曰韋仲將能書魏明帝起殿欲安牓使仲將登梯題之既下頭鬢皓然因是勑戒兒孫勿復學書
嵇含雞賦曰余庭有栖雞而一雄寂武常憑梯外栖守時告晨未常有殆
郭璞遊仙詩曰靈溪可潛盤安事登雲梯

杷朳

方言曰杷無齒爲朳宋魏之間謂之渠拏（今江東名亦然）或謂之渠疏
周生烈曰夫忠謇朝之杷朳正人國之埽彗也秉杷執彗除凶埽穢國之福主之利也

太平御覽卷第七百六十五

太平御覽卷第七百六十六

雜物部一

膠　漆　蠣

黄屑　皮　筋角

藍　羽毛　籧篨

莿篼　笪

繩

膠

周禮曰凡相膠欲朱色而昔昔也者深瑕而澤紾而摶廉摶圜也廉瑕嚴利也鹿膠青白馬膠赤白牛膠火赤鼠膠黑魚膠餌犀膠黄皆謂煑用其皮或用角也

禮曰脂膠丹漆無或不良監工日號無作淫巧以蕩上心

史記曰趙奢死藺相如病篤使廉頗攻秦秦敗趙軍秦之

間言曰秦之所惡獨畏趙奢之子趙括爲將耳趙王因以括代廉頗相如曰王以名而使括若膠柱而鼓瑟耳括徒能讀父書傳不知合變也趙王不聽遂將之

漢書曰鼂錯上書曰欲兵威者始於折膠秋至膠可折弓弩可用[illegible]可

軍以出

謝承後漢書曰雷義與陳重爲交鄉人爲之語曰膠漆雖堅不如雷與陳

帝王世紀曰昭王濟漢船人惡之以膠船進王中流膠舡解王没于水

中洲記曰鳳麟州以鳳咮及麟角合煎作膠名曰集弦膠一名連金泥膠青色如碧玉漢武時西王母使獻靈膠四兩帝不知其妙以付庫帝幸上林苑射虎而弩弦斷使從駕因取一分膠口濡以集弦射虎而帝使武士對挽終不脫膠未集時

呂氏春秋曰桓公使人告魯曰管夷吾寡人之讎也願生得而親加手焉魯君許諾乃使吏鞹其拳膠其目以韋囊其手也盛之以鴟夷置之革車

孔融同歲論曰阿膠徑寸不能止黄河之濁

本草經曰膠一名鹿角膠味甘平治傷中勞絶腰痛瘦補中益氣婦人無子

曹植樂府歌曰膠漆至堅浸之則離皎皎素絲隨染色移君不我棄讒人所爲

漆

書曰兖州厥貢漆絲豫州厥貢漆枲

詩曰樹之榛栗椅桐梓漆

史記曰豫讓爲智伯報趙襄子吞炭漆身

又曰秦二世立又欲漆其城優旃曰善上雖無言固將請之漆城雖於百姓愁費然佳哉漆城蕩蕩寇來不能上欲就之易爲漆耳難爲陰室於是二世笑而止

戰國策曰三晉分智氏趙襄子怨智伯漆其頭以爲飲器

漢書殖貨志曰漆千大斗亦比千乘之家

范曄後漢書曰樊重欲作器先種漆而鄉人笑之積以歲月皆得其用向之笑者皆取給焉

莊子曰山木自寇也膏火自煎也桂可食故人伐之漆可用故人割之人皆知有用之用而莫知無用之用也

韓子曰舜作食器斬山木而財之削鋸循其迹流漆墨其上諸侯以爲益侈國之不服者十三

又曰堯無膠漆之約於當世而道行

山海經曰英鞮之山其上多出漆

列仙傳曰丁次卿欲還峨嵋山語主人丁氏云當相爲作漆以匣十枚盛水覆口從次𤲿之百日乃發皆成漆也一

蕭廣濟孝子傳曰申屠勳字君游少失父與母居家貧傭力供養作壽器用漆五六斛十年乃成

何晏九州論曰平安好棗中山好栗真定好梨共汲好漆

續述征記曰古之漆園在中牟今猶生漆樹也梁王時莊周爲漆園吏則斯地○南越志曰綏寧白水山多漆樹高十餘丈刻漆常○上樹端雞鳴日出之始便刻之則有所得過此時陰氣淪陽氣升則無所獲也凡刻漆別有氏族以爲業雋前緣木處胼胝如人脚也

蠟

晉中興書曰王敦死祕不發喪裹屍以席塗之以蠟埋於齋中諸葛瑤等日縱酒淫樂

博物志曰荒年暫辟穀法但食蠟半斤輒支十日不飢東阿王嘗錄甘始同寢處百日不食而容體自若此術術

世說曰石季倫以蠟燭炊

黃屑

南方草物狀曰黃屑在山中藤生蔓延緣着樹木以九月中刮取根皮乾暴曰南黃屑最黃好歲以獻

皮

書曰梁州厥貢熊羆狐狸織皮

左傳曰皮之不存毛將安傳

又曰無綏子嘉父使孟樂如晉因孟莊子納虎豹之皮以和諸戎

又曰齊莊公爲勇爵殖綽郭最欲預焉自以爲勇州綽曰東閭之役臣左驂迫還於門中識其枚數可以與於此乎然二

子者譬於禽獸臣食其肉而寢處其皮矣

爾雅曰東北之美者有斥尺舍切山之文皮焉郭璞曰虎豹之屬皮有縟綵

論語曰子曰文猶質也質猶文也虎豹之鞹猶犬羊之鞹也

漢書曰元狩四年有司言用度不足請收銀錫白金及皮幣以足用應劭曰時國用不足以白鹿皮爲幣朝覲以薦璧

又曰荅布皮千石亦比千乘之家

范曄後漢書曰李恂爲兖州刺史以清約率下席羊皮卧布被遷張掖太守有威重名

文子曰木強即折革強即裂

神異經曰北方有層氷萬里厚百丈有鼠在土中焉食氷下草木肉重萬斤可以作脯食之已熱除熱病也其皮可以蒙鼓其聞千里有美毛可以來鼠此尾所在鼠即聚

搜神記曰舊說大古時有人遠征家唯有一女并馬一疋女思父乃戲馬曰爾能爲我迎得父吾將嫁汝馬乃絕韁而去至父所父疑家中有故乘之而還後馬見女輒怒而奮擊父恠之密問女女具以告父父乃射殺馬曝皮於庭女之皮所以足蹙之曰爾馬而欲爲婦自取屠剝何如言未竟皮蹶然忽起卷女而行父還失後大樹之間得女及皮盡化爲蠶績於樹上其璽厚大異於常蠶隣女取食養之其收亦倍今世或謂蠶爲女兒古之遺語也

真子曰廊廟之材蓋非一木之枝也狐白之裘蓋非一狐之皮也

韓子曰翟人獻豐狐玄豹之皮於晉文

又曰西門豹性急佩韋以緩已董安于心緩佩弦以自急常皮也

楊子法言曰：羊質虎皮，見草而悅，見豺而戰，忘其皮之虎也。

筋角

周禮曰：凡相角，秋閷（音殺）者厚，春閷者薄，稚牛之角直而澤，老牛之角紾而昔（紾旋展切，昔讀為交錯之錯），疢疾險中（牛有久疾則角裏傷），瘠牛之角無澤（少潤氣也）。角欲青白而豐末（豐大也）。角長二尺有五寸，三色不失理，謂之牛戴牛（三色本白中青末豐也。牛戴牛，角直一牛也）。

又曰：凡相筋，欲小簡而長，大結而澤，則其為獸必剽，以為弓則豈異於其獸。筋欲敝之敝（嚼之當孰也）。

禮曰：祭天地之牛角繭栗，宗廟之牛角握，賓客之牛角尺。

左傳曰：鼷鼠食郊牛角。

爾雅曰：北方之美者，幽都之筋角焉（幽都山名，謂多野牛筋角也）。

魏略曰：大秦國出駭雞犀角。

晉書曰：王凱以帝舅奢豪，有牛名八里百駮，駮常瑩其蹄角。

後魏書曰：桓帝英傑魁岸，馬不能勝，常乘安車，駕大牛，角容一石。

呂氏春秋曰：甯戚飯牛，扣角而歌。

淮南萬畢術曰：燒角入山，虎豹自遠。

東方朔占曰：昔武帝亡劍，不知取者誰，無主名。詔朔往入宮，見人持兩刺手中，復持小牛角。朔曰：「陛下宮中當有親林名字魚者取之。」帝曰：「有之。」郎奴考子魚，服，出劍。帝曰：「朔何其工乎？且說其占。」朔對曰：「入宮時見人持二刺手中，復持小牛角，因占之，二木林字，故知名字魚者取之。」

齒

書曰：楊州厥貢齒革羽毛，荊州厥貢毛齒。

詩曰：元龜象齒，大賂南金。

周禮曰：荊州其利齒革。

禮曰：季春之月，令百工審五庫之量，筋角齒羽，無或不良。

左傳曰：晉韓宣子為政，諸侯之幣重。鄭子產謂之曰：「象有齒以焚其身，賄也。」宣子悅，乃輕幣。

元嘉起居注曰：彈廣州刺史韋朗象牙三十九枚。

羽毛

書曰：仲夏鳥獸希革（夏時鳥獸毛羽希少改易，革改也），仲秋鳥獸毛毨（毨理也，毛更生整理），仲冬鳥獸氄毛（鳥獸皆生耎氄細毛以自溫焉）。

又曰：楊州、荊州皆貢羽毛。

周禮曰：九斿全羽為旞，析羽為旌。

左傳曰：范宣子假羽毛於齊而弗歸，齊人始貳（析羽為旌，謂之羽毛）。

尚書大傳曰：夏成五服，齒革羽毛器乃備。

魏志曰：平原太守劉父取印囊及山雞毛著器中，令管輅筮之。輅曰：「內方外圓，五色成文，含寶守信，出則有章，此印囊也。高岳巖巖，有鳥朱冠，羽翼玄黃，鳴不失晨，此雞毛也。」

列女傳曰：老萊子隨其妻至於江南而止，曰：「鳥獸之解毛，可績而衣也。」

陸機羽扇賦曰：昔楚襄王會於章臺之上，宋玉、唐勒侍，皆操白鵠之羽以為扇。

張載羽扇賦曰：有翔雲之素鳥，體自然之至絜，飄縞羽毛，清風擬妙姿於白雪。

蘧篨

方言曰：簟粗者謂之蘧篨。

晉書曰：慕容暐見苻堅曰：暫屈鑾駕幸臣私第。堅許之。暐出

王嘉曰推蘆作蘧蒢不成文章會天大雨不得殺羊堅與羣臣莫之能解是夜大雨晨不果出

三輔故事曰哀帝崩王莽奏發傅太后冢以蘧蒢裹尸還定陶

倉庫令曰諸輸米麥二十斛蘧蒢一番

皇甫謐篤終論曰死以蘧蒢裹尸麻繩約二頭

箹篨（上音偃下音眺）

魏略曰裴潛為尚書令妻子貧乏織箹篨以自供

傅咸劾事曰令史張濟案行城東見有新立屋間箹篨障二十丈推問是少府夏侯俊所作請免俊官

笪（丁葛切）

方言曰笐（户當切）篖（音唐）自關而東周洛楚魏之間謂之倚佯自關而西謂之笐篖南楚之外謂之篖（郭璞曰笐篖以蘧蒢直文而粗江東呼為笪）

繩

通俗文曰合繩曰糾單展曰紉（女隣切）織繩曰辮大繩曰絚（古伯切）

易曰上古結繩而治後世聖人易之以書契

書曰予臨兆民懍乎若朽索之馭六馬為人上者奈何不敬

又曰木從繩則正后從諫則聖

左傳曰吳伐齊齊公孫揮命其徒曰人尋約吳髮短（約繩八尺為尋吳髮短欲以繩貫其首）

漢書曰龔遂為渤海太守盜賊不寧上問遂曰君欲何以息其盜賊遂曰選用賢良固欲安之臣聞治亂國猶治亂繩不可急唯緩之然後可治

東觀漢記曰吳漢等圍朱鮪岑彭說鮪鮪從上下索曰信可乘上彭趣索欲上鮪見其誠即許降後二日鮪將輕騎詣彭

又曰許皇后父廣漢為官者丞上官桀謀反時廣漢部索其殿中廬有索長數尺可以縛人者數千枚滿一篋緘封廣漢索不得他吏往得之廣漢坐論為鬼薪輸掖庭後為暴室嗇夫

晉書曰劉寔字子真平原人少貧苦賣牛衣以自給然好學手繩口誦博通古今清身潔己舉秀才皆不行

後魏書曰楊大眼武都氐王難當之孫少驍捷高祖征南李沖典選統校大眼往求沖不許大眼曰下官出一技便出長繩三丈繫於髻走繩直如絃馬馳不及沖曰千載已來未有若此遂用為軍主顧謂同僚曰吾之今日所謂蛟龍得水之秋不復與諸軍齊列矣武冠六軍淮泗之人以名止小兒啼卒荊州刺史

老子曰善繫者無繩約而不可解

家語曰子貢問治民於孔子孔子曰懍懍焉如腐索之御扞馬

文子曰夫繩之為度也可卷而懷之可引而伸之可直而布之長而不橫短而不窮直而不剛故聖人體之

葛洪神仙傳曰樊夫人者劉剛妻也俱行道術各自言勝剛行見虎不敢起適欲往即虛之夫人往捉虎以面迫地不視夫人以繩就繫虎頸曳之以歸

幽明錄曰曲阿有一人忘姓名從京還逼暮不得至家遇雨宿廣屋中雨止月朗遙見一女子來至屋簷下便有悲歎之音仍解膂中綵（去代切）繩懸屋桷自絞又覺屋簷上如

有人牽繩此人審以刀斷卷繩又斫屋上見一鬼西走向曙女氣方蘇能語家在前持此人將歸向女父母説其事或是天運使然因以女嫁與爲妻

異記曰武康徐氏宋太元中病瘧連治不斷有人告之曰可作數團飯出道頭呼傷死人姓名云爲我斷瘧今以此團與汝擲之徑還勿反顧世病者如言乃呼晉故車騎將軍沈充須臾有乘馬導從而至問汝爲何人而敢名官家因傳將去舉家尋覓經日乃於塚側叢棘下得之繩猶在時瘧遂獲痊

傅玄九曲詩曰歲暮景邁時兮絶安得長繩繫日月

古詩曰直如朱絲繩清如玉壺水

太平御覽卷第七百六十六

太平御覽卷第七百六十七

雜物部二

板 瓦 甎

塹 蒭茭 堊

竿 鉤 釘

鏶 礪

板

葛洪神仙傳曰王遠字太平東海人也博學六經尤明天文圖讖河洛之要逆知天人盛衰之期九州吉凶漢桓帝聞之連徵不出使郡國逼載以詣京師低頭閉口不肯荅乃題宮門扇板四百餘字皆說方來帝甚惡之使人削之外字去内字復見黑皆徹入板裏

續搜神記曰聶支字文豫章新淦(古暗)人少時貧常夜照見一白

鹿射中之明尋蹤血既盡不知所在且已飢極便卧一梓樹下仰見箭着樹枝視之乃是昨射箭怪其如此於是還家賫粮命子姪持斧以伐之樹微有血遂裁截爲板二板牽着破塘中板常沉地然時復浮出輙家有吉慶每欲致賓客輙便此板於中流欲没客大懼聶君呵之還復浮出仕官大如意位至丹陽太守在郡經時外司白云濤入石頭聶然聶君以板破中板來耳視之果然聶君以板來必有意即解職歸家下舡便閉户二板挾兩邊一日至豫章自爾之後板出便反有凶禍家大轗軻

幽明録曰義熙中江乘聶湖忽有一板廣數尺長二丈餘恒停在此川溪採菱及捕魚者資此以自濟後有數人共乘板入湖試以刀斫即有血出板仍没數人溺死

瓦

古史考曰夏世昆吾氏作屋瓦

禮曰慕賢而容衆毀方而瓦合(去己之大圭角下與衆人小合也者)

史記曰秦攻韓軍於武安西秦軍鼓譟勒兵武安屋瓦盡震

漢書曰霍禹弟巻端人見禹居堂屋上撤瓦投地就視亡有大恠之舉家憂愁未幾被誅

續漢書曰董卓作亂燒南北宮雒陽城無隻瓦尺木

吴時外國傳曰大秦國以水精爲瓦

晉起居注曰成都王討長沙王使陸機都督三十七萬衆圍洛陽四匝夜鼓譟京師屋瓦皆裂

晉中興書曰泰寧元年五月大迴風吹劉曜太廟瓦垣外數十歩其藔深拱捂無離者瓦亦不毀曜素服五月繕治之

淮南子曰以磁石之能連鐵也而求其引瓦則難矣

漢武故事曰武帝起神明殿砌以文石用布爲瓦而淳漆其外四門並如之

語林曰晉張載字孟陽甚醜每出爲小兒擲瓦盈車

葛洪神仙傳曰孫博者河東人也有藏人亡奴在軍中者因以求之不得博語奴主曰吾爲卿燒其營舍奴出走卿但諦伺取之於是博以一赤瓦擲之須臾火起張天奴果出走而得之博乃以青瓦擲之火即滅屋舍百物向已燋燃者悉復如故

靈鬼志曰(有士人姓)鄒坐齋中忽有一人通刺詣之題刺云舒甄仲既去疑其非人尋其刺曰吾知之矣是予舍西土瓦中人耳便往令人將鍤掘之果於瓦器中得桐人長尺餘

管子曰棟橈不勝任則屋覆而人不怨者其理然也弱子慈母之所愛也不以其理而下瓦則慈母笞之故其理動

者雖覆屋不爲怨不以其理動者下瓦必笞

莊子曰師曠爲晉平公作清角一奏有雲從西北起再奏大雨大風隨之裂帷幕破俎豆墮廊瓦平公懼伏于室內

抱朴子曰土柈瓦胾不可救飢

甎

爾雅曰瓴甋謂之甓甎也今江東呼甓甓音蒲歷切

古史考曰烏曹氏作甎

魏略曰扈累獨居道側以甓甎爲障施一厨牀食宿其中

晉書曰吳興吳陸經殄癘死者十三在青唯逵夫妻家貧冬無被袴晝傭賃夜還燒甎伐木朞年中成七墓葬十二喪

宋書曰范曄字蔚宗母如廁產之額爲塼所傷故以塼爲小字

鄭緝之東陽記曰獨公冢在縣東八十里有冢臨溪其甎文曰筮言吉龜言凶三百年墮水中義熙中冢猶半在自後稍已崩盡

續搜神記曰順陽范啓母喪當葬前母墓在順陽往迎之既至而墳壠杳難可識別不知何許袁彥仁時爲豫州往看之因云間有一人見鬼范即如言令物色覓之云此墓中一人衣服顏狀如之即開墓棺物皆爛冢中灰壤深尺餘意甚疑試令人以足撥灰中土冀得舊物果得一甎銘云順陽范堅之妻然後信之

述異記曰豫章胡茲家在郡治宋泰始四年空中忽有故冢墓甎青瓷石灰着之鑑然擲其母前其數或五三俱至舉家驚懼然終不中人旬日乃止

語林曰陶太尉既作廣州優遊無事常朝自運甓甎也於齋外暮運於齋內人問之陶曰吾方致力中原恐爲爾優遊不復堪事

塹

東觀漢記曰周紆字文通爲渤海太守坐事免家貧身築塹以自給食

蒭茭

書曰峙迺蒭茭亡敢弗多

詩曰生蒭一束其人如玉

禮曰以足蹙路馬蒭有誅

聲類曰茭乾蒭也

老子曰天地不仁以萬物爲蒭狗聖人不仁以百姓爲蒭狗

趙壹疾邪賦曰勢家多所宜欬唾自成珠被褐懷金玉蘭蕙化爲蒭

堊音惡

禮曰在堊室之中不與坐焉

山海經曰葱聾之山其中有大谷是多白堊青堊謂有雜色之堊

太公六韜曰昔帝堯王天下上世謂賢君其治則宮垣室屋不堊也

莊子曰郢人堊漫其鼻端若蠅翼使匠石斲之運斤成風盡堊而鼻不傷郢人立而不失容

竿

詩曰籊籊竹竿以釣于淇籊籊長而殺也

說文曰竿竹梃也

漢書曰斬木爲兵揭竿爲旗揭音竭舉也

續漢書曰高鳳字文通南陽人妻將之田曝麥於庭令鳳護雞忽然天暴風大雨鳳持竿誦經不覺潦水流麥妻還怪

問鳳方悟
博物志曰詹何以獨蠒之絲爲綸芒針爲鈎荆篠[illegible]爲
竿剖粒爲餌引盈車之魚於百仞之淵
莊子曰楚王聘莊周於濮水之上莊子持竿不顧

鈎

史記曰紂有功能伸鈎索鐵
搜神記曰京兆長安有張氏晝獨處室有鳩自外入止前
牀張氏惡之披懷而祝曰鳩爾來爲我禍耶飛上承塵爲
我福耶來入我懷鳩翻入懷以手探之則不知鳩之所在
而得一金鈎焉遂寶之自是之後子孫昌盛資財萬倍蜀
賈客至長安中聞之乃厚賂内婢婢竊鈎以與客張氏既
失鈎漸貧死喪而蜀客亦數罹窮厄不爲巳利或告之天
命也不可以力求於是賫鈎以返張氏張氏復昌故關西

稱張氏鈎
風俗通曰順帝時京師謠曰直如弦死道邊曲如鈎乃封
侯
張衡賦曰仰飛纖繳俯釣長流觸矢而斃貪餌吞鈎

釘

魏略曰晉宣王討王陵陵自知罪重試索棺釘以觀太傅
意太傅給之陵夜呼掾屬與訣曰行年八十身名並滅遂
自殺
盛弘之荆州記曰冠軍縣東有魏征南司馬張詹墓元嘉
初尚儼然六年民飢始被發金銀朱漆之器爛然有二朱
漆棺棺前垂竹薄簾以金釘釘之
楊龍驤洛陽記曰石牛一頭在城西北九重里耆舊傳說
若云石虎當襄國石牛夜吠聲三十里事奏虎虎遣人打
落牛兩耳及尾以鐵釘釘四脚今見存
抱朴子曰吴有趙昞以大釘釘柱入尺許以氣刀吹之即釘
躍出如弩箭之發

鏶

廣雅曰鏶音集謂之鍱弋涉切
說文曰鏶鍱也

礪

詩曰周道如砥
書曰楊州厥貢礪砥砥細於礪皆磨石也
又曰若金用汝作礪
史記曰封爵之誓曰黄河如帶太山如礪言河如帶山如礪國乃絶耳
蔡邕勸學曰木以繩直金以淬剛必須砥礪就其鋒鋩
魏志曰殺幽州牧劉虞有童謡曰燕南垂趙北際中央不

合如礪唯有此中可避世公孫瓚以已當之乃築京固守
積三萬斛
廣志曰礪石出首陽山有紫白色出南昌者最善今武
庫有數枚治御刀
山海經曰高梁之山多砥礪
尸子曰鐵使干越之工鑄之以爲劒而勿加砥礪則以刺
不入擊不斷磨之以礱礪加之以黄砥則刺也無前擊也
無下自是觀之礪之與弗礪其相去遠矣今人皆礪其劒
而弗知礪其身夫學身之砥礪也

太平御覽卷第七百六十七

太平御覽卷第七百六十八

舟部一

叙舟上

釋名曰舡循水而行

又曰舟言周流也舡上屋曰廬象舍也其上重室曰飛廬在上故曰飛也又在其上曰雀室於中候望若鳥雀之驚視也

又曰舟名青翰千翼赤鳥亦名鷁首

說文曰舡從舟從鉛省聲艘舡揔名也（艘音騷）

易曰刳木爲舟剡木爲檝舟檝之利以濟不通

詩曰汎彼栢舟在彼中河（舟在河中猶婦人在夫家是其常處）

又曰二子乘舟汎汎其景（二子伋壽）願言思子中心養養

又曰汎汎楊舟載沉載浮（楊木也舟之所載沉浮皆載）旣見君子我心則休

書曰予乘四載隨山刊本（所載者四其一曰水乘舟）

又曰若乘舟汝弗濟臭厥載

禮曰季春之月舟牧覆舟五覆五反乃告舟備具于天子（鄭玄曰舟官覆反舟者備傾漏也蔡邕章句曰備謂檝櫂紼纚維引之具）

左傳曰齊侯與蔡姬乘舟于囿蕩公公懼變色禁之不可公怒歸之未之絕也蔡人嫁之齊侯以諸侯之師侵蔡

又曰冬晉荐饑使乞糴于秦秦輸粟於晉自雍及絳相繼命之曰汎舟之役（汎謂水運入河汾也）

又曰秦伯伐晉孟明濟河焚舟（示必死也）取王官及郊（王官郊皆晉地）晉人不出遂自茅津濟封崤尸而還（茅津在河東大陽縣西封藏）

又曰楚敗吳師獲其舟餘皇（餘皇舟名）

又曰晉楚將戰趙嬰齊使其徒先具舟于河故敗而先濟也

春秋潛潭巴曰澤浮舟天子以亡爲憂（宋均注曰澤無盛之澤令浮舟言陰盛之耳）

論語曰南宮适問於孔子曰羿善射奡盪舟俱不得其死然○爾雅曰舫舟也天子造舟諸侯維舟大夫方舟士特舟庶人乘柎（郭璞注曰造舟比舡爲橋也維連四舡也方併兩舟也特單舟也柎編木以渡也）

廣雅曰艦大舡也舫艕舩也蒙衝艑（步典切）舸（音古我切）艖（音廣）舼（共洪切）艇（音迗）艋（音孟）舟也

家語曰舟非水不行水入舟則沒君非民不治民犯上則君危

戰國策曰或謂公叔曰乘舟舟漏而不塞則舟沉矣塞漏舟而輕陽侯之波則舟覆矣今公自以辯於薛公而輕秦是塞漏舟而輕陽侯之波也願公察之

帝王世紀曰昭王濟漢舡人惡之以膠舡進王中流膠舡解王沒于水

史記曰項羽欲東渡烏江（瓚曰牛渚）烏江亭長艤船待（徐廣曰艤音蟻）（駰案應劭曰艤正也孟康曰艤音蟻附也附舩著岸也如淳曰南方人謂整舡向岸曰艤也）謂項王曰江東雖小地方千里衆數十萬人亦足王也願大王急渡今獨臣有舩漢軍至無以渡項王笑曰天之亡我我何渡爲且籍與江東子弟八千人渡江而西今無一人還縱江東父兄憐而王我何面目見之縱彼不言籍獨不愧於心乎乃爲亭長曰吾知公長者吾騎此馬五歲所當無敵嘗一日行千里吾不忍殺之以賜公

又曰韓信擊魏魏王盛兵蒲坂塞臨晉信乃益爲疑兵陳舡欲渡臨晉而伏兵從夏陽以木罌缻（與缶字同）渡軍襲安邑虜魏王豹

又曰陳平逃楚歸漢渡河舡人疑有金陰欲害之平脫衣

刺船遂免害
漢書曰鄧通蜀郡南安人以櫂舡爲黄頭郎（師古曰櫂舡能持櫂行舡也土勝水其色黄故刺舡之郎皆着黄帽因號曰黄頭郎也）
又曰景帝三年吴大舡自覆吴地以舡爲家國將亡也
又曰武帝汾歌曰汎樓舡兮濟汾河横中流兮揚素波
又曰武帝浮江射蛟舳艫千里（李斐曰舳舡後持柂處艫舡頭刺櫂處也）
又曰武帝時越欲漢用舡戰逐（水戰相逐）乃大脩昆明池列館環之治樓舡高十餘丈旗幟加其上
又曰伍被曰吴王伐江陵木以爲舡
又曰薛廣德爲御史大夫秋上酎祭宗廟出便門欲御樓舡廣德當乘輿免冠頓首曰宜從橋詔曰大夫冠廣德曰陛下不聽臣臣自刎以血汚車輪陛下不得入廟矣上不悦光禄大夫張猛進曰臣聞主聖臣直乘船危就橋安聖主不乘危御史大夫言可聽上曰曉人不當如是耶乃從橋
又曰江都易王子建不道使宫女乘小舡建以足蹈覆宫女溺下沉下浮建觀而大笑
後漢書曰馬援平南越將樓舡大小二千餘艘士二萬餘人進擊九真賊徵側餘黨都羊等自無功至居風（無功居風二縣並屬九真郡）斬獲五千餘人嶠南悉平（嶠嶺嶠也廣州記曰援到交趾立銅柱爲漢之極界）
又曰第五倫爲會稽太守永平五年坐法徵老小攀車叩馬啼呼相隨日裁行數里不得前倫乃僞止亭舍陰乘舡去衆知復追之及詣廷尉吏人上書守闕者千餘人是時顯宗方按梁松事亦多爲松訟者帝患之詔公車諸爲梁氏及會稽太守上書者勿復受會帝幸廷尉録囚徒得免歸田里身自耕種不交通人物數年拜宕渠令
又曰任文公巴郡人爲從事夫大旱白刺史曰五月一日當有大水其變已至不可防救宜令吏人預爲其備刺史不聽文公獨儲大船百姓或聞頗有爲防者到其日旱烈文公急命促載使白刺史刺史笑之日將中天北方雲起須史大雨至晡府湔水涌起十餘丈（酈元水經注云湔水出綿道玉壘山在今益州湔音子賤反）突壞廬舍所害數千餘人文公遂以占術馳名
又曰郭林宗遊洛陽始見河南尹李膺大奇之遂相友善於是名震京師後歸鄉里衣冠諸儒送至河上車數千兩林宗唯與李膺同舟而濟衆賓望之以爲神仙焉
又曰趙炳嘗臨海求船人不和之（和許也俗本作知者誤也）炳乃張蓋坐其中長嘯呼風亂流而濟於是百姓神服從者如歸
魏志曰尚書僕射杜畿受詔作御樓船於陶河試舡遇風没文帝爲之流涕詔曰昔冥勤其官而水死稷勤百穀而死杜畿忠之至也
又曰徐宣遷司隸校尉從至廣陵六軍乘舟風浪暴起帝舡迴倒宣疾在後陵波而前羣寮無至者帝壯之
又曰郭嘉死太祖征荆州還於巴丘遇疾燒舡歎曰郭奉孝若在不使孤至此（奉孝嘉字）
又曰鄧哀王仲字蒼舒五六歲智若成人孫權曾致巨象太祖欲知其輕重訪之羣下咸莫能出其理仲曰置象大舡之上而刻其所至稱物以載之則交可知矣太祖大悦即施行焉
魏略曰孫權乘大舡來觀軍公使弓弩亂發箭着其舡舡偏重將覆權因迴舡復以一面受箭箭均船平乃還
吴志曰諸葛恪出征東興有虹見其舡
又曰吴人以舟檝爲輿馬以巨海爲夷庚也
晉書曰陸機初詣張華華問雲何在機曰雲有笑疾未敢

自見俄而雲至華爲人多疑製好帛繩纏繞雲見而大笑不能自已先是常着纏經上舡於水中顧見其影因大笑落水人救獲免

又曰張憑字長宗祖鎮蒼梧太守憑年數歲鎮謂其父曰我不如汝有佳兒憑曰阿翁詎宜以子戲父耶及長有志氣爲鄉閭所稱舉孝廉負其才自謂必參時彦初欲詣劉惔鄉里及同舉者共笑之既至惔處之下座神意不接憑欲自發而無端會王濛就惔清言有所不通憑於末制之言旨深遠足暢彼我之懷一座皆驚惔延之上座清言彌日留宿至旦遣之憑既還舡須臾遣傳教覔張孝廉舡便召與同載遂言之於簡文帝帝召與語歎曰張憑勃窣爲理窟官至吏部郎御史中丞

又曰王濬徵拜右衛將軍除大司農車騎將軍羊祜雅知濬有奇略乃密表留濬於是重拜益州刺史武帝謀伐吳詔濬修舟艦濬乃作大艦連舡方百二十步受二千餘人以木爲城起樓櫓開四門其上皆得馳馬來往又畫鷁首怪獸於舡首以懼江神舟檝之盛自古未有太康元年正月濬自成都率巴東監軍廣武將軍唐彬攻吳丹陽尅之擒其丹陽監盛紀吳人江險磧要害之處並以鐵鎖橫截之又作鐵錐長丈餘暗置江中以逆拒舡先是羊祜獲吳間諜具知情狀濬乃作大筏數十亦方百餘步縛草爲人被甲持仗令善水者以筏先行筏既行遇鐵錐輒着筏去又作炬長十餘丈大數十圍灌以麻油在舡前遇鎖然炬燒之須臾融液斷絶於是舡無所礙

王隱晉書曰陶侃擊蜀賊王真真拘得侃有雀舡侃欲投水都督王棱蘇扶侃入小舡得脫

晉中興書曰蘇峻作逆與祖渙許柳等將萬餘人出横江連舡東渡時遇西風既濟船江中忽更東風吹舡還西岸峻書善長嘆曰是天助我固將志也

又曰郭黜武昌人安西將軍庾翼以帝舅之重躬往邀黜欲強起黜曰人性各有所短豈可強逼翼以黜舡狹小欲引就大舡黜曰使君不以民鄙賤而辱臨之此固野人之舟也翼俯屈入其中舡

太公六韜曰武王伐殷先出於河呂尚爲將以四十七艘舡濟於河

又曰天舡一名天潢以濟大水

又曰殷君爲酒池可遊舡

莊子曰顏回問於仲尼曰回嘗濟於觴深之泉津人操舟若神吾問焉操舟可學也曰遊善者數能若乃夫沒人未嘗見舟而便操之吾問焉不吾告敢問何謂也仲尼曰善遊者之數能忘水故也彼視深泉若陵視舟之覆猶車之却退也視深泉若陵故視舟之覆於淵猶車却退於岐也

又曰藏舟於壑藏山於澤謂之固矣然則夜半有力者負之而走昧者不知也

又曰水之積也不厚則其負大舟也無力覆盃水於坳於交切堂之上則芥爲之舟置杯焉則膠水淺而舟大也

又曰孔子遊乎緇帷之林坐杏壇之上有漁父者下舡而來孔子乃下求之至於澤畔有將杖拏而引其舡顧見孔子再拜而起乃刺舡而去延緣葦間顏淵還車了不顧待水波定不聞拏音而後敢乘

又曰方舟而濟河有虛舡來觸舟雖有惼心之人終不怒也忽有一人在其上則惡聲隨之向不怒向虛而今實也

又曰巧者勞而智者憂無能者無所求也食而遨汎若不係之舟也

又曰散木以爲舟則沉是不材之木

鄧析子曰同舟涉海中流遇風救患若一所憂同也

孔叢子曰順謂韓王曰吴越之人同舟濟江中流遇風波其相救如左右手不悼所同之患是不如吴越之舟人也

尸子曰六馬登糟丘方舟之酒池

劉析書曰舟行於水車轉於陸此勢自然者也

文子曰舟浮江海不爲莫乘而沉君子行道不爲莫知而止

孫卿子曰君者舟也庶人者水也水則載舟水則覆舟

墨子曰工倕作舟

慎子曰燕鼎之重乎千鈞乘於吴舟則可以濟所託者浮

道也

又曰行海者坐而至越有舟也行陸者立而至秦有車也秦越遠塗也安坐而至者械也

韓子曰千鈞得舡則浮錙銖失舡則沉非千鈞輕而錙銖重也有勢之與無勢也

又曰奔車之上無仲尼覆舟之下無伯夷號令者國之舟車安則知廉危則爭越也

太平御覽卷第七百六十八

太平御覽卷第七百六十九

舟部二

敘舟中

方言曰舟自關而東謂之舡自關而西或謂之舟方舟或謂之航

又曰舩首謂之閤或謂之鷁首（郭璞注曰今江東貴人舡前作青雀是其象也）

東觀漢記曰鄧訓爲護羌校尉縫革爲舡置於箄上以渡河掩擊明羌

張璠漢記曰梁冀第池中舡無故自覆問掾朱穆穆曰舟所以濟渡萬物不施遊戲而已今覆者天戒將軍濟渡萬民不可長念遊戲也

漢宮殿疏曰武帝作大池周匝四十里名昆明池作豫章大舡可載萬人舡上起宮室

吴記曰孫皓問中書令張尚詩言汎彼柏舟唯柏中舟乎尚曰詩云檜楫松舟亦中也皓忌其勝已因下獄

晉令曰水戰飛雲舡相去五十步蒼隼舡相去四十步金舡相去三十步小兒先登飛鳥舡相去五十步

晉朝雜事曰太康八年七月大雨殿前地陷方五尺深數丈中有破舡

晉宮閣記曰天淵池中紫宮舟外進舡曜陽飛龍舟射猟舟靈芝池有鳴鶴舟指南舟舍利池有雲母舟無極舟都亭池有華瀾舟常安舟

崔鴻後趙録曰張彌師衆一萬徙洛陽鍾簴九龍翁仲銅駝飛廉鍾一沒於河募浮沒三百人入河以竹絙牛頭轆轤引之乃出造萬斛舟以渡之至于鄴

穆天子傳曰天子乘鳥舟龍卒浮于大沼（沼池龍下宜有舟皆以龍鳥爲形制）

（今吳之青雀舫遠象）

山海經曰大人之國坐而削舡

世本曰共鼓貨狄作舟（共鼓貨狄黃帝二臣）

又曰廩君名曰務相姓巴氏即與樊氏瞫（音審）氏栢氏鄭氏凡五姓爭神以土爲舡雕文畫之而浮水中其舡浮者神以爲君他姓舡不能浮獨廩君舡浮因立爲君

蜀王本紀曰秦爲舶舡萬艘欲攻楚

呂氏春秋曰虞姁作舟（姁音劬詡二音）

又曰荊有佽飛者得寶劒涉江中流而有蛟夾繞其舡佽飛拔寶劒赴江刺蛟殺之舟中之人皆活荊王聞之位以執圭

又曰楚人有涉江者其劒自舟中墜於水遽契其舟曰是吾劒所從墜也舟去從所契處入求之而舟已行劒不行若此不亦惑乎

又曰伍員如吳過於荊至江上欲涉見一丈人刺小舡方將漁從而請焉丈人渡之

又曰管夷吾百里奚覆王之舡驥也絶江者託於舡致遠者託於驥

淮南子曰湯武聖主也而不能與越人乘舲（音靈）舟而浮於江湖（舲舟小舡者也）

又曰楚人有乘舡而遇大風者投於水非不貪生而畏死也或於死而反忘於生

又曰龍舟鷁首浮吹以虞此道於水也（於舡中吹籟與竽以爲樂故曰浮吹以虞者也）

衡波傳曰孔子使子貢久而不來孔子謂弟子占之遇鼎（鼎易卦也）皆言無足不來顏回掩口而笑子曰回也哂謂賜來也曰無足者乘舟而來至矣（子貢朝至驗如顏回）

說苑曰梁相死惠子欲之梁渡河而遽墮水中船人救之曰子欲何之而遽也曰梁無相吾欲往相之舡人曰子居舡檝之間而溺無我則死矣子何能相梁乎惠子曰居艘長檝之間不如子至於安國家社稷子比我矇矇如未視狗耳

又曰晉平公使叔向聘吳吳人飾舟以逆之左右各五百人有繡衣豹裘者錦衣狐裘者叔向歸以告平公吳其亡乎

潛夫論曰人行之動天地譬車上御騶馬蓬中櫂舟難有覆載猶在我所之

蔣子萬機論曰吳越爭於五湖用舟檝而相觸怯勇共覆鈍利俱傾

顧譚新言曰蓬蒿生于泰山之上豫章長于窮藪之中良匠造舟輿宮達廟必不取泰山之陋質而弃窮藪之美材明矣

又曰奔事失轄之舟無檝欲以不覆未之有也

譙周法訓曰以道爲天下者猶乘安舟而由廣路安舟難成可久處也廣路難至可常行也

又曰乘舡曲折不失其瀆是善乘舟者

袁准正書曰非其所事而強學猶以百萬之師積之河濟之中其用舟檝固不如江漢之良

杜夷幽求曰輕舟可以救溺濡幕可以濟焚

抱朴子曰欲以斆藥必外騰者何異策蹇驢而欲尋遺風櫂籃舟而欲濟大川

語林曰劉道真遭亂於河側自牽舡見一老嫗採桑逆旅劉調之曰女子何不調機利杼而採桑逆旅女荅曰丈夫何

不蹄馬揮鞭而牽舡

王子年拾遺記曰周昭王二十四年塗脩國獻青鳳丹鵲各一雌一雄孟夏之時鳳羽皆脫易毛羽聚鵲翅爲羽扇鳳羽以飾車蓋扇名游飄二名條翮三名虧光四名側影時東甌獻二美女一名延娟二名延娛使此二人更摇此扇侍於王側輕風乍至冷然自涼昭王淪於江漢二女與乘舟來顧同没漢水故江漢之民到今思之立祠於江湄數十年間人於江漢之上猶見王與二女乘舟戲於水際至暮春上巳之日禊集於祠間或以時鮮甘味採杜蘭之葉以包裹之沉於水中或結五色紗囊盛食或用金鐵之器並沉於波中以言蛟龍水中一聚之不侵食也其祠號曰招祇之祠

又曰軒皇變乘桴以造舟檝水物爲之翔踴滄海爲之恬波

又曰周武王東伐夜郎濟河時雲明如晝八百之旅皆蔫賢而歌有大蜂狀如舟鳥飛集王舟因以鳥畫幡旗翌日而梟紂名其舡曰蜂舟魯哀公二年鄭人擊趙簡子得其蜂旗則其遺類也事出太公六韜

又曰漢成帝嘗與飛鷰泛舟戲太液池以沙棠爲舟貴不沉没也以雲毋飾於鷁首一名雲毋舟又刻大桐木爲虬龍雕飾如真像以夾雲舟而行

又曰比翼鳥多力狀似鵲啣南海之舟泥巢昆岑之去木而止其中遇聖人則來翔集以表周公輔聖人之力也

又曰漢武思李夫人之儔不可復得時始穿昆靈池泛翔螭舟帝自歌曲使女伶歌之時日已西傾涼風激水女伶歌甚遒自賦葉落哀蟬之曲

又曰張丞之母孫氏懷丞之時乘輕舫遊於江浦之際忽有白蚍長三尺騰入舟中母呪曰若禎吉勿毒螫我乃將還置諸房內一宿視之不復見蚍嗟而惜之

韻集曰𦐧鷁首天子舡也

吴越春秋曰吴王僚二年使公子光伐楚以報前來誅慶封也吴師敗而亡舟光懼因復得王舟之而還

又曰范蠡既滅吴乃乘扁舟出三江入五湖人莫知其所適

郡國志曰齊州有浮山故老相傳云堯時大雨此浮水上時有人纜舡於巖石間今猶有斷鐵鎖

吴時外國傳曰扶南國伐木爲舡長者十二尋廣肘六尺頭尾似魚皆以鐵鑷露裝大者載百人人有長短橈及篙音高各一從頭至尾面有五十人作或四十二人隨舡大小立則用長橈坐則用短橈水淺乃用篙皆當上應聲如一

杜蘭香別傳曰香降張碩碩既成婚香便去絶不來年餘碩舡行忽見香乘車於山際碩不勝驚喜遥往造香見香悲喜香亦有悦色言語頃時碩欲登其車其婢舉手排之嶷然山立碩復欲車前上車奴攘臂排之碩於是遂退

續搜神記曰臨淮公荀序字休玄母華夫人憐愛過常年十歲從南臨歸經青草湖時正帆風駛音史序出塞郭上落水比得下帆巳行數十里洪波淼漫母撫膺遠望少頃見一搖頭舡漁父以檝撥舡如飛載序還之云送府君還荀後位至常伯長沙相故云府君也

又曰合肥口有大舶舡云是曹公舶舡常有漁人夜宿傍以舡繫之但聞箏絃節之音又音氣非常漁人又夢人驅遣去云勿近官舡此人驚覺即移舡去相傳云曹公載數

故舡覆於此今猶存焉

異苑曰扶南國治生皆用黄金僦舡東西遠近雇一斤時有不至所届欲减金數舡主便作幻誑使舡底砥折狀欲淪滯海中進退不動衆人驚怖還請賽舡合如初也

又曰越雀門會無縣有元馬河有銅舫舡

嵩陽記曰山東北五了山上有池池有破舟云禹乘來也

三秦記曰俗云太一山有水神人乘舡今有故漆舡也

劉欣期交州記曰安定縣有越王銅舡潮退時有見者合浦四十里有潮陰雨日百姓樵採見銅船出水上

南州異物志曰外域人名舡曰舡大者長二十餘丈高去水三二丈望之如閣道載六七百人物出萬斛

太平御覽卷第七百六十九

太平御覽卷第七百七十

舟部三

舟下　艦　艨衝
舸　艫音盧勺　艪　航
舫　舠　舸

舟下

周處風土記曰小曰舟大曰船温麻五會者永寧縣出豫
林合五板以爲大船因以五會爲名也晨鳧即青桐大舡
名諸葛恪所造鴨頭舡也預章栟櫚音鑚櫜木諸木皆以多曲
理盤節爲堅勁也浩漂者言舡之在水如蓮花散落浮於
川也
武昌記曰樊口北有敗船灣孫權嘗裝一舡名大舡容敵
士三千人與羣臣泛舡中流值風起至樊口十里餘便敗
故因名其處爲敗舶灣也
戴延之西征記曰檀山凡去洛城水道五百三十里由新
安澠池宜陽三樂三樂男女老劣未嘗見舡既聞晉使溯
流皆相引蟻聚川側俯仰傾笑
越絶書曰闔閭見子胥敢問舩運之備何如對曰舩名大
翼小翼突冒樓舡橋舡今舡軍之教比陵軍之法乃可用
之大翼者當陵軍之車小翼者當陵軍之輕車突冒者當
陵軍之衝車樓舡者當陵軍之行樓車也橋舡者當陵軍
之輕足剽定騎也
瑞應圖曰王者德盛則金人下乘舡遊王後池
郡國誌曰越州百塗山有石舡一丈禹所乘者宋元嘉中
有人於舡側得鐵屐一量一云有聖姑從海中乘舟張石
帆至此二物廟中有周時樂器名淳于銅作似鍾而有頸

映水用芒蜊音沸則鳴
又曰硤州遠安縣江有佷尾灘有陡抗故城南有孤山表
山松爲郡嘗登以四望大江如索帶舟舡如鳧鴈焉
又曰相州魏縣景穆寺西有遺官有石竇橋鳴鶴飛集赤
馬飛龍等舟
西京雜記曰昆明池中有弋樹舡各數百艘舡上建樓櫓
戈舡建戈矛四角悉垂幡旄音鉋旍葆麾蓋照灼涯涘
又曰太液池中有鳴鶴舟容與舟清曠舟採菱舟
說苑曰吴赤市使於知氏假道於衛甯文子具紵絺三百
製將以送之大夫豹曰吴雖大國也不壤交假之道則亦
敬矣又何禮焉甯文子不聽遂致之吴赤市至於知氏既
得事將歸吴智伯命造舟爲梁吴赤市曰吾聞天子濟于
水造舟爲梁諸侯維舟爲梁大夫方舟臣之職也且敬太
甚必有故使人視之則兵在後矣將以襲衛吴赤市曰衛
假吾道而厚贈我我見難而不告是與爲謀也稱疾而留
使人告衛衛人警戒智伯聞之乃止也
列女傳曰趙簡子至河津津吏醉吏女乃持楫而前爲王
掉舟餘具下舩門中
江表傳曰孫權於武昌新裝大舡名爲長安
又曰孫權乘飛雲大舡與張昭會肅等共追送叙別吴
又曰周瑜破魏軍曹公復書與權曰赤壁之役值有疾疫
孤燒舡自退横使周瑜虛獲此名
又曰劉備進駐鄂縣之樊口諸葛亮詣吴未還聞曹公軍下
恐懼日遣邏吏於水次候權軍吏望見周瑜舡馳還白備
備曰何以知非青徐軍耶吏對曰以舡知之備遣人慰勞
瑜瑜曰有軍任不得委署儻能屈威副其所望備謂張飛

關羽曰彼欲致我今自託於東而不往非同盟之意也乃乘單舸往見瑜問曰今距曹氏深爲得計戰卒有幾瑜曰此自足用豫州但觀瑜破之吴歷曰曹公出濡須作油船夜渡洲工權乃自乘從濡須吴公軍行五六里迴作鼓吹公見舟船器仗法伍整肅喟然嘆曰生子當如孫權爲劉景升兒若豚犬耳

又曰孫綝上疏景帝曰少帝於宮内作小船三百餘艘飾以金銀師工晝夜不息

王粲海賦曰乘菌桂之舟晨鳧之舸

庾闡楊都賦曰龍艇華屋晨鳧之舸鷁首鋪於芙蓉盤蛟纏於赤馬

晉令曰水戰有飛倉集船

說苑曰楚鄂君乘青翰之舟張翠羽之鷁

平七百七十　三　王同杏

楚辭曰船容與而不進奄迴水以凝滯

又曰美要妙兮宜修沛吾乘兮桂舟桂櫂兮蘭枻增水兮積雪

魏文帝泝淮賦曰建安十四年王師東征泛舟萬艘

楊脩出征賦曰汎順風而迴艫徐日轉而月移旆已入乎河口殿都練切尚集於困池

班固東都賦曰命舟牧爲水嬉浮鷁首翳雲芝

又曰東郊則有通溝大漕潰渭洞河泛舟山東控引淮湖與海通波漕水運也蒼頡篇曰潰傍決也前書武帝渠通渭史記曰滎陽下引河東南爲鴻溝以與淮泗會也

袁宏東征賦曰驚瀾嶐音隆嶸力彰切而嶽轉頹波嵔音偎嵬力切以嶺没沓余舟之小狹衝奔湍以檣杌櫂弱檝之弗施投洪流以藏骨

夏侯弼吴都賦曰嚴嚴舡艫汎汎楊舟櫂河高跱風駭雲浮堅壁金扶有若高樓

劉謐之與公牋曰昔甲申之際遭湯旱流烟今子亥之歲値堯水滔天火延燒其廬水突壞其園何小人兮頻倫雙船由是行無擔石室如懸磬

魏文與孫權書曰知已選擇見船最大樟材者六艘受五百里石從汚水送付㮄口

王粲詩曰方舟浮大江日暮愁我心

曹植詩曰何以汎舟娩無榜人

嵇康詩曰淵淵綠水淪滑而逝汎汎虛舟載停載滯鼓枻投竿優遊卒歲

梁王筠詠輕利船應臨汝侯教詩曰君侯飾輕利搖蕩邁飛雲淩漾浮鷁采映木煥蛟文雷流已冠絶鳥逝復超群倏忽方千里戀兹岐路分

平七百七十　四　王同杏

陳張正見後湖泛舟詩曰上苑奢行樂滄池聊薄遊泛荇分蘭櫂搓觸桂舟殘虹收度雨缺岸上乘新流欲知有高趣長楊送麥秋

又别韋諒賦得江潮泛别舟詩曰千里尋陽岸三翼木蘭船鷁泛青鳧後雞鳴白鷺前涵花没淺纜帶葉動深船不言朝夕水獨自限神仙

又與錢玄智泛舟詩曰高門事休沐朝野念逢迎還乘金谷水俱望洛陽城舟移洛女度檝動渭橋横風高鴈已落雨霽水還清華盡桐門淨花秋菊岸明欲奏江南曲聊習棹歌行

晉棗據船賦曰嘉聖王之神化理通微而達幽悼民萌之隔塞愍王教之不周立成器以備用因無象以造舟濟迅波之絶軌越巨川之湍流運重固之滯質雖載沉而必浮

且論器而比象似君子之淑清外質朴而無飾内空虛以受盈不辭勞而惡動不偷安以自寧且其行無轍跡止無所不疾而速忽若馳奔

晉王叔之舟贊曰塗則騁車水惟用舟弱檝輕棹利涉濟求緬彼漁人鼓枻清謳

後漢李尤舟檝銘曰舟檝之利譬猶輿馬載重歷遠以濟天下相風視波窮究川野安審懼慎終無不可

艦

釋名曰上下重牀曰艦四方施板以禦矢如牢檻也

洞冥記曰昆靈池中有凌波艦掩電艦

吳志曰周瑜逆曹公部將黃公蓋取艨衝鬬艦數十艘實以薪草膏灌其中裹以帷幕上建牙旗同時發火時風猛火盛悉延燒岸上營曹公軍敗退

晉中興書曰建興九年冬左將軍王敦遣振威將軍周訪廣武將軍趙誘受陶侃節度征蜀賊杜弢（音韜）大戰蜀賊以桔槔打沒侃艦二十餘艘人皆投水

義熙起居注曰盧循新作八槽艦九枚起四層高十餘丈

營繕令曰諸私家不得有戰艦等舡

艨衝

釋名曰外狹而長曰艨衝

吳志曰董襲討黃祖祖横兩艨衝夾守沔口栟（音并）櫚（音閭）大紲繫石爲矴軍不得前襲與陵統俱爲前部各將敢死百人人被兩鎧乘舸舡突入艨衝裏身以刀斷兩紲艨衝乃横流大兵遂進

又曰周瑜逆曹公部將黃蓋取艨衝鬬艦數十艦（餘上艦門户）

又曰將軍賀齊性奢綺好軍事所乘船雕刻丹鏤青蓋絳居艨衝鬬艦之屬望之若山

營繕令曰諸私家不得有蒙衝等舡（餘具叙舟中門）

舸艬

雜字解詁曰舸艬雜舡也

吳志曰呂蒙襲關羽至尋陽盡伏精兵於艬艫中使白衣搖櫓作商賈服晝夜兼行故羽不聞知遂到南郡

物理論曰夫工匠逕涉河海爲舸艬以浮大淵皆成於巧手出乎聖意

艑

廣雅曰艑舟也

荊州土地記曰湘洲七郡大艑之所出皆受萬斛

吳志曰呂蒙襲關羽至尋陽盡伏精兵於艬艑中（餘上具舸艬門）

溫嶠教曰廩若無米受得艑下濕米豈是吾遇兵衆無異之懷乎雖是數合米欲令齊均若有不如教鞭五十也

荊州土地記曰桓宣穆遣人尋廬山下有一湖中有敗艑

航

說文曰航方舟也

詩曰誰謂河廣一葦航之

異苑曰晉時錢塘漸江有大樟林析每有乘者軌潭邊搖揚不可禁嘗鳴鼓錢塘江頭陵浪如故唯析吏章與能相制伏及與死遂長廢

淮南子曰公孫龍在趙之時謂弟子曰人而無能者龍與遊有客衣褐帶索而見曰臣能呼公孫龍顧謂弟子曰門下故有能呼者乎對曰無有公孫龍曰與之弟子之籍後數日往說燕王至於河側而航在北使客呼之一呼而航來

楊子灋言曰舍舟航而濟乎瀆者末矣舍五經而濟乎道者末矣（李軌注曰末無之也）秉國者如乘航乎則民斯安矣

孫綽子曰仲尼見滄海橫流故務爲舟航

左思吴都賦曰長鯨吞航脩鯢吐浪也

舫

說文曰舫併舡

吴書陸孫破曹休當還西陵公卿並爲祖道上賜御舡一舫縉綵舟也

晉書曰王廙性儁率嘗從南下旦自尋陽迅風飛帆暮至都倚舫樓長嘯神氣甚逸

梁書曰安成康王秀爲江州刺史將發主者求堅舡以爲齋舫秀曰吾豈愛財而不愛士乃教以牢者給叅佐下者載齋物既而遭風齋舫遂破

舠

釋名曰舡三百斛曰舠舠豹也短也江南所名短而廣安不傾危也

詩曰誰謂河廣曾不容舠

舸

王隱晉書曰顧榮徵侍中見王路塞絶便乘舡而還過下邳遂觧舫爲單舸一日一夜行五六百里遂得免

沈約宋書曰垣護之隨王玄謨入河玄謨攻滑臺護之以三百舸爲前鋒進據石濟（石濟在滑臺西南百二十里）玄謨敗退不暇報護之及護之聞知而虜悉已牽玄謨水軍大艚連以鐵鎖三重欲以絶護之還路護之中流而下每至鐵鎖輒以長柯斧斷之虜不能禁唯失一舸

吴志曰甘寧厨下兒有過走投呂蒙蒙恐寧殺之故不即還後寧齎禮禮蒙母蒙臨當與升堂乃出厨下兒出還寧寧許不殺斯須還舡縛置桑樹自挽弓射殺之勑舡人更增舸纜觧衣卧舡中蒙大怒擊鼓會兵欲攻寧蒙母諫乃止

江表傳曰劉備進住鄂縣之樊口聞曹公軍下恐懼儀周瑜舡軍至備乃乘單舸往見瑜（已具舡門）

又曰孫權名舸爲馬言飛馳如馬之走陸地也

洞冥記曰昆靈池中有楂雷舸

太平御覽卷第七百七十

太平御覽卷第七百七十一　金澤文庫

舟部四

艇

釋名曰二百斛以下曰艇其形艇一人二人所乘行者也

廣雅曰艇艄艇舟也

淮南子曰越艇蜀艇不能無水而行

陸機思歸賦曰棹河州之輕艇

舴艋（上知格切下音猛）

廣雅曰舴艋舟也

臨海記曰西北有白鵠山高三百丈上有一舟名舴艋前頭有石鼓石艇世云石鼓鳴則土地寇亂隆安初此鼓屢鳴果有孫恩賊此處多山精水祟不可輕陟山下平地便望見舴艋民王志祭山神求到鼓所遂得至捉搥打鼓悶里咸聞如金王之響下山便病死蓋登山召禍擊鼓自殺也

異苑曰檀道濟元嘉中鎮尋陽入朝伏誅濟未下時有人施罟於柴桑江收得大舡孔鑿若新使匠作舴艋云勿斷工人誤截兩頭檀以為不祥殺三巧手欲以塞匠違約加斷凶兆先遘矣

宋元嘉起居注曰有司奏云揚州刺史王弘上會稽從事韋諧解列先風聞餘姚令何玢之造作平床一乘舴艋一艘精麗過常用功兼倍請免玢今官詔可其奏

筏

論語曰道不行乘桴浮于海從我者其由與子路聞之喜

東觀漢記曰吳漢教乘筏從江下巴郡盜賊解散張堪為陪義長公孫述遣擊之有同心士三千人相謂曰張君養我曹為今日也乃選習水三百人斬竹為箄渡水

英雄記曰曹操進軍至江上欲從赤壁渡江無舡作竹箄使部曲乘之從漢水來下出大江注浦口未即渡周瑜又夜密使輕舡走舸百艘燒箄操乃夜走

吳錄曰孫策欲渡江舡少欲往使求策姑王氏分命伐蘆為筏以佐舡渡人

吳錄地理志曰蒼梧高要縣郡下人避瘴氣乘筏來停此六月來十月去歲歲如此

雷次宗豫章記曰望蔡縣有一石室入室十餘里得水廣數十步清深不測邊有筏竹遊者伐竹為筏過水莫能究其源出好鍾乳

淮南子曰方車蹠越乘桴入朝欲無寵不可得也（許慎曰桴木筏）

越絕書曰木客大冢者勾踐之兄弟冢也初從之琅邪使樓舡卒二千八百人松栢以為桴故曰木客也

檝

說文曰檝舟棹也

書曰若濟巨川用汝作舟檝

詩曰檜檝松舟

方言曰檝或謂之橈或謂之櫂

吳越春秋曰子胥伐楚因引軍襲鄭治漁者之子在鄭乃還

列女傳曰趙簡子南擊荆至河津津吏醉卧不能渡簡子怒將殺之津吏之女娟乃持檝而前走曰妾父聞主君將渡恐風波之起水神動駭故禱祝九江三淮之神不勝杯杓餘瀝醉於此君命之誅願以微軀易父之死簡子將渡用檝少一人娟曰妾居河濟之間重乎世習舟檝之事願備員持檝簡子遂與渡中流吟河激之歌簡子乃娉以為夫人（其舟遽曰河水激揚濟之不易）

淮南子曰七尺之檝動大舡者因水為資也人君發一言之號而令行於民者衆為資也

說苑曰襄城君始封之日衣翠衣帶玉鉤履縞舄立乎流水之上大夫莊辛過而説之曰願把君之手其可乎襄城君作色不言莊辛遷延稱曰君獨不聞鄂君乘青翰之舟張翠蓋會鍾鼓之音越人擁檝而歌曰今夕何夕兮搴州水

流今日何日兮得與王子同舟山有木兮木有枝心悅君兮君不知於是鄂君揄袂而擁之舉繡被而覆之襄城君乃奉手進之

楊子法言曰灝灝（音浩）于海濟樓舡之力也航人無檝如航河（李軌注曰窮有長無檝樂治也）

抱朴子曰瓊艘瑤檝無涉川之用金弧玉弦無激矢之能是以斤絜而無政事者非撥亂之器儒雅而之治略者非翼亮之才

左思吳都賦曰篙（音高）工檝師選自閩隅習御長風狎翫靈胥

篙

方言曰所以刺舡謂之篙

盛弘之荆州記曰魚復縣瞿唐灘上有神廟先極靈驗刺史二千石經過皆不鳴鼓角篙旅恐觸石有聲乃以布裹篙頭

王韶始興記曰含進公口下流有枯木曰聖鼓上下人以篙犯之者皆虐

喻益期與韓豫章牋曰馬伏波昔開道篙跡鑿石猶存

槳

方言曰所以隱櫂謂之槳（郭璞注曰搖僧小耕也江東含呼胡人也）

楊泉五湖曰赤櫓外棹檀槳細堅

櫓

釋名曰在旁曰櫓櫓旅也用旅力然後舟行也

吳志曰呂蒙襲關羽至尋陽盡伏精兵於鯿艫中役白衣搖櫓作商賈服晝夜兼行至羽所置屯候盡收縛之是故羽不聞知遂到南郡

柂

釋名曰舡尾曰柂柂拕也在後見拕曳且弼正舡不使他戾也

方言曰舡後曰舳好舳制水也（郭璞曰今江東呼為舳也）

孫放別傳曰庾公建學校孫君年最幼入為學生班在諸生之後公問君何獨居後荅曰不見舡柂耶在後所以正舡

尋陽記曰廬山西嶺有甘泉曾見一柂從山嶺流下此溪中人號為柂下溪宣穆所遣人見山湖中有敗艑而後柂流下信其不妄

孫綽子曰動而不乘不理若汎舟而無柂

趙壹嫉邪賦曰奚異涉海之失柂坐積薪而待燃

張華遊仙詩曰遊仙迫西極弱水隔流沙雲榜鼓霧柂飄忽陵飛波

纜

爾雅曰（汎汎楊舟紼縭維之）紼索也縭緌也（郭璞曰索也緌）

吳書曰甘寧住止常以繒錦纜舟去輒割棄以示奢

筰（音鑿）

纂文曰竹索謂之筰茅索謂之索

釋名曰引舟者曰筰筰作也起舟使動作也○漢鼓吹曲曰桂樹爲君舡青絲爲君筰木蘭爲君棹黃金錯其間

帆

釋名曰隨風張幔曰帆帆汎也舟疾汎汎然也

韻集曰颿舡張也（颿音凡馬疾步也義以與帆同）

長沙耆舊傳曰夏隆仕郡時潘濬爲南征太守遣隆僣書致禮濬飛帆中流力所不及隆乃於岸邊拔刀大呼指濬爲賊因此被收濬奇其以權變自通解縛賜以酒食

吳時外國傳曰從加那調州乘大伯船張七帆時風一月餘日乃入秦大秦國也

南州異物志曰外徼人隨舟大小或作四帆前後沓載之有盧頭木葉如牖形長丈餘織以爲帆其四帆不正前向皆使邪移相聚以取風吹風後者激而相射亦並得風力若急則隨宜城減之邪張相取風氣而無高危之慮故行不避迅風激波所以能疾

永嘉記云郡有石帆又有破石傳云古有神人以破石半爲帆故名石帆

吳郡錄海記曰海虞縣有穿山下有洞穴高十丈廣十餘丈山昔在海中行侶舉帆從穴中過

區景典語曰孤特與水軍一萬從風舉帆朝發海島暮至沓渚

世說曰顧長康作殷荊州佐請假還東爾時例不給布帆顧苦求之然乃發至破冢便遭風大敗作牋與殷云地名破冢而出行人安穩布帆無恙

馬融廣成頌曰然後方艅艎連舼舟張雲帆施蜺幬靡鬼颸風陵迅流發櫂歌從水謳

郭璞江賦曰鼓帆迅越趨張絕逈儵忽數百千里俄頃飛廉無以希其蹤渠黃不能及其景

孫綽望海賦曰若乃惟馨肅陳祈祝不愧言　或適於東或歸于西商客齊暢潮流往還各資順勢雙帆同懸倏如纚驊背駛挐（奴加切）如交集經軒

帆檣

吳書曰孫弘被黜之長沙過蕪湖有鵲銜薪巢帆檣帆檣官僚以爲檣末傾危非久安之像遂以憂終

郭璞江賦曰舳艫相接萬里連檣泝洄泛流或漁或商也

五兩

淮南子曰若綄（胡管切）之候風也（許慎曰綄候風扇也楚人謂之五兩）

兵書曰凡候風法以雞羽重八兩建五重旗取羽繫其巔立軍營中

郭璞江賦曰覘氛祲於清旭覘五兩之動靜

榜（補孟切）

明堂月令曰榜舫人習水者也

司馬相如上林賦曰榜人歌聲流喝（烏邁切）

釋名曰舡筌篨

桅

釋名曰舡前立柱曰桅桅巍也巍巍高皃也

筌篨

釋名曰舟中牀以薦物者曰笭言但有簀也笭牀也其上板曰籚言所覆衆處也

牂柯

魏略曰沐並字德信少有志氣吴將朱然圍樊城遣兵於硯山斫牂柯材共作食先熟者呼共食後熟者曰不也呼者曰汝欲作沐德信耶其名乃播異域雖華夏不知者以爲前世人也

華陽國志曰楚頃襄王遣將軍莊蹻泝沅水出且蘭且子余切以伐夜郎王椓牂柯繫舡於且蘭既克夜郎而秦奪楚黔中地無路得歸遂留王之號爲莊王以且蘭有椓舡牂柯處因改其爲名牂柯

異物志曰牂柯者繫舡杙也其山在海中小而高以繫舡杙也俗人謂之越王牂柯遠望甚小而高不似山望之以爲一株樹在水中也

尋陽記曰郡西北有一松楊樹枝條繁茂垂陰數畝傳云陶桓公牂柯成此樹

豫章記新淦音紺縣北二十五里曰封溪今有聶友所伐梓繫着牂柯處昔聶友於此左右夜照射遇一白鹿友遂射之鹿帶箭走友即躡跡追尋不得見向箭着一梓樹友即伐樹數斧便有血出而落之梯隨復故劃不可得斷友更多將手刀復伐之葦其梯而焚之樹遂斷斫以二板以還繫着渚下以樟木爲牂柯後友舡行遇風舡皆没唯友舡獨全尋看乃向梓板夾扶其舡友大異之後友在京都此板於豫樟來至友許輙有大喜中更異梓板至輙有變所用樟木爲牂柯者遂生爲樹今猶存其木合抱始到植之今枚條皆向下後門中亦述其事

泝斗與迷同

廣雅曰泝斗謂之柂以之切

纂文曰抒水斗也

太平御覽卷第七百七十一

太平御覽卷第七百七十二

車部一

叙車上

釋名曰古者車聲如居言所以居人也今曰車車舍也行者所處若居舍也

又曰黄帝造車故號軒轅氏

說文曰車輿輪惣名象形也軒曲周轓車也輧車輅小車也輕車也輣兵𨍏車也輊陷陣車也輦一輪也輿車輪前横木也輓（於表切）大車後擁也輦大車駕馬也輓引車轟車聲

易曰大車以載積中不敗

又曰賁其趾舍車而徒

又曰上九睽孤見豕負塗載鬼一車

書曰五載一巡狩羣后四朝敷奏以言明試以功車服以庸

又曰武王戎車三百兩虎賁三百人與受戰于牧野作牧誓（至牧地至誓衆）

又曰酒誥妹土嗣爾股肱純其藝黍稷奔走事厥考厥長肇牽車牛遠服賈用孝養厥父母（農功既畢始牽車牛載其所有易其所無遠行賈賣用其所得珍異孝養其父母）

又蔡仲之命曰惟周公位冢宰正百工（百工百官）羣叔流言乃致辟管叔于商囚蔡叔于郭鄰以車七乘

詩曰我送舅氏曰至渭陽何以贈之路車乘黃（乘黃白馬秦康公作是詩送重耳歸晉）

又曰何彼襛矣棠棣之華曷不肅雝王姬之車

又曰公車于乘朱英綠縢

又曰戎車孔博徒御無斁

又曰君子之車既庶且多

又曰子有車馬弗馳弗驅

又曰役車其休

又曰有棧之車行彼周道

又曰命彼後車謂之載之

又曰我任我輦我車我牛

又曰擇有車馬以居徂向（鄭箋云擇民之有車馬者使居于向）

又曰其車既載乃弃爾輔

又曰既出我車既挾我侯

又曰脩爾車馬謹爾戎兵

又曰閒關之車牽兮（轄音）

又曰戎車既飾徒御無斁

又曰戎車既安如輊如軒（輊陟利切車前重軒後重也）

禮曰乃擇元辰天子親載耒耜置之車右率公卿諸侯大夫躬耕籍田

又曰乃教田獵以習五戎班馬政命僕夫七騶咸駕載旌旐授車以級整設于屏外有司搢朴北面以誓之

又曰大夫七十而致仕若不得謝則必賜之几杖行役以婦人適四方乘安車自稱曰老夫

又曰夫為人子者三賜不及車馬

又曰獻車馬者執策綏旌武車綏旌德車結旌

又曰前有車騎則載飛鴻

又曰車驅而騶至于大門君撫僕之手而顧命車右就車門閭溝渠必步

又曰君車將駕則僕執策立於馬前君出就車則僕并轡

授綏
又曰客車不入大門
又曰祥車曠左
又曰乘君之乘車不敢曠左右必式
又曰國君不乘奇車
又曰車上不廣欬不妄指
又曰問士之富以車數對問庶人之富數畜以對也
又曰君之適長殤車三乘公之庶長殤車一乘大夫之適長殤車一乘
又曰五十無車者不越疆而弔人
又曰有若曰晏子一狐裘三十年遣車一乘及墓而反國君七介遣車七乘大夫五介遣車五乘晏子焉為知禮
又曰赴車不戢櫜韔(立不戢示當報以告喪之辭言之謂還告於國櫜甲衣韔弓衣)

太七ヲ七十二　三　素次一

又曰大夫殺則止佐車佐車止則百姓田獵(佐車驅送之車也)
又曰有發則命大司徒教士以車甲(乘兵車衣甲之儀有發謂有軍師之發卒)
又曰有圭璧金璋不粥於市命服命車不粥於市宗廟之器不粥於市犧牲不粥於市戎器不粥於市用器不中度不粥於市兵車不中度不粥於市(粥賣也)
又曰曾子問曰古者師行必以遷廟主行乎孔子曰天子巡狩以遷廟主行載于齊車言必有尊也今也取七廟之主以行則失之矣(齊車金路也)
又曰曾子問曰古者師行無遷主則何主孔子曰主命問曰何謂也孔子曰天子諸侯將出必以幣帛皮圭告于祖禰遂奉以出載于齊車以行每舍奠焉而后就舍(以脯醢禮神乃敢即安所告而不以出即埋之)
又曰苟有車必見其軾苟有衣必見其敝

又曰其為賓則公館復私館不復其在野則外其乘車之左轂以其綏而復(私館則卿大夫之家也不私之復為主人之惡)
又曰武王克殷反商未及下車而封黃帝之後於薊封帝堯之後於祝封帝舜之後於陳下車而封夏后氏之後於杞封殷之後於宋封王子比干之墓釋箕子囚使之行商容而復其位庶民弛禁庶士倍祿濟河而西馬散之華山之陽而弗復乘牛散之桃林之野而弗復服車甲衅(音釁)而藏之府庫而弗復用
又曰大夫以布為輤(音蒨)而行至於家而說輤載以輲車入自門至於阼階下而說車舉自阼階升適所殯
又曰國主待客出入三積餼客於舍五牢之具陳於內米三十車禾三十車
周禮春官下曰巾車掌公車之政令

平七ヲ七二　四　素次一

又考工記曰輿人為車輪圜者中規方者中矩立者中縣衡者中水直者如生焉繼者如附焉(治材也如生如木從地生附如木之附枝也)輈人為輈(輈車轅也)國馬之輈深四尺七寸田馬之輈深四尺駑馬之輈深三尺有三寸軫方象地蓋圜象天輪輻三十象日月蓋弓二十有八以象星行澤欲短轂短轂則利行山欲長轂長轂則安
又曰巾車云服車五乘孤乘下篆以五綵畫轂約也卿乘夏縵五綵畫無篆也大夫乘墨車不畫者也士乘棧車不革輓而漆之也庶人乘役車方箱可載任器　以供役自孤已下之妻亦各得乘其夫之車也
又曰王后五輅一曰重翟鍚面朱總二曰厭翟勒面繢總三曰安車彫面鷖總四曰翟車貝面組總有握五曰輦車組輓有翣羽蓋王之喪車五乘一曰木車始遭喪乘也二

曰素車卒哭所乘三曰藻車既練所乘四曰駹車既祥所乘五曰漆車既禫所乘其御大夫士初喪三年者乘至齊衰素車大功藻車小功駹車緦麻漆車

又曰王后有安車翟車五乘木車素車藻車駹車服車五乘孤乘夏篆卿乘夏縵大夫乘墨車士乘棧車庶人乘役車散車其用無常

又考工記曰一器而工聚者車為多

傳曰太叔將襲鄭夫人將啓之公聞其期曰可矣命子封帥車二百乘以伐京

又曰鄭伯之車僨于濟

又曰北戎侵鄭鄭伯禦之患戎師曰彼徒我車懼其侵軼我也

又曰公孫閼與穎考叔爭車穎考叔挾輈以走子都拔棘

以逐之（子都公孫閼也）

又曰秋大閱簡車馬也

又曰鬬丹獲其戎車與其戎右少師

又曰天王使家父來求車非禮也諸侯不貢車服天子不私求財（諸侯有常職貢）

又曰使公子彭生乘公公薨于車（公魯桓公也）

又曰公怒（公齊襄公也）曰彭生敢見射之豕人立而啼公懼墜于車傷足喪屨反誅屨於徒人費

又曰南宮長萬奔陳以乘車輦其母一日而至

又曰衆車入自純門及逵市

又曰齊侯使公子無虧帥車三百乘甲士三千人以戍曹

又曰元年革車三十乘季年乃三百乘

又曰車說（音脫）其輹火焚其旗不利行師敗于宗丘

又曰戎爾車乘敬爾君事

又曰晉車七百乘韅靷鞅靽

又曰及甲車四百六十乘俘二百五十人

又曰兵車百乘文馬百駟

又曰趙盾為旄車之族

又曰鄭人卜行成不吉卜臨于大宮且巷出車吉

又曰趙旃弃車而走林屈蕩搏之

又曰晉人懼二子（魏錡趙旃）之怒楚師也使軘車逆之

又曰遂疾進師車馳卒奔

又曰登諸樓車使呼宋人而告之

又曰禽之而乘其車（既獲其人因釋己車而載所獲者車）

又曰張侯曰師之耳目在吾旗鼓進退從之此車一人殿之可以集事

又曰郤夏曰射其御者君子也公曰謂之君子而射之非禮也射其左越于車下射其右斃于車中

又曰綦毋張喪車從韓　厥曰請寓乘

又曰丑父使公下如華泉取飲鄭周父御佐車宛茷為右載齊侯以免

又曰苟有險余必下推車子豈識之乎然子病矣

又曰楚子登巢車以望晉軍（巢車車上為櫓）

又曰叔山冉謂養由基曰雖君有命為國故子必射乃射再發盡殪叔山冉搏人以投中車折軾晉師乃止

又曰狄虒彌建大車之輪而蒙之以甲以為櫓（狄虒彌魯人也蒙覆也櫓大楯也）

又曰己酉師于牛首（鄭地）初子駟與尉止有爭將禦諸侯之師黜其車（欒牛首師也黜減損）遂弗使獻（不使獻所獲）

又曰子西聞盜不儆而出（子西公孫夏子駟子）尸而追盜（先臨尸而逐賊）盜入於北宮乃歸授甲臣妾多逃器用多喪子產聞盜（子國子）爲門者（置守門）庀羣司閉府庫完守備成列而後出兵車十七乘尸而攻盜於北宮子蟜帥國人助之殺尉止子師僕盜衆盡死

又曰鄭人賂晉侯以師悝師觸師蠲（皆樂師名）廣車軘車淳十五乘甲兵備（廣車軘車皆兵車名淳耦也）凡兵車百乘（他兵車及廣軘共百乘）

又曰魯人莒人皆請以車千乘自其鄉入

又曰齊侯登巫山以望晉師晉人使司馬斥山澤之險雖所不至必旆而疏陳之（斥候也雖建旌旗以陳爲陳民衆也）

又曰使乘車者左實右僞以旆先輿曳柴而從之（以陽塵）齊侯見之畏其衆也乃脫歸

又曰既食之使御廣車而行（廣車兵車）已皆乘乘車（乘車安車）

又曰丁亥葬諸士孫之里（士孫人姓因名其里）四輩不躍下車七乘不以兵甲（下車送葬之車齊舊依上公九乘又有甲兵今皆降損）

又曰六月鄭子展子產帥車七百乘伐陳宵突陳城

又曰賦車籍馬（賦車兵車也兵甲士也）

又曰大夫逆於境者（逆迎也迎衛侯）執其手而與之言道逆者自車揖之逆於門者頷之而已（頷搖其頭言衎驕心易生）

又曰齊慶封來聘其車美孟孫謂叔孫曰慶季之車不亦美乎（季慶封之字）叔孫曰豹聞之服美不稱必以惡終美車何爲

又曰獻車於季武子美澤可以鑑展莊叔見之曰車甚澤人必瘁宜其亡也

又曰王聞羣公子之死也（王楚靈也）自投于車下曰人之愛其子也亦如余乎侍者曰甚焉小人老而無子知擠于溝壑矣（擠墜也）

又曰治兵于邾南甲車四千乘（三十萬人）

又曰叔向曰寡君有甲車四千乘在雖以無道行之必可畏也況其率道其可敵之

公羊傳曰夏四月公會紀侯于郕秋八月壬午大閱大閱者何簡車徒也（大簡閱兵車使可任用而習之）

又曰宋公與楚子期以乘車之會公子目夷諫曰楚夷國也彊而無義請君以兵車之會往宋公曰不可吾與之約以乘車會自我爲之自我墮之曰不可終以乘車之會往楚人果伏兵車執宋公以伐宋

又曰晉郤欽帥師革車八百乘以納捷菑于邾婁力沛若有餘（沛有餘貌七[illegible]乘有車右有御者）

又曰秋蒐于紅蒐者何簡車徒也（楚衆也）

穀梁傳曰兵車之會四未嘗有大戰也愛民也（以兵車會而不用兵伐也）

論語曰升車必正立執綏車中不內顧不疾言不親指

大戴禮曰王升車則聞和鸞之聲是以非僻之心無自入也在衡爲鸞在軾爲和馬動而鸞鳴鸞鳴而和應其聲曰和則敬此仰之節也上車以和鸞爲節下車以珮玉爲度

禮斗威儀曰山車垂勾福草生宗廟中松栢爲常山車者自然之車句者曲也不揉治而自貞曲故言垂

孝經援神契曰德至山陵則山出根車（根車應載養萬物也）

家語曰孔子適衛子蟜僕靈公與夫人小子同車出令宦者雍渠驂乘使孔子爲次連遊過市孔子耻之

又曰孔子曰自南宮敬叔之乘我車也而道加行

又曰三尺之限空車不能登（峻故天子郊乘乘車）貴其質也車則有左右車而無左右則亂於車矣

史記曰孝文帝出趙同參乘袁盎伏車前曰臣聞天子所與共六尺輿者皆天下英豪今漢雖乏人獨奈何與刀鋸人載於是上笑下同同泣而下車

又曰封禪爲蒲輪車惡傷土石草木

又曰秦王收穰侯之印使歸陶因使縣官給車牛以徙千乘有餘到關閱其寶器珍恠多於王室

漢書曰田千秋年老上令朝見得乘小車入宮殿中故因號車丞相

又曰王莽造四輪車駕六馬力士三百人黄衣赤幘輓（音厄）上人擊鼓輓（音晻）者呼登僊莽出令在前百官竊言此似輀車非僊物也

後漢書曰袁閎二弟忠弘節操皆亞於閎忠字正甫與同郡范滂爲友俱證黨事得釋初平中爲沛相乘葦車到官

以清亮稱及天下亂忠弃官客會稽上虞縣也

又曰江革字次翁齊國臨淄人少失父獨與母居遭天下亂賊盜竝起革負母逃難備經阻險常採拾以爲養數遇賊或劫欲將去華輒涕泣求哀言有老母辭有足感動人者賊以是不忍犯之或乃指示避兵之方遂得俱全于難轉客下邳窮貧裸跣行傭以供母華以母老不欲搖動自在轅中輓車不用牛馬由是鄉里稱之曰江巨孝

又曰井丹字大春建武末沛王輔等五王皆好亮賓客請丹不能致信陽侯陰就光烈皇后弟也令左右進輦丹笑曰吾聞桀駕人輦豈非此邪（帝王世紀曰桀以人駕車）坐中皆失色就不得已而令去輦自是隱跡不關人事以壽終

又曰博士張佚帝稱善曰欲置傅者以輔太子也今博士不難正朕況太子乎即拜佚爲太子傅而以桓榮爲少保賜以輜車乘馬榮大會諸生陳其車馬印綬曰今日所蒙賜稽古之力也可不勉乎

又曰馬援平南越封爲新息侯援乃擊牛釃（所綺）酒勞饗軍士從容謂官屬曰吾從弟少游常哀吾慷慨多大志曰士生一代但取衣食裁足乘下澤車

太平御覽卷第七百七十二

太平御覽卷第七百七十三

車部二

敘車下

司馬彪續漢書輿服志曰奚仲爲車正具物以時六材皆良

又曰輕車古之戰車也不巾不蓋孫吳兵法云車有巾有蓋謂之武剛車武剛者爲先驅又爲屬車輕車爲後殿焉

又曰大使車立乘駕駟赤帷持節者重道從賊曹皆兩大車伍伯璅弩十二人辟車四人從車四人從車乘元單導減半小使車不立乘有騑赤屏泥油重絳帷導無斧車近小使車蘭輿赤轂白蓋赤帷從騶騎四十人此謂追捕考案有所勑取者之所乘也其送葬白堊已下駟車而後還公卿中二千石郊廟明堂祠陵法出皆大車立乘駕駟他

出乘安車大行載車其飾如金根加施組連璧交結四角金龍首啣璧乘五彩折羽流蘇前後雲氣畫裳靈文畫曲轓長轂車等大僕御駕六希者淳白駱馬施色以黑樂灼其身爲虎文

又曰諸車之文乘輿倚龍伏虎靈文畫輈龍首鸞衡班輪外龍飛軨皇太子諸侯倚虎伏鹿靈文畫輈（陟留切）轓吉陽筩朱鹿班輪文飛軨茄旗九斿（音留）降龍公列侯倚鹿伏熊黑轓朱班輪鹿文飛九斿降龍卿朱兩轓五斿降龍二千石以下各從科品諸轓車以上軛皆有吉陽筩

漢獻帝傳曰董卓作乘輿青蓋金范爪畫兩轓者乘之時人皆號月軨磨車言近天子也後地動卓問蔡邕邕曰地動陰盛大臣踰制之所致也公乘青蓋遠近以爲非宜太師之乘白蓋車畫轓

東觀漢記曰郭丹字少卿從師於長安買符入函谷關既入封乞符乃慨然歎曰不乘使者車終不出關

又曰梁冀作平上軿車侍御史張綱獨埋輪於洛陽都亭曰豺狼當路安問狐狸遂奏冀

應劭漢官儀曰天子有五色安車皆駕四馬毛詩四者示有四方之志也是爲五時副車孝景帝六年令二千石朱兩（音備）千石六百石朱轓較車耳及出爲藩屏也

又曰天子出祭陵常乘金根車春二月青安車在前秋八月白虎在前

又曰天子法駕所乘白金根車駕六龍有五色立車各一皆駕四馬

又曰甘泉鹵簿有道車五乘遊車九乘在輿前

漢雜事曰古諸侯貳車乘秦滅九國兼其服故大駕屬車八十一乘尚書御史乘之最後一車懸豹尾

漢官解詁曰馬有廄車有府皮軒以虎皮爲軒

魏收後魏書曰安車紫蓋朱裏輿公侯同子皂蓋青裏

晉書曰謝玄敗符堅於淝水獲堅所乘雲母車儀服等

又曰和嶠爲給事黃門侍郎遷中書令帝深器遇之舊監令共車入朝時荀勗爲監嶠鄙勗爲人以意氣加之每同乘高抗專車而去坐乃後使監令異車自嶠始也

晉公卿禮秩曰安平王孚齊王攸梁王肜給青蓋車垂九旒駕四馬太常何曾太傅楊駿梁王肜乘車入殿依漢田千秋故事光祿魏館軺車施黑孚薨葬給排徊黑耳車一乘諸王及縣王皆給青排徊車花爪蓋孤孝降給雲母陽遂車一乘犢車二十乘麾車五十乘

沈約宋書曰漢制乘輿金根安車立車輪皆朱班重轂兩轄飛軨以金薄繆龍爲輿倚較靈文畫轓文獸伏軾龍首銜軛鸞雀立衡靈文畫轅翠羽蓋黃裏所謂黃屋也金華拖轙（音末）建旂旗十二斿（音留）也畫日月外龍駕六黑馬又加犛（音貓）牛尾大如斗置左騑馬軛上所謂左纛也其五色立車五色安車亦皆如之太后皇后法駕乘重翟羽蓋金根車加青交路青帷裳雲靈畫轅黃金塗五末皇太子皆安車朱班輅倚獸伏鹿軾旂旗九斿畫降龍文

又曰沈慶之前廢帝立加几杖給三望車慶之每朝賀嘗乘猪鼻無幰（墟偃）車左右從之不過三五騎履行園田每農桑劇月無人從行過者不知三公也及加三望車謂人曰我每遊履田園有人時與馬成三無人則與馬成二今乘此車安所之乎及賜几杖並皆固讓

孝經援神契曰上德至山陵則山出木根車應載萬物金車王者志行德則出虞舜德盛於山陵故山車出山者自然之物也山藏之精與象車相似舜時盛山車有垂綏

古史考曰黃帝作車少皞時略加牛禹時奚仲駕馬仲又造車更廣其制度也

神仙傳曰葛玄行過神廟乘車不下須臾有大迴風逐玄埃塵張天玄怒曰小雅敢爾舉手指風風即止

穆天子傳曰王欲肆其心周行天下皆有車轍馬迹焉

韓詩外傳曰田子方魏太子從車百乘而送於郊太子再謁田子方不下車太子不悅曰敢問如何則可以驕人乎子方曰吾聞人而亡者有矣以一國驕人而亡者由此觀之則貧賤可以驕人矣夫志不得援履而適秦楚耳安往而不得吾貧賤乎於是太子再拜而後退子方遂不下車

漢武內傳曰內外謐寂以候仙官到夜二更之後忽見西南如白雲起鬱然直來逕趨宮庭須臾王母或駕龍虎或乘白麟或乘白鶴或乘軒車或乘天馬羣仙數千光耀庭宇

關令內傳曰尹喜常登樓望見東極有紫氣西邁喜曰應有聖人過京邑果見老君乘青牛車來過

神仙傳曰洗義學道於蜀中與妻共載路逢白鹿車一乘

王子年拾遺記曰周成王六年然丘之國獻比翼鳥雌雄各一隻以玉爲樊其國使者拳頭爹（陟加）鼻衣雲霞之布經百有餘國方到京師越鐵峴泛沸海有虵洲蜂岑鐵峴峭礪車輪皆剛金爲輞比至京師輞皆銳幾盡沸海湧起如煎魚鼈皮骨堅強如石可以爲鎧泛沸海之時以銅薄爲底虵龍蛟不得近經虵洲度則以豹皮爲屋於屋中推車經峰岑然胡蘇之木此木煙能殺百蟲經塗五年然後至洛邑

老子曰三十輻共一轂當其無有車之用

莊子曰秦王有疾召醫破癰潰痤者得車一乘舐痔者得車五乘

管子曰奚仲之車也方圜曲直皆中規矩鉤繩故機旋相得成器堅固主猶奚仲也言辭動作皆中術數故衆理相當上下相親巧者奚仲之所以爲器也

孔叢子曰孔子使宰予於楚昭王以安車象飾遺孔子宰予曰夫子無以爲也王曰何對曰臣自侍衛夫子已來竊見其言不離道動不遺仁貴義尚清素好儉妻不服綵妾不衣帛車器不雕馬不食粟若夫觀物之麗靡窈妙之浮音夫子過之弗聽也故臣知夫子之不用車也

孟子曰子產聽鄭國之政以其乘輿濟人於溱洧
韓子曰商太宰使庶子行市還云西市門多車太宰謂庶子曰汝勿言及市吏至問曰市何多牛屎耶吏怪太宰神智
又曰昔彌子瑕有寵　於君衛國之法竊駕君車罪刖彌子之母有疾告彌子矯駕君車君曰孝哉爲母之故犯刖罪及彌子色衰愛弛得罪於君君曰是嘗矯駕吾車也
又曰孫叔敖爲令尹棧車牝馬糲飯菜羹枯魚爲膳面有飢色
淮南子曰夫車之所能轉千里所者以其要在三寸轄
又曰見飛蓬轉而知爲車以類取之也
晏子曰齊人好轚轂相犯以爲樂禁之不止晏子爲新車良馬出與其人相犯曰犯轂者不祥下車而去之也然後

國人不爲
又曰晏子衣緇布之衣而頳裹棧軫之車而牝馬以朝子思子曰終年爲車無一尺之軨則不可以馳
尸子曰文軒六駃題無四寸之鍵則車不行小亡則大者不成也
又曰甯戚爲桓公祝曰使公無忘在莒管子無忘在魯甯戚無忘車下
又曰車輕道近則鞭策不用
孫卿子曰三尺之岸虛車不能登百仞之山負車登焉陵遲故也
蘇子曰房麗者趙之賢人立東門之外有行商車轄忘麗告之不憤復更告之商人怒曰吾轄自亡何須汝告惠加於已而反怒之吾欲比之草木草木有心矣

沈約輿服志曰車服以庸著在唐典夏建旌旂辯其尊卑至于殷瑞山車者金車也故殷人制爲大輅金根之色也周人則有玉金象革木五路之制其物致巧備於考工輦車周禮王后五路之車也后居宮中從容所乘非王車也漢制乘輿御之或使人輓或駕果下馬案女史圖班婕好辭輦則乘之又復殷之末制後代遂行之耳
陸景典語曰吴朝貴戚或犯道背理雕車麗服攢陵市路車服雖侈人不爲榮宮室雖美士不過門
又曰顯臣以車服天下莫不瞻其榮
又曰飛車策馬攢騰超追來如霧合去若雲散得志則進失意則逝也
異語曰仕宦不止車生耳長六尺法六律六陰數也令其上作簟文所以鈙後者月滿則虧也

風俗通曰車一兩謂兩兩相與爲體也厚其所以言兩者箱裝及輪兩兩而耦故稱兩耳
通俗文曰車轢曰軋　後重曰軒前重曰輊(陟利切)　載喪車謂之輇(音遄)轀(音溫)車聲曰轞(胡減切)　雇車載曰轍
蔡邕獨斷曰永安七年見金根耕根諸御車皆一轅或四馬或六馬金箱四輪皆以金鑄正黄兩辟前後刻金作龍虎龜鳥
又曰綠車名皇孫車天子有孫乘以從
蔡邕車服志曰俗人失其名故名冕爲平天冠五時副車曰五帝鸞旗曰雞翹耕根曰三蓋旗皆非一
儀制令曰諸車一品青油纁通幰(許偃切)朱裏朱絲絡網三品以上青通幰朱裏五品以上青通幰碧裏六品以下皆不得用幰

括地圖曰奇肱民能爲飛車從風遠行湯時西風起奇肱
車至於豫州湯破其車不以示民十年西風至乃復使作
車遣歸其國去玉門四萬里
董巴輿服志曰乘輿金根車五乘輪皆朱班重牙貳轂
司馬法曰夏曰予車殷曰胡奴車周曰輜車三代之輦
語林曰潘安仁皃美每行老嫗以果擲之常滿車中張孟
陽至醜每行兒以瓦礫擲之亦滿車
傅暢故事曰尚書令軺車黑耳後戶僕射但後戶無黑耳
中書監令如僕射
譙周法訓曰鸞車瓊珮求中道心
石崇奴券曰作車當取大良白槐之輻棗莢之輞
說苑曰齊景公伐宋至於岐隄之上登高以望大息而歎
曰昔我先君桓公長轂八百乘以霸諸侯今我長轂三千

乘而不敢久處於此
管仲與弦章對曰臣聞之水廣則魚大君明則臣忠昔有
桓公乃有管仲今桓公在此則車下之臣盡管仲也
又曰趙簡主乘弊車瘦䭾馬衣羖羊之裘其宰進諫曰車
新則安馬肥則往來便衣狐貉之裘溫且輕簡子曰吾非不
知吾聞君子服美則益恭小人服美則益倨今我以自備
恐有小人之心
又曰晉平公　爲馳逐之車掛之以犀錯之以羽車成立
於殿下群臣得觀焉田差三過而不觀平公作色大怒差
對曰臣聞桀以奢亡紂以此敗是以不敢觀也平公曰善
令左右去車
世說曰王武子乘車着連乾障泥前有水馬不肯渡武子
曰此馬惜鄣泥使解之馬乃渡

白虎通曰制車以步故立乘天子大路路大也道也正君
至尊制度大所以行道德正車也諸侯路車大夫漸（子廉切）
車士飾車
山海經曰番禺生奚仲奚仲生吉光始以木爲車（郭璞曰世本曰奚仲造車此言吉光明其父子共創意首耕也）
袁子正書曰申屠剛諫光武以頭軔輪馬不得前子正云光
武近出未有得失而頭軔輪此方頭也
又曰　轀車即輦魏晉公卿小出嘗乘馬亦多乘輿車
漢諸侯貧者乃乘之其後轉見貴孫權云車中八牛即犢
車也江左御出則載儲供之物漢世賤軺車而貴輜軿魏
晉賤軿車而貴軺車又有追鋒如軺車而駕馬又以雲母
飾犢車謂之雲母車臣不得乘時以賜王公晉氏之有四
望車今制亦存又漢制唯賈人不得乘馬車其餘皆乘之

矣除吏赤蓋杠餘則青蓋杠云其非法駕則紫罽軿車案
字林軿車有衣蔽無後轅其後有轅者謂之輜
賈誼新書曰古之爲路輿也蓋圜以象天二十八撩（音老）以
象列星軫方以象地三十輻以象日月故仰則觀天文俯則
察地理前視則睹鸞和之響四時之運此輿教之道也
後漢崔駰車左銘曰虞夏作車取象機衡君子建左法天
之陽正位授綏車不內顧塵不出軌鸞以節步彼言不疾
彼指不躬玄覽于道永思厥中也
又車右銘曰擇御卜右採德用良詢納耆老于我是匡惟
賢是師惟道是式箴闕旅賁內顧自敕匪望其度匪衍其
則越戒敦從禮以華國
又車後銘曰敬其在路體貌思恭望衡頓轂允塡茲容無
或好失匪槃于遊顧省厥遺虎尾斯求昭德塞違抑盈以

無雖有三晉咸然若盡

後漢李尤小車銘曰盆蓋象天方輿則地輪法陰陽動不相離合之嗛苦琰切嘘跡　通兩輜軿　尊卑從軦之用信義所同

梁載暠車馬篇曰朝集類蕭焆晚至如吹雪子雲亦何事門巷無車轍

太平御覽卷第七百七十三

太平御覽卷第七百七十四

車部三

輅　輿（附）周輿　輦

輅

釋名曰天子所乘曰輅輅亦車也謂之輅言行路也金輅以金玉飾車也象輅革輅木輅各隨所名也

書曰大輅在賓階面綴輅在阼階面（大輅玉綴輅金面前皆南嚮）先輅在左塾之前（先輅象次輅木金玉象皆以飾車木則無飾背以在路寢門內左右塾北面凡陳列皆象成王生時）

禮曰大輅者天子之車也

又曰鸞車有虞氏之輅也輡（音鈎）車夏后氏之輅也

又曰天子居青陽左个乘青輅駕蒼龍天子居明堂左个乘朱輅駕赤騮天子居大廟大室乘黃輅駕黃龍天子居總章左个乘白輅駕白駱天子居玄堂左个乘玄輅駕鐵驪

周禮曰有虞氏上陶夏后上匠殷人上梓周人上輅

又曰王之五路一曰玉路錫樊（音繁）纓十有再就建太常十有二斿以祀金路鉤樊纓九就建大旂以賓同姓以封象路朱樊纓七就建大赤以朝異姓以封革路龍勒條纓五就建大白以即戎以封四衛木輅前樊鵠纓建大麾以田以封蕃國

又曰王后之五路重翟錫面朱總厭翟勒面繢總安車雕面鷖總皆有容蓋翟車貝面組總有握輦車組輓有翣羽蓋

左傳曰清廟茅屋大路越（音活）席大羹不致粢食（音嗣）不鑿昭其儉也

又曰賜之大輅之服戎輅之服

論語曰行夏之時乘殷之輅服周之冕

說苑曰晏子朝乘弊車駑馬景公見之曰嘻天子之祿寡耶何乘不佼（古巧切）之甚也晏子對曰賴君之賜得以壽三族及國交游皆得生焉臣得煖衣飽食弊車駑馬以奉其身於世足矣晏子出公使梁丘據遺之輅車乘馬三反不受公不悅趣（音促）召晏子曰夫子不受寡人亦不受晏子對曰君使臣臨百官之吏節其衣服食飲之養以先齊國之民然猶恐其侈靡而不顧其行也今輅車乘馬君乘之上臣亦乘之下民之無義侈其衣食而不顧其行者臣無以禁之遂讓不受也

董巴輿服志曰殷瑞山車金根之色殷人以為大輅於是秦皇作金根之車漢承秦制為乘輿即孔子所謂乘殷之輅也

鹵簿令曰玉輅駕六馬太僕卿馭駕士三十二人並平巾幘青衫大口袴千牛衛將軍一人陪乘執金裝長刀御乘鞶其輅衫服輿後行次金輅象輅革輅木輅以次相隨並駕六馬各駕士三十二人並平巾幘大口袴衫色各從輅色次五副輅駕士各二十人衣服同正輅次耕根車駕六馬士三十二人服同玉輅

又曰皇太子金輅駕四馬僕寺令馭左右率府率一人執儀刀陪乘駕士二十二人並平巾幘緋帔衫大口袴

又曰王公已下象輅駕四馬佐二人立侍一人武弁朱衣革帶在左一人緋裲襠大口袴執刀在右駕士十二人平巾幘緋衫大口袴

又曰玉輅青質以玉飾諸末重輿左青龍右白虎金鳳翅

畫苣文鳥獸黃屋左纛金鳳一在軾前十二鑾在衡（正輅耕根鑾數皆準此其副則八）二鈴在式龍輈設鄣塵青蓋繡飾黃裏博山鏡子樹羽輪金根朱班重牙左建旂十有二旒旒皆畫外龍其長曳地右載闟（許及切）戟長四尺廣三尺黻文旂首金龍頭嘯結綬及鈴緌駕蒼龍金鑁（亡顯切）方釳（許乞切）插翟尾五焦鏤錫鞶纓十有二就（鍚馬當顱金為之鞶馬大帶纓馬決皆以五彩罽飾之就成也）祭祀納后則供之金輅赤質以金飾諸末餘與玉輅同駕赤騮饗射祀還飲至則供之象輅黃質以象飾諸末餘同玉輅駕黃騮行道則供之革輅白質鞔（莫官切）之以革餘同玉輅駕白駱巡狩臨兵事則供之木輅黑質以漆飾諸末餘與玉輅同駕黑騮田獵則供之諸蓋旌旗及鞶纓皆從輅色黃裏俱用黃其鏤錫與五輅同耕根車青質蓋三重餘同玉輅籍田則供之

又曰皇太子金輅赤質以金飾諸末重較箱畫苣文鳥獸黃屋伏鹿軾龍輈金鳳一在軾前設鄣塵朱蓋黃裏輪畫朱牙左建旂九旒右載闟戟旂首金龍頭銜結綬及鈴緌駕赤騮四鑾在衡二鈴在軾金鑁方釳插翟尾五焦鏤錫鞶纓九就從祀享正冬大朝納妃則供之

又曰王公以下象輅以象飾諸末朱班輅八鑾在衡左建旗（旗畫龍外一降）外一右載闟戟革輅以革飾諸末左建旜（通帛為旜）餘同象輅木輅以漆飾之餘同革輅諸輅皆朱質朱蓋朱旂旜一品九旒二品八旒三品七旒四品六旒其鞶纓就數皆準此

張子平東京賦曰天子乃撫玉輅乘時龍

又曰乘鑾輅而駕蒼龍

又曰奉引既畢先輅乃發

又曰龍輅充庭雲旗拂霓

輿

周易曰君子得輿民所載也

又曰輿說輻夫妻反目象曰輿說輻中無尤也

又曰壯于大輿之輹

又曰見輿曳其牛掣其人天且劓無初有終象曰見輿曳位不當也無初有終遇剛也

續漢書輿服志曰上古聖人見轉蓬始知為輪輪行可載因物生智後為之輿

晉書曰王道有羸疾不堪朝會顯宗親幸之置酒作樂又詔自今已後輿載入殿不得施拜

晉諸公讚曰司徒傅袛以足疾遜位不許板輿上殿

晉起居注曰太始四年正月臨軒詔太宰安平王孚乘輿

昇殿

宋書曰陶潛解印後有脚疾使一門生二兒舉籃輿詣王弘既至欣然而與之飲酌

語林曰武侯與宣王在渭濱將戰宣王戎服莅事使人視武侯乘輿葛巾持白羽扇指麾三軍皆隨其進止宣皇聞而嘆曰可謂名士

世說曰孟旭未達時家貧在京常見王恭乘高輿服鶴氅裘于時微雪旭於籬間窺之歎曰此真神仙中人也

陳留耆舊傳曰洛陽令董宣死後詔使視之有蘭輿一乘白馬一疋帝曰宣之清死乃知之

幽明録曰謝安石當桓溫之世恒懼不全夜忽夢乘桓輿行十六里見一白雞而止莫有解此夢者及溫死後代居宰相歷十六年而得病安方悟去乘桓輿者代君其位也

十六里者得十六年也見白雞生者今太歲在酉吾病殆
不起乎少日而卒
淮南子曰以天爲蓋以地爲輿四時爲馬
韓子曰輿人成輿則欲人富貴也非輿人仁不貴則不售
也
潘安仁閑居賦曰太夫人乃御板輿升輕軒遠覽王畿近
周家國
左太冲蜀都賦曰車輿雜沓冠帶混并
張子平東京賦曰乘輿巡乎岱岳勸稼穡於原陸
又曰皇輿夙駕𨏥仕佳切於東階𨏥輦御也
曹子建七啓曰駕超野之駟乘追風之輿
宋玉高唐賦曰王乃乘玉輿駟蒼螭

同輿

魏志曰太祖軍摩陂召夏侯惇常與同輿載諸將無得比者
蜀志曰曹公東征呂布於下邳先主從曹公還表先主爲
左將軍禮之愈重出則同輿
吳志曰太子登字子高善待僚屬略同布衣之禮諸葛恪
顧譚等或同轝而載
晉中興書曰紀瞻字士遠爲鎮東左長史丹陽宣城新安
三郡中正上常幸瞻家同乘輿還府瞻甚見遇鄉郡榮之

輦

傳曰猛獲奔衛南宮萬奔陳以乘車輦其母一日而至
又曰齊慶克通于聲孟子與婦人蒙衣乘輦而入于閎閎巷門
又曰孟氏之臣秦菫父輦重如役菫父孟獻子家臣步挽
重車以從師
穀梁傳曰晉君召伯尊而問焉伯尊來遇輦者輦者不辟
使車右下而鞭之凡車將左右御在中有力之人在右所以備非常
爾雅曰徒御不驚輦名也
漢書曰淮南王長早失母常附呂后孝惠然常心怨辟陽
侯孝文初即位自以爲最親驕蹇數不奉法上寛赦之三
年入朝從上入苑獵與上同輦帝謂爲大兄
又曰傅昭儀有寵於上生定陶恭王多伎藝上甚愛之坐
則同席行須同輦
又曰班婕妤班況之女孝成帝婕妤也賢才通辯帝遊於
後庭嘗欲與同輦婕妤辭曰觀古賢聖之君皆有名臣在
側三代末主乃有嬖妾今欲同輦無乃似之乎上善其言
而止太后聞之喜曰古有樊姬今有班婕妤
漢武故事曰又起明光宮發燕趙美女二千人充之常從
行國載之後車與上同輦者十六人員數恒滿

又曰上嘗輦至郎署見一人老郎鬢眉皓白上顔名駟江
都人上問公何時爲郎何其老也對曰臣文帝時爲郎
上曰何其不遇也駟曰文帝好文而臣好武景帝好老而臣
尚少陛下好少而臣已老是以三世不遇
晉書曰山濤吳平之後詔天下罷軍役示海內大安州郡
悉去兵大郡置武吏百人小郡五十人帝嘗講武于宣武
場濤時有疾詔乘步輦從因與盧欽論用兵之本以爲不
宜去州郡武備其論甚精于時咸以濤不學孫吳而闇與
之合帝稱之曰天下名言也而不能用及永寧之後屢有
變難寇賊猋起郡國皆以無備不能制天下遂以大亂如
濤言焉
又曰張敞東宮舊事太子有卧輦步輿
王韶晉紀曰義軍起桓玄問衆曰朕其敗乎曹靖之對曰

神怒民怨臣實憂懼玄曰神何爲怒民何爲怨對曰移晉
宗廟飄零落薄無所祭之不及於祖此其所以怒也玄曰
卿何不諫對曰輦上諸君皆以爲堯舜之世臣何敢諫

又曰梁冀與妻孫壽共乘輦張羽蓋飾以金銀以騁娛樂

晉公卿禮秩曰太宰平王給雲母輦

晉太康起居注曰齊王歸蕃詔賜香衣輦一乘

後魏書禮志曰大樓輦輈十二加以玉飾衡輪雕采與輅
同駕牛十二

又曰乾象輦羽葆圓蓋畫日月五星二十八宿天階雲漢
山林雲氣仙聖賢明忠孝節義遊龍飛鳳朱雀玄武白
虎青龍奇禽異獸可爲飾者皆亦圖焉太皇太后助祭
郊廟則乘之

鄴中記曰石虎大駕有金銀輦雲母輦武剛輦數百乘

虎皇后出乘嵩路輦文或玉路輦或朱漆卧輦純以雲母
代紗中外四望皆通徹

又曰石虎少遊獵體轉壯大不復乘馬作獵輦使二十人
擔之如今之步輦上安徘徊曲蓋坐處轉關床若射鳥獸
宜有所向關隨身而轉

王君內傳曰神人乘三雲之輦

拾遺記曰周穆王馭黃金碧玉之輦從朝至暮而窮宇宙
之內

潘岳籍田賦曰天子御玉輦蔭華蓋金銀照曜以烱晃龍
驥騰驤而沛艾

鄒陽上吳王書曰鬬城不休救兵不至死者相隨輦車相
屬轉象流輸千里不絶

枚叔七發曰出輿入輦命曰蹷痿之機

又云輦道斜交陛迆紆曲

曹子建公讌詩云輕輦隨風移

劉公幹公讌詩云輦車飛素蓋從者盈路傍

丘希範應詔詩云輕蓋承玉輦細草藉龍騎 輿草輦從上行

太平御覽卷第七百七十四

太平御覽卷第七百七十五

車部四

指南車　軺車　畫輪車
四望車　畫雲車　雲母車
通幰車　象車　騾車
犢車　羊車　鹿車
露車　乘輿雜車　輦
輪　軌

指南車

崔豹古今注曰指南車起於黃帝與蚩尤戰涿鹿之野蚩尤作大霧士皆迷路故作指南車

鹵簿令曰指南車駕四馬正道匠一人駕士十四人皆平巾幘緋衫大口袴

洪範五行傳曰若晉獻公雖與指南車終不覺矣齊桓公中才矣指南得悟失之則惑管仲桓公指南車也

魏書馬鈞曰馬先生與高堂隆秦朗爭言及指南車二子謂古典無記言之虛也先生曰古有之明帝乃召先生作之指南車成也

崔鴻後趙録曰尚方令解飛機巧言若神妙思奇發造指南車就賜爵關內侯

鬼谷子曰肅愼氏獻白雉於文王還恐迷路問周公作指南車以送之

又曰鄭人之取玉也必載司南之車爲其不惑也

述征記曰去端門百餘步道南得方尚北門中有指南車車上有木仙人持信幡車東西人恒指南

左思吳都賦曰俞騎騁路指南司方出車檻檻被練鏘鏘

軺車

釋名曰軺遙遠也四向遠望之車也

說文曰軺車小車也

謝承漢書曰許慶字子伯家貧爲督郵乘牛車鄉里號曰軺車督郵

晉書曰李矩假爲滎陽太守矩招懷離散遠近多附之石勒親率大衆襲矩矩遣老弱入山令所在散牛馬因設伏以待之賊爭取牛馬伏發齊呼聲動山谷遂大破之所獲甚衆勒乃退加矩冠軍將軍軺車幢蓋

傅子曰漢世賤人乘軺則貴人

李尤軺車銘曰輪以代步屛以蔽容

畫輪車

晉起居注曰穆帝永和六年皇太后當與帝俱出拜陵苑日尚書啓太后乘畫輪車以輦爲副詔曰故當乘輦車至建平陵門外易載

東宮舊事曰皇太子初拜有畫輪四望車

四望車

魏漢與楊彪書曰今贈足下四望通幰七香車二乘青牸牛二頭

晉陽秋曰魏舒子亡詔曰唯有一息足堪負荷思所以散其哀懷給陽遂車四望

晉諸公讚曰文淑破虜之後名聞天下當爲東夷校尉入辭世祖見而惡之恐居邊不信寄諷監司奏淑作陽遂四望車僭飾過制免官

畫雲車

漢書曰武帝作畫雲車

曹子建洛神賦曰六龍儼其齊首載雲車之容裔

雲母車

吳百官名曰劉蜀主得賜雲母車一乘

晉書曰惠帝自鄴還洛殿中官屬備雲母輦及雲母車奉迎

晉太康起居注曰齊王出鎮詔贈清油雲母犢車

傅子曰以雲母飾車謂之雲母車臣下不得乘時賜王公

通幰車

傅子曰有追鋒車施通幰車幰許偃切

象車

晉諸公讚曰平吳後南越獻馴象作大車駕之載黃門鼓吹數十人

晉中朝鹵簿曰象車鼓吹一部十三人

騾車

蜀志曰後主劉禪乘騾車降鄧艾

晉令曰乘傳出使遭喪以上即自表聞聽德白服騾車副使攝事

犢車

釋名曰祥車祥善也善飾之車也犢車是也

謝承後漢書曰潁陽劉翊好賑貧乏陳國張季札弔師喪值冰寒車毀牛病不能進翊逢之推所乘車強牛與之季札後知是翊還其車閉門不受

顧譚別傳曰譚時爲太常錄尚書事後徙交阯初吳以罪徙者皆收家財入官及君下獄簿其資唯有犢車一乘牛數頭奴婢不滿十人無尺帛珠金之寶上聞而嘉之皆以君財付叔父穆

晉書曰武帝賜汝南王亮追鋒皂車犢車

又曰太傅王導妻曹氏導甚憚之乃密營別館以處衆妾曹氏知將往焉道恐妾被辱遽令命駕猶遲之以所執麈尾柄驅牛以進司徒蔡謨聞之戲導曰朝廷欲加公九錫導弗之覺但謙退而已謨曰不聞餘物唯有短轅犢車長柄麈尾導大怒

晉令曰百工不得服大絳紫襈假髻眞珠璫珥文犀瑇瑁越疊以飾路張乘犢車

羊車

釋名曰羊車以羊所駕名車也

晉書曰武帝平吳之後復納孫皓宮人數千自此掖庭殆將萬人而並寵者甚衆帝莫知所適常乘羊車恣其所之至便宴寢宮人乃取竹葉插户以鹽汁灑地以引帝車

又曰衛玠字叔寶五歲風神秀異總角乘羊車入市見者以爲玉人觀者傾都

晉太元起居注曰司隷校尉劉毅奏護軍羊琇私角弩四張又乘羊車請免官罪詔曰羊雖無制非素所乘者可如所奏

鹿車

後漢書曰更始拜趙憙爲五威偏將軍使諸將於昆陽憙被創有戰勞還拜中郎將更始敗憙爲赤眉所圍迫急乃踰屋亡走與所友善韓仲伯等數十人携小弱越山阻徑出武關仲伯以婦色美慮爲強暴者所欲弃之於道憙責怒不聽因以泥塗仲伯婦面載以鹿車身推之或前逢賊憙輒言其病狀以得免

東觀漢記曰杜林寄隗囂終不降志辱身乃出令曰杜伯山天子所不能臣王莽所不能支

蓋伯夷叔齊耻食周粟令且從師友之位須道開通使順其志林雖拘於囂囂而終不屈節建武六年第成物故囂乃聽林持喪東歸既遣而悔追令刺客楊賢於隴坻遮殺之賢見林身推鹿車載致弟喪乃歎曰當今之世誰能行義我雖小人何忍殺義士因亡去

列女傳曰渤海鮑宣妻者桓氏之女也字少君宣嘗就少君父學父奇其清苦故以女妻之裝送資賄甚盛宣不說謂妻曰少君生尊寵習美飾而吾貧賤不敢當禮妻曰大人以先生修德守約故使妾侍執巾櫛唯命是從宣笑曰然如是吾志也妻乃悉歸車馬侍御服飾更着短衣裳挽鹿車歸鄉里拜姑禮畢提甕出汲修行婦道禮節恭備鄉邦稱之宣哀帝時為司隸校尉子永中興初為魯郡太守永之子昱嘗從容問曰太夫人寧復識挽車時不曰先姑有言存不亡安安不忘危吾焉敢忘乎

晉書曰劉伶不以家產有無介意常乘鹿車携一壺酒使人荷鍤而隨之謂曰死便埋我其遺形骸如此

風俗通曰鹿車窄小裁容一鹿也或云樂車乘牛馬者剉軒飲飼達曙今乘此雖為勞極然入傳舍偃臥無憂故曰樂車無牛馬而能行者獨一人所致耳

露車

晉陽秋曰平原幹隂雨則擯車而內露車或問其故曰露者宜內也

晉中興書曰王尼洛陽傾覆避亂江夏王澄時為荊州刺史見尼欣然厚供給之尼常歎滄海橫流無安處早喪婦止有一息不用居宅唯畜露車牛一乘每行輒使兒御詣人暮則宿車上無有定處少時澄卒荊土飢荒居求食不能得乃殺車牛煑之遂父子餧死

晉王公百官志曰蜀劉禪得賜露車七十乘孫主賜露車三十乘

道元與天公牋曰有露車一乘旗後摧折以犁轅續之左崎右嵲（五結切）彊弱相負傍行斫轅

乘輿雜車

鹵簿令曰記里曰白鷺鸞旗等三車並駕四馬正道匠各一人駕士各十四人皆平巾幘緋衫大口袴

又曰辟惡車太卜令一人在車執弩箭平巾幘緋褠襠大口袴皮軒車左右金吾隊正一人在車執弩服同太卜其令行正道駕馬數駕士服色人數儀並同記里等車

又曰安車四望車並駕四馬駕士各二十四人服同上

又曰羊車駕果下馬一小吏十四人並青絲布帽紫碧腰襟青耳屩辮髮

又曰屬車十二乘並駕牛駕士各八人服同記里等車

又曰王鉞車或曰金鉞車在武衛隊正一人在車次豹尾車右武衛隊正一人在車皆執武弁朱衣革帶並駕三馬駕士各十二人服同上

轅

周禮曰輈轅人為輈（輈車轅也）輈有三度國馬之輈深四尺有七寸田馬之輈深四尺駑馬之輈深三尺有三寸唯轅直且無橈也

左傳宣下曰軍行右轅左追蓐

又曰改乘轅而北之

又曰公孫閼與潁考叔爭車潁考叔挾輈以走子都拔棘以逐之弗及

又曰師及齊師戰于炊鼻齊子淵捷從洩聲子射之中楯
瓦繇朐汏輈七入者三寸
東觀漢記曰江華毋年八十華不欲揺動之常自居轅輓
車不用牛馬
晉儀注曰皇后乘油畫雲毋安車駕驃馬油畫雲毋安兩
轅
趙書曰後石造獵車千乘轅長三丈
韓子曰吳起爲西河守秦有小亭臨境欲攻之不足以徵
卒乃取車轅倚於北門外令曰有能從至南門外者賜上
宅民莫之從也有從者賜之如令又置一石亦令曰有能
從者賜之如初民爭從之乃令曰明旦攻城有先登者賜
之上田上宅民爭上一朝而拔之
夢書曰賈人夢車轅折敗者憂亡遺衣物何以言之轅字

去衣故知亡衣物
方言曰楚衛之間轅謂之輈
司馬長卿諫曰獵書曰輿不及還轅人不暇施功
潘正叔迎大駕傳云狐狸夾兩轅豺狼當路立

輪

釋名曰輪彌綸也周匝之言或曰輚言撼入輻中也
易曰既濟初九曳其輪濡其尾無咎
禮曰古者貴賤皆杖叔孫武叔朝見輪人以其杖關轂而
輠音禍輪者於是有爵而后杖也譏賤人失禮所由始也叔孫武叔魯大夫叔孫州仇也輪人作車輪之官也
又曰御訝婦車而揖授綏御輪三周先俟于門外
周禮曰凡察車之道必自載於地者始也是故察車自輪
始凡察車之道欲其樸音蒲屬而微至不樸屬無以爲完久

也
又曰輪人爲輪斬三材必以其時三材可以爲轂輻牙也斬之時以材在陽則中冬斬之在陰則中夏斬之三材既具巧者和之凡爲輪行澤者欲杼行
山者欲侔杼謂削薄其賤地者侔上下等杼以行澤則是力以割塗也是
故塗不附侔以行山則是摶以行石也是故輪雖敝不甐
於鑿摶圜厚也鄭司農云不甐於鑿謂不動於鑿中也玄謂甐亦敝也以輪之厚石雖齧之不能敝其鑿旁使之動
又曰軫之方也以象地也蓋之圜也以象天也輪輻三十
以象日月也
左傳曰余折以御左輪朱殷豈敢言病吾子忍之
穀梁傳曰晉人與姜戎要而擊之殽疋馬奇輪無反者
史記曰古封禪爲蒲輪惡傷土石草木
續漢書曰張綱文紀與杜喬等八人受詔行天下號曰八

俊七人皆奉命唯綱獨埋車於洛陽都亭不去也或問之
曰豺狼當路安問狐狸遂奏梁冀等罪京師震悚
莊子曰桓公讀書輪扁斲輪釋椎鑿問曰公所讀者何言
曰聖人之言曰在乎曰已死矣然讀之者古人之糟粕也
公曰寡人讀書輪人安得議有說則可無說則死輪扁曰
以臣之事觀之斲輪徐則甘而不固疾則苦而不入不徐
不疾得之於手應之於心口不能言有數在間而不能諭
臣之子子亦不能受之於臣是以行年七十而老斲輪古
之人與其不傳者死矣君之所讀者是古人之糟粕今士不用變化異時故宜絶學任惟之
張衡思玄賦曰魂眷眷而屢顧兮馬倚輈而徘徊雲霏霏
兮繞余輪風眇眇兮振余旟
張協洛禊賦曰權戚之家豪侈之族絳綺傳鑣華輪方轂

集平長州之浦曜乎洛川之曲
曹子建七啓曰飛軒電遊獸隨輪轉
又應制詩云輪不輟運鸞無廢聲
應吉甫華林集曰備言錫命羽蓋朱輪銘曰失名氏奚氏本
造後裔飾雍輪以代步舁以從容輪軿并合出入道同追
仁赴義惟禮是恭
梁昭明太子文選序曰椎埴追輪為大輅之始大輅寧有
椎輪之質

軌

禮曰國中以策彗卹勿驅塵不出軌卹辛没切勿者没卹没搔摩也
又曰今天下車同軌書同文行同輪
莊子曰軌結于千里之外輪不迹於地
張平子南都賦曰暮春之禊元巳之辰方軌齊軫祓禧千
陽濱
張平子東京賦曰同衡律而一軌量齊急舒於寒燠
吳李重與太子牋曰其皆克復舊職追尋前軌令獨不然
曹子建七啓曰當軌見藉值足遇踐飛軒電獸逐輪轉
謝靈運祖德詩曰秦趙欣來蘇燕魏遲文軌
陸士龍荅兄機詩曰衡軌各殊迹牽牛非服箱
王僧達荅顏延年詩曰君子聳高駕塵軌實為林

太平御覽卷第七百七十五

太平御覽卷第七百七十六

車部五

轍

左傳曰齊師敗績公將馳之曹劌(居衞切)曰未可下視其轍登而望之曰可矣遂逐齊師既克公問其故對曰夫大國難測也懼有伏焉吾視其轍亂望其旗靡故逐之

又曰昔穆王欲肆其心周行天下特皆必有車轍馬跡焉

漢書曰戶牖富人張負有女(五嫁而夫輒死)人莫敢娶陳平欲得之負至平家乃負郭窮巷以席爲門(然門)多長者車轍負歸謂子仲曰固有美如陳平而長貧賤者乎卒與之女

老子曰善行無轍迹

莊子曰汝不知螳蜋怒臂當車轍不知不勝其任也

又曰莊周貸粟于監河侯曰我將得邑金貸子三百周曰我有中道而呼者周視車轍中有鮒魚焉子何爲耶對曰我東海之波臣也君豈有升斗之水而活我哉(鮒具魚門中)

劉伯倫酒德頌曰有大人先生以天地爲一朝萬期爲須臾日月爲戶牖八荒爲庭衢行無轍迹居無室廬幕天席地縱意所如

謝靈運送孔令詩曰河流有急瀾浮驂無緩轍豈伊川途念宿心愧將別

顏延年贈王太常詩曰林閭時晏開亟迴長者轍

陸韓卿答兄希叔詩曰駿足思長坂柴車畏危轍

傅武仲舞賦曰或踰埃赴轍雷霆駭電滅

軸

說文曰軸持輪也

周禮曰軸有三理一者以爲媺(音美)也二者以爲久也三者以爲利也(媺無節目也久堅刃也利滑密也)

釋名曰軸複也重複非一之言也

左傳曰齊侯執陽虎將東之陽虎願東(陽虎欲西奔晉知齊必反己故詐以東爲願也)乃因諸西鄙盡借邑人之車鍥(苦結切)其軸麻約而歸之(鍥刻也欲使追者)載蔥靈寢於其中而逃(蔥靈輜車名)追而得之囚於齊又以蔥靈逃奔宋遂奔晉適趙氏

史記曰淳于髡曰狶膏棘軸所以爲滑也然不能運方穿

漢書曰臨江閔王榮立爲太子廢爲臨江王坐侵廟壖地爲宮上徵榮榮行祖於江陵北門既上車軸折車廢江陵父老涕泣竊言曰吾王不反矣

轂

詩曰文茵暢轂駕我騏馵

周禮曰轂也者以爲利轉也凡斬轂之道必矩其陰陽陽也者稹(音真)理而堅陰也者疏理而柔是故以火養其陰而齊諸其陽則轂雖敝不藃(音耗)轂小而長則柞(側革切)大而短則摯(音致)

又曰行澤者欲短轂行山者長轂短轂則利長轂則安

左傳曰楚子與若敖戰皐滸射汏輈以貫笠轂

穀梁傳曰長轂五百乘緜地千里（長轂兵車四馬曰乘）
春秋考異郵曰黃池之會滕薛扶轂魯衛參乘
後漢書曰崔駰字亭伯涿郡安平人祖毋師氏能通經學百家之言王莽寵以殊禮賜號義成夫人金印紫綬文軒丹轂顯於新代
老子曰三十輻共一轂當其無有車之用
桓譚新論曰楚之郢都車掛轂民摩肩市路相交號爲朝衣新而暮衣弊
左太冲蜀都賦曰累轂疊跡叛衍相傾
張平子東京賦曰乘軒並轂
又曰疏轂飛軨
又公讌詩曰神飈接丹轂輕輦隨風移
沈休文餞呂僧珎詩曰持轂二崤道揚旆九河陰

輻

易曰輿說輻夫妻反目（說音脫）
周禮曰輪人爲輪斬三材必以其時（三材轂輻牙）輻也者以爲直指也望其輻欲其掣（音消）爾而纖也進而眡（音視）之欲其肉稱也參分其轂長二在外一在內以置其輻凡輻量其鑿深以爲輻廣而鑿淺則是以大杌雖有良工莫之能固鑿深輻小則是固有餘而強不足故竑（音宏）其輻廣以爲之弱則雖有重任轂不折參分其輻之長而殺（音[illegible]）其一則雖有深泥亦弗溓（讀如沾）
漢書曰李陵擊匈奴矢盡斬車軸而持之

輞

釋名曰輞羅也周輪其外
周禮曰輪人爲輪斬三材必以其時（三材轂輻牙也牙讀如迓迓也周或謂之輞）牙也者以爲固抱也凡揉（而首切）牙外不廉而內不挫旁不腫謂之用火之善（廉絕也挫折也腫瘣也）是故規之以眡其圜（音員）也萬（音矩）之以眡其匡也
又曰六分其輪崇以其一爲之牙圍參分其牙圍而漆其二（不漆其踐地者）

軏

續漢書曰文虎伏軾龍道衡軏
齊書曰吳興有項羽神護郡廳事太守不得上太守到郡必須祀以軏下牛李安民奉佛法爲太守到郡不與神牛着屐上廳事又於廳上入關齊俄而牛死葬廟側今呼爲李公牛
韓詩外傳曰武王伐紂到邢丘軏折爲三天雨三日不休武王召太公而問之曰未可伐乎太公曰不然軏折爲三者軍當分爲三也天雨三日欲洒吾兵也
韓子曰鄭縣人得車軏不知其名問人人曰此車軏也俄得一人復問對曰此車軏也問者大怒曰曩者車軏今又車軏是何衆也遂與鬪

輹（音覆）

釋名曰輹似人履
又曰伏菟在軸上似之也

輨（音管）

說文曰輨轂端錔也

枕

釋名曰枕橫在前若臥床之有枕
方言曰軫謂之枕（郭璞曰車後橫木）
周禮曰車軫四尺謂之一等戈柲（音必）六尺有寸既建而迆

轛崇於軫四尺謂之二等六分其廣以一爲之軫圍參分軫圍去一以爲式圍五分其軫間以其一爲之軸圍軫之方象地也

軾

周禮曰參分軫圍去一以爲式圍參分式圍去一以爲較圜

釋名曰軾式也式所以敬者

左傳曰齊與魯戰于長勺齊師敗績公將馳之曹劌曰未可下視其轍登軾而望之曰可矣

又曰子玉使鬭勃請戰曰請與君之士戲君馮軾而觀得臣與寓目焉

又曰叔山冉搏人以投中車折軾晉師乃止

又曰長狄喬如之首眉隱於軾

漢書曰酈生馮軾下齊七十二城

宋玉九辨云倚結軫兮太息涕潺湲兮霑軾

箱

方言曰箱謂之輫（音斐）

詩曰睆彼牽牛不以服箱

通俗文曰車箱曰較（音角）

風俗通曰車一曰兩相與爲體也原其所以糸車獨言兩箱轅及輪兩而耦故稱兩耳

轙（音蟻直二音）

爾雅曰載轡謂之轙（郭璞曰車軛上環轡所貫）

轊（音衛）

說文曰轊車軸端也杜林說轊錯也

方言曰車轊齊謂之轆

鮑明遠蕪城賦曰當昔全盛之時車挂轊人駕肩廛閈撲地歌吹沸天

環

釋名曰游環在服馬背上驂馬之外轡貫之游移前却無常處

爾雅曰與環謂之捎（徐鞘切郭璞曰著車衆環）

詩曰游環脅驅

釭（音江）

說文曰釭轂之鐵也

方言曰車釭燕齊海岱之間謂之鍋或謂之錕自關而西謂之釭（錕音衮）

續搜神記曰鄭茂病亡殯殮訖未得葬忽然婦及家人夢茂云已未應死偶悶絕耳可開棺出我燒車釭以熨頂頭如言乃活

轄

釋名曰轄害也車之急害也

詩曰出宿于干飲餞于言載脂載牽還車言邁（牽與轄同）

左傳曰諸侯賓至甸設庭燎僕人巡宮車馬有所賓從有侍巾車脂轄隸人牧圉各瞻其事

漢書曰陳遵嗜酒每大飲賓客滿堂輒閉門取客車轄投井中雖有急終不能去

蔡邕獨斷曰乘輿之車皆副轄副轄者施轄於外乃服設轄銘曰載馳非轄不行臨政誤教非賢不明

張平子東京賦曰重輪貳轄疏轂長軫

潘正叔贈陸機詩云星陳夙駕載脂載轄

鍊

釋名曰鍊簡也鍊釭軸之間使不相忘

輠（胡果切）

釋名曰輠裹也裹軹也軹指見於轂頭

禮曰叔孫武叔朝見輪人以杖關轂而輠輪者以是有爵而后（讀如前後之後）杖也（餘與輪事注中）

史記曰淳于髡齊人也博聞彊學其諫說慕晏嬰之爲人然而秉意觀色爲務故齊人謂之炙輠輠者之盛膏者炙之不盡猶有餘流言髡之智不盡如炙輠

當

通俗文曰車當謂簈（步經切）篁

郭林宗別傳曰宿仲琰爲部從事嘗柴車駕牛編荊爲當

蓋

周禮曰輪人爲蓋達常圍二寸（達常蓋斗杠入丘中也）上欲尊而宇欲卑（上近部乎者也隤下兀宇）上尊而宇卑則吐水是疾而霤（蓋者主爲雨設也）蓋巳崇則難爲門也蓋巳卑是蔽目也是故蓋崇十尺良蓋弗冒弗紘殷畝而馳不隊謂之國工蓋之圜也以象天也蓋弓二十有八以象星也

方言曰蓋在上如屋舍之復蓋

蔡邕獨斷曰乘輿車皆黃蓋者並以黃爲裹也

董卓別傳曰卓諷朝廷使光禄宣璠持節拜卓爲太師位諸侯上引還長安百官迎路拜揖卓遂僭擬車服乘金華青蓋畫兩輪時人號爲竿摩車

轑（音老）

釋名曰轑似弓曲也

說文曰轑蓋弓也淮陽名車穹

周禮曰弓鑿廣枚鑿上二枚鑿下四枚（弓轑也）鑿深二寸有半下庛軹五尺謂庛輪四尺謂之庛軫參分弓長而揉其一以爲尊之蓋之二十有八以象星也

杠

周禮曰輪人爲蓋達常圍三寸桯（音楹蓋杠也）信其桯圍以爲部廣六寸部長二尺桯長倍之四尺者二（杠長八尺謂達常以下也加達常二尺則蓋高一丈也）

覆笭（音苓）

釋名曰笭橫在車前在織竹作之空笭笭也

廣雅曰覆笭謂之䡴

枸心

廣雅曰從下枸軸也

通俗文曰軸限者謂之枸

較

周禮曰參分式圍去一以爲較圍去一以爲軹圍

釋名曰其較重卿所乘也

幰（許偃切）

通俗文曰張布曰幰

儀制令曰諸車一品青油纁道幰朱裹朱絲絡網三品以上青道幰朱五品以上青偏幰碧裹六品以下皆不得用幰

鹵簿令曰安車紫油通幰紫油纁朱裏四望車青油通幰青油纁並朱絲絡網后及皇太子車幰並准此

風土記曰周禮以拂拭車一義謂施嚴惟幰

潘岳籍田賦曰微風生於輕幰纖埃起乎朱輪

潘尼書曰朝從長塗暮栖所集歸雲乘幰浮凄風尋惟入

䋿

釋名曰緻道也在後道曰使不得却縮也

王隱晉書曰山濤爲尚書有人題曰閣中有大牛王齊鞅裴楷鞦和嶠踖蹴不敢休

茵

釋名曰茵車中所坐也用虎皮有文采

詩曰陰靷鋈音洪續文茵暢轂駕我騏馵音注

漢書曰邴吉爲丞相馭吏嗜酒數逋蕩逋亡也蕩放也謂亡其所供之職而漸放也常從吉出醉歐丞相車茵上西曹主吏白欲斥之吉曰以醉飽之失去士使此人復何所容西曹但忍之此不過汚丞相車茵爾遂不去也

太平御覽卷第七百七十六

太平御覽卷第七百七十七

奉使部一

奉使上

周禮小行人曰使適四方協九儀賓客之禮朝覲宗遇會同君之禮也存覜省聘問臣之禮也又掌邦國之禮籍以待四方之使者凡四方之使者大客則擯小客則受其幣而聽其辭凡使爲旌節

禮曰凡爲君使者已受命君言不宿於家君言至則主人出拜君言之辱使者歸則必拜送於門外又若使人於君所則必朝服而命之使者反則必下堂而受命也

詩曰四牡勞使臣之來也有功而見知則說矣四牡騑騑周道逶遲豈不懷歸王事靡盬我心傷悲

又曰皇皇者華君遣使臣也送之以禮樂言遠而有光華也皇皇者華于彼原隰駪駪征夫每懷靡及

左傳曰齊使仲孫湫來省難仲孫歸曰不去慶父魯難未已公曰若之何而去之對曰難不已將自斃君其待之公曰魯可取乎對曰不可猶秉周禮周禮所以爲本也臣聞之國將亡本必先顛而后枝葉從之魯不弃周禮未可動也君其務寧魯難而親之親有禮因重固（能重固者因而成之）間攜貳覆昏亂霸王之器也

又曰齊孝公伐我北鄙公使展喜犒師使受命于展禽（柳下惠也）齊侯未入境展喜從之曰寡君聞君親舉玉趾將辱於敝邑使下臣犒執事

又曰晉侯及秦伯圍鄭以其無禮於晉且貳於楚也晉軍函陵秦軍氾南佚之狐言於鄭伯曰國危矣若使燭之武見秦君師必退公從之

又文下曰秦伯使西乞術來聘且言將伐晉襄仲辭玉曰君不忘先君之好照臨魯國鎮撫其社稷重之以大器寡君敢辭玉賓荅曰不腆先君之敝器而使下臣結二國之好是以敢致之襄仲曰不有君子其能國乎國無陋矣厚賂之

又宣十五年曰楚子圍宋宋人使樂嬰齊告急于晉晉侯使解揚如宋使無降楚曰晉師悉起將至矣鄭人囚之而獻於楚楚子厚賂之使反其言不許三而許之登諸樓車使呼宋人而告之遂致君命楚子將殺之使與之言曰爾既許不穀而反之何故非我無信汝則棄之速即爾刑對曰臣聞之君能制命爲義臣能承命爲信信載義而行之爲利謀不失利以衛社稷民之主也義無二信信無二命（義不行兩信不受二命也）

君之賂臣不知命也奉命以出有死無賈（賈音古）又可賂乎臣之許君以成命也（成其君命也）死而成命臣之祿也寡君有信臣矣下臣獲考死又何求楚子舍之以歸（舍赦也）

又曰晉侯使郤克徵會于齊齊頃公帷婦人使觀之郤子登婦人笑於房獻子怒出而誓曰所不此報無能涉河郤克請伐齊晉侯弗許至成公三年衛孫桓子臧宣叔亦乞師以伐齊晉侯許之

又曰齊叔老爲季武子介自是晉人輕魯幣而益敬其使

又曰吳公子札來聘見叔孫穆子說之謂穆子曰子其不得死乎好善而不能擇人吾聞君子務在擇人吾子爲魯宗卿而任其大政不慎所舉何以堪之禍必及子聘于齊說晏平仲謂之曰子速納邑與政無邑無政乃免於難齊國之政將有所歸未獲所歸難未歇也故晏子因陳桓子以納政與邑是以免於欒高之難（難在昭八年）聘於鄭見子產

如舊相識與之縞帶子產獻紵衣焉（大帶也吳地貴縞鄭地貴紵故各獻己所貴示損己而不爲彼貨利）謂子產曰鄭之執政侈難將至矣政必及子爲政慎以禮不然鄭國必敗（敗謂伯有也）

又曰韓宣子如楚送女叔向爲介鄭子皮子太叔勞諸索氏太叔謂叔向曰楚王汰侈已甚子其戒之叔向曰汰侈已甚身之災也焉能及人若奉吾幣帛慎吾威儀守之以信行之以禮敬始而思終終無不復行而不失儀敬而不失禮導之以訓詞奉之以舊法考之以先王度之以二國雖汰侈若我何

又曰費無極譖太子建王使城父司馬奮揚殺太子建未至而使遣之太子奔宋王召奮揚使城父人執己以至王曰言出於余口入於耳爾誰告建也對曰臣告之君王命臣也事建如事余臣不佞不能苟貳奉初以還不忍後命故遣之既而悔之亦無及也已王曰而敢來何也對曰使而失命召而不來是再奸也逃無所入王曰歸從政如他日（奸犯也）

論語曰使於四方不辱君命可謂士矣

又曰蘧伯玉使人於孔子孔子與之坐而問焉曰夫子欲寡其過而未能也使者出子曰使乎使乎

史記曰吳季札之爲使北過徐君徐君初好札劍口雖弗言季札知之爲使上國未獻還至徐君徐君已死乃解其寶劍繫徐君塚樹而去從者曰徐君已死當誰與乎曰不然始吾心已許之豈以死背吾心哉

又曰趙平原君使人於春申君趙使欲夸楚爲瑇瑁簪刀劍室悉以珠飾之春申君三千餘人上客皆躡珠履以見趙使大慙

又曰陸賈楚人以客從高祖定天下名爲有口辨士居左右常使諸侯時中國初定尉佗平南越因王之高祖使賈賜佗印爲南越王佗魋結箕倨見賈賈因說佗曰足下欲以區區之越與天子抗衡爲敵國禍且及身矣佗迺蹶然起坐謝賈曰生長蠻夷中久殊失禮義因問賈曰我與蕭何曹參韓信孰賢賈曰王似賢之復問曰我與皇帝孰賢賈曰皇帝起豐沛討暴秦誅強楚爲天下興利除害繼五帝三王之業統理中國中國之人以億計地方萬里居天下之膏腴人衆車轝萬物殷富政由一家自天地剖判未始有也今王衆不過數十萬皆蠻夷崎嶇山海間譬若漢一郡王何乃比於漢佗笑曰吾不起中國故王此使我居中國何遽不若漢迺大說至孝文帝元年詔丞相陳平舉可使南越者平言陸賈先帝時習使南越乃召爲太中大夫往使因讓佗自立爲帝賈至南越王甚恐爲書謝於是乃下令國中曰吾聞兩雄不俱立兩賢不並世皇帝賢天子也自今已後去帝制黃屋左纛賈還報文帝大悅

又曰汲黯爲謁者東越相攻上使黯往視之不至至吳而還報曰越人相攻固其俗不足以辱天子之使河內失火燒千餘家上使黯往視之還報曰家人失火屋比延燒不足憂也臣過河南貧人傷水旱萬餘家或父子相食臣謹以便宜持節發河南倉粟以賑貧民臣請歸節伏矯制之罪上賢而釋之

又曰司馬相如爲郎數歲會唐蒙使略通夜郎西僰中發巴蜀吏卒千人郡又多爲發轉漕萬餘人用興法誅其渠而巴蜀民大驚恐上聞之乃使相如責唐蒙等因喻告巴蜀民以非上意還報天子乃拜相如爲中郎將建節持四

乗之傳因巴蜀弊物以賂西夷至蜀太守以下郊迎縣令負弩矢先驅蜀人以爲寵於是卓王孫臨卭諸公皆因門下而獻牛酒
又曰淳于髡者齊之贅壻也壻也者女之夫比於子餘剩故曰贅壻長不滿七尺滑稽音骨亂也稽者同也多辯數使諸侯未嘗詘辱威王八年楚大發兵加齊齊王使淳于髡之趙請兵賫金百斤馬千駟淳于髡仰天大笑冠纓索絶王曰先生少之乎髡曰何敢王曰先生笑豈有說乎髡曰今者臣從東來見道旁有禳田者操一豚蹄酒一盂而呪曰甌窶滿篝篝籠也音構甌窶猶杯樓也言豐年菜樹易可滿篝汙邪滿車汙耶下地田也則下地田之中有薪菜可滿車也五穀蕃熟穰穰滿家臣見所持者狹而欲者大奢笑於是齊王乃益賫黄金千鎰白璧十雙車馬百駟髡辭而行至趙趙與之精兵十萬革車千乗楚聞之夜引兵而去威王大悅

漢書曰漢王曰孰能爲我使淮南使之發兵背楚留項王於齊數月我之取天下可萬全隨何曰臣請使之乃與二十人俱使淮南至太宰主之淮南太宰作內主也三日不得見隨何因說太宰曰王之不見何必以楚爲強以漢爲弱使何得見言之而是耶是大王所欲聞言之而非耶使何等二十人伏斧質淮南市以明背漢而與楚也太宰乃言之王王見之隨何說淮南王王曰請奉命陰許叛楚與漢未敢泄楚使者在方急責布發兵隨何直入曰九江王歸漢楚何以得發兵布驚曰何至是楚使者出何曰事已構可殺楚使無使歸而疾走漢併力布從之遂歸漢
又曰張騫漢中人建元中爲郎時匈奴降者言匈奴破月支氏擒其王以其頭爲飲器月支遁而怨匈奴無與共擊之漢方欲滅胡聞之乃募使者騫應募與堂邑氏奴甘父俱往匈奴不聽去乃留騫十餘歲妻以胡妻有子然騫持漢節不失居匈奴西騫因與其屬亡鄉月氏西走數十日至大宛後單于死國亂騫與胡妻及堂邑父俱亡歸漢拜騫太中大夫騫爲人寛信蠻夷愛之騫曰臣在大夏時見卭竹杖蜀布問安得此國人曰吾賈人往市之身毒國一名天竺國在大夏東南數千里人乗象以戰臣度大夏去漢萬二千里有蜀物其去蜀不遠矣於是漢復事西南夷騫從大將軍擊匈奴嘗諳知水草處軍須不乏封博望侯
又曰張騫使至安息王令將二萬騎迎於東界東界至王都數千里北至王都過數十城人民相屬甚衆使還即發使來隨欲觀漢廣大以大鳥卵犂軒善眩人獻於漢及宛西小國皆隨漢使獻見天子

又曰傅介子昭帝使通西域樓蘭嘗邀漢使殺之後使介子往而讓衣旋謂將軍霍光曰彼王反覆不誅無以懲其惡臣嘗遇之近人易就耳願旦往剌之以示諸國光曰可矣遂奏介子行具卒乗賫重幣揚言賜外國而志在樓蘭樓蘭王意不親介子介子陽引去至其西界使譯者謂王曰漢使持重寳行賜諸國王不來我之西矣即出金幣以示譯譯者還報王王貪漢物來見介子與坐飲陳物示之飲酒皆醉介子謂王曰天子使我私報王王隨介子入帳中屏語壯士二人從後剌之刃交胷立死其貴人左右皆散走介子告諭以王負漢罪天子遣我來誅王當更立前太子質在漢者爲王漢兵方至無得輒動動則滅國矣遂持王首而還詣闕朝廷嘉之封介子爲義陽侯食邑七百戸
又曰蘇武字子卿建次子也少以父任爲郎中武帝遣以爲中郎將使持節送匈奴使留在漢者武與副中郎將張勝友

假吏常惠等募士斥候百餘人俱既至匈奴致幣遺單于單于益驕非漢所望也方欲發使送武等會緱王與長水虞常等謀反匈奴中緱王是昆耶王姊子與昆耶王俱降漢後隨浞野侯沒胡中及衛律所將降者陰相與謀劫單于母閼氏歸漢會武等至匈奴虞常在漢時素與張勝善私候勝曰聞漢天子甚怨衛律常能為漢伏弩射殺之吾母與弟在漢幸蒙爵賞張勝許之事敗單于怒欲殺漢使左伊秩訾曰宜皆降之單于使衛律召武受辭武謂常惠曰屈節辱命雖生何面目以歸漢乃引佩刀自刺衛律大驚召醫瘡單于乃鑿地為坎置熅火覆武其上蹈其背以出血氣絕半日復息惠勝等號哭單于壯其節朝夕遣人候問武愈單于逾欲降之武不能屈乃幽武大窖中絕食天雨雪武臥嚙雪與旃毛并咽之數日不死匈奴以為神乃徙武北海令

牧羊不得食掘野鼠去草實食之杖漢節旄盡落積五六年昭帝即位與匈奴和親求武匈奴紿言死後漢使復至匈奴常惠請其守者夜見漢使教使謂單于曰天子射上林中得鴈足有係帛書具言武在北海大澤中牧羊使者如惠語以讓單于單于視左右大驚謝漢使曰武等實在乃召武相隨官屬等九人歸漢武以元始六年春至京師拜典屬國常惠等皆為郎

又曰鄭吉會稽人累遷衛司馬神爵中日逐王亂匈奴欲降漢使人與吉相聞於是漢使吉迎之日逐王并口萬二二千隨吉至河曲遂將詣京師吉既破車師降日逐王威震西城遂護車師以西故號都護都護之置自吉始焉

又曰陳湯為人沉勇有大慮多謀策喜奇功所過城邑山川常登望以觀形勢常患位卑權輕不史胥臆之謀時西方郅支單于常殺漢使侵橫諸國朝廷患之谷吉上書願往諭王遇害乃遣湯與甘延壽使于西域陽謂延壽曰郅支單于結怨諸夷屈辱漢使朝廷患之久矣雖然蠻夷無金城湯池之固堅弩之器恩義不行彼可取也若舉屯田吏士并發烏孫兵直　抵城下彼亡無所保千載之功可致也延壽然之請奏湯曰不可不如矯詔而發之延壽不從會延壽疾臥湯因矯制發城郭諸國兵胡漢四萬餘騎置官吏而發也已行延壽聞而驚起止之湯按劍叱之曰大衆已集豎子胡敢沮衆耶乃上疏自劾矯制之狀因分兵葱領赤谷兩道鼓行而西去單于城三十里止而營單于惟之使人問之曰漢兵何來湯曰見單于亡國本屈意康居故來護單于耳單于不知意旨猶豫無備因夜進兵圍城遲明拔之斬郅支單于以歸

又曰蓋寬饒字次公魏郡人也明經為郡文學以孝廉為郎舉方正對策高第遷諫議大夫寬饒為衛司馬有厚德宣帝嘉之以寬饒為太中大夫使行風俗多所稱舉貶黜奉使稱旨擢為司隸校尉刺舉無所迴避小大輒舉所劾奏衆多廷尉處其法半用半不用（以其數劾故有不用者）公卿貴戚及郡國吏繇使至長安皆恐懼莫敢犯禁京師為之清平

又曰終軍從濟南當詣博士步入關關吏予軍繻軍問以此何為吏曰為復傳還當以合符軍曰大丈夫西遊終不復傳還弃繻而去軍後為謁者使行郡國建節東出關關吏識之曰此使者迺前弃繻生也軍行郡國所見便宜以聞還奏事上甚悅

太平御覽卷第七百七十七

太平御覽卷第七百七十八

奉使部二

奉使中

後漢書曰伏湛子隆字伯文少有節操立名當時張步兄弟各擁強兵據有齊地拜隆爲太中大夫持節使青徐招降張步等五校尉皆降其冬拜隆爲光祿大夫復使於步皆招懷綏輯多來附隆帝嘉其功以比之酈生即拜步爲東萊太守劉永復遣使立步爲齊王步貪受王爵猶與未決隆曉譬曰高祖與天下約非劉氏不王今可得爲十萬戶侯耳步欲留隆與共守二州隆不聽求得反命步不從乃執隆隆遣閒使上書曰臣隆奉使無狀（言罪大也）受執凶逆雖在困厄授命不顧又吏人知步反叛心不附之願以時進兵無以臣隆爲念也臣隆得生歸闕庭受誅於有司此其大願若令沒身寇手以父母兄弟長累陛下陛下與皇后太子永享萬國與天無極帝得隆奏召其父湛流涕以示之曰隆可謂有蘇武之節恨不且許而遽求還也其後步遂殺之時人莫不憐哀焉以其子瑗爲中郎

又曰奉車都尉竇固出擊匈奴以爲班超假司馬將兵別擊伊吾戰於蒲類海多斬首虜而還（伊吾匈奴中地名蒲類匈奴中海名在燉煌北）固以爲能遣與從事郭恂俱使西域超到鄯善（鄯善本西域樓蘭國也後改爲鄯善去陽關一千六百里去長安六千一百里）鄯善王廣奉迎超禮敬甚備後忽更疏懈超謂其官屬曰寧覺廣禮意薄乎此必有北虜使來狐疑未知所從故也明者覩其未萌況已著耶乃召侍胡詐之曰匈奴使來數日今安在乎侍胡惶恐具服其狀超乃閉侍胡悉會其吏三十六人與共飲酒酣因激怒之曰卿曹與我俱在絕域欲立大功以求富貴今虜使到裁數日而王廣禮敬即廢如今鄯善收吾屬送匈奴骸骨長爲豺狼食矣爲之奈何官屬皆曰今在危亡之地死生從司馬超曰不入虎穴不得虎子當今之計獨有因夜以火攻虜使彼不知我多少必大震怖可殄盡也滅此虜則鄯善破膽功成事立矣衆曰當與從事議之超怒曰吉凶決於今日從事文俗吏聞此必恐而謀泄死而無所名非壯士也衆曰善初夜遂將吏士往奔虜營會天大風超令十人持鼓藏虜舍後約曰見火燃者當鳴鼓大呼餘人悉持弓弩夾門而伏超乃順風縱火前後鼓噪虜衆驚亂超手格殺三人吏兵斬其使及從士三十餘級衆百許人悉燒死明日乃還告郭恂恂大驚既而色動超知其意舉手曰掾雖不行班超何心獨擅之乎恂乃悅超於是召鄯善王廣以虜使首示之一國震怖超曉告撫慰遂納子爲質還奏於竇固固大善具上超功效并求更選使使西域帝壯超節詔報曰吏如班超何故不遣而更選乎今以超爲軍司馬令遂前功

又曰鄭衆字伯師拜越騎校尉使匈奴至北庭虜欲令拜衆不屈單于大怒不與水火欲脅伏衆拔劍自誓單于乃止

又曰張綱字文紀爲侍御史漢安元年選八使徇行風俗皆耆舊知名多歷顯位唯綱年少官資最微餘人受命之部而綱獨埋其車輪於洛陽都亭曰豺狼當路安問狐狸遂奏大將軍梁冀弟河南尹不疑皆蒙外戚之任居阿衡之職不能敷揚五教專務虵豕而已帝雖知綱言公直然不忍行用也時廣陵賊張嬰殺太守據部冀乃用綱爲廣陵太守綱至乃陳示禍福嬰等開門出降綱乃撫納離叛使各得安居部內肅清帝嘉之賜錢千萬

續漢書曰大使車乘駕駟赤帷持節者重導伍百瑣弩十二人小使車蘭輿赤轂赤帷從騶騎四十人

又曰周舉字宣光順帝時詔八使遣巡行風俗皆選素有威名者拜舉侍中杜喬守光禄大夫周栩前青州刺史馮羨尚書欒巴侍御史張綱兖州刺史郭遵太尉張史劉班普守光禄大夫分行於天下其刺史二千石有贓罪顯明者驛馬上之墨綬以下便輒收舉其有清忠惠利爲百姓所安宜表異者皆以狀上於是八使同時俱拜天下號曰八俊舉於是劾奏貪猾表薦清公朝廷稱之

又曰范滂字孟博汝南征西人厲清節爲州所服舉孝廉時冀州飢荒盜賊群起乃使滂案察之滂登車攬轡慨然有澄清天下之志乃至州境守令自知贓汙望風解印綬去其所舉奏莫不厭伏衆議

東觀漢記曰來歙字君叔南陽人也建武五年持節送馬援奉璽書於隗囂囂遣子恂隨入侍時山東略定帝謀西收囂兵與俱伐蜀囂將王元說囂故不決歙素剛直遂發憤責之曰國家以公知臧否曉廢興故以手書暢至意足下推忠誠者委質是君臣父子信也今乃欲從使惑之言爲族滅之計叛主負子違背忠信吉凶之决在於今日因欲前刺囂囂起入部勒兵將殺歙歙徐杖節就車而去

又曰隗囂甚重馬援以爲綏德將軍時公孫述稱帝囂使援往觀之援素與述同鄉里相善以爲至當握手迎如平生而述方盛陳陛衛以延援入交拜禮畢就館更爲援製都布單衣交讓冠會百官於宗廟立舊交之位述鸞旗旄騎警蹕就車禮甚盛欲以援封侯食大將軍位賓客皆樂留援曉之因而辭歸謂囂曰子陽井底蛙耳不如專意東方囂乃使援奉書洛陽援至引見於宣德殿上迎笑謂之曰卿遨遊二帝間見卿使人慙援頓首謝曰當今之世非獨君擇臣臣亦擇君臣與公孫述少相善臣前至蜀述陛戟而後進臣今遠來陛下何知非刺客而簡易如此於是上復笑曰卿非刺客顧說客耳援乃曰天下反覆自盜名字者不可勝數今見陛下恢廓大度同符高祖乃知帝王自有眞也

又曰郭丹從師於長安買符入函谷關乃慨然歎曰丹不乘使者車終不出關後三公舉丹賢能徵諫議大夫丹自去家十有二年果乘高車出關如其志也

何賢之有伊曰以地言尉佗不在弊邑馮弘聞而大悦還封都亭侯

後魏書曰燕鳳字子章代人也拜代王左長史參決國事

常使符堅堅問鳳曰代王何如人也對曰寬和仁愛經略高遠一時雄主也常有并吞天下之志堅曰卿輩北人無剛甲利器敵弱則進敵強則退安能兼并也鳳曰北人壯悍上馬持三仗驅使若飛主人雄儁率服北土控弦百萬號令若一軍糧輕重樵蘇自若輕行速捷因敵取資此南方所以疲弊北方所以常勝也堅曰彼國人馬多少鳳曰控弦之士數十萬見馬一百萬疋堅曰卿言人衆則可說馬太多鳳曰雲中川自東山至西河二百餘里北至南山百餘里每歲自孟秋馬常大集略爲滿川以此推之使人言猶未盡鳳還堅厚加贈

又曰朱長生代人孝文時爲散騎常侍使高車其王阿伏至羅國乃不以禮待長生長生責至羅王旣稱臣內附何得口云再拜而實不拜乃呼出帳令衆中拜至羅慙其臣下大

懸乃以兵脅之曰不降則殺長生厲声曰我寧作魏鬼不爲汝臣留三歲乃放還孝文比之蘇武也

又曰李彪使蕭賾賾親謂彪曰卿前使還日賦詩云但願長關瞑後歲復來遊果如言今日卿此還也復有來理否彪荅曰使臣請重賦詩曰宴衍清都中一去永矣哉賾惆然曰清都可尒一去何事觀卿此言似成長闊

隋書曰許善心字務本高陽北新城人也家有書萬卷皆悉遍涉禎明二年加通直散騎常侍聘隋遇文帝伐陳禮成而不獲反命留縶賓館陳亡素服號泣於西階下藉草三日有詔就館拜通直散騎常侍善心盡夜哀哭北面立垂涕再拜受詔明日乃朝伏泣於殿下悲不能勝左右曰我平陳唯獲此人既懷其舊君則我誠臣也勑以本官直門下省賜物千段

唐書曰大歷初以授歸崇敬倉部郎中兼御史中丞賜金紫充吊祭册立新羅王使至海中流波濤迅急舟漏衆咸驚駭舟人請以小艇載崇敬避禍崇敬曰舟人凡數百我何獨濟逡巡波濤稍息故事使新羅者至海東多有所求或攜資帛而往貿易規利崇敬一皆絶之東夷稱重其德

又曰郗偘爲童兒力學不怠家産長能通經以講習自娛五經登第通歷代沿革擢爲太常博士轉虞部員外郎爲入回紇副使回紇驕倨見漢使盛陳兵甲與其相不拜欲受漢使禮偘堅立不動宣命既畢虜使責之云欲留使者行人皆惶怖獨偘謂虜曰今可汗是漢家子壻坐受使臣禮是可汗無禮非使臣無禮也虜憚其嚴正卒不敢逼

荊州先德傳曰費禕字文偉江夏人也吳與蜀和遣使張温字惠恕來脩好温辯好論議鮮能抑之諸葛亮以禕有俊才宜遣報温使以禕爲奉信校尉權時稱尊號意猶豫未決禕爲陳存亡之畫開國建家之策權甚悅滑稽時知名皆在會並使發異端之難禕應機輒荅坐席稱之由是愛敬焉

太平御覽卷第七百七十八

太平御覽卷第七百七十九

奉使部三

奉使下

三輔故事曰婁敬曰臣願爲髙車使者持節往至匈奴庭與其分土定界敬至曰汝本處北海之濵秦亂汝侵其界居中國地今婚姻已成當還汝本牧還我中國地作丹書鐵券曰自海以南冠蓋之士處焉自海以北控弦之士處焉割土盟誓然後求還

華陽李郃別傳曰郃字孟君漢中人和帝即位分遣使者循州郡觀風俗皆微服單行使者二人當到益州投公舍宿時夏月露坐爲出酒與談公仰視問曰二君發京師時寧知二使者何日發耶二人驚相視而曰不聞問公何以知之公指星有二使星向益部二人知其深明遂共談甚

嘉異焉

風俗通曰周秦常以歲八月遣輶車之使采異代方言還奏之事藏祕室

晏子春秋曰晏子使吳吳稱曰天子請見晏子蹵然曰臣受命弊邑使於吳王臣迷惑入于天子之朝敢問吳王惡存吳王夫差請見以諸侯之禮

又曰晏子使楚楚王進橘置削晏子不剖而并食王曰橘當剖對曰臣聞之賜人主者瓜桃不削橘柚不剖臣故不敢剖臣非不知

又曰晏子使楚楚人爲小門而延晏子晏子不入曰使狗國者從狗門入今臣使楚不當狗門入也王曰齊無人耶對曰齊之臨淄三萬戶張袂成帷揮汗成雨何爲無人齊以賢者使賢主不肖者使不肖主嬰不肖是故使王耳

又曰晏子聘楚楚王知其賢智欲辱之使人縛一人從殿前過佯問之此何罪也左右荅曰此齊人也今犯盜王謂晏子曰齊國善盜也晏子荅曰臣聞江南生橘江北爲枳土地使其然也臣察此人在齊不爲盜今來楚而盜亦土地使然也楚王大慙

漢雜事曰吳楚七國反齊孝王城守膠西濟南三國圍齊齊使路中大夫告於天子還報曰堅守此至三國圍齊已數重矣無從入三國將與路中大夫盟若反言漢已破大夫許之至城下望見齊王曰漢已發兵百萬使太尉周亞夫擊破吳楚引兵救齊齊必堅守三國將誅路中大夫

韓詩外傳曰越王勾踐使廉稽獻民於荊使者越夷狄之國也臣請欺其使者荊王越曰王賢人也其使者亦賢子慎之使者出見廉稽曰冠則得以見廉稽曰夫越亦周室

之列封也不得處中國則處江海之陂與黿鱣魚鼈爲伍文身剪髮而後處焉今來至上國必曰冠乃得見不冠不得如此則大國使適越亦將劓墨文身剪髮而後得見乎荊王披衣出謝

又曰魏文侯有子曰擊次曰訢訢少而立以爲嗣封太子擊於中山三年不往來其傅趙倉唐諫曰父忘子子不可忘父何不遣使乎擊曰願之久矣未有所使倉唐對曰爲之使則臣請使擊曰諾於是乃問君何所好與所嗜曰君嗜晨鳧好北犬遂求晨鳧北犬齎行倉唐至曰北藩中山之君有北犬晨鳧使倉唐再拜獻之文侯曰嘻擊知吾好北犬晨鳧也即見使者文侯曰擊無恙乎倉唐唯唯三問而不對文侯曰不對何也倉唐曰臣聞諸侯下名君既已賜弊邑使得小侯國不敢對也文侯曰中山君無恙乎倉

唐曰今者之來拜送於郊文侯曰中山君長短若何矣倉唐曰聞諸侯比諸侯不朝則側者皆人臣也臣無所比之然則所賜之裘幾能勝之矣文侯曰中山之君亦何好乎對曰好詩文侯曰於詩何好曰好黍離與晨風文侯曰黍離詩何哉對曰彼黍離離彼稷之苗行邁靡靡中心搖搖知我者謂我心憂不知我者謂我何求悠悠蒼天此何人哉文侯曰怨乎曰非敢怨也時思也文侯曰晨風謂何對曰詩云鴥彼晨風鬱彼北林未見君子憂心欽欽如何如何忘我實多此以忘我者也於是大悦曰欲知其子視其毋欲知其君視其使中山君若不賢惡能使其使賢遂廢太子訢而召中山君以爲嗣

說苑曰秦王以五百里地封鄢陵君君不受使唐且謝秦王忿然作色謂且曰亦嘗見天子之怒乎曰臣未嘗見也

王曰天子之怒伏尸百萬流血千里且曰大王亦嘗見布衣韋帶之士怒乎王曰布衣韋帶之士怒則解冠徒跣以頭搶地耳何難知者且曰此乃庸夫之怒耳布衣之士怒伏尸二人流血五步即持其匕首起視秦王曰今將是矣秦王變色長跪曰先生就坐寡人諭矣

又曰趙王遣使者之楚方鼓瑟而送之誡之曰必如吾言注事具瑟門

又曰齊使淳于髡聘楚髡爲人形皃短小楚王薄賤之曰謂之齊無人耶而使子來乎何長也髡對曰臣無所長要中七尺之劍欲斬無狀王王曰止吾但戲子耳與髡共飲酒

又曰晉楚之君爲好會宛丘之上宋使人臣晉楚大夫曰趣以天子禮見吾我將見子使者曰冠雖弊義居上屨雖新義居下周室微諸侯未之能易也師雖昇未城臣猶不更臣之服也遂以諸侯禮見之

又曰楚使者聘齊齊王享之梧宮使者曰大哉梧乎王曰江海之魚吞舟國之樹巨公使者王曰昔燕攻齊遵雄路渡濟橋楚雍問擊齊左而虛其右王鼎絕頭乎杜山公孫差格死于龍門飲馬乎淄澠宣獲乎瑯琊王與太后奔乎莒逃城陽之山此時梧之大小何如矣力渤對曰使者問梧之年即昔荊州王爲無道加諸申氏殺子胥父與兄子胥被髮食於吳闔廬以爲相三年將兵復讎于楚戰勝舉級頭百萬囊瓦奔鄭王保於隨師入郢胥行郢都親射宮臨于王冢笞其墓若此則梧可爲拊也

又曰明君之使人也任之以事不制之以辭

王逸子曰或問張騫可謂名使者歟曰周流斷城東西數

萬里其中胡貊皆知其習俗得始大蒜蒲萄苜蓿等

語林曰魏武將見匈奴使自以形陋不足雄遠國使崔季珪代當坐自捉刀床頭座既畢令人問魏王何如使荅曰魏王信曰雅望非常然床頭捉刀人此乃英雄也魏王聞馳遣殺此使

天文要集曰天節星主奉使小而明則使中正也

梁元帝鄭衆論曰漢世銜命匈奴困而不食者二人而已子卿持漢節卧伏氷霜仲師固無下拜陽絕太水況復風生蟄落日隱龍堆翰海飛沙臯蘭走霰豈不酸鼻痛心憶雒陽之宮陛屑泣攢悲想長安之城闕直以爲臣之道義不爲生事君之節生爲義盡豈望拔幽泉出重仞經長樂抵未央及還望塞亭來依候火傍觀上郡側眺雲中雖在巳之自隆而於時之報未重

梁劉孝儀北使還與永豐侯書曰足踐寒地身犯胡風暮宿客亭晨炊謁舍飄颻辛苦迄屆氈鄉雜種覃化頗慕中國兵傳李緒之法樓擬衛律所治而毛毳難淹酪漿易厭王程有限時反王關射鹿胡奴乃共歸國刻龍漢節還持入塞馬銜苜蓿嘶亘故墟人獲蒲萄歸種舊里稚子出迎善鄰相勞倦握蟹螯亟覆蝦椀每取朱顏略多自醉用此終日亦自娛

太平御覽卷第七百七十九

太平御覽卷第七百八十　四夷部一

東夷一

叙東夷　朝鮮　獩貊

三韓 辰韓弁辰附

叙東夷

尚書堯典曰分命羲仲宅嵎夷曰暘谷東表之地稱嵎夷暘明也日出於谷而天下明○又大誥曰武王崩三監及淮夷叛三監管蔡商淮夷徐奄之屬皆叛周周公相成王將黜殷命作大誥○又蔡仲之命曰成王東伐淮夷遂踐奄成王即政淮夷奄國又叛王親征之遂滅奄而徙之作成王政爲平淮夷徙奄之政令○又費誓曰魯侯命伯禽宅曲阜徐戎並興東郊不開徐戎淮夷並起爲寇於魯故東郊不開徂茲淮夷徐戎並興令往征此淮浦之夷徐州之戎並起爲寇此戎夷帝王所羈縻統叙故錯居九州之内秦始皇遂出之善敹乃甲冑敿乃干無敢不弔備乃弓矢鍛乃戈矛礪乃鋒刃無敢不善

左傳僖下曰杞桓公來朝用夷禮故曰子杞先代之後而迫於東夷風俗雜壞言語衣服有時而夷故傳言其夷也

又成公上莒子曰辟陋在夷其孰以我爲虞

又襄公六曰杞夏餘也而即東夷行夷禮

又定公下曰公會齊侯于杞其實夾谷孔丘相犂彌言於齊侯曰孔丘知禮而無勇若使萊人以兵刼魯侯必得志焉萊人齊所滅萊夷也齊侯從之孔丘以公退曰士兵之以兵擊萊人兩君合好而裔夷之俘以兵亂之裔遠也非齊君所以命諸侯也裔不謀夏夷不亂華齊侯聞之遽辟之辟萊兵也

毛詩云苕之華大夫閔時也幽王之時西戎東夷交侵中國師旅並起因之以饑饉君子閔周室之將亡傷己逢之故作是詩也

又江漢尹吉甫美宣王也能興衰撥亂命召公平淮夷江漢浮浮武夫滔滔匪安匪遊淮夷來求

論語子罕曰子欲居九夷馬曰九夷東方之夷有九種或曰陋如之何子曰君子居之何陋之有馬曰君子所居則化

後漢書曰王制云東方曰夷夷者抵也言仁而好生萬物抵地而出故天性柔順易以道御至有君子不死之國焉

又曰會稽海外有東鯷人鯷達奚切分爲二十餘國又有夷洲及澶州傳言秦始皇遣方士徐福將童男童女數千人入海求蓬萊神仙不得徐福畏誅不敢還遂止此洲代代相承有數萬家人歲時至會稽市會稽東冶縣人有入海行遭風流移至澶洲者所在絶遠不可來往

竹書紀年曰后芳即位三年九夷來御曰畎夷于夷方夷黃夷白夷赤夷玄夷風夷陽夷

又曰后發即位元年諸夷賓于王門諸夷入舞

又曰仲丁即位于藍夷

白虎通曰夷者蹲也言無禮儀

史系曰天監五年丹陽南山得瓦物高五尺圍四尺上銳下平蓋如合焉中得劒一瓷具十數時人莫識沈約云此東夷罄盂也葬則用之代棺此制度卑小則隨當時矣東夷死則坐葬之武帝服其博識

臨海水土志曰夷州在臨海東南去郡二千里土地無雪霜草木不死四面是山衆山夷所居山頂有越王射的正白乃是石也此夷各號爲王分畫土地人民各自別異人皆髡頭穿耳女人不穿耳作室居種荆爲蕃鄣土地饒沃既生五穀又多魚肉舅姑子婦男女卧息共一大牀交會之時各不相避能作細布亦作班文布刻畫其内有文章以爲飾好也其地亦出銅鐵唯用鹿觡矛以戰鬭耳磨礪

青石以作矢鏃刃斧鐶貫珠璫飲食不潔取生魚肉雜貯大器中以滷之歷日月乃啖食之以爲上饌呼民人爲彌麟如有所召取大空材材十餘丈以着中庭又以大杵旁舂之聞四五里如鼓民人聞之皆往馳赴會飲食皆踞相對鑿牀作器如稀槽狀以魚肉腥臊安中十十五五共食之以粟爲酒木槽貯之用大竹筒長七寸許飲之歌似犬嘷以相娛樂得人頭斫去腦駮其面肉留置骨取犬毛染之以作鬚眉鬢編具齒以作口自臨戰鬪時用之如假面狀此是夷王所服戰得頭着首還於中庭建一大材高十餘丈以所得頭差次挂之歷年不下彰示其功又甲家有女乙家有男仍委父母往就之居與作夫妻同牢而食女以嫁皆缺去前上一齒

又曰安家之民悉依深山架立屋舍於棧格上似樓狀居處飲食衣服被飾與夷州民相似父母死亡殺犬祭之作四方函以盛屍飲酒歌舞畢仍懸着高山巖石之間不埋土中作冢槨也男女悉無履今安陽羅江縣民是其子孫也皆好猴頭羮以菜和中以醒酒雜五肉臛不及之其俗言寧自負人千石之粟不願負人猴頭羮臛

朝鮮

尚書大傳曰武王勝殷繼公子祿父（祿父紂之子也）釋箕子之囚箕子不忍商之亡走之朝鮮（朝鮮今樂浪郡）武王聞之因以朝鮮封之箕子既受周之封不得無臣禮故於十二祀來朝

史記曰朝鮮張晏注曰朝鮮有濕水洌水汕水合爲洌水疑樂浪朝鮮取名於此

又曰朝鮮王滿燕人也自始燕時嘗略屬眞番朝鮮爲置吏築鄣塞秦滅燕屬遼東外徼漢興爲遠難守復脩遼東故塞至浿水爲界屬燕燕王盧綰反入匈奴滿亡命聚黨千餘人魋結蠻夷服而東走出塞渡浿水居秦故空地上下鄣稍役屬眞番朝鮮蠻夷及故燕齊亡命者王之都王險（王險地名）會孝惠高后時天下初定遼東太守即約滿爲外臣保塞外蠻夷毋使侵盜邊以聞上許之以故滿得以兵威財物侵降其旁小邑眞番臨屯皆來服屬方數千里傳子至孫右渠所誘漢亡人滋多又未嘗入見眞番旁衆國欲上書見天子又雍閼弗通元封二年漢使涉何譙諭右渠終不肯奉詔（師古曰譙讓也音才笑切）何去至界臨浿水使馭刺殺送何者朝鮮裨王長（長裨王名也）即渡水馳入塞遂歸報天子曰殺朝鮮將上爲其名美即不詰拜何爲遼東東部都尉朝鮮怨何發兵襲攻殺何天子募罪人擊朝鮮其秋遣樓舡將軍楊僕自齊浮渤海兵五萬人左將軍荀彘出遼東討右渠右渠發兵距險天子爲兩將軍未有利乃使衛山因兵威往諭右渠右渠見使者頓首謝欲降恐兩將詐殺臣今見信節請服遣太子入謝獻馬五千疋及餽軍粮人衆萬餘持兵渡浿水使者及左將軍疑其爲變謂太子已服降宜令人毋持兵太子亦疑使者左將軍詐殺之遂不渡浿水復引歸左將軍破浿水上軍迺前至城下圍其西北樓舡亦往會居城南右渠遂堅城守數月未能下左將軍急擊之朝鮮大臣迺陰間使人約降樓舡往來言尚未肯決天子使濟南太守公孫遂往征之有便宜得以從事遂至以節召樓舡將軍入左將軍營計事即命左將軍戲下執縛樓舡將軍并其軍以報天子天子誅遂左將軍已并兩軍即急擊朝鮮朝鮮相路人韓陶尼谿相參將軍王唊（師古曰相路人一人也韓陶二人也尼谿相參三也將軍王唊四也唊音頰）相與謀使人殺朝鮮王右渠來降王

儉城未下故右渠之大臣成巳又反復攻吏左將軍使右渠子長降相路人子最告諭其民誅成巳遂定朝鮮爲真番臨屯樂浪玄菟四郡

漢書地理志曰玄菟樂浪武帝時初置皆朝鮮濊貊勾驪蠻夷殷道衰箕子去之朝鮮教其民以禮義田蠶織作樂浪朝鮮民犯禁八條（如淳曰有其四其四不見）相殺以當時償殺相傷者以穀償相盜者男沒入爲其家奴女子爲婢欲自贖者人五十萬雖免爲民俗猶羞之嫁娶無所讎是以其民終不相盜無門戶之閉婦人貞信不淫辟其田民飲食以籩豆都邑頗放效吏及內郡賈人往往以杯器食郡初取吏於遼東吏見民無閉藏及賈人往者夜則爲盜俗稍益薄今相犯禁寖多致六十餘條可貴哉仁賢之化也然東夷天性柔順異於三方之外故孔子悼道之不行乘桴浮於海欲居九夷有以也

濊貊

魏志曰濊貊國南與辰韓北與高勾驪沃沮接東窮大海今朝鮮之東皆其地也戶二萬餘昔箕子既適朝鮮作八條之教無門戶之閉而民不爲盜其後四十餘世朝鮮侯准僭號稱王陳勝等起略叛秦燕齊趙民避地東入朝鮮數萬口燕人衛滿魋結夷服復來王之漢武帝伐滅朝鮮分其地爲四郡自是之後胡漢稍別無大君長自漢已來其官有侯邑君三老統主下戶其耆舊自謂與勾驪同種其人性愨愿少嗜慾有廉耻不請勾驪言語法俗大抵與勾驪同衣服有異男女衣皆着曲領男子繫銀花廣數寸以爲飾自單單大嶺以西屬樂浪以東七縣都尉主之皆以濊爲民後省都尉封其渠帥爲侯今不耐濊皆其種也其俗同姓不婚多忌諱每疾病死亡輒捐弃舊宅更作新居布麻蠶綿飲食亦有俎豆曉侯星宿豫知年歲豐約嫁娶喪葬之法有似勾驪不以珠玉爲寶常用十月節祭天晝夜飲酒歌儛名爲儛天又祭虎以爲神其邑落相侵犯輒相罰責生口牛馬之名曰責禍殺人者償死寇盜作矛長三丈至戰時數人共持之能步鬭樂浪檀弓出其地其海出班魚皮土饒文狗又出菓下馬漢桓時獻之正始六年樂浪太守鄧茂帶方太守弓遵以嶺東濊屬勾驪興師伐之不耐侯等舉邑降八年詣闕朝貢詔更拜不耐濊王居處雜在人間四時詣郡朝謁二郡有軍征賦調供給役使遇之如民

風俗通曰貊者謹案春秋傳大貊小貊貊者路也薄也不知送往勞來無宗廟粢盛賦斂輕薄也

三韓（辰韓　弁辰附）

後漢書曰韓有三種一曰馬韓二曰辰韓三曰弁辰馬韓在西有五十四國其北與樂浪南與倭接辰韓在東十有二國其地與濊貊接弁韓在辰韓之南亦有十二國其有亦與倭接凡七十二國大者萬餘戶小者數千家各在山海間地合方四千餘里東西以海爲限皆古之辰國也馬韓最大共立其種爲辰王都目支國盡王三韓之地其諸國王先皆是馬韓種人焉馬韓人知田蠶作綿布出大栗如梨有長尾雞尾長五尺邑落雜居亦無城郭作土室形如冢開戶在上不知跪拜無長幼男女之別少綱紀國邑雖有主帥不能相制御其葬有棺無槨不知騎乘牛馬不貴金寶錦罽唯重纓珠以綴衣爲飾及懸頸垂耳大率皆魁頭露紒（魁頭猶科頭也謂以髮縈績成科結也紒音計）布袍草履其人壯勇少年有築室作力者輒以繩貫脊皮縋以大木嚾呼爲健善

用弓楯矛櫓雖有鬭爭攻戰而貴相屈服俗信鬼神常以五月竟祭鬼神晝夜酒食群聚歌舞輒數十人相隨踏地爲節十月農功畢亦如之諸國邑各以一人主祭天神號爲天君又立蘇塗（蘇塗者似浮塗）建大木以懸鈴鼓事鬼神其南界近倭亦有文身者

魏志曰馬韓漢桓靈之末韓濊強盛郡縣不能制民多流入韓國建安中公孫康分屯有縣以南荒地爲帶方郡遣公孫模張敞等收集遺人興兵伐韓濊舊人稍出是後倭韓遂屬帶方魏景初中明帝遣帶方太守劉昕樂浪太守鮮于嗣越海定二郡諸韓國臣智加賜邑君印綬其次與邑長其俗好衣幘下户詣郡朝謁皆假衣幘自服印綬郡從事吳林以樂浪本統韓國分割辰韓八國與樂浪

又曰有州胡在馬韓之西海中大島上其人差短小言語不與韓同皆髡頭如鮮卑但衣韋衣有上無下好養牛豕乘船往來市貨韓中矣

辰韓

後漢書曰辰韓耆老自言秦之亡人避苦役適韓韓割東界地與之其名國爲邦弓爲弧賊爲寇行酒爲行觴相呼皆爲徒有似秦語故或名之爲秦韓有城柵屋室諸小別邑各有渠帥大者名臣智次有儉側次有樊祇次有殺奚次有邑借（皆其官名）土地肥美宜五穀知蠶桑作縑布乘駕牛馬嫁娶以禮行者讓路國出鐵濊倭馬韓並從市之凡諸貨易皆以鐵爲貨俗喜歌舞飲酒鼓瑟兒生欲令頭扁皆押之以石（編音補典切）

魏志曰辰王常用馬韓人作之世世相繼辰王不得自立爲王明其爲流移之人故爲馬韓所制也其俗男女有別以犬馬鳥羽送死其意欲使死者飛揚其國作屋橫累木爲之有似牢獄

弁韓

後漢書曰弁辰與辰韓雜居城郭衣服皆同言語風俗有異其人形皆長大美髮衣服潔清而刑法嚴峻其國近倭故頗有文身者初朝鮮王準爲衛滿所破乃將其餘衆數千人走入海攻馬韓破之自立爲韓王準後滅絶馬韓人復自立爲辰王建武二十年韓人廉斯人蘇馬諟等詣樂浪貢獻（廉斯邑名諟音是）帝封蘇馬諟爲漢廉斯邑君使屬樂浪郡四時朝謁靈帝末韓濊並盛郡縣不能制百姓亂苦多流亡入韓者

魏志曰弁辰與辰韓雜居亦有城郭衣服居處與辰韓同言語法俗相似祠祭鬼神有異於竈皆在戶西

太平御覽卷第七百八十

東夷二

百濟　夫餘　新羅

百濟

北史曰百濟之國者其先盖馬韓之屬也出自夫餘王東明之後有仇台篤於仁信始立國于帶方故地漢遼東太守公孫度以女妻之遂爲東夷強國初以百家濟因號百濟其國東極新羅北接高句麗西南俱限大海東西四百五十里南北九百里其都曰居拔城亦曰固麻城其外更有五方中方曰古沙城東方曰得安城南方曰久知下城西方曰刀先城北方曰熊津城

又曰百濟國王姓夫餘氏號於羅瑕百姓呼爲鞬吉之夏言並王也王妻號於陸夏言妃也官有十六品左平五人一品達率三十人二品恩率三品德率四品杆率五品奈率六品已上冠飾銀華將德七品紫帶施德八品皂帶固德九品赤帶季德十品青帶對德十一品文督十二品皆黃帶武督十三品左軍十四品振武十五品卷虞十六品皆白帶自恩率以下官無常員各有部分其人飲食衣服與高麗略同若朝拜祭祀其冠兩箱加翅戎事則不拜謁之禮以兩手據地爲禮婦人不加粉黛女辮髮垂後已出嫁則分爲兩道盤於頭上衣似袍而袖微大兵有弓箭刀矟俗重騎射兼愛墳史有鼓角箜篌箏竽篪笛之樂投壺樗蒲弄珠握槊等戲尤尚奕棊行宋元嘉曆以建寅月爲歲首賦稅以布絹絲麻及米等量歲豐儉差等輸之其刑罰反叛退軍及殺人者斬盜者流其贓兩倍徵之婦犯姦沒入夫家爲婢婚娶之禮略同華俗父母及夫死者

三年居服餘親則葬訖除之土田下濕氣候溫暖人皆山居有巨栗其五穀雜菓菜蔬及酒醴肴饌之屬多同內地維無馳騾羊鵝鴨

又曰百濟國中大姓有八族沙氏燕人劦（音協）氏真氏解氏胃氏木氏苩氏其俗每以四仲月祭天及五帝之神立其始祖仇台之廟於國城歲四祠之

又曰隋開皇初百濟王餘昌遣使貢方物拜上開府帶方郡公百濟王平陳之歲戰船漂至海東躭牟羅國其船得還經于百濟昌資送甚厚并遣使奉表賀陳平文帝善之下詔復使長史王辯那來獻方物屬興遼東之役奉表請爲軍導高麗頗知其事兵侵其境大業七年帝親征高麗其王餘璋使國智牟來請軍期帝遣尚書起居郎席律詣彼與相知明年六軍度遼餘璋亦嚴兵於境聲言助軍實持兩端尋與新羅有隙每相戰爭十年復遣使朝貢後天下亂使命遂絕

南史曰晉義熙十二年以百濟王餘映爲使持節都督百濟諸軍事鎮東將軍百濟王宋元嘉二年詔兼謁者閭丘恩子兼副謁者丁敬子往宣旨慰勞其後每歲遣使奉表獻方物二十七年上表求易林雜占腰弩文帝並與之梁天監中進號征東大將軍尋爲高麗所破衰弱累年遷居南韓地普通二年王餘隆上表陳累破高麗今始與百濟通好更爲強國五年隆死詔以其子明爲百濟王所都城曰固麻謂邑曰檐魯如中國之言郡縣也其國有二十二檐魯皆以子弟宗族分據之其人形長衣服潔淨其國近倭頗有文身者言語服章略與高麗同呼帽曰冠襦曰複衫袴曰褌其言參諸夏亦秦韓之遺俗云中大通七年累遣使獻方

物并諸涅槃等經義毛詩博士并工匠畫師等並給之太清三年遣使貢獻及至見城闕荒毁並號慟涕泣侯景怒囚執之景平乃得還國

唐書曰百濟國王所居有東西兩城所置內官曰臣佐平掌宣納事內頭佐平掌庫藏事內法佐平掌禮儀事衛士佐平掌宿衛兵事朝廷佐平掌刑獄事兵官佐平掌在外兵馬事其用法叛逆者死籍没其家殺人者以奴婢三人贖罪官人受財及盜者三倍追贓乃終身禁錮凡諸賦稅及風土所產多與高麗同其王服大袖紫袍青錦袴烏羅冠金花爲飾素皮帶烏革履官人盡緋爲衣銀花飾冠庶人不得衣緋紫歲時伏臘同於中國其書籍有五經子史又表疏並依中華之法其國西南海中有三島其上出黃漆樹似小榎而樹大六月取其汁漆器物色如黃金其光自奪目

又曰武德四年百濟王扶餘璋遣使來獻果下馬七年又遣大臣奉表朝貢高祖嘉其誠款遣使就冊爲帶方郡王百濟王自此歲遣朝貢高祖勞撫甚厚因訟高麗閉其道路不許來通中國詔遣朱子奢往和之又與新羅世爲讎敵數相侵伐貞觀元年太宗賜其王璽書令即停兵革璋因遣使奉表陳謝雖外稱順命內實相仇如故十一年遣使來朝獻鐵甲雕斧太宗優勞之賜綵帛錦袍等

又曰貞觀十六年百濟王義慈興兵伐新羅四十餘城又與高麗和親通好謀欲取党項城以絕新羅入朝之道新羅遣使告急請救太宗遣司農丞相里玄獎賫書告諭兩蕃示以禍福及太宗親征高麗百濟懷貳乘虛襲破新羅七城二十二年又破其十餘城數年之中朝貢遂絕高宗嗣位始遣使朝貢六年新羅王金春秋上表稱百濟與高麗靺鞨侵其北界已没三十餘城顯慶五年命左衛大將軍蘇定方統兵討之大破其國虜義慈及太子隆小王孝演僞將五十八人等送於京師上責而宥之其國舊分爲五部統郡三十七城二百戶七十六萬至是乃以其地分置熊津馬韓東明等五都督府各統州縣立其酋渠爲都督刺史及縣令命右衛郎將王文度爲熊津都督揔兵以鎮之

又曰百濟王義慈事親以孝行聞友于兄弟時人號東海曾閔及至京數日疾卒贈金紫光祿大夫衛尉卿特許其舊臣赴哭送就孫皓陳叔寶墓側葬之

夫餘

後漢書曰夫餘國在玄菟北千里南與高句麗東與挹婁西與鮮卑接北有弱水地方二千里本濊地也初北夷橐離國王出行其侍兒於後妊身王還欲殺之侍兒曰前見

天上有氣如大雞子來降我因以有身王囚之後遂生男王令置於豕牢豕以口氣噓之不死復徙於馬欄馬亦如之以爲神乃聽母收養名曰東明東明長而善射王忌其猛欲殺之東明奔走南至掩淲水以弓擊水魚鱉皆聚浮水上東明乘之得度因至夫餘而王之焉於東夷之域最爲平敞土宜五穀出名馬赤玉貂豽大珠如酸棗以員柵爲城有宮室倉庫牢獄其人麤大強勇而謹厚不爲寇鈔以弓矛爲兵以六畜名官有馬加牛加狗加其邑落皆主屬諸加食飲用俎豆會同拜爵洗爵揖讓升降以臘月祭天大會連日飲食歌舞名曰迎鼓是時斷刑獄解囚徒有軍事亦祭天殺牛以蹏占其吉凶行人無晝夜好歌吟音聲不絕其俗用刑嚴急被誅者皆没其家人爲奴婢盜一責十二男女淫皆殺之尤惡妬婦既殺復尸於山上兄死妻嫂死

則有槨無棺殺人殉葬多者以百數其王葬用玉匣漢朝常預以玉匣付玄菟郡王死則迎取以葬焉建武二十五年夫餘王遣使奉貢光武厚報荅之於是使命歲通至安帝永初五年夫餘王始將步騎七八千人寇鈔樂浪殺傷吏人後復歸附永寧元年乃遣嗣子尉仇台詣闕貢獻天子賜尉仇台印綬金綵順帝永和元年其王來朝京師帝作黃門鼓吹角抵戲以遣之桓帝時亦朝貢獻帝時求屬遼東云

魏志曰夫餘本屬玄菟其俗有敵諸加自戰下戶俱擔糧飲食之其死夏月皆用氷有槨無棺停喪五月以久爲榮其居喪男女皆純白婦人著布面衣去環珮大體與中國相類漢末公孫度雄張海東威服東夷夫餘王尉仇台更屬遼東時句驪鮮卑強度以夫餘在二虜之間妻以宗女

正始中幽州刺史毋丘儉討句驪遣玄菟太守王頎詣夫餘王位居遣大加郊迎供軍糧舊夫餘俗水旱不調五穀不熟輒歸咎於王或言當易或言當殺其印文言濊王之印國有故城名濊城蓋本濊貊之地而夫餘王其中自謂亡人抑有以也

晉書曰夫餘國至太康六年爲慕容廆所襲破其依慮自殺子弟走保沃沮武帝以何龕爲護東夷校尉明年夫餘後王依羅遣使詣龕求率見人還復舊國遣督郵賈沈以送之尒後每爲廆掠其種人賣於中國帝又以官物贖還禁市夫餘之口自後無聞

新羅

秦書曰苻堅建元十八年新羅國王樓寒遣使衛頭獻美女國在百濟東其人多美髮髮長丈餘

又曰苻堅時新羅國王樓寒遣使衛頭朝貢堅曰卿言海東之事與古不同何也荅曰亦猶中國時代變革名號改易

南史曰新羅魏時曰新盧宋時曰新羅或曰斯羅其國小不能自通使聘梁普通二年王姓募名秦始使使隨百濟奉獻方物其俗呼城曰健牟羅其邑在內曰啄評在外曰邑勒亦中國之言郡縣也國有六家啄評五十邑邑勒土地肥美宜植五穀多桑麻作縑布服牛乘馬男女有別其官名有子賁旱支壹旱支齊旱支謁旱支壹吉支奇貝旱支其冠曰遺子禮襦曰尉解袴曰柯半靴曰洗其拜及行與高麗相類無文字刻木爲信語言待百濟而後通焉

北史曰新羅者其先本辰韓種也辰韓始有六國後稍分爲十二新羅則（先本辰韓種也辰韓始一也或稱斯盧）將毋丘儉討高麗破之奔

沃沮其後復歸故國有留者遂爲新羅亦曰斯盧其人雜有華夏高麗百濟之屬兼有沃沮不耐韓濊之地其王本百濟人自海逃入新羅遂王其國初附庸百濟百濟征高麗不堪戎役後相率歸之遂致強盛因襲百濟附庸於迦羅國焉

又曰新羅王真平以隋開皇十四年遣使貢方物文帝拜真平上開府樂浪郡公新羅王其官有十七等一曰伊罰干貴如相國次伊尺干次迎干次破彌干次大阿尺干次阿尺干次乙吉干次沙咄干次及伏干次大奈摩干次奈摩次大舍次小舍次吉士次大烏次小烏次造位外有郡縣其文字甲兵同於中國選壯健者悉入軍烽戍邏俱有屯管部伍風俗刑政衣服略與高麗百濟同每月旦相賀王設宴會班賚群官其日拜日月神主八月十五日設樂令官人射

賞以馬布其有大事則聚群官詳議定之服色尚畫素婦人辮髮繞頭以新綵及珠爲飾婚嫁禮唯酒食而已輕重隨貧富死有棺斂葬送起墳陵王及父母妻子喪居服一年田甚良沃水陸兼種其五穀果菜鳥獸物産略與華同大業以來歲遣朝貢

唐書曰新羅王所居曰金城周七八里衛兵三千人設師子隊文武官凡有十七等武德四年其王金眞平遣使朝貢高祖遣使賜以璽書及畫屏風錦綵自此朝貢不絶其食器用柳箱亦以銅及瓦國多金朴兩姓異姓不爲婚

又曰貞觀五年新羅遣使獻女樂二人皆鬒髮美色太宗謂侍臣曰朕聞聲色之娛不如好德且山川阻遠懷土可知近日林邑獻白鸚䳇尚解思鄉訴請還國鳥猶如此況人情乎但愍其遠來思戀親戚宜付使者聽其還家

又曰新羅曰金眞平安卒無子立其女善德爲王貞觀九年遣使册命善德爲樂浪郡王新羅王十七年遣使上言高麗百濟累相攻襲亡失數十城兩國連兵意在滅臣社稷謹遣陪臣歸命大國乞偏師救助後太宗將親伐高麗詔新羅纂集士馬應接大軍新羅遣大臣領兵五萬入高麗南界攻水口城降之

又曰新羅王善德卒立其妹眞德爲王貞觀二十二年其德遣其弟國相伊賛于金春秋及其子文王來朝春秋請詣國學觀釋奠及講論太宗因賜以所製溫湯及晉碑并新撰晉書將歸國

又曰永徽元年新羅王眞德大破百濟之衆遣其弟子法敏以聞眞德乃織錦作五言太平頌以獻其詞曰大唐開洪業巍巍皇猷昌止戈戎衣定修文繼百王統天崇雨施理物體含章深仁諧日月撫運邁陶唐幡旗何赫赫鉦鼓何鍠鍠外夷違命者剪覆被天殃淳風凝幽顯遐邇競呈祥四時和玉燭七耀巡萬方維岳降宰輔帝任忠良五三成一德昭我家大唐帝嘉之拜法敏爲太府卿

又曰永徽六年百濟與高麗靺鞨率兵侵新羅北界其王春秋遣使上表求救顯慶五年命左武衛大將軍蘇定方爲熊津道大總管統水陸十萬仍令春秋爲嵎夷道行軍摠管與定方討平百濟俘其王扶餘義慈來獻自是新羅漸有高麗百濟之地其界益大西至于海

又曰龍朔三年詔以新羅國爲雞林州都督府授其王金法敏爲雞林都督法敏卒其子政明嗣位垂拱二年遣使來朝因請唐禮一部并雜文章則天令寫吉凶要禮并於文館詞林採其詞涉規誡者勒成五十卷以賜之

又曰開元二十五年新羅王興光卒玄宗遣左賛善大夫邢璹往弔祭并册其子承慶爲新羅王璹將發上製詩序太子以下及百寮咸賦詩以送之謂璹曰新羅號君子之國頗知書記有類中華以卿涉學善於講論故選充此使到彼宜闡揚經典使知大國儒教之盛又聞其人多善奕棊亦令善棊人率府兵曹楊季膺爲之副璹等至彼大爲蕃人所敬其國棊者皆季膺之下於是厚賂璹等金寶及藥物

又曰大曆七年新羅王金乾運遣使金標石來賀正八年又遣使獻金銀牛黄魚牙紬朝霞紬等

又曰元和三年新羅王金重興遣使金力奇來朝力奇上言貞元十六年奉詔册臣故主金俊邕爲新羅王母氏爲大妃妻祁氏爲王妃册使韋丹至中路而知俊邕薨其册

却廻在中書省令臣還國伏請授臣以歸勑金陵邕等册宜令鴻臚寺於中書省受領至寺宣授與金力奇令奉歸國仍賜其叔彦昇門戟令本國准例給與

太平御覽卷第七百八十一

太平御覽卷第七百八十二　四夷部三

東夷三

倭　日本　紵嶼人　蝦夷國

倭

後漢書曰倭在韓東南大海中依山島爲居凡百餘國武帝滅朝鮮使驛通於漢者三十許國倭王居邪馬臺國（倭今名邪摩惟音之訛）樂浪郡徼去其國萬二千里其地大較在會稽東冶與朱崖儋耳相近故其俗多同土宜禾稻麻紵蠶桑知織績爲縑布出白珠青玉其山有丹土氣温煖冬夏生菜茹無牛馬虎豹羊鵲（鵲或作鷄）其兵有矛楯木弓竹矢或以骨爲鏃男子皆黥面文身以其文左右大小別尊卑之差其男衣皆橫幅結束相連女人被髮屈紒衣如單被貫頭而着之並以丹朱坋身（說文曰坋塵也音蒲頓切）如中國之用粉也有城

柵屋宇父母兄弟異處唯會同男女無別飲食以手而用籩豆俗皆徒跣以蹲踞爲恭敬人性嗜酒多壽考至百餘歲者甚衆國多女子大人皆有四五妻其餘或兩或三女人不淫不妬又俗不盜竊少爭訟犯法者沒其妻子重者滅其門族其死者停喪十餘日家人哭泣不進酒食而等類就歌舞爲樂灼骨以爲卜用決吉凶行來渡海令一人不櫛沐不食肉不近婦人名曰持衰若在塗吉利則雇以財物如病疾遭害以爲持衰不謹便共殺之

魏志曰倭國在帶方東南大海中依山島爲舊國百餘小國漢時有朝見者今令使譯所通其三十國從帶方至倭循海岸水行歷韓國從乍南乍東到其北岸拘耶韓國七千餘里至對馬國戶千餘里大官曰卑狗副曰卑奴毋離所居絶島方四百餘里地多山林無良田食海物自活乘船南北市糴又南渡一海一千里名曰瀚海至一大國置官與對馬同地方三百里多竹木叢林有三千許家亦有田地耕田不足食方行市糴又渡海千餘里至末盧國戶四千濱山海居人善捕魚水無深淺皆能沉沒取之東南陸行五百里到伊都國官曰爾支副曰泄謨觚柄渠觚有千餘戶世有王皆統屬女王帶方使往來常止住又東南至奴國百里置官曰先馬觚副曰卑奴毋離有二萬餘戶又東行百里至不彌國戶千餘置官曰多模副曰卑奴毋離又南水行二十日至於投馬國戶五萬置官曰彌彌副曰彌彌那利又南水行十日陸行一月至耶馬臺國戶七萬女王之所都其置官曰伊支馬次曰彌馬叔次曰彌馬獲支次曰奴佳鞮其屬小國有二十一皆統之女王之南又有狗奴國男子爲王其官曰狗石智卑狗者不屬女王也自

帶方至女國萬二千餘里其俗男子無大小皆黥面文身聞其舊語自謂太伯之後又云自上古以來其使詣中國草傳辭說事或蹲或跪兩手據地謂之恭敬其呼應聲曰噫噫如然諾矣

又曰倭國本以男子爲王漢靈帝光和中倭國亂相攻伐無定乃立一女子爲王名卑弥呼事鬼道能惑衆自謂年已長大無夫壻有男弟佐治國以婢千人自侍唯有男子一人給飲食傳辭出入其居處宮室樓觀城柵守衛嚴峻景初三年公孫淵死倭女王遣大夫難升米等言帶方郡求詣天子朝見太守劉夏送詣京師難升米致所獻男生口四人女生口六人班布二疋詔書賜以雜錦采七種五尺刀二口銅鏡百枚眞珠鉛丹之屬付使還又封下倭王印綬女王死大作冢殉葬者百餘人更立男王國中不

伏更相殺數千人於是復更立卑弥呼宗女臺舉年十三爲王國中遂定其倭國之東渡海千里復有國皆倭種也又有朱中儒國在其南人長三四尺去倭國四千餘里又有躶國墨齒國其南船行可一年至

南史曰倭國風俗不淫男女皆露髻富貴者以錦綉雜采爲帽似中國胡公頭晉安帝時有倭王讚遣使朝貢宋武帝永初二年詔曰倭王讚遠誠宜甄可賜除授文帝元嘉二年讚又遣使奉表獻方物讚死弟珎立遣使貢獻自稱使持節都督倭百濟新羅任那秦韓六國諸軍事安東大將軍倭國王詔除安東將軍倭國王珎又求除正倭洧等十三人平西征虜冠軍號詔並聽之自此朝貢不絕至順帝昇明二年倭王武遣使上表言自昔祖禰躬擐甲冑跋涉山川不遑寧處東征毛人五十五國西服衆夷六十六國陵

平海北九十五國王道融泰廓土遐畿累葉朝宗不愆于歲道過百濟裝飾船舫而句麗無道圖欲見吞臣亡考濟方欲大舉奄喪父兄使垂成之功不獲一簣今欲練兵甲父凡之志竊自假開府儀同三司其餘咸各假授以勸忠節詔除武使持節督倭新羅任那加羅秦韓六國諸軍事安東大將軍倭國王至齊建元中及梁武帝時並來朝貢

北史曰隋開皇二十年倭王姓何每字多利思比孤號河輩雞弥遣使詣闕上令所司訪其風俗使者言倭王以天爲凡以日爲弟天明時出聽政跏趺坐日坐便理務云委我弟文帝曰此大無義理於是訓令改之王妻姓雞弥後宮有女六七百人名太子爲利歌弥多弗利

又曰倭國内官有十二等一曰大德次小德次大仁次小仁次大義次小義次大禮次小禮次大智次小智次大信次小信員無定數有軍尼一百二十人猶中國牧宰八十戶置一伊尼翼如今里長也十伊尼翼屬一軍尼

又曰倭國男子服飾衣裙襦其袖微小履如屨形漆其上繫之脚人庶多跣足不得用金銀爲飾故時衣横幅結束相連而無縫頭亦無冠但垂髮於兩耳上至隋時王始制冠以錦綵爲之以金銀鏤花爲飾婦人束髮於後亦衣裙襦裳皆有襈纖竹聚以爲梳編草爲薦雜皮爲表緣以雜文皮

又曰倭國兵有弓矢稍斧漆皮爲甲骨爲矢鏑雖有兵無征戰其王朝會必陳設儀仗其國樂戶戶可十萬俗殺人強盜及姦皆死盜者計贓酬物無財者没身爲奴自餘輕重或流或杖每訊冤獄不承引者以木壓膝或置小石於沸湯中令所覺者探之云理曲者即手爛或置蛇甕中令取之云曲者即螫手人頗恬靜罕爭訟少盜賊樂有五弦

琴笛男女多黥面文身没水捕魚無文字唯刻木結繩後於百濟求得佛經始有文字知卜筮尤信巫覡每至正月一日必射戲飲酒其餘節略與華同好棊博握槊樗蒲之戲氣候温煖草木冬青土地膏腴水多陸少以水環挂鸕鷀項令入水捕魚日得百餘頭俗無盤俎藉以槲葉性質直有雅風女多男少女婚嫁不取同姓男女相悅者即爲婚婦入夫家必先跨火乃與夫相見婦人不淫妬死者斂以棺槨親賓就屍者歌舞妻子兄弟以白布製服貴人三年殯庶人卜日而瘞及葬置屍船上陸地牽之或以小輿

又曰倭國有阿蘇山其石無故火起接天者俗以爲異因行禱祭有如意寶珠其色青大如雞卵夜則有光新羅百濟皆以倭爲大國多珎物並仰之恒通使往來

又曰隋大業三年倭國王多利思比孤遣朝貢使者曰聞

海西菩薩天子重興佛法國書曰日出處天子致書日沒處天子無恙云云帝覽不悦謂鴻臚卿曰夷書有無禮者勿復以聞明年上遣文林郎裴世清使倭國王遣小德何輩臺從數百人設儀仗鳴鼓角來迎後十日又遣大禮歌多毗從三百餘騎郊勞既至彼都其王與世清來貢方物此後遂絶

唐書曰倭國土風頗類新羅貞觀五年遣使獻方物太宗矜其道遠勑所司無令歲貢又遣新州刺史高表仁持節往撫之表仁無綏遠之才與王子爭禮不宣朝命而還至二十二年又附新羅奉表以通起居

日本國

唐書曰日本國者倭國之別種也以其國在日邊故以日本爲名或云倭國自惡其名不雅改爲日本或云日本舊小國併倭國之地其人入朝者多自矜大不以實對故中國疑焉又云其國界東西南北皆數千里西界南界咸至大海東界北界有大山爲限山外即毛人之國長安三年其大臣朝臣真人來貢方物朝臣真人者猶中國戶部尚書冠進德冠其頂爲花分而四散身服紫袍以帛爲腰帶真人好讀經史解屬文容止温雅則天宴之於麟德殿授司膳卿放還本國

又曰開元初日本國遣使來朝因請儒士授經詔四門助教趙玄默就鴻臚寺教之乃遺玄默闊幅布以爲束脩之禮題云白龜元年調布人亦疑其僞爲此題所得錫賚盡市文籍泛海而還其偏使朝臣仲滿慕中國之風因留不去改姓名爲朝衡仕歷左補闕儀王友衡留京師五十年好書籍放歸鄉逗留不去

又曰貞元二十一年日本國遣使來朝留學生橘免勢學問僧空海元和元年朝貢使判官高階真人上言前件學生藝業稍成願歸本國便請與臣同歸從之開成四年又遣使朝貢○南海經曰南倭北倭屬燕倭國在帶方東大海中以女爲王其俗季結衣服無鍼功以丹朱塗身不妬忌一男子數十婦

紵嶼人

外國記曰周詳泛海落紵嶼上多紵有三千餘家云是徐福僮男之後風俗似吳人

蝦夷國

唐書曰蝦夷國海島中小國也其使鬚長四尺尤善弓矢插箭於首令人戴瓠而立數十步射之無不中者明慶四年十月隨倭國使入朝

太平御覽卷第七百八十二

太平御覽卷第七百八十三　四夷部四

東夷四

高句驪

范曄後漢書曰高句驪國節於飲食而好治宮室其俗淫皆潔淨自喜夜輒男女群聚爲倡樂

魏略曰高句驪國在遼東之東千里其王都於丸都之下地方二千里户三萬多山林無源澤其國貧儉土着爲宮室宗廟祠靈星社稷其俗吉凶喜寇抄其國置官有相加軍盧沛者古鄒加尊卑各有等本涓奴部爲王稍微弱今桂婁部代之大家不田作下户給賦稅如奴客好歌舞其人自喜跪拜申一脚與夫餘異行步皆走以十月會祭天名曰東盟有軍事亦祭天殺牛觀蹄以占吉凶加着幘如幘無後其小加着折風形如弁無牢獄有罪者即會加評議便

殺之没入妻子爲奴婢盜一責十二婚姻之法女家作小屋於大屋後名爲壻屋壻暮至女家户外自名跪拜乞得就女宿女家聽之至生子乃將婦歸其俗淫多相奔誘其死葬有槨無棺停喪百日好厚葬積石爲封列種松栢兄死亦報嫂俗有氣力便弓矢刀矛有鎧習戰又有小水貊俗出好弓其馬小便登山夫餘不能臣也沃沮東穢皆屬之其國都依大水而居王莽時發句驪以伐胡不欲行亡出塞爲寇害莽更名爲下句驪

後魏書曰高句驪者出於夫餘自言光祖朱蒙母河伯母夫餘王閉於室中爲日所照引身避之日影又逐既而有孕生一卵大如五升夫餘王弃之與豕豕不食弃之於路牛馬避之又弃之野衆鳥以毛茹之夫餘王剖之不能破遂還其母其母以物裹之置於暖處有一男破殼而出及其長也字之曰朱蒙其俗言朱蒙者善射也夫餘國人以朱蒙非人所生將有異志請除之王不聽命之養馬朱蒙每私試知其善惡駿者減食令瘦駑者善養令肥夫餘王以肥者自乘以瘦者給朱蒙後狩于田以朱蒙善射射給以一矢朱蒙雖一矢殪獸甚多夫餘之臣又謀殺之朱蒙母陰知以告朱蒙朱蒙與烏餘二人弃夫餘東南走中道遇一大水欲濟無梁夫餘人追之甚急朱蒙告水曰我是日子河伯外孫今日逃走追兵垂及如何得濟於是魚鼈並浮爲之成橋朱蒙得度魚鼈乃解追騎不得度朱蒙至普述水遇見三人其一人衣着麻一人着納衣一人着水藻衣與朱蒙至紇升骨城遂居焉號曰高句驪因以高爲氏焉

比史曰朱蒙在夫餘時其妻懷孕朱蒙逃後生子

及長知朱蒙爲國王即與母亡歸之名曰閭達委之國事

朱蒙死至孫莫來立乃并夫餘漢武帝元封四年滅朝鮮置玄菟郡以高句驪爲縣以屬之漢時賜之衣幘朝服鼓吹常從玄菟郡受之後稍驕不復詣郡但於東界築小城受之遂名此城爲幘溝婁溝婁者句驪城名也

又曰公孫度之雄海東也高句驪伯固與之通好伯固死伊夷摸立伊夷摸數寇遼東建安中公孫康出軍擊之大破其國焚燒邑落伊夷摸更作新國於丸都山下

又曰高句驪伊夷摸死其子位宫立始位宫曾祖宫生而目開能視國人惡之及長凶虐國以破殘及位宫生亦能視人高麗呼相似爲位以爲似其曾祖宫故名位宫亦有勇力便鞍馬善射獵魏正始中位宫寇西安平五年幽州刺史毋丘儉將萬人出玄菟討位宫大戰於沸流敗走儉追至赬峴懸車束馬登丸都山屠其所都位宫單將妻子

遠寬六年儉復討之位宮輕將諸加奔伏沃沮儉使將軍
王頎追之絶沃沮千餘里到肅慎南界刻石紀功又刊丸
都山銘不耐城而還
又曰後魏太武帝時高麗王釗曾孫璉始遣使者詣安東
奉表貢方物并請國諱太武嘉其誠款詔下帝系名諱於
其國使員外散騎侍郎李敖拜璉爲都督遼海諸軍事高
句驪王敖至其所居平壤城訪其　事云去遼東一千餘
里至柵城南至小海北至舊夫餘人户三倍於前魏時後
貢使相尋歲致黄金二百斤白銀四百斤
又曰後魏文明太后以獻文六宮未備勑璉令薦其女璉
奉表云女已出嫁求以弟女應旨朝廷許焉會獻文崩乃
止
又曰後魏太和十五年璉死其孫雲立復賜以衣冠服物

車旗之飾自此歲常貢獻至大統十年其王成遣使至西
魏朝貢及齊受東魏之禪又朝于齊文宣加成使持節侍
中驃騎大將軍高麗王如故
又曰北齊天保三年文宣至營州使博陵崔柳使于高麗
求魏末流人勑柳曰若不從者以便宜從事及至不見許
柳張目叱之拳擊成墜於牀下成左右雀息不敢動乃謝
服柳以五千户反命
又曰高句驪東至新羅西度遼二千里南接百濟北隣靺
鞨一千餘里人皆土着隨山谷而居衣布帛及皮土田薄
塉蠶農不足以自供故其人節飲食其王好脩宫室都平
壤城亦曰長安城其城隨山屈曲南臨浿水城内唯積倉
儲器備寇至方入固守王别爲宅於其側不常居之其外
復有國内城及漢城亦别都也其國中呼爲三京有遼東
玄菟等數十城皆置官司以相統攝焉其置官有大對盧
已下凡十二等分掌内外事復有内評五部褥薩人皆頭着
折風形如弁士人加插二鳥羽貴者其冠曰蘇骨多用紫
羅爲之飾以金銀服大袖衫大口袴素皮帶黄革屨婦人
裙襦加襈書有五經三史三國志晋陽秋兵器與中國略
同及春秋校獵王親臨之税布五疋穀五石遊人則三年
一税十人共細布一疋其刑法峻罕有犯者樂有五絃琴箏
篳篥横吹簫鼓之屬吹蘆以和曲每年初聚戲浿水上王乘
腰轝列羽儀觀之事畢王以衣入水分爲左右二部以水石
相濺擲諠呼馳逐再三而止性多詭伏言辭鄙穢不簡親
疎父子同川浴共室寢好歌舞常以十月祭天其公會衣
服皆錦繡金銀以爲飾好蹲踞食用俎豆出三尺馬云本
朱蒙所乘馬種即果下也風俗尚淫不以爲愧俗多遊女

夫無常人夜則男女群聚而戲無有貴賤之節有婚嫁取
男女相悦即爲之男家送豬酒而已無財娉之禮或有受
財者人共恥之以爲賣婢死者殯在屋内殯三年擇吉日
而葬居父母及夫喪皆三年兄弟三月初終哭泣葬則皷
舞作樂以送之埋訖取死者生時翫好車馬置墓側會葬
者爭取而去
又曰隋開皇中高麗王元率靺鞨萬餘騎寇遼西營州
摠管韋世冲擊走之帝大怒命漢王諒爲元帥總水陸討
之下詔黜其爵位元亦惶懼遣使謝罪上表稱遼東糞土
臣元云云上於是罷兵待之如初元亦歲遣朝貢煬帝嗣
位天下全盛高昌王突厥啓人可汗並親詣闕貢獻於是
徵元入朝元懼藩禮頗闕大業七年帝將討元罪車駕度
遼水止營於遼東又勑諸將高麗若降即宜撫納不得縱

兵入城陷賊輒言降諸將奉旨不敢赴機每先馳奏比報賊守禦亦備復出拒戰如此者三帝不悟由是食盡師老轉輸不繼諸軍多敗績於是班師

又曰隋大業九年煬帝復親征高麗勑諸軍以便宜從事諸將分道攻城賊勢日蹙會楊玄感作亂帝大懼即日六軍並還十年發天下兵會賊盜蜂起所在阻絕軍多失期至遼水高麗亦困弊遣使乞降帝許之頓懷遠鎮受其降仍以俘囚軍實歸至京師

南史曰高麗本有五族有消奴部絶奴部慎奴部灌奴部桂婁部本消奴部爲王微弱桂婁部代之其置官有對盧則不置沛者有沛者則不置對盧焉晉安帝義熙九年高麗奉表獻赭白馬宋元嘉十五年馮弘爲魏所攻敗奔高麗北豐城表求迎接文帝遣使王白駒趙次興迎之并令高麗資遣璉不欲弘南乃遣將孫漱高仇等襲殺之白駒等率所領七千餘人生擒漱殺仇等二人十六年文帝欲侵魏詔璉獻馬八百疋大明二年又獻肅慎矢及楛矢石砮歷齊梁並授爵位遣使奉表獻方物不絶

唐書曰高麗者出自扶餘之別種其國都於平壤城即漢樂浪郡之故地在京師東五千一百里其官大者號大對盧比一品揔知國事三年一代若稱職者不拘年限交替之日或不相祗服皆勒兵相攻勝者爲之其王但閉宮自守不能制禦次曰太大兄比正二品對盧以下官揔十二級外置州縣六十餘城大城置傉薩一人比都督諸城置道使比刺史其下各有僚佐分掌曹事衣裳服食唯王五綵以白羅爲冠白皮小帶其冠及帶咸以金飾官之貴者則青羅爲冠次以緋羅插二鳥羽及金銀爲飾衫筩袖袴

大口白韋帶黃韋履國人衣褐戴弁婦人首加巾幗好圍碁投壺之戲人能蹴鞠食用籩豆簠簋罇俎罍洗頗有箕子之遺風其所居必依山谷皆以茅草葺舍唯佛寺神廟及王宮官府乃用瓦其俗貧窶者多冬月皆作長坑下然火煴以取煖種田養蠶略同中國城東有大穴名隧神皆以十月王自祭之俗愛書籍至於衡門厮養之家各於街衢造大屋謂之扃堂子弟未婚之前晝夜於此讀書習射

又曰武德二年高麗王建武遣使來朝四年又遣使朝貢高祖感隋末戰士多陷其地五年賜建武書云在此所有高麗人等已令追括尋即遣送彼處有此國人者立可放還務盡綏育之方共弘仁恕之道於是建武悉搜括華人以禮賓送前後至者萬數高祖大喜七年遣使往册建武爲上柱國遼東郡王高麗王仍將天尊像及道士彼爲之講老子其王及道俗等觀聽者數千人貞觀二年破突厥頡利可汗建武遣使奉賀并上封域圖五年詔遣廣州都督府司馬長孫師往收瘞隋時戰亡骸骨毁高麗所立京觀

又曰貞觀十六年高麗西部大人蓋蘇文有罪其王建武議欲誅之蘇文乃召部兵於城南云將校閱諸大臣皆來臨視蘇文勒兵盡殺之因馳入王宮殺建武立其弟大陽子藏爲王自立爲莫離支猶中國兵部尚書兼中書令之職也自是專國政蘇文姓泉氏鬚面甚偉形體魁傑身佩五刀左右莫敢仰視恒令其屬官俯伏於地踐之上馬下亦如之出必先布隊仗導者長呼以辟行人百姓畏避皆自投坑谷太宗聞之遂出師弔伐十九年命刑部尚書張亮爲平壤道行軍大揔管領將常何等率江淮嶺硤勁卒四萬戰艦五百艘自萊州汎海趨平壤又以英國公李勣爲

遼東道行軍大總管江夏王道宗爲副率步騎六萬趨遼東兩軍合勢太宗親御六軍以會之夏四月李勣軍渡遼進攻蓋牟城拔之以其城置蓋州五月渡遼水詔徹橋梁以堅士卒志帝既至遼東城下見士卒負擔以塡壍者帝分其尤重者於馬上載之從官悚動爭賫以送城下高麗聞我有拋車飛三百斤石於一里之外者甚懼之乃於城上積木爲戰樓以拒飛石勣列車發石以擊其城所遇盡潰又推撞車撞其樓閣無不傾倒拔其城爲遼州初帝自定州命每　十里置一烽屬于遼城與太子約剋遼東當舉烽是日帝命舉烽師次白崖城右衛大將軍李思摩中弩矢帝親爲吮血將士聞之莫不感勵城主孫戈音遂乞降以其城置巖州授伐音爲刺史我軍之渡遼也莫離支遣加尸城七百人戍蓋牟城李勣盡虜之其人並請隨軍

自劾太宗謂曰詎不欲爾之力爾家悉在加尸爾爲吾戰彼將爲戮矣破一家之妻子取一人之力用吾不忍也悉令放還車駕進次安市城高麗北部耨薩高延壽南部高惠眞率高麗靺鞨之衆十五萬來救引軍直進太宗夜召諸將躬自指麾因令所司張受降幕於朝堂之側曰明日午時納降虜於此矣遂率軍而進至時果敗二帥之衆太宗因按轡觀城營壘謂侍臣曰高麗傾國而來存亡所繫一麾而敗天祐我也因下馬再拜以謝天名所幸山爲駐蹕山令中書侍郎許敬宗爲文勒石以紀其功八月移營安市城東李勣等攻之不拔乃詔班師初攻陷遼東城其中應沒爲奴婢者一萬四千人並遣集没爲將分賞將士太宗愍其父母妻子一朝分散令有司准其直以布帛贖之赦爲百姓其衆歡叫之聲三日不息

又曰貞觀二十年高麗遣使來謝罪并獻二美女太宗謂其使曰歸謂爾主美色者人之所重爾之所獻信爲美麗憫其離父母兄弟於本國留其身而忘其親愛其色而傷其心我不取也並還之

又曰乾封元年高麗遣其子入朝陪位於太山之下其年蓋蘇文死其子男生代爲莫離支與弟　建　不睦爲其所逐走據國內城使其子獻城詣闕求哀十一月命英國公李勣率郭待封等以征之二年二月勣至新城謂諸將曰新城是高麗西境鎭城最爲要害若不先圖餘未易可下遂引兵於城西南據山築柵且攻且守城中窘急數有降者自此所向克捷高藏及男建將首領九十八人持帛幡出降請使入朝勣以禮延接男建猶閉門固守十一月拔平壤城虜高藏男建等至京師獻俘于含元宮乃分

其地置都督府九州四十二縣一百又置安東都護府以統之擢其酋渠有功者授都督刺史及縣令與華人參理仍遣左武衛將軍薛仁貴總兵鎭之自是高氏君長遂絕

太平御覽卷第七百八十三

東夷五

豆莫婁　沃沮　肅愼
勿吉　扶桑　女國
文身　大漢　流求

豆莫婁

後魏書曰豆莫婁國在勿吉國北千里去洛陽六千里舊北夫餘也

沃沮

范曄後漢書曰東沃沮人性質直強勇便持矛步戰

魏志曰東沃沮在高句驪蓋馬大山之東濵大海而居無大君王世世有邑長其言語與句麗大同時時小異漢初燕亡人衛滿王朝鮮時沃沮皆屬焉元封二年伐朝鮮分其地爲四郡以沃沮爲玄菟郡後爲夷貊所侵還屬樂浪今諸邑落渠帥稱三老臣句驪置其中大人爲使又置大家以統之稅其貂布食物美女婢妾其土肥美背山向海宜五穀人性質直少牛馬便持刀矛其國俗制度大較似句驪其嫁娶之法女年十歲已相許男家迎之長養以爲婦至成人更還女家責錢畢乃後還男其葬送之法大木槨長十餘丈開一頭作戶新死皆假埋之須肌肉盡聚置槨中舉家皆共一槨刻木如生隨死者爲數又爲瓦䥶置米其中編縣之於槨戶邊

後漢書曰北沃沮人言海中有女國無男人或傳其國有神井闚之輒生子云

魏志曰北沃沮一名置溝婁去南沃沮八百里其俗南北皆同與挹婁接喜乘船寇抄沃沮畏之夏月恒在山上長深穴中爲守備冬月氷凍船道不通乃下居村落其耆老言國人嘗乘船捕魚遭風見吹數十日東得一島其上有人言語不可曉其俗常以七月取童女沈海又言一國亦在海中純女無男又得一布衣其兩袖長二丈又得一破舡在岸邊有一人項中復有面與語不相曉不食而死

肅愼

書曰成王既伐東夷肅愼來賀（海東諸夷武王克商皆通道焉成王即政而叛王而服之故肅愼相來賀）王俾榮伯作賄肅愼之命（王使榮伯爲命書以幣賄賜肅愼之夷士）

後漢書曰挹婁古肅愼之國也在夫餘東北千餘里東濵大海南與北沃沮接不知其北所極土地多山險車馬不通人形似夫餘而言各異有五穀麻布出赤玉好貂（所謂挹婁貂是）無君長其邑各有大人處於山林之間土氣極寒常爲穴居以深爲貴大家至接九梯好養豕食其肉衣皮冬以豕膏塗身厚數分以禦風寒夏則裸以尺布蔽其前後其人臭穢不潔作廁於中圜之而居自漢興已後臣屬夫餘種衆雖少而多勇力處山險又善射發能入人目弓長四尺力如弩矢用楛長一尺八寸青石爲鏃鏃皆施毒中人即死便乘舡好寇盜鄰國畏患而卒不能服東夷夫餘飲食類此皆用俎豆唯挹婁獨無法俗最無綱紀（魏志所載同）

山海經曰不咸出在肅愼國有樹名雄先人代帝於此取依（其俗無衣中國有聖帝代立者則此木皮可衣）

家語曰孔子在陳惠公賓之於上館時有隼集於陳侯之庭而死楛矢貫之石砮（楛木名砮箭鏃）其長尺有咫惠公使以隼如孔子之館問焉子曰隼之來遠矣此肅愼氏之矢也（事具博物部）

肅慎國記曰肅慎氏其地在夫餘國北可六十日行東濱大海夏則巢居冬則穴處父子世爲君長無文墨以言語爲約其畜有馬猪牛羊不知乘馬以爲財產而已猪放山谷中食其肉坐其皮績猪毛以爲布無井竈人作瓦鬲四五外以食坐則箕踞足挾肉而啖之得凍肉坐其上令煖土地無鹽燒木作灰灌取汁食之俗皆編髮以布作襜徑尺餘以蔽前嫁娶之法男以毛羽插女頭女和則持歸然後致禮娉之婦貞而女淫貴壯賤老寡居終身不嫁性凶悍以無憂哀相尚父母死男子不哭哭者謂之不壯相盜竊物無多少盡誅殺之雖野處而不相犯死者即日便葬於野交木作小椁殺猪積椁上富室數百貧者數十以爲死者之粮以土覆之以繩繫於椁頭出土上以酒灌酹纔繩腐而止無時祭祀也其檀弓三尺五寸楛矢長尺有咫石砮皮骨甲石山在國東北取之必先祈神石利入鐵

勿吉

後魏書曰勿吉國在高句驪北舊肅慎國也去洛五千里國有大水闊三里餘名速末　其地下濕無牛有車馬佃則偶耕車則步推有粟及麥穄（穄音祭）菜則有葵水氣鹹凝鹽（生樹上亦有鹽池多猪無）羊嚼米醞酒飲之能醉婦人則布裙男子猪犬皮裘婚之夕男就女家執女乳而罷便以爲定仍爲夫婦俗以人溺洗手面頭插虎豹尾其父母春夏死立埋之冢上作屋不令雨濕若秋冬死以其尸餔貂食其肉多得之國南有從太山魏言太皇有虎豹熊狼不害人其傍有大莫盧覆鍾國莫多迴國庫婁國素和國其伏弗國延犁小國拔大何國都羽陵國庫伏真國魯婁國羽真侯國前後各遣朝獻

北史曰勿吉國在高句麗北一曰靺鞨也落各自有長不相總一其人勁捍於東夷最強言語獨異常輕豆莫婁等國亦患之去洛陽五千里自和龍北二百餘里有善玉山山北行十三日至祁黎山又北行七日至洛瓌水水廣里餘又北行十五日至太岳魯水又東北行十八日到其國其部類凡有七種一號粟末部與高麗接勝兵數千多驍武每寇高麗其二曰伯咄部在粟末北勝兵七千其三曰安車骨部在伯咄東北其四曰拂涅部在伯咄東其五曰號室部在拂涅東其六曰黑水部在安車骨西北其七曰白山部在粟末東南勝兵並不過三千而黑水部尤爲勁健自拂涅以東矢皆石鏃即古肅慎氏也東夷中爲強國所居多依山水渠帥曰大莫弗瞞咄（母官切）國南有從太山者俗甚敬畏之人不得山上溲汙行經山者以物盛去地卑濕築土如堤鑿穴以居開口向上以梯出入其妻有外淫者人告其夫夫輒殺妻而後悔必殺告者由是姦淫事終不敢發人皆善射以射獵爲業角弓長三尺箭長尺二寸常以七八月造毒藥傅矢以射禽獸中者立死煮毒藥氣亦能殺人

又曰延興中勿吉國遣乙力支朝獻太和初又貢馬五百疋乙力支稱初發其國乘船溯難河西上至太沵河沉船於水南出陸行度洛孤水從契丹西界達和龍自云其國先破高句麗十落密共百濟謀從水道并力取高麗遣乙力支奉使大國謀其可否詔勑三國同是藩附宜共和順勿相侵擾乙力乃還從其來道取得本船泛達其國

隋書曰開皇初勿吉國相率遣使貢獻文帝詔其使曰朕聞彼土人勇今來實副朕懷視尒等如子尒等宜敬朕如

父對曰臣等僻處一方聞內國有聖人故來朝拜既親奉
聖顏願長為奴僕其國西北與契丹接每相劫掠後因其
使來文帝誡之使勿相　攻擊使者謝罪帝因厚勞之令
宴飲於前使者與其徒皆起舞其曲折多戰鬭容上顧謂
侍臣曰天地間乃有此物常得用兵意然其國與隋懸隔
唯粟末白山為近煬帝初與高麗戰頻敗其衆渠帥突地
稽率其部降拜右光祿大夫居之柳城與邊人來往悅中
國風俗請被冠帶帝嘉之賜以錦綺而褒寵之及遼東之
役突地稽率其徒以從每有戰功賞賜甚厚

扶桑國

南史曰扶桑國者齊永平元年其國有沙門慧深來至荆
州說云扶桑在大漢國東二萬餘里地在中國之東其土
多扶桑木故以為名扶桑葉似桐初生如筍國人食之實
如梨而赤績其皮為布以為衣亦以為錦作板屋無城郭
有文字以扶桑皮為紙無兵甲不攻戰其國法有南北獄
若有犯輕罪者入南獄重罪者入北獄有赦則放南獄不
赦北獄在北獄者男女相配生男八歲為奴生女九歲為
婢犯罪之身至死不出貴人有罪國人大會坐罪人於坑
對之宴飲分訣若死別焉以灰繞之其一重則一身屏退
二重則及子孫三重者則及七世名國王為乙祁貴人第
一者對盧第二者小對盧第三為納咄沙國主行有鼓角
導從其衣色隨年改易甲乙年青丙丁年赤戊巳年黃庚
辛年白壬癸年黑有牛角甚長以角載物至勝二十斛有
馬車牛車鹿車國人養鹿如中國畜牛以乳為酪有赤梨
經年不壞多蒲桃其地無鐵有銅不貴金銀市無租估其
婚姻法壻往女家門外作屋晨夕灑掃經年而女不悅即
驅之相悅乃成婚婚禮大抵與中國同親喪七日不食祖父
母喪五日不食兄弟伯叔姑姊妹三日不食設坐為神
像朝夕拜奠不制衰經嗣王立三年不親國事其俗舊
無佛法宋大明二年罽賓國常有比丘五人游行其國始
佛法經教焉

女國

南史曰沙門慧深云女國在扶桑東千餘里其人容白端
正色甚潔白身體有毛髮長委地至二三月竟入水妊娠
六七月產子女人胷前無乳項後生毛根白毛中有汁
以乳子百日能行三四年則成人矣見人驚避偏畏丈
夫食鹹草如禽獸鹹草葉似邪蒿而氣味鹹

文身

南史曰文身國在倭國東北七千餘里人體有文如獸其
額上有三文大直貴文小曲者賤土俗歡樂物豐而賤行
客不齎糧有屋宇無城郭國王所居飾以金銀珍麗遶
屋為壍廣一丈實以水銀雨則流于小銀之上市用珍寶

大漢

南史曰漢國在文身國東五千餘里無兵戈不戰代風俗
並與文身國同而言語異

流求

隋書曰流求國居海島之間當見建安郡東水行五日
而至（閩川之東也）土多出銅其王姓歡斯名渴刺兜不知其由來有
國代數也彼土人呼之為可老羊妻曰多拔茶所居曰
波羅檀洞塹柵三重環以流水樹棘為藩王所居舍其
大一十六間雕刻禽獸多鬬鏤樹似橘而葉密條纖如髮然
下垂國有四五師統諸洞洞有小王往往有村村有鳥了

帥並以善戰者爲之自相樹立理一村之事男女皆以白紵繩纏髮從頭盤繞婦人以羅紋白布爲帽織鬬鏤皮并雜色紵及雜花以爲衣製裁不一織藤爲笠飾以毛羽兵有刀矟弓箭劍皷之屬編紵爲甲或以熊豹之皮王乘木獸令人舉之而行導從不過數十人國人好相攻擊人皆驍健善走難死而耐創諸洞各爲部隊不相救助兩陣相當勇者三五人相擊射如其不勝一軍皆走遣人致謝即共和解收取鬬死者共聚而食之食皆用手無賦斂事則均稅俗無文字視月虧盈以紀時節候草枯以爲年歲人深目長鼻頗類於胡人縱年老髮多不白無君臣上下之節拜伏之禮父子同牀而寢婦人產乳必食子衣以槽曝海水爲塩木汁爲醋釀米麴爲酒遇得異味先進尊者凡有宴會執酒者必待呼名而後飲上王者酒亦呼王名銜盃

同飲頗同突厥歌呼蹋蹄一人唱衆皆和音韻哀怨其死者氣將絕舉至庭浴其屍以布帛纏之裹以葦草櫬土而殯上不起墳爲子者數月不食肉有熊羆豺狼尤多猪雞無牛羊驢馬厥田良沃先以火燒而引水灌之持一插以石爲刃長尺餘闊數寸而墾之宜播種樹木同江表氣候與嶺南相類俗事山海之神祀以酒肴鬬戰殺人便將所殺人祭其神煬帝大業初海師何蠻等每春秋二時天清風靜東向依稀似有煙霧之氣亦不知幾千里三年帝令羽騎尉朱寬入海求訪異俗何蠻言之遂與蠻俱往因到流求國言語不相通掠一人并取其甲而還時倭國使來朝貢見之曰此夷邪久國人所用也帝遣武賁郎將陳稜朝請大夫張鎮同率兵自義安浮海擊之至流求初稜將南方諸國人從軍有崑崙人頗解其語遣人慰諭之流求不從拒逆官軍稜擊走之進至其都頻戰皆敗焚其宮室虜其男女數千人而還

太平御覽卷第七百八十四

太平御覽卷第七百八十五

四夷部六

南蠻一

敘南蠻　越裳國　黃支國　盤瓠
廪君　板楯蠻　俚

敘南蠻

禮記曰王制曰南方曰蠻雕題交阯有不火食者矣雕文謂刻其肌以丹青涅之交趾足相鄉不火食地氣煖不爲病○傳曰庸人率群蠻以叛楚庸今上庸縣屬楚之小國麇人率百濮聚於選將伐楚選楚地百濮夷也於是申息之北門不啓

又曰楚子聞蠻氏之亂也與蠻子無質也質信也使然丹誘戎蠻子嘉殺之遂取蠻氏

又曰王子朝使告于諸侯曰茲不穀震蕩播越竄在荆蠻未有攸底

詩曰蠢爾蠻荆大邦爲讎蠢動也蠻荆荆州之蠻也

又曰脩爾車馬弓矢戎兵用戒戎作用逷蠻方蠻方蠻荆之外也此時中國微弱故復戒將率之臣以治軍實

又曰保有鳧繹遂荒徐宅至于海邦淮夷蠻貊及彼南夷莫不率從

尚書舜典曰柔遠能邇惇德允元而難任人蠻夷率服帝曰皋陶蠻夷猾夏寇賊姦宄猾乱也夏華夏也羣行攻劫曰寇殺人曰賊在外曰姦在內曰宄言無教所致也

又禹貢曰三百里蠻以文德來之不制以法

論語曰子張問行子曰言忠信行篤敬雖蠻貊之邦行矣

史記曰吳太伯弟仲雍皆周大王之子避季歷乃犇荆蠻文身斷髮示不可用荆蠻義之從西歸之千餘家

漢書曰賈誼上書云凡天子者天下之首何也上也蠻夷者天下之足何也下也

世說曰郝隆爲桓溫南蠻參軍三月三日就溫席作詩曰娵隅躍清池溫問何物荅曰蠻名魚爲娵隅桓曰何爲作蠻語隆曰千里投公始得一蠻府參軍那得不作蠻語

越裳國

尚書大傳曰交阯之南有越裳國周公居攝六年制禮作樂天下和平越裳以三象重譯而獻白雉曰道路悠遠山川阻深音使不通故重譯而朝成王以歸周公公曰德不加焉則君子不饗其質贄亦贄也政不施焉則君子不臣其人吾何以獲此賜也其使請曰吾受命吾國之黃耇曰久矣天之無烈風淫雨意者中國有聖人乎有則盍往朝之周公乃歸之於王稱先王之神致以薦于宗廟周德既衰於是稍絶

黃支國

漢書曰黃支國去合浦日南三萬國俗與朱崖略同武帝時來貢具多明珠璧琉璃奇石異物大珠圍及二寸至圍者置之平地終日不得止

盤瓠

後漢書曰昔高辛氏有犬戎之寇帝患其侵暴而征伐不尅乃訪募天下有能得犬戎之將吳將軍首者購黃金千鎰邑萬家又妻以少女時帝有畜狗其毛五采名曰槃瓠下令之後槃瓠遂銜人頭造闕下群臣怪而診視之乃吳將軍首也帝大喜乃以女配槃瓠槃瓠得女負而走南山止石室中所處險絶人跡不至於是女解去衣裳爲僕鑒之髻著獨力之衣僕鑒獨力皆未詳派俗或改鑒爲竪者沒穿鑒也經三年生

子十二人六男六女槃瓠死後因自相夫妻織績木皮染以草實好五色衣服製裁皆有尾形其衣裳斑蘭語言侏離好入山壑不樂平曠帝順其意賜以名山廣澤其後滋蔓號曰蠻夷外癡內黠安土重舊以先父有功母帝之女田作賈販無關梁符傳租税之賦有邑君長皆賜印綬冠用獺皮名渠帥曰精夫相呼爲姎徒（姎烏郎切說文曰自自稱姎我也）今長沙武陵蠻是也

又曰南蠻其在唐虞與之要質故曰要服夏商之時漸爲邊患暨于周代黨衆彌盛故詩曰蠢爾蠻荆大邦爲讎至楚武王時蠻與羅子共敗楚師殺其將屈瑕（莫敖不設備故敗縊于荒谷群帥囚于冶父也）楚師既振遂屬於楚及吳起相悼王南并蠻越遂有洞庭蒼梧秦昭王使白起伐楚略取蠻夷始置黔中郡

平七百八十五　三　王福

又曰漢興改秦黔中郡爲武陵歲令大人輸布一疋小口二丈是謂賨布（說文曰賨南蠻賦也音牛冬切）雖時爲寇盜而不足爲郡國患光武建武二十三年武陵蠻精夫相單程等大寇郡縣遣武威將軍劉尚發南郡長沙武陵兵萬餘人乘舩泝沅水入武谿擊之（沅水出牂牁故且蘭東北迎靈溪長沙巴陵郡入洞庭通功也武溪在靈溪郡盧溪縣）尚輕敵深入悉爲所沒又遣伏波將軍馬援將兵至臨沅（今武陵郡武縣漢臨沅縣也）擊破之單程等飢困乞降會援病卒謁者宗均聽悉受降爲置吏以司之群蠻遂平

又曰順帝永和初武陵太守上書以蠻夷率服可比漢人增其租賦議者皆以爲可尚書令虞詡獨奏曰自古聖王不臣異俗非德不能及威不能加其獸心貪婪難率以禮是故羈縻而綏撫之附則受而不逆叛則弃而不追先帝舊典貢稅多少所由來久矣今猥增之必有怨叛計其所得不償所費必有後悔帝不從其冬澧中潕中蠻（潕水出今澧陽郡潕音婁）果爭貢布非舊約遂殺鄉吏舉種反叛明年遣武陵太守李進討破之斬首數百級餘皆降散

又曰延熹中長沙零陵蠻反叛寇江陵荆州刺史劉度謁者馬睦南郡太守李肅皆奔走肅主簿胡奭扣馬首諫曰蠻夷見郡無儆備故敢乘閒而進明府爲國大臣連城千里舉旗鳴鼓應聲十萬奈何委付守之重而爲逋逃之人乎肅拔刃向奭曰掾促去太守今急何暇此計抱馬固諫肅遂殺奭而走帝聞之徵肅弃市復奭門閭拜家一人爲郎

魏略曰高辛氏有老婦居王室得耳疾挑之乃得物大如繭婦人盛瓠中覆之以槃俄須化爲犬其文五色因名槃瓠

干寶晉紀曰武陵長沙郡夷槃瓠之後雜處五服之內憑山阻險每常爲猱雜魚肉而歸以祭槃瓠俗稱赤髓橫裙子孫

太七百八十五　四　王福

唐書曰黃國公冊安昌者槃瓠之苗裔也世爲巴東蠻師與田李向鄧各分槃瓠一禮世傳其皮盛以金函四時致祭

黃閔武陵記曰山半有槃瓠石室可容萬人中有石床槃瓠行迹今按山窟前有石羊石獸古跡奇異尤多坐石窟大如三間屋遥見一石仍似狗形蠻俗相傳云是槃瓠象也

荆州記曰阮陵縣君居酉口有上就武陽二鄉唯此是槃瓠子孫狗種也二郡在武陵溪之北

廪君

後漢書曰巴郡南郡蠻本有五姓色氏樊氏瞫氏（瞫音審）相氏鄭氏皆出於武落鍾離山（在今夷陵郡巴山縣）其山有赤黑二穴

巴氏之子生於赤穴四姓之子皆生黑穴未有君長俱事鬼神乃共擲劒於石穴約能中者奉以爲君巴氏子務相乃獨中之衆皆歎又令各乘土船約能浮者當爲君餘姓悉沉惟務相獨浮因共立之是爲廩君乃乘土船從夷水至鹽陽鹽水有神女謂廩君曰此地廣大魚鹽所出願留共居廩君不許鹽神暮輒來宿旦即化爲蟲與諸蟲群飛掩蔽日光天地晦冥積十餘日廩君思其便因射殺之天乃開明廩君於是君乎夷城四姓皆臣之廩君死魂魄世爲白虎巴氏以虎飲人血遂以人祠焉

又曰秦惠王并巴中以巴氏爲蠻夷君長世代尚秦女其人爵比不更有罪得以爵除

又曰漢興南郡太守靳強奏請一依秦時故事至光武建武二十三年南郡潳山蠻雷遷等始反叛(潳音潛)寇掠百姓遣武威將軍劉尚討破之徙其種人七千餘口置江夏界中其後沔中蠻是也(漢之江夏郡今竟陵郡富水安陸齊安漢陽江夏蘄春郡地皆是也)

又曰和帝永元十三年巫蠻許聖等(漢之巫縣今雲安郡巫山縣也)以郡收稅不均懷怨恨遂屯聚反叛荆州諸郡兵討破之復悉徙置江夏靈帝光和三年江夏蠻復反寇爲患累年廬江太守陸康討破之(漢廬江郡今郡也)○世本曰廩君使人操青縷以遺鹽神曰嬰此即相宜云與女俱生弗宜將去鹽神受縷而嬰之廩君即立陽石上望青縷而射之鹽神死天乃大開○說文曰幏南郡蠻夷布也(幏音稼)

荆州圖曰夷陵縣西有溫泉古老相傳此泉元出鹽于今水有鹽氣縣西一獨山有石穴有二大石並立穴中相去一丈俗名爲陰陽石陰石常濕陽石常燥

盛弘之荆州記曰昔廩君浮夷水射鹽神于陽石之上按今施州清江縣江水一名夷水一名鹽水源出清江縣西都亭山

水經曰夷水別出巴郡魚復縣注云水色清照十丈分沙石蜀人見澄清因名清江

板楯蠻

後漢書曰板楯蠻者秦昭襄王時有一白虎常從群虎數遊秦蜀巴漢之境傷害千餘人昭王乃募國中有殺虎者賞邑萬家時有巴郡閬中夷人能作白竹之弩乃登樓射殺白虎昭王嘉之以其夷人不欲加封乃刻石盟要復夷人頃田不租十妻不筭(一戶免其一頃田之租稅雖有十妻不輸口筭之錢也)傷人者論殺人得以倓錢贖死(何承天纂文曰倓蠻夷贖罪貨也倓音徒濫也)盟曰秦犯夷輸黃龍一雙夷犯秦輸清酒一鍾夷人安之

又曰漢高帝爲漢王發夷人還伐三秦(今介中秦川)秦地既定乃遣還巴中復其渠帥羅朴督鄂度夕龔七姓不輸租賦餘戶乃歲入賨錢口四十世號爲板楯蠻夷閬中有渝水其人多居水左右天性勁勇初爲漢前鋒數陷陣俗喜歌舞(喜音虛記切)高祖觀之曰此武王伐紂之歌也乃命樂人習之所謂巴渝舞也

又曰靈帝光和中巴郡板楯叛寇掠三蜀及漢中諸郡帝欲大發兵乃問益州計吏考以征討方略漢中上計程苞對曰板楯七姓射殺白虎立功先世復爲義人其人勇猛善於兵戰昔安帝永(和初)中羌入漢川郡縣破壞得板楯救之羌死敗殆盡故號爲神兵羌人畏忌傳語種輩勿復南行至建和二年羌復大入實賴板楯連摧破之前車騎將軍馮緄南征武陵雖丹陽精兵之銳亦倚板楯以成其功近益州郡亂太守李顒亦以板楯討而平之忠功如此本

無惡心但長吏鄉亭更賦至重僕役箠楚過於奴虜闕庭悠遠不能自聞含怨呼天叩心窮谷故邑落相聚以致叛戾非有謀主僭號以圖不軌今但選明能牧守自然安集不煩征伐也帝從其言遣太守曹謙宣詔赦之即皆降服

北史曰自劉石亂後請漸得北遷陸渾以南滿於山谷道武既定中山蠻王梅安率渠帥數千朝京求留質子以表忠款拜安侍子豹爲安遠將軍延興中大陽蠻首桓誕擁河水以北滍葉以南八萬餘落內屬孝文嘉之拜誕東荊州刺史襄陽王誕字天生桓玄子也既內屬居朗陵王師南伐請爲前驅討義陽不果而旋太和十七年蠻首田益宗率部曲四千餘戶內屬襄陽蠻首雷婆思等十一人率千餘戶內徙求居大和川詔給廪食後開南陽全有沔北之地蠻人安堵不爲寇賊宣武景明初太陽蠻首田育丘

等二萬八千戶內附詔置四郡十八縣魯陽蠻魯北鸞等聚衆萬餘攻逼頻陽遣右衛將軍李崇討平之徙萬餘家於河北及六鎮尋叛南走所在追討比及河殺之皆盡正始二年梁沔東太守田清喜擁七郡三十一縣戶萬九千內附永平初東荊州表太守桓叔興前後招慰大陽蠻歸附者一萬七百戶請置郡十六縣五十詔前鎮東府長史酈道元檢行置之後二荊兩郢蠻大擾動斷三鴉路殺都督寇盜至於襄城汝水百姓多被其害連年攻討散而復合其暴滋甚有冉氏向氏田氏陬落最盛大者萬家小者千戶更相崇樹僭稱王侯屯據三峽斷遏水路荊蜀行人至有假道者周文略定伊瀍聲教南被諸蠻畏威靡然向風後唐州蠻田魯嘉叛自號豫州伯王雄等討平之尋而蠻帥冉令賢向五子王等反攻陷白帝天和初開封陸騰討斬之以其骸骨於水邏城側爲京觀後蠻蜑（音但）見輒大哭自此狼戾之心去矣

俚

後漢書曰建武十二年九真徼外蠻里張（里蠻之別号今則呼爲俚人）率種人慕化內屬封爲歸漢里君○沈懷遠南越志曰晉康郡夫阮縉縣人夷曰徘（世尺切）其俗栅居實惟俚之城落

南州異物志曰廣州南有賊曰俚此賊在廣州之南蒼梧鬱林合浦寧浦高涼五郡中央地方數千里往往別村各有長帥無君主恃在山險不用王自古及今彌歷年紀民俗蠢愚唯知貪利無有仁義道理土俗不愛骨肉而貪寶貨及牛犢若見賈人有財物水牛者便以其子易之夫或鬻婦兄亦賣弟若隣里有負其家債不時還者其子弟中

愚者謂其兄曰我爲汝取錢汝但當善殯葬我耳其處多野葛爲鉤挽數寸徑到債家門下謂曰汝負我錢不肯還我今當自殺因食野葛而死債家門下其家便稱冤宗族人衆往債家如 不還我錢而殺我子弟今當擊汝債家慙懼因以牛犢財物謝之數十倍死家乃自收死者罷去不以爲恨

裴淵廣州記曰俚獠貴銅鼓唯高大爲貴面闊丈餘方以爲奇初成懸於庭剋晨置酒招致同類來者盈門其中豪富子女以金銀爲大釵執以叩鼓竟留遺主人名爲銅鼓釵風俗好殺多搆讎怨欲相攻擊鳴此鼓集衆到者如雲有是鼓者極爲豪強

太平御覽卷第七百八十五

太平御覽卷第七百八十六　四夷部七

南蠻二

哀牢　烏滸　林邑　扶南

真臘　參半國　白頭國

哀牢

後漢書曰哀牢夷者其先有婦人名沙壹居牢山嘗捕魚水中觸沉木若有感因懷妊十月産子男十人後沉木化爲龍出水上沙壹忽聞龍語曰若爲我生子今悉何在九子見龍驚走獨小子不能去背龍而坐龍因舐之其母鳥語謂背爲九謂坐爲隆因名其子曰九隆沙壹將九隆居龍山下後九隆長大諸兄以九隆能爲父所舐而黠遂共推以爲王後牢山下有一夫一婦復生十女子九隆兄弟皆娶以爲妻後漸相滋長種人皆刻畫其身象龍文衣皆

著尾九隆死世世相繼乃分置小王往往邑居散在谿谷絕域荒外山川阻深生人以來未嘗交通中國建武二十三年其王賢栗遣兵乘箄船（箄音蒲佳切）南下江漢擊附塞夷鹿茤（音多）鹿茤人溺爲所擒獲於是震雷疾雨南風飄起水爲逆流翻涌二百餘里箄船沉沒哀牢之衆溺死者數千人賢栗復遣六王將萬人以攻鹿茤鹿茤王與戰殺其六三哀牢耆老共埋六王夜虎復出其尸而食之餘衆驚怖立引去賢栗惶恐謂其耆老曰我曹入邊塞自古有之今攻鹿茤輒被天誅中國其聖帝乎天祐助之何其明也二十七年賢栗等遂率種人詣越巂太守鄭鴻降求內屬光武封賢栗等爲君長自是歲來朝貢

又曰永平十二年哀牢王柳貌遣子率種人內屬顯宗以其地置哀牢博南二縣割益州郡西部都尉所領六縣合爲永昌郡始通博南山渡蘭倉水行者苦之歌曰漢德廣開不賓度博南越蘭津渡蘭倉爲他人

又曰西部都尉廣漢鄭純爲政清潔化行夷貊天子嘉之即以爲永昌太守純與哀牢夷人約邑豪歲輸布貫頭衣二領鹽一斛以爲常賦夷俗安之

九州記曰哀牢人皆儋耳穿鼻其渠帥自謂王者耳皆下肩三寸庶人則至肩而已土地沃美宜五穀蠶桑知染綵文繡有蘭于細布（猶言斷也）織成文章如綾錦有梧桐木華績以爲布幅廣五尺潔白不受垢汚先以覆亡人然後服之有濮竹節相去一丈地出銅鐵鉛錫金銀光珠琥珀水精瑠璃軻蟲蚌珠孔雀翡翠犀象猩猩貊獸

唐書曰麟德元年五月於昆明之弄棟川置姚州都督府每年差兵募五百人鎮守武太后神功二年蜀州刺史張

柬之上表曰姚州者古哀牢之舊國也本不與中國交通前漢唐蒙開夜郎滇笮而哀牢不附至光武季年始請內屬漢置永昌郡以統理之稅其鹽布氈罽以利中土其國西通大秦通交阯奇珍進貢歲時不闕及諸葛亮五月渡瀘水收其金銀鹽布以益軍儲使張伯歧選其勁卒以增武備前代置郡其利頗深今鹽布之稅不供珍奇之貢（不入）而空竭府庫驅率平人受役蠻夷肝腦塗地漢（以得）利既多更置博南哀牢二縣蜀人愁（怨）行者作歌今於國家無絲髮之利在百姓受終之酷伏乞省罷姚州使隸巂府歲時朝覲同之蕃國

烏滸

後漢書曰交阯西有噉人國生首子輒解而食之（謂）宜弟味旨則以遺其君君喜而賞其父取妻美則讓其兄今烏滸

人是也

南州異物志曰交廣之界民曰烏滸（烏滸地名）東界在廣州之南交州之北恒出道間伺候二州行旅有單迥輩者輒出擊之利得人食之不貪其財貨也地有棘（竹厚）十餘寸破以作弓長四尺餘名狐弩削竹爲矢以銅爲鏃長八寸以射急疾不凡用也地有毒藥以傅矢金入則撻皮視未見瘡顧盼之間肌肉便皆壞爛須臾而死尋問此藥云取虫諸有毒螫者合着管中曝之既爛因取其汁日煎之如射肉在其內地則裂外則不復裂也烏滸人便以肉爲殽俎又取其髑髏破之以飲酒也其伺候行人小有失輩出射之若人無救者便止以火燔燎食之若人有伴相救不容得食力不能盡擔去者便斷取手足以去尤以人手足掌蹠爲珠異以飴長老出得人歸家合聚隣里懸死人中當四面向坐擊銅鼓歌舞飲酒稍就割食之春月方田尤好出索人貪得之以祭田神也

異物志曰烏滸取翠羽採珠爲産又能織班布可以爲帷幔族類同姓有爲人所殺則居處伺殺主不問是與非遇人便殺以爲肉食也裴淵廣州記曰晉興有烏滸人以鼻飲水口中進噉如故

林邑國

南史曰林邑國本漢日南郡象林縣古越裳界也伏波將軍馬援開南境北縣其地從廣可六百里餘城去海百二十里去日南界四百餘里北接九德郡其南界（地北水步）道二百餘里有西圖夷亦稱王馬援所植二銅柱表漢界處也其國有金山石皆赤色其中生金金夜則出飛狀如螢火又出瑇瑁貝齒古貝沉木香古貝者樹名也其花成時如鵝毳抽其緒紡之以作布布與紵布不殊亦染成五色織爲班布沉木香者土人斫斷積以歲年朽爛而心節獨在置水中則沉故名曰沉香次浮者棧香漢末大亂功曹區連殺縣令自立爲王數世其後王無嗣外甥范熊代立死子逸嗣晉成帝咸康三年逸死奴文篡立文本日南西捲縣夷帥范幼家奴常牧牛於山澗得鯉魚二化而爲鐵因以鑄刀刀成文向石呪曰若斫石破者文當王此國因斫石如斷蒭藁文心異之范幼嘗使之商賈至林邑因教林邑王作兵車器械王寵任之後乃讒言諸子各奔餘國及王死無嗣文於鄰國迓王子置毒於漿中殺之遂脅國人自立

又曰林邑王文敵爲扶南王子當根純所殺大臣范諸農平亂自立爲王諸農死子陽邁立陽邁初在孕其母夢生兒有人以金席藉之其色光麗夷人謂金之精者爲陽邁若中國云紫磨者因以爲名宋永初二年遣使貢獻以陽邁爲林邑王陽邁死子咄立慕其父復曰陽邁其國俗居處爲閣名曰干闌門戶皆北向書樹葉爲紙男子皆以橫幅古貝繞腰已下謂之于漫亦曰都漫穿耳貫小環貴者着革屣賤者跣行自林邑扶南諸國皆然也其王着法服加纓珞如佛像之飾出則乘象吹螺擊鼓罩古貝繖以古貝爲幡旗國不設刑法有罪者使象蹋殺之其大姓號婆羅門嫁娶必用八月女先求男由賤男而貴女同姓還相婚姻使婆羅門引壻見婦握手相付呪曰吉利吉利爲成禮死者焚之中野謂之火葬其寡婦孤居散髮至老國王事並乾道鑄金銀人像大十圍元嘉陽邁侵暴日南九德諸郡交州刺史杜弘之建牙欲討之聞有代乃止

又曰宋帝元嘉二十二年使交州刺史檀和之振武將軍

宗慤伐林邑和之遣司馬蕭景憲爲前鋒陽邁聞之懼欲輸金一萬斤銀十萬斤銅三十萬斤還欲略日南戶其大臣毒諧僧達諫止之乃遣太師范扶龍戍其北界區粟城攻城尅之乘勝即尅林邑陽邁父子並挺身逃奔獲其珍異皆是未名之寶又鎔其金人得黄金數萬斤

又曰齊永明中林邑王范文贇遣使貢獻梁天監中文贇子天凱奉表獻白猴自此貢獻不絶

北史曰林邑國延袤數千里土多香木金寶物產大抵與交阯同以塼爲城蜃灰塗之皆開北戶以向日或東西無定尊官有二其一曰西那婆帝其二曰薩婆地歌其屬官三等其一曰倫多姓次歌倫致帝次乙地伽蘭外官分爲二百餘部其長曰弗羅次曰可倫如牧宰之差也王戴金花冠形如章甫衣朝霞布珠璣纓絡足躡革履時服錦袍

良家子侍衞者二百餘人皆執金裝兵有弓箭刀矟以竹爲弩傅毒於矢樂有琴笛琵琶五絃頗與中國同每擊鼓以警衆吹蠡以即戎其人深目高鼻髮拳色黑俗皆徒跣以幅布纏身冬月衣袍婦人椎髻書樹葉紙施椰葉爲席王死七日而葬有官者三日庶人一日以函盛屍鼓舞導從輿至外次積薪焚之收其餘骨王則內金甖中沉之於海有官者以銅甖沉之海口庶人以瓦送之於江男女皆截髮哭至水次盡哀而止歸則不哭每七日燃香散花復哭盡哀而止百日三年皆如之皆奉佛文字同於天竺

隋書曰林邑之先因漢末交阯女子徵側之亂內縣功曹子區連殺縣令自號爲王無子其甥范熊代立死子逸立日南人范文因亂爲逸僕隸遂教之築宮室造器械逸甚信任使文將兵極得衆心文因間其子弟或奔或徙及逸死國無嗣文自立爲王其後范佛爲晉楊威將軍戴桓所破宋交州刺史檀和之將兵擊之深入其境至梁陳亦通使往來其國延袤數千里高祖既平陳乃遣使獻方物其後朝貢遂絶時天下無事群臣言林邑多奇寶者仁壽末上遣大將劉方爲驩州道行軍總管率欽州刺史甯長直驩州刺史李暈開府秦雄步騎萬餘及犯罪者數千人擊之其王梵志率其徒乘巨象而戰方軍不利於是多掘小坑草覆其上因以兵挑之梵志悉衆而陳方與戰僞北梵志逐之至坑所其衆多陷轉相驚駭軍遂亂方縱兵擊之大破之頻戰輒敗遂弃城而走方入其都獲其廟主十八枚皆鑄金爲之蓋其有國十八葉矣方班師梵志復其故地遣使謝罪於是朝貢不絶

唐書曰貞觀中林邑王梵頭利死率國人共立頭利女王

諸葛地頭利之姑子女王獨任國中不寧大臣可倫翁定乃立地爲王妻之以女王其國乃定諸葛地自立後遣使可倫因地盤獻火珠狀如水精日午時正以珠承影取艾衣之火見去得之於羅刹國今之環王國主即梵志之後在日南郡西陸行二十餘日方至

扶南國

蕭子顯齊書曰扶南國男子截錦爲橫幅女爲貫頭貧者以布自蔽鍛爲鐶鏆音環貫銀器伐木起屋國王居重閣以木柵爲城海邊生大蘘葉長八九尺編其葉以覆屋國王行乘象婦女亦能乘象無牢獄有訟者則以金指環若雞子沸湯中令探之燒鏁令赤著手上捧行七步有罪者手皆焦爛無罪者不傷又令没水直者入即沉不直者不沉

又曰扶南在日南之南大海西灣中廣袤三千餘里有大

江水西海入海其先有女人爲王名柳葉又有激國人混填夢神賜弓一張故乘舶入海填晨起於神廟樹下得弓即乘船向扶南柳葉見船率衆欲禦之混填舉弓遥射貫舶一面通中人柳葉怖遂降混填娶以爲妻惡其躶露形體乃穿疊布貫其首遂治其國子孫相傳

南史曰扶南王混盤死國人共舉大將軍范蔓爲王蔓勇健有權略復以兵威攻伐旁國咸服屬之自號扶南大王乃作大船窮漲海開國十餘闢地五六千里蔓死後大將范尋殺其子長而代立更繕國內起觀閣遊戲之朝旦中晡三四見客百姓以蕉蔗龜鳥爲禮國無牢獄於城溝中養鰐魚門外圈猛獸有罪者輒以餧猛獸及鰐魚魚獸不食爲無罪三日乃放之鰐魚大者長三丈餘狀如鼉有四足喙長六七尺兩邊有齒利如刀劍常食魚遇得麞鹿及人亦噉之蒼梧以南及外國皆有之

御覽七百八十六　七　壬癸

又曰扶南王憍陳如本天竺婆羅門也有神語曰應王扶南憍陳如心悅南至盤盤扶南人聞之舉國欣迎戴壹焉復改制度用天竺法憍陳如死後王持梨陁跋摩宋文帝元嘉中三奉表獻方物齊永明中王憍陳如闍耶跋摩遣使送珊瑚佛像并獻方物詔授安南將軍扶南王其國人皆醜黑拳髮所居不穿井數十家共一池引汲之俗事天神以銅爲像二面者四手四面者八手手各有所持或小兒或鳥獸或日月其王出入乘象嬪侍亦然王坐則偏踞翹膝垂左膝至地以白疊敷前設金盆香炉於其上國俗居喪則剃髮除鬚死者有四葬水葬則投之江流火葬則焚爲灰燼土葬則瘞埋之鳥葬則弃之中野人性貪恡無禮義男女恣其奔隨

隋書曰扶南國王遣使貢獻其王姓古龍諸國多姓古龍訝耆老言崑崙無姓氏崑崙之訛

抱朴子曰扶南國出金鋼可以刻玉狀似紫石英其所生在百丈水底盤石上如鍾乳人沒水取之竟日乃出以鐵槌之不傷鐵反自損以羖羊角扣之灌然冰泮

外國傳曰扶南人若戶中亡器物者即以米一升詣神廟乞神見盜者以米着神足下明日取米呼戶中奴婢分令嚼之盜者口中血出米完不碎不盜者入口即敗從日南至徼外悉亦

又曰扶南之東漲海中有大火洲洲上有樹得春雨時皮正黑得火燃樹皮正白紡績以作手巾或作燈注用不知盡

又曰扶南國人最大居舍雕文刻鏤好布施多禽獸王好獵皆乘象一去月餘日

御覽七百八十六　八　壬癸

南州異物志曰扶南國在林邑西三千餘里自立爲王諸屬皆有官長及王之左右大臣皆號爲崑崙

眞臘

隋書曰眞臘國在林邑西南本扶南之屬國也去日南郡舟行六十日而南接車渠國西有朱江國其王姓刹利氏名質多斯那自其祖漸已強盛至質多斯那遂兼扶南而有之死子伊奢那先代立居伊奢那城郭下二萬餘家城中有一大堂是王聽政之所其王三日一朝坐五香七寶床上施寶帳帳以文木爲竿象牙金鈿爲壁狀如小屋懸金光焰有同於赤土前有金香炉二人侍側王着朝霞古貝瞞絡腰腹下垂至脛頭戴金寶花冠被眞珠瓔珞足履革屣耳懸金璫常服白疊以象牙爲屩有五大

臣一曰孤落支二曰高相憑三曰婆何多陵四曰舍摩陵五曰驕羅婁及諸小臣朝於王者輙於階下三稽首王喚上階則跪以兩手抱膊遶王還坐議政事訖跪伏而去其國與參半朱江二國和親數與陁桓林邑二國戰爭其人行止皆持甲仗若有征伐因而用之其俗非王妻子不得爲嗣王初立之日所有兄弟並刑殘之或去一指或劓其鼻別處供給不得仕進人形小而色黑婦人亦有白者悉拳髮垂耳性氣捷勁居處器物頗類赤土以右手爲淨左手爲穢每旦澡洗以楊枝淨齒讀誦經呪又澡洗乃食食罷還用楊枝淨齒飲食多蘇酪沙糖秔粟米餅欲食之時先取雜肉羹與餅相和手擩而食男婚禮畢即與父母分財別居父母死小兒未婚者以餘財與之若婚畢財物入官其喪葬兒女皆七日不食剔髮而哭僧尼道士親故皆來

聚會音樂送之以五香木燒屍收灰以金銀瓶盛送于大水之內貧者或用瓦而以彩色畫之亦有不焚送屍山中任野獸食者其國北多山阜南有水澤地氣尤熱無霜雪饒瘴癘毒蠚土宜粱稻與日南九真相類異者有婆耶𨚗婆樹無花葉似冬瓜菴羅樹花葉似棗實似李毗野樹花似木瓜葉似杏實似楮婆田羅樹花葉實並似棗而小異歌畢他樹花似李葉似楡而厚大實似李其大如外海中有魚名建同四足無鱗其鼻如象吸水上噴高五六十尺有浮胡魚其形如䱉觜如鸚鵡有八足多大魚半身出水望之如山每五六月中毒熱氣流行即以白猪牛羊於城西門外祠之不然者穀不登六畜多死近都有陵伽鉢婆山上有神祠每以兵千人守衛城東有神名婆多利祭用人肉每年殺人以夜祀禱大業十三年遣使貢獻帝禮之其後亦絶

唐書曰真臘國貞觀二年又與林邑國俱來朝獻太宗嘉其歷遠疲勞錫賚甚厚南方人謂真臘國爲吉篾國自神龍以後真臘分爲二半以南近海多陂澤處謂之水真臘半以北多山阜處謂之陸真臘亦謂之文單國高宗則天玄宗朝並遣使朝貢水真臘國其境東西南北約皆八百里東至奔陁浪州西至墮羅鉢底國南至小海北即陸真臘其王所居城號婆羅提拔國之東界有小城皆謂之國其國多象元和八年遣李摩那等來朝貢

參半國

唐書曰武德中參半國遣使朝貢其國在真臘西南千餘里城臨大海土地下濕風俗物産並與林邑國同

白頭國

唐書曰貞觀中扶南來獻白頭國二人於洛陽云其國在扶南之西　男女　皆素首身又凝白居山洞之中四面巖險故人莫至與參半國相接

太平御覽卷第七百八十六

太平御覽卷第七百八十七　四夷部八

南蠻三

赤土國

隋書曰赤土國扶南之別種也在南海中水行百餘日而達所都土色赤因以爲號東婆羅剌國西婆羅娑國南訶羅旦國北巨大海地方數千里其王姓瞿曇氏名利富多塞不知有國近遠稱其父釋王位出家爲道傳位於利富多塞在位十六年矣有三妻並隣國王之女也居僧祇城有門三重相去各百許步每門圖畫仙人菩薩之像懸金花鈴毦婦女數十人或奏樂或捧金花又飾四婦人容飾如佛塔邊金剛力士之狀夾門而立門外者持兵杖門內者執白拂夾道垂素網綴花王宮諸屋悉是重閣北戶北面而坐坐三重之榻衣朝霞布冠金花冠垂雜寶瓔珞四女子立侍左右　兵衛百餘人王榻後作一龕以金銀五香木雜鈿之龕後懸一金光焰夾榻又樹二金鏡鏡前並陳金甕甕前各有金香爐當前置一金伏牛牛前樹一寶蓋蓋左右皆有寶扇婆羅門等數百人東西重行相向而坐其官有薩陁迦邏一人陁拏達又二人迦利蜜迦三人共掌政事俱羅末帝一人掌刑法每城置那耶迦一人鉢帝十人其俗皆穿耳剪髮無跪拜之禮以香油塗身敬佛尤重婆羅門婦人作髻於項後男女通以朝霞朝雲雜色布爲衣豪富之室恣意華靡唯金鏁非王賜不得服用每婚嫁擇吉日女家先期五日作樂飲酒父執女手以授壻七日乃配焉既娶則分財別居唯幼子與父同居父母兄弟死則剔髮素服就水上構竹爲棚棚內積薪以屍置上燒香建幡吹蠡擊鼓以送之縱火焚薪遂落於水貴賤皆同唯國王燒訖收灰貯以金瓶藏於廟屋冬夏常溫雨多霽少種植無時特宜稻穄白豆黑麻自餘物產多同交阯以甘蔗作酒雜以紫瓜根酒色黄赤味亦香美亦名椰漿爲酒

又曰煬帝即位募能通絕域者大業三年屯田主事駿虞部主事王君政等請使赤土帝大悅賜駿等帛各百疋時服一襲遣齎物五千段以賜赤土王其年十月駿等自南海郡乘舟晝夜二旬每值便風至焦石山而過東南泊陵伽鉢拔多洲西與林邑相對上有祠神焉又南行至師子石自是島嶼連接又行二三日西望見狼牙須國之山於是南達雞籠島至於赤土之界其王遣婆羅門鳩摩羅以舶三十艘來迎吹蠡擊鼓以樂隋使進金鏁以纜駿船月餘至其都王遣其子那耶迦請與駿等禮見先遣人送金盤貯香花并鏡鑷金合二枚貯香油金瓶八枚貯香水白疊布四條以擬供使者盥洗將象二頭持孔雀蓋以迎使人并致金花盤以藉詔函男女百人奏蠡鼓婆羅門二人導路至王宮宣詔訖引駿等坐奏天竺樂事畢駿等還館又遣人送食以草葉爲盤其大方丈後請駿等入宴王前設兩床床上並設草葉盤方一丈五尺上有黄白紫赤四色之餅牛羊魚鼈豬蝳蝐之肉百餘品延駿升床從者坐於地席各以金

鍾置酒女樂迭奏禮遺甚厚尋遣郍邪迦隨駿貢方物旣入海見緑魚群飛水上浮海上十餘日至林邑東南並蒲浪北山而行其海水闊千餘步色黄氣腥舟行一日絶去是大魚糞也循海北岸達于交阯至六年春與郍邪迦於弘農謁帝帝大悦賜物及官賞各有差

蒲羅中國

吴時康泰爲中郎表上扶南土俗舶利正東行極崎頭海邊有居人人皆有尾五六寸名蒲羅中國其俗食人

優鈸國

康泰扶南土俗曰優鈸國者在天竺之東南可五千里國土熾盛城郭珍玩謠俗與竺同

横趺國

康泰扶南土俗曰横趺國在優鈸之東南城郭饒樂不及

太七ヲ八十七　三　壬戌一

優鈸也

北𢁟國

康泰扶南土俗曰諸薄之東南有北𢁟洲出錫轉賣與外徼

馬五洲

康泰扶南土俗曰諸薄之東有五洲出雞舌香樹木多華少實

薄歎洲

康泰扶南土俗曰諸薄之西北有薄歎洲土地出金常以採金爲業轉賣與諸賈人易粮米雜物

躭蘭洲

康泰扶南土俗曰諸薄之西北有躭蘭之洲出鐵

巨延洲

康泰扶南土俗曰諸轉薄之東北有巨延洲人民無田種芈浮舩海中載大蚶螺杯往扶南

濵郍專國

康泰扶南土俗曰濵郍專國出騠都田切馬及金俗民皆有衣被結髮也

烏文國

康泰扶南土俗曰烏文國昔混滇初載賈人大船所成此國

斯調國

康泰扶南土俗曰斯調洲灣中有自然鹽累如細石子國人取之一車輸王餘自入

南州異物志曰斯調海中洲名也在歌營東南可三千里上有王國城市街巷土地饒美

太七ヲ八十七　四　壹

萬震南方異物志曰斯調國又有中洲焉春夏生火秋冬死有木生於火中秋冬枯死以皮爲布

林陽國

康泰扶南土俗曰扶南之西南有林陽國去扶南七千里土地奉佛有數千沙門持戒六齋日魚肉不得入國一日再市朝市諸雜米甘菓石蜜暮中但貨香花

南州異志曰林陽在扶南西七千餘里地皆平博民十餘萬家男女行仁善皆侍佛

牟奴國　摸盧國　末利國　卑離國

蒲都國　繩余國　沙樓國

晉起居注曰太熙元年正月牟奴等國大小口十七萬九千餘人各遣正副使詣護東夷校尉何龕上獻方物

蒲林國

晉起居注曰興寧元年閏月蒲林王國新開通前所奉表詔先帝今遣到其國慰諭

師子國

宋元嘉起居注曰師子國王遣使奉獻詔曰此小乘經甚少彼國所有皆可悉爲寫送之聞彼隣多有師子此所未覩可悉致之

法顯記曰師子國本无人正有鬼神及龍居之諸國商人來共市易鬼神自現身但出寶物顯其時直商人則依價直取物諸國人文其土樂悉亦復來於是遂成大國和適無冬夏之異草木常茂田種隨人無有時節

毗加梨國

宋元嘉起居注曰五年天竺毗加梨國王月　遣使上表并奉金剛指環一枚剛印摩勒金環一枚鋋氎一具白旃檀六叚白赤鸚鵡各一頭細疊兩張

干陁利國

南史曰干陁利國在南海洲上其俗與林邑扶南略同出班布古貝檳榔特精爲諸國之極宋孝武世王釋婆羅那憐陁遣長史竺留陁獻金銀寶器梁天監元年其王瞿曇脩跋陁羅以四月八日夢一僧謂曰中國今有聖主十年後佛法大興汝若遣使貢奉禮敬則土地豐樂商旅百倍若不信我則竟土不得自安初未之信既而又夢此僧曰汝若信我我當與汝往觀乃於夢中至中國拜覲天子既覺心異之陁羅本工畫乃寫夢中所見武帝容質飾以丹青仍遣使并畫工奉表獻玉盤等物使人既至摸寫帝形以還其國比本畫則符同焉因盛以寶函日加禮敬後跋陁死子毗針耶跋摩立遣長史毗負跋摩奉表獻金芙蓉雜香藥等

狼牙脩國

南史曰狼牙脩國在南海中其界東西三十日南北二十日行北去廣州二萬四千里土氣物產與扶南略同偏多棧沉婆律香其俗男女皆袒而被髮以古貝爲干漫其王及貴臣乃加雲霞布覆胛以金繩爲絡帶金環貫耳女子則布以纓絡繞身其國累塼爲城重門樓閣王出乘象有幡毦旗鼓罩白蓋兵衛甚嚴國人說立國已四百餘年後嗣衰弱王族有賢者國人歸向之王聞乃加囚執其鏁無故自斷王以爲神因不敢害乃逐出境遂奔天竺天竺妻以長女俄而狼牙王死大臣迎還爲王二十餘年死子婆伽達多立天監十四年遣使阿撒多奉表

婆利國

南史曰婆利國在廣州東南海中洲上去廣州二月日行國界東西五十日行南北二十日行有一百三十六聚土氣暑熱如中國之盛夏穀一歲再熟草木常榮海出文螺紫貝有石名蚶貝大硬其國人抱古貝如帊及爲都縵乃用班絲者以瓔絡繞身頭着金長冠高尺餘形如弁綴以七寶之飾帶金裝劍偏坐金高座以金鐙支足侍女皆爲金花雜寶之飾或持白毦拂及孔雀扇王出以象駕輿輿以雜香爲之上施羽蓋珠簾導從吹螺擊鼓自古來通中國問其先及年數不能記自言白淨王夫人即其國女天監十六年遣使奉表獻金席等普通三年其王頻伽復遣使珠智獻白鸚鵡青蟲兜鍪琉璃器古貝螺杯雜色香數十種

隋書曰婆利國自交阯浮海南過赤土丹丹乃至其國國界　西四月行南四十五日行王姓刹利耶伽名護濫那婆

言曰獨訶邪拏次曰獨訶氏拏國人善投輪刀其大如鏡中有竅外鋒如鋸遠以投人無不中其餘兵器與中國略同俗類眞臘物産同於林邑其殺人及盗截其手姦者鏁其足朞年而止祭祀必以月晦盤貯酒殽浮之流水每十一月必設大祭海出珊瑚有鳥名舍利解人語大業十二年遣使入貢後遂絶

訶羅陁國

南史曰訶羅陁國宋元嘉七年遣使奉表曰伏承聖主重三寶興立塔寺周滿國界今故遣使二人表此微心

呵羅單國

宋元嘉起居注曰去　年六月闍婆洲呵羅單國王毗沙跋摩遣使獻奉

又曰十一年呵羅單國王尸梨毗邂耶獻銀滌柈等

南史曰呵羅單國都闍婆洲元嘉七年遣使獻金剛指環鸚鵡鳥天竺國白疊　等物十年呵羅單國王毗沙跋摩奉表曰常勝天子陛下諸佛世尊常樂安穏三達六通爲世間尊是名如來是故至誠五體敬禮其後與子所篡奪十三年又上表二十六年文帝詔曰呵羅單國婆皇婆達三國頻越遐海欵化納貢遠誠宜甄可並加除授乃遣使策命之二十九年又遣長史婆和沙弥獻方物

蒲黃國

宋元嘉起居注曰二十六年蒲黃國獻牛黃等物又獻鬱金香等物

婆皇國

南史曰婆皇國元嘉二十六年國王舍利婆羅跋摩遣使獻方物四十一種文帝策命之爲婆皇國王二十八年復遣使貢獻孝武孝建三年又遣長史竺那婆智奉表獻方物以那婆智爲振威將軍大明三年獻赤白鸚鵡大明八年明帝泰始二年又遣使貢獻明帝以其長史竺須羅達前長史振威將軍竺那婆智並爲龍驤將軍

婆達國

南史曰婆達國元嘉二十六年國王舍利不陵伽跋摩遣使獻方物文帝策命之爲婆達國王二十六年二十八年復遣使獻方物

闍婆達國

南史曰闍婆達國元嘉中國王師利婆達呵阿陁羅跋摩遣使奉表曰宋國大主大吉天子足下敎化一切種智安穏天人師降伏四魔成等正覺轉道法輪度脫衆生我雖在遠亦霑靈潤

槃槃國

宋起居注曰孝建二年七月二十日槃槃國王遣長史竺伽藍婆奉獻金銀琉璃諸香藥等物

南史曰槃槃國元嘉孝建大明中並遣使貢獻梁中大通元年四年其王使使奉表累送佛牙及畫塔獻沉檀等香數十種六年八月復遣使送菩提國舍利及畫塔國圖并菩提樹葉詹糖等香

梁書曰槃槃國南海大洲中北與林邑隔小海自交州船行四十日至其國王曰楊粟翨（翨音是）粟翨父曰楊德武連以上無得而紀百姓多緣水而居國無城皆竪木爲柵王坐金龍床每坐諸大人皆兩手交抱肩而跪及其國多有婆羅門自天竺來就王乞財物王甚重之其大臣曰勃郎索濫

次曰崑崙帝也次曰崑崙勃和（音胡卧切）次曰崑崙勃帝索甘且其言崑崙古龍聲相近故或有謂為古龍者其在外城者曰郝延猶中夏刺史縣令其矢多以石為鏃矟則以鐵為刃有僧尼寺十所僧尼讀佛經皆食肉而飲酒亦有道士寺一所道士不飲食酒肉讀阿脩羅王經其國不甚重之俗皆呼僧為比丘呼道士為貪隋大業中亦遣使朝貢

唐書曰槃槃國在林邑西南海曲中北與林邑隔小海自交州船行四十四日乃至其國與狼牙脩國為隣人皆學婆羅門甚敬佛法貞觀九年遣使來貢方物

斤陁利

宋起居注曰孝建二年八月二日斤陁利國王釋陁羅降陁遣長史竹留陁及多奉表獻方物

太平御覽卷第七百八十七

南蠻四

頓遜國　毗騫國　丹丹國
東謝　西趙蠻　南平蠻
羅刹國　投和國　附國
婆利四國　殊奈國　甘棠國
金利毗逝國　隋和羅國　陁洹國
隋婆登國　多蔑國　多摩國
哥羅舍分國　杜薄國　烏篤國
薄刺國

頓遜國

南史曰頓遜國在海崎上（崎音折曲岸也）地方千里城去海十里有五王並羈屬扶南頓遜之東界通交州諸賈人其西界

接天竺安息徼外諸國往還交易其市東西交會日有萬餘人珎物寶貨無所不有

唐書曰頓遜國出藿香插枝便生葉如都梁以裛衣國有區撥等花十餘種冬夏不衰日載十車貨之其花燥更芬馥亦末爲粉以傳身焉

南州異物志曰典遜在扶南三千餘里本爲別國扶南先王范蔓有勇略討服之今屬扶南箋之扶南記曰頓遜國屬扶南國主名崑崙國有天竺胡五百家兩佛圖天竺婆羅門千餘人頓遜敬奉其道嫁女與之故多不去唯讀天神經以香花自洗精進不捨晝夜疾困便發願鳥葬歌舞送之邑外有鳥啄食餘骨作灰甖盛沉海鳥若不食乃籃盛火葬者投火餘灰函盛埋之祭祠無年限又酒樹有似安石榴取花與汁停甕中數日乃成酒美而醉人

毗騫國

南史曰毗騫國俗有室屋衣服噉粳米其人言語小異扶南國內不受賈客有往者殺而噉之是以商旅不敢至王常樓居不血食不事鬼神其子孫生死如常人唯王不死扶南王數使與書相報荅常遺扶南王純金五十人食器形如圓盤又如瓦塸名爲多羅受五升又如椀者受一升

竺芝扶

南史紀曰毗騫國去扶南八千里在海中國王身長三丈頸長三尺自古以來不死知神聖未然之事亦有子孫子孫生死如常人唯此王不死耳号曰長頸王食器皆純金金如此間之石無央限也不聽妄取有偷者知則殺食之長頸王亦能作天竺書自道宿命所經與佛語相似作書可三千言皆道是事其國法有罪者共在王前食之平常

不噉人也

丹丹國

梁書曰丹丹國中大通二年其王遣使奉表送牙像及畫塔二軀并獻火齊珠古貝雜香藥大同元年復遣使獻金銀琉璃雜寶香藥等物

隋書曰丹丹國在多羅摩羅國西北振州東南（振州今延德郡朱崖同島上）王姓刹利名尸陵伽理所可二萬餘家亦置州縣以相統領王每晨夕二時臨朝其大臣八人号曰八座並以婆羅門爲之（王每以香粉塗身冠通天冠掛雜寶瓔珞身衣朝霞足履）皮屨近則乘輿遠則馭象其攻伐則吹蠡擊鼓兼有幡旗其刑盜賊無多少皆殺之土出金銀白檀蘇方檳榔其穀唯稻畜有沙牛羖羊猪雞鵝鴨麞鹿鳥有越鳥孔雀果蓏（力果切）有蒲桃石榴瓜瓠菱蓮菜有葱蒜蔓菁

東謝

唐書曰東謝蠻其地在黔州之西數百里內南接守宮獠西連夷子北至白蠻土宜五穀不以牛耕但爲畬田每歲一易俗無文字刻木爲契散在山洞間依樹爲層巢而居汲流以飲皆自營生業無賦稅之事謁見貴人皆執鞭而拜有功勞者以牛馬銅鼓賞之有犯罪者小事杖罰大事殺之盜物倍還其賊婚姻之禮以牛酒爲娉女歸夫家皆母自送之女夫慙逃避經旬乃出讌聚則擊銅鼓吹大角歌舞以爲樂好帶刀劍未常捨離丈夫衣服有衫襖大口袴以綿紬及布爲之右肩上斜束皮帶裝以螺蚌虎豹猿狖及犬羊之皮以爲外飾坐皆蹲踞男女椎髻以緋向後垂下其首領謝元深既世爲酋長其部落皆尊畏之謝氏一族法不育女自云姓高不可下嫁故也貞觀三年元深入朝冠烏熊皮冠若今之旄頭以金銀絡額身披毛帔韋皮行縢而著履中書侍郎顏師古奏言昔周武時天下太平遠國歸欵周史乃集其事爲王會篇今萬國來朝至今如此輩章服實可圖寫今請撰爲王會圖從之以其地爲應州仍拜元深爲刺史隸黔州都督府

又曰南謝首領謝強與西謝隣共元深俱來朝見爲南壽州刺史後改爲莊州貞觀十三年正月西南蕃大酋長蠻州刺史資陽郡開國公宋鼎卭州刺史謝沚音止蠻州巴江縣令宋万傳牂州錄事參軍謝文經黔中經略招討觀察使王礎奏前件刺史三年一度朝今年艱許稱州接牂牁同被聲教獨此排擯竊自慙恥謹遣隨牂牁刺史授官其牂牁兩州户口殷盛人力強大隣側諸蕃悉皆敬憚請比兩州每三年一度朝賀仍依牂牁輪環差定并以才幹位望爲衆推者元勑從之

西趙蠻

唐書曰西趙蠻在東謝之南其界東至夷子西至昆明南至西洱河洱音耳山洞阻深莫知道里南北十八日行東西二十三日行其風俗物產與東謝同首領趙氏世爲酋長有户萬餘貞觀三年遣使入朝二十一年以其地置明州即以首領趙磨爲刺史

南平蠻

唐書曰南平蠻北與涪州接部落四千餘户男子左衽露髮徒跣婦人橫布兩幅穿中而貫其首名爲通裙其人美鬢爲髻鬌垂於後以竹筒如筆長三四寸斜貫其耳貴者亦有珠璫土多女少男爲婚之法女氏必先貨求男族貧人無嫁資女多賣與富人爲婢俗皆婦人執役其王姓朱氏号爲劒荔王貞觀中遣使內附以其地隸渝州

羅剎國

隋書曰羅剎國在婆利之東其人極陋朱髮黑身獸牙鷹爪時與邑人作市輙以夜晝日則掩其面煬帝大業三年使常駿等使赤土國致羅剎國

投和國

隋書曰投和國在南海大洲真臘之南自廣州西南水行百日至其國王姓投和羅名脯邪乞遥理所城覆屋以瓦並爲閣而居屋壁皆以彩畫之城內皆王室城外人居可萬餘家王宿衛之士百餘人每臨朝則衣朝霞冠金耳挂金環頸挂金涎衣叙連切足履寶裝皮履官屬有朝請將軍惣知國政又有參軍功曹主簿城局金威將軍贊理贊府等官分理文武又有州及郡縣州有參軍郡有金威將軍

縣有城扃爲其長官初至各選官僚助理政事刑法賊盜多死者輕者穿耳及頰私鑄銀錢者截腕國無賦稅俱隨意貢奉無多少之限多以農商爲業國人乘象及馬一國之中馬不過千疋又無鞍轡唯以繩穿頰爲之節制音樂則吹蠡擊鼓死喪則祠祀哭泣又焚屍以甕盛之沉於水中若父母之喪則截鬚爲孝其國市六所貿易皆用銀錢小如榆莢有佛道有學校文字與中夏不同訏其耆老云王無姓名齊杖摩王所坐塔圓以佛塔以金飾之門皆東開坐亦東向

唐書曰貞觀中投和國遣使奉表以金函盛之又獻金榼碏壺金鎖寶帶犀象海物等數十品

附國

隋書曰附國者蜀郡西北二千餘里即漢之南夷也有嘉

良夷即其東部所居種姓自相率領土俗與附國同言語少殊不相統一其人無姓氏附國王字宜繒其國南北八百里西千五百里無城柵近川谷傍山險俗好復讎故壘石而居以避其患高至十餘丈下至五六丈每級丈餘以木隔之基方三四步其上方二三步狀似浮圖於下級開小門從內上通夜必關閉以防賊盜國有二萬家號令自王出嘉良夷政令繫之酋帥重罪者死輕者罰牛人皆輕捷便擊劍漆皮爲牟甲弓長六尺以竹爲弦妻其群母及其嫂兒弟死父兄亦納其妻好歌舞鼓吹長笛有死者無服制置屍高牀之上沐浴衣服被以牟甲覆以獸皮子孫不哭帶甲舞劍而呼云我父爲鬼所取我欲報冤殺鬼自餘親戚哭聲而止婦人哭必以兩手掩面死家殺牛親屬以猪酒相遺共飲噉而瘞之死後十日而大葬必集親賓殺馬動至數十疋立其祖父神而事之其俗以皮爲帽形圓如鉢或戴冪䍦衣多毛毼皮裘爲靴頂繫鐵鎖手貫鐵釧王與酋帥金爲飾胷前懸一金花徑三寸其土高氣候涼多風少雨土宜小麥青科山出銀鐵多白雉水有嘉魚長四尺而鮮細大業四年其王遣使素福等八人入朝明年又遣其弟子宜林率嘉良夷六十人朝貢欲獻良馬以路險不通請開山道脩職貢煬帝以勞人不許嘉良有水闊六七十丈附國有水闊百餘丈並南流用皮爲舟而濟

邊斗四國

隋書曰邊斗國（一云班斗）都昆國（一作都軍）拘利國（一作九離）比嵩國並扶南度金隣大灣南行三千里有此國其農作與金隣同其人多白色都昆出好棧香藿香及硫黃其藿香樹生千歲根本甚大伐之四五年木皆朽敗唯中節堅貞芬香獨

存取爲香

殊奈國

唐書曰貞觀二年殊奈國遣使貢方物殊奈者崑崙人也在林邑南去交阯海行三月餘日俗習文字與婆羅門同路絕遠古未常朝中國至是始通

甘堂國

唐書曰甘堂國在大海之南崑崙人也貞觀十年與未俱婆國同日朝貢太宗謂侍臣曰南荒西域自遠而至其故何也房玄齡對曰當中國人安帝德遠被也太宗曰誠如公言向使中國不安何緣至朕何德以堪之

金利毗逝國

唐書曰金利毗逝國在京西南四萬餘里東去致物國二千里西去赤土國一千五百里南去波利國三千里柳衢

國三千里其國有城邑庭舍衣朝霞白㲲每食先泥上鋪席而後座國王名本多楊牙前有隊仗甲盔貝多樹皮取風俗物產與真臘同

墮和羅國

唐書曰墮和羅國南與盤盤國北與迦邏舍佛東與真臘接西鄰大海去高州五月日行貞觀十三年其王遣使貢方物二十三年又遣使獻象牙火珠請賜好馬詔許之

陁洹國

唐書曰陁洹國在林邑西南大海中東南與墮和羅接去交阯三月餘行賓服於墮和羅其王姓察失利字婆那士無蠶桑以白㲲朝霞布為衣俗皆樓居謂為干欄貞觀十八年遣使來朝二十一年又遣使獻白鸚鵡毛羽皓素頭上有紅毛數十莖與翅齊及婆律膏仍請馬及銅鍾詔並給之

墮婆登國

唐書曰墮婆登國在林邑南海行二月東與訶陵西與迷黎車接北界大海風俗與訶陵同種稻每月一熟有文字書於貝多葉其死者口實以金又以金釧貫於四支然後加以婆律膏及檀沉龍腦等香積薪以燔之貞觀中遣使獻金花等物王之所居堅木為城造大屋重閣覆以棕櫚皮所坐床悉以象牙為之亦以象牙為席食以手摞之音古遽又以椰樹花為酒飲之亦醉有山穴海湧而出鹽國人取食其國人有毒與常人同止宿即令身生瘡與之交會便死若從液落著草木即枯其人身死不臭不爛

多蔑國

唐書曰多蔑國貞觀時通焉在南海外國界周迴可一月行南阻大海西俱遊國北波利刺國東真陁桓國戶口極多置三十州不役屬他國有州郭宮殿樓櫓並用瓦木以十二月為歲其物產有金銀鐵象牙犀角朝霞朝雲等布其俗交易用金銀朝霞等為貨百姓二十而稅一五穀菜蔬與中國不殊

多摩國

唐書曰多摩國長居國長居於海島東與婆鳳西與多隆南與半支跋華言五山也北與訶陵等國接其國界東西可一月行南北可二十五日行其王子先龍子也名骨利骨利得大鳥卵剖之得一女子容色殊妙即以為妻其王尸羅物備伊說即其後也顯慶中遣使貢獻其俗無姓王居以柵為城以板為屋坐師子座東向衣物與林邑同勝兵二萬人無馬有弓刀甲矟婚姻無同姓之別其食器銅鐵金銀所食尚酥乳酪沙糖石蜜其家畜有羖水牛野獸有麞鹿等死亡無喪紀之制以火焚其屍其音樂略同天竺有波那婆毛護婆奄磨石榴等菓多甘蔗從其國經薛盧都思訶盧林邑等國達於交州

哥羅舍分國

唐書曰哥羅舍分國在南海之南接墮和羅勝兵二萬人其王蒲越伽摩顯慶五年遣使朝貢

杜薄國

唐書曰杜薄國在扶南東漲海中直渡海數十日至其人色白皙皆有衣服國有稻田女子作白㲲華布出金銀鐵以金為錢出雞舌香可含以香不入服雞舌其為水也氣辛而性厲禽獸不能至故未可識其樹者華熟自零隨水而出方得之杜薄洲有十餘國城皆稱王

烏篤國

唐書曰烏篤國在中天竺南一名烏伏那地方五千餘里百姓殷實人性懦弱頗譎詐尤工禁術篤信佛法文字禮儀略同天竺自古不通中國貞觀中其王達摩因陁訶斯遣使獻龍腦香等

薄刺洲

唐書曰薄刺洲隋時聞焉在拘利南海灣中其人色黑而齒白眼正赤男女並無衣服一名勃焚洲

抱朴子云勃焚洲在薰陸木膠所出楓脂矣所以不可多得者正患狤𤞞獸啖人（狤音詰𤞞音屈）此獸大者重十斤狀如水獺其頭身及他處了無毛唯從鼻上以竟脊至尾上有毛廣一寸許青長三四分許其無毛處則如韋囊久張捕得之斬刺不傷積薪烈火縛以投火中薪盡而此獸不焦須以大杖打之皮不傷而骨碎都盡而死

太平御覽卷第七百八十八

太平御覽卷第七百八十九　四夷部十

南蠻五

南詔蠻

唐書曰南詔蠻本烏蠻之別種也姓蒙氏蠻謂王爲詔自言哀牢之後代居蒙舍州爲渠帥在漢永昌故郡東姚州之西其先渠帥有六自號六詔兵力相埒各有君長無統帥蜀時爲諸葛亮所征皆臣服之

又曰南詔蠻國初時有蒙舍乇生迦獨迦獨生細奴邏高宗時來朝細奴邏生邏盛武后時來朝其妻方娠邏盛次姚州聞妻生子曰吾且有子死於唐地足矣子名盛邏皮邏盛至京師賜錦袍金帶師國開元初邏盛死盛邏皮立盛邏皮死子皮邏閣立

又曰南詔蠻皮邏閣嗣立二十六年詔授特進封越國公賜名曰歸義其後破洱河蠻（洱音而志切）以功策授雲南王歸義漸強盛餘五詔浸弱先是劍南節度王昱受歸義賂奏六詔合爲一詔歸義既併五詔服群蠻破吐蕃之衆兵八日以驕大遂徙居大和城天寶四載歸義遣孫鳳迦異來朝授鴻臚卿歸國恩賜甚厚

又曰閤羅鳳襲封王無何鮮于仲通爲劍南節度使張虔陀爲雲南太守仲通褊急寡謀虔陀矯詐遇下不以禮舊事南詔嘗與其妻子謁見都督虔陀皆私之又有所徵求閤羅鳳多不應虔陀遣人罵辱之仍密奏其罪惡閤羅鳳忿怨因發兵反圍虔陀殺之後遣使謝罪仍與雲南錄事參軍姜如芝俱來請還其所虜掠且言吐蕃大兵壓境若不許當歸命吐蕃雲南之地非唐有也仲通不許因其使進軍逼大和城爲南詔所敗自是閤羅鳳北臣吐蕃

又曰閤羅鳳死其孫異牟尋（爲王牟尋頗知）書有才智善撫其衆吐蕃役賦南蠻重數又奪諸蠻險地城立城堡歲徵兵以助鎮防牟尋益厭苦之有鄭回者本相州人天寶中授巂州西瀘縣令巂州陷爲所虜閤羅鳳以回有儒學更名曰蠻利甚愛重之命教鳳迦異及異牟尋立以回爲清平官事皆咨之回嘗言於牟尋曰自昔南詔嘗款附中國中國尚禮義以惠養爲務無所求取今棄蕃歸唐無遠戍之勞利莫大焉牟尋善其言謀内附者十餘年矣會劍南西川節度使韋皋招撫諸蠻苴烏星虜望等歸化聞牟尋之意因諸蠻寓書於牟尋且招懷之牟尋乃斬吐蕃使去其所立帝號以歸我仍請復南詔舊名初吐蕃因爭北庭與迴鶻大戰死傷頗衆乃徵兵於牟尋須萬人牟尋欲因以襲之乃示寡弱謂吐蕃曰蠻軍素少僅可發三千人吐蕃五千人戍吐蕃乃將數萬踵其後晝夜兼行乘其無備大破吐蕃於神川鐵橋遣使告捷帝乃命兼御史中丞袁滋持節冊南詔王仍賜金印曰貞元冊南詔印

又曰貞元十年南詔王遣使蒙湊羅棟來獻鐸鞘浪人劍

驃國

唐書曰驃國在永昌故郡南二千餘里其國境東隣真臘西接東天竺南盡溟海北通南詔些樂城界東北距陽苴咩城六千八百里往來通聘迦羅婆提等二十國役屬者道林王等九城食境土者羅君潛等二百九十八部落其王姓困没長名摩羅惹其國相名摩訶思那其王近適則輿以金繩床遠適則乘象嬪妃甚衆常數百人其羅城構以塼甃周一百六十里壕岸亦構塼相傳本是舍利佛城城內有居人數萬家佛寺百餘區其堂宇皆錯以金銀塗以丹彩地以紫鑛覆以錦罽其俗好生惡殺其土宜菽粟稻粱無麻麥其理無刑名桎梏之具犯罪者以竹五十本東之復犯者撻其背數止五輕者止三殺人者戮之男女七歲則落髮止寺舍依桑門至二十不悟佛理乃復髮為居人其衣服悉以白氎為朝霞繞腰而已不衣繒帛云出於蠶為其傷生故也君臣父子長幼有序華言謂之驃自謂突羅成闍婆人謂之徒里拙古未嘗通中國貞元中其王聞南詔異牟尋歸附心慕之八年乃遣其弟悉利移因南詔重譯來朝又獻其國樂凡十曲與樂工三十五人俱樂曲皆演釋氏經論之詞意以悉利移為試大僕卿

南夷志曰驃國在永昌南七十五日程閣羅鳳所通也其國用銀錢以青塼為圓城周行一日程百姓盡在城內有十二所堂當國王所居門前有大象露坐高百餘尺白如霜雪俗尚廉耻人壯和善少言重佛法城中並無牢獄又多推步天文若有訴訟者王即令焚香向大象思惟是非便各引退或有災疫王亦焚香對象悔過自責男子多衣白疊婦人當頂為高髻以金銀真珠為飾著青娑裙又披羅段行必持扇貴家婦女皆三人五人在傍執扇與波斯及婆羅門接界西去舍利城六十日程疑此是東天竺也

綦蠻等部落

南夷志曰竹子嶺東有綦蠻部落嶺西有盧鹿蠻部落又有生蠻磨弥殿部落此等部落皆東爨烏蠻也男則髮妥則散髮見人無禮節拜跪三譯乃與華通大部落則有大鬼主百家二百家小部落亦有小鬼主一切信使鬼巫用相　服制土多牛馬無布帛男女悉披牛羊皮

勿鄧

南夷志曰勿鄧部落大鬼主夢衝地方千　里功部一姓白蠻五姓烏蠻烏蠻婦人以白黑　繒為衣白蠻婦人似繒為衣下不過膝

大賧

南夷志曰大賧周迴百餘里悉是野蠻無君長地有瘴毒河賧人至中瘴者十死八九閣羅鳳嘗遣使築城於彼管制野蠻不逾歲死者過半歲遂罷棄其土肥沃種瓠長丈餘冬瓜亦然皆三尺圍又多薏苡無農桑收此充粮三面皆是雪山其高造天

南瀘

南夷志曰瀘水蜀諸葛亮伐南蠻五月渡瀘處大如臂川中氣候常熱雖方冬行過者皆袒衣流汗

量水川

南夷志曰量水川在滇池南兩日行漢舊黎州地川中有天地其水東南流出一石竇中水流甚　廣石竇甚狹

蠻去此寶忽室空則百姓憂矣

彌諾國　彌臣國

南夷志曰彌諾國彌臣國皆邊海國也呼其君長爲壽彌諾面赤而長彌臣面黑而短性恭謹每與人語向前一步一拜國無城郭彌諾王所居屋之中有一大柱雕刻爲文飾以金銀彌臣王以木柵爲居海際水中以石師子爲屋四足仍以板蓋悉用香木王出即乘象百姓皆樓居披婆羅籠男少女多俗好音樂樓兩頭置皷飲酒即擊皷男女携手樓中踏舞爲樂在永昌城西南六十日程

崑崙國

南夷志曰崑崙國王北去西洱河八十一程出象及青木香旃檀檳榔琉璃水精犀牙等物蠻寇嘗攻之爲其決水淹浸進退無計餓死萬餘不死者去其右腕後放迴

小婆羅門國

南夷志曰小婆羅門國在永昌北七十四日程俗不食牛肉預知身後事出貝齒白㲲越諾共大耳國來往蠻夷善之信通其國

夜半國

南夷志曰夜半國在蒼望城東北隔麗水城川原其婦人唯與鬼通能知吉凶禍福本土君長崇信之蠻夷往往以金購之要知善惡

女王國

南夷志曰女王國去驩州十月程往往與驩州人交易蠻嘗伐之中其藥箭百不存

獨錦蠻

南夷志曰獨錦蠻者烏蠻之苗裔也在秦臧川去安寧兩日程其族多姓李異牟尋母即獨錦蠻女也有李負鹽貞元中爲大將軍在勃弄棟川爲城使等

弄棟蠻

南夷志曰弄棟蠻則白蠻苗裔也本姚州弄棟縣部落其地舊爲褒州嘗有首領誤殺司戶懼罪率衆北奔在磨些江側貞元中異牟尋破吐蕃城邑獲弄棟城遷於永昌之地

清蛉蠻

南夷志曰清蛉蠻亦白蠻苗裔也本清蛉縣部落天寶中嶲州初陷有首領尹氏父子相率南奔河賧閤羅鳳厚待之貞元中南詔清平官尹輔酋皆其人也衣服言語與蒙舍略同

長褌蠻

南夷志曰長褌蠻本烏蠻之後部落在劒川屬浪詔其俗皆衣長褌曳地更無衣服唯披牛羊皮

施蠻

南夷志曰施蠻本烏蠻種族也鐵橋西北大施賧小施賧劒羌賧皆其所居之地男以繒布爲縵襠袴婦人從頂橫分其髮當額及頂後各爲髻男女終身跣足披牛羊皮

磨些蠻

南夷志曰磨些蠻亦烏種也鐵橋上下及大婆小婆三探覽昆池等川皆其所居之地土多牛羊一家即有羊群終身不洗手面男女皆披羊皮俗好飲酒歌舞

撲子蠻

南夷志曰撲子蠻勇悍趫捷以青婆羅段爲通身袴善用泊箕竹弓深林間射飛鼠發無不中部落首領謂之酋主

上無食器以芭蕉葉藉之

尋傳蠻

南夷志曰尋傳蠻俗無絲綿布帛披婆羅籠跣足可以踐履榛棘持弓挾矢射豪猪生食其肉取其兩牙雙插頂傍爲飾又條其皮以繫腰每戰鬭即以籠子籠頭如兜鍪狀

裸形蠻

南夷志曰裸形蠻在尋傳城西三百里爲巢穴謂之野蠻閤羅鳳既定尋傳而野蠻散居山谷集戰即召之亦無君長女多男少無田農衣服唯有木皮以蔽形或十妻五妻共養一丈夫盡日持弓不下檛欄有外來侵害者則射之

苴望子蠻

南夷志曰苴望子蠻在蘭蒼江以西其人勇捷善於馬上用槍所乘馬不用鞍跣足衣短甲纔蔽胷腹而已

望蠻

南夷志曰望蠻外喻部落在永昌北其人長大負排持槊前無強敵又能用木弓短箭傳毒藥中人立斃婦人跣足以青布爲衣聯珂貝巴齒真珠斜絡其身有夫堅分髮爲兩髻無夫者頂後爲一髻垂之地宜沙牛角長四尺以來婦人嗜乳酪

黑齒金齒銀齒繡脚

南夷志曰黑齒金齒銀齒繡脚四蠻並在永昌開南雜種類也黑齒以漆漆其齒金齒以金鏤片裹其齒以銀齒以銀有事見人則以此爲飾寢食則去之皆當頂上爲一髻以青布爲通身袴又斜披青布條繡脚蠻則於踝上腓下周匝刻爲文彩衣以緋布

繡面蠻

南夷志曰繡面蠻生一月則以針刺面青黛塗之如繡狀

穿鼻蠻

南夷志曰穿鼻蠻在柘東以徑尺金環穿鼻中隔下垂過頤君長即以絲繩繫使人牽起乃行其次者花頭金釘兩枚從鼻兩邊穿令透下

長鬃棟鋒

南夷志曰長鬃棟鋒二蠻部落鬃黑而長當額前爲一長鬃鬃下過臍每行即以物擧起君長使兩女在前各持一物擧之今爲南詔所揔

茫蠻

南夷志曰茫蠻部落並開南雜種也茫是其君之号亦呼茫詔從永昌城南先過唐封以鳳藍苴次茫天連次茫吐薅又有大賧茫昌盛恐他茫鮓茫施皆其類也樓居無城郭或漆齒衣青布衫藤篾纏腰紅繒布纏髻出其餘垂後爲飾婦人披五色娑羅籠孔雀巢人家樹上象如水牛俗養以耕田

棠魔蠻

南夷志曰棠魔蠻去安南林西原十二程俗養牛馬長與漢人博易大中八年經略使苛暴歛人鹽一斗博牛或馬一疋因茲隔絕不來

太平御覽卷第七百八十九

太平御覽卷第七百九十

四夷部十一

南蠻六

結胷國　羽民國　讙兜國
厭火國　三苗國　㦸國（㦸，徒結切）
交脛國　不死國　支舌國
三首國　焦僥國　長臂國
三身國　一臂國　奇肱國
丈夫國　巫咸國　女子國
軒轅國　白民國　長目國
無啓國　一目國　和利國
深目國　無腸國　聶耳國
跂踵國　大人國　君子國

青丘國　黑齒國　玄股國
毛民國　勞民國　氐人國
姑射國　蜮國　沃國
反風國　林鄌國　無論國
句稚國　歌營國　加陳國
師漢國　邑利國　姑奴國
察牢國　濮人　雕題國
狼𤟤國（𤟤音燕）　穴人　黃頭人
儋耳國　穿胷國　西屠國
金隣國　波遼國　屋都乾國
波延洲　究原國　奴後國
炎人國　黃祿　落頭民
鮫人　徼外諸蠻

結胷國

山海經曰：結胷國，其人結胷。（郭璞曰：臆前胅出，如人結喉也。）

羽民國

山海經曰：羽民國，其人長頭，身生羽。一曰其人長頰。

外國圖曰：羽民羽飛不能遠，其人卵產，去九疑四萬里。

讙兜國

山海經曰：讙兜國，其人人面，有翼，鳥喙。（讙兜，堯臣，有罪自投南海而死，帝憐之，使其子居南而祠也。）一曰讙朱國。

神異經曰：南方荒中有人，人手鳥足，杖翼而行，但食海中魚。（雖有翼不足以飛，倚為經行勢也。）一名讙兜，為人很惡[illegible]，不畏風雨，不忌禽獸，有所觸犯，死乃休耳。

厭火國

山海經曰：厭火國，其獸身黑色，火出其口中。（似獼猴黑色也。）

三苗國

書曰：竄三苗于三危。○山海經曰：三苗國在赤水東。

神異經曰：西北荒中有人焉，皆人形而腋下有翼，不能飛，名曰苗民，為人饕餮，淫逸無禮。

外國圖曰：昔唐以天下授虞，有苗之君非之，苗之民浮黑水入南海，是為三苗民，去九疑三萬三千里。

㦸國

山海經曰：㦸國，其人操弓射蛇。（大荒經曰：此國昔然有五穀衣服。）一曰盛國。

括地圖曰：禹誅防風氏，夏德之盛，二龍降之，禹使范氏御之以行，經南方，防風神見禹，怒，射之，有迅雨，二龍升去。臣懼，以刃自貫其心而死。禹哀之，瘞以不死草，皆生，是名穿胷民，去會稽萬五千里。

交脛國

山海經曰交脛國在貫匈東其人交脛（言[illegible]所謂雕題交趾者）

外國圖曰交脛民長四尺

不死國

山海經曰不死國在交脛東其人黑色壽考（有員丘山不死樹食之不死有赤泉歇之不老）

支舌國

山海經曰支舌國在不死東（其人舌皆歧或云支舌也）

三首國

山海經曰三首國一身三首

僬僥國

後漢書曰安帝永初中永昌徼外僬僥種夷陸類等三千餘口舉種内附獻象牙牛封牛其人長三尺穴居善游鳥獸懼焉

列子曰中洲以東三十萬里得僬僥國人長一尺五寸

山海經曰周饒國爲人短小冠帶（其人長三尺穴居能爲機巧有五穀）一曰僬國在三首東

家語曰吴之客問孔子曰人之長極幾何對曰僬僥民長三尺短之極也長者不過十之數之極也（長者十短者三皆數之極也）

外國圖曰僬僥民善没游善捕鷙鳥其草木夏死而冬生去九疑三萬里

又曰從啖水南曰僬僥其人長尺六寸一曰迎風則偃背風則伏不衣而野宿

長臂國

山海經曰長臂國人長一尺五捕魚水中兩手各操一魚（云其人手乘至地海東有人常在海中得布褶晉衣如中國衣而兩袖長三丈即此長臂民衣）

三身國

山海經曰三身國一首而三身

一臂國

山海經曰一臂國在三身北一臂一目一鼻孔

奇肱國

山海經曰奇肱國其人一臂

丈夫國

括地圖曰殷帝大戊使王孟採藥於西王母至此絶糧食木實衣木皮終身無妻而生二子從背間出是爲丈夫民去玉門二萬里

巫咸國

山海經曰巫咸國在女丑北右手操青蛇左手操赤蛇在登葆山羣巫所從上下也（採藥往來）

外國圖曰昔殷帝大戊使巫咸禱於山河巫咸居於此是爲巫咸民去南海萬千里

女子國

山海經曰女子國在巫咸北兩女子居水外周之（有黃池婦人入浴出即人孕矣生男三歲輒死周猶遶也）

軒轅國

山海經曰軒轅國在窮山之際其不壽者八伯歲（其國在山南邊也荒中日山之南也）南女子北人面蛇身尾交首上不敢西射畏軒轅之丘（言敬畏黃帝威靈故不敢向之射也）

白民國

山海經曰白民之國在龍魚北白身被髮（其人體洞白也）

又曰白民之國室後帝鴻生白民

博物志曰日南有野女羣行不見夫其體晶（明子白沏）白裸袒無衣

長股國

山海經曰長股之國在雄常北被髮（國在赤水東長臂人身如人臂長三丈以類推之則此脚過三丈矣黄帝時至或曰長脚人常負長脚入海中捕魚）

無啓（音啓）國

山海經曰海水自東北陬至無啓國在長股東爲人無啓（啓肥腸也其人穴居食土無男女死卽理之其心不朽死百二十歲乃復更生也）

一目國

山海經曰一目國一目中其面也

和利國

山海經曰和利國在一目東爲人一手足反厀曲足居上（反卷曲也）一曰留利之國人手反折

深目國

山海經曰深目國爲舉一手

七百九十　五　趙昌

無腸國

山海經曰無腸之國在深目東爲人長而無腸

聶耳國

山海經曰聶耳國在無腸國東爲人兩手聶其耳（言耳長行則以手攝持之）縣居海水中（縣居邑也）

跂踵國

山海經曰跂踵國在拘纓東其人兩足皆大（其人行跡不著地也）一曰踵國

大人國

山海經曰大人國爲人獸身人面犬耳珥兩青虵（以虵貫耳也）

君子國

山海經曰君子國人冠衣帶劒（其人好不爭也）

青丘國

山海經曰青丘國其人食五穀衣絲帛其狐九尾

黑齒國

山海經曰黑齒國（東夷傳曰倭國東四千餘里有裸國東有黑齒國舡行一年始可至也異物志云西屠染齒亦以放此也）

玄服國

山海經曰玄服之國（髀皆似盡青黑）其人衣魚（以魚皮爲衣）食鷗鷗水鴞也

毛民國

山海經曰毛民國爲人身生毛（今去臨海郡東二千餘里毛人在大海中洲島上爲人短小面𩑶有毛如豬熊玄居亦衣服晉永嘉四年吳都郡司鹽都尉戴逢在海邊得一舩上有男女四人狀皆如此言語不通送詣承相府未至道路死有一人在上賜婦生人女子出入市井漸曉人語自說其所是毛民）

神異經曰八荒之中有毛人焉長七八尺皆人形身鷗頭上皆毛毛如豬猴毛長尺人則臭（號若鴟）目開口吐舌上唇覆面下唇覆𦙶臨海水

太七百九十　六　趙昌

土物志曰毛人之洲乃在漲嶼身無衣服鑿地穴處雖云象人不知言語齊長五尺毛如熊豕衆輦相隨逐捕鳥鼠（无五穀唯捕鳥鼠魚肉以爲糧耳）

勞民國

山海經曰勞民國爲人黑（食果草實也有一鳥兩頭也）手足盡黑

氐人國

山海經曰氐人國（者觸抵之戱）在建木西人面而魚身無足（自胷以上人以下魚也）

姑射國

山海經曰姑射國在海中

蜮國

山海經曰域有山者域有民之國食黍射蜮是食（蜮短狐也似鼈含沙射人中則病死則山出之也）

沃國

山海經曰有沃之國（言其土饒沃也）沃民是處鳳凰鳥之卵是食甘露是飲故其欲其味皆存也

反風國

道書曰反風之國香逆風聞千里也

林郍國

竹芝扶南記曰林郍國至其延國未多曰黎與毗騫同大洲放二萬里法俗是同

無論國

南州異物志曰無論有大道左右種桃枇杷及諸花果白日行其下陰涼蔽熱十餘里一亭皆有井水食麥飯飲蒲桃酒如膠若欲飲以水和之其味甘美

句稚國

南州異物志曰句稚去典遊八百里有江口西南向東北行極大崎頭出漲海中淺而多磁石

歌營國

南州異物志曰歌營在句稚南可一月行到其南大灣中有洲名蒲類上有居人皆黑如漆齒正白眼赤男女皆裸形（康泰扶南土俗大艦而去漲帝望海過歌營郍射雞猪山菓易米器）

加陳國

南州異物志曰加陳在歌營西南

師漢國

南州異物志曰師漢國在句稚西從稚去行可十四五日乃到其國亦稱王上有神人及明月珠但仁善不忍殺生土地平博民有萬餘家

扈利國

南州異物志曰扈利國在奴調洲西南邊海

姑奴國

南州異物志曰姑奴去歌營可八千里民人萬餘戶皆乘四輫車駕二馬或四馬四會所集也舶船常有百餘艘市會萬餘人晝夜作市船皆鳴鼓吹角人民衣被中國

察牢國

南州異物志曰察牢在安息中間大國也去天竺一五千里人民勇健舉國人皆稱王種國無常王國人常選耆老有德者立爲王三歲一更舉土地所與天竺同慕其土地不出國遠行

類人

南州異物志曰扶南海隅有人如獸（此人扶南之東緣海邊畧知禽獸人无道也）身黑若漆齒白如素（扶南以外民皆漆齒使黑而此人身體獨不漆齒故正白也）隨時流移居無常處水（此民不知安立屋宅乃隨寒暑饑身雖小夏則入水捕魚螺冬則登山射麞鹿也）食唯魚肉不識禾稼寒無衣服以沙自覆（此人無衣服若小過寒涼輒自覆惟以出面目耳）時或屯聚猪犬雞豚（此人无衣服若遇寒涼以沙自覆惟以出面目耳）時或（此人或時權有可得停猶知立一小屋以自蔽家中男女大小并止猪犬共息其中无復分別也）雖黍人形無踰六畜

雕題國

異物志曰雕題國畫其面及身刻其肌而青之或若錦衣或若魚鱗

狼牑國

異物志曰狼牑國男無衣服女攅布帷出與漢人交易不以晝市暮夜會俱以鼻齅金則知好惡

異物志曰𧰼人齒及目甚鮮白面體異黑若漆皆光澤爲奴婢強勤力

黄頭人

異物志曰黄頭人羣相隨行無常居處其類與禽獸同或依大樹以草被其枝上而庇陰其下鬚正黄如掃箒見漢人散入草終不可得近

儋耳國

異物志曰儋耳夷生則鏤其頭皮尾相連并鏤其耳匡爲數行與頰相連狀如鷄腹下垂肩上食諸[illegible]紡績爲業

穿胷國

異物志曰穿胷人其衣則縫布二幅合兩頭開中央以頭貫穿胷身不突穿

平七百九十　九　宋阿石

西屠國

異物志曰西屠國在海水以草漆齒用白作黑一染則歷年不復變一号黑齒

交州以南外國傳曰有銅柱表爲漢之南極界左右十餘小國悉屬西屠有夷民所在二千餘家

金隣國

異物志曰金隣一名金陳去扶南可二千餘里地出銀人民多好獵大象生得乘騎死則取其牙齒

外國傳曰從扶南西去金陳二千餘里到金陳

波遼國

外國傳曰從西圖南去百餘里到波遼十餘國皆在海邊

屈都乾國

外國傳曰從波遼國南去乘舩可三千里到屈都乾國土地有人民可二千餘家皆曰朱吾縣民叛居其中

波延洲

外國傳曰從屈都乾國東去舡行可千餘里到波延洲有民人二百餘家專採金賣與屈都乾國

究原國民

外國傳曰究原有獠民出錫鐵雞舌香及赤白五色鸚鵡鳥究原逵永昌一歲

奴後國

外國傳曰從林陽西去二千里奴後國可二萬餘戶與永昌接界

炎人國

博物志曰楚之南炎人之國其親戚死刳肉死弃之然後埋其骨乃成孝子

平七百九十　十　楊岳

黄孫

博物志曰黄孫天毒君之孫也名貴負躁而好自歙汁父毋笑之愧而去居此黄孫國去九嶷二萬一千里

落頭民

博物志曰南方有落頭民其頭能飛其種人常有所祭号曰蟲落故因取名焉以其頭飛因眼便去以耳爲翼將曉還復著體吴時往往得之

鮫人

博物志曰南海水有鮫人水居如魚不廢織績其眼能泣珠

松外諸蠻

唐書曰松外諸蠻貞觀末爲寇遣兵從西洱河討之其西洱河從嶲州西千五百里其地有數十百部落大者五六

百户小者二三百户無大君長有數十姓以楊李趙董爲名家各擅山川不相役屬自云其先本漢人有城郭村邑弓矢誕言語雖小訛舛大略與中夏同有文字頗解陰陽曆數自夜郎滇池以西皆云莊蹻之餘種也其土有稻麥粟豆種穫亦與中夏同而以十二月爲歲首菜則葱韭蒜菁菓則桃梅李柰有絲麻女工蠶織之事出絁絹絲布廣七寸以下早蠶以正月生二月熟畜有馬牛猪羊雞犬飯用竹筲摶之而取羹用象杯若鷄彝有舩無車男女氈皮爲帔女子絕布爲裙衫仍披氈皮之帔頭髻一盤而成形如髽（阻瓜）男女皆跣至於死喪哭泣棺槨襲斂無不畢備三年之内穿地爲坎殯於舍側上作小屋三年之外出而葬之蠡封蚌棺令其耐濕父母死皆斬衰布衣遠者至四五年近者三二年然後即吉其被人殺者喪主以麻結髮而黑其面衣裳不緝唯服内不廢婚妻不避同姓其俗有盜竊殺人淫穢之事酋長節立一長木爲擊鼓警衆共會其下強盗者衆共殺之若賊家富強但燒其屋宅奪其田業而已

太平御覽卷第七百九十

太平御覽卷第七百九十一　四夷部十二

南蠻七

西南夷　夜郎　滇　邛
莋　嶲　冉駹　白馬
白狼夷　禪國　牂牁　濮
尾濮　木綿濮　文面濮　折腰濮
赤口濮　黑僰濮　朱提　昆彌
西爨　東女國

西南夷

梁祚魏國統曰西夷土有異犀三角夜行如大炬火照數十步或時解脫則藏於深密之處不欲令人見之王者貴其異以為簪札消除凶逆

又曰西南夷有大湖名曰禁水水中有毒氣中有物噴噴作聲射中木石則破裂中人則死其俗名曰鬼彈聞聲已至不可得見故也

郭義恭廣志曰建寧郡其氣平冬不極寒夏不極暑盛夏如此五月盛冬如此九月天下之異地海內唯有此按月令記五氣中之位宜在西南如此豈當土行之方戊己之域乎

夜郎

漢書曰南夷君長以千數夜郎最大漢武帝建元六年太行王恢擊東粵因兵威使番陽令唐蒙風曉南粵南粵食蒙蜀枸醬（枸音矩）蒙問所從來曰道西北牂牁江江廣數里出番禺城下蒙歸至長安問蜀賈人獨蜀出枸醬多持竊出市夜郎夜郎者臨牂柯江江廣百餘步足以行船南粵以財物役屬夜郎西至桐師然亦不能臣使也蒙迺上書曰竊聞夜郎所有精兵可得十萬浮船牂柯出不意此制粵一奇也誠以漢之強巴蜀之饒通夜郎道為置吏甚易上許之乃拜蒙中郎將將千人從巴莋關入遂見夜郎侯多同（多同其侯名）厚賜諭以威德約為置吏使其子為令夜郎旁小邑皆貪漢繒帛以為漢道險終不能有也乃且聽蒙約還報乃以為犍為郡發巴蜀卒治道自僰道指牂柯江蜀人司馬相如亦言西夷邛莋可置郡使相如以中郎將往諭皆如南夷為置一都尉十餘縣屬蜀後數歲道不通士罷餓饑離暑濕死者甚衆西南夷又數反發兵興擊耗費亡功上患之使公孫弘往視問焉還報言其不便上許之罷西夷獨置南夷兩縣一都尉稍令犍為自保就（令自保守）（且脩成其郡縣也）夜郎侯始倚南粵南粵已滅還誅反者夜郎遂入朝上以為夜郎王

又曰昭帝始元中牂柯談指同並等二十四邑凡三萬餘人皆反（並音伴談指同並皆為縣屬牂柯郡）遣水衡都尉發蜀郡犍為兵擊破之後姑繒葉榆人復反鉤町侯亡波率其人擊之有功漢立亡波為鉤町王至成帝河平中夜郎王興與鉤町王禹漏臥侯俞（漏臥侯邑名後為縣屬牂柯）更舉兵相攻牂柯太守請發兵誅興等議者以道遠不可擊遣太中大夫張匡持節和解並不從杜欽說王鳳曰張匡和解蠻夷王侯王侯不從不憚國威其效可見恐議者選耎（選音息兗反耎音人兗反）復守和解（選耎怯不前之意也）太守察動靜有變迺以聞如此則復曠一時（曠空也一時三月言空一時不早發兵也）王侯得收獵其衆申固其謀黨助衆多各不勝忿必相殄滅自知罪成狂勃守尉（言起作亂攻郡守都尉而殺）遠藏溫暑毒草之地雖有孫吳將賁育士若入水火往必焦沒智勇俱亡所設施屯田守之費不可勝量宜因其

罪惡未成　疑漢加誅陰勑旁郡守尉練士馬大司農先調穀積要害處（調，發也。要害者，在我爲要，於敵爲害也。調音徒鈞切）選任職太守往以秋涼時入誅其王侯尤不軌者即以爲不毛之地亡用之人聖王不以勞中國（毛猶草也。不毛，言不生草木也）宜罷郡放弃其民絶其王侯勿復通如以先帝所立累代之功不可隳壞亦宜因其萌芽早斷絶之及已成形後師興則萬姓被害矣鳳於是薦陳立爲牂柯太守立至牂柯迺從吏數十人出行無何召興興將數千人出往立數責因斷興頭出曉其衆皆釋兵降（釋，解也）興子耶務收餘兵迫脅旁二十邑反立又擊平之

後漢曰夜郎者初有女子浣於遯水有三節大竹流入足間聞其中有號聲剖竹視之得一男子歸而養之及長有才武自立爲夜郎侯以竹爲姓武帝平南夷夜郎侯迎降天子賜其王印綬後遂殺之夷獠咸以竹王非血氣所生甚重之求爲立後牂柯太守吳霸以聞天子乃封其三子爲侯死配食其父今夜郎縣有竹王神是也

滇

漢書曰南夷君長其西靡莫之屬以十數滇地最大皆推髻耕田有邑聚楚威王時使將軍莊蹻將兵循江上巴黔中以西莊蹻至滇池地方三百里旁平地肥饒數千里以兵威定屬楚欲歸報會秦擊奪楚巴黔中郡道塞不通因迺以其衆王滇變服從其俗以長之秦時嘗破略通五尺道漢元狩中天子乃令王然于柏始昌呂越人等十餘輩間出西南夷指求身毒國至滇滇當羌乃留爲求道（師古曰：當羌，滇王名）四歲餘皆閉昆明莫能通滇王與漢使言孰與我大及夜郎侯亦然各自以一州主不知漢廣大使者還因盛言滇大國足事親附（師古曰：可專事招來之，令其親附也）天子注意焉及南粵已滅乃使王然于以兵威風諭滇王入朝滇王有衆數萬人其旁東北勞深靡莫皆同姓相杖未肯聽（杖猶倚也。相依倚爲援而不聽滇王入朝也）勞莫數侵犯使者吏卒元封二年天子發巴蜀兵擊滅勞深靡莫以兵臨滇滇王始首善以故弗誅滇王離西夷舉國降請置吏入朝於是以爲益州郡賜滇王印復長其民西南夷君長以百數獨夜郎滇受王印滇小邑也最寵焉

後漢書曰滇郡有池周回二百餘里水源深而末更淺狹有似倒流故謂之滇池河土平敞多出鸚鵡孔雀有鹽池田漁之饒金銀畜產之富人俗豪佚居官者皆富及累代及王莽政亂益州郡夷棟蠶若豆等起兵殺郡守越巂姑復夷人大牟亦皆叛莽遣寧始將軍廉丹發巴蜀吏人卒徒十萬擊之連年不剋而還以廣漢文齊爲太守群夷始得其和及公孫述據益土齊固守拒險聞光武即位乃間道遣使自聞蜀平徵爲鎮遠將軍封成義侯於道卒詔爲起祠堂郡人立廟祠之

又曰建武十八年夷渠帥棟蠶與姑復楪榆連然滇池建伶昆明諸種反叛遣武威將軍劉尚發卒擊之尚軍渡瀘水入益州界群夷皆弃壘奔走尚進軍連戰皆破之追至不韋（孫盛蜀譜曰：初秦徙呂不韋子弟宗族於蜀漢。武開西南夷，置郡縣，徙呂氏以充之，因置不韋縣）斬獲甚衆諸夷悉平

又章帝元和中蜀郡王阜爲太守政化尤異有神馬四足出滇池中

蜀志曰後主建興二年諸葛亮率衆南征所戰皆捷孟獲者爲夷所服募生致之既得使觀於營陣之間問曰此軍

何如獲曰不知虛實故敗定易勝耳亮縱之使更戰七擒而亮猶遣獲獲止不去曰公天威也南人不復反矣遂至滇池南中皆平

邛

漢書曰自滇以北君長以十數邛都最大皆椎髻耕田有邑聚

後漢書曰邛都夷者武帝開以爲邛都縣無幾而地陷爲汙澤因名爲邛池南人以爲邛河其後復反叛元鼎六年漢兵自越巂水伐平之以爲越巂郡其郡土地平原有稻田俗多游蕩而喜謳歌略與牂牁相類豪帥放縱難得制御王莽時郡守枚根（枚根太守名也）調邛人長貴以爲軍候更始二年長貴攻殺根自立爲邛穀王至光武因就封之授越巂太守印綬後劉尚擊益州夷路由越巂長貴聞之疑尚旣定南邊威法必行已不得自放縱卽聚兵招呼諸君長多釀毒酒欲先以勞軍因襲擊尚尚知其謀卽分兵先據邛都遂掩長貴誅之徙其家屬於成都

又曰安帝時永昌益州蜀郡夷（並今雲南郡也）皆叛衆十餘萬破壞二十餘縣益州刺史張喬乃遣從事楊竦將兵至楪榆破之渠帥三十六種皆來降附竦因奏長吏姦猾侵犯蠻夷者九十人皆減死論

又曰永平中邛都太守巴郡張翕政化清平得夷人和在郡十七年卒夷人愛慕如喪父母蘇祁斯人叟二百餘人齎牛羊送喪至翕本縣起墳祭祀詔書嘉美爲立祠堂後夷人反亂天子以翕有遺愛乃拜其子湍爲太守夷人歡喜皆奉迎道路曰郎君儀貌類我府君後湍頗失其心有欲叛者諸夷耆老相曉語曰當爲先府君故遂得以安

南中八郡志曰邛河縱廣二十里深百餘丈多大魚長一二丈頭持大遙視如戴鐵釜狀

李膺益州記曰邛都縣下有一老姥家貧孤獨每食輒有小蛇頭上戴角在床間姥憐飴之後稍長大遂長丈餘令有駿馬蛇遂吸殺之令因大忿恨令姥責出蛇姥云在床下令卽掘地愈大而無所見令遷怒殺姥蛇乃感人以靈言嗔令何殺我母當爲母報讎此後每夜輒聞若風四十許日百姓相見咸驚語汝頭那忽戴魚是夜方四十里與城一時俱陷爲湖土人謂之爲陷河唯姥宅無恙訖今猶存漁人採捕必依止宿每有浪輒居宅側恬靜無他風靜水清猶見城郭樓櫓畟然（畟音測）今水淺時土人沒水取得舊木堅貞光黑如漆好事者以爲枕相贈焉

莋

漢書曰自巂以東北君長以十數莋都最大其俗或土著或移徙

後漢書曰莋都夷者武帝所開以爲莋都縣其人被髮左衽言語多好譬類居處略與汶山夷同土出長年神藥仙人山圖所居焉元鼎六年以爲沉黎郡至天漢四年并蜀爲西部置兩都尉一居旄牛主徼外夷一居青衣主漢人也

巂

漢書曰桐師以東北至葉榆名爲巂昆明編髮隨畜遷徙無常處無君長地方可數千里

永昌郡傳曰越巂郡在建寧西北千七百里治江都縣自建寧高山相連至川中平地東西南北八千餘里郡特好桑蠶宜黍稷麻稻粱

冉駹

漢書曰自莋以東北君長以十數冉駹最大其俗或著土或移徙

後漢書曰冉駹夷者武帝所開元鼎六年以爲汶山郡（今蜀郡西北通化郡地也）至宣帝地節三年夷人以立郡賦重帝乃省并蜀郡爲北部都尉其山有六夷七羌九氐各有部落其王侯頗知文書而法俗嚴重貴婦人黨母族死則燒其尸土氣多寒雖在盛夏氷猶未釋皆依山居止累石爲室高者至十餘丈爲邛籠（今彼土夷人呼爲雕）又土地剛鹵不生穀粟麻菽唯以麥爲資而宜畜牧有旄牛無角一名犝牛（犝徒冬切）肉重千斤毛可爲毦（毦音餌）出名馬有靈羊（靈音鈴）可療毒又有食藥鹿鹿麑有胎者其腸中糞亦療毒疾又有五角羊麝香輕毛毼雞牲牲其人能作旄氈班罽青頓毞毲羊羖之屬（青頓毞毲並未詳字書無二字）特多雜藥地有鹹土煑以爲鹽麡羊牛馬食之皆肥（麡音子分切）其西又有三河槃于虜北有黃石北地盧水胡其表乃爲徼外後靈帝時復分蜀郡北部爲汶山郡

太七百九十　七　素和

白馬

漢書曰蜀之西冉駹以東北君長以十數白馬最大皆氐類也

後漢書曰白馬氐者武帝元鼎中分開廣漢西部合以爲武都土地險阻有麻田出名馬牛羊漆蜜氐人勇戇抵冒貪貨死利居於河池一名仇池方百頃四面斗絶數爲邊寇郡縣討之則依固自守元封三年氐人反叛遣兵破之昭帝元鳳中氐人復叛執金吾馬適建（姓馬適名建）等將三輔太常徒討破之建武初氐人悉附隴蜀及隗囂滅其酋豪乃背公孫述降漢馬援上復其王侯君長賜以印綬後囂族人隗茂反殺武都太守氐人大豪齊鍾留爲種類所敬信威服諸豪與郡丞孔奮擊茂破斬之

白狼夷

後漢書曰永平中益州刺史梁國朱輔好立功名慷慨有大略在州數歲宣示漢德威懷遠夷自汶山以西前代所不至正朔所不加白狼槃木唐菆等百餘國户百三十餘萬口六百萬以上舉種奉貢稱爲臣僕輔上疏曰臣聞詩云彼徂者岐有夷之行傳曰岐道雖僻而人不遠詩人誦詠以爲符驗今白狼王唐菆等慕化歸義作詩三章路經邛來山大零高坂峭危峻險百倍岐道繈負老幼若歸慈母遠夷之語辭意難正草木異種鳥獸殊類有犍爲郡掾田恭與之習狎頗曉其言臣輒令訊其風俗譯其辭語今遣從事史李陵與恭護送詣闕并上其樂詩昔在聖帝舞四夷之樂今之所上庶備其一帝嘉之事下史官録其歌焉（東觀記載其歌并載夷人之本語並重譯訓詁爲華言今范史所載者是也）至和帝永元十二年旄牛徼外白狼樓薄蠻夷王唐繒等遂率種人十七萬口內屬

太七百九十一　八　素和

撣國（音擅）

後漢書曰和帝永元九年撣國王雍由調遣使重譯奉國珍寶和帝賜金印紫綬安帝永寧初復遣使朝賀獻樂及幻人能變化吐火自支解易牛馬頭又善跳丸數乃至千自言我海西人海西即大秦也撣國西南通大秦明年元會安帝作樂於庭封雍由調爲漢大都尉賜印綬金銀綵繒各有差

牂柯

後漢書曰初楚頃襄王時遣將莊豪從沅水伐夜郎軍至且蘭椓船於岸而步戰既滅夜郎因留王滇池以且蘭有椓船牂柯處乃改其名爲牂柯（異物志曰牂柯繫船杙也）牂柯地多雨

潦俗好巫鬼禁忌寡畜生又無蠶桑故其郡最貧句町縣有桄榔木可以為麵百姓資之。又曰公孫述時牂柯大姓龍傅尹董氏與郡功曹謝暹保境為漢乃遣使從番禺江奉貢（番禺江今南海郡）光武嘉之並加褒賞桓帝時郡人尹珍自以生於荒裔不知禮義乃從汝南許慎應奉受經書學成還鄉里教授自是南域始有學焉永昌郡傳曰牂柯郡在建寧東北千二百里處所險峻率皆高山而少平地

唐書曰牂柯蠻首領亦姓謝氏其地北去兗州一百五十里東至辰州二千四百里南至交州一千五百里西至昆明九百里無城壁散為部落而居土氣鬱熱多霖雨稻粟再熟無徭役唯征戰之時乃相屯聚刻木為契其法劫盜者三倍還贓殺人者出牛馬三十頭乃得贖死以納死家風俗物產略與東謝同其首領謝龍羽大業末據其地勝兵數萬人

又曰武德三年牂柯蠻首領謝龍羽遣使朝貢授龍羽牂州刺史封夜郎郡公貞觀四年復朝貢開元十年大酋長謝元齊死詔立其嫡孫嘉藝襲其官封二十五年大酋長趙君道來朝獻方物元和三年五月勑自今已後委黔南觀察使差本道軍將充押領　牂柯昆明等使四年正月遣使來朝是月遣中使魏德和領其使并賚國信物降璽書賜其王焉自後朝貢不絕

臨海異物志曰桄榔木生牂柯外皮有毛似栟櫚而散生其木剛作鋤利如鐵中更利唯中焦根乃致敗耳皮中有似檮稻米片又似麥麵作餅餌廣志曰桄榔樹大四五圍長五六丈洪直旁無枝條其顛生葉不過數十似授葉破其木肌堅難傷入數寸得麵赤黃密緻可食

濮

周書會曰卜人丹沙去西南之蠻丹沙所出按卜人蓋今之濮人也

又曰陽令伊尹為四方獻令伊尹曰臣請正南甌隥（五來切）桂國損子陸童百濮九箘請令以珠璣瑇瑁象齒文犀翠羽箘鶴短狗為獻

永昌郡傳曰雲南郡在建寧南四十五里治雲南縣亦多夷濮分布山野千五百人女大小蹲踞道側皆持數種器杖時寇鈔為郡邑之害

尾濮

永昌郡傳曰郡西南千五百里徼外有尾濮尾若龜形長三四寸欲坐輒先穿地空以安其尾若邂逅誤折尾便死男女長各隨宜野會無有嫁娶猶知識毋不復別父俗云貧老相食則此濮也古人所謂非目見也

扶南土俗傳曰拘利東有蒲羅中人人皆有尾長五六寸其俗食人按其地並西南蒲羅蓋尾濮之地名

梁祚魏國統曰西南有夷名曰尾濮其地出瑇瑁犀象珠璣金銀葛越桂木人皆蠻夷重譯乃通也

木綿濮

郭義恭廣志曰木綿濮土有木綿樹多葉又房甚繁房中綿如蚕所作其大如捲（音拳）

文面濮

廣志曰文面濮其俗劖面而以青畫之（劖音讒）

折膂濮

廣志曰折膂濮其俗生子皆折其膂

赤口濮

廣志曰赤口濮在永昌南其俗折其齒劖其脣使赤又露

身無衣服

墨僰僕

廣志曰墨僰僕在永昌西南山居耐勤苦其衣服婦人以一幅布爲裙或以貫頭丈夫以穀皮爲衣其境出白蹄牛犀象武魄金銅華布

朱提

永昌郡傳曰朱提郡在犍爲南千八百里治朱提縣川中縱廣五六十里有大泉池水須名千頃池又有龍池以灌溉種稻與僰道接時多猨郡取鳴嘯於行人徑次聲聒人耳夷分布山谷間食肉衣皮雖有人形禽獸其心言語服飾不與華同有堂狼山山多毒草盛夏之月飛鳥過之不能得去

又曰建寧郡朱提之東南六百里土氣和適盛夏之月熱不鬱述猛冬時寒慘慄

又曰末昌郡在雲南西七百里郡東北八十里瀘倉津此津有鄣氣特以三月渡之行者六十人皆悉悶亂毒氣中物則有聲中樹木枝則折中人則令奄然青爛也

又曰與古郡在建寧南八百里郡領九縣縱經千里皆有瘴氣菻穀雞豚魚酒不可食皆食啖病害人郡北三百有盤江廣數百步深十餘丈此江有毒瘴九縣之人皆号曰鳩民言語嗜慾不與人同鳩民咸以三尺布角割作兩襜不復加鍼縷之功也廣頭着前狹頭覆後不蓋其形與裸身無異

昆弥國

唐書曰昆弥國一曰出昆明西南夷也在爨之西洱河爲界即葉榆河其俗與突厥略同相傳云與匈奴本是兄弟國也漢武帝得其地入益州部其後復絕諸葛亮定南中亦所不至武德四年嶲州治中吉弘使南寧因至其國諭之至十二月遣使朝貢貞觀十九年四月右武侯將軍梁建方討蠻降其部落七十二户力九千三百

西爨

唐書曰西爨方南寧之渠帥也自云本河東安邑人也七世祖仕晉爲南寧太守屬中國亂遂王蠻夷梁元帝時南寧州刺史徐文盛徵詣荆州有爨瓚者遂據南寧之地延袤二千餘里俗多華民饒駿馬明珠犀象瓚死有二子震翫分統其衆隋開皇初遣使朝貢文帝遣韋世冲將兵鎮之析置恭州協州昆州未幾復叛後遣史萬歲擊之所至皆破踰西洱河臨滇池而還翫懼而來朝文帝誅之諸子没爲官奴不收其地因與中國絕高祖受禪拜翫子弘達爲昆州刺史令持其父屍歸葬本鄉益州段綸又遣俞大施至南寧諭其部落悉來歸款自是朝貢不絕

東女國

唐書曰東女國西羌之別種以西海中復有女國故稱東女焉俗以女爲王東與茂州党項接東南與雅州接隣羅女蠻及白狼夷其境東西九日行南北二十日行有大小八十餘城王所居名康延川中有弱水南流用牛皮爲船以渡　四萬衆勝兵万餘人散在山谷女王号爲賓就有女官曰高霸平議國事在外官僚並男夫爲之其王侍女數百人五日一聽政令王若死國中多斂金錢動至數万更於王族求令女二人而立之大者爲王其次爲小王若大王死即小王嗣立或姑死而婦繼無有簒奪其所居皆起重層屋王至九層國人至六層其王服青毛綾裙下領

衫上披青袍其袖委地冬則羔裘飾以紋錦爲小鬟髻飾之以金耳垂璫足履索鞾俗重婦人而輕丈夫文字同於天竺以十一月爲正

又曰東女國其俗每至十月令巫者齎肴詣山中散糟麥於空大呪呼鳥俄而有鳥如雞飛入巫者之懷因剖腹而視之每有一穀來歲必登若有霜雪必多災異其俗信之名爲鳥卜其居喪服飾不改爲父母則三年不櫛沐貴人死者或剝其皮而藏之內骨於鉼中糅以金屑而埋之國王將葬其大臣親屬殉死者數十人隋大業中蜀王秀遣使招之拒而不受武德中女王國歛臂鈐湯湯傍氏始遣使貢方物高祖厚資遣之

又曰垂拱二年東女國王歛臂遣大臣湯劍石來朝仍請官号則天冊拜歛臂爲左玉鈐衛將軍仍以瑞錦製蕃服以賜之天授三年其王俄琰兒來朝開元二十九年十二月其王趙曳夫遣子獻方物命有司宴于曲江令宰臣已下同宴又封曳夫爲歸昌王賜其子帛放還復以男子爲王貞元九年七月其王湯立悉與哥鄰國王董卧庭白狗國王羅陁忽逋租国王弄鄰吉知南水国蘇唐磨咄霸国王董藐蓬各率其種落詣劍南西川內附其哥鄰等國皆散居山川弱水王即國初女國之弱水部落其悉董國在弱水西故亦謂之弱水西悉董王舊皆分隸邊郡祖父例授將軍中郎果毅等官自中原多故皆爲吐蕃所役屬其部大者不過三二千户各置縣令十數人理之土有絲絮歲輸於吐蕃至是悉與之同盟相率獻款兼賫天寶中國家所賜官告共三十九通以進西川節度使皐處其衆於維霸保等州給以種糧耕牛咸樂生業立悉等數國王自來朝召見於麟德殿授官賞各有差

卷終

太平御覽卷第七百九十二　四夷部十三

西戎一

揔序西戎　婼羌（婼而遮切）　鄯善

于闐　大秦　龜玆（龜音丘玆音茨）

天竺

揔序西戎

易曰高宗伐鬼方三年克之（鬼方西羌也）

書曰西戎即叙（美禹功也）

詩曰在其板屋亂我心曲（西戎板屋也）

又曰自彼氐羌莫敢不來王

爾雅曰西至於邠國（極遠之國）

又曰西至日所入爲太蒙（即蒙汜也）太蒙之人信

禮曰西方曰戎被髮衣皮有不粒食者矣

傳曰辛有適伊川見被髮而祭於野曰不及百年此其戎乎其禮先亡矣

又曰秦晉遷陸渾之戎於伊川

漢書曰西域以孝武時始通本三十六國其後稍分至五十餘皆在匈奴之西烏孫之南南北有大山中央者河東西六千餘里南北千餘里東則接漢限以玉門陽關西則限以葱領

漢（史）曰出陽關自近者始曰婼羌（婼音兒遮切）婼羌國王號去胡來王（言去胡戎來附漢也）

又曰漢武帝征和中貳師將軍李廣利以軍降匈奴帝既悔於征伐而捜粟都尉桑弘羊與丞相御史奏言故輪臺以東捷枝渠犁皆故國也（輪臺渠犁地名今在交河北界）地廣饒水草有漑田五千頃以上處溫和田美可益通溝渠種五穀與中國同時孰田一歲有積穀募人壯健有累重敢徙者詣田所（累重謂妻子家屬也）就畜積爲本業墾漑田稍築列亭連（城而西以威西國）帝深陳既往之悔乃下詔曰前有司奏欲益民賦三十助邊用（每口取錢三十）是重困老弱孤獨也由是不復出軍而封丞相車千秋爲富民侯以明休息思富養人也

後漢書曰西羌之本出自三苗蓋羌姓之別其國近南嶽及舜流四凶徙之三危河關之西南羌地是也濱於賜支至於河首綿地千里賜支者禹貢所謂析支者也南接蜀漢所居無常依隨水草地少五穀以產牧爲業其俗人民氏族無定或以父名母姓爲種號十二世後相與婚姻父沒則妻後母兄亡則納釐嫂（寡嫂曰釐）故國無鰥寡種類繁熾不立君臣無相長一強則分種爲酋豪弱則爲附落更相抄暴以力爲雄殺人償死無他禁令其兵長在山谷短

於平地不能持久而果於觸突以戰死爲吉利病終爲不祥甚耐寒苦同之禽獸雖婦人產子亦不避風雪性堅固勇猛得西方金行之氣焉王政修則賓服德教失則寇亂

又曰昔夏后氏太康失國四夷背叛及后相即位乃征畎夷七年然後來賓

又曰武乙暴虐犬戎寇邊周古公踰梁山而避于岐下及子季歷遂伐西落鬼戎

又曰文王爲西伯西有昆夷之患北有玁狁之難遂攘戎狄西戎之國莫不賓服

又曰穆王時戎狄不貢王乃西征犬戎獲其五王又得四白鹿四白狼王遂遷戎于太原

又曰平王之末自隴山以東及乎伊洛往往有戎於是渭

有狄貘（貘音陌）邽冀之戎，涇北有義渠之戎，洛川有大荔之戎，渭南有驪戎，伊洛間有楊拒泉皋之戎，潁川以西有蠻氏之戎

又曰：晉文公欲修霸業，乃賂戎狄通道，以扶王室。秦穆公得戎人由余，遂霸西戎，開地千里

又曰：陸渾之戎叛晉，晉令荀吳滅之。楚執蠻氏而盡囚其民

又曰：周貞王八年，秦厲公滅大荔，取其地。趙亦滅代戎，代戎即北戎也。韓魏復共稍并伊洛陰戎，滅之。其遺脫者皆逃奔西踰汧隴。自是中國無戎寇

後漢書曰：武帝時，西域內屬有三十六國，漢爲置使者校尉領護之。宣帝改曰都護。元帝又置戊己校尉，屯田於車師（漢官儀曰：戊己中央，鎮覆四方也）。哀平間自相分割爲五十五國

又曰：建武中，西羌皆遣使求內屬，願請都護。世祖以天下初定，未遑外事，竟不許之

又曰：明帝命將北征匈奴，取伊吾盧地，置宜禾都尉以屯田，遂通西域。于闐諸國皆遣子入侍

又曰：建初元年春，酒泉太守段彭大破車師於交河城。章帝不欲疲弊中國以事夷狄，乃迎還戊己校尉，不復遣都護。二年，復罷屯田

又曰：和帝永元三年，班超遂定西域，因以超爲都護，治龜茲。復置戊己校尉，領兵五千人，治車師

又曰：六年，班超復擊破焉耆，於是五十餘國悉納質內屬。其條支、安息諸國至于海瀕四萬里外，皆重譯貢獻

又曰：九年，班超掾甘英窮臨西海而還，皆前世所不至，山經所未詳，莫不備其風土，傳其珍怪焉。於是遠國蒙奇、兜勒皆來歸服。○班固西戎論曰：孝武之代，圖制匈奴，患其兼從西國，結黨南羌（從音子容反），乃表河西，列四郡，開玉門，通西域，以斷匈奴右臂，隔絕南羌、月氏。單于失援，由是遠遁，而幕南無王庭。因文、景玄默，養人天下，豐富財力，有餘士馬彊盛，故能睹犀布、瑇瑁，則建朱崖七郡；感蒟（音矩）醬、竹杖，則開牂柯、越巂；聞天馬、蒲陶，則通大宛、安息。自是之後，萬里相奉，師旅之費，不可勝計。至於用度不足，乃榷酒酤，筦鹽鐵，鑄白金，皮幣，算至車船，租及六畜。人力屈，財竭，因之加以凶年，群盜並起，自以末年遂棄輪臺之地，而下哀痛之詔，豈非仁聖之所悔哉！且西域近有龍堆，遠則葱嶺，身熱、頭痛、縣度之阨，淮南、杜欽、楊雄之論，皆以爲此天地所以界別區域，絕外內也。書云：西戎即序，禹就而序之，非上威服致其貢物也

魏徵西戎論曰：自古開遠夷，通絕域，必因宏放之主，皆起好事之臣。張騫鑿空於前，班超投筆於後，或結之重寶，或攝之利劍，投軀萬死之地，以立一朝之功，皆由主尚來遠之名，臣徇輕生之節。是知上之所好，下必有甚焉者也。煬帝規摹宏侈，掩吞秦漢，裴矩方進西域圖記以蕩其心，故萬乘親出玉門，開置伊吾、且末郡，而關右暨於流沙騷然無聊生矣。古哲王之制，方五千里，務安諸夏，不事要荒，豈威不能加，德不能被，蓋不以四夷勞中國，不以無用害有用也。是以秦戍五嶺，漢事三邊，或道殣相繼，或戶口減半，隋室恃其強盛，亦狼狽於青海。此皆一人失其道，故億兆罹其毒也

說文曰：羌，西婼羌戎，牧羊人，從人、牧羊

漢書曰出陽關自近者始曰婼羌國王號去胡來王去陽關千八百里去長安六千三百里西接且末隨畜逐水草不田作仰鄯善且末穀山有鐵自作兵有弓矛服刀劒甲（劉德曰服刀拍髀也師古曰拍音貊髀音俾又音陛）

鄯善

漢書曰鄯善國本名樓蘭王治扜泥城（扜音烏）輔國侯却胡侯鄯善都尉擊車師都尉左右且渠擊車師君各一人譯長二人

又曰鄯善地沙鹵少田寄田仰穀旁國國出玉多葭葦檉柳胡桐白草（孟康曰白草草之白者也胡桐似桑而多曲師古曰胡桐液可以汗金銀今工匠皆用之）民隨畜牧逐水草有驢馬多橐佗（師古曰佗古他字也）

又曰武帝遣從票侯趙破奴將屬國騎及郡兵數万擊姑師虜樓蘭王破如師於是漢列亭鄣至玉門矣

又曰樓蘭國最在東垂近漢當白龍堆乏水草常主發導負水擔粮送迎漢使

又曰元鳳四年大將軍霍光白遣平樂監傅介子往刺其王介子輕將勇敢士齎金幣揚言以賜外國爲名既至樓蘭詐其王欲賜之王喜與介子飲醉將其王屏語壯士二人從後刺殺之貴人左右皆散走介子告諭以王負漢罪天子遣我誅王當更立王弟尉屠耆在漢者漢兵方至毋敢動自令滅國矣介子遂斬王嘗歸首（嘗歸者其王名也）馳傳詣闕懸首北闕下封介子爲義陽侯乃立尉屠耆爲王更名其國爲鄯善爲刻印章賜以宮女爲夫人備車騎輜重丞相將軍百官送至横門外（横音光）祖而遣之○北史曰鄯城方一里地多沙鹵少水草北即白龍堆路後魏孝文太和四年遣其弟素延耆入侍

于闐

漢書曰于闐國王治西域去長安九千六百七十里于闐之西水皆西流注海其東流注澤河源出焉多玉石（玉石玉之璞也）

後漢書曰于闐去洛陽万一千七百里建武末莎車王賢強盛攻并于闐徙其王俞林爲驪歸王明帝永平中于闐將休莫霸反莎車自立爲于闐王休莫霸死兄子廣德立後遂滅莎車其國轉盛

北史曰于闐國在葱嶺之北二百餘里所都城方八九里城東三十里有首拔河中出玉石土宜五穀并桑麻山多美王有好馬駝騾其刑法殺人者死也

又曰于闐俗重佛法寺塔僧尼甚衆王尤信尚每設齋日必親自灑掃饋食焉城南五十里有贊摩寺即昔羅漢比丘盧旃爲其王造覆盆浮圖之所石上有辟支佛跣處雙

跡猶存西有比摩寺云是老子化胡成佛之所

又曰于闐城東二十里有大水北流號樹枝水即黃河也

又曰後魏文獻末蠕蠕寇于闐于闐患之遣使素目伽上表求救帝詔以遐阻不行

又曰後周武帝建德三年其王遣使獻名馬隋大業中頻遣朝貢其王姓王字卑示門練錦帽金鼠冠妻戴金花其王髮不令人見俗言若見王髮其年必儉

梁書曰武帝天監十三年王遣使獻婆羅婆步鄣十八年又獻瑠璃甖

唐書曰其國出美玉王姓尉遲名屋密貞觀六年遣使獻玉帶太宗優詔荅之

大秦

後漢書曰大秦國一名黎鞬在海西地方數千里以石爲

城郭列置郵亭堊塈之
又曰民俗力田蠶桑皆髡頭而衣文繡乘輜軿白蓋小車
出入擊鼓建旌旗幡幟
又曰王宮室皆以水精爲柱食器亦然
又曰其人民皆長大平正有類中國故謂之大秦國多金
銀奇寶有夜光璧明月珠駭雞犀珊瑚虎魄琉璃瑯玕織
成金縷罽雜色綾作黃金塗火浣布
又曰合會諸香煎其汁以爲蘇合以金銀爲錢銀錢十當
金錢一
又曰桓帝延熹九年大秦王安敦遣使自日南徼外獻象
牙犀角瑇瑁始一通焉
又曰其國無盜賊而道多猛獸師子遮害行旅不百餘人
齎兵器輒爲所食又有飛橋數百里可度海

魏略曰其國中山出九色次玉石一曰青二曰赤三曰黃
四曰白五曰黑六曰綠七曰紫八曰紅九曰紺多神龜朱
騉馬玄熊赤白黑黃青綠紺縹紅紫十種瑠璃
通典曰國之西南漲海中可七八百里行到珊瑚洲水底
有盤石珊瑚生其上大秦人常乘大舶載鐵網令工没先
入視之可下網乃下初生白而漸漸以菌生苐中歷歲許
出網目間變作黃色枝條交錯高極三四尺大者圍尺餘
三年色乃赤好後没視之知可採便以鐵鈔發其根乃以
索繫網使人於舶上絞車舉去還國理截恣意所作若
失時不舉便蠹敗

龜茲（龜音丘　茲音慈）

北史曰龜茲國在尉犁西北白山之南一百七十里王姓
白即後涼呂光所立白震之後其王頭繫綵帶垂之於後
坐金師子床
又曰出細氈饒銅鐵鉛麖皮氍毹沙鹽綠雌黃胡粉安息
香等
又曰其國北大山中有如膏者流出成川行數里入地狀
如醍醐服之髮齒已落者能令更生癘人服之皆愈
唐書曰龜茲有城郭男女皆剪髮垂與項齊唯王不剪髮
以錦蒙頂着錦袍金寶帶坐金師子床有良馬封牛饒蒲
萄酒。又曰貞觀四年遣使來獻馬太宗賜以璽書撫慰甚
厚自此朝貢不絕
又曰貞觀二十年太宗遣左驍衛大將軍阿史那社尒安西
都護郭孝恪率五將軍發鐵勒十三部兵以伐龜茲禽其
王及大將羯獵顛等并破其大城五所虜男女數萬口勒
石紀功而旋俘其王訶黎布失畢及那利羯獵顛等獻於

社廟尋以訶黎布失畢爲左武衛中郎將那利以下授
官各有差
又曰先是太宗既破龜茲移置安西都護府於其國城以
郭孝恪爲都護兼統于闐疎勒碎葉謂之四鎮高宗嗣位
不欲廣地勞人復命有司弃龜茲等四鎮移安西依舊西
州
又曰長壽元年武威軍摠管王孝傑阿史那忠節大破吐
蕃克復龜茲于闐等四鎮自此復於龜茲置安西都護府
用漢兵三萬人以鎮之則天時有田楊名中宗時有郭元
振開元初則張孝嵩杜暹等爲安西都護皆有政績爲夷
人所伏

天竺

後漢書曰天竺國一名身毒在月氏東南數千里卑濕暑

熱其國臨大水乘象而戰脩浮圖道不殺伐遂以成俗出
象犀瑇瑁金銀諸香石蜜黑鹽等
又曰明帝夢見金人長大項有光明以問群臣或曰西方
有神名曰佛其形長丈六尺而黄金色帝於是遣使天竺
問佛道法遂行於中國圖畫形象焉
南史曰梁天監初王來貢獻王有螺髻於頂餘剪之穿耳
垂璫俗多徒跣衣重白色有文字或善天文筭曆之術其
人皆學悉曇章書於貝多葉樹之
北史曰天竺國去代三萬一千五百里有伏醜城周匝十
里城中出摩尼珠珊瑚城東三百里有拔賴城城中出黄金
白真檀赤檀石蜜
唐書曰中天竺其都城周回七十餘里北臨禪連河去昔
有婆羅門領徒千人肄業於樹下樹神降之遂爲夫婦宮室

自然而立僮僕甚盛於是使役百神築城以統之經日而就
此後有阿育王頗行苛政置炮烙之刑謂之地獄今城中
見有迹焉
又曰武德中其國大亂其嗣王尸羅逸多練兵聚衆所向
無敵象不解鞍人不釋甲居六載而四天竺之君皆北面
以臣之威勢遠振政刑甚肅貞觀十五年尸羅逸多自稱
摩伽陁王遣使朝貢太宗降璽書慰問尸羅逸多大驚
問諸國人曰自古曾有摩訶振旦使人至吾國乎皆曰未
之有也乃膜拜而受詔書因遣使朝貢太宗以其地遠禮
之甚厚復遣衛尉丞李義表報使尸羅逸多遣大臣郊
迎傾都邑以縱觀焚香夾道逸多率其臣下東面拜受勅
書復遣使獻大珠及鬱金香菩提樹
又曰貞觀十年沙門玄奘至其國將梵本經論六百餘部
而歸先是遣右率府長史王玄策往使天竺其四天竺王
咸遣使朝貢會中天竺王尸羅逸多死國中大亂其弟阿
羅那順篡立乃盡發胡兵以拒玄策玄策戰不敵乃挺身
宵遁走至吐蕃發精鋭一千二百人并泥婆羅國七千餘
騎以從玄策與副使蔣師仁率二國兵進至中天竺國城
連戰三日大破之斬首三千餘級赴水溺死者且萬人阿
羅那順棄城而遁師仁進兵擒獲之虜男女萬二千人牛
馬三萬餘頭疋於是天竺震懼俘阿羅那順以歸二十二
年至京師太宗大悦命有司告宗廟因謂群臣曰夫人耳
目玩於聲色口鼻耽於臭味此乃敗德之源若婆羅門不
劫掠我使人豈爲俘虜邪昔中山以貪寶取弊蜀侯以金
牛致滅莫不由之拜玄策朝散大夫是時就其國得方士
那羅邇娑寐自言壽二百歲云有長生之術太宗深加

禮待館之於金飈門内造延年之藥令兵部尚書崔敦禮
監主之發使天下採諸奇藥藥成竟服不效後放還本國
又曰開元八年南天竺國遣使獻五色能言鸚鵡
異物志曰天竺大國也方三萬里佛道所在其國王治城
郭宮殿皆彫文鏤刻鍾鼓音樂跳丸躍劒
通典曰後魏宣武時南天竺國遣使獻駿馬云其國出師
子貚（貚胡昆切）有火齊如雲母而色紫列之則薄如蟬翼積之
則如紗縠之重沓有金剛似紫石英百鍊不銷可以攻玉

太平御覽卷第七百九十二

太平御覽卷第七百九十二　四夷部十四

西戎二

罽賓　條支　安息　大月氏
大宛　踈勒　康國　副貨
安國　烏萇　烏那曷　渴槃陁
鉢和　大夏　米國　鄧至
安息　乙弗敵　伏盧尼　石國
宕昌　鏺汗　色知顯　伽色尼
白蘭　乾陁　史國　師子
穆國　奄蔡　何國　嚈噠

罽賓

漢書曰罽賓國王治循鮮城去長安萬二千二百里地平溫和有目宿雜草花木檀𣞀梓竹漆種五穀蒲陶有金銀銅錫以金銀爲錢文爲騎馬幕爲人面（師古曰幕錢背也）出封牛水牛象大狗沐猴孔爵珠璣珊瑚虎珀璧琉璃自武帝始通

唐書曰貞觀十六年罽賓國遣使獻褥特鼠喙尖而尾赤能食蛇有被蛇螫者鼠輒嗅而尿之其瘡即愈

條支

漢書曰條支國臨西海暑濕田宜稻有大鳥卵如甕

後漢書曰條支國城在山上周廻四十餘里臨西海水曲環其南及東北三面路絶唯西北隅通陸出師子犀牛

安息

漢書曰安息國王治番兜城去長安萬一千六百里風氣物類與罽賓同亦以銀爲錢文獨爲王面幕爲夫人面王死輒更鑄錢有大馬大爵其屬小大數百城方數千里最

大國邑臨媯水商賈車船行旁國書革旁行爲書記（師古曰今西方胡國書皆橫行不直下也）武帝始遣使至安息王令將將二萬騎迎於東界東界至王都數千里行北過數十城民人相屬因發使隨漢使者來觀漢地以大鳥及卵來獻天子大悅

後漢書曰章帝章和元年安息王遣使獻師子符拔符拔形似麟無角也

北史曰周武天和二年其王遣使朝獻

大月氏

漢書曰大月氏國治監氏城去長安萬一千六百里物類民俗與安息同出一封橐駝（師古曰脊上出一封也）控弦十餘万故強輕匈奴（師古曰恃其強盛而輕易匈奴也）至冒頓單于攻破月氏以其王頭爲飲器月氏乃遠去過大宛西擊大夏而臣之

北史曰大月氏北與蠕蠕接數爲所侵遂西徙都薄羅城其王寄多羅勇武遂興師越大山南侵北天竺自乾陁羅以北五國盡屬之後魏太武時其國人商販京師自云能鑄石爲五色瑠璃於是採礦山中於京師鑄之既成光澤美於西方來者乃詔爲殿容百人光色映徹自此中國琉璃遂賤

異物志曰月氏俗乘四輪車或四牛或八牛可容二十人王稱天子

大宛

漢書曰大宛國王治貴山城去長安萬二千五百五十里以蒲萄爲酒富人藏酒至萬餘石久者至數十歲不敗俗嗜酒馬嗜目宿宛別邑七十餘城多善馬馬汗血言其先天馬子也（孟康曰言大宛國有高山其上有馬不可得因取五色母馬置其下與集生駒皆汗血因号曰天馬子云）張騫始爲武帝言之上遣使持金馬以請宛王不肯

於是天子遣貳師將軍李廣利將兵伐宛連四年死人斬其王毋寡首獻馬三千匹漢軍乃還

又曰宛王蟬封與漢約歲獻天馬二疋漢使采蒲陶苜蓿種歸天子以天馬多益種蒲陶目宿離宮館旁極望焉

異物志云大宛馬有肉角數寸或有解人語及知音舞與鼓節相應

西域圖記曰其烏馬騮馬多白耳白馬騣馬多赤耳黃馬赤馬多黑耳

疏勒

漢書曰疏勒國王治疏勒城去長安九千三百五十里

後漢書曰耿恭爲戊已校尉引衆入疏勒城城中乏水穿井十五丈不得水恭整衣服向井拜飛泉涌出虜遂退之

後魏書曰疏勒國高宗末其王遣使送釋迦佛袈裟長二丈餘廣丈餘高宗以審是佛衣應有靈異遂燒之以驗虛實置於猛火之上經日不燃觀者莫不悚駭後每使朝貢

隋書曰疏勒國都白山南百餘里其王字阿你厥手足皆六指産子非六指者不育王戴金師子多稻粟麻麥銅鐵銀雌黃

唐書曰疏勒國王姓裴俗事祆（呼烟切）神有胡書文字貞觀九年遣使獻名馬

又曰開元六年玄宗遣使冊立其王裴安定　爲疏勒王

康國

隋書曰康國者康居之後也遷徙無常不恒故地然自漢以來相承不絶其本姓溫月氏人也舊居祁連山北昭武城因被匈奴所破西踰葱嶺遂有其國支庶各分王故康國左右諸國並以昭武爲姓示不忘本也王字代失畢爲人寬厚甚得衆心其妻突厥達可汗女也都於薩寶水上阿祿連城城多衆居大臣三人共掌國事其王索髮冠七寶金花衣綾羅錦繡白疊其妻有髻幪以皁巾丈夫剪髮錦袍名爲強國而西域諸國多歸之

又曰有胡律置於祆祠決罰則取而斷之重罪者族次重者死賊盜截足人皆深目高鼻多鬚髯善於商賈諸夷交易多湊其國有大小鼓琵琶五絃箜篌笛婚姻喪制與突厥同國立祖廟以六月祭之諸國皆來助祭俗奉佛爲胡書氣候溫宜五穀勤修園蔬樹木滋茂出馬駝驢騾封牛黃金硇砂甘香阿薩那香瑟瑟麖皮氍毹錦疊多蒲桃酒富家或致千石連年不敗大業中始遣使貢方物後遂絶焉

唐書曰康居人多嗜酒好歌舞於道路生子必以石蜜内口中以膠置掌内欲其成長口嘗甘言掌持錢如膠之粘物

又曰以十二月爲歲首有婆羅門爲之占星候氣以定吉凶頗有佛法至十一月鼓舞乞寒以水相潑盛爲戲樂

又曰貞觀九年遣使貢師子太宗嘉其遠至命祕書監虞世南爲之賦自此朝貢至十一年又獻金桃銀桃詔令植之於苑囿

又曰萬歲通天年中則天封其大首領篤娑鉢提爲康國王仍拜左驍衛將軍

又曰開元六年遣使貢獻鏁子甲水精盃馬腦缾駝鳥卵之類

副貨

北史曰副貨國去代一萬七千里東至阿富使且國西至沒誰國中間相去一千里南有連山不知名北至奇沙國

相去一千五百里國中有副貨城周匝七十里宜五穀蒲桃唯有馬駞騾國王有黃金殿殿下有金駞七頭各高三尺其王遣使朝貢

安國

隋書曰安國漢時安息國也王姓昭武氏與康國王同族字設力登妻康國王女也都在那密水南城有五里環以流水宮殿皆爲平頭王坐金駞座高七八尺毎聽政與妻相對大臣三人評理國事風俗同於康國唯妻子姊妹及母子遞相禽獸此爲異也煬帝即位之後遣司隸從事杜行蒲使於西域至其國得五色鹽而返國之西百餘里有畢國可千餘家其國無君長安國統之大業五年遣使貢獻後遂絶焉

烏萇

北史曰烏國在賒弥南北有葱嶺南至天竺婆羅門胡爲其上族婆羅門多解天文吉凶之數其王動則訪決焉土多林菓引水灌田豐稻麥事佛多諸寺塔寺極華麗人有爭訴服之以藥曲者發狂直者無恙爲法不殺犯死罪唯徙於靈山西南有檀特山山上立寺以驢數頭運食山下無人控御自知往來

烏那曷

隋書曰烏那曷國都烏許水西舊安息之地王姓昭武亦康國種類字佛食都城方二里勝兵數百人王坐金羊座北去安國四百里西北去穆國二百餘里東去瓜州七千五百里大業中遣使貢方物

渴槃陁

北史曰渴槃陁國在葱嶺東朱駒波西河經其國東北流有高山夏積霜雪亦事佛道附於嚈噠

通典曰渴槃陁後魏時通焉亦名漢陁國亦名渴槃羅陁國理葱嶺中在朱俱波國西西至護密國北至疏勒國其王本疏勒人累代相承居此國有戶二千餘有懸度山在國南四百里懸度者石山也谿谷不通以繩索相引而度其間四百里中往往有棧道因以爲名今按懸度葱嶺迤邐相屬鄯善所絶道阻且長故行人由之莫能分別然法明宋雲所經即懸度山也又有頭痛山在國西南向罽賓歷大頭痛小頭痛之山赤土身熱之坂

宋膺異物志曰大頭痛小頭痛山皆渠搜之東疏勒之西經之者身熱頭痛夏不可行行則至死唯冬可行尚嘔吐山有毒藥氣之所爲冬乃枯歇故可行也

鉢和

北史曰鉢和國在渴槃陁西其土尤寒人畜同居穴地而處又有大雪山望若銀峯其人唯食餅麨飲麥酒服氈裘有二道一道西行向嚈噠一道西南趣烏萇亦爲嚈噠所屬

大夏

史記曰大夏在大宛西南二千餘里嬀水南其俗土著有城屋與大宛同俗無大君長往往城邑置小長其兵弱畏戰善賈及大月氏西徙皆臣畜大夏大夏民多可百餘萬其都曰藍市城有市販賈諸物東南有身毒國張騫曰臣在大夏時見卭竹杖蜀布問曰安得此大夏國人曰吾賈人往市之身毒身毒國在大夏東南可數千里

米國

隋書曰米國都那密水西舊康居之地也無王其城主姓昭武康國王之支庶字閉拙都城方二百里勝兵數百人西

北去康居百里大業中頻貢方物

鄧至

通典曰鄧至羌之別種也後魏時興焉有像舒者代爲白水酋帥因地名爲號稱至王其地自千亭以東平武以西汶嶺以北宕昌以南風土習俗與宕昌同自舒理至十代孫舒彭附後魏孝文帝封甘松縣子鄧爲王　西魏恭帝初其主檐衍因亂來奔周文帝遣兵送還自後無聞

安息

北史曰安息國在葱嶺之西都蔚搜城西與波斯相接東去長安一萬七百五十里周武天和二年其王遣使來獻

乙弗敵

通典曰乙弗敵後魏時聞焉在吐谷渾國有屈海周迴千餘里衆有萬落風俗與吐谷渾同然不識五穀唯食魚與蘇子狀若中國枸杞子或赤或黑西有契翰一部風俗亦

同土特多狼

伏盧尼

北史曰伏盧尼國都伏盧尼城在波斯國北去代二萬七千三百二十里累石爲城東有大河南流中有鳥其形似人亦有如橐駝馬者皆有翼常居水中出水便死城北有云尼山出銀珊瑚琥珀多師子

石國

隋書曰石國居藥殺水都城方十餘里其王姓石名涅國城之東南立屋置座於中正月六日七月十五日以王父母燒餘之骨金甕盛之置于牀上巡遶而行散以花香雜菓王率臣下設祭焉禮終王與夫人出就別帳臣下以次列坐享宴而罷有粟麥多良馬其俗善戰曾貳於突厥射匱可汗興兵滅之令特勒甸職攝其國事大業五年遣使朝貢其後不復至

宕昌

通典曰宕昌羌後魏時興焉亦三苗之胤與先零燒當罕开諸部姓別自立師皆有地分不相統攝宕昌即其一也俗皆土著居有棟宇其屋織氂牛尾及羖羊毛覆之無法令徭賦唯征伐之時乃相屯聚不然則各事生業不相來往皆衣裘褐牧養氂牛羊豕以供其食俗有蒸報無文字但取木榮落以記歲時三年一相聚殺牛羊以祭天俗重虎皮以之送死有渠勤者代爲酋帥得羌豪心乃自稱王其界自仇池以西千里席水以南北八百里地多山阜部衆二萬餘落至其孫弥忽如遣使於後魏太武帝拜爲宕昌王七葉孫弥泰皆授南北兩朝封爵後見兩魏分隔永熙

末種人企定乃引吐谷渾寇金城後企定寇石門戍周武帝天和中詔大將軍田𢗉討平之以其地爲宕州

鏺汗 鏺撥 嗜普

隋書曰鏺汗國都葱嶺之西五百餘里古渠搜國也王姓昭武字阿濕都城方四里勝兵數千人王坐金羊牀妻戴金花俗多朱沙金鐵東去踈勒千里大業中遣使貢方物

色知顯

北史曰色知顯國都色知顯城在悉万斤西北去代一萬二千九百四十里土平多五菓

伽色尼

北史曰伽色尼國都伽色尼城在悉萬斤南去代一萬二千五百里土出赤鹽多五菓

白蘭

通典曰白蘭羌之別種後周時與宕昌東北接吐谷渾風俗物産與宕昌同周武帝保定元年朝獻使至

乾陁

北史曰乾陁國在烏萇西本名業波爲嚈噠所破因改爲好征戰與罽賓鬬三年不罷人怨苦之有鬬象七百頭十人乘一象皆執兵仗象鼻縛刀以戰所都城東南七里有佛塔高七十丈周三百步即所謂雀離佛圖也

史國

隋書曰史國都獨莫水南十里舊康居之地也其王姓昭武字逖遮亦康國王之支庶也都城方二里勝兵千餘俗同康國北去康國二百四十里南去吐火羅五百里大業中遣使朝貢

師子

通典曰師子國東晉時通焉天竺旁國也西海之中延袤二千餘里多出奇寶其地和適無冬夏之異五穀隨人所種不須時節其國舊無人止有鬼神有龍居之諸國商估來共市易鬼不見其形但出珍寶明其所堪價商人依價取之諸國人聞其土樂因此競至或有停住者遂成大國能馴養師子遂以爲名風俗與婆羅門同而尤事佛法安帝義熙初遣使獻玉佛像高四尺二寸玉色絜潤形制殊特殆非人功歷晉宋代在建康瓦官寺

又曰宋文帝元嘉五年其王刹利摩訶南遣使貢獻梁武帝大通元年後王迦葉伽羅訶梨耶亦使貢獻

穆國

北史曰穆國都烏滸河之西亦安息之故地與烏那曷爲隣其王姓昭武亦康國王之種類也字阿濫密都城方三里勝兵二千人東北去安國五百里西去波斯國四千餘里大業中遣使貢方物

奄蔡

通典曰奄蔡漢時通焉西接大秦東南二千里與康居接去陽關八千餘里控弦十餘萬與康居同俗而役屬康居土氣溫和臨大澤無涯岸多楨松白草及貂畜牧逐水草蓋近北海至漢改名阿蘭那國後魏時曰粟特國一名溫那沙

何國

北史曰何國都那密水南數里舊是康居地也其王姓昭武亦康國王之族類都城方二里勝兵者千人其王坐金羊座東去曹國百五十里西去小安國三百里東去瓜州六千七百五十里大業中遣使貢方物

嚈噠

北史曰嚈噠國大月氏之種類也亦高車之別種其原出於塞北自金山而南在于闐之西都烏許水南二百餘里去長安一萬一百里其王都拔底延城蓋王舍城也其城方十里餘多寺塔皆飾以金寶風俗與突厥略同兄弟共一妻無兄弟者依其多少之數更加帽焉衣服類加以纓絡頭皆剪髮其語與蠕蠕高車及諸胡不同衆可有十万無城邑依隨水草以氈爲屋夏遷涼土冬逐暖處其王分其諸妻各在別所相去或一二里巡歷而行每月一處冬寒之時三月不徙王位不必傳子弟堪者死便受之其國無車輿多駝馬用刑嚴急偷盜無多少皆腰斬盜一責十死者富家累石爲藏貧者掘地而埋隨身諸物皆置冢内人凶悍能鬬戰西域唐居于闐安息及諸小國三十許

皆役屬之居號爲大國
又曰後魏明帝熙平中遣宋雲沙門法力等使西域訪求
佛經時有沙門慧生者亦與俱行正光中還慧生所經諸
國不能知其本末及山川里數蓋舉其略云

太平御覽卷第七百九十三

太平御覽卷第七百九十四　四夷部十五

西戎三

羌無弋　湟中月氏胡　車師
高昌　吐谷渾　波斯

羌無弋

後漢書曰羌無弋爰劒者秦厲公時爲秦所拘執以爲奴隸不知爰劒何戎之別也後得亡歸而秦人追之急藏於巖穴中得免羌人云爰劒初藏穴中秦人焚之有影象如虎爲其蔽火得以免死既出又與劓女遇於野遂成夫婦女恥其狀被髮覆面羌人因以爲俗遂俱亡入三河間諸羌見爰劒被焚不死怪其神共畏事之推以爲豪河湟間少五穀多禽獸以射獵爲事爰劒教之田畜遂見尊信廬落種人依之者日益衆羌人謂奴爲無弋爰劒嘗爲奴隸故

因名之其後世世爲豪也

又曰爰劒曾孫忍時秦獻公初立欲復穆公之迹兵臨渭首滅狄豲戎忍季父卬畏秦之威將其種人附落南出賜支河曲西數千里與衆羌絶遠不復交通其後子孫分別各自爲種任隨所之或爲氂牛種越巂羌是也或爲白馬種廣漢羌是也或爲參狼種武都羌是也忍及弟舞獨留湟中並娶妻忍生九子爲九種舞生十七子爲十七種羌之興盛從此起矣

又曰忍子研立時秦孝公雄強威服羌戎孝公使太子駟率戎狄九十二國朝周顯王研豪健故羌中號其後爲研種及秦始皇時務幷六國以諸侯爲事兵不西行故種人得以繁息

又曰武帝征伐四夷開地廣境北却匈奴西逐諸羌乃渡河湟築令居塞初開河西列置四郡（酒泉張掖武威燉煌）通道玉門隔絶羌胡使南北不得交關於是鄣塞亭燧出長城外數千里

又曰建武九年隗囂死司徒掾班彪上言今涼州部皆有降羌羌胡被髮左衽而與漢人雜處習俗既異言語不通數爲小吏黠民所見侵奪窮恚無聊故致反叛夫蠻夷寇亂皆爲此也舊制益州部置蠻夷騎都尉幽州部置領烏桓校尉涼州部置護羌校尉皆持節領護理其怨結歲時巡行問所疾苦又數遣使驛通導動静使塞外羌夷爲吏耳目州郡因此可得警備今宜復如舊以明威防世祖從之卽以牛邯爲護羌校尉

又曰燒何豪有婦人銅鉗者年百餘歲多智筭爲種人所信向皆從取計策焉

又曰龐參以失期軍敗抵罪以馬賢代領校尉事後遣任尚爲中郎將羽林緹騎五營子弟三千五百人代班雄屯三輔尚臨行虞詡說尚曰使君頻奉國命討逐寇賊三州屯兵二十餘萬民棄農桑疲苦傜役而未有功効勞費日滋若此出不克誠爲使君危之尚曰憂惶久矣不知所如詡曰兵法弱不攻強走不逐飛自然之勢今虜皆馬騎日行數百里來如風雨去如絶絃以步追之勢不相及所以曠而無功也爲使君計者莫如罷諸郡兵各令出錢數千二人共市一馬如此可捨甲冑馳輕兵以万騎之衆逐數千之衆追尾掩截其道自窮便民利事大功立矣尚大喜卽上言用其計乃遣輕騎鈔擊杜季貢於丁奚城斬首四百餘級獲牛馬羊數千頭

又曰順帝永建元年隴西種羌反校尉馬賢將七千餘

人擊之戰於臨洮斬首千餘級諭率種人降進封賢都鄉侯自是涼州無事至四年尚書僕射虞詡上䟽曰臣聞子孫以奉祖爲孝君上以安民爲明此高宗周宣所以上配湯武也禹貢雍州之域厥田惟上且沃野千里穀稼充積又有龜茲盐池以爲民利上郡龜茲縣有盐官即雍州之域也水草豐美土宜産牧牛馬衘尾羣羊塞道北阻山河乘阨據險因渠以溉水舂河漕水舂即水碓也用功省而軍粮饒足故孝武皇帝及世祖築朔方西河置上郡皆爲此也而建元 無妄之災衆羌内潰郡縣兵荒二十餘年棄沃壤之饒損自然之財不可謂利離河山之阻守無險之處難以爲固今三郡未復園陵單外園陵謂長安諸園陵也單外謂先守固也而公卿選懦容頭過身張解設難但計所費不圖其安宜開聖德考從所長書奏帝乃復三郡使謁者郭璜督促從者各歸舊縣繕城郭置

候驛既而激河浚渠爲屯田省内郡費歲一億計遂令安定北地上郡及隴西金城常儲穀粟令周數年

又曰順帝永和四年以來機爲并州刺史劉康爲涼州刺史並當之職大將軍梁商謂機等曰戎狄荒服蠻夷要服言其荒忽無常而統領之道亦無常法臨事制宜略依其俗今二君性素疾惡欲分白明黑孔子曰人而不仁疾之已甚亂也况戎狄乎其務安羌胡防其大故忍其小過機等天性虐刻遂不能從到州之日多所擾發五年夏雜種羌等遂反叛攻金城與西塞及湟中雜種羌大寇三輔殺害長吏機康並坐徵

又曰自爰劒後子孫支分凡百五十種其九種在賜支河首已西及在蜀漢徼北唯參狼在武都其五十二種衰少不能自立分散爲附落或絶滅無後或引而遠去其八十九種唯燒當種最強勝兵十餘萬其餘大者萬餘人小者數千人更相鈔盜盛衰無常

湟中月氏胡

後漢書曰湟中月氏胡其先大月氏之別也舊在張掖酒泉地月氏爲匈奴冐頓所殺餘種分散西踰葱嶺其羸弱者南入山阻依諸羌居止遂與共婚姻及驃騎將軍霍去病破匈奴取西河地開湟中於是月氏來降與漢民錯居雖依附縣官而首鼠兩端其後漢兵戰鬭隨勢強弱被服飲食言語略與羌同亦以父名母姓爲種其大種有七

莊子曰羌人死燔而揚其灰

風俗通曰羌本西戎卑賤者也主牧羊故羌字從羊人因以爲號無君臣上下健者爲豪不能相一種別群分彊者凌弱轉相抄盜男子戰死以爲吉病終者謂之凶

范曄西域論曰張奐盛稱戎狄一氣所生不宜誅盡流血汙野傷和致妖是何言之迂乎羌雖外患實深内疾若攻之不根是養疴於心腹也根謂盡其根本

又曰昔先王疆理九土判別畿荒知蠻貊殊性難以道御故斥遠諸華薄其貢職唯辭要而已若二漢御戎之方其本矣

氐

齊書曰氐楊氏與苻氏同出略陽漢世氐居仇池地号百頃建安中有百頃氐王是也

又曰仇池四方壁立自然有樓櫓却敵狀高並數丈有二十二道可舉緣而外東西二門盤道可七里上有岡阜泉源氐於上平地立宮室菓園倉庫無貴賤皆爲板屋土牆所治處名洛谷

又曰宋文帝元嘉十九年龍驤將軍裴方明等伐氐尅仇池

通典曰氐者西戎之別種則在廣漢西君長數十而白馬最大或號青氐或號白氐或稱蚺氐（蚺，占、而切）此盖中國人即其服色而名之也土地險阻有麻銅漆蜜椒蠟等勇戇抵冒貪貨死利居於河池一名仇池方百頃四面斗絶數爲邊寇郡縣討之則依固自守其俗語不與中國及羌胡同各自有姓如中國之姓其服尚青俗能織布善田種畜羊豕馬牛婚姻六禮知書疏多知中國之語言與中國之姓其服尚青

又曰漢武元封三年氐人反遣兵討破之分徙酒泉郡元鳳初復叛遣大鴻臚田廣明討破之

又曰魏武之初諸氐戎叛乃令夏侯妙才討之因徙武都

之種於秦川以御蜀虜

風俗通曰氐言抵冒貪饕至死好利樂在山谿本西南夷之別種號曰白馬孝武帝遣中郎將郭昌等引兵征之降服以爲武都郡

晉華陰令江統西戎論曰春秋之義內諸夏而外夷狄以其言語不通贄幣不同種類乖殊或居絶域之外山河嶇險阻之地與中國壤之表崎斷土隔不相侵涉賦役不及正朔不加故曰天子有道守在四夷

又曰匈奴求守邊塞而侯應陳其不可單于屈膝未央蕭望之議以不臣是以有道之君不攻夷狄也

車師

北史曰車師國一名前部其王居交河城後魏大武眞君十一年車師王車夷落遣使進詩直上書曰臣亡父僻處塞外仰慕天子威德遣使奉獻不空於歲天子降念賜遣甚厚及臣継立不闕常貢天子垂矜亦不異前世敢緣至恩輙陳私懇臣國自無諱所攻擊經今八歲人庶飢荒無以存活賊今攻臣急甚不能自全遂捨國東奔三分免一即日已到焉耆東界思歸天闕幸垂賑救於是下詔撫慰之開焉耆倉給之正平初遣子入侍自後每使朝貢

高昌

北史曰高昌者車師前王之故地東西二百里南北五百里四面多大山以其地勢高敞人庶昌盛因名高昌亦云其地有漢時高昌壘故以爲國號東去長安四千九百里漢西域長史及戊己校尉並居於此晉以其地爲高昌郡張軌呂光沮渠蒙遜據河西皆置太守以統之

又曰其國有八城地多磧石氣候温暖厥土良沃穀麥一

歲再熟宜蠶多五菓有草名羊刺其上生蜜而味佳出赤鹽其味美復有白鹽其形如玉高昌人取以爲枕貢之中國

又曰後魏文成帝和平六年高昌人立麴嘉爲王嘉死子堅嗣金城榆中人遣使獻珠象白黑貂裘名馬鹽枕等宣武延昌中以嘉爲持節平西將軍瓜州刺史

又曰後魏孝明熙平初遣使朝貢獻詔曰卿地隔關山境接荒漠頻請朝援徙國内遷雖來誠可嘉於理未協何者彼之甿庶是漢魏遺黎自晉氏不綱因難播越成家立國世積已久惡徙重遷人懷戀舊今若動之恐異同之變爰在肘腋不得便如來表也

又曰後魏孝明正光元年遣使奉表自以邊遐不習典誥求借五經諸史并請國子助教劉燮以爲博士明帝許之

又曰其國至隋城周迴一千八百四十七步於坐室畫魯哀

公聞政於孔子之像
又曰服飾丈夫從胡法婦人裙襦頭上作髻文字亦同華夏兼用胡書有毛詩論語孝經置學官弟子以相教授雖習讀之而皆為胡語賦稅則計田輸銀錢無者輸布
又曰隋大業四年遣使貢獻帝待其使甚厚明年伯雅來朝（伯雅高昌國王名也）因從擊高麗還宗室女華容公主八年冬歸蕃下令國中曰先者以國邊荒境被髮左衽今大隋統御宇宙平一孤既沐浴和風庶均大化其庶人以上皆宜解辮削衽帝聞而善之下詔曰光祿大夫弁國公高昌王伯雅本自諸華世祚西壤昔因多難翦為胡服自我皇隋平一宇宙伯雅踰沙重阻奉貢來庭削衽曳裾變夷從夏可賜衣冠仍頒製造之式
唐書曰高昌有草名白疊其實類繭國人採之織以為布

又曰武德七年其王文泰又獻狗雌雄各一高六寸長尺餘性甚慧云本出拂菻國中國有拂菻狗自此始也
又曰太宗嗣位復貢玄狐裘因賜其妻宇文氏花鈿一具宇文氏復貢玉盤也
又曰貞觀四年冬宇文氏請預宗親詔賜姓李氏封長樂公主書慰諭之
又曰貞觀十三年文泰稱疾不朝太宗命侯君集為交河道大總管率左屯衛大將軍薛萬均及突厥契苾之衆步騎數万衆以擊之攻拔其城虜男女七千餘口文泰惶懼病死子智盛嗣立出城降君集先是其國童謠云高昌兵馬如霜雪漢家兵馬如日月日月照霜雪迴首自消滅文泰使人捕其初唱者不能得君集尋遣使告捷太宗大悅宴百寮班賜各有差曲赦高昌部內欲以高昌為州縣特進魏徵諫以為不便太宗不從遂以其地置西州又置安西都護府留兵鎮之

吐谷渾

後魏書曰吐谷渾慕容氏者本遼西鮮卑徒河涉歸有二子長曰吐谷渾少曰若洛廆代統部落別為慕容氏涉歸之存分户七百以給吐谷渾渾與洛廆二部馬鬬相傷洛廆怒謂渾曰何不分部令相遠渾曰馬是畜耳而何怒及求別甚易今當去汝萬里之外廆悔謝留之渾曰先公之世卜筮當有二子享福並流子孫我是卑庶理無並大今以馬致隔天所啓也試驅馬令東若還我當有隨即命旋馬皆悲鳴西走遂西渡隴止于甘松之南廆追悔之作吐谷渾河干歌徙何以兄為河干也逐水草廬帳而居以肉酪為粮渾死其後以吐谷渾為氏

又曰豺立自号沙州刺史部內有黃沙周迴數百里不生草木因号沙州
梁書曰武帝天監十三年其王休運籌遣使獻金裝馬腦鍾二口又表於益州立九層佛寺詔許焉十五年又遣使獻赤舞龍駒及方物
隋書曰其王以皂為帽妻戴金花其器械衣服略與中國同其王公貴人多戴羃䍦婦人裙襦辮髮綴以珠貝國無常稅殺人及盜馬者死餘坐則徵物以贖罪風俗頗同突厥有大麥粟豆青海周迴千餘里中有小山其俗至冬輒放牝馬於其上言得龍種吐谷渾嘗得波斯草馬放入海因生驄駒能日行千里故時稱青海驄馬
又曰開皇十六年以光化公主妻吐谷渾王伏允上表欲稱公主為天后上不許

唐書曰隋煬帝時其王伏允來犯塞煬帝親惣六軍以討之伏允以數千騎潜於泥嶺而遁其仙頭王率男女十餘萬口來降煬帝立其質子順為王送之本國

又曰貞觀九年詔特進李靖為西海道大惣管時伏允太子順欲因此立功由是遂降乃詔曰吐谷渾擅相君長竊據荒裔志在凶德政出權門酋渠携貳種落怨憤長惡不悛野心弥熾莫顧蕃臣之禮曾無事上之節莫竊疆埸虔劉兆庶積惡既稔天亡有徵朕君臨四海含育万類一物失所責深在予所以爰命六軍申兹九伐義存活國情非黷武其子大寧王慕容順隋氏之甥志懷明悟長自中土幸慕華風爰見時機深識逆順以其屢諫違衆獨陷迷途遂誅邪臣存兹大計翻然改轍代父歸罪忠孝之美深有可嘉子能立功足以補過既往之衅特宜原免然其建國西鄙已歷年代既從廢絕情所未忍繼其宗祀允歸令嗣可封順為西平郡王仍授趉趉九物胡吕烏甘豆可汗

又曰吐谷渾自晉永嘉之末始西度洮水建國於群羌之故地至龍朔三年為吐蕃所滅

波斯

北史曰波斯國都宿利城在忸密西古條支國也去代二萬四千二百二十八里城方十里戶十餘万河經其城中南流土地平正出金鍮石珊瑚琥珀車渠馬腦多大真珠頗梨瑠璃水精瑟瑟金剛火齊鑌鐵銅錫朱砂水銀綾錦疊毾氍毹毾㲪赤麞皮及欝金蘇合青木等香胡椒畢撥石蜜千年棗香附子訶棃勒無食子鹽綠雌黃等物氣候暑熱家自藏冰地多沙磧引水溉灌其五穀及鳥獸等與中夏略同唯無稻及黍稷土出名馬大驢及駝往往有一日能行七百里富室至有數千頭又出白象師子大鳥卵形如橐駝有兩翼飛而不能高食草與肉亦能噉火其王姓波氏名斯坐金羊牀戴金花冠衣錦袍織成帔飾以真珠寶物其俗丈夫剪髮戴白皮帽貫頭衫亦有巾帔緣以織成婦女服之飾以金銀仍貫五色珠絡之於膊王於其國內別有小牙十餘所猶中國之離宮也每年四月出遊處之十月乃還王即位以後擇諸子內賢者密書其名封之於庫諸子及大臣皆莫之知也王死衆乃共發書視之其封內有名者即立以為王餘子出各就邊任兄弟更不相見也國人号王曰醫囋妃曰防步率王之諸子曰殺野

又曰其刑法重罪懸諸竿上射殺之次則繫獄新王立乃釋之賦稅則准地輸銀錢

又曰其俗以六月為歲首尤重七月七日十二月一日其日人庶以上各相命召設會作樂

又曰後魏孝明神龜中其國遣使上書貢物云大國天子天之所生願日出處常為漢中天子波斯國王居和多千萬禮拜朝廷嘉納之自此每使朝獻

唐書曰波斯伊嗣俟遣使獻一獸名活褥地形類鼠而色青身長八九寸能入穴取鼠

又曰龍朔元年詔遣隴州南田縣令王名遠充使西域分置州縣因列其地疾陵城為波斯都督府授其王卑路斯為都督是後數遣使貢獻咸亨中卑路斯自來入朝高宗甚加恩賜拜右武衛將軍儀鳳三年令吏部侍郎裴行儉將兵冊送卑路斯還為波斯王行儉以其路遠至安西碎葉而還卑路斯獨返不得入其國漸為大食所侵客於吐火羅國二十餘年有部落數千人後漸離散至景龍二年又

來入朝拜爲左威衛將軍無何病卒其國遂滅而部衆猶存自開元七年至天寶六載凡十遣使來朝并獻馬腦床九載四月獻大毛繡舞筵長毛繡舞筵無孔真珠等

太平御覽卷第七百九十四

太平御覽卷第七百九十五

四夷部十六

西戎西

烏孫　悅般　迷蜜　党項

焉耆　小月氏　佛菻　吐火羅

泥婆羅　大食

烏孫

史記曰烏孫在大宛東北可二千里行國隨畜牧與匈奴同俗

漢書曰烏孫國多馬富人至四五千疋民貪狼無信多寇盜最爲強國

北史曰烏孫居赤谷城在龜茲西北去代一萬八百里其國數爲蠕蠕所侵西徙葱嶺山中無城郭隨畜牧水草後魏太延中遣使者董琬等使其國後每來朝貢

通典曰烏孫漢時國號大昆弥理赤谷城烏孫於西域諸戎其形最異青眼赤鬚獼猴者本其種也其國謂王曰昆弥亦曰昆莫其去長安八千九百里内地五千里莽平多雨寒山多松樠音武元切其心似松不田作種樹隨畜逐水草與匈奴同俗

又曰烏孫昆莫昆弥皆王號也故烏孫國有塞種大月氏種始張騫言烏孫本與大月氏共在燉煌間今烏孫強大可厚賂招令東居故地妻以公主以制匈奴武帝即位令騫齎金幣往賜昆莫於是使獻馬願尚公主元封中遣江都王建女細君爲公主以妻焉公主別理宮室居歲時一再與昆莫會置酒飲食昆莫年老語言不通公主悲愁自作歌曰吾家嫁我兮天一方遠託異國兮烏孫王穹廬爲室兮氈爲墻以肉爲食兮酪爲漿天子聞而矜憐之

又曰宣帝時都護鄭吉請分烏孫爲大昆弥小昆弥後段會宗爲都護時爲烏孫兵圍驛上書願發城郭燉煌以自救丞相王商大將軍王鳳及百寮議數日不決上召陳湯問對曰臣以爲此必無可憂夫胡兵五而當漢兵一刃朴鈍弓弩不利今聞頗得漢工然而猶三當一又兵法曰客倍而主人半然後料敵今烏孫人衆不足以勝會宗惟陛下勿憂且兵輕行五十里重行三十里今會宗發城郭燉煌兵歷時而至所謂報讎之兵非救急之用也烏孫瓦合不能久攻不過五日當有吉語聞居四日軍書至言已解

悅般

北史曰悅般國在烏孫西北去代一萬九百三十里其先匈奴北單于之部落也爲漢車騎將軍竇憲所逐北單于度金微山西走康居其羸弱不能去者住龜茲北地方數千里衆可二十餘萬涼州人猶謂之單于王其風俗言語與高昌同而其人清潔於胡俗翦髮齊眉以醍醐塗之昱昱然光澤日三澡漱然後飲食其國南界有大山山傍石皆燋鎔流地數十里乃凝堅人取以爲藥即石流黃也與蠕蠕結好其王嘗將數千人入蠕蠕國欲與大檀相見入界百餘里見其部人不浣衣不絆髮不洗手婦人口舐器物王謂其從臣曰汝曹誑我將我入此狗國中乃馳還大檀遣騎追之不及自是相仇讎數相征討後魏大武真君九年遣使朝獻并送幻人稱能割人喉脉令斷擊人頭令骨陷皆血出數升或盈斗以草藥内其口中令嚼咽之須臾血止養瘡一月復常又無瘢痕世疑其虛乃取死罪囚試之皆驗云中國諸名山皆有此草乃使人受其術而厚遇之又言其國有大術者蠕蠕凍死漂亡者十二三是歲再遣使朝貢

求與官軍東西齊契討蠕蠕太武嘉其意命中外諸軍戒嚴以淮南王他爲前鋒襲蠕蠕仍詔有司以其鼓舞之節施於樂府自後每使朝貢

迷蜜

北史曰迷密國都迷密城在者至拔西去代萬二千一百里後魏正平元年遣使獻一峯黒橐駝其國東有山名都悉滿山出金玉多鐵

党項

隋書曰党項羌者三苗之後也其種有宕昌白狼皆自稱彌猴種東接臨洮西平西拒葉護南北數千里處山谷間每姓別爲部落大者五千餘騎小者千餘騎織犛牛尾及羖攊羊毛以爲屋服裘褐披氈以爲上飾俗尚武力無法令各爲生業有戰則相屯聚無徭賦不相往來牧養犛牛

豬以爲供食不知稼穡無文字但推草木以記年歲時三年一聚會殺牛羊以祭天人年八十巳上死者以爲令終親戚不哭少而死者則云夭枉共悲哭之有琵琶横吹擊缶爲節

唐書曰党項羌在古析支之地漢西羌之別種也魏晉之後西羌微弱或臣中國或竄山野自周氏滅宕昌鄧至之後党項始強其界東至松州西接葉護南雜舂桑迷桑等羌北連吐谷渾處山谷間延亘三千里其種每姓別爲部落一姓之中復爲小部落大者萬騎小者千騎不相統一有細封氏費聽氏頗超氏野辭氏米擒氏拓拔氏最爲強族俗皆土著居有棟宇其屋織犛毛及羊毛覆之每年一易俗尚武無法令賦役其人多壽年至百五六十歲不事産業好爲盜互相陵劫尤重復讐若讐人未得必蓬頭垢面跣足蔬食要斬讐人而後復常男女並衣裘褐仍被大氈養驢羊以供其食不知耕稼土無五穀氣候多風寒五月草始生八月霜雪降求大麥於他界醞以爲酒妻其庶母及伯叔母嫂子弟之婦淫穢蒸報諸夷中最爲甚自周及隋或叛或朝常爲邊患貞觀三年南會州都督鄭元璹遣使招諭其酋長細封步賴舉部内附太宗降璽書慰撫之步賴因即來朝宴賜甚厚列其地爲軌州拜步賴爲刺史仍請率所部討吐谷渾其後諸姓酋長相次率部落皆來内屬請同編户太宗厚加撫慰列其地爲崌䯧奉巖遠四州各拜其首領爲刺史

又曰有黒党項在於赤水之西李靖之擊吐谷渾也渾主伏允奔于黒党項居以空閑之地及吐谷渾舉國内屬黒党項酋長号敦善王因貢方物又有雪山之下及白狗舂

桑白蘭等諸羌

焉耆

北史曰焉耆國在車師南都員渠城白山南七十里漢時舊國也去代一萬二百里其王姓龍名鳩尸卑那即前涼張軌所討龍熙之嗣所都城方二里國内凡有九城國小人貧無綱紀法令

又曰其丈夫剪髮以爲首飾文字與婆羅門同俗事天神并崇信佛法尤重二月八日四月八日是日也其國咸依釋教齋戒行道焉

又曰其國養蠶不以爲絲唯充綿纊俗尚蒲桃酒兼愛音樂南去海十餘里有魚鹽蒲葦之饒

又曰後魏太武怒之詔成周公万度歸討之鳩尸卑那以四五萬人出城守險以距度歸募壯勇短兵直往衝鳩尸

畢郍衆大潰進屠其城西鄙諸戎皆來降服獲其珎奇異翫殊方譎詭難識之物巨萬時太武幸陰山北宫度歸破焉耆露板至帝省訖賜司徒崔浩書曰万度歸以五千騎經五千里拔焉耆三城獲其珎奇異物及諸委積不可勝數自古帝王雖云西戎卽序有如指注不能控引也朕今手把而有之如何浩書上稱美

隋書曰焉耆國俗奉佛書類婆羅門婚姻之禮有同華夏男子剪髮有魚鹽蒲葦之利

唐書曰焉耆在京師西七千三百里其地良沃貞觀六年其王突騎支遣使貢方物復請開大磧路以便行李太宗許之自隋末離亂磧路遂閉西域朝貢者皆由高昌及是高昌大怒遂與焉耆結怨遣兵襲焉耆大掠而去

又曰貞觀十四年侯君集討高昌遣使與之相結焉耆王大喜請爲聲援乃破高昌其王詣軍門稱謁焉耆人先爲高昌所虜者悉歸之由是遣使謝恩并貢方物

小月氏

北史曰小月氏國都富樓沙城其王本大月氏王寄多羅子也寄多羅爲匈奴所逐西徙後令其子守此城因號小月氏被服頗與羌同其俗以金錢爲貨

又曰其城東十里有佛塔周三百五十步高八十丈自佛塔初建計至後魏武定八年八百四十二年所謂百丈佛圖也

佛菻

唐書曰佛菻國一名大秦在西海之上東南與波斯接地方萬餘里列城四百邑連屬其宫宇柱櫳多以水精瑠璃爲之有貴臣十二人共理國政常使一人將囊隨王車百姓有事卽以書投囊中王還宫省發理其枉直其王無常人簡賢者而立之國中災異及風雨不時輒廢而更立王冠形如鳥舉翼冠及纓絡皆綴以珠寶著錦繡衣前不開襟坐金花床有一鳥似鵝其毛緑色常在王邊倚枕上坐每進食有毒其鳥輒鳴其都城疊石爲之尤絶高峻凡有十萬餘户南臨大海城東面有一大門其高二十餘丈自上及下飾以黄金光輝昭爛連曜數里自外至王室凡有大門三重列異寶雕飾第二門之樓中懸一大金秤以金丸十二枚屬於衡端以候日之十二時焉爲一金人其大如人立於側每至一時其金丸輒落鏗然發聲引唱以紀日時毫釐無失其殿以瑟瑟爲柱黄金爲地象牙爲門扇香木爲棟梁其俗無瓦擣白石爲末羅之塗塈上其堅密光潤還如玉石至於盛暑之節人厭囂熱乃引水潛流上遍於屋宇機制巧密人莫之知觀者唯聞屋上泉鳴俄見四簷飛溜懸波如瀑布激氣成凉風其巧妙如此風俗男子剪髮披帔而右袒婦人不開衿錦爲頭巾家資滿億封以上位有羊羔生於土中其國人候其欲萌乃築墻以院之防外獸所食也然其臍與地連割之則死唯人著甲走馬及擊鼓以駭之其羔驚鳴而臍絶便逐水草俗皆髡而衣繡乘輜輧白蓋小車出入擊鼓建旌旗幡幟土多金銀奇寶有夜光璧明月珠駭雞犀大貝車渠馬腦孔翠珊瑚虎魄凡西域諸珎異多出其國

又曰貞觀十七年佛菻王波多力遣使獻赤頗黎緑頗黎石緑金精等物太宗降璽書荅慰賜以綾綺

又曰開元七年正月其王遣吐火羅大首領獻師子羚羊各二不數月又遣大德僧來朝貢

吐火羅

北史曰吐火羅國都葱嶺西五百里與挹怛雜居都城方二里勝兵十萬人皆善戰其俗奉佛兄弟同一妻迭寢焉每一人入房户外挂其衣以爲志生子屬其長兄其山穴中有神馬每歲牧牝馬於穴所必產名駒隋大業中遣使朝貢

通典曰高宗永徽初遣使獻大鳥高七尺其色玄足如駝鼓翼而行日三百里能噉鐵夷謂之駝鳥

又曰龍朔元年吐火羅置州縣使王名遠進西域圖記并請于圖以西波斯以東十六國分置都督府及州八十縣一百軍府百二十六仍於其國立碑以紀聖德帝從之

泥婆羅

唐書曰泥婆羅在吐蕃西其俗剪髮與眉齊穿耳揎以竹

筒牛角綴至肩者以爲姣麗食用手無匙筯其器皆銅多商賈少田作以銅爲錢皆文爲馬牛不穿孔衣服以一幅布蔽身日數盥漱以板爲屋壁皆雕畫俗重博戲好吹蠡擊鼓頗解推測盈虛兼通歷術事五天神鐫石爲像每日清水浴神烹羊而祭其王那陵提婆身着真珠頗黎車渠珊瑚琥珀瓔珞耳垂金鈎玉瑺佩寶裝服突坐師子床其堂內散花香大臣及諸左右並坐於地持兵數百列侍其側宮中有七層之樓覆以銅瓦欄檻楹柱皆飾珠寶樓之四角各懸銅槽下有金龍激水上樓注於槽中從龍口而出狀若飛泉

又曰貞觀中衛尉丞李義表往使天竺塗經其國那陵提婆見之大喜與義表同出觀阿耆婆沴池周迴二十餘步水常沸涌雖流潦暴集爍石焦金未嘗增減以物投之即生煙焰懸釜而炊須臾而熟

大食

唐書曰大食國本在波斯之西大業中有波斯胡人牧駝於俱紛摩地那之山忽有師子人語謂之曰此山西有三穴穴中有大兵器汝可取之穴中并有異石白文讀之便作王位胡人依言果見穴中有石及矟刃甚多上有文教其反叛於是糾合亡命渡常肩水劫奪商旅其衆漸盛遂割據波斯西境自立爲王永徽二年始遣使朝貢其王姓大食氏名豃（音呼濫反）密莫末膩自云有國已三十四年歷三主矣其國男夫黑色多鬚鼻大而長似婆羅門婦人白皙亦有文字出駝馬大於諸國兵刃勁利其俗勇於戰鬬好事天神土多沙石不堪耕種唯食駝馬等肉國西隣於大海其王移穴中異石寶之於國

又曰其王常遣人乘船將衣粮入海經八年而未極西岸海中見一方石石上有樹幹赤葉青樹上總生小兒長六七寸見人皆笑動其手脚頭着樹枝其使摘取一枝小兒便死收在大食王宮

又曰龍朔中滅波斯拂菻其國始有米麪之屬又將兵南侵婆羅門吞併諸胡勝兵四十餘萬長安中遣使獻良馬景雲二年又獻方物開元初遣使來朝及進馬并寶鈿帶等方物其使謁見唯平立不拜憲司欲糾之中書令張說奏曰大食殊俗遠來慕義不可寘罪上特許之尋又遣使朝獻自云在本國唯拜天神雖見王亦無致拜之法所司屢詰責之其使遂請依漢法致拜

杜環經行記云一名亞俱羅其大食王号暮門都其士女瓌偉長大衣裳鮮潔容止閑麗女子出必擁面無問貴賤

一日五時禮天食肉作齋以殺生爲功德繫銀束佩銀刀
斷飲酒禁音樂人相爭者不至毆擊
又曰其菓有偏桃千年棗其蔓菁根大如斗而圓味甚美
蒲桃大者如雞卵

太平御覽卷第七百九十五

太平御覽卷第七百九十六

四夷部十七

西戎五

莎車　波知　粟弋　悉居半
越底延　波路　三童　蒲山
劫國　獠　丁令　且弥
陁羅伊羅　賒弥　澤散　女國
呼得　曹國　漕國　何國
短人　小人　軒渠　温宿
朱俱波　尉頭　滑國　姑默
疊伏羅　阿鉤羌　葱茈羌

莎車

漢書曰莎車王治莎車城去長安九千九百五十里有鐵山出青玉

又曰宣帝時烏孫公主小子万年莎車王愛之莎車王無子死時万年在漢莎車國人計欲自託於漢又欲得烏孫心即上書請万年爲莎車王漢許之遣使者奚充國送万年万年初立暴惡國人不說莎車王弟呼屠徵殺万年并殺漢使者自立爲王約諸國背漢會衛侯馮奉世使送大宛客即以便宜發諸國兵擊殺之更立他昆弟子爲莎車王

又曰馮奉世至宛宛聞其斬莎車王禮之異於他使得其名馬象龍而還（馬形如龍）帝甚悅下議封奉世關内侯少府蕭望之以奉世矯制發諸國兵雖有功効不可以爲後代法若即封奉世則爲使者利以奉世爲比爭逐發兵要功萬里之外爲國家生事於夷狄漸不可長不宜授封帝善其議以奉世爲光禄大夫

波知

北史曰波知國在鉢和西南土狹人貧依託山谷其王不能總攝有大池傳曰大池有龍王次者有龍婦小者有龍子行人經之設祭乃得過不祭多值風雪之困

粟弋

通典曰粟弋後魏通焉在葱嶺西大國一名粟特一名拘夢出名馬牛羊珎菓蒲陶酒其土地水美故也有大禾高丈餘子如胡豆在安息北五千里附庸小國四百餘城太武帝時遣使朝貢

悉居半

北史曰悉居半國故西夜國也一名子合其王號子治呼犍在于闐西去代萬二千九百七十里後魏大延初遣使來獻自後不絶

越底延

通典曰越底延國隋時聞焉治辛頭河北西北去賒弥國千餘里東北至瓜州五千四百里其婆羅門種類户數萬餘有弓矢刀矟皮甲國法不殺人重罪流輕者杖國無課税其俗事佛王及庶人剪髮衣錦袍不開縫貧者自疊婦人爲髻衣帬衫帔長巾俗清潔氣候温多稻有羊馬牛鍮石訶梨勒（石蜜麞皮細疊等）

波路

北史曰波路國在阿鉤羌西北去代一萬三千九百里其地濕熱有蜀馬土平物産國俗與阿鉤羌同

三童

通典曰三童國在軒渠國西南千里人皆眼有三精珠或有四舌者能爲一種聲亦能俱語常貨多用犀象作金幣

率劾國王之面亦劾王后之面若丈夫交易則用國王之面者王死則更鑄

蒲山

北史曰蒲山國故皮山國也居皮城在于闐南去代一萬二千里其國西南三里有凍凌山後役屬于闐

𠯘國

通典曰𠯘國隋時聞焉在葱嶺中南西與俱賒弥國界接西北至悒怛國去長安萬二千里有户數萬氣候熱有稻麥粟豆羊馬出洛沙青黛婚姻同突厥死亡弃於山谷

又曰大唐武德二年遣使貢寶帶金鏁頗梨水精盃各一頗梨四百九十枚大小有差

獠

魏書曰獠之初也出自梁益之間種類甚多散居山谷略

無氏族之別依樹積水以居其上名曰干蘭干蘭大小隨其家之口數往往推一長者爲王以死則子繼若中國之黨族也僚王各有鼓角一雙使其子弟自吹擊之好相殺害多仇怨不敢遠行性同禽獸至於忿怒父子不相避唯手有兵刃者先殺之若殺其父走避於外求得一狗以謝其母然後敢歸毋得狗謝不復嫌恨若報怨相攻擊必殺而食之平常劫掠責取豬狗而已親戚比隣指授相賣亡兒女哭止便不復追思唯執楯持矛不識弓矢用竹爲簧群聚鼓之以爲音節能爲細布色鮮淨大狗一頭買一生口其俗畏鬼神尤尚淫祀所殺之人美鬚髯者剥其面皮籠之於竹及燥號曰鬼鼓舞祀之以求福也

北史曰獠者蓋南蠻之別種自漢中達于邛笮川洞之間所在皆有種類甚多所生男女無名字唯以長幼次第呼之其丈夫稱阿謩阿段婦人阿夷阿等之類皆語之次第稱謂也鑄銅爲器大口寬腹名曰銅爨既薄且輕易於熟食建國中李勢在蜀諸獠始出巴西渠川廣漢陽安資中攻破郡縣爲益州大患自桓溫破蜀之後蜀人東流山險之地多空獠遂挾山傍谷與夏人參居者頗輸租賦在深山者不爲編户梁益二州歲伐獠以裨潤公私頗藉爲利正始中夏侯道遷舉漢中內附宣武遣尚書邢巒爲梁益二州剌史以鎮之近夏人者安堵樂業在山谷者不敢爲寇其後朝廷以梁益二州控攝險遠乃立巴州以統諸獠後以巴酋嚴始欣爲刺史又立隆城鎮所綰獠二十萬户又周文平梁益令在所撫慰然天性暴亂旋致擾動每歲命隨近州鎮出兵討之獲其生口以充賤隷謂之爲壓獠焉

永昌郡傳曰獠民喜食人以爲至珎美不自食其種類也

怨仇乃相害食耳能水中潛行行數十里能水底持刀刺捕取魚其人以口嚼食並以鼻飲水死人有棺其葬竪棺埋之

丁令 丁音顛 令音連

後魏書曰丁令在康居北勝兵六萬人隨畜牧依處土出貂鼠皮䩞子皮西南去康居界三千里

又曰丁令北有馬脛國其人音聲似鴈鶩從膝以上至頭人也膝巳下生毛馬脛馬蹄走疾於馬勇健敢戰

且弥

北史曰且弥國都天山東臨於大谷在車師北去代一萬五百七十里本役屬車師

陁羅伊羅

通典曰陁羅伊羅國隋時聞焉在烏萇國北大雪山坡上

緣梯登山接七百梯方到其國

賒弥

北史曰賒弥國在波知之南山居不信佛法專事諸神亦附嚈噠東有鉢盧勒國路嶮緣鐵鏁而度下不見底後魏熙平中宋雲等使終不能達

澤散

通典曰澤散國魏時聞焉屬大秦其治在海中央家與安息城谷相近西南詣大秦不知里數

女國

北史曰女國在葱嶺南其國世以女為王姓蘇毗字末羯在位二十年女王夫号曰金聚不知政事國內丈夫唯以征伐為務山上為城方五里人有萬家王居九層之樓侍女數百人五日一聽朝復有小女王共知國政其俗婦人輕

丈夫而性不妬忌男女皆以彩色塗面一日中或數度變改之皆披髮以皮為鞋課稅無常氣候多寒以射獵為業出鍮石朱砂麝香犛牛駿馬蜀馬猶多鹽恒將鹽向天竺興販其利數倍亦數與天竺党項戰爭其女王死國中厚斂金錢求死者族之中賢女二人一為女王次為小王貴人死剥皮以金屑和骨肉置瓶中埋之經一年又以其皮內鐵器埋之俗事阿脩羅神又有樹神歲初以人祭或用獼猴祭

呼得

通典曰呼得魏時聞焉在葱嶺北烏孫西北康居東北勝兵萬餘人隨畜牧出名馬多貂鼠

曹國

北史曰曹國都那密水南數里舊是康居之地也國無主康國王令子烏建領之都城方三里勝兵千餘人國中有得悉神自西海以東諸國並事之其神有金人焉金波羅闊丈有五尺高下相稱每月以駝五頭馬十疋羊一百口祭之南去康國百里大業中遣使貢方物

漕國

北史曰漕國在葱嶺之北漢時罽賓國也其王姓昭武字順達康國王之宗族也都城方四里勝兵萬餘人國法嚴峻俗重淫祠葱嶺山順天神者儀制極華以金為屋以銀為地祠者日有千餘人祠前有一魚骨其孔中通馬出入國王戴金牛頭冠坐金馬座土多稻粟豆麥饒象馬犎牛金銀鑌鐵氍毹朱砂青黛安息青木等香黑鹽阿魏東去劫國七百里大業中遣使貢方物

何國

隋書曰何國都那密水南數里舊是康居地也其王姓昭武亦康國王之族類都城方二里勝兵千人其王坐金羊床東去曹國百五十里西去安國三百里大業中遣使貢方物

短人

通典曰短人魏時聞焉在康居西北男女皆長三尺人衆甚多去奄蔡諸國甚遠康居長老傳聞嘗有商旅行其方迷惑失道而到此國國中甚多真珠夜光明月珠其國去康居可萬餘里

突厥本末記云自突厥北行一月有短人國長者不踰三尺亦有二尺者頭少毛髮若羊胞之狀突厥呼為羊胞頭其傍無它種類相侵俗無寇盜但有大鳥高七八尺恒伺短人啄而食之短人皆持弓矢以為之備按此亦在西北

即魏略之短人國也

小人

通典曰小人在秦之南軀纔三尺其耕稼之時懼鶴所食大秦之南每衛助之小人竭其珍貨以酬報

軒渠

通典曰軒渠國多九色鳥青口綠頸紫翼紅膺紺頂丹足碧身緗背玄尾亦名九尾鳥亦名錦鳳其青多紅少謂之鶼鸞恒從弱水西來或去是西王母之禽也其國幣貨同三童國

溫宿

北史曰溫宿國居溫宿城在姑默西北去代一萬五百五十里

朱俱波

通典曰朱俱國後魏時通焉亦名朱居槃國漢子合國也今并有西夜蒲犂依耐德若四國之地在于闐國西千餘里其西至葱嶺二百里其王渴槃國南至女國三千里北至踈勒九百里南至葱嶺二百里其王本疏勒國人後魏宣武永平中朱居槃國遣使朝貢其言音與于闐相似其間小異人貌多同華夏亦類踈勒大唐武德以後頻遣使朝貢

尉頭

北史曰尉頭國居尉頭城在溫宿北去代一萬六百五十里

滑國

通典曰滑國車師之別種後漢順帝永建初八滑從班勇擊北虜有功漢以八滑爲後部親漢侯自魏晉以來不通中國至梁武帝普通初其王厭帶夷栗陁始遣使獻黃師子白貂裘波斯錦物等後魏之居桑乾也滑猶小國屬蠕蠕後稍強大征其傍國波斯渴槃罽賓龜茲踈勒姑墨于闐等國焉其獸有師子兩脚駝人皆善騎射著小袖長身袍用金玉爲帶女人被裘頭上刻木爲角長咫尺以金銀飾之兄弟共妻無城以氈屋爲居東向開戶其王金床隨太歲轉無文字以木爲契與旁國通用胡書羊皮爲紙無職官事天神火神每日出祀神而後食其跪一拜而止死以木爲槨父母死其子截一耳葬訖即吉其言語待譯然後通至後魏時謂之嚈噠國或云高車之別種或云大月氏之種其源出於塞北自金山至後魏文帝時已八九十年矣在于闐之西東去長安萬一千里衣服類胡加以纓絡頭皆剪髮其語與蠕蠕高車及諸諸胡不同部衆可十萬

依隨水草其國無車輿多駞馬用刑嚴急盜無多少皆腰斬盜一責十死者富家累石爲藏貧者掘地而埋隨身諸物皆置塚內又兄弟共娶一妻無兄弟者其妻戴一角帽若有兄弟者依其多少之數更加帽角焉西城康居于闐沙勒安息及諸小國三十許皆役屬之号爲大國每遣使朝貢孝明帝熙明中遣使伏子統宋雲使西域所經諸國不能知其本末及山川里數今舉其略云至隋時又謂挹怛國都烏滸水南二百餘里大月氏之種類也勝兵五六萬人俗善戰先時國亂突厥遣通設字詰強領其國俗同吐火羅南去漕國千五百里東去瓜州六千五百里大業中遣使來貢按劉璠梁典滑國姓嚈噠後裔以姓爲國号轉訛又謂之悒怛焉

姑默

北史曰姑默國居南城在龜茲西去代一萬五百里

疊伏羅

通典曰疊伏羅後魏時通焉去代三萬一千里國中有勿悉城城北有𡉏奇水西流有白象土宜五穀宣武時遣使獻方物

阿鉤羌

通典曰阿鉤羌後魏時通焉在莎車西南國西有縣度山其間四百里中往往有棧道下臨不測之深人行以繩索相持而度山有五穀諸果市用錢爲貨居止立宮室有兵器

葱茈羌 茈音紫

通典曰燉煌西西域之南山中從婼羌西至葱嶺數千里有月氏餘種曰葱茈羌白馬羌黄牛羌各有酋豪北與諸國接不知其道里廣狹傳聞黄牛羌種類孕身六月生南與白馬羌隣並魏時聞焉

太平御覽卷第七百九十六

太平御覽卷第七百九十七

四夷部十八

西戎六

蒲類　小宛　精絕　渠勒
依耐　無雷　難兜　孤胡
山國　烏貪　卑陸　郁立師
劫國　烏弋山離　拘弥　德若
高附　東離　移支　耆舌
拔豆　烏利　者至拔　朱居
權烏摩　伽色尼　薄知　牟知
阿弗太汗　呼似密　諾色波羅　早伽至
伽不單　伽倍　折薛莫孫　鉗敦
弗敵沙　臨兒　貲虜　盤越

監長　奇恒　石尖　扶伏
可蘭　鵠國　無不達　無繼民
錄民　無首民　納民　拘夷
波羅柰斯　鼠王　摩訶賴　波麗越
雞城　和訶條　播黎曰　含衛
維耶離　迦維羅越　郍訶維　碓國
拘郍含　波羅柰　拘宋婆　罽賓
拘私郍竭　摩竭提

蒲類

漢書曰蒲類王治天山西疏榆谷去長安八千三百六十餘里

後漢書曰蒲類國王居天山西疏榆谷廬帳而居逐水草頗知田作有牛馬駱駝羊畜能作弓矢國出名馬蒲類本大國也前西域屬匈奴時蒲類王得罪單于單于怒徙蒲國人民六千餘口內之匈奴右部阿惡地号曰阿惡國初徙居時甚貧羸不能者逃亡在山谷間故得留爲蒲類國云

小宛

漢書曰小宛國王治扞零城去長安七千二百一十里東與婼羌接

精絕

漢書曰精絕國王治精絕城去長安八千八百二十里地阸狹西通扞弥四百六十里

渠勒

漢書曰渠勒國王治韃都城去長安九千九百五十里東與戎盧接

依耐

漢書曰依耐國王治去長安萬一百五十里北至疏勒六百五十里少穀寄田莎車疏勒

無雷

漢書曰無雷國王治無雷城去長安九千九百五十里衣服類烏孫

難兜

漢書曰難兜國王治(難兜城)去長安一萬五千一百五十里西與大月氏接種五穀有金銀銅鐵作兵

孤胡

漢書曰孤胡國王治車柳谷去長安八千餘里

山國

漢書曰山國王治去長安七千一百七十里出鐵民山居寄田糴穀於焉耆

烏貪

漢書曰烏貪訾離國王治于婁谷去長安萬三百三十里

卑陸

漢書曰卑陸國王治天山乾當谷去長安八千六百八十里

郁立師

漢書曰郁立師國王治内咄谷去長安八千八百三十里

刧國

漢書曰刧國王治天山東丹渠谷去長安八千五百七十里

烏弋山離

漢書曰烏弋山離國王去長安萬二千二百里不屬都護烏弋地暑熱其草木畜産五穀菓菜飲食宫室市列錢貨兵器金珠之屬與罽賓同有桃枝（桃枝似塵或名天祿）師子犀牛俗重妄殺錢文爲人頭幕爲騎馬

拘弥

後漢書曰拘弥王治寧弥城去洛陽萬二千八十里靈帝熹平四年于闐王安國攻寧弥殺其王死者甚衆戊己校尉西域長史各發兵輔立寧弥侍子定興爲王

德若

後漢書曰德若國王東去洛陽一萬二千一百五十里與子合相接其俗皆同

高附

後漢書曰高附國在大月氐西南其俗似天竺而弱易服善賈販内富於財所屬無常天竺罽賓安息三國強則得之弱則失之

東離

後漢書曰東離國王治沙奇城在天竺東南三千餘里其地暑熱風氣物類與天竺同有城十數其人民男女皆長大可八尺乘象往來隣國有寇乘象以戰

移支

後漢書曰移支國王居蒲類地其民勇猛敢戰以寇鈔爲事皆被髮隨畜逐水草不田作

者舌

後魏書曰者舌國故康居國也在破洛那西北去代一萬五千四百五十里大武延平三年遣使朝貢

拔豆

後漢書曰拔豆國去代五萬一千里國中出金銀雜寳白象水牛犛牛蒲桃五菓土宜五穀

烏利

後魏書曰烏利國去代二萬五百里國中出金玉良馬白疊土宜五穀

者至拔

後魏書曰者至拔國都城在踈勒西去代一萬一千六百二十里其國東有潘賀那山出美鐵師子等

朱居

後魏書曰朱居國在于闐西其民山居有麦多林果咸事佛與于闐相類役屬嚈噠

權烏摩

後魏略曰權烏摩國故烏秅國也其王治烏秅城西接悉居半國西南去代一萬二千九百七十里

伽色尼

後魏書曰伽色尼國治伽色城在万斤南去代一萬二千九百里出赤鹽多五菓

薄知

後魏書曰薄知國治城在伽色尼南去代一萬三千三百二十里

牟知

後漢書曰牟知國都牟知城在忸密西南去代二萬二千九百二十里土平禽獸草木類中國

阿弗太汗

後漢書曰阿弗太汗國治阿弗太汗城在忸密西去代二萬三千七百二十里土平多五菓

呼似密

後魏書曰呼似密國治呼似密城在阿弗太汗西去代二萬七百里土平出金銀琥珀有師子多五菓

諸色波羅

後魏書曰諸色波羅國治諸色波羅城在忸密南去代二萬三千四百二十八里土平宜稻麥多五菓

卑伽至

後魏書曰卑伽至國治卑伽至城東接忸密國去代二萬三千七百二十八里土平少田殖取稻麥於隣國有五菓

伽不單

後魏書曰伽不單國治伽不單城在悉万斤西北去代一萬二千七百八十里土宜稻麥有五菓

伽倍

後魏書曰伽倍國故休密翖侯所治和墨城也在沙車西去代萬三千里民居山谷間

折薛莫孫

後魏書曰折薛莫孫國故雙靡翖侯所治雙靡城也在伽倍西去代一萬三千五百里居山谷間

鉗敦

後魏書曰鉗敦國古之貴霜翖侯所治護澡城也在折薛莫孫西去代一萬三千五百六十里居山谷之間

弗敵沙

後魏書曰弗敵沙國古肸頓翖侯所治薄芳城也在鉗敦西去代一萬三千六百里居山谷間

臨兒

魏略曰臨兒國浮屠經云其國王生浮屠太子也父曰屑頭耶母曰莫耶浮屠身服黄色髮青乳有青毛冬青始莫耶夢白象而孕及生從母右脅出墮地能行七步漢哀帝元壽元年博士景廬從月氏王使伊存口授浮屠經其所載與老子經相出入蓋以老子西出關教胡爲浮屠也

貲虜

魏略曰貲虜本匈奴之奴也匈奴名奴婢爲貲始建武時匈奴衰分其奴婢亡匿在金城武威酒泉北黑水東西牧逐水草抄盜涼州不與東部鮮卑同也其種非一有大胡丁零羌雜處並本亡奴婢也

盤越

魏書曰盤越國一名漢越王在天竺東南數千里與益部相近其人小大與中國人同

鹽長

山海經曰西海中有鹽長國其人鳥首亦名鳥民

奇愐

括地圖曰奇愐民善爲機巧設百禽爲車飛從風遠行湯時西風多奇愐車至於豫州湯破其車十年西風倒乃令復作車遣歸去玉門四萬里

石尖

玄中記曰玉門之西南羌之東有一國五六百户無他事役國中有山山上有祠廟國人每歲出石尖數千枚輸于廟中名霹靂尖以給霹靂所用從春雷出而尖日減至秋尖盡

扶伏

玄中記曰扶伏民者黄帝軒轅之臣曰茄豐有罪刑而放之扶伏而去後是爲扶伏民去玉門關二萬五千里

可蘭

沙州記曰大白蘭西北千二百里有可蘭虜風俗卑陋從關闢後口不知穀味目不識五色耳不聞六律五聲是四夷中不臧者土無所出直大養群畜而已戶落萬餘然其人頑弱不關戰忽見異人舉國便走

鵠國

神異經曰西海之中有鵠國男女皆長七寸爲人自然有禮好經論跪拜其人歲壽三百行如飛日行千里百物不敢犯之唯畏海鵠鵠遇吞之亦壽三百歲人在鵠腹中不死而鵠一舉千里

無不達

神異經曰西南大荒中有人焉長一丈腹圍九尺龜虵戴朱鳥左手憑青龍右手憑白虎知河海外斛識山石多少知鳥獸言語知百穀可食識草木鹹苦名曰聖一名哲一名仙一名通一名無不達凡人見拜者令人神知

無繼民

外國圖曰無繼民穴居食土無夫婦死則埋之心不朽百年復生去玉門四萬六千里

録民

外國圖曰録民穴居食土無夫婦死則埋之肺不朽百二十年復生去玉門萬一千里

無首民

外國圖曰無首民乃與帝爭神帝斬其首移之此野以乳爲目臍爲口去玉門三萬里

納民

外國圖曰納民陛居食土無夫婦死埋之其肝不朽八年復生去玉門五萬里

拘夷

釋道安西域志曰拘夷國北去城數百里山上有石駱駝溺水滴下以金銅鐵及木器手掌承之皆漏唯瓢執不漏服之令人身臭毛皮盡脫得止其國轉波羅門守視

波羅奈斯

釋道安西域志曰波羅奈斯國佛轉法輪調達入地獄土陷處皆在其國

鼠王

釋道安西域志曰于闐道中有鼠王國大者如狗小者如兎着金袈裟沙門過不禮白衣不禮輒害人

摩訶頼

釋道安西域志曰摩訶頼國又南得訶賴國有阿耨達山王舍城在耨達山東南角竹園精舍在城西佛六年苦行

貝多樹去城五十里

波麗越

釋道安西域志曰羅衛國東西四百里至波麗越國波麗越國即佛外祖國也

鷄城

釋道安西域志曰胡國共有鷄城共有人皆冠象鷄也

和訶條

支僧載外國事曰和訶條國在大海中地方二萬里大山名三漫屈有石井井中生千葉白蓮花數種井邊石上有四佛足迹每月六齋日弥勒菩薩常以諸天神禮佛迹畢便飛去國王長者常作金樹銀花銀樹金花以供奉佛

播黎日

支僧載外國事曰播黎日國者昔是小國耳今是外國之

大都流沙之外悉稱臣妾

舍衛

支僧載外國事曰舍衛國今無復王盡屬播黎日國王遣小兒注國人不奉佛法

維耶離

支僧載外國事曰維耶離國去舍衛五十由旬者晉言三十里維摩詰家在城內國人不復奉佛悉事水火餘外道也

迦維羅越

支僧載外國事曰迦維羅越國今無復王也國人亦屬播黎日國今尚精進昔太子生時有二龍一吐水一吐火一冷一暖今有二池尚一冷一煖

郁訶維

支僧載外國事曰郁訶維國土豐樂多民物在迦維越南相去三十里

確國

支僧載外國事曰迦葉佛生確國今無復此國故處在舍衛國西相去三十里

拘郁舍

支僧載外國事曰拘郁舍國牟尼佛所生也亦名拘郁舍在迦維羅越西相去復三十里

波羅奈國

支僧載外國事曰弥勒佛當生波羅奈國是屈陁羅經所說在迦羅越南

拘宋婆

支僧載外國事曰拘宋婆國今見過去佛四所住處四星迦葉佛住中教化四十年釋迦文佛住五年二佛不說

罽賓

支僧載外國事曰罽賓小國耳在舍衛之西國王民人悉奉佛土地寒羅漢道人及沙門到冬月日未中前飲少酒過中後不復飲酒食果國屬大秦

拘私郁竭

支僧載外國事曰佛在拘私郁竭國佛欲入涅槃時自然有寶床從地出有八萬四千國王爭將佛歸神妙天人曰佛應就此土郁竭王乃作金棺栴檀車送佛喪積薪不燒自然王將舍利歸宮八萬四千國興兵爭舍利婆羅門分之乃用金外量舍利得八斛四斗諸國各得少許還國各立浮屠

摩竭提

支僧載外國事曰摩竭提國在迦維羅越城之南相去三十里由旬有貝多樹佛在此樹下坐六年

卷終

太平御覽卷第七百九十八

四夷部十九

西戎七

吐蕃　大羊同　悉立　章求拔

且末　烏耗　西夜

吐蕃

唐書曰吐蕃在長安之西八千里本漢西羌之地其種落莫知所出或云南涼禿髪利鹿孤之後也利鹿孤有子曰樊尼及利鹿孤卒樊尼尚幼弟傉檀嗣位以樊尼爲安西將軍後魏神瑞元年傉檀爲西秦乞佛熾盤所滅樊尼招集餘衆以投沮渠蒙遜蒙遜以爲臨松太守及蒙遜滅樊尼乃率衆西奔濟黄河逾積石於羌中建國開地千里樊尼威惠夙著爲群羌所懷皆撫以恩信歸之如市遂改姓爲窣勃野以禿髪爲國号語訛謂之吐蕃其後子孫蕃昌又侵伐不息土宇漸廣歷周及隋猶隔諸羌未通於中國其國人号其王爲贊普置大論小論以統理國事無文字刻木結繩爲約雖有官不常厥職臨時統領徵兵用金箭寇至舉烽燧百里一亭用刑嚴峻小罪剜眼劓刖或皮韉鞭之但隨喜怒而無常科囚人於地牢深數丈二三年方出之宴異國賓客必驅犛牛令客自射牲以供饌與其臣下一年一小盟刑羊狗獮猴先折其足而殺之繼其腸而屠裂之令巫者告于天地山川日月星辰之神云若心遷變懷姦反覆神明鑒之同於羊狗三年一大盟夜於壇墠之中陳設肴饌殺人馬牛驢以爲牲呪曰尒等咸須同心勠力共保我家惟天地神祇共知尒志有負此盟使尒身體屠裂同於此牲其地氣候大寒不生秔稻有青稞麥登豆小麦蕎麦畜多犛牛猪犬羊馬又有天鼠狀如雀鼠其大如猫皮可爲裘又多金銀銅錫其人或隨畜牧而不常厥居然頗有城郭其國都城号爲邏些城屋皆平頭高者至數十尺貴人處於大氊帳名爲拂廬寢處汙穢絶不櫛沐接手飲酒以氊爲盤捻麨爲椀實以羹酪并而食之多事羱羝之神人信巫覡不知節候麦熟爲歲首圍碁六博吹蠡鳴鼓爲戲弓劒不離身重壯賤老母拜於子子倨於父出皆少者前老者後軍令嚴肅每戰前隊皆死後隊方進重兵死惡疾終累代戰没以爲甲門臨陣敗死者懸狐尾於其首表其似狐之怯稠人廣衆必以徇焉其俗恥之以爲次死拜必兩手據地作狗吠之聲以身再揖而止居父母喪截髪青黛塗面衣服皆黑既葬即吉其贊普死以人殉葬衣服珎翫及常所乘馬弓劒之類悉埋之

又曰貞觀八年其贊普弃宗弄讃始遣使朝貢弄讃弱冠嗣位性驍武多英略其隣國羊同及諸羌並賓伏之太宗遣行人馮德遐往撫慰之見德遐大悦聞突厥及吐谷渾皆尚公主乃遣使隨德遐入朝多賫金寶奉表求婚太宗未之許

又曰弄讃常率衆二十餘萬頓於松州西境遣使貢金帛云來迎公主太宗遣吏部尚書侯君集等擊破之弄讃大懼遣使謝罪因復請婚太宗許之弄讃乃遣其相禄東贊至禮獻金五千兩自餘寶玩數百事貞觀十五年太宗以文成公主妻之令禮部尚書江夏郡王道宗主婚持節送公主于吐蕃弄讃率其部兵次柏海親迎于河源見王人執子婿之禮甚恭既而歎大國服飾禮儀之美俯仰有愧沮之色及與公主歸國謂所親曰我祖父未有通婚上國者

令我得尚大唐公主爲幸實多當爲公主築一城以誇示後代遂築城邑立棟宇以居處焉公主惡其人赭面弄讃令國中權且罷之身亦釋氈裘襲紈綺漸慕華風仍遣酋豪子弟請入國學以習詩書又請中國識文之人典其表䟽

又曰太宗伐遼東還弄讃遣祿東贊來賀奉表曰聖天子平定四方日月所照之國並爲臣妾而高麗恃遠闕於臣禮天子自領百萬渡遼致討隳城陷陣指日凱還夷狄纔聞陛下發駕少進之間已聞歸國鴈飛迅越不及陛下速疾奴忝預子婿喜百常夷夫鵝猶鴈也故作金鵝奉獻其鵝黄金鑄成高七尺中可實酒三斛

又曰高宗嗣位授弄讃爲駙馬都尉封西海郡王賜物二千段弄讃因致書與司徒長孫無忌等云天子初即位若

臣下有不忠之心者當勒兵以赴國并獻金銀珠寶十五種高宗嘉之進封爲賓王賜雜綵三千段因請蚕種及造酒碾磑紙墨之匠並許焉

又曰高宗聞劉審禮等敗召侍臣問以綏禦之策中書舍人郭正一曰吐蕃作梗年歲已深命將興師相繼不絶空勞士馬虛費糧儲近討則徒損兵威深入則未窮巢穴臣望少發兵募且遣備邊明立烽候勿令侵抄使國用豐足人心叶同寬之數年可一舉而滅給事中劉齊賢皇甫文亮等皆言嚴守之便

又曰長壽元年武威軍揔管王孝傑大破吐蕃之衆克復龜玆于闐踈勒碎葉等四鎮乃於龜玆置安西都護府發兵以鎮守之

又曰聖曆三年蕃將贊婆率所部千餘人及其兄弟莽布支等來降則天遣羽林飛騎郊外迎之授贊婆輔國大將軍行右衛大將軍封歸德郡王優賜甚厚

又曰神龍元年贊普之祖母遣其大臣悉董熱來獻方物爲其孫請婚中宗以所養雍王守禮女爲金城公主許嫁與之自是頻歲貢獻景龍三年十一月又遣其大臣尚贊吐等來逆女中宗宴之于苑内毬場命駙馬都尉楊愼交與吐蕃使打毬中宗率侍臣以觀之四年正月下制曰聖人布化用百姓爲心王者垂仁以八荒無外故能光宅遐迩財成品物由是隆周理曆柔遠之圖強漢乘時建和親之義斯蓋御寓長策經邦茂範朕受命上靈克纂洪業庶幾前烈永致和平睠彼吐蕃僻在西服皇運之始早申朝貢太宗文武聖皇帝德侔覆載情深億兆思偃兵甲遂通姻好數十年間一方清淨自文成公主化往其國因多

變革我之邊隅亟興師旅彼之蕃落頗聞凋弊頃者贊普及祖母可敦酋長等屢披誠欵積有歲時思託舊親請崇親好金城公主朕之少女豈不鍾念但爲人父母志恤黎元若允乃誠祈更敦和好則邊土寧晏兵役休息遂割深慈爲國大計築玆外館聿膺嘉禮降彼吐蕃贊普即以今月進發朕親自送于郊外命大將軍楊矩使焉其月帝幸始平縣以送公主設帳殿於百頃泊側引王公宰臣賦詩餞別改始平縣爲金城縣改其地爲鳳池鄉

又曰開元二年秋吐蕃大將坌達延乞力徐等率衆十餘萬寇臨洮軍又進寇蘭渭等州掠監牧羊馬而去玄宗令攝左羽林將軍薛訥及太僕少卿王晙率兵邀擊之仍下詔將大舉親征召募將士克期進發俄而晙等與賊相遇于渭源之武階驛前軍王海濱力戰死之晙等乘之而進

大破吐蕃之衆殺數萬人盡收得所掠羊馬則賊餘黨奔北相枕藉而死洮水爲之不流上遂停親征命紫微舍人倪若水往按軍實仍弔祭王海賓而還

又曰開元十七年玄宗遣皇甫惟明等使土蕃惟明等既見贊普及公主具宣上意贊普等欣然請和盡出貞觀已來前後勑書以示惟明等令其重臣名悉獵隨惟明入朝上表曰外甥是先皇帝宿親又蒙降金城公主遂和同爲一家天下百姓普皆安樂中間爲張玄表李知古等東西兩處先動兵馬侵抄吐蕃邊將所以互相征討迄至今日遂成釁隙外甥以先代文成公主今金城公主之故深識尊卑豈敢失禮又緣年小枉被邊將讒構鬭亂令舅致怪伏乞垂察追留死將万足承前數度使人入朝皆被邊將不許所以不敢自奏去冬公主遣使人婁衆失若將狀專

往蒙降使看公主來外甥不勝喜荷謹遣論名悉獵及副使押衙將軍浪些紇夜悉獵入朝奏取進止兩國事意悉獵所具外甥蕃中已處分邊將不許抄掠若有漢人來投便令却送伏望皇帝舅遠察赤心許從舊好長令百姓快樂如蒙聖恩千年万歲外甥終不敢先違盟誓謹奉進金胡瓶一金盤一椀一馬腦盃一零羊衫段一謹充微國之禮金城公主又別進金鴨盤盞雜器物等十八年十月名悉獵等至京師上御宣政殿列羽林仗以見之悉獵頗曉書記先曾迎金城公主至長安當時朝廷皆稱其材辯及是上引入內宴與語甚禮之賜紫袍金帶及魚袋并時服繒綵銀盤胡瓶等仍於別館供擬甚厚悉獵受袍帶器物而却進魚袋辭曰本國無此章服不敢當殊異之賞上嘉而許之詔御史大夫崔琳充使報聘仍於赤嶺各竪分界之碑約以更不相侵時吐蕃使奏云公主請毛詩禮記左傳文選各一部制令秘書省寫與之正字于休烈上疏諫曰臣聞戎狄國之寇也經籍國之典也戎之生心不可以無備典有恒制不可以假人傳曰商不謀夏夷不亂華所以革其非心在乎有備無患昔者東平王入朝求史記諸子漢帝不與蓋以史記多兵謀諸子雜詭術夫以東平漢之懿戚尚不欲示征戰之書今西戎國之寇讎豈可貽經典之事且臣聞吐蕃之性慓悍果決敏情持銳善學不迴若達於書必能知戰深於詩則知武夫有師干之試深於禮則知月令有廢興之兵深於傳則知用師多詭詐之智深於史則知往來有書檄之制何異備寇兵而資盜糧也臣聞魯秉周禮齊不加兵吴獲乘車楚屢奔命一以守典存國一以喪法危邦可取鑒也且公主出嫁從人遠適異國

合慕夷禮返求良書愚臣料之恐非公主本意也慮有奔北之類勸教於中若陛下慮失蕃情以備國信必不得已請去春秋當周德既衰諸侯强盛禮樂自出戰伐交興情僞於是乎生變詐於是乎起則以臣召君之事取威定霸之名若與此書國之患也傳曰于奚請曲縣繁纓仲尼云惜也不如多與之邑惟名與器不可假人狄固貪婪貴貨易土正可錫之錦綺厚以玉帛何必率從其求以資其智臣忝叨列位職刋秘籍實痛經典弃在戎夷昧死上聞惟陛下深察

又曰開元二十二年遣將軍李佺於赤嶺與吐蕃分界立碑二十四年正月吐蕃遣使貢方物金銀器玩數百事皆形制奇異上令列於提象門外以示百寮

又曰開元二十八年春章求兼瓊密與安戎城中吐蕃翟

都局及維州別駕董承宴等通謀都局等遂翻城歸款因引官軍入城盡殺吐蕃將士使監察御史許遠率兵鎮守上聞之甚悦中書令李林甫等上表曰伏以吐蕃此城正當衝要憑險自固恃以窺邊積年已來蟻聚為患縱有百萬之衆難以施功陛下親紆祕策不興師旅須令中使李思敬曉諭羌族莫不懷恩翻然改圖自相謀陷神筭運於不測聖略通於未然累載逋誅一朝蕩滅又臣等今日奏事陛下從容謂臣等曰卿等但看四夷不久當漸淪喪德音纔降凜聞戎捷則知聖與天合應如響至前古已來所未有也請宣示百寮編諸史策手制答曰此城儀鳳年中羌引吐蕃遂被固守歲月既久攻伐亦多其地險隘非力所制朝廷羣議不勸取之朕以小蕃無知事須處置授以奇計所以行之獲彼戎心歸我城守有足為慰也

大羊同

通典曰大羊同東接吐蕃西接小羊同北直于闐東西千餘里勝兵八九萬其人辮髮氈裘畜牧為業地多風雪冰厚丈餘所出物產頗同吐蕃俗無文字但刻木結繩而已刑法嚴峻其酋豪死抉（於穴切）去其腦實以珠玉剖其五臟易以黃金假造金鼻銀齒以人為殉卜以吉辰藏諸岩穴他人莫知其所多殺牸牛羊馬以充祭祀葬畢服除其王姓姜葛有四大臣分掌國事自古未通

悉立

通典曰悉立在吐蕃西南戶五萬餘有城邑村落依溪澗丈夫以繒綵纏頭衣氈褐婦人辮髮著短裙以蒸報為俗畜多水牛羖羊雞豕穀宜秔稻麥豆饒甘蔗諸菓死葬於中野不為封樹喪制以黑為衣一年就吉刑有刖劓羈事吐蕃

章求拔

通典曰章求拔或云章揭拔本西羌種也在悉立西南居四山之內近代移出山西接東天竺遂改衣服變西羌之俗其地延袤八九百里勝兵二千餘人居無城郭好為寇掠商旅患之聞悉立入朝亦遣使朝貢

且末（上子余切）

漢書曰且末國王治且末城去長安六千八百二十里有蒲桃諸果西通精絕二千里

北史曰且末西北有流沙數百里夏日有熱風為行旅之患風之所至唯老駝預知之即嗔而聚立埋其口鼻於沙中人每以為候亦即將氈擁蔽鼻口其風迅駛斯須過盡若不防者必至危斃後魏大統八年其兄鄯善米率衆內附

烏秅（上一加切　下直加切）

漢書曰烏秅王治烏秅城去長安九千九百五十里田石間有白草累石為室民接手飲（師古曰自高山下谿澗中飲水接連其手也）出小步馬（師古曰小御步也所謂百步千蹄也）

西夜

漢書曰西夜國王號子合王治呼犍谷（犍音巨言切）去長安萬二百五十里與胡異其種類羌氐行國（師古曰言不著土地）隨畜逐水草往來而地出玉石

後漢書曰西夜國去洛陽萬四千四百里地生白草青毒國人煎以為藥傅箭鏃所中輒死

太平御覽卷第七百九十八

北狄一

總叙北狄上

說文曰狄犬種字從犬狄之言淫僻也

白虎通曰狄者易也言僻易無別

風俗通曰胡者讙按漢書山戎之別種也狛者略也云無禮法又胡者互也其被髮左衽言語贄幣事殊互也

晉中興書曰胡者北狄之總名也

詩曰采薇遣戍役也文王之時西有昆夷之患北有玁狁之難以天子之命命將帥遣戍役以守衛中國故歌采薇以遣之出車以勞還杕杜以勤歸也采薇采薇薇亦作止薇菜作生也西伯將遣戍役先與之期以采薇之時今薇生矣可以行矣重言采薇丁寧行期也曰歸曰歸歲亦暮止又丁寧歸期定其心也靡室靡家玁狁之故不遑啓居玁狁之故玁狁北狄也古者師出不踰時今薇生而行歲晚乃歸使汲無室家夫婦之道不暇跪居者有玁狁之難也

又曰我戎未定靡使歸聘聘問也定止也我方守於北狄未得止息無所使歸問言所以憂

又曰戎車歸駕四牡業業豈敢定居一月三捷一月之中三有勝功謂侵也伐也戰也

又曰豈不日戒玁狁孔棘戒警勑軍事也孔甚棘急也言君子小人豈不日相警戒乎玁狁之難甚急豫述其苦以勸之

又曰王命南仲往城于方出車彭彭旂旐央央王殷王也南仲文王之屬方朔方近玁狁之國也彭彭駟馬貌王使南仲爲將率往築城於朔方爲軍壘以禦北狄之難天子命我城彼朔方赫赫南仲玁狁于襄襄除也

又曰昔我往矣黍稷方華今我來思雨雪載塗王事多難不遑啓居塗凍釋也黍稷方華朔方之地六月時也以此出征至春凍始釋而來反

又曰執訊獲醜薄言還歸訊言醜衆也執其可言問所獲之衆以歸者當獻之赫赫南仲玁狁于夷夷平也

又曰六月宣王北伐也六月言周室微而復興美宣王之北伐也六月棲棲戎車既飭四牡騤騤載是常服棲棲簡閱貌飭正也日月爲常服戎服也記六月者盛夏出兵明其急也玁狁孔熾我是用急熾盛也此序吉甫之意也北狄來侵甚熾故王以急遣我

又曰玁狁匪茹整居焦穫侵鎬及方至于涇陽焦穫周地名也接于玁狁者也匪非也茹度也鎬與方皆北方地名言玁狁之來侵非其所當度爲也乃自整齊而處周之焦穫來侵至涇水之北言其太恣也

又曰薄伐玁狁至于太原言逐出之而已

又曰文武吉甫萬邦爲憲吉甫尹吉甫也有文有武憲法也吉甫此時大將也吉甫燕喜既多受祉吉甫尹吉甫也有文祉福也吉甫既伐玁狁而歸天子以燕禮樂之則歡喜矣又多受賞賜也

又曰顯允方叔征伐玁狁方叔先與吉甫征伐玁狁

又曰車攻宣王復古也宣王能內脩政事外攘夷狄復文武之境土

又曰漸漸之石下國刺幽王也戎狄叛之山石漸漸然高峻不可登而上喻戎狄衆強而無禮義不可得而復也

又曰何草不黃下國刺幽王也四夷交侵中國背叛用兵不息視民如禽獸用兵不息自歲始至晚歲何草不黃

禮曰北方曰狄衣羽毛穴居有不粒食者

周禮曰職方氏掌天下之圖以掌天下之地辨其邦國都鄙四夷八蠻七閩九貉五戎六狄之人民與其財用九穀六畜之數要周知其利害北方曰貉狄四八七九五六周之所服國數也利金錫竹箭之屬害神姦鑄鼎所象百物也。又曰司隷掌五隷之法辨其物而掌其政令五隸謂罪隸四狄之屬也物衣服兵器之屬夷隷掌養牛馬與鳥言鄭司農云東夷狄之人或曉鳥獸之言故春秋傳曰介葛盧聞牛鳴曰是生二犧皆用矣是以夷隸職掌與獸言

傳曰北戎侵鄭鄭伯禦之公子突曰戎輕而不整貪而無

親勝不相讓敗不相救

又曰晉里克帥師梁由靡御以敗狄于采桑（平陽北屈縣西南有采桑津）梁由靡曰狄無恥從之必大克（不恥走也）里克曰懼之而已無速衆狄

又曰晉侯敗狄于箕郤缺獲白狄子（白狄狄之別種也故西河郡有白部胡）

又曰鄋瞞侵齊（鄋瞞狄國名）遂伐魯魯使叔孫得臣敗狄于鹹獲長狄僑如富父終甥摏其喉以戈殺之埋其首於子駒之門

又曰赤狄侵齊又侵晉取向陰之禾晉滅赤狄潞氏以潞子嬰兒歸（潞赤狄之別種氏）

又曰成下潞子嬰兒之夫人晉景公之姊也酆舒為政而殺之又傷潞子之目晉侯將伐之諸大夫皆曰不可酆舒有三儁才伯宗曰狄有五罪不祀一也耆酒二也弃仲章而奪黎氏地三也虐我伯姬四也傷其君目五也天反時為災地反物為妖民反德為亂亂則妖災生故文反正為乏盡在狄矣晉侯從之晉荀林父敗赤狄于曲梁晉侯賞桓子狄臣千室

又曰無終子嘉父使孟樂如晉（無終山戎國名孟樂其使臣）因魏莊子納虎豹之皮以請和諸戎晉侯曰戎狄無親而貪不如伐之魏絳曰勞師於戎諸華必叛戎禽獸也獲戎失華無乃不可乎公曰然則莫如和戎乎對曰和戎有五利焉戎狄荐居貴貨易土可賈焉一也邊鄙不聳民狎其野穡人成功二也戎狄事晉四隣振動諸侯威懷三也以德綏戎師徒不勤甲兵不頓四也鑒于后羿而用德度遠至邇安五也

又曰鄭人賂晉侯歌鍾二肆（肆列也懸鍾十六為一肆）及其鎛磬女樂二八晉侯以樂之半賜魏絳曰子教寡人和諸戎狄以正諸華八年之中九合諸侯如樂之和無所不諧請與子樂之辭曰夫和戎狄國之福也臣何力之有焉公曰微子無以待戎夫賞國之典也子其受之魏絳於是乎始有金石之樂禮也

又曰魯襄公十八年白狄始來（白狄狄之別名未嘗與魯接故曰始來也）

又曰晉荀吳帥師敗狄于大鹵（大鹵太原晉陽縣也）

又曰晉中行穆子敗無終及群狄于太原（即大鹵也無終山戎也）將戰魏舒曰彼徒我車所遇又阨（地險不便車）以什共車必克（更增十人以當一車之用）乃毀車以為行（毀車為步陣）為五陣以相離兩於前伍於後專為右角參為左角偏為前拒（皆臨時處能用善謀）以誘之狄人笑之（笑其失常）未陣而薄之大敗之（傳言荀吳能用善謀）

又曰晉梁丙率陰戎伐潁（潁周邑）周王使詹桓伯辭於晉曰我在伯父猶衣服之有冠冕木水之有本原民人之有謀主也（民人謀主宗族之師長）伯父若裂冠毀冕拔本塞源專弃謀主雖戎狄其何有余一人（伯父猶然則雖戎狄無所可責）

又曰晉荀吳偽會齊師者假道于鮮虞遂入晉陽（鮮虞白狄別種）（晉陽肥國）滅肥以肥子緜皋歸（肥白狄也緜皋其君名鉅鹿下曲陽西南有肥累城）

又曰晉荀吳帥師伐鮮虞圍鼓三日鼓人告食竭力盡而後取之克鼓而反不戮一人以鼓子䳒鞮歸（䳒鞮鼓君名也）

又曰晉荀躒如周葬穆后籍談為介王求彝器籍談曰晉居深山戎狄之與隣而遠於王室王靈不及拜戎不暇其何以獻器王曰叔父唐叔成王之母弟也密須之鼓與其大路文所以蒐也（密須姞姓國也文王伐之得其路鼓以蒐）闕鞏之甲武所以克商也（闕鞏國所出鎧）唐叔受之處參虛撫有戎狄（參實沈之次晉之分野）

又曰晉侯訓兵於稷以略狄土

穀梁傳曰中國夷狄曰大鹵
爾雅曰北至于祝栗（左極遠之國）
又曰觚竹北户西王毋曰下謂之四荒（觚竹在北地户在南西王毋在西日下在東西方昏荒之國）
又曰九夷八狄七戎六蠻謂之四海（八狄在北）
又曰北戴斗極爲空桐（戴值也）空桐之人武（地氣使之然也）
論語曰管仲相桓公霸諸侯一匡天下民到于今受其賜
微管仲吾其被髮左衽矣（無管仲則君不君臣不臣皆爲夷狄）
又曰子曰夷狄之有君不如諸夏之亡也
國語曰鄭人伐滑王使游孫伯請滑鄭人執之王怒將以
狄伐鄭（狄隗姓之國也）富辰諫曰不可夫狄無列於王室（列位次也）鄭
狼之德也王不忍小忿而弃鄭又登叔隗以階狄（階猶禍也）狄
封豕豺狼不可厭也（厭足也）王弗聽十八年王黜狄后

（於王子帶故也）狄人來誅殺譚伯（狄人奉子帶攻王而殺譚伯）初惠后欲
立王子帶故以其黨啓狄人狄人遂入周王乃出居于鄭
又曰晉侯使隨會聘于周王饗之餚烝原公相禮范子私
於原公曰吾聞王室之禮無毀折今此何禮也原公（以告于王）
王召士季（范子字也）曰親戚宴饗則有餚烝（烝外也外折俎之餚也）唯戎
狄則有體薦夫戎狄冒沒輕儳貪而不讓（冒抵觸也没入也儳進退無列）
其血氣不治若禽獸焉其適來班貢不俟馨香嘉味（適往也班
賦也）故坐諸門外而使舌人體委與之（舌人能達異方之志象胥之官）女今
我王室之一二兄弟以時相見於是乎有折俎加豆（加豆謂飫
食之餕所加之豆也其實芹菹兔醢之屬）以示容合好胡有効戎狄也
又曰驪姬曰以臯落狄之朝夕苛我邊鄙（臯落東山狄苛擾也）君盍
使申生伐狄若不勝狄　雖濟其罪可也且夫勝狄諸
侯驚懼吾邊鄙不警公說使申生伐東山至稷桑（稷桑臯落狄地）
狄人出逆申生欲戰狐突諫曰不可果戰敗狄於稷桑
又曰公令閽楚刺重耳重耳逃於狄（狄北狄隗姓）
又曰襄王避　叔帶之難居于鄭地汜子犯曰君盍納王
公　乃行賂于草中之戎驪土之狄以啓東道（二邑戎狄在晉之東也）
尚書大傳曰狄人將攻大王亶父亶父召耆老而問曰狄
人何欲耆老對曰欲得菽粟財貨太王曰與之每與而狄
人之至不止太王問耆老曰狄人又何欲耆老曰又欲土
地太王曰與之耆老曰君不爲社稷乎太王曰社稷所以
爲民也不可以所爲　亡民也耆老曰君縱不爲社稷不
爲宗廟乎太王曰宗廟者私也不可以吾私害民也遂杖
策而去過梁山止乎岐山周氏之民　奔而從之者三千
乘。詩含神霧曰四方蠻貊制作器物多與中國反書則
横行食則合和伏則交脚鼓則細腰知此類甚衆中國之
所效者貂蟬胡床胡飯

春秋考異記曰北狄之氣主生幽都

太平御覽卷第七百九十九

太平御覽卷第八百　四夷部二十一

北狄二

揔叙北狄下

史記曰唐虞以上有山戎獫狁葷粥（晉灼曰堯時葷粥周曰獫狁秦曰匈奴）

又曰武王伐紂而營雒邑復居於豐鎬放逐戎狄涇洛之北時入貢命曰荒服

又曰趙武靈王北破林胡樓煩築長城自代傍陰山下至高闕（在朔方）為塞而置雲中鴈門代郡

漢書曰山戎伐燕告急于齊桓公北伐山戎山戎走

又曰晉文公攘戎翟居于西河圁洛之間（圁音銀）號曰赤翟白翟（師古曰春秋所書晉師滅赤狄潞氏郤鼓獲白狄）

又曰晉北有林胡樓煩之戎燕北有東胡山戎（服虔曰烏桓之先也後為鮮卑）

又曰晉悼公使魏絳和戎翟戎翟朝晉後百餘年趙襄子踰句注而破之并代以臨胡貉（貉音莫伯反）後與韓魏共滅智伯分晉地而有之則趙有代句注以北而魏有西河上郡以與戎界邊

又曰秦滅六國而始皇帝使蒙恬將數十萬衆北擊胡悉收河南地因河為塞築四十四縣城臨河徙適戍以充之（有罪謫令戍之徙謫者令居之）而通直道自九原至雲陽因邊山險塹谿谷可繕者繕之（繕補也）起臨洮至遼東萬餘里又渡河據陽山北假中（北假地名）當是時東胡強而月氏盛

又曰昴曰旄頭胡星也昴畢間為天街胡貉月支旃裘引弓之民昴之主

又曰揚雄上書北地之狄五帝所不能臣三王所不能制

又曰前世豈樂傾無量之費役無罪之人快心於狼望之北哉（匈奴中地名）以為不一勞者不久佚不暫費者不永寧是以忍百萬之師以摧餓虎之喙運府庫之財填盧山之壑而不悔也（盧山匈奴中山也）

又曰狄不服中國未得高枕安寢也

又曰外國天性忿鷙（鷙很也音竹二反）形容魁健負力怙氣難化以善易隸以惡（隸謂附屬之惡謂威也）其強難詘其和難得故未服

又曰狄眞中國之堅敵也

又曰王莽征匈奴嚴尤諫曰周秦漢征之皆未得上策者也周得中策漢得下策秦無策焉周宣王時獫狁内侵至于涇陽命將征之盡境而還其視戎狄之侵境而譬猶蚊蝱之螫歐之而已故天下稱明是為中策漢武帝選將練兵約齎輕糧深入遠戍（約少也齎裝也）雖有克獲之功胡輒報之

兵連禍結三十餘年中國疲耗匈奴亦創艾（創音初向反艾讀曰乂）而天下稱武是為下策秦始皇不忍小恥而輕民力築長城之固延袤萬里（袤長也音茂）轉輸之行起於負海疆境既完中國内竭以喪社稷是為無策今天下比年飢饉發三十萬衆具三百日糧兵先至者聚居暴露勢不可用一難也邊既空虛内調郡國不相及屬此二難也計一人三百日食用糒十八斛非牛力不能勝胡也沙鹵多乏水草軍出未滿百日牛必物故此三難也胡地秋冬甚寒春夏甚風食糒飲水師有疾疫此四難也輜重自隨則輕銳者少幸而逢虜危殆不測此五難也莽不聽

又曰夷狄之為患也故自漢興忠言嘉謀之臣曷嘗不運籌策相與爭於廟堂之上乎高祖時則劉敬呂后時樊噲季布孝文時賈誼朝錯孝武時有王恢韓安國朱買臣公

孫引董仲舒人持所見各有異同然總其要歸兩科而已搢紳之儒則守和親介冑之士則言征伐皆偏見一時之利害也

又曰文帝徙六郡良家材力之士（六郡謂隴西天水安定北地上郡西河也其曰定天水西河武帝所置耳史本其土地而追言之也）聚天下精兵軍於廣武顧問馮唐與論將帥喟然歎息思古名臣此和親無益之明効也

又曰董仲舒以匈奴可悅以厚利結之於天耳故與之厚利以沒其意與盟於天以堅其約質其愛子以累其心使邊城守境之民父兄緩帶稚子咽哺胡馬不窺於長城而羽檄不行於中國不亦便於天下乎

又曰孝武時雖征伐克獲而士馬物故亦略相當雖開河南之野建朔方之郡亦弃造陽之北九百餘里匈奴人民每來降漢單于亦輒拘留漢使以相報復其桀驁尚如斯

又曰孝宣之世單于臣服三世稱藩賓於漢庭是時邊城晏閉牛馬布野

又曰王莽篡位始開邊隙單于由是歸怨自絶莽斬其侍子邊境之禍搆矣

又曰蕭望之曰戎狄荒服言其來服荒忽無常時至時去宜待以客禮

又曰夷狄之人飲食不同言語不通僻居北垂寒露之野逐草隨畜射獵爲生隔以山谷雍以沙幕天地所以絶外内也

又曰晁錯上書曰戰勝之威民氣百倍敗兵之卒没世不復自高后以來隴西三困於匈奴矣民氣破傷亡有勝意

又曰以蠻夷攻蠻夷中國之形也今匈奴地形技藝與中國異上下山阪出入溪澗中國之馬弗與也（與如）險道傾仄且馳且射中國之騎弗與也風雨罷勞飢渴不困中國之人不與也此匈奴之長技也

又曰材官騶發矢道同的（騶謂矢之善者也春秋作菆字發矢次射故中則同的）則匈奴之革笥木薦弗能支也（革笥以皮作如鎧者被之木薦以木板作如楯）

又曰胡貉之地積陰之處也木皮三寸冰厚六尺食肉而飲酪其人密理鳥獸毳毛（密理謂其肥肉毳細毛也）其性耐寒

又曰胡人衣食之業不著於地（著直略反）其勢易以擾亂邊境何以明之胡人如飛鳥走獸廣壄美草甘水則止草盡水竭則移以是觀之往來轉徙時至時去此胡人之生業而中國之所以不可離南畝

又曰匈奴欲立威者始於折膠（秋氣至膠可折弓弩可用匈奴常以爲候而出兵）

後漢書曰耿秉上言曰今北虜分爭以夷伐夷國家之利

又曰間匈奴傳論曰并兵窮討擒其窟穴躡北追奔三千餘里破龍祠焚罽幕銘功封石倡呼而旋

又曰王莽時盧芳詐稱武帝之後奔匈奴十二年芳與賈覽共攻雲中久不下其將隨昱得芳之衆昱詣闕拜昱爲五原太守封鐫胡侯（鐫謂鑿之也）

晉書曰前漢末匈奴大亂五單于爭立而呼韓邪單于失其國携率部落入臣於漢嘉其意割并州北界以安之於是匈奴五千餘落入居朔方諸郡與漢人雜處後漢末群臣競言胡入猥多宜先爲其所建安中魏武帝始分其中衆爲五部部立其中貴者爲師復改帥爲都尉其左部都尉所統可萬餘落居於太原右部都尉可六千餘落居於祁縣南部都尉可三千餘落居於蒲子縣北部都尉可四千餘落居興縣中部都尉可六千餘落居太陵縣

又曰晉武帝踐祚後匈奴二萬餘落歸化帝復納之使居

河西故宜陽城下後復與晉人雜居由是平陽西河新興上黨樂平靡不有焉

又侍御史郭欽上䟽曰戎狄強獷歷古爲患魏初置西北諸郡皆爲戎居今雖服從若百年之後有風塵之警胡騎自平陽上黨不三日而至孟津北地西河太原馮翊安定上郡盡爲狄庭矣宜及平吳之威謀臣猛將之略出北地西河安定復上郡實馮翊於平陽以北諸縣募取死罪徙三河三魏四萬家以充之裔不亂華漸徙平陽弘農魏郡京兆上黨雜胡峻四夷出入之防明先王荒服之制萬世之長䇿也

又曰太康七年有萎莎胡率部落來降

又曰北狄以部落爲類其入居塞者有鮮支種有烏譚種有赤勒種有捍蛭種有萎莎種有赤莎種有鬱鞞種有萎

童種有大樓種不相雜錯

又曰其國號左賢王右賢王左奔蠡王右奔蠡王左於六王右於六王左漸尚王右漸尚王左朔方王右朔方王左獨鹿王右獨鹿王左顯鹿王右顯鹿王左安樂王右安樂王凡十六等皆用單于親子弟

賈誼新書曰臣聞強國戰智王者戰義帝者戰德故湯祝網而漢陰受舞三苗而南蠻服今漢帝國也宜以厚德懷四夷孰敢不承帝意陛下爲臣建三表設五餌以此與單于爭則下匈奴猶振槁也臣且以事勢諭天子之言使匈奴大衆信陛下也若日出之灼灼故聞君一言雖有微遠其志不疑仇讎之人其心不殆若此則信諭矣一表也臣又且以事勢諭陛下之愛令匈奴之自視也苟胡面而戎狀者其自以爲見愛於天子也猶弱子之於慈母也若此則受諭矣一表也臣又且以事勢諭陛下之好令胡人之自視也苟其技之所長與其所工可以當天子之意若此則好諭矣一表也愛人之狀好人之役愛有實以諾可期十死一生彼必將至此謂三表匈奴好之來者家長以上必衣繡家少者乃衣文錦爲銀車五乘大雕畫之駕四馬載緑蓋從數騎御驂乘且雖單于之出入也不輕都此矣令匈奴降者時時得此而賜之一國聞之見之者希心而相告人人冀幸以爲吾至可以得此將以懷其目一餌也匈奴之使至者若大降者也大衆之聚也上必有所召賜食焉飯物盛美胾炙醯醢方數尺於前令一人坐此胡人欲觀者固百數在旁得賜者之喜也且笑且飯味皆所嗜而所未當得也令來者時時得此而饗之一國聞之者見之者垂涎而相告人人自以吾至亦將得此將此懷其口一

餌也降者若使者至也必使人有所召客焉胡人之欲觀者勿禁令婦傅白黑繡衣而侍其堂者二三十人或薄或掩爲其胡戲使樂府吹簫鼓鞀令使降者時得此而樂一國聞之者見之者人人唯恐其後至也以此懷其耳一餌也凡降者陛下必有所富令有高堂邃宇善廚大囷廐有編馬庫有陣車時時大具召胡客饗胡令其居處樂皆過其處出其單于或時時賜此匈奴一國傾心而冀人人汲汲其時將以此懷其腹一餌也於來降者上必時時有所召幸拊循而後得入官於胡嬰兒貴人子好可愛有數十人爲繡衣出則從出入則從入則更侍胡嬰兒得近侍胡貴人得佐酒上前使付酒錢出繡衣具帶服時以賜之令數人得此而居之一國聞者見者人人唯恐後至也以此懷其心一餌也

晉中興書曰北狄其地南接燕趙北沙漠東漸九夷西界六戎世世自相君臣不禀中國正朔

西域記曰諸胡俗婚姻相然許者先送同心指環○崔豹古今注曰秦所築長城土色如紫漢塞亦然故稱紫塞焉

李陵報蘇武書曰終日無覩但見異類韋韝毳幕以禦風雨

又曰出禮義之鄉入無知之俗

又曰胡笳互動牧馬悲鳴吟嘯成群邊聲四起

班固燕然山銘曰鑠王師兮征荒裔勦匈奴兮截海外封神丘兮建隆碣熙帝載兮振萬世

古詩曰胡馬依北風越鳥巢南枝

古胡無人行曰望胡地何嶮巇斷胡頭脯胡臆

陸機樂府詩曰駈馬陟陰山山高馬不前借問燕山侯勁虜在燕然

古詩曰出自薊北門遥望胡地桑

陳琳樂府詩曰飲馬長城窟水寒傷馬骨

蔡琰詩曰邊亭與華異胡風春夕起

太平御覽卷第八百

太平御覽卷第八百一　四夷部二十二

北狄三

託跋氏　稽胡　慕容氏

宇文莫槐　高車　烏洛侯

庫莫奚　軻比能

託跋氏

宋書曰託跋氏其先漢將李陵之後也陵降匈奴單于妻之以女字託跋其後因氏焉世豪強分建種落也

又曰索頭虜姓託跋氏匈奴有數百千種各立名號索頭亦其一也晉初索頭種有部落數萬家在雲中惠帝末并州刺史司馬騰於晉陽爲匈奴所圍索頭虜單于猗駞遣軍助騰懷帝永嘉三年駞弟盧率部落自雲中入鴈門就并州刺史劉琨求樓煩等五縣琨不能制且欲倚盧爲援乃上言盧兄駞有救騰之功宜請移五縣民於新興以其地處之愍帝進盧爲代王盧孫十翼犍據陰山衆數十萬犍死子開字涉圭（即後魏道武皇帝）

又曰虜俗以四月祠火六月末率大衆至陰山謂之却霜陰山去平城六百里深遠饒樹木霜雪未嘗釋蓋欲以暖氣禦寒也

後魏書曰黃帝子昌意少子受封北土國有大鮮卑山因以爲號其後世爲君長統幽都之北黄帝以土德王北俗謂土爲托謂后爲跋故以爲氏其裔始均仕堯世逐女魃於弱水北民賴其勲帝舜嘉之命爲田祖歷三代至秦漢獯鬻獫狁山戎匈奴之屬累代殘暴作害中州而始均之裔不交南夏是以載籍無聞焉積六七十世裔孫（即成皇帝諱毛也）毛統國三十六大姓九十九威振北方莫不率服至力微立（即神元皇帝也）諸部大人悉服控弦之士二十餘萬遷於定襄之盛樂也

又曰祿官立（始祖子也）分國爲三部一居上谷北濡源之西東接宇文部自統之一居代郡之參合陂北兄子猗㐌統之一居定襄之盛樂故城使猗㐌弟猗盧統之

稽胡

後周書曰稽胡一百步部稽蓋匈奴別種劉元海五部之苗裔也或云山戎赤狄之後離石以西安定以東方七八百里居山谷間種落繁熾其俗婦人多貫蜃貝以爲耳頸飾孝昌中有劉蠡升者居雲陽谷分遣部衆抄掠居汾晉之間略無寧歲神武遷鄴後始密圖之僞許以女妻蠡升之子蠡升信之遂遣其子詣鄴齊神武厚爲之禮緩以婚期蠡升既恃和親不爲之備大統元年三月齊神武潜師襲之

又曰保定中離石生胡數寇汾北勳州刺史韋孝寬於險要築城以遏其路

又曰建德五年高祖敗齊師於晉州乘勝逐北齊人所弃甲仗稽胡乘間竊出盜而有之

慕容氏

晉書載記曰慕容氏其先有熊氏之苗裔世居北夷邑于紫蒙之野號曰東胡其後與匈奴並盛控弦之士二十餘萬風俗官號與匈奴略同秦漢之際爲匈奴所敗分保鮮卑山因以爲號（通典慕容氏亦東胡之後別部鮮卑也魏初渠帥有莫護跋率諸部入居遼西後從司馬宣王討公孫淵有功拜率義王至孫涉歸魏封爲鮮卑單于涉歸有二子長曰吐谷渾西遷河漢之間次曰廆有命代才略晉太康十年又遷于徒河之青山也）

又曰慕容廆字弈洛瓌昌黎棘城鮮卑人也曾祖莫護跋

初率諸部大人入居遼西從宣帝伐公孫氏有功拜率義
王始建國於棘城之北時燕代多（冠步搖冠）莫護跋見而好之
乃斂髮襲冠諸部因呼之爲步搖其後音訛遂爲慕容焉
或云慕二儀之德繼三光之容遂以慕容爲氏祖木延左
賢王父涉歸以全柳城之功進拜鮮卑單于遷於遼東北
於是漸慕諸夏之風矣
又曰安北將軍張華有知人之鑒慕容廆童冠時往謁之
華謂曰君至長必爲命世之器因以所服簪幘遺廆
又曰慕容廆謀於衆曰吾先公以來世奉中國且華裔理
殊強弱固別豈宜與晉國競乎何爲不和以害吾百姓耶
乃遣使來降帝嘉之拜爲鮮卑都督廆致敬於東夷府巾
衣詣門抗士大夫之禮何龕嚴兵引見廆乃改服戎衣而
入人問其故廆曰主人不以禮賓復何爲哉龕聞而慙之

廆以大棘城即帝顓頊之墟元康四年乃移居之教以農
桑法制同於上國永嘉初廆自稱鮮卑大單于建武初
元帝承制拜廆假節散騎常侍都督遼左雜夷流人諸軍
事龍驤將軍大單于昌黎公廆刑政修明流亡者多歸之
廆乃立郡以統流人冀州人爲冀陽郡豫州人爲成周郡
青州人爲營丘郡并州人爲唐國郡廆卒皝（嗣立皝雄毅多）權略
日強盛遂自稱燕王後遷都於柳城雋暐即其子孫

宇文莫槐

後漢書曰宇文莫槐出於遼東塞外其先南單于之遠屬
莫槐之人皆剪髮而留其頂上以爲飾婦人被長襦及足
而無裳焉秋收烏頭爲毒藥以射禽獸
北史曰莫廆（呼罪切）部衆彊盛自稱單于塞外諸部咸畏憚
之（莫廆即莫槐之姓孫）莫槐父子世雄漠北又先得玉璽三鈕自言
爲天所相每自誇大莫廆之孫曰乞得龜爲慕容廆破之
先是海出大龜枯死於平郭至是乞得龜敗也

高車

北史曰高車蓋古赤狄之種也初因號爲狄歷北方以爲
勑勤諸夏以爲高車丁零其語略與匈奴同而時有小異
或云其先匈奴甥也其種有狄氏袁紇氏斛律氏解批氏
護骨氏異奇斤氏其人好引聲長歌有似狼嗥本無都統
大帥當種各有君長爲性麁猛黨類同心至於寇難翕然
相依鬬無行陣其俗婚姻用牛馬納聘以多爲榮俗無穀
不作酒迎婦之日男女相將持馬酪熟肉節解主人延賓
亦無行位穹廬前叢坐飲宴終日
又曰高車俗不潔淨喜致震霆每震則叫呼射天而集之
移去至來歲秋馬肥復相率集於震所理殺羊然火拔刀

女巫祝說如中國祓除而群馳馬旋繞百匝乃止人持一
束柳枝因曲豎之以乳酪灌焉
又曰高車婦人以皮裹羊骸（諧切）交戴之首上縈屈髮鬢而
綴之（[illegible]交切）有似軒冕其死亡葬送掘地作坎坐尸於中張
臂引弓佩刀挾矟無異於生而露坎不掩走馬繞旋多者
數百匝男女無小大皆集會之
又曰高車與蠕蠕同唯車輪高大輻數至多後徙於鹿渾
海西北百餘里部落強大常與蠕蠕爲敵後魏道武帝度
弱洛水西行至鹿渾海襲破之復討其餘種於狼山
又曰道武帝自牛川南引大校獵以高車爲圍騎徒遮列
七百餘里聚雜獸於其中因駈至平城即以高車衆起鹿
苑南因臺陰北距長城東包白登之西山
又曰高車族有十二姓一曰泣伏利氏二曰吐盧氏三曰

乞衍氏四曰大連氏五曰窟賀氏六曰達薄氏七曰阿崙氏八曰莫允氏九曰俟分氏十曰副伏羅氏十一曰乞袁氏十二曰右叔沛氏

又曰高車昧利不顧後患

又曰高車斛律部帥倍侯利爲蠕蠕掩襲遂奔魏賜爵孟都公倍侯利質直勇健過人北方之人畏之嬰兒啼者語曰倍侯利來便止處女歌謡云求良夫當如倍侯利其衆服如此善用五十蓍筮吉凶每中故得親幸倍侯利卒道武悼惜葬以魏禮謚曰忠壯王

又曰太和十四年阿伏至羅遣使至京以二箭奉貢云蠕蠕爲天子賊臣當爲天子討除孝文賜繡袴褶一具雜綵百疋

又曰高車部衆分散或來奔附或投蠕蠕詔遣宣威將軍羽林監孟威撫納降人

又曰高車遣使貢金方一銀方一金杖二馬七疋駝十頭

又曰高車與蠕蠕戰於蒲類海北割蠕蠕之趺送於羽林監孟威

又曰高車遣使獻龍馬五疋金銀貂皮及諸方物詔賜樂器一部樂工八十人赤紬十疋雜綵六十疋

又曰高車王伊匐遣使朝貢因乞朱畫步挽一乘并幔褥鞦轡一副纖扇各一枚青曲蓋五枚赤漆扇五枚鼓角十枚詔給之

烏洛侯

北史曰烏洛侯國在地豆干北去代都四千五百餘里其地下濕多霧氣而寒國人尚勇不爲姦竊故慢藏野積而無寇盜好射獵樂有箜篌木槽革面施九弦太武真君四年來朝稱其國西北有魏先帝舊墟石室南北九十步東西四十步高七十尺室有神靈人多祈請太武遣中書侍郎敞告祭刊祝文於石室之壁而還

唐書曰烏羅渾國蓋後魏之烏洛侯也今亦謂之烏羅護其國在京師東北六千三百里東與靺鞨西與突厥南與契丹北與烏丸接風俗與靺鞨同貞觀六年其君長遣使獻貂皮

庫莫奚

後魏書曰庫莫奚國之先東部宇文別種也初爲慕容元真所破邑落竄匿於松漠之間

後周書曰庫莫奚鮮卑之別種也先爲慕容晃所破竄於松漠之間後種類漸多分爲五部一曰辱紇主二曰莫賀弗三曰契箇四曰木昆五曰室得每部置俟斤一人有阿會氏者最爲豪帥五部皆受其節度

北史曰登國三年道武親討庫莫奚至弱水南大破之

又曰武成之世庫莫奚歲致名馬文皮太和四年輒入塞内辭以畏地豆于抄掠詔書切責之

軻比能

魏志曰軻比能本小種鮮卑以勇健斷法平端不貪財物衆推以爲大人部落近塞自袁紹據河北中國人多叛歸之教作兵器鎧楯頗學文字故其勒御部衆擬於中國出入弋獵建立旌麾鼓節爲進退

又曰建安中烏桓反軻比能助爲冦害太祖以鄢陵侯彰爲驍騎將軍北征大破之

又曰延康初軻比能遣使貢馬文帝立比能爲附義王

又曰黄初二年軻比能出諸魏人在鮮卑者五百餘家還

居代郡黃初三年軻比能率部落與代郡烏丸等三十餘口交市遣魏人千餘家居上谷後與東部鮮卑大人素利及步度根三部爭鬬烏桓校尉田豫和之使不得相侵五年軻比能復擊鮮卑豫帥輕騎徑進掎其後比能使別小帥瑣奴拒豫進討破之由是懷貳乃與輔國將軍鮮卑輔書曰夷狄不識文字故校尉閻柔保我於天子我與烏丸爲讎往年攻擊之而田校尉助素利（烏丸也）我臨陣使瑣奴往聞使君來即引軍退步度根數數鈔盜又殺我弟而誣我以鈔盜我夷狄雖不知禮義兄弟子孫受天子印綬牛馬尚知美水草況我有人心耶將軍當保明我於天子輔得書聞帝帝復使豫招納安慰軻比能衆遂強盛控弦十餘萬騎每鈔掠得財物均平分付一決目前終無所私故能得衆死力餘部大人皆憚之

太平御覽卷第八百一

太平御覽卷第八百二

珍寶部一

寶

珠上

寶

尚書湯誓曰遂伐三朡俘厥寶玉孔安國曰俘取也玉以禮神使無水旱之災故取而寶之誼伯仲伯作典寶二臣作典寶一篇言國之常寶也

又盤庚曰無總于貨寶孔安國注曰無總貨寶以求位也

又旅獒曰分寶玉于伯叔之國時庸展親孔安國注云以寶玉分同姓之國是用誠信親親之道弗寶遠物則遠人格不侵奪其利則其來服所寶惟賢則邇人安寶賢任能則近人安近人安則遠人安也

又顧命曰越玉五重陳寶於東西序坐北列玉五重又陳先王所寶之器物赤刀大訓弘璧琬琰在西序大玉夷玉天球河圖在東序胤之舞衣大貝鼖鼓在西房兊之戈和之弓垂之竹矢在東房皆歷代所傳之寶

毛詩嵩高曰王遣申伯路車乘馬錫爾介珪以作爾寶寶瑞

詩含神霧曰聖人受命必順斗張握命圖授漢寶宋均曰聖人謂高祖也受天命而王必順旋衡法故張良受兵鈐之圖命以授漢爲珍寶也

禮記檀弓曰南弓敬叔反必載寶而朝敬叔魯孟僖子常失位去魯得反載其寶來朝君也夫子曰若是其貨也喪不如速貧之愈也

又曰天不愛其道地不愛其寶

又曰儒有不寶金玉而以忠信爲寶

左傳莊公曰齊人來歸衛寶文姜請之也

又莊公曰王及鄭伯入于鄭遂入成周取其寶器而還

又文下曰宋昭公盡以寶行

又襄公曰宋人得玉獻諸子罕子罕不受曰我以不貪爲寶爾以玉爲寶若與我皆喪寶也不若人有其寶也

又昭六曰吳太子諸樊入郞諸樊吳王僚之太子取楚夫人與其寶器以歸

公羊傳僖公曰虞公貪而好寶及爲晉所滅抱寶牽馬而去

又定公曰盜竊寶玉大弓盜者何陽虎也

史記曰趙簡子告諸子曰吾藏寶符於常山之上先得者賞諸子馳之常山上求無所得毋卹還曰已得符矣登常山而臨代代可取也

又曰晉使郤克以車八百乘伐齊陳于鞍於是晉軍追齊至馬陵齊侯請以寶器謝不聽必得笑克者蕭同叔子

又曰魯昭公八年楚靈王就章華臺召昭公往焉賜昭公寶器已悔復詐取之

又曰衛叔名封成王長用事舉康叔爲周司寇賜衛寶祭器

又曰秦逐客李斯書曰陛下致崑山之玉有隨和之寶乘明月之珠服太阿之劒乘纖離之馬建翠鳳之旗樹靈鼉之鼓此數寶者秦不生一焉而陛下說之

又曰樂毅伐齊入臨淄盡取齊寶也

又曰梁惠王與齊威王會田於梁問齊王亦有寶乎威王曰無有梁王曰若寡人國小尚有徑寸之珠照車前後各十二乘者十枚柰何以萬乘之國而無寶乎威王曰寡人以爲寶與王異吾臣有檀子者使守南城則楚人不敢爲寇東取泗上十二諸侯皆來朝吾臣有盼子者使守高堂則趙人不敢東漁於河吾吏有黔夫者使守徐州則燕人祭北門趙人祭西門齊之北門也言燕趙之人畏其侵伐故祭以求福徙而從者七

千餘家吾臣有種首者使備盜賊則道不拾遺將以照千
里豈特十二乘哉梁惠王慙不懌而去梁或作魏字
漢書曰沛公西入武關欲擊秦嶢下軍張良曰臣聞其將
者賈豎子易動以利令酈食其持重寶啗秦將秦將果欲
連和沛公乃擊秦軍大破之
謝承後漢書曰鄭弘爲鄒令縣人王逢得路遺寶物懸於
衢道求主還之
後漢書曰世祖遣衛尉銚期持珍寶繒帛賜隗囂期至鄭
被盜
張璠漢記曰朱儁爲郡吏太守尹端有罪應死儁爲買珍
寶賂主章吏端得免死
范曄後漢書曰帝常召見諸郡計吏問其風俗及前後守
令能不蜀郡計掾樊顯進曰漁陽太守張堪昔在蜀其仁

以惠下威能討姦前公孫述破時珍寶山積捲握之物足
富十世而堪去職之日乘折轅車布被而已帝聞良久歎
息。魏氏春秋載袁紹據州郡文曰曹操父嵩乞丐攜養
因贓假位輿金輦寶輸貨權門
魏志曰陳泰爲匈奴中郎將京邑貴人多寄寶貨因市奴
婢泰皆掛於壁及徵爲尚書悉以還
吴志曰士燮爲交阯太守每遣使詣權致雜香細葛輒以
千數明珠大貝琉璃翡翠瑇瑁犀象之珍奇物異果蕉耶
龍眼之屬無歲不至
晉中興書曰姚萇試諸子謂曰吾有一寶物萬金不易汝
等伎藝勝者吾以與之諸子皆索好馬欲於父前試之唯
略不動萇以爲賢故越諸兄立爲嗣子
晉安帝記曰桓玄尤愛珍寶常玩弄珠玉不離於手

晉書殷仲文傳曰桓玄爲劉裕所敗仲文隨玄西走其寶
玩悉藏地中皆變爲土
晉書呂纂載記曰即序胡安據盜發張駿墓見駿貌如生
得真珠簏琉璃榼白玉樽赤玉簫紫玉笛珊瑚馬鞭馬腦
鍾水陸奇珍不可勝紀
齊書曰始興王鑑鎮益州於州園地得古冢無復棺但有石
槨銅器十種並古形玉璧三枚珍寶甚多不可皆識金銀爲
蠶形者數萬計又以朱砂爲阜水銀爲池左右咸勸取之
鑑曰皇太子昔在雍有發古冢者得玉屛風玉匣之屬皆
將還都吾意甞不同乃遣功曹何佇之爲起墳諸寶物一
不得犯
梁書曰韋叡大同中魏使陽斐與叡在北甞同學有詔令
叡延斐同宴賓客三百餘人食器皆金玉雜寶奏三部女

樂至夕侍婢百餘人俱執金花燭
崔鴻十六國春秋前趙錄曰曜平陳安長驅至于西河張
茂懼遣使稱藩獻諸珍寶珠玉不可勝紀
後魏書曰元乂既專政乃於禁中自別作庫掌握之寶充
物其中
北史曰齊神武後以孝武帝后配彭城王韶魏室奇寶
多隨后入韶家有二玉鉢相盛轉而不可出馬瑙榼三斗
玉縫之皆稱西域鬼作也
北齊書曰高德正甞辭疾除冀州刺史即起顯祖怒禁門
下其妻出寶物滿四牀欲以寄人帝掩見大怒曰我府藏
無此物詰其得由皆諸元賂之帝乃斬德正幷妻子伯堅
隋書曰開皇十二年突厥遣使獻七寶垸
唐書曰師子國在西海之中出奇寶商賈到則不見人但

置寶物價直於洲上寶依價質之而去以能養師子故以爲國名

又曰天竺中師子國遣婆羅門僧灌頂三藏來獻金寶瓔珞

老子曰我有三寶保而持之一曰慈二曰儉三曰不敢爲天下先輕敵則幾喪吾寶

晏子春秋曰和氏之璧井里之朴耳良工脩之則爲存國之寶〔孫卿子云井里之璞又云玉人琢之爲天下寶〕

魯連子曰楚王成章華臺酌諸侯酒魯君先至與之大曲之弓不琢之璧既而悔之伍舉見魯君曰大曲之弓不琢之璧楚王之寶也吴求之弗與舉兵伐楚魯懼奉而歸之

墨子曰周公見申徒狄曰賤人強氣則罰至申徒狄曰周之靈珪出於土楚之明月出蚌蜃五象出於汙澤和氏之

璧夜光之珠三棘六里此諸侯所謂良寶也〔淮南子說山云周之簡珪直於石大象神龜出於溝壑〕

孟子曰諸侯之寶三土地人民政事寶珠玉者殃必及身

淮南子曰夫夏后氏之璜不能無考〔考瑕璺〕明月之珠不能無纇〔夜光之珠白似月光故曰明月纇若絲之有結纇也〕然天下寶之者何也小惡不及妨大美

傅子曰夫齎不貲之寶獨宿曠野其危甚於累卵比之秦猶泰山之安也

戰國策曰周有砥砨宋有結緑梁有懸梨楚有和璞此四寶者王之所美也已爲天下名器

國語曰晉定公享楚王孫圉趙簡子鳴玉以相問圉曰楚之白珩猶在乎爲寶也幾何對曰未嘗爲寶也楚有觀射父能作訓辭以行諸侯有左史倚相能道訓典以叙百物

有夢曰雲金木竹箭之生也此楚國寶也若白珩先王之玩何寶焉〔夢澤也〕

穆天子傳曰天子西征至陽紆之山河伯無夷所都是惟河宗氏乃至於崑崙之丘觀舂山之寶

吕氏春秋曰世皆以珠玉爲寶寶逾多而民逾貧失其所寶也

陸賈新語曰聖人不用珠玉而寶其身也

鹽鐵論曰汝漢之合鐵誘外國鈎羌胡之寶也

說文曰琛寶也〔綏爲舍人曰美寶爲琛〕

說苑曰經侯過魏左帶玉具劍右帶環佩左光照右右光照左太子不視又不問經曰魏國亦有寶乎太子曰主信臣忠百姓戴上此魏國之寶也經左解玉具右解佩委之而起

阮子曰雖金玉滿堂明珠滿室飢不爲寶非國之用

新序曰晉平公浮西河中流而歎曰嗟乎安得賢士大夫與共此憂樂乎船人固桑對曰夫劒産於越珠産江漢玉産崑崗此三寶者皆無足而致今君苟好士則賢士至矣

西京雜記曰武帝以七寶牀雜寶案廁寶屏風列寶帳設於桂宫時人謂之四寶宫也

又曰高祖入咸陽宫行庫藏見有琴長六尺十三絃二十六徽皆用七寶飾之銘曰璵璠之樂

漢武故事曰上雜錯天下珎寶爲帳其次甲乙

三輔黄圖曰金寶一銀二龜三貝四布寶五泉寶六凡寶貨六種二十八品

地鏡圖曰夫寶物在城郭丘墟之中樹木爲之變視柯偏有折枯是其候也視折枯所向寶在其方九有金寶常變

作積蛇見此輦便脫隻履若衣以擲之溺之即得凡藏寶忘不知處以大銅盤盛水着所疑地行照之見人影者物在下也

又曰視屋上瓦獨無霜其下有寶藏

蔡氏化清論曰經云寶者衆之所利也苟利其利害必存焉

郭璞奏曰臣以爲珍奇靡麗之物誠是玩弄之所寶然非經國之至寶

張衡東京賦曰所貴惟賢所寶惟穀

明皇雜録曰楊國忠驕奢僭侈之態復紛然未滿持盈公主王業冠虢國夫人夜光枕楊國忠鏁子帳皆希代之寶莫能計其直

珠上

說文曰珠蚌之陰精也

尚書禹貢曰徐州厥貢淮夷蠙珠（淮夷二水出蠙珠也）

周禮天官玉府曰若王合諸侯則共珠盤玉敦（鄭玄曰敦盤類珠玉以爲飾）

左傳哀公曰衛太叔疾出奔宋臣向魋（向魋宋臣）納美珠焉與之城鉏（城鉏宋邑）宋公求珠魋不與由是得罪

又哀下曰越圍吳晉趙鞅使楚隆告于吳王曰寡君之老無恤使陪臣隆敢展謝其不共（展陳也）黃池之役君之先臣志父得承齊盟曰好惡同之今君在難無恤不敢憚勞非晉國之所能及也使陪臣敢展布之王拜稽首曰寡人不佞不能事越以爲大夫憂拜命之辱與之一簞珠（簞小笥）

爾雅曰西方之美者有霍山之多珠玉焉（霍山今在平陽永安縣東北也）

尚書考靈曜曰卯金出軫握命孔符赤用藏龍吐珠也（鄭玄注曰藏祕也珠寶物喻道也赤漢將用天之祕道）

尚書考靈曜曰甲子冬至日月五緯俱起牽牛日月若編珠

春秋保乾圖曰吐珠於澤誰能不含（宋均注曰吐珠出於野澤之中誰能不含取以爲寶也）

禮斗威儀曰王者政平德至淵泉則江海出明珠

又戴禮曰玉居山而木能潤淵生珠而岸不枯

韓詩外傳曰良珠度寸雖有百仞之水不能奄其耀也

韓詩內傳曰漢女所弄珠如荆雞卵

孝經援神契曰神靈滋液百寶用則珠母見珠母蠙鏡（宋均曰事神明得則大珠清光可以爲鏡）德至淵則海出名珠

史記曰樂毅遺燕王書曰齊王遁走莒僅以身免珠玉財寶盡收入於燕

又曰魏王與齊威王會田於郊魏王曰若寡人國小尚有徑寸之珠照車前後各十二乘者十枚奈何以萬乘國而無寶乎（事具寶門）

又曰漢王賜張良金百溢白珠二斗良具以獻項伯

又曰鄒陽上書曰臣聞明月之珠夜光之璧以闇投人於道路人無不案劍相眄者何則無因而至前也

漢書景帝詔曰黃金珠玉飢不可食寒不可衣吏發民若取黃金者坐贓爲盜

又曰董偃與母賣珠爲事偃十三隨母養館陶公主家左右言其姣好召見曰吾爲養之得幸

又地理志曰武帝時使使入海市明珠到國圍二寸已下

又曰霍光廢昌邑王太后被珠襦坐武帳召王伏前聽詔

又曰成帝時王章死妻子皆徙合浦王商輔政曰還章妻

子故鄉其家屬皆採珠致產數百萬
范曄後漢書曰光武耳不聽鄭衛之音手不持珠玉之玩
又曰董卓擅朝政呂布斬之長安中民悉賣珠玉市酒肉
相慶塡滿街肆
又曰馬援在交阯常餌薏苡實及軍還載之一車後有上
書譖之者以爲前所載還皆明珠文犀也
司馬彪續漢書曰天竺國一名身毒出琉璃珠璣
又曰扶風人士孫奮居富而性悋梁冀認奮母爲其守藏
婢去盜白珠十斛也
後漢書曰珠蚌中陰精也玓瓅明珠色也璣珠不圓也夫
餘出珠大如酸棗
東觀漢記曰永建四年漢陽太守文礱獻大珠詔曰海內
頗有災異而礱不推忠竭誠而喻明珠之瑞求媚今封珠
却還

又曰顯宗時鍾離意爲尚書時交阯太守坐贓千金徵還
伏法以其資物班賜羣臣意得珠璣悉以委地而不拜賜
上怪而問其故對曰臣聞孔子忍渴於盜泉之水曾參迴
車於勝母之閭惡名也此贓穢之物誠不敢拜帝嗟嘆曰
清乎尚書之言乃更以庫錢三十萬賜意
又曰和熹后時新遭大憂法禁未設宮中亡大珠一篋主
名不立太后乃親自臨見宮人一一閲問察其顏色開示
恩信宮人盜者即時首服
謝承後漢書曰孟嘗爲合浦太守郡俗舊採珠以易米先時
二千石貪穢使人採珠積以自入珠忽徙去合浦無珠餓
死者盈路孟嘗化行一年之閒去珠復還
又曰汝南李敬少時還趙相奴於鼠穴中得繫珠及璫珥
相連以問主簿主簿曰前相夫人昔亡珠不知所在疑其
子婦竊之因去婦敬送珠付前相慙乃還去婦
又曰豫章黃向辰步路中得珠琪一囊可直三百餘萬求
主還之主欲以半物謝向向委去不顧也
魏書曰下皇后性儉約不尚華麗無文繡珠玉器皆黑漆
太祖嘗得名璫數具命后自選一具后取其中者太祖問
其故對曰取其上者爲貪取其下者爲僞故取其中者
魏志曰文帝問蘇則曰前西域通使燉煌獻徑寸大珠可
復求市得不則曰若陛下德流沙漠不求自至求而得之
不足貴也帝默然
又曰公孫淵以遼東叛遣田豫以本官督青州刺史程喜
喜內懷不服軍事之際多相違錯喜知帝寶愛明珠乃密
上豫雖有戰功而禁令寬弛所得器仗珠銀甚多放散不
皆簿營由是功不見列

又曰文帝作終制曰飯含無以珠玉無施珠襦玉押
典略曰臨淄侯曹植與楊脩書曰今世作者可略而言人
人自謂握靈蛇之珠
魏略曰大秦國出夜光珠真白珠夫餘出珠大如酸棗
魏志曰東夷俗以瓔珠爲財寶或以綴衣爲飾或以懸頸
垂耳至於袂不以金銀錦罽爲珍
又曰倭國女王壹與遣大夫率善等獻真白珠五千孔青
大勾珠二枚也
蜀志曰秦宓奏記益州牧劉焉薦儒士任定祖曰甫欲剖
蚌求珠今乃隨和炳然復何歎哉
又曰宗預復東聘吳孫權握預手曰今君年長孤亦衰老
恐不復相見遺預大珠一斛

吴録地理志曰朱崖珠官縣出明月珠

又曰袁傳字君遊爲淮陵長其女得壞牆中璫珠百餘傳封上之詔以賜傳

吴志曰魏文帝遣使以馬求易明珠翡翠權曰此皆孫所不用而可得馬何若而不聽其交易

王隱晉書武帝詔曰御府内省珠玉玩好之物皆以賜王公也

晉書陶璜自交州上表曰合浦郡土地墝埆無有田農百姓唯以採珠爲業商賈去來以珠貿米而吴時珠禁甚嚴慮百姓私散好珠禁絶來去人以飢困又所調猥多限每不充今請上珠輸二次者輸一麤者蠲除自十月訖二月非採珠之時聽商旅往來如舊並從之

晉令曰士卒百工不得服真珠璫珥

沈約宋書曰文帝詔太史令錢樂之作小渾天安二十八宿中外以白真珠及青黄三色珠爲三家星日月五星悉居黄道

南史曰中天竺國在大月支東南數千里出火齊狀如雲母色如紫金有光耀列之則蟬翼積之則如紗縠之重沓也

崔鴻十六國春秋前秦録曰建元十年正月懸珠簾於正殿○後魏書曰尒朱世隆將敗洛中先謡曰三月末四月初陽灰籔土覔真珠至是並驗

又曰畢衆敬以篤老乞還桑梓朝廷許之衆敬臨還獻真珠璫四具

太平御覽卷第八百二

太平御覽卷第八百三

珍寶部二

珠下

唐書曰高祖朝昌婆郁可汗獻大珠上曰珠信爲寶朕所寶者赤心耳何用珠爲竟不受

又曰貞觀中桂州都督李弘節以清愼聞身歿之後其家賣珠上聞之乃宣言於朝曰此人生時宰相言其清白今日旣然所舉者豈得無罪必可理之不可捨也魏徵諫曰陛下言此人不清未見受財之所聞其賣珠將罪舉者臣不知所謂自聖朝已來爲國盡忠清貞自守終始不渝者屈突通張道源而已通子三人來選共有一疋羸馬道源兒子不能存立未見一言及之今弘節爲國立功前後大蒙賞賚居官終歿不言貪殘妻子賣珠未爲有罪審其清者無所存問疑其濁者傍罪舉人雖疾惡情深實以好善不篤臣竊思度未見其可恐有識聞之必生橫議伏惟再思上撫掌曰造次不思遂有此語方知談不容易

又曰婆利東有羅刹國其人極陋朱髮黑身獸牙鷹爪時與林邑人作市以夜而來自掩其面其國出火珠狀如水精日午時以珠承影取艾依之即火出

管子曰桓公問管子曰昔者周人有天下諸侯賓復名教通於天下而奪於其下何數也管子對曰君分壤而貢入市朝同流黃金一筴也江陽之珠一筴也此謂以寡爲多以狹爲廣

又曰珠者陰之陽也故勝火玉者陽之陰也故勝水其化如神故天下藏珠玉諸侯藏金石

又曰以珠玉爲幣。又曰玉起於禺山珠起於赤野

又曰丹青在山民知而取之美珠在淵民知而取之丹青與珠各有所用之也故雖在山泉而人猶知而取之況在於人懷寶而不知乎

晏子春秋曰景公爲履黃金之綦飾以銀連以珠

列子曰子華之門徒指河曲之隈謂商丘開曰彼中有寶珠泳可得也商丘開從如泳之旣出果得珠

孫卿子曰在物莫明於珠玉珠玉不觀王公則不爲寶

又曰昔衛靈公坐重華之臺侍御數百隨珠照日羅衣從風仲叔御入諫靈公下席再拜曰寡人過矣

莊子曰夫唾大者如珠小者如霧

又曰黃帝遊於赤水之北登于崑崙之丘遺其玄珠使知索之而弗得使離朱索之而弗得使罔象索之乃得

又曰河上有貧窮恃織蕭緝而食者其子投淵得千金之珠謂其子曰取石來鍛之夫千金之珠必在九重之淵驪龍頷下子能得珠者遭其睡也使驪龍悟子尚奚有哉

又曰脩其道之謂備不以物挫志之謂完君子明於此則韜乎其事沛乎其爲萬物逝也若然者藏金於山藏珠於川

又曰儒以詩禮發冢大儒曰東方作矣事之何若小儒曰未解裙襦口中有珠詩固有之曰青青之麥生陵之陂生不布施死何用含珠爲

鄒子曰珠生於南海王出於須彌無足而至

墨子曰和氏之璧夜光之珠三棘六異此諸侯所謂良寶

尸子曰水負折者有珠

韓侯曰隨侯之珠不嬰以銀黃其質至美物不足以飾

又曰楚人賣珠於鄭者爲木蘭之櫝薰以桂椒綴以玫瑰輯以翡翠鄭人買其櫝而還其珠此可謂善賣櫝矣未可謂善鬻珠也

淮南子曰曾城九重有珠樹在其西
又曰美玉不雕美珠不文質有餘也
又曰明月之珠不能無纇
又曰楚王亡其猨而林木爲之殘（楚莊王援捷躁依木而處故殘林以求之也）
宋王亡珠而池中魚爲之殫
又曰珠玉尊則天下爭禮樂飾則純朴散
又曰禹填鴻水以爲山堙崑崙以爲土中立曾城九重其
高萬一千里上有木禾（禾長五丈五尺）珠樹玉樹不死樹沙棠琅
玕絳樹並在曾城（沙棠琅玕珠類實）玉璜在西北隅
任子曰丹淵之珠沉於黃泥
牟子曰珠玉少而貴瓦屬多而賤聖人七經而已佛遂萬
億言恐煩而無當也
抱朴子曰識珍者必拾濁水之明珠賞氣者必採纖數之
芳蕙
穆天子傳曰北征舍于珠澤（此澤出珠故名也）珠澤之藪方四十
里
山海經曰開明山北有珠樹
又曰三珠樹生赤水山其爲樹如栢葉皆爲珠一曰其狀
若彗（如彗星狀）
又曰鳥鼠同穴之山濫水出焉西注于漢水多如魚魮之
魚是生珠玉（亦珠玉蚌類）
又曰數曆之山楚水出焉其中多白珠（今蜀郡平澤出青珠）
戰國策曰張丑爲質於燕王欲殺之走出國境境吏得丑
丑曰燕所爲將殺我者人有言我有寶珠也王欲得之我
失已久矣如燕不信今子但欲致我我且言子之奪我珠
而吞之燕王必且殺之刳子之腹矣吾要且死子之腹亦

且寸絕境吏恐而放之
又曰蘇秦說李兌不能聽送秦以明月之珠和氏之璧黑
貂之裘
又曰有人操隨侯之珠露野無弓弩之衛必危
呂氏春秋曰宋桓司馬有寶珠抵罪出亡王使人問珠之
所在曰投之池中於是竭池而求之魚得禍焉
又曰以隨侯之珠彈千仞之雀世必笑之是何也所用重
所要輕
又曰精氣之集也阜於珠玉與爲精朗
陸賈新語曰聖人不用珠玉而寶其身
漢武故事曰上起神屋以白珠爲簾瑇瑁爲柙
東方朔記曰珠彈不如泥丸各有所用也
東方朔神異經曰西北荒中有二金闕上有明月珠徑三
丈光照千里
鹽鐵論曰珠璣出桂林距漢萬餘里
說苑曰墨子謂滑氂曰今四年有欲與子隨侯之珠者曰
不得賣也以爲飾又欲與子一鍾粟者得珠不得粟不得
珠得粟子將何擇滑氂曰粟可取也
新序曰秦使使者往觀楚之寶器楚王召子西而問焉曰
吾和氏之璧隨侯之珠可以示諸子西對不知召昭奚恤
而問焉昭奚恤對曰吾國之寶器在賢臣珠玉玩好之物
非寶之重者
太玄經曰明珠彈於飛肉其得不復
論衡曰天地之間物氣相類實非者多海外西南有珠樹
焉察之是珠然非魚中之珠也夫十日之日猶珠樹也珠
樹非真珠十日似日非實日也

又曰隨侯以藥作珠精耀如真
又曰人審知有富貴之命則幽居俟之不須勞形求索也
猶珠在山不求貴價於人人自貴之命富之人筋力自輕
命貴之人才智自高
白虎通曰德至淵泉即江出大貝海出明珠
釋名曰王后首飾曰副副覆也上有垂珠步則摇也
蔡邕勸學曰明珠不瑩焉發其光寶玉不琢不成珪璋
古今注曰章帝元和元年明珠出館陶大如李有明耀三
年明月珠出豫章海昬大如雞子圍四寸八分章和元年
鬱林大珠圍三寸和帝永元十五年鬱林降民得大珠圍
五寸徑寸七分
郭子横冥記曰帝起甘泉望風臺臺上得白珠如花一枝
帝以飾九華之蓋望之若照月

王子年拾遺記曰黃帝之子名青陽是曰少昊一名摯有
白雲之瑞號爲白帝有鳳銜明珠致於庭少昊乃拾珠懷
之使照服於天下
又曰燕昭王時有黑鳥白頭集王之所銜洞光之珠圓徑
一尺此珠色黑如漆而懸室内百神不能隱其精靈
又曰石季倫所愛婢數十人季倫嘗屑沈水香如塵末布
象牀上使所愛者踐之無跡則賜真珠百琲若有迹者即
節其飲食令體輕故閨中相戲曰尒非細骨輕軀那得百
琲真珠（琲蒲愷切貫之名也）
又曰舜葬蒼梧之野有鳥如雀自丹州而來吐五色之氣
如雲名曰憑霄鳥時來蒼梧之野銜者沙珠積成壟阜名
曰珠丘今蒼梧之外採藥時得青石潔如珠服之不死帶
者身輕

又曰瀛洲有鳥如鳳身紺翼丹名藏珠每鳴翔而吐雜珠
累斛仙人常以其餘飾仙裳輕而耀於日月也
西京雜記曰高祖斬白蛇劒上有七采珠九華玉爲飾雜
厠五色琉璃爲匣劒在室光景猶照於水也
又曰漢諸陵寢皆以竹爲簾簾皆爲水文龜鳳之像昭陽
殿織珠爲簾風至則鳴如珂珮之聲
列仙傳曰朱仲者會稽市販珠人也高后時募三寸珠乃
詣闕上之珠好過度賜五百金魯元公主私以七百金從
仲求仲獻四寸珠送闕下既去景帝時復獻三寸珠數十
枚去不知所之
列女傳曰珠崖令卒官妻息送喪歸漢法内珠入關者死
妻弃其係臂珠男年九歲好而取之置其母鏡奩中母不
知也至關吏搜索得珠問誰當坐者前妻子初曰初當坐

之繼母請吏曰幸無劾兒誠不知也妾當坐初又曰夫人
哀初之孤欲以活初耳因號泣傍人莫不酸鼻隕涕關吏
執筆不能就一字乃曰母子有義如此吾寧坐之不忍加
文又且相讓安知孰是乃弃珠而遣之
神仙傳曰麻姑欲見蔡經母及經弟婦弟婦新産十數日
麻姑望見之曰噫且止勿前即求少許米便以擲地視米
墮地皆成珠方平笑曰姑故年少吾老矣不喜復作此變
化也
列仙傳曰鄭交甫將往楚道至漢皐臺下見二女佩兩珠
大如荆雞卵交甫與之言曰欲子之佩二女解與之既行
返顧二女不見佩亦失矣
吴越春秋曰越王允常聘歐冶子造五劒秦客薛燭善相
劒示之燭曰雖傾城量珠玉猶未可與也

又曰伍員奔吳至昭關關吏欲執之伍員曰上所以索我者以我有美珠也今執我將言爾取之關吏因捨焉

邴原別傳曰原遠遊學詣安丘孫崧崧辭曰君鄉里鄭君知之乎原荅曰然崧曰鄭君學覽古今學者之師模君乃舍之似不知也而曰然何原曰故有登山而採玉者有入海而採珠者不知山之高海之深哉

博物志曰鮫人從水出寓人家積日賣綃將去從主人索一器泣而成珠滿盤以與主人

又曰五月五日取青蛉頭正中埋皆成青珠

王朗雜事曰焦生乞恩辭生未有婦從烏桓贖李娥爲妻與耳中金璫一雙珠四枚璫二雙珠三十雙合中真珠一外

盧綝四王起事曰張方刼帝西遷國家有寶物詔石將軍

載之於是放軍人入千餘人三日輦之尚有鈇甬真珠百餘斛

又曰惠帝遷長安時洛陽御府有大珠璫百餘斛

衛玠別傳曰驃騎王武子君之舅也常與君同語語人曰昨日與吾外甥並坐冏若明珠之在我側朗然來映人

搜神記曰吳王夫差女名玉童子韓重有道術王悅之結氣死葬于昌門之外重至冢前哭祭女見形將重入冢臨去取徑寸明珠以送重

又曰隋侯行見大蛇傷救而治之其後蛇銜珠以報之徑盈寸純白而夜光可燭堂故歷世稱隋珠焉

又曰噲參養母至孝曾有玄鶴爲戈人所射窮而歸參收養療治瘡愈放之後鶴夜到門外參秉燭視之鶴雌雄雙至各銜明月珠報參焉

又曰南海之外有鮫人水居如魚不廢織績其人能泣珠

幽明録曰洛下有洞穴婦欲殺夫推下經多時至底仍得一穴行數十里見人皆長三丈披羽衣如此九處最晚所至告飢長人指中庭栢樹下有一羊令跪捋羊初捋得一珠後得始令其噉之即得療飢復尋穴行出交州還洛問張華云九處地仙名九館大夫羊爲癡龍初一珠食之天地等壽次者延年後者充飢而已事具嵩山

又曰漢武帝幸河渚聞絃歌之音而有老公及年少數人出皆長八九寸爲帝奏樂飲酒樂老公顧命洞穴之寶一人受命下没川底得一大珠徑數寸明耀絶世上問東方朔朔曰河底有穴沉數百丈中有赤蚌生此珠也事具蚌部

又曰王躬召王猛猛至江口入水中命舡人進舡至大黿見猛行水中從東北還逆舡弟子問其故猛太水神數與

波浪賊害行旅暫約勒以真珠一握爲信

三秦記曰始皇冢中以夜光珠爲日月殿懸明月珠晝夜光明

三輔決録曰昆明池中有神池通白鹿原人鈎魚綸絶而去夢於漢武帝求去鈎帝明日戲於池見大魚銜索帝曰豈夢所見耶取而放之後三日池邊得明珠一雙帝曰豈魚之報耶

沈懷遠南越志曰珠有九品大五分以上至一寸八分分爲八品有光彩一邊小平似覆釜者名璫珠璫珠之次爲走珠走珠之次爲滑珠滑珠之次爲磥砢珠磥砢珠之次爲官兩珠官兩珠之次爲税珠税珠之次爲葯符珠

孫柔之瑞應圖曰晉平公鼓琴有玄鶴二八而下銜明珠舞於庭一鶴失珠覓得而走師曠掩口而笑

廣志曰莫難珠其色黄生東夷又有明珠稱光大徑寸或
圍二寸以上出黄支有至貟珠置平地終日不得停今上
方名以甲乙爲次第石珠鑄石爲珠
廣志曰夫餘地美珠如酸棗
又曰班魚頭中有白石如珠璣出北海
梁四公記曰震澤中洞庭山南有洞穴深百餘尺旁行五
十餘里至龍宫杰公謂是東海龍王第七女掌龍王珠藏
小龍千户衛護此珠龍畏蠟愛美玉及空青而嗜燒鷰使
通信可得寶珠帝聞大喜乃詔有能使者厚賞之於是羅
子春兄弟三人應募帝勑百工以于闐舒河中美玉造小
函二以桐木灰發其光求宣州空青汰取其精者用海魚
膠調之成二函火堅之龍腦香尋亦繼之杰公曰以蠟塗
子春等身及衣佩石乃燒鷰五百枚入洞穴至龍宫守門

八〇三　九　卷

小蛟聞蠟氣俯伏不敢動乃以燒鷰百事賂之令其通以
其上上者獻龍女龍女食之大喜又上玉函青缶具陳帝
㫖洞中有龍五千餘歲能變化出入人間善譯時俗之言
龍女知帝禮之以大珠三小珠七雜珠一石以報帝命子
春等乘龍載珠還國食頃之間便至龍去而子春薦珠帝
大喜喜得聘通靈異獲天人之寶以珠示杰公公曰三珠
其一是天帝如意珠之下者其二是驪龍珠之中者七珠
二是虫珠五是海蚌珠人間之上者雜珠是蚌蛤虵鶴等
珠不如大珠之貴帝遍示百寮朝廷咸謂杰公虚誕莫不
詰之杰公曰如意珠之上者夜光照四十餘里中者十里
下者一里光之所及無風雨雷雹水火刀兵諸毒癘驪珠
九色夜光百步中者十步下者一室光之所及無虵虺虫
豸之毒虫珠七色多赤六足二目目當其凾有曰如鐵蟻

皁蚌珠五色皆有夜光及數尺無瑕者爲上有瑕者爲下
蚌珠生於其腹與月盈虧虵珠所致隋侯噲參即其事也
又問虵鶴之辯對曰使其自識帝命杰公記虵鶴二珠汁
餘雜珠散於殿前取大黄虵玄鶴各十數處布珠中間於
是鶴銜其珠鳴舞徘徊虵銜其珠盤屈宛轉羣公觀者莫
不歎服帝復出如意龍虫等珠校光之遠近七九之數皆
如杰公之言
盛弘之荆州記曰石藴玉以潤其區瀵含珠而清其域
闞駰十三州志曰僧彌疊國在天竺南佛寺三千餘所其
地有神珠非玉石晝夜於國中光明於日珠徑一尺五寸
其色正碧
草方草木狀曰凡採珠一旁小平形似覆釜第一珠母肉
玉白人民以薑齏食之

八〇三　十　長

常璩華陽國志曰廣陽縣山出青珠永昌郡博南縣有光
珠穴出光珠珠有黄珠白珠青珠碧珠
徐衷南方草物狀曰凡採珠常三月用五牲祈禱若祠祭
有失則風攪海水或有大魚在蚌左右自蚌珠長二寸半
在漲海中其一寸五分其光色一旁小平形似覆釜爲第
一璫珠凡三品其一寸三分雖有光色形不貟正爲第二
滑珠凡三品
萬震南州異物志曰合浦有民善游採珠兒年十餘便教
入水求珠官禁民採珠巧盜者蹲水底剖蚌得好珠吞之
而出
裴氏廣州記曰鯨鯢目即明月珠故死不見有目精
林邑記曰黄被州上户口船富多明珠雜寶〇語林曰王
長史語林道人曰眞長可謂金石滿堂林公以語孫興公

興公曰語不得耳選擇正可得少碎珠耳
又曰中朝有人詣王太尉過王安豐大將軍丞相在坐因
往別屋見李寅平子還謂人曰今之行卑目皆琳琅珠玉
又曰王夷甫處衆中如珠玉之在瓦石
宋玉風賦曰垂珠步摇來排臣户

太平御覽卷第八百三

御覽八百三　十一　王全

太平御覽卷第八百四

珍寶部三

玉上

尚書堯典曰在璿璣玉衡以齊七政（孔安國注曰在察也璿美玉璣衡王者正天之器可運轉者七政日月五星各異政舜察天文齊七政審已當天心與否）

又胤征曰火炎崑崗玉石俱焚（山脊曰崗崑山出玉言火逸而害玉）

又禹貢曰華陽黑水惟梁州厥貢璆（璆玉名也）雍州厥貢惟球琳琅玕（球琳皆玉名琅玕石而似珠）

又顧命曰成王被冕服馮玉几

又曰大玉夷玉天球在東序

尚書中候曰湯沉璧於洛黑烏隨魚止化爲黑玉赤勒文

尚書説曰有人能起載玉英（鄭玄曰玉果實召戴爲骨衣也）

尚書大傳曰堯致舜天下贈以昭華之玉

周書曰武王俘商舊寶玉萬四千佩玉億有八萬

周禮天官下曰玉府掌王之金玉玩好兵器凡良貨賄之藏共王之服玉佩玉珠玉齊則共食玉（玉是陽精之純者食之所以禦水氣）

又春官上大宗伯曰玉作六器以禮天地四方以蒼璧禮天以黄琮禮地以青珪禮東方以赤璋禮南方以白琥禮西方以玄璜禮北方

儀禮聘禮曰凡執玉無藉者襲（鄭玄注云藉言偁也）

大戴禮曰玉在山而木潤淵生珠而崖不枯珠者陰中之陽也破勝火玉者陽中之陰也破勝水

禮記月令曰孟春之月天子衣青衣服蒼玉

又曲禮上曰受珠玉者以掬

又曰執玉爵者弗揮　又曰執玉不趨（志重玉也）

又檀弓曰石駘仲卒（駘仲衛大夫石碏之族）無適子有庶子六人卜所以爲後者（莫適立也）曰沐浴佩玉則兆（言齊潔則得吉兆也）五人者則沐浴佩玉石祁子曰孰有執親之喪而沐浴佩玉者乎不沐浴佩玉（心正且知禮）○又月令曰孟春之月（天子衣青）衣服蒼玉

又玉藻曰古之君子必佩玉右徵角左宮羽（玉聲所中也徵角在右事也民也可以勞宮羽在左宮也物也宜逸）趨以采齊（路門外之樂節也門外謂之趨齊當爲楚薺之薺）行以肆夏（登堂之樂節）周還中規（反行也宜圓）折還中矩（曲行也宜方）進則揖之退則揚之然後玉鏘鳴也（揖之謂小俛見於前也揚之謂小仰見於後也鏘聲貌）

又曰君子無故玉不去身君子於玉比德焉（故謂喪與災）天子佩白玉而玄組綬公侯佩山玄玉而朱組綬大夫佩水蒼玉而純組綬世祖佩瑜玉而綦組綬士佩瓀玟而緼組綬（玉有山玄水蒼者視之文色所似也綬者所以佩玉相承受也）

又學記曰玉不琢不成器人不學不知道

又聘義曰子貢問於孔子曰敢問君子貴玉而賤珉何也爲玉之寡珉之多與孔子曰非爲珉之多故賤之也玉之寡故貴之也夫昔者君子比德於玉焉温潤而澤仁也縝密而栗知也（縝緻也栗堅貌）廉而不劌義也（劌猶傷也義者不苟傷人也）垂之如隊禮也（禮尚謙卑）叩之其聲清越以長其終詘然樂也（樂作則有聲止則無也越猶揚也詘絶止貌）瑕不掩瑜瑜不掩瑕忠也（瑕玉之病也瑜其中間美者）孚尹旁達信也氣如白虹天也精神見于山川地也（精神亦精氣也如虹天氣也）圭璋特達德也（特達謂以朝聘）天下莫不貴者道也（道者人無不由）詩云言念君子温其如玉故君子貴之也

禮含文嘉曰玉石得宜則太白常明

禮稽命徵曰王者得禮制則澤谷之中有白玉焉

禮斗威儀曰君乘金而王則紫玉見於深山

左詩桓公曰初虞叔有玉虞公求旃不獻既而悔之曰周

諺有之疋夫無罪懷璧其罪吾焉用此以其賈害乃獻之
又莊公曰虢公晉侯朝王王享醴命之宥（命之以幣物宥助也）皆玉五
瑴非禮也
又僖上曰天王使邵武公內史過賜晉侯命受玉惰過歸
告王曰晉侯其無後乎（事具命門錫）
又僖下曰楚子玉自爲瓊弁玉纓未之服也先戰夢河神
謂已曰畀余賜汝孟諸之麋弗致也大心與子西使榮黄
諫弗聽榮季曰死而利國猶或爲之况瓊玉乎是糞土也
而可以濟師將何愛焉弗聽
又僖下曰晉侯執衛侯歸之于京師使醫衍酖衛侯甯俞
貨醫使薄其酖不死公爲之納玉於王與晉侯皆十瑴王
許之乃釋衛侯
又文公下曰秦伯使西乞術來聘且言將伐晉襄仲辭玉

（事具奉使部）
又曰莒太子僕以其寶玉來奔
又成上曰晉及齊戰于鞌齊師敗齊侯使賓媚人賂以紀
甗玉磬與地不可則聽客之所爲
又襄十五年曰宋人或得玉獻諸子罕子罕弗受獻玉者
曰以示玉人（玉人治玉者）玉人以爲寶也故敢獻之子罕曰我
以不貪爲寶爾以玉爲寶若以與我皆喪寶也不若人有
其寶稽首而告曰小人懷璧不可以越鄉（言必爲盜所害）納此以
請死也（請免死）子罕寘諸其里使玉人爲之攻之（攻治）富而
後使復其所（賣玉得富）
又曰襄公十八年晉侯伐齊將濟河獻子以朱絲系玉二瑴
（雙玉曰瑴）而禱曰齊環怙恃其險負其衆庶（環齊靈公名負依也）棄好背
盟陵虐神主（神主民也）曾臣彪將率諸侯以討焉（彪晉平公）

（名稱臣者明上有天子以謙告曰曾臣猶末臣）其官臣偃實先後之（守官之臣偃獻子名）苟
捷有功無作神羞（羞恥）官臣偃無敢復濟（以偃信巫言故不自誓）唯
爾有神裁之沈玉而濟
又昭七年曰燕暨齊平燕人歸燕姬（嫁女與齊侯）賂以瑤甕玉
櫝斝耳不克而還（瑤玉也櫝匱也斝玉爵）
又曰公賜公衍羔裘使獻龍輔於齊侯（龍輔玉名）遂入羔裘齊
侯喜與之陽穀（陽穀齊邑）
又曰公疾徧賜大夫（從公者）大夫不受賜子家子雙琥（琥玉器）
一環一璧輕服（細好之服）受之大夫皆受其賜已未公薨子家
反賜於府人曰吾不敢逆君命也大夫皆反其賜
又昭十六年曰晉韓起聘于鄭宣子有環其一在鄭商（玉環）
（同工共朴自共爲雙）宣子謁諸鄭伯（謁請）子產弗與曰非官府之守
器也寡君不知子太叔子羽謂子產曰韓子亦無幾求（言所

求少）晉國亦未可以貳晉國韓子不可偷也（偷薄）若屬有讒
人交鬬其間鬼神而助之以興其凶怒悔之何及吾子何
愛於一環其以取憎於大國也盍求而與之子產曰吾非
偷晉而有二心將終事之是以弗與忠信故也僑聞君子
非無賄之難立而無令名之患僑聞爲國非不能事大字
小之難無禮以定其位之患夫大國之人令於小國而皆
獲其求將何以給之一共一否爲罪滋大大國之求無禮
以斥之何饜之有吾且爲鄙邑則失位矣（不復成國）若韓子奉
命以使而求玉焉貪淫甚矣獨非罪乎出一玉以起二罪
吾又失位韓子成貪將焉用之且吾以玉賈罪不亦銳乎
（銳細小也）韓宣子私覲於子產以玉與馬曰子命起舍夫玉是
賜我玉而免吾死也敢不藉手以拜（以玉爲藉手拜謝子產）
又昭十十年曰鄭裨竈言於子產曰宋衛陳鄭將同日火

若我用瓘斝玉瓚，鄭必不火。子產弗與。（以爲天災流行，非禳所息故也。爲明年宋衛陳災傳）

又定上曰：蔡昭侯爲兩佩與兩裘（佩，佩玉也）以如楚，獻一佩一裘於昭王。昭王服之，以享蔡侯。

又曰：蔡侯歸，及漢，執玉而沈，曰：余所有濟漢而南者，有若大川。（自誓言若復南渡漢，當受禍明如大川）

又曰：季平子行東野，還，未至，丙申，卒于房。陽虎將以璵璠斂（璵璠美玉，君所賜），仲梁懷弗與，曰：改步改玉。（昭公之出，孫行君事，佩璵，祭宗廟。今定公立，復臣位，改君步，則亦當去璵璠）陽虎欲逐之，告公山不狃，曰：彼爲君也，子何怨焉。

又定下曰：邾隱公來朝，子貢觀焉。邾子執玉高，其容仰；公受玉卑，其容俯。（玉，朝者之贄）子貢曰：以禮觀之，二君者皆有死亡焉。

又曰：陽虎脫甲如宮，取寶玉大弓以出。

又哀上曰：衛太子禱曰：大命不敢請，佩玉不敢愛。

又曰：吳申叔儀乞糧於公孫有山氏，曰：佩玉蘂兮，余無所繫之。

穀梁傳隱公曰：賵玉曰唅。

春秋孔演圖曰：孔子論經，有鳥化爲書，孔子奉以告天，赤爵集書上，化爲玉，刻曰：孔提命，作應法。

春秋說題辭曰：孔子以受黃玉葬魯城北。

毛詩國風曰：將翱將翔，佩玉鏘鏘。（鏘鏘，鳴玉而後行）

又竹竿曰：巧笑之瑳，佩玉之儺。（瑳，巧笑貌。儺，行有節度）

又小雅曰：它山之石，可以攻玉。（攻，錯也）

又大雅曰：維玉及瑤，鞞琫容刀。

詩含神霧曰：孔子曰：詩者天地之心，刻之玉板，藏之金府。

韓詩外傳曰：良玉度尺，雖有千仞之土，不能掩其光。

周易鼎卦曰：上九，鼎玉鉉，大吉，無不利。（鄭玄注曰：鼎蓋象玉，似剛而柔，廉而不劌。易曰：乾爲金，爲玉）

孝經援神契曰：神靈滋液，百寶用，則玉有瑛華。（宋均曰：尊卑不失其服，玉者英華也）

論語子罕曰：子貢曰：有美玉於斯，韞櫝而藏諸？求善價而沽諸？子曰：沽之哉！沽之哉！我待價者也。（寧有自衒賣之道乎？我居而待價者）

又季氏曰：孔子曰：虎兕出於柙，龜玉毀於櫝中，是誰之過與？

逸論語曰：璠璵，魯之寶玉也。孔子曰：美哉璠璵！遠而望之，煥若也；近而視之，瑟若也。一則理勝，一則孚勝。

又曰：玉十謂之區，治玉謂之琢，亦謂之雕。（雙玉爲瑴，五瑴爲區，雕，治璞也。瑴音角）璱，玉色鮮白也。瑩，玉色也。瑛，玉光也。瓊，赤玉也。璠瑾瑜，美玉也。璑（音舞），三采玉也。玲瑲琤瑣瑝（音皇），玉聲也。璬，玉佩玉也。瑱，充耳也。璪，玉飾以水藻也。

史記曰：范蠡事越王勾踐二十餘年，竟滅吳。范蠡曰：君行令，臣行意。乃載其輕寶珠玉，乘舟浮海，行終不反。

漢書曰：陳平求見漢王，拜平爲都尉。絳灌等或讒平曰：雖美丈夫，如冠玉耳。

又曰：文帝始幸雍，新垣平以望氣見，平使人持玉杯詣闕下獻之。平言上曰：闕下有寶玉氣。果有獻玉杯者。

又郊祀志曰：宣帝祀河東之明年，鳳凰集祋祤，於所集處得寶玉，乃起萬壽宮。

又曰：王莽就國，孔休守新都相，休謁見莽，莽進其玉具寶劍，休不肯受。莽因曰：誠見君面有瘢，美玉可以滅瘢，獻其瑑耳。即解其瑑，休復辭。莽遂椎碎之，自裹以進休也。

後漢書曰孝明帝時汴渠成故行幸滎陽巡行河渠虞
王潔牲以禮河神
續漢書曰桓帝時光禄吏舍下夜有青氣視之得玉鈎玦
各一鈎長七寸三分玦五寸四分身中皆雕鏤
又曰三老五更杖玉杖民年七十授之以玉杖
華嶠後漢書曰嘉平中袁逢爲三老賜玉杖
范曄後漢書曰梁冀金玉珠璣異方珍怪積藏室
魏志曰漢時夫餘王葬用玉匣常豫以付玄菟郡王死則
迎取以葬公孫淵伏誅玄菟庫猶有玉匣一具今夫餘庫有
玉璧珪瓚數代之物傳世以爲寶耆老言先代之所賜也
魏略曰大秦國出采玉五色玉夫餘國出赤玉
晉書曰中興東遷舊章多闕而冕旒飾以翡翠珊瑚及雜
珠等顧和奏舊冕十有二旒皆用玉珠今用雜珠等非禮

若不能玉可用白琁成帝於是始下太常改之
沈約宋書曰紫玉王者不藏金玉則光見深山
崔鴻十六國春秋南燕録曰鎮南長史悅壽謂南海王法
曰向見北海王子天資弘雅神爽高邁始知天族多奇玉
林皆寶
又前涼録曰辛攀字懷遠隴西狄道人兄鑒曠弟寶迅皆
以才識知名秦雍爲之語曰三龍一門金友玉昆
又曰初呂光之稱王也遣市六璽於于闐六月玉至也
燕書曰文帝凞平二年左部民得玉璽玉鼎
趙書曰劉聰徙治平陽於汾水中得白玉四寸高二分龍
鈕文曰有新保之
後魏書曰崔挺爲光州刺史掖縣有人年踰九十板輿造
州自稱少曾充使林邑得一美玉方尺四寸甚有光彩藏
之海島垂六十歲忻逢明政今願奉之挺曰吾雖德謝古
人未能以玉爲寶遣舡隨取光潤果然迄不肯受乃表送
都
又曰李預字元凱歷征西大將軍長史帶馮翊太守府解
罷郡遂居長安羨古人飡玉法乃採訪藍田躬往攻得若
環璧雜器形者大小百餘頗有麤黑者亦挾盛以還至而
觀之皆光潤可玩預乃椎七十枚爲屑食之餘多惠人後
預及聞者更求玉於前處皆無所見馮翊公源懷弟得其玉
琢爲器佩皆鮮明可寶預服經年云有効驗而世事寢食
皆不禁節又加好酒損志及疾篤謂妻子曰吾酒色不絕
自致於死非藥過也然吾尸體必當異勿速殯令後人知
飡服之妙時七月中旬長安毒熱預屍四宿而體色不變
其妻常氏以玉珠二枚唅之口閉常謂曰君自云飡玉有

神驗何不受唅言訖齒啓納珠因嘘其口都無穢氣舉斂
棺堅直不傾委死時有遺玉屑數升橐盛納諸棺中
又曰高祐爲中書侍郎時有人於零丘得玉印一以獻詔
以示祐祐曰印上有籀書二字文曰守壽壽者命也我獲
其命亦是歸我之徵
又曰穆弼有風格善自位置高祖初定代族欲以弼爲國
子助教弼辭曰先臣以來蒙恩累世比校徒流實用慙屈
高祖曰朕欲勵冑子故屈卿先白玉投泥豈能相汚弼曰
既遇明時恥沉於泥滓
又曰孝昌中於廣平王第掘得古玉印敕召祖瑩與李琰
之令辨何世之物瑩去此是于闐國王晉泰康中所獻乃
以墨塗字觀之果如瑩言時人稱爲博物
後周書曰武帝保定中晉公護獲玉斗以獻

北史曰于謹平江陵獲大玉徑四尺圍七尺及諸輿輦法物以獻

又曰隋文時王邵上表云稽覽圖史又云政道則陰物變爲陽物鄭玄注云葱變爲韭亦是謹案自六年已來遠近山石多變爲王石爲陰王爲陽

太平御覽卷第八百四

太平御覽卷第八百五

珍寶部四

玉下

唐書曰太宗嘗謂魏徵曰玉雖有美質在於石間不值良工琢磨與瓦礫不別若遇良工即爲萬代之寶朕雖無美質爲公所切磋勞公約朕以仁義弘朕以道德使朕功業至此公亦足爲良匠耳

又曰高宗朝封禪太嶽造玉册三枚皆以金編每牒長一尺二寸廣一寸二分厚三分刻玉塡金爲字又爲玉匱一以藏正坐玉册金匱二以藏配坐玉册各一尺三寸并玉檢方五寸當繩纏處刻爲五道當璽處刻深二分方一寸二分爲黃金繩以纏金玉匱各五周爲金泥以泥之爲玉璽一枚方一寸二分文同受命璽以封玉匱

又天寶中詔曰禮神以玉者蓋取其精絜表以溫潤合德爲器有象正辭乃信以達馨香其在璧頃來禮神六器及宗廟奠玉自隔絕正奏後有司並皆用珉禮所謂君子貴玉而賤珉是珉不可用也朕精禋郊壇嚴敬宗廟奉惟新之祚庇太平之人則人力普存備物以享安可以珉代玉惜費事神況國家之富有萬方之助祭闕典必脩無文咸秩豈於天地宗廟奠玉有虧自今已後禮神六器宗廟奠玉並用眞玉諸祀用珉如以玉難得大者寧小其制度以取其眞

又曰憲宗時隰州刺史吳暈獻玉杯一顆珍奇云先使吐蕃所得

又曰憲宗時在宅使許遂振得玉類珽以進上悅命賜絹三百疋

又曰貞元六年盧羣入拜侍御史有人誣告故尚父子儀嬖人張氏宅中有寶玉者張氏兄弟又與尚父子孫相告訐詔促其獄羣上奏言張氏以子儀在時分財子弟不合爭奪然張氏宅與親仁宅皆子儀家事子儀有大勳伏望陛下赦而勿問使私自引退上從之時人賞其識大體也

又曰大和中文王命中使以白玉帶就幽州賜李載義亦殊恩也

又曰開成中王起議今國家郊天報地祀神之玉常用守經據古禮神之玉則無臣等請詔下有司精求美玉創造蒼璧等九器祭訖具而藏之其餘燎玉請依常制

管子曰夫玉之所以貴者九德出焉溫潤以澤仁也鄰以理者智也堅而不蹙義也廉而不劌行也鮮而不垢潔也折而不撓勇也瑕適皆見情也茂華光澤並通而不相陵容也叩之其音淸搏徹遠純而不殺辭也是以人主貴之藏以爲寶剖以爲符瑞

文子曰鄭人謂玉未理者璞周人謂鼠未腊者璞周人懷璞問鄭賈曰欲之乎出其璞視之乃鼠璞

范子計然曰玉英出藍田

列子曰穆王征西戎西戎獻昆吾之劒赤刀切玉如切泥

又曰宋人有爲其君以玉爲楮葉者三年而成鋒殺莖柯毫芒繁澤亂之楮葉中不可別也此人遂以巧食宋國

尹文子曰魏田父有於野得玉徑尺弗知其玉也以告鄰人鄰人詐之曰此怪石也畜之弗利田父雖疑猶錄置於廡下其夜玉明照一室其家大怖遽而弃之於野鄰人盜之以獻魏王魏王召玉工相之玉工望玉再拜卻立曰敢賀大王得天下之寶臣所未嘗見王問價玉工曰此無價

以當之五城之都僅可一觀王立賜獻者千金長食上大
夫祿也
鬼谷子曰鄭人之取玉也載司南之車爲其不惑也
尸子曰水方折者有玉圓折者有珠
又曰玉者色不如雪澤不如雨潤不如膏光不如燭鄒子
曰夫珠生於南海玉出於須彌無足而至者人好之也士
有足而不至者以人不好也
韓子曰楚人卞和得玉璞於楚山獻厲王使玉人相之曰
石也王以和爲慢刖右足及武王即位又獻之復相曰石
也次刖左足及文王即位和乃抱其璞而哭於楚山三日三
夜泣盡繼之以血王使玉人治之得寶玉焉名曰和氏之
璧
又曰周有玉版紂令膠鬲索之文王不予費仲來求因予
之是膠鬲賢而費仲無道也周惡賢者之得志也故予費
仲文王擧太公於渭濱者貴之也而資費仲玉版者愛之也
故曰不貴其師不愛其資雖知大迷
又曰堂谿公見昭侯曰今有白玉之巵而無當有瓦巵而
有當君渴將何以飲君曰以瓦巵堂谿公曰白玉之巵美
而君不以飲者以其無當耶君曰然堂谿公曰爲人主而
漏泄其羣臣之語譬猶玉巵之無當也堂谿公每見而出
昭侯必獨卧惟恐夢言泄於妻妾
淮南子曰琬琰之玉存汙泥之中雖廉者不釋也
又曰崑崙山曾城九重有珠樹玉樹
又曰鍾山之玉炊以爐炭三日三夜而色澤不變得天地
之精
又曰玉璞不猒厚

又曰白玉不雕美珠不文質有餘也
又曰兩堅不能相加兩強不能相伏故梧桐斷馬角截氂
玉（言柔勝剛）
又曰玉待礛諸而成器（礛諸琢玉之名也言物有待礪而寶）
隨巢子曰幽厲之時奚祿山壞天賜玉玦於羿遂以殘其
身以此爲福而禍
抱朴子曰吳時發廣陵大冢兵人共擧死人以倚壁有一
玉長一尺形似冬瓜從人懷中頹出墮地玉可以爲珠酒
及地榆酒化之爲水亦可燒以爲粉服一年以上入水不
沾入火不灼
又曰玉脂生玉之山膏流出萬年以上則凝而成之鮮明
如水精以無心草末和之須臾成水服之一升得千歲玉
服玄真者其命不極玄眞玉別名也服玉當得于闐白玉
赤松子以玄虫而漬玉爲水服之故得乘烟霞上下也
又曰中山謠曰稱人字者金玉也知其物則不爲害
賈子曰德有天理曰道性神明命之所生而能象德者獨
玉也
符子曰荊山不貴玉鮫人不貴珠
穆天子傳曰天子大朝黃之山披圖視典用觀天子之寶
器玉果（石以美玉譌文果者）璿珠（璿玉類）
又曰天子北征東還乃循黑水至於羣玉之山先王所謂
策府天子於是取玉枝三乘玉器服物於是載玉萬隻也
又曰赤烏氏美人之地寶玉之所在也
山海經曰珏二玉相合（珏音角）瑁琥夷鸞傒耳玉也稷契之
山及鹿臺山其上多白玉瑜次之山多嬰垣之玉泰冒之
山洛水出焉其中多藻玉盂山之上丹水出焉其中多玉

膏其源沸湯黃帝是食玉膏之所出五色乃清五味乃馨
堅栗精密澤而有光五色發作以和柔剛天地鬼神是食
是饗君子服之以禦不祥龍首之山弱水出焉其中多美
玉放皐之山明水出焉其中多蒼玉平丘在三桑東爰有
遺玉
帝王世紀曰有鷰飛而遺卵簡翟與妹競取覆以玉筐
又曰周武王伐殷爲天子登臺見玉王曰誰之玉或曰諸
侯之玉王不取反歸之天下聞之曰王廉於財矣
又曰紂敗績登鹿臺蒙寶衣玉席投於火而死
漢武故事曰上起神屋前庭植玉樹以珊瑚爲枝碧玉爲
葉華子青赤以珠玉爲之空其中如小鈴鎗有聲也
漢武内傳曰西王母云昌城玉女夜山火玉
又曰長州一名青丘仙草靈藥甘液玉英美所不有

漢書儀曰祭天用玉几
論衡曰玉變爲石珠變爲礫毀謗使然也採玉者破石拔
玉選士者弃惡取善
又曰球琳瑯球玉也琳珠也琅玕珠之類也
鹽鐵論曰南越以孔雀珥門戶崑山之旁以玉抵鳥鵲
桓譚新論曰雒陽季幼賓有小玉檢衛謁者史子伯素好
玉器見而奇之使子報以三萬錢請買焉幼賓曰我與好
事長者傳之已雇十萬非三萬錢主也余驚駭去我若於
路見此千錢亦不市也故知之與不知相去甚遠
王逸正部論曰或問玉符曰赤如雞冠黃如蒸栗白如脂
肪黑如純漆玉之符也（魏文帝與鍾繇書亦出也）
矯世論曰白玉之肖牙者唯離婁能察之
白虎通曰玉者象君子之德燥不輕濕不重是以人君寶
之
應劭漢官儀曰封禪壇有玉龜
郭子橫洞冥記曰元鼎元年起招靈閣有一神女留一玉
釵以與帝帝以賜趙婕好至昭帝元鳳中宮人猶見此釵
共謀欲碎之明視釵匣唯見白鷰直升天後宮人常作玉
釵因名玉鷰釵言其吉祥
西京雜記曰高祖初入咸陽宮周行庫藏金玉珍寶不可
勝言其尤驚異者有青玉五枝燈高七尺五寸下作蟠螭
以口含燈然則鱗甲皆動煥爛盈室焉
又曰高祖初入咸陽周行庫藏見玉笛長二尺二寸二十
九孔吹之則見車馬山林隱嶙相次吹息不復見銘曰昭
華之管（轔嶙）
五經通義曰玉有五德溫潤而澤有似於智銳而不害有
似於仁抑而不撓有似於義有瑕於内必見於外有似於
信垂之如墜有似如禮
瑞應圖曰玉甕者聖人之應也不汲自盈王者飲食有節
則出
雒書曰王者不藏金玉則紫玉見于深山服飾不逾祭服
則玉英出
胡綜別傳曰吳時掘得銅印以琉璃爲蓋畫布雲母於
其上開之得白玉如意太皇帝以問君君曰秦皇以金陵
有天子氣處處埋寶物以當王士之氣此抑是也
文士傳曰劉楨字公幹少有才辯常豫魏文帝座見甄后
不伏武帝嘗怒配上方武帝輦至上方觀作署楨故匡坐
正色磨石不仰武帝問曰石何如楨因得喻己自理跪對
曰石出自荆山玄巖之巔外有五色之章内有含和之珎

學之不加瑩雕之不增美稟氣堅貞受玆自然顧其理枉
屈紆繞猶不得中武帝顧左右大笑郎日還宮赦楨復署
吏
列山傳曰赤松子者神農時雨師也服水玉教神農能入
火不燒
神仙傳曰沈羲爲仙人所迎見老公以金案玉盌賜羲
搜神記曰孔子作春秋制孝經既成齋戒告天天降赤虹
化爲黃玉長三尺上有文
又曰羊公雍伯雒陽人性篤孝父母終葬無終山遂居焉
山高八十里上無水公汲水作義漿於坂頭行者皆飲之三
年有一人就飲以石子一斗與之使至高平好地有石處種
之玉當生其中羊公未娶又語汝後當得好婦語畢不見後
種其石數歲時時往視玉子生人莫知有徐氏右北平著姓

女甚有名時人求多不許公乃試求徐氏徐氏以爲狂乃
戲云以白璧一雙來當聽爲婚公至所種石中得一雙白
璧以贄徐氏徐氏大驚遂以女妻公天子異之拜爲大夫
於種玉處四角作大石柱各一丈中央一頃地曰玉田
續搜神記曰樂安高衛其孫雅之在廐中去有神來降自
稱白頭公拄杖光耀照人也白頭公白玉也
搜神記曰吴王夫差女名玉童子韓重有道術女悅之結
氣死葬于閶門之外重至冢前哭祭女見形將重入冢臨
去取崑崙玉盂以送重○燉煌高納之郡府紀年曰桀伐
岷山岷山女[illegible]于桀二女曰琬曰琰桀愛二女無子刻
其名於苕華之玉苕是琬華是琰
石虎鄴中記曰後宮别坊中有小形玉床又曰石虎以宮
人爲女官用玉案文書

涼州記曰盜發張駿陵得玉樽玉簫玉笛
法顯記曰師子國有玉像
齊諧記曰餘杭縣南巷中有一人姓沈名路入山得一玉
豘從此以後所向如意家遂般富
異苑曰晉東瀛王騰字元邁以永嘉元年鎮鄴天雪門前
方數十步融液不積騰惟掘之得玉馬高一尺許口齒欽
騰以馬者國姓爲吉瑞或謂馬無齒則不復食
又曰弘農楊子陽太元初聞土中聲掘得玉豘
録異傳曰江巖常到吴採藥及富春縣清泉山南遥見一
美女紫衣獨踞石而歌聲有磓石之音巖往未及數十步
輒去女處唯見所踞石耳如此數日巖乃擊破石遂從石中
得一紫玉廣長一尺後不復見女
又曰邴浪者安樂人行到松滋縣九田山見一鳥形如雉

而色正赤集山巖石上鳴聲如吹笙浪即射中之鳥仍入
石穴中浪遂鑿石得一赤玉狀如鳥形
十洲記曰周穆王時西胡獻玉杯是白玉之精光明照夕
置杯於庭中皆明旦而水汁滿於杯中汁甘而香美斯靈
器也
又曰瀛州有玉膏如酒名曰玉酒飲之令人長生
博物志曰得好玉用合玉漿
廣志曰白玉美可照面出交州青玉出倭國碧玉出夫餘
梁四公記曰扶桑國使使貢觀日玉大如鏡方圓尺餘明
澈如琉璃映日以觀見日中宮殿皎然分明
地鏡圖曰二月中草木光生下垂者下有美玉
又曰玉石之精也其在石中若山中石潤而浸旁有水其
居地氣青而浮其氣白而圓光轉其地中常濕

白玉圖曰玉之精名曰委然如美女衣青衣見之以桃戈刺之而呼其名則可得也夜行見女子戴燭行者潛從其所亡則入石石中有玉

世說曰長沙王從封常山至國穿井入地四丈得白玉方三四尺

又曰溫嶠取姑女下玉鏡臺一枚是公爲劉越石長史征劉聰所得

語林曰平子從荊州下王敦敦欲殺之平子恒持一玉枕下林去敢不得發敦後矯平子左右借其玉枕持下床去遂殺平子

本草經曰玉泉一名玉醴臨死服五斤色不變

吳氏本草曰白玉體如白頭公

明皇雜錄曰天后嘗召諸皇孫坐於殿上觀其嬉戲因出西國所貢玉環釧盃盤列於前後縱令爭取以觀其志莫不奔競厚有所獲獨上端坐略不爲動后大奇之撫其背曰此兒當爲太平天子因命取玉龍子以賜玉龍子太宗於晉陽宮得之文德皇后常置之衣箱中及大帝載誕之三日后以珠絡衣褓并玉龍子賜焉其後常藏之內府雖其廣不數寸而溫潤精巧非人間所有及上即位每京師愆雨必虔誠祈禱將有霖霪遍而視之若奮鱗鬛開元中三輔大旱上復祈禱而涉旬無雨上密投南內之龍池俄而雲物暴起風雨隨作上幸西蜀車駕次渭水將渡駐蹕於水濱左右侍御或有臨流灌弄者於沙中得之上聞驚喜視之泫然流涕曰此吾昔時所寶玉龍子自後每夜中光彩輝燭一室上既還京爲小黄門攘竊以遺李輔國常置於櫃中輔國將敗夜中聞櫃中有聲開視亡其所

太平御覽卷第八百五

太平御覽卷第八百六

珍寶部五

圭　璧

圭

說文曰圭瑞玉也上員下方以封諸侯楚爵有執圭

尚書禹貢曰禹錫玄圭告厥成功

又金縢曰既克商二年王有疾弗豫二公曰我其爲王穆卜周公曰未可以戚我先生公乃自以爲功爲三壇同墠爲壇於南方北面周公立焉植璧秉珪乃告大王王季文王

又顧命曰康王即位太保承介圭上宗奉同瑁由阼階隮（大圭尺二寸天子守之同爵名瑁所以冒諸侯以齊瑞信方四寸邪刻之也）

尚書大傳曰古者圭必有冒故圭冒者天子與諸侯爲瑞諸侯執所受圭以朝天子無過者復得以歸有過者留其三年

周禮春官上大宗伯曰以玉作六瑞以守邦國王執鎮圭公執桓圭諸侯執信圭伯執躬圭子執穀璧男執蒲璧（馬融曰瑞信鎮圭尺有二寸王者執以事天地桓圭九寸信圭七寸躬圭七寸穀圭五寸蒲圭柔滑）

又春官上宗伯曰以青圭禮東方

又典瑞曰王搢大圭執鎮圭繅籍五采五就以朝日覲聘

四圭有邸以禮天旅上帝（四圭相連皆外嚮共一邸長尺二寸旅陳）兩圭有邸以祀地旅四望（兩圭五寸）祼圭有瓚以肆先王以祼賓客（灌鬯之圭尺二寸肆陳牲器以祭也）圭璧以祀日月星辰土圭以致四時日月封國則以土地（土圭尺有五寸以求土中故謂土圭也）鎮圭以徵守以恤凶荒（守邦國都鄙者）穀圭以和難以聘女（穀圭七寸穀善）琬圭以治德以結好（琬圭九寸琬順也）

又秋官下小行人曰合六幣圭以馬也

儀禮聘禮曰上介受圭屈受賈人

禮記禮器曰諸侯以龜爲寶以圭爲瑞家不寶龜不藏圭

又禮器曰禮有以素爲貴者大圭而使所以申信也

又雜記曰贊大行曰圭公九寸侯伯七寸子男五寸博三寸厚半寸剡上左右各寸半玉也藻三采六等（贊大行者書說大行人之禮者名也藻薦玉者也三采六等以朱白蒼畫之再行也）

三禮射侯圖曰信圭七寸謂圭上琢爲人頭身之形侯所執也躬圭七寸謂圭上琢爲四體之形伯所執也

左傳昭六曰王子朝用成周之寶圭于河津人得諸河上

又襄三十年曰鄭伯有之難游吉晉還聞難不入（懼禍并及）復命于介八月甲子奔晉駟帶追之及酸棗與子上盟用兩珪質于河（子上駟帶也沈珪於河爲信也酸棗陳留縣）

又昭十二年楚公尹路請曰君王命剝圭以爲鏚柲（鏚斧也柲柄也王以飾斧柄）敢請命（請制度之命）

穀梁定公傳曰定公八年盜竊玉玉者制圭也

毛詩生民曰顒顒卬卬如珪如璋

又抑曰白圭之玷尚可磨也斯言之玷不可爲也

又韓奕曰韓侯入覲以其介圭入覲于王

又嵩高曰王遣申伯錫爾介圭（圭長尺二寸謂之介非諸侯之圭故以爲寶諸侯之瑞圭自九寸而下）

論語鄉黨曰執圭鞠躬如也如不勝

又雍也曰南容三復白圭孔子以其兄之子妻之

墨子曰赤鳥銜圭降周之岐社曰天命周文王伐殷

墨子申徒狄曰周之靈圭出於土石

莊子曰楚昭王延屠羊說以三圭之位（司馬彪曰謂侯三卿皆執圭也）

山海經曰騩山之神祠以皇圭
穆天子傳曰天子乃執白圭玄璧以見西王母也
瑞應圖曰四海會同則玄圭出
白虎通曰諸侯薨使臣歸圭於天子推讓之義也
又曰東方為圭之制上小下大狀如梨錊
太玄經曰破璧毀圭逢不幸
楚辭曰三璋圭雜於甑窐兮（璋圭玉石也窐首甑也）
楚辭曰三圭重侯（三圭謂公侯伯）

璧

說文曰璧瑞玉環也瑗大孔璧也璜半璧也
爾雅曰肉倍好謂之璧好倍肉謂之瑗
尚書金縢曰周公植璧秉珪乃告大王王季文王曰尒不
許我我乃屛璧與珪

又顧命曰弘璧琬琰在西序（大璧琬琰之圭為二重也）
尚書中候曰堯沉璧於河白雲起也
毛詩淇澳曰有斐君子如金如錫如珪如璧
又雲漢曰靡神不舉靡愛斯牲珪璧既卒寧莫我聽
周禮春官上大宗伯曰子執穀璧男執蒲璧以蒼璧禮天
禮記曲禮下曰操幣圭璧則尚左手
又禮器曰束帛加璧尊德也
左傳桓公曰鄭伯以璧假許田為周公祊故也
又曰疋夫無罪懷璧其罪
又僖上曰晉荀息請以屈產之乘與垂棘之璧假道於虞
以伐虢
又曰楚子圍許許男面縛銜璧
又曰初申侯有寵於楚文王文王將死與之璧使行曰唯

我知汝專利而無猒我死汝必速行
又曰秦伯納重耳及河子犯以璧受公子曰臣負羈紲從
君於天下臣之罪多矣臣猶知之而況君乎請由此亡公
子曰所不與舅氏同心者有如白水投其璧於河
又僖中曰晉公子重耳及曹僖負羈之妻饋盤飧寘璧焉
公子受飧反璧
又文下曰秦伯以璧祈戰于河
又成公上曰丑父寢於轏車（轏士車）蛇出於其下以肱擊之
傷而匿之故不能推車而及（為韓厥所及欲為右故匿其傷）韓厥執縶
馬前（縶馬絆也執之示脩臣僕之職）再拜稽首奉觴加璧以進（進觴璧亦以示敬）
又襄三曰諸侯取邾田自漷水歸之於我晉侯先歸公享
晉六卿于蒲圃賄荀偃束錦加璧
又襄六曰公薨于楚宮叔仲帶竊其拱璧以與御人納諸

其懷而從取之由是得罪
又襄二十八曰齊人求崔杼之尸將戮之不得叔孫穆子
曰必得之武王有亂臣十人崔杼其有乎不十人不足以
葬（葬須十人崔氏不能必得）既崔氏之臣曰與我其拱璧（崔杼
大璧）吾獻其柩於是得之
又昭四年曰楚子以諸侯滅賴賴子面縛銜璧士袒輿櫬從
之造於中軍（中軍王所將）王問諸椒舉對曰成王克許（在僖六年）許
僖公如是親釋其縛受其璧焚其櫬王從之（從子言）遷賴於鄢（鄢楚邑）
又曰楚共王無冢嫡有寵子五人無適立焉乃大有事于
羣望而祈曰請神擇於五人者使主社稷乃遍以璧見於
羣望曰當璧而拜者神所立也誰敢違之既乃與巴姬密
埋璧於太室之庭使五人齋而長入拜康王跨之靈王肘
加焉子干子皙皆遠之平王弱抱入再拜皆壓紐

又哀下曰衛人出莊公入於戎州巳氏初公自城上見巳氏之妻髮美使髡之以爲呂姜髢旣入焉而視之璧曰活我吾與汝璧巳氏曰殺汝璧將焉往遂殺之而取其璧

史記曰鄒陽上書曰白圭顯於中山人惡之於魏文侯文侯賜以夜光之璧

又曰臣聞明月之珠夜光之璧以闇投於道衆莫不按劍相眄者何則無因而至前也

又曰趙惠文王得楚和氏璧秦昭王使人遺趙王書願以十五城請易璧遂遣藺相如奉璧西入秦相如見秦王無意償趙城乃前曰璧有瑕請指示王王授璧相如因持璧却立倚柱怒髮上穿冠謂秦王曰趙王齋戒五日使臣奉璧（今大王得璧傳之美人以）戲弄臣觀王無意趙王城邑臣復取璧大王必欲急臣頭今與璧俱碎於柱矣王恐其破璧乃辭謝固請相如使從他道以璧還趙

又曰張儀已學而游諸侯常從楚相飲已而楚相亡璧門下意儀掠笞數百不服釋之

又曰虞卿躡屩擔簦一見趙王賜白璧一雙黃金百溢

又曰始皇三十年有使者從關東夜過華陰平舒道有人持璧遮使者曰爲吾遺滈池君因言曰今年祖龍死使者問其故因忽不見使者奉璧具以聞始皇使御府視璧乃二十八年行渡江所沉璧也

漢書曰迺以白鹿皮爲幣王侯朝覲必以皮幣薦璧

又天文志曰日月如合璧五星如連珠

又曰沛公從百餘騎見項羽鴻門沛公如厠閒道走軍（服虔曰走音奏）使張良謝羽問沛公安在良曰聞將軍有意督過之脫身去閒至軍矣故使獻璧羽受之

又曰文帝賜尉佗書及依佗因使者獻白璧一雙

又曰王夫人者趙人幸武帝生子閎夫子死而帝痛之使者拜之曰皇帝謹使使太中大夫明奉璧一賜夫人爲齊王太后

又曰王莽篡位冠軍張永獻符命銅璧言元后當爲宣室文母

後漢書曰驃騎將軍東平王蒼聞朱暉有義行辟爲掾正月旦蒼將朝賀當奉璧賀故事少府給璧是時陰就爲少府卿貴驕傲吏不奉法蒼坐朝堂漏且盡而求璧不可得顧謂掾屬曰若之何暉望見就主簿持璧即往紿之曰我數聞璧而未嘗見試借觀之主簿授暉暉顧召令使奉之（奉之於蒼）主簿遽白就就曰朱掾義士勿復求更取璧朝蒼罷朝謂暉曰掾自視孰與藺相如

晉書載記曰燕常山大樹自拔根下得璧七十三光色精奇有異常玉慕容雋以爲岳神之命遣其尚書郎段勤以太牢祀之

又石季龍起河橋於靈昌津採石爲中濟石無大小下輒隨流用功五百餘万而不成季龍遣致祭沉璧于河俄而所沉璧浮于渚上

晏子春秋曰和氏之璧井里之朴耳

老子曰雖有拱璧以先駟馬不如坐進此道

孫卿子曰聘人以珪問士以璧

魯連子曰楚成章華之臺酌諸侯酒魯君先至王悅之與不琢之璧

莊子曰孔子問子桑雽曰吾見逐於魯伐樹於宋親而益疏何也對曰子獨不聞假之亡與（假國名也）林回弃千金之璧

貿赤子而趍彼以利合者迫窮相弃也天屬者迫窮相收
韓子曰楚人和氏得璞玉於荆山而獻之遂名和氏之璧
又曰和氏之璧不飾以五采隋侯之珠不飾以黄金其質至美物不足以飾之
文子曰聖人不貴赤璧而貴寸陰不布施以求得不高下以相假此古人之德也
淮南子曰禹之趍時冠挂不顧故曰不貴尺璧而重寸陰
又曰和氏之璧夏后之璜揖讓而進以合於夜以投人則爲怨時與不時
又曰得和氏之璧不若得事之所適
又曰璧瑗成器礛諸之功礛治玉石
抱朴子曰安期先生者賣藥於海邊始皇賜之金璧可直數千萬

又曰虞舜之承禪也捐璧於谷中
又曰景帝時戍將廣陵掘冢有人如生棺中有雲母厚丈許白璧三十枚以藉身
山海經曰招搖之神祠用一璧
穆天子傳曰天子賓於西王母乃執珪璧以見之
帝王世紀曰堯刻璧爲書東沈於洛言當傳舜之意
戰國策曰張儀爲秦破從連横說楚王楚王遣車百乘獻駭雞之犀夜光之璧於秦王
又曰齊欲伐魏魏使謂淳于髡曰弊邑寶璧二雙文馬二駟請致之髡入說齊王曰魏齊之與國今伐之名醜而實危齊王乃不伐客謂齊王曰髡受魏璧馬王謂髡曰先生有之乎曰有之伐之事使魏雖刺髡於王何益若誠不便魏雖封臣於王何損百姓無被兵之患髡有璧馬之寶於王何傷
又曰蘇秦說趙王於華屋之下抵掌而談趙王封爲武安君受白璧百雙黄金萬溢
河圖天靈曰趙王政以白璧沉河者有一黑公從河出謂政曰祖龍來天寶開中有二王曠也
吕氏春秋曰后成子爲魯聘於晉過衞右宰穀臣觴之陳樂而不樂乃送以璧后成子曰觴我與我歡也陳樂而不樂告我憂也送我璧寄託之也衞其有亂乎背衞行三十里聞甯喜之難作右宰穀臣死之后成子使人迎其妻子隔宅居之分禄食之其子長反其璧
賈誼新書曰梁有疑獄乃問陶朱公朱公曰臣之家有二白璧其色相如其徑相如其澤相如然其價不相如一者千金一者五百金何則側而視之其一者厚倍之是以千金

漢武帝内傳曰西王母上藥有赤河絳璧
韓詩外傳曰楚襄王遣使以金千斤白璧百雙聘莊子以爲相莊子固辭
白虎通曰方中員外璧内方象天地
列異傳曰秦召公子無忌無忌不行使朱亥奉璧一雙秦王大怒將朱亥著虎圈中亥瞋目視虎眥裂血出濺虎虎終不敢動
鍾離意別傳曰意爲魯相省視孔子教授堂男子張伯剗草堦下土中得璧七枚懷藏其一以六白意意開堂中素書文曰後世修吾書董仲舒護吾車拭吾履發吾笥會稽鍾離意璧有七張伯藏一意召伯問璧有七何藏一耶伯叩頭出之

物理論曰語曰士非玉璧談者爲價

晉中興徵祥說曰王者不隱過則玉璧見不斲自成光若月明

石虎鄴中記曰石虎太武殿懸大綬於梁柱綴玉璧於綬

范亭燕書曰昭文帝時左部民得紫璧以獻

戴延之西征記曰宋公諮議王智先停栢谷遣騎送道人惠義疏曰有金璧之瑞公遣迎取軍次于崤東金璧至脩壇拜受之

又云冀州傳陵郡王次寺道人法稱告弟子普嚴曰嵩高皇帝語吾言江東有劉將軍是漢家苗裔當受天命吾以四十二璧金一餅與之璧數是劉氏卜世之數也惠義以義熙十三年入嵩高山即得璧金獻馬嶼嵩

琴操曰楚昭王得和氏璧使大夫明光奉璧於趙郡中羊申甫知趙無反遺乃讒之於王明光常背楚同趙今使奉璧何能述楚功德及明光還王怒之明光乃作歌曰楚明光

魏文帝蔡伯喈女賦序曰家公與蔡伯喈有管鮑之好乃命使者周近持玄玉璧於匈奴贖其女還以妻屯田郡都尉董祀

張載擬四愁詩曰佳人遺我雲中翮何以贈之連城璧

太平御覽卷第八百六

太平御覽卷第八百七　珍寶部六

璋　琮　璜　瓚　璗　珊瑚　瑇瑁　貝

璋

說文曰璋半圭也。○尚書顧命曰康王即位太保秉璋以酢孔安國注曰王已祭太保又祭報祭曰酢也。○毛詩棫樸曰濟濟辟王左右奉璋半圭曰璋。○又斯干曰乃生男子載弄之璋。○又板曰天之誘民如壎如篪如璋如圭如取如攜。○周禮春官上大宗伯曰以赤璋禮南方。○又典瑞曰牙璋以起軍旅以治兵革馬融注曰牙璋若今之銅虎符。○又秋官下小行人曰合六弊順有璋也。○公羊傳定公八年曰陽虎竊寶玉而走。寶者何制璋也。○爾雅曰大璋八寸謂之琡璋半圭也

山海經曰招搖之神祠用一璋

呂氏春秋曰成功用璋

太八百七　一　單夾

琮

說文曰琮瑞玉也八寸似車釭

周禮春官上大宗伯曰以黃琮禮地

又秋官下小行人職曰合六幣琮以錦

又冬官下玉人曰璧琮八寸以頫聘駔琮五寸宗后以爲權駔讀爲組大琮十有二寸射四寸厚寸是謂內鎮宗后守之駔琮七寸鼻寸有半寸天子以爲權瑑琮八寸諸侯以享夫人

白虎通曰貟中方外曰琮琮起土功位西方

呂氏春秋曰大喪用琮

璜

說文曰璜半璧也

尚書中候曰文王由磻谿之水呂尚釣其涯王下拜曰乃今見光景于斯尚曰望釣得玉璜

周禮春官上大宗伯曰以玄璜禮北方

又秋官下小行人曰合六幣璜以黼

左傳文公曰周公相王室以尹天下於周爲睦分魯公以大路大旂夏后氏之璜杜預注曰璜美玉名

又哀下曰宋向魋出奔衛公父文伯攻之求夏后氏之璜與之他玉而奔齊

白虎通曰璜以徵召位在北方

又曰何謂五玉謂圭璧琮璜璋

又曰孔子卒受魯君璜玉葬墎之北

文子曰夏后之璜不能無纇

淮南子曰夏后氏之璜不能無考考瑕

又曰精神可寶非直夏后之璜

楚辭曰璜臺十成誰可極焉璜石次玉

傅玄歌詩曰有所思兮在天一方何用贈之玉佩珠璜

太八百七　二　女

瓚

說文曰瓚三玉一石也天子用全純玉也上公用駹四玉一石侯用瓚伯用將玉石半相將也

尚書文侯之命曰平王錫晉文侯秬鬯圭瓚作文侯之命

毛詩文王旱麓曰瑟彼玉瓚黃流在中玉瓚圭瓚也黃金所以流鬯也圭瓚之狀以圭爲柄黃金爲勺青金爲外朱中央

毛詩大雅江漢曰釐爾圭瓚秬鬯一卣告于文人釐賜也

周禮春官小宗伯曰凡祭祀賓客以時將瓚果將送也猶奉也祭祀以時奉而授王賓客以時奉而授宗伯天子圭瓚諸侯璋瓚

又冬官下玉人曰祼圭有瓚以祀廟

禮記王制曰諸侯賜圭瓚然後爲鬯未賜圭瓚則資鬯於

天子得其器乃敢爲其事圭瓚鬯爵也鬯秬酒也
又明堂位曰季夏六月以禘禮祀周公於太廟灌用玉瓚
大圭
又祭統曰君執圭瓚祼尸大宗執璋瓚亞祼及迎牲
左傳昭四日有星孛于大辰西及漢鄭裨竈言於子產曰
宋衞陳鄭將同日火若我以瓘斝玉瓚鄭必不火瓘圭也斝玉爵
瓚勺也欲禳火子產不與
漢書曰王莽加九命秬鬯圭瓚
魏志曰天子命魏文踐祚錫命孫權秬鬯圭瓚
北史曰于謹受華州刺史賜秬鬯一卣珪瓚副焉
白虎通曰圭瓚秬鬯宗廟之盛禮也

瑁暗

尚書顧命曰乃受同瑁王受瑁爲主受同以祭
周禮冬官下玉人曰天子執瑁四寸以朝諸侯玉以瑁之似犁冠也
白虎通曰天子執瑁以朝諸侯瑁之爲言冒也上有所覆
下有所冒也

珊瑚

說文曰珊瑚色赤生於海中或生於山也
孝經援神契曰珊瑚鉤瑞寶也神靈滋液百珍寶用則見
廣雅曰珊瑚珠也
晉書曰石崇王愷爭豪武帝每助愷嘗以珊瑚樹賜之高
二尺許枝柯扶疏世所罕比愷以示崇崇便以鐵如意擊
之應手而碎愷既惋惜又以爲疾己之寶聲色方厲崇曰
不足多恨今還卿乃令左右悉取珊瑚有三四尺者六
七株條幹絕俗光彩曜日如愷比者甚衆愷恍然自失
矣

又四夷傳曰大秦國一名犁鞬在西海之西其地東西南
北各數千里有城邑其地周迴百餘里屋宇以珊瑚爲梲
而琉璃爲牆壁水精爲柱礎也
宋書曰劉勔爲鬱林太守勔既至隨宜翦定大致名馬并
獻珊瑚
宋紀曰大明六年鬱林郡獻珊瑚連理樹
南史曰扶南國梁天監二年跋摩復遣使送珊瑚佛像并
獻方物
又曰波斯國有鹹池生珊瑚樹長一二尺亦有虎珀馬腦
真珠玫瑰等國內不以爲珍
西京雜記曰積草池中有珊瑚樹高一丈二尺一本三
柯上四百六十二條是南越國王趙佗所獻號爲烽火樹
至夜光景昭然
漢武故事曰武帝起神堂前庭植玉樹葺珊瑚爲枝
述異記曰鬱林郡有珊瑚市海客市珊瑚處也珊瑚碧色
生海底一樹數十枝枝間無葉大者高五六尺尤小者尺
餘鮫人云海上有珊瑚宮
漢元封二年鬱林郡獻瑞珊瑚婦人帝命植於殿前謂之
女珊瑚忽一旦柯葉甚茂至靈帝時樹死咸以爲漢室將
亡徵也
海中經曰珊瑚生海中欲取之先作鐵網沉水底珊瑚貫
網而生歲高二三尺有枝無葉形如小樹因絞網出之珊
瑚皆摧折在網中
孫氏瑞應圖曰珊瑚鉤者王者恭信則見一本云不珍玩
弄則出
廣志曰珊瑚其長者爲御車柱出西海底

玄中記曰珊瑚出大秦西海中生水中石上初生白一年
黄三年赤四年蟲食敗
司馬相如上林賦曰玟瑰碧林珊瑚蘩生
班固兩都賦曰珊瑚之樹上棲碧雞
傅玄紫華賦曰炳粲差以照燿兮何光麗之難形葩豔挺
於碧枝兮煥若珊瑚之翠英
潘安仁石榴賦曰似長離之栖鄧林若珊瑚之映緑水

瑇瑁

周書王會曰伊尹謂湯曰請以瑇瑁爲獻
孝經援神契曰神明滋液則瑇瑁背宋均曰背文也
春秋考異郵曰承石取鐵瑇瑁取𦁇類相致也𦁇音若
史記曰趙使使於春申君欲誇楚爲瑇瑁簪劒器悉飾以
瑇瑁

又曰江南出丹沙犀象瑇瑁珠璣
漢書西域傳賛曰故能覩犀布瑇瑁則建珠崖七郡感蒟
醬竹杖則開牂牁越巂
續漢書輿服志曰貴人助蚕瑇瑁釵
謝承後漢書曰賈琮傳云交趾土多珍産明璣翠羽象犀
瑇瑁異香美木之屬莫不自出前後刺史率多無清行旹
司隸琮爲交趾刺史
又曰和熹鄧皇后臨朝上方珠玉犀象瑇瑁雕鏤之物皆
絶
又曰天竺國出象犀玳瑁也
吳録曰嶺南盧賓縣漲海中玳瑁似龜而大
吳録曰魏使以馬求易珠璣翡翠玳瑁
孫權曰此皆孤所不用而得馬若何而不聽

晉令曰士卒百工不得服犀玳瑁
齊書曰少帝夜醉乘馬從西步廊向北馳走如此兩三將
倒臨汝侯坦之諫不從執馬控帝運拳擊坦之耆到地坦之
與曹道剛扶抱還壽春殿瑇瑁牀上卧
齊書曰廬陵王子卿爲荆州刺史在鎮營造服飾多違制
度作瑇瑁乘具詔責之令速送都
唐書曰憲宗朝訶陵國獻僧祗 女二人瑇瑁榼生犀 物等
西京雜記曰韓嫣以玳瑁爲牀
南方異物志曰玳瑁如龜生南海大者加蘧篨背上有鱗
大如扇發取鱗因見其文欲以作器則煑之刀截任意所
爲冷乃以梟魚皮錯治之後以枯木條葉瑩之乃有光輝
廣志曰玳瑁形似龜出南海巨延州
司馬相如紫虛賦曰網瑇瑁鈞紫貝

張衡東京賦曰翡翠不裂玳瑁不蔟
孫德施南榴枕賦曰委之玳瑁席停之象牙床
劉楨清慮賦曰後布玳瑁之席前設翡蠵之筵
左思吳都賦曰蠵鼊玳瑁金質黑章
繁欽寄情詩曰何以表別離取後玳瑁釵
班固與竇憲牋書曰明將軍賜固駁玳瑁簪
高文惠與婦書曰今致玳瑁梳一枚

貝

說文曰貝海介蟲也古者貨貝而寶龜至周而有泉到
秦廢貝行泉
尚書禹貢曰淮海惟楊州厥篚織貝
又顧命曰大貝鼖鼓在西房孔安國注曰大貝如車渠鼖周傳寶之
毛詩曰萋兮斐兮成是貝錦

又義疏曰貝龜之屬又有紫貝其白質如玉而紫點爲文皆行列相當大者有徑一尺六寸今九眞交趾以爲杯盤寶物也

爾雅曰貝居陸贆在水者蜬大者魧小者鰿（音積今之細貝亦有紫色）晧（出南）玄貝貽貝（黑色貝也）餘貾黃白文（音治黃質白文也）餘泉白黃文（以白爲質黃爲文點今之紫貝以紫爲質黑爲文點也）蚆博而頯（頯者中央廣兩頭銳）蜠大而險（險者謂汙薄）蟦小而橢（即上小貝橢謂狹而長此皆說貝之形容也）

春秋運斗樞曰瑤光得江吐大貝

尚書大傳曰文王囚於姜里散宜生之江淮之浦而得大貝如車渠以獻紂

歸藏曰有人將來遺我貨貝以至則徹以求則得有喜則至

漢書曰文帝賜南越王尉他書及衣他因使者獻貝五百

又曰王莽時大貝四寸八分已上二枚爲一朋直二百一十六壯貝三寸六分已上一朋直百五十分貝二寸四分已上一朋直三十小貝寸二分已上一朋直十不盈寸二分不得爲朋率枚直錢三是貨

南史曰南海有婆利國在廣州東南二月日行出文螺紫貝有石名蚶貝羅初採之柔軟及刻削爲物暴乾之遂大硬

山海經曰陰山濁谷之水注于蕃之澤中多文貝

又曰陰山漁水中多文貝邽山濛水多黃貝赤水之東蒼梧之野有文貝

太公六韜曰商王拘周西伯昌於姜里太公謂散宜生求物以免君罪九江得大貝百馮（詩作百朋）

鹽鐵論曰教與俗改弊與世易夏后以玄貝周人紫石也

本草經曰貝子一名貝齒生東海

楚辭九歌曰魚鱗屋兮龍堂紫貝闕兮朱宮（河伯以魚鱗蓋畫龍文紫貝作闕者丹其宮之義也）

廣州志曰貝凡有八紫貝最爲美者出交州大貝出巨延州與行賈貿易

萬震南州異物志曰乃有大貝奇姿難儔（大貝文貝也交趾以南海中皆有之）素質紫飾文若羅朱不磨不瑩彩輝光浮思雕莫加欲琢靡踰在昔姬伯用免其拘

徐衷南方記曰班貝贏大者圍之得六十小者圍之得五十在於海邊捕魚人時有得之者大貝出諸簿巨延州土地採賣之以易絳青

劉欣期交州記曰大貝出日南如酒杯小貝貝齒也善治毒俱有紫色

南州異物志曰交趾北南海中有大文貝質白而文紫色天姿自然不假雕琢瑩而光色煥爛

相貝經曰相經朱仲受之於琴高琴高乘魚浮于河海水産必究仲學先於琴高而得其法獻珠於漢武去不知所以嚴助爲會稽太守仲又去遺助以徑尺之貝并致此文於助曰黃帝唐堯夏禹三代之貞瑞靈奇之秘寶其有次此者貝盈尺狀如赤電黑雲謂之紫貝素質紅黑謂之珠貝青地綠文謂之綬貝黑文黃畫謂之霞貝紫愈疾珠明目綬清氣鄣霞伏蛆蟲不能延齡增壽其禦害一也復有下此者鷹喙蟬脊以逐溫去水無奇功貝大者如輪文王請大秦貝徑半尋穆王得其殼懸於昭觀秦穆公以遺燕鼂可以明目遠宜玉宜金南貝如珠璣或曰驗其性寡其味甘巴水毒浮貝使人寡無以近婦人黑白各半是也

濯使人善驚無以親童子黄脣黠齒有赤駮是也雖貝使病瘧黑鼻無皮是也贆貝使人胎消勿以示孕婦赤帶通脊是也慧貝使人善忘勿以近纖内殼赤絡是也醟貝使童子愚女淫有青脣赤鼻是也碧貝使人盜脊上有縷句脣是也雨則重霽則輕委貝使志強夜行伏迷鬼狼豹百獸赤中貞是也雨則輕霽則重

太平御覽卷第八百七

卑亥

太平御覽卷第八百八

珍寶部七

琥　琥珀　馬腦

琉璃　車渠　頗黎

水精　雲母　瑟瑟

玗琪

琥

說文曰琥發兵瑞玉爲琥文

周禮春官上大宗伯曰白琥禮西方

周禮秋官下小行人曰合六幣琥以繡也

左傳昭七曰魯昭公疾徧賜大夫大夫不受賜子家子雙琥一環一璧受之大夫皆受其賜（事見璧門）

呂氏春秋曰戰鬭用琥

虎魄

廣雅曰琥魄珠也生地中其上及旁不生草淺者五尺深者八九尺大如斛削去皮成琥魄初時如桃膠凝堅乃成其方人以爲枕出博南縣

典略曰大秦國多琥魄

續漢書曰哀牢夷出光珠琥魄

吳書曰虞翻少好學有高氣年十二客有候其兄者不遇遇翻翻追書與曰僕聞虎珀不取腐芥慈石不受曲針過而不存不亦宜乎客得書奇之由是見稱

沈約宋書曰武帝時寧州常獻虎珀枕甚光麗時將北征以虎珀治金瘡上大悅命擣碎分付諸將

西京雜記曰宣帝有身毒寶鏡一枚大如八銖錢常以虎珀笥盛之

異物志曰虎珀之本成松膠也或以作杯瓶

華陽國志曰珠穴出光珠虎珀能吸芥

西域諸（國志曰珠穴出）罽盧水邊沙中有短腰蜂窠燒治以爲虎珀

玄中記曰楓脂輪入地中千秋爲虎珀

博物志曰松脂淪入地中千年化爲茯苓千年化爲琥珀虎珀一名紅珠今太山有茯苓而無虎珀益州永昌出虎珀而無茯苓或復云燒蜂窠所作未詳此二說

拾遺記曰昔漢武寶鼎元年西方貢珍怪青虎珀鷰置之靜室自於室内鳴翔

又曰吳主聞潘夫人有色令進其圖圖成吳主見之驚喜以琥珀如意撫案即折曰此神女也因納之

又曰江引

悅鄧夫人月下舞水精如意誤傷其頰令太醫醫之以白獺髓和琥珀末塗之遂差

神農本草經曰取鷄卵黄白渾雜者熟煮及尚軟隨意刻作物以苦酒漬數宿既堅內着粉中佳者亂眞矣（此世所常用作無不成）

左思蜀都賦曰虎珀丹青珠江瑕英

潘尼詩曰駕言遊西岳寓目二華山金樓虎珀階象榻瑇瑁筵中有神秀士不知幾何年

馬腦

廣雅曰馬腦石次玉也

魏略曰大秦國多馬腦

涼州記曰呂纂咸和二年盜發張駿陵得馬腦鍾櫨

北齊書曰武平中除傅伏爲東雍州刺史會周克并州遣韋孝寬來招伏曰并州已平故遣公兒來報便宜急下授

上大將軍武鄉郡開國公即給告身以金馬腦二酒鍾爲信伏不受

北史曰梁主蕭詧曾獻馬腦鍾周文帝執之顧丞郎曰能擲樗蒲頭盧者便與鍾已經數人不得頃至薛端乃執樗蒲頭而言曰非爲此鍾可貴但思露其誠耳擲之五子皆黑文帝大悅即以賜之

古今注曰魏武帝以馬腦石爲馬勒

拾遺記曰帝顓頊時有丹丘國獻馬腦甕以盛甘露充於厨丹丘之地有夜叉駒跋之鬼能以赤馬腦爲瓶盂及樂器皆精妙於中國用者一云馬腦者惡鬼之血凝成此物世黄帝時有馬腦甕至堯時猶有甘露在其中盈而不竭

玄中記曰馬腦出月氏

魏文帝曰馬腦勒賦曰玉屬也出自西域文理交錯有似馬腦故其方人因以名之

陳琳馬腦勒賦曰託瑤溪之寶岸臨赤水之珠波

陸機靈龜賦曰若車渠繞理馬腦縟文龜甲錯龗龍鱗

王粲馬腦勒賦曰遊大國以廣觀兮覽希世之偉寶總衆材而課美兮信莫臧於馬腦

琉璃

孝經援神契曰神靈滋液則琉璃鏡

廣雅曰琉璃珠也

韻集曰琉璃火齊珠也

漢書地理志曰武帝使人入海市琉璃

續漢書曰哀牢夷出火精琉璃

漢武故事曰武帝好神仙起祠神屋扉悉以白琉璃作之光照洞徹

又曰漢成帝爲趙飛鷰造服湯殿綠琉璃爲戶

魏略曰大秦國出赤白黑黄青綠縹紺紅紫十種琉璃

魏書曰天竺國人商販至京自云能鑄石爲五色琉璃於是採礦山石於京師鑄之既成光澤美於西方來者乃詔爲行　殿容百餘人光色映徹觀者見之莫不驚駭以爲神明所作自此國中琉璃遂賤人不復珍之

吳曆曰黄龍扶南諸外國來獻琉璃

晉書曰王濟豪侈帝嘗幸濟宅供饌甚豐悉貯琉璃器中帝甚美

又曰汝南王亮公卿以琉璃鍾行酒酒及崔洪洪不肯執問其故曰慮有執玉不趍之義

洞冥記曰東方朔得五色露以琉璃器盛之獻武帝

拾遺記曰董偃設紫琉璃屏風

世說曰滿奮畏風在晉帝坐北窻作琉璃扉實密似踈奮有寒色帝笑奮荅臣猶吳牛見月而喘吳牛水牛也南士多暑而水牛畏熱見月疑是日所以喘奮太尉寵之孫也

廣志曰琉璃出黄支斯調大秦日南諸國

南州異物志曰琉璃本質是石欲作器以自然灰治之自然灰狀如黄灰生南海濱亦可浣衣用之不須淋但投之水中滑如苔石不得此灰則不可釋

十洲記曰方丈山上有琉璃宮

杜篤論都賦曰槌蜯蛤碎琉璃

諸葛恢集曰詔荅恢今致琉璃枕一

傅咸汚卮賦曰人有遺余琉璃卮者小兒竊弄墮之不潔意既惜之人有感物之汙辱乃喪其所以爲寶况君子行身而可以有玷乎

左思吳都賦曰致遠琉璃珂珹
孫公達琵琶賦曰回風臨樂刻琉璃

車渠

廣雅曰車渠石次玉也
魏略曰大秦國多車渠
古今注曰魏武帝以車渠爲酒杯
玄中記曰車渠出天竺國
古車渠椀賦曰車渠玉屬多纎理縟文出於西國其俗寶
之小以繫頸大以爲器
王粲車渠椀賦曰雜玄黃以爲質似乾坤之未分兼五德
之上美超衆寶而絕倫
陳思王車渠盌賦曰唯盌之所生于涼風之峻湄光如激
電景若浮星河神怪之瓌瑋信一覽而九驚
王處道車渠觶賦曰溫若騰螭之外天曜似游鴻之遠
臻

頗黎

梁四公子記曰扶南大舶從西天竺國來賣碧頗黎鏡面
廣尺五寸重四十斤內外皎潔置五色物於其上向明視
之不見其質問其價約錢百萬貫文帝令有司筭之傾府
庫當之不足其商人言此色界天王有福樂事天澍大雨
雨衆寶如山納之山藏取之難得以大獸肉投之藏中肉爛
類寶一鳥銜出而此寶焉舉國不識無敢酬其價者
唐書曰高宗上元二年十二月拔汗那王獻碧頗黎及地
黃龜茲白王素稽獻金頗黎
天竺記曰大雪山中有寶山諸七寶並生取可得唯頗黎
寶生高峯難得

玄中記曰大秦國有五色頗黎紅色最貴
十洲記曰崑崙山上有紅碧頗黎宮名七寶堂是也

水精

廣雅曰水精謂之石英
續漢書曰哀牢夷出水精
魏略曰大秦國一名黎鞬宮室皆以水精爲柱食器亦然
廣志曰水精出大秦黃支國
十洲記曰崑崙山上有水精闕
山海經曰堂庭山多水玉（注曰水玉今水精也）
列仙傳曰赤松子服水玉
拾遺記曰周靈王二十三年起昆昭之臺飾水精爲泥
又曰婆彭夷國於山上架樓室向明以開戶牖以水精火齊
爲階
司馬相如上林賦曰（精磊砢）
劉楨魯都賦曰水精潛光於雲穴也
劉公幹清慮賦曰入鏐碧之間出水精之都上青曦之山
蹈琳珉之塗

雲母

春秋運斗樞曰樞星散爲雲母
漢書曰王莽侍中待詔有說莽鴟目虎吻豺狼聲者莽誅
待詔而封告者後常翳雲母屏風非親近莫得見
范曄後漢書曰鄭弘爲太尉第五倫爲司空初倫爲會稽
召弘署督郵每朝弘曲躬自卑帝聽置雲母屏風分隔其
間
晉陽秋曰孫秀降賜雲母車
梁書曰南岳鄧先生名郁荊州建平人也少而不仕隱居衡

山極峻之嶺立小板屋兩間足不下山斷穀三十餘載唯以澗水服雲母屑日夜誦大洞經

唐書曰吳王杜伏威性好左道因合金丹求長生之術常服雲母散

又曰尉遲敬德遂飛練金石閑居服雲母粉

淮南萬畢術曰雲母入地千歲不朽雲母在足無踐棘注曰取大雲母塗足下踐棘不能刺

淮南子曰雲母來水雲母石可致水

抱朴子曰雲母五色其多青者名雲英宜以春服之多赤者名雲珠宜以夏服之多白者名雲液宜以秋服之多黑者名雲母宜以冬服之但有青黃二色者名雲沙宜以季夏服之皛皛純白者名磷石可四時長服

又曰吳景帝戍將於廣陵掘冢有人如生棺中雲母厚尺許

西京雜記曰晉幽公冢甚高美門闕皆是石坐攡除深入乃得雲母深處見百餘尸縱橫相枕藉皆不朽唯一男子餘皆女子或坐或立或卧衣服形色不異生人

又曰成帝設雲母帳雲幄雲幕於甘泉紫殿世謂之三雲殿

晉公卿禮秩曰賜太宰安平王治雲母輦

晉宮闕名曰含元池中有雲母舡

洛陽宮殿記曰宮中有林商等觀皆雲母置窻裏日照之煒煒有光

列仙傳曰方回堯時隱人練食雲母

三齊記曰東武城有雲母山山有雲母因以爲名安期先生常所遊餌

東園祕記曰以雲母雍尸則亡人不朽帝馮貴人薨國色亡已十餘年冢爲賊所發形貌如故但冷耳盜共姧通之後捕得之此賊言貴人棺有數斛雲母

石虎鄴中記曰虎作雲母五明金薄扇

裴淵廣州記曰增城縣有雲母向日出照之晃曜

地理志曰瑯琊定山出雲母

王建平典術曰雲母有五名其色青黑五色亂文者名曰雲母白而微青名曰雲英如水露黃白名曰雲沙青赤雜者名曰雲珠黃白而赤重厚名陽起石雲母根也其中黑文班如錢名雲膽傷人不可服第一隣石第二雲母第三雲珠第四雲英第五雲光服隣石壽五千年服雲母壽三百年服雲英千年服雲光與天地同保

瑟瑟

明皇雜録曰上於華清宮置長湯數十間屋又爲銀鏤漆船至於檝棹皆飾以珠玉又於湯中壘瑟瑟及沉香爲山以狀瀛洲方丈

又曰虢國夫人奪韋氏宅造中堂既成召匠圬墁授二百萬賞其直而復以金盃二瑟瑟三斗爲賞後曾有暴風拔樹委其堂上已而視之略無所傷既撤瓦以觀之皆承以木瓦其傳作精至皆此類也

玗琪

説文曰玗石之似玉者也

爾雅曰東方之美者有醫無閭之珣玗琪

山海經曰開明北有玗琪樹玗琪玉屬

太平御覽卷第八百八

太平御覽卷第八百九

珍寶部八

琅玕　火齊　碧
瑤　瑊　珉
木難　硬石　璿瑰
玫瑰　武夫　金上

琅玕

孝經援神契曰神靈滋則琅玕景（宋均注曰事神得理則琅玕有光明）

爾雅曰西北之美者則崑崙之璆琳琅玕焉

說文曰琅玕石之似玉者

魏略曰大秦國出琅玕

山海經曰開明東有琅玕樹瑰火山多琅玕

管子曰崑崙墟不朝請以璆琳琅玕爲幣簪珥而千金琳琅玕也然後八千里之崑崙可令而朝也

淮南子曰崑崙侵城九重琅玕樹在其東

拾遺記曰崑崙山傍有瑤臺上有琅玕璆琳之玉煎可以爲脂

本草經曰青琅玕一名珠圭

張衡南都賦曰琢蓋琅玕充溢員方（注曰飾樂用金銀及琅玕）

王延壽魯靈光殿賦曰駢密石與琅玕齊玉璫與璧英

盧湛朝霞賦曰想神芝於瀛洲若琅玕於會城

火齊

說文曰火齊玫瑰也

韻集曰琉璃火齊珠也

漢武故事曰上起神屋綴以火齊

異錄曰南西僥縣有火齊如雲母重沓可開色黃似金

南州異物志曰火齊出天竺狀如雲母色如紫金離別之即如蟬翼積之如紗縠重沓

張衡西京賦曰翡翠火齊絡以美玉

碧

孝經援神契曰神靈滋液則碧出

廣雅曰碧有縹碧綠有碧出越嶲雲南

說文曰碧石之美者

漢書曰宣帝時或言益州有金馬碧雞之神可醮而致之於是遣王褒持節求焉（如淳曰金形似馬碧形似雞）

紀年曰惠成王七年雨碧于郢

漢武故事曰帝起神屋基及户悉以碧石

魏略曰大秦國出碧

晉太康地記曰雲南青蛉縣出碧

異苑曰越嶲會元縣元馬河畔有祠河中有碧珠若不祭祀取之不祥

莊子曰萇弘死于蜀藏其血三年化爲碧（司馬彪曰萇弘以忠而流放其血不朽而化爲碧也）

矯世論曰碧似玉唯猗頓別之

張衡羽獵賦曰乘瑤碧之雕軒建輝天之華旗

左思吳都賦曰紫貝流黃縹碧素玉也

又蜀都賦曰其中則有青珠黃環碧砮芒消

張衡南都賦曰綠碧紫英青雘丹粟

劉琨與兄子書曰單于但欲得碧汝不可不揀送之

瑤

尚書禹貢曰揚州厥貢瑤琨（孔安國曰皆美石也）

毛詩衛淇澳木瓜曰投我以木桃報之以瓊瑤

周禮天官下曰内宰以婦職教九御大祭祀后祼獻則贊瑤爵亦如之
左傳昭二曰燕人歸燕姬賂以瑤甕
說文曰瑤石之美者
山海經曰章義之山是多瑤瑤玉屬
劉公幹清慮賦曰憑文瑤之几對金精之盤
馬融廣成賦曰鎮以瑤臺純以金提
張衡四愁詩曰美人贈我金錯刀何以報之美瓊瑤

瑊

廣雅曰瑊石次玉也
山海經曰葛山之下多瑊石郭璞注曰瑊玏似玉之石者
司馬相如子虚賦曰其石則瑊玏玄厲玏音力也

珉

禮記聘義曰子貢問於孔子曰敢問君子貴玉而賤珉者何也爲玉之寡而珉之多與孔子曰非爲珉之多故賤之也玉之寡故貴之也夫昔者君子比德於玉焉
說文曰珉石之次玉也
司馬相如子虚賦曰其玉則琳珉昆吾

木難

玄中記曰木難出大秦
廣志曰木難珠其色黄生東夷
南越志曰木難金翅鳥口結沫所成碧色珠也大秦土人珎之
曹植樂府詩曰珊瑚間木難

瑌石瑌音懦

禮記玉藻曰士珮瑌玫而緼組綬

廣雅曰鴈門出石白也郭璞曰今鴈出碝石白也門如氷亦有赤者也
山海經曰北渚之山其上多碝石
司馬相如子虚賦曰碝石武夫

璿瑰

山海經曰沃民之國爰有璿瑰瑤碧

玫瑰

廣雅曰神靈滋液百寶用則玫瑰出
魏略曰大秦國出玫瑰
班彪上事曰吏民墾埋有馬蔽毛驪角蹄玫瑰目皆以法禁之
司馬相如子虚賦曰其石則赤玉玫瑰

武夫

廣雅曰武夫石次玉也

戰國策曰西門豹爲鄴令魏文侯曰夫物多相類而非白骨疑象武夫類玉
漢書曰董仲舒曰五伯其比三王猶武夫之與美玉也
山海經曰會稽之山其上多砆石郭璞注曰砆武夫石似玉今長沙臨湘出之赤地白文色蔥蘢不分也
廣志曰武夫有白黑以爲枋碁
杜萬年相風賦曰太僕傅侯命余賦之誠知武夫非荆寶之倫長庚啓明非曜靈之疋

金上

說文曰金五色金也黄金爲之長久埋不生衣百淘不輕從革不違西方之行也生於土從土左右注象金在土中形
釋名曰金禁也氣剛毅能禁制物也

尚書舜典曰金作贖刑（孔安國曰金黃金誤而入刑出金以贖刑也）

又禹貢曰淮海惟揚州厥貢惟金三品（孔安國曰金銀銅也）

又洪範曰五行四曰金從革作辛（孔安國曰金可以改更）

周禮考工記曰攻金之工築氏執下齊冶氏執上齊鳧氏為聲桌氏為量段氏為鎛器桃氏為刃（鄭玄注曰多錫為下齊少錫為上齊）金有六齊六分其金而錫居一謂之鍾鼎之齊五分其金而錫居一謂之斧斤之齊四分其金而錫居一謂之戈戟之齊三分其金而錫居一謂之大刃之齊五分其金而錫居二謂之削殺之齊金錫半謂之鑒燧之齊（鄭玄曰鑒鏡也金多錫則刃白且明）

毛詩魯頌泮水曰憬彼淮夷來獻其琛元龜象齒大賂南金

周易噬嗑卦曰六五噬乾肉得黃金

又鼎卦曰六五鼎黃耳金鉉利貞

又上繫曰二人同心其利斷金

又說卦曰乾為金

爾雅曰黃金謂之璗其美者謂之鏐餅金謂之鈑絕澤謂之銑（美金最有光澤）西南之美者有華山之金石焉

史記秦本紀曰獻公十八年雨金櫟陽公自以得金瑞故作鄜畤於櫟陽祀白帝

又曰秦始皇葬驪山以黃金為鳧鴈

又曰衛鞅入秦孝公以鞅為左庶長卒定變法令乃立三丈之木於國都市南門募民有能從置北門者予五十金有一人從之輒予五十金以明不欺

又曰呂不韋乃使其客人人著所文號呂氏春秋布咸陽市門懸千金其上有能增損一字者予千金

又曰項羽以陳平為信武君擊殷而還拜平為都尉賜金三十鎰居無何漢攻下殷項王怒將誅定殷者平懼迺封其金與印使歸閒行杖劍亡渡河

又曰漢王與陳平金四萬斤以閒疏楚君臣不問其出入也

又曰吳楚反孝景以竇嬰為大將軍賜金千斤嬰陳之廊廡下軍吏過輒令財取為用金無入家者

漢書曰文帝初立以陳平為丞相位第二賜平金千鎰封三千户

又曰梁孝王未死時金以巨萬計不可勝數及死藏府餘黃金尚三十餘萬斤

又曰季布為任俠有名楚人諺曰得黃金百不如得季布諾

又曰董偃見寵館陶長公主安陵袁叔謂偃曰顧成廟遠無宿宮何不白主獻長門園於上董君入白主主獻之上大悅更名為長門宮主大喜董君以黃金百斤為袁叔壽

又曰武帝即位欒大曰臣之師曰黃金可成而河決可塞

又曰衛青北伐將十餘萬衆擊破斬首虜之士受賜黃金三十餘萬斤

又曰劉向字子政本名更生宣帝時更生言黃金可成上令典尚方鑄作事費甚多方不驗

又曰直不疑為郎其同舍郎有告歸誤持同舍郎金去主意不疑不疑買金償之而告歸者來歸金亡者大慙

又曰韋賢少子玄成復以明經歷任至丞相故鄒魯諺曰遺子黃金滿籝不如一經（如淳曰籝竹器受三斗今陳留俗有此器淳以為蕭籝音甚多耳非器名謂陳留之俗所吾陳留人也不聞有此器）

又曰尹翁歸卒家無餘財天子賢之賜翁歸子黃金百斤以奉其祭祠

又曰疏廣徙爲太傅兄子受爲少傅父子並爲師傅俱乞骸骨皆許之加賜黃金二十斤皇太子賜以五十斤

又曰秦幣黃金方寸而重一斤以溢爲名孟康曰二十兩爲溢臣瓚曰秦以一溢爲一金漢以一斤爲一金漢金爲貨夏殷無聞周黃金方寸而重一斤故貨寶於金武帝時衛青擊匈奴斬捕首虜賜黃金二十餘斤

又曰王莽敗省中黃金萬斤者一匱尚六十匱

續漢書曰扶風人士孫奮居富而性悋梁冀認奮母爲其守藏婢云盜紫金千斤

又曰楊震爲東萊太守道經昌邑初震爲茂才王密時爲昌邑令謁見至夜懷金十斤以遺震震曰故人知君君不知故人何也密曰暮夜無知者震曰天知神知子知我知何謂不知密愧而出

又曰張奐遷安定屬國都尉羌豪帥感奐恩德上馬二十疋先零酋長遺金鐻八枚奐受之而召主簿於諸羌前以酒酹地曰使馬如羊不以入廐使金如粟不以入懷悉以金馬還之

太平御覽卷第八百九

太平御覽卷第八百十

珍寶部九

金中

東觀漢記曰郭況遷爲大鴻臚上數幸其第賞賜金帛京師號況家爲金穴言其富貴

謝承後漢書曰豫章張禹字仲業爲廣陵太守舉孝子吳奉爲孝廉奉賫金爲禮禹閉門不受奉以囊盛投禹園中而逝禹追不及賫金至廣陵還奉

又曰雷義字仲公嘗濟人死罪者後以金二斤謝之義不受金主候義不在默投金於承塵上後葺治屋得金主已死義乃以付縣曹

張璠漢記曰永昌太守鑄黄金之蛇獻之梁冀益州刺史种暠發其事

後漢書曰中興初有應嫗者生四子而寡見神光照社試探之乃得黄金自是諸子官學並有才名至瑒七代通顯

又曰益州金銀之所出

魏略曰田豫爲并州胡寇懷金三十斤曰以此上公張袖受之荅其厚意胡去之後皆悉付外具狀聞於是詔褒之曰昔魏絳開懷以納戎今卿舉袖以受狄金朕甚嘉焉

又曰大秦國出金織成帳也

魏志曰繁昌縣授禪石碑中生金表送上羣臣盡賀

蜀志曰先主平蜀賜諸葛亮等金數百斤

王隱晉書曰永嘉初陳國項縣賈逵石碑中生金人盜鑿取賣賣已復生此江東之瑞也

又曰咸寧三年起居注載燉煌郡上釜銅生金中百鍊不消可以切玉

又曰鄱陽樂安出黄金鑿土十餘丈披沙之中所得者大如豆小者如粟米南郡象林南有四國皆稱漢人貢金供稅

晉後略曰載賈后以鹿車詣金墉城飲金屑而死

晉書曰清河王覃初爲清河世子所佩金鈴欻生隱起如麻粟者祖母夲陳太妃以爲不祥毀而賣之占者以金是晉行大興之祥覃爲皇統是其瑞也毀而賣之象覃見廢不然之驗也

晉永和起居注曰廬江太守路永表言於穀城北見水岸邊紫赤光得金一枚文如印齒

宋書曰褚彥回爲吏部尚書有人求官密袖中將一餅金因求清閑出金示之曰人無知者彥回曰卿自應得官無假此物若必見與不得不相啓此人大懼收金而去彥回敍其事而不言其名時人莫之知也

南史曰南海扶南國王諸農死子陽邁立陽邁初在孕其母夢生兒有人以金席藉之其色光麗夷人謂金之精者爲陽邁中國云紫磨者因以爲名宋永初二年遣使貢獻以陽邁爲林邑王

宋書曰齊武帝嘗至劉悛宅晝卧覺悛自捧金澡灌受四外以沃盥因以與帝

齊書曰金車王者至孝則出金人王者有盛德則游於後池林邑有金山金汁流於浦

又曰梁武帝於襄陽起兵蕭穎胄以荊州應焉時長沙寺僧鑄黄金爲龍數千兩埋土中歷相傳付稱爲下方黄鐵穎胄因取此龍以充軍實

梁書曰武陵王紀鎮蜀既東下黄金一斤爲一餅百餅爲篋至百篋銀五倍之其他錦罽繒稱是每戰則懸金以示將士

終不賞賜
又曰廬陵王續之子應不惠王薨至庫內閲珎物見金鋌
問左右曰此可食不答曰不可應曰旣不可食並總乞汝
南史曰林邑國有山皆赤色其中生金金夜則出飛狀如螢
火
又曰甄法崇之孫彬有行業鄉黨稱善甞以一束苧就州
長沙寺庫質錢後贖苧還於苧束中得五兩金以手巾裹
之彬得送還寺庫道人大驚云近有人以此金質錢時有
事不得舉而失擅越乃能見還輙以金半仰酬往復十餘
彬堅然不受詠曰五月披羊裘而負薪豈拾遺金者耶卒
還金梁武帝布衣而聞之及踐祚以西昌侯藻爲益州刺
史乃以彬爲府録事參軍帶郫縣令將行同列五人帝誡
以廉愼至彬獨曰卿昔有還金之美故不復以此言相屬

由此名德益彰
陳書曰歐陽頠在嶺南交州刺史袁曇緩密以金五百兩寄
頠令以百兩還合浦太守龔爲四百兩付兒智矩餘人弗
之知頠尋爲蕭勃所破貲財並盡唯所寄金獨存曇緩亦
尋卒至是頠並依信還之時人莫不歎伏之
崔鴻十六國春秋後趙録曰建武元年十一月不雨雪至
二年八月穀價湧貴金一斤直米二升
又前燕録曰氾昭字嗣先燉煌人辟州主簿志在理枉申
滯人有於夜中報昭黄金者昭責而遣之
後魏書曰趙柔字元順甞在路得人所遺金珠一貫價直百
縑柔呼主還之
又曰孫軌字元慶爲諸軍司馬太武平赫連昌引諸帥入
其府藏各令任意取金玉諸將取之盈懷軌獨不取帝把

手親探金賜之謂之曰卿臨財廉朕所以增賜者欲顯廉
於衆人
又曰段暉自慕容瑋歸魏太武至長安人告暉欲南奔去
置金於馬鞍中帝密遣視之果如告者斬之於市
又曰李安世爲主客令每有江南使至多出藏內珎寶令
都下富室好容服者貨之令使任情交易時齊劉纘至金
玉肆問價纘曰北方金玉太賤當是山川所出安世曰聖
朝不貴金玉所以同於瓦礫又皇上德通神明地不愛寶
故川無金山無玉纘初將大市得安世言慙而罷
又曰副貨國城周匝七十里國王有黄金殿殿下有駝七
頭高三尺
又曰拔豆國出金銀河鈎羌國出金珠
北史齊李幼廉少寡欲爲兒童時初不從家人所求請故

甞以金寶授之終不取強付輒擲之地後爲南青州刺史
主簿徐乾富而暴横歷政不能禁幼廉初至因其有犯收
繫之乾密通疏奉黄金百挺奴婢二十人幼廉不受遂殺
之
北史隋獻皇后山陵後帝賜楊素金鉢一實以金銀鉢一
實以珠
隋書曰上賜王公已下射楊素箭爲第一上手以外國所獻
金精盤價直鉅萬以賜之
唐書曰太宗謂侍臣曰水旱不調皆爲人君失德朕德不
修天當責朕百姓何罪而尚多窮困聞有鬻男女者朕甚
愍焉於是遣御史大夫杜淹巡關內諸州出御府金寶贖
還父母
又曰開元中杜暹爲監察御史往西磧覆屯番人賫金以遺

邏因辭不受左右以不可失蕃人之情遂受而埋於墓
既出境乃移牒令收取之
又曰德宗詔曰朕聞王者不貴遠物所寶惟賢故堯設茅
茨禹卑宮室光武捨去寶劍順帝封還大珠朕仰企前王
思齊大素邕州所奏金坑誠爲潤國語人於利非朕素懷
方以不貪爲寶惟德其物豈尚茲難得之貨生其可欲之
心耶其金坑任人採斸官不得占
又曰貞元元年四月南詔王異牟尋與其酋長定計遣使
趙莫羅眉由南安使凡三輩致書於韋皋各賚生金丹砂
爲贄三分前皋所與牟尋書各持其一爲信歲中三至京
師且曰牟尋請歸大國求爲藩臣所獻生金以喻向化之
意堅如金也丹沙示其赤心耳上嘉之乃賜牟尋詔書
又曰韋執誼時爲翰林學士受賂爲人求科第夏卿不應

執誼乃探懷中出金以內夏卿袖夏卿驚曰吾與若賴先
人德致名位幸各己達豈可如此自毀壞擺袖而去執誼
大慙
又曰路隨爲翰林學士乃兼金紫有以金帛謝除制者必
比之曰吾以公事接私賄耶終無所納
管子曰玉起於禺氏山金起於汝漢珠起於赤野此寶相
去各七千里湯以杜山之金以贖民之賣子者禹以歷山
之金贖賣子者江陽之珠天下一美上有丹砂下有黃金
上有慈石下有銅金上有陵石下有鉛錫上有赭下有鐵
葛盧山發而出金蚩尤取以爲劒鎧雍狐山發而出金蚩尤
取以爲戟楚有汝漢之黃金
晏子曰景公爲履黃金之綦僅能舉之
列子曰齊人有鬻金者清旦衣冠之市適鬻金者之所因
攫其金而去吏捕得之問曰人皆在焉子攫人之金何故
對曰取金之時不見人徒見金
魯連子曰秦圍趙邯鄲魏使將軍新垣衍入邯鄲令趙尊
秦爲帝魯連子說罷之秦軍退平原君以千金爲先生壽
笑曰若即有取商賈之事連不忍爲也
莊子曰今大冶鑄金金踊躍曰我且必爲鏌鋣大冶必以
爲不祥之金
又曰以瓦注者巧以黃金注者昏（所要重則心矜）
又曰至仁無親至信辟金（金至小信之質耳至信則除）
又曰金石有聲不考不鳴也
韓子曰荊南麗水之中生金
又曰魯丹三說中山之君而不受也因散五十金事其左
右復見未語而君與之食魯丹出不及舍遂去中山其御

曰交乃始善我何故去之魯丹曰夫以人言善我必以人
言罪我未出境而公子惡之曰爲趙來間中山君因索而
罪之
又曰張譴相韓病將死公乘無正懷三十金而問之其疾
居一月公自問張譴曰君子死將誰使代子荅曰無正法
而畏上雖然不如公子食我之得民也張譴死因相公乘
無正
又曰荊王弟在秦秦不出也中尉之士曰資臣百金臣能
出之因載百金之晉見叔向曰荊王弟在秦秦不出也請
以百金委之叔向受金而見平公曰可以城壺丘矣平公
曰何以對曰荊王弟在秦秦不出是秦荊惡也必不敢禁
我城壺丘若禁之我曰爲我出荊王之弟吾不城也彼如
出之可以得禁彼不出是卒惡也不敢禁我城壺丘矣曰

善乃城壼丘謂叅公曰爲出荆王之弟吾不城也秦固出之荆王大說以錬金百鎰遺之

墨子曰昔夏使飛廉折金於山鑄昆吾鼎成而方不炊自烹不舉自藏不遷自行以祭昆吾之墟其兆繇曰逢逢白雲一南一北一東一西九鼎使成遷三國夏失殷受殷失周受

孟子曰齊王以兼金一百遺孟子兼金好金也

列子曰夏革殷謂湯曰渤海之東不知幾億萬里有大壑中有山一曰岱輿二曰方壺三曰負嶠四曰瀛洲五曰蓬萊其上高觀皆金闕

淮南子曰玦五百歲生黃澒五百歲生黃金黃金千歲爲黃龍玦石也中央數五故五百歲化澒音胡貢反澒黃金水銀也秦以一鎰爲一金而重一斤漢以一斤爲一金

又曰舜藏金千斤於嶄巖之山所以塞貪鄙之心

又曰子擬溺者金玉不若得尋常纆

傅子曰懸千金於市人不敢取者分定矣委一錢於路童子爭者分不定矣

抱朴子曰合金液用古稱黃金一斤都合用四十萬而成一劑可令八人仙也其次餌黃金一斤可得地仙

又內篇曰山中亥日稱人字者金玉知其物則不能爲害

又曰吳景帝時戍將於廣陵掘一大冢棺中人面如生兩耳及鼻孔中皆有黃金大如棗許此假物不朽之效也

太平御覽卷第八百一十

太平御覽卷第八百十一

珍寶部十

金下

國語曰范蠡乘輕舟以浮於五湖莫知其所終王令工以良金寫范蠡之狀而朝禮之

穆天子傳曰觀天子寶黃金之膏金膏亦猶玉膏皆其精液也

春秋後語曰尉繚來說王曰以秦之强諸侯譬如郡縣其君臣俱怨若或合從醜而出不意醜謂恥盟會之義也此智伯夫差湣王所以亡也願大王無愛財物賂其豪臣以亂其謀秦不過亡三十萬金則諸侯可盡王大善之

又曰邯鄲既存平原君欲封魯仲連仲連辭讓者三終不肯受平原君乃置酒酒酣起前以千金爲仲連壽仲連笑曰所貴於天下之士者爲人排患釋難解紛而無取也即有取者乃商賈之人仲連不忍爲也遂辭平原君而去終身不復見也

又曰邯鄲之北有蘇人侯蘇秦往說之蘇人侯送以黃金百溢其家丞諫曰君侯之與客無故舊而送之百金其說可得聞耶蘇人侯曰客天下辯士立談之間再棄我地而復歸之吾地雖小豈其百金

韓詩外傳曰田子爲相三年歸休以金百鎰奉其母母曰不義之物不入於館爲人臣不忠是爲人子不孝子其去曰子慙愧走出自歸於王還金請退就獄王赦田子罪以金賜其母

又曰楚襄王遣使者持金千斤白璧百雙聘莊子欲以爲相莊子固辭

又曰延陵季子遊於齊見遺金[illegible]

何子居之高而視之下也類君子而言野也有君不臣有友不友當暑衣裘吾豈取金者乎延陵季子知其賢者請問姓字牧者曰子乃皮相之士也何足語姓字哉遂去

周易參同契曰黃土金之父流水珠之母

英雄記曰董卓塢有金二三萬斤

漢武故事曰帝年數歲長公主遍指侍者與作婦好否皆不用後指陳后帝曰若得阿嬌作婦當以金屋貯之

漢武内傳曰帝受西王母真形經盛以黃金之几

又曰西王母有丸丹金液金漿

漢東園祕記曰亡人以黃金塞九竅則尸終不朽

陸賈新語曰舜藏金於嶄巖之山損珠玉於五湖之淵杜婬邪絶覬覦之情也

東方朔神異經曰北荒中有二金闕高百丈金銀盤圓五十丈

又曰西方白宫之外有金山上有人長五丈餘名曰金犀守之

蜀王本紀曰秦王以金一笥遺蜀王蜀以禮物答而盡化爲土秦王怒羣臣拜賀曰土者地也秦當得蜀矣

說苑曰申鳴者孝聞於楚王授之相辭不受其父曰使汝有禄於國立義於庭吾無憂矣申鳴從父命爲楚相及白公亂申鳴曰今不得爲孝子矣遂援鼓殺白公其父亦死王賜金百斤申鳴曰何面目見天下遂自殺

新序曰齊桓公見麥丘邑人問之曰年幾何對曰八十矣曰以子之壽祝寡人乎曰使主君甚壽金玉是賤以人爲寶

又曰公孫敖問伯象先生曰今先生收天下之[illegible]

方之　久矣未能裨世主之治明君臣之義其則未有異於府庫之藏金玉篋匱之囊間有書

又曰郭隗語燕昭王曰古之人君有以千金求千里馬巳死買骨五百金不能朞年千里馬至者二

論衡曰盧江民小男曰陳爵陳挺相與浴於湖崖有酒樽色正黃没水中爵以爲銅涉水取之重不能舉挺往助之樽更爲沉盤動入深淵中挺爵留顧見如錢等正黃數百千枚即共掇摝各得滿手歸示其家乃黃金也

論衡曰衆口鑠金者五行二曰火五事二曰言言與火宜故云鑠金

風俗通曰衆口鑠金俗說有美金此衆人咸共詆訿言其不純賣金者欲其售因取鍛燒以見真此爲衆口鑠金

又曰漢書說王陽好車馬衣服及遷徙所載不過囊衣俗

傳王陽能作黃金語曰金不可作世不可度王陽居官食祿雖爲潔白車馬衣服亦能幾何何足推之乃傳俗語

白虎通曰金在西方西方者陰始起萬物禁止金之爲言禁也

西京雜記曰韓嫣好彈常以金爲丸一日所失者十餘長安爲之語曰若飢寒逐金丸京師兒僮每聞嫣出輒隨之望丸所落而拾之

樂說稽燿嘉曰君臣之義生於金

葛洪神仙傳曰容成公服三黃得仙所謂雄黃雌黃黃金

搜神記曰魏郡張巨賣宅與程應應舉家疾賣何文文獨持大刀暮入北堂梁上一更中有人丈餘高冠赤幘呼曰細要應諾何以有人氣荅曰無文問曰高冠者誰荅曰金也在西屋壁下文掘得金三百斤

又曰漢文微服懷金過曾少年少年杜金杖出應門

王子年拾遺記曰少昊時金鳴於山銀涌於地或如龜蛇之類乍似人鬼之形

又曰方丈山有池泥色金而味辛以泥爲器可作丹矣百鍊可爲金矣金色青照鬼魅猶如照面不得藏形也

異苑曰汝南殺陶市同縣張南宅掘地得錢百萬金二斤即以還南南曰君至德感寶爲君出終不肯受陶送付縣令河南張標表上尚書

又曰新野黃舒義熙中耕田得一船金卜者云三年勿用長守富也舒不能從遂成土壤

又曰永康王曠井上有一洗浣石時見赤氣後有胡人寄宿忽求買之曠怪所以求及度錢子婦孫氏覩二黃鳥鬭於浣石上疾往掩取變成黃金胡人不知索市逾急既得

撞破石內正有二鳥處

又曰鄖墨有古冢發之有金牛塞埏門不動犯之則大响

述異記曰南康雩都縣沿江西出去縣三里名夢口穴狀如石室舊傳常有神鷄色如好金出此穴中奮翼迴翔長鳴嚮亮見人輒飛入穴因號此石爲鷄石昔有人耕此山側望見鷄出遊戲有一長人操彈彈之鷄遥見便飛入穴彈丸正著穴上丸徑六尺許下垂蔽穴猶有門隙不復容人又有人乘船從下流還縣未至此崖數里一人通身黃衣擔兩籠黃紙求寄載因載之黃衣人乞食船主與之食訖船適至崖下船主乞瓜此人不與仍唾盤上徑下崖直入石中船主初甚忿之見其入石始知神異取食器視之見盤上唾悉是黃金

又曰先儒說禹時天下雨金三日古詩曰安得天雨金使

金賤如土周成王時咸陽雨金今咸陽有雨金原秦二世元年宮中雨金既而化爲石漢惠帝二年宮中雨黄金黑錫又翁仲孺家貧力作居渭川一旦天雨金十斛於其家由是與王侯爭富今秦中有雨金翁世世富

録異傳曰隗炤者汝南隂鴻壽亭民善於易臨終書板授其妻曰吾死當大荒窮雖尔愼莫賣宅後到五年春當有詔使頓來此亭姓龔此人負吾金卿以此板往責之亡後果大困欲賣宅者數矣憶夫言輙止到期日有龔使者果至亭妻遂賫板往責使者使者執板不知所言曰我生平不踐此處何縁尔也沈吟良乆謂曰賢夫何能妻曰夫善易而未曾爲人卜使者曰可矣乃顧命侍者取蓍而筮之卦成謂炤妻曰吾不相負金賢夫自有金乃知亡後暫窮故藏金以待太平所以不告婦兒者恐金盡而困無已也知吾善易故書板以寄意耳金有五百斤盛以青缾覆以銅柈埋在堂屋東頭去壁一丈入在九尺妻還掘之皆如卜焉

異物志曰狼腨民與漢人交關嘗夜市以鼻齅金知其好惡

幽明録曰淮牛渚津水深無可筭計人見一金牛形甚魁壯以金鏁絆也

又曰巴丘縣百金崗以上二十里名黄金潭上有瀨亦名黄金瀨古有釣於此潭獲一金鏁引之遂滿一船而有金牛出聲貌奔壯釣人波駭牛因奮躍還潭

又云晉南頓王平新營一宅始移夢見一人云平輿令黄欲以一器金賂暴勝之爲暴所戮埋金在吾上見鎮迮甚若君復築室無復　入金　明旦即鑿壁下入五尺果得金

又曰譙縣城東因城爲臺方二十丈高八尺一曰古之冢也魏武帝即築以爲臺東面墻崩金玉流出取者多死因築復之

又曰海中有金臺臺内有金几玄記紀金之精爲牛

又曰長安有張氏者晝獨處室有鳩自入止于對床張惡之披懷祝曰鳩爾來爲我禍耶止承塵爲福耶入我懷鳩翻飛入懷以手探之不知所在而得一金帶鉤焉遂寶之自是之後子孫昌盛

世說曰劉疇諸陳矯明帝以金五餠授矯曰君明朕心顧君妻子未知也

又曰管寧華歆共園中鋤菜見地有片金管揮鋤與瓦石不異華捉而擲去

曹操别傳曰操引兵入峴發梁孝王冢破棺收金寶數萬斤天子聞之立泣

益部耆舊傳曰王忳字少林詣京師於客舍見諸生病甚因謂忳曰要下有金十斤願以相與乞收藏骸骨未問姓名因絶忳賣金一斤以給絮棺九斤置生要下

魯國先賢志曰叔孫通草創朝儀拜通爲奉常賜金五百斤通悉以金賜諸生諸生乃喜曰叔孫生聖人也知當世務

盧江七賢傳曰陳翼字子初到覽鄉見馬旁有一人病呼曰我長安魏少公聞鄉盧江樂來遊今病不能前翼迎歸養之有金十餠素二十疋既死翼賣素買棺衣衾以金置棺下騎馬出入後其兄長公見馬告之吏捕翼翼具言棺下得金長公叩頭謝以金十餠投其門翼送長安還之

邴原别傳曰邴原字根矩以喪亂方熾遂往遼東時同郡

劉舉亦在遼太守公孫度度捕其家而舉得免塞逼歸原東萊太守太史子義素有義原以舉付之舉臨去以其手所杖劒金三餅與原原受金辭劒還謂度曰將軍平日與舉無郄而欲殺之者但恐其爲蜂蠆耳今舉以去若以拘閉其家毒螫必滋甚矣度即出舉家原以金還之

茅君内傳曰漢帝及王莽獻金鍾之屬今埋在小茅山上

又曰取鉛十斤著鐵器中猛火燒之三沸投九轉之華一銖於鉛中攪之須臾立成黄金九斤

吳時外國傳曰斯調國作金床

扶南傳曰㬌𠹌國食器皆以金爲之金如此間之石露出山邊無有限

吳越春秋曰伍子胥伐楚還漂陽瀨水上欲報自殺婦人百金不知其家投金瀨水中而去須臾有一姥哭而來自言是女毋取金而去

蜀李書曰武帝諸將進金銀或以得官者楊襄諫曰陛下爲天下主何有以官買金耶帝謝之

列女傳曰樂羊子出學其妻貞義截織供其費後羊子得遺金一餅以與妻貞義曰君子不以利汚行羊子慙而去之

又曰廣漢汝婦者汝敦妻也敦以所受田地奴婢三百餘萬悉讓與兄栽留園地數十畝起舍耕作土中得金一器敦以示妻妻曰本言讓先祖所有此獨非其有耶敦曰固吾意也俱擔金送與兄嫂

郡國誌曰蘇秦宅在洛陽利仁里後魏高顯業每夜見赤光於光處掘得金百斤銘曰蘇家金業爲之造寺

秦州記曰金城郡應劭云初築城得金城

臨海記曰白石山去縣邑三十里望之如雪上有淵相傳云金鵝之所集

鄭緝之東陽記曰金牠山之康縣南三里故老傳云有人得金牠於此故名山

劉欣期交州記曰趙嫗者九真人乳長數尺入山聚盗遂攻郡常着金擒提屐

又曰金有華出珠崖謂金華采者也雪山在新昌南人曾於山中得金塊如斗迷失道還置本處乃得出

錢塘記曰縣東南有峴山長老相傳採金於此

羅浮山記曰州南十里有牛潭漁人見金牛自水出義熙中縣民張安躡得金鏁大如指遂數十尋尋尋未已俄有物從水引之掘不能禁以刀斷得數尺安遂致富其後義興周雲甫擒此牛掣斷其鏁得二丈遂以財雄

林邑記曰從林邑往金山三十日至遠望金山嵯峨如赤城照耀似天光澗壑谷中亦有生金形如虫豸細者似蒼蠅大者若蜂蟬夜行燿熠光如螢火

地鏡圖曰黄金之氣赤黄千萬斤以上光大如鏡盤

白澤圖曰黄金之精石名瘖狀如豚居人家使人不宜妻白鼠以昏時見於丘陵之間視所出入中有金

關令内傳曰老子與尹喜登崑崙上金臺玉樓七寶宫殿晝夜光明乃天帝四王之所遊處有珠玉七寶之牀

宗躬孝子傳曰郭巨河内温人也妻生男謀曰養子則不得營業妨於供養當殺而埋焉鍤入地有黄金一釜上有鐵券曰黄金一釜賜孝子郭巨

楊雄集曰單于上書願朝哀帝以問公卿公卿虚費府帑可且勿許單于使辭去未發雄上書諫天子召還匈奴使

者更報單于書而許之賜雄黃金十斤
孔融聖人優劣論曰金之優者名曰紫磨猶人之有聖也
陳思王辯道論曰甘陵始其語余曰本師姓韓字世雄始
常與師於南流作金前後數四投數萬斤金於海
嶺表異録曰五嶺內富州賓州澄州江溪間皆產金側近
居人以木箕淘金為業自旦至暮有不獲一星者鄭沉傳淘者詩云披沙辛苦見傷懷往往分毫望亦乖力盡半年深水裏難全為一鳳凰釵就中澄州者最為良
金余頃年使于上国覲友不欲書其姓字附澄州金二十兩與當
時權臣余訝其單鮮友人曰金雖少貴其夜明有異於常
金耳遂留宿驗之信然也

太平御覽卷第八百十一

覽八百一十一　方　田劉

太平御覽卷第八百一十二

珍寶部十一

銀　黃銀　水銀

鉛　錫

銀

周禮夏官下曰正南曰荊州其利丹銀

爾雅曰白金謂之銀其美者謂之鐐（郭璞曰鐐音遼也）

孝經援神契曰神靈滋液有銀甕不汲自滿

史記封禪書曰黃帝得金德銀山溢（蘇林注曰溢出也）

又曰蓬萊方丈瀛州此三神山黃金白銀為宮闕

又大宛傳曰安息國以銀為錢錢如其王面王死輒更錢

放王面焉

又曰舜為父母淘井將銀錢安鏟中與父母

漢書曰王莽時珠堤銀重八兩一流直千五百八十（蘇林曰朱提縣名屬犍為出善銀）它銀一流直千是為銀貨

又西域傳曰無雷國出銀

司馬彪續漢書曰大秦國以金銀為錢十銀錢當一金錢

魏志曰郭脩手刃蜀大將軍費禕追加褒寵謚曰威侯子龍加爵拜奉車都尉賜銀千餅

魏武上雜物疏曰御物中宮貴人公主皇子純銀澡豆奩鏡一枚西貴人純銀參帶五皇子銀匣壹皇子雜用物十六種純金參帶方嚴四具

又曰御物及貴人公主皇子有純銀香爐也

魏志曰織國男女繫銀廣數寸以為飾

蜀志曰先主平蜀賜諸葛亮等銀千斤

吳志曰孫皓時言掘地得銀長一寸廣一分刻上有年月於是改年為天策

又曰婁圭為劉表所圖主飲食徒見數百人人賜銀一斤使擊表

晉故事曰成帝咸康元年有司奏上元給賜衆官銀檢金部見銀一萬五千兩充給

宋起居注曰廣州刺史韋朗鑄銀鏤銘二枚

齊書曰明帝每存儉約欲鑄壞太官元日上壽銀酒鎗尚書令王晏等咸稱盛德衛尉蕭穎冑曰朝廷盛禮莫過三元此一器既是舊物不足為侈帝不悅後預曲宴銀器滿席穎冑曰陛下前欲壞酒鎗恐宜移在此器也帝甚慙

南史曰梁　季直丹陽秣陵人也祖愍祖宋廣州刺史父景仁中散大夫季直早慧愍祖甚愛異之嘗以四函銀列置於前令諸孫各取其一季直時年四歲獨不取曰若有賜

當先父伯不應度及諸孫故不取愍祖益奇之

陳書曰周文育從南海出至大庾嶺遇卜者卜之曰君北下不過作令長南入則為公侯文育曰足得銀二千兩若不見信以此為驗其夕宿於逆旅有賈人求與文育博文育勝之得銀二千兩旦遂卻入嶺南

崔鴻十六國春秋前趙錄曰聰引帝入讌語帝曰卿為豫章王時贈朕柘弓銀研卿頗憶不曰臣安敢忘之但恨爾日不得早識龍顏

又後趙錄曰大武殿室皆銀楹金柱

後魏書曰銀出始興陽山縣又出桂陽陽安縣驟山有銀礦二石得銀七兩白登山亦有銀礦八石得銀七兩（宣武時注置銀官常令采鑄）

又曰孝明皇帝開恒州銀山之禁與人共之

又曰太武皇帝和平二年詔中尚坊作黃金合盤十二具鏤以白銀鈿以玫瑰

唐書曰武德中方術人師市奴合金銀並成上異之以示侍臣封德彞進曰漢代方士及劉安等皆學術唯苦黃白不成金銀爲食器可得不死

又曰貞觀中治書侍御史權萬紀上言宣饒二州諸山大有銀坑採之極是利益每歲可得錢百萬貫上謂曰朕貴爲天子是事無所少乏唯須嘉言善事有益於百姓者且國家賸得數百萬貫錢何如得一有才行人不見卿推賢進善之事又不能按舉不法震肅權豪唯只言稅鬻銀坑以利多爲美昔堯抵璧於山投珠於谷由是崇名美号見稱千載後漢桓靈二帝好利賤士爲近代庸暗之主卿遂欲將我比桓靈耶是日放令還第

又曰太宗引杜淹爲天策府兵曹參軍文學館學士常侍宴賦詩時有八人同作淹爲稱首賜以銀鍾

又曰貞觀中鴻臚奏高麗莫支離貢白金黃門侍郎褚遂良進曰莫支離虐殺其主九夷所不容陛下以之興兵將事弔伐爲遼山之人報主辱之恥若受其貢何所致伐太宗納焉

又曰元和十四年涇原節度使王潛進銀三千兩執線綾三千疋涇州密迩戎境其士無百姓其軍皆仰給度支舊矣至若無名上獻雖吳蜀沃富猶謂取諸人以千媚不免於譏責今則盜削軍實以充貢獻而求恩澤蓋以時急於財勢使然也

又曰太和中尚書左丞王起進士兄播銀胡瓶二百枚玉及通犀帶刀劍器杖等

管子曰上有鉛者下有銀

列子曰周穆王執化人之袪騰而上天暨化人之宫構以金銀絡以珠玉

淮南子曰夫淇衛菌簬飾以銀錫有薄縞之幨不能獨穿也

抱朴子曰銀但不及金玉服可地仙

穆天子傳曰天子乃賜曹奴之人戲黃金之鹿銀䴥（今有地中得玉勝金鈎之屬皆古者賂夷狄之奇貨）

又曰披圖視觀天子之寶器有燭銀（銀青精光如燭）

山海經曰柏陽之山其陽多白銀（亦璞曰即銀也）少陽之山其下多赤銀（銀之精者）

東方朔神異經曰南方有銀山長五十餘里高百餘丈皆悉白銀不雜土石不生草木

東方朔十洲記曰東方外有東明山有宫焉左右闕而立其高百尺建以五色門有銀牓以青碧鏤題曰天地長男之宫南方有闇明山有宫焉有銀牓題曰天地中女之宫

桓譚新語曰期門郎程偉好黃白事娶婦得怪女偉無衣爲婦致兩疋縑後見夫方扇炭欲燒筒中水銀婦乃出其中藥以投之立成銀偉就求道不受發狂而死

白虎通曰王者易姓而起必外封太山何報告之義或曰封金銀繩或曰石塗金銀繩封之以印璽

瑞應圖曰王者宴不及醉刑罰中人不爲非則銀甕見出

阮諶三禮圖曰牛鼎受一斛天子飾以黃金錯以白銀

幽明録曰徐琦每見一女子姿色甚美便解臂上銀鈴贈之

列異記曰故司隷校尉上黨鮑子都少時上計掾於道中遇一書生獨行無伴卒得心痛子都下車爲按摩奄忽亡不知姓名有書一卷銀十餅即賣一餅以殯斂其餘以枕之素書着腹上哭之謂曰若子魂靈有知當令子家知子在此今奉使命不獲久留遂辭而去

吳越春秋曰禹登委山得五金簡青玉爲字編以白銀

異物志曰金鄰國去扶南二千餘里土地出銀

異苑曰弘農楊子陽聞土中作聲掘得玉後三年有蛇去梁上落囊皆成碎銀作器賣於市得者尋以破滅

地鏡圖曰銀氣夜正白流散在地撥之隨手合

又曰銀精變白雄雞

酈元注水經曰潯水出潯山水源有金銀礦洗取火合之以成金銀

南越志曰遂成縣任山銀沙自出

外國事曰私呵調國王供養道人食日銀三兩

任預益州記曰陶保至益州人飢米二合直銀一兩

王韶之始興記曰冷君西北有小首山宋元嘉元年夏霖雨山崩自顛及麓崩處有光耀有若星辰焉居人往觀皆是銀鑠鑄得銀也

又曰秋水源山盤石上羅列十甕皆蓋以青盆其中悉是銀餅人有遇之者但得開觀之不可取取輒迷悶晉太元初林駓家僕竊三餅有大蛇傷而死其夜林駓夢神語曰君奴不良盜銀三餅已受顯戮願以銀相備駓覺奴死銀在其傍有徐道者自謂能致乃集祭酒盛奏章書擊鼓吹入山須臾雷震雨石倒樹折木道遂懼走

湘州記曰攸江縣有銀山山多素霧

廣州記曰廣州市司用銀易米遂成縣任山又有　有銀砂

桂陽記曰臨賀山有黑銀

黃銀

禮斗威儀曰君乘金而王則黃銀見

隋書曰辛公義爲牟州刺史時山東霖雨自陳汝至于滄海皆苦水災境內大牙獨無所損山出黃銀獲之以獻詔水部郎婁崱就公義禱乃聞空中有金石絲竹之響

唐書曰太宗嘗賜房玄齡黃銀帶顧謂曰昔如晦與公同心輔朕今日所賜唯獨見公因泫然流涕

又曰如聞黃銀多爲鬼神所畏命取黃金帶遣玄齡親送于靈所也

水銀

史記曰秦始皇葬以水銀爲百川江河大海機轉相輸終而復始

皇覽曰關東賊發始皇墓中有水銀

廣雅曰水銀謂之澒

吳越春秋曰闔閭葬墓中澒池廣六丈

神仙傳曰封君達隴西人服鍊水銀年百餘歲常騎青牛世號青牛道士

鉛

尚書禹貢曰海岱惟青州岱畎絲枲鉛松怪石

史記曰高漸離秦始皇矐其目使擊筑漸離乃以鉛置筑中舉筑朴秦始皇帝

漢書曰江都王建宮人八子有過者輒令以鉛杵舂不中程輒掠廣川王去數召姬榮愛與飲后昭信譖之銷鉛灌

其口中

漢書曰或盜摩錢質而取鋊如淳曰或曰民盜摩漫面而取其鋊以更鑄作錢

東觀漢記曰曹褒寢則枕鋊

范子計然曰黑鋊之錯化成黃丹丹再化之成水粉

淮南子曰鋊不可爲刀

又曰鋊之與丹異類殊色而可以爲丹者誠得數也

抱朴子曰愚民不信黃丹及胡粉是化鋊所作

桓子新論曰淮南王之子娉迎道人作爲金銀又云字金與公鋊則金之公而銀者金之昆弟也

茅君內傳曰取鋊十斤安鐵器中猛火燒之三沸投九轉之華一銖於鋊中攪之立成黃金

神仙傳曰尹軌字公度有一人遭父喪當葬而貧窮汲汲公度過省之孝子說甚辛苦公度愴然曰卿假求數十斤

鋊得否孝子言猶可得耳乃具一百斤公度將入前山中架小屋下於爐火中銷鋊以其所帶管中藥如黍大投沸鋊中攪之皆成好銀以與之告曰念卿貧困故以相與愼勿多言

述異記曰河間有雨鋊城漢世天雨鋊

地境圖曰草青莖赤秀下有鋊

玄中記曰鋊錫之精爲老婢

錫

周禮夏官中職方曰揚州其利金錫鄭玄曰錫鑞也

爾雅曰錫謂之鈏

周官考工記曰凡鑄金之狀金與錫黑濁之氣竭黃白次之黃白之氣竭青氣次之然後可鑄

史記曰江南出柟梓薑桂錫連徐廣曰連音蓮鋊之未鍊者也

淮南子曰明鏡之始照未見其容也及粉之以玄錫摩之以氈則鬚眉見

山海經曰龍山之下多赤錫涯山多白錫

博物志曰積草三年燒之津液下流成錫

越絶書曰赤堇山破而出錫

吳越春秋曰越王允常聘歐冶子不能鑄鋊錫爲干將

神仙傳曰尹軌字公度嘗見一人本官族子弟仕郡遇公事諱書不了當備官錢百萬賣田宅車牛不售而收繫公度語所負人曰子可以百萬錢借我欲以救人後三十日倍當相還富人喜敬之即以百萬錢與公度公度以與遇事者曰卿能得一百二十斤錫不遇事者即具之公度於鑪中銷錫復以其腰間管中藥一方寸匕投沸錫中攪之皆成金即秤賣與人得錢百萬以還富人近光熙元年聞

公度到南陽太和山中

太平御覽卷第八百十二

太平御覽卷第八百一十三

珎寶部十二

銅　鐵　金銅

鍮石　銅

左傳僖中曰鄭伯朝楚楚子與之金既而悔之與之盟曰無以鑄兵故以鑄三鍾（鑑）

史記曰秦使徐福入海還僞辭曰臣見海中大神曰汝秦王之禮薄得觀而不得取即從臣往蓬萊山見芝城宮闕有使者銅色而龍形光上照天

又曰秦始皇收天下兵聚之咸陽爲銅鑄金人十二各千石置庭中

又曰張孟談董安于之治晉陽也公室之堂皆以練銅爲柱

又曰趙襄子使厨人以銅斗擊代王殺之而取其地

又曰上使善相相鄧通當貧餓死文帝於是賜通蜀嚴道銅山得自鑄錢景帝立有告通盜出徼鑄錢盡沒入一簪不得著身寄死人家

又曰龍門碣石多銅鐵

漢書曰武帝即位好鬼神之事李少君以却老方見上上有故銅器問少君少君曰此器齊桓公十年陳於柏寢已而案其刻果齊桓公器

又曰黄帝采首陽山銅鑄鼎於荆山之下

又曰王莽夢長樂宮銅人五枚並起立莽惡之使尚方鐫滅銅人膺之

又曰吳有豫章郡銅山招致天下人民亡命者盜鑄錢

又曰凡律度量衡用銅者所以同天下齊風俗也銅爲物至精不爲燥濕寒暑變其節不爲風雨暴露改其形介然有常似於士君子之行是以用銅也

又曰王莽天鳳四年八月莽親之南郊鑄作威斗威斗者以五色銅爲之

又曰無雷國有銅

華嶠後漢書曰靈帝時使掖庭令畢嵐鑄銅人四列於蒼龍玄武闕外

又曰脩玉堂殿鑄銅人四黄鍾四（其音中黄鍾也子爲黄鍾）及天祿蝦蟆又鑄四出文錢（天祿獸也）

范曄後漢書曰馬援善別名馬於交阯得駱越銅鼓乃鑄爲馬式

又曰馬援征南海鑄銅柱於林邑國以極漢南界

又曰崔烈納錢爲司徒久之不自安從容問其子鈞曰吾居三公於議者何如鈞曰大人少有英稱歷位卿守論者不謂當爲三公而今登其位天下失望烈曰何爲然也鈞曰論者嫌其銅臭烈怒舉杖擊之

又曰薊子訓追去不知所止後人復於長安東霸城見之與老翁共磨娑銅人相謂曰適見鑄此而已近五百歲矣

魏略曰明帝徙長安諸鍾虡駱駝銅人承露盤折銅人不可致住霸城又鑄作銅人列坐於司馬門外

吳志朱異口賦弩曰南岳之幹鍾山之銅應機命中獲隼高墉

晉書曰南陽王模督秦雍時關中飢荒百姓相啖加以疾癘盜賊公行模力不能制乃鑄銅人鍾鼎爲釜器以易穀議者非之

崔鴻十六國春秋後趙録曰石勒徙洛陽銅馬翁仲二于襄國列之永豐門

北史曰後魏明帝初爾朱榮與從弟世隆密議廢立乃以銅鑄孝文及咸陽王禧等五王子像成當奉爲主唯莊帝獨就

唐書曰開元中許昌縣之唐祠掘地得古銅罇文隱起雙鯉篆書文曰宜子孫

又曰開元十三年宋州獻古銅鼎十九及鍾磬甗釜鑄杓盤瓶各數四時宋城尉晉日休因板築獲而獻之

又曰初天寶中天下州郡皆鑄銅爲玄宗擬其形容首冠環焰足承芷菡與尊佛之像間列於殿堂號爲真容及山東陷寇被鎔毁而恒州獨存

又曰文宗問宰臣曰幣輕錢重如何宰臣楊嗣復曰此事已久但且禁銅不可遽變其法法變即必擾人李珏曰今請加鑪鑄錢他法不可先有格令州府禁銅爲器當今以銅爲器而不知禁所病者制勑一下曾不經年而州縣因循所以制令相次而視之爲常今自淮而南至於江嶺鼓鑄銅器列而爲肆州縣不禁市井之人逐錐刀之利以緡範爲他器鬻之售利不啻數倍是則禁銅之令必在嚴切斯其要也

又曰五臺山有金閣寺鑄銅爲瓦塗金其上照燿山谷計錢巨億萬

淮南子曰銅英青

又曰銅不可以爲弩

抱朴子曰吳時發廣陵大冢中有銅爲人數十頭皆長五尺

又曰金簡記云以五月丙子日中時鑄五石下其銅五石雄黄丹砂雌黄礬石曾青也皆鑄粉之以金華池漆之内太一神鼎中下以桂薪燒之銅成以銅炭冶之取牡銅以爲雄劒取牝銅爲雌劒帶之以入河則蛟龍巨魚水神不敢進也欲知銅之牝牡當令童男童女俱以水灌銅以其在火中尚赤時也則銅自分爲兩段有凸起者則牡銅也凹陷者則牝銅也

又曰山中夜見胡人銅之精也

山海經曰昆吾之山其上多赤銅此山出金色赤如火以切玉如泥周穆王持西戎爲兵獻汲冢中得銅金劒一枚長三尺五寸故通以錫雜爲兵器

帝王世紀曰紂作銅柱令男女裸形緣之落則妲己笑

國語管仲曰美金以鑄戟劒冶鑄試諸狗馬狗馬難爲剝者惡金以鑄鉏夷斤欘惡麤夷平也所以削草平地也斤形似鉏而小欘斫也

廣雅曰白銅謂之鋈赤銅謂之錫

漢武内傳曰上起神屋臺以銅爲柱黄金塗之

神異經曰入金山下四丈得丹楊銅張華曰此銅與金相似典術日鑄丹楊銅以爲金也

賈誼書曰下不得鑄錢則民反耕田矣

西京雜記曰高祖初入咸陽宮周行庫藏見銅人十一枚坐皆高三尺列在一筵上琴筑笙竽皆有所執皆綴花綵儼然若生人筵下有銅管上口高數尺出筵後其一管内空一管有繩大如指使一人吹管一人紐繩則琴筑笙竽皆作聲音與真樂不異

虞喜志林曰建武中南郡男子獻銅鼓背有銘及吳時江水中鍾上有百餘字人莫有識者

地鏡圖曰草莖黄秀下有銅器

士緯曰銅出於石爲鈴則小鑄鍾則大

南中八郡志曰雲南舊有銀窟數十劉禪時歲常納貢亡破以來時往採取銀化爲銅不復中用

世語曰元康八年陵雲臺上生銅

賈誼鵩鳥賦曰陰陽爲炭萬物爲銅

張瑩漢南記曰安帝見銅人以問侍中張陵對曰昔秦始皇時有大人十二身長五丈履六尺皆夷狄之服見於臨洮此天將亡秦之證而始皇誤喜以爲瑞乃鑄銅人以爲像上曰何以知之對曰臣見傳載亦其人胷上有銘

林邑記曰林邑王范文鑄銅爲牛銅屋行宮

荊州記曰衡陽重安縣有署碏歷塘故老相傳云此塘中有銅神今猶時聞銅聲水轉變綠魚爲之死

武當山記曰山有石室中有銅杖長七尺

越絕書曰赤堇之山破而出錫若耶之谷涸而出銅歐冶因爲純鈞之劒

玄中記曰銅之精爲童奴

嶺表異錄曰蠻夷之樂有銅鼓焉形如腰鼓而一頭有面鼓面圓二尺許面與身連全用銅鑄其身遍有蟲魚花草之狀通體均勻厚二分已來鑪鑄之妙實爲奇巧擊之響亮不下鳴鼉貞元年中驃國進樂有玉螺銅鼓玉螺蓋螺之白者非琢玉所爲即知南蠻酋首之家皆有此鼓也咸通末幽州張直方貶龔州刺史到任後修葺州城緣掘土得一銅鼓載以歸京到襄漢以爲無用之物遂捨于延慶禪院用代木魚

鐵

尚書曰華陽黑水惟梁州厥貢璆鐵

尚書說命曰若金用汝作礪孔安國曰鐵須礪以成利器

禮記月令曰季春之月命工師令百工審五庫之量金鐵及革無或不良

左傳昭七年曰晉趙鞅賦晉國一鼓鐵以鑄刑鼎著范宣子刑書出功力共鼓石爲鐵一鼓而足之

春秋孔演圖曰八政不中則鐵飛

春秋繁露曰蒸石取鐵非人意也禍福所從生亦非人意乎

廣雅曰鐵朴謂之礦

史記曰邯鄲郭縱以鐵冶成業與王者埒富也

又曰卓氏宛氏以鐵冶致富

漢書五行志曰武帝征和二年涿郡鐵官鑄鐵消皆飛去時劉屈氂爲太守後死象

漢書曰高祖又與功臣剖符作誓丹書鐵契藏之宗廟

又曰張良以家財求客刺秦王得力士爲鐵椎重一百二十斤秦始皇至博浪沙中良與客俱擊秦皇帝

又曰張敞弟武拜爲梁相武曰當以柱後惠文冠彈治之耳應劭曰柱後以鐵爲柱本法官冠也

又曰成帝河平二年沛郡鐵官冶鐵飛

又曰李尋說王根曰政感陰陽猶鐵炭之低仰見效可信者天文志曰懸土炭也以鐵易土耳先冬夏至懸鐵炭於衡各一端冬陽氣至炭仰而鐵低夏至炭低而鐵仰

又曰婼羌國有鐵自化作兵

范曄後漢書曰赤眉降徐宣等曰今日得降猶去虎口歸慈母

世祖曰卿鐵中錚錚庸中佼佼耳

又曰公孫瓚從鎮易京處有非常乃居於高京以鐵爲門

魏略曰弁辰國出鐵韓穢皆從市之諸市買皆用鐵如中國用錢也

王隱晉書曰石苞字仲容初爲縣吏賣鐵鄴市市長沛國趙元儒見苞異之便與結交　晉陽秋曰肅慎土無鹽鐵

晉書曰林邑國王范逸死奴文篡立文曰南西卷縣夷帥范稚奴也嘗牧牛澗中獲二鱧魚化成鐵用以爲刀刀成乃對大石障而呪之曰鱧魚變化冶成雙刀石障破者是有神靈進斫之石即瓦解文知其神乃懷之

晉書載記曰赫連教教以鐵伐爲氏曰使我宗族子孫剛銳如鐵皆堪伐人也

齊書曰高祖素儉約後宮物器欄檻以銅爲飾者並改以鐵

梁書曰康絢築浮山堰將合淮水漂没復決潰衆患之或謂江淮多蛟能乘風雨決壞岸其性惡鐵因是引東西二冶鐵器大則釜鬵小則鏵鋤數千萬斤沉於堰所

後漢書曰崔挺爲光州刺史先是州内少鐵器用皆求之他境挺表復鐵官公私有賴

莊子曰金鐵蒙以大纆載六驥之上則致千里

淮南子曰上古之時未有鐵器磨蜃以耨

又曰鐵不可以爲舟

又曰豐水之深十仞不受塵埃投金鐵焉則形見於水

山海經曰克光之山龍首之山其陰多鐵

神異經曰南方有獸焉角足大小形狀如水牛皮毛黑如漆食鐵飲水其糞可爲兵器其利如鋼名曰嚙鐵（俗云咋鐵玄黃經曰南方嚙鐵糞利如鋼食鐵飲水腹中不傷也）

河圖曰赤帝有女譌鐵飛之異

新序曰公孫敖曰夫玉石金鐵猶可琢磨以爲器用而況於人

論衡曰紂力能索鐵申鉤

盧綝四王起事曰張方請帝還都五千騎皆鐵纆矟

魏武故事曰領長史王必是吾披荊棘時吏忠而勤事心如鐵石

語林曰許玄度出都爲弟婚弟少愚恐人嘲弄玄度爲解而獲免眞長笑曰許玄度爲弟娶十重鐵步障

異苑曰楚王與羣臣獵於雲夢縱良犬逐狡兔三日而獲之其腸是鐵良工曰可以爲劒

十洲記曰流沙在西海中上多山川積石爲昆吾石治其石成鐵作劒光明洞照如水精狀割玉如切泥土

廣州記曰鄧平縣有鐵石

南方草物狀曰鐵出馳蘭州裨夷並舡載鐵至扶南賣之

華陽國志曰公孫述廢銅錢鑄鐵錢百姓貨賣不行

金鋼

晉起居注曰咸寧三年燉煌上送金鋼生金中百淘不消可以切玉出天竺

玄中記曰金鋼出天竺大秦國一名削玉刀削玉如鐵刀削木大者長尺許小者如稻米欲刻玉時當作大金鐶著手指開其背如月以割玉刀内環中以刻玉

南州異物志曰金鋼石也其狀如珠堅利無疋外國人好以飾玦環服之能辟惡毒

南越志曰波羅基國出鋼珠朗照幽夜

林邑記曰林邑王范明達獻金鋼指鐶

抱朴子曰扶南有金鋼可以刻玉體似紫石英外國人名

爲千延至於百丈底着盤以鐵槌打之不能傷以羖羊角扣之則潅然氷泮

服虔通俗文曰亂金謂之鉅

鍮石

廣志曰鍮石似金亦有與金雜者淘之則分

鍾會蒭蕘論曰夫莠生似禾鍮石像金

齊周捨謂沙門法雲曰孔子不飲盜泉之水法師何以捉鍮石香爐答曰檀越既得戴壽縣貧道何爲不得執鍮

唐書曰高宗上元元年詔九品服淺碧並鍮石帶八胯

王子年拾遺記曰石虎爲四時浴臺皆用鍮石珷玞爲隄岸

太平御覽卷第八百十三

太平御覽卷第八百一十四

布帛部一

絲　素　繒

纊　綵　染

絲

尚書禹貢曰濟河惟兖州厥貢漆絲海岱惟青州厥篚檿絲（檿桑絲中琴瑟弦）

周禮天官下典絲曰典絲掌絲入而辨其物以其賈楬之掌其藏與其出以待興功之時頒絲于外内皆以物受之凡上之賜予亦如之

又冬官考工記曰㡛氏湅絲以涗水漚其絲七日去地尺暴之（故書涗作湄鄭司農云涗水溫水也玄謂涗水以灰所湅水也漚漸也楚人曰漚齊人曰湅）晝暴諸日夜宿諸井七日七夜是謂水湅

禮記月令曰季春之月蠶事既登分繭稱絲

又内則曰子能言教男唯女俞男鞶革女鞶絲（鞶小囊也男用韋女用繒有飾緣也）

又曰王言如絲其出如綸

又曰少儀曰國家靡敝則君子不履絲屨（靡敝賦稅亟也）

左傳隱公曰公問於衆仲曰衛州吁其濟乎對曰臣聞以德和民不聞以亂以亂猶治絲而棼之也（絲見棼緼益所以亂）

春秋考異郵曰四月蚕餌絲

毛詩鵲巢羔羊曰羔羊之皮素絲五紽羔羊之革素絲五緎羔羊之縫素絲五總

又鵲巢何彼穠矣曰其釣惟何惟絲伊緡

又邶柏舟緑衣曰緑兮絲兮女所治兮

又鄘柏舟干旄曰孑孑干旄在浚之郊素絲紕之良馬四之

又淇澳氓曰氓之蚩蚩抱布貿絲匪來貿絲來即我謀

又曰淑人君子其帶伊絲其弁伊騏

又絲衣曰絲衣其紑（芳浮反）載弁俅俅（絲衣祭服也俅音求）

又曰雖有絲麻無弃菅蒯

謝承後漢書曰丹陽方儲爲郎中章帝使文郎居左武郎居右儲正住中曰臣文武兼備在所施用上嘉其才以繫亂絲付儲使理儲拔佩刀三斷之對曰反經任勢臨事宜然

袁宏漢記曰郭泰傳童子魏照求入其房供給洒掃泰曰當精義講書何來相近照曰經師易獲人師難遭欲以素絲之質附近朱藍

魏略曰文帝欲受禪郡國蚕成絲

晉陽秋曰武帝時有司奏以青絲爲牛紖詔以青麻代之

晉書曰呂光竊號河右中書監張資病光博營救療有外國道人羅叉云能差資病光喜給賜甚重羅什知叉誑詐告資曰叉不能爲益徒煩費耳冥運雖隱可以事試也乃以五色絲作繩結之燒爲灰末投水中灰若出水還成繩者病不可愈須臾灰聚浮出復爲繩叉療果無效少日資亡

宋書曰諸葛闡上言夫歲時有利害之收而蚕桑有經常之苦機杼居不變之勤而民用有奢儉之異今南至有五絲命縷之服仲夏北至比肆連行糾繩縻無用之工玄黃侵衣章之費飾綵雖貴始無所入尺絕寸分終於捐弃部一邑以推百城其費博矣謹率愚管謂宜禁革

後魏書曰幽州刺史張亮初有醉璵夢亮於山上挂絲覺而告亮且占之曰山上絲幽字君爲幽州乎未期而受

管子曰齊桓公伐楚濟汝水踰方城使貢絲於周室墨子

見染絲者歎曰染於蒼則蒼染於黃則黃五入則爲五色故染不可不愼非獨染絲治國亦然

淮南子曰蚕餌絲則商弦絶商金聲春蚕吐絲金死故絶也

山海經曰歐絲之野有一女子跪樹而歐絲郭璞注曰蚕類也

呂氏春秋惠子曰使女工化爲絲不能治絲大匠化爲木不能治木

家語曰子張問入官子曰脩身返道故夫女工必自擇絲麻良匠完材賢君選左右

論衡曰蚕含絲而商弦絶桜子生而父氣衰新絲既登故體者自壞耳

桓譚新論曰昔神農始削桐爲琴繩絲爲絃以通神明之德合天地之叙

風俗通曰五月五日色續命絲俗說益人命

正部曰皎皎練絲爲藍則青得丹則赤得蘗則黃得泥則黑

士緯曰絲俱生於蚕爲繒則賤爲錦則貴

神仙傳曰仙人用五色絲作續命幡幡安五色

竹林七賢論曰萬令袁毅爲政貪濁賂遺朝廷以營虛譽遺山濤絲百斤衆人莫不受濤不欲爲異乃受之命内閣之梁上而不用也後毅事露驗吏至濤所濤於梁上下絲已數年塵埃黃黑封印如初以付吏

西京雜記曰公孫弘以元光五年爲國所推上爲賢良國人鄒長倩贈以素絲一襚爲書以遺之曰五絲爲䋫倍䋫爲升倍升爲緎倍緎爲紀倍紀爲緵倍緵爲襚此自少之多自微之著也士之立功勳効名節亦復如之勿以小善爲不足脩而不爲也

王子年拾遺記曰成王時因祗國致女工一人善織新輕素以五色絲内口中手引而結之則成文錦

神仙傳曰園客者濟陰人皃美而良邑人多欲以女妻之客終不娶常種五色香草積數十年服食其實忽有五色蛾集香草之上客收而薦之以布生華蚕焉至蚕時有一女自來助客養蚕亦以香草食之蚕收得繭百二十枚繭大如甕每一繭繅六七日絲乃盡繅訖此女與園客俱去

梁四公記曰扶桑國使貢方物有黃絲三百斤即扶桑蚕所吐桑灰汁所煑之絲也帝有金鑪重五十斤係六絲以懸鑪絲有餘力

楚辭曰茅絲兮同綜冠屨兮共處

宋玉釣賦曰夫玄淵之釣也以三尋之竿八絲之綸

嵇康琴賦曰絃以園客之絲徽以鍾山之玉

荀卿蚕賦曰食桑而吐絲前亂而後治

枚乘七發曰龍門之桐高百尺而無枝斬以爲琴野繭之絲以爲絃

古樂府歌詩曰羅敷喜蚕桑採桑城南隅青絲爲籠繩桂枝爲籠鈎何用識夫壻白馬紫驪駒青絲繫馬尾黃金絡馬頭

蔡邕廣連珠曰桑絲之絃以絃琴緩張則撓急張則絶

陸凱奏事曰諸暨永安出御絲

素

釋名曰素樸素也已織則供用不復加功飾也

史記曰蘇代遺燕王書云齊紫敗素而賈十倍敗素染以爲紫也

東觀漢記曰鄭據建初五年辟司徒府拜侍御史上疏詔

書下官府賜擄素六十疋

漢書儀曰天地鬼神璽皆以武都紫泥封都布囊白素裏

漢官儀曰印綬盛以篋篋以綠綈表白素裏

魏志曰學者貴於人猶藍之染素

范子計然曰白素出三輔疋八百

孟子曰陳相道許行之言孟子曰許子必種粟而後食乎曰然許子冠乎曰冠曰奚冠曰冠素曰自織之與曰否以粟易之曰許子奚爲不自織曰害於耕也

韓子曰齊桓公好衣紫國人皆好服之至五素不得一紫事具緣門

鹽鐵論曰縞素不能自分於緇墨賢聖不能自治於亂世

宋玉美人賦曰腰如束素

班固與弟書曰今賚白素三百疋欲以市月支馬

古詩曰新人能織縑故人工織素織縑日一疋織素五丈餘以縑將比素新人不如故

徐幹團扇賦曰惟合歡之奇扇肇伊洛之纖素

班婕妤詩曰新裂齊紈素鮮潔如霜雪裁爲合歡扇團團象明月

揚雄答劉歆書曰天下上計孝廉及內郡衛卒會者雄常把三寸弱翰齎油素四尺以問其異方語歸即以鉛槧次之於槧七念反三十七歲於今矣

繒

史記曰烏氏倮以繒遺戎王戎王十倍報之

帝王世紀曰末喜好聞裂繒之聲桀爲發繒裂之

漢書曰灌嬰睢陽販繒者

又曰廣川王去立昭信爲后幸姬陶望卿爲脩美人主繒帛昭信譖望卿曰與我無禮衣服常鮮於我盡取善繒丐諸宮人

獻帝紀曰是時新遷都宮人多亡衣服帝欲發御府繒以作之李傕不欲曰宮中有衣服胡爲復作耶詔賣廐馬百餘疋御府大司農出雜繒二萬疋與所賣廐馬直賜公卿已下及貧民不能自存者李傕曰我邸閣儲峙少乃悉載置其營賈詡曰此上意不可距也傕終不從

又曰李傕時召羌胡數千人先以御物繒綵與之

晉書曰單道開燉煌人常衣麤褐或贈以繒服皆不着

宋書曰朱百陽居山陰有時出山陰爲妻買繒綵三五事好飲酒遇醉或失之

後周書曰梁主蕭歸朝於京高祖與之宴大悅賜雜繒萬段良馬數千疋并賜齊後主妓妾及常所乘五百里駿馬以遺之

纈

西河記曰西河無蠶桑婦女着碧纈裙上加細布裳且爲戎狄性着紫纈襦袴以外國色錦爲袴褶

後魏書曰封回爲都官尚書冀州大中正榮陽鄭雲諂事長秋卿劉騰貨紫纈四百疋得爲安州刺史除書旦出曉往詣回坐未定問安州興生何事便回曰卿荷國寵恩位至方伯雖不能拔園葵去織婦宜思方略以濟百姓如何見造問興生乎封回不爲商賈何以相示雲慙失色

綵

尚書禹貢曰徐州厥篚玄纖縞荊州厥篚玄纁玄黑繒縞白繒纖細也纖在中明物皆當細

禮記玉藻曰無君者不貳綵非列綵不入公門列綵正服

史記曰通邑大都采千疋比千乘家
漢書曰孝文六年遺單于赤綈綠繒各四十疋
東觀漢記曰光武起拜朱和建義大將軍賜縑八百疋
又曰光武初起義與諸李市弓弩絳衣赤幘
謝承後漢書曰陳重同舍郎有歸寧者誤持隣舍郎絳去嫌重取重不申曲直置絳還之去郎還得絳甚愧於重
袁山松後漢書曰劉盆子拜覓復從劉仲卿居仲卿爲盆子制絳單衣
張璠漢記曰朱儁少孤母以販繒綵爲事同郡周起負官債百萬縣催責之儁竊母帛爲起解債
魏志曰景初中賜倭女王蒨絳五十疋紺青五十疋
吳書曰陸遜破曹休當還西陵上賜遜繒綵丹漆
梁書曰張讚幼喪母有錯綵經帕母之遺製及有所識家

人見以告之每歲時輒對帕哽噎不能自已
唐書曰武德中太宗平并州悉復故地上悅置酒含章殿宴羣臣極歡遣入御府賜繒綵皆盡重而出
韓子曰齊桓公好服紫一國盡服紫五素不得一紫公患之管仲曰君勿衣紫也謂左右曰吾惡紫臭公曰諾三日境內莫有衣紫
風俗通曰夏至著五綵辟兵題綵曰游光厲鬼知其名無溫疾五采辟五兵也按取新斷織繫戶亦此類也
世語曰王經彥偉初爲江夏太守大將軍曹爽附絳二十疋令交市於吳經不納書棄官歸
崔寔四民月令曰八月清風戒寒趣染綵也
摯虞決疑曰古者男子皆衣綵有故乃素服秦漢以來服色轉變令唯朝廷五服用綵
裴玄新言曰五月五日集五綵繒謂之辟兵不解以問伏君伏君曰青赤白黑爲之四面黃居中央名曰襞方綴之於複以示婦人養蠶之工也傳聲者誤以爲辟兵
李陵與蘇武詩曰有鳥西南飛熠熠似蒼鷹朝發天地隅暮宿日南陵欲寄一言書託之牋綵繒
張載擬四愁詩曰佳人贈我筒中布何以報之流黃素
蔡邕女誡曰禮女始行服纁纁絳也上正色也紅紫不以爲褻服緗綠不以爲上繒貴厚而色尚深爲其堅紉也
毋丘儉報弟書曰令別致絳二百疋可以供送葬之事

染

周禮天官下曰染人掌染絲帛凡染春暴練夏纁玄秋染夏官獻功
又地官下曰掌染草掌以春秋斂染草之物（染草茅蒐橐蘆豕首紫茢之屬）以權量受之以待時而頒之（權量以知輕重多少時染夏之時）

又冬官考工記曰鍾氏染羽以朱湛丹秫三月而熾之（鄭司農云湛漬也丹秫赤粟玄謂湛讀如漸車帷裳之漸熾炊也羽所以飾旌旗及王后之車）淳而漬之（淳沃也以炊下湯沃其熾烝之以漬羽漬猶染也）三入爲纁五入爲緅七入爲緇（染纁者三入而成又再染以黑則爲緅緅今禮俗文作爵言如爵頭色也又復再染以黑乃成緇矣）
禮記月令曰季夏命有司染綵黼黻文章必以法故無或差貸黑黃蒼赤莫不質良無敢詐僞以給郊廟祭祀之服以爲旗章以別貴賤等級之度（質正也良善也所用染者當得其眞綵正善）
爾雅曰一染謂之縓（七絹反）再染謂之赬三染謂之纁青謂之葱黑謂之黝
漢書王莽傳曰更始元年拜置百官莽聞之愈恐欲外示自安乃染其鬚髮
吳錄曰九眞移風縣有赤紫膠人覘土知蟻處鑿發以木枝

揷其中則蟻緣而生漆折漆以染絮其色正赤

宋書曰陶季直五歲喪母哀若成人初母未病令於外染衣卒後家人始贖季直抱之號慟聞者莫不酸感

呂氏春秋曰素染於青染於黃五入而五色堯舜三王染於賢聖而治桀紂幽厲染於凶佞而亡

博物志曰蕪蘇子染法蕪蘇子一外可染一疋直以水浸之耳

釋名曰緗桑葉初生色也

廣志曰烏丸與匈奴同俗丈夫婦人爲木櫝朱染之如盆以沓頭

神仙傳曰呂恭者商王女也脩道於常山食蓬蔂根二百餘年能致紫草賣與染家得錢以與貧病者

環濟要略曰正色有五謂青赤黃白黑也間色有五謂紺紅縹紫流黃也

八百十四　九　王正

太平御覽卷第八百一十四

太平御覽卷第八百一十五

布帛部二

錦　繡

錦

說文曰錦襄邑織成也

釋名曰錦金也作之用功重其價如金故制字帛與金也

禮記王制曰錦文珠玉成器不鬻於市(不示民也奢與貪成淫善也)

禮記玉藻曰童子之節也緇布衣錦緣錦紳并紐錦束髮皆朱錦(童子未冠之稱冠禮曰將冠者采衣紒也)

又玉藻曰君衣狐白裘錦衣以裼之錦衣狐裘諸侯之服也

又曰居士錦帶(居士道藝處士也)

又中庸曰詩云衣錦褧衣惡其文之著也故君子之道闇然而日章小人之道的然而日亡(言君子深遠難知小人淺道易知也所以不知孔子以其深遠也禪為褧錦衣以美而君子以褧表之為其文章露似小人也)

左傳閔公曰衛遷于曹齊桓公歸夫人魚軒重錦三十兩

又襄三曰晉侯先歸公享晉六卿于蒲圃賜荀偃束錦加璧

又襄五曰左師見夫人之步馬者(步馬習馬)問之對曰君夫人氏也左師曰誰為君夫人余胡弗知圉人歸以告夫人使饋之錦與馬先之以玉

又襄六曰子皮欲使尹何為邑子產曰少未知可否子皮曰吾愛之夫往而學焉亦愈知治子產曰人之愛人求利之也今吾子愛人以政猶未能操刀而使割也其傷實多子之愛人傷之而已子有美錦不使人學製焉大官大邑身之所庇而使學者製焉其為美錦不亦多乎(多於美錦也)

又昭四曰晉合諸侯次于衛地叔鮒求貨於衛淫芻蕘者(淫放也欲使衛患之而致貨也)衛人使屠伯饋叔向羹與一篋錦(屠伯衛大夫也)曰諸侯事晉未敢携貳況衛在君之宇下(屋宇之下喻近)而敢有異志芻蕘者異於他日敢請之(請止之也)叔向受羹反錦(受羹示不遂其意且非貨也)

又昭四曰平丘之會公不與盟晉人執季孫意如以幕蒙之使狄人守之司鐸射(魯大夫也)懷錦奉壺飲冰以匍匐焉守者御之乃與之錦而入(匍匐竊往飲季孫也冰箭筩蓋可以取飲者也)

又昭六曰齊侯將納公命無受魯貨申豐從女賈(申豐女賈二人皆季氏家臣也)以幣錦二兩(二丈為一端二端為一兩所謂匹也二兩二匹)縳一如瑱(縳卷也急卷使如充耳易懷藏)適齊師謂子猶之人高齮(齮子猶家臣子猶梁丘據)能貨子猶為高氏後粟五千庾(言若能為我行貨於子猶當為請使得為高氏後又當致粟五千庾庾十六斗凡八千斛)

高齮以錦示子猶子猶欲之齮曰魯人買之百兩一布以道之不通先入幣財(言魯人買此甚多布陳之以百兩為數)子猶受之

又哀上曰吳人藩衛侯之舍(藩籬)子服景伯謂子貢曰夫諸侯之會事既畢矣侯伯致禮地主歸餼(侯伯致禮以禮賓也地主所會主人也餼生物)以相辭也(各以禮辭讓)今吾不行禮於衛而藩其君舍以難之(難若周也)子盍見大宰乃請束錦以行(以賂吳)

毛詩淇澳碩人曰碩人其頎衣錦褧衣齊侯之子衛侯之妻

又蟋蟀曰角枕粲兮錦衾爛兮

又巷伯曰巷伯刺幽王也寺人傷於讒而作是詩也萋兮斐兮成是貝錦(萋斐文相錯也)彼譖人者亦以太甚

論語曰宰我問三年之喪期已久矣君子三年不為禮禮

必壞三年不爲樂樂必崩舊穀既沒新穀既升鑽燧改火期可已矣子曰食夫稻衣夫錦於女安乎曰安女安則爲之

爾雅曰素錦綢杠（以白地錦韜旗之竿）

尚書大傳曰古之帝王者必有命民能敬長憐孤取舍好讓舉事力者命於其君然後得乘飾車軿馬衣文錦

漢書曰項羽在關中懷思東歸曰富貴不歸故鄉如衣錦夜行

又曰景帝二年下詔曰雕文刻鏤傷農事錦繡纂組害女工宜禁之

又曰賈人毋得衣錦

謝承後漢書曰朱寵仲威爲太尉家貧食脫粟卧布被朝廷賜錦被粱肉皆不敢當

漢官儀曰虎賁中郎將古官衣紗縠單衣虎文錦袴餘郎亦然

孫禱 孫

漢官典職曰尚書郎直中官供錦被

魏志曰景初中賜倭女王絳地交龍錦五疋紺地勾文錦三疋倭獻綵文雜錦二十疋

魏文帝詔曰前後每得蜀錦殊不相比適可訝而鮮卑尚復不愛也自吾所織如意虎頭連璧錦亦有金薄蜀薄來至洛邑皆下惡是爲下土之物皆有虛名

典略曰孔子反衛夫人南子使人謂之曰四方君子之來者必見寡小君孔子不得已見之夫人在錦帷中孔子北面稽首

吳志曰蔣欽字公奕爲右護軍孫權常入其内母練帳縹被僮歎其在貴守約勑御府爲其母作錦被改易帷帳

又曰甘寧住止常以繒錦維舟去輒割棄以示奢

又曰諸葛融父兄質素雖在軍旅身無采飾而融錦罽文繡獨爲奢侈

環氏吳紀曰蜀遣使獻重錦千端

江表傳曰陸遜攻劉備於夷陵備捨舡步走燒皮鎧以斷道使兵以錦挽車走入白帝

蜀志曰先主入益州賜諸葛亮法正張飛關羽錦各千疋

王隱晉書曰裴甫字公曹稱所知於領軍何勗勗曰君稱其好人則多所宜何以爲欲使宰民不可爲臺閣職乎甫曰人各有能（有不能人）好好莫過錦錦不可以爲焰

王隱晉書曰竇滔妻蘇氏善屬文苻堅時滔爲秦州刺史被徙流沙蘇氏思之織錦爲回文詩以寄滔循環宛轉以讀之詞甚悽切

孫禱 孫

晉書曰石季龍僭立遷都于鄴傾心事佛圖澄有重於勒下書衣澄以綾錦乘以雕輦

南史曰宋元凶劭將作亂賜袁淑等袴褶又就主衣取錦裁三尺爲一段又中裂之分蕭斌與淑及左右使以縛袴褶

齊書曰江淹爲宣城太守時罷歸始泊禪靈寺渚夜夢一人自稱張景陽謂曰前以一疋錦相寄今可見還淹探懷中得數尺與之此人大恚曰那得割截都盡顧見丘遲謂曰餘尺既無用以遺君自爾淹文章躓矣

趙書曰前石死調大臣子弟六十人爲挽郎引錦一疋

後魏書曰甄琛爲定州刺史既至鄉衣錦晝遊政體嚴細甚無聲譽

又曰[illegible]

獻錦一疋

北史曰齊畢義雲家有千餘機織錦并造金銀器物

後周書曰太祖曾在同州與群公宴集出錦罽及雜綾絹數段命諸將樗蒲取之

唐書曰王方慶天后初爲廣州都督境内清肅手制褒之曰朕以卿歷職有稱故授此官既美化遠聞實副朝寄今賜卿雜綵六十段并瑞錦等物以彰善政也

又曰大曆初代宗詔許宰臣元載王縉及左僕射裴冕戶部侍郎判度支第五琦京兆尹黎幹各出錢三十萬宴郭子儀于子儀私第内侍魚朝恩忝其會爲朝恩出錦三十疋羅五十疋綾一百疋爲子儀纏頭之費極歡而罷舊俗賞歌舞人以錦綵置之頭上謂之纏頭宴饗加惠借以爲詞

又曰大曆中代宗勅曰王制命市納賈以觀人之好惡布帛精麤不中度廣狹不中量不鬻於市漢詔亦云纂組文繡害女工也朕思以恭儉克己敦朴化人每尚素玄之服庶齊金土之價而風俗不一踰侈相高浸弊於時其來自久耗縑繒之本資錦綺之奢異彩奇文恣其誇競今師旅未戢黎元不康豈使淫巧之功更虧恒制在外所織造大張錦軟錦瑞錦透背及大繝錦竭鑿六破已上錦獨窠文紗四尺幅及獨窠吳綾獨窠司馬綾等並宜禁斷其長行高麗白錦雜色錦及常行小文字綾錦花文所織盤龍對鳳麒麟師子天馬辟邪孔雀仙鶴芝草萬字雙勝及諸織差樣文字等亦宜禁斷

又曰張萬福爲和州刺史賊許杲至楚州大掠節度使韋元甫命萬福追討未至淮陰杲爲其將康自勸所逐自勸擁兵繼掠循淮而東萬福倍道追而殺之代宗發詔以勞之賜衣一襲宮錦十雙

又曰太和中賜修指南車記里古人故金忠義男公亮緋衣牙笏錦三十疋

范子計然曰錦大丈出陳留

列子曰范氏之藏火子華曰若能入火取得錦者從所多少商丘開入火往還而身不燒

尸子曰夫繭捨而弗治則腐而棄使工女繰之以爲美錦人君朝而服之

子思子曰管仲鑽錦也雖惡而登朝子產練紫也雖美而不尊（孔子家語）

淮南子曰管仲文錦也雖醜登廟子產練帛也美而不尊（管雖不及聖猶文錦也子產先思後去知練帛雖溫不堪爲宗廟服）

抱朴子曰籍孺董鄧猶錦紈之裹塵埃

又曰寸錦足以知巧刺鼠足以知勇

又曰寸裂之錦黻未若堅完之韋布

又曰小文雖巧猶寸錦細碎之珎

太公六韜曰夏桀殷紂之時婦人錦繡文綺之坐席衣以綾紈常三百人

穆天子傳曰吉日甲子天子乃執白珪玄璧以見西王母好獻錦組百純（郭璞注曰純疋錦名也組綬屬音祖也）西王母再拜受之

又曰盛姬之喪天子使嬖人贈用文錦

漢武内傳曰帝見西王母巾器中有一卷小黃書盛以紫錦之囊帝問此書是仙方耶不審其目可得瞻盼不王母出以示之此五岳之眞形圖也文秘禁豈汝穢質所宜佩王母卽命女宋靈賓更取一圖以與武帝靈賓探懷中得

一卷盛以雲錦之囊王母起立手以付帝
說苑曰魏文侯與田子方語有兩童子衣錦而侍於君前田子曰此君之寵子乎文侯曰非也此其父死於戰此其幼孤也寡人收之
潛夫論曰夫攻玉以石治金以鹽濯錦以魚浣布以灰物故有以醜治好者矣
郭子橫洞冥記曰元鼎元年起招仙靈閣於甘泉宮西編翠羽麟毫爲簾有走龍錦有翻鴻錦
西京雜記曰武帝將得貳師天馬以玫瑰石爲鞍鏤以金銀以綠地五色錦爲蔽泥
王子年拾遺記曰員嶠之山名環丘東有雲石廣五百里有蠶長七寸黑色有角鱗以霜雪覆之然後作繭長一尺其色五綵織爲文錦入水不濡其質輕煖柔滑
又曰周成王時因祇國致工女一人善織以五色絲内口中手引而結之便成文錦其國人來獻有雲崑錦文如雲霞有樓堞有雜珠錦文似貫佩珠也有篆隸錦文似大篆字有列明錦文羅燈燭七幅皆廣三尺
又曰周靈王起昆昭之臺以享群臣張鸞章錦文如鸞翔
又曰吳趙逵之妹善書畫巧妙無雙能於指間以綵絲爲雲龍虬鳳之錦大則盈尺小則方寸
神仙傳曰淮南王爲八公張錦綺之帳燔百和之香
又曰左慈字元放廬江人少有神道嘗在魏武帝坐帝曰恨無蜀中生薑耳放曰亦可得也因曰吾前遣人到蜀買錦可過勑使者增市二端須臾即得薑還并獲使報
華陽國志曰閻憲字孟度成都人名知人爲綿竹令以禮讓化民莫敢犯者有民杜成夜行得遺睛一囊中有錦二

十疋求其主還之曰縣有明君何敢負也
陳留風俗傳曰襄邑縣南有渙水北有睢水傳曰睢渙之間文章故有黼黻藻錦日月華蟲以奉天子宗廟御服焉
異物志曰錦鳥文章如丹地錦而藻繢乎文俗人見其似錦因謂之錦鳥
鄴中記曰石虎冬月施熟錦流蘇斗帳四角安純金龍頭銜五色流蘇或用黃地博山文錦或用紫綈及小明光錦
又曰織錦署在中尚方大登高小登高大明光小明光大博山小博山大茱萸小茱萸大交龍小交龍蒲桃文錦班文錦鳳皇錦朱雀錦韜文錦桃核文錦
丹陽記曰鬬場錦署平關右遷其百工也江東歷代尚未有錦而成都獨稱妙故三國時魏則布於蜀而吳亦資西道
語林曰陳元方遭父喪骨立其母愍之以錦被蒙其上郭林宗往弔見而責之賓客絕百許日
世說曰石崇錦步障四十里
左思蜀都賦曰貝錦斐成濯色江波
古詩曰錦衾遺洛浦同袍與我違
夏侯孝若集羊太常辛夫人傳曰夫人字憲英衛尉肅侯毗之女不好華麗琇上夫人孋子帔緣以錦不肯服從外孫胡母楊上夫人錦被夫人反卧之
諸葛亮集曰今民貧國虛決敵之資唯仰錦耳
張温表曰劉禪送臣温熟錦五端
魏武與楊彪書曰今贈足下錦裘二領

繡

尚書益稷曰予欲觀古人之象藻火粉米黼黻絺繡

尚書大傳曰未命爲士得衣繡
毛詩終南曰君子至止黼衣繡裳
又揚之水曰素衣朱繡從子于鵠鵠曲沃邑也鵠音沃
又九罭曰九罭美周公也我覯之子衮衣繡裳
周禮秋官下小行人曰合六幣琮以錦琥以繡
又冬官上畫繢曰五采備謂之繡
禮記月令曰仲秋之月命有司文繡有恒必修其故
左傳閔公曰狄伐衛公與石祁子玦甯莊子矢曰以此贊
國擇利而爲之與夫人繡衣曰聽於二子
春秋潛潭巴曰天子文繡布地必動絶無嗣
釋名曰繡脩也文脩然也
史記曰范雎說昭王曰秦韓之地形相錯如繡
又曰文帝所幸愼夫人令衣不得曳地帷不得文繡以示
敦朴
又曰楚莊王有愛馬衣以文繡
漢書曰廣川王去右昭信譖姬榮愛視瞻意態不善疑有
私時愛爲王刺方領繡晉灼注曰今婦人直領爲方領上刺作黼黻文也去取燒
之
又曰齊織作繡宣帝時呼韓邪單于來賜帛繡綺八千疋
又曰武帝詞太一祝宰衣紫及繡
又曰江充使匈奴拜直指繡衣御史使督三輔
又曰暴勝之爲直指使者衣繡持斧逐捕盜賊威震州郡
又曰蜀賓刺文繡
又曰刺繡文不如倚市門此言末業貧者之資也
又曰霍光薨贈絮繡被百領
又百官表曰侍御史有繡衣直指武帝所制

八百十五　九　田丑

東觀漢記曰更始遂共謀誅百升乃大會諸將以成其言
更始取伯升寶劍視之繡衣御史申屠建隨獻玉玦更始
竟不能發
又曰李忠獨不掠財物上曰我欲賜之諸君無望乎取大
驪馬及繡被以賜忠
魏志曰張既爲尚書出爲雍州刺史太祖謂既曰還君本
州可謂衣繡晝行矣
魏略曰大秦國有金縷繡色綾其國利得中國絲素解以
爲胡陵
晉中興書曰中宗所幸鄭夫人衣無文繡
後魏書曰王憲爲并州刺史還京師以憲年老特賜錦繡
布帛珍羞禮膳
管子曰桀女樂三萬人無不服文繡衣裳也
墨子曰古之人未知爲衣服衣皮帶茭今則厚斂百姓以錦
繡文彩靡曼衣
范子計然曰能繡細文出齊上價疋二萬中萬下五千也
孫卿子曰天子尊重無上矣衣被則五綵雜間色重文繡
莊子曰楚聘莊子莊子曰子不見夫犧牛乎衣以文繡入
於太廟雖欲爲孤犢其可得乎
淮南子曰繡爲被則宜爲冠則譏
國語齊桓公曰昔吾先君襄公陳妾數百食必梁肉衣必
文繡
帝王世紀曰紂不服短褐處於茅屋之下必將衣繡遊於
九重之臺
賈誼曰繡是古天子之服今富人大賈嘉會召客以被牆
屋

八百十五　十　田丑

說苑曰晉平公使叔向聘吳吳人飾舟以送之左百人右百人有繡衣而豹裘者有錦衣而狐裘者歸以告平公平公曰吳其亡乎

又曰鄂君乘青翰之舟張翠蓋越人擁檝而歌曰心悅君兮君不知於是鄂君舉繡被而覆之

楊子法言曰今之學也非獨爲華藻又從而繡其鞶帨喻今學頌多也

鹽鐵論曰古庶人耋老而後衣絲其餘則麻枲而已故命曰布衣今富者綺繡羅紈素綈冰綿

論衡曰齊郡能刺繡恒女無不能者襄邑能織錦恒婦無不巧者目見而手狎也

又曰刺繡之師能縫帷裳綢繆之工不能織錦儒生能爲文吏文吏不能爲儒生也文吏一旦在位則鮮冠利劍一歲典職則田宅并集

又曰繡之未刺錦之未織絲帛何以異哉及其加五采之功施針縷之飾則文章煥爛學士有文章其猶絲帛布色之功

桓譚新論曰陽城子張名衡蜀郡人王翁與吾俱爲講樂祭酒及寢疾預買棺槨多下錦繡立被發冢

崔贑易林爲之大過曰被繡夜行不見文章安坐玉堂乃無咎殃

洞冥記曰甘泉有霞光繡藻龍繡連煙繡

王子年拾遺記曰孔子生之夕有麟吐玉書於闕里人家乃以繡紱繫麟角而去

又曰吳主孫權常歎魏蜀未夷軍旅之隙思得善畫者使圖作山川地形軍陣之象趙夫人曰丹青之色易歇滅不可爲久寶妾能刺繡作列國圖於方帛上寫五岳河海城邑行陣之形進於吳主時人謂之針絕

吳越春秋曰吳王死辭曰不忍見伍子胥吾死必結璧連組以冪吾目恐其不蔽即復重羅繡三幪以爲奄明生不昭我身死不見我形吾何言哉

物理論曰世傳有夫死而婦許以不嫁者誓以繡衣襚以衣尸納諸棺焉後三年婦出適迎有日矣有行道人夜求人家宿向晨主人語之婦約之辭寄所誓之衣曰子到若千里當逢之還此衣焉或者出門到所言處果見迎車具以事告還其繡衣婦遂自經而死

又曰夫論事比類不得其體雖飾以華辭文以美言無異錦繡衣搵株管弦樂土梗非其趣也

世說曰曹植妻衣繡太祖登臺見之以違制命還家賜死

戒經六禽變曰寅爲衣裳文繡

夢書曰錦繡爲憂事有文章夢得錦繡憂縣官也

班固詩曰長安何紛紛詔葬霍將軍刺繡被百領縣官給衣衾

張衡四愁詩曰美人贈我錦繡段何以報之青玉案

班固與竇將軍牋曰固於張掖縣受賜虎頭繡鞶囊一雙

慕容晃與顧和書曰今致繡韠一量

太平御覽卷第八百一十五

太平御覽卷第八百一十六

布帛部三

羅　綺　織成
綾　縠　紗
綃　縳　蜀
紬

羅

釋名曰羅文羅疏也纚簁也(麗)可以簁物也

魏文帝詔曰江東爲葛　寧比羅紈綺縠

魏志曰自公侯巳下大夫以上皆服綾錦羅綺金縷之物自是以下雜綵之服通于賤人也

晉書曰謝玄好帶紫羅香囊叔父安惡之不欲傷其意因賭而焚之遂絶

晉令曰第一品巳下不得服羅綃

東宮舊事曰太子納妃絳眞文羅一幅帔一絳杯文繡羅一幅帔一絳眞衣羅袴一

王孫子曰隨珠曜日羅衣從風

燕丹子曰荆軻左手把秦王袖右手椹其胷秦王曰願聽琴聲而死召姬人皷琴聲曰羅縠單衣可掣而絶

淮南子曰齊俗有繁繡羅紈

漢武内傳曰帝以七月七日掃除宫掖之内設大床於殿上以紫羅薦地燔百和香燃九微燈以待西王母

西京雜記曰趙飛鷰爲皇后女弟在昭陽殿遺書曰今日嘉辰貴姊懋膺洪冊上襚三十條以陳踊躍金花紫羅面衣織成襦羅帷羅幌羅帳羅幬

黄庭經曰黄庭爲不死之道受者先齋九日然後受之結盟立誓期以勿泄古者盟以玄雲之錦九十尺金簡鳳文羅四十尺

徐延年别傳曰道士姓徐名延年仙人以新黄羅衣衣之

王子年拾遺記曰周氏王五年因祇國獻女工一人善於工巧體貌輕潔被纖羅新繡之衣

又曰吴主孫權居昭陽宫趙夫人乃織羅縠累月而成裁之爲幔内外視之飄飄如煙氣輕動而房内自涼

異苑曰張仲舒爲司空廣陵城北元嘉年七月中輒見門側有赤氣赫然後空中忽雨絳羅於其庭内廣七八分長五六寸皆以箋紙繼之廣長亦與羅等紛紛甚張惡而焚之猶有數片府州多相傳示張經宿暴疾而死

世説曰武帝常降王武子供饌悉用琉璃器婢子百餘人皆綾羅袴以手擎飲食

宋玉風賦曰躋于羅帷經于洞房

司馬相如美人賦曰女以玉釵挂臣冠羅袖拂臣衣

張衡南都賦曰羅襪躡蹀而容與

古詩曰明月何皎皎照我羅床帷

古歌詩曰大婦織綺羅中婦織流黄小婦無所作挾瑟上高堂

阮籍詩曰西方有佳人皎皎如日光被服纖羅衣左右佩雙璜

綺

廣雅曰鬱金流黄綦綺

説文曰綺文繒也

釋名曰綺踦也其文欹邪不順經緯之縱横也有杯文形似杯也有長命其采色相間皆横也福言長之者服之使

人命長本造者之意也有棋文方文如棋也
漢書曰班伯侍講金華殿在織襦紈袴之間非其好也
又曰賈人不得衣錦繡綺縠
又曰孝文六年遺匈奴書使者言單于服繡袷綺衣
東觀東記曰馬后袍極麤䟽諸主朝望見反以爲綺后曰
此繒染色好故直用之
漢書儀曰祭天用六綵綺席六重長一丈
于寶晉紀曰初洛中名服有白石綺織者尤之曰石非繒
綵之辯
晉令曰第三品巳下得服雜杯之綺第六品巳下得服七
綵綺○東宮舊事曰太子納妃有七綵杯文綺被一絳石
杯文綺被一七綵杯文絳袴長命杯文綺袴
司馬相如長文賦曰張羅綺之幔帷垂楚組之連綱

平八百十六　三　劉仲

班固西都賦曰紅羅颯纚綺組繽紛
潘岳秋興賦序曰余兼虎賁中郎將寓直散騎之省珥蟬
冕襲紈綺之士此焉遊處
古詩曰客從遠方來贈我一端綺文作雙鴛鴦裁爲合歡
被
又曰緗綺爲下裳紫綺爲上襦
曹植詩曰西北有織婦綺縞何繽紛清晨秉機杼日暮不
成文

織成

廣雅曰天竺出細織成
續漢書輿服志曰虎賁武騎皆鶡冠虎文單衣襄邑歲獻
織成虎文
魏略曰大秦國用水羊毛木皮野繭絲作織成皆好色
魏略曰大秦國出金織成帳
吳時魏國傳曰大秦國天竺國皆出金縷織成
晉後略曰張方兵入洛諸官府大刧掠御寶織成流蘇皆
分割爲馬梭矣
晉令曰織成衣爲禁物
搜神記曰陳節謁諸神東海君以織成青襦一領遺之
西京雜記曰宣帝被収繫郡邸獄臂上猶帶史良娣合采
婉轉絲繩係身毒國寶鏡一枚大如八銖錢及即位常以
琥珀笥盛之織以戚里織成一曰斜文織成
西京雜記曰趙飛鷰爲皇后其女弟昭儀在昭陽殿遺飛
鷰書曰今日嘉辰貴姊懋膺洪冊上襚三十五條以陳踊
躍之志内有織成下裙
杜蘭香傳曰蘭香降南郡張碩與碩織成袴衫

平八百十六　四　仲

鄴中記曰石虎冬月施流蘇斗帳懸金薄織成䩞囊
又曰石虎皇后出女妓二千爲鹵簿冬月皆著紫綸巾熟
錦袴脚著五文織成靴
又曰石虎獵著金縷織成合歡袴
高柔婦與柔書曰今奉織成襪一量

綾

釋名曰綾者其文望之似氷凌之理也
漢官典職儀曰尚書郎直供青縑白綾被
魏略曰大秦國有金縷繡雜色綾其色利得中國絲素解
以爲胡綾
魏志曰楊阜字義山爲城門校尉常見明帝着帽被縹綾
半袖阜問帝曰此於禮何法服也帝默然
晉咸康起居注曰詔臨邑使主范柳所貢物多絳綾是其

所亦可籌量增賜

晉安帝紀曰桓玄幼時會于西堂設伎樂上施絳綾帔縷金以爲飾

晉脩復山陵故事曰帝改服着白綾帽

荀勗爲晉文王與孫皓書曰餉雜色綾千端

後魏書曰辛穆字叔宗舉茂才爲雍州別駕初隨父在下邳與彭城陳敬文友善敬文弟敬武少爲沙門從師遠學經久不返敬文病臨卒以雜綾二十疋託穆與敬武穆久不得見經一十年始於洛陽見敬武以物還之封題如故世稱廉信

唐書曰太宗初七品以上服龜甲雙巨十花綾其色綠九品已上服絲布及雜小綾其色青

又曰長慶中浙西觀察使李德裕上表曰目當道奉詔更令織定羅紗袍段及　盤條繚綾一千疋況立鵝天馬㪺盤條文彩珍奇只合聖躬自服今所織千疋費用至多在臣愚誠亦所未諭乞酌臣當道物力所宜更賜節減即海隅蒼生無不受賜詔許罷進盤條繚綾一千疋

漢武內傳曰西王母侍女服紺綾之袍

西京雜記曰霍光妻遺淳于衍散花綾二十五疋綾出鉅鹿陳寶光妻傳其法霍顯召入其弟使作之一疋直錢一萬又與綠綾七百端直錢百萬

符子荅謝玄書曰今往大文羅大紋綾各五疋

縠

三禮圖曰五綵方山冠以綵縠爲之

說文曰縠細縳也

釋名曰縠粟也其形戚戚如粟也

戰國策曰　計見齊宣王宣王曰願聞先生直言正諫計曰王之憂國愛民不如王之愛一尺之縠王使人爲冠不使左右便僻而使工者以爲能也今治齊國非左右便僻無使也故王之愛民不如一尺之縠事具冠門

漢書曰江充召見犬臺宮自請願以所常被服衣冠見上上許之充衣紗縠單衣

東觀漢記曰建初二年詔齊相其止勿復送冰紈方空縠

董巴輿服志曰羽林左右監左右虎賁皆冠鶡紗縠單衣

魏志曰袁術遂僭號荒侈滋甚後宮數百服綺縠餘粱肉

楊子法言曰或曰霧縠之麗曰女工之蠹

潛夫論曰小民或刻剝綺縠以成榆葉水波文

抱朴子曰勁弩之餘力不能洞霧縠

宋玉風賦曰主人女翳承日之華更被丹縠之單衣

司馬相如子虛賦曰雜纖羅垂霧縠言細好如霧出以復須也

劉楨魯都賦曰其女工則絳綺縠

荀勗爲晉文王與孫皓書曰餉縠三端

紗

東觀漢記曰馬融博洽通儒教養諸生千數融好侈飾常施絳紗帳前授生徒後列女樂

晉書曰武帝泰始九年帝多簡良家子女以充內職自擇其美者以絳紗繫臂

梁書曰王僧孺幼貧其母鬻紗布以自業事具儒門

後魏書曰游明根以年踰七十表求致仕優詔許之引入陳謝悲不自勝帝言別殷勤仍爲流涕賜青紗丹衣委貌冠被褥錦袍等物

北齊書曰瑯邪王儼字仁威武成第三子拜京畿大都督

領軍大將軍領御史中丞遷大司徒初從北宮出將上中丞凡京畿步騎領軍之官屬中丞之威儀司徒之鹵簿莫不畢備帝與后在華林園東門外張幕隔青紗步障觀之

北史齊盧道虔娉妻元氏甚聰悟常升高座講老子道虔從弟元明隔紗帷以聽焉

唐書曰大宗幸蒲州刺史趙元揩　服黃紗單衣迎謁路左

東宮舊事曰皇太子初拜有絳紗單衣

王子年拾遺記曰漢武帝思李夫人不可復得　詔董仲君曰朕思李氏其可得乎仲君曰可遥見而不可同帷幄有潛英石色青輕如毛羽寒盛則石温暑盛則石冷刻之人像不異真人使此像往則夫人至矣乃遣人至　海經年而還得此石命工衣李夫人彩刻成置於輕紗幕裏宛

若生時帝大悦

又曰江漢之民至暮春上巳之日禊集　之祠或結五色紗囊盛食況於波中以言蛟龍水虫畏之不侵食也

蔡克別傳曰克字子尼體貌尊嚴莫有媟嫚高平劉整㑺才白衣居家車服奢麗謂人曰紗縠吾之常服耳遇蔡子在坐而經日不自安

齊諧記曰餘杭縣有一人姓沈名蹤與父同入山至夜二更中忽見一人着紗帽披絳綾袍云是闞山王闞山在餘杭縣

秦記曰符堅以太常韋逞母宋氏傳其父業周官音義乃就宋家立講堂書生百人隔絳紗幔而受業焉

綃

毛詩義疏曰揚之水素衣朱繡繡當為綃綃綺也

禮記玉藻曰君子狐青裘豹褎玄綃衣以裼之君子大夫士也綃綺屬也染之於玄以狐青裘相宜也

廣雅曰綃謂之緗

晉令曰第六品已下不得服羅綃

王子年拾遺記曰燕昭王二年廣延國來獻善舞者二人昭王處以單綃華幄

又曰吳主孫權居昭陽宮倦暑乃褰紫綃之帷

曹植洛神賦曰踐遠遊之文履曳霧綃之輕裾

綈

說文曰綈赤黃色也

釋名曰綈似蛕虫之色緑而澤也

史記曰范雎改名爲張禄相秦秦伐魏魏使須賈於秦雎爲微行弊衣徒步入邸見須賈賈驚曰范叔無恙乎今叔何事雎曰爲人賃賈意哀之留坐飲食曰叔寒如此哉乃

取其綈袍以賜之後雎見賈賈頓首言死罪雎曰公所以得不死者以綈袍戀戀有故人之意故釋公

漢書曰文帝身衣弋綈如淳曰弋皁也

漢書儀曰大官湯官奴婢各三千人大置酒日皆綈韝蔽

縢

漢書儀曰印綬盛以篋篋以緑綈　白表裹

西京雜記曰漢制天子玉几冬則加綈錦其上謂之綈几諸侯皆以竹木爲之不得加綈錦之飾

王子年拾遺記曰漢成帝於太液池傍起宵遊宮以漆爲柱鋪黑綈之幕又造飛行殿所幸之宮咸以氊綈藉地惡車轍馬跡之喧也

竹林七賢論曰舊俗七月七日法當曬衣諸阮庭中爛然莫非錦綈阮咸時總角乃竪長竿摽大布犢鼻於庭中曰

未能免俗爾

鄴中記曰石虎　尚方御府中巧工作錦織成署皆數百人有青綈或白綈或緋綈或黃綈或綠綈或紫綈

范子計然曰綈出河東

鹽鐵論曰鼲貂狢不益錦綈之寶是以王者不珎

張衡西京賦曰木衣綈錦土被朱紫

罽

韋輝光毛詩問曰七月之時無褐箋云褐毛布也賤者之所服也今罽亦用為之

爾雅曰氂罽也郭璞注曰毛氂所以為罽也犍為舍人注曰氂毛也罽胡人績羊毛作衣

說文曰罽西胡毳布也

吳曆曰魏文帝賜吳王太子罽二張

吳志曰孫堅為董卓軍所攻堅與數十騎潰圍而出堅常著赤罽幘令親近將祖茂著之卓騎爭逐茂故堅從間道得免

干寶晉紀曰孫皓遣使詔書賜班罽五十張絳罽二十張紫青罽各十五張

崔鴻十六國春秋西秦錄曰沮渠蒙遜尚書郎王杼送戎罽千疋銀三百斤

鄴中記曰石虎御府罽有巳頭文罽麗子罽花罽

扶南傳曰安息國出五色罽

鹽鐵論曰今富者黃金馬腦勒罽繡馬韃汗

桓譚新論曰余歸沛道病蒙絮被絳罽襜乘騂馬宿下邑東亭亭長疑是賊發卒余令勿鬬乃問而去此安靜自存也

曹植辯道論曰甘始謂王曰諸梁時西域胡來獻罽悔不

取也

班固與弟超書曰竇侍中前寄人錢八十萬市得雜罽十餘張

紬

說文曰紬大絲繒也

釋名曰紬抽也抽引絲端細緒也又謂之絲挂也掛於杖端振舉之也

北史曰裴聿脩為太常少卿出使巡省仍令考校官人得失經兖州時邢劭為刺史別後送白紬為別信聿脩不受與劭書云今日仰過有異常行瓜田　李下古人所慎願得此心不貽厚責劭亦欣然領解報書云老夫忽忽意不及此敬承來旨吾無間然弟昔為清郎今日復作清卿矣

太平御覽卷第八百一十六

太平御覽卷第八百一十七

布帛部四

絹

廣雅曰繁總鮮文穀絹也

說文曰絹似霜

釋名曰絹絚也其絲絚厚而疏也

東觀漢記曰南陽太守杜謂坐遣客爲弟報仇被徵會病卒喪無所歸詔使持喪郡國邸賻絹絹千疋

謝承後漢書曰陳留夏馥避黨事遁迹黑山弟靜載絹往餉之於涅陽縣客舍見馥顏色衰毀不復識聞其聲乃覺之

華嶠後漢書曰李傕等大戰弘農百官士卒死者不可勝數董承密招白波帥李樂等率衆來共擊傕等大破之乘輿乃得進承夜潛過曰先具舟船爲應帝步出營臨河岸高不得下時中宮伏德扶中宮一手持十疋絹乃取德絹連續挽而下餘人匍匐岸側或自投死云

又曰陳寔在鄉閭平心率物有盜夜入其室止於梁上寔見呼命子孫訓之曰不善之人未必本不慈習與性成如梁上君子是也盜驚自投地寔徐譬之曰視君狀皃不似惡人宜深克己反善然當由貧令遺絹二疋自是一縣無復盜竊

魏略曰文帝在東宮嘗從曹洪貸絹百疋洪不　及洪犯法自分必死後遂得原

魏志曰趙儼爲朗陵長時袁紹舉兵南侵遣招誘豫州諸郡多受其命唯陽安郡不動而都尉李通急録戶調儼見通曰方今天下未集諸郡並叛懷附者復收其緜絹小人樂亂能無遺恨且遠近多虞不可不詳也通曰紹與大軍相持甚急左右郡縣皆叛乃爾若緜絹不調送觀聽者必謂我顧望有所須待也儼曰誠亦如君慮然當權其輕重小緩調當爲君釋此患乃書與荀彧

又曰孫禮爲揚州刺史吳大將全琮帥數萬衆來侵寇時州兵　在者無幾禮躬勤禦之戰於芍陂禮犯蹈白刃馬被數創手秉桴鼓奮不顧身賊衆乃退詔書慰勞賜絹七百疋

魏略曰鮮卑素利等數來　多以牛馬遺田豫豫輒送官胡以爲所遺物顯露不如持金乃密懷金三十斤謂豫曰願辟左右我物有所道豫從之胡因跪曰我見公貧故前後遺公牛馬公輒送官今密以此上公可以爲家資豫張袖受之荅其厚意胡去後悉皆付外具以狀聞於是詔褒之曰昔魏絳開懷以納戎今卿舉袖以受狄朕甚嘉焉乃即賜絹五百疋豫得賜分以其半藏小府後胡復來以半與之

又曰田豫罷官歸居魏縣會汝南遣健步詣征北感豫宿恩過拜之豫爲殺雞炊黍送諸陌頭謂之曰罷老苦汝來過無能有益若何健步愍其貧羸涕流而去還爲故吏民說之汝南爲具資絹數千疋遣人餉豫豫一不受

魏志曰景初中賜倭王白絹五十疋

魏文帝詔曰今與孫驃騎和通商旅當日月而至而百賈偷利喜賤其物平價又與其絹故官逆爲平準耳官豈少比物輩耶

吳志曰丹陽太守李衡每欲治家妻輒止之衡密遣客十人於武陵龍陽洲上作宅種甘千株臨死勑兒曰汝母惡吾治家故窮如是然吾州里有千頭木奴不責汝衣食歲

止一疋絹亦足用耳衡云後二十餘日以問母曰此當是
種甘也汝家失十戶客七八年汝父遣爲宅汝父嘗稱
太史公言江陵千樹橘當封君吾答人患無德貧方好耳
用此何爲吳末衡甘成歲得絹數千疋家道殷足
吳錄曰袁博爲太守黄君舉爲孝廉爲業令以俸祿市縑
絹餉黄君家黄氏負鄉里債債家到門輒應云待築令家
餉
王隱晉書曰王尼見太傅越曰公負尼物越荅初不識此
事尼曰昔楚人失布謂令尹盜者以令尹執政不能奉禮
率法至使盜賊公行是與自盜無異也尼舍資財軍寇輒
略公爲宰輔未能禁賊令尼窮困是亦明公負物也越意
解大笑與尼絹五十疋
王隱晉書曰劉寶爲伐蜀人作爭功　得千疋絹

又曰蘇節從兄韶云後著青黄絹單衣來與節言
虞預晉書曰武帝論平吳功唯羊祜王濬張華三人各賜
絹万疋其餘莫得比此
于寶晉紀曰華譚依周馥及瑯邪王遣甘卓攻馥譚先於
卓有恩卓募人入城求譚入者至舍問華侯在不吾甘楊
威使也譚曰不知華侯所在抽絹二疋授之使人還以告
卓曰是華侯也
晉陽秋曰有司奏依舊調絹武帝不許
又曰荆州刺史庾冰中子襲嘗貸官曹絹十疋冰怒撻之
市絹還官
又曰胡威字伯虎父質之爲荆州也威自京都省之停中
十餘日告歸臨辭質賜其絹一疋爲道路粮威跪曰大人
清高不審於何得此絹質曰是吾俸之餘故以與汝耳

又曰桓溫入蜀聞有善星人招致之獨執其手於星下問
國祚脩短星人曰太微紫微文昌三宫氣候決無憂虞五
十年外不論耳温不悅送絹一疋錢五千與之
晉中興書曰翟楊字道淵尋陽人太守于寶遣船餉之勑
吏曰翟公廉讓卿致書訖便委船還楊無人送致乃更貨
易絹物因寄還寶
宋書曰沈慶之年八十夢有人以兩疋絹與之謂曰此絹
足度寤而謂人曰老子今年不免矣兩疋八十尺也足度
無盈餘矣是歲果卒
又曰李安人行南徐州事　參軍王廻素爲安人所親
盜絹二疋安人流涕謂曰我與卿契闊備嘗今日犯王法
乃卿負我也於軍門斬之
又曰孝武時齊庫上絹年調鉅万疋綿亦稱此期嚴限峻

人間買絹一疋至二三千緜一兩三四百貧者賣妻子甚
者或自縊死沈懷文具陳人困由是緜絹薄有所減
又曰阮佃夫侫幸專權有人餉絹二百疋嫌少不荅書
齊書曰豫章王嶷拜陵還過延陵季子廟觀沸井有水牛
突部伍直兵執牛推問嶷不許取絹一疋横繫牛角放歸
其家
又曰蕭赤斧遷給事中太子詹事卒於家貧無絹衾衣
梁書曰吉士瞻少時嘗於南蠻國中擲塼無襌寒露爲儕
輩所侮及平魯休烈軍得絹三萬疋乃作百襌於外並賜
軍士不以入室
又曰劉孝綽爲吏部郎坐受人絹一束爲餉者所訟左遷
信威臨賀王長史
又曰任昉爲義興太守及被代登舟止有絹七疋米五石

至都無衣鎮軍將軍沈約遺裘衫迎之

又曰費昶善爲樂府嘗作鼓吹曲武帝重之勑曰才意新拔有足嘉異昔邯鄲博物下蘭巧辭束帛之賜實惟勸善可賜絹十疋

又曰周石珍建康之廝隸也世以販絹爲業

又曰傅昭爲臨海太守縣令嘗餉栗寘絹于簿下昭笑而還之

又曰裴邃爲北梁秦二州刺史復開創屯田數千頃倉廩盈實省息邊運人吏獲安乃相率餉絹千餘疋邃從曰汝等不應爾吾又不可逆汝納其二疋而已

後魏書曰李崇在官和厚明於決斷然性在財賄販肆聚歛上令王公已下從者百餘人皆令任負布絹即以賜之多者過二百疋少者百餘唯長樂公兩手持絹二十疋而

出亦不異衆而當世稱其廉儉尚書令任城王澄疾不起賜絹百疋崇與章武王融以所負過多顛仆於地崇乃復腰融至損脚時人爲之語曰陳留章武傷腰折股貪人敗類穢我明主

又曰爾朱榮之奉莊帝召百官悉至河陰素聞元順數諫諍惜其諒直謂朱端曰可語元僕射但在省不須來順不達其旨聞害衣冠遂便出走馬爲鮮于康奴所害家徒四壁無物歛尸令史王才達裂裳覆之帝勑侍中元祉曰宗室喪亡非一不可周贍元僕射清苦之節死乃益彰特贈絹百疋

又曰楊津除岐州刺史巨細躬親孜孜不倦有武功人賫絹三疋去城十里爲賊所劫時有使者馳騁而至被劫人因以告之使者到州以狀白津津乃下教云有人著某色衣乘某馬在城東十里被殺不知姓名若有家人可速收視有一老母行哭而出云是己子於是遣騎追收并絹具獲自是闔境畏服

又曰楊津爲華州刺史先是受調絹度尺特長在事因緣共相進退百姓苦之津乃令依公尺其輸物尤好者賜以杯酒而出其所輸少劣者爲受之但無酒以示其耻於是競相勸勵官調更勝

又曰趙柔有人遺柔鏵數百枚者柔與子善明鬻之市有人從柔買索絹二十疋有商人知其賤與柔三十疋善明欲取之柔曰與人交易一言便定豈可以利動心遂與之搢紳之流聞而敬服

又曰陸馥爲相州刺史發姦擿伏事無不驗百姓以爲神明無敢劫盜者在州七年家至貧約徵爲散騎常侍百姓

乞留馥千餘人獻文不許謂羣臣曰馥之著政雖古人何以加之賜絹五百疋

又曰李元忠去任歸李魚川孝莊時盜賊蠭起清河有五百人西戍還經南趙郡以路梗共投元忠奉絹千餘疋元忠唯受一疋殺五牛以食之遣奴爲導曰若逢賊但道李元忠遺如言賊皆舍避

又曰韓麒麟爲齊州刺史立性恭慎恒置律令於坐傍臨終之日唯有俸絹數十疋清貧如是

又曰陽平王子衍轉徐州刺史至州病重帝勑徐成伯乘傳療疾差成伯還帝曰卿定名醫賚絹三千疋成伯辭請受一千帝曰詩云人之云亡邦國殄瘁以是而言豈惟三千疋乎

又曰　穆羆轉汝陽太守遇水澇人飢上表請輕租賦帝

從之遂勅汝陽一郡聽以小絹爲調

又曰高允卒詔給絹一千疋布二千疋綿五百斤錦五十疋雜綵百疋穀千斛以助喪用也

又曰王靈字羅漢爲南兗州刺史取官絹因滌遂有割易御史糺劾會赦免

又曰宋鴻貴爲定州北平府參軍送戍兵於荆坐取兵絹四百疋兵欲告之乃斬兵十人

又曰公孫軌爲武牢鎮將初太武將北征發驢以運粮使軌部調雍州軌令驢主皆加絹一疋乃與受之百姓語曰驢無強弱貿絹自壯衆共嗤之

北齊書曰崔暹遷尚書左僕射儀同三司時調絹以七尺爲丈暹言之乃依舊焉

又曰孝昭常賜百官射王晞中的當得絹爲不書箭有司不與晞陶陶然曰我今可謂武有餘文不足矣

隋書曰庫狄士文嘗入朝遇上置酒高會賜公卿入左藏任取多少人皆極重士文獨口銜絹一疋兩手各持一疋上問其故士文曰臣口手俱滿餘無所須上異之别加賞物勞而遣之

唐書曰侍御史馬周上疏云往者貞觀之初一疋絹纔得一斗米而天下怗然百姓知陛下甚憂憐之故人人自安曾無怨讟自五六年來頻歲豐稔一疋絹得粟十餘石而百姓皆以爲陛下不憂憐之咸有怨言又今所營爲樂多不急之務故也

又曰太宗初即位風聞諸曹案典受賂乃遣左右試以財物遺之有司門令史受魄絹一疋上將殺之裴矩進諫曰此人受賂誠合重誅但陛下以物試人則行陷法所謂圓入其罪恐非導德齊禮之義上善之

又曰高宗朝詔自今已後天下嫁女受財三品已上之家不得過絹三百疋四品不過二百疋六品七品不得過百疋皆充所嫁女之資裝等用其夫家不得受陪門之財

又曰文宗大和六年賜故衛國公李靖五代孫前鳳翔司錄參軍彥芳絹二百疋衣笏一副并還先奏高祖太宗書詔及官告衣物等

後唐史曰賜宰相李愚絹百疋錢百緡鋪陳物一十三件時愚病上令中使宣問愚所居寢室蕭然四壁卧敝氈而已中使具言其事上曰嘻宰相月俸錢幾何而委頓如此故有是賜

四王起事曰張方移惠帝於長安兵人入殿取物持調御絹二尺幅自魏晉之積將百餘萬疋三日取之尚不缺角

四王起事曰惠帝於鄴與成都王還洛陽出城倉卒上下無持資食之調道中有駈羊二百餘口者便勸將至洛得以爲糧至洛盧志啓以右藏絹倍還羊主

搜神記曰永嘉中有天竺胡人能取絹與人各執一頭剪斷之已而取兩段合持之則復還連緜可練無異故體也

又曰吳先主病遣人於門觀不祥巫啓見一鬼著絹巾似是大臣將相其夜先主夢見魯肅來入衣巾如之

述異記曰清河崔基寓居青州朱氏女姿容絶倫崔傾懷招賢約女爲妾後三更中忽聞扣門外崔披衣出迎女雨淚嗚咽云適得暴疾喪亡忻愛永奪悲不自勝女於懷中抽兩疋絹與崔曰近自織此絹欲爲君作褌衫未得裁縫今以贈離崔以錦八尺荅之女取錦曰從此絶矣言畢豁然而滅至旦告其家女父曰女昨夜忽心痛夜亡崔曰君

家絹帛無奚失耶荅云此女舊織餘兩疋絹在箱中女云
之姑婦出絹欲裁爲送終衣轉賜失之崔因此具說事狀
先賢行狀曰范郃字孝愽少時曾省外家逢掠者驅其牛
取衣物去郃還車知賊不得席後三疋絹乃追呼令取之
賊知長者悉還所取而辭謝焉
三輔決録曰平陵士孫奮貲至一億七十萬富聞京師而
性儉恡從子瑞辟梁冀掾奮送絹五疋食以乾魚
鄴中記云石虎以辰日臘子曰祖祖於殿庭立五仙人高
數丈五綵幢蓋大會羣臣於太武殿上祖曰探三探乃有
得絹百疋者有得數十疋者有得土者虎輙大笑以爲樂
孔晉元在窮記曰太安二年六月賊遂來入門時家見有
絹布三千餘疋及衣被器物皆令婢使輦出著庭中恣其
所取

魏武帝令曰今清時但當盡忠於國効力王事雖私結好
於他人用千疋絹萬石穀猶無所益
又曰東曹掾田疇言前以無功横被封賞之賜以實自歸
敎從所執躬到下車見絹三千疋穀五千斛驚愕悸懼未
敢自寧乞還藏府以爲軍儲
世語曰王經字彥律初爲江夏太守大將軍曹爽附絹二
十疋令交布於吳經不發書棄官歸毋問歸狀經以實對
毋以經典兵馬而擅去對送吏杖經五十爽聞不復罪經
世說曰范宣年八歲後園挑菜誤傷指大啼人問痛耶荅
曰非爲痛也但身體髮膚不敢毀傷是以啼耳宣潔行廉
約韓豫章遺絹百疋終不肯受後韓與范同車就車裂二
丈韓云寧可使婦無裩也范笑而受之
孝子傳曰董永父終貧不遂葬以身貸錢一萬既葬就後
逢一女子求與永爲妻云能織絹求詣主人主人令織一
旬三百疋債足女辭去曰我天之織女也帝見君孝使我
共償耳因逐不見孝具孝慮門

太平御覽卷第八百一十七

太平御覽卷第八百一十八

布帛部五

縑　練　帛

說文曰縑并絲繒也
釋名曰縑兼也其絲細緻數兼於絹染縑五色細且緻不漏水也
續漢書曰張奐少立志節董卓慕之使其兄遺縑百疋奐惡卓爲人絶而不受
東觀漢記曰王丹資性清白疾惡豪強時河南太守同郡陳遵關西之大俠也其友人喪親遵爲護喪事賻助甚豐丹乃懷縑一疋陳之於主人前曰如丹此縑出自機杼遵聞而有慙色
又曰王丹子有同門生喪親家在中山白丹欲往奔慰結侶將行丹怒而撻之令寄縑以祠焉或問其故丹曰交道之難未易言也
又曰上大發關東兵自將上隴隗囂衆潰走圍解於是置酒高會勞賜來歙班坐絶席在諸將之右賜歙縑千疋
又曰馬援行亭鄣到右北平詔書賜援鉅鹿縑三百疋
又曰祭肜爲襄賁令是時盜賊尚未悉平而襄賁清靜詔書增秩一等賜縑百疋策書勉勵
後漢書曰趙熹避赤眉難入丹水遇更始親屬皆裸跣塗炭飢困不能前（塗炭者若陷泥墜火喻窮困之極也）熹見之悲感所裝縑帛資糧悉以與之將護歸鄉里
東觀漢記曰顯宗時詔賜降胡縑尚書案事誤以十爲百上見司農上簿大怒召郎將笞之鍾離意因叩頭曰過誤之失常人所容若以懈慢爲延則臣位大罪重郎位小罪輕咎皆在臣臣當先坐乃解衣就笞帝意乃解
謝承後漢書曰汝南周躬爲櫟陽令功曹萬良爲父報讎自械詣獄躬解械放良後良齎縑五百餉躬閉門不受
華嶠後漢書曰孝獻伏后興平二年立爲皇后李傕郭汜等敗乘輿於曹陽帝乃潛夜渡河走六宮皆步行出營后手持縑數疋董承使孫微以刃脅奪之殺傍侍者血濺后衣
袁山松後漢書曰天鳳五年樊崇起兵於莒號曰赤眉圍莒數月或說樊崇曰豈有父母之國而攻之乎莒中人出縑數千疋以自贖乃引去
范曄後漢書曰永平十五年幸偃師詔命自殊死以下贖死罪縑三十疋右趾至髠鉗城旦春十疋完城旦至司寇五疋
又曰戴封常遇賊財物悉被略奪唯餘縑七疋賊不知處封乃追以與之曰知諸君乏故送相遺賊驚曰此賢人也盡還其器物後舉孝廉
又曰期門郎程偉妻能通神變化偉當從出無衣甚愁妻即爲致兩縑得以爲衣
漢官典職儀曰尚書郎直供青縑白綾被
魏志曰漢桓帝末董卓爲軍司馬從中郎張奐征并涼州有功賜縑九千疋卓悉以分與吏士
南史曰孫謙齊初爲錢塘令御煩以簡獄無繫囚及去官百姓以謙在職不受餉遺追載縑帛以送謙辭不受
梁書曰何遠輕財好義周人之急言不虛妄蓋天性也每

戲語人云卿能得我一妻語則謝卿以一縑衆共伺之不
能記也

趙書曰中書令徐光奏議以東郊親耕服青縑袴褶

後魏書曰劉芳初入魏雖處窮窘之中而業尚貞固聰敏
過人篤志墳典晝則傭書以自資給夜則誦經不寢至有
易衣併日之弊而澹然自守不汲汲於榮利不戚戚於貧
賤乃著窮通論以自慰常爲諸儒傭寫經論筆迹稱善卷
直一縑歲中能入百餘疋如此數年賴以頗振

又曰楊津除侍御中尉孝文幼冲文明太后臨朝津曾入
侍左右忽欬逆失聲遂吐數升藏之衣袖太后聞聲閱而
不見問其故具以實言遂以敬慎見稱而賜縑百疋遷符
璽郎

又曰李元忠嘗貢齊文襄王蒲桃一盤文襄報以百縑其
見賞重如此

又曰高遵性不廉清在中書時每假歸山東必借備騾馬
將從百餘屯逼人家求得絲縑滿意則詬詈不去旬月之
間縑布千數郡邑苦之

又曰薛琡字曇珎正光中行洛陽令部内肅然時以久旱
京師見囚悉召集都亭理究滯洛陽獄有三人孝明嘉之
賜縑百疋

北齊書曰賈思伯遷南青州刺史初思伯與弟思休師事
北海陰鳳授業竟無資酬之鳳遂質其衣服時人爲之語
曰陰生讀書不免癡不識雙鳳脱人衣及思伯之部送縑
百疋遺鳳因具車馬迎之鳳慙不往時人稱歎焉

隋書曰田德懋丁父艱哀毀骨立廬於墓側負土成墳上
聞而嘉之遣　散騎侍郎元志就吊焉後降璽書弁
賜縑一百疋米百石復下詔表其門閭

又曰文帝幸幷州留高頴居守及上還京賜縑五千疋

風俗通曰臨淮有一人持一縑到市賣之逢雨因共
披戴後有人求庇蔭一頭之地雨霽因共爭之各云我縑
丞相薛宣劾曰縑直數百錢何足紛紛呼騎吏中斷縑各
與半後人曰受恩矣前撮之縑主稱怨不已宣考乃歎服

傅子曰漢末魏太祖以天下凶荒資財乏匱擬古皮弁裁
縑帛以爲帢

何晏九州論曰清河縑　房　綿

荀勗爲晉文王與孫皓書曰餉細縑十疋

帛

尚書堯典曰舜脩五禮五玉三帛

周禮地官曰媒氏凡嫁子娶妻入幣純帛無過五兩

又春官曰肆師之職常立國祀之禮以佐太宗伯（佐助也）立
大祀用玉帛牲牷

又春官典命曰凡諸侯之適子誓於天子攝其君則下其
君之禮一等未誓則以皮帛繼子男

又夏官下職方氏曰并州其利布帛

又冬官考工記曰繼子男執皮帛（謂公之孤也見禮次子男贄用束帛而以豹皮表之爲飾）

又曰湅帛以欄爲灰渥淳其帛實諸澤器淫之以蜃（渥讀如繒人渥菅之渥以欄木之灰漸釋其帛也鄭司農云澤器謂滑澤之器蜃謂炭也士冠禮曰素積白屨以魁柎之說曰魁蛤也周官亦有白盛之蜃蜃蛤也玄謂淫薄粉之令帛白蛤今海旁有焉）清其灰而盝之而揮之（清澄也於灰澄而出盝晞之晞而揮去其蜃）而沃之而盝之而塗之而宿之（更崖湅之）明日沃而盝之（朝更沃至夕盝之又更沃至旦盝之亦七日如漚絲也）晝暴諸日夜宿諸井七日七夜是謂水湅

禮記月令曰季春之月開府庫出幣帛周天下勉諸侯聘名士禮賢者
又檀弓上曰伯高之喪孔氏之使者未至冉子攝束帛乘馬而將之孔子曰異哉徒使我不得成禮於伯高
又王制曰布帛精麤不中數廣狹不中量不鬻於市
又曰七十非帛不暖
又禮運曰後聖有作治其絲麻以爲布帛
又内則曰國君世子生三日卜士負之告者宿齋朝服寢門外保受乃負之宰禮負子賜之束帛
又曰婦人或賜之飲食衣服布帛則受而獻諸舅姑
又坊記曰子云禮之先幣帛也欲民之先事而後祿也此禮謂所執之贄以見者也既相見乃奉幣帛以將好也或云禮之先辭而後幣帛

平八百十八　五　壬壬

左傳襄上曰季文子卒大夫入斂公在位宰庀家器爲葬備無衣帛之妾無粟食之馬無藏金玉無重器備
又哀上曰鄭茅夷鴻以束帛乘韋自請救於吳無君命故言自
毛詩鹿鳴曰鹿鳴讌羣臣嘉賓也既飲食之又實幣帛筐篚以將其厚意
周易賁卦曰賁于丘園束帛戔戔
春秋元命苞曰須女四星十二度主布帛
史記曰武帝使使束帛加璧安車駟馬迎申公
又曰子貢結駟連騎束帛之幣以聘享諸侯所至國君無不分庭與抗禮者夫使孔子名布揚於天下者子貢先後之也
又曰帛千鈞比千乘家
又曰陳勝乃多書帛言陳勝王置人所罾魚腹中卒買魚得書恠之

漢書曰武帝使東方朔射中上曰善賜帛十疋郭舍人曰朔齊人多變更致他物射之中則臣榜百不中賜臣帛朔又中乃榜舍人
又曰館陶公主乃命私府曰董君所發一日金蒲百斤錢蒲百萬帛蒲千疋乃白之
又曰婁護爲諫議大夫使郡國護假貸多持幣帛過齊上書求上先人冢因會宗族故人各以親疏遺以束帛一日散百金之費
東觀漢記曰耿純於邯鄲見上遂自結納獻馬及縑帛數百疋
又曰長安語云城中好廣袖四方用疋帛
范曄後漢書曰明帝出諸貴人當徙居南宮馬太后感析別之懷賜越帛三千端雜帛二千疋

御覽八百十八　六

又曰永平六年雒山出寶鼎廬江太守獻之於廟賜三公帛五十疋九卿二千石半之

壬壬

續漢書曰宋秉字巨公拜御史中丞布被瓦器居不乘馬出無從車車駕幸其府舍歎曰雖楚國二龔不如雲陽宣巨公賜布帛帳帷什器
後漢書曰公孫述造十層赤樓帛蘭船蓋以帛飾其欄檻也
魏略曰陳留邯鄲淳奏投壺賦文帝以爲尚書郎賜帛十疋
魏志曰張伯英尊精於書凡家之衣帛必書而後練
晉陽秋曰董威　常宿　社中時乞於市得殘碎繒結以自覆金帛桂綿則不肯受
沈約宋書曰文帝袁皇后每就上求錢帛贍家上性節儉

所得不過錢三五萬帛三五十疋

南史曰宋鮑昭嘗謁臨川王義慶未見知欲貢詩言志人止之曰卿位尚卑不可輕忤大王昭勃然曰千載上有英才異士沉没而不聞者安可數哉大丈夫豈可遂蘊智能使蘭艾不辯終日碌碌與鷰雀相隨乎於是奏詩義慶奇之賜帛二十疋

齊書曰劉顥將之尋陽顥懸帛十疋約曰衣來者以賞之衆人竟改常服不過長短之間顥曰將有甚於此矣既而周弘正綠絲布袴繡軒昂而至折標取帛

梁書曰郭祖深清儉常服故布襦素木披食不過一肉有姓餉一早青瓜祖深報以疋帛後有富人効之以貨賄而徇衆朝野憚之

後魏書曰高允拜中書令帝幸允第唯草屋數間布被縕袍廚中鹽菜而已帝歎息曰古人之清貧豈有此乎即賜帛五百疋粟千斛

又曰韋珍字靈智累遷顯武將軍郢州刺史所在有聲績朝廷嘉之遷龍驤將軍賜驊騮二疋帛五十疋穀三百斛珍乃召集州内孤貧者謂曰天子謂我能撫綏卿等故賜以穀帛吾何敢獨當遂以所賜悉分與之

隋書曰文帝嘗遣高熲大閱於龍臺澤諸軍部伍多不齊整唯閻毗一軍法制肅然熲言之於上特蒙賜帛

又曰張定和初爲侍官會平陳之役定和當從征無以自給其妻有嫁時衣服定和將鬻之妻靳固不與定和於是遂行以功拜儀同賜帛千疋遂弃其妻

唐書曰高祖傾府藏以賜勲人而又恵國計不足劉義節進討曰今義師數十萬並在長安樵薪貴而布帛賤若伐街衢及苑中之樹爲樵易布帛歲取數十萬立可致也又藏内繒絹疋皆有餘軸之使申截剩物以供雜費動盈千餘萬疋高祖並從之大收其利

又曰太宗召太子舍人陸敦信勞之曰爾所録古先太子善惡之事多所規諷誠有可嘉因賜帛五十段

又曰貞觀中皇后所生長樂公主將出降勅資送倍於長公主魏徵諫以漢明帝以朕子安得同於先帝子后聞之以爲難可謂正直社稷之臣也固請遣中使賫帛五百疋賜徵

又曰貞觀十一年賜遭水之家帛十五疋半毁者八疋

又曰王君廓少孤貧無行以剽刼爲業亡命聚徒以逆驢竹器籠人頭而奪其繒帛

又曰開成中以諫議大夫蕭倣爲楚州刺史倣故相俛之弟將赴任延英候辭上曰蕭俛是先朝賢相筋力未衰即須一來京國朕今賜手詔及賜帛三百疋以備山谷所乏

戰國策曰公子魏牟過趙趙王坐前有尺帛且令工以爲冠趙王曰公子臨寡人願聞所以爲天下魏牟曰王能重王之國若是尺帛則王之國大治矣王有此尺帛何不令郎中以爲冠爲冠而敗之奚虧王國而王必待工乃使之今社稷爲丘墟先人不血食王不以與工乃與幼艾也事具闕

河圖王板曰崑崙以東得大秦之國人長十丈皆衣帛

韓詩外傳曰孔子之齊遇程本子於譚郯之間傾蓋而語終日孔子曰取束帛十疋以贈先生

又曰孔子顏淵登魯東山望吳昌門淵曰見一疋練前有

生藍子曰白馬蘆薊也

東方朔別傳曰武帝幸甘泉長平阪道中有虫覆地如赤肝朔曰必秦獄處也夫愁者得酒而解乃取虫置酒中立消糜賜帛百疋後屬車上盛酒爲此故也

法言曰禽獸食人之食土木衣人之帛穀人不足於晝絲人不足於夜此謂惡政也

風俗通曰諸侯相贈乘馬束帛束爲帛與馬相疋

崔寔四民月令曰八月清風戒寒趣絹縑帛

荀卿禮賦曰爰有大物非絲非帛文采成章邯鄲淳上受命述詔曰淳作此甚典雅斯亦美矣朕何以堪之哉其賜帛四十疋

太平御覽卷第八百一十八

太平御覽卷第八百十九

布帛部六

綿　絮　牽離

紈　組　納

綸　縞　絺綌

綿

說文曰纊絮縕也

禮記玉藻曰纊爲繭縕爲袍（衣有著之異名也纊謂今之新綿也縕謂今纊及舊絮也）

又喪大記曰屬纊以俟絕氣（纊今之新綿易動搖置口鼻之上以爲候）

又內則曰婦事舅姑左佩紛帨箴管線纊施縏袟

左傳宣下曰楚子伐蕭蕭潰申公巫臣曰師人多寒王巡三軍拊而勉之三軍之士皆如挾纊（纊綿也言悅以忘寒也）

謝承後漢書曰徐稚不就諸公之辟及有喪者萬里赴吊

常於家預炙雞一隻以一兩綿絮漬酒中曝乾至門以綿絮置水中候有酒氣以雞置前祭畢便去

范曄後漢書曰張奐遺命曰吾前後仕進十要銀艾不能和光同塵爲讒邪所忌通塞命也始終常也但地下冥冥長無曉期而復纏以綿纊牢以釘密爲不喜耳今幸有前穿朝殯夕下橫屍靈床幅巾而已

晉陽秋曰有司奏依舊調房子睢陽綿武帝不許

宋書曰郭原平孝行既著高陽許瑤之罷建安郡丞還家以綿一斤遺之不受瑤之乃自往曰今過寒而建安綿好以此奉尊上　耳原平乃拜而受之也

又曰朱百年隱居山陰家室素貧母以冬月亡衣並無絮自此不衣綿帛嘗寒時就孔凱宿衣悉裌布飲酒醉眠凱以卧具覆之百年不覺引卧具去體謂凱曰綿定奇溫因流涕悲慟凱亦爲之傷感

齊書曰阮孝緒年十六父喪不服綿纊雖蔬食有味亦吐之

英雄記曰呂布爲曹公所攻甚急乃求救於袁術術先求布女布恐術爲女不至故不遣救也即以綿纏女身縛著馬上夜自送女出與術太祖守兵相觸格射不得過復還城

語林曰謝万就人乞裘云畏寒荅曰君妄語正欲以爲豪具耳若畏寒無復勝綿者以三十斤綿與謝

陸氏異林曰鍾繇常數月不朝或問其故云常有好婦來美麗非凡問者曰必是鬼物可殺之婦人後往不即前止戶外繇問何以曰公有相殺意繇曰無此慇懃呼之乃入繇有不忍心然猶斫之傷髀婦人即出以新綿拭血竟路明日使人尋跡至一大塚木中有好婦人形體如生人

着白練丹繡兩當傷一脚以兩當中綿拭血

酈善長水經注曰房子城西出白土細滑如膏可用濯綿霜鮮雪曜異於常綿世俗言房子之纊也抑亦類蜀郡之錦得江漢矣故歲貢其綿以充御府

絮

史記曰人有上書告周勃反下廷尉薄太后以爲無反事文帝朝太后以冒絮提文帝曰絳侯綰皇帝璽將兵北軍此時不反今居一小縣顧欲反也帝乃出之

又貨殖傳曰絮千乘家

漢書曰帝以公主爲老上單于閼氏使宦者燕人中行說傅公主說既至因降單于單于愛幸之其得漢之繒絮以馳草棘中衣袴皆裂弊以示不如旃裘堅善也

司馬彪續漢書曰光武建武二年野蚕成繭民收其絮

東觀漢記曰建初二年詔齊相其止勿復送氷紈方空縠吹綸絮也

漢舊儀曰皇后親蚕還獻繭尤蚕絲絮織室作祭服其皇帝得以作縷縫衣皇后聞以作巾絮而已

魏志曰曹公定鄴臨祠袁紹墓哭之流涕慰勞紹妻還其家人寶物賜雜繒絮廪食之

吳書曰顧悌字子通父云孫權作布衣一襲皆擘絮著之強令悌釋服

晉中興書曰王敦害周顗籍其家政見素簏數枚中有故絮也

晉書曰佛圖澄腹傍有一孔常以絮塞之每夜讀書則拔絮孔中出光照于一室

宋書曰顔竣丁父憂起爲丹陽尹遣中書舍人戴明寶抱竣登車載之郡舍賜以布衣一襲絮以綵綸遣主衣就衣諸體

又曰阮長之元嘉十一年除臨海太守在官常擁敗絮

齊書曰江革補國子生王融謝朓嘗行還過候革時大寒雪見革弊絮單席而耽學不倦嗟歎久之

又曰卞彬蚕虱賦序曰余之多病起居甚疎縈寢敗絮不能自釋

莊子曰宋人有善爲不龜手之藥者世世以洴澼絖爲事客聞之請買其方百金聚族而謀曰我世世洴澼絖不過數金今一朝鬻技百金請與之

淮南子曰蘬苗類絮而不可以爲絮蘬苗藿秀也楚人謂蘬又讀音鄉

古今注曰元帝永光四年東萊郡東牟山有野蚕爲繭繭生蛾蛾生卵卵著石收得万餘石民人以爲絲絮五年長安雨絮垣屋上皆白民衣之

管寧別傳曰管寧性至孝恒布裳貉裘唯祠著單衣絮巾也

吳越春秋曰吳王將死曰吾以不用子胥言以至於此死者無知則已死者有知何面目見子胥也遂蒙絮覆面而自刎

博物志曰蜀人以絮巾爲帽絮

裴淵廣州記曰蠻夷不蚕採木綿爲絮

盧毓冀州論曰房子好綿地産不爲無珎也

皇甫規與馬融書曰與被絮一雙以通殷心

陸雲與兄機書曰一日案行視曹公器物見拭目黄絮有垢黑目淚所沾污

孝子傳曰閔子騫幼時爲後母所苦冬月以蘆花衣之以代絮其父後知之欲出後母子騫跪曰母在一子單母去三子寒父遂止

世說曰王文度在西州與林法師講韓孫諸人並在坐林公理每欲小屈孫公曰法師今日以著弊絮在荆棘中觸地挂閡

牽離

說文曰絓繭滓絓頭也一曰牽離

釋名曰煑繭曰莫莫幪也貧者著衣可以幕絮也或謂之牽離煑熟爛牽引使離散如綿也

紈

釋名曰紈煥也細澤有光煥然也

漢書曰齊俗作冰紈（紈容如冰也）
又曰齊韓延壽衣黃紈方領
又曰白縠衣表薄紈之裏天子之服也
東觀漢記曰楚王英奉送黃縑三十五疋白紈五疋入蜀
楚相以聞詔書還蜀縑紈以助伊蒲塞桒門之盛饌
漢舊儀曰乗輿冠高山冠飛羽之纓幘赤丹紈裏
范子計然曰白紈素出齊魯
王子年拾遺録曰瀛洲有金巒之觀中有瑶几覆以雲紈
之素
繁欽定情詩曰何以合歡欣紈素三條裹

組

說文曰組綬屬其小者以爲纓也
禮記檀弓上曰有子蓋既祥而絲屨組纓

禮記玉藻曰玄冠朱組纓天子之冠也玄冠丹組纓諸侯
之冠也
又曰弟子縞帶并紐約用組
又曰天子佩白玉而玄組綬公侯佩山玄玉而朱組綬大
夫佩水蒼玉而緇組綬世子佩瑜玉而綦組綬士佩瓀玟
而緼組綬孔子佩象環五寸而綦組綬
又少儀曰國家靡弊則車不雕幾甲不組縢（幾附纏爲沂鄂也組縢以飾）
左傳襄三年楚子重伐吳爲簡之師克鳩茲至于衡山使
鄧廖帥組甲三百被練三千
史記曰秦王子嬰係頸以組降沛公軹道旁
漢書曰錦繡纂組害女工
穆天子傳曰天子見西王母好獻錦組百純
又曰盛姬之喪叔㛪贈用茵組（茵褥也叔㛪嬖王女）
墨子曰昔楚莊王鮮冠組纓絳衣博袍以治其國
韓子曰吳起示其妻以組曰子爲我織組令如是組妻織
組果善吳起曰非戒也使之衣而歸妻兄請之起曰起家
無虛言
呂氏春秋曰邾之爲甲常以帛公息忌謂邾君曰凡甲所
以爲固者以蒲竅也今竅蒲矣而任力者半組則不然竅
蒲則盡任力矣邾君以爲然曰將何所得組公息忌對曰
上用之則民爲之矣邾君曰善下令令官爲甲必以組公
息忌知說之行也令其家皆爲組人有傷之者曰公息忌
之所以欲用組者其家多爲組也邾君不悅於是乎止官
無以組邾君有所尤也爲甲以組而便公息忌雖多爲組
何損以組不便公息忌雖無爲組亦何益爲組與不爲組

不足以累公息忌之說用組之心不可不察
劉梁七舉曰華組之組從風紛紘
應璩報燕中尉樊彥皇書曰登輿北踐燕路方當化銀龜
以爲黃變青組以爲紫
又報平陸長貢瑋伯書曰從此辭矣何敢復飛蟬於惠文
鳴玉於緺組哉

納

魏武令曰吾衣皆十歲也歲歲解浣補納之耳
魏志曰太祖幃帳壞即補納
汲太子妻李氏與夫書曰并致納一端
宋書曰徐逵之尚會稽長公主初武帝微時貧過甚常自
新洲伐荻有納布衣襖等皆是敬皇后手自作武帝既貴
以此衣付主曰後世若有驕奢不節者可以此衣示之主

子湛之爲大將軍彭城王義康所愛與劉湛之等頗相附
及劉湛之得罪事連主子文帝大怒將致大辟湛之憂懼
無計以告公主公主即日入宮及見文帝因號哭下牀不
復施臣妾之禮以錦囊盛武帝納衣擲地以示上曰汝家
本貧賤此是我母爲汝父作此納衣今日有一頓飽食便
欲殘害我兒子上亦號哭湛之由此得全
南史曰齊張欣泰爲直閤步兵校尉領羽林監欣泰通涉
雅俗交結多是名素下直輒著鹿皮冠納衣錫杖挾素琴
有以啓武帝帝曰將家兒何作此舉止
又曰沙門寶志在建康寶亮欲以納被遺之未及有言寶
志忽來牽被而去
陳書曰大軍侵魏造陝城魏兵大合輕騎挑戰侯安都瞋
目橫矛單騎突陣四向奮擊左右皆披靡殺傷不可勝數

八百十九　七　張彭二

於是衆並鼓譟俱前魏多縱突騎衆軍患之安都怒甚乃
脫兜鍪解所帶鎧唯著絳衲兩襠衫馬亦去具裝馳入賊
陣猛氣咆勃所向無當其鋒者莫不應刃而倒

綸

釋名曰綸倫也作之有倫理也
說文曰綸糾青絲綬也
禮記曰王言如絲其出如綸王言如綸其出如綍
後漢書仲長統書曰井田之變豪人貨殖館舍布於州郡
田畝連於方國身無半通青綸之命而竊三辰龍章之服
續漢書輿服志曰百石青紺綸一采宛轉繆織長丈二尺
東觀漢記曰建初二年詔齊相其止勿復送吹綸絮
鄭玄注禮記曰綸今有秩嗇夫所佩也
鄴中記曰石虎皇后出女騎一千冬月皆著紫綸巾

齊書曰徐龍駒常住含章殿著黃綸帽被貂裘南面向案
代帝書勑
世說曰謝万詣簡文無衣幘可前簡文曰但前不須衣幘
即呼使入萬著白綸巾而前既見共談移日
孟達與諸葛亮書曰貢白綸帽一以示微意

縞

尚書禹貢曰海岱及淮惟徐州厥篚玄纖縞玄黑繒也縞白繒也二物皆當絢也
毛詩縞衣曰出其東門有女如雲縞衣綦巾聊樂我云願室家得相樂
禮記王制曰殷人冔況甫反而祭縞衣而養老
又玉藻曰朝服之以縞也自季康子始也
左傳襄六曰季札聘於鄭見子產如舊相識與之縞帶子

八百十九　八　張彭三

產獻紵衣焉
史記曰新城三老董公說漢王以義帝死故漢王遂發喪
臨三日告諸侯曰天下共立義帝北面事之今項羽攻殺
大逆無道寡人親發喪諸侯皆縞素歸漢
韓子曰魯人身善織屨爲屨之也而越人跣縞欲冠之也
而越人被髮欲無窮可得乎
淮南子曰鈞之縞也一端以爲冠一端以爲絑冠則戴之
絑則履之
司馬相如子虛賦曰被阿緆揄紵縞阿細繒緆細練也緆音錫紵音史也
曹洪與魏文帝書云我軍入漢中若駭鯨之決細網奔兕
之觸魯縞未足以喻其易也

絺綌

說文曰綌粗葛也絺細葛也縐絺之細者也

尚書禹貢曰海岱惟青州厥貢鹽絺
周禮地官下曰掌葛掌以時徵絺綌之材于山農
禮記月令曰孟夏之月天子始絺
又曲禮上曰為天子削瓜者副之巾以絺（副析也既削又四析乃横斷而巾之）為國君者華之巾以綌（華中裂之不四析也）
又曲禮下曰縝絺綌不入公門（縝單也必表而出為其褻也）浴用二巾上絺下綌也
又檀弓縣子曰綌衰繐裳非吉也（非時尚輕涼慢禮）
毛詩關雎葛覃曰葛之覃兮施于中谷維葉莫莫是刈是濩為絺為綌服之無斁
又綠衣曰絺兮綌兮凄其以風（凄寒風也箋云絺綌所以當暑也以待寒淪失所）我思古人實獲我心
又君子偕老曰蒙彼縐絺是紲袢（必蕃反）也（絺之美者為縐是當暑細袢之服也）

平八百十九　九　王壬

論語鄉黨曰當暑縝絺綌必表而出之（縝單也暑月單衣葛為其形褻也必有以表之若今單衣也）
漢書曰江都王建謀反與閩越通越遣建荃葛（服虔注曰細葛也）
東觀漢記曰耿純字伯山率宗族賓客二千人皆縫襜絺巾迎上於費上大悅
又曰馬嚴為陳留太守嚴病遣功曹史李龔奉章詣闕上親召見龔問疾病形狀以黃金葛絺賜嚴
又曰黃香為郎召詣安福殿賜錢三萬黃白葛各一端
魏武封魏王詔曰今以君為魏王青絳皂黃白各二疋葛越一端往欽哉
吳曆曰孫策送華歆還洛并送布越香葛時多盜賊歆渡牛渚悉封還諸物
江表傳曰魏文帝遣使於吳求細葛君臣以為非禮欲不與孫權勅付使
梁書曰任昉卒後子西華冬月著葛帔練裙道逢平原劉孝標泫然矜之謂曰我當為卿作計
後周書曰賀蘭祥梁雍州刺史岳陽王蕭詧欽其節儉乃以竹屏風絺綌之屬及經史贈之祥難違其意取而付諸所司太祖後聞之並以賜祥
隋書曰袁充少警悟年十餘歲其父黨至門時冬初充尚衣葛衫客戲充曰袁郎子絺兮綌兮凄其以風充應聲荅曰唯絺與綌服之無斁以是大見嗟賞
穆天子傳曰天子筮獵苹澤其卦遇訟逢公占之賜之駿馬十六絺紵三十篋
帝王世紀曰堯見舜於二宮設饗禮迭為賓主南面而問

八百十九　十　王壬

政然後賜以絺衣琴瑟必築宮室封之於虞
韓詩外傳曰孔子南遊楚至阿谷有處女珮璜而浣孔子曰彼婦人可與言矣抽絺綌五兩以授子貢曰善為之辭以觀其辭子貢曰吾北鄙之人也將南適楚於此有絺綌五兩吾不敢置之水浦婦人對曰行客之行嘅然永久分其資財棄之野鄙吾年甚少何敢取之子不早去竊有狂夫守之者矣
說苑曰綿綿之葛在於曠野良工得之以為絺紵良工不得枯死於野
服虔通俗文曰細葛謂之毦翅
嵇康高士傳曰善卷曰予立宇宙之中冬衣皮毛夏綌葛
劉楨瓜賦曰承之雕盤冪以纖絺
夏侯孝若大暑賦曰珠汗沾夫絺葛

左思吳都賦曰蕉葛升越弱於羅紈

庾翼與燕王書曰今致細練十端竹練三端

王褒聖主得賢臣頌曰服絺綌之涼者不苦盛暑之鬱悒

段氏蜀記曰邛州鎮南蕉葛上者一疋直十千

諸葛恢表曰天恩罔極特賜纖絺細竹

顔測集大司馬江夏王賜絹葛啓曰氷紈風綌事膺盛服

太平御覽卷第八百一十九

八百十九　十二　福

太平御覽卷第八百二十

布帛部七

布　火浣布　紵

白疊

布

說文曰細布十五升布也纑布縷也絟細布也繐蜀布也

釋名曰布布列諸縷繐慧也齊人謂涼為慧言服之輕細涼慧也

周禮地官下載師曰凡宅不毛者有里布

又夏官下職方氏曰正北曰并州其利布帛

禮記月令曰仲夏之月毋暴布（鄭玄注曰不以陰功干太陽事）

禮記王藻曰年不順盛君衣布（為凶年變）

又冠義曰始冠之冠緇布之冠也太古冠布齊則緇之其緌也

左傳閔公曰衛文公大布之衣大帛之冠

襄二曰諸侯圍偪陽主人懸布魯孟氏之臣秦堇父登之及堞而絕之（偪陽人懸布以試外之勇者）隊則又懸之蘇而復上者三主人辭焉乃退（主人嘉其勇故辭謝不復懸布）帶其斷布以徇於軍三日（帶其斷布以示勇也）

又襄二十八年齊子尾曰且夫富如布帛之有幅焉為之制度使無遷也（遷移也）夫民生厚而用利於是乎正德以幅之（言厚利皆人之所欲唯正德可以為之幅）使無黜嫚（黜猶放也）謂之幅利利過則為敗吾不敢貪多所謂幅也

周易說卦曰坤為布

論語鄉黨曰齊必有明衣布

史記張騫傳曰臣在大夏時見邛竹杖蜀布問曰安得此大夏國人曰吾賈人往市身毒在大夏東南可數千里

又曰伏靈在菟絲之下燭之火滅即記其數以新布四尺環置之明即掘取

漢書曰太山以布為貨廣二尺二寸為幅長四丈為疋

又曰高帝曰吾舊布衣而取天下

又曰文帝徙淮南王長道死時民謠曰一尺布尚可縫一斗粟尚可舂兄弟二人不相容

又曰公孫弘為丞相而卧布被

又曰張敞為京兆尹長安游徼受臧布罪名已定其母年八十守遺腹子詣敞自陳願乞一生之命敞多其母守節而出教吏量所受布狹幅短度中疏亂二尺賈直五百由此得不死

東觀漢記曰廉范年十五入蜀迎祖母喪及到葭萌渡船沒幾死太守張穆持筒中布數篋與范范曰石生堅蘭生香前後相違不忍行也遂不受

又曰建初元年賈逵入北宮虎觀南宮雲臺使出左氏大義書奏上嘉之賜布五百疋衣一襲

謝承後漢書曰靈帝時楊琁為零陵太守時蒼梧猾賊相聚吏民憂恐琁乃特制馬車數十乘以排囊盛石灰於車上繫布索於馬尾從風鼓灰賊不得視因以火燒布然馬驚奔突賊陣

又曰董卓獲山東兵以豬膏塗布十餘疋用纏其身然後燒之先從足起

又曰吳郡本不獻越布陸閎美容儀常衣越布單衣明帝好之因勑郡獻越布由此始也

華嶠後漢書曰哀牢夷知染綵紬布織成文章如綾錦

梧木華績以爲布幅廣五尺絜白不受垢汙先以覆亡人
然後服之華陽國志出之與此同
又曰王允與呂布及士孫瑞謀董卓有人書回字於布上
負而行於市歌曰布乎布乎有告卓者卓不悟
范曄後漢書曰馬太后詔曰吾爲天下毋而身服大練食
不求甘左右但著布布無香薰之飾者欲身率下也
又曰元和二年詔令天下大酺五日賜公卿以下錢帛各
有差及洛陽民當酺者布戶一疋外三戶共一疋賜博士
弟子見在太學者布人三疋
典略曰蘇秦如趙逢其隣子於易水之上從貸布一疋約
價千金鄰子不與
魏略曰大秦國在安息條支西出細布布織成　言用
水羊毳名曰海西布

又曰大秦國出金塗布緋持竹布發陸火浣布阿羅得布
巴則布度代布溫宿布五色桃布魏文帝詔曰夫珍翫所
生皆中國及西域他方物比不如也代郡黃布爲細樂浪
練爲精江東太末布爲白故不如白疊故鮮皮也
魏略曰皇甫隆爲燉煌太守燉煌婦人作裙攣縮如羊腸
用布一疋隆禁止之所省復不訾
晉書曰王戎性慳從子將婚遺一單布衣婚畢却收之
又曰蘇峻平後帑藏空竭庫中唯練數千端鬻之不售而
國用不給導患之乃與朝賢俱制練布單衣於是人士翕
然競服之練遂踊貴乃令主者出賣端至一金
又曰謝尚書江夏相府以布四十疋爲尚造烏布帳尚以
爲軍士襦袴
又曰顧愷之爲殷仲堪荆州參軍嘗因假還仲堪特以布
帆借之至破冢遭大風愷之與仲堪牋曰地名破冢直破
冢而出下官平安布帆無恙
宋書曰王玄謨侵魏爲前鋒好營貨利一疋布責人八百
梨以此倍失人心
梁書曰蕭恢爲郢州刺史境內大寧時有進筒中布者恢
以奇貨異服即命焚之於是百姓仰德
陳書曰姚察自居顯要一不交通嘗有私門生不敢厚餉
送南布一端花練一疋察謂曰吾所衣著止是麻布蒲練
此物於吾無用既欲相接欵幸不煩爾此人遜請察厲色
驅出自是莫敢饋遺
南史曰林邑國出古貝古貝者樹名也其華盛時如鵝毳
抽其緒紡之以作布布與紵布不殊亦染成五色織爲班布
又曰東夷扶桑國其土多扶桑木故以爲名扶桑爲桐初

生如筍國人食之實如梨而赤績其皮爲布以爲衣亦以
爲錦
燕書曰宋該字宣孔爲右長史太祖會羣僚以該性貪鼓
賜布百餘疋令負而歸重不能致乃至僵頓以愧辱之
後魏書曰楊大眼爲荆州刺史常縛蒿爲人衣以青布而
射之召諸蠻渠指示之曰卿等作賊吾正如此相殺
也
又曰楊椿歸老臨行誡子孫曰國家初丈夫好服彩色吾
雖不記上谷翁時事然記清河翁時服飾恒見翁著布衣
韋帶嘗自約勅諸父曰汝等後世若富貴於今日者慎勿
積金一斤綵帛百疋已上用爲富也
北史曰齊鄭述祖爲光州刺史有人入市盜布其父怒曰
何惡仁君執之以歸首述祖特原之自是境內無盜

唐書曰貞觀十八年命將征遼東安州人彭通請出布五千段以資征人上喜之比漢之卜式拜宣義郎

晏子春秋曰景公謂晏子曰東海中有水而赤中有棗華而不實何也晏子曰昔秦繆公乘龍治天下以黄布裹蒸棗至海而浮其布於波黄布故水赤蒸棗故華而不實公曰吾佯問晏子對曰嬰聞佯問者亦佯對之

莊子曰魯君聞顔闔得道之人使人以幣先焉顔闔守門麤布之衣而自飯牛使者致幣顔闔對曰恐聽謬而遺使者罪不若審之使者還反復來求即不得

孫卿子曰與人善言煖若布帛與人惡言深於矛戟

韓子曰衛人有夫妻禱而祝曰使我無故得百束布其夫曰何少也妻曰益則子將取妾

又曰齊國好厚葬布帛盡於衣衾林木盡於棺椁桓公患

之以告管仲曰布帛盡則無以為幣林木盡則無以為守備而人厚葬之不休禁之柰何管仲對曰凡人之有為也非名之則利之也於是乃下令曰棺椁過度者僇其尸罪夫當喪者夫僇死無名罪當喪者無利人何故為之也

又曰公儀休相魯其妻織布休曰汝豈與世人爭利哉遂燔其機

淮南子曰布之新不如紵紵之弊而不如布或善為新或善為故美由宜也

抱朴子曰寸裂之錦黻未若堅完之韋布

郭子曰劉道真嘗為徒扶風王以五百疋布贖之既而用為從事中郎當時以為美談

呂氏春秋曰戎人見暴布者問曰何以為此莽莽也指麻而示之怒曰此權權何以為莽莽權權由養治之莽莽長皃也

說苑墨子曰古有用無文者禹是也土階三等衣裳細布當此時黼黻無所用務在完堅

王子年拾遺記曰周成王六年然丘國遣使貢獻使者衣雲霞之布如今之朝霞布也

列女傳曰楚江乙母者當恭王之時乙為大夫有入王宮盜者令尹以罪乙請於王而黜之處家無幾其母亡布八尋言令尹盜之王曰令尹在上寇盜在下令尹不知有何罪焉母曰昔日妾子為郢大夫人盜王宮中之物妾子坐之而黜令尹獨何不以是為過也王曰善令吏償母之布因賜金十溢母讓金布曰妾豈貪貨而干王哉怨令尹之治也遂不肯受王曰母智若此其子必不愚乃復召江乙而用之

先賢行狀曰王烈字彥考通識達道人皆慕之州閭感風

咸競為善時國中有盜牛者牛主得之盜者曰我邂逅迷惑從今已後將改過子既已見宥幸無使王烈聞之人有以告烈者烈以布一端遺之

廣州先賢傳曰丁密蒼梧廣信人也清貧為節非家織布不衣○竹林七賢論曰王戎為侍中南郡太守劉肇遺戎筩中布五十端戎不受而厚報其書議者以為譏世祖患之為發詔議者乃息

越絶書曰葛山者勾踐種葛使越女織治葛布獻於吳

玄中記曰玄菟北有山山有花人取紡績葛布

南越志曰桂州豐水縣有古終藤俚人以為布

南州異物志曰五色班布以絲布古貝木所作此木熟時狀如鵝毳中有核如珠珣後細過絲緜人將用之則治出其核但紡不續在意小抽相牽引無有斷絶欲為班布

則染之五色織以爲布弱軟厚緻上毳毛外徼人以爲布
文最煩縟多巧者名曰　城其次小麤者名曰文辱又次
麤者名曰烏驎
顧微廣州記曰阿林縣有勾芒木俚人斫其大樹半斷新
條更生取其皮績以爲布軟滑甚好
裴氏廣州記曰蠻夷不蠶採木緜爲絮皮員當竹剥古緣
藤績以爲布
笑林曰沈珩弟峻字叔山有譽而性儉張溫使蜀辭峻峻
入內良久出語溫曰向擇一端布欲以送卿而無麤者溫
嘉其能顯非
俗說曰桓豹奴善騎乘亦有極快馬時有一諸葛即自云
能走與馬等桓車騎以百疋布置埒令豹奴乘馬與諸葛
並走至者得布便俱走諸葛恒與馬齊欲至埒馬頭去埒

布三尺許諸葛一步
杜寶大業拾遺錄曰七年十二月朱寬征留仇國還獲男
女口千餘人幷雜物產與中國多不同緝木皮爲布甚細
白幅闊三尺二寸亦有細斑布幅闊一尺許
夏侯開國吳郡賦曰金玉星煩明當霞聚纖絺細越青箋
白紵名練奪乎樂浪英葛光乎三輔
張載擬四愁詩曰佳人遺我筒中布何以報之流黃素
楊雄蜀都賦曰細絺弱折緜繭成衽筩中黃潤一端數金
魏武遺令曰銅雀臺上安六尺牀施繐帳月旦十五日向
帳作妓汝等時時登銅雀臺望吾西陵墓田
曹植表曰欲遣人到鄴市上黨布五十疋作車上小帳帷
謁者不聽
陸機弔魏武文曰悼繐帳之冥漠怨西陵之茫茫

火浣布

魏志曰青龍三年西域重譯獻火浣布詔大將軍太尉臨
試以示百僚
異錄曰日南比景縣有火鼠取毛爲布燒之而精名火浣
布
崔鴻十六國春秋前秦錄曰天竺國獻火浣布
南史曰南海諸簿國東千餘里至自然火洲其上有樹生
火中洲左近人剥取其皮紡績作布以爲手巾與蕉麻無
異而色微青黑若小垢洿則投火中復更精潔或作燈炷
用之不知盡
列子曰周穆王大征西戎西戎獻昆吾劒火浣布其劒長
尺有咫鍊鋼赤刃用之切玉如泥焉其布浣之必投火中
布則火色出而振之皜然疑乎雪也

抱朴子曰海中蕭丘有自生火常以春起而秋滅丘方十
里當火起蕭洲洲上純生一種木正暑此木雖爲火所焚
而不糜但小燋黑人或得爲薪者火之俱如常薪但不成
灰炊熟則以水灌滅之後復更用如此不窮夷人取此木
華績以爲布其木皮亦剥以灰煑治以爲布但麤不及華
俱可以火浣又有白鼠毛長三寸許亦居此洲上空木中
入火中不燒灼也其毛又可績以爲布故火浣有三種
傳子曰長老說漢桓帝時大將軍梁冀作火浣布單衣會
賓客行酒公卿朝臣前佯爭酒失杯而汙之僞怒解衣而
燒之布得火煒燁赫然而熾如燒凡布垢盡火滅粲然絜
白如冰瀞之
東方朔神異經曰南荒之外有火山長四十里廣五十里
其中皆生不燼之木晝夜火燒得暴風不猛兩不滅火中

有鼠重百斤毛長二尺餘細如絲可以作布恒居火中色洞赤時時出外而色白以水逐而沃之即死織以爲布

搜神記曰崑崙之墟有炎火之山山上有鳥獸草木皆生長於炎火之中故有火浣布非此山草木之皮枲則其鳥獸之毛也漢世西域舊獻此布中間久絶至魏初時人疑其有文無實文帝以爲火性酷烈無含育之氣著之典論明其不然曰不然之事絶智者之聽及明帝立詔三公曰先帝昔著典論不朽之格言其刊石于廟門之外及太學與石經並以爲永示後世至此西域使至始獻火浣布焉於是刊滅此論而天下笑之臣松之昔從征西洛陽歷觀舊物見典論石在太學者尚存而廟外無之問諸長老云晉初受禪即用魏廟移此石於太學非兩處立也竊謂此言爲然

太八百二十　九　王正

王子年拾遺記曰晉太康中有羽山之民獻火浣布其國人稱羽山之上有文石生火煙色以隨四時而見也名爲淨火有不潔之衣投於石火之中雖滯汙淄湼如新浣矣當虞舜時其國獻黃布漢末獻赤布梁冀製爲衣謂之丹衣而史家云單衣則今縫掖也字異聲同未知孰是

又曰方丈山東有龍場地方千里王瑤爲林或云龍常鬬此處膏血如水流著物如淳漆燕昭王二年海人乘霞舟以彫壺盛膏數斗以獻王坐通雲之堂以火浣布爲纏用龍膏爲燈照耀百里

梁四公記曰有商人賫火浣布三端帝以雜布積之令杰公以他事至於市所杰公遥識曰此火浣布也二是絹木皮所作一是積鼠毛所作以詰商人具如杰公所說因問木鼠之異公曰木堅毛柔是可别也以陽燧火山陰柘木爇之木皮改常試之果驗

異物志曰斯調國有大洲在南海中其上有野火春夏自生秋冬自死有木生於其中而不消也枝皮更滑秋冬火死則皆枯瘁其俗常以冬采其毛以爲布色小青黑若塵垢汙之便投着火中則更鮮明也

紵

尚書禹貢曰荆河惟豫州（西南至荆山北距河）厥貢漆枲絺紵

毛詩宛丘東門之池曰東門之池可以漚紵彼美淑姬可與晤語

左傳襄六曰季札聘鄭見子産如舊相識與之縞帶子産獻紵衣焉

漢書曰賈人不得衣錦繡綺縠絺綌紵罽

宋書曰戴法興會稽之山人家貧父　子以販紵爲業

太八百二十　十　王正

華陽國志曰獠人買言紵爲蘭

朱崖傳曰朱崖　出入　著布或細紵布巾巾四幅其中内頭如領巾象

說苑曰吳赤巾使於智氏假道於衛甯文子具紵絺三百製將以送大夫懇曰吳雖大國也亦不壤交假之道則亦敬矣又何禮爲文子不聽遂致之

古樂府曰白紵歌盛稱舞好宜及芳時作樂其辭曰白紵質如月輕如雲色如銀製以爲袍餘作巾本吳舞也

白疊

漢書曰其帛絮細布千鈞紋綵千疋荅布（白疊也）皮革千石比千乘之家

晉令曰士卒百工不得服越疊

吳時外國傳曰諸薄國女子織作白疊花布

南史曰高昌國有草實如繭繭中絲如細纑名爲白疊子國人取織以爲布布甚輭白交布用馬

吳篤趙書曰石勒建平二年大宛獻珊瑚琉璃氍毹白疊

廣志曰白疊毛織出諸薄洲

太平御覽卷第八百二十

太平御覽卷第八百二十一

資產部一

田

釋名曰：土已耕者曰田。田，填也，五稼填滿其中也。

尚書禹貢曰：冀州厥田惟中中（孔安國曰：田之高下肥瘠，九州之中為第五。）兗州厥田惟中下（第六）青州厥田惟上下（第三）徐州厥田惟上中（第二）揚州厥田惟下下（第九）荊州厥田惟下中（第八）豫州厥田惟中上（第四）梁州厥田惟下上（第七）雍州厥田惟上上（第一）

周禮春官下籥章曰：凡國祈年於田祖，歌豳雅，擊土鼓，以樂田畯。（祈年，祈豐年也。田祖，始耕田者，謂神農也。田畯，古先教田者。爾雅曰：畯，農夫也。）

又地官司徒之職曰：均土地以稽其人衆而周知其數。上地家七人，可任者家三人；中地家六人，可任者家二人；下地家五人，可任者家一人。（鄭玄曰：均，平也。周，猶徧也。一家男女七人以上，則授之以上地，所養者衆也；男女五人以下，則授之以下地，所養者寡也。正以七人、六人、五人為率者，有夫有婦然後為家，自二人以至於十人為九等。）乃經土地而井牧其田野，九夫為井，四井為邑，四邑為丘，四丘為甸，四甸為縣，四縣為都，以任地事而令貢賦，凡稅斂之事。（此謂造都鄙也。采地制井田，異於鄉遂，重立國。小司徒為經之，立其五溝五塗之界。其制似井之字，因取名焉。）

又曰：載師掌任土之法，以物地事授地職而待其政令。（任土者，任其力勢所能生育，且以制貢賦也。物，物色之，以知其所宜之事，而授農牧衡虞使職之也。）以廛里任國中之地，以場圃任園地，以宅田、士田、賈田任近郊之地，以官田、牛田、賞田、牧田任遠郊之地，以公邑之田任甸地，以家邑之田任稍地，以小都之田任縣地，以大都之田任疆地。（謂廛里者，若今邑居矣。廛，民居之區域也。里，居也。圃，樹果蓏之屬。蓏音力果反。季秋於中為場。樊圃謂之園。宅田者，致仕者家所授之田也。孟子曰：卿已下必有圭田，圭田五十畝。賈田，在市賈人其家所受田也。官田，庶人在官者其家所受田也。牛田、牧田，畜牧者之家所受田也。賞田者，賞賜之田……）

（天子使大夫治之，自此以外餘地皆然。）

禮記月令季夏：後五日大雨時行，乃燒薙行水，利以殺草，可以糞田疇，可以美土疆。（薙謂迫地芟草也。此謂欲耕萊田，先薙其草，草乾燒之。月大雨，流水潦畜其中，則草死不復生，而地美可耕稼也。）

又王制曰：方一里者為田九百畝。（一里，方三百步。）方十里者為方一里者百，為田九萬畝。方百里者為方十里者百，為田九十億畝。（億，今十萬。）方千里者為方百里者百，為田九萬億畝。（萬億，今萬萬也。）自恒山至於南河，千里而近；（冀州域）自南河至於江，千里而近；（豫州域）自江至於衡山，千里而遙；（荊州域）自東河至於東海，千里而遙；（徐州域）自東河至於西河，千里而近；（亦冀州域）自西河至於流沙，千里而遙。（雍州域）西不盡流沙，南不盡衡山，東不盡東海，北不盡恒山，凡四海之內，斷長補短，方三千里，為田八十萬億一萬億畝。（九州之大計。）方百里者為田九十億畝，山陵、林麓、川澤、溝瀆、城郭、宮室、塗巷三分去一，其餘六十億畝。（以一大國為率，其餘所以授民也。）

又曰：古者公田藉而不稅。（藉之言借也。借民力治公田，美惡取於此，不稅民之所自治也。古者謂殷時。）

左傳僖公三十一年曰：春，取濟西田，分曹地也。（二十八年晉文討曹，分其地，竟界未定，至是乃以賜諸侯。）使臧文仲往，宿於重館。（高平方與縣西北有重鄉城。）重館人告曰：晉新得諸侯，必親其共。不速行，將無及也。從之，分曹地，自洮以南，東傅于濟，盡曹地也。（文仲不書，請田而已，非聘享會同也。）襄仲如晉拜曹田也。

又宣公下十五年曰：初稅畝，非禮也。穀出不過藉，（周法：民耕百畝，公田十畝，借民力而治之，稅不過此。）以豐財也。

又襄公六曰：子產治鄭，使田有封洫，（封，界。洫，溝。）從政一年，輿人誦曰：取我衣冠而褚之，取我田疇而伍之……

與之及三年民又誦之曰我有子弟子產誨之我有田疇子產闕之子產而死誰其嗣之

又哀公上曰季孫欲以田賦（兵賦之法因其田財通出馬一疋牛三頭今欲別其田及家財各爲一賦故言田賦）使冉有訪諸仲尼仲尼曰丘不識也三發（發三問）卒曰（卒終也）子爲國老待子而行若之何子之不言也仲尼不對（不公答）而私於冉有曰君子之行也（行政事）度於禮施取其厚事舉其中斂從其薄如是則以丘亦足矣（丘十六井出戎馬一疋牛三頭是賦之常法）若不度於禮而貪冒無厭則雖以田賦將又不足且子季孫若欲行而法則周公之典在若欲苟而行又何訪焉弗聽（爲明年用田賦傳）

又哀公上曰子胥曰得志於齊猶獲石田也無所用之（石田不可耕）

穀梁傳宣公五年曰初稅畝（宣公履畝擇而稅之也）古者田什一而籍（言借民力十井而爲公耕一謂之什一而稅也）初稅非正也

毛詩小雅白華曰滮池北流浸彼稻田（滮流貌箋云池澤浸潤稻田使之生殖）

又甫田曰倬彼甫田歲取十千（倬明貌甫田謂天下田也十千言多也）

又大雅崧高曰王命召伯徹申伯土田（徹治也箋云治者正其井牧定其賦稅）

爾雅曰田一歲曰菑（今江東呼初耕地反草爲菑）二歲曰新田（詩曰于彼新田）三歲曰畬（易曰不菑畬）

史記曰魏文侯使李悝作盡地力之教（悝苦回反）以爲地方百里提封九萬畝理田勤謹則畝益三斗不勤則損亦如之地方百里之增減輒爲粟百八十萬碩矣必雜五種以備災害力耕數耘收穫如寇盜之至（謂促遽之甚恐爲風雨損也）

又曰秦孝公任商鞅鞅以三晉地狹人貧（三晉謂韓魏趙三卿今河東道）

地[illegible]人利其田宅復三代無知兵事而務本於內而使秦人應敵於外故廢井田制阡陌任其所耕不限多少數年之間國富兵強天下無敵其後韓聞秦之好興事欲疲之乃使水工鄭國間說秦令鑿涇水自中山西抵瓠口爲渠並北山東注洛三百餘里欲以溉田中作而覺秦欲殺國國曰始臣爲間然渠成亦秦之利也秦以爲然卒使就渠用注慎閼之水溉澤鹵之地四萬頃收皆畝一種於是關中爲沃野無凶年命曰鄭國渠（閼音於據切）

又曰王翦將行請善田宅園池甚衆始皇曰將行矣何憂貧乎

戰國策曰魏叔座爲將攻韓趙勝之魏王賞田百万座曰使士卒不崩直而不倚撓揀不辟者此吴起餘教也鼓之不敢息倦者臣也王特爲臣右手之倦賞臣可也若以有功臣何力之有焉王曰善於是索吴起之後賞田二十萬以座不掩士之迹又與田二十萬

漢書晁錯奏曰古者稅民不過什一至秦則不然用商鞅之法改帝王之制一歲屯戍萬計力役三十倍於古田租口賦鹽鐵之利二十倍於古（如淳曰秦賣鹽鐵貴故下民受其困）或耕豪民之田稅十五（如淳曰稅其五）故貧民常衣馬牛衣而食犬彘之食

又董仲舒說上曰秦用商鞅之法改帝王之制除井田人得賣買富者田連阡陌貧無立錐之地漢興循而未改古井田法雖難卒行宜少近古限人占田以贍不足塞兼并之路然後可善治也上不能用

又曰是時富豪皆爭匿財唯卜式尤欲助費於是以式終長者乃召拜爲中郎賜爵左庶長田十頃布告天下尊顯

以諷百姓
又曰貢禹上書曰臣禹年老貧窮家貲不滿萬錢妻子糠豆不贍短褐不完有田百三十畝陛下過意徵臣臣賣田十畝以供車馬
又曰楊惲免官常不得志乃歌曰田彼南山蕪穢不治種一頃豆落而為萁人生行樂耳須富貴何時
又曰張禹為人謙愿內殖貨財家以田為業及富貴多買田至四百頃皆涇渭溉灌極膏腴上價
又曰甯成曰仕不至二千石賈不至千萬安可比於人乎乃貰貸陂田千餘頃假貧民役使數千家致產數千萬為任俠持吏長短從數十騎其使民威重於郡守
又溝洫志曰太始三年趙中大夫白公復奏穿渠引涇水首起谷口尾入櫟陽涇渭中溉四千五百餘頃田名曰白

渠民歌田曰於河許池陽谷口鄭國在前白渠起後舉鍤為雲決渠為雨涇水一石其泥數斗且溉且糞長我禾黍
後漢書曰光武時天下墾田多不以實又戶口年紀互有增減十五年詔下州郡檢覆其事而刺史太守多不平均或優饒豪右侵刻羸弱百姓嗟愁遮道號呼時諸郡各遣使奏事帝見陳留吏牘上有書視之云潁川弘農可問河南南陽不可問帝詰吏由趣吏不肯服抵言長壽街上得之（抵欺也）帝怒時顯宗為東海公年十二在幄後言曰吏受郡勑當欲以墾田相方耳帝曰即如此何故言河南南陽不可問對曰河南帝城多近臣南陽帝鄉多近親田宅踰制不可為准帝令虎賁將詰問吏吏乃實首服如顯宗對於是遣謁者考實具知姦狀
又曰樊重開廣田土三百餘頃其所起廬舍皆有重堂高閣陂渠灌注貲至巨萬而賑贍宗族恩加鄉閭外孫何氏兄弟爭財重恥之以田貳頃解其忿訟縣中稱美推為三老
又曰馬援辭兄況欲就邊郡田牧（東觀記曰援以況出為河南太守次兩兄為吏京師見家用不足乃辭況欲就邊郡畜牧也）況曰汝大才當晚成良工不示人以朴且從所好後援辭隗囂歸洛陽居數月而無他職任援以三輔地曠土沃而所將賓客猥多乃上書求屯田上林苑中帝許之
東觀漢記曰司隸校尉梁松奏特進防光廖康子豫兄弟父子並受爵土榮顯冠世多買京師膏腴美田作大廬近帶城郭妨困小民
又曰郭丹字少卿南陽人累世千石父稚為丹買田宅居業丹為司徒視事五年薨詔問丹家時宗正劉匡對曰郭

丹為三公典牧州郡田畝不增
張璠漢記曰鄭泰字公業少有才略多謀家富於財有田四百頃而食常不足名聞山東
華嶠後漢書曰范遷為司徒在公輔有宅數畝田不過一頃推與兄子
又曰周燮專精禮易不讀非聖之書不脩賀問之好有先人草廬結于崗畔下有陂田常肆力自勤以給非身所耕漁則不食
魏志曰夫定國之術在於強兵足食秦人以急農兼天下孝武以屯田定西域此先世之良式也是（歲乃募民屯田於許得穀數百万斛於是）州郡例置田官所在積穀征伐四方無運糧之患遂得以兼滅群兇克平天下
又曰鄧艾遷尚書郎時欲廣田畜穀[illegible]

項已東至壽春艾以爲田良水少不足以盡地利宜開河
渠可以大積軍粮又通運漕之道乃著濟河論以喻其指
又以爲昔破黄巾因爲屯田積穀許都以制四方今三隅
已定事在淮南每大軍征舉運兵過半功費巨億以爲大
役陳蔡之間土下田良可省許昌左右諸稻田并水東下
令淮北二萬人淮南三萬人十二分休常有四萬人且田
且守水豐常收三倍於西計除衆費歲完五百萬斛以爲
軍資六七年間可積三千萬斛於淮上此則十萬之衆五
年食也以此乘吳無不克矣宣王善之事皆施行正始三
年乃開廣漕渠每東南有事大軍與衆汎舟而下達于江
淮資食有儲而無水害艾所建也
又曰司馬郎爲丞相主簿以爲宜復井田往者以民各有
累世之業難中奪之是以至今承大亂之後民人分散土

業無主皆爲公田宜及此時復之
又曰鄭渾遷陽平沛郡太守郡界下濕患水澇百姓饑乏
渾於蕭相二縣界興陂堨開稻田郡人皆以爲不便渾曰
地勢洿下宜溉灌終有魚稻經久之利此豐民之本也遂
躬率吏民興立功夫一冬間皆成比年大收頃畝歲增租
入倍常民賴其利刻石頌之號曰鄭陂
又曰劉靖都督河北諸軍事又脩廣戾渠陵大遏水溉灌
薊南北三百里使種稻邊民利之
蜀志曰初諸葛亮自來成都有田十五頃子弟食自餘饒
晉要事曰安帝義熙九年右丞張須元議瑯瑘及湖孰界
有皇右脂澤田四十餘頃參詳悉以借食民
南史曰宋王惠兄鑒頗好聚斂惠意不同謂曰何用田爲
鑒怒曰無田何由得食惠又曰何用食爲

齊書曰王騫歷黄門郎司徒右長史不事產業有舊田在
鍾山八十頃與諸宅及故舊共佃之常謂人曰我不如鄭
公業有田四百頃而食常不周以此爲愧
梁書曰夏侯夔爲豫州刺史率軍人於蒼陵立堨溉田千
餘頃歲收穀百餘萬石以充儲備兼贍貧人境內賴之也
又曰鄧元起少時嘗至西沮田舍有沙門造之乞元起有
稻幾二千斛悉以施之時人稱其有大度
後魏書曰高允爲著作郎太武引見因問允萬機何者爲
先時多禁封良田又京師遊食者衆允因曰臣少也賤所
知唯田請言農事古人云地方一里則爲田三頃七十畝
萬里則田三萬七千頃若勸之則畝益三升不勸則畝損
亦如之損益之率爲粟二百二十二萬斛況以天下之廣
乎若公私有儲雖遇饑年復何憂哉帝善之除田禁悉以

授百姓
又曰裴延儁遷幽州刺史范陽郡有舊督亢渠徑五十里
陽漁郡有故戾陵諸堨廣袤三十里皆廢毁多時水旱不
調延儁乃表求營造遂躬自履行相度形勢隨力分督未
幾而就溉田百萬餘畝爲利十倍百姓賴之
北齊書曰帝賜穆提婆晉陽之田斛律光言於朝曰此田
神武帝以來常種禾飼馬數千疋以擬寇難今賜提婆無
乃闕軍務也由是提婆怨光
唐書曰貞元十六年盧羣爲義成軍節度鄭滑觀察營田
使羣先寄寓鄭州典質得良田數頃及授節度各以本地
契書分付所管令長令召還本主時人稱美
又曰起居郎崔覲隱居城固山所有良田分給奴婢令遞
日供飲食之費覲與妻家事一不以問但水石自娛而已

又曰溫造爲河陽節度觀察使復懷州古秦渠三縣斥地悉爲良田後造左遷出爲朗州刺史至則開後鄉渠九十七里溉田二千頃郡人名其渠曰右史渠

范子計然曰請問九田隨世盛衰有水旱貴賤願聞其情計然曰諸田各有名其從一官始以終九官所以設諸田差高下始進退也假令一直錢百金一直錢九百此略可知從一畝至百畝直是大貴之極也

孟子曰百畝之田勿奪其時數口之家可以無饑矣

又曰易其田疇薄其稅斂民可使富也

傅子曰陸田者命懸於天也人力雖修水旱不時則一年功棄矣田制之由人人力苟修則地利可盡天時不如地利地利不如人事

呂氏春秋曰魏襄王與羣臣飲酒酣王爲羣臣祝令羣臣

皆得志史起對曰羣臣不肖者得志則不可王曰如西門豹之爲人臣也史起對曰魏氏之田也漳水存其傍西門豹不知用是過也明日召史起問漳水猶可以灌鄴田乎對曰臣爲之民必大怨臣臣雖死願王使他人遂之王使之爲鄴令史起因往爲之鄴民大怨欲藉史起史起不敢出避之乃使他人遂爲之水已行民大得其利相與歌之曰鄴有聖令號爲史公決漳水兮灌鄴旁終古斥鹵生稻粱

春秋後語曰趙列侯謂其相公仲連曰寡人所愛可以貴之乎曰富可也貴之則不列侯乃命以田萬畝賜善歌者二人公仲連許諾而不與居一月列侯之代還問曰與之乎曰未有可者

家語曰虞芮二國爭田而訟連年不決乃相謂曰西伯仁人盍往質焉入其境則耕者讓畔行者讓路入其朝則士讓爲大夫大夫讓爲卿虞芮之君曰嘻吾儕小人不可以入君子之朝遂自相與成以其所爭爲閑田

蕭廣濟孝子傳曰郭原平墓下有數十畝田不屬原平每至農月耕者恒裸袒原平不欲使慢其墳墓乃貨家資買此田三農之月輒束帶垂泣躬自耕墾之

氾勝之奏曰昔湯有旱災伊尹爲區田教民糞種負水澆稼收至畝百石勝之試爲之收至畝四十石

越絕書曰吳北野禺櫟東所舍大疁者吳王田也

又曰富中大塘者勾踐治以爲義田也肥饒謂之富中

盛弘之荆州記曰桂陽郡界有溫泉其下流有田恒資以浸灌常十二月種至明年三月新穀便登溫液所周正可數畝過此水氣輒冷不復生苗

豫章記曰郡江之西岸有盤石下多良田極膏腴者一畝二十斛稻米之精者如玉映澈於器中

續搜神記曰陽人姓何忘其名隱遁養志常至田舍人收穫在場上忽有一人長一丈黃疎單衣角巾來詣之翩翩舉其兩手並舞而來語何云君常見韶舞不足舞也便去何尋逐逕向一山山有一穴裁容人其人即入穴何亦隨之初入甚急前輒開廣便失人見良田數十頃何遂墾作以爲世業子孫于今賴之

崔寔政論曰昔者聖王立井田之制分口耦地各相副適使人饑飽不偏勞逸齊均富者不足僭差貧者無所企慕

王朗上求賑貸民表曰昔在西京有鄠杜膏腴之饒池陽谷口之利涇渭二川之水鄭國白渠之溉要雨年成糞與灌並畝貨一金號爲陸海

應璩書曰是以忽此蕞爾之業求彼孫孔東皐之地故求遠田在關之西南臨洛水北據芒山

曹植表曰乞城内田及城邊好田盡所賜百年力者旨雖生自至尊然心甘田野性樂稼穡

又籍田論曰營疇萬畝厥田上上經以大陌帶以横阡奇柳夾路名菓被園宰農寔掌是謂公田

唐明皇雜録曰上命宇文融為招田使融方恣睢稍不已附者必加誣譖密奏以為盧從愿廣致田園有地數百頃上素器重亦倚為相者數矣而又族望官婚鼎盛於一時故上亦重言其罪但目從愿為多田翁

貪王 士 畢

太平御覽卷第八百二十一

太平御覽卷第八百二十二

資産部二

農

周禮地官下曰凡任民任農以耕事貢九穀

禮記月令孟春曰乃命有司布農事舍東郊修封疆審端徑術善相丘陵阪險原隰土地所宜五穀所殖以教導人必躬親之田事既飭先定準直農乃不惑

又仲春曰無作大事以妨農事（大事兵役之屬）

又孟夏曰無起土功無發大衆無伐大樹（爲妨蠶農之事）是月也命有司巡行田原勸農勉人無或失時（勸農人以及時）

又孟秋曰是月也築場圃農乃登穀天子嘗新先薦寢廟

又季秋曰乃命有司農事備收舉五穀之要

又孟冬曰是月也勞農以休息之

又仲冬曰是月也農有不收藏積聚者馬牛禽獸有放逸者取之不詰

又季冬曰冰已入令告人出五種命農計耦耕事修耒耜具田器命有司出土牛以示農耕之早晚

又王制曰制農田百畝百畝之分上農夫食九人其次食八人其次食七人其次食六人下農夫食五人庶人在官者其祿以是爲差也（農夫皆受田於公田肥墽有五等收入不同也庶人在官謂府史之屬官長所除命於天子國君者）諸侯之下士視上農夫祿足以代其耕也

左傳閔公曰衛文公務材訓農通商惠工

又昭元曰譬如農夫是穮是蓘（穮擁本曰蓘）雖有饑饉必有豐年

春秋元命苞曰周先姜原履大人跡生后稷長[illegible]

故稷好農（神始行從道道必有跡而姜原履之意感遂生后稷於扶桑之所出之野長而推演種生之法而好農知爲倉神所命明也）

尚書盤庚上曰若農服田力穡乃亦有秋（農勤穡則有秋下承上則有福）乃不畏戎毒于遠邇惰農自安不昬作勞不服田畝越其罔有黍稷

又洪範三曰農用八政（農厚也厚用之政乃成）一曰食（勤農業）

又梓材惟曰若稽田既勤敷菑惟其陳修爲厥疆畎（言爲君監民惟若農夫之考田已勞力菑發之惟其陳列修治爲其疆畔畎壟然後功成以喻教化）

論語子路曰樊遲請學稼子曰吾不如老農

漢書曰贊曰以貧求富農不如工工不如商（亦出史記）

又曰楊季官至廬江太守有田一壥宅一區世世以農桑爲業

後漢書曰王丹家累千金隱居養志好施周急每歲農時

輒載酒肴於田間候勤者而勞之（東觀漢記曰載酒肴便於田頭大樹下飲食勸勉之因留其餘酒肴而去）其惰嬾者恥不致丹皆兼功自厲（嬾與嬾同音力亶反）邑聚相率以致殷富其輕黠游蕩廢業爲患者輒曉其父兄使黜責之沒則賻給親自將護其有遭喪憂者輒待丹爲辦鄉鄰以爲常行之十餘年其化大洽風俗以篤

又曰崔愋字行遜遷鄮陵令每至春農身到廬陌觀民耕桑農無廢業

東觀漢記曰樊重字君雲世善農稼好貨殖

南史曰梁張興世爲方伯父仲子由興世致位給事中興世欲將往襄陽愛鄉里不肯去嘗謂興世曰我雖田舍老公樂聞鼓角汝可送一部行田時吹之

管子曰一農之事必有一耜一鎌一鎒一椎一銍然後成爲農也

又曰北澤燒火照堂下管子入賀桓公曰吾田野辟農夫必有百倍之利也

又曰善爲國者使農寒耕而熱耘力歸于上

又曰夫國富多粟生於農故先王貴之民事農則田墾田墾則粟多粟多則國富國富則兵強兵強則戰勝戰勝者地廣農夫終歲之作不足以自食也故農者月不足而歲有餘也

又曰先王者善爲民興利除害故天下歸之所謂興利者利農事也所謂除害者禁害農事也

又曰一農之量壤百畝也

又曰上農挾五中農挾四下農挾三農有常業女有常事一農不耕民有饑者一女不織民有寒者

孟子曰不違農時穀不可勝食者也

平八百廿二　三　明

孫卿子曰農精於田不可爲農師賈精於市不以爲市師

又曰良農不爲水旱不耕

韓子曰歷山農者侵畔舜往耕其年讓畔

國語管仲曰昔者先王處農就田野令農夫羣萃而州處察其四時（四時樹藝各有宜）權節其用耒耜枷芟（權平之節其器用小大倨句之宜拂也所以擊草芟大鎌所以芟草）及寒擊槁除田（寒季冬大寒之時槁枯草也）以時時耕（時耕立春之後）及耕深耕而疾耰之以待時雨（疾速耰磨時雨至當種）時雨既至挾其槍刈耨鎛（在掖曰挾槍椿也刈鎌耨茲其鎛鋤也）以旦暮從事於田野脫衣就功首戴茅蒲身衣襏襫（脫解茅蒲簦笠也襏襫蓑襞也茅或作萌竹萌之皮所以爲笠）沾體塗足（沾濡）暴其髮膚盡其四支之敏以從事於田野少而習焉其心安焉不見異物而遷焉是故其父兄之教不肅而成其子弟之學不勞而能夫是故農之子恒爲農野處而不暱（暱近）

呂氏春秋曰匡章謂惠子於魏王之前曰蝗螟者農夫得而殺之奚故爲其害稼也

汜勝之書曰農士惰勤其功力相什倍

又曰衛尉前上蠶法今上農法民事人所忽略衛尉勤之可謂忠國愛民之至

風俗通曰古者使人如借故曰籍田

孫盛作南昌令教曰且欲先婚配境內然後督其農桑

梁州記曰黑水村有魚池池上立美臺下四周有水左右官良田數十頃故以美農爲名

耕

周禮天官上曰甸師掌帥其屬而耕耨王籍以時入之以共齍盛（其屬府史胥徒也耨耕耘耨也王以孟春躬耕帝籍天子三推三公五推卿諸侯九推庶人終於千畝庶人謂徒三百人籍之言借也王一耕之而使庶人耘耨終之齍盛祭祀所用穀也）

平八百廿二　四　王明

禮記月令曰正月天子率三公九卿諸侯大夫躬耕帝籍天子三推公五推諸侯九推（鄭玄注曰帝籍爲天神借人力所治之田也蔡邕章句曰禮成於三故天子三推卑者勞故三公五推也）

又曰王制曰三年耕必有一年之食九年耕必有三年之食以三十年之通雖有凶旱水溢民無菜色

又少儀曰問士之子長幼長則曰能耕矣

又表記曰天子親耕粢盛秬鬯以事上帝故諸侯勤以輔事於天子（言無事而居位食祿是不義而富且貴）

左傳襄公七年曰夏四月三卜郊不從乃免牲孟獻子曰吾乃今而後知有卜筮夫郊祀后稷以祈農事也（郊祀后稷以配天后稷周始祖能播植者）是故啓蟄而郊郊而後耕今就耕而卜郊宜其不從也（啓蟄夏正建寅之月耕謂春分）

又襄公十三年曰吳子諸樊既除喪（諸樊吳子乘之長子也乘卒至此春十七）

月既葬而除喪將立季札（札少弟諸樊）季札辭曰曹宣公之卒也諸侯與曹人不義曹人將立子臧子臧去之遂弗爲也以成曹君君子曰能守節君義嗣也誰敢奸君有國非吾節札雖不才願附於子臧以無失節固立之弃其室而耕乃舍之（傳言季札之讓且明吳兄弟相傳）

又昭公五曰伍員如吳言伐楚之利於州于（州于吳子僚）公子光曰是宗爲戮而欲反其讎不可從也（光吳公子闔閭也反復也）員曰彼將有他志（光欲殺僚不利員用事故破其議而員亦知之）余姑爲之求士而鄙以待之（計未得用故進勇士以求入於光退居邊鄙）乃見專諸焉（專諸勇士）而耕於鄙

穀梁傳成公曰郤克曰反魯衛之侵地使耕者皆東畝（欲以利其戎車）

論語衛靈公曰君子謀道不謀食耕也餒在其中矣學也祿在其中矣

又微子曰長沮桀溺耦而耕

論語比考讖曰叔孫武叔毀孔子譬若堯民曰我耕田而食穿井而飲堯何力功

周書曰神農之時天雨粟神農耕而種之

韓詩曰三之日于耜四之日舉趾至於四月始可舉足而耕

又曰齊人青將討公孫無知辭其友其友曰耕田刈草農之力也討君之賊大夫職也

史記曰趙肅侯遊大陵出於鹿門大夫和馬曰耕事方急一日不作百日不食肅侯下車而謝之

又曰伍子胥進專諸於公子光退而與故太子建之孤子勝耕於野

又曰陳涉少時與人傭耕輟耕壠上曰富貴無相忘傭者笑而應曰子爲人傭耕何富貴耶涉曰嗟乎燕雀安知鴻鵠之志哉

又曰高后立諸呂爲王擅權用事朱虚侯年二十有氣力忿劉氏不得勢嘗入侍高后讌飲曰請爲太后歌田太后曰試爲我言田意曰深耕穊種立苗欲疎非其種者鋤而去之呂后默然

戰國策曰主父欲代中山使李疵觀之疵曰舉士即民務名不好本朝上賢即耕者惰而戰士懦若此不亡者未之有也

漢昭紀曰上耕于鈎盾弄田（應劭曰昭帝九年未能親耕帝籍鈎盾有田近署故往試耕爲戲弄也）

又曰江南之地火耕水耨（應劭曰燒草下水種稻）

又曰夏侯勝每授書謂諸生曰學經不明不如歸耕

後漢書曰王莽末盜賊起人皆憂移徙逃莫事農桑淳于恭遂獨耕鄉人止之曰世方散亂死生未分何空自苦爲恭曰正我不得食他人食之何傷柰何不耕

東觀漢記曰梁鴻乃將妻之霸陵山中耕耘織作以供衣食彈琴誦書以娛其志

又曰承宮將妻之華陰山谷耕種禾黍臨熟人就認之宮悉推與去由是顯名

又曰第五倫爲會稽太守免官歸田里身自耕種不交通人物

魏略曰常林少單貧自非手力不取之於人性好學漢末爲諸生帶經耕鋤其妻常自擔餉餽之林雖在田野其相敬如賓

吳錄曰徵崇字子和遭亂遂隱於會稽躬耕以求其志好尚者從學所教不過數人輒止欲令其業必有成也

吳志曰薛綜上疏云任延爲九眞太守迺教其耕犂使之冠履

晉書曰朱冲字巨容少有志行閑靜寡欲好學而貧常以耕藝爲事

又曰趙至字景眞代郡人也寓居洛陽緱氏令初到官至年十三與母同觀母曰汝先世本非微賤世亂流離遂爲士伍耳爾後能如此不至感母言詣師受業聞父耕叱牛聲投書而泣師怪問之至曰我小未榮養使老父不免勤苦師甚異之

宋書曰王韶之家貧好學嘗三日絶糧而執卷不輟家人請之曰困窮如此何不耕荅曰我自耕耳

齊書曰戴僧靜爲北徐州刺史買牛給貧人令耕種

梁書曰孔子袪會稽山陰人也少孤貧好學耕耘樵採常懷書自隨投閑則誦讀勤苦自勵遂通經術

趙書曰東耕儀直殿中監鋪席於侍臣之南北面解璽出御衣跽受黃門侍中侍中釋劒擎跽以穎授尊太常讚曰皇帝親耕籍田一推一反三推三反成禮侍中跽取耒以授侍郎以授殿中監監復韜璽

管子曰庶人好耕農而惡飲食於是財用足

又曰行其游野視其耕耘計其農事而饑飽之國可以知也

又曰耕者出入不應於父兄用力不農農不事賢行此三者有罪無赦

又曰地大而不耕非其地也

文子曰其耕不強者無以養生

晏子春秋曰有納書景公者云吾不知晏子之忠臣也公以爲然晏子入朝公色悅晏子退而窮處東耕于海濵

墨子曰魯南鄙人吳慮者冬陶夏耕自比於舜

又曰墨子之齊遇故人曰今天下莫爲不若已墨子曰今小人一人耕九人處耕者不可以不急何食者衆而耕者寡也今天下莫爲義子宜勸我何以止我何以樂曰使丈夫爲之廢丈夫耕稼樹藝之時使婦人爲之廢婦人紡織之事

莊子曰堯治天下伯成子高立爲侯堯授舜舜授禹伯成子高辭而耕禹往見之則在野

又曰堯以天下讓許由許由不受退而耕於潁水之陽終身不見

尸子曰有虞氏身有南畝妻有桑田神農耕而王所以勸耕

商子曰今一人耕而百人食之此爲螟螣蚵（胡多切）蠋（之欲切）亦大矣雖有詩書猶無益於治

孟子曰伊尹耕於有莘之野湯躬詣之伊尹囂然弗顧

又曰耕者助而不稅則天下之農皆悅而願耕於其野也

孫卿子曰子路問孔子曰有耕耘樹藝手足胼胝以養其親而無孝名何也子曰但使入則篤行出則友賢何患無孝名也

韓子曰宋人有耕者田中有株兎走觸株而死因釋耕而守株冀更得兎宋人笑之

淮南子曰夫織者日以進耕者日以却事相反成功一也

楊子法言曰谷口鄭子眞不屈其志而耕乎巖石之下名

振京師

傅子曰耕根車天子親耕乗之蹕猪車畋獵乗之

山海經曰后稷播百穀始作耕

六韜曰昔帝堯之王天下不以私曲之故留耕績之時

國語曰古者天子籍田后稷監之監察太史贊王贊導王敬從之王耕一墢一墢一耜之墢也王無耦以一耜耕也班三之班次也三之下各三其上也王一墢公三卿九大夫二十七庶人終于千畝終盡耕之

又曰管仲對齊桓公曰深耕而疾耰之以待時雨

呂氏春秋曰臣章謂魏王曰今君行多者數百人皆不耕而食此害稼亦甚矣

又曰人臣孝則事君忠臨難死士民孝則耕耘疾守戰固

又曰舜耕於歷山昌草生於是始耕

董生書曰禹見耕者五耦而軾

賈誼書曰王者之法民三年耕而餘一年之食九年耕而餘三年之食三十歲民有十年之蓄

說苑曰曾子衣弊衣而耕魯君使人致邑曾子不受曰受人者畏人與人者驕人終不受

太元經曰神農冬耕被服純青

崔元始正論曰宣帝使蔡癸校民耕相三犂共一牛一人持之下種挽耬皆取備焉一日種頃也

拾遺録曰需支夫善耕婦人善織以五色絲稍内口中兩手引而結之則成文錦丈夫多力勤稼一日耡十頃之地

董正則傳曰劉恭嗣少有異才聞司馬操傳物多通故往見焉遇其方耕執耒耜於壠畝之上於是釋耒下袵相就而言

任嘏別傳曰嘏字昭先樂安人有此居者擅耕嘏地數十畝種之人以語嘏嘏曰我自以借之耶耕者聞之慙謝還也

襄陽耆舊傳曰龐公襄陽人居沔水上至老不入襄陽城躬自耕耔其妻相待如賓休息則整巾端坐以琴書自娛覩其貌者肅如也

桓階別傳曰階爲趙郡太守朞月之間增户萬餘路有遺一囊耕者見之舉以繫樹數日其主還取

石勒別傳曰石勒元康中流宕山東寄旅平原茌平界與師欣家傭耕耳恒聞鼓角鞞鐸之音勒私異之

琴操曰曾子幼小慈仁居貧無業以事父母躬耕力作隨五土之利四時惟宜以進甘脆嘗耕於太山之下遭雨雪寒凍旬月不得歸乃作憂思歌

太平御覽卷第八百二十二

太平御覽卷第八百二十三

資產部三

耒　耜　犂　耦　種殖
耘　耔　耨　鎒　耰
銍　銚　鎛

耒

釋名曰耒耜也

古史考曰神農作耒耜

世本曰咎繇作耒耜

周禮冬官考工下曰車人爲耒庇長尺有一寸中直者三尺有三寸上句者二尺有二寸鄭司農云耒謂耜耒庇讀爲其頰有庇之庇謂耒下岐玄謂庇讀爲棘刺之刺刺耒下前曲接耜自其庇緣其外以至於首以弦其內六尺有六寸與步相中也緣外六尺有六寸內弦六尺應一步之尺數耕者以田器爲度宜耜異材不在數中堅地欲直庇柔地欲句庇直庇則利推句庇則利發倨句磬折謂之中地中地之耒其庇與直者如磬折則調矣調則弦六尺

禮記月令季冬曰冰已入令告人出五種命農計耦耕事脩耒耜具田器冰既入而令有司告人出五穀之種明大寒氣過農將興修田器

韓詩曰三月之時可預取耒耜脩繕之至於四月始可以舉足而耕也

魏志曰段灼上疏理鄧艾曰昔姜維有斷隴之志艾修治備守積穀彊兵值歲凶旱艾爲區種身被烏衣手執耒耜以率將士上下相感莫不盡力

梁書曰賀革字文明少以家貧躬耕供養年二十始輟耒就父受業精力不怠

唐書曰永徽三年高宗親享先農躬御耒耜

淮南子曰清英之美始於耒耜清英酒也

耜

釋名曰耜齒也如齒之斷物也

周禮地官下山虞曰凡服耜斬季材以時入之季猶穉也服與耜宜用穉材尚柔刃也服牝服車之材

又秋官下曰薙氏掌殺草春始生而萌之夏日至而夷之秋繩而芟之冬日至而耜之鄭玄謂萌之者以茲其斫其生者夷之以鉤鐮迫地芟之也若今取茭矣含實曰繩芟其繩則實不成熟耜之以耜測凍土剗之

禮記禮運曰治國不以禮猶無耜而耕也無以入也

毛詩國風曰三之日于耜四之日舉趾同我婦子饁彼南畝田畯至喜三之日夏正月也豳土晚寒于耜始脩耒耜也四之日周四月也民無不舉足而耕矣

又小雅大田曰以我覃耜俶載南畝覃利也時至民以其利耜熾菑發所受之地趨農急也

又周頌曰良耜畟畟良耜俶載南畝播厥百穀實函斯活畟畟猶測測也箋云良善也農人測測以利善之耜熾菑是南畝也種此百穀其種皆成好含生氣言得其時

王隱晉書曰徐苗少孤家貧好學晝執耒耜夜不廢讀誦

後魏書曰趙琰遣人買耜刃得剩利六百即命送還刃主刃主高之義而不受琰命委之而去

唐書曰高宗行籍田之禮躬執耒耜而九推焉禮官奏陛下合三推上曰朕以身率下自當過之恨不終於千畝耳初將籍田先止于先農之壇因閱耒耜有雕刻文飾者謂左右曰田器農人執之在於朴素豈貴文飾乎及乃命徹之

國語曰周制有人曰民無懸耜言常用入土曰耜耜柄曰耒野無奧草皆墾辟與深也

呂氏春秋曰六尺之耜所以成畝其博八寸所以成甽譌（注曰六尺爲畝三尺爲甽）

犂

釋名曰犂利也利則發土絶草根也

魏略曰皇甫隆爲燉煌太守民不曉作樓犂用工甚費隆乃教作樓犂省力過半

又曰弘農太守劉類多市犂鑄載所部貿絲

管子曰距國門以外窮四竟之内丈夫二犂童子五尺一犂以爲三日之功令農始作服于公田

鹽鐵論曰庶人乘馬者足以代勞而已故行則服軛止則就犂下種軛樓皆取備焉日種一頃至今三輔猶賴其利遼東耕犂轅長四尺迴轉相妨既用兩牛兩人牽之一人耕一人種二人輓樓凡用兩牛六人一日則種二十五畝

其懸絶如此

陳留耆舊傳曰蕭令陳龕字叔明躬自握犂種五種穀有黄雀隨犂翔其上

崔寔政論曰武帝以隨遇爲搜粟都尉教民耕植其法三犂共一牛一人將之

唐書曰天寶初開砥柱之險以通流石中得古鐵犂鏵有平陸縣字因改河北縣名爲平陸縣

後唐史明宗上顧謂侍臣曰朕昨日出城觀稼見百姓父子三人同曳犂耒者力農如是深軫于懷可賜耕牛二頭

耦

說文曰耦耕廣五寸爲伐二伐爲耦

周禮地官下曰里宰以歲時合耦于耡以治稼穡趨其耕耨行其秩敘以待有司之政令而徵斂其財賦（考工記曰耜廣五寸二耜爲耦此言兩人相助耦而耕也鄭司農云耡讀爲藉杜子春云耡讀爲助謂相佐助）

又冬官曰匠人爲溝洫（主通利田間之水道）耜廣五寸二耜爲耦一耦之伐廣尺深尺謂之甽田首倍之廣二尺深二尺謂之遂（古者耜一金兩人併發之其壟中曰甽甽上曰伐伐之言發也甽畝也今之耜岐頭兩金象古之耦也）

毛詩周頌曰駿發爾私終三十里亦服爾耕十千維耦（私民田也言上欲富其民而讓於下欲民之大發其私田耳三十里言各極其望也於是民大事耕其私田萬耦同時舉也）

國語曰吳王還自伐齊乃誶申胥（誶吉讓也）曰昔吾先王體德聖明達于上帝（先王闔廬上帝天也）譬如農夫作耦以刈殺四方之蓬蒿（爲言子胥佐先王猶耕者之有耦以成其事）

董仲舒云禹見耕者五耦而軾過十室之邑而下見山仰之見谷俯之

種殖

周禮地官大司徒之職曰辨十有二壤之物而知其種以教稼穡樹藝

禮記月令曰孟春行冬令則水潦爲敗首種不入（舊說云首種謂稷也）

又仲秋曰是月也勸人種麥無或失時

又禮運曰爲禮不本於義猶耕而弗種也（嘉穀無由生也）

尚書洪範五行曰土爰稼穡（種曰稼斂曰穡土可以耕可以斂）稼穡作甘（甘味生於百穀）

尚書酒誥曰妹土嗣爾股肱純其藝黍稷奔走事厥考厥長（今往當使妹土之人繼汝股肱之教爲純一之行其當勤種黍稷奔走土其父兄也）

尚書考靈耀曰春鳥星昏中以種稷（鳥朱鳥謂鶉火）夏火星昏中以種黍菽（火大火也）

孝經援神契曰土黄白宜種禾黑墳宜黍麥蒼赤宜菽汙

梟宜稻

說文曰禾之秀實曰稼莖節爲禾從禾家聲一曰稼家事也一曰在野曰稼

史記曰棄爲兒時其游戲好種樹麻菽

漢書曰景帝三年春正月詔曰農天下之本也黃金珠玉饑不可食寒不可衣以爲幣用不識其終始間歲或不登意爲末者衆農民寡也其令郡國務勸農桑益種樹可得衣食物吏發民若取庸採黃金珠玉者坐臧爲盜二千石聽者與同罪

又曰王莽篡位二年興神仙事以方士蘇樂言起八月臺於宮中臺成萬金作樂其上順風作液湯（如淳曰藝文志有液湯經其義未聞）

又種五梁禾於殿中（或曰五色禾也）先鬻鶴髓（鬻音燾也）瑇瑁犀玉二十餘物漬種計粟斛成一金言此黃帝穀仙之術以樂爲黃門郎令主之

東觀漢記曰茨充爲桂陽太守俗不種桑無蠶織絲麻之利類皆以麻枲頭緼著衣民墮窳少麤履盛冬皆以火燎充令屬縣教民益種桑柘養蠶桑織履復令種紵麻數年之間人剌其利衣履溫煖

吳會分地記曰下山者勾踐於此山鑄銅銅不鑠埋之生馬箠勾踐遣使者取從於南社種之飾治以爲馬箠獻於吳

陳書曰陳霸洗爲重安公性好播植躬勸耕稼至於水陸所宜刈穫早晚雖老農不能及也

淮南子曰夫樹林者灌以梁水疇以肥壤（疇壟也梁或作潦也）一人養之十人拔之林必無餘枿

又曰昬弧中則務種穀（二月昬時弧星中於南方朱鳥之宿也）大火中則種黍菽（大火東方蒼龍之宿四月建巳中南方也菽豆也）虛中則種粟麥（虛北方玄武之宿也八月建酉中於南方也）

又曰古者民茹草飲水食樹木之實蠃蛖之肉多疾病毒傷之患（患害）於是神農乃始教民播五穀相土地原隰燥濕肥墝高下百草之滋味水泉甘苦令民知避就當此之時一日而七十毒

又曰文公種米

呂氏春秋曰冰凍方固后稷不種后稷之種必待春

論衡曰后稷爲兒種藝爲戲

氾勝之書曰稗水旱無不熟之時又特滋盛易得蕪穢良田畝得二三十斛宜種之以備凶年又稗中有米熟時一可擣取炊之不減粱米又可釀作酒武帝時令典農種之一頃收二千斛斛得米三斗大儉可磨食之

又曰三月榆莢雨時高地強土可種禾薄田不能糞者以原蠶矢雜禾種之則禾不虫又取馬骨剉之一石以水三石煮之三沸漉去滓以汁漬附子五枚漬三四日去附子以汁和蠶矢撓如粥先種二十日以溲種曝勿令濕至種時以餘汁溲而種之則不蝗虫無馬骨汁亦可用雪雪者五穀之積也常以冬藏雪汁器盛埋地中治種如此則收萬倍

又曰種傷濕鬱熱則生虫取麥種候熟可穫擇穗大彊者秄束立場之高燥處無令有白魚取乾艾雜藏之欲知歲所宜以布囊盛粟諸物種平量埋陰垣之下冬至後五十日發取量之息最多者歲所宜

又曰凡田種麥爲首傷於太稠者鋤而稀之秋以鋤以棘

柴虫之以龍䵂麥根故曰子將欲富黃金覆土至春凍解棘柴虫之絶其乾葉到榆莢雨時候土白復鋤如此收必倍冬雨雪止掩雪勿令從風飛去後雪復如此麥能旱多實春凍解耕和土種遊麥麥生成茂大鋤如宿麥也

又曰黍者暑也未生心天雨灌其心必傷無實初種時天霧令兩人對持長索戞去其露日出乃止種黍覆出鋤治如禾法欲稀於禾

又曰大豆保歲易爲宜古之所備凶年也大豆生載甲而出種土不可厚厚則折項不能上達屈於土中而死

又曰種稻春凍解地氣和時耕冬至後百三十日種大稻時也

又曰種麻頃畝和田二月下旬三月上旬傍雨種其秋

又曰種萁春凍解耕治其土春草生布糞田復耕平摩之

又曰種小豆忌夘稻忌辰禾忌丙黍忌丑麻忌辰秫忌未寅小麥忌戌大麥忌子大豆忌甲九九穀忌日不種之避其忌不可敗傷諸事忌禁日此非空言也其道自然若燒黍穰則害瓠也

崔寔四民月令曰正月可種葵四月可收冬葵子六月六日可種葵中伏之後可種冬葵八九月可種乾葵

物理論曰稼借種也古今之言云余夫稼農之本也

八百二十三　七　王福

耘

說言曰耘除田間穢也

左傳昭元年曰晉趙文子曰譬如農夫是穮是蔉（穮耘也壅苗爲蔉）

毛詩甫田曰或耘或耔黍稷薿薿

又周頌曰載芟載柞其耕澤澤千耦其耘徂隰徂畛

論語曰子路從而後遇丈人以杖荷蓧（包曰丈夫老人也蓧竹器）子路問曰子見夫子乎丈人曰四體不勤五穀不分孰爲夫子（包曰夫丈人云不勤勞四體不分殖五穀誰爲夫子而索之邪）植其杖而芸（孔曰植倚也除草曰芸）

宋書曰柳元景顔師伯嘗詣沈慶之會其遊田元景等鳴笳列卒滿道慶之獨與左右一人在田見之悄然改容曰夫貧賤不可畢富貴亦難守吾與諸公並出貧賤因時際會榮貴至此唯當共思損挹之事老子八十之年目見成敗者已多諸君炫此車服欲何爲於是插杖而耘不爲之顧元景等徹侍褰裳從之

管子曰萬室之都必有萬鍾之藏藏鏹千萬千室之都必有千鍾之藏藏鏹百萬春以奉耕夏以奉耘

孟子曰人病舍其田而芸人之田所求於人者重而所以自任者輕

平八百二十三　八　福

賈誼書曰鄒穆公有令食鳬鴈必以秕吏請以粟公曰夫百姓呴牛而耕曝背而芸勤而不敢惰者豈爲鳥獸哉粟養人也何以其養鳥也

耔

說文曰耔壅禾本也

晉書曰陶潛歸去來曰懐良辰以孤往或植杖而耘耔

耨

釋名曰耨似鋤以耨禾也

左傳僖公下曰初臼季使過冀見冀缺耨其妻饁之（臼季胥臣也冀晉邑耨鋤也野饋曰饁）敬相待如賓與之歸言諸文公曰敬德之聚也能敬必有德德以治民君請用之

爾雅曰斪斸謂之定（郭璞[illegible]曰鋤屬[illegible]拙撥爲齒[illegible]人曰拘欘[illegible]）

耨如鋌柄長三尺刃廣二寸以封地除草也
魏書曰公孫淵官屬上書曰七營虎士五部蠻夷各懷素
飽不謀同心奮臂大呼排門遁出近郊農民釋其耨鎛
淮南子曰耨者剡耜而耕摩蜃（蜃大蚌也摩令利用耨除草也）
又曰葪先稻孰農夫耨之者不以小利害大穫（葪稗）
又曰聖人之用兵若擿髮耨苗所去者少所利者多
呂氏春秋曰先生者美米後生者爲秕是故其耨也長其
兄而去其弟（養大殺小）不知稼者其耨也去其兄而養其弟不
收其粟而收其秕

钃

釋名曰钃誅也主以誅除物根株也
說文曰钃斫也齊謂兹基一曰斤柄性自曲者也
管子曰美金以鑄戈劒矛戟試諸狗馬惡金以鑄斤斧鉏
夷钃欘試諸木土（夷鉏類钃欘钁類）
又曰匠人有感斤欘故繩可得斷也
孟子曰齊人有言曰雖有智慧不如乘勢雖有鎡基不如
待時（鎡基田器）

耰

說文曰耰摩田器也
論語曰長沮桀溺耦而耕孔子過之使子路問津焉桀溺
曰子爲誰曰爲仲由曰是魯孔丘之徒與對曰然滔滔者
天下皆是也誰以易之且而與其從辟人之士也豈若從
辟世之士哉耰而不輟
賈誼書曰秦民借父耰鉏猶有德色

銍

廣雅曰銍謂之刈（秦文曰江湖以銍爲刈也）
尚書禹貢曰二百里納銍（銍刈謂禾穗也）
說文曰銍穫禾短鎌
釋名曰銍穫禾鐵也銍銍斷禾穗聲也

銚

說文曰錢銚也古田器也
世本曰倕作銚
管子曰一農之事必有一銚然後成農

鎛

釋名曰鎛亦鋤類迫也迫地去草也
毛詩周頌良耜曰其饟伊黍其笠伊糾其鎛斯趙以薅荼
蓼
又周頌臣工曰命我衆人庤乃錢鎛奄觀銍艾（庤其錢銚鎛銍穫也）
（箋云奄觀多也教我庶民具女田器終久必多銍艾觀之也）

太平御覽卷第八百二十三

太平御覽卷第八百二十四

資産部四

穫　穡　捃　架　園　圃

穫

說文曰：穫，刈禾也。

毛詩小雅曰：歲聿云暮，采蕭穫菽。

又周頌良耜曰：穫之挃挃，積之栗栗。（挃挃，穫聲也。栗栗，衆多也。）

尚書金縢曰：秋大熟，未穫，天大雷電以風，禾盡偃，大木斯拔，邦人大恐。

又大誥曰：厥父菑，厥子乃弗肯播，矧肯穫。（其父已菑耕其田，其子乃不肯播種，况肯收穫乎。）

爾雅曰：挃挃，穫也。（郭璞注曰：穫刈禾也。）

南史曰：齊文惠太子常幸東田觀穫稻，范雲時從，文惠顧雲曰：此刈甚快。雲曰：三時之務亦甚勤勞，願殿下知稼穡之艱難，無徇一朝之宴逸也。文惠改容謝之。

虞喜志林說：晏子曰：景公爲長府，有風猶作不已，晏子歌曰：禾有穗兮不得穫，秋風至兮盡零落。歌終而流涕，公乃止之。

穡

說文曰：穡，穀可收嗇也，愛澁也。

尚書大誥曰：予永念曰：天惟喪殷，若穡夫，予曷敢不終朕畝。（稼穡之夫除草養苗，我長念天亡殷，惡亦主穡是矣，我何敢不順天終竟我隴畝乎。）

又無逸：周公曰：嗚呼！君子所其無逸，先知稼穡之艱難，乃逸，則知小人之依。（稼穡，農夫之艱難事，先知之，乃謀逸豫，則知小人之所依怙。）相小人，厥父母勤勞稼穡，厥子乃不知稼穡之艱難，乃逸乃諺既誕，否則侮厥父母曰：昔之人無聞知。（小人之子，既不知父母之勞，乃爲逸豫遊戲，乃叛諺不恭，已欺誕父母，不欺則輕侮其父母曰：古老之人無所聞知。）

物理論曰：穡猶收也。古今之言云：亦稼農之末，農本輕而末重，前緩而後急。稼欲少，苦耨欲熟，收欲速，此良農之務。

捃

毛詩大田曰：彼有不穫穉，此有不歛穧，彼有遺秉，此有滯穗，伊寡婦之利。（秉，把也。成王之時，百穀既多，種同齊熟，收刈促遽，力皆不足，而有不穫不歛，遺秉滯穗，故聽矜寡取之以爲利。）

東觀漢記曰：桓榮遭倉卒，與族人元卿俱捃拾，投閒輒誦，元卿謂曰：卿但盡氣耳，當復有施用時乎？後榮爲太常，諸子謂元卿曰：平生笑吾盡氣，今何如？元卿曰：我農家，安能豫知此。

魏略曰：焦先行不踐邪徑，必循阡陌，及其捃拾，不失大穗，飢不可食，寒不可衣，結草以爲裳，被頭徒跣，每出見婦人則隱翳，須去乃出。

王隱晉書曰：庾袞字叔褒，年飢，捃者猶穀，袞乃引其羣子以退，曰：待其間。既捃焉，從者以爲徒捃也，捃無傍掇。

晉書曰：夏統字仲御，幼孤貧，養親以孝聞，每採捃求食，星行夜歸，或至海邊拘螊蜮以資養。

宋書曰：沈道虔居武康北石山下，常以捃拾自資，同捃者或爭穟，道虔諫之不止，悉以其所得與之，爭者愧惡，後每爭輒云：勿令居士知。

庾異行別傳曰：君妻樂氏生子澤，初君與妻捃而產於澤，遂以命之。

架

釋名曰：架，加也，加杖於柄頭，以撾穗而出穀也。或曰羅架，三文而用之。或曰以杖轉於頭，故名之也。

廣雅曰拂謂之架

說文曰拂架也拂擊禾連架也

國語曰權節其用耒耜耞芟（耞拂也所以擊草）

方言曰僉宋魏之間謂攡殳或謂之度自關而西謂之拂（僉連架也所以打穀）

王褒僮約曰刻木為架屈竹作杷（架擊禾也）

園

說文曰園所樹菓也

易賁卦曰賁于丘園束帛戔戔

毛詩車隣駟驖曰駟驖美襄公也始命有田狩之事園囿之樂焉（始命為諸侯也秦始附庸也）遊于北園四馬既閑（閑習也）

又國風將仲子兮曰將仲子兮無踰我園無折我樹檀（園所以樹木也檀彊刃之木）

又小雅鶴鳴曰樂彼之園爰有樹檀其下維蘀（何樂於彼園之觀乎蘀落也上其檀下其蘀）

周禮天官太宰九職二曰園圃毓草木（鄭注云園蕃也）

史記曰董仲舒廣川人以治春秋當孝景時為博士下帷講誦三年不觀於舍園

漢書梁孝王傳曰王有罪入朝乘布車從兩騎入匿長公主園（張晏曰布車喪人乘之也）

又曰田蚡召客飲坐其兄蓋侯北向自坐東向以為漢相尊不可以兄私撓由此滋驕治宅第田園極膏腴市買郡縣器物相屬於道

後漢書曰竇憲恃宮掖聲勢遂以賤直請奪沁水公主園田（沁水公主明帝女）主逼畏不敢計後肅宗駕出過園指以問憲憲陰喝不得對（陰喝猶壹塞也陰音於禁反喝音一介反或作噎故反）後發覺帝大怒召憲切責曰深思前過奪主田園時何用愈趙高指鹿為馬（愈猶差也）久念使人驚怖昔永平中常令陰博鄧疊三人更相糺察（以陰鄧皆外戚恐其驕多故使更相糺察也博陰興之子也）故諸豪戚莫敢犯法者而詔書切切猶以舅氏田宅為言（切切猶勤勤）今貴主尚見枉奪何況小人哉國家棄憲如孤雛腐鼠（鳥子生而哺者曰雛也）憲大震懼皇后為毀服深謝良久乃得解使以田還主雖不繩其罪然亦不授以重任

續漢書百官志曰濯龍園在洛陽西北角

謝承後漢書曰吳祐遷膠東侯相時戴宏父為縣丞宏年十六從在丞舍祐每行園常聞諷讀之音奇而厚之亦與為友宏卒成儒宗知名東夏為河間相因自免歸家不復仕身灌園蔬以經書教授年九十八卒

又曰中平二年造萬金堂於西園

獻帝春秋曰呂布問太祖明公何瘦太祖曰君何以識孤布曰昔在洛會浸氏園太祖曰然孤忘之矣所以瘦者不早相得故也

魏略曰顏斐為京兆太守起菜園使民投閑灌治之

魏志曰明帝之幸郭元后也毛皇后愛寵日衰景初元年帝遊後園召才人以上曲宴極樂元后曰宜延皇后帝弗許乃禁左右使不得宣后知之明日見帝后曰昨遊宴北園樂乎帝以左右泄之所殺十餘人

魏略曰青龍十二年起土山於芳林園西北陬使公卿羣寮皆負土成山樹松竹雜木善草於其上捕山禽雜獸置其中

又曰馬鈞居京都城內有地可為園患無水以灌之乃作翻車令童兒轉之而灌水自覆更入更出其巧百倍於常

晉書曰華廙免官後棲遲家巷武帝登凌雲臺望見廙苜蓿園阡陌甚整依然感舊太康初大赦乃得襲封

王隱晉書曰王衍字夷甫戎叔父也終於平北將軍送故甚豐親故借衍車馬帷帳器物者衍因與不復録資財盡出洛城西先人舊園田上

又曰王戎爲荆州刺史坐遣吏修園宅應免官詔以贖論

又曰孝宗欲於後園修立池苑江逌諫以強賊未滅宜旌軍備嘗存儉約以率羣下

又曰氾騰字無忌應孝廉舉除郎中屬天下兵亂去官歎曰生於亂世貴而能貧乃可以免散家財五十萬以施宗於柴門灌園琴書自適

南史曰臧榮緒幼孤躬自灌園以供祭祀

宋書曰茹法亮於宅爲魚池釣臺土山樓館長廊將一里

竹林花藥之美公家園竹不能及

又曰沈道虔居武康北石山下有人竊園中菜道虔自外還見之即自逃隱待竊者去後乃出

齊書曰會稽孔珪家起園列植桐柳多構山泉殆窮眞趣衡陽王鈞往遊之珪曰殿下處朱門遊紫闥詎得與山人交耶荅曰身處朱門而情遊江海形入紫闥而意在青雲珪大美之

又曰豫章王嶷薨後嘗見形於第後園乘腰輿指麾處分呼直兵直兵無手板左右授一玉手板與之謂曰橘樹一株死可覓補之因出後園

梁書曰徐勉爲書戒其子崧曰中年聊於東田間營小園者非存播藝以要利正欲穿池種樹以寄情賞亦又以郊除閑曠終可爲宅儻獲懸車致事實欲歌哭於斯

又曰劉慧斐隱居東林寺又於山北構園一所號曰離垢園時人仍謂爲離垢先生

燕書曰熙帝時有異爵素質緑首集于端門東園樹樓翔二旬而去夏以異爵故大赦名東園曰白爵園

後魏書曰胡太后親覽萬機手筆斷決幸西林園法流堂命侍臣射不能者罰之

又曰高聰爲中尉所彈遂廢于家斷絶人事唯修營園果世稱高聰梨以爲珎異

又曰元欣好營産業多所樹藝京師名菓皆出其園

又曰景穆季年頗親近左右營立田園以收其利

北史曰齊盧景裕不營世事居無二業唯在注解其叔父職居顯要而景裕止於園舍情均郊野謙恭守道貞素自得由是世號居士

北齊書曰河南獻王孝瑜文襄於鄴東起山池遊觀時俗眩之孝瑜遂於第作水堂龍舟植幡矟於舟上數集諸弟宴射爲樂武成幸其第見而悅之故盛興後園之翫於是貴賤慕斆處處營造

後周書曰後周文帝在天遊園以金卮置侯上令公卿射中者即以賜之宇文貴一發而中帝笑曰由基之妙正當耳

唐書曰何潘仁西域胡人也家富於財潘仁厚自奉養引致賓客煬帝時嘗犯法懼罪遂亡入司竹園鳩集亡命衆至數萬及義兵起求得平陽公主而奉之以應義師

莊子曰漢陰丈人爲園畦鑿隧而入井抱甕而灌一日浸百畦子貢教以爲桔槔

列子曰楊朱見梁王曰王者治天下如運諸掌梁王曰

生有一妻一妾不能治三畝之園不能耘言治天下何也
韓子曰昔彌子瑕寵於衛君與遊於東園食桃而甘以其
半啖君君曰愛我哉
淮南子曰夫臨江之鄉其人汲水以溉其園江水弗減也
又曰山有猛獸林木爲之不斬園有螫虫藜藿爲之不採
言人畏之
說苑曰吳王欲伐荊告左右曰敢諫者死舍人有少孺子
者欲諫不敢懷丸操彈於後園露沾其衣如是三旦王曰
子來何苦沾衣如此對曰園中有榆其上有蟬蟬高居悲
鳴飲露不知螳蜋在其後螳蜋委身曲附欲取蟬而不知
黃雀在其傍黃雀方延頸欲啄螳蜋而不知彈丸在其下
也此三者皆務得其前利不顧其後之有患也吳王曰善
哉乃罷兵

風俗通曰園援也從口袁聲四皓園公亦本園者
玄晏春秋曰又好桑農種藏之事且養雞鶩園圃之事勤
不舍力焉
王子年拾遺記曰漢明帝時常山獻巨桃核此桃霜下結
花隆暑方熟亦云仙人所食常使植於霜園此園皆植寒
果也
又曰魏明帝起靈禽之園方國所獻異鳥獸皆畜此園也
世說曰王子敬入會稽經吳聞顧辟彊有名園先不識主
人徑造其家顧方集賓友酣宴園中而王遊歷既畢指麾
好惡傍若無人
又曰簡文帝華林園顧謂左右曰會心處不必在遠翳然
林水便自有濠梁間想覺鳥獸自來親人
又曰管寧華歆共園中鋤菜見地片金管不釋鋤與瓦石
不異華捉而擲之
向秀別傳曰向秀常與嵇康偶鍛於洛邑與呂安灌園於
山陽收其餘利以供酒食之費
桂陽先賢贊曰蘇耽常閒夜有衆賓來耽告母曰人招耽
去已種藥着後園梅樹下治百病一葉愈一人賣此藥過
足供養
仇池記曰城東有苜蓿園園中有三水碓
三秦記曰漢武帝名園曰樊川一名御宿有大梨如五升
名含消
又曰漢武帝菓園有大栗十五枚一升
華陽國志曰何隨家養竹園人盜其筍隨過行見恐盜者
覺怖走竹傷其足挈屐徐步歸
幽明錄曰武宣程鸝偏生未被虜家常使種菰後連理

樹生於園圃
殷仲堪遊園賦曰尒乃杖策晨遊以詠以吟落葉掩蹊棄
下成林
曹植詩曰公子敬愛客終宴不知疲清夜遊西園飛蓋相
追隨
劉謙之天公牋曰昔申酉之際遭湯旱流烟今子歲值竟水
滔天火延燒其廬水突壞其園
謝玄與姊書曰比二日東行遊步園中已極有任家湖形
模也姊想矚此亦小有所散

圃

說文曰種菜曰圃
毛詩雞鳴曰東方未明折柳樊圃狂夫瞿瞿
又七月曰九月築場圃十月納禾稼

周禮地官下曰場人掌國之場圃而樹之果蓏珍異之物以時斂而藏之（果棗李之屬蓏瓜瓠之屬珍異蒲桃枇杷之屬）

禮記射義曰孔子射於矍相之圃觀者如堵牆

左傳莊公曰子頽有寵蔿國爲之師及惠王即位取蔿國之圃以爲囿（圃園也囿苑也）遂奉子頽以代王

又僖公下曰秦師襲鄭鄭使皇武子辭曰鄭之有原圃猶秦之有具囿也

又哀公下曰衛侯爲虎幄於籍圃（於籍田之圃新造幄幕皆以虎獸爲飾也）

論語曰樊遲請學爲圃子曰吾不如老圃

莊子曰古之人假道於仁託宿於義於遊逍遥之虚食於苟簡之田立於不貸之圃逍遥無爲也苟簡易養也不貸無出也古謂是采眞之遊

韓子曰景公欲移晏子家於豫章之圃晏子辭

孟子曰今有場師舍其梧檟養其樲棘則爲賤場師也（場師治圃者梧檟皆大名樲棘棗言此以養人捨大養小始賤場師也）

淮南子曰崑崙山有疏圃之池蒲之漬水三周

山海經曰淮江之山實惟帝之平圃

風俗通曰圃補也從口甫聲

拾遺録曰崑崙山第二層下有芝田蕙圃皆數萬頃群仙種耨焉

曹植籍田賦曰夫凡人之爲圃各植其所好焉好甘者植乎蔗好苦者食乎荼好香者植乎蘭好辛者植乎蓼至於寡人之圃無不植也

太平御覽卷第八百二十四

太平御覽卷第八百二十五

資產部五

蠶　繅　維車　籰

絡車　梠　機杼　梭

蠶

周禮天官下内宰曰中春詔后帥外内命婦始蠶于北郊以爲祭服（蚕于北郊，婦人以純陰爲尊。郊必有公桑蚕室焉。）

又夏官馬質曰馬質掌質馬禁原蠶者（原，再也。天文辰爲馬，蚕書蚕爲龍精。月直大火，則浴其種，是蚕與馬同氣。物莫能兩大，禁再蚕者，爲傷馬也。）

禮記月令季春曰是月也命有司無伐桑柘（愛蚕食。有司謂主山林之官。）乃修蠶器（蚕器，籚薄曲筐之類。）后妃齊戒享先蠶而躬桑以勸蠶事（季春吉祀，皇后享先蚕，先蚕天駟也。享先蚕而後躬桑，示率先天下也。）

又孟夏曰是月也蠶事既登后妃獻繭乃收繭稅以桑爲

均貴賤長幼如一以給郊廟之服（后妃獻繭，進其成功也。乃收繭稅，十而取一，以桑爲均者，謂用桑多則繭多，桑少則繭少，貴賤長幼如一，各自以桑爲，不得以人貴賤長幼爲差。）

又檀弓曰成人有其兄死而不爲衰者聞子臯將爲成宰遂爲衰成人曰蠶則績而蟹有匡范則冠而蟬有緌兄則死而子臯爲之衰（蚩兄死者，言其衰之不爲兄死，如蟹有匡、蟬有緌，不爲蚕之績、范之冠也。范，蜂也。蟬，蜩也。緌謂蟬喙，長在腹下。）

又祭義曰古者天子諸侯必有公桑蠶室近川而爲之築宮仞有三尺棘牆而外閉之及大昕之朝君皮弁素積卜三宮之夫人世婦之吉者使入蠶室奉種浴于川桑于公桑風戾以食之（大昕，季春朔日之朝也。諸侯夫人三宮，半王后也。風戾之者，及早涼脆采之，風戾之，使露氣燥，乃以食蚕，蚕性惡濕。）歲既單矣世婦卒蠶奉繭以示于君遂獻繭于夫人

又祭統曰是故天子親耕于南郊以共齊盛王后蠶于北郊以共純[illegible]服[illegible]以共冕服天子諸侯非莫耕也王后夫人非莫蠶也

春秋文耀鉤曰商紘絕蠶合絲（紘絕，蚕含絲，絲以緒用也。）

春秋考異郵曰蠶陽者大火惡水故食不飲桑者土之液木生火故蠶以三月葉類會精合相食

爾雅曰蛾羅（蚕蛾）螺蛹（螺音龜。蚕蛹）蟓桑繭（食桑葉作繭者，即今蚕也）雔由樗繭（食樗葉）棘繭（食棘葉）欒繭（食欒葉）蚢蕭繭（食蕭葉者，皆蚕類）

史記天官書曰正月上甲風從東方來宜蠶

續漢書曰光武建武二年野蠶成繭民收其絮

又輿服志曰貴人助蠶璹瑁釵簪珥

東觀漢記曰明德馬后置織室蠶於濯龍中往來觀視以爲娛樂

謝承後漢書曰南陽范充爲吳桂陽太守教民植桑絺紵

之屬養蠶織履民得利益

吳録曰南陽郡一歲蠶八績

後魏書曰世宗正始年徐州蠶蛾喫人死殘者一百一十餘人死者二十二人時高肇專政聚斂不息

隋書曰江湖之南一年蠶四五熟

唐書曰武德中梁州言野蠶成繭百姓採而用之

又曰文德太后率内外命婦有事於親蠶

又曰開元中上命官中食蠶親自臨視欲使嬪御已下知女工之事及蠶罷獲絲甚多因以賜焉

又曰天寶中益州獻三熟蠶繭厚白淨與常蠶不殊

又曰大曆中太原府清河縣人韓景暉養冬蠶成繭詔給復終身

韓子曰鱣似蛇蠶似蠋人見蛇驚駭見蠋則毛起而漁者

持餌婦人拾蠶利之所在皆賁育也

淮南子曰季春后妃齋戒東鄉就桑省婦使勸蠶事

又曰蠶食而不飲三十日而化

又曰食桑者有絲而蛾

又曰蠶食礜而不飲

又曰蠶餌絲而商絃絕商弦金聲也春蠶吐絲金死故絕驥星墜而渤海決驥星流星也勃海水之勃怒也

又曰原蠶一歲再登非不利也然王法禁之者以其殘桑

淮南方畢術曰白芳七絲浴蠶

又曰僵蠶使馬不食欲愈之以桑拭口鼻即食矣馬喜齧人亦以僵蠶磨拭臂即不齧也

抱朴子曰甘始以藥粉桑長蠶蠶得十月不老

金樓子曰楊泉蠶賦序曰古人作賦者多矣而獨不賦蠶乃爲蠶賦是何言與楚蘭陵荀如有蠶賦德淵近不見之

有文不如無述也

東方朔別傳曰武帝求神仙朔言能上天取藥上知其謾欲極其言即遣方士與朔上天朔曰當有神來迎我後方士晝臥朔遽口呼若極真者吾從天上還方士遽以聞上以爲面欺下朔獄朔泣曰臣幾死者再天公問臣下方何衣朔曰衣蠶蠶何若曰喙呥呥呥仁廉切類馬色班班類虎天公大怒以臣爲謾繫臣司空使使下問還報有之乃出臣今陛下以臣爲詐願使使上問之上曰齊人多詐欲以喻我我止方士也罷方士

東方朔占曰正月旦竟日不風清明宜蠶

列仙傳曰園客濟陽人姿皃好而良邑人多欲以女妻之客終不娶種五色香草積數十年服食其實一旦五色蛾止其香末客收而薦之以布生桑蠶焉時有女夜至自稱客妻客與俱蠶得繭大如盆

郭子橫洞冥記曰寒青之國其國人皆以鳥爲衣其地多霜雪陰翳忽見日從南方出則百獸皆鳴國俗以爲祥異有蠶色青長一丈亦曰青蠶績其絲大如指一絲可羈絆牛馬國人常以十丈充黃門之廄以拘馬也巨象師子帝令以此一絲繫之

古今注曰元帝永元四年東萊郡東弁山有野蠶爲繭收得萬餘石民人以爲絲絮

司馬徽別傳曰人有臨蠶求徽蔟者徽便以與之自棄其蠶

搜神記曰舊說大古時有人遠征家唯有一女并馬一疋女思父戲馬曰尔能爲我迎得父吾將嫁汝馬乃絕韁而去至父所父疑家中有故乘之而還馬後見女輒怒而

奮擊父怪之密問女女具以荅父乃射殺馬曝皮於庭女至皮所足蹙之曰尔馬而欲人爲婦自取屠剝何如言未竟皮蹙然起卷女而行父還失女後大樹枝得女及皮乃盡化爲蠶績於樹上其繭厚大異於常蠶隣婦取養之其收二倍今世或謂蠶爲女兒古之遺語也

拾遺録曰員嶠之山名環丘有冰蠶長七寸黑色有角有鱗以霜雪覆之然後作繭長一尺其色五綵織爲文錦入水而不濡投火則經宿不燎海人獻堯以爲黼黻○顏氏家訓曰胡人見錦不信有虫食樹吐絲所成昔在江南不信有千人氊帳及來河北不信有萬石舟舡皆實驗也

齊諧記曰正月半有神降陳氏之宅云我是蠶神能見祭當令蠶百倍今人正月半作餻糜像此也一云吳郡張誠

皇后親蠶儀注曰皇后躬桑始將一條執筐受桑將三條

女尚書跪白曰可止執筐者以桑授蠶母蠶母以桑適金室也

先蠶儀注曰親蠶前三日太祝令質明以太牢祠先蠶也

周遷古今輿服雜事曰蠶始生后食之三灑而止

三輔故事曰始皇后葬用金蚕二十箔

玄中記曰大月支有牛名爲日反今日割取其肉三四斤明日瘡愈漢人入此國以牛示之以爲珍異漢人曰吾國有虫大小如指名爲蠶食桑葉爲人吐絲外國人不復信有蠶也

又曰化民食桑三七年化能以自裹如蠶績九年生翼七年而死去琅耶四萬里神異經

林邑記曰九真郡蠶年八熟繭小輕薄絲弱綿細

永嘉郡記曰永嘉有八輩蠶蚢珍蠶三月績 柘蠶四月初績 蚢蠶四月初績 愛珍五月績 愛蠶六月末績 寒珍七月末績 四出蠶九月初績 寒蠶十月績 凡蠶再養者前輩皆謂之珍少養之愛蠶者故蚢蠶種也蚢珍三月既績出蛾取卵七月八月便剖卵蠶生多養之是爲蚢蠶欲作愛者取蚢珍之卵藏内甖器中隨器大小亦可十紙百紙盖覆器口安冷水使冷氣折其出勢得三七日然後剖生養之謂爲愛珍亦愛子績成繭出蛾生卵卵七日又剖成蠶多養之此則愛蠶也

頓微廣州記曰吳黃武三年遣交州治中呂瑜發趙嬰齊冢得金蠶曰珠各數斛

廣志曰有原蠶有冬蠶有野蠶有柞蠶食柞葉可以作綿

崔駰易林兌之坎曰飢蠶作室緒多亂纏端不可得

又震之説曰秋蠶不成冬種不生

龍魚河圖曰蠶沙宅亥地大富得蠶絲吉利

仲長子昌言曰北方寒其人壽南方暑其人夭此寒暑之方驗於人也約之蠶也寒而餓之則引日多溫而飽之則用日少此寒溫飢飽之爲脩短驗於物者也

物理論曰使人主養民如蠶母之養蠶則其用豈徒絲蠶而已哉

雜五行書曰舍南種桑九株辟縣官宜蠶桑

又曰二月上壬取土泥屋四角宜蠶吉

呂氏本草曰石蠶一名沙蝨神農雷公鹹無毒生漢中治五淋破隨肉解結氣利水道除熱

孫御蠶賦曰食桑而吐絲前亂而後治夏生而惡暑疾溫而惡雨蛹以爲母蛾以爲父三俯三起事乃大巳是謂蠶理

閔鴻蠶賦曰體龍頭而驤喙邁皦素於羔羊

左思吳都賦曰國稅再熟之稻鄉貢八蠶之綿

古艷歌曰日出東方隅照我秦氏樓秦氏有好女自名爲羅敷羅敷善蠶桑採桑城南隅

陸機詩曰老蠶晚績縮老女晚嫁辱曾不如老鼠翻飛成蝙蝠

蔡邕書曰家祖君常言客有三當死夜半蚕時至人室家也今者一行而犯其兩

嵇康養生論曰火蠶十八日寒蠶三十餘日

裴顏崇有論曰鳥無胃肺蛤無五藏蛭以空中而生蠶以無胃而育也

繅

禮記祭義曰古之獻繭者其率用此與問若之辭及良日夫人繅三盆手遂布于三宮夫人世婦之吉者使繅遂朱綠之

玄黃之以爲黼黻文章服既成君服以祀先王先公敬之至也（三盆手者三淹也凡繅每淹大總而手振之以出緒也）

說文曰繅繹繭爲絲也

尸子曰夫繭合而弗治則腐蠹而弃使女工繅之以爲美錦

列仙傳曰園客蠶得繭大如盆繅一繭數十日繅訖俱去莫知所如濟陽今有華蠶祠（已備於蠶部故此小略）

維車

通俗文曰織纖謂之維（音唯）受緯曰孚（音維）

方言曰維車趙魏之間謂之歷鹿車東齊海岱之間謂之道軌

孫德施維車賦曰惟工藝之多門偉英麗乎創形擬羌氏之一轂兮應天運以迴行秉轉屈以成規兮不辭勞以自傾故其用同造物功參天地軒轅垂衣因其以濟袞冕龍旂用康上帝勳存王室惠流皂隷觀其微風興於輪端霧雨散于較輻制以靈木絡以奇竹危朝日以投身兮准暈月以造象若洪輪之在雄兮似蜘蛛之結綱尔乃才藝妻妾工巧是嘉或織綿組或匹綾羅舒皓腕於輕輪兮煥擬景乎鏡華絲成妙於指端號拒兮幽而相和象蟋蟀之鳴戶兮類寒蟬之吟家

籰

方言曰籰援也（音爰）兗豫河濟之間謂之轅（郭璞注曰所以絡絲）

說文曰籰收絲者也或作⿰角間從角間聲

絡車

方言曰河濟之間絡謂之格（郭璞注曰所以轉籰給事也）

柅

易姤卦曰繫于金柅（金者堅剛之物柅者制動之主）

通俗文曰張絲曰柅也

說文曰檷絡絲檷從木爾聲讀若柅

機杼

毛詩谷風大東曰小東大東杼軸其空

字林曰㡪（女步切）機下所履

史記曰公儀休相魯見布好出家婦燔其機也

列女傳曰河南貞義者樂羊子之妻也羊子出學後得遺金一餅以與貞義曰妾聞君子不以利汙行反妻負薪古人知其害本羊子慙而弃之學一年復歸貞義引刀趣機曰此織生於蠶繭系治於絲繭加之機杼一絲而累以至丈尺今若斷之損弃成功稽廢日月夫子積學當日知所無中而廢歸何異斷機哉羊子大慙復出七年不歸

列子曰紀昌者學射於飛衛曰尔先學不瞚而後可言射矣紀昌歸偃臥其妻之機下以目承牽挺（牽挺機躡）二年之後錐錐末到眥而不瞚也

淮南子曰伯余之初作衣也（伯余黃帝臣也）緂麻索縷手經指挂後世爲之機杼勝復以便其用

傳子曰舊機五十綜者五十躡六十綜者六十躡馬生者天下之名巧也患其遺日喪功乃皆易以十二躡其奇文異變因感而作

王逸機賦曰舟車揀寓庖工也杵臼碓磑直巧也槃杼纓小用也至於織機功用大矣上自太始下訖羲皇帝軒龍躍庚業是創俯系聖思仰攬三光悟彼織女終日七襄爰制布帛始垂衣裳於是取衡山之孤桐南岳之洪樟勝復迴轉剋象乾形大庭淡泊擬則川平光爲日月盖取昭明

三轉列布上法台星兩驥齊首儼若將征方圓綺錯極妙窮奇兔耳踠伏若安若危猛犬相守竄身匿蹄高樓雙峙以臨清池遊魚銜餌瀺灂其陂鹿盧並趍纖繳俱垂宛若星圖屈膝推移尒乃垂輕杼攬床帷動搖多容俯仰生姿

古詩曰纖纖擢素手札札弄機杼

又曰皎皎白素絲織為寒女衣寒女雖巧妙不得秉機杼

梭

通俗文曰梭織具也所以行緯之莚（弋廉）

鄧粲晉書曰謝鯤隣家有美女鯤挑之女以梭投之折其兩齒

異苑曰陶侃嘗捕魚得一梭還挿着壁有頃雷雨梭變成赤龍從屋而躍

太平御覽卷第八百二十五

太平御覽卷第八百二十六

資産部六

織　紡績　漂　浣

織

說文曰織作帛揔名也絍織從絲也緯織橫也緫緯綜機縷也縷績織餘也

禮記內則曰女子十年不出執麻枲治絲繭織紝組紃學女事

左傳文公上曰仲尼曰臧文仲妾織蒲三不仁

毛詩國風大東曰跂彼織女終日七襄

史記曰公儀休相魯去織婦拔園葵

戰國策曰甘茂謂秦武王曰曾子處費人有與曾子同名族者而殺人人告曾子之母母曰吾子不殺人也織自若有頃人又曰曾參殺人曾子母懼投杼踰墻

魏略曰太祖始丁夫人又劉夫人生子脩及清河長公主劉早終丁養子脩子脩亡於穰丁常言將我兒殺之都不復念遂哭泣無節太祖忿之遣歸家欲其意折後太祖就見之夫人方織外人傳公至夫人踞機如故公到撫其背曰顧我共載歸乎夫人不顧又不應太祖卻行立於户外復云得無尚可耶遂不應太祖曰眞決矣遂與絶

魏志曰中山恭王衮徙封濮陽太和二年就國尚儉約勑妃妾紡績紝織習爲家人之事

吳志曰陸凱上疏云自昔先帝時後宮列女及諸織絡數不滿百米有畜積貨財有餘先帝崩後幼景在位更改奢侈不蹈先跡伏聞織絡及諸徒坐乃有千數

又曰華覈上疏云今吏士之家少無子女多者三四少者一二通令户有一女十萬家則十萬人人織績一歲一束則十萬束矣使四疆之內同心勠力數年之間布帛必積恣民五色唯所服用但禁綺繡無益之飾此救乏之上務富國之本業也

南史曰齊宣孝陳皇后家貧少勤織作家人矜其勞或止之后終不改

唐書曰盧坦爲壽安令時河南尹徵賦限窮而縣人訴以機織未就坦請延十日府不許令人就織而輸勿顧限也違之不過罰令俸耳既成而輸坦亦坐罰由是知名

墨子非樂曰使婦人爲之廢紡績織紝之事

莊子曰民有常性織而衣耕而食是謂同德

又曰叔文相莒三年歸其母自織請其母曰文相莒三年有馬千駟今猶自績文之所得事皆將弃之母曰婦人不好紡績織紝必有淫泆之心

韓子曰吳起示其妻以組曰爲我織組令如是組已就而效之其組異善起曰非詔也使衣而歸其父請往之起曰家無虛言

又曰魯人身善織屨妻善織縞而欲徙於越或謂之曰子必窮矣魯人曰何也曰屨之也而越人舟行縞爲冠之也而越人被髮以子之所長也游於不用之國欲使無窮其可得乎

國語曰勾踐非其身之所種則不食非夫人之所織則不衣十年不收於國

焦贛易林蒙之無妄曰織帛未成緯盡無名長子逐兔踵起失路

列女傳曰孟子之少也既學而歸孟母方織問曰學何所

至矣。子曰：自若也（言未能博）。毋以刀斷其織，子懼而問其故，毋曰：子之廢學，若吾斷斯織也。夫君子學以立名，問則廣知，是以居則安寧，動則遠害。今而廢之，則是不免於厮役，而無以離於禍患，何以異於織績而中道廢，而不爲，豈能衣其夫子而長不乏粮食哉？孟子懼，旦夕勤學不息。

又曰：文伯相魯，敬姜謂之曰：吾語汝治國之要，盡在經耳（經者總絲縷以成文采，有經國治民之象）。夫幅者所以正枉也，不可不強，故幅可以爲將（枉曲也，幅強乃能正曲，將強乃能除亂，以幅喻將也）。畫者所以均不服也，故畫可以爲正（畫傍也，正官長也，緦縷得畫以齊徒庶，得長而後齊）。物者所以治蕪與莫也，故物可以爲都大夫（物謂一文墨也，不知文尺多少，使意世與蕪而莫莫也，都大夫主治民理衆也）。持交而不失，出入不絕者，梱也，以爲大行人（梱使縷交錯出入不失理也，似大行人交好鄰國不絕也，大行人主使命者）。推而往，引而來者，綜也，綜可以爲關內之師（綜惟縷令往引之令來，似關內師收合人衆使令有節，關內師主境內之師衆）。主多少之數者，均也，均可爲內史（均謂一齒受一縷，多少有數，猶內史之治民也）。服重任，行遠道，正直而固者，軸也，可以爲相（相當大任，堅固不倦，死而後已，有若軸）。舒而無窮者，摘也，摘者可以爲三公（摘謂勝也，舒而不窮，喻三公道德深備，無匱竭也）。文伯載拜受教。

孝子傳曰：董永性至孝，而家貧，父死，賣身以備棺斂。既葬，即詣主人，將償其直，路逢一女子，云能織，願爲永妻。永不得已，與同詣主人。問其故，永具以對。主人曰：必爾者，但令爾婦爲我織縑百疋。於是妻爲主人織，十日百疋具焉。主人大驚，即遣永夫妻。妻出門，謂永曰：我天之織女也，卿篤孝，賣身葬父，故天使我爲卿償債耳。言終，忽然不見。

仇池記曰：仇池縣庫下悉安織婢，綾羅絹布數十張機。

崔元始正論曰：僕前爲五原太守，土地不知緝績，冬至積草伏卧其中，若見吏，以草纏身，令人酸鼻。吾乃賣儲峙，得二十餘萬，詣鴈門廣武迎織師，使巧手作機及紡，以教民織具。以上闕

古艷歌曰：孔雀東飛，苦寒無衣。爲君作妻，中心惻悲。夜夜織作，不得下機。三日載疋，尚言吾遲。

古歌辭曰：大婦織綺羅，中婦織流黃，小婦無所爲，挾琴上高堂。大人且徐徐，調絃遽未央。

古詩曰：迢迢牽牛星，皎皎河漢女，纖纖擢素手，札札弄機杼。

被徒元書曰：宜脩田農，作園圃，織絍紡績，爲坐作之本，利常令供養之物有兼副。

紡績

左傳昭公五曰：初，莒有婦人，莒子殺其夫，以爲嫠婦（寡婦爲嫠），及老，託於紀鄣，紡焉以度而去之（因紡纑連所爲以度城而藏之，以待外攻者欲以縋）。及師至，則投諸外（投織繩外，隨之而出）。

毛詩國風東門之枌曰：不績其麻，市也婆娑（婆太績麻縷，婦人之事也，疾不紡）。

又曰：八月載績，載玄載黃，我朱孔陽，爲公子裳（載績絲事畢而麻事起）。

漢書曰：張安世尊爲公侯，食邑萬户，身衣弋綈，夫人自紡績。

又曰：冬民既入，婦人同巷相從夜織，婦女一月得四十五日。必相從者，所以省費燎火，同巧拙而合習俗也（三輔決錄同）。

晉書曰：鄭袤妻曹氏事舅姑甚孝，躬紡績之勤，以充奉養。

南史曰：宋袁粲幼孤，飢寒不足，母琅邪王氏，太尉長史延之女也，躬事績紡，以供朝夕。

又曰：齊劉揩爲交州，與垣閎深同行，閎深未至交州而卒。

曇深妻鄭字獻英榮陽人時年二十子文凝始生仍隨揩到鎮晝夜紡織居一年私裝了乃告揩求還

又曰梁武丁貴嬪少時與隣女月下紡績諸女並患蚊蚋而貴嬪弗之覺也鄉人魏益將娉之及成而武帝鎮樊城嘗登樓以望見漢濱五采如龍下有女子擘絖則貴嬪也又丁氏因人以聞之於帝帝贈以金環納之時年十四

又曰諸暨東洿里屠氏女父失明母癎疾親戚相弃鄉里不容女移父母遠住紡舍晝採樵夜紡績以供養父母

陳書曰陳疉洗爲公侯數妾無游手普督之紡績至於散用貲財亦不儉恡

隋書曰孝婦覃氏者上郡鍾氏婦也與其夫相見未幾而夫死時年十八事後姑以孝聞數年之間姑及伯叔皆相繼而死覃氏躬自節儉晝夜紡績畜財十年而葬喪爲州里所敬上聞而賜米百石表其門閭

八百廿六　五　張寅

又曰鄭善果母清河崔氏既寡之後恒自紡績每夜分寐善果曰兒封侯開國位居三品秩俸幸足母何自勤如是耶荅曰嗚呼汝年已長成吾謂汝知天下之理今聞此言故猶未也至於公事何由濟乎今此秩俸乃是天子報爾先人之用命也當須散贍六姻爲君先之惠妻子柰何獨擅其利以爲富貴哉又絲枲紡績婦人之務上自王后下至大夫士妻各有所製若墮業者是爲驕逸吾雖不知禮其可自敗名乎

唐書曰永泰二年夏賜安南節度婦金氏兩丁侍養金氏本賊帥陶齊亮之母以忠義訓齊亮齊亮不受遂與齊亮絕自績而衣自田而食州里稱之仍詔本道使每季給銀二兩充衣服以終其身

國語曰魯公父文伯退朝朝其母母方績文伯曰以歜之家而主猶績（言家有寵不當績也）懼忓季孫之怒也（季孫康子位尊又爲大宗）其以歜爲不能事主乎其母歎曰魯其亡乎使僮子備官而未之聞耶（僮蒙不達也言已居官而未聞道）

春秋後語曰甘茂弃齊路逢蘇代將爲齊使於秦甘茂曰臣得罪於秦逃逌至此（逌猶也）無所容跡（容跡猶容足也）吾聞貧人女與富人女會績貧人女曰我無錢以買燭而子燭幸有光子可以分我餘光無損子明而得一斯便焉（斯在也言貧女子此一便）也今臣困而子方使秦而當路矣茂之妻子在秦願君以餘光振之（振整也贍給之）蘇代許諾

列女傳曰齊女徐吾者東海上貧婦人也隣婦李吾之屬合燭相從夜績徐吾曰我無以買燭而子之火光有餘分我餘光無損子明而我爲斯便不亦可乎

異苑曰昔有老姥雨夜紡績斷失鏤所在姥獨罵云何物鬼攜去户外即有應言是寄避雨實不偷鏤自執覓姥驚懼窺外無所見鏤亦尋獲

八百二十六　六　寅

王子年拾遺記曰魏文帝所愛美人薛靈芸常山人父業經爲鄭鄉亭長母陳氏隨業舍於亭傍靈芸年十七生居貧賤至夜每聚隣婦夜績以麻蒿自照

漂

說文曰漂水中擊絮也

史記曰韓信從下鄉城下釣有漂母見信飢飯信竟漂數十日

越絕書曰伍子胥至漂陽見一女子擊絮於瀨水中子胥曰豈可得飡乎女曰諾即發其簞飯清其壺漿而與之子胥謝女子母令之露子胥行五步還顧女子自投瀨水之

中（[illegible]同）越春

莊子曰：宋人有善爲不龜手之藥者，世世以洴澼絖爲事。（郭象注曰：其藥能令手不拘拆，故常漂絮於水中也。）

澣

禮記禮器曰：晏平仲祀其先人，豚肩不揜豆，澣衣濯冠以朝，君子以爲隘矣。（隘猶狹陋也。祀不以少牢，與無田者同，不盈禮也。大夫士有田則祭，無田則薦。澣衣濯冠，儉不務新。）

又內則曰：父母舅姑冠帶垢，和灰請漱；衣裳垢，和灰請澣。（手曰漱，足曰澣。和，漬也。）

又曰：是日也，妻以子見於父，貴人則爲衣服，由命士以皆漱澣。（貴人，大夫以上也。由，自也。）

又曰：妾子生三月之末，漱澣夙齊，見於內寢。

毛詩葛覃曰：薄汙我私，薄澣我衣。（汙，煩也。私，燕服也。婦入副褘盛飾以朝事舅姑，接見于宗廟，進見于君子，其餘則私也。澣謂濯之耳。）

平八百二十六　七　王慶

又栢舟曰：心之憂矣，如匪澣衣。（如衣之不澣矣。箋云：衣之不澣則憒辱無照察。）

漢書曰：石奮以上大夫祿歸老于家，長子建爲郎中令，少子慶爲內史。建老白首，萬石君尚無恙，每五日洗沐歸謁親，入子舍，竊問侍者，取親中帬廁牏，身自澣洒。（師古曰：親謂父也。中帬，若今言中衣也。廁牏者，近身之小衫，若今小衫也。）復與侍者，不敢令萬石君知之，以爲常。

晉書曰：王師敗績於蕩陰，百官侍衛莫不潰散，唯嵇紹以身捍衛，遂被害於帝側，血濺御服。天子深哀歎之。及事定，左右欲澣衣，帝曰：此嵇侍中血，勿去。

又曰：鄭袤妻曹氏，食無重味，服澣濯之衣。

宋書曰：左僕射謝景仁性嚴整，潔居宇淨麗，每坐輒唾左右人衣，事畢即聽一日澣濯。每欲唾，左右爭來受之。

又曰：江湛爲吏部尚書，家甚貧，不營財利，餉饋盈門，一無所受，無兼衣餘食。嘗爲上所召，遇澣衣，稱疾經日，衣成然後起。

梁書曰：武帝雖衣浣衣，而左右衣必須潔。嘗有侍臣衣帶卷摺，帝怒曰：卿衣帶如繩，欲何所縛？

又曰：昭明太子統欲以己率物，服御朴素，身衣浣衣，膳不兼肉。

南史曰：陳王遂之衣裳不澣，几案塵黑。

唐書曰：肅宗性儉約，衣服無綺繡，嘗出衣袖示韓擇木曰：朕已三浣矣。

淮南子曰：楚莊王誅里史孫叔敖，制冠澣衣。

仲長子昌言曰：攻玉以石，澣布以灰。

龍魚河圖曰：婦人無以夫衣合集澣之，使之不利。

太八百二十六　八　王庚

韓詩外傳曰：孔子南遊適楚，至阿谷之隧，有處子佩璜而澣者。孔子抽觴以授子貢，曰：以觀其辭。子貢曰：將南之楚，逢天之暑，欲乞一飲。婦人曰：阿谷之隧，隱曲之汜，其水載清流而趣海，欲飲則飲，何問婢子。

風俗通：東海王景與議曰：晏平仲以齊君奢，故澣其朝冠，振其鹿裘。

太平御覽卷第八百二十六

太平御覽卷第八百二十七

資產部七

市

說文曰市買賣所也

周禮天官下內宰曰凡建國佐后立市設其次置其叙正其肆陳其貨賄出其度量淳制祭之以陰禮（市朝者君所以建國也建國者必面朝後市王立朝而后立市陰陽相承之義）

又地官下司市曰司市掌市之治教政刑量度禁令（量豆區斗斛之屬度丈尺也）大市日側而市百族爲主朝市朝時而市商賈爲主夕市夕時而市販夫販婦爲主（市雖聚之處言主者謂其多）國君過市則刑人赦夫人過市罰一幕世子過市罰一帟命夫過市罰一蓋命婦過市罰一帷

又曰司虣掌憲市之禁令禁其鬬嚚者與其虣亂者出入相陵犯者以屬遊飲食于市者（嚚讙也鄭司農云以屬遊飲食羣飲食者）若不可禁則搏而戮之

又秋官掌戮曰凡殺人者踣諸市肆之三日刑盜于市（踣僵尸也肆猶申也陳也凡言刑盜罪惡莫大焉）

周禮冬官匠人曰左祖右社面朝後市（王宮所居也祖宗廟面猶鄉也王宮當中經之涂也）

禮記月令仲秋曰是月也易關市來商旅納貨賄以便民事四方來集遠鄉皆至則財不匱上無乏用百事乃遂（易關市謂輕其稅使民利之商旅賈客也匱亦乏也遂猶成也）

又王制曰有珪璧金璋不粥於市命服命車不粥於市宗廟之器不粥於市犧牲不粥於市戎器不粥於市用器不中度不粥於市兵車不中度不粥於市布帛精麤不中數幅廣狹不中量不粥於市姦色亂正色不粥於市錦文珠玉成器不粥於市衣服飲食不粥於市五穀不時果實未熟不粥於市草木不中伐不粥於市（伐之非時不中用）禽獸魚鼈不中殺不粥於市（殺之非時不中用）

又曰命市納賈以觀民之所好惡志淫好辟（市典市者賈謂物貴賤厚薄也質則用物貴則侈物貴民之志淫邪則其所者不正）

又曰爵人於朝與士共之刑人於市與衆弃之（必共之者所以審慎之也書曰古明德慎罰）

左傳文公曰夫人姜氏歸於齊大歸也（惡視之毋出姜也嫌與有罪出者異故復發傳）將行哭而過市曰天乎仲爲不道殺嫡立庶市人皆哭魯人謂之哀姜

又宣公上曰晉人獲秦諜殺諸絳市六日而蘇

又宣公下曰楚子使申舟聘于齊不假道于宋及宋宋人殺之楚子聞之怒投袂而起屨及於窒皇劍及於寢門之外車及蒲胥之市秋楚圍宋也

又昭公三年曰齊景公欲更晏子之宅曰子之宅近市湫隘囂塵不可以居（湫下隘小也囂聲塵土也）請更諸爽塏者（爽明塏燥）辭曰君之先臣容焉（先臣晏子之先人）臣不足以嗣之於臣侈矣（侈奢也）且小人近市朝夕得所求小人之利也敢煩里旅（旅衆也不敢勞衆爲巳宅）公笑曰子近市識貴賤乎對曰既利之敢不識乎

又曰昭公十九年楚令尹子瑕言蹶由於楚子曰彼何罪諺所謂室於怒市於色者楚之謂矣（言靈王怒吳子而執其弟猶人忿於室家而作色於市人）舍前之忿可也乃歸蹶由（言楚子能用善言）

毛詩國風曰東門之枌疾亂也幽公淫荒風化之所行男女棄其舊業亟會於道路歌舞於市井爾

又曰定之方中衛文公徙居楚丘始建城市而營宮室

論語比考讖曰從善繹繹獨負如歸市（言不失德故取無道主徙歸茂德之君繹）

譯相尋及之貝

古史考曰神農作市高陽氏衰市官不脩祝融脩市

戰國策曰王孫假年十五事閔王王出走失王之處其母曰汝事王王出走汝不知其處汝尚何歸王孫假乃入市中曰淖齒亂齊殺閔王欲與我者袒右市人從者四百人與之誅淖齒

又曰齊桓公宮中九市管仲爲三歸之家以掩桓公之非也

漢書曰曹參相齊使者召參去屬其後相曰以齊獄市爲寄慎勿擾也後相曰治無大於此者乎參曰夫獄市者所以并容也今若擾之姦人安所容乎

又曰楚王戊與吳通謀申公白生二子諫不聽乃胥靡之（應劭曰詩云若此無罪淪胥以鋪靡刑名也晉灼曰胥相也亦靡隨）衣之赭衣使杵臼雅舂於市

又曰尹翁歸河東平陽人曉習文法大將軍霍光秉政諸霍在平陽奴客持兵入市鬬變吏不能禁及翁歸之爲市門吏莫敢犯者

又曰何武兄弟五人皆爲郡吏縣敬憚之武弟顯家有市籍租常不入縣數負其課市嗇夫求商辱捕顯家顯怒欲以吏事中商武曰以吾家租賦繇役不衆爲先奉公吏不亦宜乎

又曰刺繡文不如倚市門此言末業貧者之資也

又曰司隸校尉解光奏王根縱横恣意大治宮室第中起土山立兩市殿上赤墀户下青瑣

又曰永平中王尊爲京兆尹捕循貧弱不私豪强長安宿豪大猾東市賈萬城西市萬章箭張禁酒趙放（晉灼曰箭張禁酒趙放此二人作箭酒之家）尊以正法按誅皆伏其辜

又曰人君不理則畜賈游市乘民之不給百倍其本矣

後漢書曰寇恂爲潁川太守執金吾賈復在汝南部將殺人潁川（部將謂軍部之下小將也）恂捕得繫獄時尚草創軍犯營法率多相容恂乃戮之於市復以爲耻

東觀漢記曰樊君重治家産業起治廬舍高樓閣陂池灌注竹木成林六畜雜果檀桼桑麻門成市

又曰江革客東海下邳傭賃以養父母下邳知其孝市賈輒與好善者雖無錢任貰與之

又曰光武以祭遵爲市令上家人犯法遵格殺之

東觀漢記曰閔仲叔客居安邑老病家貧不能買肉日買一片猪肝屠或不肯爲斷也安邑令出敕市令遂買得仲叔怪問其子道狀乃歎曰閔仲叔豈以口腹累安邑耶遂去之沛

又曰京兆尹閻興召第五倫署督鑄掾領長安市平銓衡正斗斛其後小民爭訟輒云第五掾平市無姦枉欺詐之巧

又曰更始在長安官爵多羣小里閭語曰使兒居市决作者不能得傭之市空返問何故曰今日騎都尉往會日也猶是四方不復信向京師

又曰王郎起上在薊郎移檄購上上令王霸至市中募人將以擊郎市人皆大笑舉手揶揄之霸慙而去

又曰竇融請孔奮署議曹掾守姑臧長天下擾亂唯西河獨安而姑臧稱爲富邑通貨胡羌市曰四合每居縣者不盈數日輒致豐積

謝承後漢書曰王充家貧無書常遊洛陽市肆閱所賣書一見輒能誦憶遂博通衆經

又曰張楷字公超隱居弘農山中學者隨之所居成市後
華陰山南遂有公超市○典略曰荆軻者其先齊人也與
燕之狗屠及高漸離爲友軻嗜酒日與狗屠飲於燕市漸
離擊筑荆軻和之而歌相泣
魏略曰趙岐逃難江淮海岱靡所不歷自匿姓名賣餅北
海市中安丘孫嵩年二十遊市見岐察非常人乃停車問
曰賣餅幾㕘曰賣餅三十嵩曰視子非賣者當有怨者乃
載岐歸家
魏志曰遼東送袁尚首懸在馬市牽招覩之悲感
又曰襄邑劉氏與睢陽李永爲讎典韋爲報之永故富春
長備衛甚謹韋乘車載雞酒僞爲候者門開懷匕首入殺
永并殺其妻徐出取車上刀戟步去永居近市一市盡駭
追者數百莫敢近

又曰袁紹以董昭領魏郡時郡界大亂賊以萬數遣使往
來交易市買昭厚待之因以爲間乘虛掩討輒大克破之
又曰顔斐爲京兆太守青龍中司馬宣王在長安立軍市
而軍中吏士多侵侮縣民斐以白宣王宣王乃發怒召軍
市候便於斐前杖一百時長安典農與斐共坐以爲斐宜
謝乃私推築斐斐不肯謝良久乃曰斐意觀明公受分陝之
任乃欲一齊衆庶必非爲不得明公意也宣王遂嚴將吏士
自是之後軍營郡縣各得其分
又曰梁習爲并州刺史鮮卑大人育延常爲州所畏一旦
將其部落五十餘騎詣習求互市習念不聽則恐其怨若
聽到州下又恐爲所略於是乃許往與會空城中交市遂勑
郡縣自將治中已下軍往就之市易未畢而市吏收縛一
胡延騎皆驚上馬彎弓圍習數重吏民惶怖不知所施習
乃徐呼市吏問縛胡意而胡實侵民習乃使譯呼延延到
習責延曰汝胡自犯法吏不侵汝汝何爲使諸騎驚駭耶
遂斬之餘胡破膽不敢動
吳志曰孫皓愛妾或使人至市劫奪百姓財物司市中郎
將陳聲素皓幸臣也恃皓寵遇繩之以法妾以訴皓皓大
怒假他事燒鋸斷聲頭投其身於四望之下
晉書曰羊祜都督荆州卒而州人正市聞祜卒皆號慟罷
市
宋書曰申坦坐法當棄市群臣爲請莫得將行刑始興公
沈慶之入市抱坦慟哭曰卿無罪爲朝廷所枉誅我入市
亦當不久市官以白上乃原生命繫尚方尋被宥
蕭子顯齊書曰帝於芳樂苑中立市太官每旦進酒肉雜
肴使宮人屠酤貴人潘氏爲市令帝爲市魁執罰爭者就

潘氏決判
管子曰市者貨之准也是故百貨賤則百利得百利得
則百事治百事治則百事用節矣
又曰百乘之國中而立市東西南北五十里千乘之國中
而立市東西南北百五十餘里
又曰桀放虎於市以觀其驚
司馬法曰殷戮於市威不善也周賞於朝戮於市勸君子
懼小人也
列子曰昔齊有欲金者清旦衣冠而之市適鬻金者之所
因攫其金而去吏捕問之對曰取金之時不見人徒見金
孟子曰市廛不征則天下之商皆悅願藏於市廛市宅也
又曰軻少貧母將在墓間識葬埋事又徙在市側軻知市
井之利又徙在習學所遂識書禮之義

孫卿子曰賈精於市不可以爲市師
韓子曰鄭人有買履者先自度其足而置之其坐至入市
而忘操之已得履乃曰吾忘持度反歸取之及反市罷遂
不得履
又曰衛嗣公使人爲客過市關關市苛難之因事關市以
金關吏乃舍之嗣公謂關市曰其時客過而予女金女因
遣之關市乃大恐而以嗣公爲明察
又曰商太宰使少庶子之市顧反而問之曰何見於市對
曰無見也太宰曰雖然何見也對曰市南門之外甚衆牛
車僅可以行耳太宰因戒使者無敢告人吾所問於女因
召市吏而誚之曰市門之外何多牛矢市吏甚怪太宰知
之疾也乃聳懼
又曰龐敬縣令也遣市者行而召公大夫而還之公大夫亦遣爲

市立有間無以詔之卒遣行不命卒遣去俱不測其由也市者以爲令
與公大夫有言不相信以至無姦大夫雖告以命彼亦不信故不敢爲姦也
又曰龐恭與太子質於邯鄲謂魏王曰今一人言市有虎
王信之乎王曰不二人言市有虎王信之乎王曰不三人
言市有虎王信之乎王曰寡人信之龐恭曰夫市之無虎
也明矣然而三人言而成虎今邯鄲之去魏也遠於市議
臣者過於三人願王察之龐恭從邯鄲反竟不得見
六韜曰武王伐殷得二丈夫而問之曰殷國將亡亦有妖
灾乎其一人對曰殷君善治宮室大者百里中有九市周書
世紀同
春秋後語曰初廉頗之免於長平歸也失勢故人賓客盡
去及復用客乃復至頗謝遣之客曰吁君何見之晚也天
下市道交君不知之耶君有勢我即進君無勢我即去此
固其理君何怨焉
春秋後語曰伍子胥橐載而出昭關夜行晝伏至於杜陵
無以餬其口坐行匍匐稽首肉袒而鼓腹吹簫乞食於吳
市
又曰秦孝公使公孫鞅定法令法令既具恐人不信乃立
三丈之木於國都市南門募民有能徙置北門者與十金
又曰蘇秦在齊齊大夫多與爭寵而使人刺之不殊而走
殊絶齊王求賊不得蘇秦將死乃謂王曰臣死之後王車裂
臣殉於市曰蘇秦爲燕作亂於齊如此則刺臣之賊必得
矣齊王如其言殺蘇秦者果自出齊王因而誅之
又曰始皇初立尊呂不韋爲相國時諸侯多辯士知荀卿
之徒著書布天下不韋亦使其客著所聞集論二十餘萬
言以爲備天地萬物古今之重號曰呂氏春秋布咸陽市

懸千金其上延諸侯遊士賓客有能增損改定一字者與
千金莫能有定者
桓譚新論曰扶風漆縣之邠亭部言本大王所據其民會
日相與爲夜市如不爲則有咎
風俗通曰市井俗說市井者言至市有所鬻賣當於井上
洗濯令其物香潔然後到市
又曰陳留太守泰山吳文章少孤遭憂衰之世與兄伯武
相失別二十年後會下邳市爭討共鬬伯武歐文章欲
報擊之心中惻愴手不能舉大自怪也因投杖於地觀
者咸嗤笑之還相問乃眞兄弟也
列仙傳曰陰生者長安中渭橋下乞兒也常止於市中乞
市中厭若以糞灑長吏試之收繫著桎梏而續在市中乞
又欲殺之乃去灑者家室自壞殺十餘人長安中謠曰見

乞兒與美酒可以免破家之咎

神仙傳曰李阿者蜀人也傳世見之不老如故常乞於成都市所得隨以與貧者夜去朝還市人莫知其宿處

漢名臣奏曰太尉屬𪊍砀司徒屬孫嵩司空掾孔伷議以鮮卑隔在漠北犬羊為羣無君長之師廬落之居又其天性貪而無信故自漢興至于茲數犯障塞吏民創楚不與交關唯至朝市反成靡服非畏威懷德（玩賞）中國珍異之故耳

三輔黃圖曰元始四年起明堂辟雍長安城南北為會市但列槐樹數百行為隊無牆屋又為方市闤門周環列肆商賈居之都商亭在其外

漢宮殿疏曰交門市（在渭橋北頭也）李里市（在雍門東）交道亭市（在便橋東）細柳倉市（有細柳倉）

華陽國志曰王長文字德儁陽愚嘗絳衣絳帽牽豬過市乞人與語僞不聞常騎牛同遊

陸機洛陽記曰三市大市名金市在大城中馬市在城東陽市在城南

衛玠傳曰少時乘白羊於洛陽市舉市共觀咸曰誰家璧人於是家門州黨遂號曰璧人

趙書曰豐國市五日一會

三秦記曰秦始皇作地市與生死人交易令云生人不得欺死者物市吏告始皇云死者陵生人生人走入市門斬斷馬脊故俗云秦地市有斷馬

山謙之丹陽記曰京師四市建康大市孫權所立建康東市同時立建康北市永安中立秣陵鬪場市隆安中發樂營人交易因成市也

太平御覽卷第八百二十七

資産部八

屠　酤　盧

肆店附　賣買　駔會

屠

周禮地官下曰凡屠斂其皮角筋骨入于玉府以當稅給作器物也
史記曰魏公子毋忌請朱亥奪晉鄙軍亥笑曰臣乃市井
鼓刀屠者公子親數存之所以不報謝者小禮無所用今
乃臣効命之秋也
又曰淮陰屠中少年有侮韓信者曰汝雖長大好帶刀劒
中情怯耳
又曰樊噲少以屠狗爲事
東觀漢記曰閔仲叔客居安邑老病家貧不能買肉日

買一片猪肝屠者不肯爲斷
王隱晉書曰愍懷太子令人屠肉自巳分齊手揣輕重斤
兩不差公曰其母本屠家女
齊書曰王敬則少時屠狗商販遍於三吴後爲吴興太守
入烏程從市過見屠肉枅歎是我少時在此作也召故人
飲酒說平生不以屑也
蕭子顯齊書曰帝於芳樂苑立市太官每旦進酒肉雜肴
使宮人屠酤
周書曰太祖常遊上黨有市屠壯健衆多畏憚太祖氣凌
之嘗醉命屠進几割肉小不如意叱之屠坦其腹謂太祖
曰尔豪則刺我太祖即剸其腹市人駭觀執之屬吏李繼
韜惜而逸之
孔叢子曰子高謂齊王曰昔臣嘗行臨淄市見屠商焉身
脩八尺鬚髯如戟市易之男女未有敬之者無德故也
莊子曰楚昭王謂司馬子綦曰屠羊說居處卑賤陳義甚
高子爲我延之以三旌之位說曰夫三旌之位吾知其貴
於屠羊之肆萬鍾之祿吾知其富於屠羊之利然豈可貪
爵祿使吾君有妄施之名願復反吾屠羊之肆遂不受也
又曰朱泙漫學屠龍於支離益單千金之家技成而無所
用
尉繚子曰太公望行年七十屠牛朝歌
尸子曰屠者割肉則知牛長少
又曰宋人有公歛皮者適市反呼曰公歛皮屠者遽收其
皮。燕丹子曰荊軻與武陽入秦過陽翟軻買肉爭輕重
者屠辱軻武陽欲擊軻止之
淮南子曰命屠而烹其肉或以酸或以甘齊和萬方其本

一牛之軆也
又曰屠牛坦一朝解九牛而刃可以剃毛庖丁爲刀十九
年刃如新砥硎庖丁宋人砥磨也何則遊乎衆虛之門
賈誼書曰屠牛坦朝解十二牛而芒刃不頓剥割皆中理
監鐵論曰騏驥輓鹽車垂頭於太行之坂屠者脫之
桓譚新論曰關東鄙語曰人聞長安樂出門西向笑知肉
味美則對屠門而嚼媿文帝與吴賈書亦云也
三輔舊事曰太上皇不樂關中思慕鄉里高祖徙豐沛屠
兒酤酒賣餅商人立爲新豐縣故一縣多小人
又曰更始遣將軍李松攻王莽屠兒賣餅者皆從之屠兒
杜虞手殺莽
涼州異物志曰大秦之國斷首去軀操刀屠人
杜夷幽求曰齊宣王見屠牽羊哀其無罪以衆代之

傅咸集曰屠牛酤酒鑄錢作錫皆有損害

酤

毛詩鹿鳴伐木曰有酒湑我無酒酤我

論語鄉黨曰酤酒市脯不食

漢書曰武帝天漢三年初榷酒酤（應劭曰縣官自榷賣酒小民不復得酤）

後漢書曰瑯琊海曲呂母家素豐貲産數百萬乃益釀醇酒買刀劒衣服少年來酤者皆賒與之視其乏者輙假衣裳不問多少

又曰劉寛甞坐客遣蒼頭市酒迁久大醉而還（迁久猶良久也）客不堪之罵曰畜産寛須史遣人視奴疑必自殺顧左右曰此人也罵言畜産辱孰甚焉故吾懼其死也

又曰崔寔初父卒剽賣田宅起冢塋立碑頌（廣雅曰剽削也音疋妙反）葬訖資産竭盡因窮困以酤釀販鬻爲業時人多以此譏之寔終不改亦取足而已不致盈餘

吳志曰潘璋字文珪性博蕩嗜酒居貧好賒酤債家至門輙言後豪當相還

宋書曰吏部尚書庾仲文尚書中令奴酤酬酒利其百十

後魏書曰鄭羲爲西兖州刺史多所受納政以賄成性又嗇恡人有禮餉者不與盃酒臠肉西門受羊酒東門酤賣之

唐書曰建中三年初榷酒天下悉令官釀斛收直三千米雖賤不得減二千委州縣綜領醨薄私釀罪有差以京師王者都特免其榷

又曰和元十四年湖州刺史李應奏先是官酤酒代百姓納榷歲月既久爲弊滋深伏望許令百姓自酤取登舊額仍許入兩稅隨貫均出依舊例折納輕貨送上都許榷酒

錢舊皆隨兩稅徵衆戶自貞元已來有土者競爲進奉故上言百姓困弊輸納不充請置官坊酤酒以代之既得請則嚴設酒法閭閻之人舉手觸禁而官收厚利以濟其私爲害之日久矣及李應奏罷議者謂宰臣能因一州之請推爲天下之法則其弊革矣

韓子曰宋有酤酒者升概甚平遇客甚謹爲酒甚美懸旗甚高然而酒酸不售恠其故問所知閭長者楊青青曰汝狗猛也曰狗猛也何故不售曰人畏焉或令孺子懷錢挈壺往酤而狗迎齕之酒所以酸而不售夫國亦有狗猛欲道之士懷其術而往欲以明萬乘之主臣爲狗猛迎而齕之如此則主所以蔽賢士所以不用也

賈誼新書曰鄒穆公視民如子及死酤家不售酒童子不謳歌

列仙傳曰酒客者梁市上酒家客也作酒常美日售萬錢有過主人逐之主人酒更酸敗遂至貧窮

又曰女几者陳留酤酒婦也作酒甚美遇仙人過飲以素書五卷爲質女開書乃養性交接之術閉房與諸少年飲酒與宿止行文書法顔色更好如二十時仙人後過之笑曰盜道無師有翅不飛遂追仙人去

曹植樂府歌曰市肉取肥酤酒取醇交觴接盃以致殷勤

盧

漢書曰司馬相如與卓文君馳歸成都家徒四壁立文君久之不樂謂長卿曰弟俱如臨卭（弟且也）從昆弟假貸猶足以爲生何至自苦如此相如與俱之臨卭盡賣車騎買酒舍乃令文君當盧（郭璞曰盧酒也師古曰賣酒之處累土爲盧以居酒甕四邊隆起其一面高形如鍛盧故名盧耳）

又曰霍光秉政趙廣漢事光及薨後廣漢爲京兆尹心知微指發長安吏自將與俱至光子禹第直突入其門搜索私屠酤椎破盧罌

又曰魯匡曰今絶天下之酒則無以行禮相養放而亡限費財傷民請法古令官作酒以千五百石爲一率開一盧以賣（如淳曰酒家開肆待客設酒鑪故以盧名肆臣瓚案盧酒瓮）

世說曰阮公邑家婦有美色當盧酤酒阮與王安豐常從婦飲酒既醉便眠其婦側夫始殊疑之伺察終無他意

又曰王濬冲爲尚書令着公服乘軺車經黃公酒盧下迴顧謂後車客曰吾與嵇叔夜阮嗣宗共酣飲於盧竹林之遊亦預其末自嵇生阮公亡以來便爲時所羈紲今日視此雖近邈若山河

南史曰齊謝幾卿性通脫會意便行不拘朝憲嘗預樂遊苑宴不得醉而還因詣道邊酒盧停車褰幔與車前三騶對飲時觀者如堵幾卿處之自若

肆

周禮天官内宰之職曰凡建國佐后立市設其次置其敘正其肆

又地官下曰肆長各掌其肆之政令陳其貨賄名相近者相遠也實相近者相邇也而平正之（爾亦近也俱是物也使惡者遠善善自相近鄭司農云謂若珠玉之屬俱名爲珠俱名爲玉而賈或百萬或數萬恐農夫愚民見欺故别異令相遠使賈人不得雜亂以欺人）

左傳襄三十年曰伯有死於羊肆（羊肆市列）子產襚之枕之股而哭之斂而殯諸伯有之臣在市側者既而葬諸斗城

論語曰百工居肆以成其事君子學以致其道（包曰言百工處其肆則事成猶君子學以致其道）

續漢書曰孝靈皇帝於後宮與人列肆販賣使偷盜爭鬬上視以爲樂

謝承後漢書曰郭泰拔申屠子龍於漆工之中嘉許偉康於屠酤之肆

袁山松後漢書曰世祖怜盆子賞甚厚以爲趙王郎中後疾失明賜滎陽均輸官地以爲列肆使食稅終其身

晉中興徵祥記曰烈宗世會稽王輔政於府内園中穿池築山山池之間處處有肆使婢酤賣肉於其中道子將見幸乘舡至酒肆輒冉入肆買酒肉狀如市鄽以爲笑樂

梁書曰吕僧珍爲南兖州刺史從父兄子先以販葱爲業僧珍至乃棄業求州官僧珍曰吾荷國恩重無以報効汝等自有常分豈可妄求叨越當速反葱肆耳

皇甫謐高士傳曰許邵名知人歷客舍則知虞求賢人幘肆則拔樊子昭

晉令曰坐盧肆者皆不得宿肆上

殷氏世傳曰盖寬字元祚河南鄭廉始出寒賤未知名君見而友之廉父常居肆乃就拜其父於市衆皆驚由是顯名位至司徒

楚辭曰連蕙若以爲佩過鮑肆而失香

張衡西京賦曰彼肆人之男女麗靡奢乎許史

繁欽朝應德璉文曰應溫德云昔與季叔子俱到富波飲於酒肆日暮留宿主人有養女年十五肥頭赤面形似鮮卑偶悅之夜與姦通便生足下

莊子曰曾不如早索我於枯魚之肆

楊子法言曰好書不能要諸仲尼書肆也（李軌注曰賣書市也）書不經非書也

語林曰王仲祖少有三達覽鏡自謂曰王開山那生此兒又酷貧帽敗自以形美乃入帽肆就帽嫗戲乃得新帽

店

世說曰阮脩字宣子常步行以一百錢挂杖頭至酒店上便獨酣暢

崔豹古今注曰店置也以置貨鬻之物

賣買

周禮地官下曰泉府掌以市之征布斂市之不售貨之滯於民用者以其賈買之物揭而書之以待不時而買者各從其抵都鄙從其主國人郊人從其有司然後予之

又曰司市掌市之治教以量度成賈而徵儥（儥買也物有定賈則買者來也）以質劑結信而止訟（質劑謂兩書一札而別之也）以賈民禁僞而除詐（以賈民爲之者知物之情僞與實詐）以刑罰禁虣而去盜以泉府同貨而斂賒（同者謂民貨不售則爲斂而買之民無貨則賒而予之）凡會同師役市司帥賈師而從治其市政掌其賣儥之事（儥買也會同師役必有市者大衆所在來物以備之）

質人掌成市之貨賄人民牛馬兵器珍異凡賣儥者質劑焉大市以質小市以劑（鄭玄曰質劑月平賈也質大賈劑小賈玄謂質劑者爲之券書藏之也）

又曰賈師凡國之賣儥各帥其屬而嗣掌其月

禮記曲禮曰君子雖貧不鬻祭器

左傳昭七曰公在乾侯平子每歲賈馬（賈買也）具從者之衣屨而歸之于乾侯公執歸馬者賣之（賣其馬）乃不歸馬

史記曰子貢既學於仲尼退而仕衛鬻財於曹魯之間

戰國策曰燕昭王見郭隗曰齊因孤國之亂而襲破之燕對曰古之人君以千金求千里馬者三年不得涓人請求之三月得千里馬馬已死五百金買其首反以報君君大怒對曰死馬尚市况生馬乎朞年千里馬至者二

漢書曰漢興接秦之弊諸侯並起民失作業而大飢饉米石五千人相食死者過半高祖令人無得賣子就食蜀漢天下既定民無盖藏（蘇林曰无物可蓋藏）

又曰衛青比年擊胡賦稅既不足以奉戰士有司請令民得買爵及贖禁錮免罪請買賞官名曰武功爵級七十萬

又曰桑弘羊置平准於京師當天下委輸王官治車諸器比市給大農大農諸官盡籠天下之貨物貴則賣之賤則買之如富商大賈亡所牟大利（牟取）

又曰禹貢尚書欲令近臣自諸曹侍中以上家無得私販賣者

又曰中平元年初賣官自關內侯以下至虎賁羽林入錢各有差公千萬卿五百萬

東觀漢記曰光武嘗與朱祐共買蜜合藥上追念之即賜祐白蜜一石問令憶與朕長安時共買蜜乎

又曰郭丹從師長買繻入函谷關乃慨然歎曰丹不乘使者車終不出關

又曰司空宋弘常受俸得鹽豉千斛遣諸生迎取上河令糶之鹽賤諸生不糶弘怒便遣及其賤悉糶賣不與民爭利

謝承後漢書曰靈帝數遊戲於西園令後宮綵女爲客主身爲商賈

謝承後漢書曰張楷字公超治嚴氏春秋家貧無以爲業嘗乘驢車至縣賣藥足給食者輒還鄉

王隱晉書曰劉寔字子眞平原人少以貧苦糲飯繩索作牛

衣賣手繩口誦

齊書曰朱文濟字敬達吴興人自賣以葬母太守謝瀹命爲儒林不就

又曰吴達之義興人也嫂亡無以葬自賣爲十夫客以營冡塼從祖弟敬夫妻荒年被略賣江北達之有田十畝貨以贖之

南史曰會稽寒人陳氏有三女無男祖父母年八九十老無所知又篤癃病每不安其室遇寒飢三女相率於西湖採菱蓴更日至市貨賣未嘗虧怠鄉里稱爲義門

北史曰齊常景耽好經史愛翫文詞若遇新異之書殷勤求訪或復貨買不問價之貴賤必以得爲期

晏子春秋曰靈公好婦人丈夫飾者國盡服之公使禁之曰女子以男飾者裂其衣斷其帶裂衣斷帶相望不止公問晏子晏子曰公服之於內而禁之於外猶懸牛首於門鬻馬肉於市公曰善使內勿服不環月而國人莫服

韓子曰楚人賣珠於鄭爲木蘭之櫝薰以桂椒綴以珠玉飾以玫瑰緝以翡翠鄭人買其櫝還其珠可謂善賣櫝不可謂善鬻珠

又曰宋之富賈有監止子者與人爭買百金之璞因佯失而毀之負其百金而理其毀得千溢焉

又曰諺所謂傭自賣哀而不售士自譽辨而不信者也

又曰田鮪教其子田章曰主賣官爵臣賣知力故曰自恃無恃人

淮南子曰郢人有鬻其母者爲請於買者曰此母老矣幸善食之而無多苦也此行大不義而欲爲小義也

三輔決録曰五門子孫凡民之五門今在河南西四十里馬氏兄弟五人共居此地作五門客舍因以爲名主養豬賣豬故民爲之語曰苑中三公鉅下二卿五門嚄嚄但聞豚聲

三輔黄圖曰元始四年起明堂辟雍長安城南北爲會市但列槐樹數百行爲隊無牆屋諸生朔望會此市各持其郡所出貨物及經書傳記笙磬器物相與賣買雍容揖讓或論議槐下

董卓別傳曰吕布殺卓百姓相對於喜抃舞皆賣家中珠環衣服牀榻以買酒食自相慶賀長安酒肉爲之踊貴

漢武內傳曰帝先有玉板一枚杖是西胡王所献帝甚愛之崩後故以入槨其年有人於扶風郿市中買得者帝時左右侍人識之以告有司詰問云見市中一人於巷賣之賣三十疋即雇交直實不識賣主姓名

皇甫謐高士傳曰毛公薛公皆趙人也遭戰國之亂二人俱以處士隱於邯鄲市毛公隱爲博徒薛公隱於賣膠

又曰韓康字伯休京兆霸陵人常採藥名山賣於長安市口不二價三十餘年時女子從買藥康守價不與女子怒曰是韓伯休耶乃不二價康歎曰我本避名今小女子皆知有何用藥爲乃遁霸陵山中

搜神記曰南陽宗定伯少年夜行逢鬼鬼問爲誰定伯欺云我亦鬼遂共爲侶赴宛行極困相擔問鬼曰畏何物曰唯不喜人唾欲至宛便擔鬼著肩上徑詣宛市鬼化爲羊恐其變並唾之賣得錢千五百

晉後記曰成都王園京邑城中魚肉無出營巷賣死驢馬肉雜死人肉賣之

車頻秦書曰王猛攻鄴慕容評拒猛而恒賣水與軍人衆

思爲亂猛因得敗之

周景式廬山記曰山有康皇廟廟有銅馬一枚道士丁玄眞取擲置㵎中經宿復還丁乃賣與遠村人買者盡病即送還悉愈

列仙傳曰安期生瑯琊阜鄉人賣藥海邊秦始皇請見與語三日三夜賜金璧數千萬

風俗通曰夜糶俗說市買者當清旦而行日中交易所有夕時便罷無人也今乃夜糶穀明癡騃不足也凡靳不敏惠者曰夜糶

傅子曰靈帝牓門賣官崔烈入錢五百萬取司徒

語林曰蘇峻新平帑藏空猶餘數千端分麄練王公謂諸公曰國家凋弊貢御不至但恐賣練不售吾當與諸賢各製練服之月日間賣遂大售端至一金

應璩新詩曰太官有餘厨大小無不賣豈徒脯與糗醯醢及鹽豉

劉超讓表曰臣家理應用一純色牛連市素不如意外廄撥牛中牛色有任用者臣有正陌三萬錢五疋布乞以買此牛詔曰監此不足賣與宜便賜之然義與前後辭讓不妄受一賜今亦必復不受可聽如所啓

駔儈

說文曰駔馬儈也

漢書曰子貸金錢千貫節駔儈（孟康曰節節物貴賤也謂除估儈其節利比於千乘之家師古曰儈者合會二家易者駔者其首率也駔音子郎切儈音貢外切）

後漢書曰吳漢字子顏家貧給事縣爲亭長王莽末以賓客犯法乃亡命至漁陽資用乏以販馬爲業

續漢書曰平原王君公以明道深曉陰陽懷德滅行和光同塵不爲皦皦之操王莽世退身儈牛自給有似蜀之嚴君平

搜神記曰羊公字雍伯雒陽人本以儈賣爲業性篤孝父母終葬無終山遂家焉

晉令曰儈賣者皆當着巾白帖額題所儈賣者及姓名一足着白履一足着黑履

淮南子曰叚干木晉國之大駔（許慎注曰駔驕儈也）而爲文侯師

太平御覽卷第八百二十八

太平御覽卷第八百二十九

資產部九

商賈　負販　傭賃

儈　舂

商賈

左傳僖公下曰秦師及滑鄭商人弦高將市於周遇之以乘韋先牛十二犒師（商行賈也乘四韋先韋乃入牛古者將獻遺於人必有以先之）曰寡君聞吾子將步師出於敝邑敢犒從者不腆敝邑爲從者之淹居則具一日之積（腆厚也淹久也積芻米菜薪）行則備一夕之衛且使遽告于鄭（遽傳車）

又宣公下曰荊尸而舉（荊楚也尸陳也楚武王始更爲此陳法遂以爲名也）商農工賈不敗其業而卒乘輯睦（步曰卒車曰乘）事不奸矣（奸犯也）

又成公下曰荀罃之在楚鄭賈人有將寘諸褚中以出既謀之未行而楚人歸之賈人如晉荀罃善視之如實出已賈人曰吾無其功敢有其實乎吾小人不可以厚誣君子遂適齊

左傳昭元曰魯曾皁曰賈而欲贏而惡囂乎（言譬如商賈求贏利者不得惡囂讙之声）

又昭公曰子干歸韓宣子問於叔向曰子干其濟乎對曰難宣子曰同惡相求如市賈焉何難（宣子謂弃疾親恃子干共同好惡故言如市賈）對曰無與同好誰與同惡（言弃疾本不與子干同好則亦不得同惡同利以相求）

又昭公六曰臧會奔郈郈魴假使爲賈正焉（郈在東平無鹽縣東南魴假郈邑大夫賈正掌貨物使有常賈若市吏）

又昭公十六年曰鄭子產對韓宣子曰昔我先君桓公與商人皆出自周（鄭本在周畿內桓公東遷并與商人俱）庸次比耦（庸用也次更相從耦耕）以艾殺此地斬之蓬蒿藜藋而共處之世有盟誓以相信也曰爾無我叛我無強賈（無強市其物）毋或匄奪爾有利市寶賄我勿與知恃此質誓故能相保以至於今今吾子以好來辱而謂敝邑強奪商人是教敝邑背盟誓也毋乃不可乎

又定公下曰衛王孫賈曰苟衛國有難工商未嘗不爲患使皆行而後可（欲以激怒國人）公以告大夫乃皆將行之

史記曰呂不韋傳曰不韋陽翟大賈人也往來販賤賣貴家累千金

又曰白圭周人也與僮僕同苦樂趨時若猛獸摯鳥之發故曰吾治生產猶伊尹呂尚之謀孫吳用兵商鞅行法是也其智不足以權變勇不足以決斷仁不能以取予強不能有所守雖欲學吾術終不告之矣蓋天下言治生者祖白圭也

又曰齊俗賤奴虜而刀閒獨愛貴之桀黠奴人之所患也唯刀閒收取使之逐漁鹽商賈之利或連騎交守相然愈益任之終得其力起富數千萬故曰寧爵無刀（孟康曰刀閒能畜豪奴或有連車騎交守相奴自謂寧欲免去作民有爵邪無將止爲刀氏作奴乎無發声助也）言其能使豪奴自饒而盡其力也

漢書曰高祖詔曰賈人無得衣錦繡綺縠絺紵罽操兵騎馬

又曰陳豨反上聞豨將皆故賈人曰吾知與之乃多以金購豨將豨將多降

又曰周人之巧失爲趨利喜爲商賈富人則商賈爲利

又曰通財鬻貨曰商

又諺曰以貧求富農不如工工不如商刺繡文不如倚市門此言末業貧者之資也貪賈三之廉賈五之（貪賈未當賣而賣未可買而買故得利少而十得其三廉賈貴乃賣賤乃買故十得五也）

魏志曰王烈字彥考於時名聞在邴原管寧之右辟公孫度長史以商賈自穢太祖命爲丞相掾徵未至卒也

齊書曰范雲爲始興內史入境撫以恩德罷亭候商賈露宿

梁書曰陸驗少而貧若落拓無行邑人郁吉卿者甚富驗傾身事之吉卿貸以錢米驗借以商販遂致千金因出郡下散貲以事權貴

北史曰和士開母喪託附者咸往奔哭鄴中富商丁周嚴興等並爲義孝有一士人在哭限封孝琰入弔出謂人曰嚴興之南丁周之北有一朝士號叫甚哀聞者傳之士開知而大怒

管子曰商人通賈倍道兼行以夜續日千里而不遠者利在前也

魯連子連卻秦軍平原君欲封之終不肯受平原君乃置酒酒酣起前以千金爲壽先生笑曰所貴天下之士者爲人排患釋難解人之締結即有取是商賈之事連不忍爲也

尸子曰子貢衛之賈人也

韓子曰鄙諺曰長袂善舞多資善賈此言多資易爲工也

又曰秦韓攻魏昭卯西說罷之齊荊攻魏卯東說罷之魏襄王養之以五車將軍（養以五乘使爲將軍）卯曰伯夷以將軍葬於首山之下而天下曰夫以伯夷之賢與其稱仁而以將軍葬是手足不掩也今臣罷四國之兵而王乃與臣五乘此其稱功猶贏勝而履蹻（贏利也屩賈也贏利倍勝今以薄賞報大功猶贏勝之人履屩也）

淮南子曰賈多端則貧工多伎則窮心不一也（賈多端非一）

國語曰晉叔向對韓宣子曰夫絳之富商韋藩木楗以過於朝（韋藩韋蔽前也木楗木檐）唯其功庸少也（言無功庸雖富不得服朝服過於朝）而能金王其車文錯其服（文文織繢也言商之財足以金王其車文錯其服以無爵位故不得爲其上爲藩木楗是）能行諸侯賄（言其財賄足以交於諸侯）而無尋尺之祿無大績於民故也（績功也八尺曰尋）

又曰齊管仲曰昔聖王處商就市井夫商羣萃而州處察其四時（四時所用者豫資之）而監其鄉之資（監視資財其貴賤有無）以知其市之賈負任擔何（背曰負肩曰擔任抱何揭）服牛軺馬以周四方（周偏）以其所有易其所無市賤鬻貴（市取鬻賣）旦暮從事於此以飭其子弟相語以利相示以賴（賴贏）相陳以知賈少而習焉其心安焉不見異物而遷焉是故其父兄之教不肅而成其子弟之學不勞而能夫是故商子恒爲商

又曰越大夫種曰臣聞之賈人（賈人買賤賣貴者）夏則資皮冬則資絺（絺葛精曰絺麤曰綌）旱則資舟水則資車以待之也

白虎通曰商賈何謂也商之爲言商其遠近度其有無通四方商賈之爲言固也固有用物以待民來以求其利者也

論衡曰揚子雲作法言蜀富賈人賫錢十萬願載於書子雲不聽夫富無仁義之行猶圈中之鹿欄中之牛安得妄載

異苑曰晉陵曲阿楊晚資財數千萬三吳人呂取直爲商估治生輒得倍宜或行長江卒遇暴風及劫盜者若提晚錢多獲免濟晚死後先所埋金悉移去隣人陳家嘗晨起見門外忽有百許萬錢封題是楊晚姓字然後知財物聚散必由天運

負販

禮記曲禮曰夫禮者自卑而尊人雖負販者必有尊也而

況富貴乎（負販者尤輕能志利宜若無慚然）

尚書大傳曰舜販於頓丘

漢書曰灌嬰睢陽販繒者

說苑曰鮑叔身死管仲舉上衽而哭之泣下如雨從者曰非君臣父子也管仲曰非夫子所知也吾嘗與鮑子負販於南陽吾三辱於市不以我爲怯知我欲有所明也

魏志曰弘農董遇字季直性質訥而好學興平中關中擾亂與兄季中依將軍段煨采稆負販而常挾持經書投閑習讀其兄笑之而不改

後魏書曰景穆季年頗親近左右營立田園以收其利高允諫曰夫天下者殿下之天下富有四海何求而不獲而乃與販夫販婦競此尺寸

傭賃

左傳襄公二十七年曰崔氏之亂（在二十五年）申鮮虞來奔僕賃於野以喪莊公（爲齊莊公服喪）冬楚人召之遂如楚爲右尹請（楚賤用賃）

史記曰倪寬貧無資用常爲弟子都養時間行傭賃以給衣食行常帶經止息則誦習之

又曰范雎微時弊衣間步見須賈須賈見之驚曰叔今何事范雎曰臣爲傭賃賈哀之留與坐飲食乃取一綈袍以賜之

漢書曰欒布梁人彭越爲家人時常與布游窮困賣傭於齊爲酒家保數歲別去而布爲人所略賣爲奴

又曰匡衡字稚圭東海人父世農夫至衡好學家貧傭作以供資用

後漢書曰鄭均好黃老書兄仲爲縣游徼頗受禮遺均數諫止不聽即脫身爲傭歲餘得錢帛歸以與兄曰物盡可復得爲吏坐臧終身捐棄兄感其言遂爲廉潔

謝承後漢書曰施延字君子少爲諸生明於五經家貧母老周流傭賃避地於廬江臨湖縣種瓜後復到吳郡海鹽取卒月直賃作半路亭下以養其母是時吳會未分山陰馮敷爲督郵到縣延持箒帚往敷知其賢者下車謝使入亭請與飯食訖脫衣與之餉餞不受

華嶠後漢書曰范式爲荆州刺史友人南陽孔嵩家貧親老乃變名姓傭爲新野阿里街卒式行部到新野而縣選嵩爲道騶迎式式見而識之呼嵩把臂謂子曰非孔仲山耶對之歎息語及平生曰昔與子俱曳長裾遊集帝學吾蒙國恩致位牧伯而子懷道隱身處於卒伍不亦惜乎嵩曰侯嬴長守於賤業晨門肆志於抱關子居九夷不患其陋貧者士之宜豈爲鄙哉敕縣代嵩嵩以爲先傭未竟不肯去

東觀漢記曰公沙穆來遊大學無資糧乃變服客傭爲吳祐賃舂祐與語大驚遂共定交於杵臼之間

又曰初梁鴻於大家皐伯通家傭舂爲事歸其妻具食不敢於鴻前仰視舉案常齊眉伯通察而異之曰彼傭能使其妻敬之

又曰班超字仲升家貧恒爲官傭寫書嘗輟書投筆歎曰大丈夫當效傅介子張騫立功異域以取封侯安能久事筆硯乎

吳志曰闞澤字德潤會稽山陰人也家世農夫至澤好學家貧無資常與人傭書以供紙筆所寫既畢誦讀亦周

齊書曰張敬兒之爲襄陽府將也家貧每休假輒傭賃自給嘗爲城東吳泰家擔水通泰所愛婢事發將被泰殺走

賣棺材中以蓋加上乃免

又曰王僧孺篤愛墳籍家貧常傭書以養母寫畢諷誦亦了

又曰馮道根少孤家貧傭賃以養母行得甘肥未嘗先食必遽還以遺母

南史曰吳逵經飢荒男女死者三十人唯逵夫妻獲全家徒四壁立冬無被袴晝則傭賃夜則伐木燒塼妻亦同逵此誠無有懈倦

漢皇德頌曰侯瑾字子瑜燉煌人少孤貧依宗人居性篤學恒傭作爲資暮還輒爇柴讀書

擔

釋名曰擔任也力所勝任也

後漢書曰趙孝字長平父普王莽時爲田禾將軍任孝爲郎每告歸常白衣步擔從長安還欲止郵亭亭長先時聞孝當過以有長者客掃灑待之孝既至不自名長不肯內問曰聞田禾將軍子當從長安來何時至乎孝曰尋到矣於是遂去

東觀漢記曰馬成爲郟令上征河北成羸衣步擔渡河詣上

魏志曰曹休年十餘歲喪父獨與一客擔喪假葬携將老母渡江至吳

魏略曰吳棧字子牙京兆人也世單家貧少好學初平中三輔亂棧南客荊州不以荒擾擔負經書每以採稆餘日則誦習之

晉書曰郭文字文舉少愛山水尚嘉遁洛陽陷乃步擔入吳興餘姚大辟山中窮者時往寄宿文夜爲擔水而無勸色

又曰譙秀字元彥在蜀遇范賁蕭敬相繼作亂秀乃避難宕渠鄉里宗族旅憑之者以百數秀年出八十衆欲代之負擔秀曰各有老弱當先營護吾氣力猶足自堪豈以垂朽之年累諸君也

又曰王澄字平子兄衍妻郭氏性貪鄙欲令婢路上擔糞澄年十四諫郭以爲不可

又曰董養字仲道見洛陽東北步廣里地陷有二鵝出焉其蒼者飛去白者不能飛知白者國家之象顧謂謝阮季曰易稱知幾其神君等可深藏矣乃與妻荷擔入蜀莫知所終

齊書曰桓康隨武帝在贛縣泰始初武帝起義爲郡所縶衆皆散康裝擔一頭貯穆后一頭貯文惠太子竟陵王子良自負置山中與門客蕭欣祖等四十餘人相結破郡獄出武帝

梁書曰司馬申太清之難父母俱沒因此自擔土菜食終身

後魏書曰高允性好文學擔笈負書千里就業方言曰羸旅荷滕擔也齊楚陳宋之間曰羸燕之外郊越之東甌吳之外鄙謂之旅南楚謂之羸自關而西隴冀以往謂之荷凡以驢馬駝載物者謂之負他音大亦謂之荷郭璞注曰今江東單擔爾頭物爲賸莊子羸縢起之擔者用膂力因以名之

先賢行狀曰平原王烈字彥考國中有盜牛牛主得而放之盜者曰子既放我幸無使王烈聞之間年國中行路老父負擔重有人代擔行數十里至家而去問姓名不語頃之老父失劍於路有人得而守之至暮劍主還見之乃代擔人也老父曰子前代吾擔不得姓名今復守吾劍子誠賢

人可語吾姓名以告王烈使人問之乃昔時盜牛人也烈
使國人表其廬而異焉

舂

説文曰舂擣粟也
周禮地官下曰舂人掌供禾物
禮記檀弓上曰隣有喪舂不相（鄭玄曰相謂以音聲相勸）
穀梁傳文公曰禮宗廟之事君親割夫人親舂
漢書刑法志曰罪人獄已決完爲城旦舂滿三歲爲鬼
薪白粲
漢書曰呂后因戚夫人永巷令舂
又曰陳咸爲南陽太守所居以殺伐立威豪猾吏乃大姓
犯法論輸府爲地臼木杵舂不中程輒加罪笞
又曰江都王建宫人八子有過者輒令臝立或繫居樹上
或髠鉗以鉛杵舂不中程輒掠之
又曰楚王戊與吳通謀申公白生諫之不聽乃胥靡之使
杵臼雅舂于市（晉灼曰胥相也靡隨也古者相隨坐輕刑之名也赭衣杵舂）
南史曰梁武丁貴嬪郗后酷忌遇貴嬪無道使日舂每
中程若有助者
後魏書曰高祐爲西兖州刺史鎮滑臺令一家之中自立
一碓五家之外共造一井以給行客不聽婦人寄舂取水
莊子曰適百里者宿舂糧
淮南子曰量粟而舂數米而炊可以治家而不可以治國
傅子曰夫吾爲政士三妻者逐於境外女三嫁者入於舂
隸也
國語曰天子禘郊之事必自射其牲（牲牛）王后必自舂其粢諸
侯宗廟之事必自射牛刲羊擊豕（對刲擊）夫人必自舂其盛

（自語曰蠱上言案下謬蠱牙其文也）○世本曰雍父作舂（宋衷注曰雍父黃帝臣也）
呂氏春秋曰赤冀作舂
桓子新論曰宓犧之制杵臼萬民以濟及後人加巧因延
力借身重以踐碓而利十倍杵臼又復設機關用驢臝牛
馬及役水而舂其利乃且百倍
崔贛易林曰蹇之革曰折挺舂稷君不得食頭養病根無
益於病
嚴欣期交州記曰糠頭山在合浦海口傳云越王舂米於
此積糠所成
石虎鄴中記曰有舂車作木人反行碓於車上動則木人
踏碓舂行十里成米一斛
俗記曰王慶孫爲襄陽都督後之鎮爾時沔中蠻盛斷道
縛得王去將還家語王云汝是貴人試作貴人行看驅逼
不得已王便行蠻以其貴人不堪苦使令與婦女共碓下
舂
王褒僮約曰事訖休息當舂一石
嶺表異録曰廣南有舂堂以渾木刳爲槽一槽兩邊約十
杵男女間立以舂稻糧敲磕槽舷皆有遍拍槽聲若鼓聞
于數里雖思婦之巧弄秋砧不能比其流亮也

太平御覽卷第八百二十九

太平御覽卷第八百三十

資産部十

尺寸　量　秤　剪刀　衣軸
管　針(附醫針)　錯　縫

尺寸

禮記王制曰古者以周尺八尺爲步今以周尺六尺四寸爲步古者百畝當今東田百四十六畝三十步古者百里當今百二十一里六十步四尺二寸二分(周尺之數未詳聞也案禮制周猶以十寸爲尺蓋六國時多變亂法度或言周尺八寸則步更爲八八六十四寸以此計之古者百畝當今百五十六畝二十五步古者百里當今百二十五里)

漢書曰度者分寸尺丈引也所以度長短也(度音大各反)本起黃鍾之長以子穀秬黍中者(師古曰秬即黑黍中者不大不小也言取黑黍穀子大小中者率爲分寸也)一黍之廣度之九十分黃鍾之長一爲一分十分爲寸十寸爲尺十尺爲丈十丈爲引而五度審矣其法用銅高一寸廣二寸長一尺而分寸丈尺存焉用竹爲引高一分廣六分長十丈其方法矩高廣之數陰陽之象也分者自三微而成著可分別也寸者忖也尺者蒦也(師古曰蒦音約)丈者張也引者信也(師古曰信讀曰伸言其長)夫度者引於分忖於寸蒦於尺張於丈信於引引者信天下也職在內官(內官署名)廷尉掌之(師古曰法度所起故屬廷尉也)

魏略曰昔長安市儈有劉仲始者一爲市吏所辱乃感激蹹其尺折之遂行學問經明行修流名海內後以有道徵不肯就衆人歸其高

晉書荀勗別傳曰魏杜夔制律乖錯勗知漢魏尺漸長於古四分夔依爲律故不諧乃令佐著作劉恭依周禮制古尺新律呂以諧音韻後得古玉律鍾磬與新律相合詔賜

古尺一具

隋書曰世稱有田父於野地中得周時玉尺便是天下正尺荀勗試以校尺所造金石絲竹皆短校一米

管子曰尺寸尋丈者所以得短長之情也故以尺寸量短長則萬舉而萬不失矣是故尺寸之度雖富貴衆強不爲益長雖卑辱貧賤則弗爲損度公平而無所偏故姦詐之人弗能誤也故明法者不可巧以詐僞有尋丈之數者不可欺以長短

又曰以規矩爲方圓則成以尺寸量短長則得以法數治民則安故事廣於理者其成若神

孟子曰陳代謂孟子云枉尺直尋若宜可爲(枉尺直尋欲使孟子屈己宗道也)

尸子云孔子曰詘寸而信尺小枉而大直吾爲之者也

韓子曰釋法術而心治堯不能正一國去規矩而妄意度奚仲不能成輪廢尺寸而差短長王爾不能半中使中主守法術拙匠執規矩尺寸則萬不失

孔叢子曰跬一舉足也倍跬謂之步四尺謂之仞倍仞謂之尋尋舒兩肱也倍尋謂之常五尺謂之墨倍墨謂之丈倍丈謂之端倍端謂之兩倍兩謂之疋疋有五謂之束

家語曰孔子曰夫布指知寸布寸知尺舒肱知尋舒身知常斯不遠之則也(白虎通同)

說苑曰度量衡以粟生之十粟爲一分十分爲一寸十寸爲一尺十尺爲一丈

夢書曰丈尺爲人正長短夢得丈尺欲正人也

魏武上雜物疏曰中宮用物雜畫象牙尺一枚貴人公主有象牙尺三十枚宮人有象牙尺百五十枚骨尺五十枚

量

周禮冬官考工記曰㮚氏爲量改煎金錫則不耗（消湅之精不復減也㮚古文或作歷玄謂量當與鍾鼎同齊工異者大器）不耗然後權之（權謂稱分之也雖異法用金少齊）權之然後準之（準故書或作水杜子春云當爲水器有孔者水入孔中則當重也玄謂準擊平王之又當齊大小）準之然後量之（鑄之於法中也量讀如量人之量）量之以爲鬴深尺內方尺而圜其外其實一鬴（以其容爲之名也四升曰豆四豆曰區四區曰鬴鬴六斗四升也鬴十則鍾方尺積千寸於今粟米法少二升八十一分升之二十二其數必容鬴此言大方耳圜其外者爲之脣）其臀一寸其實一豆（故書臀作脣杜子春云當爲臀謂覆之其底深一寸也）其耳三寸其實一升（耳在旁可舉也）重一鈞（重三十斤）其聲中黃鍾之宮（應律之首）槩而不稅（鄭司農云令百姓得以量而不租稅）其銘曰時文思索允臻其極（銘刻之也時是也允信也臻至也極中也言是文德之君思求可以爲民立法者而作此量信至於道之中矣）嘉量既成以觀四國（以觀示四方使放象之）永啓厥後茲器維則

左傳昭公三年云晏子曰齊舊四量豆區釜鍾四升爲豆各自其四以登於釜（四豆爲區區斗六升四區爲釜釜六斗四升登成也）釜十則鍾（六斛四斗）陳氏三量皆登一焉鍾乃大矣（登加也加一謂加舊量之一也以五升爲豆五豆爲區五區爲釜則區二斗釜八斗鍾八斛）以家量貸而以公量收之（貸厚而收薄）

漢書曰量者龠合升斗斛也所以量多少也本起於黃鍾之龠用度數審其容（師古曰因度以生量也其容謂其中所容受之多少也）以子穀秬黍中者千有二百實其龠以井水準其槩（槩欲其直故以水平之井水清清則平也師古曰槩所以槩平斗斛之上者也）十龠爲合十合爲升十升爲斗十斗爲斛而五量嘉矣其法用銅方尺而圜其外旁有庣焉（師古曰庣不滿之處也音吐彫反）其上爲斛其下爲斗（其上謂仰斛也其下謂覆斛之底受一斗也）左耳爲升右耳爲合龠其狀似爵以縻爵祿（縻散也）上三下二參天兩地圜而函方左一右二陰陽之象也其圜象規其重二鈞備氣物之數合萬有一千五百二十（三十斤爲鈞萬一千五百二十銖）聲中黃鍾始於黃鍾而反覆焉（孟康曰反斛聲中黃鍾覆斛亦中黃鍾之宮宮爲君也臣瓚曰仰斛受一斛覆底受一斗故曰而反覆焉）君制器之象也龠者黃鍾律之實也躍微動氣而生物也合者合龠之量也升者登合之量也斗者聚升之量也斛者角斗平多少之量也夫量者躍於龠合於合登於升聚於斗角於斛也職在太倉大司農掌之也

孔叢子曰一手之盛謂之溢兩手謂之匊匊四升也匊謂之豆豆四謂之區區四謂之釜釜二半謂之藪藪謂之缶缶謂之鍾鍾二有半謂之秉秉十六斛也

曹瞞傳曰太祖常賦廩穀不足私謂主者曰如何主者曰以小斛量之太祖曰善後軍中言太祖欺衆太祖謂主者曰當特借汝死以厭衆不然事不解乃取徇曰行小斛盜官穀斬之軍門

風俗通曰斛者角也庾三斛四斗秉二十四斛

秤

廣雅曰秤謂之衡錘謂之權

說文曰秤銓也

禮記曰令仲春曰是月也日夜分則同度量平權衡（因春分晝夜平則正之同亦平也丈尺曰度斗斛曰量稱錘曰權稱上曰衡）

又經解曰禮之於正國也猶衡之於輕重也繩墨之於曲直也規矩之於方圜也故衡誠縣不可欺以輕重繩墨誠陳不可欺以曲直規矩誠設不可欺以方圜

漢書曰衡權者衡平也權重也衡所以任權而鈞物平輕重也其道如底（底平也謂以底石礪物令平齊也底音指）以見準之正繩之直左旋見規右折見矩其在天也佐助璇璣斟酌建指以齊七政故曰玉衡論語云立則見其參於前也（孟康曰權衡量三等爲參）

在車則見其倚於衡也又曰齊之以禮此衡在前居南方之義也權者銖兩斤鈞石也所以稱物平施知輕重也本起於黄鍾之重一龠容千二百黍重十二銖兩之爲兩二十四銖爲兩十六兩爲斤三十斤爲鈞四鈞爲石忖爲十八易十有八變之象（孟康曰忖度也度其義有十八也黄鍾龠銖兩鈞斤石凡七與下十一象爲十八也）五權之制以義立之以物鈞之其餘大小之差以輕重爲宜圜而環之令之肉倍好者（孟康曰謂爲鍾之形如環也如淳曰體爲肉孔爲好）周旋無端終而復始無窮已也銖者物繇忽微至於成著可殊異也兩者兩黄鍾律之重（李奇曰黄鍾之重重十二銖兩十二得二十四銖）二十四銖而成兩者二十四氣之象也斤者明也三百八十四銖易二篇之文陰陽變動之象也十六兩成斤者四時乘四方之象也鈞者均也陽施其氣陰化其物皆得其成就平均也權與物均重萬一千五百二十銖當物之象

也四百八十兩者六旬行八節之象也（孟康曰六甲爲六旬一歲有八節六甲周行成歲以六乘八節得之也）三十斤成鈞者一月之象也石者大也權之大者也始於銖兩明於斤均於鈞終於石物終石大也四鈞爲石者四時之象也重百二十斤者十二月之象也終於十二辰而復於子黄鍾之象也（孟康曰稱之數始於銖終於石石重百二十斤象十二月銖之重本取於子律黄鍾一龠容千二百黍爲十二銖故曰復於子黄鍾之象也）千九百二十兩者陰陽之數也三百八十四爻五行之象也四萬六千八十銖者萬五千五百二十物歷四時之象也而歲功成就五權謹矣

魏志曰鄧哀王冲字倉舒少聰察岐嶷生五六歲智意所及有若成人孫權曾致巨象太祖欲知其斤重訪之羣下咸莫能出其理冲曰置象大船之上而刻其水所至稱物以載之則立可知矣太祖大悦即施行焉

吴志曰薛綜上疏云九真㑹稽朱符多以鄉人虞褒劉彦之徒作長吏侵虐百姓强賦於民黄魚一枚收稻一斛

唐書曰安禄山晚年益肥垂肚過膝自稱得三百五十斤每朝見玄宗戲之曰朕適見卿肚幾垂至地

管子曰權衡者所以起輕重之數也然而人不事者非心惡利也權不能爲之多少其數而衡不能爲之輕重其量也知事權衡之無益故不事也

又曰有權衡之稱者不可欺以輕重有尋文之數者不可差以長短

又曰四㑹諸侯令曰修道路偕度量一稱數（稱謂斤也數謂多少也）

莊子曰聖人不死大盜不止爲權衡以稱之則并與權衡而竊之雖有軒冕之賞弗能勸斧鉞之威不能禁掊斗折衡而民不爭也

慎子曰厝鈞石使禹察錙銖之重則不識也縣於權衡則氂髮之微識矣及其識之於權衡則不待禹之智中人之知莫不足以識之矣

慎子曰君臣之間猶權衡也權左櫪則右重右重則左櫪輕重迭相析天地之理也

孔叢子曰二十四銖曰兩兩有半曰捷倍捷曰舉倍舉曰鋝鋝謂之鍰二鍰四兩謂之斤斤十二謂之衡衡有半謂之倍稱謂之鈞鈞四謂之石石四謂之鼓然則鼓四百八十斤也

韓子曰人之不事衡石者非身廉而遠利也石不能爲人多少衡不能爲人輕重求索不得故人不事也明主之國官不敢枉法吏不敢爲私利貨賂不行是境内之事盡如

衡石也

說苑曰度量衡以千粟生之十粟重一豆六豆重一銖二十四銖重一兩十六兩重一斤三十斤重一鈞四鈞重一石

語林曰孟業爲幽州其人甚肥或以爲千斤武帝欲稱之難其大臣乃作大秤挂壁業入見帝曰朕欲試自秤有幾斤業荅曰陛下正是欲稱臣耳無煩復勞聖躬於是遂秤業果得千斤

𠪨夢書曰銓衡爲人正也夢得衡爲平端也以銓稱量平財錢也重者價貴輕者賤也銓衡折敗無平人也

李尤權衡銘曰夫審輕重莫若權衡正是非莫唯賢明

剪刀

爾雅釋言曰劑剪齊也(郭璞注曰南方人呼翦刀爲劑刀)

釋名曰翦刀翦進也所翦稍進前也

齊書曰范雲事於竟陵王子良江祐求雲女婚姻因酬以巾箱中翦刀與雲曰且以爲娉雲笑受之至是祐貴雲又因酬曰昔與將軍俱爲黃鵠今將軍化爲鳳皇荊布之室理隔華盛因出翦刀還之

南史曰沙門寶誌不知何許人齊宋之交稍顯靈迹被髮徒跣語默不倫恒以銅鏡翦刀鑷屬挂杖負之而趍預言未兆識之多驗

脩復山陵故事曰后梓宮用翦刀六枚

東宮舊事曰太子納妃有龍頭金縷交刀四銀牙鏤絲帶副

世說曰爰綜爲新安太守郡南界有刻石爰至其下醼飲忽有人得翦刀於石下者衆咸異之綜問主簿主簿對曰昔吳長沙桓王嘗飲餞孫洲父老云此洲狹而長君當爲長沙平事果應夫三刀爲州得交刀君亦當交州後果交州(缺明缺同)

衣軸

世說曰張華將敗有飄風吹衣軸六七倚壁

管

禮記內則曰鍼管線纊

荀卿針縷賦曰管以爲母

魏武上雜物䟽曰中宮雜物雜畫象牙鍼管一枚

針

說文曰針綴衣也

禮記內則曰舅姑衣裳綻裂紉針請補綴

左傳成公上曰楚伐魯賂以執針百人(女工)

吳書曰虞翻年十二客詣翻兄不過之乃與客書曰虎魄不受腐芥慈石不受曲針

王隱晉書曰東宮舊制月請五十万以供衆用愍懷太子恒探取三月以供賤妾舍人杜錫數諫太子後取針着錫常坐處氈中錫上床刺足血流

晉書曰鳩摩羅什嘗講經于草堂寺姚興及朝臣大德沙門千餘人肅然觀聽什忽下高坐謂興曰有二小兒登吾肩欲鄣須婦人興乃召宮女進之一交而生二子焉興嘗謂什曰天師聰明超悟天下莫二何使法種無嗣遂以妓女十人逼令受之尒後不住僧坊別立廨舍諸僧多效之什乃聚針盈鉢引諸僧謂之曰若能見效食此者乃可畜室尒因舉匕進針與常食不別諸僧愧服乃止

又曰顧愷之常悅一隣女挑之弗從乃圖其形於壁以棘針釘其心女遂患心痛愷之因致其情女從之遂密去針

而愈

宋書曰傳琰爲山陰令賣針賣糖老姥爭團絲來詣琰琰樹團絲於柱鞭之密視有鐵屑乃罰賣糖者

南史曰齊王奐爲雍州刺史加都督與寧蠻長史劉興祖不睦十一年奐遣軍主朱公息征蠻失利興祖欲以啓聞奐大怒收付獄興祖於獄以針畫漆合盤爲書報家稱枉令啓聞而奐亦馳信啓上誣興祖扇動荒蠻上知其枉勑送興祖還都

後魏書曰胡太后臨朝常幸西林園命侍臣射不能者罰之又自射針中之大悦

吳楚春秋曰勾踐與妻入臣吳妻奉針縷北面爲妾

管子曰女必有一刀一針然後成爲女

淮南子曰先鍼而後縷可以成帷先縷而後鍼不可以成衣針成幕蕢成城幕帷也縷非針无以通故宜先蕢土籠也始於一蕢以成其城也

太八百三十 九 王真

淮南萬畢術曰首澤浮針取頭中垢塗針塞其孔水中則浮針

抱朴子曰彈鳥則千金不及丸泥縫緝則長劍不及數分之針

又曰結巾投地而兔走鍼綴丹帶而蛇行

西京雜記曰漢綵女常以七月七日夜穿七針於開襟樓俱以習之

説苑曰客因孟嘗君寄於齊王而不用客反見孟嘗君曰不知君之過臣之罪孟嘗君曰夫縷因針而入不因針而急

典論曰劉表子弟好酒設大針於坐端有醉伏者輙刺驗其醉醒

王子年拾遺記曰魏文帝美人薛夜來妙於針巧雖處於深帷重幕之內不用燈燭裁衣製作立成非夜來所縫製帝不服也宮內號曰針神

諸葛元遜傳曰昔元遜對 南陽韓文晃誤呼其父字晃難之曰何人子前呼人父字是禮乎諸葛笑答曰向天穿針而不見天何者不輕天意有所在耳即罰文晃酒一盃

王朗新奏議曰至於遺針御衣懼傷至尊之體故加之以髡刑將欲懲戒先傷以防絶後傷

輿地志曰齊武起曾城觀七月七夕宮人登之穿針世謂之穿針樓

劉義恭啓事曰聖恩賜金銀針七色縷并格一犀棟刷匣副線布北珍服寶翫以協嘉辰

孫御針賦曰有物於此生於山阜處於堂室不盜不竊穿窬而行日夜合離以成文章以能合從又善連横下覆百姓上飾帝王 時用則存不用則亡臣愚弗識敢請之王

太八百三十 十 真

曹大家針賦曰鎔秋金之剛精形微妙而直端性通達而漸進博庶物而一貫

醫針附

魏志曰樊何從華他學何善針凡醫咸言背及胸藏之間不可妄針何針背入一二寸巨闕入五六寸疾輙瘳

三輔舊事曰江充爲桐人長尺以針刺其腹埋太子宮中充曉醫術因言其事

燉煌實録曰張存喜針存有奴好逃亡存宿行針縮奴脚欲使則針解之

王渾表曰臣有氣病善夜發服羊腎湯或服湯不解尚取針前殿中醫趙恭思篹蔡見給事醫在醫署篹蔡能針有方伎乞以篹蔡名課稱考課醫給臣自療治

梁書曰王僧孺多識古事侍郎金元起欲注素問訪以砭石僧孺荅曰古人當以石爲針必不用鐵說文有此砭字許慎云以石刺病也東山經高氏之山多針石郭璞云可以爲砭之針春秋美疢不如惡石服子愼注云石砭石也季世無復佳石故以鐵代之耳

唐書曰貞觀中太宗幸甄權宅權潁川人醫術爲天下冠孫思邈師之以授針法時年一百三歲

唐書曰太宗征高麗江夏王道宗在陣損足上親爲之針

鑈

說文曰鑈可以綴署物者也韻集鑈綴衣細竹也

晉東宮舊事曰太子納妃金鑈二枚

縫

說文曰縫線也縷線也

周禮春官下曰縫人掌王宮縫線之事以役女御縫王及后之衣服

淮南子曰秦代天下婦不得刈麻考縷

抱朴子曰高巖將霣非細縷所綴龍門沸騰非捧壤所遏

西京雜記曰賈佩蘭云在宮時七月七日臨百子池作于闐樂樂畢以五色縷相羈謂爲連愛

鄴中記曰北方五月五日自作飲食祠神乃作五色縷花相遺不爲介子推

離騷大招曰秦縭齊縷鄭線絡

鄭氏婚禮謁文讚曰長命之縷女工所製縫君子裳表爲松爲例

太平御覽卷第八百三十

太平御覽卷第八百三十一

資産部十一

獵上

周禮地官曰：鄉師凡四時之田，前期出田法于州里，簡其鼓鐸旗物兵器，脩其卒伍（田法人徒及所當有）。及期，以司徒之大旗致衆庶，而陳之以旗物，辨鄉邑而治其政刑禁，巡其前後之屯，而戮其犯命者，斷其爭禽之訟。

又曰：迹人掌邦田之地政，爲之厲禁而守之。凡田獵者受令焉。

又曰：小司徒凡起徒役，毋過家一人，以其餘爲羨，唯田與追胥竭作（鄭司農云：羨，饒也。田，謂獵也。追，追寇賊也。竭作，盡行）。

又夏官大司馬之職曰：中春遂以蒐田，有司表貉，誓民，鼓，遂圍禁，火弊，獻禽以祭社（春田爲蒐。有司，大司徒也，掌大田役治徒庶之政令。表貉，立表而貉祭也。誓民，誓以犯田法之罰也）。中夏遂以苗田，如蒐之灋，車弊，獻禽以享礿（夏田爲苗，擇取不孕任者，若治苗去不秀實者云。車弊，驅獸之車止）。中秋遂以獮田，如蒐田之法，羅弊，致禽以祀祊（秋田爲獮。獮，殺也。羅弊，罔止也。秋田主用罔，中殺者多也。皆殺而罔止）。中冬遂以狩田，以旌爲左右和之門，羣吏各帥其車徒以叙和出，左右陳車徒，有司平之，旗車卒間以分地，前後有屯百步，有司巡其前後，險野人爲主，易野車爲主（冬田爲狩，言守取之無所擇也。軍門曰和，今謂之壘門，立兩旌以爲之。叙和出，用次第出和門也。旗，軍吏所載。分地，調其部曲疏數。前後有屯百步，車徒異羣相去之數也。險野人爲主，人居前；易野車爲主，車居前）。既陳，乃設驅逆之車，有司表貉于陳前（驅，驅出禽獸，使趨田者也。逆，逆要不得令走。設此車者，田僕也）。中軍以鼙令鼓，鼓人皆三鼓，羣司馬振鐸，車徒皆作，遂鼓行，徒銜枚而進，大獸公之，小禽私之，獲者取左耳。

又曰：田僕掌馭田路，以田以鄙（田路，木路也。田，田獵也。鄙，循行縣鄙）。掌佐車之政（佐亦副）。設驅逆之車（驅，驅禽使前趨獲；逆，衙還之使不出圍）。令獲者植旌（以告獲也。植，樹也）。及獻，比禽（田弊獲者各獻其禽，比種物相從次數之）。

禮記月令仲冬曰：山林藪澤有能取蔬食田獵禽獸者，有司教導之。

又季冬曰：乃教田獵，以習五戎。

又曲禮曰：國君春田不圍澤，大夫不掩羣，士不取麛卵（生乳之時，重傷其類）。

又王制曰：天子諸侯無事則歲三田，一爲乾豆，二爲賓客，三爲充君之庖（三田夏不用）。無事而不田曰不敬，田不以禮曰暴天物。天子不合圍，諸侯不掩羣。天子殺則下大綏，諸侯殺則下小綏（綏當爲緌。緌，有虞氏之旌旗也）。大夫殺則止佐車，佐車止則百姓田獵（佐車，驅逆之車）。獺祭魚，然後虞人入澤梁；豺祭獸，然後田獵；鳩化爲鷹，然後設罻羅；草木零落，然後入山林；昆虫未蟄，不以火田（取物必順時候）。不麛，不卵，不殺胎，不殀夭，不覆巢（覆敗）。

左傳文公上曰：宋華御事逆楚子，勞且聽命（時楚欲謀呼宋共戰。御事，華元父）。遂道以田孟諸（孟諸，宋大藪也，在梁國睢陽縣東北）。宋公爲右盂，鄭伯爲左盂（盂，田獵陳名）。期思公復遂爲右司馬（復遂，楚期思邑公，今弋陽期思縣）。子朱及文之無畏爲左司馬（將獵張兩甄，故置二左司馬。然則右司馬一人當中央）。命夙駕載燧（燧，取火然者也）。

又襄四年曰：昔周辛甲之爲太史也，命百官官箴王闕（辛甲，周武王大史。闕，過也。使百官各爲箴辭，戒王過）。於虞人之箴曰（虞人掌田獵）：芒芒禹迹，畫爲九州（芒芒，遠貌。畫，分也），經啓九道（啓開九州之道）。民有寢廟，獸有茂草，各有攸處，德用不擾（人神各有所歸，故得不亂）。在帝夷羿，冒于原獸（冒，貪也），忘其國恤，而思其麀牡（言但念獸），武不可重（重，猶數也），用不恢于夏家（羿以好武，雖有家而不能恢大之）。獸臣司原，敢告僕夫（獸臣，虞人。僕夫不敢斥尊）。虞箴如是，可不懲乎？於是晉侯好田，故魏絳及之（及后羿事）。

又襄十七年曰衛孫蒯田于曹隧越竟而獵孫蒯林父之子飲馬于重丘重丘曹邑毀其瓶重丘人閉門而詢之詢罵也曰親逐其君爾父爲厲厲惡鬼林父逐君在十四年是之不憂而何以田爲

又襄三十年曰鄭豐卷將祭請田焉弗許田獵也曰唯君用鮮鮮野獸衆給而已衆臣祭以芻豢爲足

又昭公曰齊侯田于沛沛澤名言疾愈行獵招虞人以弓不進虞人掌山澤之官公使執之辭曰昔我先君之田旃以招大夫弓以招士皮冠以招虞人臣不見皮冠故不敢進乃舍之仲尼曰守道不如守官君招當往道之常也非物不進官之制也君子韙之韙是也

又定公上曰魏獻役於韓簡子及原壽過簡子韓起孫不信也原壽過周大夫而田於大陸焚焉禹貢大陸在鉅鹿北嫌絕遠疑此田在汲郡吳澤荒蕪之地大田并見燒也爾雅廣平曰陸還卒於寗寗晉邑今修武縣范獻子去其柏椁以其未復命而田也范獻子代魏子爲政去其柏椁示貶之

又哀公下曰西狩於大野大野在高平鉅野縣東北大澤是也叔孫氏之車子鉏商獲麟車子微者鉏商名以爲不祥以賜虞人時所未嘗見故怪虞人掌山澤之官仲尼觀之曰麟也然後取之言魯史所以得書獲麟之也

穀梁傳昭公曰秋蒐于鴻正也蒐狩以習用戎事禮之大者也艾蘭以爲防置旃以爲轅門禽雖多天子取三十焉其餘射於宮射而中田不得禽則得禽田得禽射而不中則不得禽以是知貴仁義而賤勇力也

毛詩鵲巢曰騶虞鵲巢之應也鵲巢之化行人倫既正朝廷既治天下純被文王之化則庶類蕃殖蒐田以時仁如騶虞則王道成也彼茁者葭茁出也葭蘆也記蘆始出者著春田之早晚也一發五豝虞人翼五豝以待公之發于嗟乎騶虞騶虞義獸有至信之德則應彼茁者蓬蓬草一發五豵豕一歲曰從于嗟乎騶虞

又緇衣叔于田曰叔于田巷無居人不如叔也洵美且仁

又雞鳴曰還刺荒也襄公好田獵從禽獸而無厭國人化之遂成風俗習於田獵謂之賢閑於馳逐謂之好焉子之還兮遭我乎峱之間兮並驅從兩肩兮揖我謂我儇兮從逐也獸三歲曰肩儇利也

又雞鳴盧令曰盧令刺荒也襄公好田獵畢弋不脩民事百姓苦之故陳古以風焉盧令令其人美且仁

又嘉魚曰吉日美宣王田也吉日維戊既伯既禱田車既好四牡孔阜升彼大阜從其羣醜吉日庚午既差我馬獸之所同麀鹿麌麌漆沮之從天子之所

周易曰比卦王用三驅失前禽也

尚書五子之歌曰太康尸位以逸豫滅厥德黎民咸貳乃盤遊無度畋于有洛之表十旬弗反

尚書歸藏曰穆王獵于戈之壄

韓詩內傳曰春曰畋夏曰獀秋曰獮冬曰狩天子抗大綏諸侯小綏獻禽其下天子親射之旂門夫田獵因以講道習武簡兵也

爾雅曰春獵爲蒐蒐索取不任者夏獵爲苗爲苗稼除害也秋獵爲獮順殺氣也冬獵爲狩得獸取之無所擇宵田爲獠管子曰獠獵畢弋今江東亦呼獵爲獠音遼或曰今夜獵載鑪照也火田爲狩放火燒草獵亦爲狩

史記曰西伯將畋卜之曰所獲非熊非羆霸王之輔西伯果遇呂望釣于渭濱遂載歸號太公望

又曰任安字少卿邑中人民俱出獵安常爲人分麋鹿雉兔部署老小劇易衆人皆喜

又曰今上爲膠東王時韓嫣與上學書相愛及上爲太子愈益親嫣善騎射上即位欲事代匈奴而嫣先習胡兵以故益尊貴嫣常與上卧起江都王入朝有詔得從入獵上

林中天子車駕馬未行而先使嫣乘副車從數十百騎馳
驁視獸江都王望見以爲天子避從者伏謁道旁嫣驅不
見既過江都王怒爲皇太后泣請得歸國入宿衛比韓嫣
太后由此嫌嫣
戰國策曰魏文侯與虞人期獵是日飲酒樂天雨文侯將
出左右曰今日飲酒樂天又雨君焉出文侯曰吾與虞人
期獵雖樂豈可不壹會期哉乃往
漢書曰李廣被黜與故潁陰侯屏居藍田南山中射獵嘗
夜從一騎出從人田間飲還至亭霸陵尉醉呵止廣廣騎
曰故李將軍也尉曰今將軍尚不得夜行何故也宿廣亭
下
魏志曰夏侯淵之子稱年十六淵與之畋見奔虎稱馳驅
馬逐之禁之不可一箭而中名聞太祖太祖把其手喜曰
〔平八百三十一〕　五　畢祖七
我得將矣
又曰文帝將出遊獵鮑勛停車上疏曰五帝三王靡不明
本立教以孝治天下奈何在諒闇之中脩馳騁之事乎毀
其表而竟行獵中道頓息問侍臣獵之與樂何樂八音也
侍中劉曄對曰獵勝於樂勛抗辭曰夫樂上通神明下和人
理故移風易俗莫善於樂況獵暴華蓋於原野因奏劉
曄佞諛不忠
又曰蘇則從文帝獵蹉跌失鹿帝大怒踞胡床拔刀悉收
督吏將斬之則稽首曰臣聞古之聖王不以禽獸害人今
陛下方隆唐堯之化而以獵戲多殺羣吏愚臣以爲不可
敢以死請帝曰卿直臣也遂皆赦之
又曰清河令徐季龍使人行獵令管輅筮其所得輅曰當
獲小獸復非食禽雖有爪牙微而不彊雖有文章蔚而不

明非虎非雉其名曰貍獵人暮歸果如輅言
魏末傳曰初帝以母廢未立爲嗣文帝與俱獵見子母鹿
文帝彎弓射其母令帝復射其子帝置弓泣曰陛下已殺
其母臣不忍殺其子帝曰汝語動人心遂定爲嗣也
吳志曰孫權每日獵常乘馬射虎虎嘗突前攀持馬鞍
張昭變色而前曰將軍何有當尒夫爲人君者謂能駕御英
雄驅使羣賢豈謂馳逐於原野校勇於猛獸者乎如有一
旦之患奈天下笑何權謝曰年少慮事不過遠以此慙君
然猶不能已
江表傳曰曹公與孫權書曰兵者奉辭伐罪旌麾南指劉
琮束手今水軍八十萬衆與將軍會獵於吳
王隱晉書曰魏舒字陽元少工射着韋衣入山澤每獵大
獲
〔平八百三十二〕　六　田祖七
南史曰宋衡陽王義季鎮荊州嘗大蒐於郊有野老帶苫
而耕命左右斥之老人擁耒對曰昔楚子盤遊受譏令尹
今陽和扇氣播厥之始一日不作人失其時大王馳騁爲
樂驅斥老夫非勸農之意義季止馬曰此賢者也命賜之
食
齊書曰王僧達爲宣城太守性好遊獵而山郡無事僧達
肆意馳騁或三五日不歸受辭辯訟多在獵所人或逢不
識問府君所在僧達報曰在近
梁書曰曹景宗幼善騎射好畋獵常與少年數十人澤中
逐麞鹿每衆騎赴鹿馬相亂景宗於衆中射之人皆懼中
馬足應弦輒斃以此爲樂後景宗爲楊州刺史出行常欲
褰車帷幔左右輒諫以位望隆重人所重瞻不宜然景宗
謂所親曰我昔在鄉里騎快馬如龍與年少輩數十騎拍

弓弦作霹靂聲箭如餓鴟叫平澤中逐麞數助射之渴飲其血饑食其胴甜如甘露漿覺耳後風生鼻頭出火此樂使人忘死不知老之將至今來楊州作貴人動轉不得路行開車幔小人輒言不可閉置車中如三日新婦此邑邑使人無氣

南史曰宋臧熹常與溧陽令阮崇獵遇猛獸突圍獵徒並散熹射之應弦而倒

崔鴻十六國春秋後趙録曰石虎遣司農中郎將貴霸帥工匠四千於東平罡山造獵車千乘轅長三丈高丈八尺格虎車四十乘立級行樓二層於其上自靈昌津南至滎陽東極陽都而還使御史監司其中禽獸有犯者罪至大辟

又曰石虎命太子宣行祈山川遊獵藪澤乘大輅羽葆華蓋建天子旌旂十有六軍戎卒八萬出金明馳逐終夕所在陳列行宮四面各以百里爲度驅圍禽獸皆暮集行宫文武跪立圍守重行烽炬星羅光燭如晝勁騎百餘馳射其中宣與顯德美人乘輦觀之嬉娛忘反獸殫乃止禽獸奔逸當之者坐有爵者奪

又秦録曰姚興性好遊田頗損農要京兆杜延以左僕射齊難無匡輔之益著豐草詩以箴之難具以聞馮翊相雲作德獵賦以風焉興皆覽而善之賜以金帛然終不能改也

後魏書曰于栗磾隨新安公道武田於白登山見熊將數子顧栗磾曰能搏之乎對曰若搏之不勝豈不虛斃一壯士自可驅致御前而制之尋皆擒獲帝顧而謝之

又曰宿石常從獵文成親欲射猛獸石叩馬諫引帝至高原上後猛獸騰躍殺人詔褒美其忠許後有犯罪宥而勿坐

又曰宋大千常從明元校獵見獸在巖上持矟直刺之應手而死帝嘉其勇壯

北史曰齊元恒字集和自言寧三日不食不能一日不獵

又曰齊崔子植位冀州別駕走馬從禽鬢掛木而死

後周書曰達奚震武之子也少驍勇便騎射太祖嘗於渭北校獵時兎過太祖前震與諸將競射之馬倒而墜震足不傾躓因步走射之矢發中兎顧馬纔起遂迴身騰上太祖喜曰非此父不生此子乃賜震雜綵百段

唐書曰武德七年十二月庚辰臘上曰臘者獵也腰臘以供宗廟朕當躬親其事以申孝享之誠於是出狩於鳴犢泉

又曰蘇世長拜諫議大夫嘗從幸涇陽校獵至高陵合圍是日大獲陳禽獸於旌門上入御營顧謂朝臣曰畋樂乎世長進曰陛下游獵薄廢萬機不滿十旬未爲大樂上色變既而笑曰狂態發也又對曰爲臣私計則狂爲陛下國計則忠矣

又曰唐儉授民部尚書從太宗於洛陽苑射猛獸儉見羣豕突出林中太宗引弓四發殪四豕有一雄彘及馬鐙儉懼將搏之太宗拔劍斷豕頭笑曰天策長史不見上將擊賊耶何懼之甚儉對曰漢高祖以馬上得之不可以馬上理之陛下以神武定四方豈復逞雄心於一豕太宗納之因罷獵

又曰貞觀十四年太宗欲親幸同州遊獵櫟陽縣丞劉仁軌上疏曰四時蒐狩前王恒典事有沿革未必因循今年甘雨應時秋稼甚盛盡力收穫月半猶未畢功貧家無力

禾下始擬種麥直擬尋常料喚田家以有所妨今既祇供頓事兼之修理橋道縱謂大簡動費一二萬工百姓收斂實爲狼狽臣願陛下少留萬乘之尊垂聽一介之說退延旬日收刈揔了則盡閑暇家得康寧鑾駕徐動公私交泰上降璽書勞之

又曰太宗謂高昌王麴文泰曰丈夫在生樂事有三天下太平家給人足一樂也草淺獸肥以禮田狩弓不虛發箭不妄中二樂也六合大同萬方咸慶張樂高宴上下歡洽三樂也今日王可從禽明日當飲讌耳

又曰高宗狩于陸渾縣六日止飛山頓高宗親御弧矢獲四鹿及兎數十頭晚次御營望見太官烹宰欲供百官之膳因問侍中許圉師曰朕自擊彼羊在於格下見其無罪就戮非無憫惻之情今欲以死獸易之可乎圉師對曰昔者宋文侯見人欲將牛釁鍾因曰吾觀此牛觳觫似無罪而就死也乃不釁鍾陛下取已死之鹿代欲封之羊則堯舜之用心也遂釋其羊不殺九日又於山南布圍大順府果毅王萬興以輒先促圍集衆欲斬之上謂侍臣曰軍令有犯罪在不赦恐外人謂我耽好畋獵輕斷人命又以其從征遼有功特令放免

又曰高宗出獵在路遇雨因問諫議大夫谷那律曰油衣若爲不漏對曰能瓦爲之必不漏矣上大悅因此不復出獵

又曰高宗駕幸自九成宮還宮仍西狩校習自麟遊西北逕岐梁歷普潤止雍爲兩圍殿中侍御史杜易簡賈言忠監圍山阜懸危杖策不得轡是停凡五日而合劾奏將軍劉玄意黃河上等斷圍玄意抵罪黃河上圍目軍容齊整詔特原之

又曰吳王恪好畋獵損居人田苗侍御史柳範奏彈之上因謂侍御臣曰權萬紀事我兒不能匡正其罪合死範進曰房玄齡事陛下猶不能諫止畋獵豈可獨罪萬紀

太平御覽卷第八百三十一

太平御覽卷第八百三十二

資産部十二

獵下 弋 羅 罝 罦 罿

罻 畢罕 罞 罛 磻 繳

獵下

王孫子曰趙簡子獵於晉陽之山撫轡而歎董安于曰主君歎敢問何故簡子曰汝不知也吾厩養食穀之馬以千數官養多力之士日數百欲以獵獸也恐隣國養賢以獵吾也

莊子曰趙簡子田鄭龍爲右有一野人簡子曰龍下射彼使無驚吾鳥龍曰昔吾先君伐衛免曹退爲踐土之盟不戮一人吾今一朝田而曰必爲我殺人是虎狼殺人故將救之簡子愀焉曰不愛其身以活人者可無從乎環車轂田曰人之田也得獸今吾田也得士

又曰梁君出獵見白鴈羣下車彀弩欲射之道有行者不止白鴈羣駭梁君怒欲射行者其御公孫龍撫轡曰今主君以因白鴈故而欲射殺人無異於虎狼梁君援其手與歸呼萬歲曰樂哉今日獵也人皆得獸吾獨得善言

尸子曰宓羲氏之世天下多獸故教民以獵也

韓子曰孟孫獵得麑使秦西巴持之其母隨而呼之秦西巴不忍而與其母孟孫適至求麑對曰子不忍而與其母孟孫大怒逐之居三月復召爲其子傅曰夫子不忍於麑且忍吾子乎

又曰魏文侯與虞人期獵明日會天疾風左右止侯侯不聽曰不可疾風失信吾不爲逐犯風往而罷虞人也

穆天子傳曰天子東田于澤至于重璧之臺盛姬告病

又曰天子獵于滲澤於是得白狐玄貉焉以祭于河宗（以酬事於河宗獲比故用）

又曰天子大饗正公諸侯王勤七萃之士（勤猶勞也）于羽陵之上乃奏廣樂六師之人翔畋于曠原得獲無疆鳥獸絶羣六師之人大畋九日乃收皮效物是載羽車

國語曰晉趙簡子田于螻（螻晉君囿）史黯聞之以犬待于門（黯晉大夫史墨時爲簡子史文田犬門君囿門也）簡子見之曰何爲曰有所得犬欲試之茲囿（茲山）簡子曰何爲不告對曰君行臣不從不順（言從法臣從君）主將適螻而麓不聞（麓主君苑囿之官傳曰山林之木衡麓守之）臣敢煩當日（當日直日也言主將之君囿不煩麓以告君臣亦不敢煩主之直日自白也）簡子乃還

呂氏春秋曰齊有好獵者久不得獸所以不得狗惡故也欲得良狗則家貧乃還耕則家富則求良狗則數得獸矣非獨獵事皆然

春秋後語曰魏信陵君嘗與王共博於是北境舉烽火傳言趙寇至王釋博欲召大臣議之信陵君曰趙王獵耳非爲寇也復博如故王恐心不在博居有頃復從北方傳言趙王獵耳非爲寇也王大驚曰公子何以知之對曰臣之客有能探趙王陰謀者趙王所爲客輒以報臣臣以此知之

六韜曰文王畋于渭陽見呂尚坐茅以漁

太公金匱曰紂常以六月獵於西土發人逐禽民諫曰天務覆施此務長養今盛夏發民逐禽而元元命懸於野民踐之百日不食紂以爲妖殺之

新序曰晉文公出田逐獸碭入大澤迷不知所爲漁者送文公出澤漁者曰鴻鵠乃保大海之中厭而徙之小澤則必有矢矰之憂黿鼉保於深淵厭而出之淺渚則必有羅網之

憂今君逐獸碭入至此何行之太遠也君歸國臣亦反漁所

又曰晉文逐麋而失之問農夫老者曰吾麋何在老者以足指曰如是行往公曰寡人問子子以足指何也老者振衣而起曰不意人君至此虎豹之居也厭閑而得近故人得之漁鼈之居也厭深而得淺故人亦得之諸侯厭衆而亡其國唯鵠有巢唯鳩居之今君不歸人將居之於是文公恐而歸。新序曰晉文公畋於虢還見一老問曰虢亡何也對曰虢君斷則不能用人也文公輟畋而歸趙襄子曰其人安在公曰吾與來襄子曰君聽其言不用其身文公乃召賞之

說苑曰楚莊王獵大夫諫之王曰吾獵求士也榛薄剌虎知其勇也搏犀獲兕知其勁也罷畋而分所得知其仁也由此道得三士可乎

又曰晉平公有馳逐之車錯以羽芝會群臣觀焉田差三過不顧

白虎通曰王者諸侯所以田狩者何也爲田除害上以供宗廟下以簡集士衆也

蔡邕月令章句曰季秋之月天子乃教于田獵閑肄五兵因以順時取禽其礼將軍執晉鼓師率執提旅率執鼙以教坐作進退徐疾之節

環語曰范獻子卜獵占之曰君子得鼋小人遺冠獻子獵無所得而遺其冠

潛夫論曰昔有司原氏獵於中野鹿東奔司原從而譟之西方之衆有逐豨者聞司原之譟竟舉音而和之司原反覆追之乃得大豨喜以爲瑞

陸子曰欲水之清則勿涉欲草之茂則勿獵

杜夷幽求曰獵者嗜肉不多於不獵及其陵岡峦赴溪嶺而有遺身之志

語林曰夏少明在東國不知名聞裴逸民知人乃裹糧寄載入洛從之未至家少許見一人着黃皮袴褶乘馬將獵問曰裴逸民家遠近荅曰君何以問夏曰聞其名知人故從會稽來投之裴曰身是逸民君明可更來明往逸民果知之用爲西明門候於此遂知名也

石勒別傳曰冬十一月大雪平地三尺勒主簿程朗諫勒不從出獵墜馬顧左右曰不從主簿之言而致墜馬賜朗絹百疋以旌忠亮

續搜神記曰晉中興後譙郡周子文家在晉陵少時喜射獵嘗入山忽山岫間見一人長五丈許提弓箭箭鏑頭廣二尺許白如霜雪忽出喚曰阿鼠阿鼠小字子文子文不覺應曰諾此人牽弓滿鏑向子文子文便失魂厭伏

又曰吳末臨海人入山射獵爲舍住夜中有一人長一丈着黃衣白帶來謂射人曰我有讎尅明日當戰君可見助當厚相報射人曰自欲助君何以相報荅曰明日食時君可出溪邊敵從北來我南往應白帶者我黃帶者彼射人許之明出果聞岸北有聲狀如風雨草木四靡視南亦尔唯見二大虵長十餘丈於溪中相遇白虵勢弱人即引弩射之黃虵即死日將暮復見前人來辭謝云住此一年獵明年愼勿復來來必爲禍射人曰善遂停一年獵所獲甚多家致巨富數年後憶先山多肉忘前言復更往獵見先白帶人語之言我語君勿復更來不能見用讎子已大今必報君非我所知射人聞之甚怖便欲走乃見三烏衣人皆長八尺俱張口向之射人即死

異苑曰慕容皝出畋見一老父曰此非獵所王且還也皝明晨復去値有白兎馳馬射之墜石而卒

世說曰孫盛爲庾公記室參軍從獵將其子齊莊行庾公不知忽於獵場見齊莊時七八歲庾謂曰若亦復來耶應聲荅曰所謂無小無大從公于邁

又曰桓南郡好獵騁良馬馳擊若飛雙甄所指行陳不整麏兎騰逸參佐無不被擊

吳地記曰長洲在姑蘇南大湖北岸闔閭所遊獵處也吳主遣徐詳至魏魏太祖謂詳曰孤比老願濟横江之津與孫將軍遊姑蘇之上獵長洲之苑吾志足矣詳對曰若越横江而遊姑蘇是踵亡秦而躡夫差恐天下之事去矣太祖大笑曰徐生無乃逆詐乎

鄴中記曰石虎少時好遊獵後體壯大不復乘馬作獵

輦二十人檐之如今之步輦上安徘徊曲蓋當坐處安轉關狀若射鳥獸宜有所向關隨身而轉虎善射矢不虛發矣

襄陽耆舊記曰楚王好遊獵之事揚鑣馳逐乎華容之下射鴻乎夏水之濱

弋

說文曰矰弋射矢也

毛詩緇衣女曰雞鳴曰將翶將翔弋鳧與鴈（詩義問曰以繳繫矢而射）弋言加之與子宜之

又大雅桑柔曰嗟爾朋友予豈不知而作如彼飛蟲時亦弋獲

禮記月令曰季春之月畢弋無出九門（蔡邕章句曰繳射曰弋）

左傳襄公上曰曹伯陽好田弋曹鄙人公孫強好弋獲白鴈而獻之且言田弋之說

論語述而曰子曰弋不射宿

春秋後語曰楚頃襄王時人有好以弱弓微繳加歸鴈之上者王聞之召而問焉對曰外臣之好射騏鴈羅鸗小矢之發也何足爲大王道哉且楚王之大　大王之賢所弋非直此也昔者三王以弋道德五伯以弋戰國夫秦魏燕趙王之騏鴈也齊魯鄭者青首也鄒費郯邳者羅鸗也其餘不足射也見鳥六雙唯王何取王若以聖人爲弓勇士爲繳時張而射之此六雙者可得而囊載也其樂非特朝夕之樂也

韓詩外傳曰齊景公出弋昭華之池使顔涿聚主鳥而亡之景公怒而欲殺之晏子曰夫涿聚有死罪三臣請以其罪數而誅之

晉中興書曰桓名秀彝第二子代叔父冲爲江州刺史雖

公門貴盛不以榮爵嬰心唯以弋釣爲事

後魏書曰劉逖字長子聰敏好弋獵騎射以行樂爲事

吳越春秋曰樂野者越王所弋獵處也故曰樂野

管子曰國子弟之無上事衣食不節率子弟不田弋獵者幾何人（既無上事乃率子弟不田農但弋獵也）

又曰桓公弋在廪管仲朝公弛弓脫靬而迎之曰今夫鴻鵠春北而秋南而不失其時唯有羽翼以通其意於天下也今孤之不得意於天下皆非二子之憂也二子不對

列子曰蒲且子之弋弱弓纖繳乘風振之連雙鶬於青雲之際用心專也

韓子曰田子方問唐易鞠曰弋者何慎對曰鳥以數百目視子子以二目御之子謹周子廪由子方曰善子加之弋我家之國鄭長者聞之曰子方知欲爲廪而未得所以爲

廩夫盧無見者廩也一日齊宣王問弋於唐易子曰弋者奚貴唐易子曰在於謹廩王曰何謂謹廩對曰鳥以數十目視人人以二目視鳥柰何其不謹廩也故曰在於謹廩然則爲天下何以爲此廩今人主以二目視一國一國以萬目視人主將何以自爲謹廩乎
又曰衛人有佐弋者鳥至因先以捲麾之鳥驚而不可得也
又曰夫弩弱而矰高者激於風也身不肖而令行者得助於衆也
韓子曰齊宣王問匡倩曰儒者弋乎匡倩對曰不弋何也弋者從下害於上者也是從下傷君也儒者以爲害義故不弋
淮南子曰蒲且子連鳥於百仞之上弓良也（蒲且子楚人善射弋）

劉向別錄曰有行過江上弋鴈賦行弋賦弋雌得雄賦
法言曰鴻飛冥冥弋者何篡焉（篡取也）
太玄經曰弋彼三飛終日不歸
嵇康與山濤書曰弋鈎草野而吏卒守之不得妄動二不可也

羅

周禮夏官上羅氏曰羅氏掌烏鳥（烏謂卑居鵲之屬）蜡則作羅襦（襦細密之羅襦讀爲繻有衣袖之繻也）仲春羅春鳥獻鳩以養國老（春鳥蟄而始出者若今南郡黃雀之屬矣是時鷹化爲鳩與春變舊爲新宜以養老助生氣者耳）
毛詩國風曰有兔爰爰雉離于羅（鳥網爲羅）
又小雅曰鴛鴦于飛畢之羅之
爾雅曰鳥罟（音古）謂之羅（羅絡也）
國語曰里革諫魯宣公曰鳥獸孕水虫成獸虞於是乎禁罝羅
列仙傳曰李仲甫夜臥牀上或爲鷄鳥時架候北風當罹渡南海山上有羅得鶚視之仲甫也向羅者笑
王子年拾遺記曰晉文公焚林以求介之推有白鴉繞煙而噪或集介之推之側火不能焚晉嘉之於山數百里不復設羅網
幽明錄曰有一傖（仕行反）小兒放牛野中伴輩數人見一鬼依諸叢草間處處設網欲以捕人設網後未竟傖小兒竊取前網仍以罨之即縛得鬼
文子曰有鳥將來張羅而待之得鳥者羅之一目今爲一目之羅無得鳥焉
鶡冠子曰一目之羅不可以得雀
闕子曰任公子冬羅鯉於山阿衆人皆以爲惑既而鸛鷄

擊黃雀觸公子羅者千萬數
劉楨魯都賦曰長罼掩墊大羅被睪

罝

毛詩關雎曰兔罝后妃之化也關雎之化行則莫不好德賢人衆多也肅肅兔罝椓之丁丁赳赳武夫公侯干城
說文曰兔罟謂之罝（郭璞注曰罝遮也犍爲舍人曰兔自作徑路張罝以捕之）
顧譚新言曰設罝於淵施網於嵩欲民之慎亦如此也終無魚兔矣
物理論曰夫欲定天下而任小人猶欲捕麋鹿而張兔罝不能擊麋鹿猶小人不能任大事

罦

韓詩曰有兔爰爰雉離于罦
爾雅曰罬謂之罦罦覆車也（今之翻車也有兩轅中施罥以捕鳥展轉相解廣異語）

說文曰罦覆車也

罿

韓詩曰有兔爰爰雉離于罿（薛君注曰張羅車上曰罿也）

爾雅釋器謂之罿罿罬也（郭璞曰今翻車也有兩轅中施羅捕鳥）

尉

說文曰尉捕鳥也

禮記王制曰鳩化為鷹然後設尉羅

畢罕

禮記月令曰季春畢翳無出國門（鄭玄曰網小柄長謂之畢翳射者鳥息隱）

蔡邕月令章句曰奄飛禽曰畢

說文曰畢罔也率捕鳥畢象絲網上下其竿柄也

罼

爾雅曰麋罟謂之罼（郭璞注曰冐其頭也犍為舍人曰麋有獸常張罼也）

平八百三十二　九　畢七

罬

爾雅曰彘罟謂之罬（罬幕也犍為舍人曰罬剟惡剟人故張網而羅之也）

磻

纂文曰磻射石也

繳

列仙傳曰赤將子者黃帝時人也不食五穀而食百草華至堯時為木工能隨風雨上下時市中賣繳亦謂之繳父

淮南子曰堯使羿繳大風於青丘之野（大風鷙鳥也青丘東方也）

環濟典略曰繳綸也綸于前望飛鳥而射之

夢書曰夢橫繳欲舉薦

太平御覽卷第八百三十二

太平御覽卷第八百三十三

資產部十三

陶　冶　鍛　牧　漁

陶

禮記檀弓曰有虞氏瓦棺(始不用薪也有虞氏上陶)夏后氏堲周(火熟曰堲燒土冶以周於棺也或謂之土周)

又喪大記曰甸人爲垼于西牆下陶人出重鬲

左傳襄公二十五年鄭子產曰昔虞閼父爲周陶正以服事我先王(閼父舜之後當周之興閼父爲武王陶正)我先王賴其利器用也與其神明之後也(舜聖故謂之神明)庸以元女大姬配胡公(庸用也元女武王之長女胡公閼父之子滿也)而封諸陳以備三恪(周得天下封夏殷二王後又封舜後謂之恪并二王後爲三國其禮轉降示敬而已故曰三恪)

毛詩文王緜曰古公亶甫陶復陶穴未有家室

續漢書曰董卓欲遷都長安楊彪不從卓作色曰楊公欲沮國家計耶關東方亂所在賊起崤函險固國之重防又隴右取材功夫不難杜陵南山下有孝武故陶廄作塼瓦一朝可辦宮室官府蓋何足言

吳書曰鄭泉字文淵臨卒謂同類曰必葬我於陶家之側庶百歲之後化而成土幸見取爲酒壺實獲我心矣

宋書曰文帝欲誅徐羨之羨之乘內人問訊車出郭步走至新林入陶竈中自經而死

尸子曰昆吾作陶(呂氏春秋同)

淮南子曰陶人埏埴也其取之地而以爲盆盎也無離於地其已成器而破碎漫瀾而復歸其故也與其爲盆盎無以異矣

周書曰神農耕而作陶

呂氏春秋曰夫舜遇堯天也舜耕於歷山陶於河濱釣於雷澤天下說之

列仙傳曰甯封子者黃帝時人爲黃帝陶正有人過之爲其掌火能出入五色煙久則以教封子積火自燒而隨煙氣上下視其灰燼猶有骨時人葬之北山中謂之甯封子焉

嶺表異錄曰廣州陶家皆作土鍋鑊燒熟以土油之其潔淨則愈於鐵器尤宜煮藥一斗者纔直十錢愛護者或得數日若迫以巨焰涸之則立見破烈斯亦濟貧之物

冶

禮記學記曰良冶之子必學爲裘(仍見其家錮補穿鑿之器也補器者其金柔乃合有以於爲裘)

史記曰邯鄲郭順以鐵冶業與王者埒富

又曰宛丘氏之先梁人也用鐵冶爲業秦伐魏遷孔氏南陽大鼓鑄規陂池連車騎遊諸侯因通商賈之利有游閒公子之名

又曰魯人邴氏以鑄冶起富至巨萬然家自父兄子弟約頫有拾仰有取(師古曰頫古俯字也俯仰必有取捨無巨細字悉也)

張璠漢記曰杜詩爲太守爲冶作水排敎化大行

魏志曰韓暨字公至辟爲丞相士曹屬後遷樂陵太守徙監冶謁者舊時冶作馬排每一熟石用馬百疋更作人排又費功力暨乃因長流爲水排計其利益參倍於前在職七年器用充實詔書褒歎就加司金都尉

晉書曰王沉字彥伯作釋時論云融融者皆趨熱之士得其爐冶之門者唯挾炭之子苟非斯人不如其已

南史曰齊末彖監吳興郡事彖到郡坐逆用祿錢免官付

東冶家妹爲竟陵王子良妃子良世子昭冑時年八歲見武帝而形容憔悴帝問其故昭冑流涕曰舅負罪今在尚方母悲泣不食已積日所以不寧帝曰特爲兒赦之既而帝遊孫陵遥望東冶曰中有一好貴因數日與朝臣幸冶履行庫因宴飲賜囚徒酒肉勑見家與語明日釋之

梁書曰侯景據壽陽懷反計以臺所給仗多不能精啓請冶鍛工欲更營造勑並給之

後魏書曰崔暹爲東徐州刺史於州内銅冶爲農具兵人獲利

北史曰後周薛善爲行臺郎中時欲廣置屯田以供軍費乃除善司農少卿領同州夏陽縣二十七監又於夏陽置鐵冶復令善於監每月役八千人營造軍器善自督課兼加慰撫甲兵精利而皆忘其苦焉

唐書曰侍中魏徵乞解所職請爲散官陪奉左右拾遺補闕太宗曰朕拔卿於讎虜之中任卿以樞要之職見朕之非未嘗不諫公獨不見金之在鑛也何足貴哉良冶鍛而爲器便爲人所寶朕方自比於金以卿爲良匠卿雖有疾未爲衰老豈得便尔耶徵乃止

尸子曰造冶者蚩尤也

淮南子曰夫宋工畫吴冶刻形鏤法其爲微妙堯舜之聖不能及也

列仙傳曰陶安公者六安冶師也數行火一旦散上紫色衝天安公伏冶下求哀須臾朱雀至冶上曰安公冶安公冶與天通七月七日迎汝以赤龍至時龍到安公騎之東南上來

武昌記曰北濟湖本是新興冶塘湖元嘉初發水冶水冶者以水排冶令顔茂以塘數破壞難爲功乃茂因廢水冶以人鼓排謂之步冶湖日因破壞不復脩治冬月則涸

王子年拾遺記曰漢太上皇微時嘗佩一刀長三尺有銘其字雖難識疑是殷高宗伐鬼方時作此物也上皇遊豐沛山中遇有人冶鑄上皇息其旁問曰此鑄何物工笑曰爲天子鑄劒愼勿泄上皇謂爲戲辭無疑色工曰今所鑄鐵剛厲劚器難成若得公腰間佩刀雜而冶之即成神器可以剋定天下皇精爲輔佐以殲三猾木衰火盛此爲與兆上皇曰余此物名爲匕首其利難儔水斷虵龍陸斬虎兕工曰若不得此匕首雖歐冶專精越砥斂鍔終爲鄙器上皇即解腰間匕首投於爐中俄而煙炎衝天日爲之晦及劒成釁以三牲工問上皇何時得匕首上皇曰秦昭襄王時余行逢一野人於野授余云是殷時物世世相傳上

有古字記其年月工人視之其鏌耶尚在叶前疑也工人持劒授上皇上皇以賜高祖

又曰漢郭況光武皇后之弟也累金數億家僮四百人黄金爲器功冶之聲震於都鄙時人謂郭氏之室不雨而雷言鑄鍛之聲盛也

曹毗詠冶賦曰冶石爲器千爐齊設

鍛　蔡曰鍛石可以爲質

魏略曰太祖遣邯鄲淳詣臨淄侯植植得淳喜延入坐不與談先爲五椎鍛

鄧粲晉紀曰嵇康曾鍛於長林之下鍾會造焉康坐坐以鹿皮嶷然正容不與之酬對會恨而去

文士傳曰嵇康性巧能鍛家有柳樹乃激水以圍之夏月甚清涼居其下傲戲及自鍛

禰衡傳曰衡字正平十月朝黃祖在艨艟衝舟上賓客皆會作黍臛既至先在衡前衡得便飽食初不顧左右既畢復摶弄以戲時江夏有張伯雲亦在座調之曰禮教去何而食此正平不荅弄黍如故祖曰處士不當荅之也衡謂祖曰君子寧聞車前馬糞祖呵之衡熟視祖罵曰死鍛錫公祖大怒令五伯將出欲杖之而罵不止遂令絞殺黃射來救無所復及悽愴流涕曰此有異才曹操及劉荆州不殺大人柰何殺之祖曰人罵汝父作鍛錫公柰何不殺

向秀別傳曰秀甞與嵇康偶鍛於洛邑與呂安灌山於山陽收其餘利以供酒食之費

韓子曰椎鍛者所以平不夷也榜檠者所以矯不直也聖人之爲法也所以平不夷矯不直也

牧

周禮地官曰牧人掌牧六牲而阜蕃其物以共祭祀之牲牷（六牲謂牛馬羊豕犬雞鄭司農云牷純也玄謂牷體完具）

又夏官曰牧師掌牧地皆有厲禁而頒之（頒馬授圉者所牧處）孟春焚牧（焚牧地以除陳生新草）中春通淫（中春陰陽交萬物生之時可以合馬之牝牡也）

禮記月令季春曰是月也乃合累牛騰馬遊牝于牧（累繫也騰躍也其牝欲遊則就牧而合）仲夏曰是月也命有司祭先牧（先牧謂仲夏祭先牧於大澤用剛日）

毛詩小雅曰無羊宣王考牧也（厲王之時牧人之職廢宣王始興而復之至此而成謂復先王牛羊之數）誰謂爾無羊三百維羣誰謂爾無牛九十其犉（黃牛黑脣曰犉箋云爾女也宣王復古之牧法汲汲於其數故歌此詩以解之也）爾羊來思其角濈濈（聚其角而息濈濈然云此者美畜產得其所）爾牛來思其耳濕濕（動其耳濕濕然）或降于阿或飲于池或寢或訛（訛動也言此者美其無所驚畏）爾牧來思何蓑何笠或負其餱（何揭也蓑所以備雨笠所以御暑言此者美牧人寒暑飲食有備）三十維物爾牲則具

又魯頌曰駉駉頌僖公也僖公能遵伯禽之法儉以足用寬以愛民務農重穀牧于坰野魯人尊之於是季孫行父請命于周而史克作頌（季孫行父季文子史克魯史也）駉駉牧馬在坰之野（駉駉良馬腹幹肥張也坰遠野也箋云必牧於坰野者辟民居與良田者也）

史記曰卜式河南人少與弟別居脫身出分獨取畜羊百餘田宅財物盡與弟式入山牧羊十餘歲羊致千餘上召之曰吾有羊上林中欲令子牧之乃布衣牧羊歲餘羊悉肥上過見其羊善之式曰非獨羊也治民亦猶是也以時起居惡者輒去無令敗羣上以式爲奇拜爲郎

又曰衛青平陽人也其父爲平陽侯家給使與妾通生青爲侯家人少時歸其父父使牧羊民母之子皆奴畜之不以爲兄弟

又曰范增說項梁曰以君代爲楚將必能立楚之後梁乃求懷王孫在人間爲人牧羊立以爲楚懷王從人望也

又曰公孫弘淄川人家貧牧豕海上年四十餘乃學春秋雜記

漢書曰蘇武使匈奴欲降之乃徙武北海上無人處使牧羝羊曰羊乳乃得歸武仗漢節牧羊卧起操持節旄盡落

又曰路溫舒字長君鉅鹿人父爲里監門使溫舒牧羊

又曰王尊字子贛涿郡高陽人少孤歸諸父使牧羊澤中

後漢書曰馬援轉遊隴漢間常謂賓客曰丈夫爲志窮當益堅老當益壯因處田牧至有牛馬羊數千頭穀數萬斛既而歎曰凡殖貨財產貴其能施賑也否則守錢虜耳仍盡散以班昆弟故舊身衣羊裘皮袴

又曰承宮年八歲爲人牧豕郷里徐子盛明春秋授諸生

數百人宮過其廬下見諸生誦好之因亡其猪猪主欲笞諸生禁乃止之

謝承後漢書曰孫期字仲式事母至孝牧豕於大澤中貴之以奉供養遠人從其學者皆執經追於澤畔

范曄後漢書曰梁鴻字伯鸞扶風平陵人也家貧牧豕上林苑中曾誤遺失火延燒及他舍鴻乃尋訪燒者問所失去悉以豕償之其主者猶以爲少鄰家耆老見鴻非常人乃共責讓主人於是始敬異焉悉還豕鴻不受

魏志曰楊俊字季才避地并州同郡王象孩少孤特爲人僕隸年十七八見使牧羊而私讀書用撻箠楚俊嘉美其才質即贖象着家娉娶立屋然後與別也

晉書曰張華字茂先少家貧常以牧羊爲事

三十國春秋曰沮渠蒙遜其先世爲匈奴左沮渠因以官爲氏少牧羊臥息田畔忽見沙門以手摩其頭曰尓後當王此土不久苦爲言終而滅

崔鴻前趙録曰李景字延祐少貧見養叔父常使牧羊景見其叔子講誦羨之後從博士乞得百餘字牧羊之暇折草木書之叔乃誤曰吾家千里駒也而今騏驎久躓盤坂乃爲娶妻教學

又曰妻字天水冀北人也少孤貧爲河北陳不識家牧羊年十五身長七尺九寸聰惠美風儀不識奇之妻之以女

後魏書曰游明根字志遠幼年遭亂爲欒陽王氏奴主使牧羊明根以槊倩人書字路邊書地學之長安鎮將賈瑾見之呼問知其姓名乃告游雅使人贖之

列子曰楊朱見梁惠王言治天下猶運諸掌王曰先王有一妻一妾而不能治言天下何也對曰君見夫牧羊者乎百羊爲羣使五尺童子荷箠而隨之欲東而東欲西而西使堯牽一羊舜荷箠而隨之則不能矣

符子曰漢王聞宋勝子方牧羊于巨澤鼓而歌南風之詩使者進謂宋勝子曰漢王聞先生之賢使使者致命于先生而委國政焉宋勝子矍然而顧謂使者曰是何言歟今漢王待四海之士與十羣之羊其於職司也奚以異乎而大王廢牧羊之任委以四海之政是錯亂天位倒置人倫勝不願爲也乃逃于陰山之陽

公孫尼子曰舜牧羊於潢陽還堯舉爲天子

說文曰羌西戎牧羊人也字從羊人

列仙傳曰商丘子胥吹笙牧豕七十不娶妻而死

吳越春秋曰婁門外雞墟者吳王牧雞處

陳武別傳曰武休屠胡人也常騎驢牧羊諸家牧豎十數

人或有和歌者武遂學太山梁父吟及行路難之屬也

漁

說文曰漁捕魚也

周禮天官上曰𩾲人掌以時𩾲爲梁月令季冬命漁師爲梁鄭司農云梁水偃也偃水爲關空以笱承其空詩曰敝笱在梁春獻王鮪王鮪鮪之大者辨魚物爲鱻薧鱻生也薧乾也以共王膳羞凡祭祀賓客喪紀共其魚之鱻薧凡𩾲者掌其政令凡𩾲征入于王府鄭司農云漁征漁者之租稅漁人主收之入于王府

禮記月令季冬曰命有司始漁天子親往嘗魚先薦寢廟天子親往視魚非常事重之此時魚潔美

又坊記曰故君子仕則不稼田則不漁

左傳隱公曰公將如棠觀漁臧僖伯諫公曰吾將略地焉遂往陳漁而觀之

又襄公二十五年曰崔杼弑其君申蒯侍漁者（侍漁監取魚之官）退謂其宰曰免是反子之義也與之皆死（反死君之義）

周易下繫曰庖犧氏之王天下也結繩而為網罟以田以漁蓋取諸離

尚書大傳曰舜漁雷澤之中

後漢書曰明帝時下令禁人二業而吏下檢結多失其實百姓患之劉般上言郡國以官禁二業至有田者不得漁捕今濱江湖郡率少蠶桑人資漁採以助口實且以冬春閑月不妨農事夫漁獵之利為田除害有助穀食無關二業也

北史曰後周裴俠除河北郡守此郡舊制有漁獵夫三十人以供郡守俠曰以口腹役人吾不為也乃悉罷之

管子曰漁人入海海深百仞就波逆流乘危百里宿夜不出者利水也故利之所在雖千仞之山無不上焉深源之下無不入焉

魯連子曰古善漁者宿沙瞿子使漁于山則雖十宿沙子不得一漁焉宿沙非闇於漁道也彼山者非魚之所生

尸子曰燧人之世天下多水故教人之漁

文子曰堯使水處者漁山處者木事宜其械械宜其人

呂氏春秋曰雍季對晉文公曰竭澤而漁豈不獲得而明年無魚矣

家語曰宓子賤治單父三年孔子使巫馬期往觀政焉巫馬期陰免衣弊裘入界見斂者得漁輒捨之期問焉曰凡漁者為得也何以得魚卻捨之曰魚之大者名為鱄鰽吾大夫愛其小者名為鱦（鱄宜為鰽新序作鰽鱦者魚之懷仁也）吾大夫欲長之是以得二者輒捨之期返告孔子曰宓子之德至矣使民闇行若嚴刑之於一方也訪問宓子何行而得於此子曰吾嘗與之言曰誠於此者刑於彼宓子志行此術於單父也

又曰孔子之楚有漁者獻魚焉孔子不受漁者曰天暑市遠無處鬻焉思欲棄之糞壤不若獻之君子故取以進之於是夫子再拜受之使弟子掃地將以祭享焉門人曰彼將棄之矣而夫子祭之何也子曰吾聞惜其腐餘欲以務施者仁人之偶也惡有受仁人之饋而無祭者乎

劉向新序曰楚人有獻餘魚於王者曰今日獲魚食之不盡賣之不售棄之可惜故來獻王也楚王曰漁者仁人也境內多貧寡人聞之未能行漁者知之以此喻寡人也乃出倉粟去後宮以妻寡夫

郭璞江賦曰蘆人漁子擯落江山衣則羽褐食惟蔬鱻忽忘夕而宵歸詠採菱以扣舷傲自足於一區尋風波以窮年

太平御覽卷第八百三十三

太平御覽卷第八百三十四

資產部十四

釣　筌　罛　網罟　罶　罺

罩　涔　罾　笱　槮　梁

軥　罠　罨　箄　籊　銛

釣

毛詩何彼襛矣曰其釣維何維絲伊緡(伊維緡綸也箋云釣者以此有求於何彼以爲之乎以絲爲之綸則是善釣也)

又國風竹竿曰籊籊竹竿以釣于淇

又小雅釆緑曰之子于釣言綸之繩(綸釣繳也)其釣維何維魴及鱮維魴及鱮薄言觀者

論語述而曰子釣而不網(綱謂爲大索横流屬釣)

尚書大傳曰周文王至磻溪見呂望釣文王拜之尚云望釣得玉璜刻曰周受命呂佐檢德合于今昌來提

戰國策曰魏王與龍陽君共船而釣龍陽君得十餘魚而涕下王曰何謂也對曰臣之始得魚也臣甚喜後得益大今欲弃臣前之所得矣今臣與王拂枕席爵至人君走人於庭避人於塗四海之内其美人多矣聞臣之得幸王也必褰裳而趍王臣亦猶曩之所得魚也亦將弃矣臣安能無涕乎魏王曰有是心也何不相告於是布令於四境之内曰有敢言美人者族

謝承後漢書曰鄭敬隱於蟻陂釣魚大澤折芰爲坐以荷薦肉瓠瓢盈酒琴書自娱

後漢書曰郭玉者廣漢人初有老父不知何所出常漁釣於涪水自號涪翁乞養民間見有病者時下針石有效玉從受術焉

又曰嚴光字子陵會稽餘姚人少有高名與光武同遊及光武即位乃變姓名隱身不見帝思其賢令以物色訪之後齊國上言有一男子披羊裘釣澤中帝疑其光也備安車玄纁聘之三反而後至拜爲諫議大夫不屈乃耕於富春山後人名其釣處爲嚴陵瀨

晉書曰翟莊湯之子也少以弋釣爲事及長不復獵或問魚獵同是害生之事而先王止去其一何哉莊曰獵自我釣自物未能頓去故先節其甚者夫貪餌吞鈎豈我哉時人以爲知言

宋書曰王弘之性好釣上虞江有一處名石頭弘之常垂綸於此經過者不識之或問漁師得魚賣不弘之曰亦不得得亦不賣日夕載魚入上虞郭經親故門各以一兩頭置門内而去

又曰文帝嘗與群臣臨天泉池帝垂綸良久不獲王景文越席曰臣以爲垂綸者清故不獲貪餌衆皆稱善

又曰漁父者不知姓名亦不知何許人也太康孫緬爲尋陽太守落日逍遥渚際見一輕舟凌波隱顯俄而漁父至神韻蕭灑垂綸長嘯緬甚異之乃問有魚賣乎漁父笑而荅曰其釣非釣寧賣魚者耶緬益怪焉遂褰裳涉水謂曰竊觀先生有道者也終朝鼓枻良足勞止吾聞黄金白璧重利也騶四馬高蓋榮勢也方今主道文明守在海外隱淪之士靡然向風子胡不贊緝熈之美何晦用其若是也漁父曰僕山海狂人不達世務未辯賤貧無論榮貴乃歌曰竹竿籊籊河水悠悠相忘爲樂貪餌吞鈎非夷非惠聊以忘憂於是悠然鼓棹而去

孔叢子曰子思居衛衛人釣於河得鰥(一作鯛魚)魚焉其大盈

車子恵問之曰鰥魚魚之難得者也子如何得之對曰吾下釣垂一魴之餌鰥過而弗視也更以豚之半體則吞之子思喟然曰鰥雖得貪以死餌士雖懷道貪以死禄

文子曰魚不可以無餌釣獸不可以空罟召

列子曰詹何以獨繭絲爲綸芒針爲鉤荆篠爲竿剖粒爲餌引盈車之魚於百仞之川汨流之中綸不絶鉤不申竿不撓因水勢而施舍也

又曰渤海之東有大壑焉實惟無底之谷其中有五山常隨潮波上下往還不得暫峙使巨鼇十五舉首而戴之五山始峙而不動而龍伯國有大民暨五山之所一釣而連六鼇合負而趣歸其國灼其骨以數焉

荀卿子曰自上蒞下猶夫釣者焉隱於手而應於釣則可以得魚

鬼谷子曰古之善摩者如操鉤而臨深淵而投之必得魚矣

闕子曰魯人有好釣者以桂爲餌黄金之鉤錯以銀碧垂翡翠之綸其持竿處位即是然其得魚不幾矣故曰釣之務不在芳飾事之急不在辯言

莊子曰莊子釣於濮水之上楚王使大夫二人往見焉曰願以境内累夫子莊子持竿不顧

又曰任公子好釣巨魚爲大綸巨鉤以犗牛爲餌蹲會稽投東海朞年不得魚已而大魚食之牽巨鉤騖揚波而奮鬐白波若山海水振蕩任公子得若魚離而腊之淛河以東蒼梧以北莫不厭若魚者

淮南子曰詹公之釣千歲之鯉

又曰聖人以道德爲竿以昏義爲鉤餌役之天地門萬物孰非其有哉

又曰無餌之釣不可以得魚愚士無禮不可以得賢

又曰釣者靜之罛者扸之罝者抑之罾者舉之爲之異得魚一也

孫綽子曰海人與山客辯其方物海人曰横海有魚額若華山之頂一吸萬頃之波山客曰鄧林有木圍三萬尋直上千里傍蔭數國有人曰東極有大人斬木爲策短不可支釣魚爲鮮不足充饑

抱朴子曰金鉤玉餌雖珍而不能制九淵之沉鱗顯寵豐禄雖貴而不能致無欲之幽人

符子方外曰太公釣隱溪五十有六年矣而未嘗得一魚魯連聞之往而觀其釣太公跪石隱崖且不餌而釣仰詠俯吟及暮而釋竿

傅子曰劉聯責楊暨曰夫釣者中大魚則縱而隨之須可制而後牽之則無不得也人主之威豈徒大魚而已子誠直臣然計不足不可不精思也

穆天子傳曰天子北征舍於珠澤此澤出珠因名之太今越巂平澤出青珠以釣於流水

又曰辛未天子北還釣于漸澤食魚于桑野

又曰天子乃釣于河以觀姑繇之木姑繇大木也山海經曰尋木長千里生河邊謂此木之類

六韜曰吕尚坐茅以漁文王勞而問焉吕尚曰魚求於餌乃牽其緡人食於禄乃服於君故以餌取魚魚可殺以禄取人人可竭以小釣釣川而擒其魚中釣釣國而擒其萬國諸侯

吕氏春秋曰善釣者出魚乎千仞之下餌香也

又曰太公釣於茲　紂之世文王得之而王文王千乘
也紂天子也天子失之而千乘得之知與不知也
又曰若釣者魚有大小餌有宜適羽有動靜翔釣淵也
說苑曰宓子賤爲單父宰過於陽書曰子亦有以送僕乎
陽書曰吾少也賤不知治民之術有釣道二焉請以送子
子賤曰釣道柰何陽書曰夫投綸餌迎而吸之者陽橋也
其爲魚也薄而不美若存若亡若食不食者魴也其爲魚
也薄而味厚宓子賤曰善於是未至單父冠蓋迎之者交
接於道子賤曰驅驅之夫陽書之所謂陽橋者至矣
焦贛易林曰曳綸江海釣挂魴鯉王孫利得以饗仲友
列仙傳曰呂尚冀州人避紂亂釣于卞溪三年不獲魚比
嫗聞曰自可止矣公曰非尔所矢果獲大鯉得兵鈐於魚
腹中後葬無尸唯玉鈐六韜在棺中

平八三四　五

又曰涓子者齊人釣於澤得符鯉中
又曰陵陽子明銍鄉人釣旋溪得白龍子解網拜謝放之
後數十年得白魚腹中有書教子明服食遂上黃山採五
石脂石腑服之三年白龍來迎之
神仙傳曰左慈字元放廬江人少有神通嘗在曹公坐公
從容曰今日高會珍羞略備所少吳松江鱸魚耳而放下
坐應曰此可得也因求銅盤貯水以竹竿餌釣於盤須臾
引入鱸魚出公大笑會者咸驚
中論曰獨思則滯而不通獨爲則困而不就善釣不易坻
而得魚君子不降席而追道
又曰文王遇姜公於渭濱皤然皓首秉竿而釣文王得之
炳若祛雲而見日霍若開霧而觀山
桓範世論曰水則有波釣則有磨我欲更之無如之何言

物之動而釁已彰形行而迹已著
又曰釣巨魚不使嬰兒輕預非不親力不堪也
王子年拾遺記曰漢帝元鳳中季秋之月泛衡瀾靈鵠之
舟窮晷繼夜釣于臺下以香金爲鉤霜絲爲綸丹鯉爲餌
得白蛟長三丈大若蛇無鱗甲
又曰吳主與潘夫人遊釣得大魚吳主喜夫人曰昔聞泣
魚今乃爲喜有喜必憂以爲深誡至末年漸相譖毀稍見
離退時人謂夫人知幾釣臺今猶存焉
世說曰劉道眞少時常漁釣草澤善歌嘯聞者莫不留連
有一老嫗識異常人甚樂歌嘯乃殺豚進之道眞食豚盡
了不謝嫗見不飽又進一豚食半還之後爲吏部郎嫗兒
爲小令史道眞超用之兒不知由後白毋毋告之於是齎
牛酒詣道眞道眞曰去去無可復相報

平八三四　六

楚辭曰以直鍼爲釣又何魚之能得
宋玉釣賦曰宋玉與登徒子偕受釣於玄淵退而見見於楚
襄王登徒子曰夫玄淵之釣也以三尋之竿八絲之綸餌
以蛆蟟鈎以細針以出三尺之魚於數仞之水中廬植與
張然明書曰臨江而釣終日不獲一魚魚之不食其餌也
是以君子慎其舉
謝玄與兄書曰居家大都無所爲正以垂綸爲事足以永
日此固下大有鱸魚一出手釣得四十七枚又與書曰昨
日疏成後出釣手所獲魚以爲二坩鮓今奉送

筌

周易曰筌者所以在魚得魚而忘筌
廣雅曰篝筌謂之昆
莊子曰得魚忘筌

王朝之與庾安䟦曰此間萬頃江湖撓之不濁澄之不清而百姓投一綸下一筌者皆奪其魚器不輸十疋則不得放不知漆園吏何得持竿不顧漁父鼓泄而歌滄浪也

罛

說文曰罛罟也

尒雅曰魚罟謂之罛（郭璞注曰取大網罟也今江東云）

毛詩碩人曰河水洋洋北流活活施罛濊濊鱣鮪發發

莊子曰函車之獸介而離山不免乎網罟

淮南子曰張天下以爲籠因江海以爲罟又何亡魚失鳥之有乎

網罟（張獸事以故併見漁部）

廣雅曰罻罾魚網謂之罟

說文曰網庖羲所結繩以田以漁也

周禮天官上曰獸人掌罟田獸辨其名物（罟網也以網搏所當田之獸）冬獻狼夏獻麋春秋獻獸物（狼膏聚麋膏散聚則溫散則涼以救時之苦也獸物凡獸皆可獻也）時田則守罟（備獸觸攫）

禮記中庸曰子曰人皆曰予知驅而納諸罟擭陷阱之中而莫之知辟也

毛詩國風曰九罭之魚鱒魴（九罭緵罟小魚之網也鱒魴大魚也）

周易曰庖犧氏結繩而爲網罟

尒雅曰緵罟謂之九罭九罭魚網也（今之百囊罟是亦謂之䍡今江東呼爲緵）

韓詩曰九罭之魚鱒魴九罭取鰕茈也

史記曰泉陽漁人豫且舉網獲江東神龜

漢書曰豺獺未祭罝網不布於壄澤焉

魏志曰邴原在遼東十餘年後乃潛遁還南行已數日而公孫度甫覺度知原之不可復追也因曰邴君所謂雲中白鶴非鶉雉之網可能羅始吾自遣之勿復求也

宋書曰孫法宗常居墓所山禽野獸皆悉馴附每逢鹿觸網必解放之備以錢物

陳書曰張昭字德明吳郡吳人也幼有孝性父熯常患消渴嗜鮮魚昭乃身自結網捕魚以供朝夕

南史曰陳王固嘗聘魏宴昆明池魏人以南人嗜魚大設罟網固以佛法呪之遂一鱗不獲

文子曰臨河欲魚不若退而織網

老子曰天網恢恢踈而不漏

莊子曰魚不畏網而畏鵜鶘（網者公平無私鵜鶘有欲得之心故魚畏）

又曰豐狐文豹不免於網羅之患者文也

韓子曰善張網者引其綱不一一攝萬目而後得一一攝萬目而後得則是勞而難（攝引）其綱而魚已囊矣故吏者民之本綱也故聖人治吏不治民

又曰靖郭君將城薛客曰君聞大魚乎網不能止繳不能絓也蕩而失水螻蟻得意焉

孟子曰數罟不入洿池魚鼈不可勝食也

抱朴子曰太昊師蜘蛛而結網

國語曰魯宣公夏濫於泗淵（濫漬也漬罟於泗水之淵以取魚泗在魯城北）里革斷其罟而棄之（罟網）曰古者大寒降土蟄發（降下也寒氣初下謂季冬建丑之月大寒之後也土蟄發謂孟春建寅之月蟄虫始震魚上水獺祭魚）水虞於是乎講罛罶取名魚登川禽而嘗之寢廟行諸國助宣氣也今魚方別孕不教魚長又行罝罟貪無藝也公聞之曰吾過而里革匡我不亦善乎是良罟也爲我得法（韙良）使有司藏之使吾無忘諗（言里此罟則不忘里革言諗告也）曰藏罟不如寘里革於側之不忘也（寘置）

又曰聖人貴讓且諺曰獸惡其網民惡其上（謂惡其己民惡其上為病也）
古文考曰庖羲作卦觀像而作網
世本曰芒則網（宋衷注曰芒庖羲臣）
呂氏春秋曰湯見設網者四面張而祝之曰自天下者自地出者自四方來者皆罹我網湯曰嘻盡之矣非桀其孰如此
又曰殊之末遇時也以其從屬拙他財取水利編蒲葦結罘網
應璩報東海相涂季然書曰足下頻弥天之網收萬仞之魚量之以谿谷數之以陵兆何其壯乎觀夫任公子之所釣此為鱣（音秋）鰕未足為吾子之道

罶

毛詩魚麗曰魚麗于罶鱨鯊
又小雅苕之華曰牂羊墳首三星在罶（牂羊牝羊也罶曲梁寡婦之笱也）
爾雅曰嫠婦之笱謂之罶（郭璞注曰罶以簿為其魚笱）
廣雅曰曲梁謂之昴（纂文曰揚州取魚罶也吳人謂之為笱主）
說文曰罶曲梁寡婦笱魚所留也

罺

爾雅曰罺謂之汕（郭璞注曰今之撩罟也揵為舍人曰以薄撩魚曰撩者也）
纂文曰以魚乘水上為汕

罩

爾雅曰籗謂之罩（郭璞注曰捕魚籠）
毛詩小雅曰南有嘉魚烝然罩罩
纂文曰以鐵施棹因以取魚
符子曰天羅廓矣野人猶有罩翳之勤

涔

爾雅曰槮謂之涔（郭璞注曰今作㯖者聚柴於水中魚得寒入其裏藏隱因以簿圍捕取之揵為舍人曰以米投水中養魚曰涔也）
纂文曰以鐵施竹頭取魚為涔

罾

說文曰罾魚網也
史記曰陳勝詐為書置人所罾魚腹中
風土記曰罾樹四植而張網於水車輓上下之形如蜘蛛之網方而不圓
楚辭曰鳥何萃兮蘋中罾何為兮木上（言其所願失）
應璩新詩曰洛水禁罾罟魚鱉不為殖（罾罟網名）空令自相啖吏民不得食

笱

毛詩雞鳴弊笱曰弊笱在梁其魚唯唯
又小雅小弁曰無逝我梁無發我笱
說文曰笱曲竹捕魚笱也從竹句亦聲也

𥱧（音檔）

廣雅曰其罶謂之𥱧

梁

毛詩國風曰維鵜在梁不濡其翼（鵜洿澤也梁水中之梁鵜在梁可謂不濡其翼）彼其之子不稱其服（箋云不稱者言德薄而服尊）維鵜在梁不濡其咮（咮喙）彼其之子不遂其媾
又小雅曰鴛鴦在梁戢其左翼（言休息也箋云梁石絕水之梁戢斂也鴛鴦休息梁）
又曰彼何人斯其心孔艱胡逝我梁不入我門
魏志曰文帝東征郭后留譙宮時后兄表留宿衛欲遏水取魚后曰水當通運漕又少材木奴客不在目前當復私

取官竹木作梁遏水今奉車所不足者豈魚乎
齊地記曰高密郡有古斷水處因造魚歲收億數故號曰萬疋梁

軥

廣雅曰軥謂之軥上

罠

說文曰罠魰也

罨

廣雅曰罨鸄網也
風土記曰罨如𦊱而小斂口從水上掩而取者也

箄

纂文曰箄流水中張魚器也

籗

纂文曰取蟹者曰籗

銛

纂文曰鐵有鉅施竹頭以擲魚爲銛

太平御覽卷第八百三十四

太平御覽卷第八百三十五

資產部十五

錢上

周禮天官下曰外府掌邦布之入出以共百物而待邦之用凡有法者(布泉也布讀為宣布之布其藏曰泉其行曰布取名於水泉其流行無不徧泉始蓋一品周景王鑄大泉而有二品後數變易不復識本制至漢唯有五銖久行王莽改貨而易作泉布多至十品今存於民多者有貨布大泉貨泉貨布長二寸五分廣寸首長八分有奇廣八分其圜好徑二分半足枝長八分其右文曰貨左文曰布重二十五銖直貨泉二十五大泉徑一寸二分重十二銖文曰大泉直十五貨泉貨泉徑一寸重五銖右文曰貨左文曰泉直一也)

國語曰周景王二十一年將鑄大錢(景王周靈王之子錢者金幣之名所以貿買物通財用也古曰泉後轉曰錢大錢大於舊其價重也)單穆公曰不可(穆公王卿士單靖公曾孫)古者天災降戾於是乎量資幣權輕重以振救民(量度資財也權稱也振拯也)民患輕則為之作重幣以行之(民患幣輕而物貴則作重幣以行其輕也)於是乎有母權子而行民皆得焉(重曰母輕曰子以子貨物物輕則子獨行物重則以母權而行之也子母相權民皆得其欲也)若不堪重則多作輕而行之亦不廢重於是乎有子權母而行小大利之(堪任也不任者幣重物輕則妨其用也故雜而用之子權母者母不足則以子平而行之故民皆以為利)今王廢輕而作重民失其資能無匱乎(廢輕而作重則大竭而末寡故民失其資)若匱王用將有所乏乏則將厚取於民民不給將有遠志是離民也(民財匱無以供上故王用將乏也遠志逃也)若民離而財匱災至而備亡王其若之何(病亡無救災之備也)王其圖之王弗聽卒鑄大錢

歸藏曰有人將來遺我錢財日夜望之

周書曰武王克商發鹿臺之錢散鉅橋之粟

韓詩曰既訴我德賈用不售一錢之物舉賣百何時當售乎

史記曰初蘇秦之燕貸百錢為資及得資以百金償之

又曰高祖以愛縣咸陽吏皆送奉錢三(李奇曰或三百或五百)蕭何獨以五後益封二千戶

又曰單父人呂公善沛令避仇從之沛中豪傑吏聞令有客皆往賀蕭何為主吏主進令諸大夫曰不滿千錢坐堂下高祖為亭長素易諸吏乃紿為謁曰賀錢萬實不持一錢

又曰上使善相者相鄧通曰當貧餓死文帝曰能富通者在我何謂貧於是賜通蜀嚴道銅山自鑄錢鄧氏錢布天下

又曰安息在大月氏西以銀為錢錢如其王面王死轉更錢效王面焉

又曰今上即位績數歲漢興七十餘年之間國家無事京師之錢累百巨萬貫朽而不可校自孝文造四銖錢至是歲三十餘年從建元以來用少縣官往多即銅山鑄錢民益盜鑄不可勝數錢益少而貴

漢書曰秦兼天下幣為二等黃金以鎰為名(孟子曰二十兩為鎰臣瓚按秦以一鎰為一金漢以一斤為一金)上幣銅錢漢興以為秦錢重難用更令民鑄莢錢(如淳曰如榆莢)

又曰凡貨金錢布泉之用夏殷以前其詳靡記太公為周立九府圜法(李奇曰圜即錢)黃金故貨而方寸重一斤錢圜函方輕重以銖布泉廣二尺二寸為幅長四丈為疋故貨寶於金利於刀流於泉布於門(行如流泉布於民間)束於帛束

又曰孝惠帝時天下初定吳有豫章銅山即招致天下亡命者盜鑄錢

又曰高后二年秋七月行八銖錢

又曰文帝五年除盜鑄錢令(應劭曰聽放鑄)更造四銖(應劭曰文帝以五分)

錢秦錢重小吏作四銖錢文亦曰半兩錢今民間半兩錢最輕小

又曰建元元年春行三銖錢五年春罷三銖錢行半兩錢

又曰成帝時郡國鑄錢民多姦鑄錢多輕而公卿請令京師鑄官赤仄如淳曰銅爲其郭也今錢見有赤仄者不知作法云何是

又曰宣帝二年春出水衡錢應劭曰水衡與少府皆天子私錢耳縣當仰給司農今也水衡錢言宣帝即位爲異政

又曰自孝武元狩五年三官初鑄五銖錢至平帝元始中成二百八十億萬餘

又曰韓信爲楚王都下邳信至國召下鄉亭長賜錢百曰公小人爲德不竟

又曰東方朔曰侏儒長三尺餘奉一囊粟錢二百四十臣朔長九尺餘亦一囊粟錢二百四十侏儒飽欲死臣朔飢欲死

又曰張安世以父子封侯在位太盛乃避不受祿詔都內別藏張氏無名錢以百萬數文穎曰都內主藏官也張晏曰安世以避官官不薄

又曰貢禹上書曰臣禹年老家貧不滿萬錢

又曰王嘉奏事云孝元皇帝奉承大業溫恭少欲都內錢三十萬萬水衡錢二十五萬萬少府錢十八萬萬內錢上林後宮貴人從上林獸圈猛獸驚出馮貴人當之文帝嘉其義賜錢五萬掖庭見親加賜親屬其人勿衆謝重失人心賞賜節約是時外戚資千萬者少是故少府水衡錢多

又曰王莽居攝欲防民盜鑄乃禁不得挾銅炭

又曰罽賓國以銀爲錢騎馬漫爲人面

楚漢春秋曰項梁陰養生士九十人參木者所與計謀者也木佯疾於室中鑄大錢以具甲兵

後漢書曰明帝時館陶公主光武女爲子求郎不許而賜錢千萬謂羣臣曰郎官上應列宿出宰百里史記曰太微宮後二十五星郎位也有非其人則民受其殃是以難之

又曰樊儵卒帝遣小黃門張音問所遺言先是河南縣亡失官錢典負者典謂主典負謂欠負坐死及罪徙者甚衆遂委責於人以償其耗鄉部吏司因此爲姦儵常疾之欲奏罷之疾病未及得上音歸具以聞帝覽之而悲歎勑郡並從之

又曰京兆尹閻興召第五倫爲主簿時長安鑄錢多姦巧乃署倫爲督鑄錢掾領長安市東觀漢記曰時長安市未有秩又鑄錢官姦所集無能整齊理之者興署倫督鑄錢掾領長安市其後小人爭頌皆云第五掾所平亦無姦枉

又曰初馬援在隴西上書言宜如舊鑄五銖錢事三府三府奏以爲未可事遂寢及援還從公府求得前奏難十餘條乃隨牒解釋東觀漢記曰十三難援一一解之條奏其狀也更具表言帝從之天下賴其便

又曰公孫述廢銅錢用鐵官錢置鐵錢以百姓貨幣不行蜀中童謠言黃牛白腹五銖當復好事者竊言王莽稱黃述自號白五銖錢漢貨也言天下當并還劉氏

又曰江革建武末年與母歸鄉里每至歲時縣當案比案驗以比之猶今貌閱也革以母老不欲搖動自在轅中輓車不用牛馬由是鄉里稱之曰江巨孝臨淄令楊音高之設特席顯異巨孝於稠人廣衆中親奉錢以助供養

又曰楊秉免歸雅素清儉家至貧窶并日而食任城故孝廉景虔齎錢百餘萬以餉秉秉閉門拒絕不受

又曰鍾離意薦劉平王望等書奏有詔徵平等特賜辦裝錢至皆拜議郎

又曰崔寔從兄烈有重名於北州歷位郡守九卿靈帝時開鴻都門牓賣官爵公卿州郡下至黃綬各有差其富者

則先入錢貧者到官而後倍輸是時段熲樊陵張溫等雖
有功勤名譽然皆先輸貨財而後登公位烈時因傅毋入
錢五百萬得爲司徒及拜日天子臨軒百僚畢會帝顧謂
親倖者曰悔不小靳可至千萬靳固惜之也程夫人於傍應曰
崔公冀州名士豈買官賴我得是反不知姝邪姝美也言反不可斯
事之美也姝或作姝姝根本也
又曰董卓壞五銖錢更鑄小錢悉取洛陽及長安銅人鍾
虡飛廉銅馬之屬以充鑄焉故貨賤物貴穀斛數萬又錢
無輪郭文章不便人用魏志曰卓鑄小錢大五分無文章肉好無輪郭不磨鑢也時人
以爲秦始皇見長人於臨洮乃鑄銅人卓臨洮人也而今
毀之雖成毀不同凶暴相類焉
又曰車駕西巡乃厚賜韋彪錢珍羞食物使歸平陵上冢
又曰鄭弘爲陽羨令都鄉部民有弟用兄錢者爲嫂所責

叔未還嫂詣弘言之弘賣中單爲叔還錢兄慚怒自繫婦即
去
又王符論曰夫竊位之人天奪其鑒雖見朽千萬而不忍
賜人一錢
續漢書曰劉寵字祖榮遷會稽太守正身率下郡中大治
徵入爲將作大匠山陰民去治數拾里有若邪水在山谷間
五六老翁年七八十聞遷相率共送寵人齎百錢寵見勞
來曰父老何乃自苦遠來皆對曰山父鄙老生未嘗到
郡縣他時吏發求不已民間或夜行不絕狗吠竟夕人不
得安自明府下車以來狗不吠夜吏希至人間年老遭值
聖化聞當見棄去故戮力來送寵謝之爲選受壹大錢故
寵在會稽號爲取一錢其清如是
又曰扶風人事孫奮居富而慳悋梁冀因以馬乘遺之從
貸錢二十萬奮以錢十萬與之冀大怒
又曰靈帝中平二年二月己酉南宮靈臺災庚戌樂中城
殿門災延及北闕燒嘉德和歡殿收天下田畝十錢以治
宮加調刺史二千石遷除皆責治宮錢大郡至二千萬帝
本侯家居貧即帝曰桓帝不能作家曾無私錢財故於西
園造萬金堂以爲私藏復寄小黃門常侍家私錢至數千
萬
東觀漢記曰光祿勳杜林與馬援鄉里親厚援南方還時
林馬適死援遣子持一疋馬遺林曰朋友有車馬之饋可
以備之居數日林遣子奉書曰將軍內施九族外有賓客
望恩者多林父子食鄉祿祿常有盈今奉錢五萬援謂兒
曰當以此爲法杜伯山所以勝我者也
又曰趙勤字益卿劉賜姊子勤童幼有志操往來賜家國

租適到時勤在旁賜指錢示勤曰拜乞汝三十萬勤曰拜
而得錢非義所取終不肯拜
又曰鄭均字仲虞兄仲爲縣吏受禮遺均數諫止不聽即
脫身出作歲餘得數萬錢歸以與兄曰錢盡可復得爲吏
坐贓終身捐弃兄感其言遂廉絜稱清吏
又曰王阜爲益州太守大將軍竇憲貴盛嘗移書益州取
六百萬阜疑有姧詐以狀上憲追奴騶帳下吏李文迎錢
阜以詔書未報距不與文積二十餘日詔書報給文以錢
市馬
獻帝春秋曰靈帝作錢猶五銖而有四道連於邊輪識者
以爲妖竊言錢有四道京師將破壞此錢四出散於四方
乎還如其言范曄後漢書曰四出錢
應劭漢官曰王莽篡位以劉字金刀罷五銖更作小錢文

曰貨泉其文反白水眞人此則世祖中興之瑞也

魏書曰劉虞在幽州清淨儉約以禮義化民靈帝時南宮災吏遷補州郡者皆責助治宮錢或一千萬或三千萬富者以私財辦或發民錢備之貧而清慎者無以充調或至自殺靈帝以虞清貧特不使出錢也

又曰劉類爲弘農太守使人掘地求錢所在市里皆有孔穴

又曰文帝夢磨錢文欲令滅而更明周宣占之曰陛下家事時帝欲治弟植逼太后加貶守

吳書曰嘉禾五年春鑄大錢一當五百詔使吏民輸銅計銅畀直設盜鑄之科

蜀志曰先主攻劉璋與士衆約若事定府庫百物孤無豫焉及援成都士衆捨干戈赴庫藏競取寶物軍用不足備

甚憂之劉巴曰易耳但當鑄直百錢平諸物價令吏爲官市備從之數月之間府庫充實

晉陽秋曰朝士以牛酒勞齊王冏平原王幹獨齎百錢

晉書曰阮宣子常杖頭挂百錢造市店酣飲而歸

又曰王衍疾其妻郭氏之貪鄙故口未嘗言錢郭氏欲試之令婢以錢繞牀使不得行衍晨起見錢謂婢曰舉阿堵物卻其措意如此

又曰王導子悅以侍講東宮歷吳王友中書侍郎導夢人以百萬錢買悅意甚惡之後掘地得錢二皆藏閉而悅果以疾終

又曰張軌爲涼州參軍索輔言於軌曰古以金貝皮幣爲貨息穀帛量度之耗二漢制五銖錢通易不滯太始中河西荒廢遂不用錢裂匹以爲段數縑布既壞市易又難徙壞女工不任衣用弊之甚也今中州雖亂此方安全宜優五銖以濟通變之會軌納之立制准布用錢錢遂大行人賴其利

南史曰宋文袁皇后家本貧薄后每就上求錢帛以賑之上性儉所得不過錢三五萬帛三五十疋後潘淑妃有寵愛傾後宮咸言所求無不得后聞之未知信否乃因潘求三十萬錢與家以觀上意宿昔便得因此恚恨成疾不復見上

宋書曰劉秀之爲南秦州刺史加都督漢川饑饉秀之躬自儉約先是漢川悉以絹爲貨秀之限令用錢百姓利之

又曰始興王濬嘗送錢三萬餉袁淑一宿復遣追取謂爲使人謬誤欲以戲淑淑與濬書曰聞之前志七年之中一與一奪義士猶或非之況密迩旬次何其裒益之亟也竊

恐二三諸侯何以觀之

又曰廢帝即位鑄二銖錢形式轉細官錢每出人間即摸效之而大小厚薄皆不及也無郭不磨鑢如今之剪鑿者謂之耒子錢景和元年沈慶之啓通私鑄錢一千錢長不盈三寸大小稱此謂之鵝眼錢劣於此者謂之綖環錢貫之以縷入水不沉隨手破碎市井不復料數十萬錢盈一掬斗米一萬商貨不行明帝初唯禁鵝眼綖環其餘皆通用

又曰張融解褐爲新安王子鸞行參軍王母殷淑儀薨後四月八日建齋并權佛僚佐襯者多至一萬少者不減五千融獨注襯百錢帝不悅曰融貧當序以佳祿出爲封溪令

又曰郭世通嘗與人共於山陰市貨物誤得一千錢當時不覺分背方悟追還本主驚歎以半直與之世通委之而去

又曰蔡廓罷豫章郡還起二宅先成東宅以與兄軌之廓
亡後軌之罷長沙郡還送錢五十萬以裨宅直廓子興宗
年十一白母曰一家由來豐儉必共今日宅直不宜受也
母悅而從焉軌之深有愧色謂其子談曰我年六十行事
不及十歲小兒
又曰劉凝之隱居荊州年饑衡陽王義季慮凝之餓斃餉
錢十萬凝之大喜將錢至市門觀有飢色者悉分與之俄
頃而盡
又曰山陰人孔祐至行通神隱於四明山嘗見山谷中有
數百斛錢視之如瓦石不異
又曰戴法興父碩子法興二兄延壽延興並修立延壽善
書延興好學山陰有陳載者家富有錢三千萬鄉人或云
戴碩子兒敵陳載三千萬錢

齊書曰曹武爲右衛將軍晚節在雍州致見錢七千萬皆
厚輪大郭
又曰丘冠先使于蠕蠕蠕蠕執節不拜爲所殺武帝以冠先不
辱命賜其子雄錢一萬布三十疋雄不受
又曰范述曾任永嘉太守勵志清白不受饋遺明帝下詔
褒美徵爲游擊將軍郡故舊送錢二十餘萬一無所受
又曰趙僧嚴栖遲山谷常以一壺自隨一旦謂弟子曰吾
今夕當死壺中大錢一千以通九泉之路蠟燭一挺以照
七尺之尸至夜而亡
梁書曰顧協爲舍人常有門生始來事協知其廉絜不敢
厚餉止送錢二千協發怒杖二十因此事者絕於饋遺
又曰庾冉父景休位御史中丞冉少有才儁與伏挺何子
明俱爲周捨所狎初景休罷巴東郡頗有資產冉負錢數
百萬責者填門景休怒不爲之償既而朝賢之冉不之景
休景休悅乃悉爲還之
梁書曰宋季雅罷南康郡市宅居呂僧珍宅側僧珍問宅
價曰千一百萬怪其貴季雅曰一百萬買宅千萬買鄰及
僧珍生子季雅往賀署函曰錢一千閽人少之不爲通強
之乃進僧珍疑其故親自發乃金錢
又曰江祿爲武寧郡頗有資產積錢於壁壁爲之倒迮銅
物皆鳴人戲之曰所謂銅山西傾洛鍾東應者也
又曰何遠爲武昌太守武昌俗皆汲江水盛夏遠患水溫
每以錢買人井寒水不受錢者則摙水還之其他事率多
如此
南史曰蕭惠明子聆素梁天監中位丹陽尹丞初拜日武
帝賜錢八萬聆素一朝散之親友

又曰謝譓爲東陽內史及還五官送錢一萬止留一百答
書曰數多留少更以爲愧
又曰梁謝舉兄子僑素貴嘗一朝無食其子啓欲以班史
質錢答曰寧餓死豈可以此充食乎

太平御覽卷第八百三十五

太平御覽卷第八百三十六

資產部十六

錢下　貲財

錢下

崔鴻十六國春秋後趙錄曰趙王三年得一鼎容四升中有大錢三十文曰當千當萬鼎銘十三字篆不可曉藏之於永豐倉因此令私行錢而民不樂乃重立禁制官賦至皆取錢犨肆故不行也

北史曰後魏元誕累遷齊州刺史在州貪暴大爲人患有沙門爲誕採樂還見誕問外消息對曰唯聞王貪願王早代誕曰齊州七萬家吾至來一家未得三斗錢何得言貪也

後魏書曰王昕爲汝南王悦騎兵參軍悦數散錢於地令諸佐爭拾之昕獨不拾悦又散銀錢以目昕乃取其一

北齊書高恭之字道穆時用錢稍薄道穆表曰百姓之業錢貨爲本救弊改鑄王政所先自頃以來私鑄薄濫官司糾繩挂網非一在市銅價八十一文得銅一斤私鑄薄錢斤餘二百既示之以深利又隨之以重刑得罪者雖多姧鑄者弥衆今錢徒有五銖之文而無二銖之實薄甚榆莢上貫便破置之水上殆欲不沉此乃因循有漸科防不切朝廷失之彼復何罪昔漢文帝以五分錢小改鑄四銖至武帝復改三銖爲半兩此皆以大易小以重代輕也論令據古宜改鑄大錢文載年號以記其始則一斤所成止七十六文銅價至錢五十有餘其中人工食料錫炭松抄縱復私營不能自潤直置無利自應息心無復嚴刑廣記也以臣測之必當錢貨永通公私獲允後遂用楊保計鑄永

安五銖錢

又曰王則元象初除洛州刺史則性貪惏在州取受非舊京諸像毀以鑄錢于時世號河陽錢皆出其家

後周書曰大象元年初鑄永通萬國錢以一當千與五行大布並行

北史曰隋鄭譯自隆州徵還帝令內史李德林立作詔書復爵國公位上柱國高熲戲譯曰筆乾荅曰出爲方岳杖策言歸不得一錢何以潤筆上大笑

唐書曰武德中置錢監於洛幷益等諸州令上齊王元吉賜三鑪鑄錢右僕射裴寂一鑪敢有盜鑄者身死家口配没

又曰高宗時詔復開元通寶錢其乾封所鑄錢令所司貯納初開元錢之文給事中歐陽詢制詞及書時稱其工其字含八分及篆隷三體其詞先上後下次左後右讀之及上及左迴環其義皆通議者以乾封不通商賈米帛踊貴以開元錢輕重大小近古取爲折衷百姓便之

又曰乾元中李輔國奏內飛龍廄鑄銅投乾元新錢二文於鑪中而祈曰如聖躬萬福國祚無疆咒聲殄除四方寧謐則願不銷不鑠一陰一陽並見於外鍾成一如所祈

又曰崔衍居宣州十年頗以勤儉府庫盈溢及穆贊代衍宣州歲饉贊遂以錢四十二萬貫代百姓之稅故宣州人不流散

又曰元和中王鍔奏請於當管蔚州界加置鑪鑄銅錢漸廢錫錢詔河東道自用錫錢以來百姓不堪其弊其蔚州鼓鑄漸致銅錢則公私之間皆得充用宜委所司子細計料量借錢本積漸加至五鑪

又曰李希烈既平淮西節度使陳仙奇進錢一文大小如開通之狀文曰天下太平云於希烈庭中得之命宰臣召百寮遍視之

後唐書曰朱守殷奏於積善坊役所得古文錢四百五十六文曰得一元寶四百四十文順天元寶守殷進納勑凡寶奇異蓋繫休明所獲錢文式昭玄貺得一者佇歸於一統順天者式契於天心道煥一時事光千載殊休繼出信史必書宜付史館

又曰劉仁恭在幽州以墐土爲錢令部人行使聚銅錢於山上鑿穴藏之爲無窮之計

晉書曰右驍衛大將軍張籛始在雍州因春景舒和出遊近郊憇於大塚之上忽有黄雀銜一銅錢置之而去未幾復於衙院晝卧見二燕相鬬畢各銜一錢落於籛首後所獲

三錢其秘於巾箱識者以爲大富之徵

又曰天福三年勑先許鑄錢仍令每一錢重二銖四絫十錢重一兩者切慮逐處闕銅難依先定銖兩宜令天下無問公私應有銅欲鑄錢者一任取便酌量輕重鑄造因玆不得入錫并錢及令缺漏不堪久遠行用仍委鹽鐵司明行曉示誡約

管子曰桓公請棧臺之錢散諸城陽鹿臺之布散諸濟陰

商子曰今臣之所言民無一日之繇官無數錢之費其弱晉而強秦有過三戰之勝

韓子曰或令孺子懷錢挈壺甕往酤而狗齕之酒所以酸

吕氏春秋曰趙襄子見翳桑之下有卧餓人不能起趙宣子命食之拜受而不食問其故曰臣有母請持以遺之宣子更賜之脯二束錢一百

賈誼書曰銅不布下不得採銅不得鑄錢則民反耕田矣

鹽鐵論曰教與俗改弊與世易夏后以貝周人以紫石後世或金錢刀布極而衰終始之運也

又曰古者市朝而無刀幣各以所有易所無抱布貿絲而已後世則有龜貝金錢

又曰夫鑠金在爐盜蹠不顧錢刀在路疋婦攫之

論衡曰人文章豈徒調墨弄筆爲英麗哉載人行傳人名

楊子法言蜀富貴人賈錢十萬願載一名子雲不聽夫富人無仁義正如圈中之鹿欄中之牛安得妄載

又曰手中無錢而欲往市決貨貨主問錢何在曰無錢貨主必不與也胷中無學猶手中無錢也

又曰淮陽鑄僞錢吏不能禁汲黯爲太守不壞一爐不刑一人高枕安卧淮陽政清

郭子璜洞冥記曰帝升望月臺有三青鴨化爲三小童皆着青綺文襦各握鯨文大錢五枚以置帝几前身止而影動因名曰輕影錢

潛夫論曰諺曰痛不着身言忍之錢不出家言與之猶見朝廷有寇而言不足憂也

風俗通曰頴川黄子廉每飲馬輒投錢於水

又曰河南平陰龐儉本魏郡鄴人遭倉卒之世失亡其父時儉三四歲在繈緥母抱轉流客居廬中鑿井得錢千餘萬遂巨富行求老蒼頭堂上作樂奴在廚中竊言堂上老母我婦也姆以告母呼問事實復爲夫婦時人爲之語曰廬里龐公鑿井得銅買奴得翁

又曰錢刀俗說害中有利旁有刀言人治生卒多得錢財者必有刀劍之禍也

東漢書曰王莽造大錢作契刀錯刀錯銖錢凡四品並行
故稱錢刀也
列仙傳曰祝雞公洛陽人户鄉北山下養雞百餘年雞皆
有名字千餘頭暮棲樹晝四散欲取呼名即至賣雞及子
得千萬輒置錢去
豫章烈士傳曰施陽字季儒爲舒令經江夏遇賊劫奪陽
物賊去後車上有五千錢遣人追與賊聞知陽悉還其物
陽以付亭長
邴原別傳曰原字根矩避地遼東嘗行得遺錢拾以繫樹
枝此錢既不見取而繫錢者多原問其故答者謂之神樹
原惡由己而成淫祀乃辯之由是里中遂斂其錢以爲社
供
桓範世論曰靈帝置西園之邸賣爵號曰禮錢錢積如屋

封塗漆書
杜恕體論曰可以使鬼者錢也可以使神者誠也
語林曰杜預道王武子有馬癖和長輿有錢癖
竹林七賢傳曰王戎女適裴氏乏用遣女爲貸錢數萬文
而未還女歸戎色不悅女遽還錢乃懌
干寶搜神記曰南方有蟲其形若蟬而大其子著草葉如
蠶種得子以歸則母飛來就之殺其母以塗錢以其子塗
貫用錢貨市旋則自還故淮南子術以之還名曰青
蚨
世說曰王武子私第近北邙山于時人多地貴濟好馬射
買地作埒編錢布地竟埒時人號爲金埒
又曰郗公大聚斂數千萬嘉賓甚不同常朝旦問訊郗家
法子弟不坐因倚語移時遂及錢貨事郗公曰汝政當得

錢耳乃一日開庫任意用郗公始謂正損數百萬許嘉賓
遂一日乞與人都盡郗公聞之大驚不能已已
俗說曰王子敬學王夷甫呼錢爲阿堵物後既詔出赴謝
公主簿過會下與共擲散當其夕手自抱錢戲竟明日已
後去何至須阿堵物
葛仙公別傳曰取十錢使人一一投井中公於井上以器呼
錢人見從井中一一飛出入公器中投人刻識之所呼皆
得是所投者
關令內傳曰關令尹喜周大夫也善於天文登樓四望見
東極有紫氣喜曰應有聖人經過果有老子過喜設坐行
弟子之禮老子時貧徐甲曰雇錢一百與約須達安息國
以黃金頓備錢還甲既見老子方欲遠遊疑遂不還乃作
辭詣關令就老子求直關令以辭呈老子老子語甲曰前

與汝約至安息國頓以黃金相還云何不能忍辱便興辭
訟乎汝隨我已三百餘歲汝命早應死賴我太玄生符在
汝身耳言畢見符從甲口出甲已成一聚白骨矣尹喜爲
請老子以符投之甲立更生喜即以見錢二百萬與甲遣
之
汝南先賢傳曰平輿閻敞字張爲郡五官掾太守第五嘗
被徵以奉錢三十萬寄敞敞埋置堂上後嘗舉家病死唯
見孫九歲嘗未死語云吾有錢三十萬寄掾閻敞孫長
大來求敞見之悲喜取錢盡還之孫白祖唯言三十萬今
乃百三十誠不敢當敞曰府君困謬言耳郎君無疑之
列異傳曰西河鮮于冀建武中爲清河太守言出錢六百
萬屋未成而死趙高代之計功用錢九二百萬耳五官黃
秉功曹劉商言是冀所自取便表沒冀田宅奴婢妻子送

曰南俄而白曰冀鬼見入府與商秉等共計校定餘錢二
百萬皆商等應冀乃表自列付商上詔還冀田宅
異苑曰桂楊臨武徐孫太元中江行見岸有錢溢出即輦
着船中須臾悉變成土
異苑曰剡縣陳務妻少寡與二兒爲居宅中先有古塚姥
毋作茗先以著墳上息祟之曰枯墓何知欲掘除之毋苦
禁乃止夜即夢見一人息說沒卌以來三百餘載謬蒙惠
澤賢二子怕欲見毀相賴保護雖潛壤朽骨敢忘翳桑之
報姥胥竊迷焉明負杖晨與於外屋得錢十萬似久埋而
貫皆新還告兒兒並有慙色自是設饌愈謹
幽明録曰海陵民黄尋先居家單貧嘗因大風雨散錢飛
至其家來觸籬援誤落餘處拾而得之尋後巨富錢至數
千萬遂擅名於江表

三輔黄圖曰金寶一銀寶二龜寶三貝寶四布寶五泉寶
六凡寶貨六種卌八品煩碎難行乃罷本貨五百枚爲重
十二斤百姓安之
關駰十三州志曰青州平原國和帝延平九年以封子懷
王勝風俗與舊齊同然吏猒倍於他民給衛士吏賦狐肉
稍從假錢積至萬餘歲竟交代吏無償意衛士恨恚取狐
肉沃以酒從而呪之曰狐肉狐肉尾斯尾斯身軀雖小錢
多吏闇之恐乃償之錢
盛弘之荊州記曰義熙十二年有童子羣浴南陽淯水忽
岸邊有錢出如流沙因競取之手滿放地尋復行去乃以
衫衣褁縛各有所得
王韶之始興記曰勞口東岸有石四方高百餘仞其狀如
臺父老相傳此石昔有三人伐木以作橋於石頂戲見數

甕錢共取半甕還劉道真
錢塘記曰防海大塘郡議曹華信家富乃議立此塘以
防海水信始開募有致土石一斛即與錢一斗旬日之間
來者雲集塘未成而譎去不復取於是載土者皆弃置而
去塘以之成既遏絶湖漁一竟蒙利縣遷治餘姚王莽時
縣名泉亭於是改爲錢塘百姓懷德立碑塘所至今猶在
地境圖曰錢銅之氣望之如有青雲
又曰望錢千萬以上如車十萬之精如一素木萬錢精蓋
地如甕江津上便宜曰夫錢之爲物無益飢寒之用而儲
之家利其不朽古今行之蓋亦由此又便交宜易小市之
宜誠勝寸裂尺斷破爲大小也過此以往無所一用軍國
唯穀與帛錢雖可積未急實也
殷仲堪集太子令曰朝廷遂爲吾營宫室顧省不才而大

興役費深用愧惕冬氣已應作者殊常寒苦可使監殿舍
人一月賫酒肉稱勞賜之吾蒙月俸錢上生塵無所用之
可以供事
晉魯褒錢神論曰大矣哉錢之爲體有乾坤之象其積如
山其流如川動静有時行藏有節并使易不患耗折故親
如兄弟字曰孔方失之則貧弱得之則富昌無翼而飛無
足而走解嚴毅之顔開難發之口錢多者居前錢少者居
後
綦毋氏論錢曰黄銅中方叩頭對曰僕自西方庚辛分土
諸國處處皆有長沙越嶲僕之所守黄金爲父白銀爲母
鉛爲長男錫爲少婦伊我初生周末時也景王尹世大鑄
茲世貧人見我如病得醫飢饗大牢未之喻也
成公綏錢神論曰路中紛紛行人悠悠載馳載驅唯錢是

求朱衣素帶當塗之士愛我家兄皆無能已執我之手許分終始不計優劣不論能否賓客輻湊門常如市諺曰錢無耳何可闇使豈虛也哉

趙壹疾邪賦曰文籍雖滿腹不如一囊錢

曹植樂府歌曰巢許蔑四海商賈爭一錢

鄭氏婚禮謁讚文曰金錢爲質所歷長久金取和明錢用不止

貲財

周禮地官下司關曰司關司貨賄之出入

後漢書曰樊重字君雲世善農稼好貨殖重性溫厚有法度三世共財子孫朝夕禮敬常若公家其營理產業物無所棄課役童隷各得其宜故能上下戮力財利歲倍

管子曰倉廩實知禮節國足則遠者來衣食足則知榮辱矣不務天時則財不生不務地利則倉不盈

又曰桀有天下而用不足湯有七十里用有餘而非獨爲湯兩粟地非獨爲湯出財物

尸子曰農夫比粟商賈比財烈士比義

列子曰端木子貢之世也籍其先貲家累萬金放意所好生民所無不爲也庖廚之下不絕烟火堂廡之上不絕聲樂行年六十乃棄其家事都散庫藏及其死也無埋瘞之資

孫卿子曰仁義禮智之於人也譬若財貨粟米之於家也多有者富少有者貧至無有者窮

文子曰使信士分財不如探籌使廉士守財不如閉戶羽翼美傷其骨枝葉茂害其根憂河之涸泣以益也

呂氏春秋曰白公愛財若梟之愛子梟養子長則食母白公得荊府庫不分人

家語曰南宮敬叔以富得罪於定公而奔衛夫子聞之曰若其以貨喪不若速貧之愈也喪亡位也

又曰孔子曰自季孫賜我千鍾而交益親以賜於衆故益親自南宮敬叔之乘我以車也而道加行

說苑曰安陵纏得寵於楚恭王江乙謂纏曰吾聞以財事人者財盡而交疎以色事人者華落而寵衰子安得長被幸乎

鹽鐵論曰荊陽南有桂林之饒內有江湖之利左陵陽之金右蜀漢之材吳越之 隋唐之林不可勝用江湖之魚萊黃之鮐不可勝食隴蜀丹沙毛羽荊陽皮革骨象江南柟梓竹箭燕齊魚鹽旃裘兗豫漆絲絺紵養生奉終之具也待商而通

潛夫論曰富貴人爭附之貧賤人爭去之富貴而交者上有稱舉之用下有貲財之益與貧賤交者大有賑貸之費小有假貸之損故富貴易爲交貧賤難得適

又曰炎帝爲市聚天下之貨各得其所

孫綽子曰命駕而遊五都之市天下之貨畢陳矣

風俗通曰陳留有富老年九十無男娶田家女爲妻一交即氣絕後生得男其女曰我父死時年尊何一夕便有子爭財數年不決丞相邴吉出上殿決獄云老翁兒無影亦復畏寒于時八月取同歲小兒俱解衣裸之老翁兒獨呼寒復令並行日中無影因以財與男

又曰沛中有富豪家貲三千萬小婦子是男又早失母其大婦女甚不賢公病困恐死後必當爭財男兒判不全得因呼族人爲遺令云悉以財屬女但以一劒與男年十五

以付之兒後大姊不肯與劒男乃詣官訴之司空何武曰劒所以斷決也限年十五有智力足也女及壻温飽十五年已幸矣議者皆服謂武原情度事得其理

太平御覽卷第八百三十六

太平御覽卷第八百三十七

百穀部一

穀

周易曰日月麗乎天百穀草木麗乎土
尚書曰稷降播種農食嘉穀
毛詩谷風信南山曰既沾既足生我百穀
毛詩甫田曰播厥百穀既庭且碩曾孫是若
周禮天官曰太宰以九職任萬民一曰三農生九穀鄭司農云九穀稷黍秫稻麻大小豆大小麥凡王之膳食用六穀鄭司農六稻黍稷粱麥苽苽彫胡也
藥養其病鄭玄注五穀麻黍稷麥豆
又夏官曰職方氏掌天下之圖辯其邦國都鄙九穀之數
楊州荆州其穀宜稻豫州并州其穀宜五稷鄭玄云黍稷麥稻菽
青州其穀宜稻麥兗州其穀宜四種黍稷稻麥雍州冀州其穀

宜稷幽州其穀宜三種黍稷稻
禮記月令曰孟春天子乃以元日祈穀于上帝孟夏驅獸
無害五穀獸麋鹿之屬食穀苗驅之令勿害也孟秋農乃登穀天子嘗新先
薦寢廟黍稷之屬於是始熟
又王制曰五穀不時不鬻於市
又樂記曰夫古者天地順而四時當民有德而五穀昌疾
疢不作而無妖祥德盛而教尊五穀時熟然後賞之以樂
大戴禮曰黄帝播百穀草木節用水火財物生而民得其
利百年民畏其神百年亡而民用其教百年故曰三百年
又曰食氣者神明而壽食穀者智惠而巧不食者不死
禮斗威儀曰君乘木而王則草木豐茂嘉穀並生也
左傳襄公曰秦伯之弟鍼謂趙文子曰鍼聞之國無道年
穀和熟天贊之也鮮不五稔

又曰晉范宣子爲政賦黍苗季武子興再拜稽首曰小國
之仰大國也如百穀之仰膏雨也
穀梁傳襄公二十四年曰京師大飢五穀不升爲大飢升成
也一穀不升謂之嗛嗛不足貌二穀不升謂之飢三穀不升謂
之饉四穀不升謂之康康虛也五穀不升謂之大侵
春秋繁露曰金干土則五穀傷土干金則五穀不成
春秋佐助期曰咸池主五穀
爾雅曰中有岱岳與其五穀魚鹽生焉穀不熟爲飢仍飢
爲荐郭璞注曰言泰山有魚鹽之饒也不熟五穀不成荐連歲不成也
周書曰凡禾麥居東方黍居南方稻居中央粟居西方菽
居北方
史記曰黄帝考定星曆立五行民神易業敬而不黷故神
降之嘉生嘉穀也

又曰齊桓公欲封禪管仲曰今鳳皇不來嘉穀不生而還
蓬蒿藜莠茂鴟梟數至
又曰留侯性多病即導引不食穀服辟穀藥而靜居行氣
漢書晁錯曰粟米布帛生於地長於是聚於力非可一日
成也數石之重中人弗勝不爲姦邪所利一日弗得而飢
寒至是故明君貴五穀而賤金玉今海内爲一土地人民
之衆不減湯禹加以亡天災數年之旱而蓄積之未及也
何也地有遺利民有餘力生穀之土未盡墾山澤之利未
盡出也游食之人未盡歸農也
又曰宣帝即位歲數豐穰穀至石五錢
東觀漢記曰永平十五年上始欲征匈奴與竇固等議出
兵調度皆以爲塞外草美可不須穀馬榮軍出塞無穀馬

出征案其奏言匈奴候騎得漢矢見其中有粟知漢兵出以故引去以是言之馬當與穀上善其用意微緻即下調馬穀防遂見親也

又曰建武初穀食尚少趙孝得穀炊將熟令弟禮夫妻出㞷還孝夫妻共蔬食茹菜禮夫妻來輙獨飴之積久禮心疑㥯後同掩見亦不復肯出兄弟怡怡鄉里歸德

華嶠後漢書曰馬援在河西有穀數萬斛乃歎曰凡殖財者貴以施也否則守錢虜耳

袁宏漢紀曰赤眉亂後關中大饑黃金一斤易五升穀

後漢書曰董卓築塢於郿高原七丈號曰萬歲塢（今案塢舊基高一丈周迴一里一百步也）積穀爲三十年儲自云事成雄據天下不成守此足以畢老

又曰王莽末天下大飢建武二年天下野穀旅生麻菽尤盛

魏志曰自遭荒亂率乏糧穀曹公曰夫定國之術在於強兵足食秦人以急農兼天下孝武以屯田定西域此先世之良式也是歲乃募民屯田許下得穀百萬斛於是郡列置田官所在積穀

又曰袁曜卿爲魏國郎中令及卒太祖爲之流涕賜穀二千斛一教以太倉穀千斛賜郎中令家一教以垣下穀千斛與曜卿家外不解其意教曰以太倉穀者官法也以垣下穀者親舊也

又曰袁譚以王脩爲別駕太祖破鄴籍沒審配等家財物貲以萬數破南皮閲脩家穀不滿十斛

又曰高堂隆諫祿賜穀帛人主之所以惠養吏民而爲之司命若今有廢是奪其命

又曰甄皇后三歲失父後天下兵亂飢饉百姓皆賣金銀珠玉寶物時后家大有儲穀頗以買之后年十餘歲白母曰今世亂而多買寶物匹夫無罪懷璧爲罪又左右皆飢乏不如以穀振給親族鄰里廣爲恩惠舉家稱善

曹瞞傳曰太祖嘗賦廩穀不足私謂主者如何主者曰可以小斛以足之後軍中言太祖欺衆太祖謂主者曰借汝一死厭衆乃徇曰小斛盜官穀即斬之

江表傳曰諸葛亮聞恪代徐詳書與陸遜曰家兄年老而恪性疎今使典主粮穀糧穀軍之要最僕雖在遠竊用不安足下特爲啓至尊轉之

王隱晉書曰鄧攸爲吳郡太守吳人飢荒攸輙出臺倉穀振之後被劾攸曰善不可爲也

三國典略曰後梁有何山者其射之妙人莫能及有烏噪於庭樹蕭詧惡之謂山曰射中者賜一車穀其烏巢並於枝上山曰脫一箭中兩請賜兩車因無車牛願官爲送詧許之於是山射中其二項詧甚欣悅即令載穀送之

後魏書曰韋珎遷顯武將軍郢州刺史在州有聲績朝廷嘉之遷龍驤將軍賜驊騮二疋帛五十五疋穀三百斛珎乃召集州內孤貧者謂曰天子以我能綏撫鄉故賜以穀帛吾何敢獨當遂以所賜悉分與之

北史曰盧義僖寬和畏慎不妄交款性情儉素不營財利少時幽州頻遭水旱先有數萬石穀貸人義僖以年穀不熟乃燔其契州閭悅其恩德雖居顯位每至困乏麥飯蔬食忻然甘之

唐書曰長壽二年元日大雪其夜質明而晴上謂侍臣曰俗云元日有雪則百穀豐未知此語有何故實文昌左丞

姚璹對曰氾勝書太雪是五穀之精以其汁和種則年穀大穰又宋孝武帝大明五年元日降雪以爲嘉瑞上曰朕臨御萬方心存百姓如得年登歲稔此即可爲大瑞雖獲麒麟鳳亦何用爲

墨子曰一穀不收謂之饉二穀不收謂之旱三穀不收謂之凶四穀不收謂之五穀不收謂之饑饉則大夫以下損祿五分之一旱則三凶則四饑則盡祿廩食而已

孔叢子曰魏王問子慎曰寡人聞昔上天神異后稷而爲之下嘉穀周遂以興往中山之地無故有穀非人所爲云天雨之反以亡國何若曰天雖至神自古及今未聞其下穀與人也詩美后稷能大教民種善穀以利天下所謂稷降播種農殖嘉穀其義一也若中山之穀妖怪之事非所謂天祥也

管子曰常山之東河汝之間早生而晚殺五穀之所蕃孰也

陳子要言曰食穀而鄙田衣帛而笑蠶是大惑也○范子計然曰五穀者萬民之命國之重寶也是故無道之君及無道之臣其不能積其盛有餘之時以待其衰不足

星經曰八穀八星在五車北(主黍稷稻梁麻麥烏麻星明則熟)

師曠曰杏多實不蟲者來年秋善五穀之先欲知五穀但視五木擇其木盛者來年益種之

京房五星占曰五穀俱傷何君無德也

京房易逆刺曰天雨穀歲大熟

淮南子曰木勝土土勝水水勝火火勝金金勝木故禾春生秋死(禾木也木王而生金王而死也)菽夏生冬死(菽火也火王而生水王而死也)麥秋生夏死(麥金也金王而生火王而死也)薺冬生仲夏死(薺水也水王而生土王而死也)

又曰稷墾草發菑糞土樹穀使五穀之五重各得宜因也之勢也

又曰女夷鼓歌(女夷天帝之女下司時和春陽喜樂鼓歌也)以司天和以長百穀禽獸草木孟夏之月以䒼穀本雄鳩長穀爲帝候歲(雄鳩養長穀之鳥也)

金樓子曰蠶官者欲民之死蓄穀者欲歲之飢船漏水入囊洞内虛也

說苑曰楚魏會於晉陽將以伐齊王患之使人召淳于髡曰楚魏謀欲伐齊願先生與寡人共之淳于髡大笑而不應三問而不應王怫然作色曰先生以寡人國爲戲乎淳于髡對曰臣不敢以王國爲戲也臣笑隣之祠田也以奩飯與一鮒魚其祝曰下田洿耶得穀百車蠏(戶買反)塊(口對反)者宜禾臣笑其所以祠者少而求者多王曰善賜之千金革車百乘立爲上卿

山海經曰都廣之野百穀自生冬夏播琴(郭璞注曰其城方三百里蓋天地之中素女所出也播琴猶播殖方俗言耳)

揚雄方言曰凡以火乾五穀之類出自山東齊楚以往曰熬隴冀以往曰煏(平力切)秦晉之間曰焣(創眇切)

楊泉物理論曰穀氣勝元氣其人肥而不壽養性之術常使穀氣少則病不生矣梁者黍稷之總名也稻者溉種之總名菽者衆豆之總名三穀各二十種爲六十蔬果之實助穀各二十斤爲百穀故詩曰播厥百穀穀者衆種之大名也

說文曰稑(音六)疾熟也穀續也百穀總名也

賈誼書曰至于神農嘗百草之實察酸苦之味教民食穀○氾勝之書曰雪者五穀之精

又曰小豆忌卯稻麻忌辰禾忌丙秫忌未小麥忌戌大[illegible]

忌子
桓譚新論曰世俗咸言漢文帝澤加黎庶穀至石數錢
論譚曰謂天雨穀從天而下應變而生非也夫雲出於山
散而爲雨人見從天墜謂雨水也夏日則雨冬寒則凝爲
雪發於丘山不從天降明矣穀從地起與疾風俱飄集於
地人謂天之雨也建武三十一年陳留雨穀蔽地視穀形
如米而黑此夷狄地所生穀也夷狄不食穀生於草野成
熟委於地遭疾風之俱飛衰穀集中國中國見之謂天雨
穀
世要論曰學不勤則不知道耕不力則不得穀
又曰服一綵則念女工勞御一穀則恤農夫勤
兵書曰軍中地生五穀將軍得天道大吉
夢書曰五穀爲財飲食物夢見穀得財吉五穀入家家當

盛
殷氏世傳曰殷謖字伯起遭世衰亂埋穀數百石後謖爲
賊所執見掠責具以穀告之賊猶嫌其未實欲刃焉謖乃
譬曰御行劫害當知人心豈有出財還自殺耶則知其誠
遂免
羊祜別傳曰祜周行賊境七百餘里往反四十餘日刈賊
穀以爲軍糧皆計頃畝送絹還直使如穀價
風俗通曰建武之初旅穀弥望野繭被山
盛弘之荆州記曰桂陽郡西北接耒陽縣有温泉其下流
百里恒資以溉灌常十二月一日種至明年三月新穀便
登重種一年三熟
博物志曰馬食穀則足重不能行
又曰扶海洲上有草焉名曰蒒其實食之如大麥從七月
稔熟民斂穫至冬乃訖名曰自然谷或曰禹餘糧
又曰孝元竟寧元年南陽山都雨穀小者如黍粟而青黑
味苦大者如米豆赤黃味如麥下三日生根葉狀如大豆
初生時
幽明録曰琅耶諸葛氏兄弟二人寓居晉陵家甚貧穉常
假乞自給穀在囷中計日用未應盡而早以空罄始者
謂是家中相竊盜復封檢題識而耗如初後有宿客遠來
際夕至巷口見數人擔穀從門出客借問諸葛在否答云
悉在客進內言語之後因問御何得大糴穀主人去告乞
少穀欲充口去何復得糴之客去吾向來逢見數人擔穀
從門出若不糴者爲何事主人兄弟相視竊自疑怪試入
看封題儼然如故試開囷量視即無十許斛知前後所失
非人爲之

異苑曰凉州張駿時天雨五穀殖之悉生因名爲天麥
張衡東京賦曰所貴唯賢所寶唯穀
曹植謝賜穀表曰詔書念臣經用不足以船河邸閣穀五
千斛賜臣
謝玄書奉白糧穀十斛是釣池上之所種

太平御覽卷第八百三十七

太平御覽卷第八百三十八

百穀部二

米　麥

米

後漢書曰帝因西征隗囂至漆（漆縣屬右扶風）諸將多以王師之重不宜遠入險阻計猶豫未決會召馬援夜至帝大喜引入具以群議質之援因說隗囂將帥有土崩之勢兵進有必破之狀又於帝前聚米爲山谷指畫形勢開示衆軍所從道徑往來分析昭然可曉帝曰虜在吾目中矣明旦遂進軍囂衆大潰

又曰獻帝時三輔大旱帝避正殿請雨遣使者洗囚徒原輕繫（洗謂蕩滌也）是時穀一斛五十萬豆麥一斛二十萬人相食啖白骨委積帝使御史侯汶出太倉米豆爲飢人作糜粥經日而死者無數帝疑賦卹有虛乃親於御坐前量試作糜乃知非實（袁宏漢記曰時勑侍中劉艾取米豆五升於御前作糜得滿三盂於是詔尚書曰米豆五升得糜三盂而人委頓何也）使侍中劉艾出讓有司於是尚書令以下皆詣省閤謝奏收侯汶考實詔曰未忍致汶于理可杖五十自是之後多得全濟

宋書曰晉平王休祐素無才能強梁自用大明之世年尚少未得自專至是貪淫好財色在荊州裒刻所在多營財貨以短錢一百賦民田登就求白米一斛米粒皆令徹白若有破折者悉刪簡不受民間糴此米一升一百至時又不受米評米責錢凡諸求利皆悉如此

又曰徐齊耕晉陵人也元嘉二十一年大旱人飢耕詣縣陳辭以米千斛助官振貸縣爲言上當時議以耕比漢卜式詔書褒美酬以縣令大明八年東土飢東海嚴成東苑王道益各以私穀五百餘斛助官振卹

梁書曰任昉爲新安太守爲政清省吏民便之卒於官唯有桃花米二十斛無以爲斂遺言不許將新安一物還都

南史曰孔覬後爲司徒左長史弟道存代覬爲後軍長史江夏內史時東土大旱都邑米貴一升將百錢道存慮覬甚乏遣使載五百斛米餉之覬呼使謂之曰我在彼三載去官之日不辦有路糧卿至彼未幾那能便得此米即可載還彼吏曰自古已來無有載米上水者都下米貴乞於此貨之不聽吏乃載米而去

梁書曰庾詵嘗乘舟從沮中山舍還載米一百五十石有人寄載四十石及至宅寄載者曰君四十斛我百五十斛詵嘿然不言恣其取足隣人有被執爲盜見劾妄款詵矜之乃以書質錢二萬令門生詐爲其親代之酬備隣人獲免謝詵曰矜天下無辜豈期謝也

又曰張率嗜酒不事於家務尤忘懷在新安遣家僮載米三千石還吳宅及至耗太多率問其故答曰雀鼠耗率笑而言曰壯哉雀鼠竟不研問

南史隱逸傳曰陶潛爲彭澤令郡遣督郵至縣吏白應束帶見之潛歎曰我不能爲五斗米折腰向鄉里小人即日解印綬去職賦歸去來以遂其志

後魏書曰崔浩自撰食經序曰余備位台鉉與參大謀賞獲豐厚牛羊蓋澤貲累巨萬衣則重錦食必粱肉遠惟平生思季路負米之時可復得乎故序遺文垂示來世

北史曰齊文宣帝崩當朝文士各作挽歌十首擇其善者而用之魏收陽休之祖孝徵等不過得一二首唯盧思道獨有八篇故時人稱爲八美盧郎

唐書曰李峴爲京兆尹所在皆著聲績天寶十三載連雨
六十餘日宰臣楊國忠惡其不附己以雨灾歸咎京兆尹
乃爲長沙郡太守時京師米麥踴貴百姓謠言曰欲得米
粟賤無過追李峴爲其政得人心如此
又曰張万福爲泗州刺史魏州飢父子相賣餓死者接道
万福曰魏州吾鄉里也安可不救令其兄子將米百車往
餧之又使人於汴口求魏人自賣者給車牛贖而遣之
又曰陽城嘗約其二弟云吾所得月俸汝可度吾家有幾
口月食米當幾何買薪菜鹽米凡用幾錢先具之其餘悉
以付酒媼無留也未嘗有所蓄積
說苑曰子路曰負重道遠者不擇地而休家貧親老者不
擇祿而仕昔者由事二親之時常食藜藿之實而爲親負
米百里之外親沒之後南遊於楚從車乘積粟萬鍾累茵

而坐列鼎而食願食藜藿爲親負米之時不可復得也枯
魚銜索幾何不蠹二親之壽忽如過隙草木欲長霜露不
停賢者欲養二親不待故曰家貧親老不擇祿而仕也
呂氏春秋曰孔子窮於陳蔡之間藜羹不糝七日不嘗粒
晝寢顏回索米得而爨之幾熟孔子望見顏回攫其甑
中而飯之選間食熟謁孔子而進食孔子起曰今者夢見
先君食潔欲饋回曰可嚮者煤炱入甑中回以爲弃之則
不可置之則不潔因攫而食之孔子歎曰人所信者目也
而目猶不可信所恃者心也而心猶不足恃弟子記之知
人固不易
水經曰會稽有射的山遠望狀若射侯故謂射的射的之西
有石室名之爲射堂年登否常占射的以爲貴賤之准的
明則米賤的闇則米貴故諺云射的白斛米百射的玄斛

米千

麥

毛詩鄘柏舟桑中曰爰採麥矣沬之北矣
又載馳曰我行其野芃芃其麥
又思文曰思文后稷克配彼天立我烝民莫匪爾極貽我
來牟（牟麥也）
禮記月令曰孟夏之月天子以彘嘗麥孟春行冬令則首
種不入（蔡邕章句曰首種爲宿麥也）
左傳桓公曰夏四月鄭祭足帥師取溫之麥（溫周蘇氏之地）
又文下曰魯襄仲如鄭拜穀之盟復曰吾聞鄭人將食魯
之麥
又成上曰晉侯夢大厲公召桑田巫巫曰不食新麥矣六
月丙午晉侯欲麥使甸人獻麥召桑田巫示而殺之將食

張如廁陷而卒
春秋佐助期曰麥神名含福姓習
春秋說題辭曰麥之爲言殖也寢生觸凍而不息精射刺
直故麥含芒生且立也
尚書大傳曰秋昏虛星中可以種麥
孝經援神契曰黑墳宜黍麥
周書曰四月孟夏王初祈禱于岱宗乃嘗麥于廟
史記曰箕子朝周過故殷墟感生禾黍箕子傷之欲哭則
不可欲泣爲其近婦人乃作麥秀之詩以歌詠之其詩曰
麥秀漸漸兮禾黍油油
漢書曰武帝外事四夷而民去本董仲舒說上曰春秋他
穀不書至於麥禾不成則書之以此見聖人於五穀最重
宿麥今關中俗不好種麥願陛下幸詔大司農使關中民

益種宿麥無令後時
東觀漢記曰高鳳字文通南陽葉人誦讀晝夜不絕妻嘗
之田暴麥於池以竿授鳳令護雀鳳受竿誦經如故天大雷
暴雨流潦鳳留意在經忽不視麥麥隨水漂去
又曰第五倫免歸田躬與奴共發株棘田種麥
又曰董宣爲洛陽令卒官詔遣使視唯見布被覆屍妻子
對哭有大麥數斛
又曰鄧禹平三輔粮乏王丹上麥二千斛禹高其節義表
丹領左馮翊
又曰張堪爲漁陽太守勸民耕種以致殷富百姓歌曰桑
無附枝麥穗兩岐張君爲政樂不可支
續漢書曰羊續爲南陽太守妻與子祕俱往郡舍續閉門
不納妻自將祕行其資藏唯布衾弊裯鹽麥數斛

又曰桓帝時童謡曰小麥青青大麥枯誰當穫者婦與姑
丈夫何在西擊胡後西羌大至抽丁以征之
袁山松後漢書曰范丹字史雲外黄人使兒捃麥得五斛
鄉人尹臺遺之一斛囑兒莫道丹後知即令并送六斛言
麥已雜遂誓不取
王隱晉書曰王褒字偉元諸生有密爲褒刈麥者褒遂弃
之於是莫敢復佐
晉書載記曰京兆杜洪竊據長安自稱晉征北將軍雍州
刺史戎夏多歸之苻健密圖關中懼洪知之乃僞受石祗
宮室於枋頭課所部種麥示無西意有知而不耕種者健
殺之以徇
晉起居注曰咸康三年河北謡曰麥入土殺石虎
又曰太康十年嘉麥生扶風郿一莖四穟收實三倍

崔鴻十六國春秋前凉録曰張駿九年雨五穀于武威
燉煌種之皆生因名天麥
又前秦録曰初苻健聞桓温之來伐也芟麥以待之故温
掠無所得軍人大飢
又曰新羅王遣使貢其方物在百濟東去長安九千八百
里其人食麥
又前凉録曰永嘉元年嘉麥一莖九穗生姑臧
三國典略曰李岳字祖仁官至中散大夫嘗爲門客所説
舉錢營生廣收大麥載赴晉陽候其寒食以求高價清明
之日其車方達又從晉陽載化生向鄴城路逢大雨並化
爲泥息利既少乃至貧迫當世人士莫不笑之
陳書曰侯景亂時吴明徹有粟麥三千餘斛而隣里飢餒
乃白諸兄曰今人不圖久奈何不與鄉里共此於是計口

平分同其豐儉羣盗聞而避焉賴以存者甚衆
後周書曰大象末有強練師以無底囊歷長安市告乞市
以米麥遺之隨即漏地人或問其故強練曰但令諸人見
盛空耳　隋初遷都龍首山長安遂空矣
隋書曰張文詡隱居嘗有人夜中竊刈其麥者見而避之
盗因感悟棄麥而謝詡慰諭之自誓不言固令持去經數年
盗者向鄉人論之始爲遠近所悉隣家築牆心有不直文
詡因毀舊堵以應之
唐書曰開元十三年河南府壽安縣人劉懷家有大麥六
畝先熟與衆麥殊色其中有兩岐三岐四岐六岐者
又曰元和九年六月三日宰臣武元衡爲盗所害先是長
安謡曰打麥麥打三三三既而旋其袖曰舞了也解者謂
打麥者打麥時也麥打者蓋謂闇中突擊也三三三謂六

月三日也鋅了者謂元衡之卒也
又曰西女國每十月令巫者齎肴詣山中散糟麥於空大
呪呼鳥俄而鳥如雞飛入巫者之懷因剖腹而視之每有
一穀來歲必登若有霜雪必有災異其俗信之名爲鳥卜
又曰吐谷渾地氣大寒不生秔稻有青麥畏（烏瓦切）麥豋（豋音豆）

小麥蕎麥

莊子曰大儒以詩禮發冢小儒曰口中有珠詩曰青青之
麥生於陵坂生不布施死何含珠爲
淮南子曰濟水通和而宜麥
又曰三春之月天子衣青衣乘青龍食麥與羊
秦子曰孔文舉爲北海相有人母病差思食新麥家無乃
盜隣熟麥而進之文舉聞特賞之
家語曰宓子賤爲單父宰百姓化之齊人攻魯道由單父
老請曰麥已熟矣今齊寇至不及人人自收其麥請放民皆
使出穫傅郭之麥可以益粮且不資寇三請而宓子不聽
俄而寇逮于麥季孫聞之怒使人讓之宓子蹙然曰令兹
無麥明年可樹若使不耕者得穫是民樂有寇也且單父
一歲之麥於魯不加強喪之不加弱使民有自取之心其
創必數世不悉季孫聞之赧然媿曰地若可入吾豈忍見
宓子哉（賈誼書同）
廣雅曰大麥麰也小麥麳也
呂氏春秋曰得時之麥長稠而頸墨二七以爲行而服薄
穗而赤色稱之重食之致香以息使人肥且有力
范子計然曰東方多麥南方多稷西方多麻北方多菽中
央多禾五土之所宜也
說文曰麥芒穀秋種厚薶故謂之麥麥金也金王而生火

王而死從來有穗者從夊（思隹切）麰居所受來牟也一麥二
縫象其芒刺之形天所來也麩（麩音結）堅麥也麲（麲音瓚）小麥屑皮
也麰麮麥也麷麥覆屑也十三斤爲三斗從麥商聲麷煮
麥也麩麥白煑也稍麥莖也
廣志曰虜小麥其實大麰似大麥形有二縫秔麥似大麥
出涼州旋麥三月種八月熟出西方赤麥赤而肥出鄭縣
有半夏小麥有秀芒大麥有黑穬麥
吳氏本草曰大麥一名穬麥五穀之盛無毒治消渴除熱
益氣食蜜爲使麥種一名小麥無毒治利而不中
氾勝之書曰凡田六道種麥爲首子欲富黃金覆謂蠒紫
種麥根也夏至後七十日寒地可種宿麥
又曰麥早種而虫有節晚種穗小而少讀麥種以酢漿無
虫冬雪止稀其雪忽從風飛去則麥耐旱
崔寔四民月令曰六月初伏薦麥瓜於祖禰
陳留耆舊傳曰高順字孝父躬厚少華子式至孝蝝蝗爲
灾不食式麥
英雄記曰呂布令韓暹楊奉取劉備地麥以爲軍資
曹瞞傳曰太祖曾行麥中令士卒無敗麥犯者死騎士皆
下馬持麥以相付太祖馬騰入麥中太祖曰孤爲軍帥不
可殺請自刑因援劍割髮以置地
諸葛恪別傳曰孫權嘗饗蜀使費禕禕停食餅索筆作麥
賦恪亦請筆作磨賦咸稱善
西域諸國志曰天竺一以十一月六日爲冬至則麥秀十二
月十六日爲臘則麥熟
博物志曰啖麥令人多力
又曰近世有田夫至巧削木爲麥入市糴之糴者無疑歸

麥乃覺非麥

搜神記曰麥之爲蛺蝶由于濕也尒則萬物之變皆有也農夫止麥之化者漚之以灰聖人理萬物之化者濟之以道。孔融教高密令曰高密侯國賤言鄭國增門之崇令容高車結駟之路出麥五斛以酬執事者之勞

太平御覽卷第八百三十八

太八百三十八　九　書二

太平御覽卷第八百三十九

百穀部三

禾　稻　秔　秫

禾

尚書微子之命曰：唐叔得禾，異畝同穎，獻諸天子。王命唐叔歸周公于東，作歸禾。

又金縢曰：周公居東，秋大熟未穫，天大雷電以風，禾則盡偃。王啓金縢，得周公代武王之説。王出郊，天乃反風，禾盡起。

尚書大傳曰：成王時有苗異莖而生，同爲一穟，大幾盈車，長充箱。人有上之者，王召周公而問之。公曰：三苗爲一穟，抑天下其和爲一乎？果有越裳氏重譯而來。

毛詩甫田曰：禾易長畝，終善且有。（易，治也。長，竟畝也。）

禮記檀弓下曰：季子皐葬其妻，犯人之禾。申祥以告曰：請庚之。子皐曰：孟氏不以是罪予，朋友不以是棄予，以吾爲邑長於斯也。買道而葬，後難繼也。

左傳隱公曰：夏四月，鄭祭足帥師取溫之麥（溫，周地，蘇氏邑也）；秋又取成周之禾。

春秋運斗樞曰：旋星明，則嘉禾液。（春秋感精符曰：日下流於地，則嘉禾興。）

春秋説題辭曰：天文以七，列精以五，故嘉禾。禾之滋莖長五尺五，七三十五，神盛，故連莖三十五穗，以成盛德，禾之極也。

又曰：禾者，銜滋液。（銜滋液以生，故以和穀爲名也。）

孝經援神契曰：德下至地，則嘉禾生。

春秋繁露曰：禾實於野，粟鈙於倉，皆奇恠，非人所意乎，此可畏也。

史記封禪書曰：管仲説桓公曰：古之封禪，北里禾所以爲盛。（蘇林注曰：北里，地名。）

漢書曰：武帝外事四夷，四民去本，董仲舒説上曰：春秋他穀不書，至於麥禾不成則書之，以見聖人於五穀最重麥與禾。

又郊祀志曰：王莽篡位，興神仙事，種五粱禾於殿中，各順其色，置其方面，煑二十餘物漬種，計粟斛成一金，言此黃帝穀仙之術。

又曰：莽使中郎平憲誘羌還，云天下太平，一禾長文餘，故乞內屬。

續漢書曰：承宮字少子，瑯耶人，嘗在蒙陰山中耕種禾黍，臨熟，人認之，宮便推與而去，由是發名也。

東觀漢記曰：光武以建平元年生於濟陽縣，是歲有嘉禾生，一莖九穗，大於凡禾，縣界大熟，因名上曰秀。

又曰：淳于恭字孟孫，有盜刈禾，恭見之，恐其愧，因伏草中，盜去乃起。

後漢書王符論曰：夫養稂莠者傷禾稼，惠姦宄者賊良人。

又曰：蔡茂初在廣漢，夢坐大殿，殿極上有三穗禾，茂跳取之，得其中穗，輒復失之。（屋之大者，古通呼爲殿也。極，殿梁也。三輔間謂屋梁爲極。以問主簿郭賀，賀離席慶曰：大殿者，官府形象也。極而有禾，人臣之上祿也。取中穗，是中台之位也。於字禾失爲秩，曰失之，所以得祿秩也。袞職有闕，君其補之。旬月而茂徵焉。）

吳志曰：赤烏七年，宛陵言嘉禾生；會稽始平言嘉禾生，改年爲嘉禾。

晉書曰：庾袞居貧，禾熟，穫者已畢，而採捃尚多，袞乃引其羣子以退，曰：待其間，及其捃也，不曲行，不旁掇，跪而把之，則亦大獲。又與邑人入山拾橡，分夷險，序長幼，推易居難，禮

無遺者
臧榮緒晉書曰朱沖字巨容躬植禾藝疏鄰牛侵犯持芻
送牛而無恨色
晉起居注曰武帝世嘉禾三生其七莖同穗
晉中興徵祥說曰王者德盛則嘉禾生（嘉禾仁卉也）義熙十三年
肇縣民宋曜於田中獲嘉禾九穗同本九穗九州是時羌
平六合寧
後魏書曰許謙字元遜代人也子洛陽為鴈門太守家田
三生嘉禾皆異壟合穎世祖善之進爵北地公也
北史曰趙肅授原州總管司馬在道夜行其左右馬逸入
田中暴人禾輙駐馬待明訪禾主酬直而去
唐書曰朔方節度郭子儀言寧朔縣界荒地廣十五里有
黑禾穀出遍地每日側近百姓掃盡經宿還生前後可得

五六千石其禾圓實味甘美臣以為天啓興王先瑞百穀
故漢稱兩粟周頌來麰豈若瑞禾自出家給人足蓋陛下
富教安人務農敦本光復社稷康濟黎元之應也
又曰代宗為皇太子乾元初上降誕豫州奏百姓李氏有
嘉禾生及是冊禮特詔改名穰
又曰永泰元年秋京兆府上言鄠縣嘉禾生穗長一尺餘
穗上粒重疊如連珠
又曰馬燧大曆四年為懷州刺史乘兵亂後其夏大旱人
失耕種燧乃務教化將吏有父母者燧輙造之施敬收瘞
暴骨去其煩苛至秋田中生稆禾人頗便之（稆音呂禾再生也）
又曰元和中東川觀察使潘孟陽上言龍州武安川中嘉
禾生有麟食之復生麟之來一鹿引之群鹿隨焉光華不
可正視畫工就圖之并嘉禾一函以獻

淮南子曰后稷辟土墾草以為百姓力農然而不能使禾
冬生
又曰洛水輕利而宜禾
又曰夫子見禾之三變（夫子孔子也三變始於粟生於苗苗成於穗也）滔滔然
曰狐鄉丘而死我其首禾乎禾穗垂而向根君子不忘本也
呂氏春秋曰飯之美也玄山之禾
山海經曰崑崙墟上有木禾長五尋（郭璞注曰木禾穀類也）
白虎通曰德至於地則嘉禾生嘉禾者大禾也
說文曰禾嘉穀也二月始生八月而熟得時之中故謂之
禾禾木也木王而生金王而死稹早種也穎禾末也穀禾皮
也稈禾莖也稾稈也
會稽典錄曰沈勳身自耕耘以供衣食人有盜穫其禾勳
見而避之明日更收拾送致其家盜者愧懼齎還不受

六韜曰人主好田獵則歲多大風禾穀不實
鄭玄別傳曰玄年十六號曰神童民有獻嘉禾者欲表府
文辭鄙略玄為改作又著頌一篇侯相高其才為修冠禮
杜寶大業拾遺錄曰七年九月太原郡有獻禾一本三穗
長八尺穗長三尺五寸大尺圍五穗皆紫色鮮明受自禾
已上二尺餘亦紫色有老人年八十餘以素木匣盛之賜
物三十段板授嘉禾縣令
續搜神記曰盧陵巴丘人文晃者世以田作為業秋收以
過穫刈都畢明旦至田禾悉復滿湛然如生即更穫所穫
盈倉而巨富
廣五行記曰東魏孝靜帝天保初四月禾夜生於帝銅硯
中及明而長數寸有穗其年帝為高洋所幽遇鴆而崩
古今注曰和帝元年嘉禾生濟陰城陽一莖九穗安帝延

光三年嘉禾生九眞百五十六本一百六十八穗

汜勝之書曰種禾無期因地爲時三月榆莢雨時高地強土可種禾薄田不能糞者以原蠶矢雜禾種之則禾不

崔寔四民月令曰三月二月可種稹米

夢書曰禾稼爲財用之所夢見禾稼言財氣生

廣志曰渠和夢生實如葵子米粉白如麵可爲饘粥牛食之肥六月種九月熟感禾扶疏生實似大麥楊禾似藋粒細也折右炊停即牙生此中國巴禾木稷也火禾高丈餘子如小豆出粟特特國

稻

周禮夏官職方氏曰楊州宜稻青州宜稻麥

禮記曲禮下曰祭宗廟之禮稻曰嘉蔬

又月令曰季秋之月天子乃以犬嘗稻先薦寢廟

又內則曰飲重醴清糟稻醴清糟黍醴清糟

又內則曰取稻米舉糔（息酒切）溲（所九切）之小切狼臅（昌錄切）膏以與稻米爲酏（之然切）

左傳昭五日鄭（音禹）人藉稻（履行之也）

春秋說題辭曰稻之爲言藉也稻冬舍水盛其德也故稻太陰精含水漸洳乃能化也江旁多稻固其宜也（宋均注曰稻猶裹也稻非水不生故曰陰精也）

孝經援神契曰汚泉宜稻

尒雅曰稌稻也（今沛國呼稌也）

廣雅曰粢稻其穗謂之禾

東觀漢記曰劉敞拜廬江都尉歲餘遭旱行縣人持稻皆枯吏強責租敞應曰太守事也載枯稻至太守所酒數行以語太守太守曰無有敞以枯稻示之太守曰都尉事也敞怒叱太守曰屛何敢爾也

後漢書曰鄧晨爲汝南太守興鴻郤陂數千頃田（鴻郤陂名今在豫州汝南縣東成帝時關東水陂溢爲害翟方進爲丞相奏罷水陂）

江表傳曰孫亮五鳳元年交阯稗草爲稻

吳志曰鍾離牧字子幹會稽山陰人少居永興自墾田種稻二十餘畝臨熟而縣民認之牧曰本自田荒故墾之耳遂以稻與縣民縣吏召民繫獄欲繩以法牧請之長曰君自行義事僕爲民主當以法率下牧曰此是郡界緣君意顧來暫住今以少稻殺此民何必復留

又曰黃龍三年由卷縣野稻自生改爲禾興縣

晉中興書曰孫略字文度吳人少田於野時年饑穀貴人有生刈其稻者略見而避之

晉書曰杜預脩邵信臣遺跡激用滍淯諸水以浸稻田萬餘頃分疆刊石使有定分公私同利衆庶賴之號曰杜父舊水道

又曰惠帝征成都王狼狽左腳三指折匍匐入稻苗中頓侍中嵇紹以身捍之

又曰郭翻字長翔武昌隱士也不交世事唯以漁釣射獵爲娛貧無業欲墾荒田先立表題經年無主然後乃作稻將熟有認之者悉與之縣令聞而詰之以稻還翻翻遂不受

又曰袁甫嘗詣何勗自言能爲劇縣勗曰唯欲宰縣不爲臺閣職何也甫曰人各有能有不能譬繒中之好莫過錦錦不可以爲幍（滔音）穀中之美莫過稻稻不可以爲糜是以聖王使人必先以器苟非周材何能悉長黃霸馳名於州郡而息譽於京邑廷尉之材不爲三公自昔然也勗善之

除松滋令
宋書曰顧歡好學年六七歲家貧父使田中驅雀歡作黃雀賦而歸雀食稻過半父怒欲撻之見賦乃止
齊書曰范雲嘗從文惠太子幸東田觀穫稻文惠顧謂雲曰刈此甚快雲曰三時之務亦甚勤勞願殿下知稼穡之艱難無徇一朝之宴逸也文惠斂容謝之
南史曰孔琇之有吏能仕齊爲吳令有小兒年十歲偷刈鄰家稻一束琇之付獄案罪或諫之琇之曰十歲便爲盜長大何所不爲縣中皆震肅
梁書曰鄧元起嘗至其西沮田舍有沙門造之乞於元起有稻幾二千斛悉以施之時人稱其有大度
又曰陳伯之濟陰睢陵人也年十三四好着獺皮冠帶刺刀候鄰里稻熟輒偷刈之嘗爲田主所見呵之曰楚子莫動伯之曰君稻幸多取一檐何若田主將執之因接刀而進曰楚子定何如田主皆反走徐檐稻而歸
隋書曰梁陳五壇祭法以三牲首餘以骨體薦粢盛爲六飯粳以敦稻以牟黃粱以簠白粱以簋黍以瑚粱以璉
又曰齊孝昭皇建中平州刺史嵇曄建議開幽州督元舊陂長城左右營屯歲收稻粟數十萬石北境得以周贍
唐書曰開元十九年揚州奏穭生稻二百一十五頃再熟稻一千八百頃其粒與常稻無異
又曰孟元陽爲曲環軍中大將環使董作西華屯元陽盛夏芒屩立稻田中須役者退而後就舍故其田歲無不稔軍中足食
淮南子曰江水肥而宜稻
又曰今稻生於水而不能生於湍瀨之流
又曰離先稻熟而農夫耨之稻米隨而生者爲離與稻相似耨之爲其少實也不以小利傷大穫也
戰國策曰東周欲爲稻西周不下水東周患之蘇子往見西周之君曰君之謀過矣今不下水所以富東周也今其民皆種麥無他種矣君若欲害之不若一爲下水以病其所種下水東周必以種稻而復奪之若是則東周之民可令一仰西周受命於君矣
國語曰越敗吳王孫雄請和范蠡不聽雄曰范子先有言無助天爲虐助天爲虐不祥今吾稻蟹不遺種子將助天爲虐乎
呂氏春秋曰得時之稻大本而莖葆長稠疏穖穗如馬尾大粒無芒摶米而薄糠舂之易而食之香如此者不益也先時者大本而莖葉格對對等短稠短穗多粃厚糠薄米多芒後時者纖莖而不滋厚糠多粃辟米不得待定熟仰天而死
又曰史起爲鄴令民大被其利相與歌之曰鄴有聖令爲史公決漳水兮灌鄴旁終古斥鹵兮生稻粱
吳越春秋曰越王勾踐復興師伐吳吳王敗晝夜馳走三日飢頓見生稻而取食之
抱朴子曰南海晉安九熟之稻
會稽典錄曰夏香有盜刈其稻者香助爲收之盜者慚送以還香香不受
風土記曰穖稻之紫莖穛穛衒二音稻之有青穟米皆青白者也
水經曰任延爲九眞太守教民耕藝法與華同名曰田種白穀七月大作十月登熟名赤田種赤穀十二月作四月

登熟所謂兩熟之稻也

世說曰晉簡文見田中稻苗不識問人是何草左右荅曰是稻簡文歸三日不出云寧有得其末不識其本

郭義恭廣志曰有虎掌稻紫芒稻赤穬稻方有蟬鳴稻七月熟稻有蓋下曰正月種五月穫訖其莖根復生九月復熟青芋稻六月熟累子稻白漢稻七月熟此三稻大且長三枚長一寸益州稻之長者米長半寸熟

說文曰稻稌也穬（肥尾切）稻紫莖不黏者也穛穛稻不黏者也秏稻屬也

徐暢祭記曰舊稑稻熟常用九月九日薦稻

氾勝之書曰稻種春凍解時耕反其土種稻區不欲大大則水深淺不遍冬至後百一十日可種稻地美者用種畝四斗

俞益期牋云交阯稻再熟而草深耕重收穀薄

太八百三十九　九

異物志曰交阯稻夏冬又熟農者一歲再種

雲南記曰雅州榮經縣土田歲輸稻米畝五斗其穀精好每一斗穀近得米一斗炊之甚香滑微似糯味

崔寔四民月令曰三月多種秔稻

蔡邕月令曰十月穫稻九月熟者謂之半夏稻

博物志曰海陵縣扶江接海多麋獸千千為羣掘食草根其處成泥名麋畯民人隨此畯種稻不耕而穫其收百倍

任昉述異記曰夏禹時天雨稻古詩云安得天雨稻飼我天下民

物理論曰稻者溉種之總名

養生要集曰秔稻屬也稻亦秔之總名也道家方藥有用稻米秔米此則是兩物也稻米粒白如霜味苦主溫服之令人多瘦無飢膚秔米味甘主利五藏長飢膚好顏色

左思魏都賦曰清流之稻（清流近鄴西出御稻）

又吳都賦曰國秔再熟之稻鄉貢八蠶之綿

盧毓冀州論曰河內好稻

秔（與粳通用）

說文曰秔稻屬也

宋書曰陶潛為彭澤令公田悉令吏種秫妻子固請種粳乃使五十畝種粳

陳書曰徐孝克所生母患欲粳米為粥不能辦母亡後孝克遂常啖麥有遺粳米者孝克對而悲泣終身不復食焉

後魏書曰安同遼東胡也太宗同與長孫嵩並理人訟世祖即位除青冀二州刺史同長子居典太倉事盜官粳米數石以養同大怒奏求戮居自劾不能訓子請罪太宗嘉

太八百三十九　十

而恕之遂詔長給同粳米

神仙傳曰王烈字長休邯鄲人與嵇叔夜入山遊戲烈從獨入太行山忽聞山東北如雷聲往視見山破石中有孔徑尺中有青泥流出烈取摶之隨手堅凝氣味如粳米飯烈自食數丸因提歸以與叔夜而皆成青石

楊衒之洛陽伽藍記曰西方佛沙伏國有昔尸毗王倉庫為火所燒其粳米燋燃于今猶在若伏一粒永無瘧患彼國人民須以為藥

廣志曰粳有烏粳黑穬有幽青白夏之名

張衡南都賦曰其厨膳則華鄉里秬滍（音雉）皋香秔

左思蜀都賦曰黍稷油油秔稻漠漠

魏文帝與朝臣書曰江表唯長沙名好米何時比新城粳稻也上風炊之五里聞香

秫

說文曰秫稷之黏者

尒雅曰衆秫也（孫炎注曰秫稷粟也）

廣雅曰秫稷粳也

禮記月令曰仲冬之月乃命大酋秫稻必齊（酒熟曰酋大酋酒官之長齊熟成也）

又內則曰饘酏酒醴芼羹菽麥蕡稻黍粱秫唯所欲

晉書曰陶潛字元亮為彭澤令在縣公田悉令種秫穀曰令吾常醉於酒足矣妻子固請種秔乃使二頃五十畝種秫五十畝種秔

管子曰黃墳宜黍秫

崔豹古今注曰稻之黏者為秫禾之黏者為黍

廣志曰秫有赤者有白者胡秫早熟及麥

養生要集曰秫米味酸

八百三十九　十一　宋成小

太平御覽卷第八百三十九

太平御覽卷第八百四十

百穀部四

稷　粟

稷

毛詩駉頌閟宮曰有稷有黍有稻有秬

禮記曲禮下曰凡祭宗廟稷曰明粢

又內則曰豕宜稷

國語曰稷爲稷不能蕃殖

爾雅曰粢稷也（郭璞注曰今江東呼粟爲粢也孫英曰稷粟也）

說文曰稷五穀之長也

山海經曰廣都之野爰有膏稷

廣志曰破減稷通麥稷此二者以四月熟

本草曰稷米甘而無毒益志氣補不足

鄭氏婚禮謁文讚曰稷爲天官

盧毓冀州論曰眞定好稷地產不爲無珎也

粟

歸藏曰剝良人得其玉小人得其粟

河圖說微曰蒼帝起天雨粟也

說文曰粟嘉穀實也粟之爲言續也

爾雅曰虋赤苗芑白苗（虋赤粱粟也芑白粱粟也虋音門芑音起）

尚書仲虺之誥曰肇我邦于有夏若苗之有莠若粟之有秕（孔安國注曰始我商家國於夏世欲見翦除若莠生苗秕在粟恐被鋤治傷之也）

毛詩曰握粟出卜自何能穀

又小宛曰交交桑扈率場啄粟

周禮地官下曰倉人掌粟入之藏（鄭玄注曰九穀盡藏以粟爲主）

禮記曲禮上曰獻粟者執右契（契券要也右尊也）

禮記祭法曰父母既沒必求仁者之粟以祀之謂禮終

左傳僖上曰冬晉荐饑乞糴于秦秦輸粟于晉自雍及絳相繼命之曰汎舟之役

又襄元曰季文子卒大夫入斂無衣帛之妾無食粟之馬

又襄六曰鄭子皮即位於是鄭飢而未及麥民病子皮以子展之命餼國人粟戶一鍾

又昭六曰夏會于黃父謀王室也（王室有子朝亂謀定之也）趙簡子令諸侯之大夫輸王粟

春秋佐助期曰粟神名許給姓虁天

又說題辭曰高而平者爲原平者和故宜粟

又曰粟助陽扶性粟之爲言續也粟五變一變而以陽生爲苗二變而秀爲禾三變而粲然謂之粟四變入臼米出甲五變而蒸飯可食（宋均注曰粟變五行氣而五變故乃成可食）陽以一立爲

法故粟積大一分穗長一尺文以七列精以五立故其字粟爲粟西者金所立米者陽精故西字合米而爲粟（宋均注曰續爲陽生長也受五行氣故有變）

春秋潛潭巴曰天雨粟無德者與有德者不祿小人進大臣辱

公羊傳僖上曰秋齊侯宋公江人黃人會於陽穀桓公無障谷無貯粟（何休注曰有無相通）

穀梁傳莊公曰諸侯無粟諸侯相歸粟正也

論語雍也曰子華使於齊冉有爲其母請粟子曰與之釜請益曰與之庾原思爲之宰與之粟九百辭子曰無以與爾鄰里鄉黨乎

周書曰神農之時天雨粟神農耕而種之作陶冶斤斧破木爲耜鉏耨以墾草莽然後五穀興以助菓蓏之實

史記曰武王平殷亂天下宗周伯夷叔齊耻之義不食周粟

又曰宣曲任氏之先爲督道倉吏秦之敗豪傑皆爭金玉而任氏獨窖倉粟楚漢相拒滎陽民不得耕種米石至万金而豪傑金玉盡歸任氏任氏以此起富

又曰漢興七十餘年之間國家無事非遇水旱之災太倉之粟新陳相因充溢露積於外至腐敗不可食也

又曰文帝徙淮南王道死民歌曰一斗粟尚可舂一尺帛尚可縫兄弟兩人不能相容

又汲黯傳曰河内失火上使黯往視之還報曰河内人或父子相食臣謹發河南倉粟以賑貧乏上賢而釋之

史記曰大將軍青遂至竇顔山趙信城得匈奴積粟食軍軍留一月而還悉燒其城餘粟以歸

漢書曰酈食其説齊王曰漢英豪賢才皆樂爲之用諸侯之兵四面而至蜀漢之粟方舩而下

又曰公孫弘起家徒步爲丞相故人高賀從之食以脱粟米飯覆以布被賀怨曰何用故人富貴爲脱粟布被我自有之乃退

又曰主父偃諫伐匈奴曰秦皇使天下飛蒭輓粟起於東睡琅耶負海之郡轉月北河率三十鍾而致一石

又曰秦將王離涉河圍鉅鹿章邯軍其南築通道而輸之粟

又曰神農之教曰有石城十仞湯池百歩帶甲百萬而亡粟弗能守氾勝之書又

又東方朔傳曰侏儒長三尺俸一囊粟錢二百四十臣長九尺餘亦俸一囊粟錢二百四十侏儒飽欲死臣朔飢欲死

又曰賈捐之上書曰武帝元狩六年太倉之粟紅腐不可食

謝承後漢書曰丹易方儲字聖明曉風角占候爲章句長民田還置餘粟二石及刀鋤於田陌聖明曰求士去疑其隣家儲曰此人非偷自呼縣功曹語曰君何取粟置家後積棼中功曹歎服

後漢書王符潛夫論曰富貴則背親捐舊喪其本心朽貫千萬而不忍賜人一錢積粟腐倉不忍貸人一升

後魏書曰任城王雲爲冀州刺史雲留心政事甚得下情於是合城長吏請輸絹五尺粟五升以報雲恩高祖嘉之

又曰世祖引高允與論刑政言甚稱旨因問允曰萬機之務何者爲先是時多禁封良田又京師遊食者衆允因言曰地方一里則爲田三頃若勤之則畝益三升不勤則畝損三升方百里損益數率爲粟二百二十二萬斛況以天下之廣乎若公私有儲雖遇飢年復何憂哉世祖善之遂除田禁

又曰韋朏字尊顯少有志業年十八辟州主簿時屬歲儉朏以家粟造粥以飼飢人所活甚衆

後周書曰王羆爲華州刺史時關中大飢徵稅民間穀食以供軍費或隱匿者令遞相告多被箠楚以是人有逃散唯羆信著於人莫有隱者得粟不少

唐書曰始平人宗士眺負粟一石委於大倉而去去願少益軍國高祖嘉之賚物百段

晉史曰高祖明而難犯事多親決嘗有店婦與軍士塈訴無以自明帝爲鞫吏曰雖屬官吾司市而代之兩訟未分何以爲斷可殺馬剖腸而視其粟有則軍士誅無則婦人

死遂殺馬馬腸無粟因戮其婦境內肅然莫敢以欺
漢實錄曰王周性寬恕不忤物情初刺信都州城西橋敗
覆民租車周曰橋梁不飾予之過也乃還其所沉粟出私
財以修之
孔叢子曰子思居貧其友饋之粟者受二車焉或獻樽酒
束脩子思曰為費而無當也或曰子取人粟而辭酒是辭
少而受多也於義則無名於分則不全行之何也子思曰
然伋不幸而貧於財及至困乏將絶先人之祀夫所以受
粟為周乏也酒酺則所以飲讌也方乏之於食而乃飲讌非
義也吾豈以為介哉度義而行之
又曰季桓子以粟千鍾餼夫子夫子受而班門人之無者
子貢曰季孫以夫子貧故致粟今而施人無乃乖彼意乎
子曰吾受而不辭為季孫之惠受不為富惠於一人豈若

數百人哉
管子曰桓公觀於野曰何物可比君子之德隰朋曰粟可
比君子之德管仲曰苗始出生也昫昫昫香乎以孺子安之
則安不得則危故命之曰禾此可比君子桓公曰善
晏子春秋曰北郭騷見晏子曰願託所以養母晏子分倉
粟府金以遺之辭金受粟晏子見疑出奔北郭子遂造公庭
曰晏子天下賢人去齊敵必來侵且見國之侵不若死請
以頭白晏子因自殺景公聞大駭自追晏子
又曰寸之管無當天下不能足粟今齊國丈夫耕女子織
夜以接日不足以奉上而君側雕文刻鏤之觀此無當之
管也
曾子曰曾子魯君饋之粟辭不受使者曰子無求於人人
自致之曰與人者驕人受人者畏人縱子不以是驕我我
能無畏乎與富而畏人不若貧而無屈
墨子曰世俗之君子視義士不若視負粟者今有人於此
負粟息於路側欲起而不能君子見之無長少貴賤必起
之何重故也今為義之君子奉承先王之道以語之縱不
說而行又從而非毀之則是世俗之君子視義士不若視
負粟者
莊子曰周家貧貸粟於監河侯侯曰待我得邑金將貸子
周作色曰周昨來有呼周者視轍中有一鮒魚曰我東海
之波臣也君豈有斗升水活我哉周曰諾我且南遊吳越
激西江之水迎子可乎鮒魚曰不如早索我於枯魚之肆
呂氏春秋伍子胥諫吳王曰非吳喪越越必喪吳今將輸
之粟是長吾讎而券吾仇也
又曰飯之美者玄山之禾不周之粟不周山在崑崙山西北陽山之穄

南海之秬崑崙之南故曰陽山穄關西為之糜秬黑黍也
商君書曰金一兩生於境內粟十二石死於境外粟十二
石生於境內金一兩死於境外國好生金於境內則金粟
兩死倉府兩虛國弱好生粟於境內金粟兩生倉府兩實
國強
荀卿子曰仁義禮善之於人也譬之若貨財粟米之於家
也多有之者富少有之者貧至無有者窮
淮南子曰鬻棺者欲民之疾疫畜粟者欲歲之飢荒也
又曰黃帝治天下力牧太山稽輔之狗彘吐菽粟於道路
而無分爭之心
又曰昔者蒼頡作書而天雨粟高誘注曰蒼頡始視鳥跡之文而造書者也有書與則詐僞萌生去本走末棄耕作之業務錐刀之利天知其將餓故雨粟也
又曰量粟而舂數米而炊可以治家而不可以治國

又曰馬不食脂桑扈不啄粟非廉也

又曰未嘗稼穡粟滿倉未嘗桑虫絲滿囊得之不以道用之橫也（橫放也）

又曰粟得水而熱甑得火而液水中有火火中有水疾雷破石陰陽相薄（自然之熱）

又曰闔廬伐楚五戰入郢燒高府之粟

六韜曰武王入殷發鉅橋之粟以與殷民

說苑曰十粟爲一分十分爲一寸

又曰墨語禽滑釐曰今凶年與子隋侯珠又與子一鍾粟子將何擇釐曰粟可耳（亦具珠部）

又曰高平王遣使者從魏文侯貸粟文侯曰須吾租收邑粟至乃得也使者曰臣初來時見瀆中有魚張口謂臣曰吾窮水魚命在呼吸可得灌乎臣謂之曰待吾南見河堤之君決江河之水灌汝口魚曰謂命在須臾乃須決江淮之水比至君還必求吾於枯魚肆今高平貧窮故遣從君貸速乃須租收大王必求臣於死人之墓

風俗通曰燕太子丹仰歎天爲雨粟

賈誼書曰鄒穆公有令食鳧鴈者必以秕無敢以粟於是倉無秕而求易於民二石粟得一石秕　民請曰秕食鳧鴈爲無費也今求秕於二石粟而易一石秕食鳧鴈則費甚矣請以粟食之穆公曰去非汝知也夫百姓胸牛而耕暴背而芸勤而不敢惰者豈謂鳥獸哉粟米人之食也柰何以其食養鳥且汝知小計而不知大害

晁錯書曰利民欲者莫如用爵致粟　能以粟拜爵者皆民之有余者也

氾勝之書曰欲知歲宜以布囊盛粟等量埋於陰地冬至後取量取多者多種之

桓階別傳曰階爲趙郡太守路有遺粟一囊耕者得之舉以繫樹數日其主聞還取之

桂陽先賢畫讚曰成子郴中人能達鳥鳴爲郡主簿與衆人俱坐聞雀鳴而笑曰東市輦粟車覆雀相呼往食之衆人遣視信然（益部耆旧又載）

王子年拾遺記曰東極之東有龍枝之粟言其枝屈曲遊龍食之善走又有鳳冠粟似鳳之冠食者令人多力有雲渠粟叢生葉似扶渠食之益顏色粟莖赤黃皆長二丈千株叢生

博物志曰鴈食粟則翼垂不能飛

鄒子曰董仲舒三年不闚園嘗乘馬不覺牝牡朱買臣貧賤之時孳孳脩藝不知雨之流粟志在經傳也

京房易祆占曰天雨粟不肖者食祿與三公易位天雨稻黍者亡天雨稻大臣當誅

古今注曰武帝建元四年天雨粟宣帝地節三年長安雨黑粟元帝竟寧元年南陽山郡縣雨粟色青黑味苦大者如豆小者如麻子赤黃味如麥建初二年九江壽春雨粟

光武建武二十年清河廣川雨粟大如莧實色黑

吳氏本草曰陳粟神農黃帝苦無毒治痹熱渴粟養腎氣

杜寶大業拾遺錄曰吏部侍郎楊恭仁欲改葬學士舒綽曰此所擬之處掘深五尺之外亦有五穀若得一穀即是福德之地公侯世世不絕恭仁即將綽向京令人掘深七尺得一穴如五石甕大有粟七八斗此地經爲粟田蟻運粟下於此穴當時朝野之士以綽爲聖

任昉述異記曰光武興洛陽斗粟万錢人死者相枕漢末

大飢江淮間童謡曰大兵如市人死如林持金易粟粟貴於金洛中謡云雖有千黄金無如我斗粟斗粟自可飽千金何所直袁紹在冀州時滿市黄金而無斗粟餓者相食人爲之語虎豹之口不如飢人劉備在荆州粟與金同價永嘉之亂洛中飢荒懷帝遣人覩市珠玉金銀塡委市門而無粟麥袁宏上表云田畝由是丘墟都市化爲珠玉

又曰晉末荆州又雨粟化爲蟲蟲害民春秋云穀之飛爲蟲是也中郎王義興表曰臣聞堯生神禾而晉有蟲粟陛下自以聖德何如也帝有慙色

又曰宋高祖之初當晉末飢饉之後既即位而江表二千餘里野粟生焉

又曰淮南諸山石穀生石上生穀也袁安公云石穀藥名穗之尤小者是也

八百四十　九　李貢

應瑒像讚序曰赤眉賊攻其所居城胡盡以私穀數十万賑城中于時粟斗數萬不稱其仁

太平御覽卷第八百四十

太平御覽卷第八百四十一

百穀部五

豆　麻

豆

焦贛易林漸之乾曰豆種菽豆暮成藿葉心之所願志快意愜

毛詩豳雅曰七月亨葵及菽

又魚藻采菽曰采菽采菽筐之筥之

又后稷曰蓺之荏菽荏菽斾斾

左傳成公曰晉周子有兄而無惠不能辯菽麥

春秋佐助期曰豆神名靈殖姓樂

春秋說題辭曰菽者屬也春生秋熟理通體屬也菽赤黑陰生陽大體應節小變赤象陽色也（宋均注曰陰陽而春夏也大體謂多黑也小變謂時之變也）

孝經援神契曰赤土宜菽

爾雅曰戎菽謂之荏菽（郭璞注曰孫炎以爲大豆按春秋齊侯獻戎捷穀傳曰戎菽也管子亦云北伐山戎出冬葱及戎菽布之天下今之胡豆是也）

龍魚河圖曰歲暮夕四更取二十豆子二十七麻子家人頭髮少合麻豆著井中呪勑井吏其家竟年不遭傷寒辟五溫鬼

史記曰張儀說韓王曰韓地險惡山居五穀所生非菽而麥民之食大抵飯菽藿羹一歲不收民不饜糟糠

又曰棄爲兒時好種樹麻菽麻菽美

東觀漢記曰閔仲叔太原人也與周黨相友黨每過仲叔共含菽飲水無菜茹

又曰赤眉平後百姓飢餓人相食黃金一斤易豆五升

又曰光武二年冦恂爲潁川郡大生旅豆收得一萬餘斛以應給諸營

又曰鄧禹攻赤眉陽敗弃輜重走車皆載土以豆覆其上兵士飢爭取之

又曰劉平嘗爲餓賊所得平叩頭曰老母飢乞氣待平爲命願得還飯母馳來就死賊即遣去母已食平曰向與賊期義不可欺乃復往賊驚怪其信義曰不忍食汝乎既免脫乃擔菽得三升豆以謝賊恩

又曰倪萌字子明齊國臨淄人兄爲赤眉賊所得賊欲殺噉之萌詣賊叩頭言兄年老羸瘠不肥健願代兄賊義而不噉命歸求豆來贖兄萌歸不能得豆復自縛詣賊賊遂放之

後漢書曰世祖自薊東南至饒陽蕪蔞亭馮異獻豆粥

又曰馮異破延岑時百姓飢餓人相食黃金一斤易豆五斗道路斷隔委輸不至軍士悉以果實爲粮

又曰獻帝在長安穀貴豆一斛二十餘萬

又曰汝南有舊鴻郄陂成帝時丞相翟方進毁之時人歌曰敗我陂者翟子威飴我大豆亨我芋魁（方進字子威芋魁芋根也）

漢名臣奏曰丞相薛宣曰陛下八月酎祠嘉美上昇皇天報應茂陵寢廟上食日玄鳥來至集吐所含大豆紫黑色食物之象也

蜀志曰彭羕與諸葛亮書先民有言左手據天下之圖右手刎咽喉愚夫不爲況僕頗別菽麥

魏志曰華佗還家太祖累書呼佗佗恃能厭食事猶不上道託妻疾太祖大怒使往視若妻信疾賜小豆四十斛

吴志曰孫權北征使陸遜與諸葛瑾攻襄陽陸遜遣親人

韓扁賁表報遇敵於江中羅得扁瑾聞之甚懼書與遜云大駕以旋賊得韓扁具知吾闊狹且當急去遜未荅方催人種豆與諸將弈棊射戲如常

又曰趙達善筭使人取小豆數升播之席上立處其數驗覆果信計飛蝗射隱伏無不中

王隱晉書曰時王浚稱制邊陲潛使人問霍原原不荅浚旣銜之又有遼東囚徒三百餘人依山爲賊意欲刼原爲主亦未能行時有謠曰天子在何許近在豆田中浚以爲豆者霍也浚遂害原懸其首諸生悲哭其中

宋書曰廢帝子業景和初人種紫花草及豆皆化爲白花俄而帝見廢之應

南史曰傅琰爲山陰令有二野父爭雞琰各問雞所食一人云粟一人云豆乃破得粟罪言豆者縣內稱神明

北齊書曰庫狄伏連之家口百數盛夏之日料以倉米二升不給鹽菜常有飢色冬至之日親表稱賀其妻爲設豆餅伏連問此豆何因而得妻對向於食馬豆中分減充用伏連大怒典馬掌食之人並加杖罰

唐書曰裴諝爲河東道租庸等使時大旱諝請入計代宗召見問搉酤之利一歲幾何諝久之不對帝復問之對曰臣有所思帝曰何思對曰臣自河東來其間三百里見農夫愁歎穀菽未種誠爲陛下憂之而乃責臣以利故臣未敢即對

又曰貞元中李元諒爲隴右節度使開部下荒田數十里勸軍士樹藝歲收菽粟數十萬斛

山海經曰廣都之野爰有膏菽（菽豆地）

管子曰桓公伐山戎得戎菽以布天下

鶡冠子曰兩葉蔽目不見太山兩豆塞耳不聞雷霆

孟子曰易其田疇薄其賦稅民可使富也民非水火不生聖人治天下使菽粟如水火

淮南子曰河水中調而宜菽

又曰孟夏仲夏天子衣柴衣乘赤騮（騮赤馬黑鬣也）食菽與雞

說苑曰齊景公嘗賞賜及後宮文繡被臺榭菽粟食鳧鴈出而見殣謂晏子曰此何爲死晏子曰此餧而死公曰嘻寡人之無德也何甚矣對曰君之德著而彰何爲無德也景公曰何爲也對曰君之德及後宮與臺榭君之玩物衣以文繡君之鳧鴈食以菽粟君之營內自樂延及後宮之族何謂其仁德也頃臣願有請於君之意自樂之心推而與百姓同之則何殣之有君不推此而苟營內好私使財貨偏有所聚菽粟幣帛腐於囷府惠不遍加于百姓公心

不周乎萬國則桀紂之所以亡也夫士民之所以叛由偏之也君如察臣嬰之言推君之盛德公布之於天下則湯武可爲也一殣何足恤哉

呂氏春秋曰得時之菽長莖而短足其莢二七以爲族多枝數節競葉蕃實（二七十四實也）大菽則圓小菽則摶以芳稱之重食之息以香如此者不蟲先時者必長以蔓浮葉疏節小莢不實後時者短莖疏節本虛不實

世說曰魏文帝使東阿王七步作詩不成當行大法王應聲曰萁在釜下燃豆在釜中泣本自同根生相煎何乃急

又曰石崇爲客作豆粥咄嗟便辦恒冬天得韭以萍虀

氾勝之書曰大豆保歲易爲宜古所以備凶年也種大豆率人五畝大豆忌申卯三月榆莢時雨高田可種大豆夏至後二十日尚可種小豆不保歲難得宜椹黑時種畝五

外豆生布葉鋤之生五六葉又鋤之治養美田畝可得十
石一斗大豆有萬千粒
又曰夏至二十日可種豆帶甲而生不用深耕豆花憎見
日則黃爛而根焦矣知歲所宜以囊盛種平量理陰地冬
至後五十日以發取量之最多者種焉
說文曰小豆菽也箕豆莖也藿菽之小也
物理論曰菽者衆豆之揔名
嵇康養生論曰豆令人重榆令人瞑
雜五行書曰常以正月旦亦用月半以麻子七枚赤豆二
七枚著井中辟溫病甚神効與龍魚河圖語異故重出
又曰正月七日男吞赤豆七枚女吞十四枚竟年無病
益部耆舊傳曰朱倉字卿雲之蜀從處士張寧受春秋糴
小豆十斛屑之爲粮閉戶精誦寧矜之斂得米二十石倉

不受一粒
陳留耆舊傳曰小黃恒牧爲都尉功曹與郎君共歸鄉里
爲赤眉所得欲殺啖之牧求先死賊義釋之送豆一斛
又曰八月雨爲豆花雨
廣雅曰大豆菽也小豆荅都合切也豍邊迷切豆豌豆留豆也
胡豆䜺胡江切䝄音雙也豆角謂之莢其葉謂之藿也巴菽巴
豆也
廣雅曰重小豆一歲三熟味甘白豆麤大可食刺豆亦可
食粒豆苗似小豆紫華可爲麵生朱提建寧胡豆有青有
黃者
鄴中記曰石虎諱胡胡物皆改名胡豆曰國豆
古今注曰宣帝元康四年南陽雨豆光武建武三年春練
一疋易一斗豆夏野生稆豆民收取之明帝永平十八年

下邳雨大豆似槐實
王子年拾遺記曰東極之東有須彌豆見日即須葉食者
歷歲不飢豆莖皆大若指而緣一莖爛漫數畝
博物志曰左元放度荒年法擇大豆麤細調均種之必生
者熟挼令有光使煖氣徹豆心先一日不食以冷水頓服
三升服訖其魚肉菜果酒醬鹹酢甘苦之物一不得復經
口渴則飲水慎不可煖飲初小困極數十日後體力更壯
健不復思食大較法服三升爲劑亦當隨人先食多少增
損之歲豐欲還食者煮葵子及脂蘇肥肉羹漸漸飲之須
豆下乃可食豆未下盡而食實物腸塞則殺人此未試於理或可作
又曰人食豆三斗則身重行止動難恒食小豆令人肌燥
麤理
本草經曰大豆黃卷味甘平生平澤治濕痺筋攣膝痛生

大豆張騫使外國得胡麻　豆或曰戎菽塗癰腫煑汁飲
之殺鬼毒止痛赤小豆下水排癰腫血生太山
吳氏本草曰大豆黃卷神農黃帝雷公無毒採無時去面
䵟得前胡烏喙杏子牡厲天雄鼠屎共蜜和佳不欲海藻
龍膽此法大豆初出土黃牙是也生大豆神農岐伯生熟
寒九月採殺烏頭毒並不用玄參赤小豆神農黃帝鹹雷
公甘九月採小豆花一名麤累一名付月神農甘無毒七月
採陰乾四十日治頭痛止渴
魏王花木志曰交州記木豆出徐僮閒子美似烏頭大葉
似柳一年種數年采
唐明皇雜録曰盧懷慎清貞素不營產業常器重宋璟及
盧從愿見之甚喜留連永日命設食有蒸豆兩甌菜數莛
而已此外脩然無辦

孔融教高密令曰志士鄧子然告困焉得爰釜庾之間以傷烈士之心今與豆三斛後乏復言

曹子建鷂雀賦曰言雀者但食牛矢中豆馬矢中粟

葛龔薦戴昱曰兄弟同居二十餘年及爲宗老所分昇特妻子逃舊業入貫澤裸饑野豆以自賑給

麻

毛詩黍離丘中有麻曰丘中有麻彼留子嗟

禮記月令曰仲秋之月天子乃以犬嘗麻先薦寢廟（鄭玄注曰麻新實賁）

爾雅曰黂枲實（郭璞注曰黂麻子音汾）

呂氏春秋曰得時之麻必芒以長疏節而危陽小本而莖堅厚枲以均後熟多榮日夜分復生如此者不蝗（蝗蟲不食麻也）

東觀漢記曰周黨遺閔仲叔生麻叔歎曰我欲省煩耳受而不食

齊書曰宣帝陳皇后生高帝高帝年二歲乳人乏乳后夢人以兩甌麻粥與之覺而乳驚因此豐足

淮南子曰三秋之月天子衣白衣乘白駱食麻與犬

又曰汾水濛濁而宜麻

王子年拾遺記曰有飛明麻葉黑實如玉風吹之如塵亦名明塵麻

又曰東極之東有紫麻粒如粟色紫迮爲油則汁如清水食之目視鬼魅又有倒葉麻葉如倒巨色紅紫亦名紅冰麻言水麻乃有實食之顏色白絜

鹽鐵論曰大夫李斯與鮑丘子俱事孫卿鮑丘飯麻蓬藜脩道白屋之下李斯爲秦丞相終致五刑

本草經曰麻子味甘無毒主補中益氣令人肥健

養生要集曰麻子味甘無毒主補中益氣服之令人肥健

麻子一名蕡一名麻教

太平御覽卷第八百四十一

太平御覽卷第八百四十二

百穀部六

黍　黍　稌　粱　東薔

尚書君陳曰我聞曰至治馨香感于神明黍稷非馨明德惟馨

又盤庚曰若農不服田畝罔有黍稷

尚書大傳曰夏昏火中可以種黍

韓詩外傳黍離曰　彼黍離離彼稷之苗薛君注曰詩人求己兄不得憂不識物視彼黍乃以爲稷

毛詩曰黍離閔宗周也彼黍離離彼稷之苗行邁靡靡中心搖搖

又甫田曰今適南畝或耘或耔黍稷薿薿薿薿盛皃也

又魚藻黍苗曰芃芃黍苗陰雨膏之

儀禮婚禮曰贊設黍于醬東

又特牲饋食禮曰佐食摶黍授祝祝以授尸

禮記月令曰仲夏之月農乃登黍

又曲禮曰黍曰薌合

又內則曰羊宜黍豕宜稷

左傳昭公曰其藏冰也黑牡秬黍以享司寒杜預注曰黑牲秬黍也司寒北方玄冥之神也故物皆用黑有事於冰故祭其神以上黍

春秋佐助期曰黍神名倂倿蘭郝

春秋說題辭曰精移火轉生黍夏出秋改杜預注曰太春之夏故移也農書曰黍之言暑也必須暑成得陰乃成也黍者緒也故其立字禾入米爲黍爲酒以扶老爲酒以序尊卑且禾爲柔物亦宜養老也

爾雅曰秬黑黍秠一稃二米郭璞注曰秠亦黑黍但中黍米異耳漢和帝時任城生黑黍或三四實一黍二米得黍三斛八斗是也

史記封禪書曰管仲說桓公曰古者封禪鄗上黍所以爲盛應劭注曰鄗上山也音曜

漢書曰冀州民五男三女畜宜牛羊穀宜黍稷

後漢書曰承宮遭天下喪亂遂將諸生避地漢中後與妻子之蒙陰山肆力耕種禾黍將熟人有認之者宮不與計推之而去由是顯名

晉書曰劉聰時河東大蝗唯不食黍豆靳准率部人收而埋之哭聲聞於十餘里後乃鑽土飛出復食黍豆平陽飢甚

崔鴻十六國春秋前秦録曰苻堅讌群臣于釣臺祕書侍郎趙整以堅頗好酒因爲酒德之歌曰穫黍西秦採麥東齊春封夏發鼻納心迷

隋書曰李士謙隱居有牛犯其田者士謙牽置凉處飼之過於本主望見盜刈其禾黍者默而避之其家僮嘗執盜粟者士謙慰諭之曰窮困所致義無相責遽令放之

又曰李士謙自以少孤未嘗飲酒食肉口無殺害之言至於親賓來萃輒陳罇俎對之危坐終日不倦李氏宗黨豪盛每至春秋二社必高會極歡無不沉醉諠亂嘗集士謙所盛饌盈前而先爲設黍謂群從曰孔子稱黍爲五穀之長荀卿亦云食先黍稷古人所尚容可違乎少長肅然不敢弛惰退而相謂曰既見君子方覺吾徒之不德也士謙聞而自責曰何乃爲人所疎頓至於此

唐書曰德宗以中和節令文武百辟進農書獻種稑種及是百寮始進兆人本業三卷司農獻粟及黍各一斗

韓子曰韓昭侯之時黍種嘗貴甚昭侯令人覆廩廩吏果

竊黍種而桀之

山海經曰廣都之野后稷葬焉爰有膏黍膏稷

又曰魚山有人一目是少昊子食黍

韓子曰吴起攻秦小亭倚一車轅北門外令曰能徙此於南門外者賜上田上宅及有徙者賜如令俄又置一石赤黍東門外令曰能徙此於西門外者賜如初民爭徙之乃下令曰攻亭能先登者仕之大夫賜之上田上宅於是攻之一朝而拔

淮南子曰冬三月天子衣黑衣乘玄駱（玄馬黑馬白駁）食黍與彘（黍暴水穀時宜也）

又曰三代積德而王齊桓繼絕而霸故樹黍者無不獲稷樹恩者無不報德

又曰渭水多力而宜黍

淮南万畢術曰取麦門冬赤黍漬以狐血陰乾之欲飲酒取一丸置舌下酒香之令人不醉麦門冬赤黍薏苡爲丸令婦人不妬

白虎通曰清明風至則黍稷滋閶闔風至則種宿麥黍

抱朴子曰張子和丹法用鉛朱砂曾青水合封之蒸之於赤黍米中也

紀年書曰惠成王八年雨黍

國語曰子餘使公子賦黍苗（黍苗小雅其詩曰芃芃黍苗陰雨膏之）子餘曰重耳之仰君也若黍苗之仰陰雨也若君實庇蔭膏澤之使能成嘉穀薦在宗廟君之力也（在宗廟爲祭主）

家語曰孔子侍坐於哀公賜之桃與黍焉哀公請用之孔子先食黍而後食桃左右皆掩口而笑之公曰黍者所以雪桃非爲食也孔子對曰丘知之矣然黍者五穀之長郊社宗廟以爲上盛果屬有六而桃爲下祭祀不用不登郊廟丘聞之君子以賤雪貴不以貴雪賤今以五穀之長雪五果之下者從上雪下也目以爲妨於教害於義故不敢公曰善

呂氏春秋曰得時之黍芒莖而徼下穗芒以長摶米而薄糠舂之易而食之不噮（壯噮切）而香如此者不飴（音過）先時者大本而華莖殺而不遂（遂長）葉高短穗後時者小莖而麻長短穗而厚糠小米今而不香（今新也）

又曰今以百金與摶黍以示兒子兒子必取摶黍也以和氏之璧與百金以示鄙人鄙人必取百金矣

又曰飯之美者南海之秬（秬黑黍）

楊泉物理論曰梁者黍稷之揔名

崔寔四民月令曰四月可種黍謂之上時

氾勝之書曰黍者暑也種必待暑先夏至二十日此時有雨強土可種黍畝三升黍心未生雨灌其心心傷無實九種黍皆如禾欲疏於禾

祢衡別傳曰十月朝黃祖在艨衝舟上會設黍臛衡年少在坐黍臛至先自飽食畢摶以弄戲其輕慢如此

劉向別録曰傳言鄒衍在燕有谷地美而寒不生五穀鄒子居之吹律而温至生黍到今名黍谷焉

列女後傳曰東平衡農師太尉薨農欲奔赴無粮自致妻願從行行止紡績麻以自資行到聚亭遇天霖雨留獨孤母舍毋舍後有空園農曰此園可以種黍從求分種之獨孤毋曰此久廢園唯恐生力劣手不多耳何分之有乎農遂與妻斬荆棘種之黍將熟獨孤毋乃更曰黍當分農欲委去妻曰不如收斂以遺之安其意然後乃去農遂從之後還獨孤毋

以昔黍歸農遂不肯取
說文曰秬黑黍也一稃二米所以釀鬯也黍禾屬黏者以大暑而種故謂之黍孔子曰黍可以爲酒
廣雅曰粢黍也黍穄謂之秫䊪
崔豹古今注曰宣帝元康四年長安雨黑黍粟如禾和帝元興元年黑黍穗一禾二實或三四實生任城得粟三斛八斗以薦宗廟
廣志曰有牛黍有稻尾秀成赤黍有馬革大黑黍或云秬黍有温屯黃黍有嫗亡鷄鴿之名
吳氏本草曰黍神農甘無毒七月取陰乾益中補氣
京房易妖占曰天雨黍粟大人出走
荊楚歲時記曰十月一日黍臛俗謂之秦之歲首未祥黍臛之義今北人此日設麻羹豆飯當爲其始熟嘗新耳

稌

博物志曰地三年種蜀黍其後七年多虵
范曄後漢書曰烏丸國其地宜稌
穆天子傳曰天子至赤烏赤烏獻稌麥百載
廣志曰有赤稌有白黑青黃鷩鎮九五種
呂氏春秋曰飯之美者有陽山之稌
說文曰稌糜也稭
崔豹古今注曰麻稌也

粱

禮記曲禮曰祭宗廟之禮粱曰薌萁
又郊特牲曰飯黍稷稻粱白黍黃粱
爾雅曰虋赤苗芑白苗郭璞注曰虋赤粱粟芑白粱粟皆好穀也犍爲舍人曰別米赤白苗也又曰是伯夷所食首陽草也
廣雅曰藋粱木稷也
續漢志曰桓帝之初京都童謡曰城上烏尾畢逋公爲吏子爲徒一徒死百乘車車班班入河間河間姹女工數錢以錢爲室金爲堂石上慊慊舂黃粱粱下有懸鼓我欲擊之丞相卿怒城上烏者處高獨食不與下共謂人主多聚斂也公爲吏子爲徒者言蠻夷叛逆父既爲軍吏子弟又爲卒徒往擊之也一徒死百乘車者言前一人討胡既死矣後又遣百乘車往也車班班者言乘輿班班入河間迎靈帝也姹女工數錢言帝既立其母永樂太后好聚金錢以爲堂室也石上慊慊者言太后雖積金錢猶慊慊常苦不足使人舂黃粱而食之也我欲擊之者言太后教帝使賣官授錢天下忠篤之士怨望欲擊鼓求見御懸鼓者復怒而止我也

唐書曰涼州都督計欽明嘗出按部有吐蕃數萬奄至城下欽明拒戰乆之力屈被執賊將欽明至靈州城下欽明大呼曰賊中都無飲城内有美醬乞二外粱米乞二外墨乞一挺是時賊營中四面阻泥河唯有一路得入欽明詐乞此物以喻城中具有簡兵練將候夜掩襲城中無悟其旨者尋遇害
淮南子曰不能耕而欲黍粱不能織而喜衣裳無事而求其功難矣
又曰珎怪奇味人之所美也而堯糲粱之飯藜藿之羹糲麤也文繡狐白人所好也而堯布衣揜形鹿裘禦寒
國語曰欒伯謂公族大夫公曰夫膏粱之性難正
呂氏春秋曰吳起爲鄴令民歌之曰終古斥鹵生稻粱
楊泉物理論曰粱者黍稷之惣名也

神仙傳曰吳孫權時有一人種粱在山中患猿猴食之聞介象有道聊從乞辟猿猴法象告之無他法也汝明日往粱所望見羣猴方往時便大喚語之言以白介君使猿猴莫復來食粱此人倉卒直謂象欺弄之明日視粱遇羣猴適欲下樹試承象語語猴即各還山去遂便絶跡

廣志曰有具粱解粱遼東赤粱魏武帝以爲粥

本草曰白粱味甘微寒無毒主除熱益氣有襄陽竹根者最佳黄粱出青冀

楚辭招䰟曰稻粱穱麥挐黄粱挐糅也以黄粱和而糅且香滑

傅休奕雉賦曰飲以華泉之水食以玄山之粱

左思魏都賦曰雍丘之粱

東薔

魏書曰烏丸地宜東薔東薔似蓬草實如葵子十月熟也

廣志曰東薔色青黑粒如葵子幽涼并皆有之

西河語曰貸我東薔償我田粱

上林賦曰東薔彫胡

太平御覽卷第八百四十二

太平御覽卷第八百四十三

飲食部一

酒上

世本曰儀狄始作酒醪變五味少康作秫酒

戰國策曰帝女儀狄作酒而進於禹

春秋緯命曰兄黍爲酒陽據陰乃能動故以麹釀黍爲酒（麹陰也是先漬麹黍後入故曰陽相感皆據陰也相得而沸是其動也凡物陰陽相感非唯作酒）

釋名曰酒酉也釀之米麹酉澤久而味美也亦言踧也能否皆強相踧持也又入口咽之皆踧其面也

說文曰酒就也所以就人性之善惡也一曰造也吉凶所起造也

又曰酴音酒毋也醴酒一宿熟也醪汁滓酒也酎三重之酒也醨薄酒也醑莤酒也

酒經曰空桑穢飯醞以稷麥以成醇醪酒之始也烏梅女[illegible]（胡扳反）甜醹（音乳）九投澄清百品酒之終也

周禮天官下曰酒正掌酒之政令以式法授酒材辨五齊之名一曰泛齊二曰醴齊三曰盎齊四曰醍齊五曰沉齊（以節度作之故以齊爲名泛者成而滓浮泛泛然如今宜成醪矣醴猶體也成而汁滓相將如今恬酒矣盎猶翁也成而色翁翁然葱白色如今鄮白矣醍者成而紅赤如今下酒矣沉者成而滓沉如今造清酒矣）辨三酒之物一曰事酒二曰昔酒三曰清酒（事酒如今之醳酒也昔酒久酒今之舊醳也清酒今之冬釀夏成者也）

禮記月令孟冬曰是月也乃命有司秫稻必齊麹蘖必時湛熾必潔水泉必香陶器必良火齊必得兼用六物酒官監之無有差貸（有司謂酋酒之官六物者一曰秫稻二曰麹蘖三曰湛熾四曰水泉五曰陶器六曰火齊命酒官監之無有差貸謂失誤善惡）

又曲禮曰侍飲於長者酒進則起進受於尊所（降席辟受飲也）長者辭少者反席而飲長者舉未釂少者不敢飲

又檀弓曰知悼子卒未葬（悼子晉大夫荀盈）平公飲酒師曠李調侍鼓鍾（樂作也）杜蕢自外來聞鍾聲曰安在曰在寢（燕於寢）杜蕢入寢歷階而升酌曰曠飲斯又酌曰調飲斯又酌堂上北面坐飲之降趨而出（三酌皆罰）平公呼而進之曰蕢曩者爾心或開予是以不與爾言（謂始來入時欲諫爭有所發）爾飲曠何也曰子卯不樂（紂以甲子死桀以乙卯亡王者謂之疾日不以舉樂爲吉事所以自戒懼）知悼子在堂斯其爲子卯也大矣（言大臣喪重於疾日也）曠也大師也不以詔是以飲之也（詔告也師典奏樂）爾飲調何也曰調也君之褻臣也爲一飲一食忘君之疾是以飲之也（言調貪酒食褻變也近臣亦當規君疾憂）爾飲何也曰蕢也宰夫也非刀匕是共又敢與知防是以飲之也（防禁放溢）

又玉藻曰君子之飲酒也受一爵而色洒如也（洒如肅敬貌）二爵而言言斯（言言和敬貌）禮已三爵而油油（油油說敬貌）以退（禮飲過三爵則敬殺可以去矣）

又樂記曰夫豢豕爲酒非以爲禍也而獄訟益繁則酒之流生禍也（以穀食犬豕曰豢爲作也言豢豕作酒本以饗祀養賢而小人飲之善酗以致獄訟）是故先王因爲酒禮壹獻之禮賓主百拜終日飲酒而不得醉焉此先王之所以備酒禍也（壹獻士飲酒之禮百拜以喻多）

又坊記曰子云觴酒豆肉讓而受惡民猶犯齒

左傳莊公二十二年曰陳公子完奔齊桓公使爲工正飲桓公酒樂公曰以火繼之辭曰臣卜其晝未卜其夜不敢君子曰酒以成禮不繼以淫義也（夜飲爲淫樂）以君成禮弗納於淫仁也

又宣公上曰晉侯飲趙盾酒伏甲將攻之其右提弥明知之（右車右）趨曰臣侍君宴過三爵非禮也遂扶以下

又成公下曰鄢陵之戰楚王召子反謀穀陽豎獻飲於子反子反醉而不能見(穀陽子反內豎)王曰天敗楚也夫余不可以待乃宵遁

又襄公二十三年曰季武子無適子公彌長而愛悼子欲立之訪於臧紇紇曰飲我酒吾爲子立之季氏飲大夫酒臧紇爲客(爲上賓)既獻(已獻酒)臧孫命北面重席新樽絜之(酒絜既新復絜)召悼子降逆之大夫皆起(臧孫下迎悼子)及旅而召公鉏(獻酬禮畢而通行爲旅)使與之齒季孫失色

又昭公十二年曰晉侯以齊侯宴中行穆子相(穆子荀吳)投壺晉侯先穆子曰有酒如淮有肉如坻(淮水名坻山名)寡君中此爲諸侯師中之齊侯舉矢曰有酒如澠有肉如陵寡人中此與君代興(代更也)亦中之

又哀公下曰齊子我夕(夕視事)陳逆殺人逢之遂執以入陳

氏方睦使疾而遺之潘沐備酒肉焉(使詐病內潘沐并得酒肉潘沐可以沐頭)饗守囚者醉而殺之而逃

又曰衛侯占夢嬖人(以能占夢見愛)求酒於大叔僖子(僖子大叔遺)不得與卜此人比而告曰君有大臣在西南隅弗去懼害(託占)(而)卜誘乃逐大叔遺遺奔晉

毛詩國風曰十月穫稻爲此春酒以介眉壽

又小雅魚藻曰王在在鎬豈樂飲酒(箋云豈亦樂而天下平安萬物得其性武王何所處乎處於鎬京樂八音之樂與群臣飲酒而已)

又小雅曰伐木許許釃酒有藇(以筐曰釃以藪曰湑藇美貌)

又曰有酒湑我無酒酤我(湑莤之也酤一宿酒也箋云酤買也此族人陳王之恩也王有酒則沛莤之王無酒酤買之要欲厚於族人)

尚書酒誥曰乃穆考文王肇國在西土厥誥毖庶邦庶士越少正御事朝夕曰祀茲酒(文王告衆國衆士朝夕勅之惟祭祀用此酒不常飲)惟天降命肇我民惟元祀天降威我民用大亂喪德亦罔非酒惟行越小大邦用喪亦罔非酒惟辜文王誥教小子有正有事無彝酒越庶國飲惟祀德將無醉自成湯咸至于帝乙成王畏相惟御事厥棐有恭不敢自暇自逸矧曰其敢崇飲(崇聚也自暇自逸猶不敢況敢聚會飲酒乎明無)厥或誥曰羣飲汝勿佚盡執拘以歸于周予其殺(盡執拘羣飲酒者以歸於京師我其擇罪重者而殺之)

論語曰惟酒無量不及亂沽酒市脯不食

禮記外傳曰五齊三酒皆供祭祀之用五齊尊而三酒卑所以明齊者酒人和合之分劑之名也一曰泛齊(酒之初成滓有泛者泛泛然俗爲白醪)二曰醴齊(醴體也汁滓未相同醴也今之甜酒也)三曰盎齊一名醆酒(狀如葱白色今之白醝酒也)四曰醍齊(色在白赤之間)五曰沈齊一名澄齊(醍之與沈三酒與上君夫人及賓長獻中尸相酬酢之用)三酒者列於堂下臣下相酌酬酢之用一曰事酒一名醳酒新成者酌飲有

事(謂廟中助祭親事者也廟中有事者爲榮)二曰昔酒(久成而色白謂舊醳之酒與無事飲之)三曰淸酒(冬釀夏成味醇厚)○史記曰秦繆公亡善馬岐下野人共得而食之者三百餘人遂得欲法之公曰君子不以畜害人乃赦之

又曰高帝除秦苛法爲簡易羣臣飲酒爭功高帝患之叔孫通知上益厭也說上願與諸弟子共起朝儀漢七年長樂宮成羣臣皆朝十月復置法酒諸臣侍坐殿上皆伏以尊卑次起上壽觴九行謁者言罷酒御史執法舉不如儀者輒引去竟朝置酒無敢失禮者高帝乃曰吾今日知爲皇帝之貴也

又曰沛公先入關屯霸上項羽至沛公左司馬曹無傷使人言於羽曰沛公欲王關中羽大怒欲擊之沛公因項伯見羽羽留沛公飲項王項伯東向坐亞父南向坐亞父者

范增也沛公北向坐張良西向侍增數目項王舉所佩玉玦示之者三項王默然項莊入以劒舞欲因擊沛公張良至軍門見樊噲曰甚急今項莊拔劒舞其意常在沛公也噲曰此迫矣臣請入與之同命噲即帶劒擁盾入軍門交戟之衛士欲止不內噲側其盾以撞衛士仆地噲遂披帷西向而立瞋目視項王項王按劒而跽曰客何爲者良曰沛公參乘樊噲也王曰壯士賜之巵酒則與斗巵酒樊噲飲之王曰賜之彘肩則有一生彘肩噲覆盾於地拔劒切而噉之王曰壯士能復飲乎曰臣死且不避巵酒安足辭

又曰曹參代蕭何爲相一遵何約束日夜飲淳酒卿大夫及賓客見參不事事皆欲言至者參輙飲醉之終莫得言丞相舍後園近吏舍吏舍日飲歌呼從吏惡之無如之何乃請參遊園中聞吏醉歌呼從吏請按之參乃取酒張坐飲亦歌呼與相參

又曰高祖過沛置酒自擊筑爲歌使沛子弟佐酒

又曰高后與諸呂劉氏大臣宴飲令朱虛侯章爲酒吏章曰臣將種也請以軍法行酒后可之酒酣諸呂有一人醉亡酒章追斬之后與左右皆大驚也

漢書曰酒者天之美祿帝王所以頤養天下享祀祈福扶衰養病百福之會

又曰百末旨酒（百華之末酒也）布蘭生（芬芳布列若蘭之生也）

又曰于定國飲酒至石不亂益精明

又曰陳遵字孟公每大飲賓客滿門取車轄投井中雖有急終不得去

又曰張讓專權孟他以蒲桃酒一斗遺讓拜他爲涼州刺史

後漢書曰光武詔馮異歸家上冢使太中大夫賚牛酒令二百里內太守都尉已下及宗族會焉

又曰寇恂數與鄧禹謀議禹奇之因奉牛酒交歡

又曰魯恭兄弟俱爲諸儒所稱學士爭歸之太尉趙熹慕其志每歲時遣子問以酒粮皆辭不受（問遺也）

又曰汝南太守歐陽歙請郅惲爲功曹汝南舊俗十月饗會百里內縣皆齎牛酒到府讌飲時臨饗禮訖歙教曰西部督郵繇延天資忠貞稟性公方摧破姦凶不嚴而理今與衆儒共論延功顯之于朝太守敬嘉厥休牛酒養德主簿讀書教戶曹引延受賜惲於下坐愀然前曰司正舉觥（愀變色皃也司正主禮儀者觥罰爵也）以君之罪告謝于天案延資性貪邪外方內圓（外示方直而實柔弱也）朋黨構姦罔上害人所在荒亂怨慝並在明府以惡爲善股肱以直從曲此既無君又復無臣惲敢再拜奉觥歙色慙動不知所言門下掾鄭敬進曰君明臣直功曹言切明府德也可無受觥哉歙意少解曰實歙罪也敬奉觥

又曰張酺雖在公位而父常居田里酺每有遷職輒一詣京師嘗來候酺適會歲節公卿罷朝俱詣府奉酒上壽極歡醉衆人皆慶羨之及父卒既葬詔遣使賚牛酒爲釋服

又曰大將軍袁紹揔兵冀州遣使要鄭玄大會賓客玄最後至乃延升上坐身長八尺飲酒一斛秀眉明目容儀溫偉

魏志曰徐晃破關羽振旅還摩陂太祖迎晃七里置酒大會太祖舉巵酒勸晃且勞之曰全樊襄陽將軍之功也

又曰呂布騎將侯成遣客收馬十五疋客悉驅馬去向沛城欲歸劉備成自將騎逐之悉得馬還諸將合禮賀釀五

六斛酒獵得十餘猪未飲食先持半猪五斗酒自入詣布前跪言蒙將軍恩遂得所失馬將來相賀自釀少酒獵得猪未敢飲食先奉上微意

又曰邴原初辭家求學原舊性能飲酒自行之後八九年間酒不向口單步負笈苦身持刀至陳則師韓子助潁川則宗陳仲弓汝南則交范孟博涿郡則親盧子幹臨別師友以原不飲酒會米肉送原原曰本能飲酒但以荒思廢業故斷之耳今當遠別因見貺餞可以飲讌於是安坐飲酒終日不醉

太平御覽卷第八百四十三

太平御覽卷第八百四十四

飲食部二

酒中

魏略曰太祖時禁酒而人竊飲之故難言酒以白酒爲賢人清酒爲聖人

又曰王陵表蒲寵年過耽酒不可居方任帝將召寵給事中鄧颺曰寵爲汝南太守豫州刺史二十餘年有勳方岳及鎮淮南吳人憚之若不如所表將爲所闚可令還朝問以方事以察之帝從之寵既至進見飲酒至一石不亂帝慰勞遣還

又曰華歆能劇飲至石餘不亂衆人微察常以其整衣冠爲異

又曰烏桓東胡俗能作白酒而不知作麴蘖常仰中國

九州春秋曰曹公制酒禁而孔融書嘲之曰夫天有酒旗之星地列酒泉之郡人有旨酒之德故堯不先千鍾無以成其聖且桀紂以色亡國今令不禁婚姻也太祖外雖寬容之内不能平御史大夫郗慮知旨以免融官

吳志曰孫權於武昌臨釣臺飲酒大醉令人以水灑群臣曰今日酣飲唯醉墮臺中乃當止耳張昭正色不言出外車中坐權遣人呼昭還謂曰爲共作樂耳公亦何爲怒乎昭對曰昔紂爲糟丘酒池長夜之飲當時亦不以爲惡也權默然有慚色

又曰孫權常令中書郎詣顧雍有所咨訪若合雍意事可施行即與相反覆究而論之爲設酒食如不合意雍即正色改容黙然不言無所施郎退造權曰顧公歡悅是事合宜也其不言者是事未平也孫當重思之其見敬信如此

又曰孫權嘗命諸葛恪行酒至張昭前昭先有酒色不肯飲曰此非養老之禮也權曰卿其能令張公辭屈乃當飲之耳恪難昭曰昔師尚父九十擁旄仗鉞猶未告老也今軍旅之事將軍在後酒食之事將軍在先何謂不養老也昭卒無辭遂爲盡爵

又曰曹公出濡須甘寧爲前部督受勑斫敵前營權特賜米酒衆肴寧乃特賜手下百餘人食之畢寧先以銀盌酌酒自飲兩盌乃酌與其都督不時肯持寧引刀置膝上呵謂之曰卿見知於至尊孰與甘寧尚不惜死卿何以獨惜死都督見寧色厲即起拜持酒又通酌兵各一兩盌至二更時銜枚出斫敵敵驚動遂退寧益貴重

又曰孫晧每饗宴無不竟日坐席無能不率以七外爲限雖不悉入口皆澆灌取盡韋曜素飲酒不過二外初見禮

異時常爲裁減或密賜茶荈以當酒至於寵衰更見逼強輒以爲罪又於酒後使侍臣難折公卿以嘲弄侵克發擿私短以爲歡笑焉

又曰笮融督廣陵運漕大起浮圖祠每浴佛多設酒飯布席於路經數十里民人來觀及就食且萬人費以巨万計

蜀志曰簡雍拜昭德將軍時天旱禁酒釀者有刑吏於人家索得釀具論者欲令與作酒者同罰雍從先主遊觀見一男子行於道謂先主曰彼欲淫何以不縛先主曰卿何以知之對曰彼有其具與欲釀者同先主大笑而原欲釀者

晉書曰王戎嘗如阮籍飲時兖州刺史劉昶字公榮在坐籍以酒少酌不及昶昶無恨色戎異之他日問籍曰彼何如人答曰勝公榮不可不與飲若減公榮則不敢不共飲

惟公榮可不與飲
晉書曰山濤飲酒至八斗方醉帝欲試之以酒八斗飲之密益其酒濤極本量而止
又曰陸抗與羊祜推之好抗嘗遺祜酒祜飲之不疑抗有疾祜饋之藥抗亦推心服之于時以爲華元子反復見於今
又曰阮孚爲散騎常侍以金貂換酒爲有司所彈
又曰謝奕爲桓溫司馬謂之方外司馬因以酒逼溫溫走入南康王門避之主曰君無狂司馬何由得相見奕遂引溫一兵卒於聽事共飲曰失一老兵得一老兵亦何所怪
又曰陸納字祖言爲吳興太守將之郡先至姑孰辭桓溫因問溫曰公致酒可飲幾升食肉多少溫曰年大來飲三升便醉白肉不過十臠卿復云何曰素不能飲正可二升肉亦不足言後伺溫閑曰外有微禮方守遠郡欲與公一醉以展下情溫欣然納之時王坦之刁協在座及受禮唯有酒一斗鹿肉一柈座客驚愕納徐曰明公近云飲酒三升納正可二升今有一斗以備杯酌餘瀝溫及賓客並歎其真率溫更勑中厨設精饌酣宴極歡而罷
又曰何充字次道能飲酒雅爲劉惔所貴惔每云見次道飲令人欲傾家釀言其能溫克也
又曰陶侃每飲酒有常限歡有餘而限已竭殷浩更勸少進侃悽然曰年少時嘗誡之乃已
宋書曰王弘爲江州刺史欲識陶潛不能致也潛嘗往廬山弘令潛故人龐通之齎酒於半道栗里要之潛有脚疾使一門生二兒舉籃轝及至欣然便共飲酌俄頃弘至亦無忤也先是顏延之爲劉柳後軍功曹在尋陽與潛情款後爲始安郡經過潛每往必酣飲致醉延之臨去留二萬錢與潛潛悉送酒家稍就取酒嘗九月九日無酒出宅邊菊叢中坐久之逢弘送酒至即便就酌醉而後歸潛不解音聲而畜素琴一張每有酒適輒撫弄以寄其意貴賤造者有酒輒設潛若先醉便語客我醉欲眠卿可去其真率如此郡將候潛逢其酒熟取頭上葛巾漉酒畢還復著之
又曰顧憲之爲建康令清儉強力爲政甚得人和故都下飲酒者醇旨輒號爲顧建康謂其清且美焉
又曰孔覬爲江夏內史性便酒每醉輒彌日不醒居常貧罄無有豐約未嘗關懷爲府長史典籤諮事不呼前不敢前不令去不敢去雖醉日居多而曉明政事醒時判決未嘗有擁衆咸云孔公一月二十九日醉勝世人二十九日醒也
又曰顏延之好騎馬遨遊里巷遇舊知輒據鞍索酒得必傾盡欣然自得
又曰沈文季出爲吳興太守文季飲酒至五斗妻王氏飲亦至三斗常對飲竟日而視事不廢
又曰袁粲爲丹陽尹嘗步屧白楊郊野間道遇一士大夫便呼與飲酣明日此人謂被知顧到門求進粲曰昨飲酒無偶聊相要耳竟不與相見
又曰蕭思話嘗從文帝登鍾山北嶺中道有盤石清泉上使於石上彈琴因賜以銀鍾酒謂曰相賞有松石間意
又曰彭城王義康傳曰會稽長公主於兄弟爲長文帝所親敬上嘗就主宴集甚歡主起再拜頓首悲不自勝上不曉其意起自扶之主曰車子歲暮必不見容特乞其命因

慟哭上亦流涕指蔣山曰必無此慮若違今誓便是負初
寧陵即封所餘酒賜義康曰會稽姉飲憶弟所餘今封送
車子義康小字也
齊書曰高帝幸東宮召諸王宴飲因遊玄圃園長沙王晃
捉華蓋臨川王映執雉尾扇聞喜公子良持酒鎗南郡王
行酒武帝與豫章王嶷及王敬則自捧肴饌高帝大飲賜
武帝已下酒並大醉盡歡日暮乃去
又曰謝朏爲吳興太守與弟瀹於征虜渚送別朏指瀹口
曰此中唯宜飲酒瀹建武之朝專以長酣爲事與劉瑱沈
昭略交飲各至數斗朏既至郡致瀹數斛酒遺上　曰力飲
此物勿豫人事瀹嘗與劉悛飲推辭久之悛曰謝莊兒不
可云不能飲瀹曰苟得其人自可沉湎千日悛甚慙無言
又曰王琨儉於財用酒不過兩爵輒云取酒難遇之

梁書曰初梁武帝掇廷後進二十餘人置酒賦詩臧盾以
詩不成罰酒一斗飲盡顏色不變言笑自若蕭介染翰便
成文無加點帝兩美之曰臧盾之飲蕭介之文席之美也
又曰陰鏗嘗與賓友飲宴見行觴者因迴酒炙以授之衆
坐皆笑鏗曰吾儕終日酣飲而執爵者不知其味非人情
也及侯景之亂鏗嘗爲賊擒或救之獲免鏗問之乃前所
行觴者
又曰張纘爲湘州刺史初吳興吳規頗有才學邵陵王綸
引爲賓客深相禮遇及綸作牧郢藩規隨從江夏遇纘出
之湘鎮路經郢服綸餞之南浦纘見規在坐意不能平忽
舉盃曰吳規此酒慶汝得陪今宴規尋起還其子翁孺見
父不悅問而知之翁孺因氣結尒夜便卒規恨纘悲慟而
憤哭兼至信次之間又殞規妻深痛夫子晝日又亡時人
爲張纘一盃酒殺吳氏三人
南史曰南海有頓遜國在海崎上有酒樹似安石榴採其
花汁停瓮中數日而成酒
後魏書曰太宗引崔浩論事語至中夜太宗大悅賜浩縹
醪酒十斛水精戎盐一兩曰朕味卿言若盐酒故與卿同
其味也
又曰高允被勅論集往世酒之敗德以爲酒訓孝文覽而
悅之
又曰胡叟少孤每言及父母則淚下若孺子之號春秋常
祭之前則先求旨酒時燉煌氾潛家善釀酒每節送一壺
與叟論者以潛爲君子
又李元忠拜南趙郡太守好酒無政績及莊帝崩弃官
潛圖義舉會齊神武東出元忠便乘露車載濁酒以奉迎

神武聞其酒客未即見之元忠下車獨坐酌酒擘脯食之
謂門者曰本言公招延豪傑今聞國士到門不能吐哺輟
洗其人可知還吾刺勿復通也門者以告神武遽見之
又曰齊神武自太原來朝見朱遊道曰此人是遊道邪常
聞其名今日始識其面遷遊道別駕後日神武　之司州
饗食朝士舉觴屬遊道曰飲高歡手中酒者大丈夫卿之爲
人合飲此酒
又曰魏帝宴華林園謂神武曰自頃所在百司多有貪暴
朝廷中有能公平直言彈劾不避親戚者王可勸酒神武
降階跪言唯御史中尉崔暹一人謹奉明旨敢以酒勸并
臣所射賜物千段乞以迴賜帝又褒美之
又曰劉藻字彥先父宗之盧江太守涉獵群籍美談笑善
與人交飲酒至一石不亂藻爲平東別將辭於洛水之南

孝文曰與卿石頭相見藻對曰臣雖才非古人度亦不留賊虜而陛下輙當釃曲阿之酒以待百姓帝大笑曰今未至曲阿且以河東數石賜卿

又曰裴粲傳元顥入洛以粲為西兖州刺史尋為濮陽太守崔巨倫所逐棄州入嵩高山節閔帝初復為中書令後正月晦帝出臨洛濵粲起御前再拜上壽酒帝曰昔北海入朝覺竊神器尓曰卿識之以酒今欲我飲何異於往情粲曰北海志在沈湎故諫其所失陛下齊聖溫克臣敢獻微誠帝曰甚愧來譽仍為命酌

又曰齊郡王簡性好酒不能理公私之事妻常氏燕郡公喜女也文明太后以賜簡幹綜家事頻節簡酒乃至盜竊求乞婢侍卒不能禁

又曰阮孚性機辯好酒貌短而禿周文帝偏所眷顧常於室內置酒十餅餘一斛上皆加帽欲戲孚孚適入室見即驚喜曰吾兄弟輩甚無禮何為竊入王家臣坐相對宜早還宅也因持酒歸周文撫手大笑

北齊書曰段韶尤嗇於財雖親戚故舊畧無施與其子孫尚公主并省丞郎在家佐事十餘日事畢辭還人唯賜一杯酒

又曰高季式豪率好酒又恃舉家勳功不拘儉節與光州刺史李元忠生平遊款在濟州夜飲憶元忠開城門令左右乘驛馬持一壺酒往光州勸元忠朝廷知而容之

又曰齊河南王孝瑜武成禮遇特隆帝在晉陽手勑之曰吾飲汾清二盃勸汝鄴酌兩盃其親愛如此也

又曰齊皇甫亮性質朴純厚終無片言矯飾為有勑下司各列勤墮亮三日不上省文宣王親詰其故亮曰一日雨一日醉一日病酒文宣以其實優容之

又曰周文帝聞韋夐養高不仕辟之不能屈明帝即位禮敬逾重乃為詩頻時朝謁帝大悅勑有司日給河東酒一斗號之曰逍遙公

唐書曰定州揔管李玄通性剛烈無所屈撓初城陷為劉黑闥所囚其故吏有以酒食餽之者玄通謂之曰諸君哀吾困辱故以酒食來相寬慰耳吾要當為諸君一醉可乎遂與樂飲因請劒起舞舞畢以劒潰腹而死

又曰蒲桃酒西域有之前代或有貢獻及破高昌收馬乳蒲桃實於苑中種之并得其酒法上自損益造酒酒成味兼醍盎既頒賜羣臣京師識其味

又曰麟德元年九月壁州刺史鄧弘慶制酒令平索者精四序

又曰張鎮州拜舒州都督舒州即其本邑鎮州乃多市酒肴就望江舊宅盡召故人親戚與之酣宴散髮箕踞郭嘯昔之歡十日贈以錢帛既而垂泣謂親賓曰比者張鎮州與故人為歡今日以後舒州都督治百姓耳君民禮隔不得交遊因與之訣自是親戚有犯法一無所縱州境因茲肅然

又曰李景伯景龍中為諫議大夫中宗嘗與宰臣貴戚內宴酒酣遞唱迴波樂甚諠雜失禮次至景伯歌曰迴波尓時酒巵微臣職在箴規禮飲只合三爵君臣雜混非宜席為之散時人稱之

又曰李適之雅好賓友飲酒一斗不亂夜則宴賞晝決公務莛無留事

管子曰桓公飲管仲酒仲弃其半公問其故對曰臣聞酒

入舌出舌出言失言失身弃臣弃身不如弃酒桓公笑焉

晏子曰景公飲酒移於晏子之家晏子立於門曰國德無有故乎君今何為非時而夜辱公曰酒醴之味金石之聲願與夫子樂之晏子曰臣不敢與焉公乃移於司馬穰苴之家穰苴荅如晏子公復移於梁丘據據左執琴右擁竽行歌而至公曰樂哉無彼二子何以持國無此一臣何以樂身

孫卿子曰醉者越百步溝以為跬步也俯而出城門以為萬丈之門酒亂其神也

太平御覽卷第八百四十四

飲食部三

酒下

孟子曰禹惡旨酒而好善言
孔叢子曰平原君與子高飲強子高酒曰有諺云堯舜千鍾孔子飲百觚子路嗑嗑尚飲百榼古之賢聖無不能飲子何辭焉子高曰以子所聞聖賢以道德兼人未聞飲酒
列子曰夫醉者之墜於車也雖疾不死骨節與人同犯害與人異其神全也乘亦不知也墜亦不知也死生驚懼不入乎其胷是故遻物而不慴彼得全於酒而猶若是況得全於天乎
韓子曰晉平公與羣臣飲飲酣乃喟然而歎曰莫樂為人君惟其言而莫之違師曠侍坐於前援琴撞之公披衽而

避琴傷於壁公曰大師誰撞師曠曰今者有小人言於側者故撞之公曰寡人也師曠曰嘻是非君人者之言也左右請除之公曰釋之以為寡人戒
又曰齊桓公飲酒醉遺其冠恥之三日不朝管仲曰此非有國之恥也公胡不雪之以政公曰善因發倉賜貧窮論囹圄出薄罪處三日而民歌之曰公胡不復遺冠乎
又曰宋人有少者欲效善見長者飲無餘亦自飲而盡之
王孫子新書曰楚莊王攻宋廚有臭肉樽有敗酒將軍子重諫曰今君廚肉臭而不可食樽酒敗而不可飲而三軍之士皆有飢色欲以勝敵不亦難乎莊王曰請有酒投之士有食饋之賢
淮南子曰楚會諸侯魯趙皆獻酒於楚王主酒吏求酒於趙趙不與吏怒乃以趙厚酒易魯薄者奏之楚王以趙酒

抱朴子曰鄭君釀酒酒成因以附子甘草㫤內酒中暴令乾如雞子大一丸投一斗水立成美酒
又曰葛仙公每飲酒醉常入門前陂中竟日乃出曾從吳主到列州還大風仙公舡沒吳主謂其已死須臾從水上來衣履不濕而有酒色云昨為伍子胥召設酒不能便歸以淹留也
呂氏春秋曰肥肉厚酒務以自強命曰爛腸之食
韓詩外傳曰夫飲食之禮不脫屨而即序者謂之禮跣而上坐者謂之宴能飲者飲之不能飲者已謂之醧齊顏色均衆寡謂之沉閉門不出者謂之湎故君子可以宴可以醧不可以沉不可以湎
黃石公記曰昔者良將用兵人有饋一簞醪者使投之於

河令將士迎流而飲之夫一簞醪不能味一河水三軍思為之死非滋味及之也
賈誼新書曰晉師伐虢虢公出奔至澤中曰吾飢渴甚其御者進清酒腵脯問御曰汝何故詔諛曰恐君必亡所以儲也虢公作色怒御者曰臣言誤也君所以亡者天下皆不肖疾公賢也虢公喜據軾而笑飢勸乃枕御者膝而臥御以塊代其膝而去虢公因餓死
神異經曰西北海外有人長二千里兩脚中間相去千里腹圍一千六百里但日飲天酒五斗不食五穀魚肉唯飲天酒忽有飢時向天仍飲好游山海間不犯百姓不干萬物與天地同生
又曰西北荒中有酒泉此酒美如肉清如鏡其上有玉樽取一罇復一罇與天地同休無乾時飲此酒人不死不生

東方朔別傳曰武帝幸甘泉長平阪道中有虫赤如肝頭目口齒悉具先驅馳還以報上使視之莫知也時朔在屬車中令往視焉朔曰此謂怪氣是必秦獄處也上使案地圖果秦獄地上問朔何以去之朔曰夫積憂者得酒而解乃取虫置酒中立消賜朔帛百疋後屬車上盛酒為此故也

說苑曰魏文侯與大夫飲使公乘不仁為觴政曰飲若不盡浮之大白文侯不盡公乘不仁舉白浮君也

又曰吳王從民飲酒子胥諫曰昔白龍下清泠之淵化為魚漁者射中其目白龍上告天王捨萬乘從布衣恐有射目之患也

論衡曰東風至酒湛溢按酒味酸從東方木也味酸故酒湛溢也

又曰文王飲酒千鍾孔子百觚聖人胷腹小大與人均等若飲千鍾宜食百牛能飲百觚則能食十羊使文王身如防風孔子身如長狄文王孔子率禮之人垂警後世豈千鍾百觚耶紂車行酒騎行炙二十日為一夜按紂以酒為池因謂車行酒以肉為林因為騎行炙耳或是晝復酒滂沲於地因以為池釀酒積糟因以為丘懸肉似林因言肉林耳

西京雜記曰司馬相如還成都以所服鸘鷞裘就市陽昌貰酒與卓文君為歡

典論曰孝靈末百司湎酒酒千文一斗常侍張讓子奉為太醫令與人飲輒去衣露形為戲樂也

又曰洛陽令郭珎家有巨億每暑召客侍婢數十盛裝飾羅縠披之袒裸其中使進酒

又曰劉表有酒爵三大曰伯雅次曰仲雅小曰季雅伯雅容七升仲雅六升季雅五升又設大針於杖端客有酒輒以劉之驗醉醒也

博物志曰劉玄石曾於中山酒家沽酒酒家與千日酒飲之至家大醉其家不知以為死葬之後酒家計向千日往視之云已葬於是開棺醉始醒俗云玄石飲酒一醉千日

又曰西域有蒲桃酒積年不敗彼俗傳云可至十年欲飲之醉彌日乃解

古今記曰烏孫國有青田核得水則有酒味甚淳美如好酒飲盡隨更注水隨成不可久久則苦不可飲名曰青田酒

世說曰鍾毓鍾會少有令譽其父晝寢因共偷服散酒父時覺且託寐以觀之毓拜而後飲會飲而不拜父問其故毓曰酒以成禮不敢不拜問會會曰偷酒乃非禮所以不拜

又曰阮籍遭母憂在晉文王座進酒肉司隸何曾亦在座曰明公方以孝理天下而阮籍以重哀顯於公座飲酒食肉宜流之海外以正風教文王曰嗣宗毀頓如此君不能共憂之宜且有疾而飲酒食肉固喪禮也籍飲噉不輟神色自若步兵校尉缺廚中有貯酒數百斛阮籍乃求為步兵（或云籍與劉靈飲步兵廚中酒未盡並醉而物故皆好事者為之籍景元年卒太始中靈猶存焉）

又曰劉靈縱酒放達或脫衣倮形在室中人見譏之靈曰我以天地為棟宇室屋為褌衫諸君何以入我褌中

又曰張季鷹縱任不拘時人號為江東步兵或謂之曰卿乃縱適一時獨不為身後名也張荅曰使我有身後名不如即時一杯酒

又曰阮宣子嘗步行以百錢挂杖頭至酒店便獨酣暢雖
當世貴盛不肯詣也
又曰山季倫爲荆州時出酣暢人爲之歌曰山公時一醉
逕造高陽池日暮倒載歸酩酊無所知時復乘駿馬倒着
白接籬舉手語葛強何如并州兒高陽池在襄陽是其愛將并州人也襄陽記曰漢侍中習郁於峴山南依范蠡養魚法作魚池池邊有高隄皆種竹及長楸芙蓉覆水是遊宴名處山季倫遊此池未嘗不大醉而還恒曰此是我高陽池也
又曰鴻臚孔群好飲酒王丞相語云卿恒飲酒不見酒家
覆瓿布日月久則糜爛群曰公不見糟中肉乃更堪久群
常與親舊書云今年田得七百斛秫米不了麴蘗事
又曰周顗字伯仁風德雅重深遠危亂還江東積年恒大
飲酒嘗經三日不醒人謂之三日僕射
又曰諸阮能飲酒仲容至宗人間若集不復用常杯酌以

大甕盛酒賓坐相向大酌更飲時有羣猪來飲酒去上便共
飲之
又曰桓公有主簿善別酒輒令先嘗好者謂青州從事惡
者謂平原督郵青州有齊郡平原有鬲縣從事言至齊督
郵言至鬲上住
又曰王孝伯問王大阮籍何如司馬相如王大曰阮籍胸
中壘傀故須澆之言同相如唯有酒異大忱小字王大歎曰三日不飲酒
覺形神不復相親宋明帝文章志曰忱嗜酒一飲或連日不醒自號上頓也諺以大飲爲上頓起於忱也王孝伯云名士不須奇才但使常得無事痛飲酒讀
離騷便可稱名士也
神仙傳曰孔元方者尊修道術元方爲人惡衣踈食飲酒
不過一斗年百七十餘歲道成人或請元方同會人人作
酒令次至元方作令元方無所說直以一杖柱地因把杖

倒竪頭在下足在上以一手持酒倒飲之人莫能爲也
列仙傳曰酒客者梁市上酒家客也作酒常美日售萬錢
有過逐之主人酒便酸敗
異苑曰有虹食薛願釜中水盡願輦酒飲之虹吐金滿釜
因置豐富也
益部耆舊傳曰楊子拒妻劉臣公之女字奉漢有四男二
女拒早亡敎道閨門動有法則長子元珎嘗出飲酒自輿
而歸母不見十日諸弟謝過乃見數責曰夫飲酒有節不
至沉湎者禮也汝乃沉荒慢而無禮自爲敗首何以帥先
諸弟
郭仲產湘州記云衡陽縣東南有酃湖土人取此水以釀
酒其味醇美所謂酃酒每年嘗獻之晉平吳始薦酃酒於
太廟是也

時鏡新書曰晉海西令董勛云正旦飲酒先飲小者何也
勛曰俗以小者得歲故先以酒賀之老者失時故後飲酒
十洲記曰瀛州有玉膏如酒味名曰玉酒飲數斗輒醉令
人長生
南岳夫人傳曰夫人設王子喬瓊蘇綠酒
孝子傳曰蔡順字君仲母飲酒吐嘔顛倒恐母中毒嘗母
吐驗之
楚辭曰蕙肴蒸兮蘭藉奠桂酒兮椒漿
又屈原曰衆人皆醉唯我獨醒漁父曰衆人皆醉何不餔
其糟而歠其醨
梁四公記曰高昌遣使獻乾蒲桃凍酒帝命杰公迓之謂
其使曰蒲桃七是洿林三是無半凍酒非八風谷所凍者
又無高寧酒和之使者曰其年風災蒲桃不熟故駮雜凍

酒奉王急命故非時耳帝問术公群物之異對曰蒲桃岑林者皮薄味美無半者皮厚味苦酒是八風谷凍成者終年不壞今臭其氣酸岑林酒滑而色淺故去然

嶺表録異曰南中醞酒即先用諸藥別淘漉粳米凍乾旋旋入藥和米擣熟即緑紛矣熱水洩而團之形如餢飳以指中心刺作一竅布於蓆席上以荀杞構葉罨之其體候好弱一如造麴法既而以藤篾貫之懸於煙火之上每醞一年用幾箇餅子固有恒準矣南中地暖春冬七日熟秋夏五日熟既熟貯以瓦甕用糞掃火燒之（亦有不燒者爲清酒也）大抵廣州人多好酒晚市散男兒女人倒載者日有三二十輩生酒行即兩面羅列皆是女人招呼鄙夫先令嘗酒盎上白瓷甌謂之頭刮一甌三文不持一錢來去嘗酒致醉者當壚嫗但笑弄而已蓋酒賤之故也

太平御覽卷第八百四十五

太平御覽卷第八百四十六

飲食部四

嗜酒　使酒

嗜酒

傳曰齊慶封好田而嗜酒與舍政舍封子慶封當國不自爲政以付舍則以
其內實遷于盧蒲嫳氏易內而飲酒內實寶物妻妾也
傳曰鄭伯有嗜酒爲窟室窟室地室而夜飲酒擊鐘焉朝至未
已朝者曰公焉在家臣故謂伯有爲公其人曰吾公在壑谷壑谷窟室皆自
朝布路而罷布路分散既而朝伯有朝鄭君則又將使子晳如楚歸
而飲酒庚子子晳以駟氏之甲伐而焚之伯有奔雍梁雍梁
鄭地醒而後知之遂奔許傳曰齊惠欒高氏皆嗜酒欒高二族皆出
惠公信內多怨說婦人言政多怨彊於陳鮑氏而惡之惡忌陳夏有告
陳桓子曰子旗子良將攻陳鮑氏亦告鮑氏桓子授甲而

太八百四十六　一　張寅

如鮑氏遭子良醉而騁欲及子良醉故驅告鮑文子遂見文子文子鮑國則
亦授甲矣使視二子二子子旗子良也則皆將飲酒桓子曰彼雖
不信彼傳誑者聞我授甲則必逐我及其飲酒也先伐諸陳鮑
方睦遂伐欒高氏
後漢書曰更始韓夫人尤嗜酒每侍飲見常侍奏事輒怒
曰帝方對我飲正用此時持事來乎起抵破書案
又曰馬氏爲人嗜酒闊達敢言闊達大度也敢言謂言果敢無所隱也時醉
在御前面折同列言其短長無所避忌帝故縱之以爲笑
樂
魏志曰徐邈字景山魏國初爲尚書郎時科禁酒而邈
私飲至於沈醉校尉趙達問以曹事邈曰中聖人達白太祖
太祖甚怒度遼將軍鮮于輔進曰平日醉客謂酒清者爲
聖人濁者爲賢人邈性脩慎偶醉言耳坐刑後車駕幸許昌
問邈曰頗復中聖人不邈對曰昔子反斃於穀陽御叔罰
於飲酒臣嗜酒二子不能自懲時復中之然宿瘤以醜見
傳而臣以醉見識帝大笑顧左右曰名不虛立
又曰時苗字德胄鉅鹿人也少清白爲人疾惡建安中入
丞相府出爲壽春令令行風靡揚州治在其縣時蔣濟爲
治中苗以初至欲往謁濟素嗜酒適會其醉不能見苗苗恚
恨還刻木爲人署曰酒徒蔣濟置之於墻下旦夕射之州
郡雖知其所爲不恪然以其履行過人無若之何
吳書曰鄭泉字文淵陳郡人博學有奇志而性嗜酒其閑
居每曰願得美酒滿五百斛船以四時甘脆置兩頭反覆
以飲之憊即住而啖肴膳酒有斗升減即隨益之不亦快乎
晉書曰光逸字孟祖遇亂避難渡江依胡毋輔之初至屬
輔之與謝鯤阮放畢卓羊曼桓彝阮孚散髮裸袒閉室酣

太八百四十六　二　寅

飲已累日逸將排戶入守者不聽逸便於戶外脫衣露頭
於狗竇中窺之而大叫輔之驚曰他人決不能爾必我孟
祖也遽呼入遂與飲不捨晝夜人謂之八達
又曰孟嘉爲桓溫參軍嘉好酣飲愈多不亂溫問嘉酒有
何好而卿嗜之嘉曰未得酒中趣耳
又曰孝武末年嗜酒好內而會稽王道子昏嗜尤甚唯狎
昵謟邪於是國寶讒諛之計稍行於主相之間
宋書曰衡陽王義季素嗜酒自彭城王義康廢後遂爲長
夜飲畧少醒日文帝詰責曰此非唯傷事業亦自損性皆
汝所諳近長沙兄弟皆緣此致故將軍蘇徽耽酒成疾旦
夕待盡一門無此酣法汝於何得之義季雖奉旨酣縱不改成
疾以至於終
又曰范泰初爲太學博士外弟荊州刺史王忱請爲天門

太守忱嗜酒醉輒累旬及醒則儼然端肅泰陳酒既傷生所宜深誡其言甚切忱嗟歎久之曰見規者衆未有若此者也

又曰劉邕穆之子河東王歆之與邕俱嘗爲南康相素輕邕後歆之與俱豫元會並坐邕嗜酒謂歆之曰卿昔見臣今能見勸一盃酒不歆之因斆孫皓歌荅曰昔爲汝作臣今爲汝比肩既不勸汝酒亦不願汝年

梁書曰王瞻爲吏部尚書性率亮居選所舉其意多行頗嗜酒每飲或彌日而精神朗贍不廢簿領武帝每稱瞻有三術射棊酒也

南史曰陳暄文才俊逸尤嗜酒無節操遍歷王公室沉湎過差非度其兄子秀常憂之致書於暄友人何胥冀其諷

諫暄聞之與秀書曰且見汝書與孝典陳吾飲酒過差吾有此好五十餘年昔吳國張長公亦稱耽嗜吾見張公時伊已六十自言引滿大勝少年時吾今所進亦勝於往日老而彌篤唯吾與張季舒耳吾方與此子交歡於地下汝欲夭吾此志耶昔阮咸阮籍同遊竹林宣子不聞斯言王湛能玄言巧騎武子呼爲癡叔何陳留之風不嗣大原之氣巋然飜成可怪吾既寂寞當世朽病殘年產不異於顏原名未動於卿相若不日飲醇酒復欲安歸女以飲酒爲非吾以不飲爲過昔周伯仁渡江唯三日醒吾不以爲少鄭康成一日三百盃吾不以爲多然洪醉之後有得有失成廝養之志是其得也使次公之狂是其失也吾常譬酒猶水也可以濟舟亦可以覆舟故江諮議有言酒猶兵也兵可千日而不用不可一日而不備酒可千日而不飲不可一飲而不醉美哉江公可與共論酒矣汝驚吾墮車侍中之門陷池武陵之地遍布朝野自言憔悴丘也幸苟有過人必知之吾平生所願身沒之後題吾墓云陳故酒徒陳君之神道若斯志意豈避南征之不覆賈誼之慟哭者哉何水曹眼不識盃鐺吾口不離瓢杓汝寧與何同日醒與吾同日而醉乎政言其醒可及其醉不可及也速營糟丘吾將老焉

後魏書曰夏侯道遷長子史字元廷歷鎮遠將軍南兗州大中正史性好酒居喪不戚醇醪肥鮮不離口沽買飲噉多所費用父時田園貨賣略盡人間債猶數千餘疋穀食至常不足弟妹不免飢寒於是昏酣而卒初史與南人辛諶庾遵江文遙等終日遊聚酣飲之際恒相謂曰人生局促何殊朝露坐上相看先後間耳脫有先亡者於良辰美景

靈前飲宴儻或有知庶共歆饗及史亡後三月上巳諸人相率至史靈前仍共酌飲時日晚天陰室中微闇咸見史在坐衣服形容不異平昔時執盃酒似若獻酬但無語耳

後魏書曰李元忠微拜侍中雖處要任初不以物務干懷唯以聲酒自娛大率常醉家事大小了不關心園庭羅種果藥親朋尋詣必留連宴賞每挾彈攜壺遊遨里閈每言寧無食不可使我無酒阮步兵吾師也孔少府豈欺我哉後自中書令復求爲太常以其有音樂而多美酒故神武欲用爲僕射文襄言其放達常醉不可任以臺閣其子搔聞之請節酒元忠曰我言作僕射不勝飲酒樂爾愛僕射時宜勿飲酒

北齊書曰黄門郎司馬消難左僕射子知之子是高祖之壻勢盛當時因退食之暇尋高季式與之酣飲留宿旦日

重門並閉關鑰不通消難固請去我是黃門郎天子侍臣豈有不參朝之理且一宿不歸家君必當大怪今若又留我狂飲我得罪無辭恐君亦不免譴責季式曰君自稱黃門郎又言畏家君怪欲以地勢脅我邪高季式死自有處初不畏此消難拜謝請出終不見許酒至不肯飲季式云我留君盡興君是何人不爲我飲命左右賫車輪括消難頸又賫一輪自括頸仍命酒引滿相勸消難不得已欣笑而從之方仍俱脫車輪更留一宿是時失消難兩宿莫知所在內外驚異及消難出方具言之世宗在京輔政白魏帝賜消難美酒數石珍羞十轝并令朝士與季式親狎者就季式宅讌集其被優遇如此

唐書曰王源中爲戶部侍郎翰林承旨學士性頗嗜酒嘗召對源中方沉醉不能起及醉醒同列告之源中但懷憂殊無悔恨他日又以醉不任赴召遂終不得大任以眼病求免所職

列子曰子產之兄公孫朝聚酒千鍾積麴成封望門百步糟漿之氣逆於人鼻方其荒於酒也不知正道之安危人理之悔悋室內之有無九族之親踈雖水火兵刃交於前不知也

王子年拾遺記曰晉有羌人姚馥字世芬充厩馬圉每醉中好言王者興亡之事常云九河之水不足以漬麴蘖八藪之木不足以爲蒸薪七澤之麋不足以充庖俎恒言渴於醇酒羣輩呼爲渴羌後武帝受以朝歌守馥辭願且爲馬圉時賜美酒以樂餘年帝曰朝歌紂之舊都地有酒池故使老羌不復呼渴固辭遷酒泉太守地有清泚其味若酒馥乘醉而拜受之

世說曰劉靈病酒渴甚從婦求酒持器泣諫曰君飲酒太過非攝生之道必宜斷之靈曰甚善我不能自禁唯當祝鬼自誓斷之耳便可具酒肉婦從之靈跪而呪曰天生劉靈以酒爲名一飲一斛五斗解酲婦人之言愼不可聽便引酒進肉隗然已醉

又曰畢茂世云一手持蟹螯一手持酒盃拍浮酒池中便足了一生

使酒

史記曰季布爲河東守孝文時人有言其賢者孝文召欲以爲御史大夫復有言其勇使酒難近至留邸一月見罷布因進曰臣無功竊寵待罪河東陛下無故召臣此人必有以臣欺陛下者今臣至無所受事罷去此人必有毀臣者夫陛下以一人之譽而召臣以一人之毀而去臣臣恐天下有識聞之有以窺陛下也上嘿然慙良久曰河東吾股肱郡故時召君耳布辭之官。又曰孝武建元元年灌夫入爲太僕二年夫與長樂衛尉竇甫飲輕重不得（飲酒輕重不得其平）夫醉搏甫甫竇太后昆弟也上恐太后誅夫徙爲燕相數歲坐法去官家居長安灌夫爲人剛直使酒不好面諛貴戚諸有勢在己之右不欲加禮必陵之諸士在己之左愈貧賤尤益敬灌夫家居雖富然失勢賓客益衰及魏其侯失勢亦欲倚夫引繩排根生平慕之後棄之者夫亦倚魏其而通列侯宗室爲名高兩人相爲引重其游如父子然相得驩甚恨相知晚也夫有服過丞相丞相從容曰吾欲與仲孺過魏其侯會仲孺有服夫曰將軍乃肯幸臨況魏其侯夫安敢以服爲解請語魏其侯帳具將軍旦

日早臨武安許諾夫具語魏其侯如所謂武安侯魏其與
其夫人益市牛酒夜灑掃早帳具至旦平明令門下候伺
至日中丞相不來魏其謂夫曰丞相豈忘之哉夫不懌曰
夫以服請宜往乃駕自往迎丞相丞相特前戲許灌夫殊
無意往及夫至門丞相尚卧於是夫入見曰將軍昨日幸許過
魏其魏其夫妻治具自旦至今未敢嘗食武安謬謝曰吾
昨日醉忽忘與仲孺言乃駕往及飲酒酣夫起舞屬丞相
丞相不起夫從坐上語侵之魏其扶灌夫去謝丞相丞相
卒飲至夜極驩而去丞相嘗使籍福請魏其城南田不得
由此怨灌夫魏其後丞相娶燕王女爲夫人有太后詔召
列侯宗室皆往賀魏其侯過灌夫與俱夫謝曰夫數以酒
失得過丞相丞相今者又與夫有郄魏其曰事已解强與俱飲
酒酣武安起爲壽皆避席伏已魏其侯爲壽獨故人避席耳

餘半膝席夫不悅起行酒至武安武安膝席曰不能滿觴
夫怒因嘻笑曰將軍貴人也屬之時武安不肯行酒次至
臨汝侯名賢灌嬰孫臨汝侯方與程不識耳語又不避席夫無
所發怒乃罵臨汝侯曰生平毀程不識不直一錢今日長
者爲壽乃效女兒呫囁耳語武安謂灌夫曰程李俱東西
宮衛尉今衆辱程將軍仲孺獨不爲李將軍地乎灌夫
曰今日斬頭陷匈何知程李乎坐乃起更衣稍稍去
續漢書曰時聖公聚客家有酒請游徼飲賓客醉歌言朝
亨兩都尉游徼後來用調羹味游徼大怒縛捶數百
魏志曰吳質黃初五年朝京師詔大將軍及特進以下皆
會質所太官給供具酒酣質欲盡歡時上將軍曹真性肥
中領軍朱鑠性瘦質召優使說肥瘦真負其貴恥見戲怒
謂質曰卿欲以部曲將遇我耶驃騎將軍曹洪輕車將軍
王忠言將軍必欲使上將軍肥即自宜爲瘦真愈恚拔刀
瞋目言俳敢輕脫吾斬爾遂罵坐質案劒曰曹子丹汝非
屠机上肉吳質吞爾不嚙喉咀汝不嚙牙何敢恃勢憍耶
鑠因起曰陛下使吾等來樂卿耳乃至此耶質顧叱之曰
朱鑠敢壞坐諸將軍皆還坐鑠愈恚還拔劒斬地遂使罷
也
吳志曰權既爲吳王歡宴之末自起行酒虞翻伏地佯醉
不起權去翻起坐權於是大怒手拔劒欲擊之侍坐者莫
不惶遽唯大司農劉基起抱權諫曰大王以三爵後手殺
善士雖翻有罪天下孰知之且大王以能容賢畜衆故海
內望風今一朝棄之可乎權曰曹孟德殺孔文舉孤於虞
翻何有哉基曰孟德輕害士人天下非之大王躬德義欲
與堯舜比隆曾何自喻於彼乎翻由是得免權因勑左右

自今酒後言殺皆不得殺也
又曰胡綜性嗜酒酒後讙呼極意或推引杯觴搏擊左右權
愛其才不備責也
又曰淩統當擊賊園先期統與督將陳勤會飲酒勤剛勇
任氣因督酒陵轢一坐舉罰不以其道統疾其侮慢面折
不爲具酒勤怒詈統及其父操統流涕不荅衆因罷坐勤
秉酒凶悖又於道路辱統統不忍引刀斫勤數日死及當
攻屯統曰非死無以謝罪乃率厲士卒身當矢石所攻一
面應時破壞諸將乘勝遂大破之還自拘於軍正權壯其
果毅許以功贖罪
晉書曰庾純爲河南尹以賈充姦佞與任愷共舉充西鎮
關中充由是不平充嘗宴朝士而純後至充謂曰尹行常

純之先嘗有五百者充之先有市魁者故充純以此相識焉充自以功隆望重意殊不平及純行酒充不時飲純曰長者爲壽何敢爾乎充曰父老不歸供養將何言也純因發怒曰賈充天下兇兇由爾一人充曰輔佐二世蕩平巴蜀有何罪而天下謂之兇兇純曰高貴鄉公何在衆坐因罷充左右欲執純中護軍羊琇侍中王濟佐之因得出充慙怒上表解職純懼上河南尹關中侯印綬上表自劾

晉裴楷傳曰石崇以功臣子有才氣與楷志趣各異不與之交長水校尉孫季舒常酣讌慢傲過度欲表免之楷聞之謂崇曰足下飲人狂藥責人正禮不亦乖乎乃止

又曰裴遐嘗在平東將軍周馥坐與人圍碁馥司馬行酒遐不即飲司馬醉怒因曳遐墮地遐徐起還坐顏色不變復碁如故其性和如是

宋書曰謝超宗爲人恃才使酒多所陵忽在直省常醉上召見語及北方事超宗曰虜動來二十年矣佛出亦無如之何以失儀出爲南郡王中軍司馬

梁書曰蕭穎達出爲豫章內史意甚憤憤未發前預華林宴酒後於座辭氣不悅沈約因勸酒欲以觀之穎達大罵約曰我今日形容正是汝老鼠所爲何忽復勸我酒舉坐驚愕帝謂之曰汝是我家阿五沈公宿望何意輕脫若以法繩汝汝復何理達竟無一言唯大涕泣心愧之

又曰謝善勛飲酒至數斗醉後輒張眼大罵雖復貴賤親疎無所擇也時謂之謝方眼

陳書曰柳盼爲散騎常侍性愚戇使酒因醉乘馬入殿門爲有司劾免於家

風俗通曰陳國有趙祐者酒後自相署或稱亭長督郵祐復於外騎馬將絳幘者去我使者也司徒鮑昱決獄去騎馬將幘起於戲耳無他惡意

又曰汝南張妙酒後相戲遂縛捶二十下又懸足指遂至死鮑昱決事去原其本意無賊心宜減死

風俗通曰巴郡宋遷母名靜往阿奴家飲酒迁母坐上失氣奴謂遷曰汝母在坐上何無儀適遷曰腸痛誤耳人各有氣豈止我遷罵奴奴持木枕擊遷遂死

太平御覽卷第八百四十七

飲食部五

食上

周禮天官膳夫曰：膳夫掌王之食飲膳羞，以養王及后世子。（羞有滋味）凡王之饋，食用六穀，膳用六牲，飲用六清，羞用百二十品，珍用八物，醬用百有二十甕。王日一舉，鼎十有二，物皆有俎，以樂侑食。膳夫用祭品嘗食，王乃食。

又曰：王齊則玉府供玉食。（鄭玄注曰：玉，陽之精，御水氣也。鄭司農云：食玉屑也。）

又天官食醫曰：掌和王之六食、六飲、六膳、百羞、百醬、八珍之齊。凡食齊眂春時，（飲宜溫）羹齊眂夏時，（羹宜熱）醬齊眂秋時，（醬宜涼）飲齊眂冬時。（飲宜寒）凡和，春多酸，夏多苦，秋多辛，冬多鹹，調以滑甘。凡會膳食之宜，牛宜稌，羊宜黍，豕宜稷，犬宜粱，鴈宜麥，魚宜苽。凡君子之食恒放焉。

又曰：內饔掌王及后世子膳羞之割亨煎和之事，辨體名肉物，辨百品味之物。（割，肆解由也。亨，煑也。煎和，成數。）選百羞醬物珍物以俟饋。（先進其中御者。）共后及世子之膳羞。（膳夫掌之。）

又曰：小宰凡朝覲會同賓客，以牢禮之灋掌其牢禮、委積、膳獻、飲食、賓賜之飧牽，與其陳數。

又曰：大宗伯以飲食之禮親宗族兄弟。

大戴禮曰：食穀者必智惠而巧。

禮記曲禮上曰：侍食於長者，主人親饋，則拜而食；主人不親饋，則不拜而食。共食不飽，無流歠，（鄭玄注曰：流歠，有似食也。）無咤食，（咤，陟嫁切。）毋嚙骨，毋反魚肉，毋投與狗骨，毋固獲，（欲自得曰固，爭自取曰獲。）毋刺齒。○又曰：凡進食之禮，左殽右胾，食居人之左，羹居人之右。（皆便食也。殽，骨體也。胾，切肉也。食，飯屬也。居人之左右，明其近也。殽在俎，胾在豆。）膾炙處外，醯醬處內，（殽胾之外內也。近醯醬者，食之主。[illegible]皆在豆也。）葱渫處末，（渫，蒸葱也。處醯醬之左，言末者，殊加也。在豆。）酒醬處右，（處羹之右。此言若酒若漿耳，兩有之，則左酒右醬也。）以脯脩置者，左朐右末。（亦便食也。屈中曰朐。其俱切。）

又曰：齊大飢，黔敖為食於路，以待餓者而食之。有餓者蒙袂輯屨，貿貿然來。黔敖左奉食，右執飲，曰：嗟來食！揚其目而視之曰：予唯不食嗟來之食，以至於斯也。從而謝之，終不食而死。（風俗通曰：齊人不食而死也。）

又曰：食於有喪者之側，未嘗飽也。（助哀戚也。）

又曰：庶人春薦韭，夏薦麥，秋薦黍，冬薦稻。韭以卵，麥以魚，黍以豚，稻以鴈。（庶人無常牲，取與新物相宜而已。）

又曰：文王之為太子，朝於王季日三。食上，必在視寒煖之節。（在，察也。）食下，問所膳。（問所食者。）命膳宰曰：末有原。應曰：諾。然後退。（末猶勿也。原，再也。勿有所再進，為其失飪臭味惡也。退以其寢也。）

又曰：朝夕之食上，世子必在視寒煖之節；食下，問所膳羞，必知所進，以命膳宰，然後退。（羞必所進，必知親所食也。）若內豎言疾，則世子親齊玄而養。（親，猶自也。養疾者，齊玄冠玄端也。）膳宰之饌，必敬視之；（疾者之食，齊和所欲或異。）疾之藥，必親嘗之。（試毒也。）嘗饌善，則世子亦能食；（善謂多於前。）嘗饌寡，世子亦不能飽。（又不及武王一飯再飯。）

又曰：古者未有火化，食草木之實、鳥獸之肉，飲其血，茹其毛。後聖有作，然後修火之利，以炮以燔，以烹以炙，以為醴酪。

又曰：夫禮之初，始諸飲食。其燔黍捭豚，（捭，卜麥切。）汙尊而抔飲，（汙，烏華切。抔，步侯切。）蕢桴而土鼓，（蕢，苦對切。）猶若可以致其敬於鬼神。（言其物雖質略，有齊敬之心，則可以薦羞於鬼神。鬼神饗德不饗味也。）

又曰：天子一食，諸侯再，大夫三。

又曰：不食雛鼈，狼去腸，狗去腎，狸去正脊，兔去尻，狐去首，豚去腦，魚去乙，鼈去醜。（皆為不利人也。）

又曰膳(膳目諸膳也)膷臐膮醢(膷音香臐許云切膮許堯切)牛炙醢牛胾醢牛膾羊炙羊胾醢豕炙醢豕胾芥醬魚膾雉兔鶉鷃(此上大夫之禮庶羞二十豆也以公食大夫禮饌校之則膷牛炙間不得有醢醢衍字也又以鷃為鴽也)

玉藻曰侍食於先生異爵者後祭先飯(謙也)客祭主人辭曰不足祭也(祭者盛食人饌也)客飧主人辭以疏(食者之言麤也)

又曰父命呼唯而不諾手執業則投之食在口則吐之

又曰若賜之食而君客之則命之祭然後祭(雖見賓客猶也侍食則正不敢備禮不祭也)先飯辯嘗羞飲而俟(俟君食而後食之惠也將食臣先嘗孝也)若有嘗羞者則俟君之食然後食飯飲而俟(不祭侍食不敢備禮也不嘗羞膳不飲飲則宰存也將食也)君命之羞羞近者(辟貪味也)命之品嘗之然後唯所欲(必先徧嘗之)凡嘗遠食必順近食(從近始也)君未覆手不敢飧(覆手食也)(以循可已飧勸食也)君既食又飯飧(不敢先君飽)飯飧者三飯也(臣勸君如是可食也)君既徹執飯與醬乃出授從者(食於尊前親徹也)凡侑食不盡食於人不飽(謙也)

又學記曰雖有嘉肴弗食不知其旨也雖有至道弗學不知其善也(旨美也)

又雜記曰孔子曰吾食於少施氏而飽少施氏食我以禮(言貴其以禮待己而為之飽也時人倨慢若季氏則不以禮矣少施氏魯惠公子施父之後)吾祭作而辭曰疏食不足祭也吾飧作而辭曰疏食也不敢以傷吾子納幣一束束五兩兩五尋

又坊記曰故食禮主人親饋則客不祭故君親饋則客不祭故君子苟無禮雖美不食焉

左傳曰晉公子重耳過衛衛文公不禮焉出於五鹿(五鹿衛地)乞食於野人野人與之塊公子怒欲鞭之子犯曰天賜也(得土有天賜)稽首受而載之

又曰楚伐庸出師旬有五日百濮乃罷(濮夷無屯聚見難則散歸)自廬以往振廩同食(也同食上下無異饌也)

又曰初宣子田於首山舍于翳桑(田獵也翳桑之多蔭翳者首山在河東蒲坂縣東南)見靈輒餓問其病曰不食三日矣食之舍其半問之曰宦三年矣(宦學也)未知母之存否今近焉(去家近)請以遺之使盡之而為之簞食與肉(簞笥也)寘諸橐以與之既而與為公介(靈輒為公甲士)倒戟以禦公徒而免之問其故對曰翳桑之餓人也問其名居(問所居)不告而退(不望報也)遂自亡也(輒亦去)

又曰諸侯之師次于鄭西我師次于督揚不敢過鄭(督揚鄭也)子叔聲伯使叔孫豹請逆于晉師為食於鄭郊師逆以至(聲伯戒叔孫以必須所逆晉師至乃食)聲伯四日不食以待之食使者(使者豹之)介而後食(言其忠也)

又曰晉侯合諸侯楊干亂行魏絳戮其僕晉侯以絳為能以刑佐民矣反役與之禮食使佐新軍(羣臣旅會禮食也)

又曰衛獻公戒孫文子甯惠子食(勅戒二子欲共讌食)皆服而朝日旰不召而射鴻於囿二子從之不釋皮冠而與之言二子怒

又曰魏獻子為政以魏戊為梗陽大夫梗陽人有獄魏戊不能斷以獄上(上魏子也)其大宗賂以女樂(訟者大宗)魏子將受之戊謂閻沒女寬(二人魏子大夫)曰主以不賄聞於諸侯若受梗陽人賄莫甚焉吾子必諫皆許諾退朝待於庭(魏子朝君退而待於魏子之庭)饋入召之(召大夫食)比置三歎既食使坐魏子曰吾聞諸伯叔諺曰唯食忘憂吾子置食之間三歎何也同辭而對曰或賜二小人酒不夕食(或他人也言飢其也)饋之始至恐其不足是以歎中置自咎曰豈將軍食之而有不足是以再歎及饋之畢願以小人之腹為君子之心屬厭而已(屬足小人腹飽知足也言君子之心)(厭宜亦然)獻子辭梗陽人

又曰叔孫穆子食慶封慶封氾祭有余示有所先也氾祭遠散所祭不共穆
子不說使工為之誦茅鴟工樂師茅鴟逸詩刺不敬亦不知
又曰晉悼夫人食輿人之城杞者輿眾也城杞在往年絳縣人或年
長矣無子而往與於食
又曰華亥與其妻必盥而食所質公子者後食公與夫人
每日必適華氏食公子而後歸
又曰昔闔廬在國天有菑癘親巡孤寡而共其乏困在軍
孰食者分而後敢食必須軍士皆分熟食不敢先食分猶徧也其所嘗者卒乘
與焉所嘗甘珎非常食
又曰衛侯為虎幄於藉圃於藉田之圃新造幄幕皆以虎獸為飾成求令名
者而與之始食焉太子請使良夫以良夫應為令名良夫乘衷甸
兩牡衷甸一轅卿車紫衣狐裘紫衣君服至袒裘不釋劍而食食而熱故偏袒
亦不敬太子使牽以退數之以三罪而殺之

八百四十七　五　王

又曰左師每食擊鍾聞鍾聲公曰夫子將食詩曰民之失
德乾餱以愆餱食也愆云德言過乎
又曰民之質矣日用飲食質成
又生民曰克岐克嶷以就口食
韓詩外傳曰子夏過曾子曾子食之子夏曰不為公費乎曾子
曰有三費飲食不在其中少而學長而忘之一費事君而
輕負久交中絕三費
舜典曰咨十有二牧曰食哉惟時王肅注曰食哉者所以重之民
又洪範曰八政一曰食又曰惟辟王食孔安國曰王食美食
周書曰甘食美衣使長貧
尚書大傳曰八政何以先食食者萬物之始人之所本者也
易曰雲上於天需君子以飲食讌樂需飲食之道也九五需于酒
食貞吉

又曰噬嗑食也頤中有物曰噬嗑
又曰山下有雷頤君子慎言語節飲食
論語曰一簞食一瓢飲人不堪其憂回也不改其樂
又曰齊必變食居必遷坐食不厭精膾不厭細肉雖多不
使勝食氣食不語寢不言雖蔬食菜羹瓜祭必齋如也
史記曰張蒼嘗被刑王陵赦免之蒼常德陵後為丞相洗
沐常先朝陵夫人上食然後敢歸家
又曰韓信從下鄉南昌亭長寄食數月亭長患之乃晨炊
蓐食時信往不為具食信亦知其怒竟絕乃釣城下一漂
母飯信竟漂數十日信喜謂漂母曰吾必有以重報母母
怒曰丈夫不能自食吾哀王孫而進食豈望報乎
又曰景帝居禁中召條侯周亞夫賜食獨置大胾無切肉
又不置箸條侯心不平顧謂尚席取箸景帝視而笑曰此

八百四十七　六　福

不足君所食乎條侯免冠謝
又曰東方朔詔賜之食於前飯已盡懷其餘肉持去衣
盡汙
古史考曰始有燔炙人裹肉燒之曰炮故食取名焉及神
農時民食穀釋米加于燒石之上而食及黃帝始有釜甑
火食之道成
戰國策曰蘇秦之楚三月迺得見王談卒辭行楚王曰先
王不遠千里而臨寡人曾弗肯留願聞其說對曰楚國食
貴於玉薪貴於桂謁者難見於鬼王難見於帝今令臣食
玉炊桂因鬼見帝其可得乎
漢書曰陸賈勸陳平與太尉絳侯和以謀諸呂平乃以奴
婢百人車馬五十乘錢五百万遺賈為飲食資又曰万石君
時賜侯食於家必稽首俯伏而食如在上前子孫有過對

案不食

又曰有司劾竇嬰矯先帝詔棄市嬰陽病不食欲死或聞上無意殺嬰復食也

又曰昌邑王在喪詔太官上乘輿食如故食監奏未釋服未可御故食也

又曰鮑宣上書曰陛下擢臣岩穴誠冀有益毫毛豈徒欲臣美食大官重高門之地哉（晉灼曰高門殿名也）

又曰太師孔光聖人之後先師之子德行純淑賜飡十七物（服虔曰食具十七物也）

續漢書曰靈帝數遊於西園令後宫采女爲客舍主身爲商賈行至客舍采女下酒因共飲食

東觀漢記曰光武過鄧禹營禹進炙魚上大食啗百姓聚觀皆言劉公真天人也

又曰汝郁字叔異陳國人年五歲母疾不能飲食郁亦不肯食宗親共奇之因名曰異

又曰趙孝字長平建武初天下新定穀食尚少孝得穀炊熟令弟禮夫妻使出比還孝夫妻共茹蔬菜禮夫妻來歸告言已食輙獨飯之積久禮心怪疑後掩伺見之亦不肯後出遂共蔬食兄弟怡怡鄉里歸德

又曰梁鴻少孤以幼童詣太學受業治詩禮春秋常獨止不與人同食

又曰明德皇后既處椒房太官上飯累餚膳備副重加幕覆輒徹去譴敕令與諸舍相望也

謝承後漢書曰茅容字季偉陳留人與等輩避雨樹下衆皆箕踞相對容危坐愈恭郭林宗見而奇之共與言因請寓宿旦日容殺鷄爲黍林宗謂爲己設既而以供其母自以菜蔬與林宗同飯林宗起拜之曰卿賢乎哉因勸令學卒以成德也

後列曰董宣爲洛陽令殺胡陽公主奴帝怒欲殺宣後原之敕令詣太官賜食宣受詔出飯盡覆杯食按上太官以狀聞上問宣宣對曰臣食不敢遺餘如奉職不敢遺力

又曰帝忿竇融年衰遣中常侍中謁者即其卧内強進酒食

又曰趙咨弟孝子孫耕農爲養盜嘗夜往劫之咨恐母驚懼乃先至門迎盜因請爲設食謝曰老母八十疾病須養居貧朝夕無儲乞少置衣糧妻子物餘一無請盜皆慚歎跪而辭曰所犯無狀干暴賢者言畢奔出咨追以物與之由此益知名

又曰鄧元義父伯考爲尚書僕射元義還鄉里妻留事姑

甚謹姑憎之幽閉空室節其飲食羸困妻終無怨言後伯考怪而問之時義子朗年數歲言母不病但苦飢耳

又曰韓卓字子助臘日奴竊食祭其先卓義而免之

又曰延熹末黨事將作袁閎遂散髮絶代欲投迹深林以母老不宜遠遁乃築土室四周於庭不爲户自牖納飲食而已

魏志曰典韋好酒食飲啖兼人每賜食於前大飲長歠左右相屬人益乃供太祖壯之

又曰漢末中常侍唐衡弟爲京兆虎牙都尉入謁尹尹欲修主人敕外爲市買功曹趙息啓去左帷子弟來爲虎牙非德選不足爲持酤買宜隨中舍菜食而已

魏志曰文帝爲太后弟康起第成太后至第請諸家外親設下厨無異膳太后左右菜食粟飯無魚肉其儉約如此也

又曰寵累者嘉平中年八十九歲若六七十者縣官以孤老日給廩五升五升不足食頗行傭作以裨之糧盡復出人與不敢食不求美衣弊緼故後一二年病亡

又曰諸葛亮出斜谷與司馬宣王對壘宣王見亮使唯問其寢食及其事之繁簡戎事使對曰諸葛公夙興夜寐二十罰已上皆親覽焉所啖食不至數升宣王曰亮將斃矣其能久乎

又曰沐並字德信河閒人也少孤苦袁紹父子時始爲吏名有志介嘗過姊姊爲殺鷄炊黍而不留也正始中爲三府長史時吳使朱然諸葛瑾攻圍樊城遣船兵於峴山東斫材牂牁人兵作食有先熟者呼後熟者言其食來後熟者答言不也呼者曰欲作沐德信耶其名流布播於異域如此雖自華夏不知者以爲前世人

江表傳曰南陽樊伷爲武昌部從事誘導諸夷叛屬劉備孫權召問潘濬濬曰以五千兵往足擒矣權曰卿何以輕之濬曰伷昔爲州人設饌比至日中食不可得而十餘自起此亦侏儒觀一節之驗權即遣將五千兵往果平武昌

吳志曰步騭字子山世亂避難江東單身窮困與廣陵衛旌同年相善俱以種瓜自給晝勤四體夜誦經傳會稽焦征羌郡之豪族人客放縱騭與旌寄食其地懼爲所侵乃共脩刺奉瓜以奏征羌方內卧駐之移時旌欲去騭止之曰本所以來畏其強也今舍去欲以爲高祇結怨耳良久征羌開牖見之身隱几坐帳中設席致地坐騭旌於牖外旌愈恥之騭辭色自若征羌身自享大案殽膳重沓而小盤飯與騭旌唯菜茹而已旌不能食騭極飲致飽乃辭出旌怒騭曰能忍此乎騭曰吾等貧賤是以主人以貧賤遇之固其宜也當何所恥

蜀志曰漢獻帝舅車騎將軍董承辭帝受帝衣帶中密詔當誅曹公先主是時與曹公從容曹公謂先主曰天下英雄唯使君與操耳本初之徒不足數也先主食失匕箸

又曰關羽嘗爲流矢所中貫其左臂後瘡雖愈每陰雨痛醫曰矢鏃有毒毒入于骨當破臂作瘡刮骨去毒然後此患乃除耳羽便伸臂令醫劈之時羽適請諸將飲食相對臂血流離盈於盤器而羽割炙引酒言笑自若

太平御覽卷第八百四十七

飲食部六

食中

王隱晉書曰何曾食日近萬錢猶曰無下箸處子劭驕奢簡貴有父風衣裘服翫新故巨積食必盡四方珍異一日之供以二萬爲限時論以爲太常御膳無以加之

又曰皇甫謐姑子梁柳爲城陽太守或勸謐送謐曰柳爲布衣過吾送迎不出門食不過鹽菜貧不以酒肉爲禮也今作郡而送豈古人之道哉

晉書曰王導子悅疾篤導憂念特至不食積日忽見一人形狀甚偉被甲持刀導問君是何人曰僕是蔣侯也公兒不佳欲爲請命故來耳公勿復憂因求食遂噉數斗食畢勃然謂導曰中書患非可救者言訖不見悅亦殞絶

又曰衛將軍謝安欲詣陸納納兄子俶怪納無辦乃密作數十人饌安至納設茶菓而俶下精飲食納怒客去杖俶四十

又曰郗鑒字道徽永嘉亂在鄉里窮餒鄉人以鑒名德傳共餉之時兄子邁外生周翼並小常携之就食鄉人曰恐不兼有所存鑒乃獨往食訖飯着兩頰邊含還與二兒後並得存同過江邁位至護軍翼爲剡令鑒薨追撫育之恩解職而歸席苫心喪三年

又曰庾袞父士作宫賣以養母母見其勤曰我無所食對曰母食不甘袞將何居母感而安之

宋書曰謝景仁爲桓玄驃騎將軍時宋武帝爲桓脩撫軍中兵參軍嘗詣景仁諮事景仁與語悅因留帝食食未辦而景仁爲玄所召玄累促催頃間騎詔續至帝屢求去景仁不許曰主上見待要應有方我欲與客食豈不得待竟安飽食然後應召帝甚感之

又曰謝景仁愛弟甝甝而憎弟述嘗設饌請宋武帝帝命甝豫坐而帝召述述知非景仁夙意又慮非帝命之請急不從帝馳遣呼述須至乃食其見重如此及景仁疾述盡心視湯藥飲食必嘗而後進衣不解帶不盥櫛者累旬景仁深感愧焉

又曰劉穆之少時家貧誕節嗜酒食不修拘檢好往妻兄弟乞食多見辱不以爲恥其妻江嗣女甚明識每禁不令往江氏後有慶會屬勿來穆之猶往食畢求檳榔江氏兄弟戲之曰檳榔消食君乃常飢何忽須此妻復截髮市肴饌爲其兄弟以餉穆之自此不對穆之梳沐後穆之宦達而性更奢豪食必方丈旦輒爲十人饌未嘗獨食每至食

時客止十人已還帳下依常下食以此爲常嘗白帝曰穆之家本貧賤贍生多闕叨忝已來雖每存約損而朝夕所須微爲過豐此外無一毫負公

又曰王仲德與兄叡同起義兵與慕容垂戰敗仲德被重創走與家屬相失路經大澤困未能去卧林中有一小兒青衣年可七八歲騎牛行見仲德驚曰漢已食未仲德言飢小兒去須臾復來得飯與之食

又曰廬陵王義真居武帝憂使帳下備膳劉湛禁之義真乃使左右人買魚肉珍羞於齋内別立廚帳會湛入因命臑酒炙車螯湛正色曰公當今日不宜有此設義真曰寒甚杯酒亦何傷長史事同一家望不爲異酒至湛起曰既不能以禮自處又不能以禮處人

又曰江夏王義恭幼爲武帝 特所鍾愛帝性儉諸子飲食

不過五盞盤義恭須求果食日中無筭得未嘗敢燕以與傍人諸王未嘗敢求求亦不得

又曰文帝宴於武帳堂上將行勑諸子且勿食至會所賜饌日旰食不至有飢色上誡之曰汝曹少長豐佚不見百姓艱難令使爾識飢苦

又曰文帝以謝弘微能膳羞每就求食弘微與親舊經營乃進之後親人問上所御弘微不荅別以餘語酬之時人比之漢世孔光

又曰謝弘微兄曜卒弘微哀戚過禮服雖除猶不噉魚肉沙門釋惠琳嘗與之食見其猶蔬素謂曰檀越素既多疾即吉猶未復膳若以無益傷生豈所望於得理弘微曰衣冠之變禮不可踰在心之哀實未能已遂廢食歔欷不自勝

又曰前廢帝常以木槽盛飯內諸雜食攪令和合掘地爲坑穽實之以泥水以槽食置前令以口就槽中食之用爲歡笑

又曰宗慤累遷豫州刺史監五州諸軍事先是鄉人庾業家富豪侈侯服玉食與賓客相對膳必方丈而爲慤設粟飯菜菹謂客曰宗上軍串（古患切）噉麤食慤致飽而退初無異辭至是業爲慤長史帶梁郡慤待之甚厚不以昔事爲嫌

又曰沈攸之戰敗與羣二子文和至華容之鮎頭村投州吏家此吏嘗爲攸之所鞭待攸之甚厚不以往罰爲怨殺豚薦食既而村人欲取攸之於櫟林與文和俱自經死

又曰袁愍孫爲吏部郎孝建元年文帝詔曰羣臣並於中興寺八關齋中食竟愍孫別與黃門郎張淹更進魚肉食尚書令何尚之奉法素謹密以白孝武孝武使御史中丞王謙之糾奏並免官

又曰阮佃夫奢侈中書舍人劉休嘗詣之遇佃夫出行中路相逢要休同返就席便命施設一時珎羞莫不畢備凡諸火齊並皆始熟肴胾數十種佃夫常作數十人饌以待賓客故造次便辦類皆如此雖晉世王石不能過也

又曰郭原平養親必以已力傭賃以給供養主人設食原平以家貧父母不辦有肴味唯食鹽飯而已若家或無食則虛中竟日義不獨飽須日暮作畢受直歸家於里糴買然後舉爨

齊書曰陳顯達高帝即位拜護將軍後御膳不宰牲顯達上熊蒸一盤上即以充飯

又曰武帝收沙門寶誌在獄中語獄吏曰門外有兩輿食金鉢盛飯汝可取之果是文惠太子及竟陵王子良所供養

又曰王儉嘗詣武陵王曅曅留儉設食盤中菘菜鮑魚而已儉重其率直爲飽食盡歡而去

又曰周顒隱居鍾山衛將軍王儉謂顒曰卿山中何所食顒曰赤米白鹽綠葵紫蓼文惠太子問顒菜食何味最勝顒曰春初早韭秋末晚菘

又曰張緒口不言利有財輒散之清談端坐或竟日無食門生見緒飢爲之辦食然未嘗求也

梁書曰沈顗逢齊末兵荒與家人并日而食或有饋其粱肉者閉門不受唯採蓴荇根供食以樵採自資怡怡然恒不改其樂

又曰孔休源到都寓於宗人少府孔登會以祠事入廟侍

中兊雲一與相遇深加稱賞曰不期忽覩清風頻袪鄙吝
覩天披霧驗之今日後雲命駕到少府登便拂延整席謂
當諧已備水陸之品雲駐筋命休源及至取其常膳正有
赤倉米飯蒸鮑音魚雲食休源食不嘗主人之饌高談盡
日同載還家登深以爲愧
又曰臨川王蕭宏所侔江無敵服玩侔於齊東昏潘妃寶
羹音異直千方好食鯖音魚頭常日進三百他珎膳盈溢後
房食之不盡棄諸道路
又曰何遠爲武昌太守江左水族甚賤遠每食不過乾魚
數片而已
又曰何胤侈於味食必方丈後稍去其甚者猶食白魚䱉
脯糖蟹以爲非見生物疑食蚶蠣使門人議之學生鍾玩
曰䱉之就脯但驟於屈申蟹之將糖躁擾弥甚仁人用意

深懷如怛至於車螯蚶蠣眉目内闕慙渾沌之竒獷殼外
緘非金人之慎不悴不榮曾草木之不若無香無臭與瓦
礫其何筭故宜長充庖厨永爲口實
陳書曰徐孝克爲國子祭酒每侍宴無所食噉至席散當
其前膳羞損減帝密記以問中書舍人管斌斌自是伺之
見孝克取珎菓内紳帶中斌當時莫識其意後尋訪方知
其以遺毋斌以啓宣帝嗟歎良久乃勑自今宴享孝克前
饌並遣將還以餉其母時論美之
崔鴻後趙録曰石虎召姚弋仲弋仲輕騎至鄴引入領軍
省賜以御食仲怒曰國家有賊召我擊之官當見我問方
畧以破賊而食我我來豈覔食耶乃引見
又後燕録曰王鳳字道翔宜都王桓之子也桓好脩宫室
鳳年八歲左右抱之隨桓周行殿觀桓問之曰此第好不
鳳笑曰此本石家諸王故第今王脩之室無常人何煩遷耶桓大奇之每
食必與之同案鳳辭曰今王之膳兼肴百品而外有糧糠之民非是小兒所可同大王之
味也桓彌加歎賞
又南燕録曰濟南尹爨鳶身長九尺腰帶十圍貫甲跨馬不
據鞍由踏慕容德見而奇其魁偉賜之以食一進斛餘德
驚曰所啖如此非耕能飽且才兒不九堪爲貴人可以一
縣試之於是拜逢陵長政理脩明大收民譽
燕書曰少帝建熙六年上谷人公孫九女隱昌黎之城冬
衣單布寢土牀上夏則併飡啗於一器停使蛆臭然後乃
食人咸異之莫能測也
後魏書曰裴安祖年八九歲就師講詩至鹿鳴篇語諸兄
云鹿得食相呼而況人乎自此未曽獨食
又曰高閭嘗造胡叟家遇叟短褐曳柴從田歸舍爲閭設

酒食皆自手辦索其館宇卑陋園疇褊局而飯菜精潔醯
醬調美見其妻並衰跛眇衣布穿敝閭見其貧以衣物直
十餘疋贈之亦無辭愧
又曰盧彪爲太子詹事魏收常來詣之訪以洛京舊事不
待食而起去難爲子貴叔彪留之良久食至但有粟飧葵
菜木椀盛之片脯而已所待僕從亦盡設食一與已同
又曰楊愔幼時爲季父暐大嗟異顧謂賓客曰此兒恬裕
有我家風宅内有茂竹遂爲愔於林邊別葺一室命獨處
其中常同盤具盛饌以飯之因以督勵諸子曰汝輩但如
遵彥謹慎自得竹林別室同盤重肉之食後椿誡子孫曰
吾兄弟若在家必同盤而食若有近行不至必待其還亦
有過中不食忍飢相待吾兄弟八人今存者有三是故不忍
別食也又願畢吾兄弟不異居異財汝等眼見非爲虛假

如聞汝等兄弟時有別齋獨食此人又不如吾等一世也

又曰元欽曾託青州人高僧壽爲子求師師至未幾逃去欽以讓僧壽僧壽性滑稽乃謂欽曰凡人絶粒七日乃死始經五朝便尔逃遁去食就信實有所闕欽乃大慙於是待客稍厚

又曰崔敬友恭寛接下脩身勵節自景明已降頻歲不登飢寒請匃者取足而去又置逆旅於蕭然山南大路之北設食以供行者

又曰刁少雍字季仲少聰頴有孝行尤爲祖父紹先所愛紹先性嗜羊肝常呼少雍共食及紹先卒少雍終身不食肝

北齊書曰崔贍在御史臺恒於宅中送食備盡珍羞別室獨飡處之自若有一河東人士姓裴亦爲御史伺贍便徃造焉贍不與交言又不命匕筯裴坐觀贍食罷而退明日裴自攜匕筯恣情飲啖贍方謂裴去我初不喚君食亦不共君語君遂能不拘小節昔劉毅在京口冒請鵝炙豈亦異於是乎君定名士於是每與之同食

又曰趙郡王叡十歲喪母高祖親送叡至領軍府發喪舉聲殞絶哀感左右三日水漿不入口高祖與武明婁皇后殷勤敦譬方漸順旨由是高祖食必喚叡同案其見憐惜如此

又曰文宣昬逸常山王演固諫大被敺撻閉口不食太后極憂之常謂左右曰儻小兒死柰我老母何於是每問王疾謂曰努力強食當以王睎還汝乃釋睎令往王抱睎曰吾氣息惙然恐不能相見睎流涕曰天道神明豈令殿下遂斃此舍至尊親爲人兄尊爲人主安可與計殿下不食太后亦不食殿下縱不自惜不惜太后乎言未卒王強坐而飯睎由是得免遂還爲王友

又曰楊休之除中山太守先是韋道建宋欽道代爲定州長史帶中山太守並立制禮之官出行不得過百姓飲食有者即數錢酬之休之常以爲非及至郡復相因循或問其故休之曰吾昔非之者爲其失仁義今日行之者自欲避嫌疑豈是夙心直是處世難耳

後周書曰柳虯脫畧人間不拘小節弊衣疏食未嘗改操人或譏之虯曰衣不過適體食不過充飢孜孜營求徒勞思慮耳

又曰長孫澄雅好賓客接引忘疲雖不飲酒而好觀人酣興常恐座客請歸每勤中厨別進異饌留之

隋書曰田翼不知何許人也性至孝養母以孝聞其母卧疾歲餘翼親易燥濕母食則食母不食則不食

唐書曰高祖師次于古堆去絳郡二十餘里有紫雲如華蓋樓閣之形正臨高祖之上時隋絳郡通守陳叔達堅守不下高祖謂厨人曰吾明日下城然後朝膳辛夘引兵攻城自旦及辰而破高祖乃食

又曰太宗謂侍臣曰夫仁義之道當思之在心常令相繼若斯須懈怠則去之已遠猶如飲食資身恒令腹飽乃可存其性命

又曰高宗朝諸宰臣以政事堂供饌珍美議減其料東臺侍郎張文瓘曰此食天子所以重機務待賢才也吾輩若不任其職當自陳乞以避賢路不可減削公膳以邀求名譽也國家之所費不在此苟有益於公道斯亦不爲多也衆乃止

又曰高宗朝文武官獻食賀破高麗上御玄武門之觀德
殿奏九部樂極懽而罷
又曰高宗朝皇太子以在內不出稀與宫臣接見典膳丞
邢文偉減膳上啓曰竊見大戴記曰太子既冠成人免保
傅之嚴則有司過之史虧膳之宰史之義不得書過不書
則死之宰之義不得撤膳不撤則死之近者已來未甚延納談
議不接謁見尚稀三朝之後但與內人獨居何由發揮聖
智使睿哲文明者乎今史雖闕官宰當奉職忝備所司不
敢逃死謹守禮經遂申減膳其年右史員闕宰臣進擬數
人上曰文偉嫌我兒不讀書不肯與肉喫此人甚正直可
用爲右史遂拜焉
又曰盧懷慎爲黄門監兼吏部尚書卧病既久宋璟盧從
愿常相與訪焉懷慎卧於弊簀單席門無簾箔每風雨至輒以

席蔽焉常器重璟及從愿見之甚喜留連永日命設食有
蒸豆兩甌菜數組而已此外翛然無辦
又曰韋陟性尚奢侈於饌羞尤爲精潔植穀麥仍以鳥羽
擇米每食畢視廚中所委弃不啻萬錢之直
又曰裴冕性本侈靡尚車服及營珍膳每會賓客有昧於
品味之名者
又曰順宗時宰臣鄭珣瑜韋執誼方與諸宰相會食於中
書故事丞相方食百寮無敢通見者王叔文是日至中書
欲與執誼計事令直省通執誼直省以舊事告叔文叔文
怒叱直省直省懼入白執誼執誼逡巡慙赧竟起迎叔文
就其閤語良久宰相杜佑高郢珣瑜皆停筯以待報者云
叔文索飯韋相公已與之同食閤中矣佑郢等心知其不
可畏懼叔文莫敢出言珣瑜獨歎曰吾豈可復處此乎顧
左右取馬徑歸遂不起
又曰永泰中軍容使魚朝恩加內侍監判國子監事
丁未詔魚朝恩赴國子監視事將令宰相大臣及常參并
六軍將軍於國子監送上仍令京兆府造食出教坊樂以
寵之是日文武大臣已下子弟二百餘人皆以本官備章服
充附學生列於學館廊下待詔給錢一萬貫充食本以爲
附學生廚食之資朝恩自是數詣國學從者常數百人京
兆率錢以備膳羞一費或至數十萬
又曰楊炎與門下侍郎盧杞同執大政杞形神詭陋炎爲
人所蔑而炎器岸高峻罕防細故方病飲膳無節或爲饗
飧別食閤中每登堂會食辭不能偶謙者乘之謂杞曰楊
公鄙不欲同食杞銜之
又曰常衮爲相將固讓堂廚同列以爲不可而止議者以
爲厚禄重賜所以優賢崇國政也不能當辭位不宜辭禄
食

太平御覽卷第八百四十八

太平御覽卷第八百四十九

飲食部七

食下

鬻子曰禹嘗據一饋而七起日中不暇飽食曰吾不畏士留道路吾恐其留吾門庭四海民不至也

晏子曰晏子相景公食脫粟之飯炙三弋五卵菜耳公曰嘻夫子家如此甚貧乎而寡人之罪對曰脫粟之食飽士之一足也炙三弋士之二足也菜五卵士之三足也嬰無倍人之行而有三士之食君之賜厚矣嬰之家不貧再拜而辭

又曰晏子相齊三年政平民悅中食而肉不足景公曰封晏子以都晏子辭不受

又曰寡婦樹蘭生而不芳繼子得食肥而不澤

墨子曰聖王制飲食足以充虛繼氣強股肱使耳目聰明不極五味之調芬之和不致遠國珍怪異物矣

又曰不可衣短褐不可食糟糠飲食不美面目顔色不足視也衣服不美身體從容不足觀也是以食必粱肉衣必文繡

莊子曰巧者勞而智者憂無能而無所求飽食而遨遊汎若不係之舟

又曰秋禽之肥易牙和之非不美也彭祖以爲傷壽故不食之

又曰廉者不食不義之食不啜不義之水

又曰孔子病子貢出卜孔子曰汝待也吾坐席不敢先居處若齊食飲若祭吾卜之久矣

愼子曰小人食於力君子食於道

又曰飲過度者生水食過度者生貪

燕丹子曰太子常與荆軻同案而食同牀而寢

公孫尼子曰食甘者益於肉而骨不利也

又曰太古之人飲露食草木實聖人爲火食號燧人飲食以通血氣

關子曰義渠之人烹黿鼉不熟臊穢腥臭中國之民雖飢餓三日不啓口至死弗食也吳章莊吉受而和之病人食之爲之輕體万乘飲之爲之解怒故黿鼉至腥臊不可加然而病之爲之輕體万乘爲之解怒何也吳章莊吉之調存也

韓子曰堯之王天下也糲粢之食藜藿之羹雖監門之養不厭於此矣

又曰吳起出遇故人而止之食故人有他故期反而食至暮不來起不食而待之明日使人求得乃與之食

又曰孫叔敖相楚糲飯菜羹枯魚之膳

又曰管仲束縛自魯之齊路飢而泣過綺邑乞食封人跪飧之因竊謂仲曰若用齊將何報我曰如子之言我且賢之用能之使 我何報子封人怨之

又曰季孫相魯子路爲都令魯以五月起衆爲長溝當此時子路以其私秩粟爲漿飲要溝者於五衢而飡之孔子聞之使子貢往覆其飲擊毀其器曰魯君有民子奚爲乃飡之子路怒攘肱而入請曰夫子疾由之爲仁義乎所學於夫子者仁義也仁義者與天下共而同其利者也今以由之秩粟而飡民其不可何也孔子曰由之野也吾以女知之女徒未及也女故如是之不知禮也女之飡之爲愛之也夫禮天子愛天下諸侯愛境內大夫愛官職士愛其

家過其所愛曰侵今魯君有民而子擅愛之是子侵也不
亦誣乎言未畢而季孫使者至讓曰肥也起民而使之先
生令弟子從役止而飡之將奪肥民耶孔子駕而去魯
又曰凡人上不屬天下而不着地以筋骨爲根本不食則
不能活是以不免於欲利之心欲利之心不除其身之憂
也故聖人衣可犯寒食足以充虛則不憂矣
又曰嬰兒共戲以塵爲飯以塗爲黍以木爲胾薄暮必資
餉食者塵不可食也
又曰饑歲之春　從弟不饟穰歲之秋疏客必食非疏骨
肉少多之心異也
孟子曰飢者甘食渴者甘飲是未得飲食之正也飢渴害
之也豈唯腹爲有飢渴之害人心亦皆有口害也
孫子曰鑠金洪鑪盜跖不探鴞肉在俎餓徒不食

淮南子曰煎熬焚炙調齊和之適以窮荆吳甘酸之變
符子曰顏子有疾三日不食閔之曰吾師也食非丹不飡
茹非芝不食故七百歲子何不吮瑤以延生咀蘂以養齡
也
禮含文嘉曰燧人始鑽火炮生爲熟使人無腹疾
山海經曰有叅青馬爲西王母取食
呂氏春秋曰有娀氏有二佚女爲之九成之臺成猶重也飲食
必以鼓
又曰湯得伊尹設朝見之說湯以至味湯曰可得爲之乎
對曰君之國小不足以具之爲天子然後可具三群之蟲
水居者腥肉攫者臊草食者羶臭惡猶美皆有所以凡味
之本水最爲始五味三材九沸九變火爲之紀時其疾徐
減腥去臊鼎中之變精妙微纖口不能言志不能諭若射
御之微陰陽之化四時之數故久而不弊
又曰趙襄子攻翟勝左人中人使者來謁之下左人中人城也襄
子方食摶飯有憂色左右曰一朝而下兩城此人之所喜
今君有憂色何也襄子曰江河之大也不過三日飄風暴
雨日中不須臾今趙氏之德行無所積一朝而下兩城亡
其及我乎
白虎通曰王者四食何明有四方之物食四時之功也四
方不平四方不順有徹膳之法焉所以明至尊著法戒也
王者居中央制御四方平旦食少陽之始食時大陽之
始晡時食少陰之始食時大陰之始
說文曰饔饎熟食也餱乾食也饌具食也饌士眷切饟中食也饟戈
䬰文餔日加申時食也饛盛器滿皃饛音蒙餬寄食也飫燕食
也餞送去食也飪火熟也

釋名曰食殖也所以自生殖也
鹽鐵論曰古者燔黍而食捭豚相享賓婚相召豆羹白飯
今則燔炙滿案臑豚包鼈膾鯉
說苑曰晏子所與同衣食者百人而天下之士至也
又曰晏子侍景公曰朝寒請子進煖食於寡人對曰臣非
厨養之臣社稷之臣也
又曰子思居於衛縕袍無表二旬九食
又曰魯有儉者煑甂中之食甂步眼切小盆食而美以遺孔子子
受之如受大馬之遺弟子曰先生何爲受之熹如此曰非
以煑甂瓦之薄也食之美故念吾親也
揚子法言曰或曰食如蟻衣如華金朱煌煌無已泰乎曰
由其德舜禹受天下不爲太不由其德亦太矣李軌注曰蟻言精細
或曰北夷被我純繢帶我金犀珍膳鳧鵠不亦厚乎曰社

惸靈也不可不厚也
論衡曰王子喬不食穀壽百歲按人生稟飲食之性故形
上有口齒下有孔竅以注寫口齒以進食王子喬形體與
人同何以獨能度世耶夫衣以溫膚食以充腹衣溫食飽
則精神明盛人之生也以食爲氣草木以土爲氣閉口不
食拔草離土必不壽矣
桓譚新論曰太原郡隆冬不火食五日雖病不敢觸犯王
者宜應改易潛夫論曰何知國之將亂也以其不嗜賢也
故病家之厨非無饌也乃其人弗之能食故遂至於死也
亂國之官非無賢也乃其君弗能存故遂亡矣
又曰欲知人且疾不嗜食欲知國將亡不嗜賢
風俗通曰俗說驟馬啖賓客宴食已闋主意未盡欲復飲
酒餘無施更出腩鮓椒薑鹽豉言其速疾如驟馬之傳命

麵音

又曰俗說臨日月薄食而飲令人蝕口謹案日太陽之精
君之像也日有蝕之天子不舉樂里語不救蝕者出行遇
雨恐有安坐飲食重懼也
又曰堪輿書云上朔會客必鬭爭按劉君陽爲南陽牧
嘗上朔設盛饌了無鬭者
蔡邕月令論曰問者曰春食麥羊夏食菽雞魚之屬但以
爲時味之宜不合之於五行月令服飾所食器械之制皆
從五行者說所食獨不以五行已畧乎曰亦嘗思之矣凡
十二辰之會五時所食者必家人所畜丑牛未羊戌犬酉
雞亥豕而已其餘虎以下非食也
汝南先賢傳曰周舉字宣光爲并州刺史太原舊俗以介
子推燒死至其亡時民爲絶火食老少多死舉作弔書置子
推廟中說民不宜寒食因勒使炊食如故
益部耆舊傳曰何祗字君肅爲人寬厚通濟體甚大能食
飲好聲色不治節儉時人少貴之者
曹毗杜蘭香傳曰蘭香飛張碩不露頭食
永昌郡傳曰獠民口嚼食并以鼻飲水
異苑曰新野蘇巷與婦佃於野舍每至飲時輒有一物來
其形似蛇長七尺五寸光采耆異而飴之遂經數載産業
加焉婦後密打殺即得能食病日進三斛飯猶不飽少時
而死
幽明録曰海中有金臺出水百丈結構巧麗窮盡神工
臺内有金机彫文備制上有百味之食四丈力神常立守
護有一五通仙人來欲甘膳四神排擊遷延而退
又曰河南趙良與其鄉人諸生到長安界遇霖雨粮乏相
謂曰飢乏矣當那得食耶應時美飯備在前兩人驚愕不
敢食有人聲曰但食無嫌也明日早兩人復曰那復得美
食即復在前遂至長安無他禍福

祖台之志怪曰建康小吏曹著見廬山夫人夫人爲設酒
殽金鳥啄甖其中鏤刻奇飾異形非人所名下七子合盤
盤中亦無俗中餚
秦記曰符朗甚別味會稽王道子爲朗設盛饌問曰關中
之食孰若此荅曰皆好唯鹽味少生
嵩高山記曰山下巖中有一石屋亦有自然經書自然飲
食
博物志曰魏明帝時京邑有一人食啖兼十人遂肥不能
動其父嘗爲遠方長吏送彼往縣令故義傳食之一二年
間一鄉爲儉

齊諧記曰江夏郡安陸縣有人姓郭名坦兄弟三人其大兒忽得時行病病後遂大能食一日食斛餘米其家供給五年乃至罄貧語曰汝當自覓食後至一家門前已得筥飯後門乞此家出語之汝已就前門得那復後門乞其人荅曰實不知君有兩門腹大饑不可忍後門有三畦韭一畦大蒜因噉兩畦便大悶極卧地須臾大吐吐一物似龍出地漸漸大及主人持飯出不復能食遂撮飯內着向所吐物上即消成水此人於此病遂得差

袁准正書曰方丈之食不過一飽緼袍之繡不過一煖

裴玄新言曰管仲奪伯氏駢邑三百使之飯蔬食沒齒無怨言若管氏取以營私則一邑不可奪也

又曰孝子欲親之食去我已食欲親之衾去我不寒此漫孝也

神仙傳曰焦先者字孝然河東太陽人鄉里累世云百七十歲常煮白石以與人熟如大芋者日日入山伐薪以布施先從村頭一家起周而復始擔薪以置人門外人見之時即鋪席與坐爲設食先便就坐食亦不與人語若人不見其擔薪往時乃置薪於人門間便去連年如此結草庵於河渚或數日一食欲食則爲人賃作人以衣衣之乃使限功受直足得一食輙去人欲多與終不肯取亦有數日不食時

東晳發蒙記曰廉頗畢老日噉肉百斤

曹植與吳季重書曰食若填瀟壑飯若灌漏巵其人固難量豈非大丈夫之樂哉

世說曰陳太丘詣荀朗陵貧儉無僕從迺使元方將車季方持杖從後長文尚小載著車中既至荀使叔慈應門慈明行酒餘六龍下食

又曰桓公坐有參軍椅蒸䪥不得解共食者又不助而掎終不放生者笑桓公曰同盤尚不相助況復危難勑令免官

又曰劉真長王仲祖共行日旰未食有相識小人貽其湌者肴案甚盛真長辭焉仲祖曰聊以充虛何若真曰小人都不可作緣

又曰　羊曼拜丹陽尹客早者並得佳設日晏則漸罄不復及精隨客早晚不問貴賤羊固拜臨海飲食皆美雖晚至者猶獲其盛饌時論以固之豐腆乃不如曼之真率也

又曰王東亭嘗之吳郡就汰公道人宿別牗許府家住瓦官寺設慢屋竟一寺東亭將夕至夜後汰公設豆蘁糜汰公自噉一大甌東亭難汰公遂強進半甌須臾東亭行帳設名飲食果炙畢備汰公都無所噉

俗說曰桓域城音性噉　犬　每瞋域時使從兄索食

黃帝八十一問曰人不食七日而死者何也然人胃中常

有留穀三㪷五升水三升故平人一日再至清一行二升半日中五勝七日七五三㪷五勝而水穀盡矣故平人不食飲七日而死者水穀津液俱盡故也

弘君舉食檄曰又取灊湖獨穴之鱧灊音攜　赤山後陂之蓴伺漉冷豉及熱應分食畢作躁酒炙宜傳酒便清香肉則豆不特麞肶若披緇急火中炙脂不得薰聞香者躑躅千咽者塞門羅奠椀子五十有餘牛滕擣炙鴨臛魚熊白麞脯糖蟹濡臺車螯生甜滋味遠來百醉之後談悶不除應有蔗薑木瓜元李陽梅五味橄欖石榴玄拘葵羹脫煮各下一杯

明皇雜録曰天寶中諸公主相効進食上命中官袁思藝爲檢校進食使水陸珎羞數千盤之費蓋中人十家之産中書舍人竇華嘗因退朝遇公主進食方列於通衢乃傳

呵按轡行於其間宮苑小兒數百人奮梃而前華僅以身免

嶺表録異曰康州悅城縣北百餘里山中有樵石穴每歲鄉人琢爲燒食器（虔州亦有乃食牢也）但燒令熱徹以物襯閣置之盤中旋下生魚肉及葱韭虀菹鱠之類頃刻即熟而終席煎沸南中有親朋聚會多燒樵石亦極熱疑石中有火毒

太平御覽卷第八百四十九

九　張壽一

太平御覽卷第八百五十

飲食部八

飯　飧　黍

飯

周禮曰黃帝始蒸穀爲飯

周禮天官食醫曰食齊眡春時飯宜温也

禮記曰飯目諸飯也黍稷稻粱白黍黃粱稰穛熟穫曰稰生穫曰穛黍黃黍也

又曰文王有疾武王不脫冠帶而養言常在側文王一飯亦一飯文王再飯亦再飯欲知氣力箴藥所勝

又曰燕侍食於君子則先飯而後已所以勸也毋放飯毋流歠小飯而亟之亟疾也備噎若見問也數噍毋爲口容口容弄口

論語曰子曰飯蔬食飲水曲肱而枕之樂亦在其中矣

爾雅曰饙餾稔也今呼䭀飯爲饙饙熟爲餾稔或作餁也饙音甫云切餾力又切䭀音脩食饐謂之餲飯饐臭摶者謂之糷糷飯相著也米者謂之糪飯中有未熟者

春秋運斗樞曰粟五變而以陽化生爲苗秀爲禾三變而粲謂之粟四變入臼米出甲五變而蒸飯可食

說文曰饙䭀飯也餾飯氣蒸也饡音贊以羹澆飯也饖一月切飯傷熱也饐一冀切飯傷濕也

釋名曰飯分也使其粒各自分也乾飯而暴乾之也

史記曰廉頗之奔魏也魏不能用也而趙數困於秦趙人思復得廉頗廉頗亦思復爲趙用趙王因使使視頗尚可用不郭開怨頗郭開頗之仇也不欲令還多與使者金令毁之使者視頗爲之一飯一斗米十斤肉被甲上馬以示可用使者還報曰廉將軍年雖老尚善飯然與臣少頃三遺矢矣王以爲老遂不召

又曰孟嘗君待客夜食有人蔽火光客怒以爲飯不等輟食辭去孟嘗君起自持其飯比之客慙自刎

漢書曰公孫弘爲丞相食脫粟之飯

又曰王莽使中黃門王業領長安市買閭城中飢饉以問業業市所賣粱飯肉羹持入視莽曰民食咸如此莽信之

續漢書曰羊陟拜河南尹常食乾飯

後漢書曰王郎起光武至南宫遇大風雨引車入道傍空舍馮異抱薪鄧禹爇火光武對竈燎衣異進麥飯兔肩

謝承後漢書曰左雄爲冀州刺史長食乾飯司馬苞爲太尉常食漉飯李固爲太尉常食麥飯王暢爲南陽太守作飯塩豉菜茹羊茂爲東郡太守常食乾飯胡劭爲淮南太守使鈴下閤外炊曝作乾飯

漢舊儀曰齊法二人施案陳三十六肉食九穀飯

魏書曰卞太后左右食菜粟飯

魏略曰王朗會稽敗太祖盛會嘲之曰不能効君昔在會稽折粳米飯朗曰宜適難値如朗者未可折而折明公今日可折而不折也

吴書曰袁術在壽春百姓飢窮以桑椹蝗蟲爲乾飯

又曰是儀服不精細食不重膳家無儲積孫權聞之幸儀舍求視蔬飯親嘗之歎息即增俸賜

晉書曰石崇家稻米飯在地經宿皆化爲螺時人以爲族滅之應

又曰衛瓘家人炊飯墮地盡化爲螺歲餘而及禍也

又曰殷仲堪自在荆州連年水旱百姓飢饉仲堪食常五椀盤餘有飯粒落席間輒拾以噉之雖欲率物亦緣其性真素也

宋書曰衡陽王義季都督荆州嘗大蒐於郊有野老帶苫

而耕命左右斥之老人攘來對曰昔有楚子盤遊受譏今尹令陽和扇氣播厥之始一日不作人失其時大王馳騁爲樂驅斥老夫非勸農之意義季止馬曰此賢者也命賜之食老人曰吁願大王均其賜也苟不奪人時則一時皆享王賜老人不偏其私矣斯飯也弗敢當問其名不言而退

南史曰宋初吳郡人陳遺少爲郡吏母好食鐺底飯遺在役恒帶一囊每煮食輒録其焦以貽母後孫恩亂聚得數斗恒帶自隨及敗逃竄多有餓死遺因此得活母晝夜泣涕目爲失明耳無所聞遺還入戶再拜號咽母豁然即明

梁書曰謝藺五歲時父亡未食乳嫗欲令飯藺終不進舅阮孝緒聞之歎曰此兒在家則曾子之流事君則藺生之疋因名曰藺稍授以經史過日便能諷誦孝緒每曰吾家陽元也藺叔家陽元

平八ヨ五十　三　素尖二

又曰齊苟兒之役臨汝侯嘲羅研之曰卿蜀人樂禍貪亂一至於此對曰蜀中積弊實非一朝百家爲村不過數家有食窮迫之人十有八九縛束之使旬有二三貪亂樂禍無足多怪若令家畜五母之雞一母之豕牀上有百錢布被甑中有數升麥飯雖蘇張巧説於前韓白按劒於後將不能使一夫爲盜況貪亂乎

又曰魚弘爲湘東王鎮西司馬述職西上道中乏食緣路採麥米飯給所部弘度之所後人覓一麥不得又於窮洲之上捕得數百獮猴以爲脯以供酒食

又曰傅翽代劉玄明爲山陰令問玄明曰願以舊政告新令尹荅曰我有奇術卿家譜所不載臨別當相示既而曰作縣唯日食一升飯而莫飲酒此第一策也

又曰裴元禮爲西豫州刺史母憂居喪唯食麥飯

又曰沈衆永定二年兼兵部尚書監起太極殿恒衣布袍芒屩以麻繩爲帶又囊麥飯餅以啖之朝士咸共誚其所爲

陳書曰孔奐爲武康令武帝苑日決戰乃令奐多營麥飯以荷葉裹之一宿之間得數萬裹軍人食訖盡弃其餘

崔鴻前秦録曰苻堅以乞活夏默爲左鎮郎胡人護磨那爲右鎮郎奄人申香爲拂蓋郎默等身長一丈八尺並多力善射三人每食飯一石肉三十斤

後魏書曰楊播兄弟雍睦播每出或日斜不至不先飯待還然後食

又曰盧義僖爲都官尚書性清儉不營財利雖居顯位每至困乏麥飯蔬食然亦甘之也

又曰闞駰甚貧弊不免飢寒性能多食一飯至三斗乃飽

平八ヨ五十　四　素尖一

卒無後

唐書曰太宗謂侍臣曰朕自皇太子立也遇物必誨見其將飯告稼穡艱難不奪農時乃可常有

又曰蔣沇乾元後授陸渾盩厔咸陽高陵西令當軍旋之後瘡痍未平沇竭心撫勞所至安輯副元帥郭子儀每統兵由其縣必誡軍吏曰蔣令清嚴幹辦供億固當有素士衆得蔬飯見饋則已無撓清政其爲時人所知如此

墨子守備曰乾飯人二升以備陰雨

晏子春秋曰晏子相齊食脫粟之飯

尹文子曰晉國俗奢文公儉以矯之因食脫粟之飯

莊子曰子輿與子桑友而霖雨十日子輿曰子桑殆病矣裹飯而往食之

又曰宋鈃尹文其爲人太多其自爲太少曰請置五升之

飯足矣揚明白然之大少也
列子曰楚靈王好細腰臣皆以三飯爲節朞年有黧黑之色
孟子曰齊人有一妻一妾其良人出行則饜酒肉而後返欺其妻云富貴人共飲食也其後妻向其所之乃就郊外乞人祭飯
韓子曰堯糲蒸之飯
又曰孫叔敖爲令尹糲飯菜羹枯魚之膳
又曰嬰兒之相與戲以塵爲飯以水爲飲以涅爲羹以木爲胾
淮南子曰爲客治飯而自食藜藿名尊於實仁義之名重於治飯之實也
六韜曰堯王天下滋味重累弗食溫飯煖羹不酸餒不易也

家語曰孔子厄於陳蔡從者七日不食飯子貢以所齎貨竊犯圍出告糴於野人得米一石焉顏回仲由炊之于壞屋之下有埃塵墮飯中顏回取而食之
呂氏春秋曰飯之美者玄山之禾不周之粟陽山之穄南海之秬
吳越春秋曰勾踐載飯與羹以遊國中行子戲之遇孤孤即餔而啜之
神異經曰東南有人名黃父以鬼爲飯以霧爲漿
說苑曰呂望行年五十賣飯棘津也
論衡曰鼠涉飯中捐而不食
風俗通曰俗說不大餓禾在車飯謂正得一車飯不復活也　或曰輔車上飯小小不足濟也案吳郡名酒杯爲盞

韓言大餅人得一盞飯與所益也
更泥謂之餡音與六相似也
潛夫論曰夫粱飯食肉有好於面目不若糲米藜蒸之可食於口也
物理論曰忿爨之末熟覆甑而弃之所害亦多矣
西京雜記曰公孫弘起家徒步爲丞相故人齊賀從之弘食以脫粟覆以布被賀怨曰何用故人富貴乎脫粟布被我自有之弘大慚賀乃告人曰公孫弘內服貂蟬外衣麻枲內厨五鼎外膳一肴豈可以示天下哉於是朝廷自此疑矯焉弘聞之歎曰寧逢惡賓不逢故人
風土記曰精淅米十取七八淅使香蒸而飯色乃紫紺於東流水飯食而洗除不祥
通俗文曰飯臭曰餲沙入飯曰㸐

録異傳曰袁公路年十八常飯乳食蜜飯
異苑曰衛士度苦行居士也其母常誦經曾出自齋空中下大鉢滿中香飯母分賦齊人皆七日不飢
祢衡別傳曰劉表嘗作上事極以爲快衡見之便滅投地曰作此筆者爲食飯不
孟宗別傳曰宗爲光禄勳大會醉吐麥飯察者以聞詔問食麥飯意宗荅臣家足有米麥飯直愚臣所安是以食之
孔衍在窮記曰彭城王送掾飯十斛
葛仙公傳曰仙公與客對食吐口中飯盡成飛蜂良久乃張口蜂皆飛還入口中成飯
安成記曰安成郡毛亭二十里田疇膏腴厥稻馨香飯若凝脂
四王起事曰惠帝還洛陽路中作飲食宮人有持外餘米

飯者澆以供至尊

世說曰葛公曾在武帝坐上食進飯曰此是勞薪炊也帝密遣問外云實是故車脚

時鏡新書曰歲暮家家具有肴蔌謂爲宿歲之儲以入新年也相聚酣歌名爲送歲留宿飯至新年十二則弃於街衢以爲去故取新除貧取富陶朱公猗頓此事無輟又留此飯須驚蟄雷鳴擲之屋上令雷聲遠

焦贛易林曰南箕無舌飯多沙糖

離騷曰精瓊靡以爲飯（精鑿玉屑以爲飯也）

宋玉風賦曰主人之女爲臣炊彫胡之飯

潘尼鈎賦曰紅麵之飯精以菰粱五味道洽餘氣芬芳

枚乘七發曰楚苗之食安胡之飯摶之不解一啜而散

桓麟七說曰香箕爲飯雜以粳菰散如細蜓摶似凝膚

應璩新詩曰竈下炊牛矢甑中莊豆飯

孫子楚祀介子推祝文曰黍飯一盤

王粲七釋曰西旅遊梁御宿素粲瓜州紅麴叅糅相半軟滑膏潤入口流散

傅選七誨曰孟冬香秔上秋膏粱彫胡菰子丹貝東牆濡潤細滑流澤芬芳

飧

釋名曰飧散也投飯於水中各散也（通俗文曰水澆飯曰飧音孫）

春秋左氏傳曰晉公子重耳及曹曹共公聞其駢脅欲觀其裸薄而觀之（薄迫也駢脅合幹）僖負羈之妻曰吾觀晉公子之從者皆足以相國若以相（若遂必爲傅相）夫子必反其國反其國必得志於諸侯得志於諸侯而誅無禮曹其首也子盍早自貳焉（貳自別異於曹）乃饋盤飧寘璧焉（臣無竟外之交故用盤藏璧飧中不欲令人見也）公子受飧反璧

又曰晉侯問原守於寺人勃鞮對曰昔趙衰以壺飧從徑餒而不食遂使處原

韓子曰晉文出亡箕鄭挈壺飧而從迷失道與公相失飢而道泣不敢食及公反國克原而使爲原之守曰夫經飢餒之患而必全壺飧是將不以原畔也渾軒聞而非曰以不動壺飧之故其不以原畔不亦無術乎夫（明主不恃其不我畔）吾不可畔也不恃其不我畔恃吾不可欺也

戰國策曰中山君走有二人隨其後曰臣父嘗餓君下壺飧餔臣父故來死君也

國語曰越王召范蠡而問焉曰諺有之（通俗之語）曰觥飯不及壺飧（觥大也大飯盛饌也盛饌未具不能以虛待之不如壺飧之救飢疾也已欲滅吳取快意得之而已不能待有餘力）

又曰敵國賓至關尹以告膳宰致飧（熟食曰饔）廩人獻餼

沈約宋書曰文帝爲王玄謨作四時詩曰粟飧充夏飡

顧和與蔡謨書曰夏侯家言食漿酪飧猶勝於羹飯耳

黍

釋名曰黍汝也相黏汝也

禮記曲禮上曰飯黍無以箸

又曲禮下曰祭宗廟黍曰薌合

論語微子曰丈人止子路宿殺雞爲黍食之

家語曰孔子侍坐於哀公賜之桃與黍孔子先食黍而後食桃左右皆掩口而笑公曰黍者所以雪桃非爲食之也孔子對曰丘知之矣夫黍者五穀之長也郊祀宗廟以爲上盛果屬有六而桃爲其下祭祀不登郊廟丘聞之也君子以賤雪貴不聞以貴雪賤今以五穀之長雪果之下者

是從上雪下也臣以爲妨於教害於義故不敢公曰善
謝承後漢書曰范式與張元伯爲友春别京師以秋爲期
至九月十五日殺雞爲黍言未絶而巨卿至
魏畧曰沐並字德信名有志介嘗過姊姊爲殺雞爲黍而不
留
北齊書曰李士謙自以少孤未嘗飲酒食肉口無殺害之言
親賓至輒陳罇俎對之危坐終日不倦李氏宗族豪盛每
春秋二社必高會極宴無不沉醉諠亂嘗集士謙所盛饌
盈前而先爲設黍謂群從曰孔子稱黍爲五穀之長荀卿
亦云食先黍稷古人所尚寧可違乎少長肅然無敢弛惰
退而相謂曰旣見君子方覺吾徒之不德也
又曰盧道虔爲尚書會同寮於草屋下設雞黍之膳談者
以爲高

幽明録曰漢武帝與近臣宴于未央殿噉黍臛也
襄陽記曰司馬德操嘗造龐德公值其渡沔上先人墓徑
入上堂呼德公妻子使速作黍
祢衡别傳曰黄祖在蒙衝舟賓客作黍臛衡得便自飽食
不顧左右復摶弄以戲
竹林七賢論曰阮咸兄子簡亦曠達自居大喪行過大
雪寒凍遂詣浚儀令令爲他賓設黍臛簡又食之以致清
議廢頓三十年○孟子曰葛伯率其民要其有酒肉黍稻
者而奪之有一童子以黍肉餉又殺而奪之
淮南万畢術曰取冢墓黍啖兒不思母取新冢前祠黍用啖兒則不思母也
風俗通曰今宴飲大會皆先黍臛
盧諶祭法曰祠用白黍黄黍
太平御覽卷第八百五十

太平御覽卷第八百五十一

飲食部九

糉　粐（讀與餅同）　餹

糉

晉書曰廣州刺史盧循遺劉裕益智糉子裕荅以續命湯

宋書曰後魏太武至彭城求酒及甘橘張暢宣孝武帝旨致螺盃雜粽南土所珎

齊書曰范雲永明十年使魏魏人李彪宣命至雲所甚見稱美彪爲設甘蔗黃粽隨盡復益彪謂曰范散騎小儉之一盡不可復得

梁書曰張纘初徙雍州資産悉留江陵性既貪婪南中貲賄填積及死湘東王皆使收之書二萬卷並摙還齋（摙音弥）

寶財貨悉付庫以粽寄之屬還其家

風土記曰俗以菰葉裹黍米以淳濃灰汁煑之令爛熟於五月五日及夏至啖之一名糉一名角黍盖取陰陽尚相裹未分散之時像也

續齊諧記曰屈原以五月五日投汨羅而死楚人哀之每至此日取竹筒貯米投水以祭之

漢建武中長沙區迴白日忽見士人自稱三閭大夫謂迴曰君常見祭甚誠但常年所遺俱爲蛟龍所竊今君惠可以練樹葉塞其上以綵絲纏縛之此二物蛟龍所憚也迴謹依旨今世人五日作糉并帶練葉及五綵絲皆汨羅之遺風（異苑云糉屈原姊所作也）

粐

宋書曰文帝崩郭原平號慟日食麥餅一枚如此五日人曰誰非王臣何獨如此原平泣而荅曰吾家見異先朝蒙褒賛之賞不能報恩私心感慟耳

齊書曰衡陽王鈞年五歲所生區貴人病便知憔悴左右依常以五色餅飴之不肯食曰須待姨差

又曰虞悰少以孝聞父病不欲見人雖子弟亦不得前時悰年十二三晝夜伏戶外問內豎消息未知輒鳴咽流涕如此者百餘日及亡終喪唯日食麥餅一枚

南史曰沈衆陳武帝時兼起部尚書監起太極殿恒卧布袍芒屩以麻繩爲帶又囊麥餅以噉

范汪祠制曰仲夏薦角黍粐

夏統別傳注曰菰初生合米擣作粐

餹

埤蒼曰餹青餹也

笑林曰南方人至京師者人戒之曰汝得物唯食慎勿問主人入門內見馬屎便食之覺臭乃止後詣貴官爲設餹因覘曰戒故昔且當勿食

時鏡新書曰粔籹蜜餌即糖餹龍山食有糖餹菊酒

太平御覽卷第八百五十一

太平御覽卷第八百五十二

飲食部十

䴵䴵　甘脆　安乾特　餳(飴餹附)

䴵䴵

束晳餅賦曰䴵䴵髓燭

甘脆

范汪祠制曰孟夏祭下甘脆

安乾特

束晳餅賦曰安乾粔籹之倫

盧諶祭法曰四時祠皆用安乾特

餳

禮記內則曰棗栗飴蜜以甘之

方言曰餳謂之張皇(即乾飴也)飴謂之餧(音靖)餳謂之餹(江東皆言餹也)凡飴謂之餳自關而東陳魏宋楚衛之間通語

說文曰飴米櫱煎也飴餳和饊也

釋名曰餳洋也煑米消爛洋洋然也飴小弱於餳形怡怡然也哺餔也如餳而濁可哺也

後漢書曰明德馬皇后報章帝曰吾但當含飴弄孫不能復關政矣

東觀漢記曰野王獻甘膠膏餳每作大發吏以爲餞刑獎閎知之臨薨奏焉

四王起事曰惠帝到華陰河間王遣使上甘菓餔二百幡

幽明錄曰王彌祖安國張顯等以太元中乘船見仙人賜糖飴三餅大如比輪錢厚二分

淮南子曰柳下惠見飴曰可以養老盜跖見飴可以黏牡見物同而用之異也(牡門户鑰牡也)

鹽鐵論曰洗爵以盛水升降而進糖禮雖備然非其貴也

世說曰王君夫飴餔澳釜

楚辭招魂曰粔籹蜜餌有張皇(張皇餳也)

張衡七辨曰沙飴石蜜遠國貢儲

崔寔四民月令曰十月先水凍作䴵餳煑暴飴

盧諶祭法曰冬祠用荆餳

太平御覽卷第八百五十二

太平御覽卷第八百五十三

飲食部十一

餻　饊
麴糵　麩

餻（於月切）

方言曰餻謂之餚（以豆屑雜餳也）

蒼頡解詁曰餻餌中着豆屑也

說文曰餻豆飴也

饊（先但切）

廣雅曰浮梳糈也（梳音流）

說文曰饊熬稻張饉也急就篇曰饊飴餳

盧諶祭法曰四時皆用饊

麴糵

書曰若作酒醴爾惟麴糵

記曰仲冬之月乃命有司秫稻必齊麴糵必時

左傳曰楚子伐蕭還無社與司馬卯言號申叔展（還無社蕭人也司馬卯申叔展皆楚大夫）叔展曰有麥麴乎曰無（麥麴所以禦濕也）有山芎藭乎曰無

方言曰𪍿（音器）䴷（音才）䴵（千八切）麰（音牟大麥麴也）䴽（音脾細餅麴也）䵂（音蒙有衣麴）𪍿麴（小麥爲麴𪍿即麴耳）自關而西秦豳之間曰𪍿晉之舊都曰䴷（今河東人呼麴爲才）齊右河濟曰䴵北燕曰䴽麴其通語也

說文曰麴酒母也䵂生衣也䴷熟麴也糵牙米也

通俗文曰䵃麥麴曰䴷（䵃音壼䴷音故敂切）

釋名曰麴朽也鬱之使生衣朽敗也糵䴭也漬麥覆之使生牙開䴭也

史記曰文帝遺匈奴秫糵

又曰通邑大都糵麴鹽豉千荅也

東觀漢記曰順帝詔禁民無得酤賣酒麴

漢晉陽春秋曰愍帝在長安爲劉粲所攻粮盡太倉有麴數十餅屑之爲粥以供奉帝麴屑盡遂降

列子曰子產有兄公孫朝聚酒千鍾積麴成封

劉伶酒德頌曰枕麴藉糟

崔寔四民月令曰七月七日作麴

麩

蒼頡解詁曰麵細麩也

說文曰麩小麥皮屑也

史記曰陳平爲人長大美色或謂陳平貧何食而肥若是其嫂疾平之不視家產曰亦食糠覈（孟康曰麥糠中之不破者晉灼曰京師謂麤屑爲紇頭）

吳書曰袁術既爲雷薄等所距留住三日士衆絕粮乃還至江亭去壽春八十里問厨下尚有麥屑三十斛

劉謙之晉記曰王恭誅童謠曰昔年食麥屑今年食䜺豆䜺豆不可食使我枯嚨喉

崔寔四民月令曰五月五日至後可糴麩至冬以養馬

太平御覽卷第八百五十三

太平御覽卷第八百五十四

飲食部十二

糟　糠

糟

說文曰糟酒滓也糠穀皮也

春秋後語曰張儀說韓惠王曰韓地多阨惡山居五穀所生非菽而麥民之食大抵菽飯藿羹一歲不收民不厭糟糠

又曰秦急圍邯鄲邯鄲且欲降傳舍吏子李同說平原君曰今邯鄲之民析骨而炊易子而食可謂急矣而君之後宮以百數婢妾被綺縠餘粱肉而民褐衣不完糟糠不厭君器物鍾鼓自若使秦破趙安得而有此哉

後漢書曰明帝姊湖陽公主新寡帝與共論朝臣微觀其

意主曰宋公威容德器羣臣莫及帝曰方且圖之後弘被引見帝令主坐屏風後因謂弘曰諺言貴易交富易妻人情乎弘曰臣聞貧賤之知不可忘糟糠之妻不下堂帝顧謂主曰事不諧矣

華嶠後漢書曰藥崧家貧為郎無被食糟自此詔給大官食

魏志曰李通禽黃巾大師吳霸而降其屬遭歲大飢通傾家振施與士分糟糠皆爭為用由是盜不敢犯

六韜太公曰古之亂君夏桀殷紂積糟為丘以酒為池飲者常三千人

糠

爾雅曰糠謂之蠱米皮

廣志曰糠謂之稭

通俗文曰碎糠曰糏切

史記曰吳中大夫應高說膠西王毋曰舐糠及米

漢魏春秋曰甄后之誅由郭后之寵及殯令以糠塞口後明帝逼殺郭后使殯如甄后

晉書曰王戎子万有美名而太肥戎令食糠而肥愈甚

又曰孫綽性通率好譏調嘗與習鑿齒共行綽在前顧謂鑿齒曰沙之汰之瓦石在後鑿齒曰簸之颺之糠粃在前

齊書曰顧歡所居鄉中有學舍歡貧無以受業於舍壁後倚聽無遺忘者夕則燃松節讀書或然糠自照

墨子曰備城皆收藏灰糠馬矢

又曰人衣短褐食糠糟

莊子曰播糠眯目則天地四方易位矣

韓子曰糟糠不厭者不待粱肉而飽短褐不完者不須文

繡而好

潛夫論曰不命大將以討叛羌州郡稍與兵若排糠障風掬沙壅河

抱朴子曰上世玄水結而不寒肴糠絕而不飽

劉欣期交州記曰合浦海口有糠頭山傳云越王舂米於此積糠而成

太平御覽卷第八百五十四

太平御覽卷第八百五十五

飲食部十三

豉　齏

豉

釋名曰豉嗜也五味調和須之而成乃可甘嗜也故齊人謂豉聲如嗜

史記曰蘖麴鹽豉千荅（徐廣曰或作合器名）

謝承後漢書曰羊續爲南陽太守鹽豉共壺

東宮漢紀曰李傕數設酒請郭汜或留汜汜妻懼與傕婢妾私而奪己愛思有以離間之傕送饋汜妻乃以豉爲藥汜將食妻曰食從外來儻或有故遂擿藥示之曰一栖不兩雄我固疑將軍之信李公也明日傕請汜大醉汜疑傕藥之絞糞汁飲之乃解於是遂相疑猜也

三輔決録曰南陽舊語曰前隊大夫范仲公鹽豉蒜果共一筩言其廉儉也

豫章列士傳曰羊茂爲東郡太守出界買鹽豉

博物志曰外國有豉法以苦酒溲豆暴令極燥以油麻蒸訖復暴三過乃止然後細擣椒屑篩下隨多少合投之

金樓子曰五色茄一名金盞地榆一名玉豉惟此二物可以煑石

廣志曰苦蓁豉也

楚辭招魂曰大苦醎酸（大苦謂豉）辛甘行（言取豉汁調和以椒薑醎酢和以飴蜜則辛甘之味皆發而行）

古歌曰美豉出魯門

齏

周禮曰醢人掌共五齊（昌本脾析蜃豚拍深蒲也）

記曰卒食客自前跪徹飯齏以授相者

釋名曰蟹齏去其匡熟擣合如齏也

通俗文曰淹韭曰齏淹薤曰䪥

東觀漢記曰王莽將敗北海逢萌載齏器於市曰辛乎辛乎因潛藏不見

魏志曰華佗嘗見病咽塞者語之曰向來道隅有賣餅人萍齏甚酸可取三升飲之如言立吐一蛇

王隱晉書曰袁甫曰美莫過稻不可以爲齏

語林曰石崇嘗冬月得韭齏王愷貨崇帳下督云是擣韭根雜以麥苗耳

楚辭曰懲於羹者而吹齏

又曰吳酸毛蔞不沾薄（毛菜也言吳人善爲致美其菜若蔞味無沾薄言有調也又曰蒿也　蔞不沾薄蘩草也蔞香沾多汗也薄無味也言吳人工調醎酸使蔞蒿以爲齏味又不薄適甘美人也）

崔寔四民月令曰八月收韭菁作擣齏

弘君舉食檄曰大市覆㲈之蒜東里獨姥之醢大鹽雜以薑椒叛奴使之春齏

嶺表異録曰容南土風好食水牛肉言其脆美則柔毛肥彘不足比也每軍倚有筵筵必先此物或炮或炙盡此一牛既飽即以聖齏銷之（聖齏如有苾去是牛腸胃中已化草）既至即以盬酪薑桂調而啜之腹遂不脹北客到彼多赴此筵但能食肉罔有啜齏者

太平御覽卷第八百五十五

太平御覽卷第八百五十六

飲食部十四

茹　菹　兊

茹

史記曰公儀休食茹而美拔其園葵

後漢書曰孔奮爲姑臧長時每居縣者不盈數月輙致豐積奮在職四年財產無所增事毋孝謹雖自儉約而奉養極求珍膳躬率妻子同甘菜茹

沈約宋書曰文帝爲王玄謨作四時茹

詩云堇茹供春膳粟飱充夏飡

傅玄詩曰厨人進藿茹有酒不盈杯

枚乘七發曰白露之茹

菹

周禮曰朝事之豆其實韭菹昌本菁菹茆菹昌本昌蒲根也切之四寸爲之菁菹韭菹鄭大夫讀茆爲茅或曰茆水草杜子春讀茆爲卯玄謂菁蔓菁也茆鳧葵也饋食之豆其實葵菹加豆之實芹菹深蒲箈菹筍菹芹楚葵也鄭司農云深蒲蒲蒻入水深故曰深蒲或曰深蒲桑耳落水中魚衣也玄謂深蒲蒲始生水中子也箈箭萌筍竹萌王舉則共七菹韭菁茆葵芹箈筍菹九醢醢所和細切爲蘁今物若膞爲菹蘁菹之稱菜肉通稱矣

記曰麋鹿爲菹野豕爲軒皆䐑而不切麕爲辟雞兎爲宛脾皆䐑而切之切葱若薤實之醢以柔之此軒辟雞宛脾皆菹類也其作之狀以醢與薰菜淹之殺肉及腥氣也

又曰水草之菹陸產之醢小物備矣三牲之俎八簋之實美物備矣昆蟲之異草木之實陰陽之物備矣水草之菹芹茆之屬陸產之醢蚳蝝之屬天子之祭八簋昆蟲謂溫生寒死之蟲也內則可食之物有蜩范草木之實菱芡榛栗之屬

傳曰王使周公閱來聘饗有昌歜昌菹

毛詩曰中田有廬疆埸有瓜是剝是菹剝瓜爲菹也箋云中田田中也農人作廬焉以便其田事於畔上種瓜成又入其稅天子剝削淹漬以爲菹貢四時之異物

毛詩義疏曰蒲周禮以爲菹謂蒲始生取其中心入地蒻大如指白生噉之甘脆又煮以苦酒受之如食筍法大美今吳人以爲菹

廣雅曰䪢醰酤菹也墜大內切酤口故切

蒼頡解詁曰酤酢菹也

說文曰菹菜酢也濫瓜菹也濫力甘切

釋名曰菹阻也生釀之遂使阻於寒溫之閒不得爛也

呂氏春秋曰文王好菖菹孔子聞之蹙頞而食之三年然後美之

賈誼新書曰楚惠王食寒菹而得蛭因遂吞之腹有疾而不能食之令尹入問曰王安得此疾王曰我食寒菹而得蛭念譴之而不得其罪乎是法廢而威不立非所以使國聞也譴而行其誅乎則庖宰監者皆當死心又弗忍也故吾恐蛭之見也因遂吞之令尹避席再拜而賀曰臣聞天道無親唯德是輔王有仁德天之所奉也是昔也惠王之後而蛭出其久病心腹之積皆愈

晉書曰吳隱之年十餘歲丁父母憂食鹹菹以其味甘掇而弃之

盧諶祭法曰秋祠有菹消食經有此法也

范汪祠制曰孟冬不鹹菹

兊

釋名曰生瀹葱薤曰兊言柔滑兊兊然也

太平御覽卷第八百五十六

太平御覽卷第八百五十七

飲食部十五

蜜　　沙餳

蜜

張璠易注序曰蜜蜂以兼採爲味

韻集曰蜜蜂百草華所作也

漢武帝故事曰西王母曰太上之藥有中華紫蜜雲山朱蜜

續漢書曰天竺國出石蜜

東觀漢記曰世祖嘗與朱祜共買蜜合藥後上追念之即賜祜白蜜一石問何如在長安時共買蜜乎

吳書曰袁術爲雷薄等所距士衆絶粮時盛暑欲得蜜漿又無蜜坐牀歎息良久乃大咤曰袁術至於此乎

吳曆曰孫亮使黄門至中藏取蜜漬梅蜜中有鼠矢召問藏吏曰黄門從汝求蜜耶吏曰向求蜜實不敢與黄門不服亮曰此易知耳令破鼠矢矢裹燥亮曰若久在蜜中中外當俱濕裹燥必是黄門所爲黄門首服

晉令曰蜜工收蜜十斛有能增煎二外者賞穀十斛

晉太康起居注曰尚書令荀勗羸毀賜石蜜伍斤

齊書曰明帝元好蝑蛦以銀鉢盛蜜漬之一食數鉢

又曰陶弘景永明十年脫朝服掛神武門上表辭禄詔許之賜以束帛勑所在月給茯苓伍斤白蜜貳斤以供服餌

梁書曰任昉爲新安太守郡有蜜嶺及楊梅舊爲太守所採昉以冒險多物故即時停絶

又曰傅昭爲臨海太守郡有蜜巖前後太守皆自封固專收其利昭以周文之囿與百姓共之大可喻小乃教勿封

梁四公記曰高昌國遣使貢刺蜜帝命杰公（音竭）公迓之謂其使曰刺蜜是盐城所生非南平城者使者曰其年風災刺蜜不熟故尔帝問杰公（何得知對曰南）平城羊刺無葉其蜜色明白而味甘盐城羊刺葉大其蜜色青而味薄以是知蜜之僞耳

唐書曰蕃胡國出石蜜中國貴之上遣使往摩伽池國取其法令揚州煎諸蔗之汁於中廚自造焉色味逾於西域所出

神仙傳曰飛黄子服中嶽石蜜及紫粱得仙

王孚安成記曰郡東有山百姓呼曰蜜崗蜜焉（仙經云蜜爲衆口芝）

荊州圖記曰赤馬山有蜜房二百所羅綴相望因名曰百房

異物志曰交阯草滋大者數寸煎之凝如冰破如博棊謂之石蜜

涼州異物志曰石蜜之滋甜於浮萍非石之類假石之名實出甘柘變而凝輕（甘柘似竹味甘煮而曝之則凝如石而甚輕）

范子曰白蜜出隴西天水

本草經曰石蜜一名飴

吳氏本草曰食蜜生武都谷

劉根墨子枕中記鈔曰百花醴蜜

楚辭招魂曰瑤漿勺（勺沙也）實羽觴

左思蜀都賦曰蜜防郁毓被其阜（漢昌縣多野蜂蜜崗）

郭璞蜜賦曰繁布金房疊稱王室咀嚼滋液醸以爲蜜散似甘露凝如割肪冰鮮玉潤髓滑蘭香

魏文帝與孫權書曰今因趙咨奉石蜜五餅

又與朝臣詔曰南方龍眼荔支寧比西國蒲桃石蜜

又曰新城孟太守道蜀豬肫鷄鶩味皆淡故蜀人作食喜着飴蜜

沙餳

張衡七辯曰沙餳飴石蜜遠國貢儲

盛翁子與劉頌書曰沙餳西垂之產

太平御覽卷第八百五十七

太平御覽卷第八百五十八

飲食部十六

酪酥附餦餬（餦音悵）

通俗文曰煴羊乳曰酪　酥曰餦餬

釋名曰酪澤乳汁所作使人肥澤

漢書曰武帝太初元年更名家馬爲挏馬（應劭曰主乳馬取其汁挏治之味酢可飲因以爲官如淳曰挏音篭主乳馬以韋革爲夾兜受數斗成馬乳挏取其上肥因名曰挏馬今梁州亦名馬酪爲馬酒晉灼曰挏音挺挏之挏）

又曰丞相孔光奏省樂官七十二人給太官挏馬酒（李奇曰以馬乳爲酒撞挏乃成也）

又曰烏孫公主歌曰以肉爲食兮酪爲漿

又曰王莽時飢教民煑木爲酪不可食重爲煩擾（受曰木實爲酪也或曰如令餅木屬）

後魏書曰神瑞二年秋穀不登太史令王亮等言讖書云國家當都鄴大樂五十年勸帝遷都可救今年之飢帝以問崔浩浩曰非長久之策也今留守舊都十分家南從不便水土疾疫死傷情見事露則百姓意阻四方聞之有輕侮之意今居北方至春草生乳酪將出兼有菜果足接來秋可不遷　都也

又曰臨淮王譚孫孚持白武幡勞河邪環於柔玄懷荒二鎮間河邪環衆号三十萬陰有異意遂拘留孚載以轀車日給酪一升肉一段

唐書曰高宗朝太僕以患疥馬乳造酪供進署承罪當死上特免之

晉太康起居注曰尚書令荀勗羸毀賜乳酪太官隨日給之

○漢武內傳曰西王母曰次藥有太玄之酪

西河舊事曰祁連山宜牧牛羊羊肥乳酪好不用器物刾草着其上不解散一斛酪外餘酥

鄴中記曰并州之俗以冬至後百五日介子推斷火冷食作醴酪煑粳米或大麦作之又投大麥於其中酪擣杏子人煑作之亦投大麥中

郭子曰王武子有數斛羊酪指示陸機曰卿東吳何以敵此機曰千里蓴羹未下鹽豉

世說曰楊德祖爲主簿侍坐人有餉酪者魏武噉少許乃題上作合字致坐中人並不解脩即歌之云公教令人一口復何疑

又曰陸太尉詣王丞相公食之以酪陸還遂病明日有牋與王曰昨食酪過通夜委頓民雖吳人幾爲傖鬼

笑林曰吳人至京師爲設食者有酪酥未知是何物也強而食之歸吐遂至困頓謂其子曰與傖人同死亦無所恨汝故宜慎之

魏文帝集載鍾繇書曰屬賜甘酪及櫻桃

孫楚祠介子推祝文曰棗飯一盤醴酪二盂清泉甘水充君之厨

傅咸集楊濟與咸書曰酥治瘡上急

范汪祠制曰仲夏薦杏酪

慕容晃與顧和書曰今致餦餬十斤

唐書曰武德二年凉州刺史安脩仁獻百年酥云餌之可延壽

太平御覽卷第八百五十八

太平御覽卷第八百五十九

飲食部十七

糜粥　膏糜　粰

糠　麷⿺麥賁　麩⿺麥丘丘與

肺腴蘇本切　血䘓苦濫切　熱洛河

羹臛　胡飯

糜粥

周書曰黃帝始烹穀為粥

記曰仲秋養衰老授几杖行糜粥飲食行猶賜也

又曰公叔文子卒其子請謚於君君曰昔者衛國凶飢夫子為粥與國之餓者是不亦惠乎

又曰悼公之喪季昭子問於孟敬子曰為君何食悼公魯哀公之子昭子康子之曾孫名强敬子武伯之子名捷敬子曰食粥天下之達禮也

又曰穆公之母卒穆公魯哀公之曾孫使人問於曾子曰如之何問喪之禮曾子曾參之子名申對曰申也聞諸申之父曰哭泣之哀齊斬之情饘粥之食自天子達子喪父母尊卑同

又曰親始死三日不舉火故鄰里為之糜粥以飲食之

又曰君之喪子大夫公子眾士皆三日不食子大夫公子食粥納財朝一溢米莫一溢米食之無算

又曰大夫之喪主人室老子姓皆食粥

左傳曰晉人執衛侯歸之于京師寘諸深室甯子納橐饘焉饘粥也

又曰齊晏桓子卒晏嬰麤縗斬苴絰帶杖菅屨食鬻居倚廬寢苫枕草其老曰非大夫之禮也

又曰正考父鼎銘云饘於是粥於是以餬余口饘糜也

爾雅曰鬻糜也淖糜鬻饘也稠糜也

釋名曰糜煑米使糜爛也粥濯於糜粥粥然也寒粥末米投寒水中也

史記曰左師觸龍見趙太后曰食得無衰乎太后曰恃粥耳

又曰陽虛侯趙章病淳于意診其脈曰迵音洞風迵風者五日而死後七日乃死曰其人嗜粥故中藏實實故過期

後漢書曰光武為王郎所追至無蔞亭馮異上豆粥一梡明日上謂諸將曰昨得公孫豆粥飢寒俱解

又曰樊鯈事後母至孝及母卒哀思過禮毀病不自支世祖常遣中黃門朝暮送饘粥

東觀漢記曰曹褒遷將作大匠上聞褒病使致醫藥糜粥

謝承後漢書曰南陽陸續仕郡戶曹史時飢荒太守尹興使續於都亭賦民饘粥續悉令簡閱其人訊以名氏事畢興問所食幾何續因口說六百餘人皆分別姓字無有差謬興異之

漢獻帝傳曰帝在長安穀一斛五十餘萬帝使侍御史侯汶出太倉米豆為飢民作糜粥死者不絕帝疑廩賦不實勑取米豆五升於御前作糜得滿兩盆詔杖汶五十

九州春秋曰臧洪為青州刺史為袁紹所圍糧食已盡初尚掘鼠煑筋角後無可復食廚有米三升主簿啓進內稍以為糜粥洪歎曰吾獨食此何為命作薄粥與衆共啜之

魏末傳曰曹爽等令李勝辭司馬宣王并伺察焉宣王見勝自陳無他勞効横蒙聖恩當為本州詣閤拜辭不悟加恩得蒙引見宣王令兩婢侍衣衣落復上指口言渴主飲婢進粥宣王持杯飲粥粥皆流出沾胷勝愍然者久之

吳録曰李壽作糜以食飢者而不自名

又曰朱桓除餘姚長遇疫癘穀食荒貴桓分部良吏隱親醫藥食粥相繼士民感戴之
王隱晉書曰賊杜弢下蜀蜀人飢陶侃多作粥以待之於是悉降
晉安帝紀曰桓玄敗走左右進以麄粥咽不能下
郭林宗傳曰林宗嘗止陳國文學見童子魏德公知其有異德公求近其房止供給洒埽林宗嘗不佳夜中命作粥德公爲之進焉林宗一啜怒而呵之曰高明爲長者作粥不如意使沙不可食以杯擿地德公更爲粥三進三呵德公姿無變容顏色殊悅林宗乃曰始見子之面今乃知卿心遂友善之卒爲奴士
宋書曰戴顒與兄勃並隱遁有名中書令王綏嘗携客造之勃等方進豆粥綏曰聞卿善琴試欲一聽不荅綏恨而去
又曰何子平大明末東土飢荒繼以師旅家有大喪八年不得營葬晝夜號哭常如袒括之日冬不衣絮暑避清涼日以數合米爲粥不進鹽菜
齊書曰宣孝陳皇后生高帝高帝年二歲乳人乏乳后夢人以兩甌麻粥與之覺而乳驚因此豐足
梁書曰昭明太子統母丁貴嬪薨水漿不入口每哭慟絶武帝命中書舍人顧協宣旨曰毀不滅性聖人之制不勝喪比於不孝有我在那得自毀如此耶即強進飲粥太子奉勑乃進數合自是至葬日進麥粥一升武帝又勑曰聞汝所進食過少轉就羸瘦我比更無病正爲汝胷中亦圮塞成疾故應加饘粥不使我恒懸心雖屢奉勑勸逼終喪日止一溢米不嘗菜果之味
又曰張弘策幼以孝聞母嘗有疾五日不食弘策亦不食

母強爲進粥弘策乃食母所餘
又曰蕭景爲南兖州刺史會年荒計口振恤又爲饘粥於路以賦之
又曰任昉爲義興太守歳荒散私俸米豆爲粥活三千餘人
又曰王志天監初爲丹陽尹時年飢每旦爲粥於郡門以賦百姓衆悉稱惠
又曰劉覽字孝智十六通老易位中書郎以所生母憂廬于墓再朞不嘗鹽酪食麥粥而已
又曰有河南孝廉綦綿遭母喪送葬不忍復還鄉人爲作菴仍止其中若遇有米食粥無米食菜而已
又曰庾沙彌母劉氏士水漿不入口累日初進大麥薄飲經十旬方爲薄粥終喪不食鹽酢
陳書曰張昭弟乾字玄明聰敏好學亦有至性父卒兄弟日唯食一升麥屑粥
後魏書曰崔浩道武季年威風嚴峻官省左右以微過得罪莫不逃避隱匿自下皆變浩獨恭勤不怠或終日不歸帝知之輒命賜以御粥
又曰薛真度爲豫州刺史景明初豫州大飢真度輒表曰別出倉米五十斛爲粥救其甚者詔曰真度所表甚有憂濟百姓之意宜在極卹也
又曰文明太后崩孝文五日不食楊椿諫曰聖人之禮毀不滅性縱陛下欲自賢於万代其若宗廟何帝感其言乃一進粥
又曰楊逸爲光州刺史時災儉連歳逸欲以倉粟賑給而所司懼罪不敢逸曰國以人爲本人以食爲命假令以此

獲矣吾州甘心遂出粟然後申表右僕射元羅已下謂公
儲難闕並執不許尚書令臨淮王彧以爲宜貸二萬詔聽
貸五萬逸既出粟之後其老小殘疾不能自存活者又於
州門造粥飼之將死而得濟者以萬數帝聞而善之
又曰韋朏字遵顯少有志業年十八辟州主簿時屬歲儉
朏以家粟造粥以飼飢人所活者甚衆
又曰房景遠字叔遐重然諾好施與儉分贍宗親又於通
衢以粥食餓者存濟甚衆平原劉郁行造兖境忽遇劫賊
已殺十餘人次至郁郁曰與君鄉近何忍見殺賊曰若言
鄉里親親是誰郁曰齊州主簿房陽是我姨兄陽是遠小
字賊曰我食其粥得活何得殺其親遂還衣服蒙活者二
十餘人
又曰李擡妹曰法行幼出家爲尼後遭時大儉施糜粥於

路
北齊書曰李士謙遇年飢多有死者士謙罄家資爲之糜
粥賴以全活者萬計
後周書曰皇甫遐字永賢河東汾陰人性至孝遭母喪乃
廬於墓側食粥枕苫櫛風沐雨形容枯顇家人不識
隋書曰陸讓母者上黨馮氏女也性仁愛有母儀讓即其
孽子也仁壽中爲番州刺史贓貨狼籍爲司馬所奏上遣
使按之皆驗乃命公卿百僚議之咸曰讓罪當死詔可其
奏讓將就刑馮氏蓬頭垢面詣朝堂數曰無汗馬之勞致
位刺史不能盡誠奉國以荅鴻恩而返違犯憲章贓貨狼
籍若言司馬誣汝百姓百官不應亦皆誣汝言至尊不憐
愍汝百姓何故治書覆汝汝豈誠臣豈孝子不誠不孝何
以爲人於是流涕嗚咽親持盂粥勸讓令食既而上表求

哀詞情甚切上愍然爲之改容獻皇后甚奇其意致言於
上遂下詔可減死爲民
太公金匱曰武王伐紂都洛邑而雪深丈餘不知何五大
夫乘馬車從兩騎止王門外師尚父使人持一器粥出開
門而進曰先生大夫在內方對天子未有出時天寒故進
熱粥以御寒
莊子曰顏回有負郭之田五十畝足以供饘粥
七畧曰宣帝詔徵被公見誦楚辭被公年衰母老每一誦
輒與粥
風俗通曰范滂父字叔矩遭母憂既葬之後饘粥不贍司
徒召滂滂曰老父年尊絶意世仕遂不得避也
魏武遺令曰吾夜半覺小不佳至明日飲粥汗出服當歸
湯

譙子法訓曰或曰母有疾使其妻爲粥者妻不可以刀擊
之夷其面可以爲孝乎曰以刀刃妻其親必駭而有憂及之
何有於孝
郭子曰許允爲吏部郎多用其鄉里帝遣虎賁收之婦云
無憂尋還作粟粥待之
語林曰石崇爲客作豆粥咄嗟便辦王愷乃密貨崇帳中
都督曰豆難煑唯豫作熟豆以白粥投之
續搜神記曰劉他苟家在夏口忽有鬼來喜偷食劉即於
他家煑冶葛取二升汁密齎還家向夜令舉家糜食餘一
甌因寫冶葛汁着中於几上以盆覆之人定後聞鬼發盆
啖糜須臾在屋頭吐至四更中寂然於此遂絶也
徐廣晉紀曰愍帝建興四年京城粮盡屑麴爲粥以供帝
食

録異傳曰周時尹氏貴盛五世不别會食數千人遭飢荒羅鼎作糜啜之聲聞數十里

鄴中記曰并州之俗以冬至後百五日介子推斷火冷食三日乾粥中國爲寒食

涼州異物志曰高昌僻土有異於華寒服冷水暑啜羅闍閻受車切此郡人作糜粥啜之俗號羅闍也

南越志曰陵廬城中有井半清半黄黄者甜滑宜作粥色如金似灰汁甚芬馨

世説曰郗嘉賓三伏之月詣謝公炎暑重赫雖當風交扇猶霑汗流離謝着故練衣食熱白粥郗謂謝曰自非君體幾不堪此

又曰賓客詣陳大丘宿使元方季方炊太丘問炊何遲留元方長跪曰君與客語乃俱竊聽炊忘著米今皆成糜太丘曰尒頗有所識不二子長跪俱説言無遺失大丘曰如此但成糜自可何必飯耶

俗説曰王東亭當之吴郡就汰公宿别汰公設豆藿糜自啜一大甌東亭有難色汰公强進半甌

王蒼別傳曰蒼爲吴郡内史其年大飢蒼出私財爲百姓饘粥

風土記曰天正日南黄鍾踐長粥饘追萌微納休昌是以陽始羽動爲饘粥以養幼扶微俗尚以赤豆爲糜所以象色也

廣志曰遼東赤梁魏武帝以爲御粥

天文要集曰玉井主粥厨

穀康集曰康爲武康縣教曰郭邑居民有死喪者可令送兩坩粥

時鏡新書曰[illegible]

節　須御麥粥加之以糖弥覺香冷

荆楚歲時記曰正月十五日豆糜加油膏其上以祠門户

魏武帝苦寒行曰行行日已遠人馬同時飢擔囊以取薪斧氷持作糜

唐新語曰李勣既貴其姊病必親爲煑粥火爇其鬚姊曰僕妾多何自苦若是勣對曰豈爲無人耶顧姊年老勣亦年老雖欲久爲姊煑粥其可得乎

膏糜

國語曰勾踐載稻與脂於舟以行稻有膏糜國之孺子之遊者無不餔也無不歠也必問其名爲後辨用之

續齊諧記曰吴縣張成夜起忽見一婦人立於宅東南角舉手招成成便往就之婦人曰此地是君家蚕室我即是此地之神明日是正月半宜作白粥泛膏於上以祭也當令君蚕桑百倍言絶失所成如言爲作膏白粥自此已後年年大得蚕今世人正月半作膏糜像此

糁

周易曰鼎折足覆公餗鄭玄曰糁謂之餗震又爲竹竹萌曰筍筍者餗之米也詩云其蔌維何

周禮曰醢人掌羞豆之實酏食糝食

記曰大羹羹和糝不蓼九羹齊宜五味之和米屑之糝蓼則不也

又曰糝取牛羊豕之肉三如一小切之與稻米稻米二肉一合以爲餌煎之此周禮糝食也

説文曰糂以米和羹也糂與糝同

宗躬孝子傳曰桑虞喪父十四日食百粒糝藜藿

墨子曰孔子窮陳蔡之間藜蒸不糂

糇

通俗文曰煑米粽食經曰作糒法近水則澀

麷蕡

周禮曰籩人掌朝食之籩其實麷蕡白黑形鹽蕡枲實也鄭司農云麷麻曰蕡稻曰白黍曰黑鄭玄曰今河間以北煑穜麥賣之名曰

儀禮曰麷蕡坐設于豆西當外列麷在東方婦蕡者執白黑以授主婦

又曰主婦薦韭菹醢坐奠于筵前醢在南方婦蕡者執二籩麷蕡以授主婦主婦不興受之奠麷于醢南蕡在麷東

禮曰芼羹菽麥蕡稻黍粱

麮丘輿切

說文曰麮麥甘粥也

荅頌解詁曰麮煑麥也

釋名曰煑麥曰麮麮亦齲也熟煑之齲壞也

急就曰甘麮殊美奏諸君

肺膹蒲本切

說文曰膹切熟肉內於血中和也

釋名曰肺膹饋也全米糝之如膏饋也

盧湛祭法曰四時祠皆用肺膹

血䘓苦濫切

說文曰羊血曰䘓

釋名曰血䘓以血作之增其酸豉之味使甚苦以消膏而加菹其中亦以消酒也

盧湛祭法曰春夏秋祠皆用輱血

熱洛河

唐書曰安禄山思順翰並來朝玄宗使驃騎大將軍內侍高力士及中貴人供奉官於京城東駙馬崔惠童池亭宴會使射生官射鮮鹿取血煑其腸謂之熱洛河以賜之為翰好故也

羌煑

搜神記曰羌煑貊炙翟之食也自太始以來中國尚之戎翟侵中國之前兆也

胡飯

續漢書五行志曰靈帝好胡服胡飯京師貴戚皆競為之

太平御覽卷第八百五十九

太平御覽卷第八百六十

飲食部十八

餅　糗糒　餌粢

不粃上巨下汝　寒具

餅

釋名曰餅并也溲麥使合并也胡餅作之大漫汗亦言以胡麻着上也蒸餅湯餅髓餅之屬皆隨形而名之也

漢書曰宣帝微時每買餅所從買家輒大售亦以自怪

續漢書曰靈帝好胡餅京師皆食胡餅後董卓擁胡兵破京師之應

東觀漢記曰光武問第五倫曰聞卿爲吏搒人有遺卿母一笥餅卿從外來見之奪母飼探口中餅出有之乎倫對曰實無此衆人以臣愚蔽故爲出此言耳

太八百六十　一　田越祖

英雄記曰李叔節與弟進先共在乘氏城中呂布詣乘氏城下叔節從城中出詣布進先不肯出爲叔節殺數頭肥牛提數十石酒作萬枚胡餅先持勞客

魏志曰漢末趙岐避難逃之河間不知姓字又轉詣北海着絮巾袴常於市中販胡餅孫賓碩時年二十餘乘犢車將騎入市觀見岐疑其非常人也因問之自有餅耶岐曰販之賓碩曰買幾錢賣幾錢岐曰買三十賣亦三十賓碩曰視處士之望非買餅者殆有故乃開車後戶顧所將兩騎令下馬扶上之時岐以爲是唐氏耳目也甚怖面失色賓碩閉後戶下前檐謂之曰視處士狀皃既非販餅者加今面色變動即不有重怨則當亡命我北海孫賓碩闔門百口又有百歲老母在堂勢能相度者也終不相負必語我以實告岐乃具告之賓碩亦以實告遂以俱歸

又曰嚴幹字公仲學問特善春秋公羊司隸鍾繇不好公羊而好左氏謂左氏爲太官而謂公羊爲賣餅家

又曰盧毓爲吏部尚書時舉中書郎詔曰得其人與不在盧生耳選舉莫取有名名如畫地作餅不可啖也

魏畧曰丁斐封列侯坐免官後太祖嘲曰斐文侯印綬何在斐對曰以易餅太祖大笑

晉書曰何曾性奢豪務在華侈幃帳車服窮極綺麗廚膳滋味過於王者每讌見不食太官所設帝輒命取其食蒸餅上不坼作十字不食

王隱晉書曰王長文州辟別駕陽狂不詣舉州追求乃於成都市見蹲地嚙胡餅

又曰王羲之幼有風操郗虞卿聞王氏諸子皆俊令使選壻諸子皆飾容以待客羲之獨坦腹東床嚙胡餅神色自若使具以告虞卿曰此真吾子壻也問爲誰果是逸少乃妻之

太八百六十　二　田越祖

晉陽秋曰惠帝崩由食餅也

又曰王獻毓學貧窶或人惠蒸餅一軸以充一日妻子常有菜色

宋書曰王悅之爲吏部郎隣省有會同者遺悅之餅一甌辭不受曰此費誠小然少來不顧當之

蕭子顯齊書曰永明九年正月詔太廟四時祭薦宣皇帝麵起餅

又曰何戢爲司徒左長史太祖爲領軍與戢來往數置歡宴上好水引餅戢令婦女躬自執事以設上焉

梁書曰武帝嘗設大臣麪蔡樽在坐帝頻呼其姓名樽竟不答食餅如故帝覺其負氣乃改喚蔡尚書樽始放筯執

勞曰唯帝曰卿向聾今何聰對曰臣積爲右武且聰木然
言陛下不應以名垂喚帝有　慙色也
趙錄曰石勒諱胡胡物皆改名胡餅曰摶鑪石虎改曰麻
餅
又曰石虎好食蒸餅常以乾棗胡桃瓤爲心蒸之使坼裂
方食及爲冉閔所篡幽廢思其不裂者不可得
後魏書曰胡叟不治産業常苦飢貧能不以爲恥養子字
螟蛉以自給常作布囊容三四斛飲噉醉飽便盛肉餅以
付螟蛉見車馬榮華者視之蔑如也
北齊書曰盧叔虔連冬至日親表稱賀其妻爲設豆餅連問
此豆餅何處得來妻對曰於食中減連大怒
後周書曰樊深以父遇宫因避難墜崖傷足絶食再宿後
遇得一簞餅欲食之然念繼母年老患痺咸免虜掠乃弗

食夜中匍匐尋覓母過得相見因以饋母還復遁去改易
姓名遊學於汾晉之間
唐書曰僧万迴閿鄉人也恢諧以狂發言屢中其兄戍邊
五載母思之万迴年幼請諳兄所策竹馬去經歸而返白
母曰兄還矣請辦餅更往迎之數日持襆而至母發襆乃戍子衣也尋
而子至母大驚
范子曰餅出三輔
墨子曰魯陽文君云有人於此牧羊芻豢不可勝食也見
人作餅則還然竊之楚四境之田蕪廣不可勝闢見宋鄭
之門邑則還然竊之與彼異乎
抱朴子曰莽之世賣餅小人皆得等級計胥之徒兼金累
紫楊子雲確然忠貞之節形矣
三輔舊事曰太上皇不樂關中高祖徙豐沛屠兒沽酒賣
餅商人立爲新豐縣故一縣多小人
李固別傳曰質帝暴得疾云食煑餅腹中悶遂崩
蔡質漢官儀曰尚書郎直太官供餅餌五熟
玄晏春秋曰衛倫過予而講論及於味倫稱侍中劉子楊
食餅知鹽生精味之至也予曰昔師曠識勞薪易牙別淄
澠子楊之妙抑末乎倫曰晉曠齊牙古之精也魏之子楊今
之妙也予何間焉
語林曰何平叔面絶白魏文帝疑其著粉正夏月喚來與
熱湯餅大汗出隨以朱衣自拭色轉皎然
幽明錄曰姚泓叔父大將軍紹攝司戎政召胡僧問以休
咎僧乃以麵爲大胡餅形徑一丈僧坐其上先食正西次
食正北次食正南所餘卷而吞之訖便起去了無所言是
歲五月楊盛大破姚軍於清水九月晉師北討掃定潁洛

明年遂席卷鄠鎬生禽泓焉
葛洪神仙傳曰壺公者從遠方來賣藥常懸一壺于坐上
每日入後跳入壺中市掾費長房於樓上見之知非常也
身爲掃除并進餅公令長房共跳入壺但見樓觀五色重
門閣道侍者數十人
京兆舊事曰蕭彪爲巴郡守父老歸供養父嗜餅從至市
立車下自進之
廷尉決事曰廷尉上士張柱私賣餅爲蘭臺令史所見
方言曰餅謂之飥徒昆或謂之餦音張或謂之餛音渾
說文曰餅麪餈也
雜五行書曰十月亥日食餅令人無病食經有髓餅法以
髓脂合和麪
崔寔四民月令曰五月距立秋無食煑餅及水溲餅夏月飲水

時此二餅得水即冷堅不消不幸便爲食作傷寒矣以餅置水中則浮唯酒溲之入則削也
王郎上劉纂等稧蒲曰左中郎樂林得纂麵肉并啖湯䴵
繆襲祭儀曰夏祀以蒸餅
盧諶祭法曰四時祠用曼頭餲餅髓餅牢九夏祠別用乳餅
冬祠用白環餅荀氏四時列饌注曰夏祠以薄夜代曼頭
徐暢祭記曰舊五月麥熟薦新麥作起溲白餅
明皇雜錄曰武惠妃生日上與諸公主按舞於萬歲樓下
上乘步輦從複道窺見衛士食畢以餅餌弃水竇中上大
怒命高力士杖殺之上方震怒左右莫敢言者寧王從容
諫上曰從複道窺見獲衛士之過而殺之恐人臣不能自
安又失大體陛下志在勤儉愛物惡弃於地柰何性命至
重重於殘飡者乎上蹶然大悟遽命赦之
荊楚歲時記曰六月伏日並作湯餅名爲辟惡
時鏡新書曰四月八日長沙市肆之人無子者供寺閣下
羊肉薄餅結願以乞兒往往有驗
束晳餅賦曰禮仲春之月天子食麥而朝事之籩煮麥爲
麵內則諸饌不說餅然則雖云食麥而未有餅餅之作也
其來近矣若夫安乾粔籹之倫紀耳狗后之屬劍帶案成
餢飳髓燭或名生於里巷或法出乎殊俗三春之初陰陽
交際寒氣既消溫不至熱于時享宴則曼頭宜設吳回司
方純陽布暢服絺飲冰隨陰而涼此時爲餅莫若薄壯商
風既厲大火西移鳥獸氄毛樹木疏枝肴饌尚溫則起溲
可施玄冬猛寒清晨之會涕凍鼻中霜成口外充虛解戰
湯餅爲最尒乃重羅之麪丘與切塵飛雪白膠黏筋䩕膈溔
柔澤肉則羊膀豕脅脂膚相半臠若繩首珠連礫散薑株
[illegible]

是火盛湯涌猛氣蒸作攘衣服振掌握搦拊搏麪彌離於
指端手縈回而交錯紛紛駁駁星分雹落籠無迸肉餅無
流麵姝媮咧敕薄而不綻䴼䴼和和臐色外見柔如春緜
白若秋練氣勃鬱以揚布香飛散而遠遍行人失涎於下
風童僕空嚼而斜眄擎器者舐脣立侍者千咽尒乃換增
濯以玄醢鈔以象著伐要虎丈叩膝遍據槃案財投而輒
盡庖人參潭而從遽手未及換增禮復至脣齒既調口習
咽利三籠之後轉更有次
庾闡惡餅賦序曰范子常者造余宿曜鷄爲餅遲御之情
甚虛奇嘉之味不實聊作惡餅賦以釋之弘君舉食檄曰
催廚人作茶餅熬油煎葱例茶以絹當用輕羽拂取飛麵
剛軟中適然後水引細如委綖白如秋練羹杯半在財得
一咽十杯之後顏解體潤
梁吳均餅說曰宋公至長安得姚泓時故太官孝程季者
了了人也公曰今日之食何者最先季曰仲秋御景離蟬
欲静變寥曉風淒淒夜冷臣當此時唯能說餅公曰善季
乃稱曰安定噎鳩之麥雒陽董德之磨河東長若之葱隴
西舐背之犢抱音夫罕赤恥之羊張掖北門之豉然以銀屑
煎以銀銚洞庭負霜之橘仇池連蒂之椒調以濟北之鹽
剉以新豐之雞細如華山玉屑白如梁甫銀泥既聞香而
口悶忽見色而心迷公曰善

糗糒

書曰峙乃糗糧亡敢弗逮峙具糗熬糧也
儀禮曰四籩棗糗栗脯
左傳曰陳轅頗賦公田嫁公女以爲己大夫公逐之出奔
鄭道得其族轅咺進稻醴粱糗服脯焉曰何其給也曰六

成而具
公羊曰公出奔齊國子執壺漿曰敢致糗從者公稽首以社
受
說文曰糒（平祕切）乾食也糗熬米也（丘久切）
釋名曰糗齲也飯而磨散之使齲碎也餱侯也候人飢者
以飡之
漢書曰李陵擊匈奴兵敗令軍士人持二升糒一片氷相
待
東觀漢記曰嚴尤擊江賊世祖奉糗一斛脯三十朐
又曰隗囂且病餓出城食糗糒腹張悉憤而死也
又曰張禹巡行守舍止大樹下食糒乾飯屑飲水而已後
年貧人來歸者千餘戶
又曰賀玄字文弘為九江太守行縣齎持乾糒但就溫湯
而已

謝承後漢書曰沈景為河間相柏食乾糒
後漢書曰趙孝兄禮為餓賊所得孝聞之即自縛詣賊曰
禮久餓羸瘦不如孝肥飽賊大驚並放之謂曰可且歸更
持米糒來孝求不能得復往報賊願就烹衆異之遂不害
鄉黨服其義
魏略曰寒貧者本姓石後還長安車騎將軍郭淮以意氣
呼之問其所欲亦不肯言淮因與脯糒及衣財取脯一朐
糒一升而止
唐書曰黃巢將逼三輔僖宗出幸途無供頓衛軍不得食張
濬謂漢陰令李康曰公可為糗餌以供行在康乃鳩集騾
乘分道進饔餐糗
列女傳曰勾踐伐吳有獻一囊糒者王以賜軍士甘不踰
嗌而戴自十倍
孟子曰舜之飯糗茹草也若將終身焉
玄晏春秋曰衛倫過予而讌論及於味命僕取糗以進
予予嘗之曰吾知之矣變其主者也有李柰杏味三果
不同予焉得兼之倫曰吾之將來家實多故杏時將發
故糅之以杏汁李柰時發又糅之以李柰汁故有三果之
味也
物理論曰呂子義清賢之士也思之宜往存省懷乾糒而
往主人盛為饌食乃出懷中糒求冷水一杯而食之
楚辭九章曰擣江離與滋菊兮願春日以為糗芳
崔寔四民月令曰四月可作棗糒

餌餈

周禮曰羞籩之實糗餌粉餈（鄭玄曰二物皆粉稻米黍米所為也合蒸曰餌餅之曰餈糗者擣粉熬大豆為餌餈之黏著以粉之也餌言糗餈言粉互相明也）

廣雅曰餎餹餌也
方言曰餌謂之餻（音羔）或謂之粢或謂之䬴（音鈴）或謂之餣（音烏葉切）或謂之䭉（音原）
說文曰餌粉餅也餈稻餅也
釋名曰餌而也相黏而也兗豫曰溏浹（浹或作）就形之名也
餈漬也蒸燥屑使相潤漬餅之也
韻集曰餹餅餌也
東觀漢記曰樊曄字仲華世祖嘗於新野坐文書見拘時
曄為市吏餽餌一笥上德之建武初拜河東都尉引見雲
臺上謂曄曰一笥餌得都尉何如
風俗通曰汝陽彭氏墓近大道有一石人田家老母到市
買數片餌以歸過蔭墓樹下以餌著石人頭忽去而忘之行

道人見餌恠問之或人調云此石人有神能治病病愈者以餌來謝之轉以相語云頭痛者磨石人頭腹痛者磨石人腹遂千里來就號曰賢君如此數年前餌爲問之爲人説之乃無復往者

梁書曰朱异好飲食極滋味聲色之娛子鵝炰鰌不輟於口雖朝謁從車中必賷餚餌

粔籹上巨下汝

通俗文曰干餳者謂之粔籹

雜字解詁曰粔籹膏環也

異苑曰張驥永初中於都喪亡司馬茂之往哭見驥憑几而坐以著刺粔籹食之

楚辭招魂曰粔籹蜜餌言以蜜和米麪熬煎作粔籹擣黍作餌

寒具

周禮曰朝事之籩鄭司農云朝事謂清朝未食先進寒具口實之籩

通俗文曰寒具謂之餲音曷

桓譚新論曰孔子匹夫耳而卓然名著至其冢墓高者牛羊鷄豚而祭之下及酒脯寒具致敬而去

張遂遺今日閉口寒具不得入

太平御覽卷第八百六十

太平御覽卷第八百六十一

飲食部十九

羹　臛　飲　漿

羹

周禮天官亨人曰：祭祀共大羹、鉶羹，賓客亦如之。（大羹，肉湆。鄭司農云：大羹不致五味也。鉶羹加鹽菜也。湆音泣。）

禮曰：食居人之左，羹居人之右。毋嚃羹，（亦嫌欲疾，嚃不嚼菜也。音勑荅切。）毋絮羹。（爲其詳於味。絮猶調也。絮，勑慮切。）客絮羹，主人辭不能亨羹之。有菜者用梜，無菜者不用梜。

又曰：雉羹、雞羹、兔羹、芼羹，食自諸侯已下至於庶人無等。（羹食之主。）

又曰：子卯，稷食菜羹。（忌日貶也。）夫人與君同庖。（不特殺也。）

又曰：不能粥食，粥羹之以菜可也。（謂性不能者可食飯菜羹。）

又曰：大饗之禮，尚玄酒而俎腥魚，大羹不和，有遺味者矣。

左傳曰：潁考叔有獻於鄭莊公，公賜之食，食而捨肉。公問其故，對曰：小人有母，皆嘗小人之食矣，未嘗君之羹，請以遺之。（肉有汁曰羹。）

又曰：臧哀伯諫曰：大羹不致。（大羹，肉汁也。不致五味，礼不忘本也。）

又曰：鄭侯伐宋，宋將戰，華元殺羊食士，其御羊斟不與。及鄭師與宋師戰，曰：疇昔之羊，子爲政；（疇昔猶前日也。）今日之事，我爲政。與入鄭師，故敗。君子謂羊斟非人也，以其私憾敗國殄民。（憾，恨也。殄，盡也。）於是刑孰大焉？詩所謂人之無良者，（詩義取不良之人相怨以亡。）其羊斟之謂乎。

又曰：楚獻黿於鄭靈公，公子宋與子家將見。（子宋，子公也。子家，歸生。）子公之食指動，（第二指也。）以示子家曰：他日我如此，必嘗異味。及入，宰夫將解黿，相視而笑。公問之，（問所笑。）子家以告。及食大夫黿，召子公而弗與也。（欲使指動無効也。）子公怒，染指於鼎，嘗之而去。

又曰：叔鮒求貨於衛，淫芻蕘者。衛人使屠伯饋叔向羹與一篋錦，叔向受羹反錦。

又曰：和如羹焉，水火醯醢鹽梅以亨魚肉，燀之以薪。（燀也。）宰夫和之，齊之以味，濟其不及，以洩其過。君子食之以平其心，君臣亦然。以水濟水，誰能食之？

書曰：若作和羹，尔唯鹽梅。（鹽鹹梅酢，羹須鹹酢以和之。）

詩義疏曰：鴞肉甚美，可以爲羹臛。

語曰：雖蔬食菜羹瓜祭，必齊如也。

爾雅曰：肉謂之羹。（郭璞注曰：肉臛也。舊說肉有汁曰羹。孫氏以爲肉作羹之物，因以名云。）

廣雅曰：羹謂之湆。

說文曰：羹，五味和粥也。

釋名曰：羹，注也，汁汪郎也。

史記曰：古者天子常以春秋解祠，黃帝用一梟破鏡。（如淳曰：漢史東郡送梟，五日作梟羹以賜百官也。）

又曰：項王爲高俎，置太公於机上，告漢王曰：吾與羽俱北面受命懷王，約爲弟兄，吾翁即若翁，必欲亨而翁，幸分我一杯羹。

又曰：高祖少時與賓客過丘嫂食，嫂厭叔與客來，佯爲羹盡，櫟釜邊，客以故去。已而視釜中尚有羹，由此怨其嫂，封其子頡羹頡侯。

戰國策曰：樂羊爲魏將而攻中山，其子在中山，中山君亨其子而遺之羹，樂羊啜之盡一杯。文侯謂睹師贊曰：樂羊以我故食其子肉。對曰：其子食之，其誰不食？樂羊下中山，文侯賞其功而疑其心。

又曰：中山君饗食大司馬子期，在焉，羊羹不遍，子期怒走楚

說王伐中山中山君亡有二人挈戈隨後問之曰臣父嘗
餓且死之君下壺飡哺臣之父故來死君也中山君歎曰
吾以一椀羊羹亡國之一壺飡得二士死
後漢書曰太尉劉寬性仁恕不妄喜怒嘗服朝侍婢奉肉
羹翻汙其衣婢遽收之寬神色不異徐言羹爛汝手
東觀漢記曰王渙爲洛陽令馬市正數從賣羹飯家乞貸
不得輙毆罵之至忿煞正捕得渙問知事實便諷吏解遣
謝承後漢書曰陸續詣詔獄其母至京師餉食續對餉泣
曰續母來使者問其故荅曰續母作羹截肉未嘗不方斷
葱寸寸無不同是以知母來
又曰陶碩字公超啖蕪菁羹無鹽
帝王世紀曰文王長子曰伯邑考紂烹以爲羹以賜文王
曰聖人不食其子羹文王得而食之紂曰誰謂西伯聖者

與食其子羹而不知
晉書曰桓溫表王濬之孫曰濬今有三孫年出六十室如
懸磬餬口江濱四節蒸嘗菜羹不給
宋書曰湘州刺史王僧虔引樂頤之爲主簿以同僚非人
弃官去吏部郎庾杲之嘗往候頤之爲設食唯枯魚菜葅
杲之曰我不能食之母聞之自出嘗膳魚羹數種杲之曰
卿過於　我非郭林宗
又曰　淳于孚有父風嘗與侍中何勗共食孚羹盡勗云
益殺尊羹勗司空無忌子也孚徐斂箸曰何無忌諱
又曰朱脩之爲荆州刺史姊在鄉里飢寒不立脩之貴爲
刺史未曾供贍往姊家姊爲設菜羹麄飯以激之
又曰毛脩之被俘入魏敬事嵩山道士寇謙之謙之在魏太武
帝信敬營護之故不死脩之嘗爲羊羹薦魏尚書以爲絕
味獻之武帝大悅以爲太官令被寵遂爲尚書封南郡公
太官令如故
又曰宋末齊高帝輔政劉彥節知運祚將遷密懷異圖
及沈攸之舉兵齊高入屯朝堂袁粲鎮石頭潛與彥節及
諸大將黃回等謀夜會石頭詰旦乃發彥節素怯撓不
自安脯後便自丹陽郡車載婦女盡室奔石頭臨去婦蕭
氏強勸令食彥節歠羹寫胷中手振不自禁
齊書曰高祖既爲齊王置酒爲樂羹膾既至崔祖思曰此
味故爲南北所推侍中沈文季曰羹膾吳食非祖思所解
祖思曰炰鼈膾鯉似非句吳之詩文季曰千里蓴羹豈關
魯衛之說帝甚悅曰蓴羹故應還沈
又曰朱緒無行母病積年忽思菰羹緒妻到市買菰爲羹
欲奉母緒曰病復安能食先嘗之遂併食盡母怒曰我病

欲此羹汝何必併啖盡天若有知當令汝哽死緒聞心中
介介然即吐血明日而死
梁書曰蕭勱爲廣州刺史徵爲太子左衛率勱性率儉而
器度寬裕左右嘗將羹正覆前翻之顏色不異徐呼更衣
後魏書曰趙琰字叔起嘗送子冀州娉室過路旁主人設
羊羹琰方知盜殺卒辭不食
又曰彭城王浟爲滄州刺史有濕沃縣主簿張達嘗詣州
投入舍食雞羹浟察知之守令畢集浟對衆謂達曰食羹
何不還價直也達即伏罪合境號爲神明
唐書曰魏元忠前後三坐弃市偶得不死武后嘗問之對
曰臣猶鹿耳羅織之徒苟須臣肉作羹耳
荀卿子曰孔子厄於陳蔡藜羹不糝
韓子曰堯有天下糲粱之食藜藿之羹

又曰昭僖侯之時宰人上食而羹中有生肝焉昭侯召宰(人以次而)誚之曰汝何爲置生肝羹中乎宰人曰竊以爲有欲去上食宰也

淮南子曰鼓造辟兵壽盡五月(高誘曰鼓造謂梟今世人五月作梟羹亦作蝦蟇羹)

又曰楚人有烹猴者而召其鄰人以爲狗羹也而甘之後聞其猴也據地而嘔之此不知味也

又曰太宰子朱侍食於令尹子國子國伏羹而熱援獵以注明日子朱辭官曰令尹輕行而簡禮其辱人不難明日伏節尹怒而笞之三百

素子曰五味者各稱一族之名合和一鼎名曰羹猶威重纂平恩合而爲信也

郭子曰陸士衡詣王武子武子有數斛羊酪指以示陸曰卿東吳何以敵此陸云千里蓴羹末下鹽豉

劉向新序曰紂王天下熊羹不熟而殺庖人

又曰平公問叔向曰齊桓公九合諸侯一匡天下如是君不知臣力何也師曠侍曰臣請以諭五味管仲善斷割之隰明善煎熬之賓須無善齊和之羹已熟矣而進之

又曰魏文侯見箕季子曰晏進獼猴炙孰之羹曰豈不能具五味教我無斂於百姓以省飲食之養也

風俗通曰昭帝時大官上食羹中有髮切中有土令承坐不謹敬皆論

劉禎毛詩義問曰鉶羹有菜鹽豉其中菜爲其形象可食因以鉶爲名

陸機毛詩草木疏曰梅杏類也其子赤而酢不可生噉煑而曝乾爲蘇可着羹臛中

廣志曰大渡蜂取其子得數斛爲羹亦可蒸食

臨海水物志曰民皆好啖猴頭羹雖五肉臛不能及之其俗言寧負千石之粟不願負猴頭羹臛

笑林曰人有和羹者以杓嘗之少鹽便益之後復嘗之向杓中者故云鹽不足如此數益外許鹽故不鹹因以爲怪

食經曰有猪蹄酸羹法胡羹法雞羹法蔯脊鴨羹法

楚辭天問曰緣鵠飾王后帝食饗(后帝殷湯也言伊尹始伏緣因亨鵠鳥之羹脩飾玉鼎以事以於湯賢之遂納也)彭鏗斟雉堯帝饗何(彭鏗彭祖也好和滋味斟雉羹事帝堯堯而饗食之)受壽永多夫何久長(言彭祖進雉羹於堯堯饗之以壽之也)

又九章曰懲於羹者而吹虀(言人有懲羹而熱中懲艾之見虀則吹之)

又招魂曰和酸若苦陳吳羹(吳人攻作)

又大招曰鮮蠵甘雞和楚酪(酪昨截也言取生大鼈烹之羹調賂啗復有肥雞肉和以酢酪其味清也)

又曰內鶬鴿鵠味豺羹(鶬鶬鴿似鳩而青鵠黃鵠也豺以豺言畢夫巧於調和先甘酸鶬鵠肉故羹羹也)

唐明皇雜錄曰李林甫子壻鄭平爲戶部員外嘗與林甫同處一日林甫就院(省其女遇平櫛髮見林甫至遽欲退林甫固邀之見其鬢髮皆白謂平曰上當賜)甘露羹郎其食之縱當華皓必當鬢黑明日果有中使至賜林甫食中有甘露羹遂以與平平食訖一旦髮毛如黳

嶺表異錄曰交阯之人重不祿羹羹以羊鹿雞猪肉和骨同一釜煑之令極肥濃漉去肉進之蔥薑調以五味貯以盆器置之盤中羹中有觜銀銀杓可受一(升柄勁如)揖讓多自主人先舉即滿斟一杓內觜入鼻仰首徐傾之飲盡傳杓如酒巡行之喫羹了然續以諸饌謂之不餘會(亦呼爲先脳也)交阯人或經營事務彌縫權要但備此會無不諧者(實南餘異圖鑿穿心飛頭卑飲者皆遺風也)

張翰豆羹賦曰乃有孟秋嘉菽垂枝挺莢是刈是穫充簞

盈篋香鑠和調同疾赴急
桓驎七說曰河黿之羹齊以蘭梅芬芳甘旨禾咽先滋
衛洪七開曰馨羹芬臛凝色生華
皇象書曰想必醉令作醴梅羹相待
繆襲祭儀曰夏祀調和羹芼以葵秋祀羹芼以葱春祀和
羹芼以韭

臛

蒼頡解詁曰膗少年汁臛也膹臛多澤膹房文切
說文曰臛肉羹
釋名曰臛曰蒿也香氣蒿蒿也
齊書曰虞悰家富於財而善爲滋味豫章王嶷盛饌享賓
謂悰曰肴羞有所遺否悰曰何曾食疏有黃頷臛恨無之
廣志曰晨鳧肥而耐寒宜爲臛

劉欣期交州記曰九真太守陶璜立郡築城於土穴中得
一白色形似蚕蛹無頭長數十丈大餘圍軟軟動莫能名
剖腹有肉如猪肪遂以爲臛甚香美璜噉一杯三軍盡食
齊諧記曰江北華本者爲人好鼈臛
食經曰有芋子酢臛法
楚辭招魂曰臛鼈炮羔有柘漿言以飴蜜臑鼈炮羔或曰臑鼈無羔和牛五臟羔臑
也鵠酸臇鳧臇小臛也煎鴻鶬鴻鶬鶴也言復以酸烹鶬爲羹小臇鳧煎熬鴻鶬
令肥美羹也露雞臛蠵露露棲鷄也有菜曰羹無菜曰臛蠵大龜也厲而不爽厲烈也爽敗也
楚人名羹敗曰爽言乃復烹露棲之肥鷄臛蠵肉其味清列而不知敗也
又大招曰煎鰿臛爵言煎鰿臭臛黃雀也
崔駰博徒論曰鶩臛羊殘
陳思王七啓曰臛江界之潛黿
王粲七釋曰元黿羹蠙臛

飲

周禮天官膳夫曰飲用六清六清水漿醴涼醫酏也醫於義切酏以支切
又食醫曰飲齊眡冬時飲宜寒也
又酒正曰酒正辨四飲之物一曰清二曰醫三曰漿四曰
酏清謂醴之泲者也醫內則所謂或以酏爲醴者凡醴濁釀酏爲之則少清矣醫者酏粥清也
又曰漿人掌共王之六飲水漿醴涼醫酏入于酒府醴者清也
鄭司農云涼以水酒也玄謂涼今寒粥若糗飯雜水
禮王制曰天子五飲上水漿酒醴酏上以水爲上
又郊特牲曰飲養陽氣故有樂
又內則曰飲諸飲也重醴稻醴清糟黍醴清糟粱醴清糟重陪
也糟醇也清泲也致飲有醇者有泲者陪設之也或以酏爲醴釀粥爲醴黍酏酏粥
又外傳曰共王及后與世子食後所進之六飲水居其上
其次曰漿三曰醴醴釀粥爲之淨而清四曰涼暑月以雜糗爲和水者五曰醴

以乾梅乾木瓜相和水一名濫涼六曰酏以黍爲粥之薄者
左傳曰丑父使公下如華泉取飲鄭周父御佐車宛茷爲
右載齊侯以免佐車副車
又曰鄢陵之戰欒鍼見子重之旌請曰楚人謂夫旌子重
之麾也彼其子重也日臣之使於楚也子重問晉國之勇
臣對曰好以衆整曰又何如又問其餘臣對曰好以暇暇閒暇今
兩國治戎行人不使不可謂整臨事而食言不可謂暇食好整之
言請攝飲焉攝持也持飲往飲子重也公許之使行人執榼承飲造于
子重承奉也使使使鍼御持也曰寡君乏使鍼御持矛是以不得犒從者使
其攝飲子重曰夫子嘗與吾言於楚必是故也不亦識乎
知其以往言好暇故致飲受而飲之免使者而復鼓免脫也
又曰鄭師入陳子展執縶而見見陳侯再拜稽首承飲而進
獻承飲奉觴示不失臣敬子美入數俘而出子美子產也但數其所獲人數不將以歸也

又曰吴入楚申包胥乞師於秦立依於庭牆而哭日夜不絶聲勺飲不入口七日

論語曰一簞食一瓢飲

穆天子傳曰天子渴于中求飲未至七萃之士曰高奔戎刺其左驂之頸取其清血以飲天子（今西方之羌故刺馬咽取血飲之瘉示尋愈也）天子美之賜佩玉一隻

神仙傳曰蔡經尸解去十餘年忽還家言七月七日王君當來過到其日可多作數百斛飲以供從官乃去到期假借甕器作飲數百斛羅列覆置庭中其日方平果來

語林曰陸士衡在洛夏月忽思竹篠飲語劉實云吾鄉曲之思轉深今來東歸恐無復相見理言此已復之生感

漿

詩曰或以其酒不以其漿（或醉其酒者或不得漿者）

禮記曲禮曰酒漿處右

又檀弓曰曾子謂子思曰伋吾執親之喪也水漿不入於口者七日

又内則曰漿（酢截也）水（清新）醷（梅漿）濫（以諸和水也以周禮六飲校之則濫涼也紀莒之間名諸為濫）

漢釋名曰桃濫水也水清而藏之其味濫濫然酢也

史記曰漿千僧（僧甖）此亦比千乘之家

又曰薛公藏於賣漿家

漢書郊祀歌曰奉尊柘漿折朝醒（應劭曰取甘柘汁以為飲也折解醒病酒言柘漿可以解朝醒也）

吴書曰袁術去壽春時方盛夏欲得蜜漿又無蜜遂歐血死

後魏書曰游明根幼年遭亂為樂陽王氏奴主使牧羊明根以漿倩人書字路邊書地學之

又曰咸陽王禧謀逆被禽送華林都亭着千斤鐵格鏁格羽林掌衛之時熱甚禧渴悶垂死勑斷水漿侍中崔光令左右送酪漿外餘禧一飲而盡

管子曰左酒右漿（蔡邕注曰事尚書左右酒近體也右漿上遠）

列子曰列子之齊中道而返遇伯昏瞀人瞀人曰奚方而反曰吾驚焉惡乎驚曰吾食於十漿而五漿先饋（饋遺也）伯昏瞀人曰若是則汝何為已驚（遺汝之漿何故驚也）曰夫内誠不解（内無誠實外無解然）形諜成光（諜飾其形身之光也）以外鎮人心（外以諜形鎮人則其内不足也）使人輕乎貴老（重少輕老由乎形諜）而齊其所患（形飾則心亂少患生故當齊也）夫漿人持為食羹之貨多餘之贏（漿人之饋我者非貴我贏也盖貨我以自盈耳）其為利也薄其為權也輕而猶若是（食羹之利薄所利之權輕相猶謀我況有國者劾我以功事乎故我道中而反）而況万乘之主身勞於國而智盡乎事

彼將我任以事而効我以功吾是以驚也

孟子曰書曰徯我后后來無罰其君子實玄黃于篚以迎其君子其小人簞食壺漿以迎其小人

束子正書曰歲在申酉乞漿得酒歲在辰巳嫁妻賣子

顧子曰非其道壺漿不可受是其道雖天下不可讓

山海經曰高前之山上有水焉甚寒而清帝臺之漿也飲者不心痛

漢武故事曰西王母曰太上之藥有玉津金漿其次藥有五雲之漿

神異經曰東南有人名黄父以霧露為漿

廣志曰醶醶漿也（醶初檻切）

穆天子傳曰盛姬病求飲天子命取漿而給（得之速）是曰壺輲（壺器名輲速也音遄）

焦贛易林曰登上橋堂飲萬歲漿

華山記曰華山上有明星玉女　持玉漿

孝子傳曰洛陽陽公輦義漿以給過客

世說曰嵩山北有大穴晉初有一人誤墮穴中緣行十許日有草屋區中有二人對坐圍碁局下有一杯白飲墮者告以飢渴碁者曰可飲此墜者飲之氣力十倍歸問張華華曰所飲者玉漿

典術曰餌桃膠五十日後飲玉漿

楚辭九歌曰奠桂酒兮椒漿（以椒置漿中也）援北斗兮酌桂漿也

西京雜記枚乘柳賦曰樽盈縹玉之酒爵獻金漿之醪（梁人作諸柘酒名曰金漿）

張衡思玄賦曰斟白水以爲漿

太平御覽卷第八百六十一

太平御覽卷第八百六十二

飲食部二十

膾　脯　䐹　鮓　八珍

膾

周禮天官籩人曰朝事之籩其實膴鮑鄭玄曰膴牒生魚為大臠也鮑者於楅室中糗乾之出於江淮也燕人膾魚方寸切其腴以啗所貴也

禮內則曰牛膾羊炙魚膾芥醬

又曰大夫燕食有膾無脯有脯無膾士不貳羹胾庶人耆老不徒食尊卑差也膾春用葱秋用芥豚春用韭秋用蓼芥芥醬也

肉腥細者為膾大者為軒膾者先軒之所謂攝而切之

又少儀曰與羊魚之腥聶而切之為膾聶之口牒先藿葉切之復報切則成膾也

詩曰來歸自鎬我行永久飲御諸友炰鼈膾鯉鯉魚御進也箋云御侍也王以吉甫遠從鎬地來又日月長久今飲之酒使其諸友恩舊者侍之又加珍美之饌所以極勸之也

論語鄉黨曰膾不厭細

春秋佐助期曰八月雨後苽菜生於洿下地中作羹臛甚美吳中以鱸魚作鱸苽菜為羹魚白如玉菜黃若金稱為金羹玉鱸一時珍食

說文曰鱸細切肉也

釋名曰膾會也細切肉散分其赤白異切之乃會和之也

東觀漢記曰章帝與舅馬光詔曰朝送鹿膾寧用飯也

魏志曰陳登得胷中煩滿面赤不食華佗為脉曰府君胃中有虫數升欲成內疽食腥物所為也即作湯二升先服一升斯須盡服之食頃吐出三升許虫赤頭皆動半身猶是生魚膾也

沈約宋書曰張收為猘犬所傷人云宜食蝦蟇膾收難之兄暢含笑先嘗收乃食瘡即愈

又曰沈攸之舉兵圍郢城獲范雲令送書入城餉柳世隆鱠魚二十頭

梁書曰蕭穎胄素能飲酒噉白肉膾至三升

葛洪神仙傳曰仙人介象字元則會稽人有諸方術吳主聞之徵象到武昌甚敬貴之稱為介君與吳主共論鱠魚何者最美象曰鯔魚為上吳主曰論近魚耳此海中出安可得耶象曰可得耳乃令人於殿庭中作方埳汲水滿之并求釣象起餌之垂綸於埳中不食頃果得鯔魚吳主驚喜問象曰可食否象曰故為陛下取以作生安敢取不可食之物乃使廚下切之吳主曰聞蜀使來有蜀薑作虀甚好恨時無此象曰蜀薑豈不易得願差所使者并付直吳主指左右一人以錢五十付之象書一符以着青竹杖中使行人閉目騎竹竹止便買薑訖復閉目此人承其言騎竹須臾已至成都不知是何處問人人言蜀市乃買薑于時吳使張溫先在蜀既於市中相識甚驚便作書寄其家此人買薑畢投書負薑騎杖閉目須臾已還到吳廚下切鱠亦適了

搜神記曰左慈字元放在曹操坐操謂衆賓曰高會所少吳淞江鱸魚耳放曰此可得也因求銅澡盤貯水以竿餌釣於盤中須臾引一鱸出操拊手笑曰可更得不放乃更引餌沉之須臾復引出皆長二尺餘生鮮可愛操令目前切膾

孝子傳曰曾參食生魚甚美因吐之人問其故參曰母在之日不知生魚味今我美吐之終身不食

異物記曰鯖魚作膾味珍無輩

列女傳曰姜詩妻事姑嗜魚膾又不能獨味妻與詩常力作供膾呼隣母共食其舍側忽有泉常出鯉魚一雙以供二母之膳

吳越春秋曰伍子胥伐楚未還闔閭治魚作膾作膾過時不至魚臭猶須子胥之至也三師到闔閭膾而食之不知其臭後王重作之其味如故人作魚須膾者闔閭之時造也

博物志曰吳王江行食鱠有餘弃之於中流化而爲異魚今呼王餘魚長數寸大如筯猶有膾形

齊諧記曰江南有麻姑治者爲人好噉鱠江北岸有華本者得一大虵喚麻爲鱠得食甚美苦索魚名華本因醉喚取虵及餘肉出麻治見之大吐歐血死

又曰周子有女噉鱠不知足家爲之貧至長橋南見罛者挫魚作鮓以錢一千求一飽食五斛便大吐有蟾蜍從吐中出婢以魚置口中即成水女遂不復噉膾

世說曰張季鷹辟齊王東曹掾在洛見秋風起因思吳中蓴羹鱸魚鱠曰人生貴得適意何羈宦千里以要名爵遂命駕便歸俄而齊王敗時人謂爲見機

又曰桓車騎冲在荆州張玄爲侍中使至江陵路經陽岐俄見一人持小籠生魚逕來造舡云有魚欲寄作膾張乃維舟而納之問其姓字云是劉遺民劉驎之字遺民張素聞其名大相欣待既知張銜命問謝安王文度並佳不張甚欲語言劉子無意既進膾便去云向得此魚觀君舡上當有膾具是故來耳於是便去

杜寶大業拾遺録曰六年吳郡獻海鮸音免乾膾四瓶瓶容一斗浸一斗可得徑尺面盤并奏作乾膾法帝以示群臣云昔術人介象於殿庭釣得海魚此幻化耳亦何足珍異今日之鱠乃是海真魚所作求自數千里亦是一時奇味即出數盤以賜近臣作乾膾法當五六月盛熱之日於海取得鮸魚其魚大者長四五尺鱗細紫色無細骨不腥捕得之即去其皮骨取其精肉縷切隨成曬三四日須極乾以新白瓷瓶未經水者盛之密封泥勿令風入經五六十日不異新者後取噉時以新布裹於水中漬三刻久取出灑却水則曒然矣

廣五行記曰唐咸亨四年洛州司户唐望之冬集計至五品進止未出閒有僧來覓初不相識延之共坐火頃曰貧道出家人得飲食亦以火公名人故聞相託能設一頓鱠否司户欣然即處分買魚此僧云看有蒜否家人云蒜盡也僧即起司户留之曰蒜盡遣買即得僧云既蒜盡不可更住苦留不止望之果無疾暴卒

明皇雜録曰邢州人和璞嘗謂房琯曰君殁之時必因食魚膾既殁之後當以梓木爲棺然不得殁於君之私第不處公館不處玄壇佛寺不處親友之家其後譴於閬州寄居州之紫極宮卧疾數日刺史忽具鱠邀房於郡齋房亦欣然命駕既歸暴卒州主命攢櫝於宮中棺得梓木爲之

脯

釋名曰脯搏也乾燥相搏着也脩縮也乾燥縮也

說文曰脯乾肉也脩脯也補莫切薄膊之星也脘骨脯也胸脯挺也

周禮曰脯人掌乾肉也凡田獸腊膴胖之事夫物解肆乾謂之乾肉薄切曰脯捶之而施薑桂曰腶脩腊小物而乾者祭祀共豆脯膴胖

又曰膳夫凡王之稍事設薦脯醢鄭司農云稍事謂非日中大舉時而閒食謂之

（稍事膳夫主設薦脯醢云謂稍有小事而飲酒也）

儀禮曰鄉飲酒主人立于西階東薦脯使出祖釋軷祭脯

士冠賔東面薦脯禮曰以脯脩置者左朐右末

又曰婦人之贄脯脩大夫燕禮有膾無脯

又禮特牲曰大饗尚暇脩而已矣

穀梁傳曰束脩之肉不行竟中有至尊者不貳

公羊傳曰魯昭公出奔齊侯使高子執簞食四脡脯公稽首以衽受

易曰噬乾胏得金矢王肅注曰四體離陰卦骨之象骨在乾肉脯之象金象所以獲野禽故食之反得金矢君子於味必思其毒於利必備其難

論語曰子曰自行束脩已上吾未嘗無誨焉（孔曰言人奉禮自行束脩以上則皆教誨之也）

又曰沽酒市脯不食

尚書大傳曰散宜生閎夭南宮适三子者學乎太公見三子知三子之為賢人遂酌酒切脯約為朋友

漢書曰濁氏以賣而連騎

東觀漢記曰光武初起兵叔父良搏手大呼曰我欲詣納言嚴將軍叱上起去出閤令人視之還白方坐啗脯

晉書曰桑虞嘗行宿寄逆旅同舍客失脯疑虞為盜虞默然無言便解衣償之主人曰此舍數失魚肉雞鴨多是狐狸偷君何以疑人乃將脯往山冢間尋求果得之客求還衣虞投之不顧

北齊書曰彭城王攸為滄州刺史有一人從幽州來驢馱鹿脯至滄州界脚痛行遲偶會一人為伴遂盜驢及脯去明旦告州乃令左右及府僚吏分市鹿脯不限其至主見識之推獲盜者

唐書曰太宗狩于濟源之淩山上曰古者三先馳以供宗廟今所獲鹿宜令所司造脯醢以充薦享

國語曰楚成王聞子文之朝不及夕也（成王楚文王之子成王鬬）於是乎每朝設脯一束糗一筐以羞子文至于今令尹秩之（秩常）

呂氏春秋曰趙宣子將之絳見翳桑之下有餓人宣孟與脯二朐拜受不敢食問其故曰臣有母持以遺之宣孟更賜之二束遂去

東方朔神異經曰北方有增冰萬里厚百丈有磎鼠在冰下土中食冰下草木肉重萬斤可以作脯

又曰西北荒有遺酒追復脯焉其味如麞食一片復一片

葛洪神仙傳曰王遠至蔡經家與麻姑共設肴膳擘脯而行云是麒麟脯

又曰左慈詣劉表請犒軍有酒一器脯一盤百人捷酒賜兵人三杯酒一片脯萬人皆同而酒器如故脯亦不減

世語曰初太祖之食程昱掠其本縣供三旬糧頗雜以人脯由是失朝望故位不至公也

續齊諧記曰劉晨阮肇入天台山有女仙人為設胡麻飯山羊脯因留連之

楚詞曰折瓊枝以為羞（王逸注曰羞脯也）

盧諶祭法曰春祠用脯夏用煏（煏逼反）

杜育荈賦曰脯則正脅通肴麞鹿肥麋

梁劉孝威謝東宮賚鹿脯等啓曰上林絶胡人之摶禁地無張京之犯而猶有班超之遊獵李廣馳射遂歸於廚使入貢於脯人并圖三事之車影入九仙之鏡

鮓

西京雜記曰五侯不相能賓客不得往來婁護豐辯傳會五侯間各得其意競致奇膳護乃合以爲鯖世稱五侯鯖以爲奇味焉

齊書曰武帝就虞悰求諸飲食方悰祕不出上醉後體不快悰乃獻醒酒鯖鮓一方而已

鮓

釋名曰鮓葅也以鹽米釀之如葅熟而食之也

吳志曰孟仁爲鹽池司馬自能結網手以捕魚作鮓寄母母還之曰汝爲魚官而以鮓寄我非避嫌也

宋書曰王瑩代謝超宗爲義興太守與謝交惡超宗到郡後瑩父懋往超宗處超宗設精白鮑美鮓獐巴懋問那得佳味超宗詭言瑩始見餉懋驚曰大人豈應不得耶懋大怒言於朝廷稱瑩供養不足坐失廢弃久之

博物志曰仲秋月取折頭鯉子去鱗破腹使膂割爲漸米爛藻之以赤秫米飯鹽酒令糝之鎮不苦重踰月乃熟是謂秋鯖

王子年拾遺記曰漢元鳳二年於淋池之南起桂臺以望遠帝常以季秋之月沉衡瀾雲鷁之舟窮晷係夜釣於臺下以香金爲鉤霜絲爲綸丹鯉爲餌得白蛟長三丈若大虵無鱗甲帝曰非瑞也命太官爲鮓肉紫骨青味絕香美班賜羣臣帝後思其美漁者不復得知爲神異也

列異傳曰費長房又能縮地脉坐客在家至市買鮓一日之間人見之千里外者數處

世說曰有人遺張華鮓見之謂客云此龍肉也肉鮓中則有五色光試之果如言後問其主云於茅積下得白魚所作也

又曰陶侃少時作魚梁吏常以一坩（苦甘切）鮓餉母母封鮓付反書責侃曰汝爲吏以官物見餉非唯不能益吾乃以增吾憂也

謝玄與婦書曰昨出釣獲魚作一坩鮓今奉送

大業拾遺曰十二年六月吳郡獻太湖鯉魚腴鮓四十坩純以鯉腴爲之計一坩鮓用鯉魚三百頭肥美之極冠於鱣鮪

八珍

周禮天官曰食醫掌王之八珍

禮曰淳熬煎醢加于六稻上沃之以膏曰淳熬（沃煎成之以爲名）淳毋煎醢加于黍食之上沃之以膏曰淳毋（毋讀曰模模象也作此象淳熬也）炮取豚若將刲之刳之實棗於其腹中編萑以苴之塗之以謹（音墐）塗炮之塗皆乾擘之濯手以摩之去其皽（音善）切爲稻粉糔溲之以爲酏以付豚煎諸膏膏必滅之鉅鑊湯以小鼎薌脯於其中使其湯毋滅鼎三日三夜無絕火而后調之以醯醢（炮者以塗燒之爲名也將當爲牂牂羊也）擣珍取牛羊麋鹿麕之肉必脄（音梅）每物與牛若一捶反側之去其餌熟出之去其皽柔其肉（脄脊側肉也）漬取牛肉必新殺者薄切之必絕其理湛（音尖）諸美酒期朝而食之以醢若醯醷（湛亦漬也）爲熬捶之去其皽編萑布牛肉焉屑桂與薑以洒諸上而鹽之乾而食之施羊亦如之施麋施鹿施麕皆如牛羊欲濡肉則釋而煎之以醢欲乾肉則捶而食之（熬取火上爲之今火臙似此七者周禮八珍其一）肝膋取狗肝一幪之以其膋濡炙之舉燋其膋不蓼（膋腸肝膋是也周脂也）

太平御覽卷第八百六十二

太平御覽卷第八百六十三

飲食部二十一

肉　炙

肉

禮曰：毋反魚肉（爲已歷口，人所穢也）。濡肉齒決，乾肉不齒決。

又曰：六十宿肉，六十非肉不飽。

又曰：觴酒豆肉，讓而受惡。

傳曰：公將如棠觀魚，臧僖伯諫曰：鳥獸之肉不登於俎，則公不射，古之制也。

又曰：齊師伐我，曹劌請見。其鄉人曰：肉食者謀之（肉食謂朝大夫）。劌曰：肉食者鄙，未能遠謀。

又曰：公膳日雙雞（卿大夫之膳食），饔人竊更之以鶩。御者知之，則去其肉而以其洎饋（進御食者。饔人御者欲使諸大夫怨慶氏，減其膳。盡盧蒲癸、王何之謀也）。

又曰：有酒如淮，有肉如坻；有酒如澠，有肉如陵（亦見酒門）。

穀梁傳曰：公曰天王使石尚來歸脤。脤也者何也？俎實也，祭肉也。生曰脤，熟曰俎。

論語曰：子在齊聞韶，三月不知肉味。

又鄉黨曰：魚餒而肉敗不食。肉雖多，不使勝食氣。祭於君，不宿肉（助祭於君，所得牲體歸，即以班賜，不留神惠也）。祭肉不出三日，出三日不食之矣（自家其食肉也，過三日不食之，褻鬼神之餘）。

爾雅曰：肉謂之敗（臭壞）。

又曰：肉曰脫之（剝其皮家李肉柬麃之屬呼欒通）。

又曰：鮑宣上書：柰何獨私養外親與幸臣董賢，使奴從賓爲肉。

史記曰：廉頗奔魏，趙王使者視頗尚可得用不。趙使見頗，頗爲之一飯斗米肉十斤。

八曰：公孫弘爲丞相，食一肉。

帝王世紀曰：夏桀爲肉山脯林。

漢書曰：黄霸潁川太守，使吏出不敢舍郵亭，食於道旁，烏攫其肉。民有欲詣府口言事者，適見，霸與語道此。後日吏還謁見，霸迎勞之曰：甚苦，食於道旁，乃爲烏所盜肉。吏大驚。

又曰：武帝爲酒池肉林，令外國客遍觀。

又曰：陳平爲里社，分其肉均，父老曰：善，陳孺子之爲宰。平曰：嗟乎，使平宰天下，亦當如此肉矣。

又曰：張湯父爲長安丞，出，湯爲兒守舍。父還，鼠盜肉。父怒，笞湯。湯掘室得鼠及餘肉，劾鼠掠治。

又曰：伏日賜從官肉，大官丞日晏不來。東方朔獨拔劍切肉，即懷肉歸。太官奏之。朔入，免冠謝。上曰：先生起自責也。朔再拜曰：朔來！朔來！受賜不待詔，何無禮也！拔劍割肉，一何壯也！割之不多，一何廉也！歸遺細君，又何仁也！上笑曰：使先生自責，乃反自譽。賜酒一石、肉百斤，歸遺細君。客飛酒霍肉（視酒如漿，視肉如藿）。

又曰：成帝許后上疏曰：故時酒肉有所賜外家，輒上表迺受。

東觀漢記曰：太尉趙熹聞魯恭志行，每歲時遣子送米肉，辭讓不敢當。

又曰：卓茂爲密令，民有言亭長受其米肉者，茂問之：亭長從汝求乎？有事與之乎？自以恩意遺之乎？民曰：自遺之。茂曰：人異於禽獸者，以有仁愛也。亭長素爲善吏，歲時遺之，禮也。

又曰：賊經姜詩墓不敢驚孝子，致米肉，詩埋之。後吏譴詩，掘出示之。

又曰閔仲叔客居安邑老病家貧不能買肉日買猪肝一片

謝承後漢書曰李萇家晝則躬耕夜則讀書日為母市斤肉粱米作食

後漢書曰桓任字儀遼後母生時不食猪羊肉故終身不以猪羊肉入口

又曰李充延平年中詔公卿中二千石各舉隱士大儒務取高行以勸後進特徵充為博士侍中大將軍鄧隲貴戚傾時無所下借（下音假借音子夜反）以充高節每卑敬之嘗置酒請賓客蒲堂酒酣隲跪曰幸託椒房位列上將幕府初開欲辟天下奇偉以匡不逮惟諸君博求其器充乃為陳海內隱居懷道之士頗有不合隲欲絕其論以肉啖之充抵肉於地曰說士猶甘於肉遂出徑去隲甚望之

漢舊儀曰齊法食肉三十六兩

英雄記曰冀州刺史韓馥問諸從事曰收有何長何短治中

劉子曰前勞賜有餘肉百斤賣之一州調度奢儉不復在是猶可勞賜勤勞吏士賣之可示儉

吳志曰趙達嘗過故知取盤中隻箸再縱橫之乃言卿東壁下有美酒一斛又有鹿肉三斤何以辭無

王隱晉書曰愍懷太子令人屠肉已自分齊手揣輕重斤兩不差云其母本屠家之女也

太康起居注曰尚書郭奕有疾日賜酒米各伍升猪羊肉各一斤

石崇崔亮母疾日賜清酒粳米各伍升猪羊肉各一斤半

臧榮緒晉書曰趙高為丞相指鹿為馬持蒲作肉

晉中興書曰陸納為吳興太守辭大司馬桓溫因問桓公醉可飲幾酒肉食多少溫曰溫酒不過三升便醉白肉不過十臠納後伺間求入自言外有微禮溫勑而受正有酒一斗鹿肉一盤一坐愕然納曰公近云飲三升民正可二升今有一斗以備餘瀝溫歎服

晉書曰周訪鄉人盜訪牛於家間殺之訪得之密埋其肉不使人知

宋書曰衡陽王儀季鎮荊州隊主續豐母老家貧無以充養遂不食肉儀季哀其志以錢米給豐母并制豐噉肉

齊書曰高帝雖從官而家業本貧為建康令時明帝等冬月猶無縑纊而奉贍甚厚后母撤去兼肉曰於我過足矣

梁書曰傅昭性尤篤慎子婦嘗得家餉牛肉以進昭召其子曰食之則犯法告之則不可取而埋之

隋書曰王邵篤好經史遺落世事用思既專性頗恍忽至對食閉目凝思盤中之肉輒為僕從所食邵弗之覺唯責肉少數罰厨人以情白依前閉目伺候而獲之厨人於免笞辱

墨子曰孔子厄於陳蔡子路烹豚孔子不問肉所由來食之

晏子春秋曰梁丘據見晏子中食而肉不足

王孫子曰楚莊伐宋厨有臭肉將軍子重諫王以肉饋於賢公孫

尸子曰殺紂為肉圃

孟子曰孔子為魯司寇從而祭膰肉不至不稅冕而行不知者以為肉也其知者以無禮也

又曰庖有肥肉廄有肥馬民有飢色野有餓殍此率獸而食人也

又曰雞豚狗彘之畜無失其時七十者可以食肉矣
韓子曰夫百日不食以待粱肉餓者不育今待堯舜之賢
乃治當世之民是猶待粱肉而救餓之說也
又曰晏子對景公曰田成子殺一牛取一豆肉餘以食士
燕丹子曰荊軻入秦過陽翟買肉爭輕重屠辱軻武陽欲
擊軻止之
淮南子曰今屠牛而烹其肉或以酸或以甘煎熬燎炙和者
萬方其本一牛之體
呂氏春秋曰肉之美者猩猩之脣貛貛之炙雋燕之翠述
蕩之掔（音牽獸名）旄象之約（旄象牛獸也族約牛肉黄貴之也）
又曰嘗一臠而知一鑊之味一鼎之調
又曰肥肉厚酒務以相強命之曰爛腸之食
劉向新序曰趙簡子使使者聘孔子於魯以胖牛肉迎於
河上使者謂舡人曰孔子即上舡中河安流而殺之孔子
至使者致命進胖牛之肉孔子仰天而歎曰美哉水乎洋
洋也使丘不濟此水者命也夫
桓譚新論曰九江太守龐眞案縣令高曾受社祭臠有生
牛肉二十斤劾以主守盜上請逮捕詔鳌不贓天下緣是
諸府縣社臘祠祭竈不但進熟食皆復多肉米酒脯腊諸
奇珎益盛是故諸郡府至殺牛數十頭
又曰關東鄙語世人聞長安樂出門西向笑知肉味美則
對屠門而嚼
風俗通曰陳伯敬目有所見不食其肉
王充論衡曰仲子兄祿萬鍾以兄之祿爲不義而不食之
避兄離母處於陵他日歸有饋其兄生鵝者曰惡用是鶃
鶃者他日其母殺是鵝與之食其兄自外來至曰鶃鶃之
肉而仲子耻負前言即吐而出之
典略曰九宗廟三歲大祫每大牢分之左辯上帝右辯上
后俎餘委肉積於前數千斤名堆俎
博物志曰食驚肉不可入水爲蛟所吞龍肉以醢漬則文章
生○方言曰燕之北郊朝鮮洌水間九異肉及披牛羊五
臟謂之膊（音博）
說文曰殽雜肉也腌漬肉也（一劫反）膞切肉也（之耎反）
廣志曰北方有牧草便於其畜故北方出美肉
異苑曰山陰有人嘗食牛肉便作牛鳴菜食乃止
廣州先賢傳曰丁密不食有目之肉
桂陽先賢畫讚曰程曾子孝孫七歲亡母號慕毀悴王母
哀憐嚼食哺之知有肉味遂吐不食
華陽國志曰孝子狼偶二親病時不能食肉遂終身不食
肉
董卓別傳曰呂布殺卓百姓欣慶相賀長安酒肉爲暴貴
江氏家傳曰蕤年七歲喪父有酒肉食之左右或戲曰郎
爲孝何肉食蕤瞿然斂容遂不食
十洲記曰崑崙銅柱下有回屋焉壁方丈上有鳥名曰
希有左翼覆（東王公右翼覆西王母其肉苦）鹹仙人甘之
笑林曰甲買肉過入都廁挂肉著外乙偷之未得去甲出
覔肉因詐便口銜肉曰挂著外門何得不失若如我銜肉
着口豈有失理
世說曰羅友作荊州從事桓宣武爲王車騎集別有求集
坐良久辭出宣武曰卿向以諮事今何以去荅曰友聞白
羊白肉美一生未嘗得故來求食食了無事可諮
魏文帝與吳質書曰舉太山以爲肉竭東海以爲酒

陸凱表曰呂蒙淩統早亡先帝痛悼不已子並幼稚皆内
省中稱肉食之客

炙

釋名曰炙炙也炙於火上也脯炙以脯錫蜜豉汁淹之脯
然也釜炙於釜中汁和熟之也銜炙細㨾肉和以薑椒鹽
豉已乃以肉銜裹其表而炙之貊炙全體炙之各自方割
出於胡貊之爲也

禮曰膾炙處外毋嚃炙嚃音切夬切

詩曰執爨踖踖爲俎孔碩或燔或炙

又曰有兎斯首炮之燔之君子有酒酌言獻之毛曰炮加火曰燔

傳曰欒寧將飲酒炙未熟聞亂使告季子季子子路也爲孔氏宰邑也
召獲駕乗車召獲衞大夫駕乗車言不欲戰也行爵食炙奉衞侯輒來奔

韓子曰晉平公時進炙而髮繞之平公使殺庖人庖人呼
天曰嗟乎臣有三罪而死不自知乎平公曰何謂也對曰
臣刀之利風靡骨斷而髮不截是臣之一死桑炭炙之肉
紅白而髮不燒是臣之二死也炙熟又重睫而視之髮繞
炙冒不見是臣三死也意者堂下有憎臣乎殺臣不亦枉
乎

謝承後漢書曰陳正字叔方爲太官令與黄門侍郎有隙
因進御食以髮肉炙中光武見之怒將斬正正曰臣當萬死
者三一山炭增冶吐炎燋膚爛肉而髮不銷臣罪一也匣
出佩刀匠也砥礪而斷肌截骨曾不能斷髮臣罪二也臣少
事眼目書奏章表猶讀表經眞供御食　與承反庖人六目
齊視豈不如黄門兩目臣罪三也制赦之

晉書曰王羲之年十三謁周顗顗異之時重牛心炙坐客
未噉顗割啗羲之於是始知名

齊書曰桂楊之役詔檄久之未就齊高帝引江淹入中書
省光賜酒食淹素能飲啖食鵝炙垂盡進酒數升訖文誥
亦辦

隋書曰煬帝初在藩魚俱羅弟贇以左右從累遷大都督
及帝嗣位拜車騎將軍贇性凶暴虐其部下令左右炙肉
遇不中意以籤刺瞎其眼有溫酒不適者立斷其舌

孟子曰嗜秦人之炙無以異於嗜吾炙夫物則亦有然者
也然則嗜炙亦有外與

又曰曾晳嗜羊棗而曾子不忍食羊棗公孫丑問曰膾炙
與羊棗孰美孟子曰膾炙哉公孫丑曰然則何爲食膾炙
而不食羊棗曰膾炙所同也羊棗所獨也

孝子傳曰王祥後母病欲黄雀炙乃有黄雀數枚飛入其
幕因以供母

說苑曰智伯以庖人忘炙而不知韓魏炙知小而不忘知
大也

世說曰顧榮字彦先輙巳炙啖行炙者曰豈有終日執之
而不知其味也耶

明皇雜錄曰杜甫後漂寓湘潭間羇旅憔悴於衡州耒陽
縣頗爲令長所厭甫投詩於宰宰遂致牛炙白酒以甫遣
甫飲過多一夕而卒集中猶有贈聶耒陽詩也

太平御覽卷第八百六十三

太平御覽卷第八百六十四

飲食部二十二

脂膏

周禮庖人曰九用禽獸春行羔豚膳膏香夏行腒鱐音搜膳膏臊秋行犢麛膳膏腥冬行鱻羽膳膏羶用禽獸謂煎和之以獻王也鄭司農云膏香牛脂也膏臊豕膏也杜子美云膏臊犬膏腥豕膏也鮮生魚也羽鴈也膏羶羊脂也玄謂膏腥雞膏也八物者得四時之氣尤盛爲人食之弗勝是以用休廢之脂膏煎和膳之

又冬官梓人曰天下之獸五脂者膏者羸者羽者鱗者脂牛羊之屬膏豕之屬也宗廟之事脂者膏者以爲牲致美味也

禮曰脂用葱膏用薤脂肥凝者澤者曰膏煎諸膏膏必滅之肝膋取狗肝一幪之以其膋膋腸間脂幪音蒙小切狼臅膏以與稻米爲酏狼臅臆中膏酏之然反

太平八百六十四　一　李頂

爾雅曰氷脂也莊子云肌膚若氷雪氷雪脂膏也

說文曰膫牛腸脂膫音力彫反

通俗文曰脂在脊曰肪在骨曰𦟘音珊獸脂聚曰䐈音窘

史記曰販脂辱處也而公伯千金

後漢書曰孔奮爲姑臧長力行清潔爲衆人所笑以爲身處脂膏不能自潤徒益苦辛耳

淮南子曰無角者膏而無前有角者脂而無後

油

魏志曰孫權至合肥新城滿寵馳往赴募壯士數十人折松爲炬灌以麻油從上風放火燒賊攻具

又曰黄初三年車駕幸宛使夏侯尚率諸軍與曹真共圍江陵權將諸葛瑾與尚軍對江瑾度入江中渚而分水軍於江中尚夜多持油船將步騎萬餘人於下流潛渡攻瑾諸軍夾江燒其舟船水陸並攻破之

王隱晉書曰元康三年武庫火檢校是工匠盗庫中恐罪乃投燭着麻膏中火燃

又曰齊王冏起義孫秀多斂葦炬益儲麻油於殿省爲縱火具

東宫舊事曰月給油六升

宋書曰朱脩之爲荆州刺史去鎮之日秋毫無犯計在州巳來然油及私牛馬食官穀草以私錢六十萬償之

梁書曰沈約年十三而遭家難潛竄會赦乃免既而流寓孤貧篤志好學晝夜不釋卷毋恐其以勞生疾常遣減油滅火

又曰張纘爲湘州刺史州境大寧晚好積聚多寫書數万卷有油二百斛米四千石他物稱是

平八百六十四　二　李頂

又曰侯景攻臺城爲曲項木驢攻城矢石不能制羊侃作雉尾炬施鐵鏃以油灌之擲驢上焚之俄盡

又曰初侯景既南奔魏相高澄命先剥景妻子面皮悉以油煎殺之

後周書曰衛剌王直作亂率其黨襲肅章門不得入乃縱火燒之尉遅運懼火盡直黨得進乃取油灌木以益火火勢轉盛直不得進乃退

博物志曰煎油水氣盡無煙不復沸則還冷得水而焰起飛散

釋名曰柰油擣柰實和之以塗繒上燥而發之形似油也杏油亦如之

太平御覽卷第八百六十四

太平御覽卷第八百六十五

飲食部二十三

鹽

書曰青州厥貢鹽絺

周禮天官籩人曰朝事之籩其實形鹽（築鹽謂爲虎形謂之形鹽）

又曰掌鹽之政令以共百事之鹽祭祀共其苦鹽散鹽（杜子春讀苦爲盬謂出鹽直用不湅治也鄭司農云散鹽湅治者玄謂散鹽煑水爲鹽也）賓客共其形鹽散鹽王之膳羞共飴鹽（飴鹽之恬者今戎鹽有也）凡齊事鬻盬以待戒令（齊事和五味之事鬻盬湅治之鬻音煑也）

記曰祭宗廟鹽曰鹹鹺（大鹹曰鹺）

又曰鹽醢之美而煎鹽之尚貴天產也

又曰桃諸卵鹽（大鹽）

又曰功衰食菜果飲水漿無鹽酪不能食食鹽酪可也（功衰齊斬之末也醢酢醬）

左傳曰王使周公閱來聘饗有昌歜白黑形鹽辭曰國君文足昭也武可畏也則有備物之饗以象其德薦五味羞嘉穀鹽虎形（鹽五味之薦故刻爲虎形以象其武）以獻其功吾何以堪之

又曰晉人謀去故絳諸大夫皆曰必居郇瑕氏之地沃饒而近鹽（鹽猗氏縣有鹽池是也）

又曰齊晏子曰山木如市弗加於山魚鹽蜃蛤弗加於海

說文曰鹽鹹也鹽池河東鹽池也袤五十里廣六里周一百十四里（戴延之西京記曰鹽生水中夕取朝復千車万駱適意多少）鹵西方鹹也東方謂之斥西方謂之鹵鹺鹹也河內謂之鹹

廣雅曰鹺（音消）鹻（七豆切）鹽（音溫）鹼（步典切）鹽也

史記曰募民月給費用官器作煑鹽官牢盆（如淳曰牢廩）

漢書王莽詔曰鹽食肴之將

又曰吳東海水爲鹽國用饒足（吳錄地理志曰吳王煑海水爲鹽今海鹽縣是也）

續漢書曰虞詡爲武都太守始到郡穀石千五百鹽石八千視事三歲穀石八千鹽百

又曰天竺國出黑鹽

東觀漢記曰賈復爲縣掾迎鹽河東會盜賊起等輩放散其鹽復獨完還致縣中

後漢書曰第五倫自以久爲官不達遂將家屬客河東變名姓自稱王伯齊載鹽往來太原上黨所過輒爲糞除而去

又王符論曰且攻玉以石洗金以鹽（詩小雅曰他山之石可以攻玉今之金工發金色者皆淬之鹽水也）

魏志曰衛覬與荀彧書曰夫鹽國之大寶也自亂以來放散宜如舊置使者監賣以其直益市犁牛若有歸民以供給之

又曰鄧艾平蜀後言於司馬文王留隴右兵二萬人蜀兵二萬人煑鹽興冶爲軍農要用

魏略曰漢令哀牢民家出鹽一斛以爲賦

吳志曰朱桓卒家無餘財孫權賜鹽五千斛以周喪事

蜀志曰先主定益州置鹽府校尉較鹽鐵之利

晉書曰肅慎國無鹽鐵燒木作灰取汁而食之

又曰郭文字文舉隱居吳興餘杭大辟山中恒著鹿裘葛巾不飲酒食肉區種菽麥採草菓木實貿鹽以自供人或酬下價者亦即與之

宋書曰豫章王大會賓僚張融食炙始畢行炙人便去融欲求鹽蒜口終不言方食搏指半日乃息

又曰張融作海賦文辭詭激獨與衆異以示鎮軍將軍顧覬之曰御此賦實超玄虛但恨不道鹽耳融即求筆注曰漉沙構白熬波出素積雪中春飛霜暑路

齊書曰崔慰祖父喪不食鹽母曰汝既無兄弟又未有子息毀不滅性故當不進肴羞耳如何絕鹽吾今亦不食矣慰祖不得已從之

梁書曰侯景陷臺城宴集其黨又召僧通僧通取肉搵鹽以進景問曰好不景答所恨大鹹僧通曰不鹹則爛及景死王僧辯截其二手送齊宣又傳首往江陵果以鹽五斛置腹中送于建康暴之于市百姓爭取屠膾羹食皆盡

後魏書曰世祖南伐遺李伯賜劉義恭等鹽各九種并胡鼓孝伯曰有後詔凡此諸鹽各有所宜白鹽食鹽主上自所食黑鹽治腹脹氣滿末之六銖以酒下胡鹽治目痛戎鹽治諸瘡赤鹽駮鹽臭鹽馬齒鹽四種並非食鹽

又曰忽吉國水氣鹹凝鹽生樹上

又曰沮渠蒙遜平酒泉於宋繇室得書數千卷鹽米數十斛而已蒙遜歎曰孤不喜剋李氏欣得宋繇耳

北齊書曰房景伯母亡居喪不食鹽菜因此遂爲水病積年不愈

又曰崔暹奏請海沂煮鹽有利軍國文襄以問崔昂昂曰亦既官煮斷之竈官力雖多不及人廣請准開市薄爲竈稅私館給彼此有宜朝廷從之

唐書曰武德中長安古城鹽渠水生鹽色紅白味甘狀如方印

又曰左右神策鹽州行營節度使胡堅昌皆表奏初城鹽州鹵中獲壤土又置烽堡水路迥遠即時有雨廢鹽井悉生鹽事扶聖德可謂天讚請宣付史館制可

又曰代宗時河中府鹽池生瑞鹽韓滉奏曰土德之瑞

又曰李晟薨後德宗以初城鹽州後鹽池上賜宰相新鹽惻然思之命置鹽於靈座

又曰流鬼國去京師萬五千里瀕於北海多沮澤有魚鹽之利

又曰初榷鹽起於第五琦及劉晏代其任法術精密官無遺利初歲入錢六十萬貫季歲十倍而人無厭苦大曆末通計一歲征賦所入而鹽醝當天下太半之賦

管子曰齊有渠之鹽燕有遼東之煮十口之家十人舐鹽百口之家百人舐鹽凡食鹽之數一月丈夫五升少半婦人三升少半嬰兒二升少半鹽之重升加分耗而釜百升加什耗而釜千君伐沮薪煮泲水爲鹽正而積之三萬鍾至陽春農事方作令民無得築垣墻毋得繕冢墓大夫無得治宮室臺榭北海之衆無得聚庸而煮鹽然鹽之賈必四什倍君以四什之賈循河濟之流南輸梁趙宋衛濮陽惡食無鹽則腫守圉之本其用鹽獨重君伐菹薪煮泲水以籍於天下然則天下不減矣

又曰桓公成鹽三萬六千鍾令吏糴之得成金萬一千餘斤

尸子曰南海之葷北海之鹽

魯連子曰連宿沙瞿子善煮鹽使煮瀆沙雖十宿不能得也

抱朴子曰作赤鹽法用寒鹽一斤雨泥一斤内鐵器中以爲水燒皆消而赤也

金樓子曰：白鹽小小峯洞澈，如有水精，及其映日光，似琥珀。胡人和之，以供國厨，名爲君王鹽，亦名玉華鹽。

又曰：有清池鹽，正四方，廣半寸，其形狹踈，似有人耕池旁地，取池水波種之，去勿廻顧，即生此鹽。

國語曰：桓公通齊國之魚鹽于東萊。言通者，先時禁人，東萊，齊之東萊夷也。

山海經曰：景山南望鹽皈或無皈字敗之池，北望少澤，其草多藷藇、秦茮，其陰多赭，其陽多玉。郭景純云：鹽敗澤即解縣鹽池也。

呂氏春秋曰：和之美者，大夏之鹽。高誘曰：大夏，澤名，或山名。

春秋後語曰：張儀說趙王曰：今日趙與秦爲兄弟之國，而韓魏稱爲藩臣，齊獻魚鹽之地，斷趙之右臂。齊負海有魚鹽之利，今云獻魚鹽之地謂歸以齊趙也。

淮南萬畢術曰：鹽能累卵。取戎鹽塗卵，取他卵置其上，即累也。

鹽鐵論曰：古者豪强大家，得煑海爲鹽，民皆依爲姦之業也。

平台六十五　五

劉阿戒

世說曰：秦繆公使賈人載鹽，百里奚使將軍。

風俗通曰：鹹如炭。俗說鹹亦與熱正等，炭火不可以入口，人食得大鹹亦吐之。謹案：東海狗人曉知鹽法者云：攪鹽木多日，每煠黑如炭，非謂竈中火炭也。

吴時外國傳曰：漲海州有湾，湾中常出自然白鹽，峄峄如細石子。天竺國有新陶水，水甘美，下有石鹽，白如水精。南州異物志云：鹽如石英。

晉令曰：凡民不得私煑鹽，犯者四歲刑，主吏二歲刑。

蜀王本紀曰：宣帝地節中，始穿鹽井數十所。

世本曰：宿沙作煑鹽。宋衷曰：宿沙衛，齊靈公臣。齊濱海，故衛爲漁鹽之利。

晉太康地記曰：梓潼縣出傘子鹽。

廣志曰：鹽體因於水，故或水且甡水，故或與土雜產于地，多側于海濵，但未必千里相比耳。煑鹽與海同。河東有印成鹽，西方有石子鹽，皆生於水。北海胡中有青鹽，五原有紫鹽，波斯國有白鹽如細石子。

玄晏春秋曰：故侍中劉子揚食餅，知鹽生精味之至。秦記曰：會稽王道子爲特郎設盛饌，郎云：鹽味小生。

博物志曰：臨邛火井，諸葛亮往視之，後火益盛，以盆貯水煑之，則鹽。後人以火投井中，火即滅，至今不然。

梁四公子記曰：高昌國遣使貢鹽二顆，顆大如斗，狀白似玉。帝以其自萬里絶域而來獻，數年方達，命杰音謁公迓之。謂其使曰：鹽一顆是南燒羊山月望收之者，一是北燒羊山非月望收之者。使者具陳：鹽奉王急命，故非時尒。因問紫鹽、磬碧珀，云：中路遭北涼所奪，不敢言之。帝問杰曰：公君子物之異。對曰：南燒羊山鹽文理粗，北燒羊山鹽文理密，月望收之者，明徹如氷，以氊橐煑之，可驗。交河之間，平磧中掘深數尺，有末鹽，如紅如紫，色鮮味甘，食之止痛。更深一丈，下有碧珀，黑逾純漆，或大如車輪，末而食之，攻婦人小腹癥瘕諸疾。彼國珎異，必當致貢，是以知之。

太八ヨ六十五　六

張元

凉州異物志曰：姜賴之墟，今稱龍城。恒溪無道，以感天庭，上帝赫怒，溢海盪傾。姜賴，胡國名也。恒溪，其王字也。矜貪無厭，上帝化爲沙門，遊于觀其政，遂從溪乞之，以鹽與帝，帝乃震怒，使蒲昌溢以盪覆也。剽鹵千里，蒺藜之形，其下有鹽，累棊而生。其地化爲鹵而剛堅，巖如蒺藜，懷發其底，鹽方大如棊，以次相累也。坐以鹽乞天帝，故使此地化生鹽也。

又曰：鹽山二岳，三色爲質，赤者如丹，黑者如漆，小大從意，鏤之寫物。赤與黑者皆小，惟白大，或如廬箱，從之所爲形也。作獸辟惡，佩之爲吉。或治爲鳥獸以佩之。戎鹽可以療疾。四方皆用白者作散，以除頭風。以其出胡國，故言戎鹽也。

京州記曰有青鹽池出鹽正方半寸其形似石甚甜美

益州記曰汶山越嶲煮鹽法名異汶山有鹹石先以水漬既而煎之越嶲先燒炭以鹽井水沃炭刮取鹽

荆州記曰鹽水自凝生傘子鹽方寸中央隆起形如張傘

本草經曰鹵鹽一名寒石味苦戎鹽主明目大鹽一名胡鹽（呂氏春秋曰本草云戎鹽一名胡鹽）

崔駰悼徒論曰江陽六鹽

笑林曰姚彪至武昌遇風與沈浙江渚守風粮用盡遣人從彪貸鹽百斛彪得書不荅勑左右倒鹽百斛着江水中曰明吾不惜惜所與耳

嶺表異録曰野煎鹽廣南煮海其無限商人納榷計價極微數內有恩州場石橋場俯逝滄溟去府最遠商人於所司給一百石榷課止銷雜貨三二千及往本場鹽並無官者給遣商人但將人力收聚鹹沙掘地為坑坑口稀布竹木鋪蓬簟於其上堆沙潮來投沙鹹鹵淋在坑內伺候潮退以火炬照之氣衝火滅則取鹵計用竹盤煎之頃剋而就竹盤者以篾細織竹鑊表裏以牡蠣灰泥之自收海水煎鹽謂之野煎易得如此也（江淮試鹵濃淡即置飯粒於鹵中粒浮者即是純鹵也）

醬

禮記曰膾炙處外醯醬處內

又曰獻熟食者操醬齊

又曰濡雞醢醬實蓼濡魚卵醬實蓼濡鱉醢醬實蓼魚膾芥醬麋腥醢醬

論語曰不得其醬不食

漢書曰劉歆謂楊雄云今學有祿利然尚不能明易又如玄何吾恐後人覆醬瓿也（瓿音部甖名也）

風俗通曰醬成於鹽而鹹於鹽夫物之變有時而重

又曰雷不作醬俗説令人腹內雷聲梭子路感雷精而生尚掆好勇死衛人醢之孔子覆醢每聞雷心惻怛耳

桓譚新論曰鄙人得鮏醋醬而美與人共食少唾其中因弃之俱不得食

論衡曰作豆醬惡聞雷此欲使人急作不欲積久

世説曰陸機入洛欲為三都賦聞左司作之撫掌而笑與弟雲書云此閒有傖父欲作三都賦須其成當以覆醬瓿耳

宋書曰孝武嘗為王玄謨作四時書云鞹醬調秋菜白醢解冬寒

又曰阮孝緒外兄王晏貴顯屢至其門孝緒度之必至顛覆聞其笳管穿籬逃匿不與相見曾食醬美問之云是王家所得便吐飡覆醬及晏誅親戚咸為之懼孝緒曰親而不黨唯坐之及竟獲免

梁劉孝儀謝智安王賚蝦醬啓曰龍醬傳甘退成可陋蚳醢稱貴追覺失言上聖聞雷未之能覆嘉賓流歡差以無辭

太平御覽卷第八百六十五

太平御覽卷第八百六十六

飲食部二十四

醯　醢

醯

釋名曰苦酒淳毒甚者酢且苦也

周禮曰醯人掌共五齊七菹凡醯物以共祭祀之齊菹凡醯醬之物賓客亦如之（齊菹醬屬醯人者皆須醯成味）王舉則共齊菹醯物六十甕共后及世子之醬齊菹賓客之禮共醯五十甕凡事共醯

儀禮曰醯醢百甕夾碑十以爲列

禮曰宋襄公葬其夫人醯醢百甕

又曰大功之喪不食醯醬父母之喪又朞而大祥有醯醬

論語曰子曰孰謂微生高直或乞醯焉乞諸其鄰而與之

史記曰通邑大都酤千釀醯

漢武内傳曰西王毋仙上藥有鳳林鳴酢

魏名臣奏曰劉放奏云今官販苦酒與百姓爭錐刀之末宜其息絶

吴録地理志曰吴王築城以貯醯醢今俗人呼苦酒城

晏子春秋曰蘭本三年而成湛之苦酒則君子不近庶人不佩

風俗通曰酢如蕡莢接蕡味酸工者取以調味

博物志曰酒暴熟者酢醯酸者易臭

又曰龍肉以醯漬則文章生

葛洪肘後方曰治齒䘌用三年醶酢

唐書曰初薛仁果拔秦州召富人㓨於猛火之上或以醯灌鼻求其金寶

又曰任迪簡萬年人舉進士初爲天德軍使李景略判官性重厚常有宴行酒者誤以醯進迪簡知誤以景略性嚴慮坐主酒者乃勉强飲盡之而爲容其過以酒薄易客請换之於是軍中感悦

醢

周禮曰醢人掌四豆之實朝事之豆其實韭菹醓醢昌菹麋臡菁菹鹿臡茆菹麇臡饋食之豆其實葵菹蠃醢脾析蠯醢蜃蚳醢豚拍魚醢加豆之實芹菹兎醢深蒲醓醢箈菹鴈醢筍菹魚醢

又曰醢人爲王及后世子共其内羞王舉則共醢六十甕以五齊七醢七菹三臡實之（齊當爲韲五韲昌本脾析蜃豚拍深蒲也七醢醓蠃蠯蚳魚兎鴈醢七菹韭菁茆葵芹箈筍菹三臡麋鹿麇臡也凡醯醬所和細切爲韲全物若牒爲菹也）賓客之禮共醢五十甕（致饔餼時）凡事共醢

禮曰孔子哭子路於中庭（寢中庭也與哭師同親之）有人弔者夫子拜之（爲之主也）既哭進使者而問故（使者自衛來赴者故謂死之意狀）使者曰醢之矣（時衛世子蒯聵簒輒而立子路死之醢之者亦欲啗食以怖衆）遂命覆醢（覆弃之不忍食）

禮記外傳曰祭祀賓客菹醢之用（醢肉醬之通名）醓醢汁也涪亦汁也（此等皆在豆以其濕故也）豆籩竹器（何盛乾也）豆木也皆跌足（取其去濕地高絜）醢有陸産（畜之所生在陸者）有水物天地陰陽之氣所生（水草之品非人力所種自然絜者）臡者骨肉相雜爲之有麋鹿麇之臡（麇大麋也臡字或作麑）兎醢蚳醢（皆陸産也蚳蟻子也）有魚鴈蠃蠯之醢（蠯蛤之類也蠯似蚌而長也五者水物）

崔寔四民月令曰五月一日可作醢

弘君舉食檄曰東里獨姚之醢

太平御覽卷第八百六十六

太平御覽卷第八百六十七

飲食部二十五

茗

爾雅曰檟苦荼（樹小似梔子冬至生葉可煑作羹飲今早採者爲茶晚採者爲茗一名荈蜀人名爲苦荼）

吳志曰孫皓每宴席無不能酒率以七升爲限雖不悉入口澆灌取盡韋曜飲酒不過二升初見禮異密賜茶茗以當酒

晉中興書曰陸納爲吳興太守時衛將軍謝安嘗欲詣納納兄子俶怪納無所備不敢問之乃私蓄十數人饌安既至納所設唯茶果而已俶遂陳盛饌珍羞必具及安去納杖俶四十云汝既不能光益叔父柰何穢吾素業

晉書曰夏侯愷亡後形見就家人求茶

又曰桓溫爲揚州牧性儉素每讌唯下柒奠柈茶果而已

宋錄曰新安王子鸞豫章王子尚詣曇濟道人於八公山道人設茶茗尚味之曰此甘露也何言茶茗焉

南齊書曰武帝遺詔靈坐勿以牲爲祭唯設餅果茶飯酒脯而已

唐史曰風俗貴茶之名品益衆劒南有蒙頂石花或散牙號爲第一湖州顧渚之紫筍東川有神泉昌明硤州有碧澗明月房茱萸寮福州有方山之生牙夔州有香山江陵南木湖南有衡山岳州有灉湖之含膏常州有義興之紫筍婺州有東白睦州有鳩坑洪州有西山之白露壽州有霍山之黃芽蘄門之商貨不在焉

又曰竟陵僧有於水濱得嬰兒者育爲弟子稍長自筮遇蹇之漸繇曰鴻漸于陸羽可用爲儀乃姓陸氏字鴻漸名羽羽有文學多意思恥一物不盡其妙茶術最著鞏縣爲瓷偶人號陸鴻漸買十器得一鴻漸市人沽茗不利輒灌之羽於江湖稱竟陵人於南越稱桑苧翁貞元末卒

又曰韓滉聞奉天之難以采練囊緘茶末健步其以進也

又曰貞元九年春初税茶先是諸道鹽鐵使張滂奏曰伏以去秋水災詔令減税今之國用須有供備伏請出茶州縣及茶山外商人要路委所由定三等時估每十税一價錢充所放兩税其明年已後所得税外收貯若諸州遭水旱賦税不辦以此代之詔曰可仍委張滂具處置條奏自是每歲得錢四十萬貫茶之有税自此始也然税茶無虛歲遭水旱處未嘗以茶税錢拯贍

又曰大和七年正月吳蜀貢新茶皆於冬中作法爲之上務恭儉不欲逆其物性詔所貢新茶宜於立春後造

又曰大和九年十月王涯獻茶以涯爲榷茶使茶之有税自涯始

又曰大和九年十二月諸道鹽鐵轉運榷茶使令狐楚奏榷茶不便於民請停從之

又曰元和十四年歸光州茶園於百姓從刺史房克讓之請

又曰初常魯使西蕃烹茶帳中蕃人問曰何爲者魯曰滌煩療渴所謂茶也蕃人曰我此亦有命取以出指曰此壽州者此顧渚者此蘄門者

晏子春秋曰嬰相齊景公時食脫粟之飯炙三弋五卵茗菜而已

廣雅曰荊巴間采茶作餅成以米膏出之若飲先炙令色赤擣末置瓷器中以湯澆覆之用葱薑芼之其飲醒酒令

人不眠
博物志曰飲真茶令少眠睡
神農食經曰茶茗宜久服令人有力悅志
又　曰茗苦茶味甘苦微寒無毒主瘻瘡利小便少睡去
痰渴消宿食冬生益州川谷山陵道傍凌冬不死三月二
日採乾。華佗食論曰苦茶久食益意思
壺居士食志曰苦茶久食羽化與韮同食令人身重
陶弘景新錄曰茗茶輕身換骨　丹丘子黃山君服之
王浮神異記曰餘姚人虞洪入山采茗遇一道士牽三青
牛引洪至瀑布山曰吾丹丘子也聞子善具飲常思見惠
山中有大茗可以相給祈子他日有甌犧之餘不相遺也
因立奠祀後令家人入山獲大茗焉
廣陵耆老傳曰晉元帝時有老姥每旦擎一器茗往市鬻

之市人競買自旦至暮其器不減茗所得錢散路傍孤貧
乞人人或異之執而繫之於獄夜擎所賣茗器自牖飛去
廣志曰茶叢生直煑飲爲茗茶茱萸檄子之屬膏煎之或
以茱萸煑脯胃汁爲之曰茶有赤色者亦米和膏煎曰無
酒茶
晉書藝術傳曰燉煌人單道開不畏寒暑常服小石子所
服者有　心氣兼服茶酥而已
續搜神記曰晉孝武世宣城人秦精入武昌山中採茗忽
見一人身長一丈通體毛精見之大怖自謂必死毛人牽
其臂將至山中大叢茗處放之便去精因留採須臾復來
乃探懷中橘與精精甚怖負茗而歸
又曰桓宣武有一督將因時行病後虛熱更能飲複茗必
一斛二斗乃飽裁減升合便以爲大不足非復一日家貧

後有客造之正遇其飲複茗亦先聞世有此病仍令更進
五升乃大吐有一物出如升大有口形質縮縐狀似牛肚
客乃令置之於盆中以一斛二斗複茗澆之此物噏之都
盡而止覺小腹又增五升便悉混然從口中涌出既吐此
物病遂差苦問之此何病客云此病名斛茗瘕
異苑曰剡縣陳務妻少寡與二子同居好飲茶家有古塚
每飲輒先祠之二子欲掘之母止之夜夢人云吾止此塚
三百餘年今二子恒欲見毀賴相保護又享吾佳茗雖潛
朽壤豈忘翳桑之報及曉於庭中獲錢十萬似久埋者唯
貫新毋告二子禱祠愈切
世說曰任瞻少時有令名自過江失志既不飲茗問人云
此爲茶爲茗覺人有怪色乃自申明之曰向問飲爲熱爲
冷

又曰晉司徒長史王濛好飲茶人至輒命飲之士大夫皆
患之每欲往候必云今日有水厄
江氏傳曰統遷愍懷太子洗馬嘗上疏諫云今西園賣醯
麪茶菜藍子之屬虧敗國體
晉四王起事曰惠帝蒙塵洛陽黃門以瓦盂盛茶上至尊
晉劉琨與兄子南兗州刺史演書曰前得安州乾茶二斤
薑一斤桂一斤皆所須也吾體中煩悶恒假負茶汝可信
致之
傅咸司隸教曰聞南方有蜀嫗作茶粥賣廉事毆其器具
無爲又賣餅於市而禁茶粥以困蜀姥何哉
坤元錄曰辰州溆浦縣山上多茶樹
括地圖曰臨城縣東北一百四十里有茶山茶溪
天台記曰丹丘出大茗服之生羽翼

夷陵圖經曰黄木女觀望州等山茶茗出焉

楊衒之洛陽伽藍記曰彭城王勰戲謂王肅曰卿不重齊魯大邦而愛邾莒小國肅對曰鄉曲所美不得不好勰復謂曰卿明日顧我爲卿設邾莒之飡亦有酪奴因此復號茗飲爲酪奴時給事中劉縞慕肅之風專習茗飲彭城王謂縞曰卿不慕王侯八珍好蒼頭水厄海上有逐臭之夫里内有學顰之婦以卿言之是也其彭城王家有呉嫗以此言戲之自是朝貴讌會雖設茗飲皆耻不復食雖江表殘民遠來降者侍中元乂欲爲之設茗先問卿於水厄多少蕭正德不曉人意荅下官雖生水鄉立身已來不遭陽侯之難舉坐笑焉

桐君録曰西陽武昌晉陵皆出好茗巴東别有真香茗煎飲令人不眠

又曰茶花狀如梔子其色稍白

永嘉圖經曰縣東有白茶山

呉興記曰烏程縣西有温山出御荈

淮陰圖經曰山陽縣南二十里有茶坡

茶陵縣圖經曰茶陵者謂陵谷生茶茗

本草拾遺曰皐盧茗作飲止渴除疫不睡利水道明目生南海諸山中南人極重之

廣州記曰酉平縣出皐盧茗之别者葉大而澁南人以爲飲

南越志曰茗苦澁亦謂之過羅

陸羽茶經曰茶者南方嘉木自尺二尺至數十尺其巴川峽山有兩人合抱者伐而掇之其樹如瓜蘆葉如梔子花如白薔薇實如栟櫚蒂如丁香根如胡桃其名一曰茶二曰檟三曰蔎四曰茗五曰荈（周公云檟苦荼揚執戟云蜀西南人謂荼曰蔎郭弘農云早取爲荼晚取爲茗一曰荈蔎音設荈音昌兗切）其上者生爛石中者生櫟壤下者生黄土凡藝而不茂法如種瓜三歲可採陽崖陰林紫者上緑者次笋者上牙者次葉卷者上葉舒者次凡採茶在二月三月四月之間茶之笋者生爛石沃土長四五寸若薇蕨始抽陵露采焉茶之牙發於藂薄之上有三枝四枝五枝者選中枝穎拔者采焉其日雨不採晴有雲不採蒸拍焙穿封乾矣有千類萬狀鹵莾而言之如胡人鞾者蹙縮然犎牛臆者廉襜然浮雲出山者輪囷然輕飇拂水者涵澹然有如陶家之子羅膏土以水澄泚之又如新治田者遇暴雨流潦之經此皆茶之精腴也有如竹籜者枝幹堅實難於蒸擣故其形籭簁（上音離下音師）如霜荷者莖葉凋沮易其狀白故其萎萃然此皆茶之塉老也自采至于封日

七經自胡人至于霜荷八等

唐新語曰右補闕毋景博學有著述才性不飲茶著代茶飲序其略曰釋滯消擁一日之利暫佳瘠氣侵精終身之累斯大獲益則歸功茶力貽患則不謂茶災豈非福近易知禍遠難見者乎

雲南記曰名山縣出茶有山曰蒙山聯延數十里在縣西南按拾道志尚書所謂蔡蒙旅平者蒙山也在雅州凡蜀茶盡出此

魏王花木志曰茶葉似梔子可煑爲飲其老葉謂之荈（細葉）謂之茗

杜育荈賦曰調神和内倦懈康除

張孟陽登成都樓詩云芳茶冠六清溢味播九區人生苟安樂兹土聊可娯

左思嬌女詩曰吾家有好女皎皎常白晳小字爲紈素口齒自清歷其姊字蕙芳眉目粲如畫馳騖翔園林草木皆生摘貪走風雨中倏忽數百適心爲茶荈劇吹噓對鼎鑩

孫楚出歌曰茱萸出芳樹顛鯉魚出洛水泉白鹽出河東美豉出魯川薑桂茶荈出巴蜀椒橘木蘭出高山蓼蘇出溝渠秈粺出中田

太平御覽卷第八百六十七

太平御覽卷第八百六十八

火部一

火上

釋名曰火化物也亦言燬也物入即皆毀壞也

易曰水流濕火就燥

又曰風自火出家人由內以相成熾也

又曰天與火同人君子以類族辨物君子小人各得所同

又曰火在天上大有君子以遏惡揚善順天休命大有包容之象也故遏惡揚善成物之美順夫天德休物之命

又曰燥萬物者莫熯呼旱切乎火

書曰火炎崐崗玉石俱焚

又曰惟女含德不惕予一人予若觀火惕懼也觀執也我觀火者喻刑罰可畏之也

又曰若火之燎于原弗可嚮邇火之燎于原其炎熾之明不可嚮邇也

又曰五行二曰火火曰炎上炎上作苦

詩曰叔在藪火烈具舉

禮曰孟夏之月盛德在火

又曰季春出火為焚也謂焚萊也凡出火以火出建辰之月火始出

又曰火之於民也尊而不親

左傳曰人火曰火天火曰災

又曰兵猶火也不戢將自焚也

又曰火龍黼黻火畫為龍

又曰古之火正或食於心或食於咮以出內火是故咮為鶉火心為大火謂火正之官配食於火星也建辰之月鶉火星昏在南方則令民放火建戌之月大火星伏在日下夜不得見則令民內火禁放火也陶唐氏之火正閼伯居商丘閼伯高辛氏之子也傳曰遷閼伯於商丘主辰大火也今為宋星然則商丘在宋地也祀大火而火紀時焉謂出內火時也相土因之故商主大火相土契孫始代閼伯之後居商丘祀大火也

又曰鄭子云炎帝以火紀故為火師而火名

又曰昭公十七年冬有星孛于火辰西及漢夏之八月辰星見在天漢西今孛星出辰西光芒東及天漢申須曰彗所以除舊布新也申須魯大夫天事恒象天道恒以象顯告示人今除於火火出必布焉諸侯其有火災乎今火向伏故知當須火乃布散為災

周禮曰春秋以木鐸修火禁火星以春出以秋入因天時而以戒

又曰亨人掌供鼎鑊以給水火之齊鑊所以煑肉及魚腊之器既熟乃脀于鼎齊多少之量齊音劑

又曰卜師掌開龜揚火以作龜致其墨揚火猶熾也致其墨者熟灼之明其兆

又曰司爟掌行火之政令四時變國火以救時疾行猶用也變猶易也鄭司農說以鄹子曰春取榆柳之火夏取棗杏之火季夏取桑柘之火秋取柞楢之火冬取槐檀之火

季春出火民咸從之季秋內火民亦如之鄭司農云以三月本時昏心星見于辰上使民出火九月本黃昏心星伏在戌上使民內火故春秋傳曰以出內火時則施火令焚萊之時

凡祭祀則祭爟報其為明之功禮如祭爨

凡國失火野焚萊則有刑罰焉野焚萊民擅放火

又曰穴氏掌攻蟄獸各以其物火之蟄獸熊羆之屬各藏者也將攻之必先燒其所食之物放其穴誘出之乃可得之以時獻其珍異皮革

又曰柞氏掌攻草木及林麓林人所養者山足曰麓夏日至令刊陽木而火之冬日至令剝陰木而水之刊剝互言耳皆謂斫去次地之皮生南為陽木生山北為陰木火之水之則使其肄不生若欲其化也則春秋變其水火化猶生也謂時以種穀也變其水火者乃所火則水之所水則火之則其土和美

又曰秋官司烜氏掌以夫燧取明火於日夫燧陽燧也

史記曰燕攻即墨田單乃收城中牛千頭為繒絳衣畫以五彩龍文束兵於角結火於尾穿城而出壯士銜枚後牛

所觸輒死壯士擊之城上大譟燕師大駭
又曰龐涓追孫臏臺其行暮當至馬陵乃斫大樹白而書之
曰龐涓死此下於是令齊軍万弩夾道而伏曰暮見火舉而俱發龐
涓夜至見白書乃鑽火讀之未畢万弩俱發龐涓大敗
又曰蘇代謂魏王曰夫以地事秦猶抱薪救火薪不盡火不
滅也
又曰顏叔子獨居室夜雨比舍屋角有女子投之叔子令
秉燭燭盡乃徹屋草續之至明不亂
又曰武王既渡河有火自上復於王屋流爲烏其色赤
漢書曰項羽西屠咸陽燒其宮室火三月不滅
又曰孝平后王莽女有節操及漢兵誅莽燔燒未央宮后
曰何面目見漢家因自投火而死
又曰漢兵圍王莽城中少年房朱張魚等恐見虜掠秋燒
作室門呼曰反虜王莽何不出降火及掖庭莽避火宣室
前殿火輒隨之

又曰陳勝吳廣夜構火狐鳴呼曰大楚興陳勝王
又郡國志曰連渾府遥火山而有火井深不可見底炎氣
上昇常若微雷以草爨之則煙騰大發其山似火從地而
發故名燓臺
東觀漢記曰梁鴻牧豕長安上林苑中失火延及人家問
所燒財物悉推豕償之其主言以鴻顧以身作躬執其勤
又曰長沙有義士古初遭父喪未葬鄰人火起及初舍棺
不可移冒火伏棺上火乃滅
又曰廉范字叔度爲蜀郡太守成都地迫屋狹百姓夜作
以供衣食又禁火民覆蔽之失火者日屬范放令夜作但
使儲水百姓皆忻歌曰廉叔度來何暮不禁火民安作昔
日無襦今五袴
魏略曰秦伯出獵至於咸陽有火流下化爲白雀銜綠丹
書集於公車
吴志曰張昭字子布孫權以公孫淵稱藩遣張弥許晏至
遼東拜淵爲燕王昭諫權權不從昭忿稱疾不朝權恨之
土塞其門昭又於内以土封之淵果殺弥晏權數慰謝昭
固不起權因出過其門呼昭昭辭病篤權燒其門欲以恐
之昭更閉户孫權使人滅火住門良久昭諸子扶昭起權
載以還宫
晉書曰愍懷太子遹字熙祖惠帝長子也宫中甞夜失火
武帝登樓望之太子時年五歲牽帝裾入闇中帝問其故
太子曰暮夜倉卒宜備非常不宜令照見人也由是奇之
又曰張華字茂先武庫火華懼因此變作列兵固守然後
救之累代之寶及漢高斬蛇劍王莽頭孔子屐等盡焚
焉

又曰韓康伯家貧窶伯年數歲至大寒母方爲作襦令伯
投熨斗而謂之曰且著襦尋當作複褌伯曰不復須母問
其故對曰火在斗中而柄尚熱今既著襦下亦當煖母甚
異之
又曰王獻之常與兄徽之共在一室忽然火發徽之遽走
出不遑取履獻之神色恬然徐呼左右扶出
又曰郭璞字景純門人趙載嘗竊青囊書未及讀而爲火
所焚
又曰庾亮鎮武昌夜半望見城内有數炬火從城上出如
火車狀白布幔覆與火俱出城東北行至江乃滅
又曰佛圖澄嘗與石季龍升中臺澄忽驚曰

災仍取酒噀之火而笑曰救巳得矣季龍遣驗幽州云是
日火從四門起西南有黑雲來驟雨滅之雨亦頗有酒氣
又曰嵇康從孫登遊三年康問其所終不荅康每歎息將
別謂曰先生竟無言乎登乃曰子識火乎生而有光不用其光而果
在於用光人而有才不用其才而果在於用才故用光在乎
得薪所以保其曜用才在於識眞所以全其年今子才多
識寡難乎免於今之世矣子無求乎康不能用果遭
非命
鄧粲晉紀曰胡毋輔之過河南尹門下將飲酒使門卒王
子博取火子博曰卒也唯不乏吾事安能爲人使輔之與
語歎曰吾不及也因言於河南尹以爲功曹
晉中興書曰殷浩北伐江逌爲長史逌取數百雞以長繩
連脚皆繫火一時驅放過壍集營皆燃焉

宋書曰周朗爲廬陵內史郡後荒蕪頗多野獸母薛氏欲
見獵朗乃合圍縱火令母觀之火逸燒廨朗悉以秩米起
屋償所燒之限
梁書曰阮孝緒家貧無以爨僮妾竊鄰人樵以繼火孝緒
知之乃不食更令撤屋而炊
後魏書曰祖瑩好學以晝繼夜父母恐其成疾禁之後燃
火讀書以衣被蔽塞窻戶恐爲人家所覺
蕭鸞遣曹康祚侵太倉口傅永以賊若夜來必應於渡淮
之守以火記其淺處永既設伏乃密令人以瓠盛火渡淮
南岸當深處置之教之云若有火起即亦燃之其夜康祚
等果親率領來斫永營東西二伏夾擊之康祚等奔趣淮
水火既競起不能記其本濟之處遂望永所置之火而爭
渡焉水深溺死斬首者數千級

北齊書曰神武西征登鳳陵命中外府司馬李義深相府
城局李士略共作檄文皆辭請以孫搴代神武乃引搴入
帳自爲吹火催促之搴神色安然援筆立就
又曰文宣曾近出令張曜居守帝夜還曜不時開門勒兵
嚴備駐蹕門外久之催迫甚急曜以夜深須火至面識門
乃可開於是獨出見帝　帝使曜前開
門然後入
又曰張亮守河州周文帝於上流放火船欲燒河橋亮乃
備小艇百餘皆載長鏁鏁頭施釘火船將至即馳小艇以
釘釘之引鏁向岸火船不得及橋全亮之功也
尚書大傳曰燧人爲燧皇以火紀物火陽尊故託燧皇於
天。春秋元命苞曰火之爲言委隨也故其字人散二者
爲火也

韓詩外傳曰晉平公藏寶之臺燒救火三日三夜乃勝之
公子晏東帛而賀曰臣聞王者藏於天下諸侯藏於百姓
農夫藏於囷庾商賈藏於篋匱今百姓乏於外而賦斂無
已昔桀紂殘賊爲天下戮今皇天降災於臺臺是君之福
也
戰國策曰楚王遊雲夢野火之起也若雲蜺
吳越春秋曰越王思報吳冬則抱氷夏則握火
後趙錄曰石勒禁火百鼓之後燃火者鞭之一百延火燒
一家斬五部都督
汝南先賢傳曰郭憲從南郊含酒東北三噀去齊失火以
厭之後齊果上火事
又曰蔡君仲有至孝之心母終棺在堂西舍失火火將至
君仲伏屍號哭火越向東家

陳留耆舊傳曰劉昆爲江陵令民有火災昆向火叩頭即霈然下雨詔問反風滅火虎北渡河何以致此昆曰偶然耳帝曰此長者之言也

鄭玄別傳曰玄年十七在家見大風起詣縣曰某時當有火災宜祭爟禳廣設禁備時火果起而不爲害

樊英別傳曰英隱於壺山嘗有黑風從西方起英謂學者曰成都市火甚盛因含水西向漱之乃令記其日後有客從蜀來者云是日有大火有黑雲平旦從東起須臾大雨火遂得滅

葛仙公別傳曰公與客談話時天寒公謂客曰居貧不能得爐火請作一大火公遂吐氣火赫然從口而出須臾火滿室坐客皆熱而脫衣也

列仙傳曰陶安公六合冶師也數行火火一旦散上紫色衝天須臾朱雀止冶上曰安公安公冶與天通七日迎汝以赤龍龍至安公騎之東南而上

又曰欒巴爲尚書王會得酒西向噀云成都失火噀而作雨驛至果如其言

又曰甯封子黄帝陶正掌火能作五色烟

列女傳曰梁節姑其室失火兄子與己子在內欲取兄子輒得己子火盛不復得入婦人曰梁國豈可戶告人曉耶被不義之名何面目以見兄弟家人哉遂赴火而死

搜神記曰麋竺嘗從洛歸未至家數十里見路次有好新婦從求寄載行二十餘里新婦謝竺我天使也當往燒東海麋家感君見載故以相語竺因請之曰不得不燒君便去我緩行行日中必火發竺乃急行達家使出財物日中而火大發

玄中記曰南方有炎火山焉在扶南國之東加營國之北諸薄國之西從四月而火生十二月火滅正月二月三月火不燃山上但出雲氣而草木生枝條至四月火燃草木葉落如中國寒時草木葉落也行人以正月二月三月行過此山下取此木爲薪燃之無盡時取其皮績之爲火浣布

十洲記曰炎洲在南海中地方二千里去岸九萬里上有風生獸似豹青色大如貍張取之積薪數車以燒之薪盡而此獸在火中不燃以鐵椎鍛其頭十數下乃死以其口向風須臾便活而起以石上菖蒲塞即死取腦以花服之盡十斤得壽五百歲又有火林山山中有火獸大如鼠毛長三四寸或赤或白山可二百許里晦望見山林及此獸光火照人乃取其獸毛績以爲布名曰火浣布國人服之

此中布垢汚唯以火燒布兩食許出振之其垢即去潔白如雪

述征記曰北征有張毋墓耆舊說張毋是王氏妻王家葬經數百載後開墓而香火猶燃其家奉之稱清火道

英雄記曰周瑜鎮江夏曹操欲從赤壁渡江南無船乘簰步皆反從漢水下至浦口未即渡瑜夜密使輕船走舸百余艘艘有五十人拖棹人持炬火持火者數千人立於船上以萃於簰至乃放火火燃即回船走去須臾燒數千簰火起光上照天操乃夜去

齊地記曰東武有火生木燒之不死亦不損也

太平御覽卷第八百六十八

火部二

火下

西京雜記曰惠帝七年夏震南山火木林數千株皆火燃至末其下數十畝地草皆燋黄其後百許日家人就其間得龍骨一具鮫骨二具

又曰樊將軍噲問陸賈曰自古人君皆云受命於天云有瑞應豈有是乎賈曰有之夫目瞤（而辰切）則得酒食火華則得錢財故目瞤則祝之火華則拜之况天下大寶人君重位非天命何以得之哉

王子年拾遺記曰岱山東有貞淵千里孟夏之月水騰沸以金石投之則爛如土矣孟冬之月稍燋涸中有黄色烟從地中出起數丈烟色萬变山人掘之入地數尺得燋石如炭或有碎火如俗間之火有草名莽煌葉圓如荷去之十步炙人衣服則燋鳥獸不敢近也刈以爲席冬弥温以枝相歷磨則火出

又曰昔伯禹隨山濬川起自積石鑿龍門至室穴初入室穴之時孔八尺稍入幽闇不可復行禹乃圓火而入有黑蛇長十丈頭有角銜夜明之珠以導於禹

又曰貞嶠之山名環丘有雲石廣五百里或四五十里扣之片片則翡然雲出俄而徧潤天下有木名曰倚桑亦有冰蚕長七寸黑色角有鱗以霜雪覆之然後作繭長一尺其色五綵織爲文錦入水而不濡其質輕軟柔滑以之投火則經宿不燎唐堯之世海人獻之

又曰始皇好神仙之事求天下異術有宛渠之民乘螺舟泛黑水而至於雍部始皇與之語及天初開之時了如親見始見問曰闇子明於見遠願聞其術對曰日之國去扃池日没之所九萬里焉日月之所不照以萬歲爲夜其晝則天豁然中開闊數百丈萬歲還合則爲一日也及其爲夜琢燃石以代日光此石出於然山其土石皆自光明鑽斬皆火出大如粟則輝曜一室昔炎帝時火食國人獻此石也

平八百六九　一　文郭師

又曰申弥國去都萬里有燧明國不識四時晝夜其人不死厭世則外天國有火樹名燧木屈盤萬識雲霧出於中間折枝相鑽則火出矣後世聖人变腥臊之味遊日月之外以食救萬物乃至南垂目此樹表有鳥若鴞以口啄樹粲然火出聖人成焉因取小枝以鑽火號燧人氏在庖羲之前則火食起乎兹矣

又曰郅奇字君珎喪親盡禮去墓一百里每夜行常有鳥銜火以夾之

六韜曰軍不舉火將亦不食

莊子曰木與木相摩則燃金與火相守則流陰陽錯行則天地大駭於是乎有雷有霆水中有火乃焚大槐

又曰利害相摩生火甚多（曲熟也）衆人焚和（衆人遺利則和若利害存懷則其和焚矣）

又曰曾子居衛緼袍無表三日不舉火十年不製衣

又曰孔子窮於陳蔡之間七日不火食

又曰指窮爲薪火傳（窮盡也爲薪猶前薪也前薪以指指盡前之理故火傳而不滅）不知其盡也（前火非後火故爲薪而火傳而命續由夫養得其極也世豈知其盡而更生哉）

又曰以火救火以水救水名之曰益多（適不能救乃更足以成彼之威）

又曰山木自寇也膏火自煎也

又曰馬血爲燐人血爲野火

平八百六九　二　文郭師

又曰堯讓天下於許由曰日月出矣而爝火不息其於光也不亦難乎

列子曰趙襄子率徒十萬狩於中山藉芿(音仍)燔林扇赫百里有一人從石壁中出隨燼上下衆謂鬼物火過徐行而出若無所經涉襄子怪而留之徐而察之形色七竅人也氣息音聲人也問奚道而入火其人曰奚物而謂石奚物而謂火襄子曰嚮之來所出者石也而嚮之所涉者火也其人曰不知也

管子曰黃帝作鑽燧出火以熟葷臊

韓子曰魯人燒積澤天北風火南倚恐燒國哀公懼自將衆趣救火左右無人盡逐獸而不救火乃召問仲尼仲尼曰夫逐獸者樂而無罰救火者苦而無賞此火所以不救也事急不及以罰救火者盡賞之則舉國不足以賞於民請徒行罰乃下令曰不救火者比降北之罪令下未遍火已滅矣

平八百六十九 三 趙福

淮南子曰火上尋水下流

又曰南方火也其帝祝融其佐朱明執衡而治夏(音衡平)其神爲熒惑其獸爲朱鳥其音徵其日丙丁

又曰十一月水正而陰勝陽陽氣爲火陰氣爲水水勝故夏至濕(通合反)火勝故冬至燥燥故炭輕濕故炭重

又曰練土生木(練治也)練木生火練火生雲(雲金氣也)練雲生水練水生土

又曰　火熯則水滅之金堅則火消之

又曰失火而遇雨失火則不幸遇雨則幸也故禍中有福也

又曰槁竹有火弗鑽不爇土中有水弗掘無泉(掘猶窮也爇音然)

又曰被蓑而救火毀瀆而止水乃愈益多

又曰畜火井中操鉤上山揭斧入淵欲得所求難也

又曰甑得火而液水中有火火中有水疾雷破石陰陽相薄自然之勢

又曰夫救火者汲水而趍之或以甕瓴或以盆盂其方圓銳撱(勅果反)不同盛水各異其於滅火均也

又曰順風從火紫芝與蕭艾俱死蕭蒿也

又曰今人放燒或操火往益之或兩者皆未有功而相去亦遠矣

又曰聖王之養民非求用之也性不能已若火之自熱水之自寒夫有何脩焉及恃其力賴其功者若失火舟中(言中流失火舟中之人同心救火其用爲易)

又曰夫狂者之不能避水火之難而越溝瀆之嶮者豈無形神氣志哉然而用之異也(與人異也)

平八百六十九 四 宋庚

又曰夫寒之與煖相反大寒地坼水凝火弗爲衰其暑大熱爍石流金火弗爲益其烈寒暑之變無損益於己質有之也

又曰木嘗灼也而不敢握火者見其有所燒也木嘗傷而不敢握刃者見其有所害也

又曰老槐生火久血爲燐人弗怪也(血精在地暴露百日則爲燐遥望若野火)

又曰炎帝於火死而爲竈(炎帝神農以火王天下死託祀於竈神)

抱朴子曰案河洛之文皆云水火者陰陽之餘氣也夫言氣則其不能生日月可知也若水火是日月所生亦何必盡如日月之方圓乎今火出於陽燧而火不圓也水出於方諸而水不方也又陽燧可以取火於日而無取日於火

之理則日精之生火明矣方諸可以取水於月而無取月
於水之道則月精之生水可知矣
又曰南海之中蕭丘之上有自生之火火常以春起而秋
滅丘方千里當火起之時蒲此丘上純生一種木火起正
著此木木雖為火所著但小燋黑人或得以為薪者火著
如常新但不成炭炊熟則灌滅之後復更用如此無窮又
夷人取木華績以為火浣布木皮亦剝以灰煮為布但不
及華細好耳白鼠大者重數斤毛長三寸居空木中其毛
亦可績為布故火浣布有三種焉
又曰暗非火積水非魚屬然暗竭則火滅水涸則魚死伐
木而寄生蔓草菟絲萎
又曰立夏日服六壬六癸之符或服飛霜之散則不熱幼
伯子王仲都此二人衣之以重裘暴之於夏日之中周以

十鑪之火口不稱熱身不流汗蓋用此方也
傅子曰管寧之遼東而歸海中遇暴風餘舡皆波唯寧舡
自若夜晦舡人盡惑莫知泊所忽望見火光趣之得島一
無居人又無火爐行人感異焉以為神光之祐皇甫曰積
善之應也
尸子曰燧人上觀辰星下察五木以為火也
陰符經曰火生於木禍發必尅
孫子兵法曰凡火攻有五一曰火人二曰火積三曰火輜
四曰火庫五曰火燧
呂氏春秋曰齊桓公使人告魯曰管夷吾寡人之讎也願
生得之魯君許諾乃使轉其拳膝其耳置之匣中至齊境
桓公使以朝車迎之祓以爟火（爟火所以祓除不祥也爟讀自灌）
又曰鷰雀處一屋之下自以為安竈突決火棟將焚鷰雀
不知禍將至也
又曰伊尹說湯五味九沸九變火為之紀
博物志曰燧人鑽木而造火
又曰臨卭有火井一所縱廣五尺深二三丈在縣南百里
昔人以竹木投之以取火諸葛丞相往觀視後火轉盛以
盆著井上煮鹽得鹽熟後人以家燭火投井中火即滅迄
今不復然也
又曰臨卭有火井深六十餘丈火光上出人以筒盛火行
百餘里猶可燃也（蜀王本紀亦同）
又曰魏明帝世河東有焦光者裸而不衣處火不燋處寒
不凍
又曰積油萬石則自然生火晉泰始中武庫火積油所致
南越志曰廣州有大樹可以禦火山北謂之慎火南無霜

雪故成樹也
風俗通曰城門失火禍及池魚案百家書宋城門失火汲
取池中水以沃之魚悉露見但就取之（一說云司門尉姓池名魚城門火救之燒死故云然耳）
又曰臧仲英家欲炊而失釜火從甑中起衣服盡燒而甑
不損
山海經曰符愚之山其鳥名鴖（音旻）其狀如翠而赤喙（翠以燕而紺色）
可以衛火（畜之辟火災）
又曰翠山之上其鳥多鸓（音壘）其狀如鵲赤黑而兩首可以
衛火
又曰崦嵫之山上多丹木其葉如穀其實如瓜赤符而黑
理食之可以衛火
又曰帶山之上有獸焉其狀如馬而一角其名曰矔（音歡）疏

可以衛火
又曰令丘之山無草木其上多火
又曰崌（音居）山之上有鳥焉其狀如鶚而赤身白首名曰竊
脂可以衛火
又曰西海之南流沙之濵赤水後黑水前有山名曰崑崙
之丘其外有炎火之山投物即然（今扶南東万里有耆薄國其東復五千里有火山國其山雖霖雨火常燃火中有白鼠常出山邊求食人捕之以毛作布而今之火浣布此類也）
又曰厭火國人獸身黑色火出其口中（言能吐火）
神異經曰南荒外有火山焉長四十里廣四五里其中生
木晝夜火燃得暴風雨火不滅火中有鼠重百斤毛長乇
尺餘細如絲可以作布
新論曰漢元帝廣求方術之士漢中道人王仲都去但能
忍寒暑耳以隆冬單衣於上林昆明池上無變色至夏大
暑使暴坐環以十爐火不汗出

覽八百六十九　七　張福孫

三輔黄圖曰秦始皇葬驪山六年之間爲項籍所發牧羊
兒墮羊冢中然火求羊燒其槨藏
魏武帝明罰令曰聞太原上黨西河鴈門冬至之後百五
日皆火寒食云爲介子推子胥沉江吳人未有絶水之事
爲介子推獨爲寒食豈不偏乎
河圖挺佐輔曰伏羲禪於伯牛鑽木作火
春秋潛潭巴曰火從井出有賢士從民間起（宋均注曰火明賢者象賢者在淵從井出）
禮含文嘉曰燧人始鑽木取火炮生爲熟令人無腹疾遂
天之意故爲燧人也
陸景典語曰衝風之摧枯枝烈火之炎寒草武王伐紂
勢然也

古今注曰宣帝地節元年上郡沙中夜中有火如粟出不
熱
又曰陽燧以銅爲之形如鏡向日則火生以艾炷承之得
火也
璅語曰智伯既敗將出走夢火見於西方及夫出奔秦又
夢見於南方遂奔楚也
張衡靈憲曰日疋火月疋水火則外光水則含影
河圖沐光篇曰陽精散而分布爲火
括地圖曰神丘有火穴光照千里
笑林曰某甲夜暴疾門人鑚火其夜陰暗未得火催之急
門人忿然曰君責人亦大無道理今闇如漆何以不把火
照我當得覓鑚火具
潘尼箴曰夫水火者所以佐理天地濟成大化也在天則
日月麗焉在地則水火存焉

覽八百六十九　八　張福孫

太平御覽卷第八百六十九

太平御覽卷第八百七十

火部三

燈　燭　炬

燈

漢書曰王莽好變改制度政令煩多莽常御燈火至明

東觀漢記曰上從長安東歸過汧幸祭遵營士衆作黄門武樂至夜御燈火

晉書曰温嶠往武昌至牛渚磯水深不可測世云其下多怪物嶠遂燬犀角而照之須臾見水中奇形異狀或乘車馬著赤衣者嶠其夜夢人謂曰與君幽明道隔何故相照意甚惡至鎮踰旬而卒

唐書曰皇甫無逸爲益州長史嘗夜宿人家遇燈炷盡主人將續之無逸抽佩刀斷衣帶以爲炷其廉介如此

又曰睿宗好樂聽之忘倦玄宗又善音律先天二年正月望日胡僧婆陁婆請夜開門燃百千燈睿宗御延喜門觀樂凡經四日從大酺睿宗御安福門樓觀百司酺宴以夜繼晝經月餘日

河武内傳曰西王母遣使謂帝曰七月七日當暫來帝曰掃除宫内然九光之燈

荀采傳曰采荀爽女爲陰瑜妻而夫早亡爽逼嫁與太原郭弈采入郭氏室乃去帷帳建四燈斂衽正坐郭氏不敢逼

三秦記曰始皇墓中燃鯨魚膏爲燈

鄴中記曰石虎正平聲會於殿前設百二十枝燈以鐵爲之

西京雜記曰長安巧人丁緩者爲常滿燈七龍五鳳雜以芙蓉蓮藕之奇

又曰高祖初入咸陽宫周行府庫金玉珍寶不可稱言其尤異者有青玉五枝燈高七尺五寸下作蟠螭以口銜燈燈燃則鱗甲皆動炳煥若列星而盈室焉

洞冥記曰漢武帝燃芳苡燈於閣上有白鳳黒龍滿足來戲於閣上芳苡草出奔盧國

又曰丹豹髓白鳳膏磨青錫爲屑以淳蘇油和之照於神壇夜暴雨燈光不滅

羊頭山記曰漢有常滿燈不添常滿光明不絶也

法顯山記曰舍衛國精舍道東有外道天寺名曰影覆與佛論議處精舍夾道相對亦高六丈許所以名影覆者日在西時佛精舍影則映外道天寺日在東時外道天寺影北映不得照佛精舍也外道常遣人守天寺洒掃燒香燃燈供養至明旦其燈輙移在佛精舍中婆羅門恚言諸沙

門取我燈自供養佛婆羅門於夜自伺候見其所天神持燈繞佛精舍三匝供養佛已忽然不見婆羅門乃知佛神即捨家入道

王子年拾遺記曰董偃常卧於室中以畫石爲榻高三尺廣六尺石體甚輕郅支國所獻也上設紫琉璃屏風列金麻油燭如屈龍形雜采爲之侍人唯見燈明以言無礙乃於屏風外扇之偃曰玉石豈扇而後消凉侍者乃以手摸之知有屏風之礙

又曰穆王東至大巇晉之谷起春霄之宫集諸方士問佛道法時已將夜聞殷然雷聲伏蟄皆動俄而有流光照於宫内王更設常生之燈一名恒明亦有鳳腦之燈綴水蓮氷谷之花上去燈七八尺不欲使烟光遠照也西王母來乘翠鳳之輦共王飲會

又曰燕昭王時海人乘霞舟以雕壺盛升龍膏以獻昭王王坐通雲之堂亦曰通霞臺以龍膏爲燈耀百里烟色丹紫國人望之咸言瑞光遥加拜之以火浣布爲纏炷光滿於宫内

孫子曰火光明于天者燈燭何施焉

符子曰不安其昧而樂其明也是猶夕蛾去暗赴燈而死

秦子曰智惠多則引血氣如燈火消暗膏炷大而朗朗則膏消炷小而闇闇則息膏至久也

説苑曰楚莊王賜羣臣酒日暮燈燭既滅乃有人引美人者美人攬絶其冠纓

桓譚新論曰余與劉伯師夜坐燈中脂炷燋秃將滅余謂伯師曰人衰老亦如彼秃炷矣伯師曰人衰老應自續余曰益性可使白髮更生黑至壽極亦死耳

王朗秦故事曰五華燈樹正月朔朝賀設於下三階之前月照星明雖夜猶晝

淮南萬畢術曰取蚢脂爲燈置火中即見諸物

語林曰嵇中散燈下彈琴忽有一人面甚小斯須轉大遂長丈餘單衣革帶嵇視之既熟吹其燈滅曰吾耻與鬼爭光

燭

記曰侍坐於所尊敬燭至起（異晝夜）

又曰燭不見跋（跋本燭盡則去之嫌若多有厭倦也）

又曰曾子寢疾童子隅坐而執燭（隅坐不與成人並也）

又曰孔子曰嫁女之家三夜不息燭思相離也（親骨肉也）

又曰祭之日汎掃反道鄉爲田燭（反道剗令新土在上田燭田首爲燭）

又曰凡飲酒爲獻主者執燭抱燋（主人親執燭敬賓示不倦也）執燭不讓不辭不歌（以燭紅盡禮殺）

又曰禮者何也即事之治也君子有其事必有其禮治國而無禮譬如終夜有求於幽室之中非燭何見

又曰女子夜行以燭無燭則止

周禮曰司几筵掌吉凶之事祖廟之中沃與執燭（吉事四時祭也）（凶事后王喪朝于祖廟之奠）

又曰凡邦之大事共墳燭庭燎（故書墳爲蕡鄭司農云蕡燭麻燭也玄謂墳大也樹於門外曰大燭於門内曰庭燎皆所以照衆爲明也）

儀禮曰主人爵弁纁裳從車二乘執燭前焉（大夫巳上親迎執燭前焉）

又曰宵則庶子執燭於阼階上司宫執燭於西階上甸人執燭於庭中閽人執燭於門外

尚書大傳曰后夫人將侍君前息燭後舉燭

戰國策曰甘茂去秦之齊出門遇蘇子曰君聞夫江上夜女乎夫江上夜女有家貧無燭者夜女相與欲去之無燭者曰女以無燭之故常先至掃室布席何愛東壁上餘光照西壁者幸以賜女何爲去我諸女以爲然而留之今臣弃逐於秦而出關爲足下掃室布席幸無我逐也蘇子曰善

史記曰始皇塚中以人膏爲燭

謝承後漢書曰巴袛爲楊州刺史與客坐闇暝之中不燃官燭

晉書曰周顗弟嵩嘗因酒瞋目謂顗曰君才不及弟何乃横得重名以所執蠟燭投之顗神色無忤徐曰阿奴火攻固出下策耳

齊書曰竟陵王子良常集學士刻燭爲詩四韻者具刻一

寸以此爲奇蕭文琰曰燒一寸燭爲四韻詩何難之有乃
與丘惜江洪共打銅鉢爲五韻詩響滅皆可觀覽
後魏書曰高祖嘗幸清徽堂命黄門郎崔光鄭郭雅邢巒
崔休等賦詩言志燭至公卿辭退高祖曰燭至辭退庶姓
之禮在夜載考宗族之義卿等且還朕與諸王宗室欲成
此夜飲
北齊書曰郎茂年十五師事國子博士河間權會受詩易
三禮玄象刑名之學至忘寢食家人恐成病怕節其燭
唐書曰劉沔爲忠武小校從李光顔討淮西爲捉生將前
後與賊血戰鋒刃所傷幾死者數四嘗傷重卧草中月黑
不知歸路昏然而睡夢人授之雙燭曰子方大貴此行無
患可持而還既行然有雙光在前自後破虜危難每行嘗
有此光及罷鎮後雙光遂息

又曰柳公權充翰林侍書學士每居堂召對繼之燭見跋
語猶未盡不欲取外宫人以蠟淚揉紙繼之
會稽典録曰盛吉拜廷尉吉性多仁恕務在寛矜每至冬
月罪囚當斷其妻執燭吉手持丹筆夫妻相對垂泣
又曰陳脩字奉遷烏傷人也爲豫章太守脩性清潔履約
恭儉十日一炊不然官燭
神仙傳曰漢章帝問劉憑曰殿下有怪常著朱衣被髮持
燭相隨而走爲可劾否憑曰可帝因使人僞爲之憑以符
擲之數人頓地帝驚曰以相試耳乃解之
列女傳曰齊女徐吾者東海上貧婦人與其隣婦李吾之
屬合燭夜績徐吾最貧而無燭李吾曰徐吾燭數不屬請無
與夜作吾曰妾以貧故起常先洒掃陳席以待來者今一
室之中益一人燭不爲益明去一人燭不爲益闇何愛餘
光莫之能照遂復與夜績
西京雜記曰閩越王獻高帝石蜜五斛蜜燭二百枚
又曰匡衡勤而無燭隣舍有燭乃穿壁引其光以書映光
而讀矣
王子年拾遺記曰黜皐西有銷明之草蓋生于葉陰覆地
夜視之如列燭晝則滅矣
又曰崑崙者是西方曰彌山對七星之下出碧海之中夜
望水上光焰如燭
抱朴子曰慕惡者猶宵蟲之赴明燭焉
又曰夫明燭宵舉則飛虫羣起
又曰有自無而生焉形須神而立焉有者無之宫形者神
之宅故譬之於堤堤壞則水不留方之於燭燭盡則火不
居住也

文子曰鳴鐸以聲自毀膏燭以明自銷
韓子曰鄭人有遺燕相國書者夜書火不明因謂持燭者
曰舉燭而設書舉燭非書意也燕相國受書而悦之曰舉
燭者高明高明者舉賢而任之國以治也
淮南子曰天下時有盲妄自失之患此高燭之類也火愈
燃而消愈亟（愈益也亟疾也）
説苑曰晉平公問於師曠曰吾年七十欲學恐已暮矣師
曠曰臣聞少而學者如日出之陽壯而學者如日中之光
老而學者如秉燭之明老而不學昧昧如夜行焉秉燭之
明孰與昧行公曰善
世説曰君夫　王愷字以粘糖澳釜石季倫以蠟燭灼
炊
玄晏春秋曰子讀漢書匈奴傳不識撐犁孤塗之字有故

奴執燭顧之而問之奴曰撐犂天子也言匈奴之號單于猶漢人有天子也子於是乎曠然發悟

潛夫論曰隅燭之施明於幽室也前燭則盡照之後燭而益明二者相因而成大火

論衡曰太公陰謀書稱武王伐紂兵至牧野晨舉脂燭權權不備

地鏡圖曰相王見美女子載燭行壇陰從其所出入處尋之石中有玉矣

蔡氏化清論曰伏龍非我馬白日非我燭藏之默之保此小朴

楚辭曰室中之觀多瑞怪蘭膏明燭華容備

古詩曰人生不滿百常懷千載憂晝短苦夜長何不秉燭遊

魏明帝樂府詩曰晝作不輟手猛燭繼望舒

劉楨詩曰天地無期竟民生甚局促爲稱百年壽誰能應此錄低昂倏忽去炯若風中燭

傅玄燭銘曰煌煌丹燭焰焰飛光取則龍景擬象扶桑照彼玄夜炳若朝陽熒形監世無隱不彰

炬

東觀漢記曰光武平河北任光伯御暮入堂陽縣騎皆炬火天地赫然盡赤堂陽驚怖即夜降

魏志曰滿寵字伯寧以前將軍都督揚州諸軍事孫權自將號十萬至合淝新城寵馳往赴募壯士十數人折松爲炬灌以麻油從上風放火燒賊攻具射殺權弟泰賊於是引退

宋書曰王懿字仲德太原人也苻氏之敗仲德年十七與兄叡同起義兵與慕容垂戰敗仲德被瘡退走至滑臺復爲翟遼所留使爲將師仲德志欲南歸乃弃遼奔太山遼追騎甚急夜行忽見前有猛炬導之乘火夜行百里許得以免難

六韜曰三軍有行臨領士衆曰則有雲梯遠望夜則設雲火萬炬

淮南子曰亡者不敢夜揭炬為人見也

又曰甯戚欲干齊桓公困窮無以自達於是爲商任車任載也商於齊暮至於郭門外桓公郊迎客夜開門爝火甚盛爝炬火也甯戚飯牛車下望見桓公擊牛角而疾商歌

汝南先賢傳曰許嘉字德珍事郡功曹爲小吏常持劍侍功曹月日朝并持炬嘉於是忿然曰男兒爲吏不免賤役投火於地以劍帶槐樹趍詣府門王者問其故對曰太守

勞救來入大朝觀革序之化今右手持劍左手把炬此等之事乞得受罰而歸

神仙傳曰王遥字伯遼夜大雨晦冥遥出行不霑雨有炬火常在於前

英雄記曰公孫瓚與破虜校尉鄒靖俱追胡靖爲所圍瓚迴師奔救胡即破散解靖之圍乘勝窮追日入之後把炬逐北

又曰周瑜敗曹操於赤壁密使輕舡走舸百餘艘艘有五十人拖棹人持炬火

太平御覽卷第八百七十

太平御覽卷第八百七十一

火部四

庭燎　烟　炭　灰

庭燎

說文曰庭燎火燭也

禮曰庭燎之百由齊桓公始也僭天子也庭燎之差公蓋五十侯伯子男皆三十

詩曰庭燎美宣王因以箴也夜如何其夜未央庭燎之光君子至止鸞聲鏘鏘

周禮曰閽人掌守王宮之中門之禁中門於外内爲中若今宮闕門大祭祀喪紀之事設門燎宮門廟門燎以燭也蹕止行者廟在中門之外凡賓客亦如之

又曰凡邦之大事共墳燎故書墳爲蕡鄭司農云蕡燭麻燭也玄謂墳大也樹於門外曰大燭於門内曰庭燎皆所以照衆爲明中春以木鐸脩火禁于國中爲季春將出火也火禁謂水火之處及備風燥

晉中興書曰哀帝興寧元年詔庭燎樹端門内

晉起居注曰成帝咸和八年十二月有司奏庭燎在公車門外今更集議舊在端門内依舊門内施詔曰尚書奏九年庭燎當在端門内明帝時在公車門外可依舊安

趙書曰石勒造燎高十丈上盤置燎下盤安人以燎絙繳上下

石虎鄴中記曰石虎正會殿庭中端門外及閶闔門前設庭燎各二合六處皆六丈

說苑曰齊桓公設庭燎爲士之欲造見者期年而士不至東野鄙人有以九九之術見者桓公曰九九足以見乎對曰臣非以九九爲足以見也臣聞主君設庭燎以待士期年而不至夫士所以不至者以君天下賢君也四方之士皆自論不及君故不至也夫九九薄能耳而君猶禮之况賢於九九者乎桓公曰善禮之期月而士至

煙

說文曰煙火氣也焆焆然也

漢書曰元帝時有童謡曰井水溢滅竈煙灌玉堂流金門

謝承後漢書曰吳郡徐相爲長沙太守常食乾飯不發煙爨

沈約宋書曰桓玄使桓謙屯東陵口卞範之屯覆舟山西高祖躬先士卒以犇之東北風急因命縱火煙乃張天

許邁別傳曰邁少名映高平閻慶等皆就映受學映曰闔君可服氣以斷穀彭君宜餌藥以益氣慶等將去映爲燒香以五色煙出映亦自去莫知所在

列仙傳曰甯封子黄帝時人也爲帝陶正有神人過之爲

其掌火能出五色煙

三秦記曰秦始皇葬驪山牧羊童失火燒之三月煙不絶

廣古今五行記曰前凉御史宋謌房壁中煙出掘而視之別柱曰燋然謌謂弟澄曰柱之爲字左木右主宋字含木木燋宋破而主存此灾之大者也宜思防之其後張邕誅宋混諸黨

王子年拾遺記曰員嶠之山四百里有池周一千里色隨四時變中有神龜八足六眼背負七星日月八方之圖腹有四燭時出瀾石上石上望之煌煌如列星矣於冥昧當雨之時而光色彌明此石常浮於水邊方數百里其色多紅燒之有煙數百里外天則成香雲香雲遍潤則成香雨

又曰晉文公焚林以求介推有白鴉繞煙而噪或集介子之側火不能焚晉人嘉之爲立臺號曰思煙

列子曰秦之西有義渠之國者其親戚死聚柴積而焚之
煙上謂之登遐然後成爲孝子
抱朴子曰伯喈識絃音氣於煙燼之餘也
淮南子曰冬至甲子受制木用事火煙青七十二日丙子
受制火用事火煙赤七十二日戊子受制土用事火煙黄
七十二日庚子受制金用事火煙白七十二日壬子受制
水用事火煙黑
西域諸國志曰屈茨國有山夜則有光火晝則恒烟焉
風俗通曰亂如俗如緼者糞除不潔草芥集聚火就燒之
謂之緼言其煙氣緼緼取其希有淆亂
鍾會芻蕘論曰焚林成煙其似於雲○顏延之廷誥曰火
含煙而妨火桂懷蠹而蠹殘桂然大勝滅蠹壯則桂折
焦贛易林夬之小過曰十里望烟散煙日分形體滅亡終
不見君

平八百七十一　三　宋阿石

炭

說文曰炭燒木也
記曰季秋草木黄落乃伐薪爲炭
左傳曰邾子在門臺（門上有臺）臨庭閽以瓶水沃庭邾子望見
之怒閽曰夷射姑旋焉（旋小便也）命執之（是其不絜執射姑也）弗得滋怒
自投于床廢于鑪炭爛遂卒（廢墮也）
又曰宋文公卒始厚葬用蜃炭（燒蛤爲炭以瘞壙）
又曰宋元公惡寺人柳欲殺之及喪柳熾炭于位（以溫地）將
至則去之（使公坐其處）比葬又有寵（言元公好惡無常）
周禮曰宮人共王之沐浴（沐浴所以自絜清）凡寢中之事掃除執
燭共鑪炭
又曰掌炭掌灰物炭物之徵令以時入之（灰炭皆山澤之農所出也灰給澣練炭之所共多）以權量受之以共邦之用凡炭灰之事
又曰赤犮氏掌除牆屋以蜃炭攻之以灰洒毒之（洒灑也除牆屋者除蟲豸藏逃其中者蜃大蛤也擣其炭以坋之則走淳之以灑之則死）
史記曰竇皇后弟少君爲人所畧賣爲主人入山作炭暮
臥岸崩百餘人皆壓死少君獨不死
漢書曰先冬夏至懸鐵炭於衡各一端令適停冬陽氣至
炭仰而鐵低夏陰氣至炭低而鐵仰以候二至焉
晉書曰王沉爲豫州刺史下教求直言之士主簿褚䂮
曰堯舜周公所以能致忠諫者以其㤠誠之心著也氷
炭不言而冷熱之質自明者以其有實也若好忠直如氷
炭之自然則諤諤之臣將濟濟而盈庭逆耳之言不求而
自至矣
又曰孫登住宜陽山自作炭人見之知非常人與語登不
應

平八百七十一　四　宋石

後魏書曰高聰卒有妓十餘人有子無子皆令燒指吞炭
出家爲尼
邵氏家傳曰邵貞字德方山陰人性詳審趙張氏葬或落
生炭於貞履中坐人謂貞不見疾呼貞因不爲迴顧
神仙傳曰嚴青會稽人也於山中作炭忽有人與青一卷
素書曰汝骨應得道長生故授神書也
齊地記曰東南盧水側有勝火木方人俗音曰挺木經
野火燒之不死炭亦不滅東方有不灰之木
豫章記曰豊城縣葛鄉有石炭二百頃可燃以炊爨
交州記曰齏頭山越人炊爨之處掘而得炭
淮南子曰譬猶氷炭鈎繩也何時而可合（氷寒炭熱鈎曲繩直無時得合）
人曰懸羽與炭而知燥濕之氣（燥故炭輕溼故炭重）

又曰夫濕之至也莫見其形而炭已重矣風之至也莫見其象而木已動矣

又曰天下莫相憎於膠漆（膠漆相持不解故曰憎一曰膠入漆中則敗漆入膠中亦敗以多少推之故曰相憎也）而莫相愛於冰炭（冰得炭則解解歸水復其性炭得冰則保其炭故曰相愛也）膠漆相賊冰炭相息也

抱朴子曰柳乃速朽者也而燔之爲炭則億載而不敗

呂氏春秋曰豫讓欲報襄子滅鬚去眉變其形容作乞人往乞於其妻曰然貌無似吾夫者其因何類吾夫之甚讓乃吞炭而變其聲

異苑曰信安鄭微年少時登前橋彷徉見一老翁以小囊與微云此是君命愼勿零落若有破碎便爲凶兆言訖失所在微密開看是一挺炭意乃祕之雖家人不之知也永初三年年六十病篤語弟子云吾齒盡矣可試啓此囊見炭碎折於是遂亡

平八百七十一　五　劉阿介

桓譚新論曰舉火夜作燃炭乾墻

王況釋時論曰融融者皆趍熱之士得鑪冶之門者唯挾炭之子

鹽鐵論曰冰炭不可以同器

語林曰洛下少林木炭止如粟狀羊琇驕豪乃擣小炭爲屑以物和之作獸形後何召之徒共集乃以温酒火熱猛獸皆開口向人赫赫然諸豪相矜皆服而効之

賈誼鵩鳥賦曰天地爲鑪兮造化爲工陰陽爲炭兮萬物爲銅

灰

周禮曰蟈氏掌去鼃黽焚牡蘜以灰洒之則死（牡蘜蘜不華者齊魯之間謂鼃爲黽耿黽也蟈與耿黽尤怒鳴爲聒人耳去之）其煙被之則凡水蟲無聲（杜子春云殹令風從東方來則於水東面爲煙令煙西行被之水上）

又曰㡛（力見切）帛以欄爲灰渥淳諸帛實其澤器淫之以蜃（渥讀如繒人渥菅之渥以欄木之灰漸釋其帛也杜子春云淫當爲湛書亦或爲湛鄭司農云澤器謂澤之器蜃）清其灰而盝（力瀆切）之而揮之（清澄也於灰登而盝瀝之瀝而揮去其蜃）

史記曰秦商鞅作苛法有弃灰於道者刑之

漢書曰韓安國坐抵罪獄吏田甲辱之安國曰死灰獨不復燃乎甲曰燃即溺之

又曰武帝穿昆明池得黑灰有外國胡云此是天地劫灰之餘也（問東方朔信然）

後漢書曰楊琁爲零陵太守時蒼梧羣賊攻劫琁制車數十乘置灰車中從風散灰賊不得視因以敗之

魏略曰文欽爲廬江太守爲都督王陵所奏欽詐曹爽爽謂曰陵責卿載灰兩舡何爲乎聞足下起染舍故燒作灰耳

平八百七十一　六　劉阿介

吳録曰張舉字子清爲句章令有婦殺夫者因焚屋言燒死其弟疑而訟之舉按屍開口視之無灰令人取猪兩頭殺一生而俱焚之開視其口所殺者無灰生者有灰乃明夫先死婦後燒之婦遂首服焉

晉書曰鳩摩羅什天竺人也中書監張資病驍騎將軍呂光博營救療有外國道人羅叉云能差資病光喜給賜甚厚羅什以其誑詐告資曰又不能爲益徒煩費耳冥運雖隱可以事試也乃以五色絲作繩結之燒爲灰末投水中灰若出水還成繩者病不可愈須臾灰聚浮出復爲繩又療無効少日資云（少日猶無幾時）

隋書曰齊神武霸府田曹參軍信都芳深有巧思能以管候氣仰觀雲色嘗與人對語即指天曰孟春之氣至矣人

徃驗管而飛灰已應每月所候言皆無爽又爲輪扇二十四埋地中以測二十四氣每一氣感則一扇自動他扇並住與管灰相應若符契焉

又曰開皇九年平陳後高祖遣毛爽及蔡子元于普明等以候節氣依古於三重密室之内以木爲案十有二具每取律呂之管隨十二辰位置于案上而以土埋之上平於地中實葭莩之灰以輕緹素覆律口每其月氣至與律冥符則灰飛衝素散灰出外而氣應有早晚灰飛有多少或初入月其氣即應或至中下旬間氣始應者或灰飛出三五夜而盡或終一月而上末高祖異之以問牛弘弘對曰灰飛半出爲和氣吹灰全出爲猛氣吹灰不能出爲衰氣和氣應者其政平猛氣應者其臣縱衰氣應者其君暴高祖駮之曰臣縱君暴其政不平非月別而有異也今十二月律於一歲内應並不同安得暴君縱臣若斯之甚也弘不能對

莊子曰鄭有巫曰季咸知人之死生存亡禍福壽夭期以歲月旬日若神鄭人見之皆弃而走（不喜自聞死日）列子見之而心醉歸以告壺子曰嘗試與來以吾示之明日列子與之見壺子出而謂列子曰嘻子之先生死矣不活矣不可以旬數矣吾見怪焉見濕灰焉（濕灰均其寂魄化此乃至人無感之時也）

又曰南郭子綦隱几而坐仰天而噓嗒焉似喪其偶（嗒焉解體若失其配匹也）顏子成游立侍乎前曰何居乎形固可使如槁木而心固可使如死灰乎（死灰槁木取其寂寞無情耳夫任自然而忘是非者其體中獨任天真而已又何所有哉）

淮南子曰月暈以蘆灰環之缺一面則暈亦闕一面焉

又曰爛灰生繩

又曰仲夏之日無燒灰（草木盡成）無暴布（無燥之也）

又曰夫吹灰而欲無眯涉水而欲無濡不可得也

又曰女媧殺黑龍以濟冀州（黑龍爲冀州害）積蘆灰以止淫水（盧黑也一曰葦灰也）

又曰伐薪而爲炭燔草而爲灰

抱朴子曰吴世姚光者有火術吴主試之積荻數千束裹之因猛火而燔荻了盡謂光當已化爲煙燼而光端坐灰中振衣而起把一卷書吴主取其書視之不能解也

又曰外國作水精盌實是合五百種灰以作之今交廣多有其法

六韜曰武王伐殷得二大夫而問之殷國將亡亦有妖乎其一人對曰殷國常雨血雨灰血石武王曰大災妖也其一人曰是非大妖也殷國大妖三十七章雨血雨灰血石臣不爲妖災武王蹴然而問三十七章之妖對曰殷君好射人喜以人餧虎喜割人心喜殺婦喜殺人父孤人之子

吳越春秋曰吴王欲殺王子慶忌而莫之能要離謂吴王曰臣請殺之乃僞加罪焉執其妻焚而揚其灰

述異記曰蜀郡成都張伯兒年十餘歲作道士通靈有迸鑿時飲醇灰汁數升云以洗腸療疾

從征記曰自燃灰狀如黄灰生海濱投水中浣衣不須淋水

太玄經曰吟竹爲管室灰爲候以揆百度（虞翻注曰以吟空竹爲管也空室塞也）

物理論曰宜陽縣金門山竹爲律管河内葭莩以爲灰可以候氣焉

春秋感精符曰畫遺灰則月暈

太平御覽卷第八百七十一

敘休徵　日　月　星　風　雨
雲　霧　露　雷　氣　光　人
神

敘休徵

書曰休徵（敘美行之驗）曰肅時雨若（君行敬則時雨順之）曰乂時暘若（君行政治則時暘順之）曰哲時燠若（君能照哲則時燠順之）曰謀時寒若（君能謀則時寒順之）曰聖時風若（君能通理則時風順之）○禮曰國家將興必有禎祥

又曰用民必順（不奪農時）故無水旱昆蟲之災民無凶飢妖孽之疾（言大順之時陰陽和也）○又曰四靈以為畜故飲食有由也何謂四靈麟鳳龜龍謂之四靈

又曰天降膏露地出醴泉山出器車河出馬圖鳳凰麒麟皆在郊棷（棷藪同也）龜龍在宮沼其餘鳥獸之卵胎皆可俯而闚也則是無故（非有他事使之言也）先王能脩禮以達順故此順之實也

又曰外中于天而鳳皇降龜龍假（功成而太平陰陽氣和而致象物假音格）

又曰享帝於郊而風雨節寒暑時（五行木為雨金為暘火為燠水為寒土為風）

黃帝太階六符經曰三階平則陰陽和風雨時社稷咸獲其宜天下大安是謂太平

韓詩外傳曰成王之時有三苗貫桑而生為一秀大幾滿車長幾充箱成王問周公曰此何物也周公曰三苗同為一秀意者天下殆同一也此期三年果有越裳氏重九譯而至獻白雉於周公曰道路悠遠山川幽深恐使人之未達也故重譯而來周公辭曰吾何以見賜也譯曰吾受命國之黃髮曰久矣天下之不迅風疾雨也海之不波溢也三年於茲矣意者中國殆聖人盍往朝之於是周公乃敬

其所來故小雅云有黭淒淒興雲祁祁以是知太平無飄風暴雨亦明矣

又曰祥者福之先見者也（風角占曰福先見曰祥）

春秋繁露曰王者人之始也王正則元氣和順風雨時景星見黃龍下

又曰五帝三王之理云天下不敢有君民之心什一而稅教以愛使以忠敬長老親親而尊尊不奪民時使民不過歲三日民家給人足無怨望忿怒之患故天為下甘露朱草生醴泉出風雨時嘉禾興鳳凰麒麟遊于郊

日

孫氏瑞應圖曰君賢得土地則日有黃抱

又曰楊光者人君不假臣之權則日楊光

又曰王者動不失日楊光也

符瑞圖曰日二黃人守者外國人方自來降也

又曰少皞氏邑於窮桑日五色牙照窮桑

易說曰日者至陽之精象君德玄黃照耀五色無主

春秋潛潭巴曰君德應陽君臣得叶度則日含王字含王字者日中有王字也王者德象日光所照無不及也

春秋考異郵曰黃帝將興有黃帝雀赤頭立於日傍黃帝曰黃者土精赤者火榮爵者賞也余當立大功乎黃雀者桑也

禮斗威儀曰君承土而王其政太平則日五色無主宋均曰五行之色不王於一也

又曰君乘木而王其政昇平則黃中而青暈乘火而王則黃中而赤暈乘金而王則黃中而白暈乘水而王則黃中而玄暈

孝經援神契曰黃氣抱日輔臣納忠德至於天日抱載在上曰載在旁曰抱

月

漢書曰元后生成帝夢月入懷吳志太孫策生
京房易飛候曰正月有偃月國必有喜
禮斗威儀曰君乘土而王其政太平則月黃而多輝
禮瑞應圖曰昔太清之治世也昭明于日月
禮含文嘉曰人君政尊則日月貞明
春秋潛潭巴曰君臣和得道叶度則日月大光明天下和平上下俱昌延年益壽

星

孫氏瑞應圖曰景星者大星也狀如半月生於晦朔助月爲明王者不私於人則見

又曰王者德至幽微則景星見
又曰景星者星之精也先後月出於西方王者不私人以官使賢者在位則見佐月爲明
又曰王者孝行之溢則斗賓精北斗七星光明若瀾賓也
又曰王者承天得理則老人星臨國符瑞圖月鎭星合房者年穀豐熟
易坤靈圖曰至德之萌五星若連珠
尚書中候曰帝堯即政七十載景星出翼景大也翼朱鳥宿也
禮稽命徵曰出號施令叶民心制禮作樂得天意則景星見
又曰外内之制各得其宜四方之事無有留滯則天苑有德星見
禮斗威儀曰君承土而王者其政太平則鎭星黃而多暈又宮星黃大其餘六星耀光四起宮斗北斗魁星也
又曰君乘水而王其政太平則辰楊光乘金而王則太白楊光
禮含文嘉曰天子崇有德彰有道顯有功褒有行則太微七星明少微處士有德星應宋均云太微正教之宮也七星衣裳正禮今施教布化儀服應禮故星明今少微處士有德星應則星皆有威儀矣
春秋合誠圖曰天子精耀心憤務德則景星見宋均曰憤猶盛也
春秋感精符曰王者上感皇天則景星見
春秋佐助期曰虞舜之時景星出房
春秋孔演圖曰天子舉賢則景星放於天
又曰王者德政海內富昌則鎭星入闕闕華闕之門當帝坐

春秋元命苞曰老人星者治平則見見則主壽帝以秋分候之南郊
又曰帝位明即畢星光大也
春秋文耀鉤曰老人星見則主安下不見則兵起
又曰王者安靜則老人星見
春秋運斗樞曰王政和平則老人星臨國萬民以歌
孝經援神契曰德至天則斗極明
又曰天子刑于四海德洞淪冥八方神化則斗賓精
又曰神靈滋液百寶用有景星
又曰鎭星舍房符明道興宋均曰符驗明而道興年豐也
又曰太白合表四夷從服之象宋均曰合表從中道也太白進退主侯兵合從中道無進退
孝經内事曰天子行孝德則景星見

又曰王者動得天度止得地意從容中道陰陽合度則太微五帝座星明以光也

又曰王者得禮之制不傷財不害民君臣和草木昆蟲各象正性則三台爲齊明不闊不狹如其度宋均云君臣制度宮室車旗多少各有科品則應也

又曰王者敬諸父有差則大角光明以揚宋均云諸父伯仲叔季也斗爲帝車帝所乘也角堅剛而居帝前帝敬諸父感天應之也

又曰王者遠嫌別微殊貴賤抑驕臣息亂子則屏星爲之明以潤帝座章而光宋均云屏星五帝座爲之明以潤章大也

又曰天子得靈臺之禮則五車均明河行不離其常宋均云天子考察天氣若梓愼見星之祲者也所以獲福禳災五車主五穀民禳災得福民無飢寒之困五穀星之明以應之河若離常則有決溢之憂則九穀失所殖矣

又曰昆弟有親親之恩則鈎鈐不離房宋均云鈎鈐遠房則疏闊今昆弟相親故天相近明其友也

又曰王者厚長幼各得其正則房心有德星應之宋均云房心爲天子明堂布政之宮長幼厚則政教著明房心應之而時也

風

史記曰黄帝行德天爲之起風從西北東必以庚辛一秋中五至大赦三至小赦也

唐書曰肅宗在平涼未知所適會朔方留後杜鴻漸李涵迎上又河西行軍司馬裴冕勸上治兵於靈武以圖進取上發平涼至豐寧南見黄河天塹之固欲整軍北渡以保豐寧忽大風飛沙跬步之間不辨人物及回軍趨靈武風沙頓止天地廓清

尚書大傳曰王者德及皇天則祥風起

又曰舜將禪禹于時八風脩通

禮斗威儀曰王者乘火而王其政昇平則祥風至宋均云即景風其來長養萬物

符瑞圖曰翔風者瑞風也一名景風春爲發生夏爲長盈秋爲收藏冬爲安寧

春秋緐露曰王者恩及金石則涼風出

孝經援神契曰王者德八方則祥風至

王充論衡曰王者太平則五日一風風不鳴條

風角曰風清明高不及地二三尺此下有聖人或清明其來必長而不動揺樹木枝葉此龍德在其下

晉陽春秋曰劉裕平慕容超將鎮下邳聞盧循反何無忌敗乃還次山陽造楊子江問行人曰朝廷如何對曰則尚未至劉公若還無所憂也裕將濟而風急衆咸難之裕曰吾有天命風當自息如天不助覆溺何足可怯即命登舟舟移而風止

雨

禮斗威儀曰君乘金而王其政平則嘉雨時至

春秋説題辭曰大節二十四小節十二功德分也故一歲三十六雨

盐鐵論曰太平之世則雨不破塊旬日一雨雨必以夜

符瑞圖曰周公時天下太平當此之時旬而一雨雨必以夜

又曰靈雨若遇歲亢旱責躬引咎理察寃枉退去貪殘側

身修政則降以靈雨非誠感瑞則非靈也

又曰昔殷湯之世天下大旱以六條自責於是大

雨

淮南子曰神農之世甘雨以時五穀蕃殖

尸子曰神農氏治天下欲雨則雨五日爲谷雨旬五日爲

行雨萬物咸利故謂之神

雲

史記曰若煙非煙若雲非雲郁郁紛紛蕭索輪囷是謂慶

雲喜氣也

漢書曰武帝封禪夜有白雲封中出

魏書曰文帝生時有雲氣青色而圓如車蓋當其上終日

望者以爲至貴之證

宋書曰世祖在江州起義建牙軍門有紫雲二段落于牙

上

唐書曰玄宗嘗出畋有紫雲在其上從者望而得之

又曰肅宗自奉天而北夕次永壽有白雲起西北長數丈

如樓閣之狀識者以爲天子之氣

尚書中候曰堯德清平乃沉璧於河白雲起

禮斗威儀曰景雲景明也言雲氣光明也

又曰周成王治平觀於河青雲浮

春秋孔演圖曰黃帝將興黃雲升於堂

孝經援神契曰王者德至山陵則景雲出

又曰天子孝則景雲見

孫氏瑞應圖曰景雲見者太平之應也

符瑞圖曰矞慶雲也內赤外黃一曰矞雲矞音橘也

帝王世紀曰黃帝有景雲之瑞以雲紀官

又曰竟毋慶都生而神異有黃雲覆上

漢武故事曰帝幸梁父祀地山上有白雲如蓋

又曰宣帝祀甘泉有紫雲從西北來散於殿前歸藏曰大

昊之盛有白雲出自蒼梧入于大梁

徐爰宋書曰高祖北征至洛陽常有紫雲見於軍上

霧

史記曰高祖至平城匈奴圍上七日大霧漢人往來故不覺

帝王世紀曰黃帝五十年秋七月庚申天大霧三日

帝之洛水上見大魚負圖書

露

後漢書曰光武建武十二年甘露降南行唐

又曰明帝永平十七年春正月甘露降於甘陵

又曰明帝永平十七年甘露降泉陵洮陽二縣二縣屬零陵泉陵城

在今永州零陵縣北洮陽故城在湘源縣西北

東觀漢記曰光武時甘露降四十五日

宋書曰文帝元嘉中甘露頻降狀如細雪

唐書曰武德九年四月二十三日甘露降于中華殿之桐

樹泫氷雪以示群臣

又曰貞元十年正月西川奏當管甘露降松柏竹葉等二

千四百四十二處

尚書中候曰堯時甘露降

孝經援神契曰王者德至天則降甘露

禮斗威儀曰君治政則軒轅之精散爲甘露降

又曰人君乘土王其政太平則甘露

春秋運斗樞曰天樞得則甘露濁

孫氏瑞應圖曰耆老得敬則松柏受甘露尊賢老不失細

徵則竹葦受甘露

又曰甘露者味清而甘降則草木暢茂食之令人壽

又曰王者德至於天和氣感則甘露降於松栢

白虎通曰甘露者美露也降則物無不盛

論衡曰甘露味如飴王者太平之應

鶡冠子曰聖德上及太清下及萬靈則膏露下

晉中興徵祥記曰甘露仁澤也凝如脂甘如飴王者德至於天則降

呂氏春秋曰陰陽之和不長一類甘露時雨不私一物

山海經曰軒丘鳳卵民食之甘露民食之所欲自從

魏明帝與東河王詔曰昔先帝時甘露屢降仁壽殿前自吾建承露盤以來甘露復降芳林園

雷

史記曰高祖母劉媼嘗遊大澤之陂夢與神遇時雷電冥晦見蛟龍上已而有娠遂產高祖

河圖曰黃帝以雷精起

尚書中候曰秦穆公出狩天震大雷下有火化為白雀銜丹書集公車曰秦伯霸也

氣

史記曰秦始皇曰東南有天子氣於是東遊以厭當之

又曰高祖隱於芒碭山澤間呂后與人俱求常得之高祖怪問后后曰季所居上常有雲氣故從往常得

漢書曰宣帝繫獄望氣者言長安獄有天子氣詔繫者殺之內謁者令郭穰夜至郡獄邴吉拒使者不得入

後漢書曰望氣者蘇伯河為王莽使至南陽遥見望春亭郭唶曰（唶音子夜切）氣佳哉鬱鬱葱葱然

東觀漢記曰和帝時十一月夜白氣長三丈起圖東北軍市西域象奇疎勒二國歸義

魏書曰武宣卞皇后琅邪開陽人文帝母也以漢延熹三年十二月乙巳生齊郡白亭有黃氣滿室移日父敏侯怪之以問卜者王旦曰此吉祥也

晉書曰天子氣森森然感華蓋或如龍如馬

宋書曰明帝太始二年六月日入後有黃白氣東西竟天光明潤澤也

楚漢春秋曰項王在鴻門亞父諫曰吾使人望沛公其氣衝天五彩相繆或似人此非人臣之氣不若殺之

應劭漢官儀曰世祖封禪夕有白氣一丈東南極望正直壇所有青氣上與天屬遥望不見顛瑞命之符也

光

漢書郊祀志曰武帝祀汾陰脽傍有光如降上遂立后土祠於汾陰

又曰郊太一祠上有光

又曰宣帝祠世宗神光興於殿旁神光又興於房中如燭狀

東觀漢記曰李軼等識言劉氏當復起李氏為輔遂市兵弩絳衣赤幘歸舊廬望見廬南有若火光以為人持火呼之光遂盛曈曈上屬天有頃不見上異之

後魏書曰太祖武皇帝母曰獻明賀皇后夢日出室內寤而光明屬天歘然有感乃生於參合之北其夜復有光明

又曰高祖孝文皇帝母曰李夫人皇興元年八月生平城紫宮神光照室天地氤氳和氣充塞

尚書中候曰堯沉璧於河滎光出

符瑞圖曰玉燭者瑞光也見則四時之色洞如燭也

又曰景者光也亦曰象也光而可象應行而臻故茂德內彰則瑞光外燭

又曰昌光者瑞光也見於天漢高受命昌光出軫

又曰榮光者瑞光也其光五彩焉出於水上

又曰五光彩者天見五色三光重輝輝于地也

春秋合誠圖曰五光垂彩天下大嘉

人

尚書中候洛師謀曰呂尚出遊于戊午有赤人雄出(赤人水神)授吾簡丹書曰命遊呂(吾我也由用也)

禮含文嘉曰禹卑宮室盡力乎溝洫百穀用成神龍靈龜馴伏王女降

魏志曰咸熙二年晉太子襲位襄武縣言有大人見長丈餘跡長三尺二寸白髮著黃單衣黃巾柱杖呼民語云今當太平

瑞應圖曰真人者黃帝時遊於池王者有茂德不貪於貨利則金人垂鼡遊王後池

神

龍魚河圖曰黃帝攝政蚩尤兄弟八十一人並獸身人語銅頭鐵額食沙石造兵杖威震天下誅殺無道不仁不慈黃帝行天下事仰天而歎天遣玄女下授黃帝兵信神符而令制伏蚩尤蚩尤歸臣因使鎮兵以制八方

尚書中候曰堯使禹治水禹辭天地重功帝欽擇人帝曰出爾命圖爾乃天(言天使汝治水非我)禹臨河觀有白面長人魚身出曰吾河精也表曰文命治滛水(表安也言曰文治治滛水之水)臣河圖去入淵(河圖謂治水地象)

漢書曰武帝太始四年三月幸不其(如淳曰其音基不其山名因以爲縣)祠神人于交門宮(應劭曰神人蓬萊仙人之屬也晉灼曰瑯邪縣有交門宮漢武帝所造)若有鄕坐拜者作交門之歌

山海經曰有人首蛇身長如轅左右有首衣紫衣冠名曰延維人主得而食之伯天下(即于地也)

瑞應圖曰黃帝時西王母使乘白鹿來獻白環一本云帝舜時西王母遣使獻玉環

又曰二美毋者蓋神女也周穆王時持酒來酌之

管子曰桓公北征孤竹未至卑耳溪十里援弓將射未敢發見人物具焉右袪不走馬管仲曰臣聞登山之神有俞兒者長尺人物具焉霸王之君興走馬前道也袪衣其前水右袪示從右涉至溪如所言公拜焉曰仲父之聖若此

莊子曰齊桓公遊於澤管仲御公見鬼仲曰澤有委虵其大如轂其長如轅紫衣朱冠見人則舉其首而立見之者殆乎霸公曰此寡人之所見也

墨子曰鄭繆公晝日處廟有神入門而左鳥身素服面狀正方繆公乃懼神曰無奔帝享汝明德使錫汝壽十年使君國昌公問神神曰予爲勾芒

太平御覽卷第八百七十二

太平御覽卷第八百七十三

休徵部二

地

地　山　湖　河　海

雒　水　醴泉　井　池

土　社　石

草

蓮蒲　華苹　朱草　蓂莢　嘉穀

秬秠　福草　福并　威蕤　屈軼

延嘉　紫達　芝　蘭　茅

萬　木　賓連闊達　平露

地

禮曰地不愛其寳○符瑞圖曰地得其性不震揺也

祥瑞圖曰王者益土地則社稷及市中地長

山

管子曰霸王之主興則昇山之神見

休子曰少皥生於稚華之渚渚一旦化爲山欝欝葱葱焉

湖

吴志曰孫皓天璽年吴郡言臨平湖自漢末草穢壅塞今更開通長老傳言此湖塞天下大亂此湖開天下寧

河

北齊書曰武帝大寧二年齊州黄河清改清河元年

隋書曰煬帝大業三年武陽言河水清○唐書曰貞觀十四年陝州奏界内二百餘里正月元日河水變清四日乃止○又曰高宗永徽五年六日濟州黄河清十六里

又曰肅宗乾元二年嵐州言黄河三十里清如井水十月李光弼破史思明衆五萬

易乾鑿度曰聖人受命瑞應先見於河河水清

又曰孔子云天之將降嘉應河水清變爲白白變爲赤赤變爲黒黒變爲黄各三日鄭玄曰聖王爲政理之所致

禮斗威儀曰君乘土而王其政太平則河溓宋均曰溓不汶不溢也溓溓然不盛也溓勒兼切

符瑞圖曰河溓者河水清也

孫氏瑞應圖曰王者循天命而行天道四通則河出龍圖

東觀漢記曰光武從邯鄲避王郎兵南至下曲陽滹沲河導吏還言河水流澌無舩不可渡左右皆惶畏爲王郎所及上命王霸前往視之實然霸念還言恐驚衆雖不可渡且臨水止尚阻即白冰堅可渡士衆大喜上大笑曰果妄言也比至河流澌冰合可履焉欲僵以囊盛沙布冰上既度未數里冰陷也

海

孫氏瑞應圖曰王者出而王道通移則海不揚鴻波

禮斗威儀曰君乘水而王其政和平則江海著其神象宋均曰神不見但著象而已青黄赤白玄水具有此色焉

春秋運斗樞曰揺光則海出明珠

雒

謝承後漢書曰沛國陳宣字子建建武十年雒水出造津城門或欲築塞之宣諫曰昔王尊正身金隄水退況聖主耶言未絶而水去

尚書中候曰堯沈璧於洛赤光起

又曰武王沈璧青雲浮洛

易乾鑿度曰帝德之盛應於洛水先温九日乃寒五日變

爲五色玄黄

水

陳書曰高祖至南康破蔡路養李遷仕贛石舊有二十四灘多巨石行旅者以爲難高祖之發也水暴起三百里石皆没

唐書曰武德元年七月新豐鸚鵡谷水清世傳此水清天下平

禮斗威儀曰君乘土而王其政太平則蒙水出於山（宋均曰蒙小水也出可澰濯生無不植也）

異苑曰臨淄牛山下有女水齊人諺曰世治則女水流世亂則女水竭慕容超時乾涸彌載暨宋武薄伐而激洪波

醴泉

禮曰地出醴泉

東觀漢記曰光武中元元年祠長陵還醴泉出京師飲之者痼疾皆差也

唐書曰貞觀二十三年肅州醴泉出有文石五彩蓋泉

尚書中候曰醴甘也取名醴酒

又曰堯砥德匪懈醴泉出

又曰文命盛德俊乂在官醴泉出山

禮斗威儀曰醴泉味甘王政和可貴故水甘也

禮稽命徵曰王者刑殺當罪賞賜當功得禮之儀則醴泉出（闕庭也）

又曰王者得禮之制則澤谷之中白泉出飲之使壽長

禮含文嘉曰神農脩德作耒耨地應以醴泉

春秋潛潭巴曰君德應陽則醴泉出焉

春秋潛潭樞曰旋星得則醴泉出

春秋感精符曰德淪於地則醴泉出焉

孝經援神契曰王者德至淵泉則醴泉出

孫氏瑞應圖曰醴泉者水之精也味甘如醴泉出流所及草木皆茂飲之令人壽也

又曰理訟得所醴泉出於京師有仙人以爵酌之

白虎通曰德至淵泉則醴泉湧醴泉者美泉也狀如醴酒可以養老也

鶡冠子曰聖人德上及太寧中及萬靈則醴泉出

徐整正曆曰黄帝上時以醴泉爲漿

井

孫氏瑞應圖曰王者清淨則浪井出有仙人主之

典略曰浪井者不鑿自成之井

池

唐書曰大曆八年解州安邑兩池生乳鹽後賜號寶應靈慶池

土

左傳曰晉文公過衛文公不禮出於五鹿乞食於野野人與之塊公子欲鞭之子犯曰天賜也稽首受而載之

史記曰黄帝時有土瑞故以土德王

庾溫瑞應圖曰王者德溫遠方則物化爲土

蜀王本紀曰蜀王獵於褒谷秦王以金一笥遺蜀報以禮物盡化爲土秦王大怒臣下拜賀曰土者地也今秦當有蜀矣

社

漢書曰昌邑王門社有枯樹復生枝葉後宣帝立

晉書曰武帝時洛陽太社中有青氣占者以爲東莞後當

有天子東莞王攺封琅邪王江東之應也

春秋潛潭巴曰里社鳴此里有聖人其响百姓歸之响鳴之怨者湯起放桀時有此祥响吁后切

石

漢書曰昭帝時太山萊蕪山南𡂼𡂼有數千聲民視之有大石自立高一丈五尺大三十八圍入地深八尺三石爲足立後有白鳥數千集其旁宣帝中興之瑞也

唐書曰貞觀十九年陝州有石理成文曰李君王三字甚明。又曰永徽二年藍田縣令田仁汪獻瑞石文理成字曰天安永得立

祥瑞圖曰張掖之柳谷有石始見於建安成形於黃初文備於太和建安漢獻帝年號黃初太和魏明帝年號其石狀象靈龜巍然盤峙廣一丈六尺長一丈七尺周圍五丈餘蒼質素章麟鳳龍馬炳焕成形文字燦然斯盖大晋　受終聖德兼該之應也

魏氏春秋曰明帝青龍三年張掖刪丹縣金山玄川溢涌寶石負圖狀象靈龜立于川西有石馬七其一仙人騎之其一羈絆其五有形而不善成有玉匣關閵於前上有玉字玉鈇二玉横一又有麒麟在東鳳凰在南白虎在西犧牛在北馬自中布列南方有字曰大討曹金但取之此司馬氏革運之徵。瑞應圖曰碧石王者玩弄之物不用則出。禮稽命徵曰王者得禮之制則澤谷之中乃生白石又曰王者君臣父子夫妻尊卑有别則石生於澤也

禮含文嘉曰内外之制各得其宜則山澤出龜寶石

草

蓮蒲

孫氏瑞應圖曰蓮蒲王者不徵滋味庖厨不踰䉲盛則生於厨一名倚扇一名寶閭一名倚蓮生如蓮枝多葉少根如絲轉而生風主於飲食清涼駈殺蟲蠅舜時生於厨又堯時冬死夏生又舜時生於厨及階左

春秋潛潭巴曰君臣和得道度叶中則蓮蒲孳於庖厨

孝經援神契曰王者德至山陵則阜出蓮蒲宋均注曰文典備則蓮蒲應也

華苹

祥瑞圖曰雙蓮爲華

又曰華苹者其枝正平王者德剛則仰弱則低

又曰王者政令均則華苹

孝經援神契曰王者德至於地則華苹感

朱草

孫氏瑞應圖曰朱草草之精也聖人之德無所不至則生

又曰朱草者百草之精也王者德無所不通四方有歌詠之聲則生

大戴禮共朱草日生一葉至十六日落一葉周而復始

尚書大傳曰王者德下究地之厚則朱草生

又曰帝命周公踐祚朱草暢生

尚書中候曰文命咸得俊乂在官則朱草在郊

又曰堯德清平比隆伏羲故朱草生郊

禮斗威儀曰君乘火而王其政頌平則地生朱草

春秋感精符曰王者德洽於地則朱草生食之令人不老

春秋運斗樞曰樞星則朱草生

春秋繁露曰君勸農事無奪民時使之歲不過三日行十一之稅進經術之士開闢通障塞恩及草木則朱草生

孝經援神契曰王者德至草木則朱草生

後漢書曰光武時朱草生于水涯
晉書曰武帝時朱草生
白虎通曰朱草赤色也可以染絳別成龢黻之服列爲尊卑之差
淮南子曰太清之世四時不失其序日月揚光五星循軌則朱草生
抱朴子曰朱草狀似小棗栽長三四尺枝葉皆赤莖如珊瑚生名山嶺石之下刻之汁流如血以玉及八石金銀投中中立可丸爲泥以金投中名曰金漿以玉投之名曰玉醴服之皆長生也
鶡冠子曰聖王德上及太清下及太寧中及萬靈則朱草生
魏略曰文帝欲受禪朱草生於文昌殿側

蓂莢

孫氏瑞應圖曰蓂莢者葉圓而五色一名曆莢十五葉日生一葉從朔至望畢從十六日毀一葉至晦而盡月小則一葉卷而不落聖明之瑞也人君德合乾坤則生
祥瑞圖曰蓂莢堯時生
尚書大傳曰周公輔幼主不矜功則蓂莢生
尚書中候曰周公作樂而治蓂莢生
春秋運斗樞曰老人星臨國則蓂莢生
又曰箕星得則蓂莢生
孝經援神契曰王者德至於地則蓂莢生
風俗通曰按孝經說古太平蓂莢生階其味酸王者取以調味後以醯醢代之
徐整正曆曰黃帝之時以蓂莢者瑞草也蓋神靈之嘉應也
白虎通曰王者考曆得其分度則蓂生於階莢者樹名也

嘉穀

孫氏瑞應圖曰嘉禾五穀之長盛德之精也文者則二本而同秀質者則同本而異秀此夏殷時嘉禾也
又曰周時嘉禾三年本同穗異貫桑而生其穗盈箱生於唐叔之國以獻周公曰此嘉禾也太和氣之所生焉此文王之德乃獻文王之廟
書曰唐叔得禾異畝同穎各一隴合爲一穗獻之天子王命周公作嘉禾篇
尚書中候曰嘉禾莖長五尺三十五穗
禮含文嘉曰神農作耒耨天應以嘉禾
又曰緻五車明五禮則五禾應以大豐
禮斗威儀曰人君秉土而王其政升平則嘉穀並生

詩含神霧曰堯時嘉禾七莖連三十五穗
春秋運斗樞曰旋星得嘉禾液
孝經援神契曰王者德至於地則嘉禾生
周書曰神農時天雨粟神農耕而種之然後五穀興以助果實
漢書曰宣帝時嘉穀降于郡國
後漢書曰安帝時九真嘉禾生五百六十本七百六十八穗
東觀漢記曰光武以建平元年生於濟陽縣舍時有嘉禾一莖九穗縣境大熟因名曰秀
又曰章帝時嘉禾嘉麥日月不絕
魏志曰文帝欲受禪郡國三嘉禾生

王隱晉書曰元帝初藉葉草悉成禾
沈約宋書曰文帝時醴湖生嘉粟一莖九穗
又曰宋文帝元嘉二十五年嘉禾生華林園十株七百穗
又曰孝武帝大明元年嘉禾生清暑殿鴟尾中一株六穗
齊書曰武帝時固始縣嘉禾一莖五穗新蔡又獲一莖九穗一莖七穗
梁起居注曰大同六年九月始平獻嘉禾一莖十七穗
白虎通曰嘉禾者太和之爲美瑞者也
晉徵祥說曰王者盛德則嘉禾生嘉禾者仁卉也其大盈箱一稃二米國政質則同本而異穎國政文則同穎而異本
唐書曰開元十九年楊州奏穭生稻二百一十五頃再熟稻一千八百頃其粒與常稻無異（穭音旅）
又曰大中二年福建進瑞粟十五莖莖有五六穗
又曰大中六年淮南節度使杜悰奏海陵高郵兩縣百姓於官河中漉得異米煮食呼爲聖米

秬鬯

孫氏瑞應圖曰秬鬯者三隅之黍一稃三米王者宗廟修則生。又曰昭穆序祭祠宰人咸有敬讓禮容之節威儀之美則秬鬯生
又曰王者節敬依禮度親疏有別則秬鬯生
又曰黄帝時南夷乘白鹿來獻秬鬯
孝經援神契曰王者德至於地則秬鬯生

福草

孫氏瑞應圖曰王者宗廟至敬則福草生於廟（一云禮草）
禮斗威儀曰君乘木而王其政升平則福草生廟中（宋均曰廟中生草蓋福草也卽朱草之別名可以染絳服故應仁孝而生廟中）

福并

孫氏瑞圖曰福并瑞草生王者有德則福并生

威蕤

孫氏瑞應圖曰王者禮備則威蕤生（一曰威蕤）
又曰王者愛人倫則威蕤生於殿前

屈軼

孫氏瑞應圖曰屈軼者太平之代生於庭有佞人則草指之

延嘉

孫氏瑞應圖曰延嘉王者有德則見
又曰王孝道行則延嘉生
孝經援神契曰天子至德屬于四海則延嘉生

紫達

孫氏瑞應圖曰紫達者王者仁義行則常見
禮斗威儀曰君乘土而王其政太平則紫達常生

芝

孫氏瑞應圖曰王者慈仁則芝草生食之令人延年
又曰王者寵近耆老養有道則芝英生
春秋運斗樞曰搖光得則陵出玄芝生
孝經援神契曰王者德至於草木則芝草生
漢書曰武帝元封六年甘泉宮內產芝草九莖連葉宣帝神爵元年金芝九莖產于涵德殿銅池中（如淳曰銅池承霤也晉灼曰以銅作池韋昭曰以銅飾池邊也）
後漢書曰明帝時郡國上芝英
又曰章帝建初三年零陵獻芝草
東觀漢記曰桓帝時芝草生中黄藏府

宋書曰順帝時臨城縣生紫芝

齊書曰武帝時襄陽獲紫芝

隋書曰開皇十九年朱雀等十六門生芝草

唐書曰貞觀十七年安禮門御榻產靈芝五莖又皇太子寢室中產素芝十四莖悉為龍鳳之狀

又曰貞觀十七年滁州言所部川源徧生芝草百寮及雍州父老上表固請封禪

唐春秋曰貞觀十九年雍州李樹生芝英赤蓋紫光色鮮麗司徒長孫無忌與官方岳上表請禪不許

又曰天寶七載三月大同殿柱礎產玉芝之兩莖

又曰肅宗上元二年甲辰延英殿御座梁上玉芝之生一莖三花御製靈芝詩以示羣下

又曰上元二年九月壬午朔皇后奏含暉院生金芝

大同起居注曰九年金芝二十八莖生于殿庭少府御蕭介以聞

古今注曰漢武時甘泉殿房內產芝九莖連葉作芝房之歌

白虎通曰王者德至於山則芝實茂

孫整長歷曰黃帝以五芝為房名

瑞令記曰食芝延年不終與真人同

論衡曰建初三年零陵泉陵縣女子悙寧宅內生芝草五本莖葉紫色太守沈酆遣門下掾奉獻皇帝悅懌

又曰芝草一年三華食之令人眉壽慶世蓋仙人之所食

又曰紫芝者其栽如豆

繆襲神芝讚曰青龍元年神芝產于長平之習陽許昌典農中郎將充奉表以聞其色丹紫其質光耀上別為三幹分為九枝散為三十六莖委綏連屬有似珊瑚之狀考圖按譜蓋美乎前代矣

蘭

禮斗威儀曰君乘金而王其政和平則蘭常生宋均曰蘭生生給和調也

茅

史記曰齊桓公欲封禪管仲曰古之封禪鄗上之黍北里之禾江淮之間有一茅三脊所以為藉

周書曰成王時竒幹獻茅其頭若雄雉佩之不昧

宋書曰孝武時三脊茅生石頭西岸江陵夏王義恭表勸封禪

唐書曰麟德元年亳州奏老君廟側生三脊茅

蒿

大戴禮曰周時德澤洽和蒿大可以為宮柱曰蒿宮此天子之路寢也

木

禮稽命徵曰王者得禮之制則澤谷之中生赤木

又曰王者得禮之宜則宗廟生祥木

地鏡圖曰國治益地則木生水上

又曰國理君喜則樹木忽自大

又曰理君京房易傳曰君有德生聖子則木生屋上及朝廷

又曰君德強且高昌則木生城胷一尺圍巳上長數文此謂城強

孫氏瑞應圖曰王者德化洽八方合為一家則木連理

又曰王者不失民心則木連理

漢書曰武帝幸雍得奇木枝旁出復合上異之終軍曰衆枝内附示無外也殆將有削左衽而蒙化者

後漢書曰明帝永安十七年甘露仍降樹枝内附（仍也内附謂木連理也）西南夷哀牢儋耳僬僥槃木白狼動黏諸種前後慕義貢獻西域諸國遣子入侍

宋書曰文帝元嘉中有穀櫟二樹連理

隋書曰盩厔縣獻連理樹植之宮庭

唐書曰貞觀十八年山南獻木連理交錯玲瓏有同羅日一丈之幹并枝者二十餘所

又曰二十一年玉華宮李樹連理隔澗合枝

白虎通曰王者德至草木則木連理也

晉中興徵祥説曰王者德澤純洽八方同一則木連理連理者或枝還合或兩樹合共

曹植魏德論曰皇樹嘉德風靡雲披有木連理別幹同枝將承大同應天之規

唐書曰興元元年八月亳州真源縣大空寺李樹植來十四年長一丈八尺今春秋忽上聳高六尺周迴似蓋九十餘尺

賓連闊達

孫氏瑞應圖曰王者庶嫡有序男女有別則賓連闊生於房一名賓連達一名賓連闊生於房室象御妃有節也

白虎通曰賓連闊達者樹名也其狀連累相承

平露

孫氏瑞應圖曰平露者如蓋生於庭以知四方之政王者不私人以官則生若東方政不平則西低北方政不平則南低西方政不平則東低南方政不平則北低四方政不出其根若絲一曰平兩

又曰平兩者如蓋以知四方王者政平則生

白虎通曰王者使賢不肖位不踰則平露生庭平露者樹名也

太平御覽卷第八百七十三

太平御覽卷第八百七十四　咎徵部一

叙咎徵　天　天裂　天開
天光　天崩　天鳴　四時

叙咎徵

易曰履霜堅冰至文言曰積善之家必有餘慶積不善之家必有餘殃。又曰吉凶悔吝生乎動者也

尚書洪範曰咎徵曰狂恒雨若僭恒暘若豫恒燠若急恒寒若蒙恒風若

左傳曰初内蛇與外蛇鬬於鄭南門之中内蛇死六年而厲公入公聞之問於申繻曰猶有妖乎對曰人之所忌其氣燄以取之妖由人興也人無釁焉妖不自作人弃常則妖興故有妖

易是類謀曰斗機絶綱王衡撥攝提亡鄭玄注曰斗機絶綱斗者天中之精天失其平故斗機絶綱王衡撥也攝提者斗前之星爲斗旋政撽布之八野今斗失其正故攝提亦爲之亡不見五星合狼弧張晝視無日虹蜺煌煌夜視無月彗孛蔣蔣此皆屬乾乾多爲天天失其主故著天者皆失其正也當藏者出當出者消危處易期當藏者出解晝視無日虹蜺煌煌也當出者消解夜視無月也是爲危處易期太山失金雞西岳亡王羊太山失金雞者箕星亡也箕者爲風風動雞鳴今期侯者亡故雞亦亡西岳亡王羊若狼星亡狼在於未爲羊也天卑地高雷讙公行天下雷同讙譁公行無所畏也星晝奔蜺夜光上無乾下無常天昧昧履踐氷上無乾乾氣不正故下無常天地昧昧俞不正也晝視無日夜視無月何明之有乎履踐氷若峻急之法行披其刑也民衣霧主吸霜民衣霧佞政行被其毒也主吸霜被陰毒將害躬也問可倚杵於何藏解上天卑地高天地相去其間寸可倚一杵耳或言枚其意同不知夏不知冬不見父不見兄所以然者以天卑地高高卑列故卑以父兄尊爲子弟也望之漠漠視之茫茫羣黨假威出坐王牀小人羣黨假王者威權坐於王牀者王之牀也

尚書大傳曰田獵不宿飲食不享出入不節奪民農時及有姦謀則木不曲直。弃法律逐功臣殺太子以妾爲妻則火不炎上好治宫室飾臺榭内淫亂犯親戚侮父兄則稼穡不成好攻戰輕百姓飾城郭侵邊境則金不從革簡宗廟不禱祠廢祭祀逆天時水不潤下

又曰羞用五事建用皇極一曰貌貌之不恭是謂不肅厥咎狂厥罰常雨厥極惡時則有龜孽時則有雞禍次二曰言言之不從是謂不乂厥咎僭厥罰常暘厥極憂時則有妖妖時則有介蟲之孽時則有犬禍次三曰視視之不明是謂不哲厥咎荼厥罰常燠厥極疾時則有草妖時則有倮蟲之孽次四曰聽聽之不聦是謂不謀厥咎急厥罰常寒厥極貧時則有鼓妖時則有豕禍次五曰思思之不容是謂不聖厥咎霿厥罰常風厥咎凶短折時則有脂夜之妖時則有華孽時則有牛禍王之不極是謂不建厥咎霿厥罰常陰厥極弱時則有射妖時則有龍蛇之孽時則有馬禍時則有日月亂行星辰逆行

洪範五行傳曰凡有所害謂之災無所害而異於常謂之異故災爲已至異爲方來

家語孔子曰天災地妖所以儆人主也寤夢徵怪所以儆人臣也災妖不勝善政怪夢不勝善行

六韜曰武王伐殷得二丈夫而問之曰殷國之將亡亦有妖災乎其一人對曰有殷國嘗雨血雨石大者如甕小者如箕嘗六月雨雪深尺餘其一人對曰是非殷國之大妖也殷國之大妖四十七章殷君喜殺人喜以人餧虎喜割人心喜殺孕婦喜殺人之父孤人之子喜刑禍喜以信欺欺者爲忠忠諫者不賞以君子爲下小人爲上以佞辯爲相子爲政急令暴取萬民愁苦好田獵畢弋走狗飾馬喜脩池

臺宮七十有三所大宮百里著爲酒池糟丘而牛飲者三
千人喜聽讒用譽無功者賞無尺丈無錙銖無秤衡無功
賞無罪誅此殺國之妖也
白虎通曰災異者何也災之爲言傷也隨事而誅異之爲
言怪也先發感動何以言災者有所害也
說苑曰趙簡子問於翟封荼曰吾聞翟雨穀三日雨血
三日馬生牛牛生馬信乎曰信簡子曰災足亡國乎封曰
雨穀三日蟲風之所飄也雨血三日鷙鳥擊於上也馬
生牛牛生馬雜收也此非翟之災也簡子曰然則翟之妖
奚也對曰其君幼弱其大臣比黨以求祿其百官肆斷而
無常其政令不竟而數改此其妖也
京氏別對災異曰五穀無實何君無仁德臣懷叛戾華飾
虛舉薦賢實不相副內爲蘇秦之行外以夷齊之語故致
太八句七十四　三　单亥
五穀多無實朝無賢害氣傷穡不救國大飢其救也選明
經舉茂才改往脩來退去貪狼施恩行惠賞賜勞臣此災
乃銷矣

天

左傳宣下曰天反時爲災
又曰定公元年曰諸侯之大夫城成周三旬而畢乃歸諸
侯之戍齊高張後不從諸侯晉女叔寬曰周萇弘齊高張
皆將不免萇弘違天（天既厭周德萇弘欲遷都以延其祚故曰違天）高子違人天
之所壞不可支也衆之所爲不可好也（爲哀三年周人殺萇弘六年高張來會）

天裂

哀氏易妖占曰天裂陽不足下害上之象天裂見人兵起
國亡天開見光流血滂滂
晉書曰惠帝元康中天西北裂時人主昏闇賈后專政
又曰太安中天裂爲二聲如雷是時長沙王奉帝出拒成都
王穎河間王顒迭盛專命僭亂之象
又曰成帝咸和四年冬天裂西北時蘇峻之子以萬人入
吳興天下有兵關中轉亂明年石勒僭位
又曰穆帝升平五年天裂廣數丈聲如雷
又曰哀帝初即位天中裂黃三四丈聲如雷野雉皆雊時
帝荒疾不識萬機太后臨朝桓溫專政
崔鴻十六國春秋曰前趙劉曜建元初天裂廣一丈長五
十餘丈時四方交戰
隋書曰梁武帝太清中天裂西北長十丈闊二丈光出如
電聲如雷明年侯景陷臺城

天開

漢志曰惠帝二年天開東北長二十餘丈廣十丈後有呂
太八句七十四　四　文
后廢二少帝諸呂作亂
蕭子顯齊書曰齊東昏侯永元中夜天開黃色明照頃有
物絳色如小甕漸大如倉廩聲如雷墜太湖野雉皆雊其
年東昏見廢
隋書曰陳後主至德初天開西北至東南其內有黃雜色
聲如雷後年章大寶舉兵反陳竟國亡

天光

書紀年曰周昭王末年夜有五色光貫紫微其年王南巡
不退
漢書曰成帝元延元年四月無雲有雷聲光四下至昏乃
止晉穆帝永和十年前涼張祚之元年正月夜天有光如
車蓋明年祚被殺
宋書曰文帝元嘉十八年七月天有黃光洞燭至二十一

年太子詹事范曄反伏誅

天崩

崔鴻十六國春秋曰後涼麟嘉五年天崩有聲若雷久之乃止○又曰前趙劉聰麟嘉三年天崩聲若雷久乃止是歲聰死

天鳴

京氏易妖占曰天有懸車之聲人主憂

又曰易傳曰萬民勞厥妖天鳴

晉書曰武帝末天東有聲如雷

又曰元帝太興元年天鳴東南有聲如風水相薄三年天又鳴其後王敦入石頭王師敗績元帝屈辱制於強臣

隋書曰梁武帝天監時有聲如雷二是歲交州刺史李凱舉兵反後年又西北隆隆有聲如雷赤氣至地是歲盜殺東莞琅邪太守中大通年西南有聲如雷其年北涼州刺

史簡欽反

崔鴻十六國春秋曰前涼張駿時晉建興十七年八月天有大聲下震地盂池縣人夜怪室如晝時起視晛西乢闇有門光明照地至二十二年遜于重華

又曰南燕六年天鳴是年桓玄廢其主自立稱大楚

又曰前秦符堅建元十四年天鼓鳴至二十年堅為姚萇所殺

隋書曰北齊文宣天保年中天西南有聲如雷時帝不恤國政大興師旅

又曰後主武平末年後主東適至青州是日西方有聲如雷是月為周師所擒

又曰周宣帝建德年天西北有聲如雷未幾吐谷渾大寇邊

又曰陳宣帝太建十二年天有聲如風水相擊三夜乃止

又曰後主初即位八月天有聲如風水相擊俄又如之九月夜天東北有聲如蟲飛漸移西北至德元正月天東南有聲如蟲飛後降於隋

隋書曰開皇二十年四月天有聲如瀉水自南而北六月秦王俊薨

河圖稽命徵曰帝劉即位百七十年大陰在庚辰江充詭其變天鳴所坼

四時

禮記月令曰孟春行夏令則雨水不時草木早落國時有恐行秋令則人有大疫猋風暴雨揔至藜莠蓬蒿並興行冬令則水潦為敗雪霜大摯首種不入仲春行秋令則其國大水寒氣揔至寇戎來征行冬令則陽氣不勝麥乃不熟民多相掠行夏令則國乃大旱煖氣早來蟲螟為害季

春行冬令則寒氣時發草木皆肅國有大恐行夏令則人多疾疫時雨不降山陵不收行秋令則天多沉陰淫雨早降兵革並起孟夏行秋令則苦雨數來五穀不滋四鄙入保行冬令則草木早枯後乃大水敗其城郭行春令則蝗虫為災暴風來格秀草不實仲夏行冬令則雹凍傷穀道路不通暴兵來至行春令則五穀晚熟百螣時起其國乃饑行秋令則草木零落果實早成民殃於疫季夏行春令則穀實鮮落國多風欬民乃遷徙行秋令則丘隰水潦禾稼不熟乃多女災行冬令則風寒不時鷹隼早鷙四鄙入保孟秋行冬令則陰氣大勝介虫敗穀戎兵乃來行春令則其國乃旱陽氣復還五穀無實行夏令則其國多火災寒熱不節民多瘧疾仲秋行春令則秋雨不降草木　生榮國乃有恐行夏

令則其國大旱蟄蟲不藏五穀復生行冬令則風災數起收雷先行草木早死季秋行夏令則其國大水冬藏殃敗民多鼽嚏行冬令則國多盜賊邊境不寧土地分裂行春令則煖風來至民氣解惰師興不居孟冬行春令則凍閉不密地氣上泄民多流亡行夏令則國多暴風方冬不寒蟄蟲復出行秋令則霜雪不時小兵時起土地侵削仲冬行夏令則其國乃旱氛霧冥冥雷乃發聲行秋令則天時雨汁瓜瓠不成國有大兵行春令則蝗蟲爲敗水泉咸竭民多疥癘季冬行秋令則白露早降介蟲爲妖四鄙入保行春令則胎夭多傷國多固疾命之曰逆行夏令則水潦敗國時雪不降冰凍消釋

太平御覽卷第八百七十四

太平御覽卷第八百七十五

咎徵部二

五星

京氏易五星占曰歲星失度何人君不仁春殺無辜則歲星失度其救也慈仁敬讓廣恩惠施無犯四時則歲星承度熒惑失度何人君內無法禮輕薄房室外行慢易斂奪民財則熒惑失度其救也爵賢位德養幼廩孤命樂師趣鞉鼓合歡欣熒惑還度天心得矣太白失度何人君薄恩無義懦弱不勝任則太白失度其救也舉有義任威用武則太白復兵氣消矣鎮星失度何人君內無仁義外多華飾則鎮星失度其救也治社稷修明堂近方直之人此災自消也辰星失度何人君內無仁義外多華飾則辰星失度其救也明刑慎罰審法必中

八ヲ七十五　趙昌

尚書考靈耀曰白經天水決江（白大白也金為水宗故多水也）

春秋元命苞曰昴畢間為天街日月五星以出入熒惑守之道不通天下危○又曰卷舌主口語熒惑臨之下多亂謀國君以口舌之害起寇○又曰熒惑守軒轅貴妾爭

又曰熒惑守營室羣妃鬬

漢書天文志曰五星所行合散犯守歷陵鬬蝕彗孛飛流皆陰之精本於地而發于天也（孟康曰合同舍也散謂五星有變則其精散為妖星也犯七寸之內光芒相及陵相冒過也蝕星月相陵不見者旁日食也韋昭曰自下往觸之曰犯居其旁曰守經之為歷相擊為鬬張晏曰彗所以除舊布新也孛氣似彗飛流謂飛星流星也孟康曰飛絕迹而去之流光跡相連也）

又曰孝昭元始中太白入太微西藩第一星北出東藩第一星東北下去太微者天庭也太白行其中宮門當閉大將被甲兵邪臣伏誅後有流星下燕萬載宮極東去（李奇曰極星梁地三輔名為極也）法曰國恐有誅其後左將軍上官桀驃騎將軍安與長公主燕剌王謀作亂咸伏誅

又曰建始四年七月熒惑踰歲星居其東北半寸所如連李時歲星在關星西四尺所熒惑初從畢口大星東北往數日至往疾去遲占曰熒惑與歲星鬬有病君飢歲而後旱傷麥民食榆皮二年十月壬申太皇太后避時昆明東觀

又曰綏和二年春熒惑守心丞相翟方進欲塞灾異自殺

客星

左傳曰昭十年春王正月有星出于婺女（客星也）鄭裨竈言於子產曰七月戊子晉君將死今茲歲在顓頊之虛（歲星也顓頊之虛謂玄枵）姜氏任氏實守其地（姜齊姓任薛姓齊二國守玄枵之地）居其維首而有妖星焉告邑姜也（客星玄枵之維首姜邑齊大公安晉唐叔之母星占婺女為嫁之女織女為處女邑姜齊之既嫁女故星在婺女齊得歲故知禍歸邑姜）邑姜晉之妣也天以七紀（二十八宿面七）戊子逢公以登星斯於是乎出（逢公殷諸侯居齊地）吾是以譏之（者逢公將死妖星出婺女時非歲星所在故齊自當禍而以戊子日卒）至時晉平公卒

太八ヲ七十五　二　趙昌

漢書曰元帝初元元年四月客星大如瓜色青白在南斗第二星東可四尺占曰為水飢其月渤海水大溢六月關東大飢民多飢死瑯琊人相食二年五月客星見昴分居卷舌東可五尺青白色炎長三寸占曰天下有妄言者其十二月鉅鹿都尉謝君男詐為神人論死

續漢書天文志曰孝安永初四年六月甲子客星大如李蒼白芒氣長二尺西南指上階星上階為三公後太尉張禹司空張敏皆免官

又曰中平五年六月丁卯客星如三升椀出貫索西南行入天市至尾而消占曰客星入天市爲貴人喪

謝承後漢書曰吳郡周敞師事京房爲趙顯所譖謂敞曰吾死後三十日客星必出天市即吾無辜也死後果如言

孛

左傳曰文十四年有星孛入于北斗周内史叔服曰不出七年宋齊晉之君皆將死亂

又曰昭十七年冬有星孛于大辰西及漢申須曰彗所以除舊布新也天事象今除於火火出必布焉諸侯其有火災乎

梓慎曰往年吾見之是其徵也火出而見今茲火出而章必火入而伏其居火也久矣其與不然乎火出於夏爲三月於商爲四月於周爲五月夏數得天若火作其四國當之六物之占在宋衛陳鄭乎宋大辰之虛也陳大皥之虛也鄭祝融之虛也皆火房也星孛及漢漢水祥也衛顓頊之虛也故爲帝丘其星爲大水水火之壯也其以丙子若壬午作乎水火所以合也若火入而伏必以壬午不過其見之月鄭裨竈言於子産曰宋衛陳鄭將同日火若我用瓘斝玉瓚鄭必不火子産弗與後四國皆火

春秋孔演圖曰海精死彗星出宋均注曰海精鯨魚彗星出則國榅樧

春秋考異郵曰鯨魚死彗星合宋均注曰鯨魚陰物生於水今出而死是時有兵相殺之祥也故天應之以妖彗也

春秋合誠圖曰赤彗火精如火曜長七尺

孝經鉤命決曰周襄王不能事其母弟彗入斗亡其度

孝經内記曰彗星北斗禍大起在三台臣害君在太微君害臣在天獄諸侯作禍彗行所指其國大惡四彗在月中者君有德天下欣心大豊盛

爾雅曰彗星爲欃楚緘切槍楚庚切

河圖帝通紀曰彗星者天之旗

河圖稽燿鉤曰五星散爲五色之彗

戰國策曰唐睢謂秦王曰專諸刺王僚彗星襲月

史記曰秦始皇十五年彗星四見大者八十日長或竟天其後秦遂滅六王并中國外攘四夷死人如麻

漢書曰建元六年彗星見淮南王心怪之以爲上無太子天下有變諸侯並爭愈益治攻戰具遂謀反

又曰哀帝建平二年二月彗星出牽牛日月五星所從起曆數之元三正之始彗而出之改更之象也其後卒有王莽簒國之禍

後漢書曰獻帝建安二十三年正月孛星晨見東方二十餘日夕出西方紀歷五車東井五諸侯文昌軒轅入太微指帝坐占曰除舊布新之象

續漢書天文志曰王莽地皇三年十一月有孛星于張東南行五日不見孛星者惡氣所生爲亂兵又猋然雲爲兵之類也故名之曰孛孛之爲名猶有所傷害有所妨蔽或謂之彗星所以除穢而布新也張爲周地星孛于張東南行即翼軫之分翼爲楚楚地將有兵亂後一年正月光武起兵舂陵都雒居周地除穢布新之象也

又曰孝明永平三年六月丁卯彗星出天舡北長二尺所稍北行百三十五日去天舡爲水彗星出之爲大水是歲伊雒水溢到津城門壞伊橋郡七縣三十二皆大水

又曰永和六年二月丁巳彗星見東方長六七尺色青白

西南指營室及墳墓營室者天子常宮墳墓主死彗星起而向營室至墳墓不出五六年天下有大喪

又曰光和元年八日彗星出亢池入天市中長數尺稍長五六丈赤色經歷十餘宿八十餘日乃消於天苑中彗除天市將徙帝將易都至初平元年獻帝遷都長安

又曰孝獻初平九年十月有星孛于東井與鬼匙入軒轅太微十一年正月有孛于斗首在斗中尾貫紫宮及北辰

占曰彗掃太微紫宮人主易位其後魏文帝受禪十二月辛卯有星孛于鶉尾荆州分也時荆州牧劉表專據荆州從事周羣以爲荆州牧將死而失土明年秋表卒以小子琮以代曹公將攻荆州琮懼舉軍詣公降

晏子春秋曰景公謂晏子曰彗星向吾國我是以悲晏子曰居穿池欲深廣爲臺欲高大誅戮如仇讎孛又將至彗

星容可拒乎懼緩刑罰三十七日彗去

尉繚子曰昔楚將軍子心與齊人戰未合夜彗星出（柄在齊所在勝不可擊）子心曰彗星何知明日與齊人戰大破之

淮南子曰鯨魚死而彗星出

天狗

占曰狗者守禦之類天狗所降以戒守禦也出入無時下則有伏尸流血其流星墮地有聲野雉皆鳴或羣狗皆吠或流散化爲雲一曰流星有聲如雷下地中一曰無雲而雷一曰星赤白有光下地爲狗狗無足一曰如火光炎衝天其上兌下地如數頃田一曰大流星其有光見人面墜無音有足一曰星狀如奔星有聲望之如火一曰其色白其炎炎如遺火狀皆曰（天狗天狗所下之處万人伏尸狗食血所下之邑大）兵起國易政人相食千里流血四方相射破軍殺將兵喪並起國破滅巳

河圖稽燿鉤曰太白散爲天狗主候兵

洪範五行傳曰七國之兵戰於梁地故天狗先降梁壘見以其象也狗者守禦之類也所降以戒守禦也

史記曰秦孝公十二年星晝墜有聲至十七年秦韓大戰擒晉惠王

又天官書曰天狗狀大如奔星有聲其止地類狗地望之如火光炎炎衝天其下圓如數頃田處上兌見則有黃色千里破軍殺將（洪範五行傳同）

漢書天文志曰孝昭元年二月乙酉牂雲如狗赤色星三枚夾

漢書西行占曰太白散爲天狗爲卒起　卒起見禍無

時四月昌邑王賀行淫僻大將軍霍光白皇太后廢賀

又曰成帝綏和元年四月日晡時天有星殷如雷聲有流星如缶長十餘丈皎然赤白從日下東南去或如盂或如雞子燿燿如雨下至地止郡國皆言星隕爲王者失勢諸侯起伯之異其後王莽專政篡位

又曰哀帝建平元年正月日出時有物着天白廣如一疋布長四丈餘西南行聲如雷一刻止名曰天狗

又曰後漢光武建武十一年春有流星大如日從太微出入北斗魁中第六星色白傍有小星射者十餘枚後有聲如雷頃止斗魁主殺伐是年吳漢戮宮破公孫述於成都十二年春有大星如缶出柳西南行入孤將滅時分爲十餘段如遺火狀須臾有聲殷殷如雷柳爲周狐爲秦蜀是年使大司馬吳漢從洛陽發南陽卒泝江而上擊蜀白帝

公孫述數萬人
又曰中元元年冬有大流星從西南向東北行有聲如雷其年中郎將竇固將西征
又曰順帝永和三年有流星大如斗從西北東行長八九尺赤黃有聲隆隆如雷是時大將軍梁商與常侍張逵曹騰孟賁等爭權矯制收騰順帝寤逵等奔走或自刺或解貂蟬投草中逃亡之應
漢獻帝春秋曰初平四年六月流星起織女東南行天市中蛇行有尾長七八丈色赤照地又流星如斛長六七丈小者六七枚隨之光照地又流星西北行有聲如雷望之如火又照地是曰天狗
晉書曰惠帝永興元年七月流星有聲二年又有星隕有聲後二年懷帝愍帝蒙塵劉元海石勒攻掠遂亡中夏

又曰懷帝永嘉元年有大流星如日自南流于東北小者如斗相隨天盡赤有聲如雷是年汲桑殺東燕王騰明年劉元海僭號
又曰穆帝永和十年流星大如斗色赤黃出織女沒造父有聲如雷其年慕容儁據臨漳諸將奔散
又曰海西公大和四年十月有大流星西下有聲如雷明年廣漢妖賊李弘反自稱聖王又慕容暐尅鄴盡有地明年桓溫廢帝
又曰孝武太元十三年天狗東北下有聲占曰此亦戰流血是後慕容垂翟遼姚萇苻登慕容永並阻兵爭強
宋書曰後廢帝元徽五年四月星隕于東南有聲如雷
崔鴻十六國春秋曰後趙石勒建平四年有流星大如尾足形自北極西南流五十餘丈光明燭地墜于河聲聞九百餘里其年石勒死而季龍殺勒諸子而篡位
隋書曰北齊孝昭皇建二年十月天狗下於鄴山於其下講武獸之帝將至有兔驚馬帝肥墜馬而死
又曰武成清河三年春天狗南流下宋地彭城其年妖人反於鄴入北城胡太師彭城王浟為主浟不從見害
又曰周宣王大象元年五月有流星大如二斗器云從太微端門流入有聲如翻旗其月靜帝立隋公楊堅專政俄而禪位
又曰靜帝大定元年七月有大流星如斗出五車東北流光明燭地是月趙王招越王盛以謀執政被誅
又曰隋煬帝大業十二年八月夜有大流星如斗出王良閣道聲如頹墻其日又有大流星如瓮出羽林有聲明年帝幸江都天下大亂

山海經曰金門之山有赤犬名曰天犬其所下者有兵郭璞注曰周書天狗所止地須臾光飛天爲流星長數十丈其疾如風聲如電光吳楚七國反時犬過梁野
兵書曰兩敵相望其雲氣如牛馬狀頭低尾仰曰天狗勿與戰也

枉矢

河圖稽燿鈎曰辰星散爲枉矢流所射所誅
河圖曰枉矢東流天下恐
尚書運期授曰白帝之治六十四世其亡也枉矢射桀
尚書中候曰夏桀無道枉矢射
洪範五行傳曰枉矢者弓矢之象也枉矢之所觸天下之所伐滅亡之象也
春秋運斗樞曰黃帝行失樞則枉矢出射所謀謀易失樞之王欲以枉矢射之

春秋潛潭巴曰枉矢出臣不忠
又曰枉矢或南或北無聚衆伐戰國
論語摘輔象曰虛王反度枉矢合
史記天官書曰枉天類大流星虵行而蒼黑望之如有毛目
又曰項羽救鉅鹿枉矢西流山東遂合從西坑秦人屠咸陽
說苑曰秦二世立枉矢夜光俄而天下大亂二世被殺
晉書曰武帝元康四年枉矢北行竟天次年夜枉矢自北斗魁東南行占曰以亂伐亂北斗主殺伐是後趙王倫殺司空張華裴頠右終自屠滅
又曰太熙元年有枉矢西南流懷帝永嘉四年劉聰嘉平三年星起牽牛委曲虵形入紫宮其光照地其年帝爲劉聰所害後三年聰死國亡
又曰愍帝建興三年枉矢自文昌北流至斗東如一疋布絳虵行有手足因變爲雲氣如人象二臂一足至五年北平人吴作聚衆千人立沙門爲天子四年帝降劉曜
又曰元帝大興三年枉矢出虛危沒翼大寧二年王敦殺譙王承及甘卓
又曰穆帝昇平二年枉矢自東南流于西北其長半天時所在擁兵政非己出
隋書曰齊昏侯永光三年春枉矢晝見西方長十餘丈其年梁武舉兵東昏遇害
又曰隋煬帝大業十二年枉失二出北斗魁委曲虵形注於南斗後二年宇文化及於江都僭號許王世充於東都殺恭帝僭號鄭

蚩尤旗

河圖稽燿鉤曰熒惑散爲蚩尤旗主惑亂河圖提劉子曰帝將怒蚩尤出乎四野
史記曰天官書曰蚩尤之旗類彗而後曲象旗見則王者征伐四方
魏志曰嘉平四年六持節奉法駕迎高貴鄉公元城是歲白氣經天大將軍司馬景王問王肅其故肅曰此蚩尤之旗也東南其有亂乎君若修己以安百姓則天下樂安者歸德倡亂者先亡矣明年鎮東將軍毋丘儉揚州刺史使文欽果反。皇覽冢墓記曰蚩尤冢在東郡壽張縣闞鄉城中高七丈民常十月祠之有赤氣出如降名爲蚩尤旗

獄漢

河圖稽燿鉤曰填星散爲獄漢
春秋合誠圖曰獄漢主逐王（獄漢填星精所爲）
史記天官書曰獄漢星（孟康曰青中赤下有三彗縱橫亦鎮星之精一名咸漢也）出正北北方之野星去地可六丈而赤數動察之中有青所出非其方其下有兵衡不利

五殘

河圖稽燿鉤曰鎮星散爲五殘主犇亡
春秋合誠圖曰五殘主出亡
春秋考異郵曰五殘類辰星有角見則政在伯
史記天官書曰五殘星出正東東方東方之野星狀類辰星去地可五六七丈所出非其方其下有兵衡不利
山海經曰西王母是司天之五殘

國皇

河圖稽燿鉤曰歲星之精流爲國皇主內難

春秋考異郵曰國皇大而赤類南極見則兵起天下急（宋均注曰南極老人星也）

續漢書天文志曰靈帝光和中國皇星見東南角去地一二丈如炬火十餘日占曰國皇爲内亂外兵喪其後黄巾張角何進袁紹董卓亂燔燒宫室遷西京

格澤

廣雅曰格澤妖氣

史記天官書曰格澤星者如炎火之狀黄白起地而上下太上兊其見不種而穫不有土功必有大咎

旬始

河圖稽燿鉤曰填星散爲旬始主招横

春秋合誠圖曰旬始主爭兵

春秋考異郵曰旬始照其下必有滅主

廣雅曰旬始妖氣也

史記天官書曰旬始出於北斗旁狀如雄雞其色青黒象伏鼈

楚辭遠遊集曰重陽入帝宫造旬始而觀清都

司馬相如大人賦曰垂旬始以爲幓（孟康曰旬始氣如雄雞在北斗傍懸於幓卜以爲十二旒幓音所銜切）

營頭

占曰流星晝行亡君之戒一曰流星晝名營頭營頭而下流血滂滂一曰有雲如懷山墮所謂營頭之星其所墮覆軍流血

續漢書天文志曰王莽地皇四年遣王尋王邑將兵至昆陽圍城數重晝有雲氣如懷山墮軍上軍人皆厭所謂營頭之星也占曰營頭之所墮其下覆軍流血三千里是時光武將兵數千人赴救昆陽擊二公會天大風飛屋瓦雨如注水二公亂敗死者數萬人

晉書曰惠帝大和二年星晝流矢北下光變目有聲如雷占曰爲營首營首所在其下有大亂流血

又曰穆帝永和八年日未入有流星大如三斗魁從辰巳上東南行在箕斗間占曰營首之下流血滂沲是年慕容儁稱大燕攻伐無已

漢

詩推度災曰逆天地絶人倫則天漢滅見

史記天官書曰漢者金氣之散其本漢水中星多則水少則旱。書紀年曰晉定六年漢不見于天

蓬星

漢書天文志曰孝景中三年六月壬戌蓬星見西南在房

南大如二斗器色白癸亥在心東北甲子在尾北丁卯在箕北近漢稍小且去時大如桃壬申去凡十日占曰蓬星出必有亂臣房心間天子宫也是時梁王欲爲漢嗣使人殺漢諍臣袁盎

晉中興書曰太元二十年九月有蓬星如粉絮東行歷女虛危及哭星

太平御覽卷第八百七十五

太平御覽卷第八百七十六

咎徵部三

風　恭風　黑風　赤風
雷　冬雷　霹靂　無雲而雷

風

尚書洪範咎徵曰蒙恒風若（君行蒙暗則常風順之也）

禮記月令曰孟春行夏令飄風暴雨總至季秋行春令則煖風來至

京房易傳曰后專拜厥風疾而樹不搖不循道厥風不搖草

京房別對災異曰迴風起何風者天之號令也當直而正普而不偏使人衆君迷惑則迴風起不救則致逆風起其救也用公直黜邪枉此災消矣

春秋潛潭巴曰疾風拔木讒臣恣忠臣辱

史記曰殷紂末年大風飄牛馬壞屋拔樹飛颺數十里周滅之

又曰秦始皇二十八年渡淮至衡山浮江至湘遇大風博士云堯女舜妻葬於此始皇怒使刑人三千人伐湘山樹明年東遊至博浪沙中爲盜所驚乃令天下大索焉

又曰項羽背約都彭城漢祖伐之圍漢三重大風從西北起折木發屋楚軍大亂

漢書曰呂后崩後呂產執北軍朱虛侯劉章入宮衛帝見產廷中遂擊產走大風起從官莫敢鬭章遂產殺之

又曰昭帝時燕王旦都薊大風拔宮樹十六吹壞城樓王反伏誅

又曰濟北王興居反始擧兵大風從東吹其旌旗飛上霄城西井中馬皆悲鳴不進李廓切諫王不聽俄而兵敗自殺

又曰平帝元始四年冬大風吹長安城門屋瓦盡

又曰王莽天鳳年大風拔樹飛北闕城門屋瓦緣邊大飢人相食

又曰地皇四年大風毀王路其年司徒王尋司空王邑守昆陽光武起兵南陽至昆陽攻之大風雷屋瓦皆飛雨下如注滍川盛溢尋邑乘死人而渡王尋見殺軍人皆散走王邑還長安莽敗俱殺之

後漢書曰安帝時京師大風拔南郊梓樹九十六後海賊張伯路略九郡

魏略曰正始元年蕳風大起數十日發屋拔樹動太極殿東閤正大會風又甚傾盃按曹爽將誅之徵毋丘儉反景王率衆征之

晉書曰吳孫權太元初大風江海湧溢平地水深八尺拔高陵樹二千株動吳城兩門瓦飛落是時賦役繁重明年權死

又曰孫休永安元年十二月孫綝出屯武昌衛士施朔告綝欲反綝聞之大懼是夜大風四轉五復發屋折木揚沙石綝益恐明日臘會稱疾休強起之不得已乃至會張布丁奉自左右縛之綝叩頭請爲奴不許乃斬之

又曰孫皓末年狂暴丞相陸抗與大司馬大丁奉謀欲廢皓太史令陳苗奏久陰不雨風氣迴逆將有陰謀皓深驚懼抗遂寢其事

又曰晉武帝咸寧三年八月大風拔木暴寒且冰其年吳將孫愼入江夏太康末京都風發屋拔木

又曰惠帝永康中六月飄風吹賈謐朝衣飛數百丈明年
謐誅其年十一月京都大風發屋折木十二月愍懷太子
幽于金墉
又曰永康元年四月張華舍飄風起折木飛繒軸六七枚
是月趙王倫矯制廢賈后害張華裴頠等
又曰趙王倫篡位改元建始祠太廟風暴起黃塵四合其
年倫誅
又曰元帝永昌中大風拔木壞屋拔御道柳百餘株時王
敦害尚書刁協僕射周顗等
又曰成帝時劉胤鎮尋陽有迴風從東來入胤舡中西出
狀如疋練長五六丈術人戴洋曰有刀兵死喪之亂須胤
爲郭默所害
王隱晉書曰王澄在荆州率衆軍次江陵之東堂皇北救

國難飄風折其節後爲王敦所殺
晉中興書曰桓玄入建康宮逆風迅激旌旗不立儀飾一
皆傾偃是月酷寒此日尤甚急恒寒若之應也出遊門外
飄風飛其儀蓋
又曰苻堅三年長安大風堅宮中樹悉拔是歲王猛死
沈約宋書曰孝武帝大明七年風吹初寧陵隧口左標折
鍾山通天臺新成飛倒散落山澗
又曰徐羨之文帝初作揚州有摽風自西明門須臾入城
直至聽前繐帽及蓆遙遠雲際尋羨之爲文帝所誅
又曰文帝元嘉九年壽陽驟雨有迴風雲霧廣三十步從
南來至城西迴散滅當其衝者室樹木皆摧到其年晉寧
太守爨松子反
又曰元嘉三十年正月朔上會羣臣於大極殿有大風拔
木雷電晦暝凍殺牛馬及人明年太子劭逆也
又曰孝武時柳太尉乘車行還於庭中洗車有大風從門
而入直來衝車有聲車蓋覆向天其年明帝立合門被殺
又曰竟陵王誕文帝子孝武時鎮京口夜大風吹落屋瓦
城門鹿床倒覆反鎮廣陵將入城衝風暴起俄而反伏誅
又曰順帝昇明二年飄風起建康縣吹帛一疋入雲風止
下於御道上俄而宋授禪其君爲疋夫之象
齊書曰明帝建武末大風拔東宮門外楊樹齊木行東木
位其衰乎至東昏侯立狂亂被害
又曰東昏侯寶卷永元元年始安王遙光知政入城有飄
風飄儀繖出城外火日而反被殺
又曰崔恵景圍臺城有一五色幡風吹飛翔在雲中半日
乃下衆見皆驚怪相謂曰幡者事當翻覆數日恵景敗

隋書曰梁武帝太清二年九月邵陵王綸出頓丘下其日
天色陰慘風塵蕭瑟咸以出軍不祥十一月綸至江遇風
亟溺人馬多損
又曰大寶元年邵陵攜王綸出鎮南浦僭擬施幄帳無何
風起吹投於江後爲侯景將任約所襲綸敗走保汝南爲
魏將侯萬通所攻城陷被殺
又曰元帝承聖三年帝觀講武於津陽門風雨歘集晝天昏
暗旗幟飄亂帝趍駕而迴無復次序還宮至城風雨隨息
竊驚俄爲魏軍所執送岳陽殺之
又曰元帝徐妃初嫁夕車至州西疾風大起發屋折木無
何雪霰交下帷簾皆白及還之日又大雷震西州廳兩柱
碎以爲不祥妃竟以淫穢自殺
又曰梁岳陽王詧昭明太子之子西魏立爲梁王其年至

江陵結營夜疾風甚雨水平地數尺其月營乃夜遁爲諸蠻斷於山路墜馬僅得脫

又曰侯景篡梁拜南郊登壇大風拔木物盡吹散見者莫不驚駭俄而景被殺

崔鴻十六國春秋曰北燕馮跋太平二十一年二月飄風入征南大將軍上黨公姚昭宅至于司徒中山公宅而散上黨公家人問太史閔尚曰風者天之號令所以吹塵去穢除姦慝之禍至二十二年跋弟弘篡立以姚昭爲大司馬昭貪暴其子肇諫曰大人不聞飄風之怪昭不納明年馮弘殺昭并諸子姪四十餘人

又曰前秦苻生壽光元年長安大風發屋拔樹行人顛頓宮中奔擾或稱賊至門晝閉五日乃止生推告賊者殺之刳出其心左光禄大夫強平諫曰元正盛曉日有蝕之正陽神栩風昏大起願陛下務養元元生大怒鑿其頂而殺之

又曰苻堅建元十八年三月大風吹壞長安西門拔宮中大樹倒根於上至二十一年堅爲姚長所殺

又曰李期玉恒四年三月大風拔樹發屋四月爲李壽所殺

又曰蜀李壽漢興三年二月大風暴雨震端門至六年壽死子勢立三年爲晉將桓溫所滅

又曰前趙劉曜葬其父母費用億計發掘古冢暴骸原野吏卒盈衢大霖雨震曜父墓門屋大風飄發其父寢堂于外垣五十餘步松栢衆木植已成林至是悉枯死曜竟爲石勒所擒

又曰劉曜末年與石季龍對軍不撫士衆專與嬖臣博飲左右諫之以爲妖言斬之大風拔木昏霧四塞須臾見擒

又曰前涼張玄靜四年六月大風震雷晦冥宮中雨水深四尺時宋混兄弟擅權玄靜虛坐而已

後魏書曰孝文太和中安定王禎出爲湘州刺史至日暴風大雨凍死者數十是月禎發背死後宣武延昌三年章武王熈除湘州刺史七月入理其日大風雨凍死者二十餘人驢馬凍死數十熈聞祖父禎前事心甚惡之俄而舉兵反伏誅

齊書曰後主天統年大風晝晦發屋拔木和士開譖趙王叡生坐死士開出入宮掖胡太后幸之琅邪王儼矯詔殺士開於南臺儼伏誅

又曰後主末年安德王延宗鄴下宅被風吹其廳棟撥相運置外數百步後主敗爲王二日被擒入周賜死

陳書曰陳文帝天嘉三年梁永嘉王將司空王琳與陳將侯禎對軍其日東西風吹琳舟艦琳軍大敗

又曰天嘉六年大風西南吹靈臺候樓倒

又曰後主至德年風吹朱雀門倒又禎明年大雨風自西北激濤水入石頭城時後主昏誅諫臣沈客卿明年陳亡

又曰隋文帝開皇中宮都大風發屋拔木時獨孤皇后干預政事後宮多有濫死又楊素邪佞

又曰開皇末秦州商胡乘騾遇暴風飄上空數百丈俄而墜下人騾俱碎時晉王廣矯詐取媚謀危太子勇勇竟廢死立廣爲太子

淮南子曰人主之精通于天故誅暴則多飄

暴風

京房易妖占曰獄吏暴害人臣專政暴風折木

又曰暴風折柱邑大憂暴風折木吹草上屋且有急令獨祿
風入宮人主死飄數相從入殿門有凶疾憂以此亡飄留
君門一日一夜不去亂兵在門獨祿風者回轉風也
京房別對災異曰狂風發何人君政教無法爲下所逆則
致狂風發泄其救也脩政教聘賢士狂風消矣
又曰人君賊罰良善政教無常使命數變則致暴風折木
發屋鳴瓦或害殺人其救也脩舊典任忠臣思過自改則
風災消
六韜曰人主好田獵畢弋則歲多大風飄牛馬發屋拔木
民人飛揚數十里
漢書曰文帝時吳暴風雨壞城門吳王濞反卒服誅其年
楚王都彭城大風毀市門殺人後王與吳王濞謀反同誅
京房曰衆逆同志暴風將起

晉書曰孝武太元二年春暴風折木發屋夏又暴風楊沙
石三年又暴風折木發屋時苻堅強盛
又曰安帝元興初夜大風雨大航門飛落明年桓玄篡位
沈約宋書曰前廢帝義符時正月朔朝暴風發殿前會席
翻揚數十丈至五月帝廢爲榮陽王
梁書曰昭明太子孫棟簡文大寶二年八月爲侯景廢棟
時與妃張氏鋤菜而法駕至驚懼而泣昇輦及即位昇武
德殿備陳文物於庭有暴風自東來吹旌旗悉倒又有迴風
從地踊起折竿翻飛華蓋經出端門不見陪列者驚駭時
人知其不終十一月景廢棟景乃篡立
崔鴻十六國春秋曰南燕慕容超僭位祠南郊將登壇大
風暴起天地晝昏行宮羽儀皆壞裂後超爲晉將劉裕所
滅斬於建康市

又曰慕容盛建平元年八月暴風拔闕前七大樹其月步
兵校尉馬勒謀反伏誅至長樂三年盛爲段璣于泰所殺
又曰後燕慕容垂遣太子寶伐魏次參合忽大風黑氣狀
若堤防臨覆軍上沙門支曇猛言於寶曰風氣暴逆魏軍
將至宜遣兵禦之寶笑而不納俄黃霧四塞日月晦冥魏
師至三軍奔潰其年垂死
又曰石季龍死子遵立其月夜暴風拔樹震雷雨雹俄而
遵見殺
隋書曰太子勇朝高祖於仁壽宮還至岐山妃元氏止于
周大王廟因縱騎獵須臾暴風折樹雨雪深至人膝天晦
暝咫尺不相見妃因心痛再宿而死勇後廢爲庶人煬帝
殺之
又曰太子勇廢立晉王爲皇太子當受冊高祖曰吾以大

興公成帝業令出舍大興縣其夜烈風大雪地裂山崩民
舍多壞死者百餘
又曰煬帝大業十四年三月在江都蜀王秀囚於右驍衛
營暴風吹壓晝昏識者大以爲暴秀謂防者曰吾生年已
來未見斯變亡國之禍應在旦夕其日夜宇文化及司馬
德戡裴虔通反
唐書曰玄宗天寶十一年潼關口女媧墓因風雨失所在
後至肅宗乾元二年五月一日其墓復舊

黑風

後漢書曰世祖太常元年二月京師有黑風竟天廣五十
餘丈其年四月沮渠蒙遜寇張掖
古今五行志曰大業十三年二月李密於鞏縣南設壇刑
白馬祭天稱魏公置僚佐改元外壇時有黑風從南北暴

至吹寄衣冠及僚屬皆匍匐于壇下沙塵暗天咫尺不相見良久息賊軍惡之俄而寄敗

赤風

春秋潛潭巴曰天赤有大風發屋折木兵大起行千里

漢書曰建元四年夏有風赤如血六月旱

崔鴻十六國春秋曰張天錫十一年有赤風昏闇至十三年符堅滅之

雷

古今五行記曰夏桀末年雷震殺人其年湯放之

左傳曰僖公十五年九月晦震夷伯之廟董仲舒以爲夷伯季氏之陪臣不當有廟明絕去僭差之類

河圖曰臣僭奢下犯主則雷電擊朝

京氏易五星占曰雷霆殺人何夫雷天拒難之折衝也人君承用節度即雷風以節暴行威福則雷霆殺人其赦也議獄緩死則災銷矣

京房別對災異曰雷鳴連而不絕者何夫雷鳴萬里懼令鳴不絕此謂人君行政事民不恐懼也故致游雷之災雷當先電而鳴今雷電俱出或鳴而後電何此謂執法者貪所致災也

後漢書曰桓帝建和三年六月雷震憲陵寢屋先是太后聽兄梁冀枉殺李固杜喬

魏志曰魏明帝景初中洛陽水橋同日俱震時勞役大起

古今五行記曰吳孫權赤烏八年夏雷震宮門柱又擊南津橋至十三年廢太子和立子亮

又曰晉惠帝永康初六月震崇陽陵標西南五百步標破時賈后陷害大臣終見殺

晉中興書徵祥說曰元興三年永安王皇后至自巴防將設威儀入宮天大雷震人馬多死

沈約宋書曰元嘉十四年震初寧陵標四破至地十七年廢大將軍彭城王義康

後魏書曰太祖天賜六年震天安殿東序帝惡之令佐校以衝車攻殿東西兩序屋毀之

唐書曰太宗貞觀十一年四月震乾元殿前槐樹

冬雷

京房易妖占曰天冬雷地必震教令撓則冬雷民飢

漢書曰昭帝五年十一月大雷震十二月丞相王訢薨

後漢書曰安帝永初六年十月郡國大雷延光四年十月郡國九三十雷時鄧太后專政帝不親萬機

晉書曰吳孫亮建興初十二月大風雷亮見廢

又曰愍帝建興初十一月大雨雷震劉向以雷二月出八月入於此月雷電者陽不閉藏失節之異是時九州幅裂至四年帝降劉曜害之

晉中興書徵祥說曰太興元年十一月京都雷震凡未應雷而雷皆恒燠也

又曰升平二年十一月雷時皇太后臨朝政舒緩也

崔鴻十六國春秋後趙録曰建武十三年十二月雷大雨霖石虎問佛圖澄此何災也澄曰其爲我耳至戊子而卒

又曰前秦符登攻姚萇冬大雷姚萇營殺七人萇軍大敗

霹靂

春秋合誠圖曰霹靂擊於宮殿者妃后爭政

春秋潛潭巴曰霹靂擊宮失君精泄下有謀起（宋均曰君精泄去也）

春秋繁露曰王言不從華而秋多霹靂霹靂者金氣也其音商故應之

續晉陽春秋曰太元五年霹靂含章殿四柱殺内侍二人

晉朝雜事曰元康七年霹靂破高禖石占曰賈后將殺愍懷

趙書曰前石時暴風雷雨霹靂雲臺壞署婦人震死壓之三日重霹靂出之

蔡邕封事曰臣聞天降災異緣象而至霹靂數發殆刑誅繁多之所生

無雲而雷

洪範五行傳曰秦二世元年無雲而雷雷陽也雲陰也有雲然後有雷有臣然後有君無雲而雷示君獨處無民臣也

史記曰晉莊伯八年無雲而雷十年莊伯以曲沃叛

又曰幽公十二年無雲而雷至十八年晉夫人秦嬴賊君于高寢

又曰秦二世時無雲而雷二世不恤天下有怨叛之心是歲陳勝起兵天下亂

漢書曰武帝征和四年天清晏無雲有雷聲聞四百里至後年侍中莽何羅反

又曰成帝元延元年夏無雲而雷光耀四照昏乃止是歲趙飛燕害後宮皇子

後漢書曰獻帝初平四年無雲而雷時天下大兵人民相食

晉書曰惠帝太安二年四月諸將立李特子雄爲王八月天中裂爲二無雲而雷成都王穎舉兵逼京師

又曰太安二年無雲而雷其年張方入京燒服御死者萬計石超逼帝幸于緱氏王師不利大飢人相食

梁書曰大通六年十二月西南無雲有聲如雷至地是年魏分爲二東西各主

崔鴻十六國春秋曰張重華三十九年十月無雲而雷聲皆東南引四十一年重華死子曜靈立爲叔祚篡之

又曰南燕慕容超太上二年無雲而雷七年爲晉將劉裕所殺

隋書曰文帝開皇二十年二月無雲而雷四月有聲如瀉水自南而北

又曰無雲而雷其年立晉王廣爲太子皇太子勇廢爲庶人立晉王爲太子

唐書曰則天時宗楚客以佞幸爲内史受命之日無雲而雷聲震裂未周歲而誅

太平御覽卷第八百七十六

太平御覽卷第八百七十七

咎徵部四

雲　五色雲　青雲　黃雲
赤雲　黑雲　氣　白氣
赤氣　黑氣　雨　無雲而雨
雨土　雨沙　雨灰　雨血
雨肉　雨毛　雨水　雨花
雨草　雨穀　雨魚　雨蟲
雨錢　雨水銀　雨金　雨繒
雨帛

雲

周禮春官曰眡祲掌十煇之法以觀妖祥四曰監八曰敘鄭司農曰監雲氣臨日也敘者雲有次敘如山在日上也

又曰保章氏以五雲之物辨吉凶水旱降豐荒之祲象鄭玄曰物色也視日旁雲氣之色降下也知水旱所下之國鄭司農曰以二至二分觀雲色青爲蟲白爲喪赤爲兵荒黑爲水黃爲豐故春秋傳曰凡分至啓閉必書雲物爲備故也

京房易妖占曰天無雲雲自出且有兵出邑且有水如帶如鳥其下有兵

洪範五行傳曰雲者起於山彌於天雲陰也王者失中臣下咸蔽君不明則雲陰衆多蔽天光有雲如衆謂風師渚有大兵

呂氏春秋曰亂國之主衆邪之所積其雲狀有若犬若馬若白鵠若衆軍其狀若人蒼衣赤首不動其名天衡其狀若懸旌而赤其名曰雲旌有狀衆馬以鬭其名曰滑

春秋潜潭巴曰雲氣沐沐不濁賢人去位小人得祿

東觀漢記曰二公圍昆陽正晝有雲當營而隕不及地而散吏皆壓佐

袁山松後漢書曰中平四年雲氣如疋相次重疊彌天

國志曆曰晉咸和元年七月雲鬭聲如暴風雨

五色雲

宋書曰前廢帝景平二年有雲五色如錦其年五月司空徐羨之廢帝爲滎陽王

青雲

河圖曰青雲刺月五穀不熟傍多赤雲如人頭大戰月旁有白雲如杵者三貫月六十日內有兵戰月始出有黑雲貫名激雲不出三日暴雨

黃雲

崔鴻十六國春秋曰後趙石勒建平四年有赤黃雲如幕長數十疋其年勒死

又曰冉閔永興三年有雲黃赤色起東北長百餘丈是歲閔爲慕容儁所殺

春秋運斗樞曰勢集於后族羣妃之黨熾則黃雲四合女訛驚邦

春秋感精符曰妻黨翔則黃雲入國候冬至日見雲黑有水雲赤白如人頭懸鏡之狀禍流

赤雲

左傳曰哀公六年有雲如衆赤鳥夾日而飛三日楚昭王使問周太史太史曰其當王身乎若禜之可移於令尹司馬王弗禜而卒孔子曰楚昭王知天道矣不失國宜哉

黑雲

趙書曰石虎建武四年東南卒有雲黑稍分爲三疋又貫日日沒後分爲七枚相去數十丈其間有白雲如魚鱗虎

子韜曰當有刺客後果爲太子宣所殺

氣

釋名曰祲祲也赤黑之氣相侵也

周禮曰春官眡祲掌十煇之法以觀妖祥一曰祲（鄭司農云祲陰陽氣相侵也）

左傳曰昭公十五年春將禘于武公戒百官梓慎曰禘之日其有咎乎吾見赤黑之祲非祭祥也喪氣也其在涖事乎二月癸酉禘叔弓涖事籥入而卒

春秋運斗樞曰赤人刺房（赤人賊氣而刺房房天王之明堂大星也）

呂氏春秋曰亂國之王其氣有豐上歛下有若木之狀有若山之狀春黃夏黑秋蒼冬赤

崔鴻十六國春秋北涼錄曰玄始十一年春正月饗群臣于謙光殿沮渠蒙遜曰南方有惡氣經天暴兵衆也不出

一旬必有寇問命治兵東苑以備之西秦遣騎七千來襲至駱駝嶺聞有備而還

三輔舊事曰漢作靈臺以四孟之月登臺而觀黃氣爲疾病赤氣爲兵黑氣爲水也

白氣

漢書曰哀帝建平元年有白氣從地至天出參下貫天廟廣如疋布長十餘丈哀帝陰病候也

續漢書曰孝和（永元十六年四）月丁未紫宮中生白氣如粉絮占爲喪

又曰孝靈熹平二年八月辛未白氣如疋練衝北斗第四星占爲大戰明年冬揚州刺史臧旻攻盜賊於建康斬首數千級

蜀李書曰哀帝即位有白氣二道帶天望氣者言宫中有伏兵果爲邛都公所害也

晉書曰懷帝永嘉三年十二月有白氣如帶自地昇天南北各二至五年石勒劉曜王彌皆寇洛陽帝蒙塵于平陽劉聰封帝爲會稽公

又曰成帝咸和元年後蜀李雄王衡二十四年雄死太子班立有白氣如帶經天太史占有陰謀班不悟爲李期所殺

宋書曰文帝元嘉二十六年十二月夜有白氣貫於北斗屬子地至明年魏太武至瓜步江

陳書曰文帝天嘉五年六月夜有白氣兩道出于北斗東南屬子地後年四月帝崩太子伯宗立廢爲臨海王

又曰宣帝太建五年二月夜有白氣貫于北斗紫宫屬子地至明年北齊兵至于江

隋書曰蕭吉煬帝嗣位拜太府少卿行經華陰見楊素家上有白氣屬天密言於帝帝問其故吉曰其後素家當兵禍絶滅之象改葬可免帝後謂玄感曰公家宜改葬玄感亦微知其故以爲吉祥託以遼東未滅不遑私門之事未幾玄感以反族誅

赤氣

漢書曰成帝永始三年二月癸未夜東方有赤白色氣大三四圍長二三丈索索如樹南方有大樹四五圍下莖十五餘丈皆不至地讖占曰東客之變氣狀如樹木以此知四方欲動者明年十二月巳卯尉氏男子楚並等謀反吏子山陽讖官亡徒蘇令等爲大賊一日有兩氣同時起而並令等同月而俱發

又曰王莽建國四年夏赤氣出東南竟天明年二月元帝

王皇后崩
後漢書曰獻帝興平末年夜有赤氣貫紫宮明年改元建安政歸曹氏
晉書曰惠帝太安二年赤氣竟天又永興二年十一月夜有赤氣竟天其年十二月成都王穎攻洛陽
又曰懷帝永嘉元年正月天氣晝赤氣有聲如雷明年劉元海僭位
宋書曰文帝元嘉七年十一月西北有赤氣中黑如旌旗至八年滑臺爲魏軍圍粮盡城中燻鼠而食之
後魏書曰莊帝永安三年十一月己丑有赤氣如霧從顯陽殿背西南角斜屬廊高一丈連地赤絳色自未至戌不滅帝見而惡之
隋書曰周靜帝大定元年有赤氣起西方東行遍天下七

月隋公堅禪
又曰隋大業末越王侗東都留守爲王世充所幽世充自立爲丞相百官總已於尚書省受冊設樂文武陪位於廳西有赤氣如絳幔自辰至戌而滅旬日世充乃殺朝士元文都盧楚遂簒位

黑氣

史記曰周靈王二十年有五黑氣如日至景王五大夫爭權
後漢書曰靈帝光和元年六月有黑氣墮所御温徳殿庭十月皇后宋氏廢至中平元年鉅鹿人張角稱黄巾帥部三十六萬同反叛
宋書曰明帝太始二年二月夜有黑氣五東西經天南行
隋書曰梁元帝承聖三年六月有黑氣如龍見殿内其年元帝爲西魏所擒
又曰陳廢帝臨海王時十月日入時有黑氣如雲入日中其年見廢

雨

史記曰夏桀末年大雨水鐵爲湯所放
京房易妖占曰雨鳴瓦任威武大臣專擅霖雨壞道
尚書洪範咎徵曰狂恒雨若君行妄則常雨
左傳曰莊公十一年秋宋大水公使弔焉曰天作淫雨害於粢盛若之何不弔對曰孤實不敬天降之災又以爲君憂拜命之辱
春秋繁露曰木有變則春多雨此徭役衆賦斂重故也
京氏別對災異曰人君擅私恩恣意縱情不與臣下同謀即致偏雨夜墮也不救致苦雨降萬民愁勞水絶道其救

也興公道無私黨此災消矣
漢書曰文帝後三年秋大雨晝夜不絶三十五日流殺民家新垣平謀反之徵
又曰昭帝時秋大雨自七月至十月時帝幼霍光專政
又曰成帝時秋大雨四十餘日時王氏舉宗在朝之應
又曰哀帝時夏大雨雹又冬大風雨雹其年郡國四十一雨水明年京師及郡國又四十一雨水海賊張伯路與平原劉文光等攻厭次殺令長
又曰王莽地皇中赤眉殺太師義仲莽遣太師王匡討之莽兵出東都門外天大雨沾衣長安父老歎曰是爲軍泣時百姓飢荒莽令煑草爲酪不可食重於煩費
又曰四年六月光武兵至昆陽莽使司徒王尋司空王邑將兵百萬圍之會天大風飛屋瓦雨下如注二公兵亂敗

自相殘殺湛水爲之不流
後漢書曰靈帝時夏京師大雨水其秋中常侍曹節矯詔誅太傅陳蕃將軍竇武遷太后於北宮（宮至明年京師又雨水暴）出其年竇太后崩是苦雨之應也
又曰獻帝初平初董卓逼帝入長安將入宮日大雨晝昏卓殺太傅袁隗太僕袁基及男女宗族五十餘人
又曰獻帝時夏大雨水時曹操殺皇后伏氏
又曰獻帝末司徒王允殺董卓卓將李傕郭汜攻陷長安殺戮甚衆乃收卓尸葬於郿葬日大風雨雨水從藏溢漂卓棺出於穴俄而傕汜皆被殺
續漢書曰建光元年京都及郡國二十九淫雨傷稼是時羌反久未平百姓屯戍不解愁苦
又曰桓帝延熹二年夏霖雨五十餘日是時大將軍梁冀

秉政
又曰靈帝建寧元年夏霖雨六十餘日是時大將軍竇武謀廢中官其年九月長樂五官史朱瑀等共中常侍曹節起兵闕下武敗走追斬武兄弟死者數百人
魏志曰明帝時大雨殺鳥雀時帝居喪不哀出入弋獵故有恒雨爲罰之變
晉書曰元帝時大雨四十餘日晝夜雷電時王敦興兵王師敗績
又曰成帝時頻年大雨恒雷時蘇峻餘黨猶據石頭帝幼權在臣下也
齊書曰明帝時王敬則爲大司馬拜日大雨洪注文武失色敬則後竟被誅
崔鴻十六國春秋曰後趙石勒將冠鄴霖雨三月不止王師敗季龍于臣靈口赴水死者五百餘人勒軍大飢相食
又曰石勒元年大霖雨滹沱泛溢衝山陷谷巨松僵拔東至于海原隰之間皆如山積後文鴦擊勒孔萇大敗而歸後又霖雨中山暴水流漂巨木百萬後有季龍篡弒之事
隋書曰魏靜帝時大雨七十餘日後元瑾荀濟劉思逸謀殺齊文宣不遂咸被誅
又曰北齊武成清河年大雨晝夜不息數十日山東大水人多餓死是年匈奴來寇并州
又曰後主大統三年積陰大雨時太后淫亂也
隋書曰文帝仁壽元年夏驟雨震雷（大風拔木宜君湫水移於始平明年獨孤）后崩
唐書曰則天長安四年九月霖雨兼雪凡陰一百五十餘日至神龍元年正月五王誅二張孝和反正方見晴

霽
又曰德宗貞元二十一年順宗風病王叔文用事連月陰雨不霽乃以憲宗爲皇太子制出日即晴傳所謂皇之不極厥罰恒陰皆此類也

無雲而雨

春秋感精符曰失陽事則無雲而雨（宋均注曰四月純陽用事失陽故無雲而雨也）
河圖祕徵曰主急妄怒失陽事則主無雲而雨
京氏別對災異曰無雲暴雨何人君封拜無功進無德則致不雲而暴雨過惡暴楊誅反受罪寄雲而不雨其救也誅彊卹弱信及北民雲雨時也
隋書曰梁武帝時雨自七月至十月是時頻年興師士卒疲弊

又曰元帝承聖中湘州賊陸納推李洪雅爲王羽儀器甲甚精徒黨勇銳時天日晴明初無雲霧軍發之際忽然風雨時人謂爲軍泣百姓竊言知其敗也元帝命竟陵太守王僧辯討平之

京房曰若出軍之日無雲而雨此天泣軍没不還雨不沾衣名曰鬼泣其軍必敗

抱朴子曰無雲而雨是爲雨血將軍當楊兵講武以應之大雨軍中甚必無功

雨土

京房易傳曰内淫亂百姓勞苦則天雨土此小人將起是謂黄生目土失其性則雨塵土沙灰皆土之類

尚書中候曰夏桀無道山土土崩殷紂時十日雨土於亳紂竟國滅

伏侯古今注曰漢武帝元朔四年雨土

又曰昭帝始元二年雨土晝昏

又曰元帝建昭四年雨土

梁書曰武帝大同元年雨土二年又雨黄塵如雪攬之盈掬時帝溺於佛法興造尤甚

後魏書曰世宗景明四年涼州雨土如霧時昺尚書令高肇專政俄而被殺

隋書曰隋文帝開皇二年京師雨土四年関中亂飢諸王各謀爲逆時内營都邑後起仁壽宫丁匠死者太半

雨沙

隋書曰梁簡文時雨黄沙時侯景陵上其年人相食

雨灰

隋書曰梁武大同年雨灰色黄時帝惡人勝已又信佛法捨身爲奴蔽賢絶道後有侯景之亂

雨血

戰國策曰齊湣王三十一年侵伐隣國窮兵極武外怨於諸侯内失於百姓燕將樂毅連五國兵以伐之湣王出走楚使淖齒救齊淖齒謂王曰夫千乘博昌閒地方數百里雨血沾衣贏博之地坼及至泉有人當闕而哭求之不得去則又聞其聲王悉知之乎王曰不知淖齒曰天地人皆以告矣而王不知何得無誅遂殺湣王以與燕闘而敗

漢書曰惠帝時宜陽雨血一頃時諸吕用事殺三皇子建立非嗣退大臣王陵趙堯周昌后崩大臣共誅滅諸吕僵尸流血之應

又曰哀帝時山陽雨血廣三尺長五尺大者如錢小者如麻後二年王莽擅朝誅貴戚丁傅董賢用事

晉書曰惠帝永康元年三月尉氏雨血明年正月趙王倫篡位遷帝於金墉城其後天下大兵禍流王室

崔鴻十六國春秋曰前趙劉聰建元元年十二月雨血於左司隸寺覆地其月又雨血東宫延明殿徹瓦在地者深五寸二年四月雨血於東宫其年十二月又雨血於東宫廣袤頃餘麟嘉元年二月雨血東宫其月又雨血於光極殿來年雨血平陽廣袤十里其月聰死劉璨爲靳準所殺

又曰後趙石遵時雨血周遍鄴城俄爲石鑒冉閔所廢閔遂滅石氏誅胡人

又曰南燕慕容超將敗東萊雨血俄而國亡

又曰後蜀李勢末年天雨血俄降於桓温也

隋書曰文帝時突厥雍閭可汗境内雨血三日俄而爲隋師所滅

唐書曰高祖武德初突厥處羅可汗欲侵中夏會天雨血三日乃止而處羅疽發而死

雨肉

後漢書曰桓帝時廉縣雨肉似羊肺大如手時梁冀專政盜賊攻掠明年梁太后崩冀亦敗

魏志曰公孫淵將士襄平北市生肉長圍各數丈有頭目口喙無手足而動搖占曰有形不成有體無聲其國滅亡其年司馬宣王討平之

晉書曰愍帝建興元年十二月河東雨肉劉石擁兵帝竟没遇害

崔鴻十六國春秋曰前趙劉聰時有流星起于牽牛入紫宮龍形委曲蛇行光照地落于平陽北十里視之則肉臭聞平陽長三十步旁常有哭聲

墨子曰殷紂滅年天雨肉其年爲周武王所滅

雨毛

京房曰邪進賢退前樂後憂金失其性則雨毛也

漢書曰武帝時天雨白毛明年又雨之時征役繁興户口凋散

晉書曰武帝時蜀雨白毛益州刺史皇甫晏爲牙門張弘謀害

隋書曰文帝開皇六年京師雨毛如馬尾長者二尺餘六七寸其月梁士彦宇文忻劉昉以謀反誅明年發十萬人築長城又於楊州開山造瀆以通運衆役繁興雨毛之應

雨冰

漢書曰桓帝時京師雨冰其年皇后梁氏崩梁冀與妻自殺。崔鴻十六國春秋曰涼張駿二年九月雨冰狀若絲

續皆着草

雨花

隋書曰文帝仁壽年在仁壽宮頻天雨花大者徑寸小者如榆莢。又曰毛州天雨金銀花遍四十餘里

雨草

京房曰君怯祿信衰厥妖雨草火失其性則草妖

漢書曰元帝時雨草而葉相摎結大如彈丸時帝外氏擅

盛京房曰國破亡若雨孽人主殃

又曰平帝時雨草狀如元帝時王氏專政至於莽乃篡位

政在私門之家

宋書曰明帝太始四年雨草于宮明年魏侵青州殺太守

雨穀

史記曰梁惠成王八年雨黍于齊

京房曰雨五穀人相食

又曰燕丹囚於秦天雨粟於燕後秦滅之

後漢書曰光武末陳留雨粟形如稗實

雨魚

漢書曰成帝時雨魚長五寸已下時王氏專政

崔鴻十六國春秋曰後蜀李期末年大雨魚於宮中其色黄其年爲李壽廢殺之

又曰夏赫連勃勃鳳翔元年五月雨魚于統萬時興役尤甚

雨螽

史記曰魯文公三年雨螽劉向以爲宋殺大夫而無罪有暴虐賦斂之應

雨錢

廣五行記曰後魏宣武景明年海陵人黄尋家貧忽風雨錢飛至家後巨富錢數萬其後被誅

雨水銀

隋書曰文帝仁壽四年八月仁壽宮内再雨水銀又陝州雨水銀奏高祖高祖知非祥其年太子逆殺漢王諒舉兵天下將亂之應

雨金

史記曰晋惠公二年雨金至六年秦穆公涉河伐晋

雨續

宋書曰孝武大明七年會稽雨續委於山澤續如麻紵朧似毳毛至八年大饑横屍原野

雨原

宋書曰文帝元嘉十七年七月張仲舒晨夕輒見門側有赤氣赫然空中忽雨絳羅於庭中廣七八分長五六寸皆以箋紙繫之紙廣長與羅等紛紛甚駭舒惡而焚之舒經宿暴死

太平御覽卷第八百七十七

太平御覽卷第八百七十八

咎徵部五

雪　不時雪　赤雪　霜
晝霜　雹　霧　黃霧
赤霧　黑霧　虹蜺　白虹
紫蜺

雪

左傳曰昭公四年正月大雪劉向以爲昭公娶吳姬於同姓董仲舒以爲季孫宿專政陰氣盛也

漢書曰武帝時十二月大雨雪人凍死時衡山王謀反發而殺之

又曰元帝時十一月齊楚大雪深五尺時石顯陷魏郡太守京房殺之

御覽八百七十八　一　安福孫

又曰王莽天鳳中地震大雨雪深一丈竹栢枯死其年鄴邪女子呂母爲子報仇黨至數萬時天下大亂飢

晉書曰吳孫權時正月大雨雪平地三尺鳥獸死者大半將軍全琮淮南戰死者數千萬

又曰孫亮時春大雨雪震電既雷則雪不當復降而亮見廢

宋書曰孝武帝時大雪平地二尺明年虜侵冀州

後魏書曰世祖太平真君八年北鎮大雪人畜凍死時正嚴急司徒崔浩濫被誅

不時雪

左傳曰桓公八年八月雨雪劉向以爲夫人有淫行將弑象桓公不覺與夫人如齊而弑死雪又雨之陰出非其時迫近象陰氣盛也

易通卦驗曰乾得坎之蹇則夏雨雪

詩推度災曰逆天地絕人倫則夏雨雪

京房曰夏雨雪臣爲亂

漢書曰文帝時六月大雨雪後二年淮南王長謀反遷蜀道死

又曰武帝時三月雨雪平地厚五尺是歲御史大夫張湯有罪自殺丞相翟嚴青坐與三長史弃市

又曰成帝陽朔四年四月雨雪燕雀死後二年許皇后廢

晉書曰武帝時大雪其年吳將步闡敗死傷甚衆後又八月大雪折木

又曰穆帝時八月大雪人馬凍死時政由臣下

崔鴻十六國春秋曰前凉張祚和平元年大會黑風冥闇五月雨雪行人凍死祚廣征兵三十餘道入擊南山諸種時

御覽八百七十八　二　安福孫

入千里張掖人王鸞上書諫言軍不可行行有大變祚怒以爲妖言斬之祚與嚴展吳綽外飛鸞觀征虜趙長校尉張璹入謙光殿拜張玄靜爲主咸稱萬歲祚愕然便下曰欲殺我耶長曰然遂刺祚傷額殺之

又曰後蜀李雄以晉咸康六年八月死之日宮內積雪自外則否

石虎鄴中記曰虎以五月發五百里內萬人營華林苑至八月天暴雨雪雪深三尺作者凍死數千人太史奏作役非時天降此變虎誅起部尚書朱軌以塞天災

廣五行記曰梁武帝時三月大雪平地三尺時義州刺史文僧朗以州叛於魏大同中七月青州雪害苗稼交州刺史李賁舉兵僭號

後魏書曰靜帝興和年五月大雪時北齊神武發卒十方

築鄴城又有無君之心

又曰武定時二月大雪人畜凍死道路相望時高歡專政帝政臨虛器

隋書曰北齊武成河清年二月大雪連月南北千里平地數尺時匈奴與周師入并州殺掠吏人

又曰武成任用和士開至後主復寵之隴東王胡長仁元舅之尊欲理政被士開所譖出爲齊州刺史武平二年三月天忽降雪一尺餘時生苗已出雪覆之蓋壟禾頭後微萎而不死百姓相謂曰禾不死及壟凍長仁在齊州密遣刺客殺士開事發勑遣使於齊州賜死則隴凍之驗

赤雪

晉書曰武帝太康七年河陰雨赤雪二頃

霜

謝承後漢書曰郎顗上事曰入歲常有霜氣月不舒光日不宣曜陛下倦於萬機政有闕也

抱朴子曰若霜氣有圍城或入於城則外兵得入若霜氣從内出主人出戰

京房易傳曰興兵妄誅厥災夏霜殺五穀誅不原情茲謂不仁冬先雨乃隕霜有芒角賢聖遭害其霜附木不入地

毛詩曰正月繁霜我心憂傷（正月夏之四月也繁多也四月建巳純陽用事霜多急恒寒苦之異傷害萬物故心憂也）

春秋考異郵曰魯僖公即位隕霜不殺草李梅實梅李大樹比草爲貴是君不能伐也定公即位隕霜不殺菽菽者稼最強李氏之萌

又曰穆公即位仲夏霜殺草日中不消

春秋命曆序曰桀無道夏出霜

師曠占曰春夏一日有霜者君父母治政大嚴大殺天以示之何以言之霜威殺萬草坐大殺也見變如此宜損威殺重人之命

漢書五行志曰左傳僖公時八月霜不殺草謂襄仲專權殺嫡立庶公室遂弱至三十三年冬霜不殺草劉向以爲君誅不行舒緩之應是時公子遂專政三桓繼爲卿皆爲亂矣

又曰定公元年八月霜殺菽劉向以爲誅罰不由君出在臣下之象是時季氏逐昭公死于外

又曰武帝時四月霜殺草木是時天下户口減耗

又曰元帝時三月九月隕霜殺稼時弘恭石顯專政迫逐忠烈進用邪佞

又曰王莽天鳳六年四月霜殺草木則專政已亂至地皇

四年秋霜關東人相食馬適王匡等兵起羣盜大亂

晉書曰武帝時八月霜害豆又五月隕雪傷穀時大舉征吳又五月霜殺桑麥時王濬大功被陷無辜

又曰惠帝時三月霜傷木五月雨雹時賈后廢愍懷太子

隋書曰梁武帝時三月六月降霜殺草時發卒拒魏百姓勞苦

唐書曰太宗貞觀初突厥頡利可汗部落五月霜降至四年爲僕射李靖所滅

晝霜

隋書曰北齊武成時晝霜下其年傳位於太子緯

雹

京房易飛候曰雹下盡樹木枝害五穀者君賦斂尅民

禮記月令曰仲夏行冬則雹凍傷穀

左傳曰昭公四年正月大雨雹季武子問於申豐曰雹可禦乎對曰聖人在上無雹雖有不爲災古者日在北陸而藏氷西陸朝覿而出之其出入也時今棄而不用雹之爲災誰能禦之

春秋考異郵曰僖公九年秋昭三年冬並大雨雹時僖公專樂齊女綺畫珠璣之好掩月光陰精凝爲災異昭公事晉陰精用密故災

史記曰周孝王七年厲王生冬大雹牛馬死江漢俱動及孝王崩厲王立王室大亂

漢書曰宣帝太始中山陽濟陽雨雹如鷄子深二尺五寸殺飛鳥牛馬皆死七月大司馬霍禹謀反皆伏誅八月霍皇后廢成帝時四月楚國雨雹大如斧飛鳥死時王氏專政

又曰王莽時雨雹殺牛羊莽殺其少子咸時天下大亂百姓窮愁起爲盜賊

後漢書曰安帝初元四年六月郡國三雨雹大如鷄子殺六畜時鄧太后以陰盛專於陽政

又曰獻帝初平四年六月扶風雨雹大如外殺人時天下潰亂曹操專政帝臨虛器

吳志曰孫權時雨雹權聽讒太子和見廢

晉書曰武帝時五月雹傷禾麥壞屋時王濬有大功被陷帝不斷陰懵陽之應

又曰惠帝時六月雨雹深三尺時賈氏專政遂廢愍懷太子

又曰元帝時風雹殺人時王敦擁兵不朝內外戒嚴

又曰明帝時京都大雨雹驚雀死

又曰四月大雨雹是年蘇峻爲亂

又曰穆帝時六月雨雹大如外後四年張祚在涼州爲宋混所滅

宋書曰文帝元嘉三十年五月盱眙雨雹大如鷄卵明年冬太子劭兵亂

隋書曰梁武帝大通年四月雹時帝數捨身作奴爲沙門所制陰懵陽之應

崔鴻十六國春秋曰後趙石勒時暴風大雨雹震建德殿端門襄國市西門倒殺五行雹起西河大如鷄子平地三尺洿下丈餘行人禽獸死者萬數厯千餘里樹禾催折禾稼蕩然勒問徐光光曰去年不禁寒食介推帝鄉之神也厯代所尊故有此災

又曰石遵時雨雹大如盂外立百餘日爲石鑒所殺鑒爲冉閔殺之

隋書曰陳宣帝太建二年六月大雨雹十年四月又大雨雹始興王叔陵剌後主於喪次據東府反俄而伏誅

霧

禮記月令曰仲冬行夏令則氣霧冥冥（霜霧之氣散相亂也）

晉書曰成帝咸和元年大霧步武不相見會稽王道子專政之應

國志曆曰晉咸和元年三月霧殺桑果

宋書曰晉安王子勛帝子業景和年中即僞位其日雲霧四合旬日被殺

齊書曰武帝時大霧竟天如煙入人眼鼻後二年皇太子死

後魏書曰靜帝武定年冬大霧六旬晝夜不解明年常侍

苟濟華山王大器及元思僅等謀殺大將軍高洋事泄苟濟等並戮於市

隋書曰陳後主末年正月朔大會羣官大霧四塞入鼻皆辛酸明年降隋

陸機別傳曰機被誅日大風折木天地霧合

抱朴子曰伊尹受戮大霧三日

兵書曰霧四面圍城必有兵到城下不出其月

黃霧

尚書中候曰桀爲無道地吐黃霧

漢書曰成帝初即位封舅王鳳王根等五人關內侯其月黃霧四塞終日竟夜着地者如黃土塵奪日光王鳳等大懼

又曰王莽天鳳元年六月黃霧四塞其年緣邊大飢人相食

晉書曰惠帝時冬黃霧四塞六日乃止明年趙王倫篡位時朝昏兵亂帝屢蒙塵

又曰明帝初頻有黃霧四塞時王敦害尚書刁協僕射周顗

又曰穆帝時涼州黃霧下如塵時張重華納讒後年重華死嗣子見殺

又曰孝武帝時黃霧四塞時會稽王道子專政親近佞人

又曰安帝時黃霧昏濁不雨時桓玄謀逆帝返正頻年大霧時帝室衰微臣下擁兵反土地非君之有

晉中興書徵祥說曰太寧元年黃霧四塞王敦之應

宋書曰文帝元嘉二十九年十二月黃霧四塞

崔鴻十六國春秋曰前涼張祚四年正月黃霧四塞其年茂死也

又曰前趙劉聰元年十月聰將趙固與晉車騎將軍王申相拒於延津時黃霧晝夜人不相見固軍大敗

又曰後趙石勒建平四年黃霧四塞氛障蔽天十月大疫死

赤霧

春秋運斗樞曰血濁霧天下小冤血濁霧濁如血

後魏書曰世宗正始二年正月夜陰霧四塞初黑後赤又延昌元年黃霧蔽塞時帝舅肇擅權矯詔害諸王公之應

黑霧

晉書曰愍帝建興二年春霧着人如墨連夜五日時天下兵起後二年帝降劉曜

又曰元帝永昌元年十月京師大霧黑氣蔽天日月無光十一月王敦舉兵

崔鴻十六國春秋曰前趙劉聰建元元年正月朔日黑霧四塞終日竟夜着人如墨五日而止後三年聰子粲殺其弟

虹蜺

易通卦驗曰虹不時見女謁亂公虹者陰陽交接之氣陽倡陰和之象今失節不見者似人君心在房內不脩外事廢禮失義夫人淫恣而不制故曰女謁亂公

京房易妖占曰虹出君池若飲君井其君無後

春秋潛潭巴曰虹五色迭至照于宮殿有兵革之事

春秋感精符曰九女並讒則九虹並見

黃帝占軍氣訣曰攻城有虹欲攻之勝

京氏別對災異曰虹蜺近日則姦臣謀貫日客代主其服世擇安樂誡非常王殺故入賢矣

漢書曰虹蜺陰陽之精（如淳曰雄曰虹雌曰蜺也）

又曰兩虹下屬燕王旦井中飲井水竭其後誅

續漢書曰靈帝光和元年有黑氣墮北宮溫殿東庭中如車蓋起奮迅五色有頭長十餘丈形似龍上問蔡邕對曰所謂天投蜺者也不見足尾不得稱龍中平元年黄巾賊張角等起

東觀漢記曰光和中有虹蜺降嘉德殿上引楊賜等入金商門崇德署問以祥異對曰天投蜺天下恐海内亂

晉書曰愍帝建興五年正月帝在平陽虹蜺弥天其年帝爲劉聰所殺

崔鴻十六國春秋曰前趙劉聰麟嘉元年時東西赤虹經天南有一歧

隋書曰周武帝建德五年圍北齊後主於晉州是夜州城上有虹首南向尾入紫宮長十餘丈六月晉州陷被擒

白虹

詩推度災曰撓弱不立邪臣蔽主則白虹刺日爲政無常天下疑則蜺逆行

周禮春官眡祲曰掌十煇之法以觀妖祥七曰弥（鄭司農云弥白虹弥天也玄謂弥氣貫日也）

史記曰鄒陽上書曰荆軻慕燕丹之義白虹貫日太子畏之（應劭曰燕太子丹秦始皇遇之無禮丹亡去故厚養荆軻令刺秦王精誠感天白虹爲之貫日烈士傳曰太子丹見虹貫日不徹曰吾事不成矣）

漢書曰成帝即位時年二十委政諸舅王鳳王惰等兄弟五人迭爲宰相五人同拜封號五侯五侯專權賢者屏退京兆尹王章以直言被誅正月有白虹出于營室

後漢書曰唐檀永建五年舉孝廉除郎中是時白虹貫日檀因上便宜三事陳其咎徵書奏棄官去

呉志曰諸葛恪自新城出住東興有虹見其船還拜蔣陵白虹繞其車後遂被誅

崔鴻十六國春秋曰後趙石季龍建武六年大旱白虹經天建武九年白虹出太社連天至十四年國亂

紫蜺

太玄經曰紫蜺圜日其疾不割

太平御覽卷第八百七十八

太平御覽卷第八百七十九

咎徵部六

晝昏　陰　旱　寒

疫

晝昏

爾雅曰陰而風爲曀

史記曰晉烈公二十三年國大風晝昏自旦至中明年太子喜出奔也

後漢書曰獻帝時日晝晦董卓擁兵發帝陵

晉書曰魏高貴鄉公時司馬景王討毋丘儉大風晦暝行者傾伏劉向以爲正晝而暝陰制陽臣制君之象儉敗見誅

又曰晉元帝時京都晝昏風雲並起時公室卑弱

又曰懷帝永嘉四年日中昏後劉曜寇洛川王師敗績帝蒙塵于平陽

又曰孝武時大風晦暝其後諸侯違命干戈内侮

崔鴻十六國春秋曰前秦苻堅時大風從西來䃋晦暝恒星皆見後爲謝石所敗

又曰南燕慕容超太上四年超祠南郊大風暴起天地晝昏至七年超爲晉將劉裕所滅

宋書曰孝武時竟陵王誕鎮廣陵將入城晝晦而反見殺

又曰晉安王子勛即僞位拜安陵王子綏爲司州其日晦暝俄子勛被殺

隋書曰梁元帝承聖中日晝昏天地昏暗明年爲西魏所執遇害

陰

漢書五行志曰昭帝無嗣立昌邑王賀賀即位天陰晝夜不見日月賀欲出光祿大夫夏侯勝當車諫曰天久陰而不雨臣下有謀上者陛下欲何之賀怒縛勝以屬吏吏白大將軍霍光光時與車騎將軍張安世謀欲廢賀光讓安世以爲泄語安世實不泄召問勝勝上洪範五行傳曰皇之不極厥罰常陰時則有下人伐上不敢察察言故云臣下有謀光安世讀之大驚以此益重經術士後數日卒共廢賀此常陰之明効也

晉書曰吳孫亮時沉陰不雨三十餘日時將誅孫綝謀泄綝以兵廢亮

又曰孫晧時久陰不雨太史奏將有陰謀晧驚懼時陸凱等欲謀廢不遂晧既肆虐群下多懷異圖終降晉

崔鴻十六國春秋曰前秦符堅時久陰不雨俄爲符堅廢而殺之

隋書曰文帝開皇末久陰不雨是時獨孤皇后與楊素謀廢太子爲庶人而後殺之立晉王廣爲太子

唐書曰睿宗先天二年四月陰至六月一百餘日至七月三日誅竇懷貞等十七家方晴

旱

尚書洪範咎徵曰僭恒陽若（君行僭差常陽順之）

禮記檀弓下曰歲旱穆公召縣子而問然（然之言焉也）曰天久不雨吾欲暴尫而奚若（尫者面向天覬天哀而雨之）曰天則不雨而暴人之疾子虐無乃不可乎（錮疾人之所哀暴之是虐）然則吾欲暴巫而奚若曰天則不雨而望之愚婦人於以求之無乃已疏乎徙市則奚若曰天子崩巷市七日諸侯薨巷市三日爲之徙市不亦可乎（徙市者庶民之喪禮也今徙市是憂戚於旱若喪也）

左傳僖公曰夏大旱公欲焚巫尫臧文仲曰非旱備也脩城郭貶食省用務嗇勸分（嗇儉也勸分有無相濟）此其務也巫尫何為天欲殺之則如勿生若能為旱焚之滋甚公從之是歲飢而不害（不傷害民）

又昭公時鄭大旱使屠擊有事於桑山（有事祭也）斬其木不雨子産曰有事於山藝山林也（藝養護令繁殖）而斬其木其罪大矣奪之官邑

春秋考異郵曰旱之言悍也陽驕蹇所致也

春秋繁露曰水干土則大旱

洪範五行傳曰魯桓公五年大雩旱也先是殺君而立有危亡之心而下有悲懃之氣外結大國娶於齊以為夫人後比二年天子使大夫來聘桓上得天子之意下得大國之心（則有）亢陽之意以御臣下與邢丘之役以勞百姓則臣下離心而不從故應是而秋大旱

又曰魯宣公十年秋大旱是時公與齊伐萊夫代國亢陽節也師旅百姓所不欲也故應是而大旱也

又曰旱所謂常陽不謂常陽而謂旱者以旱為災也旱之為言乾也萬物傷於乾而不得水也君持亢陽之節暴虐於下興師旅動衆勞民以起城邑臣下悲怨而心不從故陽氣盛而失度故旱災應也

物理論曰陽盈而過故致旱

家語曰哀公問孔子曰旱如之何孔子曰凶年則乘駑馬力役不興馳道不備（馳道君所行道）祈以幣王（有王所祈請用幣及王不用牲）祭事不縣（不縣不作樂也）祀以下牲（當用大牢者用少牢）此則賢君自貶以救民之禮也

史記曰紂末年大旱餓為武王所殺滅也

又曰晉莊伯元年不雨雪二年翟人餓伐翼至于晉郊

又曰共和十四年大旱火焚其屋伯和篡位立故有火旱其年周厲王奔彘而死立宣王

又曰魯莊公三十年冬不雨是歲一年而三築臺于郎夏築臺于薛秋築臺于秦

又曰僖公二年三月春夏不雨莊公夫人與公子慶父淫而殺二公國人攻之慶父桓公子莊公弟二公謂子般及閔公

又曰襄公五年秋大雩先是宋魚石奔楚楚伐宋取彭城以封魚石八年九月大雩季氏盛二十八年八月大雩晉使荀吳齊使慶封來聘是夏邾子來朝襄公自大應之

又曰昭公三年八月大雩公居喪不哀亢陽失衆六年九月雩先是莒牟夷以二邑來奔莒怒伐魯亢陽動衆之應十六年九月大雩昭公夫人薨昭公不感又大蒐于比蒲魯有大喪君無感容殆其失國二十五年七月大雩旱甚

又劉歆以為時君與季氏有隙昭公伐季氏為季氏所敗出奔齊

漢書曰惠帝五年夏大旱江河水少谿水絶先是發男女十四萬人城長安

又曰文帝時秋大旱其年濟北王興居反伏誅五年春天下大旱匈奴入上郡雲中烽火通長安三將軍周亞夫劉禮徐厲等出兵

又曰武帝元光六年夏大旱是年衛青李廣公孫賀為四將軍出匈奴元朔五年春大旱十餘萬衆征匈奴元狩三年夏大旱是歲發天下民吏伐棘上林穿昆明池天漢中頻大旱是年李陵没征和元年夏大旱閉長安城門大

搜治巫蠱明年衛皇后太子死
又曰宣帝本始三年夏大旱東西數千里先是五將軍二
十萬衆征匈奴趙充國范明友等為將
又曰和帝時夏旱傷苗稼其年武靈鑾隴叛寇金城
又曰順帝時京師旱楊州六郡賊寇四十九縣殺其長史
又曰桓帝時京師旱郡國飢疫人相食明年皇后崩梁冀
用事尤盛
又曰獻帝興平元年秋三輔旱人相噉食白骨委積郭汜
攻李傕矢及御前李傕逼乘輿幸其營壘
魏志曰有白毛玠出見黥反者妻子面玠曰使天不雨蓋
此也太祖大怒收玠付獄大理鍾繇詰玠曰急當陰霖何
以反旱玠遂黜免
晉書曰武帝太始八年五月旱是時帝納荀勗邪說留賈

充不復西鎮上下皆蔽之應也又李熹魯芝李胤等並在
散職
又曰太始十年四月旱去年秋冬採擇卿校諸葛沖等女
五十餘人入殿簡選又取小將吏女數十人母子號哭於
宮中聲聞於外行人悲酸是始積陰生陽之應
又曰永寧元年春夏郡國旱是年三王討趙王倫六旬之
中數十戰死者十餘萬
又曰懷帝永嘉初大旱河洛漢皆可涉是年東海王越歸
京都遣兵入京收中書令繆播殺之又劉元海石勒王彌
之徒賊害百姓流血成川
又曰明帝時夏大旱是時王敦有石頭之變二宮陵辱大
臣誅死
王隱晉書曰愍帝建興四年丞相府督軍令史淳于伯刑

於建康市百姓諠譁咸曰伯冤於是大旱三年
晉中興書徵祥說曰咸和十六年夏旱十七年秋冬旱時
烈宗仁恕信任會稽王道子亦舒緩之應
又曰隆安二年冬旱且寒甚四年夏五月秋旱時孫恩作
亂桓玄疑貳內外騷動兵革方興
又曰太元二十年冬無雪亦猶春秋之無氷恒燠之罰也
是時任會稽王道子縱酒宴樂不䘏政事舒緩之應也
宋書曰孝武時頻年大旱人飢死者十有六七時帝造明
堂又大興徒南巡校獵盛自矜大故旱災
梁書曰武帝時大旱米斗五千文人多餓死時與魏交兵
前後連年百姓勞弊
魏書曰靜帝天平年諸州大旱人多流散是歲齊武與魏
戰於沙苑死者數十萬

又曰武定年冬春大旱西魏師入洛齊獻武親帥軍大戰於
北邙死者數萬
隋書曰北齊文宣天保年夏大旱時大發卒築長城四百
餘里乾明年春旱先是發卒數十數築金鳳聖應崇光三
臺窮極侈麗不恤百姓
又曰後主河清年夏大旱突厥二十萬衆毀長城寇恒州
內外褰嚴
又曰隋煬帝時大旱人疫死死人如山明年楊玄感反于
時群盜烽起天下離叛之應又發卒百餘万築長城百姓
失業至八年天下旱百姓流亡時發四海兵親征高麗六
軍凍餒死者十八九至十三年天下大旱時郡縣鄉邑悉
築長城男女無少長皆就役管子春不收枯骨朽胔伐枯
木而去之則夏旱至矣

晏子春秋曰齊大旱景公召羣臣問曰天不下雨久矣民皆有飢色吾使人卜之崇在高山廣澤寡人欲賦斂以祠靈山可乎羣臣皆莫對者晏子進曰不可祠此無益也夫靈山固以石爲身以草木爲毛髮天不雨髮將燋將熱彼獨不欲雨乎祠之何益公曰不然吾欲祠河伯可乎晏子曰不可河伯以水爲國以魚鼈爲民天久不雨水泉將下百川將竭國亡民將滅矣彼獨不欲雨乎祠之何益景公曰今爲之柰何晏子曰君試避宮殿曝露與山河共憂其幸而雨景公即出曝露三日天果大雨

隨巢子曰幽厲之時天旱地拆

尸子曰湯之救旱也素車白馬布衣身嬰白茅以身爲牲當此時也絃歌鼓舞者禁之

韓子曰晉平公使師曠奏清徵師曠曰清徵不如清角平公曰清角可得聞乎師曠曰君德薄不足以聽之將恐有敗平公曰寡人老矣所好者音願遂聽之師曠不得已而鼓一奏之有雲從西北方起再奏之大風至大雨隨之裂帷幕破俎豆墮廊瓦坐者散走平公恐懼伏于室晉國大旱赤地三年公之身遂病焉

師曠占曰歲欲旱草先生旱草者蒺藜也

京房別對災異曰久旱何人君無施澤惠利於下人則旱不救蝗蟲害穀又君亢陽暴虐興師動衆下人悲怨陽氣盛陰氣沉故旱方物根死數有火災此金失其性若夏大旱則雩祀之以素車白馬布衣以身爲牲或去誅讒佞之臣於市則三日之雨降於天矣

說苑曰湯之時大旱七年雒川竭煎沙爛石於是使人持三足鼎祀山川教之祝曰政不節耶使民疾耶苞苴行耶讒夫昌耶宮室營耶女謁盛耶何不雨之極也

黃帝占書曰日中三足烏見者大旱赤地

寒

京房易傳曰有德遭險茲謂逆命厥異寒

洪範五行傳曰聽之不聰是謂不謀厥罰恒寒

史記曰秦始皇九年四月大寒人凍死時嫪毒及大臣二十餘人車裂以徇夷滅宗族遷四千餘家於房陵

晉中興書徵祥說曰太興四年冬大寒民凍死是時王敦肆亂天子弗能禁

魏書曰靜帝武平年二月大寒人畜凍死

疫

史記曰秦始皇三年蟲起東方蔽天而下年爲大疾

漢書曰哀帝永初六年夏大疫疫者邪亂之氣所生延光四年冬京師大疫有絕門者人懼

又曰桓帝元康元年正月京都大疫二月九月廬江又疫

獻帝建安二十二年大疫至二十五年禪位於魏

晉書曰魏文帝黃初四年三月宛許大疫死者數万

又曰明帝青龍二年四月大疫蜀相諸葛亮出斜谷卒于渭南又青龍三年正月京師大疫

六韜曰人主好聚斂人則多疫死

太平御覽卷第八百七十九

太平御覽卷第八百八十

咎徵部七

地震 地裂 地陷

地凶 土踊 地生毛

地震

京房易占曰地動陰有餘

左傳曰南宮極震（南宮極王子朝之御士也）萇弘謂劉文公曰君其勉之先君之力可濟也（先君謂劉獻公文公父也獻公亦欲立子猛不欲令子朝得國今南宮極震死爲天所弃先君之功事可成也）周之亡也其三川震今西王之大臣亦震天弃之也（西王謂子朝也子朝君王城故爲之西王也）東王必大克（東王敬王居狄泉狄泉在王城之東故曰東王也）

史記曰周幽王二年三川震太史伯陽甫曰周將亡矣天地之氣不過其序亂人之兆陽伏而不能出陰迫而不能烝於是地震陽失而在陰陰原必塞原塞必國亡昔伊雒竭而夏亡河竭而商亡今周如二代之季其川原又塞塞必川竭山崩夫國必依山川山崩川竭國亡之徵也

漢書五行志曰魯文公九年地震劉向以爲周襄王失道楚穆王商臣殺父成王諸侯皆不肖權傾於下臣下強盛將動爲害

京房曰臣事雖正專必震於水水則波於木木則揺於屋則瓦落於山則出水涌嗣子無德臣專祿不順動丘陵水涌出

又曰魯襄公十六年地震其後崔氏專齊欒盈專晉良霄傾鄭闔殺吳子燕逐其君楚滅陳蔡

又曰魯昭公十九年地震劉向以爲是時季氏將有逐君之變

又曰昭公二十三年地震劉向以爲是時周景王崩劉子單子立王子猛尹氏立王子朝季氏逐昭公黑肱叛邾吳殺其君僚宋五大夫晉二大夫皆以地叛

又曰哀公三年地震仲尼見弃而季氏擅

又曰趙幽王五年代地大動自樂徐以西北至平陰臺屋墻垣太半壞地坼東西百三十步六年大飢秦滅之

漢書曰惠帝時地震隴西壓四百餘家時諸呂用事

又曰武帝時地震壓殺人明年皇后陳氏廢宣帝時地震河南以東四十九北海琅邪壞祖宗廟城郭殺人千餘後

又京師地震至北邊郡國三十餘壞城郭殺四百餘人後霍顯爲反誅清河王遷房陵皇后霍氏廢

又曰元帝建昭四年藍田地震沙石流擁灞水安陵岸崩擁水水逆流時石顯用事

後漢書曰光武時地震裂至後年南郡蠻武陵蠻叛後詔捕王侯賓客坐死者數千人陰氣盛之應也

又曰和帝時郡國十三地震時將軍竇憲謀逆伏誅後又地裂及震其年北海王威有罪自殺

又曰安帝時郡國十六地震明年郡國十二地震京師人相食帝沖幼鄧氏執政後又郡國九地震明年海賊張伯路與平原劉文何周文光等攻戰厭次殺令長後三年郡國十八地震淮南人飢明年鄧太后崩帝失政

又曰順帝時（京師頻地）震岸崩及地陷其年吳郡丞羊珍反郡府後已二年涼州地百八十震山谷坼裂是日徐楊賊攻燒邑城殺掠民吏

又曰沖帝時京師地震三郡沙涌土裂時帝年二歲母后臨朝郡盜大起發掘寢陵攻燒城邑

又曰桓帝時京師地震荆揚人多飢死後又震憲陵寢屋
瓦宮廟瓦落盡時梁冀專政
又曰靈帝時地震海水溢又震鴻都府門時閹竪專政
又曰初平二年并州牧董卓焚燒洛陽挾天子遷長安自
爲太師號尚父京師地震卓問著作郎蔡邕邕對曰地動
陰盛大臣踰制又太史上言當有大臣戮死卓遣人言太
尉張温與袁紹交通遂殺温二年司徒王允僕射士孫瑞及
卓將吕布謀誅卓殺之
又曰獻帝時雍州地頻震三輔大旱粟一石五十萬人相
食
續漢書曰建康元年九月丙午京都地震時順帝崩太后
攝政爲順帝作陵制度奢廣多壞吏民塚槨尚書欒巴諫
太后怒癸卯詔收巴下獄欲殺之丙午地震太后乃出巴

太八ヨ八十 三 俟福祖

免爲庶人
漢獻帝春秋曰初平二年地震董卓問蔡邕邕曰天爲陽
故轉運於上地爲陰故安静於下而震是失其性以陰而
陽也明公車不當青蓋宜改之以應變卓改爲緑蓋
晉書曰魏明帝時京都地震隱隱有聲摇動屋瓦明年公孫
文懿叛自立魏高堂隆曰地震臣下强盛地故震動冀所
以警悟人主不可不深思是災及少帝繼廢竟禪晉
又曰齊王芳時頻年地震時曹爽專政遷太后於永寧宫
太后與帝相泣而别故頻震
又曰蜀劉禪時地震時黄皓專政閹官無陽施猶婦人也
此皓見任之應是年冬蜀亡
又曰吴孫權時頻年地震時吕壹專政又權信讒廢太子
和步隲上書曰伏見按事吹毛求瑕欲陷人成其威福故

地連震
又曰晉武帝時頻年地震是時賈充楊駿遞弄朝權
又曰惠帝元康四年郡國地震淮南洪水出或山崩地陷
壞城府殺百餘人此賈后使楚王瑋殺汝南王亮及太僕
衛瓘陰道盛陽道衰微之應
又曰愍懷帝時頻年地震時司馬越專政石勒寇汲郡
又曰元帝大興元年頻地震或水湧山崩殺人時江南淮
北有大兵劉曜石勒僭位
又曰成帝時咸和四年頻年地震時蘇峻作亂
又曰穆帝永和九年十年頻地震或有聲如雷鷄雉皆鳴
時帝幼母后專政石季龍僭號王師頻敗
又曰十一年四月五月又頻地震是時姚襄入許昌百姓
愍昔之應哀帝及海西公簡文孝武時皆頻地震是時人主幼弱群小弄權兵役連年海西見廢

太八ヨ八十 四 俟福祖

又曰孝武太元二年夏震含章殿四柱并侍者二人後年苻堅
畧襄陽
又曰安帝義熙年頻地震或有聲如雷時太尉劉裕謀逆
宋書曰孝武大明元年地震有聲自河北來魯郡山摇地
動彭城女墻四百八十丈墜屋傾兖州地裂泉湧二年不
已其後兖州刺史夏侯祖懽卒
齊書曰廢帝東昏侯時地震一年不止其年護軍崔惠景
反兵圍城帝閉門以拒之
隋書曰梁武大清二年八月侯景舉兵反於豫州登壇歃
盟地震及圍城死者太半
又曰太清三年建康地再震時侯景自爲大丞相
崔鴻十六國春秋曰前趙劉聰建元元年三月平陽城震
崇明觀陷爲池水赤氣至天有赤龍奮迅而去十月地震二

年八月平陽地震汾水大溢流漂數百家聰死子粲立爲劉曜所殺曜自立

又曰前秦符堅時秦雍二州地震裂水泉湧長安大風震電壞屋殺人堅懼而愈修德政焉俄而符雙等伐長安尋爲戰敗

又曰後秦姚泓時秦州地震三十二郡郡有聲山崩舍壞識者以爲秦州泓之故鄉將滅之徵後宋高祖入長安執於建康斬之

又曰姚興四年所在地震前後一百五十六公卿百司抗表請罪興曰災譴之來咎在元首近代或歸罪三公甚非也朕當考躬省已思宋景之義公等何㦀宜悉冠履復位

後魏書曰太祖道武天賜六年夏地震其年帝愛姬萬人與清河王紹通作亂帝被紹及萬人殺之

又曰宣武延昌元年沁州地震陷殺人甚衆又累年沁州秀容敷城鴈門山鳴地震不止其年幽州沙門劉僧紹反明年胡太后臨朝後天下大兵太后少帝爲尒朱榮投於河

隋書曰北齊武成清河年并州地震是時和士開專恣之應

又曰隋文帝開皇二十年廢太子勇以晉王廣爲皇太子將冊之夜烈風大雪地震山崩人舍多壞殺人太子卒與僕射楊素弑帝

呂氏春秋曰周文王寢病五日而地動東西南北不出國郊百吏皆請曰臣聞地之動爲主也羣臣皆恐曰請移之興事動衆以增國城文王曰我必有罪故天示此罰以我今動衆以增國城是重吾罪不可無幾爽瘳也

地裂

尚書說曰黃帝將亡則地裂

春秋考異郵曰陰盛地裂坼

戰國策曰齊閔王菑莒淖齒數之曰贏博之間地坼至泉地以告也而王不知戒何得無誅乃殺之

書紀年曰夏桀末年社坼裂其年爲湯所放

後漢書曰安帝時緱氏地裂後郡國地坼或泉湧越巂夷殺長吏燒城邑

又曰南地坼長百八十二里廣五十六里又洛陽新城地裂又緱氏地陷裂京師地陷時沖帝幼官者用事

又曰建康元年隴西漢陽張掖北地武威地百八十震山谷坼裂壞城

又曰沖帝初即位葬順帝是日鴈門京師太原三郡地震沙湧土裂

又曰桓帝時河東地裂明年京師雲陽地震時閹豎用事皇后梁氏崩後八年緱氏頻年兵革又李膺等二百餘人受誣下獄又上黨地裂是時寇賊弥盛

又曰靈帝時河東地裂十二處長十里是時閹豎用事政在私門

續漢書曰和帝永和七年趙國易陽地裂

京房易傳曰地拆裂者臣離相從也是時南單于衆乖離相從也是時南單于衆乖離漢軍追討

崔鴻十六國春秋曰西秦乞伏乾歸太初十九年苑川地裂後四年乾歸爲兄子公府所殺

抱朴子曰軍中地裂急徙居不測軍敗地震必大戰或有謀反

墨子曰三苗欲滅時地震泉湧

地陷

今古五行記曰夏桀末年瞿山地陷一夕爲大澤深九丈其年爲湯所放

晉書曰武帝大康八年宣帝廟地陷其年七月殿前地陷方丈深數丈中有破舡是時帝不用和嶠之言而信賈充之佞至十一年惠帝立王室大亂

又曰惠帝時五月城中地陷方三十丈殺人六月又地坼家人陷死八月地裂廣三十六丈長八十四丈人大飢又上庸四處山崩地陷廣三十丈長百三十丈大水出殺人時賈后亂政又夜暴雷雨賈謐齋屋柱陷入地壓床帳明年謐誅天下兵亂帝室從此微矣

又曰懷帝時洛陽地步廣里地陷出鵝三又當陽地裂三

平八百八十

七

田鳳

廣三丈長三百步時司馬越專政王室離敗死者計萬

又曰安帝時山陰地陷方四尺有聲如雷後二年西明寺門穿湧水毀門大尉劉裕矯詔殺害朝士俄而禪宋

隋書曰梁武帝普通二年始興郡石鼓村地自開成井方六尺深三十丈侯景篡梁昇御床床腳陷入地後景被殺

崔鴻十六國春秋曰前涼張天錫三年四月延興地震陷水出○又曰前趙劉聰末年武庫地陷深一丈五尺時中常侍王沉中宮僕射郭猗皆寵幸用事聰遊宴後宮或百日不出沉等奢僭貪殘賊害良善御史大夫陳元達諫聰不從元達自殺

又曰前秦姚泓永和元年秦州地陷裂巖嶺崩墜人舍壞是年爲宋高祖所擒斬於建康市

又曰前秦苻堅末年洛陽地陷堅後伐晉敗焉

又曰安帝末年桓玄篡晉尸太[illegible]祖殺之

又曰北凉沮渠茂乾永和七年太廟階陷六月城門崩其年九月茂乾面縛降于魏

又曰西凉李歆嘉興元年三月燉煌謙德門陷至四年歆爲沮渠蒙遜所敗

又曰夏赫連勃勃鳳翔七年六月太廟基陷其年八月勃勃死

隋書曰北齊後主末年穆后如晉陽向北宮辭胡太后所乘七寶車無故陷入地半沒四足是年齊滅后與帝俱入長安

又曰隋煬帝大業十三年十二月洛州乾陽門內地陷周闊丈餘至十四年帝遇殺天下大亂

平八百八十

八

異苑曰晉武帝太康五年宣帝廟地欻陷梁無故自折凡宗廟所以承祖先嗣永世不刊安居摧陷是煙絕之祥世

地凶

漢書曰光武時岑彭伐蜀去成都數十里軍營北有地名曰彭亡彭聞之欲移會日暮是夜彭爲公孫述刺客詐爲逃奴刺殺之

魏志曰太祖圍呂布大司馬楊固救布爲其將楊醜所殺楊將眭固又殺醜屯兵射犬巫誡之曰將軍字白兔而邑名射犬兔見犬必驚宜急移去固不從明日遂戰死

晉書曰建業太社西宮地吳時右司馬丁奉宅吳後主孫皓殺之流徙其家晉元帝初爲僕射周顗宅顗爲王敦所害後爲冠軍將軍蘇峻宅峻反被誅殺後爲袁悅宅爲會稽王道子所親昵緣道子見殺又爲章武王司馬秀宅秀亦凶

至宋孝武時爲雍州刺史臧質宅質反見殺故代稱充凶地宋史部尚書王僧綽常謂宅無吉凶請以爲第始造未居爲元凶所害

王隱晉書曰祖約爲豫州刺史府中地忽赤如丹約竟敗見殺

土踊

紀年曰梁惠成王七年地忽長十丈有餘高尺半周隱王二年齊地暴長長丈餘高一尺

漢書曰成帝河平四年臨淮縣土踊起高二丈時王莽專政

崔鴻十六國春秋曰前涼張寔五年祁山地震從中陶原坂三里冒覆下川忽如見掩坂上草木存焉

地生毛

晉書曰武帝太始中皇甫晏爲益州刺史西討屯兵人咸死之地生白毛俄被牙門將所殺

又曰成帝時地生毛時天下大兵而中原擾亂百姓疲怨

又曰孝武時京都地生毛而氐賊圍繞襄陽彭城征戍連年不解又京都地生毛苻堅滅後人勞役後又江陵交戰不解

又曰安帝義熙十年地生白毛連年征討勞擾之應

京房曰以爲人勞之異金失其性地生毛

常璩華陽國志曰晉武帝太始八年蜀地生毛長七八寸生數里李勢欲亡地又生毛

崔鴻十六國春秋曰後秦姚興時乞伏乾歸鎮州地震生毛而乾歸太初十九年七月爲兄子公府所殺

又曰北燕馮跋太平十五年龍城地生白毛長一尺二寸月餘乃滅後遼西太守高潛謀反伏誅

隋書曰梁武帝大同年地生白毛長二尺時築浮山堰功垂就而潰百姓苦之

又曰陳後主末年地生白毛時功役不息卒爲隋滅

又曰北齊武成清河年初滄州及長安地生毛時北築長城內興三臺人苦役焉

唐書曰則天天授初淮南地生毛或白或蒼長者尺餘或遍居人床下揚州尤甚大如馬尾焚之如毛氣著作郎韓琬寓于揚州親掇之其年稱制

太平御覽卷第八百八十

太平御覽卷第八百八十一

神鬼部一

神上

易曰陰陽不測之謂神（神者變化之極妙萬物而爲言不可以形詰者也）

又曰知變化之道者其知神之所爲乎（夫變化之道不爲而自然故知變化者則知神之所爲）唯神也故不疾而速不行而至

毛詩嵩高曰維嶽降神生甫及申

禮記孔子閒居曰清明在躬氣志如神

又中庸曰鬼神之爲德也其盛矣乎視之而弗見聽之而弗聞體物而不可遺（體猶生也可猶所也不有所遺言萬物無不以鬼神之氣生也）使天下之人齊明盛服以承祭祀洋洋乎如在其上如在其左右

詩曰神之格思不可度思矧可射思（格來也矧況也射厭也言神之來其形象不可億度況可厭倦乎）

又祭法曰山林川谷丘陵能出雲爲風雨見怪物皆曰神

又祭義宰我曰吾聞鬼神之名不知其所謂子曰氣也者神之盛也魄也者鬼之盛也合鬼與神教之至也衆生必死死必歸土此之謂鬼骨肉斃于下陰爲野土其氣發揚于上爲昭明焄蒿悽愴此百物之精也神之著也因物之精制爲之極明命鬼神以爲黔首則百衆以畏萬民以服

又樂記曰明則有禮樂幽則有鬼神（聖人之精氣謂之神賢智之精氣謂之鬼）

左傳曰莊公有神降于莘（有神聲以接人莘虢地）惠王問諸內史過曰是何故也對曰國之將興明神降之監其德也將亡神又降之觀其惡也故有得神以興亦有以亡虞夏商周皆有之王曰若之何對曰以其物享焉其至之日亦其物也三從之內史過往聞虢請命反曰虢必亡矣虐而聽於神神居莘虢公使祝應宗區史嚚享焉神賜之土田史嚚曰虢其亡乎吾聞之國將興聽於民將亡聽於神神聰明正直而壹者也依人而行虢多涼德其何土之能得（涼薄也爲僖二年晉滅下陽傳）

又宣上曰昔夏之方有德也遠方圖物（圖畫山川奇異之物而獻之）貢金九牧鑄鼎象物（象所圖物著之於鼎）百物爲之備使民知神姦（圖鬼神百物之形使民逆備之）故民入川澤山林不逢不若（若順也）螭魅罔兩（螭山神獸形魅怪物罔兩水神）莫能逢之

又昭元曰晉侯有疾鄭伯使公孫僑如晉聘且問疾叔向問焉曰寡君之疾病卜人曰實沈臺駘爲祟敢問此何神也子產曰昔高辛氏有二子長曰閼伯季曰實沈居于曠林不相能也日尋干戈（以相征討后帝不臧遷閼伯于商丘主辰）遷實沈于大夏主參由是觀之則實沈參神也昔金天氏有裔子曰昧爲玄冥師生允格臺駘臺駘能業其官宣汾洮障大澤以處大原帝用嘉之封諸汾川由是觀之則臺駘汾神也

又昭三曰石言于晉魏榆（魏榆晉地也）晉侯問於師曠曰石何故言對曰石不能言神或馮焉（謂有精神馮依石而言）不然民聽濫也抑臣又聞之曰作事不時怨讟動於民則有非言之物而言今宮室崇侈民力凋盡怨讟並作莫保其性石言不亦宜乎

論語曰子不語怪力亂神（神謂鬼神之事）

又曰子路問事鬼神子曰未能事人焉能事鬼（鬼神者明語之無益故不答）

家語曰不食者不死而神

國語曰虢公夢在廟有神人面白毛虎爪執鉞立於西阿

之下公懼而走神曰無走帝命曰使晉襲于爾門公拜稽首覺召史嚚占之對曰如君之言則蓐收也天之刑神也天事官成公使囚之且使國人賀夢舟之僑告其族曰衆謂虢不久吾乃今知之

又曰有神降於莘王問内史過曰是何故對曰昔夏之興祝融降於崇山其亡也回祿信於聆隧商之興也檮杌次於丕山其亡也夷羊在牧周之興也鸑鷟鳴於岐山其衰也杜伯射王於鄗（宣王殺杜伯不辜後宣王田于圃中杜伯起於道左衣朱冠操朱弓矢射宣王中心折脊而死）今則丹朱之神也號其亡也（賈逵注曰況獸回祿大之神也檮鯀也）（丹朱堯子）

又曰長勺之役曹劌問所以戰於莊公公曰余不愛衣食於民不愛牲玉於神對曰夫惠本而後民歸之志民和而後神降之福今將惠以小賜祀以獨恭小賜不咸民弗歸也獨恭不優神弗福也

又曰夏之衰也褒人之神降化爲二龍以同于王庭而言曰余褒之二君也夏后卜殺之與去之與止之莫吉卜請其漦而藏之吉乃布幣焉而策告之龍亡其漦在櫝而藏之

又曰古者民神不雜（謂司民司神之官各異）民之精爽不携貳者而又能齊肅衷正其智能上下比義其聖能光遠宣朗其明能光照之其聰能聽徹之如是則明神降之在男曰覡在女曰巫

河圖曰東方蒼帝神名靈威仰精爲青龍南方赤帝神名赤熛怒精爲朱鳥中央黄帝神名含樞紐其精爲麟西方白帝神名白招矩精爲白虎北方黑帝神名叶光紀精爲玄武

龍魚河圖曰天歲星主德慶其精下爲大社之神天太白星主兵凶其精下爲雨師之神天辰星之氣司災其精下爲風伯之神天熒惑星主司非其精下爲先農之神天鎮星主得土之慶其精下爲靈星之神

又曰東方太山君神姓圓名常龍南方衡山君神姓丹名靈峙西方華山君神姓浩名鬱狩北方恒山君神姓登名僧中央嵩山君神姓壽名逸群呼之令人不病東方太山將軍姓唐名臣南方霍山將軍姓朱名丹西岳華陰將軍姓鄒名尚北岳恒山將軍姓莫名惠中岳嵩高山將軍姓石名玄恒存之却百邪東海君姓馮名脩青夫人姓朱名隱娥南海君姓視名赤夫人姓翳名逸寥西海君姓勾大名丘百夫人姓靈名素簡北海君姓是名禹帳里夫人姓結名連翹河伯公名子夫人姓馮名夷君有四海河神名並可請之呼之却鬼氣

又曰髮神名壽長耳神名嬌女目神名珠殃鼻神名勇盧齒神名丹朱夜卧三呼之有患亦便呼之九過惡鬼自却

史記曰趙襄子爲智伯所敗走奔晉陽原過從後至於王澤見三神人自帶以上可見自帶以下不可見與原過竹二節莫通曰爲我以是遺趙無卹原過既至以告襄子襄子齋三日親自剖竹有朱書曰趙無卹余霍太山之陽侯天使也三月丙戌余將使汝反滅智氏汝亦立我百邑余將賜汝林胡之地襄子再拜受如三神之令果以丙戌滅智氏○又曰始皇夢與海神戰如人狀問占夢博士曰水神不可見以大魚鮫龍爲候今上禱祠謹而有此惡神當除去而善神可致

又曰始皇西南渡淮水之衡山南郡浮江至湘山神遇大

風幾不得渡上問博士曰湘君何神博士對曰聞堯女舜之妻也而葬此於是始皇大怒使刑徒三千人伐湘山樹赭其山上

漢書曰高祖夜徑澤中有大蛇當逕乃前拔劒斬蛇後人來至蛇所見一老嫗夜哭人問何哭嫗曰人殺吾子人曰嫗子何爲見殺曰吾子白帝子也化爲蛇當道今赤帝子斬之因忽不見

又曰張良嘗游下邳圯上有老父至良所直墮其履道下謂良曰孺子下取履良因取之父笑而去良殊大驚父去里餘復還曰孺子可教矣後五日平明與我會良怪之跪曰諾五日平明往父已先在怒曰與老人期後何也後五日復會早來良半夜往有頃父亦來喜曰當如是出一編書曰讀此當爲王者師矣後十三年孺子見我濟北穀城下黄石即我矣視其書即太公兵法也

平八百八十一　五

又郊祀志曰秦文公九年獲若石云于陳蒼北阪城祠其神或歲不至或歲數來來常以夜煇若流星從東方來集于祠城若雄雉其聲殷殷云野雞夜鳴

又曰始皇遊海上行禮祠名山大川及八神將自古而有之或曰太公以來作之八神一曰天主二曰地主三曰兵主四曰陰主五曰陽主六曰日主七曰月主八曰四時主

又曰武帝初即位尤敬鬼神之祀上求神君舍之上林中蹏氏館（音蹄）神君者長陵女子以乳死見神於先後宛若（產乳而死也兄弟妻相謂先後）宛若祠之其室平原君亦往祠之其後子孫以尊顯（平原君武帝外祖母）

又曰亳人繆忌奏曰天神貴者太一大一佐曰五帝（謂青帝靈威仰赤帝赤熛黄帝含樞紐白招拒黑帝叶光紀也）

又曰游水發根言上郡有巫病鬼而下之上召置之甘泉及病使人問神君神君言曰天子無憂病病少瘉強與我會甘泉於是上病瘉遂起幸甘泉病良已大赦置壽宮神君神君最貴者曰太一其佐曰大禁司命之屬皆從之非可得見聞其言言與人音等時去時來則風肅然居室帷中時晝言然常以夜天子祓然後入因巫爲主人關飲食所欲言行下又置壽宮北宮張羽旗設共具以禮神君所言上使受書其名曰畫法其所言世俗之所知也無絶殊者而天子心獨喜其事祕世莫知也

又曰公孫卿言見神人東萊山若云欲見天子天子於是幸緱氏城拜卿爲中大夫遂至東萊東萊宿留之數日無所見見大人迹云

又曰祠神人於交門宮若有鄉坐拜者（師古曰如有神景象鄉祠坐而拜也）

平八百八十一　六

或言益州有金馬碧雞之神可醮祭而致於是遣諫大夫王褒使持節而求之

又曰谷永說成帝曰昔周史萇弘欲以鬼神之術輔導靈王會朝諸侯而周愈微諸侯叛楚懷王隆祭祀事鬼神欲以獲福助却秦師而兵挫地削身辱國危秦始皇并天下甘心於神仙之道遣徐福韓終之屬多賫童男童女入海求神采藥因逃不還天下怨恨

漢書曰文帝思賈誼徵之至入見上方受釐坐宣室上因感鬼神事而問鬼神之本誼具道所以然之故至夜半文帝前席

後漢書曰光武渡呼沲河至下博城西遑惑不知所之有白衣老父在道傍指曰努力信都郡爲長安守光武即馳赴之

又曰何敞祖父比干字少卿經明行修爲汝陰縣獄吏決曹掾平活數千人淮汝號曰何公征和三年三月天大陰雨比干在家日中夢見貴客車騎滿門覺以語妻語未竟而門有老嫗八十餘頭白求寄避雨雨甚而衣履不霑漬雨止遂謂比干曰公有陰德今天錫君策以廣公之子孫因出懷中符策狀如簡長九寸凡九百九十枚以授比干曰子孫佩印綬者如此筭比干年五十八有六男又生三子本始元年自汝陰徙平陵代爲名族

又曰宣帝時陰子方者至孝有仁恩嘗臘日晨炊見竈神形見（雜五行書曰竈神長衣黃衣夜被髮從竈中出知其名呼之而可除凶惡）子方再拜受慶家有黃羊因以祀之自是已後暴至巨富田有七百餘頃輿馬僕隸比於邦君子方常言我子孫必將強大至孫識三世而遂繁昌故後常以臘日祀竈而薦黃羊焉

又曰班超至于窴王廣德禮意甚踈且其俗信巫巫言神怒何故欲向漢漢使有騧馬急求取以祠我廣德乃遣使就超請馬超密知其狀報許之而令巫自來取馬有頃巫至超斬其首以送廣德

吳志曰臨海羅陽縣有神自稱王表語言飲食與人無異然不見其形又一婢名紡績遣中書郎李崇賚輔國將軍羅陽王印綬迎表表隨崇俱出所歷山川輙遣婢與其神相聞表至權於倉龍門外爲立第舍表說水旱小事往往有驗。何法盛晉中興書曰王猛北海人少貧賤嘗至洛陽貨畚有一人於市買其畚而云無直家近在此可隨我取利猛隨去行不覺遠而忽至深山中此人語猛且住樹下當先啓道君來須臾猛進見一公踞床頭鬢悉白侍從十許人有一人引猛云大司馬公可進猛因拜老公公曰王公何緣拜即十倍償畚直遣人送猛出既顧視乃嵩山也

晉書曰苻堅入寇會稽王道子以威儀鼓吹求於鍾山之神奉以相國之號及堅至壽春望八公山草木皆類人形若有力焉

後魏書曰初聖武皇帝嘗率數萬騎田於山澤欻見輜軿自天而下既至見美人侍衛甚盛帝異而問之對曰我天帝女受命相偶遂同寢宿且請還曰明年周時復會此言終而別去如風雨及周歲前所由處果復相見天女以所生男授帝曰此君之子也善養視之子孫相承當世爲帝語訖而去子即世祖也

又曰段暉師事歐陽湯湯甚器愛之有童子與暉同志後二年童子辭歸從暉請馬暉戲作木馬與之童子甚悅謝暉曰吾太山府君子奉勑遊學今將欲歸煩子厚贈無以報德子後位至常伯封侯非報也且以爲好言終乘木馬騰空而去暉乃自知必將貴也

太平御覽卷第八百八十一

神鬼部二

神下

北齊書曰神武以高昂爲西道大都督徑趣商洛昂渡河祭河伯曰河伯水中之神高敖曹地上之虎

齊書曰義鄉縣長風廟神姓鄧先經爲縣令死遂發靈周山圖啓乞加神位輔國將軍上曰足狗肉便了事何用階級

齊書曰　安人爲吳興太守郡有項羽神護郡廳事太守到郡必須祀以軛下牛安人奉佛法不與神牛著屐上廳事又於上設八關齋俄而牛死安人尋卒世以神爲祟

梁書曰王神念爲青州刺史性剛正所更州郡必禁止淫祠時東北有石鹿山臨海先有神廟神念至便令毀撤神

影壞屋舍坐棟上有一大虵長丈餘入海水時陰子春爲東莞太守夢人通名詣子春云有人見苦被壞宅舍既無所託欽君厚德欲憇此境子春心密記之經二日而知之甚驚以爲前所夢神因辦牲醑請召安致一處數日復夢一朱衣人相聞辭謝云得君厚惠當以一州相報子春心喜供事彌勤經月餘魏欲襲朐山間諜前知子春設伏摧破之授南青州刺史

又曰蕭猷封臨汝侯爲吳興郡守性倜儻與楚王廟神交飲至一斛每酹祀盡懽極醉神亦有酒色祈禱必從後爲益州刺史時江陽人齊苟兒反猷乃遥禱請救是日有田老逢一騎絡鐵從東方來問去城幾里曰百四十時日巳晡騎舉稍曰後人來可令之病馬欲及日破賊俄有數百騎如風一騎過請飲田老問爲誰曰吳興楚王來救臨汝當此時廟中請祈苟驗十餘日乃見侍衛土偶皆泥濕如汗者是日猷大破苟兒

唐書曰高祖義師次靈石縣隋將宋老生屯霍邑以拒義師會霖雨積旬餽運不繼有白衣老父詣軍門曰余爲霍山神使謁唐皇帝曰八月雨止路出霍邑東南吾當濟師高祖曰此神不欺趙無恤豈負我哉

又曰初薛延陁之將敗也有一客乞食於主人主人引入帳令妻具饌其妻顧視客乃狼頭人也妻告隣人共視之狼頭人已食主人而去相與逐之止鬱督軍山見二人追者告其故二人曰我則神人也薛延陁當滅我來取之追者懼而退走延陁竟敗於鬱督軍山

老子曰神得一以靈神無以靈將恐歇

莊子曰藐姑射之山有神人居焉肌膚若冰雪綽約若處

子不食五穀吸風飲露乘雲氣御飛龍而遊乎四海之外

管子曰桓公北征孤竹未至卑耳之谿十里闟然止瞠然視援弓將射引而未敢發也謂左右曰見是前人乎左右對曰不見也公曰事其不濟乎寡人大惑今者寡人見人長尺而人物具焉冠右祛衣走馬前疾事其不濟乎寡人大惑豈有人若此乎管仲對曰臣聞登山之神有俞兒者長尺而人物具焉霸王之君興而登山之神見且走馬前道也祛衣示前有水也右祛衣示從右方涉也至卑耳之谿有贊水者曰從左方涉其深及冠從右方涉其深至膝巳涉其大濟桓公坐拜管仲之馬前曰仲父之聖至若此寡人之罪也久矣

墨子曰鄭繆公處乎廟有神入門身鳥素服曰帝饗汝明德使錫汝壽十年有九公曰敢問神名曰予爲勾芒

韓子曰齊人謂齊王曰河伯大神也王不識與之遇乎請使王遇之乃爲壇場大水之上而與王立焉有間大魚動因曰此河伯也

隋巢子曰昔三苗大亂天命殛之夏后受之大神降而福也司命益年而民不夭四方歸之禼也以王

山海經曰豐山有神耕父處之常游清冷之淵出入有光清冷水在西鄂縣山上有祠水赤有光

又曰崑崙山神陸吾虎身長九首人面

又曰西北海外章尾山有神人面蛇身而赤身長千里其眼乃晦其視乃明視爲晝瞑爲夜雨風是謁能請風雨是燭九陰是謂燭龍詩含神霧曰天不足西北無陰陽消息故有龍銜火精照天門中

又曰蚩尤作兵伐黃帝乃令應龍攻於冀州之野蚩尤請風伯雨師從大風雨黃帝乃下天女魃止雨遂殺蚩尤魃不得復上故所居不雨

黃庭內景經曰至道不煩決存眞泥丸百節皆有神髮神蒼華字太元腦神精根字泥丸眼神明上字英玄鼻神玉壟字靈堅耳神空閑字幽田舌神通命字正倫齒神崿鋒字羅千一面之神宗泥丸

又曰心神丹元字守靈肺神皓華字虛成肝神龍煙字含明腎神玄冥字育嬰脾神常在字魂停膽神龍曜字威明皆在心內運天經晝夜存之自長生

太公金匱曰武王都洛邑未成陰寒雨雪十餘日深丈餘甲子旦有五丈夫乘車馬從兩騎止王門外欲謁武王武王將不出見太公曰不可雪深丈餘而車騎無跡恐是聖人太公乃持一器粥出開門而進五車兩騎曰王在內未有出意時天寒故進熱粥以御寒未知長幼從何起兩騎

曰先進南海君次東海君次西海君次北海君次河伯雨師粥既畢使者具告太公太公謂武王曰前可見矣五車兩騎四海之神與河伯雨師耳南海之神曰祝融東海之神曰勾芒北海之神曰玄冥西海之神曰蓐收請使謁者各以其名召之武王乃於殿上謁者於殿下門內引祝融進五神皆驚相視而歎祝融拜武王曰天陰乃遠來何以教之皆曰天伐殷立周謹來受命願勑風伯雨師各使奉其職

風俗通曰共工之子好遠游死爲祖神

又曰秦昭王伐蜀令李冰爲守江水有神歲取童女二人爲婦主者自出錢百萬以行娉冰曰不須吾自有女到時裝飾其女當以沉江冰徑上神坐舉酒酹曰今得傳九族江君大神當見尊顏相爲進酒冰先投杯但澹淡不耗厲聲曰江君相輕當相伐耳拔劍忽然不見良久有蒼牛鬬於岸有頃冰還謂官屬令相助曰南向要中正白是我綬也還復鬬主簿刺殺其北面者江神死後無復患

博物志曰太公望爲灌壇令文王夢見婦人當道夜哭問其故曰吾太山之神嫁爲西海婦灌壇令當吾道不敢以疾風暴雨過也夢覺召太公三日果疾風暴雨

三齊略記曰始皇作石橋欲過海觀日出處于時有神人能驅石下海城陽一山石盡起立嶷嶷東傾狀似相隨而行云石去不速神人輒鞭之皆流血石莫不悉赤至今猶爾

又云始皇於海中作石橋海神爲之竪柱始皇感其惠求與相見海神答曰我形醜約莫圖我乃從石塘三十里相見左右巧人以脚畫其狀神怒曰帝負我約速去始皇轉馬

還馬脚獨立後脚隨崩僅得登岸脚盡者溺於海死
王韶之始興記曰湞水内有一處曰龍口甚神明經過莫
敢眠袒舡載什物置之不守可經月人及鳥獸無犯者
淮地記曰按古嶽瀆經云禹治水止桐柏山乃獲淮渦水神
名曰巫支祁善應對言語辨淮之淺深源之遠近形若猕猴縮
鼻高額青軀白首金目雪牙頸伸百尺力逾九象禹授之
庚申遂頸鎖大鐵鼻穿金鈴從淮之陰鎖龜山之足淮水
乃安流注于海
華陽國志曰周滅後秦孝文王以李氷為蜀守氷能知天
文地理謂汶山為天彭門髣髴若見神遂氷上立祠三所
壅江作堋穿郫江以行舟舡又溉灌三郡於是蜀沃野千
里號為陸海天下謂之天府也氷又作石犀五頭以厭水
精時青衣有深水出蒙山下伏行地中會江至南安觸山

崖水脉漂蕩破害舟舡氷乃發卒鑿平崖時水神怒氷乃
操刀入水與神鬭迄今蒙福
漢武故事曰上祀太畤祭常有光明照長安城如月光上以
問東方朔此何神也朔曰此司命之神揔鬼神者也上曰
祠之能令益壽乎對曰皇者壽命懸於天司命無能為也
郡國志曰陵州仁壽縣有陵井出鹽井有玉女祠初玉女
無夫後每年取一少年人擲置井中若不送水即竭又蜀郡
西山有大蟒虵吸人上有祠號曰西山神每歲土人莊嚴
一女置祠旁以為神妻虵輙吸將不尒即亂傷人周氏平
蜀許國公宇文貴為益州總管乃致書為神媒合婚姻擇
日設樂送玉女像以配西山神自迩之後無復此害
魏文帝列異傳曰袁本初時有神出河東號度索君人共立
廟兖州蘇士毋莊往禱見一人着白布單衣高冠冠似魚

頭度索君曰昔廬山共食白李未久已三千年日月易得
使人悵然去後度索君曰此南海君也
搜神記曰蔣子文者廣陵人也嗜酒好色常自謂己骨青
死當為神漢末為秣陵尉逐賊至於鍾山之下賊擊傷額
因解綬以縛之有頃遂死及吳先主之初其吏見子文於道
乘白馬執白羽侍從如平生文曰我當為此土神也為吾
立祠不尒使蟲入耳為災吳主為妖言後果有蟲入人耳
皆死醫不能治又云不祠我將有大火是歲數有火災吳
主患之封為中都侯加印綬立廟改鍾山為蔣山以表其
靈
幽明錄曰晉孝武帝於殿北窻下清暑忽見一人着白夾
黄練單衣舉身沾濕自稱華林池中水之神名曰淋涔君
也若善見待當相福祐時帝飲已醉取常所佩刀擲之刀

空過無礙神忿曰不以佳事垂接當令知所以居少時而
暴崩皆呼此靈為禍也
列異傳曰費長房能使神後東海君見葛陂君淫其夫人
於是房勑繫三年而東海大旱長房至東海見其請雨乃
勑葛陂君出之即大雨
異苑曰陶侃如廁見數十人悉持大杖有一人單衣平幘
自稱後帝云君長者故出相見三載說富貴莫可言侃起
逐失所在有大印作公字當有穢處
世說曰吳興徐長夙與鮑南海有神明之交欲授以秘術
先謂徐宜有約誓徐誓以不仕於是受籙常見八大神在
側能知來見往才識日異縣鄉翕然有美談欲用為縣主
簿徐心悅之八神一朝不見七人餘一人倨傲不如常徐
問其故答云君違誓不復相為使身一人留衛籙耳徐乃

還籍遂退

宋玉神女賦曰楚襄王與宋玉遊於雲夢之浦使玉賦高唐之事其夜玉寢與神女遇其狀甚麗玉異之明日以白王王曰其狀若何曰晡夕之後精神怳惚若有所喜見一婦人甚奇異王曰其狀如何玉曰茂矣美矣諸好備矣盛矣麗矣難測究矣不可勝讚其始來也爛若白日初出照屋梁其少進也皎若明月舒其光須臾之間美皃横生其盛飾也則羅紈綺繢燦爛文章王曰若此試爲寡人賦之

王符論曰今婦人不修中饋休其蚕織而起學巫祝鼓舞事神以欺誣細人熒惑百姓妻女羸弱疾病之家懷憂憒憒易爲恐懼至使奔走便時去離正宅增重禍祟至於死亡而不知巫所欺誤反恨事神之晚

陳思王洛神賦曰覩一麗人于巖之畔乃援御者而告之

曰尔有覩於彼者乎彼何人斯若此之艶也御者對曰臣聞河洛之神名曰宓妃則君王所見無乃是乎其狀若何臣願聞之曰其形也翩若驚鴻宛若遊龍榮耀秋菊華茂春松髣髴兮若輕雲之蔽月飄揚兮若流風之迴雪遠而望之皎若太陽外朝霞迫而察之灼若芙蓉出緑波余情悦其淑美心振蕩而不怡無良媒以接欣託微波而通辭願誠素之先達解玉珮以要之

太平御覽卷第八百八十二

鬼上

易曰鬼神害盈而福謙

又曰睽孤見豕負塗載鬼一車(見鬼盈車吁可怪也)

左傳莊公曰齊侯田于貝丘見大豕從者曰公子彭生也(公見大豕而從者見彭生皆妖鬼)公怒曰彭生敢見射之豕人立而啼公懼墜于車傷足喪屨

又僖公曰晉侯改葬共太子秋狐突適下國遇太子太子使登僕而告之曰夷吾無禮余得請於帝矣將以晉畀秦秦將祀余對曰臣聞之神不歆非類民不祀非族君祀無乃殄乎且民何罪失刑乏祀君其圖之君曰諾吾將復請七日新城西偏將有巫者而見我焉許之遂不見及期而往告之曰帝許我罰有罪矣斃於韓

又文上曰有事於太廟躋僖公逆祀也於是夏父弗忌為宗伯曰吾見新鬼大故鬼小先大後小順也君子以為失禮

又宣公曰楚司馬子良生子越椒子文曰是必滅若敖氏矣及將死泣曰鬼猶求食若敖氏之鬼不其餒而

又宣公曰初魏武子有嬖妾無子武子疾命顆曰必嫁是疾病則曰必以為殉及卒顆嫁之及輔氏之役顆見老人結草以亢杜回杜回躓而顛故獲之夜夢之曰余而所嫁婦人之父也爾用先人之治命余是以報

又成公曰晉侯夢大厲被髮及地搏膺而踴曰殺余孫不義(厲鬼也趙氏之先祖也八年晉侯殺趙同趙括故怒)余得請於帝矣壞大門及寢門而入公懼入于室又壞戶公覺召桑田巫巫言如夢(巫言鬼怒如公所夢)

又昭二曰鄭子產聘于晉晉侯有疾韓宣子逆客私焉曰寡君寢疾於今三月矣並走群望有加而無瘳今夢黃熊入於寢門何厲鬼也對曰昔堯殛鯀于羽山其神化為黃熊以入于羽淵實為夏郊三代祀之晉為盟主其或者未之祀也乎宣子祀夏郊晉侯有間

又昭二曰鄭人相驚以伯有至矣曰伯有至矣則皆走不知所往(鄭人殺伯有言其鬼至)鑄刑書之歲二月或夢伯有介而行曰壬子余將殺帶也明年壬寅余又將殺段也及壬子駟帶卒國人益懼齊及燕平之月壬寅公孫段卒國人愈懼其明月子產立公孫泄及良止以撫之乃止子太叔問其故子產曰鬼有所歸乃不為厲吾為之歸也

又哀上曰初曹人或夢衆君子立于社宮而謀亡曹曹叔鐸請待公孫彊許之旦而求之曹無之戒其子曰我死爾振聞公孫彊為政必去之

又哀下曰衛侯夢于北宮見人登昆吾之觀被髮北面而譟曰登此昆吾之虛綿綿生之瓜余為渾良夫叫天無辜(大書免三死并數一時之事為盟三罪殺之故自謂無辜也)

論語曰樊遲問知子曰敬鬼神而遠之可謂知矣(敬鬼神而不黷)

爾雅曰鬼之為言歸也

史記始皇本紀曰使者從關東夜過華陰平野道有人持璧遮使者曰為吾遺滈池君因言曰今年祖龍死使者問其故忽不見遂置其璧去使者奉璧具以聞始皇默然良久曰山鬼固不過知一歲事也

漢書郊祀志曰既滅兩粵粵人勇之乃言粵人俗鬼(言其土俗尚鬼神之事)而其祠皆見鬼數有効昔東甌王敬鬼壽百六十歲後世怠慢故衰耗迺命粵巫立粵祠安臺無壇亦祠天神帝百鬼

漢書曰田蚡疾一身盡痛若有擊者呼服謝罪上使視鬼者瞻之曰魏其侯與灌夫共守笞欲殺之竟死

後漢書曰第五倫爲會稽太守俗好淫祀人常以牛祭神百姓財產以之困匱其自食牛肉而不以薦祠者發病且死先爲牛鳴倫到官移書屬縣曉告百姓其巫祝有依託鬼神詐怖愚民皆按論之後遂斷絕

又曰宋均爲辰陽長其俗少學者而信巫鬼均爲立學校禁絕淫祀人皆安之

又曰劉根有神術太守史祈以爲妖乃執而數之曰若有神可顯一驗根曰頗能使鬼乃左顧右嘯祈之亡父近親數十皆反縛在祈前向根叩頭曰小兒無狀分當万死叱祈曰汝子孫不能光榮先祖而辱如此何不叩頭謝之祈哀驚悲泣頓首請罪根默然忽去不知所之

王隱晉書曰鎮南劉弘以故刺史王毅子衡陽太守矩爲廣州矩至長沙見一人長大著布單衣自持奏左岸上矩省奏云京兆杜靈之仍入舡共語稱叙希闊矩問君京兆人何時發來荅曰朝發矩怪問京兆去此數千那得朝發今到杜荅曰儀曰天上杜京兆去此乃數萬何止數千乎

晉書曰鄒湛字潤甫嘗見一人自稱甄仲舒餘無所言如此非一久之乃悟曰宅西有積土敗瓦其中有死人甄仲舒者予舍西土瓦中人也撿之果然厚加斂葬葬畢遂夢此人來謝

又曰蘇韶字孝先安平人也仕至中牟令卒韶伯父第九子節在車上晝日韶自外入乘馬冒黑介幘黃疏單衣白襪絲履憑節車轅節謂　兄弟曰中牟在此兄弟皆悍視無所見問韶君何由來韶曰吾欲改葬即求去數日又來兄弟遂與韶坐節曰若必改葬別自敕兒韶曰吾將爲書節援筆韶不肯曰死者書與生者異爲節作其字像胡書也乃笑喚節爲書曰昔魏武侯浮於西河而下中流顧謂吴起曰美哉河山之固此魏國之寶也吾性愛好京洛每往來出入瞻視邙山樂哉萬世之基也北背孟津洋洋之河南望天邑濟濟之盛此志雖未言銘之於心矣不圖奄忽所懷未果前去十月便速改葬貫數畝地便足矣節延韶入室設坐祀之不肯坐又無所饗謂韶曰中牟平生好酒可少飲韶手執盃飲盡曰佳酒也節視杯空既去杯酒乃如故前後三十餘來兄弟狎翫節問所疑韶言天上及地下事亦不能悉知也顏淵卜商今見在爲脩文郎凡有八人鬼之聖者梁成賢者吴季子節問死何如生韶曰無異耳死者虚生者實此其異也節曰死者何不歸屍骸韶

曰譬如斷卿一臂以投地就剥削之於卿有患乎死之去屍骸如此也節曰厚葬美墳死者樂乎韶曰無在也節曰若無在何改葬韶曰今我誠無所在但欲述生時意耳韶欲去節留之閉門下鑠鑰韶爲之少住韶去節見門故閉韶已去矣韶與節別曰吾今見爲脩文郎守職不下得來也節執手乃別自是遂絶

續晉陽春秋曰襄陽羅友在桓温府屢以貧乞禄温以其誕肆許而不用同府人有得郡者温爲坐別友亦被命至尤晚温問之曰出門於中路逢一鬼大見揶揄曰見汝送人作郡不見人送汝作郡友始怖終慙不覺淹緩温笑而用之

晉書曰周訪宿宫亭湖廟晨起如厠見一老父訪執之化爲雄鴨

晉陽春秋曰苻堅未敗長安市鬼夜哭一月止
前趙録曰麟嘉三年螽斯則百堂災自此鬼哭三宮夜夜
不絶
崔鴻十六國春秋後趙録曰魏豹字收虎范陽人也遷中
山太守所在有治名豹嬖妾先死豹後守于廪丘南妾形
見與豹言翌日而卒
後魏書曰先是河邊人夢神謂已曰爾朱家欲渡河用爾
作灅波津令爲之縮水脉月餘夢者死及兆至有行人自
言知水淺深以草往往表插而導焉忽失所在兆遂驀馬
涉渡
宋書曰劉伯龍少而貧薄及長歷位尚書左丞武陵太守
貧窶尤甚嘗在家慨然召左右將營十一之方忽見一鬼
在傍撫掌大笑伯龍歎曰貧窮固有命乃復爲鬼所笑也

遂止
梁書曰范雲嘗與梁武同宿顧暠之舍妻方產鬼在外曰
此中有王有相雲起曰王當仰屬相以見歸因是盡心推
事
老子曰以道蒞天下者其鬼不神（鬼不敢見其精神以干犯人）非其鬼
不神其神不傷人（其鬼非無精神也邪不入正不能傷自然）
莊子曰齊桓公田於澤管仲御見鬼焉公撫管仲之手曰
仲父何見對曰臣無所見也公反誒詒爲疾數日不出齊
士有皇子告敖者曰公則自傷鬼惡能傷公夫忿滀之氣
散而不反則爲不足上而不下則使人善怒下而不上則
使人善忘不上不下者中身當心則爲病耳桓公曰然則
有鬼乎曰有沉有履竈有髻戶内之煩壤雷車處之水有
罔象丘有崒山有夔野有彷徨澤有委蛇公曰請問委蛇之
狀何如曰委蛇其大如轂其長若轅紫衣而朱冠其爲物
也惡聞雷車之聲則捧首而立見之者其殆乎霸桓公囅
然而笑曰寡人之所見者也
墨子曰周宣王殺杜伯不以罪後宣王田於圃見杜伯執
弓矢射宣王伏弓衣而死
吕氏春秋曰梁北有黎丘部有奇鬼焉喜效人之子姪昆
弟　扶邑丈人布之市醉而歸者黎丘之鬼效其子之狀
扶而道苦之丈人歸酒醒而誚（誚責也）其子曰吾爲汝父也
豈爲不慈哉我醉汝道苦我何故其子伏而觸地曰孽無
此事也其父信之曰譆是必奇鬼我固聞之明日復於市
欲遇而刺殺之則旦之市而醉其真子恐其父之不能返
也遂往迎之丈人望見之拔劍而刺之
韓詩外傳曰人死曰鬼鬼者歸也精氣歸於天肉歸於土

血歸於水脉歸於澤聲歸於雷動作歸於風眼歸於日月
骨歸於木筋歸於山齒歸於石膏歸於露髮歸於草呼吸
之氣歸復於人
淮南子曰蒼頡作書鬼夜哭
董仲舒五行逆順曰人君簡宗廟不禱祀則鬼夜哭
風俗通曰汝南周翁仲初爲太尉椽婦產男及爲北海相
吏周光能見鬼書署爲主簿使還致敬於本郡縣因告之
曰事訖臘日可與小男俱侍祠主簿事還翁仲問之對曰
但見屠人弊衣蠡髻而踞神座持刀割肉有衣冠青墨綬
數人彷徨堂東西不進不知何故翁仲問妻曰何以養此
子嫗大怒曰君常言兒體貌聲氣喜學似我公欲死爲作
狂語翁仲具告之祠祭如此不具服子毋立截嫗泣涕言
昔以年長無男不自安實以女易屠者之男裨錢一萬此

子年已十八還歸其家迎其女女嫁爲賣餅者妻後適隴
西李文思文思官至南陽太守
抱朴子曰按九鼎記及青靈經言人物之死俱有鬼也馬
鬼常以晦夜出行狀如炎火
玄中記曰姑獲鳥夜飛晝藏蓋鬼神類衣毛爲飛鳥脱毛
爲女人名爲帝少女一名夜遊一名鈎星一名隱飛鳥無
子喜取人子養爲子人養小兒不可露其衣此鳥度即取
兒也荆州爲多昔豫章男子見田中有六七女人不知是
鳥匍匐往先得其毛藏之往就諸鳥諸鳥各走就毛衣衣
之飛去一鳥獨不得去男子以爲婦生三女其女母後令
問父知衣在積稻下得衣飛去後以衣迎三女三女得衣
亦飛去
神異經曰東北方有鬼星石室三百戶而共一門石牓題

曰鬼門晝日不開至暮即有人語有火青色
又曰南方有人長三二尺裸形而目在頂上走行如風名
曰魃所見之國大旱赤地千里一名旱母一名狢遇者得
之投溷中乃死旱災銷也
又曰西方深山有人焉長尺餘袒身捕鰕蟹性不畏人止
宿喜依其火以炙鰕蟹伺人不在而盜人鹽以食蟹名曰
山猱其音自叫人常以竹着火中烞熚音朴音畢而山猱皆驚
犯之令人寒熱此雖人形亦鬼魅耳所在山中皆有之
齊諧記曰廣陵王瓊之爲信安令在縣忽有一鬼自稱姓
蔡名伯喈或復談議誦詩書知古今靡所不諳問是昔蔡
邕不答云非也與之同姓字耳問此伯喈今何在云在天
上或下作仙人飛來去受福甚快非復疇昔也
論衡曰上古之人有神荼鬱壘者昆弟二人生而執鬼居
東海度朔山上立桃樹下簡閱百鬼鬼道理妄與人禍荼
與鬱壘縛以葦索執以食虎
幽明録曰阮瞻常著無鬼論而一鬼通姓名作客詣之寒
温畢聊談名理客甚有才辨與言良久及鬼神事乃作色
曰鬼神古今聖賢所共傳君何獨言無即僕便是鬼於是
變爲異形須臾便滅阮嘿然大惡之年餘卒
又曰王輔嗣注易輒笑鄭玄爲儒玄老奴無意于時夜分
忽聞外閣有著屐聲須臾進自云鄭玄責之曰君年少何
以輕穿鑿文句而妄譏詆老子也極有忿色言竟便退輔
嗣心生畏惡經少時遇厲病而卒
又曰阮德如嘗於廁見一鬼長丈餘色黑而眼大著皂單
衣平上幘去之咫尺德如心安定徐笑語之曰人言鬼可
憎果然鬼即赧愧而退

又曰晉世王彪之年少未官常獨坐齋前有竹忽聞有歎
聲彪之惕然怪似其母因往看之見母衣服如昔彪之跪
拜歔欷母曰汝方有奇厄自今已去當見一白狗若能東
行出千里三年然後可得免災忽不復見彪之悲悵達旦
既明獨見一白狗恒隨行止便經營行裝將往會稽及出
千里外三年乃歸齋中復聞前聲往見母如先謂曰能用
吾言故來慶汝汝自今已後年踰八十位班台司後皆如
母言
又曰毅仲宗以隆安初入蜀爲毛璩參軍至涪陵郡暮宿
在亭屋中忽有一鬼體上皆毛於牕櫺中執仲宗臂牽仲
宗大呼左右來救之鬼乃去
又曰河南楊起字聖卿少時病瘧逃於社中得素書一卷
讁劾百鬼法所劾輒效爲日南太守母至則上見鬼頭長

數尺以告聖御曰此肅霜之神刻之出來變形如奴送書京師朝發暮反作使當千人之力

又曰東昌縣山有物形如人長四五尺裸身被髮髮長五六寸常在高山巖石間住暗啞作聲而不成語能嘯相呼常隱於幽昧之間不可恒見有人伐木宿於山中至夜眠後此物抱子從澗中發石取蝦蟹就人火邊燒炙以食兒時人有未眠者密相覺語齊起共突擊便走而遺其子聲如人啼也此物使男女群共引石擊人趣得然後止

太平御覽卷第八百八十三

太平御覽卷第八百八十四

神鬼部四

鬼下

異苑曰廣州治下有黃文鬼出則爲祟所著衣帽皆黃至人家張口而笑必得疫狀長短無定隨籬高下自不出已十餘年土俗畏怖惶恐不絶

又曰陸機初入洛次河南之偃師時夕𡹗道左若有民居因往逗宿見一年少神姿端遠與機言玄門妙物機心伏其能無以酬抗機提緯古今總驗名實此年少不甚欣解旣曉便去機税驂逆旅逆旅嫗曰此東數十里無村落正有山陽王家墓耳機乃怪悵然還睇昨路空野霾雲拱木蔽日知所遇者信王弼也

又曰晉宣王誅王陵寢疾日見陵來賈逵亦爲祟少日遂

薨初陵被執經賈逵廟呼曰賈梁道王陵魏之忠臣及永嘉之亂有覡見宣王宣王涕泗去家國傾覆是曹爽見使玄訴寃得伸故也

又曰夏侯玄爲司馬景王所誅宗人爲之設祭見玄來靈坐上脱頭於牀取食物酒載之屬以内頭中畢還自安頭而言曰吾得請於帝矣子元無嗣也

又曰謝靈運以元嘉五年忽見謝晦手提其頭來坐別牀血淋落不可忍視又所服豹皮裘血淹滿篋及爲臨川郡飯中欻有大蟲謝遂被誅

又曰世有紫姑古來相傳云是人妾爲大婦所妬誣以穢事相役正月十五日感激而死故世人以其日作其形夜於廁間或豬欄邊迎之呪曰子胥不在曹失亦歸曹即其大婦也小姑可出戲捉者覺重便是神來奠設酒果亦覺貌煇煇有色即跳躁不住能占衆事卜行來蚕桑又善射鉤好則大舞惡即仰眠平昌孟氏恒不信躬試往捉自躍穿帳頂而去永失所在也

世説曰會稽賀思令善彈琴嘗夜在月中坐臨風鳴彈忽有一人形器甚偉着械有慘色在中庭稱善便與共語自云是嵇中散謂賀云卿手下極快但於古法未備因授以廣陵散賀遂傳之于今不絶

又曰阮脩字宣子論鬼神有無或以人死有鬼宣子獨以爲無曰今見鬼者云着生時衣服若人死有鬼衣服有鬼耶論者服焉

列異傳曰南陽宗定伯年少時夜行逢鬼問曰誰鬼曰鬼也鬼曰卿復誰定伯欺之言我亦鬼也欲至宛市鬼言我亦欲至宛市共行數里鬼言步行太極可共迭相擔也定

伯乃大喜鬼便先擔定伯數里鬼言卿太重定伯言我新死故重耳定伯因復擔鬼鬼略無重如是再三定伯復言我新死不知鬼悉何所畏忌鬼荅曰唯不喜人唾於是共道遇水定伯命鬼先渡聽之了無聲定伯自渡漕漼有聲鬼復言何以作聲定伯曰新死不習渡水耳勿怪行欲至宛定伯便擔鬼至頭上急持之鬼大呼聲咋咋索下不復聽之徑至宛市中着地化爲羊便賣之恐其變化乃唾之得錢千五百乃去于時名宗定伯賣鬼得錢千五百

又曰任城公孫達甘露中爲陳郡卒官將斂兒及郡吏數十人臨喪公達有五歲兒欻作靈音聲若父呵衆人云哭止吾欲有所道呼諸兒以次教戒兒悲哀不能自勝乃慰之曰四時之運猶有終人物短脆焉當無窮如此數千語皆成文章兒乃問曰人死皆無知大人聰明殊特獨有神

靈耶荅曰存亡之事未易可言鬼神之事非人知也索紙作書辭義滿紙投地云封書與魏君窣暮有信來即以付之其暮君窣果有信來

又曰北海營陵有道人能令人與死人相見同郡人婦死已數年聞而往見之曰願令我一見死亦不恨道人教其見之於是與婦相見言語悲喜恩情如生時良久乃聞皷聲遂别而去

捜神記曰漢九江何敞爲交趾刺史行部到蒼梧暮宿鵠奔亭夜未半有一女子從樓下呼曰妾本居廣信縣脩里人早失父母無兄弟嫁與同縣施氏薄命先死有雜繒百二十疋及婢致富一人妾孤窮羸弱不能自振欲之傍縣賣繒從同縣男子王伯債車牛一乘載繒妾乘車致富執轡乃以前年四月到亭外時日暮行人斷絶不敢後進因

止致富暴得腹痛妾之亭長舍乞漿火而亭長龔壽操刀戟來至車傍問妾曰夫人何從來車上所載丈夫何在何故獨行妾應曰何問之壽持妾臂曰年少愛有色冀可樂也妾懼怖不應壽即持刀刺脅下一瘡立死又刺致富亦死壽掘樓下合埋妾在下婢在上取財物而去殺牛燒車車釭及牛骨貯在亭東井中妾既寃死痛感皇天無所告訴故來自歸於明使君敞曰今欲發之汝何以爲驗女子曰妾上下着白衣青絲履皆未朽也妾姓蘇名娥願訪鄉里以散骨歸死夫敞乃馳還令吏捕壽考問具服問廣信縣與娥語合壽父母兄弟皆捕繫獄敞表壽常律殺人不至族然壽爲惡隱密經年王法自所不免令鬼神訴者千載無一請皆斬之以明鬼神以助陰教

又曰盧充范陽人家西三十里有崔少府墓充年二十先冬至一日出宅西獵戲見麞便射中之麞倒而起充遂逐不覺遠忽見道北一里許高門瓦屋四周有如府舍不復見麞門中鈴下唱客前有一人投一襆新衣曰府君以此繫郎充便着已進見少府語充曰尊府君不以僕門鄙近得書爲君索小女爲婚故相迎耳便以書示充父亡時充雖小然已識父手跡便即歔欷無復辭便勑内盧郎已來可使女郎莊嚴至黄昏内白女郎莊嚴竟崔語充君可至東廊婦下車立席頭即共拜時爲三日畢崔謂充曰君可歸去女若生男當以相還生女當留養勑外嚴車送客充便辭出至家母見問其故充悉以狀對别後四年三月充臨水戲忽見傍有犢車乍沉乍浮既而上岸四坐皆見而充往問其車後户見崔氏女與三歲男共載女抱兒以還充又與金盌忽然不見充後乘車入市賣盌冀有識者有一婢識

此還白大家曰市中見一人乘車賣崔氏女郎棺中金盌大家即崔氏親姨母也遣兒視之果如婢言乃語充曰昔我姨姊少府女未出而亡家親痛之贈一金盌着棺中可說得盌本末充以事對此兒亦爲悲咽賫還白母母即令詣充家迎兒還諸親悉集兒有崔氏之狀又復似充之貌兒盌俱驗姨母曰我外生也即字温休温休者是幽婚也遂成令器歷郡守其後植子毓有名天下

又曰麋竺嘗從路歸未至家數十里見路次有新婦從竺求寄載行二十餘里新婦謝去謂竺曰我天使也令往燒東海麋竺家感君載故以相語竺請之曰不得不燒君快去我緩行日中必發火竺乃急行至家使出其財物明日日中果火大發

又曰臨川間諸山有妖物來常因大風雨有聲如嘯能射

人有項便腫大毒有雌雄雄急而雌緩急者不過半日間緩者經宿其方人常有以求之求之小晩則死俗名曰刀勞鬼

又曰永昌郡不韋縣有禁水水有毒氣唯十一月十二月可渡涉自正月至十月不可渡渡輒病殺人其氣有惡物不見其形作聲如有所投擊中木則折中人則害人俗名鬼彈

文士傳曰左思初作蜀都賦曰鬼彈飛丸以礌礉後又改易無此語

又南中八部志曰永昌郡有禁水水有惡毒氣中物則有聲中樹木則折名鬼彈中人則奄然青爛

又曰下邳周式嘗至東海道逢一使持一卷書求寄載行十餘里謂式曰吾蹔有所過留書寄舡中愼勿發之去後式盜發視書皆諸死人録下條有式名須臾使還式首道視書吏怒曰故以相告而勿視之式叩頭流血吏良久曰感卿遠相載此書不可除卿今日已去還家三年勿出門可度也勿道見吾書式還不出已二年餘家皆怪之鄰人卒父怒使吊之式不得已適出門便見此吏吏曰吾令汝三年勿出今而柰何吾求汝不見連相爲得鞭杖今已見汝無可柰何三日中當相取也式還涕泣具道如此父故不信母晝夜與相守涕泣至三日日中時卽死

續搜神記曰淮南胡茂回能見鬼雖不喜見而不可止後行至揚州還歴陽城東有神祠中正値民將至祝祀之須臾群鬼叱曰上官來迸走出祠去回顧見二沙門來入祠中諸鬼兩兩三三相抱持在祠邊草中望沙門皆怖懼須臾沙門去鬼皆還祠中回於是遂少奉佛

又曰王伯陽家在京口家東有大冢傳是魯肅墓伯陽婦喪乃平其墳以葬後數年伯陽白日在廳事見一貴人乘平肩輿將從數百人往來坐謂伯陽曰身是魯子敬安冢在此二百許年君何敢遽毀壞身冢因目左右何不舉手左右牽伯陽下牀以刀環築之數伯而去伯陽良久乃蘇其處皆發疽潰尋死

又曰會稽句章人東野還暮不及門見路傍小屋燃火投宿止有一少女不欲與丈夫共宿呼隣人家女自伴夜共彈箜篌歌曰連綿葛上藤一緩復一組汝欲知我姓姓陳名阿登明至東郭外有賣食母在肆中此人寄坐因說昨夜所見母聞阿登驚曰是我女近亡葬於郭外

又曰施續爲尋陽督能言論有門生亦有理意嘗秉無鬼論忽有人單衣白袷來言及鬼客詞屈曰僕便卽鬼何以言無使來取君門生酸苦求之鬼問有似君者不門生云施續下都督與僕相似鬼許之俄而督亡

語林曰宗岱爲青州刺史著無鬼神論甚精莫能屈後書生詣岱談次及鬼論書生乃拂衣而去曰君絶我輩血食二十餘年以君有青牛髯奴所以未得相困今奴已叛牛已死今得相制言絶而失來日岱亡

鄧德明南康記曰山都形如崑崙人通身生毛見人輒閉眼張口如笑好在深澗中翻石覓蟹啖之

又曰木客頭面語聲亦不全異人但手脚爪如鉤利高巖絶峯然後居之能斫榜牽著樹上聚之昔有人欲就其買榜先置物樹下隨量多少取之若合其意便將去亦不横犯也但終不與人面對交語作市并死皆知殯斂之不令人見其形也葬棺法每在高岸樹杪或藏石窠中南康三

營代舟兵往訪親覩葬所舞倡之節雖異於世聽如風林汎響聲頻歌吹之和義熙中徐道覆南出遣人伐榜以裝舟艦木客乃獻其榜而不得見

述異記曰南康有神名曰山都形如人長二尺餘黑色赤目髮黃被之於深山樹中作窠窠形如堅鳥卵高三尺許内甚澤五色鮮明二枚沓之中央相連土人云上者雄舍下者雌室旁悉開口如規體質虛輕頗似木筒中央以鳥毛爲褥此神能變化隱身罕覩其狀蓋木客山𤢖之類也贛縣西北十五里有古塘名余公塘上有大梓樹可二十圍樹老中空有山都窠宋元嘉元年縣治民哀道訓道靈兄弟二人伐倒此樹取窠還家山都見形謂二人曰我處荒野何豫汝事巨木可用豈可勝數樹有我窠故伐倒之今當焚汝宇以報汝之無道至二更中内外屋上一時火

起合宅蕩盡

志怪曰會稽郡常有大鬼長數丈腰大數十圍高冠玄衣郡將吉凶踐于雷門示憂喜之色謝氏一族憂喜必告弘道未遭毋難數月鬼晨夕來臨及後轉吏部尚書拜掌三節舞自大門至中庭尋而遷閤至

又曰夏侯弘忽行江陵逢一大鬼投弓戟急走小鬼數百從之弘畏懼下路避之大鬼過後捉一小鬼問此是何物曰廣州大殺弘曰以此矛戟何爲曰以此殺人若中心腹者輒死中餘處不至於死弘曰治此病者有方不鬼曰殺烏雞薄心即差弘曰今欲行何鬼曰當荆楊二州爾時此二州皆行心腹病略無不死者弘在荆州教人殺烏雞薄之十得八九今中惡用烏雞自弘之由也

本草曰梟桃在樹不落者殺百鬼也

張衡東京賦曰度索作梗守以鬱壘神荼副焉對操索葦（上古有神荼與鬱壘昆弟二人能執鬼度朔山鬼所出入）

太平御覽卷第八百八十四

太平御覽卷第八百八十五　妖異部一

怪

春秋潛潭巴曰異之爲言怪也謂先發感動

左傳莊公曰初内蛇與外蛇鬬於鄭南門之中内蛇死六年而厲公入公聞之問於申繻曰猶有妖乎對曰人之所忌其氣燄以取之妖由人興也人無釁焉妖不自作人弃常則妖興故有妖也

又文公曰有蛇自泉宮出入于國如先君之數（伯禽至僖公十七君）

秋八月聲姜薨毁泉臺（魯人以爲蛇妖所出而声姜薨故壞之）

又襄六曰或叫于宋大廟曰譆譆出出（譆譆熱也出出戒伯姬）鳥鳴于亳社如曰譆譆（皆火妖也）甲午宋大災伯姬卒

又哀上曰有雲如衆赤鳥夾日以飛三日楚子使問諸周太史周太史曰其當王身乎（日爲人君妖氣守之故以爲當王身雲在楚上惟楚見之故禍不及他國）若禜之可移於令尹司馬

家語曰季桓子穿井獲如土缶其中有羊焉使問之仲尼曰吾穿井而獲狗何也對曰以丘之所聞羊也丘聞之木石之怪夔蝄蜽（木石謂山也夔一足越人謂山繅或蝄蜽山精好効人聲迷惑人）水之怪曰龍罔象土之怪曰羵羊（龍神獸非常所見故曰怪罔象食人一名沐腫羵羊雌雄不成者）

張璠漢記曰梁冀池中舡無故自覆後被誅

後漢書曰彭寵自立爲燕王多見變怪堂上聞蝦蟇聲在爐火下鑿地求之不得後爲奴所殺

魏志曰鉅鹿張臶（材見切）正始中戴鵀鳥巢門臶告門人曰夫戴鵀鳥巢門陰此凶祥也乃援琴作詩旬日而卒

又曰朱建平善相相應璩曰君年六十二位爲常伯先此一年當獨見一白狗也璩年六十一爲侍中直内省忽見白狗衆人悉不見於是併急遊觀飲讌自娛年六十二卒

吳志曰諸葛恪將征淮南有孝子着縗衣入其閤中令外詰問曰不自覺入時守備亦悉不見後恪遂被誅

晉書曰齊王冏輔政有一婦人詣大司馬門求寄産吏詰之曰我截臍便去耳言畢不見明年冏誅

王隱晉書曰王浚居幽州有狐踞浚府門中翟雉入廳事遂爲石勒所殺

晉書曰趙王倫篡時有雉飛入殿中自大極東階上殿驅之更飛西鍾下有頃飛去又倫於殿上得異鳥問皆不知名纍日向夕宮西有素衣小兒言是服劉鳥倫使録小兒并鳥閉置空室明旦開視户如故並失人鳥所在倫目上有瘤時以爲妖焉

又曰溫嶠旋于武昌至牛渚磯水深不可測世云其下多怪物嶠遂燬犀角而照之須臾見水族覆水奇形異狀或乘車馬著赤衣者嶠其夜夢人謂己曰與君幽明道別何意相照也意甚惡之至鎮未旬日因齒疾而卒

北齊書曰趙郡王叡奏後主云和士開不宜居内出士開爲兖州刺史太后欲留過百日叡正色不許叡出夜方寢見一人長可丈五尺當門向床以臂壓王良久遂失甚惡之而明日被誅

沈約宋書曰蕭思話在青州常所用銅斗覆在厨下忽於斗下得二死雀思話歎曰斗覆而雙雀殞其不祥乎既而被繫

宋書曰劉敬宣嘗夜與寮屬宴空中有投一隻芒屩於坐墜敬宣食盤上長三尺五寸已經人着耳鼻間並欲壞頃之而敗喪

易洞林曰吳興太守袁玄瑛當之官卜卦占凶曰 至官當有赤蛇爲妖不可殺至果有赤蛇在銅虎符石函上蟠玄瑛摘殺之其後果爲賊徐馥所害

唐明皇雜錄曰李適之既貴且豪嘗列鼎前以具膳羞一旦庭中鼎躍出相鬬家僮告適之適之乃往以其所引酒自誓而鬬亦不解鼎耳及足皆落明日適之罷知政事俄爲李林甫所陷貶宜春太守而終

又曰李林甫宅屢有妖怪其南北隅溝中有火光大起或有小兒持火出入林甫惡之

又曰李林甫之敗也晨起盥飾將入朝命取書囊即常時所要事目也忽覺頗重於常時者開視之即有二鼠出焉投下於地即變爲蒼狗雄目張牙仰視林甫命弓射之殷然即滅林甫惡之不踰月而卒

世說曰衛瓘永熙中家人炊飯墮地盡化爲螺出足而行瓘終見誅

列異傳曰中山王周南正始中爲襄邑長鼠從穴中出在廳上語曰周南汝以某月某日當死周南不應鼠還穴中至期復更冠幘絳衣而語曰周南汝日中當死周南復不應日適中鼠曰周南汝不應我復何道言鼠遂顛蹶而即失冠衣周南使卒取來視之如常鼠耳

搜神記曰漢武太始四年十月趙有蛇從郭外入與邑中蛇鬬孝文廟下邑中蛇死後二年秋有衛太子事自趙人江充起

又曰王莽居攝東郡太守翟義知其將篡漢世謀舉義兵兄宣教授諸生滿堂郡鵝鴈數十在中庭有狗從外入齧之皆驚比救之皆斷頭狗走出門求不知處宣大惡之後數日莽夷其三族

又曰魏司馬太傅討公孫淵父子先時淵家有犬着赤幘絳衣襄城北市生肉有頭目無手足而動搖占者曰有形不成有體無聲其國滅

又曰吳時廬陵郡亭重屋中常有鬼物宿者輒死自後使官莫敢入舍丹陽人應大有膽武至使廬陵便入亭止吏啓不可應不聽盡遣所將人還外持一口大刀至三更聞有扣閤者應遙問是誰答云部郡相聞應使進相聞去須臾閤者如前曰府君相聞應復使進着皂衣又去應謂是人了無疑也須臾復扣閤言部府君相詣應乃知是鬼持刀迎之見三人皆盛衣服俱進坐畢府君者便與應談談未畢而部郡跳至應背後應顧以刀擊中之府君下坐走應追至亭後墻下及之斫傷數下應還卧達曙將人往尋

之見血跡追皆得之云稱府君者是老豨部郡是老狸自後遂絶

又曰夏侯藻母病困將詣淳于智卜有一狐當門向之嘷喚藻愁愕遂馳詣智智曰其禍甚急君速歸在嘷處拊心啼哭合家人驚怪大小畢出一人不且啼哭勿休然後其禍僅可救也藻如之母亦扶疾而出家人既集堂屋五間拉然崩

又曰淳于智字叔平濟北人性沉深有恵義少爲書生善易高平劉柔夜鼠齧其左手中指意甚惡之以問智智爲筮之曰鼠本欲殺君而不能當相爲使之反死乃以朱書其手腕横文後三寸爲田字辟方一寸使夜露手以卧其夜大鼠伏死手前

又曰東陽劉寵字道和居于姑孰每夜門亭有血數十處

知所從來如此三四後寵為折衝將軍見遣北征將行而炊食悉變為蟲寵遂北征軍敗於檀丘為徐龕所殺

續搜神記曰廣州有三人共在山中伐木忽見石窠中有三卵大如升取煮之始湯熱便聞林中如風雨聲須臾有一蛇大十圍長四五丈徑來於湯中銜卵去三人無幾皆死

又曰代郡張平者苻堅時為賊帥自號并州刺史養一狗名曰飛鸞形若小驢忽夜上廳事屋上行行聲如常平未經年果為鮮卑所逐敗走降苻堅未幾便死

又曰新治庾謹母病兄弟三人悉在白日侍疾常燃火忽見帳帶自卷上自舒如此數四須臾聞床前狗鬬聲非常舉家共視了不見狗止見一死人頭在地頭猶有血兩眼尚動甚可憎惡其家怖懼夜不持出門既即於後園中埋

之明旦往視之出土上兩眼猶爾即又埋之後旦亦復出乃以塼著頭合埋之不復出也數日其母遂亡

異苑曰譙文靜於後府接賓婦劉氏見狗銜謝頭來又乃失所在婦具說之謝容無異色是月而薨

又曰安固李道豫元嘉中狗當路眠豫蹴之狗曰汝停死何以蹋我經年豫死

又曰晉惠帝羊后將入宮衣中忽有火光自後蕃臣遘兵洛陽失御后為劉曜所嬪

又曰有人姓劉在朱方人不得共語若與之言人必遭禍難及身死疾唯一士謂無此理偶值人有乇塞耳劉聞之欣然而往自說被謗君能見明否云世審同何足卹須臾火發資畜服玩蕩盡於是舉世號為劉儁鷄復遇諸塗皆閉車走馬掩目奔避劉亦杜門自守歲時一見則人驚散過於見鬼

又曰太原王徽之字伯猷元嘉四年為兗州刺史在道有客命索酒炙言未訖而炙至徽之取自割終不入投地大怒少頃顧視向炙已變為徽頭矣驚愕反矚又覩其首在空中揮霍而沒王至州便殞

又曰張仲舒元嘉十七年七月中晨夕間輒見門側有赤氣赫然後空中忽雨絳羅於其庭廣七八分長五六寸皆以箋紙繫之紙廣長亦與羅等紛紛甚駃舒惡之舒宿暴病而死

又曰王愉義熙初在中庭行帽忽自脫仍乘空如人所着及愉母喪月朞上祭酒器在九上須臾下地覆還登牀尋而第三兒綏懷貳伏誅

又曰檀道濟元嘉中鎮尋陽十二年入朝與家分別顧瞻

城闕歔欷逾深識者是知道濟之不南旋也故時人為其歌曰生人作死別荼毒當奈何濟將發舟所養孔雀來銜其衣驅去復至如此數焉以十三年三月伏誅

又曰武昌戴熙家道貧陋墓在樊山南占者云有王氣宣武桓公伏威西下停武昌令鑿之得一物大如水牛青色無頭脚時亦動搖斫刺不陷仍縱着江中得水便有聲如雷響發長川熙後嗣淪胥殆絕

又曰烏傷葛輝夫義熙中在婦家宿至三更有兩人把火炬至階前疑是凶人往打之欲下杖悉變蝴蝶繽紛飛散有一物衝輝夫腋下便倒地少時死

述異記曰郭仲產宅在江陵批把寺南宋元嘉中起齋屋以竹為窻櫺竹遂漸生枝葉長數丈鬱然如林仲產以為吉祥及孝建中被誅

又曰嘉興朱休之元嘉中兄弟對坐大向休蹲視二人而笑搖頭語曰言我不能歌聽我歌梅花今年故復可奈汝明年何其家斬犬牓首路側至梅花時兄弟相鬬弟戟傷兄收繫皆死

又曰宋大明中頓丘縣令劉順酒酣晨起見榻牀上有一聚凝血如覆盆形劉是武人了不驚怪乃令擣虀親自切血滦虀食之弃其所餘後十許載至元徽二年爲王道隆所害

又曰周登之家在都宋明帝時統諸靈廟甚被恩寵母謝氏奉佛法太始五年夏月暴雨有物形隱煙霧垂頭屬廳事前地頭頸如大赤鳥飲庭中水登之驚駭謂是善神路之汲水益之飲百餘斛水竭乃去二年而謝氏亡亡後半歲而明帝崩登之自此事業衰敗

又曰宋驃騎大將軍河東柳元景大明八年少帝即位元景乘車行還使人在中庭洗車轅曬之有飄風中門而入直來衝車明年而闔門被誅

幽明録曰吴北寺終祚道人卧齋中鼠從坎出言終祚後數日當死終祚呼奴令置犬鼠去亦不畏此且犬入户必死犬至果亦終祚嘗爲商閉户謂鼠曰汝正欲使我富貴耳今既遠行勤守吾房勿令有所零失時桓温在南州禁殺牛甚急終祚載數萬竊買牛皮還東貨之得二十萬還時室猶闔也都無所失其怪亦絶自是浸富

又曰石虎時太武殿圖賢人之像頭忽悉縮入肩中

又曰義興周超爲謝晦司馬在江陵妻許在家夜遥見屋裏月光一死人頭在地血流甚大驚怪即使失去後超被法

又曰元嘉九年南陽樂遐嘗在坐忽聞空中有人呼其夫婦名甚急半夜乃止殊自驚懼後數日婦屋後還忽然舉體衣服揔是血未一月而夫婦相繼病卒

又曰諸葛長民富貴後嘗一月或數十日輒於夜眠中驚起跳踉如與人相打狀毛脩之嘗與同宿駭愕不達此意視之良久長民告毛此物奇健非我無以制之良曰是何物長民曰我正見一物甚黑而手脚不分明　多夕來　輙共鬬深自驚懼爲屋中柱及椽桷間悉見有蛇頭令人以刀懸斫應刀隱滅去輙復出悉以紙裹柱桷紙内簌簌如有物行聲

又曰劉斌在吴郡時婁縣有一女忽夜乘風雨怳惚至郡城内自覺去家正一炊頃衣小沾濡曉在門上求通言我天使也府君宜起迎我當大富貴不尒必有凶禍劉問所

來亦不自知後二十許日劉果誅

又曰桓温時參軍夜坐忽見屋梁上有一伏兔切齒向之兔來轉近引刀斫之見正中兔而實反傷髀流血

甄異記曰徐州人吴清以太元五年被差爲征人殺雞求福置雞頭在柈中忽然而鳴其後破賊賊帥邵寶臨陣戰死于時殭尸狼籍莫之能識清見一人着白錦袍疑是主帥便斬以聞推校之乃是寶首清以功拜清河太守越自行伍猥蒙榮位雞之妖更爲祥

桓譚新論曰吕仲子婢死有女四歲數來爲沐頭浣濯道士云其家青狗爲之殺之則止楊仲亦言所知家嫗死忽起飲食後醉而坐祭牀上如是三四家益厭苦其後醉形壞但得老狗便打殺之推問乃里頭沽家狗

玄晏春秋曰新安寺有槐而鵲巢之雄雞奪而棲焉求

安令繁璉子之族姑子也其主簿以告子子雖棲野人必將寄次于野縣其空平夏五月丙申璉卒喪次子縣空縣送之

賈誼鵩鳥賦曰誼爲長沙太傅有鵩飛入誼舍止于坐隅鵩似鴞不祥鳥也

太平御覽卷第八百八十五

太平御覽卷第八百八十六

妖異部二

魂魄　精

魂魄

易上繫曰精氣爲物遊魂爲變

韓詩外傳曰溱與洧說人也鄭國之俗三月上巳之日於兩水上招魂續魄祓除不祥故詩人願與所說者俱往觀也

禮記檀弓下曰延陵季子適齊其反也其長子死葬於嬴博之間既封左袒右還其封且號者三曰骨肉歸復于土命也若魂氣則無不之也無不之也而遂行

又禮運曰體魄則降知氣在上死者北首生者南嚮

又曰作其祝號玄酒以祭君與夫人交獻以嘉魂魄是謂

合莫

又郊特牲曰凡祭愼諸此魂氣歸于天形魄歸于地故祭求諸陰陽之義也

又祭義曰氣也者神之盛也魄也者鬼之盛也

左傳昭二曰子產適晉趙景子問焉曰伯有猶能爲鬼乎子產曰能人生始化曰魄既能陰陽曰魂用物精多則魂魄彊是以有精爽至於神明匹夫匹婦強死其魂魄猶能憑依於人以爲淫厲況良宵乎

又昭公曰宋公宴飲使昭子右坐語相泣也樂祁佐退而告人曰今茲君與叔孫其皆死乎吾聞之哀樂可樂而哀而樂哀皆喪心也心之精爽是謂魂魄魂魄去之何以能久

孝經援神契曰情者魂之使性者魄之使情生於陰以計念性生於陽以理契

王肅喪服要記曰魯哀公葬其父孔子問曰寧設魂衣乎哀公曰魂衣起芃荊苑荊於山之下道逢寒死友人羊角哀往迎其尸魂神之寒故作魂衣吾父生服錦繡死於衣被何用魂衣爲

史記曰高祖謂沛父兄曰遊子悲故鄉吾雖都關中万歲之後吾魂魄猶樂思沛也

晉中興書曰東海王越妃裴痛越棺柩被焚乃招魂葬越於丹徒中宗以爲非禮乃下詔曰夫冢以藏形廟以安神今世招魂葬者是埋神也其禁之

淮南子曰天氣爲魂地氣爲魄

又曰魄問於魂曰道何以爲體曰以無有爲體魄曰無有無形也魄曰無有何得而問也魂曰吾直有所遇之耳視之無形聽之無聲謂之幽冥幽冥者所以喻道而非道也

白虎通曰魂魄者何謂也魂猶伝伝行不休也少陽之氣故動不息人爲外魄者猶迫然著人也此少陰之氣象金石著人不移也魂者芸也情以除穢魄者迫也性以治內精神者何謂也精者靜也大陰施化之氣也象水之化須待任坐也神者恍惚大陰之氣出入無間

抱朴子曰師言欲求長生當勤服大藥欲得通神當金水分形形分則自見其身三魂七魄而天靈地祇皆下接山川之神皆可役也

又曰太一召魂魄丹法取五石封之以太一泥卒死三日以還者折齒內一丸以水送之入喉活活者皆見使者持節召之

又曰人無賢愚皆知己身之魂魄魂魄分去則人病盡去則死　故分去術家有錄之之法盡去則禮典有招魂之

義此之爲物至近者也然與人俱生至於終身莫或自聞見之者豈可不聞見復言無乎

又曰軫星逐鬼張星拘魂東井還魄也

異苑曰新野庾寔妻榮陽毛氏女義熙中五月曝曬席忽見女在席下蔫上以驚怛便　女眞形在别牀如故不旬日而夭也仲夏忌舉牀第玆驗矣○襄陽耆舊記曰羊公與鄒潤甫登峴山垂泣曰自有宇宙便有此山由來賢達勝士登此遠望如我與卿者多矣皆湮滅無聞不可得知念此使人悲傷我百年後魂魄猶當登此山

十洲記曰聚窟洲在西海中申未地洲上有大樹與楓木相似華葉香聞數百里名此爲反魂樹叩其樹樹亦能自聲聲如牛吼聞之者皆心震神駭伐其根心在玉釜中煑取汁更微火熟煎之如黑飴令可丸名驚精香或名之爲震靈丸或名之爲反生香或名之爲馬精香或名之爲却死香一種五名斯靈物也香氣聞數百里死尸在地聞仍活

博物志曰援神契云五岳之神聖四瀆之精仁太山天帝孫也主召人魂東方萬物始故主人生命之長短

王子年拾遺録曰勳皐山上有離魂稻言食者死更生

楚辭曰招魂者宋玉之所作也玉憐哀屈原忠而斥棄憂愁山澤魂魄放佚厥命將落故作招魂欲以復其精神延其年壽外陳四方之惡内崇楚國之美以諷諫懷王冀其覺悟而還之也

又招魂曰帝告巫陽曰有人在下我欲輔之魂魄離散汝筮與之（使筮其所在而與招其魂使復其精神）

精

易上繫曰男女構精萬物化生

禮記祭義曰衆生必死死必歸土此之謂鬼骨肉斃于下陰爲野土其氣發揚于上爲昭明焄蒿悽愴此百物之精也神之著也

唐書曰睿宗子申王撝之初生則天甞以示僧萬迴曰此兒是西域大樹之精養之宜兄弟則天甚悦始令列於兄弟之次

管子曰故涸澤數百歲谷之不從水之不絶者生慶忌慶忌者其狀若人其長四寸衣黄衣冠黄冠戴黄蓋乘小馬好疾馳以其名呼之可使千里外一日反報此涸澤之精也涸川水之精者生于蟡于蟡者一頭而兩身其狀如蛇其長八尺以其名呼之可以取魚鼈此涸川水之精也

列異傳曰桂陽太守張叔高家居鄢陵里中有樹大十圍遣客斫之樹大血出客驚怖叔高曰樹老汁赤耳斫之血大流出空處有一白頭翁出走高以刀斫殺之所謂木石恠夔蝄蜽乎

搜神記曰孔子厄於陳絃歌於館中夜有一人長九尺餘皂衣高冠大咤聲動左右子路引出與戰于庭仆於地乃是大鯷魚也長九尺餘孔子歎曰此物也何爲來哉吾聞物老則群精依之因衰而至此其來也豈以吾遇厄絶糧從者病乎夫六畜之物及龜蛇魚鼈草木之久者神皆能爲妖恠故謂之五酉五酉五行之方皆有其物酉者老也故物老皆爲恠矣殺之則已夫何患焉

又曰吴先主時陸敬叔爲建安郡使人伐大樟樹下數斧有血出樹斷有物人面狗身從樹中出敬叔曰此名彭侯乃烹食之味如狗

又曰諸葛恪爲丹陽太守出獵兩山之間有物如小兒伸
手引人恪令曳去故地死叅佐問之恪曰此事在白澤圖
曰兩山之間有精如小兒名曰傒囊諸人未之見也
異苑曰天門張某與村人共獵見大樹下有蓬菴似寢息
處而無煙火須臾一人形長七尺毛而不衣負數頭猴與
語不酬將歸閉之十餘日後送着先處孫皓時臨海得七
精如人而有毛此將山精
幽明錄曰漢武帝與群臣宴未央殿方噉黍臛忽聞語云
老臣尋覔不見梁上有一公長八九寸柱杖僂步帝問之
公下稽首不言目仰視屋俯指帝脚忽然不見問東方朔
朔對曰其名爲藻兼水木之精也夏巢林冬潛河陛下與
造宮室斬伐其居故來訴耳仰視屋者殿名未央也俯視脚
者脚足也願止足於此也帝爲此暫止少時幸河者聞水底

有絃歌之聲肴膳芬芳前梁上公及年少數人絳衣素帶
皆長八九寸凌波而出或有挾樂器者帝命坐於食案上
老公曰老臣前昧死歸訴幸蒙陛下即息斧斤全其居宅
不勝欣躍故私相賀耳便治絃而歌聲小大無異於人而
清婉繞梁帝欣悅勸酒乃獻帝一紫螺殼中有物狀如牛
脂帝又曰可思以珍異見貽老公顧命取洞穴之寶一人
下波淵底倏忽還得一大珠數寸明燿絕世俄而公等忽
然而去東方朔曰螺殼中是蛟髓以傳面令人好顏色又
女子在草中用之產易
雷次宗豫章記曰永嘉末有大蛇長十餘丈斷道經過者
蛇輒吸取吞噬已百數道士吳猛與弟子殺蛇蛇死而蜀
賊杜弢滅
玄中記曰千歲樹精爲青羊萬歲樹精爲青牛多出遊
人間牛事類部
又曰山精如人一足長三四尺食山蟹夜出晝藏人晝日
不見夜聞其聲千歲蟾蜍食之
又曰玉精爲白虎金精爲車馬銅精爲僮奴鉛精爲老婦
博物志曰山有夔其形如鼓一足澤有委蛇狀如轂長轅
見之者霸昔夏禹觀河見長人魚身出曰吾河精豈河
伯也
白澤圖曰厠之精名曰依倚青衣持白杖知其名呼之者
除不知其名則死築室三年不居其中有小兒長三尺而
無鬚見人則掩鼻見之有福火之精名必方狀如鳥一足
以其名呼之即去木之精名彭侯狀如黑狗無尾可烹之
食之千載木其中有蟲名曰賈詘狀如豚食之如狗肉味
又曰上有山林下有川泉地理之間生精名曰必方狀如

鳥長尾此陰陽變化所生玉之精名岱委其狀如美女衣
青衣見之以桃戈刺之而呼其名則得金之精名倉狀如
豚居人家使人不宜妻以其名呼之即去水之精名罔象
其狀如小兒赤色大耳長爪以索縛之則可得烹之吉
又曰故門之精名野狀如朱儒見人則拜以名呼之宜飲
食
又曰故宅之精名曰揮文又曰山冕其狀如蛇一身兩頭
五采文以其名呼之可使取金銀
又曰故廢丘墓之精名曰元狀如老役夫衣青衣而杵好
舂以其名呼之宜禾穀
又曰故道徑之精名忌狀如野人以其名呼之使人不迷
又曰道之精名作器狀如丈夫善眩人以其名呼之則去
又曰故池之精名意狀如豚以其名呼之即去

又曰故井之精名觀狀如美女好吹簫以其名呼之即去
又曰絶水有金者精名曰侯伯狀如人長五尺絲衣以其
名呼之即去
又曰故臺屋之精名兩貴狀如赤狗以其名呼之使人目
明
又曰左右有石水生其間水出流千歲不絶其精名曰喜
狀如小兒黑色以名呼之可使取飲食
又曰三軍所載精名曰賓滿狀如人頭無身赤目見人則
轉以其名呼之即去
又曰故水石者精名慶忌狀如人乘車蓋日馳千里以其
名呼之可使入水取魚
又曰丘墓之精名狼鬼善與人鬬不休爲桃弓棘矢羽以
鵄羽以射之狼鬼爲飄風脱履投之不能化

又曰故市精名曰毛門其狀如囷無手足以名呼之即去
又曰室之精名傒龍如小兒長一尺四寸衣黑衣赤幘大
冠帶劒持戟以其名呼之即去
又曰山之精名䕫狀如鼓一足而行以其名呼之可使取
虎豹
又曰故牧弊池之精名曰髡頓狀如牛無頭見人則逐人
以其名呼之則去
又曰夜見堂下有小兒被髮走勿惡之名曰溝以其名呼
之即無咎
又曰百歲狼化爲女人名曰知女狀如美女坐道旁告丈
夫曰我無父母兄弟丈夫取爲妻三年而食人以其名呼
之則逃去
又曰故溷之精名曰卑狀如美女而持鏡呼之使人口鬼

王子年拾遺録曰劉向校書天禄專精不倦假寐稱時
有人植青藜之杖時夜已暗乃吹其杖端烟然火出因以照
向則户内如燈燭也向與言三代已前帝王興亡之事如
目見焉及説陰陽運數起滅之兆向因受五行洪範之文
向問其姓名對曰我太一之精主天地圖讖聞子好學下
而觀焉
抱朴子曰萬物之老者其精悉能假託形以惑人唯不能
於鏡中易形耳是以古人入山道士皆以明鏡懸於背後
則老魅不敢近人
又曰山之精形如小兒而獨足足向後喜來犯人人入山
谷夜聞其音聲笑語其名曰蚑知而呼之即不敢犯人一
名曰超空亦可兼呼之
又曰有山精或如鼓色赤一足其名曰揮又或如人長九尺

衣裘帶笠名曰金累又或如龍而五色未有名曰飛龍見
之皆以其名呼之不敢爲害
又曰山中大樹能語者非樹語也其精名曰雲陽以其名
呼之即吉
又曰山中夜見胡人者銅鐵精也見秦人者百歲木精也
山水之間見吏者曰四激以其名呼之則吉
又曰山中寅日有稱虞吏者虎也稱當路君者狼也稱令
長者老狸也卯日稱丈夫者兎也稱東王父者麋也稱西王
母者鹿也辰日稱雨師者龍也稱河伯者魚也稱無腸公
子者蟹也巳日稱寡人者社中也稱時君者龜也午日稱
三公者馬也稱人者老樹也未日稱主人者羊也稱吏者
麞也申日稱人君者猴也稱九卿者猨也酉日稱將軍者
老雞也稱賊捕者雉也戌日稱人姓字者犬也稱咸陽公

仲者狐也亥日稱臣君者猪也稱婦人者金玉也子日稱社者鼠也稱神人者伏翼也丑日稱書生者牛也知其物則不能爲害

又日山川石木井竈洿池猶有精氣人身之中亦有魂魄況天地爲物物之至大者於理當有精神有精神則宜賞善罰惡但其體大綱疏不必機發而應耳

太平御覽卷第八百八十六

太平御覽卷第八百八十七　妖異部三

重生　變化上

重生

左傳宣上曰晉人獲秦諜殺諸絳市六日而蘇

續漢書曰獻帝初平中長沙人姓桓死月餘其母聞棺中有聲發之遂生至陰爲陽下人爲上其後曹公由匹庶起

又曰武安四年武陵女子李娥年六十餘病物故瘞於城外數里已四十日行人聞其塚中有人聲便語其家家往視聞娥聲出之遂活

吴志曰孫休永安四年吴民陳焦死埋之六日更生穿土中出

前趙録曰麟嘉元年大將軍東平王劉卒一指猶暖遂不殯殮至甲戌乃蘇言見淵於不周山經五日遂復從至崑崙山三日而復返

唐書曰貞元中翰林待詔戴少平死十六日復生

建康實録曰晉方士戴洋字國流吴興長城人也年十二遇病死五日而蘇言執麾將士將往蓬萊崑崙積石太室恒廬衡等諸山既而遣歸

葛洪神仙傳曰士燮嘗病死已三日仙人董奉以一九藥與服以水灌之捧其頭搖消之食頃即開目動手顏色如故漸復半日能起坐四日後能語遂復常

搜神記曰晉武帝世河間郡有男女相悅許相配適既而男從軍積年父母以女適人無幾而憂死男還悲痛乃至冢所欲哭之叙哀而已不勝其情遂發冢開棺即時蘇活因負還家將養數日平復其夫往求之其人還曰卿婦已死天下豈聞死人復活耶此天賜我非卿婦也於是相訟郡縣不能决以讞廷尉奏以精誠之至感於天地故死而更生常理之外非禮之所處刑之所裁斷以還開冢者

又曰漢平帝元始元年二月朔方廣收女子趙春病死既棺斂六日出棺外自言見死人及父曰年二十七不當死太守譚以聞說曰至陰爲陽下人爲上其後王莽篡位

又曰晉咸寧中琅邪顏畿得病就醫張瑳自治死於瑳家家人迎喪旐每繞樹木不可解送喪者或爲之傷乃言曰我壽命未應死但服藥太多傷我五臟耳今當復活愼無葬我也父拊而祝之曰若爾有命復當更生豈非骨肉所願今但欲還家不葬爾也旐乃解還家乃開棺形驗如故微有人色而手爪所刮摩棺材皆傷於是漸漸氣息以緜飲瀝口能咽遂乃出之日久飲食稍多能開目視瞻屈伸手足然不與人相當不能言語飲食猶常人如此者十餘年家疲相供護不復得操事其弟弘都絶棄人事躬侍養以知名後氣力稍更衰劣卒後還死

又曰建安中南陽賈偶字文合得病卒亡死時有吏將詣太山同名男女十人司命閲呈謂行吏曰當召某郡文合來何以召此人促遣令去時日暮治下有禁不得舍遂至郭門外大樹下宿有好女獨行無伴文合問之曰子似衣冠家何爲步行姓字爲誰女曰我三河人也父見爲易陽令昨錯召來今得遣去遂逼日暮懼獲瓜田李下之譏望君之容似類賢者是以停留依憑左右文合曰悅子之心願交歡於今夕女曰聞之諸姑婦人以貞專爲德潔白爲稱文合與相反覆終無動志天明別去文合死已再宿停當斂視其面有色撫心溫半日間蘇文合將驗其事遂至易陽問其令則女父也從之因問令某月某日君女寧卒亡

而生耶具説女姿顔服色言語相反覆本末令人問女與文合同大驚乃以女配文合

又曰臨海松陽人柳榮從張悌拒晉軍病死船中二日時軍已上岸無埋之者忽然大呼言人縛軍師聲激揚遂活人問之言上天北斗門下卒見人縛張軍師門下人怒榮叱逐使去榮懼怖口餘聲發揚其日悌戰死

續搜神記曰武都太守李仲文在郡喪女年十八權假葬郡城北後有張世之代爲郡世之男子長年二十侍從在郡中夢一女年可十七八顔色不常自言前府君女不幸早亡會今當更生心相愛樂故來相就如此五六夕忽然晝見解衣服薰香殊絶遂爲夫妻寢息衣皆有汚如處女焉後仲文婦遣婢視女墓因過世之婦相聞入室中見此女一隻履在子長牀下取之啼泣呼言發冢持履歸以示

仲文仲文驚愕遣問世之君兒何由得亡女履耶世之呼兒具陳本末李張並謂可怪發棺視之女體生肉顔姿如故右脚有履左脚無也自後遂死肉爛不復得生後夕女來曰夫婦情至謂偕老而無狀忘履以致覺露不復得生萬恨之心當復何言泣涕而別

又曰東平馮孝將爲廣陵太守兒名馬子年二十餘獨卧殿中夜夢見女子年十八九言我是前太守徐玄方女北海人不幸早亡來至今四年爲鬼所枉殺案録當年八十餘聽我更生要當有所依憑乃得生活又應爲君妻能從所陳免活不馬子答曰可遂與馬子剋期當出至期日牀前地髮鬚如人正與地平令人掃去愈分明始悟是所夢見者遂屏除左右人便漸覺額出以復面出一炊頃形體盡出馬子便令坐對榻上陳説語言奇妙非常遂與馬子宿息每戒云我尚虚君當自節問何可得出答曰出當得本生日生日尚未至遂往殿中言語聲音人皆聞女計生日至女具教馬子出已養之法語畢拜去馬子從其言至日以丹雄雞一隻黍飯一盤清酒一升醊其喪前去殿十餘步祭訖掘出開視女身完全如故徐徐抱出着氈帳中唯心下微煖口有氣令婢四人守養之常以青羊乳汁瀝其兩眼開口能咽粥漸漸能語二百日中杖起一朞之後顔色肌膚氣力悉復乃遣報徐氏上下盡來選吉日下禮娉爲三日遂爲夫婦生二男一女長子字元慶永嘉初爲祕書郎小男敬度太傅掾女適濟南劉子彦徵士延世之孫也

又曰襄陽李除病死中時其婦守尸至夜三更中崛然起坐脱婦臂上金釧甚遽急婦因助脱得手執之還卧伺察

之至曉心下更暖遂漸漸得蘇既活云吏將某去比伴甚多見有行貨得免歸者即許吏金釧吏令還取故歸取以與吏吏得釧便放令還

幽明録曰琅邪人姓王名志居錢塘妻朱氏以太元九年病亡有二孤兒王復以其年四月暴死下三日而心猶暖經七日方蘇説初死時有二十餘人皆烏衣見録録去到朱門白壁狀如宮殿吏朱衣素帶玄冠介幘或所被着悉珠玉相連結非世中儀服復前見一人長大所着衣狀如雲氣王向叩頭自説歸已亡餘孤兒尚小無奈何便流涕此人爲之動容云汝命自應來以汝孤兒特與三年之期王又曰三年不足活兒左右有一人語云俗尸何癡此間三年是世中三十年因便送出又三十年王果卒

又曰桓玄時牛大疫有一人食死牛肉因得病亡玄死時見人執録將至天上有一貴人問云此人何罪對曰此人坐食疫牛肉貴人云須牛以轉輸肉以充百姓食何故復殺之催令還既更生具說其事於是食牛肉者死復有患

又曰于慶無病卒吴猛語慶子白于侯筭未窮方爲請命未可殯殮尸卧淨舍唯心下尚暖七日時盛暑慶形體尚壞猛教令屬續候氣續爲作水令以與洗并飲漱如此便退日中許慶蘇但開眼張口不得發聲時合門欣喜以向水洗唅吐腐血數升能言語三日平復如常說初見十數人來執縛桎梏到獄同輩十餘人以次語對未至俄而見吴君北面陳釋聽斷之王勑脱械歸所經官府莫不迎接請謁吴君皆與抗禮不知悉何神耳

愽物志曰漢末大亂有發前漢時宫人冢者宫人猶活既出平復如舊魏郭后愛念之録著宫中常置左右問漢時宫中事說之了了皆有次緒及郭后崩哭泣過遂死

又曰魏大司馬曹休所統中郎將謝濤部曲義兵奚儂息女年四歲病死故埋藏五日復生太和三年七月詔令休使父母持送女來視之其年四月三日病死四日埋藏至八日同墟人採桑聞兒啼聲即語儂妻往發視兒生活今能飲食如常

陸氏異林曰鍾繇嘗數月不朝會意性異常或問其故云常有好婦來美麗非凡問者曰必是鬼物可殺之婦人後往不即前止户外繇問何以曰公有相殺意繇曰無此勤勤呼之乃曰繇意恨恨有不忍心然斫之傷髀婦人即出以新綿拭血竟路明使人尋跡之至一大冢木中有好婦人形體如生人衣青綃衫丹繡裲襠傷一髀以裲襠中綿拭

血

變化

禮記月令曰仲春鷹化爲鳩季春田鼠化爲鴽季夏腐草爲螢季秋雀入大水爲蛤孟冬野雞入大水爲蜃

左傳昭二曰昔堯殛鯀于羽山其神化爲黄熊以入于羽淵

春秋潛潭巴曰女子化爲丈夫賢人去位君獨居丈夫化爲女子陰氣淖小人聚

漢書曰哀帝建平中豫章男子化爲女子嫁爲人婦生一子長安陳鳳言此陽變爲陰將亡繼嗣自相生之象一曰嫁爲人婦生一子者將復一世乃絶

續漢書曰靈帝時江夏黄氏之母浴而化爲黿入于深淵其後時時出見初簪一銀釵及見猶在其首

又曰建安二十年越嶲有男子化爲女子時周群言哀帝時亦有此將有易代之事至二十五年獻帝封于山陽

國語曰趙簡子歎曰雀入海化爲蛤雉入于淮化爲蜃黿鼉魚鱉莫不能化唯人不能悲夫○鴻範五行傳曰魏襄王十三年張儀詐得罪於秦而去相魏將爲秦而欺魏魏君是歲魏有女子化爲丈夫者天君語魏曰勿用張儀陰變爲陽臣將爲君是時魏王亦覺之不用張儀儀免去歸秦

魏無害紀年曰周宣王時馬化爲狐

山海經曰姑媱之山音遥帝女死焉其名曰女尸化爲䔄草其葉成言葉相重亦音遥其華黄其實如菟丘菟絲服者媚於人爲人所媚愛一名荒夫草

又曰炎帝之女娃惡佳切遊于東海溺而死化爲精衛其狀如烏常銜西山之木石以堙東海

又曰夸父與日競走渴飲河河涸不足北飲大澤未至道死棄其杖化爲鄧林

又曰鍾山其子鼓（北山神名鍾山之子耳）其狀人面龍身是與欽䲹（音丕）殺葆江于崑崙之陽帝乃戮之鍾山之東曰嶢崖（音遥）欽䲹化爲鶚（鶚鵰屬也）鼓亦化爲鵕（音俊）鳥

又曰刑夭與帝爭神帝斷其首葬之常羊之山乃以乳爲目以臍爲口操干戚以舞是爲無首民

又曰太室嵩高成陽西啓毋化爲石在焉

莊子曰北溟有魚其名爲鯤鯤之大不知其幾千里也化而爲鳥其名曰鵬

又曰列子行食於道从見百歲髑髏攓蓬而指曰唯予與女知而未嘗死而未嘗生也種有幾得水則爲㡭得水土之際則爲鼃蠙之衣生於陵屯則爲陵舄陵舄則爲鬱棲鬱棲則

爲烏足烏足之根爲蠐螬其葉爲蝴蝶蝴蝶胥也化而爲蟲生於竈下其狀若脫其名爲鴝掇鴝掇千日而化爲鳥其名爲乾餘骨乾餘骨之沫爲斯彌斯彌爲食醯頤輅生乎食醯黃軦食醯黃軦生乎九猷九猷生乎瞀芮瞀芮生乎腐蠸腐蠸生乎羊奚羊奚比乎不箰久竹不箰久竹生於青𡨴青𡨴生程程生馬馬生人人又返入於機萬物皆出於機皆入於機（此言一氣而萬形有變化而無死生也）

又曰萇弘死于蜀藏其血三年而化爲碧石

又曰馬血之爲燐也人血之爲野火也鷂之爲鸇鸇之爲布穀布穀之復爲鷂也鷰之爲蛤也田鼠之爲鶉也老韭之爲莧也老羭之爲猨也（鷄狀羊）魚卵之爲蟲也此皆物之變者

太平御覽卷第八百八十七

太平御覽卷第八百八十八

妖異部四

變化下

莊子曰夫白鶂之相視眸子不運而風化蟲雄鳴於上風雌應之於下風而風化鶂以眸子相視蟲鳴以聲相因不待合而便生子故曰風化也

淮南子曰夫歷陽之都一夕反為湖勇力聖智與怯不肖者同命歷陽屬九江郡歷陽縣中有老嫗常行仁義有兩諸生過之謂曰此國當沒為湖嫗視東城閫有血便走上山勿反顧也自此嫗數往視閫門吏問之對如其言暮門吏殺雞以血塗門閫明日嫗往視門見血便走上山因沒為湖

又曰有牛哀者病七日化而為虎兄啓戶而入哀搏而殺之

又曰雌雄相接陰陽相薄羽者為雛鷇毛者為駒犢軟者為皮肉堅者為齒角人不怪也水生蛘蜃山生金玉人不怪也老槐生火久血為燐人弗怪也水生罔象木生畢方井生墳羊人怪之聞見鮮而所識淺也

論衡曰天地不變日月不易星辰不沒正也人受正氣故體不變男化為女女化為男由高岸為谷深谷為陵也應政為變非常性也蠐螬化為復育轉而為蟬蟬生兩翼不類蠐螬凡諸蝡類多化也

抱朴子曰周穆王南征一軍盡化君子為猨為鵠小人為蟲為沙

又曰案老子玉策云松脂入地千年變為伏苓伏苓千年變為虎魄虎魄千年變為石膽石膽千年變為威喜千歲之狐豫知將來千歲之狸變為好女千歲之猨變為老人

又曰伍被記八公造淮南王安初為老公不見通須臾皆成少年又墨子五行書云墨子能變形易貌坐在立亡麾面則成老人含笑則成女子踞地則成小兒

博物志曰化民食桑二十七年以絲自裹九年死

又曰吳王江行食膾棄於中流化而為魚今魚有名王餘者長數寸大如箸猶有膾形

又曰無脊民穴居食土無男女死埋之其心不朽百年還化為人

又曰埋蜻蜓頭於西向戶下則化成青珠也

又曰江漢有貙人能為虎俗云貙虎化為人好着葛衣其足無踵有五指者皆貙也越隍之國老者時化為虎寧州南見有此物

王子年拾遺錄曰崑崙者西方曰須彌山最下層有螭潭百里多龍螭皆白色千歲一蛻其五藏潭側有五色石云是白螭之腸化為此石

又曰因墀國去王都十六萬里有解形之民放其身於空潭先使頭飛於南方次使左手飛於東方次使右手飛於西方自臍以下兩足孤立至暮頭還於體兩手不至遇疾風吹兩手於北海玄洲上化為五足之獸則一指為一足也

蜀王本紀曰蜀王之先名蠶叢後代名曰柏濩後者名魚鳧此三代各數百歲皆神化不死其民亦頗隨王化去王獵至湔山便仙去今廟祀之於湔時蜀民稀少後有一男子名曰杜宇從天墮止朱提有一女子名利從江源地井中出為杜宇妻宇自立為蜀王號曰望帝治汶山下邑郫化民往往復出望帝積百餘歲荊有一人名鱉靈其尸亡去荊人求之不得鱉靈尸至蜀復生蜀王以為相時王山出水若堯之洪水望帝不能治水使鱉靈決王山民得陸

處鼈靈治水去後望帝與其妻通帝自以薄德不如鼈靈委國授鼈靈而去如堯之禪舜鼈靈即位號曰開明奇帝生盧保亦號開明天爲蜀王生五丁力士能徙蜀山王死五丁輒立大石長三丈重千鈞號曰石井千人不能動萬人不能移蜀王據有巴蜀之地本治廣都後從治成都秦惠王時蜀王不降秦秦亦無道出於蜀蜀王從萬餘人東獵褒谷卒見秦惠王惠王以金一笥遺蜀王蜀王報以禮物物盡化爲土秦王大怒臣下皆再拜賀曰土者土地秦當得蜀矣秦王恐亡相見處乃刻五石牛置金其後蜀王以爲金便令五丁拕牛成道致三枚於成都秦道乃得通石牛之力也武都人有善知蜀王者將其妻女適蜀王居蜀之後不習水土欲歸蜀王愛其女留之乃作伊鳴之聲六曲以樂之或曰前是武都丈夫化爲女子顏色美好蓋

山之精也蜀王取以爲妻不習水土疾病欲歸蜀王留之無幾物故蜀王發卒於武都檐土於成都郭中葬之蓋地數畝高七丈號曰武檐以石作鏡一枚表其墓於是秦王知蜀王好色乃獻美女五人與蜀王愛之遣五丁迎女還至梓潼見一大蛇入山穴中五丁共引蛇山崩壓五丁五丁大呼秦王五女及送迎者上化爲石蜀王登臺望之不來因名五婦候臺蜀王親理作冢皆致方石以誌其墓

列異傳曰昔鄱陽郡安樂縣有人姓彭世以捕射爲業兒隨父入山父忽蹶然倒地乃變成白鹿兒悲號追鹿超然遠逝遂失所在兒於是終身不捉弓至孫復學射忽得一白鹿乃於鹿角間得道家七星符并有其祖姓名年月分明覩之悅悔乃燒去弧矢

又曰武昌新縣北山上有望夫石狀若人立者傳云昔有貞婦其夫從役遠赴國難婦攜弱子餞送此山立望而形化爲石

丹陽記曰孫皓寶鼎元年丹陽宣騫之母年八十因浴於後湖化爲黿

搜神記曰千歲之雉入海爲蜃百年之雀入江爲鴿千歲龜黿能與人語千歲蛇斷而復續百年之鼠能相卜數之至也春分之日鷹變爲鳩秋分之日鳩變爲鷹時之化也故腐草之爲螢也朽葦之爲蚕也麥之爲蛺蝶也羽翼生焉眼目成焉心知存焉皆無知而化爲有知而氣易也鶴之爲麞也虵之爲鼈也蚕之爲蝦也不失其血氣而形性變也

又曰土蜂名曰蜾蠃今世謂之蠮螉細腰之類也其爲物純雄而無雌不交不產常取桑蟲之子而育之則皆化成己

子焉

又曰麥之爲蝶由于濕也爾則萬物之變皆有以也農夫止麥之化者漚之以灰聖人理萬物之化者濟之以道

又曰南方有落頭民其頭能飛其種人部有祭祀號曰蟲落故因取名焉吳時將軍朱桓得一婢每夜卧後頭輒飛去或從狗竇或從天窻中出入以耳爲翼將曉復還如此傍人怪之夜中照視唯身無頭其體微冷氣息裁屬乃蒙之以被至時頭還礙被不得安兩三墮地噫咤甚愁而其體氣急狀若將死乃去被頭復起傅頸有頃平和桓以爲巨怪畏不敢畜乃放遣之既而詳之乃知天性也時南征大將亦往往得之又嘗有覆以銅盤者頭不得進死

又曰昔者高陽氏有同產而爲夫婦帝殺之於崆峒之野相抱而死神鳥以不死草覆之七年男女同體而生二頭

四足手是爲蒙雙氏
續搜神記曰尋陽縣北山中蠻人有術能使人化作虎毛色爪牙悉眞虎鄉人周眕有一奴使入山伐薪奴有婦及妹亦與俱行既至奴語二人汝且上高樹視我所爲如其言既而入草須臾見一大黃斑虎從草出奮迅吼喚甚爲可畏二人大怖良久還草中少時復還爲人語二人曰歸家愼勿道後遂向等輩說之周得知乃以淳酒飲之令熟醉使人解其衣服及身體事事詳視了無所異唯於髻中得一紙畫作大虎虎邊有符周密取錄之奴既醒喚問之見事已露遂具說本末云先嘗於蠻中告糴有一蠻師云有此術以三尺布數升米麵一赤雄雞一升酒受此法
又曰清河宋士宗母以黃初中夏天於浴室裏浴遣家中子女盡出戶獨在一室中良久家人不解其意於壁穿中

闚不見人正見木盆水中有一大鼈遂開戶大小悉入乃與人相承當先着銀釵猶在頭上相與守之積日轉懈遂自投出戶外其去甚駛逐之不及遂便入水後數日忽還巡行宅舍如平生了無所言而去時人謂士宗應行喪治服士宗以母形雖變而生理尚存竟不治喪與江夏黃母相似
異苑曰豫章郡吏易拔義熙中受番家違道不及郡遣追見拔言語如常亦爲施設使者催令莊束拔因語曰汝看我面仍見眼目角張身有黃斑便結一足徑出門去家先依山爲居至林麓變成三足大虎所豎之脚即成其尾
又曰邵陵高平黃秀以元嘉三年無故入山經日不還其兒根生尋覓見蹲空樹中從頭毛生色如熊問其何故答云天譴我如此汝但自去哀慟而歸踰年伐山人見之其形盡爲熊矣
又曰苻堅建元年中長安樵人於城南見金走白堅堅遣載取倒化爲銅鼎入門又變成大鐸
又曰隆安中東海錯皆化虎上岸食人
異物志云東海有虎錯或時變成虎將是此耶吳都賦所謂沉虎潛鹿也越嶲河有魚皆人形而着冠幘俗語曰故波郡人悉變而爲魚也
又曰司馬軌之字道援善射雉太元中將雉下翳此雉屢雊野雉亦應試令尋覓所應者頭翅已成雉半身後故是虵晉中朝武庫內忽有雉時人咸謂爲怪張司空云此虵之所作耳即使搜除庫中果得虵蛻
又曰太元中汝南人入山伐一竹中央虵形已成枝葉如故吳郡桐廬民嘗伐竹遺竹一宿見竿化雉頭頸盡就身

猶未變化亦竹爲虵爲雉也
又曰隆安中有青雌雞化而爲赤雄形尾都變冠綵皆具唯不能鳴
又曰元興二年衡陽有雌雞化爲雄八十日冠纓後桓玄篡八旬而敗
幽明錄曰宜陽縣有女子姓彭名娥父母昆弟十餘口爲長沙賊所攻時娥負器出汲於溪聞賊至走還正見塢壁已破不勝其哀與賊相格賊縛娥驅出溪邊將殺之溪際有大山石壁高數十丈娥仰天呼曰皇天有神不我爲何罪而當如此因奔走向山山開廣數丈平路如砥群賊亦逐娥入山山遂崩合泯然如初賊皆壓死山裏頭出山外娥遂隱不復出娥所捨汲器化爲石形頭似雞土人因號曰雞山其水爲娥潭

齊諧記曰義熙四年東陽郡太末縣吳道宗少失父單與
母居未有婦道宗收債不在家隣人聞其屋中砰磕之聲
闚不見其母但有烏班虎在其屋中鄉曲驚怛恐虎入其
家食其母便鳴鼓會人以徃救之圍宅突進不見有虎但
見其母語如平常不解此意兒還母語之曰宿罪見追當
有變化事後一月日便失其母縣界內虎災屢起皆云烏
班虎百姓患之發人格擊之殺數人後人射虎中膺并戟
刺中其腹然不能即得經數日後虎還其家故床上不能
復人形伏床上而死其兒號泣如葬其母法朝暝哭臨
又曰太元元年江夏郡安陸縣薛道恂年二十二少來了
了忽得時行病差後發狂百藥治救不損乃復病狂走猶
劇忽失蹤跡遂變作虎食人不可復數有一女子樹下採
桑虎徃取之食食竟乃藏其釵釧著山石門後還作人皆

知取之經一年還家為人遂出都仕官為殿中令史夜共
人語忽道天地變怪之事道恂自云吾昔常得病發狂遂
化作虎啖人一年中兼便敘其處所并人姓名其同坐人
或有食父子兄弟者於是號泣捉以付官遂餓死建康獄
中
顧微廣州記曰消陽縣俚民有一家牧牛牛忽舐此兒舐
處肉悉白俄而死其家葬此兒殺牛以供賓客凡食此牛
肉男女二十餘人悉變作虎

太平御覽卷第八百八十八

太平御覽卷第八百八十九

獸部一

敍獸　猛獸　師子　麒麟

敍獸

國語曰獸三為群

爾雅曰四足而毛謂之獸

說文曰獸守備者也獸足謂之番毳獸細毛也翰獸豪也

薦獸所食草也

周禮天官上曰獸人掌罟田獸辨其名物（罟網也以網搏所當田之獸）冬獻狼夏獻麋春秋獻獸物（狼膏聚麋膏散聚則溫散則涼以救時之苦也獸物凡獸皆可獻也及狐狸）時田則守罟（備獸觸攫）及弊田令禽注于虞中（鄭司農云弊田謂春火弊夏車弊秋羅弊冬徒弊虞中謂虞人釐所田之野及弊田植虞旗於其中致禽而珥焉獸人主令曰衆得禽者置虞人所立虞旗之中當以給四時社廟之祭珥焉者取左耳以致攻若斬首折馘）凡祭祀喪紀賓客共其死獸生獸（共其完者）凡獸入于腊人（當乾之）皮毛筋角入于王府（給作器物）凡田獸者掌其政令

又天官下曰獸醫掌療獸病療獸瘍（畜獸之疾病及瘍療同醫）凡療獸病灌而行之以節之以動其氣觀其所發而養之（療畜獸必灌行之若為其病狀難知灌以緩之且強其氣也節趨聚之節也氣謂脈氣既行之乃以脈視之以知所病）凡療獸瘍灌而劀之以發其惡然後藥之養之食之（亦先攻之而後養之）凡獸之有病者有瘍者使療之死則計其數以進退之

又天官上曰內饔辨腥臊羶香之不可食者牛夜鳴則庮羊泠毛而毳羶犬赤股而躁臊鳥皫色而沙鳴貍豕盲眡而交睫腥馬黑脊而般臂螻（腥臊羶香可食者是別其不可食者則所謂者皆臭味也泠毛毛長總結也毳毛色不澤美也沙嘶也交睫腥腥當為星聲之誤也肉有如米者似星般臂毛有文鄭司農云庮朽木臭也螻螻蛄臭也杜子春云盲眡當為望視）

又夏官上曰服不氏掌養猛獸而教擾之（猛獸虎豹熊羆之屬擾馴也教習使之馴服王者之教無不服）凡祭祀共猛獸（謂中膳羞者獸人冬獻狼春秋獻傳曰熊蹯不熟）

又秋官下曰穴氏掌攻蟄獸各以其物火之（蟄獸熊羆之屬冬藏者也將攻之必先燒其所食之物於穴以誘出之乃可得之者也）以時獻其珍異皮革

又曰囿人掌囿游之獸禁（囿游囿之離宮小苑觀處也）牧百獸（備養衆物也今掖庭有鳥獸自熊虎孔雀至於狐狸鳧鶴備）祭祀喪紀賓客共其生獸死獸之物

又司馬職曰中軍以鼙令鼓鼓人皆三鼓群司馬振鐸車徒皆作遂鼓行徒銜枚而進大獸公之小獸私之（大獸公之輸於公也小獸私之以自畀也）

又曰東北曰幽州畜宜四擾（四擾馬牛羊豕）西北曰并州畜宜五擾（五擾馬牛羊犬豕也）

孟子曰當堯之時天下猶未平洪水橫流氾濫於天下草木暢茂禽獸繁殖五穀不登禽獸偪人獸蹄鳥迹之道交於中國。列子曰東方有國人數解六畜語蓋偏智之所得。呂氏春秋曰堯以天下讓舜鯀為諸侯怒於堯曰得天之道者為帝得地之道者為三公我得地之道而不以我為三公乃使猛獸欲以為亂比獸之角能以為城舉其尾能以為旌召之不來彷徉於野以患帝舜於是殛之於羽山。又曰故享獸不足以盡獸嗜其脯則幾矣（幾近）然則王者有嗜乎理義也

又曰季秋之月菊有黃華豺祭獸戮禽（戮殺也）

淮南子曰猛獸不群鷙鳥不雙

又曰毛犢生應龍應龍生建馬建馬生騏驎騏驎生庶獸凡毛者生於庶獸食草者善走而愚食肉者勇敢而悍

又曰鳥排虛而飛獸蹠實而走也

抱朴子曰稱虞吏者虎也稱當路君者狼也稱令長者老狸稱文人者兔也稱東王父者麋也稱西王母者鹿也稱三

公者馬也稱主人者羊也稱吏者麞也稱人君者猴也稱九卿者獐也稱將軍者老馬也稱姓字者犬也稱陽城公者狐也

齊下州禽獸史録曰羊性淫而很猪性卑而率狗性險而出皆指斥當時貴勢羊淫很謂呂文顯猪卑率謂朱隆之狗險出謂呂文庶也

異苑曰宋康舒壽夫與同里獵於遂山群犬吠深茂異而看之見樹下有一老公長可三尺頭鬚蒙然面貌皺落通身黃衣衣裁能動搖因問爲是何人而來在此直云我有三女姿容美兼多伎藝彈琴賦詩閑究五典舒夫等共縛束令出女公曰我女仍居深房洞庭之中非自往喚不可得也請解我繩當呼女也獵人猶不置俄而變成一獸黃色四足其形似犀又復如狐頸長三尺頭生一角耳高於頂面

故類人舒夫等大懼狼狽放解倏忽失處

又曰東陽西寺七佛屋太元中龕下有一物出頭如鹿有法獸道人迫而觀之於是吐沫噴灑氣若雲霧至元嘉十四年四月七日此頭復出尋覓其處亦無孔穴年年有聲殷若小雷

猛獸

十洲記曰漢武帝時月支國獻猛獸一頭形如犬子似狸而色黃帝怪其羸細而悴問使者何謂猛獸使者對曰猛獸生崑崙食氣飲露帝使使者令猛發聲忽叫如天雷霹靂之聲諸牛羊馬豕犬之屬皆驚駭以付上林苑經上虎頭弭虎口去十許步虎輒閉目明日失使者及猛獸所在

博物志曰魏武伐蹋頓經白狼山逢師子使格之殺傷甚衆忽見一物從林中出如狸上帝車軛上師子將至便跳上其頭師子伏不敢起遂殺之得師子兒還未至四十里鷄犬皆無鳴吠也

後周書曰楊忠嘗從太祖狩於龍門忠獨當一猛獸左挾其腰右拔其舌太祖壯之北臺謂猛獸爲揜于因以字之

師子

說文曰虓師子也

爾雅曰狻猊如虦猫食虎豹郭璞注曰即師子也狻音酸猊音倪虦音斯文淺毛也

穆天子傳曰狻猊日走五百里郭璞注曰師子也食虎豹

東觀漢記曰陽嘉中疏勒國獻師子封牛師子形似虎正黃有髯耏耐音尾端茸毛大如斗

司馬彪續漢書曰章和元年安息國遣使獻師子符拔形似麟而無角

魏略曰大秦國無盜賊但有師子爲害行道不群則不得

過也

宋書曰宗慤討林邑王范陽邁傾國來逆以具裝被象前後無際慤以爲外國有師子威服百獸乃製其形與象相禦象果驚奔衆因此潰亂遂剋林邑

蕭子顯齊書曰王敬則晉陵南沙人也母爲巫生敬則而胞紫色謂人曰此兒有鼓角相敬則年長兩腋下生乳各長數寸夢騎五色師子後位至太尉尋陽公

唐書曰隋大業中有波斯胡人牧駝於俱紛摩地那之山忽有師子從地踊出人語謂之曰此山西今有三穴穴中大有兵器汝可取之穴中有刀及鞭刃甚多石上有文教反叛於是糺合亡命渡恒曷水刼奪商旅其衆漸盛遂割據波斯西境自立爲王波斯拂菻各遣兵討之反爲所敗其王姓大食名磔寐模末膩自云有國已三十四年歷三

王矣
又曰中宗朝大石國使請獻師子姚璹上疏諫曰師子猛獸唯止食肉遠從碎葉以至神都肉既難得極爲勞費陛下以百姓爲心慮一物有失鷹犬不蓄漁獵總停不殺以闡大慈好生以敷至德凡在翾飛蠢動莫不感荷仁恩豈容自菲薄於身而厚資給於獸求之至理必不然矣疏奏遽停此使

十洲記曰聚窟洲在西海中申未地面各方三千里北接崑崙二十六里有師子辟邪鑿齒天鹿長牙銅頭鐵額之獸

宋炳師子擊象圖序曰梁伯王說沙門釋僧吉云昔從天竺欲向大秦其間忽聞數十里外哮㘚之聲驚天怖地頃之但見百獸率走蹌地至絕而四巨象爐焉而至以鼻卷泥自厚塗數尺數噴鼻偶立俄有師子三頭見於山下直搏四象崩血若濫泉巨樹草偃

法顯記曰阿育王精舍後立石柱作師子柱內四邊有佛像內外映徹淨若琉璃有外道論師子與沙門爭此住處時沙門理屈於是共誓此處若是沙門住處者當有靈驗作是言已柱頭師子乃大鳴吼見證外道懼怖心服而還

國史補曰開元末西域獻師子至安西道中繫於驛樹近井師子哮吼若不自安俄頃風雷大至有龍出井而去

虞世南師子賦曰有絕域之神獸因重譯而來擾其爲狀也筋骨糺纏殊姿異制闊臆脩尾勁毫柔毳鉤爪鋸牙藏鋒蓄銳弭耳宛足伺間借勢暨乎奮鬣舐脣倏來忽往瞋目電曜發聲雷響拉虎吞貔裂犀分象碎隨兕於齦齶屈巴蛇於指掌蹴籍則林麓摧殘哮呼見江河振蕩服猜心與猛氣遂感德以依仁

麒麟

說文曰麒麟仁獸也馬身牛尾肉角

春秋運斗樞曰機星得則麟生

春秋保乾圖曰歲星散爲麟

爾雅曰麟麕身牛尾一角麕居筠切

禮記禮運曰天不愛其道地不愛其寶人不愛其情故麒麟在郊藪

詩國風麟之趾曰麟之趾振振公子于嗟麟兮

左傳曰魯哀公十四年春西狩於大野叔孫氏之車子鉏商獲麟以爲不祥以賜虞人仲尼觀之曰麟也然後取之時所未嘗見故怪之爲不祥麟仁獸聖王嘉瑞時無明王出而遇獲仲尼悲周道之不興感嘉瑞無應故因魯春秋而修中興之教絕筆於獲麟一句所感而作故所以爲終

家語曰叔孫氏之車士曰子鉏商車士將車者也子姓也鉏商名也采薪於大野春秋經哀公十四年西狩獲麟傳曰西狩於大野今此日采薪於大野時實自狩鉏商非狩者采薪也而獲麟瑞物時見狩獲故經書西狩獲麟焉折前左足載以歸叔孫以爲不祥棄之于郭外傳曰以賜虞人郭外將以賜虞人棄之使人告孔子曰有麏而角者何也孔子往而觀之曰麟也孰爲來哉孰爲來哉反袂拭面涕泗沾衿叔孫聞之然後取之子貢問曰夫子何泣矣孔子曰麟之至也爲明王也出非其時而見害是以傷焉

孔叢子曰叔孫氏子鉏商獲麟以爲不祥棄之冉有告夫子夫子將觀之泣曰予之於人猶麟之於獸出而死其道窮矣乃歌曰唐虞世兮麟鳳遊今非其時來何求麟兮麟兮我心憂因此幽憤作春秋焉

孝經右契曰孔子夜夢豐沛邦有赤煙氣起顏回子夏侶往觀之驅車到楚西北范氏之廟見芻兒捶麟傷其前左足束薪而覆之孔子曰兒汝來姓爲誰兒曰吾姓爲赤松子孔子曰汝豈有所見乎吾所見一禽如麕羊頭頭上有角其末有肉方以是西走孔子發薪下麟視孔子而蒙其耳吐三卷書孔子精而讀之

春秋演孔圖曰蒼之滅也麟不榮也麟木精也麒麟鬭日無光（宋均注曰麟木精木生於火故曰陰木氣好土土黃木青故麟色青黃不榮謂見織也麟龍少陽精鬬作於地則日月亦將爭於上也）

尚書中候曰黃帝時麒麟在囿

毛詩義疏白麟馬足黃色圓蹄角端有肉音中黃鍾王者至仁則出

大戴禮曰毛蟲三百六十而麟爲之長

禮記曰麟鳳龜龍謂之四靈麟以爲畜則獸不狘（呼厥反）

漢書曰終軍從上幸雍獲白麟一角五蹄又得木枝旁出輒復合上異之終軍對曰野獸并角明同本也衆支內附示無外也若此之應殆將有解編髮削左衽襲冠帶要衣裳而蒙化者焉

東觀漢記曰章帝時麟五十一見

晉書曰王濬平吳被謗上表曰夫猛獸當塗麒麟恐懼況臣脆弱敢不悚慄

何法盛晉中興徵祥說曰麟麕身牛尾狼頭一角黃色馬足也

晉書載記曰石虎時郡國前後送蒼麟十六白鹿七季龍命司虞張曷柱調之以駕芝蓋列乎充庭之乘

又曰呂光入姑臧時麟見金澤縣百獸從之光以爲己瑞以孝武太元十四年僭即三河王位

三國典略曰徐陵東海郯人梁右衛率摛之子母嘗夢五色雲化而爲鳳集左肩上已而誕陵年數歲家人攜之以候寶誌（寶誌摩其）頂曰天上石麒麟也

春秋感精符曰麟一角明海內共一主也王者不刳胎不破卵則出於郊

又曰王者德化旁流四表則麒麟臻其囿

蔡邕月令章句曰凡麟生於火遊於土故循其母致其子五行之精也視明禮脩則麒麟臻

孫卿子曰古之王者好生惡殺故麒麟遊其郊野

辛子曰昔人不識麟問人荅曰麟如麟問者惡之曾見者曰麟麕身牛尾鹿蹄馬背問者霍然而解

何法盛徵祥記曰麒麟者毛虫之長仁獸也牡曰騏牝曰

麟牡鳴曰遊聖牝鳴曰歸和夏鳴曰扶幼秋鳴曰養綏

說苑曰麒麟麕身牛尾圓頂一角含仁懷義音中律呂行步中規折旋中矩擇土而後踐位平然後處不群居不旅行紛兮其質文也幽閒則循循如也

西京雜記曰五柞宮前有梧桐樹樹下皆有石騏驎二枚刋其爲文字是秦始皇驪山墓上物也頭高一丈三尺東邊者前脚折折處赤如血父老謂其神皆含血屬筋焉

抱朴子曰麒麟壽千歲

論衡曰蝗虫飛至萬里麒麟須獻乃達鬬而蝗爲災麟爲瑞麟四足不能自致人兩足安能自達是以呂望白首而達也

又曰儒者說麟爲聖王來此言妄也章帝之時騏麟五十一至章帝豈聖人也

楚辭曰使騏驎可得羈而繫兮又何以異乎犬羊

班固兩都賦曰乃有九真之麟大宛之馬

西京武昭王麒麟頌曰一角圓蹄行中規矩游必擇地翔而後處不入陷穽不罹網罟無德而至爲之折股

太平御覽卷第八百八十九

太平八百八十九　一九　王福

太平御覽卷第八百九十

獸部二

獬豸 騶虞 犀

兕 象

獬豸

說文曰：獬豸似牛，一角，古者決訟，令觸不直。黃帝時有遺帝獬豸者，帝問：何食？何處？曰：食薦，春夏處水澤，秋冬處竹箭松筠。

神異經曰：東北荒中有獸，如牛，一角，毛青，四足，似熊，忠直，見人鬬則觸不直，聞人論則咋不正，名曰獬豸，一名任法獸。張華曰：今御史法冠曰獬豸。

論衡曰：獬豸者，一角之羊，性識有罪。皋繇治獄，有罪者令羊觸之。皋繇敬羊，跪坐事之。

田俅子曰：堯時獲獬豸，緝其毛以爲帝帳。

唐書曰：開元二十年，有一角神羊産于京兆之富平縣，肉角當頂，白毛上捧，識者以獬豸名之。

騶虞

說文曰：白虎黑文，尾長於身，食自死之肉，名曰騶虞，有至信之德，不食人。

詩國風騶虞曰：騶虞，鵲巢之應也。鵲巢之化行，則人倫既正，朝廷既治，天下純被文王之化，則庶類蕃殖，蒐田以時，仁如騶虞，則王道成也。彼茁者葭，一發五豝，于嗟乎騶虞。騶虞，義獸也，白虎黑文，不食生物，有至德之信則應之。

又草木蟲魚疏曰：騶虞即白虎也，文異，尾長身，不食生物，不履生草，君王有德則見也。

尚書大傳曰：文王因囚羑里，散宜生之於陵氏取怪獸，尾倍其身，名曰騶虞，以獻紂。

山海經曰：騶虞如虎，五色具，一曰尾長於身，出孟山，亦出鳥鼠同穴，園林氏之國，日行千里。東京賦曰：圃林氏之騶虞。

晉書曰：隆安中，新野騶虞見。

宋書曰：元嘉二十六年，琅邪有白騶虞見，二赤虎從之。

犀

爾雅曰：犀似豕。郭璞注曰：形似牛，猪頭，大腹，卑脚，有三蹄，黑色，二角，一在鼻上，著食角也，小而不墮，好食棘。

東觀漢記曰：章帝元和元年，日南獻白雉、白犀。

晉書曰：温嶠還武昌，至牛渚磯，云其水多怪物，遂燬犀角而照之，見奇形異狀，或朱衣乘車馬。嶠夢人曰：與君幽明道別，何苦相照？

書紀年曰：夷王獵于杜林，得一犀牛。

韓詩外傳曰：太史南宫括至義渠，得駭雞犀，以獻紂。

戰國策曰：張儀爲秦破從連横，說楚王，楚王遣車百乘，獻駭雞之犀、夜光之璧於秦王。

離騷曰：淹芳芷於腐臭，棄駭雞於筐簏。淹，漬也。腐臭，謂鮑也。簏，竹篋也。

范子計然曰：犀角出南郡，上價八千，中三千，下一千。

淮南萬畢術曰：犀角駭狐。犀角置狐穴，狐去不敢復居也。

抱朴子曰：通天犀角有白理如綖，音線。者，以盛米置群雞，雞欲啄米，至輒驚却，故南人名爲駭雞也。得真角一尺以上，刻以爲魚，而銜以入水，水常爲開方三尺，可得氣息水中。以其角爲叉，導者得毒藥，以此攪之，皆生白沫，無復毒勢，則無沫起也。通天犀所以能殺毒也，爲物食百草之毒及衆木棘，歲一解角，藏於山中，人以木如其角代之，犀不覺，後年輒復解。

山海經曰琴鼓之山多白犀

蜀王本紀曰江水爲害蜀守李冰作石犀五枚二枚在府中一在市南下二在淵中以厭水精因曰石犀里也

林邑國記曰犀行過叢林不通便開口露齒前向直指棘林自開

南州異物志曰犀如象大色黑頭似豕婦猪食草木也

南越志曰高州平之縣巨海有大犀其出入有光水爲之開

劉欣期交州記曰有犀角通天向水輒開

萬震南州異物志曰犀有特神者角有光曜白日視之如角夜暗之中理皆爍然光由中出望如火炬欲知此角神異置之草野飛鳥走獸過皆驚畏行野中見一死人或鳥欲往啄之每至其頭輒驚走飛去惟而視之其頭中有犀簪近此角也

劉欣期交州記曰犀出九德縣其毛如豕蹄有三甲頭如馬有三角鼻上角長額上角短

晉郭璞犀贊曰犀之爲狀形兼牛豕力無不傾吻無不靡以賄嬰災困乎角掎

傳咸犀鉤銘曰世稱雞駭之犀有以此鉤見遺者爲之銘

南州異物志曰獸曰玄犀處自林麓食唯棘刺體兼五肉或有神異表露以角含精吐烈望如華燭置之荒野禽獸莫觸

兕

爾雅曰兕似牛（郭璞注曰一角青色重三千斤）

說文曰兕如野牛青毛其皮堅厚可爲鎧嶓冢之上其獸多兕

詩曰我姑酌彼兕觥維以不永傷

又曰匪兕匪虎率彼曠野

又曰既張我弓既挾我矢殪彼大兕

春秋傳曰犀兕尚多棄甲則那

論語曰虎兕出於匣（匣檻也）是誰之過與（典守者過也）

國語曰平公射鷃（音安）不死（鷃鳥小鳥也）使豎襄搏之失公怒將殺之叔向聞之夕（夕至於朝）君告之叔向曰君必殺之昔吾先君唐叔射兕于徒林殪以爲大甲以封于晉今君嗣吾先君唐叔射鷃不死搏之不得是楊吾君之耻也君其必速殺之勿令遠聞君忸怩顏厚乃趣赦之

戰國策曰楚王游於雲夢結駟千乘旌旗蔽日野火之起若雲霓兕虎之聲若雷霆有狂兕王彎弓而射發而殪曰樂矣今日之游千秋萬歲之後誰與樂此

楚辭曰君王親發兮（發射）憚青兕（憚驚也言懷王是時親自射以言昔從君田獵今射驚有兕牛而不能制也）

呂氏春秋曰楚莊王時獵雲夢欲射殺隨兕者申公子培刦奪王奪而射之王怒曰何其暴而不敬也欲誅之左右諫乃止不出三日子培病亡楚與晉戰於兩棠之地大勝賞有功者子培之弟請曰人有功於軍旅臣之兄有功於車下臣兄嘗讀故記曰殺隨兕者不出三月故臣兄刦而殺之果有病死王乃檢故記果有之遂賞子培弟也

淮南子曰小國不鬬於大國之間（畏見嫌也）兩虎不鬬於伏兕之旁（畏見食也）

論衡曰尚父伐紂渡孟津杖鉞呼曰蒼兕蒼兕按蒼兕水獸也善覆舟因令急渡蒼兕至没河中有此獸時浮出一身九首人惡畏之未必能覆舟也亦謂之蒼雉

西都賦曰狂兕觸蹷
江賦曰水兕雷咆乎陽侯
曹洪與魏文帝書曰若奔兕之觸魯縞未足以喻其易
晉郭璞山海圖贊曰兕惟壯獸似牛青黒力無不傾自焚以革皮充武備角助文德

象

春秋運斗樞曰搖光之星散而爲象
爾雅曰南方之美者有梁山之犀象焉
說文曰象長鼻牙南越之大獸三歳一乳
左傳襄四曰象有齒以焚其身賄也
又定上曰吴伐楚鍼尹固與王同舟王使執燧象以奔吴師燒火燧繫象尾使赴吴師
漢書大宛傳曰身毒國其人乘象以戰

漢書曰武帝元始二年南越獻馴象注曰能拜隨人意
吴志曰外國傳曰扶南王盤況少而雄傑聞山林有大象輙生捕取之教習乘騎諸國聞而伏之
又曰賀齊爲新都太守孫權出祖道作樂儛象吴書曰權謂齊曰今定天下都中國使殊俗貢獻麞象率儛非君而誰也
三國典略曰周軍逼江陵梁人率步騎開枇杷門出戰初嶺南獻二象于梁至是梁王被之以甲負之以樓束刃於鼻令崑崙馭之以戰楊忠射之二象反走
隋書曰劉方授驩州道行軍總管經略林邑大業元年正月軍至海口林邑王梵志遣兵守險方擊走之師次闍梨江賊據南岸立柵方盛陳旗幟擊金鼓懼而潰既渡江行三十里賊乘巨象四面而至以弩射象象中瘡却蹂其陣王師力戰賊奔於柵因攻破之俘賊戴萬計

唐書曰自永徽已來文單國累獻馴象凡三十有二皆豢於禁中頗有善舞者以備元會充庭之飾及德宗即位曰王者不尚異物不貴難得之貨今官用費而物性不得非宜也悉放於荆山之陽
又曰高宗時周澄國遣使上表云訶伽國有白象首垂四牙身運五足象之所在其土必豐既有威靈又弭災患乃兼十象強制百人以水洗牙飲之愈疾請發兵迎取以獻之上謂侍臣曰夫作法於儉其弊猶奢誰能制止故聖人越席以昭儉茅茨以誡奢書云珍禽奇獸不育於國方知無益之源不可不遏朕安用奇象今其遠獻乃勞其使而遺之
山海經曰巴蛇食象三歳而出其骨
帝王世紀曰舜葬蒼梧下有群象常爲之耕又云禹葬會稽祠下有群象耕田

萬歳曆曰成帝咸康六年臨邑王獻象一知跪拜文子云見象之牙知大於牛
吕氏春秋曰肉之美者髦象之約高誘注曰髦象肉之美者
吴録地理經曰九真郡龐縣多象象生山中郡内及日南饒之
江表傳曰孫權遣使詣闕獻馴象二頭魏太祖欲知其斤重咸莫能出其理時鄧王冲尚幼乃曰置象大舡刻其所至稱物以載之可知也太祖大悦即施行焉
又曰魏文帝遣使於吴求象牙群臣以非禮欲不與孫權勑付使者
論衡曰象耕鳥耘虚言也五帝三王皆有功德何獨爲舜禹也蒼梧多象之地會稽衆鳥所居象自蹈土鳥自食草

土蹴草盡若耕耘也

又曰夫十圍之牛爲牧豎所驅長仞之象爲越童所鈎無便故也

蔣子萬機論曰莊周婦死而歌夫通性命者以卑及尊死生不悼不可論也夫象見子皮無遠近必泣周何忍哉

博物志曰南海四象各有雌雄其一雌死百有餘日其雄泥土著身獨不飲酒食肉長吏問其所以輙流涕若有哀狀

晉諸公讃曰晉時南越致馴象於阜澤中養之爲作車黃門鼓吹數十人令越人騎之每正朝大會皆入充庭帝行則以象車導引以試橋梁後象以鼻擊害人有司啓之而殺象象泣血流地不敢動自後朝議以象無益於事悉送還越○萬震南洲曰南傳曰扶南王善射獵每乘象三百

頭從者四五千人

異物志曰俗傳象牙歲脫猶愛惜之掘地而藏之人欲取當作假牙潛往易之覺則不藏

沈懷遠南越志曰象牙長一丈餘脫其牙則深藏之削木代之可得不爾窮其主得乃已也

異苑曰會稽張茂字偉康嘗夢大象以問萬推推曰當爲太守而不能善夫象者大獸取諸其音獸者守也象以齒焚其身後必爲人所殺茂求昌中爲吳興太守值王敦問鼎執正不移敦遣沈充滅之而取其郡

萬震南州異物志曰象之爲獸形體特詭身倍數牛目不逾豨鼻爲口役望頭若尾馴良承教聽言則跪素牙玉潔載籍所美服重致遠行如丘徙

王韶之始興記曰伊水口有長洲洲廣十里平林蔚然有群象野牛

法顯記曰藍國王得佛一分舍利起塔塔傍有池池中有龍常守護有群象以鼻取水灑香花而來供養

後魏書曰乾陁國好征戰有鬬象七百頭十人乘一象皆執兵仗象鼻持刀

嶺表録異曰廣之屬郡潮循州多野象潮循人或捕得象爭食其鼻云肥脆尤堪作炙或云象肉有十二種象膽不附肝隨月轉在諸肉楚越之間象皆青黑唯西方佛林大食多白象又雲南蠻族家多畜象負重致遠若中國之牛馬漢使至其國輙舞象飾以金羈皆合節奏軋符中占城獻馴象亦能蹈舞

太平御覽卷第八百九十

獸部三

虎上

說文曰虎山獸之君也

春秋運斗樞曰樞星散而爲虎

易履卦曰履虎尾不咥人亨

又頤卦曰虎視耽耽其欲逐逐

易革卦九五象曰大人虎變其文炳也

易通卦驗曰立秋虎始嘯

月令曰仲冬虎始交

禮記曰孔子過太山側有婦人哭於墓者而哀夫子式而聽之使子貢問之曰子之哭也一似重有憂者而曰然昔吾舅死於虎吾夫又死焉今吾子又死焉夫子曰何爲不去曰無苛政子曰小子識之苛政猛於虎也

左傳宣四年曰若敖娶於䢵生鬬伯比若敖卒從其母畜於䢵淫於䢵子之女生子文焉䢵夫人使弃諸夢中（夢澤）虎乳之䢵子田見之懼而歸夫人以告（告女私通所生）遂使收之楚人謂乳爲穀謂虎爲於菟故命之曰鬬穀於菟

春秋考異郵曰三九二十七七者陽氣成故虎七月而生陽立於七故虎首尾長七尺般般文者陰陽雜也

春秋演孔圖曰天命湯白虎戲朝其終白虎在野

爾雅曰甝白虎（漢宣帝時南郡獲白虎獻其皮骨爪牙也甝音含）虪黑虎（虪音叔 胡甘切）

漢書曰猛虎之猶與不如蜂蠆之致螫

又曰宣帝元狩南郡獲白虎以爲寶

又曰李廣北平郡出獵見草中石以爲虎而射之中石沒羽視之石也明日射之終不能入矣

又曰馬遷書曰猛虎在山中百獸震恐及在檻穽之中搖尾而求食積威約之漸也

又曰李敢子禹有寵於太子禹有勇上召禹使刺虎懸下圈中未至地有詔引出之禹以劍斫絕累欲刺虎上壯之遂赦焉

後漢書曰劉昆字桓公光武時爲弘農太守先是崤澠驛道多虎災行旅不通昆爲政三年仁化大行虎皆負子渡河帝聞而異之後徵爲光祿勳詔問昆曰前在江陵反風滅火後守弘農虎北渡河行何德政而致是事昆對曰偶然耳左右皆笑其質訥帝歎曰此乃長者之言也顧命書諸策

又曰宋均遷九江太守郡多虎暴數爲人患常募設檻穽而猶多傷害（檻爲機以捕獸穽謂穿地陷之）均到下記屬縣曰夫虎豹在山黿鼉在水各有所託且江淮之有猛獸猶北土之有雞豚也今爲人害咎在殘吏而勞勤張捕非憂恤之本也其務退姦貪思進忠善可一去檻穽除削課制其後傳言虎相與東遊渡江

又曰法雄爲南郡太守郡濵帶江沔又有雲夢藪澤（雲夢澤今在安州）永初中多虎狼之暴前太守賞募張捕反爲所害者甚衆雄乃移書屬縣曰凡虎狼之在山林猶人之居城市古者至化之代猛獸不擾皆由恩信寬澤仁及飛走太守雖不德敢忘其義記到其毀壞檻穽不得妄捕山林是後虎害稍息人以獲安在郡數歲歲常豐稔

又曰童恢字漢宗爲不其令戶人嘗爲虎所害乃設檻捕之生獲二虎恢呪虎曰天生萬物唯人爲貴虎狼當食六畜而殘暴於人王法殺人者死傷人則論法若是殺人者

當班頭服罪自知非者當號呼稱冤一虎低頭閉目狀如震懼即時殺之一乃踴躍自奮遂放之

謝承後漢書曰豫章劉陵字孟高爲長沙安成長先時多虎百姓患之皆從他縣陵之官脩德政踰月虎悉出界去民皆還

漢皇德傳曰世祖遣鄧禹西征送之於道既返因於野王獵路見二老翁即禽世祖問曰禽何向並舉首西指言此中多虎臣每即禽虎亦即臣大王勿往也

方言曰虎陳魏宋楚之間或謂之李父江淮南楚之間謂之李耳（虎食物值耳即止以觸其諱故）或謂之於䖘（於音烏今江南山夷呼虎爲䖘自關東西或謂之伯都也）

風俗通曰呼虎爲李耳俗說虎本南郡中廬李氏公所化爲呼李耳因喜呼班便怒

龍魚河圖曰懸文虎鼻門上宜官子孫帶印綬懸虎鼻門中周一年取燒作屑與婦飲之二月中便有兒生貴子勿令人知之泄則不驗也亦勿令婦人見之

春秋後語曰楚黃歇說秦昭王曰天下強國莫過於秦楚今聞大王欲伐楚此猶兩虎相與鬬而駑犬受其弊不如善楚也

又曰秦惠王謂陳軫曰今韓魏相攻朞年不解或謂寡人救之便或曰勿救便寡人不能自爲決願子爲寡人計之軫曰亦甞有以卞莊子之刺虎聞於王者乎王曰不聞軫曰卞莊子方刺虎而卞豎子止之曰兩虎方食牛牛甘必爭爭必鬬鬬則大者傷小者死從傷而刺之一舉必有雙虎之名卞莊子以爲然立而須之有頃兩虎果鬬大者傷小者死一舉果有雙虎之功今韓魏相攻朞年不解是必大國傷小國亡從傷而伐之一舉必有二實此猶卞莊子刺虎之類也惠王曰善卒不救待其敗而攻之果大剋也

吳越春秋曰吳王葬昌門外金玉精上爲白虎

列士傳曰秦召公子無忌無忌不行使朱亥奉璧一雙秦王大怒將朱亥著虎圈中亥瞋目視虎眥裂血出濺虎終不敢動

穆天子傳曰有虎在於葭中（葭葦）七萃之士曰高奔戎乃生捕虎而獻之天子命爲押（押音甲）而畜之東虞是曰虎牢（因名其地今滎陽成皐縣是也）

山海經曰孟山鳥鼠同穴之山其上多白虎也

又曰秋山爰有熊文虎幽都之山黑水上有玄虎

尸子曰虎豹之駒未成文而有食牛之氣

又曰中黃伯曰余左執太行之獶而右搏雕虎

韓子曰龐共與太子質於邯鄲謂魏王曰今一人言市有虎王信乎王曰不二人言王信乎王曰不三人言王信乎曰寡人信之龐共曰夫市無虎明矣然而三人言成市虎今邯鄲去魏遠於市議臣者過三人願王察之龐共從邯鄲還竟不得入

又曰夫虎之所以能伏狗者爪牙也使虎釋其爪牙而使狗用之則虎反服於狗矣人主者以刑德制臣今君失其刑德而使臣用之則君反制於臣矣

管子曰桀之時女樂三萬人放虎於市觀其驚駭

列子曰梁鴦曰養虎之法凡順之則喜逆之則怒此血氣若性也夫食虎物不敢以生物與之爲其殺之恐怒也不敢以全物與之爲其決之之怒也（莊子同）

孟子曰晉人有馮婦者善搏虎有衆逐虎望見馮婦而迎之

孫卿子曰見寢木以爲伏虎
呂氏春秋曰衣人在寒食人在飢陳思稱投虎千金不如一豚肩
淮南子曰中行繆伯手搏虎而不能生也（中行繆伯晉臣也力能搏虎而能伏之也）
又曰蚍不可使爲足虎不可使緣木
淮南萬畢術曰燒角入山則虎豹自遠惡其臭也
又曰昔者牛哀病七日化而爲虎其兄啓户而入虎搏而殺之方其爲虎不知其嘗爲人也方其爲人不知其且爲虎也（且將也）
又曰虎嘯則谷風生
說苑曰乳鳥變羽虎豹變爪所以輔其身也
抱朴子曰虎及鹿兔皆壽千歲滿五百歲者其色皆白

又曰或問爲道者多在山林山林虎狼之室何以避之
抱朴子曰古之入山者佩黄神越章其廣四寸其字百二十以封泥着所住之四方各百步則虎狼不敢近其内也
又曰山中寅日稱虞吏者虎也
又曰蔡誕入山還其家云被謫到崑崙崑崙山下白虎蝬蚍長百餘里其口中牙皆如三百斛舡大
風俗通曰虎者陽物百獸之長也能噬食鬼魅今人卒得病燒皮飲之繫其衣服亦辟惡此其驗
又曰桃梗葦茭畫虎謹案黄帝書上古之時有神荼與鬱壘兄弟二人性能執鬼度朔山上桃樹下簡閲百鬼鬼無道理妄與人禍荼與鬱壘縛以葦索執以食虎於是官常以臘餘文飾桃人畫虎於門皆是追效前事冀以禦凶也
又曰宋均爲九江太守虎負子渡江按虎毛婆娑豈犯陽侯波里語云狐欲渡河無奈尾何舟人尚有懼況虎耶若德被四海虎亦能至鬼方也
璅語曰周王欲殺王子宜咎立伯服釋虎將執宜咎叱之虎弭耳而服
蔣濟萬機論曰猛虎不處卑勢鷙鳥不立垂枝也
西京雜記曰李廣與兄弟獵於冥山之北見卧虎焉射一矢斃斷其髑髏以爲枕示服猛也鑄銅象其形爲溲器示厭服之也
又曰余所知有鞠道龍善爲幻術嘗向余説曰東海人黄公少時爲幻秦末有白虎見東海詔遣黄公以赤刀往厭之術既不行遂爲虎所殺三輔人俗用以爲戲漢朝亦取之爲角抵戲焉
王子年拾遺録曰始皇二年騫消國畫工者名烈裔刻白玉兩虎削玉爲毛有如真矣不點兩目睛始皇使餘工夜往點之爲睛旦往虎即飛去明年南郡有獻白虎二頭始皇使視之乃是先刻玉始皇命去目睛二虎不能復去

太平御覽卷第八百九十一

太平御覽卷第八百九十二

獸部四

虎下　豹　駮

虎下

英雄記曰曹公擒呂布布顧劉備曰玄德卿爲坐上客我爲降虜繩縛我急獨不可一言耶操曰縛餓虎不得不急乃命緩縛布

吳志曰呂蒙欲從軍毋止之蒙曰不探虎穴安得虎子

又曰孫權每田獵常乘馬射虎虎嘗突攀持馬鞍張昭變色而諫權謝昭曰年少慮事不遠然猶不能已乃作射虎車

又曰孫權親乘馬射虎庱亭庱音[illegible]淩馬爲所傷權投以雙戟虎卻廢

魏名臣奏曰世祖時有獻虎者問虎何食對曰食肉詔曰下民厭糠何忍以肉食虎乃命虎賁射之斯實得計於時而名垂於後

晉令曰諸有虎皆作檻穽籬柵皆施餌捕得大虎賞絹三疋虎子半之

魏略曰文帝欲受禪郡國奏白虎二十七見

博物志曰江陵有人化爲虎俗云猛虎化爲人好着紫葛衣足無踵有五指者人化爲虎

又曰虎知衝破又能畫地卜今人有畫物上下者推其奇偶謂之虎卜

孝子傳曰楊香其父爲虎噬怒憤搏之父免害

又曰郭文舉爲虎探鯁骨虎常銜鹿以報之

括地圖曰越俚之民老者化爲虎

王孚安成記曰平都屈實者後漢人居父喪鄰人格虎虎走趨其孤廬中即以蓑衣覆藏之鄰人尋跡問實實曰虎豈有可舍而藏之乎此虎後送禽獸以助實祭孝慈之志通於神明由是知名

裴淵廣州記曰興寧縣義熙四年忽有數十大鳥大如鶩少焉化爲虎

周景式廬山記曰有嫗事康王廟林中有一虎祠祭輒以餘肉及骨與之有人惡畏之嫗使避之人去復來

陳留耆舊傳曰王業字子春爲荊州刺史有德政卒於支江有三白虎低頭曳尾宿衛其側及喪去踰州境忽然不見民共立碑文號曰支江白虎

竹林七賢論曰王戎幼而清秀魏明帝時於宣武場上爲欄闌虎使力士逆與之搏縱人觀之戎年七歲亦往觀焉

虎乘間薄欄而吼其聲震地觀者無不僻易顛仆戎安然不動帝於閣上見之使問姓名而異焉

郗氏世傳曰亮字子華少學公羊十四傳祖父業多所綜覽舉孝廉到陽城遇虎爭一羊亮乃按劍瞋目斬羊腹虎乃各以其半羊去

述異記曰漢中有虎生角道家云虎千歲則牙蛻而角生漢宣城郡守封邵一日忽化爲虎食郡民民呼曰封使君因去不復來故時人語曰無作封使君生不治民死食民

異苑曰太元末徐桓出門彷徉見一女子因言曲相調便要桓入草中桓悅其色乃隨去女子忽然變成虎負桓着背上逕向深山其家左右尋求唯見虎跡旬日虎夜送徐桓着門外

又曰滎陽鄭襲太元中爲廣陵太守閤下騶忽如狂奄失其

所經日裸身吟呼膚血流灕問其意故云社公命令作
虎以班皮衣之辭以執鞭之士不堪攄躍神怒還使剝皮
皮以着肉瘡毀慘痛旬日乃差
又曰都陽桓闓以太元十九年殺犬祭鄉里綏山煑肉不
熟神怒即下教於巫曰桓闓以生肉貽我當謫令自食也
其年便作虎作虎之始見人以班衣衣之即能跳透噬逐
又曰彭城劉黄雄以太元中爲京佐被使還都路經竹里
停於邏宿此邏多虎劉極自防衛繫馬於户前手刀布於
地上宵中士庶同睡虎乗閒跳入獨取劉而去
又曰邵都郭馮恭永初中醉卧於山路夜有虎來以頭抗
其背恭中宵覺轉之以手搏之復大寢向曉始醒猶見虎
蹲在脚後若有宿命非智力所加也
又曰扶南王范尋常畜生虎及鰐魚若有訟未知曲直便
投與魚虎虎不噬則爲有理穢貊之人祭虎爲神將有以
也

幽明録曰桓大司馬鎮赭圻時有何參軍晨出行於田野
中溺死人髑髏上還畫　寢夢一婦人語云君是佳人何
以見穢汚暮當令知之是時有暴虎人無敢行夜出者何
常穴壁作溺穴其夜趨穴欲溺虎忽囓斷陰莖即死
又曰晉孝武帝母李太后本賤人簡文無子曾遍令善相
者相宫人李太后給皁役不豫焉相者指之此當生貴子
而有虎厄帝因幸之生孝武及會稽王道子既登尊位服
相者之驗而恠有虎害且生所未見乃令人畫作虎象因
以手撫欲打虎戲便患手腫痛遂以疾崩
神仙傳曰介象入山巽遇神仙卧石上有一虎往舐象額
寤而見虎謂虎曰天使汝來侍衛我者汝且停若山神使
汝來試我者汝自去虎乃去
捜神記曰蘇易者廬陵婦人善看産夜忽爲虎所取行六
里至大壙見有牝虎當産不得解匍匐欲死輒仰視易悟
之乃爲探出之有三子生畢虎負易送還并送野肉於門
内
又曰漢江之域貙人能化爲虎長沙居民作檻捕虎檻發
明日衆人共往格之見一亭長赤幘大冠在檻中坐民問
君何以入此中亭長大怒曰昨被縣召夜避雨誤入此中
急出我民曰君見召當有文書　即出懷中召文書於是
出之尋視之化爲虎即上走
續捜神記曰丹陽縣人沈宗居在縣下以卜爲業義熙中
左將軍檀侯鎮姑孰好獵以格虎爲事忽有一人着皮袴
乗烏馬從者一人亦着皮袴以紙裹十餘錢來詣宗卜云西
去覓食好東去覓食好宗爲作卦卦成告之東向吉西向
不利因就宗乞飲内口着甌中狀如牛飲既出門東行百
步從者及馬皆化虎自此以後暴虎非常

又曰吴猛有道術同縣鄒惠政迎猛夜於家中庭燒香忽
有虎來抱政兒超籬去猛語云無所苦須臾果還云虎將
去數十步忽然復送歸政遂精進爲道士
又曰尋陽縣北山中蠻人有術能使人化爲虎毛色牙爪
悉如真尒鄉人前將軍周眕有奴使入山伐薪奴有婦及
妹亦俱行既至奴語二人云且高樹上視我所爲如其言
既而入草須臾見一黄班虎從草中出奮迅吼喚甚爲可
畏少時復爲人奴語二人曰歸家慎勿道後向等輩說之周得知飲
淳酒令熟醉使人解其衣服及身體唯於髻髮中得
一紙畫作大虎邊有符周密取録之奴既醒喚問之事已

霽遂具說有術其以三尺布巾一赤雄雞一斗酒受此法

俗說曰桓石虎是桓征西兒未被舉時西出獵石虎亦從獵圍中射虎虎被數箭伏在地諸將請石虎曰惡郎能拔虎箭不石虎小名惡子答曰可拔耳惡子於是逕至虎邊便拔得箭虎跳越惡子亦跳跳乃高虎跳虎還伏惡子持箭便還

又曰齊沈僧照別名法朗彼之之孫也記人吉凶頗有應驗嘗校獵中道而還左右問何故答曰國家有邊事須還處分問何以知之曰向聞南山虎嘯知耳俄而使至

金樓子曰孔子遊舍於山使子路取水逢虎於水與共戰攬尾得之內於懷還問子曰上士殺虎如何子曰上士殺虎持虎頭又問中士殺虎如何子曰中士捉耳又問下士殺虎如何子曰捉虎尾子路出尾弃之懷石盤曰夫子知

虎在水而使我取水是欲殺我也乃欲殺夫子問曰上士殺人云何曰用筆端中士殺人云何曰用言語下士殺人云何曰用石盤子路乃弃石盤而行

國史補曰裴旻爲龍華軍使守北平北平多虎旻善射常一日斃虎三十有一既而息於山下四顧自若有父老至曰此皆彪似虎而非將軍若遇真虎無能爲也旻曰真虎安在父老曰自此而北三十里往往有之旻躍馬而往果有一虎騰出狀小而勢猛據地一吼山石震裂旻擗易弓矢皆墜殆不得免自此慙懼不復射虎

吳氏虎賦曰蓋其狀也誕節緣脁續脊連骹細腰皷肖方口大鼻似獑組雜間若錦繡相連

豹

說文曰豹似虎

周易革卦曰上六君子豹變小人革面象曰君子豹變其文蔚也小人革面順以從君也

廣志曰豹有赤豹南山有玄豹南多赤豹狐死首丘豹死首山是性之異也詩義疏曰毛赤而文黑謂之赤豹毛白而文黑謂之白豹也

帝王世紀曰紂爲王者箕子曰王箸必食熊蹯豹胎散宜生獻紂黑豹

孫氏瑞應圖曰文王拘於羑里散宜生於懷塗山得玄豹以獻紂免西伯之難

莊子曰夫豐狐文豹棲於山林伏於巖穴靜也夜行晝居戒也然不免於網羅之患是何罪之有其皮爲之灾也

管子曰武王爲侈靡令人貂豬豹裘方得入廟故豹皮百金臣家桀千鍾未得一豹皮

韓子曰虎豹不用爪牙與鼴鼠同威

文子曰虎豹之文來射猨狖之捷來格

淮南子曰蝟使虎申蛇令豹止物有所制也

又曰高山險阻深林樷薄樷木曰樷深草曰薄虎豹之樂也人入之而畏川谷通源積水重淵黿鼉之所便也人入之而死

范子計然曰豹皮出南郡

雜道書曰南海博羅縣有羅山高入雲霧諸仙人所遊之山也上有豹獸似猴猴南海人名之爲累下

洞冥記曰青豹出浪坂之山狀如虎色如翠殺之爲脯食之不飢

馮邪說鄧禹書曰夫虎豹愛大林蛟龍愛大水

列女傳曰陶荅子妻曰妾聞南山有文豹霧雨七日不下食者何也欲以澤其衣毛而成其文章也

後秦記曰狄伯奇少曾遊獵得豹見其文采炳煥遂自感

獸始學書藝

林邑國記曰西南界有喓騰虫食死人肉豹皮覆尸畏而不來

謝朓詩曰雖無玄豹姿且隱南山霧

晉中朝大駕鹵簿曰豹尾車駕一蘭臺持節令史載自豹尾後

徐廣車服注曰乘輿之後有屬車最後一車懸豹尾

駮

爾雅曰駮如馬倨牙食虎豹議文亦駁

說苑曰晉平公出畋見乳虎乳虎伏而不動顧謂師曠曰吾聞之霸王之主出則猛獸伏而不敢起今者寡人出見乳虎伏而不動此其猛獸乎師曠曰鵲食猬猬食鵕音峻鸃音宜鵕鸃食豹豹食駮駮食虎夫駮之狀有似駮馬今者君之出必驂駮馬而出畋乎公曰然

山海經曰中曲之山有獸焉其狀如馬而白身黑尾一角虎牙爪音如鼓音其名曰駮是食豹可以禦兵

晉郭璞駮贊曰駮惟馬類實畜之英騰髦驤首嘘天雷鳴氣無不凌吞虎辟兵

太平御覽卷第八百九十二

太平御覽卷第八百九十三

獸部五

馬一

說文曰：馬，怒也，武也。馬一歲曰馵（音環），二歲曰駒，三歲曰駣（音兆），八歲曰⿰馬八（音八）。高六尺曰驕，七尺曰騋（音來），八尺曰龍。騊（音陶）駼（音塗），北野之良馬也。驁，駿馬也。以壬申日死，乘馬者忌之。

爾雅曰：騊駼馬，野馬（北海內有獸，狀如馬，名騊駼，青色。騊駼一名野馬）。昆蹄趼善外甗（甗山形似甑，上大下小，時有昆蹄之馬，蹄平如研，善外甗。甗，山嶺也。研音吟燕切，甗音魚偃切）。昆駼枝蹄研，善外甗。小領盜驪（盜驪千里馬也。領，項也。昆駼之馬枝蹄趼如牛而下平。小領，馬種。一名盜驪）。絕有力駥（馬高八尺）。膝上皆白馵（馵，後左脚白。音注也）。四骹（音敲）皆白驓（骹，膝下也）。四蹢皆白首（俗呼為蹬雲馬。蹢，蹄也）。前足皆白騱（下雞切）。後足皆白翑（巨俱切）。前右足白啓（左傳曰：啓服也）。左白踦。後右足白驤。左白馵（音注）。駵（音流）馬白腹騵（魚袁切）。驪馬白跨驈（驪，黑色。跨，髀間）。白州驠（州，竅。於見切）。尾本白騴（尾株白也）。尾白駺（音郎）。馰顙，白顛（戴星馬也）。白達素，縣（素，鼻莖也。俗所謂漫顱徹齒）。面顙皆白惟駹（駹額）。回毛在膺，宜乘（樊光曰：俗謂之宮府馬。伯樂相馬法：旋毛在腹下如乳者，千里馬也）。在肘後減陽，在幹茀方（幹，脅），在背闋廣（皆別旋毛所在之名）。逆毛居馻（馬毛逆刺）。騋（音來）牝驪牡（馬七尺已為騋）。玄駒褭驂（玄駒，小馬，別名褭驂耳。或曰此即騕褭，古之良馬）。牡曰騭（今江東呼駁馬為騭），牝曰騇（草馬名也）。駵白駁。黃白騜（詩云：騜駁其馬）。駵馬黃脊騝（奇連切）。驪馬黃脊騽。青驪駽（今之鐵驄）。青驪驎驒（色有深淺，斑駁隱驎，今連錢驄也）。青驪繁鬣騥。驪白雜毛駂（今之烏驄）。黃白雜毛駓（今之桃華馬）。陰白雜毛駰（陰，淺黑，今之泥驄也）。蒼白雜毛騅。彤白雜毛騢（彤，赤也，今之赭白馬）。白馬黑鬣駱。白馬黑脣駩（七全切）。黑喙騧。一目白瞯（音閑），二目白魚（似魚眼也）。既差我馬，宗廟齊毫（尚純也），戎事齊力，田獵齊足。

周易說卦曰：乾為馬。

又坤卦彖曰：牝馬地類，行地無疆。

又說卦曰：震其於馬也，為善鳴，為馵足（音注），為作足，為的顙。

又曰：乾為良馬，為老馬，為瘠馬，為駁馬。

又屯卦曰：六四乘馬般如，匪寇婚媾，往吉無不利。

又下繫曰：服牛乘馬，引重致遠，以利天下，蓋取諸隨。

又曰：坤元亨，利牝馬之貞。王弼文言注曰：以龍叙乾，以馬明坤，隨事義而取象也。

禮記月令曰：孟春之月，天子駕蒼龍。孟夏之月，天子駕赤駵。孟秋之月，天子駕白駱。孟冬之月，天子駕鐵驪。

又學記曰：始駕馬反之，車在馬前。

又內則曰：馬黑脊而般臂，漏（漏當為螻，如螻蛄臭也）。

又曰：大夫士卒下公門，式路馬。乘路馬必朝服，步路馬必中道。蹙路馬芻有誅。路馬死，埋之以帷。

詩國風卷耳曰：陟彼崔嵬，我馬虺隤。

又曰：陟彼高岡，我馬玄黃（虺隤玄黃，皆病）。

又魯頌曰：駉，頌僖公也。僖公能遵伯禽之法，務農重穀，牧于坰野，而史克作是頌（史克，魯人也）。駉駉牡馬，在坰之野（駉駉，良馬也。坰，遠野也）。薄言駉者，有驈有皇，有驪有黃，以車彭彭（驪馬白跨曰驈，黃白曰皇，純黑曰驪，黃騂曰黃。彭彭，有容力也）。駉駉牡馬，在坰之野。薄言駉者，有騅有駓，有騂有騏，以車伾伾（蒼白雜毛曰騅，黃白雜毛曰駓，赤黃曰騂，蒼騏曰騏。伾伾，有力也）。駉駉牡馬，在坰之野。薄言駉者，有驒有駱，有駵有雒，以車繹繹（青驪驎曰驒，白馬黑鬣曰駱，赤身黑鬣曰駵，黑身白鬣曰雒。繹繹，善走也）。駉駉牡馬，在坰之野。薄言駉者，有駰有騢，有驔有魚，以車祛祛（陰白雜毛曰駰，彤白雜毛曰騢，豪骭曰驔，二目白曰魚。祛祛，強健也）。

又曰：叔于田，乘乘馬，執轡如組，兩驂如舞。叔于田，乘乘黃（四馬皆黃），兩服上襄，兩驂鴈行。

又白駒曰：皎皎白駒，食我場藿。縶之維之，以永今夕。皎皎

白駒在彼空谷（空大谷）生芻一束其人如玉

左傳僖十五年曰秦晉戰于韓晉惠公乘小駟鄭入也（鄭獻馬名小駟）慶鄭曰古者大事必乘其產生其水土而知其人心安其教訓而服習其道唯所納之無不如志今乘異產以從戎事及懼而變將與人易亂氣狡憤陰血周作張脈僨興外彊中乾進退不可周旋不能君必悔之弗聽及戰公戎馬旋濘而止公號慶鄭鄭曰愎諫違卜固敗是求遂去之

又曰晉侯伐齊齊師夜遁邢伯告中行伯曰有班馬之聲（夜遁馬不相見故鳴班別也）齊師其遁

又昭四年傳曰魯使椒舉如晉求諸侯晉侯欲勿許司馬侯曰不可公曰晉有三不殆其何敵之有國險而多馬齊楚多難有是三者何鄉而不濟對曰恃險與馬而虞鄰國之難是三殆也四嶽三塗陽城大室荆山中南九州之險也是不一姓冀之北土馬之所生無興國焉恃險與馬不可以爲固也

覽八百九十三　三　張高

又宣上曰宋人以文馬百駟以贖華元於鄭半入華元逃歸

又昭七年曰衛侯來獻其乘馬曰啓服（啓服馬名）塹而死（墮塹死也）公將爲之櫝（爲作棺也）子家曰從者病矣請以食之乃以帷裹之

又定三年曰唐成公如楚有兩肅爽馬子常欲之（成公唐惠侯之後肅爽馬名）弗與三年止之唐人或相與謀請代先從者許之飲先從者酒醉之竊馬而獻之子常子常歸唐侯自拘於司敗（竊馬者自拘）曰君以弄馬之故隱君身（隱憂約也）棄國家羣臣請相夫人以償馬必如之（相助也夫人謂養馬者）唐侯曰寡人之過也二三子無辱皆賞之

又定下曰衛公子地有白馬四公嬖向魋魋欲之（向魋司馬桓魋）公取而朱其尾鬣以與之（與桓魋也）地怒使其徒扶魋而奪之魋懼將走公閉門而泣之目盡腫

穀梁傳僖公曰晉獻公將伐虢荀息請以屈產之乘垂棘之璧假道於虞公曰此晉寶也荀息曰是取中府藏外府取中廐藏外廐也後舉虞荀息牽馬操璧而前曰璧猶是馬齒長矣

周禮夏官下曰校人掌王馬之政（政謂差擇養乘之數也月令日班馬政）辨六馬之屬種馬一物戎馬一物齊馬一物道馬一物田馬一物駑馬一物（種謂上善似母者以次差之玉路駕種馬戎路駕戎馬金路駕齊馬象路駕道馬田路駕田馬駑馬給宮中之役）天子十有二閑馬六種邦國六閑馬四種家四閑馬二種（降殺之差每廐爲一閑諸侯有齊馬道馬田馬大夫有田馬各一閑其駑馬則皆分爲三）

覽八百九十三　四　張高

凡馬特居四之一（欲其乘之性相似也物同氣則心一鄭司農云四之一者三牝一牡）春祭馬祖執駒（馬祖天駟也孝經說云房爲龍馬鄭司農云執駒無令近母猶攻駒也二歲曰駒三歲曰駣玄謂執猶拘也春通淫之時駒弱血氣未定爲其乘匹傷之）夏祭先牧頒馬攻特（先牧始養馬者其人未聞夏通淫之後攻其特爲其蹄齧不可乘用鄭司農云攻特謂騬之）秋祭馬社臧僕（馬社始乘馬者世本作曰相士作乘馬鄭司農云臧僕謂簡練馭者令皆善也玄謂僕馭五路之僕）冬祭馬步獻馬講馭夫（馬步神爲災害馬者獻馬見成馬於王也馭夫馭貳車從車使車者也講猶簡習）凡大祭祀朝覲會同毛馬而頒之（毛馬齊其色也頒授當乘之）飾幣馬執朴而從之（鄭司農云校人主飾之也幣馬以馬遺人當幣處者也聘禮曰馬則北面奠幣于其前士喪禮下篇曰薦馬纓三就入門北面交轡圉人夾牽之馭者執策立于馬後）凡賓客受其幣馬（賓客之幣馬來朝聘而享王者）大喪飾遣車之馬及葬埋之（言埋之則是馬塗車之芻靈）田獵則帥驅逆之（帥猶將也）凡將事于四海山川則飾黃駒（四海猶四方也王巡守過大山川則有殺駒以祈沈禮與王人職有宗祀以黃金勺前馬之禮）凡國之使者共其幣馬（使者所用私覿）凡軍事物馬而頒之（物色齊其力）

又夏官下曰：趣馬掌贊正良馬，而齊其飲食，簡其六節，（贊，佐也。佐正者，謂校人、僕夫之時簡差也。節猶量也。差擇王馬以爲六等。）掌駕說之頒，（頒，用馬之第次。）辨四時之居治，以聽馭夫。（居謂牧房所處。治謂執駒攻特之屬。）巫馬掌養疾馬而乘治之，相醫而藥攻馬疾，受財于校人。（乘謂驅步以發其疾，知所疾處乃治之。相，助也。）馬死，則使其賈粥之，入其布于校人。（布，泉也。鄭司農云：賈謂其屬官小吏賈二人。粥，賣也。）

又曰：廋人掌十有二閑之政教，以阜馬、佚特、教駣、攻駒及祭馬祖、祭閑之先牧及執駒、散馬耳、圉馬。（九者皆有政教焉。阜，盛壯也。詩云：四牡孔阜。杜子春云：佚當爲逸。鄭司農云：馬三歲曰駣，二歲曰駒。散讀爲中散大夫之散，謂騬馬耳，毋令善驚也。玄謂逸者，用之不散甚勞，安其血氣也。教駣，始乘習之也。攻駒，騬其蹄齧者。閑之先牧，先牧制閑者。散馬耳，以竹括也。柙其耳，頭動搖則括中物，後遂串習，不復驚。）正校人員選。（校人謂師圉也。正員選者，選者謂擇可備員者乎之。）馬八尺以上爲龍，七尺以上爲騋，六尺以上爲馬。（大小異名。爾雅曰：騋牝驪牡，玄駒褭驂。鄭司農說以月令曰：駕蒼龍。）

又曰：圉師掌教圉人養馬，春除蓐、釁廄，始牧，夏庌馬，冬獻馬，射則充椹質，茨牆則翦闔。（蓐，馬茲也。馬既出而除之，新釁焉，神之也。春秋傳曰：凡馬日中而出，日中而入。故字庌爲訝。鄭司農云：當爲庌。玄謂庌，廡也。廡所以庇馬涼也。充猶居也。茨，蓋也。闔，苫也。椹質，翦闔，圉人所習也。杜子春讀椹爲齊人言鈇椹之椹。質，所射者習射處。）圉人掌養馬芻牧之事，以役圉師。（役者，圉師使令焉。）凡賓客喪紀，牽馬而入陳。（賓客之馬，王所以賜之者。詩云：雖無予之，路車乘馬。喪紀之馬，啓後所薦焉。）獻馬亦如之。（獻馬，遣車之馬，人捧之，亦牽而入陳。）

又夏官上曰：馬質掌質馬。馬量三物：一曰戎馬，二曰田馬，三曰駑馬，皆有物賈。（此三馬買以給官府之使，無種也。鄭司農曰：皆有物賈，皆有物色及賈直。）綱惡馬。（鄭司農云：綱讀爲以亢其讎之亢。書亦或爲亢。亢，御也，禁也，禁去惡馬不當也。玄謂綱以縻索維綱抑習之。）凡受馬於有司者，書以齒毛與其賈，馬死則旬之內更，旬之外入馬耳，以其物更，外其否。（鄭司農云：更謂償也。玄謂旬之內死者，償以齒毛與賈，受之日淺，養之惡也。旬之外死，入馬耳，償以毛色，不以齒賈，任之過其任也。其外否，旬之外踰二十日而死，不任用，非用者罪。）馬及行，則以任齊其行。（識其所載輕重及道里，齊其勞逸，乃復用之。）若有馬訟，則聽之。（訟謂賣買之言相負。）禁原蠶者。（原，再也。天文辰爲馬。蠶書：蠶爲龍精，月直大火則浴其種。是蠶與馬同氣，物莫能兩大，禁再蠶者，爲傷馬與。）

論語曰：齊景公有馬千駟，死之日，民無德而稱焉。

又憲問曰：驥不稱其力，稱其德也。（驥，古之善馬也。德謂在五御之威儀。）

周書曰：其西天子車立馬，乘六青馬，陰羽鳧旌。（鳧羽爲旌旄也。）周公旦主東，青馬黑鬣，謂之母兒。（周公主東，則太公主西也。東青馬則西白矣。馬名未聞也。）

又曰：義渠以茲白。茲白者，白馬鋸牙，食虎豹。（義渠，西戎茲。白，一名駮也。）

韓詩外傳曰：昔者田子方出，見老馬於道，喟然有志，問於御者曰：此何馬也？御者曰：公家畜也，罷而不爲用，故出放之。田子方曰：少盡其力，老弃其身，仁者不爲也。束帛而贖之。窮士聞之，知所歸心焉。

尚書大傳曰：散宜生之犬戎氏，取美馬，駮身朱鬣雞目者，取九六焉，陳於紂之庭。紂出見之，還而觀之，曰：此何人也？散宜生遂趨而進曰：吾西蕃之臣昌之使者。

太公六韜曰：商王拘周伯昌於羑里，太公與散宜生金十鎰，求天下珎物以免君之罪。於是得犬戎氏文馬，毫毛朱鬣，目如黃金，項如雞尾，名雞斯之乘，以獻商王。

禮斗威儀曰：君乘火而王，其政頌平，南海輸駮馬。

春秋考異郵曰：陰合於八，八合陽九，八九七十二，二爲地，地主月，月精爲馬，月數十二，故馬十二月而生，人乘以理天下，王者駕馬，故其字以爲王馬。

春秋說題辭曰：地精爲馬，十二月而生，應陰紀陽以合功，故人駕馬任重致遠，利天下。月度疾，故馬善走。

淮南子曰：八九七十二，耦以承奇，奇主辰，辰主月，月主馬。

馬十二月而生

孝經援神契曰德至山陵則澤出神馬

龍魚河圖曰白馬玄頭食之殺人下𤺌食馬肉亦殺人無以賣馬錢娶婦

洞林曰郗鴻業來作卦身在申本命酉乘馬南行西北走逕趨木家化爲狗賴子救之不成咎鴻業丁酉生後八月中有急事借馬南出行數里馬欻驚更西北走向戌地入李家遂落地馬因齧之主人出救得免不見傷也

尚書中候曰堯沉璧於河龍馬銜甲赤文緑色臨壇吐甲圖鄭玄曰龍象馬也赤文而緑色

廣雅曰飛兎飛鴻野麋娥鹿騊駼吾走狐桃驊騮音金喙馬屬也

方言曰馬食橐關西曰掩囊音掩鷃或曰掩兜或曰樓兜

字林曰騳方問切衆馬走也騤知勇切馬卧土中也驐止蹬馬帶也鞥鞍口頁切馬勒也

太平御覽卷第八百九十三

太平御覽卷第八百九十四

獸部六

馬二

史記曰造父以善御幸於周穆王得驥騏溫驪驊騮綠耳之駟西巡守樂而忘歸

又曰楚莊王有愛馬衣以文繡置華屋之下啗以棗脯馬死欲以大夫禮葬之樂人優孟入殿門大哭曰請以人君之禮葬之以彫玉爲棺文梓爲槨豫章爲題湊發甲卒爲壙老弱負土諸侯聞之皆知大王賤人貴馬也王曰爲之奈何請爲王言六畜之葬以壟竈爲槨銅鬲爲棺齎以薑桂薦以木蘭衣以火光葬人腹中王乃以馬屬太官

又曰巴蜀沃野西近邛笮有笮馬旄毛

又曰馬蹄躈(苦吊切)千牛千足此亦比千乘之家

又曰陸地牧馬二百蹄牛蹄角千皆與千戶侯等

又曰東胡使求冒頓千里馬冒頓問羣臣羣臣曰千里馬匈奴寶也勿與冒頓曰與人隣國奈何惜一馬遂以與也

又曰冒頓圍高祖於平城所騎西方盡白馬東方盡青龍北方盡烏驪南方盡騂馬

又曰郭隗謂燕昭王曰昌聞古人有以千金求市千里馬而不能得於是與涓人金請爲市之費千金覓之而絕域有千里馬已死乃用五百金市其首而還王怒曰安用死馬首乎徒費五百金涓人荅曰死馬首尚用五百金況生馬乎天下以王好馬馬必將至矣未朞年果有獻千里馬者三疋

又曰任安爲衛將軍舍人與田仁會俱爲舍人居門下心同相愛二人家貧無錢用以事將軍家家監使養惡齧馬兩疋同牀臥仁竊言曰不知人哉家監任安曰將軍尚不知人乃況家監也

又曰項王駿馬名騅常騎及被圍於垓下乃悲歌忼(苦朗切)慨(苦代切)爲歌詩曰力拔山兮氣蓋世時不利兮騅不逝及至烏江謂亭長曰吾騎此馬五歲所當無敵嘗一日千里不忍殺以賜公

又曰大宛有善馬在貳師城匿不肯與漢使天子既好宛馬使壯士車令等持千金以請宛王貳師城善馬宛國饒漢物相與謀曰貳師馬宛寶馬也遂不肯與漢使漢使怒妄言椎金而去宛貴人怒遮攻漢使取財物天子大怒拜李廣利爲貳師將軍發屬國騎及郡國惡少年數萬人以伐宛期至貳師城取善馬

漢書曰孝文皇帝時有獻千里馬者詔曰鸞旗在前屬車在後吉行日五十里朕乘千里之馬獨先安之乃還馬

又曰鄭當時以任俠自喜孝景時爲太子舍人五日洗沐常置驛馬長安諸郊請謝賓客夜以繼日

又曰萬石君過宮門闕必下車趍見路馬必式焉

又曰石建爲太僕奏事自下讀之驚恐曰書馬者與尾而五今乃四僕譴死矣又石慶爲太僕御出上問車中幾馬慶以策數馬畢曰六馬

又曰初天子發易書(發易書以卜也)以卜(曰神馬當)從西北來得烏孫馬好名曰天馬及得宛汗血馬益壯更名烏孫馬曰西極馬宛馬曰天馬

又曰武帝求賢詔曰馬或奔踶而致千里士有負俗之累而立功名夫泛駕之馬亦在御之而已

又曰元狩二年馬生余吾水中(在朔方北)元鼎四年馬生渥洼

水中作天馬之歌

又曰大宛國別邑七十餘城多善馬汗血言其先天馬子也言大宛國貳山其上有馬不可得因取五色馬母置其下與集生駒皆汗血因號曰天馬子也

又天馬歌曰太一貺天馬千里下霑赤汗沫流赭大宛馬汗血沾濡也志俶儻精權奇籋浮雲籋音躡言馬上浮雲也晻音奄上馳體容與泄萬里泄音逝迣超踰今安匹龍為友

又歌曰天馬來從西極涉流沙九夷服天馬來曆無草徑千里循東道天馬來開遠門竦子身逝崐崘天馬來龍之媒天馬龍之類馬來龍必至之媒也游閶闔觀玉臺

又曰孝武之世聞天馬蒲陶則通大宛安息自是之後明珠文甲通犀翠羽之珍盈於後宮龍文魚目汗血之馬昔驂馬也充於黃門

又曰烏孫國大昆彌治赤谷城山多松樠不田作種樹畜

御覽八百九十四　三　王杏

逐水草與匈奴同俗國多馬富人至四五千疋

又曰王褒聖主得賢臣頌曰及至駕齧膝驂乘旦王良執靶韓哀附輿縱馳騁騖忽如草靡過都越國蹶如歷塊追奔電逐遺風周流八極萬里一息何其遼哉人馬相得也

又曰御史大夫衛綰奏馬高五尺九寸以上齒未平馬十歲齒下平不得出關

又曰昌邑王賀召皇太后巢下馬乘之

後漢書曰光武時有獻名馬者日行千里又進寶劍價兼百金帝以馬駕鼓車劍賜騎士

又曰劉盆子既立乘鮮車大馬赤屏泥赤屏泥謂以緹油屏泥於軾前絳襜絡

又曰更始既誅王莽乃北都洛陽申屠建李松自長安傳送乘輿服御又遣中黄門從官奉迎遷都二年二月更始自洛陽而西初發李松奉引馬驚奔觸北宮鐵柱門三馬皆死續漢書曰禍也時更始失道將亡之徵

又曰賈復持劉嘉書比渡河及光武於柏人因鄧禹得召見光武奇之禹亦稱有將帥節於是署復破虜將軍督盜賊復馬羸光武解左驂以賜之

又曰馬援於交阯得駱越銅鼓乃鑄為馬式還表上之曰夫行天莫若龍行地莫若馬馬者兵甲之本國之大用安寧則以別尊卑之序有變則以濟遠近之難昔有騏驥一日千里伯樂見之昭然不惑近世有西河子輿亦明相法子輿傳西河儀長孺長孺傳茂陵丁君都君都傳成紀楊子阿臣援嘗師事子阿受相馬骨法考之行事輒有效驗臣愚以為傳聞不如親見視影不如察形今欲形之於生馬則骨法難備又不可得傳之於後孝武皇帝時善相馬

平八百九十四　四　王杏

者東門京鑄作銅馬法獻之詔立於魯班門外更名魯班門曰金馬門臣謹備數家骨相以為法馬高三尺五寸圍四尺五寸詔置於宣德殿下以名為馬式焉

又曰阜茂為丞相府史嘗出行有人認其馬茂問曰子亡馬幾何時對曰月餘日矣茂有馬數年心知其謬嘿解與之挽車而去顧曰若非公馬幸至丞相府歸我他日馬主別得亡者乃詣府送馬叩頭謝之茂性不爭如此

又曰或問第五倫曰公有私乎對曰昔人有與吾千里馬者吾雖不受每三公有所選舉心不能忘而亦終不用也

又曰光和元年京師馬生人京房易傳曰諸侯相伐厥妖馬生人

又洪範五行傳云秦孝公二十一年傳有馬生人非其類也必有非姓者其後始皇蓋呂不韋子終以絕嗣此非姓

也

又曰光和四年春正月初置騄驥廄丞領受郡國調馬（騄驥，善馬也。調，謂徵發也。）豪右辜榷馬一匹至二百萬（辜榷，前書音義曰：辜，障也；榷，專也。謂障餘人賣買而自取其利。）

又曰明帝賜東平王蒼書及陰太后器服及遺宛馬一匹血從前膊上小孔中出嘗聞武帝歌天馬霑赤汗今親見其然也

又曰明德馬后過濯龍門上見外家問起居者車如流水馬如游龍倉頭衣綠褠（褠，臂衣，今之臂韝，以縛左右手，於事便也。）顧視御者不及遠矣

謝承後漢書曰朱震字伯厚性剛烈初爲從事奏濟陰太守單匡贓罪并連匡兄中常侍車騎將軍超三府諺曰車如雞栖馬如狗疾惡如風朱伯厚

續漢書曰張奐字然明爲安定屬國都尉羌離湳（湳，乃感切。）上奐馬二十匹大豪帥以金鐻八枚遺奐奐召主簿張祁入於羌前以酒酹地曰使馬如羊不得以入廄使金如粟不得以入懷盡還不受

東觀漢記曰張湛爲光祿勳帝臨朝或有惰容湛輒諫其失常乘白馬上每見湛輒言白馬生復諫矣（事具職官部光祿勳篇）

又曰吳漢兵守成都公孫述將延岑遣奇兵出吳漢兵後襲擊破漢漢墮水緣馬尾得出

又曰杜林字伯山與馬援鄉里素相親厚援從南方還時林馬適死援令子持馬一匹遺林曰朋友有車馬之饋可具以備乏林受之居數月林遣子奉書曰將軍內施九族外有賓客望恩者多林父子兩人食列卿祿常有盈今送錢五萬援受之謂子曰人當以此爲法是伯山所以勝我

也

又曰上始欲征匈奴與竇固等議出兵調度皆以爲塞外草美可不須馬穀其各以固等將兵到燉煌當出塞上請馬穀上以固言前後相違怒不與穀皆言案軍出塞無穀馬故事馬防言宣帝時五將出征匈奴候騎得漢馬矢見其中有粟知漢兵出以故引去以是言之馬當與穀上善其用意微動勑下調馬穀防遂見親近

又曰明德后詔書流布咸稱至德王主諸家莫敢犯禁廣平鉅鹿樂成王入問起居車騎鞍勒皆純黑無金銀采飾馬不踰六尺即賜錢五百萬

又曰桓典爲御史是時宦官秉權典執政無所迴避常乘驄馬京師畏憚爲之語曰行行且止避驄馬御史

獻帝春秋曰曹操與呂布軍戰敗布得操騎而不知是問曰曹使君何在答曰騎黃馬者是也因得免

魏志曰織國出菓下馬漢時恒獻之（馬高三尺，乘於菓樹下行。）

又曰龐悳討關羽親與羽交戰射羽中額時悳常乘白馬羽軍謂之白馬將軍

又曰陳思王表文帝曰臣於武皇帝世得大宛紫騂馬一匹形法應圖善持頭尾教令習拜今已能拜又能行與鼓節相應謹以奉獻

又曰文帝與孫權書曰前使于禁及王鈆去時所道驃善鐵驪馬本欲使禁自致之念將軍儻欲速得今故先以付往此二馬朕常所自乘其調良善走數萬匹選之真可樂也中國雖饒馬其知名絕足亦時有耳

又曰朱建平善相馬文帝將出取馬建平道遇之語人曰此馬之相今日死矣帝將乘馬馬惡衣香驚齧帝膝帝大怒

即殺之
魏書曰曹公所乘馬名絶影爲矢所中傷頰及足
吳書曰孫堅於西華失利堅被瘡墮馬卧草中軍衆分散不知堅所在堅所騎驄馬馳還營踣地鳴呼將士隨馬於草中得堅
又曰諸葛恪爲將蜀使至上謂使曰元遜爲將軍君還蜀可報丞相爲致佳馬恪起陳謝上曰卿未得馬何爲謝對曰夫蜀陛下外廐陛下有詔臣必得之是以謝也
吳志曰魏使以馬求易珠璣翡翠瑇瑁孫權曰此皆孤所不用而可以得馬何苦而不聽與交易
九州春秋曰初呂布騎將侯成遣客牧馬十五疋客悉驅馬去向沛城欲歸劉備成自將騎逐之悉得馬還諸將合禮賀成成釀五六斛酒獵得十餘頭豬未飲食先持半豬

五外酒自入諸布前跪言蒙將軍恩遂得所失馬
江表傳曰孫策性好獵將步騎數百策驅馳逐鹿所乘馬精駿從騎絶不能及
又曰孫權征合肥駿馬上津橋橋南已撤丈餘無板谷吉利在馬後使權持鞍緩鞚利於後着鞭以助馬勢遂得超渡

太平御覽卷第八百九十四

太平御覽卷第八百九十五

獸部七

馬三

晉書曰：王濟善解馬性，嘗乘一馬，著連乾鄣泥，前有水，終不肯渡。濟云：此必是惜鄣泥。使人解去，便渡。故杜預謂濟有馬癖。

又曰：王師敗於湯陰，嵇紹被害。初，紹之行也，侍中秦准謂曰：今日向難，卿有佳馬否？紹正色曰：大駕親征，以正伐邪，理必有征無戰。若使乘輿失守，臣節有在，駿馬何爲？聞者莫不歎息。

載記曰：慕容廆有駿馬曰赭白，有奇相逸力。石季龍之伐棘城也，皝將出避難，欲乘之，馬悲鳴蹀躞，人莫能近。皝曰：此馬見異先朝，孤常仗之濟難，今不欲者，蓋先君之意乎？乃止。季龍尋退，皝益奇之。至是四十九歲矣，而駿逸不虧。雋比之於鮑氏驄，命鑄銅以爲其象，親爲銘讚，鐫其旁，置之薊城東掖門。是歲象成而馬死。

又曰：苻堅遣使西域，稱揚堅之盛德，并以繒綵賜諸國王。於是朝獻者十有餘國。大宛獻天馬千里駒，皆汗血朱鬣五色鳳膺麟身，及諸珍異五百餘種。堅曰：吾思漢文之返千里馬，咨嗟美詠。今獻馬其悉返之，庶克念前王，髣髴古人矣。乃命羣臣作止馬詩而遣之，示無欲也。

又曰：武昭王暠，字玄盛，少而好學，性沉敏寬和，美器度，通涉經史，尤善文義。及長，頗習武藝，誦孫吳兵法。嘗與呂光太史令郭黁及其同母弟宋繇同宿。黁起，謂繇曰：君當位極人臣，李君有國土之分。家有騧草馬生白額駒，此其時也。呂光末，京兆段業自稱涼州牧，以燉煌太守趙郡孟敏爲沙州刺史，署玄盛效穀令。敏尋卒，燉煌護軍馮翊郭謙、沙州治中燉煌索仙等以玄盛溫毅有惠政，推爲寧朔將軍、燉煌太守。玄盛初難之，會宋繇仕於業，告歸燉煌，言於玄盛曰：兄忘郭黁之言耶？白額駒今已生矣。玄盛乃從之。

又曰：庾亮所乘馬的顱，殷浩以爲不利，勸賣之。亮曰：曷有己之不安，移於人乎？○晉中興書曰：恭帝之爲琅邪王，好奇戲，閉一疋馬於門內，令人射之，欲觀幾箭而死。左右曰：馬，國姓，而射之，不祥甚矣。乃止。俄而桓玄篡位。

續安帝紀曰：司馬休之奔廣固，慕容超有欲害心，而休之不知。休之常以所乘騅馬於牀前養飼，忽連鳴不食，注目視鞍。休之試被之，即不動也。訖，還牀坐，馬又驚跳，因試騎，視馬即驟出栽至門外，奔而馳之，走行數里，休之顧望所往，已有寇至。乘以南奔，殆而獲免。後還荊州，加騅馬揚武之號。

○王隱晉書曰：馬隆子咸爲成都王前鋒、長沙王所統冠軍司馬。王湖率衆討咸，於馬市咸堅不動。湖乃使數十騎下馬，縛戟於鞍，而令向咸，又使數十騎各刺所放馬，馬驚奔咸軍，軍壞，湖因馳逐，猛戰臨陣斬咸。

于寶晉紀曰：桓範出赴曹爽，宣王謂蔣濟曰：智囊往矣。濟曰：智則智矣，駑馬戀棧豆，爽必不能用也。

鄧粲晉紀曰：王湛有隱德，兄弟宗族皆以爲癡。居墓次，不交當世。兄子濟性好馬，所乘駿快，意甚愛之。湛曰：此馬雖快，力薄，不堪苦。近見督郵馬，當勝此。濟然之，取督郵馬穀食十數日，與湛試之。湛未嘗乘馬，卒然便騁，馳騁步驟不異於濟，而馬不相勝。湛曰：直行平路，何以別馬？唯當於蟻封。於是就蟻封盤馬，濟馬果倒躓，濟乃服。

崔鴻十六國春秋曰：驍騎將軍呂光封西域，平上疏曰：唯

龜茲據三十六國之中制彼王侯之命入其國城天驥龍麟腰裹丹鬃萬計盈廐雖伯益更生衛賜復出不能辨也

又曰太上四年高麗使至獻美女十人千里馬一疋兗州民王蒲率衆二千來降獻千里馬一疋羊驢去地九寸拜蒲長水校尉稾丘公

宋書曰宋大明五年吐谷渾拾寅遣使獻舞馬

沈約宋書曰鮮卑二子長曰吐谷渾少曰若洛廆若洛廆別爲渾庶長廆正嫡父在特分七百戶與渾渾與廆二部俱牧馬馬鬬相傷廆怒讓渾曰鬬在馬而怒及人耶乖別甚易今當去汝萬里於是擁馬西行廆悔悟深自咎責遣舊父老及長吏乙那樓追渾令還渾曰我是卑庶理無並大今以馬致別殆天所啓諸君試擁馬令東馬若還東我當相隨去即使二千騎共遮馬令迴馬迴不盈三百步頹

然悲鳴西走聲若頹山如是者十餘迴一迴一遠樓跪曰可汗此非復人事

又曰劉瑀爲右衛將軍年位本在何偃前孝武初偃爲吏部尚書瑀圖侍中不得與偃同從郊祀時偃乘在前瑀策駟居後相去數十步瑀躡徒合切馬及之謂偃曰君轡何疾偃曰牛駿馭精所以疾耳偃曰君馬何遲曰騏驥羅於羈絆所以居後偃曰何不着鞭使致千里答曰一壓造青雲何至與駑馬爭路

蕭子顯齊書曰楊王夫殺宋蒼梧王將首與王敬則敬則送太祖太祖夜乘常所騎赤馬入殿及踐祚號此馬爲龍驤將軍

後魏書曰高肇字道文文昭王太后之兄也大舉征蜀以肇爲大將軍都督諸軍面辭世宗於東堂親奉規略是日肇所乘駿馬停於神虎門外無故驚倒轉臥渠中鞍具瓦解衆咸怪異肇辭出見而惡焉世宗崩肇還高陽王與領軍于忠遣壯士殺之

後周書曰于謹嘗率騎追茹茹前後十七戰盡降其衆嘗爲賊所圍謹乘駿馬一紫一騧賊所先識乃使二人各乘馬突陣而出賊以爲謹也皆爭逐之謹乃入塞

三國典略曰西魏孝武將爲齊太祖所殺孝武索所乘波斯騮馬命太宰南陽王躍之將舉其鞍馬蹶而死帝惡之日晏還宮至後門馬驚不前捶之鞭折入謂潘彌曰今日幸無他不彌曰過夜半則大吉須臾帝飲酒遇鴆而崩時年二十五謚曰孝武殯於草堂佛寺十餘年乃葬

又曰高歡歸尔朱榮劉貴事榮盛言歡美榮未之奇也歡更衣服重求見焉因隨榮之廐廐有惡馬榮命翦之歡不

絆而翦竟不蹄齧已而起曰凡御惡人亦如此矣榮遂坐歡於牀下屛左右而訪時事歡曰聞公有馬十二各色別爲羣將此竟何用也榮曰且言爾意歡曰方今天子愚弱太后淫亂四方雲擾朝政不行以明公雄武乘時奮發但將討鄭儼徐紇爲辭舉鞭足以定天下此是賀六渾意榮大悅曰尔意即我意也自是每參軍謀

又曰齊盧潛與特進慕容儼善儼之將死謂其子曰盧尚書教我爲人我死之後將吾騂馬與之其子遂以他馬與潛儼喪出得停不肯進巫祝爲儼聲曰何意不與盧尚書騂馬其子遵命儼喪乃行

又曰齊馮子琮被執於省內以弓弦絞殺之使內參以庫車載其尸歸人無知者子琮所乘之馬曳韁走以頭扣車狀如號哭見者異之車至其門諸子方握槊聞庫車來以

爲賜也大喜開視乃哭

又曰齊主北伐太保領大僕安定王賀拔仁進馬並非駿足齊王讓之仁對曰御馬超逸羣下不逮齊主大怒免爲庶人命之負炭輸於晉陽

又曰周裴果字戎昭魏齊州刺史遵之子也從軍征討乘黃驄馬衣青袍每先登陷陳時人號爲黃驄年少

又曰周賀若敦與陳侯瑱相拒敦軍數有叛人乘馬投瑱者輙納之乃別取一馬牽以赴船中人逆以鞭之如是者再三馬便畏船不上後伏兵於岸乃遣人乘以招瑱瑱兵迎接競來牽馬敦發伏兵掩之盡殪後有亡命者猶謂爲詐不復納也

又曰梁普通中童謠言或去青絲白馬者侯景乃常乘白馬以青絲爲勒用應謠言

陳書曰初有童謠曰黃班青驄馬發自壽陽涘來時冬氣末去日春風始其後陳主果爲韓擒所敗擒本名擒虎黃班之謂也破建康之始復乘青驄馬往反時節皆相應

隋書曰吐火羅國有山穴中出神馬每歲收北馬於穴所產必名駒

又曰吐谷渾有青海周迴千餘里中有小山其俗至冬輙放北馬於其上言得龍種嘗得波斯草馬放入海因生驄駒日行千里故時稱青海驄焉

又曰長孫晟從晉王破突厥王大喜引晟入內同宴極歡有突厥達官來預坐說言突厥之內大畏長孫揔管聞其弓聲謂爲霹靂見其走馬稱爲閃電王笑曰將軍震怒威行域外遂與雷霆爲比一何壯哉

唐書曰貞觀十三年三月乙巳吉辰厩產白馬朱鬃

又曰貞觀中骨利幹遣使朝貢太宗遣雲麾將軍康蘇密往慰撫之仍列其地爲玄闕州俄又遣使隨蘇密使入朝獻良馬十疋太宗奇其駿異爲之制名號爲十驥一曰騰霜白二曰皎雪驄三曰凝露驄四曰懸光驄五曰決波騟六曰飛霞驃七曰發電赤八曰流金騧九曰翔麟紫十曰奔紅赤又爲文以叙其事

又曰永徽中吐谷渾河源郡王慕容諾曷鉢遣使獻駿馬上問其馬之種性對曰臣國中之最者所以獻之上曰良馬人之所欲豈可輟彼不足而加我之有餘哉乃命還之

又曰永徽中駮馬國遣使朝貢其地在突厥之北漸近北海去京師一萬四千里户十萬勝兵三萬人馬三十萬疋馬色並駮故以爲名

又曰開元十二年太原獻異馬駒其耳如筒左右各一十

六肋肉尾無毛

又曰天寳中隴右節度皇甫惟明奏龍支縣人車狄孝義有馬生龍駒經九旬有九日身有鱗而不生毛臣就檢視時有慶雲五色遥覆馬上久而不散伏望宣付史官以光實録從之

又曰吐火羅國有頗梨山南崖穴中有神馬國人每牧牝馬於其側時產名駒皆汗血馬

又曰李懷遠雖久居禁位而弘尚簡率其園宅無所改作嘗乘款段馬左僕射豆盧欽望謂曰公榮貴如此何不買駿乘荅曰此馬幸免驚蹶無假別求聞者莫不歎美

周史曰徐台符仕晉爲翰林學士中書舍人契丹之陷中原也台符從虜帳北至於幽門及戎人內潰乃竄身南歸初台符所乘馬好嘶鳴及自虜中迴常畜養之草中雖有

騎連羣經其左右而台符馬若箝其口然及行至漢地即嘶鳴如故時人以爲積善之所感也

太平御覽卷第八百九十五

太平御覽卷第八百九十六

獸部八

馬四

戰國策曰汗明見春申君曰夫驥之齒至矣服鹽車而上太行漉汁洒地白汗交流中坂遷延負轅不能上伯樂遭之下車攀而哭之解紵衣而幕之驥於是俯而噴仰而鳴聲造於天欣見伯樂之知已也

漢書音義曰騕褭者神馬也赤喙黑身

穆天子傳曰天子命駕八駿之乘右服華騮而左綠耳右驂赤驥而左白義天子主車造父爲御次車之乘右服渠黃而左踰輪右驂盜驪而左山子伯天子主車叅百爲御奔戎爲右天子乃遂東南翔行馳驅千里至于巨蒐巨蒐之人用其牛馬之湩以洗天子之足（湩乳音東）

又曰祝沉牛馬豕羊河宗命乎皇天子（加皇者尊之）天子受命南面再拜柏夭既致河典乃乘黃之乘爲天子先（所乘馬盡黃色爲先驅也）以極西土

又曰天子北征舍于珠澤（此澤出珠因名之也）以釣于沬水因獻食馬三百（可以供廚膳者）牛羊二千

又曰辛丑天子渴于沙衍（沙中無泉水）求飲未至七萃之士曰高奔戎刺其左驂之頸取其清血以飲天子

又曰天子東遊于黃澤宿于曲洛（洛水迴曲）文曰黃之池其馬歕沙（歕音普悶切）皇人威儀黃之澤其馬歕玉皇人壽穀

郭璞注穆天子傳曰竹書曰北唐之君來見以一驪馬是生綠耳魏時西畢獻千里馬白色而兩耳黃名之爲黃耳

山海經曰滑水中多水馬如馬而文臂（臂前腳）牛尾其音如呼

又曰天帝之山有草焉狀如葵臭如蘼蕪名曰杜衡可以走馬（帶香草今便馬或曰馬得之健走也）

又曰犬戎之國有文馬縞身朱鬣（縞猶素也犬傳云駮身朱鬣）目若黃金名曰吉壃（或作良）乘之壽千歲

又曰夸父山北有林名桃林廣圓三百里其中多馬（桃林今弘農湖縣南北名饒野馬）

又曰大樂之野夏后啓於此舞九代馬（九代馬名也）

莊子曰馬蹄可以踐霜雪毛可以禦風寒齕草飲水翹足而陸此馬之眞性也雖有儀臺路寢無所用之及至伯樂曰我善治馬燒之剔之刻之雒之連之以羈絆編之以皁棧馬之死者十二三矣飢之渴之馳之驟之整之齊之前有橛飾之患後有鞭策之威而馬之死者已過半矣

又徐無鬼曰吾相馬直者中繩曲者中鉤方者中矩圓者中規是國馬也而未若天下馬也天下馬有成材若䘏若失若喪若一若是者超軼絕塵不知其所

老子曰天下有道却走馬以糞天下無道戎馬生於郊

列子曰秦穆公謂伯樂曰子之年長矣子姓有可使求馬乎伯樂對曰良馬可以形容筋骨相也天下之馬者若滅若沒若亡若失臣之子皆下才也臣有所與九方皋其於馬非臣之比也穆公見之使行求馬三月而反報曰已得之在沙丘穆公曰何馬對曰馬牝而黃使人往取之牡而驪公不悅召伯樂曰敗矣子之所使求馬者色物牝牡弗能知又何馬之能知也伯樂曰若皐之所觀天機也得其精忘其麤在其內而忘其外馬至果天下之馬也（淮南子曰九方堙餘同）

晏子春秋曰景公遊於紀得金壺發而視之有丹書曰勿食反魚無乘駑馬晏子曰食魚無反無盡民力也不乘駑

馬無致不肖於側也公曰紀有此書何以亡晏子曰紀有此書藏之於壺不亡何待

又曰景公使人養所愛馬馬病死公怒令人殺養馬者晏子請數之曰汝有三罪使汝養馬殺之一當死也又殺公所最善馬二當死也使公以一馬之故而殺人百姓必怨叛諸侯輕伐吾國三當死也公喟然曰赦之

家語曰孔子相魯齊人患其霸也欲敗其政乃選女子八十人衣以文衣而舞容璣（容璣舞曲）及文馬四十駟（四馬）以遺魯君陳女樂列文馬于魯城南高門外季桓子微服往觀之再三將受焉魯君爲周道遊觀觀之終日殆於政事子路言於孔子孔子遂行

又曰魯定公問於顔回曰子亦聞東野畢之善御乎對曰善則善矣雖然其馬將必佚定公色不悦顧謂左右曰君

太八百九十六　三　宋圭

子故有誣人耶顔回退後三日校來報之曰東野畢之馬佚兩驂曳兩服入于廄公聞之越席而起促駕召顔回至公曰前日寡人問吾子以東野畢之善御而子曰善矣其馬將佚不識吾子奚以知之對曰以政知之昔者帝舜巧於使民而造父巧於使馬舜不窮其民而造父不窮其馬故舜無佚民而造父無佚馬今東野畢之御也升馬執轡銜體正矣（馬宜爲車）步驟馳騁朝禮畢矣（馬步驟馳騁盡朝禮之儀）歷險致遠馬力盡矣然而其心猶乃求馬不已臣以此知之也公曰善哉誠若子之言也

春秋後語曰蘇代欲見齊王齊王怨蘇秦欲困蘇代不肯見代代乃說淳于髡曰人有賣駿馬欲賣之比三旦立於市人莫知之往見伯樂曰臣有駿馬欲賣之比三旦立於市人莫與言願子還而視之如旋去而顧之臣請獻一朝之價伯樂乃如其言一旦而馬價十倍今臣欲以駿馬見於王莫爲臣先後（先後導引也）足下有意爲臣伯樂乎請獻白璧一雙黃金千溢以爲馬食（不斥言人欲爲馬之芻草云）淳于髡曰謹聞命矣入言之於王而見之王果善蘇代矣

又曰初孫臏與龐涓俱學兵法涓既事魏惠王將自以爲能不及孫臏乃陰使人召孫臏孫臏至以法刑之斷其兩足後齊使以爲奇竊載與之歸田忌喜而客待之田忌數與齊諸公子馳逐重射（馳馬爭先射重輸爲勝也）孫臏見其馬足不甚相遠有上中下輩於是臏謂田忌曰君弟重射（弟但也亦且也司馬長卿弟如臨卬是也）我能令君勝田忌信然之與王及諸公子逐射千金臨質孫臏曰取君之下駟（四馬）與彼上駟取君之上駟與彼中駟取君之中駟與彼下駟既三輩畢而田忌一不勝而再勝忌得千金於是田忌進孫臏威王王問兵法而師之

太八百九十六　四　宋圭

韓子曰昔紂爲甲百萬左飲馬於湛右飲馬於洹洹水竭湛水不流武王甲卒三千破而王之

又曰鉍陵卓子乘蒼龍排父之乘鉤飾在前錯綴在後馬欲進則鉤飾禁之退則錯綴貫之造父見而泣曰猶人處急世而不知所由也或云乘瞿父之乘

又曰桓公伐孤竹春往冬還迷惑失道管仲曰老馬之智可用乃放老馬而隨之遂得道

又曰如耳說衛嗣君嗣君悦之左右曰公何爲不相也公曰夫馬似鹿者而千金有千金之馬無一金之鹿者何也馬爲人用而鹿不爲人用今如子雖辯者亦不爲寡人用吾是以不相也

又曰伯樂教其憎者相千里馬教其愛者相駑馬以千里馬世一有其利少駑馬多其利多也

孫卿子曰伯樂不可欺以馬君子不可欺以人
又曰驊騮騏驥纖離綠耳古之良馬也
又曰君子善其言而類焉者應矣故馬鳴而馬應之非知
也其勢然也
又曰驥一日而千里駑馬十駕則亦及之矣
伯樂相馬經曰馬生下墮地無毛行千里尿舉一脚行五
百里闌筋竪者千里馬膝如團麴千里三軍莫逐但知所
發不知所宿也
又曰江淮津督徐成字子長兄弟蒙寵於府君治馬方以
報千金不傳號淮津方尋陽丞陽朱君方最良豫州從事
沛國蕭跳方最良也
又曰馬相歲上下齒二十四歲齒黃三十三歲齒白口中
欲紅色如日月光者行千里汗溝欲深脊欲如伏龜兩邊

太八百九十六　五　謝忠

有廻毛曰騰蛇殺主口邊有廻毛曰銜禍妨主口中有黑
者烏銜馬短壽
又曰素下去飛蝱四寸行千里驟而不起骨勞起而不振
皮勞振而不噴氣勞耳欲小而促也食有三芻飲有三時
也白額入口名曰榆寫一名的盧奴乘客死主乘弃市廻
毛在目下名曰承淚不利人也
又曰馬頭爲王欲得方目爲丞相欲得明脊爲將軍欲得
強腹爲城郭欲得張一曰脅爲城郭四下爲令欲得長一曰膝下爲令一曰
四下眼欲得高巨一曰欲其端正眼睛欲如懸鈴紫艷光明下卧蠶
懸鑒欲得成鼻孔欲得大鼻頭有王火字一曰鼻欲得端鼻上文如王
火欲得明口中欲得赤膝骨圓而張耳欲相近而竪小而厚雍
一寸三百里三寸千里伏龍骨欲得成頸欲得長雙扶欲
得大而突蹄欲得厚腹下欲得平有八字馬頭欲得高而

成尾骨高而垂也九相馬之法先觀三羸五駑乃相其餘
大頭小頸一羸也弱脊大腹二羸也小脛大蹄三羸也謂
五駑者大頭緩耳一駑也長頸不折二駑也短上長下三
駑也大骼短脅四駑也淺寬薄脾五駑也
馬援銅馬相法曰水火欲明水火在鼻兩孔間上唇欲急而方口
中欲紅而有光此馬千里頷下欲深下唇欲緩牙欲去齒
一寸則四百里牙劒鋒則千里目欲滿而澤腸欲充膁小
肋欲長懸薄欲厚而緩懸薄股也腹下欲平滿汗溝欲深長
而膝本欲起肘腋欲開膝欲方蹄欲厚三寸堅如石蹄欲
戴中骨高三寸蹄中骨也頰欲開而膺下欲廣一尺以上能久
走鞅欲方頸骨肯欲直而出髀骨前向鳧間欲開望視之如雙鳧
楚辭曰却騏驥而不乘兮策駑駘而取路當世無騏驥兮
誠莫之能善御見執轡者非其人兮故駒跳而遠去

太八百九十六　六　謝忠

符瑞圖曰王者貴人而賤馬則白馬朱鬣集又玄軍馬有
節則見騰黃騰黃者神馬也其色黃一名乘黃亦曰飛黃
或曰吉黃或曰翠黃一名紫黃其狀如狐背上有兩角出
白氏之國乘之壽三千歲黃帝乘之
孫氏瑞應圖曰王馬者王者清明尊賢則至
又曰乘黃王者輿服有度則出騕褭者神馬也與飛兔同
以明君有德也
又曰飛兔者日行三萬里禹治水土勤勞歷年救民之害
天應其德則至駃蹄者后土之獸也自能言語王者仁孝
於民則出禹治水有功而來
又曰龍馬者仁馬河水之精也高八尺五寸長頸骼上有
翼旁乘毛鳴聲九音有明王則見
呂氏春秋曰秦繆公車敗失左驂自往求焉見野人殺將

食之繆公笑曰食駿馬肉而不飲酒余恐其傷性也遂飲
之而去
又曰伯樂學相馬所見無非馬者
又曰古相馬者有寒風能相口齒麻朝能相頰女厲能相
口管青能相脣吻陳悲能相股腳秦牙能相前贊君能相
後並知其一也
又曰今有千里之馬於此非得良工猶若弗取(良工相驥之工)
工之與馬也相得然後成譬之若枹之與鼓夫士亦有千
里高節死義此士之千里也能使士行千里者其唯賢者
乎
又曰凡為善難任善易奚以知之今與驥俱走則人不勝
驥矣居於車上而任驥則驥不勝人矣
又曰良劒期乎斷不期乎莫耶(莫耶良劒也取其能斷無取於名也故曰不期莫耶)

良馬期乎千里不期乎驥驁(驥千里馬名也王有乘也遊驁因曰驥驁也)
又曰宋人有取道者其馬不進剄而投之溪水(剄投投弃)又復
取道其馬不進又剄而投之溪水如此者三雖造父之所
以威馬不過此矣不得造父之道而徒得其威無益於御
人主之不肖有似於此不得其道而徒多其威威逾不用
又曰飢馬盈廐嗼然未見芻也飢狗盈宮嗼然未見骨也
見骨與芻動則不可禁(動猶爭也)亂世之民嗼然未見賢者也
見賢人則往不可止
又曰得十良馬不若得一伯樂得地千里不若得一聖人
又曰小方大方之類也小馬大馬之類也小知非大知之
類也
又曰青龍之匹遺風之乘也(高誘曰皆馬名疾若遺風也)非先為天子
不可得而具(具備具也)

燕丹子曰太子有千里馬荊軻謂太子曰千里馬肝美太
子即進肝
又曰丹質於秦秦王遇之無禮欲求歸秦王曰烏頭白馬
生角乃許爾歸丹仰天而歎烏即頭白馬即生角秦王乃
放歸
淮南子曰聖人之治猶造父之御也和輯乎銜轡之際而
緩急於脣吻之和正度乎胷臆之中而執節於掌握之間
內得於中心而外合於馬志故能取道致遠而氣力有餘
誠得其術也是故執權者人主之車輿也大臣者人主之
四馬也體離車輿之安而手失四馬之心而能無危者古
今未之見也
又曰天下有道飛黃服皁(又曰黃帝時飛黃服皁也皁與皂同)
又曰王良造父之御也上車攝轡投足調均勞佚若一世

皆以為工然而未甚貴也若夫鉗且大丙之御也(鉗且大丙太一之御)
徐轡銜去鞭棄車莫動而自舉也馬莫使而自走也日
行月動星耀而玄運電奔而鬼騰過歸鴈於碣石軼鵾雞
於姑餘(姑餘在吳也)非思慮之察手爪之巧也嗜欲形於胷中
精神喻於六馬以此弗御之御者也
又曰子騂騮騄耳一日千里搏兔不如狼契也
又曰戎翟之馬皆可以馳驅或近或遠唯造父能盡其力
三苗之民皆可使忠信或賢或不肖唯唐虞能齊其美
又曰馬齒非牛蹄檀根非椅枝故見其一本而萬物知(御物別也)
又曰季秋之月乃教於田獵以習五戎命僕及七騶咸駕
載旌
又曰易道良馬使人欲馳飲酒而樂(使人欲歌)是而行之固謂

之斷非而行之必謂之亂（斷猶治也）

又曰夫馬之爲草駒之時跳躍揚蹄翹尾而走人不能制齕吒足以嚙肌碎骨蹶蹄足以破盧陷匈（嚙齧也）及至圉人擾之良御教之掩以衡扼連以轡銜則雖歷險超塹弗敢辭也故其馬之不可化其可駕御教之所爲也馬聾蟲（聾蟲無知也）而可以通氣志猶待教而成又況人乎

又曰夫待騕褭飛兔而駕之則世莫乘車矣（騕褭飛兔皆行萬里其行若飛因曰飛兔也）待西施落慕而爲妃則終身不家矣

又曰日之行也不見其移也騏驥背日而馳草木爲靡懸峰未薄而日在其前矣（懸峰馬蹄下難舌也）

又曰馬免人於難者其死也葬之以帷牛有德於人者其死也葬之以大車之箱牛馬有功猶不可忘又況人乎

淮南萬畢術曰馬毛犬尾親友自絶（取馬毛犬尾置朋友者夫婦衣中自相憎也）

説苑曰晉平公出田見乳虎乳虎伏而不動平公還謂師曠曰聞之霸王之君（出獵）猛獸伏而不敢起今者寡人出乳虎伏而不動此猛獸乎師曠對曰鵲食猬猬食鵕鸃鵕鸃食駮駮食虎夫駮之狀有似駮馬今者吾君必驂駮馬以出乎平公曰然

又曰北塞上之人其馬亡入胡中人皆弔之其父曰此何詎知不爲福居數月其馬將胡駿馬而歸人皆賀之其父曰此何詎知不爲禍家富馬良其子好騎墮而折髀人皆弔之其父曰此何詎知不爲福居一年胡夷大出丁壯者皆控弦而戰　塞上之人死者十九（十人九死）此子獨以跛故子父相保

地鏡圖曰銅器之精見爲馬

孔叢子曰衛公子友饋四乘馬於子思曰不以此求交於先生父降鄙士爲賓至之餼耳

又曰公孫龍以白馬爲非馬或曰此辯而毀大道子高適趙謂龍曰願受業久不敢先者以白馬爲非馬耳誠能去之則爲弟子龍曰若使去之無以教矣

涼州記曰呂光麟嘉五年疏勒王獻火浣布善舞馬

太平御覽卷第八百九十六

馬五

古今注曰秦始皇有七名馬一曰追風二曰逐兎三曰躡影四曰追電五曰飛翩六曰銅雀七曰晨鳧○崔豹古今注曰曹真有駛馬名爲驚帆言其馳驟如烈風之舉帆也

風俗通曰馬一疋俗說馬比君子與人相疋或曰馬夜行目明照前四丈故曰一疋或說度馬從横適得一疋或說馬死賣得一疋帛或云春秋左氏說諸侯相贈乘馬束帛束帛爲疋與馬之相匹耳○又曰瘦馬不能度繩俗說馬之疲羸不能復度繩索言其極也或云不能度畦塍也謹按齊有繩水裁三四步馬疲不能度此水耳

又曰殺君馬者路傍兒也語云長吏食重禄芻藁豐美馬肥希出路傍小兒觀之却驚致死按長吏馬肥觀者快之馬之走驟也騎者驅馳不足至於瘠死

金樓子曰鳥與鳥遇則相躅獸與獸遇則相觸馬與馬遇則踶蹄相傷天之生此物多其力而少其智也

傅子曰九日養親一日餓之寧可言飽飽多飢少同爲孝子穀馬一日餓之馬肥不損於義無傷非可同之

夏侯子曰一舟之覆無一毫不濕一馬之走無一毛不動故大同萬物不一也

又曰魯人有善相馬者與余俱遊夜方寐聞馬有行者魯人驚曰七百里也吾恐此暗中耳

符子曰齊景公好馬命畫工圖而訪之殫百乘之價朞年而不得像過實也今使愛賢之君考古籍以求其人雖期百年不可得也

又曰吾與玄子觀東海釋駟而外乎峨山未中路而志馬符子使人求之不獲使兒索之而獲符子曰六合不可故知良馬在其中矣請以六合之觀觀之也

鄒子曰董仲舒三年不闚園圃乘馬不知牝牡

諸葛恪曰昔孫叔敖乘馬三年不知牝牡稱其賢也

常璩華陽國志曰神馬四疋出滇池河中

三國典略曰神馬者河之精也代馬陰之精也

西京雜記曰文帝自代還有良馬九疋皆天下駿足也名曰浮雲赤電絶羣逸驃紫鷰騮緑螭驄龍子驎駒絶塵號爲九逸

又曰衛將軍生子或有獻騎馬者乃命其子爲騎字叔馬

東方朔傳曰驃騎難諸博士朔對曰騏驎緑耳蜚鴻華騮天下良馬也將以捕鼠於深宮之中曾不如跛猫

神異經曰西南大宛有馬其大二丈鬛至膝尾委地蹄如升蹠可握日行千里至日中而汗血乘者當以綵纏頭以避風病其國人不纏

揚子法言曰或問治己曰治己以仲尼（問治己何用益以用孔子之道）或曰治己以仲尼奚寡矣（言學孔子道多成者何少也）曰率馬以驥不亦可乎

又曰希驥之馬亦驥之乘也希顏之人亦顏之徒也

桓譚新論曰顏淵所以命短者慕孔子所以傷其年也若庸馬良馬相追至暮共列宿所良馬鳴食如故庸馬垂頭不復食何異顏淵與孔丘優劣

又曰衛后園有送葬時乘輿馬十疋吏卒養視善飲不能乘而馬皆六十歲乃死

又曰薛翁者長安善相馬者也於邊郡求得駿馬騎以入市去來人不見也後勞問之因請觀馬翁曰諸卿無目不

足示也

論衡曰儒書稱孔子與顔淵俱登魯東山望吳昌門謂曰汝何見曰見一疋練前有生藍孔子曰噫此白馬盧芻使人視之果然

王子年拾遺記曰周穆王即位巡行天下馭八龍之駿名曰絶地翻羽奔霄越影踰暉超光騰霧挾翼

又曰曹洪與魏武帝所乗之馬名曰白鶴時人諺曰憑空虚躍曹家白鶴

洞冥記曰脩弥國有馬如龍騰虚逐日兩足倚行或藏形於空中唯聞聲耳時得天馬汗血是其類也

又曰畢勒國有小馬如駒日行千里毛垂至地東王公常騎此馬朝發湯泉夕飲虞淵一日一夕往返七八度亦言馬毛長於空中自放則吹之或東或西也

又曰東方朔遊吉雲之地越扶桑之東得神馬一疋高九尺股裏有旋毛如日月之狀如月者夜光如日者晝光毛色隨四時之變漢朝之馬見之即垂頭振毛一國衆獸見皆避之帝問東方朔是何獸也朔曰昔西王母乗靈光之輦以適東王公之舍稅此馬於芝田及食芝草王公怒弃馬於清津天岸臣至王公之壇因騎而返繞日三匝此馬入漢關關猶未掩臣於馬上睡眠不覺遂至帝曰其馬名去何朔曰因事爲名則步景

抱朴子曰韓子治嘗以地黄甘草哺五十歲老馬以生三駒又百三十歲乃死

又曰李南乗赤馬行道逢他人乗白馬者白馬先鳴而南赤馬鳴應之南謂從者曰彼馬言汝今當見一黄馬左目盲者是吾子可爲告使駛行相及從者不信行三里亦果逢黄而左目盲南之馬先鳴而盲馬應之問其主果向白馬子也

論衡曰廣漢翁偉能聽鳥獸之音乗蹇馬之野而田間有放馬者相去數里鳴聲相聞翁偉謂其御曰彼放馬目眇其御曰何以知之曰罵此轅中馬蹇馬蹇馬亦罵之曰眇馬御者不信使往視之馬目果眇

鹽鐵論曰騏驥負鹽車垂頭於太行之坂屠者持刀睨之

又曰古者諸侯不秣馬天子有命以車就牧庶人之乗馬者足以代勞而已故行則服軛止則就犁一馬服櫪當中家六口之食

孔融論曰馬之駿者名曰騏驥犬之駿者名曰韓盧犬之有韓盧馬之有騏驥人之聖也名號等設使騏驥與韓盧並走寧能頭尾相當八脚如一無有先後之覺矣

英雄記曰公孫瓚每聞邊警輙厲色作氣如赴讐常乗白馬又白馬數十疋選騎射之士號爲白馬義從以爲左右翼胡甚畏之相告曰當避白馬長史

曹瞞傳曰呂布有駿馬名赤兎常騎乗之時人爲之語曰人中有呂布馬中有赤兎

袁准正書曰牛馬之爲人駕乗者非樂負千鈞之重行千里之險鞭策痛矣

桓公世論曰朝鮮之馬被繼踶齧能使其成騏驥者習之故也

博物志曰穢貊國南與辰韓北與句麗沃沮接東窮大海海中出班魚皮陸出文豹又出果下馬高三尺漢時獻之駕輦車正始六年樂浪太守劉茂帶方太守弓遵領東穢屬句驪伐之侯邑舉

博物志曰唐公有驌驦項羽有騅馬
華陽國志曰元馬日行千里死於蜀今元馬冢是也縣有
元馬祠馬牧山下或産駿駒元馬子也
長沙耆舊傳曰虞芝州命部南陽從事太守張忠連姻王
室罪名入重芝依法執按刺史畏勢召芝芝曰年往志盡
譬如八百錢馬死生同價且欲立效於明時耳遂投傳去
三輔决録曰安陵有項仲山飲馬渭水先投三錢
襄陽記曰中廬山西去襄陽一百三里有一地道漢時甞
有數疋白馬出其中遂名其地爲白馬穴陸遜攻襄陽又
值此穴中數十疋馬出戰還遂建鄴蜀使有五部兵冢滇顚音
池者識其馬色云是巳亡父所乘對之流涕
世語曰劉備屯樊城劉表禮焉憚其爲人不甚信用曾諸
宴會蒯越蔡瑁欲因會取備備覺之僞如厠潛遁出行所

乘馬名爲的顱騎的顱走墮襄陽城西檀溪水中溺不得
出備急曰的顱今日厄可不努力的顱乃一踴三丈遂得
過
異苑曰符堅爲慕容冲所襲堅馳馬墮澗追兵幾及計無
由出馬即踟躕臨澗垂控與堅堅不能及馬又跪而授焉
堅攀之得登岸西走廬江
七賢傳曰陳衆辟州從事楊州部有賊擊之多死衆請取
之因單車乘白馬往賊束身歸降遂生爲立祠號曰白馬
從事
竹林七賢論曰王戎簡脫不持儀形好乘巴騠馬雖爲三
司率爾私行巡省園田不從一人以手巾插腰戎故吏多
至大官相逢戎輙下道避之
搜神記曰昔秦人築城於武州塞内以備胡城將成而崩

者數焉有馬馳走周旋反覆父老異之因依以築之爲城
乃定遂名爲馬邑
又曰吳先主殺武衛兵錢小小刑見大街頭借賃人吳永
使永送書與衎南廟借木馬二疋以酒噀之皆成好馬鞍
勒全耳
志怪集曰孫弘常自云見鬼神與其言語委曲衆未之信
鎮西將軍謝尚常所乘馬忽暴死會弘詣尚尚愛惜至甚
弘謂尚曰我爲公活馬何如尚常不信弘答曰卿若能
令此馬更生者卿真實通神矣弘於是便下床去良久還
語尚曰廟神愛樂君馬故聾向我詣神請之初殊不許後
乃見聽馬即　便活尚時　甚不信怪其所言須
臾其馬忽從門外走還衆咸見之莫不驚惋既至馬屍應
時能動有頃奮迅呼鳴尚於是歎息

述異記曰東平畢衆寶家在彭城有一騘馬甚快常乘出
入至所愛惜宋大明六年衆寶夜夢見其亡兄衆慶曰吾
有戎役方覺艱危而無得快馬汝可以騘馬見與衆寶許
諾既覺呼同宿客説所夢始畢仍聞馬倒聲遣人視之裁
餘氣息狀如中惡衆寶心知其故爲試治療向晨馬死衆
寶還卧如欲眠聞衆慶語云向聊求馬汝治護備至將不
惜之今以相還別更覓也至曉馬活食時復常
續搜神記曰趙固常乘一疋赤馬以征戰甚所愛重常所
繫看齋前忽腹脹少時死郭璞從北過因往詣之門吏云
將軍將馬今死甚愛惜今盛懊惋景純使語門吏云入通
道吾能活此馬則必見我門吏聞驚喜即啓固固踊躍令
門吏走迎之始交寒溫便問卿能活我馬不璞曰馬可活
耳固忻喜即問須何方術璞云得卿同心健兒二三十人

皆令持長竹竿於此東行三十里當有丘陵林樹狀若社廟有此者便以竿攪擾打拍之當得一物便急持歸既得此物馬便活矣於是命左右驍勇之士五十人使去果如璞言得大藂林有一物似猴而非走出人共逐得便抱持歸入門此物遥見死馬便跳梁欲往璞令放之此物便自走往馬頭間噓吸其鼻良久馬即起噴鼻奮迅鳴喚便不復見此物固厚資給璞得過江

靈鬼志曰陳安爲河間王顒給使甚壯健常樂一馬駿駛非常後馬死雙赤蛇出其鼻

列異記曰胡司隸校尉上黨鮑子都少時舉上計於道遇一書生卒得心痛子都下車爲按摩奄忽不知姓字有素書一卷銀十餅即賣一餅以資殯殮其餘以枕之素書着腹上埋之謂曰子若塊靈有知當令子家知子在此未至

京師有驄馬隨之唯子都得近子都歸行失道遇一關内侯家住宿侯問曰君何以致此馬子都因説之侯乃驚愕曰此吾兒也侯迎喪開棺視銀書如言侯乃舉送詣闕上薦子都辟公府侍御史豫州牧司隸校尉至子永孫昱俱爲司隸其在公皆復乘驄馬故京師歌之曰鮑氏驄三入司隸再入公馬雖瘦行步工

傅玄乘輿馬賦曰往日劉備之初降也太祖賜之駿馬使自至廐選之歷名馬以百數莫可意者次至下廐有的顱馬委棄莫視瘦悴骨立劉備撫而取之衆莫不笑之馬超破蘇氏塢塢中有駿馬百餘疋自超已下俱爭取肥好者而將軍龐恩獨取一騧馬形觀既醜衆亦笑之其後劉備奔於荆州馬超戰於渭南逸足電發追不可逮衆乃服焉

傅玄馳射馬賦曰耳小易使鼻大勢怒來往若鷹鷂超騰如逸虎

劉琬馬賦曰吾有駿馬名曰騏雄龍頭鳥目麟腹虎背尾如雲彗耳如插筒

太平御覽卷第八百九十七

太平御覽卷第八百九十八

獸部十

牛上

說文曰牡畜父也從牛土聲犅(古郎切)特牛父也牝畜母也從牛匕聲犢牛子也犻(普外切)二歲牛也犙(山耽切)三歲牛也牭(匹貳切)四歲牛也犗(音戒又加)騬牛也牻(莫江切)白黑雜毛牛也㹁(力強切)牻牛也犡(力制切)牛白脊也牲(徐達切)胡黃牛虎文也犖駁牛也将(力拙切)牛白脊也牨(巴耕切)牛文駁如星也犥(普表切)牛黃白色也犉(而純切)黃牛黑脣也犪(鉏皆切)白牛也犫(居半切)牛馬脊也牧(音)牛徐行也犨牛息聲也一曰牛名牷(音全)牛純色也犪牛(遠擾音柔)謹也

廣志曰有㸲犘牛(馬象切)牛出巴中千斤犦(蒲角切)牛一曰犎牛有赤豹封牛周留水牛毛青腹大狀似猪有牧牛

項上堆肉大如斗似橐駝日行三百里犤(音皮)牛猶犤小今謂之稷牛又呼杲下牛出廣州高涼郡犩(吾感切)牛如牛而大肉數千斤出蜀中夔牛重千斤晉時此牛出上庸郡犣(力涉切)牛旄牛也髀膝尾閒皆有毛花蹄牛高六尺尾環繞角有四耳角端有肉蹄如蓮華堂牛色黑或黃日南有之潛牛形狀似水牛一名犰(音沉)牛麟牛似鹿又似羊肉美犏(音方)牛如橐駝能行又有犛牛莊子曰其大若垂天之雲

易大畜卦曰六四童牛之牿元吉又無妄卦曰六三無妄之災或繫之牛行人之得邑人之災象曰行人得牛邑人災也

又遯卦曰六二執之用黃牛之革莫之勝說象曰執用黃牛固志也

又離卦曰離利貞畜牝牛吉

又既濟曰九五東鄰殺牛不如西鄰之禴祭

又說卦曰坤為牛

周書王會曰卜盧紈牛紈牛者牛之小者大夏茲白牛數楚每牛每牛之小者也(大夏西北戎茲白牛獸形似白牛)

詩鴻鴈無羊曰誰謂尓無牛九十其犉(黃牛黑脣曰犉)

又曰尓牛來思其耳濕濕

尚書曰武王尅紂放牛於桃林之野

左傳成七年曰鼷鼠食郊牛角改卜牛鼷鼠又食其角乃免牛

又宣三年經曰王正月郊牛之口傷改卜牛牛死乃不郊

又僖上曰齊侯伐楚楚子使與師言曰君處北海寡人處南海唯是風馬牛不相及也不虞君之涉吾地何故

又僖下曰介葛盧來朝聞牛鳴曰是生三犧皆用之矣其音云問之而信

又曰秦師入滑鄭商人弦高將市於周遇之以乘韋先牛十二犒師曰寡君聞吾子將步師出於敝邑敢犒從者

又宣上曰宋城華元為植巡功(植主巡行城也)城者謳曰于思于思棄甲復來使驂乘謂之曰牛則有皮犀兕尚多棄甲則那

又宣上曰楚子為陳夏氏亂故伐陳殺夏徵舒因縣陳申叔時使於齊反命而退王使讓之曰夏徵舒為不道弒其君寡人以諸侯討而戮之汝獨不慶寡人何曰夏徵舒弒其君其罪大矣討而戮之君之義也抑人有言曰牽牛以蹊人之田而奪之牛牽牛以蹊者信有罪矣而奪之牛罰已重矣諸侯之從君討其罪也今縣陳貪其富也無乃不

可乎王曰善
又曰成公下曰韓厥曰古人有言殺老牛莫之敢尸而况君
乎二三子不能事君焉用厥也尸也
又昭四年曰邾人莒人愬于晉曰魯朝夕伐我幾亡矣我之
不共魯故之以不共晉貢以魯故也晉侯使叔向來辭曰寡君不得
事君矣請君無勤子服惠伯對曰君信蠻夷之訴以絕兄
弟之國寡君聞命矣叔向曰寡君有甲車四千乘在雖以
無道行之必可畏也况其率道何敵之有牛雖瘠僨於
豚上其畏不死乎
禮記曲禮上曰國君下齊牛
又曲禮下曰諸侯無故不殺牛
又月令曰季春犧牲駒犢舉書其數在牧而書數秋當保內
又曰季冬命有司出土牛以示農耕之早晚

八百九十八　三　張陳

又曲禮下曰天子祭天地諸侯祭山川大夫祭五祀士祭
其先天子以犧牛諸侯以肥牛大夫以索牛
又郊特牲曰郊所以明天道也帝牛不吉以爲稷牛帝牛
必在滌三月稷牛惟具所以別事天神與人鬼也
又曰郊用騂尚赤也用犢貴誠也
又禮器曰有以少爲貴者天子祭天特牲天子適諸侯諸
侯膳以犢
又內則曰牛夜鳴則庮庮臭惡也
又曰祭天地之牛角繭栗宗廟之牛角握賓客之牛角尺
周禮地官封人曰凡祭祀飾其牛牲設其楅衡置其絼供
其水槀楅在鼻衡在角言不得觸觝絼牛鼻繩本又作紖持忍反
又冬官考工記曰䚢牛之角直而澤老牛之角紾而昔昔讀爲交錯之錯謂角觕也角長二尺有五寸三色不失謂之牛戴
牛三色本白中青末豐也戴牛角直一牛
又地官上曰牛人掌養國之公牛以待國之政令公猶官也凡
祭祀共其享牛求牛以授職人而芻之享牛禱於鬼神之牛求牛謂所以祭者也求終也終事之牛謂所以繹者也宗廟有繹者孝子求神非一處職讀爲樴樴謂之杙可以繫牛樴人者謂牧人
凡賓客之事共其牢禮積膳之牛饗食賓射共其膳羞之
牛軍事共其犒牛喪事共其奠牛凡會同軍旅行役共其
兵車之牛與其牽徬以載公任器牽徬在轅外輓牛也人御之居其前曰牽居其旁曰徬任猶用也
凡祭祀共其牛牲之互與其盆簝以待事鄭司農云互謂楅衡之屬盆簝皆器名盆所以盛血簝受肉籠也玄謂互若今屠家縣肉格
又秋官上曰罪隸掌役百官府與凡有守者掌使令之小
事役給其小役凡封國若家牛助爲牽徬鄭司農云凡封國若家謂建諸侯立大夫家也牛助爲牽徬此官主爲送致之也玄謂牛助國以牛助轉徙也罪隸牽徬之在前曰牽在旁曰徬
史記曰騎劫攻即墨田單用牛千頭衣以五綵縛刃其角

八百九十八　四　陳

結火其尾穿城而出牛壯士五千銜枚隨其後牛出火明
所觸皆死壯士擊之城上士大譟燕師大敗騎劫死乘勝
逐北三戰三克遂收齊城也
又曰馬蹄躈千牛千足此亦比千乘之家躈苦弔切
又曰甯戚欲仕齊候桓公出牽牛叩角而歌曰南山粲白
石爛短布單衣才至骭生不逢堯與舜禪長夜漫漫何時
旦桓公用之
又曰蘇秦說韓王曰鄙語云寧爲雞口無爲牛後今西面事
秦何異牛後乎
漢書曰邴吉爲相出逢羣牛鬬者死傷橫道吉過之不問前行
逢人逐牛牛喘吐舌止使騎吏問牛行幾里或譏吉吉曰
民鬬殺傷長安令京兆尹職所當禁備逐捕丞相課其殿
最不親小事也方春少陽用事未可以熱恐牛近行因暑

故端此時氣失節恐有所傷害者三公典調和陰陽職所當憂也

又曰龔遂爲渤海太守民有帶持刀劍者使賣劍買牛賣刀買犢可謂帶牛佩犢矣

又曰宣帝地節三年求得外祖母王媼男無故弟武皆隨使者詣闕時乘黃牛車故百姓謂之黃牛媼

後漢書曰朱暉爲臨淮太守時牛大疫而臨淮獨無疫者鄰郡牽牛入界避災耳

范曄後漢書曰漢光武初起騎牛殺新野尉乃得馬

又曰劉盆子初與兄茂屬右校卒吏劉俠卿主芻牧牛號曰牛吏及立爲帝恐畏欲啼即復還依俠卿

又曰更始即位舞陰大姓李氏擁城不下更始遣柱天將軍李寶降之不肯云聞宛之趙氏有孤孫憙信義著名願得降之更始乃徵憙憙年未二十既引見更始笑曰繭栗犢豈能負重致遠乎犢角如繭栗言小也禮記曰天地之牲角繭栗即除爲郎中行偏將軍事使詣舞陰而李氏遂降

又曰劉寬嘗行有人失牛者乃就寬車中認之寬無所言下駕步歸有頃認者得牛而送還叩頭謝曰慚負長者隨所刑罪寬曰物有相類事容脫誤幸勞見歸何爲謝之州里服其不校

又曰魯恭爲中牟令亭長有從民借牛不還者牛主自言恭召亭長敕令還牛亭長不還如是者三遂不還恭涕泣曰教化不行也欲解印綬去掾吏亭者固爭亭長即還牛詣獄受罪恭貰出不問於是吏人敬信皆不忍欺

謝承後漢書曰朱暉爲郡吏太守阮況嘗欲市暉牛暉不從及況卒暉乃厚贈送其家人或以譏焉暉曰前阮府君有求於我所以不敢聞命誠恐以財貨汙君今而相送明吾非有愛也

魏略曰鉅鹿時苗字胄爲壽春令始之官乘牸牛歲餘生一犢子及代留其犢而去

晉書曰羊篇祜之姪也爲鉅平侯奉祜嗣篇歷官清慎有私牛於官舍産犢及還而留之

張勃吳録地理志曰合浦徐聞縣多牛其項上有特骨大如覆斗日行三百里

蜀志曰蔣琬曾夢門前有一牛頭血流問於趙直直曰牛角及口公字也血者事明也夢吉矣

晉朝雜事曰泰康九年三月幽州上言塞北有死牛頭語

于寶晉記曰南安朱冲其鄰人失犢與冲犢相類來認取之冲不與爭後得之於堅冰之下慚謝冲冲不受

王隱晉書曰朱冲字巨融少有德行隣人牛犯冲苗冲乃擔芻送牛牛主大慚不敢復暴

又曰潘岳出爲河陽令以仕次宜爲郎不得意出山濤領選岳内非之密作謡曰閣道東有大牛王濟鞅裴楷鞦和嶠刺促不得休

又曰郭洗牛生犢兩頭八足

晉陽秋曰武帝時有司奏御牛青絲紖斷詔可以青麻代之

晉書曰郭舒嘗有鄉人盗食舒牛事覺來謝舒曰卿飢所以食牛耳餘肉可共啖之世以此服其弘量

又曰夫餘國若有軍事殺牛祭天以其蹄占吉凶蹄解者爲凶合者爲吉也

又曰石崇與貴戚王愷奢靡相尚嘗與愷出遊爭入洛城

崇牛迅若飛禽愷絕不能及乃密貸其帳下問其所以對
曰牛奔不迅良由御者逐之不及而反制之可聽蹁轅則
駛矣因從之遂爭長崇後知之殺所告者
又曰王濟被斥外於是乃移第北芒山下性豪侈麗服玉
食時王愷以帝舅奢豪有牛名八百里駮嘗瑩其蹄角濟
請以錢千萬與牛對射而賭之愷亦自恃其能令濟先射
一發破的因據胡牀叱左右速探牛心來須臾而至一割
便去
又曰何曾性奢豪都官從事劉享嘗奏曾以銅鈎緻紖車
瑩牛蹄角後曾辟享爲掾勸勿應享謂至公之體不以私
憾遂應
又曰桓溫北伐過淮泗踐北境與諸寮屬登平乘樓眺矚中
原慨然曰遂使神州陸沉百年丘墟王夷甫諸人不得不
任其責袁宏曰運有廢興豈必諸人之過溫作色謂四座
曰頗聞劉景升有千斤大牛噉芻豆十倍於常牛負重致
遠曾不若一羸牸魏武入荊州以享軍志意以況宏坐中
皆失色
又曰王延家中生一犢他人認之延牽與之初無吝色其
人後知其妄認送犢還延叩頭謝罪延以與之不取也
又曰肅愼國武帝時及元帝中興皆來貢獻成帝時又通
貢於石季龍四年方達季龍問之荅曰每候牛馬向西南
眠者三年矣是知大國所在故來
南史四夷傳曰扶桑國有牛角甚長以角載物至勝二十
斛
宋書曰褚湛之有一牛至所受無故墮廳事前井湛之率
左右躬自營救郡中喧擾彥回下簾不視

又曰江湛爲吏部尚書性廉儉牛餓御人求草湛良久曰
可與飲
又曰顧憲之元徽中爲建康令時有盜牛者與本主爭牛
各稱己物二家辭證等前後令莫能決憲之至覆其狀乃
令解牛任其所去牛徑還本宅盜者伏其罪時人號曰神
明
三國典略曰陳桃根於所部得青牛獻之又上織成羅文
錦被表二陳主命於雲龍門外焚之其牛遣還於人
又曰梁出師拒侯景邵陵王綸次鍾離初綸將發營早樂
遊苑臨賀王正德詣於綸所始入牙門有飄風觸旌竿而
折至是將殺牛勞士一牛走入馬廄抵殺綸所乘駿馬又
以兩角貫一馬腹戴之而行衝突營幕軍中驚亂
蕭子顯齊書曰豫章文獻王嶷爲揚州刺史拜陵還過延
陵季子廟觀沸井有水牛突部伍直兵執牛推問王不許
取絹一疋横繫牛角放歸其家爲治務存寬厚故得朝野
忻心
後魏書曰刑昕以本官副李象使於梁昕好忤物人謂之
牛是行也談者謂之牛象鬬於江南
北史曰後魏元仲景性嚴峭孝莊時兼御史中尉京師肅
然每向臺恒駕赤牛時人號赤牛中尉
又曰魏袁提雄傑有識度僮僕千數牛馬以谷量姓好周
給士多歸附之
又曰道武時窟咄寇南鄙莫題時二於帝遺箭於地窟咄謂
曰三歲犢豈勝重載言窟咄長而帝少也
又曰孟信爲趙郡太守及去官家貧無食唯有一老牛其
兄子賣之擬供新米作契已訖市法應知牛主住所在信

適從外來見買牛人方知其盡良也因告之曰此牛先來有
病小用便發君不須買也杖其兄子二十買牛人嗟異良
又呼信曰孟公但見與牛未必須其力也苦請不得乃罷

買牛者周文帝帳下人周文深歎異焉

隋書曰盧昌衡爲徐州總管嘗行至浚儀所乘馬爲他牛
所觸因致死牛主陳謝求還價直昌衡謂之曰六畜相觸
自關常理此豈人情也君何謝乎拒而不受性寬厚不求
皆此類也

又曰牛弘有弟曰弼好酒而酗嘗因醉射殺弘車牛
弘來還宅其妻迎謂之曰叔射殺牛矣弘聞之無所
恠問直荅云作脯坐定其妻又曰叔忽射殺牛大是
異事弘曰已知之矣顏色自若讀書不輟其寬和如
此

又曰于仲文還安固太守有任杜兩客各失牛後得牛兩
家俱認州郡乆不能决益州長史韓伯儁曰于安固少聰
察可令决之仲文曰此易解耳於是令二家各驅牛羣至
乃放所認者遂向任氏羣中又陰使人微傷其牛任氏嗟
惋杜家自若仲文於是訶杜氏杜氏服罪而去

又曰盧愷從周武帝在雲陽宮勑諸屯簡老牛欲以享士
愷進諫曰昔田子方贖老馬君子以爲美談向奉明勑欲
以老牛享士有虧仁政帝美其言而止轉禮部大夫

唐書曰李密嘗欲尋包愷乘一黄牛被以蒲韉仍將漢書
一秩掛於角上一手捉牛靷一手飜書讀之尚書令越公
楊素見於道從後按轡躡之既及問曰何處書生躭學若
此密識越公乃下車再拜自言姓名又問所讀何書荅曰
項羽傳越公奇之

太平御覽卷第八百九十八

太平御覽卷第八百九十九

獸部十一

牛中

春秋潛潭巴曰宮有牛鳴政教衰諸侯相并牛兵之符也

楊方五經鉤沉曰東夷之人以牛骨占事呈吉示凶無往不中牛非含智之物骨有若此之效

穆天子傳曰泰山百獸之所聚也爰有赤豹封牛

又曰天子大饗正侯諸王七萃之士于丕衍鶗韓之人獻洲牛三百

又曰天子飲于文山乃獻良馬駟四牣牛二此牛能行沙中如驟馳

又曰天子北征舍于珠澤釣于流水因獻食馬三百牛羊二千○皇甫謐帝王世紀曰黃帝於東海流波山得奇獸狀如蒼牛身無角能走出入水中則風雨光如日月其音如雷名曰夔黃帝殺之以其皮爲鼓聲聞五百里

世本曰鯀作服牛鯀黃帝臣也又云少昊時人始駕牛

孔子家語曰子路拯溺者其人拜之以牛子路受之孔子曰魯人必拯溺矣

焦贛易林曰教牛逐兎任非其人費日無功

相牛經曰牛經自甯戚傳百里奚漢世河西薛公得其書以相牛千百不失至魏世高堂生傳晉高祖宣皇帝其後王愷秘其書

又曰牛歧胡壽歧胡牽兩腋下分爲三眼去角近行駃眼欲得大眼中有白脈貫童子最快頸骨長且大駃璧堂欲得闊璧堂病股間也倚欲得如絆馬聚而正也膺庭欲得廣膺庭胷前天關欲得成天關背脊骨儁骨欲得垂脊也央欲得下蘭株欲得大尾株豐岳欲得大膝株骨垂星欲得有怒肉垂星蹄上也肉覆蹄間名怒肉力柱欲得大而成當車骨也懸蹄欲得如八字陽鹽欲得廣陽鹽者夾尾株前兩膁上常有似鳴者有黃也洞胡無壽珠淵無壽旋毛當目下也上池有亂毛妨主凶上池角中央也身欲得如卷大膁疎肋難飴龍頭突目好跳豪筋欲得成就豪筋腳後橫筋也毛欲得短密若長踈不耐寒氣尾不用至地尾毛少骨多者有力膝上肉欲得堅角欲得細鼻如鏡鼻難牽口方易飴豢府方易飴

莊子曰聾氏之牛夜亡而遇夔止而問焉曰我尚有四足動而不善子一足而起踊何以然夔曰以吾一足王於子矣

莊子曰夫犛牛其大如垂天之雲此能爲大矣而不能執鼠

又曰魯聞顏闔得道之人使幣致焉顏闔守陋閭麤布之衣而自飯牛魯君之使者問此顏闔家耶闔曰然使者致幣闔對曰恐聽謬而遺使者罪不若審之使者還反復求之則不得也

又曰庖丁爲文惠君解牛曰臣之刀十九年所解千牛而刀刃若新彼節者有間而刀刃無厚以無厚入有間而恢恢乎其投刃必有餘地是以十九年刀刃如新

管子曰屠牛坦朝解九牛而刀可以剃鬄則刃遊於其間也

又曰或聘莊子莊子應其使曰子見夫犧牛乎衣以文繡食以芻菽及其牽入於太廟雖欲爲孤犢其可得乎

孟子曰臣聞胡齕云王坐於堂上有牽牛而過堂下者王見之曰牛何之對曰將以釁鐘王不忍見其觳觫欲以羊易之是見牛而不見羊也

晏子春秋曰今公之牛老於蘭牢不勝服也車蠹於室不服

乘也
列子曰宋人有好行義者三世不懈家無故而黑牛生白犢以問孔子孔子曰此吉祥也以享上帝居一年其父無故而盲牛又復生白犢其父令其子問孔子孔子曰吉祥也復以祭居一年中其子又盲其後楚攻宋圍其城民易子而食之析骸而炊之丁壯皆乘城戰死者太半此人父子有疾皆免也
呂氏春秋曰昔葛天氏之樂三人操牛尾投足以歌八闋（注事具樂部）
又曰使烏獲疾引牛尾尾絶力單而牛不行逆也使五尺豎子引其棬而從所之順也
又曰亂國之妖有牛馬言
韓子曰商太宰嘗使庶子行市還去市門多車太宰召市吏問曰市何多牛馬耶吏惟太宰是神知
又曰詹何坐弟子侍有牛鳴於門外弟子曰是黑牛也而白在其蹄詹何曰然黑牛也而白在其頭使人視之果黑牛而以布裹其角
尸子曰夫龍門魚之難太行牛之難以德報怨行之難也
淮南子曰牛跂蹄而戴角馬被髦而全足者天也絡馬之口穿牛之鼻者人也
又曰剥牛皮鞹以爲皷正三軍之衆然爲牛計者不若服軛也
又曰城上視牛如羊視羊如豕所居高也
又曰戴角者無上齒無角者膏而兊前（豕馬之屬前小）有角者脂而兊後（牛羊後小）
又曰季春之月乃合累牛騰馬游牝于牧

又曰取牛膽塗熱釜即鳴矣
又曰牛膽塗目莫知其誰注曰取八歲黄牛膽桂二寸著膽中百日以成因使巧工刻象人丈夫著目下爲女子着頭上爲小兒着頤下盛以五綵囊先宿齋無令人知也
尹文子曰語曰好牛不可察也好則物之通稱牛則物之定形以通稱隨定形不可不察也重白而憎黑嗜甘而逆苦能定名則萬事不亂也
卞子曰郭林宗謂仇季智曰子嘗有過否季智曰吾嘗飯牛牛不食搏牛一下
説苑曰秦穆公使賈人載鹽徵諸賈人百里奚以五羖羊之皮將車之秦秦穆公觀鹽見百里奚牛肥也對曰臣飲食以時使之不以暴有險先後之以身是以肥也穆公知其君子也乃以爲上卿
張温自表曰昔百里奚賢秦繆公欲干之繆公好牛奚因賃官以養牛蹄上乘肉三寸公使禽息行牛息入言之公不信怒息復言之公又怒吏曰再怒其主罪當刖使守門公出禽息跪而請之曰夫養牛者願君勿忘也公乃問百里曰臣之長非養牛者也乃養民也公視牛察之則賢人也遂與同車而出謝禽息息曰所以不死者君未知客也今已知之矣乃觸門而死
抱朴子曰南方水牛無冬夏常卧雪中
又曰智禽銜蘆以逆網水牛結陣而却虎矣
説苑曰齊桓公出獵逐鹿入山谷中見一老父問曰此何谷也曰愚公之谷曰何也曰畜牸牛子大賣之買駒少年曰牛不能生馬遂持駒去旁人聞以臣爲愚因以爲谷也管子曰此臣之過也使堯在上咎陶爲大理者安有取人駒

予

論衡曰十圍之牛爲牧竪所驅

又曰牡馬見雌牛不相合者異類也

風俗通曰賣牛勿握角令不集按恐觸人人不取也

又曰秦昭王使李冰爲蜀守開成都兩江溉田江神歲取童女二人爲婦冰自以其女與神爲婚徑至神祠勸神酒抔但澹淡不耗冰厲聲責之因忽不見良久有兩蒼牛鬬於岸旁有頃冰還流汗謂官屬曰吾鬬大極不當相助也南向要中正白者我綬也主簿刺殺北面者江神遂死

又曰丁壯小犢跳梁弄角飲水數石生芻十束當風露夜至死不曲

博物志曰介葛盧聞牛鳴知生三犢盡爲犧牲埶叔夜以爲無此皆先儒妄説

又曰蜀牛不施繩右前曰排左側曰促而牛解人語

又曰九眞有神牛生谿上里時時共鬬即海沸而昏或出鬬岸上人家牛皆怖人或遮捕即霹靂號曰神牛

洞林記曰義興叔保得傷寒垂死令郭璞占之不吉令求白牛厭之求不得璞爲致之即日白牛從西來逢叔保大驚遂病差

語林曰宋岱爲青州刺史禁淫祀著無鬼論有一書生葛巾修刺詣岱曰君絶我輩血食二十餘年君有青牛髯奴所以未得相困耳奴已叛牛已死今日得相制矣言絶而失明日而岱死

郭子曰蒲奮字武林高平人畏風在晉武帝坐北窻有琉璃扇實密似疎奮有難色帝乃笑之奮曰臣猶吳牛見月而喘

述異記曰牛之不角者呼㹃牛

金樓子曰東海中有牛剥其皮貫之潮水至則毛起潮去則毛弭

諸葛亮集曰木牛者方腹曲頭一脚四足頭入領中着於腹載多而行少則否宜可大用不可小使

杜預奏事曰臣前在南闕　魏興西北山有野牛野羊牛之大者二千斤羊之大者千數百斤

袁喬江賦注曰吳時有錢約釣於牛渚獲一金鎖引之則金牛汎然而出約攫而捨因以爲名

束晳延游賦曰乘露車以偃蹇駕蘭單之疲牛連縋索以爲鞅結斷綆而爲鞦

臧彦駁牛賦曰殊相允備名不虛假偉質魁梧骨奇形雅竦若驚麞駔若奔馬

太平御覽卷第八百九十九

太平御覽卷第九百

獸部十二

牛下

逸士傳曰堯讓天下於許由由逃之巢父聞而洗耳於池濱樊堅字仲父牽牛飲之見巢父洗耳乃驅牛而還恥令牛飲其下流

關中記曰周元年老子之度關令尹喜先勑門吏曰若有老公從東來乘青牛薄板車者勿聽過關其日果見老公乘青牛車求度關吏入白之喜曰諾道今來矣我見聖人矣即帶印綬出迎設弟子之禮

楊泉物理論曰武帝拜少翁為文成歲餘無効應乃作帛以飯牛陽言此牛有異應殺而視之得帛書武帝識其手跡其言妖怪乃急窮竟其事事急而首服於是誅文成而

隱其事

地鏡圖曰齊氣之見為牛

雲氣占曰趙雲如牛北夷之氣如牛

郭子橫洞冥記曰元封三年大秦獻花蹄牛高六尺尾環繞角生四耳

又曰元封三年大秦獻牛善走多力使輦銅石以起望仙宮迹在石上皆如花形故陽關之外有花牛津

英雄記曰董卓少嘗遊羌中與豪帥相結後更歸耕於野諸豪帥有來從之者卓乃為殺耕牛與之共宴樂

皇甫謐高士傳曰民有牛暴管寧田者寧為牽着涼處自飲食還牛主主得牛大慚

先賢行狀曰王烈字彥方通識達人時國中有盜牛者牛主得之盜者曰我邂逅迷惑從今已後將改過子既已赦宥幸無使王烈知之人有以告烈烈以布一端遺之問年中行路老父擔重有人代擔行數十里欲至家置之而去問姓名不以告老父復行失劍於路有人行而遇之欲置而去懼後人得之遂守之至暮劍主還見之即前擔人也老父攬其袂曰子前代吾擔不得姓名今子復守吾劍未若子之仁者請告吾姓名吾將以告王烈乃語之而去老父以告烈烈曰世有仁人吾未之見使人推之乃昔時盜牛人也

廣州先賢傳曰羅威字德仁南海番禺人鄰家牛數入食其禾既不可逐又為斷芻多著牛家門中不令人知數數如此牛主驚怪不知為誰陰廣求乃覺是威自後更相約率檢犢不敢復侵威田

玄中記曰大月支及西胡有牛名曰反牛今日割取其肉

三四斤明日其肉已復創即愈也

又曰萬歲樹精為青牛漢桓帝出遊河上忽有一青牛從河中出人驚走太尉何公時為中尉將軍有勇力走逆牛見公走還河公以左手挽牛足右手持斧斫牛頭而殺之此青牛者萬年之木也

嵩高記去山有大松或千歲其精變為青牛

蜀王本紀曰秦惠王欲伐蜀乃刻五石牛置金其後蜀人見之以為牛能大便金蜀王以為然即發卒千人使五丁力士拖牛成道致三枚於成都秦道得石牛力也後遣丞相張儀等隨石牛道伐蜀也

楊龍驤洛陽記曰石牛在城西石虎當襄石牛夜鳴聲聞三十里事奏虎虎遣人打落牛兩耳尾以鐵釘釘四脚今具存

劉道眞錢塘記曰明聖湖有金牛嘗有見者神化莫測遂
以名湖
涼州異物志曰有水牛育於河中
鬱林異物志曰周留者其實水牛蒼毛豕身角若擔矛衛
護其犢與虎爲讎
又曰周留牛毛青大腹鋭頭青尾其狀似豬
齊地記曰東萊牛島上嘗以五月海牛産乳海牛形似牛
而無角騂色虎聲爪牙亦如虎脚似鼉魚尾似鮎魚尾長
尺餘其皮甚軟可供百用牛見人奔入水以杖擊鼻則得
之
史荅武昌郡記曰武昌牛崗古老相傳云有金牛出此今
半巳崩破坑大數十丈牛因躍出踐崗邊石遺迹尚在
常璩華陽國志曰牛飲水者昔秦鄭於此飲牛江爲之竭

因以爲名
劉欣期交州記曰九眞居風山夷人有一嫗向田見金牛
出食斫得鼻鎖長丈餘後人往往見牛夜出光曜數十里也
盛弘之荆州記曰鵜尾洲南有龍龐二洲二洲之間舊云
多異魚而投罟揮網輒便挂絶有水客沉而視之見有石
牛二頭常爲網害故網絶焉
酈道元注水經曰陽城東八十里有牧牛山下有九十九
泉即滄河之上源也耆舊云山下本有百泉競發有一
神牛駮身自山而降下飲泉竭故山得其名
裴氏廣州記曰有石牛每旱殺牛以血和泥泥石牛背旣
畢則雨洗牛背泥盡方止
顧微廣州記曰陽縣里民有一兒年十五六牧牛牛忽
舐此兒隨所舐處肉悉白淨而甚快遂聽牛日日舐之兒

餓而病死其家葬兒殺此牛以供賓客凡食此牛肉者男
女二十餘人悉變爲虎
竺法眞登羅山疏曰增成縣南有烈清洲洲南又有牛潭
漁人見金牛常出水盤石上義熙中縣民張安釣此潭於
石上蹋得金鎖大如指長數十尋尋之不巳俄有物從水
中引之力不能禁以刀斫斷唯得數尺遂致大富後義興
周靈分亦好釣嘗見此牛寢伏石上旁有金鎖往捲之得
二丈許遂以財雄爲南江都尉
祖台之志怪曰苟晞爲兖州鎮去京師五百里有貢晞珍
異食者欲貽都邑親貴慮經信宿之間不復鮮美募有牛
能日行數百里者當厚賞之有人進一牛云此一日行千里
晞乃命具丁車善馭書疏發遣旦發日中到京師取荅書
還至一更始竟使達晞以其駿使觔骨必將有異遂殺而

觀之亦無靈異唯見雙觔如小竹大自頭挾脊着肉裏故
外不覺也
又曰陶太尉微時喪當葬家貧親自營作塼有一斑特牛
載塼 致忽然失去便自尋不見忽於道中逢一老翁問云
君欲何所覓太尉具荅更舉手指云向於山崗上見一牛
眠山圬中必是君牛此牛所眠處便好作墓安墳當致之
極貴小復不當位極人臣世世爲方嶽矣又指一山云此山
亦好但不如向耳亦當世世出刺史也言訖便不復見太尉
墓之皆如其言
劉敬叔異苑曰余以義熙十三年爲長沙景王驃騎參軍
在西州得一黃牛時將貨之便晝夜銜草不食流淚瘦瘠
又曰卽墨有古冢或發之有金牛塞埏門不可移動犯之
則晌也

異物志曰合浦牛如橐駝䠶項上有特骨大如覆斗足捷疾其行如馬日行三百里

列仙傳曰陽都女者市上酤酒家女也生而眉連耳細而長衆以爲異皆言此天人也會犢子牽一黃犢來過都女悅之遂留相奉侍都女隨犢子出取桃一宿而反

郭季產集異記曰兖州人舡行忽見水上有浮鎖牽取得數十許丈乃得一白牛與常牛無異而形甚光鮮可愛人知是神物乃放之牛於是入水鎖亦隨去

于寶搜神記曰晉大興元年武陽太守王諒牛生子一頭八足兩尾而共一腹

又曰武都故道有　祠土生梓樹焉秦文公二十七年使人伐之樹創隨合經日不斷文公乃益發卒持斧者四十人猶不斷　疲還息其一人傷足不能去卧樹下聞鬼

相與言勞乎攻戰其一人曰何足爲勞又曰秦公必將不休如之何答曰秦公其如子何又曰赭衣灰坌子如之何默然無言卧者以告於是令工皆衣赭隨斫創坌以灰樹斷化爲牛使騎擊之不勝或墮於地髻解被髮牛畏之乃入水不敢出故秦自是置旄頭騎

劉義慶幽明錄曰巴丘縣金岡以上廿里名黃金瀨古有釣於潭獲一金鎖引之滿一舡金牛出聲貌奔壯奮躍還潭鎖乆乃盡釣人刀斫得數尺故潭瀨取名

又曰桓玄時牛大疫有一人食死牛肉因得病亡復生云初死時見一人執籙將至天上有一貴人問云此人何罪對曰此人坐食疫死牛肉貴人云今須牛以轉輸肉以充百姓何故復殺之催遣還

又曰桓玄在南郡國第居時出諸郊荊州於鸖穴逢一老公駈青牛形色怪異桓即以所乘馬易牛乘至零陵驟非常因息駕飲牛牛逕入水不出桓遣人覘守經日絕跡也

又曰元嘉中益州刺史吉翰遷爲南徐州先於蜀中載一青牛每常自乘恒於目前養視翰遘疾多日牛亦不肯食及亡牛流涕滂沱吉氏喪未還都先遣駈牛向宅牛不肯行知其異即待喪喪既下舡便隨去

又曰桓沖鎮江陵正會夕當烹牛牛忽熟視帳下都督甚久目中泣下都督呪之曰汝若能向我跪者當啓活也牛應聲而拜衆甚異之都督復謂曰汝若須活遍拜衆人者直往牛涕殞如雨遂拜不止值沖醉不得啓遂殺牛沖醉止得啓沖聞之歎息都督痛加鞭罰

又曰護軍琅邪王華有一牛甚快常乘之齒已長華後夢牛語之曰衰老不復堪苦載載二人尚可過此必死華謂

偶亦夢與三人同載還府此牛果死

神仙傳曰吳有徐隨居丹徒左慈過隨門下有宿客六七欺慈去徐公不在慈去客皆見牛在楊樹杪車轂中皆生荊木長一二丈客懼入報隨隨曰此左公也遣追之客乃逐慈叩頭陳謝客還見牛故在弋轂中亦無復荊木也

郭義恭廣志曰麒牛似鹿又似牛肉美皮温常處滇濵也滇音顛

宣驗記云天竺有僧養一牸牛日得三升乳有一人乞乳牛曰我前身爲奴偷法食今生以乳償之所給有限不可分外得也

嶺表録異曰自瓊至振多溪澗澗中有石鮮次水流其間或相去三二尺近以天設可躡之而過或有乘牛過者牛皆促斂四蹄跳躍而過或失則隨流而下見者皆以爲笑

彼人嗟曰跳石牛骨碌好笑又好哭

又曰瓊州不產驢馬人多騎黃牛亦飾以鞍韉加之銜勒可騎者即自小習其步驟亦甚有穩快者

太平御覽卷第九百

太平御覽卷第九百一

獸部十三

驢　騾　橐駝

驢

說文曰驢似馬長耳也

何承天纂文曰驢一曰漢驪其子曰騄

史記曰匈奴奇畜即驢騾也

漢書西域傳曰烏桓國有驢無牛

後漢書曰薊子訓漢末入市投主人家停其驢忽死時夏月蛆從驢口中出主人見之白訓訓曰無苦遂往驢邊舉杖驢忽走起

又曰永平中吏用驢養歲省億萬計全活徒士數千人

又曰戴良字叔鸞其母喜驢鳴常學之以娛樂

晉書曰王濟卒將葬時賢無不畢至孫楚雅敬濟而後來哭之甚悲賓客莫不垂涕哭畢向靈牀曰卿嘗好我作驢鳴我爲卿作之體似聲真賓客皆笑楚顧曰諸君不死而令王濟死乎

世說曰王仲宣好驢鳴既葬魏文帝臨其喪顧語同遊曰王好驢鳴可各作一聲以送之赴客皆作驢鳴

吳志曰諸葛恪父瑾長面似驢孫權大會群臣使人牽一驢入長檢其面題曰諸葛子瑜也恪對跪乞請筆益兩字續其下曰之驢舉坐欣笑以驢賜恪

晉陽春秋曰晉文帝親阮籍恒與譚戲任其所欲不迫以職事籍從容嘗言曰平生曾遊東平樂其土風願得爲東平太守文帝大悅即從其意籍便騎驢徑到郡至皆壞府舍諸壁鄣使內外相望然籍教令清寧常留十餘日便乘驢去

又曰胡威字伯虎父質爲荊州威自京都省之家貧無車馬僮僕威自驅驢單行拜見告歸每至客舍自放驢取樵爨食畢復隨侶而進

晉書曰石苞既定壽春以威惠服物淮南監軍王琛輕苞素微又聞童謠曰宫中大馬幾作驢大石壓之不得舒因是密表苞與吳人交通

又曰王導諸葛恢曰人言王葛不言葛王恢曰人言驢馬不言馬驢豈驢勝馬也

沈約宋書曰後廢帝昱於耀靈殿上養驢數十

又曰吏部尚書庾仲文荀萬秋嘗詣仲文逢一客姓夏侯主人問有好牛不言無問有好馬不又言無正有佳驢耳仲文便荅云甚是所欲客出門遂與相問索之

齊書曰劉祥傳才傲物常謂一驢曰汝努力如汝人才俱爲令僕矣

又曰謝超宗爲人仗才使酒齊高帝問以北方事超宗對失儀出爲南郡王中軍司馬人或問曰聞有朝命定是何府荅曰不知是司馬爲復是司驢既是驢府正應是司驢爲有司所奏以怨望免

後魏書曰元坦傲很凶麁安豐王延明每切責之曰昔宋有東海王褘志性凡劣人號曰驢王我孰觀汝所作亦恐不免驢當時聞者號爲驢王

三國典略曰東魏靜帝遷鄴尚書郎已下盡令乘驢

又曰齊蕭愨爲太子洗馬愨字仁祖常患腰痛眩不堪馳馬齊主令乘驢以從見者笑之

北史曰公孫軌拜尚書賜爵郡公出爲武牢鎮將初太武

將北征發驢以運粮使軌部調雍州刺令驢主皆加絹一百疋乃與受之百姓語曰驢無弱負絹自壯衆共嗤之

又曰後魏車駕往征蠕蠕司馬楚之與濟陰公盧中山等督運以繼大軍時鎮北將軍封沓亡入蠕蠕說令擊之以絕運蠕蠕乃潛遣覘楚之軍截驢耳而去有告失驢耳者楚之曰必覘賊截之爲驗耳賊將至矣乃伐柳爲城水灌令凍城立而賊至不可攻逼乃走散太武聞而嘉之

唐書曰郭英乂鎮劒南取女人令乘驢擊毬以寶鈿爲驢鞍賞賜巨萬以爲笑樂

風俗通曰靈帝於宮中西園駕四白驢躬自操轡驅馳周旋以爲大樂於是公卿貴戚轉相倣至乘軿以爲騎從價與馬齊

又曰凡人相罵曰死驢醜惡之稱也董卓陵虐王室執政皆如死驢

漢志曰靈帝駕四驢親自操轡驅者服重征遠上下山谷野人之所用耳何有帝王君子而驂駕之乎天意若曰國且大亂賢愚倒植凡執政者皆如驢焉

金樓子云漢靈帝養驢數百頭常自騎之驅馳遍京師有時駕四驢入市

符子曰有驢仙者享五百歲負乘而不輟歷無定主大驛於天下

世說曰孝武帝未嘗見驢謝太傅問陛下遥想其形當何所似孝武掩口而笑荅曰頭當似猪

續搜神記曰石虎中有一胡道人知呪術乘驢作賈客於外國深山中行下有絕澗窅然無底忽有惡鬼偷牽此道人驢下入澗道人尋跡呪誓呼諸鬼王須臾即驢物如故

國朝傳記曰武后初稱周恐下心不安乃令人自舉供奉官正員外多置裹行拾遺補闕御史至有車載斗量之詠有御史臺令史將入室值裹行御史數人聚立門內令史不下驢衝過其間諸御史大怒將杖之令史云今日之過實在此驢乞先數之然後受罰御史許之謂驢曰汝伎藝可知精神極鈍何物驢畜敢於御史裹行於是羞赧而止

楚辭曰騾垂兩耳中阪蹉跎蹇驢服駕無用日多又曰駕蹇驢而無策又何路之能極

臧彦弔驢文曰爰有奇人西州之馳驅者體質強直稟性沉難聰敏寬詳高音遠暢真驢氏之名駒也

宋袁淑俳諧文曰驢山公九錫曰若乃三軍陸邁粮運艱難謀臣停筭武夫吟歎尔乃長鳴上黨抗慨應官崎嶇千里荷囊致飱用捷大勳万世不刊斯實爾之功也音隨時興晨夜不黙仰契玄象俯叶漏刻應更長鳴毫分不却雖挈壺著稱未足比德斯復爾之智也若乃六合昏晦三辰幽冥猶憶天時用不癈聲斯又爾之鳴也青脊絳身長頰廣額脩尾後垂巨耳雙磔斯又爾之形也嘉麥既熟實須精麪負磨迴衡迅若轉電惠我衆庶神祇獲薦斯又爾之能也爾有濟師旅之勳而加之以衆能是用遣中大夫盧丘加廬尓使銜勒大鴻臚班脚大將軍宮亭侯以楊州之廬江江州之廬陵吳國之桐廬合浦之朱廬封爾爲中驢公

騾

廣志云騾北方或曰罔

說文曰騾驢父馬母也

崔豹古今注曰驢爲牡馬爲牝即生騾馬爲牡驢爲牝即生駏驉
史記曰大將軍衛青圍匈奴匈奴薄暮乘六騾壯騎可數百冒圍去追之不及
漢書曰高昌性難狀乃作歌曰驢非驢馬非馬言高昌似騾也
三國典略曰齊陽休之嘗乘騾遊於公卿門略無慙色
又曰侯莫陳悅既敗與其子弟及麾下數十騎遁走至牽屯山不知所趣乃弃馬山谷乘騾而去
唐書曰吳元濟叛其將有董重質者守洄曲其部下乘騾即戰號騾子部冣爲勁悍官軍恒警備之
呂氏春秋曰趙簡子有兩白騾而甚愛之陽城胥渠處黄門之官夜欵門而謁曰主君之臣胥渠有疾醫教之曰得

白騾肝病則止不得則死謁者入通董安于御於側愠曰譆胥渠也欺君請即刑焉簡子曰夫殺人以活畜不亦不仁乎殺畜以活人不亦仁乎於是令庖人殺白騾取其肝以與陽城胥渠處無幾何趙興兵而攻翟黄門之官左七百人右七百人皆先登而獲甲首人主胡可以不好士
抱朴子曰世不信騾乃驢馬所生云各自有種況乎仙者難知之事哉
魯女生別傳曰李少君死後百餘日後人有見少君在河東蒲坂乘青騾帝聞之發棺無所有
洞冥記曰脩弥國多神馬騾驢驢高十丈毛色皎然能行水上有兩翼或飛於海上常與牝馬合則生神騾
又曰元封四年脩弥國獻駁騾高一丈毛色赤斑背山毛旋成日月之象常以金珪物器盛蒭以飼之置於黄門廄

東方朔曰此六畜之下者無爲深愛昔夏侯淫于房闈之亡其國況戎翟獻其鄙獸費財毀德非所以示天下也楚莊好馬殺數知其失政願陛下省物全國家之機事騾鄙獸宜置之於貟乘不用則弃之於野上乃放之後野人見有赤虵自天屬地有雲氣來繞地及雲除虵復變爲赤龍騎之入雲有人來告上曰滑稽見使我失龍矣朔曰龍何難值恐陛下貴金珪終化爲驢騾耳帝納其言而深忌之
吳曆曰朱據討沓中獲驢騾二千餘頭
晉書曰乘傳使者賣官出使遭周顗喪以上皆自表聞騶得白服乘騾車
晉諸公讚曰劉禪降乘騾車詣鄧艾
神仙傳曰蘇子訓齊人也到京師諸貴人欲見之子訓曰我非有重瞳八采欲見我見我亦無所道遂去諸貴人皆

逐之問人云適去東陌上乘騾者是乃各走馬逐之望見子訓騾徐行而名馬逐之不及乃各罷歸

槖駞

淮南子曰槖駞之本出泉渠
廣志曰天竺以北多馲駞
山海經曰虢山陽之光山獸多槖駞善行流沙中日三百里負千斤
史記匈奴傳曰其奇畜則槖駞
又曰蘇秦傳曰蘇秦説楚威王曰大王誠能用臣之愚計則燕代槖駞良馬必實外廄
漢書西域傳曰鄯善國多馲駞
東觀漢記曰河西太守竇融遣使獻槖駞南單于上書獻槖駞單于歲祭三龍祠走馬鬬槖駞以爲樂事

華嶠後漢書曰南單于遣使詣闕奉蕃稱臣入居於雲中遣使獻橐駞

南史曰四夷傳滑國有兩脚橐駞野驢有角

後魏書曰高祖不飲洛水常以千里足名駞更牙向恒州取水以供贍焉

後周書四夷傳曰且末西北有流沙數百里夏日多熱風為行旅之患其風欲至唯老駞知之即預鳴而聚立埋其口於沙中人以為候即以氊擁其鼻口其風迅速須臾即過不尒則至危斃

鹽鐵論曰齊陶之縑南漢之布中國以一端縵得匈奴累金之物驢騾駱駞可使銜尾入塞

博物志曰燉煌西渡流沙千餘里中無水時時伏流處人不能智乘駱駞駞知水脉遇其處輒停不肯行以足蹋地人於蹋處掘之輒得水

外國曰大秦國人長一丈五尺倭臂長脅好騎駱駝

洛中記曰有銅駞二枚在宮之南四會道頭高九尺號銅駞路

陸翽鄴中記曰二銅駞如馬形長一丈高一丈足如牛尾長二尺脊如馬鞍在中陽門外夾道相向

異苑曰西域苟夷國山下有石駱駞腹下出水以金鐵及手承取即便對過瓠蘆盛之者即得飲之令身體香淨而昇仙其國神秘不可數遇

楚辭曰黿鼉遊乎華池腰褭奔亡騰駕橐駞腰褭駿馬

郭璞山海經圖橐駞讚曰駞惟奇畜肉鞍是被迅騖流沙顯功絶地潛識泉源微乎其智

太平御覽卷第九百一

太平御覽卷第九百二

獸部十四

羊

說文曰羊祥也象四足角尾之形孔子曰牛羊之字以形舉

又曰羔羊子也羜五月生羔也𦍩(土貝)六月生羔也羍七月生羊也䍦([illegible])羊未卒歲也牂牝羊也羒(扶分)牡羊也羠(音夷)乘羊也羳(扶貟)黃腹羊也羥(揩閑)羊名也

廣雅曰吳羊牝一歲曰䍦三歲曰羝其一歲曰特三歲曰牂吳羊犗(居八切)曰𦏹(辯各)羖羊犗曰羯羍𦍩羜𥎊(思究)羔也

爾雅曰䴢大羊(似羊大角貟銳在山崖間)羱如羊(音元吳羊似)羊壯羒(音汾)牝牂夏羊(黑羖䍽也)牡羭(音俞黑羝)牝羖角不齊觤(一短一長)角三觠羷(眷卷)

(三匝)羳羊黃腹未成羊羜絕有力奮

郭義恭廣志曰大尾羊細毛薄皮尾上旁廣重且十斤出康居

又曰驢羊似驢

字林曰䍣(女交切)羺(女溝切)胡羊也羥(口加切)羊腊也似羊四耳九尾目在背䍈(音還)似羊無口羶(乙閒切)群羊相積一日羊羴(初莧切)羊相厠也羴羊臭也(羴式延切)

玄中記曰千歲之樹精爲青羊

崔豹古今注曰羊一名美髯鬚主簿

禮記曲禮下曰祭廟羊曰柔毛

又曰大夫無故不殺羊

又月令曰孟春天子食麥與羊

又内則曰羊泠毛而毳羶

詩小雅無羊曰誰謂爾無羊三百維群

又曰爾羊來思其角濈濈

又曰羔羊鵲巢之國也召南之政在位皆儉節正直德如羔羊也羔羊之皮素絲五紽

又曰牂羊墳首三星在罶鄭玄注曰羊牝曰牂墳大也

易說卦曰兌爲羊

又大壯曰九三小人用壯君子用罔貞厲羝羊觸藩羸其角

周禮夏官上曰羊人掌羊牲凡祭祀飾羔(羔小羊也詩曰四之日其早獻羔祭韭)祭祀割羊牲登其首(登升也升首報陽也升首于室)凡祈珥共其羊牲(共猶給也)賓客共其灋羊(灋羊饔積膳之羊)凡沈辜侯禳釁積共其羊牲(積故書爲眦鄭司農云眦讀爲漬謂釁國寶器也玄謂積積柴煙祀館寶柴)

周禮天官食醫曰凡會膳食羊宜黍

左傳宣上曰華元殺羊食士其御羊斟不與及戰曰疇昔之羊子爲政今日之事我爲政與入鄭師故敗

又宣下曰楚子圍鄭鄭伯肉袒牽羊

論語曰子貢欲去告朔之餼羊子曰賜也爾愛其羊我愛其禮

又曰葉公語孔子曰吾黨有直躬者其父攘羊而子證之(攘盜)

史記曰武王克殷微子持其祭器肉袒面縛左牽羊右把茅膝行而前

又曰卜式者河南人式入牧百餘羊十餘歲羊致千餘上曰吾有羊在上林中欲令子牧之乃拜式爲郎布衣屩而牧羊(屩音脚)歲餘羊悉肥上過其羊善之式曰非獨羊也治民亦如是也拜緱氏令

又曰秦襄公始用羝羊祠西畤

漢書曰楚懷王孫心在人間為人牧羊項梁立為懷王

又曰蘇武使匈奴匈奴知武不可降使北海上無人處牧羝羊乳乃得歸武在海上廩食不至掘野鼠草芟而食之杖漢節牧羊卧起持節節旄盡落

東觀漢記曰甄宇北海人為州從事徵拜博士每臘詔書賜博士一羊羊有大小肥瘦時博士祭酒議欲殺羊分其肉宇曰不可又欲投鉤復耻之去甄博士宇先自取其最瘦者猶是不復有爭訟後召會詔問瘦羊甄博士

後漢書曰更始二年至長安尤嗜酒不聽政事所任皆賈竪膳夫庖人長安為之語曰竈下養中郎將爛羊胃騎都尉爛羊頭關内侯

又曰廣陵思王荆傳曰光武崩大行在殿荆哭不哀而作飛書令蒼頭詐稱東海王彊舅況書與彊構為大逆其辭曰當秋霜無為檻羊秋霜肅殺於物檻羊受制於人

崔鴻十六國春秋後録曰羌抑摩獻羊六角二口四角八口○北史曰隋漢王諒為并州揔管潞州有官羊生二角相背以為諒之咎徵

帝王世紀曰湯問葛伯何故不祀曰無以供犧牲湯遺之以羊

穆天子傳曰犬戎胡觴天子于雷首之阿乃獻良馬四六天子使孔牙受之曰雷水之平爰有黑牛白角爰有黑羊白血

又曰天子飲于文山乃獻豪牛四節有豪

又曰春山大羊食麃豕

山海經曰錢來之山有獸如羊而馬尾名曰鍼羊

周易是謀類曰太山失金雞西嶽亡玉羊鄭玄注曰金雞玉羊二嶽之精

春秋說題辭曰羊者祥也合三而生以養王也故羊高三尺○雜五行書曰懸羊頭門上除盜賊

春秋繁露曰凡贄卿用羔羔飲之其母必跪類知禮者故羊之為言祥故以為贄

莊子曰臧與穀二人相與牧羊而俱亡羊問臧奚事則挾筴讀書穀奚事則博塞以游二人事業不同其亡羊均也

又曰善養生者如牧羊後者鞭之

墨子曰齊莊公之臣王國卑中里徼者訟三年而獄不斷恐失有罪使二人共一羊盟齊之社二子相從以羊血灑社讀王國卑之祠已盡終里徼之辭未半羊起而觸中里徼齊人以為有神驗

列子傳曰楊朱見梁王言治天下如運諸掌王曰先生有一妻一妾而不能治三畝之園而不能芸言治天下何也曰君見夫牧羊者乎百羊而群使五尺童子荷箠而隨之欲東而東欲西而西使堯牽一羊舜荷箠而隨之則不能前矣

孫卿子曰仲尼為魯司寇沈猶氏不敢朝飲其羊

尸子曰羊不任駕鹽車椽不可為楣棟

龍魚河圖曰羊有一角食之殺人

周書曰夏桀德衰夷羊在牧飛蛤滿野

韓詩外傳曰魯哀公使人穿井三月不得泉得一玉羊焉公以為王羊使祝鼓舞之欲上於天羊不能上孔子見曰水之精為玉土之精為羊願無怪之此羊肝土也公使殺之視肝即土矣

國語曰季桓子穿井獲如土缶其中有羊

符子曰魏文侯見宋陵子三仕不願文侯曰何貧乎子曰王見楚富者牧羊九十九而願百嘗訪邑里故人其隣人貧有一羊富者拜之曰吾羊九十九今君之一盈我成百則牧數足矣隣者與之從此觀焉富者非富貧者非貧也

呂氏春秋曰百里奚未遇時亡虞飯牛於秦傳鬻以五羖羊之皮公孫枝得獻諸繆公繆公用之謀無不當舉必有功

淮南萬畢術曰阿羊九頭更食國亂乃出

楊雄法言曰敢問質曰羊質虎皮見草而恱見豺而戰忘其皮之虎也

王充論衡曰獬豸者一角之羊也性知有罪皋陶治獄其罪疑乃令羊觸之

山海經曰羬羊尾如馬出錢來之山羬（羬音鍼玉篇作古咸反）

瑞應圖曰鍾律和調則玉羊見

白澤圖曰羊有一角當頂上龍也殺之震死

博物志曰胡蕙蜀中本無也洛中人有驅羊入蜀其子着羊毛蜀人取種因名禾羊負來

又曰陰夷山有滛羊一日百遍脯不可食但着床席間已自驚人又有作滛羊脯法取羖羚各一別繫令裁相近而不使相接食之以地黄竹葉飲以麥汁米瀋百餘日後解放之欲交未成便牽兩殺之膊以為脯男食羖女食羚則並如狂好醜亦無所避其勢數日乃歇治之方煑茱萸菖蒲汁飲之又以水銀宮脂塗陰男子即瘥宮脂鹿脂也

杜預奏事曰臣前在南聞魏興北山有野羊大者數百十斤試令固求今者各得一枚并頭角蹄案其形不與土羊相似然是野獸土所希有

新言曰初年懸羊頭磔鷄頭以求富余以問河南服君服君曰是月草木萌羊能嚙草雞啄五穀故懸二物助陽氣令人殺羊鷄自作不祥

涼州異物志曰有小羊稱若斤（[illegible]）峭山如壁上下無跌

又曰有羊大尾車推乃行用累其身

又曰封羊其背如駝

宋永初山川記曰九真都龍縣有麢羊大如犊牛

春秋後語曰張儀謂楚王曰夫為從者無異驅群羊而攻生虎虎之與羊不格亦明矣（格鬪也羊不能與虎明矣）今王不與虎而與羊臣竊以為大王之計過

衛玠別傳曰玠少時乘白羊車於洛陽市共觀咸曰誰家璧人

述異記曰羊而不角呼蛟羊一名胡髯郎一名青鳥

又曰周成王時東夷進六角羊周厲王元年外國貢三角羊。尹喜內傳曰老子與喜别曰尋吾於成都市青羊之肆喜後求而得之

葛洪神仙傳曰皇初平年十五家使牧羊有道士見其良謹將至華山石室中四十年不謀念其家其兄初起行索初平見道士引至山與弟語畢問平羊何在平曰近東初起視不見羊但見白石却謂平曰山東無羊平曰兄自不見尓與兄俱往平乃叱之白石一時皆起成羊數萬頭初起曰弟得仙道以如此遂弃妻子服松栢伏苓五萬日遂得仙易姓為赤松子

又曰曹公收左慈慈走入群羊失慈之所在追者疑化為羊乃令人數羊羊本千口簡之長一口知化為羊乃謂曰若是左公者但出無苦也有一羊跪言詎如許追者欲執

之於是群羊皆長跪曰詎如許追者乃去

搜神記曰宣帝時陰子方者至孝有仁恩正當臘日晨炊而竈神形見子方再拜家有黄羊因以祠之

又曰南陽宗定伯少年夜行忽逢一鬼鬼問爲誰定伯乃欺之曰我亦鬼也遂相與爲侶向遠行極困相擔問鬼曰鬼何所畏曰唯不喜人唾欲至死便擔鬼着頂上徑詣宛市化爲羊恐其變亟唾之賣之得錢千五百買者繫之明視之但繩在時人名宗定伯賣鬼得千五百

列仙傳曰葛由者羌人周成王時好刻木作羊賣之一旦騎羊而入蜀中王侯貴人追之上綏山在峨嵋山西南高無極隨之者不得還皆得仙道山上有桃故里諺曰得綏山一桃雖不得仙亦足以豪

又曰昔有㩦羊者以羊遺叔嚮叔嚮毋埋之不食後三年

㩦羊事發追捕嚮家檢羊骨肉都盡唯有舌在國人異之遂以羊舌爲族矣

續搜神記曰顧霈者吴之豪士送客於昇平亭時有一沙門在坐是流俗道人主常欲殺羊羊絕斷便走來入此道人膝中穿頭入袈裟下道人不能救即將去而殺之既行炙主人先割以啖道人道人食炙下喉炙便自走行道人皮中痛毒不可忍呼醫來針之以數針貫之炙猶動揺乃破出之故是一臠肉耳道人於是得病作羊鳴吐沫還寺少時便死

劉義慶幽明録曰洛下有澗穴婦欲殺夫推下經多時至底乃得一穴宫館金飾明踰三光人長三丈如此九處最後至告飢長人指樹下一羊令跪捋羊鬚初得一珠長人取之次亦取後令噉即療饑請問九處名求停不去荅云君不得停

續異記曰吴興俞亮以永明八年補護軍府史於常眠處聞有羊聲疑爲神怪竊於户窺之見其牀下有一羊可高二尺毛色若丹光耀滿室

金樓子曰脩羊公於華陰山以道干景帝禮遇之數歲道不可得有詔問脩羊公能何發語未訖於床上化爲白石羊題其顙曰脩羊公謝天子後置石羊於通靈臺

嶺表録異曰嘗有人自青社泛海歸閩爲惡風所飄五日夜不知行幾千里也至一島忽見群羊人向之亦不驚避初疑人所放牧而絶無人迹乃知野生者舡人方餒因取食之

太平御覽卷第九百二

獸部十五

豕

爾雅曰豕豬（江東呼爲豨）䝐豶（䝐羊蕡反俗呼小豶豬爲䝐子也）么幼（最後生者俗呼爲么豚）奏者猛（音溫今豱豬短頭皮理腠蹙也）豕生三豵（音宗）二師一特所寢橧（疾陵切）四蹢皆白豥（音該）其跡刻絶有力豟（音厄豕高五尺者）牝豝彘五尺爲豟（大豕爲豟今漁陽呼豬大者爲豟也）

說文曰豰（許卜切）小肫也豯肫生三月豵也（子公切）豚生六月也或曰一歲曰豵豝牝豕豶豮也豣（公斮切）三歲豕豭壯豕也豬豶也豛（音役）大谷名豬曰豛豷（於麗切）豕息也豢以穀圈養豕也

何承天纂文曰梁州以豕爲豬（之涉切）河南謂之彘吳楚謂之豨（火豈切）漁陽以大豬爲豝齊徐以小豬爲貕（化主切）貎（音霓）

白豕黑頭也猛豕奏毛也

方言曰豬燕朝鮮之閒謂之豭關東謂之彘或謂之豕南楚謂之豨其子或謂之豚或謂之豯（雞）吳揚之閒謂之豬子○春秋說題辭曰斗星時散精爲彘四月生應天理

崔豹古今注曰豬一名喙一名參軍

易說卦曰坎爲豕

又睽卦曰上九睽孤見豕負塗載鬼一車

又大畜曰六五豶豕之牙吉

又姤卦曰初六繫于金柅貞吉有攸往見凶羸豕孚蹢躅

禮記曲禮下曰凡祭豕曰剛鬣豚曰腯肥

又曰士無故不殺犬豕

又月令曰孟夏農乃登麥天子以彘嘗麥

又王制曰秋薦黍以豚

又禮器曰晏平仲祭其先人豚肩不揜豆

又內則曰豕望視而交睫腥（望視遠視也腥當爲星星肉如米者）

論語曰陽貨欲見孔子孔子不見饋孔子豚

詩國風騶虞曰彼茁者葭一發五豝（豕牝曰豝）

又曰彼茁者蓬一發五豵（一歲曰豵箋去豕三歲曰豜）

又魚藻嶄嶄之石曰有豕白蹢烝涉波矣

左傳莊八年曰齊無知弑其君十二月齊侯游于姑棼遂田於貝丘見大豕從者曰公子彭生也公怒曰彭生敢見射之豕人立而啼公懼墜于車傷足喪屨反誅屨於徒人費弗得鞭之見血走出遇賊于門劫而束之費曰我奚御哉袒而示之背信之費請先入伏公而出鬭死于門中石之紛如死于階下遂入殺孟陽于牀曰非君也不類見公之足于戶下遂殺之而立無知

又昭七曰昔有仍氏生女樂正居夔取之生伯封實有豕心貪惏無饜謂之封豕

又曰衛靈公夫人南子與宋朝通衛太子使齊過宋宋野人以婁豬刺而歌之云既定尒婁豬盍歸吾艾豭

史記曰子路性鄙好勇伉直冠雄雞佩豭豚

漢書曰公孫弘菑川人少時爲獄吏有罪免家貧牧豕海上○又曰郅都景帝將爲郎嘗從入上林賈姬在廁野彘入廁上目召都都不行上欲自持兵救賈姬都諫之乃止彘亦不傷賈姬

又曰燕刺王旦將作亂廁中群豕出壞太官竈

東觀漢記曰承宮字少子琅邪人少孤年八歲人令牧豕鄉里徐子盛明春秋經授諸生數百人宮過其廬下見諸生講誦好之因弃豬而聽經豬主怪不還行索見宮欲笞

門下生共禁止因留精舍門下拾薪執苦數年遂通經
又曰朱浮與彭寵書責之曰伯通自伐以功爲高天下往
時遼東有豕生子白頭異而獻之行至河東見羣豕皆白
懷慙而還若以子功論於朝廷則爲遼東豕也
續漢書曰曹萌字元偉以仁厚稱隣人有亡豕者與萌豕
相類詣門認之萌不與爭後所亡豕自還其主大慙送所
認豕辭謝萌萌笑而受之
袁山松漢紀曰吴祐放猪於長垣澤中誦經而行遇父故
人謂之曰子二千石子掉鞭而誦經行吟於澤畔縱子無
耻奈君父何祐守志如初與北海公沙穆遊大學貧乏變
服爲傭祐賃使舂遂爲死交於杵臼之間
張璠漢紀曰莎車王殺于窴王于窴大人都末出城見野
豕欲射之豕乃語曰無殺我我爲汝殺莎車將軍都末異
之即與先共殺莎車王

謝承後漢書曰朱穆字文元嘗養猪猪有病使人賣之於市
語之言如售當自告買者言病也賣猪者售不言病且直
過多穆怪其故賫半直以還買猪者辭不取穆弃錢而去
魏志曰挹婁國在夫餘東常穴居土寒氣劇於夫餘其俗
好養猪食其肉衣其皮冬以猪膏塗身
又曰管輅嘗至郭恩家確上鳩鬪謂恩曰當有老人將肫
一口從東候公舍有小口傷亦無所苦明日果有親知老
翁攜肫饋恩恩射鳩爲饌箭着小女子脚舉家惶怖竟
無所害又有人失婦使輅卜之輅曰君明日於路見檐猪
者乃逐之行次猪忽繩斷走入他舍突破主人甕見其婦
出着猪遂擒之
晉書曰阮咸至宗人間共集不用杯觴斟酌以大甕盛酒
圍坐相向大酌更飲時有羣豕來飲其酒咸直接去其上
便共飲之
又曰愍懷太子嘗從帝觀豕牢言於帝曰豕甚肥何不殺
以享士而使久費五穀帝嘉其意即使享之因撫其背謂
廷尉傅祗曰此兒當興我家
又曰韓友字景先廬江舒人也龍舒長鄧林父病積年垂
死友爲筮使畫作野猪着臥處屛風上因是遂差
又曰吕光死其子纂立有猪生子一身三頭又有龍出井
中蟠於殿前纂以爲美瑞羅什獨以爲災餓而吕超殺纂
又曰劉聰時豕着進賢冠外聰殿與犬鬪
北史曰陸逞累除京兆尹郡界有豕生數子經旬而死其
家又有豮豕遂乳養之諸豚賴之以活時以逞仁政所致
皇甫謐高士傳曰孫期字仲或濟陰人與諸生講京氏易

古文尚書家貧事母至孝牧豕於大澤中以奉養焉遠人
從其學者皆執經壟畔以追之里落化其仁讓黄巾賊起
過期里陌相約不能犯孫先生舍郡舉方正遣吏賫羊酒
請期期驅豕入草不顧也
三輔決録曰五門子孫凡民之伍馬氏兄弟五人共居此地作客舍養猪賣豚故民謂之曰苑中三公鉅下二卿五門嚘嚘但聞豚聲
董正別傳曰司馬徽字德操時人呼爲水鏡嘗有人妄認
徽猪徽便推與之後數日亡猪者以猪還徽乃叩頭謝自
責徽又厚謝
華陽國志曰何隨字季業清廉退讓嘗有屠者牽猪過
隨門索斷失之強認隨溷中猪隨牽與之屠人尋自得
亡者還隨隨以與之
越絶書曰鷄山豕山者勾踐以畜鷄豕將伐吴以食死士也

墨子曰孔子窮於陳蔡之間藜羹不糂（桑感切）子路烹豕孔子不問肉所從來而食之

符子曰朔人獻燕昭王以大豕曰養奚若使曰豕也非大圊不居非人便不珎今年百二十矣人謂豕仙王乃命豕宰養六十五年大如沙墳足如不勝其體王異之令衡官橋而量之折十橋豕不量又命水官舟而量其重千鈞其巨無用燕相謂王曰奚不饗之王乃命宰夫膳之夕見夢於燕相曰造化勞我以豕形食我以人穢吾患其生久矣仗君之靈得化吾生始得為魯津之伯燕相游乎魯津有赤龜奉璧而獻（一云夜光珠）

孝經援神契曰彘水伏故去豚

淮南子曰六九五十四四主時時主豕故豕四月而生

又曰黃帝理天下狗彘吐菽粟於路無忿爭之心

山海經猶大者肉重千萬斤豪猪如豚而白毛毛大如笄而黑端郭璞注曰猶猪也夾髀而有麤豪長數尺能以頸上毫射物

傳物志曰商丘子有養猪法、、式有養猪羊法。祖台之志怪曰吳中有一士大夫於都假還至曲阿塘上見一女子甚美留其宿士解臂金鈴繫女臂令暮更來遂不至使人求都無此色過猪圈見一母猪臂上繫金鈴

養生要集曰白豕白蹄青爪不可食也

異物志曰鬱林大猪一蹄有四五甲多膏賣者以鐵錐刺其頭入七八寸得赤肉乃動

習鑿齒襄陽耆舊傳曰木蘭橋者今之猪欄橋是也

山海經圖曰豪彘讃曰剛鬣之族號曰豪豨毛如攢錐中有激矢

宋袁淑大蘭王九錫文曰太亥十年九月乙亥朔十三日丁亥北燕伯使使者豪豨冊命大蘭王曰咨惟君禀太陰之沉精標群形於玄質體肥腯而洪茂長無心以遊逸資豢養於人主錐無爵而有秩此君之純也君昔封國殷商號曰豕氏葉隆當時名垂于此此君之美也白蹢彰於周詩涉波應乎隆象歌詠垂於人口經千載而流響此君之德也君相與野遊唯君為雄顧群數百自西徂東儵歘來則成霧仰奮鼽則生風猛毒必噬有敵必攻長驅直突陣無全鋒此君之勇也

太平御覽卷第九百三

太平御覽卷第九百四

獸部十六

狗上

爾雅曰犬生三猣音宗二師一玂音祈未成毫狗長喙獫音廉又音險短喙猲音歇獢音許嬌切狗絶有力狣音兆尨狗也狗四尺爲獒

說文曰犬狗之有懸蹄者也孔子曰視犬之字如畫狗也

又曰狗叩也叩氣吠以守也

又曰尨犬之多毛者也猲短喙犬也獫黑犬黄頭也狂之句切黄犬黑頭也猈音罷短脛狗也㺀胡斬切犬吠不止也獒犬如人心可使也狾居世切狂犬也狄亦犬也

又曰狡少狗也匈奴有狡犬巨口而黑身

呂忱字林曰獹韓良犬也捉音鵲宋良犬也犴五見切逐虎犬也。何承天纂文曰守犬爲獖扶本切隴西以犬爲猶音酉獶乃切𤞑乃呂切獰乃庚切皆多毛犬也獟五校切猘居例切也貂音䏊蚤尾犬也。廣雅曰殷虞晉獒楚茹黄韓盧宋鵲並犬屬

廣志曰狗有懸蹄短尾之號。古今注曰狗一名黄羊

易說卦曰艮爲狗。詩國風盧令曰盧令令其人美且仁盧田犬令令纓環聲盧重環其人美且鬈

又曰國風野有死麕曰無撼我帨兮無使尨也吠尨狗也

禮記曲禮曰馬劾羊者右牽之劾犬者左牽之

又曲禮曰凡祭祀犬曰羹獻

又内則曰狗赤股而躁臊

又檀弓曰仲尼之畜狗死使子貢埋之曰吾聞之弊帷不弃爲埋馬也弊蓋不弃爲埋狗也丘也貧無蓋於其封也亦與之席無使其首陷焉封當爲窆窆謂沒於土

尚書洪範曰西旅獻獒西戎遠國貢大犬太保作旅獒召公也

左傳宣上曰晉侯飲趙盾酒伏甲將攻之其右提弥明知之趍登曰臣侍君宴過三爵非禮也遂扶以下公嗾夫獒焉明搏而殺之盾曰弃人用犬雖猛何爲

又曰襄三日國人逐瘈狗瘈狗入於華臣氏國人從之華臣懼遂奔陳

又曰昭六曰二十三年遂取邾師獲鉏弱地邾人愬于晉晉人來討叔孫婼如晉乃館諸箕使人與叔孫居於箕者請其吠狗弗與及將歸殺而與之食示下發

公羊宣公曰靈公食趙盾公曰聞子劔利以示我盾將起進劔彌明曰何故拔劔於公所盾知之躇而進躇階不暇以次公有周狗可與比周所指如意謂之獒而屬之獒亦躇階從弥明逆而踆之以足逆蹋之曰踆絶頷趙盾顧曰君之獒不若臣之獒也

史記淮陰傳云高祖詔齊捕蒯通通至上曰若教淮陰侯

反乎對曰然臣固教之跖狗吠堯堯非不仁固吠非其主當是時臣獨知韓信非知陛下也

又徐偃王志云徐君宮人任娠而產卵以爲不祥弃於水邊孤獨老母有犬名鵠倉獵於水濱得所弃卵銜以來歸獨母以爲異覆煖之遂蜅蝴成小兒生時正偃故以爲名徐君宮中聞之乃更録取收養長而仁知襲君徐國後鵠倉臨死更生角而九尾實黄龍也偃王葬之徐界中今見有狗壟云

又曰范蠡之齊遺大夫種書蜚鳥盡良弓藏狡兔死走狗亨

又曰范睢說秦昭王曰夫以秦而治諸侯譬若縱韓盧而博蹇兔也閉關十五年不敢窺兵於山東者是穰侯不忠而大王之計有所失也

漢書五行志曰文帝後五年六月齊雍城門外有狗生角
又曰成帝河平元年長安男子石良劉晉相與同居有如人狀在其室中擊之爲狗走復至數人被甲持弓至良家等擊之或傷皆狗也自二月至六月乃止其於洪範皆犬禍也
後漢書曰岑熙爲魏太守無爲而化視事二年輿人歌之曰我有枳棘岑君伐之我有蟊賊岑君遏之吠狗不驚足下生氂
又曰靈帝於西園弄狗着進賢冠帶綬
續漢書曰靈帝寵用便嬖子弟轉相汲引賣關内侯直五百萬令長強者貪如豺狼弱者略不類物實狗而冠也
又曰昌邑王見狗冠方山冠龔遂曰王之左右皆狗而冠
魏志曰太祖云我有丁斐猶人家有盜狗善捕鼠雖小損而完囊儲

又曰公孫淵未亡家數有怪犬冠幘絳衣上臺
又曰朱建平善相術謂應璩云君年六十三位爲常伯當有厄先此一年當獨見一白狗而旁人不見也璩六十一爲侍中直内省欻見白狗問之衆人悉無見者於是遊觀田里飲宴自娛過期一年年六十三卒
魏略曰丁謐外似疎濫而内明慧雖與何晏鄧颺等同列而皆少之唯聲勢屈於曹爽爽亦敬之言無不從故于時謗書謂臺中三狗嚾㗲不可當一狗憑黠作疽囊三狗謂何鄧丁也黠者爽小字也其意言三狗皆欲嚙人而畜疽也
吳志曰孫峻謀誅諸葛恪恪將見之夜精爽擾動通夕不寢嚴畢趨出犬銜引其衣恪曰犬不欲我行乎還坐有頃乃復起犬又銜其衣恪令從者逐犬遂外車

晉書曰當陽侯杜預初攻吳吳人憚其智以瓠繫狗頸示之預恨之及平盡殺之
又曰齊王冏入廢賈后后呼帝曰陛下有婦使人廢亦行自廢又問冏曰起事者誰冏曰梁趙后曰繫狗當繫頸今反繫其尾何得不然
又曰吳隱之爲奉朝請謝石請爲衛將軍主簿隱之將嫁女石知其貧素遣女必當率薄乃令移厨帳助其經營使者至方見婢牽犬賣之此外蕭然無辦
又曰庾翼常令郭璞筮其后璞曰卿后並貴盛然有白龍者凶徵至矣後庾氷子蘊爲廣州刺史其妾産犬子不令蘊知狗轉長大蘊入見狗眉目分明而異形於衆後失所在蘊慨然曰殆白龍乎後爲桓氏所滅
又藝術傳曰嚴卿會稽人也善卜筮鄉人魏序欲暫東行

荒年多抄盜令卿筮之卿筮曰君慎勿東行必遭暴害之氣而非刼也宜有以禳之可索西郭外獨母家白雄狗繫着船前求索正得駮狗卿曰其色不純當有小毒止及六畜尔無復憂序行半路狗忽有聲甚急如被人擊比視已死吐黑血斗餘其夕序墅上白鵝數頭無故自死而家無恙
後魏書蠻夷傳云獠性同禽獸若殺其父求得一狗以謝其母不懷嫌恨又以大狗一頭買一生口
北史曰齊南陽王綽始十餘歲留守晉陽愛波斯狗尉破胡諫之綽欻然斫殺數狗狼籍在地破胡驚走不敢復言後有婦人抱兒在路走避入草綽奪其兒飼波斯狗婦人號哭綽怒又縱狗使食狗不食塗以兒血乃食焉
後周書曰張元琮性仁孝村陌有狗子爲人所弃者元見

卽收而養之其叔父怒曰何用此爲將欲更弃之元對曰
有生之類莫不重其性命若天生殺自然之理今爲人所
弃而死非其道也若而不收養無仁心也是以收而養之
叔父感其言遂許焉未幾乃有狗母銜一死兎置元前而
去
三國典略曰齊高緯以波斯狗爲赤虎儀同逍遥郡君常
於馬上設蹬褥以抱之鬬鷄亦号爲開府馬皆籍以氊罽
被以金玉号爲蛟龍儀同其將合牝牡則設青廬蘭帳牢
具過於諸王婚禮齊主常親視焉
又曰齊廣寧王孝珩嘗畜一犬守外人不得趣近孝珩每
射令其取箭亦解呼召左右牽衣而進
又曰徐之才嘗與朝士出遊望郡犬並走諸人令目之之
才應聲曰爲是宋鵲爲是韓盧爲逐李斯東走爲負帝女

南祖
陳書曰張彪敗後與妻楊氏去唯常所養一犬黃倉在彪
前後未曾捨離乃還入若邪山中沈泰說陳文帝遣章昭達
領千兵重購之并圖其妻彪眠未覺黃倉驚吠劫來便嚙
一人中喉卽死及彪被害黃倉嘷叫宛轉血中
唐書曰貞觀中弥泥孰可汗李思摩部落濟河於故定襄
城爲牙帳户三萬勝兵四萬馬九萬延思摩之初建也詔
錫其土南至大河北有白道川而白道収田處龍荒之最
突厥咸競其利思摩以北接延陁種落初集其力尚微未
敢北徙至是始還其國因上言曰非分蒙恩立爲落長實
望子孫竭誠奉國作國家一狗北門守吠若延陁侵逼請
家口徙入長城詔許之
郭頒魏晉世語曰郊天壇下有白狗高三尺光色鮮明恒

臥見人則去
周書曰渠洩大者露犬也能飛食虎豹
春秋考異郵曰七九六一三陽氣通故斗運狗三月而生
宋均注曰狗斗精之所生也
又曰狗三月而生陽至於三故狗各高三尺
穆天子傳曰鶤韓之人獻天子良犬七十鶤之然切
又曰天子之狗走百里執虎豹
山海經曰陰山有獸焉其狀如狸白首其名天狗
又曰犬戎國黃帝之後卞明生白犬二頭自爲牝牡故爲此國也
又曰金門之山有赤犬名曰天犬下則有兵
又曰蜪音陶犬如犬而青食人從首始
白澤圖曰黑狗白頭耳長卷尾龍也
國語曰趙簡子田于螻晉君之圃史黯聞之以犬待於門晉太史史

黯也簡子見之何爲曰有所得犬欲試之茲圃簡子曰何以
不告對曰君行臣不從爲不順識簡子曰獵君圃不從君而自行也主將適
螻而麓弗聞麓主君苑圃之官傳曰山林之木衡麓守之臣敢煩當日當日謂直日者
也主將之君圍不頒麓以告君臣亦不敢煩主之直日以自白也簡子乃還覺所識也
戰國策曰齊欲伐魏淳于髠謂齊王曰韓子盧者天下之
壯犬也東郭逡者海内之狡兎也韓子盧逐東郭逡環山
者三騰山者五兎極於前犬疲於後犬兎俱罷各死其處
田父見之無勞倦之苦而擅其功今齊魏久相持頓其兵
疲甚衆臣恐強秦大楚承其後而有田父之功齊王懼謝
將休士說苑同也
春秋後語曰貂勃常惡田單曰安平君小人也安平君聞
之故爲酒而召貂勃曰單何以得罪於先生常見惡貂
勃曰然跖之狗吠堯非貴跖而賤堯狗自吠非其主也且

公孫子賢而徐子不肖然而公孫子與徐子鬬徐之狗攫公孫子之腓而噬之（獸以足曰攫攫音居縛切 腓腨也音肥噬嚙也）若乃得去不肖為賢者狗豈特攫而噬之哉安平君曰敬聞命矣明日單任之於王

漢武故事曰公孫卿至東萊去見一人長五丈自稱巨公牽一黃犬把一黃雀欲謁天子因忽不見

東方朔別傳曰天下之良馬將以捕鼠深宮之中曾不如跛犬也

西京雜記曰楊萬年有獵狗名青骹賣直百金

又曰茂陵少年李亭好馳駿狗逐獸或以鷹鷂逐雉皆以為佳名狗則有脩毫釐睫白望青曹之名

太平御覽卷第九百四

太平御覽卷第九百五　獸部十七

狗下

列子曰楊朱之弟曰布衣素衣而出天雨解素衣衣緇衣而反其狗迎而吠楊布怒將扑狗楊朱曰子無扑矣子亦猶是也向者使汝狗白而往黑而來豈能無怪哉

晏子春秋曰晏子短使楚楚人爲門於大門側延晏子晏子曰使狗國者從狗門入今使楚不當從此門入

又曰景公走狗死公命外供之棺內給祭晏子諫不可公曰善○韓子曰宋有酤者斗槩甚平遇客甚謹爲酒甚美懸幟甚高而酒不售遂致於酸問楊長倩（長倩曰蹤）狗惡也孺子懷錢挈壺往酤輙有狗齧之猶大臣齕有道之士

尸子曰齊有貧者命其狗爲富命其子爲樂方將祭狗入於室叱之曰富出祝曰不祥家果有禍長子死哭之曰樂乎而不息悲也

隋巢子曰昔三苗大亂龍生于廟犬哭于市

尹文子曰康衢長者字僮曰善搏字犬曰善噬賓客不過其門三年於是改之賓客復往

呂氏春秋曰齊有善相狗者其隣藉之買鼠狗朞年而得曰是良狗也其隣畜之數年不噉鼠以告相者曰此良狗也志在麞麋豕鹿不在鼠欲取其鼠也則桎之其鄰桎其後足則狗取鼠

又曰齊有好獵者不得獸欲須良狗家貧不能得乃還疾耕疾耕則家富家富則有良狗有良狗則數得獸也獵常過人霸王亦然

又曰荆王得茹黃之狗宛路之繒以畋雲夢三月不返保申跪而笞王出而自沉於淵而死王乃殺狗折繒

又曰鄭子陽之難猘狗潰之（子陽鄭相逐猘狗春秋亦去）齊高固之難失牛潰之（逐失牛如逐猘狗也）當其時狗牛猶可以爲人倡而況夫以人爲倡乎飢馬盈廄嗼然（嗼無聲也）未見芻也飢狗盈宮嗼然未見骨也見骨與芻動則不可禁

淮南子曰削薄其德曾累其形而欲以爲治無以異於執彈而來鳥揮梲而狎犬也（梲杖也）

又曰馬之死也剝之若槀（槀治槀也鍊合氣而形不能搖）狡狗之死也割之猶蠕（拔少也蠕動也）

又曰狂馬不觸於木猘狗不自投於河聾蟲不自陷況人乎（聾無知也）

淮南萬畢術曰取馬毛犬尾置朋友夫妻衣中自相憎矣

抱朴子曰陶犬無守夜之益瓦鷄無同晨之警

又曰甘始以駐年藥餌食新生雞犬皆不長食白犬則毛黑

說苑曰梁相死惠子之梁渡河而遽墮舡舡人救之問欲何之曰欲相梁舡人曰子居舟檝之間而溺無我則死又安能相梁乎惠子曰居廣舷長檝之間我不如子至於安國家全社稷子不比我吾視子蒙蒙若未視之狗子耳

論衡曰亡獵犬於山林大呼犬名其犬則鳴號而應其主人犬異類聞呼而應者識其主也

潛夫論曰一犬吠形百犬吠聲

桓譚新論曰占仲子婢死有兒年四歲葬後數來撫循之亦能爲兒沐頭甚令人惡之以告方士曰有狗物之婢遂不復來

又曰楊仲文家嫗死已斂未葬忽起坐棺前牀上飲酒醉而狗形見殺之

風俗通曰殺狗磔邑四門俗云狗別賓善守衛蓄以辟惡
又曰太史公記云秦德公始殺狗磔四門以禦蠱災今人殺白
犬以血題門戶曰正月白犬血辟除不祥
又曰殺犬磔攘犬者金畜攘者却也抑金使不害也
又曰桂陽太守汝南李叔堅少時爲從事在家狗如人立
行家人言當殺犬叔堅云犬馬喻君子狗見人行效之何
傷叔堅見縣令還解冠榻上狗戴持走家大驚堅復云誤觸
冠冠纓挂着之耳狗於竈前畜火家益怪堅復云兒婢
皆在田中狗助畜火狗何能作怪遂不肯殺後數日狗
自暴死卒無纖介之異叔堅辟太尉掾固陵長原武令
終享大位
金樓子曰入名山華白犬抱白鷄山神大喜芝草及寶玉
等自出

又曰王思微性好淨潔左右提衣悉令白紙裹手指在宅
有犬汙柱思微令門生洗之意猶不已更令刮削復言未
足遂令易柱
洞林曰楊州從事愼曜伯婦病困經日發作有時如鬬物
往來者其兄周彥武令人作卦得蹇身在戊戌與坎鬼井
卦中當有從東北田家市黑狗畜之以代人任患死當有
無幾時狗便死復更養如前凡三遇養輒皆吐血而死婦
病亦差
雜五行書曰白犬虎文南斗君畜之可致萬石也黑犬白
耳大王犬也畜之令富貴黑犬白前兩足宜子孫白犬黃
頭家大吉黃犬白尾代有衣冠黃犬白前兩足利人
玄中記曰昔高辛氏犬戎爲亂帝言曰有討之者妻以美
女封三百戶帝之狗名槃瓠亡三月而殺犬戎以其首來

帝以女妻之於會稽東南得海中土三百里而封生男爲
狗生女爲美人封爲狗氏國
干寶搜神記曰槃瓠者本高辛氏宮中老婦人有耳疾醫
者挑治之有物大如繭以瓠離盛之以槃覆之有頃化爲
犬其文五色因名槃瓠
秦氏三秦記曰有白鹿原周平王時白鹿出此原原有狗
枷堡秦襄公時有天狗來其下　凡有賊天狗吠而護之
一堡無患
涼州異物志曰大狗如驢希見其牙
周處風土記曰犬則青鷗白雀飛龍虎子馴良捷響難狎
易使
述異記曰濟陽山有麻姑仙處俗說山上千年則金鷄鳴
玉狗吠漢末皆去淮南王昇仙其處鷄鳴天上犬吠雲中

又曰朱休之家犬歌曰言我不能歌聽我歌梅花今年故
復可明年當柰何家殺犬明年並死
又曰宋元徽中吳縣中都里石玄度家有黃狗生白雄子
母愛其子異於常犬銜食飴之子成大狗子每出獵未反
母輒門外望之玄度久患氣嗽轉就危困醫爲處湯須白
犬肺市索卒不得乃殺所養白狗以供湯用母向子死處
跳踊嗥呼倒地復起累日不息其家煮狗肉與客共食之
投骨於地母輒銜置窟中食畢移入後園大桑樹下掘土
埋之日向樹嗥喚月餘乃止玄度漸劇臨死屢言湯不救
恨殺此狗其弟法度從此終身不食狗肉
又曰陸機少時頗好游獵在吳豪盛客獻快犬名曰黃耳
機仕洛常將自隨此犬黠慧能解人語又常借人三百
里外犬識路自還一日至家機羈官京師久無家問機戲

語犬曰我家絶無書信汝能賫書馳還取消息不犬喜搖尾作聲應之機試爲書盛以竹筒繫之犬頸犬出驛路疾走向吳飢入草噬肉取飽每經大水輒依渡者弭耳掉尾向之其人怜愛因呼上舡載近岸犬即騰上速去如飛逕至機家口銜竹筒作聲示人機家開筒取書看畢犬又向人作聲如有所求其家作荅內竹筒中復繫犬頸犬既得荅仍馳還洛計人程五旬而犬往還裁半後犬死殯之遣送還家葬機村南去機家二百步築土爲墳村人呼爲黃耳冢

異苑曰東海何澹之隆安初蹔入關中後還得一犬壯大非常何每行來輒已知劫澹之後抱疾犬亦疾及其亡犬一嗥而斃

神仙傳曰李仲甫者能隱形初隱百日一年復見形後遂長隱但聞其聲與人對接飲酒食如常有諸張欲從學甫

去御性急未中教張守之至費用五十疋了無所得張大怒乃懷上手而往先與仲甫語畢因依聲左右斫之甫已在他牀笑去天下乃當有汝曹愚人學道未得而殺人也我寧可得殺我真得殺汝但頑癡不足鬪耳使主人呼犬來着諸生前看能殺之否俄亦犬頭在地犬腹已破叱諸生去御言我能使卿如犬形否諸生下地叩頭乃止遂不教之

列仙傳曰列子者自稱蜀人好放犬犬走入山穴列子隨十餘宿行度數百里出山頭上有殿屋官府松樹仙人吏使甚嚴見其故妻主江魚與列子一函藥發函魚子也着池中養之一年皆爲龍列後送函上山犬色更赤有長翰常隨列往來百餘年遂留山上時時下護其宗族蜀人立祠於穴孔常有鼓似傳呼聲

搜神記曰山陽王瑚字孟璉爲東海蘭陵令夜半時輒有黑幘白單衣吏詣縣扣閤近之則忽然不見如此數年後令伺之見一老狗黑頭白軀至閤便爲人以白孟璉殺之乃絶

又曰鄱陽趙壽有犬蠱有陳岑家有黃犬六七群出吠岑後令伯婦與壽婦食吐血幾死屑桔梗飲之乃愈

又曰東越閩中有墉下北隰中有大蛇長七八丈大十餘圍嘗八月送童女至蛇穴輒吞之噉九女時樂縣李誕有小女名寄應募而行乃請好劒咋蛇犬詣之至則放犬咋蛇以劒擊之越王奇之娉以爲后

續搜神記曰林慮山下有亭有過宿者或病或死常云有十餘人男女各雜衣或黑或白輒來爲害有劉伯夷者過宿明燭而坐誦經至中夜其怪復集伯夷密以鏡照之乃

一群狗也因陽以燭燼灼其衣作燃毛氣乃以刀刺之遂死餘犬悉走去

又曰晉穆哀之世領軍司馬濟陽蔡詠家犬夜群相吠伺之見一狗着黃衣戴帢爲衆犬所吠打殺乃是詠家老黃犬

又曰晉太和中廣陵人楊生養狗甚怜愛之行止與俱後生飲酒醉行經大澤草中眠不能動時冬月有野火起風又猛狗周章號喚生醉不覺前有一坑水狗便走往眠水中還以身壓生左右草沾濕着地火尋過去生方醒他日又闇行墮空井中犬呻吟徹曉須臾有人逕過怪犬向井號往視見生生曰君可出我當厚報君人問以何物見與生云唯君耳人曰以狗見與便相出生曰此狗曾活我於已死不得相與任君人曰若尒便不成相出狗因下頭目井生知其意乃語路人以狗相與乃出之繫狗而去却後五

曰狗夜走還

又曰會稽人張然滯役經年不歸婦遂與奴私通然養一狗名曰烏龍後歸奴與婦欲謀殺然狗注精舐唇視奴然烏龍與手應聲盪奴奴失刀仗然取刀殺奴也

幽明録曰晉太興二年吳民華隆生獵養一快犬号曰的尾常將自隨隆後至江邊伐荻犬暫出渚次隆爲大虵所圍繞周身犬還便咋虵虵死隆僵仆無所知犬彷徨涕泣走還舡復反草中伴怪所以隨往見隆悶絶將歸家二日犬爲不食隆復蘇乃始進飯隆愈愛惜同於親戚後忽失之二年尋求見在顧山

嶺表録異曰嘗有人自青社之海歸闔爲惡風所飄五日夜不知其幾千里也經一處同舡有新羅人云是狗國逡巡果如人躶形抱狗而出見舡驚走

楚辭九辨曰豈不欝陶而思君兮君之門以九重猛犬唁唁而迎吠兮關梁閉而不通

魏賈岱宗大狗賦曰其頭顱也不可論蓋其骨法也不可辨而釋㒈儻蹴蹌雄姿猛相兀然高八九尺毛蹁紫豔光雙眉如白璧時頻伸而振迅若應龍之騰擲爪類刀戟牙如交戟

西晉傅玄走狗賦曰骨相多奇儀表可嘉足懸鉤爪口含素牙首類驤螭尾如騰虵脩頭闊腋廣前捎後豐顱促耳長又緩口舒薄急節豹耳龍形蹄如結鈴五魚體成勢似凌青雲目若泉中星轉視流光采曜赤精翼茹黃而惜宋鵲兮越妙古而揚名

太平御覽卷第九百五

太平御覽卷第九百六

獸部十八

鹿　麋　麂　麞　麑

麀

說文曰麚（音加）牡鹿也夏至解角麟大牝鹿也麋（音備）鹿屬也䴥（音速）鹿迹也麛（音迷）鹿子也麉（音肩）鹿之絶有力也麠（舉卿切）大鹿也

爾雅曰鹿牡麚牝麀（音憂）其子麛其迹速絶有力麉（音堅又音磬）

周易卦曰六三即鹿無虞惟入于林中

詩韓弈曰魴鱮（音序）甫甫麀鹿噳噳（虞矩切）

又靈臺曰麀鹿濯濯白鳥翯翯

又吉日曰獸之所同麀鹿麌麌（虞矩切）

又野有死麕曰林有樸樕野有死鹿白茅純束有女如玉

又曰鹿鳴宴群臣嘉賓也呦呦鹿鳴食野之苹

又蕩桑柔曰瞻彼中林甡甡其鹿

左傳文下曰晉侯不見鄭伯以爲貳於楚鄭家使執訊而告趙宣子曰古人有言曰畏首畏尾身其餘幾

又曰鹿死不擇音小國之事大國也德則其人也不德則其鹿也鋌而走險急何能擇

又襄十四年傳曰范宣子執戎子駒支數之曰今諸侯之事我寡君不如昔者蓋言語漏泄則職汝之由戎子駒支曰昔文公與秦伐鄭秦人竊與鄭盟於是乎有殽之師晉御其上戎亢其下秦師不復我諸戎實然譬如捕鹿晉人角之諸戎掎之與晉踣之

禮記月令曰仲夏鹿角解

又禮器曰居澤者不以鹿豕爲禮

史記曰趙高欲爲亂恐群臣不聽乃先驗持鹿獻於二世曰馬也二世笑曰丞相誤耶謂鹿爲馬問左右左右或言馬以阿趙高或言鹿高因陰中言鹿者以法

又曰邑中人民俱出獵任安常爲人分麋鹿雉兔部署大小劇易衆人皆喜鹿無傷也任少卿分別平

又曰古者皮幣諸侯以聘享漢武帝乃以白鹿皮方尺緣以藻繢爲幣直四十萬王侯朝覲享聘必以爲薦璧然後得行

漢書曰蒯通教韓信反高祖高祖召通至問曰汝何教韓信反耶蒯通曰臣聞狗各吠非其主當彼時臣以知齊王不知陛下且秦失其鹿天下共逐之高才者先得

又曰伍被諫淮南王曰昔子胥諫吳王吳王不用迺曰臣今見麋鹿遊姑蘇之臺今臣亦見宮中生荆棘也

東方朔別傳曰武帝時有殺上林鹿者下有司收殺之朔時在旁曰是固當死者三使陛下以鹿殺人一當死天下聞陛下重鹿賤人二當死匈奴有急須鹿觸之三當死帝默而赦之

范曄後漢書曰雲南縣有神鹿兩頭食毒草

又華陽國志曰熊蒼山有神鹿食毒

謝承後漢書曰鄭弘爲臨淮太守行春兩白鹿隨車俠轂而行弘怪問主簿黃國鹿爲吉凶國拜賀曰聞三公車畫作鹿明府當爲宰相後弘果爲太尉

魏志曰蘇則從文帝獵失鹿帝大怒踞胡牀拔刀悉收行督吏將斬之則諫之乃止

晉書曰許孜字季義東陽吳寧人也二親沒弃妻宿墓所列植松栢亘五六里時有鹿犯其松栽孜悲歎曰鹿獨不

念我乎明日忽見鹿爲猛獸所殺置於所犯栽下孜悵惋不已乃作塚埋於隧側猛獸即孜前自撲而死孜益歎息復埋之

又曰謝鯤在豫章嘗行經空亭中夜宿此亭舊每殺人將晚有黄衣人呼鯤字令開户鯤澹然無懼色便於窓中度手牽之髆斷視之鹿也尋即獲焉尒後此亭無復妖怪

晉中興書曰陶淡字處静太尉侃之孫一身孑然無有同産鄙亂之時雅好導養謂仙道可祈至年十五六便服食絶穀不婚娶居長沙臨湘縣下去家十里於山中立小草屋裁足容身時還家設小床常獨坐不與人共於野得白鹿子馴而養之至七八歲恒與之俱往還後遂不復還家

又曰郷仲堪上白鹿表曰巴陵縣青水山得白鹿一頭白者正色鹿者景福嘉義

晉書載記曰石勒嘗傭於武安臨水爲游軍所囚會有群鹿傍過軍人競逐之勒乃獲免俄而又見一父老謂勒曰向群鹿者我也君應爲中州主故相救耳勒拜而受命

蕭子顯齊書曰始興盧度隱居西昌三頤山鳥獸隨之夜有鹿觸其壁度曰汝勿壞我壁鹿應聲去

南史四夷傳曰扶南有鹿車國人養鹿如中國畜牛以乳爲酪

隋書曰開皇十七年群鹿入殿門馴擾侍衛之内

後周書曰文帝獵於岐山園不齊獸多越逸帝怒諸將股慄俄有一鹿亦突圍而走賀若敦躍馬逐之鹿上東原弃馬歩逐山半便及掣之而下帝大悦諸將免罪

唐書曰太宗幸懷州乙未狩於濟源之陵上親御弧矢太宗曰古者先駈以供宗廟今所獲鹿宜令有司造脯醢以充薦享

又曰褚無量丁母憂解職廬於墓側其所植松栢時有鹿犯之無量泣而言曰山中衆草不少何忍犯吾先塋樹栽因通夕守護俄有群鹿馴狎不復侵害

魏名臣奏曰時殺禁地鹿者死郎中黄觀上疏曰臣深思陛下所以不早取此鹿誠欲使亟蕃息然後大取以爲軍國之用也然臣切以爲今鹿但有日耗終無得多也

魏末傳曰明帝爲平原王母甄后姤文帝殺之欵不立爲太子嘗從帝獵見鹿子母帝射鹿母語明帝射鹿子明帝曰陛下既已殺其母臣不忍復殺其子因大涕泣帝放弓矢由是立太子意定

國語曰周穆王征犬戎得四白鹿而荒服者不至史記又載

穆天子傳曰天子賜曹奴之人金黄之鹿白銀之麕

又曰天子西升于黎丘之陽過并公博乃駕鹿遊乎山上

又曰天子征于蒩側魚切臺狎蒩之獸於是有白鹿一迋音恇乘逸走出天子乘渠黄之乘馳焉

山海經曰上申之山其獸多白鹿

辛氏三秦記曰有白鹿原周平王時白鹿出此原

太公六韜曰取天下若逐野鹿得其鹿天下共食肉

莊子曰至德之世不尚賢不使能民如野鹿

韓子曰夫馬似鹿者而題千金有百金之馬而無一金之鹿者馬爲人用而鹿不爲人用

列子曰鄭人有薪於野者遇駭鹿却而擊之斃恐人見之遽而藏諸隍中覆之以蕉不勝其喜俄而遺其所藏之處遂以爲夢焉從塗而詠其事傍人有聞者用其言而取之既歸告其室人曰向薪者夢得鹿而不知其處吾今得之

管子曰桓公問管子楚之强國舉兵伐之恐力不能過柰何對曰公貴買其鹿公即爲百里之城使人載錢二千萬求生鹿於楚人楚人釋其耕農而田鹿管子告楚人買曰爲我致生鹿賜子金百斤什至金千斤

尸子曰鹿走而無顧六馬不能望其塵謂不反顧也

呂氏春秋曰晏子遭崔杼之患其僕將馳晏子安之曰疾必不生徐必不死鹿生於山命懸於廚今嬰有所懸也

抱朴子曰昔張葢蹹〔音沓〕及儒寧成二人並精思於蜀雲臺山石室中忽有一人着黄練單衣葛巾到其前曰勞乎道士乃辛苦幽深於是二人顧視於鏡中乃見是鹿也因問曰汝是草中老鹿何敢詐爲人形也言絶即還成鹿而走去○瀨鄉記李母碑曰老子乘白鹿下託於李母

韓詩外傳曰齊景公逐白鹿畝丘見封人曰使吾君壽金

玉是賤人民是寶公曰善

孫柔之瑞應圖曰黄帝時西王母使使乘白鹿獻白環之休符以有金方也

春秋歷命序曰神駕六飛鹿化三百歲

淮南子曰四九三十六六主律律主鹿鹿故六月而生

春秋運斗樞曰瑶光散而爲鹿江淮不祠則瑶光不明見

生鹿

抱朴子玉策篇曰鹿壽千歲滿五百歲則其色白

瑞應圖曰天鹿者能壽之獸五色光暉王者孝道則至

又曰王者承先聖法度無所遺失則白鹿來

禮斗威儀曰君乘水而正其政和平北海輸白鹿

衡波傳曰鹿生三年其角自墮

崔豹古今注曰鹿有魚不能觸

荆山松白鹿詩序曰荆門山臨上皆絶壁峭峙五百餘丈豆帶激流禽獸所不能履北岸有一白鹿常過江行人見之競逐之謂至山下必得鹿忽飛超闕而去乎今此壁謂之白鹿山〔洄音回言浮過也〕

神仙傳曰魯女生者長樂人服胡麻餌朮絶穀八十餘年甚少世傳見之二百餘年入華山中有故人與女生别五十年入華山廟逢女生乘白鹿車從玉女數十人

列仙傳曰蘇躭與衆兒俱戲獵常騎鹿形雖如常鹿遇險絶之地能超越衆兒問曰何得此鹿異常鹿耶荅曰龍也

述異記曰漢成帝末年宫中雨一蒼鹿殺而食之味甚美

又曰鹿一千年爲蒼鹿又百年化爲白鹿又五百年化爲玄鹿漢成帝時山中人得玄鹿烹而視其骨皆黑色仙者説玄鹿爲脯食之壽二千歲餘干縣有白鹿土人皆傳千

歲矣晉成帝遣人捕得有銅牌有字在其角後云寶鼎二年臨江所獻

博物志曰雲南郡出荼首荼首其音爲蔡茂是兩頭鹿名也獸似鹿兩頭其腹中胎常以四月中取可以治蛇虺毒永昌亦有之

異苑曰鄱陽樂安彭世咸康中以捕射爲業入山輒與兒俱世後忽蹷然倒地變成一白鹿咷蹢而去其子終身不復挺弩至孫復襲此事胃射得一鹿兩角間有道家七星符其祖名字鄉居年存焉覩之悵悔遂斷獵

伏侯古今注曰漢明帝永平九年三角鹿出江陵孝和帝永元十二年豫章餘干得白鹿高丈九寸

楚辭曰青莎雜樹薠〔音煩〕草靃靡白鹿麏麚或騰或倚

樂府歌詩曰白鹿乃在上林西苑中射工尚得脯腊之黄

鶴擧天極高飛後宮尚得烹煮之
金樓子曰夏禹之時神鹿行於河水
搜神記曰淮南陳氏於江西種豆忽見二女子姿色甚美著紫纈襦青裙天雨而衣不濡其壁先挂一銅鏡中見二鹿以刀斫獲之以爲脯
宣驗記曰吳唐廬陵人也少好驅媒獵射發無不中家以致富後春月將兒出射正值麑鹿將麑母覺有人氣呼麑漸出麑不知所猥逕前就媒唐射麑即死鹿母驚還悲鳴唐乃自藏於草中出麑致淨地鹿母直來地俯仰頓伏絶而復起唐又射鹿母應弦而倒至前場復逢一鹿上弩將放忽發箭反激還中其子唐擲弩抱兒撫膺而哭聞空中呼曰吳唐鹿之愛子與汝何異唐驚聽不知所在
高堂隆集曰近日有司宣令有殺禁地鹿者身死財產沒官有能先覺白者賞賜之此爲重禽獸而賤人過於齊宣矣
杜祭酒別傳曰君弟子三人隨道士邢邁入宣城涇縣白水山去縣七十里餌朮黃精經歷年所有鹿走依舍邊伏眠邁等怪之乃爲虎所逼邁乃呪虎退鹿經日乃去
南中八郡志曰麊冷縣深山中有大虵長數丈圍三尺於樹上野鹿過便低頭繞之鹿於是有頃而死先含水濡之令濡乃合頭角併吞之訖便不能動至數日鹿乃消盡虵自繞樹鹿角骨悉鑽皮出養瘡得一月乃愈　又永初山川記曰髯蛇吞鹿至角乃止
交州記曰合浦口有鹿角當額上載科藤一株三四條長可一尋射師從禽每見而不敢射
蕭廣濟孝子傳曰伍襲字世公丁父憂盧墓側有一鹿每襲哭輒踞墳而悲鳴

廣州先賢傳曰丁茂字仲慮交阯人至孝母終負土治冢列樹松栢白鹿遊乎左右
又曰唐頌字德雅番禺人遭喪六年廬於墓次白鹿拾食冢邊
習鑿齒襄陽記曰習郁從光武幸黎丘與光武通夢見蘇領神帝嘉之使立祠二石鹿夾道口百姓謂之鹿門

麋

爾雅釋獸曰麋牡麔牝麎其子䴤其跡躔絶有力狄（麔音眉麔平表切麎音臼䴤決道切）
說文曰麋鹿屬也冬至解角
春秋運斗樞曰搖光星散爲麋
春秋命歷序曰有人黃頭大腹出天齊號曰皇次駕六飛麋上下天地與神合謀

周禮天官獸人曰獸人夏獻麋
左傳宣下曰晉楚戰楚致晉師晉人逐之左右角之樂伯左射馬而右射人角不能進矢一而已麋興於前射麋麗龜晉鮑癸當其後使攝叔奉麋獻焉
又曰魯莊公十七年冬多麋害稼
又哀十四年傳曰宋桓魋之寵害於公將討之召左師曰迹人來告曰逢澤有介麋焉
離騷曰麋何食兮庭中蛟何爲兮水裔
莊子曰鰌與魚遊麋與鹿
淮南子曰孕婦見兎其子缺脣見麋而子四目
又曰逐麋者不顧雉兎
新序曰晉文公逐麋而失之問農夫古老古老以足指如是往公問其故對曰虎豹猒閑而近人故得魚鼈處猒深而

之淺故得諸侯厭衆而云其國文公懼歸有恍色欒貞子問焉公曰今日逐麋失之而得善言故忻也

魏略曰文帝將受禪有白麋見

戴延之西征記曰徽音殿西南姚興起波若臺有逍遥園西去三百步有鹿子苑羲王養麋鹿數百頭

麂

爾雅曰麂(音几)大麢(九筠切)旄毛狗足(旄毛獵長)

山海經曰女几之山有獸多麢(郭璞曰麢似麞而大)

孫氏瑞應圖曰晉中興書元帝時有二白麂見于南昌郡

臨海記曰郡西北候官山有三足麂其聲嘶嗄二千石官長將有代謝則嗄麂鳴矣民以爲常占未曾一失

麈

説文曰麈鹿屬也大而一角

搜神記曰馮乘虞蕩夜獵見一大麈射之麈便云虞蕩汝射殺我耶明晨得一麈而入少時蕩死

鄱陽記曰李嬰弟縚(縚音韜)二人善於用弩嘗得大麈解其四脚懸著樹間以臓爲炙烈於火上方欲共食山下一人長三丈許皷步而來手持大囊既至取麈頭骼皮并火上新肉悉内囊中逕還山嬰兄弟後亦無恙

麑(音倪)

淮南子曰孟孫獠(音老)而得麑使秦西巴歸之麑母隨而啼西巴不忍縱而與之孟子歸求麑安在西巴以實對孟子怒逐之居一年復以西巴爲子傅

秦子曰虎能雄猛不可以託麑鷹能飄擊不可以寄鶵

太平御覽卷第九百六

太平御覽卷第九百七

獸部十九

麞（麢附） 兔

麞

春秋運斗樞曰樞星散爲麞

伏侯古今注曰麞有牙而不能噬鹿有角而不能觸麞一名麢青州人謂麢爲麞○抱朴子曰麞兎入軍中當從之

又曰山中稱赤吏者麞也○呂氏春秋曰使麞疾走馬弗及也而得之者時顧也○瑞應圖曰宋文元嘉二十五年

華林園養麞生三百子文帝又獲青麞

晉起居注曰咸寧中白麞見魏郡後諸州各送白麞

異苑曰青州劉幡元嘉初射得一麞剖肚藏以草塞之蹶然起走幡怪而拔塞須臾復還倒如此三焉幡密録此種

平九百七 一 楊宜

求類治傷瘥多愈

北史曰後魏廣平王懷嘗獵於河北馬場閒逐一麞入草命人圍遶將自射之田巴先經燒不見其出遂失麞所在唯有塼塔存焉懷乃悵然動仁恕之心解鷹放犬遂不復獵

蕭廣濟孝子傳曰蕭國遭喪有鵨遊其庭至暮而去麞暮入其門與馬犬侶至旦而去

王述上白麞表曰所領阮藻之於江寧縣界得白麞一頭毛色鮮潔異於類誠嘉祥也

麢（几筠切）

爾雅曰麢牡麌牝麋（音栗）其子麆（音助）其跡解絶有力豜（音豜）

說文曰麢麞也

毛詩曰野有死麢惡無禮也野有死麢白茅苞之

穆天子傳曰天子賜曹奴之人白銀之麢

論衡曰都尉王子鳳時麢入府中其後迁爲丹陽太守

魏文帝詩曰巾車出鄴宮校獵東橋津灣弓忽高馳一發連雙麢

晉書曰中興所在獻白麢

建武故事曰咸和六年計貢合集於樂堂有野麢走至堂前左右逐之於池中而獲之

沈約宋書曰宗室傳曰劉慶於廣陵有疾野麢入府心甚惡之因陳惡求還太祖許之薨于京邑

兔

爾雅曰兎子嬎（音万又撫万切）其跡迒（音剛又胡剛切）絶有力欣

廣志曰兎大者曰㲋（音讒）

春秋運斗樞曰玉衡星散而爲兎

平九百七 二 楊宜

孫氏瑞應圖曰赤兎者瑞獸王者盛德則至

典略曰兎者明月之精

詩小雅曰巧言躍躍毚兎遇犬獲之

又國風有兎曰有兎爰爰雉離于羅（爰爰緩意）

又小雅瓠葉曰有兎斯首炮之燔之（斯白也今字或作鮮）

史記曰李斯出獄顧謂其子曰吾欲與尒復牽黃犬俱出上蔡東門逐狡兎其可得乎

又曰范雎謂秦昭王曰夫以秦而治諸侯譬若縱韓盧而搏蹇兎也

謝承後漢書曰儒㪄林爲東郡太守赤烏巢於屋梁兎産於牀下

又曰方儲字聖明丹陽歙人幼喪父事母母死負土成墳種樹千株鸞鳥栖集其上白兎遊其下

范曄後漢書曰南徼外蠻夷獻白雉兔

又曰蔡邕性篤孝母嘗滯病三年邕自非寒暑節變未嘗解衿帶不寢寐七旬母卒廬於冢側動靜以禮有兔馴擾其室傍

漢獻帝春秋曰張楊大將睦固屯於射犬巫戒之曰將軍本名白兔兔見犬必驚不宜屯此固不從司空曰兔入犬城但當取遂進軍擊平之

張璠漢記曰梁冀起兔苑於河南移檄所調發生兔刻其毛以爲識民有犯者罪至死西域賈胡來不知禁誤殺一兔轉相告坐死者十餘人也

晉書載記曰石勒時茌如叔之平令師歡獲黑兔獻之於勒或以爲勒龍飛革命之祥於晉以水承金兔陰精之獸玄爲水色此殿下宜速副天人之望也於是大赦改咸和三年曰大和

王隱晉書曰慕容皝田于南鄙見父老曰此非獵所言卒不見旣明日又出見白兔馳射之墜馬于石即死

後魏書曰有兔入於後宮撿問門官無從得入太祖恠之令崔浩推其咎徵浩以爲當有隣國貢嬪嬙者明年姚興果來獻女

三國典略曰周命尉遲迥伐蜀師甲士一萬二千騎萬疋自散關由固道而入太祖送於城西見一走兔命弟中領軍綱射之綱誓曰若獲此兔必當破蜀俄而獲兔太祖喜曰事平之日賞汝佳口及剋蜀乃賜侍婢二人

隋書曰華秋汲郡臨河人也幼喪父事母以孝聞家貧傭賃爲養其母卒秋鬢盡禿落廬於墓側負土成墳有人欲助之者秋輒拜而止之大業初調狐皮郡縣大獵有一兔人逐之奔入秋廬中匿秋膝下獵人至廬所異而免之自尒此兔常宿廬中馴其左右郡縣嘉其孝感具以狀聞

春秋考異尤曰熒惑不明雉生兔焉

春秋運斗樞曰行失搖光則兔出月宋均注曰陰不衘陽故兔出月也

春秋元命苞曰君失德則地吐泉魚衘兔宋均注曰兔陽精魚是陰見制也

詩推度災曰八月成光決鼻始明決鼻兔也

黃帝占書曰月望而月兔不見者所見之國崩大水淊民

崔豹古今注曰兔口有鈌尻有九孔

括地圖曰天池之出有獸如兔名曰飛兔以背毛飛

莊子曰蹄者所以在兔也得兔而忘蹄蹄者取兔網

韓子曰宋人有耕者田中有株兔走觸折頭而死因釋耕守株冀復得兔爲宋國笑

愼子曰一兔走街百人追之積兔於市過而不視非不欲得分定不爭也

韓子曰趙王遊於圃中左右以兔與虎而輟之虎盻然環其眼王曰可惡哉虎在左右曰平陽之目可惡過此平陽君趙王之弟

文子曰飛鳥反鄉兔走歸窟狐死首丘

抱朴子曰兔壽千歲五百歲其色白

又曰山中卯日稱丈人者兔也

又曰采女丹法以兔血和丹與密蒸之百日服之如梧子者二九一百日有神女二人來侍之可役使

淮南子曰以兔之走使大如馬則逐日追風及其爲馬則不走矣○又曰楚王珮玦逐兔爲速破乃取兩玦重而着之其破愈疾

述異記曰紂之時大龜生毛兎生角兵甲將興兆也
春秋後語曰昔齊有良兎曰東郭俊（本或作㕙兎以其善走故曰俊）一日
走百里有良狗曰韓子盧（黑犬也盧讀如壚也）亦一日而走百里使
人逐見而指屬（指屬猶指蹤也屬音之欲切）則雖韓盧不及良兎躡跡
而蹤之則雖東郭不能離也
春秋後語曰淳于髡說齊威王曰韓子盧天下之壯犬也
東郭俊者海內之狡兎也韓子盧逐東郭俊環山者三騰
山者五兎極於前而犬疲於後犬兎俱疲各死其處田父
見而獲之無勞倦之苦而擅其功今齊魏相持頓兵弊衆
臣恐強秦大楚乘其後而有田父之功也威王懼而罷兵
又曰莊辛對楚王曰臣聞鄙諺曰見兎而顧犬未爲晚也
亡羊而補牢未爲遲也
又曰馮煖謂孟嘗君曰聞狡兎有三穴

范子計然曰兎毫出玄菟樂浪
書紀年曰昭王十九年天大曀雉兎皆震宣王三十年有
兎舞鎬
風俗通曰食兎髖（音北）者令人面生髖食得髖者賞以寒酒
按秦法言好車裂抽脅黥首飲泣永歎故食兎髖以爲嘉
瑞全已之髖也所以有賞耳
古今注曰成帝建平元年山陽得白兎目赤如朱京房妖
占曰兎止城上邑必虛入宮生子宮空
廣志曰漢諸郡獻兎毫書鴻都門題唯趙國豪中用
論衡曰兎舐雄豪而孕及其生子從口中出
又博物志曰兎望月而孕兎吐子舊有此說余目所見也
又曰儒者言月中兎夫月水也兎在水中無不死者夫兎
月氣也

又曰任娠者不食兎肉令兒口缺
幽明錄曰桓大司馬溫時有參軍夜坐忽見屋梁棟間
有一伏兎張目切齒而向之甚可畏惡參軍轉近遂引
刀而斫之正中於兎而實反傷其髀流血滂沲深怪此意
命家中悉藏刀刃不以自近後忽復見如前意迴或復索
刀重斫因傷委頓幸力不利故不至死再過而止
傅玄歌辭曰兎擣藥月間安足道神烏戲雲間安足道
楚辭天問曰夜光何德死則又育（夜光月也育生也言月得於天死而復生也）
古豔歌曰煢煢白兎東走西顧衣不如新人不如故
樂府歌詩曰採取神藥山之端白兎擣成蝦蟆丸奉上陛
下一玉柈（音盤）

太平御覽卷第九百七

太平御覽卷第九百八

獸部二十

貔　熊　羆　猰窳
貙　貘　騊駼　猩猩
萬萬　風母　豻　麢
貒

爾雅曰貔白狐其子豰郭璞注曰一名執夷虎豹之屬豰許卜切

說文曰貔豹屬出貉音陌國猛獸也

尚書曰如虎如貔如熊如羆

毛詩曰獻其貔皮赤豹黃羆

禮記曲禮曰前有摯獸則載貔貅

莊子曰豐狐文豹搏於山林伏於岩穴夜行晝居求食江湖之上○韓子曰虎貔不用爪牙與鼷鼠同威

毛詩草木蟲魚疏曰貔似虎或曰似熊白一名執夷一名白狐其子爲豰遼東人謂之熊羆

熊

說文曰熊獸似豕山居冬蟄

詩義疏曰熊能攀緣上高樹見人則顛倒投地而下冬入穴而蟄始春而出

孝經援神契曰赤熊見則姦宄自遠

本草經曰熊脂一名熊白味甘微溫無毒主風痺

穆天子傳曰舂山百獸所聚也爰有赤豹熊羆

六韜曰文王囚羑里散宜生受命而行死懷條塗之山有黃熊得而獻於紂

左傳曰晉靈公使宰夫胹熊蹯不熟殺之寘諸畚載以過朝

又曰楚子將以商臣爲太子令尹子上諫之不聽又欲立王子職而黜商臣商臣以宮甲圍成王王請食熊蹯而死弗聽王縊

史記曰趙簡子病不知人五日而寤曰我之帝所見一熊欲援我帝命我射之中熊死有當道者曰帝令主君滅晉二卿熊其祖也

漢書曰昌邑王賀在藩帝見熊以問左右左右皆荅不見

又曰孝元帝馮昭儀上幸虎圈鬬獸後宮皆坐熊出圈攀檻欲上殿昭儀乃當熊而立及左右格殺熊上問人情驚懼何故當熊昭儀曰夫猛獸得人而止妾恐熊至御坐故身當之耳帝嗟嘆以此倍敬重之

淮南子曰誠中之人樂而彶彶急也忠信之人自樂爲之非彶殺也如鷚之好聲熊之好經夫有誰爲務

又曰愛熊而食之鹽愛獺而飲之酒雖欲養之非其道熊食鹽而死獺飲酒而敗故曰非其道也

周書王會曰成王時不屠何國獻青熊

孟子曰魚我所欲熊掌亦我所欲二者不可得兼舍魚取熊掌義者我所欲生亦我所欲二者不可得兼舍生取義

列子曰黃帝戰於阪泉帥熊貙虎爲前驅

纏子曰桀王天下酒濁而殺廚人紂王天下熊蹯不熟而殺廚人

抱朴子曰玉策記稱熊壽五百歲五百歲則能化

瑣語曰晉平公夢見赤熊闚屏惡之而有疾使問子產子產曰昔共工之卿曰浮遊既敗於顓頊自沒沉淮之淵其色赤其言善笑其行善顧其狀如熊常爲天王祟見之堂上則止天下者死見堂下則邦人駭見門近臣憂見庭則無

傷窺君之屏病而無傷癸巔項共工則瘳公如其言而疾間

魏略曰大秦國出玄熊赤螭

建武故事曰咸和七年左右啓以米飴熊上曰此無益而費於穀且是惡獸所不宜畜使遣打殺以肉賜左右直人

異苑曰邵陵高平黄秀以元嘉三年入山經月不還其兒根生尋覔蹤空樹中從頭至腰毛色如熊問其何故荅曰天謫如此汝但自去生哀慟而歸踰年人見其形盡爲熊矣○又曰熊獸藏於山穴穴裏不得見穢及傷殘見則舍穴自死

續搜神記曰晉外平中有人入山射鹿忽墮一坎窅然深絶内有數頭熊子須臾有一大熊來入瞪視此人人謂必以害己良久出藏果分與諸子末後作一分着此人前人飢久於是冒死取噉之既轉相狎熊母每旦覔食果還輒分此人人賴以支命後熊子大其母一一負將出子既盡人分死坎中窮無出路熊母尋復還入坐人邊人解意便抱羆之足於是跳出遂得無他

又曰熊無穴居大樹孔中東土呼熊爲子路以物擊樹云子路可起於是便下不呼則不動也

羆

爾雅曰羆如熊黄白文郭璞注曰似熊而長頭高脚猛憨多力能拔樹木關西呼爲猳羆

援神契曰赤羆見姦宄息佞人離則出

山海經曰嶓冢之山其獸多羆

尚書禹貢曰熊羆狐狸織皮

詩曰吉夢維何維熊維羆男子之祥

詩蕩韓弈曰獻其貔皮赤豹黄羆

毛詩草木蟲魚疏曰黄羆大如熊脂如熊白而粗粗理

史記曰趙簡子疾夢之帝所聽鈞天之樂次射殺熊又有一羆來亦殺之天帝甚喜

晉書載記曰苻健字業洪第三子也初母姜氏夢大羆而孕長而勇果

北史曰齊神武遣韓軌司馬子如從河東齊濟華州襲王羆羆不覺比曉軌衆已乘梯入城羆尚卧未起聞閤外匈匈有聲便袒身露髻徒跣持一白挺大呼而詬曰老羆當道卧貉子那敢過敵見驚退

猰貐 上音軋下音庾

爾雅曰猰貐類貙虎食人迅走 貙勑俱切

海内經曰猰貐龍首而虵身人面居於弱水中食人

山海經曰少咸之山獸其狀如牛而赤身人面馬足名曰猰貐其音如嬰兒食人

淮南子曰堯時猰貐爲民害堯乃使羿殺之

貙

爾雅曰貙似狸 郭璞曰今貙虎大如狗文如狸山民呼貙虎大者爲貙豻

搜神記曰江漢之域有貙人其先　君之苗裔也能化爲虎長沙所屬蠻縣東高居民作檻捕虎得一亭長赤幘大冠在檻中問其故亭長大怒曰昨忽被縣召避雨遂誤入此中於是即出之乃化爲虎上山俗云貙虎化爲人好着葛衣其足無踵虎有五指者皆是貙

貘 莫格切

爾雅曰貘白豹也 郭璞注曰似熊小頭痺脚黑白駮能䑛食銅鐵及竹骨骨節強直中實少髓皮辟濕

說文曰貘似熊黃色出蜀

廣志曰貘大如驢色蒼白舐鐵消十斤其皮溫煖

抱朴子曰劉子知二負之尸東方生識啖鐵之獸實賴禹之書大荒之籍矣

神異經曰西荒之中有人焉頭如人着百結敗衣手足虎爪名曰貘貐（音傭）伺人獨自輒往就人驅先使捕蝨得臥而舌出槃地丈餘燒大石投舌上於是而死

騊駼（上音陶下音塗）

周書曰正北空桐槖駞騊駼為獻

爾雅曰騊駼馬（郭璞注曰出山海經其色青）

說文曰騊駼野馬之良也

史記曰匈奴奇畜則騊駼（廣志曰騊駼匈奴名馬也）

山海經曰北海內有獸焉其狀如馬名曰騊駼

平九百八　五　李阿頂

猩猩

爾雅曰猩猩小兒啼（今交趾封溪出猩猩狀如貛㹠聲似小兒啼）

禮記曰猩猩能言不離禽獸

春秋說題辭曰猩猩者矜精者也故能言可使陽烈之類以檢下（宋均曰矜謂使人自矜莊精審也猩猩言識人善惡是陽氣之烈猶善王者所以檢下也）

廣志曰猩猩似狟（音丸）聲如兒啼不聞其言出交阯封溪縣

山海經曰有獸人面名曰猩猩

又曰猩猩知人名其為獸如豕而人面

山海經讚曰猩猩似狐走立行伏懷木挺刃少辛明目

華陽國志曰永昌郡有猩猩能言其血可以染朱罽

孫卿子曰猩猩能言笑亦二足無毛而君子啜其羹食其肉故人非以二足無毛以知禮也

呂氏春秋曰伊尹說曰肉之美者猩猩之脣

淮南萬畢術曰歸終知來猩猩知往（注曰歸終猩猩並神獸）

括地圖曰猩猩人面豕身知人名

蜀志曰封溪縣有獸曰猩猩體似豬面似人音作小兒啼聲旣能語又知人姓名人知以酒取之猩猩覺初暫嘗之得其味甘而飲之終見羈纓也

酈善長注水經曰西蜀封溪縣猩猩人面獸形能言語

南方草物狀曰猩猩之獸生在野中狀如㹠子民人捕取交阯武平興古有之

晉郭璞猩猩讚曰能言之獸是謂猩猩厥狀似貛號音若嬰自然知往頗測物情

狒狒（音費）

爾雅曰狒狒如人被髮迅走食人

說文曰狒狒人身反踵笑即上脣掩其目（名梟羊北方謂之土螻）

平九百八　六　李阿頂

山海經曰狒狒如人面脣黑身有毛反踵見人則笑笑則上脣掩目交廣及南康山中有大者丈餘俗呼為山都

山海經圖讚曰狒狒怪獸被髮操竹獲人則笑脣蓋其目終亦號咷反為我戮

吳都賦曰猩猩啼而就擒狒狒笑而被格

風母

十洲記曰炎州有風生獸似豹青色大如猩猩燒之不死斫刺不入以鐵椎鍛其刀頭乃死以其口向風須臾活以石上菖蒲塞其鼻即死取其腦菊華和服之盡十斤壽五百歲

南州異物記曰風母獸一名平猴狀如猴無毛赤目若行逢人便叩頭似如懼罪自乞人若過打之懨然死地無復氣息小得風吹須臾能起

抱朴子曰內篇曰風生獸似豹青色大如貍猩生南海大林中張取積薪數車以燒之薪盡此獸在灰中不然其毛不燋斫刺不入打之如皮囊以鎚鍛其頭數十乃死

嶺南異物志風猩如猿猴而小晝日踡伏不能動夜則騰躍甚疾好食蜘蛛蟲打殺以口向風復活唯破腦不復生矣以酒浸愈風疾南人相傳云此獸常持一小杖遇物則指飛走悉不能去人有得之者所指必有獲夷人施罟網旣得其獸不復見其杖杖之數百乃肯為人取或云邕州首領甯洄得之洄資產巨萬僮伎數百洄甚秘其事

豻音岸

說文曰豻胡地野狗也

異物志曰豻獶獨頭形正方鬚長尺餘皆著色犬類似人欲有所視輒搖頭兩手被髮不介則覆鄣其兩目衣毛儲儲若披狐裘木居洄藏竅向乃得見耳

蟨

爾雅曰西方有比肩獸與卭卭岠虛比為其名曰蟨

孫子曰北方有獸其名曰蟨前足鼠後足兔是獸也甚矣其愛蛩蛩巨虛也食得甘草必齧以遺蛩蛩巨虛蛩蛩巨虛見人將來必負蟨以走蟨非性之愛蛩蛩巨虛也為假足也二獸者亦非性心愛蟨也為其得甘草而遺之故也

太平御覽卷第九百八

太平御覽卷第九百九

獸部二十一

狼

爾雅曰：狼，牡貛（音歡），牝狼，其子獥（吉堯切），絕有力迅。

說文曰：狼似犬，鋭頭而白頰。

詩曰：狼跋其胡，載疐（音致）其尾。（疐，跲也。）

又曰：子之昌兮，遭我猱之陽兮，並驅從兩狼兮。

周禮天官獸人曰：冬獻狼。

禮曰：狼臅（音觸）膏。

又曰：君之車，厥右虎裘，厥左狼裘。

左傳曰：伯石始生，子容之母走謁諸姑（子容母，叔向嫂，伯華妻，姑，叔向母也），曰：長叔姒生男（兄弟之妻相謂姒也）。姑視之，及堂，聞其聲而還，曰：是豺狼之聲也。狼子野心，非是莫喪羊舌氏矣。遂弗視。

史記大宛傳曰：烏孫王昆莫初生，弃於野，狼往乳之。

漢書曰：江都王建宮人有過者，或放狼令齧殺之，建觀而大笑爲樂。

又曰：高祖使太子將兵，四皓曰：今使太子將兵，無異羊將狼也。

宋書曰：王仲德初遇苻氏之敗，兄叡同起義兵，與慕容垂戰，敗。仲德被重創，走，與家屬相失。路經大澤，困未能去，卧林中。有一小兒，青衣，年可七八歲，騎牛行，見仲德，驚曰：已食未？仲德言飢。小兒去，須臾復來，得飯與之。食畢欲行，而暴雨，莫知津逕。有一白狼至前，仰天而號，號訖，銜仲德衣，因渡水。仲德隨後得濟，與叡相見。

後魏書曰：匈奴單于生女，姿容甚美，國人皆以爲神。單于曰：吾有此女，安可配人？將以與天。乃於國無人之地築高臺，置二女其上，曰：請天自迎之。經三年，其母欲迎之，單于曰：不可，未徹之間。復經一年，乃有一老狼晝夜守臺下，爲穴，經時不去。其小女曰：吾父處我於此，欲與天，而今狼來，或是神物。遂乃就之。其姊大驚曰：此是畜生，無乃辱父母也。妹不從，下爲狼妻而產子，後遂滋繁成國。故其民好引聲長歌，又似狼嘷。

又曰：初，道武避窟咄難，遣穆崇還察人心。崇單馬與從者微服入其營，會道武爲舂妾所識，賊皆驚起。崇求從者不得，因匿坑中，徐乃竊馬奔走。於大澤有白狼向崇號，崇覺，乃馳馬隨狼走，遂免難。道武異之，命崇立祀，子孫世奉焉。

後周書四夷傳曰：突厥之先，匈奴之別種也。爲隣國所破，其族有一小兒，弃草澤中，有牝狼以肉飼之。及長，與狼交合，遂有孕焉。彼王聞此兒尚在，重遣殺之。使者見狼在側，幷欲殺狼，狼遂逃于高昌國之北山。山有洞穴，穴內有平壤茂草，周迴數百里，四面俱山。狼匿其中，遂生十男，其後各爲一姓，阿史那即其一也。

又曰：突厥旗纛之上施金狼頭，侍衛之士皆謂附離，夏言亦狼也。盖本狼生，志不忘本耳。

唐書曰：薛延陁部落嘗有一客乞食於主人者，主人引與入帳，命妻具饌。其妻顧視，客乃狼頭人也，主人不知覺。妻告隣人共視之，狼頭人已食主人而去。相與逐之，至鬱督軍山，見二人，追者告其故。二人曰：我是也，我即神人，薛延陁當滅，我來取之。追者懼而返走。

又曰：高宗時有孝子，年十二喪父母，以孝聞，晝夜負土爲墳，又葬曾祖父母，經二十載，其功始畢，有白狼號鳴

於墓側詔旌表其門
帝王世紀曰有神牽白狼銜鉤入殷
國語曰周穆王將征大戎祭公謀父諫不聽遂征之得四白狼四白鹿以歸自是荒服者不至
述異記曰周幽王時牛化爲虎羊化爲狼洛南有避狼城云幽王時群臣爲狼食人故築城避之今洛中有狼村是其處也
穆天子傳曰春山百獸所聚爰有狼豺野馬
山海經曰盂山有獸多白狼白虎
又圖讚曰矯矯白狼有道則遊應符變質乃銜靈鉤
淮南萬畢術曰取狼皮以當空戶則羊畏不敢出矣
毛詩草木蟲魚疏曰狼能爲小兒啼聲以誘人去數十步止其猛捷者人不能制雖善用兵者其不能尅也其膏可以煎和其皮可以爲裘

狐

說文曰狐妖獸也鬼所乘也有三德其色中和小前大後死則首丘
禮檀弓曰君子曰樂樂其所自生禮不忘其本古之人有言曰狐死正丘首仁也
易解卦曰九二田獲三狐得黃矢貞吉
又曰未濟汔小狐汔濟濡其尾
詩國風曰南山崔崔雄狐綏綏
又曰有狐綏綏在彼淇梁
又曰莫赤匪狐莫黑匪烏
漢書曰陳勝吳廣於所次旁叢祠張晏曰戍人所止處叢祠鬼所憑夜篝音構火狐鳴呼曰大楚興陳勝王卒皆夜驚恐旦日卒中往往指目勝廣
晉書曰王浚據幽州有狐踞府門翟入廳事後浚果敗
又曰涼武昭王暠子歆爲涼州牧時有狐上南門主簿氾稱曰諺曰野獸入家主人將去狐上南門又狐者胡也天意若曰有胡人居于此城南面而居也後竟爲沮渠蒙遜所滅
王隱晉書曰劉世則女病媚積年韓友令作布囊張著窗間乃閉戶駈逐須臾囊大脹急縛口懸樹間視之唯有二三斤狐毛遂差
又曰淳于智濟北人夏侯藻母病因五臘中出詣智卜有一狐當門向之嗥唳藻愁愕遂馳詣智智曰禍甚急君速歸在狐嗥處撫心啼坐勿休然後其禍僅可免也藻如之母亦扶病而出家人旣集堂屋五間拉然暴崩

唐書曰哥舒翰素與祿山思順不協上每和解祿山謂翰曰我父是胡母是突厥公母是突厥公是胡與公族類頗同何得不相親乎翰應之曰古人云野狐向窟嗥不祥以其忘本也敢不盡心焉祿山甚怒以爲譏其胡也
莊子曰夫豐狐文豹是何罪之有哉其皮爲之災也
管子曰代出狐白之皮狐應陰陽之變六月而一見公貴買之代人忘其難得喜其貴價必相率而求之取此物者因令齊載金錢之代谷求狐白皮代王聞之果去其農處山林求狐二十四月不得一狐離皮聞而伐之王即將其士卒服於齊
愼子曰廊廟之材非一木之枝狐白之裘非一狐之皮
范子曰狐皮出天外
穆天子傳曰天子獵於滲澤得白狐玄貉以祭於河宗

山海經曰青丘之國有狐而九尾郭璞注曰世平則出爲瑞也
又曰武都之山有黑水焉其上有玄狐蓬尾蓬蓬其尾也說者曰蓬狐
文豹
書紀年曰宣王時鳥化爲狐夏伯杼子東征獲狐九尾
玄中記曰五十歲之狐爲淫婦百歲狐爲美女又爲巫神
禮斗威儀曰君乘火王政平南海輸以文狐
春秋潛潭巴曰白狐至國民利不至下驕恣
韓詩外傳曰狐水神也
春秋後語曰楚宣王以昭奚恤爲相諸侯畏之王問群臣曰吾聞北方畏昭奚恤亦誠何如江乙對曰虎求百獸而食之得狐狐曰子無敢我天帝令我長百獸子若食我是逆天帝之命子以我爲不信我爲子先行隨我後觀百獸見我能無走乎虎以爲然隨狐而行百獸見之皆走虎不知獸之畏已反以爲畏狐也今王地方五千里帶甲百萬而任之於昭奚恤然北方非畏奚恤其實畏王之甲兵故人臣見畏者君威也君不用則威亡矣
趙曄吳越春秋曰禹年三十未娶行塗山恐時暮失辭曰吾之娶也必有應已矣乃有白狐九尾而造於禹禹曰白者吾服也九尾者王證也於是塗山人歌曰綏綏白狐九尾龐龐成子家室我都彼昌禹乃娶塗山女
淮南子曰夫狐之搏雉也必卑體弭毛以待其來也雉見而信之故可得而禽也
淮南萬畢術曰犀角置狐穴中狐不歸
抱朴子曰玉策記曰狐及狸狼皆壽八百歲滿三百歲暫變爲人形
西京雜記曰廣川王去疾聚其無賴少年遊獵無度國內冢墓盡發之嘗發欒書冢無餘物有一白狐見人驚走左右戟之不得傷左足於是王夢一丈夫鬚眉盡白來謂王曰何故傷吾左足以杖叩王左脚王乃患脚至死不差
白虎通曰狐死首丘不忘本也德至鳥獸則九尾狐見九者子孫繁息也於尾者後當盛也
崔豹古今注曰章帝元和二年白狐九尾見信都
魏略曰文帝受禪九尾狐見於譙都
名山記曰狐者先古之淫婦也其名曰紫紫化而爲婦故其名自稱阿紫
伏滔北征記曰皇天塢北古特陶穴晉時有人逐狐入穴行十餘里得書二千卷
又曰河冰厚數尺冰始合車馬未過須狐先行此物善聽水無聲乃過
酈善長水經注曰狐性多疑故俗有狐疑之說
管輅傳曰夜有一小物如獸手持火以口吹之書生舉刀斫斷腰視之狐也
郭璞九尾狐贊曰青丘奇獸九尾之狐有道祥見出則銜書作瑞於周以摽靈符
劉敬叔異苑曰有胡道洽者自云廣陵人好音樂醫術之事體有臊氣恒以名香自防唯忌猛犬自審死日誡弟子曰氣絕便殯勿令狗見我尸也死於山陽斂畢覺棺空即開看不見尸體時人咸謂狐也
搜神記曰酒泉郡每太守到官無幾輒卒死後渤海陳斐使此郡斐行卜卜者曰遠諸侯放伯裘能解此則無憂斐既到官侍有張醫有王侯卒有史侯斐恒遠之夜半有上斐被者斐便以被冒取之物跳踉蹹訇訇作聲乃言

曰我無惡意當深報府君府君曰汝爲何魅曰我本百年狐今爲魅垂當神聽一放我我字伯永府君有急難呼我斐乃喜便放之忽然有赤光如電後每事先以語斐於酒泉境界無毫毛之姧咸曰聖君月餘主簿李音私通斐侍婢既而驚懼遂爲伯永所白遂與諸僕謀殺斐伺旁無人便伏人欲格殺之斐即呼伯永有如曳足絳諸僕伏地失魂乃以次縛取皆伏即穀音等伯永乃辞謝斐曰未及白姧乃爲府君所召猶用慙

又曰燕昭王墓有老狐化男子詣張華講説華怪之謂雷孔章曰今有男子少美高論孔章曰當是老精聞燕昭王墓有華表柱向千年可取照之當見如言化爲狐

又曰有一書生吳中皓首稱胡博士教授諸生忽復不見九月　九日士人相與登山遊觀聞講書聲命僕尋之見

空冢中群狐羅列見人即走老狐獨不去是皓首書生

續搜神記曰襄陽習鑿齒爲荊州主簿從桓武帝出獵時大雪於江陵城西見草上雪氣出伺視見一黃物射之應箭死往取乃一老雄狐脚上帶絳綾香囊

又曰吳郡顧旃獵至一崗忽聞人語聲云咄咄今年衰乃與衆尋覓崗頂有一穽是古時冢見一老狐蹲冢中前有一卷簿書老狐對書屈指有所計校放犬咋殺之取視口中無復齒頭毛皆白簿書悉是姧愛人女名已經姧者朱鉤頭所疏名有百數旃女正在簿次

金樓子曰狐白之裘天子被之而在廟堂爲狐計者不若走於平澤

狢

説文曰狢似狐善睡

周禮考工記曰狢踰汶則死土氣然也

爾雅曰狢子貆

穆天子傳曰天子獵於滲澤得玄狢以祭河宗

後秦記曰姚襄遣參軍薛瓚使桓溫溫以胡戲瓚瓚曰在北曰狐在南曰狢何所問也

太平御覽卷第九百九

太平御覽卷第九百十

獸部二十二

猨　猴　猱　玃　果然

猨

說文曰猨善猨禺屬也（禺扶沸切）

山海經曰堂庭之山其上多白猨

淮南子曰五九四十五五主音音主猨猨故五月而生

列子曰老韭爲莧老羭爲猿

莊子曰夫不見騰猨乎其得柟（音南）梓豫章覽蔓枝而已其間及得柘棘枳枸之間危行仄視勢不便未足騁其能也

又曰人木處則惴慄恂懼猨猱然乎哉

又曰今取猨狙（狙且余切）而衣周公之服彼必齕齧挽裂盡去而後慊觀古今之異猶狙之異乎周公也

又曰猨猵（音編）狙以爲雌（司馬彪曰猵狙似猨而狗頭憙食獼猴好與雌狙接）

淮南子曰虎豹之文來射（以虎豹有文章使人射取之）猨貁（女滑切）之捷來乍（猨貁屬乍暫疾以其捷故使人疾擊之）

又曰楚王亡其猨於林木爲之殘宋王亡其珠於池中魚爲之殫

又曰置猨檻中則與豚同非不巧捷也無所肆其能也

吳越春秋曰趙王問范蠡手戰之術范蠡荅曰臣聞趙有處女國人稱之願王請問之手戰之道也於是王乃請女女將北見王道逢老人自稱袁公袁公問女曰聞子善爲劍願得一觀之處女曰妾不敢有所隱也惟公所試公即挽林抄之竹似枯槹末折墮地女接取其末袁公操其本而刺處女應節入之三入女因舉杖擊之袁公則飛上樹化爲白猨

呂氏春秋曰荊王有白猨三射之則搏樹而熙使養由基射之始調弓矯矢未發猨擁木而號

漢書曰李廣猨臂善射

春秋繁露曰猨似猴大而黑長前臂所以壽者好引其氣也

抱朴子曰王蒙記稱猨壽五百歲則變而爲玃（居縛切）千歲則變爲老人

又曰周穆王南征一軍盡化君子爲猨爲鵠小人於千仞爲沙爲泥

張載論曰白猨玄豹藏於檽檻何以知其接垂條於千仞

孝子傳曰猨鶩屬也或黃或黑通肿（肿音轄）輕勁（好小切）善緣妙吟雌爲人所得終不徒生

華陽國志曰鄧芝見猨抱子在樹上引弩射之中猿母其子爲拔箭以菜塞瘡芝乃歎息投弩水中

宜都山川記曰峽中猿鳴至清山谷傳其響泠泠不絕行者歌之曰巴東三峽猨鳴悲猨鳴三聲淚沾衣

荊州圖經曰宜都夷道縣西山頂上有古墓名曰女王冢不詳其人林則女貞戰則白猨

范汪荊州記曰夷陵縣陝口山非日夜半不見日月多猿鳴至清遠

山海經圖讚曰白猿肆巧由基撫弓數如循環其妙無窮

猴

漢書曰韓生勸項羽都關中羽曰吾聞富貴不還故鄉如衣錦夜行乃燒宮室都彭城韓生曰人言楚人沐猴而冠果然

又曰張信少府檀長卿爲沐猴與狗鬭蓋寬饒奏免之（張晏曰沐

猴獮猴也
王隱晉書曰護軍張邵母病淳于䇿之使西出市弥猴繫
母臂令傍人抱之拍猴恒使作聲三日三夜放去猴出門
即為犬所殺母於此漸差○郭頒魏晉世語曰司馬宣王
辟州泰為新城太守尚書鍾毓謂泰曰君釋褐登宰府乞
兒乘小車一何駛泰曰君名公之子少有文彩故守吏職
獮猴乘土牛一何遲衆賔悅服
莊子曰吳王浮于江登于狙狙余之山衆狙見之恂然弃
而走有一狙焉委蛇攫搔見巧乎王王射之敏給搏矢捷矢
搏速而狙接矢將也王命相者趨射之狙死王顧謂其友顏不疑曰
狙之伐巧恃其便以傲予以至此
列子曰宋有狙公者養之成群誑狙曰與若茅朝三而暮
四衆狙皆怒曰朝四而暮三衆狙皆喜

韓子曰燕王徵巧術人請以棘刺之端為母猴母猴成巧
人曰人主欲觀之必半歲不入宮不飲酒食肉雨霽日出
視之晏陰之間而棘刺之母猴乃可見也燕王因養之不
能觀也
譙子法訓曰人之所以貴者以其禮節也人而無禮者獮
猴乎雖人象而蟲質也
淮南子曰楚有烹猴者而紿徒亥切其邦人邦人以為狗羹
而甘之後聞其猴也據地而吐之盡寫其所食此未為知
味者也
抱朴子曰余友人騰永叔嘗養一大獮猴鏁着床間後忽
齧殺人永叔使合鏁埋之後百許日有見鬼者往見獮猴
走上永叔承塵上不悟見鬼驚指之獮猴何以被傷流血
永叔曰始乃知皆有鬼也

又曰山中申日稱人君者猴也猴壽八百歲
王充論衡曰鹿之角足以觸犬猴之手足以搏鼠然而鹿
制於犬猴服於鼠氣不利也
神仙傳曰有人種黍山中正患獮猴食之聞介象有道聊
從之乞辟猴之法象曰無他法也汝明日往黍所望見群
猴便大喚語之去已白介君教莫復侵食黍此人明日視
黍遇群猴適欲下樹承象語獮猴各自還山遂絶跡
述異記曰南康營民伍考之伐舡材忽見大杜樹上有一
猴懷孕考之便登木逐猴騰赴如飛樹既孤迥下又有人
猴知不脱因以左手抱樹枝右手撫腹考之禽得遥擺地
殺之割其腹有一子形狀垂産尔夜夢見一人稱神以殺
猴責讓之後考之病經旬初如狂因漸化為虎毛鬛爪牙悉
生音聲亦變遂逸走入山永失蹤跡

周景式孝子傳曰余嘗至綏安縣逢徒逐猴猴母負子没
水水雖深而清乃以戟刺之自脇以下中斷脊尚連抱着
舡中子隨其傍以手捫子而死
陸機與弟雲書曰監徒武庫建始殿諸房中見有兩足猴
真怪物也
異物志曰南方人以獮猴頭為鮓
袁淑排諧集常山王九命文曰及至圖身失所羈束人間
馴纓服制惟意所牽登楹而遨抱梁而眠拾摭遺餘咨
所便
後漢王延壽王孫賦曰原夫天地之造化實神偉之屈奇
道玄微以密妙信無初而弗為王孫狡獸形陋觀而醜儀
顏狀類乎老公軀體似乎小兒眼睚五皆切䁗五構切以眝音者血
視職音戢睫側夾切以眣呼恍切睳突烏決切高匡而曲頞瞜音傈眼

(呵切)歷而隮㵩離鼻鼃(許解切)齁(許侯切)以歔(音吸)歙(許夾切)耳聿役
以瞷(音瞷)知口嗛(呼兼切)呥(音呥)以齡(則咸切)齵(音鄒)脣㲉(幽涉切)嚐(踊)
切以胦(廷里切)齒崖崖以齡(音嶮)齖(任音)啋(音漆)而囁(入笨切)兒儲
粮食於兩頰稍委輸於胃脾膆兇蹲而狗踞聲歷鹿而嗈
咿或嚆嚆(音華切)而嗷嗷(音的)嗅(火歷切)若啼姿僭慊(呼店切)而
懇贑(音貢)豁盰閱以項醯生深山之茂林處巉巖之嶔崎性
猗僄之猶(音煩)疾能峯出而橫施

猿

說文曰猿貪獸也一曰母猴似人
毛詩草木蟲魚疏曰猿獮猴也楚人謂之沐猴老者為獑胡駿捷也其鳴噭噭而悲
詩曰無教猱升木毛萇注曰猱猨屬也
爾雅曰猱蝯善緣孫炎注曰猱母猴也
江乘地記曰攝山有山猱赤足

玃(居縛切)

說文曰玃母猴也
爾雅曰玃父善顧(郭璞曰似獼猴而大蒼黑色能攫持人好顧盼)
抱朴子曰獮猴及猿八百歲化為玃
古今注曰猴五百歲化為玃
呂氏春秋曰肉之美者玃猱之炙
又曰聞言不可不察數傳白為黑故狗似玃玃似母猴母猴似人人與狗則遠矣以
毛詩草木蟲魚疏曰猱獮猴也楚人謂之木玃老者為玃大而黑長前辟玃之白要者為獑胡
博物志曰蜀中南高山上有物似獮猴長七尺能行健走名曰猴玃一名馬化或曰猳玃伺行道婦人有好者輒盜之以去人不得知行者每經過其旁皆以長繩相引然故不免此能別男女氣臭故取女不取男取去而為家室其無子者終身不得還十年之後形類之意亦迷惑不復思歸有子者輒抱送還其家產子皆如人有不食養者其母輒死故無敢不養也及長與人不異皆以楊為姓故今蜀中西界多謂楊率皆猳玃馬化之子孫時時有玃爪者

果然

山海經曰果然獸似獮猴以名自呼聲蒼黑群行老者在前少者在後得果食輒與老者似有義焉交趾諸山有之傒人射之以其毛為裘蓐甚溫煖
蜀地志曰涪陵南界榛險中有果然獸形如狗子頭似兔其尾柔滑白黑色皮可為裘輕煖可珍
南中八郡志曰交趾有果然白面黑身毛采斑斕
吳錄地理志曰九真郡庸縣有獸名果然猨狖類也色青赤有文居樹上北郡及日南皆有之○南方草物狀曰果然獸生在山林上民人以毒箭射之剝取皮皮文青赤白色縫相連作薦出九真日南郡○南州異物志曰交州以南有果然獸以名自呼身如猨大面通有白色其體不過三尺而尾長四尺餘反尾度身過其頭視其鼻仍見兩孔仰向其毛長柔細滑澤色以白為質黑文視如蓍頭鴨脇邊班文集十餘皮可得一蓐繁文麗好細厚溫煖
魏鍾毓果然賦曰果然似猴象猨黑頰青身肉非嘉肴唯皮為珍

太平御覽卷第九百一十

太平御覽卷第九百一十一

獸部二十三

鼠

易說卦曰艮爲鼠

春秋運斗樞曰玉衡星散而爲鼠。說文曰鼠穴蟲揔名也䶅(下各切)鼠出胡地䶂竹鼠也如犬鼨(音終)豹文鼠也鼷小鼠也鼩(其俱切)精鼩胡地風鼠也鼢鼠地中行伯勞之所化也鼫鼠鼮令鼠也鼮(音萍)

爾雅曰鼢鼠(地中行者)鼸鼠(以頰裹藏食)鼷鼠(有螫毒者)鼶鼠(夏小曰鼶鼶則穴二者斯)鼬鼠(今鼬似鼦赤黃色大尾啖鼠江東呼爲鼪若主)鼩鼠(音劬小鼱鼩也)鼭鼠(形大如鼠頭似兔尾有毛青黃色好在田中食粟豆關中呼爲鼭鼠)鼣鼠鼨鼠豹文鼮鼠(音廷文彩如豹)鼫鼠(音孤覔切似鼠而大蒼黑色在樹上)又鼯鼠夷由(狀如小狐似蝙蝠肉翅飛且乳亦謂之飛生)(音如人呼)

廣志曰(白撥尾長白腹善緣)登若家鼠小異者鼩鼠深目而短尾苗鼠者野鼠也小而短尾天鼠以皮爲裘今當名其裘爲天鹿裘黃鼠在田野鼠爲群害穀麥善走凡狗不得唯鼠狼能得之

左傳曰齊侯將爲臧紇田(與之邑)臧紇聞之見齊侯與之言伐晉對曰多則多矣抑君似鼠夫鼠晝伏夜動不穴於寢廟畏人故也今君聞晉之亂而後作焉寧將事之非鼠而何乃弗與田

詩曰誰謂鼠無牙何以穿我墉誰謂汝無家何以速我訟

又曰碩鼠刺重斂也碩鼠碩鼠無食我黍

又曰相鼠刺無禮也衛文公能正其羣臣而刺在位承先君之化無禮儀也相鼠有皮人而無儀人而無儀不死何爲。大戴禮曰正月田鼠出田鼠者鼸鼠也

詩義疏曰尒雅鼫鼠許愼云五伎鼠也今之河東有石鼠大能人立交前兩脚於頭上跳善鳴食人禾稼逐則走入樹空中亦有五伎或謂雀鼠其形大故云石鼠也詩言其方物宜謂此鼠非今之鼠也又鼠不食禾苗本文謂螻蛄爲碩鼠亦有五枝古今工名虫鳥物異名同故記巳

史記曰李斯少時爲郡小吏見吏舍廁中鼠食不潔近人犬數驚恐之入倉見倉中鼠食積粟居大廡下無人犬之憂乃歎曰人賢不肖譬如鼠在所自處耳。又曰張湯杜陵人也其父爲長安丞出湯爲守舍還而鼠盜肉其父怒笞湯湯掘得盜鼠及肉劾掠訏鞫論報并取鼠與肉具獄磔堂下其父見之視其文辭如老獄吏大驚遂使書獄

漢書曰古馮翊韓延壽有罪下獄楊惲上書訟延壽郎中丘常謂惲曰聞君侯訟韓馮翊當得活乎惲曰事何容易我不能自保直人所謂鼠不容穴銜窶藪故也

又曰蘇武使匈奴匈奴徙武北海上掘野鼠草實而食之

又曰廣陵王胥將作亂鼠舞王后庭

又曰燕剌王旦將作亂鼠舞殿端門

魚豢魏略曰大秦國有辟毒鼠

魏志曰臧洪爲袁紹所圍粮乏乃掘鼠而食之

又曰太祖時用刑嚴重太祖馬鞍在庫爲鼠所囓庫吏懼罪必死議欲面縛首罪猶慮不免其咎鄧王哀沖謂曰待三日中然後自歸沖於是以刀穿單衣如鼠囓者謬爲失意貌有愁色太祖問之沖對曰世俗以爲鼠囓衣者其主不吉今單衣見囓是以憂戚太祖曰此妄言耳無所苦也俄而庫吏以囓鞍聞太祖笑曰衣在側尚囓況鞍縣柱乎一無所問

晉陽春秋曰大興中衡陽歐純作鼠市四方丈餘開四門
門有一木人縱四五鼠於中欲出門木人輒以椎椎之
北史曰盧昶爲散騎常侍時洛陽縣獲白鼠昶奏以爲案
瑞典外鎭刺史二千石令長不祗上命刻暴百姓怨嗟則
白鼠至因陳時政多所勸誡詔書褒美其意
三國典略曰齊將誅斛律光有三鼠遊於光寢光每投食
與之一朝俱死床下
唐書曰吐蕃有草石速古芏葉長二寸狀如釘蒿每莖不
過三四葉其莖葛其花黃其根連珠如麥門冬有鼠長於常
鼠每二三十同一穴至秋秋鼠皆收此草爲藏多者至數
石俗亦概草根食之而留給鼠粮其國禁殺鼠殺者輒加
罪俗亦愛之不殺也
洞林曰鄉里人柳休祖婦病鼠瘻積年不差及困垂命令

平九百十一　三　王武

兒來從吾乞卦占得頤之復案卦應得人師姓石者而治
之當以鼠出而愈者也休祖兒歸有一賤家奴姓石自言
由來能治此病且灸其三處而止歸尋差有一老鼠色正
蒼黃遲就其前蹲蹲伏而不動呼狗嚙殺之鼠頭上有灸
處病便差
玄中記曰百歲鼠化爲神
鄭氏玄中記曰百歲之鼠化爲蝙蝠
京房易飛候曰鼠舞國門厥咎亡鼠舞於庭厥咎誅死
風角要占曰長居官厥盜法七月以生鼠九枚置籠中埋
子地稱九百斤土覆坎深各二尺五寸築之令堅固
地鏡圖曰青玉之像爲女人黃金之見爲火及白鼠
百怪書曰鼠吹人衣領有福
莊子曰且鳥高飛以避矰弋之患鼷鼠深穴於神丘之下
以避薰灌之患
又曰惠子相梁莊子往見之或謂惠子曰莊子來欲代子
相於是惠子恐搜於國中三日三夜莊子見之曰南方鳥
其名鵷鶵子知之乎鵷鶵發南海而飛渡北海非梧桐不
止非竹實不食非醴泉不飮於是鴟得腐鼠鵷鶵過而仰
視之曰嚇今子欲以梁國相嚇我耶
又曰鼷鼠飮河不過滿腹
文子曰腐鼠在阼燒香於堂
尹文子曰鄭人謂玉未理者爲璞周人謂鼠未腊者爲璞
周人乃懷璞問鄭賈曰欲買璞乎賈曰欲因出其璞視之
乃鼠也因謝不取
淮南子曰柳下惠見飴曰可以養老盜跖見飴曰可以粘
鼠

平九百十一　四　張高

又曰孟賁探鼠穴無時死必噬其指失其勢（孟賁勇士爲探鼠於穴故曰失其勢）
又曰季春之月田鼠化爲鴽
淮南萬畢術曰孤目里脳鼠其穴（以塗鼠穴即去）被髮向北呪殺
巫鼠（夜有巫被髮北向禹步呪曰老鼠不祥過自受其殃）
又曰投鼠者機動鈞魚者浮抗（動發也發則得鼠浮鈞浮也抗動也動則得魚也）
又曰虞氏者梁富人也登高樓臨大路設樂陳酒積博其
上遊俠相隨行於樓下博者射明張中反兩㰘而笑飛鳶
墮腐鼠而中遊俠遊俠相與語曰虞氏富人矣常有輕人之
志乃辱我以腐鼠請滅其家其夜乃攻於虞氏大滅其家
此謂類而非也
抱朴子曰南海有白鼠大者重數斤毛長三寸居空木中

其毛可續爲布
又曰陳安世年十三初爲管叔本客得道叔本年七十猶
拜安世曰得道者當師吾不菴弟子之禮矣死王樂生鼠雖
爲帝王死不及生鼠
又曰玉策記稱鼠壽三百歲滿者則色白善憑人而卜名曰
仲仲能一年之中吉凶及千里外之事皆知也
典語曰彀鑪之狗吠於朝門社稷之鼠竄於宮側
春秋後語曰趙惠文王二十九年秦韓相攻軍於閼與上黨
有閼與豫閼爲遏反與音預反音余王召廉頗問曰可救不對曰道遠險狹
難救也又問樂乘對曰如廉公言又問趙奢趙奢對曰道
遠險狹譬兩鼠鬬於穴中將勇者勝王乃令奢救之
晏子春秋曰景公問晏子治國何患對曰社鼠者不可熏不可灌
之君左右出賣寒熱入則比周此國之社鼠者

太九百十一　五　王桂

山海經曰丹熏之山有獸焉其狀如鼠而兎首麋耳以其
尾飛名曰耳鼠可禦百毒
郭璞山海經圖飛鼠讚曰或以尾翔或以鬚凌飛鼠鼓翰
倏然皆騰固無常所惟神所憑
本草曰鼯鼠一名隱鼠形如鼠大而無尾黑色長鼻
賈誼書曰鄙諺云欲投鼠而忌器此善喻也鼠近於器尚
憚不投況貴大之臣近於帝王乎
郭璞注尔雅曰漢文帝宮中得一鼠豹文熒熒以問群臣
下于廉郎終軍荅曰鼮鼠文帝賜縑○東方朔神異經曰
北方有氷萬里厚百丈有鼷鼠在氷下出焉其形如鼠食
草木肉重千斤可以作脯食之已熱除熱病也其毛長可八尺
可爲蓐卧之可以却寒治風病也其皮可以柔致其聲聞千里
有美尾可來鼠此尾毛所在鼠輒聚入此

說苑云梁上鼠飽聞長者論
論衡曰人生天地猶魚生泉蟣虱於人風氣而生焉食鼠
鶡腸脹鼠子水午火馬金亦勝木雞何不啄兎火亦勝金蛇
何不食猴○又曰鼠殘一篋稍不食
博物志曰鼠食巴豆三年重三十斤
東晢發蒙記曰西域有火鼠之布東海有不灰之木
語林曰簡文爲撫軍時所坐床上塵不聽左右掃去見
鼠行跡視以爲佳
異物志曰鼠母頭脚似鼠毛蒼口銳大如水牛而獨畏狗
田時有水災起於鼠
西域諸國志曰有鼠王國鼠大如狗着金鏁小者如兎或
如此聞鼠者沙門過不呪願白衣不祠祀輒齧人衣器
異苑云釋道安昔西方適見此俗嘹去鼠得死人目精則
爲王

太九百十一　六　王桂

干寶搜神記曰晉太康中會稽郡蟚蜞及蟹皆化爲鼠大
食稻爲災始成者有肉而無骨
幽明錄曰吳北寺終祚道人卧齋中鼠從坎出言終祚復數
曰必當死終祚呼奴令買犬鼠云亦不畏此也但令犬入
此戶必死須臾犬至果然終祚乃下聲語其奴曰明日市崔
十檐水來鼠便已逆知之云正欲水澆取我我穴周流無
所不至竟日澆灌了無所獲密令奴更借三十人鼠云吾
上屋居柰我何至時處在屋上奴名同鼠大阿同盗二十
萬錢試開庫實如所言奴亦叛去終祚常爲商估閉其戶
而謂鼠曰汝正欲使我　富耳今遠行勤守吾房中勿
令有所零失也時桓玄在南州禁殺牛甚急終祚載數萬
竊買牛皮還東貨之得二十萬還室猶閉一無所失

後遂富積二三千万

列異傳曰中山王周南正始中爲襄邑長有鼠衣冠出廳事語曰尔某日當死周南不應至期復出冠幘絳衣語曰尔日中當死復不應入復更出日適中鼠曰周南汝不應我死我復何道遂顛蹷而死即失衣冠視如常鼠也

述異記曰宋車騎大將軍南譙王劉義宣鎮荆州府吏蔡鐵者其人善卜公嘗在內齋見一白鼠緣屋梁上乃命左右射得之內置函中召鐵既至使卜函中何物卜兆成笑曰巳具知矣公曰狀之鐵爲之狀曰允色之鼠背明戶彎弧射之絶其左股鼠孕五子三雄而兩雌若不見信剖腹而立知公乃使剖鼠腹皆如鐵言也賜錢一萬○劉敬叔異記曰景平中東陽大水永康蔡喜夫避徙南壟夜有大鼠浮水而來伏喜夫奴牀角奴恐而不犯每以飯與之水勢既

退喜夫既得返故居鼠以前脚捧青紙裹三斤許珠著奴牀前啾啾如欲語也

又曰南陽趙慶少好術藝慶有白米爲鼠所盜及被頭把刀畫地作獄四面開門向東長嘯群鼠俱到呪之曰凡非噉者過唯止者十餘乃剖腹看臟有米在焉○竇氏家傳云竇攸治尔雅舉孝廉爲郎世祖與百寮大會於靈臺得鼠身如豹文熒熒有光煇問群臣莫有知者唯攸對曰此名鼮鼠詔何以知之攸曰見尔雅詔案視書果如攸言賜帛百疋詔諸臣子弟皆從受尔雅

許邁別傳曰邁小名映有鼠嚙映衣乃作符占鼠莫不畢至於中庭映曰嚙衣者留不嚙衣者去群鼠並去唯一鼠獨住伏於中庭而不敢動

梁州記曰仙人唐公房祠有碑一所廟北有大坑碑文云是其舊宅處公房舉宅登仙故爲坑焉山有易腸鼠一月吐易其腸束廣微所謂唐鼠者也博物志曰唐房升仙鷄犬去唯以鼠惡不將鼠自悔一月三出腸

劉欣期交州記曰竹風鼠如小狗子食竹根出封溪縣

秦州記曰乞佛虜乾歸未移枹罕金城見鼠有數萬頭將諸小鼠各銜尾群移而度洮瞿二水悉上枹罕自是二年而乾歸徙焉

晉太康地記曰鳥鼠之山在隴西首陽縣穴入三四尺鼠在內鳥在外○鄧德明南康記曰南康山石室號金堂內金色有金鼠時見也○金樓子曰齊鬱林王夜中與宦者共刺鼠至曉夜輙得數十籃

又曰晉寧縣境內出大鼠鼠狀如牛土人謂之偃鼠天時將失鼠則從山出遊畎畝散落其毛悉成小鼠五稼必盡耗也

後魏盧元明劇鼠賦曰嗟乎在物最爲可賤毛骨莫充於玩賞脂肉不登於俎膳其爲狀也憎偎且吁睢離睒上濫切賜釋語鬚似麥穟半垂眼如豆角中劈耳類槐葉初生尾若杯酒餘瀝勒乃者有羸髖寬中二音肵瘠偏多姦計衆中無敵社託忌器妙解自惜深藏厚閉巧能推覓或尋繩而下或自地高擲登机緣甑瀝扉動弃切切終朝轟轟竟夕是以詩人爲辞寔云其碩盜干湯之琺俎傾留鬐之香澤傷繡領之斜製毀羅衣之重襞曹舒由是獻規張湯爲之被讁亦有閑居之士倦游之客絶慶吊以養真素笄左右而尋詩易庭院肅清房櫳虛寂尔乃羣鼠乘間東西挑擲或牀上捋鬚或戶間出額貌甚舒暇情無畏懾又領其黨與欣欣奕奕欻覆棺奩騰踐茵席共相侮慢特無宜適許大壞之含弘

產此物其何益

太平御覽卷第九百一十一

八 九百十一　九　王奎

太平御覽卷第九百一十二

獸部二十四

狸　貂　鼲　貚　猫　獺　蝟

貍

爾雅曰貍子貄（肄至）

說文曰貍伏獸也

禮曰貍首之班然

又曰貍去正脊

魏志曰清河令徐季龍使人獵令管輅筮其所得輅曰當獲小獸雖有爪牙微而不彊雖有文章蔚而不相非虎非雉其名曰貍獵人暮歸果如輅言

晉書曰樂廣爲河南尹先是河南官舍多妖怪前尹皆不敢處正寢廣居之不疑嘗外戶自閉左右皆驚廣獨曰顧見墻（有孔使人）掘墻得貍而殺之其怪亦絕

唐書曰武弘度士彠兄子也父卒廬于墓側晨夕哀號有野貍每至弘度齋時必來求食往來馴狎無驚懼時以爲孝感

玄中記曰鉛錫之精爲狐貍

子思子曰謂狐爲貍者非直不知貍也忽得狐復失貍者也

琴操曰曾子鼓琴墨子立外而聽之曲終入曰善哉鼓琴身已成矣而曾未得其首也曾子曰吾晝卧見一貍見其身而不見其頭起而爲之弦因曰殘形操

淮南子曰貍頭似鼠以類推也（許慎曰貍食鼠）

又曰貍頭止癙（癙寒熱病也）雞頭止瘻

抱朴子曰虎尾不負貍身象牙不出鼠穴

本草曰貍肉甘無毒主風濕鬼毒氣皮中如針刺

歸藏曰昔者豨筮伐唐而枚占熒惑曰不吉彼爲貍我爲鼠勿用作事恐傷其父者也

風俗通曰汝陽西門習武亭有鬼魅宿者輒死其厭者皆亡髮北部督郵西平郅伯夷到亭上樓宿誦六甲孝經易本記卧密拔劍解帶夜有正異者四五尺來覆伯夷以劍帶擊魅脚呼下燈照見一老貍正赤略無毛衣持下燒殺明旦發樓屋得所亡髮人髻百餘因此遂絕

神仙傳曰欒巴爲豫章太守先是廬山廟中與人言語飲酒投杯能使宮亭湖中分風行者舉帆相逢巴未到十數日廟中神不復作聲不知所在巴到自上表說廟鬼詐稱天官欺損百姓積歲日久罪當窮治乞以事付功曹巴身行捕逐如不治討恐其復遊行天下所在血食枉病良民責以重禱乃至所在推求山川社稷問鬼蹤跡此鬼乃到齊國爲書生齊太守見之既有容美雅又有才辯學識論經說義時在齊人莫不見知太守亦不知是鬼乃以女妻之生一男巴到與太守相見語畢問聞御有一女聟明五經諸子可得相見不太守請女聟詐病辭不出而巴求之不止聟告其婦言吾今日出必死如何女亦怪之不知何以巴知不敢出乃求奏板一枚并筆書符付太守曰以此與賢女聟自當出也女聟得符流涕與婦辭訣而出望見巴即身體已變爲貍而面故是人也巴厲聲呵言死貍敢尒何不正汝真形即盡爲貍巴復曰斬之亦不斬者而貍頭已斷於地又言取貍子來須臾太守女所生兒已復爲貍子即又斬之巴辭還郡

搜神記曰博陵劉伯祖爲河東太守所止承塵上有神能

語常呼伯祖與語及京師詔書告下消息輒預告伯祖伯祖問其所食啖欲得羊肝買羊肝於前切之臠隨刀不見盡兩羊肝有一老狸眇眇在案前持刀者欲舉之刀斫之伯祖呼止自舉着承塵上須臾大笑曰向者啖肝醉忽失形與府君相見大慙愧後伯祖當爲司隸神復先語伯祖云其月某日詔書當到至期如言及入司隸府神隨遂在承塵上輒言省内事伯祖大恐怖語神曰今職在刺舉君左右貴人聞神在此因以相害神荅曰誠如府君所慮相當相捨去遂即無聲

幽明録曰吳興戴眇家僮客姓王有少婦美色而眇中弟恒往就之客私懷忿懟具以白眇中郎作此甚爲無理願尊勑語眇以問弟弟大罵曰何緣有此必是妖鬼勑令打殺客初猶不敢　後來閉户欲縛便變成大狸從

窻中出

又曰董仲舒常下帷獨詠有客來詣語遂移日舒知其非常客又云欲雨仲舒因此戲之曰巢居知風穴居知雨卿非狐狸則是鼷鼠客聞此言色動形壞化成老狐狸也

隋王度古鏡記曰大業七年五月余自御史告歸河東適遇侯生卒而得一鏡六月余歸長安宿於主人程雄家新授寄一婢頗稱端麗名曰鸚鵡余整冠履引鏡自照鸚鵡遙見便叩頭流血云不敢住余召雄問其故雄曰兩日前有一客携婢從東來來時病困因留寄於此不知婢之由也余疑其精魅以鏡逼之遂自陳云本是華山廟前長松下千歲老狸久行變惑罪當至死近爲府君捕逐逃潛河渭之間爲下邽陳思恭義女思恭妻鄭氏見養恩厚嫁鸚鵡與鄉人柴華意不相愜逃而去東至韓城遂爲行人李無慠所執無慠麄人也遂刧鸚鵡遊行至此不意天鏡一照自隱無路然爲人已久羞復故形願樂飲而因匣鏡置酒悉召雄家類里與共歡此婢大醉起舞歌曰寶鏡寶鏡哀哉余命自我離形于今幾姓生雖生可樂死不傷何爲眷戀守此一方歌畢化爲狸而死

述異記曰陳留董逸少時隣女梁瑩年稚色艷逸愛慕傾魂貽椒獻寶瑩亦納而未獲果後逸隣人鄭充在逸許宿二更中門前有叩掌聲充卧望之亦識瑩語逸梁瑩今來逸驚躍出迎把臂入舍逸與瑩寢瑩仍求去逸攬持不置申款達旦逸欲留之云爲汝豕羜作食竟去逸起閉户絶帳瑩因變形爲狸從梁上走去金樓子曰貍之不可使搏牛不使捕鼠

貂

説文曰貂鼠屬也大而黄黑色出丁零國

廣志曰貂出夫餘

關山圖曰霍山南岳其獸多赤貂

東觀漢記曰建武二十五年烏桓詣闕朝賀獻貂皮

魏書曰鮮卑有貂豽㹨滑鼲鼲子皮毛柔蠕故天下以爲名裘

魏志曰挹婁國出好貂今所謂挹婁貂是也

江表傳曰遼東太守遣使詣孫權送貂皮千枚欲舉國歸吳

晉書曰趙王倫篡位至於奴卒厮役亦加以爵位毎朝會貂蟬盈坐時爲之諺曰貂不足狗尾續

異苑曰貂出句驪國常有一物共居穴或見之身貌類人長三尺能制貂愛樂刀子其俗人欲得貂皮以刀擲穴口此物夜出皮置刀邊須人持皮去乃取刀

隋書曰北室韋其俗以捕貂爲業南室韋亦多貂

貀（女滑切）

說文曰貀獸無前足漢律能捕豺貀購百錢

爾雅曰貀無前足（郭璞注曰晉太康七年石陵扶夷縣檻得獸似狗貀文有角兩脚即此類也或曰貀似虎而黑無前兩足也）

廣雅曰豹貀也

唐書曰長慶中河東節度使李聽貢貀三頭貀猛攫之獸也穆宗好畋遊嘗詔諸道廣求此獸搜跋山谷郡縣告勞防虞籠檻甚於豹虎及至林苑往往噬人後穆宗亦盡令逐之及敬宗即位聽復獻之

獋（音渾）

說文曰獋鼠出丁令胡以作裘

魏略曰丁靈國出青獋子白獋子皮

江表傳曰魏文帝遣使吴求獋皮豹皮群臣以非禮欲不

與權勑付使

山海經曰獄法之山有獸焉如犬而人面善投見人則笑其名曰獋其行如風見則大風

山海經圖讚曰山獋之獸見乃歡唬歘性善投行如矢激是惟氣精出則風作

貓

詩曰孔樂韓土有貓有虎

爾雅曰虎竊毛謂之虥（士監切）貓（郭璞注云竊淺也或曰竊毛虎毛也）

禮曰古之君子使之必報之迎貓爲其食田鼠也迎虎爲其食田豕也迎而祭之也

尹子曰使牛捕鼠不如貓狌（音生）之捷

北史曰獨狐陁性好左道其外祖母高氏先事貓鬼轉入陁家每以子日夜祠之貓鬼所殺人取其財物置於所事貓鬼家鬼若降人則面正青若被牽曳陁後敗免死

唐書曰高宗廢王后令宫人宣勑示后斮曰但願大家萬歳昭儀長承恩澤死是吾分也良娣承勑駡曰阿武狐媚翻覆至此百千生願得一日爲貓阿武爲鼠吾扼其喉以報今日即足矣武后聞之不説自是約六宫不許畜貓

又曰朱泚軍中有貓乳鼠者泚獻之爲祥代宗使中官示於朝宰臣率百僚皆賀崔祐甫獨否中官詰其故荅曰此之失常也可弔不可賀中官徵其狀祐甫立草之略曰禮去迎貓爲其食田鼠也以能除害故列祀典今反乳之是謂失常且貓受人食養而弃職不修亦何異法吏不勤觸邪疆吏不勤捍敵是天將垂戒故不敢賀衆皆伏代宗嘉其正直

獺

禮記月令曰孟春之月獺祭魚然後虞人入澤梁

說文曰獺如小狗水居食魚偏（音編）獺屬也

遁甲開山圖曰霍山南岳其獸多案獺（山邊水故有案獺）

淮南子曰受獺而飲之酒欲養之非其道（言獺而飲酒敗）

風土記曰陽羨縣前有大橋下有白獺將有兵動獺出穴口向嗥也

魏略曰南蠻皆用獺皮飾其冠

鹽鐵論曰水有獱（音賓）獺而池勞國有強禦齊民消也獨獺曰獱群曰獺又如淳博物志曰獱如馬自腎以下似蝙蝠毛似獺大可五六十斤淳同郷人吉孟景福中征遼東時爲運舡吏於海中有編獺跳上舡舡人皆謂海神共叩頭敬禮舡左武令人去但魚（獺）可烹而食之

四〇四二

神仙傳曰樊夫人者劉綱之妻也俱行道術各自言勝綱於是唾盤中水即作鯉魚夫人乃唾盤中使成獺而食魚綱每共試術事事不如

永嘉地記曰濤山至高常有拾橡者見上有大湖又有自然石橋多獺異色鳥獸

蝟

孝經援神契曰蝟多刺故不使超踰抑揚

爾雅曰蝟毛刺

淮南子曰鵲屎中蝟爛而溙見蟹不爍

淮南萬畢術曰蝟膏塗鐵柔不折

華陽國志曰滇池縣有白蝟山無石而多蝟也

北齊書曰成帝夢大蝟攻破鄴城故索境內以蝟膏絕之至後主名緯亡齊之徵

廣五行記曰梁末蜀人費秘刈麦值暴風雨隱於巖右間避雨去家數里遥見前路有數婦人皆着紅紫襴古莧切衣歌吟而來秘竊怪野外何因有此心異之漸近寂然無聲去秘數步乃各住立少時悉轉向秘看之其面並無七孔唯垂鳥毛而已秘驚怖仆地至二更秘見怪父不至把火尋覓見秘卧在道傍左側有十餘刺蝟見火即争散走秘至家百餘日死

太平御覽卷第九百一十二

太平御覽卷第九百一十三

獸部二十五

雜獸

驒騱上音顛下音奚

說文曰驒騱野馬屬

史記曰匈奴畜則駃（古穴切）騠（下奚切）驒騱

昆蹄

爾雅曰昆蹄研善外顲（孫炎曰昆蹄之馬蹄平如研而善外山顲者郭璞曰秦時有昆蹄苑）

昆駼（大胡切）枝蹄研善外顲

蒙頌

爾雅曰蒙頌猱狀（郭璞注曰即蒙貴也以雖而小紫黑色可畜捕鼠勝猫九真日南出之猱猕猴之屬也）

䝏

爾雅曰䝏（手大切）有大力（郭璞注曰出西海天竺國有養之似山狗多力獷惡也）

䝰

爾雅曰䝰如小熊竊毛而黃

蜼（余救切）

爾雅曰卬鼻而長尾（郭璞注曰似獼猴而大黃黑色長數尺鼻露上向雨則自懸於樹以尾塞鼻或以兩指也）

鼳（古閒切）

爾雅曰鼳鼠身長須而賊秦人謂之小驢（郭璞曰鼳似鼠而馬蹄一歲千斤為物殘賊也）

豦（音渠）

爾雅曰豦迅頭（郭璞注曰今建平山中有豦如狗似獼猴多髯能舉石擿人）

驨

爾雅曰驨（音攜）如馬而一角不角者騏也

㲋（丑略切）

說文曰㲋獸似兔青色而大頭與兔同足與鹿同

山海經曰豦光之山獸名㲋（郭璞曰㲋似兔而鹿腳青色也）

石㲉

說文曰㲉（大木切）類犬膂以上黃膂以下黑食母猴或曰㲉

似㹊羊

風土記曰石鼤似狢而形短常捕敢猴猨

司馬相如上林賦曰獑(音讒)猢豰蛫(音厄)

猶(余救切)

說文曰猶玃屬一曰隴西謂犬子爲猶

爾雅曰猶如麂善登木

㹠

魯連子曰北方有獸名爲㹠生而角當心俯屬其角潰心而死

竹㹠

徐衷南方記曰竹㹠野生長一尺三寸在土穴中常食竹根味如鴨肉

原

山海經曰翠望之山(亦作王翠山)有獸狀如狸一目二尾名曰原音音奪衆聲(言能作百種聲)可以禦凶也

天狗

山海經曰陰山濁谷之水出焉有狩狀如狸(獺作)白首名曰天狗可以禦凶

獜(音鄰)

(山海經曰依軲之山有狩焉狀如虎)有爪甲名曰獜(言體有鱗甲也食之不畏風)

貗獀(上音渠下音獀)

山海經曰貗獀獸食猛獸

鹿蜀

山海經曰杻陽之山有獸狀如馬而白文頭如虎而長尾其音如謠(如人歌)其名曰鹿蜀佩之宜子孫

山海經圖讚曰鹿蜀之獸馬質虎文驤首吟鳴矯矯騰群佩其皮毛子孫如雲

類

山海經曰亶爰之山有獸狀如狸而有髮其名曰類自爲牝牡食者不妬

猼訑(上音博下音他)

山海經曰基山有獸其狀如羊九尾四目其目在背名曰猼訑佩之不畏

山海經圖讚曰猼訑似羊眼乃在背視之則奇推之無恠欲不恐懼厥皮可佩

狸力

山海經曰柜山有獸狀如豚有距其音如狗吠其名曰狸力見則其縣多土功

土螻

山海經曰崑崙之丘有獸焉其狀如羊而四角名曰土螻

讙讙

山海經曰翼望之山(或作王翠)有獸狀如狸一目而三尾名曰讙讙(音歡或作原)其音如奪百聲(言其能作百種聲或曰奪百物名也未詳)是可以御凶服之治癉(音旦黃癉病也)

幽頞(音遏)

山海經曰邊春之山有獸狀如禺而文背善笑見人則卧名曰幽頞(或作娭也)其鳴自呼也

山海經圖讚曰幽頞似猴俾愚作智觸物則笑見人佯睡

足訾

山海經曰蔓聯之山有獸狀如禺而有鬣牛尾文臂馬蹄見人則笑名曰足訾其鳴自呼也

那父

山海經曰灌題之山有獸狀如牛而白尾音如叫（如人叫喚）名曰那父

天馬

山海經曰馬成之山有獸如白犬而黑頭見人則飛其名天馬其鳴自呼也

䳋（音那，或作䳋）

山海經曰甘棗之山有獸狀如數鼠而文題（數鼠未詳）名曰那食之治癭

胐（音書，妹如）

山海經曰霍山有獸如狸白尾有鬣名胐畜之亡憂

文

山海經曰放皋之山有獸狀如蜂枝尾而反舌善呼名文

開明

山海經曰開明獸身類虎而九首皆人面東嚮立崑崙

太九百十三　五　袁劉

窮奇

山海經曰封山有獸狀如牛而蝟毛名曰窮奇食人或去窮奇聞人鬬乃助不直者文王出獵所獲

張揖注上林賦曰窮奇其音如狗嘷食

神異記曰西北有獸狀如虎有翼名窮奇

猾褢（上音滑，下音懷）

山海經曰堯光之山有獸如人而彘鬣冬蟄名猾褢音如斲木（如人斲木聲）見則其縣有役

彘

山海經曰浮王之山有獸狀如虎而牛尾音如犬名曰彘

羬羊

山海經曰華山之首曰錢來之山有獸狀如羊而馬尾名曰羬羊其胎可以已腊（音昔，治腊也）

嚻

山海經曰羭次之山有獸狀如禺而長臂其名曰嚻

長古

山海經曰長古之山有獸狀如禺而四耳名長古（因山名之）其音如吟見則郡縣大水

谿邊

山海經曰天帝之山有獸狀如狗名谿邊（或作遺）席其皮者不蠱

玃（姑縛）

山海經曰皋塗之山有獸狀如鹿白尾馬足人手（前兩脚似人手）而四角名曰玃

犰狳（上音求，下音余）

太九百十三　六　袁劉

山海經曰餘峩之山有獸狀如兎鳥喙鴟目蛇尾見人則眠（言佯死也）其名曰犰狳其鳴自叫見則螽蝗爲敗

渾沌

東方朔神異經曰崑崙西有獸其狀如犬有兩目而不見兩耳而不聞有腹而無五藏有腸直而不旋食而徑過人有德行而往抵觸之人有凶惡而往依憑之天使其然名曰渾沌一名無耳一名無心所居無常咋尾回轉向天而笑

檮杌

東方朔神異經曰西方荒中有獸焉狀如虎而身大虎毛長尺（張華注曰言此獸毛皆如豪豬毛也）人面虎足口有猪牙尾長一丈八尺名曰檮杌此獸食

𤢺狤

東方朔神異經曰北方有獸焉其狀如師子食虎食人吹人則病吹人中名曰猛恒近人村里入人居室百姓患苦天帝徙之北方荒中也

無損

神異經曰南方有獸其狀如鹿豕頭有牙寢尾善依人求五穀名曰無損其肉可作鮮使瀋也音吕肥美而鮮肉懷香不入瀋盡更添肉使復以作鮮如初愈𠫭乃美名曰不盡鮮

綱

神異經曰西方深山有獸焉面目手足毛色如猴體大如驢善緣高木皆雌無雄名曰綱湏人三合而有子要路強牽男人將上絕冢之上取菓并竊五穀食更合三畢而定十月乃生

齧鐵

神異經曰南方有獸角足大小狀如水牛其毛黑如漆食鐵飲水其糞可爲兵器其利如鋼名齧鐵

飛骸獸

洞冥記曰漢武帝時𠎝韓國獻飛骸獸狀如鹿青色以寒青之絲爲繩繫之獸死帝愛而不埋掛之於苑門皮毛皆爛朽唯骨色猶青時人咸知其神更以繩繫其足閑於重觀後數月往觀唯見繩之所繫處頭尾皆脊皆飛去有野人於草間得其斥脊皆能飛起取還以獻帝乃以野人所獻骨脊及頭尾之骨舂爲粉以蝙蝠和爲丸以療百疾其丸夜視之有光服之體有光明

破鏡

漢書郊祀志曰古者天子常以春解祠黃帝用破鏡孟康曰破鏡獸名食父黃帝欲絕其類使祠用之破鏡如貙而虎眼也

猯音湍

淮南子曰猯知曲穴亦鳥獸之智

狁

說文曰鼠狁屬善旋

吳録地里志曰建安陽縣多狁似猿而露鼻雨則以尾反塞鼻孔郡内及臨海皆有之

猵力水力二切

異物志曰猵之屬捷勇於猨猶面及鼻微倒向上尾端分爲兩條天雨便以插鼻孔中水不入性畏人見人則顛倒投擲或墮地奔走無所迴避觸樹衝石或至破頭折脛俗人罵恃力人云𪻺如猵又張揖注上林賦曰飛猵飛鼠也其狀如兔而鼠首以其髯飛郭璞曰飀鼠也毛紫赤色一名飛生

麢狼上牙下才切

異物志曰麢狼狀似鹿而角前向入林挂角故恒在平淺草中肉肥脆香美逐入林則得之皮可作履襪角正西據南人因以作路牀

兩頭獸

盛弘之荊州記曰武陵郡西有陽山山有獸如鹿前後有頭常以一頭食一頭行山中有時見之者

獑猢上音讒下音胡

蜀地志曰獑猢獸以獼猴爲獸奇捷常在樹上欻然騰躍百步五十步若鳥

黃要

蜀地志曰黃要獸一名墠微一名虔巳鼬身狸首生子長

大自活羣逐其母令不得飮將有所求而先見此獸則不得矣

含利

張衡西京賦曰呀含利呀呀化為仙車。鄭氏婚禮謁文讚曰含利為獸䶈能諫禮義乃食口無讖譽

茲白

博物志曰茲白若白馬踞牙食虎豹其狀如昔耳身若虎豹尾長參其身食虎豹

虎豹

博物志曰逢伯雲所說有獸緑木緑文似豹名虎僕毛可為筆

聆鼠

博物志曰丹熏之山有獸焉狀如鼠名曰聆鼠以其尾飛也

墊羊上者移切

張揖注上林賦曰墊羊麢羊也似羊而青

猛氏

孟康注上林賦曰蝦蛤猛氏皆獸名

郭璞曰今蜀中有獸狀如熊而小毛淺有光澤名猛氏蝦

飛遽

張揖注上林賦曰飛遽天上神獸鹿頭而龍身

射干

郭璞注子虛賦曰騰遠射干張揖注曰騰遠獸也射干似緑狐能木

㺂㹡上音万下丑延切又音延

郭璞注子虛賦曰㺂㹡大獸似貍長百尋。

蒲勞

李善注東都賦曰海畔獸名蒲勞性畏鯨每食於海畔鯨輒躍擊之蒲勞則鳴聲如鍾令人多鑄蒲勞之形於鍾上鯨橦作鯨形以擊鍾天子出則擊之

太平御覽卷第九百一十三

太平御覽卷第九百一十四

羽族部一

鳥

周禮曰庖人供六禽辯其名物六禽鴈鶉鷃雉鳩鴿

又曰中秋獻良裘王乃行羽物行羽物以飛鳥賜羣吏中秋鳩化爲鷹順其始殺大班羽物

又曰射鳥氏掌射鳥祭祀以弓矢敺烏鳶九賓客會同軍旅亦如之

又曰羅氏掌羅烏鳥蜡則作羅襦天子大蜡謂十二月合取万物而索饗之襦細密之羅

又曰中春羅春鳥獻鳩以養國老行羽物春鳥蟄而始出是時鷹化爲鳩春鳥變舊爲新宜以養老生氣行謂賦物

又曰掌畜掌養鳥而阜蕃教擾之鳥之可養盛大蕃息祭祀供卵鳥其卵可薦之鳥四時貢鳥物鶉鴈之屬以四時來共膳獻之鳥雉及鶉鷃之屬

又曰翨氏翨音翅掌攻猛鳥各以其物爲媒而掎之猛鳥鷹隼之屬置其所養之物於墻中鳥來下則掎其腳以時獻其羽翮

又曰硩蔟氏硩音摘又他歷切蔟音耆獨切掌覆夭鳥之巢覆毀也夭鳥惡鳴之鳥若鴞鵩以方書十日之號十有二辰之號十有二月之號十有二歲之號

又曰庭氏掌射國中之夭鳥若不見其鳥獸則以救日之弓與救月之矢夜射之中若神也則以太陰之弓與枉矢射之

禮曰獻鳥者佛其首

又曰執禽者左首

又曰大羅氏天子之掌鳥獸者也

又曰鳥皫色而沙鳴鬱皫普表切

又曰九生天地之間者有血氣之屬必有知之屬莫不知愛其類今是夫鳥獸則失喪其群匹越月踰時焉則必反巡過其故鄉翔迴焉鳴號焉蹢躅焉踟躕焉然後乃能去之小者至於鷰雀猶有啁噍之頃焉然後乃能去之故有血氣之屬者莫智於人故人於其親也至死不窮

傳曰或叫于宋大廟曰譆譆出出鳥于亳社如曰譆譆

又曰郯子來朝公與之宴叔孫昭子問焉曰少皞氏以鳥名官何故郯子曰我高祖少皞摯之立也鳳鳥適至故紀於鳥爲鳥師而鳥名

又曰鳥則擇木木豈能擇鳥

詩曰伐木丁丁鳥鳴嚶嚶嚶其鳴矣求其友聲

易曰比王用三驅失前禽邑人不誡吉

又曰井泥不食舊井無禽

又曰旅鳥焚其巢

又小過曰有飛鳥之象焉飛鳥遺之音不宜上宜下大吉上逆而下順也

書曰日中星鳥以殷仲春厥民析鳥獸孳尾孔安國曰乳化曰孳交接曰尾日永星火以正仲夏厥民因鳥獸希革夏時鳥獸毛羽希少改易革改宵中星虛以殷仲秋厥民夷鳥獸毛毨毨理也毛更生生整理也曰短星卯以正仲冬厥民隩鳥獸氄毛鳥獸皆生耎毳細毛也

周書旅獒曰珍禽奇獸弗育于國

論語曰鳥之將死其鳴也哀

又曰鳥獸不可與同羣

爾雅曰鳥之雌雄不可別者以翼右掩左雄左掩右雌鳥之美長醜爲鶹鷅二足而羽謂之禽

春秋孔演圖曰鳥化爲書孔子奉以告天赤爵集書上化爲黃玉刻曰孔提命仰應法爲赤制

又曰黑帝治生五角之禽以觸民（陽數鳥王也）
春秋考異郵曰鳥魚者陰中（陽陽中陰）皆卵生以類翔故魚從
水鳥從陽凡飛翔羽翮柔良之獸皆為陽陽氣仁故鳥哺
公（鳥飛於風魚浮之水是歲陽氣輕勁也含二氣故生卵）吞戲者八竅而卵生（鳥雞類也）
序命曆羲皇燧人始名物蟲鳥獸之名
尚書考靈曜曰鳥為春候
歸藏啓筮曰金水之子其名曰羽蒙乃（占日之）飛民是生百鳥
史記曰秦仲知百鳥之音與之語皆應焉
又曰楚莊王即位三年不出號令日夜為樂令國中曰有
敢諫者死無赦伍舉入諫莊王左抱鄭姬右抱越女坐鍾
鼓之間伍舉曰願有進隱（隱為隱藏其意）曰有鳥在於阜三年不
蜚不鳴是何鳥也莊王曰三年不蜚蜚將冲天三年不鳴
鳴將驚人舉退矣吾知之矣

又曰楚頃襄王十八年人有好以弱弓微繳加歸鴈之上
者王聞而召之問焉對曰小臣之好射鶀（音其）鴈羅鸗（[illegible]）
（也議音）小矢之發也何足為大王道哉且稱楚之國大王之
賢所弋非特此也昔者三王以弋道德五伯以弋戰國故
秦魏燕趙者鶀鴈也齊魯韓衛者青首也（青首小鳧有青者）鄒
費郯邳者羅鸗也外則其餘不足射也見鳥六雙（以前下文秦遺）
（特十二國故曰六雙）唯王何取王何不以聖人為弓勇士為繳時張
而射之此六雙者可得而囊載也其樂非特朝夕之樂也
其獲非特鳧鴈之實也
漢武故事曰武帝作玉堂以玉璧薄椽頭鑄為大鳥黃金
塗長五丈栖屋上
續漢書曰楊震將葬大鳥來止亭樹下地安行到柩前正
立低頭淚出衆人更共摩抱持終不驚駭其鳥五色高
丈餘兩翼長二丈三尺人莫知其名也
魏志曰高唐隆臨終上疏諫明帝曰觀黃初之際天兆其
戒異類之鳥育長鷰巢口爪俱赤此魏室之大異也
晉書曰趙王倫篡位時於殿上得異鳥問皆不知名其日
向夕宮西有素衣小兒言是服劉鳥倫使録小兒并鳥閉
置空室明旦開視户如故並失人鳥所在倫目上有瘤以
為妖焉
南史曰甄恬字彦約中山無極人也居江陵數歲喪父哀
感有若成人家貧養母常得珍羞及居喪廬於墓側恒有
鳥玄黃雜色集於廬樹恬哭則鳴哭止則止
齊書曰曲江公蕭遥欣年七歲出齋時有一左右小兒善
彈無飛鳥不應弦墜落欣（日九）戲多端何急彈此鳥自空中
翔飛何關人事無趣殺此生左右感其言遂不復彈鳥

梁書曰何胤退居吴武丘寺講經論常禁殺有異鳥如鶴
紅色集講堂馴狎如家禽
南史曰海中浮鵠山去地千餘里上有女人年三百歲有
女道士百四五人年並出百（俱姓山中）學道遣使獻紅席梁武
帝方捨身時其使適至此草常有紅鳥居下故以名觀其
圖狀則鸞鳥也
又曰梁武帝捨身時有男子不知何許人於衆中自割身
以飴飢鳥血流遍體而顏色不變開講日有三足鳥集殿
開講日有三足鳥集殿之東户自戶適于西南懸楣三飛
三集白雀一見于重雲閣前連李樹
後魏書曰波斯國有鳥形如橐駝有羽翼飛而不能高食
草與肉亦能噉火馳走甚疾一日能七百里也
又曰彭城王勰從沔北除使持節都督南征諸軍事正中

軍大將軍府點於是親勒大衆須臾有二大鳥從南而來一向行宫一向府幕各爲所獲點言於帝曰始有一鳥望旗顛仆自謂大吉帝戲之曰鳥之畏威豈獨中軍之略也吾亦分其一耳此乃大善

北史曰周豆盧勣爲渭州刺史鳥巢山絶壁千仞由來乏水諸羌苦之勣馬足所践忽飛泉涌出有白鳥翔止廳前乳子而後去人爲之謡曰我有丹陽山飛玉濛濟戎夷人神鳥來翔

隋書曰煬帝征遼東帝舍臨頓見大鳥丈餘縞身朱足游泳自若上異之詔虞綽爲銘帝覽而善之命有司勒於海上

又曰大業十二年一月甲子夜有二大鳥似鵰飛入大業殿止于殿堉至明而去

又曰王世充將欲篡位羅取雜鳥書帛繫其頸自言符命而散放之或有彈射得鳥而來獻者亦拜官爵

唐書曰太宗謂褚遂良學問稍長性亦堅正既寫忠誠甚親附於朕譬如飛鳥依人自加憐愛

又曰永徽中吐火羅國獻大鳥高七尺其足如駞有翅而能飛行日三百里能噉銅鐵夷俗呼爲駞鳥上以太宗懷遠所致獻于昭陵乃刻像於陵之内

又曰永徽中萬年宫有小鳥生大鳥

又曰大曆八年有大鳥見於武功縣群鳥隨而噪之武功縣神策行營將張日芬射而獲之以獻是鳥肉翅狐首四足足有爪其廣四尺三寸其毛色赤形類蝙蝠

又曰大中十年舒州吴塘堰有衆禽成巢闊七尺高一丈而水禽山鳥鷹隼鸞雀之類無不馴狎又有鳥人面緑毛爪喙皆紺色其聲曰甘人呼爲甘蟲

莊子曰飛鳥之影未嘗動也

文子曰有鳥將來張羅待之得鳥者一目也今爲一目之羅即無得鳥時

孫卿子曰鳥窮則啄人窮則詐

淮南子曰鳥排空而飛獸蹠石而走

又曰射者扞烏號之弓彎棊衛之箭重之羿逢蒙子之巧以要飛鳥猶不能與羅者競多何則以所持之小也張天下以爲之籠因江海以爲罟又何亡魚失鳥之有乎

又曰一目之羅不可以得鳥無餌之鉤不可以得魚遇士無禮不可以得賢德

又曰毛羽者飛行之類也故屬於陽

又曰繫舟水中鳥聞之高翔魚聞之沉淵

又曰鳥不干防者雖近弗射鳥燕之屬是也其當道者雖遠弗釋當道謂作妨害者故曰不釋也

又曰夫飛鳥主巢狐狸主穴巢者巢成而得宿焉趨捨行義亦人之所棲宿也

又曰鳥魚皆生於陰屬於陽故鳥魚皆卵魚游於水鳥翔於雲

又曰羽嘉生飛龍羽加羽蟲之先也蜚龍龍之有羽者飛龍生鳳皇鳳皇生鸞鳥鸞鳥生庶鳥九羽者生於庶鳥也

又曰蒲且之連鳥於百仞之上而詹何之騖魚於大淵之中此皆得清淨之道也

又曰羽者嫗伏毛者孕育

淮南萬畢術曰人面擊地飛鳥自下取蘘木爲人形似鳥而血塗人面以擊地飛鳥自下

抱朴子軍術曰衆鳥群飛排徊軍上不過三日有暴兵至

焉鳥聚軍中將當賞功增秩鳥集將軍之旗將軍增官鳥集軍中莫知其名軍敗也

阮子曰高鳥相木而集智士擇士而翔

晏子春秋曰景公射鳥野人駭之公令吏誅之晏子曰鳥獸故非人所養野人駭之不亦宜乎公曰善自亦已來一弛鳥獸之禁

又曰景公好弋使顔涿主聚鳥而亡公召吏殺之晏子曰諸侯聞之以君重鳥輕士公曰勿殺

春秋後語淳于髠曰夫鳥同翼者聚飛而獸同足者俱行各有儔也

又曰魏有更贏脉者與王處廪下仰見飛鳥引弓虛發而鳥墮下魏王恠而問曰何以得至此贏脉曰此孽生也生曰先生何以知之對曰其飛徐其鳴悲其飛徐者故瘡痛也其鳴悲者久失群也故瘡未息而驚心未去聞弦音烈而高飛故隕也孽餘也先被傷而餘瘡未差故聞弦聲而驚驚而隕也五遑切創與瘡同

又曰燕王使騎刼代樂毅奔趙王卒離心田單乃令城中食者先祭先祖於庭中飛鳥悉飛舞其上或其下食燕人皆恠之○穆天子傳曰曠原之野飛鳥之所解羽舂之山飛鳥之所栖舂山之澤清水溫泉飛鳥百獸之所飲食

家語曰孔子在衛顔回侍側聞哭聲甚哀子曰回汝知此何哭對曰此哭非但爲死又爲生離回聞桓山之鳥生四子焉羽翼既成將分于四海其母悲鳴而送之哀聲有似於此謂其往而不返也回竊以音類而知之

又曰蒼鳥群飛孰使萃之蒼鳥蒼鷹

又曰稷　帝　投之水上鳥何燠投弃燠溫鳥以羽翼覆翼溫之

白虎通曰鳥所以飛何鳥者陽也飄輕故飛也禽者何鳥獸之揔名明爲人所禽制

蔡邕月令章句曰天官五獸前有朱雀鶉火之體九鳥生於水

衡波傳曰顔淵子路於洙泗見五鳥色由熒熒之鳥也見色分明故曰熒熒

廣志曰東齊多鳥爵千百爲群小戶種穀或以爵爲患

文士傳曰張衡有巧藝嘗作木鳥假以羽翮腹中施機能數里飛

又曰會山陰禹葬聖人化感鳥獸故象爲民佃春耕鶴拔草根秋啄除其穢故縣官禁民不得殺傷此鳥犯者刑之無赦

會稽典録曰夏方字文昌家遭癘父母伯叔一時死九十三喪方年十四晝則負土哀號暮則扶棺哭泣比葬年十七鳥烏集聚猛獸乳其側

幽明録曰符堅時有射師經嵩山望見松樹上有一雙白鳥似鵠而大至樹下又見一蛇長五丈許樹上取鳥未至鳥一丈鳥便欲飛蛇張口歙之鳥不得去繽紛一食頃鳥轉欲困射師引弩射三矢蛇隕而鳥得颺去須臾雲晦雷發驚耳駭目而向鳥徘徊其上毛落紛紛雷息電滅鳥亦高飛

十州記曰祖洲有不死之草似菰苗秦始皇時死者橫道有鳥如烏狀銜此草以覆死人面皆登時起坐而遂活也

異苑曰蘭陵昌慮縣華山有井鳥巢其中金喙黑色而團翅此禽見則大水

荆楚歲時記曰春分日民並種戒火草於屋上有鳥如烏先鷄而鳴架架格格民候此鳥則入田以爲候人架犁格

也
又曰夏七月有鳥民穫穀其聲自呼農人候此鳥則犂把上岸
太平御覽卷第九百一十四

太平御覽卷第九百一十五

羽族部二

鳳　鸑鷟　鶡　鵕鸃

鳳

春秋演孔圖曰鳳火精

春秋元命苞曰火離爲鳳

禮運曰鳳以爲畜故鳥不獝（況必切）

又曰外中于天而鳳皇降龜龍假

又曰四靈爲畜何謂四靈麟鳳龜龍之謂

又曰無水旱昆蟲之灾凶飢妖孽之疾故天不愛其道地不愛其寶人不愛其情則鳳凰在郊藪其餘鳥獸卵胎皆可俯而窺也

左傳曰陳大夫卜妻敬仲妻占之曰吉鳳皇于飛和鳴鏘鏘有嬀之後將育于姜

又曰我高祖少皥（摯之）立也鳳鳥適至故紀於鳥爲鳥師而鳥名鳳鳥氏司曆者也（杜預注曰鳳知天時故以名曆官）

詩曰鳳皇于飛翽翽其羽亦傅於天鳳皇鳴矣於彼高岡梧桐生矣于彼朝陽

又疏曰鳳皇一名鸑鷟非梧桐不栖非竹實不食

書曰簫韶九成鳳皇來儀

論語曰鳳鳥不至河不出圖吾已矣夫

又曰鳳兮鳳兮何德之衰

爾雅曰鶠鳳其雌皇（郭璞注瑞應鳥雞頭蛇頸燕頷龜背魚尾五彩色高六尺）

大戴禮曰羽蟲三百六十而鳳皇爲之長

禮斗威儀曰君乘土而王其政太平則鳳集於林苑

春秋感精符曰王者上感皇天則鸞鳳至

春秋繁露曰恩及羽蟲則鳳皇翔

春秋運斗樞曰（樞天）得鳳皇翔

春秋合成圖曰黄帝遊玄扈雒上與大司馬容光等臨觀鳳皇銜圖置帝再拜受圖

又曰堯坐舟中與太尉舜臨觀鳳皇負圖授堯圖以赤玉爲柙長三尺廣八寸厚（五寸）黄玉檢白玉檢白玉繩封兩端其章曰天赤帝符璽五字

呂氏春秋曰帝嚳有聖德作樂六英乃令人卞使鳳皇鼓翼而舞

又曰黄帝聽鳳皇之鳴以別十二律

又曰鷰雀爲鴻鵠鳳皇慮則必弗得矣其所求者瓦孔之間隟屋之翳蔚也

韓詩外傳曰黄帝即位施（聖仁）恩承天明命一道脩德唯仁是行宇内和平未見鳳皇乃召天老而問之曰鳳皇何如天老對曰夫鳳象鴻前而麟後蛇頸而魚尾龍文而龜身鷰頷而雞喙首戴德頸揭義背負仁心入信翼挾義足履正尾繫武小音金大音鼓延頸奮翼五光備舉食有質飲有儀往即文來則喜游必擇所飢不妄下其鳴也雄曰節節雌曰足足昏鳴曰固常晨鳴曰發明晝鳴曰保章舉鳴曰上翔集鳴曰歸昌夫唯鳳爲能究萬物通天地象百物達乎道律五音成九德覽九州觀八極則有福備文武王下國故得鳳象之一則鳳過之得鳳象之二則鳳翔之得鳳象之三則鳳集之得鳳象之四則鳳春秋下就之得鳳象之（五則鳳沒身居）之黄帝曰於戲允哉朕何敢與焉於是黄帝乃服黄衣帶黄紳戴黄冠齋于中宮鳳乃蔽日而至黄帝降于東階西面再拜稽首曰皇天降祉

不敢不承命鳳乃止帝東園集梧樹食竹實沒身不去
尚書考靈曜曰通天文者明明於天道也審地理者昌昌猶盛也盛於物明者天之時也昌者地之財也明王治鳳皇下之
尚書中候曰黃帝時天氣休通五行期化鳳皇巢阿閣讙樹注曰阿閣名宮中之衛門曰閣鳳皇於讙樹巢徒而出讙鳴於朝廷之樹
又曰堯即政七十年鳳皇止庭伯禹拜曰黃帝軒提象鳳皇巢阿閣
又曰帝舜云朕惟不乂百獸鳳晨百獸率舞鳳皇司晨鳴也
又曰周文王作豐一朝扶老至八十萬戶草居陋然歌耶曰鳳皇下豐也
尚書帝驗曰舜授終赤鳳來儀
尚書大傳曰舜好生惡殺鳳皇巢其樹
論語摘衰聖曰鳳有六像九苞一曰頭像天二曰目像日三曰背像月四曰翼像風五曰足像地六曰尾像緯九苞一曰頭符命二曰眼合度三曰耳聰達四曰舌詘伸五曰色彩光六曰冠短周七曰距銳鉤八曰音激揚九曰腹文戶行鳴曰歸嬉上鳴曰提扶夜鳴曰善哉晨鳴曰賀世飛鳴曰郎都知我者唯黃持竹實來故子欲居九夷從鳳嬉宋均注曰緯五緯也度天度數也鳳當作朱朱赤色好也戶所由出入陽出入亦開戶善識應天下興平也賀世慶賀於時也黃帝中通理者也鳳遇亂則居夷狄也
孝經援神契曰王者德至鳥獸則鳳皇翔
孝經鉤命決曰孝悌之至通於神明則鳳皇巢
樂動聲儀曰鎮星不逆行則鳳皇至
樂計圖曰五音克諧各得其倫則鳳皇至冠類雞頭鷰喙蛇頸龍形麟翼魚尾五彩不啄生蟲
帝王世紀曰黃帝服齊于中宮坐于玄扈洛上乃有大鳥

雞頭鷰喙龜頸龍形麟翼魚尾其狀如鶴體備五色三文成字首文曰順德背文曰信義膺文曰仁智不食生蟲不履生草或止帝之東園或巢阿閣其飲食也必自歌舞音如簫笙
又曰國安其主好文則鳳皇翔
史記曰四海之內咸戴舜功興九韶之樂而鳳皇翔天下明德自虞帝始
漢書曰昭帝始元三年鳳皇集東海遣使祠其處
又曰宣帝幸河東之明年春鳳皇集於所集處得玉寶迺下詔赦天下
又曰鳳皇集上林乃作鳳皇殿以荅嘉瑞玉
又曰幸甘泉郊泰畤改元曰五鳳論衛太宣帝時鳳皇五至
又曰本始元年鳳皇集膠東十四年鳳皇集魯群鳥從之詔曰威鳳為寶鳳皇有威儀也神爵四年鳳皇十一集杜稷
又曰帝祠右土鸞鳳翱翔
又曰五鳳三年鸞鳳又集長樂宮東闕中樹飛下至地文章五色留十餘刻吏民並觀之
東觀漢記曰光武生於濟陽先是鳳皇集濟陽故宮皆畫鳳皇聖瑞始於此
又曰建武十七年鳳皇五高八九尺毛羽五彩來集穎川郡鳥從之蓋地數頃留十七日乃去章帝時鳳皇三十九見
又曰安帝延光三年鳳皇集濟南臺丞霍穆舍樹上賜帛各有差
魏略曰文帝欲受禪郡國奏鳳皇十三見明帝鑄銅鳳皇高三丈餘置殿前
吳曆曰太元元年有鳥集苑中似鴈高足長尾毛羽五色

咸以爲鳳皇敗年爲鳳皇元年

晉書曰荀勗自中書監遷守尚書令勗久在中書專管機事及失之甚罔罔悵悵或有賀之者勗曰奪我鳳皇池諸君賀我耶

晉陽春秋曰升平四年鳳皇將九子見郫鄉之豐城冬復見衆鳥從焉

宋書曰王曇首與兄弟集會子孫任其戲適僧達跳下地作彪子僧虔累十二博棊既墜落亦不重作僧綽採蠟燭珠爲鳳皇僧達奪取於懷亦復不惜伯父弘稱其長者

又曰王僧虔子慈少與從弟儉共書謝鳳子超宗嘗候僧虔仍往東齋詣慈正學書未即放筆超宗曰卿書何如虔乃荅曰慈書比大人猶雞之比鳳

又曰謝鳳子超宗有文辭盛得名舉選補新安王子鸞國常侍王母殷淑儀卒超宗作誄奏之帝大嗟賞謂謝莊曰超宗殊有鳳毛時右衛將軍劉道隆在御坐出候超宗曰聞君有異物可見乎超宗曰懸磬之室復有異物耶道隆武人無識正觸其父名曰且侍宴至尊說君有鳳毛超宗徒跣還内道隆謂檢覓毛至闇待不得乃去

又曰元嘉十四年春鳳皇二見于都下衆鳥隨之敗其地曰鳳皇里

又曰何承天爲著作佐郎年已老而諸佐郎並名家年少潁川荀伯子嘲之常呼爲姊母承天曰卿當云鳳皇生九子姊母何言耶

齊書曰江夏王鋒年五歲性方整好學書高帝使學鳳尾詔一學即工高帝大悦以玉騏驎賜之曰以騏驎賞鳳尾矣

梁書曰武帝初平東昏入于閲武堂是日鳳皇見

又曰天監初鳳皇見建康縣同夏里又集南蘭陵

崔鴻十六國春秋前秦録曰永興三年九月鳳皇集東闕民因歌之曰鳳皇于飛其羽翼翼漪歟皇后其齡萬億

陸翽鄴中記曰石季龍與皇后在觀上爲詔書五色紙著鳳口中鳳既銜詔侍人放數百丈緋繩轆轤回轉鳳皇飛下鳳以木作之五色漆畫脚皆用金

又曰鳳陽門五層樓去地三十丈安金鳳皇二頭石虎將衰一頭飛入漳河會晴日見於水中一頭以鐵釘釘足今存

二石僞事曰石昆降說鄴中有鳳皇將九雛在延明門外道西

後魏書曰彭城王勰與帝昇金墉觀見堂後桐竹曰鳳皇非梧桐不栖非竹實不食今桐竹並茂詎能降鳳乎勰曰鳳皇應德而來豈桐竹能降帝曰朕亦望降之

唐書曰薛收從子元敬選部郎邁之子也亦有文學爲收之亞初大業末薛德音及收元敬俱有才名時人謂之河東三鳳

又曰武德九年海州言鳳見于城上群鳥數百隨之東北飛向蒼梧山

又曰太宗時莒州言鳳皇二見群鳥隨之其聲若八音之奏

又曰太宗嘗追思王業艱難佐命之臣乃作威鳳賦以賜長孫無忌其辭曰有一威鳳憩翮朝陽晨遊紫霧夕飲玄霜資長風以舉翰戾天衢而遠翔

徐整正曆曰黄帝之時以鳳爲雞

莊子曰老子見孔子從弟子五人問曰前爲誰對曰子路勇且多力其次子貢爲智曾子爲孝顔回爲仁子張爲武老子歎曰吾聞南方有鳥名爲鳳所居積石千里天爲生

食其樹名瓊枝高百仞以璆琳瑯玕爲實天又爲生離珠一人三頭遞起以伺琅玕鳳鳥之文戴聖嬰仁右智左賢

文子曰主有積道德天與之地助之神鬼輔之則鳳皇翔其庭也

孫卿子曰古之王者其政好生惡殺鳳在列樹

又曰鳳鳥啾啾其翼若竿其聲若簫有皇有鳳樂帝之心此聖不蔽福也

韓子曰昔者黄帝合鬼神於西大山鳳皇覆上作爲清角

淮南子曰鳳皇之翔至德也過崑崙之疏圃飲砥柱之湍瀨邅迴蒙汜之渚當此之時鴻鵠蒼鶴莫不憚驚伏竄注喙江介又況鶉雀之類乎昔者二皇鳳至於庭（二皇伏羲神農）三代鳳至於門（三代堯舜禹）周室鳳至於澤德弥確所至弥遠德弥精所至弥近

抱朴子曰夫木行爲仁爲青鳳頭上青故曰戴仁也金行爲義爲白鳳頸白故曰纓義也火行爲禮爲赤鳳赤故曰負禮也水行爲智爲黑鳳背黑故曰尚智也土行爲信爲黄鳳足下黄故曰蹈信也古者太平之世鳳皇常居其國而生乳焉

又曰夫麟鳳以形爲別　始食鳳卵而鳳去則鳳有種明矣

又曰鸞鳳競粒於庭則授辱於鷄鶩也

鶡冠子曰鳳火鳥鶉火之禽陽之精也德能致之其精畢至

任子曰鳳爲羽族之美麟爲毛類之俊龜龍爲介蟲之長楩柟爲衆材之最是物之貴也

山海經曰軒轅之丘鸞鳥自歌鳳鳥自舞皇卵民食之

又曰丹穴之山有鳥焉其狀如鶴五采而文名曰鳳鳥首文曰德翼文曰順背文曰義膺文曰仁腹文曰信是鳥也飲食自歌自舞見則天下大安

楚辭曰鳧鴈皆唼夫梁藻兮鳳愈飄而高舉衆鳥皆有所登棲兮鳳獨皇皇而無所集欲銜枚而無言兮嘗君之渥洽驥不驟進而求服兮鳳亦不貪餧而忘食

又曰爲鳳皇作鶉籠雖歙翼而不容

又曰獨不見鸞鳳之高翔大皇之野循四極而周回見盛德而後下宋玉對曰聞鳳鳥上九千里絶雲霓負蒼天呼窈冥之中藩籬之鷃豈能與之料天地之高哉

説文曰鳳神鳥也天老曰鳳像麟前鹿後蛇頸魚尾龍文龜背燕頷鷄喙五色備舉出東方君子之國翱翔四海之外過崑崙砥柱濯羽弱水暮宿丹穴見則天下安寧從鳥凡聲也飛則群鳥從以萬數故古鳳作鵬字鵬鳥也其雌皇一曰即鳳皇也鳳者羽蟲之長也

漢武内傳曰西王母曰仙之上藥有九色鳳腦次藥有蒙山白鳳之脯

白虎通曰鳳皇禽之長上有明王太平乃來

西京雜記曰楊雄讀書有語之曰無爲自若苦玄故難傳忽不見雄着太玄經夢吐白鳳皇集其項上而滅

楊子法言曰鳳鳥蹌蹌匪堯之庭或問君子在治曰若鳳治則見亂則隱

太元經曰鸞鳳不遷甘於竹實騶虞不移於生物醜婦以明鏡爲害無所逃其陋

論衡曰瑞指篇鳳皇麒麟爲聖人來即是聖人之禽也按聖人遊於人間麟鳳亦應與衆鳥同何故遠去中國處於

邊外

崔駰易林曰神鳥五色鳳凰爲主集於王谷使君得所

又曰鳳有十子同巢共母懽以相保

又曰鳳生五雛長于南郭君子康寧悅樂身榮

括地圖曰孟虧人首鳥身其先爲虞氏馴百禽夏后之末世民始食卵孟虧去之鳳凰隨焉止于此山多竹長千仞鳳凰食竹實孟虧食木實去九疑萬八千里

十洲記曰鳳麟洲在西海之中四面有弱水繞之鴻毛不浮不越也上多鳳麟數萬餘群仙家煮鳳喙及麟角合煎作膠名之爲集絃膠或名連金泥能連弓弩斷弦連刀劍斷斫

蔡邕琴操曰周成王時天下大治鳳皇來舞於庭成王乃援琴而歌曰鳳皇翔兮於紫庭余何德兮以感靈○列仙

傳曰簫史教弄玉作鳳鳴居數十年吹簫作鳳聲鳳皇來至其屋爲作鳳臺夫婦止其上一日一夜皆隨鳳皇飛去

王子年拾遺記曰周昭王以青鳳之毛爲二裘一曰煥質二曰暄肌常以御寒至厲王末猶寶此物及厲王流于彘人得而珎之人罪有陷大辟者以青鳳毛贖罪免死片毛則准千金

異苑曰東莞劉穆之字道民素居京口晉隆安中鳳皇集其庭相人韋叢謂之曰子必協贊大猷

李彤四部曰吊鳥山俗傳曰鳳死於上歲七月至九月群鳥常來集其上

鸑鷟

國語曰周之興鸑鷟鳴于岐山

說文曰鸑鷟鳳屬神鳥也

三輔決錄注曰太史令蔡衡云毛色多紫者爲鸑鷟

後漢書曰永平中有神雀集宮殿官府冠羽有五采色帝異之以問臨邑侯劉復復不能對薦賈逵博物多識帝乃召見逵問之對曰昔武王終父之業鸑鷟在岐鸑鷟鳳之別名也周大夫內史過對周宣王曰周之興也鸑鷟鳴岐山事見國語宣帝威懷戎狄神雀仍集此胡降之徵也

唐書曰張鷟字文成聰警絶倫書無不覽爲兒童時夢紫色大鳥五色成文降于家庭其祖謂之曰五色赤文鳳也紫文鸑鷟也爲鳳之佐兒當以文章瑞於明廷因以爲名字

鵷鶵

山海經曰南禺之山其鳥鵷鶵

莊子曰惠子相梁莊子往見之惠子恐代其相搜國中三

日三夜莊子伏主人馬棧下往見之曰南方有鳥名鵷鶵南海而飛之北海非梧桐不栖非竹實不食非醴泉不飲於是鴟得腐鼠鵷鶵過仰而視之曰嚇子欲以梁國嚇我耶

鵕鸃

倉頡解詁曰鵕鸃神鳥飛竟天漢以爲侍中冠雜字解詁曰鵕鸃似鳳凰

史記曰孝惠郎中皆冠鵕鸃

南越志曰曾城縣多鵕鸃鵕鸃山雞也利距善鬬光色鮮明五色炫燿○楚辭曰曳彗星之皓旰兮撫朱雀與鵕鸃朱雀鵕鸃神鳥之鳥也動以神物自喻當羞鵕鸃飛能中天

司馬相如子虛賦曰揜翡翠射鵕鸃

太平御覽卷第九百一十五

羽族部三

鸞　鶴　鴻

鵠　鶂鷀

鸞

春秋元命苞曰火離爲鸞

春秋孔演圖曰天子官守以賢舉則鸞在野

詩含神霧曰王者德化充塞照洞八冥則鸞臻

春秋運斗樞曰天樞得則鸞鳥集

尚書中候曰昔者軒提象鸞鳥來儀

又曰周公歸政於成王太平制禮鸞鳥見

孝經援神契曰德至鳥獸則鸞鳥舞

謝承後漢書曰方儲字聖明幼喪父事母母終自負土

成墳種奇樹千株鸞鳥栖其上白兎遊其下

又曰靈帝建寧四年河南上言二鳳凰二鸞鳥集原縣

東觀漢記曰王阜爲重泉令鸞鳥止學宮關阜使掾沙疊爲張雅樂擊磬鳥舉足垂翼應聲而舞止縣庭留十餘日去

北史後魏柳揩對蕭寶寅曰大王齊明帝子天下所屬且謠言曰鸞生十子九子毈一子不毈關中亂武王有亂臣十人亂者理也大王理當關中何所疑慮

山海經曰軒轅之國清沃之野鸞鳥自歌（海内經大廣都之野鸞自歌）

又曰女牀之山有鳥言其狀如翟而五采以文名曰鸞鳥見則天下安寧

說文曰鸞者神靈之精也赤色五采鷄形鳴中五音頌聲作則至

周書王會曰成王時氐羌獻鸞鳥

孫氏瑞應圖曰鸞鳥赤神之精鳳皇之佐鳴中五音肅肅雍雍喜則鳴舞人君行步有容進退有度祭祀宰人咸有敬讓禮節親疎有序則至一本曰心識鍾律律調則至鳴舞以和之

漢武内傳曰西王母曰仙之次藥有靈丘倉鸞之血

焦贛易林曰溫山松栢常茂不落鸞鳳以庇得其歡樂

括地圖曰羽民有羽飛不遠多鸞鳥食其卵去九疑四萬三千里

抱朴子曰崑崙圖曰鸞鳥以鳳而白纓聞樂則蹈節而舞至則國安寧

決録注曰辛繕字公文治春秋讖緯隱居華陰光武徵不至者有大鳥高五尺鷄首鷰頷蛇頸魚尾五色備舉而多青棲繕槐樹旬時不去弘農太守以聞詔問百僚咸以爲

鳳太史令蔡衡對曰凡象鳳者有五多赤色者鳳多黃鵷鶵多青者鸞多紫者鸑鷟多白者鵠今此鳥多青者乃鸞非鳳也上善其言三公聞之咸遜位避繕繕不起

車頻秦書曰苻堅時關隴人安百姓豐樂民歌曰長安大街兩邊種槐下走朱輪上有鸞栖

崔駰七言詩曰鸞鳥高翔時來儀應治歸得合望規啄食揀實飲華池

范太鸞鳥詩序曰罽賓王結罝峻祁之山獲一鸞鳥王甚愛之欲其鳴而不能致乃飾以金樊饗以珎羞對之逾戚三年不鳴夫人曰聞鳥見其類而後鳴可懸鏡以映之王從言鸞覩影感契慨焉悲鳴哀響中宵一奮而絕

鶴

韻集曰鶴善鳴鳥

春秋説題辭曰鶴知夜半（鶴水鳥也夜半水位感其生氣則益喜而鳴）
易通卦驗曰立夏清風至而鶴鳴
周易曰鳴鶴在陰其子和之
左傳曰狄人伐衛懿公好鶴鶴有乘軒者將戰國人受甲者皆曰使鶴鶴實有祿位余焉能戰
毛詩曰鶴鳴于九皋聲聞于天（興也皋澤也言身隱而名著）
詩義疏曰鶴大如鵝長三尺脚青黑高三尺餘赤頰赤目喙長四寸多純白亦有蒼色者今人謂之赤頰常夜半鳴高聞八九里唯老者乃聲下今吴人園中及士大夫家皆養之雞鳴時亦鳴
漢書曰王莽常以鶴髓漬穀種學仙
後漢書曰鄭弘傳孔靈符會稽記曰射的山南有白鶴爲仙人取箭弘甞採薪得一遺箭頃有人覓弘還之問何所欲弘識其神人也曰常患若耶溪載薪爲難願旦南風暮北風後果然故若耶溪風至今呼爲鄭公風也

晉書曰嵇紹始入洛或謂王戎曰昨於稠人中始見嵇紹昂昂然若野鶴之在雞群戎曰君復未見其父耳
又曰吴隱之年十餘歲丁父憂每號泣行人爲之流涕事毋孝謹及其執喪哀毁過禮家貧無人鳴鼓每至哭臨之時常有雙鶴唳及祥練之夕復有群鴈俱集
宋書曰齊高帝鎮淮陰爲宋明帝所疑被徵爲黄門郎深懷憂慮見平澤有群鶴仍命筆詠之曰八風舞遥翮九野弄清音一摧雲門志爲君死中畜○梁書曰庾域母好鶴唳域在位營求孜孜不怠一旦雙鶴來下論者以爲孝感所致
莊子曰鳧脛雖短續之則憂鶴脛雖長斷之則悲
又曰老子謂孔子曰夫鶴不日浴而白烏不日黔而黑
列子曰詹何曰聞先大夫之言蒲且子之弋弱繳乘風振之連雙鶴於青雲之際用心專動手均也
墨子曰子禽問曰多言有益乎對曰蝦蟇日夜鳴口乾而人不聽之鶴雞時夜而鳴天下振動多言何益
抱朴子曰周穆王南征一軍盡化君子爲猨爲鶴小人爲蟲爲沙
神異經曰西海之外有鶴國男女皆長七寸爲人自然有禮經論跪拜壽三百歲人行如飛日千里百物不敢犯之唯畏海鵠鵠遇吞之亦壽三百歲人在鵠腹中不死
琴操曰高陵牧子取妻五年無子父兄欲爲改娶妻聞中夜驚起倚户悲嘯牧子聞之援琴鼓之乙痛恩愛之永離數別鶴以舒情故曰別鶴操
論衡曰藝增篇鶴鳴九折之澤聲聞於天此增益也按鶴

鳴參天人則不聞鳴在于澤云何謂乎
八王故事曰陸機爲成都王所誅顧左右歎曰今欲聞華亭鶴唳不可復得
陶侃別傳曰侃丁母艱在墓下忽有二客來弔不哭而退儀形鮮異知非常人遣看之但見雙鶴飛而冲天
世説曰劉尊祖少爲殷中軍所稱之於庾公庾公甚欣便取爲佐引見坐獨榻上與語劉尒日殊不稱庾小失望遂名之爲羊公鶴昔羊叔子有鶴能舞甞向客稱之客至試使駈來氃氋而不能舞故稱之
又曰僧支道林好鶴時有遺其雙鶴者翅長欲飛林意惜之乃鎩其翮鶴軒翥不能復起乃舒翼反顧視之如似懊喪意林公曰既有凌霄之姿何肯爲人作耳目近翫乎養令翮成遂放飛去

述異記曰宋元嘉初鎮北將軍王仲德鎮彭城左右出獵遇一鶴將二子悉禽之歸以獻王王使養之其小者口爲人所裂遂不能飲食大者輒含粟哺之飲輒含水飲之先令其飽未曾亡也王甚愛之令精加養視大者羽翮先成每翥沖天小者尚未能飛大者終不先去留飲飴之又於庭中蹇翟教其飛颺六十餘日小者能飛乃與俱去

風土記曰鳴鶴戒露此鳥性警至八月白露降流於草上滴滴有聲因即高鳴相警移徙所宿處

淮南八公相鶴經曰鶴者陽鳥也而遊於陽因金氣依火精以自養金數九火數七故七年小變十六年大變百六十年變止千六百年形定體尚潔故其色白聲聞天故頭赤食於水故其喙長軒於前故後指短棲於陸故足高而尾凋翔於雲故毛豐而肉踈大喉以吐故脩頸以納新故生天壽不可量所以體無青黃二色者木土之氣內養故不表於外是以行必依洲嶼止不集林木蓋羽族之宗長仙人之騏驥也鶴之上相瘦頭朱頂露眼黑精高鼻短喙骭音[illegible]列切頰[illegible]音[illegible]切耳長頸促身鷰膺鳳翼雀毛龜背鼈腹軒前垂後高脛麤節洪髀纖指此相之備者也鳴則聞於天飛則一舉千里鶴二年落子毛易黑點三年產伏復七年羽翮具復七年飛薄雲漢復七年舞應節復七年晝夜十二時鳴聲中律復百六十年不食生物復大毛落茸毛生雪白或純黑泥水污復百六十年雌雄相見目精不轉而孕千六百年飲而不食鸞鳳同爲群聖人在位則與鳳皇翔於甸○穆天子傳曰至于巨蒐氏巨蒐之人乃獻白鶴之血以飲天子

又曰天子飲於孟氏爰舞白鶴二八

吳越春秋曰吳王闔閭有女王伐楚與夫人及女會食蒸魚王嘗半以與女女怨曰王食我殘魚辱我不忍久生乃自殺闔閭痛之葬於郡西昌門鑿池爲女墳積土爲山文石爲郭金鼎玉杯銀樽珠襦之寶皆以送女乃舞白鶴於吳市中令萬民隨觀之遂使與鶴俱入羨門因塞之以送死

漢武帝內傳曰宣帝即位尊孝武廟爲世宗行所巡狩郡國皆立廟告祠世宗廟曰有白鶴集後庭

東觀漢記曰章帝至岱宗柴望畢白鶴三十從西南來經祀壇上

列仙傳曰王子喬見桓良曰待我緱氏山頭至期果乘白鶴住山巔望之不得到

又曰簫史善吹簫能致白鶴

神仙傳曰介象死吳先帝思之以象所住屋爲廟時時往祭之有白鶴來止

李尊太元真人茅君內傳曰茅盈留句曲山告二弟曰吾去有局任不復得數相往來父老歌曰茅山連金陵江湖據下流三神乘白鶴各在一山頭佳雨灌旱稻陸田亦復周妻子保堂室使我無百憂白鶴翔金穴何時復來遊

郗原別傳曰郗君所謂雲中白鶴非鶉鷃之網能羅矣

永嘉郡記曰沐溪野青田中有雙白鶴年年生伏我長大便去只伯餘父母一雙在耳精白可愛多云神仙所養

荊州記曰衡山有三峯極秀一峯名紫蓋峯清天明景輒有一雙白鶴迴翔其上清響亮徹

焦贛易林曰白鶴銜珠

王韶之神境記曰滎陽郡南百餘里有蘭巖常有雙鶴素羽皦然日夕偶影翔集傳云昔夫婦俱隱此年數百歲化成此鶴

臨海記曰郡西北有白鶴山周廻六十里高三百丈有池水懸注遥望如倒挂白鶴因以爲名古老相傳云此山昔有晨飛鶴入會稽雷門鼓中於是雷門鼓鳴洛陽聞之孫恩時斫此鼓見白鶴飛出高翔入雲此後鼓無復遠聲

古歌辭曰飛來白鶴從西北來十十五五羅列成行妻卒被病不能相隨五里還顧六里徘徊吾欲銜汝去口噤不能開吾欲負汝去毛羽日摧頽

唐書曰天寶中華陰郡奏白鶴見于西嶽五福峯

又曰至德中肅宗降誕之辰有慶雲属天白鶴飛舞於上所居殿宇翱翔二十餘匝而去

戰國策曰莊辛謂楚襄王曰黄鶴生江海俯啄鰋鯉仰齧蔆荇奮其六翮自以爲無患與人無爭不知夫射者方脩

弧矢治矰繳將加己者萬仞之上故晝遊江湖夕調鼎俎

韓詩外傳曰田饒事魯哀公而不見察謂哀公曰夫雞有五德君猶瀹而食之者以其所從來近也未若黄鶴一舉千里止君園池啄君稻粱君猶貴之以其所從來遠也故臣將去君黄鶴舉矣

離騷曰黄鶴之一舉兮知山川之紆曲再舉兮知天地之圓方

述異傳曰荀瓌字叔瑋潜栖却粒甞東遊憇江夏黄鶴樓上望西南有物飄然降自霄漢俄頃已至乃駕鶴之賓也鶴止户側仙者就席羽衣虹裳賓主歡對已而辭去跨鶴騰空眇然煙滅

韓子曰師曠鼓新聲平公問師曠此何聲也曰清商公曰最悲乎師曠曰不如清徵公曰可得聞乎師曠曰古之得聽清徵者皆有德義之君公曰得試之乎師曠不得已援琴一奏有玄鶴二八從南方來集於廊門之危再而列三奏延頸而鳴舒翼而舞音中宫商公大悦提觴起爲師曠壽其後大旱

孫氏瑞應圖曰玄鶴者知音樂之節至

又曰黄帝習崑崙以舞衆神玄鶴二八翔其右

伏侯古今注曰鶴千歲則變蒼又千歲黑所謂玄鶴也

王子年拾遺記曰周昭王時塗脩國獻青鳳丹鶴各一雄一雌以潭阜之粟餧之以溶溪之水飲之

左思吴都賦曰青鶴鶖鶬

鴻

禮記曰前有車騎則載飛鴻（鴻取其飛有行列擧於旗首以警衆）

又曰孟春之月鴻鴈來（鴻自南方來將北反其居也）季秋之月鴻鴈來賓（來賓言客止未去也）

左傳曰衛獻公戒孫文子甯惠子食皆服而朝日旰不召（勅戒二子欲共宴食皆服朝衣待命旰宴）而射鴻於囿二子從之公不釋皮冠而與之言二子怒如宿（宿孫文子邑）

毛詩曰鴻鴈美宣王也（大曰鴻小曰鴈）

又曰鴻飛遵渚公歸無所

毛詩義疏曰鴻鵠羽毛光澤純白似鶴而大長頸肉美如鴈又有小鴻大小如鳧色亦白今人直謂鴻也

周易漸曰初六鴻漸于干上九鴻漸于陸其羽可用爲威儀吉（鴻水鳥也遵道之義治於下而升敬以鴻爲喻儀可貴也）

韓詩外傳曰齊使獻鴻鴻渴使者於道飲鴻而失之使者至楚曰臣欲亡去爲兩使不通欲拔頸而死將以吾君賤士貴鴻也楚王賢之以爲上客

史記陳涉歎曰燕雀安知鴻鵠之志哉

管子曰桓公在位管仲隰朋見立有間有二鴻飛過桓公歎曰仲父今彼鴻鵠有時而南有時而北四方無遠所欲至而至焉唯有羽翼之故是能通其意於天下乎寡人有仲父猶飛鴻之有羽翼也

魯連子曰展毋所爲魯君遺齊襄君鴻至𨚗谷鴻瀉失其蔂在御者曰鴻毛物可使若一結紿置鴻耶荅曰吾非不能買鴻是上隱君下蔽罪也

尸子曰虎豹未成文而有食牛之氣鴻鵠之鷇羽翼未合而有四海之心賢者之生亦然

淮南子曰蜂房不容鵠卵

淮南萬畢術曰鴻毛之囊可以渡江（盛鴻毛於雞囊可以渡江不溺也）

揚子法言曰鴻飛冥冥弋人何篡焉

新論微子操微子傷殷之將亡終不可柰何見鴻鵠高飛援琴作操其聲清以淳

傅子曰鴻不學飛飛則沖天驥不學行行則千里二世脩驪山陵採玉者傾山採珠者竭海

又曰丈夫重義如太山輕利如鴻毛可謂仁義也諺曰巳是而彼非不當與非爭彼是而巳非不當與是平也

博物志曰鴻鵠壽千歲背胎產也

晉書隱逸傳曰郭瑀燉煌人也張天錫使孟公明徵之瑀翔鴻以示之曰此鳥也安可籠哉遂深逃絕迹公明枸其門人瑀歎曰吾逃祿非避罪也豈得隱居行義害及門人乃出就徵

隋書曰盧思道遷武陽太守非其好也爲孤鴻賦以寄其情曰余志學之歲自鄉里遊京便見識知音歷受群公之眷年登弱冠甫就朝列談者過誤遂竊虛名通人楊令君邢特進巳下皆分庭致禮倒屣相接翦拂吹噓長其光價而才本駑拙性實疏懶勢利貨殖淡然不營雖籠絆朝市且三十載而獨往之心未始去懷抱也攝生舛和有少氣之病分符坐嘯作守東原洪河之湄沃野弥望醉務既寡魚鳥爲鄰有離群之鴻爲羅者所獲野人馴養貢之於余置諸池庭朝夕賞翫既用銷憂兼以輕疾大易稱鴻漸於陸羽儀盛也

揚子曰鴻飛冥冥騫翥高也

淮南子云東歸碣石違溽暑也

平子賦曰南寓衡陽避祁寒也若其雅步清音遠心高韻鵷鸞巳降罕見其儔而鍛翮牆陰偶影獨立唼喋粃粺雞鶩爲伍不亦傷乎余五十之年忽焉巳至永言身事慨然其多緒乃爲之賦聊以自慰

鵠

史記曰齊王使淳于髡獻鵠於楚出邑門道飛其鵠徒揭空籠以見楚王曰齊王使臣獻鵠過於水上不忍鵠渴出而飲之而飛去吾欲刺腹絞頸而絕恐人議吾君以鳥故令士自殺鵠毛物多相類者吾欲買而代之是不信而欺吾王欲赴他國奔亡痛吾兩主使不通故來受罪楚王曰善（說苑曰魏文侯使舍人無擇獻鵠於齊其事同）

宋書曰桓榮祖善彈爲東海太守登西樓見翔鵠雲中謂左右曰當生取之於是彈其兩翅毛脫盡墜地無傷養毛生乃去

南史孝義傳曰謝昌寓陳郡人也爲劉悛廣州參軍孝性甚至嘗養一鵠昌寓病二旬而鵠二旬不食昌寓亡而鵠遂飛去

韓詩外傳曰晉平公遊於河而樂曰安得賢士與之樂此也船人盍胥跪而對曰夫珠出江海玉出崑山無足而至者猶主君好之士有足而至者猶主君好之士有足而不者者盖主君無好士之意耳何患無士乎平公曰吾食客門左千人門右千人朝食不足夕收市賦暮食不足朝收市賦吾何謂不好士乎對曰夫鴻鵠一擧千里所恃者六翮耳背上之毛腹下之毳益一把飛不爲加高損一把飛不爲加下今君之食客門左門右各千人亦有六翮在其中矣將皆背上之毛腹下之毳也（新序曰晉文公遊西河舟人固桑榭說苑曰趙簡子遊於河舟人古乘對几書二語同）

離騷曰緣鵠飾玉后帝是饗（后帝謂殷湯曰也言伊尹始仕緣亨鵠鳥之羮脩玉鼎以事於湯湯賢之遂以爲相也）

錄異記曰魏安釐王曰寡人得如鵠之飛視天下如莽也吳客有隱遊者聞之作木鵠而獻王王曰此有形無用者也夫作無用之器世之姦民也召遊者加刑焉遊者曰臣聞大王之好飛也故敢獻鵠安知王之（知不）此也可謂知有用之用未審無用之用矣乃取而騎之遂飜然而飛去莫知所之

鄧德明南康記曰昔有盧躭仕州爲治中少有棲仙之術甞元會至晚不及朝列化爲白鵠至閤前迴翔欲下威儀以幕擲之得一隻履躭乃驚還坐內外左右莫不駭異時步騭爲廣州刺史意甚惡之便以狀列聞遂至誅滅

異苑曰大亨二年冬大寒南州人見二白鵠語於橋下曰今茲寒不減堯崩年也於是飛去

抱朴子曰千歲之鵠隨時而鳴能登於木色純白腦盡成骨

列仙傳曰陵陽子安死葬山下有黃鵠來栖其冢邊樹鳴聲呼安安

又曰魯陶門女者少寡養姑紡績爲産魯人欲求之女乃歌曰黃鵠早寡七年不雙宛頸獨宿不與衆同禽鳥尚然況於貞良魯人聞之遂不復求

楚辭曰寧與黃鵠比翼乎將與鷄鶩爭食乎

伏侯古今注曰漢惠五年七月黃鵠二集蕭池

漢書曰黃鵠下建章宮太液池中公卿上壽賜諸侯王列侯宗室金錢

西京雜記曰始元元年黃鵠下太液池上爲歌曰黃鵠飛兮下建章羽肅肅兮行蹌蹌金爲衣兮菊爲裳自顧菲德愧爾嘉祥

廣志曰黃鵠出東海漢以其來集爲祥

魏武樂府曰黃鵠摩天極高飛後宮尚得烹煑之

崔鴻十六國春秋後趙錄曰楊州獻黃鵠鶵五徙之于玄武池頸長一丈聲聞十餘里

淮南子曰鳳皇曾遊萬仞之上鴻鵠鶬鵠莫不憚驚

郭璞賦曰晨鵠天雞（此鵠屬也）

鵾雞

穆天子傳曰鵾鷄飛八百里（郭璞曰鵾雞即鵠屬也）

管子曰鳧鶩之舍鵾雞之通遠

楚辭曰鵾雞啁哳而悲鳴

張衡西京賦曰翔鵾仰而不逮（辭系曰鵾雞也音昆也）

嵇康琴賦曰鵾雞遊絃千里別鵠

張華鷦鷯賦曰鵾雞窺於幽險

太平御覽卷第九百一十六

太平御覽卷第九百一十七

羽族部四

鴈　五色鴈　白鴈

雉　白雉　射雉

鴈

禮記曰孟春之月鴻鴈來季秋之月鴻鴈來賓季冬之月鴈北鄉

儀禮婚禮曰下達納采用鴈

又士相見曰大夫相見以鴈飾以布維之以索如執雉(鴈知時飛翔有列也飾之以布謂裁縫之其身也維謂繫聯其足)

又聘禮曰私覿出如舒鴈(威儀自然而有行列舒鴈鵝)

左傳曰鄭徐吾犯之妹美公孫楚聘之矣公孫黑又使強委禽焉(禽鴈也納采用鴈)

毛詩曰雝雝鳴鴈旭日始旦

尚書舜典曰修五禮五玉三帛二牲一死贄(孔傳曰大夫執鴈)

爾雅曰鳧鴈醜其足蹼(郭璞曰腳指間有幕蹼屬相著)

春秋說題辭曰鴈之言鴈鴈起聖以招期知晚蚤故鴈南北以陽動也(鴈鴈音聲見也聖王聞鴈鴈有音聲知為時節鴈鳥隨日南以常動)

春秋繁露曰凡贄大夫用鴈鴈有類長者在民上必有先後鴈有行列故以為贄

廣雅曰鴚鵝鶬鳴鴈也

周書曰白露之日鴻鴈來鴻鴈不來遠人背畔小寒之日鴈北鄉鴈不北鄉民不懷至

史記曰蘇武在匈奴中昭帝遣使通和常惠夜見漢使使謂單于曰天子射上林中得鴈足有係帛書言武等在某澤中使者如其言單于大驚乃使武還

漢書曰梁孝王於睢陽園中作鳧鴈池

又曰武帝太始三年幸東海獲赤鴈作朱鴈之歌

後漢書曰度遼將軍皇甫規解官歸安定鄉人有以貨買鴈門太守者亦去職還家書刺謁卧不迎既入而問卿前在郡食鴈美乎

北史曰齊斛律光從文襄出野見雙鴈飛來文襄使明月馳射之以二矢俱落焉

又曰尉遲迥之亂也隋將史万歲從梁士彥擊之軍次馮翊見羣鴈飛來万歲謂士彥曰請射行中第三者射之應弦而落三軍莫不悅服

三國典略曰徐思王壽陽人家本寒微以捕鴈為業

晉史曰朱漢賓少時善射嘗因與同輩出獵指一飛鴈隨矢而落其鏃正中其臆臆上貫一金錢有篆文示其郡之碩學皆無識者人甚異之由是人皆号之朱落鴈

莊子曰莊子行於山中見大木伐木者止其旁而不取問其故曰無所用莊子曰此木以不材得終其天年出於山及邑舍故人家故人喜具酒肉令豎子殺鴈烹之豎子請曰其一鴈能鳴其一不能鳴奚殺主人公曰殺不能鳴者明日弟子問曰昨日山中之木以不材得終其天年主人之鴈以不材而死先生何處焉莊子嘆曰周將處夫材與不材之間

淮南子曰夫鴈從風飛以愛氣力銜蘆而翔以備弋繳

山海經曰鴈門山鴈出其間在高柳北

家語曰孔子之衛衛公與孔子語見飛鴈過而仰視之色不在孔子孔子乃逝

賈誼書曰鄒穆公令食鳧鴈必以粃無敢以粟

說苑曰秦穆公得百里奚公孫支歸取雁以賀曰吾得社稷之臣敢賀社稷之福公不辭再拜而受
又曰齊晏子對景公曰君之䲹雁食以菽粟
又曰大夫以雁爲贄雁者有長幼之禮士以雉雉者取其不可狎服廢人以鶩鶩以其無他心也
白虎通曰贄用雁者取隨時南北不失其節明不奪女子之時
揚雄方言曰自關而東謂雁鳴鵝南楚之外謂之鵝或謂之倉鳴
博物志曰雁食粟則翼重不能飛
會稽典録曰虞固字季鴻少有孝行爲日南太守常有雙雁止宿廳事上每出行縣輒飛逐車卒官雁逐哀鳴還至餘姚住墓前歷二年乃去
梁州記曰梁州縣界有雁塞山傳云此山有大池水雁樓集之固因名曰雁塞
盛弘之荆州記曰雁塞北接梁州汶陽郡其間東西嶺屬天無際雲飛風翥望崖迴翼 雁達塞矯翼裁度故名雁塞同於雁門也
鄧德明南康記曰平固縣有覆笥山上有湖周迴十里有一石雁浮出湖中每至秋天石雁飛鳴如候時也
十三州記曰上虞縣有雁爲民田春銜拔草根秋啄除其穢是以縣官禁民不得妄害此鳥犯則有刑無赦
荆州圖記曰沮陽縣西北有雁浮山是山經所謂景山也高三十餘里周迴三百里脩巖遐亘擢幹干霄雁南翔北歸偏經其上士人由玆改山名焉

五色雁

漢書郊祀志宣帝於西河築世宗廟告祀有五色雁集殿前
唐書曰貞元十年同州獻五色雁

白雁

左傳曰哀上曹伯陽即位好田弋曹鄙人公孫彊好弋獲白雁獻之且言田弋之說因訪政事大說之有寵使爲司城以聽政
新語曰梁君出獵見白雁而欲自射之道上有驚雁飛者梁王怒命以射此人其御公孫龍諫曰昔衛文公時大旱三年卜云必須人祀文公曰求雨者爲民也今殺之不仁吾自當之言未卒雨下今君重雁殺人何異虎狼梁君引龍登車入郭呼萬歲曰善哉今日獵得善言
晉書曰載記建元初石季龍饗群臣于太武殿前有白雁百餘集于馬道南季龍命射之無所獲

雉

春秋運斗樞曰機星散爲雉
周禮春官大宗伯曰士執雉鄭玄注曰取其守介不失節
儀禮士相見曰士相見之贄各用雉士贄用雉者取其耿介交有時別其倫也
禮記曲禮下曰祭宗廟雉曰疏趾
又月令曰孟冬雉入水爲蜃
又曰季冬之月雉雊雞乳
左傳昭四曰郯子云丹鳥氏司閉五雉爲五工正杜預注日月鳥鷩雉云立秋來立冬去入水爲蜃五雉雉有五種也
又曰叔孫豹奔齊齊庚宗婦人獻以雉問其姓曰子子長矣能捧雉而從我矣
毛詩邶柏舟曰雄雉刺衛宣公也淫亂不恤國政雄雉于

飛泄泄其羽我之懷矣自貽伊阻雄雉于飛下上其音展矣君子實勞我心

又曰有瀰濟盈有鷕雉鳴（鷕雌雉聲）

又曰如翬斯飛君子攸躋

又御小弁曰雉之朝雊尚求其雌

又甫田車轄曰瞻彼中林有集惟鷮

毛詩義疏曰林慮山下人語曰四足之美有麃兩足之美有鷮

周易鼎卦九三曰鼎耳革其行塞雉膏不食方雨虧悔終吉。又旅卦六五曰射雉一矢亡終以譽命。又曰離爲雉

尚書曰日月星辰山龍華蟲（華虫鷩雉也五色故謂華也）

又曰高宗祭成湯有飛雉升鼎耳而雊

論語曰山梁雌雉時哉時哉子路拱之三嗅而作

爾雅曰鷂諸雉（雉名）鷂雉（青質五色）鷮雉（長尾走且鳴）鳪雉（黃色鳴自呼）鷩雉（似山雞而小冠背毛黃腹赤項綠色鮮明）秩秩海雉（如雉而黑出海中）鸐山雉（尾長者也）翰雉鵫雉（今白鵫江東呼白翰亦名白雉）伊洛而南素質五采皆備成章曰翬（翬亦雉屬言其毛色光鮮）江淮而南青質五采皆備成章曰鷂（即鷂雉也）南方曰𪄠句東方曰鶅（音緇之緇）衣北方曰鵗（音希）西方曰鷷（說四方雉之名也音訓句切）雉之暮子爲鷚（晚生者也今呼少雞爲鷚）

尚書大傳曰武丁祭成湯有雉飛升鼎耳而雊問諸祖巳祖巳曰雉者野鳥也不當升鼎今升鼎者欲爲用也遠方將有來朝者乎武丁思先王之道編髮重譯至者六國

周書曰立冬之日水始冰後五日雉入大水爲蜃小暑後十日雉始雊

史記曰秦文公獲若石于陳倉北阪城祠之（蘇林注曰質如石）其神或歲不至或歲數來來常以夜光若流星從東南集於祠城則若雄雞（如淳注曰野雞雉也呂后名雉故曰野雞）

漢書曰成帝鴻嘉二年有飛雉集于殿庭歷階升堂而雊

東觀漢記曰魯恭字仲康爲中牟令螟不入中牟河南尹袁安疑其不實遣仁恕掾肥親驗之恭隨親行阡陌坐樹下雉過止其側旁有小兒親曰兒何不捕之兒言雉將雛親瞿然有頃與恭訣曰本來考君界有無蟲耳今蟲不犯境一異也化及鳥獸二異也豎子有仁心三異也府掾久留但擾賢者因還府以狀白安

魏志曰管輅至王弘直許有雄雉飛來登直內柱頭大不安令輅作卦輅曰五月必遷時三月也至期果爲渤海太守

晉咸寧起居注曰太醫司馬程據上雉頭裘一領詔於殿前燒之

晉書曰武庫封閉甚密其中忽聞雉雊張華曰此必蛇化也開視之雉側有蛇蛻焉

又曰涼武昭王暠卒子歆立春有雙雉飛出宮內

北史曰後魏裴安祖閑居養志不出城邑曾天熱舍於樹下有鷙鳥逐雉（雉急）投之遂觸樹而死安祖愍之乃取置陰地徐徐護視良久得蘇喜而放之後夜忽夢一丈夫衣冠甚偉着繡曲領向安祖再拜安祖怪問之此人云感君前日見放故來謝德聞者異焉

三國典略曰齊高緯如晉陽穆后將從辭胡太后于北宮有雉集于御牀有司獲之不敢以聞

又曰梁臨賀王正德其妹長樂公主太子家令謝禧之妻也姿容國色悅而報之生子二人乃燒主第投婢於火唱言主死黃門郎張準有（雉）媒正德見而奪之準於重雲殿法會所罵之曰張準雉媒非長樂公主何可略奪太子綱

恐梁主聞遣武陵王紀急相解喻準竄乃止正德既出以雉還之

山海經曰小華之山其鳥多赤鷩可以禦火其山中多白雉

莊子曰澤雉十步一啄百步一飲不蘄畜於樊中

尹文子曰楚人擔山雉者路人問焉何鳥也欺之曰鳳皇也路人曰我聞鳳皇今始見矣汝販之乎請買十金弗與請加倍乃與之方欲獻楚王經宿鳥死路人不遑惜其金唯恨不得獻王王聞之感其欲獻己召厚賜之過買鳥之金十倍

抱朴子曰鷄有尊栖之雉雉有擅澤之鶴蟻有兼弱之智蜂有攻寡之計相役御亦猶是耳

廣雅曰野雞雉

洪範五行傳曰正月雷微動而雉雊雷通氣也

楚辭曰彭鏗斟雉帝何饗鏗彭祖也好和滋味斟白雉羹以事堯堯美而饗食之

列異傳曰秦穆公時陳倉人掘地得物若羊非羊若猪非猪牽以獻諸公道逢二童子童子曰此名爲媪常在地食死人腦若欲殺之以栢捶其首媪復曰彼二童名爲陳寶得雄者王得雌者霸陳倉人捨媪逐二童子童化爲雉飛入乎林陳倉人告穆公穆公發徒大獵果得其雌又化爲石置之汧渭之間至文公爲立祠名陳寶今南陽雉縣其地也秦欲表其符故以名縣每陳寶祠時有赤光長十餘丈從雉縣來入陳祠中有聲如雄雉

楊雄琴清英曰雉朝飛操者衛女傅母所作也衛侯女嫁於齊太子中道太子死問傅母曰何如傅母曰且往當喪喪畢不肯歸終之以死傅母悔之取女所自操琴於冢上鼓之忽有二雉俱出墓中傅母撫雌雉曰女果爲雉耶言未卒俱飛而起忽然不見傅母悲痛援琴作操故曰朝飛

琴操曰齊獨沐子年七十無妻出見飛雉雌雄相隨感之撫琴而歌曰雉朝飛鳴相和雌雄羣遊於山阿

蕭廣濟孝子傳曰蕭芝忠孝除尚書郎有雉數十頭飲啄宿止當上直送至岐路下直及門飛鳴車側

璅語曰有鳥從飛西方來白質五色皆備集平公之庭相見如讓公召叔嚮問之叔嚮曰吾聞師曠曰西方有白質鳥五色皆備其名曰翬南方有赤質五色備其名曰搖其來爲吾君臣其祥先至矣

傅物志曰翟雉長雨雪惜其毛栖高樹之上不敢下食往往餓死

徐廣車服注曰天子金根車馬上插以翟毛皇后法駕乘重翟羽蓋

崔豹古今注云有雉尾扇

宣驗記曰野火焚山林中有一雉入水漬羽飛以滅火往來疲乏不以爲苦

白雉

春秋感精符曰王者德流四表則白雉見

孝經援神契曰王者德至鳥獸故雉白首雉房不偏故白雉應

又曰周成王時越裳獻白雉去京師三萬里王者祭祀不相踰宴食衣服有節則至

抱朴子曰白雉自有種南越尤多案地域圖今之九德則古之越裳也盖白雉之所出周成王所以爲瑞者貴其所自來之遠明其德化所被廣非謂此爲奇

楚辭曰昭后成遊南土爰底爰於也底至也言昭王背成王之制而出遊南至楚楚人

況之不返之南遂厥利惟何逢彼白雉厥其也逢迎也言昭王南遊何利於楚乎也爲越裳氏獻白雉昭王德不能致親往迎也

漢書曰平帝元始元年春越裳重譯獻白雉一黑雉二詔使三公以薦宗廟

魏略曰文帝欲受禪郡國奏白雉十九見

魏志文紀曰延康元年四月饒安縣言白雉見

北史曰後魏南安王禎孝文時爲雍州刺史性忠謹其母疾篤憂毀異常遂有白雉遊其庭前帝聞其致感賜帛千疋以褒美之

三國典略曰渤海王高歡攻鄴時瑞物無歲不有令史樊運里木貢白雉而食之

射雉

左傳曰賈大夫賈大夫大夫也娶妻而美三年不言不笑御以如臯爲妻御也之臯澤也射雉而獲之其妻始笑而言

魏書曰太祖才力絕人於南皮一日射雉獲六十三頭

江表傳曰孫權數射雉潘濬諫權權曰時時暫出耳不復如往日濬曰天下未定萬機務多射雉非急弦絕括破皆能爲害濬乃手自徹壞雉翳權由是遂絕不復射雉

吳志曰孫休銳意於典籍欲畢覽百家之言尤好射雉春夏之間常晨出夜還唯此時捨書

宋書曰孝武帝常出射雉值雨侍中沈懷文諫曰非止千乘失容亦乃聖躬櫛沐

沈約宋書曰明帝與晉平王休祐於岩山射雉有一雉不肯入場日暮將反留休祐射之語云不得雉勿歸因遣壽寂之等諸壯士追之日巳欲闇與休祐相及遂拉殺之

又曰到撝與蕭道成同從宋明帝射雉郊野渴倦撝得早青瓜與上對割食之

齊書曰武帝好射雉竟陵王子良啓諫先是左衛殿中將軍邯鄲超諫射雉武帝爲止久之亦明末上將射雉子良復諫

又曰蕭景先轉中領軍車駕射雉郊外景先常甲仗從廉察左右

又曰蕭敏爲新安太守好射雉未嘗在郡辭訟者遷於畋焉後張弩損臂而卒

又曰桓僖伯少負氣豪俠妙解射雉尤爲武帝所重

又曰張欣泰爲河東內史召還都屏居家巷置宅南岡下面接松山欣泰負弩射雉姿情閑放

又曰袁彖爲侍中形皃充肥異衆每從射雉郊野數人持扶乃能從步

又曰褚炫從宋明帝射雉帝至日中無所得甚羞召問侍臣吾旦來如臯遂從空行可笑座者莫荅炫獨曰今節候雖適而雲霧尚疑故斯翬之禽驕心未警但得神駕猶豫羣情便可載懽帝意解乃於雉場置酒

南史曰齊東昏侯在位置射雉場二百九十六處翳中帷帳及步障皆袷以緑紅金銀鏤弩牙瑇瑁帖箭每出輒以鷹犬隊主徐令孫媒翳隊主俞靈韻齊馬而走左右爭逐之

又曰武帝親拜陵蔡興宗負璽陪乘及還上欲因以射雉興宗正色曰今致虔園陵情敬兼重從禽猶有餘日請待他辰

陳書曰新安王伯固性好射雉叔陵好發冢出遊田野必與偕行

太平御覽卷第九百一十七

太平御覽卷第九百一十八

羽族部五

雞

春秋運斗樞曰玉衡星散爲雞

周禮春官上大宗伯曰王商執雞（鄭玄曰取其守時而動也）

禮記曲禮下曰祭宗廟之雞曰翰音

又月令曰季冬之月雉雊雞乳

又內則曰子事父母雞初鳴咸盥漱

左傳宣下曰楚子爲乘廣三十乘分爲左右廣雞鳴而駕日中而說

又成下曰晉與楚旦而戰見星未已子反命軍吏察夷傷補卒乘繕甲兵展車馬雞鳴而食唯命是聽

又襄二曰荀偃令曰雞鳴而駕塞井夷竈唯余馬首是瞻

又襄三齊莊公朝指殖綽郭最曰是寡人之雄也州綽曰君以爲雄誰敢不雄然臣不敏平陰之役先二子鳴（晉伐齊及平陰州綽獲殖綽郭最故自比於雞鬬勝而先鳴）

又襄五曰公膳日雙雞

又昭五曰賓孟適郊見雄雞自斷其尾問之侍者曰自憚其犧也

又昭六曰季郈之雞鬬（季平子郈昭伯二家相近故鬬雞）季氏介其雞（以芥子播其羽）郈氏爲之金距平子怒

毛詩曰女曰雞鳴剌不説德也陳古義以刺今不説德而好色也女曰雞鳴士曰昧旦子興視夜明星有爛

又曰君子于役不知其期曷其至哉雞棲于塒日之夕矣

又緇衣曰風雨思君子也亂世則思君子不改其度風雨淒淒雞鳴喈喈既見君子云胡不夷風雨蕭蕭雞鳴膠膠既見君子云何不瘳風雨如晦雞鳴不已既見君子云胡不喜

又雞鳴思賢妃也雞既鳴矣朝既盈矣匪雞則鳴蒼蠅之聲。尚書牧誓曰古人有言曰牝雞無晨牝雞之晨惟家之索。論語曰子路遇丈人以杖荷蓧止子路宿殺雞爲黍而食之。又曰子之武城聞絃歌之聲夫子莞爾而笑曰割雞焉用牛刀

爾雅曰雞大者蜀蜀子維未成雞曰健絕有力奮雞三尺爲鶤棲於杙爲桀鑿垣而棲爲塒（郭璞注曰蜀雞也稚鶵子各也今江東呼雞少者爲健古之雞）

春秋説題辭曰雞爲積陽南方之象火陽精物炎上故陽出雞鳴以類感也雞之爲言佳也佳而起爲人期莫寶也（書爲人制晏早之期）

春秋考異郵曰雞應旦鳴

詩記曆樞曰候及東次氣發雞泄三號氷始泮卒于丑以成歲（及東及於寅也承丑之季故謂之次氣也雞爲畜陽也丑之季向晨鳴雞得其氣感之而喜故鳴也）

周書曰大寒之日雞始乳

易通卦驗曰萬民聞雞鳴皆翹首結帶正衣裳

史記曰子路性鄙好勇力冠雄雞佩假豚陵暴孔子孔子乃設禮義稍誘之子路乃委質請爲弟子

又曰孟嘗君至關關法雞鳴出客孟嘗君客之居下坐者有能爲雞鳴遂發傳出

又曰越巫立越祀而以雞卜上信之

漢書曰徵昌邑王賀到濟陽求長鳴雞

又曰昌邑王之立爲皇太子私置雉豚以食

又曰龔遂爲渤海太守使人家養五雞

又曰王奉先好鬬雞宣帝微時數與奉先會後即位以其
女爲婕妤立爲皇后奉先封侯
又曰方士曰益州有金馬碧雞之寶可祭祀致也宣帝使
王褒往祀焉
范曄後漢書曰河南樂羊子妻不知何氏女嘗有他舍雞
謬入垣內姑盜殺食之妻對不食而泣怪問之妻曰自傷
居貧使食他肉姑竟棄之
後漢書曰范式字巨卿與汝南張元伯爲友二人春到京
以暮秋爲期元伯以九月十五日殺雞炊黍以待巨卿母
謂元伯曰相去千里汝何信之審也言未畢而巨卿至相
蹌外堂再拜母極悅
九州春秋曰魏王入漢中討劉備不得進欲守復難意欲
弃之乃發令云雞肋官屬不知主簿楊脩曰夫雞肋弃之

則可惜噉之無所得以比之漢中王欲去也白戒嚴王遂
還吳録曰魏文帝遣使於吳求長鳴短鳴雞群臣以非禮
欲不與孫權勑付使
江表傳曰南郡獻長鳴承露雞喃越志曰雞冠四開如蓮花鳴清聲澈也
魏志曰馬韓國出細尾雞其尾皆五尺餘
郭頒魏晉世語曰劉放孫資共典樞要夏侯獻曹肇心內
不平殿中有雞棲樹二人相謂此亦久矣其能復幾指謂
中書監劉放中書令孫資
王隱晉書曰郄詵母病若車及亡不欲車葬而貧無以得
馬乃養雞種蒜竭其方術喪過三年得馬八四舉棺至冢
晉書曰祖逖與劉琨俱爲司州主簿情好綢繆共被同寢
中夜聞雞鳴蹴琨覺曰此非惡聲因起舞
又曰桓玄既被殺安帝反正其從跡擁衆假号皆平桓氏遂
滅元興中衡陽有雌鷄化爲雄八十日而冠萎及玄建國
於楚衡陽屬焉自篡至敗凡八旬矣
晉中興書曰殷浩北伐江逌爲長史及丁零反叛浩令逌
伐之乃取數百雞以長繩連之脚皆繫火一時駈放群雞
駭散飛過塹集羌營皆燃因其驚亂縱兵擊之
晉書庾征西翼書少時與右軍齊名右軍後進庾猶不分
在荊州與都下人書云小兒輩賤家雞愛野雉皆學逸少
書須吾下當比之
又載記曰苻朗善知味會稽王道子殺雞以食之既進朗
曰此雞栖恒半露檢之驗焉
晉書武帝嘗幸琅邪城宮人嘗從早發至湖北埭雞始鳴
今呼爲雞鳴埭
南史曰齊鬱林王好鬬雞密買雞至數千價

又曰傳琰字季珪爲山陰令二野父爭雞琰問雞何食一
云粟一云豆琰使破雞得粟罪言豆者
魏收後魏書曰崔光字長仁東清河鄃人也正始元年夏
有典事史元顯獻四足四翼雞詔散騎侍郎趙邕以問光
光表曰翅足衆多亦羣下相扇動之象雛而未足大脚弱
差小亦其勢尚微易制御也武帝覽之悅後數日而茹皓
等並以罪失伏法於是禮光逾重
又曰傳乾愛嗜雞肉葵菜食傅靈越乃爲作之下以毒藥
乾愛飯還而卒
北史曰宋世良爲清河太守發姦擿伏有若神明嘗有一
吏休滿還郡食人雞豚又有一幹受人一帽又食二雞世良
叱而語之吏幹叩頭伏罪於是上下震悚莫敢犯禁
又曰齊彭城王浟爲滄州刺史有隰沃縣主簿張達嘗詣

州夜投人舍食雞羹湫察知之守令畢集湫對衆曰食雞羹何不償價直也遶即伏罪合境号爲神明

三國典略曰齊長廣王湛即皇帝位於南宮大赦改元其日將赦庫令於殿門外建金雞宋孝王不識其義問於光禄大夫司馬膺之赦建金雞其義何也膺之曰案海中星占曰天雞星動當有赦由是帝王以雞爲候

唐書曰劉武周父匡從家馬邑匡嘗與其妻趙氏夜坐庭中忽見一物狀如雄雞流光燭地飛入趙懷振衣無所見因而娠遂生武周爲人驍勇善騎射

莊子曰莊子謂惠子曰年灊之雞（司馬彪注曰年灊鬬鷄處）三歲爲秫（秫鬥也）相者視之則非良雞也然而數以勝人者以狸膏塗其頭也（雞畏狸故）

又曰越雞不能伏鵠卵魯雞固能矣（司馬彪曰越雞小雞也魯雞大雞今蜀雞也）

列子曰紀消子爲周宣王養鬬雞十日而問雞可鬬乎曰未也方虛驕而恃氣十日又問之曰未也猶疾視而盛氣十日又問之曰幾矣雞雖有鳴者已無變望之似木雞矣其德全矣異雞無敢應者

燕丹子曰燕太子丹質於秦逃歸到關丹爲雞鳴遂得逃歸

尸子曰戰如鬬雞勝者先鳴

韓子曰使雞司夜令狸執鼠皆用其能

淮南子曰雄雞夜嗁庫兵動而戎馬驚

淮南萬畢術曰孤桃之象令雞夜鳴（取孤桃南其行枝長三尺折以爲象塗以三歲雄血夜居梱下）

戰國策曰秦惠王謂寒泉子曰蘇秦欺弊邑欲以一人智反覆山東之君夫諸侯之不可一猶連雞之不能俱止於

棲也

呂氏春秋曰善學者若齊王之食雞也食其跖數千而後足

又曰白圭謂魏王曰市丘之鼎以烹雞多洎之則淡而不可食（市丘魏邑肉汁曰洎）少洎之則焦而不熟然而視之蟜焉美無所可用（蟜蟜者）

韓詩外傳曰田饒爲魯哀公曰夫雞平頭戴冠者文也足傳距者武也敵在前敢鬬者勇也見食相告者仁也守夜不失時者信也雞有五德猶日瀹而食之者何也以其所從來近也

神異經曰東方有人長七丈頭戴雞朝呑惡鬼三千暮呑三百名黄父又名食邪以鬼爲飯以霧爲漿也

西京雜記曰成帝時交阯越巂獻長鳴雞即下漏驗之晷刻無差長鳴雞一鳴一食時不絶長距善鬬

崔豹古今注曰雞一名燭夜

列仙傳曰祝雞翁者雒陽人也居尸鄉北山下養雞皆有名字千餘頭暮栖樹晝放散食欲取呼名即至販雞及子得千萬錢輒置錢去

論衡曰傳書言淮南王得道畜皆仙犬吠天上雞鳴雲中

陳子要言弃晨雞犬候鳳鸞亦猶弃當世之賢才須故人之執政也

太元經曰雌雞鳴晨雄雞宛頸隋侯墮井河伯除川

風俗通曰呼雞朱朱俗說雞本朱公化而爲之今呼雞者朱朱也謹按說文解喌喌二口爲讙州其聲也讀若祝祝者誘致禽畜和順之意喌與朱音相似耳

又曰臘除夕以雄雞着門上以和陰陽按今人卒病皆殺

雄雞傳其心病風者雞散治之東門雞頭治蠱信善也
異苑曰朱文繡與羅子鍾爲友俱仕於梁繡既死羅鍾哭之其夜俱亡梁南七里有雞山葬繡於其中北九里有雉澗埋鍾於其内繡神靈變爲雞鍾魂魄化爲雉清鳴哀響來往不絶故詩曰雞山别飛響雉澗和清音
荀悦申鑒曰覩孺子之駈雞而見御民之術孺子之駈雞急則驚緩則滯馴而安之然入門
嵇康宅無吉凶論曰天同栖之雞一欄之羊賓至而有死者豈異之哉
幽明録曰晉兖州刺史沛國宋處宗嘗買得一長鳴雞愛養甚至栖籠着窻間雞遂作人語與宗談語極有言致終日不輟處宗因此言功大進
越絶書曰雞山勾踐以畜雞將伐吴以食死士也

吴越春秋曰婁門外雞陂墟者吴王牧雞處
西河記曰涼州罪人於市將刑忽有一白雄雞飛於人邊請命引頸長鳴伏地向吏駈之去輒來刺史張義免其坐
王子年拾遺記曰太初二年月氏貢雙頭雞四足一尾鳴則俱鳴
又曰含塗國去王都七萬里人善服鳥獸雞犬皆使能言
郭子横洞冥記曰有遠飛雞夕則還依人曉則絶飛四海外朝往夕還
裴玄新言曰正朝縣官殺羊懸其頭於門又磔雞以副之俗説以厭癘　或以問河南任君任君曰是月土氣上外草木萌動羊齧百草雞啄五穀故殺之以助生氣
崔寔四民月令曰十二月東門磔白雞頭可以合藥本草經曰丹雞一名載丹

又曰烏雄雞主補中其血治踒折骨凡雞肉不食小兒令生蚘蟲又令消髓
葛洪方曰五月七日深井深冢多有毒氣不可入也宜先以雞毛試投井中直下無毒毛迴四邊不可入也
師曠占曰長吏乘車出入行歩道上有雞飛集車上者雄還雌去
雞五行書曰欲求婦取雄雞兩毛燒著酒中飲之所求必得用戊子日此是天地合日必得三往不得女當死
龍魚河圖曰玄雞白頭食病人雞有六指亦殺人雞有五色殺人
焦贛易林旅之爻曰十雉百鷄常與母俱抱雞捕虎誰者爲怙
又歸妹之無妄曰雞方啄粟爲狐所逐走不得息惶懼喘

息
又歸妹之損曰爭雞失羊亡其金囊利得不長
又巽之遯曰三雞啄粟十鷄從養飢鷂卒擊亡其兩家
廣志曰雞有胡髯五指金骹及翹之種大者蜀小者荆白雞金體者美舊并州所獻吴中送長鳴雞長倍於常雞永昌郡無雞
異物記曰伺潮雞潮水上則鳴
博物志神農本草經曰雞卵可以作虎魄法取茯苓雞㲉卵黄白渾雜者熟煮之及尚軟隨意刻作物形以苦酒漬數宿既堅内着粉中假者乃亂真此世所恒用作無不成也
于寶搜神記曰安陽城南有亭宿者輒死書生明術數入亭宿端坐誦書夜半有人着皁衣來户外呼亭主此有宿客耶應曰然喑嗟而去須臾有赤衣問如前生問曰向黑

衣者誰荅曰北舍毋猪赤幘者誰荅曰西舍老雄雞也汝是誰荅曰我是老蝎也明旦掘之得蝎大如琵琶身長四尺并及猪雞亭遂安靜

劉欣期交州記曰長鳴雞出日南

南州異物志曰狼肓之雞特稟異聲狼肓地名

白澤圖曰老雞能呼人姓名殺之則止

又曰雞有四距重翼者龍也殺之震死

夢書曰雞爲武吏有冠距也夢見雄雞憂武吏也衆雞人門吏所捕也群鬬舍中驚兵怖也

論墓書曰養白雞令識其主聲形以五月五日九月九日任意用五色綵長五寸係雞頭將雞於名山放雞著山仰頭呪曰必存鳴晨雞心開悟

沈懷遠南越志曰雞冠四開如蓮花鳴聲清徹也

平九百十八　九　宋巳

荆楚歲時記曰正月一日三元之日雞鳴而起先於庭中爆竹帖畫雞或斲鏤五彩及雞於户上

風土記曰乃有雞子五薰練形正旦皆會生吞雞子一枚謂之練形又晨服五辛以助五藏氣

吳録曰合浦朱盧縣有山雞黒色樹栖

魏志曰平原太守劉邠印囊及山雞毛著器中使管輅筮輅曰内方外圓五色成文含寳守信出則有章此即囊也高岳巖巖有鳥朱身羽翼玄黄鳴不失晨此山雞毛也

異苑曰山雞愛其毛羽映水則儛魏武時南方獻之帝欲其鳴舞而無由公子蒼舒令人取大鏡著其前雞鑑形而儛不知止遂至死韋仲將爲之賦甚美

博物志曰山雞有美毛自愛其毛終日映水目眩則溺

臨海異物志曰山雞狀如人家雞安陽諸山中多此雞恃距好鬬當時以家雞置其處取即可得

南越志曰曾城縣多鵕鸃鵕鸃山雞也利距善鬬世以家雞鬬之可禽也光色鮮明五采炫燿

辛氏三秦記曰陳倉山在太白之西去長安八百里上有石雞與山雞各别趙高使燒山山雞飛去石雞不去晨鳴山頭聲聞三十里或云是玉雞陳倉城上有神雞人取不得雄者王雌者霸穆公得雌故霸

山海經曰鷩雉一名山雞養之禳火

左思吳都賦曰山雞歸飛而來栖

顔愷湘中賦曰陽鸞山雞

陸機與弟書曰天淵池養山雞甚可嬉

周書曰成王時蜀人獻文翰若皇雞鳥有文采者皇雞似鳧翼州謂之澤特

爾雅曰翰天雞也郭璞曰翰雞赤羽見周書

平九百十八　十　宋己

説文曰翰天雞也一名晨風

玄中記曰東南有桃都山上有大樹名曰桃都枝相去三千里上有天雞日初出照此木天雞即鳴天下雞皆隨之鳴

臨海異物志曰杉雞黄冠青綬常在杉樹下頭上有長黄毛頭及頰正青如垂綬

南越志曰新夷縣鳥多杉雞

尹子曰揚州之雞裸無毛

南越志曰高興縣多容雞如家雞五采至則年穰

孫綽望海賦曰石雞清響以應潮鶖鷗輕近以遠縈石雞形似家雞而灰色在海中山上每潮水將至輒鳴相應若家雞司晨也商人欲知水道往來以此爲候也

周景式廬山記曰白水南行十餘里有雞山傍有大山竦立上有石雞冠距如生道士李鎮於此下住常寶玩之雞一

旦忽摧毁鎮告人曰雞卒如此吾其終乎因與親知訣別後月餘果卒以知命去

太平御覽卷第九百一十八

平九ヨ十八　十一　王朋四

太平御覽卷第九百一十九

羽族部六

鵝　鴨　鶩　鳧

鵝

禮記內則曰舒鴈翠（鄭玄注曰翠尾舒鴈鵝也謂不利人）

爾雅曰鴚鵝（郭璞曰今之野鵝）舒鴈鵝（郭璞曰出如舒鴈今江東呼鴚音加）

廣雅曰鴐鵝野鵝也

吳志曰景帝有疾使巫覡鬼欲試之乃殺一鵝埋之於苑中架屋施床几以婦人服物着上乃使巫視之若能說此家中婦形狀者加賞此巫視日竟晝乃無所道帝催問之急乃曰實不見有鬼但見一頭白鵝在墓上所以不即白疑是神鬼變化而作定無復改易不知何故景帝乃厚賜之

晉書曰永嘉中洛陽東北步廣里地陷有二鵝出焉一白一蒼白者不能飛蒼者飛去董養字仲道歎曰昔有周時盟會狄泉即此地也蒼胡白國象其可盡言乎

又曰劉毅家在京口酷貧嘗與鄉曲士大夫往東堂共射時庾悅爲司徒右長史要府州僚佐出東堂毅已先至遣與悅相聞曰身並貧躓營一遊甚難君如意人無處不可爲適豈能以此堂見讓曰悅素豪徑前不荅時衆人並避唯毅留射如故悅厨饌甚盛不以及毅毅既不去悅甚不歡毅又相聞曰身今年未得子鵝豈能以殘炙見惠悅又不荅及毅貴奏解悅都督將軍官深相挫辱悅不得志疽發背以日而卒

宋書曰胡藩爲高祖從事征廣固累月未拔忽有鳥如鵝蒼黑色飛入高祖帳裏衆皆駭愕藩起賀曰蒼黑色者戎虜戎虜歸我大吉之祥也明旦攻城陷之

又曰孔靜居山陰宋武微時往候之靜時寢夢人語曰天子在門覺寤即遣人出看而帝適至靜虛己接待乃留帝宿夜設粥無鮭新伏鵝卵令煑以爲食賊平以靜爲奮威將軍

又曰劉暄初爲江夏王寶玄郢州行事執事過刻王妃索煑肫帳下諮暄暄曰旦已煑鵝不煩復此寶玄恚曰舅殊無渭陽之情

齊書曰下彬禽獸決錄曰云鵝性頑而傲蓋比潘敞也

又曰桂陽之役朝廷周章詔檄久之未就高帝引江淹入中書省先賜酒食淹素能飲啖食鵝炙垂盡進酒數外文誥亦辦

南史曰何遠爲永康令人甚稱之太守王彬巡屬縣諸縣皆盛供帳以待焉至武康遠獨設糗水而已彬去遠送至境進斗酒隻鵝而別彬戲曰卿禮有過陸納將不爲古人所笑乎

三國典略曰庾信自建康遁歸江陵湘東王因賜妾徐氏妾與信弟挨私通挨欲求之無致言者信庭前有一蒼鵝乃繫書于鵝頸信視之乃挨啓遂題紙尾曰畜生乞汝

唐書曰元和十二年李愬襲蔡州兵至懸瓠城夜半雪甚城旁有鵝鴨池愬令驚擊之以雜其聲

列子曰黄帝與炎帝戰以鵰鴈鵝爲旗幟

魯連子曰君鵝鴨有餘食士不足半菽

孟子曰仲子以兄之禄爲不義避兄離母處於陵他日歸則有饋其兄生鵝者頻顣曰惡用是鶂鶂者爲其母殺是鵝與之食其兄自外至曰是鶂鶂肉也出而吐之（趙岐曰鶂鶂鵝鳴聲也）

戰國策曰管燕得罪於齊王謂左右曰子孰能與我赴諸
侯乎左右莫對管燕連然流涕曰悲夫士何其易得而難
用也田需對曰士三食不得厭而君鵝鶩有餘食下宮良
綺穀而士不得以爲緣且財者君之所輕死者臣之所重
君不肯以所輕與士而責之以所重事非士易得而難用也
異苑曰傳承爲江夏守有一雙鵝失之三年忽引導得三
十餘頭來向承家
秦記曰符玄食鵝炙知黑白之處人不信旣而試之果然
世說曰會稽有孤居老姥養一鵝鳴喚清長時王逸少爲
太守就求市之未得逸少乃携故親命駕共往觀之姥聞
二千石當來卽烹以待之逸少旣至殊喪往意歎息彌日
俗記曰京下劉光祿養好鵝劉後軍從京還鎭尋陽以一
雙鵝爲後軍別純蒼色頸長四尺許頭似龍此一雙鵝可
堪五萬自後不復見有此類
張鴻傳曰鴻爲慕容晃黄門初刑鴻不熟顚下生黄鬚三
根長寸餘乃遣出宮看鵝鴨
沈玄鵝賦序曰先大夫俞穎川者殊精意於善鵝求得駿
鵝類於張猛虎亦多好者于時有綠眼黄喙折翼頳頭然
經穎川之好者焦叔明以太康中得大蒼鵝從喙至足四
尺有九寸體色豐麗鳴聲驚人三年而爲暴犬所害惜其
不終故爲賦云
崔豹古今注曰夫鵝似鴈而大頸長八尺善鬬好啖蛇
列異傳曰廬山左右常有野鵝數千爲群長老傳言昔有
一狸食明日見狸喚於沙州之上如見繫縛
南越志曰化蒙縣祠山上有湖湖中有泉鵝如今野鵝弄
吭山泉故号爲泉鵝

兩京記曰淨影寺沙門慧遠講經初在鄉養一鵝常隨遠
聽經及遠入京留在寺晝夜鳴呼不止僧徒送入京至此
寺大門放之自然知遠房便入馴狎每聞講鍾卽入堂伏
聽若聞汎說他事鳴翔而出如是六年忽哀叫庭宇不肯
入堂二旬而遠卒寺内有遠碑亦述其事
嶺南異物志曰南道之酋豪多選鵝之細毛夾以布帛絮
而爲被復縱横納之其溫柔不下於挾纊也俗云鵝毛柔
暖而性冷偏宜覆嬰兒而辟驚癎也
雲南記曰韋齊休使雲南屯城驛西牆外有大池北門垂
柳夾蔭池中鵝鴨甚衆
幽明錄曰晉義熙中羌主姚略壞洛陽陵溝取塼得一隻
雄鵝並金色交頸長鳴聲聞九皐
臨海記曰郡東南有硇山高三百餘丈望之如雪山上有
湖古老相傳云金鵝之所集八桂所植下有溪金光煥然
又曰郡東有宴室山古老云越王時山上起望海館山下
有湖湖中有金鵝飛魚
唐書曰貞觀二十年吐蕃遣其大臣祿東贊奉表曰聖天
子定四方日月所照之國並爲臣妾而高麗恃遠闕於臣
禮天子自領百萬渡遼致討隳城陷陣指日凱旋奴纔聞
陛下發駕少選之間已聞歸國鴈飛迅越不及陛下速疾
奴忝預子婿喜百常夷夫鵝猶鴈也故作金鵝奉獻其鵝
黄金鑄成高七尺中可實酒三斛
淮南子曰魯般墨子以木爲鵝而飛三日集而不可使爲
工也
唐書曰高祖義兵至河東隋將堯君素城守時圍甚急君
素乃爲木鵝置表於頸且論事勢浮之黄河下河陽守者

得之達於東都越王侗見而歎息

鴨

爾雅曰舒鳧鶩也（郭璞曰鴨也）

廣雅曰鳧鶩鴨也

魏氏春秋曰司馬文王鎮許昌徵還擊姜維至京師帝於平樂觀臨軍與左右小臣謀因文王辭劔之已書詔文王入帝方食栗優人雲午等唱曰青頭雞青頭雞者鴨也帝懼不敢發景王因是謀廢帝

江表傳曰魏文帝遣使求鬪鴨群臣奏宜勿與權曰彼在諒闇之中所求若此豈可與言禮哉具以與使者

吳志曰建昌侯孫慮於堂前作鬪鴨欄頗施小巧陸遜正色曰君侯宜勤覽經典用此何爲慮即毀之

陳書曰齊人度江至玄武湖西北莫府山南我軍自覆舟東移頓郊壇北與齊人對是時食盡調市人餽軍皆是麥屑爲飯以荷葉裹而分給兵士皆困會文帝遣送米三千石鴨千頭帝即炊米煮鴨誓申一戰將士及防身計粮數臠人人裹飯媲以鴨肉帝命衆軍蓐食攻之齊軍大潰

三國典略曰高德衆正相齊末誅之前家有赤鴨群行於庭犬來逐遂成碎血

北史曰元善以高熲有宰相之具常言於上曰楊素麁疎蘇威怯懦元冑元旻正似鴨耳可以付社稷者唯獨高熲上初然之

唐書曰齊王祐太宗第五子好養鴨未反前忽有野貍入籠中咬四十餘鴨皆斷其頭及敗同惡而誅者四十四人

抱朴子曰有白虎七變法取三月三日殺（虎血鴨血）等合和之初生草似胡麻者生取其實合之可以移形易皃

西京雜記曰高祖既作新豐并移舊社放犬羊雞鴨於通途亦競識其家

傅子曰鴨足何以販雞足何以斷販斷吾不知也何況閈天地乎

金樓子曰海鴨大如常鴨斑白文亦謂之文鳥

洞冥記曰武帝昇望月臺南端有三青鴨飛鍛而下帝悅之至夕鴨宿於臺端化爲三小童皆著青綺文襦各執鯨文大錢五枚置帝几前

風俗通曰雞伏鴨卵鶵成入水雞母隨岸呼之鶵出而隨母鴨雞異類能相隨也

傅物志曰中諸藥毒已死者取生鴨斷頭以鴨項內病者口中得血三兩滴入喉中即蘇也

語林曰傅信貧母羸病恒驚悸信乃取雞鴨滅毛放承塵上行落地轉恐怖

石崇金谷詩序曰吾有廬在河南金谷中去城十里有田十頃羊二百口雞猪鵝鴨之屬莫不畢備

尋陽記曰周訪與商人共入宮亭廟宿明起如廁見一白頭人訪逐之化爲雄鴨還舡欲煮之商人爭看遂飛去

廣志曰野鴨雄者赤頭有距

蔡氏化清經曰水戰之鴨何必白纓盈俎之雞何必長鳴

新言曰譬猛虎浮水不如鳧鴨騏驎登木不如猿猴

太元經曰素嬰之鴨翰音之雞望視之兎白蹄之豕短喙之狗脩頸之馬君子之皃何獨異耶

吳地記曰鴨城者吳王築城以養鴨周數百里

竺法真登羅山疏曰山上有神湖湖中有白鴨

嶺南異物志曰廣州洽洭縣金池黄家有養鵝鴨池嘗於

鴨糞中見麩金片遂多收掏之日得一兩緣此而致富其
子孫皆爲使府劇職三世後池即無金黄氏力殫矣
鶩
說文曰鶩野鳧
春秋左傳曰公膳日雙雞饔人竊更之以鶩子尾怒
春秋繁露曰張湯問仲舒曰祠宗廟或以鶩當鳧可不對
曰鶩非鳧鳧非鶩愚以爲不可。漢書王莽多事諸鬼用
三牲鳥獸三千餘種後不能備乃以雞當鴈鶩
東觀漢記曰馬援與兄子嚴敦書玄學龍伯高不就猶爲
謹勑士所謂刻鵠不成尚類鶩者
說苑曰鶩無他心故庶人以爲贄
崔寔政論曰今下僭其上尊卑無別如使雞鶩蛇頸龜身
五色紛麗亦可貴於鳳乎

唐子曰吾嘗會賓設樂天忽雲興繼以大雨有群鶩成列
飛翔而過此偶尔何異玄鶴二八也
廣志曰鶩生百卵一日再生有露華鶩以秋冬生卵並出
蜀晨鳧肥而耐寒宜爲臛
越地傳曰越人爲競渡有輕薄少年各尚其勇爲鶩沒之
戲有至水底然後魚躍而出
鳧
毛詩曰將翱將翔弋鳧與鴈
又曰鳧鷖在涇公尸來燕來寧爾酒既清爾殽既馨公尸
燕飲福祿來成鳧鷖在沙公尸來燕來宜爾酒既多爾殽
既嘉公尸燕飲福祿來爲
韓詩外傳曰趙倉唐擊鸓文侯太子擊使於外問太子曰
侯何好曰嗜晨鳧好北犬於是遣唐緤北犬奉晨鳧獻之
侯曰擊變我知我所嗜好
莊子曰鳧脛雖短續之則憂
風俗通曰王喬者河東人爲葉令喬有神術每月朔望常
自縣詣臺朝帝怪其來數而不見車騎密令太史伺望之
言其臨至輒有雙鳧從東南飛來於是候鳧至舉羅張
之但得一雙履乃詔尚方訴視則四年中所賜尚書官屬
履
楚辭曰寧與騏驥抗軛將與雞鶩爭食乎寧卬卬若千里
之駒汎汎若水中之鳧
焦贛易林曰鳧舞鼓翼嘉樂堯德
李陵贈蘇武詩曰二鳧俱北飛一鳧獨南翔我當留斯館
子當歸故鄉

蘇武與李陵書曰乘雲附景不足以譬速晨鳧失群不
足以喻疾豈可因歸鴈以運糧託景風以餉軍哉
晉書張華傳曰人有得鳧鳥毛長三丈以示華華見慘然
曰此謂海鳧毛也出則天下亂
後周書曰初賀勝至關中自以年位素重見太祖不拜尋
而自悔太祖亦有望焉後從太祖宴于昆明池時有雙鳧
遊於池上太祖乃授弓矢於勝曰不見公射久矣請以爲
歡勝射之一發俱中因拜太祖曰使勝得奉神武以討不
庭皆如此也太祖大悅自是恩禮日重勝亦盡誠推奉
周書曰太祖車駕幸城南園臨水亭見雙鳧爭藻戲於池
面引弓射之一發而疊貫從官歡呼拜賀　上命翰林繪
工寫之練素
南越志曰化蒙縣祠山上有池池中有松鳧如今野鳧棲
息松間故俗謂松鳧

吳録地理記曰石首魚至秋化爲冠鳧頭中有石

冢墓記曰闔閭冢中有玉鳧

廣州先賢傳曰頓琦至孝母喪感慕哀聲不絶致飛鳧白鵠栖廬側見人輒去見琦而留

又曰丁密遭父艱致飛鳧一雙游廬旁小池見人則馴附如家所畜後遭母喪密歸至所居一宿故雙鳧復游戲池中

崔豹古今注曰鳧鷖常在海邊沙上食沙石皆消爛唯食海蛤不消隨其糞出以爲藥倍勝餘者

綦叔闓鳧賦曰冠緑施以耀首綴素毛以黑纓

太平御覽卷第九百一十九

太平御覽卷第九百二十

羽族部七

烏

春秋運斗樞曰搖光星散爲烏
左傳曰子元以車六百乘伐鄭諸侯救鄭楚師夜遁鄭人
將奔桐丘諜告曰楚幕有烏乃止
又曰晉侯伐齊齊師夜遁師曠告晉侯曰鳥烏之聲樂齊
師其遁（烏鳥得空營故樂也）叔向告晉侯曰城上有烏齊師其遁
毛詩曰莫赤匪狐莫黑匪烏
又曰瞻烏爰止于誰之屋具曰予聖誰知烏之雌雄
又曰弁彼鸒斯歸飛提提
爾雅曰鸒斯鵯鶋（楚烏也又曰雅烏小而多羣腹下白）
又曰烏鵲醜其掌縮（飛縮腳復下）
又曰有鷰白脰烏鸀山烏鸀（似烏而小赤穴乳出西方）
春秋運斗樞曰飛翔羽翮爲陽陽氣仁故烏反哺
春秋元命苞曰火流爲烏烏孝烏陽精天意烏在日中從
天以昭孝也
尚書緯曰火者陽也烏有孝名武王卒大業故烏瑞臻
漢書曰成帝時御史府中列柏樹常有野烏數千栖宿其
上晨去暮來號曰朝夕烏
又曰黃霸爲潁川太守遣吏有所伺察吏出不敢舍郵亭
食於道旁烏攫其肉民有欲詣府言事適見之霸與語道
此後日吏還見霸迎勞之曰甚苦食於道旁乃爲烏所盜
肉吏大驚以霸具知其起居所問豪氂不敢有所隱
後漢書馬援曰當吾在西里浪泊間詔書每到腹如湯火
下潦上霧毒氣上蒸仰視烏鳶跕跕墮水中

謝承後漢書曰廣漢儒叔林爲東郡太守烏巢於廳事屋
梁兎產於床下
司馬彪續漢書曰桓帝時童謠曰城上烏尾畢逋一年生
九雛公爲吏子爲徒一徒死百乘車
吳曆曰吳王爲神王表立廟蒼龍門時有烏巢朱雀門上
晉書載記曰慕容沖之亂有群烏數萬翔鳴于長安城上
其聲甚悲占者以爲鬬羽不中年有甲兵入城之象
梁書曰高國有烏旦旦集王殿前爲行列不畏人日出後
然後散去
陳書曰司馬申短毛喜於後主使其黨鋼又與施文慶李
脫兄比周譖殺傳縡奪任忠部曲以配蔡徵申嘗晝寢於
尚書下省有烏啄其口流血及地時論以爲譖賢之効也
北史曰西魏裴俠年七歲不能言後於洛城西見群烏蔽
天從西來舉手指之而言遂志識聰慧甚異常童
又曰齊蕭放居喪以孝聞居廬　門室前有二慈烏來集
各據一樹爲巢自午以前馴庭前飲啄午後更不下樹每
臨時舒翅悲鳴全似哀泣家人則之未嘗有闕
又曰齊世辯性怯武平末爲開府周師入鄴令辯千餘騎
覘候出險口登高阜西望遥見群烏飛起謂是西軍旗幟
即馳還比至紫陌橋不敢返顧
後周書曰宗懍遭母憂去職哭歐血兩旬之內絕而復蘇
者三每旦有群烏數千集于廬舍候哭而來哭止而去
又曰皇甫遐字永賢少喪父事母以孝聞後母亡廬於墓
側負土爲墳乃有鵶烏各一徘徊悲鳴不離墓側若助遐
隋書曰煬帝起宮丹陽將遊于江左有烏鵲來巢帳幄
不能止

唐書曰武德中張志寬純孝丁母憂於墓側負土成墳有烏巢於廬前樹上志寬哭臨烏輒悲鳴高祖聞之遣使弔賜帛三十段表其門閭
又曰李義府召見太宗試令詠烏其末云上林多許樹不借一枝棲帝曰吾將全樹借汝豈唯一枝
又曰貞元四年夏鄭汴二州烏群皆去分入田緒李納境内銜木爲城高二三尺方十餘里緒納惡而命焚之信宿如故烏口多流血
又曰柳仲郢爲尚書左僕射東都留守盜發先人墓棄官歸華原除華州刺史不拜後以本官爲天平軍節度受節鉞於華原別墅卒於鎮初仲郢自拜諫議後每遷官群烏大集於昇平里第庭樹戟架皆滿凡五日而散詔下不復集家人以爲候唯除天平烏不集

又曰長慶中濮州雷澤縣百姓張憲莊榆樹有烏巢因風墜三鶵有鵲巢於東南樹引所墜二鶵於其巢哺之
太公六韜曰武王登憂臺以臨殷民周公旦曰臣聞之愛其人者愛其屋上烏憎其人除胥
燕丹子曰燕太子丹質於秦秦王遇之無禮不得意欲歸秦王不聽謬言令烏白頭馬生角乃可丹仰天歎之烏即白頭馬爲生角秦王不得已而遣之
韓子曰夫馴烏者斷其下翎則必搏人而食焉得不馴乎夫明主之畜臣亦然全臣不得全利夫利君之禄不得無服上之名君焉得不復禄
淮南子曰堯時十日並出堯命羿仰射十日中其九烏皆死墮其羽翼
抱朴子曰石先生丹法取烏之未生毛羽者以真丹和牛肉以呑之至長其毛羽皆赤乃殺陰乾百日并擣服百日得壽五百歲
說苑曰孔子曰存亡禍福皆在己而已天災地妖亦不能殺也昔者殷王帝辛之時爵生烏於城之隅工人占之曰凡小以生巨國家必祉王名必倍帝辛喜爵之德不治國家亟暴無極外寇乃至遂亡殷國此逆天之時詭福反爲禍
楚辭曰羿焉彃日烏焉解羽
焦氏易林曰城上有烏自名破家
風俗通曰案明帝起居注上東巡泰山到滎陽有烏飛鳴乘輿上虎賁王吉射之中而祝曰烏烏啞啞引弓射洞左掖陛下壽萬年臣爲二千石帝賜錢二百萬令亭壁悉畫爲烏

又曰烏號弓者柘桑枝條暢茂烏登其上垂下着地烏適飛去從後撥殺取以爲弓因名曰烏號
說文曰烏孝烏也
異苑曰陽顏以純孝著聞後有群烏銜鼓集顏所居村烏口皆傷一境以爲顏至孝故慈烏來萃銜鼓之興故令聾者遠聞即於鼓處立縣而名爲烏傷王莽改爲烏孝以章其行迹云
崔豹古今注曰烏一名鷙鳥
述征記曰相風烏在靈臺上遇千里風則動
成公綏烏賦序曰有孝烏集余之廬乃喟尔歎曰無仁惠之德祥禽曷爲而至哉夫烏爲瑞久矣以其反哺識養故爲吉鳥是以周書神其流變詩人瞻其所集國有道則見國無道則隱斯鳳鳥之德何以加焉服惡鳥而賈生懼之

烏善禽而吾嘉焉懼惡而作歌嘉善而賦之不亦可乎
洞林曰寧遠參軍弘景則其姊適吳病　四十餘年暫來歸在其家令　卦之得明夷之小過然病每欲動時輙有烏來鳴即使發作案卦中當時得獨蹄猪畜之江東名之爲獨足膽後婦人如欲眠而見一丈夫衣服蓋黑在戶前立遙呼婦人語其來前不肯言有所畏遂泣而去病如小間吾與殷侯共論此事曰烏日之禽猪月畜水火相忌自然之數故取玄陰之伏物用消太陽之飛精日中三脚故以獨足者當之
南越記曰烏賊魚常自浮水上烏見以爲死便啄之乃卷取烏故謂烏賊魚今匹烏化爲之魚
地理志曰孤山正在江中有烏飛入舟人以飯與之烏且飛且啖

譙子法訓曰夫孝行之本替本而求未有得之者也如或得之君子不貴矣烏者猶有返哺況人而無孝心者乎
孝子傳曰李陶交趾人母終陶居于墓側躬自治墓不假鄰人助群烏銜塊助成墳
劉義慶世說曰徐干木年少時嘗夢烏從天下銜長繖敬樹其庭前烏復上天銜繖下樹凡三繖竟烏大鳴作惡聲而去徐後果　遂以惡終
春秋運斗樞曰維星得則日月光烏三足禮義循物類合
春秋元命包曰日有三足烏者陽精其僂呼也僂呼溫潤生長之言
東觀漢記曰章帝元和二年三足烏集沛國三年代郡高柳烏子生三足大如雞色赤頭上有角長寸餘
後漢周書曰明帝三年秋七月景申順陽獻三足烏八月甲子群臣上表稱慶詔曰夫天不愛遙地稱表瑞莫不咸

鳳巢閣圖龍躍沼豈直日月珠連風雨玉燭是以鈎命决曰王者至孝則出元命苞曰人君至治所有廣舜蒸蒸來茲異祉周文翼翼翔此靈禽文考至德下覃遺仁愛被遠符千載降斯三足將使三方歸本九州翕定惟此大禮景福在民子安敢擅宗廟之善弗宣大惠可大赦天下文武官並遣進三級
隋書曰大業四年蜀郡獲三足烏張掖獲玄狐各一
唐書曰天授元年有進三足烏者天后以爲周室嘉應睿宗時爲皇嗣言曰烏前足僞也天后不悅須臾一足墮地果如其言
又曰寶應元年秋七月巳卯京兆府萬年縣獲三足烏獻之
淮南子曰日中有踆烏月有蟾蜍踆猶蹲止不行謂三足也

抱朴子曰青冷傳云熒火精生朱烏古今注所謂赤烏者朱烏也其所居高遠日中三足烏之精三足烏何以三足陽數奇也以是有虞至孝三足集其庭曾參鋤苽三足萃其冠
司馬相如大人賦曰吾乃覩西王母皬然白母首戴勝而穴處有三足烏爲之使
論衡曰儒者言日中有三足烏日火也烏入火中燋爛安得立然烏日氣也
張衡靈憲曰日陽精之宗積而成烏烏有三趾陽之類數奇
括地圖曰崑崙之弱水中非乘龍不得至有三足神烏爲西王母取食
孫氏瑞應圖曰三足烏生王者慈孝天地則至
晉諸公贊曰世祖時西域獻三足烏遂累有赤烏來集此

昌陵後縣寀昌字重曰烏者日中之烏有託體陽精應期
曜質以顯至德者也
尚書中候曰周太子發渡孟津有火自天止於王屋爲赤
烏
又曰有火自上復於王屋流爲烏其色赤其聲魄
瑞應圖曰赤烏武王時銜穀米至屋上兵不血刃而殷服
一本曰王者不貪天下而重民命則至
墨子曰赤烏銜珪降周之岐社曰命周文王伐殷河出圖
地出乘黃天錫武王黃鳥之旗
帝王世紀曰豐公家于沛之豐邑中陽里其妻夢赤烏若
龍戲已而生執嘉是爲公即太上皇
吳志曰赤烏元年八月武昌言赤烏見集於殿前朕所親
見若神靈以爲嘉祥者改年宜以赤烏

又曰孫休永安三年春三月西陵言赤烏見
常璩華陽國志曰棘道縣孝子吳順養母赤烏巢其門
孝子傳曰吳叔和健爲人母沒負土成墳有赤烏巢門甘
露降戶
薛綜赤烏頌曰赫赫赤烏惟日之精朱羽丹質希代而生
孝經援神契曰王者德至鳥獸則白烏下
漢書曰孝昭元鳳三年有白烏數千下集泰山萊蕪山南
古今注曰成帝河平四年白烏集孝文廟殿下黑烏從之
和帝元興元年白烏一見盧江足皆赤
王隱晉書曰虞溥爲鄱陽內史勸學業爲政嚴而不猛
寬裕簡素白烏集郡庭止于東樹就執不動
宋起居注曰元嘉十三年戚蕃縣民談含送白烏皓質絜
映有若輝璧爰稽瑞圖寔惟嘉祥

齊書曰高帝時有獻白烏帝問此何瑞沱雲位卑最後答
曰昔明王者敬宗廟則白烏至時謁廟始畢帝曰卿言是
也感應之理一至此乎
薛綜　烏頌曰粲焉白烏皓體如素宗廟致敬乃胥來顧
禮斗威儀曰江海不揚鴻波東海輸之蒼烏
又曰君乘木而王其政升平南海輸以蒼烏
孫氏瑞應圖曰文王時見蒼烏王者孝悌則至一本曰賢
君帝王脩行孝慈被於萬姓不好殺生則來
隋書曰高祖授禪之年二月辛巳高平獲赤雀太原獲蒼
烏

太平御覽卷第九百二十

太平御覽卷第九百二十一

羽族部八

鵲

禮記月令曰季冬之月鵲始巢

詩曰鵲巢夫人之德也國君積行累功以致爵位夫人起家而居有之

又曰鵲之彊彊鶉之奔奔

又曰防有鵲巢卭有旨苕誰侜予美心焉忉忉

爾雅曰鵲鵙醜其飛翪（郭璞注曰鵙類也翪竦翅上下翪也）

易通卦驗曰鵲者陽鳥先物而動先事而應見於木風之象今失節不巢陽氣不通故言春不東風也（周書曰小寒之日鵲始巢）

漢書曰梅福傳云今陛下既不納天下之言又加戮焉夫鳶鵲遭害則仁鳥增逝

魏志曰管輅至安德令劉長仁忽有鳴鵲來在閤屋上其聲甚急輅曰鵲言東北一婦昨殺夫牽引西家人離婁候不過日在虞淵之際告者至矣到時果有東北同伍民來告隣婦手殺其夫詐言西家人與夫有嫌殺我壻也

吳志曰赤烏十二年有兩烏銜鵲墮東觀權使領丞相朱據燎鵲以祭

又曰孫和爲南陽王之長沙行過蕪湖有鵲巢於帆檣故官僚皆憂慘以爲檣木傾危之象

晉書曰王澄爲荆州將之鎮送者傾朝澄見樹上鵲巢便脫衣上樹探鷇而弄之神氣蕭然傍若無人

又曰凉李歆時通街大樹上有烏鵲爭巢鵲爲烏所殺

宋書曰徐羨之拜司空有雙鵲於太極殿東鳴尾鳴喚

後魏書曰李崇爲揚州刺史時有泉水湧於八公山頂壽春城中有魚無數從地湧出野鴨羣飛入城與鵲爭巢

北齊書曰武衛奚永洛與河内人張子信對坐有鵲鳴於庭樹鬬而墮焉子信曰鵲言不善向夜若有風從西南來歷樹拂堂角則有口舌事今夜有人喚必不得往子信去後果有風來至夜高儼使召永洛且云勑喚永洛欲赴其妻苦留稱墮馬腳折遂免於難

又曰李孝貞字元操信州刺史希禮之子也嘗詠鵲其隹句云東飛朝雨霽南飛夜月明爲知音所賞

隋書曰郭儁字弘文太原人家門雍睦七葉共居犬豕同乳烏鵲通巢時人以爲義感州縣上其事上遣平昌公宇文㢸（房密切）詣其家勞問之御史柳彧巡省河北表其門閭

又曰翟普林父母俱終哀毁殆將滅性廬於墓側有二鵲巢其廬前樹每入其廬馴狎無所驚懼

唐書曰高祖圍堯君素於蒲州粮盡人相食有烏鵲巢其發石車之上人心遂離爲李楚客斬首傳之京師

又曰大曆八年夏四月乾陵上仙觀天尊殿有雙鵲銜柴及泥補葺殿之隙壞凡一十五處宰臣等上賀曰臣聞孝至於天則祥發陵邑德被於物則化及鳥獸伏惟陛下因心廣教弘道極和時殷霜露之恩流行雲雨之澤故前聖垂裕歆於明誠皇天報貺錫以嘉應異鵲來感翔集可窺跡比人謀事歸神化望宣示中外編諸史冊

又曰貞元四年中書省梧樹上有鵲以泥爲巢

又曰竇申宰相參之族子參特愛申每議除授多詢於申申或泄之以招權受賂每所至人謂之喜鵲

又曰開成二年三月眞興門外鵲巢於古冢

莊子曰至德之世鳥鵲之巢可攀援而窺之

又曰鵲上高城之絶而巢於高樹之顛城壞巢折陵風而起故君子之居世也得時則義行失時則鵲起也

又曰莊周遊乎雕陵之樊（樊藩也遊於栗園籬之内）覩一異鵲自南方來翼廣七尺目大運寸（可曲寸）感周之顙而進於栗林（感觸）

孫卿子曰古之王者其政好生惡殺鳥鵲之巢可俯而窺

淮南子曰鵲巢知風之所起（言鵲作巢向風之所起爲戶一說去背風所起也）

又曰乾鵲知來而不知往此脩短之分也（乾鵲鵲也見人有吉事之徵則脩脩然亟事之徵則鳴啼是知來歲多風則巢於下枝而童子乃探其卵是不知各有所能故曰長短之分也）

又曰鳱比向鵲始加巢（鳱在彘背北面徵陽將來比過鵲感陽而動乃上加巢）

又曰赤肉懸則烏鵲集鷹隼鷙則衆鳥散物之散聚交感以然

淮南萬畢術曰鵲腦令人相思（取鵲一雄一雌頭中腦燒之於道中以與人酒中飲則相思）

穆天子傳曰西王母還歸世民謡憂以吟曰徂彼西土爰居于野豹虎爲羣於鵲與處（於讀爲烏）嘉命不遷我惟帝女

東方朔別傳曰孝武皇帝時閑居無事燕坐未央前殿天新雨止當此時東方朔執戟在殿階傍屈指獨語上從殿上見朔呼問之生獨所語者何也朔對曰殿後栢樹上有鵲立枯枝上東嚮而鳴也帝使視之果然問朔何以知之對曰以人事言之風從東方來鵲尾長傍風則傾背風則蹷必當順風而立是以知也

西京雜記曰樊將軍噲問陸賈曰自古人君皆云有瑞應豈有是乎賈曰有之乾鵲噪而行人至蜘蛛集而百事喜況人君重位乎

五行傳曰昭帝元鳳中有烏鵲鬬於燕王池上烏墮池烏類君之象

説文曰鵲知太歲之所在

鹽鐵論曰中國所鮮外國賤之崑山之旁以玉璞抵烏鵲

魏太祖詩曰月明星稀烏鵲南飛繞樹三匝何枝可依

博物志曰鵲巢開口背太歲此非才知任自然也

崔豹古今注曰鵲一名神女

王子年拾遺録曰圓嶠之山名環丘上有方湖千里多大鵲高一丈羣飛於湖際銜　不周之粟於環丘之上

郭子横洞冥記曰帝解鳩鴻之刀以賜東方朔刀長三尺朔曰此刀探首山之金鑄爲此刀雄者以飛雌者獨在金出九陽清溪有鵲銜火於清溪之上

廣異記曰南方赤帝女學道得仙居南陽愕山桑樹上正月一日銜柴作巢至十五日成或作白鵲或女人赤帝見之悲慟誘之不得以火焚之女即昇天因名帝女桑今人至十五日焚鵲巢作灰汁浴蠶子招絲象此也式經三十六禽變曰酉爲烏鵲五行書曰燒鵲置酒中令家無盜賊

山鵲

爾雅曰鷽山鵲（郭璞注曰似鵲而有文彩長尾觜脚皆赤鷽胡覺切）

説文曰鷽山鵲知來事也

搜神記曰常山張顥爲梁相天新雨後有鳥如山鵲稍下墮地民爭取即化爲一貟石顥椎破之得一金印文曰忠孝侯印顥以上聞藏之秘府顥後官至太尉

鳩

左傳曰郯子云少皥時祝鳩氏司徒者也鶻鳩氏司事者也五鳩鳩民者也（杜預注曰祝鳩鵻也鵻鳩孝故爲司徒主教民鶻鳩春來冬去故爲司事治民欲聚）

故以鳩爲名也
禮記月令曰仲春之月鷹化爲鳩
又曰季春之月鳴鳩拂其羽鄭玄曰鳴鳩飛且翼相擊趨農急也
詩曰翩翩者鵻毛云夫不也詩義疏曰今小鳩也一名瑴夫一名鵓鳩幽州謂之隹或謂鷜梁宋隹陽謂之隹也
又曰宛彼鳴鳩毛云鶻鵃也詩義疏曰班鳩也月令鳴鳩拂其羽是也隹陽人謂之班隹也
爾雅曰隹其鳺鴀鶌鳩鶻鵃鵻鳩王鵻郭璞注曰鵓鳩今鶻鳩似山鵲短尾青黑色多聲江東亦名曰鶻鵃鵻鳩王鵻雕類江東呼鶚好在江渚山邊食魚毛詩傳曰鳥鷙而有別孫炎曰鶚鷙一名祝鳩鶻鳩一名鶨鳩鶆爲舍人曰鵻鳩楚鳩今梁謂之班鳩也鶻音鶻
周書時訓曰穀雨之日又五日鳴鳩拂其羽鳴鳩不拂其羽國不治兵
後漢書曰楊由從人飲勑諸生酒三行嚴車去請問其趣由曰向社中木上有鳩鳥鬬兵之象由去後舍中有鬬者果殺二人也

覽九百二十一　五　任宏

魏志曰管輅至郭恩家有飛鳩來在梁頭鳴甚急輅曰當有老公從東方來候肫一頭酒一壺主人雖喜當有小故明日果有客如所占而射雞作食箭從樹間激中數歲女子流血驚怖
梁書曰庾子與父域爲巴西守卒於郡子與奉喪還鄉初發蜀有雙鳩巢舟中及至又栖廬側每聞哭泣之聲必飛翔簷宇悲鳴激切
隋書曰李得饒性至孝父寢疾輒終日不食及丁憂水漿不入口五日後甘露降其庭樹有鳩巢其廬
孔叢子曰邯鄲人正旦獻鳩於趙簡子厚賞之客曰正旦放鳩厚恩也得賞競捕之不如勿賞簡子曰善
搜神記曰長安有張氏者晝獨處室有鳩自外入止乎床張氏惡之披懷而祝之曰鳩今來爲我禍耶飛上承塵爲福耶來入我懷鳩飛入懷以手探之則不知鳩之所在而得一金帶鉤焉遂寶之自是之後子孫昌盛有爲必偶資財萬倍蜀客至長安中聞之乃厚賂婢婢竊鉤以與蜀客張氏既失鉤漸漸衰耗而蜀客亦數罹窮厄不爲已利或告之曰天命也不可以力求於是賫鉤以反張氏復昌故關西稱張氏鉤
說苑曰梟逢鳩鳩曰子安之梟曰我將東徙鳩曰何之梟曰鄉人惡吾鳴鳩曰子改鳴則可不能改鳴徙猶惡子之聲○論衡曰夫令鳩雀施氣於鴈鵠終不成子者何也鳩雀之身小鴈鵠之形大
廣雅曰良皐鳩也骨鵃鳩鳩也役鳩䳢鳩辟皐浮鳩鶌也
琴操曰舜耕歷山思慕父母見鳩與母俱飛鳴相哺食益以感思乃作歌

覽九百二十一　六　任宏

地理志曰滎陽有井漢王避項羽於中雙鳩飛集井上羽以爲無人故沛公得免因以爲名故漢世正旦放鳩爲此也
焦贛易林無妄之明夷曰千雀万鳩與鷂爲仇威勢不敵雖衆無益
益部耆舊傳曰廣漢景毅爲益州太守鳩巢於廳事鷂卵育
阮籍鳩賦序曰嘉平中得兩鳩子常食以黍稷後卒爲狗所殺故爲作賦
傅咸鳩賦序曰余舍下種楸蔚然成林閑居無爲有時遊之顧見班鳩音聲可悅於是捕而畜之既而馴擾偶出之籠無何失之其後時時一來飛翔低徊似有懷焉故聊爲之賦○摯虞槐賦曰春栖教農童鳩
孫氏瑞應圖曰白鳩成湯時來王者養耆老尊道德不以新

失舊則至

崔豹古今注曰平帝元始二年濟南鳩生白子

吴録曰赤烏十二年八月白鳩見章安

魏畧曰文帝欲授禪郡國奏白鳩十九見

張升白鳩頌序曰陳留郡有白鳩出於郡界太守命門下賦曹史張升作白鳩頌曰厥名臬鳩貌甚雍容丹青緑目耳象重重

會稽典録曰皮延字叔然會稽山陰人養母至孝居喪有白鳩巢廬側遂以終喪

又曰鄭弘遷臨淮太守郡民徐憲在喪致哀白鳩巢户側弘舉爲孝廉朝廷稱白鳩郎

晉録曰大始八年白鳩二集太廟南門左

左九嬪白鳩賦序曰太始八年鳩巢於廟闕而孕白鳩一雙毛色甚鮮晉金行之應也

晋太康起居注曰白鳩見華林令孫邵以聞

廣州先賢傳曰頓琦字孝異蒼梧人至孝母喪琦獨身立墳歷年乃成居喪踰制感物通靈白鳩栖息廬側見人輒去見琦而留

又曰沛國戴文謀居陽城山有神降焉其妻疑是妖魅神已知之便去作一五色鳥白鳩數十從有雲覆之遂不見

南史曰姚察丁後母杜氏喪解職在服制之中有白鳩巢于户上

方言曰鶌鳩自關而東周鄭之郊韓魏之都謂之鵖鷎其後鳩謂之郡罼其關西秦漢之間謂之鵴鳩（郭璞注云）其大者謂之鳻（音頒）鳩其小者謂之𪆟（音令荆也）鳩或謂之鷎（音葵）鳩或謂之鶏鳩或謂之鶻鳩梁宋之間謂之隹鳩傳曰鳲鳩氏司空者也

毛詩義疏曰今江南鳥大如鳩而黄啼鳴相呼而不同集謂金鳥或云黄當爲鳩聲轉故名移也又云鶻鳩一名爽鳩　又云是鶻

周禮夏官上羅氏曰仲春羅鳥獻鳩以養老因行羽物（鄭玄曰春鶞爲鳩與春鳥變舊爲新宜以養老助生氣也）

爾雅曰鳲鳩鵠鳩（郭璞注曰今之布穀江東呼獲穀千戴勝或云鶴謝氏曰布穀近也）

續漢書禮儀志曰仲秋之月縣道皆案户民年始七十者授之以玉杖餔之以糜粥八十九十禮有加賜王杖長九尺端以鳩爲餙鳩者不噎之鳥也欲老人不噎所以愛民也

魏書曰烏丸俗耕種常以榖鳥爲候

淮南子曰孟夏之月以熟榖米（熟亦長也）稚鳩長鳴爲帝候

歲時（錢鳩亦錄）風俗通曰俗説高祖與項羽戰敗於京索遁叢薄中羽追求之時鳩正鳴其上追者以鳥在無人遂得脱後及即位異此鳥故作鳩杖以賜老者案少皥五鳩鳩民者聚民也周禮羅氏獻鳩養老漢無羅氏故作鳩杖以扶老

楚辭曰逝雄鳩之耿耿兮（耿耿小節貌）讒分分而蔽之（言投如進其耿雄鳩節之識讒人尚復分耿小分高蔽而障之也）

又曰鳴鳩棲於桑榆（言鳴鳩於桑榆之上奮翼得其所）

馮敬通與任武達書曰婦口如布穀

孫卿子曰南方有鳥焉名曰蒙鳩以羽爲巢而編之以髮繫之葦苕風至苕折子死卵破巢非不完也而繫者然

南方草物狀曰番鳩生海邊土穴中里民常以臘月正月捕食味如蟹得過十餘不可復食合浦交阯九真有之

鶌

左傳曰郯子云少皥摯以鳥名官青鳥氏司啓者也（杜預注曰青鶬鴳也立春鳴立冬去）

爾雅曰鳸鴳也郭璞注曰今鴳雀也鳸舍人曰主趨民收麥不得晏起也

說文曰鴳鳸也從鳥聲

春秋考異郵曰水滅火故蚕蟄鴳安均注曰鴳柔良之鳥蟄於水也

春秋運斗樞曰機星散爲鴳德義少殘百家則鴳無頭

易通卦驗曰立春雨水鷂鴳鳴鄭玄云鴳耆狀也

廣志曰鴳常晨鳴如鷄道路賈車以爲行節出西方

莊子曰窮髮之北有鳥焉其名曰鵬翼若垂天之雲搏扶搖羊角而上者九万里斥鴳笑之曰我騰躍上不過數仞下翔蓬蒿之間此亦飛之至也而彼且奚適

又曰載鴳以車馬樂鴳以鍾鼓

國語曰晉平公射鴳使豎襄搏之失公怒將殺之叔向聞之夕公告叔向曰君必殺之昔吾先君唐叔射兕於徒林殪以大甲以封于晉今君射鴳不死搏而不得是楊君恥也勿令遠聞公忸怩顔乃趣舍之注賈逵解曰徒林園中地也言唐叔有才藝封於晉

呂氏春秋曰亂國之妖有雉生鴳

車浚別傳曰鴳雀不能乘激風以飛

鶡鴠

方言曰周魏宋楚之間謂鶡鴠或謂之獨春自關而東謂之城旦或謂之倒懸或謂之鶡鴠自關而西秦隴之内謂之鶡鴠郭璞注曰鳥似鷄五色冬無毛赤裸晝夜鳴獨春好俯仰也倒懸好似懸於樹也

廣志曰侃旦冬毛希夏毛盛

禮記曰月令曰仲冬之月鶡鴠不鳴鄭玄曰鶡旦求旦之鳥

又曰詩云相彼盍旦尚猶患之盍旦夜鳴求旦之鳥也

易通卦驗曰冬至鶡旦不鳴鄭玄月隨應尋至也八穴寒徼也

說文曰鴠可旦也

鹽鐵論大夫曰鶡鴠夜鳴無益於明

周書時訓曰大雪之日鶡鴠不鳴鶡鴠猶鳴國多訛言

太平御覽卷第九百二十一

太平御覽卷第九百二十二

羽族部九

鷰　白鷰
赤鷰　雀
舞雀　神雀
赤雀　黃雀
青雀　大雀

鷰

春秋運斗樞曰：搖光星散爲鷰。

禮記曰：仲春之月，玄鳥至之日，以太牢祠于高禖，天子親往。

左傳曰：郯子云：少皞鳥師而鳥名，玄鳥氏，司分者也。玄鳥，鷰也。春分來，秋分去。

又曰：吳公子禮自衛如晉，將宿於戚，戚，孫文子之邑也。聞鐘聲曰：異哉！夫子之在此也，猶鷰之巢於幕上也。言至危也。

詩曰：鷰鷰于飛，衛莊姜送歸妾也。鷰鷰于飛，差池其羽。之子于歸，遠送于野。鷰鷰于飛，下上其音。

又曰：天命玄鳥，降而生商，宅殷土茫茫。玄鳥，乙鳥也。春分玄鳥降，湯之先祖有娀氏女簡狄配高辛，與之祈于郊禖而生契，故本以玄鳥至而祠焉。茫茫，大貌也。

爾雅曰：鷰鷰，鳦也。注：玄，齊曰鷰，梁曰乙。

史記曰：帝嚳少妃有娀氏，娀音嵩。曰簡狄，以春分玄鳥至之日祠于高禖，有玄鳥遺卵，簡狄吞之，生契。

又曰：陳勝輟耕歎曰：鷰雀安知鴻鵠之志哉！

又曰：臨江閔王榮坐侵廟壖爲宮，上徵榮詣中尉府，郅都責訊王，王恐，自殺。葬藍田，鷰數万銜土置冢上，百姓憐之。

漢書名臣奏曰：丞相薛宣封曰：茂陵寢上食日，玄鳥來集，吐所含大豆紫墨色，翱翔殿上。此陛下永與天無極，天下幸甚。

又曰：成帝和平二年秋，大水，有鷰生雀。

又曰：王莽開哀帝毋丁姬冢，有鷰數千銜土投其穿中。

魏志曰：館陶令諸葛原遷新興太守，管輅祖餞之，賓客並會。自起取鷰卵、蜂窠、蜘蛛着器中，使輅覆射。卦成，輅曰：含氣須變，依乎宇堂，雄雌以分，趐末舒張，此鷰卵也。

晉中興書曰：中原喪亂，鄉人遂共推郗鑒爲主，與千餘家俱避難於魯國嶧山。山有重險，百姓飢饉，野無生草，時或掘野鼠蟄鷰而食之。

晉書載記曰：慕容儁時，鷰巢于儁正陽殿之西椒，生三鶵，項上堅毛。凡城獻異鳥，五色成章。儁謂羣僚曰：是何祥也？咸稱：鷰者，燕鳥也。首有毛冠者，言大燕龍興，冠通天冕章

甫之象也。巢正陽西椒者，言至尊臨軒朝萬國之徵也。三子者，數應三統之驗也。神鳥五色，言聖朝將繼五行之籙以御四海者也。儁覽之大悅。

南史曰：襄陽霸城王整之姉嫁爲衛敬瑜妻，年十六而敬瑜亡，父母舅姑咸欲嫁之，誓而不許，乃截耳置盤中爲誓乃止。所住戶有鷰巢，常雙來去，後忽孤飛。女感其偏栖，乃以縷繫脚爲誌。後歲此鷰果復更來，猶帶前縷。女復爲詩曰：昔年無偶去，今春猶獨歸。故人恩既重，不忍復雙飛。雍州刺史西昌侯藻嘉其美節，乃起樓於門，題曰貞義衛婦之閭，又表於臺。

崔鴻式　録曰：昔魯人有浮海而失津者，至于澶洲，見仲尼及七十子遊于海中，與魯人一木杖，令閉目乘之，使歸告魯侯築城以備寇。魯人出海，投杖水中，乃龍也。具以狀

告魯侯不信俄而有羣鷰數萬銜土培城魯侯信之大城
曲阜訖而齊寇至攻魯不克而還
韓子曰天下無道攻擊不已甲冑生蟣虱鷰雀處帷幄
淮南子曰故先王之政四海之雲至而修封疆（春分之後四海出雲）
蝦蟇鳴鷰降而達路除道（春分之後）
又曰大廈成而鷰雀相賀
呂氏春秋曰有娀氏有二佚女為九成之臺飲食必鼓帝
令鷰往視之鳴若謚隘二女愛而爭搏之覆以玉筐少
選（高誘注曰選須臾）發而視之鷰遺二卵北飛遂不反二女作歌
曰鷰往飛實始為北音（北國之音也）
宣驗記曰程德度武昌人昔在潯陽夜見屋裏白明先有
鷰窠忽有小兒長尺餘潔白從窠出至床前曰却後三年
當得長生之道尋聞而滅甚秘密之。又曰沛國周氏有三

子瘖並不能言有人來乞飲聞其兒聲問之具以實對客
曰君可還內思過既異其言知非常人良久云都不憶有
罪過客曰試更思幼時事入內食頃出曰記小兒時當床
有鷰巢中有三子母還哺之輒出取食屋下舉手得及指
內巢中鷰子亦出口承受乃取三蒺藜各與之吞即死母
還不見子悲鳴而去恒自悔責客變為道人之容曰君既
自知悔罪今除矣便聞其兒言語周正即不見道人
廣雅曰玄鳥鷰也
說文曰鷰玄鳥也布翅拔尾象形也齊魯之鳳作巢避戊
巳
論衡曰鷰鳥也形似非氣也安得生人且鷰之長不過
五寸安能成七尺之形契母適欲懷姙遭吞鷰卵好奇因
以為其生耳

揚子法言曰朱鳥翾翾歸其肆矣（侯苞注曰朱鳥鷰別名四海辟池）
博物志曰人食鷰肉不可入水為蛟龍所吞
又曰鷰戊巳日不銜泥塗巢此非才智自然得之
吳地記曰春申君都吳宮因加巧飾春申死吏照鷰窟失
火遂焚
越絕書曰吳路西宮在長秋周一里二百二十六步秦始
皇十二年守宮者照鷰失火燒之
蘇州塚墓記曰宋青州刺史郁泰玄字義真好黃老故老
相傳泰性仁恕德感禽獸初葬之日有羣鷰數千銜土於
塚上今塚猶高大與他有異村鄉歲時迄今祭祀
茅君內傳曰句曲山有神芝五種第三名鷰胎芝其色紫
形如葵葉上有鷰象如欲飛狀光明洞澈食一株拜為
太清龍虎仙君

崔豹古今注曰鷰一名天女一名鷙鳥
廣州志曰鷰有三種乳於巖崖者為土鷰
湘中記曰零陵有石鷰形似得雷風則飛翩翩如真鷰
談藪曰王景素嘗與劉璡同在小齋有鷰集承塵飛鳴
相追景素曰萬物各有性靈而獨睇於鱗羽乎若斯鳥
也遊則參於雲煙之上止則隱於林木之下飢則啄渴則
飲形體無累乎物得失不關於心一何樂哉
九章筭術曰五雀六鷰飛集于衡適平一雀一鷰飛而易
處則雀重而鷰輕

白鷰

宋元嘉起居注曰元年七月有白鷰集於齊郡遊翔庭宇
經九日乃去衆鷰翼隨恒有數千
陳書曰高士馬樞目常黃能視闇中物有白鷰一雙巢其

庭樹馴狎欄廡時上几案春來秋去幾三千年
抱朴子曰千歲鷰戶向北其色白而尾屈陰乾之服一
頭得五百歲此肉芝也
京房易占曰山見白鷰其君且得貴女（今俗名一鷰天女也）
續異記曰孫氏妻見一童子當削以釵擲之躍入雲中
夜聞戶外歌曰昔填夏家冢聳泥頭欲禿今寄黃氏居非意
傷我目尋覓巢中得一白鷰左目傷
宣城記曰侍中紀昌騣初生有白鷰一雙出巢旣表素質
官途亦通
京州記曰呂光大安三年白鷰遊酒泉郡黑鷰列從
王威別傳曰時有白鷰來翔被令為賦

赤鷰

田俅子曰少昊氏之時赤鷰一銜羽而飛集少昊氏之戶
遺其丹書

雀

春秋運斗樞曰璇光星散為雀
禮記月令曰季秋鴻鴈來賓雀入大水化為蛤
又內則曰雀晏蜩范（鄭玄注范蜂也）
又三年問曰凡生天地之間血氣之屬莫不知愛其類今
失喪其匹至於鷰雀猶有啁噍之頃焉然後乃能去之
詩曰誰謂雀無角何以穿我屋
春秋外傳趙簡子曰雀入淮而為蛤
韓詩外傳曰夫鳳凰之初起也遥遥千里藩籬之雀喔咿
而笑之及其外少陽一詘一信輾羽雲間藩籬之雀超然
自知不及遠矣
易通卦驗曰立夏小雀子飛

史記曰趙武成王自號主父發長子章而傳國於公子何
主父遊沙丘公子章作亂與何戰敗章 士父開之何
遂圍主父主父飢探雀鷇而食之月餘遂餓死沙丘
范曄後漢書曰楊由字襄侯蜀郡人少習易為文學掾時
有雀夜集庫門上太守廉范以問由對曰此占郡內當
有小兵然不為害後二十餘日廣柔縣蠻夷反殺傷長吏
宋書曰蕭思話在青州常所用銅斗覆在藥廚下忽於斗
下得二死雀思話歎曰斗覆而雙雀殞其不祥乎俄而被繫
北史曰後魏河南王曜五歲嘗射雀於道武前中之帝驚
歎焉
又曰潘樂字相貴初生有一雀止其母左肩占者咸言當
貴之徵因名貴相後以為字
唐書曰開元二十二年秋八月甲申幽州長史張守珪奏
關界內虸蚄虫食田稼㬠延入平州俄頃有羣雀來食此
虫一日食盡平州稼穡無有傷者

莊子曰一雀適羿羿必得之或曰以天下為之籠則雀無
所逃是故殷湯以庖人籠伊尹秦穆以五羊之皮籠百里
奚
抱朴子曰千羊不能捍獨虎萬雀不能抵一鷹
戰國策曰莊辛謂楚王曰夫雀俯啄白粒仰栖茂樹鼓翅
奮翼自以為無患不知夫公子王孫左挾彈右握丸以加
其頸也
晏子春秋曰齊景公探雀鷇鷇弱反之晏子再拜賀曰吾君有
聖人之道矣君探鷇而弱故反之是長幼也禽獸若此而
況人乎此聖人之道也
家語曰孔子見羅者所得雀皆黃口也孔子曰黃口盡得

大雀獨不得何也羅者對曰黄口從大雀者不得大雀從
黄口者得孔子顧語弟子曰君子慎所從。孔叢子曰邯
鄲民以正月旦獻雀於趙王而綴以五采王大悦申叔告
子順曰王何以爲也對曰正旦放之
吕氏春秋曰鷰雀爭處於一屋之下子母相哺呴呴焉相
樂自以爲安矣突決上焚棟宇鷰雀顔色不變是何也不知
禍之將及爲人臣免鷰雀之智者寡矣
陳留耆舊傳曰圉人魏尚高帝時爲大史有罪繫治獄有
萬頭雀集獄棘樹上拊翼而鳴尚占曰雀爵命之祥其鳴
即即復也我其復故官也有頃詔還故官
說文曰雀依人小鳥也
太玄經曰明珠彈雀貴不當也
風俗通曰中平中懷陵上有雀萬餘亂鬭殺頭縣着樹枝

郭璞洞林曰丞相府有將鶵雀飛集其背上駈之去復
來如此再三令璞占之此晉王即祚之漸也
雀豹古今注曰雀一名嘉賓言栖宿人家狀如賓客也
王子年拾遺曰舜葬蒼梧之野有鳥如丹雀自 來吐五
色氣氛氳如雲名曰憑霄雀能羣飛銜土成墳
異苑曰上虞孫家奚奴多諸方術向空長嘯則羣雀來萃
夜呪蚊蝱悉死於側
又曰任城魏肇之初生有雀飛入其手占者以爲封爵之
祥。益部耆舊傳曰楊宣爲河西太守行縣有羣雀鳴桑
樹上宣謂吏曰前有覆車粟此雀相隨欲往食行數里果
有覆車粟
張顯析言曰萬雀不及一鳳凰衆星不如一明月
沙州記曰寒嶺去大陽川三十里便有雀鼠同穴雀亦如
家雀色小白鼠亦如家鼠色如黄兔無尾

舞雀

述異記曰周成王元年貝多國人獻舞雀周公命返之

神雀

漢武内傳曰西王母仙藥有昆丘神雀
漢書曰宣帝元康三年詔曰前年夏神雀集雍今春五色
鳥以萬數飛過屬縣翱翔而舞欲集未下其令三輔毋得以
春夏擿巢探卵彈射飛鳥具爲令
東觀漢記曰永安十七年公卿以神雀五色翔集京師奉
觴上壽令賈逵作神雀頌
雀豹古今注曰孝哀帝太初三年泰時殿有雀五色頭冠
長寸餘始到時鳥環其旁也
隋書曰開皇十六年有神雀降於含章闥高祖召百官賜

讌告以此瑞許善心於座請紙筆製神雀頌奏之高祖甚
悦曰我見神雀共皇后觀之今旦召公等入適述此事善
心於座始知即能成頌文不加點筆不停毫常聞此言今
見其事因賜物二百段

赤雀

春秋孔演圖曰鳥化爲書孔子奉以告天赤雀書上化爲
黄玉刻曰孔提命作法爲制赤雀集將受命制
尚書中候曰赤雀銜丹書入豐止於昌前
謝承後漢書曰琅琊董仲爲不其令赤雀乳廳事前桑上
民爲作歌頌
吴録曰景帝永安六年赤雀見於豫章
北齊書曰天保元年京師獲赤雀獻於南郊
唐書曰武德中赤雀巢於殿門宴五品以上頌者十餘人

極歡而罷

抱朴子曰靈寶經仙術也吳王伐石治宮室而合石之中得紫文金簡之書不能讀之使使者以問仲尼曰吳王閒居有赤雀銜書以置殿前不知其義故遠諮呈仲尼視之曰此乃靈寶方長生之法禹所服之禹將仙化封之名山石函之中今乃赤雀銜之殆天授也

孫氏瑞應圖曰赤雀者王者動作應天時則銜書來

遁甲曰赤雀不見則國無賢白雀不降則無後嗣（赤雀書陽精也白雀主銜讖券陰主銜精也不來則國主無後嗣也）

尚書中候曰維天降紀秦伯出狩至于咸陽天振大雷有火下化為白雀銜籙集于公車

孝經援神契曰王者奉巳約儉臺榭不侈尊事耆老則白雀見

典略曰秦伯出獵於咸陽大雷有火流下化為白雀銜冊書集于公車書曰秦伯霸世

魏略曰文帝欲受禪白雀十九見

吳志曰華覈上孫皓表曰明珠既覿白雀繼見

燕書曰愍帝時有異雀素質緑頭集于端門東樹棲翔二旬而去夏四月以異雀故大赦名東園為白雀園

涼州記曰呂光大安三年白雀巢陽川令郭敏室

燉煌實録曰侯瑾字子瑜解鳥語嘗出門見白雀與群雀同行慨然歎曰今天下大亂君子小人相與雜

北齊書曰臨漳縣令裴鑒蒞官清苦致白雀之瑞樊遜上清德頌十首

唐書曰初高祖於太原斬王威有白雀飛入高祖之懷

又曰武德九年江州都督太子衛副率侯君集於納義門獻白雀

又曰開元十三年兖州奏白雀見景戌上謂宰臣曰往昔史官唯記災異將令王者懼而脩得故春秋不書祥瑞唯記有年聖人之意明矣勅天下諸州府不得更奏祥瑞

南越志曰魯城縣多白雀大如鳩素質凝映

先賢傳曰周不疑曹公欲以為議郎不就時有白雀瑞不疑已作頌授紙筆立令復作操奇異之

羅含傳曰含在家中時有白雀集堂宇此德行幽感所致

豫章舊志曰太守孔坐臨郡三月白雀出南昌太守夏侯嵩臨郡六年白雀見

黃雀

禮稽命徵曰祭五岳四瀆得其宜則黃雀見（黃雀土精）

春秋考異郵曰黃帝將起有黃雀赤頭占曰黃者土精赤者火榮雀者賞萌余當立

古詩曰桂樹華不實黃雀巢其顛

說苑曰吳王欲伐荊有諫者死舍人少孺子欲諫不敢即懷操彈於後園露沾其衣如是三旦王曰子何來沾衣如此對曰園中有樹其上有蟬蟬高居悲鳴飲露不知螳螂在其後螳螂委身曲附欲取蟬而不知黃雀在其旁黃雀延頸欲啄螳螂不知彈丸在其下臣挾彈欲取黃雀不知露霑衣如此皆務欲得於前不顧於後患吳王乃罷

漢武故事曰拜孫卿為郎持節候神自太室至於東萊見一人長五丈自稱巨公牽黃犬持黃雀欲謁天子因忽不見

續齊諧曰弘農楊寶字文淵後漢名士也年九歲時至華陰北見一黃雀為鴟梟所搏墜于樹下為螻蟻所困寶見之愍然命左右取之歸致巾箱中養之唯食黃花百餘日

毛羽成朝去暮還後忽與羣雀俱來哀鳴繞堂數日乃去及夕三更寶讀書未卧有黃衣童子向寶拜曰我王母使臣昔使蓬萊不慎爲鴟梟所搏君仁愛拯救實成德齊今當受使南海不得奉侍極以悲傷以白環四枚與寶曰令君子孫潔白且位登三事當如此環矣於此遂絶寶生震震生秉秉生賜賜生彪四世名公爲東京盛族

袁山松後漢書曰陳弇字叔明陳留人學尚書躬自耕種常有黃雀飛來隨弇翱翔

風俗記曰六月東南長風俗名黃雀風時海魚化爲黃雀因以爲名

異苑曰宋康王𪊨家井上有一浣衣石時時見有赤氣後有二胡人寄居忽求買石未及受錢𪊨子婦孫氏覩二黃雀鬬於石上疾往取之變成黃金

蕭廣濟孝子傳曰王祥後母病欲得黃雀炙祥思念之難致須臾忽有數十黃雀飛入其幕

臨海異物志曰黃雀魚常以八月化爲黃雀到十月入海爲魚

廣志曰黃雀體純脂江夏竟陵常獻給大官

青雀

禮記曲禮曰前有水則載青旌（鄭玄注載謂舉於旌首以警衆青雀水鳥也）

劉禎詩曰翩翩野青雀棲竄茨棘藩朝拾平田粒夕飲曲池泉猥出蔚萊中乃至丹丘邊

司馬彪與山巨源詩曰翩翩野青雀受性孤且微昔生三河側鼓翼帝王畿

麋元詩曰青雀西飛別鵠東翔

大雀

廣志曰安息大雀鴈身蹄似橐駝色蒼舉頭高八九尺張翅丈餘卵如甕

東觀漢記曰永祚元年安息王獻條枝大雀

曹大家集兄超爲西域都護獻大雀詔大家作頌

太平御覽卷第九百二十二

太平御覽卷第九百二十三

羽族部十

鴿　鸜鵒
倉庚　戴勝
扈　百舌
伯勞　鴷木
鳲鳩　巂
鶵　鷄
鴟　茅鴟
鳶

鴿

說文曰鴿鳩屬也

後魏書曰崔光曾於門下省晝讀經有鴿飛集膝前遂入於懷緣臂上肩久之乃去道俗贊詠詩頌者數十人

梁書曰侯景圍臺城軍士煑弩燻鼠捕雀食之殿堂舊多鴿羣聚至是殲焉

隋書曰文帝嘗宴達頭可汗使者於武德殿有鴿鳴於梁上命崔彭射之既發而中上大悅賜錢壹萬

又曰楊秦見赤鴿耽棘高二尺

越絕書曰蜀有花鴿狀如春花

戴祚西征記曰祚至雍丘始見鴿大小如鳩色似鸜鵒(鸜鵒)戲時兩兩相對

鸜鵒

周禮曰鸜鵒不踰濟(鄭司農注云不踰濟無妨中國有也)地氣然也

禮稽命徵曰孔子謂子夏曰鸜鵒至非中國之禽也

左傳曰有鸜鵒來巢書所無也師已曰異哉吾聞文成之世童謠有之(師已魯大夫也)鸜之鵒之公出辱之鸜鵒之羽公在外野往饋之馬鸜鵒跦跦公在乾侯(跦跦跳行貌)徵褰與襦(褰袴也)鸜鵒之巢遠哉遙遙稠父喪勞宋父以驕(稠父昭公死故喪勞也宋父定公代立以驕)鸜鵒鸜鵒往歌來哭(昭公生出歌死還哭也)童謠有是今鸜鵒來巢其將及乎

公羊傳曰有鸜鵒來巢何以書記異也何異爾非中國之禽也宜穴而巢(何休注曰鸜鵒猶狄此權國欲自下居上之徵)

春秋考異郵曰鸜鵒者飛行屬於陽夷狄之鳥穴居於陰

異苑曰五月五日翦鸜鵒舌令學人語

山海經曰衡山多青雘及鸜鵒

晉書曰鎮西將軍謝尚字仁祖善鸜鵒舞

幽明錄曰晉司空桓豁在荊有參軍剪五月五日鸜鵒舌教令學語遂無所不名顧參軍善彈琵琶鸜鵒每立聽移時又善能效人語聲司空大會吏佐令悉效四坐語無不絕似有生齆鼻語難學學之不似因內頭於甕中以效焉遂與齆者語聲不異主典人於鸜鵒前盜物參軍如廁鸜鵒伺無人密白主典人盜如千種一二條列銜之而未發後盜牛肉鸜鵒復白參軍曰汝云盜肉應有驗鸜鵒曰以新荷裹著屏風後檢之果獲痛加治而盜者恚之以熱湯灌殺參軍為之悲傷累日遂請殺此人以報其怨司空言曰原殺鸜鵒之痛誠合治殺不可以禽鳥故極之於法令止五歲刑也

淮南萬畢術曰寒皋斷舌可使語(取寒皋斷其舌即語寒皋一名鸜鵒)

唐書曰祕書少監崔行功未得五品前忽有鸜鵒銜一物入其堂置案上而去乃魚袋鉠數日加大夫

荊楚歲時記曰五月鸜鵒子毛羽新成俗好登巢取養之

少教其語謂之花鴝

倉庚

禮記曰仲春之月倉庚鳴

毛詩曰春日載陽有鳴倉庚

又曰倉庚于飛熠熠其羽

又曰黃鳥于飛集于灌木

又曰綿綿黃鳥止于丘阿

又曰睍睆黃鳥載好其音

又曰黃鳥哀三良也交交黃鳥止于棘誰從穆公子車奄息

詩義疏曰黃鸝留也或謂黃栗留幽州謂之黃鶯或謂之黃鳥一名倉庚一名商庚一名鶖黃一名楚雀齊人謂之摶黍關西謂之黃鳥常以椹熟時來在桑間此乃應節趨時之鳥或謂之黃袍

爾雅曰倉庚商庚（即鶖黃也）鶖黃楚雀（即倉庚也）又曰皇黃鳥（郭璞注曰俗呼黃鸝留亦名摶黍）

韓詩曰簡簡黃鳥載好其音

說文曰離黃倉庚也鳴即蚕生也

戴勝

禮記曰季春之月戴勝降于桑（鄭玄曰蚕將生之候也戴勝織紝之鳥是時恒在桑言降者若時自天來故重之）

爾雅曰鵖（彼及切）鴔（皮及切）戴勝鵀也（郭璞曰鵀即頭上勝也今亦呼爲戴勝鵀鵖鴔猶鶝鶝語聲轉耳）

春秋考異郵曰孟夏戴紝降訛辭曰戴紝之爲言戴勝也陽衡表以期達蚕珥絲在四月故孟夏戴紝出以任氣成天津也故戴紝出蚕期起（宋均注曰明戴之時急也衛天表條以于期已至佳蚕是務珥絲出也）

孝經援神契曰戴紝下蚕始生

魏志曰戴紝鳥巢張掖門陰郡門人曰夫戴紝陽鳥而巢門陰此凶祥也旬日而卒

揚雄方言曰燕之東北朝鮮洌水之間謂之鶝鴔自關而東謂之戴紝東齊海岱之間謂之戴南南猶紝也或謂之紡澤或謂之蝠燕之東北朝鮮洌水之間謂之䲹或鵀（郭璞注尔雅曰尸鳩布穀非戴勝也尔雅紡在戴紝下然曰案尔王鳩名尔方言依此義又失之廣雅同也）

鳸

詩曰交交桑鳸率場啄粟（桑鳸竊脂也俗云竊脂肉食今無肉自場啄粟失其性也不能以自治）

又曰交交桑鳸有鶯其羽（詩義疏曰或謂有鶯其羽言鶯小鳥其鶯然有文章）

左傳曰郯子云少皞摯以鳥名官九鳸爲九農正鳸民無淫者也（杜預注云鳸止也止民使不淫）

爾雅曰春鳸鳻（扶云切）鶞（勅倫切）夏鳸竊玄秋鳸竊藍冬鳸竊黃桑鳸竊脂棘鳸竊丹行鳸唶唶（子夜切）宵鳸嘖嘖（郭璞注曰諸鳸皆因其毛色音声以名也犍爲舍人曰鳻鶞主三士宜穀鳸種也竊玄黑色趨民去黃竊藍色青趨民收斂竊黃色黃氏蓋竊丹色赤爲民鴃鳥行鳸晝行鳴宵鳸夜行鳴皆隨四時同依諸鳸爲節候也嘖音懫）

山海經曰崌山有鳥焉如鶉赤身白首其名竊脂（郭璞注曰今呼青雀爲竊脂疑非此也）

又曰上申之山鳥多當鳸狀如雉以髯飛食之不眴目（上音瞬）

淮南子曰馬不食脂桑鳸不啄粟非廉也

左思齊都賦曰四鳸推移（春秋冬夏四時鳥也）

百舌

禮記曰仲夏之月反舌無聲（鄭玄注曰反舌百舌也）

又曰郯子曰少皞鳥師而鳥名祝鳩氏司徒者也（杜預注祝鳩孝故爲司徒主民）

春秋保乾圖曰江充之害太子交啄反舌鳥入殿（宋均注曰交啄鼓鮕百）
風土記曰祝鳩反舌也鄭注禮記云反舌百舌鳥　庾信難曰
案緯書反舌蝦蟇也昔於長安與諸生共至城北水中取蝦
蟇剥視之其舌反成向此則鄭君得過乎喬夙谷曰蝦蟇
五月中始得水當聒人耳何云無聲是知蝦蟇非反舌鳥
易通卦驗曰反舌鳥乃能反覆其舌隨百鳥之音
周書曰芒種之日又五日反舌無聲反舌有聲佞人在側
孔子明鏡曰國臣謀反有反舌鳥入宮
淮南子曰人有多言猶百舌之聲
後魏書曰汝陽王爲東豫州刺史舉城降
梁梁武以爲北道總督至項城朝廷出師討之望風退走
梁武責之曰舌同百鳥聽若飂鼠遂徙合浦

平九百二十三　五　宋圭

郭愔百舌鳥詩曰百舌鳴高樹弄音無常則借問聲何煩
末俗不尚嘿

伯勞

禮曰仲夏之月鶪始鳴（鄭玄鶪博勞蔡邕章句鶪伯勞一曰伯趙應時而鳴爲陰候也）
左傳曰郯子云少皡時伯趙氏司至者也（杜預注曰伯趙伯勞也夏至鳴冬至止）○詩曰七月鳴鶪（鄭玄曰伯勞鳴將寒之候五月鳴豳也晚寒鳥物之候後從其氣焉）
爾雅曰鶪伯勞也（郭璞注曰似鶷鶡而大）
大戴禮夏小正曰五月鴂則鳴鴂者伯鷯也鳴者相命也
廣雅曰伯趙鶪也
易通卦驗曰夏至小暑伯勞鳴
孟子曰南蠻鴂舌博勞也
淮南萬畢術曰伯勞使虵蜿蟬（乃天使然也）
又曰伯勞守金人不敢取（取伯勞血以塗金人不敢取）

東方朔別傳朔與弟子偕行渴令弟子扣道邊家求飲不知
姓名主人門門不與須叟見伯勞飛集主人門中李樹上
朔謂弟子曰此主人姓李名伯當汝但呼李伯當果有李伯
當應即入取飲
陳思王植貪惡鳥論曰國人以伯勞鳥獻諸庭者侍臣謂曰
世同惡伯勞之鳴何謂也王曰月令仲夏鶪始鳴詩云七
月鳴鶪七月夏之五月鶪則博勞也昔尹吉甫信後妻之讒
而殺孝子伯奇其弟伯封求而不得作黍離之詩俗傳云
吉甫後悟追傷伯奇出遊于田見異鳥鳴於桑其聲噭然
吉甫心動曰無乃伯奇乎鳥乃拊翼其聲尤切吉甫曰果
吾子也乃顧曰伯奇勞乎是吾子棲吾輿非吾子飛勿居
言未卒鳥尋聲而栖其蓋歸入門集于井幹之上向室而
號吉甫命後妻載弩射之遂射殺後妻以謝之故俗惡伯

太九百二十三　六　圭

勞鳴言所鳴之家必有尸也好事附名爲之說令俗人惡
之其實否也伯勞以五月鳴應陰氣之動陽爲仁養陰爲
殘賊伯勞蓋賊害之鳥也屈原曰鶪鴂之先鳴使百草爲
之不芳其聲鶪鶪故以音名也
晉書曰慕容垂之起於關東歲在癸未苻堅之分氐戶於
諸鎮也趙整因侍援琴而歌曰阿得脂博勞舅父是仇綏
尾長翼短不能飛遠徙種人留鮮卑一旦緩急語阿誰堅
笑而不納至是整言驗矣
周書時訓曰芒種之日螳蜋生又五日鶪始鳴若不鳴號令
壅遏○兵書曰軍行卒見伯勞鳴軍前後賊來圍吾軍伯勞鳴
軍中軍人分散有所配屬
京房易妖占曰伯勞聚邑中歲大水伯勞鳴軍中師分而水
且至鳴於君之宮凶

夢書曰伯勞爲憂口舌聲可惡也夢見伯勞憂口舌也

鴷木

爾雅曰鴷斲木也（郭璞注曰斲木虫因名今斲木有兩三種在山中者大有赤色）

臨海異物志曰啄木大如雀喙足背青毛色正青翠鳥類也凡啄木異種舌長二寸抄有刺針

裴諧集左氏詩曰南山有鳥自名啄木飢則緣樹暮則巢宿無干於人惟志所欲此盖禽獸性清者榮性濁者辱

閩中名士傳曰薛令之唐開元中爲左補闕兼太子侍講時東宮官冷落久次難進令之題詩云明月夜團團照見先生盤盤中何所有苜蓿長闌干飯澁匙難綰羮稀筯易寬只可謀朝夕那能度歲寒明皇因幸春宮見之不悅命筆酬之曰啄木嘴距長鳳凰毛羽短既嫌松桂寒任逐桑榆暖令之遂投簪謝爵徒步東還

鷦鷯

爾雅曰鷦鷯剖葦（郭璞注曰好剖葦皮食其中虫因名之鷹音刀）

又曰桃虫鷦其雌鴱（郭璞注云鷦鴱桃雀俗呼爲巧婦）

詩曰肇允彼桃虫翻飛惟鳥注桃虫鷦鷯是也故爾雅曰桃虫鷦也微小黄雀其鶵化爲鵰故俗語曰鷦鷯生鵰

易林亦謂桃虫生鵰或云布穀生子鷦鷯養之

方言曰自關而東謂之工雀或謂之女匠（今亦名巧婦以東呼布母）自關而西謂之鸋鴂

爾雅云鸋鴂鷦鴂屬也（非寗史音）自關而西謂之桑死或謂之蔑雀

莊子曰鷦鷯巢深林不過一枝

說苑曰孟嘗君寄客於齊王三年不見用客反見孟嘗君曰不知臣罪耶君之過也孟嘗君曰縷因針而入不因針而急夫子之才必薄矣客曰不然臣見鷦鷯巢於葦之苕以鴻毛著之臨危建之工女不能爲可謂完堅矣大風至則苕折卵破者其所託者使然也

晉書曰張華素孤貧爲鷦鷯賦成阮籍見之曰王佐之才也由是聲名始著

巂（音攜一名杜宇）

爾雅曰巂周也（郭璞注曰巂鳥孫炎爲鷰別名風土記亦云是赤口鷰也）

蜀王本紀曰望帝使臣鱉靈治水去後望帝與其妻通慙愧且以德薄不及鱉靈乃委國授之去望帝去時子鵑鳴故蜀人悲子鵑鳴而思望帝望帝杜宇也從天墮

臨海異物志曰鷤鴂一名田鵑春三月鳴晝夜不止音聲自呼俗言取母血塗其口兩邊皆赤上天自言乞恩至當陸子熟鳴乃得止耳

呂氏春秋曰伊尹說云肉之美者巂燕之翠（高誘注鳥名翠味）

異苑曰杜鵑始陽相推而鳴先發聲者便吐血死昔有人山行見一羣寂然即聊學其聲便嘔血死

鵽

爾雅曰鵽鳩寇雉（郭璞注曰鵽大如鴿似雌雉鼠腳無後指岐喙爲鳥憨急羣飛出北方沙漠地）

莊子曰青鵽愛子忘親（司馬彪注曰鵽鳥專愛其子而忘其母也）

唐書曰高宗時突厥犯塞初突厥之未叛也有鳴鵽羣飛入塞相繼蔽野邊人相驚曰此鳥一名突厥雀南飛突厥犯塞之候也及是春還復北飛至靈夏之北悉墮地而死視之則無頭矣裴行儉問於右史苗神容曰鳥獸之祥乃應人事何也對曰人雖最靈而稟性含氣同於萬類故吉凶兆於彼禍福應於此聖王受命龍鳳爲嘉瑞者和氣同也故漢高斬蛇而驗秦之必亡仲尼感麟而知已之將死矣

羊在牧殺紂以滅鸜鵒來巢魯昭出奔鼠舞端門燕刺誅死大鳥飛集昌邑以敗是故君子虔恭寅畏動必思義雖在幽獨如承大事知明神之照臨懼患難之及已也雖外鼎耳殷宗側身以修德鵩止坐隅賈生作賦以叙命卒以無患者德勝祥也

鴞

毛詩曰鴟鴞周公救亂也鴟鴞鴟鴞既取我子無毁我室

詩義疏曰鴟鴞似黄雀而小喙刺如錐取茅爲巢以麻紩之如刺䋣𩋾縣著樹或一房或二房幽州謂之鸋鴂或曰女匠關東謂之工雀關西謂之襪雀或謂巧女

爾雅曰鴟鴞鸋鴂

鴟

春秋運斗樞曰玉衡星散爲鴟

莊子曰鴟得腐鼠鵷鶵過之仰而視之

又曰鴟嗜鼠之鳥也

淮南子曰虞氏者梁富人也登高樓臨大路設樂陳酒博於其上遊俠相隨行樓下博者射中而笑飛鳶墮腐鼠而中遊俠俠相與語曰虞氏富人矣有輕人之志乃辱我以腐鼠其夜乃殺虞氏大滅其家此謂類非也

淮南萬畢術曰鴟腦令鷄自伏（取鴟腦以塗鷄自即伏不能起也）

呂氏春秋曰亂國之妖市有舞鴟

鹽鐵論曰泰山之鴟啄腐鼠於窮澤非有害於人也今有同盗主財而食之焉得若泰山之鴟乎

後魏書曰孝武即位蠕蠕諸藩並遣使朝貢帝臨軒宴之有鴟鳥飛鳴於殿前帝素知竇熾善射因欲矜示遠人乃給熾御箭兩隻命射鴟應弦而落諸蕃人咸歎異焉帝大悅

列仙傳曰李仲甫夜卧床上或爲鴟鳥踦架上後至沓縣臣山上候北風當飛度南海山上有羅鷹者羅得鴟視之仲甫也後留吏三年自去往崑崙去

茅鴟

爾雅曰狂茅鴟（郭璞注曰今鵵鴟也似鷹而白蔡奕曰大目鴟鴟也）

廣雅曰盧休茅鴟鳩也

左傳曰叔孫穆子食慶封慶封汜祭穆子不説使工爲之誦茅鴟（鴟逸詩不敬）亦不知

鳶

禮記曰前有塵埃則載鳴鳶（鳶鳴則將風也）

毛詩曰鳶飛戾天魚躍于淵

爾雅曰鳶鳥醜其飛也翔（布翅翱翔）

漢書曰成帝河平元年太山有鳶焚其巢子墮地黑色

東觀漢記曰馬援擊交阯下潦上霧毒氣上蒸仰視烏鳶跕跕（丁兼）墮水中

梁書曰永安侯蕭確字仲正少好弓馬人有笑者確謂之曰吾當爲國家破賊故預習之每臨陣對敵意氣安祥帶甲據鞍自朝至夕馳驟往返不以爲勞侯景愛之恒在左右常從景出獵見飛鳶景衆射之莫能中確射之應弦而落自是王偉忌之

隋書曰崔彭善射達頭可汗遣使於上曰請得崔將軍一與相見上曰此必善射聞於虜庭所以來請耳遂遣之及至匈奴中可汗召善射者數十人因擲肉於野以集飛鳶遣其善射者射之多不中復請彭射之連發數矢皆應弦而落突厥相顧莫不歎服可汗留彭不遣百餘日上賂以繒綵然後得歸 又曰長孫晟引啓民可汗歸附賜射於武安殿

異善射者十二人分爲兩列啓民曰自有長孫大使得見天子今日賜射願入其列許之給晟箭六隻發皆入鹿啓民列竟勝時有鳶羣飛上曰公善彈爲我取之十發俱中應丸而落是日百官獲賚晟獨居多

博物志曰漢舊使朞國送鳶卵給大官

晉中興書徵祥說曰永和九年吳郡獻白鳶

太平御覽卷第九百二十三

太平御覽卷第九百二十四

羽族部十一

鸚鵡　白鸚鵡　赤鸚鵡

五色鸚鵡　孔雀　翡翠

鵁鶄　白鷳　鶡

鴿　鷸　萬春鳥

舍利鳥　兵曹鳥　巢衣鳥

鸚鵡

禮記曰鸚鵡能言不離飛鳥

漢書曰獻帝興平元年益州蠻夷獻鸚鵡三詔曰往者益州獻鸚鵡三枚夜食三升麻子今穀價騰貴此鳥無益有損可付安西將軍陽定國令歸本土

江表傳曰孫權曾大會有白頭鳥集殿前權曰此何鳥諸

葛恪對曰白頭公張昭自以坐中最老疑恪以鳥名戲之因曰恪欺陛下未嘗聞鳥名白頭翁者試使恪復索白頭母恪曰鳥名鸚䳇未必有對試使輔吳復求鸚父也昭不能答

山海經曰黃山有鳥焉其狀如鴞青羽赤喙人舌能言名曰鸚鵡郭璞曰鸚鵡舌似兒扶南徼外有色如赤有純赤者大如鴈也

又曰鸚鵡慧鳥栖林啄蘂四指中分行則啄地

淮南子曰鸚鵡能言而不可使長言是得其所言不得所以言

說文曰鸚䳇能言鳥也

文士傳曰黃祖世子射賓客大會有獻鸚鵡鳥射舉卮酒於禰衡曰願先生爲之賦事具賦門

成公綏鸚鵡賦曰小鳥以其能言解意故育以金籠昇之堂殿然未得鳥之性

張華鷦鷯賦曰鸚鵡慧而入籠

傅咸荅李斌書曰吾作左丞未幾而以吾爲京兆雖心知此爲不合然是家親鄉里自願便歘從耳時足下閑吾當去否吾荅鸚鵡子言阿安樂今到阿安樂何爲不去

宣驗記曰有鸚鵡飛集山中禽獸輒相愛重鸚鵡不可久也便去後月山中大火鸚鵡遥見便入水沾羽飛而洒之天神言汝雖有志何足云也鸚鵡曰猶知不能然嘗僑是山禽獸行善皆爲兄弟不忍見耳天神嘉感即爲滅火

南方異物志曰鸚鵡鳥有三種一種青大如烏臼鴟一種大如鴞一種五色也大如青而小於白者交州以南盡有之白及五色出杜薄州凡鳥四指三向後此鳥兩向前兩指向後異於凡鳥也行則以口啄地然後足從之

又曰廣管雷羅春勤等州多鸚鵡野者羣毛丹觜可效人言但稍小不及隴山者每羣飛皆數百隻山果熟者遇之立盡南中去養之切忌以手捫摸其背犯者即不飲不啄病而卒余嘗番禺曾游新會縣遇安南歡好使麴將軍承名美見代爲交趾使也見養一鸚鵡背尾有深淺羣毛臆前淡紫嫩紅間出兩腋別垂黃毛翅尾甚奇

雲南行記曰瞿竿館磴道崎危又過兩重高山上下各十四五里山頂平四望無人煙多鸚鵡

又曰新安城路多緣山盡是松林其上多鸚鵡飛鳴

周宣夢書曰鸚鵡爲亡人居宅也夢見鸚鵡是亡人也其在堂上憂豪賢

白鸚鵡

竺法真登羅浮山記曰山中有純白鸚鵡

異苑曰張華字茂先有一白鸚鵡華每行還鳥輙說僮使善惡後寂無言華問其故鳥去見藏瓮中何由得知公後在外令喚鸚鵡鸚鵡曰昨夜夢惡不出户公猶強之至庭爲鸇所擊教其啄鸇脚僅而獲免

南史曰婆皇國宋大明三年獻赤白鸚鵡

又曰婆利國梁普通三年其王頻伽遣使珠智獻白鸚鵡

隋書曰杜正玄幼聰敏博涉多通開皇末舉秀才會林邑獻白鸚鵡僕射楊素促召正玄使作賦正玄倉卒之際援筆立成素見文不加點始異之

又曰獨孤師受蕃客鸚鵡帝察知遂斬之

唐書曰貞觀中陁洹國王察失利多婆末那遣使獻白鸚鵡毛羽皓素頭上有紅毛數十垂與翅齊并五色鸚鵡各一。明皇雜録曰開元中嶺南獻白鸚鵡養之宮中歲久

頗聰慧洞曉言詞上及貴妃皆呼雪衣女性既馴擾常假其飲啄飛鳴然亦不離屏帷間上令以近代詞臣詩篇授之數遍便可諷誦上每與貴妃及諸王博戲上稍不勝左右呼雪衣娘必飛入局中一鼓舞以亂其行列或啄嬪御及諸王手使不能争道忽一日飛上貴妃鏡臺語曰雪衣娘昨夜夢爲鷙鳥所搏將盡於此乎上使貴妃授以多心經記誦頗精熟日夜不息若懼禍難有所禳者上與貴妃出於別殿貴妃致雪衣娘於步輦竿上與之同去既至上命從官校獵於殿下鸚鵡方戲於殿檻瞥有鷹至立時而斃上與貴妃歎息久之遂命瘞於苑中爲立冢呼爲鸚鵡冢

赤鸚鵡

沈約宋書曰謝莊爲太子庶子時南平王鑠上赤鸚鵡普詔君臣爲賦太子左衛率袁淑文冠當時作賦畢賫以示莊莊賦亦竟淑見而歎曰江東無我卿當獨秀我若無卿亦一時傑也遂隱其賦

南史曰西南夷訶羅陁國宋元嘉七年遣使貢金指環赤鸚鵡

五色鸚鵡

吴時外國傳曰扶南東漲海中有洲出五色鸚鵡曾見其白者如母鷄（同廣志）

唐書曰玄宗有五色鸚鵡能言育於宮中上命左右試牽御衣鳥輙瞋目叱咤岐王能文學　因獻鸚鵡篇　以贊其事上以示百寮尚書左丞相張説上表賀曰伏見天恩以靈異鸚鵡及所述篇出示朝列臣按南海異物志有時樂鳥鳴皆太平天下有道則見臣驗其圖冊首紅臆朱冠緑翼與此鸚鵡無異而心聰性辯護主報恩故非常品

凡禽實瑞經所謂時樂鳥也岐王雖叙其事未正其名望編國史以彰聖瑞

又曰元和十年訶陵國遣使獻五色鸚鵡頻伽鳥嶺表異録曰容管廉白州産秦吉了大約似鸚鵡觜脚皆紅兩眼後夾腦有黄肉冠善效人言語音雄大分明於鸚鵡以熟鷄子和飰如棗飼之或云容州有純白色者俱未之見也

孔雀

春秋元命苞曰火離爲孔雀

周書曰成王時方獻孔雀（方赤戎別名）

漢書曰罽賓國出孔雀

又曰尉佗獻文帝孔雀二雙

續漢書曰西南夷魚泚出孔雀

又曰西域條支國出孔雀

張璠漢記曰條支國臨西海出師子孔雀

江表傳曰魏文帝遣使於吳求孔雀羣臣以爲非禮欲不與孫權勑付使

魏文帝與朝臣詔曰前于寘王所上孔雀尾萬枚文采五色以爲金根車蓋遥望耀人眼

吳志曰孫休永安五年使察戰到交趾調孔雀大豬

又曰薛綜上䟽曰日南遠致孔雀充備寶玩不抑其賦以益中國

吳録地理志曰交阯西于縣多孔雀在山草中郡内及朱崖皆有之

晉書公卿贊曰世祖時西域獻孔雀解人語彈指應聲起儛

晉書公孫晧時交趾太守孫諝貪暴爲百姓所患會察戰鄧荀至擅調孔雀三千頭人畜一頭遣送秣稜和既苦遠役咸思爲亂郡吏呂興殺諝及荀以郡内附

齊書曰武帝年十三夢人以筆盡身左右爲兩翅又著孔雀羽衣裳空中飛舉

又曰文惠太子長於製珎翫之物織孔雀毛爲裘光采金翠過於雉頭遠矣

後魏書曰龜茲國地多孔雀羣飛山谷人取養及食乳如雞鶩

唐書曰高祖穆皇后少時父母私相謂曰我女貌非常不可妄以許人當爲之求賢夫矣乃於門屏畫二孔雀相對公子有求婚者輒與兩箭令射之父母潛相謂曰若中孔雀之目者即以妻之前後射者數千人莫能中高祖後至發各中一目竇公大悅因即與婚

山海經曰南方多孔鳥郭璞曰孔雀也

列仙傳曰蕭史吹簫致孔雀

西京雜記曰魯恭王好鬬鴨鴈養孔雀鵁鶄奉穀一年二千石。鹽鐵論曰南越以孔雀珥門户今貴其所饒非所以厚中國也。太玄經曰孔鴈之義可法則也衷注曰鴈飛成列亦成行故可法則也。郭子曰梁國陽氏子年九歲甚聰慧孔君平詣其父不在乃呼兒出爲之設果有楊梅孔指以示兒此實君家果應聲荅曰未聞孔雀是夫子家禽

南越志曰義寧縣杜山多孔雀爲鳥不必疋合止以音影相接便有孕

楚辭曰孔雀蓋兮翠旍王逸曰以孔雀之翅爲車蓋登九天兮撫彗星

華陽國志曰雲南郡出孔雀常以二月來翔月餘而去

異物志曰孔雀其大如鴈而足高毛皆有班文采捕得畜之拍手則舞

又曰孔雀形體既大細頸隆背似鳳凰自背及尾皆作珠文五彩光耀長短相次羽毛末皆作貟文五色相繞如帶千錢文長二三尺頭戴三毛長寸以爲冠足有距栖遊岡陵迎晨則鳴相和

傅巽奢儉論曰豐狐以赤色禍身翡翠孔雀亦灾斯文

楊孝元交州異物志曰孔雀人指其尾則儛

劉欣期交州記曰孔雀色青尾長六七尺能舒舞足爲節出諸處。嶺南異物志曰交趾郡人多養孔雀或遺人以充口腹或殺之以爲脯腊人又養其雛以爲媒傍施網罟捕野孔雀伺其飛下則牽網横掩之採其金翠毛裝爲扇拂或全株生截其尾以爲方物云生取則金翠之色不減耳

翡翠

爾雅曰翠鷸也郭璞注曰似燕紺色出鬱林

孝經援神契曰神靈滋液則翠羽曜

周書曰成王時蒼梧獻翡翠

漢書曰尉佗獻文帝翠鳥千

又曰燕刺王旦郎中侍從者著貂羽黃金附蟬（晉灼曰以翠羽飾冠）

徐廣車服注曰天子鞶金根車翠羽蓋皇后首飾步摇八雀九華加翡翠

吴録曰薛綜上疏曰日南遠致翡翠充備寶玩

晉令曰翡鳥不得西度隴

倉頡解詁曰鷸翠別名也

說文曰翡翠青赤雀也

異物志曰翠鳥似鷰翡赤而翠青其羽可以爲飾

南州異物志曰翠唯六翮毛長寸餘青黃翡大於鷰鷰小於鳥曰

楊孝元交趾異物志曰翠鳥先高作巢及生子愛之恐墜稍下作巢子生羽毛復益愛之又更下作巢也

南中八郡異物志曰翠大如鷰腹背純赤民捕食之不知貴其毛羽也

廣志曰翡色赤紺背出交趾興古縣

交州記曰翡翠出九真頭黑腹下赤青縹色似鵁鶄

太玄經曰翡翠狐鼠好作也

離騷曰翾飛兮翠曾（曾舉也言翠舞工巧翾然若翠舉）

楚辭曰翡翠幬（王逸注曰翡翠之羽彫飾幬帳）

宋玉登徒子賦曰眉如翠羽

司馬相如子虛賦曰錯翡翠之葳蕤（以翡翠之飾步揺置之弁頭也）

左司吴都賦曰山鷄歸飛而來栖翡翠列巢以重行

劉邵七華曰翦雋陵之縹翠承葱嶺之碧鷄

秦書曰符堅時西域獻翠鳥四頭雄雌各二籠盛之月餘並死

左傳曰鄭子臧好聚鷸冠

戰國策曰趙且伐燕蘇代謂燕惠王曰今者臣來過水蚌方出曝而鷸啄其肉蚌合而拑其喙鷸曰今日不雨明日不雨即見蚌脯蚌亦謂鷸曰今日不出明日不出必有死鷸蚌鷸兩不肯解漁者併擒之今趙且伐燕燕趙久相支以獘衆臣恐强秦之爲漁父也

范子計然曰計然者蔡丘濮上人晉三公子姓辛氏字文子博學無所不通范蠡知其賢人卑身事之請受道藏於石室乃刑白鷸而盟焉

鷓鴣

崔鴻蜀録曰蜀連有災天雨血地仍震地生毛鷓鴣集城下

異物志曰鷓鴣其形似雌雞其志懷南不思北其名呼飛但南不北其肉肥美宜炙可以飲酒爲諸膳也

嶺表録異曰鷓鴣臆前有白圓點背上間紫赤毛其大如小野雞多對啼

南越志云鷓鴣雖東西迴翔然開翅之始必先南翥（本胡馬鷓此之義也）其鳴自呼社薄州本草云自呼鈎輈格磔李群玉山行聞鷓鴣詩云方穿詰曲崎嶇路又聽鈎輈格磔聲

白鷴

西京雜記曰南越王獻高帝白鷴黑鷴各一隻

後漢書班固傳西都賦曰招白鷴下雙鵠揄文竿出比目

王彪之閩中賦曰林鷴縞白○謝惠連雪賦曰白鷴失素

南雲記曰韋齊休使至雲南其國饋白鷴皆生致之

鶡

說文曰鶡似雉出上黨

列子曰黃帝與炎帝戰以鵰鶡爲旗幟

漢書曰京兆尹張敞言鶡雀飛集丞相府丞相黃霸以爲神雀欲以上聞敞劾奏之霸大慙

續漢書輿服志曰虎賁武騎皆鶡者勇雉也其鬭死乃止故趙武靈王以表武士焉

晉八王故事曰張方將移惠帝於長安入殿奉迎自領五千騎皆捉鐵纏槊二節駮旄繫兜鍪普用涼州白鶡毛望之若荼天子見之大驚

山海經曰煇諸之山其鳥多鶡郭璞注曰似雉而大青色有毛角鬭敵至死乃止

蔣子曰帶方寸之印施丈尺之組戴貂鶡之尾建千丈之幟此世俗之富貴也

鴽

爾雅曰鴽鴾母也其子鶉郭璞注曰鶉青州呼鴾母廣雅曰鴽鶉也

說文曰鴽鵪屬也一曰牟母一曰鴽

呂氏春秋曰季春之日桐始華鼠化爲鴽桐梧也是月華故曰始華田鼠化鴽鵪別鶉之屬

鶉

詩曰鶉之奔奔刺衛宣姜也鶉之奔奔鵲之彊彊人之無良我以爲兄

又曰不狩不獵胡瞻爾庭有縣鶉兮

爾雅曰鶉鶉其雄鶛牝庳其子䳭郭璞注曰鶉鵪屬者也

春秋運斗樞曰機星散爲鶉德義少殘百家則鶉生狗

大戴禮夏小正曰三月田鼠化爲鴽鴽鶉也化而之善故盡其辭也鴽爲鼠化而不善故不盡其辭也

廣志曰宛鶉以供御

孔元舒在窮記曰趙太龍以鶉二十枚奉上老母

南方草物狀曰短頭細黃魚以九月中因秋風而變成鶉上圍吏民捕取鹽炙食滋味肥美出交趾合浦郡

東方朔別傳曰占人被召見人以罔求鶉鶉飛入罔知必有罪非入罔罪字故也

莊子曰田鼠化爲鶉

淮南萬畢術曰蝦蟇得瓜平時爲鶉注云取瓜去瓣置生蝦蟇其中敖鶉以血塗之埋東垣北角深三尺與平日陰出之矣爲鶉矣

賈誼新書曰宋康王時有雀生鶉占之曰小生巨必霸天下康王大喜射天笞地斬社焚之爲齊所滅

徐幹中論曰俗士之牽達人猶鶉鳥之欺孺子鶉之性善近人飛不迸行不速似將可獲故孺子逐之不已俗士以將可悟終難可移達人所以緩脣鳴聲而不揞也

周書時訓曰清明之日又五日田鼠化爲鴽鼠不化國多貪殘

兵書曰兩敵相當鶉華壁上軍十五日敗

干寶晉記曰趙王倫篡位有鶉入太極前殿有雉集於東堂

楚辭曰鶉鶉兮軒軒鶉鷃兮甄甄哀我兮寡獨靡有兮疋倫

窮神祕苑曰安定原上槃時莫祭以觚爵忽有一鶉飛於觚之上因名鶉觚之城

後魏文帝天統中立爲鶉觚縣

夢書曰鶉鷃爲鬭相見怒也夢見鶉鷃憂鬭也

劉欣期交州記曰武寧縣秋九月黃魚上化爲鶉鳥

萬春鳥

三國典略曰北齊高緯時有萬春鳥見齊仙都苑上爲造萬春堂以應嘉瑞

舍利鳥

隋書曰婆利國有鳥名舍利解人語大業十年遣使入貢後遂絶

兵曹鳥

唐書曰崔希喬爲并州兵曹廳前叢葦有小鳥如鷃鷯來巢孕卵五色且如鷄子數日鷇毀鶵見已踰於母月餘五色成文大如鷄馴擾閑暇頃之飛翔時歸舊所人到今号兵曹鳥

巢衣鳥

洞冥記曰漢武帝時忽有細鳥集於帷帟或集人衣襟因名曰巢衣鳥宮内嬪好皆悦之有鳥集其衣者輙蒙愛幸至武帝末稍自死人猶愛其皮服其皮者多爲丈夫所媚王莽末猶有一兩箇去來恭羅得之

太平御覽卷第九百二十四

太平御覽卷第九百二十五

羽族部十二

鴛鴦　鸂鶒　鵁鶄．鷗鷺　鶻鳩
鴣　鶃兒　白鷴　鳷　鶢居
鵜鶘　鸕鷀　姻澤　鸛雀　鶖
鶬　精衛　水札鳥

鴛鴦

歸藏曰：有鳧鴛鴦，有鴈鸕鷀。○詩曰：鴛鴦，刺幽王也。思古明王交於萬物有道，自奉養有節焉。鴛鴦于飛，畢之羅之。君子萬年，福祿宜之。鴛鴦在梁，戢其左翼。君子萬年，宜其遐福。○西京雜記曰：趙飛燕爲皇后，其女弟昭儀在昭陽殿遺飛燕書曰：今日嘉辰，貴姊懋膺洪冊，上襚三十五條，以陳踴躍。內有鴛鴦襦、鴛鴦被。○魏志曰：文帝問占夢周宣曰：吾夢殿屋兩瓦墮化爲雙鴛鴦，此何爲也？宣對曰：後宮當有暴死者。上曰：吾詐卿耳。宣曰：夫夢意也，苟以形言，便占吉凶。言未卒，黃門令奏宮人相殺。○干寶搜神記曰：大夫韓憑其妻美，宋康王奪之。憑怨，王囚之。憑遂自殺。妻乃陰腐其衣，王與之登臺，自投臺下，左右投衣，衣不勝手。遺書於帶曰：願以屍還韓氏而合葬。王怒，令埋之二塚相對。經宿，忽有梓木生二塚之上，根交於下，枝連其上，有鳥如鴛鴦，雌雄各一，恒栖其樹，朝暮悲鳴，音聲感人。○古今注曰：鴛鴦，水鳥，鳧類，雌雄未嘗相離，人得其一，則一者相思死，故謂之疋鳥。○楚詞曰：鴛鴦兮噰噰。古詩曰：客從遠方來，遺我一端綺，文彩雙鴛鴦，裁爲合歡被。又曰：入門時左顧，但見雙鴛鴦，鴛鴦七十二，羅列自成行。鄭氏婚禮謁文贊曰：鴛鴦雌雄相類，飛止相疋。

九百二十五　一　趙福

鸂鶒

臨海異物志曰：鸂鶒，水鳥，毛有五彩色，食短狐，其在溪中無毒氣。

劇談錄曰：河南府尹廳前臨大溪，每僚佐有入臺者，則水中沙有小灘漲出，石礫金光，澄澈可愛。牛僧孺爲縣尉，一旦忽報灘出，翌日宰邑與同僚列遊於亭上觀之，因召老宿備詢其事。有老吏云：此必分司御史，非西臺之命，若是西臺，灘上當有鸂鶒雙立，前後居人以此爲則。僧孺潛揣縣僚無出己者，因舉杯曰：既能有灘，何惜一雙鸂鶒？宴未終，俄有鸂鶒飛下，不旬日拜西臺御史。

鵁鶄

爾雅曰：鳽，鵁鶄。（郭璞注曰：似鳧，脚高，毛冠，江東人家畜之以厭火災。鳽音肩反。）

說文曰：鳽，鵁鶄也。一曰鵁鸕。

平九百二十五　二　福

西京雜記曰：魯恭王好鬬雞鴨，養孔雀、鵁鶄，奉穀一年二千石。

異物志曰：鵁鶄巢於高樹顛，生子未能飛，皆銜其母翼飛下地飲食。

夢書曰：夢見鵁鶄，居不雙也。婦見之，此獨居也；婿見之，恐失妻也。雄雌俱行，淫佚遊也。

唐書曰：玄宗嘗遣中官往江南採捕鵁鶄及諸水禽，汴州刺史倪若水上疏諫曰：方今九夏時忙，三農作苦，田夫擁耒，蠶婦持桑，而以此時採捕奇禽異鳥，供園池之翫，遠自江嶺，達於京師，水備舟舫，陸倦擔負，飯之以魚肉，間之以稻粱，道路觀者，莫不以陛下賤人而貴鳥也。陛下當以鳳凰爲凡鳥，麒麟爲凡獸，即鵁鶄鸂鶒曷足爲貴也。

鷗

倉頡解詁曰鷖鷗也生藕葉上名水鴞
說文曰鷗水鴞也
山海經曰玄服國其人食鷗
南越志曰江鷗一名海鷗在漲海中隨潮上下常以三月風至乃還洲嶼生卵似雞卵色青頗知風雲若羣飛至岸必風漁人及度海者皆以此爲候
列子曰海上之人有好鷗鳥者每旦之海上從鷗鳥遊鷗鳥之至者百數而不止其父曰吾聞鷗鳥皆從汝遊取來吾翫之明日之海上鷗鳥舞而不下也
晉咸和起居注曰二年正月饗萬國有五鷗集太極殿前
晉中興徵祥說曰鷗集太極殿殿非鷗所處湖澤鳥也時蘇峻作逆宮室被焚
唐書曰崔湜既私附太平公主時人咸爲之懼門客陳振鷺獻海鷗賦以諷之湜雖稱善而心實不悅

鷺

詩曰坎其擊鼓宛丘之下無冬無夏值其鷺羽鷺鳥之羽可以翳舞有所持以指麾
又曰振鷺于飛于彼西雝我客戾止亦有斯容
又曰振振鷺鷺于下鼓咽咽醉言舞于胥樂兮
毛詩義疏曰鷺水鳥好白而潔故謂之白鳥齊魯之間謂之舂鋤遼東樂浪吳楊人皆云白鷺大小如鴟青脚高尺七八寸解指尾如鷹尾喙長三寸頂上有毛十數枚長尺餘毿毿然衆毛異甚好將欲取魚時弭之今吳人亦養之好羣飛行楚成王時有朱鷺合沓飛舞則復有赤色者舊鼓吹曲有朱鷺是也
爾雅曰鷺舂鋤郭璞注曰白鷺也頭翅背上皆有長翰毛江東以取爲接攡名之曰白鷺
穆天子傳曰天子作詩三章以哀民曰有皎者鴼鴼鳥名音洛翩翩其飛
幽明録曰巴東有一道士忘其姓名事道精進入屋燒香忽有風雨至家人見一白鷺從屋中飛出雨住遂失道士所在
古金樂録曰吳王夫差時有雙鷺飛出鼓中而去
南史曰張融年弱冠同郡道士陸修靜以白鷺羽扇遺之曰此異物奉異人

鶺鴒

詩曰鶺鴒在原兄弟急難
毛詩義疏曰鶺鴒水鳥一名渠梁大如鷃雀脚長尾尖背上青灰色腹下白頸下黑如連錢故桂陽謂之連錢
爾雅曰鶺鴒雝渠郭璞注曰雀屬也飛則鳴行則搖

鷁

左傳曰正月戊申六鷁退飛過宋都風也
莊子曰夫白鷁之相視眸子不運而風化
列子曰河澤之鳥視而孕曰鷁
録異傳曰吳奢者吳興烏程人患瘧經年弘後獨至旁舍瘧發有數小兒或騎公腹或扶公首脚公因佯眠忽起捉得一兒遂化成黃鷁餘者皆走公乃縛以還家暮懸窻上去明日當殺食之比曉失鷁處公瘧遂斷于時人有得瘧者但依弘便瘧斷
晉書曰武帝謀伐吳詔王濬修舟艦濬乃作大船連舫方百二十步受二千餘人以木爲城起樓櫓開四門其上皆得馳馬來往又畫鷁首怪獸於船首以懼江神
博物志曰白鷁雄雌相視則孕或曰雄鳴上風雌鳴下風

則亦孚

劉禎魯都賦曰綠鷁葱鶒

鸊虎鷉

爾雅曰鷉須鸁（似鳧而小膏中瑩刀）

揚雄方言曰野鳧甚小而好沒水中者南楚之外謂之鸊鷉大者謂之鶻鷉

纂文曰鴿施石擻开零皆野鴨沒食曰鴿長頸曰施多白曰开零在山澗曰石擻

白鷢（音剡）

爾雅曰鴿烏鷢（郭璞注曰水鳥也似鷹而短頸後翅紫白色背上綠色江東呼爲烏鷢音竅）

卞敬宗鷢賦曰烏真野之性備於俯仰之間專視緩步有自卑之志

鴇

詩曰鴇羽刺時也晉昭公之後大亂五世君子下從征役不得養父母也肅肅鴇羽集于苞栩肅肅鴇行集于苞桑肅肅鴇翼集于苞棘

禮曰鶉肝鴈腎鴇奧鹿胃（鄭玄云奧脾）

鶢鶋

爾雅曰鶢鶋雜縣（郭璞注曰漢文帝時嘗有大鳥如馬駒時人謂之爰居）

廣志曰馬鳥鶢鶋

莊子曰海鳥止於魯郊魯侯御之於廟奏九韶以爲樂具太牢以爲膳鳥眩視憂悲不敢食一臠不敢飮一杯三日而死此以人養鳥也不如以鳥養鳥（司馬彪曰即鶢鶋也）

國語曰海鳥曰爰居止於魯東門之外三日（爰居雜縣東門魯城門）臧文仲使國人祭之（文仲不知以爲神）展禽曰越哉臧孫之爲政也（越迂也言其不知政要也）夫祀國之大節也（節制）而節政之所成也（言節所以成政）故愼制祀以爲國典今無故而加典非政之宜也夫聖王之制祀也功施於民則祀之以死勤事則祀之以勞定國則祀之能禦大災則祀之能扞大患則祀之非是族也不在祀典今海鳥至已不知而祀之以爲國典難以爲仁且智矣夫仁者講功而智者處物無功而祀之非仁也不知而不問非智也今茲海其有災乎夫廣川之鳥獸恒知而避其災也是歲也海多大風

鵜鶘

爾雅曰鵜鶘鴮鸅（郭璞注曰今之鵜鶘也好羣飛入水食魚故名洿澤俗呼爲淘河）

毛詩疏曰唯鵜在梁許愼曰鵜鶘也一名汙澤淘河水鳥身形似鶚而極大喙長尺餘直而廣目中赤鴿下故大如數斗囊若有小水魚便抑水滿其湖而棄之令水竭盡魚在陸地乃共食之故曰淘河

魏志曰五月有鵜鶘集靈芝地詔曰此詩人所謂汙澤也曹詩刺恭公遠君子而近小人今豈有賢智之士處于下位乎否則斯鳥胡爲而至其博舉天下儁德茂才獨行君子以答曹人之刺○山海經曰慮斯之山沙水出焉其中多鵜鶘如鴛鴦而人足其鳴自叫見國有土功

莊子曰魚不畏網而畏鵜鶘網者公平無私鵜鶘有心故魚畏之明主行賞罰如網

淮南子曰鵜鶘飮水數斗而不足

鸕鷀

爾雅曰鷀鷧（郭璞注曰即鸕鷀也觜頭曲如鉤食魚）

異物志曰鸕鷀不生卵而孕鶵於池澤間又吐生多者八九少者五六相連而出若系緒水鳥而巢高樹上或在石窟之間

隋書曰倭國草木冬青土地膏腴水多陸少以小環挂鸕鷀項令入水捕魚得百餘頭以充食

唐書曰貞元十三年四月上以自春已來時雨未降正陽之月可行雩祀遂幸興慶宮龍堂兆庶祈禱忽有白鸕鷀沉浮水際羣類翼從其後左右侍衛者咸驚異之俄然莫知所往方悟龍神之變化遂相率蹈舞稱慶至乙丑果大雨遠近滂沱於是宰臣等上表陳賀

范汪治咽方曰咽鸕鷀喙即愈治鯁燒鸕鷀羽水服半錢匕下若呼鸕鷀鸕鷀亦有下者

婟澤 尸故切

爾雅曰紡澤虞孫炎注曰尸鳩或謂紡澤虞其別名郭璞注曰今澤也常在澤中見人輒鳴不去有象主守之官因名之也

鸛雀

說文曰鸛雀也詩曰我來自東零雨其濛鸛鳴于垤婦歎于室

毛詩義疏曰鸛一名負釜一名背竈一名皂君泥其巢一旁為池含水滿之取魚置池中食其鶵若殺其子則一村致災旱

華嶠後漢書曰楊震字伯起年五十始應州郡之辟衆人謂之晚暮後有鸛雀銜三鱣魚飛集講堂前都講取魚進曰蛇魚者卿大夫之服象也數三者法三台也先生自此升矣

淮南萬畢術曰天雄鸛胎日行千里取鸛鳥胎於月中暴一日一增天雄一月用三十天雄而并治為丸大如播子欲行吞一丸得騰蛇膽和大良去天雄乃勝獨即行千里

桓譚新語曰昔有鸛郡國皆殺之而三輔俗不敢取取或雷霹靂起原天不獨在彼亦在此其殺取時正與雷偶耳

抱朴子曰以鸛血塗金丹一丸內衣中以指物隨口變化

神農本草曰鸛骨味甘無毒治鬼虫諸疰五尸心腹疾

博物志曰鸛水鳥也伏卵時數入水卵冷則不孚取礜石周圍繞卵以助暖氣故方術家以鸛巢中礜石為真物

列仙傳曰木羽者鉅鹿人母貧賤主助產婦婦兒生開目大笑母大怖暮夢見大冠赤幘者守兒言此即司命君當報汝恩使汝子木羽得仙母陰識之生兒字木羽所採兒至年十五夜有車馬來迎之過呼木羽為我御車遂俱去又二十餘年鸛雀旦以二尺魚着戶上母匿不道而賣其魚四十餘年母乃終

鷲

詩曰有鶖在梁

說文曰鶖秃鶖也

環氏吴紀曰嗣主問中書令張尚鳥之中大者唯鸛小者雀乎尚曰大者有秃鶖小者鷦鷯嗣主忌勝己因從尚楚辭曰鵾鴻群晨雜鶖鶬鵾鷄也鴻鵠吉也鶖禿鶖

後魏書曰正光二年八月獲禿鶖於宮內詔以示崔光崔光表曰蒙示十四日所得大鳥此即詩所謂有鶖在梁解云禿鶖也貪惡之鳥野澤所育不應入於殿庭昔魏氏黃初中有鵜鶘集于靈芝池文帝下詔以曹恭公遠君子近小人博求賢俊太尉華歆由此遜位而讓管寧也臣聞野物入舍古為不善是以張臶惡鵂賈誼忌鵩鵜鶘暫集而去前王猶為至誠況今親入宮禁為人所獲方被畜養晏然不以為懼准諸往義信有殊矣且饕餮之禽必資魚肉菽麥稻粱時或飡啄一食之費容過斤鎰今春夏陽旱穀糴稍貴窮窘之家時有菜色陛下為民父母撫之如傷豈可棄人養鳥留意於醜形惡聲哉衛侯好鶴曾伯愛鳫身死國

識可爲寒心陛下學通春秋親覽前事何得口詠其行未遵誠願遠師殷宗近法魏祖修德延賢消災集慶放無用之物弃之川澤取樂琴書頤養神性肅宗覽表大悦即棄之池澤

南史曰齊晉安王子勛即僞位於尋陽其夕有禿鶖鳥集城上

唐書曰會昌元年六月有禿鶖鳥集于禁苑

鶬

爾雅曰鶬麋鴰（郭璞注曰今呼鶬鴰音箭括一音剌也）

莊子曰大鶬飽食仰天而噓

列子曰蒲且子之弋連雙鶬於青雲之際

楚辭曰酸鵠臇鳧（臇臇小也）煎鴻鶬

江賦曰奇鶬九頭

精衛

山海經曰炎帝之女名娃游于東海溺而不反是爲精衛常取西山之木石以堙東海

述異記曰昔炎帝女溺死東海中化爲精衛其鳴自呼每銜西山木石以填東海怨溺死故也海畔俗說精衛無雄耦海燕而生生雌狀如精衛生雄狀如海鷰今東海畔精衛誓水處猶存溺於此川誓不飲其水一名誓鳥一名冤禽又名志鳥俗呼爲帝女雀

博物志曰有鳥如烏文首白喙赤足名曰精衛昔赤帝之女名（帝之女名）女娃往遊于東海溺死而不反其神化爲精衛故精衛常取西山之木石以填東海

左思魏都賦曰抵抵（音祗）精衛銜木償怨

左思吳都賦曰精衛銜石而遇繳文鰩夜飛而觸綸

水扎鳥

南夷志曰水扎鳥出昆明池冬月遍於水際

太平御覽卷第九百二十五

太平御覽卷第九百二十六

羽族部十三

鷹　鶻
鸇　隼
鷂　鵰
鷲　鶚
白鷹

鷹

春秋運斗樞曰瑤光星散爲鷹。禮記月令曰驚蟄之日鷹化爲鳩。又曰七月鳩化爲鷹然後設罻羅

左傳文公十八年季文子使太史克對宣公曰先大夫臧文仲教行父事君之禮行父奉以周旋弗敢失隊曰見無禮於其君者誅之如鷹鸇之逐鳥雀也。又昭公四郯子曰少皥鳥師而鳥名爽鳩氏司寇者也（杜預注曰爽鳩鷹也鷙鳥也故爲司寇主盜賊也）

又襄公四曰子產始知然明問爲政焉對曰視民如子見不仁者誅之如鷹鸇之逐鳥雀

毛詩曰維師尚父時惟鷹揚（如鷹之飛揚也箋云鷹鷙鳥也）

爾雅曰鷹鶆鳩（郭璞注曰鶆當爲鷞字之誤也左傳作鷞鳩是也善擊官於代郡捕之）

又曰鷹隼醜其飛也翬（鼓翅翬翬然疾）

春秋考異郵曰金伐木故鷹擊雉

易通卦驗曰鷹者鷙殺之鳥

周書曰驚蟄之日鷹變爲鳩小暑之日鷹乃學習處暑之日鷹乃祭鳥

大戴禮曰正月鷹則爲鳩鷹也者非其殺之時也鳩也者非其殺之時也善變而知仁故具言之也鳩爲鷹而不仁故不盡其辭

史記曰李斯臨刑思牽黃犬臂蒼鷹出上蔡東門不可得矣

漢書曰鷹隼未擊矰弋不得施於蹊隧

又酷吏傳曰郅都爲濟陽太守時人號爲蒼鷹

又曰孫寶爲京兆尹請故吏侯文爲掾立秋日文謂寶曰今鷹隼始擊當順天氣成嚴霜之誅

後漢書曰崔駰與竇憲牋曰今日漢陽太守率吏卒數十人皆臂鷹牽狗去欲上幕府夫鷹犬所獲不過雉兔斯乃細人之事

東觀漢記曰和熹皇后臨朝上林鷹犬悉斥賣之

又曰趙勤字孟卿太守桓虞署督郵新野令自責還印綬去虞歎曰善吏如使良鷹下韝即中。馬融與伯世書曰憤愁思猶不解懷思在竹間放狗逐麋晚秋涉冬大蒼出籠黃棘下莬毛以乾蔡以送餘日茲樂而已

魏志曰呂布因陳登求徐州牧不得布怒登喻之曰登見曹公言待將軍譬如養虎當飽其肉不則噬人公曰不如養鷹飢則爲用飽則揚去布乃解

晉書曰虞潭字思奧會沈充等逼京師潭起義軍至上虞有野鷹飛集屋梁衆懼潭曰起大義而剛鷙之鳥來破賊必矣後如其言

又曰崔洪清厲骨鯁爲尚書左丞時人爲之語曰叢生棘刺來自博陵在南爲鷂在北爲鷹

又載記曰慕容垂請至鄴拜墓苻堅許之權翼諫曰垂猶鷹也飢則附人飽便高颺遇風塵之會必有凌霄之志唯宜急其羈鞲不可任其所欲堅不從

南史曰王僧達性好鷹犬何尚之致仕復膺朝命於宅設八關齋大集朝士自行香次至僧達曰願即且放鷹犬勿

復遊獵
又曰齊鬱林王即位未踰旬多聚飛鷹快犬以粱肉奉之
陳書曰侯安都率水軍於中流斷齊軍糧運又襲秦郡破
徐嗣徽柵收其家口得嗣徽所彈琵琶及所養鷹遣信餉
之曰昨至弟住處得此今以相還嗣徽等見之大懼
北史曰後魏華山郡王澄弟嵩孝文時位步兵校尉大司
馬安定王休薨未及卒哭嵩便遊田帝聞大怒曰嵩大司
馬薨殂一月爾便以鷹鷂自娛有叔父之痛無猶子之情
損心棄禮何其太速便可免官
又曰齊廣寧王孫孝珩好綴文有技藝嘗於廳事壁自畫
一蒼鷹見者皆以爲真○三國典略曰元坦爲冀州刺史不
恤人事專爲聚斂性好畋漁無日不出秋冬獵禽獸春夏
捕水族鷹犬常數百頭罟網十餘車自云寧三日不食不
能一日不獵
唐書曰太宗初傳位舊苑中有籠鷹悉斷聯任去良大並
解縱放之
又曰太宗謂侍臣曰李大亮可謂忠直矣朕遣使至其所
見有佳鷹諷令獻朕大亮因密表責朕去陛下久絕田獵
而使者求鷹若是陛下之意深乖昔旨如其自擅便是任
使非人朕覽表嘉歎不能自已有臣若是朕復何憂於是
賜之金壺以彰忠讜
又曰源乾曜爲京兆尹仍京師留守乾曜政存寬簡不嚴
而理嘗有仗內白鷹因縱逸遂失所在上令京兆切捕之
俄於野外獲之其鷹掛於叢棘而死官吏懼得罪相顧失
色乾曜徐曰事有邂逅死亦常理主上仁明當不以此責
罪必其獲戾吾自當之不須懼也遂入自請失官之罪上

不問
又曰憲宗時每歲冬以鷹犬出近畿習狩謂之外按宣徽
院供奉官爲其使領徒數百恃恩恣橫郡邑懼擾皆厚礼
迎犒之恣其所便止舍私邸百姓畏之如寇盜
戰國策曰唐睢謂秦王曰要離刺慶忌蒼鷹擊於殿上
廣志曰有雉鷹有兎鷹一歲爲黃二歲爲撫三歲爲青胡
鷹獲麞出盧江
幽明録曰楚文王少時好獵有人獻一鷹文王見之爪距
神爽殊絕常鷹故爲獵於雲夢置網雲布烟燒張天毛群
羽族爭噬競搏此鷹軒頸瞪目遠視雲際無搏噬之志王
曰吾鷹所獲以百數汝鷹曾無奮意將欺余耶獻者曰若
效於雉兎臣豈敢獻俄而雲際有一物凝翔鮮白不辯其
形鷹便竦翮而升矗若飛電須臾羽墮如雪血下如雨有
大鳥墮地度其兩翅數十里衆莫能識時有博物君子曰
此大鵬雛也文王乃厚賞之
西京雜記曰茂陵少年李亨好馳駿狗逐獸或以鷹鷂逐
兎皆以爲佳名狗則有修毫釐睫白望青曹之名鷹則有
青翅草眸青冥金距之屬鷂則有從風鷂孤飛鷂
論衡曰孔子畏陽虎却行流汗陽虎未必色白孔子未必
面青鷹擊雀鶚啄鴈未必鷹鶚南方雀鴈西方自以筋
力勇壯相勝服也
秦子曰虎能雄猛不可以訖麞鷹能飄擊不可以守鶵
物理論曰使武士宰民如使狼牧羊使鷹養鶵也
焦贛易林曰鷹棲茂樹候雀往來
益部耆舊傳曰廣漢馮顥爲謁者逐單于至雲中大將軍
梁冀遣人求鷹止晉陽舍人不避顥顥收之使人擊鷹而

亡也顯追捕甚急龔辭乃止
古樂府曰豹則虎之弟鷹則鷂之兄
魏文帝答繁欽書曰商風振條秦鷹秋吟斯可謂聲協鍾
石氣應風律
孫楚鷹賦曰郭延考與余辞其後從者鞲二鷹以侍側郭
邊人也好弋獵顧眄心欲自娛樂請余爲賦曰其爲相也疎
尾闊臆高鬐圓顱深目蛾眉狀似愁胡曲觜短頸足若變
枯。隋魏彦深鷹賦曰惟玆禽之化育實鍾山之所生資金
方之猛氣擅火德之炎精何虞者之多端運橫羅以羈東
綴輕絲於雙臉結長皮於兩足飛不遂於本情食不充於
所欲逆翰由其暫斂雄心爲之自高若乃貌非一體相乃
多途指重十字尾貴合盧立如植木望似愁胡觜同鉤利
脚等荆枯亦有白如散花赤如點血大文若錦細班似纈

眼類明珠毛猶霜雪身重若金爪剛如鐵或復頂平似削
頭圓如卵臆闊頸長筋麄脛短翅厚羽勁髀寬肉緩求之
事用俱爲絶伴或似鶚頭或似鵄首赤精黄足細骨小肘
懶而易驚姦而難誘住不可呼飛不及走若斯之輩不如
勿有若夫疾食速消此則有命兎頸猴立是爲無病厠門
忌大結肚惡軟條不欲絶飢背不宜喘生於窟者則好眠巢
於木者則常立雙骹長者則起遲六翮短者則飛急毛衣
屢改厥色無常寅生酉就總號爲黄二周作鷂千日成蒼
雖曰排虚性殊衆鳥雌則體大雄則形小過大則驚猜得
人則馴擾養鷂則少病野羅則多巧察之爲易調之實難
格必高迴屋必華寬薑以取熱酒以排寒鞲須温煖肉不
陳乾近之令狎静之使安晝不離手夜便火宿微加其毛
少減其肉肌肥骨瘦心和性熟念絶雲霄志在馳逐

鶻

北齊書曰上洛王思宗弟思好少以騎射事文襄及文宣
受命爲左衛將軍本名思孝天保五年討賊文宣悅其驍
勇謂曰爾擊賊如鶻入鵶羣宜思好事故改名焉
隋書曰劉昶子居士爲太子千牛備身聚徒任俠不遵法
度公卿子弟有力雄健者輒將至家以車輪括其頸而棒
之殆死能不屈者稱爲壯士釋而與交黨與三百人其趫
捷者号爲餓鶻隊
唐書曰元和四年藹德曷里禄設弭施合蜜里迦可汗遣
使請改迴紇爲迴鶻義取迴旋輕捷如鶻
又曰元和八年淄青節度使李師道進鶻十二命還之
唐杜甫義鶻行曰陰崖二蒼鷹養子黒栢顛白蛇登其巢
呑噬恣朝飡雄飛遠求食雌者鳴辛酸力強不可制黄口

無半存其父從西來翻身入長煙斯須領健鶻憤邈寄所
宣斗上捩孤影無聲來九天脩鱗脱遠枝巨顙拆老拳高
空得蹭蹬短草辞蜿蜒折尾能一擺飽腸今已穿生雖滅
衆鶻死亦垂千年物情有報復快意貴目前玆實鷙鳥最
急難心炯然功成失所往用捨何其賢近經滿水涓此事
樵夫傳飄蕭覺素髮凛欲衝儒冠人生所與分亦在顧眄
間聊爲義鶻行永激壯士肝

鸇

爾雅曰晨風鸇也（郭璞注曰鷂屬）
孟子曰爲叢驅雀者鸇也爲湯武驅民者桀與紂也

隼

毛詩曰織文鳥章白旆央央（箋云鳥章隼之文章將帥之服）
又曰鴥彼飛隼其飛戾天亦集爰止（隼急疾之鳥）

詩義疏曰鷂也齊人謂之擊正或謂之題肩或曰雀鷹春化爲布穀此屬數種皆爲隼

周易曰公用射隼于高墉之上

春秋考異郵曰陰陽氣貪故題肩擊（宋均注曰題肩有爪芒爲陽中陰故擊殺也）

國語曰仲尼在陳有隼集于陳侯之庭而死楛矢貫之石砮其長尺有咫陳惠公使以隼如仲尼之館問之仲尼曰隼之來也遠矣此肅愼氏之矢也昔武王克商通道于九夷八蠻使各以其方賄來貢使無忘職業於是肅愼氏貢楛矢石砮其長尺有咫先王欲昭其令德之致遠也故銘其栝曰肅愼氏之貢矢以分大姬配虞胡公而封諸陳古者分同姓以寶玉展親也分異姓以遠方之職貢使無忘服也故分陳以肅愼氏之貢君若使有司求諸故府其可得也使求得之金櫝

鷂

說文曰鷂鷙鳥也

爾雅曰鷣負雀（郭璞注曰鷣鷂也江東呼之爲鷣善捉雀因名云）

廣雅曰鷂有鷂子籠脫鷂也

廣志曰鷂子大如胡鷰色似鷂食雀籠脫擊鳩鵲

晉書曰王育京兆人也太守杜宣命爲主簿俄而宣左迁萬年令杜令王攸詣宣宣不迎之攸怒曰卿往爲二千石吾所敬也今吾儕耳何故不見迎欲以小雀遇我使畏死鷂也

唐書曰武德初萬年縣法曹孫伏伽上表以三事諫其一曰陛下貴爲天子富有四海凡曰蒐狩須順四時陛下二十日龍飛二十一日有獻鷂鶵者此乃前朝之弊風少年之事務何忽今日行之

又曰太子承乾與漢王元昌相託附承乾賜以琵琶名焉元昌報以鷂子山鷄

又曰太宗得鷂絕俊異私自臂之望見鄭公魏徵乃藏於懷公知之遂前白事因語古帝王逸豫微以諷諫語久帝惜鷂且死而素嚴敬徵欲盡其言徵語不時盡鷂死懷中

又曰楊德幹高宗朝爲萬年令有宦官恃貴寵放鷂不避人禾稼德幹擒而杖之二十悉拔其鷂頭宦者涕泣袒背以示於帝帝曰爾情知此漢獰何須犯他百姓竟不之問

又曰貞元十四年九月中書門下奏賀嵯峨山獲白鷂

莊子曰鷂爲鸇鸇爲布谷布谷復爲鷂此物变也

列士傳曰魏公子無忌方食有鳩飛入案下公子使人顧望見一鷂在屋上飛去公子乃縱鳩令出鷂逐而殺之公子暮爲不食曰鳩避患歸無忌竟爲鷂所得吾負之爲吾捕得此鷂者無忌無所愛於是左右宣公子慈聲旁國左右捕得鷂三百餘頭以奉公子公子欲盡殺恐無辜乃自案劍至其籠上曰誰獲罪無忌者耶一鷂獨低頭不敢仰視乃取殺之盡放其餘名聲布流天下歸焉

論衡曰儒書稱魏公子方欲與客飲有鸇擊鳩鳩逃公子案下鸇追殺之於公子之前公子使人設罔捕鸇得數十責殺鳩之罪擊鳩之鸇俯頭不敢仰視公子乃殺之此虛言也鸇有千數擊鳩飛去安可復得或是捕鸇者折其頸也

夢書曰鷹鷂爲攻劋殘心也夢見鷹鷂憂賊人也

魏陳王曹植鷂雀賦曰鷂欲取雀雀自言雀微賤身軀紫小肌肉瘠瘦所得蓋少君欲相噉實不足飽鷂得雀言初不敢語頃來轗軻資糧乏旅三日不食略思死鼠今日相得寧復置汝雀得鷂言意甚怔營性命至重雀鼠貪生君得一

食我命須傾皇天是監賢者是聽鵄得雀言意甚怛惋當死獘雀頭如果蒜不早首服烈頸大喚行人聞之莫不往觀雀得鵄言意甚不移目如擘椒跳蹻一翅我雖當死略無可避鵄乃置雀良久方去二雀相逢似是公嫗相將入草共上一樹仍共本末辛苦相語向者近出爲鷂所捕頻我番捷躲素使附說我辯語千條萬句欺恐舍長今兒大怖我之得免復勝於汝自今後竟莫復相妬

鵰

毛詩谷風四月曰匪鶉匪鳶翰飛戾天毛曰鶉鵰也鵰鳶貪殘之鳥也

說文曰鷲黃頭赤目五色皆備一曰鵰

漢書曰李廣爲上郡守匈奴入上郡武帝使中貴人從廣匈奴射中貴人廣曰是必射鵰者也廣射殺二人生得一人果射鵰者也

太　九百二十六　九　壬申

穆天子傳曰春山爰有青鵰執犬豕食鹿

列子曰周宣王之牧正有役人梁鴦者能養野禽獸委食於園庭之內雖虎狼鵰鶚之類無不柔者雌雄在前孳尾成羣異類雜居不相搏噬

後魏書曰秦王翰機悟壯勇善弓馬太宗出遊白登之東北翰以騎從有雙鵰飛於上太宗命左右射之莫能中鵰旋飛稍高翰自請射之以二箭而下雙鵰太宗嘉之賜御弓矢金帶以旌其能軍中於是號翰爲落鵰都尉

北齊書曰斛律光嘗從世宗於洹橋校獵見一大鳥雲表飛颺光引弓射之正中其頸此鳥形如車輪旋轉而下至地乃大鵰也世宗取而觀之深壯異焉丞相屬邢子高見而歎曰此射鵰手也當時傳號落鵰都督

隋書曰長孫晟周宣帝時突厥攝圖請婚于周以趙王招女妻之然周與攝圖各相誇競妙選驍勇以充使者因遣晟副汝南公宇文神慶送千金公主于其牙前後使數十輩攝圖多不禮見晟而獨愛焉每共遊獵留之竟歲嘗有二鵰飛而爭肉因以兩箭與晟曰請射取之晟乃彎弓馳往遇鵰相攫遂一發而雙貫焉攝圖喜命諸子弟貴人皆親友昵近之以學彈射

鷲

漢書曰匈奴有計入漢地直張掖郡直當也生奇材箭竿鷲羽師古曰大鵰也黃頭赤目其羽可用爲箭

西域諸國記曰耆闍崛山在王舍城北四里山有兩崖鷲鳥常羣居其巔土人號爲靈鷲山也佛國記曰山石頭似鷲阿育王使鑿石假安兩翼兩腳今見存

林邑國記曰西南遠界有靈鷲鳥能知吉凶覘人將死食尸肉盡乃去家人取骨燒爲灰投之漲海

九百廿六　十　張陳

鶚

毛詩曰關雎后妃之德也風之始也所以風化天下而正夫婦也關關雎鳩在河之洲一名王雎一名鶚鵝江東呼爲鶚食魚鷙鳥而有別

倉頡解詁曰鶚金喙鳥也見則天下兵能擊殺麞鹿

漢書曰鄒陽諫吳王曰臣聞鷙鳥累百不如一鶚孟康曰鶚大鵰

白鷺

爾雅曰楊白鷺郭璞注曰以鷹尾上白也

廣雅曰白鷺鷹鷹也

說文曰白鷺王鵰也

崔豹古今注曰揚白鷺似鷹鷹而尾上白也亦号爲印尾鷹

風土記曰說詩義者或說雎鳩爲白鷺白鷺鷗屬於義無

取蓋蒼鶂大如白鷺而色蒼其鳴咼咼和順又游於水而

息於洲常隻不雙

太平御覽卷第九百二十六

太平御覽卷第九百二十七　羽族部十四

異鳥

鵬　鷖　希有　金翅　意怠
大風　鶼鶼　世樂　端琦　青鳥
治鳥　木客　惡鳥　鷄　鵬
鵅鵅　鴆　鬼車　不孝鳥
鵬

莊子曰：北溟有魚，其名爲鯤。鯤之大，不知幾千里。化而爲鳥，其名爲鵬。鵬背不知幾千里也。怒而飛，翼若垂天之雲。是鳥也，海運將徙於南溟。南溟者，天池也。水激三千里，搏扶搖而上者九萬里。（司馬彪注曰：扶搖，上行風。）

晏子曰：景公謂晏子曰：天有極大物乎？對曰：有鵬，浮游雲背，麥着天，該於天地，寥寥乎不知其翮之所在也。

幽明録曰：楚文王好獵，有一人獻一鷹，擊鵬鶵。（事具鷹門）

異類傳曰：漢武時西域獻黑鷹，得鵬鶵，東方朔識之。

晉書曰：賈彪鵬鳥賦序曰：余覽張安世鶬鶊賦，以其質微處褻而陋，以遠害愚，以爲未若大鵬栖形遐遠，自育之全也。此固禍福之機，聊賦之云。又曰：阮脩大鵬贊曰：蹌蹌大鵬，誕自北溟，假精靈鱗，神化以生，如雲之翼，如山之形，海運水擊，扶搖上征。又曰：習鑿齒詣釋道安，值衆僧齋，衆皆捨鉢斂衽，唯道安食不輟。鑿齒曰：大鵬從南來，衆鳥皆戢翼，何忽凍老鴟腩腩低頭食。

鷖（一名天鷄）

神異經曰：北海有大鳥，其高千里，頭文曰天，胷文曰鷄，左翼文曰鷖，右翼文曰勤，左足在海北涯，右足在海南涯，其毛蒼，其喙赤，其脚黑，名曰天鷄，一名鷖勤。頭河東，止海央，唯捕鯨魚，死則北海水流，利不犯觸人，不干物。或時舉翼飛，其兩羽切如雷如風，驚動天地。（張茂先曰：此海鳥食此魚，多鯨魚，北海水通流，故多北海遊塞。）

希有

東方朔神異經曰：崑崙銅柱，有屋辟方百丈，上有一鳥，名希有，張左翼覆東王公，右翼覆西王母。一歲再登翼上之東王公也。其喙赤，目黄如金，其肉苦鹹，仙人甘之。

金翅鳥

符子曰：齊景公謂晏子曰：寡人既得寶千乘、衆萬騶矣，方欲致懸黎，會金玉。其得之耶？奚若？晏嬰曰：臣聞琬琰之外有鳥焉，曰金翅，民謂爲羽豪。其爲鳥也，非龍肺不食，非鳳血不飲。其食也常飢而不飽，其飲也常渴而弗充，生未幾何，夭其天年而死。金玉之珍，非乃爲君之患矣。

齊書曰：初，武帝夢金翅鳥下殿庭，搏食小龍無數，乃飛上天。明帝初，其夢竟驗。

意怠

莊子曰：東海有鳥名意怠，進不敢爲前，退不敢爲後，食不敢先嘗，必取其緒，行列不斥，而人不得害，以免於患。

大風

淮南子曰：堯使羿繳大風於青丘。（大風，鷙鳥，在東方。一云：大風，風伯也。）

鶼鶼

周書曰：成王時，巴人獻比翼鳥。

爾雅曰：南方有比翼鳥焉，不比不飛，其名曰鶼鶼。（郭璞注曰：似鳬，靑色，一目一翼，相得乃飛也。）

山海經曰：有鳥，其狀如鳬，一翼一目，相得乃飛，名曰蠻。（比翼鳥，色靑赤，見則天下大水。）

史記曰管仲說桓公古之封禪西海致比翼之鳥□瑞應圖曰王者德及高遠則比翼鳥至一本云王者有孝德則至

博物志曰崇吾之山有鳥焉一足一翼一目相得乃飛名曰鶼鶼見則天下大水

世樂

臨海異物志曰世樂鳥五色頭上有冠冊喙赤足有道則見

端琦

說苑曰晉平公出朝其鳥環平公不去平公顧謂師曠曰是鳳耶師曠對曰東方有鳥名爲端琦憎鳥而愛狐今吾君必衣狐裘以朝乎平公曰然

青鳥

山海經曰三危之山有三青鳥居青鳥主爲西王母取食者別自栖息於此山

紀年曰穆王十三年西征至于青鳥之所解

漢武故事曰七月七日上於承華殿齋正中忽有一青鳥從西方來集殿前上問東方朔朔曰此西王母欲來也有頃西王母至有二青鳥如烏俠侍王母旁

又曰鈎弋夫人卒上爲起通靈臺常有一青鳥集臺上

晉中興書曰顏含嫂病困須髯蛇膽不能得含憂歎累日忽有一童子持青囊授含乃蛇膽也童子化爲青鳥飛去

神仙傳曰東陵聖母廣陵海陵人杜氏妻也學劉綱道坐在立亡杜公不信誣言聖母作姦收付獄聖母從窗中飛去於是遠近爲立廟甚有神效常有一青鳥在祭所人有失物者青鳥便非集物上路無拾遺

晉郭璞青鳥贊曰山名三危青鳥所解往來崑崙王母是隷穆王西征旋軫斯地

治鳥

搜神記曰越地深山有鳥大如鳩青色名曰治鳥穿大樹作巢如五六升器口徑數寸周飾以土堊赤白相分狀如射侯伐木者見此樹即避之或夜冥不見鳥亦知人不見已也鳴曰咄咄上去明日便急上去田咄咄下去明日便宜急下去若不便去但言笑而已可止伐也若有穢惡及犯其所止者則虎害之白日見其形鳥形也夜聽其鳴亦鳥也時作人形長三尺入澗中取石蟹就人間火炙之越人謂此越祝之祖

木客

異物志曰木客鳥大如鵲數千百頭爲羣飛集有度不與衆鳥相廁人俗云木客白黃文者謂之君長有畢異有綬飛高而正赤者在前謂之五伯居前正黑者謂之鈴下緗色而頰雜者謂之功曹左脇有白帶似鞶囊者謂之主簿長從君後其五曹官屬各有章色廬陵郡東有之

惡鳥

爾雅曰梟鴟郭璞注曰土梟鳥少尾長醜爲流栗

史記曰古者天子常以春祠黃帝用一梟如淳曰漢使東郡送梟五月五日作梟羹以賜百官以其惡鳥故食之

春秋後語曰蘇代謂魏王曰王獨不見夫博之所以貴梟乎博之堅者爲梟楚詞云成梟而牟呼五白梟古堯切便則食不便則止今王曰事始已行不可更是何言歟王之用智不若梟乎至乃止其行

後漢書曰朱浮與彭寵書曰惜乎弃休令之嘉名造鴟梟之逆謀

晉書曰張重華爲石季龍所攻重華掃境內使其征南將

軍裴恒禦之恒壁于廣武欲以持久弊之張航與主簿謝
艾兼資文武必能折衝禦侮殲殄凶類重華召艾艾曰昔
耿弇不欲以賊遺君父黃權願以萬人當寇乞假臣兵七
千為殿下吞王擢麻秋等重華大悅以艾為中堅將軍配
步騎五千擊秋引師出振武夜有二梟鳴於牙中艾曰梟
邀也六博得梟者勝今梟鳴牙中克敵之兆於是進戰大
破之斬首五千級

又載記曰乞伏乾歸略于五谿有梟集于其手甚惡之六
年為兄子公府所弒并其諸子十餘人○北史李元忠性甚
工彈嘗從文襄入謁魏帝有梟鳴殿下文襄命元忠彈之
問得幾丸而落對曰一丸承大將軍意氣兩丸足矣如其
言而落之

唐書曰有梟晨鳴於張率更庭樹其妻以為不祥連唾之

文收云急灑掃吾當改官言未畢賀者已在門

淮南子曰白公之嗇財若梟之愛其子也許慎曰梟子大食其母也

淮南萬畢術曰甑瓦止梟鳴取破甑瓦向抵之輙自止物相勝其性耳

魯連子曰齊辯士田巴毀五帝罪三王離堅白合同異一
日服千人有徐刼者弟子曰魯仲連年十二號千金駒往
詣田巴曰臣聞白刃交前者不救流矢急不暇救援也今
楚軍南陽趙伐高唐燕人十萬守聊城國之危在旦夕先
生柰何不能刼者先生之言有以梟鳴出聲而人惡之願
先生勿復言田巴曰謹聞命矣

說苑曰齊景公為露寢之臺臺成而不通焉栢常騫曰為臺
甚急臺成君何為不通焉公曰然梟昔鳴梟鳴者其聲無
不為也吾惡之甚是以不通焉栢常騫曰臣請禳而去之公
曰何具對曰築新室為置白茅焉公使為室成置白茅焉
栢常騫夜用事明日問公曰今旦聞梟聲乎公曰一鳴而
不復聞使人往視之梟當陛布翼伏地而死

又曰梟逢鳩鳩曰子安之梟曰我將東徙鳩曰何故梟曰
一鄉皆惡我鳴故徙也鳩曰更鳴則可不更鳴東徙亦惡
子之聲

桓譚新論曰王翁時男子畢康殺其母詔焚燒其屍暴其
罪於天下余上封章言宣帝時公卿朝會丞相語次曰聞梟
生子長且食其母寧然有賢者應曰但聞烏子反哺耳丞
相大慙恚君子之於鳥獸尚為之諱況人乎

又曰余前為典樂大夫有梟鳴於庭樹府中皆懼余後與
典謁侯爭鬬俱坐免

說文曰梟不孝鳥也至日捕梟磔之

趙壹解擯賦曰甑瓦可以令梟寂

嶺表錄異曰北方梟鳴人家以為恠共惡之南中晝夜飛
鳴與烏鵲無異桂林人羅取生鬻之家家養使捕鼠以為
勝狸

鴞

禮記內則曰鵠鴞胖

毛詩曰墓門有梅有鴞萃止夫也不良歌以訊之

又曰翩彼飛鴞集于泮林食我桑椹懷我好音

又詩義疏曰鴞大如鳩綠色惡聲鳥也入人家凶賈誼所
賦是也其肉甚美可為羹臛又可炙漢供御物各隨其時
唯鴞冬夏施以美故也

莊子曰見卵而求時夜見彈而求鴞炙

魏志曰夫鴞天下賤鳥也及其在林食椹則懷我好音

晉書曰王羲之好鴞炙

三國典略曰齊太山主武成之長也母曰胡太后夢於海上坐玉盆日入裙下遂有娠生於并州其日有鴞鳴於産帳之上

盛弘之荆州記曰巫縣有鳥如雌鷄其名爲鴞

廣志曰鴞楚鳩所生如驪巨蠻種類不滋乳也

鵩

西京雜記曰賈誼在長沙鵩鳥集其承塵而鳴長沙俗以爲鵩至人家主人當死誼作鵩鳥賦齊死生等榮辱以遣憂累焉

賈誼鵩鳥賦曰誼爲長沙王傅三年有鵩鳥飛入舍止于坐隅鵩似鴞不祥鳥也誼既謫居長沙長沙卑濕自傷悼以爲壽不長爲賦以自廣

漢太常孔臧仲尼之後以才學知名作鴞賦曰季夏庚子思道静居爰有飛鴞集我室隅異物之來吉凶是符昔在賈生有識之士忌兹鵩鳥卒用喪已咨我令考信道秉真變性生家謂之天神脩德滅邪化及其鄰。

梅陶鵩鳥賦序曰余既遭王敦之難遂見忌録居于武昌其秋有野鳥入室感賈誼鵩鳥依而作焉

神仙傳曰尹軌字公度人有怪鳥鳴其屋上者以語公度公度爲一奏符著鳥鳴處其夕鳥伏符下死

鵂鶹

爾雅曰鵅鵋䳢郭璞注曰江東呼鵂鶹爲忌欺亦曰鴝鵒音句格

纂文曰鵂鶹一名忌欺白日不見人夜能拾蚤虱也蚤爪音相近俗人云鵂鶹拾人弃爪相其吉凶妄説也

博物志曰鵂鶹一名鵄鵂晝日無所見夜則目至明人截爪甲弃露地此鳥夜至人家拾取爪分别視之則知有吉凶凶者輙便鳴其家有殃

莊子曰鵂鶹夜撮蚤察毫末晝瞋目不見丘山殊性也

淮南萬畢術曰鵄鵂致鳥取鵄鵂折其大羽絆其兩足以爲媒張羅其旁鳥自聚矣

南史曰侯景入臺城在昭陽殿廊下居處常有鵂鶹鳥鳴呼景惡之使人窮山野捕焉

三國典略曰侯景矯豫章嗣王棟命禪位於已將拜受册命忽有丹鵲集於册書又夜有鵂鶹鳴於太極殿上景深以爲惡自控弦伺之

鴆

廣雅曰鴆鳥雄曰運日雌曰陰諧

東觀漢記曰公孫述欲徵李業爲博士業故不起乃遣人持鴆不起便賜藥業乃飲鴆而死

晉中興書曰烈宗詔曰㳄飛督王饒忽上吾鴆鳥一口太以辟惡此凶物豈宜妄進於是鞭饒二百使殿中侍御史孫雲臨於四衢之道焚燒之

晉書曰石崇出爲南中郎將荆州刺史領南蠻校尉加鷹揚將軍崇在南中得鴆鳥鶵以與後軍將軍王愷時制鴆鳥不得過江爲司隸校尉傅祗所糺詔原之燒鴆於都街

山海經曰女几之山琴鼓之山王山豐山岷山其鳥多鴆郭璞注曰鴆大如鵰紫緑色赤喙食蝮蛇也

淮南子曰運日知晏陰諧知雨

吴氏本草曰運日一名羽鴆

神農本草曰鴆生南郡大毒入五藏爛殺人

鬼車

荆楚歲時記曰正月七日多鬼車鳥度家家槌門打户捩狗耳滅燭燈禳之玄中記云此鳥名姑獲一名天帝少女

夜遊好取人家女人養之有小兒以血點其衣爲驗

嶺表録異曰有鳥如鵂鶹又名鬼車春夏之間稍遇陰晦則飛鳴而過嶺外尤多愛入人家鑠人魂氣或云九首曾爲犬齧下一首常滴血血滴之家即有凶咎

三國典略曰齊後園有九頭鳥見色赤似鴨而九頭皆鳴

玄中記曰姑獲鳥夜飛晝藏蓋鬼神類衣毛爲鳥脱毛爲女人名爲天帝少女一名夜行遊女一名鈎星一名隱飛鳥無子喜取人子養之以爲子人養小兒不可露其衣此鳥度即取兒也荆州爲多昔豫章男子見田中有六七女人不知是鳥扶匐往先得其所解毛衣取藏之即往就諸鳥各走就毛衣衣此飛去一鳥獨不得去男子取以爲婦生三女其母後使女問父取衣在積稻下得之衣之而飛去後以衣迎三女三女兒得衣飛去今謂之鬼車

不孝鳥

神異經曰不孝鳥狀如人身犬毛有齒猪牙額上有文曰不孝口下有文曰不慈鼻上有文曰不道左脇有文曰愛夫右脇有文曰憐婦故天立此異鳥以顯忠孝也

太平御覽卷第九百二十七

太平御覽卷第九百二十八

羽族部十五

衆鳥　鳥卵　鳥巢

衆鳥

異物志曰：錦鳥文如丹地錦而藻繢相交，俗人見其似錦，因謂之錦鳥。形徵大於雉，其雌特有文章，五色甚可愛。

周氏雜字曰：鸐鳿，鳥似凫。

風土記曰：鸖鸖，鶩屬，飛則鳴，其翅肅肅者也。

楚辭曰：鴻鵠代游，曼鷫鷞。曼曼，行也。鷫鷞，俊鳥。

風土記曰：鷺鳩也，以名自呼，大如小鷄，生於荷葉上。

爾雅曰：䳋鶇輻蹂也，如鵲短尾，射之銜矢射人。郭璞注云：一名[illegible]。

河圖説徵示曰：鳥一足曰獨立，見則主勇強也。

廣州記曰：新寧縣有獨足鳥，大如鵠，其色蒼，其鳴自呼獨足。

臨海異物志曰：東垂有一足鳥，俗名曰獨足，疑是商羊。文身赤口，唯食蟲豸，不害稻粱，鳴如人嘯聲，將雨轉鳴。或曰山魈鳥，晝伏夜翔，或時晝出，則羣鳥譟之。

山海經曰：有五采之鳥，有冠，名曰狂鳥。

孔融周歲論曰：儀鳳屯集，狂鳥譏之。

爾雅曰：鶨，鶮老。郭璞注曰：鳻鶨也，俗謂之癡鳥。鶨音丑眷切。

説文曰：欺老鷄也。

左思蜀都賦曰：鷩鵜山栖。綦毋邃注曰：鷩鵜，鳥名，如今山鷄，其色班，其鷄色異，出江東。

莊子曰：周周銜羽以濟河。司馬彪注：周周，河土鳥也，頭重尾屈，足以銜他鳥羽，如飛過何。人之不可求益於物，以喻其所短也。

竺法真登羅山疏曰：越王鳥狀似鳶，口句末可受二升許，南人以爲酒器，珍於文螺。不踐地，不飲江湖，不唼百草，不飼蟲魚，唯噉木葉，糞似薰陸香，山人遇之，既以爲香，又治雜瘡。

南方草物志曰：有鳥或名越王鳥，大如孔雀，喙長尺八九寸，黄白黑色，狀如人畫，光飾似漆，塋磨尤益鮮明，多持以飲酒，出交趾九真。

劉欣期交州記曰：𪇆鸕黄喙，二尺餘，南人以爲酒爵。

南越志曰：𪇆鸕一名越王鳥。

嶺南録異曰：越王鳥如烏而頸足長，頭有黄冠如杯，用貯水，互相飲食衆鳥。鶵取其冠，堅緻可爲酒杯。

竺法真登羅山疏曰：五距鳥足有重距。[illegible]音先顧，或謂之先顧鳥，似孔雀，背連錢文。

遊名山記曰：芙蓉山有異鳥，愛形顧影，不自藏，故爲羅者所得，人謂鶬[illegible]。

廣州記曰：廣寧縣有金鳥，純白口，脚如金，其鳴自呼。

異物志曰：鸐鳥大如雄鷄，色赤或黑，而能鳴，彈射取之，其肉香美，中作炙。

盛弘之荆州記曰：魚復縣南山有鳥，時吐物長數寸，丹朱彪炳，形色類綬，因名吐綬鳥。

又曰：晉太元中，營道令何諧之於縣内得一鳥，大如白鷺，膝上及髀有銅環貫之，環大小刻鏤，如橄欖子，妙絶人工，于時京師皆觀之。

嶺表録異曰：有鳥形如野鵲，翅羽黄緑間錯，尾生兩枝，長二尺餘，直而不裊，唯尾梢有毛，宛如箭羽，因目之爲帶箭鳥。

爾雅曰：鳥鼠同穴，其鳥爲鵌，其鼠爲鼵。郭璞注曰：鼵如人家鼠尾短，鵌如鵽而小，色黄黑，穴入地三四尺，鼠在内，鳥在外，今西在隴西鳥鼠同穴出。

臨海異物志曰：江潮海鳥大於鸛，喙長八寸，潮上即鳴。

又曰：鸀鳥，海鳥也，喙長八寸，天欲風雨，内喙於羊中向風。

海師以爲候，鳴如嘯。
又曰：蜜母，小鳥也。色黑，正月旦爲蜜蜂周行諸山，求安處，蜂隨之；蜜母暮還，入蜂中。
郭璞《蜜蜂賦》曰：大君以總羣氏，又協氣於零雀。每先馳而葺宇，番巖穴之經略。（蜜母一名零雀）
《爾雅》曰：鴢，水狗。又曰：鵁，頭鵁。（孫炎曰：鵁鶄也）
又曰：鵽，鶚鳥。（孫炎曰：鶚鶚，水鳥）
又曰：鶾，蚤母也。
《廣志》曰：蚊母，吐蚊，大如鳩。
《嶺南異物志》曰：五嶺溪山深處有大鳥，如鶬鶴，常吐蚊子，輒從口中飛去，謂之吐蚊鳥。
《說文》曰：鵌，水鳥也。
《南方草物狀》曰：孔貴如小母鷄。

《臨海異物志》曰：獨舂鳥，聲似舂聲。聲多者五穀傷，聲小者五穀熟。
又曰：䳺鳥，蘭草占米之貴賤，背邊䳺其甍，䳺一度即斛米百錢，再度二百，未䳺仍五十，隨䳺多少以占知之。
《爾雅》曰：鶭，鷏鳥，鶬屠。（郭璞注曰：似鳥，蒼白色）
《臨海異物志》曰：鸓，雉鳴聲哀。俗云：繼母欲嫁，因熏使人守之，母遂不還，兒因呼母，言鸓鳩也。
又曰：遊鳥如鵝，大，其色黑，以青絲頭繫竹竿，呼之即來入手。俗言是東海神所養，不可食也。
《臨海異物志》曰：獨姑鳥如隼，其色黑，其鳴如人呼鷄聲。
《爾雅》曰：鴩，天鸙也。
《南方草物狀》曰：金吉鳥，其大如小母鷄。
《臨海異物志》曰：有鳥，糴儀，名曰苦姑。

又曰：除溪鳥小如鵪鶉，甚黑，天欲陰雨即鳴。音言溪瀆。
又曰：祖端端，小鳥，天欲雨即鳴。
《抱朴子》曰：千秋鳥，人面，壽如其名。
《魯連子》曰：南方鳥，名曰邽，生而食其翼。
《南方草物狀》曰：羽鳥，毛羽青黑色，小於鳩。
俞益期《與韓豫章牋》曰：林邑有鳥，名歸飛。《臨海異物志》曰：賓師形大如鵪鶉，毛正黑色。《廣雅》曰：車搖，鸒禮也。
《山海經》曰：基山有鳥焉，名鵸鵌，食之無臥。
又曰：北海蛇山有五采鳥，飛蔽一鄉，名曰翳鳥。
又曰：青丘有鳥，其狀如鳩，名曰灌灌。
又曰：禱過之山有鳥，二足三面，名瞿如。
又曰：松果山有鳥，名鵁渠。
又曰：上申山鳥名當扈，狀如雉，食之不眴目。

又曰：符禺之山，其鳥名䳋，可以衛火。
又曰：英山有鳥，狀如鶉，食之已癘，名曰肥遺。
又曰：辛塗山有鳥，名曰數斯，食之已瘻。
又曰：崑崙丘有鳥，名曰欽原，蠚獸則死，蠚木則枯。
又曰：灌題山有鳥，見人則躍，名曰竦斯。
又曰：梁渠之山有鳥，名曰囂，食之已腹痛，可以止衕。（治衕下也）
又曰：陽山有鳥，自爲牝牡，名曰象蛇。
又曰：虎山有鳥，名曰鵸鵌（音要）。其鳴自呼，服之不眯。
又曰：丑陽山有鳥，名曰䳜（音駅䳜），可以衛火。
又曰：翼望山有鳥，狀如烏，三首六尾，其名曰鵸鵌（音倚餘），服之使人不眯，又以禦凶。
又曰：青要山有鳥，名曰鴢（音窈窕之窈也），狀如鳧，青身而朱目赤尾，食之宜子。

又曰攻離山有鳥名曰嬰勺其狀如鵲赤喙白身其尾若
勺（似勺形）其鳴自呼
又曰鳥名青耕可以禦疫
又曰天帝山有鳥其狀如鶉黑文而赤翁（翁下頸毛）名曰櫟食
之已痔
又曰景山有鳥名鸓（鸓音）其如鵲而兩首四足
又曰北囂山有鳥狀如人面名曰鷩鵑夜飛而晝伏
又曰太行山有鳥焉其狀如鵲白身赤尾六足其名鶌鶌
鶺（音）
又曰馬城山有鳥狀如烏白首而身黃足其名曰鶌居食
之不飢
又曰號山有鳥名寓狀如鼠
又曰夢聯之山有鳥羣居而多飛其毛如雌雉名曰鵁鳥

鵁（交戊）
又曰畢張山有鳥狀如雉而文首白翼黃足名曰白鵺食
之已嗌
又曰小侯山有鳥其狀如烏而白文名曰鴣鸐（姑習兩音）
又曰北號山有鳥其狀如鷄而白首鼠足虎爪名曰鬿雀
食人
又曰翰次山有鳥狀如梟人面而一足名曰橐𩇯（音肥）冬夏
蟄服之不畏雷（著其毛羽令人不畏雷）

鳥卵

左傳哀公下曰子西曰勝如卵余翼而張之。漢書曰武帝
時大宛諸國獻大鳥卵（應劭曰如二石甕）條支國有大鳥卵如甕
魏志曰清河令徐孝龍取十三種物着篋中使管輅射之
先說鷄子後謂蚕蛹遂一一名之

吳志曰孫權太子嘗朝諸葛恪曰元遜何不食馬矢恪曰願
太子食鷄卵權曰人令卿食馬矢卿使人食鷄卵何也恪
曰所出同耳權大笑
晉書曰戴安道少時取鷄卵汁溲白瓦屑作鄭玄碑文手
刻字文既綺藻器亦妙絶
唐書武德中西蕃突厥葉護可汗遣使貢條支巨卵二
又曰貞觀二十一年西蕃吐陸可汗獻金卵瓶鳥鷇也卵
刻作禽獸而塗以黃金
山海經曰西王母山有沃民國鳳卵是食甘露是飲
韓詩外傳曰卵之性爲鷄不得良雞大育積日累久則不
成爲鷄
管子曰子夏云彫卵然後淪之所謂發積藏散萬物
墨子曰以他言非吾者猶以卵投石也盡天下之卵石猶

不毀也
孫卿子曰以桀詐桀則幸詐堯譬若以卵投石
又曰卵有毛是說之難持者也而惠施鄧析能精之然而
長者不貴非禮義之中也
淮南子曰越鷄不能伏鵠卵
又曰鴈北向鵲始加巢雉鴝呼卵
淮南萬畢術曰艾火令鷄子飛（取鷄子去其汁然艾火內空卵中疾風因舉之飛）
壘之累卵（取鹽塗卵取也卵置上即累矣）
抱朴子曰夏后始養食鳳卵而鳳去如此則鳳有種矣
揚子法言曰雌之不才其卵段君之才其民野（段卵不孚也）
其意不累其身不夷不惠可否之間
神仙傳曰有人病就茅君請福煮鷄子十枚以內帳中須
史茅君悉擲出其中無黃者並差有黃者不愈常以此爲候

阮籍大人先生傳曰若先生者以天地如卵耶小物細人欲論其長短議其是非豈不哀哉。博物志曰九竅者胎生八竅者卵生龜鼈黿諸鱗類皆卵生而影伏

幽明録曰桂陽羅君章二十許都未有志不屬意學問常晝寢夢得一鳥卵五色雜耀不似人間物夢中因取吞之於是漸有志向遂更勤學讀九經以清才聞

羅含傳云吞飛鳥卵

吴氏本草曰丹雞卵可作虎珀

張衡南都賦曰春卵夏筍

張孟陽洛禊賦曰浮素卵以蔽水洒玄醪於中河

鳥巢

尚書大傳曰古人鳳皇巢其樹好生惡殺

説文曰鳥在木上曰巢在穴曰窠

曾子曰鷹鷲以太山爲下而增巢其上

孫卿子曰古之王者烏鵲之巢可俯

莊子曰古者禽獸多而人民少於是民皆巢居以避之晝拾橡栗暮栖木上故命之曰有巢氏之民

又曰鵲上高城之墉而巢於高枝之顛城壞陵風而起

又曰至德之君烏鵲之巢可攀援而窺

淮南子曰鵲巢知風之所起言鵲作巢而知風一説背風也

陸賈新語堯以仁義爲巢舜以稷禼爲杖秦以刑罰爲巢故有覆巢破卵之患

太平御覽卷第九百二十八

太平御覽卷第九百二十九

鱗介部一

龍上

河圖曰舜以太尉即位與三公臨觀黃龍五采負圖出置
舜前以黃玉爲柙白玉檢黃金繩黃芝爲泥章曰黃帝符
璽（春秋運斗樞同）
又曰黃金千歲生黃龍青金千歲生青龍赤金千歲生赤
龍白金千歲生白龍玄金千歲生玄龍
又曰黃龍從雒水出詣虞舜鱗甲成字舜令寫之寫竟去
星經曰東方七宿爲蒼龍（木有鱗之類皆屬於木故龍爲鱗蟲之長）
歸藏明夷曰昔夏后啓土乘龍飛以登于天睪皋陶占之曰
吉○周易乾卦曰雲行雨施品物流形時乘六龍
又曰坤卦龍戰于野其血玄黃

又文言曰雲從龍
又說卦曰震爲龍
易通卦驗曰立夏清風至而龍昇天
尚書中候曰黃龍負卷舒圖
又曰青龍銜玄圖
大戴禮冠曰鱗蟲三百六十而龍爲之長
禮記禮運曰龜龍在宮沼龍以爲畜故魚鮪不淰（淰潛藏也）
禮含文嘉曰龍馬金王帝王之瑞也
左傳昭五曰鄭大水龍鬭于時門之外洧淵國人請爲禜
焉子產不許曰我鬭龍不我覿也龍鬭我獨何覿焉禳之
則彼其室也吾無求於龍龍亦無求於我乃止
又昭七曰秋龍見於絳郊魏獻子問於蔡墨曰吾聞之蟲
莫智於龍以其不生得也謂之智信乎對曰人實不智非

龍實智（言人實不智而謂之智非龍智也乃不智也）古者畜龍故國有豢龍氏
有御龍氏（豢養也）昔有飂叔安（飂古國也安其君名也）有裔子曰董父
（裔遠也玄孫之後爲裔也）實甚好龍能求其耆欲以飲食之龍多歸之乃
擾畜龍以服事帝舜帝賜之姓曰董氏曰豢龍故帝舜
氏世有畜龍氏及有夏孔甲擾于有帝帝賜之乘龍河漢
各二各有雌雄孔甲不能食而未獲豢龍氏有陶唐氏既
衰其後有劉累學擾龍于豢龍氏以事孔甲能飲食之夏
后嘉之賜氏曰御龍以更豕韋之後龍一雌死潛醢以食
夏后夏后嘉之既而使求之懼而遷于魯縣龍水物也水官弃
矣故龍不生得○春秋元命苞曰龍之言萌也陰中之陽
故言龍舉而雲興
史記曰昔夏后氏之衰有神龍二止於夏帝庭而言曰余
褒之二君也夏帝卜殺之從去之與止之莫吉卜請其漦

而藏之吉
又曰黃帝得土德黃龍見夏得木德青龍止於郊
漢書曰惠帝二年正月兩龍見蘭陵人家井中又曰文帝
時公孫臣以爲漢土德黃龍見張蒼以爲水德至十五年
黃龍見成紀下詔召臣爲博士
東觀漢記曰公孫述有龍出其府殿中夜有光耀述以爲
符瑞因稱尊號改元曰龍興○後漢書曰哀牢夷其先有
婦人捕魚水中觸沉木有孕生男子十人沉木化爲龍出
水上九男驚走一兒不去背龍因舐之後諸兒推爲哀牢
主○魏志曰華歆邴原管寧三人爲友號曰一龍歆爲龍
頭原爲龍腹寧爲龍尾
魏略曰文帝欲授禪郡國奏黃龍十三見明帝鑄銅黃龍
高四丈置殿前

晉書曰劉毅爲尚書左僕射時龍見武庫井中帝親觀之有喜色百官將賀毅獨曰昔龍降鄭時門之外子産不賀龍降夏庭沫流不禁卜藏其漦至周幽王禍釁乃發易稱潛龍勿用陽在下也證據舊典無賀龍之禮

又曰陸機嘗餉張華鮓于時賓客滿座華發器便曰此龍肉也衆未之信華曰試以苦酒濯之必有異既而五色光起機還問鮓主果云園中茅積下得一白魚質狀殊常以作鮓過美故以相獻

崔鴻十六國春秋前燕録曰慕容皝十二年夏四月黑龍一白龍一見於龍山皝親帥羣僚觀龍二百餘步祭之以太牢二龍交首嬉翔解角而去皝大悦還宫殿赦其境内號新宫曰和龍宫

晉書曰苻生初夢大魚食蒲又長安謡曰東海大魚化作

太九了九　三　辰壹

龍男便爲王女爲公問在何所洛城東時苻堅爲龍驤將軍第在洛門之東其後果驗

又曰呂光伐龜茲軍其城南營外夜有一黑物大如斷堤揺動有頭角目光若電及明而雲霧四周遂不復見旦視其處南北五里東西三十餘步鱗甲隱地之所昭然猶在光嘆曰黑龍也俄而雲起西北暴雨滅其跡杜進言於光曰龍者獸之君大人利見之象易曰見龍在田德施普也斯誠明將軍道合靈和德符幽契願將軍勉之以成大慶光有喜色

又曰馮跋弟素弗與從兄萬泥及諸少年遊于水濱有一金龍浮水而下素弗謂萬泥曰頗有見不萬泥等皆曰無所見也乃取龍而示之咸以爲非常之瑞

又曰雷煥子華度襄水劒躍入水化爲龍

又曰初桓温南州起齋悉畫龍於其上號曰盤龍齋玄篡而劉毅字希樂討玄玄死於盤龍齋而毅居之

沈約宋書曰劉穆之字道和嘗夢與高祖俱泛海忽值大風驚懼俯視船下見有二白龍挾船既而至一山峯巘聳秀林樹繁茂意甚悦之

宋書曰徐羨之嘗從兄履之爲臨海樂安縣嘗行經山中見黑龍長丈餘頭有角前兩足皆具無後足曳尾而行後文帝立羨之竟以凶終

又曰傅亮率行臺迎宜都王王舟舆發自江陵中流有黑龍躍出負王舟左右失色王顧長史王曇首曰此大禹所以受天命吾何德以堪之

齊書曰建武中荆大風雨龍入栢齋中柱壁上有爪足處刺史蕭遥欣恐畏不敢居也

太九了廿九　四　張呂壹

又曰初武帝夢金翅鳥下殿庭搏食小龍無數乃飛上天明帝初宗室多遇害其夢竟驗○梁書曰武帝郗后素妒忌及終化爲龍入于後宫井通夢於帝或見形光彩照灼帝體將不安龍輒激水騰涌於是井上爲殿衣服委積

南史曰梁江陵城壕中有龍騰出煥爛五色竦躍入雲六七小龍相隨飛去羣魚騰躍墜死於道龍出處爲窟若數百斛圓音端

三國典略曰陸法和拒任約至安南入赤亭湖法和乘輕舸不介胄泝流而下去約軍一里乃還謂將士曰彼龍睡不動吾軍之龍其能踊躍若待明日攻之當不損客而自破賊

陳書曰隨師濟江荆州呂肅敗後別師康世龍領大舸詐降欲燒隋艦更決死一戰於是有五黄龍備色象各長十

餘丈驟首連接順流而東風浪大起雲霧晦冥陳人震駭
不覺火自焚故隋文下詔以告郊廟
又曰宣帝初在江陵軍主李總與帝有舊每同遊處帝嘗
夜被酒張燈而寐總適出尋反乃見帝是大龍便驚走他室
後魏書曰波知國有三池傳云大池有龍王次者龍婦小
者龍子行人設祭乃得過不祭多遇風雪
又曰正元元年有黑龍如狗南走宣陽門躍穿門樓下而
出此魏衰之徵也
後周書曰大象中滎州有黑龍見與赤龍鬭於汴水之側
黑龍死
隋書曰源師初在齊遷在外兵郎中又攝祠部屬孟夏以
龍見請雩時高阿郍肱爲相謂真龍出大驚喜問龍所在
師整容報曰此是龍星初見依禮當雩祭郊壇非謂真龍也

唐書曰貞觀中汾州言青龍白龍見白龍吐物初在空中
有光如火至地陷入二尺掘之則玄金也形圓斜廣尺餘
高六七寸
又曰先天中玄宗以旱親往龍首池祈禱有赤虵自池中
而出雲霧四布應時澍雨
又曰褚無量字弘度杭州鹽官人幼孤貧勵志好學家近
臨平湖湖中有龍鬬傾里閭就觀之無量時年十三讀書
晏然不動及長精三禮及史記
又曰文宗太和二年五龍會於忞州袒産山之北次第而
上五芳之色具焉自申及戌而没
後唐史曰莊宗時五臺僧誠惠自號降龍師帝雅重之每
屈滕施敬諸王嬪御皆爲之拜誠惠悉倨坐而受之初自
臺山謁帝鎮州王鎔不爲之禮誠惠恚怒曰吾有毒龍五
百當努于命一龍揭片石常山其爲沼乎踰年而滹川大
溢敗鎮之郛或聞其言益以爲神繇是帝敬之愈篤
周史曰徐州豐縣民單興井中龍出民有子母三人同覩
之即時皆卒龍既出澍雨漂沫城内居民濟之以栰登城
以避水
管子曰龍被五色而遊故神欲小則如蚕蠋欲大則函天
地欲上則陵雲欲沉則伏泉
又曰蛟龍水蟲之神者也乘水則神立失水則神廢
墨子曰墨子北之齊遇日者曰帝以今日殺黑龍於北方
先生色黑不可以北
又曰帝以甲乙殺青龍於東方丙丁殺赤龍於南方庚辛
殺白龍於西方壬癸殺黑龍於北方若用子言則禁天下
之行也

孫卿子曰積土成山風雨興焉積水成川蛟龍生焉
莊子曰朱泙漫學屠龍於支離益殫千金之家三年伎成
而無所用其巧也
又曰子張見魯哀公哀公不禮託僕夫而去曰君之好
士也有似葉公子高之好龍也葉公好龍室屋彫文畫以
寫龍於是天龍聞而下之窺頭於牖拖尾於堂葉公見之
弃而還走失其魂魄五色無主是葉公非好龍也好夫似
龍而非真今君非好士也好夫似士而非者也新序又載
又曰孔子見老聃歸三日不談弟子問曰夫子見老聃亦
得何規哉孔子曰吾乃今於是乎見龍龍合而成體散而
成章乘乎雲氣養乎陰陽余口張而不能嗋子又何規老
聃哉
又曰河上有家貧恃緯蕭而食者其子沒淵得千金之珠

歸與其父其父謂其子曰取石來鍛破也夫千金之珠必
在九重之淵而驪龍頷下子能得珠者必遭其睡也如使
驪龍悟子尚奚微之有哉
韓子曰夫龍之爲蟲有狎而騎也然喉下有逆鱗徑尺若
嬰之則殺人人主亦有之説者能無嬰人主之逆鱗則幾矣
淮南子曰人莫欲學御龍而皆欲學御馬莫欲學治鬼而
皆欲學治人急所用也御龍治鬼不益世用故以御馬治人爲務矣
又曰伯益作井而龍登玄雲神棲崑崙伯益夏禹之佐也初鑿井泄地氣以後必瀆池而漁故龍登玄雲神棲崑崙一日龍在黄泉下恐害及故去之知愈多而德愈薄矣
又曰夫騰蛇游霧而騰龍乘雲而舉
又曰虎嘯而谷風生虎陰中陽獸也與風同類龍舉而景雲屬龍陽中陰蟲也與雲同類
又曰人不見龍之飛舉而能高者風雨之奉也奉助也

又曰燭龍在鴈門北蔽于委羽之山不見日其神人面龍
身而無足不見日故龍以目照之蓋長千里視爲晝瞑爲夜吹爲冬呼爲夏
新言曰漢祖驂三龍而乘雲路振長策而驅天下三龍人傑
又曰龍潛之水乘雲躍鱗虎嘯之聲因風奮烈達則振纓
朝堂窮則身親南畝
抱朴子曰山中辰日稱雨師者龍也
又曰西域方士能神祝者臨淵禹步吹氣龍即出浮其初
出乃長十數丈於是方士更吹之一吹則龍輒一縮至長
數寸方士乃掇取著壺中或有四五龍以少水養之以疎
物塞壺口於是方士聞有旱處便賫龍往賣之一龍直數
十斤金舉國會斂以雇之直畢乃發壺出一龍著淵潭之
中因復禹步吹之輒一吹一出長數十丈須臾雲雨四集
又曰有自然之龍有蛇蠋化成之龍

又曰夏時龍生於太廟之中
説苑曰吴王欲從民飲酒伍子胥諫曰不可昔白龍下清
冷之淵化爲魚漁且豫且射中其目白龍上訴天帝曰當
是之時若安置而形白龍對曰我下清冷之淵化爲魚天
帝曰魚固人之所射也若罪豫且何罪夫白龍天帝貴畜
也豫且宋國之賤臣也白龍不化豫且不射今棄萬乘之
位而從布衣之士飲酒臣恐其有豫且之患矣王乃止
吕氏春秋曰禹南濟江黄龍負舟人懼五色無主禹笑曰
吾受命於天竭力以養人奈何憂於龍龍弭耳而逃
又曰晉文返國介子推不肯受賞自爲詩賦曰有龍于飛
周徧天下五蛇從之爲之承輔龍反其鄉得其處所四蛇
從之得其露雨一蛇着之死於中野懸書公門而伏山下
文公聞之曰嘻此必介子推

家語曰鱗蟲三百六十而龍爲長水之怪龍罔象食而
冬蟄
皇甫謐帝王世紀曰太昊包犧氏風姓有景龍之瑞故以
龍紀官
又曰黄帝采首山銅鑄鼎荆山下有龍垂胡髯而下迎黄
帝羣臣欲從持龍髯髯拔遂墮
説文曰龍鱗蟲之長能幽能明能小能大能短能長春分
而登天秋分而入淵
山海經曰夏后啓乘兩龍雲蓋三層左手操翳右手操環
又曰鍾山之神名曰燭龍視爲晝瞑爲夜身長三千里
括地圖曰龍池之山四方高中央有池方七百里羣龍居
之多五花樹羣龍食之去會稽四千里
論衡曰龍以魚衆少者爲神

列仙傳曰騎龍鳴者於池中求得龍子狀如守宮十餘頭結草廬而守養之龍大稍稍去後五十餘年水壞其廬一旦騎龍來語云吾馮伯昌孫也此間人不去百里當皆死信之者皆去不信者以為妖言至八月水出死者以萬計

又曰陵陽子明者好釣釣得白龍子明解釣拜謝放之後數十年得白魚魚腹中有書教子明服食遂上黄山採五石脂石腑服之三年白龍來迎去陵陽山上百餘年

又曰馬師皇者黄帝馬醫有龍下垂耳張口師皇針其唇飲以甘草湯而愈後一旦負之而去

又曰陶安公者六安鑄冶師也數行火一旦散上紫色衝天安公伏冶下求哀須臾朱雀止冶上曰安公冶與天通七月七日迎汝以赤龍至期赤龍來安公騎之大雨東南上而去

又曰呼子先者漢中關下卜師也老壽百餘年臨去呼酒家老嫗曰急裝當與汝俱夜有仙人持二茅狗來呼子先子先持一與嫗嫗得而俱騎騎乃龍也上華陰山常於山上大呼言子先酒毋在此耳

太平御覽卷第九百二十九

太平御覽卷第九百三十

鱗介部二

龍下　蛟　螭

龍下

孫氏瑞應圖曰黃龍者神之精四龍之長也王者不漉池而漁德達深淵則應氣而游池沼

酈善長水經注曰浮圖澄别傳曰石虎時自正月不雨至六月澄詣滏口祠稽首曝露即日二白龍降於祠下於是雨遍千里○又曰石勒時天旱沙門佛圖澄於石井崗掘得死龍長尺餘濆之以水良久乃蘇呪而祭之龍騰空而上天即雨降因名龍崗

又曰交州丹淵有神龍每旱村人以菵草置淵上流魚則多死龍怒當時大雨

豫章記曰吳猛坐郭璞事被收寄載往南令船勾開戸船主闚船下有聲如在樹杪試窺之有二龍負船一宿至宮亭湖還豫章○三秦記曰河津一名龍門巨靈跡猶存去長安九百里水懸船而行旁有山水陸不通龜魚之屬莫能上江海大魚集門下數千不得上下即爲龍故云曝鰓龍門垂耳轅下

又曰龍首山長六十里頭入於渭尾達樊川頭高二十丈尾漸下高五六尺土赤不毛云昔有黑龍從山南出飲渭其行道因成土山故因名也

西河記曰張駿立謙光殿成後池中水有五龍晝日見移時乃滅水通變綠色駿即爲銅龍以歎之駿卒不勝此殿

廣雅曰有鱗曰蛟龍有翼曰應龍有角曰虬龍無角曰螭龍○方言曰龍未昇天曰蟠龍

齊諧記曰蛟龍畏練樹葉五色絲

漢武帝内傳曰王母乘紫雲之輦又駕九色之班龍

葛洪神仙傳曰費長房與壺公俱去後壺公謝而遣之長房憂不能到家公與所用竹杖騎之忽然如睡已到家以所騎竹投葛陂中顧之乃青龍也

管輅别傳曰龍者陽精以潛于陰幽靈上通和氣感神二物相扶故能興

楚國先賢傳宋玉對楚王曰神龍朝發崑崙之墟暮宿於孟諸超騰雲漢之表婉轉四瀆之裏夫尺澤之鯢豈能料江海之大哉○王子年拾遺録曰方丈山一名巒雉山東有龍場方千里有龍皮骨如山阜膚血如流水燕昭王時以龍膏爲燈光清澄若水光燄五色人以爲瑞

沈懷遠南越志曰蟠龍身長四丈青黑色赤帶如錦文常隨水而下入于海有毒傷人即死

人物志曰龍神不處罔罟之水鳳凰不翔尉羅之鄉

博物志曰昔禹平天下會羣臣於會稽之野防風氏後至殺之夏德之盛二龍降之禹使范成光御之以行域外既周而還至南海經防風防風之神見禹使怒而使射之有迅雷風雨二龍昇去二臣恐以刃自貫其心而死禹哀之乃拔其刃療以不死之草而皆活是爲穿匈民

又曰龍肉以醢漬之則文章生

異苑曰陶侃嘗捕魚得一織梭還挂於壁有頃雷雨梭變成赤龍從屋騰躍而去

任昉述異記曰漢和帝元年大雨有一青龍墮於宮中帝命烹之賜羣臣龍羮各一杯故李尤七命曰味烹龍羮

楊衒之洛陽伽藍記曰西方烏場國西有池龍王居之池

邊有一寺五十餘僧龍王每作神變國王祈請以金玉珎寶投之池中在後涌出令僧取之北寺衣食恃龍而濟世人名曰龍王寺

又曰西方不可依山甚寒冬夏積雪山中有池毒龍居之昔五百商人止宿池側值龍忿怒汎殺商人槃陁王聞之捨位與子向烏場國學婆羅門呪四年之中善得其術還復王位就池呪龍龍變爲人悔過向王王乃捨之

楚辭曰神龍失水而陸居爲螻蟻之所裁

蛟

禮記月令曰季秋伐蛟取鼉

史記曰劉媼嘗息大澤之陂夢與神遇是時雷電冥晦太公往視則見蛟龍於其上已而有身遂産高祖

漢書曰武帝元封五年帝自潯陽浮江親射蛟江中獲之

晉書曰周處字子隱義興陽羨人也父魴吴鄱陽太守處少孤未弱冠膂力絶人好馳騁田獵不脩細行縱情肆慾州里患之處自知爲人所惡乃慨然有改勵之志謂父老曰今時和歲豐何苦而不樂耶父老歎曰三害未除何樂之有處曰何謂也荅曰南山白額猛獸長橋下蛟幷子爲三矣處曰若此爲患吾能除之父老曰子若除之則一郡之大慶非徒去害而已處乃入山射殺猛獸因投水搏蛟蛟或浮或沉行數十里而處與之俱經三日三夜人謂之死皆相慶賀處果殺蛟而反

家語曰竭澤而漁則蛟不處其淵

山海經曰蛟似蛇而四脚小頭細頸有白嬰大者十數圍卵生子如一二斛甕能吞人○又曰禱過山有虎蛟魚身蛟尾音如鴛鴦○淮南子曰蛟龍寢於泉而卵剖陵

又曰一淵不兩蛟（蛟魚之長其皮有珠今世以爲刀劒之口是也一説魚二千斤爲蛟也）一棲不兩雄一則定兩則爭（以喻日月不得並明一國不可兩君也）

又曰流源千里深淵百仞非爲蛟龍也

又曰山致其高而雲雨起焉水致其深而蛟龍生焉君子致其道而福禄歸焉

又曰君子之居民上若以腐索御奔馬（雍容恐失民意）若展足涉氷蛟在其下（蛟龍鼉皮有珠能害人故曰蛟在其下）

孫卿子曰積水成川蛟龍生焉

呂氏春秋曰前有佽飛者得寶劒於干將遂還及涉江至於中流有兩蛟夾繞其船佽飛仗寶劒曰此中腐骨朽肉也赴江刺蛟殺之荆王聞之仕以執珪

馬明生别傳曰明生捕賊爲賊所傷道間見神女以肘後管中一丸藥與服即愈隨女入岱宗山石室金床玉几安期生從六七仙人見神女稱下官請陽九百六之數神女曰自頃四海水減溟湖成山連城之鯨萬丈之蛟不達斯運之度唯叩天索水辭訟紛紜有於上府三反煩於省察司陰亦疲於謹案矣

西京雜記曰瓠子河決有蛟龍從九子自決中逆上人河濆沫流波凡數十里

又曰董仲舒夢蛟龍入懷乃作春秋繁露○裴淵廣州記曰新寧郡東溪甚饒蛟及時害人曾於魚梁上得之其長丈餘形廣如楯脩頸小頭胷前赭背上青班脇邊若錦

尋陽記曰城東門通大橋常有蛟爲百姓害董奉疏一符與水中少時見一蛟死浮出○博物志曰澹臺子羽賫千金之璧渡河河伯欲之陽侯波起兩蛟夾船子羽左操璧右操劒擊蛟皆死既濟三投璧於河河伯三躍而歸之子羽

毀壁而去

又曰荆佽飛渡江兩蛟夾其船佽飛下劒盡斷其頭而風波静

又曰東海上有勇士菑丘訢者過神淵強使飲馬馬沉訢朝服拔劒入水三日三夜殺二蛟一龍而出雷電隨而擊之七日七夜眇其左目（韓詩外傳同）

又曰燕太子丹質於秦見遣而爲機橋於渭將殺之蛟龍夾舉機不得發

又曰人食鷩肉者不可入水爲蛟龍所吞

王子年拾遺録曰漢昭帝常遊渭水使羣臣漁釣爲樂時有大夫任緒釣得白蛟長三丈若大虵無鱗甲頭有一角長二尺軟如肉焉牙如脣外帝曰此魚鯽之類非珎祥也乃命太官爲鮓骨青肉紫味甚美帝後思之使罾者復覓終不得也

郭子横洞冥記曰文犀國去長安萬里在日南之南人長七尺被髮至踵乘犀象以爲車船乘象入海底取寶宿蛟人之舍夕得淚珠則蛟人所泣淚而成珠也亦曰泣珠

續齊諧記曰屈原五月五日投汨羅而死楚人哀之每至此日以竹筒貯米祭之漢武建中長沙區回白日忽見一士人自稱三閭大夫謂曰聞君常見祭甚善但常年所遺爲蛟龍所竊若今有惠可以楝葉塞其上五色絲縛之此二物是蛟龍所憚

説文曰蛟龍屬也魚滿三千六百歲蛟爲之長率魚而（飛去）

幼童傳曰魏太祖年十歲浴於譙水蛟來逼自奮水擊蛟乃退畢浴而還

王韶之始興記曰雲水源有湯泉下流多蛟害厲濟者遇之必笑而没

盛弘之荆州記曰襄城北汚水極深有蛟爲害太守鄧遐勇果時人方樊噲拔劒入水蛟遶其足遐自揮劒截蛟數段流血丹水自此無害

劉敬叔異苑曰丹陽人李增行經大溪見兩蛟在川引弓射之中一即死增歸因復出市有一女子素服銜淚捉所射箭增怪之問焉荅曰何用問爲若是君箭便以相還授矢而滅增惡而驟返未達家暴死於路

劉義慶幽明録曰晉安帝隆安初曲阿民謝盛乘船入湖採菱見一蛟來向船船迴避蛟又從其後盛便以叉殺之懼而還家經年無患至元興中普天亢旱盛與同旅數人步至湖中見先叉在地拾取之云是我叉人問其故具以實對行數步乃得心痛還家一宿便死

續搜神記曰長沙有人忘其姓名家住邊江有女子渚次澣紗覺身中有異復不以爲患遂妊身生三物皆如鯷（題夷二音）魚甚憐異之乃著澡槃水中養之經三月此物遂大乃是蛟子字大者爲當洪次者名破祖小者名撩岸天暴雨水三蛟一時俱出遂失所在後天欲雨此物輒來女亦知當來便出望之蛟子亦出頭望母良久方復去經年後女亡三蛟子至其墓所哭之經日乃去聞其哭聲狀如狗號

又曰安城平都縣尹氏居在郡東十里日黄屯尹佃舍在焉元嘉二十三年六月中尹兒年十三守舍見一人可年二十許騎白馬張繖及從者四人衣並黄色從東方而來於門呼尹兒來暫寄息因入舍中庭下坐牀一人捉繖覆之尹兒看其衣悉無縫馬五色班似鱗甲而毛有頃雨氣至此人上馬去顧謂尹兒曰明日當更來尹兒觀其去西

行蹋虛而漸外須臾雲四合白晝爲之晦瞑明日大水暴出山谷沸涌丘壑淼漫將撦尹舍忽見大蛟長三丈餘盤屈其舍頭焉

任昉述異記曰夏桀之末宮中有女子化爲龍不可近俄而復爲婦人甚麗而食人桀命爲蛟妾告桀吉凶之事

唐明皇雜錄曰開元中有黃門奉使自交廣而至方拜舞於殿下時國醫紀朋顧之謂上曰此人腹中有蛟龍明日當產一子則不可活也上驚問黃門曰有疾否曰臣馳馬大庾嶺時當大熱旣困且渴因於路傍飲野水遂腹中堅痞如石周即以消石雄黃煑而飲之立吐一物不數寸其大如指細視之鱗甲具備

楚辭曰蠥何食兮庭中蛟何爲兮木上

螭

淮南子曰乘雲車（雲轓之車）服應龍（龍有翼之龍服轅中也）驂青虯（青虯青龍）屬絕瑞蔕蘿圖（蘿圖上蔕也）雲黃路（雲黃所乘路車）前白螭（白螭先導）後賁蛇

呂氏春秋曰季孫氏刦公家（季孫尊公家政）事而自專孔子欲諭術則見外（孔子欲以進見遠外）於是受養而便說（孔子欲受其養而季子便說）魯國以訾孔子（訾毀）孔子曰龍食乎清而游乎清螭食乎濁而游乎濁魚食乎濁而游乎濁今丘上不及龍下不若魚丘螭耶夫欲立功者豈得中繩哉救溺者濡追逃者趨

王子年拾遺錄曰崑崙山第三層有螭潭百里多龍螭皆白色千歲一蛻其五藏此潭左側有五色石云是白螭之腸化爲石

楚辭曰乘水車兮荷蓋駕兩龍兮驂螭又曰駕青虯兮驂白螭吾與重華遊兮瑤之圃

宋玉高堂賦曰乘玉于兮駟蒼螭

九百三十卷

太平御覽卷第九百三十一

鱗介部三

龜

爾雅曰：龜三尺，貴。（今吳興陽羨縣君山上有池，池中有六眼龜。）龜俯者靈，（行頭低。）仰者謝，（行頭仰。）前弇諸果，（甲前長。）左倪不類，（行頭今江東所謂者以甲卜審。）右倪不若。（行頭右庳為右食，甲形皆爾。）一曰神龜，（龜之最神明。）二曰靈龜，（涪陵郡出大龜，甲可以卜，緣中文似瑇瑁，俗呼為靈龜，即今觜蠵龜，一名靈蠵，能鳴。）三曰攝龜，（小龜也。腹甲曲折，解能自張閉，好食蛇，江東呼為靈龜也。）四曰寶龜，（書曰：遺我大寶龜。）五曰文龜，（甲有文彩者。河圖曰：靈龜負書，丹甲青文。）六曰筮，（常在蓍叢下潛伏，見龜策傳。）七曰山龜，八曰澤龜，九曰水龜，十曰火龜。（此皆說龜生之處所。火龜猶火鼠耳。物有含異氣者，不可以常理斷，然亦無所怪。）

周易曰：或益之十朋之龜。

又說卦曰：離為龜。

京房易緯曰：靈蓍四十九莖，下有千歲神龜守之。

焦贛易林曰：龜猒江海，陸行不止，自令枯槁，失其都市。

尚書皋陶謨曰：畏命于元龜。

又禹貢曰：九江納錫大龜。

又曰：寧王遺我大寶龜。（文王也。遺我大寶龜，疑則卜之。）

尚書中候曰：堯沉璧於洛，玄龜負書出，於背中赤文朱字，止壇場。沉璧於河，黑龜出，赤文題。

又曰：周公攝政七年，制禮作樂，成王觀於洛，沉璧禮畢，王退，有玄龜青純蒼光，背甲刻書，上躋于壇，赤文成字，周公寫之。

雒書曰：靈龜者，玄文五色，神靈之精也。上隆法天，下法地，能見存亡，明於吉凶。王者不偏黨，尊耆老，則出。

洪範五行曰：龜之言久也，千歲而靈，此禽獸而知吉凶者也。

周禮天官上鼈人曰：春獻鼈蜃，秋獻龜魚。又春官下龜人曰：龜人掌六龜之屬，各有名物。天龜曰靈屬，地龜曰繹屬，東龜曰果屬，西龜曰雷屬，南龜曰獵屬，北龜曰若屬。凡取龜用秋時，攻龜用春時，各以其物入于龜室。（六龜各異室也。）

大戴禮曰：甲之蟲三百六十，而神龜為之長。

禮記月令曰：季秋登龜取黿。（甲類秋乃堅成，故是月登取。）

又學記曰：青黑緣者，天子之寶龜也。

又禮運曰：麟鳳龜龍，謂之四靈。

逸禮曰：天子龜尺二寸，諸侯八寸，大夫六寸，士民四寸。龜者陰蟲之老也。龜三千歲上游於卷耳之上，老者先知，故君子舉事必考之。

禮統曰：神龜之象，上員法天，下方法地，背上有盤法丘山，玄文交錯以成列宿，五光昭若玄錦，文運轉應四時，長尺

二寸，明吉凶，不言而信。

左傳襄二十三年曰：臧武仲自邾使告臧賈，且致大蔡焉。（大蔡，臧文仲所居大龜也。）曰：紇不佞，失守宗祧，（祧，廟。）敢告不弔。（言我為人後不至於道而失守紇。）之罪不及不祀，（不祀，絕也。言宜有後也。）子以大蔡納請，其可。（請為先人立後，其必可也。）賈曰：聞命矣。再拜受龜。

公羊傳定公曰：弓繡質，（質，柎。）龜青純。（純，緣。）

春秋運斗樞曰：瑤光星散為龜。

史記龜策傳曰：余至江南，觀其行事，問其長老，云龜千歲乃遊蓮葉之上。江傍家人嘗畜龜，飲食之，以為能導引致氣，有益於助衰養老，豈不偉哉。

史記褚先生曰：能得名龜者，財物歸之，家必大富至千萬。一曰北斗龜，二曰南辰龜，三曰五星龜，四曰八風龜，五曰二十八宿龜，六曰日月龜，七曰九州龜，八曰王龜，九八名龜

龜各有文在腹下此龜不必滿尺二寸民人得長七八寸可寶矣神龜出於江中廬江郡常歲時出龜長尺二寸者二十枚輸太卜官太卜官因以吉日剔取其腹下中龜千歲乃滿尺二寸有神龜在江南嘉林中嘉林者獸無虎狼鳥無鴟梟草無毒螫野火不及斧斤不至是謂嘉林龜在其中嘗巢於芳蓮之上左脅書文曰甲子重光得我者匹夫為人君有土正諸侯得我為帝王南方老人用龜支牀足行二十餘歲老人死後移牀龜尚生能行氣導引。又曰宋元王二年江使神龜使於河至於泉陽漁者豫且舉網得而囚之置之籠中夜半龜來見夢於宋元王曰我為江使於河而網當吾路泉陽漁者豫且得我我不能去身在患中王有德義故來告愬元王惕然乃召博士衛平而問之平曰龜也王求之泉陽豫且曰夜半舉網得龜使者載

行入端門見王延頸而前三步而止縮頸而却復其故處於是元王擇日齋戒以刀剝之元王之時衛平相宋宋國最強龜之力也

魏略曰文帝時神龜出於靈芝池

晉書曰懷帝永嘉元年有玉龜出於霸水也

崔鴻十六國春秋前燕錄曰海出大龜枯死於平墩遼東送之侍郎王弘以為宇文允得龜滅亡之徵也

晉書曰符堅末高陸人穿井得龜大三尺背上有文象八卦堅命太卜池養之食以粟及死藏其骨於太廟是夜廟丞高虜夢龜謂之曰我本出將歸江南遭時不遇殞命秦庭又有人夢於虜曰龜三千六百歲終必妖興亡國之象也其後竟驗。又載記曰乞伏國仁隴西鮮卑人也昔有如弗斯出連叱盧三部自漠北南出太陰山遇一巨蟲於路狀若神龜大如阜乃殺馬而祭之祝曰若善神也便開路惡神也遂塞不通俄而不見乃有一小兒在焉

南齊書曰永明年唐潛獻青毛神龜一頭。梁書曰元帝為江州刺史時有安成望族劉敬躬者田間得白蛆化為金龜將銷之龜生光照室敬躬以為神而禱之所請多驗也

三國典略曰梁陸法和至襄陽城北大樹下畫地方二尺令弟子掘得一龜長一尺五寸杖叩之曰汝欲出此已數百歲若不遇我豈見天子日為授三歸龜乃入草去

陳書曰武宣章皇后母常遇道士以小龜遺已光采五色曰三年有徵及朞后生紫光照室因失龜所在

隋書曰開皇中掖庭宮每有人來挑宮人宮司以聞帝曰門衛甚嚴人何從而入當是妖精耳因戒宮人曰若逢但斫之其後有物如人夜來登牀宮人抽刀斫之若中枯骨

其將落牀而走宮人逐之因入池而沒明日帝令涸池得一龜徑尺餘其上有刀迹煞之遂絕

唐書曰先天二年丁未江州獻靈龜六眸腹下有玄文象卦文

梁記曰朱友貞末年許州獻綠毛龜以為瑞因宮中造室以居之目為龜堂

晉史曰安州李金全之將叛也郡樓有介蟲如龜而巨鱗銳首能陷堅出於金全足下金全惡而焚之

列子曰渤海之東有大壑焉其中有山無所連著常隨潮波上下往還不得暫峙焉仙聖毒之訴於上帝帝恐流於西極失羣聖之居使巨龜十五舉首而戴之迭為三番六萬歲一交焉五山始峙而不動龍伯之國有大人舉足而不盈數十步而暨五山之所一釣而連六龜合負而趣歸

其國灼其骨以數焉

莊子曰莊子釣於濮水楚王使大夫往先白焉曰願以境内累子莊子持竿不顧曰吾聞楚有神龜死已二千歲矣巾笥而藏之廟堂之上此龜者寧其死留骨而貴乎寧其生而曳尾塗中乎大夫曰寧生而曳尾塗中莊子曰往矣吾將曳尾於塗中

又曰宋元君夜半而夢人被髮窺阿門曰予自宰露之淵予爲清江使河伯之所漁者余且得予元君覺召占夢者占之曰此神龜也君曰漁者有余且乎左右曰有君曰令余且會朝明日余且朝君曰若漁何得荅曰且之網得白龜五尺君曰獻若之龜龜至君再欲殺之再欲活之心疑卜之曰殺龜以卜吉乃刳龜以卜七十二鑽而無遺筴仲尼曰神龜能見夢於元君而不能避豫且之網智能七十二鑽而無遺筴不能避刳腸之患

淮南子曰龜三千歲蜉蝣不過三日以蜉蝣而爲龜憂養生之具人必笑之

又曰牛騶彘顱亦骨也而弗灼必問吉凶於龜者以其歷歲久也

抱朴子曰千歲靈龜五色具焉其雄額上兩骨起似角解人言浮於蓮葉之上或在叢蓍之下以來朱浴之乃剔取其甲火炙擣服方寸匕日三盡一具壽千歲

又曰山中辰曰稱雨師者龍也巳日稱寡人者社中蛇也稱時君者龜也

又曰郄儉少時行獵墮空冢中饑餓見冢中先大龜數數迴轉所向無常張口吞氣或俛或仰素聞龜能導引乃試隨龜所爲遂不復饑百餘日後竟能咽氣斷穀魏王奔置土室中閉試之一年不食顏色悦懌氣力自若

符子曰邦人獻燕昭王以大豕者曰於今百二十歲邦人謂之豕仙其羣臣言乎昭王曰是豕無用王命宰夫而膳之豕既死乃見夢於燕相曰今杖君之靈而化吾生也始得爲魯津之伯而浮舟者食我以粳粮之珎而欣君之惠將報子焉後燕相遊于魯津有赤龜銜夜光而獻

金樓子曰黄金滿筒不以投龜明珠徑寸豈勞彈雀

又曰巨龜在沙嶼間背上生樹木如淵島嘗有商人依其採薪及作食龜被灼熱便還海於是死者數千人

又曰陽郡山中有巨龜長八尺腹下有文字前後足下各躡一龜有時踰山越水咸觀異之

說苑曰靈龜五色色似玉背陰向陽上隆象天下平法地轉運應四時蛇頭龍脰左精象日右精象月知存亡吉凶之變

又曰城濮之戰文公謂咎犯曰吾卜戰而龜熸潛音我迎歲彼背歲彗星見彼操其柄我操其標吾又夢與荊上搏彼在上我在下吾以無戰子以爲何如咎犯對曰卜戰龜熸是荊人也我迎歲彼背歲彼去我從之也。又曰晉屠岸賈欲追趙氏趙盾夢見叔帶持龜而哭甚悲已而笑拊手且歌謂趙盾卜之占兆絶而後好趙史援占曰此甚惡非君之身

國語曰夫服心之文也如龜焉灼其中必文於外若楚公子不爲君必死不合諸侯矣。家語曰孔子問漆彫馮曰子事臧文仲武仲及孺子容此三大夫者孰爲賢乎對曰臧氏家有守龜焉文仲三年而爲一兆武仲三年而爲二兆孺子容三年而爲三兆馮從此見之若夫三人之賢與不賢所未敢識也孔子曰君子哉漆彫氏之子其言人之美也隱而顯言之過也微而著智不能及明不能見孰克如之

論衡曰龜三百歲大如錢游華葉上三千歲則青邊有距
山海經曰大苦山陽狂水出焉注于伊水中多三足龜
星經曰天龜五星在南漢中
廣志曰蟕（玆隹切）蠵（夷隹切）形如龜出交州山龜在山上食草
長尺餘
栁氏龜經曰龜一千二百歲可卜天地之終始何以言之
三千四十二占於天地千歲之龜甲黑龜有五色時用之
神仙傳曰南極子蠏即柸呪之即成龜煑之可食腹藏皆
具柸成龜殼煑取肉還成柸
會稽後賢傳曰孔愉字敬康嘗至吳興餘不亭見人籠龜
於路愉求買而放於溪中龜行至水反顧視愉及封此亭
而鑄印龜首迴屈三鑄不正有似昔龜之顧靈德感應如
此。華陽國志曰秦惠王十二年張儀司馬錯破蜀克之儀因

覽九三一　七

築城城終頹壞後有一大龜從硎而出周行旋走乃依龜
行所築之乃成。古史考曰伏羲時靈龜負河圖（八卦是也）
洛陽記曰禹時有神龜於洛水負文列於背以受禹文即
治水文也
南越志曰龜甲名神屋出南海生池澤中吳越謂之元衎
神龜大如拳而色如金上甲兩邊如鋸齒爪利而能緣大
木捕鳴蟬至美可食不中於卜以其小故也
嵩高山記曰千歲松或化爲伏龜
義興記曰君山廟其下有池池中有三足六眼龜
崔豹古今注曰龜一名玄衣督郵一名元緒
王子年拾遺録曰崑崙山第五層有神龜長一尺九寸四
翼萬歲則外木而居也亦能言矣
郭子横洞冥記曰黄安代郡人也常去自云卑猴不敢處
人間執鞭懷而欲書畫地以記其數一夕地成池矣明朡
移亦復成池時人謂言黄安舌耕年可八十餘視若童子
常服朱砂舉體皆赤冬不着衣坐一大神龜時人問子坐
此龜幾年對曰昔伏羲氏始造綱罟有此龜以授吾龜背
已平此蟲畏日月之光二千歲而一出頭我坐此龜已來
五遇出頭矣行則負龜而移世人謂黄安萬歲
博物志曰人有出行墜深泉澗者無出路饑餓分死左右
見龜虵甚多朝暮引頸向東方人因伏地學之遂不復饑
體殊輕便能巖　岸經數年後試竦身舉臂遂超出澗上
即得還家顏色悦懌頗更黠慧勝故還食穀啖滋味百餘
日中復其本質
又曰龜三千歲猶旋卷耳之上蓍千歲三百莖同本以老
知吉凶

覽九三一　八

神異經曰西方大荒中有人焉長丈其腹圍九尺踐龜虵
戴朱鳥知河海升斛識山石多少知天下鳥獸言語
續搜神記曰司徒蔡謨親友王蒙者單獨常爲蔡公所怜
公嘗令曰捕魚獲龜如車輪公付厨帳下倒懸龜着屋
蒙其夕纔眠已厭如此累夜公聞而問蒙何故厭荅云
眠輒夢人倒懸已公容慮向龜乃令人視龜所在果倒
懸着屋公嘆曰果如所度命下龜於地於是蒙即得安
寢龜乃去。又曰晉咸康中豫州刺史毛寶戍邾城有一
軍人於武昌市見人賣一白龜子長四五寸潔白可愛
實便買取持歸着瓮中養之日日大近欲尺許其人憐
之持至江邊放水中視其去後邾城遭石勒敗毛寶弃
豫州既越江莫不沉溺賣于時被鎧持刀亦同自投既入
水中覺如墮一石上水裁至腰須臾游去中流視之乃是

先所養白龜甲六七尺既送至東岸出頭視此人徐游而去中江猶迴首數焉○又曰鄱陽縣民黄赭入山採荊揚子遂迷不知道數日饑餓忽見一大龜赭便呪曰汝是靈物吾迷路不知道今騎汝背示吾路龜即回右轉赭即從行去十餘里便至溪水見賈客行舡赭即往乞食便語舡人云我向者於溪邊見一龜甚大可共往取之言訖面即生瘡既往亦復不見龜還家數日病瘡而死

劉敬叔異苑曰餘姚縣倉封印完全而開之覺大損耗後伺之乃是富陽縣桓王陵上雙石龜所食即密令毀龜口於是不復損耗

又曰孫權時永康有人入山遇一大龜即束之歸龜便言曰遊不良爲時君所得人甚怪之載出欲上吳王夜泊越里纜舡於大桑樹宵中樹呼龜曰勞乎元緒奚事爾耶龜曰我被拘縶方見烹臛雖盡南山之樵不能潰我樹曰諸葛元遜博識必致相苦令求如我之徒計從安出龜曰子明無多辭禍將及爾樹寂而止既至權命煑之焚柴萬車語猶如故諸葛恪曰燃以老桑乃熟獻人仍說龜樹共言權登使伐取煑龜立爛今烹龜猶多用桑薪野人故呼龜爲元緒

孔氏志怪曰會稽吏謝宗赴假吳中獨在舡忽有女子姿性妖婉來入舡問宗有佳絲否欲市之宗因與戲女漸相容留在舡宿歡宴繼曉因求宗寄載宗便許之自爾舡人恒夕但聞言笑兼芬馥氣至一年往來同宿密伺之不見有人方知是邪魅遂共掩之良久得一物大如枕須臾又得二物並小如拳以火視之乃是三龜宗悲思數日方悟自說此女子一歲生二男大者名道愍小者名道興既爲龜送之於江

廣五行記曰晉孝武太元中吳郡岑泉爲司農造碑於江畔湖西之村見石龜載碑從田中出還其先處萍藻猶在腹下其月泉暴亡

任昉述異記曰陶唐之世越裳國獻千歲神龜方三尺餘背上有文背科斗書記開闢已來命録之龜曆伏滔述帝功德銘曰湖書龜曆之文

又曰周時城陽雨錢終日方絶王莽時未央宮雨五銖錢既至地悉爲龜兒

又曰龜一千年生毛壽五千歲謂之神龜壽萬年曰靈龜

孫惠龜賦曰有緇衣之大夫兮衣玄纁之衣裳乘緇車之岌兮駕雲霧而翱翔風雨爲之電奮兮五色赫以焜煌

李顒龜賦曰質殊離象位定坎居賤彼孕蠙貴我靈符洛川見緯書洞祕賾通玄虛

太平御覽卷第九百三十一

太平御覽卷第九百三十二

鱗介部四

鼈　黿　鼉　弔

鼈

易說卦曰離爲鼈

爾雅曰鼈三足能（今吳興陽羨縣君山上有池中出三足鼈）

周書曰成王時長沙獻鼈鼊

周禮天官鼈人曰鼈人掌取互物以時籍魚鼈鼊（鄭司農云籍謂以杖刺泥中搏取之）春獻鼈鼊

禮記曲禮上曰水潦降不獻魚鼈（不饒多也）

又樂記曰土敝則草木不長水煩則魚鼈不大

魏略舊志曰昔北方有槀離之國者其王侍婢有身王欲殺之婢云有氣如鷄子來下我故有娠後生子王捐之於溷中猪以氣噓之徙馬欄馬以氣噓之王疑之以天子乃命其母收畜之名曰東明常令牧馬東明善射王恐奪其國欲殺之東明走南至淹水以弓擊水魚鼈浮爲橋東明得渡而魚鼈解散追兵不得渡東明因都王夫餘之地

後魏書曰夫餘之臣以朱蒙善射欲殺之朱蒙母以告朱蒙與烏連二棄之夫餘東南走遇一大水欲濟無梁蒙告水曰我是　河伯外孫今逃追兵垂及如何於是魚鼈並浮爲成橋朱蒙得渡追騎不得渡蒙至絶外骨城遂居焉○隋書曰崔弘度每誡其寮吏曰人當誠恕無得欺誑皆曰諾後嘗食鼈侍者八九人弘度一一問之曰鼈美乎人懼之皆云鼈美弘度於是大罵曰傭奴何敢誑我汝初未食鼈安知其美俱杖之八十官屬百工見之莫不流汗無敢欺隱

孫卿子曰跬步不休跛鼈千里（淮南子同）

莊子曰埳井之鼃謂東海鼈曰吾跳梁井幹之上入沐缺甃之岸樂亦至矣子奚不時來入觀乎海鼈左足未入而右膝已縶矣於是逡巡而却告之曰夫海千里之遠不足舉其大千仞之高不足極其深禹時十年九潦而水不爲加益湯時八年七旱而岸不加損夫不爲頃臾推移不以多少進退者此亦東海之大樂也於是蛙聞之適適然驚規然自失

韓子曰鄭縣人卜子妻之市買鼈以歸潁水以爲渴因縱而飲之遂失鼈

淮南子曰鼈無耳而目不可以瞥精於明也（不可以瞥瞥則見）

又曰王子慶忌足躡麋鹿手搏兕虎置之冥室之中不能搏龜鼈勢不便也（慶忌吳王僚之子也）

又曰大生小多生少天之道也故立阜不能生雲雨滎水不能生魚鼈者小也

又曰殺戎馬而求狐狸援兩鼈而失靈龜斷右臂而爭一毛折鏌鎁而爭鷄刀用智如此豈足高乎（高猶貴也）

又曰忠信形於內感動應於外故禹執干戚舞於階之間而三苗服（三苗畔禹禹風以禮樂而服也）鷹翔川魚鼈沉（禹以德服三苗猶鷹翔川上魚鼈恐皆深）飛鳥揚（鳥見鷹而揚去）必遠實也（鷹懷欲害之心故鳥魚知其情實故遠之）

說苑曰曾子有疾曾元抱首曾華抱足曾子曰吾無顏氏之才何以告汝雖無能君子務益夫華多實少者天也言多行少者人也夫飛鳥以山爲卑而層巢其巔魚鼈以淵爲淺而穿穴其中然所以得者餌也君子苟能無以利害身辱安從至乎

國語曰公父文伯飲南宮敬叔酒以露賭父爲客（賭父魯大夫客）

上客也羞鼈焉小賭父怒相延食鼈辭曰將使鼈長而後食
之遂出文伯之母聞之怒曰吾聞之先子曰祭養尸饗養
上賓言祭祀之禮尊養尸饗宴之禮養上賓鼈於何有而使夫人怒曰遂逐
之五日
呂氏春秋曰水之深則魚鼈歸之樹之盛則飛鳥歸之庶
草美則禽獸歸之人主賢則豪傑歸之
晏子春秋曰齊大旱景公召羣臣問曰寡人欲祀河伯可
乎晏子曰不可河伯以水爲國以魚鼈爲民彼獨不欲雨
乎祀之何益
山海經曰從山多三足鼈
續譚新言曰吳之翫水若魚鼈蜀之便山若禽獸
神仙傳曰汝南郡中常有鬼怪歲輙數出過時導從威儀
如太守入府打鼓周行內外乃還去甚以爲患後費長

房詣府君而正值此鬼來到府君門常徑入獨此來至門
而巳不敢前欲去長房厲聲呼使促前來鬼化作老公乃
下車把板伏庭中叩頭乞得自改長房曰汝死老鬼不念
良善無故導從盪突官府知當死不復汝真形此鬼須臾
即成大鼈如車輪頸長一丈許長房復令還就人形以一
札符付之令送與葛陂君鬼叩頭流涕持一札符去使人
追視之至陂邊以頸繞株而死
王子年拾遺記曰容山下有水多丹鼈魚皆能飛躍
星經曰天鼈十三星在南斗主水蟲
南越志曰海中有朱鼈狀如肺有眼六脚而常吐珠見則
天下大旱
崔豹古今注曰鼈一名河伯從事
博物志曰九竅者胎化八竅者卵生龜鼈黿鼉此諸類皆卵
生而影伏
又曰大腰無雄龜鼉類也無雄與蛇通氣則孕
又曰鼈剉令如棊擣赤莧汁和合厚以茅苞五六月中作
投於池澤中經旬臠臠成鼈
志怪曰昔有人與奴俱得心腹病治不能愈奴死乃剖腹
視之得一白鼈赤眼甚鮮淨以諸藥內鼈口中終不死後
有人乘白馬來者馬溺濺鼈縮頭藏脚乃試取馬溺灌之
豁然消成水病者頓飲一升即愈
淮南萬畢術曰青泥殺鼈得莧復生

黿

禮記月令曰季秋登龜取黿
左傳宣上曰楚人獻黿於鄭靈公公子宋與子家將見子
公之食指動以示子家曰他日我如此必嘗異味及入宰

夫將解黿相視而笑公問之子家以告及食大夫黿召子
公而弗與也子公怒染指於鼎嘗之而出
廣雅曰海黿大敏重千鈞
續漢書曰靈帝時江夏黃氏之母浴而化爲黿入于深淵
其後時時出見初浴簪一銀釵及見猶在其首
唐史曰韋丹少在東洛嘗至中橋見數百人喧集水濱乃
漁者網得大黿繫之橋柱引頸四顧有求救之意丹問曰
幾錢可贖曰五千丹曰吾驢直三千可乎曰可於是與之
放黿於水徒步而歸
淮南子曰桀之力別觡伸鉤觡骨也索鐵操金椎移大戲大獸
單之大獸水殺黿鼉陸捕熊羆
又曰積力之所舉則無不勝也衆智之所爲則無不成也
埳井之所無黿鼉隘也園中之無脩木小也

又曰高山險阻深林藂薄虎豹之所樂也人入之而畏川谷通原積水重淵黿鼉之所便也人入之而死

魏子曰夫樹樹異風人人異心不可以一檢量故黿鼉得水則生虎豹得水則死

晏子春秋曰齊三子爭桃古冶子曰吾嘗濟河黿銜左驂而入砥柱流冶潛行逆流百步從流九里得黿頭鶴躍而出若冶之功可以食桃

抱朴子曰在頭水有大黿常在深潭號爲黿潭此能作魅行病吳有道士戴炳者能視見之以越章封泥遍擲潭中良久有大黿徑長丈餘浮出不敢動乃格殺之而病者並愈又有小黿出羅列死於渚上甚多

書紀年曰穆王三十七年起師至九江以黿爲梁也

璅語曰范獻子獵占之曰此其繇也君子得黿小人遺冠

覽九百三十二　五　田繼

獻子獵而不得遺其豹冠

列仙傳曰廬山頂上有湖湖廣數頃黿鼉盈於水中

博物志曰屠黿鼉解其肌肉唯腸連於頭而經日不死猶能齧物鳥往食之則爲所得漁者或以張鳥雀

崔豹古今注曰黿爲河伯使者

搜神記曰齊景公渡于江沅之河黿銜左驂沒之衆皆惕懼古冶子於是拔劒從邪行五里逆三里至于砥柱之下乃黿也左手持黿頭右手挾左驂鸞躍鵠踴而出仰天大呼水逆流三百步觀者皆以爲河伯也

淮南萬畢術曰黿脂得火可以燃鐵（取黿殺之燒鐵如炭狀以卒其脂中鐵自然）燒黿致鼈（取鼈黿燒之自至）

楚辭曰乘白黿兮逐漁（言河伯遊戲近則乘黿也）

宋玉高唐賦曰黿鼉鱣鮪交積縱橫

鼉

毛詩文王靈臺曰鼉鼓逢逢

禮記月令曰季秋之月伐蛟取鼉

說文曰鼉水蟲似蜥蜴長丈所從黽單聲

汲冢周書王會曰會稽以鼉（注以其皮可冒鼓）

吳志曰孫亮初公安有白鼉鳴謡曰白鼉鳴龜背平南郡城中可求生守死不去來無成明年諸葛恪敗弟融鎮公安被收融刮金印龜背服而死（江表傳同）

莊子曰孔子觀於呂梁懸水三十仞流沫三十里黿鼉不得游見一丈夫游之數百步而出孔子請問曰有道乎丈夫曰吾長於性成乎命從水之道而無私焉

呂氏春秋曰帝顓頊令飛龍作八風之音以祭上帝乃會爲樂吕鼉乃偃寢以其尾擊腹其音美也

覽九百三十二　六　田繼

搜神記曰滎陽張福船行夜有女子乘小舟來投福云日暮畏虎不敢夜行福戲調之遂就福寢中夜月照乃見一白鼉枕福臂而卧福驚起鼉便去乘之舟乃枯槎也

郭義恭廣志曰鼉魚長三尺有四足高尺餘尾如蝘蜓而大南方嫁娶必得食之魏武赤壁還所掘得之是也

支僧載外國事曰私訶條國金道遼山有毗呵羅寺寺中有石鼉至有神靈衆僧飲食欲盡寺奴輒向石鼉作禮於是食具

許氏志怪曰沙門竺僧瑶得神符尤能治邪廣陵王家女病邪召瑶治之瑶入門便瞋目大罵老魅不守道敢干犯人女在內大喚云人殺我夫鬼在側曰吾命盡於今可爲痛心因歔欷悲啼又曰此神也不可爭傍人悉聞於是化爲老鼉走出中庭瑶入撲殺之

幽明録曰宋高祖永初中張春爲武昌太守時人有嫁女未及昇車忽便失性出外毆擊人乘亥巳不樂嫁俗人巫云是邪魅乃將女江際擊鼓以術祝治療春以爲欺惑百姓制期須得妖魅後有一青蛇來到巫所即以大釘釘頭至日中復見大龜從江來伏前更以赤朱書背作符更遣入立至暮有大白鼉從江中出乍沉乍浮向龜隨後催逼鼉自忿死冒來先入幔與女辭訣女慟哭云失其因好自此漸差或問巫曰魅者歸於何物巫云蛇是傳通龜是媒人鼉是其對所獲三物悉示春春始知靈驗

吊

裴氏廣州記曰吊蛇頭鼉身亦水宿亦水棲俗謂爲吊膏至輕利以銅瓦器貯之浸出而唯鷄卵盛之不漏磨治諸毒腫絶驗也

太平御覽卷第九百三十二

太平御覽卷第九百三十三

鱗介部五

蛇上

周易繫辭下曰尺蠖之屈以求信也龍蛇之蟄以存身也

爾雅曰螣螣蛇龍類也能興雲霧而遊其中淮南云螣蛇蟒王蛇郭璞注曰蟒蛇最大者故曰王蛇

左傳莊公曰初內蛇與外蛇鬭於鄭南門之中內蛇死六年而厲公入

又文下曰有蛇自泉宮出入于國如先君之數自伯禽至僖公十七君秋八月辛未聲姜薨毀泉臺魯人以為蛇妖所出而聲姜薨故壞之

又襄三叔向母曰深山大澤實生龍蛇

又襄五梓慎曰今茲宋鄭其饑乎蛇乘龍蛇玄武之宿虛危之星

史記曰秦文公夢黃蛇自天下屬地其口出於鄜衍文公問史敦敦曰此上帝之徵君其祠之於是作鄜畤

漢書曰高祖以亭長送徒驪山夜行經豐西大澤中有大蛇當道拔劍斬之遂行後人至者見一老嫗哭蛇曰此白帝子也向赤帝子過而殺之嫗因忽然不復見

後漢書曰華佗嘗行道見有病咽塞者咽喉也因語之曰向來道隅有賣餅人蓱齏甚酸可取三升飲之病自當去即如佗言乃立吐一蛇

晉書曰杜預先在荊州因宴集醉卧齋中外人聞嘔吐聲竊窺於戶而見一大蛇垂頭而吐聞者異之

又曰樂廣常有親客久闊不復來廣問其故荅曰前在坐蒙賜酒方欲飲見盃中有蛇意甚惡之既飲而疾于時河南聽事壁上有角漆畫作蛇廣意盃中蛇即角影也復置酒於前處謂客曰酒中復有所見不荅曰所見如初廣乃告其所以客豁然而解沉痾頓愈

又曰趙王倫篡位殿上有大蟒及小蟒耳間垂肉似重孝幘小蟒亦然

又曰慕容熙遊于城南止大柳樹下若有人呼曰大王且止熙惡之伐其樹乃有蛇長丈餘從樹中而出

又曰沮渠蒙遜攻浩亹而蛇盤於帳前蒙遜笑曰前為一騰蛇今盤在吾帳天意欲吾回師先定酒泉燒攻具而還

沈約宋書曰劉秀之少孤貧有志操十許歲時與諸兒戲於前渚忽有大蛇來勢甚猛莫不顛沛驚呼秀之獨不動衆並異焉

南史曰梁主衣庫見黑蛇長丈許數十小蛇隨之舉頭高丈餘南望俄失所在帝又與宮人幸玄州苑復見大蛇盤屈於道羣小蛇遶之並黑色帝惡之宮人曰此非怪也恐

是錢龍帝勑所司即日取數十萬錢鎮於蛇處以厭之因設法會赦囚徒賑窮乏退居栖心省又有蛇從屋墜落帝幘上忽然便失又龍光殿上所御肩轝復見小蛇縈屈輿中以頭駕夾膝前金龍頭上見人走逐之不及

梁書曰倭國有獸如牛名山鼠又有大蛇吞此獸蛇皮堅不可斫其上有孔乍開乍閉時或有光射中之蛇則死矣

陳書曰後主末年昏淫政亂秘書監傅縡上書諫諍後主逼令自盡死後有惡蛇上屋來靈床當前受祭酹而去復來古有餘日時有彈指聲俄而隕滅

後魏書曰東魏孝靜帝武定中有大蛇見武牢城上時其豫州刺史高仲密以孝牢叛死者數千人後武消難之任武牢蛇又見消難亦叛土人謂之雌龍

隋書曰煬帝大業末年翟讓初見李密哀在格上密歷帶

化爲赤虵讓心異之竟爲𥨊所殺
又曰薛濬初爲童兒時與宗中諸兒遊戲于澗濵見一黄虵有角及足召羣兒共視了無見者濬以爲不祥歸而憂悴母逼而問之濬以實對時有胡僧詣宅乞食濬母怖而告之僧曰此乃兒之吉應且是兒也早有名位然壽不過六七耳言終而出忽然不見時咸異之既而壽終於四十二六七之言於是驗矣
又曰李𥨊據偃師王世充領兵討之夜有班蛇長丈餘向寢屋作聲如牛吼執伏者斬之明日戰大潰疋馬歸國
唐書曰太宗屯桓壁常欲覘敵濬軍遠抄騎皆四散太宗與一甲士登丘而睡俄然賊兵四面雲合不之覺也會有虵逐鼠觸甲士驚起因見賊至遽白太宗而俱上馬馳百餘步爲賊所及發大羽箭射之殪其驍將賊騎乃退當時

以爲神異焉
又曰建中三年趙州寧晉縣仁孝里沙北有棠樹甚茂百姓禱之爲神忽有羣虵數千自東南來趨北岸集棠樹下爲二積留居南岸者爲一積俄有三龜徑寸繞行積傍積虵盡死而後各登其積野人以告虵腹皆有瘡若矢所中
又曰元和中五坊小使每群聚於賣酒食家肆情飲啖將去留虵一篋誡之曰吾以此虵致供奉鳥雀可善飼之無使飢渴主人賂而謝之方肯携虵篋而去
又曰李朝晟爲邠州刺史城方渠無水師徒囂然遽有青虵乘高而下視其跡水隨而流朝晟令築防環之遂爲停泉軍人仰飲以足圖其事上聞詔致祠焉
又曰劉賓國有鼠喙尖而尾赤能食虵有被虵螫者鼠輒嗅而尿之其瘡立愈

後唐史曰清泰三年春有虵鼠鬭于師子門外而鼠殺虵
晉史曰高祖即位之前一年歲在乙未鄴西李固橋下鼠與虵鬬鬬及日之中虵不勝而死行人觀者志之後唐果滅於申
周史曰太祖常寢柴后見五色小虵入顴鼻間心異之知其必貴敬奉愈厚
戰國策曰昭陽爲楚伐魏覆軍殺將移師攻齊陳軫爲齊王使見昭陽曰楚有祠者賜其舍人酒一卮（卮酒器也受四升卮章移切）舍人相謂曰數人飲之不足一人飲之有餘請各畫地爲虵虵先成者飲酒一人先成引酒且飲之乃左手持卮右手畫虵曰吾能爲之足爲足未成一人虵後成奪其卮曰虵故無足子安能爲之足遂飲其酒爲虵足者終亡其酒令公攻魏破軍殺將又將移師攻齊齊畏公甚戰勝不知

止猶爲虵足昭陽解軍而歸。孫子兵法曰善用兵者譬如率然率然常山之虵也擊其首則尾至擊其尾則首至擊其中身則首尾俱至
慎子曰騰虵游霧飛龍乘雲雲罷霧散與蚯蚓同
韓子曰昔黄帝合鬼神於西太山作爲青角虎狼在前蟲虵伏後
又曰蟺似虵而蠶似蠋（蠋音蜀）人見虵則驚駭見蠋則毛起漁者持蟺婦人拾蠶利之所在皆爲賁諸
又曰鴟夷子皮事田成子成子去齊亡之燕鴟夷子皮負傳而從至望邑曰子獨不聞涸澤之虵乎澤涸將徙有小虵謂大虵曰大虵行而小虵隨之人以爲虵之行者耳必有殺子子不如相銜負我以行人必以我爲神也乃相負越公道而行人皆避之今子美而我惡以子爲我上客一

乘之君也以子爲我使者萬乘之御也不如爲我舍人田成子負傳而隨之至逆旅君待之甚敬因獻酒肉

淮南子曰越人得蚺蛇以爲上肴中國得而棄之無用（蚺蛇大蛇也其長數丈）

又曰犧牛騂毛宜於牲其象以致雨不若黑蛇（黑蛇黑色蚺屬也蛇潛於水神象能致雨也）

又曰神蛇能斷而復屬而不能使人勿斷也

又曰昔容成氏之時道路鴈行而處（容成黃帝時造曆上）託嬰兒於巢上致餘糧於畝首虎豹可尾虺蛇可蹍

又曰虎豹不可使緣木蝮蛇不可以安足

淮南万畢術曰烏喙蛇肝病病作不苦（取烏喙蛇肝各等治和丸如梧桐實欲作吞一九人不倦矣）

抱朴子曰巳日山中稱寡人者社中蛇也

又曰或問隱居山澤治蛇蝮之道曰昔員丘多大蛇又生好藥黃帝將登焉廣成子教之佩雄黃而蛇去也今帶武都雄黃色如鷄冠者五兩以入山林則不畏蛇蛇若中人以少許雄黃末傅之瘡中登愈

又曰蛇類雖多唯有蛇蝮中人至急一日不治則殺人若不曉方術而爲此蛇所中者但以刀割瘡肉投地其肉沸如火須臾燋盡而人得活也

山海經曰泰華山有蛇名曰肥遺六足四翼見則天下大旱

又曰巴蛇吞象三歲而出骨君子服之已心腹之疾（今南方蚺蛇吞鹿已爛自絞於樹腹中骨皆穿鱗甲間出此類也）

又曰大同之山有蛇名曰長蛇其毛如彘豪其音如鼓柝（如鼓人擊拆身音吒）

又曰鮮山多鳴蛇其狀如蛇四翼音如磬見則大旱

又曰黑齒人爲人黑齒有蛇一赤一青在其傍

又曰雨師爲人黑手各操一蛇

星經曰螣蛇二十二星在室北近河主蟲蛇

說苑曰齊景公獵上山見虎下澤見蛇問晏子曰此不祥耶曰有賢不知知而不用用而不任此不祥耶山是虎室澤是蛇窟何不祥乎

新序曰太子申生至靈臺蛇遶左輪御曰速得國之祥太子遂不反伏劒而死

賈誼書曰晉文公出田前驅還曰前有大蛇其高如隄橫道而處文公曰還車而歸其御曰臣聞祥則迎之妖則凌之今前有妖請攻之公曰不可吾聞天子夢惡則脩道諸侯夢惡則脩政大夫夢惡則脩身善是則禍不至今我有失行而天戒以妖我若攻之是逆天令也乃歸齋宿而請於廟退而脩政居三日夢天誅蛇曰爾何敢當聖君之路文公覺令人視之蛇已魚爛矣（新序同）

又曰孫叔敖之爲兒出遊還憂而不食其母問其故泣而對曰今旦見兩頭之蛇恐死母問曰今蛇安在曰聞見兩頭蛇者死恐他人復見之已殺而埋之母曰無憂汝不死矣吾聞之有陰德者天報以福（新序同）

列仙傳曰玄俗者自言河間人餌巴豆雲母賣藥於都市七丸一錢治百病河間王病買服之下蛇十餘頭

酈善長水經注曰南鄉故城城南外舊有郡社柏樹大三十圍蕭欣爲郡伐之言有大蛇從樹腹中墜下大數十圍長三丈小蛇數十隨之入南山聲如風雨伐樹之前見夢於欣欣不以厝意及伐之少日果死

又曰漢水又東合洛水水有二源合注壑於神蛇戍西左

右山溪多五色虵性馴良不爲物毒
又曰交州山多大虵名曰蚺虵長十丈圍七八尺常在樹上伺鹿獸鹿獸過便低頭繞之有頃鹿死先濡令濕訖便合頭角噭之骨皆鑽皮出山夷始見虵不動時便以大竹籤籤虵頭至尾殺而食之以爲珍異故楊氏南裔異物志曰蚺唯大虵既洪且長采色駮犖其文錦章食灰吞鹿腴成養創賓享嘉宴是豆是觴言其養創之時肪腴甚肥

太平御覽卷第九百三十三

太平御覽卷第九百三十四

鱗介部六

蛇下

蛇下　虺

風俗通曰車騎將軍巴郡馮緄字鴻卿為議郎發綬笥有二赤蛇可長三尺分南北走大用憂怖許季山孫憲得先人秘要緄請使卜云君後三歲當為邊將東北四五千里官以東為名後五年為大將軍南征此吉祥也

蜀王本紀曰秦王知蜀王好色乃獻美女五人蜀王遣五丁迎女還梓潼見一大蛇入山穴中一丁引其尾不能出五丁共引蛇山崩壓五丁

玄中記曰東海有蛇丘之地衆蛇居之無人民多神蛇或人頭而蛇身

又曰崑崙西北有山周迴三萬里巨蛇長萬里蛇常居此山飲食滄海

陳留風俗傳曰小黄縣者宋地故陽武東黄鄉也因黄水以名縣沛公起兵野戰喪皇妣于黄鄉天下平定乃使者以梓宮招䰟幽野於是丹蛇在水自洗濯入于梓宮其浴有遺髮故謚曰昭靈夫人

雷次宗豫章記曰永嘉末有大蛇長十餘丈斷道經過者輙以氣吸引取之吞噬已百數行旅斷道道士吳猛與弟子數人往欲殺蛇蛇藏深穴不肯出猛符南昌社公蛇乃出穴頭高數丈猛於尾緣背而以足蹙蛇頭著地弟子於後以斧殺之

裴淵廣州記曰晉興郡蚺蛇嶺去路側五六里忽有一物大百圍長數十丈行者過視則往而不返積年如此失人甚多董奉從交州出由此嶠見之大驚云此蛇也住行旅施符勑經宿往看蛇已死矣左右白骨積聚成丘

鄧德明南康記曰南野嶰山有漢太傅陳蕃塚墓西厓有廟名曰宮渚昔值軍亂聞墓有三寶軍人爭掘指摩必營忽大蛇圍繞墳前崩雷晦雨當時竟不得發

宋永初山川記曰興古郡有大蛇名青葱有大蛇名赤頸

又曰柴桑縣有飛蛇

外國圖曰圓丘有不死樹食之乃壽有赤泉飲之不老有大蛇多為人害不可得居帝遊圓丘以雌黄精厭大蛇

郭子橫洞冥記曰蛇珠出塗云國有青靈蛇産珠色光白如璦琰之類

博物志曰蝮蛇秋月毒盛無所螫草木以泄其氣草木即死樵採設為此草木所傷刺者亦殺人

又曰地三年種蜀黍其後七年多蛇

廣志曰永昌郡有岐尾蛇

又蝮蛇與土色相亂長三四尺其中人以牙歷之截斷皮出血則身盡痛九竅血出而死

列異傳曰壽光侯者漢章帝時人劾百鬼衆魅有婦為魅所病侯劾得大蛇又有大樹人止之者死鳥過亦死侯劾樹夏枯有蛇長七八丈懸而死

搜神記曰魯定公元年有九蛇繞柱占以為九世廟不祀乃立煬宮

又曰隋侯行見大蛇傷救而治之其後蛇銜珠以報之

又曰竇武母産武而并蛇蛇送之林中後母卒及葬未定有大蛇自榛草而出赴喪所以頭擊柩涕血頭而去時人知為竇氏之祥

又曰宋元嘉中廣州有三人共入山中伐木忽見石窠中有三卵大如升便取煮之湯始熱便聞林中如風雨聲須臾有一蛇大十圍長四五丈逕來於湯中銜卵而去三人無幾皆死

又曰秦瞻居曲阿彭皇野忽有物如蛇突入其腦中蛇來先聞臭死氣便於鼻中入盤其頭中覺泓泓冷聞其腦間食聲咂咂數日而出去尋復來取手巾急縛口鼻亦被入積年無他病唯患頭重

異苑曰太元中汝南人伐竹見一竹中央蛇形已成上枝葉如故吳郡桐廬民嘗伐餘遺竹見一宿竿成雉頭頸盡就身猶未成此亦竹爲蛇蛇爲雉也

又曰薪野蘇卷常與奴婢居野舍每至飯時輒有一物來其狀似蛇長七八尺五色光鮮卷異而飴之遂經數載產

業加焉奴後密打殺即得能食病日進三斛飯猶不爲飽少時而死

又曰丹陽鍾忠以元嘉冬月晨行見有一蛇長二尺許文色似青瑠璃頭有雙角白如玉忠感而畜之於是資業日登經年蛇自亡去忠及二子相繼殞斃此蛇來吉去凶其唯龍乎

又曰魯國牟縣象山上有寺廟今民欲架室者輒見大蛇數十丈出來驚人故莫得安焉

周景式廬山記曰安侯世高者安息國太子與友人共出家學道友人好恚怒死受蟒報爲此宮亭廟神世高於廣州爲人所殺還生安息國復爲王子年二十又棄國入吳之宮亭泊舡過呼友人與語友人身長數十丈見世高向之胡語竟各分去暮有一少年上世高舡跪受呪願因忽不見世高語同舡人曰向少年即此廟神也得離惡形矣蟒既見世高從山南過死山北今栞柴民所居蛇里是也

幽冥錄曰會稽謝祖之婦初育一男又生一蛇長二尺許便逕出門去後數十年婦以老終祖忽聞西北有風雨之聲須之見一蛇長十數丈腹可十餘圍入戶逕靈座因至柩所繞數匝以頭打柩目血淚俱出良久而去

又曰會稽郡吏鄮音懋縣薛重得假還家夜戶閉聞妻床上有丈夫眠聲喚妻久從床上出未及開戶重持刀便逆問妻曰醉人是誰妻大驚愕因若自申明實無人意重家唯有一戶搜索了無所見見一大蛇隱在床脚酒臭重便斬蛇寸斷擲於後溝經數日而婦死又數日而重卒死經三日復生說始死有人桎將重到一官府見官寮問何以殺人重曰實不曾行凶曰寸斷擲在後溝此是何物重曰此

是蛇非人府君愕然而悟曰我當用爲神而敢淫人婦又妄訟人勅左右召來吏卒乃領一人來着平巾幘具詰其淫妻之過將付獄重乃令人送還

廣五行記曰晉吳興太守袁玄瑛嘗之官請郭璞筮吉凶璞曰至官當有赤蛇爲妖不可殺之後到府果有赤蛇在銅虎符函上蟠玄瑛家人過殺之其後玄瑛爲徐馥所害

又曰晉安帝義熙末年殷仲文年十三父亡家有大柱有大蛇長丈或戴其堂屋或拔其炊釜置地家人棄舍奔散唯仲文居喪如故然仲文後竟爲宋高祖所戮

又曰陳時吳興顧楷在田上樹取桑葉見五尺大蛇入一小穴其從蛇相次或三尺或五尺次第相隨略有數百楷急下樹看所入之處了不見有一孔日暮還家楷病口噤不復得語

又曰東光人東方飛龍病甚夢化爲大黑虵以告其妻既死遂有大黑虵入室上棟間飛龍諸子將殺之其母曰此是爾父諸子不用母言遂殺之即日暴雨諸子皆震（死而）前

唐景龍文館記曰興慶池者長安城東隅形勢之地也中多王侯第宅天后初有居人王純掘地獲黃金百斤致富官司聞之審加搜獲純懼投於井中縣官窺之見雙赤虵仰首張吻遂不敢入純以此金當爲已復入井取之還見赤虵赫然蟠屈純懼而出其夜井水涌溢漸成此池可廣百餘頃

嶺表錄異曰南土有金虵亦名錫虵又名地鮮州土出黔中桂州亦有即不及黔南者其虵麄如大指長一尺許鱗甲上有金銀解毒之功不下吉利也

又曰蚺虵大者五六丈圍四五尺以次者亦不下三四丈

圍亦稱是身有班文如故錦纈俚人云春夏多於山林中等鹿過（則銜之自尾而吞惟頭角礙於口即深入林樹間閣其首伺鹿壞頭角墜地）鹿身方嚥入腹如此後虵極羸弱及其鹿消壯俊悦懌勇健於未食鹿者或云一年則食一鹿

又曰兩頭蛇嶺外多此類時有如小指大者長尺餘腹下鱗紅背錦文一頭有口眼一頭似頭而無口眼云兩頭俱能進退亦謬也昔孫叔敖見之不祥乃殺而埋之恐他人見復受其禍南人見之爲常其禍安在

吴氏本草經曰虵脫一名龍子單衣一名弓皮一名虵附一名虵筋一名龍皮一名龍單衣

楚辭曰蝮虵蓁蓁封狐千里

傅玄神虵銘曰嘉茲虵靈斷而能續飛不須翼行不假足

楊雄客難曰獨不見翠虵絳螭之將登天乎必奮身於蒼梧之淵背浮雲翼疾風而上

虺

毛詩鴻鴈斯干曰唯虺唯虵女子之祥

國語曰吴伐越越王請盟吴王將許之申胥（申胥伍子胥）曰不可許大夫種勇以善謀將還玩吴國於股掌之上以娛辭順志虺而弗剗爲虵將若之何吴王不聽乃許盟

搜神記曰陳留阮士禹傷於虺不忍其痛數嗅其瘡已而虺成於鼻中

任昉述異記曰虺五百年化爲蛟蛟千年化爲龍龍五百年而爲角龍又千年爲應龍○楚辭曰雄虺九首儵忽焉在

孔融荅路粹書曰朱彭寇賈之徒當世壯士惡相攻能爲國患輕薄劣弱者如兩虺相齧適足還災其身誠無所至

太平御覽卷第九百三十四

太平御覽卷第九百三十五

鱗介部七

魚上

星經曰天魚一星在尾後河中星明則河海出大魚

周易姤卦曰包有魚義不及賓也

又中孚曰豚魚吉信及豚魚也

又明象曰筌者所以在魚得魚而忘筌也

毛詩曰潛季冬薦魚春獻鮪也冬魚之性定春鮪新來且薦

又魚藻曰魚在在藻有頒其首毛云頒大首皃也

禮記曲禮曰凡登宗廟之魚曰商祭鮮魚曰脡祭

尚書益稷曰暨鳥獸魚鼈咸若注微物咸順之

左傳昭元劉子曰善哉禹功明德遠矣微禹吾其魚乎

又昭元曰魚鹽蜃蛤弗加於海

春秋運斗樞曰四方煩擾小民失恩虎銜魚

爾雅曰魚有力者鱴強大多力者音嗶魚枕謂之丁枕在魚頭骨中形似篆書丁字可作印魚腸謂之乙魚尾謂之丙此皆似篆書字因以名焉禮記曰魚去乙然則魚之骨體盡似丙丁之屬因形名之

史記周本紀曰武王渡河中流白魚躍入舡中武王俯取以燎之

漢書曰陳勝吳廣爲屯長領兵戍漁舉大討威兵士以丹書帛曰陳勝王置所罾人魚腹中兵買魚見書

東觀漢記曰世祖率鄧禹等擊王郎橫野將軍劉奉大破之上過禹營禹進炙魚上飱啗勞勉士吏威嚴甚厲衆皆竊言劉公真天人也

謝承後漢書曰會稽陳囂少時於郭外水邊捕魚人有盜取之者囂見避之草中追以魚遺之盜慚愧不受自是無復盜其魚

後漢書曰羊續爲南陽太守府丞嘗獻其生魚續受而懸於庭丞後又進之續乃出所懸者以杜其意

魏志曰黃初六年帝東征吳文德郭后留譙時后從兄弟欲遏水取魚后曰今奉車所不足豈此魚乎

吳志曰孫權時謠云寧飲建鄴水不食武昌魚寧還建鄴死不止武昌居

晉書曰王延性仁孝繼母卜氏嘗盛冬思生魚勑延求而不獲杖之流血延尋汾叩凌而哭忽有一魚長五尺躍出水上延取以進母卜氏食之積日不盡於是心悟撫延如己生

又曰五部單于賢王劉豹妻呼延氏魏嘉平祈子於龍門俄而有一大魚頂有二角軒鬐躍鱗而至祭所久之而去巫覡皆異之曰此嘉祥也其夜夢旦所見魚變爲人左手把一物大如半鷄子光景非常授呼延曰此是日精服之生貴子寤而告豹豹曰吉徵也自是十三月而生元海

又曰錢唐杜子恭有秘術嘗就人借瓜刀其主求之恭曰當即相還耳旣而刀主至嘉興有魚躍入舡中破魚得瓜刀

又曰吳隱之爲廣州刺史帳下人進魚每剔去骨存肉隱之覺其用意罰而黜焉

宋書曰王弘之性好釣上虞江有一處名三石頭弘之常垂綸於此經過者不識之或問魚師得魚賣不弘之曰亦不得得亦不賣日夕載魚入上虞郭經親故各以一兩頭置門而去

沈約宋書曰明帝太始二年幸華林園天淵池白魚躍入御舟

齊書曰中興元年義師下未至竟陵三十里魚長三尺躍
入御舡中
梁書曰張昭字德明幼有孝性父漢常患消渴嗜鮮魚昭
乃身自結網捕魚以供朝夕
又曰王固嘗聘魏因晏饗昆明池魏人以南人嗜魚大設
罟網固以佛法呪之遂一鱗不獲
崔鴻十六國春秋前凉録曰金城太守胡曷叛張軌遣都
護宗毅治中令狐瀏討之濟河中流白魚入舡瀏曰魚鱗
物虜必解甲歸我矣曷請降軌有之
後魏書曰高祖幸清徽堂因之流化池高祖曰此池中亦
有佳魚任城王澄曰此所謂魚在在藻有頒其首高祖曰
且取王在靈沼於牣魚躍
北史曰陸政性至孝其母吳人好食魚北土魚少政求之

嘗苦難得後宅忽有泉出而魚遂得以供膳時人因謂其
泉爲孝泉
隋書曰盧孝仁性奢華常以駱駝負函盛水養魚而自給
又曰大業中納言楊達言於遼水造御舟有白魚躍入舟
內。又曰乞伏慧爲潭桂二州總管其俗輕剽慧躬行朴
素以矯之風化大洽曾見人以簺音賽捕魚者出絹買而放
之
唐書曰真臘國地饒瘴癘毒蠚音適海中大魚半出望之如山
又曰太宗幸蒲州刺史趙元楷課父老服黃紗單衣迎謁
路左又潛飼羊百餘口魚數百頭將餽貴戚太宗知而數之
又曰太宗觀漁於西宮見魚躍焉問其故漁者曰此當乳
也於是中網而止
又曰開元二十一年衢州獲魚有銘獻之侍中裴光庭等

奏曰魚龍爲圖河洛所出比之盛明彼何足云
又曰吐蕃國在吐谷渾西界其春夏軍粮資海魚以給之
國語曰周文太子發著鮑魚太公爲其傅曰鮑魚不登俎
豆豈有非禮而可養太子
老子曰魚不可脫於淵國之利器不可以示人
文子曰川廣者魚大山高者獸脩故魚不可以無餌釣獸
不可以空器召
又曰因所貴而貴之物無不貴因所賤而賤之物無不賤故
不放魚於木沉鳥於淵
鄧析書曰夫水濁則無掉尾之魚政苛則無逸樂之士
列子曰八紘之北有溟海魚廣千里其長稱焉
孟子曰有餽生魚於子産子産使校人畜之池反命曰始
舍之圉圉焉少則洋洋焉子産曰得其所哉校人曰孰謂

子産智吾既烹而食之矣
又曰故爲淵敺魚者獺也爲叢敺雀者鸇也
魯連子曰古善漁者宿沙習子使魚生於山則雖十宿沙
不得一魚焉宿沙非闇於魚道者彼山非魚之所生也
莊子曰泉涸魚相與處於陸相呴以濕相濡以沫不如相
忘於江湖也
又曰莊子與惠子遊於濠梁之上莊子曰儵魚出遊從容是
魚之樂也惠子曰子非魚安知樂莊子曰子非我安知我
不知魚之樂也。又曰吞舟之魚蕩而失水則螻蟻能制
之故鳥飛不厭高魚鱉不厭深
又曰朽爪化爲魚物之變也
又曰任公子蹲會稽釣東海朞年而大魚食之公子得若
魚淛河以東蒼梧以北無不厭若魚者

又曰井魚不可語海夏蟲不可語氷

符子曰太公涓釣於隱溪五十有六而未嘗得一魚魯連聞而觀焉太公涓跽而隱崖不餌而釣仰咏俯吟暮則釋竿其膝所處石皆若臼其跗觸崖若路魯連曰釣所本以在魚無魚何釣太公曰不見康王父之釣耶念蓬萊釣巨海摧岸投綸五百年矣未嘗得一魚方吾猶一朝耳

顔子曰昔宋人臨萬仭之淵釣數寸之鱗魚將食鈎不知滕之自進有頃墮而死利能誘也

韓子曰公儀休相魯而嗜魚一邦皆爭買魚而獻之公儀子不受曰夫惟嗜魚固不受也

淮南子曰夫水濁則魚噞政苛則民亂

又曰火上蕁水下流故鳥動而高魚動而下

又曰上求材臣殘木上求魚臣乾谷

又曰欲致魚者先通水欲致鳥者先樹木水積而魚聚木茂而鳥集

又曰林中不賣薪湖上不鬻魚有所餘也

又曰俎之先生魚豆之先泰羹此皆不快於耳目不適於口腹而先王貴之先本後末也

又曰使葉落者風摇之使水濁者魚撓之

又曰惠子從車百乘以過孟諸莊子見之而棄餘魚(疾饜故也)

又曰月者陰之宗是以月毀則魚腦減

又曰楚王亡其猨而林木爲之殘(猨捷緣依木而處故殘林以求之也)宋君亡其珠而池魚爲之殫(殫盡也)

又曰爲魚德者非挈而入淵爲猨賜者非負而緣木縱其所之而已

又曰畜池魚者必去猵(音編)獺養禽獸者必去豺狼

又曰臨河羨魚不若歸家織網(羨願也)

又曰爭魚者濡逐獸者趨非樂之也故至言去言至爲無爲

又曰故天之且風草木未動而鳥已翔矣(鳥巢知風也)其且雨也陰曀未集而魚已噞矣(魚潛知雨也)

又曰燿蟬者務在明其火釣魚者務在芳其餌明其火者所以燿而致之也芳其餌者所以誘而利之也

又曰季子治亶父三年(季子子賤)而巫馬期衣短褐易容貌往觀化焉(易服而往微以視之也)見夜魚者釋之巫馬期問焉曰凡子所爲魚者欲得也今得而釋之何也魚者對曰季子不欲人取小魚也所得者小魚是以釋之巫馬期歸以報孔子曰季子之德至矣

抱朴子曰取一把礜丸內一活魚口與無礜者俱投沸膏中猛火之上其銜藥者浮戲瀺灂不死

又曰丹陽水有丹魚先夏至十日夜伺之魚先浮水側赤光上照取此魚血以塗足可以步行水上

金樓子曰專諸學炙魚香聞數里王僚索魚炙專諸持一利剛刀藏着魚腹中

晏子春秋曰景公射質堂上唱善者一口弦章入公曰吾失晏子未嘗聞吾不善章曰臣聞君好臣服君嗜臣食尺蠖食黃身黃食蒼身蒼君其食諂人言乎公曰善賜弦章魚五十乘(弦章)歸魚車塞途章撫其僕曰曩之唱善者皆欲此魚也固辭不受

戰國策曰靖郭君將城薛齊人有請一言者靖郭君見之趨進曰海大魚因反走君使更言之曰海大魚網不能止釣不能牽蕩而失水則螻蟻得意今齊亦君之水也靖郭君乃止

又曰魏王與龍陽君共船而釣龍陽君得十餘魚而下涕曰臣之始得魚也臣甚喜之後得大者今臣且欲棄前所得者今以臣之凶惡也而得爲王拂枕席夫四海之内其美人亦甚多聞臣之得幸於王也畢褰裳而趨王視臣亦曩臣之所棄魚也王於是令四境之内有敢言美人者族

家語曰孔子之楚有漁者獻魚孔子不受漁者曰天暑市遠無所鬻也思慮棄之糞壤不若獻之君子孔子曰再拜而受掃地祭之

呂氏春秋曰竭澤而漁豈不得魚而明年無魚焚藪而畋豈不得獸而明年無獸

又曰善釣者出魚乎十仞之下餌香也善弋者下鳥乎百仞之上弓良也

又曰宋桓司馬有寶珠抵罪出亡宋王問珠之所在曰投

之池中於是竭池取珠魚皆死矣

吳越春秋曰越王既棲會稽范蠡等曰臣竊見會稽之山有魚池上下二處水中有三江四瀆之流九溪六谷之廣上池宜於君王下池宜於民臣畜魚三年其利可以致千萬越國當富盈

新序曰楚人有獻魚於楚王者曰今日漁獲食之不盡賣之不售棄之又惜故來獻之左右曰鄙哉辭也楚王曰子不知漁者仁人也蓋聞囷倉粟有餘者國有餓民後宮多幽女者下民多曠夫餘衍之蓄聚於府庫者境内多貧乏之民皆失君之道故庖有肥肉廐有肥馬民有饑色亡國之君藏於府庫寡人聞之久矣未能行也漁者知之其以喻寡人也且今行之矣於是乃遣使恤鰥寡故漁者獻餘魚而楚國賴之

風俗通曰城門失火禍及池中漁俗說池中漁人姓字居近城門城失火延及其家謹案百家書宋城門失火因汲取池中水以沃灌之池中空竭魚悉露死喻惡之滋并中傷重謹也

又曰伯魚之生適有饋孔子魚者嘉以爲瑞故名鯉字伯魚

論衡曰釣者刻木爲魚丹漆其身迎水浮之水動作魚似眞眞魚並來會聚土龍之象何必不能致雨耶

又曰彭蠡之濱以魚食犬

顔氏家訓曰山中人不信有大魚大如木海上人不信有大木大如魚

又曰江陵高偉隨顔之推入齊世九數年向幽州淀中捕魚後病見羣魚齧之而死○三輔故事曰武帝作昆明池學水戰法後昭帝小不能復征討於池中養魚以給諸陵

祠餘付長安市魚乃賤

先賢傳曰蔡君仲至孝母喪居墓側天且下神魚四頭置墓前以祭

蕭廣濟孝子傳曰巴郡杜孝後在成都母喜食生魚孝於官得生鮮截竹筒盛魚一頭置江中妻得之笑曰是我婿寄乃以進母○又曰陳玄陳太子也後母譖之陳侯令自投遠水魚負之以出玄曰我罪人也故來死耳魚乃去

西京雜記曰昆明池刻石爲魚每雷雨魚嘗鳴吼鬐尾皆動漢代祈雨往往有驗

又曰昔人有東海遊者隨風浪莫知所之一日一夜得一孤洲共侶歡然下石植纜登洲煑食食未熟而洲没在船者斫纜船復飄蕩向者孤洲大魚也怒棹揚鬐吹波吐浪去疾風雲在洲上死者十餘人

神仙傳曰葛玄見賣大魚者玄謂曰暫煩此魚到河伯處魚主曰魚已死玄曰無苦乃以丹書紙内魚口中擲水中有頃魚還躍上岸得書青黑如菻又與吴王坐樓上見作請雨社人玄曰雨易得耳即書符着社中一時之間大雨流潦帝曰水中可有魚乎玄復書符擲水中須臾有大魚數百頭使人治食之

水經曰魚復溪中有魚其頭似羊豐肉少骨美於餘魚

又曰扶南國有鮮色魚黑身長五丈頭如馬首伺人入水便來爲害

廣志曰武陽小魚大如針號一斤千頭蜀人以爲醬

太平御覽卷第九百三十五

太平御覽卷第九百三十六

鱗介部八

魚下　鯉魚　鰋魚　鱸魚

鮪魚　鱣鱛魚

魚下

辛氏三秦記曰昆明池人釣魚綸絶而去夢於漢武求去其鈎明日遊戲於池見大魚銜索帝曰昨所夢也取而去之帝後得明珠

玄中記曰東方之東海有大魚焉行海者一日逢魚頭七日遇尾其産則三百里水爲血

永嘉郡記曰青田溪冬天水熱如湯衆魚歸之名魚倉

三齊記曰青城山始皇祭此山築石城入海三十里射魚水四里變赤如血于今猶爾

盛弘之荆州記曰長沙湖鄉連水邊有石魚形若鯉相重沓如雲母炙之作魚腥

林邑國記曰飛魚翼如蟬飛則凌雲沉泳海底

王子年拾遺録曰瀛洲一名魂洲亦曰環洲有洞淵廣千里有魚身長千丈鱗色蘭徧鼻有角時鼓舞戲或有遠而望者見水間有五色雲上就而視之此乃魚噴水爲雲也

又曰夏鯀治水無功沉於羽淵化爲玄魚大千丈後遂死横於河海之間後世聖人以魚爲神化之物以玄字合於魚爲鮌字

崔豹古今注曰水君狀如人乘馬衆魚導從一名魚伯大水有之漢末有人於河際見之人馬皆有鱗甲如大鯉魚但手足別耳目鼻與人不殊見人良久入水而没

博物志曰吴王江行食膾有餘棄於江中流化而爲魚今江中有名吴王餘鱠魚者長四寸大者如箸猶作鱠形

嶺南異物志曰南方嘗晴望海中二山如黛海人云去岸兩廂各六百里一旦暴風雷且霧露皆腥雜以泥涎七日方已屬有人從山來說云大魚因鳴吼吹沫其一鰓掛山巔七日山爲之折不能去鳴聲爲雷氣爲風涎沫爲霧

又曰海中所生魚蜃置陰處有光初見之以爲恠異土人嘗推其義蓋鹹水所生海水中遇陰晦波如燃火滿海以物擊之迸散如星

嶺表録異曰新瀧等州山田揀荒平處以鋤鍬開爲町疃伺春雨丘中貯水即先買鯇魚子散於田內一二年後魚兒長大食草根並盡既爲熟田又收魚利及種稻且無稗草乃齊民之上術也

異苑曰永嘉有人斷水捕魚宰牲祈祭了無所獲將棄罷之其夕夢見老公云諸君何小停夜聞弛聲驚起共看乃是大魚斮以爲鮓頓得百薄故因以百薄爲瀨水

述異記曰桓冲爲江州遣人周行廬山見一湖中有赤鱗魚使者欲飲水魚張鬐向之乃不敢飲

又曰關中有金魚神云周平王二年十旬不雨遣祭天神俄而生湧泉魚躍出而降雨

幽明録曰成彪兄喪哀悼結氣晝夜哭泣後釣於澤經所共飲處釋綸悲慼有大魚跳入舡中俯視諸小魚彪仰天號慟俛而見之悉放小魚大者便自出舡去

搜神記曰宫亭湖孤石有估客下都經其下見二女子云可爲買兩量絲履自厚相報估客至都市好絲履并箱盛之自市一書刀亦在箱中既還以箱置廟中而去忘取書刀湖中正帆忽有鯉魚跳入舡破魚得書刀焉

廣五行記曰唐儀鳳元年慱州僧正滿行同九俗鯝數頭於房作鱠食之至夜四更忽聞窻外有暴風聲乃夢一佛二佛二金剛語滿云爾是何物小兒將織汚伽藍金剛手執棒滿閉目因而兩目不開矣

又曰曹宋二州西界大劑陂村人陳君少小爲捕魚業於後得患恒被衆魚所食痛苦不能自持若以魚網蓋之其痛即止後爲村人盜其網去數日之間不勝痛苦而死

樂府歌曰江南可採蓮蓮葉何田田魚戲蓮葉間魚戲蓮葉東魚戲蓮葉西

宋玉對問曰夫鳥則有鳳魚則有鯨鯨魚朝發崑崙之墟暴鬐於碣石夕宿於孟諸夫尺澤之鯢豈能與之量江海之大哉

東方朔客難曰水至清則無魚人至察則無徒

曹植荅崔文始書曰臨江以釣不獲一鱗非江魚之不食其所餌之者非也是以君子慎舉擢

鯉魚

河圖曰黃帝遊於洛見鯉魚長三尺青身無鱗赤文成字

毛詩死丘衡門曰豈其食魚必河之鯉

又臣工潛曰鰷鱨鰋鯉鰷音條

東觀漢記曰姜詩字士遊性至孝母常飲江水兒取水溺死恐母知詐云行學愀而涌泉出舍側并旦出鯉一雙

謝承後漢書曰羊續好食生魚爲南陽太守丞侯儉貢鯉續受而懸之一歲儉復致一枚續乃以所懸枯魚以示儉終身不復食魚

晉書曰王祥性至孝早喪親繼母朱氏不慈數譖之由是失愛於父母有疾衣不解帶湯藥必親嘗母欲生魚時天寒冰凍祥解衣將剖冰求之冰忽自解雙鯉躍出持之而歸○又曰劉聰將趙染爲索綝所敗殺其長史魯徽劉曜聞之曰蹄涔不容尺鯉染之謂也

齊書曰崔祖思自相國從事中郎遷齊國內史高帝既爲齊王置酒爲樂羹美膾既至祖思曰此味故爲南北所推侍中沈季文曰羹膾吳食非祖思所解祖思曰鱉鯉似非句吳之詩文季曰千里蓴羹豈關魯衛帝甚悅曰蓴羹故應還沈

南史曰梁南郡太守劉之亨嘗夢二人姓李詣之乞命未之解也其明日仲夏有遺生鯉魚二頭之亨曰必夢中所感也乃放之其夜又夢來謝恩云當令君延算

淮南子曰詹公之釣千歲之鯉詹公詹何古得道善釣者

又曰牛蹄之踵無盈尺之鯉踵牛蹄處

符子曰務光自投盧盧川之伯以赤鯉送之

金樓子曰五尺之鯉一寸之鯉但大小殊鱗之數等

家語曰孔子娶于宋并官氏女一歲而生伯魚伯魚生三日魯昭公以鯉魚賜孔子孔子榮君之貺因名子曰鯉字伯魚

曹植辨道論曰甘始言取鯉魚一雙令一者含藥俱投沸膏中有藥者奮尾鼓鰭遊行沉浮有若處淵其一者已熟而可噉余時問言可試不言是藥去此踰萬里非自行不能得也博物志同

陶朱公養魚經曰威王聘朱公問之曰公住足千萬家累億金何術乎朱公曰夫治生之法有五水畜第一所謂水畜者魚也以六畝地爲池池中有九洲即求懷子鯉魚長三尺者二十頭壯鯉四頭以二月上旬庚日內池水中令

無聲魚必生所以養鯉者不相食易長又貴也

魏武四時食制曰郫縣子魚黃鱗赤尾出稻田可以爲醬

列仙傳曰呂尚釣於磻溪三年不獲比周曰可止矣尚曰非爾及果得大鯉有兵鈐在腹中

又曰涓子齊人也好餌朮接食其精至三百年乃見於齊著天地人經四十八篇後釣於河澤得鯉魚腹中有隱於宕山能致風雨

又曰琴高趙人也以鼓琴爲宋康王舍人行涓彭之術浮游冀州涿郡間二百餘年後辭入涿水中取龍子與諸弟子期之期日皆潔齋候於水旁設祠屋果乘赤鯉來出祠中且有萬人觀之留一月復入水去

又曰子英者舒鄉人也善入水捕魚得赤鯉魚愛其色持着魚池中數以米穀食之一年長丈餘遂生角有翅翼子英怖畏拜謝之魚言我迎汝耳上我背與汝俱去卽大暴雨子英上騰去歲歲來歸故舍食飲見妻子魚復來迎之如此七年故吳中門戶作神魚子英祠

續述征記曰梁孝王家中有數尺水有大鯉人謂有靈不敢犯

宣城記曰臨城縣蓋山有舒姑泉相傳云昔舒氏女未嫁與其父採薪此女坐（坐處化爲清泉其母云此女好音樂乃往絃歌而泉涌有）朱鯉一雙及命作樂泉故涌出

河洛記曰諺云伊洛魴鯉天下最美洛口黃魚天下不如

崔豹古今注曰兗州人謂赤鯉爲玄駒白鯉爲白驥黃鯉爲黃雉

搜神記曰宮亭孤石有估客至都因市一刀置神廟中而忘取至湖中忽有一鯉跳入舟破之得刀（具魚部中）

續搜神記曰謝允從武當山還在桓宣武座言及左元放爲曹公置鱸魚允便云此可得耳求大瓮盛水朱書符投水中俄有二鯉鼓鬐在水中

又曰會稽鄮（音貿）縣有女子姓吳字望子爲蘊侯神所愛望子心有所欲輒空中下之望子嘗思膾一雙鮮鯉應心而至

幽明錄曰孫權時南方遣吏獻犀簪吏過宮亭廟請福神下教求簪而盛簪器便在神前神云臨入石頭當相還去達石頭三尺鯉魚跳入船吏破魚得之

又曰平都縣南陂上有冢行人於陂取得一鯉道逢冢中人來云何敢取吾魚奪著車上而去

杜寶大業拾遺錄曰四年梁郡有清冷淵水回闊二里許卽衛平得大龜之處清冷水南有橫瀆東南至宕山縣西北入通濟渠是時大雨瀟渠皆滿忽有大魚似鯉而頭一角長尺餘鱗正赤從清冷水出頭長三尺許入橫瀆逆流西北十餘里不沒入通濟渠于時夾兩岸隨看者數百人皆謂赤龍大鯉從淵而出此亦唐祚將興之兆

楊衒之洛陽伽藍記曰京師語曰伊洛鯉魴貴於牛羊

廣五行記曰隋煬帝大業初爲詩令宮人唱之曰三月三日向江頭正見鯉魚江上游意欲垂釣往撩取恐是蛟龍還復休鯉魚卽唐之國姓俄而唐有天下故歌辭曰客從遠方來贈我雙鯉魚呼兒烹鯉魚中有尺素書

古歌窮戚辭曰中有鯉魚長尺半弊布衣裳不復册

鰋

爾雅曰鰋（今鰋額白魚音偃）

毛詩魚麗曰魚麗于罶鰋鯉（鰋鮎也）

謝承後漢書曰陳蕃爲郡法曹吏正月朝見太守王龔客有貢白魚於龔者龔曰汝南乃有此魚蕃曰魚大且明府之德

晉書曰夏統字仲御母病詣洛市藥會三月上巳洛中王公已下並至浮橋統並弗之顧太尉賈充怪而問之曰卿居海濱頗能水戲乎荅曰可乃操柂正櫓折旋中流於是風波振駭俄而白魚跳入舡中者有八九觀者皆悚遽

酈善長水經注曰聖水出上谷東南流經大坊嶺下嶺之東首山下有石穴東北洞開穴中有水耆舊傳言有沙門釋惠弥者常尋之旁水入穴三里有餘穴分爲二一穴殊小西北出不知趣詣一穴西南出入經五六日方還又不測短長其水夏冷冬温春秋有白魚出穴數日及人有採食者美珎甞味蓋亦丙穴嘉魚之類

列仙傳曰陵陽子明釣於溪得白龍子明解釣謝之後數

十年得白魚腹中有書教子明服食之法三年白龍來迎之

鱣

毛詩谷風四月曰匪鱣匪鮪潛逃于淵

又詩義疏曰鱣身似龍銳頭口在頷下背上腹下皆有甲大者千餘斤

後漢書曰楊震常客居湖城衆人謂之晚貴震志愈篤後有冠雀銜三鱣魚飛集講堂前（冠音貫即鸛雀也）都講取魚進曰虵鱣者卿大夫服之象也數三者法三台先生自此升矣

淮南子曰牛蹄之涔不生鱣鯉

抱朴子曰探鷰巢而求鳳卵搜井底而捕鱣魚雖加至勤其非所有也

水經曰漢水又東爲鱣湍洪波奔盪崩浪雲頹耆舊言有鱣魚奮鰭遡流望濤直上至此則爆鰓失濟故因名湍矣

又曰鱣鮪鯉也出鞏穴三月則上渡龍門得渡爲龍矣否則點額而還

張衡西京賦曰鱣鮪鱮鮦

郭璞江賦曰魚則叔鮪王鱣

孫綽望海賦曰文鯉黄鱣

鮪魚

爾雅曰鮥（音洛）鮛（音叔）鮪（鮪鱣屬也大者名王鮪小者名鮛鮪今宜都郡自荊門以上江中通出鱏鱣之魚有一魚狀似鱣而小建平人呼鮥子即此魚也鱏音尋）

毛詩淇澳碩人曰施罛濊濊鱣鮪發發

毛詩義疏曰鮪魚出海三月從河上形似鯉而色青黑頭小而尖如鐵兜鍪口在頷下今東萊遼東人謂之尉魚或謂仲明魚仲明者樂浪尉溺死海中化爲此魚也

禮記月令曰季春薦鮪於寢廟（進特美味）

淮南子曰夫牛蹄之涔不生鱣鮪

又曰禹決江疏河鑿龍門辟伊闕（龍門本有水門鮪魚由其中上行得上過者便爲龍門禹辟而大之故言鑿）

抱朴子曰寸鮪汎濫嗁水之中則謂天下無四海之廣也芒蝪宛轉菓核之內則謂八極之界盡於茲也

博物志曰河陰岫穴出鮪魚焉

䱍（公贈反）鱛（武亙反）

魏武四時食制曰鱛一名黄魚大數百斤骨軟可食出江陽犍爲

淮南子曰季春天子始乘舟薦鮪於寢廟乃爲麥祈實（鮪[illegible]鱣魚也天子乘舟捕魚者以薦進廟也）

司馬相如上林賦曰䱍鱛漸離

左思吴都賦曰筌鮔鱛

太平御覽卷第九百三十六

太平御覽卷第九百三十七

鱗介部九

魴魚　鱮魚　鯈魚　鯊魚　鱨魚
鮒魚　鮑魚　鱯魚　鱒魚　鱧魚
鯽魚　嘉魚　鰽魚　鯗魚　鱸魚
鯔魚　鱓魚

魴魚

爾雅曰魴魾（郭璞注曰江東呼魴魚爲鯿一名魾音毗）

山海經曰大鯾居海中（鯾即魴也音鞭）

毛詩宛丘衡門曰豈其食魚必河之魴

又關雎汝墳曰魴魚赬尾王室如燬

又七月九罭曰九罭之魚鱒魴

陸機毛詩疏義曰魴鰥今伊洛濟潁魴魚也廣而薄脆甜而少肉細鱗魚之美者也漁陽泉州刀口遼東梁水魴特肥而厚尤美於中魴故其鄉語曰居就梁水魴

說苑曰陽書謂宓子賤曰吾少也賤不知理民之術有釣道二焉夫投綸餌迎而吸之者陽橋也其爲魚也薄而不美若存若亡若食不食者魴也其爲魚也薄而厚味宓子賤曰善（部貝鈎）

宋王釣賦曰左挾魚罶右執橋竿精不離乎魚喙思不出乎鯿鯿

鱮魚

毛詩曰其釣維何惟魴及鱮（音敘）

毛詩義疏曰鱮似魴而大頭魚之不美者故里語曰買魚得鱮不如啖茹徐州謂之鰱（音連）或謂之鱃

水經曰沔水北流注于漢漢水又左得度口水出陽平北水山有二源一曰清檢出佳鱮二曰濁檢出好鮒常以二月取之美珍常味

潘岳西征賦曰素鱮揚鱗

鯈魚（音儵）

爾雅曰鮂黑鰦（郭璞注曰即白鯈也江東呼爲鮂因茲二音）

莊子曰莊子與惠子遊於濠梁水上莊子曰鯈魚出遊從容是魚樂也惠子曰子非魚安知魚之樂耶莊子曰子非我安知我不知魚之樂耶惠子曰我非子故不知子矣子固非魚也子之不知魚全矣

山海經曰帶山莚蒴之水其中多鯈魚其狀如雞而赤毛三尾六足四首其音如鵲食之已憂

又圖經讚曰泊和損平莫慘於憂詩詠萱草山經則鯈（儵）（二音）

何敬祖詩曰屬耳聽鳴鶯流目玩鯈魚

鯊魚（沙）

爾雅曰鯊鮀（郭璞曰今吹沙小魚體圓而有點文也沙鮀二音）

毛詩魚麗曰魚麗于罶鱨鯊（鯊鮀也）

廣志曰吹沙魚大如指沙中行

鱨魚

毛詩曰魚麗于罶鱨鯊（鱨揚也音常）

毛詩義疏曰鱨一名揚今黃頰魚是身形厚而長大頰骨正黃

鮒魚

周易井卦曰井谷射鮒（王肅注曰鮒小魚也）

廣雅曰鰿鮒也

莊子曰莊周家貧往貸粟於監河侯侯曰我將得邑金貸

子二百金可乎莊周忿然曰周昨來有中道而呼者周視車轍中有鮒魚焉曰我東海之波臣也君豈有升斗之水而活我哉周曰諾我且南遊吳越之王激西江之水而迎之可乎鮒魚忿然作色曰吾得升斗之水可活耳君乃言此不如早索我於枯魚之肆

又曰夫揭竿累趣灌瀆守鯢鮒其於得大魚難矣

呂氏春秋曰魚之美者有洞庭之鮒

說苑曰魏楚會於晉陽將以伐齊齊王患之使人召淳于髡曰魏楚欲伐齊願先生共寡人憂之髡曰臣見鄰人之祠田也以一簞飯與一鮒魚其祝曰下田洿邪得穀百車臣笑其所祠者少所求者多王曰善立爲上卿

神異經曰東南海中有恒洲有温湖鮒魚生焉長八尺食之宜暑而辟風寒

盛弘之荆州記曰荆州有美鮒踰於洞庭温湖

古樂府罩辭曰罩初何得端來得鮒小者如手大者如籆孝子持歸遺我公姬安得此魚適與罩迮從今以後但當

求鮒

劉邵七華曰洞庭之鮒出于江岷弘腹青顱朱尾碧鱗

鮎魚

爾雅曰鮎(別名鰋江東通呼鮎爲鮧鮧音提)

廣雅曰鮷(音提)鰋(音偃)鮎也

魏武四時食制曰蒸鮎

永嘉郡記曰潾湖溪中多大鮎昔有流得一死者頭大五六圍

廣五行記曰則天如意中著作郎路敬淳莊在濟源有水碾一柱壞以他柱易之家人取故者爲樵中得一鮎魚長尺餘尚活至後敬淳坐綦連輝被殺

鱯魚

廣志曰鱯(音畫)魚似鮎大口

鱄魚

爾雅曰鮅(音必)鱒(才損切似鯶子赤眼鯶音混)

毛詩九罭曰九罭之魚鱒魴(鱒魴大魚也)

毛詩疏義曰鱒魴鱒似鯶魚鱗細於鯶也赤眼多細文

唐書曰吐蕃國有臧何去邏些三百里東南流衆水湊焉南入崑崙國其中有魚似鱒而無鱗

張衡七辯曰鞏洛之鱒割以爲鱠分芸折縷細亂蚕足

鱧魚

爾雅曰鱧(郭璞注曰鱧鮦也自亦依鱗也)

毛詩魚麗曰魚麗于罶魴鱧(鱧鮦魚也)

陸機毛詩疏義曰魴鱧爾雅曰鱧鮦(音同)也許以爲鯉魚機以爲鯉狹而厚

梁書曰林邑王逸死奴文篡立文本日南西捲縣夷帥范幼家奴常牧牛於山澗得鱧魚二而化爲鐵因以鑄刀刀成文向石呪曰若斫石入者文當王此國因斫如斷芻藁文心異之范幼常使之商賈至林邑王作宮室及兵車器械王寵任之後乃讒言諸子各奔餘國及王死無嗣文爲於鄰國迓王子置毒於漿中殺遂脅國人自立

林邑國記曰范文得鱧魚變爲鐵斫石如斬盧世傳魚刀

鯽魚

水經曰青林湖有鯽魚食之肥美辟寒暑

南夷志曰蒙舍地有鯽魚大者重五斤西洱河及昆池南接滇池冬月多鯽魚

楊衒之洛陽伽藍記曰王肅初入國不食羊肉及酪等常飯鯽魚羹

嘉魚

水經曰丙穴出嘉魚常以三月出十月入穴口廣五六尺去地七八尺水泉懸注魚自穴下透入水穴口向丙故曰丙穴

任豫益州記曰嘉魚細鱗似鱒魚蜀中謂之拙魚蜀郡山處處有之年年從石孔出大者五六尺

雲南記曰雅州丙穴出嘉魚所謂嘉魚生於丙穴大抵雅州諸水多有嘉魚似鯉而鱗細或云黃河中味魚此類也

博物志曰江陽縣北有魚穴二所常以二月八月出魚魚曰丙穴

嶺表錄異曰嘉魚形如鱒出梧州戎城縣江水口甚肥美衆魚莫可與比最宜爲鮁（他頁切）每炙以芭蕉葉隔火蓋慮脂滴火滅耳（河陽有味魚赤此類）

左思蜀都賦曰嘉魚出於丙穴（丙地名有魚穴三所）

鰽魚（字由切）

異物志曰鰽魚仲夏始從海中泝流而上腹下如刀長尺餘有細骨如鳥毛在肉中又有鳥臂在腹立夏有白鳥似鷖羣飛謂之鰽鳥至仲夏鳥藏魚出變化所生也

鮆魚（音薺）

爾雅曰鮤鱴刀（今之鮆魚也亦呼爲魛魚列蔑二音）

山海經曰浮玉之山北望具區苕水出于其陰其中多鮆魚（郭璞注曰鮆魚狹薄而長頭大者一名刀魚大湖中饒）

異苑曰蝴蝶變作鮆

鱸魚

後漢書曰左慈字元放曾在曹操坐操曰恨少吳松江鱸魚耳慈因求銅盤貯水以竹竿釣於盤中須臾引一鱸出操曰一魚不周乃更沉釣復引出皆長三尺餘操使目前膾之

世說曰張季鷹爲齊王掾在洛水秋風起因思吳中菰菜羹鱸魚膾遂命駕便歸俄而齊王敗時人以爲見機

杜寶大業拾遺錄曰六年吳郡獻松江鱸魚乾鱠鱸魚肉白如雪不腥所謂金齏玉鱠東南之佳味也

鯔魚

神仙傳曰介象與吳王共論鯔魚爲上乃於殿前作方坎汲水滿之并求鉤起餌之須臾得鯔魚王驚喜乃使膾之

異物志曰鯔魚長者六七尺

嶺表錄異曰跳鯅乃海味之小魚鯅也以鹽藏鯔魚兒一斤不啻千箇生擘點醋下酒甚有美味余遂問蹺名之義則曰捕魚者中春於高處卓望魚兒來如陣雲闊二三百步厚亦相似者既見報漁師遂撐舡爭前而迎之舡衝魚陣不施罟網但魚兒自驚跳入舡逡巡而滿以此爲鯅故名之跳又云舡去之時不可當魚陣之中恐魚多壓沉故也即可以知其多矣

鱓魚（音善與鱔同）

山海經曰大樂之野夏后啓於此舞九代焉女濊在其北居雨水間濊操魚䱇（䱇魚屬也）祭操俎（肉祉也）

汲冢周書王會曰甌人鱓蛇鱓蛇順食之美（東越甌人也此交州地特多爲上珍）

謝承後漢書曰楊震常客於湖不荅州郡禮命數十年衆人謂之晚貴而震志愈篤後有鸛雀銜三鱣魚飛集講堂

前都講取魚進曰蛇鱣者卿大夫服之象也數三者法三
台也先生自此外矣時年過五十乃始仕州郡
梁書曰邵陵王綸攝南徐州事遨遊市里雜於厮隷嘗問
賣䱇者曰刺史何如對者言躁虐綸怒令呑䱇以死百姓
惶駭道路以目
淮南子曰今鱓之與蛇蠶之與蠋狀相類而愛憎異人愛鱓與蠶畏蛇與蠋鱓蛇蠶蠋所以異也
抱朴子曰田地既有自然之鱓而有苻茎苓根土龍之屬化爲鱓
韓子曰䱇似蛇而漁者取䱇而畏蛇利之所在皆爲賁育
顔氏家訓曰江陵劉氏以賣鱓羹爲業後生一兒頭目是鱓自頸已下方爲人耳

又曰後漢書云鸛雀銜三鱓魚音善多假借爲鱣鮪之鱣俗之學士因謂爲鱣魚按魏武帝四時食制鱣魚大如五升奩長一丈郭璞注爾雅鱣長二三尺安有鸛雀能勝一者況三頭乎鱣又純灰色無文章也鱣魚長者不過三尺大者不過三指黃地黑文故都講云蛇鱓卿大夫服之象也續漢記及搜神記亦說此事皆作鱓字孫卿云魚鼈鰌鱣及韓非說苑皆曰鱣似蛇蠶似蠋並作鱣字假鱣爲鱓其來久乎
周處風土記曰陽羨俗五月以薤蒸䱇而食凡䱇魚夏出冬蟄亦以將氣養和實時節也
徐表南方草物狀曰白鱓生溪邊土穴中長五尺所大三寸里民刺取細槿二寸苦酒煮食之滋味如黃鱓味交阯九真有之
劉敬叔異苑曰盧循以義熙五年自廣州下泊舡江西衆多疫死事平之後人往蔡州皆死人鬚變而爲鱓今上鎭西參軍與府司馬張逝瞻湖際有一棺棺頭有曹衆試令撥看即是鬚亦有未都化者一說去生以粖潘沐死則鬚爲䱇又昔有人食不能無䱇死後啟棺䱇滿中
又曰會稽石亭埭大有空中楓樹每雨水輒滿溢有商旅載生䱇聊放一頭着孔中以爲狡獪後村民咸謂是神乃依樹起屋宰牲祭事未嘗輟因遂名䱇父廟人有祈請及穢慢禍福立至估客後返見其如此即取作臛於是遂絶

太平御覽卷第九百三十七

太平御覽卷第九百三十八

鱗介部十

鯨鯢魚　鯪魚　䱜魚　鯷額魚
海鰌魚　石蚴魚　鰐魚　鯼魚
鱕魚　石首魚　黃首魚　烏賊魚
鱝魚　鯯魚　鰒魚　比目魚
人魚　虎魚

鯨鯢魚

春秋考異郵曰鯨魚死而彗星出

左傳宣下曰古者明王伐不敬取其鯨鯢而封之以爲大戮（鯨鯢大魚以喻不義之人）

春秋後語曰楚威王問宋玉曰先生其有遺行歟何士民衆庶不譽之甚也宋玉對曰夫鳥有鳳而魚有鯨鳳凰上擊九千里翱翔乎窈冥之上夫藩籬之鷃豈能與料天地之高哉鯨魚朝發於崑崙之墟暮宿於孟津赤澤之鯢豈能與量江漢之大哉故非獨鳥有鳳而魚有鯨士亦有之

唐書曰開元七年大拂涅靺鞨獻鯨鯢睛

淮南子曰麒麟鬭則日月食鯨魚死而彗星出（鯨海中魚之王也）

鄧析書曰獵猛虎者不於後園釣鯨鯢者不於清池何則園非虎處池非鯨淵（文字同）

說苑曰昔南瑕子過程本子程本子爲之烹鯢魚南瑕子曰吾聞君子不食鯢魚程本子曰乃君子不食子何事焉南瑕子曰吾聞上比所以廣德也下比所以狹行也比於善自進之階也比於惡自退之源也

魏武四時食制曰東海有大魚如山長五六里謂之鯨鯢次有如屋者時死岸上膏流九頃其鬚長一丈廣三尺厚六寸瞳子如三升椀大骨可爲矛矜

廣志曰鯢魚聲如小兒有四足形如鱧出伊水也司馬遷謂之人魚故其著史記曰始皇帝之葬也以人魚之膏爲其燭也

徐廣曰人魚似鮎而四足即鯢魚也

崔豹古今注曰鯨海魚也大者長千里小者數千丈一生數萬子常以五月六月就岸邊生子至七八月導引其子還入海中鼓浪成雷噴沫成雨水族驚畏之皆逃匿莫敢當其雌曰鯢大者亦長千里眼睛爲明月珠

任昉述異記曰南海有珠即鯨魚目瞳夜可以鑒謂之夜光。潘岳滄海賦曰魚則吞舟鯨鯢

左思吳都賦曰長鯨吞航脩鯢吐浪

木玄虛海賦曰其魚則橫海之鯨突兀孤遊巨鱗刺雲洪鬐插天顱骨成岳流膏爲淵

曹毗觀濤賦曰於是神鯨來往乘波躍鱗噴氣霧合噫水成津骸喪成島嶼之墟目落爲明月之珠

鯪魚（音陵）

山海經曰鯪魚吞舟

臨海水土記曰鯪魚背腹皆有刺如三角菱

䱜魚

南越記曰䱜魚南越謂爲環雷魚長一丈子朝出食暮還母腹常從臍中入口中出腹內有兩洞腹貯水以養子腹容二子兩腹則四子也其鰓鱗皮有珠文可以飾刀劍口

孫綽望海賦曰勁䱜鯣鬐以排流

鯷額魚

臨海水土記曰鯷額似䱜魚長四尺

海鰌魚

臨海水土記曰海鰌長丈餘

金樓子曰鯨鯢一名海鰌穴居海底鯨入穴則水溢爲潮來鯨既出入有節故潮水有期也

嶺表録異曰海鰌魚即海上最偉者也其小者亦千餘尺每歲廣州常發艑舡過南安貨易路經調黎（地名海心有山阻東海濤險而急亦黄河之三門也）深闊處或見十餘山或出或没篙工曰非山島鰌魚背也日閃鬐鬣若簸朱旗日中忽雨霡霂舟子曰此鰌魚噴氣水散於空風勢吹來若雨耳鮫魚即鼓舩而譟倏爾而没（鰌魚畏鼓物類相伏耳）

石蜐魚

臨海水土記曰石蜐（音帖）附石以踞鍇

鰐魚

吴時外國傳曰鰐魚大者長二三丈有四足似守宫常吞食人扶南王范尋勑捕取置壍中尋有所忿者縛以食鰐若罪當死鰐便食之如其不食便解放以爲無罪

梁書曰林邑國於城壍中養鰐魚門外圏猛獸有罪者輒以餧猛獸及鰐不食爲無罪三日乃放之鰐大者長二丈餘狀如鼉龜有四足喙長六七尺兩邊有齒如刀劒常遇得麞鹿及人亦噉之蒼梧以南及外國皆有

唐書曰韓愈爲潮州刺史既視事詢吏民疾苦皆曰郡西湫水有鰐魚卵而化其長數丈食民畜産將盡以是民貧居數日愈往視之令判官秦濟炮一豚一羊投之湫呪之曰今潮州大海在其南鯨鵬之大蝦蟹之細無不容鰐魚朝發而夕至今與鰐魚約三日乃至七日如頑而不徙須爲物害則刺史選材伎壯夫操勁弓毒矢與鰐魚從事矣呪之夕有暴風雷起於湫中數日湫水盡涸徙於舊湫西六十里自是潮人無鰐患

虞喜志林曰方有鰐魚喙長八尺秋時最甚人在舟邊者魚或出頭食人故人持戈於舩側而禦之

博物志曰南海有鰐魚狀似鼉斬其頭而乾之喙去齒而更生如此三乃止

交州記曰鰐好出沙上卵大如鵝卵可食

廣州異物志曰鰐魚長者二丈餘有四足喙長七尺齒甚利虎及鹿渡水鰐擊之皆斷喙去齒旬日更生

嶺表録異曰鰐魚其身土黄色有四足脩尾形狀如鼉而舉止趫疾口森鋸齒往往害人南中鹿多最懼此物鹿走崖岸之上群鰐嗥叫其下鹿必怖懼落崖多爲鰐魚所得亦物之相攝伏也故李太尉貶官潮州經鰐魚灘沉損平生寶玩古書圖畫一時沉失遂召舶上崑崙取之但見鰐魚極多不敢輒近乃是鰐魚窟宅也

鮫魚

説文曰鮫魚也皮可以飾刀

山海經曰燕山漳水出焉其中多鮫魚（郭璞曰鮫鯌背上有甲朱文尾長三四尺皮可以飾刀劒口）

西京雜記曰尉佗高祖時獻鮫魚荔支高祖報以蒲桃錦四疋

博物志曰東海中有鮫鯌魚既生子子驚還入母腹尋復出

任昉述異記曰虎魚老則爲鮫

鱕魚（音藩）

南越記曰鱕魚鼻有横骨如鐇海中波浪爲之涌海舩逢

之必斷

石首魚

臨海異物志曰石首小者名踏水其次名春來石首異種又有石頭長七八寸與石首同

嶺表録異曰石頭魚狀如鱅魚隨其大小腦中有二石子如喬麥粒瑩白如玉有好奇者多市魚之小者貯於竹器任其壞爛即淘之取其魚腦石子以植酒籌

黃靈魚

臨海水土記曰黃靈魚小文正黃似石首

烏賊魚

南越記曰烏賊魚有矴遇風浪便虬前一鬚下矴而住腹中血及膽正黑中以書也世謂烏賊懷墨而知禮故俗云是海若白事小吏或曰古之諸生常自浮水烏見以爲死

便往啄之乃卷取烏故謂烏賊今烏化爲

崔豹古今注曰烏賊魚名河伯從事小吏

嶺表録異曰烏賊魚只有骨一片如龍骨而輕虛以指甲刮之即爲末亦無鱗而肉翼前有四足每潮來即以二長足捉石浮身水上有小蝦魚過其前即吐涎惹之取以爲食廣州邊海人往往探得大者率如蒲扇煠熟以薑醋食之極脆美或入鹽渾醃爲乾搥如脯亦美吴中好食之

左思吴都賦曰烏賊擁劍

儵魚 音信

臨海異物志曰儵似烏賊肥食甘美

鯯魚 音制

臨海異物志曰鯯魚至肥炙食甘美諺曰寧去累世宅不去鯯魚額

鰒魚 步角反

漢書曰王莽以關東兵起憂懣不食但飲酒食鰒魚

東觀漢記曰吴良字大儀齊人爲郡議曹掾正旦入賀太守門下掾王望前上言壽皆稱萬歲良跪曰門下佞諂明府無受其觴盜賊未弭人民困乏太守曰生言是遂不舉觴賜鰒魚百枚教署功曹良恥以言受官遂不肯謁

後漢書曰張步遣使伏隆詣闕上書獻鰒魚郭璞注三蒼云鰒似蛤偏著石廣志曰鰒無鱗有一面附石決明細孔雜雜或七或九本草云石決明一名鰒魚音步角切

魏志曰倭國人入海捕鰒魚水無深淺皆沉沒取之

齊書曰褚彦回時淮北屬魏江南無鰒魚或有間關得至者一枚直數千錢有餉彦回鰒魚三十枚彦回時雖貴而貧過甚門生獻計賣之云可得十萬錢彦回變色曰我謂此是食物非曰財貨且不知堪錢聊爾受之雖復儉乏寧

可賣餉取錢悉與親遊噉之少日便盡

陳思王求祭先主表曰先主喜食鰒魚前已表徐州臧霸送鰒魚二百足自供事

魏文帝與孫權書曰今因趙咨致鰒魚千枚

比目魚

爾雅曰東方有比目魚焉不比不行其名謂之鰈郭璞注曰狀如牛脾一兩片相合乃行江東呼王餘魚

史記曰管仲諫桓公古者封禪東海有比目之魚

搜神記曰東海名餘腹者昔越王爲膾割而未切墮半於水化爲魚

臨海水土記曰兩片特立合體俱行比目魚也

嶺表録異曰比目魚南人謂之鞋屜魚江淮爲之拖沙魚

左思三都賦曰雙則比目片則王餘

孫綽望海賦曰王餘孤遊比目雙遊

人魚

山海經曰龍侯之山決水出焉其中多人魚狀如鯑魚四足其音如嬰兒食之無瘕疾

史記曰秦始皇冢中以人魚膏爲燈燭

臨海異物志曰人魚似人長三尺餘不可食

虎魚

范子曰虎魚出東海

郭璞江賦曰或虎狀類人（虎魚頭似虎或青背有刺）

太平御覽卷第九百三十八

太平御覽卷第九百三十九

鱗介部十一

牛魚　天牛魚　水猪魚　鹿魚
鰕魚　鰩魚　珠鼈魚　赤鱬魚
何羅魚　鰼鰼魚　鱳魚　鮹魚
鱅鱅魚　葴魚　縛魚　鮭魚
鮮魚　鰽魚　無遺魚　鱕魚
鮞魮魚　蠃魚　鯆鯆魚　魮魚
鮨父魚　師魚　文魚　鯩魚
鱃魚　飛魚　豪魚　鯸鮐魚
鯸鱅魚　鮠魚　丹魚　蝝魚
鮉魚　望魚　班文魚　蕭折魚
鯚鯆魚　蕃踰魚　龍魚

牛魚

傳物志曰：東海中有牛魚，形如牛，剥其皮懸之，潮水至則毛起，潮去則伏。

臨海異物志曰：牛魚形如犢子，毛色青黄，好眠卧，人臨上及覺，聲如大牛，聞一里。

魏武四時食制曰：海牛魚皮生毛，可以飾物，出楊州。

天牛魚

南越記曰：天牛魚方圓三丈，眼大如升，在脾頭，口在胷中，露齒無脣，兩肉角如臂，兩翼長六尺，尾長五尺。

水猪魚

南方草物狀曰：水猪魚隨海潮，傅岸邊食人，人乘舩刺之，大者圍九尺，長二三尺，似猪形。

鹿魚

臨海異物志曰：鹿魚長二尺餘，頭上有角，腹下有脚如人足。○嶺表録異曰：鹿子魚，頹其尾，鬣皆有鹿班，赤黄色。余曾覽羅州圖云：州南海中有洲，每春夏此魚跳出洲，化而爲鹿。曾有人拾得一魚，頭已化鹿，尾猶是魚。南人云魚化爲肉腥，不堪食。

郭璞江賦曰：或鹿觡象鼻。鹿觡頭角如鹿

鰕魚

爾雅曰：鯢大者謂之鰕。今鯢魚似鮎，四脚，前似獮猴，後似狗，聲如小兒啼，大者長八九尺

異物志曰：鰕魚有四足，如龜而行疾，有魚之體而以足行，故名鰕魚。含水仰天不動，小鳥就飲，因而吞之。

異物記曰：鰕實四足而有魚名，頭尾類鯷歧，行生長山澗，出入深坑，頂上有光，迎風濆流，云是嬾婦死，勤自投。

鰩魚

吕氏春秋曰：灌水之魚名曰鰩，狀如鯉，有翼。

左思吴都賦曰：文鰩夜飛而觸綸。

珠鼈魚

山海經曰：葛山澧水中多珠鼈之魚，如肺而有六足，目有珠，其味酸甘，食之不厲。○山海經圖讃曰：澧水之鱗，狀如浮肺，體兼三才，以貨貿容。○吕氏春秋曰：魚之美者，澧水之魚名曰珠鼈，六足有珠。澧水在蒼梧九疑之西

赤鱬魚

山海經曰：青丘之山，英水出焉，中多赤鱬，音霈，其狀如魚而人面，其音如鴛鴦，食之疥。○經圖讃曰：赤鱬之狀，魚身人頭。

何羅魚

山海經曰：譙明之山，譙水出焉，其中多何羅之魚，一首十身，其音如吠犬，食之已癰。

鰼鰼魚

山海經曰涿光之山嚻(音囂)水出焉而西流其中多鰼鰼之魚(音習)其狀如鵲而十翼鱗皆在羽端其音如鵲可以御火

又經圖讚曰鼓翮一運十翼翩翻厥鳴如鵲鱗在羽端

雜書曰鰼鰼魚狀如鵲食之不癉出涿光山

鱳魚

山海經曰獄法之山下瀤(音懷)澤之水出焉其中多鱳魚(音藻)狀如鯉雞足食之已疣

又經圖讚曰鱳之為狀半鳥半鱗

鮨魚

山海經曰北嶽之山諸懷之水出焉其中多鮨魚(音詣)魚身犬首音如嬰兒食已狂

鱅鱅魚

山海經曰樕𧒭之山(速株)食水出焉中多鱅鱅之魚(音容)狀如犁牛其音如彘

山海經圖讚曰魚號鱅鱅如牛虎駮

箴魚

山海經曰狗狀之山浿(音枳)水出焉中多箴魚狀如儵喙如箴食者無疫(南越記長針魚口四寸)

鱄魚

山海經曰雞山黑水出焉其中有鱄魚(音團)狀如鮒彘毛其音如豚見則天大旱

又曰圖鱄魚并顒鳥讚曰顒鳥栖林魚處川俱為旱徵災延普天測之無象厥數惟玄

呂氏春秋曰魚之美者洞庭之鱄

鯥魚

山海經曰為柢(音帶)山多水有魚出焉狀如牛陵居蛇尾有翼在魼下(祛揭二音)其音如留牛其名曰鯥(音六)冬死夏生(蟄類也)食之無腫疾

山海經圖讚曰魚號曰鯥處不在水厥狀如牛鳥翼蛇尾

鮮魚(音鮮)

山海經曰英山禺水出焉北流注于招(音韶)水其中多鮮魚狀如鼈鼃其音如羊

⿰魚胃魚(音謂)

山海經曰樂遊之山桃水出焉其中多⿰魚胃魚其狀如蛇而四足

漢書地理志曰子桐之水其中澤多⿰魚胃魚

無遺魚

山海經曰英鞮之山涴水出焉是多無遺之魚魚身蛇首六足目如馬耳食之使人不眯可以禦凶

鱃魚

山海經曰鳥鼠同穴之山渭水出焉其中多鱃魚(音騷)其狀如鱣魚動則其邑大兵

山海經圖讚曰物以感應亦有數動壯士挺劍氣激江涌鱃魚潛淵出則民悚

絮魮魚

山海經曰鳥鼠同穴之山濫(音檻)水出於其西多絮魮之魚(如毗二音)其狀如覆銚鳥首而魚翼魚尾其聲如磬是生珠玉(珠母蚌類)

山海經圖讚曰形如覆銚苞玉含珠有而不積泄以尾閭閭與道會可謂奇魚

鸁魚

山海經曰邽（邽音）山濛水出焉其中多𩶅魚魚身而鳥翼聲如鴛鴦見其國大水

鰤鰤魚

山海經曰少咸之山鴈門之水其中多鰤鰤之魚（鰤音）食之殺人

魮魚

山海經曰懸甕之山晉水出焉其中多魮魚（紫音）其狀如儵而赤鱗其音如叱食之不驕（或作騷）

山海經圖讚曰微哉魮魚食則不驕物有所感其用無摽

䱻父魚

山海經曰陽山流水出焉其中有䱻（蹈音）父之魚其狀如鮒魚首如彘食之已歐

山海經圖讚曰䱻父魚首厥體如豚

師魚

山海經曰饒山歷虢之水出焉中有師魚食之殺人

文魚

山海經曰景山睢（睢音）水出焉中多丹粟文魚（有斑彩也）

鯩魚

山海經曰半石之山來需（音）之水出焉其中多鯩魚（鯩音）黑文狀如鮒食者不腫

鰧魚

山海經曰半石之山合水出其陰是多鰧（鰧音）魚其狀如鱖居逵（逵水中之穴相交通）蒼文赤尾食者不癰可以已瘻

臨海水土記曰鰧魚似鱓長二尺

飛魚

王子年拾遺錄曰仙人甯封食飛魚而死死百年生故甯先遊涉七言頌云青藻灼爍千載舒萬齡暫死餌飛魚

山海經曰騩（騩音）山𤃬過之水出焉而北流注于河其中多飛魚其狀如豚而赤文服之不雷可以禦兵

郭璞山海經圖讚曰飛魚如豚赤文無羽

山海經曰牛首之山勞水出焉是多飛魚其狀如鮒食之可以已痔（又曰飛魚如豚赤文無羽）

張駿山海經飛魚讚曰飛魚如鮒登雲游波

林邑國記曰飛魚身圓長丈餘羽重沓翼如胡蟬出入群飛遊翔翳薈而沉則泳海底

豪魚

山海經曰渠猪之山渠猪之水出焉是多豪魚其狀如鮪而赤喙尾赤羽食可以已白癬

鯸鮐魚

左思吳都賦曰王鮪鯸鮐（劉逵曰鯸鮐魚狀如科斗大者長尺餘腹白背青有黃文性有毒雖小獺犬魚不敢餐也蒸煮肥美）

鯸鱗魚

潘岳滄海賦曰鮯魚鯸鱗

鮠魚（午回切）

廣志曰鮠魚一名河豚

丹魚

抱朴子曰南陽丹水有丹魚先夏至十日夜伺之魚浮水側有赤光割取血以塗足可以步行水上

蝝魚

廣志曰蝝魚一名鮦（直壟切）

䱻魚

劉敬叔異苑曰䱻魚凡諸魚欲產䱻輙以頭衝其腹䱻魚

自欲生者亦更相橦觸故世人謂爲衆魚之生母也

嶺表録異曰鯔南人云魚之欲産子者須此魚以頭觸其腹而産俗呼爲生母魚

望魚

魏武四時食制曰望魚側如刀可以刈草出豫章明都澤云云淦澤

班文魚

魚豢魏略曰濊國出班魚皮漢時恒獻之

郭義恭廣志曰班文魚出東夷濊獻其皮

鱐折魚

魏武四時食制曰鱐折魚海之乾魚也

鯚鰊上浮下游魚

魏武四時食制曰鯚鰊魚黑色大如百斤猪黄肥不可食數枚相隨一浮一沉一名敷常見首出淮及五湖

○三十六國春秋曰吴人夏丞爲孝廉高士夏仲御以母疾將市藥于京師隨丞入洛時值禊飲賈充見而放之仲曰我會稽夏仲御也充問御居海濱能獻舳不仲曰能之充因命爲仲御即登舫敢拽容止可觀爲鯚鰊之形俄然雲霧杳冥白魚躍入其舟充甚異之

蕃踰魚一曰蕃蹄魚

魏武四時食制曰蕃踰魚如鼈大如箕甲上邊有髯無頭口在腹下尾長數尺有節有毒螫人

龍魚

山海經曰龍魚陵居其狀如狸或曰龍魚似狸一角也一曰鰕魚鰕音遐却有神聖乘此以行九野一曰鼈魚

郭璞山海經圖讃曰龍魚一角似狸居陵俟時而出神聖攸乘飛騖爲九域乘雲上升

括地圖曰龍魚一名鰕魚狀如龍而有神聖乘此以行九野

郭璞江賦曰或虎狀龍顔龍魚亦似魚

太平御覽卷第九百三十九

鱗介部十二

瓊魚　横公魚　鰠魚　蒲魚
印魚　黄魚　奇魚　君魚
琵琶魚　䟽齒魚　班魚　黄雀魚
鷰魚　鳶魚　赤魚　玄魚
邵魚　鰝鰯魚　井魚　鏡魚
含光魚　鯫魚　竇魚　吹沙魚
伏念魚　金石魚　婢簁魚　奴鱎魚
潫魚　銅哾魚　陶魚　石班魚
戴星魚　鱺魚　鯰魚　織杼魚
雞鮨魚　土奴魚　新婦魚　海豨魚
鰕鮑魚　鮆刀魚　蝦蟇魚　黿魚

鼠魚　弓魚　鰻鱺魚　黍魚
鮐魚　鱝尾魚　土拌魚　高魚
蘆魣魚　鼉風魚　鯤魚　海鯤魚
鮞魚　細赤魚　鰥魚　真魚
雞子魚　竹魚　乳穴魚　鼊黿魚

瓊魚

漢武内傳曰西王母曰仙人上藥有流淵瓊魚

横公魚

神異經曰北方荒外有石湖其中有横公魚長七八尺形狀如鯉而目赤晝則在湖中夜化爲人刺之不入煑之不死以烏梅二七煑之乃熟食之可以止邪病（玄黄經曰横公魚不可殺唯加烏梅其魚乃煞）

鰠魚

魏武四時食制曰鰠魚帶鼓如婦人白肥無鱗出滇池

蒲魚

魏武四時食制曰蒲魚其鱗如粥出郫縣

印魚

臨海異物志曰印魚無鱗形似鰌形鰭額上四方如印有文章諸大魚應死者印魚先封之

郭延之述征記曰城陽縣南六里堯母慶都墓廟前一池魚額間有印文名頰魚非告祠者捕不可得

左思吳都賦曰印龜鱕鰭

黄魚

吳書曰薛綜上疏交州刺史朱符多以鄉人分作長吏强賦民黄魚一枚稻一斛

劉欣期交州記曰武寧縣秋九月黄魚上化作鶉鳥

南方草物狀曰鮔細黄魚九月中因秋風而變成鶉上園吏捕取炙食滋味肥美

南中八郡志曰江出黄魚魚形頰似鱣骨如葱可食

郭義恭廣志曰犍爲郡僰道縣出臑骨黄魚

奇魚

沈懷遠南越志曰奇魚長三寸似白魚常附海船以濟洪波一曰奇載魚

臨海水土記曰奇度魚長三寸似白魚

君魚

沈懷遠南越志曰君魚長三寸背上骨如筆管大者似矛逢諸細魚及龜腹皆斷之

琵琶魚

臨海異物志曰琵琶魚無鱗形如琵琶

沉懷遠南越志曰琵琶魚無鱗長三尺形似琵琶故因以爲名

任昉述異記曰海魚千歲爲劒魚樂魚一名琵琶魚形似琵琶而喜鳴因以爲名

左思吳都賦曰鮫鯔琵琶

曹毗楊都賦曰魚則琵琶烏賊

踈齒魚

魏武四時食制曰踈齒魚味如猪魚出東海

潘岳滄海賦曰比目踈齒

班魚

魏武四時食制曰班魚頭中有石如珠出北

郭義恭廣志曰班魚頭中有玉石如珠璣

黃雀魚

臨海異物志曰黃雀魚常以八月化爲黃雀到十月入海爲魚

風土記曰六月東南長風俗名黃雀風時海魚化爲黃雀因爲名也

鷩魚

臨海異物志曰鷩魚長五寸陰雨起飛高丈餘

鳶魚

臨海異物志曰鳶魚狀如鳶唯無尾足陰雨日亦飛高數丈

赤魚

魚豢魏略曰文帝欲受禪赤魚遊於露鏤

玄魚

王子年拾遺録曰夏鮌理水無功沉於羽川化爲玄魚大千尺後遂死橫於河海之間後世聖人以玄魚爲神化之物以玄字合於魚字爲鮌字

邵魚

臨海水土記曰邵魚狀如鳶魚

鱬（如朱）鰗魚

臨海水土記曰鱬鰗魚狀如鳶魚形

井魚

臨海異物志曰井魚頭有兩角

鏡魚

臨海異物志曰鏡魚如鏡形體薄少肉

含光魚

臨海異物志曰含光魚名騰魚黃而美故謂之騰有光照燭

沉懷遠南越志曰含光謂騰魚正黃而美故謂爲騰魚夜則有光

嶺表録異曰黃騰魚即江湖之橫魚頭觜長而鱗背金色南人臠爲炙雖美而毒或煎焞或乾夜即有光如燭

鱺魚

臨海異物志曰鱺魚如指長七八寸但有脊骨好作羹大者如竹竿曝作燭極有光明

鱟魚

臨海異物志曰鱟魚三月生溪中裁長一寸至十月中東還死於海香氣聞於水上到時月輙復更生

永嘉地記曰石堂水口多鱟魚

吹沙魚

臨海異物志曰吹沙長三寸背上有刺犯之螫人

伏念魚

臨海水土記曰伏念魚似吹沙魚

金石魚

南越記曰金石魚形貞如七寸柈

婢屣魚

臨海異物志曰婢屣魚口近腹下形似婦人屣

奴屩魚

臨海水土記曰奴屩魚長一尺如屩形

鯊魚音沃

臨海水土記曰鯊魚似蒲魚長三尺

銅吮魚

臨海異物志曰銅吮魚長五寸似鯈魚

陶魚

臨海水土記曰陶魚長三尺似鱦音繩魚

石班魚

臨海水土記曰石班魚蠕蟲六蟲蝸爲一

又曰石班魚蠕蟲鼈鼈也鼈魚長尺餘其鼈如虎文俗言鼈登泥水盤乎之因走上岸合鼈其子不可食也

戴星魚

臨海水土記曰戴星魚狀如鳶魚背上有兩白瑠如指大因名之云

鱴魚

沈懷遠南越志曰鱴魚似鮇鮅音畢尾上有刺如欓樹刺也

鯪魚音零

臨海水土記曰鯪魚似鯊魚

異物志曰南方魚多不肥美唯鯪魚爲上大者長二尺作膾炙尤香而美

嶺表錄異曰鯪魚如白魚而身稍短尾不偃清遠江多此魚蓋不產於海也廣人得之多爲膾不腥而美諸魚無以過也

織杼魚

臨海水土記曰織杼魚狀似鯊魚味美於諸魚

沈懷遠南越志曰織杼魚如真魚背上正青

雌鯺魚

臨海水土記曰雌鯺形似雌魚戲於重川靡有定所

土奴魚

臨海水土記曰土奴魚頭如虎有刺螫人

新婦魚

臨海水土記曰新婦魚似雌魚長一丈

海狶魚

臨海水土記曰海狶魚豕頭身長九尺

郭璞江賦曰魚則江豚海狶

曹毗楊都賦曰海狶鯨鱘

鰕鮑魚

臨海水土記曰鰕鮑魚似海印魚

鉛刀魚

臨海水土記曰鉛刀魚似鯊鉛刀魚名似鯊魚

蝦蟇魚

臨海水土記曰蝦蟇魚色如鼓魚頭似蝦蟇尾又似鳶

鼀魚音元

臨海水土記曰鼀魚長五寸

鼠魚

沈懷遠南越志曰鼠魚頭如鼠

臨海異物記曰鼠魚長七寸頭如鼠

弓魚

臨海水土記曰弓魚長三寸似鯢魚

鰻鱧魚

臨海水土記曰鰻鱧魚長一尺

黍魚

臨海水土記曰黍魚長三尺似鱝鰲

鮨魚（音詣）

臨海水土記曰鮨魚兩肋下有大肉如炙臠大

嶺表録異曰鮨魚形似鯿魚而腔上突起連脊而圓身肉甚厚肉白如凝只有一脊骨治之以薑葱缹（音缶蒸也）之粳米其骨亦軟猴者無所棄鄙俚謂之狗瞌睡魚（以其犬在盤下難伺其骨故云狗瞌睡魚也）

太九百四十　七　勃岳

鑽尾魚

南越記曰鑽尾魚有毒一名鼈鼊魚

土拌魚

臨海水土記曰土拌魚長七寸白黑斑文

高魚

異物志曰高魚與鱘相似與蜥蜴於水上相合常以三二月中有雌而無雄食其胎殺人

蘆鯺（音猪）魚

異物志曰蘆鯺似鰌蟞而有細文多膏肥美大如蘆菅本出地中隨泉浮出俗名蘆鯺

沈懷遠南越志曰蘆鯺魚生山曲之間穴地為窟泉源踊則此魚出今廬陵以南至于南州有焉俗以為醬

鼉風魚

異物志曰冬天此魚數千萬頭共處大窟中藏上有白氣或在鼉穴中皮黑如漆能潛知數里中空木所在因風而入空木化為蝙蝠其肉甚美

鯤魚

毛詩鷄鳴曰敝笱在梁其魚魴鯤

爾雅曰鯤魚子（凡魚之子總名鯤）

又曰鱦小魚（鱦音繩又孕今江東呼魚子未成者為鱦也）

海鯤魚

王子年拾遺録曰黑河北極也其水濃黑不流上有黑雲生焉有黑鯤千尺狀如鯨常飛遊往於南海

莊子曰北溟有魚其名為鯤其大不知幾千里

江逌詩曰巨鼇戴蓬萊大鯤運天池倏忽雲雨興俯仰三

太九百四十　八　勃岳

洲移

孫放詠莊子詩曰巨細同一馬物化無常歸脩鯤解長鱗鵬起片雲飛撫翼搏積風仰凌垂天翬

袁宏北征賦曰魚詭水而成鯤木在山而有松

鰤魚（音師）

呂氏春秋曰魚之美者東海之鰤

張衡西京賦曰巢鯤鰤（鯤魚子也鰤細魚類也）

細赤魚

劉義慶幽冥録曰始興雲水源有湯泉每至霜雪其上蒸氣高數十丈泉中常有細赤魚出遊莫有獲者

鰥魚

毛詩曰敝笱在梁其魚魴鰥（鰥大魚也）

孔叢曰衛人釣於河得鰥其大盈車曰吾下一魴之餌鰥

過而不視又以豚之半則呑矣子思曰鯀貪以餌死士貪以祿死

真魚

沈懷遠南越志曰真魚如織紝魚

臨海水土記曰鱝魚俗謂之猶魚

鷄子魚

嶺表録異曰鷄子魚口有觜如鷄肉翅無鱗尾尖而長有風濤即乘風飛於海上船梢類鮐鯣魚

竹魚

嶺表録異曰竹魚産江溪間形如鱧魚大而少骨青黑色鱗下間以朱點鮮可翫或烹以為羹臛肥而美

乳穴魚

嶺表録異曰全義嶺之西南有盤龍山山有乳洞斜貫一溪號為靈水溪（今桂州川縣也）靈溪内有魚皆脩尾四足丹其腹游泳自若漁人不敢捕之（爾雅云鯢似鮎四足聲如小兒今商州山溪内亦有此魚謂之鰨魚）

鼉魚

臨海水土記曰鰧鼉魚似鼉魚長二尺

太平御覽卷第九百四十

太平御覽卷第九百四十一

鱗介部十三

貝　螺　蚌

貝

尚書禹貢曰淮海惟楊州島夷卉服厥篚織貝

又顧命曰大貝鼖鼓在西房（大貝如車渠商周傳寶之）

毛詩節巷伯曰萋兮菲兮成是貝錦（貝如錦也）

又義疏曰有紫貝質白如玉紫點爲文皆行列相當大者徑一尺七寸今九眞交阯以爲杯盤寶物也

孝經援神契曰德至泉則江生大貝

爾雅曰貝陸居贆（方遥切）在水者蜬（巫咸切 水陸異名也 貝中肉如科斗但有頭尾 音含）大者魧（書大傳曰大貝如車渠 車渠謂車輞 即魧屬 魧戶郎切）小者鰿（今細貝亦有紫色者出日南 音責）玄貝貽貝（黑色貝也）餘貾（音池）黄白文（以黄爲質白爲文點）餘泉白黄文（以白爲質黄爲文點 今之紫貝以紫爲質黑爲文點）蚆（音巴）博而頯（頯者中央廣兩頭銳 頯逵軌二音）蜠（音囷）大而險（險者汚薄）蟦小而𧍝（即上小貝 𧍝謂狹而長 此皆說貝之形容 𧍝他果切）

太九百四十一　一　单桂

說文曰貝海介蟲也古者貨貝而寶龜也

汲冢周書王會曰共人玄貝（共人吳越之蠻 玄貝昭貝也）

漢書曰文帝賜尉佗書佗因使者獻紫貝五百

後周書曰步落稽婦人多貫蜃貝以爲飾

隋書曰流求國人用鳥羽爲冠飾以珠貝

唐書曰吐渾國婦人辮髮縈後綴以珠貝

又曰拂菻國有大貝車渠

淮南子曰商拘文王於羑里於是散宜生乃以千金求天下之珍怪得大貝百朋（五百爲一朋也）

山海經曰虢山之尾其上多玉魚水出焉其中多文貝

又曰邽山濛水出焉其中多貝（貝甲中肉如科斗但有頭尾）

又曰赤水之東有蒼梧之野爰有文貝（紫貝也）

南州異物志曰交阯以南海中有大文貝質白文紫天姿自然不假雕琢磨瑩而光煥爛

六韜曰商王拘周西伯昌於羑里太公與散宜生金千鎰求珍物以免君罪九江之浦有大貝百馮（詩作朋也）

鹽鐵論曰教與俗敝弊與世易夏后氏以玄貝周人以紫石

相貝經曰硅延得大貝於昌陽弱泉爲五帝瑶器也得拘灸何貝大如輪爲文王壽穆王大業貝懸其殻於昭陽觀以消惡霧

又曰瀨水貝可以朗目南海貝如珠可以冶水毒也浮貝投水則浮也嗇貝使童子愚女子淫

嶺表錄異曰紫貝即砑螺也儋振夷黎海畔採以爲貨

太九百四十一　二　单桂

南越志曰土產明珠大貝即紫貝也

螺

易說卦曰離爲蠃（注曰剛在外也）

周官天官上鼈人曰祭祀供蠯蠃蚳以授醢人（蠃螔蝓也 鄭司農云 蠯蛤也 杜子春云 蚳蛾子也 蠯音陴）

國語曰大夫種謀吳曰今吳大荒其民必移就蒲蠃於東海之濵必可伐

廣志曰海文蠡數種其大者受一外南人以爲酒杯

魏書曰漢末天下荒亂率之糧穀袁術在江淮取給蒲蠃民相食州郡蕭條

宋書曰元嘉末魏太武征彭城遣使求酒及甘橘張暢宣孝武帝命致螺杯雜粽南土所珍

北史曰隋劉臻性好啗蜆以音同父諱呼爲扁螺

淮南子曰蠃蠯愈燭睆（蠃螺也蠯細長螺也燭睆目中疾）此皆治目之藥也人無故而求此物者必有蔽其明也

水經曰桂陽貞女峽峽西岸高巖名貞女山山下際有石如人形高七尺狀女子故名貞女峽古來相傳有數女取螺於此遇風雨晝晦忽化爲石

山海經曰旬山洵水出焉南流注于閼澤其中芘蠃（紫色螺也）

又曰卽山濛水出焉有螺魚身而鳥翼見則其邑大水

搜神記曰謝端夏官人少孤爲鄉人所養年十八恭謹自守後於邑下得一大螺如三升盆耳將盂甕中毎早至野還見有飲飯湯火處端疑之於籬外窺之見一少女從甕中出至竈下燃火便入問之女荅曰我天漢中白水素女天帝哀卿少孤使我權相爲守舍炊煮使卿後得婦當還去今無故相伺不宜留此忽有風雨而去

徐衷南方記曰馬蓟蠃大者圍九寸長四寸細者圍七寸長三寸

南州異物志曰鸚螺狀如覆杯頭如鳥頭向其腹視似鸚鵡故以名肉離殼食唯以筋自係於殼飽則入殼中若爲魚所食殼乃浮出爲人所得質白而文紫

崔豹古今注曰蝸牛宛轉有草紋縛爲結似螺髻

交州異物志曰寄居山蠃蟲而長（如蠃而腳似蜘蛛大覓殼入蠃殼中）

又曰螺大者如筥一邊重可爲酒器

又曰吒螺着海邊樹上見人吒如人声可食

又曰蒼螺江東人以爲桄假猪螺曰南有之厭爲甲者

鄧德明南康記曰平固水口下流數里有螺亭臨江昔一少女曽與伴俱乘小舡江漢採螺既逼暮因停沙邊共宿忽聞騷騷如軍馬行須臾乃見君螺張口無數相與爲災來破舍噉此女子同侶諸嫗當時惶怖不敢作声乘走上岸至曉方還但見骨耳收斂喪骨薄埋林際歸報其家經四五日間近所埋處皺見石冢穹窿高十餘丈頭可受二十人坐也今四面有階道縣人冢其頂上多螺殼新故相仍鄉傳謂之螺亭

世語曰衛瓘大康永熙中家人炊飯墮地盡化爲螺出足而行瓘終見誅

廣五行記曰晉武帝時裴楷家炊黍在甑或變爲螺其年楷卒又石崇家稻米化螺崇亦被誅

嶺表録異曰鸚鵡螺旋尖處屈而朱如鸚鵡觜故以此名殼上青綠斑大者可受二升殼內光瑩如雲母裝爲酒杯奇而可翫又紅螺大小亦類鸚鵡螺殼薄而紅亦堪爲酒器刳小螺爲足綴以膠漆

葛龔薦戴昱曰昱年六十二兄弟同居二十餘年及爲宗老分异將妻子逃舊業入虞澤結茅爲室捃穭野豆拾掇蠃蚌以自振給

蚌

易通卦驗曰小雪雉入水爲蜃

爾雅曰蜃小者珧（珧玉珧即小蚌珧音遙）

說文曰鮩（步梗切）蚌也鮚（巨栗切）蜯（音蚌）也

漢書曰漢律會稽獻鮚醬二升蚌蜃之屬

周書曰成王時具甌獻蜃（鄭玄注曰蜃大蛤也）

大戴禮曰十月雉入淮爲蜃蜃者蒲蘆也

春秋後語曰燕趙將伐燕蘇代爲燕說趙王曰今者臣來過小水見小蚌方出暴而鷸啄其肉蚌合而挾其喙（喙口也上啄其肉音張角切下喙音許穢切）鷸曰今日不雨明日不雨必見蚌脯蚌

亦謂鷸曰今日不出明日不出必見死鷸兩不相捨漁父得而併擒之今趙且伐燕燕趙久相支以弊其衆臣恐強秦之為漁父也故願大王熟計之趙王於是乃止

魏志曰孔融與韋康書云元將仲將不意雙珠近出老蚌

陳書曰武帝雅尚恭儉膳不過數品私饗曲宴皆用瓦器蚌盤

唐書曰太宗謂侍臣曰蜃性含水待月而水生木性懷火因燧而燄發人性含靈待學而成美

墨子曰申屠狄謂周公曰賤人何可薄耶周之靈珪出於土石楚之明月出於蚌蜃少家大豪出於汚澤天下諸侯皆以為寶狄今請退也

淮南子曰季秋爵入大水為蛤爵依屋之雀也飛鳥也隨陽下藏故為蛤

又曰古者剡耜而耕摩蜃而耨剡利也耜耒屬也蜃大蛤摩令利用之耨耨除苗穢

又曰孟冬水始冰地始凍雉入大水為蜃雉陽鳥也三歲而死極陽切陰雉陰氣入水為蜃蜃大蛤也

又曰明月之珠出於蛖音珠有夜光之明蚌蜄月生於蚌中

又曰毛羽者飛行之類也故屬於陰日者陽之主也是以春夏則羣獸除日至而麋鹿解解角也月者陰之宗也是以月虧而魚腦減月死而螺蚌瘷瘷減蹴也

又曰古者民茹草飲水採樹木之實食蠃蛖之肉時多疹病毒傷之害

又曰明月之珠蜃蛖之病而我之利虎爪象牙禽獸之利而我之害我猶人也

又曰蛖象之病人之寶也蛖大蛤中有珠象牙還以自病故人得以為寶人之病將有誰寶之者乎人以利欲為病無人寶之故曰有將誰寶

西京雜記曰長安始盛飾鞍馬競加雕鏤或一馬之飾直百金皆用白蜃為珂紫金為花以飾其上

越地形記曰夏靖荅東茂弘論鄮縣書曰其蜯蛤之屬目所希見耳所未聞

徐衷南方記曰白珠蜯殼長三寸半漲海中深六七丈去岸四五十里

永嘉郡記曰樂成縣木履山東帶採門九海採者皆由其門故以為名多香螺文蛤之屬

博物志曰東南之人食水之產西北之人食六畜產食水產者龜蛤螺蚌以為珎味不覺其腥臊也食六畜產者獲兔鼠雀以為珎味不覺其膻燋也

杜寶大業拾遺錄曰南方林邑有大蚌盈車明珠至寸不以為貴國人不採

交州異物志曰烏滸山居射翠取羽剖蚌探珠

任昉述異記曰淮水中黃雀至秋化為蛤至春復為黃雀五百年化為蜃蛤

嶺表錄異曰珠池廉州邊海中有洲島島上有大池謂之珠池每年脩貢珠户入池採珠皆採老蚌剖而取珠池在海上疑其底與海通珠如豌豆大常珠也如彈丸者亦時有得徑寸照室之珠卒不可遇也又取小蚌肉貫之以篾曝乾謂之珠母容桂人率將脯燒之以薦酒肉也中有細珠如粱粟乃知珠池之蚌隨其大小悉胎中有珠矣

延篤與高義方書曰今茲以五經為鼎鼐書傳為俎籩祖述堯舜憲章文武未暇蜯也宜勿以為念

郭璞江賦曰紫蚢如渠洪蚶專車瓊蚌晞曜以瑩珠石蛣應節而揚葩

太平御覽卷第九百四十一

太平御覽卷第九百四十二

鱗介部十四

蛤

易進卦驗曰立冬鷰雀入水爲蛤

禮記月令曰季秋之月雀入大水爲蛤

汲冢周書王會曰東越海蛤（東越則海際蛤文蛤）

三國典略曰周天和元年夏齊冀州人於蚌蛤中得瑤環

一隻

又曰徐之才初遷豫章王綜國常侍隨綜入北有一人患足跟痛諸醫咸莫能識之才視之曰蛤精疾也得之當由乘船入海垂脚入水中疾者曰實曾如此之才爲剖之得蛤子二大如榆莢

淮南子曰土龍致雨鷰鴈代飛（鷰春而鴈秋比也）蛤蚌珠龜與月盛衰

呂氏春秋曰月者羣陰之本月望則蚌蛤實羣陰盈月晦則蚌蛤虛羣陰湫夫月形于天而羣陰化乎淵

漢武帝內傳曰西王母云仙家之藥有白水靈蛤

汝南先賢傳曰周燮字彥祖好潛靖養志唯典籍是樂著仙人草廬廬下有陂魚蛤生非身所耕則不食也

南越志曰九蛤之屬開口聞雷鳴不復閉

雲南記曰新安蠻婦人於耳上懸金環子聯貫瑟瑟帖於鬢側又綴瑟瑟以螺蛤聯穿繫之謂爲珂珮

博物志曰東海有蛤鳥常啖之其肉消盡殼起浮出東海在沙中岸邊潮水往來硝薄蕩白如雪入藥最精勝採取自死者

崔豹古今注曰鳥鴈常在河邊沙上食沙石悉皆銷爛唯食蛤不銷隨其糞出用以爲藥倍勝常者

本草經曰文蛤表文味鹹無毒主際陰蝕惡創五痔大孔盡血生東海

左思賦曰蚌蛤珠胎與月虧全

蛺㚤

臨海水土物志曰蛺㚤似蛤如覷大

三蝬（音宗）

臨海水土物志曰三蝬似蛤

車螯

沈約宋書曰廬陵王義眞出爲南豫州刺史劉湛爲長史義眞出時居高祖憂使帳下備膳湛禁之義眞乃於齋內別立厨帳會湛入燠酒炙車螯湛正色曰公當今不宜有此設義眞曰旦甚寒一盃酒亦何傷酒既至湛因起曰既不能以禮自處又不能以禮處人

謝靈運答弟書曰前月十一日至永嘉郡蠣不如鄞縣車螯亦不如北海

移角

臨海水土物志曰移角似車螯角移不正名曰移角

姑勞

臨海水土物志曰姑勞如車螯而殼薄

羊蹄

臨海水土物志曰羊蹄似蚌味似車螯羅江小蘆有之

蛤蠣

宋書曰王融初爲司徒法曹詣王僧祐因遇沈昭略未相識昭略屢顧眄謂主人曰是何年少融殊不平謂曰僕出於扶桑入於暘谷照曜天下誰云不知而卿此問何也昭略云不知許事且食蛤蠣融曰物以群分方以類聚君長東隅居然應嗜此族

淮南子曰若士方卷龜殼而食蛤蠣

抱朴子曰若士所食此必草也又海中自有蛤蠣螺蚌之類未加煮凡人所不能噉况君子若士乎

蘆雉

臨海水土物志曰蘆雉似蛤蠣殼小薄耳

蚶火甘切

唐書曰元和中嶺南節度使崔詠卒宰臣奏擬皆不可上謂裴度曰嘗有諫進海蚶淡菜者詞甚忠正卿可求此人與之度出以訪人或有言孔戣諫者度即日以聞乃命之

廣志曰巨延州以蚶與行估貿易

臨海水土物志曰蚶側徑四尺也

盛弘之荆州記曰始安郡駭鹿山山上有石室鑿内輒得骨并獲蚶

嶺表録異曰瓦屋子蓋蚌蛤之類也南中舊呼爲蚶音憨子頭因盧鈞尚書作鎮遂改爲瓦屋子以其殼上有稜如瓦壠故名焉殼中有肉紫色而滿腹廣人尤重之多燒以薦酒俗呼爲天臠炙喫多即壅氣背膊煩疼未測其本性也

烏頭

臨海水土物志曰烏頭似蚶

下來蝛許咸切似蛤出海中

臨海水土物志曰下來蝛雖似烏頭各自有種

又曰蝛蛤有似烏頭

越王

臨海水土物志曰越王形似蝛殼赤尾如人爪形

蠣

梁書曰何胤初侈於味食必方丈後稍欲去其甚者猶食白魚䱒音善脯糖蟹以爲非見生物疑食蚶蠣使門人議之學生鍾玩曰䱒之就脯驟於屈申蟹之將糖躁擾彌甚仁人用意深懷如怛至於車螯蚶蠣眉目内闕慙渾沌之奇獷殼外緘非金人之慎不悴不榮曾草木之不若無香無臭與瓦礫其何筭故宜長充庖廚永爲口味竟陵王子良

見玩議大怒汝南周顒與胤書勸令食菜

茅君内傳曰欲合九轉先作神鉛取東海左顧牡蠣凡六物令分等各擣三萬杵

異物志曰古賁灰牡蠣殼

臨海水土物志曰蠣長七尺

南越志曰南土謂蠣爲蠔甲爲牡蠣合澗洲圓蠣土人重之語曰得合澗一蠣雖不足豪亦可以高也

永嘉郡記曰樂成縣新溪口有蠣嶼方圓數十畝四面皆蠣其味偏好

謝靈運遊名山志曰新溪蠣味偏甘有過紫溪者

嶺表録異曰盧亭亭盧循遺類也循昔據廣州既敗餘言奔於海島野居唯食蠔蠣壘殼爲牆壁

又曰蠔即牡蠣也其初生海島邊如拳石四面漸長有高

二丈者巉巖如山每一房内蠔肉一片隨其所生前後大小不等每潮來諸蠔皆開房伺蟻入即合之海夷盧亭者以斧揳取殼燒以烈火蠔即啓房挑取其肉貯以小竹筐趂虛市以易酒米（盧亭好酒以蠔肉換酒也）蠔肉大者醃爲炙小者炒食肉中有滋味食之即甚壅腸胃

蜆（戶典切）

爾雅曰蜃小者曰珧（郭璞注曰新熱蛤也江東呼爲蜆也）

蟹

廣雅曰蟹蛣蜛也其雄曰蜋螘其雌曰轉帶

山海經曰大蟹在海中（蓋千里之蟹）又女丑有大蟹（廣千里）

汲冢周書王會曰成王時海陽獻蟹

大戴禮曰蟹二螯八足非鱣之穴而無所寄托者心躁也（孫卿子同）

禮記檀弓下曰成人者兄死而不爲衰者聞子皐將爲成宰遂爲之衰成人曰蠶則績而蟹有筐范則冠而蟬有緌兄則死子皐爲之衰

孝經援神契曰蟹二螯兩端傍行（螯猶兵也小蟲而欲兩端自衞故使傍行也）

晉書曰解系坐免官以白衣還第闔門自守及張華裴頠之被誅也倫秀以宿憾收系兄弟梁王肜救系等倫怒曰我於水中蟹且惡之況此人兄弟輕我耶此而可忍孰不可忍肜苦爭之不得遂害之

又曰劉聰左都水使者襄陵王攄坐魚蟹不供斬於東市

三國典略曰周永定元年夏四月齊主禁取蟹蛤之類唯許私家捕魚

淮南子曰夫釋大道而任小數無以異於使蟹捕鼠蟾諸捕蚤不足以禁姧塞邪亂乃逾滋（以火灼蟹蛇上內置穴中熱走窮穴適能擒鼠一）

又曰磁石引鐵蟹之敗漆（置蟹漆中則漆敗也）雖在明知弗能然也

抱朴子曰若蟹之化漆麻之壞酒此不可以理推者也

又曰山中稱無腸公子者蟹也

又曰兵地生蟹者宜急移軍太一在玉帳之中不可攻也

郭子曰畢茂世云一手持蟹螯一手持酒盃拍浮酒池中可了一生哉

國語曰越王召范蠡而問焉曰與子謀吴子未可也今其稻蟹食不遺種其可乎范蠡對曰天應至矣（蟹謂稻人事未

世說曰蔡司徒渡江見蟛蜞大喜曰蟹有八足加以二螯令烹之既食委頓吐下方知非蟹後向謝仁祖說此事謝曰殈讀爾雅不熟幾爲勸學死（劉孝標云大戴礼勸學篇曰蟹八足二螯非蛇蛆之穴無所寄托者用心躁也故爾雅云蝟小者蟧即彭蜞也似蟹而小按今蟛蜞小於蟹而大於蟧爾雅所謂蟧澤者也然此三物皆八足二螯狀甚相類蔡謨不精其大小食而致斃故云讀爾雅不熟也）

永嘉郡記曰安國縣有山鬼形體如人而一脚裁長一尺許好噉鹽伐木人鹽輙偷將去不甚畏人人亦不敢伐犯之即不利也喜於山澗中取石蟹伺伐木人眠息便十十五五出就火邊跂石炙噉之嘗有伐木人見其如此未眠之前痛燃石使熱羅置火畔使佯眠看之須臾魍出悉皆跂石石熱灼之跳梁叫呼罵詈而去此伐木人家後被燒委頓

博物志曰南海有水蟲名蒯蛤之類也其中有小蟹大如榆莢蒯開甲食則蟹亦出食蒯合甲蟹亦還入爲蒯取以歸始終死不相離

又曰蟹漆相合成水（神仙服食方云）

又曰秋蟹毒者無藥可療目相向者尤甚

玄中記曰天下之大物北海之蟹舉一螯能加於山身故在水中

淮南万畢術曰燒蟹致鼠

搜神記曰晉太康年中會稽郡蟛蜞及蟹皆化爲鼠甚衆覆野爲災食稻

述異記曰出海口北行六十里至騰嶼之南溪有淡水清澈照底有蟹焉筐大如笠脚長三尺宋元嘉中章安縣民屠虎取此蟹食之肥美過常虎其夜夢一少嫗語之曰汝噉我知汝尋被噉不屠氏明日出行爲虎所食餘家人殯瘞之虎又發棺噉之肌骸無遺此水今猶有大蟹莫敢犯

廣五行記曰元嘉中富陽人姓王於瀆中作蟹斷旦往視之見一材頭長二尺許在斷中而裂開蟹出都盡乃治斷出材岸上明旦往視之見材復在斷中而裂開如前王又治斷出材明晨往視所見如初王疑此材妖異乃取籠中擔歸去家一二里聞籠中窣動聲王生顧見向材段變成一物人面猴身一手一足語王生曰我性嗜蟹比實入破君斷食蟹以此相負望君恕我我是山神當相祐助王曰汝犯暴人罪自應死何以多言此物曰君何姓名頻問不已王終不荅去家轉近曰既不放我又不告我姓名當復何許王至家以火焚之土俗謂之山㺐知人姓名則能爲傷人耳

又曰軍行地無故生蟹者宜急移吉蟹魚之類水失其性則有此孽

嶺南異物志曰嘗有行海得洲渚林木甚茂乃維舟登岸爨於水傍半炊而林没於水遽斷其纜乃得去詳視之大蟹也

嶺表録異曰水蟹螯殻内皆鹹水自有味廣人取之淡煑吸其鹹汁下酒黄膏蟹殻内有膏如黄蘇加以五味和殻燸之食亦有味赤母蟹殻内黄赤膏如雞鴨子黄肉白以和膏實其殻中淋以五味蒙以細麪爲蟹饆饠珎美可尚紅蟹殻殻紅色巨者可以裝爲酒盃也虎蟹殻上有虎斑可裝爲酒器與紅蟹皆産瓊崖海邊

本草經曰蟹味鹹治胷中邪氣熱結痛

張敞集曰朱登爲東海相遺敞蟹報書曰遺伯玉受孔氏之賜必及鄉敞謹分斯貺于三老尊行者曷敢獨享之

太平御覽卷第九百四十二

鱗介部十五

擁劍

廣志曰擁劍似蟹色黄方二寸其一螯偏長如足大指長三寸餘有光其短細者如箸

異物志云擁劍狀如蟹但一螯偏大耳

何遜詩云躍魚擁劍是不分魚蟹也

崔豹古今注曰彭蜞（音滑）小蟹也生海邊塗中食土一名長卿其有螯偏大者名擁劍一名執火其螯赤故謂之執火也俗謂之越王劍

杜寶大業拾遺錄曰吳郡獻蜜蟹二千頭作如糖蟹法蜜擁劍四瓮擁劍似蟹而小一螯偏大吳都賦所謂烏賊擁劍是也

鮹螯

祖台之志怪曰會稽山陰東郭氏女先與縣人私通此人買還於縣東靈慈橋女往入船就之因共寢　爲設食食螯食畢女將兩鮹螯上岸去船還來至郭逢人語此女已死乃往省之尚未殯也發衾視之兩手各把一鮹螯

嶺表録異曰鮹蜞乃蟹之巨者異者兩螯上有細毛如苔身有八足鮹蜞則螯足無毛後兩小足薄而闊（俗謂之撥棹子）與蟹有殊其大如升南人皆呼爲蟹（有大如小碟子者八月此物與人鬭往往夾殺人也）

彭蜞

爾雅曰螖蠌小者蟧（螖屬見埤蒼或曰即彭蜞也似蟹而小滑澤二音）

晉書曰夏統字仲御會稽永興人也幼孤貧養親以孝聞睦於兄弟每採梠求食星行夜歸或至海邊拘螊蛾以資養

搜神記曰晉太康四年會稽彭蜞化爲鼠食稻爲災

崔豹古今注曰彭蜞小蟹也一名長卿

嶺表録異曰彭蜞吳呼爲越蓋語訛也足上無毛堪食吳越間多以鹽藏貨於市

竭朴

臨海異物記曰竭朴大於彭蜞殼黑斑有文章螯正赤常以大螯鄣目屈小螯以取食

嶺表録異曰竭朴乃大彭蜞也殼有黑斑雙螯一大一小常以大螯捉食小螯分以自食

沙狗

臨海異物志曰沙狗似彭蜞壤沙爲穴見人則走曲折易道不可得也

招潮

臨海異物志曰招潮小如彭蜞殼白依潮長背坎外向舉螯不失常期俗言招潮水也

嶺表録異曰招潮子亦蟛蜞之屬殻帶白色海畔多潮欲來皆出坎舉螯如望故俗呼招潮也

倚望

臨海水土物志曰倚望常起顧睨西東其形如彭蜞大行塗上四五進輒舉兩螯八足起望行常如此唯入穴中乃止

石蜠 巨隕切

臨海水土物志曰石蜠大於蟹八足殻通赤狀鴨卵

蜂江

臨海水土物志曰蜂江如蟹大有足兩螯殻牢如石蜠同不中食也

蘆虎

臨海水土物志曰蘆虎似彭蜞兩螯正赤不中食

石華

臨海水土物志曰石華附石肉淡

會稽地理記曰鄮縣濵多石華

蚼蟒 上古侯切 下莽朗切

劉欣期交州記曰蚼蟒似瑇瑁龜頭鼈身蝦尾色班似錦文大如笠四足漫湖無指甲前有黒珠可以飾物

臨海水土物志曰龜蟒其狀龜形如笠味如龜可食卵大如鴨卵正圓中生啖味美於諸鳥卵其甲黄點注之廣七八寸長二三尺有光色

左思吴都賦曰鼅鼊鯖鰐

鱟 胡遘切

廣志曰鱟似便面負雌而行失雄則不能獨活出交阯南海中

吴録地理志曰交阯龍編縣有鱟形如惠文冠青黒色十二足似蟹長五寸腹中有子如麻子取以作醬尤美

裴淵廣州記曰鱟廣尺餘形如熨斗頭如蜣蜋腹下有十足南人重之以爲鮓

南越志曰漲海口有鱟每過海輒相積於背高尺餘如帆乘風而遊

嶺表録異曰鱟魚其殻瑩淨滑如青瓷盌鏉背眼在背上口在腹下青黒色腹兩傍爲六腳有尾長尺餘三稜如㯶莖常雌附雄而行捕者必雙得之若摘去雄者雌者即自止背負之方行腹中有子如菉豆南人取之碎其肉腳和以爲醬食之尾中有珠如粟色黄雌者小置之水中即雄者浮雌者沉

瑟鱓

臨海水土物志曰瑟鱓與鼂相似

海蟞

臨海水土物志曰海蟞如鼂狹後廣前其肉中食亦又多膏

鼂類 上音朝

臨海水土物志曰鼂類似鼅蟒腸如羊胃中啖

越王笄

臨海水土物志曰越王笄如笄大正白長尺餘生海邊沙中見仍取之即可心中存來取即入土中

石蚑 墟法蚑

臨海水土物志曰石蚑生附石長三寸如小竹大有甲正黒中食

陽遂足

臨海水土物志曰陽遂足此物形狀背青黑腹下正白有五足長短大小皆等不知頭尾所在生時躰軟死即乾脆

鼉鼊（上音迷下音麻）

臨海水土物志曰鼉鼊龜蟕相似形大如䕤發生渤海邊沙中肉極好噉一枚有三斛膏

土肉

臨海水土物志曰土肉正黑如小兒臂大長五寸中有腹無口自有三十足如釵股大中食

蝦

爾雅曰鰝大蝦也（蝦大者出海中長二三丈鬚長數尺今青州呼蝦魚為鰝音鄗）

東觀漢記曰馬棱字伯威為廣陵太守奏罷鹽官賑貧羸薄賦稅蝗蟲飛入海化為魚蝦

王隱晉書曰吳後置廣州以南陽滕脩為刺史或語脩蝦長一丈脩不信其人後故至東海取蝦鬚長四五尺封以示脩脩乃服（廣州記）

金樓子曰舜攝天子有綏耳貫胷之民來獻珠蝦

世說曰虞嘯父為孝武帝侍中帝從容謂曰卿在閤下初不聞有獻替虞家富近海謂帝望其意對曰天時尚暖魚鱻蝦鮓未可致尋有所獻帝撫掌大笑

異物志曰蝦種多𧐢最大中作脯

南越志曰南海以蝦頭為杯鬚長數尺金銀鏤之晉簡文以盛酒未及飲酒躍於外簽之曰三旬當後庭有告變者果有生子人面犬身

博物志曰東海有物狀如凝血縱廣數丈正方圓名曰鮓魚無頭目處所內無腹藏衆蝦附之隨其東西越人煑食之

嶺南異物志曰南海有蝦鬚長四五十尺

嶺表錄異曰海蝦皮殼嫩紅色就中腦殼與前雙脚有鉗者其色如朱余甞曾登海舶忽見牕版懸二巨蝦殼頭尾鉗足具全各七八尺首占其一分刺尖利如鋒刃刺上有鬚如紅筋各長二三尺前雙脚上有鉗（云以此鉗捉食）鉗麁如人大指長三尺餘上有芒刺如薔薇枝赤而銛硬手不可觸腦殼烘透彎環尺餘何止於盃盂也

北户錄云滕脩為廣州刺史有客語脩曰蝦鬚有一丈者堪為拄杖脩不之信故去東海取鬚長四丈以示脩方服其異寧蝦大者亦首尾尺餘閩越率取其肉𤋲而為炙又渾以鹽藏自然紅色謂之紅蝦貢送白蝦肉薄而白瑩如水精廣人偏食之蓋美而毒詢於閩川吳中悉無此類

嶺表錄異曰南人多買蝦之細者生切綽菜蘭香蓼等用濃醬醋先潑活蝦蓋以生菜然以熟飲覆其上就口跑之亦有跳出醋楪者謂之蝦生鄙俚重之以為異饌也

王朗荅魏文表曰夫張大網以漉鰌蝦辱九鼎以烹黿鼉

應璩百一詩曰大龜承衰弊復欲竄其羅蚍蜉猶見得何云鰌與蝦

葛龔與張季景書曰夜從劉伯宣舍西垂過龔家無飯噉爛蝦

海月

臨海水土物志曰海月大如鏡白色正圓常死海邊其指如搔頭大中食

謝靈運詩曰挂席拾海月

玉蛯（蛯余招）

臨海水土物志曰玉蛯似蚌長二寸廣五寸上大下小其

瓢中柱灸之味似酒

陵龍

臨海水土物志曰陵龍之躰黄身四足形短尾長有鱗無
角南越嘉蓋見之競逐

石矩

嶺表録異曰石矩亦章舉之類身小而足長入盐爲乾燒
食極美又有小者兩足如帶曝乾後似射踏子故南中呼
爲射踏子也

玳瑁

嶺表録異曰玳瑁形狀如龜唯腹背甲有烘點其大者悉
似盤蓋
本草經云玳瑁解毒兼云辟邪余嘗居廣南日見盧亭（海島夷人）獲活玳瑁龜一枚以獻連帥嗣薛王王令生取背甲小者二
片帶於左臂上以辟毒龜被生揭其甲亦甚苦楚後養於
使宅後北池伺其揭處漸生復遣盧亭送於海畔或云玳
瑁若生帶之有蠱毒玳瑁甲即自揺動若死無此驗

太平九百四十三　七　田介

蟕蠵（上遵爲切下音攜）

嶺表録異曰蟕蠵俗謂之兹夷乃山龜之巨者人立其背
可負而行産潮循山中鄉人採之取殻以貨要全其殻須
以木楔其肉龜吼如牛聲響山谷廣州有巧匠取其甲以
爲梳篦盃器之屬

水母

廣志曰水母如羊胃在海中常浮聞人聲沉水底可生切
食
沈懷遠南越志曰海岸間育水母東海謂之蛇（蜡）
張茂先博物志曰東海有物狀如凝血廣數尺正方圓名
曰水母無頭目所處則衆蝦附之隨其東西南人煑食
之
異物志曰水母在海沉沉常浮（其躰正白蒂在水上浮也）
嶺表録異曰水母廣州謂之水母閩人謂之蛇（嫌駕）其形
乃渾然凝結一物有淡紫色者大如覆帽小者如盆腹下
有物如懸絮俗謂之足而無口眼常有數十蝦寄腹下咂
食其涎浮沉水上捕者或遇之即歘然而沒乃是蝦有所
見耳（越絶書云海鏡蟹爲腹水母即蝦爲目也）南中好食之

海鏡

嶺表録異曰海鏡廣人呼爲膏葉盤兩片合以成形殻圓
中甚瑩滑日照如雲母光内有少肉如蚌胎腹中有小蟹
子其小如豆黄而螯足具備海鏡飢則蟹出拾食蟹飽歸
腹海鏡亦飽余曾市得數箇驗之或迫之以火即蟹子走
出離腸腹立斃或生剖之有蟹子活在腹中逡巡亦斃

太平九百四十三　八　甲介

太平御覽卷第九百四十三

太平御覽卷第九百四十四

蟲豸部一

蟲　蟬　蠅

蟲

爾雅曰有足謂之蟲無足謂之豸

周禮冬官梓人曰外骨内骨卻行仄行連行紆行以脰鳴者以注鳴者以旁鳴者以翼鳴者以股鳴者以胷鳴者謂之小蟲之屬（外骨龜屬内骨鼈屬卻行螾衍之屬仄行蟹屬連行魚屬紆行蛇屬脰鳴鼃黽屬注鳴精列屬旁鳴蜩蜺屬翼鳴發皇屬股鳴蚣蝑動股屬胷鳴榮原屬）

大戴禮曰毛蟲之精者曰麟羽蟲之精者曰鳳介蟲之精者曰龜鱗蟲之精者曰龍倮蟲之精者曰聖人

禮記月令曰孟春之月蟄蟲始振仲春之月蟄蟲咸動（啓户始出）仲秋之月蟄蟲坏户（坏益也）季秋之月蟄蟲咸俯（在内皆墐其户墐塗閉之）

春秋考異郵曰二九十八主風精爲蟲八日而化風列波激故其命從蟲蟲之爲言屈申也

東觀漢記曰永平三年春有司奏立長秋宮以率八妾上未有所言皇太后曰馬貴人德冠後宮遂登至尊先之數日夢有小飛蟲萬數隨着身入皮膚中復飛去

魏書華佗傳曰廣陵太守陳元龍得疾所苦胷中煩滿面赤不能飯佗持其脉曰府君胃中有蟲數升欲成内蝕病食腥物所爲也今可去也即作湯二升先飲一升須臾復一升食頃吐出數升蟲長一二寸赤頭皆揺半軀皆是生魚膾也

趙書曰前石時淳觚白羌婦産卵大如盂剖之有蟲如巨蟻二足立行（同異苑）

蕭子顯齊書曰王敬則少時於草中射獵有蟲如烏豆集其身摘去乃脱脱處皆流血敬則惡之詣道士卜曰不須憂此侯之瑞也敬則聞之喜故出都自効

後魏書曰蠕蠕東胡之苗裔也木骨閭死子車鹿會自號柔然役屬於魏世祖以其無知狀類於蟲故改其號爲蠕蠕

隋書曰田式拜襄州總管專以立威爲務所愛奴嘗詣式白事有蟲上其衣衿上揮袖拂去之式以爲慢己立棒殺之

莊子曰井蛙不可以語於海者拘於墟也夏蟲不可以語於冰者篤於時也

魯連子曰百足之蟲斷而不蹶持之衆也

淮南子曰九有血氣之蟲含牙戴角前爪後距有角者觸有齒者噬有毒者螫有蹄者趹喜而相戲怒而相害天之性也

又曰故草食之獸不疾易藪水居之蟲不疾易水行小變而不失常（小變易水易草食故食草水居故水中故曰不疾失其常也）

又曰太陰所在蟄蟲首穴處鵲巢以鄉爲户

又曰水食者善游能寒（魚鼈黿之屬是也）土食者無心不惠（蚯蚓之屬是也）

又曰介蟲之動以固（介甲龜鼈黿之屬動行也）貞蟲之動以毒螫（貞蟲細腰蜂蠆螺蠃之屬無牝牡之合曰貞而有毒故能螫）

又曰山有猛獸林木爲之不斬園有螫蟲藜藿爲之不採（言人畏也）

抱朴子曰毒粥陳則旁有爛腸之鼠明膏舉則下有聚死之蟲

又曰慕惡者猶宵蟲之赴明燭學惡者猶輕埃之應飄風

也
孫卿子曰肉腐出蟲魚枯生蠹
論衡適蟲篇曰變復之家謂蟲食穀者吏貪狼所致也蟲
頭赤者武官黑者文吏按蟲頭赤身白頭黑身黃復應何
官耶今蟲食五穀則爲災桂蠹桑蝎不怪何也桂中藥桑
給蠶蟲何可不怪書卷不舒衣襞不懸皆生蟲也此復聞何
吏耶
又曰司南之杓投於地其柄南指魚肉之蟲集地之行自
然之性也
世本曰廩君乘土船至鹽埸鹽水神女子止廩君廩君不
聽鹽神爲飛蟲諸神從而飛蔽日爲之晦廩君不知東西
所當七日七夜使人以青縷遺鹽神曰纓此與爾俱生鹽
神受纓而纓之廩君應青縷所射鹽神死天則大開

覽九百四十四　三　壹

崔豹古今注曰光武建武六年山陽有小蟲皆類人形甚
衆明日皆懸樹枝而死
搜神記曰東陽劉寵北征將炊飯盡變爲蟲又家人蒸麨
亦化爲蟲火愈猛而蟲愈壯寵遂見誅（仲典書又載）
廣五行記曰漢武帝幸甘泉宮馳道中有蟲赤色頭目鼻
盡具觀者莫識帝使東方朔視之對曰此秦時拘繫無辜
衆庶愁死咸仰首歎曰怪哉故名怪哉此必秦之獄處朔
又曰九憂者得酒而解以酒沃之當消於是取蟲致酒中
須臾糜散
桓譚新論曰雎陵有董仲君好方道嘗坐重罪繫獄佯病
死數日毀蟲出而復活

蟬

易通卦驗曰遘上九候蟬始鳴不鳴國多妖言蟬應期鳴
言語之象今失節不鳴鳴則失時故多妖言
毛詩蕩之什曰咨汝殷商如蜩如螗（注蜩蟬也螗蝘也）
毛詩疏義曰鳴蜩蟬也宋衛謂之唐蜩陳鄭云蜋海岱之
間謂之蟬通語也
禮記月令曰仲夏之月蜩始鳴季秋之月寒蟬鳴
又檀弓曰范則冠而蟬有緌（蟬蜩也緌謂喙長在腹下）
爾雅曰蜩蜋蜩（夏小正曰蜋蜩者五彩具）螗蜩（夏小正曰螗蜩者蝘俗呼爲胡蟬江南謂
之螗蟧音黃）蚻蜻蜻（如蟬而小方言云有文者謂之蜻蜻夏小正曰鳴蚻虎懸）蠽茅蜩（江東呼爲茅截
似蟬而小青色）蝒馬蜩（蜩中最大者爲馬蟬）蜺寒蜩（寒螿也似蟬而小青赤月令曰寒蟬鳴蝒音綿）
孝經援神契曰蟬無力故不食
周書曰夏至又五日蜩始鳴不鳴貴臣放逸立秋之日寒
蜩鳴不鳴人臣不力爭
梁書曰朱异爲通事舍人後除中書郎時秋日始拜有飛

平九百四十四　四　甲介

蟬正集异武冠上時咸謂蟬珥之兆
又曰何戢爲吳興太守頗好畫扇宋孝武賜戢蟬雀扇善
畫者顧景秀所畫時吳郡陸探微顧寶先皆能畫歎其巧
絶戢因王晏獻之上令晏厚酬其意
後周書曰宣帝洪侈既自比上帝不欲令人同己嘗自帶
綬及通天冠加金附蟬顧見侍臣武弁上有金蟬及王公
有綬者並令去之
莊子曰仲尼適楚出遊林中見痀僂者承蜩猶掇之也仲
尼曰巧乎有道耶曰我有道也五六月累丸二而不墜則
失者錙銖（累二丸於竿頭是用手之停審也）累三而不墜則失者十一（黐
愈少也）累五而不墜猶掇之也吾處身也若厥株拘吾執臂
也若槁木之枝雖天地之大萬物之多而唯蜩翼之知吾不
反不側不以萬物易蜩之翼何爲不得（遺其故得此也）

又曰：鵬之飛，其翼若垂天之雲，搏扶搖而上者九萬里，去以六月一息者也。蜩與鷽鳩笑之曰：我決起而飛，搶榆枋而止，時則不至而控於地而已矣，奚以九萬里而圖南為也。

孫卿子曰：曜蟬若務明其火，振其樹，若火不明，雖振樹無益。人有明德，則天下歸之，若蟬歸明火也。（又見呂氏春秋）

淮南子曰：孟秋涼風至，白露降，寒蟬鳴。（寒蟬，青蟬也。蟲陰類，感氣鳴也）

又曰：蛇不足而行，魚無耳而聽，蟬無口而鳴，有然之者也。（然，如是也）

又曰：蚕食而不飲，二十二日而化；蟬飲而不食，三十日而蛻。

說苑曰：吳王欲伐荊，告其左右曰：敢有諫者死。舍人有少孺子者欲諫不敢，則懷丸操彈於後園，露沾其衣，如是者三旦。吳王曰：子來何若沾衣如此？對曰：園中有樹，其上有蟬，蟬高居悲鳴飲露，不知螳蜋在其後也。螳蜋委身曲附欲取蟬，而不知黃雀在其旁也。黃雀延頸欲啄螳蜋，而不知彈丸在其下也。此三者皆務欲得其前利，而不顧其後之有患也。吳王曰：善哉。乃罷其兵。

論衡曰：王充建武三年生，為小兒不妄狎，儕倫不撓雀捕蟬。

鹽鐵論曰：以所不覩不信人，若蟬之不知雪。

揚雄方言曰：蟬，楚謂之蜩，宋衛之間謂之螗蜩（江南呼為螗蛦也），陳鄭之間謂之蜋蜩（蜋音良），秦晉之間謂之蟬，海岱之間謂之蛥（齊人呼為巨蛥，音技）。其小者謂之蟧，或謂之蝒（音綿）馬（按爾雅蝒者馬蜩，非別名蝒馬也，此方言誤耳）。其小者謂之陵蚻（如蟬而小，青色，今關西呼為淩蚻也）。有文者謂之蜻蜻（爾雅云蜻即麥蚻也）。其雌謂之疋（少切）一。大而黑者謂之䗴（音棧）。黑而赤者謂之蜺（雲霓）。蜩蟧謂之芽蜩（江東呼為芽蠽）。蠬謂之寒蜩。瘖蜩（按爾雅以蜺為寒蜩，月令亦曰寒蟬鳴，下寒蟬非瘖者。此諸蟬名通出爾雅而多駁錯，未可詳據也。寒蟬，寒蠽也，似蟬而小。瘖音瘱）。

崔豹古今註曰：牛亨問董仲舒曰：蟬為齊女，何？答曰：昔齊王后怨王而死，尸變為蟬，登庭樹嘒唳而鳴，王悔恨之，故曰齊女。

又曰：貂蟬，胡服也。貂者取其有文而不煥外，柔而易內，剛而勁也；蟬者取其清虛而識時變也。在位者有文而自耀，有武而不示人，清虛自牧，識時而動也。

曹大家蟬賦曰：吸清露於丹園，抗喬枝而理翮，崇皇朝之輝光，映豹豹而灼灼。

陸雲寒蟬賦曰：昔人稱雞有五德而作賦焉，至於寒蟬才齊其美，獨未之思，而莫斯述。夫頭上有幘，則其文也；含氣飲露，則其清也；黍稷不享，則其廉也；處不巢居，則其儉也；應候守常，則其信也；加以冠冕（取）其君子，則其操可以事君，可以立身，豈非至德之蟲哉。且攀木寒鳴，貧士所歎，余昔僑處，竊有感焉。公侯常伯，乃身紆紫綬，手執龍淵，俯鳴佩玉，仰撫貂蟬，於上靈之多士，光帝皇之侍人，騰儀像於雲闥，望景曜乎通天，邁休声之五德，豈烏雞之獨珎。

傅玄蟬賦曰：美茲蟬之純潔，稟陰陽之微靈。

傅咸粘蟬賦曰：櫻桃其為樹則多蔭，其為果則先熟，故種之於廳所之前。時以盛暑逍遙其下，有蟬鳴，仰而見之，故命粘取以弄小兒。退惟當蟬之得意於富貴，而不虞禍之將來也。

蠅

韓詩曰：雞鳴，讒人也。匪雞則鳴，蒼蠅之聲。（薛君曰：雞遠鳴，蠅声相似也）

覽九百四十四　五　王宣

覽九百四十四　六　王宣

毛詩甫田曰青蠅大夫刺幽王也營營青蠅止于樊（蠅之爲蟲汙白使黑汙黑使白喻佞人變亂善惡也）豈弟君子無信讒言營營青蠅止于棘讒人罔極交亂四國

漢書曰成帝建始元年六月青蠅萬數集未央宮殿中朝者坐（師古曰公卿以下朝會坐也）

又曰昌邑王賀夢青蠅矢積西階可五六石以屋版瓦覆發視之青蠅矢也以問龔遂遂曰陛下之側讒人衆多願皆放逐之賀不用其言卒至於廢也

東觀漢記曰光武與隗囂書曰蒼蠅之飛不過三數步托驥之尾得以絶羣

後漢書曰楊章爲杜喬李固薦爲平原令後喬固被刑章行赴洛見喬固暴屍坐其旁驅逐蠅蟲

魏略曰王思正始中爲大司農性急嘗執筆作書蠅集筆端驅去復來如是再三思怒自起逐蠅不能得還取筆擲

地踏壞之

張勃吳録曰曹不興爲帝使畫屏風筆落素便點爲蠅帝疑生乃彈之

前秦書曰苻堅欲赦與王猛苻融議甘露堂悉屏左右堅親爲赦文有大蒼蠅集于筆端驅而復來俄而長安街巷人相告曰官今大赦有司以聞堅驚曰禁中無屬耳之垣事何從泄也敕窮之咸言有一小兒衣青衣大呼于市曰官今大赦須臾不見堅歎曰其向蒼蠅乎

梁書曰昭明太子食中頻得蠅蟲之類密置拌邊恐厨人獲罪不令人知見

北史曰庫狄伏連居室患蠅杖門者曰何故聽入

唐書曰武儒衡爲中書舍人元稹知制誥儒衡一日因會食公堂有蠅集瓜上忽發怒命數案去之曰適從何所來而遽集此

淮南子曰夫江河之腐胔不可勝數也然祭者汲焉大也一盃酒蠅漬其中匹夫弗嘗小也

朝子曰以火去蛾蛾愈多以魚毆蠅蠅愈至

呂氏春秋曰以貍致鼠以冰致蠅

揚子法言曰或問蒼蠅紅紫（蒼蠅間乎白黑紅紫似朱而非朱也）

論衡曰清受塵白受垢青蠅所汙常在練素邑犬羣吠吠所怪也

虞翻別傳曰翻放棄南方自恨踈節骨體不媚犯上獲罪當長沒海隅生無可與語死以青蠅爲弔客天下一人知已者足以不恨

崔豹古今注曰蠅虎蠅狐也形似蜘蛛而色灰白善捕蠅

一名蠅蝗一名蠅豹

揚雄方言曰蠅東齊謂之羊陳楚之間謂之蠅自關而西秦晉之間謂之蠅

廣五行記曰魏吏部尚書何晏嘗夢青蠅數十頭來自鼻上驅之不肯去以問管輅輅曰鼻者天中今有青蠅臭惡而來集之位峻者顛輕豪者亡不可不思之至明年何晏及鄧颺皆伏誅

太平御覽卷第九百四十四

太平御覽卷第九百四十五

蟲豸部二

蚊　䖟　蚋　蜉蝣　蠛蠓

蛺蝶　螢　蜻蛉　螳螂

蚊

說文曰秦謂之蜹楚謂之蚊

大戴禮夏小正曰丹鳥羞白鳥（白鳥蚊也）

漢書曰中山靖王朝天子置酒聞樂聲而泣問其故靖王對曰臣聞衆呴漂山聚蚊成雷

後漢書曰趙炳有道術人服從者如歸章安令惡其惑衆收殺之人爲立祠室於永康至今蚊蚋不敢入也

晉書曰道安曰猛虎當道食不覺蚊䖟來

唐史曰江東有吐蚊鳥夏夜鳴吐蚊於蘆荻中湖湘尤甚

晏子曰東海有蟲巢蚊睫乳而不飛蚊不驚名曰焦冥

列子曰江浦之間生麼蟲（麼細）名曰焦螟羣飛而集於蚊睫弗相觸也

又曰焦螟生於蚊睫離朱子羽拭眼而望弗能見也

莊子曰夫愛馬者以筐盛屎以蜃盛溺適有蚊䖟撲緣而拊之不時則缺銜毀首碎胷

又曰肩吾見狂接輿狂接輿曰日中始何以語汝肩吾曰告我君人者以己出經式義度民孰敢不聽而化接輿曰是欺德也其於治天下也猶涉海鑿河而使蚊負山也

又曰孔子見老聃而語仁義老聃曰夫播糠眯目則天地四方易位矣蚊䖟噆（噆音䁾）膚則通宵不寐矣

淮南子曰夫貴賤之於身也猶條風之時麗也（時麗忽一過也）毁譽之於己也猶蚊䖟之一過也

又曰蜂蠆螫指而神不能惔（音淡）蟁（音文）䖟噆膚（噆音䁾也）而性不能平今憂患之來嬰人心也非直蜂蠆之螫毒而蟁䖟之慘怛也而欲靜漠虛無柰何哉

牟子曰昔公明儀爲牛彈清角之操伏食如故轉爲蟁䖟聲則犇尾而躡蹀

夏侯子曰一螘之行一蚊之飛聖人皆知之

金樓子曰荊州高齋盛夏之月無白鳥余垂寢處於其中及移餘齋則聚蚊之聲如雷矣數丈之間如此之異可怪哉

又曰白鳥蚊也齊桓公卧於柏寢謂仲父曰吾國富民殷無餘憂矣一物失所寡人猶爲之於邑白鳥營飢而求飽寡人因之開翠紗之帳進蚊子焉其蚊有知禮者不食公之肉而退其蚊有知足者噍（子立切）公之肉而退其蚊有不知足者遂長噓短吸而食之及其飽也腹腸爲之破潰公曰嗟乎民生亦猶是矣

孝子傳曰吳猛年七歲時夏日伏於母牀下恐蚊䖟及父母

蕭廣濟孝子傳曰鄧展父母在牖下卧多蚊展伏牀下以自當之

神異經曰南方蚊翼下有小蜚蟲焉目明者見之每生九卵復成九子蜚而俱出蚊遂不知

論衡曰蚊䖟不如牛馬之力牛馬困於蚊䖟蚊䖟有勢也

搜神記曰吳猛性至孝小兒時在父母邊卧夏時多蚊蚋而終不搖扇恐蚊蚋去己而及父母

嶺南異物志曰嶺表有樹如冬青實生枝間形如枇杷子

每熟即折裂蚊子羣飛唯皮殼而已土人謂之蚊子樹

嶺表録異曰蚊母鳥形如青鷁觜大而長於池塘捕魚而食每叫一聲則有蚊蚋飛出其口俗云採其翎爲扇可辟蚊子（亦呼爲吐蚊鳥）

䖟

晉書曰惠帝時洛陽南山有䖟作聲曰韓屍識者以爲韓氏將屍戮俄而韓謐被誅

淮南子曰䖟散精血以類推之也（許慎曰䖟食血）

又曰䖟與驥致千里而不飛無糗糧之資而不飢

又曰上古之時冬日則不勝霜雪霧露夏日則不勝暑熱蟁䖟

蚋

梁書曰梁武丁貴嬪譙國人也初貴嬪少時與鄰女月下紡績諸女並患蚊蚋而貴嬪弗之覺也

又曰孫謙居身儉素牀施蘧篨屏風冬則布被莞席夏日無幬帳而夜卧未嘗有蚊蚋人多異焉

列子曰目將眇者先睹秋毫耳將聾者先聞蚋飛

淮南子曰鼃牛之鼎沸而蠅蚋弗敢入（鼃牛受一牛之鼎也）崑山之玉瑱（崑山崑崙也瑱武也）而塵垢弗能汙也

又曰羊肉不慕蟻蟻慕於羊肉羶也醯酸不慕蚋蚋慕於醯酸也

吕氏春秋曰缶醯黄蚋聚之有酸也（美羹）徒水則必不可以狸致鼠以冰致蠅雖上聖不能以茹魚致蠅蠅愈至（茹女居反）（臭也）以致之之道不去也

蜉蝣

毛詩曹蜉蝣曰刺奢也蜉蝣之羽衣裳楚楚（蜉蝣渠略也朝生夕死猶有羽翼以自脩飾楚楚鮮明貌）

爾雅曰蜉蝣渠略（似蛣蜣身狹而長角黄黑色叢生糞土中朝生暮死豬好啖之）

說文曰秦晉之間謂蜉蝣爲渠略（郭璞注曰似天牛而小有甲也）

又曰𧕴（音浮）蟲也一名蜉蝣朝生暮死

陸機毛詩疏義曰蜉蝣方土通謂之渠略似甲蟲有角大如指長三四寸甲下有翅能飛夏月陰雨時地中出今人燔炙噉之美於蟬也樊光曰是糞中蝎蟲隨雨而出朝生而夕死

淮南子曰龜三千歲蜉蝣不飲食三日而死以蜉蝣爲龜憂養生之具必失之

廣志曰蜉蝣可燒啖美於蟬蜉蝣在水中翕上尋死隨流而去

傅咸蜉蝣賦曰讀詩至蜉蝣感其雖朝生夕死而能修其翼可以有與遂賦之

王褒聖主得賢臣頌曰蟋蟀候秋吟蜉蝣出以陰

蠛蠓

爾雅曰蠛蠓（小蟲似蚋喜亂飛）

漢實録曰周太祖軍至北郊時慕容彦超自負沉勇謂上曰北來都將臣盡諳知以臣觀之蜉蝣蠛蠓耳

列子曰朽壤之上春夏之月蠛蠓者因雨而生見陽而死

莊子曰孔子聞老聃之言出告顔回曰丘之於道也其猶醯雞歟（醯雞者甕中之蠛蠓也）

淮南子曰衰世則聚虫滿野（許慎曰飛虫蠛蠓）

抱朴子曰蠛蠓之育於醯酢芝檽之産於木石蛣蝎之滋於污游翠蘿之老於松枝非彼四物所創造也

字書曰蠛蠓小虫三風春雨礚者也

蝴蝶

北齊書曰魏收嘗在洛京輕薄尤甚人號云魏收驚蛺蝶文襄曾遊東山令給事黄門侍郎等宴文襄曰魏收恃才無宜適須出其短往復數番收忽大唱曰楊遵彥理屈已倒遵彥從容曰我綽有餘暇山立不動若遇當塗恐翩翩遂逝當塗者魏翩翩者蝶也文襄先知之大笑稱善

梁書曰沈麟士年過八十耳目猶聰明反故抄寫火下細書復成二三千卷滿數十篋時人以為養身静嘿所致仍製黒蝶賦以寄意

漢寶録曰右監門衛大將軍許還言臣奉命博州至博平縣戴村有蟓弥亘數里一夕言並化蝶飛去

列子曰烏足以其根為蠐螬其葉為蝴蝶

莊子曰昔周夢為胡蝶栩栩然胡蝶也不知周也俄覺則

蘧蘧然周也不知周之夢為胡蝶與胡蝶之夢為周與周與胡蝶則必有分矣此謂物化

抱朴子曰韞櫝背千金而逐蛺蝶越人弃八珍而甘䵷蚳

金樓子曰陳思之文羣才之俊也而武帝誅之尊靈永蟄明帝頌云聖體浮輕浮輕有似於胡蝶永蟄頗擬於昆虫施之尊極不其蚩乎

崔豹古今注曰蛺蝶一名野蛾一名風蝶東人謂為撻末色白背青者是也其大有如蝙蝠者或黒色或赤斑名曰鳳子一名鳳車一曰鬼車生江南甘橘園中

廣五行記曰晉安帝義熈中烏傷人葛輝在妻家宿三更有兩人把火遥至堦前疑是惡人便打之欲下杖悉化為蝶繽紛飛散有一物衝輝腋下便打倒地輝少時而死

嶺南異物志曰嘗有人浮南海泊於孤岸忽有物如蒲帆飛過海將到舟竟以物擊之如帆者盡破碎墜地視之乃蛺蝶也海人去其翅足秤之得肉八十斤噉之極肥美

嶺表録異曰鶴子草蔓上春生雙虫只食其葉越女收於粧奩中養之如蠶摘其葉飼之虫老不食而蛻為蝶赤黄色婦女收而帶之謂媚蝶

螢

毛詩豳七月曰町畽鹿場熠燿宵行（熠燿螢火也）

大戴禮夏小正曰丹鳥羞白鳥丹鳥也者謂丹良也白鳥也者謂蚊蚋也其謂之鳥者重其養也凡有翼者為鳥羞也者進也

禮記月令曰季夏之月腐草為螢

爾雅曰螢火即炤（夜飛腹下有火音照）

廣雅曰景天螢火燐也

續晉陽春秋曰車胤字武子好學不倦家貧不常得油夏月則練囊盛數十螢火以夜繼日焉

後漢書曰光熹元年秋張讓段珪劫少帝及陳留王協走小平津帝與王夜步逐螢火光行數里得民家露車共乘還宮

隋書曰大業十二年煬帝幸景華宮徵求螢火得數斛夜出遊山而放之光遍巖谷

崔豹古今注曰螢一名耀夜一名景天一名熠燿一名燐一名丹良一名夜光一名宵燭腐草為之食蚊蚋焉

月令曰丹鳥羞白鳥白鳥即蚊也丹鳥螢也

說文云秦人謂蚊曰蚋

淮南萬畢術曰螢火却馬注云取螢火裹以羊皮置土中馬見之鳴却不敢行

祖台之志怪曰昔懷帝永嘉中譙國丁祚渡江至陰陵界時天昏霧在道北有社見一物如人到立兩眼垂血從頟下聚地兩處各有升餘祚與從弟齊嗃喝之滅而不見立處聚血皆化爲螢火數千枚縱橫飛起

本草經曰螢一名夜光一名即照一名熠燿

潘岳螢火賦曰爛若飛景之宵遊熠（音爚）如移星之雲流動集飄颺灼如隨珠熠爚若丹䔢之初葩熨穎若流金之在沙

傅咸螢火賦曰余甞獨處夜不能寐顧見螢火意遂有感於是執以自炤而爲之賦其辭曰感詩人之攸懷兮覽熠燿於前庭不以姿質之鄙薄兮欲增輝乎太清雖無補於日月期自竭於陋形

螟蛉

毛詩節小宛曰螟蛉有子蜾蠃負之（螟蛉桑蟲也蜾蠃蒲盧也負持也箋云蒲盧取桑蟲之子負持而去煦嫗養之以成子）

毛詩義疏曰螟蛉似步屈其色青細小或在草葉上土蜂取之置木空中或書卷間筆筒中七日而成其子里語曰呪云象我象我

陸機毛詩義疏曰螟蛉犍爲文學舍人曰桑上小青蟲也似步屈

郭璞注方言曰尺蠖又呼步屈其色青而細小或在草木葉上今蜾蠃所負爲子者

爾雅曰螟蛉桑蟲也（俗亦謂桑蟃亦曰戎女）

蠮螉

爾雅曰蜾蠃蒲盧也（郭璞注曰細腰蜂也俗呼爲蠮螉音翁）

陸機毛詩疏義曰蜾蠃土蜂一名蒲盧似蜂而小腰故許慎云細腰也取桑蟲負之於木空中筆筒中七日而化其子里語曰呪云象我象我也

禮記中庸曰哀公問政於孔子孔子對曰文武之政布在方策其人存則其政舉其人亡則其政息人道敏政地道敏樹夫政也者蒲盧也（蒲盧蜾蠃土蟲也取螟蛉而化之以爲子爲政化百姓亦如蒲盧也）故爲政在人

楊子法言曰螟蛉之子殪而逢蜾蠃祝曰類我類我久則肖之矣速哉七十子之肖仲尼也（肖類也）

太平御覽卷第九百四十五

太平御覽卷第九百四十六

蟲豸部三

莎雞　螽斯　蚣蝑
蝙蝠　守宮　蜣蜋
白魚　螗蜋　蝍蛆

莎雞

毛詩豳七月曰六月莎雞振羽莎雞羽成而振訊之

陸機毛詩疏義曰莎雞如蝗而斑色翅數重下翅正赤或謂之天雞六月飛而振羽索索聲幽州人謂之蒲錯也

爾雅曰翰天雞也孫炎注曰小蟲黑身赤頭一名莎雞郭璞注曰一名樗雞也

廣志曰莎雞似蠶蛾而五色亦曰犨雞

螽斯

毛詩螽斯曰螽斯后妃子孫衆多也言若螽斯不妬忌則子孫衆多也螽斯羽詵詵兮螽斯蚣蝑也

毛詩豳七月曰五月斯螽動股斯螽蚣蝑也

蚣蝑

陸機毛詩疏義曰爾雅云螽蠜蚣蚣宣龍切蝑相魚切蝑也楊雄云舂黍也幽州謂之舂箕角長青色斑黑其股似瑇瑁文五月中以兩股相搓作聲聞數十步

毛詩題綱曰螽斯名蚣蝑一名舂黍似蝗而小青色長股而鳴喻后妃之性不妬忌子孫衆多

爾雅曰蜤螽蚣蝑蜤音斯郭璞注曰蚣蝑也俗呼蝽蟒

蝙蝠

春秋運斗樞曰搖光擠則服翼兩頭並翔發江淮山瀆之祠搖光不明服翼九足服翼附鼠也

孝經援神契曰蝙蝠伏匿故夜食

爾雅曰蝙蝠服翼也齊人呼為蟙䘃或謂之仙鼠蟙墨二音

抱朴子曰千歲蝙蝠色如白雪集則倒懸腦重故也此物得而陰乾末服之令人壽四萬歲

玄中記曰百歲伏翼其色赤止則倒懸千歲伏翼色白得食之壽萬歲

水經曰交州丹水亭下有石穴甚深未嘗測其遠近穴中蝙蝠大者如烏多倒懸得而服之使人神仙

荊州記曰宜都夷道縣有石穴穴中有蝙蝠如烏多倒懸

崔豹古今注曰蝙蝠一名仙鼠又曰飛鼠五百歲則色白腦重集物則頭垂故謂為倒挂鼠食之得仙

幽明錄曰淮南郡有物髡人髮太守朱誕曰吾知之矣多買黐黐音癡以塗壁夕有數蝙蝠大如雞集其上不得去殺之乃絕屋簷下已有數百人頭髻

范汪治瘧方曰蝙蝠七枚合擣五百發雞鳴服一丸禺中一丸遇發乃與粥清一升耳

守宮

毛詩節正月曰哀今之人胡為虺蜴蜴蜥也虺蜴之性見人則走

陸機毛詩疏義曰蜴一名蠑原水蜴也或謂之螔蜼音灘蛇醫如蜥蜴青綠色大如指形狀可惡也

春秋考異郵曰土勝水故守宮食蠆宋均曰守宮生於土蠆蔵物屬坎水也

爾雅曰蠑螈蜥蜴蜥蜴蝘蜓蝘蜓守宮也轉相解博異語別四名也

漢書東方朔傳曰武帝置守宮盂下使射之朔曰臣以為龍又無角謂之為蛇又有足跂跂脈脈善緣壁若非守宮即蜥蜴上曰善賜帛十匹

抱朴子曰謂蜥蜴為神龍者非但不識神龍亦不識蜥蜴

又曰沙礫無量而珠璧甚尠鵄隼屯飛而鸞鳳罕出虺蜥

盈數而虬龍希覿

王充論衡曰禹南濟於江黃龍負舟舟中人人五色無主禹乃咲而稱曰我受命於天竭力以勞萬民生寄也死歸也視龍猶蝘蜓也龍去而亡患

楊雄方言曰秦晉西夏謂之守宮其在澤者謂之蜥蜴南楚謂之蛇毉或謂之蠑螈北燕謂之祝蜓桂林之中守宮大能鳴者謂之蛤蠏

許慎說文曰榮蚖蛇毉以注鳴者也在壁曰蝘蜓在草曰蜥蜴蜥蜴守宮也

淮南萬畢術曰守宮塗齊婦人無子取守宮一枚置甕中及蛇衣以新布密裹之懸於陰処百日治守宮蛇衣分等以唾和之塗婦人齊磨令溫即無子矣

又曰守宮飾女臂有文章取守宮新合陰陽已牝牡各一

藏之甕中陰乾百日以飾女臂則生文章與男子合陰陽輒滅去

又曰取七月七日守宮陰乾之治合以井花水和塗女人身有文章則以丹塗之不去者不淫去者有鄭

徐懷遠南越志曰成陽縣樹多守宮大者能鳴謂之蛤蠏

郭義恭廣志曰守宮鱗色如蚍而四足似蝘蜓有尺餘蝘蜓有屋壁間者有草野者有石上者

博物志曰蜥蜴或蝘蜓以器養之食以朱砂躰盡赤所食滿七斤擣萬杵以點女人支躰終身不滅故号守宮

崔豹古今注曰蝘蜓一曰守宮一曰龍子善於樹上捕蟬食之其長細五色者名為蜥蜴其短大者名為蠑螈一曰蛇毉大者長三尺其色玄紺善魅人一曰玄螈一名綠螈

曹叔雅異物志曰魚跳躍則蜥蜴從草中下稍相依近便共浮水上而相合事竟魚還水底蜥還草中

干寶搜神記曰淮南書佐劉雅夢見青蜥蜴從屋棟落其腹內因苦腹痛

夢書曰守宮為寡婦着垣牆也夢見守宮憂寡婦人也

吳氏本草經曰石龍子一名守宮一名石蜴一名山龍子

楊子雲解嘲曰今子乃以鴟梟而咲鳳皇執蝘蜓而謿龜龍不亦病乎

蜣蜋

爾雅曰蛣蜣蜣蜋也郭璞曰黑甲蟲噉糞者也

張揖廣雅曰天柱蜣蜋也一作天社

許慎說文曰蜣蜋一曰天柱

衝波傳曰蜣蜋無鼻而聞香

抱朴子曰玄蟬絜飢不羨蜣蜋穢飽

郭義恭廣志曰交州無蜣蜋

崔豹古今注曰蜣蜋能以土包糞轉而成丸莊周所謂蛣蜣之智在於轉丸者也一名蜣蜋一名結蜣一名弄丸一名轉丸

夢書曰蜣蜋為憂財輔矣行者夢見蜣蜋憂財粮也

白魚

爾雅曰蟫蟫音淫白魚也衣書中蟲一名蛃魚蛃音丙

張揖廣雅曰白魚蛃魚也

齊書曰明帝初有疾無輟聽覽羣臣莫知及疾篤勑臺省府署求白魚以為藥外始知之

本草經曰白魚一名衣魚治婦人疝瘕小便不利小兒頭中風項彊皆宜摩之生咸陽

吳氏本草經曰衣中白魚一名蟫

范汪方曰：治小便不利，取白魚二七，擣之令糜爛，分為數丸，頓服之，即通也。

螳蜋

易通卦驗曰：螳蜋搏蟬之蟲，乘寒而殺物，自隱蔽而有所害，捕搏之象也。

周書時訓曰：芒種之日螳蜋生，不生，是謂陰息。

韓詩外傳曰：齊莊公出獵，有螳蜋舉足將搏其輪。問其御曰：此何蟲？對曰：此螳蜋也。為蟲知進而不知退，不量力而輕就敵。公曰：此為天下勇士矣。迴車避之，勇士歸焉。（淮南子同）

又曰：楚莊王將伐晉，告士大夫：有諫者死。孫叔敖曰：臣園中有榆，榆上有蟬，蟬方奮翼悲鳴，不知螳蜋在後，欲攫而食之；螳蜋方取蟬，不知黄雀在其後也。

禮記月令曰：仲夏之月，螳蜋生。（蔡邕月令章句曰：螳蜋，蟲名，食蟬，殺蟲。）

鄭禮記注曰：螳蜋，螵蛸母也。王瓚曰：爾雅云莫貈，螳蜋，同類物色也。今沛魯以南謂之螳蜋，燕趙之際謂之食肬，齊兖以東謂之馬敫。

爾雅曰：莫貈，螳蜋，蛑。（螳蜋有斧蟲，江東呼為石蜋。蛑音謀。貈，户各反。）不過，蟷蠰。（蟷蠰，螳蜋別名。蟷蠰二音。）其子蜱蛸。（一名𧊈蟭，蟷蠰卵也。蜱音裨，蟭音焦。）

張揖廣雅曰：羊羊、蚚蚚，堂蜋也。愽焦、冐焦，螵蛸也。

華嶠後漢書曰：蔡邕在陳留，其鄰人有以酒食召邕者，比至而酒酣焉。客有彈琴於屏，邕至門潛聽之，曰：嘻！以樂召我而有殺心，何也？遂反。將命者告主人曰：蔡君向來，至門而去。主人遽自追而問其故，邕具以告。彈琴者曰：我向鼓絃，見螳蜋方向鳴蟬，蟬將去未飛，螳蜋為之一前一却，吾心聳然，唯恐螳蜋失之也。此豈為殺心而形於声者乎？邕曰：此足以當之矣。

吳越春秋曰：吳王夫差令於邦中曰：寡人欲伐齊，敢有諫者死。太子友因諷諫以激於王，以清旦懷丸挾彈從後園而來，衣洽履濡。吳王夫差怪而問之，太子對曰：臣遊後園，聞秋蟬之鳴，往而觀之。秋蟬登高樹，自以為安，不知螳蜋超枝緣條，曳要舉刃，欲哺其形也。螳蜋貪心務進，志在有利，不知黄雀盛緣茂林，徘徊枝葉，欲啄螳蜋也。

莊子曰：莊周游於雕陵之樊，覩一異鵲自南方來者，執彈而留之。（宿留伺其便也。）覩一蟬方得美蔭而忘其身，螳蜋執翳且搏之（執草以自翳），見得而忘其形；異鵲從而利之，見利而忘其真。（真，身也。）莊周怵然曰：噫！物固相累，二類相召也。捐彈而反走。

又曰：螳蜋怒臂以當車轍，不知不勝任也，是才之美者也。（司馬彪曰：非不有美才，顧不勝任耳。）

揚雄方言曰：螳蜋謂之髦，或謂之丁，或謂之羊羊。（郭璞曰：江東呼蚝肬。按爾雅丁蟧下蜀，方言依此，失其旨。）

許慎說文曰：螳蜋不過也，一名蟷蠰，一名斫父。

邯鄲氏笑林曰：楚人居貧，讀淮南方，得螳蜋伺蟬自鄣葉，可以隱形。遂於樹下仰取葉，螳蜋執葉伺蟬，以摘之。葉落樹下，樹下先有落葉，不能復分別，掃取數斗歸，一一以葉自鄣，問其妻曰：汝見我不？妻始時恒答言見，經日乃厭倦不堪，紿云不見。嘿然大喜，齎葉入市，對面取人物。吏遂縛詣縣，縣官受辭，自說本末，官大笑，放而不治。

夢書曰：螳蜋為亡人，蔽匿草也。夢見螳蜋，憂亡命者。

范子計然曰：螵蛸出三輔，上價三百。

吳氏本草經曰：桑蛸條，一名蝕肬，一名害焦，一名致神。神農：鹹，無毒。

成公綏螳蜋賦曰：戢翼應時，延頸鵠望，推翳俟前，翹翼高

抗鳥伏蛇騰鷹擊隼放俯飛蟬而奮猛躍螗螅蛣而逞壯距
車輪而軒翥固齊侯之所尚
郭璞蟷蜋讃曰蟷蜋氣蝨揮斧奮臂當轍不迴勾踐是避
勇士致兢勵之以義

蝍蛆

春秋考異郵曰土勝水故蝍蛆搏蛇（宋均曰蝍蛆生土地蛇藏物屬於坎坎水也爲隱伏）
爾雅曰蒺蔾蝍蛆（郭璞曰似蝗大腹長角能食蛇腦）
張揖廣雅曰蝍蛆吳公也
莊子曰蝍蛆甘帶（司馬彪曰帶小蛇也蝍蛆喜食其眼）
抱朴子曰南人入山皆以竹管盛活吳公吳公知有蛇之
地便動作於管中如此則草中便有蛇也吳公見蛇能以
氣禁之蛇即死
淮南子曰月照天下蝕於蟾蜍騰蛇游霧而殆蝍蛆（蟾諸月中蝦蟇也食月故曰蝕於蟾諸蝍蛆蓋吳公也殆猶畏者也）

沈懷遠南越志曰綏定縣多吳公其大者能以氣吸蜥蜴
劉欣期交州記曰大吳公出徐聞縣界取其皮可以冠鼓（宋秝初記亦同）
沈瑩臨海異物志曰晉安東南吳嶼山吳公千萬積聚或
去長文餘者以作脯味似大蝦
嶺南異物志曰珠崖人每晴明見海中遠山羅列皆如翠
屛而東西不定悉吳公也
嶺表錄異曰蜈蚣南越志云大者其皮可以鞔鼓取其肉
曝爲脯美於牛肉又云長數文能噉牛俚人或遇之則鳴
鼓然火炬以驅逐之
陶潛續搜神記曰曇雲遊道人清苦沙門也（剡）縣有一家事
蠱人噉其食飲无不吐血死遊詣之主人下食遊依常呪
願一雙吳公長尺餘便於拌中跳走遊快飲食安然无他
王琰冥祥記曰沙門安法開者北人也嘗見吳公長三尺
自屋噴地旋徊而去
葛洪遐觀賦曰吳公大者長百步頭如車箱可畏惡越人
獵之屠裂取肉白如瓠稱金爭買爲羹炙

太平御覽卷第九百四十六

太平御覽卷第九百四十七

蟲豸部四

蚯蚓　螔蝓　蠍

蟻

蚯蚓

河圖說徵曰黃帝起大蚓見

大戴禮曰蚓無爪牙之利筋脉之強上食埃土下飲黃泉用心一也文子孫卿淮南子同

禮記月令曰孟夏螻蟈鳴後五日蚯蚓出冬至之日蚯蚓結

孝經援神契曰螾無食勞無勢故無心

爾雅曰螼羌引切蚓蜸苦顯切蚕他典切即蛩蟺也江東呼寒蚓

後漢書曰王元說隗囂曰神龍失勢還與蚯蚓同

帝王世紀曰黃帝時螾大如虹

淮南子曰太陰在上蚯蚓結為陽候

抱朴子軍術曰蚯蚓見軍中尤多者軍罷又宜備反叛

慎子曰騰蛇遊霧飛龍乘雲雲罷霧除與蚯蚓同失所乘故也

呂氏春秋曰黃帝時而見大螾土氣勝故其色尚黃高誘曰螾蚓

蚯蚓灺

淮南萬畢術曰苓皮螾脂魚鱉自聚注曰取苓皮之漬水斗半燒石如炭狀以淬螾脂中已置苓皮水中七日已置沼則魚鱉自聚矣

楊泉物理論曰檢身止欲莫過於蚓此志士所不及也

郭義恭廣志曰閩越江北山間蠻夷啖蚯蚓脯為羞

崔豹古今注曰蚯蚓一名蛩蟺一名曲蟺善長吟於地中江東謂為歌女或謂鳴砌蛩蟺苑善二音

述異記曰劉德願兄子太宰從事中郎道存景和元年五月忽有白蚓數十登其齋前砌上通身白色人所未嘗見也蚓並張口吐舌大赤色其年八月與德願並誅

劉敬叔異苑曰孟州王雙宋文帝元嘉初忽不欲見明常取水沃地以菰蔣覆上眠息飲食悉入中云恒有女着青裙白領巾來就其寢毋聽聞薦下歷歷有声發之見一青色白領蚯蚓長二尺許云此女常以一奩香見遺氣甚清芬奩乃螺殼香則菖蒲根于時咸謂雙暫同阜螽矣

廣五行記曰陳後主時隋軍至江蚯蚓盡出森然如植箭陳氏水鄉蚯蚓土蟲象陳氏自稱土德盡出明傾其窟穴以曲歸直是歲隋平陳

又曰隋煬帝大業中河南有婦人養姑不孝姑兩目暗婦切蚯蚓為羮以食之姑怪其味竊藏一臠以示兒兒還見欲送婦詣縣未及而雷震其婦俄而從空落身如故而易頭為白狗頭

郭景純蚯蚓讚曰蚯蚓土精無心之蟲交不以分婬於阜螽觸而感物無乃常雄

吳氏本草經曰蚯蚓一名白頸螳螾一名附引

葛洪療喉卒腫方曰用白頸蚯蚓十四枚擣以塗喉外立愈

陶洪景集注本草經曰白頸蚯蚓一名土龍生蜚谷平土白頸者是其老大耳

螔蝓

尚書大傳曰鉅定螺鄭玄曰鉅定澤也今屬樂安故有縣屬齊螺蝸牛也

禮記內則曰蝸醢而苽食

爾雅曰蚹蠃螔蝓（郭璞曰音移史即蝸牛也）

張揖廣雅曰蠡蠃蝸牛螔蝓也

莊子曰有國於蝸之左角者曰觸氏有國於蝸之右角者曰蠻氏時相與爭地而戰伏尸數萬逐北旬有五日而後反

許慎說文曰蝸一曰螔蝓

山海經曰清要之山北望河曲是多倮纍（郭璞曰倮纍纍蝸牛也）

陶洪景集注本草經曰螔蝓味鹹寒無毒一名陵蠡一名土蝸一名附蝸生泰仙池澤生陰地沙石垣下螔蝓入三十六禽限又是四種角之例營室之精矣

蠍

毛詩魚藻彼都人士曰彼君子女卷髮如蠆毛詩義疏曰蠆一名杜伯河內謂之蚊幽州謂之蠍

左傳僖二臧文仲曰蠭蠆有毒而況國乎

又昭二曰鄭人謗子產曰其父死於路已為蠆尾

大戴禮曰神人國有蜂蠆不螫嬰兒

張揖廣雅曰杜伯蠹蠆蠍也

說文曰蠆毒蟲也

魏志曰彭城夫人夜之廁蠆螫其手呻呼無賴華佗令溫湯近熱漬手其中卒可得寐但旁人數為易湯令煖其旦即愈

北史曰齊後主詔鑠南陽王綽赴行在所至而宥之問在州何者最樂對曰多取蠍將咀漢看時極樂後主即夜索蠍一斗比曉得二三升置諸浴斛使人裸臥斛中號叫宛轉帝與綽臨觀喜噱不已謂綽曰如此樂事何不早馳驛奏聞綽由是大為後主寵

唐史曰劒南本無蠍嘗有人任主簿將之至今呼為主簿蟲

莊子曰老聃曰三皇之知上悖日月之明下睽山川之精中隳四時之施其智憯（憯音慘）於蠆蠍之尾而猶自以為聖人不可恥乎

唐景龍文館記曰上巳日上幸於渭濱宴侍臣其日賜侍臣等柳棬各一云帶之免蠆毒辟溫氣

于寶搜神記曰安陽城南有亭宿者輙死有書生入亭宿明掘得蠍大如琵琶毒長數尺亭遂安靜

葛洪方曰蠍中國屋中多江東即無也

稽含遇蠆賦序曰元康二年余中夜遇蠆客有戲余曰俗諺云過滿百為蠆所螫斯言信哉雖內省不疚而逢此害喟然而歎遂作賦

蟻

焦贛易林震之蹇曰蟻封戶穴大雨將集

又復之萃曰蟬蛑戴瓮不能上山却推跌蹶損傷其顏

韓詩外傳曰夫吞舟之魚大矣蕩而失水則為蟻所制

大戴禮曰十二月玄駒賁（玄駒蟻也賁者走於地中也）

周官曰饋食之豆蠯蚳醢（蠯蛤也蚳蟻子也）

禮記檀弓曰子張之喪公明儀為志焉褚幕丹質蟻結于四隅（鄭玄曰畫褚之四角其文如蟻行往來相交錯也蟻蚍蜉也殷之蟻結似今蛇文畫也）

又內則曰蚳醢（蚳蚍蜉子也）

又學記曰蛾子時術之其此之謂乎（蛾蚍蜉也蚍蜉之子微蟲耳時術蚍蜉之所為其功乃復成大垤也）

爾雅曰蚍蜉大螘（俗呼為馬蚍蜉）小者螘（齊人呼蟻為蛘）蠪（音龍）朾（直耕切）螘（赤駁蚍蜉）螱（音尉）飛螘（有翅）其子蚳（蚳蟻卵周禮曰蠯蚳醬）

後漢書曰鉅鹿張角賊起皆着黃巾爲摽幟時人謂之黃巾亦名爲蛾賊蛾音魚綺切即蟻字論賊衆多故以爲名

張勃吳録曰九眞移風縣有赤絜膠人視土知有蟻因壟發以木枝插其中則蟻緣而生漆堅凝如螳蜋子螵蛸也折漆以漆絜其色正赤所作赤絜則此膠也

孟子曰羊肉不慕蟻蟻慕羊肉羶也

莊子曰函牛之鼎沸蟻不得置一足焉諭聖主之法明嚴至不敢蹈之

又曰東郭子問莊子曰道安在莊子曰道在螻蟻

又曰吞舟之魚蕩而失水則螻蟻能苦之

孫卿子曰不食者蟻不飲者蜉蝣

韓子曰桓公伐孤竹行山中無水隰朋曰蟻冬居山之陽夏居山之陰蟻壤寸而有水乃掘遂得水

又曰千丈之堤以螻蟻之穴而潰

又曰以骨去蟻蟻愈多以肉驅蠅蠅愈至

呂氏春秋曰吞舟之魚陸處不勝螻蟻

淮南子曰千里之堤以螻蟻之穴漏而百尋之屋以突隙之熛焚突竈突也

抱朴子曰雞有專栖之雄雉有擅澤之鷸音鷸蟻有兼弱之智蜂有攻寡之計人相役御亦猶是耳

又曰周髀家云天圓如張蓋地方如棊局而旁轉如推磨而左行日月右行隨而左轉如推於磨蟻行磨石之上磨左旋而蟻右去磨疾而蟻遲故不得不隨磨以左迴焉

又曰百尋之山焚於分寸之飈千丈之陂潰於一蟻之穴

符子曰東海有鼇焉冠蓬萊而浮游於滄海騰躍而上則千雲之峯頫邁於羣岳沉沒而下則隱天之丘潛嶠於重川有蚳蟻聞而悅之與羣蟻相要乎海畔欲觀鼇焉月餘日鼇潛未出羣蟻將反遇長風激浪崇濤萬仞海水沸地雷震羣蟻曰此將鼇之作也數日風止雷默海中隱如岳羣蟻曰彼之冠山何異我之戴粒逍遙封壤之巔伏乎窟穴也

山海經曰朱蟻其狀如蟻郭璞曰蟻蚍蜉在崐崘之墟

京房易妖占曰蟻無故當道若門户城郭聚土水且傷人

揚雄方言曰蚍蜉齊魯之間謂之蚼蟓音駒養西南梁益之間謂之玄駒燕謂之蛾蛘楚郢以南蟻土謂之封

王充論衡曰人坐樓臺之上察地之螻蟻尚不見其體安能聞其聲何則螻蟻之體細不若人形大聲音孔氣不能達也今天之崇高非直樓臺人體比於天非若螻蟻於人也謂天聞人之言隨善惡爲吉凶誤矣

揚子法言曰食如蟻衣如華不以泰乎

劉義慶世說曰殷仲堪父病虛悸聞牀下蟻動云是牛鬬孝武不知殷父問有一殷病如此不仲堪流涕而起曰臣進退惟谷

郭義恭廣志曰有飛蟻有木蟻古曰玄駒者也又有黑黃大小數種之蟻

劉欣期交州記曰大和中人有至武嶺穴中有大蚍蜉甚大

西京記曰長安化度廢寺內有礓䃂石徑二尺餘孔穴通連若欄檻樓臺之狀號曰蟻宮常云於中見蟻金色其大若蜂動逾萬計乃掘及泉因得此石

張茂先博物志曰蟻知將雨

伏侯古今注曰漢光武建武元年山陽有小蟲類人形甚衆明日皆懸樹枝而死乃大蟻也

崔豹古今注曰牛亨問　蟻曰玄駒何也答曰河内人無何而見有人馬數千萬騎皆大如黍米旋動往來從朝至暮家人以火燒殺之人皆是蚊蚋馬皆成大蟻故今人呼蚊蚋曰黍民蟻曰玄駒

揚子法言曰吾見玄駒是也

揚孚異物志曰鮫鯉吐舌蟻附之因吞之又開鱗甲使蟻入其中乃奮迅則舐取之

劉敬叔異苑曰桓謙字敬祖太元中忽有人皆長寸餘悉被鎧持槊乘具裝馬從埳中出緣机登竈尋飲食之所或有切肉輒來叢聚力所能勝者以槊刺取徑入穴蔣山道士朱應子令以沸湯澆所入處寂不復出因掘之有斛許大蟻死在窟中謙後以門釁同滅

古今五行記曰後魏顯宗天安元年六月兗州有黑蟻與赤蟻交鬬長六十步廣四寸赤蟻斷頭而死黑主北赤主南時齊明帝殺少帝子業而自立大爲魏軍所破東魏孝静帝武定四年鄴下有黄蟻與黑蟻鬬黄東魏戎衣色黑西魏戎衣色是時黄蟻盡死時高歡圍玉壁五旬不拔歡疾班師而薨

嶺表録異曰嶺南蟻類極多有席袋貯蟻子窠鬻於市者蟻窠如薄絮囊皆連帶枝葉蟻在其中和窠而賣有黄色大於常蟻而脚長者云南中甘子樹無蟻者實多蛀故人競買之以養甘子

又曰交廣溪洞間酋長得收蟻卵淘擇令淨鹵以爲醬或云其味酷似肉醬非官客親友不可得也

夢書曰蚍蜉爲小盜銜食行也夢見蚍蜉小盜衆也

神光占曰行造酒家蟻聚中庭急去之

應璩百一詩曰大魏承衰弊復欲密其羅蚍蜉猶見得何云鰌與鰕狌犴既已備狄復置黄沙

楚辭招魂曰南方赤蟻若象玄蠭若壺

應璩與曹昭伯牋曰空城寥廓所聞者悲風所見者烏雀昔陳司空爲邑宰所在幽閑獨坐愁思幸賴遊蟻以娛其意以今況之知不虚矣

郭璞蚍蜉賦曰飾殷人之喪輿在四隅而交結濟齊桓之窮師由山東之高垤感萌陽以潛步知將雨而封穴伊斯蟲之愚昧乃先識而似哲

又蚍蜉讚曰蚍蜉瑣劣蟲之不才感陽而出應雨講營之無懷自然知來

太平御覽卷第九百四十七

太平御覽卷第九百四十八

蟲豸部五

蜘蛛　縊女　馬蚿
蜡　竹蟲　蓼蟲
蠐螬　螻蛄　尺蠖

蜘蛛

焦贛易林未濟之蠱曰：蜘蛛作網，以伺行旅。青蠅嚵噉，以求膏腴。

又井之遯曰：蜘蛛南北，巡行罔罟。杜季利兵，傷我心膂。

毛詩豳七月東山曰：蠨蛸在戶。（蠨蛸，長踦也。）

詩義疏曰：一名長脚，荊州河內謂之喜子，云此蟲來著人，當有親客至，亦如蜘蛛為罔羅居之。

詩義問曰：蠨蛸，長足蜘蛛也。

劉芳毛詩義箋曰：蠨蛸，長蹄（音崎嶇之崎）。小蜘蛛長脚者，俗呼為喜子。

爾雅曰：次蠹（音秋），鼅鼄（鼅音知，鼄音誅）。鼅鼄，鼄蝥（音牟）。土鼅鼄（布地中），草鼅鼄（布罔絡幕草間）。蠨蛸，長踦（音崎，小蜘蛛長脚者，俗呼為喜子）。

張揖廣雅曰：蛛蝥，罔工，蠾蝓，蝳蜍也。

魏志曰：館陶令（諸葛）原遷新興太守，管輅往祖餞之，賓客並會。原自起取燕卵、蜂巢、蜘蛛著器中，使射覆。卦成，輅曰：第三物，觳觫長足，吐絲成羅，尋網求食，利在昏夜，此蜘蛛也。舉坐驚喜。

抱朴子曰：太昊師蜘蛛而結網。

又曰：或以赤班蜘蛛及七種水馬，以合馮夷水仙丸服之，亦可以居水中；又以塗足下，則可以步行水上也。

衎子曰：晉公子重耳奔齊，與五臣而遊乎大澤之中，見蜘蛛布其網，曳其綱而執豸以食之。公子重耳觀之，顧謂其臣咎犯曰：此蟲也，智之薄者矣，而猶役其智，曳其網而執豸以食之，況乎人之有智而不能廓垂天之綱，布絡地之網，以供方丈之御，是曾不如蜘蛛之智，孰可謂之人乎？咎犯曰：公子慎勿言也，終行之，則有邦有嗣矣。

金樓子曰：楚國龔舍初隨楚王朝，宿未央宮，見蜘蛛焉。有赤蜘蛛大如栗，四面縈羅網，有蟲觸之而死者，退而不能得出焉。舍乃歎曰：吾生亦如是耳，仕宦者人之網羅也，豈可淹歲。於是挂冠而退，時人笑之，謂舍為蜘蛛之隱。

揚雄方言曰：鼅鼄（郭璞曰：知、株兩音），鼄蝥也。自關而西，秦晉之間謂之鼄蝥（今江東呼蝃蝥，音掇）；自關而東，趙魏之郊謂之鼅鼄，或謂之蠾蝓（燭臾兩音）。蠾蝓者，侏儒語之轉也。北燕朝鮮洌水之間謂之蝳蜍（齊人又呼為社公，亦言罔工，音毒）。

束晳發蒙記曰：蠅生積灰，蜂出蜘蛛，腐木為螢火，蠐螬出朽芻。

皇甫謐帝王世紀曰：湯出，見羅者，湯下車，命解其三面，而置其一面，更教之祝曰：昔蛛蝥作罔，今人學紓，欲左者左，欲右者右，欲高者高，欲下者下，吾取其犯命者。

郭璞洞林曰：流移道路，諸人並欲令郭璞射覆，人人自持五月五日蜘蛛者，物悉驗，遂不復射。

淮南萬畢術曰：蜘蛛塗布而雨自晞。取蜘蛛置甕中，食以膏百日，殺以塗布，而雨不能濡也。

又曰：取蜘蛛與水狗及猪肪置甕中，密以新練，仍懸室後，百日視之，蜘蛛肥，殺之以塗足，涉水不沒矣。又一法：取蜘蛛二七枚，內甕中，合肪百日，以塗足，得行水上，故曰蜘蛛塗足，不用橋梁。

王充論衡曰：觀夫蜘蛛之絲以罔飛虫也，人之用詐，安過之。

郭義恭廣志曰：草蜘蛛在草上，色青。土鼅鼄在地上，春行草間，索索覆地。

西京雜記曰：樊噲問陸賈曰：古帝王人君皆云受命於天，云有瑞應，豈然乎？賈曰：有之。夫目瞤得酒食，火花得錢財，乾鵲噪行人至，蜘蛛集百事喜。小故猶徵，大亦宜然。故目瞤則呪之，乾鵲噪則餧之，蜘蛛集則放之。況天下大寶，人君重位，非天命何以得之？

劉敬叔異苑曰：陳郡殷家養子名琅，與一婢結好。經年，婢死後猶往來不絕。後夕見大蜘蛛，形如斗拌，緣牀就琅，便宴爾怡悅。毋取而殺之，琅性理遂僻。

劉義慶幽明録曰：某郡張甲者，與司徒蔡謨有親，僑住謨家。暫行數宿，過期不反。謨晝眠，夢甲云：暫行，忽暴病，患心腹病痛，脹滿不得吐下，某時死。主人殯殮。謨悲涕相對。又云：我病名乾霍亂，自可治之，但人莫知其藥，故令死耳。謨曰：何以治之？甲曰：取蜘蛛生斷去脚，吞之則愈。謨覺，使人往甲行所驗之，果死。問主人病時日，皆與夢符。後有乾霍亂者，試用輙差。

廣五行記曰：蜘蛛集於軍中及人家，有喜事。

夢書曰：鼅鼄爲大腹，其性然也。夢見蜘蛛，憂懷任婦人也。

葛洪治瘧方曰：取蜘蛛一枚，着飯中吞，即愈。

成公綏蜘蛛賦曰：獨高懸以浮處，遂設罔於四隅。南連大廡，北接華堂，左憑廣廈，右依高廊。吐絲屬緒，目引結經，纖羅絡漠，綺錯交張，雲舉霧綴，以待無方。

張望蜘蛛賦曰：余嘯詠蓬蘆，激步丘園，覽蜘蛛之爲蟲焉。乘虛運巧，構不假物，欲足性命，藹然靖逸，良可翫也。伊蜘蛛之爲蟲，纖微性乎天壤，稟妙造於化靈，忽無礙而無想。吐自然之纖緒，先皇羲而結網，憑輕羅以隱顯，應大明之幽朗。

縊女

爾雅曰：蜆，縊女也。（孫炎曰：小黑蟲，赤頭，三輔謂之縊女。此蟲多，民多縊死。郭璞注曰：喜自經死，故曰縊女。）

異苑曰：縊女，蟲也，一名蜆，長寸許，頭赤身黑，恒吐絲自懸。昔齊東郭姜既亂崔杼之室，慶封殺其二子，姜亦自經。俗傳此婦變化而爲蟲，故以縊女爲名。

馬蚿（音賢）

爾雅曰：蛝（音閑）馬蝬（仕板切）也。（郭璞曰：馬蠲蚐也，俗呼馬蠸。蚐音均。）

張揖廣雅曰：蛆（子魚切）蟝（強魚切）馬蟓（逐音）、馬蟓，馬蚿也。

宋書曰：王素聲譽甚高。山中有蚿，其聲清長，聽之使人不厭，而其形甚醜。素乃爲蚿賦以自況。

魯仲連子曰：諺云：百足蟲三斷不蹶者，持之者衆。

文子曰：善用人者，若蚿之足，衆不相害。（淮南子同。）

莊子曰：夔憐蚿，蚿憐蛇。夔謂蚿曰：吾以一足跉（士今切）踔（勑卓切）而行，予無如矣。今子使萬足，獨柰何？蚿曰：不然。子不見夫唾乎？噴則大者如珠，小者如露。今子動吾天機，不知所以然。（司馬彪曰：北燕謂蚿爲且渠也。）

淮南子曰：季夏草爲蚈。（草得陰而死，極陰中反陽，故化爲蚈。蚈，馬蠸也。蠸音權。）

又曰：良將之卒，若虎之牙，若兕之角，若鳥之羽，若蚈（音韗）之足。（蚈，馬蠸也。）

又曰：蚈足衆，走不及蛇，物固有小不如大也。

明堂月令曰：腐草爲蠲。

揚雄方言曰北燕馬蚿謂之蛆蟝

張茂先博物志曰馬蚿一名百足中斷則頭尾各異行而去

本草經曰馬陸一名百足

吳氏本草經曰一名馬軸

蜡

淮南子曰蜡知將雨（高誘曰蜡蟲也大如筆管長三寸餘蜡音昔）

竹蟲

淮南萬畢術曰竹蟲飲人自言其誠（竹蟲三枚竹黃十枚治之欲得人情取藥如大豆燒酒中飲之不令醉以問其事必得其實也）

蓼蟲

孔蕤蓼蟲賦曰覩茲茂蓼紛葩吐榮爰有蠕（而兖切）蟲厥狀似蜻羣聚其間食之以生悟物託事以允乎人幼長斯蓼莫知其辛

蠐螬

毛詩碩人曰膚如凝脂領如蝤蠐（蝤蠐蝎蟲也）

陸機毛詩疏義曰蠐螬生糞中

爾雅曰蟦（音墳）蠐螬也（郭璞注曰在糞土中者）蝤蠐蝎（在木中有也今雖通名之為蝎所在異也）

莊子曰烏足根為蠐螬（司馬彪曰烏足草名生水邊蠐螬蟦也）

淮南萬畢術曰黍成蠐螬（以秋冬種黍置溝中即生蠐螬也）

王充論衡曰蠐螬化為復育復育轉為蟬

揚雄方言曰蠀螬謂之蟦（蜚翠）自關而東謂之蝤蟦（酋墳兩音）或謂之卷蠾（書卷）或謂之蝖蝜（亦呼堂齊或呼地蚕宣蝜兩音）梁益之間謂之蛒（音格）或謂之蝎或謂之蛭蛒（質格）秦晉之間（蠹或謂）或謂之天螻（按爾雅曰螜天螻謂蛞螻耳而方言以為蝎未詳其義也）

博物志曰蠐螬以背行駛於用足也

祖台志怪曰吳中書郎盛冲至孝母王氏失明冲暫行敕婢食母婢乃取蠐螬蒸食之王氏甚以為美而不知是何物兒還王氏語曰汝行婢進吾一食甚甘美然非魚非肉汝試問之既而問婢服食是蠐螬冲抱母慟哭母目霍然立開○本草經曰蠐螬一名蟦齊主治血痺

螻蛄

子然曰有一人身着練單衣恰直造席捧手與子然語子然問其姓名即荅云僕姓盧名鈎家在壜溪邊臨水後經半旬中其作人掘田塍西溝邊蟻垤忽見大坎滿中螻蛄將近斗許而有數頭極壯一箇彌大子然至是始悟曰近日客盧鈎反音則螻蛄也家在壜溪即西坎也悉灌以沸湯自是遂絕○搜神記曰廬陵太守平原龐企字子及自說其乃祖非罪繫獄時有螻蛄蟲行其左右謂曰爾有神當活我因投飯與之食盡復來形稍大數日形如豚及當刑螻蛄夜掘壁為孔以出龐氏常祠螻蛄

葛洪治箭鏑在咽喉不出方曰用螻蛄腦塗之即出

范汪治不得小便方曰取螻蛄大者二枚斷取體下以一升水漬之去皮飲之須臾便通

本草經曰螻蛄一名天螻一名螜產難出刺在肉中潰癰腫下哽咽解毒愈惡瘡

陶洪景本草經曰螻蛄味鹹寒取自出者其自腰以前甚澁主大小便

尺蠖

周易下繫辭曰尺蠖之屈以求伸也龍蛇之蟄以存身也

爾雅曰蠖蚇蠖（今蝍蝛也）

晏子春秋曰弦章謂景公曰尺蠖食黄即身黄食蒼即身蒼

說文曰尺蠖曲信蟲（信音申）

方言曰蠀（音資）蝛（子六切）謂之尺蠖（郭璞曰步屈也）

曹子建長歌行曰尺蠖知屈申體道識窮達

傅休奕潛通賦曰蠖屈體以求伸兮龍階木而外雲

鮑明遠尺蠖賦曰智哉尺蠖觀機而作申非向厚詘非今薄　靜值泉渟機躁遇風驚起軒軀而曠恭伏累氣而併形冰炭弗觸韋刃靡迕逢嶮蹙跡值夷舒步忌好退之見猜哀必進之爲蠹每驤首以瞰塗常景行而勸路故身不豫托地無前期從方而應何慮何思是以軍算慕其權國容擬其變高賢圖之隱淪智士以之藏見笑虵靈之久蟄羞龍德之方戰

郭璞尺蠖讚曰貴有可賤賤有不珍嗟茲尺蠖體此屈申論配龍虵見歎聖人

張協七命曰鷦鷯飛而生風尺蠖動而成響

太平御覽卷第九百四十八

蟲豸部六

蟾蜍　蝦蟇　蠼螋
蛜蝛　鼠負　蠹
強蛘　蠮螉　守瓜
蚰蜒　蠲　蜚蠊
蠁　蛷螋　䗪蟲
蛇公　螳蠰　金花
茲母

蟾蜍

春秋運斗樞曰：紀乖政，則蟾蜍月精四頭感翔。感翔爲妖

韓詩外傳曰：魚網之設，鴻則離之；嬿婉之求，得此戚施。曰戚施蟾蜍蚰蝓喻醜惡

文子曰：蟾蜍辟兵，壽在五月之望。

淮南子曰：月照天下，而蝕於蟾諸；騰蛇游霧，而殆於蝍蛆。蟾諸月中蝦蟇食月故曰食於蟾諸殆猶畏也蝍蛆爾雅謂之蝍蛆蟋之大腹也上蛇蛇不敢動故曰殆於蝍蛆

抱朴子曰：蟾蜍壽三千歲。

又曰：肉芝者，謂萬歲蟾蜍，頭上有角，頷下有丹書八字再重。以五月五日日中時取之，陰乾百日，以其足畫地，即爲流水；帶其左手於身，辟五兵。若敵人射己者，弓弩矢皆反還自向也。

又曰：辟兵法，或以月蝕時刻三歲蟾蜍喉下有八字者血，以書所持之刀劍。

玄中記曰：蟾蜍頭生角，得而食之，壽千歲，又能食山精。

張衡靈憲曰：羿請不死之藥於西王母，姮娥竊之以奔月，遂託身於月，是爲蟾蜍。淮南子同

河圖曰：蟾蜍去月，天下大亂。

西京雜記曰：廣川王發晉靈公冢，得玉蟾蜍一枚，大如拳，腹空，容五合，如新。王取以盛水滴硯。

崔寔四民月令曰：五月五日取蟾蜍，可治惡疽瘡。

傅玄詩曰：蟾蜍食明月，虹蜺薄朝日。

蝦蟇

易通卦驗曰：夏至小暑，蝦蟇無聲。

山海經曰：藟諸山，湖水出焉，東流于食水。其中多活師。

爾雅曰：鼁䵶。郭璞注云蛙類音蘧蒢亦曰𪓰　科斗，活東。蝦蟇子也　科斗也小雅或曰活東也

周禮秋官下曰：蟈氏掌去鼃黽，焚牡蘜，以灰洒之則死。齊魯之閒謂鼃爲蟈黽耿黽也蟈與耿黽尤怒鳴而聒人耳故去之

漢書曰：武帝元鼎五年秋，蛙與蝦蟇俱鬪。是歲四將軍衆十萬征南越，開九郡。

後漢書曰：馬援爲隗囂使公孫述，歸謂囂曰：子陽井底蛙耳，而妄自尊大，不如專意東方。言述志識褊狹如井之蛙事見莊子

東觀漢記曰：彭寵堂上聞蝦蟇聲在火鑪下，鑿地求之，無所得。寵爲奴所殺。

張璠漢記曰：靈帝鑄天祿蝦蟇，吐水於平昌門外橋東，紆入宮；又作翻車渴烏，施於橋西，洒南北郊。

晉書曰：有蛙鳴于華林園，惠帝問左右曰：爲官乎？爲私乎？侍中賈胤對曰：在官地爲官，在私地爲私。

宋書曰：張暢弟收嘗爲猘犬所傷，醫云宜食蝦蟇膾，收甚難之。暢含笑先嘗，收因此乃食，創亦即愈。

齊書曰：沈僧照別名法朗，少事文師道士。梁武陵王紀爲會稽太守，宴坐池亭，蛙鳴聒耳，王曰：殊廢絲竹之聽。僧照

呪厭十許口便息及日晚王又曰欲其復鳴僧照曰王歡
已闌令汝鳴即便喧聒
又曰卞彬蝦蟆賦云紨青拖紫名蛤魚世謂比令僕也
又云蝌斗唯唯羣浮暗水唯朝繼夕聿役如鬼比令史諮
事也
南史孝義傳曰丘傑字偉跱吳興烏程人也年十四遭母喪
以熟菜有味不嘗於口歲餘忽夢見母曰死亡是分別耳
何事乃爾荼苦汝噉生菜遇蝦蟆毒靈牀前有三丸藥可
取服之傑驚起果得甌甌中有藥服之下科斗子數升
三國典略曰周天和二年齊武安妖人與其徒僞云肓覺
因飲泉水下得金佛其疾並愈於是遠近信之男女霧集
水中有老黄蝦蟆全如金色乍出乍没齊武成及百官已
下莫不飲之

覽九百四十九　三　李項

隋書曰煬帝在東宮宮中數有妖變乃命衛尉少卿蕭
吉禳邪氣於宣慈殿座祭神是時孟冬地久無水乃有蝦
蟆從西南來入至座忽然而失
文子曰禽子曰多言有益乎墨子曰蝦蟇蛙黽日夜恒鳴
口乾舌擗然而不聽今觀晨雞時夜而鳴天下俱動多言
何益唯其言之時也
韓子曰越王勾踐欲伐吳欲民輕死出見鬬鼃乃下軾從
者曰王何敬也曰以其勇有氣故也其後國人而輕命死戰
淮南子曰夫蝦蟇為鶉水蠆為蟌（蟌音聰）皆生於非其類（老蝦蟇化為鶉水中蠆蟲化為蟌蛉蟌蛉者蜻蜓也）唯聖人能知其化
又曰蘭芝以芳未嘗見霜（芳香也）鼓造辟兵壽盡五月之望（鼓造蓋謂梟一曰蝦蟇今世人五月望作梟羹亦作蝦蟇羹）
國語曰趙襄子以尹鐸有寬政於晉陽其心必和乃守晉
陽後晉師圍而灌之沉竈生鼃民無叛意
神仙傳曰葛玄指蝦蟇使舞皆應絃節使止乃止
燕丹子曰太子自喜得荊軻永無秦憂日與軻之東宮臨
池而觀軻拾塼投鼃太子令人奉槃金以進
物理論曰夫虛无之談尚其華藻此無異於春蛙秋蟬聒
耳而已
風俗通曰肅肅蝦蟇掉尾俗說蝦蟇一跳八尺再跳丈六
從春至冬相裸相逐無他所作掉尾肅肅謹按蝦蟇既處
水中其尾又短正能使掉之豈能肅肅乎原其所以當言
夏馬患蚋掉尾振擊常肅肅也蝦蟇夏馬音相似
崔豹古今注曰科斗蝦蟇子也一名懸針一名玄魚形圓
有尾聞雷則尾脫腳生也
廣五行記曰懷州獲嘉縣東廊下柱已五十餘年道士往

覽九百四十九　四　李項

往聞有蝦蟆聲不知的處後因柱朽壞以他柱易之斫之
於柱中得一蝦蟆其柱又無孔隙
嶺表錄異曰唐林藹為高州太守有鄉墅小兒牧牛聞田
中有蛤鳴（蛤即蝦蟆）牧童遂捕之蛤躍（入一穴中遂掘之乃蠻酋塚也得）一銅鼓
其色翠綠土射數處損缺其上隱起多鑄蛙黽之狀疑其
鳴蛙即銅鼓精也
楚辭七諫曰蝦鼃游於藥池（芳藥之池也）
成公綏陰霖賦曰百川泛濫潢潦流竈中生鼃庭運舟

蟋蟀

易通系卦曰蟋蟀之蟲隨陰迎陽居壁向外趣婦女織績
女工之象今失節不居壁似女事不成有淫佚之行因夜
為姦故為門戶夜開門戶人之所由出入今夜不閉明非
也

易通卦驗曰立秋蜻（音精）蛚（音列）鳴白露下蜻蛚上堂
京房易妖占曰七月建申爲夷則蟋蟀鳴
毛詩蟋蟀曰蟋蟀在堂歲聿其暮今我不樂日月其除
又豳七月曰七月在野八月在宇九月在户十月蟋蟀入我牀下（自七月至十月入我牀下皆謂蟋蟀也言將寒有漸非卒來也）
陸機毛詩疏義曰蟋蟀似蝗而小正黒有光澤如漆有角翅一名蛬一名蜻蛚楚人謂之王孫幽州人謂之促織督促之言也里語曰趣織鳴懶婦驚
詩義問曰蟋蟀食蠅而化成也
劉芳毛詩義箋曰蟋蟀今促織也一名蜻蛚楚謂之蟋蟀或謂之蛬南楚謂之王孫也（方言同）
蔡邕月令章句曰蟋蟀或謂之蛬亦謂之蜻蛚斯（冬螽）沙雞之類

禮記月令曰季夏之月蟋蟀居壁
春秋考異郵曰立秋趣織鳴（宋均曰趣織蟋蟀也立秋女功急故趣之也）
春秋潛潭巴曰蟋蟀集天子無遠兵
春秋説題辭曰趣織爲言趣織也織與事遽故趣織鳴女作兼
爾雅曰蟋蟀蛬也（郭璞曰今促織也亦名青蛚也）
周書時訓曰小暑之日温風至又五日蟋蟀居壁
袁宏後漢書曰崔駰上書曰竊聞春陽發而倉庚鳴秋風厲而蟋蟀吟盖氣使之然也
于寶搜神記曰朽葦爲蛬麥爲蝴蝶
崔豹古今注曰蟋蟀一名吟蛬秋初生得寒則鳴噪濟南謂爲懶婦也
又曰沙雞一名促織一名絡緯一名蟋蟀促織謂鳴聲如急織也絡緯謂其聲如紡也促織一曰促機絡緯一名紡緯
阮籍詩曰開秋肇涼氣蟋蟀鳴牀帷感物懷殷憂消然心悲
盧諶蟋蟀賦曰何兹蟲之資生亦靈智之攸授享神氣之玄眇體形容之微陋于時微涼既戒火靈告去玄乙辭宇翔鶤（音昆）南顧風戾戾而動柯露零零而隕樹月轉景而西頽漢迴波而東注厲清響於長宵激悲聲以迄曙
王褒聖主得賢臣頌曰虎嘯而風冽龍興而致雲蟋蟀俟秋吟蜉蝣出以陰
楚辭曰澹容與而獨倚兮蟋蟀鳴於西堂

蛁蟧

詩義疏曰蝘（音偃）一名蛁（音刁）蟧（音勞）蟪蛄也

爾雅曰蜓蚞螇螰（即蛁蟧也一名蟪蛄齊人呼螇螰題木奚鹿四音）
家語曰孔子謂宰予曰違山十里蟪蛄之聲猶在於耳
莊子曰蟪蛄不知春秋（司馬彪注曰蛁蟧春生夏死夏生秋死故不知歳之春秋也）
揚雄方言曰蛥蚗（上音折下音決）齊謂之螇螰（奚鹿兩音）楚謂之蟪蛄或謂之蛉蛄（上音零）秦謂之蛥蚗自関而東謂之蛁蟧（貂料兩音）或謂之蝭蟧（音帝）或謂之蜓蚞（音廷木）西楚與秦通名（江東又呼爲蟂蟧）
風土記曰秋而蟪蛄鳴於朝寒蜇鳴於夜

鼠負

爾雅曰蟠鼠負也（郭璞曰此瓮器底蟲也舊説伊威鼠婦別名未詳也）
毛詩東山曰伊威在室（伊威委黍也）
陸機毛詩疏義曰伊威一名委黍一名鼠婦在壁瓮底土中似白魚者也
説文曰蟠蟅（音蹠）鼠婦也蛜威委黍鼠負也

于寶搜神記曰豫章有一家婢在竈下忽有人長數寸來竈間婢誤以履踐殺一人須臾遂有數百人着縗麻持棺迎喪凶儀皆備出東門入園中覆船下就視皆是鼠婦作湯澆殺遂絕

葛洪治瘧方曰取鼠婦蟲十四枚各以糟封裹之丸十四丸臨發服七丸便愈

陶弘景本草經曰鼠婦一名蟠負一名伊威一名委人俗言鼠多在坎中背則負之今作婦字如似乖理又一名鼠姑家用此悅媚人甚多方而應少

蠹

韓詩外傳曰枯魚銜索于何不蠹

爾雅曰蝎蛣蝠木中蠹蟲蝎桑蠹即蛣蝠也

漢書曰文帝賜尉佗書衣物佗因使者獻桂蠹一器

文子曰山生金反自刻木生蠹還自食

穆天子傳曰天子東遊次雀梁蠹書于羽陵謂暴書中蠹蟲因曰蠹書也

杜寶大業拾遺錄曰七年始安郡獻桂蠹四瓶瓶別一千頭紫色香辛有味噉之去陰痰之疾

強蛘音羊

爾雅曰蛄蟹強蛘也郭璞曰米穀中蠹小黑蟲是也建平人呼為蛘子音羊

方言曰蛄蟹謂之強蛘郭璞注曰江東蛘虫謂之蛄蟹也

齧桑

爾雅曰蠰音襄齧桑郭璞曰似天牛長角體有白點喜齧桑樹作孔藏其中江東呼為齧髮

守瓜

爾雅曰蠸音權輿父守瓜也郭璞曰今瓜中黃小蟲喜食瓜葉故曰守瓜

蚰蜒

爾雅曰螾衘入耳蚰蜒也螾音衍

方言曰自關而東蚰蜒謂之螾衘或謂之入耳或謂之蜧音蠼所宜切長蛝切趙魏之間或謂之蚨虶音扶于北燕謂之蛆蚭廣雅同蚰奴大切蚭音尼

蜰音肥

廣五行記曰春秋魯莊公二十九年蜰劉向以為此非中國所有南越盛暑男女同川澤淫亂所生為蟲是時公娶齊淫女為夫人

後漢書曰王莽地皇元年蜰蔽天至長安入未央宮緣奔發吏捕之于時天下大亂尋而莽敗見殺

蜚廉

本草經曰蜚廉味鹹治血瘀逐下血破積聚喉痺生晉地山澤中二月採之

吳氏本草曰蜚廉蟲神農黃帝云治婦人寒熱

蠁

爾雅曰國音或貉蟲蠁也音許兩切今呼蛹蟲為蠁廣雅曰土蛹蠁蟲

蚉螋音搜

說文曰蚉多足蟲也

廣雅曰矜蚉螋也

博物志曰蠷螋蟲溺人影亦隨所着處生瘡盧氏曰以雞腸草擣塗經日即愈

䗪蟲

吳氏本草曰䗪蟲一名土鼈

蛇公

異苑曰海曲有物名蛇公形如覆蓮花正白

庾闡楊都賦曰蛇公沉光於海曲

蛭蟷上知栗切下多郎切

爾雅曰三蛈（音鐵）蝪（音湯）也（郭璞注曰即蛈蝪也似蜘蛛在穴中有蓋今河北人呼蛈蝪也）

金花

竺法真登羅山疏曰金花蟲大如斑猫形色文采如金是龜屬得之養蓄彌日

茲母

淮南子曰朝秀不知晦朔（許慎注曰朝生暮死蟲也生水上似蠶蛾一曰茲母）

太平御覽卷第九百四十九

太平御覽卷第九百五十

蟲豸部七

蜻蛉　青蚨　蜂
蝝　蝗　蠋
水馬　水蛭　短狐
沙虱　十二時蟲

蜻蛉

揚雄方言曰蜻蛉謂之蝍蛉（郭璞注曰六足四翼蟲也淮南呼蠊蛜也）

說文曰蜻蛉一名桑根

爾雅曰虰（丁音）蛵（刑音）負勞（郭璞注曰或曰即蜻蛉也江東呼狐黎未詳）

莊子曰童子埋蜻蛉頭而化爲珠

尸子曰荆莊王命養由基射蜻蛉曰吾願生得之養由基弓射之拂左翼

戰國策曰莊辛謂楚莊王曰王獨不見夫蜻蛉仰承甘露而飲之自以爲無患與人無爭不知夫五尺童子將調鉛膠絲加之四仞之上而下爲螻蟻所食

呂氏春秋曰海上有人好蜻蛉者每朝居海上從游有蜻蛉至者數萬前後左右盡蜻蛉也終日翫之不去其父告曰聞蜻蛉從汝居取而來吾將翫之明日往之海上而蜻蛉無至者

東方朔別傳曰上置蜻蛉盖下使朔獨射之朔　對曰馮翊馮翊六足四翼頭如珠尾正直長尾短項是非勾簍即蜻蛉上曰善賜帛十匹

崔豹古今注曰蜻蛉一曰青亭一曰胡蝶色青而大者是也小而黃者曰胡離一曰胡梨小而赤者曰赤卒一曰絳騶一曰赤衣使者好集水上亦名爲赤弁丈人

又曰紺蝶一名蜻蛉似蜻蛉而色玄紺遼東人謂爲紺幡亦曰童幡好以七月羣飛闇天海邊夷貊食之謂海中青蝦化爲之

青蚨

廣雅曰蟱蝸青蚨也

搜神記曰南方有蟲名𧉈（音敦）蝺（音隅）形如蟬大味辛美可食其子著草葉如蠶種得其子則母飛來雖潛取必知處殺其母塗錢子塗貫用錢去貨旋則自還

淮南萬畢術曰青蚨還錢青蚨一名魚或曰蒲以其子母各等置瓮中埋東行陰垣下三日後開之即相從以母血塗八十一錢亦以子血塗八十一錢以其錢更互市（置子用母置母用子錢皆自還）

蜂

爾雅曰土蜂（今江東呼大蜂在土中作房者爲土蜂啖其子即馬蜂也今荆楚間呼爲蟺音彈）木蜂（似土蜂而小在樹上作房）

方言曰蜂燕趙之間謂之蠓螉（蒙翁二音）或謂之蚴蜕（幽悦二音）其大有蜜謂之壷蜂（即今黑蜂穿竹木作孔亦有蜜者）

山海經曰平逢山有神如人二首名曰嬌蟲是盤蟲實惟蜜之廬（郭璞注曰嬌爲盤蟲之長羣蜂所舍集蜜亦蜂名也）

又曰大蜂其狀如螽

洪範五行傳曰秦昭王三十八年上郡大飢山木盡死人無所食蜂食田苗

左傳僖中曰邾人以須句故出師公卑邾不設備而禦之臧文仲曰（國無小不可易也無備雖衆不可恃也君其）無謂邾小蜂蠆有毒而況國乎

孝經援神契曰蜂蠆垂芒（蜂蠆毒在後故言垂芒）

謝承後漢書曰豫章嚴豐字孟侯爲郡主簿太守賈萌舉兵欲誅王莽有飛蜂附萌車衡豐諫以爲不祥之徵萌不從果見殺

王隱晉書曰太尉陶侃表倉曹參軍袁謙爲高涼太守未至百餘里浦中有蜜蜂蔽日而下謙船上謙不覺甚惡會得留郡文書賊欲乘虛攻郡謙欲速赴明早進西南卒遇大風飛沙天地晦合不復得還浦遂沒海中

晉書曰鄒湛對武帝曰猛獸在田荷戈而出凡人能之蜂蠆作於懷袖勇夫爲之驚駭出於意外故也

淮南子曰蜂房不容鵠卵房巢也小形不足以苞大體也

抱朴子曰軍行卒逢羣飛蜂及蚉蝱若密蜂尤多者笑戰驚於藏伏之賊也

列女傳曰尹吉甫子伯奇至孝事後母母取蜂去毒繫於衣上伯奇前欲去之母便大呼曰伯奇牽我吉甫見疑之伯奇自死

葛仙公列傳曰仙公與客對食客曰當請先生作一奇戲食未竟仙公即吐口中飯盡成飛蜂滿屋或集客身莫不震肅但皆不螫人良久仙公乃張口見蜂飛還入口中成飯

永嘉地記曰七八月中常有蜜蜂羣過有一蜂先飛覓止泊處人知輒內木桶中以蜜塗桶中飛者聞蜜氣或停不過三四來便舉羣悉至

博物志曰細要者無雌蜂類也無雌取桑蚕或阜螽子所見抱而成已子詩云螟蛉有子蜾蠃負之

又曰遠方諸山出蜜蠟處其處人家有養蜂者其法以木爲器或十斛五斛開小孔令纔容蜂出入以蜜蠟塗器內外令遍安着簷前或庭下春月此蜂將作窠生育時來過人家圍垣者捕取得三兩頭便內着器中數宿出蜂飛去尋將伴來還或多或少經日漸溢不可復數遂停住往來器中所滋長甚衆至夏開器取蜜蠟所得多少隨歲中所宜豐儉盧氏曰春至秋末始有蜜蠟者至冬余所見今云夏未詳其故

又曰諸遠方山郡僻處出蜜蠟蜜蠟所着皆絕巖石壁非攀緣所及唯於山頂以籃轝自懸掛下遂乃得取採蜂遂去不還餘窠及蠟着石不盡者有鳥形小於雀羣飛千數來啄之至春都盡其處皆如磨洗至春蜂皆還洗處結窠如故年年如此物無錯亂者人亦各各占其平處謂之蠟塞鳥謂之靈雀捕摶終不可得也

宣驗記曰元嘉元年建安郡山賊百餘人掩破郡治抄掠百姓資產子女遂入佛圖搜掠財寶先是諸供養具別封置一室賊破戶忽有蜜蜂數萬頭從衣簏出同時噬螫羣賊身首腫痛兩眼盲合先諸所掠皆棄而走蜂飛邀逐噬擊彌路賊遂惶懼從便道而去時是臘日所縛子女各還其家

廣五行記曰秦昭王委政于太后弟穰侯穰侯用事山木盡死蜂食人苗稼時大飢人相食穰侯罷免歸第

嶺表錄異曰唐劉恂曾遊宣歙間見彼中人好食蜂兒狀如蚕蛹而瑩白大蜂結房於山林間其大如巨鍾其中不知幾百層村人採時須以草衣蔽身以捍毒螫復以煙火逼散蜂母然後攀緣崖樹斷其根一房有蜂兒五斗或一石者三分中一翅足具矣即入鹽酪炒之曝乾以小紙囊貯之寄入京洛以爲方物

楚辭曰玄蜂如壺

蝝

左傳宣下曰十五年冬蝝生

爾雅曰蝝蝮（音覆）蜪（音陶）也（郭璞注曰蝗子未有翅者外傳曰蟲舍蚳蝝）

蝗

禮記月令曰仲冬行春令則蟲蝗爲敗

陸機毛詩䟽義曰阜螽蝗也今人謂之螽子兖州人謂之螣

晉書載記曰石勒時河朔大蝗初穿地而生二旬則化狀如蠶七八月而卧四日蜕而飛彌亘百里唯不食三豆及麻并冀尤甚

唐書曰貞觀中終南等數縣蝗太宗至苑中見蝗掇數枚而呪之曰民以穀爲命而汝食之是害于百姓也百姓有過在予一人爾其有靈但當食我無害百姓將吞之侍臣恐致　疾遽來諫止太宗曰所冀移災朕躬何疾之避遂吞之自是蝗不爲灾

漢實錄曰乾祐初開封府言陽武雍丘襄邑蝗府尹侯益遣人以酒殽致祭三縣蝗旱爲鸜鵒聚食勑禁羅弋鸜鵒以其有吞噬之異也

蠋

毛詩豳七月曰蜎蜎者蠋烝在桑野（蠋桑蟲）

爾雅曰蚅烏蠋（蠋音蜀也）（郭璞注曰蟲大如指似蠶孫炎注曰蚅一名烏蠋也）

廣志曰藿蠋有五色者槐香蠋五采有角甚臭白澤曰蠋有角五采文長尾者龍也殺之兵死

韓子曰鱓似虵而蚕似蠋人見虵則驚駭見蠋則毛起漁者持鱓婦人拾蚕利之所在皆爲賁育

水馬

南州異物志曰交趾海中有蟲狀如馬形因名曰水馬婦人難産者手握持此蟲或燒作屑服之則更易如羊之産也（凡物之中羊産最易）

抱朴子曰以赤斑蜘蛛及水馬合馮夷水仙丸服之可以居水中

徐衷南方草物狀曰海中有魚狀似馬或黄或黑海中民人名作水馬捕魚得之不可啖食暴乾熇之婦人産難使握持之亦可燒飲

水蛭

爾雅曰蛭蟣（郭璞注曰今江東呼水中蛭蟲入人肉者爲蟣音祈也）

齊書曰蕭季敞爲廣州刺史爲都護周世雄所襲軍敗奔山中爲蛭所噬肉盡而死

常璩華陽國志曰南廣郡土地無稻田蠶桑多蛇蛭虎狼

賈誼書曰楚惠王食寒葅而得蛭因遂吞之腹有疾而不能食令尹入問疾王曰吾食葅而得蛭不行其罪是法廢而威不立譴而誅恐監食皆死遂吞之令尹曰天道無親惟德是輔王有仁德病不爲傷王果病愈

王充論衡曰蛭食血之蟲惠王殆有積血之疾故食積血之蟲而病愈也不然則賢者操行豈若吞蛭除病賢者常無病也

張茂先博物志曰水蛭三斷而成三物

本草經曰水蛭一名至掌味鹹治惡血瘀結水閉破凝積利水道

陶洪景集注本草經曰水蛭味鹹苦平微寒有毒一名蚑生雷澤池澤（蚑音蜞）

短狐

毛詩何人斯曰爲鬼爲蜮則不可得（蜮短狐也）

韓詩外傳曰短狐水神也

陸機毛詩疏義曰爲鬼爲蜮蜮短狐也一名射影如龜二足江淮水皆有人在岸影見水中投人影則殺人故曰射影也南方人欲入水必以瓦石投水中令濁乃入也或又含沙射人入肌其瘡如疥

（魯莊公十八年秋經書有蜮傳稱不爲災也）

穀梁傳莊公曰秋有蜮一有一亡曰有（言不常有）蜮射人者也（今短狐射人爲害是也左傳同）

廣雅曰射工蜮短狐也

書紀年曰晉獻公二年春周惠王居于鄭鄭人入王府多取玉焉玉化爲蜮射人

齊書曰屠氏女晝採樵夜瀆以供養父母父母俱卒親營殯葬負土成墳忽空中有聲云汝至性可重山神欲相驅使汝可爲人療病必得大富女謂是鬼魅弗敢從遂得病積時鄰舍人有溪蜮毒者女識毒試療之自覺病便差遂以巫道爲人療疾無不愈者家産日益

抱朴子曰短狐一名蜮一名射工一名射影其實水蟲也狀似鳴蜩而如合杯有翼能飛無目利耳口中有橫物如聞人聲緣口中物如角弩以氣爲矢激水而射人中身者即發瘡不曉治之者殺人其病似大傷寒不日皆死

又曰射工蟲冬天蟄於谷間大雪時索之此蟲所在其雪不積留氣起如灼蒸當掘之不過入地一尺則得也陰乾末帶之夏天自辟射工也

玄中記曰水狐者視其形蟲也見其氣乃鬼也長三四寸其色黑廣寸許背上有甲厚三分許其口有物向前如角狀見人則氣射人去二三步即射人中十人六七人死

地理書曰東茂安與夏莊書云外生石季甫忽爲鄭令此縣既有短狐之疾又沙虱害人聞此消息倍益愁慮

博物志曰江南山溪水中有射工蟲甲蟲之類也長一二寸口中有弩形以氣射人影隨所着處發瘡不治則殺人

沙虱

廣雅曰沙虱蜒也（蜒音旋）

廣志曰沙虱色赤大不過蟣在水中入人皮中殺人

唐書曰南中山川有鴆鳥之地必有犀牛有沙虱水弩必生可療之草

又曰南平獠部落土氣多瘴癘山有毒草及沙虱蝮蛇

淮南萬畢術曰沙虱一名蓬活一名地脾

抱朴子内篇曰沙虱雨後及晨暮踐沙必着人如毛髮端初着人便入皮裏可以針挑取之正赤如丹着人上動斱不挑即此蟲便入人身中殺人行此蟲之地每還輒當以火自炙令遍則蟲隨火去也水陸皆有之

博物志曰深山窮谷多毒虐之物氣則有瘴癘人則有工蠱獸則有虎鳥則有鴆蛇則有蝮蟲則有射工沙虱草則有鉤吻野葛其餘則蛟蟒之屬生焉

本草經曰沙虱一名石蠶

葛洪方曰辟沙虱用麝香大蒜合羊脂擣着小筒中帶之良

十二時蟲

博物志曰交州南有蟲長或一寸大小如指有廉稜（云旦切）形似白石英不知其名視之無定色在陰地色多緗綠出日光中變易或青或綠或丹或黃或紅或赤女人取以爲

首飾宗仏每深以爲物無定色引雲霞以爲喻故詭此以助成其説今孔雀毛亦隨光色變易或黄或赤但不能如此蟲耳

嶺南異物志曰容州有蟲如守宫身圓而頸長頭有冠幘一日中隨時變色青黄赤白黑未甞定土人不能名呼爲十二時蟲囓人不可療

又曰南方有蟲大如守宫足長身青肉鬣赤色其首隨十二時變子時鼠丑時牛亥時猪性不傷人名曰避役見者有喜慶

嶺表録異曰十二時蟲則蜥蜴之類也土色者身尾長尺餘腦上連背有髻鬣草樹上行極迅速亦多在人家籬落間俗傳云一日隨十二時變色因名之

太九百五十　九　慶二

太平御覽卷第九百五十

太平御覽卷第九百五十一

蟲豸部八

蚤　虱蟣　蜋

蜼蜞　蛸　叩頭

食屍　蟯　蚘

蛾　蛹　蛓

蟥蛢　斑猫　地膽

蛤蚧　龐降　蛆

蚤

焦贛易林萃之大過曰亂頭多憂蚤虱生愁膳夫仲年使我無聊

說文曰蚤齧人跳蟲也

韓子曰子韋見孔子於商太宰曰吾見孔子則視子猶蚤虱之細者也今吾見之於君子韋恐孔子貴於君也因謂太宰曰且君已見孔子亦將視子猶蚤虱太宰弗復見也

又曰韓昭侯搔而佯亡一蚤求之甚急左右因取其蚤而殺之昭侯以此察左右不誠也

淮南子曰昌羊去蚤虱而人弗席者爲其來蛉窮也（高誘曰蛉窮幽冀謂之蜻蜓入耳之蟲蛉音肯）

又曰釋大道任小枝無異使蟾諸捕蚤也

論衡曰人在天地之間猶蚤虱之在衣裳螻蟻之在穴隙也

趙壹解擯賦曰丹鴻可殺蚤虱

抱朴子曰蚤虱羣攻卧不獲安

曹植論曰孟春之旦從陽徑生貴放鳥雀者加其祿也得者莫不馴而放之爲利人也得蚤者莫不摩之齒牙爲害身也

虞翻與弟書曰其餘幾何老吏衣布爲蚤虱所咋故相告省書一過悉以付火

齊下士蚤虱賦序曰余居貧布衣十年不製衣一袍之縕有生所託資其寒暑無與易之爲之多病起居甚疎縈褻敝絮不能自釋兼攝性懈惰懶事皮膚澡刷不謹澣沐失時四體𣬛𣬛（乃耕切）加以臭穢故葦席蓬纓之間蚤虱猥流探揣獲撮日不替手

虱蟣

說文曰虱齧人蟲也蟣虱子也

漢書曰項羽謂宋義曰疾引兵渡河破秦必矣義曰不然夫搏牛之蝱不可以破虱（蝱諭秦虱諭章邯等言大小不同勢）

又曰王莽校尉韓威進曰以新室之威而吞胡虜無異口中蚤虱

東觀漢記曰馬援擊尋陽山賊上書曰除其竹木譬如嬰兒頭多蟣虱而剃之蕩蕩然蟣虱無所復依書奏上大悅因出小黃門頭有虱者皆剃之

續晉陽秋曰咸陽王猛被縕袍而詣桓溫一靦談當時之事猛捫虱而言傍若無人溫察而奇之

晉書曰阮籍著大人先生傳曰少稱鄉黨長聞鄰國上欲圖三公下不失州牧獨不見羣虱之處褌中逃乎深縫匿乎壞絮自以爲吉宅行不敢離縫匿乎褌襠自以爲得繩墨也然炎丘火流焦邑滅都羣虱處於褌中而不能出也君子之處域內何異夫虱之處褌中乎

齊書曰江泌性行仁義衣弊虱多綿裹置壁上恐虱飢死

乃置衣中數日中終身無復虱

又曰卞彬爲南康郡丞彬頗飲酒擯棄形體仕既不遂乃著蚤虱蝸蟲蝦蟇等賦皆大有指斥

三國典略曰梁劉㲄常有飛書謗㲄梁主怒曰劉㲄似衣中虱必須掐之

北史司馬子如爲大行臺及文襄輔政見之哀其憔悴以膝承其首親爲擇虱賜酒百缾羊五百口粳米五百石子如曰無事尚被囚幾死若受此豈有生路耶

列子曰紀昌學射於飛衛使學視小如大紀昌以氂懸虱於牖南面而望之三年之後如車輪焉以覩餘物皆丘山也乃以燕角之弧朔蓬之簳射之貫虱之心而懸不絕以告飛衛飛衛曰汝得之矣

莊子曰濡需者豕虱是也擇疏鬣自以爲廣宮大囿奎蹄

曲隈乳間股脚自爲安室利處不知屠者一旦布燥烟火而與豕俱焦

韓子曰天下無道攻擊不已甲冑生蟣虱燕雀處帷幄而兵不歸故曰戎馬生於郊（淮南子亦云）

又曰應侯謂秦王曰王得宛臨陳陽夏斷河內臨東陽邯鄲猶口中虱也

又曰三虱食彘相與訟一虱過之曰奚訟三虱曰爭肥饒者一虱曰若爾不患臘之將至而茅之也燥目若有奚患於是乃相與聚其母而食之彘瘦人乃不殺

淮南子曰牛馬之氣蒸不能生蟣虱蟣虱之氣蒸不能生牛馬故化生於外非生於內也

又曰湯沐具而蟣虱相弔大廈成而燕雀相賀

抱朴子曰夫虱生於我我非虱之父母虱非我之子孫也

又曰眼能察天衢而不能周項領之間耳能聞雷霆而不能周蟣虱之音也

又曰今頭虱著身皆稍變而白身虱著頭皆漸化而黑則玄素果無定質移易在乎所漸也

符子曰齊魯爭汶陽之田魯侯有憂色魯隱者周豐往觀曰臣嘗晝寢愀然聞群虱之鬭乎衣中甘臣膏腴之肌珎臣項背之膚相與樹黨爭之日夜不息相殺者太半虱父止之曰我與汝（蠹不過汝進所飲食）不過容口奚用竊乎交戰爲哉君虱止今君以七百里地爲君之城亦以足矣而以汶陽數步之田感君之心曾不如一虱之知竊爲君羞之魯侯曰善

語林曰顧和始爲楊州從事月旦當朝未入停車州門外須臾周侯已醉著白㡊憑兩人來詣丞相歷和車邊和先

在車中覓虱夷然不動周始見遙過去行數步復反還指顧心曰此中何所顧擇虱不輟徐徐應曰此中最是難測量地

風俗通曰河南趙仲讓爲梁冀從事郎中冬月坐庭中向日解裘捕虱襄成君使推問之冀歎曰此我從事絕清高士也

楊偉時務論曰夫吞八荒者不咀蟣虱也

神異經曰西荒之中有人焉長短如人着百結敗衣手足虎爪名獏𤟤（張茂先曰俗曰貌𤟤音猗）伺人眠輒往就人欲食人腦先使捕虱得卧而舌出盤地丈餘聞其聲常燒大石伺其得卧舌出以石投舌上於是低頭絕氣而死

異苑曰太孫廣頭上不得有虱虱大者便遭朞喪大功小則小功殤服

劉義慶宣驗記曰晉義熙中京師長年寺道人惠祥與法向連堂夜四更中惠遥喚向暫來往視祥仰眠交手胷上足脡（敕鼎切）直云可解我手足繩曰上並無繩也祥因得轉動云向有人衆以我手足鞕箠交下問何故爾蝨語祥若更不止當入兩間磕之齰祥後懲戒於蝨餘無精進

相牛經曰治牛蝨用苦梗生魚汁清坎底土若酒和塗之

夢書曰夢梳篦爲憂解也其髮滑澤心喜也蟣蝨盡去百病愈也蟣蝨爲憂齧人身也夢見蟣蝨有憂至也

揚雄長楊賦曰鞮鍪生蟣蝨介胄被霑汗

趙壹作非草書曰俯而擇蝨不暇見地仰而覩鍼不暇見天天地至大而不見者銳精於鍼蝨也

魏文帝與王朗書曰蚤蝨雖細虐於安寢鼷鼠至微猶毀郊牛

嵇康養生論曰夫蝨處頭而黑麝食柏而香

又與山濤書曰危坐一時痹不得搖性復多蝨把搔無已而當裹以章服揖拜上官三不可堪也

蛝（邊奚切）

字林曰蛝齧牛蟲也

蟭螟

晏子春秋曰景公問晏子曰天下有極細乎對曰東海有蟲生於蚊睫再乳而飛蚊不爲驚臣嬰不知其名東海者命曰蟭螟

列子曰江浦之閒生麼蟲（麼細也）其名曰焦螟羣飛而集於睫不相觸也捷宿去來蚊不覺也離朱子羽方晝拭眥揚眉而望之弗見其形（離朱黃帝時明目人子羽未聞也）

抱朴子曰焦螟也蚊眉之中而笑彌天之大鵬寸鮒遊牛跡之水不貴横海之巨鱣也

蛸（音圖）

說文曰蛸蝮中長蟲也

叩頭

異苑曰有小蟲形色如大豆呪令叩頭又使吐血皆從所教如似請放稽顙輒七十而有聲故俗呼爲叩頭也

傅咸叩頭蟲賦叙曰叩頭蟲蟲之微細者然觸之輒叩頭人以其叩頭殺之不祥故莫之害也

食屍

裴氏廣州記曰林任縣有甲蟲嗜臭肉人死食屍都盡紛紛藏屋非可驅殺

傅物志曰景初中蒼梧剌史京師云廣州西南數郡人病將死便有飛蟲狀如麥集舍人死便食不可斷截惟殘骨在便去以梓板爲器則不集

蟯（音饒）

說文曰蟯蝮中短蟲也

史記曰臨菑氾里女子薄吾病甚衆醫皆爲寒熱篤當死不治淳于意診其脉曰蟯瘕蟯瘕爲腹大上膚黄麤循之戚戚然意飲以元華一撮即出蟯可數升病已三十日如故

淮南子曰天下物莫不資於水澤及蚑蟯而不求報（高誘曰蟯微蟲也）

蛻

廣雅曰復育蛻也

論衡曰蟬生於復育開背而出

蛾

詩曰螓首蛾眉

爾雅曰蛾羅也（蠶羅）

廣雅曰蛢（步丁）蛾也

漢書曰建始元年春三月上辛雍祠五時秋八月有白蛾羣飛蔽日從東都門至軹道

宋書曰傅亮少帝失德内懷憂懼直宿禁中睹夜蛾赴燭作感物以寄意焉

王子年拾遺記曰有谷將子學道也言於燕昭王曰西王毋尋來必語虚尤之術不踰一年王毋果至與昭王游乎燧林之下談炎上鑽火之術取緣桂之膏燃以映夜忽有飛蛾銜火狀如丹雀來拂於桂膏之上蛾出於員丘之穴

郭子横洞冥記曰武帝既耽於靈怪常得丹豹之髓白鳳之膏磨青錫爲屑以淳蘇油和之照於神壇夜暴雨火光不滅有霜蛾如蜂赴燈侍者舉麟鬚之拂以驅之

列仙傳曰園客濟陽人種五色香草服食其實且有五色蛾止其香末收而薦之生蠶焉

符子曰不安其昧而樂其明是猶夕蛾去闇赴燈而死者也

崔豹古今注曰飛蛾善拂燈一名火花一名慕光

廣志曰有蠶蛾九草木蟲以蛹化爲蛾甚衆

任昉述異記曰楚莊王宮人一旦化爲野蛾而飛去

夢書曰蛾爲婦女眉傢也夢見蛾者憂婚也

白澤圖曰赤蛾兩頭而白翼者龍也殺之兵死矣

支曇諦火蛾賦序曰悉達有言曰愚人貪財如蛾投火誠哉斯言信而有徵

鮑明遠飛蛾賦曰仙人司闇飛蛾候明均靈舛化詭欲齊生觀生靡而能詭各會性以馮方凌焦烟之浮景赴熙爛之明光拔身幽草下畢命君子堂本輕死以邀願得糜爛其何傷豈効南山之文豹避雲霧而巖藏

蛹（蠶具貨　虛郎中）

爾雅曰螝蛹也（郭璞曰蠶蛹也）

說文曰螝蛹也讀若潰蛹繭蟲也

韓子曰蟲有蚘者一身兩頭爭食相嚙也遂殺巳人臣爭事亡其國者皆蚘類也

蛓（七賜切）

爾雅曰蟔（戶感切）毛蠹（即害也）墨蛅（如占切）蟴蛓屬今八月角蟄蟲（音蛒）

說文曰蛓毛蟲也讀若笥蛒手蠹也

蟥蛢（上音黃　下音瓶）

爾雅曰蛂蟥蛢（郭璞曰甲蟲也大如虎豆緑色　江東呼黃蛢孫炎曰翼在甲裏）

說文曰蛢蟜（音韋）蟥也以翼鳴者也

班猫

本草經曰班猫一名龍尾味寒生谷

吳氏本草經曰班猫一名班蚝蝤一名龍蚝一名班菌一名腃髮一名晏青神農辛岐伯鹹桐君有毒扁鵲甘有大毒河内川谷或生水石

地膽

廣雅曰地膽地要青蠵也

本草經曰元青春食芫華故云元青秋爲地膽地膽黑頭赤味辛有毒主蟲毒風注秋食葛華故名之爲葛上亭長

吳氏本草經曰地膽一名元青一名杜龍一名青虹

陶洪景本草經曰地膽味辛寒有毒一名元青一名青蛙

眞者出梁州狀如大馬蟻有小翼子僞者即是班猫所化狀如大豆大都治解略同必不能得眞此亦可用

蛤蚧

嶺表録異曰蛤蚧首如蝦蟇背有細鱗如蠶子土黃色身短尾長多巢於樹中端州子牆内有巢於廳署城樓間者旦暮則鳴自呼蛤蚧或云鳴一聲是一年者里人採之鬻於市爲藥能治肺疾醫人云藥力在尾尾不具者無功

龐降

嶺表録異曰龐降生於山野多在橄欖樹上形如蜩蟬腹青而薄其聲若素其鳴自呼爲龐降但聞其聲採者鮮得名以善價求之以爲媚藥

蛆

梁書曰王琳敗後入齊爲特進侍中所居屋脊無故剥破

出赤蛆數升落地化爲血蠕動

又曰元帝時安城人劉敬躬於田間得白蛆化爲黃金龜將銷之龜生光照室敬躬以爲神而禱之所請多驗遂謀作亂帝命都督王僧辯討擒之

後魏書曰宣武延昌三年章武王融爲相州刺史有蛆生於庭俄而反伏誅

廣五行記曰北燕馮跋太平二十一年三月蛆觸地而生月餘跋爲弟洪所殺

又曰唐來俊臣性殘忍貪淫縱異自知制獄數年家積巨萬九所殺戮不可勝計俊臣家婢生一塊肉大如二升椀剖之有赤蛆升餘須臾皆變爲蜂螫人而去

太平御覽卷第九百五十一

太平御覽九百五十二

木部一

木上

易曰巽爲木於其於木也爲堅多心艮其於木也爲堅多節離其於木也爲科上槁(堅多心爲剛中也山木堅心也多其節令陰氣故曰科空也爲日所乾故上槁也)

又升卦曰地中生木升君子以順德積小以高大

書曰兖州厥木惟喬厥貢惟木(孔安國曰喬高)

又洪範五行三曰木木曰曲直曲直作酸

又說命曰木從繩則正后從諫則聖

詩曰黄鳥于飛集于灌木其鳴喈喈(灌木叢木也)

又曰荏苒柔木君子樹之往來行言心焉數之(荏苒寬柔貌也木椅桐梓也)

又曰南有喬木不可休息漢有遊女不可求思(興也南方之木美喬上竦也思辭也漢上遊女無求思者也)

又曰后妃逮下而無嫉妬之心焉南有樛木葛藟纍之(木下曲曰樛)

周禮曰仲冬斬陰木仲夏斬陽木(陽木生南山陰木生北山)

禮記月令曰孟春之月盛德在木孟夏之月毋伐大樹

樂記曰土敝則草木不長水煩則魚鼈不大

稽命徵曰出号施令合民心作樂制禮得天心則草木有益於人長以養民也王者得禮之制則澤谷之中生赤木

北斗威儀曰君乘木而王者其政(升平)則草木豐茂

左傳曰山有木工則度之

又曰鳥能擇木木豈能擇鳥

春秋元命苞曰木者陽精生於陰故水者木之母也木之爲言觸也氣動躍也其字八推十爲木八者陰合十者陽數

春秋運斗樞曰黒精用事百木共一根(百枚木共一根天下共一主之徵也)

春秋繁露曰木有變春凋冬榮倨貞剛精鋭無以冶之

又曰崔亮爲雍州刺史城北渭水淺不通船行人艱阻亮謂僚佐曰昔杜預乃造橋況此有異長河且魏晉之日亦自有橋吾今決欲營之咸曰水淺不可爲浮橋泛長無常又不可施柱恐難成立亮曰昔秦居咸陽横渡渭以像閣道此即以柱爲橋今唯慮長柱不可得耳會天大雨山水暴至浮山長木數百根藉此爲用橋遂成立百姓利之至今猶名崔公橋

後周書曰沙苑齊神武夜遁追至河上復大克獲前後虜其卒七萬獻俘長安還軍渭南於是所徵諸州兵始至乃於戰所准當時兵士人種樹一株以旌武功

又曰王羆以功授右將軍西河内史辭不拜時人謂之曰西河大郡俸禄殷厚何爲致辭羆曰京洛材木盡出西河朝貴營第宅者有求假如其私辦即力所不堪若科發民間又違法憲以此辭耳

唐書曰貞觀中山南獻木連理交錯玲瓏有同羅木一丈之幹并枝者二十餘所

又曰代宗大暦十二年成都府人郭遠因樵獲瑞木一莖有文曰天下太平獻之以示百官宰臣奏賀曰至德之化先賁草木太平之符遂形文字伏望藏於秘閣宣付史館

又曰貞元初陳留雨木皆大如指長寸餘每木有孔通中所下其立如植

管子曰栢公問民饑寒室屋不治墻垣壞不築爲之奈何

管子曰休涂樹之枝公令左右休塗樹枝其年民治室屋築墻垣公問之管子曰一樹而息百乘于壯彈其下終日不歸父老拊樹而論終日不歸今吾休之日中無尺陰行者疾走父老歸而治室

孝子曰天下之至柔馳騁天下之至剛人之生也柔弱其死也堅强草木之生也柔脆其死也枯槁柔弱生之徒剛强死之徒合抱之樹生於毫末

莊子曰南伯子綦遊乎商之丘木爲其大也然必有異材從而視其細枝則拳曲而不可以爲棟僝而視其大根不可以爲棺槨䑛其葉則舌爛嗅之則使人狂酲子綦曰此果不材之木以至其大矣

又曰莊子行於山中見大木枝葉盛茂伐木者止其旁而不取也問其故曰無所可用莊子曰此木以不材得終其

天年矣○孟子曰孟子謂齊宣王曰所謂故國者非謂有喬木之謂也有世臣之謂也

孫卿子曰山下望十畝之木若箸而求箸者不上折也

又曰林木茂斧斤至

又曰玉在山而木潤

孔叢子曰夫子墓塋方一里諸弟子各以四方奇木來殖之

尸子曰木之精氣爲畢方

愼子曰廊廟之中材蓋非一木之枝

呂氏春秋曰今夫爚蟬者務在乎明其火振其樹而已火不明雖振其樹何益(雖振其樹蟬其飛去不能得故曰何益)明不燭在乎火在於闇(闇無所見火乃光耳故曰在於闇中)當今之時世暗甚矣人主有能明其德者天下之士歸之也若蟬之赴明火也

又曰子之於父母也一體而兩分同氣而異息若草莽之有華實也樹木之有根心也

又曰樹木盛則飛鳥歸之芻草美則禽獸歸之人主賢則豪桀歸之

韓子曰待自直之箭則百世無矢矣待自圓之木則千歲無輪矣

又曰君者壤地臣者草木

商子曰蠹衆則木折隙大則墻壞

文子曰葉落者風搖之水濁者物撓之也

又曰甘泉必竭良木必伐

符子曰木生蝎蝎盛而木枯石生金金曜而石流

又曰水生於石未有居石而溺火生於木未有抱木而燋

淮南子曰樟洪者爲本而殺者爲末禽獸之性大者爲首而小者爲尾末大於本則折尾大於腰則不掉故食其口而百節

肥灌其本而枝葉美

又曰夫樹木灌以瀿水疇以肥壤一人養之一人拔之則必無餘蘖況以一國同伐之雖欲久豈可得哉

又曰山生金反自刻木生蠹反自食人生事反自賊(賊敗也)

又曰今夫徙樹者失其陰陽之性則莫不枯槁(失猶易也)故橘之江北則化而爲枳鸜鵒不過濟洛度汶而死

又曰馮生陽閼(自馮之先也)陽閼生鱗鮐(音鱗鮐)生幹木幹木生庶木凡根枝者生庶木(根枝木名也)

又曰高山深林非爲虎豹也大木茂枝非爲飛鳥也

又曰天有明不憂民之晦也百姓穿戶鑿牖自取照焉地有財不憂民之貧也百姓伐木芟草自取富焉

又曰郢人有買屋棟者求大三圍之木而人予車轂跪而度之巨雖可而長不足(巨大也長不足訖其短也)

又曰食木者多力而惡（熊羆之屬是也）食草者善走而愚（麋鹿之屬是也）
又曰良匠不能斵金巧冶不能鑠木金之勢不可斵而木
之性不可鑠也
又曰高陽魋（或曰高陽魋楚時王魋宋大夫也）將爲室問匠人匠人對曰未
可也木尚生加塗其上必將撓以生材任重塗今雖善後
必敗高陽應曰不然夫木枯則益重塗乾則益輕塗今雖
惡後必善匠人窮於辭以對卒爲室其始成均然善也而後
果敗此直於辭而不可用者也
又曰捨茂木而集于枯不弋鷦而鳥難與有圖（圖謀也言其愚也耳）
又曰質的張而弓矢集林木茂而斧斤入非或召之形勢所
致也
又曰冬冰可折夏木可結時難得而易失木方茂盛終日
採而不知秋風下霜一夕而殫（殫盡也）

又曰佐祭者得嘗救鬬者得傷蔭不祥之木爲雷電所撲（檘也撲擊也）
又曰金勝木者非以刃殘林也土勝水者非以土璞（璞音朴土塊也）塞江也
又曰剖劂（劂音厥）鋸非良匠不能以制木鑪（鑪音盧）橐埵（埵音垛）坊設（橐鑪皆治坊之形也）非巧冶不能以冶金
又曰羽翼美者傷骨骸枝葉美者害根荄能兩美者天下
無之也
又曰凡見葉落而知歲故葉落而長年悲
風俗通曰桂陽太守江夏張遼字叔高田中有樹遣客伐
之六七十下血出客驚怖歸以其事白叔高叔高大怒曰樹
木汁出此何言血因自嚴行復斫之血大流叔高使先斫
其枝葉有一空處白頭公可長四尺忽出往赴叔高叔高
乃逆格之如此凡殺四頭左右皆怖伏地而叔高恬如也
徐熟視非人也遂伐此木其年召辟侍御史後爲兗州刺
史以二千石尊過鄉里白日衣綉榮美如此
抱朴子曰山中大樹能語者非樹語也其精名曰靈陽山
夜見火者皆古枯所致勿怪也甲子日稱仙人者樹也
孫綽子曰海上人與山客辯其山物海人曰魚額若華山
之頂一吸萬頃之波山客曰鄧林有木圍三萬尋直上千
里旁蔭數國有人曰東極有大人斬木爲策短不可支鈎
魚爲鮮不足充飢
金樓子曰利內有水材元嘉中大水有千餘段木流出斧
迹未滅俗云漢將將攻越築城浮木于利水未運之前一
夜中忽失數千段時或見之今所見木豈非昔鬼匿之木
乎

山海經曰少室山木名帝休黃花黑實服之不怒
陰符經曰火生於木禍發必尅
仙序曰王須少年入學最遠往來常先流輩惟之常見如
提木三尺餘至則柱屋間流輩知之取看後不見
正論曰師曠曰人骨法猶木有曲直曲者爲輪直者爲輿
檀宜作輻榆宜作轂
玄中記曰千歲樹之枝中央下四邊高百歲之樹其汁赤
如血
又曰大樹之山西有採華之樹服之則通萬國之言
博物志曰圓丘山有不死樹食之壽
十洲記曰聚窟洲中申未地上有大樹與楓木相似而華
葉香聞數百里名爲返魂樹於玉釜中煮取汁如黑粘名
之爲返生香香氣聞數百里死尸在地聞氣乃活

太平御覽卷第九百五十二

太平御覽卷第九百五十三

木部二

木下

木下　松

郭子横洞冥記曰太初三年東方朔從西那國還漢得聲風木枝十枝九尺大如指直可愛縉雲封禪之時許貢其木爲車輦之用此木生因洹之水則禹貢所謂因洹也其洹出甜波樹上有紫鸞黃鵠集其間實如細珠風吹枝如玉聲因以爲名春夏馨香秋冬聲清有武事則如金革之響有文章則如琴瑟之響上以枝遍賜羣臣百歲者以此枝頒賜人有疾者枝則汗出死者枝則折昔老聃在於周世言七百年枝未汗偓佺生於堯時已年三千歲植此竟未折上乃以枝賜朔朔曰臣已見枝三遍枯死死而復何茁於汗折而已哉里語曰年末半枝不汗此木五千歲一濕萬歲一枯縉雲之世此樹生於阿閣閭也

又曰元光元年起壽福靈壇闊百步四周起銅梁銀木上列種垂龍之木木似青梧高十丈有朱露色如丹汁灑其葉落地皆成珠其枝似龍之倒垂亦曰珠枝樹此壇高八尺文錯雜金色

虞喜志林曰東海之魚墜一鱗崑崙之木落一葉聖人皆能知

王韶之始興記曰漢將滅越王築城伐木將運之一夜木數千件頓亡越亡之徵

方言曰木細枝謂之杪江淮揚楚之間謂之蔑

鹽鐵論曰茂木之下無豐草大塊之間無美苗

搜神記曰盧江舒縣陵亭有流水邊有大樹常有黃鳥數千枚巢其頭而有故祠後見一婦人著繡衣自稱黃祖能興雲雨

地鏡圖曰財在丘墟者爲木變故木有折枯者其旁有財折所向在焉其在南方去木八尺其在東方去木六尺

離騷曰一夫九首拔木九千

又云嫋嫋兮秋風洞庭波兮木葉下

又云晉何爲兮木上

又云搴芙蓉於木末

又曰樹輪囷以相糾兮林木跋骫（骫音委跋枝盤紆也）

左思蜀都賦曰其樹則擢脩幹竦長條扇飛雲拂輕霄羲和假道於峻岐陽烏迴翼乎高標

王彪之閩中賦曰木則騰虬蟠龍挾於峻蔟流星麗光於高林

松

書曰青州厥貢漆絲鉛松怪石

詩曰徂來之松新甫之柏（徂來新甫山也）

又曰松桷有梴旅楹有閑

又曰山有喬松隰有游龍（松木也龍紅草也）

又曰蔦與女蘿施于松柏

又曰淇水悠悠檜楫松舟

又曰如松柏之茂無不爾或承（如松柏之枝葉常茂盛無衰落時也）

左傳曰晉侯使張骼輔躒致楚師求御于鄭（欲得鄭人自御知其地利故也）鄭人卜宛射犬吉子太叔戒之曰大國之人不可以與也（言不可與爭也）對曰無有衆寡其上一也太叔曰不然培（欲使卑下人）塿無松柏（培塿小阜也松柏大木）

又曰楚郟敖即位王子圍爲令尹（楚王）鄭行人子羽曰是

謂不宜必代之昌松柏之下其草不殖（言楚君強盛令弱物不蕃）

禮記曰其在人也如竹箭之有筠也如松柏之有心也二者居天下之大端矣故貫四時而不改柯易葉

禮斗威儀曰君乘木而王其政平則松爲常生

論語曰哀公問社於宰我宰我對曰夏后氏以松殷人以柏周人以栗

又曰歲寒然後知松柏之後彫也

史記曰松柏爲百木長也而守宫闕也

漢書曰賈山言治亂曰秦爲馳道五十步三丈而樹厚築其外隱以金椎（服虔曰作壁通道隱築也以鐵椎築之）樹以青松爲馳道之麗使其後世曾不得斜逕而託足焉

應劭漢官儀曰秦始皇上封泰山逢疾風暴雨賴得抱樹因封其樹爲五大夫松（泰山岱宗小天門猶有秦時五大夫松）

張勃吳録曰丁固字子賤會稽人寶鼎中拜司徒初爲尚書夢松樹生腹上謂人曰松字十八公也後十八年爲公遂如夢

王隱晉書曰山濤遭母喪歸鄉里濤雖年老居喪過禮手植松柏

又曰庾敳（我來切）見和嶠曰森森如千丈松雖磥砢多節目施之大厦梁棟之用

又曰慕容垂攻苻丕在鄴糧竭馬無草但削松木而食之

宋書曰顧歡好學鄉中有學舍歡貧無以受業於舍壁後倚聽無遺忘者夕則然松節讀書

齊書曰張堪好於齋前種松柏時人曰張堪屋下陳晃

梁書曰陶弘景特愛松風庭院皆植松每聞其響欣然爲樂有時獨遊泉石望見者以爲仙人

陳書曰張譏字直言後主嗣位爲國子博士東宫學士後主嘗幸鍾山開善寺召從臣坐於寺西南松林下勑譏竪義時索麈尾未至後主勑取松枝手以屬譏曰可代麈尾顧羣臣曰此即張譏後事

後魏書曰甄琛喪父於塋兆之内手種松柏隆冬之月負擔水土鄉老哀之咸助力十餘年中墳成木茂

又曰彭城王勰從幸代都次于上黨之銅鞮山路大松樹十數根時帝進繖遂行而賦詩令人示勰曰吾作詩雖不七步亦不言遠汝可作之比至吾間令就也勰去帝十餘步遂且行且作未至帝所而就詩曰松林經幾冬山川何如昔風雲與古同帝大笑曰汝此詩亦責我耳

唐書曰拔野古僕骨東境其地豐草人皆富土多霜雪其地比東一里曰康干河有松木入水一二年乃化爲石其色青有國人君住其人謂之康干名爲石後仍松文

又曰賈嘉隱年七歲以神童召見時太尉長孫無忌司空李勣於朝堂立語戲謂嘉隱曰吾所倚者何樹嘉隱對曰松樹勣曰此槐也何忽言松嘉隱曰以公配木則爲松樹無忌連問之吾所倚何樹嘉隱對曰槐樹無忌曰汝不能矯對耶嘉隱應聲曰何須矯對但取其以鬼配木耳

穆天子傳曰天子升長松之隥（山有長松也）

説苑曰智襄子爲室美士茁夕焉智伯曰室美矣夫對曰美則美矣意臣亦有懼也智伯曰何懼對曰臣以秉筆事君記有之曰高山峻原不生草木松柏之地其土不肥今土木勝人臣懼其不安人也室成三年而智氏亡

周書曰太姒夢周梓化爲松

莊子孔子曰天寒既至霜雪既降吾是知松柏之茂

尸子曰荆有長松文梓
孫卿子曰歲不寒無以知松柏事不難無以知君子
呂氏春秋曰故百仞之松本傷於下而末槁於上
抱朴子曰松三千歲者皮中有聚脂如龍形名曰飛節之
又曰玉策記稱千歲松樹邊枝起上杪不長望而視之有
如偃蓋其中有物或如青牛青羊青犬或如人服之皆壽
萬歲
又曰天陵偃蓋之松大谷倒生之栢凡此諸木皆與天齊
其長地等其久也
又曰謂夏必長而齊麥枯謂冬必彫而松柏茂
符子曰符子與子登乎大山下臨千仞之淵上蔭百丈之
松藹藹然神王乎一亡矣言不出乎耒耜心不過乎俗人
其猶木大守户瓦雞伺晨矣

先聖本記曰許由欲觀帝意曰帝坐華堂面雙闕君之榮
願亦得矣余坐華堂森然有松生於牖雖面雙闕無異乎
囬鸞之榮崑崙余安知其一所以取榮哉帝美由節之
列仙傳曰伏生者當湯時爲木正常食松脂自作石室周
武王祠之偓佺好食松實能飛行逮走馬以松子遺堯不
能服
異苑曰漢末大亂宮人小黄門上墓樹上避兵食松柏實
遂不復飢擧體生毛長尺許亂離既平魏武聞而收養
還食穀米齒落頭白
少神境記曰滎陽南有石室室後有孤松千丈常有雙鶴
晨必接翮夕輒偶影傳云昔有夫婦二人俱隱此室中年
既數百化爲雙鵠一者失之尋爲人所害一者獨棲此松
常立哀唳

玄中記曰松脂淪入地中千歲爲伏神茯苓
博物志曰荒亂不得食可細切松柏葉水送令下隨能否
以不飢爲度渴清送爲住當用柏葉五合松葉三合不可
過度
嵩高山記曰嵩高丘有大松樹或百歲千歲其精變爲青
牛或爲伏龜採食其實得長生
雲南記曰雲南有大松子如新羅松子
周景式廬山記曰石門巖即松林也南臨石門澗澗中仰
視之離離駢麈尾號爲麈尾松西嶺異然如馬鬣又葉五
粒者名五粒松服之長生
范子計然曰松脂出隴西如膠者善
聖賢冢墓記曰東平王無疆傳云王歸國思京師後薨葬
東平其冢上松柏皆西靡

漢武内傳曰藥松柏之膏服之可延年
焦贛易林需之坤曰温山松柏常茂不落
廣州先賢傳曰頊琦至孝母喪琦獨立墳歷年乃就居喪
踰制種松柏成行
王羲之遊郡記曰永寧縣界海中有松門嶼嶼上皆生松
故曰松門也
豫章記曰徐孺子墓在郡南時杜牧守徐興於墓邊種松
太守謝景立碑太守夏侯嵩於碑邊立思賢亭碑今並在
松大合抱
本草經曰松脂一名松膏一名松肪味苦温中久服輕身
延年
世說曰孫興公自言見止足知分齋前種一株松髙世遠
時鄰居謂孫曰松樹子非不森可怜但永無棟梁耳孫公

曰楓柳雖復合抱亦君所施也

又曰李元禮洌洌如長松下風周君颼颼如小松下風

金樓子曰梁武謁山陵杖而後起涕淚所灑松爲變色

顔氏家訓曰齊世有席毗者清幹之士官至行臺尚書嗤鄙文學嘲劉逖云君輩詞藻譬若朝菌須臾之翫非宏材也豈　吾徒比千丈松樹常有風霜不可彫悴矣劉應之曰可哉

西京雜記曰東都龍興觀有古松樹枝偃倒垂相傳云已經千年常有白鶴飛止其間禁乎賦偃松篇玄宗賜和御書刻石記之公卿咸和焉

晉陽記曰郡西北有松樹枝條鬱茂垂陰數畝傳云陶桓公祥柯成此樹

夢書曰松爲人君夢見松者見人君之徵也

宋玉風賦曰夫風緣於太山之阿舞於松柏之下

扶風歌曰南山石嵬嵬松柏何摧摧上枝拂青雲中心十數圍

古艶歌曰馬啖柏葉人啖松脂不可常飽聊可遏飢

庾肅之松讚曰流潤飛津沉精幽結貞蕤含芳仰拂素雪

太平御覽卷第九百五十三

太平御覽卷第九百五十四

木部三

栢

書曰荆州厥貢杶幹栝柏

詩曰汎柏舟言仁人而不遇也衛頃公之時仁人不遇小人在側汎彼栢舟亦汎其流（栢木所以宜爲舟也）

又曰鄘栢舟共姜自誓也衛世子共伯早死其妻守義父母欲奪而嫁之誓而不許故作是詩也汎彼栢舟在彼中河

又曰徂來之松新甫之栢（新甫山名）

周禮曰冀州其利松栢

禮記曰禮之於人也如松栢之有心也（已具松部）

五經通義曰諸侯冢樹栢

爾雅曰栢椈也

漢書曰武帝造栢梁殿與羣臣宴其下（又云作栢梁臺也）

漢書曰朱博爲御史大夫府中列栢有野鳥數千棲其上（顔氏家訓曰朝夕鳥也文士往往誤作烏鳶用之）

漢書曰昭帝時長安諸陵栢樹枯倒者忽起生葉蟲食作字公孫病已立後昭帝崩昌邑王即位二十七日被廢迎立宣帝名已後改爲詢

東觀漢記曰李詢遭父母喪六年躬自負土樹栢常住冢下

謝承後漢書曰陳留虞延爲郡督郵光武巡狩至外黄問延園陵栢樹株數延悉曉之由是見知也

王隱晉書曰王褒字偉元痛父不以命終絶世不仕立屋墓側旦夕常至墓前朝拜輒悲號斷絶墓前一栢樹褒常所攀援涕泣所着樹色與凡樹不侔

蕭方等三十六國春秋曰王敦令郭璞筮卦曰明公起事禍必不久敦怒曰卿壽幾何曰命盡日中引出斬之璞曰當何之乎曰南山之首曰我知之矣必在雙栢之間乎時有鵲巢而甚茂

宋書曰魯郡孔子舊廟有栢樹二十株經歷漢晉其大連抱士人崇敬之莫犯也江夏王義恭悉遣人取之父老皆歎息

齊書曰王儉字仲寶司徒袁粲見之歎曰宰相之門也栝栢豫章雖小已有棟梁之器

又曰江夏王鋒以明帝失權常忽忽不樂著脩栢賦以見其志曰旣殊羣而抗立亦含貞而挺主豈春日之自芳亦霜下而爲盛衝風不能摧其枝積雪不能改其性雖坎壈於當年庶後彫之可詠時鼎業潛移鋒獨慨然有興復之意

又曰王晏之爲貟外郎也父普曜齋前栢樹忽成梧桐論者以爲梧桐雖有棲鳳之美而失後彫之節

梁書曰侯景旣陷臺城都下王侯庶姓廟樹咸見殘毁唯文宣太后廟四周栢樹獨鬱茂及景篡南郊都官尚書呂季略說景令伐此樹以立三橋斫南面十餘株再宿悉抽生便長數尺時旣冬月翠茂如春賊乃大驚惡之使悉斫殺識者以爲昔僵柳起於上林乃表漢宣之應廟樹重青必彰陝西之瑞

北齊書曰魏蘭根丁母憂居喪有孝稱將葬常山郡境先有董卓祠祠有栢樹蘭根以卓凶逆無道不應遺祠至今

乃伐柏以爲棹材人或勸之不伐蘭根盡取之了無疑懼
又曰樊衛性至孝喪父負土成墳植柏方數十畝朝夕號
慕
又曰文宣王曾晉陽夜宿松門嶺有數株松皆已千年枝
葉踈茂似有神物所託文宣時已被酒向嶺瞋罵射中一
株未幾枯死
後周書曰武帝伐齊永昌公椿屯雞栖原齊王憲密謂椿
曰兵者詭道去留不定見機而作不得遵常汝今爲營不
須張幕可伐柏爲菴示有形勢令兵去之後賊猶致疑也
齊主分軍萬人向千里徑會被勑追還率兵夜返齊人果
謂柏菴爲帳幕不疑軍退翌日始悟
隋書曰蔡景王整文帝弟也周明帝時以武元軍功賜爵
從武帝平齊力戰而死文帝初居武元之憂率諸弟負土

爲墳人植一栢四根鬱茂西北一根整載者獨黄後因大
風雨并根失之果不終吉
唐書曰長壽二年冬十月萬象神宫側有檉松樹皆變爲
柏
又曰狄仁傑爲大理丞時將軍權善才坐斫昭陵柏樹仁
傑奏其罪免職高宗怒令誅之仁傑進曰古人假使盜長
陵一杯土陛下何以加之今陛下以昭陵一株栢殺一將
軍千載之後謂陛下爲昔主且不可奉制帝意稍解
孫卿子曰栢經冬而不凋蒙霜而不變可謂得其眞矣
國語曰高山峻原不生草木松柏之地其草不肥
山海經曰三株樹生赤水上其爲樹如栢葉實皆爲珠
又曰白於之山其上多松栢
穆天子傳曰甲申天子升于大北之隥(此太行山)而降休于兩
栢之下(有兩樹也)
東方朔傳曰孝武皇帝時閑居無事燕坐未央前殿天新
雨止朔執戟在殿階獨語上呼問之荅曰殿後栢樹上有鵲
立枯枝上向東鳴上遣視如朔言上問何以知之朔曰以
人事言之風從東方來鵲尾長傍風則蹶必當順風而立
是以知東向鳴也何以知立枯枝上朔曰新雨止生枝滑枯
枝澁是以知立枯枝上大笑
風俗通曰墓上樹栢路頭石虎周禮方相氏入壙毆魍像
魍像好食亡者肝腦人家不能常令方相立於墓側以禁禦之
而魍像畏虎與栢
列士傳曰延陵季子解寶劒帶徐君墓栢樹
洞冥記曰磅山之北有穴穴上有栢昔李少翁於闇陰移
來此穴種此栢已見扶桑三枯海水涸竭帝覺遣人往穴

搖不見其棺唯見赤鸞飛𩿒入雲移栢植於通靈臺
水經曰陘山有鄭祭仲冢(鄭祭仲舊)有一枯柏樹其壓根故株
之上多生稚栢列秀青青望之可喜
從征記曰泰山廟中栢皆三十餘圍俠兩階赤眉常斫一
樹見血而止今斧創猶在
地理志曰華山生文栢
范子計然曰栢枝脂出輔上外價七十中三十下十
漢官儀曰正旦飲栢葉酒上壽
漢武故事曰栢梁臺高二十丈悉以栢香聞數十里
列仙傳曰赤須子好食栢實齒落更生
仙經曰服栢子人長年
三輔黄圖曰漢文帝霸陵不起山陵稠種栢樹
三輔舊事曰漢諸陵皆屬太常又有盜栢者弃市

太山記曰山南有太山廟種栢樹千株大者十五六圍長老傳云漢武所植

三齊記曰堯山祠旁有栢樹枯而復生不知幾世

陳留耆舊傳曰李充喪父父冢側有夜盜斫栢樹者充手刃之

述征記曰栢谷谷名也漢武帝微行所至處長巖竇於栢谷者也谷中無迴車地狹以高原林栢蔭藹窮日殆弗覩陽景也

晉宫閣名曰華林園栢二株

崔寔四民月令曰七月收栢實

列異記曰陳倉人有得異物者其形不類猪亦不似羊衆莫能名二童子曰此爲媼常在地下食死人腦若欲殺之使栢葉插其頭

幽明録曰王丞相見郭景純請爲一卦卦成郭意甚惡云有震厄公能命駕西出數里得一栢樹截如公長置常寢處災可消也王從之數日果震栢木粉碎

任昉述異記曰盧氏縣有盧君古塚塚傍古栢二枝條蔭二百餘步樹文隱起皆龜甲堅如鐵石

嵇康養生論曰麝食栢而香

楚詞曰山中人兮芳杜若飲石泉兮蔭松栢

古歌曰平陵東松栢桐不知何人刼義公

劉越石扶風歌曰南山石嵬嵬松柏何摧摧上枝拂青雲中心十數圍洛陽發中梁松栢竊自悲誰能刻鏤此公輸與魯班被之用丹漆薰用蘇合香本自南山栢今爲宫殿梁

槐

周禮曰朝士掌三槐三公位焉（鄭玄曰槐之言懷言來人也）

又曰司烜氏掌冬取槐檀之火

左傳曰趙宣子驟諫公患之使鉏麑賊之晨往寢門闢矣盛服將朝尚早坐而假寐（不解衣冠而睡）麑退歎曰不忘恭敬民之主也賊民之主不忠弃君之命不信有一於此不如死也觸槐而卒

春秋元命苞曰樹槐聽訟其下（槐之言歸也情見歸實也）

春秋說曰槐木者靈星之精

爾雅曰櫰槐大葉而黑（櫰樹葉大色黑者名爲櫰）守宫槐葉晝聶宵炕（郭璞曰守宫槐晝日聶合而夜布晉繁林祭酒杜行齊說在朗陵縣南有一樹似槐葉晝聚合相著夜則舒布即守宫江東樹與此相反俗因名合昏晝夜異其理箏宵炕音抗聶合也炕張也合晝夜闕也）

五經通義曰士冢樹槐

國語曰董叔將娶於范氏叔向曰盍已乎曰欲爲繫援焉

他日董祁愬之范獻子曰不吾敬也獻子執而紡之於庭槐叔向過之曰子盍爲我請乎叔向曰欲而得之又何請焉（紡懸也）

漢書曰昭帝建始四年山陽社中大槐樹吏人伐斷之其夜復自立如故

晉書曰苻堅僭號自長安至于諸州夾路皆種槐柳百姓歌曰長安大街夾路楊槐下走朱輪上有棲鸞

又曰大司馬府有老槐樹殷仲文對而歎曰此樹婆娑生意盡矣

崔鴻前涼録曰初河右不生楸槐栢漆張駿之世取於秦隴而植之終於皆死而酒泉宫之北隅有槐樹生焉李玄盛著槐樹賦

沈約宋書曰孔子夜夢三槐之間豐沛之邦有赤氣驅車

對楚西北街之見芻兒敵麟傷其左足薪而覆之
梁書曰庾肩吾常服槐實年七十餘目看細字鬚髮皆黑離
亂之際奔于江陵
後周書曰韋孝寬之爲雍州刺史先是路側一里置一土
堠經雨頹毀每須修之自孝寬臨州乃勒部內當堠處植
槐樹代之即免修復行旅又得芘陰文帝後見恠問知之
曰豈得一州獨爾當令天下同之於是令諸州道路一里
種樹一株十里種三樹百里五樹焉
隋書曰高熲字昭玄領新都大監每坐槐樹下以聽事多
不依行列有司伐之特令存之勿去示於後人
又曰士回以孝聞開皇初卒子士雄少質直孝友喪父復
廬於側負土成墳其庭前有一槐樹先甚鬱茂及士雄居
喪樹遂枯死服闋還宅死槐復榮高祖聞之歎其父子至

孝下詔褒揚號其所居爲累德里
唐書曰永崇二年太平公主降駙馬薛紹以萬年縣爲禮
會之所公主輅車自興安門南至宣陽坊之西街夜設燎
炬列焰相屬夾路槐樹多有死者
又曰正元中度支欲取兩京道中槐樹爲薪更栽小樹先
下符牒渭南縣縣尉張造牒曰召伯所憩尚勿剪除先皇
舊遊豈宜斬伐乃止
又曰長慶中虢州刺史蕭祐奏湖城縣永方鄉百姓閻酆
五代同居家內槐一本再生枝葉
管子曰五沃之土其木宜槐
晏子春秋曰齊景公有所愛槐使守令犯槐者刑傷槐者
死有醉而傷槐且加刑焉其女懼而告晏子曰妾恐鄰國
聞之謂君愛槐而殘人可乎晏子入言之公出傷槐之囚
罷其禁
淮南子曰槐之生也入季春五日而兔目十日而鼠耳更
旬而始規二旬葉成（規葉始闚也）
又曰九月官候其樹槐（是月繕修守備故官候樹槐槐懷也取懷近遠也）
又曰老槐生火
又曰槐市學也樹以青槐燧人秋取槐檀之火天之所覆
地之所載六合所包陰陽所照雨露所扶此皆生於父母
所關於一和也父天母地故槐榆與橘柚合而兄弟有廣
與三危通爲一家
抱朴子曰槐子新瓷合泥封之二十餘日其表皮皆爛乃
洗之如大豆日服之此物至補腦早服之令人髮不白而
長生
太公金匱曰武王問太公曰天下神來甚衆恐有識者何
以待之太公曰請樹槐於王門內有益者入無益者距

之
三輔黃圖曰元始四年起明堂辟雍爲博士舍三十區爲
會市但列槐樹數百行諸生朔望會此市各持其郡所出
物及經書相與賣買雍雍揖讓論議槐下侃侃誾誾也（事具禮部學校篇）
焦贛易林家人之乾曰千歲槐身多斧斤
汝南先賢傳曰新蔡鄭敬字子都爲郡功曹都尉高懿廳
事前有槐樹有露類甘露者懿問掾屬皆言是甘露敬獨
曰明府政未能致甘露但樹汁耳懿不悅託疾而去
楊衒之洛陽伽藍記曰孝昌年廣陵王元淵初除儀同三
司總衆北討葛榮夜夢着衮衣倚槐樹立以爲吉徵問於
楊元慎元慎曰三公之祥淵甚悅之元慎退還告人曰廣

陵死矣槐字木傍鬼死後當得三公廣陵果爲葛榮所殺追贈司徒公然如其言

太平御覽卷第九百五十四

太平御覽卷第九百五十五

木部四

桑

易曰其亡其亡繫于苞桑苞桑蘩生桑也

書曰青州厥篚檿絲孔安國曰檿桑蠶絲中琴瑟絃檿於琰切

又曰伊陟相大戊亳有祥桑穀共生於朝妖怪也二木合七日大拱不恭罰

詩曰桑之未落其葉沃若桑女功之所起沃若猶沃然于鳩兮無食桑甚桑之落矣其黃而隕

又曰交交黃鳥止于桑

又曰星言夙駕說于桑田教民稼穡務農急也

又曰女執懿筐爰求柔桑柔桑穉桑也

又曰蠶月條桑條桑枝落採其葉也

又曰猗彼女桑女桑少枝長條不枝落者束而採之

又曰肅肅鴇行集于苞桑

又曰將仲子兮無踰我牆無折我樹桑

又曰隰桑有阿其葉有難阿然美貌也難然盛貌也有以利人也箋云隰中之桑條之阿阿然長美其葉又茂盛可庇廕人興者喻時賢人君子不用而處有畜養之得既見君子其樂如何

禮記曰季春之月命野虞無伐桑柘

又曰古者天子諸侯必有公桑蠶室近川而爲之

左傳曰晉重耳及齊桓公妻之有馬二十乘公子欲安之從者以爲不可將行謀於桑下蠶妾在其上以告姜氏姜氏殺之

又宣上曰趙宣子田於首山舍於翳桑田獵也翳桑桑之多蔭翳者也見靈輒餓問其病應之曰不食三日矣食之捨其半問之曰宦三年矣未知母之存否今近焉去家近也請以遺之使盡之而爲之簞食與肉簞笥寘諸槖以與之既而與爲公介靈輒爲公甲也倒戟以禦公徒而免問其故曰翳桑之餓人也問其名居問所居也不告而退

春秋元命苞曰姜嫄遊閟宮其地扶桑履大人迹生稷扶桑日所出也

春秋孔演圖曰孔子母徵在遊大冢之陂睡夢黑帝使請已往夢交語女乳必於空桑之中覺則若感生立於空桑之中乳生

爾雅曰女桑桋桑郭璞注曰俗呼小桑長條者爲女桑樹桋音荑又音夷檿烏點切桑山桑詩曰其檿其柘林中弓也桑柳醜條阿那垂條也

史記曰齊魯千畝桑其人與千戶侯等

又曰吳公子光伐楚拔居巢鍾離初楚邊邑卑梁氏之處

女與吳邊邑之女爭桑二女家怒相滅兩邊邑長聞之怒而相攻滅吳之邊邑吳王怒故遂伐楚

漢書曰息夫躬免官歸國未有第宅寄居丘亭姦人以爲侯家富常夜守之賈惠恐往過躬教以祝盜方以桑東南枝爲七畫北斗七星其上躬夜自被髮立中庭向北斗持匕招指祝盜人有上書言躬懷怨恨繫雒陽詔獄死

東觀漢記曰蔡君仲汝南人王莽亂人相食君仲取桑椹赤黑異器賊問所以君仲云黑與母赤自食賊義之遺鹽二斗受而不食

謝承後漢書曰陳留申屠蟠恥郡無處士遂閉門養志處蓬室依大桑樹以爲棟梁

又曰河內高弘爲瑯琊相妻子不歷官舍桑杯盛漿

又曰汝南尹昆爲汝陰功曹令新到官問曰園中有桑以

飯蠶何如昆曰非初政所務令嘉其言
又曰張湛爲漁陽太守勸民耕種百姓歌曰桑無附枝麥穗兩岐張君爲政樂不可支
又曰陳曄爲巫令有惠政桑　生二萬餘株民以爲給
魏略曰楊沛爲新鄭長課民益蓄桑椹豋豆積浸得千餘斛太祖遷天子軍無粮沛乃進乾椹後爲鄴令賜其生口十人絹百疋以報乾椹也
蜀志曰先主舍東南角籬上有桑樹生高丈餘遥望童童如小車蓋往來者皆怪此樹非凡或謂當出貴人先主少時銅中諸兒於樹下戲言吾必當乘此羽葆車蓋
晉書曰賈后將廢愍懷太子時有桑生於西廂長數日而枯十二月后廢太子
又曰劉驎之尚書質素好道車騎將軍桓冲聞名辟爲長史固辭冲嘗到其家驎之於樹條桑使者致命驎之曰使君既枉駕光臨宜先詣家君冲愧詣其父
又載記曰北燕馮跋下書曰今疆宇無虞百姓寧業而田畝荒穢有司不隨時督察欲令家給人足不亦難乎桑柘之益有生之本此土少桑人未見其利可令百姓人植桑一百二十根
崔鴻前凉録曰張天錫爲苻堅破後歸晉孝武帝問之曰北方何物爲美錫對曰桑椹甘香鴟鴞革響淳酪養性人無嫉心
崔鴻十六國春秋後燕録曰初晃之遷于龍城也植松爲社主及秦滅燕大風吹拔之後數年社處忽有桑二根生焉先是遼川無桑及廆通于晉　晉求種江南平川之桑悉由吳來

平九百五十五　三　長

齊書曰太祖宅在武進宅南有桑樹擢本三丈横出四枝狀如車蓋上年數歲遊其下從兄敬宗謂曰此樹爲汝生也
又曰沈瑀爲建德令教人一丁種十五株桑四株柿栗女丁半之人咸歡悦頃之成林
又曰韓係伯襄陽人也事父母孝謹襄陽土俗鄰居種桑樹於界上爲誌係伯以桑枝蔭妨他邊界上開數尺鄰畔隨侵之係伯輙更改種又鄰人慙愧還所侵地躬往謝之
又曰扶桑國在漢國東二萬餘里地在中國之東其土多扶桑木故以爲名扶桑似桐初生如笋國人食之實如梨而赤績其皮爲布以爲衣亦以爲錦以扶桑皮爲紙
三國典略曰　宋子仙召吴令沈景令掌書記景固辭以疾子仙怒命斬之景解衣就戮礙於路間桑樹乃更牽往他處或救之獲免
又曰齊長廣郡廳事桑木忽作人像太守惡而刷去之明日復出鄉人伐枯桑樹於中得死龍長尺餘識者以爲長廣齊太上主太封也齊氏木得龍爲吉象木枯龍死非吉徵焉
隋書曰齊河清中定令一丁給永業二十畝爲桑田其中種桑五十根榆三根棗五根土不宜桑者給麻田如桑田法
唐書曰李龍譽居家以儉約自處每謂子孫曰吾性不好貨財遂至貧乏然吾近京城有賜田十頃耕之可以充食桑若干根株之可以充衣
家語曰殷太戊之時道缺法圮以致天　孽桑穀生朝七日大拱占者曰桑穀野木而生于朝意者朝亡乎太戊恐駭側身修德

平九百五十五　四

范子計然曰：桑葉出三輔。

列子曰：晉文公會欲伐衛，公子鉏仰而笑。公問何笑，曰：臣笑鄰人有送妻適私家者，道見桑婦，悅而與言，然顧視其妻，亦有招之者。臣竊笑此也。公寤其言，乃止，引師還。未至而有伐其北鄙者。

孟子曰：孟子謂梁惠王曰：五畝之宅，樹之以桑，五十者可以衣帛矣。

孫卿子曰：孔子適楚，於陳蔡之間，七日不食。曰：居不隱者思不生，身不佚者志不廣。汝庸知吾不得之桑落之

韓子曰：子產開畝樹桑，鄭人謗訾。

鄒子曰：季夏取桑柘之火。

呂氏春秋曰：伊尹之母居伊水上，孕，夢有神告之曰：臼出水而東走，無顧。明日視臼中出水，告其鄰，東走，顧其邑盡為水，身因化為桑。有莘氏採桑，得嬰兒於桑之中，獻之於君。君命乳之，命之曰伊尹。

又曰：季春之月也，命野虞毋伐桑柘，（野虞主林官也。桑與柘皆可養蠶，故命其官使民不得斫伐。）鳴鳩拂其羽，戴勝降於桑。

淮南子曰：原蠶一歲再登，非不利也，（登，成也。）然王法禁之者，為其殘桑也。（殘，害也。）

又曰：扶桑在暘州，日所拂。（此東方十日所出，扶桑在暘谷中，九日無下枝，一日君上枝也。）

山海經曰：宣山上有桑，大五十尺，圍五丈，其枝四衢，（枝交四出。）葉大尺，赤理，青葉，名曰帝女之桑。（郭璞曰：婦人主蠶，故以名為桑。）

又曰：東北海外圓丘南有三桑，無枝，皆高万仞。

又曰：暘谷上有扶木，（郭璞曰：扶桑。）十日所浴。

穆天子傳曰：甲寅，天子作居范宮，（范，離宮別名。）以觀桑者，（詩曰：桑者閑閑兮。）乃飲于桑中，（桑林之中。）天子命桑虞，（主桑者也。）出桑者，用禁暴民。（不得令妄斫犯桑也。）

○神異經曰：東方有樹焉，高八十尺，敷張自輔，葉長一丈，廣六七尺，曰扶桑。有椹焉，長三尺五寸。

任昉述異記曰：桓冲為江州刺史，遣人周行廬山，冀覩靈異。陟崇巘，有一湖，匝生桑樹，湖有敗艑赤鱗魚，使者渴極，欲往飲水，赤鱗張鬐向之，使者不敢飲。

列女傳曰：魯秋胡子納妻五日而官於陳，後歸，未至家，見路傍有美婦人方採桑，秋胡悅之，下車顧託桑陰下。婦人採桑不輟。秋胡曰：力田不如逢年，力桑不如見郎，今吾有金，願與夫人。婦人不受。胡乃歸，母呼其婦，乃向採桑者也。數胡之罪而自投于河。

又曰：齊宿瘤女者，齊東郭採桑之女，項有大瘤。閔王遊至東郭，百姓盡觀，獨瘤女採桑如故。王怪，召問之。對曰：受父母教採桑，不受教觀大王。王曰：此奇女。悅，娉迎之。

又曰：東辨女者，陳國採桑之女也。晉大夫解居甫使於宋，（解居甫，宋大夫。）道過陳，遇採桑之女，止而戲之，曰：女為我歌，吾將捨女。（捨，置不留女也。）採桑女乃歌曰：墓門有棘，斧以斯之。夫也不良，國人知之。

益部耆舊傳曰：何祗夢桑生井之中，解桑字四十八，君壽恐不可過此。祗四十八而卒。

荊州先賢傳曰：龐士元師事司馬德操，不矜小名，眾莫知之。德操蠶月躬採桑後園，士元助之，因與談斷世廢興，其言若神，遂移日忘食，德操於是異之。

甄異傳曰：沛國張伯遠年十歲時病亡，見泰山下有十餘小兒共推一大車，車高數丈，伯遠亦推之。時天風暴起，揚塵，伯遠因桑枝而住，聞呼聲使歸，遂蘇，髮中皆有沙塵。後年大至泰山，識桑如死時所見。

十洲記曰扶桑在碧海中上有天帝宮東王公所治有椹樹長數千丈二千圍兩兩同根更相依倚故曰扶桑仙人食其椹椹體作金色其樹雖大椹如中夏桑椹也稀而色赤九千歲一生實耳味甘香

玄中記曰天下之高者扶桑無枝木焉上至天盤蜿而下屈通三泉

括地圖曰化民食桑二十七年化而自裹九年生翼十年而死

石虎鄴中記曰辛梓苑中盡種桑三月三日及蠶時虎皇后將宮人數千出采桑游戲其下

氾勝之書曰種桑五月取椹著水中濯洒取子陰乾之好治肥田十畝荒久不耕者先好耕治之黍椹子各三升合和種之黍桑當俱生鋤之桑令稀疏調適黍熟獲之桑生正與黍高平因以利鐮摩地刈之曝令燥後有風調

放火燒之常逆起火桑至春生一畝食三箔蠶

神仙傳曰麻姑謂王方平云吾見東海三爲桑田

本草經曰桑根旁行出土上者名伏蛇治心痛

神農本草曰桑根白皮是今桑樹根上白皮常以四月採或採無時出見地上名馬領勿取毒殺人

典術曰桑木者箕星之精

楚辭曰衣攝葉以儲與兮（攝葉儲與不舒展之貌）左袪挂於扶桑（袪袖也言己衣服長大攝葉儲與不得舒展得能弘廣不得施用東行則左袖挂於扶桑西行不伏）右衽拂於不周兮六合不足以肆行

又曰路室女之方桑（路室客室）孔子過之以自待（言孔子出過於客舍其女方採桑一心不視喜貞信故以自待）

古詩曰枯桑知天風海水知天寒

繁欽桑賦曰上似華蓋紫極比形下象鳳闕萬楹一盈

陸機桑賦曰初世祖武皇帝爲中壘將軍植桑一株世更三代年漸三紀緑葉興而盈尺崇條曼而增尋

曹植艷歌曰出自薊北門遥望胡地桑枝枝自相植葉葉自相當

太平御覽卷第九百五十五

太平御覽卷第九百五十六

木部五

榆　桐　楊柳上

榆

毛詩曰東門之枌疾亂也幽公荒淫男女棄其舊業亟會於道路歌舞於市井爾東門之枌（枌白榆也）宛丘之栩子仲之子婆娑其下

又山有樞曰山有樞隰有榆

毛詩義疏曰駮馬梓榆也駮犖（吕角切）遥視似駮馬

周禮秋官曰烜氏四時變國火春取榆柳之火

禮記内則曰堇荁枌榆免薨滫瀡以滑之（榆白曰枌）

春秋元命苞曰三月榆莢落

春秋運斗樞曰玉衡星散爲榆

爾雅曰藲荎（音歐迭郭璞曰詩云山有樞今之刺榆）無枯其實荑（枯榆也生山中葉圓而厚剝皮合漬之其味辛香所謂蕪荑也）

說文曰榆白枌也梗山枌榆有刺莢可以爲蕪荑

史記曰凡望雲氣平望在榆上下千餘二千里也

漢書曰高祖禱豐枌榆社（張晏曰枌榆社在豐東北三十里或曰枌榆鄉名也高祖里社也）

又天文志曰成帝河平元年旱傷麥民食榆皮

又循吏傳曰龔遂爲渤海太守勸民務農桑令口種一樹榆

魏志曰鄭渾爲魏郡太守百姓乏材木乃課種榆爲籬

後魏書曰太祖道武皇帝諱珪七月七日生三合陂北明年有榆生於埋胎處遂成林

又曰桓帝曾中蠱歐吐之地乃生榆木

趙書曰從幽州大道濤沱造浮橋植行榆五十里置行宫

管子曰五沃之土其榆條長

莊子曰鵲上高城之垝而巢於高榆之顛城壞巢折凌風而起故君子之居世也得時則義行失時則鵲起

淮南萬畢術曰八月榆檽（音而）令人不飢（注曰以美酒漬榆檽曝乾以清梁米紫莧實蒸令相合欲不食者三指撮酒以服之即不飢耳）

韓詩外傳曰楚莊王將伐晉曰敢諫者死孫叔敖進諫曰臣園中有榆榆上有蟬蟬方奮翼悲鳴飲清露不知螳蜋之在後曲頸欲食之螳蜋方欲食蟬不知黄雀在後舉頭而欲啄之黄雀食螳蜋不知童子挾彈在榆下欲彈之童子方彈黄雀不知在前有深坑後有掘株也楚乃息伐

桓譚新論曰劉子駿信方士虚言爲神仙可學余見其庭下大榆樹久而剝折指謂曰彼樹無情欲猶朽蠹人雖欲愛養何能使之不衰

博物志曰食枌榆則眠不欲覺

晉宫闕名曰華林園榆十九株

雜五行書曰舍北種榆九株蠶大得

廣志曰有姑榆有郎榆郎榆無莢材又任車用至善青瓷者出渤海東先以供宫

石虎鄴中記曰襄國鄴路千里之中夾道種榆盛暑之月人行其下

鄒子曰春取榆柳之火

范子計然曰蕪荑出地赤心者善

氾勝之書曰種禾無期因地爲時三月榆莢雨時高地强土可種禾

崔寔四民月令曰二月榆莢成者收乾以爲醬隨節早晚

勿失其適

夢書曰榆爲人君德至仁也夢採榆葉受賜恩也夢居樹上得貴官也夢其葉滋茂福祿存也

古樂府詩曰天上何所有歷歷種白榆

應璩與龐惠恭書曰見所上利民之術殖濟南之榆栽漢中之漆

嵇康養生論曰豆令人重榆令人瞑愚智所知也

桐

易緯曰桐枝濡毳而又空中難成易傷須成氣而後華

尚書禹貢曰嶧陽孤桐（嶧山之陽特生桐中爲琴瑟）

毛詩卷阿曰梧桐生矣于彼高崗（梧桐柔木也）

又定之方中曰樹之榛栗椅桐梓漆爰伐琴瑟

詩義疏曰梓實桐皮曰椅今民云梧桐也有青桐白桐赤桐白桐宜琴瑟今雲南牂牁人績以爲布

禮記月令曰清明之日桐始華（周書曰不始華歲有大寒）

禮斗威儀曰君乘火而王其政平梧桐爲常生

爾雅曰櫬梧也（今梧桐）榮桐木（即梧桐）

後漢書曰蔡邕泰山行見爨桐聞爆聲曰此良木也取而爲琴

齊書曰豫章王於邸起山列種桐竹號爲桐山武帝幸之置酒爲樂

管子曰五沃之土其木宜桐

莊子曰外乎子之神勞乎子之精倚樹而吟據梧而瞑（神不休於性分之內則外矣精不正於自足之極則勞矣故行則倚樹而吟坐則據梧而瞑言有情者之自困）

又曰鵷鶵發南海而飛到北海非梧桐不止非竹實不食

又曰空門來風桐乳致巢（司馬彪注曰門戶空風喜投之桐子似乳著葉而生鳥喜巢之）

孟子曰今有場師舍其梧檟養其樲（音二）棘則爲賤場師矣（棄大取小）

呂氏春秋曰成王與唐叔虞燕居援桐葉以爲珪曰以此封汝虞喜以告周公周公請封虞成王曰余與虞戲也周公曰臣聞之天子無戲言於是遂封叔虞於晉

淮南子曰智有所不足故桐不可以爲弩

又曰夫以巨斧擊桐薪不待利時良日而後破之加巨斧桐薪之上而無人力之奉雖順招搖挾刑德（招搖斗杓也刑十二辰德十日也）而弗能破者以其無勢也

淮南萬畢術曰桐木成雲（取十石瓦甕滿中水置桐甕中蓋之三四日氣如雲作）

董仲舒請雨書曰秋以桐魚九枚

風俗通曰梧桐生於嶧山陽巖石之上採東南孫枝爲琴聲甚清雅

遁甲經曰梧桐不生則九州異（梧桐以知日月正閏生十二葉一邊有六葉從下數一葉爲一月至上十二葉有閏十三葉小餘者視之則知閏何月也不生九州各異君天下不同也）

王逸子曰木有扶桑梧桐松柏皆受氣淳矣異於群類者也

秦記曰初長安謠云鳳凰（鳳凰止阿）房苻堅遂於阿房城植桐數萬株以待之至是慕容冲入阿房城而止焉冲小字鳳凰

廣志曰梧桐有白者剽國有白桐木其葉有白毳取其毳淹漬緝績織以爲布

遊名山志曰吹臺有高桐皆百圍嶧陽孤桐方此爲劣

鄒山記曰鄒山古之嶧山魯穆公改爲鄒今鄒山嶧陽猶多桐樹

齊地記曰城北十五里有梧臺即梧宮也

論衡曰李子長爲政欲知囚情以梧桐爲之象囚形乃鑿地爲埳卧木囚其中曰罪若正木囚不動若有寃木囚動出人之精誠着木人也

華陽國志曰益州有梧桐木其華絲如絲人績以爲布名曰華布

沈懷遠南越志曰青桐華頗似木綿而輝重過之

晉宫闕名曰華林園青白桐三株

伏侯古今注曰昭帝元鳳三年馮翊人獻桐枝長六尺九枝枝一葉

異苑曰晉武帝世吳郡臨平岸崩出一石鼓打之無聲以問張華華云可取蜀中桐材刻作魚形扣之則鳴矣於是如言音聞數十里

又曰句章吳平門前忽生一株青桐樹上有謡歌之聲平

惡而斫殺平隨軍北征首尾三載死桐欻自還立於故根之上又聞樹巔空中歌曰死樹今更青吳平尋當歸適聞殺此樹已復有光輝平尋歸如鬼謡

祖台之志怪曰奮保至櫃立塢上北樓宿暮鼓二中有人着黄練單衣白帢將人持炬火上樓保懼藏壁中須臾有二婢上使婢迎一女子上與白帢人入帳中宿未明白帢人輙先去如是四五宿後向晨白帢人變去保因入帳中持女子問向去者誰荅曰桐侯郎道東桐樹廟是至暮鼓二中桐郎來保乃斫取之縛着樓柱明日視之形如人長三尺餘檻送詣丞相渡江未半風浪起桐郎得投入水風波乃息

齊民要術曰梧桐山石間生者爲樂器則鳴

瑞應圖曰王者任用賢良則梧桐生於東廂

桓譚新論曰神農黄帝削桐爲琴

任昉述異記曰梧桐園在吳夫差舊國也一名琴川梧園宫在句容縣傳云吳王別館有楸梧成林焉其梧子可食古樂府云梧宫秋吳王愁是也

崔琦七蠲曰爰有梧桐生于玄谿傳根朽壤託險生危

枚乘七發曰龍門之桐高百尺而無枝中鬱結而輪菌根扶疎以分離

魏明帝猛虎行曰雙桐生空井枝葉自相如通泉漑其根玄雨潤其柯綠葉何務務青條視曲阿

張協七命曰寒山之桐出自太冥含黄鍾以吐幹據蒼岑而孤生

古詩曰井桐棲靈鳳

楊柳上

易大過九二曰枯楊生稊老夫得其女妻

焦贛易林豫之晉曰鵲巢柳樹鳩奪其處任力劣薄天命不祐

毛詩采薇曰昔我往矣楊柳依依（楊柳蒲柳也）

又曰東門之楊刺時也婚姻失時男女多違親迎女猶有不至者也東門之楊其葉牂牂（牂牂然盛貌）

又南山有臺曰南山有桑北山有楊樂只君子邦家之光

又小弁曰菀彼柳斯鳴蜩嘒嘒（柳木茂盛則多蟬）

又曰菀柳刺幽王也暴虐無親而刑罰不中有菀者柳不尚息焉（有菀然柳葉茂盛之柳行路之人豈有不庶幾欲就之止息）

又東方未明曰折柳樊圃（柳弱脆之木樊藩也折以藩圃無益也）

毛詩疏義曰楊之水不流束蒲蒲柳之木二種一種皮正青一種皮紅白可爲箭竿

左傳曰董澤之蒲今人以爲其萑可爲矢
又曰樹杞杞柳也生水旁樹如柳葉麤而白木理微赤今人以爲車轂今其水旁魯國泰山汶水邊路純杞柳也
大戴禮曰正月柳梯梯者發葉也
爾雅曰檉河柳郭璞曰河旁赤莖小楊也旄澤柳生澤中者楊蒲柳詩云楊柳依依傳曰董澤之蒲也
漢書曰上林苑中大柳樹斷卧地一朝起生枝葉有蟲食其葉爲字曰公孫病已立眭孟以爲木下民之象當有廢故之家孫氏從民間受命爲天子者及昭帝崩無嗣大臣迎立昌邑王王即位滛亂失道霍光廢之更立昭帝兄衛太子之孫爲宣帝帝本名病已
晉書曰王恭字孝伯美姿容人多愛悅之或目之曰濯濯如春月柳

又曰嵇康性絕巧而好鍛宅中有一柳樹甚茂乃激水圜之每夏月居其下以鍛東平呂安服康高致每一相思輒千里命駕
又曰太康末京洛爲折楊柳之歌其曲始有兵革苦辛之辭終以禽獲斬截之事是時三楊貴盛而被族滅太后廢黜幽死宮中折楊柳之應也
又桓溫傳曰溫自江陵北伐行經金城見少爲琅邪時所種柳皆已十圍慨然曰木猶如此人何以堪攀枝執條泫然流涕
南史隱逸傳曰陶潛字淵明有高趣宅邊有五柳樹故嘗著五柳先生傳
晉中興書曰陶侃明識過人武昌道上通種楊柳人有竊之殖于家侃見識之問何盜官所種于時以爲神
沈約宋書曰蕭惠開爲少府不得志寺内齋前草香惠開悉鏟除列種白楊人謂之曰白楊丘墓間所植奈何於庭院種之荅曰人生不得志與死人何異其年惠開暴卒
齊書曰王敬則初爲散騎使魏於此館種楊柳後員外郎虞長曜北使還敬則問我昔種楊柳樹今大小長曜曰虜中以爲甘棠

太平御覽卷第九百五十六

太平御覽卷第九百五十七

木部六

楊柳下　桂　杉

楓　豫樟

楊柳下

晉書曰阮孝緒建武末青溪宮東門無故自崩大風拔東宮門外楊樹以問孝緒曰青溪皇家舊宅齊為木東為木位今東門自壞木其衰矣

齊書曰劉悛之為益州刺史獻蜀柳數株條甚長狀若絲縷武帝植於太昌靈和殿前常翫嗟曰此楊柳風流可愛似張緒當時見賞如此

又曰何點性好事聞陸惠曉與張融並宅其間有池池上有二柳樹點歎曰此池便是醴泉此樹便是交讓

隋書曰柳機字當時初機在周與族人文成公昂俱歷顯要及此機昂並為外職楊素時為納言方用事因上賜宴素戲機曰二柳俱摧孤楊獨聳坐者歡笑機竟無言

又曰周初有童謠曰白楊樹頭金雞鳴衹有阿舅無外甥靜帝隋氏之甥既遜位而崩諸舅強盛

又曰渤海公高熲少明敏有器局多涉書史尤善詞令初孩孺時家有柳樹高百許尺亭亭如蓋里中父老曰此家當出貴人

唐書曰司稼卿梁孝仁高宗時監造蓬萊宮於諸庭院列種白楊將軍契苾何力鐵勒之渠率也於宮內縱觀孝仁指白楊云此木易長三數年間宮中可得蔭映何力一無所應但誦古詩白楊多悲風蕭蕭愁殺人意謂此是塚墓間木非宮中所宜種孝仁遽令拔去更樹梧桐

又曰乾元中虢州刺史王奇光奏閿鄉縣界女媧墳天寶十三載大雨晦暝失所在至今河上側近忽聞雷風聲曉見墳踴出上有雙柳樹下有巨石柳各高丈餘畫圖進上以示百官

又曰呂渭為禮部侍郎中書省有柳樹建中末枯死興元元年車駕還京其樹再榮人謂之瑞柳以為賦題上聞而惡之渭因入閤遺失請託文記遂出為潭州刺史

又曰吐蕃土風寒苦物產貧薄所部邏娑川唯有楊柳人以為資更無草木

又曰范希朝鎮振武單于城中舊少樹希朝於他處市柳子命軍人種之至今成林居人賴之

春秋後語曰魏哀王以田需為相（需繻音）甚貴信之惠子謂田需曰子必善事左右今夫樹楊橫之則生折而樹之又生（戰國策曰夫楊橫樹之亦生倒樹之亦生說不同故存之也）倒然使十人樹楊一人拔之則無生楊矣夫以十人之衆樹易生之物不勝一人拔者何也樹之難去之易今子雖自樹於王而欲去子者衆則必危矣（又戰國策）

戰國策曰楚有養由基者善射楊葉百步而射之百發百中

管子曰五沃之土宜柳

莊子曰支離叔觀於冥伯之丘崑崙之墟黃帝之所休俄而柳生其左肘

孟子謂告子曰性猶杞柳義猶杯棬（丘負）

許慎淮南子注曰展禽之家有柳樹身行惠德因號柳下惠一曰邑名

抱朴子曰夫木槿楊柳斷殖之更生倒之亦生橫之亦生

生之易者莫若斯木

山海經曰鹿山之西有谷焉名均羅谷其木多柳鳳伯之山熊山直陵之山木多柳平丘山爰有楊柳沃民之國有白柳

崔豹古今注曰白楊葉圓青楊葉長柳葉亦長細移(睛題切)楊圓葉弱帶微風則大摇一名高飛一曰獨摇蒲柳生水邊葉似青楊亦曰蒲楊亦曰移柳亦曰蒲移焉水楊即蒲楊也枝勁韌(音刃)任矢用又有赤楊霜降則葉赤林理亦赤也

說文曰楊蒲柳也從木易聲檉河柳也從木聖聲柳小楊也從木丣聲

續搜神記曰上虞魏全家在縣北忽有一人着孝服皂笠手巾掩口來詣全家語云君有錢一千萬銅器亦如之大

柳樹錢在其下取錢當得耳於君家大不吉僕尋爲君取於此便去自你出三十年遂不復來全亦不取錢

盛弘之荆州記曰緣城堤邊悉植細柳絲條散風清陰交陌

三齊略記曰㽵城東南有蒲臺高八丈始皇所頓處在臺下縈馬至今蒲生猶縈似水楊而堪爲箭

孔氏志怪曰會稽盛逸常晨興路未有行人見門內柳樹上有一人長二尺餘朱衣冠冕俯以舌舐樹葉上露良久忽見逸神意如有驚遽即隱不見

世說曰顧悅之與晉簡文帝同年悅之早白帝問卿何以先老對曰蒲柳之姿望秋而落松栢之質隆冬轉茂

廣五行記曰周宣帝大定二年永州得白石剖而爲兩段中有楊樹之形黄根紫葉

廣志曰白楊一名高飛木葉大於柳

崔寔四民月令曰三月三日以及上除採柳絮柳絮愈瘡

本草經曰柳華一名柳絮

夢書曰楊爲使者

魏文帝柳賦曰昔上與袁紹戰於官渡是時余始植斯柳在余年之二七植斯柳乎中庭始圍寸而高尺今連拱而九成

曹植柳頌曰余以閑暇駕言出遊過友人楊德祖之家視其屋宇寥廓庭中有一柳樹戲刋其枝葉故著斯文

桂

爾雅曰梫(音侵)木桂(今南人呼桂皮厚者爲木桂桂樹葉似枇杷而大白花花而不著子叢生巖嶺枝葉冬夏長青間無雜木)

禮斗威儀曰君乘金而王其政訟平芳桂常生

春秋運斗樞曰椒桂生合剛陽(椒桂陽星之精所生也合猶連體而生也)

春秋潛潭巴曰宮桂鳴下土諸侯號有聲(桂好木植於宮中猶天子封有聲譽者爲諸侯今乃鳴是乃成其聲名於下土之祥)

山海經曰招摇之山臨乎西海其上多桂(桂長丈餘味辛)皐塗之山上多桂木桂林八樹在賁隅東(八樹成林言其大也)

春秋後語曰蘇秦在楚三年乃得見談卒辭行威王曰寡人聞先生若聞古人今先生不遠千里而臨寡人曾不肯留願聞其說蘇秦對曰楚國之食貴於玉薪貴於桂謁者難得見於鬼王難得見於帝今令臣食玉炊桂因鬼見帝何事不去威王曰先生就舍寡人聞命矣

漢書陸賈傳曰尉佗獻桂蠹二器(桂樹蠹蟲也)

晉書曰郤詵遷雍州刺史武帝於東堂會送問詵曰卿自以爲何如詵對曰臣舉賢良對策爲天下第一猶桂林之

一枝崑山之片玉

唐書曰垂拱四年三月有月桂子降於台州經十餘日乃止

又曰南中有泉流出山洞常帶桂葉好事因謂爲流桂泉後人乃立棟宇爲漢高之神

莊子曰桂可食故斧伐之

抱朴子曰桂可以葱涕合蒸作水可以竹瀝合餌之亦可以先知　君腦和服之七年能步行水上長生不死

淮南子曰月中有桂樹

郭子横洞冥記曰武帝使董謁乘琅霞之輦以昇壇至三更西王母駕玄鸞之輿至壇之四面列種軟條青桂風至枝自拂階上遊塵

尋陽記曰廬山上有三石梁長數十丈廣不盈尺杳然無底吴猛將弟子登山過此梁見一翁坐桂樹下以玉杯承甘露漿與猛

廣志曰桂出合浦而生必以高山之巔冬夏常青類自爲林間無雜樹交阯置桂園

列仙傳曰范蠡好食桂賣藥世人往往見之

神仙傳曰離婁公服竹汁餌桂得仙許由巢父箕山得石丹沙石桂英服之

闕子曰魯人有好釣者以桂爲餌黄金爲鉤

拾遺記曰岱輿一名浮折北有玉梁千丈駕玄流之上岸旁有丹桂黑紫白可爲舟

世說曰客問陳季方曰君家有何功徳而荷天下重名曰吾家君譬如桂樹生泰山之阿上有萬仞之高下有不測之深上爲甘露所霑下爲川泉所潤當斯之時樹焉知太山之高川泉之深不知有功徳與

金樓子曰夫翠飾羽而體分象美牙而身喪蚌懷珠而致剖蘭含香而遭焚膏以明而遂煎桂以蠹而成疾

羅浮山記曰羅山頂有桂山海經所謂賁隅之桂賁隅番隅也

臨海記曰白石之山望之如雪山有湖傳云金鵝之所集八桂之所植

說文曰桂江南之木百藥之長

地理記曰桂陽郡有桂嶺放花遍白林嶺盡香

又曰天台山有八桂嶺㯳

漢武帝悼李夫人賦曰秋氣潛以悽戾兮桂枝落而銷亡

漢淮南王安好道感八公共登山攀桂樹安作詩曰攀桂樹兮聊淹留

唐景龍文館記曰薰風殿其材木皆用青桂白檀香氛氤氲盈於四遠

杉

爾雅曰披音彼粘粘或作杉似松生江南可以爲船及棺材作柱埋之不腐也

晉咸康起居注曰侍御史秦武奏平陵前道東杉樹一株枯死以栢栽補之請収陵令推劾

西京雜記曰太液池中有小池名孤樹池池中有一洲洲上有杉樹一株十餘圍望之如車蓋故取名之

鄧德明南康記曰廬山有漢太傅陳蕃墓遥望兩杉樹聳柯出嶺垂陰覆谷

劉欣期交州記曰合浦東二百里有一杉樹葉落隨風入洛陽城内漢時善相者云此休徴當出王者故遣千人伐樹役夫多死三百人坐斷株上食過足相容

名山志曰華子崗上杉千仞被在崖側

楓

爾雅曰楓攝攝之葉反天風則鳴故曰攝又樹似白楊葉圓而岐有脂而香今之楓香是

後周書曰武帝天和元年秋七月辛丑梁州上言鳳凰集於楓樹羣鳥列侍以萬數

山海經曰黃帝殺蚩尤弃其械化為楓樹

金樓子曰楓脂千歲為虎魄

名山記曰天姥山上長楓千餘丈蕭蕭臨澗水

晉宮閣名曰華林園楓香三株

南方草木狀曰楓香樹子大如鳥卵二月花色乃連著子八九月熟曝乾可燒唯九眞郡有之

異苑曰烏傷陳氏有女未醮著屐徑上大楓樹顛更危闚顧曰我應為神今便長去唯左蒼右黃當暫歸耳家人悉出見之舉手辭訣於是飄聳輕越極睇乃没既不了蒼黃之意每春輙以蒼狗秋以黃犬設祀於樹下

太九百五十七　七　劉師

任昉述異記曰南中有楓子鬼楓木之老者為人形亦呼為靈楓

嶺表錄異曰楓人嶺多楓樹樹老則有瘤癭忽一夜遇暴雷驟雨其樹贅則暗長三數尺南中謂之楓人越巫去取之雕刻神鬼易致靈驗

離騷招䰟曰湛湛江水上有楓目極千里傷春心

豫章

左傳昭公曰白公作亂殺子西子期子期曰昔者吾以力事君不可不終抉豫章以殺人而後死

陳書曰侯景之平也太極殿被焚承聖中議欲營之獨闕一柱七月有樟木大十八圍長四丈五尺流泊陶家後渚監軍鄒子慶以聞詔尚書令沈衆兼起部尚書構太極殿

莊子曰騰猿得豫章攬蔓而王長於其間便也

淮南子曰藜藿之生蠕蠕然曰加數寸不可以為櫨棟加楣益也楹也櫨楩柟豫章之生也七年而後知故可以為棺舟

高士傳曰堯光聘許由為九州長由惡聞洗耳於河巢父見謂之曰豫章之木生於高山工雖巧而不能得子避世何不藏深

地理志曰豫章郡城南有樟樹長數十丈立郡因以為名至晉永嘉年間尚茂

廣志曰豫章生七年外始辨九木似豫章故待七年當分別

神異經曰東方有豫章樹高千丈有士操斧行斫行合

新語曰賢者之處世猶金石生於沙中豫章產於幽谷

水經曰豫章城之南西門曰松楊門門內有樟樹高七丈五尺大二十五圍枝葉扶疏垂蔭數畝

太九百五十七　八　劉師

應劭漢官儀曰豫章郡樹生庭中故以名郡矣此樹常中枯遠晉永嘉中一旦更茂豐蔚如初咸以為中宗之徵祥也

豫章記曰新淦縣封谿有聶友所用樟木栽柯者遂生為樹今猶存其木合抱始倒植之今枝條皆垂下

任昉述異記曰豫章之為木也生七年而後可知

漢武寶鼎二年立豫樟宮於昆明池中作豫樟木殿

太平御覽卷第九百五十七

太平御覽卷第九百五十八

木部七

楠　檜　柞
檀　柘　杞
梓　楸　樅
椒　木蘭　夜合
甘棠　欂　櫟
橡

楠

尋陽記曰黃金山有楠樹一年東邊榮西邊枯後年西邊榮東邊枯年年如此張華云交讓樹者此是也

檜

爾雅曰檜栢葉松身

尚書禹貢曰杶幹栝栢栢葉松身曰栝

毛詩竹竿曰檜楫松舟檜栢葉松身檝所以擢舟也

柞

爾雅曰栩杼柞樹也

毛詩車舝曰陟彼高岡析其柞薪析其柞薪其葉湑兮

又曰維柞之枝其葉蓬蓬疏曰栩今柞櫟為斗可以染皂今俗及河內云杼斗或橡斗

陸機毛詩疏義曰芃芃棫樸爾雅曰棫白桵注音蕤三倉說棫即柞也其材理純白無赤心為白桵直理易破故可為櫝車軸又可為矛戟鐓

西京雜記曰五柞宮有五柞樹皆連抱五株樹枝覆蔭數十畝

崔豹古今注曰槃木出交州林邑國也色黑而有文亦謂之文木

周處風土記曰舊說舜葬上虞又記云耕于歷山而始寧剡二縣界上舜所耕田在於山下山多柞樹吳越之間名柞為櫪故曰歷山

檀

毛詩將仲子曰將仲子兮無踰我園無折我樹檀檀彊忍之木

又曰伐檀刺貪也在位貪鄙無功而受祿君子不得進仕爾坎坎伐檀兮寘之河之干兮

聖賢冢墓記曰孔子墓有檀樹

柘

禮記月令曰季春無伐桑柘

又投壺曰矢以柘若棘無去其皮

周禮冬官曰弓人辨六材一曰柘

古史考曰烏號弓以柘枝為也

譙周曰野柘枝勁烏集之飛起枝彈之烏乃驚號伐取為弓故稱烏號弓

周書曰季夏取桑柘之火

風俗通曰柘材為弓彈而放快

崔寔四民月令曰柘染色黃赤人君所服黃者中尊赤者南方人君之所向也○雲南記曰會川室屋相次皆是板及茅舍滿川坡盡是花木亦有赤柘

杞

爾雅曰杞枸檵音計今枸杞也

毛詩將仲子曰將仲子兮無伐我樹杞杞木名疏曰狗骨也

又湛露曰湛湛露斯在彼杞棘

左傳昭公曰聲子聘于晉還令尹子木與之語問晉故焉

且曰晉大夫與楚孰賢對曰晉卿不如楚其大夫則賢皆卿材也如杞梓皮革自楚往也雖楚有材晉實用之

周書曰太姒夢梓化爲杞

梓

爾雅曰楰（音俞）鼠梓（楸屬也今江東有虎梓）

毛詩小弁曰惟桑與梓必恭敬止

又定之方中曰樹之榛栗椅桐梓漆

陸機毛詩疏義曰北山有楰爾雅曰楰鼠梓其樹葉木理如楸山楸之異也今人謂之苦楸濕時脆燥而堅今永昌人謂鼠梓漢人謂之楰

禮斗威儀曰君乘火而王其政和平楸梓爲常生

周書曰太姒夢太子發取周廷之梓樹於商闕間化爲松杞

史記曰子胥將死告舍人曰必樹吾墓上以梓梓可爲器而抉吾眼於吳之東門上以觀越兵入吳也

漢書曰元帝初元四年皇后曾祖父濟南平陵王伯墓門梓柱卒生枝葉上出劉向以爲王氏代漢之象

後漢書曰應順爲冀州刺史廉直無私遷東平相賞罰必信吏不敢犯有梓樹生於聽事室上事後母至孝衆以爲孝感之應

說苑曰伯禽與康叔封朝于成王見周公三見而三笞康叔有駭色謂伯禽曰有商子者賢人也與子見之康叔封與伯禽見商子曰吾二子者朝乎成王見周公三見而三笞其說何也商子曰二子盍相與觀乎南山之陽有木焉名曰橋二子者往觀乎南山之陽見橋竦焉實而仰反以告乎商子商子曰橋者父道也商子曰二子盍相與觀乎南山之陰有木焉名曰梓二子者往觀乎南山之陰見梓勃焉實而俯反以告商子曰梓者子道也二子者明日見乎周公入門而趨登堂而跪周公拂其首勞而食之曰安見君子二子對曰見商子周公曰君子哉商子也

樂資春秋後傳曰使者鄭客入函谷至平舒見素車白馬曰吾華山君願以一牘致鎬池君子之咸陽過鎬池見一大梓樹有文石取以扣樹當有應者以書與之鄭客如其言見宮闕如王者居謁者出受書入有頃云今年祖龍死

山海經曰玉山碧山多梓木雞山美梓

孟子曰拱把之桐梓人欲生之皆知所以養之者至於身不知所以養之者豈愛身不若桐梓哉

漢武故事曰衛子夫入宮上曰吾昨夜夢子夫庭中生梓樹數株豈非天乎是日幸之有娠

郭氏玄中記曰秦文公造長安宮面四百里南至終南山山有梓樹大數百圍蔭宮中公惡而伐之連日不剋輒大風雨夜有鬼問梓樹樹曰豈奈吾何鬼曰若使三百人披頭以絲繞樹豈不敗汝樹默然不應明日人上言秦王依此言伐之中有青牛逐之入澧水

豫章記曰松陽門內有大梓樹大四十五圍樹先枯永嘉中一旦忽更榮華太興中元帝果繼大業

楸

爾雅曰槄（音滔）山榎（今之山楸）楸小葉曰榎（音賈）大而皵（音鵲楸老乃皮麤皵者爲楸也）小而皵榎（小而皮麤皵者爲榎）

漢書曰淮北滎南河濟之間千樹楸與千戶侯等

任昉述異記曰吳中有陸家白蓮種顧家班竹趙有韓氏酸棗中山有楸尸（掌楸木者楸可爲什器漢書貨殖志有千樹楸）

樅七容反

爾雅曰樅松葉松身郭璞注云今太廟梁用此木尸子所謂松栢之鼠不知堂室之有美樅

魯連子曰松樅高千仞而無枝非憂王室無柱

椒

春秋運斗樞曰玉衡星散爲椒

援神契曰椒薑禦濕菖蒲益聰

爾雅曰檓音毀大椒也今椒樹叢生實大者名爲檓也椒椴醜菉菉萸子聚生成房貌今江東亦呼菉椒似茱萸而小赤色菉萸音求搜

山海經曰琴鼓之山其木多椒景山多秦椒

毛詩椒聊曰椒聊刺晉昭公也君子見沃之盛彊能脩其政知其蕃衍盛大子孫將有晉國焉椒聊之實蕃衍盈升彼巳之子碩大無朋椒聊椒也

陸機毛詩疏義曰椒聊聊語助也椒樹似茱萸有針刺葉堅而滑澤蜀人作茶吴人作茗皆合煑其葉以爲香今成皐諸近山間謂竹葉椒樹亦如蜀椒小毒熱不中合藥也可着飲食中用蒸雞豚佳香東海諸島上椒樹枝葉皆相似子長而不圓甚香其味似橘皮島上麞鹿食此椒葉其肉自然作橘香也

又東門之枌曰貽我握椒椒芬香也

續漢書曰天竺國出石蜜胡椒黒鹽

孫卿子曰民之親我驩若父母其好我芬若椒蘭

應劭漢官儀曰皇后稱椒房取其實蔓延盈升以椒塗屋亦取其温煖

張璠漢記曰桓帝竇皇后崩中常侍曹節王甫欲以貴人禮葬太尉李固自扶輿起擣椒自隨謂妻子曰若太后不得配桓帝吾不生還矣

魏氏春秋同異曰鍾繇嬖孫子會之母黜嫡夫人文帝命復爲繇妻忿食椒致噤帝乃止

齊書曰建武中王敬則於會稽反奉子恪爲名而子恪奔走未知所在始安王遥光勸上倂誅高武諸子孫於是並勅竟陵王昭冑等六十餘人入永福省令太醫煑椒二斛并命辦數十具棺材謂舍人沈徽孚曰椒熟則一時賜死期三更當殺之會上暫卧主書單景儁啓依旨毙之徽孚堅執曰事須更審爾夕三更子恪徒跣奔至建陽門上聞驚覺曰故當未賜諸侯命耶徽孚以荅上撫床曰遥光幾誤人事及見子恪顧問流涕諸侯悉賜供饌

世說曰石崇以椒爲泥泥屋王君夫以赤石脂泥壁

崔寔四民月令曰正月之旦進酒降神畢室家無大小次坐先祖之前子孫各上椒酒於家長稱觴舉白

范子計然曰蜀椒出武都赤色者善秦椒出隴西天水細者善

風土記曰三香椒欓薑

離騷曰雜申椒與菌桂播椒芳兮成堂布椒於堂上

晉成公綏椒花銘曰嘉哉芳樹載繁其實厥味唯珎蠲除百疾肇惟歲首月正元日以介眉壽祈以初吉

晉劉臻妻陳氏正旦獻椒花頌曰璇穹周迴三朝肇建美哉靈葩爰採爰獻聖容服之永壽於萬

木蘭

漢書曰孝桓帝元嘉元年芝生後庭木蘭上

神仙傳曰北海于君病癩見市賣公姓白問之公云明日木蘭樹下當見卿明日往授素書二卷以消災救病無不愈者

郭子橫洞冥記曰元封三年大秦國獻花蹄牛飴以木蘭之葉使方國貢此葉此牛不甚食食一葉則累月不飢

任昉述異記曰木蘭川在尋陽江中多木蘭樹昔吳王闔閭植木蘭於此用搆宮殿

又曰七里洲中有魯班刻木蘭為舟至今在洲中詩家所云木蘭舟出於此

離騷曰鵷鶵集於木蘭兮

又曰朝飲木蘭之墜露夕飡秋菊之落英

夜合

風土記曰夜合葉晨舒而暮合一名合昏

甘棠

爾雅曰杜甘棠（今之杜梨）杜赤棠白赤棠（棠色赤白各異其名）

毛詩曰甘棠美召伯也蔽芾甘棠勿翦勿伐召伯所茇（思其人愛其樹）

又杕杜曰有杕之杜生于道周（杜赤棠也）

檴

宋春秋曰義熙八年太社檴樹生于壇側檴尚黑也宋水德忽生此一樹

櫟

爾雅曰櫟其實梂（有梂彙自裹）

毛詩晨風曰山有苞櫟（櫟木也）

莊子曰匠石之齊至曲園見櫟社樹曰是不材木故若是之壽

淮南子曰十二月官獄其樹櫟

水經曰若耶溪孤潭上有一櫟樹謝靈運與從弟惠連常遊之作連句題刻樹側

橡

後漢書曰孝愍詔洛陽時歲荒司空張敏司徒魯恭等各遣子饋糧悉無所受徙居新闢下拾橡實以自資（橡櫟實也）

晉書曰摯虞從惠帝至長安及東軍來迎百官奔散遂流離鄠杜之間轉入南山中糧絕飢甚拾橡實而食之

又曰司馬元顯之討桓玄于時楊土飢虛運漕不繼玄斷江路商旅遂絕於是公私匱乏士卒唯給稃橡

說苑曰莒穆公有臣朱厲附事穆公不見識焉冬處於山林食橡栗夏處於洲澤食菱藕穆公以難死朱厲附將往死之其友曰子事君而不見識焉今君難吾子死之意者其不可乎朱厲附曰始我以為君不吾知也今君死而我不死是果不知我也吾將死之以激天下不知其臣者遂往死

淮南子曰高臺增榭接屋連閣非不麗也然而民無窟室狹廬所託於身者則明主不樂也肥醲甘脆非不香美也然而民有糟糠橡栗不接於口者則明主不甘也

抱朴子曰假穀於夷齊之門告寒於黔婁之家所得者不過橡栗縕褐必無太牢之膳衣狐裘矣

太平御覽卷第九百五十八

太平御覽卷第九百五十九

木部八

楛　靈壽　樗

荆　棘・君子

長生　萬年　黄櫱

支子　無患　栟櫚

楛

尚書禹貢曰荆州厥貢惟箘簵楛注曰楛中矢幹皆出雲夢之澤也

毛詩旱麓曰瞻彼旱麓山足也榛楛濟濟

陸機毛詩疏義曰榛楛似荆而赤葉似蓍上黨人篾以為牛筥箱罌又屈以為釵故上黨謂問婦人欲買赭不曰龜中自有黄土買釵不曰山中自有楛

又文賦曰彼榛楛之勿翦亦蒙榮於集翠

靈壽

漢書孔光傳曰賜太師靈壽杖孟康曰扶老杖也服虔曰靈壽木名也似竹有節長不過八九尺

山海經曰廣都之野靈壽實華

樗

爾雅曰栲山樗栲似樗色小白生山中亦類漆樹

毛詩我行其野曰我行其野蔽芾其樗惡木也

陸機毛詩疏義曰蔽芾其樗樗樹及皮皆似漆青色耳其葉臭

莊子惠子曰吾有大樹人謂之樗其本擁腫不中繩墨小枝拳曲不中規矩立之途匠者不顧今子之言大而無用衆所同去莊子曰何不樹於無何有之鄉廣莫之野逍遥乎寢卧其下

風俗通曰嘉平中有兩樗一宿長丈餘作人狀頭目宛然

河洛記曰洛陽北山謂之邙山其上無大樹大業都城之北嶺上有古樗樹不知其來早晚婆娑周迴四五畝已來在伊闕正南相當越公等將建都城之日據此樹以為南北定準嫌樗木名惡號曰婆娑羅樹矣

荆

春秋運斗樞曰玉衡星散為荆

廣雅曰楚荆也牡荆蔓荆也

廣志曰赤莖大實者名曰牡荆又有山荆

毛詩漢廣曰翹翹錯薪言刈其楚楚荆也

又綢繆曰綢繆束楚三星在户

左傳昭公曰伍舉入鄭聲子將如晋遇之於鄭郊班荆相與食而言復故班布也布荆坐地共議之

史記曰廉頗肉袒負荆因賓客至藺相如門謝罪卒與為刎頸之交

漢書曰淮南王安謀反伍被諫曰昔子胥諫吴王云臣今見麋鹿遊姑蘇之臺臣今亦將見宫中生荆棘露沾衣也

東觀漢記曰尹勤治韓詩身牧豕事親至孝無有交遊門生荆棘

後漢書曰鮑永為魯郡太守時董憲别帥彭豐虞休皮常等各千餘人稱將軍不肯下頃之孔子闕里無故荆棘自除從講堂至于里門永異之謂府丞及魯令曰方今危急而闕里自開斯豈夫子欲令太守行禮助吾誅無道耶乃會人衆修鄉射之禮請豐等共會觀視欲因此擒之豐等亦欲圖永乃持牛酒勞饗而潛挾兵器永覺之手格殺豐等擒破黨與帝嘉其略封為關内侯

晉書曰索靖拜酒泉太守惠帝即位賜爵關内侯有先識遠量知天下將亂指洛陽宫門銅駝歎曰會見汝在荊棘中耳

老子曰師之所處荊棘生焉

周景式孝子傳曰古有兄弟忽欲分異出門見三荊同株接葉連陰歎曰木猶欣然聚況我而殊哉遂還爲雍和（一曰田真兄弟）

神仙傳曰吴有徐隨居冉徒左慈過隨門下有宿客車六七乘欺慈云徐公不在慈去客見牛在楊樹杪車轂中皆生荊木長一二丈客懼入報隨隨曰此左公遣追之客逐慈叩頭謝客還見牛在故地無荊木也

顧微廣州記曰撫納縣出金荊

禮引矢圖曰楚焞（士救反）以荊爲之燃以灼正以荊者凡木

平九百五十九　三　任成

心圓荊心方也

地理志曰荊楚本多材因名地焉

廣州記曰白荊堪爲履紫荊堪爲牀

淮南萬畢術曰南山牡荊指病自愈節不相當有月暈時尅之○杜寶大業拾遺録曰五年南方置北景林邑海陰三郡北景在林邑南大海中與海陰接境其地東西一千餘里南北三百餘里海水四絶北去大岸三百餘里或云馬援鑄柱尚存地暑熱多大林木高者數百尋有金荊生於高山峻阜大者十圍盤屈瘤蹙文如美錦色艶於眞金中夏時有於海際得之工人數用甚精妙貴於沉檀

棘

毛詩湛露曰湛湛露斯在彼杞棘

又黄鳥曰交交黄鳥止于棘

又墓門曰墓門有棘斧以斯之

周書曰太姒夢見商之庭産棘

周禮秋官上曰朝士掌建邦外朝之法左九棘孤卿大夫位焉右九棘公侯伯子男位焉（鄭玄曰樹棘以爲位者取其赤心而外刺象以赤心三刺也）

左傳昭公曰豎牛奔齊孟仲之子殺之投其首於寧風之棘上

春秋元命苞曰樹棘聽訟其下者棘赤心有刺言治人者原心不失其赤實也

後漢書曰馮異朝京師引見帝謂公卿曰是我起兵時主簿也爲吾披荊棘定關中

又曰仇覽字季智一名香陳留考城人也時考城令河内王渙政尚嚴猛聞覽以德化人署爲主簿後渙謝遣曰枳棘非鸞鳳所棲百里豈大賢之路今日太學曳長裾飛

太九百五十九　四　成一

名譽皆主簿後耳以一月俸爲資勉卒景行

晉書曰劉琨至并州荊棘成林豺狼滿道琨翦除荊棘收葬枯骸造府朝建市獄寇盜互來掩襲恒以城門爲戰場百姓負楯以耕屬鞬而耨琨撫循勞來甚得物情

又曰祖逖在河南公私豐贍士馬日滋方當推鋒越河掃清冀朔會朝廷將遣戴若思爲都督逖以若思是吴人雖有才望無弘致遠識且已翦荊棘收河南地而若思雍容一旦來統之意甚怏怏

又曰石季龍大饗羣臣於太武殿佛圖澄曰殿乎殿乎棘子成林將壞人衣龍殿石有棘生（冉閔小字棘奴時龍養爲己子）

又曰崔洪請厲骨鯁爲尚書左丞時人爲之語曰叢生棘刺來自博陵在南爲鷂在北爲鷹

又曰顧愷之畫鄰女象以棘針釘之
又曰姚萇符登師於渥源盡俘其衆乃掘符堅屍鞭撻
薦之以棘坎土而埋之
宋書曰袁淑上太祖書曰所謂棲鳥於烈火之上養魚於
叢棘之中
北齊書曰世祖爲後主擇師傅趙彦深進馬敬德入爲侍
講其妻夢猛獸將來向之敬德走超叢棘妻伏地不敢動
敬德占之曰吾當得大官超棘過九卿也爾伏地夫人也
隋書曰流求國居海島之中土人所居曰波羅檀洞塹柵
三重環以流水樹棘爲藩
韓子曰宋人爲燕王以棘刺之端爲沐猴者使王必三月
齋而後觀之右御冶工謂王曰臣聞人主無十日不燕今
王不能久齋故以三月爲期也棘刺至小安可削乎王必

察之王囚而問之果無有乃殺之冶人謂王曰士有虚名
多棘刺之說也
呂氏春秋曰棗棘之有也裘狐　之有也食棘之棗裘狐
之皮先王固用非其有而已有之湯武一日而盡有夏商
之地秦子曰踰枳棘之籬則有絓枉之患登椒桂之圃則
有榮華之芳
陳留耆舊傳曰魏尚被繫詔獄有雀集獄棘上尚占曰吴棘
樹者中心赤外有刺象我言有刺而赤心之至誠
李當藥録曰棘　實是棗針世人用門冬苗代之非其眞
也
廣五行記曰隋文帝開皇末年代州人姓王仕爲驃騎將
軍性好畋獵所殺無數有五男無女後有一女子端正若
畫見者皆奇之父母特加鍾愛鄉里爭爲作好衣而與之
女年七歲一旦失之初疑鄰里戲藏之尋訪終不見者諸
兄遠覓去家三十餘里於棘中見之欲就抱取驚走馬追
不及兄弟以十餘騎圍之而口中唯作兎聲抱歸家不能
言而身體盡棘所傷毋爲挑之得刺盈掬不食而死
唐新語曰呂太一爲户部員外郎户部與吏部鄰司吏部
移牒令墻宇悉立棘以防令史交通太一牒報曰眷彼吏
部銓綜之司當須簡要清通何必堅籬插棘省中賞其
俊拔
楚辭曰甘棠枯於豐草兮藜棘樹於中庭

君子

晉宫閣名曰華林園君子樹三株
廣志曰君子樹似檉松曹爽樹之於庭

長生

洛陽記曰明光殿前有長生木樹二株
鄴中記曰金華殿後有石虎皇后浴室種雙長生樹世謂
之西王母長生樹

萬年

晉宫閣名曰華林園有萬年樹十四株
謝玄暉詩曰風動萬年枝

黄蘗

說文曰蘗黄木也
永嘉郡記曰青田出枯楊所經山路左側木則黄蘗爲林
草便黄連覆地土人往伐黄蘗者皆有酒食禱祀禱祀若
有違失山神意二蘗輙化爲異物不可復得
淮南萬畢術曰蘗令面悅取蘗葉三寸土瓜三枚大棗七枚膏和塗面不得四五日立悅矣先以湯洗面乃傅藥

抱朴子曰：黃櫱芝草者，千歲黃櫱根下有如三斛器，去本株三丈，細根相連，大如縷，末服之盡一丈，則地仙。

支子

漢書貨殖傳曰：卮茜千石，亦比千乘之家。

地鏡圖曰：望氣見人家黃氣者，支子樹也。

晉令曰：諸官有秩支子，守護者置吏一人。

晉宮閣名曰：華林園支子五株。

遊名山志曰：樓石山多支子也。

本草經曰：支子，一名木丹，葉兩頭尖，如樗蒲形，剝其子如靈而黃赤。

葛洪治霍亂轉筋方曰：燒支子二七枚，末服之，立愈。

無患

纂文曰：無患，木名也，一名曰槵。破枝，晝實可去垢。

崔豹古今注曰：程雅問：槵木名曰無患，何也？答曰：昔有神巫曰寔眊，音能以符劾百鬼，得鬼則以此木爲棒，棒殺之。世人相傳此木爲衆鬼所畏，競取此木爲器，以厭却邪魅，故號曰無患。

卞敬宗無患枕讚曰：爰茲素朴，名爲吉姑。匠人斯製，以獻君子。

栟櫚

廣雅曰：栟音并櫚，椶也。

吳志曰：孫權討黃祖，祖橫兩蒙衝，保守沔口，以栟閭大紲繫石爲碇。

齊書曰：高帝討晉安王時，朝廷器甲皆充南討，帝軍容寡闕，乃編椶皮爲馬具裝，折竹爲寄生，夜舉火進軍，賊望見恐懼，未戰而走。

梁書曰：張孝秀性通率，不好浮華，常冠穀皮巾，躡蒲履，手執栟櫚皮麈尾，服寒食散，盛冬臥於石上。

唐書曰：訶陵國在南方海中洲上，竪木爲城，作大屋重閣，以椶櫚皮覆之，王坐其中。

山海經曰：䂨之山，其木多椶。椶樹無枝，高二丈許，葉大而圓，枝生梢頭，實皮相裹，上行一皮者爲一節，可以爲索。

廣志曰：椶一名栟櫚，葉似車輪，乃在樹下，下有皮纏之，附地起二旬一採，轉復上生。

說文曰：椶，一名蒲葵。

吳錄地理志曰：武陵臨沅縣多栟櫚木，生山中。

晉令曰：夷其民守護椶皮者，一身不輸之。

太平御覽卷第九百五十九

太平御覽卷第九百六十

木部九

皁莢

廣志曰雞栖子皁莢也

宋書曰明帝憎婦人妬劉休妻王氏妬帝聞之賜休妾勑王氏二十杖令休於宅後開小店使王氏親賣掃帚皁莢以此辱之

齊書曰明帝每用皁莢授餘濼（曆洛二音）與左右曰此猶堪明日用

又曰王儉素恨虞玩之東歸儉不出送朝廷無祖餞者玩之卒後貞外孔皚詣儉求會稽五官儉方盥投皁角於地曰卿鄉俗惡虞玩之至死煩人

三國典略曰梁元初甘露降荊州皁莢樹

陳書曰梁末童謡云不見馬上郎只見黃塵起黃塵汚人衣皁莢相料理及王僧辯平景羣臣奏高祖曰王僧辯本乘已馬擊侯景馬上郎王字也黃塵陳也世不解皁莢之義及陳滅於隋隋氏姓楊楊者羊也說者以江東人謂羖羊角爲皁莢

神仙傳曰劉綱受老君道成上大皁莢樹飛去入雲

又晉雲仙翁斬皁莢樹以杯承之皆是好酒

洛陽宮殿簿曰建始殿前槐及皁莢二十株

扶南傳曰安息國出酢皁莢可食味最美

幽明録曰曲阿虞晩所居宅内有一皁莢樹大十餘圍高十餘丈枝條扶踈蔭覆數家諸鳥依其上晩令奴斫上枝因墮殆死空中有駡詈者言晩汝何意伐我家居便以瓦石推擲大小並委頓如此一年漸消滅

范子計然曰皁莢出三輔上價一枚一錢

葛洪治溺死方曰擣皁莢裹以綿内死人下部中水出即活

辛夷

本草經曰辛夷一名辛引一名侯桃一名房木

神農本草曰辛夷生漢中魏興凉州川谷中其樹似杜仲樹高一丈餘子似冬桃而小

楚辭曰飲菌若之朝露兮構桂木而爲室（所飲食絜清所更芬香）雜橘柚以爲囿兮列辛夷與椒楨

又曰乘赤豹兮從文貍辛夷車兮結桂旗

茱萸

洞林曰郭璞避難至新息有人以茱萸令璞射之璞曰子如小鈴含玄珠構支言之是茱萸

說文曰椒似茱萸出淮南楊州有茱萸樹

風土記曰茱萸椒也九月九日成熟色赤可採世俗亦以比日折茱萸費長房去以挿頭鬢去辟惡

異苑曰庾紹爲東郡令宗協與紹中表旦服茱萸酒忽見紹來仍求酒執酒杯還置去茱萸氣協去惡之耶紹去上官皆畏况我乎

雜五行書曰舍東種楊茱萸各三株增年益壽除患害

蜀都賦曰其圃則有蒟蒻茱萸

曹植樂府歌曰茱萸自用芳不若桂與蘭

穀

毛詩鶴鳴曰樂彼之園爰有樹檀其下維穀（穀楮也惡木也）

詩義疏曰幽州謂之穀桑或曰楮桑荊楊交廣謂之穀今江南績其皮以爲布又搗以爲紙長數文潔白光澤甚好葉初生可以爲茹

說文曰穀楮也

裴淵廣州記曰蠻夷取穀皮熟搥爲褐裹髻布鋪以擬氈

錢塘記曰靈隱山四布似蓮花中央生穀樹甚高大

韓子曰宋人有爲其君以象爲楮葉者三年而成亂之楮葉中而不可別也

吳氏本草曰穀木皮治喉閉痺一名楮

魏王花木志曰南方記楮子如梅實二月花色仍連實七八月熟土人鹽藏之味辛出交阯

蔦（音鳥）

爾雅曰寓木宛童也（郭璞曰寄生樹也一名蔦）

漢書曰武帝使東方朔射覆郭舍人曰朔中榜臣百不中賜臣帛乃覆樹上寄生朔曰寠數也舍人曰朔果不中朔曰生肉爲膾乾肉爲脯着樹爲寄生盆下爲寠數上令榜舍人

合歡

古今注曰欲蠲人以憂則贈以丹棘丹棘一名忘憂欲蠲人之忿則贈以青裳青裳一名合歡能忘忿枝葉繁弱牙相交結每一風來輒自相解不相牽綴嵇康種之舍前

本草經曰合歡味甘平生川谷安五臟和心氣令人歡樂無憂久服輕身明目生益州

仲長統昌言曰漢安帝時有異物生長樂宮東廡柏樹永巷南閨合歡樹議者以爲芝草也羣臣皆賀受賜

晉宮閣名曰華林園合歡四株

神農本草白合歡生豫州河內川谷其樹似狗骨樹

嵇康養生論曰萱草忘憂合歡蠲忿

白銀

湘州記曰益陽縣西山多銀木

晉宮閣名曰華林園白銀八株

杭（音亢）

交州記曰杭赤色堪作船作林

遊名山志曰樓石山多章杭皆爲三四五圍

鄧德明南康記曰南康縣營（音鵲 鄧塢）永極源去郡並九百地多章杭樹

桄榔

蜀志曰興古鄢漢縣有桄榔樹峯頭生葉有麵大者收麵乃至百斛（華陽國志同）

吳録曰交阯南海縣出桄榔中有米屑爲麵

臨海異物志曰桄榔木外皮有毛似栟櫚而散生作紵（音昨）綆漬之不腐其木剛作鍛彭鋤利如鐵中石更利唯中焦

榔致敗耳皮中有似檮稻米粉又似麥麪中作麪餌

廣志曰桄榔樹大四五圍長五六丈洪直旁無枝條其顛生葉似㯶葉斫其木肥堅難傷入數寸得麪

博物志曰蜀中有樹名桄榔皮裏出屑如麪用作餅食之謂之桄榔麪

魏王花木志曰桄榔出興古國者樹高七八丈其大者一樹出麪百斛交趾又有樹其皮有光屑取之乾檮以水淋之如麪可作餅餌

嶺表録異曰桄榔樹枝葉並蕃茂與棗檳榔等樹小異然葉下有鬚如麤馬尾廣人採之以織巾子其鬚尤宜鹹水浸漬即麤脹而刕故人以此縛舶不用釘線木性如竹紫黑色有文理而堅工人解之以制博弈局此樹皮中有屑如麪可爲餅食之

水經曰漢興縣溪中多生邛竹桄榔樹樹出緜而夷人資以自給

欀 音湘

吴録地理志曰交趾望縣有欀木其皮中有如白米屑者乾之水淋之似麪可作餅郡内皆有之

左思吴都賦曰文欀貞橿

莎木

蜀志曰莎樹大四五圍長五六丈峯頭生葉出麪一樹出一石正白而味似桄榔

南中八郡志曰莎樹大四五圍長十餘丈樹皮能出麪大者百斛色黄鳩民部落而就食之

廣志曰莎樹多枝葉葉兩邊行列若飛鳥翼其麪色白樹收麪不過一斛檮篩乃如麪不則如磨屑爲飯滑軟

木緜

吴録地理志曰交趾定安縣有木緜樹高丈實如酒杯中有緜如蠶之緜又可作布名曰緤一名毛布

廣州記曰枝似桐枝葉似胡桃而稍大出交廣二州

羅浮山記曰木緜正月則花大如芙蓉花落結子方生緜與葉耳子内有緜甚白蠶成則熟南人以爲緼絮

廣志曰木緜樹赤華爲房甚繁偪側相比爲緜甚軟出交州永昌

杭

爾雅曰杭魚毒也郭璞曰杭大木子似栗生南方皮厚汁赤中藏卵果

臨海異物志曰杭味如楮

廣志曰原木漬其汁消殺衆生生南

䰍

爾雅曰䰍㮕音奚櫨音盧也䰍大木細葉似檀今江東多有之

廣雅曰青檀似奚櫨語曰齊人斫檀奚榽先殫

樕樸 音速卜

爾雅曰樕樸心也郭璞曰槲樕別名

樓杔 樓呼化切

說文曰狗杔也

欒

說文曰欒木也似木蘭從木欒聲

文木

吴録曰南朱桐縣有文木材堅黑如水牛角作馬鞭

山海經曰符愚之山文木其實如棗

南方草物狀曰文木樹高七八丈其色正黒如水牛角作

馬鞭曰南有之

韶

裴淵廣州記曰韶葉似栗赤色子大如栗有棘刺破其皮内白猪肪着核不離味甜酢核如荔枝

平仲

左思吴都賦曰平仲君遷（平仲實如銀君遷子如瓠）

君遷

劉欣期交州記曰君遷樹子如馬乳

魏王花木志曰君遷細似甘蕉子如馬乳

古度

吴録地理志曰廣州有木名古度不華而實

裴淵廣州記曰古度葉如栗無華枝柯皮中生子子似櫨而酢煮以爲粽糉日不煮化作飛蟻

吴都賦曰松梓古度

柜

爾雅曰援柜柳（郭璞曰柜似柳皮可煑作飲也）

貝多

唐書曰貞觀中隋婆登國遣使朝献其國在林邑南海行二月東與訶陵西與迷黎車接比鄰大海風俗與訶陵同種稻每月一熟亦有文字書之貝多葉

杜寶大業拾遺録曰洛陽翊津橋通翻經道場東街其道場有婆羅門僧及身毒僧十餘人新翻諸經其所翻經本從外國來用貝多樹葉書書即今胡書體貝多葉長一尺五六寸闊五寸許葉形似琵琶而厚大横作行書隨經多少維綴其一邊怗怗然

顧微廣州記曰貝多似枇杷而有光澤耀日枝柯去地四五丈作懸根生地便大如本株形一樹亦可有數十根如本形花白子不中食種於精舍浮圖前

嵩高山記曰嵩高寺中有思惟樹即貝多也如來坐貝多下思惟因以爲名焉

魏王花木志曰思惟樹漢時有道人自西域持貝多子植於嵩之西峯下後極高大有四樹樹一年三花

射干

孫卿子曰西方有木名射干莖長四寸生於高山之崖臨百仞之淵木非長也所立高也君子居必擇鄉遊必就士

楚辭曰掘荃蕙與射干兮芸藜藿與蘘荷

時好

孫綽子曰北阜有木焉名曰時好

摩厨

異物志曰木有摩厨生于斯調（摩厨木名生於斯調州）地厥汁肥潤其澤如膏馨香馥郁可以煎熬（如脂膏可以煎熬食物也）彼州之民仰爲嘉肴（花木志曰煎熬食物香美如華夏之人用油）

榕

異物志曰榕樹栖栖長與少殊（少時緣木後成樹故爲殊也）乃高出林表廣蔭原丘孰知初生葛虆之儔

魏王花木志曰榕木初生少時緣縛他樹如外方扶芳藤形不能自立根本緣繞他木傍作連結有如羅網相絡然後木理連合欝茂扶疎高六七丈

嶺表録異曰榕樹桂廣容南府郭之內多栽此樹葉如冬青秋冬不凋枝條既繁葉又蒙細而根鬚繚繞枝幹屈盤上生嫩條如藤垂下漸漸及地藤梢入土便生根節或一大榕樹三五處有根者又横枝着鄰樹則連理南人以爲

常不爲之瑞木

夫漏

徐衷南方記曰夫漏樹野生三月華五六月成子如朮有
煑着猪肉雞鴨羹中好可食亦中監藏

都桶

徐衷南方記曰都桶樹二月花仍連實七月熟如卵
魏王花木志曰南方草物狀都桶樹野生二月花色仍連
着實八九月熟子如鴨卵民取食之其皮核滋味酢出九
眞交阯

都咸

徐衷南方記曰都咸樹子大如指取子及樹皮曝乾作飲
芳香

千歲

袁山松宜都山川記曰佷山有異木人無見其朽者其名
曰千歲葉似棗色似桑冬夏青貞強少節目

慎火

南越志曰廣州有大樹可以御火山北謂之槇火或謂戒
火多種屋上以防火

勝火

伏琛齊地記曰東武城東南有勝火木方俗音曰挺子其
木經野火燒炭不滅故東方朔謂爲不灰之木
左思齊都賦曰勝火之木衝水之草

播移 潛音

林邑記曰播移樹柯節發根下垂虛中森羅望之似懸髮

太平御覽卷第九百六十

太平御覽卷第九百六十一

木部十

交讓　建木　若木　姑繇　丹木
蒖靈(附櫄)　迷穀　帝休　雒常　返魂
如何　仙樹　楡　杌　木鹿
椵　椋　櫄　繫彌　杭梁
乙木　求郁衛　男青　尋木　王樹
𨇾麻　樠　瑯玕　盧頭　櫰
桬棠　蕫葦(音諸)　帝屋　六駮　漆
栅　樺　柟　石南　婆郁娑
枹　牧婆羅　青田　都念　娑羅
見樹　酒樹　陳勾　烏文　比閭
制木

交讓

大魏諸州記曰益州汶山郡平康縣界東北接𦍩牱有都安縣有交讓樹兩兩相對歲更互枯互生不俱盛

左思蜀都賦曰交讓所植

建木

山海經曰有木若牛引之有皮若纓黃蛇其實若欒其木若區名曰建木在弱水上青葉紫莖玄華赤實百仞無枝上有九欘(欘音斸)下有九衢黃帝所爲(欘曲也爲治讓之也)

淮南子曰建木在廣都(衆帝所自上下日中無影呼而無響蓋天之中○廣都南方山也)

若木

山海經曰灰野之山有樹青葉名曰若木(郭璞注曰生崑崙西附其華光赤照下地也)

楚詞曰羲和之未陽若華何光(羲和日御也言日未陽升之時若木能有赤明之光華)

又曰折若木以拂日

姑繇

穆天子傳曰天子釣于河以觀姑繇之木

丹木

山海經曰崦嵫山有丹木葉如穀其實大如瓜赤跗而黑理食之已癉可以禦火

又曰峚山上多丹木圓葉而赤莖黃華實如飴食之不飢玉膏灌丹木丹木五歲五色乃清(言光明也)五味乃馨

蒖靈

列子曰荊之南有蒖靈者以五百歲爲春以八千歲爲秋

椿

左傳曰襄公十八年諸侯伐齊孟莊子斬雍門之椿(椿或作櫄)以爲公琴

莊子曰上古有大椿以八千歲爲春秋

曹毗魏都賦曰檉栢振露緑椿停霜

迷穀

山海經曰招摇之山有木焉其狀如穀而黑理其花四照其名迷穀佩之不迷

帝休

山海經曰少室之山有木名帝休其枝葉大如楊而五衢黃華黑實服之不恐

雒常

山海經曰肅慎之國有樹名雒常聖人代立於此取衣(郭璞曰其俗無衣聖帝代立則此木皮可衣也)

返䰟

十洲記曰聚窟洲在西海中申未地上有大樹與楓木相似而華葉香聞數百里名爲返䰟樹叩其樹樹亦能自聲聲如牛吼聞之者皆心振神駭伐其根心於玉釜中煑取汁微火熟煎之令可丸名曰驚精香或名震靈丸或名反生香或名人鳥精或名却死香斯靈物也香氣聞數百里死屍在地聞氣仍活

如何

神異經曰南方荒中如何之樹三百歲作華九百歲作實有核形如棗子長五尺金刀剖之則飴非則辛食之得地仙

顧凱之啓蒙記曰如何隨刀而改味

仙樹

西河舊事曰連山有仙樹人行山中飢渴者輒得之可飽不得持去平居時亦不得見

棆 音倫

爾雅曰棆無疵也 郭璞曰楩屬似豫章也

机

山海經曰單狐之山其木多机 郭璞曰音飢也

木鹿

荊州土地記曰武陵城内社中木鹿樹及南岸二木鹿樹光武所種

椵

說文曰椵木可作伏机

椋 音良

爾雅曰椋即來 椋有䴥熊析而乳之又曰今椋材中車輞

橝 音覃

廣志曰橝樹葉似蘇

檕彌

毛詩義疏曰檕迷一名契似檀

廣志曰檕迷樹子赤如檽栗可食

杭梁

異物志曰有木洪直厥名杭梁

乙木

徐衷南方記曰乙樹葉檮之和縹葉汁煑之再沸味辛曝乾可投魚羹中

求郍衛

羅浮山記曰求郍衛外國樹英華紅粉至可愛翫

男青

羅浮山記曰男青條藥之屬莫不朱色尤易植立折插土中因便開榮

尋木

山海經曰尋木長千里生河邊

玉樹

山海經曰開明北有文玉樹五彩

括地圖曰崑崙墟北有玉樹

世說曰謝安嘗謂子姪曰汝等何豫人事諸子莫有言玄答曰譬如芝蘭玉樹欲生庭堦耳

唐書曰雲陽縣界多漢離宮故地有似槐而葉細土人謂之玉樹

楊子雲甘泉賦云玉樹青葱後左思以雄爲假稱珍怪也

踈麻

南越志曰䟽麻大二圍高數丈四時結實無衰落騷人所謂折䟽麻兮瑤華

樠 音謾

山海經曰樠樹生蜀中七八月吐穗成有鹽梅粉可以酢羹

瑯玕

山海經曰崑崙山有瑯玕樹

盧頭

南越志曰南海江岸間有盧頭木葉如甘蔗織以爲帆以其䟽暢懷風故帆不以布

櫰

山海經曰中曲山有櫰 音懷 木如棠而圓葉赤實如木瓜食之多力

桬棠

山海經曰桬棠木出崑崙山黃色赤實味如李食之使不溺

葦 音諱

山海經曰前山其木多葦 似柞子可食冬夏恒青作[illegible]音

帝屋

山海經曰講山有木名帝屋葉如椒反陽赤實 反陽刺可不勾也 可以禦凶

六駮

陸機毛詩疏義曰六駮馬梓其樹皮青白駮犖遙視似馬故謂之駮馬下章云山有苞棣隰有樹檖皆山隰木相配不宜謂獸

崔豹古今注曰六駮山中有木葉似豫章皮多癬駮名六駮木

漆

淮南子曰䖟散積血斲木愈齲 驅主切 此類之推者也 推行 膏之殺鱉鵲矢中蝟 中亦殺矣 爛灰生蠅 爛瘍 漆見蟹而不乾

又曰染者先青而後黑則可先黑而後青則不可工人下漆而上丹則可下丹而上漆則不可萬事由此也所先後上下不可不審也

崔豹古今注曰漆樹以剛斧其皮開以竹管承之汁滴則成也

槲

齊書曰樂預爲永世令人懷其德卒官時有一媼年可六七十擔槲蔌葉造市貨之聞預卒人泣弃溪中曰失樂令我輩孤獨老姥故應就死尔市人皆泣其惠化如此

三國典略曰齊斛律光之入寇也周將韋孝寬忌之孝寬參軍曲嚴頗知卜筮謂孝寬曰來年東朝必大相殺孝寬因令嚴作謠言曰百升飛上天明月耀長安又曰高山不推自崩槲樹不扶自竪乃間諜遺其文於鄴中齊人用是而殺斛律光明月光字也

隋書曰倭國草木冬青土地膏腴水多陸少以小環挂鸕鷀項令入水捕魚得百餘頭俗無盤俎藉以槲葉食用手餔之性質直有雅風

唐書曰萬歲登封元年春封嵩山御朝覲壇受朝賀登封壇南有槲樹大赦日於其杪置金鷄改名爲金鷄樹

樺

隋書曰鉢室韋衣胡布山而住人衆多北室韋不知爲幾部落用樺皮蓋屋

杜寶大業拾遺録曰二年汾州起汾陽宮宮南外有林率是大樺木高百餘尺行從文武皆剥取皮覆菴舍

柟

陸機毛詩疏義曰梅柟其樹及葉似豫樟　葉大如牛耳一頭尖其華赤黄子　不可食柟木細理於豫樟無子赤者材堅白者脆荆州人曰梅多江南及魏興新城上庸蜀皆多樟柟

三國典略曰初陳文帝以湘州出杉柟使營造大艦金翅等二百許艘并諸水戰之具

石南

魏王花木志曰南方記石南樹野生二月花仍連着實實如鷰子八月熟民採之取核乾取皮皮作魚羹和之尤美出九真

任昉述異記曰曲阜古城有顔回墓墓上石楠二株可三四十圍土人云顔回手植之木

婆那娑

隋書曰真臘國土俗與日南九真相類異者有婆那娑樹無花葉似冬瓜菴羅樹花葉似棗實似李毗野樹花似木瓜葉似杏實似楮婆田羅樹花葉實並似棗而小異歌畢佗樹花似李葉似榆而厚大實似李其大如升自餘多同九真

枹　庖音

嶺表録異曰枹木産江溪中葉細如檜身堅類栢唯根軟不勝刀鋸今潮循人多用其根刻而爲履當不濕時刻削易如割爪木乾之後柔刀不可理也或油畫或漆其輕如通草暑月着之隔里濕地氣力如杉木今廣州賓從諸郡牧守初到任皆有油畫枹木履也

牧婆羅

南夷志曰南詔多牧婆羅樹子破其殼中白如柳絮紉爲絲織爲方幅裁之爲籠段男子婦人通服之驃國弥臣諾亦皆披婆羅籠段

青田

崔豹古今注曰烏孫國有青田核莫測其樹之形實至中國者得其核取將漬水則成酒其味淳美核大如五六升瓠空之以盛水俄而成酒味劉璋時得兩核集賓客設之常供二十人飲之一核所盛方盡一核所盛者得中飲盡隨便注水隨成即飲不可久置久置則苦不堪飲名曰青田壺亦曰青田酒

都念

杜寶大業拾遺録曰十二年四月南海郡送都念子樹一百株勑付西苑十六院内種此樹高一丈許葉如白楊枝柯長細花心金色花葉正赤似蜀葵而大其子小於柿子甘酸至美蜜漬爲粽益佳

嶺表録異曰倒捻子窠叢不大葉如苦李花似蜀葵小而深紫南中婦女得以染色有子如軟柿頭上有四葉如柿蔕食者必捻其蔕故謂之倒捻子或呼爲都念子蓋語訛也其子外紫内赤無核食之甜軟甚暖腹藏兼益肌肉

婆羅

魏王花木志曰婆羅樹緗葉子似椒味如羅勒嶺北人呼爲大婆羅

盛弘之荆州記曰巴陵縣僧寺牀下忽生一木不旬日勢凌軒棟道人移居避之木即長遅但極晩香有西域僧見

之曰娑羅樹也彼僧所憇之蔭常着花至元嘉十一年忽生一花狀如芙蓉

兒樹

唐書曰波斯於西海中見一方石上有樹榦赤葉青樹上惣生小兒長六七寸見人皆笑動其手脚頭著樹枝其使摘取一枝小兒便死今在大食王處

酒樹

梁書曰南方頓遜國有酒樹似安石榴取花汁停盃中數日成酒美而醉人（博物志曰酒出頓遜國）

都勾

劉欣期交州記曰都勾樹木中出屑如麵可啖

魏王花木志曰交州記都勾似栟櫚木中出屑如麵可取爲餌食如桄榔

烏文

崔豹古今注曰烏文木出波斯國每舶上將來就中烏文爛然中國亦有出温括婺等州

比閭

汲冢周書王會曰白州比閭者其華若羽伐其木以爲車終行不敗（白洲東南蠻与白民接出水中可居白洲洲中出此𣏌木）

制木

崔豹古今注曰制木湖州最多有子如栗木有白皮波斯國來者皆去其皮人多不別

太平御覽卷第九百六十一

太平御覽卷第九百六十二

竹部一

竹上

易曰震爲蒼琅竹

尚書禹貢曰荊州厥貢惟箘簵楛（箘簵美竹）又禹貢揚州曰篠簜既敷（篠竹箭簜大竹言治水敷布也）厥貢瑤琨篠簜

毛詩斯干曰如竹苞矣如松茂矣

又竹竿曰竹竿衛女思歸也適異國而不見答思而能以禮者也籊籊竹竿以釣于淇

韓詩外傳曰黃帝時鳳皇棲帝梧桐食帝竹實

周禮春官曰孤竹之管孫竹之管陰竹之管（鄭玄注曰孤竹竹特生孫竹竹枝根之末生者陰竹生山北者）

禮記月令曰仲冬日長至則伐木取竹箭

左傳文下曰賊殺齊懿公於申池納諸竹中

又襄三曰晉伐齊劉難士弱率諸侯之師焚申池之竹木（二子晉大夫也）

又曰東南之美者有會稽之竹箭焉（會稽山名今在山陰縣竹箭篠也）

孝經河圖曰少室之山大竹堪爲釜甑（此竹亦爨器也安思縣多苦竹竹之醜有四有青苦有白苦有紫苦有黃苦）

汲冢周書王會曰成王時路人獻大竹

史記曰智伯率韓魏攻趙襄子襄子奔晉陽原過後至見三人自帶以上可見自帶以下不可見與原過竹二節莫通曰我以是遺趙毋卹襄子自剖竹有朱書

又貨殖傳曰渭川千畝竹其人與千戶侯等

漢書曰高祖爲亭長乃以竹皮爲冠（應劭注曰以竹始生皮作冠今鵲尾冠也）

又曰上使發卒數萬人塞瓠子河下淇園之竹以爲揵

又曰竹大者一節受一斛小者數斗以爲柙（音匣）榼

又曰梁孝王脩兔園多植竹

又地理志曰秦地有鄠杜竹林南山檀柘號陸海

後漢書曰郭伋爲并州刺史出行郡童子乘竹馬相待

又曰寇恂爲河內太守移書屬縣講兵肄射伐淇園之竹爲矢百餘萬（前書音義曰淇園衛之苑多竹篠也）養馬二千疋收租四百萬斛轉以給軍

晉書曰杜預討吳州郡多望風歸命衆軍會議或曰百年之寇未可盡剋今向暑水潦方降疾疫將起俟來冬更爲大舉預曰昔樂毅藉濟西一戰以并強齊今兵威已振譬如破竹數節之後皆迎刃而解無復著手處也

又曰武帝平吳之後復納孫皓宮人數千自此掖庭殆將萬餘人而並寵者甚衆帝莫知所適常乘羊車恣其所之至便宴寢宮人乃取竹葉插戶以鹽汁灑地而引帝車

又曰王徽之常居空宅中便令種竹問其聲徽之嘯詠指竹曰不可一日無此君

謝靈運晉書曰元康二年巴西界竹花紫色結實如麥

晉書載記曰長安謠曰鳳皇鳳皇止阿房苻堅以鳳皇非梧桐不棲非竹實不食乃植桐竹數十萬株于阿房宮城以待之慕容沖小字鳳皇至是終爲堅賊入止阿城焉

宋書曰卜天興弟天生少爲隊將十人同火屋後有坑廣二丈餘十人共跳之皆度唯天生墜天生乃取實中苦竹削其端使利交橫布坑內更呼等類共跳並懼不敢天生乃復跳之往反十餘曾無留礙衆並歎服

齊書曰南海王子罕字雲華武帝第十一子也頗有學問母尚容華有寵故武帝留心毋常寢疾子罕晝夜祈禱

時以竹爲燈纘照夜北纘宿昔枝葉大茂母病亦愈咸以爲孝感所致

又曰徐伯珍少孤貧學書無紙常以竹葉箭箬（箬音若）甘蔗及地上學書

南史隱逸傳曰沈麟士字雲禎居貧織簾（誦書鄉里号爲織簾先生嘗爲人作）竹誤傷手便流淚而還同作者謂曰此不足損何至涕零答曰此本不痛但遺體毀傷感而悲耳

梁書曰武帝臨雍州命呂僧珍爲中兵參軍委以心膂僧珍陰養死士歸之者甚衆武帝頗招武猛士庶嚮從會者萬餘人因命按行城西空地將起數千間屋爲止舍多伐林竹沉於檀溪積茅蓋若山阜皆未之用僧珍獨悟其旨因私具櫓數百張及兵起悉取檀溪林竹裝爲舡艦葺之以茅並立辦衆軍將發衆諸將須櫓甚多僧珍乃出先所具每舡付二張爭者乃息

隋書曰明克讓字弘道平原鬲人也父山賓梁侍中克讓少好儒善談論傳涉書史所覽將萬卷三禮禮論尤所研精龜筴曆象咸得其妙年十四釋褐湘東王法曹參軍時舍人朱异在儀賢堂講老子克讓預焉堂邊有脩竹异令克讓詠之克讓攬筆輒成其卒章曰非君多愛賞誰貴此貞心异甚奇之

唐書曰南詔理無刑名桎梏之其罪以竹五本束之伏犯者撻其背

又曰開成四年襄陽三縣山竹結實成米百姓採食

莊子曰鵷鶵非練實而不食（練實竹實也取其絜白）

淮南子曰太清之治也鳳麟降蓍龜兆甘露下竹實盈（竹實）餧鳳皇

又曰瓦以火成不可以得火竹以水生不可以得水（瓦得火則裂竹得水浸則死也）

又曰槁竹有火弗鑽不爇（爇音熱）土中有水弗掘無泉（掘掘穿也）

梅子曰弘農宜陽縣金門山竹爲律管河内葭莩以爲灰可以候氣取灰實管端置之深宮覆以緹幕勿令見風日節至則灰飛管通矣

唐子曰希見食筍歸煮竹根

家語曰子路見孔子孔子曰君子不可學乎子路曰南山有竹不揉自直斬而爲用射達於犀革以此言之何學之爲孔子曰括而羽之鏃而礪之其入不益深乎

呂氏春秋曰昔黄帝命伶倫作爲律伶倫自大夏之西施（山名）乃之沅渝之陰（山名）取竹谿之谷以生空竅厚鈞者斷兩節間（竹生谿谷者取其均厚以爲律谿或作嶰）其長三寸九分而吹之

山海經曰長石之山西有共谷其中多竹衛丘山南帝俊（郭璞曰俊亦舜字假借音）竹林在焉大可爲舟（言舜林中竹一節則可以爲舟）

又曰竹生花其年便枯竹六十年一易根易根必經結實而枯死實落土復生六年還成町

穆天子傳曰天子西征至于玄池天子休于玄池之上乃奏廣樂三日而終是曰樂池乃樹之竹是曰竹林

吳越春秋曰越王問范蠡用兵對曰越有處女願君王問之處女北見於王道逢老人自稱袁公跳拔林杪竹末折墮地處女即捷其末公操其本而刺處女處女舉杖擊之飛上樹變爲白猿（具猿部）○三輔舊事曰武帝作延陵及廟竇將軍有青竹田在廟南恐犯蹈之言作陵不便○世說曰魏武征袁本初治裝餘有數十斛竹片咸長數寸衆並謂不堪用正令燒除太祖意甚惜思所以用之謂可爲竹甲而未

顯其言馳使以問楊主簿德祖德祖意懸同
風俗通曰殺青按殺青作簡書之新竹有汁後加於火上故作
簡者於火上炙乾之
水經曰東陽定縣夾岸緣溪悉生支竹及芳枳木連雜以
霜菊金橙
說文曰竹冬生草也
華陽國志曰有竹王者興於遯水有一女浣於水濱有三
節大竹流入女足間推之不去聞有兒聲持歸破竹得男
長養有武才遂雄夷狄氏竹爲姓所破竹於野成林今王
祠竹林是也
又曰何隨家養竹園人盜其竹何隨遇行見恐盜者覺怖
走竹傷其足挈履徐步而歸
文士傳曰蔡邕經會稽高遷亭見屋椽竹從東間數第十

六可以爲笛取用果有異聲
神仙傳曰離婁公服竹汁餌桂得仙
又曰壺公欲與費長房俱去長房畏家人覺公乃書一青
竹戒曰卿以此竹歸家便稱病以此置卿卧處默便來還
長房如言家人見此竹云是屍哭泣行喪
荆楚歲時記曰夏至節日食糉周處謂爲角黍人並以新竹
爲筒糉楝葉插五綵繫臂謂爲長命縷
王子年拾遺記曰蓬山有浮筠之簳葉青莖紫子如大珠
有青鸞集其上下有砂礰細如粉暴風至竹條翻起拂細
砂如雪霰仙者來觀戲焉風吹竹折聲如鍾磬石之音
南越志曰羅浮山生竹皆七八圍節長一二尺謂之鍾龍
湘州記曰邵陵高平縣有文竹山上有石牀四面綠竹扶
疎常隨風委拂此牀

永嘉記曰陽嶼仙山有平石方十餘丈名仙壇有一筋竹
垂壇旁風來輙掃拂壇上
東陽記曰崑山去燕城山十里峯嶺高峻故老傳云嶺上
有圓池魚鼈具有池邊有竹極大風至垂屈掃地恒潔如
人掃之
丹陽記曰江寧縣南二十里慈姥山積石臨江生簫管竹
王子淵洞簫賦所稱即此也其竹圓緻音稚異於他處自伶倫
採竹嶰谷其後唯此幹見珍故歷代常給樂府而俗呼曰
鼓吹山
風土記曰陽羨縣有袁君冢壇邊有數枚大竹高二三丈
枝皆兩兩枝下垂如有塵穢則掃拂壇上恒淨潔
袁山松宜都山川記曰佷山縣方山上有靈祠祠中有特
生一竹擅美高危其妙下垂忽有塵穢起風動竹拂蕩如

掃
荆州記曰臨賀謝休縣東山有小竹生其旁皆四五寸圍
下有盤石徑四五丈極高方正青滑如彈棊局兩竹屈垂
掃其上初無塵穢未至數十里聞風吹此竹如簫管之音
武昌記曰陽新縣有朔山山有兩大竹長十餘丈圍數尺
有聲如風雨爲官長凶候縣人占之有驗
雲南記曰雲南有實心竹文采班駁殊好可爲器物其土
以爲槍簳亦床
述征記曰仙陽縣城東北二十里有中散大夫嵇康宅今
悉爲田墟而父老猶種竹木
崔豹古今注曰牛亨問曰籍者何也荅曰籍者尺二竹牒
記人之年名字物色懸之宮門按省相應乃得入也
劉敬叔異苑曰吳郡桐廬人嘗伐竹見一竹竿雉頭蛇身

猶末變此亦竹爲虵虵爲雉也

任昉述異記曰湘水去岸三十許里有相思宮望帝臺舜南巡不返歿葬於蒼梧之野堯之二女娥皇女英追之不及相思慟哭淚下沾竹文悉爲之斑斑然

又曰衛有淇園出竹在淇水之上詩云瞻彼淇澳綠竹猗猗

又曰南中生子母竹今慈竹是也漢章帝三年子母竹笋生白虎殿前謂之孝竹羣臣作孝竹頌

又曰東海畔孤竹生焉斬而復生中爲管周武王時孤竹人獻笋一株

楊泉物理論曰宜陽金門竹爲律管河内葭爲灰可諸同氣宜陽洛州西北故縣名

本草曰竹花一名華草

夢書曰竹爲處士田居夢見竹者憂處士也

楚詞七諫曰便娟之竹寄生江潭上葳蕤而防露下泠泠而來風

江逌竹賦曰含虛中以象道體圓質以儀天古詩曰種竹深井中三年乃成竿

太平御覽卷第九百六十二

太平御覽卷第九百六十三

竹部二

竹下 筍附

桂竹

山海經曰雲山有桂竹甚毒傷人必死郭璞曰始興小桂縣出桂竹也

箭竹

爾雅曰東南之美者有會稽之竹箭焉

禮記曰禮之於人也如竹箭之有筠也事具禮部

說文曰箭矢竹也

戴凱之竹譜曰箭竹高者一丈節間三尺堅勁中爲矢

桃枝竹

爾雅曰桃枝四寸有節今桃枝節間相去多四寸

竹譜曰桃枝竹皮滑而黃可以爲席

山海經曰嶓冢之山囂水出之上多桃枝竹

裴氏廣州記曰有桃竹

魏志曰倭國有桃枝竹

篁竹

竹譜曰篁竹似桂而概節

䈙竹

竹譜曰䈙竹長二丈許圍數寸至堅利出日南九真南方以爲矛其筍未成竹時堪爲弩絃見徐衷南中奏劉淵林云夷人以史檠音籍竹爲矛即是䈙竹一物而二名者也

永嘉郡記曰陽興去安固江口六十五里有仙石山頂上有平石辟方十餘丈名爲仙壇壇陬有一䈙竹凡有風來動音自成宮商

周景式廬山記曰康皇溪道士種松及䈙竹竿

竺法真登羅山疏曰嶺南道無䈙竹唯羅山有之其大尺圍細者色如黃金堅貞疎節

異苑曰東陽留道先元嘉四年䈙竹林忽生連理野人無知謂爲禍祟斫殺之

鉤端竹

山海經曰嶓冢之山囂水之北多鉤端竹

笻竹

漢書曰張騫至大夏見笻竹杖問之云賈人市之身毒國

山海經曰龜山多扶竹郭璞曰卬竹也

竹譜曰笻竹高節實中狀若人刻俗謂之扶老竹廣志云出南廣邛都縣

羅浮山記曰邛竹本出邛山張騫西至大夏所見也而此山左右時有之鄉老多以爲杖

種龍竹

廣志曰種龍竹任作笛

呂氏春秋曰昔黄帝命伶倫爲律伶倫自大夏之西沅渝之陰取竹之嶰谷斷兩節間長六寸九分而吹之以爲黄鍾之宮律之本也竹譜曰種龍竹伶倫所伐

雲母竹

廣志曰雲母竹大竹也

欐竹

廣志曰欐竹細而多刺

筂竹

廣志曰筂竹任作笛

嶺表録異曰筂簩竹皮薄而空多大者徑不逾二寸皮上有麤澁文可爲錯子錯甲利勝於鐵若鈍以漿水洗之還復快利廣州記云石麻之竹勁而利削爲刀割象皮如切竿

狗竹

竹譜曰狗竹節間有毛出臨海

篃竹

竹譜曰篃竹江漢間謂之箭竿一尺數節葉大如扇可以衣蓬江漢之間謂之篏竹音篏

由梧竹

南方草木狀曰由梧竹吏民家種之長三四丈圍一尺八九寸作屋柱出交阯

林邑記曰由梧堪爲屋梁柱

左思吳都賦曰由梧有篁

班皮竹

博物志曰洞庭虞帝之二女帝以涕揮竹竹盡班今下雋有班皮竹

篔簹音芸當

顧微廣州記曰箪竹一名篔簹節長一丈○吳録曰始興曲江縣有篔簹竹圍尺五寸節相去六七尺夷人以爲布葛

異苑曰建安有篔簹竹節中有人長尺許頭足皆具

竹譜曰篔簹竹大者中作甑

苦竹

永嘉郡記曰樂成縣民張廌者隱居頤志不應辟命家有苦竹數千頃在竹中爲屋恒居其中王右軍聞而造之廌逃避竹中不與相見一郡號爲高士

射筒竹

竹譜曰射筒竹薄肌而長中着箭因以爲名

沙麻竹

南越志曰沙麻竹人削以爲弓弓似弩淮南所謂谿子弩也或曰蘇麻竹或曰麤麻竹

嶺表録異曰沙摩竹廣桂皆植大如茶盌竹厚而空小一人止擎一莖堪爲茅屋之椽梁也其種者即彰其竿每截二尺許鍤入土不逾月而生根葉明年長牙筍不三載而爲林盖土地所宜也南人饒以鹽爲笋笱

石麻竹

裴淵廣州記曰石麻竹勁利削爲刀切象皮如截芋

笣竹

顧微廣州記曰平鄉縣有笣竹堪作布

吳都賦曰笣筍抽節往往縈結

雞頸竹

竹譜曰雞頸竹篁之類纖細大者不過如指疎葉黄皮強

脆無所堪施筍美青班色緑江山崗所饒也

蘆𥯤竹

竹譜曰此竹當是蘆出揚州東垂諸郡浙江以東可以為篪

䉛竹

竹譜曰䉛隨竹大如脚指蟲食其筍皮類綉甚可愛

莽竹

爾雅曰莽數節（節間促也）

粼竹

爾雅曰粼（音鄰）堅中（竹類其中實也）

簢竹

爾雅曰簢（音閔）筡（音徒）中（其中空也）

仲竹

爾雅曰仲無笐（亦竹類未詳音杭）

簩竹

禮斗威儀曰君乘水而王其政太平簩竹紫脫為常生

王子年拾遺記曰岑華山在西海之西有簩竹為簫管吹之若群鳳之鳴

漢竹

廣志曰永昌有漢竹圍三尺餘

利竹

廣志曰西南出利竹

林於竹

竹譜曰林於竹葉薄而廣

晉竹

吳越春秋曰吳王聞越王盡心自守賜之以書增之以封越王乃使大夫賚葛布十萬狐皮五雙晉竹十廋以答封禮

沛竹

東方朔神異經曰南方荒中有沛竹其長百丈圍二丈五六尺厚八九寸可以為船其子美食之可以已瘡癘（張茂先曰子筍也）

棘竹

竹譜曰棘竹生交州諸郡叢生初有數十莖大者二尺圍肉至厚幾於實中夷人破以為弓枝節皆有刺彼人種以為城卒不可攻萬震異物志所謂種為藩落阻過層墉者也或卒倒根出大如十石物從横相承狀如繅車一名笆竹見三年筍味落人鬚髮

沈懷遠南越志曰宋昌縣有棘竹長十尋大如甕其間短者輒六七丈也為竹叢薄葉下有鉤刺或有條末如芒針

南州異物志曰棘竹節有棘刺

嶺表録異曰南土有刺竹即枝上有刺南人呼刺為勒自根橫生枝條展轉如織雖野火焚燒只燎細枝嫩葉春叢生轉復牢密邕州舊以刺竹為墻蠻蜓來侵竟不能入

簹竹

竹譜曰簹與由衙厥體俱洪圍或累尺簹實衙空南越之居梁柱是供

異物志曰有竹曰簹其大數圍節間相去局促中實滿堅強以為屋榱斷截便以為棟梁不復加斤斧也

弓竹

竹譜曰弓竹出東垂諸山

簜竹

尚書禹貢曰篠簜既敷

爾雅曰簜竹（竹別名也儀禮曰簜竹在建鼓之間謂簫管之屬）

筍

爾雅曰筍竹萌（初生者）

毛詩韓弈曰其蔌維何維筍及蒲（筍竹萌也）

周禮天官醢人曰加豆之實箈菹筍菹（箈箭萌也筍竹萌也）

東觀漢記曰馬援至荔浦見冬筍名苞筍上言禹貢厥苞橘柚疑謂是也其味美於春夏筍

續晉安帝紀曰豫州刺史司馬尚之爲桓玄將馮該所攻倉儲秭竭外白戰士夕飢悉未付食是時蘆筍時也尚之指筍曰且噉此足解三日將士離心遂敗

呂氏春秋曰味之美者越駱之菌（高誘曰菌竹筍也）

華陽國志曰何隨字季業有竹園人盜其筍者隨行見之恐驚乃挈屐而歸

荊州圖曰抗陽縣山上有孤竹三年而生一筍筍成代謝常一

楚國先賢傳曰孟宗字恭武至孝母好食竹筍宗入林中哀號方冬筍爲之出因以供養時人皆以爲孝感所致

南史曰沈道虔有人拔其屋後筍令人止之曰惜此筍欲令成林更有佳者相與乃令人買大筍送與盜者慙不取道虔使置其門內而還

筍譜曰筍者竹之萌也竹之醜節種（凡草木有白萌嫩而堪食者皆曰白萌也）（同蔟爲）歃性弱於木而強於草實草木中別類也

陸龜蒙筍賦曰洪纖靡定方圓不均（南方有方竹）

太平御覽卷第九百六十三

太平御覽卷第九百六十四

果部一

果　栗

果

易解卦曰天地解而雷雨作雷雨作而百果草木皆甲坼

爾雅曰果不熟曰荒

周禮天官上甸師職曰甸師供野果之屬

禮記曲禮上曰賜果於君前其有核者懷其核

又王藻曰果實未熟不鬻於市凡食果實後君子火熟者先君子

春秋元命苞曰織女星主果

謝承後漢書曰劉祐字伯祖中山安國人仕郡爲主簿郡將小子常出錢付之市買果實祐悉以買筆墨書具與之

華嶠後漢書曰桓榮爲博士會庭中詔賜奇果受賜者懷之榮獨舉手奉以拜光武笑指之曰此真儒生也

陳書曰（徐孝克侍宴無所食噉至食散當其前膳羞損減帝密記以問中書舍人管斌自是伺之見孝克以珍果內紳帶中斌當時莫識其意後尋訪方知其以）遺母斌以啓宣帝嗟嘆良久乃勅自今宴享孝克前饌並遣將還以餉其母時論美之

北史曰後魏淮陽王欣好營產業多所樹藝京師名果皆出其園

唐書曰李泳爲河陽所至以貪殘爲務犒宴所陳果實以木刻彩繢之

說文曰在木曰果在草曰蓏（郎果切）

山海經曰不周之山爰有嘉果其實如桃李其葉華赤食之不飢

符子曰趙之相者曰林氏有九子皆賢國人美而稱之號曰九德之父十德之門趙王疾之王乃使擇其果之殞者伐之其父曰菓之茂者猶伐之況其人乎吾將以尓爲戮矣去之則免乃攜老持子逃趙相於白雲之巖終身不返趙人思之

郭子曰王丞相儉帳下甘果盈溢涉春敗爛

呂氏春秋曰昔古朱襄氏治天下也（朱襄炎帝別号）多風陽氣畜積萬物散解果實不成故士達作爲五絃之瑟以來陰氣以定羣生（士達朱襄氏臣）

杜蘭香傳曰神女姓杜名蘭香降張碩常食粟飯并有非時果碩食之亦不甘然一食可七八日不飢

鄴中記曰石虎有華林園種衆果民間有名果虎作蝦蟇車四搏掘根面去一丈深一丈合土載之植之無不生

闞駰十三州記曰含衛國在月氏南萬里果大如三斗坑

（音杜）

食經曰種名果法取好直枝內着芋魁中種之

張衡東京賦曰奇樹珍果鉤盾所職

左思魏都賦曰馳道周屈於果下（劉逵注曰漢厩舊有樂浪所獻果下馬高三尺以駕輦車）

又蜀都賦曰百果甲坼異色同榮

劉楨魯都賦曰芳果萬名攢羅廣庭霜滋露熟時至則零○石崇金谷詩序曰雜果幾乎萬株

陸機與弟雲書曰天淵池東南角有果久作一林無處不有縱橫成行一果之間輙作一堂

郭璞五果讚曰果蓏之品剖唑因宜雖曰微有貴賤有差

栗

毛詩山有樞曰山有漆隰有栗

韓詩曰東門之栗有靖家室栗木名靖善也言東門之外
栗樹之下有善人可與成爲室家者
毛詩疏義曰五方皆有栗周秦吴楊特饒唯漁陽范陽栗
甜美長味倭韓國上栗大如雞子亦短味不美桂陽有栗
藂生大如杼子
儀禮士喪禮曰設豆右菹南栗東脯
大戴禮曰八月栗零零也者降也零而後取之故不言剝也
周禮天官籩人曰饋食之籩其實栗
禮記内則曰栗有撰之
左傳曰女贄不過榛栗棗脩以告虔也
論語曰哀公問社於宰我宰我對曰夏后氏以松殷人以柏
周人以栗曰使民戰栗謂戰栗主也
爾雅曰栵栭栵列栭樹似槲樕而卑小子如細栗二音栭可食今江東亦呼爲栭栗

漢書曰種千樹栗其人與千户侯等
謝承後漢書曰豫章宗度拜定陵令縣人杜伯夷清高不
仕度與談論致棗栗而已
魏略曰太子與鍾繇書曰竊見玉書稱美玉赤擬雞冠黄
侔蒸栗
魏志曰東夷韓國出大栗如梨
宋書曰劉秀之爲丹陽尹先是秀之從叔穆之爲丹陽與
子弟聽事上宴聽事柱有一穿穆之謂子弟及秀之曰汝
等試以栗遥擲柱入穿者後必得此郡唯秀之獨入焉其言
遂驗
又曰王恭幼敏悟年數歲時祖母諸孫姪散栗於牀羣兒
競之恭獨不取問其故對曰不取自當得賜由是中表異
之

梁書曰沈約嘗侍宴會豫州獻栗徑寸半奇之問衆栗事
多少與約各疏所知約少帝三事約出謂人曰此公護前
不讓即羞死帝以其言不遜欲抵其罪徐勉固諫乃止
又曰蕭琛嘗預御筵醉伏上以棗投琛琛乃取栗擲上中
面御史中丞在席帝動色曰席中有人不得如此豈有説
也琛曰陛下投臣以赤心臣敢不報之以戰栗
莊子曰宋有狙公者好養獮猴者恐衆狙之不馴於己也先誑之
曰與若芧芧栗也朝三而暮四足乎衆狙皆超然而怒
范子計然曰栗出三輔
莊子曰莊周遊乎雕陵之樊樊藩也睹一異鵲感周之顙而集
于栗林感觸也
又曰古者禽獸多而人民少於是皆巢居以避之晝拾橡
栗暮棲木上故命曰有巢氏之民

國語曰夫婦贄不過棗栗以告虔也棗取蚤起栗取欲栗虔敬也曲禮婦人之贄脯脩棗栗也
韓子曰秦饑應侯謂王曰五苑之果蔬橡棗栗以活民請
發之王曰令發五苑以活民是使有功與無功爭取也人生而
亂不如死治説苑曰饒曰果園梨栗後宫婦人摘以相擿
而士曾不得一嘗且夫財者君之所輕也死者士之所重
也
吕氏春秋曰伊尹説曰果之美者江浦之橘箕山之栗
正部曰王府云赤如雞冠黄如蒸栗
盧毓冀州論曰中山好栗地産不爲無珎
盧諶祭法曰春秋冬祠皆用栗
會稽先賢傳曰光武詔嚴遵詣行所遇蜀郡獻橘栗上令
公卿以下各以手所及取遵獨不取上曰不敢取者誰尊

對曰君賜臣以禮臣奉君以忠今賜無所主臣是以不取

西京雜記曰上林苑有侯栗榛栗瑰栗嶧陽栗（嶧陽太守曹龍所獻）大如拳

三秦記曰漢武帝果園有大栗十五枚及一外

水經注曰汝水灣中有地數頃上有栗園栗小殊不並固安之實也然歲貢三百石以充天府水渚即栗洲也樹高茂望若屯雲積氣矣林中有栗堂甚閑敞牧宰及英彥多所遊薄

山海經曰南山其上多栗葛山銅上其木多栗

廣志曰栗有侯栗關中大栗大如雞子

晉宮閣名曰華林園中栗一株侯栗六株

華山記曰西山麓中有栗林藝植以來蕭森繁茂

神異經曰東北荒有栗樹高三十丈栗徑三尺其殼赤肉黃白味甜食之令短氣而渴

地理記曰諸暨如拳之栗（案出會稽部也）

杜寶大業拾遺錄曰洛陽儀鸞殿南有烏㯓林栗林有蒲桃架四行行長百餘步

嶺表錄異曰廣州無栗唯勤州山中有石栗一年方熟皮厚而肉少味似胡桃人熟時或為群鸚鵡至啄食略盡只此石栗亦甚稀少。王彪之賦曰王檀侯栗

王逸荔支賦曰北鷰薦朔濵之巨栗

蔡邕傷故栗賦曰人有折蔡氏祠前故栗者故作斯賦

王褒僮約曰南安拾栗採橘（南安縣名）

太平御覽卷第九百六十四

太平御覽卷第九百六十五

果部二

棗

爾雅曰棗壺棗也（郭璞注曰今江東呼棗大而銳上者為壺壺猶瓠也）邊要棗（細要棗也）

（今謂之鹿盧棗）櫅（音齊）白棗（即今棗子白熟）樲酸棗（樹小實酢孟子曰養其樲棗）遵羊棗（實小而負紫黑色今俗呼為羊矢棗孟子曰曾晳嗜羊棗）洗大棗（今河東猗氏出大棗子如雞卵）蹶泄苦棗（子味苦也蹶音蕨也）晳無實棗（不著子也）還味稔棗（還味短味也稔音荏還音旋）

又曰棗李曰疐之（孫炎曰疐去其柢疐音帝）

京房易妖占曰天雨棗小民流亡也

焦贛易林師之豫曰北山有棗使叔壽考

說文曰樲酸棗也

毛詩豳七月曰八月剝棗

周禮天官籩人曰饋食之籩其實棗

大戴禮夏小正曰八月剝棗剝者取也

禮記曲禮下曰婦人之贄脯脩棗栗

又內則曰棗曰新之

又曰棗栗飴蜜以甘之

春秋繁露曰握棗與錯金以示嬰兒必取棗而不取金故物之於人小者易知

史記曰楚莊王之時有所愛馬啗以棗脯

又曰李少君以却老方見上少君言上曰臣曾遊海上見安期生食巨棗大如瓜

漢書曰廣陵厲王胥宮園中棗樹乃生十餘莖莖正赤葉白如素王坐祝咀自殺

又曰王吉少時學問居長安其東家有棗樹垂吉庭中吉婦取棗以啖吉後知之乃去婦東家聞而欲伐其樹鄰里共止之因固請吉令還婦里中為之語曰東家有樹王陽婦去東家棗完去婦復還

又曰安邑千樹棗此其人皆與千戶侯等

東觀漢記曰自馮愔反後鄧禹威稍損又乏食敗走至高陵軍士飢餓皆食棗菜

又曰中黃門孫程謀誅江京後程於盛化門外與馬國等相見詐謂國曰天子與我棗脯與若棗者早成之乃與國等共為謀立順帝

謝承後漢書曰河南陶碩鄉曲餉之碩無所受但食棗飲水美談而已

又曰孟節能含棗核不食可至五年

應劭漢官儀曰光武封太山上壇見酢梨酸棗上問其故主者曰百官上者所置上曰封禪大禮千歲一會衣冠士

大夫何故爾也

魏志曰杜恕上疏曰冀州戶口最多又有桑棗之饒國家徵求之府

世說曰魏文帝忌弟任城王驍壯因在卞太后閤共圍棊並啖棗文帝以毒置諸棗蔕中自選可食者而王弗悟遂雜進之既中毒太后索水救之帝預勅毀器太后徒跣趨井無器可汲須臾遂卒

又曰王大將軍嘗至石崇家如廁見漆箱中盛乾棗本以塞鼻王遂食盡羣婢莫不笑

晉書曰賈后將廢太子詐稱上不和呼太子入朝既至后不見置于別室遣婢陳舞賜以酒棗逼飲醉之

晉史曰光祿卿李郁因晝寢夢食巨棗覺而有疾謂其親友曰嘗聞棗字重來呼魂之象今予神氣逼抑將不免乎

未幾而卒
孟子曰曾晳嗜羊棗而曾子不忍食公孫丑問曰膾炙與羊棗孰美曰膾炙哉曰曾子何爲食膾炙孟子曰膾炙同也羊棗獨也
韓子曰秦饑應侯請王曰五苑之果蔬橡棗栗足以活民請發之
又曰子產治鄭桃棗之蔭於衢者莫援也
鄒子曰夏取棗杏之火
淮南子曰十一月官都尉其樹棗
晏子春秋曰景公謂晏子曰東海之中有水而赤水中有棗花而不實何也晏子曰昔者秦穆公乘龍治天下以黄布裹蒸棗至海而投其布故水赤蒸棗故花而不實公曰吾佯問子對曰嬰聞佯問者佯對之

盧毓冀州論曰安平好棗地產不爲無珎
杜氏新書曰杜畿爲河東太守平虜將軍劉勳爲太祖所親貴震朝廷常從畿求大棗畿拒以他故後勳伏法太祖得其書歎曰杜畿可謂不媚寵也
英雄記曰孔文舉爲東萊賊所攻城欲破其治中左承祖以官棗賦與戰士
蔡邕奏事曰程未年十四時祖父叔病物故未抱伏叔尸號泣悲哀舅哀其羸劣嚼棗肉以哺之未見食歔欷不能吞咽
漢武內傳曰七月七日西王母當下爲帝設玉門之棗
東方朔傳曰武帝時上林獻棗上以所持杖擊未央前殿檻呼朔曰叱叱先生來來先生知此篋中何等物也朔曰上林獻棗四十九枚上曰何以知之朔曰呼朔者上也以杖擊檻兩木兩木林也來來者棗也叱叱者四十九枚上大笑賜帛十疋
王子年拾遺記曰北極有岐峯之陰多棗樹百尋其枝莖皆空其實長尺核細而柔百歲一實。真人關令尹喜內傳曰老子西遊省太真王母共食玉文之棗其實如瓶
神仙傳曰吳郡沈羲爲仙人所迎上天云天上見老君老君賜羲棗二枚大如雞子
又曰李意期於成都角中作一土窟居其中冬夏單衣長鬚翦去之但使長五寸許多飲酒食脯及棗栗或百日二百日不出窟是時無可所食也
魯女生別傳曰李少君曰冥海之棗大如瓜鍾山之李大如瓶臣已食之遂有奇光

劉根別傳曰有道之士不可識往者有陳孜如癡人江夏袁仲陽知事之孜謂仲陽曰今年春當有疾可服棗核中仁二十七枚後果大病
又曰能常服棗核中仁百邪病不復干也仲陽服之有效
馮明生別傳曰明生爲縣吏捕賊爲賊所傷殆死道間見女人年可十六七姿容絕世以肘後管中一丸如小豆與服即愈隨神女還岱宗見安期生曰共與女郎遊於安息西母之際食棗異美此間棗小不及憶此棗未久已二千年矣神女云昔與君共食一枚乃不盡此間小棗那可相比也
高士傳曰胡昭字孔明晉宣帝爲布衣時與昭有舊昭同郡周士等謀帝昭聞而步險邀士於肴澠之間止士士不肯昭泣以示誠士感其義乃止昭斫棗樹共士盟而別昭雖有陰德於帝口終不言時人莫知

風俗通曰鮑焦耕田而食穿井而飲於山中食棗或曰此
棗子所植也遂強吐立枯死
水經注曰酸棗縣故城南古韓國昔天子建國名都或以
山林故豫章以樹氏鄀酸棗以棘名邦故曰酸棗也
水經曰高唐縣大河右溢世謂之甘棗溝水側多棗故俗
取名焉
廣志曰東郡穀城紫棗長二寸西王母棗大如李核三月
熟眾果之先熟者也種洛陽宮後園河内仮郡棗一名墟
棗一名安邑棗東海蒸棗洛陽夏白棗安平信都大棗單
父棗梁國夫人棗大白棗一名曰感咨小核多肌三星
棗駢白棗灌棗此四者官園所種棗有狗雞心牛頭羊矢
獼猴細署之名又有玄棗大棗崎廉棗桂棗
鄴中記曰石虎園中有西王母棗冬夏有葉九月生花十

二月乃熟三子一尺又有羊角棗亦三子一尺
東陽記曰信安縣有懸室坂晉中朝時有民王質伐木至
石室中見童子四人彈琴而歌質因留倚柯聽之童子以
一物如棗核與質含之便不復飢俄頃童子令其歸質承
聲而去斧柯漼然盡爛既歸質去家已數十年親舊凋落
無復此時矣
楊衒之洛陽伽藍記曰景陽山南有百果園果別作一林
林名有一堂有仙人棗長五寸把之兩頭俱出核細如針
霜降乃熟食之甚美俗傳云出崑崙山一曰西王母棗
晉宮閣名曰華林園棗六十二株王母棗十四株
盧諶祭法曰春祠用棗油
本草曰凡棗九月採日乾補中益氣久服神仙
郭子橫洞冥記曰岈嵱細棗出岈嵱之山山臨碧海萬年

一實子如今軟棗笮之有膏膏可燃燈西王母握核以獻
帝因名曰握核棗
杜寶大業拾遺錄曰二年八月信都獻仲思棗四百枚棗
長四寸五寸圍紫色細文文縐核肥有味勝於青州棗北
齊時有仙人仲思得此棗種之亦名仙棗時海内唯有數
樹
西京雜記曰初脩上林苑羣臣各獻名果樹亦有製有美
名弱枝棗西王母棗出崑崙山棠棗玊門棗青華棗梬棗音程赤
心棗
神異經曰北方荒中有棗林焉其高五尺子長六七寸圍
過其長熟赤如朱乾之不縮氣味甘潤殊於常棗食之可
以安軀體益氣力
異苑曰鄭鮮之女脚患攣癖就王濮陽請水澆之餘灌庭

中枯棗樹棗樹既生女脚亦差
又曰沙門竺慧猷太元二年夜夢讀詩五首其一篇後曰
陌南酸棗樹名為六奇木遣人以伐取載還柱馬屋
又曰太元中南郡忻陵縣有棗樹一年忽生桃李棗三種
花子
幽明錄曰太原王仲德年少時遭亂避胡賊絶粒三日草
中卧忽有人扶其頭呼云可起噉棗王便寤覺見一小兒
長四尺即隱乃有一囊乾棗在前噉之小有氣力便起
任昉述異記曰魏世河内冬雨棗耆舊説周秦時河南雨
酸棗遂生野酸棗今酸棗縣是也棗之甚小者謂之酸棗
廣五行記曰馮宣上黨人仕爲北平護軍喪於官時年三
十八還家鄉里服始畢婢在外聞叫喚聲開門見宣婢驚
入白宣妻韓韓悲愕良久見宣宣曰生必有死恨早別恩

情宣外甥嚴玥至宣曰　當有兵亂繼以飢疫并土不可
復居俟宅東棗樹死便走可免玥受言宣告別須臾而没
後二百日棗樹死玥與宣家東投漁陽發後四旬而上黨
遭寇暴兵人死荒乱塗炭存者尠矣
嶺表録異曰波斯棗廣州郭内見其樹樹身無閑枝直聳
三四十尺及樹頂四向共生十餘枝葉如海椶（亦呼為海椶）廣州
所種者或三五年一番結子亦似此中青棗但小耳自青
及黄葉已盡又朶着子每朶約三二十顆劉珣曾於番酋
家食本國將來者色類沙糖皮肉軟爛餌之乃火樂天蒸
之味也其核與北中棗殊異兩頭不尖雙卷而圓如小塊
紫礦珣亦收而種之久無萌芽疑是蒸熟也
魏文帝詔羣臣曰南方龍眼荔枝寧比西國蒲陶石蜜乎
酢且不如中國凡棗味莫言安邑御棗也

曹植鷂雀賦曰雀得鷂言意甚不移依一棗樹藂蘽多刺
潘岳笙賦曰棗下纂纂朱實離離宛其落矣化爲枯枝
潘岳閑居賦曰周文弱枝之棗房陵朱仲之李
傅玄棗賦曰素華離朱實甚脆色如霜雪甘如含蜜
左思魏都賦曰淇園之筍信都之棗
古詩曰甘瓜抱苦蔕美棗生刺棘
郭璞棗讚曰赤心鯁直
傅玄歌詞曰黄藥離高柯丹棗坐自零不惜棗自零念我
少弟兄

太平御覽卷第九百六十五

太平御覽卷第九百六十六

果部三

甘　橘

甘

謝承後漢書曰丹陽張磐字子石為廬江太守尋陽令嘗餉一奩甘其小男年七歲就取一枚磐奪取付外卒以兩枚與之磐奪兒甘鞭卒曰何故行賂於吾子

宋書曰彭城王義康時四方獻饋皆以上品薦義康而以次者供御上嘗冬月啖甘歎其味並劣義康在坐曰今年甘殊有佳者遣人還東府取甘大三寸

又曰元嘉末魏太武征彭城遣使送九種鹽并胡豉仍求黄甘

梁書曰吕僧珍既有大勳任總心膂恃甚恭慎當直禁中盛暑不敢解衣每侍御座屏氣鞠躬果食未嘗舉筯嘗醉後取一甘食武帝笑謂曰卿今日便是大有所進祿外令月給錢十萬

唐書曰羅浮甘子開元中始有山僧種於南樓寺其後常資進獻幸蜀幸奉天之歲皆不結實

又曰天寶中中書門下奏曰臣等今日因奏事承德音聞江南為橘江北為枳蓋以地氣有殊物性因變朕近於宮內種甘子樹數株今秋已來結實一百五十顆乃與江南及蜀道所進無別亦可謂稍異也

晉令曰閬中縣置守黄甘吏一人

風土記曰甘橘之屬滋味甜美特異者也有黄者有赬者赬者謂之壺甘

廣志曰甘有二十一核有成都平蔕甘大如升色蒼黄犍為南安縣出黄甘

神異經曰東方朔云東南外有建春山其上多美甘樹

京口記曰京城東門射堂前柑樹十餘株

盧諶祭法曰冬祠用柑

襄陽記曰李衡字叔平為丹陽太守衡每欲治家妻輒不聽後密遣十人於武陵龍陽洲上作宅種柑千樹臨死勑兒曰汝母惡吾治家故窮如是吾州里有千頭木奴不責汝衣食歲上一疋絹亦足用矣及衡甘成歲得絹數千疋

荆州記曰枝江有名甘宜都郡舊江北有甘園名宜都甘

湘州記曰州故大城內有陶侃廟地是賈誼故宅誼時種甘猶有存者

崔豹古今注曰甘實形如石榴者謂為壺甘也

唐新語曰益州每歲進甘子皆以紙裹之他時長吏嫌紙不敬代之細布既而恐甘子為布所損每懷憂懼俄有御史甘子布至長吏以為推布裹甘子事懼曰果為所推及子布到驛長吏但叙以布裹甘子為敬子布初不之知久而方晤聞者莫不大笑

又曰安祿山將反宰臣韋見素請以平章事追之玄宗許為草詔訖中留之遣中使輔璆琳送甘子且觀其變璆琳受賂而還因言無反狀玄宗謂宰臣曰祿山必無二心詔本朕已焚矣

異苑曰河內司馬元儁元嘉中為新淦令喪官月旦設祭甘化而為鳶

又曰南康皈美山石城內有甘橘橙柚就食其實任意取足脫持歸者便遇大虵或顛仆失徑家人啖之亦病

述異記曰南康郡有東望山營民入山頂有湖清深又有

菓林周四里許衆菓畢植間無雜木行列整齊如人功也甘子熟三人共食致飽訖懷二枚欲以示外人便還尋覔向逕迴旋半日迷不能得即聞空中語云放雙甘乃聽汝去懷甘者恐怖放甘於地轉眄即見歸逕乃相與俱却返

廣古今五行記曰唐高宗調露中連州見一甘樹四月中有子如拳大剖之有兩頭虵

又曰唐光宅中李崇真任益州刺史廳事前有甘樹有子大如雞子晚熟微小有孔如針郡官咸異之方欲將進父而方龐因剖之得一赤班虵長尺餘崇真後爲兵所殺

王廙洛都賦曰若夫黄甘荔支殊遠之珎雖非方土之所產重九譯而來臻

潘安仁笙賦曰披黄苞以授甘傾縹瓷以酌醽

張載詩曰三巴黄甘瓜州素柰潟者所思銘之裳帶

郭璞柚讚曰厥苞橘柚精者曰甘

孔坦表曰天恩例賜鄱酒黄甘不勝受遇謹表以聞

張衡七辯曰離支黄甘

宗炳甘頌曰煌煌嘉實磊如景星南金其色隨侯厥形

橘

焦贛易林剥之屯曰北山有萊橘柚所聚荷囊載畚盈我筐筥

尚書禹貢曰淮海惟楊州厥苞橘柚錫貢（小曰橘大曰柚其所苞而致者錫命乃貢言不常也）

周禮冬官上考工記曰橘踰淮而北爲枳此地氣然也

春秋運斗樞曰旋星散爲橘

史記曰蘇秦説燕文侯曰君誠能聽臣齊必置魚塩之海楚必致橘柚之園

漢書曰江陵之千樹橘其人皆與千户侯等

東觀漢記曰馬援好事至荔浦見冬筍名曰苞筍上言禹貢厥苞橘柚疑謂是也

又曰建武中單于來朝賜橙橘

謝承後漢書曰張磐爲廬江太守尋陽令餉橘一奩小男年七歲卒以兩橘與之磐還橘輭卒（具甘部）

又曰沛國桓嚴字文林罷鄭縣令楊州從事辟豫室廷有橘樹一株遇其實熟數垂室内嚴乃以竹藩樹四面時風吹動兩實墮地以書繩縛繫樹枝

後漢書曰廉范爲成都太守部人楊由善風雲占候嘗有風吹削哺（哺當作脯音步）太守以問由對曰方當有薦木實者其色黄赤頃之五官掾獻橘數苞（益部耆舊同）

魏志曰倭國有橘不知滋味

吴志曰陸績年六歲於九江見袁術出橘績懷三枚拜辭墮地術謂曰陸郎作賓客而懷橘乎績跪荅曰欲歸遺母術大奇之

吴録地理志曰朱光禄爲建安郡中庭有橘冬月樹上覆裹之至明年春夏色變青黑味尤絶美

上林賦云盧橘夏熟盧黑也蓋近是也

吴曆曰吴王饋魏文帝大橘魏文帝詔羣臣曰南方有橘酢正裂人牙時有甜耳

建武故事曰咸和六年平西將軍庾亮送橘十二實共同一柢以爲瑞異百官畢賀（中興書曰王者德盛則嘉朱生橘亦嘉味之流）

晉宮閣名曰華林園橘十一株

宋書曰孝武大明中芳香琴堂東西有雙橘連理改芳香琴堂爲連理堂

齊書曰豫章王嶷薨忽見形於第後園乘腰輿指麾處分呼直兵直兵無手板左右授一玉手板與之曰橘樹一株死可覓補之因出後園閤直兵倒地仍失手板

南史曰虞愿始數歲家中橘樹冬熟諸兒競來取之愿獨不取家人皆異之

三國典略曰梁侯景未平王僧辯獻嘉橘一帶二十五子于湘東王王荅之曰昔文康獻橘十有二子用今方古彼有慙色今景之兇惡既稔凱歌之聲已及嘉瑞遠臻但增踴慰

晏子曰晏子使楚楚王謂其左右曰晏嬰習辭者也吾欲傷之坐定而縛一人至問何爲曰齊人坐盜王視晏子曰齊人善盜乎晏子對曰嬰聞橘生於淮北則爲枳枝葉徒似其實味不同水土異也今民生於齊不盜入楚得無伆楚民善盜耶王笑曰寡人取病焉

又曰晏子使楚楚王進橘置削晏子并食不剖王曰橘當去剖對曰臣聞之賜人主前者瓜桃不削橘柚不剖今者萬乘無教故不敢剖臣非不知也

莊子曰三王五帝之禮義法度譬櫨梨橘柚其味相反而皆可適於口

淮南子曰夫橘樹之江北化而爲橙

呂氏春秋曰常山之北投淵之上有百菓焉羣鳥所食箕山之東青馬之所有甘櫨焉箕山許由隱所青馬崑崙山東矣江浦之橘雲夢之柚漢上之萁所以致之萁菤且也音菤

山海經曰洞庭之山其木多橘

正論曰橘柚之貢堯舜不　嵒山龍華出帝王不以爲褻服而命臣餘黃甘厭文繡者蓋以萬數者也

鹽鐵論曰孝武皇帝平百越以爲園圃而民皆厭橘柚

宋躬孝子傳曰王靈之廬陵西昌人喪父母二十年鹽酢不入其口所住屋夜有光廷中橘樹隆冬三實

會稽先賢傳曰嚴遵從光武遇蜀郡獻橘栗上持付公卿遵獨不取肥具甘中

水經曰劉備時巴郡結舫水居者五百家縣有甘橘官舊支園夏至則熟二千石常設厨膳命士大夫共會樹下食之縣北有稻田出御米也

南裔志曰甘橘大藿城有之其味甚酸孚賦音飄有橘大如覆杯

湘州記曰泉陵縣有焦山山上多橘

裴淵廣州記曰羅浮山有橘夏熟實大如李

雲南記曰雲南出甘橘甘蔗橙柚梨蒲桃桃李梅杏糖酪之類悉有

魏王花木志曰盧橘蜀土有給客橙似橘而非若柚而香冬夏華實相繼或如彈丸或如拳通歲食之亦名盧橘

異物志曰橘爲樹白華而赤實皮既馨香又有善味江南則有之不生他所交阯有橘置長官一人秩三百石主歲貢御橘

續搜神記曰晉孝武帝世宣城秦精嘗入武昌山中採茗忽見一人身長一丈通體皆毛從山北來乃探懷中二十枚橘與精甘美異常具著中

異苑曰南康歸美山石城有橘就食任意取足脫持歸者輒道遇大虺具甘部

任昉述異記曰越多橘柚園越人歲多橘稅謂之橙橘吳闕澤表云請除臣之橘籍是也越中有王氏橘園胡氏梅山賀氏之瓜

廣五行記曰陳後主夢黃衣人圍城繞城橘樹盡伐去之及隋兵至上下通服黃衣未幾爲隋攻圍之應

嶺表録異曰山橘子大者冬熟如土瓜次者如彈丸其實金色而葉緑皮薄而味酸偏能破氣容廣之人帶枝葉藏之入瞻醋尤加香美

楚辭曰皇后嘉樹橘來服（皇天也后土也服習也言皇天后土生美橘樹異於衆）受命不遷生南國深固難徙更其壹志緑葉素榮紛其可喜

又曰斬伐橘柚列樹苦桃

司馬相如子虛賦曰橘柚芬芳

又上林賦曰盧橘夏熟（郭璞注曰蜀中有給客橙即橘也冬夏華實相繼也）

楊雄蜀都賦曰於西則鹽泉鐵冶橘林銅陵

張衡南都賦曰遊女弄珠於漢睪之曲（注曰遊女漢女也鄭大夫交甫於漢見之而贈已橘柚）

曹植橘賦曰播萬里而遥植列銅雀之園珵背江州之暖氣處玄朔之蕭清

孫楚杕杜賦曰朱橘甘美紫梨甜脆

傅玄菊賦曰詩人覩王雎而詠后妃之德屈平見朱橘而申貞臣之志焉

繁休伯三胡賦曰頟似鼬皮色象萎橘

左思蜀都賦曰家有鹽泉之井户有橘柚之園

栢梁臺詩太官令曰柤梨橘栗桃李梅

古詩曰橘柚垂華實乃在深山側聞君好我甘竊獨自雕飾○崔琦七蠲曰于斯江睪寔產橘柚孟冬之月於時可食

撫以玉手永用華飾

王褒僮約曰南安拾栗採橘（南安縣名出好栗橘）

太平御覽卷第九百六十六

太平御覽卷第九百六十七

果部四

桃

易通卦驗曰驚蟄大壯初九候桃始華桃不華倉庫多火
焦贛易林師之坤曰春桃生華季女宜家
毛詩周南桃夭曰桃夭后妃之德也桃之夭夭灼灼其華
又曰何彼襛矣華如桃李平王之孫齊侯之子
又曰投我以木桃報之以瓊瑤
又曰投我以桃報之以李
大戴禮夏小正曰六月煑桃以為豆實釋名曰桃濫也濫水漬而藏之味濫紫濫
崔寔四民月令曰三月桃花盛農人候時而種也
禮記月令曰驚蟄之日桃始華

春秋運斗樞曰玉衡星散為桃
爾雅曰桃李醜核桃曰膽之孫炎注曰桃李之類實皆有核膽擇取其美者
又曰旄冬桃子冬熟褫桃山桃褫音斯實如桃而小不解核
周禮曰夏食鬱鬱樹律桃李杏梅
漢書曰文帝六年十月桃李華
續漢書禮儀志曰仲夏之月陰氣萌作以朱索施門戶
各以所尚為飾周人木德以桃為梗言氣相更也
范曄後漢書曰杜林奏曰果桃菜茹之饋集以成臧小事
無妨於義以為大戮故國無廉士家無完行貝葉門中
唐書曰康國貞觀十一年獻金桃銀桃詔令植之於苑囿
後唐史曰潞州長柳巷田家有桃樹伐已經年舊坎仍在
其仆木一朝屹然而起行數十步復於舊坎其家駭異著
黄散走

又曰莊宗年邁多疾馮道因奏事言於帝曰臣願陛下寢
膳之間動留調衛道因指御前果實曰如食桃不康翊日
見桃而思戒可也如食李不康翊日見李而思戒可也陛
下幸思而戒之矣
管子曰五沃之土其果宜桃
韓子曰昔彌子瑕有寵於衛君與君遊於果園食桃而甘
以其半啖君君曰愛我哉忘其口而啖寡人及彌子瑕色
衰愛弛得罪於君曰是固嘗啖我以餘桃
又曰孔子侍坐於魯哀公哀公賜之桃與黍仲尼先飯黍
而後食桃公曰以黍雪桃也對曰黍五穀之長果六而桃
為下君子不以貴雪賤
梅子曰王莽畏漢高神靈乃令虎賁拔劒四面斫高廟桃
湯赤鞭灑屋

淮南子曰王子慶忌死於劒羿死於桃棓棓大杖以桃木為之以擊殺羿繇是已來鬼畏桃也
抱朴子曰桃膠以桑木灰漬服之百病愈久久身有光在
晦夜之地如月出也多服之則可以斷穀矣
又內篇曰五原蔡誕入山而還欺家云到崑崙山有玉桃
形如世間桃但光明洞徹而堅須玉井水洗之便軟而可
食
金樓子曰東南有桃都山山上有樹樹上有雞日初出照
此桃天雞即鳴天下之雞感之而鳴樹下有兩鬼對持葦
索取不祥之鬼食之今人正朝作兩桃人法乎此也
說苑曰公孫僑相鄭路不拾遺桃李垂街人不敢取
又曰孟嘗君將入西秦賓客諫之百通則不聽也曰以人
事諫我我盡知之若以鬼道則殺之謁者入曰有客以

鬼道闔客曰臣之來也過於淄水之上見一土耦人方與
木梗人語木梗謂土耦人曰子先土也持子以爲耦人遇
天大雨水潦並至子必沮壞應曰我沮乃反吾真耳今子
東園之桃也刻子以爲梗遇天大雨水潦並至必浮子泛
泛乎不知所止今秦四塞之國也有虎狼之心恐其木梗
之患於是孟嘗君逡巡而退而以應卒不敢西嚮秦
晏子春秋曰公孫接田開強古冶子事景公勇而無禮晏
子言於公公餽之二桃曰三子計功而食公孫接田開強
先言功援桃而起古冶子又言其功令三子反桃二子慙
而自殺古冶子曰恥人以言夸其聲不義也亦反其桃契
領而死
山海經曰夸父山北有林名曰桃林廣圓三百里其中多
馬（桃林今在弘農閿鄉南饒野馬）

鹽鐵論曰夫桃李實多者來年爲之穰
新序曰魏文侯見其季從者食其園桃其季禁之文侯曰
其季豈愛桃哉是教我下無犯上也
典術曰桃者五木之精也故厭伏邪氣者也桃之精生在
鬼門制百鬼故今作桃人梗著門以厭邪此仙木也
夢書曰桃爲守禦辟不祥夢見桃者守禦官
神農經曰玉桃服之長生不死若不得早服之臨死日服
之其尸畢天地不朽
王肅喪服要記曰昔者魯哀公祖載其父孔子問曰寧設
三桃湯乎答曰不也桃者起於衛靈公有女嫁楚乳母送
新婦就夫家道聞夫死乳母欲將新婦還新婦曰女有三
從今屬於人死當卒哀因駕素車白馬進到夫家治三桃
湯以沐死者出東北隅禮三終使死者不恨吾父無所恨
何用三桃湯焉
漢舊儀曰山海經稱東海之中度朔山山上有大桃屈蟠
三千里東北間百鬼所出入也上有二神人一曰神荼二
曰鬱壘主領万鬼惡害之鬼執以葦索以食虎黄帝乃立
大桃人於門戸畫神荼鬱壘與虎葦索以禦鬼
四王起事曰惠帝征成都王於安陽城北軍敗日已向中
而太官未暇進食左右有賫秋桃十枚便以獻帝帝食三
枚石超使人擘手奪三枚
漢武故事曰東郡獻短人帝呼東方朔朔至短人指朔謂
上曰王母種三千年桃結子此兒不良已三過偷之矣後
西王母下出桃七枚母自啖二以五枚與帝帝留核着前
王母問曰用此何爲上曰此桃美欲種之母歎曰此桃三
千年一着子非下土所植也後上殺諸道士妖妄者百余

人西王母遣使謂上曰求仙　信邪欲見神人而殺戮吾
與帝絶矣又致三桃曰食此可得極壽
漢武内傳曰西王母以七月七日降於帝宫命侍女索桃
須臾以玉盤盛桃七枚大如雞卵形圓色青以呈王母王
母以五枚與帝自食二枚
西京雜記曰上林苑有秦桃櫻桃緗核桃霜桃（霜下乃食）金
城桃胡桃綺葉桃含桃紫文桃
妬記曰武陽女嫁阮宣武妬忌家有一株桃樹華葉灼耀
宣歎美之即便大怒使婢取刀斫樹摧折其華
關令尹喜内傳曰喜從老子西遊省太真王母共食碧桃
列仙傳曰師門者嘯父弟子也亦能使火食桃李葩夏孔
甲爲不能順其心意殺而埋之外野一日風雨迎之訖則
山木皆焚孔甲祠而禱之未還而道死

又曰葛由蜀羌人周成王世好刻木作羊賣之一旦騎羊入蜀中王侯貴人追之上綏山皆得仙故里諺曰得綏仙一桃雖不能得仙亦足以豪

又曰陽都女隨犢子出種桃李一宿而返後數十年見在潘山下冬賣桃菓

神仙傳曰樊夫人與夫劉綱俱有道術各自言勝中庭有兩大桃樹夫妻各呪其一桃便鬬綱所呪桃走出籬外

又曰張陵沛人也有天神降之遂服丹能變化有趙升就陵受學陵以七事試者陵與諸弟子登雲臺山絶巖上有一桃樹大如臂旁生石壁下臨不測去上三四丈桃大有實陵謂諸弟子曰得此桃者當告以道要弟子皆流汗無敢視者升曰神人所護何險之有乃從上自擲正投桃樹取桃滿懷而石壁峻峭不得還乃擲桃上得二百枚陵分桃

賜諸弟子餘二枚陵自食一留一以待升陵乃申手引升升忽見還以向一桃與升

又曰高丘公服桃膠得仙

鍾離意別傳曰周書言秦史趙覬以私恨告園民吳旦生盜食宗廟御桃旦生對曰民不敢食也王曰剖其腹出其桃史記惡而書之曰桃食之當有遺核王不知此而剖人腹以求桃非理也

風俗通曰黃帝書稱上古之時兄弟二人曰荼與鬱律度朔山上桃樹下簡百鬼鬼妄搰骨音人則援以葦索執以食虎於是縣官以臘除夕飾桃人垂葦索交畫虎於門效前事也

玄中記曰木子之大者有積石山之桃實為大如十斛籠

嵩高山記曰魏文帝時嵇叔夜胡昭在此學桃樹見在

王子年拾遺記曰漢明帝時常獻巨核桃此桃霜下結花隆暑方熟常使植於霜林園俗謂相陵故聲之誤也

又磅磄山去扶桑五萬里日所不及其地寒有桃樹千圍其花青黑色萬歲一實

陶潛桃源記曰晉太元中武陵人捕魚從溪而行忘路遠近忽逢桃花林夾兩岸芳華鮮美落英繽紛林盡得山山有小口初極狹行四五步豁然開朗邑屋連接雞犬相聞男女衣着悉如外人見漁父驚為設酒食云先世避秦難率妻子家此遂與外隔問今是何代不知有漢不論魏晉既出白太守遣人隨往尋之迷不復得

晉宮閣記曰華林園桃七百三十株白桃三株侯桃三株

鄭緝之東陽記曰太末龍丘山有一巖前外如窻牖內有石臺巖前一桃樹其實甚甘

裴淵廣州記曰盧山頂上有山桃山桃大如檳榔形亦似之色黑而味甘酢人時登採拾只得於上飽啖不得持下下輒迷不能返

石虎鄴中記曰石虎苑中有勾鼻桃重二斤

南康記曰南康王山上有石狗故老云古有寒桃生於嶺巔隱淪之士將取其實因變成石焉

楊衒之洛陽伽藍記曰景陽山百菓園有仙人桃其色赤表裏照徹得霜乃熟亦出崑崙山一曰西王母桃也

杜寶大業拾遺錄曰四年五月帝將北巡發自東都江東送百葉桃樹四株敕付西苑種其花似蓮花而小花有十余重重有七八葉大於尋常桃花

唐景龍文館記曰四年春上宴於桃花園羣臣畢從學士李嶠等各獻桃花詩上令宮女歌之辭既清婉歌仍妙絶獻詩者舞蹈稱萬歲上勑太常簡二十篇入樂府號曰桃

花行

廣志曰桃有冬桃夏桃秋桃

神異經曰東北有樹焉高五十丈其葉長八尺廣四五尺名曰桃其子徑三尺二寸小狹核食之令人知壽核中人可以治嗽今之桃也

甄異傳曰譙郡夏侯文規亡後見形還家經庭前桃樹邊過曰此桃我昔所種子乃美好其婦曰人言亡者畏桃君不畏耶荅曰桃東南枝長二尺八寸向日者憎之

異苑曰太元中南郡江陵郡有棗樹一年忽生桃李棗三種花子

幽冥録曰剡縣劉晟音成阮肇共入天台山取穀皮迷不得返十三日粮食乏盡飢餒殆死望山上有一桃大有子實而絶巖邃澗求無登路扳音班縁藤葛然後得上各噉數桃而不飢下山一大溪邊有二女資質妙絶因要還家勑娌云劉阮二郎向雖得瓊實猶尚虛弊可速作食遂停半年懷土思歸女曰罪牽君如何便語大路

太九ㄱ六十七　七　鄧尚召

任昉述異記曰桃之大者謂之木桃詩云投我以木桃是也

又曰昔舊說桓靈之世汝頴間禾麻為蒿莠桃李不實花而復落落而復花而官有朽粟

嶺表録異曰偏核桃出占卑國肉不堪食胡人多收其核遺漢宮以稱珍異其形薄而尖頭偏如雀觜破之食其桃仁味酷似新羅松子性熱入藥分與北地桃仁無異

太清諸卉木方曰酒漬桃花而飲之除百病好容色

本草經曰梟桃在樹不落殺鬼

楚辭曰斬伐橘柚列樹苦桃

夏侯孝若梁田賦曰沉朱李濫甘桃

潘岳閑居賦曰三桃表櫻胡之別二柰耀丹白之色

左思吴都賦曰洪桃屈盤丹桂灌叢

曹毗魏都賦曰紫梨朱柹侯桃丹棗侯桃人山桃子如胡麻子

古歌辭曰桃生露井上李樹生桃傍虫來食桃桃李樹代桃僵樹木身相代骨肉還相忘

阮籍詩曰嘉樹下成蹊東園桃與李

宋子侯董嬌饒詩曰洛陽城東路桃李生路傍花花自相對葉葉自相當春風南北起花葉自低昂

太平御覽卷第九百六十七

九ㄱ六十七　八　阿召

太平御覽卷第九百六十八

果部五

杏　李

杏

典術曰杏木者東方歲星之精

師曠占曰杏多實不蟲者來年秋善

書紀年曰昭公六年十二月桃杏花幽王十年九月桃杏實○山海經白靈山之下其木多杏

盧諶祭法曰夏祠用杏

崔寔四民月令曰三月杏花盛可播白沙輕土之田

後周書曰張元芮城人性廉潔南隣有杏二樹杏熟多落元園中諸小兒競取食之元所得者悉以還主

唐史曰馬燧之子暢以第中大杏饋竇文場文場以進德

宗德宗未甞見頗怪暢令中使就封杏樹暢懼進宅廢爲奉誠園

管子曰五沃之土其木宜杏

莊子曰孔子遊緇帷之林休坐杏壇之上弟子讀書孔子絃歌鼓琴

玄晏春秋曰衛倫過予言及於味稱魏故侍中劉子楊食餅知鹽生精味之至也予曰師曠識勞薪易牙別淄澠子楊今之妙也定之何難倫因命僕取粮糗以進予甞之曰麥也有杏李柰味三果之熟也不同子焉得兼之倫笑而不言退告人曰士安之識過劉氏吾將來家實多故杏時將發故柰以杏汁李時將發又柰之李汁柰時將發又柰以柰汁故兼三味

氾勝之書曰杏始華趣耕輕土杏華落趣耕閣

又曰杏花如何可耕白沙也

盧毓冀州論曰魏郡好杏地産不爲無珎

神仙傳曰董奉字君異居廬山爲人治病重病得愈者令種杏五株輕病得愈者爲栽一株數年之中杏有十數萬株鬱然成林杏子熟奉於林中所在作簞食一器宣語買杏者不復須來報但自取之一器穀便得一器杏有人少穀往而取杏多即有三四頭虎逐之奉悉以杏所得穀賑救貧窮尋陽記曰杏在北嶺上有樹百株今猶稱董先生杏

南岳夫人傳曰仙人有三玄紫杏

西京雜記曰上林有文杏材有文彩蓬萊杏東海都尉于台獻一株花雜五色六出云是仙人所食者

廣志曰滎陽有白杏鄴中有赤杏有柰杏

嵩高山記曰嵩高山東北有牛山其山多杏至五月爛然

黃茂自中國喪亂百姓飢饉皆資此爲命人人充飽而杏不盡

洛陽宮殿簿曰明光殿前杏一株顯陽殿前杏六株含章殿前杏四株

晉宮閣名曰暉章殿前杏一株

楊衒之洛陽伽藍記曰西方于闐王不信佛法有商胡將一比丘毗盧旃在城南杏樹下白王伏罪今輒將異國沙門來在城南杏樹下王聞忿怒即往看毗盧旃語王言如來遣我來令王造覆盆浮圖一軀使王祚永隆王言使我見佛我當從命毗盧旃鳴鍾告佛佛即遣羅睺羅變爲佛形從空而見真容王五體投地即於杏樹下置立寺舍爲

任昉述異記曰杏園洲南海中多杏海上人云仙人種杏處漢時常有人舟行遇風泊此洲五六月日食杏故免死

云洲中有冬杏
王充果賦云冬實之杏春熟之甘
晉郭大機果賦云杏或冬而實
又曰范蠡宅在湖中有海杏大如拳
又曰賴鄉老子祠有縹杏
司馬相如長門賦曰飾文杏以爲梁
王逸荔支賦曰魏土送西山之杏
王廙洛都賦曰劉祠赤杏
胡道安黄甘賦曰越魏都之赤杏
朱超石與兄書曰光武墳邊杏甚美今奉送其核
潘岳閑居賦曰梅杏郁棣之屬華實照爛言所不能極也

李

爾雅曰休無實李（一名趙李）座接慮李（今之麥李）駁赤李（子赤桃也）

李醜核（子中有核人）棗李曰疐之
毛詩鵲巢曰何彼襛矣華如桃李平王之孫齊侯之子
又淇澳木瓜曰投我以木李報之以瓊玖
韓詩外傳曰子質仕魏文侯獲罪而北遊謂簡主曰從今
已去不復樹徳於人矣簡主曰春樹桃李夏得蔭其下秋
得食其實春樹蒺藜夏不採其葉秋得刺焉今子所樹非
其人也
春秋運斗樞曰玉衡星散爲李
又曰遠雅頌著倡優則李生爪
史記曰桃李不言下自成蹊
晉書曰王戎年七歲嘗與諸小兒遊看道邊李樹子多折
枝諸小兒競走取之唯戎不動人問之荅曰樹在道邊而
子多必苦李也取之信然

又曰王安豐有好李常賣恐人得種恒鑽其核
又曰和嶠性至儉家有好李帝求之不過數十王武子因
其直率將少年能食之人將斧詣園飽啖畢伐之送與嶠
問何如君李
齊書曰王僧孺少時有餽其父冬李先以一與之不受曰
大人未見不容先嘗
三國典略曰齊武成寵任東平王儼而儼器服翫飾同於
齊主嘗於南宮見典御進新氷鉤盾獻早李還而怒曰尊
兄已有我何意無
唐書曰武徳中有獻李樹連理盤屈如龍
又曰貞觀中玉華宮李樹連理隔澗合枝
又曰神龍中陳州官舍有李樹黄落將盡忽更鮮茂而生
花焉

管子曰五沃之土其木宜李
晏子曰景公病疽在背欲見不得公問國子國子曰熱如
火色如日大小如未熟李公問晏子曰色如蒼玉大如璧
也公曰不見君子不知野人拙也
孟子匡章曰陳仲子豈不誠廉士哉居於陵三日不食耳
目無聞見也井上有李螬食實者半匍匐往食之三咽而
後聞見也（螬蟲曰李實虫食之過半也）
呂氏春秋曰子產相鄭桃李之垂於街者莫之援也
抱朴子曰五原蔡誕入山而還欺其家人云到崑崙山崑
崙山有玉李光明洞徹而堅須以玉井水洗之便軟可食
又曰南頓人張助者耕於白田有一李栽應在耕次助意
惜之欲持歸乃掘取之未得即去以濕土封其根以置空
桑中遂忘取之助後作遠職不在後其里中人見桑中忽

生李謂之神有病目痛者蔭息此桑下因祝之言李君能令我目愈者謝一豘其目偶愈便殺豘祭之傳者過差便言此樹能令盲者得視遠近翕然牙來請福

山海經曰邊春之山多李里人常採之

漢武內傳曰李少君謂武帝曰海之東大如瓜鍾山之李大如瓶臣以食之遂生奇光

又曰仙之上藥有園丘紅李

晉宫閣名曰暉章殿前李一株

鄴中記曰華林園有春李冬華春熟

周處風土記曰南居細李四月先熟

列仙傳曰師門者嘯父弟子也食桃李葩

又曰老子之母適到李樹之下而生老子生而能語指李樹曰此以爲姓

真人王褒內傳曰五靈丹山上有玄雲之李食之得仙

嵇康高士傳曰長靈安丘生病篤弟子公沙都來省之與共於庭樹下聞李香開目見雙赤李著枯枝自墮掌中安食之所苦除盡

笑林曰趙伯翁醉眠數歲孫兒緣其腹戲因以李子內其臍（音齊）中累七八枚既醒了不覺數日後乃知痛李爛汁出以爲臍穴懼死乃命妻子處分家事李核出尋問乃知是孫兒所爲

夢書曰李爲獄官夢見李者憂獄官

西京雜記曰上林苑有紫李青綺李黄李青房李緑李顔淵李（出魯）合枝李（五株）羗李朱李車下李燕李猴李蠻李

廣志曰鼠李朱李可以染

又曰車下李車上李（亦春熟可染也）

又曰麥李細小有溝道李有黄建李青皮李馬肝李赤李房林李有鐸（余石切）李肌黏茹似鐸有榛李離核李李似榛有擘李熟必先劈裂有經李一名老李其樹數年則枯有杏李味小酢似杏有黄扁李有夏李有冬李十一月熟此三李種鄴園有春李冬華春熟

郭子橫洞冥記曰琳國去長安九千里多生玉葉李色如碧五千歲一熟味酸苦韓終常食之亦名韓終李也

唐新語曰安金藏丧母廬於墓側有湧泉自出又有樹盛冬開花犬鹿相狎採訪使盧愼以聞詔旌其門閭

列異傳曰袁本初時有神出河東號度索君民共立廟兗州蘇氏母病往禱見一人着白布單衣高冠似魚頭語度索君曰昔廬山共食白李未久已三千年日月易得使人悵然去後度索君曰南海君也

任昉述異記曰魏文帝安陽殿前天降朱李八枚啖一數日不食今李種有安陽李大而甘者即其種也

又曰杜陵有金李李之大者爲之夏李尤小者呼爲鼠李

又曰防陵定山有朱仲李園三十六所

潘岳閑居賦云房陵朱仲之李

又曰果賦云三十六之朱李又仙李縹而神李紅

陸士衡果賦云中山之縹李

又曰武陵原在吴中山中無他木盡生桃李俗呼爲桃李原原上有石洞洞中有乳水世傳秦亂吴人於此避難者食桃李實者皆得仙

吴氏本草曰李核治仆僵花令人好色

東方朔占曰朔與弟子俱行朔渴命弟子叩道邊人家門不知室主姓名關門呼不應朔復往之門住須臾博勞飛

集所呼門中李樹上朔見之語弟子曰此室人當姓李名慱汝呼言李慱慱自當應汝室中人果姓李名慱出門應與朔相見入取飲與朔

鹽鐵論曰桃李實多者來歲爲之穰

左思齊都賦曰露桃霜李

王逸荔支賦曰房陵縹李

王廙洛都賦曰銅馬朱櫻房陵緗李

庾玄默水井賦曰接朱李於玄泉來甘瓜於清濤

傅玄李賦曰河沂黄建房陵縹青一樹三色異味殊名

張載瓜賦曰朱李零於桂圃蒲陶潰於椒林

古歌詩曰桃生露井上李樹生桃傍

曹植詩曰南國有佳人容華若桃李

阮籍詩曰嘉樹下成蹊東園桃與李

古樂府歌曰君子防未然不處嫌疑間瓜田不納履李下不正冠

魏文帝與吳質書曰浮甘瓜於清泉沉朱李於寒水

太平御覽卷第九百六十八

太平御覽卷第九百六十九

果部六

梨　樝　櫻桃

梨

爾雅曰：梨，山樆。（即今梨樹，樆音離。）梨曰鑽之。（啖食治擇之名。）

漢書曰：淮北、滎南、河濟之間千樹梨，其人皆與千戶侯等。

晉書載記曰：苻雙據上邽，苻柳據蒲坂，叛于堅。苻武據安定，並應之，將共伐長安。堅遣使諭之，各齧梨以為信，皆不受堅命。

宋書曰：王玄謨征滑臺，一疋布責民八百大梨。

又曰：張敷小名查，父邵小名梨。文帝嘗戲謂之曰：查何如梨？荅曰：梨萬果之宗，查何敢比也。

齊書曰：扶桑國有赤梨，經年不壞，兼多蒲桃。

唐書曰：貞觀中，杭州言木連理二十四株，有樝梨二木合為一體。

又曰：玄宗至馬嵬驛，令高力士縊貴妃於佛堂前之梨樹。

又曰：崔遠文才清麗，風神峻整，人皆慕其為人，當時目為釘座梨，言席上之珎。

韓子曰：夫樹柤梨橘柚者，食之則甘，嗅之則香。

莊子曰：柤梨橘柚，其味雖別，各適其口。

淮南子曰：佳人不同體，美人不同面，而皆說於目。（佳，美也。）梨橘棗栗不同味，而皆調於口。（調，適也。）

應劭漢官儀曰：光武封太山，上壇，見酢梨、酸棗，主者玄百官上者所置。（門具棗。）

晉令曰：諸宮有梨，守護者置吏一人。

晉宮閣名曰：明光殿前梨一株。

世說曰：桓南郡每見人不快，輒嗔云：君得哀家梨，不復蒸食否？舊說秣陵有哀仲家梨，甚大，如升，入口消釋，言愚人不別得好梨，蒸食之。

又曰：安公講，僧眾數百，習鑿齒嘗餉十梨，正值講，安公便於座中手自割分梨，盡人遍，都無偏頗。

山海經曰：洞庭之中，其木多梨。

盧毓冀州論曰：常山好梨，地產不為無珎。

關令尹喜內傳曰：老子西遊，省太真王母，共食紫梨。

漢武內傳曰：太上之藥有玄光梨。

曹瞞別傳曰：王自漢中至洛陽，起建始殿，使工蘇越徙美梨，掘之，根盡血出。越以狀聞，王躬自視之，以為不祥，還遂寢疾。

神仙傳曰：介象言病，帝使左右以美梨一奩賜象，象死，帝殯而埋之。以日中時死，其日晡時到建業，以所賜梨付苑吏種之。後吏以狀聞，即發象棺，棺中有一奏符。

文士傳曰：孔融年四歲，與諸兄食梨，輒取其小者。人問其故，荅曰：我小兒，法當取小者。由此宗族奇之。

西京雜記曰：上林有紫梨、芳梨、（實小。）青梨、大谷梨、金柯梨（出瑯琊王野家，太守王唐所獻。）、縹蔕梨、紫條梨、瀚海梨（出瀚海，耐寒不枯。）、東王梨。

廣志曰：洛陽北芒張公夏梨，海內唯有一樹。常山真定梨、山陽鉅野梨、梁園睢陽梨、齊郡臨淄梨、鉅野豪梨、上黨梈梨（音亭。）小而甘，新豐箭谷梨，關以西弘農、京兆、右扶風界谷中梨多供御。廣都梨重六斤，可數人分食之。

嵩高山記曰：東嶽腳上有梨樹，云是武帝菓園，山中諸生皆取食之。

辛氏三秦記曰：漢武帝園一名樊川，一名御宿，有大梨如

五外落地則破其主取者以布囊盛之名含消梨

三晉山險記曰山陽縣北有谷通得驢馬石勒十八騎昔在此啖梨生樹今有梨園

段龜龍涼州記曰呂光時燉煌太守宋歆獻同心梨

永嘉記曰青田村民家多種梨樹名曰官梨子大一圍五寸樹老今不復作子此中梨子佳甘美少比實大出一圍栢以供獻名爲御梨吏司守視土人有未知味者梨實落至地即融釋

郭子橫洞冥記曰塗山之北有梨大如斗色紫千年一花冬月乃實煎之有膏食者身輕亦曰紫輕梨

博物志曰梨類甚多櫨杜樸檜皆是有大小甜酢之異耳

神異經曰東方有樹焉高百丈敷張自輔葉長一丈廣六七尺名曰梨其子徑三尺剖之自如素食之爲地仙（張華注曰是故今梨樹大耳）

幽明録曰成彪兄喪晝夜哭泣兄提二外酒一槃梨就之引酌相勸

廣五行記曰宋廢帝大始年江南盛傳種蕭梨先無此樹百姓爭欲植之識者曰當有姓蕭人王者後齊受禪

楊衒之洛陽伽藍記曰歡農里報德寺有園珎菓出焉有含消梨重六斤禁苑所無也從樹投地盡散爲水焉世人云報德之梨承光之柰承光寺亦多菓木柰味甚美冠於京師

李鄴侯傳曰唐肅宗嘗夜坐召穎王等三弟同於地爐罽毬上時李泌多絶粒上每爲自燒二梨以賜之穎王恃恩固求上與曰汝恒飽肉食先生絶粒何乃爭之穎王曰臣等試大家心何乃偏耶不然三弟共乞一顆可乎上亦不許賜以他菓穎王等又曰臣等以大家自燒故乞他菓何用因曰先生恩渥如此臣等請聯句以爲他年故事穎王曰先生年幾許顔色似童兒信王曰夜抱九仙骨朝披一品衣一王曰不食千鍾粟唯飡兩顆梨既而三王請上成之上曰天生此間氣助我化無爲

王讚梨頌曰太康十年梨樹四枝其條與中枝合生於玄圃園皇太子令侍臣作頌

魏文帝詔曰真定御梨大若拳甘若蜜脆若凌可以解煩釋渴

傅選七證曰恒陽黄梨巫山朱橘

何晏九州論曰安平好棗真定好梨

左思蜀都賦曰紫梨津潤

又齊都賦曰菓則朐山之梨

潘岳閑居賦曰張公大谷之梨

孫楚秋賦曰朱橘甘美紫梨甜脆膚不隱於斷牙歡液易於含雪

王廙洛都賦曰梨則大谷冬紫張公秋黄

潘岳金谷園靈圃繁若榴茂林列芳梨

宋武帝戲馬臺梨花讚曰嘉樹之生于彼山基開榮布綵不離塵緇

王弘謝賜河上梨表曰奉賜河上梨一千遠方味甘每蒙降及仰佩恩逮俯增祗愧

魏武帝爲兖州牧上書曰山陽郡有美梨謹上甘梨二箱

楂

爾雅曰櫨梨曰鑚之（櫨似梨而酢澁見禮記）

禮記内則曰櫨梨薑桂（鄭玄曰櫨梨之不臧者皆人君羞）

呂氏春秋曰箕山之東有甘櫨
山海經曰平丘有楊柳甘櫨
又曰洞庭之上其木多櫨
說文曰櫨似梨
神異經曰南方大荒有樹焉名曰柤三千歲作華九千歲作實其花紫色中高百丈敷張自輔葉長七尺五色實長九尺無核割之如凝蜜張茂先注曰柤梨
述異記曰江淮南人至北見榅勃香以爲柤子蓋實異耳
傅玄瓜賦曰龍眼生於南極甘櫨引於崑山

櫻桃

禮記月令曰仲夏之月天子羞以含桃先薦寢廟鄭玄注曰含桃今之櫻桃也
爾雅曰楔音戛黠反荆桃郭璞注曰今櫻桃

廣雅曰含桃櫻桃
漢書曰惠帝出離宮叔孫通曰今櫻桃熟可獻陛下宜以櫻桃獻宗廟上許之諸菓獻由此興
唐書曰太宗將致櫻桃於酅公稱奉則以尊言賜又以卑問之虞監曰昔梁帝遺齊巴陵王稱餉遂從之
又曰玄宗紫宸殿櫻桃熟命百官口摘之
又曰蕭穎士李林甫採其名欲抜用之乃召見時穎士寓居毋喪即縗麻而詣京師徑謁林甫於政事省林甫素不識遽見縗麻大惡之即令斥去穎士大忿乃爲伐櫻桃賦以刺林甫云擢無庸之瑣質因本枝而自庇洎枝幹而非據專階庭之右地雖先寢而或薦豈和羹之正味其狂率不遜皆此類也
又曰文宗始即位嘗因内園進新櫻桃將以賜三宮太后上曰送太后焉可以爲賜因援筆易其文薄曰奉太后自是以爲常
拾遺録曰漢明帝於月夜讌賜群臣櫻桃盛以赤瑛盤群臣視之月下以爲空盤帝笑之
呂氏春秋曰仲夏之月羞含桃高誘注曰含桃櫻桃爲鳥所含故曰含桃
范汪祠制曰孟夏祭用櫻桃
洛陽宮殿簿曰顯陽殿前櫻桃六株明光殿前櫻桃四株徽音殿前櫻桃二株
廣志曰櫻桃大者如彈丸有長八分者白色多肌者凡二種
虎丘山疏曰山下有櫻桃三株
唐景龍文館記曰四年夏四月上與侍臣於樹下摘櫻桃恣其食未後於蒲萄園大陳宴席奏宮樂至暝每人賜朱

櫻兩籠
又曰四年夏四月上幸兩儀殿命侍臣昇殿食櫻桃其櫻桃並盛以琉璃和以杏酪飲酴醿酒
博物志曰櫻桃或如手指春秋冬夏華實竟歲
吴氏本草曰櫻桃味甘主調中益脾氣令人好顔色美志氣一名朱桃一名麥英也
傅咸粘蟬賦序曰櫻桃爲樹則多蔭爲菓則先熟故種之於廳事前以盛暑逍遥其下
左思蜀都賦曰朱櫻春就素柰夏成
魏文帝與鍾繇書報曰臣繇言賜甘酪及櫻桃惠厚意綢非言所申
夏侯孝若春可樂曰進櫻桃於玉盤

太平御覽卷第九百六十九

太平御覽卷第九百七十

果部七

梅　石榴　㮈

梅

爾雅曰梅柟（似杏實酢）

尚書說命曰若作和羹爾爲盐梅

毛詩鵲巢標有梅曰標有梅男女及時也標有梅其實七兮（標落也盛極則墮落者梅也）求我庶士迨其吉兮

詩義疏曰梅杏類也樹及葉皆如杏而黑耳而乾爲蘇置羹臛齏中又可含以香口

又谷風四月曰山有嘉卉侯栗侯梅

又墓門曰墓門有梅有鴞萃止

大戴禮夏小正曰正月煮梅爲豆實

吳曆曰孫亮出西苑方食生梅使黃門至中藏取蜜以漬蜜中有鼠矢侍中請付獄推亮曰此易知耳令破鼠矢矢裏燥亮大笑曰矢在蜜中中當濕今外濕裏燥必黃門爲構黃門首服左右莫不驚悚

宋書曰武帝女壽陽公主人日卧於含章簷下梅花落公主額上成五出之華拂之不去皇后留之自後有梅花粧後人多效之

南史曰柳惲嘗與琅琊王瞻博射嫌其皮闊乃摘梅帖烏珠之上發必命中觀者驚駭

梁書曰任昉爲新安太守郡有蜜嶺及楊梅舊爲太守所採昉以冒險多毒物故即時停之

唐書曰蕭倣爲嶺南節度使倣性公廉南海雖富珍奇月俸之外不入其門家人疾病醫工治藥須烏梅左右於公廚取之倣知而令還之促買於市

淮南子曰百梅足以爲百人酸一梅不足以爲百人酸（喻衆能濟少少不能有所成也）

抱朴子曰綺里丹法以鉛百斤合五石煑之皆成銀以雄黃煑之皆成黃金金太剛以豬膏煑之太柔以梅煑之

山海經曰靈山其木多梅（郭璞注曰似杏而酢）

說苑曰越使諸發執一枝梅遺梁王梁王之臣韓子顧謂左右惡有一枝梅遺列國之君乎

論衡實知篇曰使聖人空坐獨思則不知百世後有馬生牛牛生驢桃生李李生梅也

世說曰魏武帝行失道三軍皆渴帝令曰前有大梅林饒子甘酸可以解渴士卒聞之口皆水出

地理志曰南陵有梅根冶

風俗通曰夏禹廟中有梅梁忽一春生枝葉

又曰五月有落梅風江淮以爲信風又有霖霪號爲梅雨沾衣服皆敗黦

桂陽先賢傳曰有人謂蘇統後園梅樹下種藥可治百病

吳氏本草曰梅核明目益氣不飢

東方朔別傳曰朔與三門生俱行見一鳩占皆不同一生曰今日當得酒一生曰其酒必酸一生曰雖得酒不得飲也三生皆到主人須臾主人出酒樽中即安於地贏而覆之訖不得酒出門問見鳩飲水故知得酒鳩飛集梅樹上故知酒酸鳩飛去所集枝折墮地折者傷覆之象故知不得飲也

西京雜記曰上林苑有朱梅同心梅紫蔕梅燕支梅麗枝梅紫花梅侯梅

周處風土記曰夏至之雨名爲黄梅雨
廣志曰蜀名梅爲藤大如鴈子梅藤皆可以爲油脯黄梅
以熟藤作之藤音老
伍瑞休江陵記曰洪亭村下有白耤洲東南得郝洲上頭
有故迴村舊云是梅槐合生成樹是以名之音訛謂之梅
迴
荆州記曰陸凱與范曄相善自江南寄梅花一枝詣長安
與曄幷贈花詩曰折花逢驛使寄與隴頭人江南無所有
聊贈一枝春
神異經曰北方荒外有石胡爲方千里中有横公魚夜化
爲人剌之不入煑之不死以烏梅二七煑之即熟可已邪
病
述異記曰嘉興縣睪陶村朱休之有弟朱元元嘉二十五年

十月清旦兄弟對坐家中有一犬來向休蹲遍視二人而
笑遂摇頭歌曰言我不能歌聽我歌梅花今年故復可柰
汝明年何其家驚懼斬犬榜於路側至歲末梅花時兄
弟相忿奮戈傷兄官收治並被囚繫經歲得免至夏舉家
時疾母及兄弟皆卒
任昉述異記曰邯鄲有故邯鄲宮基存焉中有趙王果園
梅李至冬而花春得食
嶺南異物志曰南方梅繁如北杏十二月開
語林曰范汪至能噉梅人嘗致一斛奩須臾噉盡
潘岳閑居賦曰梅杏郁棣之屬
左思蜀都賦曰梅杏羅生
栢梁臺太官令曰柤梨橘栗李桃梅
張協七命曰燀以秋橙酢以春梅接以商王之著承以
帝辛之盃

石榴

廣雅曰若榴石榴也
晉隆安起居注曰武陵臨沅縣安石榴子大如椀其味不
酸一蔕六實
宋書曰元嘉末魏太武征彭城遣使求甘蔗安石榴張暢
曰石榴出自鄴下亦當非彼所之
北史曰齊安德王延宗納趙郡李祖收女爲妃後帝幸李
宅宴而妃母宋氏薦二石榴於帝前問諸人莫知其意帝
投之問魏收曰此竟何意收曰石榴房中多子王新婚妃
母欲子孫衆多帝大喜詔收還將來仍賜美錦二疋
唐書曰孔紹安大業末爲監察御史時高祖爲隋討賊於
河東詔紹安監高祖之軍深見接遇及高祖受禪紹安自

洛陽間行奔高祖見之甚悦拜内史舍人時夏侯端亦嘗
爲御史監高祖軍先紹安歸朝授祕書監紹安因侍宴應
詔詠石榴詩曰祇爲來朝晚開花不及春時人稱之
神仙傳曰劉馮者沛人也封桑鄉侯學道於樓立子常服
石桂英及中岳石榴壽四百年如十五幼童
瀨鄉記曰老子祠堂北有石榴二株
鄴中記曰石虎苑中有安石榴子大如椀盞其味不酸
廬山記曰香爐峯頭有大盤石可坐數百人石垂生山石
榴三月中作花色似石榴而小淡紅敷紫萼煒曄可愛
襄國記曰龍崗縣有好石榴
博物志曰張騫使西域還得安石榴
廣志曰安石榴有甜酢二種
陸機與弟雲書曰張騫爲漢使外國十八年得塗林安石

榴也
李尤德陽殿賦曰蒲桃安若曼延蒙籠
應吉甫安石榴賦曰余往日爲中書直廬上有安石榴枝葉甚茂故爲之賦
傅玄安石榴賦曰虎宿中而織絛結龍辰升而丹華繁其在辰也灼若九日栖扶桑其在夕也爽若燭龍吐潛光
庾儵若石榴賦曰遠而望之粲若摛繢被山阿迫而察之赫若龍輝耀淥波也
夏侯孝若石榴賦曰接翠蔓於綠蔕冒紅牙於丹鬚𦶇然含蕤璀爾散珠雪醒解餔怡神實氣
潘岳閑居賦曰若榴蒲陶之珍磊落蔓延於其側
又安石榴賦曰實有嘉木名安石榴采條外暢榮幹內樛丹輝綴於朱房緗的點於紅鬚煌煌煒煒熠燿入藥似長離之栖鄧林若珊瑚之映流水光明燐爛含丹耀紫味滋芳袖色麗瓊蕤
潘岳安石榴賦曰若榴者天下之奇樹九州之名菓也是以屬文之士或叙而賦之遂而望之煥若隨珠耀重淵詳而察之灼若列宿出雲間千房同模十子如一御飢療渴解酲止醉
左思吳都賦曰蒲桃亂潰若榴競裂
張載重作石榴賦曰於是天廻節移龍火西夕流風晨激行露朝白紫房獨熟頳膚自坼剖之則珠散含之則冰釋充嘉味於庖籠極酸甜之滋液上薦清廟之靈下羞玉堂之客
張協安石榴賦曰乃剖乃折金房緗隔
范堅安石榴賦曰紅鬚肉艷頳牙外摽似華燈之映翠幕若丹瓊之則碧瑤
殷元安石榴賦曰余以暇日散愁翰林覩潘張若榴二賦雖有其美猶不盡善客復措辞故聊爲之賦曰或珠離於琁琬或玉碎於雕觴璘彬洒暎瞱紫嬰緗璀若瑤英之横鍾巘粲若靈蚌之含珠璫
徐藻妻陳氏石榴賦曰惟木之珍莫美石榴擢鮮葩於青春結芳實於素秋
王倫妻羊氏安石榴賦曰振綠葉於柔柯垂彤子之累袠
張載詩曰大谷石榴木滋之最膚如凝脂汁如清瀨渴者所思銘之裳帶
曹植弃妻詩曰石榴植前庭綠葉搖縹青翠鳥飛來集拊翼以悲鳴
庾元詩曰蒼蒼陵上栢參差列成行童童安石榴列生神道傍

覽九百七十　五　王祖

覽九百七十　六　王祖

榛

晉書曰成帝杜皇后崩先是三吳女子相與簪白花望之如素榛傳言天公織女死爲之着服至是而后崩
三國典略曰楊愔一門四世同居家甚隆盛昆弟就學三十餘人庭有榛樹實落于地羣兒咸爭愔獨坐不顧季父暐見之謂賓客曰此兒恬裕有我風
蕭廣濟孝子傳曰王祥後母庭有榛樹始着子使守視祥晝驅鳥雀夜則驚鼠時雨忽至祥抱樹至曙母見惻然
紫虛南岳夫人傳曰夫人姓魏名華存性樂神仙季冬夜半有四真人並年可二十降夫人靖室因設酒饌陳玄雲紫榛夫人還王屋山王子喬等並降時夫人與真人爲賓主設三玄紫榛

玄晏春秋曰衛倫過予論及於時味倫因命僕取糗進予予曰麥也有杏李㮈味具杏部

杜恕篤論曰日給之華與㮈相似也㮈結實而日給零落虛偽之然與真實相似也虛偽敗而真實成

西京雜記曰上林苑有白㮈紫㮈紫花綠㮈綠花

廣志曰㮈有白赤青三種張掖有白㮈酒泉有赤㮈西方例多㮈家以為脯數十百斛以為蓄積如收藏棗栗若㮈汁黑其方作羹以為豉用也

漢武故事曰上握蘭園之金精摘圓丘之紫㮈

釋名曰㮈油擣㮈實也和以塗繒上燥而發之形似油也㮈脯切㮈曝乾之如脯也

盧諶祭法曰夏祠法用白㮈秋祠用赤㮈

晉太始起居注曰太始二年六月嘉㮈一蔕十五實或七實生於酒泉

王子年拾遺記曰崑崙山上有㮈冬生子碧色須玉井之水洗方可食。郭子橫洞冥記曰有紫㮈大如斗甜如蜜核紫花青。虎丘山疏曰山下三面有春秋二㮈

本草經曰㮈味苦令人臆脹病人不可多食

晉宮閣名曰華林園有白㮈四百株

左太沖蜀都賦曰朱櫻春就素㮈夏成

潘安仁閑居賦曰二㮈耀丹白之色

潘尼東武觀賦曰飛甘瓜於浚水投素㮈於清渠

曹植求祭先王表文帝曰乞請白㮈二十枚

又謝賜㮈表曰即夕殿中虎賁宣詔賜臣等冬㮈一奩詔使温啖夜非食時而賜見及㮈以夏熟今則冬至物以非時為珍甘以絕口為厚實非臣等所宜蒙荷詔曰此㮈乃從梁州來道里既遠來轉暖故㮈變色

張載詩曰江南都蔗釀液豐沛三巴黃甘瓜州素㮈凡此數品殊美絕快渴者所思銘之裳帶

太平御覽卷第九百七十

太平御覽卷第九百七十一

果部八

柹　橙　林檎　椑　枇杷

檳榔　豆蔻　胡桃　荔支

柹

義熙起居注曰二年正月吴令顧脩期言西鄉有柹樹殊本合條依舊集賀詔停

晉宫閣名曰徽章殿前柹一株

廣志曰柹有小者如杏

王逸荔支賦曰宛中朱柹

潘岳閑居賦曰張公大谷之梨梁侯烏椑之柹

王廙洛都賦曰豹祠赤杏胡並丹柹甘液滋脆不絓牙齒

李尤七歎曰鴻柹若瓜

劉義恭啓事曰勑旨垂賜華林園柹出自神苑滋味殊絕

橙

說文曰橙橘屬也

東觀漢記曰建武中南單于來朝賜御食及橙橘龍眼荔支

晉令曰諸宫有秩者守護橙者置吏一人

淮南子曰夫橘樹之江北化爲橙

風俗通曰橙皮可爲醤虀

博物志曰成都廣都郫繁江原臨卭六縣生金橙似橘而非若柚而芬香夏秋冬或華或實大如櫻桃小者或如彈丸或有年春秋冬夏華實竟歲

廣志曰有給客橙曰夏至冬且花且實

風土記曰橙柚屬也而藥正圓

異苑曰南康歸美山石城内有橙就食其實任意取足持歸家人啖輒病或顛仆失徑

庾仲初楊都賦曰菓則黄甘朱橙

胡道安甘賦曰褰陰大橙江陽巨橘

林檎

廣志曰黑琴似赤棕亦名黑琴

劉禎京記曰園多林檎

述征記曰林檎菓實可佳其榅勃實微大其狀醜其味香輔関有之江淮南火

晉宫閣記曰華林園有林檎十二株榅勃六株

左思蜀都賦曰林檎枇杷橙柹梬楟

謝靈運山居賦曰枇杷林檎帶谷映渚

椑

廣州記曰荔支壷橘南巿之上菱蓮椑柹爲其次

地理記曰梁侯園有烏椑八稜大如醤盃

荆州土地記曰宜都出大椑

晉宫閣名曰華林園椑子二株

范汪祠制曰孟冬祭用椑柹

異苑曰傅亮求初中爲護軍兄迩住府西齋忽見其窻外椑樹下物面廣三尺狀若方相久乃自滅

韋耀靈陽賦曰甘蔗椑柹榛栗木瓜

潘安仁閑居賦曰梁侯烏椑之柹

謝靈運山居賦曰椑柹被實於長浦

潘岳金谷詩曰前庭樹沙甘後園植烏椑

魏武帝爲兖州牧上書曰謹上椑棗二箱

枇杷

范汪祠制曰孟夏祭用枇杷
唐書曰建中元年詔山南之枇杷江南之甘橘藕歲為次第貢者取一次以供廟饗餘皆罷
晉宮閣名曰華林園枇杷四株
風土記曰枇杷葉似栗子似蒳十而叢生四月熟
南中八郡志曰南安縣出好枇杷
廣州記曰枇杷若榴黍乎京都
華山記曰華山講堂西頭有枇杷園
荆州記曰宜都出大枇杷
廣志曰枇杷冬〻華實黃大如雞子小者如杏味甜酢四月熟出犍為
仲長統昌言曰今人主不思甘露醴泉湧而患枇杷荔支之腐亦鄙矣
王彪之閩中賦曰菓則烏椑朱柿扶餘枇杷
周祗枇杷賦曰昔魯季孫有嘉樹韓宣子譽之屈原離騷亦著橘賦至於枇杷寒暑無變負雪揚華余植之庭圃遂賦之云名同音器質異貞松四序一采素華冬馥
曹植樂府歌曰橙橘枇杷甘蔗代出
謝靈運七濟曰朝食既畢摘菓堂陰春惟枇杷夏則林檎

檳榔

吳錄地理志曰交阯朱鳶縣有檳榔樹直無枝條高六七丈葉大如蓮實房得古賁灰扶留藤食之則柔而美郡內及九真日南並有之
宋書曰劉穆之少時家貧誕節嗜酒食不脩拘檢好往妻兄家乞食多見辱不以為恥其妻江嗣女甚明識每禁不令往江氏後有慶會屬勿來穆之猶往食畢求檳榔江氏兄弟戲之曰檳榔消食君乃常飢何忽須此妻復截髮市肴饌為其兄弟以餉穆之自此不對穆之梳沐及穆之為丹陽尹將召妻兄妻泣而稽顙以致謝穆之曰本不匿怨無所致憂及至醉穆之乃令廚人以金柈貯檳榔一斛以進之
齊書曰任昉父遙本性重檳榔以為常餌臨終嘗求之不得好者昉亦所嗜好深以為恨遂終身不嘗檳榔
梁書曰干陁利國在南海洲上其俗與林邑扶南略同出班布古貝檳榔檳榔特精為諸國之極
三國典略曰齊命通直散騎常侍辛德源聘于陳陳遣主客蔡佞宴讌因談謔手弄檳榔乃曰頃　聞北間有人為噉檳榔獲罪人間遂禁此物定爾不德源荅曰此是天保初王尚書罪狀辭耳猶如李固被責云胡粉飾貌搔頭弄姿不聞漢世頓禁胡粉

金樓子曰有寄檳榔與家人者題為合字蓋一人口也
風俗記曰王高麗年十四五時四月八日在彭城佛寺中謝混見而以檳榔贈之執王手謂曰王郎謝叔源可與周旋否
南中八郡志曰檳榔大如棗色青似蓮子彼人以為異婚族好客輒先進此物若邂逅不設用相嫌恨
林邑記曰檳榔樹大圍丈餘高十餘丈皮似青桐節如桂竹下本不大上末不小調直亭亭千萬若一森秀無柯端頂有葉葉似甘蕉條派開破仰望沙沙如插叢蕉於竹杪風至獨動似舉羽扇之掃天葉下繫數房房綴十數子家有數百樹雲踈如墜繩也
廣州記曰嶺外檳榔小如交阯而大如蒳綃子土人亦呼

爲檳榔
廣志曰木實曰檳榔樹無枝略如柱其顛五六尺間鬆如
黍秀實大如桃李生棘針重疊其下剥其皮煑其肉實而
貫之堅如乾棗食後啖之滑美消穀下氣彼方珎之以爲
口實亦出交阯
南方草物狀曰檳榔樹三月開花仍連著實大如雞卵十
一月熟
雲南記曰雲南有大腹檳榔在枝朶上色猶青每一朶有
三二百顆又有剖之爲四片者以竹串穿之陰乾則可久
停其青者亦剖之以一片青葉及蛤粉卷和嚼嚥其汁即
似減澁味雲南每食訖則下之
又曰雲南多生大腹檳榔色青猶在枝朶上每朶數百顆
云是彌臣國來

又曰雲南有檳榔花糝極美
又曰平琴州有檳榔五月熟以海螺殼燒作灰名爲奔蛤
灰共扶留藤葉和而嚼之香美
羅浮山䟽曰山檳榔一名蒳子幹似蕉葉類拃一藂十餘
幹每幹生十房房底數百子四月采樹似栟櫚生日南
者與檳榔同狀五月子熟長寸餘
揚衒之洛陽伽藍記曰南方歌營國㝡爲強大民戶殷多
出明珠金玉及水精珎異饒檳榔
異物志曰檳榔若筍竹生竿種之精硬引莖直上末五六
尺間洪洪腫起若瘣木焉因折裂出若黍穗無華而爲實
大如桃李又生棘針重累其下以禦衛其實剖其上皮空
其膚熟而貫之硬如乾棗以扶留藤古賁灰并食下氣及
宿食消穀飲設以爲口實
檳表録異曰檳榔交廣生者非舶檳榔皆大腹子也彼中
悉呼爲檳榔交阯豪士皆家園植之其樹莖葉根幹與桄
榔椰子小異也安南人自嫩及老採實啖之以不娶藤兼
之瓦屋子灰競咀嚼之自云交州地溫不食此無以祛其
瘴癘廣州亦噉檳榔然不甚於安南也府郭內亦無檳榔
樹
周成雜字曰檳榔菓也似螺可食
李當之藥録曰檳郎一名賓門
左思吴都賦曰檳榔無柯椰葉無蔭
劉淵林吴都注曰檳榔高六七丈正直無枝葉條從心生
其實作房從心中一房數百實如雞子外有殼肉滿殼中
正白味苦澁得扶留藤與古賁灰食則柔滑而美矣
俞益期與韓康伯牋曰檳榔信南遊之可觀子既非常木

亦特奇云溫交州時度之大者三圍高者九丈其擢穗似
禾其綴實似穀其皮似桐而厚其節似竹而穊音䲭其中空
其外勁其屈如覆虹其申如縋繩步其林則寥朗庇其蔭
則蕭條信可以長吟可以遠想矣性不奈霜不得北植必
當遐樹海南遼然萬里不遇長者之目自令恨深
劉義恭啓事曰奉賜交州所獻檳榔味殊常品塗遠needs
九真蠻獠俗曰九真獠欲婿先以檳榔子一函詣女女食
即婚

豆蔻

劉欣期交州記曰豆蔻似杬樹味辛堪綜合檳榔嚼治斷
齒
環氏吴地記曰黄初三年魏來求豆蔻
南方草物狀曰漏蔻樹子大如李實二月華七月熟出興

古
左思吳都賦曰草則藿蒳豆蔻

胡桃

晉宮閣名曰華林園胡桃八十四株
廣志曰陳倉胡桃皮薄多肌陰平胡桃大而皮脆急捉則破
吳時外國志曰大秦有棗桼胡桃
西京雜記曰上林苑有胡桃
博物志曰張騫使西域還得胡桃
廣五行記曰後蜀李雄王衡十二年扶風人韓豹爲太史令雄卒子期立以豹爲太傅猶領候職豹嘗言於期曰臣今老志在田園欲植胡桃願賜其種期不悟俄而李壽自涪率衆南向襲尅成都廢期自立

嶺表録異曰山胡桃皮厚而堅大於北府底平如檳榔多肉少穰亦與北中者相似以斧碪之方破或取之自底磨平以爲印子其隅屈曲類篆文也
馬融西弟頌公胡桃自零
潘岳閑居賦曰三桃表櫻胡之別
孔融與諸鄉書曰先日多惠胡桃深知篤意
劉滔母荅虞吳國書曰咸和中避蘇峻亂於臨安山吳國遣使餉饋乃荅書曰此果有胡桃飛穰飛穰出自南州胡桃本生西羌外剛內柔質似賢欲以奉貢

荔支

東觀漢記曰單于來朝賜橙橘龍眼荔支
謝承後漢書曰汝南唐羌爲臨武縣長接交州舊獻荔支羌上書諫乃止

魏文帝詔羣臣曰南方有龍眼荔支寧比西國蒲陶石蜜乎今以荔支賜將吏啖之則知其味薄矣
吳録曰蒼梧多荔支生山中人家亦種之
唐書曰楊貴妃生於蜀好荔支南海荔支勝蜀者故每歲飛馳以進然方暑而熟經宿輒敗
又曰白居易爲忠州刺史在郡爲木蓮荔支圖寄朝中親友各記其狀曰荔支生巴峽間形圓如帷蓋葉如桂冬青華如橘春榮實如丹夏熟朶如蒲萄核如枇杷殼如紅繒膜如紫綃瓤肉瑩白如冰雪漿液甘酸如醴酪大抵如此其實過若離本枝一日而色變二日而香變三日而味變四五日外色香味盡去矣
廣志曰荔支高五六丈如桂樹緑葉蓬蓬然冬夏鬱茂青華朱實實大如雞子核黄黑似熟蓮子實白如肪甘而多

汁似安石榴有甜味夏至日將巳時翕然俱赤則可食也一樹下百斛犍爲僰道南荔支熟時百鳥肥其名之曰焦核小次曰春花次曰朝偈此三種爲美次鼈卵大而酸以爲醢和率生稻田間
又曰荔支壺橘南珎之上
西京雜記曰南越王尉他獻高祖鮫魚荔支高祖報以蒲桃錦四疋
竺法真登羅山疏曰荔支冬青夏至日子始赤六七日可食甘酸宜人其細核者謂之焦核荔支之最珎也
異物志曰荔支爲異多汁味甘絶口又小酸所以成其味可飽食不可使厭生時大如雞子其膚光澤皮中食乾則醮小則肌核不如生時奇四月始熟也
嶺表録異曰荔支南中之珎果也梧州江前有火山上有

荔支四月先熟（以其地熱故曰火也）核大而味酸其高新州與南海産者㝡佳五六月方熟（黔中亦出荔支余曾得一嘗一似火山者）形若小鷄子近蔕稍平皮殼殷紅肉瑩寒玉又有焦核者性熱液甘食之過度即蚕漿制之又有蠟荔支黄色味稍劣於紅者

廣州記云每歲進荔支郵傳者疲斃於道漢朝下詔止之今猶修事荔支煎進焉其樹自徑尺至于合抱葉蚕如冬青木性堅重其根工人多取為阮咸槽彈弓碁局

仲長統昌言曰今人主不思神芝朱草而患枇杷荔支之腐亦鄙矣

王逸荔支賦曰乃覩荔支之樹其形也暧若朝雲之興森如横天之篲角亢興而靈華敷大火中而朱實繁灼灼若朝霞之吐日離離如繁星之著天

劉淵吴郡注曰荔支樹生山中葉緑色實正赤肉肥肌正白味美

左思蜀都賦曰傍挺龍目側生荔支布緑葉之萋萋結朱實之離離

九ㄱ七十　九　王重

太平御覽卷第九百七十一

太平御覽卷第九百七十二

果木部九

蒲萄　橄欖　椰　楊梅　沙棠
枸櫞　益智　桶子　機

蒲萄

史記曰大宛以蒲萄爲酒富人藏酒至萬餘石久者數十歲不敗漢使取其實來於是離宮別觀傍盡種蒲萄

漢書曰李廣利爲二師將軍破大宛得蒲萄種歸漢

續漢書曰扶風孟他以蒲萄酒一斛遺張讓即以爲凉州刺史（三輔決錄又載）

魏文帝詔羣臣曰中國珎果甚多且復爲說蒲萄當其朱夏涉秋尚有餘暑醉酒宿醒掩露而食甘而不餶（烏玄切）（[illegible]）脆而不酸冷而不寒味長汁多除煩解餶又釀以爲酒甘於麴蘖善醉而易醒道之固以流溓（音蒹）咽唾況親食之郎他方之果寧有疋者

崔鴻十六國春秋前凉録曰張斌字洪茂燉煌人也作蒲萄酒賦文致甚美

又後凉録曰建元二十年呂光入龜兹城胡人奢侈富於生養家有蒲萄酒或至千斛經十年不敗

北齊書曰李元忠曾貢世宗蒲萄一盤世宗報以百練縑遺其書曰儀同位亞台鉉識懐貞素出藩入侍備經要重而猶家無擔石室若懸罄豈輕財重義奉時愛已故也久相嘉尚嗟詠無極恒思標賞有意無由忽辱蒲萄良深佩戴聊用絹百疋以酬清德

唐書曰高祖賜群臣食於御前果有蒲萄侍中陳叔達執而不食高祖問其故對曰臣母患口乾求之不能得高祖曰卿有母可遺乎遂流涕嗚咽久之乃止因賜物百段

又曰蒲萄酒西域有之前代或有貢獻人皆不識及破高昌收馬乳蒲萄實於苑中種之并得其酒法太宗自損益造酒爲凡有八色芳辛酷烈味兼醍益既頒賜群臣京師始識其味

又曰太宗時葉護獻馬乳蒲萄一房長二丈餘子亦稍大其色紫

又曰李直方常第果實若貢士者以綠李爲首芳梨爲副櫻桃爲三甘橘爲四蒲萄爲五或薦荔支曰寄舉之首也

又曰罽賓在葱嶺南踰縣度經熱坂其地暑濕人皆乘馬士宜秔稻多甘蔗蒲萄草木凌寒不死

金樓子曰大月氏國善爲蒲萄花葉酒或以根及汁醖之其花似香而綠縈碧鬚夏春之時萬頃競發如鸞鳳翼八月中風至吹葉上傷裂有似綾紈故人呼風爲蒲萄風亦名爲裂葉風

漢武帝内傳曰西王母當下帝設蒲萄酒

杜篤邊論曰漢征匈奴取其胡麻稗麥苜蓿蒲亦廣地也

廣志曰蒲萄有黄白黑三種

雲南記曰雲南多乾蒲萄

楊衒之洛陽伽藍記曰白馬寺浮圖前柰林蒲萄異於餘處枝葉繁衍子實甚大柰林實重七斤蒲萄實偉於棗味並殊美冠於中京帝至熟時常詣取之或復賜宮人得之轉餉親戚以爲奇異得者不敢輙食乃歷數家京師語曰白馬甜榴一實直牛

唐景龍文館記曰四月上巳日上幸司農少卿王光輔莊駕還頓後中書侍郎南陽岑羲設茗飲蒲萄漿與學士等

討論經史

又曰大學士李嶠入東都祔廟學士等祖送城東上令中官賜御饌及蒲萄酒

博物志曰西域有蒲萄酒積年不敗彼俗傳云可至十年飲之醉彌日不解

又曰張騫使西域還得蒲萄

晉宮閣名曰華林園蒲萄百七八十株

秦州記曰秦野多蒲萄

本草經曰蒲萄生五原隴西燉煌益氣強志令人肥健延年輕身

王逸荔支賦曰西旅獻崐山之蒲萄

鍾會蒲萄賦曰余植蒲萄於堂前嘉而賦之命荀勗並作

應禎蒲萄賦曰結繁子之磊落兮英龍揔而彌房

傅玄蒲萄賦曰踰龍堆之險越懸度之阻涉乎三光之阪歷乎身熱之野

橄欖

金樓子曰有樹名獨分爲二枝其東向一枝是木威樹南向一枝是橄欖樹

南越志曰博羅縣有合成樹十圍去地二丈分爲三衢東向一衢木威葉似練子如橄欖而硬削去皮南人以爲糝南向一衢橄欖西向一衢橄欖

裴淵廣州記曰橄欖澁酒

廣志曰橄欖大如鷄子交州以飲酒

南州草木狀曰橄欖子大如棗二月華八九月熟生食味酢蜜藏乃甜美交阯武平興古九真有之

臨海異物志曰餘甘子梭形初入口舌澁後飲水乃甘又如梅實核兩頭銳呼爲餘甘橄欖同一物異名耳

嶺表錄異曰橄欖樹身聳枝皆高數尺其子深秋方熟閩中尤重味云咀之香口勝含鷄舌香生喫及煮飲悉解酒毒有野生者子繁樹峻不可梯緣但刻其根下方寸許內鹽於其中一夕子皆自落樹枝節上生脂膏如桃膠南人採之和其皮葉煎之調如黑餳謂之橄欖糖用泥舡損乾後牢於膠漆着水益乾堅耳

左思吳都賦曰龍眼橄欖

椰

隋書曰林邑國人深目高鼻髮拳色黑俗皆徒跣以幅布纏身冬月衣袍婦人椎髻施椰葉席

唐書曰訶陵國俗以椰樹花爲酒其樹生花長三尺餘實大如人脛割之取汁以成酒味甘飲之亦醉

南夷志曰荔支檳榔訶梨勒椰子桄榔等諸樹永昌麗水諸山皆有之

雲南記曰南詔遣使致南國諸果有椰子狀如大牛心破一重麄皮刮盡又有一重硬殼有小孔以筯穿之內有漿二合餘味甘色白

又曰雲南多椰子亦以蜜漬之爲糝

廣志曰椰樹高六七丈無枝條有葉如東蒲乃在樹末實如大瓠瓜懸在樹頭實外有皮中有核皮裏有汁升餘清如水美如蜜可飲核中膚白如雪厚半寸味如胡桃而美可食出交阯家家種之

南方草木狀曰椰二月花花仍蓮着實房連相累房三十或二十七八子十一月十二月熟其樹黃 俗名爲丹欖破之可作椀子長如栝樓子

交州記曰椰子有漿截花以竹筩承取汁作酒飲之亦醉

神異經曰東南荒中有椰木椰高二三丈或十餘丈圍丈餘或七八尺葉三百歲盡落而華華如甘瓜華華盡落而生萼萼下生子三歲而熟熟後不長不減形如寒瓜長七八寸徑四五寸

南州異物志曰椰樹大三四圍長六丈通身無枝至百餘年有葉葉狀如蒲長四五尺直竦指天實生葉間皮苞之如蓮狀皮肉硬過於核中肉白如鷄子着皮而腹内空含汁大者含外餘實形團團然或如瓜蔞横破之可爲爵並堪器用南人珍之

異物志曰椰樹高六七丈無枝條葉如束蒲在上其實如瓠繫之巔實外皮如胡蘆膚中有汁外餘清如水味美於蜜食其膚則不飢食其汁則增渴又有如兩眼處俗號椰子爲越王頭

嶺表録異曰椰子樹亦類海棧實號椰子大如甌盂外有麄皮如火腹次有硬殼圓而且堅厚二三分有圓如卵者即截開一頭砂石摩之去其皺皮其斕斑錦文以白金裝之以爲水罐子珍奇可愛殼中有液數合如乳亦可飲之冷而動氣

左思吳都賦曰椰葉無蔭

俞益期牋曰有清漿數升懸於長木之端終不乾故爲小異

楊梅

金樓子曰楊周年七歲甚聰惠孔君平詣其父父不在乃呼兒出爲設果有楊梅孔公指以示兒曰此真君家果兒應聲答曰未聞孔雀是夫子家禽

博物志曰地有章名則生楊梅

南越志曰熙安縣白蜀里多楊梅張公以爲名章則多楊梅此偶以所聞而命書後好事改地就之耳求之白蜀去之遠矣

裴淵廣州記曰盧山頂有湖楊梅繞其際人登者止得於山飽食不得持下

吳興記曰故章縣北有石樃山出楊梅常以貢御張華所謂地名章必生楊梅蓋謂此也

食經曰藏楊梅法取完者一斛鹽漬之曝乾别取杭皮二斤煑鹽汁漬之不加蜜漬梅色如初美好可留數月

臨海異物志曰楊梅其子如彈丸正赤五月中熟熟時似梅味甘甜酸

梁江淹楊梅頌曰懷蕋挺實涵黄糅丹鏡日繡壑照霞綺

靡

沙棠

山海經曰崑崙之山有木焉狀如棠棠梨黄華赤實味如李而無核名曰沙棠可以却水

呂氏春秋曰伊尹説曰果之美者沙棠之實

南越志曰寧鄉果多沙棠

竺法真登羅浮山疏曰羅浮山有沙棠華黄實赤味甘如李

枸櫞

裴淵廣州記曰枸櫞樹似橘如柚大而倍長味奇酢皮以蜜煑爲粽

劉欣期交州記曰枸櫞如柚核細

異物志曰枸櫞實橘大如飯筥皮不香味不美可以浣治

葛紵若酸棃

嶺表録異曰枸櫞子形如瓜皮以橙而金色故人重之愛其香氣京輦豪貴家釘盤筵憐其遠方異果肉甚厚白如蘿蔔南中女工競取其肉雕鏤花鳥浸之蜂蜜點以燕脂擅其妙巧亦不讓湘中人鏤木瓜也

益智

十三國春秋曰安帝元年盧循為廣州刺史循遺劉裕益智粽裕乃荅以續命湯

顧微廣州記曰益智葉如蘘荷莖如竹箭子從心中出一枝有十子子内白滑四破去之取外皮蜜煑為粽子味辛

周景式廬山記曰山果有益智蒲萄

廣志曰益智葉以蘘荷長丈餘其根上有小枝高八九寸无華萼其子藂生之如棗中辨黑皮白核小者曰益智含之隔涎濊出壽萬亦生交阯

南方草物狀曰益智如筆毫長七八分二月華五月六月熟味辛中芬香出交阯合浦

陳祁暢異物志曰益智類薏苡長寸許如枳椇子味辛剃飲酒食之佳

惠遠法師荅盧循書曰損餉深抱情至益智乃是一方異味即於僧中行之

桶子

廣志曰桶子似木瓜樹木

南方草物狀曰桶子木如鷄卵三月華八月九月熟味酸酢或以蜜藏滋味甜美出交阯

劉欣期交州記曰如桃

陳祁暢異物志曰槃子之樹枝葉四布（枝葉滿蘇如車蓋也）名同種異味實甜酢（典作紙穀同名而實大異也）果而無核裏面如素析酒止醒更為遺賂

檖

毛詩秦車鄰晨風曰隰有樹檖（毛云赤羅或云山梨今人謂之楊檖樹實如梨但小耳一名燕梨一名鼠梨）

陸機毛詩䟽義曰樹檖一名赤羅一名山梨今人謂之楊檖樹及實如梨但實奇小耳一名鹿鼠一名鼠梨齊郡廣縣堯山魯國河内共北中有今人亦種之極有美者赤梨之脃美者

爾雅曰檖羅也（郭氏曰今楊檖也實似梨而酢可食也）

廣志曰陽檖子似梨大如杏可食

晉宮閣名曰華林園陽檖二株

太平御覽卷第九百七十二

太平御覽卷第九百七十三

果部十

龍眼　榠樝　餘甘　蒟子　木瓜　劉　欝
杜梨　極棗　榛　柚　椵　椹

龍眼

廣雅曰益智龍眼也

謝承後漢書曰交阯七郡献龍眼

廣志曰龍眼樹葉似荔支蔓延緣木生子大如酸棗色異純甜無酸

朱崖傳曰果有龍眼

交州記曰龍眼樹高五六丈似荔支而小

廣州記曰龍眼子似荔支七月熟

吴氏本草曰龍眼一名比目

嶺表録異曰龍眼子樹如荔支葉小殼青黄色形圓如彈丸大核如木梡子而不堅肉白帶漿其甘如蜜一朶恒三二十顆荔支方過龍眼即熟南人謂之荔支奴以其常隨後也

左思蜀都賦曰傍挺龍眼側生荔支

榠樝

齊書曰武帝幸丹陽郡宴飲郅攜侍舊酒後狎侮同列時王敬則執榠樝以刀子削之謂曰此非元徽頭何事自契之爲左丞庾果之所糺以贖論

廣志曰榠樝其子甚酢出西方

餘甘

吴録地理志曰高涼安寧縣有餘甘初食之味苦後口中更甘

臨海異物志曰餘甘子如梭形出晉安侯官界中餘甘橄欖同一果耳

雲南記曰瀘水南岸有餘甘子樹子如彈丸許色微黄味酸苦核有五稜其樹枝如柘枝葉如小夜合葉

陳祁暢異物志曰餘甘大小如彈丸大視之理如定陶瓜片初入口如苦忽咽口中乃更甜美鹽而蒸之尤美可多食之

朱崖故事曰朱崖果有餘甘

左思吴都賦曰其果則丹橘餘甘荔支之林

蒟子

漢書曰番陽令唐蒙風曉南粤南粤食蒙蜀枸醬注曰枸音矩枸樹也如桑其椹長二三寸酢取其實以爲醬

廣志曰蒟子蔓生依樹子似桑椹長數寸色黑辛如薑以鹽淹之下氣消食出南安

左思蜀都賦曰邛杖傳節於大夏之邑蒟醬流味於番禺之鄉

木瓜

爾雅曰楙木瓜郭氏注曰實如小瓜酢可食楙音茂也

周禮冬官下弓人職曰取幹之道木瓜次果桑

毛詩衛淇澳木瓜曰投我以木瓜報之以瓊琚毛木楙也詩義疏曰楙葉似柰實如小瓜上黄著中令香欲啖者蜜封藏百日食之也

三國典略曰齊孝昭北伐庫莫奚至天池以木瓜灰毒魚魚皆死而浮出庫莫奚竊相謂曰池有靈魚犯之不祥乃出長城北道齊主分兵追擊獲牛羊七萬振旅而還

水經曰魚復縣地多木瓜樹有子大如𤬪音武白黄實甚香爾雅之所謂楙也

盛弘之荊州記曰魚復縣有固陵村地多木瓜樹其子大

者如瓠

晉宮閣記曰華林園有木瓜五株

廣志曰木瓜子可藏枝爲一尺百二十節

吴氏本草曰木瓜生夷陵

虎丘山疏曰山三面悉有木瓜

何承天木瓜賦曰惟兹木之在林亦超類而獨劭方朝華而繁實此沙棠而有曜

劉

爾雅曰劉劉杙也（劉子生山中實如梨酢甜核堅出交趾杙音弋）

吴録地理志曰交阯羸𨻻縣有劉子樹出山中實如梨而味酸美郡内皆有之

南方草物狀曰劉三月華七月八月熟其色黄其味酢出交阯武平興古九真

吴都賦曰梌劉禦霜

鬱

周書曰夏食鬱（棣也）

毛詩豳七月曰六月食鬱（毛注曰鬱棣）

詩義疏曰其樹高五六尺其實大如李正赤食之甜

魏王花木志曰鬱薁樹高五六尺實大如李赤色食之甘

廣雅曰一名雀李又名車下李又名郁李亦名棣亦名薁李

李子毛詩七月食鬱及薁即郁李也一名棣也

呂氏本草曰郁核一名雀李一名車下李一名棣

晉宮閣名曰華林園薁李一林

司馬相如上林賦曰隱夫鬱棣合遝離支

潘岳閑居賦曰梅杏薁棣之屬

曹毗魏都賦曰若榴郁棣

杜梨

爾雅曰杜甘棠（今之杜梨也）

山海經曰岷山其木多棠

韓詩外傳曰邵伯在朝所司請召民邵伯曰不勞一身而勞百姓此非文王之志也於是廬於棠樹之下百姓大悦詩人見而歌焉

毛詩鶌巢甘棠曰蔽芾甘棠勿翦勿伐召伯所茇（毛云甘棠杜也）

詩義疏曰今棠梨也一名杜梨如梨而小有甜酢可噉也

毛詩蟋蟀杕杜曰有杕之杜生于道周

陸氏毛詩疏義曰杕杜杜赤棠也與白棠同但有赤白美惡子白色者爲白棠白棠甘棠也多酸美滑赤棠子澁而酢者也俗語澁如杜是也木理亦赤可以作弓材

孫楚杕杜賦序曰家弟以虞氏梨賦見示余謂豈以梨有用之爲貴杜無用之爲賤故賦之

楔棗

晉宮閣名曰華林園楔（音歃）棗四株

廣志曰楔棗味如柹晉陽楷楔肌細而厚以供御

范子計然曰楔棗出漢中郡

崔豹古今注曰楔棗葉如柹實似柹而小味甘美

司馬相如子虛賦曰櫨梨梬栗（梬楔棗也）橘柚芬芳

左思蜀都賦曰林檎枇杷橙柹梬楟

榛

毛詩邶柏舟簡兮曰山有榛隰有苓

陸機毛詩疏義曰山有榛枝葉似栗樹子似橡子味似栗枝莖可以爲燭

毛詩鄘柏舟定之方中曰樹之榛栗椅桐梓漆

詩義疏曰榛栗屬有兩種其一種大小皮葉皆如栗其子小形似杼子味亦如栗所謂樹之榛栗者也其一種枝葉如木蓼生高丈餘作胡桃味遼代上黨皆饒

周禮天官下籩人職曰饋食之籩其實榛

禮記曲禮下曰婦人之贄椇榛棗栗

說文曰榛似梓實如小栗

山海經曰上申之山下多榛楛郭氏注曰榛似栗而小

任昉述異記曰漢末楊氏家園中産柚榛二株

張衡七辯曰寒梨乾榛

柚爾雅音義曰或作櫾

爾雅曰柚條也郭氏注曰似橙實酢出江南

尚書禹貢曰揚州厥苞橘柚

周書曰秋食橘柚

毛詩秦車鄰曰終南何有有條有梅

列子曰吳越之間有木焉其名曰櫾碧樹而冬青實丹而味酸度淮北而化爲枳焉

莊子曰三王五帝之禮義法度譬猶柤梨橘柚其味相反而皆可於口

淮南子曰天之所覆地之所載皆生於一父毋故槐榆與橘柚合而爲兄弟

呂氏春秋曰果之美者雲夢之柚

山海經曰洞庭之山綸山銅山賈超之山其木多櫾郭氏注曰柚似橘而大

鹽鐵論御史曰孝武皇帝平百越以爲園圃臣庶皆厭橘柚

崔寔政論曰橘柚之貢堯舜所不常御

裴淵廣州記曰別有柚號爲雷柚實如升大

廣志曰成都有柚大如升

博物志曰橘柚類多豫章郡出真者

風土記曰柚大橘也赤黃而酢也

神異記曰東方建春山外多柚

異苑曰南康歸美山石城內有甘橘柚

楚辭曰斬伐橘柚列樹苦桃

楚辭曰雜橘柚以爲囿兮列辛夷與椒楨

司馬相如子虛賦曰橘柚芬芳

古詩曰橘柚垂華實乃在深山側聞君好我甘竊獨自雕飾

揚雄揚州牧箴曰彭蠡既瀦陽鳥攸居橘柚羽貝瑤琨篠簜

崔琦七蠲曰于斯江東是産橘柚紫葉玄實綠裹朱莖

郭璞讚曰厥生嘉歎以爲美談

椵

爾雅曰櫠椵也郭璞注曰柚屬子大如盂皮厚二三分中似枳食之味少

椹

毛詩駉頌泮宮曰翩彼飛鴞集于泮林食我桑黮懷我好音黮桑實

後漢書曰獻帝時三輔大飢九月桑復生椹人得以食

魏略曰楊沛爲新鄭長課民益畜乾椹會太祖西迎天子無糧食沛進乾椹及太祖輔政遷爲鄴令賜其生口十人絹百疋欲以勵之報乾椹也

魏書曰袁紹在河北軍人仰棗椹

車頻秦書曰慕容垂圍鄴百姓不得從田民以桑椹爲糧

相噉略盡

晉書載記曰苻登攻姚萇萇據武都相持累戰互有勝負登軍中大飢收椹以供兵

後魏書曰崔逞自燕奔魏尋除御史太祖攻中山乏糧問郡臣取食之方逞曰取椹可以助糧太祖雖銜侮慢兵須食乃聽人取椹

北史曰後周趙肅爲齊州別駕有能名其東鄰有桑椹落其家就遣人悉拾歸其主誡諸子曰吾非以此求名意者非機杼物不願侵人汝等宜以爲誡

金樓子曰秦皇遣徐福求一寸椹碧海之中有扶桑樹長數千丈樹兩兩同根生更相依倚是名扶桑仙人食其椹而體作金光飛騰玄宮也

漢武内傳曰神仙上藥有扶桑丹椹

汝南仙賢傳曰蔡君仲孝養老母時赤眉亂君仲取桑椹赤黑異器賊問之荅云黑者與母赤者自食賊嘉之與鹽二升

世說曰張天錫爲晉孝武所器每入言話無不竟日頗有嫉之者於坐問張北方何物可貴張荅曰桑椹香甘鴟鴞革響醇酪養性人無嫉心

世說曰有王甲從北方來詣謝公問北方何果最勝甲云桑椹最好謝公問可以比江東何果甲云是黄甘之流公曰君何乃爾妄語甲既受妄語之名恐宰相所貴乃買駿馬候熟時取數十枚還以奉公公食之以爲美乃謂甲此味乃江東所無而君近比黄甘於是引甲爲賔客

十洲記曰有椹樹長數千丈名爲扶桑芝仙人食其椹而體作金色飛翔玄宮其樹雖大其葉則小故如中夏之桑椹也但椹稀而赤九千歲一生實耳

楊衒之洛陽伽藍記曰願會寺中書侍郎王翊捨宅立也佛堂前生桑樹一株直上五尺枝條横遶柯葉傍布形如羽蓋復髙五尺凡爲五重每一重葉椹各異京師道俗謂之神桑觀者成市布施者甚衆帝聞而惡之以爲惑衆命給事黄門侍郎元紀伐殺之其日雲霧晦冥下斧之處流血至地見者莫不悲泣

東方朔神異記曰東方有樹高八十丈敷張自輔葉長一丈廣六七尺名曰桑上有椹長三尺五寸其圍如敷

異苑曰漢興平元年九月桑再椹時劉玄德軍小沛年荒穀貴士衆皆飢仰以爲糧

又曰北方有白桑椹長數寸食之甘美

五行記曰晉武太元中太原王戎爲鬱林太守泊舡新

亭眠夢人以七枚椹與之著衣襟中既悟得椹如夢中

傳休奕桑椹賦曰繁實離離含甘吐液紫米三變或玄或白嘉味殊滋食之無斁

太平御覽卷第九百七十三

太平御覽卷第九百七十四

果部十一

枳椇（音只矩）

毛詩嘉魚南山有臺曰南山有枸北山有楰（枸枳枸）

詩義疏曰枳枸樹高大如白楊所在皆有子著支端支柯不直噉之甘美如飴八九月熟江南特美今官園種之謂之木蜜能令酒味薄若以爲屋柱則一屋酒可薄

禮記曲禮下曰婦人之贄椇榛脯脩（鄭玄曰椇枳椇也）

廣志曰枳椇葉似柳子似珊瑚其味如蜜十一月熟樹乾者益美出南方大如指頭

崔豹古今注曰枳椇子一名樹蜜一名木餳實形拳曲核在實外味甜美如餳蜜一名白石一名木石一名枳椇也

採（音蟾南越志果名似柰而酸）

薛瑩荊揚以南異物志曰採子樹產山中實似梨冬熟味酸丹陽諸郡有之

蒳（音納）

異物志曰蒳草樹果如栟櫚而小三月採其葉細破乾之味近苦拼雞舌香食之益善也

顧微廣州記曰山檳榔大於蒳子蒳子土人亦呼爲檳榔

左思吳都賦曰藿蒳荳蔻

木威

顧微廣州記曰餘甘甘蕉木威黃皮其味殊苦

顧微廣州記曰木威高丈餘子如橄欖而堅削去皮以爲粽

櫖木

吳錄地理志曰廬陵南部雩都縣有櫖樹其實如甘蕉而核味亦如之

杬（音求）

爾雅曰杬繫（音計）梅也（郭璞注曰杬樹似梅子如指頭赤色似小柰可食）

椋

爾雅曰椋（音速）棣（音逮）（郭璞注曰椋實似棣赤可食）

山海經曰庭之山其上多椋木（郭璞注曰即棣也）

曹毗魏都賦曰果則谷椋山樗（音本）

楊桃

臨海異物志曰楊桃似南方橄欖子其味甜常五月十月熟諺言楊桃無蹙一歲三熟其色青黃核如棗核

臨海異物志曰楊桃子生晉安候官縣一小樹得數十石實大三寸可蜜藏之

庾仲初楊都賦曰楊桃枇杷

楊搖

臨海異物志曰楊搖有七脊子生樹皮中其體雖異味則無奇長四五寸色青黃味甘也

冬熟

臨海異物志曰冬熟如指大正赤其味甘勝梅

猴闥

臨海異物志曰猴闥子如指頭大其味小苦可食

關桃

臨海異物志曰關桃子其味酸

土翁

臨海異物志曰土翁子如漆子大熟時甜酸其色青黑

狗槽

臨海異物志曰狗槽子如指頭大正赤其味甘

雞橘

臨海異物志曰鷄橘子如指頭大味甘永寧南界中有之

猴總

臨海異物志曰猴總子如指頭大與柹相似其味不減於柹

多南

臨海異物志曰多南子如指大其色紫味甘與梅子相似出晉安候官界中有

王壇

臨海異物志曰王壇子如棗大其味甘晉安候官越王祭壇邊有此果無知其名因見生處遂名王壇其形小於龍眼有似木瓜七月熟甘美也

王彪之閩中賦曰王壇侯栗

楊都賦曰草則龍目荔支王壇丹橘

三廉（出熙安郡雲母山見南越志）

陳祈暢異物志曰三廉大實實不但三（雖名三廉或有四五六枝）食之多汁味酸且甘藏之尤好與衆果相条

鬼目（亦名几目）

爾雅曰符鬼目（郭景純曰今江東有鬼目草莖似葛葉圓而毛子如耳璫赤色叢生）

廣志曰鬼目似梅南人以飲酒

南方草木狀曰鬼目樹大者如木子小者如鴨子二月花色仍連着實七月八月熟其色黃其味酸以蜜煮之滋味柔嘉交阯武平興古九真有之

裴淵廣州記曰鬼目益智直爾不敢噉可爲糝也

交州記曰鬼目樹似棠梨葉似楮皮白樹高大如木瓜而小邪傾不周正味酢九月熟又有草昧子亦如之亦可爲糝周其草似鬼目

甘蔗

説文曰藷蔗也

漢書禮樂志郊祀歌曰百味旨酒布蘭生泰尊柘漿析朝酲（應劭曰柘漿取甘柘汁以爲飲也）

吳録地理志曰交阯句扇（音灦）縣干蔗大數寸其味醇美異於他處笮以爲餳曝之凝如冰破如博棊入口消釋

江表傳曰孫亮使黃門以銀盌并蓋就中藏吏取交州所獻甘蔗餳黃門先恨藏吏以鼠矢投餳中啓言吏不謹亮呼吏持餳器入門曰此器既蓋之且有油覆無緣有此也

黃門將有恨汝耶叩頭曰常從官求官莞席有數不敢與亮曰必是此也問具服即於前加髡鞭斥外付

晉書曰顧愷之每食蔗自尾至本人或問之曰漸入佳境

宋書曰庾仲文好貨劉雍自謂得其助力事之如父夏中送甘蔗

又曰元嘉末魏太武征彭城遣使至小市門致意求甘蔗及酒孝武遣人送酒二器甘蔗百挺

齊書曰宜都王鏗善射常以堋的太闊曰終日射侯何難之有乃取甘蔗挿地百步射之十發十中

又曰范雲求明十年使魏魏人李彪宣命至雲所甚見稱美彪爲設甘蔗黃粽隨盡復益彪笑謂曰范散騎小驗之一盡不能復得

梁書曰：庾沙弥性至孝，母劉亡，好噉甘蔗，沙弥遂不食焉。

三國典略曰：陸納反湘州，分其衆二千人夜襲巴陵，晨至城下。宜豐侯脩出壘門，坐胡牀以望之。納衆乘水來攻，矢下如雨，脩方食甘蔗，曾無懼色，部分軍旅，鼓而進之，遂獲其一艦，生擒六千人，納遂歸保長沙。

又曰：侯景至朱雀街，南建康令庾信守朱雀門，俄而景至，信衆撤桁，始除一舶，見景軍皆着鐵面，退隱于門，自言口燥，屢求甘蔗，俄而飛箭中其門柱，信手中甘蔗應弦而落。

隋書曰：赤土國物產多同於交阯，以甘蔗作酒，雜以紫瓜根，酒色黃赤，味亦香美。

永嘉郡記曰：樂城縣三州府江有三洲，因以爲名，對岸有浦，名爲菰子，出好甘蔗。

盧諶祭法曰：冬祀用甘蔗。

范汪祠制曰：孟春祠用甘蔗。

扶南傳曰：安息國出甘蔗。

廣志曰：甘蔗，其餳爲石蜜。

雲南記曰：唐韋齊休聘雲南，會川都督劉寬使使致甘蔗，蔗節希似竹，許削去後亦有甜味。

神異經曰：南方荒内肝蝫林，其高百丈，圍三丈，促節多汁，甜如蜜。（肝音干，蝫音都。）

異物志曰：甘蔗遠近皆有，交阯所產特醇好，本末無薄厚，其味甘，圍數寸，長丈餘，頗似竹，斷而食之，既甘，生取汁爲飴餳，益珎，煎而暴之，凝如氷。

甄異傳曰：隆安中，吳縣張牧字君林，忽有鬼來，無他須臾，唯欲噉甘蔗，自稱高褐，主人因呼阿褐，牧母見之，是小女，面青黑色，通身青衣。

魏文帝典論曰：嘗與平虜將軍劉勳、奮威鄧展等共飲，宿聞展有手臂，曉五兵，余與論劒，酒酣耳熱，方食干蔗，便以爲杖，下殿數交，三中其臂。

袁子正書曰：歲比不登，凡不給之物，若干蔗之屬，皆可權禁。

楚辭曰：胹（奴到切）鱉炮羔，有柘漿（柘，蔗也）。

司馬相如子虛賦曰：諸柘巴苴（諸柘，甘柘）。

張協都蔗賦曰：若乃九秋良朝，玄醇初出，黃華浮觴，酣飲累日，挫斯柘而療渴，若漱醴而含蜜，清滋津於紫梨，流液豐於朱橘。

曹植詩曰：都蔗雖甘，杖之必折，巧言雖美，用之必滅。

張載詩曰：江南都蔗，釀液灃沛，三巴黃甘，瓜州素榛，凡此數品，殊美絕快，渴者所思，銘之裳帶。

李伯仁七款曰：副以甘柘，豐弘誕節，纖液玉津，旨於飴蜜。

虞翻與弟書曰：有數頭男，皆如奴僕，伯安雖癡，諸兒不及，觀我所生，有兒無子，伯安三男，阿思似父，思其兩弟，有似人也。去日南遠，恐如甘蔗，近杪即薄。

應璩與尚書諸郎書曰：檀氏園葵菜繁茂，諸蔗瓜芋，亦離尚萌，未知三生，復何種植。

馮衍杖銘曰：杖必取材，不必用味，相必取賢，不必所愛。都蔗雖甘，猶不可杖，佞人悅已，亦不可相。

甘藷

南方草物狀曰：甘藷，民家常以二月種之，至十月乃成卵，大者如鵝，小者如鴨，掘食其味甜，經久得風乃淡泊。耳出交阯、武平、九真、興古。

陳祈暢異物志曰：甘藷似芋，亦有巨魁，剝去皮，肌肉正白

如昉南方人專食之以當米穀蒸炙皆香美賓客酒食亦
施設有如果實也

燕薁音郁

毛詩豳七月曰六月食鬱及薁薁蘡薁也

毛詩題綱曰葛藟一名燕薁藤好生河滸邊得水潤而長
喻王九族蒙王恩惠以育子孫今王無澤於族人不如葛
藟生河滸邊也

廣雅曰燕薁蘡舌也

廣志曰燕薁似梨早熟

魏王花木志曰燕薁實大如龍眼黑色說文謂之蘡薁詩
疏一名車鞅藤豳詩七月食鬱及薁此名燕薁

潘岳閑居賦曰梅香薁棣之屬繁榮藻麗之飾

曹毗魏都賦曰英梅楊李若留郁棣郁俗謂之郁

廉薑

廣雅曰葰相維切廉薑也

湘州記曰始安縣空龍山精了山出廉薑

食經曰廉薑法蜜煮烏梅去滓以淬廉薑再三宿色黃赤
如琥珀

劉楨清慮賦曰仰稱木韭俯拔廉薑

太平御覽卷第九百七十四

太平御覽卷第九百七十五

果部十二

甘蕉　扶留　芋　菱
芡　蓮　藕

甘蕉

晉宮閣名曰華林園芭蕉二株

南夷志曰南詔土無食器以芭蕉葉藉之

廣志曰芭蕉葅或曰甘蕉莖如荷芋重皮相裹大如盂升葉廣二尺長一丈子有角子長六七寸或三四寸生爲行列兩兩共對若相抱形剥其上皮色黄白味似蒲萄甜而飽人其根大如芋魁大一石青色其莖解散如絲織以爲葛謂之蕉葛雖脆而好色黄白不如葛色出交阯建安

南州異物志曰甘蕉草類望之如樹株大者一圍餘葉長一丈或七八尺廣尺餘二尺許花大如酒杯形色如芙蓉著莖末百餘子大名爲房根似芋塊大者如車轂實隨華每華一闔各有六子先後相次子不俱生花不俱落此蕉有三種一種子大拇指長而銳有似羊角名羊角蕉味最甘好一種子大如雞卵有似牛乳味微減羊角蕉一種大如藕子長六七寸形正方少甘味最弱其莖如芋取以灰練之可以紡績

異物志曰芭蕉葉大如筵席其莖如芋取鑊煮之爲絲可紡績女工以爲絺綌今交阯葛也其内心如蒜鵠頭生大如合柈因爲實房一房有數十枚其實皮赤如火剖之中黑剥其皮食其肉如　蜜甚美食之四五枚可飽而餘滋味猶在齒牙間一名甘蕉

顧微廣州記曰甘蕉與吳花實根葉不異真是南土暖不經霜凍四時花葉展其熟甘未熟時亦苦澁也

南方草物狀曰蕉樹子房相連累甜美亦可蜜藏

遊名山志曰赤巖山水石之間唯有甘蕉林高者十丈

卞敬宗甘蕉讚曰扶疎似樹質則非木

扶留

吳録地理志曰始興有扶留藤緣木而生味辛可以食檳榔

蜀記曰扶留木根大如箸視之似柳根又有蛤名古賁生水中取燒爲灰曰牡蠣粉先以檳榔着口中又扶留長寸古賁灰少許同嚼之除胷中惡氣

異物志曰古賁灰牡蠣灰也與扶留檳榔三物合食而後善也扶留藤似木防已扶留檳榔所生相去遠爲物甚異而相成俗曰檳榔扶留可以忘憂

交州記曰扶留有三種一名穫扶留其根香美一名南扶留葉青味辛一名扶留藤味亦辛

廣志曰扶留藤緣樹生其花實即蒟也可爲醬

左思吳都賦曰石帆水松東風扶留

芋

説文曰齊人謂芋爲莒

孝經援神記曰仲冬昴星中收莒芋宋均曰莒亦芋

廣雅曰藉如水芋也亦曰烏芋

漢書曰汝南郡有鴻隙大陂翟方進爲丞相奏破之郡中追怨童謡曰壞陂誰翟子威飯我豆食羹芋魁

漢書曰秦破趙遷卓氏曰吾聞岷山之沃野下有蹲鴟注曰蹲鴟芋也至死不飢乃求遠遷致之臨邛至僮百人

崔鴻十六國春秋蜀録曰李雄剋成都衆甚飢餓乃將民

就穀於鄭掘野芋而食之

南史孝義傳曰鮮于文宗漁陽人年七歲喪父父以種芋時亡至明年芋時對芋嗚咽如此終身

氾勝之書曰區種芋法區收三石

汝南先賢傳曰袁安字召公除陰平長時年飢荒民皆棄食租入不畢安聽使輸芋曰百姓飢困長何得食穀先自引芋吏皆從之

汝南先賢傳曰薛苞歸先人冢側種稻芋以祭祀芋以充飢耽道說禮玄虛無為

列仙傳曰酒客為梁承使民益種芋三年當大饑卒如其言梁民不死

風土記曰博士芋蔓生根如鵞鴨卵

華陽國志曰何隨字季業蜀郫人毋亡歸送吏飢輒取道側民芋隨以帛繫其處使足所取直民相語曰聞何安漢清民取糧今為之償

博物志曰野芋食之煞人家芋種之三年不收後旅生亦不可食

廣志曰凡十四芋有君芋大如魁有車轂芋有旁巨芋有青邊芋此四芋魁大如餅少子葉如繖蓋緗色紫莖長丈餘易熟長味芋之最善者也莖可作羹臛有蔓芋緑支生大者二三升有雞子芋色黃有百果芋畝收百斛有早芋七月熟有九面芋大不美有蒙控芋有青芋有曹芋子皆不可食莖可為菹又有百子芋出葉榆縣有魁芋無旁子生永昌

本草經曰芋土芝八月採

左思蜀都賦曰瓜疇芋區

菱

爾雅曰菱蕨攈（郭璞注曰今水中芰也）

尚書大傳曰鉅野菱（鉅野大野也魯藪今屬山陽也）

周書曰冬食菱藕

周禮天官下籩人職曰加籩之實菱

國語曰屈到嗜芰有疾召其宗老而屬之（屈到楚卿宗老家臣）曰祭我必以芰及祥宗老將薦芰屈建命去之（屈建屈到之子子木）曰夫子不以私欲干國之典也

漢書循吏傳曰龔遂為渤海太守勸民秋冬益蓄菓實菱芡

謝承後漢書曰袁閎以父賀為彭城相亡閎到郡迎喪飢食菱芡渴飲行潦

梁書曰魚弘為湘東王鎮西司馬述職西上道中乏食緣路採菱作菱飯給所部弘度之所後人覓一菱不得又於窮洲之上捕得獼猴數百為脯以供酒食

淮南子曰楚靈王作章華之臺棄疾承民之怨而立公子比百姓避而去之乃食芰飲水枕塊而死

呂氏春秋曰厲叔事莒閔公自以為不知而去居於海上夏日則食菱芡冬日則食橡栗

杜恕篤論曰夫萍之浮與菱之浮相似也菱植根萍隨波是以堯舜歎巧言之亂德仲尼惡紫之奪朱

風俗通曰殿堂象東井形刻作荷菱水物所以厭火也

羅浮山記曰綏寧縣元龜淵中出菱甚為甘旨

廣志曰鉅野大菱大於常菱淮漢以南凶年以芰為蔬

范汪祠制曰孟秋之祭菱芡

楚辭曰制芰荷以為衣兮集芙蓉以為裳

左思蜀都賦曰其沃瀛則有綠菱紅蓮
潘岳西征賦曰黿鼉漸唼喋菱芡
郭璞江賦曰忽忘夕而宵歸詠採菱以叩舷
曹植九愁曰採菱華而結辭
孫楚論屈建文曰加籩之品菱芰存焉楚多陂塘菱所生父自嗜之而抑按率祝既毀就養無方之禮又失奉死如生之義奪乎素欲建何忍焉

芡

周禮天官下籩人職曰加籩之實芡
漢書曰龔遂爲渤海太守勸民冬冬益蓄果實菱芡
淮南子曰貍頭愈鼠雞頭已瘻(音漏鼠齧人創貍愈之瘻頸腫疾雞頭水中草幽州謂之鴈頭亦愈瘻)
崔豹古今注曰芡雞頭也一名鴈頭一名菱葉似荷而大葉上蹙衂如沸實有芒刺其裏如珠可以療飢止渴
方言曰䓊(音役)芡雞頭也北燕謂之䓊青徐淮泗之間謂之芡
廣雅曰南楚江湘之間謂之雞頭或謂之鴈頭
說文曰芡雞頭也
本草經曰雞頭一名鴈實生雷澤
劉騊駼玄根賦曰芳林臻臻朱竹離離菱芡吐榮若攄錦而布繡

蓮

爾雅曰荷芙蕖其實蓮(蓮謂房也)其中的(蓮中白子也)的中薏(中心苦者也)
毛詩曰陳宛丘澤陂曰彼澤之陂有蒲與蓮有美一人碩大且卷
史記曰龜千歲遊於蓮葉之上焉

吳時外國志曰大秦國有蓮藕雜菓
宋起居注曰元嘉十八年有司奏楊州刺史王濬解稱州治後池有兩蓮駢生雙房分體又十六年華林丞伍泳啓雙蓮同幹秀出華池
宋起居注曰泰始二年八月嘉蓮雙葩並實合跗同莖生豫州鱧湖又六年雙蓮一蔕生東宮玄圃池
三國典略曰齊主還鄴高麗新羅並遣使朝貢先是徐州蓮一莖兩蔕占云異木連枝遠人入款斯其應也
北齊書曰後主武平中特進侍中崔季舒宅中池內蓮莖皆作胡人面仍着鮮卑帽俄而季舒見殺
三國典略曰周平齊齊幼主胡太后等並歸于長安初武成殂後有謠云千錢買菓園中有芙蓉樹破券不分明蓮子隨他去調甚悲苦至是應焉
又曰高緯所幸馮淑妃名小憐也
後唐書曰監軍張承業本朝舊人權貴任事人士脅肩低首候之唯馬郁以滑稽侮狎每賓僚宴集承業出異方珍菓陳列於前客無敢先嘗者當郁前者食必盡承業私戒主膳者曰他日馬監至唯以乾蓮子置前而已郁至窺之知其不可啖異日韝中置鐵鎚出以擊之承業大笑曰爲公易饌勿敗予按
夏侯孝若芙蓉賦曰綠房翠葉紫飾紅敷黃螺圓出垂蕤散鬚纓以金牙點以素珠
孫楚蓮華賦曰攢聚星列纖離相扶皦若玄黎投幽夜粲若鄧林飛鵷鶵
樂府歌曰江南可採蓮蓮葉何田田

藕

爾雅曰荷芙蕖其根藕

吴時外國志曰大秦國有蓮藕雜菓

齊書曰永明中巴東王子響殺行事劉寅等武帝聞之謂群臣曰子響遂反戴僧靜大言曰諸王應自反豈唯巴東武帝問其故荅曰天王無罪而一時被囚一挺藕一盃漿皆諮籤師籤師不在則竟日忍渴

唐史曰蘇州進藕其㝡上者名傷藕或云荷名或云葉甘爲蟲所傷或云故傷其葉以長其根近多重臺荷蓋蓮實中又生花亦甚異也

司馬相如子虛賦曰咀嚼菱藕

夏侯孝若芙蓉賦曰咀蔆藕於玄泉

謝朓詩曰秋藕折輕絲

太平御覽卷第九百七十五

太平御覽卷第九百七十六

菜部一

菜　韭

菜

詩曰：我有旨蓄，亦以御冬。（旨美御禦也蓄聚菜以禦冬月乏無時也）

又曰：其蔌（音速）伊何？維筍及蒲。（蔌菜殽也）

周禮春官曰：入學，釋菜合舞。（入學必釋菜禮先師也菜蘋蘩之屬）

儀禮婚禮曰：舅姑既沒，則婦入三月乃奠菜。（沒終也奠菜者韭菹菜也）（蓋用薰）稱婦之姓曰：某氏來婦，敢奠嘉菜。（始爲皇舅）

禮曰：仲秋之月，命有司趣民收斂，務蓄菜。（始爲禦冬之備也）

左傳曰：蘋蘩蘊藻之菜，可薦於鬼神，可羞於王公。

爾雅曰：菜謂之蔌，蔬不熟爲饉。（蔌菜揔名見詩凡草菜可食通名爲蔬也）

論語曰：雖蔬食菜羹瓜祭，必齊如也。

又曰：飯蔬食飲水，曲肱而枕之，樂亦在其中矣。

尚書大傳曰：熬君之室，雖生羨菜，麴之士弗食。

後漢書曰：劉平與毋俱匿野澤中。平朝出求食，逢餓賊將亨之。平叩頭曰：今旦爲老毋求菜，毋老（將平爲命）願得先歸，食（音嗣下同）毋畢，還就死。因涕泣。賊見其至誠，哀而遣之。平還，既食毋訖，因白曰：屬與賊期，義不可欺。遂還詣賊，衆皆大驚，相謂曰：常聞烈士，乃今見之。子去矣，吾不忍食子。於是得全。

又曰：崔瑗愛士，好賓客，盛脩肴膳，殫極滋味，不問餘產。居常蔬食菜羹而已。

謝承後漢書曰：汝南鍾南嚴海君少時，鄉人有入其園竊菜者，明日拔菜棄遺鄉里。鄉里人相約無復取菜者。

又曰：彭城刀曜字子卿爲漁陽相，前相所種菜悉付還外。

魏志曰：倭國地溫，冬夏食生菜。

吳書曰：趙咨使魏。魏人曰：聞江東有耑（音端）蹄菜，作若爲食？咨曰：當得倉（助庚切）鯀以作羹。

王隱晉書曰：皇甫謐姑子梁柳爲城陽太守，或勸謐曰：柳爲布衣過吾，吾（迎送）柳不出門，食不過鹽菜，貧不以酒肉爲禮也。今而送，是貴城陽太守而賤梁鴻季也，豈中古人之道哉。

又曰：邵續爲石勒所執，身灌園鬻菜，以供衣食。勒屢遣察之，歎曰：此真高人矣。不如是，安足貴乎。嘉其清苦，賜穀帛。每臨朝嗟歎，以勵群官。

又曰：桓溫性儉，每讌唯下七奠柈菜果而已。

又曰：吳隱之母喪，哀毀。嘗醎葅，以其味旨，輟而弃之。及爲廣州，清操踰勵，常食不過菜及乾魚而已。帷帳器服皆付外庫。時人頗謂其矯，然亦始終不易。

宋書曰：張敷父在吳興亡，成服凡十餘日始進水漿，葬畢不進鹽菜，遂毀瘠成疾。

又曰：宗慤以軍功封洮陽侯。先是，鄉人庾業家豪富侈，侯服玉食，與賓客相對，膳必方丈，而爲慤設粟飯菜葅，謂客曰：宗上車串噉麤食。慤致飽而退，初無異辭。至是爲慤長史，帶梁郡，慤待之甚厚，不以昔事爲嫌。

又曰：柳元景爲三公，時在朝勳貴多事產業，唯元景獨無所營。南岸有數十畝菜，得錢三萬，還宅，元景怒曰：我立此園采以供家啖耳，乃復賣以取錢，奪百姓之利耶？以錢乞守園人。

又曰：王玄謨、柳元景、桓護之雖並壯人，而玄謨獨受老傖之目。凡諸稱爲四方書疏亦如之。嘗爲玄謨作四時詩曰：堇茹供春膳，粟漿充夏飡，䐹醬調秋菜，白醝解冬寒。

又曰朱脩之姊在鄉里飢寒不立脩之貴爲刺史未曾供膳往姊爲設菜羹麄飯以激之

齊書曰晉永嘉五年曲陽縣市黄慶宅左右有園東南廣數丈每種菜輒鮮異雖加採拔更生夜恒有白光似懸綃道士傅德占使人掘之三尺獲玉印文曰長承萬福

又曰宜都王鏗生三歲喪母及有識問母所在左右告以早亡便思慕蔬食自悲不識母

又曰江泌性仁孝食菜不食心以其生意唯食老葉而已

南史隱逸傳曰沈道虔辟州府凡十二命皆不就有竊園菜者外遠見之仍自逃隱待竊者去後乃出

梁書曰武帝太官常膳唯以菜蔬園案所陳不過三盞

又武帝詔曰今雖無復牲腥猶有脯脩之類卽之幽明義爲未盡可更詳定悉薦時蔬左丞司馬筠等參議大餅

代大脯餘悉用蔬菜帝從之

三國典略曰梁蕭楝字吉豫章安王權之子也侯景以法駕迎楝時楝與其妃執鋤種菜忽然見逼駭愕久之

後魏書曰甄琛母曹氏有孝性夫氏去家路踰百里每得魚肉菜菓珍羞口實者必令僮僕走奉其母乃後食焉

又曰高閭曾造胡叟短褐曳柴從田歸舍爲閭設濁酒蔬食皆手自辦案其館宇卑陋園疇褊局而飯菜精潔醯醬調美見其妾並年衰跛眇衣布穿弊閭見其貧約以衣服直十餘疋贈之亦無辭媿

又曰盧義僖性清儉不營財利雖居顯位每至困乏麥飯蔬食忻然甘之

三國典略曰北齊主以斅清風園賜穆提婆於是官無蔬菜賒買於人負錢三百萬其人訴焉斛律光曰此園賜提婆一家足不賜提婆百官足

又曰庫狄士文爲貝州刺史性清苦不受公料家無餘財其子嘗噉官廚餅士文枷之繫獄累日杖之一百步送還京僮隸無敢出門所買菜必於外境凡有出入皆封署其門親故絶迹慶弔不通

隋書曰姚察陳亡入隋詔授秘書丞別勑成梁陳二史又勑於朱華門長參文帝察蔬菲別日召入内殿賜果菜指謂朝臣曰朕聞姚察學行當今無比我平陳只得此一人

唐書曰太宗回次易州界司馬陳元璹令百姓種蔬坑上而微火煦之欲其速生以擬供進太宗聞之責其諂媚詔免官

又曰太宗時健達獻佛土菜一莖五葉花赤中心正黄而蘂紫色泥婆羅獻波稜菜葉類紅藍實如蒺藜火熟之

能益食味又有酢菜狀以芹而味香渾提葱其狀猶葱而甘辛

又曰高宗時司農欲以冬藏餘菜賣之百姓以墨勑示僕射蘇良嗣良嗣判曰昔公儀相魯拔去園葵况臨御萬邦而販蔬鬻菜事遂不行

又曰王昇爲刑部尚書性貪慄不常在公乃鬻公廨菜園收其價錢以自潤甚爲時論所醜

又曰中書園蔬日給於兼官者主事白常衮減其數崔祐甫怒詞主事曰此相公之命祐甫大詬曰門下侍郎安得理中書之蔬叱左右踣主事而拽之自是與衮常不平

又曰貞元七年冬司農卿李模免官初司農當供三官冬菜二千車以度支給車直稍賤又阻雨菜敗模以度支爲

辭上責其不先聞故免之先是模奏司農菜不足請京兆府市之尹薛珏萬年令韋彤乃禁人私賣上命奪珏俸一月彤俸三月

又曰貞元中奚陟爲中書舍人以所得雜給均分省內官又躬親無務下至園蔬皆悉自點閱人以爲難而陟處之無倦

莊子曰宣尼窮於陳蔡之間顏回擇菜

孔叢子曰菜謂之蔬

金樓子曰秦始皇聞鬼谷先生言因遣徐福入海求金菜玉蔬

說苑曰楚文王伐鄧使王子革王子靈共捃菜二子出見老丈人載畚乞焉不與搏而奪之王聞之令皆拘二子將殺之大夫辭曰取畚信有罪然殺之非其罪也君若何殺之言卒

丈人造軍而言曰鄧爲無道故伐之今君公之子搏而奪吾畚無道甚於鄧乎天命而君闇之群臣之曰討有罪而横奪非所以禁暴也恃力虐老非所以教幼也愛子棄法非所以保國也私二子滅三行非所以從政也丈人舍之矣謝之軍門之外

又曰楚莊王賜虞丘子菜田三百號曰國老以孫叔敖爲令尹

呂氏春秋曰菜之美者壽木之華枯姑之東赤木玄木之葉餘瞀之南有菜名嘉樹其色若碧

桓譚新論曰董仲舒專精於述古年至六十餘不窺園井菜檎朽

山東六賢傳曰朿下字叔陽陳感人種菜一園左右竊取度濤瀆下乃爲之橋其躬義如此

漢武內傳曰西王母云上仙之藥有碧之海狼菜

孝子傳曰北平陽公甕水作漿兼以給過者公補履屩不取其直天神化爲書生問云何不種菜曰無菜種即與數升公種之化爲白璧餘皆爲錢公得以娶婦

廣州先賢傳曰丁密蒼梧人非家織布不衣非己耕種菜菓不食

杜蘭香別傳曰香降張碩賫瓦榼酒七樏多菜而無他味亦有世間常菜輒有三種色或丹或紫一物與海蛤相類并有非時菜碩云食之亦不甘然一食七八日不飢

荊楚歲時記曰正月七日謂爲人日採七種菜以爲羹

兩京記曰隋大業六年諸夷來朝請入市交易煬帝許之於是修飾邸店皆使甍宇齊正畢高如一環貨充積人物華盛醲崇修麗至賣菜者亦以龍鬚席藉之

魏王花木志曰吳郡邊海諸山悉生紫菜

崔豹古今注曰葅荊楊州人謂葅爲戲

杜寶大業拾遺錄曰徐孝頴性仁孝嘗在園中晝臥見人盜菜徐徐轉身向裏恐偷者見之仁行退讓皆此類也

漢張竦奏曰古叛逆之國瀦其宮室以爲汙池名曰凶墟雖生菜蔬而民不食

韭

詩曰四之日其蚤獻羔祭韭

可曰庶人春薦韭韭曰豐本

爾雅曰藿山韭今山中多有此菜皆如人家所種者

說文曰菁韭華韭菜一種久而生也象形在地上北也

通俗文曰韭根曰荄姑人

山海經曰邊春山雞山韭丹熏之山其草多韭

穀梁傳曰古者公田爲井居竈葱韭盡取焉
漢書曰龔遂爲渤海太守民口種一畦韭
晉書曰石崇爲客作豆粥咄嗟便辦每冬得韭蓱虀王愷每以此事爲恨乃密貨崇帳下問其所以荅云豆至難煮豫作熟有客來作白粥以投之耳韭蓱虀是擣韭根雜以麥苗耳
又曰温嶠滅王敦先是童謠曰剪韭剪韭斷楊柳河東小子令我與子以爲賊如韭栁尋得復生也
晉書略曰成都王國京邑城中無菜採陳韭芥以爲善菜
齊書曰周顒隱鍾山王儉謂曰卿在山中何所食荅曰赤米白鹽綠葵紫蓼又問何者冣佳曰春初早韭秋暮晩菘
又曰庾杲之字景行爲世祖征虜功曹清貧食唯韭葅瀹韭雜菜或戲之曰誰言庾郎貧食鮭甞有二十七種韭言三九也

三國典略曰北齊太上後宮無限衣皆珠玉一女歲費萬金寒月盡食韭牙
莊子曰徐無鬼見武侯武侯曰先生居山食芧橡葱韭今老病欲酒肉之味耶無鬼曰君爲萬乘之主苦國以義耳目君病矣何勞吾乎
列子曰老韭爲莧老羭爲猿
魯連子曰市𩜾者僕妾膾炙而食市饒也甕泉沃韭纖屢之士從兄弟室父往而不得粗糲糲音賴爲非愛其僕妾惡其室父也此其饒羨之與不足也
說苑曰衛有一夫負缶入井灌韭終日一區鄧析過教之曰有機重後輕前命曰桔槔終日溉九百區丈夫曰有機智必有機心我非不知不欲爲也

正論曰小民髮如韭剪復生頭如雞割復鳴吏不必可畏從來必可輕奈何欲望致州曆乎
漢武內傳西王母曰仙次藥有八阮赤韭
繆襲祭儀曰春祀和羹芼以韭
水經曰交州平樂山多龍穴傍生野韭人往乞者神許則風吹制分隨偃而拔不得過越不偃而拔輒凶也
楊衒之洛陽伽藍記曰李崇爲尚書令儀同三司富傾天下僮僕千人而性多儉悋惡衣麤食食常無肉止有韭茹韭葅崇家客李元祐語人云李令公一食十八種人問其故元祐曰二九十八聞者大笑世以此爲譏
諸葛亮教張君嗣曰去婦不顧門萎韭不入園以婦人之性草菜之精猶有所恥想忠壯者意何所之

太平御覽卷第九百七十六

太平御覽卷第九百七十七

菜茹部二

葱　薤　蒜　茄

薑　蘇

葱

禮曰凡進食之禮葱渫處末　又膾春用葱　又脂用葱

又爲君子擇葱薤必絕其本

爾雅曰茖(古百切)山葱(茖葱細莖大葉)

漢書曰龔遂爲勃海太守令人一口種五十本葱

又曰(邵信臣爲少府先是官園種冬生葱韭覆以)屋晝夜難(音然)火待温氣乃生奏罷之

東觀漢記曰孔奮字君魚爲姑臧長時天下亂河西獨安前長居官數月輒致貲産奮在姑臧四歲財物不增唯老母極膳妻子但食葱菜或嘲奮曰置脂膏中不能自潤

義熙起居注曰十年有司奏太常謝澹遣四人還家種葱菜免官

晉書曰居洛陽城十里内有園菜欲以當課聽引其長流灌紫葱

晉書曰石勒時石聰(將叛)佛圖澄戒勒曰今年葱中有虫害人百姓無食葱俄而石聰走

後秦書曰姚興種葱皆化爲韭其後兵戈日盛

後周書曰宣帝大象年左衛園中葱變作韭

梁書曰吕僧珍拜南兖州刺史從父兄子先以販葱爲業僧珍至乃棄業求州官僧珍曰吾荷國恩重無以報效汝等自有常分豈可妄求叨越當速反葱肆耳

金樓子曰名山之下生葱葱薤者是古人食石種也故語曰寧得一把五茄不用金玉一車寧得一片地榆不用明月寶珠五茄一名金盐地榆一名玉鼓惟此二物可煑石

又曰用紫芝煑石石美如脂食之可更調五味下橘皮葱鼓

漢武内傳曰西王母曰仙上藥有玄都綺葱

列仙傳曰阮公者鳴山上道士也衣裘髮覆耳耳長六七寸口中無齒日行四百里於山上種葱薤百餘年人不知也

春秋元命苞曰天門山上有葱所種畦壠悉成行人拔取者悉絕若請神而求即不拔自出奇異辛香

緦龍祭儀曰秋祀和羹芼以葱

西河舊事曰葱嶺在燉煌西八十里其山高大　故曰葱嶺(也)河源潛發其嶺分爲二水一水西經休循國国在葱嶺也

郭義恭廣志曰休循國居葱嶺其山多大葱

華陽國志曰曹公既與先主語失匕會大震雷先主曰賢人言迅雷風烈必變良有以也曹公亦悔失言使人覘之見其拔葱公曰大耳公未覺也其夜先主急去

廣志曰有胡葱木葱

巴南山川記曰有石蒜石葱

續搜神記曰新野趙眞家園中所種葱未經抽拔忽一日盡縮入地後經歲餘眞之兄弟相次分散

揚雄蜀都賦曰萬條(蘩蘩)翠葉青黄若摛錦布繡望之無疆

潘岳閑居賦曰菜則有葱韭蒜芋青笋紫薑堇薺甘旨蓼蘇芬芳

薤

爾雅曰葝(巨盈切)山薤(今山中多有此菜皆如人家所種)

又曰薤鴻薈也（即薤菜也）
漢書曰龔遂爲渤海太守令民一口種一百本薤
後漢書曰龐參爲南陽太守郡人任棠者有奇節隱居教授參到先候之棠不與言但以薤一本水一盂置戶屏前自抱孫兒伏戶下主簿白以爲倨參思其微意良久曰棠是欲曉太守也水者欲吾清也拔大本薤欲吾擊強宗也抱兒當戶欲吾開門恤孤也於是歎息而還參在職果能抑強助弱以惠政得人
魏略曰李孚字子憲爲諸生常種薤欲以成計有求索不與一莖亦不自食時人謂之能行意
世說曰桓公座有參軍椅（音羈筯取物也）烝薤不時解其食者又不助而椅終不放舉座皆笑
又曰蘇峻亂庾公南奔見陶侃雅相重及食庾噉薤因留白陶問用此何爲庾云故可種於是尤歎

列仙傳曰務光服蒲薤根
荊州圖副曰筑陽縣有薤山山多野薤因以爲名
古詞曰薤上朝露何易晞
潘岳閑居賦曰白薤負霜

蒜

爾雅曰䔔（力的）山蒜（今山中多有此菜皆如人家所種）
說文曰蒜菜之美者雲夢之葷菜
東觀漢記曰李恂爲兖州刺史前刺史所種園小麥胡蒜悉付從事無所留
謝承後漢書曰江夏費遂字子奇爲楊州刺史悉出前刺史所種小麥胡蒜付從事
又曰太原閔仲叔者代稱節士雖同黨之㓗清自以弗及也同黨見其含菽飲水遺以生蒜受而不食
王隱晉書曰郗詵母病苦車及亡不欲車載乃養雞種蒜得馬八疋輿柩至冢
齊書曰豫章王大會賓僚張融食炙始畢人便去融糝鹽蒜口終不言方搖食指半日乃息
梁書曰邵陵王使賊熱何智通既擒賊智通子敞之割炙食之即載出新亭四面火炙之燋熟敞車載錢設鹽蒜雇百姓食之撤一臠賞錢一千徒黨并母肉遂盡
抱朴子曰謂夏必長而蒜麥枯謂冬必凋而竹栢茂
正部曰張騫使還始得大蒜苜蓿
三輔決錄曰平陵范氏南陽舊語曰前隊大夫有范仲公鹽豉蒜果共一筩言其廉儉也
袁子正書曰袁子曰吾嘗與陳子息於鄰東門之外見一老父方坐而食其子授之蒜食必有餘欲棄則惜欲持去則暑有遂盡食於是大辛螫其腸胃兩目盡赤陳子笑之吾謂曰子之家中牛羊數千而不敢食天暑有暍斃死者而後食之病子之軀亦由是也

晉四王起事曰成都王穎奉惠帝還洛陽道中於客舍作食宮人持斗餘粳米飯以供至尊大蒜鹽豉到獲嘉市麄米飯瓦盂盛之天子噉兩盂燥蒜數株鹽豉而已
顏氏家訓曰三輔決錄云前隊大夫范仲公鹽豉蒜顆共一筩顆當音魏顆之顆北土通呼物一段爲一顆蒜是俗間常語耳故陳王雀鷂賦曰頭如蒜顆目似擘椒
崔豹古今注曰蒜茆蒜也俗語謂之小蒜胡國有蒜十子共爲一株二蘀裹之名爲胡蒜尤辛於小蒜俗人謂之大蒜

冤報記曰梁廬陵王蕭續在荊州時常遣從事量括民田南陽樂孟卿亦充一使公府舍人韋破虜發遣試勑失王本意及孟卿以數誤得罪破虜惶懼不敢引愆但証孟卿公自爲當爲公分雪無勞訴也數日之間遂斬於市孟卿號叫無由自陳唯語人以紙筆隨殮死後少日破虜在槽上看牛忽見孟卿挐頭而入持一椀蒜虀與之破虜驚呼奔走不獲已而服之因尔病未幾乃卒

廣五行記曰唐咸亨四年洛州司户唐望之冬集計至五品進止未出閒有僧來覔初不相識延之共坐少頃閒曰貧道出家人得飲食亦少以公名故闇相記能設一頓鱠否司户欣然即處分買魚此僧云看有蒜否司户家人云蒜盡（僧云蒜盡去也即起留之云蒜盡遣）得買僧云蒜既盡不可更住苦留不止司户果無疾暴亡

延篤與李文德書曰五折張騫大宛之蒜

潘泥釣賦曰西戎之蒜南夷之薑

茄

梁書曰蔡樽爲吳興太守不飲郡井水齋前自種白莧紫茄以爲常餌詔褒其清加信武將軍

杜寶大業拾遺録曰四年改胡牀爲交牀改胡瓜爲白露黄瓜改茄子爲崑崙紫瓜

嶺南異物志曰南土無霜雪生物不復凋枯種茄子十年不死（生子人皆）攀緣摘之樹高至二丈

嶺表録異曰南中草菜經冬不衰故蔬圃之中栽種茄子宿根有二三年者漸長枝幹乃爲大樹每夏秋熟則梯樹摘之三年後樹漸老子稀即伐去別栽嫩者

薑

春秋運斗樞曰瑤星散爲薑失德逆時則薑有翼辛而不臭也

援神契曰薑禦濕菜也

禮記檀弓上曰喪有疾食肉飲酒必有草木之滋焉以爲薑桂之謂也

論語鄉黨曰不撤薑食（撤去齊禁薰物薑辛而不臭故不去也）

韓詩外傳曰宋玉因其友見楚相楚相待之無以異讓其友其友曰夫薑桂因地而生不因地而辛女因媒而嫁不因媒而親子之於王未也何怨於我也

史記曰萬家之城千畦薑韭與千户侯等

魏志曰倭國有薑不知其滋味

齊書曰孔琇之爲臨川太守在任清約罷郡還獻乾薑二斤武帝嫌其少知琇之清乃歎息

梁書曰周捨占對辯捷嘗居直廬語及嗜好裴子野言從來不嘗食薑捨應聲曰孔稱不撤裴乃不嘗一坐皆悦

呂氏春秋曰和之美者楊樸之薑招搖之桂（楊樸地名在蜀郡招搖山名在桂陽）越駱之菌

神仙傳曰吳孫權曰（權使）介象作變化種瓜菜百菓皆立生可食先主論膾魚何者最美象曰鯔魚爲上先主曰論近道魚耳此出海中安可得乎象曰可得耳乃令人於殿庭中作方坑汲水滿之并求釣象餌之垂綸於坑中不過頃得鯔魚先主驚喜問象曰可食否象曰故爲陛下取安敢取不可食之物乃使厨下切之先主曰聞蜀薑作虀至佳此閒薑永不及也恨尔時無此薑耳象曰蜀薑豈不易得願差所使行者并付以直象自書一符以青竹杖使行人閉目騎杖杖止便買薑（買薑畢復）閉目此人承其言騎杖

須臾止已到成都不知是何處問人言是蜀市乃買薑于時吳使張溫於市見之問曰與帝買薑於是甚驚作書寄家比人買薑畢捉書騎竹杖閉目復須臾已還到吳厨下切膾亦適了也

李先生傳曰郎中喬巃於牛渚遇神人意欲啖薑而市無之神人以絹數匹并書一牒付信入市門南下任意所如須臾得薑數斗還以問神人神人曰問李先生當知我

博物志曰伏波將軍唐傳賾蜀人煞薑法先栖掃別麄細爲三輩盛着籠中作沸湯沒籠着湯中須臾取一片橫截斷視如熱否裏既熱訖便內着甖中細擣米末以覆上令薑不見訖以向湯令復沸使相淹消息視甖中當自沸沸便陰乾之

又曰任娠者可啖生薑令兒盈指

九百七七　七　張全

嶺表録異曰山薑花莖葉即薑也根不堪食而於葉間吐花穗如麥粒嫩紅色南人選未拆開者謂之含胎以鹽淹藏入甜糟中終冬如琥珀香辛可重用爲膾無加也

又曰以鹽藏曝乾煎湯之極能治冷氣

蘇

爾雅曰蘇桂荏也蘇荏類故名桂荏

方言曰周鄭之間謂之公蕡湘沅之間謂之䓐湘沅在武陵

泐州記曰乞佛虜不識五穀唯食蘇子

本草經曰芥葅一名水蘇吳氏曰假蘇一名鼠蓂一名薑芥也

太平御覽卷第九百七十七

太平御覽卷第九百七十八

菜茹部三

瓜

易𮀾卦曰九五以杞匏瓜含章有隕自天（杞木之柔者瓜之果大者）

龍魚河圖曰瓜有兩鼻者煞人

詩曰文王之興本由太王也綿綿瓜瓞民之初生自土沮漆（興也箋云瓜之本實継先歲之瓜必小狀似瓞故謂之瓞綿綿然若將無長大時興者喻后稷乃帝嚳之曹封於部其後公劉失職遷于豳居沮漆之地歷世亦綿綿然至太王而得其民心而生王業故本周之興云于沮漆也耳）

大戴禮曰五月乃瓜乃者治瓜之辭也瓜也者始食瓜八月剝瓜蓄瓜時也

禮曰爲天子削瓜者副之巾以絺（副析也既削四析之乃横斷而巾覆焉）爲國君華之巾以綌（華中裂之不四折也）爲大夫累之（果倮也倮不巾覆也）士疐之（不中裂横斷去疐而已音帝）庶人齕之（不横斷）

又月令曰仲冬之月行秋令則天時雨汁瓜瓠不成（雨汁者水雪雜下）

左傳曰齊侯使連稱管至父戍葵丘瓜時而往曰及瓜而代朞戍公問不至請代不許故謀作亂

春秋運斗樞曰遠雅頌著倡優則李生瓜

論語曰子路曰佛肸以中牟叛子之欲往也如之何子曰然有是言不曰堅乎磨而不磷不曰白乎涅而不緇吾豈匏瓜也哉焉能繫而不食

爾雅曰瓞（大結切）瓝（步角切）其紹瓞（郭璞注曰俗呼瓝瓜爲瓞紹者瓜蔓緒亦著子但小如瓝耳）

史記曰邵平者故秦東陵侯秦破爲布衣貧種瓜長安城東瓜美故世謂東陵瓜

漢書地理志曰燉煌古瓜州地生美瓜

續漢書曰牽牛星荊州謂之河鼓主關梁織女主瓜果

又曰安帝元初三年有瓜異本共生一瓜蔕時以爲瓜者外爲離本而實女子外屬之象也是時閻皇后與外親耿寶共譖太子廢爲濟陰王更外迎濟北王子犢立之

袁山松後漢書曰建和二年河東瓜兩體共蔕

後漢書曰施延字君子沛人也家貧母老常躬力供養種瓜自給

應劭漢官儀曰太官菓丞官別在外掌菓瓜菜茹

吳志曰步騭字子山臨淮淮陰人避難江東單身窮困與廣陵衛旌同年相善俱以種瓜自給晝勤四體夜誦經傳會稽焦征羌郡之豪族（吳録曰征羌名矯嘗爲征羌令）人客放縱騭與旌求食其地懼爲所侵乃共脩刺奉瓜也

吳録曰姚翁仲嘗種瓜菜灌園以供衣食時人或餉一無所受

晉書曰咸寧二年嘉瓜同蔕生於成都

又曰皇甫謐年二十不學遊蕩無度或以爲癡嘗得瓜果輒進叔母任氏任氏曰孝經云三牲之養猶爲不孝汝今年餘二十目不存教心不入道無以慰我（皇甫謐自叙同）

又曰桑虞仁孝自天年十四喪父毀瘠過禮虞有園宅北數里瓜菓初熟有人踰垣盜之虞以園援多棘刺恐偷見人驚走而致傷損乃使奴爲之開道及偷負瓜將出見道通聞虞使除之乃送所盜瓜叩頭請罪歡然盡以瓜與之

齊書曰建元初武帝即位郢擕爲司徒左長史先是武帝與擕同從宋明帝射雉郊野渴倦擕得青瓜與上對剖食之

又曰竟陵王子良夏月客至爲設瓜飲

又曰郭原平以種瓜爲業大明七年大旱瓜瀆不復通舡縣令劉僧秀愍其窮匱瀆下水與之原平曰普天大旱百姓俱困豈可減溉田之水以通運瓜之舡乃步從他道往錢塘貨賣

沈約齊紀曰韓靈敏早喪父兄靈珎至孝母王家貧無以葬與靈珎種瓜靈敏朝採暮還復生未嘗減耗葬事由此舉孝子傳同

梁書曰任昉卒武帝聞問方食西苑綠沉瓜投之於盤悲不自勝因屈指曰昉少時常恐不滿五十今四十九可謂知命

又曰郭祖深清儉常服故布衣素木按食不過一肉有姥餉一青瓜祖深報以疋帛有富人効之以貨賄而徇衆朝野憚之

又曰鄭灼字茂昭勵志好學多苦心熱若瓜時輒偃卧以瓜鎮心起便讀誦其篤志如此

北齊書曰蘭欽爲廣州刺史前刺史新渝侯映之薨南安侯恬權行州事冀得即真及聞欽至嶺厚貨廚人塗刀以毒削瓜進之欽及愛妾俱死帝聞大怒檻車收恬削爵土

後魏書曰楊愔典選多以言貌取人時謗詞云尚書典選似貧人買瓜唯取大者

又曰郭祚以本官領太子少師祚曾從世宗幸東宮肅宗幼弱祚懷一黃甑出奉肅宗時應詔左右趙桃弓深爲世宗所信祚私事之時人謗祚者号爲桃弓僕射黃甑少師

後周書曰王羆性儉率嘗有客與羆食瓜客削瓜侵膚稍厚羆意嫌之及瓜皮落地乃引手就地取而食之客甚有愧色

又曰趙王招知隋文欲遷周鼎密欲圖之藏兵刃於帷席之間後院亦伏壯士文帝從者多在閤外唯楊弘元坐於戶側招以佩刀割瓜啗隋文未之疑元胄覺變扣刀而入招西以大觴親飲胄酒

北史曰宋瓊字普賢以孝稱母曾病季秋月思瓜瓊夢想見之求而遂獲時人異之

隋書曰文帝用法定制行署取一錢已上聞見不告言者坐至死自此四人共盜一榱桷三人同竊一瓜事發即時行決

又曰秦孝王俊奢侈過甚頗好於內妃崔氏性妬甚不平之遂於瓜中進毒俊由是遇疾徵還京師上以其奢縱免官以王就第

唐書曰杜如晦薨後太宗食瓜美愴然思之遂輟其半使置之於靈座

又曰高宗子八人武后所出者自爲行第長曰孝敬皇帝監國仁明爲后所忌而鴆之次曰雍王賢爲太子次曰中宗次曰睿宗及孝敬遇害諸第嘗所不安晨夕懷懼雖父母之前無由敢言乃作黃臺瓜詞令樂人歌之欲微悟上意歌曰種瓜黃臺下瓜熟子離離一摘使瓜好再摘令瓜稀三摘尚由可四摘抱蔓歸然太子竟亦流竄於黔州

又曰德宗建中初誤以高力士養女楊氏婦爲沈太后是時沈氏故老已盡無識太后者上寄使中人就洛陽視高氏年狀頗同曩時太后嘗削瓜哺上刃傷左拇指高氏嘗剖瓜亦傷左拇指中人皆闇官女子且非嘗識太后見上

仁孝有殊喜莫敢沮者高氏辭曰實非太后具陳族姓内外以自明

又曰貞元四年夏右神策軍獻瑞瓜三蔓各爲一蔕而生三瓜

莊子曰朽瓜化爲魚物之變也

墨子曰今有入人塲園取人瓜者得罰今之諸侯攻伐踰竊人瓜者數千萬而自曰義也

秦子曰食瓜者雖去蔕何以連其根

孫卿子曰臯陶之色如削瓜

抱朴子曰五原蔡誕入山而還欺家人云至崑崙山有玉瓜其形如世間瓜但爲光明洞徹而堅須以玉井水洗之便軟而可食

又曰曾參鋤瓜三足烏集其冠孝故也

家語曰曾子芸瓜而誤斷其根曾晳怒以大杖擊其背曾子仆地有頃乃蘇孔子聞之告門弟子曰參來勿內也曾子使人請孔子孔子曰舜之事瞽瞍小捶則受大捶則走參委身以待暴怒既身死陷父於不義不孝孰大焉

古文奇字曰秦改古文爲大篆及隸字周人多誹謗怨恨秦苦天下不從而諸生到者拜爲郎凡七百人密種瓜於驪山硎谷中温處瓜實成使上書曰瓜冬有實有詔下博士諸生說之人人各異說則皆使往視之而爲伏機諸生賢儒皆至焉方相難不決因發機從上填之以土皆壓終。古文瑣語曰初刑史子臣謂宋景公從今已往五月五日臣死後五年五月丁巳吴亡以後五祀八月辛巳君薨刑史子臣至死日朝見景公夕死後吴亡景公懼思刑史子臣之言將至死日乃逃於瓜圃遂死之求得已蟲矣

賈誼新書曰昔梁大夫宋就爲邊縣令與楚隣界梁亭楚亭皆種瓜梁亭劬力數灌其瓜美楚人窳而稀灌其瓜惡楚令以梁瓜之美怒其瓜之惡因往夜竊搔梁瓜皆有焦者矣梁亭覺請其尉欲執搔楚瓜宋就曰是構怨分禍之道也令人竊爲楚亭夜灌其瓜令勿知也楚亭旦而往瓜則已灌瓜日以美楚亭往而察之則梁亭之爲也楚令大悅因以聞楚王楚王聞之悅梁之陰讓也乃謝以重幣而友於梁王同新序

裴淵廣州記有瓜冬熟號爲金釵味乃甜美

廣志曰瓜之所出以遼東廬江燉煌之種爲美有烏瓜狸頭瓜蜜筩瓜女臂瓜龍蹄瓜羊髓瓜又有魚瓜犬瓜如斛出涼州陽城瓜有青登瓜大如三升魁有桂枝瓜長二尺餘蜀地溫瓜至冬熟有春日瓜細小小瓣宜藏正月種三

月成有秋泉瓜秋種十月熟形如羊角色蒼黑

列仙傳曰溪人者南郡編人居山間有仙人常止其家從之買瓜教之練瓜與附子桂實服之一年能飛登山入水往來海邊

又曰服閭者不知何許人常往來海邊諸祠中有三仙於祠中博賭瓜雇閭使擔黄瓜數十頭令瞑目乃上方大山。神仙傳曰葛公爲客設生瓜

漢武内傳曰西王母謂上元夫人曰後造朱炎山陵食靈瓜其味甚好顧此未久已七千歲矣

又曰仙之上藥有空同靈瓜四劫一實也

道學傳曰褚雅字玄通人與共居常取水洒掃或夏月種瓜恣人來取

伏侯古今注曰孝平帝元年武陵縣生瓜花如葵紫色實

如小麥墮地復生
郭子横洞冥記曰有龍肝瓜長一尺花紅葉素生於氷谷
所謂氷谷素葉之瓜
零陵仙賢傳曰李融字元者承陽人固始侯相使其爲政得
吏民心屢致祥瑞廿瓜六子共並蜜書慰勞遷廣漢太守
南岳夫人內傳曰夫人姓魏名華存性樂神仙季冬之月
夜半清明有四真人並可年二十餘天姿秀穎至靜室因
設酒肴陳玄紫撩降實靈瓜
太上黃庭內景經注曰大霍山下有洞臺司命君之府也
中有神靈瓜食之者至玄也
荊楚歲時記曰七月七日設瓜果於庭中以乞巧有喜子
布網於瓜上則爲得巧
劉向別録曰尹都尉書有種瓜篇

鄭玄別傳曰民有獻嘉瓜者異本同實縣欲表府文詞鄙
略君爲改作又著頌一篇侯相高其才
吳越春秋曰吳夫差爲越所敗遁而去得自生之瓜其實
已熟掇而食之問左右曰是乃冬有瓜近道而人不食何也
左右曰盛夏之時人食生瓜起居道傍瓜子復生故人惡
食
夏侯曾先會稽記曰曹娥父溺死娥見瓜浮其處即得父
屍
博物志曰人以冷水自漬至膝可頓啖數十枚瓜漬至腰
啖輒多至頸可啖百餘枚所漬水皆作瓜氣瓜味
搜神記曰吳時有徐光常衒術於市里從人乞瓜其主弗
與便從索瓣種之俄而瓜蔓延生花實乃取食之因賜觀
者及視所賣皆亡耗矣

幽明録曰安定人周徹種瓜時亢旱鬼爲擔轆水澆瓜瓜大
滋繁問姓名不荅還白父嘗有惠於人否父曰西鄰樊營
先作郡吏償官數百斛米我時以百斛助之其人已死
又曰孫鍾富春人堅父也與母居至孝篤信種瓜爲業有
三少年容服妍麗詣鍾乞瓜鍾爲設食出瓜禮敬
般勤臨去曰我等司命感郎見接之厚送出門三人曰山
中可作塚復言欲連世封侯爲數世天子鍾曰數世天子
言訖悉化成白鵠
列異傳曰遼東丁伯昭自說其有客字次節既死減是待懸常爲
本家致奇異物試臘月中從索瓜得美瓜數枚來在前不
見形也
述異記曰豫章郡有盧松村羅根生於此村側墾荒種瓜又
於外立一神壇瓜始引蔓清晨行之忽見壇上有新板墨

書曰此是神地所遊處不得停止種殖可速去根生拜謝
跪咒曰竊疑村人利此熟地生苗容或假託神旨以見驅
斥審是神教願更朱書賜報明早往看向板猶存悉以朱
代墨
任昉述異記曰漢章帝　元年上虞獻雙蔕瓜一實五色
又曰吳桓王時會稽生五色瓜今吳有五色瓜歲充貢獻
五行記曰梁吏部尚書何敬容夏患瘧疾寄在蔣山道
士館時忽見一人玄衣大帽立在帳側自稱楊胡靈將瓜
四枚云與公少時言訖因不見後數月敬容以罪免官
本草經云瓜一名土芝
吳氏本草曰瓜子一名瓣七月七日採可作面脂
劉禎瓜賦曰禎在曹植坐廚人進瓜禎爲立成辭曰含金
精之芳流冠衆瓜而作珍設諸清流一浮一藏片以金刀

四剖三離承之雕盤羃以纖絺甘侔蜜房冷甚氷圭

嵇含甘瓜賦序曰世云三芝瓜處一焉謂之土芝

張載瓜賦曰羊骹虎掌桂枝蜜筩玄表丹裏呈素含紅豐敷外偉綠瓤內醲

傅玄瓜賦曰白者如素黑者如漆黄踰金箱青侔含翠舊有蜜筩及青括樓嘉味溢異鮮類寡疇齧之頃至三搖頸細肌蜜理多瓤以辦豐旨曰絕異食之不餇音烏懸切

陸機瓜賦曰夫其種族頭數則括樓定挑黄扁白摶金釵蜜筩小青大班玄骭音幹素腕狸首虎蹯東陵出於秦谷桂髓起於巫山

夏侯孝若瓜田賦曰入果林造瓜田摘虎掌拾黄班落蔕離毋漬以寒泉

左思蜀都賦曰其圃有瓜疇芋區

王廙洛都賦曰瓜則桂枝括樓綠瓤青肌消暑湯餡解渴療飢

樂府歌詩曰君子防未然不處嫌疑間瓜田不納履李下不整冠

古詩曰甘瓜抱苦蔕美草生荊棘愛利防有力貪人自遂賊

阮籍詩曰昔聞東陵瓜近在青門外連畛距阡陌母子相拘帶

張華眞人篇曰朱李生東苑甘瓜出西郊

曹植求祭先王表曰乞請水瓜五枚

太平御覽卷第九百七十八

太平御覽卷第九百七十九

菜茹部四

瓠　壺盧　蓼

葵　蕪菁

瓠

詩碩人曰齒如瓠犀犀瓠中瓣也

又曰八月斷壺壺瓠也

又曰匏有苦葉濟有深涉匏謂之瓠瓠葉苦不可食

陸機毛詩疏義曰匏有苦葉匏瓠也葉小可爲羹楊州人恒食至八月葉即苦故云苦葉

論語曰吾豈瓠瓜也哉焉能繫而不食

爾雅曰瓠犀瓣瓠中瓣也詩曰齒如瓠犀

魏略曰高辛氏有老婦人居王宮得耳疾醫爲挑之得物大如繭盛以瓠覆以盤化爲犬五色因名盤瓠

晉書曰杜預病癭吴人憚其智計以瓠繫狗之頸每大樹似癭斫使白乃題曰杜預頸及城平盡捕殺之

又曰祖逖在河南百姓感悦嘗置酒大會耆老坐中流涕曰吾等老矣更得父母死將何恨乃歌曰幸哉遺黎免俘虜三辰既朗遇慈父玄酒忘勞甘瓠脯何以詠恩歌且舞其得人心如此

宋書曰徐文伯曾祖熙好黄老隱於秦望山有過求飲留一瓠瓢與之曰君子孫宜以道術救世當得二千石熙開之乃扁鵲醫經一卷

齊書曰卞彬性好飲酒瓠壺瓢勺杬皮爲肴着帛冠十二年不改易以大瓠爲鞴什物多諸詭異自號卞田居

後周書曰強練師不知何許人所至之處人皆敬而信之晉公護未誅之前曾手持一大瓠到護弟門外抵而破之乃大言曰瓠破子苦未幾而護誅諸子並伏法

管子曰一年之計莫若樹穀十年之計莫若樹木終身之計莫若樹人瓜瓠葷菜不備國之貧也

莊子曰惠子曰魏王貽我大瓠之種我樹之而成實五石以盛水漿其堅不能自舉剖之以爲瓢則瓠落無所容非不大也吾爲其無用剖之莊子曰夫子固拙於用大也

國語曰諸侯伐秦涇莫濟叔向見叔孫穆子穆子曰豹之業業乃瓠有苦葉矣不知其他叔向退召舟虞與司馬曰夫苦瓠不材於人共濟而已是行魯人與莒人先濟

新序曰魏文侯見箕季墻壞不治問其故曰不時也又進瓠羹文侯曰墻壞不築教我無奪民農功飴我瓠羹教我無多斂百姓

王充論衡曰千將之刃未磨瓜瓠不能傷

又曰婦人疏孕者子活乳數者子死譬若瓠華多實少也

風俗通曰燒穰殺瓠俗説家人燒黍穰則使田中瓠枯死也

水經曰今豫州汝南郡城西北汝水左出西北流又屈而東轉又西南會汝形若垂瓠耆老云城取名焉

太康地記曰朱崖儋耳無水唯種大瓠藤斷其汁用之亦足

嶺南異物志曰儋崖種瓠成實率皆石餘

壺盧

蜀志曰張裔字君嗣如瓠壺外澤而内麤

三國典略曰齊武成帝皇后胡氏安定人魏宁書令兖州刺史延之女也母盧氏懷孕延之初有胡僧來詣門曰此

宅瓠盧中有月

崔豹古今注曰瓟壺盧也壺盧瓠之無柄者瓟有柄者懸瓟可作笙曲沃者尤善秋乃可用則漆其裏

又曰瓢瓠也其揔曰瓟瓠其別名

世說曰陸士衡初入洛諮張公所宜曰詣劉道眞是其一既往劉尚哀制中性嗜酒禮畢初無他言唯問東吳有長柄壺盧卿得種來否陸兄弟殊失望乃去悔去

廣五行記曰西域羌國有石駱駝腹下出水以金鐵器取便即漏下唯瓟盧盛之則不漏飲之令人體滑香淨其國神秘不可數遇

嶺表録異曰胡盧笙交趾人多取無柄之瓠割而爲笙上安十三簧吹之音韻清響雅合律呂

蓼

爾雅曰薔虞蓼（虞蓼澤蓼也薔音卯鄉力切）

詩曰閔予小子未堪家多難予又集于蓼（言辛苦也）

禮曰膾秋用蓼鶉羹雞羹鴽釀之蓼（釀謂切雜之也）

吳越春秋曰越王欲復怨非一旦也苦思勤心夜以接日臥則以蓼

劉向別傳曰尹都尉書有種蓼篇

魏子曰君以臣爲本以民爲根猶室與柱梁相持也梁不強則上下俱亡故蓼虫在蓼則生在芥則死非蓼仁而芥賊也本不可失也

述異記（任昉）曰長沙定王故宮有蓼園云定王故園也楚之辛者謂之蓼

吳氏本草曰蓼實一名野蓼一名澤蓼

葵

廣雅曰蘬（丘軌切）葵也

詩曰七月亨葵及菽

爾雅曰莃（音希）菟葵（似葵而小葉狀如藜有毛汋啖之滑）菺（音肩）戎葵（今蜀葵也似葵華如木槿華）荍（音翹）蚍衃（音毗）芣也（房尤切今荊葵也似葵紫色也）

韓詩外傳曰魯監門女相從績中夜而泣其偶問其故曰宋司馬得罪於魯（宋出奔魯馬佚）食吾園葵是歲吾園亡一半越攻吳諸侯畏其威魯往獻女吾姊預焉兄往視之道畏而死由此觀之禍福相及也

陸機毛詩疏義曰荍（音翹）一名比不一名楚葵似蕪菁英華紫緑色可食微苦也

左傳曰齊慶克通于聲孟子鮑牽見之告國武子武子召慶克謂之夫人詐之乃刖鮑牽仲尼曰鮑莊子之智不如葵葵猶能衛其足（葵葉向日以蔽其根也）

史記曰儀（公）休爲魯相食茹而美拔去園葵也

晉書曰江統上太子書曰今西園賣葵菜藍子雞麪之屬虧門敗國體貶損令

北齊書曰王攸字子深少孤獨種葵三畝數被人盜之王攸密令人書葵葉下明旦市中看之遂得偷者

管子曰桓公北伐山戎出冬葵布之天下桓公憂北郭民貧管子請禁去市三百步者不得樹葵菜此則空有以相給

淮南子曰聖人之於道猶葵之與日雖不能與終始其鄉之誠也（鄉仰誠實也）

續漢祭儀曰夏祀和羹芼以葵

列仙傳曰丁次都不知何許人也爲遼東丁氏作人丁氏嘗使買葵冬得生葵問冬何得有葵云從日南買來

列女傳曰魯漆室有女過時未適人倚柱而嘆鄰婦謂曰何悲也欲嫁乎女曰吾憂魯君老而太子少也婦曰此魯大夫憂焉女曰昔有晉客舍吾家繫馬於園馬佚踐吾園葵使吾終歲不猒葵味鄰女奔亡借吾兄追霧出以求溺流而死使吾終身無兄吾聞河潤九里漸洳三百步今魯國微弱亂將及人三年魯果亂

師曠占曰黄帝問師曠曰欲知牛馬貴賤秋葵下小葵生牛馬貴大葵不虫牛馬賤

博物志曰陳葵子微火炒令爆咤散着熟地中遍踏朝種暮生遠不過宿陳葵子秋種覆蓋令經冬〻不死至春有子是也

潘岳閑居賦曰綠葵含露白薤負霜

鮑明遠葵賦曰別有鴨脚䏰耳言葵似之

古歌辭曰採葵莫傷根傷根葵不生結交莫羞貧羞貧交不成

蕪菁

爾雅曰須葑蓯音總也須未聞江東呼蕪菁爲菘菘須音相近故也須即蕪菁也

尚書曰荆州厥貢苞匭菁茅菁似爲菹也

詩曰採葑採菲無以下體葑須也菲芴也下體根莖也箋云葑蔓菁與葍之類皆上下可食然其根有美時有惡時

又曰爰采葑矣沬之東矣箋云葑蔓菁也

又曰采苓好聽讒也采葑采葑首陽之東人之爲言苟亦無從葑菜也

陸機毛詩疏義曰菜葑蕪菁也郭云今菘菜也可食少味

東觀漢記曰桓帝永興二年詔司隸蝗水爲災五穀不登令所傷郡國皆種蕪菁以助民食

吴曆曰劉備歸曹公曹公使親近覘視諸將有賓客酒食者輒因事害之備時閉門將人種蕪菁公使人闚門即去備謂張飛曰吾豈種菜者乎曹公必有疑意不可復留其夜輕馬而去

吴録曰陸遜諸葛瑾攻襄陽遜遣親人韓扁抄掠瑾聞之欲急去遜方催人種豆菘與諸將圍棊以示閑暇

齊書曰武陵王曄性清簡尚書令王儉詣曄留儉設食盤中菘菜鮑魚而已儉重其眞率爲飽食盡歡而去

又曰周顒清貧寡欲終日蔬食雖有妻子獨處山舍甚饑辨文惠太子問顒菜食何味最勝顒曰春初早韭秋末晚菘

梁書曰范元琰家貧唯以園蔬爲業嘗出行見人盜其菘元琰遽退走母問其故乃以實答問盜者爲誰答曰向所以退畏其愧耻今啓其名願不泄也於是母子秘之或有涉溝盜其筍者元琰因伐木爲橋以渡之自是盜大慚一鄉無復草竊

北史曰孟信爲趙郡太守政尚寛和權豪無犯山中老人曾以纯酒饋之信和顔接引殷勤勞問乃自出酒以鐵鐺温之素木盤盛蕪菁菹而已

吕氏春秋曰菜之美者具區之菁浸淵之草名曰土英

荆楚歲時記曰仲冬是月也菜結霜蕪菁葵等雜菜乾之並爲醎菹有得其和者並作金釵色今南人作醎菹以糯米熬擣爲末并研胡麻汁和醸之石笮音責令熟菹既甜脆汁亦酸美呼其莖爲金釵股醒酒所宜也

急就篇曰老菁蘘荷冬日藏並藏蓄之以禦冬也

太平御覽卷第九百七十九

太平御覽卷第九百八十

菜茹部五

蘆服　芥　蕁　蘘荷　紫菜　苦買

芹　薺　蕨　堇　苻　邪蒿

芸薹　薰菜　鹿角　胡荽　優殿　雍菜

冬風　絡葵　薭　菳　波稜

蘆服

爾雅曰：葖，蘆服。（蘆服宜爲蘆菔。蘆菔，蕪菁屬，紫華大根，俗呼爲雹葖。菔字或作葍。）

方言曰：蕪菁紫者謂之蘆菔。

廣志曰：蘆菔別名雹葖。

後漢書曰：劉盆子在長安時，掖庭中宫女猶有數百千人。自更始敗後，幽閉殿内，掖庭中蘆菔根，捕池魚而食之。（東觀漢記同。）

北史曰：張威，隋文受禪，遷青州刺史。在州頗事產業，遣家奴於人間鬻蘆菔根，其奴緣此侵擾百姓，上深加責，坐廢於家。

正論曰：理世不真賢，猶治病無真藥，當用人參，反得蘆菔根。

唐新語曰：開元中，中書令蕭嵩以文選是先代舊業，欲注釋之，奏請左補闕王智明、金吾衛佐李玄成、進士陳居等注文選。先是，東宮衛佐馮光進入院校文選，兼復注釋，解蹲鴟云：今之芋子，即是著毛蘿蔔。院中學士向外說之，蕭嵩聞之，拊掌大笑。

雲南記曰：嶲州界緣山野間有菜，大葉而粗莖，其根若大蘿蔔，土人蒸煑其根葉而食之，可以療飢，名之爲諸葛菜。云武侯南征，用此菜子蒔於山中，以濟軍食，亦猶廣都縣山棰林謂之諸葛木也。

芥

魏子曰：蓼虫在蓼則生，在芥則死，非蓼仁芥賊，本不可失也。

劉向別録曰：尹都尉書有種芥、葵、蓼、韭、葱諸篇。

嶺南異物志曰：唐孟琯嘗於嶺表買芥菜，置壁下，忘食數日，皆生四足，有首尾，能行走，大如蟷蜋，但胷身細長。

又曰：南土芥高者五六尺，子如鷄卵。廣州人以巨芥爲鹹菹，埋地中，有三十年者，貴尚親賓以相餉遺。

嶺表録異曰：廣州地熱，種麥則苗而不實，北人將蔓菁子就彼種者，出土即變爲芥。

吴氏本草曰：芥葅一名水蘇，一名勞祖。

蕁

南越志曰：石蕁似紫菜，色青。

集異記曰：丹陽張承先家有鬼，長爲取乞物。會有客，須蕁二斗，鱧魚二十頭，鬼將一小兒置驛騎，令小兒瞑眼，覺着籃中已有蕁、鱧。

幽明録曰：阿東常醜奴泛湖邊拔蒲，暮宿空舍，時日暮，見一女，姿容極美，乘舡載蕁，至舍寄住，變而爲獺。

蘘荷

說文曰：蘘，蘘荷也，一名蒚苴。（廣雅同。）

崔豹古今注曰：蘘荷似蓄苴而白，蓄苴色紫，花生根中，花未敗時可食，久置則削爛，不爲實矣。葉似薑，宜陰翳地，常依陰而生也。

搜神記曰：余外婦姊夫蔣士有傭客，得疾下血，醫以中蠱，乃密以蘘荷根布席下，不使知，乃狂言曰：食我蠱者，乃張

小人也乃呼小小士去今世攻蠱多用蘘荷根往往驗

蘘荷或謂嘉草

葛洪方曰人得蠱取蘘荷葉着卧席下不使知立呼蠱主姓名

潘岳閑居賦曰蘘（荷依）陰時藿向陽

紫菜

集異記曰會稽照誕入海採菜於山上曝之夜忽見羣鬼張目切齒欲來擊誕誕奮刀斫之見鬼悉披靡乃就誕乞少許紫菜誕不爲與

吳郡緣海記曰郡海邊諸山悉生紫菜吳賦云綸組紫絳者也

苦蕒

晉書安帝紀曰義熙二年有苦蕒菜生揚州營其高四尺六寸廣二尺二寸是後藏多征伐人民積苦故苦蕒者蕒苦也

芹

爾雅曰芹楚葵（今水中芹菜）

詩曰觱沸濫泉言采其芹（芹菜也）

又曰泮水思樂泮水薄采其芹（芹水菜也）

列子曰宋國有人其妻告之曰昔有人甘莪菽與芹子鄉豪嘗之蜇於其口慘於其腸衆哂之

呂氏春秋伊尹說曰菜之美者雲夢之芹也

范汪祠制曰孟春祭有芹菹

宋林曰豐踖美菜生雲夢

薺

爾雅曰菥（思歷切）大薺（似薺細葉俗呼老薺）

又曰差（才何切）薺實

廣雅曰菥蓂馬辛也

說文曰薺草可食詩曰誰謂荼苦其甘如薺（荼苦菜也而君子於己之苦又甚於荼比方之荼則如甘薺）

禮曰孟夏之月靡草死（薺葶藶之屬）

春秋繁露曰薺以美冬冬水氣也薺甘味也乘於水氣而美者甘勝寒也薺之言濟濟所以濟大水也

淮南子曰薺麥冬生而夏死

抱朴子曰薺麥大蒜仲夏而枯

物理論曰夫解小而引大了淺而伸深猶以牛刀割雞長殳刈薺

吳氏本草曰菥蓂一名析目一名榮冥一名馬駒雷公神農扁鵲辛季氏小溫四月採乾二十日生道傍細辛乾薑苦參薺實神農甘毒生野田五月五日採陰乾治腹脹

蕨

詩曰陟彼南山言採其蕨（蕨鼈菜也）

又曰山有蕨薇隰有杞桋

晉書曰齊王冏秉權張翰謂郡人顧榮曰天下紛紛未已吾本山林間人無望於時去矣采南山蕨飲三江水也

爾雅曰蕨虌（初生無葉可食江西謂之虌）

古詩曰山桃發紅萼野蕨漸紫苞

菫

詩曰周原膴膴菫荼如飴（菫菜也荼苦菜也周之原地肥美所生菜雖有性苦者皆甘如飴也）

禮曰菫荁枌榆免薧滫瀡以滑之（謂用調和飲食也荁菫類也冬用菫夏用荁）

菫

爾雅曰齧苦菫（今菫葵也葉似柳子如米汋食之滑）

三十國春秋曰劉殷字長盛七歲喪其父哀毀踰禮曾祖母王氏盛冬思菫殷入澤中慟哭有菫生焉得斛餘

廣語曰夏蕒秋菫滑如粉

後魏書曰崔和為平昌太守性鄙悋埋錢百斛其母李春思菫惜錢不買

苻

爾雅曰莕接余其葉苻（叢生水中葉圓在莖端長短隨水深淺江東人食之音杏也）

詩曰參差荇菜左右流之窈窕淑女寤寐求之（荇接余也）

邪蒿

北齊書曰邢峙字士俊以經授皇太子厨宰進太子食有菜曰邪蒿令去之曰此菜有不正之名非殿下所宜食顯宗聞而嘉之

芸臺

通俗文曰芸臺謂之胡菜

韻集曰芸臺胡菜

薰菜

方言曰蘇之小者謂之穰菜（薰菜也）

鹿角

南越志曰猴葵色赤生石上南越謂之鹿角

葫荾

石崇奴券曰奴當種羅勒胡荾不親不疎

優殿

南方草物狀曰合浦有菜名優殿以豆醬汁茹食芳好奇食胡蘹

雍菜

廣州記曰雍菜生水以為葅

冬風

廣州記曰冬風菜陸生宜肥肉作羹二者微味人甚重之

絡葵

博物志曰人食絡葵為狗齧則瘡不差或致死

蕁（音覃）

字林曰蕁辛菜也

葤（音吟）

字林曰葤菜似蒜生水中

波稜

唐書曰太宗時尼婆羅獻波稜菜葉類紅藍實如蒺蔾火熟之能益食味

太平御覽卷第九百八十

香部一

香　薜　蕙香　鬱金

鷄舌　龍腦　雀頭

香

書曰至治馨香感于神明

左傳曰黍稷非馨（馨香遠聞之謂）明德惟馨

說文曰香芳也

吴志曰士燮兄弟並爲列郡雄長一州車騎滿道胡人夾轂焚香者常有數十

世說曰桓車騎時有陳莊者入武當山學道所在恒有白烟香氣聞徹。續晉安帝紀曰王鎮惡士經曰魏興太守郭宣之晝坐忽見（陳臁宋圖）叙舊事相對悲泣勸營功德去後郡內悉聞香狀如芳烟流散

晉書曰桂太后傳曰海西公之世太后臨朝稱制桓溫之廢海西公也太后方在佛屋燒香內侍啓云外有急奏太后乃出尚倚戶前視奏

宋書曰范曄撰和香方其序之曰麝本多忌過分必害沉實易和盈斤無傷零藿虚燥詹唐黏濕甘松蘇合安息鬱金柰多和羅之屬並被珍於外國無取於中道又棗膏昏鈍甲煎淺俗非唯無助於馨烈乃當彌增於尤疾也所言悉以比類朝士麝本多忌比庾仲文零藿虚燥比何尚之詹唐黏濕比沈演之棗膏昏鈍比羊玄保甲煎淺俗比徐湛之甘松蘇合比慧琳道人沉實易和以自比也

齊書曰韓懷明上黨人也客居荊州十歲母患尸疰每發輒危殆懷明夜於星下稽顙祈禱時寒甚切忽聞香氣空中有人曰童子母須臾永差無勞自苦未曉而母平復

梁書曰庾詵尤遵釋教宅內立道場環繞禮懺六時不息誦法華經每日一遍後夜中忽有一道人自稱願公容止甚異呼詵爲上行先生授香而去

又曰梁武帝祀南郊先是一日景夜南郊令解除之等到郊所履行忽聞異香（隨風而至）及將行事奏樂迎神有異光圖滿壇上朱紫黄白雜食頃乃滅

又曰王琛本無令問爲太子中舍人謟事何敬容爲其階前種植香草脫履躡其草根敬容意以爲善

郭子曰陳騫以韓壽爲掾每會聞壽有異香氣是外國所貢一著衣歷日不歇騫計武帝唯賜己及賈充他家理無此香嫌壽與己女通考問左右婢具以實對騫以女妻壽壽時未婚（晉書云賈充女竊香與韓壽）

金樓子曰齊東婚以錦石爲殿內開千門万户又有和香香氣紛馥聞之使人歡悅生諸雅態兼令睡眠

又曰昔王池國有民聾面十二醜婦國色鼻齆婿乃求媚此婦終不肯迴顧遂往西市無價名香而燻之還入其室婦既齆矣豈分香臭哉

呂氏春秋曰懷臭而欲香入水而惡濡

漢武故事曰上作栢梁臺悉以香栢香聞數十里也

漢官典職曰尚書郎懷香握蘭

神仙傳曰淮南王爲八公張錦綺之帳燔百和之香

佛圖澄傳曰澄以鉢盛水燒香呪之須臾生青蓮花

林邑記曰朱吾以南有文狼野人居無室宅依樹止宿食生肉採香爲業與人交市若上皇之民矣

鄴中記曰石虎作流蘇帳頂安金蓮花花中懸金箔織成

絩（音兆）囊囊受三升以盛香注帳之四面上十二香囊采色亦同

竺法登真羅山疏曰越王擣薰陸香。扶南傳曰頓遜國人恒以香花事天神香有多種區撥葉逆花塗致各遂花摩夷花冬夏不衰日載數十車於市賣之燥乃益香亦可爲粉以傳身體。述征記曰北芒有張毋墓舊說是王氏妻葬有年載後開墓而香火猶爇

十洲記曰漢武時長安大疫人死日以百數帝乃試取月氏國神香燒之於城內死未滿三日者活芳氣經三月不歇帝始信神物也乃祕録餘香。郭子横洞冥記曰漢武帝於招仙閣燒靡離之香屑如粟一粒香氣三月不歇

又曰跋塗闍者胡人也剪髮裸形不食穀唯飲清水食都夷香如棗核食一片則歷月不飢以一粒如粟大投清水中餓而蒲大盂也

博物志曰西域使獻香（漢制獻香不滿）斤不得受西使臨去又發香器如大豆者試着宮門香氣聞長安四面數十里中經月乃歇

搜神記曰渤海史良好一女子許嫁而未果良怒殺之後夢見曰還君物覺而得昔所與香纓金釵之屬

又曰初鉤弋夫人有罪以譴死殯尸不臭而香

又曰合淝有一大白舡覆在水中漁人夜宿其傍聞箏笛之音又香氣非常相傳云曹公載妓舡覆於此

任昉述異記曰魏武帝陵中有泉謂之香水（古詩云安得香水泉濯郎衣上泉塵）一說香水在并州香山其冰潔香浴之去病吳故宮有香水溪俗云西施浴處又呼爲脂粉塘吳王宮人濯粧於此溪上源至今馨香

又曰南海出百步香佩之聞於千步也今海隅有千步香是其種也葉似杜若而紅碧間雜貢藉云日南郡貢千步香

漢雍仲子進南海香物拜爲涪陽尉時人謂之香尉日南郡有香市商人交易諸香處南海郡有香户日南郡有千畝香林名香出其中香洲在朱崖郡洲中出諸異香往往不知其名千年松香聞十里亦謂之十里香也

夢書曰夢得香物婦女歸也

曹植洛神賦曰践椒塗之郁烈步蘅（音衡）薄而流芳

魏武令曰昔天下初定吾便禁家內不得香薰後諸女配國家爲其香因此得燒香吾不好燒香恨不遂所禁今復禁不得燒香其以香藏衣着身亦不得

秦嘉荅婦徐淑書曰令種好香四種各一斤可以去穢淑荅書曰未得侍帷帳則芬芳不設

陸機吊魏武文曰余爲著作郎遊祕閣見魏武令曰餘香可分與諸夫人諸舍中無所爲學作履組賣也吊曰紆家人於履組塵清慮於餘香

麝

尒雅曰麝父麕足（郭璞注曰脚似麕有香）

許慎說文曰麝如小麋臍有香從鹿射聲黑色麞也

義熙起居注曰倭國獻貂皮人參等詔賜細笙麝香

齊書曰東昏侯鑿金蓮花帖地令潘妃行其上曰此步步蓮花也塗地皆以麝香

唐書曰波斯國人皆以麝香如蘇塗鬚點額及於耳鼻用以爲敬

抱朴子曰辟蛇法入山以麝香丸著足爪中皆有效又麝香及野猪皆啖蛇故以壓之也又作筆墨法曰作墨用雞

子白真珠麝香合以和墨宜用九月二日
南夷志曰南詔有婆羅門波斯闍婆渤泥崑崙數種外道交易之處多珠珍寶以黃金麝香爲貴貨
嵩高山記曰有人在嶺上聞異聲清和雅妙尋不復聞唯見一麝香在嶺上側足蹩跳忽失所在
荊州圖記曰臨澧縣南有龍寄山有獸多麝
西京雜記曰趙飛鷰爲皇后女弟在昭陽殿遺飛鷰書曰今日嘉辰貴姊懋膺洪册上襚三十五條以陳䀶曜之志焉椰葉扇同心梅合枝李青木香香螺巵（出南海一曰冊螺中）九真雄黃麝香沉水香
續搜神記曰桓哲字明期居豫章時梅玄龍爲太守已病晢往省之語梅曰吾昨夜忽夢作卒迎御來作太山府君梅聞之愕然曰吾亦夢見鄉爲卒着衣來迎我數日復同夢如先云二十八日當拜至二十七日晡後桓忽中惡腹脹滿遣人就梅索麝香丸梅聞便令作凶具桓便亡八日而梅卒

本草經曰麝香味辛辟惡殺鬼精生中臺山也
秦嘉與婦書曰今奉麝香一斤可以辟惡氣
嵇康養生論曰麝食柏而香

葳香

孫氏瑞應圖曰葳蕤者禮備至則生一曰王者愛人命則生一名葳香也

鬱香

說文曰鬱芳草也十葉爲貫築以煮之爲鬯一合而釀之以降神也
周禮春官上曰鬱人掌祼器（祼器謂彝及舟與瓚）凡祭祀賓客之祼事和鬱鬯以實彝而陳之（築鬱金煮之以和鬯酒鄭司農云鬱金草名七葉爲貫百二十貫爲築以煮之鐎中停於祭前鬱爲草若蘭）
後周書曰泰國出鬱金
後周書曰波斯國大月氏之別種也地出氍毹（翟俞二音）毾㲪皮及薰陸鬱金蘇合青木香等胡椒畢撥石蜜千年棗香附子訶黎勒無食子鹽綠雌黃等物
唐書曰天竺國卑濕暑熱稻歲四熟有金剛似紫石英百鍊不銷可以切玉又有旃檀鬱金諸香通於大秦
又曰太宗時伽毗國獻鬱金香似麥門冬九月花開狀似芙蓉其色紫碧香聞數十步花而不實欲種者取根
文士傳曰朱穆字公叔作鬱金賦曰英熠爍以焜煌似九日之普照遠而望之粲若星羅出雲嶠近而觀之曄若丹桂曜湘涯

應劭地理風俗記曰周禮鬱人掌祼器凡祭醊賓客之祼事和鬱鬯以實樽彝鬱芳草也謂用百草之華煮以合釀黑黍以降神香也或說今鬱金香是也
南州異物志曰鬱金者出罽賓國國人種之先取上佛積日萎熇乃載去之然後取鬱金色正黃細與芙蓉華裹被蓮者相似可以香酒

鷄舌

應劭漢官儀曰桓帝侍中迺存年老口臭上出鷄舌香與含之鷄舌頗小辛螫不敢咀咽嫌有過賜毒藥歸舍辭決就便宜家人哀泣不知其故僚友求眡其藥出在口香咸嗤笑之
吳時外國傳曰五馬洲出鷄舌香
抱朴子曰或以鷄舌黃連乳汁煎之注之諸有百疾之在

目愈而更加精明倍常。俞益期牋曰：外國老胡說衆香共是一木，木花爲鷄舌香。

南洲異物志曰：鷄舌出在蘇州，云是草花，可含香口。

廣志曰：雞舌出南海中及剽國，蔓生，實熟貫之。

續搜神記曰：王廣，豫章人，年少未昏，至田舍，見一女云：我是何參軍女，年十四而夭，爲西王母養，使與下土人交。廣與之纏綿。其日於席上得手巾，裹鷄舌香。其母取巾燒之，乃是火浣布。

龍腦

唐書曰：正觀中，烏萇國遣使獻龍腦香。

本草曰：龍腦香，味苦微寒，主心腹邪氣，風濕積聚。出婆律國，形似白松脂，作杉木氣，明淨者善。云合粳米灰、相思子貯之，則不耗。樹似杉，言婆律膏是樹根下清脂，龍腦是樹中乾脂，子似豆蔻。

九百八一 七 田菟祖

雀頭

江表傳曰：魏文帝遣使於吳，求雀頭香。

太平御覽卷第九百八十一

香部二

蘇合　安息　薰陸　流黄

青木　旃檀　甘松　艾納

藿香　楓香　棧香　木蜜

栟香　都梁　沉香　甲香

迷迭　零陵　芸香

蘇合

續漢書曰大秦國合諸香煎其汁謂之蘇合

梁書曰中天竺國出蘇合是諸香汁煎之非自然一物也又云大秦人採蘇合先笮其汁以爲香膏乃賣其滓與諸國賈人是以展轉來達中國不大香也

傅子曰西國胡人言蘇合香獸便也中國皆以爲怪

從征記曰劉表冢在高平郡表子碕四方珍香數十斛置棺中蘇合消疫之香畢備永嘉中郡人發其墓表如生香聞數十里

廣志曰蘇合出大秦或云蘇合國人採之笮其汁以爲香膏賣滓與賈客或云合諸香草煎爲蘇合非自然一種也

傅玄四愁詩曰佳人贈我蘇合香何以要之翠鴛鴦

班固與弟超書曰竇侍中令載雜綵七百疋市月氏蘇合香

安息

晉書佛圖澄傳曰石勒時襄國城水源暴竭勒問澄澄曰當勑龍取水乃坐繩床燒安息香呪願三日水微流有小龍五六尺隨水來須臾水大至

唐書曰曹國出青黛安息青木等香

薰陸

魏略曰大秦出薰陸

抱朴子曰俘焚州在海中薰陸香之所出薰陸香木膠也樹有傷穿膠因墮夷人採之以待估客所以賈不多得者所患狤（居一切）掘獸噉之此獸斫刺不死投火中薪盡不燋以杖打之皮不傷而骨碎然後乃死

廣志曰寄六出交州又大秦海邊人採與賈人易穀若無賈人取食之。南方草木狀曰薰陸香出大秦云在海邊自有大樹生於沙中盛夏樹膠流出沙上夷人採取賣與賈人（南州異物志同其異香惟云狀如桃膠與術又同惟云陶松栢法不飲食之令人通神靈也）

俞益期牋曰衆香共是一木木膠爲薰陸

流黄

吳時外國傳曰流黄香出都昆國在扶南南三千餘里（南州異物志同）

廣志曰流黄香出南海邊國

青木

隋書曰樊子蓋爲武威太守車駕西巡將入吐谷渾子蓋以彼多瘴氣獻青木香禦霧露

唐子曰師子國出朱砂水銀薰陸鬱金蘇合青木等諸香

南夷志曰崑崙國正北去蠻界西洱河八十一日程出象及青木香旃檀香紫檀香檳榔琉璃水精蠡杯

又曰南詔青木香永昌所出其山名青木山在永昌南三月日程

廣志曰青木出交州天竺

徐衷南方記曰青木香出天竺國不知其形

南州異物志曰青木香出天竺是草根狀如甘草

俞益期牋曰衆香共是一木木節是青木

旃檀

三國典略曰周師陷江陵初梁主以白檀木爲梁武之像每朔望親祭之軍人以其香也剖而分之

竺法真登羅山疏曰旃檀出外國元嘉末曾城有人於山見一大樹員蔭數畝三丈餘圍辛芳酷烈其間枯條數尺援而刃之乃白旃檀

俞益期牋曰衆香共是一木木根爲旃檀

崔豹古今注曰紫旃木出扶南林邑色紫赤亦謂紫檀也

杜寳大業拾遺録曰壽禪師甚妙醫術作五香第一沉香飲次丁香飲次檀香飲次澤蘭飲次甘松飲皆別有法以香爲法以香爲主更加別藥有味而止渴兼於補益

甘松

廣志曰甘松出凉州諸山

艾納

廣志曰艾納出剽國　○樂府歌曰行胡從何來列國持何來氍毺五味香迷迭艾納及都梁

霍香

廣志曰霍香出日南諸國

吴時外國傳曰都昆在扶南山有霍香

南方草物狀曰霍香　榛生　民自種之五六月採曝之乃芬芳耳出交阯武平興古九真(地名也)

南州異物志曰霍香生(曲遜國屬扶風香形如都梁可)以着衣服中

劉欣期交州記曰霍香似蘇合○范曄和香方曰零霍虚燥○俞益期牋曰衆香共是一木木葉爲霍香

楓香

梁書曰任昉爲新安太守嘗欲營(佛齋燒調香二石始入三外便出教長齋)曰與奪自已不欲貽之後人

南方記曰楓香樹子如鴨卵爆乾可燒

魏武令曰房室不潔聽得燒楓膠及蕙草

棧香(音棧)

廣志曰棧香出日南諸國

南方草物狀曰棧蜜香出都昆不知棧蜜香樹若爲但見香耳

嶺表録異曰廣管羅州多棧香樹身似柳其花白而繁其葉如橘皮堪作紙名爲香皮紙灰白色有紋如魚子牋其紙慢而弱沾水即爛遠不及楮皮者又無香氣或云沉香鷄骨黄熟棧香同是一樹而根幹枝節各有分別者也

南越志曰交州有蜜香樹欲取先斷其根經年後外皮朽爛木心與節堅黑沉水者爲沉香與水面平爲鷄骨最麁者爲棧香

木蜜

異物志曰木蜜名曰香樹生千歲根本甚大先伐僵之四五歲乃往看歲月久樹材惡者腐敗唯中節堅貞芬香者獨在耳

魏王花木志曰廣志木蜜樹號千歲樹根甚大伐之四五歲乃取木腐者爲香其枝可食

本草經曰木蜜一名蜜香味辛温

栟香

南方草物狀曰栟香莖生出烏滸

都梁

廣志曰都梁出淮南

盛弘之荆州記曰都梁縣有小山山水清淺其中生蘭草俗

謂蘭爲都梁即以號縣

沉香

晉書曰石崇以奢豪矜物廁上常有十餘婢侍列皆有容色置甲煎粉沉香汁有如廁者皆易新衣而出客多羞脫衣而王敦脫故着新意色無怍群婢相謂曰此客必能作賊

又曰吴隱之至自番禺其妻劉氏齎沉香一斤隱之見遂投於湖亭之水

梁書曰林邑國出古貝及沉香木古貝者樹名也其華成時如鵝毳抽其緒紡之以作布與紵布不殊亦染成五色織爲班布沉木香土人斫斷積年以朽爛而心節獨在置水中則沉故名曰沉香次不沉者棧和之屬

陳書曰後主至德二年乃於光照殿前起臨春結綺望仙三閣高數十丈並數十間其窻牖壁帶懸楣欄檻之類皆以檀香爲之

唐書曰先天二年十月親講武於驪山之下徵兵二十萬上親擐戎服持沉香大槍立於陣前威振宇宙長安士庶奔走縱觀塡塞道路

又曰長慶中波斯大賈李蘇沙進沉香亭子材左拾遺李漢上疏以爲沉香爲亭子比瑶臺玉室上頗怒言過特優容之

金樓子曰扶南國衆香共是一木根便是栴檀節便是沉水花是鷄舌葉是藿香膠是薰陸

竺法眞登羅山疏曰沉香葉似冬青樹形崇竦其木枯折外皮朽爛內乃香山雖有此樹而非香所出新會高涼土人斫之經年肉爛盡心則爲沉香出北景縣樹極高大土人伐之累年須外皮消盡乃割心得香

九百八十二　五　袁和

郭子橫洞冥記曰薰木鮮祗所獻色如玉而質輕泛之昆靈池爲舟爛則沉矣碎其屑氣聞數百里氣之所至毒疫皆除

杜寶大業拾遺錄曰四年夏四月征林邑國兵還至獲彼國得雜香眞檀象牙百餘万斤沉香二千餘斤

又曰尚書令楊素大業中東都宅造沉香堂甚精麗新泥堂訖開之三月後開視四壁並爲新血所洒腥氣觸人

異苑曰沙門支法存在廣州有八尺毾㲪又有沉香八尺板床太元中王琰爲州大兒劭求二物不得乃殺而籍焉

南州異物志曰沉木香出日南欲取當先斫壞樹着地積久外皮朽爛其心至堅者置水則沉名沉香其次在心白之間不甚堅精置之水中不沉不浮與水面平者名曰棧香其最小麤白者名曰檕香

俞益期牋曰衆木共是一木木心爲沉香

甲香

廣志曰甲香出南方

南州異物志曰甲香螺屬也大者如甌面前一邊直攙長數寸圍殼岨峿有刺其掩可合衆香燒之皆使益芳獨燒則臰甲香一名流螺謂　之中流最厚味茫曄香方曰甲煎淺浴

迷送

魏略曰大秦迷送

廣志曰迷送出西海中

魏文帝迷送賦曰余種迷送於中庭嘉其楊條吐香馥有令芳乃爲之賦曰坐中堂以遊觀覽芳草之樹庭舞麗于纖枝楊修幹而結莖禀六束之穢俗超万里而來征豈

九百八十二　六　壬

衆華之足芳信希世而特生○應瑒迷迭香賦曰振纖枝之翠粲動綵葉之菲菲紆芳香之酷烈乘清風以徘徊

陳琳迷迭香賦曰立碧莖之苛郁鋪綠條之蟺蜿

零陵

南越志曰零陵香土人謂爲鷰草

芸香

説文曰芸草似苜蓿

淮南子曰芸可以死而復生

雜字解釋詁曰芸杜榮

大戴禮夏小正曰採芸爲廟菜

禮記月令曰仲冬之月芸始生（鄭玄曰芸香草也）

禮圖曰芸蒿曰葉似蒿香美可食也

魏略曰大秦出芸膠

洛陽宮殿簿曰顯陽殿前芸香一株徽音含章殿前各二株

晉宮閣名曰太極殿前芸香四畦式乾殿前芸香八畦徽音殿前芸香雜花十二畦明光殿前芸香雜花八畦顯陽殿前芸香二畦

廣志曰芸膠有安息膠有黑膠

吳氏本草曰石芸一名敝列一名顧喙

傅玄芸香賦序曰始以微香進御終於捐弃黄壤吁可閔也遂詠而賦之○成公綏芸香賦曰美芸香之脩潔稟陰陽之淑精莖類秋竹枝象春松○傅咸芸香賦序曰先君作芸香賦辭美高麗有覩斯卉蔚茂馨香同遊使余爲序

太平御覽卷第九百八十二

太平御覽卷第九百八十三

香部三

槐香　蘭香　蘪蕪　蕙草

藹車　杜衡　白芷　荃香

薰香　兜末香　反生香　驚精香

白蛤狸　藁本香　神精香　龜甲香

槐香

嵇含槐香賦序曰余以太簇之月登於歷山之陽仰眺崇巒俯視幽坂乃覩槐香生蒙楚之間曾見斯草殖於廣廈之庭或被帝王之園怪其遐弃遂遷樹于中唐華麗則殊彩阿那芳實則可以藏書又感其弃本高崖委身階庭似傳說顯殷四叟歸漢故因實制名曰蒙蒙綠葉搖搖弱莖

蘭香

易曰同心之言其臭如蘭（蘭芳也）

易卦通驗曰冬至廣莫風至蘭始生

說文曰蘭香草也

韓詩曰溱與洧說文云詩人言溱與洧方盛流洹洹然謂三月桃花水下之時士與女方盛流秉蘭兮秉執也蘭蕑也當此盛流之時衆姓與衆女方執蘭而拂除鄭國之俗三月上巳之日此兩水之上招魂續魄拂除不祥

大戴禮夏小正曰五月蓄蘭爲沐浴

禮曰婦人或賜之茝蘭則受而獻諸舅姑

左傳曰鄭文公有賤妾曰燕姞夢天使與已蘭曰余爲伯儵余而祖也以是爲而子以蘭有國香人服媚之既而文公見之與之蘭而御之辭曰妾不才幸而有子將不信敢徵蘭乎姑曰諾生穆公名之曰蘭

論撰考讖曰漸於蘭則芳漸於鮑則臭

史記曰冬至短極蘭根出

蜀志曰先主殺張裕諸葛亮救之先主曰芳蘭當門不得不鋤

晉書曰惠帝時溫縣有人如狂造書曰兩火沒地哀哉秋蘭歸形街郵終爲人歎及楊駿已死楊后被廢賈后絕其膳八日而崩塟街郵亭北百姓哀之兩火武帝諱蘭楊后字也

宋書曰劉湛欲表淑附已而淑不爲改意由是大相乖失淑乃賦詩曰種蘭忌當門懷璧莫向楚楚少別玉人門非種蘭所

晏子春秋曰曾子將行晏子送之曰嬰聞君子贈人以財不若以言吾請以言乎夫蘭本三年而成湛之若潃則君子不近庶人不佩湛之麋醢而駕征馬矣非蘭本美也願子必求所湛

蘇子曰蘭以芳自燒膏以肥自焫（而悅切）舉以羽殃身蚌以珠致破

文子曰日月欲明浮雲蓋之叢蘭欲脩秋風敗之

又曰蘭芷不爲莫服而不芳與君子行遊苾兮如入蘭芷之室久而不聞則與之化矣

范子計然曰大蘭出漢中蘭輔出河東弘農白者善

孫卿子曰人之親我欣若父母其好我芬若椒蘭

淮南子曰兩心不可以得一人一心可以得百人男子樹蘭美而不芳（蘭芳草女之美芳也男子樹之蓋不繼子得食肥而不澤雉子假母也）精不相與往來也

淮南子曰蘭生幽宮不爲莫服而不芳

抱朴子曰人鼻無不樂香故流黃鬱金芝蘭蘇合玄膳索膠

江離揭車春蕙秋蘭價同瓊瑤而海上之女逐酷臭之夫

家語孔子曰芝蘭生於深林不以無人而不芳君子修道立德不爲困窮而敗節爲之者人也死生者命也

語林曰謝太傅問諸子姪曰子弟何豫人事而政欲使其佳諸人莫有言者車騎荅曰譬如芝蘭玉樹欲使其生於庭堦耳

又曰毛伯成既負其才器常稱寧爲蘭摧玉折不作蕭芳芰榮

羅含別傳曰含致仕還家庭中忽自生蘭此德行幽感之應

蔡質漢官儀曰尚書郎懷香握蘭趍走丹墀

盛弘之荊州記曰都梁縣有小山山上水極淺其中悉生蘭草綠葉紫莖芳風藻谷俗謂蘭爲都梁即以號縣云

本草經曰草蘭一名水香久服益氣輕身不老

楚辭曰余既滋蘭之九畹兮滋蒔也十二畝爲畹

又曰扈江離與辟芷兮扈被也楚人名被曰扈離薜芷皆香草名也紉秋蘭以爲佩紉結

又曰沅有芷兮澧有蘭言沅水中有盛茂之芷澧水之中有芬芳之蘭喻湘夫美亦異於衆人也歎思公子未敢言

又曰秋蘭兮蘪蕪羅生兮堂下綠葉兮素枝芳菲兮襲予秋蘭兮青青綠葉兮紫莖滿堂兮美人忽獨與余兮目成

又曰光風轉蕙泛崇蘭

趙壹疾邪賦曰勢家多所宜欬唾自成珠被褐懷金玉蘭蕙化爲芻

張衡怨詩曰秋蘭嘉美人也嘉而不獲用故作是詩也猗猗秋蘭植彼中阿有馥其芳有黃其葩雖曰幽深厥美彌嘉之子之遠我勞如何。酈炎詩曰靈芝生河洲動搖回洪波秋蘭榮何晚嚴霜害其柯哀哉之芳草不植太山阿

琴操曰猗蘭操者孔子所作也孔子聘諸侯莫能任自衛反魯過隱谷之中見薌蘭獨茂喟然歎曰夫蘭當爲王者香今乃獨茂與衆草爲伍乃止車援琴鼓之自傷不逢時託辭於香蘭云

晉傳玄詠秋蘭詩曰秋蘭蔭玉池池水清且芳雙魚自踊躍兩鳥時徊翔。晉王羲之蘭亭記曰永和九年歲在癸丑暮春之初會于會稽山陰之蘭亭修禊事也

蘪蕪

說文曰江蘺蘪蕪也楚謂之蘺晉謂之虈許嬌切齊謂之茝

尔雅曰蘄茝蘪蕪郭璞曰香草也葉小如萎狀淮南子曰似蛇床山海經曰臭如蘪蕪

春秋運斗樞曰維星散爲蘪蕪

淮南子曰亂人者若蛇床之與蘪蕪

山海經曰洞庭之山其草多蘪蕪

廣志曰黴蕪香草魏武帝以藏衣中

吳氏本草曰蘪蕪一名芎藭

古詩曰上山採蘪蕪下山逢故夫

郭璞讚曰蘪蕪善草亂之蛇床不隕其貴自別以芳

蕙草

廣雅曰皇草蕙草也

山海經曰天帝之山其下多菅蕙藿似外山其草多蕙

廣志曰蕙草綠葉紫華魏武以爲香燒之

楚辭曰光風轉蕙泛崇蘭

又曰既滋蘭兮九畹又樹蕙之百畝

司馬相如子虛賦曰於是乃相與獠於蕙圃盤姍敎窣（皆草間行姍音蘇寒切窣蘇骨切）上金隄

蘪車（去謁切）

尒雅曰蘪車芞（音乞）輿也（郭璞曰蘪車香草也見離騷）

說文曰蘪芞輿也（芞音乞）

廣志曰蘪車黄葉白華出徐州

楚辭曰畦留夷與蘪車雜杜衡與芳芷

杜衡

山海經曰天帝之山有草焉其狀如葵臭如蘼蕪名杜衡（香草也）可以走馬（郭璞曰帶之令人便馬或曰馬得之而健走）食之而瘿

尒雅曰杜土鹵也（郭璞曰杜衡也似葵而香也）

唐書曰貞觀中度支郎以宋謝朓詩云芳洲多杜若乃下坊州令貢州判司報云坊州不出杜若應由謝朓詩誤太宗聞之大笑判司攺雍州司法度支郎免官

廣雅曰杜蘅杜若也

范子計然曰杜若出南郡漢中大者善本草經曰杜若一名杜衡

白芷

山海經曰號山其草多葯（郭璞注曰葯白芷也一名香草也）

廣雅曰白芷葉謂之葯

淮南子曰今鼓舞者便娟擬神（擬象也）身若秋葯被風（葯白芷香草被風言其弱）髮若結旌（屈而復舒）

范子計然曰白芷出齊郡以春取黄澤者善也

本草經曰白芷一名芳香味辛温生河東

吴氏本草曰白芷一名蔒（許嬌切）一名符離一名澤分一名葩○楚詞曰獻歲發春兮汨吾南征緑蘋葉齊兮白芷生

又曰桂棟兮蘭橑辛夷楣兮葯房

又曰擥木根以潔芷兮（擥持也）貫薜荔之落蘂（貫拾也薜荔香草蘂佩結香拾其花心次表己之忠信也）

荃香

楚辭曰荃不察余之中情兮（荃香草以喻君被分香故以香草爲喻）反信讒而齌怒（齌疾也）

又曰荃撓兮蘭旗

薰香

左傳曰晉獻公以驪姬爲夫人卜人曰一薰一蕕十年尚猶有臭（薰香草也）

山海經曰浮山有草焉麻葉而方莖赤華而黑實臭如蘼蕪名曰薰草也

廣雅曰鹵薰也其葉謂之蕙

魏略曰大秦出薰草

蘇子曰象以牙喪身不能去其白薰以芳自燒不能去其香

淮南子曰以潔白爲汙辱譬猶沐浴而杼溷薰燧而負彘（燒薰自香楚人謂之薰燧也）

抱朴子曰常以執日取天井上土以和柏葉薰草以泥門户方一尺則盜賊不來

西京雜記曰漢掖庭有緑熊席其席皆長一丈餘眠而擁毛自蔽望其不能見坐則沒膝其中雜諸薰香一坐此席餘香百日不歇

成公綏宜清賦曰哀薰草之見焚

兜末香

漢武故事曰西王母當降上燒兜末香兜末香兜渠國所

獻如大豆塗門香聞百里關中常大疾疫死者因生

反生香

眞人關尹傳曰老子曰眞人遊時各坐蓮華之上華徑一丈有反生靈香逆風聞三十里

鷲精香

十洲記曰聚窟洲在西海中上有大山形似鳥之狀因名爲人鳥山山中多大樹與楓相似而　芳華葉香聞百里因名返魂樹叩其樹樹能作聲如牛吼聞者心震駭伐其木根於玉釜中煮取汁更微微以火熟煎如黑飴令可丸名曰鷲精香或名震靈丸亦名返生香亦名却死香氣聞數百里死屍在地聞氣即活延和六年春西胡月氏國王遣使者獻香四兩大如雀卵黑如桑椹帝以香國中所之以付庫

白蛤狸

異物志曰白蛤狸剡其外皐囊以酒洒而陰乾之其氣如麝若雜眞麝中鮮有別者

藁本香

水經曰三城水又經香陘山山上悉生藁本香世故名爲

神精香

郭子橫洞冥記曰元朔二年波祗國亦名波弋國獻神精香草一名荃蘪一名春蕪一根五百條其枝間如竹節柔軟其皮如絲可以爲布所謂春蕪布亦曰香荃布堅密如紈也握之一斤滿宮皆香婦人帶之彌爲香馥

龜甲香

任昉述異記曰龜甲香即桂香嘉者一名紫术香一名金杜香一名蘪草香出蒼梧桂林二郡界今吳中有蘪草似藍而甚芳香

第九百八十三卷末

太平御覽卷第九百八十四

藥部一

藥

歸藏經曰昔常娥以不死之藥奔月

易曰無妄之疾勿藥有喜象曰無妄之藥不可試也

書曰若藥弗瞑眩厥疾弗瘳

周禮曰醫師掌聚毒藥供醫事疾醫以五藥養病凡藥以酸養骨以辛養筋以鹹養脉以苦養氣以甘養肉以滑養竅鄭玄注曰毒藥之辛苦者也五藥草木蟲石穀

禮記曰君有疾飲藥臣先嘗之親有疾飲藥子先嘗之嘗者度其所堪也醫不三世不服其藥

又曰季春餧獸之藥無出九門爲鳥獸方孚乳傷之爲逆天時天子九門者路門應門雉門畢門庫門臯門國門近郊門遠郊門孟夏之月聚畜百藥蕃蕪之時毒氣盛也

左傳曰臧孫曰季孫之愛我也疾疢也孟孫之惡我也藥石也常志相違疢猶藥石之療疾也美疢不如惡石孟孫死吾亡無日矣

又曰許悼公疾飲太子止之藥卒太子奔晉書曰殺其君君子曰盡心力以事君舍藥物可也藥物有毒當由醫非凡人所知譏止不舍藥物所以加殺君之名

論語曰康子饋藥拜而受之曰丘未達不敢嘗饋遺

史記曰長桑君與扁鵲藥服之三十日見人五藏

漢書曰灌夫擊吴身中大創十餘適有萬金良藥故得不死

又曰王嘉爲丞相數上封事言不宜封董賢上怒有詔假謁者節召丞相詣廷尉詔獄使者既到府掾史涕泣共和藥進嘉嘉引藥杯以擊地謂官屬曰丞相幸得備位三公奉職有罪當伏刑都市以示萬衆丞相豈兒女耶何爲咀藥而死

東觀漢記曰上嘗與朱祐共買蜜合藥上追念之即賜祐白蜜一石問何如長安時共買蜜乎

又曰鄧訓爲護烏桓校尉吏士常大病瘧轉易至數十人訓身煮湯藥咸得平愈其無妻者爲適配偶

又曰王閎者王莽叔父平阿侯譚子也王莽篡位潛忌閎乃出爲東郡太守閎懼誅常繫藥手内莽敗漢兵起閎獨完全

華嶠後漢書曰張楷字公超家貧無以爲業常乘驢車至縣賣藥

九州春秋曰青州刺史焦和多作陷水丸沉河望寇不得渡

吴書曰合肥之役淩統身被六七瘡有卓氏良藥故得不死

魏志曰太祖性嚴掾屬公事往往杖之何夔常畜毒藥誓死無辱是以終不見及

晉書曰餘杭隱士郭文字文舉王導聞召之永昌中大疫父病亦殆導遺藥文曰命在天不在藥也

王隱晉書曰李消爲尚書令家至貧兒病無錢買藥上賜錢十萬李消一作李胤

又曰程咸字延休其母夢白頭公授藥曰服此當得貴子後生咸至侍中

又曰符生常使太醫令程延合安胎藥問人參好惡并藥分多少延曰雖小小不具自可堪用生以爲譏已遂斬之

又曰陸抗與羊祜推僑札之好抗嘗遺酒祜飲之不疑抗有疾祜饋之藥抗亦推心服之

宋書曰高祖微時伐荻新洲見大虵長數丈射傷之明日洲中聞杵臼聲往視之見童子數人皆青衣於榛中擣藥問其故荅曰我王爲劉寄奴所射合藥傅之帝曰神何不殺之童子曰寄奴王者不死不可殺帝叱之皆散仍收藥而反又客經下邳逆旅會一沙門謂帝曰江表當亂能安之者其在君乎帝先患手瘡經年不愈沙門有黄藥因留與帝既而忽亡帝以黄散傅瘡一傅而愈寶其餘及所得童子藥每遇金瘡傅之並愈

齊書曰隨郡王子隆年二十一而體過充壯常使徐嗣伯合蘆茹丸服以自銷損

又曰豫章王嶷薨後見形於沈文季曰我未應死皇太子加膏中十一種藥使我癰不差湯中復加藥一種使利不斷吾已訴先帝先帝許還東邸當判此事因胷中出青紙文書示文季曰與鄉少舊因卿呈主上俄失所在文季祕而不傳甚懼此事少時太子薨矣

魏書曰邢巒爲侍郎甚見親遇高祖因行藥園至司空府南見巒宅遣使謂巒曰朝行藥園至此見卿第宅乃佳東望德館情有依然

又曰天竺烏長國婆羅門爲上族解天文人有爭訟服之藥曲者發狂直者無恙

隋書曰隋大舉伐陳王頒力戰被傷恐不堪復鬭悲感嗚咽夜中睡夢有人授藥比寤而瘡不痛時人以爲忠感

又曰楊素寢疾帝每令醫詐候賜以上藥然蜜問醫人恒恐不死素又自知名位已極不肯服藥亦不將慎每語弟約曰我豈須臾活耶

唐書曰太宗幸襄城宮登子邏坂見暍者僵於路駐馬命左右取藥飲之乃蘇

又曰天竺方士那羅邇娑婆寐自言壽二百歲云有長生之術太宗信之深加禮敬館之金飈門内造延年之藥令崔敦禮監主之發使天下採諸奇藥異石不可稱數後竟不就

又曰元和中山人柳泌言靈藥可得上信之乃以爲台州刺史賜紫令採靈藥

又曰柳公綽有道士獻藥試之有驗問所從來曰合此藥於薊門時朱克融方叛公綽遽謂曰惜哉至藥來於賊臣之境雖驗何益乃沈之于江而逐道士

莊子曰宋人有善爲不龜手之藥者（龜手裂若龜文）世世以洴澼（音辟）絖（音曠）爲事（洴澼，漂也。絖，絮也。冬漂絮則手拘，能爲藥以自治）客聞之請買其方百金以說吳王（說吳王可以戰）吳王使之將冬與越人水戰大敗越人列地而封之能不龜手一也或以封或不免於洴澼絖則所用之異也

唐子曰仙人韓終即韓馮之兄爲宋王採藥王不肯服之終因服之遂得仙

淮南子曰羿請不死之藥於西王母姮娥竊而奔月（姮娥，羿妻也。羿從西王母請不死之藥，未及服之，姮娥盜服，得仙奔入月中，爲月精）

又曰今夫地黄主屬骨而甘草食肉之藥也以其屬骨而責其生肉以其生肉而責其屬骨是王孫綽之欲倍偏枯之藥而欲以生殊死之人亦謂失論矣（王孫綽，魯人也）

又曰崑崙墟旁有九井玉横維其西北之隅（横，猶光也。横或作彭。盛不死藥也）四水者帝之神泉以和百藥以潤萬民

抱朴子曰神農經曰上藥令人身安命延昇天神仙遨遊上下役使萬靈體生毛羽行廚立至

又曰五芝及餌丹砂玉札曾青雄黃雲母太一禹餘粮各可單服之皆令人飛行長生

又曰中藥養性下藥除病能令毒蟲不加猛獸不犯惡氣不行衆妖辟屏

孝經援神契曰椒薑禦濕菖蒲益聰巨勝延年威喜辟兵此皆上聖之至言方術之實録也

又曰仙藥之上者丹砂次則黃金次則白銀次則諸芝次則五玉次則五雲次則明珠次則太一禹餘粮次則石中黃子次則石桂英次則石腦次則石流丹次則石粘次則曾青次則松栢脂茯苓地黃麥門冬木巨勝重樓黃連石韋楮石家紫　一名托盧是也或名仙人杖或名西王母杖或名天精或名却老或名地骨或名枸杞也

戰國策曰有獻不死之藥於荊王者謁者操以入中射之士問曰可食乎曰可因奪而食之王怒使人殺中射之士士曰臣問謁者謁者〔曰可食臣故食〕之是臣無罪罪在謁者也且客獻不死之藥臣食之而王殺臣是死藥也王乃殺無罪之臣而明人之欺王王乃不殺

說苑曰湯曰藥食先甞於卑然後至於貴藥食甞乎卑然後至乎貴教也藥言獻於貴然後聞於卑道也

又曰孔子曰良藥苦於口利於病忠言逆於耳利於行

呂氏春秋曰魯有公孫綽者告人曰我能治偏枯今吾倍爲偏枯之藥則可以起死人矣物固有以爲小不可以爲大可以爲半而不可以爲全者矣

又曰良醫治病病万變藥亦万變病變而藥不變嚮之壽民今爲殤子矣

又曰若用藥者得良藥則活人得惡藥則殺人義兵之爲天下良藥也亦大矣

論衡曰大王亶父睹王季之可立故易名曰歷歷者適也大伯覺悟採藥以避王季

山海經曰大荒之中有黃木赤枝青葉群帝取藥〔言樹花實皆爲藥也〕

又曰大荒中有山名豐沮玉門日月所入有靈山巫咸巫肦巫即巫肦巫彭巫姑巫真巫礼巫謝巫羅十巫從此升降百藥爰在

酈善長注水經曰茯山甚嶠峻重疊灌栢薺陰攢柯翠峙泉　石轉深盖仙居之宿所是以世人目巖爲擣藥巖名此水爲擣藥水

漢武内傳曰王母謂武帝曰太上之藥乃有玄光梨角風實雲子帝園王族昌城玉蘂夜河天骨崆峒靈瓜四劫一實寘陵鱗膽仰掇扶桑之丹椹俯採長河之文藻紫虬童子九色鳳腦太真虹芝天漢臣草南宮大碧西卿扶老三梁龍華生子大道有得食之後天而老此太上之所服非中山之所寶也

又曰武帝崩遺詔以雜道書四十卷置棺中到延康二年河東工曹李及入上黨抱犢山採藥於巖室中得此書盛以金箱其書後題臣姓名記日月是武帝時物也河東太守張純以箱及書奏宣帝宣帝示武帝時左右侍臣有典書中郎見書流涕曰此是帝崩時殯殮物也

東方朔別傳曰孝武皇帝好方士敬鬼神使人求神僊不死之藥甚至初無所得天下方士四面鋒至不可勝言東方

朔睹方士虛語以求尊顯即云上天欲以喻之其辭曰陛下所使取神藥者皆天地之間藥也不能使人不死獨天上藥能使人不死耳上曰然天何可上也朔對曰臣能上天上知其謾詑（弛 謾後）極其語即使朔上天取不死之藥朔既辭去出殿門復還曰今臣上天似謾詑者願得一人爲信驗上即遣方士與朔俱往期三十日而反朔等既辭而行日日過諸侯傳飲往往留十餘日期又且盡無上天意方士謂之曰期且盡日日飲酒爲奈何朔曰鬼神之事難豫言當有神來迎我者於是方士晝卧良久朔遽覺之曰呼君極久不應我今者屬從天上來方士大驚還具以聞上以爲面欺詔下朔獄朔啼對曰朔須幾死者再上曰何也朔對曰天公問臣下方人何衣臣朔曰衣虫虫何若臣朔曰虫喙髯髯類馬邠邠類虎天公大怒以臣爲謾言繫臣使下問還報有之名蚕天公乃出臣今陛下苟以臣爲詐願使人上問之上大驚曰善齊人多詐欲以喻我止方士也罷諸方士弗復用也由此朔日以親近

列僊傳曰樂子長者齊人也少好道真到霍林山遇僊人受服巨勝赤松散方僊人告之曰蚍服此藥化爲龍人服此藥老翁成童能昇雲上下改易形容崇氣益精起死養生子能服之可以度世子長服之年百八十色如少女妻子九人皆服此藥老者還少少者不復老

又曰燕王遣韓終採藥王先使韓終服之面如金色

又曰安期生賣藥海邊時人以爲千歲公

又曰瑕丘仲賣藥於寧百餘年後地動舍壞仲死人取屍弃水收其藥賣之仲被裘詣之後爲失余使者

又曰崔文子太山人賣藥都市後有疫死者萬計文子擁朱幡持黄散循閭民服其散愈者萬計後在蜀賣（黄散）赤丸世故寶之

又曰負局先生者語似燕代間人也負磨鏡局循吴帝市中磨一鏡一錢因磨輒問主得無人疾苦者有輒出紫丸藥以與之得莫不愈後上吴山絶崖頭世世懸藥與下人曰吾欲還蓬萊山與汝曹神水崖頭一旦有水白色從石間來下服之病多愈

高士傳曰韓康字伯休京兆霸陵人採藥名山賣於長安市口不二價三十餘年時有女子從康買藥康價不移女子怒曰公是韓伯休鄉乃不二價也康歎曰我本避名今女子皆知有我何用藥爲乃遯入霸陵山中

魯女生别傳曰封君達隴西人也少好道初服黄連九五十餘年乃入鳥鼠山又於山中服水銀百餘年還鄉里年如二十者常乘青牛故號爲青牛道士

桂陽先賢畫讚曰蘇耽嘗除門庭有衆賓來耽告母曰人招耽去已種藥着後園梅樹下可治百病一葉愈一人賣此藥過足供養便隨賓去毋走牽之四體如醉足不能舉

邴原别傳曰魏太子爲五官中郎將原爲長史太子讌會衆賓百數十人太子建議曰君父各有篤疾有藥一九可救一人當救君耶父耶衆人紛然或君或父時原在坐不與此論太子諮之於原原悖然對曰父太子亦不復難

曹毗杜蘭香傳曰神女蘭香降張碩碩問壽如何香曰消磨自可愈疾淫祀無益香以藥消磨

王子年拾遺録曰燕昭王坐祇明之室晝而假寐忽夢西

方有白雲蓊蔚而起俄而閒於庭間有人衣服皆毛羽駕
蒼螭之車從雲中而出直詣王所王夢中與語問以上僊
之術羽人曰大王精智未開欲求恒生不可得也王請受
絕慾之教羽人指畫王心應手而裂王乃驚悟因患心疾
久之乃昇於泉照之館復見前所夢人於前曰本欲易王
之心乃出方寸綠囊囊中有續脉名九晡四精散其細若
灰以手摩王之臆俄而既愈王因請其方曰其用物也有
九朗神芝煎以蒼鷹之血黑河鱗膽煮以琨璵之脂貯以
玉缶緘以金繩封以王印王得服之後天而死若溺於滛嗜
於欲求者秖苦心焉語畢化爲青鳥入天際王求合藥終
不能成黑河北極也其水濃黑不流上有濃雲生焉有黑
鯤千尺如鯨常飛遊於南海

博物志曰夫性之所以和病之所以愈是當其藥應其病
則生違其藥失其應則死
本草經曰太一子曰凡藥上者養命中藥養性下藥養病神
農乃作赭鞭鉤鯯（切尺制）從六陰陽與太一外五岳四瀆土
地所生草石骨肉心皮毛羽万千類皆鞭問之得其所能
主治當其五味百七十餘毒
異苑曰魏武北征蹋頓外嶺眺矚見一崗不生百草王粲
曰如是古冢此人在世服生礜石死而石上熱蒸出外故
卉木燋滅即令鑿之果得大墓有礜石滿塋仲宣博
識強記皆類此也一說粲在荆州從劉表登鄣山見此
異
任昉述異記曰漢世古諺云雖有神藥不如少年雖有珠
玉不如金錢太原神釜崗中有神農嘗藥之鼎在焉成陽
山中有神農鞭藥處一名神農原一名藥草山山中有紫
陽觀世傳神農於此辨百藥也
養生略要曰神農經曰五味養精神強魂魄五石養髓肌
肉肥澤諸藥其味酸者補肝養心除腎病其味苦者補心
養脾除肝病其味甘者補脾養肺除心病其味辛者補肺
養腎除脾病其味鹹者補腎養肺除肝病故五味應五行四
體應四時夫人性生於四時然後命於五行以一補身不
死命神以母養子長生延年以子守母除病究年
嶺表錄異曰廣之屬郡及鄉里之間多蓄蠱彼之人悉能
驗之以草藥治之十得其七八藥則金釵服形如石斛古
漏子（女祟根器食之即士）人肝藤（濃對煎先）陳家白藥子（一名吉利）本梧州陳
氏有此藥善解蠱毒有中者即求之前後救人多矣遂以爲
名今封康州有得其種者廣府每歲常爲土貢焉諸解毒
藥功力皆不及陳家白藥

王彪之閩中賦曰藥草則青珠黃連拳栢决明苁蓉鹿茸
漏蘆松榮痊痾則年永練質則翰生
謝靈運山居賦曰本草所載山澤不一雷桐是別和緩是
悉三枝六根五華九實樂府歌詩曰仙人騎白鹿髮短耳
何長道我來上藥覽之獲無疆來到主人門奉藥一玉箱
主人服此藥身體日康強髮白復還黑延年壽命長
魏文帝詩曰西山何如高高殊無極上有兩仙童不飲
亦不食與我一丸藥光耀有五色服藥四五日身體生羽翼
應劭表曰臣劭言郡舊因計吏獻藥闕而不脩慙悸交集
無辭自文今道少通謹遣五官掾戈貢茯苓十斤紫芝六
枝鹿茸五斤五味一斤計吏發行輒復表貢

太平御覽卷第九百八十四

太平御覽卷第九百八十五

藥部二

丹　芝上

丹

易參同契曰丹沙木精得金乃并

書曰荆及衡陽惟荆州杶幹栝栢礪砥砮丹砥細於礪皆磨石也砮石中矢鏃丹朱類

汲冢周書王會曰成王時濮人獻丹沙濮人西南角之蠻丹沙所出

禮儀曰君乘木而王地生丹

孝經援神契曰德至山陵則陵出黑丹宋均注曰丹應五典備五色也

春秋斗運樞曰搖光得陵出黑芝亦令人長生以金投中則名爲金漿以玉投中則名爲玉醴服之皆長生又有取伏丹法云天下諸水有石丹者其水中皆有丹魚先夏至十日夜伺之丹魚必浮於岸側赤光上照赫然如火網而取之雖多勿盡取之也割取血以塗足下則可步行水上長居水中

史記曰寡婦清先得丹穴而擅其利清寡婦能守其業始皇爲女築懷清臺

梁書曰陶弘景既得神符祕訣以爲神丹可成而苦無藥物帝給黃金朱沙曾青雄黃等後合飛丹色如霜雪服之體輕及帝服飛丹有驗益敬重之

唐書曰道士劉道合者宛丘人高宗令合還丹丹成而上之咸亨中卒唯有空皮而背上開拆有似蟬蛻高宗聞之曰劉師爲我合丹自服仙去其所進者亦無異

典略曰白丹者山陵之精也

淮南子曰赤水宜丹黃水宜金清水宜龜

抱朴子曰余考覽養生之書究集久視之方曾所披涉篇以千計矣莫不以還丹金液爲大要焉然則二事蓋仙道之極也服此而不仙則古無仙矣昔左元放於天注山中精思神人授以丹經仙公從元放受之凡受太清丹經三卷及九鼎丹經一卷金液經一卷子師鄭君者子從祖仙公之弟子乃於馬迹山中立壇盟受之并具諸口訣之不書者

又曰太清神丹其法出元君元君者老子之師也太清觀天經有十四篇云其上七篇不可以教授其中四篇無足傳嘗沉之三泉下篇者正是丹經上中下三卷其經曰上下得道長生世間

又曰漢末新野陰君合此太清丹得仙其人本儒生有才思著詩及丹經讚并序述初學道凌師本末引已所知識之得仙者四十餘人甚分明也

又曰有九光丹與九轉異法大都相似耳作之法當先以諸藥合水火以轉五石五石者丹砂雄黃礜石曾青磁石也一石輙五轉而各成五色五石合爲二十五色色各一兩而異器盛之欲起死人未滿三日取清丹一刀圭和以水浴死人之身又以一刀圭發其口內之死人立生欲致行厨取黑丹和以塗左手所求如所道皆自致可致天下萬物也欲隱形及先知未然方來之事及住年不老服黃丹一刀圭即便長生不復老坐見千里之外吉凶皆如在目前也人生相命盛衰壽夭貴賤貧富皆知之矣其法具在太清中卷

又曰五帝雲丹方一卷其法五世用丹砂雄黃石流黃曾青礜石磁石礬石戎鹽太一禹餘粮亦同用太一泥及神室祭醮之三十六日成

又曰以金液爲威喜巨勝之法取金液及水銀合煑之三十日出以黄土甌盛封以太一泥置之猛火上炊之卒時皆化爲丹服如小豆便仙以此丹一刀圭粉和水銀一斤即成銀又取此丹一斤置猛火上扇之化爲赤金而流名曰丹金以塗刀劒兵去萬里以此丹金爲盤椀食其中令長生以承日月得神液如方諸之得水也飲之令人不死

又曰九丹誠爲仙藥之上然合作之所用雜藥甚多若四方清通者市之可得取若九域分擘則其物或不可得也

又曰葛稚太余川鴻臚少時曾爲臨沅令云此縣有廖氏家世壽考或出百或八九十後徙去子孫多夭折他人居其故宅者復累世壽由此乃覺是宅所爲而不知其何故疑其井水殊赤乃試掘井左右得古人埋丹沙數十斛

山海經曰拒山英水出焉其中多丹粟

又曰始州國有丹山

論衡曰太公陰謀書武王伐紂食小兒以丹金身純赤長大教云殷王亡民見兒身赤以爲天神

說文曰丹越之赤石也雘善丹也

神仙傳曰采女請問彭祖延年之法彭祖曰欲舉形登天上補仙官者當用金丹此九君太一所以白日昇天

又曰馬明生從道人受太清神丹經三卷入山合藥服之不樂昇天但服半劑爲地仙展轉九州百餘年乃白日昇天也

又曰淮南王安從八公受丹經及三十六水方

又曰李少君從安期先生受神丹爐火之方家貧不得藥乃以方干漢武帝去

又曰葛玄字孝先從左元放受九丹金液仙經

又曰劉元鳳南陽人服芙蓉丹及鷄子丹

魯女生別傳曰李少君字雲翼齊國臨淄人也少好道入山採藥修全身之術道未成而病困於山林中遇安期先生經過見少君少君叩頭求乞生活安期愍其有志乃以神樓散方與服之即起少君求隨安期奉給奴役

廣志曰丹朱沙之朴也大者如米生山中出牂牁與古僂國

裴淵廣州記曰鄣平縣有朱沙塘水如絳

又曰鄣平縣有石膏山望之若霜雪又一山嶺東爲銀石南是鐵石西則丹沙北乃銅石

本草曰丹砂味甘微寒生山谷養精神益氣明目（鈆丹味辛微寒）生平澤治吐逆胃反久服成仙生蜀都

吳氏本草曰丹砂神農甘黄帝岐伯苦有毒扁鵲苦李氏大寒或生武陵採無時能化朱成水銀畏磁石惡鹹水

武陵太守謝承表曰新宮成上丹砂五百斤上億萬歲壽

芝上

春秋運斗樞曰搖光得陵出黑芝

孝經援神契曰德至草木則芝草生

尒雅曰茵（似由反）芝也（郭璞曰芝一歲三華瑞草）

漢書曰武帝時芝生殿內房中九莖詔赦天下作芝房歌

又曰宣帝神爵元年三月詔曰金芝之草九莖（服虔曰色象金）產于函德殿銅池中（如淳曰函亦含也銅池承霤也晉灼日以銅作池韋昭日以銅飾池邊也）

東觀漢記曰明帝永平七年公卿以芝生前殿奉觴上壽

桓帝建和元年芝草生中黄藏府

又曰光和四年郡國上芝草英

續漢書曰建初五年零陵女子傅寧宅內生紫芝五

株長者尺四寸短者七八寸太守沈豐使功曹齎芝以聞帝告示天下

宋書曰順帝升明二年臨城縣生紫蓋黄裏芝芝歷時質色不變

唐書曰貞觀中皇太子寢室中産素芝十四莖並爲龍興鳳翥之刑

又曰天寶中有玉芝産于大同殿之柱礎一本兩莖神光照於殿

又曰上元中延英殿御座生玉芝一莖三花御製玉靈芝詩

淮南子曰巫山之上從風縱火紫芝與蕭艾俱死

又曰稻生水而不能生於湍瀨之流芝生於山而不能生於盤石之上

抱朴子曰芝者有石芝有木芝有草芝有肉芝有菌芝之名

九ヨ八十五　五　単未九

有百許種也石芝者石象生於海隅石山及島嶼之涯肉芝者狀如肉頭尾四足良似生物也附於大石蓋在高岫嶮峻之地或却着仰綴也赤者如珊瑚白者如截肪黑者如澤漆青者如翠羽黄者如紫金而皆光明洞徹如堅氷也晦夜去之一二百步便望見其光矣大者十餘斤小者三四斤非久齋至精及佩老子入山靈寶五符亦不能得見此九見諸芝且先以開山却害符置其上則不得復隱蔽化去矣徐徐擇王相之日設醮然後取之皆從日下禹步閉氣而往也又得石象擣之三萬六千杵服方寸匕日盡一斤則得千歲十斤則萬歲亦可分人服之玉脂芝生於有玉之山常居懸危之處玉膏流出萬年已上則凝而成芝有似鳥獸之形色無常采率多似山水蒼玉也亦鮮明如水精得而末之以無心草汁和之須臾成水服一升得一千歲也

又曰七明九光芝皆石也生臨水之高山石崖之間狀如盤椀不過徑尺以還有莖葉連綴之起三四寸有七孔者名九光皆如星百餘步内夜可望見其光其光自別常以秋分伺之得之擣服方寸匕人服則翕然身熱五味甘美盡一斤則得千歲令人身有光所居暗地如月可以夜視書也

又曰石蜜芝生少室石户中户中便有深谷不可得過以石投谷中半日猶聞其聲也去户外十餘丈有石柱柱上有偃蓋石高度徑可一丈許蜜芝生石上墮入偃蓋中良久輒有一滴有似雨後屋之餘漏時時一落耳然蜜芝墮不息而偃蓋亦終不溢也户上刻石爲科斗字曰得服石蜜芝一斗者壽萬歲諸道士共思推其處不可得往唯當以椀器着勁竹木端以承取之然竟未有能爲之者按此户上

太九ヌ八十五　六　和九

刻題如此前世必已有得之者也

又曰石桂芝生山巖穴中似桂樹而實石也高尺光明而味辛有枝條擣服之一斤得千歲也石中黄子所在有之沁水山爲尤多雄碁中則其石常潤濕不燥打其石石有數十重乃得之在大石中赤黄溶溶如鷄子之在殼中也即當飲之不飲則漸堅凝成石不復中服也法正當及未堅時飲之既凝則不得服也破一石中多者有一升少者有數合不可頓服雖不得多相繼服之其計前後所服合成三斗則千歲但欲多服唯患難得耳

又曰石腦芝生滑石中亦如石中黄子狀但不皆有耳打破大滑石千許乃可得一斤初破之其在石中五色光明而自動服一升得千歲矣

又曰木芝者松栢脂淪地千歲化爲伏芝萬歲其上生

小木狀似蓮花名曰木威喜芝夜視有光持之甚滑燒之不燋帶之辟兵以帶鷄而雜他鷄十二頭共籠之去十二步射十二箭他鷄皆傷帶威喜芝者終不傷也從生門上採之六甲陰中乾之百日末服方寸匕日三盡一枝則三千歲也

太平御覽卷第九百八十五

太平御覽卷第九百八十六

藥部三

芝下

抱朴子曰千歲之枯木其下根如坐人長七寸刻之有血以其血塗足下可以步行水上不沒以塗人鼻入水水爲之開可以止住淵底也以塗身則隱形欲見則拭之又可以治病病在腹内則刮服一刀圭其腫痛在外者隨其所在刮一刀圭以摩之皆手下即愈假令左足有疾則刮塗人左足也

又曰松樹枝三千歲者其皮中有聚脂狀如龍形名曰飛節芝大者十斤末服之盡一斤得五百歲

又曰樊桃芝其木如昇龍其花葉如丹蘿其實如翠鳥高不過五尺生於名山之陰東流泉水之上以夏至後伺之得末服之一株得五千歲

又曰參成芝赤色有光扣之枝葉如金石之音折而續之即復如故

又曰木渠芝寄生大木上如蓮花九莖一叢其味甘而辛建木芝實生於都廣其皮如纓蛇其實如鸞鳥此三芝得服之白日昇天也

又曰黄蘆子尋木華玄液華此三芝生於泰山要鄉及奉高有得服之皆令人壽千歲也

又曰千歲鷰其窠户北向其色多白而尾毛樞取陰乾末服得五百歲凡此百二十種皆肉芝也

又曰菌芝或生深山之中或生大木之下或生泉水之側其狀或如宫室或如車馬或如龍虎或如飛鳥五色無常亦百二十種自有圖也皆當禹步往採取之刻以骨刀陰乾末服方寸匕令人昇仙中者數千歲下者千歲欲求芝草入名山必以三月九月此山開出神藥之月也勿以山浪日必以天輔時三奇會尤佳出三奇吉門到山須六陰之日明堂之時帶靈寶符牽白犬抱白雞以白鹽一斗及開山符檄著大石上執吴唐草一把以入山山神喜必得芝也又採芝服芝欲得王相專和之日支干上下相生爲佳此諸芝名山多有之但凡庸道士心不精志行穢德薄又不曉入山之術雖得其圖不知其狀亦終不能得也山無大小皆有鬼神其鬼神不以芝與人人雖踐之不可見也

又曰草芝有獨搖芝無風自動其莖大如手指赤如丹素葉似莧其根有大魁如斗有細者如雞子十二枚周繞大根四方似倣傚十二辰也相去丈許皆有細根如白髮以相連生高山深谷之上其所生左右無草得其大魁末服之盡則千歲服其細者一枚百歲可以分他人也懷其大根即隱形欲見則左轉而出之

又曰牛角芝生虎壽山及吴陵上狀似葱而特生如牛角長三四尺青色末服方寸匕日三服至百日則得千歲矣

又曰龍仙芝狀似昇龍之相負也以葉爲鱗其根則蟠龍服一株得千歲矣

又曰紫珠芝其莖黄其葉赤其實如李而紫色二十四枚輙相連而垂如貫珠也

又曰白符芝高四五尺似梅常以大雪而花季冬而實

又曰朱草芝九曲有三葉葉有實也

又曰五德芝狀似樓殿莖方其葉五色各具而不雜狀如偃蓋中常有甘露紫光起數尺

又曰龍銜芝常以仲春對生三節十二枝下根如坐人

凡此草芝又有百二十種陰乾服之則令人與天地相畢或得千歲二千歲

又曰肉芝者謂萬歲蟾蜍頭上有角頷下有丹書八字以五月五日日中時取之陰乾百日以其足畫地即為流水千歲蝙蝠色如白雪集則倒懸腦重故也此二物得而陰乾末服之令人壽四萬歲千歲龜五色具額上兩骨起似角以羊血浴之乃剔取服之壽千歲行山中見小人乘車馬長七八寸者肉芝也取服即成仙凡百二十種皆肉芝

漢武內傳曰仙芝上藥有大真虹芝

論衡曰章帝時零陵生芝草五本

又初禀篇曰朱草之莖如鍼紫芝之栽如豆如珠玉者禀氣而生亦猶此也

茅君內傳曰勾曲山上有神芝五種第一曰龍仙芝似交龍之相負服之為太極仙卿第二曰名參成芝赤色有光扣其枝葉如金石之音折而續之即如故服之為太極大夫第三曰燕胎芝其色紫形如葵葉燕象如欲飛狀光明洞徹服一株拜為太清龍虎仙君第四曰名夜光芝其色青實正白如李夜視其實如月光照洞一室服一株為太清仙官第五曰玉芝色白如玉剖食拜三官正真御史也

神仙傳曰淶飛黃子張虛字子黃遼人也行玄素之道年二百歲有少容服九英盖芝石象而得道也

又曰刁子然服赤烏散及夜光芝仙人採芝圖曰芝生於名山食之令人乘雲能上天觀望八極通見神明鳳凰芝草生於名山之上金玉間文石上陰乾治食一年令人羽翼皆生壽千歲能乘雲與鳳凰俱

又曰水芝生於名山大谷之陰治食之能入水中乘雲行通神明能使百鬼甘露芝生於石山之陰有五彩覆之

又曰車馬芝生於名山之中此蚩尤時七車馬化為之能得食之乘雲而行上有雲氣覆之萬年芝生於名山之中及蓬萊山

又曰地芝生於名山得食之延年益壽一舉千里走越江海

又曰月芝生於名山之陰金石珠玉之間陰乾治食令人有毛二尺延壽萬歲

又曰土芝生於名山之陰黃雲覆之此戊巳中宮黃帝之精食之益壽八千

又曰黑雲芝生於名山大谷涼泉之間黑蓋赤裏莖黑味鹹苦食之一年能入火不燋入水不漬石芝生於名山之陰色黃上有不死之藥如甘露味極美取而食之令人不死赤松子所服山芝之居東西行三南北行五此為山芝其色皆白山芝者韓終所食也與天地相極延年益壽通神明矣

又曰人芝生於名山之陰青蓋白莖黃龍芝生於神仙之中狀如黃龍雲氣芝生於名山之中蓋白莖白裏赤天芝生於名山之陰千秋芝生於大谷中四方異色南赤西白北黑東青食之不老老者不死雷芝生於名山之陰白石之上有白雲覆之黃雲芝生於名山之中金石間上有黃雲覆之食之壽千歲令人通見神明乘雲為車風為馬青雲芝生於名山之陰雲母芝生於峪澤泉之旁白虎芝生於名山之陰大木下狀如虎蓋青味辛食之令人有力

又曰東方芝生於山東之陰南方芝生於神山之陽北方

芝生於北海之山大谷水中狀異而澤西方芝生於崑崙之上金石間萬年生芝於名山之陰

又曰夜光芝生於名山之陰大谷涼泉中金石間有浮雲翔其上太一芝生於名山之陽蓋黃莖赤得而食之令人不老與天地相保

又曰虎芝生於名山之陰狀如虎食之身輕延壽八百年鳴鳥芝生於名山多林之陽狀如鳥五色陰乾治食令人身輕與風俱行

又曰赤龍芝生於名山之陰源泉（澤泉中狀如龍其色赤白以秋採之便有白）光食之壽與天地無極黑龍芝生於名山之中大木下黑色如龍食之便令人能入水中

孫氏瑞應圖曰芝草常以六月生春青夏紫秋白冬黑

十洲記曰祖州有養神丹芝似菰苗長三四尺人死以草覆之皆活服之長生秦始皇時大疫多有死者（有鳥如烏銜）此草以覆死人面登時皆活始皇聞以問北郭鬼谷先生先生曰此不死草也生瓊田中又有鍾山仙家數十萬耕田種芝草

嵩高山記曰嵩高山上有神芝人芝者狀似小兒地芝者辟方一尺如黃金色覆以五色雲有神龍守之食者可以遐年

崔豹古今注曰元和二年芝生沛如人冠狀又如章武如人抱三子狀成帝建初五年芝生潁川常以六月中生一葉春青夏紫秋白冬黑十月復黃氣出上尺五寸

博物志曰名山生神芝不死之草上芝爲車馬形中芝爲人形下芝爲六畜形

唐新語曰崔希嶠以孝友稱丁內憂哀毀過禮爲鄭縣丞芝草生所居堂一宿而葩蓋盈尺

杜寶大業拾遺錄曰七年六月東都永康門內會昌門東生芝草百二十莖散在地周十步許紫莖白頭或白莖黑頭或有枝或無枝亦有三枝如古出字者地內根並如綿大相連着乾陽殿東東上閤前槐樹上生芝九莖共本相扶而生中莖最長兩邊八莖相次而短有如樓閣甚潔白武賁郎將段文操留守畫圖表奏

本草經曰青芝一名龍芝食之身輕不老神仙生太山山谷亦生五岳地上

又曰黃芝一名金芝食之神仙生嵩高山山谷中

又曰赤芝一名丹芝食之爲神仙生霍山山谷

又曰黑芝一名玄芝生恒山山谷

又曰紫芝一名木芝久服延年作神仙生[illegible]地上色紫形如桑。吳氏本草經曰紫芝一名木芝

九歌曰采三秀兮於山門（三秀芝草）石磊磊兮葛蔓蔓。繆蘩

神芝贊曰青龍元年五月庚辰神芝生平長平之習陽其色紫丹其質光曜高尺八寸五分散爲三十有六莖枝幹連屬有似珊瑚之形詔御府匱而藏之具畫其形

古瑞命記曰王者慈仁則（生食芝則延年）又神農氏之論芝也云山川與四時五行陰陽晝夜之精以生五色神芝皆爲聖王休祥焉自漢孝武顯宗世號隆盛而元封永平所紀神芝之方斯蔑如也且其枝幹條莖本末相承乃協于天官之數非神明其孰能如此

天台山賦曰五芝含秀而紛敷

嵇康詩曰煌煌靈芝一年三秀

太平御覽卷第九百八十六

太平御覽卷第九百八十七

藥部四

石藥上

紫石英　白石英　青石英　赤石英
黄石英　黒石英　石流黄　石流青
石龍芮　石膽　石肺　石脾
青石脂　赤石脂　黄石脂　白石脂
黒石脂　凝水石　陽起石　石鍾乳
孔公孽　礜石

紫石英

山海經曰單孤之山逢水出焉其中多紫石英

魏氏春秋曰黄初元年明帝愈崇宮殿彫飾觀閣取白石英及紫石英五色文石於太行穀城之山

宋書曰謝瞻字宣遠六歲能屬文爲紫石英贊爲當時才士歎異

隋書曰梁彦光少岐嶷有至性七歲時父遇篤疾醫云餌五石可愈時求紫石英五色文石於太行不得彦光憂瘁不知所爲於園中見一物彦光所不識怪而持歸即紫石英也親屬咸異之抱朴子内篇曰或問不寒之道荅曰以立冬之日或服六丙六壬符或服太陽酒或服紫石英東莞縣西北二十里有䃭山出紫石英舊以貢獻

永嘉記曰固陶村有小山出紫石英人甞於山下得一紫石英王府君聞遣人緣山掘得數外圭角甚好色小薄孫府君亦掘得數外也

從征記曰自太峴至太山皆有紫石英太山所出特復瓌殊

吳興記曰烏程縣北龍山有紫石英甚光明但小黒

博物志曰平氏陽山縣紫石英特好其他者色淺紫石英舊出胡陽縣

嶺表録異曰隴州山中多紫石英其色淡紫其質瑩徹隨其大小皆五稜兩頭如箭鏃煮水飲之暖而無毒比北中白石英其力倍矣

本草經曰紫石英味甘温生太山谷治心腹嘔逆邪氣補不足女子風寒在子宮絶孕十年無子久服温中輕身延年。吳氏本草曰紫石英神農扁鵲甘氣平李氏大寒雷公大温岐伯甘無毒生太山或會稽採無時欲令如削紫色頭如樗蒲者

白石英

本草經曰白石英味甘微温生山谷主治消渴陰痿不足嘔逆益氣除濕痺萬間久寒益氣除久服輕身長年生華陰

永嘉記曰安固老山出白石英

吳氏本草曰白石英神農甘岐伯黄帝雷公扁鵲無毒生太山形如紫石英白澤長者二三寸採無時久服通日月光

青石英

本草經曰青石英形如白石英青端赤後者是

赤石英

本草經曰赤石英形如白石英赫端　故赤澤有光味苦補心氣

黄石英

本草經曰黄石英形如白石英黄色如金在端者是

黑石英

本草經曰黑石英形如白石英黑澤有光

石流黃

後魏書曰悅盤國有火山山傍石皆燋鎔流數千里迺凝堅人取以為藥即石流黃也

淮南子曰夏至流黃澤

抱朴子曰石流黃五岳皆有而箕山爲多其方言許由就此服之長生故不復以富貴累意

范子計然曰石流出漢中

神仙傳曰劉馮餌石流黃老而更少

博物志曰西域使至王暢說石流黃出且彌山去高昌八百里有石流黃高數十丈縱廣五六畝有取流黃孔穴晝視其孔上狀如青煙常高數尺夜視皆如燃燈光明高尺餘暢所親視見也且彌人言是時氣不和皆往保此山毒氣自滅

本草經曰石流黃味酸生谷中治婦人陰蝕疽痔能作金銀物生東海

吳氏本草經曰流黃一名石流黃神農黃帝雷公鹹有毒醫和扁鵲無毒或生易陽或河西或五色黃是潘水石液也燒令有紫炎者八月九月採治婦人結陰能化金銀銅鐵

石流青

本草經曰石流青白色主益肝氣明目

石流赤

神仙傳曰許由巢父服箕山石流丹抱朴子曰石流丹者山之赤精蓋石流黃之類也皆浸溢於涯岸之間其濡濕者可丸服其已堅者可散服如此者有百二十種皆石芝

本草經曰石流赤生羌道山谷

石膽

孝子王冊曰虎魄又名爲石膽

十洲記曰滄浪海島上有石膽服之神仙

仇池記曰石膽川平池出石膽

博物志曰皇初三年武都西部都尉王褒獻石膽二十斤

范子計然曰石膽出隴西羌道

本草經曰石膽一名畢石一名君石生秦州羌道山谷大石間或出句青山其爲石也青色多白文易破狀似空青能化鐵爲銅合成金銀練餌食之不老

吳氏本草經曰石膽一名黑石一名銅勒神農酸小寒李氏大寒桐君辛有毒扁鵲苦無毒生羌道或句青山二月庚子辛丑採

石肺

本草經曰石肺一名石肝黑澤有赤文如覆肝置水中即乾濡主益氣明目生水中

石脾

本草經曰石脾一名胃口一名腎石赤文主治胃中寒熱

青石脂

本草經曰青石脂味酸平無毒主養肝膽氣

赤石脂

越絕書曰田鍾穹隆山赤松子所取赤石脂也

永嘉記曰赤石脂出永寧赤石山

荊州記曰義陽有赤石脂山

本草經曰赤石脂味酸無毒養心氣

范子計然曰赤石脂出河東色赤者

黃石脂

本草經曰黃石脂味平無毒主養脾氣

白石脂

本草經曰白石脂味甘無毒主養肺氣

黑石脂

本草經曰黑石脂味甘無毒主養腎氣強陰陽蝕腸泄利

吳氏本草曰五石脂一名青赤黃白黑符神農甘雷公酸無毒桐君辛無毒季氏小寒生南山或海涯採無時赤符神農雷公甘黃帝扁鵲無毒季氏小寒或生少室或生太山色絳滑如脂黃符季氏小寒雷公苦或生嵩山色如肫腦鴈鶵採無時白符一名隨岐伯雷公酸無毒季氏小寒桐君甘無毒扁鵲辛或生少室天婁山或太山黑符一名石泥桐君甘無毒生洛西山空地

凝水石

本草經曰凝水石味辛寒生山谷治身熱腹中積聚邪氣煩滿飲之不飢生常山

范子計然曰凝水石出河東色澤者善

吳氏本草曰凝水石一名白水石一名寒水石神農辛岐伯醫和甘無毒扁鵲甘無毒季氏大寒或生邯鄲採無時如雲母也

陽起石

本草經曰陽起石一名白石味酸微溫生山谷治崩中補足內攣藏中血結氣寒熱腹痛漏下無子陰陽不合生齊地

吳氏本草曰陽起石或作羊字神農扁鵲酸無毒桐君雷公岐伯無毒季氏小寒或生太山或陽起山採無時

石鍾乳

吳錄地理志曰始安始陽有洞山山有穴如洞庭其中生石鍾乳

唐書曰高季輔為太子右庶子上疏切陳得失特賜鍾乳一劑曰卿進藥石之言故以藥石相報

列仙傳曰邛疏煮石髓而服之謂之石鍾乳

水經曰大洪山巖嶂皆數百許仞入石門得穴穴上素崖壁立非人跡所及穴中多鍾乳凝膏下垂望若氷雪微津細液滴瀝不斷幽穴潛遠行者不極

又曰易水東經孔山山下有鍾乳穴穴出佳乳採者揭水尋沙入穴里許

太山記曰山有鍾乳但不好耳

湘川記曰湘東陰山縣有黃坑山出鍾乳長沙湘鄉縣

出鍾乳季秋入穴六七里乃得

盛弘之荊州記曰天門郡出石鍾乳

永嘉記曰安固縣東山石穴出鍾乳

東陽記曰北山崖有洞穴有人嘗於此穴採鍾乳八十餘日糧盡而穴不窮

劉道真錢塘記曰靈隱山北有穴旁入行數步有清流水廣丈餘昔有人採鍾乳水際見異跡或云是龍跡闕穴裏隆隆有聲便出不測所採近遠

范子計然曰石鍾乳出武都黃白者善

本草經曰石鍾乳一名留公乳味甘溫生山谷明目益精治欬逆上氣安五藏百節通利九竅下乳汁生少室

吳氏本草曰鍾乳一名季氏大寒或生太山山谷陰處岸下聚溜汁所成如乳汁黃白色空中相通二月三月採陰

乾

孔公櫱

本草經曰：孔公櫱，一名通石，味辛，溫，生山谷。治食化氣，利九竅，下乳汁，(治惡)瘡疽瘻，生梁山。

吳氏本草曰：孔公櫱，神農：辛；岐伯：鹹；扁鵲：酸，無毒。色青黃。

礜石(音預)

說文曰：礜，毒石也。

山海經曰：皋塗之山有白石焉，名曰礜，可以毒鼠。(今礜石殺鼠蠶，食之而肥。)

范子計然曰：礜石出漢中，色白者善。

湘州記曰：湘東山多礜石。

博物志曰：鸛伏卵時，取礜石周遶卵，以助暖氣。方術家取鸛巢中礜石爲真。

荊州記曰：湖縣鹿山舍傍多礜石，每至嚴冬，其上不得停霜雪。

盛弘之荊州記曰：魚復縣岸崩，特出礜石。

吳興記曰：長城縣有白石山，出白礜石，極精好。

本草經曰：礜石，一名青分石，一名立制石，一名固羊石。味辛，生山谷。治寒熱鼠瘻、蝕瘡，除熱，殺百獸。生漢中。氣

吳氏本草曰：白礜石，一名鼠鄉，一名太白，一名澤乳，一名食鹽。神農、岐伯：辛，有毒；桐君：有毒；黃帝：甘，有毒；李氏：大寒，主溫熱。生漢中，或生魏興，或生少室。十二月採。

太平御覽卷第九百八十七

太平御覽卷第九百八十八

藥部五

石藥下（禽獸附）

餘粮　消石　芒消　朴消
雄黃　雌黃　磁石　石膏
滑石　礬石　曾青　空青
白青　扁青　長石　冷石
石蜜　玉泉　水銀　決明
赭（代赭附）　白堊　鹵鹹　龍骨（角齒附）
牛黃　阿膠　海蛤　犀角
羚羊角　鹿茸　鹿脂　鴈肪
戴頭（并尾）

餘粮

列仙傳曰赤斧者巴戎人爲碧雞祠主簿能鍊丹與消石服之三十年身反童子髮毛皆赤數十年上華山取禹餘粮餌之手中長有赤斧

博物志曰扶海洲上有草焉名曰䈽草其實食之如大麦從七月稔熟民斂至冬乃訖名自然穀或曰禹餘粮今藥中有禹餘粮者世傳昔禹治水弃其所餘食於江中而爲藥也

博物志曰地有蔘名則禹餘粮生亦有蔘名無者矣

范子計然曰禹餘粮出河東

本草經曰太一禹餘粮一名石腦味甘平生山谷治欬逆上氣癥瘕血閉漏下除邪久服能忍寒暑不飢輕身飛行千里神仙生太山

又曰禹餘粮味甘寒生池澤治欬逆寒熱煩滿下利赤白血閉癥瘕大熱久服輕身生東海

吳氏本草經曰太一禹餘粮一名禹哀神農岐伯雷公甘平李氏小寒扁鵲甘無毒生太山上有甲甲中有白白中有黃如鷄子黃色九月採或無時

消石

吳氏本草經曰消石神農苦扁鵲甘

范子計然曰消石出隴道

芒消

本草經曰消石一名芒消味酸苦寒生山谷治五藏積熱生益州

朴消

本草經曰朴消味苦寒生山谷治百病除寒熱邪氣除六府積聚結癖山谷之陰有鹹苦之水狀如芒消而麄能化

七十二種石鍊餌服之輕身神仙生益州

吳氏本草曰朴消石神農岐伯雷公無毒生益州或山陰入土千歲不變鍊之不成不可服

雄黃

玄中記曰負丘之上多大虵以雄黃精厭之

水經曰黃水出零陽縣西北連巫山溪出雄黃頗有神異採常以冬月祭祀鑿石深數丈方得故溪水取名焉

淮南萬畢術曰夜燒雄黃水虫成列（水虫聞燒雄黃氣皆趣火）

吳氏本草曰雄黃神農苦山陰有丹雄黃生山之陽故曰雄是丹之雄所以名雄黃也

雌黃

吳越春秋曰太宰舍春申君所造殿後殿名逃夏宮春申子假君宮也數失火因塗雌黃故曰黃堂臨海水

土物志曰丹山草木赫然盡形雌黃所産煒煌内含奇寶
外發英光昔隸交部今則南康
典術曰天地之寶藏於中極命曰雌黃雌黃千年化爲雄
黃雄黃千年化爲黃金
本草經曰雌黃石金味辛平生山谷治身癢諸毒

磁石

王隱晉書曰馬隆擊涼州以磁石累道側賊負鐵鎧不得
過以爲神
呂氏春秋曰磁石召鐵或引之也（石鐵之母也石之不慈者亦不能引之也）
抱朴子曰五石者丹沙雄黃白礬石曾青磁石也一石轉
五轉而各成五色五石合爲二十五色
南州異物志曰漲海崎頭水淺而多磁石外徼人乘大舶
皆以鐵鍱鍱之至此關以磁石不得過

淮南萬畢術曰磁石拒棊（取雞血與作針磨鐵擣之以和磁石用塗棊頭曝乾之置局上即相拒不休）
又曰磁石懸入井亡人自歸（取亡人衣帶裹磁石懸井中亡人自歸）
本草經曰磁石一名玄石味辛寒生川谷
吳氏本草曰磁石一名磁君

石膏

廣州記曰彰平縣有石膏山望之皎若霜雪
本草經曰石膏味辛微寒生山谷治心下逆驚喘口乾焦
不能息

滑石

南越志曰膋（音聊）城縣是出膋石膋石即滑石也土人以爲
燒器以用烹魚
本草經曰滑石味苦寒生山谷治身熱泄澼生棘陽
范子計然曰滑石白滑者善

礬石

本草經曰礬石一名羽䂪（涅結切）味鹹酸寒生山谷治寒熱
泄痢惡瘡目痛堅骨鍊餌久服輕身不老生河西
盛弘之荆州記曰建平出礬石
范子計然曰礬石出武都
吳氏本草曰礬石一名羽䂪一名羽澤神農岐伯酸扁鵲鹹
雷公酸無毒生河西或隴西或武都石門採無時岐伯久
服傷人骨

曾青

衡山記曰衡山有曾青崗曾青可合仙藥
淮南萬畢術曰取曾青十斤燒之以水灌其地雲起如山
雲矣曾青爲藥令人不老

本草經曰曾青生蜀郡名山其山有銅者曾青出其陽
青者銅之精能化金銅

空青

江乘地記曰樵採者嘗於山上得空青此山三軌出雲雨
必降民以爲常占
范子計然曰空青（曾青出巴）都白青又出巴郡盧青出弘農豫
章
本草經曰空青味甘寒生山谷明目久服輕身延年能
化銅鉛作金生益州
吳氏本草曰空青神農甘（經）一酸久服有神仙玉女來侍
使人志高

白青

本草經曰白青味甘平生山谷明目利九竅耳聾殺諸毒

之蟲久服通神明輕身延年出豫章

范子計然曰白青出白郡

吳氏本草曰神農甘平雷公鹹無毒生豫章可消為銅

淮南萬畢術曰白青得鐵即化為銅（取礬石白青分等治合鐵即成銅矣）

扁青

本草經曰扁青味甘平生山谷治目痛明目辟毒利精神久服輕身不老生朱崖

吳氏本草經曰扁青神農雷公小寒無毒生蜀郡治明目癰腫風痺丈夫內絶令人有子久服輕身

長石

本草經曰長石一名方石味辛治身熱

吳氏本草曰長石一名方石一名直石生長子山理如馬齒潤澤玉色長服不飢

冷石

吳錄地理志曰鬱林布山縣多虺其毒殺人有冷石可以解之石色赤黑味苦屑此石著創（并以切齒立蘇一名）齧齒石（見大康地記也）

石蜜

神仙傳曰羨門止中岳飡石蜜紫梁

西京雜記曰閩越王獻高祖石蜜二斛

本草經曰石蜜一名石飴味甘平生山谷治心邪安五藏益氣補中止痛解毒久服輕身不老生武都

吳氏本草曰石蜜神農雷公甘氣平生河原或河梁

玉泉

本草經曰玉泉一名玉澧味甘平生山谷治藏百病柔筋強骨安魂長肌肉久服能忍寒暑不飢渴不老神仙人臨死服五斤死三年色不變生藍田

吳氏本草曰玉泉一名玉屑神農岐伯雷公甘（李氏平畏冬華）惡青竹

水銀

廣雅曰水銀之澒（音紅董切）

淮南萬畢術曰朱沙為澒

本草經曰水銀味辛寒無毒

決明

本草經曰石決明味酸草決明味鹹理目珠精

吳氏本草曰決明子一名草決明一名羊明

赭（代赭附）

說文曰赭赤土也

山海經曰胞山灌水之中有流赭以塗牛馬無病（郭璞注曰赭赤土也今多以朱塗牛角云辟惡）。又曰少陽山之中多美赭

南方草物狀曰赤土出踊山下在石中採好色赤者雜丹中朱漆器

范子計然曰石赭出齊郡赤色者善蜀赭出蜀郡

本草經曰代赭一名血師好者狀如雞肝

白堊（音惡）

山海經曰葱聾之山其中有太谷是多白堊黑青黃堊

范子計然曰青堊出三輔

本草經曰白堊即白善土也生邯鄲

鹵鹹

本草經曰鹵鹹一名寒石味苦治大熱消渴（狂煩戎鹽主明目益氣法）毒蠱大鹽一名胡鹽令人吐主腸胃結熱

禽獸藥（附）

龍骨（角齒附）

史記曰穿渠自徵引洛水至商顏服虔曰顏音崖應劭曰徵在馮翊或曰商顏山名穿渠得龍骨故名龍首渠

盛弘之荆州記曰始安駿鹿山室壍室內輒得龍骨下有伏滔

范子計然曰龍骨出河東

本草經曰龍骨味甘平山谷治心腹鬼疰生晉地

華陽國志曰蜀五城縣其上值天門天門龍升天不達死墜此地故掘取龍骨冬夏無已

吳氏本草經曰龍骨生晉地山谷陰大水所過處是死龍骨色青白者善十二月採或無時龍角畏乾漆蜀椒理石龍齒神農李氏大寒龍齒治驚癇久服輕身

牛黃

文士傳曰延篤為京兆尹桓帝時梁冀專政時皇太子疾詔書發京兆出牛黃冀遣諸生齎書持牛黃詣篤篤以為

詐論殺之

本草經曰牛黃味苦生隴西平澤特牛膽中治驚寒熱生晉地

吳氏本草經曰牛黃牛出入鳴吼者有之夜視有光走牛角中死其膽中如雞子黃

阿膠

東水經曰東阿膠縣有大井其巨若輪深六十丈歲常煮膠以貢天府本草所謂阿膠也故世俗有阿井之名庾信哀江南賦云阿膠不能止黃河之濁

海蛤

博物志曰東海有蛤鳥常啖之肉消盡殼起出浮泊在沙岸潮水往來揩蕩白如雪入藥最良勝取自死者

本草經曰海蛤味苦平生池澤治欬逆上氣喘煩胸痛寒熱文蛤主惡瘡蝕五痔生東海

吳氏本草經曰海蛤神農苦岐伯甘扁鵲鹹大節頭有文文如磨齒採無時

犀角

本草經曰犀牛角味鹹治百毒

靈羊角

本草經曰靈羊角安心氣不猒音厭

鹿茸

本草經曰鹿茸強志不老

鹿脂

本草經曰麋脂近陰令人陰痿

鴈肪

本草經曰鴈肪一名鶩肪味甘平生池澤治風拘急偏

枯氣不通久服長鬚益氣不肌不能老輕身生南海

吳氏本草經曰鴈肪神農岐伯雷公甘無毒採無時鶩肪殺諸石藥毒

戴頭并尾

本草經曰戴䲶不祥生淮南

吳氏本草曰戴尾治蠱毒

太平御覽卷第九百八十八

太平御覽卷第九百八十九

藥部六

天門冬　麥門冬　朮　茯苓
䕡苓　卷栢　甘草　厚朴
黃精　胡麻　當歸　遠志
細辛　續斷　肉蓯蓉　䔧蕷
地黃

天門冬

爾雅曰：蘠蘼，虋（音門）冬也。（郭璞注曰：今門冬也，一名滿冬。）

山海經曰：虋谷之山草多虋冬。

列仙傳曰：赤須子，豐人，好食天門冬，齒落更生。

神仙傳曰：甘始者，太原人，服天門冬，在人間三百餘年。

博物志曰：天門冬莖間有刺而葉滑者曰絺休，一名顛棘。根以浣縑素，曰越人名為浣草。似天門冬而非也。凡服此先試浣衣，如法者便非天門冬。

抱朴子曰：杜子服天門冬，御十八妾，有子百四十人，日行三百里。

又內篇曰：天門冬或名地門冬。

麥門冬

潛夫論曰：夫理世不得真賢，譬猶治疾不得真藥也。治疾當得麥門冬，反得蒸橫麥，已不識真，合而飲之，疾以寖劇，而不知為人所欺也。

遊名山志曰：泉山竹際及金州多麥門冬。

盛弘之荊州記曰：魚復縣巖崖內生麥門冬。

廣州記曰：鄣平縣偏饒麥門冬。

建康記曰：建康出麥門冬。

本草經曰：麥門冬味甘平，生川谷，治心腹結氣、傷中、胃脉絕，久服輕身不飢不老，生函谷山。

吳氏本草曰：麥門冬，一名羊韭，秦一名烏韭，楚一名馬韭，越一名羊薺，一名愛韭，一名禹韭，一名虋火冬，一名忍冬，一名忍陵，一名不死藥，一名禹餘糧，一名僕壘，一名隨脂。神農、岐伯：甘平。黃帝、桐君、雷公：甘，無毒。李氏：甘，小溫。扁鵲：無毒。生山谷肥地，葉如韭，肥澤叢生，採無時，實青黃。

朮

尒雅曰：朮，山薊。（本草云：朮一名山薊。今朮似薊而生山中。）

山海經曰：女几之山，其草多朮。

列仙傳曰：涓子好餌朮，接食其精三百年。

神仙傳曰：陳子皇得餌朮要方，服之得仙，去霍山。其妻姜氏疲病，念其婿採朮之法服之，病自愈，至三百七十歲，登山取朮，重擔而歸，不息不極，顏色氣力如二十時。

抱朴子內篇曰：南陽文氏，其先祖漢末大亂，飢困欲死，遇人教之食朮，云遂不飢，數十年乃來還鄉里，顏色更少，氣力勝故。朮一名山精。

神藥經曰：必欲長生，當服山精。

茯苓

廣雅曰：茯神，茯苓也。

史記龜策傳曰：茯苓在兔絲之下，之狀似飛鳥之形。新雨已，天清靜無風，以夜燒兔絲去之，即篝燭此地（徐廣曰：篝，籠也。蓋然火而籠罩其上也。篝音溝。），火滅即記其處，明即掘取，入地四尺至七尺得矣。伏苓者，千歲松脂，食之不死。

齊書曰：陶弘景永明中上表辭祿，詔許之，賜以束帛，勅所在月給伏苓五斤、白蜜二升，以供服餌。

淮南子曰下有茯苓上有兔絲（茯苓千歲松脂也兔絲生其上而無根一名女蘿也）

抱朴子內篇曰任子季服茯苓十八年仙人玉女往從之面體如玉澤

范子計然曰茯苓出嵩高三輔

神異經記曰西北荒有人飲甘露食茯苓

典論曰潁川郄儉能辟穀餌茯苓初儉至市茯苓價暴貴數倍

典術曰茯苓者松脂入地千歲爲茯苓望松樹赤者下有之

神仙傳曰秀眉公餌茯苓得仙

又曰皇初起以弟初平得道乃弃妻子留就初平共服松栢茯苓至五萬日能坐在立亡行日中無影有童子之色及俱還鄉里親戚死亡略盡乃復俱去臨去以方教南伯逢易姓爲赤初起字魯班初平字爲松子其後服此藥得仙者數十人

列仙傳曰犢子者鄴人也少在黑山上採松子茯苓餌而服之且數百年（時壯時老時好時醜）時人乃知仙人也

廣志曰茯神松汁所作勝茯苓或曰松根茯苓貫着之生朱提濮陽縣

博物志曰仙傳云松栢入地中千年化爲茯苓茯苓千年化爲虎魄一名江珠今太山出茯苓而無虎魄江珠益州永昌郡出虎魄而無茯苓或云蜂燒窠所作未詳二說

嵩高山記曰取松栢茯苓二斤醇酒漬之和以白蜜日三服乃通靈

名山略記曰鬱州山出茯苓

吳氏本草曰茯苓通神桐君甘雷公扁鵲甘無毒或生益州大松根下入地三尺一丈二月七月採

本草經曰茯苓一名茯神味甘平生山谷治胷脅逆氣憂恚悸驚生太山

猪苓

莊子曰豕橐藥也（司馬彪注曰豕橐一名苓根似猪豕治渴）

本草經曰豬苓一名猳豬矢味甘平生山谷治痎虎解毒蠱疰不祥利水道久服輕身能不老生衡山

吳氏本草曰豬苓神農甘雷公苦無毒如茯苓或生宛句八月採

卷栢

建康記曰建康出卷栢

范子計然曰卷栢出三輔

本草經曰卷栢一名萬歲味辛溫生山谷治五藏邪氣

吳氏本草曰卷栢一名豹足一名求股一名萬歲一名神投時神農平桐君雷公甘生谷鄭氏昏禮謁文曰卷栢藥草附生山顛屈卷成性終無自伸

甘草

本草經曰甘草一名美草一名蜜甘

厚朴

廣雅曰重皮厚朴也

范子計然曰厚朴出弘農

本草經曰厚朴味苦溫生山谷治中風傷寒熱血痺死肌去蟲生文山

吳氏本草曰厚朴一名厚皮神農岐伯雷公苦無毒李氏小溫生交阯

黃精

廣雅曰黃精龍銜也

又曰黃精葉似小黃也

抱朴子曰黃精一名菟竹一名鷄格一名岳珠服其花勝其實花生十斛乾之則可得五六升服之十年乃可得益

列仙傳曰脩羊公魏人也止華陰山石室中中有懸石塌卧其上塌盡穿陷略不食時取黃精服之

神仙傳曰王烈字長能邯鄲人也常服黃精

又曰白菟公服黃精而得仙

永嘉記曰黃精出松陽永寧縣

遊名山志曰名室藥多黃精

慱物志曰黃帝問天姥曰天地所生豈有食之令人不死者乎姥曰太陽草名黃精餌食之可以長生

胡麻

廣雅曰狗蝨鉅勝藤弦胡麻也

孝經援神契曰鉅勝延年（宋均注曰世以鉅勝爲狗杞子）

晉書安帝紀曰殷仲堪在荆州以胡麻爲廩

廣志曰胡麻一名方莖服之不老奈風濕其葉名青蘘也

淮南子曰汾水濛濁而宜胡麻

列仙傳曰關令尹喜與老子俱之流沙西服鉅勝實莫知所終

魯女生別傳曰女生長樂人也少好道初服餌胡麻及术絕穀八十餘年更少壯色如桃華一日能行三百里走及麞鹿

抱朴子曰胡麻好者一石蒸之如炊須暴乾復蒸丸和細篩白蜜丸如雞子曰二枚一年面色美身體滑二年白髮黑三年齒落更生四年入水不濡五年入火不燋六年走及奔馬或蜜水和作餅如糖狀炙食一餅

抱朴子内篇曰胡麻服餌不老耐風濕

吳氏本草曰胡麻一名方金一名狗蝨神農雷公甘平無毒立秋採青蘘一名蔓神農苦雷公甘

本草經曰胡麻一名巨勝味甘平生川澤治傷中虛羸補五藏益氣久服輕身不老生上黨

崔寔四民月令曰二月可種胡麻謂之上時也

當歸

爾雅曰薜山蘄（廣雅曰山蘄當歸今似芹而麤大蘄音巨中切）

吳志曰曹公聞太史慈名遺書以篋封之發看無所道但貯當歸

魏氏春秋同異曰姜維得毋書并當歸維曰良田百頃不在一畝但有遠志不見當歸其皆親殉利如此

范子計然曰當歸出隴西無枯者善

秦州記曰隴西襄武縣有牛山是出當歸

建康記曰建康出當歸不堪用

廣州記曰郭平縣出當歸

慱物志曰神農經曰下藥治病謂大黃除實當歸止痛

崔豹古今注曰牛亨問將離別相贈以芍藥何也荅曰芍藥一名何離故將別贈以芍藥猶相招則贈以蘪蕪蘪蕪一名當歸也

本草經曰當歸一名干歸味甘温生川谷主治逆止氣温瘧寒熱生隴西

吳氏本草曰當歸神農黃帝桐君扁鵲甘無毒岐伯雷公辛無毒李氏小温或生羌胡地

遠志

爾雅云葽繞（烏了切）蕀蒬（今遠志也似麻黃赤華葉銳而黃其上爲之小草蕀蒬音棘宛）

抱朴子曰內篇曰陵陽仲服遠志二十年有子三十七人坐在立亡

世說曰謝（太）傅始有東山之志後命屢　不獲已始就桓公司馬于時人有致桓公藥草者中有遠志公取以問謝此藥又名小草何以物有二稱謝未即荅尔時郝隆在坐謝因曰郝祭軍多知識試復通看郝應聲曰荅此甚易解處則爲遠志出則爲小草於是謝公殊有愧色桓目謝而笑曰郝祭軍此通乃不惡亦甚有會

本草經曰遠志一名蕀蒬一名要繞久服輕身不忘葉名小草生太及山及宛句

細辛

山海經曰浮戲之山東有蛇谷上多少辛

管子曰五沃之土羣藥生少辛

范子計然曰細辛出華陰色白者善

名山志曰松陽諸山草多細辛

永嘉記曰細辛出松陽

本草經曰細辛一名少辛味溫生山谷治欬逆明目通利九竅久服輕身生華陰

吳氏本草曰細辛一名小辛一名細辛神農黃帝雷（公）桐君辛小溫岐伯無毒季氏小寒如葵葉赤色一根一葉相連二月八月採根

續斷

范子計然曰續斷出三輔

廣州記曰鄣平縣出續斷

本草經曰續斷一名龍豆味苦微溫生山谷治傷寒補不足金瘡癰傷折跌續筋骨婦人乳難崩中漏血久服益力生常山

吳氏本草曰龍芻一名龍多一名龍鬚一名續斷一名龍木一名草毒一名龍華一名懸菟神農季氏小寒雷公黃帝苦無毒扁鵲辛無毒生梁州七月七日採

范注万曰續斷即是馬薊與（大薊小薊）似但大於小薊耳葉似旁翁菜葉但小厚兩邊有刺刺人其華紫色

肉蓯蓉

本草經曰肉蓯蓉味甘微溫生山谷治五勞七傷補中除莖中寒熱養五藏強陰益精氣多子婦人癥瘕久服輕身生河西

吳氏本草曰肉蓯蓉一名肉松蓉神農黃帝鹹雷公酸李氏小溫生河東山陰地長三四寸藂生或代郡鴈門二月八月採陰乾用之

諸藇

山海經曰外山草多諸藇（上諸署二音下余預二音）

湘中記曰永和初有採藥衡山者道迷粮盡過巖下見一老公與四五年少對坐執書告以飢與之食物如署蕷指教所去五六月至家而不腹飢

范子計然曰儲餘本出三輔白色者善

本草經曰署蕷一名山芋味甘溫生山谷治傷中虛羸補中益氣力長肌肉除邪氣寒熱久服輕身耳目聰明不飢延年山嵩高

吳氏本草曰署蕷一名諸署秦楚名玉延齊越名山芋鄭趙名山芋一名玉延一名脩脆一名兒草神農甘小溫桐君雷公甘無毒或生臨朐鍾山始生赤莖細蔓五月華白

七月實青黄八月熟落根中白皮黄類芋二月三月八月採根惡甘遂○曹毗杜蘭香傳曰蘭香降張碩齎二署預實曰食此可以辟霧露碩食二懐一欲以歸香曰可自食不得持去

異苑曰署預一名山羊根既入藥又復可食若掘取默默則獲唱名者不可得

地黄

爾雅曰苄（音户）地黄（郭璞注曰一名地髓江東呼苄也）

抱朴子曰楚文子服地黄八年視有光手上車弩

本草經曰地黄一名地髓治傷中長肌肉生咸陽

太平御覽卷第九百八十九

太平御覽卷第九百九十

藥部七

附子　天雄　烏頭　提母
五味　雷丸　藜蘆　虎掌
貫衆　冶葛　芎藭　澤瀉
升麻　芍藥　澤蘭　萆薢
狗脊　牡蒙　白頭翁　狗杞
白及

附子

廣雅曰集(前進切)奚附子也一歲為萴子二歲為烏喙三歲為附子四歲為烏頭五歲為天雄

春秋後語曰蘇秦如齊見王拜而慶仰面弔齊王曰是何慶弔相隨而速也蘇秦曰臣聞飢人之所以不食烏喙者以為雖偷充腹而與死人同患也(烏喙毒藥與烏頭附子同本也飢人食之雖充腹而死也喙音許穢切)今燕雖弱小秦王之女婿大王利其十城而長與強秦為仇今使弱燕為鴈行而強秦繼推其後是食烏喙之類也

漢書曰宣帝許皇后產霍顯使醫擣附子入與后后崩

淮南子曰夫天下之物莫凶於奚毒(奚毒附子)然而良醫橐而藏之有所用也

抱朴子曰療聾或以狼毒冶葛或以附子葱涕合內耳或蒸鯉魚腦灌之皆愈

范子計然曰附子出蜀武都中白色者善

楚國先賢傳曰孔休傷頰有瘢王莽曰玉屑白附子香消瘢乃以劍璏(音滯)并香與之

荊州記曰宜都郡門生藥草有附子

博物志曰物有同類而異用者烏頭天雄附子一物(春夏秋冬采之各異)

大業拾遺記曰汾陽宮所甚出名藥數十種附子天雄並精好堪用

本草經曰附子味辛溫出山谷治風寒欬逆邪氣寒濕踒躄拘攣不起疼痛溫中金瘡生牛犍為百藥之長

吳氏本草曰附子名莨神農辛岐伯雷公甘有毒季氏苦有毒大溫或生廣漢八月採皮黑肌白

天雄

本草曰天雄味辛甘溫大溫有大毒主大風破積聚邪氣強筋骨輕身健行長陰氣強志令人武勇力作不倦一名白幕生少室山谷

淮南子曰天雄雄雞志氣益(取天雄三枚內雄雞腹中擣生食之令人勇)

烏頭

說文曰萴(阻力切)烏頭也

爾雅曰芨(居及反)堇草(郭璞注曰即烏頭江東今呼為堇)

梁冀傳曰冀迫殺大家毋宣頭服丸而死

後魏書曰匈奴秋收烏頭為毒藥以射禽獸

范子計然曰烏頭出三輔中白者善

崔寔四民月令曰三月可採烏頭

本草經曰烏頭一名烏喙一名葉毒一名萴味辛溫生川谷主治風中惡洗出汗除寒溫生朗陵

吳氏本草曰烏頭一名莨一名千秋一名毒公一名果負一名耿子神農雷公桐君黃帝甘有毒正月始生葉厚莖方中空葉四面相當與蒿相似

又曰烏喙神農雷公桐君黃帝有毒季氏小寒十月採形

如烏頭有兩枝相合如烏之喙名曰烏喙也所畏惡使盡與烏頭同一名側子一名莨神農岐伯有大毒李氏大寒八月採陰乾是附子角之大者畏惡與附子同

提母

爾雅曰蕁䕭（音）沈（沉音）藩（音煩生山上提茹韭一曰提母）

范子計然曰提母出三輔黃白者善

吳氏本草曰母一名提母神農桐君無毒補不足益氣

五味

爾雅曰菋荎藸（五味也蔓生子叢在莖頭也未遲除三音）

聖賢冢墓記曰孔子墓上五味樹

抱朴子曰羨門子服五味十六年始降玉女能入水火

本草經曰五味一名會及

吳氏本草曰五味一名玄及

典術曰五味者五行之精其子有五味淮南公羨門子服五味十六年入水不濡入火不爇日行萬里

雷丸

范子計然曰雷丸出漢中色白者善

本草經曰雷公丸一名雷矢味苦寒生山谷

吳氏本草曰雷丸一名雷實神農苦黃帝岐伯桐君甘有毒扁鵲甘無毒李氏大寒或生漢中八月採

藜蘆

廣雅曰藜蘆葱苒也

本草經曰藜蘆一名葱苒味辛寒生山谷主治蠱毒生太山

范子計然曰藜蘆出河東黃白者善

吳氏本草曰藜蘆一名葱葵一名山葱一名豐蘆一名蕙葵一名公苒神農雷公辛有毒黃帝有毒岐伯鹹有毒李氏大毒大寒扁鵲苦有毒大葉根小相連二月採根

虎掌

本草經曰虎掌味苦溫生山谷治心痛寒熱

吳氏本草曰虎掌神農雷公無毒岐伯桐君辛有毒或生太山或宛句立秋九月採

貫衆

爾雅曰濼貫衆（孫炎曰一名貫渠郭璞注曰葉員銳莖毛黑布地生冬不死也）

廣雅曰貫節貫衆也○本草經曰貫衆一名貫節一名百頭一名貫渠一名虎卷一名扁苻味苦微寒生山谷治腹中邪氣諸毒殺三蟲生玄山亦生宛句

吳氏本草曰貫衆一名貫來一名貫中一名渠母一名貫鍾一名伯芹一名藥藻一名扁苻一名黃鍾神農岐伯苦有毒桐君扁鵲苦一經甘有毒黃帝鹹酸一苦無毒葉青黃兩兩相對莖黑毛聚生冬夏不死四月華白七月實黑聚相連卷旁行生三月八月採根五月採葉

冶葛

周易參同契曰冶葛巴豆一兩入喉雖周文兆著孔丘占相扁鵲操鍼巫咸諭卿安能蘇之

唐書曰袁恕己與敬暉等累被貶黜流于環州尋周利用左右逼令飲野葛汁數升不死因斃殺之恕己素服黃金故毒藥不發

博物志曰魏武習啖冶葛至一尺亦多飲酖近世事相傳云又曰鉤吻草與堇菜相似

南州異物志曰廣州俚賊若鄉里有其家債不時還者子弟便取冶葛一名鉤吻數寸許到債家門食鉤吻而死其家稱怨誣債家殺之債家慚懼以財物辭謝多數十倍死

家便收尸去不以爲恨

述異記曰晉義熙中有劉遁者居江陵忽有鬼來遁宅上遁貧無竈以外鎗煑飯飯欲熟輙失之尋覔於籬下草中但得鎗空鎗遁密市冶葛煑以作糜鬼復竊之於屋北得鎗仍聞吐聲從此寂絶

桓譚新論曰余與劉子駿言養性無益其兄子伯玉曰天生殺人藥必有生人藥也余曰鉤吻不與人相冝故食則死非爲殺人生也譬若巴豆毒魚礜石賊鼠桂害獺杏核殺狗天非故爲作也

論衡曰萬物含太陽者有毒在草爲巴豆冶葛

抱朴子曰中經曰鉤吻狼毒太陰之精氣主殺故入口令人死

葛洪方曰鉤吻與食芹相似而生處無他草其莖有毛誤食之殺人

本草經曰鉤吻一名野葛味辛温生山谷主治金瘡中惡風欬逆上氣水腫殺蠱毒鬼注

吳氏本草曰秦鉤吻一名毒根一名野葛神農辛雷公有毒殺人生南越山或隘葉如葛赤莖大如箭方根黄或生會稽東治正月採

嶺表錄異曰野葛毒草也俗呼胡蔓草誤食之則用羊血漿解之或說此草蔓生葉如蘭香光而厚其毒多著於生葉中不得藥解半日輙死山羊食其苗則肥而大

芎藭

春秋左傳曰宣公下曰楚師伐蕭還無社與司馬卯言號申叔展曰有山芎藭乎（杜預注芎藭所以禦濕欲使無社逃泥水中）

說文曰芎藭香草也

山海經注曰號山洞庭之山其草多芎藭（郭璞注曰芎一名江蘺吳錄地志曰臨海縣有江蘺草海水中正青如亂髮乾[illegible]之赤鹽藏其汁名爲濡酪楚辭所云蘺是也）

范子計然曰芎藭生冶無枯者善

遊名山志曰横山諸小草多芎藭

本草經曰芎藭味辛温治中風入頭腦痛寒痺生武功

吳氏本草曰芎藭一名香果神農黄帝岐伯雷公辛無毒香扁鵲酸無毒季氏生温中熟寒或生胡無桃山陰或斜谷西嶺或太山葉香細青黑文赤如藁本冬夏䕺生五月華赤七月實黒端兩葉三月採根根有節似如馬銜狀

澤瀉

典術曰食澤瀉身輕日行五百里走水上可遊無窮致玉女神仙（一名澤之）

外麻

廣雅曰周外麻外麻也

本草經曰外麻一名周外麻味辛生山谷治辟百毒殺百老殃鬼辟温疾鄣稚毒蠱久服不失生益州

華陽國志曰牧麻縣出好外麻

吳氏本草曰外麻神農甘

芍藥

山海經曰條谷之草多芍藥洞庭之上多芍藥

毛詩溱洧曰維士與女伊其相謔贈之以芍藥（毛詩香草也詩義疏曰今芍藥子無香氣非是也未審今何草司馬相如賦云芍藥之和陽唯賦曰甘甜之和芍藥之羨然芍藥又入食也）

廣雅曰黒攣夷芍藥也

晉宮閣名曰暉章殿前芍藥華六畦

范子計然曰芍藥出三輔

建康記曰建康出芍藥極精好
本草經曰芍藥味苦辛生川谷主治邪氣腹痛除血痺破堅積寒熱瘕止痛
吳氏本草曰一名其積一名解倉一名誕一名餘容一名白木神農苦桐君甘無毒岐伯鹹李氏小寒雷公酸二月三月生

澤蘭

廣雅曰虎蘭澤蘭也
建康記曰建康出澤蘭
本草經曰澤蘭一名虎蘭一名龍來味微溫無毒生池澤治乳婦衄血生汝南又生大澤旁
吳氏本草曰澤蘭一名水香神農黄帝岐伯桐君酸無毒李氏溫生下地水旁葉如蘭二月生香赤節四葉相值支節間三月三日採

萆薢

博物志曰菝蒲八切與萆薢相亂名狗脊
吳氏本草曰萆薢一名百枝

狗脊

廣雅曰薢挈狗脊也
本草經曰狗脊一名百丈味苦平生川谷治要背強關機緩急風痺寒濕膝痛利老人生常山
建康記曰建康出狗脊
吳氏本草曰狗脊一名狗青一名萆薢一名赤節一名強膂神農苦桐君黄帝岐伯雷公扁鵲甘無毒李氏溫如萆薢莖節如竹有刺葉圓青赤根黄白亦如根毛有刺岐伯一經莖無節根黄白如竹根有刺根葉端圓赤皮白有赤脉二月採

牡蒙

吳氏本草曰牡蒙一名紫參一名衆戎一名音腹一名伏菟一名重傷神農黄帝苦李氏小寒生河西山谷或宛句商山圓聚生根黄赤有文皮黑中紫五月華紫赤實黑大如豆三月採根

白頭翁

本草經曰白頭翁一名野丈人一名胡王使者味苦溫無毒生川谷治溫瘧癭氣狂易音羊生嵩山
建康記曰建康出白頭翁
范子計然曰野丈人出洛陽
吳氏本草曰白頭翁一名野丈人一名奈何草神農扁鵲苦無毒生嵩山川谷治氣狂寒熱止痛

枸杞

廣雅曰地節枸杞
抱朴子曰枸杞或名地骨或名却老或名西王母杖或名仙人杖
本草經曰枸杞一名杞根一名地骨一名地輔服之堅筋骨輕身耐老
吳氏本草曰枸杞一名杞芭一名羊乳

白及

本草經曰白及一名甘根一名連及草味苦辛治癰腫惡瘡敗疽生北山
晉宮閣名曰華林白及三株
建康記曰建康出白及
吳氏本草曰白及一名臼根神農黄帝辛李氏大寒雷公

辛無毒莖葉如生薑藜盧也十月華直上紫赤根白連二
月八月九月採生宛句

太平御覽卷第九百九十

藥部八

人參　丹參　玄參　沙參

紫參　苦參　茱萸　山茱萸

占斯　杜仲　黄耆　黄連

防已　王不留行　徐長卿　奄閭

閭茹　漏盧　委萎　離南

白莵藿　旋復　爵麻　小華

女苑　丹草　鬼督郵　白鮮

薇蘅　翹根　蓋　盧精

屈草　陸英　藜菜　木香

杜衡　桑寄生　鼠李

人參

說文曰人葠藥艸出上黨

春秋運斗樞曰揺光星散爲人參廢江淮山瀆之利則揺光不明人參不生

禮斗威儀曰君乗木而王有人參生

廣雅曰蓡地精人參也

梁書曰阮孝緒母王氏忽有疾合藥須得生人參舊傳鍾山所出孝緒躬歷幽險累日不逢忽見一鹿前行孝緒感而隨後至一所遂滅就視果獲此草母得服之遂愈

異苑曰人參一名土精生上黨者佳人形皆具能作兒啼昔有人掘之始下數鏵鏵便聞土中有呻聲尋音而取果得一頭長二尺許四體畢備而髮有損缺是掘傷所以呻也

石勒別傳曰初勒家園中生人參葩茂甚盛于時父老相

者皆云此胡體奇貌異有大志量其終不可知勸邑人厚遇之

潛夫論曰夫理世不得真賢譬猶疾不得真藥也疾當得真人參反得蘿菔巳不識真而飲之病浸以劇不知爲人所欺也

傅子曰先王之制九州異賦天不生地不養君子不以爲禮若河內諸縣去北山絶遠而各調出御上黨真人參上者十斤下者五十斤所謂非所生民以爲患

范子計然曰人參出上黨狀類人者善

廣五行記曰隋文帝時上黨有人宅後每夜有人呼聲求之不得去宅一里但一人參枝苗掘之入地五尺得人參一如人體狀去之後呼聲遂絶

本草曰人參味甘微寒生山谷主補五藏安定精神魂魄除邪止驚明目開心益智久服輕身延年生上黨

廬山記曰山中藥多人參

吴氏本草曰人參一名土精一名神草一名黄參一名血參一名久微一名玉精神農甘小寒桐君雷公苦岐伯黄帝甘無毒扁鵲有毒或生邯鄲三月生葉小兑核黑莖有毛三月九月採根根有頭足手面目如人

慕容晃與顧和書曰今致人參十斤

丹參

吴氏本草曰丹參一名赤參一名木羊乳一名郄蟬草神農桐君黄帝雷公扁鵲苦無毒李氏大寒岐伯鹹生桐栢或生太山山陵陰莖華小方如荏毛根赤四月華紫三月五月採根陰乾治心腹痛

玄參

廣雅曰鹿陽主玄參也
建康記曰建康出玄參
范子計然曰玄參出三輔青色者善
本草經曰玄參一名重臺味苦微寒生川谷治腹中寒熱女子乳補腎氣令人目明生河間
吳氏本草曰玄參一名鬼藏一名正馬一名重臺一名鹿腸一名端一名玄臺神農桐君黃帝雷公扁鵲苦無毒岐伯鹹李氏寒或生冤句山陽二月生葉如梅毛四四相值以芍藥黑莖莖方高四五尺華赤生枝間四月實黑

沙參

廣雅曰苦心沙參也
建康記曰建康出沙參
范子計然曰白沙參出雒陽白者善
本草經曰沙參一名知母味苦微寒生川谷治血積驚氣除寒熱補中益肺氣生河內
吳氏本草曰白沙參一名苦心一名識美一名虎須一名白參一名志取一名文虎神農黃帝扁鵲無毒岐伯鹹李氏大寒生河內川谷或般陽瀆山三月生如葵葉青實白如芥根大白如蕪菁三月採

紫參

本草經曰紫參一名牡蒙苦寒無毒治心腹積聚寒熱邪氣利大便通九竅生河西及冤句治牛病生林陽
建康記曰建康縣出紫參
范子計然曰紫參出三輔赤青色者善

苦參

本草經曰苦參一名水槐

茱萸

西京雜記曰漢武帝宮人賈佩蘭云在宮時九月九日佩茱萸飲菊花酒令人長壽
地理志曰九月九日爲絲茱萸囊戴之臂上
風土記曰俗上九月九日謂爲上九茱萸到此日氣烈熟色赤可折茱萸囊以插頭云辟惡氣禦冬
續齊諧記曰汝南桓景隨費長房遊學累年房謂之曰九月九日汝家有災厄宜令急去家人各作絳囊盛茱萸以繫臂上登高飲菊花酒此禍可消景如言舉家登高山夕還見雞犬牛羊一時暴死房聞之曰此代矣今世人每至皆登高山飲酒戴茱萸囊是也
唐廣古今五行記曰晉懷帝時無錫縣有四株茱萸樹生狀若連理郭璞卜云延陵有龐鼠後當有拔樹僚有此東南數百里有作逆者及樹生而徐馥作亂
本草經曰茱萸一名藙（音毅）味辛溫生川谷閒湊理根去三蟲久服輕身生上谷
晉宮閣名曰華林園茱萸三十六株
范子計然曰茱萸出三輔

山茱萸

本草經曰山茱萸一名蜀酸棗平生山谷治心下邪氣寒熱溫中逐寒濕去三蟲久服輕身生漢中
建康記曰建康出山茱萸
范子計然曰山茱萸出三輔
吳氏本草曰山茱萸一名鬾（音伎）實一名鼠矢一名雞足神農黃帝雷公扁鵲酸無毒岐伯辛一經酸或生冤句琅邪或東海承縣葉如梅有刺毛二月華如杏四月實如酸棗

赤五月採實

占斯

本草經曰占斯一名虞及味苦

杜仲

吴氏本草曰杜仲一名木綿一名思仲

黄耆

秦州記曰隴西襄武縣出黄耆

本草經曰黄耆味甘微温生山谷

黄連

廣雅曰王連黄連也

范子計然曰黄連出蜀都黄肥堅者善

神仙傳曰封君達服黄連五十餘年入鳥鼠山服練水銀百餘歲常騎青牛行民間有疾病者不問識與不識皆與藥即差

又曰黑穴公服黄連得仙

名山記曰扶容石草多黄連

湘州記曰邵陵夫夷縣衡山出黄連

永嘉記曰松陽縣草有黄連覆地土人取者必禱祠若失神意則化爲異物

本草經曰黄連一名王連味苦寒生川谷治熱氣目痛眥傷泣出明目生巠陽

吴氏本草曰黄連神農岐伯黄帝雷公苦無毒李氏小寒或生蜀郡太山之陽

防已

范子計然曰防已出漢中旬陽

本草經曰防已一名石解味辛平無毒治風寒温瘧熱氣通湊理利九竅生漢中

吴氏本草經曰木防已一名解離一名解燕神農辛黄帝岐伯桐君苦無毒李氏大寒如葛莖蔓延如芄白根外黄似桔梗内黑文如車輻解二月八月十月採菜根

王不留行

本草經曰王不留行味苦平生山谷久服輕身能老生太山

崔寔四民月令曰八月采王不留行

世説曰衛江州在尋陽劉孝標注云衛展爲江州刺史有知舊人投之都不料理唯餉王不留行一斤此人得餉命駕

吴氏本草經曰王不留行一名王不流行神農苦平岐伯雷公甘三月八月採

徐長卿

本草經曰徐長卿一名鬼督郵味辛温生山谷治鬼物百

精蠱毒疾疫邪氣温鬼久服强悍輕身生太山

吴氏本草曰徐長卿一名石下長卿神農雷公辛或生隴西三月採

奄閭

本草經曰奄閭味苦微寒生川谷治風寒濕痹身體諸痛久服輕身不老生雍州

吴氏本草經曰奄閭神農雷公桐君岐伯苦小温無毒李氏温或生上黨葉青厚兩兩相當七月花白九月實黑七月九月十月採驢馬食仙去

閭茹

建康記曰建康出草盧茹

范子計然曰閭茹出武都黄色者善

本草經曰閭茹味辛寒生川谷治蝕惡肉敗瘡死肌仍殺疥蟲除大風生代郡

吳氏本草經曰閭茹一名離樓一名屈居神農辛岐伯酸鹹有毒李氏大寒二月採葉貞黃高四五尺葉四四相當四月華黃五月實黑根黃有汁亦同黃三月五月採根黑頭者良

漏盧

本草經曰漏盧一名野蘭

委萎

爾雅曰熒委萎郭璞注曰藥草也葉似竹大者如箭竿有節葉狹而長表白裏青根大如指長一二尺可啖

吳氏本草經曰委萎一名葳蕤一名王馬一名節地一名蟲蟬一名烏萎一名熒一名玉竹神農苦一經甘桐君雷公扁鵲甘無毒黃帝辛生太山山谷葉青黃相值如薑二月七月採治中風暴熱久服輕身

離南

爾雅曰離南活莌也草生江南高丈許大葉莖中有瓤正白莌音脫

山海經曰外山草多冠脫郭璞注曰草生南方高丈許華似荷葉

白蒬藋

吳氏本草經曰白蒬藋一名白葛穀

旋復

爾雅曰蕧盜庚旋復似菊

本草經曰旋復花一名金沸草

爵麻

本草經曰爵麻生漢中

吳氏本草經曰爵麻一名爵卿

小華

吳氏本草曰小華一名結草

女苑

吳氏本草曰女菀一名白菀一名織女菀

廣雅曰女腹一名女菀也

丹草

本草經曰石長生一名丹沙草味鹹微寒生山谷治寒熱惡瘡火熱辟惡氣不祥鬼毒生咸陽

吳氏本草曰石長生神農苦雷公辛一經甘生咸陽或同陽

鬼督郵

本草經曰鬼督郵一名赤箭一名離母味辛溫生川谷殺鬼精物治蠱毒惡氣久服輕身益力長陰肥健生雍州

建康記曰建康出鬼督郵

吳氏本草曰鬼督郵一名神草一名閻狗或生太山或少室莖如箭赤無葉根如芋子三月四月八月採根用乾治癰腫

白鮮

本草經曰白鮮治酒風

薇蘅

吳氏本草曰薇蘅一名麋蘅一名無顛一名承膏一名承醜一名無心鬼

翹根

本草經曰翹根味苦生平澤治下熱氣益陰精令人面悅好明目久服輕身能老生嵩高

吳氏本草曰翹根神農雷公甘有毒二月八月採以作蒸

飲酒病人

藎徐刃切

本草經曰藎草味苦

蘆精

本草經曰蘆精治蠱毒味辛平生益州

屈草

本草經曰屈草實根味苦微寒生川澤治胷脅下痛邪氣
腹間寒熱陰痺久服輕身補益能老生漢中

陸英

本草經曰陸英生熊耳山

槃菜

本草經曰槃菜一名白英味甘寒生山谷治寒熱久服輕
身延年生益州

木香

本草經曰木香一名木蜜香味辛溫無毒治邪氣辟毒疫
溫鬼強志主氣不足久服不夢寤魘寐輕身致神仙生永
昌山谷陶隱居云此即青木香也永昌不復貢今皆從外
國舶上來云大秦國以療毒腫消惡氣有驗今皆用之

杜衡

博物志曰杜衡亂細辛

蚕實華

吳氏本草曰蚕實一名劇草一名三堅一名劇荔華

鼠李

吳氏本草曰鼠李一名牛李

太平御覽卷第九百九十一

太平御覽卷第九百九十二

藥部九

欵冬　芫華　羊躑躅　旋華
黃芩　恒山　蜀漆　蕪荑
秦皮　枳實　防風　大黃
石斛　半夏　射干　蓪草
牛膝　牡丹　茵芋　獨活
紫威　大戟　栝樓　蕤核
地膚　貝母　海藻　豕首
當陸　敗醬　綸布　石龍芮
蛇床　雲實

欵冬

爾雅曰菟奚顆凍也（注曰欵冬生水紫赤凍音東）

述征記曰洛水至歲末凝厲則欵冬生曽水之中

本草經曰欵冬一名橐石一名顆冬一名虎鬚一名菟奚味辛温

傅咸欵冬賦曰余曽逐禽登于北山于時仲冬之月也氷凌盈谷積雪被崖顧見欵冬煒然始敷華艶春暉既麗且殊以堅氷為膏壤吸霜雪以自濡非天然之真貴曷能彌寒暑而不渝

芫華

本草經曰芫華一名去水味辛温治欬逆上氣殺蟲生淮原

建康記曰建康出芫華

范子計然曰芫華出三輔

吳氏本草曰芫華一名去水一名敗華一名兒草根一名黃大戟神農黃帝有毒扁鵲岐伯苦季氏大寒二月生葉青加厚則黑華有子紫赤白者三月實落盡葉乃生三月五月採華芫花根一名赤芫根神農雷公苦有毒生邯鄲九月八月採陰乾久服令人洩可用毒殺魚

羊躑躅

廣雅曰羊躑躅夾光也

建康記曰建康出躑躅

本草經曰羊躑躅味辛温生川谷治賊風濕痺惡毒生太行山

吳氏本草曰羊躑躅花神農雷公辛有毒生淮南治賊風惡毒諸邪氣

旋華

本草經曰旋華一名蔛根一名美草去面黚黑令人色悅澤根主腹中寒熱邪氣生豫州或預章

黃芩

說文曰莶黃芩也

廣雅曰妬眉黃文内虛黃芩也

本草經曰黃芩一名腐腸味苦平生川谷治諸熱

范子計然曰黃芩出三輔色黃者善

吳氏本草曰黃芩一名黃文一名妬婦一名虹勝一名經芩一名印頭一名内虛神農桐君黃帝雷公扁鵲苦無毒李氏小温二月生赤黃葉兩兩四四相值莖空中或方員高三四尺四月花紫紅赤五月實黑根黃二月至九月採

恒山

廣雅曰恒山蜀漆也

漢書地理志曰武陵有佷山縣（孟康注曰音恒出恒山藥）

遊名山記曰橫陽諸山草多恒山
永嘉記曰恒山出松陽永寧縣
本草經曰一名玄草味苦寒生川谷主治傷寒發溫瘧鬼毒胷中結吐逆生益州
吳氏本草曰恒山一名七葉神農岐伯苦李氏大寒桐君辛有毒二月八月採

蜀漆

本草經曰蜀漆味辛平治瘧及欬逆寒熱腹癥堅邪氣蠱毒鬼疰
建康記曰建康出蜀漆
范子計然曰蜀漆出蜀郡
吳氏本草曰蜀漆葉一名恒山神農岐伯雷公辛有毒黃帝辛一經酸如漆葉藍菁相似五月採

蕪荑

本草經曰蕪荑味辛一名無姑一名蕨殿音瑭唐音去三蟲化食逐寸白散腹中嗢嗢喘息

秦皮

本草經曰秦皮味苦微寒生川谷治風濕痺寒氣除熱目中青瞖久服頭不白輕身生廬江
建康記曰建康出秦皮
吳氏本草曰岑皮一名秦皮神農雷公黃帝岐伯酸無毒李氏小寒或生宛句水邊二月八月採
淮南萬畢術曰岑皮致水

枳實

山海經曰北嶽之山其上多枳
晏子春秋曰晏子使楚楚王使縛一人過問曰縛者何為者耶對曰齊人坐盜王視晏子曰齊人故善盜乎晏子對曰橘生江南過北為枳水土異也今民生於齊不盜入楚則盜得無楚之水土使民盜耶
崔寔四民月令曰九月九日收枳實
本草經曰枳實味苦寒生川澤治大風在皮膚中如麻豆苦癢除寒熱結止利長肌肉利五藏益氣輕身生河內
吳氏本草曰枳實苦雷公酸無毒李氏大寒九月十月採陰乾

防風

本草經曰防風一名銅芸甘溫生川澤治大風頭眩痛目盲無所見煩滿風行周身骨節疼痛久服輕身生沙苑
范子計然曰防風出三輔白者善
吳氏本草曰防風一名迴雲一名回草一名百枝一名蕑

根一名百韭一名百種神農黃帝岐伯桐君雷公扁鵲甘無毒李氏小寒或生邯鄲上蔡正月生葉細圓青黑黃白五月黃花六月實黑二月十月採根日乾琅邪者良

大黃

廣雅曰黃良大黃也
盛弘之荊州記曰建平出大黃
本草經曰大黃味苦寒生山谷治下瘀血閉寒熱破癥瘕積聚留飲宿食蕩滌腸胃安五藏推陳致新通利水穀道調中食生河西
吳氏本草曰大黃一名黃良一名火參一名膚如神農雷公苦有毒扁鵲苦無毒李氏小寒為中將軍或生蜀郡北部或隴西二月卷生生黃赤葉四四相當黃莖高三尺許三月華黃五月實黑三月採根根有黃汁切陰乾

石斛

盛弘之荆州記曰隋郡永陽縣有龍石山山上多石斛精好如金環也

廬山記曰石門山石間多生石斛

范子計然曰石斛出陸安

本草經曰石斛一名林蘭一名禁生味甘平生山谷治傷中下氣虛勞補五藏羸瘦久服除痺腸胃強陰出陸安

吴氏本草曰石斛神農甘平扁鵲酸李氏寒

半夏

禮記月令曰仲夏之月半夏生

范子計然曰半夏出三輔色白者善

廣州記曰鄣平縣出半夏

建康記曰建康出半夏極精

本草經曰一名地文水玉味辛平生川谷生槐里

吴氏本草經曰半夏一名和姑生微丘或生野中葉三三相偶二月始生白華員上

射干射音夜

廣雅曰鳶尾烏蓮射干也

易通卦驗曰冬至射干生

抱朴子曰千歲之射干其根如生人長七尺刺之有血以其血塗足下可步行水上不没以塗人鼻入水水爲之開以塗足耳則隱形欲見則拭去之

孫卿子曰西方有木名曰射干莖長四寸生於高山之上臨百仞之淵木莖非能長也所立者然也

范子計然曰射干根如安定

建康記曰建康出射干

本草經曰射干一名烏扇一名烏蒲味苦辛生川谷治欬逆上氣生南陽

吴氏本草曰射干一名黄遠

蓪草

廣雅曰下父附支蓪草也

本草經曰通草一名附支味辛平生山谷去惡蟲除脾胃寒熱利九竅血脉關節不忘生石城

建康記曰建康出通草

范子計然曰通草出三輔

吴氏本草曰通草一名丁翁一名附支神農黄帝辛雷公苦生石城山谷葉青蔓延止汗自正月採

牛膝

廣雅曰牛莖牛膝也

本草經曰牛膝一名百倍味苦辛生川谷治傷寒濕痿痺四支拘攣膝痛不可屈伸久服輕身能老生河内

建康記曰建康出牛膝

吴氏本草曰牛膝神農甘一經酸黄帝扁鵲甘李氏温雷公酸無毒生河内或臨卭葉如夏藍莖本赤二月八月採

牡丹

廣雅曰白朮牡丹也

范子計然曰牡丹出漢中河内赤色者亦善

遊名山志曰泉山多牡丹

本草經曰牡丹一名鹿韭一名鼠姑味辛寒生山谷治寒熱瘕傷中風驚邪安五藏出巴郡

吴氏本草曰牡丹神農岐伯辛李氏小寒雷公桐君苦無毒黄帝苦有毒葉如蓬相值黄色根如柏黑中有毒核二月

採八月採日乾可食之輕身益壽

茵芋

吳氏本草曰茵芋一名卑山共微温有毒狀如莽草而細軟

獨活

本草經曰獨活一名護羌使者味苦平生益州久服輕身

吳氏本草曰獨活一名胡王使者神農黃帝苦無毒八月採此藥有風花不動無風獨搖

紫威

本草經曰紫威一名芙華一名陵苕味鹹微寒無毒生川谷治婦人乳餘疾崩中癥血寒熱養胎生西海

建康記曰建康出紫威

范子計然曰紫威出三輔

吳氏本草曰紫威一名武威一名瞿麥一名陵居腹一名鬼目一名芺華神農雷公酸岐伯辛扁鵲苦鹹黃帝甘無毒如麥根黑正月八月採或生真定

大戟

爾雅曰蕎邛鉅郭璞注曰今藥草大戟也

本草經曰大戟一名邛鉅

栝樓

毛詩東山曰我來自東零雨其濛果臝之實亦施于宇果臝栝樓也

又唐蟋蟀葛生曰蘞蔓于野詩義疏曰蘞栝樓

爾雅曰果臝之實栝樓今齊人呼之爲天瓜

本草經曰栝樓一名地樓味苦寒生川谷

吳氏本草曰栝樓一名澤巨一名澤冶

䓣核

本草經曰䓣核味甘溫生川谷主治心腹邪結氣明目赤痛傷淚出目腫眥爛久服益氣輕身生函谷

晉宮閣記曰華林園䓣三株

吳氏本草曰䓣核一名莛神農雷公甘無毒平生池澤八月採補中強志明耳目久服不飢

地膚

本草經曰地膚一名地華一名地脉一名地葵

貝母

毛詩鄘柏舟載馳曰陟彼阿丘言採其蝱蝱貝母也

爾雅曰莔音萌貝母也郭璞曰根如小貝圓而白華葉似韭

說文曰莔貝母也

海藻

爾雅曰蕁海藻也藥草也一名海羅如亂髮生海中蕁音潭

本草經曰海藻着頸下破散結

廣雅曰海羅海藻

豕首

爾雅曰茢音列薽音真豕首郭璞注曰本草經曰彘盧一名蟖蘭今江東呼豨首

本草經曰豕首一名劇草一名蠡實

吳氏本草曰一名澤藍一名豕首神農黃帝甘辛無毒生宛句五月採

當陸

爾雅曰蓫音逐薚音陽馬尾也郭璞注曰江東謂之當陸關西爲薚

本草經曰商陸一名夜乎

敗醬

范子計然曰敗醬出三輔

本草經曰敗醬似桔梗蜞 如敗豆醬

綸布

本草經曰綸布一名昆布味酸寒無毒主十二種水腫癭瘤聚結氣瘻瘡生東瘡

石龍芮

范子計然曰石龍芮出三輔

吳氏本草經曰龍芮一名水薑苔

蛇床

吳氏本草經曰蛇床一名蛇珠

博物志曰蛇床亂蘪蕪

雲實

本草經曰雲實味辛溫生川谷治泄利腸澼殺蟲蠱毒去邪惡多食令人狂走久服輕身通神明生河間

范子計然曰雲實生三輔

吳氏本草經曰雲實一名員實一名天豆神農辛小溫黃帝鹹雷公苦葉如麻兩兩相值高四五尺大莖空中六月花八月九月實十月採

太平御覽卷第九百九十二

太平御覽卷第九百九十三

藥部十

桔梗　巴豆　鬼臼　莽草
忍冬　溪羊霍　狼牙　香蒲
爵李　鳶婢　落石　鬼箭
房葵　麻黄　茈葫　亭歷
紫苑　女萎　蓍實　地椹
黄環　菟絲　石芸　甘遂
馬刀　女青　王孫　因塵
淮木　百部　千歲垣中膚皮
黈盆　蒲陰實

桔梗

廣雅曰犂如桔梗

管子曰五沃之土生桔梗

范子計然曰桔梗出河東洛陽

戰國策曰淳于髠一日而見七士於宣王王曰寡人聞千里之一士是比肩而相望百世一聖若隨踵而生也今子一朝而見七士士不亦衆乎淳于髠曰夫鳥同翼者聚飛獸同足者俱行今求桔梗於沮澤累世不能得一之睾黍梁父之陰則郄車載耳王求士於髠譬挹水於河取火於燧也

建康記曰建康出桔梗極精好

搜神記曰鄱陽趙壽有犬蠱有陳岑詣壽忽有大黄犬六七群出吠岑後余伯婦與壽婦食吐血幾死屑桔梗以飲之乃愈

本草經曰桔梗味辛微温生山谷治胷脅痛腸鳴驚悸生嵩高

吴氏本草經曰桔梗一名符扈一名白藥一名利如一名梗草一名盧茹神農醫和苦無毒扁鵲黄帝鹹岐伯雲公甘無毒李氏大寒葉如薺苨莖如筆管紫赤二月生

巴豆

廣雅曰巴菽巴豆也

蜀志曰犍爲南安縣出巴豆

晉書曰賈后使太醫令程據合巴豆杏子丸矯詔使黄門孫慮齎至許昌以害太子

列仙傳曰玄俗河間人餌巴豆雲英賣一九七錢

盛弘之荆州記曰朐䏰縣有巴子城地多巴豆

廣志曰犍爲僰道縣出巴豆

博物志曰鼠食巴豆三年重三十斤

本草經曰巴豆一名巴菽味辛温生川谷主治温瘧傷寒熱破癥瘕結堅通六府去惡肉除鬼毒邪注殺蟲生巴蜀郡

范子計然曰巴菽出巴郡

吴氏本草經曰巴豆一名菽神農岐伯桐君辛有毒黄帝甘有毒李氏主温熱寒葉如大豆八月採

鬼臼

吴氏本草經曰一名九臼一名天臼一名雀犀一名馬目公一名解毒生九真山谷及寃句二月八月採根

莽草

范子計然曰莽草出三輔青色者善

淮南萬畢術曰莽草浮魚取莽草葉并陳粟米合擣之以内水魚皆死

本草經曰莽草味辛温生山谷治風頭癰乳疝瘕結氣疥蚤疽瘡生還谷

吳氏本草經曰莽一名春草神農辛雷公桐君苦有毒生上谷山中或宛句五月採治風

忍冬

本草經曰忍冬味甘久服輕身

淫羊藿

本草經曰淫羊藿一名蜀前味辛寒治陰痿傷中益氣強志除莖痛利小便生上郡陽山

吳氏本草經曰淫羊藿神農雷公辛李氏小寒堅骨

狼牙

本草經曰狼牙一名牙子味寒生川谷治邪氣去白蟲疥瘙生淮南

建康記曰建康出狼牙

范子計然曰狼牙出三輔色白者善

吳氏本草經曰狼牙一名支蘭一名狼齒一名犬牙一名抱牙神農黃帝苦有毒桐君鹹岐伯雷公扁鵲苦無毒或生宛句葉青根黃赤六月七月華八月實黑正月八月採根

香蒲

本草經曰香蒲一名睢蒲味甘平生池澤治五藏心下邪氣堅齒明目聰耳久服輕身能老生南海

吳氏本草曰醮一名醮石一名香蒲神農雷公甘生南海池澤中

爵李

本草經曰郁核一名爵李

腐婢

本草經曰腐婢小豆花也

落石

本草經曰落石一名鯪石味苦溫生川谷治風熱久服輕身明潤目澤好色不老延年生太山

吳氏本草經曰落石一名鱗石一名明石一名縣石一名雲華一名雲珠一名雲英一名雲丹神農苦小溫雷公苦無毒扁鵲桐君甘無毒李氏大寒云藥中君採無時

鬼箭

廣雅曰鬼箭神箭也

本草經曰衞矛一名鬼箭味苦寒生山谷治女子崩中下血腹滿汗出除邪殺鬼毒生霍山

吳氏本草經曰鬼箭一名衞與神農黃帝桐君苦無毒葉如桃如羽正月二月七月採陰乾或生野田

房葵

博物志曰房葵與狼毒相似

本草經曰房葵一名梨蓋味辛寒生川谷久服堅骨髓益氣生臨淄

吳氏本草經曰房葵一名梁蓋一名爵離一名房苑一名晨草一名利如一名方蓋神農辛小寒桐君扁鵲無毒岐伯雷公黃帝苦無毒莖葉如葵上黑黃二月生根根大如桔梗根中紅白六月花白七月八月實白三月三日採根

麻黃

廣雅曰龍沙麻黃也麻黃莖狗骨也

本草經曰一名龍沙味苦溫生川谷治中風傷寒出汗去熱邪氣破堅積聚生晉地

范子計然曰麻黃出漢中三輔

吳氏本草經曰麻黃一名卑相一名卑監神農雷公苦無毒

扁鵲酸無毒李氏平或生河東四月立秋採

慕容晃與顧和書曰今致麻黄五斤

茈葫（柴胡二音）

本草經曰茈葫一名地熏味苦平生川谷治心腹祛腸胃結氣久服輕身明目益精生弘農

吳氏本草經曰茈葫一名山來一名茹草神農岐伯雷公苦無毒生寃句二月八月採根

亭歷

爾雅曰蕇（音典）亭歷（實葉皆似芥一名狗薺）

淮南子曰亭歷冬生

周髀曰凡北極左右物有朝生暮穫謂亭歷冬生之類

紫苑

遊名山志曰石室紫苑

吳氏本草經曰紫苑一名青苑

女萎

本草經曰女萎一名左眄一名玉竹味辛生川谷久服輕身能老生太山

蓍實

本草經曰蓍實味苦酸平無毒主益氣充肌膚明目聰慧先知久服不飢不老輕身生少室山谷八月九月採實日乾

地椹

本草經曰地椹一名石龍芮一名食果能味苦平生川澤治風寒久服輕身明目不老生太山

范子計然曰石龍芮出三輔色黄者善

吳氏本草經曰石龍芮一名薑苔一名天豆神農苦平岐伯酸扁鵲李氏大寒雷公鹹無毒五月五日採

黄環

本草經曰黄環一名凌泉一名大就味苦生山谷主治蠱毒鬼魅邪氣欬逆寒熱生蜀郡

范子計然曰黄環出魏郡黄色者善

吳氏本草經曰蜀黄環一名生芻一名根韭神農黄帝岐伯桐君扁鵲辛一經味苦有毒二月生初出正赤高二尺葉黄員端大莖葉有汁黄白五月實員三月採根根黄從理如車輻解治蠱毒

菟絲

爾雅曰唐蒙女蘿菟絲也

廣雅曰女蘿松蘿也菟丘菟絲也

史記龜策傳曰下有伏苓上有菟絲

博物志曰女蘿菟絲寄草上根不着地

呂氏春秋曰或謂菟絲無根非無根也其不屬也伏苓是也

淮南子曰菟絲無根而生伏苓抽菟絲死

抱朴子曰案仙方中自有合離草一名獨搖一名離母所以謂之合離下根如芋魁有遊子十二枚周環之大魁數尺雖相須生而實不連以氣相屬耳如菟絲之草下有茯菟之根無此菟在下則絲不得生於上

又曰初生之根其形似兔掘取刻其血以和丹服之立變化在意所作

吳氏本草經曰兔絲實一名玉女一名松蘿一名鳥蘿一名鵲蘿一名複實一名赤綱生山谷

劉楨詩曰青青女蘿草上依高松枝幸蒙庇蔭恩爲惠不

可嘗

石芸

爾雅曰莿勒莿也郭璞注曰一名石共音列

范子計然曰石芸出三輔

甘遂

廣雅曰陵旱甘遂也

建康記曰建康出甘遂

本草經曰甘遂味苦寒生川谷治大腹疝瘕脹滿面目浮腫除留飲宿食出中山

范子計然曰甘遂出三輔

吳氏本草經曰甘遂一名主田一名日澤一名重澤一名鬼醜一名陵藁一名甘藁一名苦澤神農桐君苦有毒岐伯雷公有毒須二月八月採

馬刀

本草經曰馬刀味辛微寒生池澤治補中漏下赤白留寒熱破石淋殺禽獸賊鼠生江海

范子計然曰馬刀出河東

吳氏本草經曰馬刀一名齊盦古納切神農岐伯桐君鹹有毒扁鵲小寒大毒生池澤江海採無時也

女青

本草經曰女青一名雀瓢味辛平生山谷治蠱毒逐邪殺鬼生朱崖

羅浮山記曰又有男青似女青

吳氏本草曰女青一名霍由祇神農黃帝辛

本草經曰王孫味苦平治五藏邪氣濕痺四支疼酸生海西

吳氏本草經曰黃孫一名王孫一名蔓延一名公草一名海孫神農雷公苦無毒黃帝甘無毒生西海生谷及汝南城郭垣下蔓延赤文莖葉相當

因塵

爾雅曰因塵馬生也

本草經曰因塵蒿味苦治風濕寒熱邪氣結黃疸久服輕身益氣能老生太山

吳氏本草曰因塵神農岐伯雷公苦無毒黃帝辛無毒生田中葉如藍十一月採

淮木

吳氏本草曰淮木神農雷公無毒生晉平陽河東平澤治久欬上氣傷中羸虛補中益氣

百部

抱朴子內篇曰百部黃似拔揳治咳殺風

博物志曰百部與門冬相似

千歲垣中膚皮

吳氏本草曰千歲垣中膚皮得薑赤石脂共治

蒰葐

爾雅曰堇音奎蒰葐覆葐也實似莓而小可食

吳氏本草曰蒰葐一名決盆

蒲陰實

吳氏本草曰蒲陰實生平谷或圃中延蔓如瓜葉實如桃七月採止溫延年

太平御覽卷第九百九十三

太平御覽卷第九百九十四

百卉部一

草　薜荔　石蘭　胡繩
蘼薰　蕙薰　杜衡　秦衡
龍鬚　狼尾　燕麥　荊葵
蜀葵　菟葵　鳧茈　烏韭
鹿豆　鹿葱

草

爾雅曰卉草也草謂之華木謂之榮不榮而實者謂之秀榮而不實者謂之英

尚書禹貢曰兗州厥草惟繇繇茂徐州草木漸包漸進也包叢生也楊州厥草惟夭少長曰夭並出書注

毛詩緇衣野有蔓草白野有蔓草零露溥兮蔓延也溥溥然盛多也

毛詩問荅曰國多兵役男女怨曠於是女感傷而思男故出遊於洧之外託采芬香之草而爲媱泆之行時草始生而云蔓者女情急欲以促時也

周禮秋官下薙氏曰薙氏掌殺草春始生而萌之夏日至而夷之秋繩而芟之冬日至而耜之鄭玄曰含實曰繩也

大戴禮曰孟春氷泮百草權輿

禮記月令曰孟夏之月靡草死鄭玄曰舊說靡草薺葶藶之屬季夏之月大雨時行燒薙行水利以殺草燒薙迫地芟草也薙草乾燒之至此雨水蓄水其中則草死不生也

又曰霜降之日草木黃落

又曰檀弓上曰曾子曰朋友之墓有宿草而不哭焉

左傳襄公曰松柏之下其草不殖

又僖公曰一薰一蕕十年尚猶有臭蕕臭草薰香草也

春秋潛潭巴曰下不廉蠶廉之草爲不生言瑞應之物應行上

論語曰君子之德風小人之德草草上之風必偃

漢書五行志曰元帝永光二年天雨草葉相糾結如彈丸

續漢書五行志曰靈帝中平元年夏東郡陳留濟陽長垣濟陰諸縣界有草生莖其大如手指狀似鳩爵龍蛇鳥獸之形五色各如其物毛羽頭目足翅皆具

又曰西夜國生獨白草煎以爲藥傳箭所射輙死

崔鴻十六國春秋西秦録曰永和二年國中地震百草皆自反。晉書載記曰符堅至壽春與符融登城而望王師見部陣齊整將士精鋭又北望八公山上草木皆類人形顧謂融曰此亦勍敵也何謂少乎憮然有懼色

後周書曰宇文深字奴干性鯁正有器局年數歲便累石爲營伍并折草作旌旗布置行列皆有軍陣之勢父永遇見之乃大喜曰汝自然知此於後必爲名將

又曰宕昌羌俗無文字但候草榮落以記歲時

呂氏春秋曰草有華有藟獨食之則殺人合而食之則益壽

淮南子曰神農始嘗百草一日七十毒

又曰逮至衰世草木之句萌銜華佩實而死者不可勝數

符子曰隣人謂展禽曰魯聘夫子夫子三黜無憂色何翁曰春風鼓百草敷蔚吾不知其茂秋霜降百草零落吾不知其枯

人物志曰草之將精者爲英獸之將群者爲雄張良是英韓信是雄也

水經曰魏興錫義山山高谷深多生薇銜草其草有風不偃無風獨搖

又曰建寧郡山生牧靡可以解毒百卉方盛烏多悮食烏

喙口中毒必急飛往牧靡山喙牧靡以解毒也
金樓子曰魯城北孔子塋中不生刺人草木
崔豹古今注曰牛亨問曰草木生類也有識乎荅曰物有
生而有識者有不生而無識者有不生而有識者有不生
而（而有識者不生而無識者曰夫）生而有識者蟲類是也生而無識者草木是
也不生而有識者鬼神是也不生而無識者水土是也
又曰天雨草狀如莢絞如丸無數皆名曰蓮蔞草
郭子橫洞冥記曰東方朔曰臣有吉雲草十頃種於九景
山東二千歲一花此草難種東取瑋瑍山表之澗以灑之
臣種來一千九百九十九年矣明年應生臣走往刈收之
以秣馬馬食斲飢帝許之朔平旦去至暮而返背負數束
其形葉似麥而金色裁長二尺剉以飼馬即不覺飢武帝
曰種之生否朔曰臣東遊過吉雲之澤多生此草移於九

景之山大不如吉雲之地
又曰甜溪水如蜜東方朔遊此水還將數斛以獻帝帝投
陰井井裏遂恒甜而寒洗肉肌理柔滑瑶琅去玉門九萬
里有碧草如麥剉之以釀則味如酒而釅烈看之則顏色
如醉飲一合則三旬不醒飲甜水則隨飲隨醒也
異苑曰青州劉儘（音獲）元嘉初射得一麞剖五藏以草塞之
蹶然起走儘怪而拔塞便復還倒如此三焉儘密録此種
以來其治傷痍多愈
三齊略記曰不其城東有鄭玄教授山山下生草如薤葉
長尺餘堅紉異常土人名作康成書帶
括地圖曰君子民帶劒使兩文虎衣野絲土方千里多薰
華之草好讓故為君子國薰華草朝生夕死大極山西有
釆華之草服之乃通萬里之言

服虔通俗曰草盛曰萻（蒲蒙切）生茂曰葆（音保）
方言曰凡草生而初達謂之莣莣（音恍）小也茇杜根也東齊
曰杜或曰茇
博物志曰太原晉陽已北生屏風草
又曰黃帝問天老曰天地所生豈有食之令人不死者乎
天老曰太陽之草名曰黃精餌而食之可以長生太陰之
草名曰鉤吻入口立死人信鉤吻之殺人不信黃精之益
壽不亦惑乎
又曰海上有草焉名曰蒒（音師）草其實食之如大麥從七月
稔熟民斂穫名曰自然穀或曰禹餘粮
又曰類草也其根名爲弱頭大者大如外其外理白可以
灰汁煑則凝成熟可以苦酒淹食之不以灰煑則不（成熟）蜀
人珎貴之

異物志曰文草作酒能成其味以金買草不言其貴以美
用之故也
王逸子曰草有玄巨暢威憙木有扶桑梧桐松栢皆受氣
淳美異於群類者也
風俗通曰靈帝光和七年陳留濟陰諸郡路邊草生作人
狀操持弓弩牛馬萬狀備具後關東誅董卓陳留濟陰弃
好即戎吏民殲殘草妖之興豈不或信
抱朴子曰草有黃精一名白及有鵠頭鵝尾鷄腸烏喙而
非有翼之鳥也
靈書記曰霍山上有神草三十四種
典術曰壽榮草出少室金山丘下服之令人不老取葉服
之可通百神
又曰餌玉長生草一名通天價直千萬陰乾方寸七日再

服之令人得仙

師曠占曰黃帝問師曠曰吾欲知歲苦樂善惡可知不對曰歲欲豐甘草先生甘草薺也歲欲儉苦草先生苦草者葶藶也歲欲惡惡草先生惡草者水藻也歲欲旱旱草先生旱草者蒺藜也歲欲潦潦草先生潦草者蓬也

淮南萬畢術曰迴風之草見八方（取迴風草三寸三枚五寸五枚以城西酉士三家不汲井中青泥南鷄欲上栖不上者并冶合為丸磨其面目出戶視八方矣）

楚辭曰春草生兮萋萋王孫遊兮不歸

古詩曰迴車駕言邁悠悠涉長道四顧何茫茫東風搖百草

又曰新樹蘭蕙葩雜用杜衡草終朝採草綠日暮不盈抱採之欲遺誰所思在遠道

又曰穆穆清風止吹我羅裳裾青袍似春草長條從風舒

又曰青青陵中草傾葉晞朝日陽春被惠澤枝葉可攬結草木為恩感況人含氣血

薜荔

山海經曰小華之山有草焉曰薜荔狀如烏韭緣木而生或生石上食之以已心痛

楚辭曰罔薜荔兮為帷（罔結也結薜荔為帷帳也）擗蕙櫋（音眠）兮既張（擗所也以析蕙覆櫋屋上也）

又曰採薜荔兮水中搴芙蓉兮木末

又曰若有人兮山之阿被薜荔兮帶女蘿

石蘭

楚辭曰疏中石蘭兮以為芳（王逸曰石蘭香草疏布也）

胡繩

楚辭曰索胡繩之纚纚（胡繩香草也）

霸薰

范子計然曰霸薰出霸陵也

楚薰

范子計然曰楚薰出洛陽也

楚蘅

范子計然曰楚蘅出楚國也

秦蘅

宋玉風賦曰夫風翱翔激水之上擊芙蓉之精獵蕙草離秦蘅

龍鬚

山海經曰賈超之山草多龍鬚

廣志曰龍鬚一名西王母簪

水經曰自洮強南北三百里中地草並是龍鬚而無樵柴

周景式廬山記曰石門峯石間多龍鬚草

遊名山志曰龍鬚草唯東陽永嘉有永嘉有縉雲堂意者謂鼎湖攀龍鬚時有墜落化而為草故有龍鬚之稱

鄭緝之東陽記曰仙姥巖間不生蔓草盡出龍鬚

本草經曰西超山多龍脩（龍鬚也）一名續斷

狼尾

爾雅曰孟狼尾也（郭璞注曰似茅今人亦以覆屋）

廣志曰狼尾子可作黍

燕麥

爾雅曰蘥雀麥（郭璞曰即燕麥）

古歌曰田中菟絲何嘗可絡道邊燕麥何常可穫

荊葵

爾雅曰荍（音翹）蚍（婢支切）衃（房丘切）也（郭璞曰今荊葵也似葵紫色謝氏云小草多華少葉）

又起蘘麯

毛詩究㕍東門之枌曰視尔如荍詩義疏曰荍一名楚葵

崔豹古今注曰荆葵一名茙葵一名芘芣花色紫自有紅有白有赤但花異葉不殊也

蜀葵

爾雅曰菺音堅戎葵也郭璞曰今蜀葵花似木槿

傅玄蜀葵賦序曰蜀葵其苗如瓜瓠嘗種之一名引苗而生華經二年春乃發

虞繁蜀葵賦曰惟兹珍草懷芬吐榮挺河渭之膏壤吸昴井之玄精繞銅爵而疏植映昆明而羅生

菟葵

爾雅曰莃虛豈切菟葵郭璞曰頗似葵而葉小狀如藜有毛汋啖之滑

廣志曰菟葵瀹之可食

梟茈

爾雅曰芍胡了切梟茈也生下田苗似龍鬚而細根如指頭黑色可食

東觀漢記曰王莽末南方枯旱民多餓群入野澤掘梟茈而食之

烏韮

廣雅曰昔耶烏韮也生久屋之瓦在房曰昔耶在牆曰垣衣

鹿豆

爾雅曰蔨音卷鹿藿也其實莥郭璞曰今鹿豆也葉似大豆根黄而香蔓延生莥音紐也

說文曰莥鹿藿之實也

本草經曰鹿藿味苦平無毒主治蠱毒女子腰腹痛不樂腸癰瘰癧瘍氣生汶山山谷

鹿葱

花曰宜男

風土記曰宜男草也宜懷妊婦人佩之必生男

傅玄宜男花賦曰猗猗令草生于中方華曰宜男號膺禎祥

嵇含宜男花序曰宜男花者世有之久矣多殖幽皋曲隰之側或華林玄圃非衡門蓬宇所宜序也荆楚之土號曰鹿葱根苗可以薦於俎世人多女欲求男者取此草服之尤良也

太平御覽卷第九百九十四

太平御覽卷第九百九十五

百卉部二

麻　葛　藤　女蘿
菟瓜　烏杷　羊齒　牛蘈
狗毒　馬帚　羊桃　羊蹄
鼠耳　鼠尾　芄蘭

麻

爾雅曰：黂，枲實。（孫炎云：枲實，麻子。禮記曰：苴麻之有黂。）枲，麻。（別二名也。）莩，麻母。（苴麻盛子者。）

廣雅曰：黂，麻也。

毛詩《黍離》曰：丘中有麻。曰：丘中有麻，彼留子嗟。

又《鷄鳴·南山》曰：藝麻如之何？横從其畝。

又《東門之池》曰：東門之池，可以漚麻。

又《宛丘·東門之枌》曰：不績其麻，市也婆娑。（績麻者，婦人之事也。疾其今不爲。）

禮記·内則曰：女子十年不出，姆教婉娩聽從（婉謂言語也。娩之言媚也。媚謂容貌也。）執麻枲，治絲繭。

春秋說題辭曰：麻之爲言微也。陰精寖密，女作纖微也。麻生於夏，夏衣物成禮儀，故麻可以爲衣。陽成於三，物以化，故麻三變，縷布加也。（宋均注曰：麻須陰以成，夏枝葉成，謂之衣。麻亦夏生，可作衣也。三變謂麻生成形之變也，漚取皮一變也，績成爲縷三變也。）

華嶠後漢書曰：崔寔爲五原太守。地宜麻枲，而民不知種植，又不能緝績，率無衣被，冬月止種細草，卧其中，吏以草衣其身，乃得出。寔至，教之績織。

晋中興書曰：石勒昔居與李陽相近，陽性剛愎，每歲與爭漚麻池，共相打撲。

沈約宋書曰：孝武帝大明中，上所居陰室，於此處起玉燭殿，與群臣觀之。床頭有土鄣，壁上挂葛燈籠、麻繩拂。侍中袁顗盛稱上儉素之德，故能光有天下。

莊子曰：顔回曰：願得郭内之田十畝，以爲絲麻，不仕也。

淮南子曰：汾水濛濁而宜麻。

列女傳曰：河内二義者，張伯仁、仲仁之妻也。兄弟少孤，共居。伯仁敦厚謙苦，仲仁驕戾不節。二婦紡績，得好枲麻，輒別異之，以爲仲仁衣服。

越絶書曰：麻林山，勾踐欲伐吴，種麻以爲弓弦也。

漢武内傳曰：鸜鵒食麻子。

晋令曰：其上黨及平陽輸上麻二十二斤，下麻三十六斤，當絹一疋。課應田者，枲麻加半畝。

崔寔四民月令曰：二月、三月可種苴麻。二月可粜麻子。

本草經曰：麻蕡，一名麻勃，味平辛，生川谷，治七傷，利五藏，下血氣，多食令人見鬼狂走。久服輕身，通神明。麻子補中益氣，久服肥健，不老，生太山。

吴氏本草經曰：麻子中人，神農、岐伯：辛；雷公、扁鵲：無毒。不欲牡厲、白薇，先藏地中者，食殺人。麻藍，一名麻蕡，一名青羊，一名青葛。神農：辛；岐伯：有毒；雷公：甘；畏牡厲、白薇。葉上有毒，食之殺人。麻勃，一名麻花。雷公：辛，無毒。畏牡厲。

風俗通曰：蓬生麻中，不扶自直。

葛

爾雅曰：拔，蘢葛也。（似葛，蔓生有節，江東呼爲龍尾，亦謂之虎葛，細葉赤莖。）

廣雅曰：女青，葛也。

毛詩《葛覃》曰：葛之覃兮，施于中谷，維葉萋萋。（毛曰：覃，延也。葛所以爲絺綌。）

毛詩《黍離·葛藟》曰：綿綿葛藟，在河之滸。（藟，葛也。藟也生於河之厓，得其潤澤以長大而不絶。）

又黍離採葛曰採葛懼讒也彼採葛兮一日不見如三月兮葛所以爲絺綌也事雖小一日不見於君憂懼於讒矣
又蟋蟀葛生曰葛生蒙楚蘞蔓于野
周書曰葛小人得其葉以爲羹君子得其材以爲絺綌以爲君子朝廷夏服
吴越春秋曰採葛之婦人傷越王用心之苦也作苦何之歌其辭曰葛不連蔓棻台台嘗膽不苦味若飴令我採葛以作絲
說文曰葛絺綌草也
本草經曰葛根一名鷄齊根味甘平生川谷治消渴身大熱嘔吐諸痺起陰氣解毒生汶山
吴氏本草曰葛根神農甘生太山
說苑曰絺綌之葛在於曠野良工得之以爲絺綌良工不得枯死於野
楚辭曰石磊磊兮葛蔓蔓思公子兮悵忘歸君思我兮不得閒

藤

爾雅曰諸慮山櫐今江東呼櫐爲藤似葛而麤大也欇虎櫐今虎豆也纏蔓林樹而生莢有尾刺今江東呼之爲欇欇二音涉也
廣雅曰藟藤也
易困上六曰困于葛藟于臲卼王弼注曰困於極而乘於剛下无其應行則愈繞居不獲安故曰困于葛藟于臲卼者也
毛詩南有樛木曰南有樛木葛藟纍之注云興也南南土也木下曲曰樛南土之葛藟茂盛箋云木枝以下垂之故葛也藟也得纍而蔓之而上下俱盛興者喻后妃能以意下逮衆妾
詩義疏曰櫐蔓也似燕薁連蔓生蔓白色子赤可食酢而不美也幽州謂之推藟也
山海經曰畢山其上多櫐郭璞注曰今虎豆貍豆之屬櫐也
齊書曰解叔謙字楚梁鴈門人也毋有疾叔謙夜於庭中稽顙祈福聞空中語云此疾得丁公藤治便差即訪醫及草注皆無識者乃求訪至宜都遥見山中一老公伐木問其所用荅云此丁公藤療風尤驗叔謙便拜伏流涕具言來意此公愴然以數段與之并示以漬酒法叔謙受之尋視此人不復知處依法爲酒母病即差
梁書曰周弘正與子豫玄俱載入東郡乘小舩渡岸見藤花弘正挽而舩覆俱溺僅免豫玄遂得心驚疾
汝南先賢傳曰蔡順字君仲至孝所居井桔槔歲久欲易之爲在毋年上不敢一旦忽生扶老藤遶之有鳩巢其上
金樓子曰合浦有康頭山山有一頭鹿額上戴科藤一枚四條直上各長一丈許
雲南記曰雲南出藤其色如朱小者以爲馬策大者可爲柱杖
崔豹古今注曰酒盃藤出西域藤大如臂去實皆可以酌酒自有文章映徹可愛實大如杯味如荳蔻香美消酒土人提酒來至藤下摘花酌酒以其實消酒其國人寶之不傳於中國張騫大宛國得之事在張騫出關志
南方草物狀曰沉藤生子大如齏甌正月華苞仍連著實十月臘月熟色赤生食之甜酢生交趾九眞事耗至藤生山中大如苹蒿蔓衍居民採取剥之以作耗然不多出興古合浦簡子藤生緣樹木正月二月華四五月熟實如梨赤如雄鷄冠核如魚鱗取生食之味淡泊無甘苦出交趾合浦野聚藤緣樹木二月華苞仍連著實五六月熟子大如羹甌里民煮食其味甜酢出蒼梧科藤生金封山烏滸

人往往賣之其色正赤又云以草染之出興古

陳祈暢異物志曰葭蒲藤類延蔓他樹以自長養實大小長短如蓮菆(側九切)着枝格間實外有殼又無核剝乃食之責而暴之甜美食之不飢

臨海異物志曰鍾藤附樹作根軟弱須緣樹而作上下條此藤既纏裹樹樹死且有惡汁藤盛成樹若木自然大者或至五十圍

異物志曰科藤圍數寸重於竹可以爲杖篾以縛船及以爲席勝於竹也

始興記曰黄溪出科藤

王韶之始興記曰晉中朝有質子將歸忽有人寄其書告曰吾家在觀亭廟石間有懸藤君扣藤家人必自出歸者如言果有二人出水取書并曰江伯令君前入水見屋舍甚

麗今俗咸言觀亭有江伯神也(水經又載)

顧微廣州記曰科藤如栟櫚葉疏外皮青多棘刺高五六丈者如五六寸竹小者如筆管竹破其外青皮得白即科藤藤類有十許種續斷草藤也一曰諾藤一曰水藤山行渴則止斷取汁飲之治人體有損絶沐則長髮去地一丈斷之輒更生根至地永不絶

異苑曰隋郡永陽縣有山壁直千仞巖上有石室古名爲神農窟窟前有百藥叢茇莫不畢備又別有異物藤花形如菱菜朝紫中緑晡黄暮青夜赤五色迭耀

劉欣期交州記曰含水藤破之得水行者資以止渴

裴淵廣州記曰力陳嶺民人居之伐船爲業隨樹所居就以成槽皆去水艱遠動有數山生一草名曰真膏藤津汁軟滑無物能比導地牽之如流五六丈船數人便運

嶺表録異曰南土多野鹿藤苗有大如鷄子白者細於筋採爲山貨流布海内儋崖瓊管百姓皆制藤線編以爲幕其妙者亦挑紋爲花藥魚鳥之狀業此納官以充賦税

女蘿

爾雅曰唐蒙女蘿女蘿菟絲(別四名也詩曰爰采唐矣)

毛詩頍弁曰蔦與女蘿施于松柏(蔦寄生也女蘿菟絲松蘿也)

菟瓜

爾雅曰黄菟瓜也(郭璞注曰似土瓜也孫炎曰一名瓜裂也)

烏把

爾雅曰攫烏階也(郭璞注曰即烏杷也子連相着狀如杷齒可以染皂)

羊齒

爾雅曰綿馬羊齒(郭璞注曰草細葉葉羅生而毛有似羊齒繅者以取繭緒)

牛蘈

爾雅曰蘈(大回切)牛蘈也(郭璞注曰今江東呼牛蘈者高尺餘許方莖葉長而鋭華紫縹色可淋以爲飲孫炎曰車前草一名牛蘈)

狗毒

爾雅曰蘩(音檠)狗毒(樊光云俗語若如檠)

馬帚

爾雅曰荓(音洴)馬帚也(郭璞曰似蓍可爲掃篲)

羊桃

爾雅云長楚銚芅也(今羊桃也或曰鬼桃葉似桃花白子如小麥)

毛詩萇楚曰隰有萇楚猗儺其枝(萇楚銚弋也)

說文曰長楚銚弋一名羊桃

山海經曰豐山有木多羊桃而芳莖(郭璞注曰一名鬼桃治皮腫起)

詩義疏曰楊州謂羊蹄爲遂

廣雅曰蕈蓫羊蹄

本草經曰羊蹄一名東方宿一名連蟲陸一名鬼目味苦寒生川澤治頭禿疥瘙除熱無子生陳留

鼠耳

廣雅曰無心鼠耳也

廣志曰鼠耳葉如耳縹色也

鼠尾

爾雅曰葝鼠尾（孫炎曰鼠尾可染皂也葝巨盈切）

吳氏本草曰鼠尾一名葝一名山陵翹治痢也

芄蘭

爾雅曰雚芄蘭也（郭璞注曰蔓生斷之有白汁可啖也）

毛詩芄蘭曰芄蘭刺惠公也驕而無禮大夫刺之芄蘭之支（芄蘭草也柔弱恒蔓延於地有所依緣則起）

詩義疏曰芄蘭摩羅也幽州謂之爵瓢

太平御覽卷第九百九十五

太平御覽卷第九百九十六

百卉部三

菊　若　萱　蓿

菅　茅　紫草　藍

蒨

菊

爾雅曰菊治蘠（今人秋華菊也）

又圖讚曰菊名曰精布華玄月仙客是尋薄採薄捋

禮記月令曰季秋之月菊有黄華

周書曰寒露之日鴻鴈來賓又五日菊有黄華無華土不稼穡

晉書曰羅含致仕還家階庭忽蘭菊藂生人以爲德行之感

續晉陽秋曰陶淵明嘗九月九日無酒出菊叢中摘盈把坐其側乆之望見一白衣人至乃王弘送酒即便就酌

山海經曰九九之山其草多菊

廣志曰菊有白菊

風俗通曰南陽酈縣有甘谷谷中水甘美云其山上大有菊菜水從山流下得其滋液谷中三十餘家不復穿井仰飲此水上壽百二三十其中百餘七十八十名之爲夭司空王暢太尉劉寬太傅袁隗爲南陽太守聞有此事令酈月送水三十斛用飲食澡浴終然無益

抱朴子曰劉生丹法用菊花汁蓮花汁地血汁樗汁和丹蒸之服一年得五百歳仙方所謂日精

又曰日精更生周盈皆一菊也而根莖花實異名或無効者以由不得真菊菊花與薏苡相似直以甘苦別之耳菊甘而薏苡苦今所在真菊但爲少耳

神仙傳曰康風子服甘菊花栢實散得仙

博物志曰菊有二種苗花如一唯味小異苦者不宜服

崔寔四民月令曰九月九日可採菊華

王韶之神境記曰滎陽郡西有靈源山其澗生靈芝石菌巖有紫菊

風土記曰日（精者）治（音晋）蘠皆菊華莖之別名九月律中無射而數九俗向九日而用候時之草也

盛弘之荊州記曰酈縣北八里有菊水其源悉芳菊被崖水甚甘馨太尉胡廣久患風羸恒汲飲水後疾遂瘳年及百歳非唯天壽亦菊所延也

名山記曰道士朱孺子吴末入王笥山服菊花乘雲外天

本草經曰菊有筋菊有白菊黄菊花一名節花一名傅公

一名延年一名白花一名日精一名更生一名陰威一名朱嬴一名女菊其菊有兩種一種紫莖氣香而味甘美葉可作羹爲真菊一種青莖而大作蒿艾氣味苦不堪食名薏非真菊也

吴氏本草經曰菊華一名女華一名女室

淮南萬畢術曰以壯菊灰散池中蛙盡死

楚辭曰朝飲木蘭之墜露兮夕飡秋菊之落英

又曰春蘭兮秋菊長無絶兮終古

鍾會菊賦曰縹幹緑葉青柯紅芷華實規圓芳額四張故夫菊有五美焉圓華高懸准天極也純黄不雜后土色也早殖晚登君子德也冒霜吐穎象勁直也流中輕體神仙食也

潘尼秋菊賦曰泛流英於青醴似浮萍之隨波

嵇康菊花銘曰煌煌丹菊暮秋彌榮親尊是御永祚億齡

若

毛詩疏曰若鐃也幽州謂之翹饒蔓生莖如勞豆而細葉似蒺藜而青其華細綠色可生食味如小豆藿

本草經曰陵若生下濕水中七八月華華紫似金紫草可以染帛煑沐頭髮即黑

萱

毛詩伯兮曰焉得諼草言樹之背（背北堂也）願言思伯使我心痗

說文曰萱忘憂草也

崔豹古今注曰欲忘人之憂則贈以丹棘一名忘憂草也

博物志曰神農經曰上藥養性謂合歡蠲忿萱草忘憂

風土記曰花曰宜男姙婦佩之必生男又名萱草

本草經云萱一名忘憂一名宜男一名歧女

錄異記曰婦人帶宜男草生兒

束晳發蒙記曰甘棗令人不惑萱草可以忘憂

任昉述異記曰萱草一名紫萱又名忘憂草吴中書生謂之療愁

嵇康養生論云萱草忘憂

苜蓿

史記曰大宛有苜蓿草漢使取其實來於是天子始種苜蓿離宮別觀旁盡種蒲陶苜蓿極望

漢書西域傳曰罽賓國有苜蓿大宛馬嗜苜蓿武帝得其馬漢使採蒲桃苜蓿種歸天子益種離宮別館旁

晉書曰華廣免官為庶人晉武帝登陵雲臺見廣苜蓿園阡陌甚整依然感舊太康初大赦乃得襲爵

西京雜記曰樂遊苑中自生玫瑰樹下多苜蓿一名懷風時或謂光風在其間常蕭蕭然照其光彩故曰苜蓿懷風茂陵人謂為連枝草

博物志曰張騫使西域所得蒲桃胡葱苜蓿

述異記曰張騫苜蓿園在今洛中苜蓿本胡中菜騫始於西國得之

楊衒之洛陽伽藍記曰宣武場在大夏門東北今為光風園苜蓿出焉

菅

爾雅曰白華野菅（菅茅屬也）

毛詩宛丘東門之池曰東門之池可以漚菅

又白華曰周人刺幽后也白華菅兮白茅束兮

又題綱曰白華野菅草也其性柔刃堪用取此白華而將白茅束之喻申后被褒姒所代惡人蒙善好人見棄也

左傳成公九年曰雖有絲麻無棄菅蒯雖有姬姜無棄憔悴

周書曰成王時會稽人獻以菅（會或作禽亦東南蠻菅草堅刃）

山海經曰天帝之山其下多菅

異物志曰香菅似茅而葉長大於茅不生洿下之地丘陵山崗凡所蒸享必得此菅苞裹助調五味益其芬菲

茅

爾雅曰藗（音速）牡茅也（白茅屬）

易泰卦曰拔茅茹以其彙征吉（王弼注曰茅之為物拔其根而相牽引也茹相牽引之貌也彙類也陽以其類引而升故為茹而征吉）象曰拔茅征吉志在外也

又大過卦曰藉用白茅慎之至也

尚書禹貢曰荆州厥貢苞匭菁茅孔安國曰茅蒨酒也
毛詩鵲巢野有死麕曰野有死麕白茅苞之
陸機毛詩疏義曰白茅苞之茅之白者古用包裹禮物以充祭祀縮酒用之
毛詩豳七月曰晝尒于茅宵尒索綯
周禮天官上甸師曰祭祀供蕭茅
左傳僖上曰齊侯伐楚謂楚曰尒貢苞茅不入王祭不供無以縮酒寡人是徵
史記封禪書曰管仲說齊桓公古之封禪江淮之間一茅三脊所以為藉孟康曰所謂靈茅也
典略曰武王伐殷微子啓肉袒面縛牽羊把茅膝行而前
吴書曰徐盛與曹休戰賊積茅草欲焚盛盛燒船而去賊一無所得

吴録地理志曰桂楊郴縣有青茅可染青零陵泉陵有香茅古貢之縮酒
吴志曰劉備連營挑戰陸遜曰吾巳曉破之術乃勑各持一把茅以火攻拔之遜率諸軍同時俱攻破其四十餘營
晉書地道志曰零陵縣有香茅氣甚芬香古貢之以縮酒
沈約宋書曰江夏王義恭大明年有脊茅生石頭西岸又累表勸上封禪上甚悦之
唐書曰開元十三年撫州三脊茅生石頭
六韜曰文王畋于渭陽見呂尚坐茅以漁文王勞而問焉
莊子曰小巫見大巫拔茅而弃此其所以終身弗如
尹文子曰堯爲天子衣不重帛食不兼味土階三尺茅茨不翦
尹子曰湯禱旱素車白馬布衣身嬰白茅以身爲牲

說文曰茅菅也
陸賈新語曰伊尹居負薪之野修道德於茅廬之下
風俗通曰謹案詩曰手如柔荑者茅始熟中穰也既白且滑
漢武故事曰帝拜欒大為天道將軍使着羽衣𩊖茅上授玉印大亦羽衣立白茅上授印示不臣也
神仙傳曰介象受氣禁術能茅屋上燃火煑雞使茅不焦
又曰曹公捕左慈數日不得便斷頭曹公大喜定視之是一束茅耳
盛弘之荆州記曰零陵郡有香茅桓公所以責楚
廣州記曰董奉與士燮同處數積載思欲還豫章燮情拘留不能免後乃託以病死燮開棺看乃是茅人
楚辭曰蘭芷變而不芳兮荃蕙化而爲茅
楊雄反騷曰費椒稰以要神兮又勤索彼瓊茅一莖三脊茅

紫草

爾雅曰藐茈草也郭璞曰可以染紫也一名茈莫廣雅云
廣雅曰紫芀紫草也芀音仍
說文曰茈藐紫草
山海經曰勞山多茈草一名紫英
尋陽記曰石井山曾有行人見山上有採紫草者此人謂村人揭鍤而往見山上人便去聞有呼昌容者曰人來取尓草既至山頂寂寞無所見
列仙傳曰昌容常山之道士也自稱殷王女二百餘年而顔色如少能致紫草與染家得錢以遺孤老
淮南子曰紫草生於山不能生盤石之上
抱朴子曰黄金成以爲丸以紫草煑一丸咽其汁可百日

不飢

博物志曰平氏陽山紫草特好其他者色淺

吳氏本草曰紫草節赤二月花

本草曰紫草一名地血

藍

毛詩魚藻采綠曰終朝採藍不盈一襜（襜衣蔽膝也）

禮記月令曰仲夏之月令民刈藍以染爲陽長也此月藍始可刈

謝承後漢書曰弘農楊震字伯起常種藍自業諸生恐震年大助其功儒震喻而罷之

孫卿子曰青生於藍而青於藍

秦子曰常聞仁人當如園圃之藍不異衆草染而後彰

趙岐藍賦序曰余就醫偃師道經陳留此境人皆以種藍染紺爲業藍田彌望黍稷不殖慨其遺本遂作賦一章

蒨

爾雅曰茹藘（音蒨）茅蒐（郭璞注曰今之蒨可以染絳）

毛詩曰東門之墠刺亂也男女不待禮而相奔者也東門之墠茹藘在阪（箋云城東門之外有墠墠邊有阪茅蒐生焉易越而出此女欲奔男之辭）

說文曰茅蒐茹藘也人血所生可以染絳

漢書曰若卮茜千（蒨草根子可用染也）千畦薑韭其人皆與千戶侯等

山海經曰釐山之陰多蒐（郭璞曰蒐茅蒐也）

范子計然曰蒨根出北地赤色者善也

太平御覽卷第九百九十六

太平御覽卷第九百九十七

百卉部四

荼　莢　蒿

青蒿　莪蒿　蔞

王芻　蓍　逢

蕭　艾　王瓜

薇　菽　菝葜

荼

爾雅曰荼苦菜（苦菜可食）

毛詩谷風曰誰謂荼苦其甘如薺

又蟋蟀采荼曰采苦采苦首陽之下（苦苦采）

禮記月令孟夏曰小滿之日苦菜秀蔡邕章句曰苦菜也不榮而實謂之秀

廣雅曰游冬苦菜也

莢（來計切）

說文曰莢草可以染黃

漢書曰諸侯王盭（音戾）綬如淳曰盭綠也出晉灼曰盭草名曰出瑯琊平昌縣似艾可染因以爲綬名

蒿

爾雅曰蘩皤蒿（郭璞注曰白蒿也）蒿菣也（郭璞注曰今人採青蒿香中炙啗者爲菣也菣衍刀切）蔚牡菣（蔚無子者）

又曰蘩之醜秋爲蒿（醜類也春時各有種名至秋老成皆通呼爲蒿）

大戴記曰周時德澤洽和蒿茂大以爲蒿柱名爲蒿宮此天子之露寢也（又博物載）

陸機毛詩疏義曰采蘩爾雅曰皤蒿也凡艾色白爲皤今白蒿是也春生秋乃香美可生食蒸一名游胡北海人謂之旁勃

又曰匪莪伊蔚蔚牡蒿牡菣也似蒿三月始生七月花花似胡麻花而紫赤八月爲角角似小豆角銳而長一名馬新蒿

毛詩鹿鳴曰呦呦鹿鳴食野之蒿（毛云菣也）

青蒿

詩疏義曰蒿青蒿也荆豫汝陰皆謂之菣

東觀漢記曰杜林寄隗囂地終不降志辱身至簪蒿席草不食其粟也

隋書曰初唐高祖欲遣李密東征朝士諫曰李密性多輕狡好爲反叛願勿遣之帝曰蒿箭射蒿離耳吾豈不知耶

三輔決録曰孫晨字元公冬月無被以蒿一束暮卧旦收之

神仙服食經曰十一月採彭教彭教白蒿也兎食之壽八百歲

莪蒿

爾雅曰莪蘿（今莪蒿也亦曰廩蒿）

毛詩曰菁菁者莪樂育材也菁菁者莪在彼中阿

又谷風蓼莪曰蓼蓼者莪匪莪伊蒿

詩義疏曰莪蒿也生澤田漸洳處葉似邪蒿細科二月中生莖葉可食又可蒸香美頗似蔞蒿

說文曰莪蒿也從草我聲

廣志曰莪蒿廩蒿

錢塘記曰靈隱山穀樹樹下生莪鬱茂若沃土所生

蔞

毛詩關雎漢廣曰言刈其蔞（蔞蒿也）

陸機毛詩義疏曰萋葉似艾白長數寸高尺餘好生水中脆美可食

王芻

爾雅曰菉王芻也(菉蓐也今呼鴟腳莎)

吴氏本草曰王芻一名黄草神農雷公生太山山谷治身熱邪氣小兒身熱氣

蓍

洪範五行傳曰蓍之爲言蓍也百年一本生百莖此草木之壽知吉凶者也聖人以問鬼神焉

説文曰蓍蒿屬也生千歲三百莖易以爲數天子蓍九尺諸侯七尺大夫五尺士三尺

史記曰天下和平王道得而其莖長丈其叢生者百莖共根今世取八十莖八尺即難得矣六十莖長六尺即可用也

淮南子曰上有叢蓍下有神龜

論衡曰蓍生七十歲生一莖七百歲生十莖神靈之物故遲也

蓬

爾雅曰齧彫蓬薦黍蓬(別蓬種類)

尚書大傳曰子夏於壞室編蓬户彈琴瑟以歌先生之風可以發憤矣

毛詩鵲巢騶虞曰彼茁者蓬(蓬草名也)

又伯兮曰自伯之東首如飛蓬

禮記内則曰射人以桑弧蓬矢六射天地四方(桑弧蓬矢本太古也天地四方男子所有事也)

禮記儒行篇曰蓬户甕牖(編蓬爲户也)

魏略曰鮑出值飢餓採蓬實得數斗爲母作食

三輔決録曰張仲蔚平陵人也與同郡魏景卿俱隱身不仕明天官博物好屬詩賦所居蓬蒿沒人

管子曰無法程式飛搖而無所定謂之飛蓬之間明王聽此言

曾子曰蓬生麻中不扶自直白沙在泥與之皆黑

晏子曰魯哀公失國走齊景公問焉曰子之年甚少矣道止于此乎哀公對曰吾少之時人多愛我者吾禮不能親人多諫我者吾忘不能從以内無弼外無輔弼輔無一人諂諛者甚衆譬之猶秋蓬也孤其根本密其枝葉也(諂說又諛)

莊子曰列子食於道見百歲髑髏攓蓬而指之曰唯予與汝知未曾死未曾生也

商君書曰今夫飛蓬遇飄風而行千里者乘風之勢也

淮南子曰見飛蓬轉而知爲車

楚辞曰蓬艾親入御于牀笫兮(笫牀簀也竊覩寄)

曹植詩曰轉蓬離本根飄颻隨長風可意迴飈舉吹我入雲中高上高無極天路安可窮類此流宕子捐軀遠從戎

司馬彪詩曰百草應節生含氣有淺深秋蓬獨何辜飄颻隨風轉

王朗諫行役表曰司空臣朗言朗聞飛蓬隨風集于主梁之衡而駟馬爲之奔乳虎爲之走蓬非馬之莱馬非蓬之敵所以或奔走者驚也

蕭

爾雅曰蕭荻(即蒿音狄)

毛詩黍離採葛曰彼採蕭兮一日不見如三秋兮

詩義疏曰蕭今荻蒿也或謂牛尾蒿莖可作燭有香氣故

祭祀脂爇之爲香也許愼以爲艾蒿非也
禮王度記曰士蕭庶人艾艾蕭不同明矣
又蓼蕭曰蓼蕭澤及四海也蓼彼蕭斯零露湑兮
周禮天官上曰甸師祭祀供蕭茅
說文曰蕭艾蒿也
莊子曰河上有家貧窮緯蕭爲業（司馬彪曰蕭蒿也緯織也織蒿爲箔）
山海經曰囊山之陰多蕭
郭璞詩曰得意在蘭蓀忘懷寄蕭艾

艾

爾雅曰艾冰臺（今艾蒿也）
毛詩曰黍離採葛曰彼採艾兮一日不見如三歲兮
齊書曰紀僧眞爲高帝冠軍府參軍主簿僧眞夢蒿艾生滿江驚而白之高帝曰詩人採蕭蕭即艾也蕭生斷流御

勿廣言
陳書曰陳暄素通脫以俳優自居傲弄轉甚後主稍不能容後遂縛艾爲帽加于其首以火爇之然及於鬚垂涕求哀聲聞於外而弗之釋
莊子曰越王子搜逃乎丹穴越國無君求王子搜不從之丹穴不肯出越人薰之以艾
孟子曰七年之病求三年之艾
漢武帝内傳曰削冰令正圓舉以向月以艾於後承其影得火。師曠占曰歲疫病草先生病草者艾也
崔寔四民月令曰三月可採艾

王瓜

周書曰立夏之日螻蟈鳴又五日丘蚓出又五日王瓜生
禮記月令曰孟夏之月王瓜生

春秋運斗樞曰機星散爲枝葬

薇

爾雅曰薇垂水（生於水邊）
毛詩鵲巢草蟲曰陟彼南山言採其薇
又曰采薇遣戍役也采薇采薇薇亦柔止
史記曰伯夷叔齊義不食周粟隱首陽山採薇而食之
廣志曰薇葉似萍可蒸食
三秦記曰伯夷食薇三年顏色不異武王戒之不食而死

莎

爾雅曰薃（胡老切）侯莎其實媞（夏小正曰薃也者莎薃媞者其實媞大兮切）
廣雅曰地毛莎隋也
廣志曰莎可以爲雨衣
毛詩題綱曰南山有臺臺一名夫須莎草也言山生臺及

莎以自蔭喻人君得賢以自尊也
後周書曰豆盧寧嘗與梁人企定遇於平涼川相與肆射乃於百步懸莎草以射之七發五中企定時以爲能贈遺甚厚
任昉述異記曰昔戰國時魏國苦秦之難有民從征戍秦不返其妻思之而卒既葬塚上生木枝葉皆向夫所在而傾因謂之相思木今秦趙間有相思草狀若石竹而節節相續一名斷腸草又名愁婦草亦名孀草人呼爲寡婦莎蓋相思之流也

蒺藜

爾雅曰茨蒺藜也（布地蔓生細葉子有三角刺人）
易困卦曰困于石據于蒺藜入于其宮不見其妻凶
毛詩曰牆有茨衛人刺其上也牆有茨不可掃也

晉中興書徵祥說曰義熙中宮城上及御道左右皆生蒺藜亦草妖也

說苑曰晉平公置酒虒祁之臺使郎中馬章布蒺藜於階下令召師曠師曠至履而上堂仰天歎曰夫肉生蟲還自食木生蠹還自刻人出妖還自得九鼎之具不當生蒿王堂廂不當生蒺藜來　八日脩百官立太子君將死矣至期果死

又曰陽虎得罪於衛北見簡子曰自今以來不復樹人矣簡子曰何哉陽虎對曰夫堂上之人吾所樹者過半朝廷之吏邊境之士臣所立者亦過半矣今夫堂上之人親卻於君朝廷之吏親危　於法邊境之士親劫臣於外簡子曰唯賢者爲能報恩不肖者不能夫樹桃李者夏得其休息秋得食焉樹蒺藜者夏不得休息秋得其刺焉今子之所樹者蒺藜也非桃李也自今以來擇人而樹之毋以死樹而擇之

續搜神記曰沛國一士人姓周生三兒向應可語便啞有一人遲門過乞飲曰君有罪可遠內自思我於外待君主人異其言乃知非常人便入內思僁出謂客曰昔爲小兒時鷰巢中有三子試以指納巢中鷰子亦出口承之乃取三蒺藜與其子其子吞之即死其母尋還不復見其子出徘徊悲鳴而去有此事今甚悔之客曰是矣便聞其兒言語周正客乃去不知所在也

本草經曰蒺藜一名止行一名外雅一名傍通一名水香

離騷曰江蘺弃於窮巷兮蒺藜蔓乎東廂

太平御覽卷第九百九十七

太平御覽卷第九百九十八

百卉部五

葍　苹　商棘　竊衣
芣苢　藜　王芻　藋
戒火　胡枲　卷施　薔薇
苀　鬼目　覆盆　酢醬
稂　莠　綬臺　臺
皐蘆　翹搖　土茋　菌
承露　扶老

葍

爾雅曰葍䔰（大葉白華根如指正白可啗䔰方服切䔰音富）

又曰葍藑茅（葍華有赤者為藑葍一種耳亦如藑菁華黄白異名也藑巨營切）

毛詩鴻鴈曰我行其野言采其葍（毛詩云惡菜也詩義疏曰河內關中謂葍為葍兖州謂之燕葍一名爵弁一名藑根正白著熱灰中溫噉之飢荒可蒸以禦飢漢祭甘泉或用之其華有兩種葉細而行赤有臭氣也）

廣雅曰烏麮（慈許切）葍也

說文曰葍藑茅也一曰舜從草藑聲䔰葍也䔰從草富聲

葍從草畐聲

風土記曰葍蔓生被樹而外紫黄色大如牛角二三同蔕長七八尺味甜如蜜

苹

爾雅曰苹藾蕭（郭璞曰今藾蒿也初生可食）

毛詩鹿鳴曰呦呦鹿鳴食野之苹（鄭玄云藾蕭也詩義疏云藾蕭葉青白色莖似蓍而輕脆始生者可食亦可蒸也）

商棘

爾雅曰髦顛棘（孫炎曰一名白棘郭璞曰細葉有刺蔓生一名商棘廣雅云女木也）

竊衣

爾雅曰蘮（九例切）蒘（除切）竊衣（孫炎曰江淮間食之其花著人衣故曰竊衣郭璞曰似芹可食實大如麥兩兩相合有毛著人衣）

芣苢

爾雅曰芣苢馬舄馬舄車前也（郭璞曰今車前草大葉長穗好生道邊江東呼蝦蟇衣周書所載同名耳非此芣苢）

廣雅曰芣苢當道馬舄

毛詩關雎曰芣苢后妃之德也采采芣（音浮）苢薄言采之（毛公云芣苢車前大葉好生道邊也宜懷妊焉）

神仙服食經曰車前實雷之精也服之形化八月采地衣

地衣者車前實也

本草經曰車前實一名當道一名牛舌

藜

毛詩南山有臺曰北山有萊詩義疏曰萊藜也莖葉皆似生菊今兖州蒸以為茹謂之萊而譙沛人謂雞蘇為來故三倉云萊茱萸此二草異而名同

禮記月令曰孟春行夏令則藜莠蓬蒿並興

家語曰子路見孔子曰負重涉遠不擇地而休家貧親老不擇祿而仕昔者由也事二親之時常食藜藿之實而為親負米百里之外親歿之後南遊從車百乘積粟萬鍾累茵而坐列鼎而食願欲食藜藿為親負米不可復得也

又曰楚昭王聘孔子孔子往拜禮也路出於陳蔡陳蔡大夫相與謀曰孔子賢聖其所刺譏皆中諸侯之病若用於楚陳蔡危矣遂使兵拒孔子孔子不得行絕糧七日外無道所通藜羹不充從者病孔子愈慷慨講誦絃歌不衰

又曰曾參後母遇之無恩而供養不衰及其妻為藜羹不

孰因出之人曰非七出也荅曰藜羹小物耳吾欲孰而不用吾命况大事乎遂出之

山海經曰泰山有草焉名曰藜如荻可以爲葅(郭璞曰爲洽也)

虞盤佑孝子傳曰曾子以藜烝不熟遣妻

莊子曰孔子窮於陳蔡閒七日不食藜羹不糝顏色甚憊

又曰子貢乘大馬中紺而表素軒車不容巷往見原憲原憲華冠縰履杖藜應門子貢曰嘻先生何病也

韓子曰堯之王天下也糲粱之食藜藿之羹

王蒷(音員)

禮記月令曰孟夏之月王蒷生(蔡邕章句曰蒷草名也生於陵也)

藋(徒吊切)

爾雅曰拜蔏(音商)藋(蔏藋亦似藜)

廣雅曰堇藋

淮南子曰藜藋需而長日加四寸不可以爲櫨棟

戒火

南越志曰廣州有大樹可以御火山北謂之慎火或多種屋上以防火也但南方無霜雪其花不凋故生而成樹耳

本草經曰景天一名戒火一名水母花主明目輕身

胡枲

爾雅曰卷耳苓耳(廣雅曰云枲耳也亦云胡枲也江東呼爲常枲或曰苓耳形似鼠耳叢生如盤)

廣雅曰一名枲耳

毛詩關雎卷耳曰採採卷耳不盈頃筐(毛云苓耳)

詩義疏曰苓耳葉青白似胡荽白華細莖蔓生可爲茹滑而少味四月中生子如婦人耳璫謂之璫草幽州謂之爵耳

博物志曰洛中人有驅羊入蜀者胡葸子著羊毛蜀人取

種因名羊負來

卷施

爾雅曰卷施草拔心不死(宿莽也 離騷云)

南越志曰寧鄉縣草多卷施江淮間謂之宿莽

薔薇

神農本草曰薔薇一名牛膝一名薔麻

吳氏本草曰薔薇一名牛勒一名牛膝一名薔薇一名出棗

茿

爾雅曰竹萹(匹善切)蓄(郭璞注云似小藜赤莖節好生道旁可食又殺蟲)

說文曰萹茿也從草扁聲

本草經曰萹蓄一名萹竹

吳氏本草曰萹蓄一名畜辯一名萹蔓

鬼目

爾雅曰符鬼目(郭璞曰今江東有鬼目草莖似葛葉圓而毛子如耳璫赤色生)

吳志曰建鄴有鬼目菜於工人黄狗家生依棗樹長丈餘莖廣四寸厚二分

本草經曰鬼目一名東方宿一名連蟲陸一名羊蹄

覆盆

爾雅曰堇(音圭)蒛(去悅切)盆(郭璞曰覆盆也實似莓而小亦可食 孫炎曰青州曰堇)

廣雅曰蒛盆陸英莓也

抱朴子曰俗人見方用蒛盆覆盆謂之瓦器近易之草或不知蓬累一名陵累

甄氏本草曰覆盆子一名馬瘻一名陸荆

酢漿

爾雅曰葴寒漿(今酸漿草江東呼曰苦葴 音針)

本草曰酢漿一名酸平寒無毒生川澤及人家田園中治熱煩滿定志益氣利水道產難吞其實立產

吴氏本草曰酸漿一名酢漿

稂

爾雅曰稂童梁也（稂莠類也）

國語曰季文子相宣成無衣帛之妾無食粟之馬仲孫他諫曰不華國也文子曰吾聞以德榮為華不聞以妾與馬獻子聞囚之七日自是妾衣七外之布馬食稂莠文子曰過而能改民之上也（夫達曰仲孫他孟獻子庶字）

毛詩曹蜉蝣下泉曰冽彼下泉浸彼苞稂（稂童梁也）

又大田曰不稂不莠去其螟螣

詩義疏曰禾粟莠為穗而成崩嶷如骨之童稂

莠

平九百九十八　五　程竜

毛詩甫田曰無田甫田維莠驕驕（甫大也田過度而無大人功終不能獲）無思遠人勞心忉忉

韋曜問荅曰甫田維莠今何草荅曰今之狗尾也

左傳襄六曰鄭公孫揮過伯有氏其門上生莠子羽曰其莠猶在乎（以莠喻伯有伯有侈如其不能久存）

晉書曰明帝時王如舉兵作亂令人種禾禾逆變莠俄而軍敗降於王敦為敦所煞

綬

爾雅曰虉綬（小草有雜色似綬虉五歷切）

毛詩義疏曰鷊五色作綬文故曰綬草

臺

爾雅曰臺夫須（臺可以為禦雨笠）

毛詩嘉魚曰南山有臺樂得賢也南山有臺北山有萊（臺夫須也萊草也山有草木以自覆蓋成其高大己君有賢臣以自君顯）

毛詩義曰舊說莎草也可為蓑笠故曰臺笠緇撮或云臺草有皮堅細滑緻可為簦笠南土多有

纂文曰臺一曰山莎可作笠

皁蘆

南越志曰龍川縣有皁蘆草葉似茗味苦澀土人以為飲今南海謂為過羅或曰拘羅

翹揺

爾雅曰柱夫揺草（郭璞曰蔓生細葉紫花可食今俗呼翹揺車）

土瓜

爾雅曰菲息菜（郭氏曰菲草生下濕地以蕪菁華紫赤色可食）

又曰菲芴（郭璞注即土瓜孫炎曰菲蒠類芴音物）

毛詩曰采葑采菲無以下體（毛詩云葑須也菲芴也詩義疏云菲似葍莖麁葉厚而長有毛三月中蒸為茹滑美亦可作羹幽州為之遂爾雅謂息菜今河內為之菜也又毛詩鄭箋云此二菜者蔓菁与葍之類也皆上下可食然而其根有惡時也）

平九百九十八　六　程竜

廣雅曰土瓜芴也（本草云王瓜一名土瓜）

崔寔四民月令曰二月盡三月可采土瓜根

菌（巨貟切）

爾雅曰中馗菌（郭璞注曰地蕈也似蓋今江東名為土菌亦曰馗廚可啖之）小者菌（注大小異名）○列子曰朝菌不知晦朔朽壤之上有菌芝者生於朝死於晦

莊子曰朝菌不知晦朔（司馬曰大芝也天陰時生糞土見日時萎故不知月始終）

呂氏春秋曰菜之美者駱越之菌

說苑曰雍門周對孟嘗君曰夫以秦楚之強而報於弱薛譬猶磨蕭斧而伐朝菌也

博物志曰江南諸山郡中大木斷倒者經春夏生菌謂之

揾食之有味而忽有毒殺人云此物往往自有毒者或云蛇所着之楓樹生者啖之令人笑不得止治之飲土漿多愈

風土記曰陽羡袁君廟有祈雨者則祝稱神命常賜芝草草菌也便以神前酒盃灌地以大羡杯覆之有湏發杯而菌生今猶然

異苑曰交州諸郡有菌以葉塗人軀便舉體菌生生既遍便就朽爛肌肉消腐

承露

爾雅曰蔠葵蘩露蘩曰承露也大莖小葉花紫黄色蔠音終

陳留耆舊傳曰梁亘牧爲郡功曹烏君歸鄉爲赤眉所得賊將啖之牧求先賊長義而釋牧送蘩露實一斛

扶老

汝南先賢傳曰蔡順事母至孝井桔槹朽壞在母生年上順不敢治之俄而有扶老生繞之遂堅

晉宮閣名曰華林園扶老三株

廣志曰扶老華黄如金名金草

太平御覽卷第九百九十八

太平御覽卷第九百九十九

百卉部六

芙蕖　蒲　菖蒲　菰
馬藻　皐葵　馬綦　薢

芙蕖

爾雅曰荷扶蕖別名芙蓉江南呼荷其莖茄其葉蕸其本蔤莖下白蒻在泥中者其華菡萏其實蓮其根藕其中的蓮中子也的中薏中心苦者也薏音憶

廣雅曰菡萏芙蓉

周書曰魚龍成則藪澤竭即蓮藕掘

毛詩澤陂曰彼澤之陂有蒲與荷荷芙蕖也

又山有扶蘇曰山有扶蘇隰有荷華荷華扶渠也

毛詩義疏曰芙蕖莖爲荷其華未發爲菡萏已發爲芙蕖

太九百九十九　一　王桂

其實蓮蓮青皮裹白子爲的的有青長三分如鈎爲薏語曰苦如薏也的五月中生生啖脆其秋表皮黑的成食或可磨以爲飯輕身益氣令人強健幽荆楊豫取備飢年其根爲藕幽州人謂之光爲光如牛角

謝承後漢書曰鄭敬爲新遷功曹賞與同郡鄧敬因折芰爲坐以荷𦞦肉瓠瓢盈酒言談彌日○宋書曰臧質說南郡王義宣反兵敗無所歸乃入南湖逃竄無食摘蓮噉之追兵至窘急以荷覆頭自沉於水唯出鼻軍主鄭俱兒望見射之中心兵刃亂至腸胃纏縈水草

沈約宋書曰文帝元嘉二十一年天泉池樂游苑池玄圃池生蓮同幹

宋起居注曰泰始二年嘉蓮一雙駢花實合跗同莖生豫州鱧湖

宋紀曰文帝元嘉年蓮生建康額擔湖一莖兩華

齊書曰涪陵王鋑金蓮花以貼地令潘妃行其上曰此步出芙蓉

三國典略曰齊師伐梁梁以糧運不繼調市人餽軍建康令孔奐以麥屑爲飯用荷葉裹之一宿之間得數萬裹

又曰梁江從簡光祿大夫革之子也頗有才學年十七爲採荷調以刺何敬容其文曰欲持荷作柱荷弱不勝梁欲持荷作鏡荷暗本無光敬容覽唯唯嗟其工

管子曰五淩之土生蓮

王子年拾遺記曰漢昭帝游柳池有芙蓉紫色大如斗花葉柔甘可食芬氣聞十里之內蓮實如珠

郭子橫洞冥記曰北及玄坂去崆峒十七萬里日月不至其地自明有紫河萬里流珠千丈中有寒荷霜下方香茂

太九百九十九　二　桂

抱朴子曰千歲神龜巢於蓮葉之上

萬歲歷曰齊太和二年烏程縣閤下生蓮華

頓啓期婁地記曰婁門東南有華墩口戴切陂中生千葉蓮花其荷無異菡萏色白豈佛經所載者乎

古今注曰芙蓉一名荷華生池澤中一名澤芝一名水花色有赤白紅紫青黃紅白二色苦多華大者至百葉

華山記曰山頂有池池中生千葉蓮華服之羽化因名華山

諸草木方曰七月七日採蓮七分八月八日採蓮根八分九月九日採蓮實九分陰乾下篩服方寸匕令人不老

真人關尹傳曰老子語喜天崖之淵真人所游各坐蓮華之上一華輙徑十丈

說文曰茄芙蕖莖也荷芙蕖實也蔤芙蕖本也

搜神記曰：王敦在武昌，鈴下儀仗生蓮華，五六日而萎落。說曰：易稱「枯楊生華，何可久也」。今狂華生枯木，敦終逆而身死。

王韶之神境記曰：九疑山過半路，皆行竹松下，夾路有青澗，澗中有黃色蓮，蓮華芳氣竟谷。

幽明録曰：晉末黃祖至孝，母病篤，庭中稽顙，俄頃天漢開明，有一老翁以兩丸藥賜母，服之，衆患頓消。翁曰：「汝入三月，可泝河而來。」依期行，見門題曰善福門，內有水曰涵源，池有芙蕖如車輪。

浮圖澄傳曰：澄以鉢盛水，燒香呪之，須臾青蓮華出。

外國事曰：私訶條國大洲上有大山，上有石井，井自生千葉白蓮華。穀蓮華出。

陶隱居本草注曰：宋時太官作羊血䘓（昭坐血切），削藕誤落中，遂皆散不凝，醫仍用治血多效。

神農本草注曰：血藕實莖，一名水芝，所在池澤皆有。生豫章、汝南郡者良。苗高五六尺，葉團青，大如扇，其花赤，名蓮。

荀子黑，狀如羊矢。

范寧為豫章表曰：新淦令孟佃民解列縣廳事前二丈陸地生蓮華，入冬死，至陽更生四枝。今年三月復生，故懃繁殖，轉轉華有二十五枝，鮮明可愛，有異常蓮。

古詩曰：涉江採芙蓉，蘭澤多芳草。採之欲遺誰，思之在遠道。

楚辭曰：芙蓉始發，雜芰荷，紫莖屏風（屏風，水葵），文緑波（言復有水葵生於中也。莖紫色，風起動波，緑其葉而生紋也。或曰紫莖言荷莖紫色，屏風為荷葉如屏風）。

張奐芙蓉賦曰：黃螺圓出，垂蕤散舒，纓以金牙，點以素珠。

曹植芙蓉賦曰：竦芳柯以從風兮，奮纖枝之璀璨。其始榮也，皦若夜光尋扶木；其揚輝也，晃若九日出暘谷。芙蕖騫翥，菡萏星屬，絲條垂珠，丹莖加緑，混混兮韡韡，爛若龍燭。

潘尼芙蓉賦曰：或擢莖以高立，似彫輦之翠蓋；或委波而布體，擬蓮璧之攢會。

古詩曰：江南可採蓮，蓮葉何田田。

楚辭曰：令薜荔以為理兮，憚舉趾而緣木；因芙蓉而為媒兮，憚褰裳而濡足。

又曰：製芰荷以為衣，集芙蓉以為裳。

又曰：築室兮水中，葺芷兮以荷蓋。

傅玄歌曰：曲池何灔灔，芙蓉敝清源。榮華盛壯時，見者誰不歎。一朝光采落，故人不迴顧。

蒲

爾雅曰：莞，苻蘺，其上蒚（今西方人呼蒲為莞蒲，蒚謂其頭臺首也。今江東謂之苻蘺，西方亦名蒲中莖為蒚，謂之為席。蒚音翮）。

毛詩澤陂曰：彼澤之陂，有蒲與蕑。

又魚藻曰：魚在在藻，依于其蒲。

左傳文公曰：仲尼曰：臧文仲其不仁者三：下展禽，廢六關，妾織蒲，三不仁也。

又昭公二十年，晏子對齊侯曰：澤之萑蒲，舟鮫守之。

漢書曰：蒲輪安車以徵賢（晉灼曰：以蒲裹車輪）。

又曰：路溫舒字長君，父使牧羊，溫舒取澤中蒲，截以為編，用寫書。

又曰：元帝病，數問景帝立膠東王故事。史丹侍疾，候上獨寢，直入卧內，頓首伏青蒲上（服虔曰：青緑蒲也。孟康曰：以蒲為席藺也），太子由是得不廢。

東觀漢記曰劉寬遷南陽太守温仁多恕吏民有過但蒲鞭罰之示辱而已

晉書曰王育字伯春京兆人也少孤貧爲傭牧羊每過小學必歔欷流涕時有暇即折蒲學書忘而失羊爲羊主所責將鬻已以償之東郡許子章敏達之士也聞而嘉之代育償羊給其衣食使與子同學遂博通經史

齊書曰崔景真爲平昌太守有惠政常懸一蒲鞭而未嘗用去任之日土人思之爲立祠焉

北齊書曰尉瑾少威儀子德載以蒲鞭責之便自投井瑾自臨井上呼云兒出聞者皆笑

三齊略記曰萬城東南有蒲臺秦始皇東遊海上於臺下繙音煩蒲繫馬至今歲歲蒲生縈委猶若有繫狀似水楊可以爲箭

穆天子傳曰天子于珠澤之藪方三十里爰有萑蒲蒐葦

說文曰蒲草也以作席蒻蒲子也以爲平席世謂蒲蒻

風土記曰蒲生於陸葉如烏扇而紫鷫音于誂一曰獲蒲好草也

續述征記曰烏常沉湖湖人謂爲沉中有九　臺皆生結蒲云秦始皇遊此臺結蒲繫馬自此蒲生則結

前秦記曰苻洪家生蒲長五丈節狀如竹咸以異之謂之蒲家因氏焉洪後以讖文草付應王遂改姓爲苻

幽明録曰河東常醜奴寓居章安縣以採蒲爲業將一小兒湖邊拔蒲見一女子容姿殊美乘一小船載蓴徑前投醜奴舍寄住醜奴嘲之滅火共卧覺有腥氣又指甚短惕然疑是魅女已知人意便求出戶變而爲獺

嵆康集序曰孫登夏編蒲爲裳冬披髮自覆

淮南萬畢術曰酒薄復厚漬以莞蒲斷蒲漬酒中有頃出之即酒厚也

楚詞曰抽蒲兮陳坐援堇兮爲蓋

菖蒲

左傳僖下曰王使周公閱來聘饗有昌歜歜菖蒲葅也

春秋運斗樞曰玉衡星散爲菖蒲菖蒲遠雅頌着倡優則玉衡不明菖蒲冠環也

梁書曰太祖后張氏諱尚柔嘗於室內忽見庭前菖蒲生花光彩照灼非世所有后驚異之謂侍者曰汝見否皆云不見后曰嘗聞見菖蒲花當貴因取食之生高祖

呂氏春秋曰冬至五旬七日昌本者百草之先生也

說苑曰文公好食昌本葅本草即菖蒲

風俗通曰菖蒲放花人得食之長年

神仙傳曰王興咸陽人採菖蒲食以得長生一寸九節者

羅浮山記曰宣山中菖蒲一寸二十節堅夯之極

方言曰菖蒲得石上生九寸節以上紫花尤善

吳氏本草曰菖蒲一名堯時韭

本草經曰菖蒲生石上一寸九節者久服輕身明耳目不忘不迷惑生上洛

典術曰聖王仁功濟天下者堯也天降精於庭爲韭感百陰爲菖蒲焉今之菖蒲是也

菰

廣雅曰菰蔣也其米謂之彫胡

周官曰鳥宜菰鄭玄注曰菰彫胡

說文曰蔣菰也彫胡一名蔣

晉中興書曰毛璩爲譙王司馬時海陵縣地多菰蒲處所幽邃亡戶保之璩請討放火而進天旣旱地皆菰封封燃

叛人走出近得萬户

廣志曰菰可食以爲席温於蒲生南方

莊子曰孔子之楚舍於蟻丘之漿

宋玉賦曰主人之女爲臣炊彫胡之飯

馬藻

爾雅曰莙牛藻（似藻葉大江東呼爲馬藻）

毛詩采蘋曰于以采藻于彼行潦

陸機毛詩䟽義曰采藻水草也生於水底葉似雞蘇可食荆楊人食以當穀救飢荒時蒸而食之

顔氏家訓曰或問東宫舊事六色罽緵是何等物當作何音荅曰案說文云莙牛藻也讀若威音塢瑰竊即陸機所謂藴藻葉如蓬者也又郭璞注三蒼亦云蕰藻之類也細葉蓬茸然生今水中有此物一節長數寸細茸絲圓繞可愛長者二三十節猶呼爲莙又寸斷五色絲横着線股間繩之以象莙草用以飾物名爲莙於時當紲六色罽此莙以飾緄帶張敞因造絲䌽異耳作隈

郭子横洞冥記曰昆靈池有倒藻枝葉横倒水上長九尺餘縱横而生狀如結網有野鴨鶂鳧及鷗鷄來翔觀水池上入此草障皆不得出如入罟網也亦曰水網草

鳧葵

說文曰茆鳧葵也

纂文曰鳧葵其實可作醬

馬蓼

爾雅曰紅蘢古其大者蘬（俗呼紅草爲蘢鼓語轉耳）

毛詩緇衣山有扶蘇曰山有橋松隰有游龍（毛云紅草也）

毛詩義䟽曰紅草一名馬蓼葉麄大赤白色生水澤中

蕣

爾雅曰椵木槿櫬木横（別二名也似李樹華朝生夕殞可食或呼爲日及亦曰王蒸）

廣雅曰日及木槿也一名朱槿一名赤槿

說文曰蕣木槿也

毛詩有女同車曰有女同車顔如蕣華（蕣木槿也）

禮記月令曰仲夏之月木槿榮

傳玄曰蕣華麗木也謂之日給或謂之洽容或謂之愛老

潘尼以爲朝菌

太平御覽卷第九百九十九

太平御覽卷第一千

百卉部七

萍　苔　菳　芄
茘挺　彫胡　茖　蘼
亂　萑葦　蘆荻　蘩蔞
綸組　帛布　離南　地榆

萍

爾雅曰苹蓱（水中浮蓱江東謂之薸音瓢）其大者蘋

毛詩采蘋曰采蘋大夫妻能循法度也能循法度則可以承先祖供祭祀矣于以采蘋南澗之濱于以盛之維筐及筥于以湘之維錡及釜（湘烹也）

又鹿鳴曰呦呦鹿鳴食野之苹（苹萍也）

詩義疏曰蓱麤大者爲蘋季春生可糝蒸爲茹

周禮秋官下萍氏曰萍氏掌禁川游者（鄭玄曰萍草無根而浮取不沉溺其名溺也）

禮記月令曰季春之月萍始生

左傳桓公曰蘋蘩薀藻之菜可羞於王公

周書曰穀雨一日萍始生萍不生陰氣憤盈

家語曰楚昭王渡江江中有一物大如斗圓而赤直觸王舟舟人取之王問群臣莫能識使問孔子孔子曰是謂萍實可剖而食之吉祥也唯霸者能獲焉王遂食大美又遣問孔子何以知之子曰吾嘗過陳之野聞童謠曰楚王渡江得萍實大如斗赤如日割而食之甜如蜜吾是以知之

呂氏春秋曰菜之美者崑崙之萍焉

淮南子曰萍樹根於水木樹根於土

淮南萬畢術曰老血爲萍（聚血之精至黄泉也）

許愼說文曰苹萍也無根浮水而生

周處風土記曰萍蘋芹菜之別名也

范子計然曰水萍出三輔色青者善

吳氏本草曰水萍一名水廉生池澤水上葉圓小一莖一葉根入水五月華白三月採日乾之

本草經曰水萍一名水華味辛寒生池澤水上療暴熱癢下水氣勝酒長鬚髮久服輕身

郭子曰萍之依水猶卉植地靡見其布漠爾鱗被物有常託孰知所自

杜恕篤論曰夫萍之浮與菱之浮相似菱植萍隨波是以堯舜惡巧言之亂德仲尼惡紫之奪朱

劉伶酒德頌曰俯觀萬物擾擾焉如　漢之載浮萍（言隨風）

楚辭曰白萍兮騁望與佳期兮夕

又曰靡萍九衢枲華安居

又曰竊哀兮浮萍汎搖無根

苔

爾雅曰藫（徒南切）石衣也（水苔也一名石髮江東食之或曰藫似䪥而大生水底亦可食）

界

說文曰苔水衣也

齊書曰宋時會稽剡縣有山名刻石父老相傳云雖名刻石而不知文字所在昇明末縣人倪龔祖行獵忽見石上有文字凡三處苔生其上字不可識乃去苔視之其大石文曰黄天星姓蕭字道成得賢師天下太平小石文曰刻石者紹會稽南山李斯刻秦望之風也

三國典略曰侯景圍臺城既急時諸軍於德陽堂前殺馬

雜以人肉（肉）甘露厨中所有乾苔悉分給軍士

唐書曰拔野古國東北五六日行至鞠國有樹無草但有

地苔無羊馬豕畜有鹿如中國牛馬使鹿牽車可勝三四人衣鹿皮食地苔其人聚木枝爲屋尊卑共居其中

淮南子曰窮谷之汙生青苔（青苔水垢）

廣雅曰石髮石衣也

風土記曰石髮水衣也青緑色皆生於石也

遊名山志曰石簣山緑崖而上高百許丈褭悉青苔無別草木

古今注曰苔鮮空室無人行生苔或紫或青一名負蘚一名緑錢一名緑蘚一名緑苔

廣志曰室無人行生蘚

拾遺記曰晉武帝時祖梨國獻蔓苔亦曰金苔亦曰夜明

博物志曰晉武帝欲觀書司空張華撰博物志進武帝帝嫌煩令削之賜側理紙萬張王子年云側陟厘也此紙以水苔爲之溪人語訛謂之側理今名苔紙取水中苔造紙青黃色體澁其苔水中石上生如毛緑色

述異記曰苔錢亦謂之澤葵又名重錢草亦呼爲宣蘚南人呼爲垢草

異物志曰石髮海草在海中石上蘩生長尺餘大小如韭葉似蕭莞而株莖無枝以肉雜而蒸之味極美食之近不知足

本草曰海藻一名海羅生東海中或生河澤莖似亂髮

南越志曰海藻一名海苔或曰海羅

王智深宋記曰王微字景玄太保弘之弟子也吏部尚書江湛愛其才用舉爲吏部郎陳病篤不受因與湛書告絶足不踰閾十有餘載棲遲於環堵之室苔草没階

沈約青苔詩曰緣堦何漠漠沉水復綿綿微根如欲斷輕絲似更聯

謝莊月賦云陳王初喪應劉端憂多暇緑苔生閣芳塵凝榭

謝玄暉直中書省詩云紅藥當階翻蒼苔依砌上

菳（音琴）

抱朴子曰菳根化爲鱓

字林曰菳草生水中根可緣器

莞

爾雅曰蔽（方寐切）鼠莞（郭璞注曰鼠莞纖細似龍鬚可以爲席蜀中出好者）

廣雅曰葱蒲莞也（纂文同）

說文曰莞草可以爲席從草完聲

茘挺

禮記月令曰仲冬大雪後五日茘挺出

淮南子曰仲冬茘挺出

顔氏家訓曰月令茘挺出鄭玄注云茘挺馬薤也說文云茘似蒲而小根可爲刷。廣雅云馬薤茘也通俗文而又名馬藺易統驗玄圖云茘挺不出則國多火災蔡邕月令章句云茘以挺出高誘注呂氏春秋云茘草挺出也然則月令之注茘挺爲草名誤矣河北平澤率生之江東頗有此物種於堦庭但呼爲旱蒲故不識馬薤講禮者乃以爲馬莧堪食亦名豚耳俗曰馬齒江陵嘗一僧面形上廣下狹劉緩幼子民譽年始數歲雋晤善體物見此僧云面似馬莧其伯父劉縚因呼爲茘挺法師縚親講禮名儒尚誤如此

列仙傳曰冠先生者宋人也以釣魚爲業居濉水旁百有

餘年魚或放或留或賣或自食之常著冠幘好種荔食其葩實焉宋景公問其道不告即殺之後數十年踞宋城門上鼓琴數日乃去宋人家家奉祀之

彫胡

西京雜記曰會稽人顧翶少失父事母孝母好食彫胡飯常帥子女躬採擷還家導水鑿川供養母有盈儲家近大湖湖中生彫胡無復雜草蟲鳥不敢至焉遂得以為養郡縣表其閭舍

又曰蒲菰菰有米者長安謂為彫胡葭蘆之未解葉者謂之紫菝菰有首者謂之菉節

茗

爾雅曰苕陵苕 一名陵時 黃華蔈 必遥切 白華茇 孫炎曰苕華色異名亦不同者

沛

廣志曰苕草色青黃紫華十二月稻下種之蔓延盛茂可以美田葉可食

毛詩防有鵲巢邛有旨苕

詩義疏曰苕饒也幽州謂之翹饒蔓生莖如勞豆而細葉似蒺藜而青其華細綠色可食味如小豆藿葉也

詩義疏曰本草曰陵苕一名陵時一名鼠毛似王芻生下濕水七月八月華紫似今紫草可以染帛煑沐頭髮即黑葉青如藍而多華

史記曰趙武靈王夢見處女鼓琴而歌曰美人熒熒兮顏若苕之華

薕

爾雅曰蒹薕 似萑而細高數尺江東呼為藡

毛詩車轔曰蒹葭蒼蒼白露為霜 蒹薕也葭蘆也蒼蒼盛也

薍 五患切

爾雅曰菼 他敢切 薍也 似葦而小實中江東呼為烏蓲蓲音丘

毛詩淇奧碩人曰葭菼揭揭 毛曰葭蘆菼薍也

萑葦

毛詩豳七月曰七月流火八月萑葦 薍為萑葭為葦預畜萑葦以可為箔也

又生民行葦曰敦彼行葦羊牛勿踐履方苞方體維葉泥泥

又河廣曰誰謂河廣一葦航之

禮記月令孟秋曰命有司納材葦 蒲葦之屬此時柔脆可取作器物

吳志曰孫亮初謡云諸葛恪何若若蘆葦單衣篾鈎絡於何相求常子閣常子閣者反語石子岡也鈎絡帶也及諸葛恪為孫峻所殺以葦席裹尸而篾束之

孫卿子曰南方有鳥名蒙鳩以羽編髮為巢係之以葦苕風至苕折子死卵破所憑者弱也

呂氏春秋曰季夏之月乃命虞人入材葦 虞人掌池澤官材葦供國用

又曰湯始得伊尹祓之於廟爝以萑葦

南夷志曰瀘河在弄棟北今謂之南瀘兩岸葭葦大如臂

楚辭曰咸播秬黍黃雚是營 咸皆也秬黑黍也雚草名營耕也言禹平水土萬民皆得布種黑黍於雚蒲之地盡為良田也

蘆荻

爾雅曰葭華 即今蘆 葭蘆 葦也

毛詩曰蒹葭淒淒白露未晞蒹葭采采白露未已 葭蘆也

毛詩義疏曰薍或謂之荻至秋堅成則謂之萑

焦贛易林剥之坤曰從風縱火荻芝俱死

漢書曰董偃見寵館陶公主安陵爰叔謂偃曰顧成廟遠無宿宮人又有萩竹籍田足下何不白主獻長門園於上

此上所欲也

晉中興書徵祥說曰義興初童謠曰官家養蘆化作荻蘆生不止自成積是時盧循竊據廣州國未能討因而用之是官養蘆也荻猶敵也

春秋後語曰趙襄子欲保晉陽曰奈何無箭張孟談曰臣聞董子之治晉陽公宮之垣皆以荻蒿苫楚牆之高其高至于丈餘君發而用之於是發其堅則箘簬之勁不能過也

隋書曰張威拜青州總管在青州頗治產業遣家奴於民間鬻蘆菔根其奴緣此侵擾百姓上深加譴責坐廢於家

吳越春秋曰伍子胥至大江江中有漁父子胥請渡時旁多人漁父歌令止蘆中至夕渡之于淦之之津見其有飢色歸取麥飯鮑魚之羹子胥疑沒蘆中漁父呼蘆中子胥應與食渡之

晏子春秋曰公獵休坐地晏子減葭而坐公問其故晏子曰臣聞介冑不席獄訟不席尸在堂不席三者皆憂也臣不敢以憂示君公令人不席

淮南子曰鴈銜蘆以避矰繳

又曰藡苗類絮而不可以爲絮藡苗萑秀也藡徒歷切

抱朴子曰吳世有姚光者有火術吳主躬臨試之積荻千束光坐其上又以數千束荻累之因猛風燔之火盡光端坐灰中振衣而起

說文曰葭灰以候律管

釋名曰大曰蘆次曰葦荻蘆筍苦荻筍甘

世說曰魏明帝使后弟毛曾與夏侯玄共坐時人謂蒹葭倚玉樹

論衡曰上古之人有荼鬱壘者昆弟二人生而執鬼居東海度朔山上立桃樹下簡閱百鬼鬼道理妄與人禍荼與鬱壘縛以蘆索執以食虎

通語曰諸葛亮見殷禮而歎曰東吳菰蘆中乃有奇偉如此人與兄瑾書云殷徃嗣秀才金之僑肦者也

蘩蔞

爾雅曰蔜音敖蕿音嫂蔞今蘩蔞也或曰雞腸草

范汪治淋方曰取蘩蔞草滿兩手以水煮之亦可常飲

綸組

爾雅曰綸古頑切似綸組似組東海有之綸今有秩嗇夫所帶糾青絲綸組綬也海中草生彩理有象之者因以名云

左思吳都賦曰綸組紫絳

帛布

爾雅曰帛似帛布似布華山有之草葉有象布帛者因以名云

離南

爾雅曰離南活莌也草生江南高丈許大葉莖中有瓤正白零陵人祖曰貫之爲樹莌音脫

地榆

本草經曰地榆止汗氣消酒明目

廣志曰地榆可生食

神農本草經曰地榆苦寒主消酒生寃句

太平御覽卷第一千

跋

太平御覽爲有宋一大著作其所引經史圖書凡一千六百九十種今不傳者十之七八或謂輯自古籍或謂原出類書要之徵引眩博多識前言往行洵足珍也今所行者有明代活字本有錫邑刻本其所從出周堂序謂其祖曾得故本黃正色序則謂據薛登甲所校善本繕寫付刻然胡應麟譏其姓名顚倒世代魯魚學者病焉明文淵閣書目存一部一百三十册一部一百册均殘缺其後散出遞入於蘇人朱文游周錫瓚黃丕烈汪士鐘家最後爲湖州陸心源所得僅存三百六十餘卷今已流入東瀛爲岩崎氏靜嘉堂中物矣先是阮文達何元錫各就黃氏假所藏文淵閣殘本膡校藏諸篋衍嘉慶間常熟張若雲據何氏本歙鮑崇城據阮氏本次第梓行張氏刊成未幾板燬存書稀如星鳳傳者唯鮑氏刻本歲戊辰余赴日本訪書先至靜嘉堂文庫觀所得陸氏本其文淵閣印爍然溢目琳琅滿架且於已國增得如干卷爲之欣羨者不置嗣復於帝室圖書寮京都東福寺獲見宋蜀刻本雖各有殘佚然視陸氏所得爲贏因乞假影印主者慨然允諾凡得目錄十五卷正書九百四十五卷又於靜嘉堂文庫補卷第四十二至六十一第一百十七至一百二十五此二十九卷者均半葉十三行同於蜀刻惟板心無刻工姓名且每行悉二十二字與蜀刻之偶有盈縮者不同疑卽在前之建寧刊本蜀本卷首小引謂建寧所刊舛誤甚多李廷允跋亦言釐正三萬八千餘字今以二刻與鮑本校雖各有脫誤然阮文達序鮑刻明言「古書文義深奧與後世判然不同淺學者見爲誤而改之不知所改者反誤矣或其間實有

宋本脫誤者但使改動一字卽不能存宋本之眞不能見重於後世」據此爲言是宋本卽有脫誤未嘗損其聲價且亦未必眞爲脫誤也今請再舉數例以證宋刻之勝於今本職官部金紫光祿大夫門宋刻引于寶晉紀三國典略二則鮑本則引左傳成上曰「衞侯使孫良夫來聘且尋盟公問諸臧宣叔曰中行伯之於晉也其位在三公下卿孫子之於衞也位爲上卿將誰先對曰次國之上卿當大國之中中當其下下當其上大夫小國之上卿當大國之下卿中當其上大夫下當其下大夫上下如是古之制也」九十八字下接「入落授金紫光祿大夫」云云（見卷第二百四十三第五葉）前後渺不相涉張本同但注上下疑有脫文兵部機略門引後漢書第十六則岑彭將兵三萬餘人云云凡一百三十七字（見卷第二百八十四第五葉）鮑張二本全脫妖異部精門引易禮記唐書管子列異傳又搜神記二則適成一葉（見卷第八百八十六第四葉）鮑張二本全缺獸部馬門引周禮夏官上「馬及行則以任齊其行若有馬訟則聽之禁原蠶者」並注又引論語周書韓詩外傳尚書大傳太公六韜禮斗威儀春秋考異郵春秋說題辭凡十則及「淮南子曰八九七十二」九字（見卷第八百九十三第六葉）鮑本全脫且易淮南子三字爲家語張本同更少十餘字卽此數事觀之彌覺宋本之可信日本文久紀元當我國咸豐十一年喜多邨直寬嘗以影宋寫本用聚珍版印行其優於鮑本者則板心所記刻工姓名均與蜀本相合且上文所舉四事一無脫誤宋刻而外斷推此本於是取以補影本二十六卷之闕書經覆寫又用活版詞句訛謬自所不免然以校鮑張二本道部尸解門彼且缺「太微經曰諸尸解者按四極眞科云」

百四十年乃得神中眞官於是始得飛華蓋乘輦龍登太極遊九宮也」四十二字（見卷第六百六十四第八葉） 方術部占星門末節元衡亦還吉甫下又脫「先一年以元衡生月卒元衡後一年以吉甫」十七字（見卷第七百三十三第四葉） 巫門離騷曰欲從靈氛之吉占兮節又脫注十八字（見卷第七百三十五第四葉） 惟祝門韓詩外傳曰齊桓公至海丘節盍復祝乎下「封人曰使吾君好學而不惡問賢者在側諫者得入桓公曰善哉祝乎」二十七字此言乃夫前二言之上也臣聞下「子得罪於父母可因姑姊妹而謝也父乃赦之臣得罪於君可因便僻之左右而謝也君乃赦之昔」三十八字（見卷第七百三十六第三葉） 史記曰楚大發兵如齊節有注二十七字（見卷第七百三十六第四葉） 張本存而鮑本猶脫疾病部總敘疾病門引禮記左傳春秋穀梁傳公羊傳國語論語史記漢書有注二十

三條鮑本全脫張本僅存其二（見卷第七百三十八第一二三葉） 是則此雖不逮建蜀二本抑猶出於吾國時本之上也蜀本原缺卷第二十一第六百五十六至六百六十五第七百二十四至七百三十八皆全卷又目錄及卷第四第三十八第一百一十第一百三十第一百四十第一百六十六第四百六十四第五百三第五百七十一第六百九十第七百五十七第九百五十二凡缺二十六葉有半均以聚珍版補宋刻每行二十二三四字不等聚珍版則整二十二字故前後葉銜接處偶有移易理合申明乙亥仲冬海鹽張元濟